Kittner
Arbeits- und Sozialordnung

KITTNER

Arbeits- und Sozialordnung

- Gesetze
- Einleitungen
- Übersichten

Begründet von Michael Kittner
Fortgeführt von Olaf Deinert

51., überarbeitete und aktualisierte Auflage 2026

Stand: 1. Januar 2026

BUND
VERLAG

Bibliografische Information der Deutschen Bibliothek
Die Deutsche Nationalbibliothek verzeichnet diese Publikation in der Deutschen Nationalbibliografie; detaillierte bibliografische Daten sind im Internet über *http://dnb.d-nb.de* abrufbar.

51., überarbeitete und aktualisierte Auflage 2026

Umschlag: Ute Weber, Geretsried
Satz: Dörlemann Satz, Lemförde
Druck: Druckerei C. H. Beck, Nördlingen
ISBN 978-3-7663-7600-8

kontakt@bund-verlag.de
www.bund-verlag.de

Vorwort zur 51. Auflage

Für diese Auflage der »Arbeits- und Sozialordnung« sind Gesetze und Verordnungen sowie Rechtsprechung und Literatur mit dem Stand 1. Januar 2026 aktualisiert worden.

Die wesentlichen Änderungen und Neuerungen der 51. Auflage:

- weitgehendes Inkrafttreten der europäischen KI-Verordnung
- Mutterschutzanpassungsgesetz
- Gesetz zur Modernisierung und Digitalisierung der Schwarzarbeitsbekämpfung
- Rentenpaket I mit Änderungen auch hinsichtlich des Befristungsrechts
- Übergangsvorschrift zu Sozialversicherungspflicht für Lehrkräfte
- Neubekanntmachung des Berufsbildungsgesetzes
- Wehrdienst-Modernisierungsgesetz
- Anpassung der Gefahrstoffverordnung
- Gesetz zur Befugniserweiterung und Entbürokratisierung in der Pflege
- Erhöhung des Mindestlohns
- Erhöhung der Mindestausbildungsvergütungen
- Verlängerung der Bezugsdauer für Kurzarbeitergeld
- Erhöhung der Pfändungsfreigrenzen
- Entfristung der Nachunternehmerhaftung für Sozialversicherungsbeiträge nach dem Paketboten-Schutzgesetz

Zwei wesentliche Neuerungen, die die Nutzerfreundlichkeit erhöhen, wurden bei den Einleitungen geschaffen. Zum einen gibt es nun neben dem Sachregister zu den gesetzlichen Bestimmungen, ein eigenständiges Sachregister für die Einleitungen, sodass gerade auch die rechtlichen Aspekte, die nicht im Gesetz stehen, sondern sich als ungeschriebenes Richterrecht darstellen, für die Leserinnen und Leser unschwer aufzufinden sind. Zum anderen wurde in zahlreichen Einleitungen ein Hinweis auf die bedeutendsten Entscheidungen zu dem jeweiligen Gesetz aufgenommen. Unabhängig davon findet sich in der für alle Nutzerinnen und Nutzer zugänglichen Online-Version ein Hinweis auf die jüngste Rechtsprechung zu dem jeweiligen Gesetz.

Die komplette »Arbeits- und Sozialordnung« kann auch online genutzt werden – ergänzt um alle Gesetze und höchstrichterliche Rechtsprechung im Volltext. Die Berechtigung zur Nutzung der Online-Ausgabe erfolgt über die Registrierung mit einem individuellen Code. Ausführungen hierzu finden sich auf Seite 1 des Buches.

Im Exklusiv-Report »Arbeits- und Sozialrecht«, der der Ausgabe 3/2026 der Zeitschrift »Arbeit und Recht« beiliegen wird, findet sich eine Zusammenfassung der wichtigsten gesetzlichen Änderungen, der im vergangenen Jahr ergangenen höchstrichterlichen Rechtsprechung sowie rechtspolitischer Vorhaben.

Göttingen, im Januar 2026
Olaf Deinert

Inhaltsverzeichnis

Verzeichnis der Checklisten und Übersichten

Abkürzungsverzeichnis

AAG	Aufwendungsausgleichsgesetz
a. a. O.	am angegebenen Orte
ÄArbVtrG	Gesetz über befristete Arbeitsverträge mit Ärzten in der Weiterbildung
ABl.	Amtsblatt
Abs.	Absatz
AEUV	Vertrag über die Arbeitsweise der Europäischen Union
AG	Aktiengesellschaft
Die AG	Die Aktiengesellschaft (Zeitschrift)
AGG	Allgemeines Gleichbehandlungsgesetz
AiB	Arbeitsrecht im Betrieb (Zeitschrift)
AktG	Aktiengesetz
AltTZG	Altersteilzeitgesetz
ANBA	Amtliche Nachrichten der Bundesagentur für Arbeit
Anm.	Anmerkung
AP	Arbeitsrechtliche Praxis (Entscheidungssammlung)
Arbeitgeber	Der Arbeitgeber (Zeitschrift)
AR-Blattei	Arbeitsrechtblattei (Loseblatt-Nachschlagewerk)
ArbG	Arbeitsgericht
ArbGG	Arbeitsgerichtsgesetz
ArbMedVV	Verordnung zur arbeitsmedizinischen Vorsorge
ArbNErfG	Arbeitnehmererfindungsgesetz
ArbPlSchG	Arbeitsplatzschutzgesetz
ArbSchG	Arbeitsschutzgesetz
ArbStättV	Arbeitsstättenverordnung
ArbZG	Arbeitszeitgesetz
Art.	Artikel
ASiG	Arbeitssicherheitsgesetz
AsylVfG	Asylverfahrensgesetz
AuA	Arbeit und Arbeitsrecht (Zeitschrift)
AufenthG	Aufenthaltsgesetz
AÜG	Arbeitnehmerüberlassungsgesetz
AuR	Arbeit und Recht (Zeitschrift)
ausf.	ausführlich
Az.	Aktenzeichen
BA	Bundesagentur (früher: Bundesanstalt) für Arbeit
BAG	Bundesarbeitsgericht
BAnz.	Bundesanzeiger
BArbBl.	Bundesarbeitsblatt (Zeitschrift)
BAT	Bundes-Angestelltentarifvertrag
BB	Betriebs-Berater (Zeitschrift)
BBiG	Berufsbildungsgesetz

Bd.	Band
BDSG	Bundesdatenschutzgesetz
BEEG	Bundeselterngeld- und Elternzeitgesetz
BEM	Betriebliches Eingliederungsmanamgent
ber.	berichtigt
BetrAVG	Gesetz zur Verbesserung der betrieblichen Altersversorgung
BetrVG	Betriebsverfassungsgesetz
BFH	Bundesfinanzhof
BG	Die Berufsgenossenschaft (Zeitschrift)
BGB	Bürgerliches Gesetzbuch
BGBl.	Bundesgesetzblatt
BGH	Bundesgerichtshof
BGHZ	Entscheidungen des Bundesgerichtshofs in Zivilsachen
BMAS	Bundesministerium für Arbeit und Soziales
BR	Betriebsrat
BR-Drs.	Bundesrats-Drucksache
BSG	Bundessozialgericht
BStBl.	Bundessteuerblatt
BT-Drs.	Bundestags-Drucksache
BUrlG	Bundesurlaubsgesetz
BVerfG	Bundesverfassungsgericht
BVerfGE	Entscheidungssammlung des Bundesverfassungsgerichts
BVerwG	Bundesverwaltungsgericht
CI	Computer Information (Zeitschrift)
COM	Kommissionsdokument
CR	Computer und Recht (Zeitschrift)
CuA	Computer und Arbeit (Zeitschrift)
DB	Der Betrieb (Zeitschrift)
DGB	Deutscher Gewerkschaftsbund
DIAS	Digitales Arbeits- und Sozialrecht (Zeitschrift)
DKW	Däubler/Klebe/Wedde (Hrsg.), Kommentar zum BetrVG
DRdA	Das Recht der Arbeit (Zeitschrift)
DrittelbG	Drittelbeteiligungsgesetz
DRV	Deutsche Rentenversicherung (Zeitschrift)
DSB	Datenschutz-Berater (Zeitschrift)
DSGVO	Datenschutz-Grundverordnung
DuD	Datenschutz und Datensicherung (Zeitschrift)
EBR	Europäischer Betriebsrat
EBRG	Gesetz über Europäische Betriebsräte
EFZG	Entgeltfortzahlungsgesetz
EG	Europäische Gemeinschaften
EGBGB	Einführungsgesetz zum BGB
EGMR	Europäischer Gerichtshof für Menschenrechte
EMFV	Arbeitsschutzverordnung zu elektromagnetischen Feldern
EMRK	Europäische Menschenrechtskonvention
EntgTranspG	Entgelttransparenzgesetz

EStG	Einkommensteuergesetz
EU	Europäische Union
EU-ASO	EU-Arbeits- und Sozialordnung (s. allg. Einführung II)
EU-DS-GVO	Europäische Datenschutz-Grundverordnung
EuGH	Europäischer Gerichtshof
EuGRZ	Europäische Grundrechts-Zeitung
EuR	Europarecht (Zeitschrift)
EuroAS	Europäisches Arbeits- und Sozialrecht (Zeitschrift)
EuZA	Europäische Zeitschrift für Arbeitsrecht
EuZW	Europäische Zeitschrift für Wirtschaftsrecht
EzA	Entscheidungssammlung zum Arbeitsrecht
FAZ	Frankfurter Allgemeine Zeitung
FLZG	Feiertagslohnzahlungsgesetz
FPfZG	Familienpflegezeitgesetz
FS	Festschrift
GefStoffV	Gefahrstoffverordnung
GewJB	Gewerkschaftsjahrbuch
GewMH	Gewerkschaftliche Monatshefte (Zeitschrift)
GewO	Gewerbeordnung
GewUmschau	Gewerkschaftliche Umschau (Zeitschrift)
GG	Grundgesetz
GmbH	Gesellschaft mit beschränkter Haftung
GMBl.	Gemeinsames Ministerialblatt
GS	Großer Senat (z. B. des BAG)
HAG	Heimarbeitsgesetz
HessStGH	Staatsgerichtshof des Landes Hessen
HGB	Handelsgesetzbuch
Hrsg.	Herausgeber
IAB	Institut für Arbeitsmarkt und Berufsforschung der BA
IAO	Internationale Arbeits-Organisation
info also	Informationen zum Arbeitslosenrecht und Sozialhilferecht (Zeitschrift)
InsO	Insolvenzordnung
IntASO	Internationale Arbeits- und Sozialordnung (Däubler/Kittner/Lörcher)
InvG	Investmentgesetz
IPR	Internationales Privatrecht
IPRax	Praxis des internationalen Privat- und Verfahrensrechts (Zeitschrift)
iwd	Informationsdienst des Instituts der deutschen Wirtschaft
JArbSchG	Jugendarbeitsschutzgesetz
JbArbR	Jahrbuch des Arbeitsrechts
Jura	Juristische Ausbildung (Zeitschrift)
JZ	Juristenzeitung (Zeitschrift)
KG	Kammergericht (Berlin)
KJ	Kritische Justiz (Zeitschrift)

KOM	Kommissionsdokument
KrV	Krankenversicherung (Zeitschrift)
KSchG	Kündigungsschutzgesetz
LAG	Landesarbeitsgericht
LS	Leitsatz
LTO	Legal Tribune Online
MbErgG	Mitbestimmungsergänzungsgesetz
MgFSG	Gesetz über die Mitbestimmung der Arbeitnehmer bei grenzüberschreitendem Formwechsel und grenzüberschreitender Spaltung
MgVG	Gesetz über die Mitbestimmung der Arbeitnehmer bei grenzüberschreitenden Verschmelzungen
MiLoG	Mindestlohngesetz
Mitbest.	Die Mitbestimmung (Zeitschrift)
MitbestG	Mitbestimmungsgesetz
MittAB	Mitteilungen aus der Arbeitsmarkt- und Berufsforschung (Zeitschrift)
MontanMbG	Montan-Mitbestimmungsgesetz
MuSchG	Mutterschutzgesetz
NachwG	Nachweisgesetz
NJOZ	Neue Juristische Online-Zeitschrift
NJW	Neue Juristische Wochenschrift (Zeitschrift)
NVwZ	Neue Zeitschrift für Verwaltungsrecht
NZA	Neue Zeitschrift für Arbeitsrecht
NZA-RR	Neue Zeitschrift für Arbeitsrecht Rechtsprechungsreport
NZI	Neue Zeitschrift für Insolvenzrecht
NZS	Neue Zeitschrift für Sozialrecht
OGH	Oberster Gerichtshof (Österreich)
OLG	Oberlandesgericht
OS	Orientierungssatz
OVG	Oberverwaltungsgericht
Personalrat	Der Personalrat (Zeitschrift)
PflegeZG	Pflegezeitgesetz
RdA	Recht der Arbeit (Zeitschrift)
RDV	Recht der Datenverarbeitung (Zeitschrift)
RegE	Regierungsentwurf
RGBl.	Reichsgesetzblatt
RGSt	Entscheidungen des Reichsgerichts in Strafsachen
RIW	Recht der Internationalen Wirtschaft (Zeitschrift)
RL	Richtlinie
RV	Rentenversicherung (Zeitschrift)
RV aktuell	Rentenversicherung aktuell (Zeitschrift)
S.	Seite
SchwbG	Schwerbehindertengesetz
SGB	Sozialgesetzbuch
SGb	Die Sozialgerichtsbarkeit (Zeitschrift)

SozFort	Sozialer Fortschritt (Zeitschrift)
SozSich	Soziale Sicherheit (Zeitschrift)
SprAuG	Sprecherausschussgesetz
StGB	Strafgesetzbuch
StPO	Strafprozessordnung
SR	Soziales Recht (Zeitschrift)
SvEV	Sozialversicherungsentgeltverordnung
SZ	Süddeutsche Zeitung
TVG	Tarifvertragsgesetz
TVöD	Tarifvertrag für den öffentlichen Dienst
TzBfG	Teilzeit- und Befristungsgesetz
ULA	Union der leitenden Angestellten
UmwG	Umwandlungsgesetz
UrhG	Urheberrechtsgesetz
VBG	Unfallverhütungsvorschrift der Berufsgenossenschaften
VBL	Versorgungsanstalt des Bundes und der Länder
5. VermbG	5. Vermögensbildungsgesetz
VermG	Vermögensgesetz
VG	Verwaltungsgericht
vgl.	vergleiche
VO	Verordnung
WSI	Wirtschafts- und Sozialwissenschaftliches Institut des DGB
WzS	Wege zur Sozialversicherung (Zeitschrift)
ZAF	Zeitschrift für Arbeitsmarktforschung
ZAR	Zeitschrift für Ausländerrecht
ZESAR	Zeitschrift für europäisches Sozial- und Arbeitsrecht
ZfA	Zeitschrift für Arbeitsrecht
ZIP	Zeitschrift für Wirtschaftsrecht
ZPO	Zivilprozessordnung
ZRP	Zeitschrift für Rechtspolitik
ZTR	Zeitschrift für Tarifrecht
ZVI	Zeitschrift für Verbraucher- und Privatinsolvenzrecht

Einführung in die Arbeits- und Sozialordnung

I. Übersicht

1. Grundstruktur des Arbeitsmarktes

Über 90 % der Erwerbstätigen in der Bundesrepublik Deutschland sind Arbeitnehmer. Die Gesamtheit all dieser Arbeitsbeziehungen sowie offene Stellen und Stellensuchende machen zusammen den *Arbeitsmarkt* aus. Die Arbeitsbeziehungen sind zwar gekennzeichnet durch die zentralen Aspekte von Beschäftigung und Arbeitsentgelt, jedoch lassen sie sich nicht auf diese beiden Aspekte reduzieren. Die – typischerweise einander entgegengesetzten – Interessen von Arbeitgebern und Arbeitnehmern sind vielmehr umfassender und komplex (Übersicht 1). Der Arbeitsmarkt ist durch eine *ungleiche Kräfteverteilung* im Verhältnis zwischen Arbeitgeber und Arbeitnehmer geprägt. Der Arbeitnehmer ist für seinen Lebensunterhalt auf laufendes Arbeitseinkommen angewiesen, kann jedoch typischerweise nicht frei zwischen verschiedenen Arbeitsangeboten wählen bzw. seine Arbeitskraft zurückhalten, bis ihm eine passende Arbeit angeboten wird. Er ist zudem räumlich und persönlich gebunden. Außerdem bringt es die Eigenart des Arbeitsverhältnisses mit sich, dass er sich unter dem Weisungsrecht des Arbeitgebers (§ 106 GewO, Nr. 19; § 611a Abs. 1 S. 2 BGB, Nr. 14) einer Arbeitsorganisation aussetzen muss, von der Gefährdungen seiner physischen und psychischen Integrität, der Würde und des Persönlichkeitsrechts ausgehen. Dazu kommt, dass der Arbeitsmarkt nach wie vor von fehlenden Arbeitsgelegenheiten für Arbeitsuchende geprägt ist (über viele Jahre hinweg deutlich über 3 Mio. Arbeitslose, Erholungstendenzen des Arbeitsmarktes aber seit etwa 2005, erneuter Einbruch durch Corona-Pandemie und Ukraine-Krieg und allmähliche Rezession seit Anfang 2020, vgl. Einl. III zum SGB III, Nr. 30 III). Es ist die Aufgabe des Arbeits- und Sozialrechts, für diesen Arbeitsmarkt mit seinen vielfältigen Aspekten und divergierenden Interessen einen rechtlichen Rahmen bereitzustellen.

2. Sozialstaat: »Ausgleich gestörter Vertragsparität«

Das Gesellschafts- und Wirtschaftssystem der Bundesrepublik Deutschland ist durch den Grundsatz der Freiheit aller Bürger gekennzeichnet. Seine verfassungsmäßige Verankerung erfährt dieser Grundsatz mit dem Katalog der Grundrechte (Art. 1 bis 19 GG, Nr. 20). Art. 2 und insbesondere Art. 12 GG schützen die Freiheit der Bürger zu wirtschaftlicher Betätigung (insbesondere auch der Arbeitnehmer, *BVerfG* 24.4.1991 – 1 BvR 1341/90, BVerfGE 84, 133, 146). Das Eigentum an privaten Gegenständen wie an Produktionsmitteln wird durch Art. 14 geschützt. Zusammengefasst kann man sagen: Art. 12 GG schützt den Erwerb; Art. 14 GG schützt das Erworbene. Arbeitnehmer sind gerade hinsichtlich ihrer Unterlegenheit aber gleichermaßen verfassungsrechtlich geschützt.

Übersicht 1: Konfliktbereiche AG – AN

Konfliktbereich	Arbeitgeberinteressen	Arbeitnehmerinteressen
(1) Bestand des Arbeitsplatzes	Einsetzbarkeit der Arbeitskräfte je nach wirtschaftlichen und technischen Vorgaben; »Arbeitsmarktreserve«	sicherer Arbeitsplatz für jeden Arbeitswilligen
(2) Arbeitseinkommen	niedrige Arbeitskosten	ausreichendes, gleichmäßiges und gesichertes Einkommen
(3) Arbeitsinhalt, Qualifikation	Gestaltung nach wirtschaftlichen und technischen Vorgaben; Einsetzbarkeit nach selbst gesetzten Unternehmens- und Betriebszielen	Selbstverwirklichung in der Arbeit und durch hohe und breite Qualifikation
(4) Arbeitszeit	Einsetzbarkeit je nach betrieblichen Anforderungen; hohe Einsatzzeiten für »Kernarbeitskräfte«, kurzzeitige und schwankende Arbeitszeit für »Spitzenbedarf«	Flexibilität bei der Gestaltung, Arbeitszeit ohne übermäßige Belastung mit angemessener Erholzeit und Freizeit zur Erholung und Teilnahme am gesellschaftlichen Leben nach eigener Entscheidung über ihre Verteilung
(5) Sonstige Arbeitsbedingungen	niedrige Arbeitskosten; Arbeitsintensivierung; Herrschaftssicherung	physische und psychische Integrität (»menschengerechte Arbeitsbedingungen«)
(6) Arbeitsort	Standortwahl unter dem Gesichtspunkt rentabelster Produktion	frei gewählter Arbeitsort (Familienwohnort)

Das Grundgesetz schützt als obersten Wert die Würde des Menschen (Art. 1 Abs. 1 GG) und es schützt die Freiheitsrechte *aller* Bürger gleichermaßen. Die Bundesrepublik Deutschland ist ein »demokratischer und sozialer Bundesstaat« (Art. 20 Abs. 1 GG). Beide Grundsätze dürfen auch nicht mit verfassungsändernder Mehrheit geändert werden (Art. 79 Abs. 3 GG). Die Verpflichtung des Staates auf seine »soziale« Eigenschaft nennt man »Sozialstaatsprinzip«. Darunter versteht man die Verpflichtung aller staatlichen Organe zur Herstellung einer »gerechten Sozialordnung«. Daraus leitet das *BVerfG* gerade für das Arbeitsleben eine grundlegende Schutzpflicht des Staates ab, mit der den fundamentalen Schwächen des Arbeitnehmers im Verhältnis zum Arbeitgeber Rechnung getragen werden soll. Wo es an einem Kräftegleichgewicht von Arbeitgeber und Arbeitnehmer fehlt, und deshalb kein sachgerechter Interessenausgleich möglich ist, muss einem sozialen und wirtschaftlichen Ungleichgewicht entgegengewirkt werden. Notwendig ist daher ein *»Ausgleich gestörter Vertragsparität«*. Dem Staat steht es grundsätzlich frei, wie er dabei vorgeht. Es liegt nahe, dass dies in erster Linie durch die staatliche Gesetzgebung erfolgt (**Staatshilfe**). Eingriffe in Grundrechtspositionen der Arbeitgeber können sich zudem auf die Sozialpflichtigkeit von Art. 12 und 14 stützen.

3. Koalitionsfreiheit

Mit der Koalitionsfreiheit des Art. 9 Abs. 3 GG wird es Arbeitgebern und Arbeitnehmern ermöglicht, ihre eigenen Angelegenheiten im Wege der Selbsthilfe zu regeln. Geschützt ist in umfassender Weise die Freiheit der Gründung und Betätigung von Vereinigungen, deren Zweck die »Wahrung und Förderung der Arbeits- und Wirtschaftsbedingungen« ist. Dieser Schutz gilt sowohl den Vereinigungen der Arbeitnehmer als auch denen der Arbeitgeber. Gleichwohl ist gerade mit Blick auf das verfassungsrechtliche Konzept des »Ausgleichs der gestörten Vertragsparität« im Arbeitsleben unverkennbar, dass damit in erster Linie der verfassungsrechtliche Schutz der Gewerkschaften bezweckt wird. Ihre Existenz zieht notwendigerweise die Bildung von Arbeitgeberverbänden nach sich, die ihrerseits einen entsprechenden verfassungsrechtlichen Schutz wie die Gewerkschaften genießen. Das wichtigste Betätigungsfeld der Gewerkschaften ist das Tarifvertragssystem (vgl. Übersicht 71) mit dem Streikrecht (Übersicht 74). Darüber hinaus haben sie vielfältige Rechte innerhalb der Arbeits- und Sozialverfassung:

- Unterstützungsrechte in der betrieblichen Mitbestimmung und Personalvertretung
- Vertretungsrechte in der Unternehmensmitbestimmung
- Prozessvertretung und Benennung von ehrenamtlichen Richtern in der Arbeits- und Sozialgerichtsbarkeit (vgl. Übersichten 14 und 61)
- Beteiligung an der Selbstverwaltung der Sozialversicherung

Außerhalb dieser institutionalisierten Beteiligung haben die Gewerkschaften unmittelbar aus der Verfassung das Recht auf Werbung und Information im Betrieb (*BAG* 14.2.1978 – 1 AZR 280/77, AP Nr. 26 zu Art. 9 GG). Der Gewerkschaftsbegriff ist nicht gesetzlich geregelt. Die Rechtsprechung hat hierzu eine Reihe von Anforderungen entwickelt (vgl. Einl. II 1a zum TVG, Nr. 31). Die Gewerkschaften in der Bundesrepublik Deutschland sind überwiegend innerhalb des Deutschen Gewerkschaftsbundes (DGB) nach folgenden Prinzipien organisiert:

- Einheitsgewerkschaft: politische und konfessionelle Unabhängigkeit (keine Richtungsgewerkschaft) und
- Industriegewerkschaft: ein Betrieb, eine Gewerkschaft (keine Berufsverbände).

Es gibt aber auch eine Reihe kleinerer Gewerkschaften außerhalb des DGB (vielfach neu entstandene Spezialistenvereinigungen wie der Marburger Bund oder die Vereinigung Cockpit). Über ihren Gewerkschaftsstatus entscheidet die Arbeitsgerichtsbarkeit. Sie ist insbesondere bei Vereinigungen innerhalb des christlichen Gewerkschaftsbundes zweifelhaft und für einige von ihnen gerichtlich verneint worden (Einl. II 1a zum TVG, Nr. 31; Übersicht bei *Kocher,* in: Berg/Kocher/Schumann, Hrsg., Tarifvertragsgesetz und Arbeitskampfrecht, 8. Aufl. 2025, § 2 TVG Rn. 39).

4. Gesamtsystem des Arbeits- und Sozialrechts

Vor diesem sachlichen und verfassungsrechtlichen Hintergrund stellt sich die Arbeits- und Sozialverfassung der Bundesrepublik Deutschland folgendermaßen dar:
Arbeitsrecht nennt man die Summe aller Rechtsvorschriften, die zum Schutze der Arbeitnehmer Einfluss auf das Verhalten der Arbeitgeber nehmen. Vorschriften, die es dem Arbeitgeber als stärkerer Vertragspartei verbieten, mit dem Arbeitnehmer zu dessen Nachteil einen bestimmten Vertragsinhalt auszuhandeln (z. B. Mindestlohn, Urlaubsdauer oder Kündigungsfristen) oder den Arbeitsvertrag nach Belieben zu kündigen, nennt man *Vertragsschutz.* Das kann durch zwingende Vorschriften erfolgen (z. B. das MiLoG [Nr. 31b], das KSchG [Nr. 25] oder § 622 BGB [Nr. 14]) oder durch Generalklauseln, die eine Überprüfung von Vertragsinhalten durch die Gerichte ermöglichen (z. B. § 138 BGB; zur Kontrolle Allgemeiner Geschäftsbedingungen nach §§ 305 ff. BGB s. Einl. II 8 zum BGB, Nr. 14). Vorschriften, die den Arbeitnehmer vor Gesundheitsschädigungen bei oder infolge der Arbeit schützen sollen, nennt man *Arbeitsschutz.* Handelt es sich um Schutzmaßnahmen in Bezug auf die Arbeitnehmer selbst (z. B. Höchstarbeitszeit im ArbZG, Nr. 8), spricht man von *sozialem* Arbeitsschutz. Wird dagegen Einfluss auf die Arbeitsmittel oder Arbeitsumgebung genommen (z. B. durch die Betriebssicherheitsverordnung, Nr. 7 d), handelt es sich um *technischen* Arbeitsschutz. Der Gedanke der *Selbsthilfe* im Arbeitsrecht kommt in zwei Handlungssystemen zum Ausdruck: dem Tarifvertragssystem (TVG, Nr. 31) sowie dem System der betrieblichen Mitbestimmung (BetrVG, Nr. 12) und der Unternehmensmitbestimmung (MitbestG, Nr. 26, sowie DrittelBG, Nr. 26a, und weitere Mitbestimmungsgesetze). Neben den (geschriebenen) Gesetzen gibt es auch ungeschriebenes Recht, das durch die Rechtsprechung geprägt ist. Es hat in der Regel den Rang einfacher Bundesgesetze. Auf ungeschriebenes Recht wird in den Einleitungen hingewiesen, etwa in Bezug auf die Arbeitnehmerhaftung (Einl. II 6 zum BGB, Nr. 14) oder den Arbeitskampf (Einl. II 2 zum TVG, Nr. 31).
Sozialrecht nennt man all die öffentlich-rechtlichen Vorschriften, die zum Ausgleich einer Mangellage Ansprüche des Bürgers gegen einen Leistungsträger regeln. Darunter fallen besondere staatliche Leistungen, z. B. die Ausbildungsförderung,

ebenso wie die Basisleistungen der Sozialhilfe nach dem SGB XII (Nr. 30 XII) und der Grundsicherung nach dem SGB II (Nr. 30 II). Soweit ein bestimmtes Lebensrisiko an die Eigenschaft als Arbeitnehmer anknüpft, wird es durch das Sozialversicherungsrecht geregelt. Das Sozialrecht und insbesondere das Sozialversicherungsrecht sichern Risiken ab, die ein Arbeitnehmer, der zum Lebensunterhalt auf laufendes Arbeitseinkommen angewiesen ist, aus eigenen Kräften nicht bewältigen kann. Das Sozialrecht wird heute im Wesentlichen im Sozialgesetzbuch geregelt (vgl. SGB I–XII und XIV, s. Nrn. 30 I–30 XII).
Ergänzt wird das Arbeits- und Sozialrecht durch ein **soziales Prozessrecht**: eine Arbeits- und Sozialgerichtsbarkeit mit entsprechender Sachnähe und einem an der Unterlegenheit der Arbeitnehmer/Versicherten orientierten Verfahrensrecht (vgl. ArbGG, Nr. 5, Übersichten 14 und 61). Damit ist die Arbeits- und Sozialordnung in Deutschland ein hochkomplexes Gebilde von aufeinander einwirkenden Normen und Institutionen (Übersicht 2).

5. Internationale Dimension

Die Grundlage der deutschen Arbeits- und Sozialordnung sind naturgemäß deutsche Gesetze und Verordnungen. Gleichzeitig ist Deutschland aber seit langem und intensiv in internationale Beziehungen mit völkerrechtlichen Verpflichtungen eingebunden. Das äußert sich typischerweise so, dass Deutschland Mitglied einer Staatengemeinschaft ist, kraft derer es sich – so wie die anderen Mitgliedstaaten auch – durch völkerrechtlichen Vertrag zur Beachtung bestimmter Grundsätze verpflichtet. Derartige völkerrechtliche Bindungen führen im Regelfall nicht zur unmittelbaren Anwendung der entsprechenden Vertragsinhalte in den Mitgliedstaaten selbst. Jedoch ist es seit langem anerkannt, dass Gesetzgeber, Verwaltung und Gerichte in Deutschland bei der Auslegung und Anwendung nationalen Rechts an völkerrechtliche Vorgaben gebunden sind (s. Einl. III 5 zum GG, Nr. 20).
Die Bundesrepublik Deutschland ist Mitglied in vier völkerrechtlichen Gemeinschaften, die mit unterschiedlicher Reichweite und Verbindlichkeit arbeits- und sozialrechtliche Normen geschaffen haben (Übersicht 3):

- Vereinte Nationen (UNO),
- Internationale Arbeitsorganisation (IAO = International Labour Organisation/ILO),
- Europarat und
- Europäische Union.

Die Bedeutung dieser vier Organisationen und ihrer Rechtsnormen ist sehr unterschiedlich: Die Rechtsnormen von UNO, ILO und Europarat haben wegen der Vielzahl der beteiligten Staaten den eher generellen Charakter eines unteren gemeinsamen Nenners. Das macht ihre Einhaltung in Deutschland im Allgemeinen nicht so problematisch (zu einer wichtigen Ausnahme im Hinblick auf die Nicht-Kompatibilität des deutschen Streikrechts mit der (Revidierten) Europäischen Sozialcharta des Europarats vgl. *BAG* 10.12.2002 – 1 AZR 96/02, BB 03, 1125; insg. zu Konflikten des deutschen Rechts mit der Revidierten Europäischen Sozialcharta *Lörcher*, AuR 24, 329). Durch die Möglichkeit, wegen Verletzung der Europäischen Menschenrechtskonvention (EMRK, EU-ASO Nr. 5) den Europäischen Gerichtshof

Übersicht 2: Arbeits- und Sozialverfassung

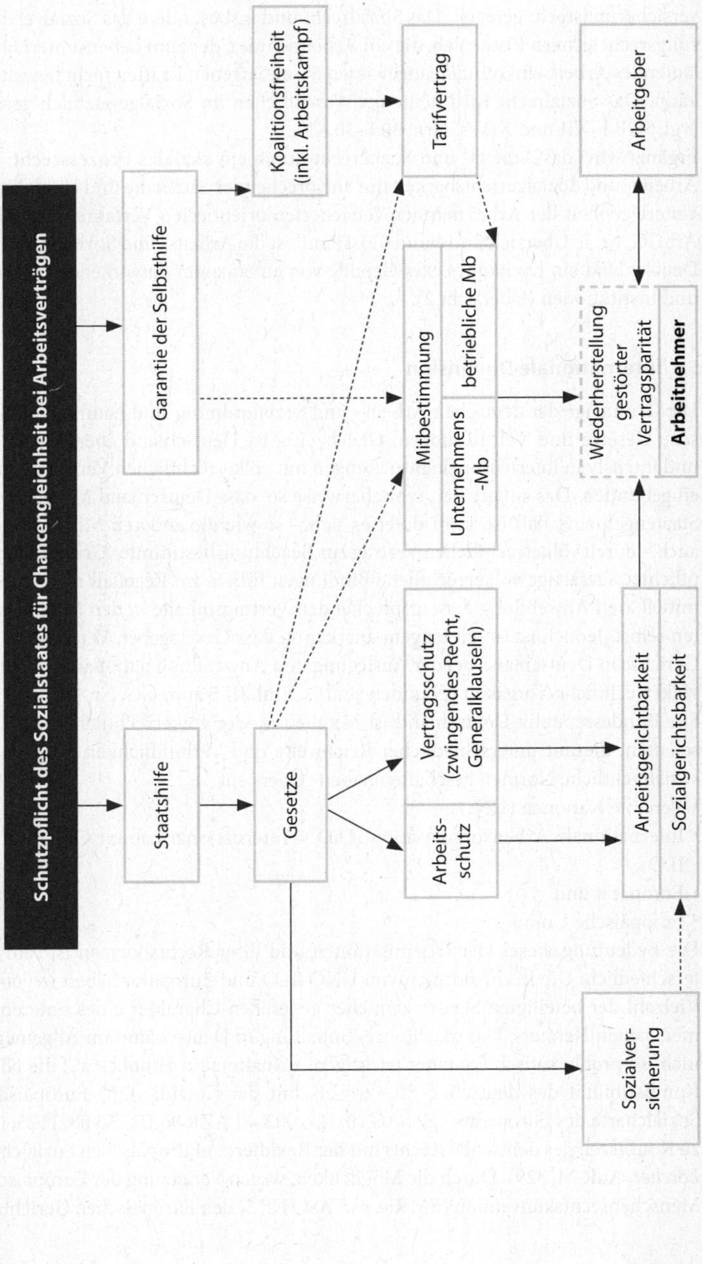

Übersicht 3: Internationales Arbeits- und Sozialrecht

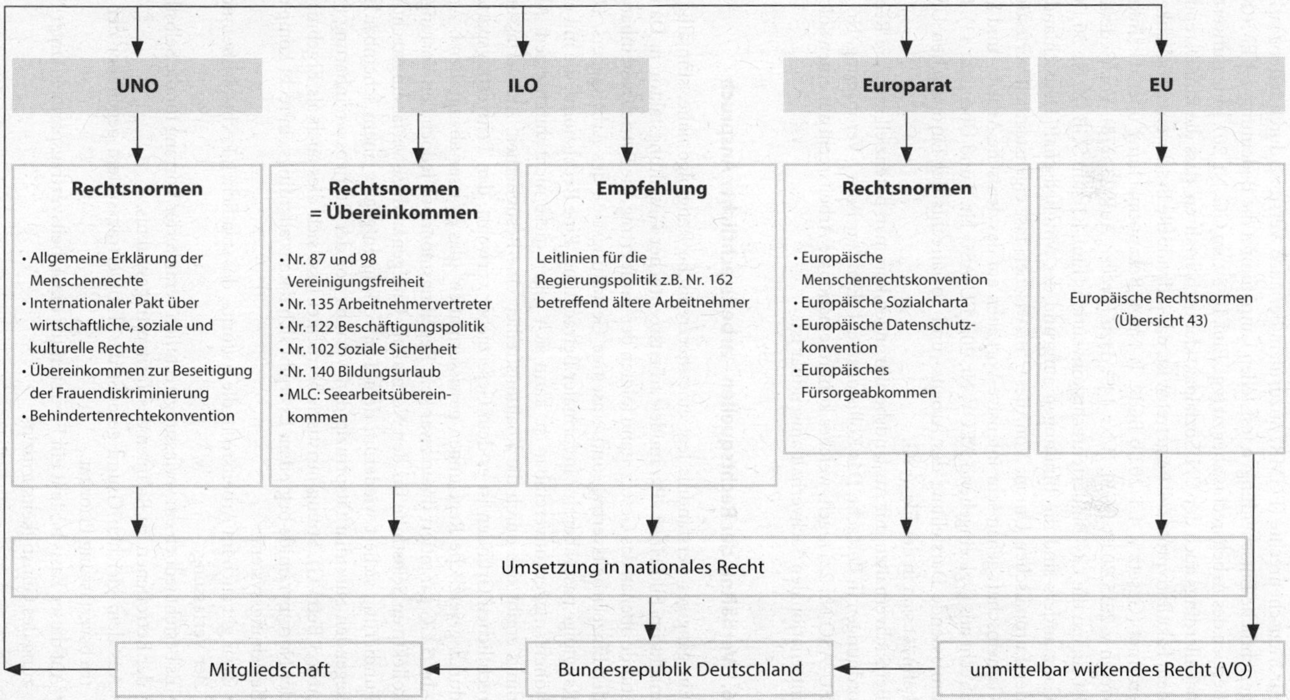

für Menschenrechte (EGMR) anzurufen, der auch Verstöße durch innerstaatliche gerichtliche Entscheidungen feststellen kann, nimmt die Bedeutung der EMRK im Bereich des Arbeitsrechts aber zu (vgl. Einl. III 5 zum GG, Nr. 20). Eine Aufwertung hat allerdings auch der UN-Sozialpakt dadurch erfahren, dass die Bundesrepublik dem Fakultativprotokoll beigetreten ist, das individuelle Beschwerdemöglichkeiten eröffnet (Gesetz v. 4.1.2023, BGBl. II Nr. 4; Bekanntmachung über das Inkrafttreten v. 22.5.2023, BGBl. II Nr. 143; dazu *Lörcher*, AuR 23, 278). Von Bedeutung ist zudem die UN-Bindertenrechtskonvention (Einl. I 1 zum SGB IX, Nr. 30 IX).
Ganz anders sind die Bindungen aufgrund der Mitgliedschaft Deutschlands in der Europäischen Union. Von dieser inzwischen fast eigenstaatlich verfestigten Gemeinschaft gehen sehr intensive Vorgaben auf das deutsche Arbeits- und Sozialrecht aus (vgl. eingehend AEUV, Nr. 20a, EU-ASO Nr. 3 und Übersicht 43). Eine umfassende Darstellung des Arbeits- und Sozialrechts der Europäischen Union befindet sich in der EU-ASO.
Bei Sachverhalten mit Auslandsberührungen kommen potenziell mehrere Rechtsordnungen in Betracht. Das Kollisionsrecht (Einl. zur Rom I-Verordnung, Nr. 14a, EU-ASO Nr. 22) regelt, welches konkrete nationale Arbeitsrecht auf einen solchen internationalen Sachverhalt anwendbar ist.

6. Verhältnis der Rechtsquellen – arbeitsrechtlicher Anspruch

Ein gängiges Verständnis legt eine hierarchische Rangfolge nahe, sinnfällig gemacht im Bild einer »Pyramide« arbeitsrechtlicher Gestaltungsfaktoren: Danach stünde obenan das Gesetz, dann folgten der Tarifvertrag, die Betriebsvereinbarung, der Einzelarbeitsvertrag und einseitige Gestaltungsakte des Arbeitgebers. Diese Rangfolge passt aber nur in formaler Betrachtung. Eine Rechtsnorm, die mit einer höherrangigen unvereinbar ist, kann sich gegen diese nicht durchsetzen. Allerdings ergibt sich durch die Koaltionsfreiheit eine Besonderheit: Aus verfassungsrechtlichen Gründen ist es dem Gesetzgeber verwehrt, den Tarifvertragsparteien durch gesetzliche Regelungen gewissermaßen »das Wasser abzugraben«. Art. 9 Abs. 3 GG garantiert ihnen zwar kein Regelungsmonopol, jedoch den Vorrang der kollektiven Selbsthilfe für den Normalfall. Und genau diese verfassungsrechtliche Fundierung sichert wiederum dem Tarifvertrag entgegen einem scheinbar nahe liegenden Subsidiaritätsprinzip den Vorrang vor der Betriebsvereinbarung (§ 77 Abs. 3 BetrVG). Streng juristisch betrachtet lässt sich dies auch als Ergebnis aus der Normpyramide begreifen. Es ergibt sich daraus allerdings ein recht komplexes Beziehungssystem.

- Zwar gilt auch im Arbeitsrecht die Autorität des staatlichen Rechts, insbesondere der Verfassung.
- Es besteht jedoch ein verfassungsrechtlich verankerter Vorrang für die Selbsthilfe der Betroffenen im Rahmen des Tarifvertragssystems.
- Aus dem gleichen Grund genießt das Tarifvertragssystem gegenüber der Betriebsverfassung Priorität.
- Auf dieser Basis besteht ein Freiraum für die Arbeitsvertragsparteien unter Nutzung des Günstigkeitsprinzips.

Aus alledem resultiert eine komplizierte Abfolge von Prüfschritten, wenn man eine konkrete arbeitsvertragliche Position bestimmen will, sei es einen Entgeltanspruch, sei es die Möglichkeit einer Kündigung (Übersicht 4). Soweit es in diesem Zusammenhang auf das Vorhandensein eines Tarifvertrages oder einer Betriebsvereinbarung ankommt, sind eigene, bereichsspezifische Prüfschritte erforderlich (vgl. Übersichten 32 und 72).

Übersicht 4: Arbeitsrechtlicher Anspruch

Frage	Bemerkung
1. Anwendung des Arbeitsrechts	• Eine Vertragsbeziehung muss dadurch gekennzeichnet sein, dass eine Seite als Arbeitnehmer abhängige Arbeit verrichtet, d. h. in die Arbeitsorganisation des Arbeitgebers eingegliedert ist (§ 611a BGB). • Bei einem geringeren Grad arbeitsrechtlicher Abhängigkeit können Vorschriften für eine arbeitnehmerähnliche Person zur Anwendung kommen.
2. Inhalt des Arbeitsvertrages	• Für die Rechtsbeziehungen ist in erster Linie der bestehende Arbeitsvertrag maßgebend. • Zu klären ist jedoch, ob nicht zwingende Vorschriften einer Betriebsvereinbarung/Dienstvereinbarung, eines Tarifvertrags oder eines Gesetzes entgegenstehen.
3. Geltung einer Betriebsvereinbarung/ Dienstvereinbarung	• Es gilt eine für das Arbeitsverhältnis einschlägige Betriebsvereinbarung/Dienstvereinbarung. • Eine abweichende arbeitsvertragliche Regelung geht vor, wenn sie für den Arbeitnehmer günstiger ist. • Ein Tarifvertrag und ein Gesetz gehen immer vor, es sei denn, sie enthalten eine Öffnungsklausel zugunsten der Betriebsparteien.
4. Geltung eines Tarifvertrags (Geltungsbereich)	• Es gilt ein für das Arbeitsverhältnis einschlägiger Tarifvertrag. – Der Tarifvertrag gilt aufgrund Gewerkschaftsmitgliedschaft und Tarifbindung des Arbeitgebers. – Der Tarifvertrag gilt kraft ausdrücklicher Bezugnahme im individuellen Arbeitsvertrag. – Der Tarifvertrag gilt kraft Allgemeinverbindlicherklärung. • Eine abweichende arbeitsvertragliche Regelung geht vor, wenn sie für den Arbeitnehmer günstiger ist. • Eine Betriebsvereinbarung/Dienstvereinbarung geht vor, wenn der Tarifvertrag eine Öffnungsklausel enthält. • Ein Gesetz geht vor, wenn es ausnahmsweise nicht tarifdispositiv ist.
5. Geltung eines Gesetzes	• Es gilt ein einschlägiges Gesetz. • Eine abweichende arbeitsvertragliche Regelung geht vor, wenn sie für den Arbeitnehmer günstiger ist. • Das Gesetz kann Abweichungen durch Tarifvertrag oder Betriebs- bzw. Dienstvereinbarung zulassen.

Frage	Bemerkung
6. Rechtsverlust	Ein an sich bestehendes Recht kann verloren gehen durch • Erfüllung • Aufrechnung • Vergleich • Verzicht • Verwirkung, oder wegen eines Zurückbehaltungsrechts (zunächst) nicht durchsetzbar sein.
7. Frist	Für die Geltendmachung von Ansprüchen bestehen Fristen: • Ausschlussfrist – tarifvertraglich – einzelvertraglich (insbesondere Bezugnahme auf Tarifvertrag) • Verjährung • Frist für gerichtliche Geltendmachung (z. B. § 4 KSchG)
8. Streitigkeiten	Zuständigkeit des Arbeitsgerichts

7. Arbeitnehmereigenschaft

Die komplexe Vorfrage, ob auf eine Rechtsbeziehung überhaupt Arbeitsrecht anwendbar ist, ist davon abhängig, ob ein Vertragspartner »Arbeitnehmer« im Rechtssinne ist. Der Arbeitnehmerbegriff war lange Zeit gesetzlich nicht definiert. Seit 1. 4. 2017 gibt es in § 611a BGB eine Regelung des Arbeitsvertrages. Aus deren Abs. 1 ergibt sich, was ein Arbeitnehmer ist. Entscheidend ist nach § 611a Abs. 1 Satz 1 BGB eine weisungsgebundene, fremdbestimmte Arbeit in persönlicher Abhängigkeit (Einl. II 1 zum BGB, Nr. 14).
Entsprechende Grundsätze gelten im Sozialversicherungsrecht zur Abgrenzung des dort »Beschäftigter« genannten Arbeitnehmers (§ 7 Abs. 1 SGB IV; dazu Einl. II 1 zum SGB IV, Nr. 30 IV) sowie im Steuerrecht für »abhängige Arbeit« als Anknüpfung zur Erhebung von Lohnsteuer (§ 1 LohnsteuerdurchführungsVO). Aus alledem ergibt sich eine Vielzahl von Prüfschritten zur Prüfung der Arbeitnehmereigenschaft des bzw. der Betroffenen (Checkliste 5).
Sofern ein Arbeitsverhältnis zu verneinen und stattdessen von Selbstständigkeit auszugehen ist, kann im Hinblick auf eine wirtschaftliche Abhängigkeit immer noch Arbeitnehmerähnlichkeit vorliegen (Checkliste 6). Auch wenn mangels Arbeitnehmereigenschaft nicht das gesamte Arbeitsrecht zur Anwendung kommt, gibt es einzelne Vorschriften des Arbeitsrechts, die auch für arbeitnehmerähnliche Personen anwendbar sind, z. B. das Urlaubsrecht nach § 2 Satz 2 BUrlG, Nr. 17.

8. Schwellenwerte im Arbeitsrecht

Das Arbeitsrecht gilt nicht uneingeschränkt, wenn nur die Arbeitnehmereigenschaft bejaht wird, mithin ein Arbeitsverhältnis gegeben ist. Viele Vorschriften lassen einen bestimmten Arbeitnehmerschutz bzw. Rechte von Arbeitnehmervertretungen nur ab einer bestimmten Beschäftigtenzahl eintreten. Man spricht dabei von sog. Schwellenwerten (Übersicht 7).

Checkliste 5: Arbeitnehmereigenschaft

I. Grundentscheidung für arbeitsrechtliche Fragestellung

- Arbeit im wirtschaftlichen Sinne
- privatrechtliche oder öffentlich-rechtliche Rechtsbeziehung

II. Formelle Kriterien

- Behandlung durch die Sozialversicherung
- Behandlung durch das Finanzamt
- formelle Merkmale der Vertragsdurchführung

III. Vertragsbezogene Kriterien

- Vorliegen eines Vertrags
- Bezeichnung der Tätigkeit im Vertrag/Parteiwille
- Dienstvertrag oder anderer Vertragstyp
- Verpflichtung zur Auftragsübernahme oder anderweitige Sicherung der Arbeitsleistung
- Leistungskonkretisierung im Vertrag
- Leistungsort
- Arbeitszeit
- Arbeitsmittel
- Dauer des Dienstverhältnisses
- fachliche Weisungsgebundenheit
- Vergütungsart und -höhe
- persönliche Leistungsverpflichtung

IV. Tatsächliche Vertragsdurchführung

- Eingliederung in die Arbeitsorganisation
- Weisungsgebundenheit
- Arbeitsdurchführung
- tatsächliche Ausübung des Direktionsrechts
- Aufnahme im Dienstplan
- Einbindung in die Arbeitsorganisation
- Umfang der Tätigkeit
- Einsatz eigenen Kapitals
- unternehmerische Chancen und Risiken
- Teilnahme an Schulungs-/Trainingsmaßnahmen
- wirtschaftliche Abhängigkeit
- Einordnung vergleichbarer Vertragspartner

V. Arbeitnehmerähnlichkeit

- Bei Verneinung der Arbeitnehmereigenschaft: arbeitnehmerähnliche Person? (Checkliste 6)

Checkliste 6: Arbeitnehmerähnliche Person

- Vertragstyp
- Sonderfall: Heimarbeiter (vgl. HAG, Nr. 22)
- Sonderfall: Handelsvertreter (vgl. HGB, Nr. 21)
- Sonderfall: Werkstätten für behinderte Menschen (vgl. SGB IX, Nr. 30 IX)
- wirtschaftliche Abhängigkeit
- überwiegende Arbeit für einen Vertragspartner
- mehr als die Hälfte des Einkommens von einem Vertragspartner
- Schutzbedürftigkeit wie ein Arbeitnehmer
- Dauerhaftigkeit der Vertragsbeziehung
- Einkommenshöhe
- persönliche Leistungserbringung

Übersicht 7: Schwellenwerte im Arbeitsrecht – Arbeitsrechtliche Vorschriften in Abhängigkeit von der Arbeitnehmerzahl im Betrieb oder Unternehmen

AN-Zahl	AN-Besonderheit	Sachverhalt	Vorschrift
bis 5	ohne Azubi, Teilzeit anteilig	Wehrdienst von mehr als 6 Monaten als wichtiger Grund für außerordentliche Kündigung	2 III ArbPlSchG
ab 5	Wahlberechtigte	Wahl eines BR	1 BetrVG
	Azubi unter 25 Jahren oder AN unter 18 Jahren	Wahl einer Jugend- und Auszubildendenvertretung	60 BetrVG
	schwerbehinderte Menschen	Wahl einer Schwerbehindertenvertretung	177 SGB IX
ab 6	Teilzeit anteilig	Geltung KSchG	23 II KSchG
bis 10		Nichtgeltung KSchG bei Neueinstellung	23 I KSchG
ab 10	leitende Angestellte	Wahl eines Sprecherausschusses der leitenden Angestellten	1 SprAuG
ab 11	Beschäftigte, Teilzeit anteilig	Dokumentationspflicht zur Gefährdungsbeurteilung gem. § 5 ArbSchG	6 I 2 ArbSchG
ab 16	ohne Azubi	Anspruch auf Teilzeitarbeit	8 VII TzBfG
	Teilzeit anteilig	Anspruch auf Pflegeteilzeit	3 I 2 PflegeZG
	Beschäftigte	Elternteilzeit	15 VII Nr. 1 BEEG
bis 20	ohne Azubi, Teilzeit anteilig	Einzelvertraglich kürzere Kündigungsfrist	622 V 1 Nr. 2 BGB
ab 20		Beschäftigungspflicht für schwerbehinderte Menschen und Abgabe (reduziert bis 39 bzw. 59 AN)	154, 160 II SGB IX
	personenbezogene Daten verarbeitende AN	Bestellung eines betrieblichen Datenschutzbeauftragten	37 DSGVO 38 BDSG
ab 21	AN	Anzeige Entlassung von mehr als 5 AN	17 I KSchG
	Wahlberechtigte	3 BR-Mitglieder	9 BetrVG
	Wahlberechtigte	Pflicht zur Geschlechterrepräsentanz im BR	15 II BetrVG
	Wahlberechtigte	BR-Zustimmung bei personellen Einzelmaßnahmen	99 BetrVG
	Wahlberechtigte	BR-Beteiligung bei Betriebsänderung, Interessenausgleich und Sozialplan	111, 112 BetrVG
	Wahlberechtigte	AN-Unterrichtung in Betrieben ohne WA	110 II BetrVG

AN-Zahl	AN-Besonderheit	Sachverhalt	Vorschrift
	Beschäftigte	Bestellung Sicherheitsbeauftragter[1]	22 SGB VII
	Teilzeit anteilig, Errichtung	Arbeitsschutzausschuss[2]	11 ASiG
mehr als 25	Beschäftigte ohne Azubi	Familienpflegezeit	2 I 4 FPfZG
bis 30		Umlage für Entgeltfortzahlung	1 I AAG
mehr als 45	AN	Brückenteilzeit	9a TzBfG
mehr als 49	AN, auch bei Nachunternehmern, Selbstständige und Leih-AN in Fleischereihandwerk	manipulationssichere Arbeitszeiterfassung, Direktanstellungsgebot in der Fleischwirtschaft	§§ 2 Abs. 2, 6 ff. GSA Fleisch
bis 50	Wahlberechtigte	vereinfachtes BR-Wahlverfahren	14a I BetrVG
ab 50	Beschäftigte	Einrichtung interner Meldestelle	12 II HinSchG
ab 51	Wahlberechtigte	5 BR-Mitglieder	9 BetrVG
	Wahlberechtigte	Vereinbarung des vereinfachten BR-Wahlverfahrens	14a V BetrVG
ab 60		Anzeige Entlassung von mehr als 10 % der Belegschaft bzw. 25 AN	17 I KSchG
		volle Abgabenhöhe bei Nichtbeschäftigung von Schwerbehinderten	154, 160 II SGB IX
ab 101		7 BR-Mitglieder	9 BetrVG
		BR-Ausschüsse möglich	28 I BetrVG
		Aufgabenübertragung an Arbeitsgruppen möglich	28a BetrVG
		Errichtung WA	106 BetrVG
		schriftliche Begründung der Ablehnung von BR-Vorschlägen zu Beschäftigungssicherung	92a BetrVG
ab 200		mindestens 1 freigestelltes BR-Mitglied	38 BetrVG
ab 201		9 BR-Mitglieder	9 BetrVG
		Betriebsausschuss des BR	27 BetrVG
		Auskunftsanspruch Vergleichsentgelt	12 EntgTranspG
		kein Überforderungsschutz des AG bei Brückenteilzeit	9a II TzBfG

[1] Erhöhung der Zahl 20 durch BG bei geringerer Gefahr möglich.
[2] BG kann die Zahl 20 erhöhen oder verringern.

AN-Zahl	AN-Besonderheit	Sachverhalt	Vorschrift
ab 250	Beschäftigte	Einrichtung eigener interner Meldestelle	14 II HinSchG
ab 301		Anspruch BR auf Experten	111 BetrVG
ab 401		11 BR-Mitglieder	9 BetrVG
bis 500		AN-Vertreter im Aufsichtsrat von Alt-AG	1 I 1 DrittelbG
ab 500		Anzeige der Entlassung von mindestens 30 AN	17 KSchG
ab 501		mindestens 2 freigestellte BR-Mitglieder	38 BetrVG
		BR kann Auswahlrichtlinien verlangen	95 II BetrVG
		Arbeitnehmervertreter im Aufsichtsrat von Kapitalgesellschaften	1 I DrittelbG
		Prüfverfahren Entgeltgleichheit	17 Entg-TranspG
		Berichtspflicht Entgeltgleichheit	21 Entg-TranspG
ab 701		13 BR-Mitglieder	9 BetrVG
ab 901		mindestens 3 freigestellte BR-Mitglieder	38 BetrVG
ab 1000	AN in EU-Mitgliedstaaten, mindestens je 150 AN in 2 Staaten	Errichtung Euro-BR	3 EBRG
	AN im Inland	Sorgfaltspflichten in Lieferketten	LkSG
ab 1001		15 BR-Mitglieder	9 BetrVG
		vierteljährliche Unterrichtung der Belegschaft über wirtschaftliche Lage	110 I BetrVG
		Montanmitbestimmung in Kohle und Stahl erzeugenden Unternehmen	1 II Montan-MbG
ab 1501		17 BR Mitglieder	9 BetrVG
		mindestens 4 freigestellte BR-Mitglieder	38 BetrVG
ab 2001		19 BR-Mitglieder	9 BetrVG
		mindestens 5 freigestellte BR-Mitglieder	38 BetrVG
		Mitbestimmung nach dem MitbestG (12 Aufsichtsratsmitglieder)	1 MitbestG
ab 2501		je angefangene weitere 500 AN weitere 2 BR-Mitglieder	9 BetrVG
ab 3001		je angefangene weitere 1000 AN ein weiteres freigestelltes BR-Mitglied	38 BetrVG
ab 9001		je angefangene weitere 3000 AN weitere 2 BR-Mitglieder	9 BetrVG
bis 8000		Aufsichtsratswahl nach dem MitbestG als Urwahl die Regel	9 II MitbestG

AN-Zahl	AN-Besonderheit	Sachverhalt	Vorschrift
ab 8000		Aufsichtsratswahl als Delegiertenwahl die Regel	9 I MitbestG
ab 10001		je angefangene weitere 2000 AN ein weiteres freigestelltes BR-Mitglied	38 BetrVG
		Aufsichtsrat nach dem MitbestG: 16 Mitglieder	7 I 2 MitbestG
ab 20001		Aufsichtsrat nach dem MitbestG: 20 Mitglieder	7 I 3 MitbestG

9. Digitalisierung

Bislang noch wenig durchdrungen ist die Frage, welche Veränderungen die Digitalisierung der Betriebe und insbesondere der Einsatz künstlicher Intelligenz mit sich bringt und welchen Einfluss dies auf die Beschäftigung und demzufolge den Schutzbedarf von Arbeitnehmern hat (vgl. *Däubler*, SR Sonderausgabe 16, 2; *Deinert*, AuR 25, 6; *Gerst/Klebe*, AuR 24, 362; *Krause*, NZA 16, 1004; *Thüsing*, SR 16, 87; *Waas*, RdA 22, 125; *Wedde*, CuA 8+9/23, 18). Die europäische KI-Verordnung (Nr. 15e) regelt Anforderungen für Anbieter und Betreiber von KI und hat damit auch Einfluss auf das Arbeitsrecht, wenn KI im Betrieb verwendet wird. Der Einsatz von KI wirft aber auch weitere arbeitsrechtliche Fragen auf, die erst allmählich geklärt werden (dazu Einl. zu Nr. 15e).

10. Arbeits- und Sozialordnung in Krisenzeiten

Die plötzliche Ausbreitung der Corona-Pandemie, in deren Folge es zu einem bundesweiten Lockdown kam, zeigte, dass die Arbeits- und Sozialordnung nicht in einem luftleeren Raum steht, sondern im jeweiligen Kontext ihrer gesellschaftlichen und wirtschaftlichen Zusammenhänge. Dass in weiten Teilen die Wirtschaft vorübergehend herunterfahren musste und viele Arbeitnehmer ihren Arbeitsplatz nicht aufsuchen konnten, brachte vielfältige arbeits- und sozialrechtliche Fragen mit sich (vgl. *Fischinger*, SR 22, 37; *Mann/Lang*, SR 22, 51; *Sagan*, NZA Beilage 1/21, 21). Der Gesetzgeber hat darauf zügig reagiert, insbesondere im sozialrechtlichen Bereich (s. dazu ausf. Einf. I 9 zur 46.–48. Aufl.). Die zahlreichen gesetzlichen Änderungen waren befristeter Natur und sind wieder außer Kraft getreten. Soweit keine gesetzlichen Sonderregelungen eingriffen, sind spezifische coronabedingte Rechtsfragen des Arbeitsrechts mithilfe der allgemeinen gesetzlichen Regelungen zu lösen. Dazu gibt es inzwischen erste Rechtsprechung auch des *BAG*. So hat das Gericht entschieden, dass ein allgemeiner Lockdown zur Pandemiebekämpfung, der der Fortsetzung des Betriebes entgegensteht, nicht dem Betriebsrisiko des Arbeitgebers unterfällt, sodass der Arbeitnehmer für diese Zeiten des Arbeitsausfalls keine Vergütung bekommt (s. Einl. II 15 zum BGB, Nr. 14). Auch stellte sich in Pandemiezeiten die Frage, ob der Arbeitgeber verpflichtet ist, im Falle einer Quarantäne das Entgelt fortzuzahlen (dazu *Henssler/v. Medem*, RdA 24, 1), oder Urlaub nach-

zugewähren, wenn während des Urlaubs eine Quarantäne angeordnet wurde (näher Einl. III zum BUrlG, Nr. 17). Nach der Rechtsprechung der Verwaltungsgerichte war eine Quarantäne bis zu 14 Tagen eine Verhinderung im Sinne von § 616 S. 1 BGB (Nr. 14), sodass der Arbeitgeber für diesen Zeitraum die Vergütung zahlen musste und deswegen eine Entschädigung nach § 56 IfSG (Nr. 7k) ausscheidet (*BVerwG* 5.12.2024 – 3 C 7.23, NZA 25, 485; *BVerwG* 5.12.2024 – 3 C 8.23, NZA 25, 489). Homeoffice war in vielen Betrieben das Mittel der Wahl, nicht nur während eines Lockdowns, sondern auch im Rahmen eines betrieblichen Hygienekonzepts zur Kontaktvermeidung (allg. zu Fragen des Homeoffice Einl. III 1 zum HAG, Nr. 22). Zum Schutz anderer Arbeitnehmer und von Patienten konnte ein Klinikbetreiber von medizinischem Personal eine SARS-CoV-2-Impfung als Voraussetzung für die Arbeit im Betrieb verlangen, auch in Zeiten, als dies noch nicht verpflichtend war. Die Kündigung eines Arbeitnehmers ohne Impfung wurde daher nicht als maßregelnd (§ 612a BGB, Nr. 14) angesehen (*BAG* 30.3.2023 – 2 AZR 309/22, NZA 23, 898). Das Vorspiegeln einer Impfunfähigkeit hat das *BAG* als Grund zur außerordentlichen Kündigung angesehen (14.12.2023 – 2 AZR 55/23, NZA 24, 260).
In ähnlicher Weise muss das Arbeits- und Sozialrecht flexibel auf die Herausforderungen reagieren, die Sonderlagen im Hinblick auf den Ukraine-Krieg mit sich bringen. Sog. Entlastungspakete waren nicht auf Arbeitnehmer beschränkt, sondern sollten die gesamte Bevölkerung oder jedenfalls weitere Gruppen finanziell von den Herausforderungen durch Inflation und insbesondere Preisexplosionen bei der Energieversorgung entlasten. Im Hinblick auf die schwierige wirtschaftliche Lage wurde allerdings ein sozialrechtliches Interventionsinstrument verlängert, das auf diese Weise sowohl pandemiebedingte als auch kriegsbedingte Herausforderungen abfedern soll, nämlich Sonderregelungen zum Kurzarbeitergeld (s. Einl. II 2b zum SGB III, Nr. 30 III).

II. Weiterführende Literatur und Internet-Adressen

Eingeleitete Gesetzessammlung

Deinert/Treber, Europäische Arbeits- und Sozialordnung (2021); zitiert: EU-ASO

Handbücher, Lehrbücher, Grundrisse

Deinert/Wenckebach/Zwanziger (Hrsg.), Arbeitsrecht – Handbuch für die Praxis, 11. Aufl. (2023); zitiert: Deinert/Wenckebach/Zwanziger-*Bearbeiter*
Brox/Rüthers/Henssler/Höpfner, Arbeitsrecht, 21. Aufl. (2025)
Däubler, Arbeitsrecht, 15. Aufl. (2024)
Däubler, Das Arbeitsrecht 1 (2006) und 2 (2009)
Däubler/Hjort/Schubert/Wolmerath (Hrsg.), Arbeitsrecht, 5. Aufl. (2022)
Dütz/Thüsing, Arbeitsrecht, 30. Aufl. (2025)
Erfurter Kommentar zum Arbeitsrecht, 24. Aufl. (2024)
Hromadka/Maschmann, Arbeitsrecht, Bd. 1, 8. Aufl. (2023), Bd. 2, 8. Aufl. (2020)
Junker, Grundkurs Arbeitsrecht, 24. Aufl. (2025)
Krause, Arbeitsrecht, 5. Aufl. (2024)

Einführung in die Arbeits- und Sozialordnung

Küttner (Hrsg.), Personalbuch 2025, 32. Aufl. (2025)
Preis/Greiner, Arbeitsrecht, Kollektivarbeitsrecht, 6. Aufl. (2023)
Preis/Temming, Arbeitsrecht, Individualarbeitsrecht, 7. Aufl. (2024)
Schaub, Arbeitsrechts-Handbuch, 20. Aufl. (2023)
Waltermann, Arbeitsrecht, 21. Aufl. (2025)
Wedde (Hrsg.), Arbeitsrecht, 8. Aufl. (2024)

Geschichte des Arbeitsrechts

»Arbeit und Rechtsgeschichte«, Reihe in AuR, jährlich, S. G1 ff.
Blanke/Erd/Mückenberger/Stascheit (Hrsg.), Kollektives Arbeitsrecht – Quellentexte zur Geschichte des Arbeitsrechts in Deutschland, Bd. 1 (1840–1933) und Bd. 2 (1933 bis zur Gegenwart) (1975)
Hanau, 60 Jahre für ein faires Arbeitsrecht, 2022
Kittner, Arbeitskampf (2005)
Kittner, Arbeitsrecht und Geschichte (2025)
Kittner, 50 Urteile, Arbeitsgerichte schreiben Rechtsgeschichte, 3. Aufl. (2024)
Preis, Von der Antike zur digitalen Arbeitswelt, Herkunft, Gegenwart und Zukunft des Arbeitsrechts, RdA 2019, S. 75
Stöhr, Arbeitsrecht im Nationalsozialismus, JuS 2024, S. 500

Neuere Entwicklungen

Bundesministerium für Arbeit und Soziales, Weißbuch Arbeiten 4.0 (2017)
Däubler, Arbeitsrecht in Zeiten der Corona-Krise, Rechte und Pflichten im Ausnahmezustand (2020)
Deinert/Kittner, Arbeits- und Sozialrecht, Rückblick 2022, Ausblick 2023 (Beilage zu AuR 2023)
Deinert/Kittner, Arbeits- und Sozialrecht, Rückblick 2023, Ausblick 2024 (Beilage zu AuR 2024)
Deinert/Kittner, Arbeits- und Sozialrecht, Rückblick 2024, Ausblick 2025 (Beilage zu AuR 2025)
Deinert/Kittner, Die arbeitsrechtliche Bilanz der Großen Koalition 2005–2009, RdA 2009, S. 265
Deinert/Kittner, Die arbeitsrechtliche Bilanz der schwarz-gelben Koalition 2009–2013, RdA 2013, S. 257
Deinert/Kittner, Die arbeitsrechtliche Bilanz der Großen Koalition 2013–2017, RdA 2017, S. 342
Deinert/Kittner, Die arbeitsrechtliche Bilanz der Großen Koalition 2018–2021, RdA 2021, S. 257
Deinert/Kittner, Die arbeitsrechtliche Bilanz der »Ampel«-Koalition 2021–2025, RdA 2025, S. 1
Deinert/Maksimek/Sutterer-Kipping, Die Rechtspolitik des Sozial- und Arbeitsrechts (2019)
Struck/Dütsch/Fackler/Hohendanner, Flexibilitätsinstrumente am Arbeitsmarkt in der Covid-19-Krise, WSI-Mitt. 2021, S. 435

Walwei, Von der Deregulierung zur Re-Regulierung: Trendwende im Arbeitsrecht und ihre Konsequenzen für den Arbeitsmarkt, Industrielle Beziehungen 2015, S. 13

WSI-Mitt., Schwerpunktheft 1/2017: »Wird atypisch normal? Beschäftigung im Wandel«

Aufsätze

Carls/Gehrken/Kuhlmann/Splett/Thamm, Digitalisierung aus Beschäftigtensicht, WSI-Mitt. 2023, S. 83

Däubler, Digitalisierung und Arbeitsrecht, SR Sonderausgabe 2016, S. 2

Däubler, Die KI-Verordnung der Europäischen Union: Überblick und Konsequenzen im Arbeitsrecht, SR 2024, S. 110

Frank/Heine, Arbeitsrechtliche Dimension der KI-Verordnung, NZA 2024, S. 433

Günther/Gerigk/Berger, Von Algorithmen und Arbeitnehmern: Die europarechtliche Regulierung von KI im arbeitsrechtlichen Kontext, NZA 2024, S. 234

Hohendanner/Walwei, Arbeitsmarkteffekte atypischer Beschäftigung, WSI-Mitt. 2013, S. 239

Kittner, Arbeitsrecht und marktwirtschaftliche Unternehmensführung – ein Gegensatz?, AuR 1995, S. 385

Kocher, Hausangestellte im deutschen Arbeitsrecht, NZA 2013, S. 929

Krause, Digitalisierung der Arbeitswelt – Herausforderungen und Regelungsbedarf, NZA 2016, S. 1004

Meyer, Künstliche Intelligenz im Personalmanagement und Arbeitsrecht, NJW 2023, S. 1841

Reinecke, Rolle des Strafrechts bei der Durchsetzung des Arbeitsrechts, AuR 1997, S. 139

Schmidt, Verschiebung von Konflikten und Lösungen zwischen dem Arbeitsrecht und dem Sozialrecht, AuR 1997, S. 461

Ulber, Arbeitsmarkt und ökologische Transformation – Konzepte und offene Fragen, SR 2022, S. 81

Waas, KI und Arbeitsrecht, RdA 2022, S. 125

Zachert, Individuum und Kollektiv im Arbeitsrecht, AuR 2002, S. 41

Schwerpunktheft: Künstliche Intelligenz und Mitbestimmung, AiB 12/2023

Internet-Adressen

www.bundesarbeitsgericht.de (→ Entscheidungen des Bundesarbeitsgerichts)
www.bsg.bund.de (→ Entscheidungen des Bundessozialgerichts)
www.bundesverfassungsgericht.de (→ Entscheidungen des Bundesverfassungsgerichts)
www.eur-lex.europa.eu (→ Europäisches Justizportal)
www.bmas.de (→ Arbeitsrecht)
www.igmetall.de (→ Ratgeber & Bildung→ Urteile zum Betriebsverfassungsgesetz)
www.arbeitgeber.de (→ Themen→ Arbeitsrecht)

III. Benutzungshinweise

1. Soweit der Text einzelner Vorschriften gegenstandslos oder dadurch überholt ist, dass andere Vorschriften oder Begriffe, auf die verwiesen worden ist, sich geändert haben oder weggefallen sind, wird dies durch *Kursivschrift* kenntlich gemacht. Im Text der Einleitungen verwendete *Kursivschrift* dient dagegen lediglich der Hervorhebung der betreffenden Worte.
2. Soweit in Einleitungen auf Nummern verwiesen wird, betreffen sie die Nummer des Gesetzes in dieser Sammlung. Soweit Verweisungen auf die Europäische Arbeits- und Sozialordnung erfolgen, sind die dortigen Nummern mit dem Zusatz EU-ASO in Bezug genommen.
3. Das »Stichwortverzeichnis Gesetze/Verordnungen« bezieht sich auf die Gesetzestexte. Das »Stichwortverzeichnis Einleitungen« bezieht sich auf die Einleitungen.
4. Paragrafenüberschriften in eckigen Klammern [ ] sind nicht amtlicher, sondern redaktioneller Natur.
5. Eine alphabetische Schnellübersicht der abgedruckten Gesetze und Verordnungen befindet sich auf der Umschlagseite 4.

1. Aktiengesetz (AktG)

Einleitung

I. Geschichtliche Entwicklung

Mit der Aktiengesellschaft, deren Rechtsverhältnisse das Aktiengesetz regelt, wird eine Rechtsform zum Betreiben eines Unternehmens zur Verfügung gestellt, die insbesondere durch folgende Merkmale gekennzeichnet ist: Auf Grund der Trennung zwischen Kapitaleigentum (= Aktionäre) und Unternehmensführung (= Vorstand) können Kapitalgeber mit Renditeinteressen gewonnen werden. Diese Stellung des Aktionärs findet ihren Ausdruck darin, dass er für Verbindlichkeiten der Aktiengesellschaft nur in Höhe des von ihm zu erbringenden Nennbetrages bzw. eines höheren Ausgabebetrages der Aktien haftet. Schließlich hat er die Möglichkeit eines jederzeitigen Verkaufs der Aktie.

In diesen Merkmalen finden sich die ökonomischen Bedürfnisse wieder, die im 19. Jahrhundert den Anstoß zur Herausbildung einer Rechtsform wie der heutigen Aktiengesellschaft geführt haben: die Erschließung eines Kapitalmarktes auch kleinster Einzelbeträge zur Finanzierung der immer größeren Unternehmenseinheiten und die Herausbildung eines modernen eigentumslosen Unternehmensmanagements. Diese Grundstrukturen bestimmen auch heute – nach einer langen Reihe gesetzgeberischer Etappen – das geltende Aktiengesetz.

Nachdem das Recht der Aktiengesellschaft zunächst im HGB geregelt gewesen war, wurde es 1937 zu einem eigenen Aktiengesetz ausgegliedert. Diese nationalsozialistische Rechtsänderung stand ganz im Zeichen der Stärkung des Vorstandes gegenüber Aufsichtsrat und Hauptversammlung. Sie wurde 1965 im Zuge der sog. großen Aktienrechtsreform abgelöst, mit der das heute geltende AktG geschaffen wurde.

Die Bedeutung der AG unter dem Gesichtspunkt der Beschränkung der persönlichen Haftung ist durch die Einführung der GmbH im Jahre 1892 stark relativiert worden. Im Gegensatz zur AG sind die Gesellschaftsanteile an der GmbH nicht frei, sondern nur mit Zustimmung der übrigen Gesellschafter veräußerlich. Mit ihr lassen sich zwei Faktoren kombinieren: Haftungsbeschränkung auf das Stammkapital und flexible Gesellschaftsgestaltung im Innenverhältnis. Seit 1980 kann eine GmbH bereits als Ein-Mann-Gesellschaft gegründet werden.

Die vorrangige Bedeutung des Aktienrechts im Zusammenhang mit der Arbeits- und Sozialordnung liegt in der Beteiligung von Arbeitnehmervertretern im Aufsichtsrat der AG. Diese Mitbestimmungsform ist damit – abgesehen von der zahlenmäßigen Präsenz von Arbeitnehmervertretern – zunächst einmal von der gesellschaftsrechtlichen Stellung des Aufsichtsrats und seinen Einflussmöglichkeiten abhängig (s. u. III 3).

Seit der Zugehörigkeit zur EU wird das Gesellschaftsrecht zunehmend auch durch Unionsrecht geprägt, und zwar vornehmlich in Form gesellschaftsrechtlicher Richtlinien, nach deren Erlass die Mitgliedstaaten verpflichtet sind, ihr nationales

Recht diesem EU-Recht anzupassen (zum Stand des Europäischen Unternehmensrechts vgl. Einl. zur Europäischen Gesellschaft Nr. 26b; EU-ASO Nr. 70 ff.).
Das AktG ist in den letzten Jahren verhältnismäßig oft verändert worden. Zuletzt wurde u. a. mit Gesetz v. 7. 8. 2021 (BGBl. I 3311) der Mindestgeschlechteranteil in Vorständen verbindlich festgeschrieben, durch Gesetz v. 20. 7. 2022 (BGBl. I 1166) wurden Regelungen zu virtuellen Hauptversammlungen eingeführt. Zuletzt gab es Folgeänderungen im Zuge des Gesetzes zur Umsetzung der Bestimmungen der Umwandlungrichtlinie über die Mitbestimmung der Arbeitnehmer bei grenzüberschreitenden Umwandlungen, Verschmelzungen und Spaltungen (v. 4. 1. 2023, BGBl. I Nr. 10).

II. Wesentlicher Gesetzesinhalt

Im AktG werden die Rechte und Pflichten der Aktionäre, die Rechtsverhältnisse der Verwaltung der Aktiengesellschaft (Vorstand und Aufsichtsrat) und die Interessen möglicher Aktienkäufer (durch Publizitäts- und Konzernrechtsvorschriften) geregelt. So gesehen, ist das AktG ausschließlich kapitalorientiertes Gesellschaftsrecht (Übersicht 8).
In diesem Sinne ist die Hauptversammlung das Basisorgan der AG. In ihr bestimmen die Aktionäre und ihre Vertreter (vielfach Banken über das sog. Depotstimmrecht) in letzter Instanz über die grundlegenden Fragen der Gesellschaft (z. B. Auflösung, Fusion, Konzernverträge) und wählen die Anteilseignervertreter in den Aufsichtsrat. Dieser bestellt den Vorstand, der die Gesellschaft unter eigener Verantwortung leitet (§ 76 Abs. 1 AktG). Für die Vereinbarung von Vorstandsvergütungen ist nach § 87 AktG das Plenum des Aufsichtsrates zuständig. Die Angelegenheit kann nicht in einem Ausschuss, aus dem die Arbeitnehmervertreter des Aufsichtsrates herausgehalten sind, behandelt werden. Der Aufsichtsrat hat die Geschäftsführung zu überwachen (§ 111 Abs. 1 AktG). Der Vorstand hat ihm hierzu die erforderlichen Informationen zu liefern (§ 90 AktG). Dazu gehört auch die Information über die Unternehmensplanung (§ 90 Abs. 1 Nr. 1 AktG). Der *BGH* räumt einzelnen Aufsichtsratsmitgliedern (auch der gesamten Arbeitnehmerbank) nicht das Recht ein, gegen rechtswidrige Maßnahmen der Geschäftsführung im Wege der Klage vorzugehen (28. 11. 1988 – II ZR 57/88, Mitb 89, 137, mit Anm. *Köstler*). Maßnahmen der Geschäftsführung können dem Aufsichtsrat nicht übertragen werden (§ 111 Abs. 4 S. 1 AktG). Als Ausnahme hiervon können bestimmte Geschäfte des Vorstands von der Zustimmung des Aufsichtsrates abhängig gemacht werden. Dies bedarf des Beschlusses des Aufsichtsrates oder der Hauptversammlung (§ 111 Abs. 4 S. 2 AktG). Unter bestimmten Umständen kann der Aufsichtsrat sogar zur Verhinderung einer gesetzwidrigen Maßnahme des Vorstands zur Einführung eines Zustimmungsvorbehalts verpflichtet sein (*BGH* 15. 11. 1993 – II ZR 235/92, BB 94, 107; hierzu *Köstler*, WiB 94, 714). Verweigert der Aufsichtsrat zu einem zustimmungsbedürftigen Geschäft des Vorstandes seine Zustimmung, so kann dieser die Hauptversammlung anrufen. Die Hauptversammlung kann die Zustimmung mit drei Vierteln der abgegebenen Stimmen ersetzen.
Die Mitglieder des Aufsichtsrates haben für eine verantwortungsbewusste und sorgfältige Wahrnehmung ihres Amtes einzustehen. Der *BGH* (5. 6. 1975 – II ZR

156/73, DB 75, 1308) geht davon aus, Aufsichtsratsmitglieder hätten sich in der Pflichterfüllung am Wohl des Unternehmens zu orientieren und damit alle im Unternehmen zusammengefassten Interessen einzubeziehen und abzuwägen (s. o. II 1). Sie sind in diesem Zusammenhang zur Verschwiegenheit verpflichtet, soweit dies im Interesse des Unternehmens erforderlich ist (§§ 116, 93 AktG). Aus der Pflicht zur Verschwiegenheit über vertrauliche Berichte und Beratungen nach § 116 Satz 2 könnten Konflikte im Hinblick auf die unumgängliche Rückkopplung von Arbeitnehmervertretern mit ihren Wählern, den Arbeitnehmern des Unternehmens, entstehen. Das *BAG* hat allerdings davon abgesehen, Vertraulichkeitsanordnungen daran zu messen, ob sie einer Abwägung berechtigter Geheimhaltungsinteressen gegenüber dem Informationsbedarf der Arbeitnehmer standhalten. Es hat sich für eine formale Definition der Verschwiegenheitspflicht entschieden und dem Aufsichtsratsmitglied sogar Informationen gegenüber dem Betriebsrat versagt (*BAG* 23.10.2008 – 2 ABR 59/07, DB 09, 1131).

§ 161 AktG verlangt, dass eine börsennotierte AG jährlich erklärt, ob und in welchem Umfang sie den Empfehlungen der »Regierungskommission Deutscher Corporate Governance Codex« entspricht (*www.dcgk.de/de/*). Der »Deutsche Corporate Governance Kodex« schafft kein neues Recht, sondern verdeutlicht die geltende Rechtslage und macht Vorschläge einer guten und verantwortungsvollen Unternehmensführung und Kontrolle durch Regeln über das Verhalten von Aufsichtsratsmitgliedern und das Zusammenwirken von Vorstand und Aufsichtsrat.

Daneben regelt das AktG die Beziehungen zwischen verbundenen Unternehmen. Insbesondere enthält es Schutzvorschriften für Minderheitsaktionäre und Gläubiger, wenn ein Unternehmen in einem Konzern (siehe § 18 AktG) von einem anderen abhängig ist (zur Einschaltung der Aufsichtsräte siehe § 308 Abs. 3 AktG; hierzu *Köstler*, Mitbest. 11/92, 43; *Hommelhoff*, ZGR 96, 144; *Hoffmann-Becking*, ZHR 95, 325; *Martens*, ZHR 95, 567). Beim sog. Vertragskonzern kann das herrschende Unternehmen dem abhängigen Unternehmen Weisungen erteilen und haftet dafür aufgrund des Ergebnisübernahmevertrages gemäß § 302 AktG bzw. § 303 AktG. Beim sog. faktischen Konzern hielt der *BGH* früher eine Durchgriffshaftung in Durchbrechung der Trennung von Gesellschaft und Gesellschafter für möglich (allg. vgl. *BGH* 16.9.1985 – II ZR 275/84, BGHZ 95, 330; *BGH* 29.3.1993 – II ZR 265/91, NJW 93, 1200 – »TBB«; für Arbeitnehmeransprüche *BAG* 15.1.1991 – 1 AZR 94/90, AG 91, 434). Inzwischen hat er dies zu Gunsten einer Existenzvernichtungshaftung aufgegeben: vielmehr soll im Falle einer missbräuchlichen Schädigung des Gesellschaftsvermögens der Gesellschafter gemäß § 826 BGB der Gesellschaft gegenüber haften (16.7.2007 – II ZR 3/04, BGHZ 173, 246 – »Trihotel«). Gläubiger, zu denen auch Arbeitnehmer zählen, können zur Durchsetzung nicht befriedigter Ansprüche gegen die Gesellschaft einen solchen Schadensersatzanspruch pfänden. Das *BAG* (15.3.2011 – 1 ABR 97/09, DB 11, 1698; 9.6.2011 – 6 AZR 687/09, DB 11, 1699; dazu *Löwisch*, ZIP 15, 209 ff.) hatte zunächst angedeutet, dass es diese Rechtsprechung bei der Frage der Sozialplandotierung bei einer Betriebsänderung entsprechend heranziehen könnte. Allerdings hat es einen solchen Berechnungsdurchgriff zunächst bei der Betriebsrentenanpassung der Sache nach abgelehnt (*BAG* 15.1.2013 – 3 AZR 638/10, NZA 14, 87; zur Kritik Deinert/Wen-

ckebach/Zwanziger-*Deinert*, § 5 Rn. 81), später auch bei der Sozialplandotierung (*BAG* 14.2.2023 – 1 ABR 28/21, AuR 23, 431).
Außerdem sieht das AktG die Verpflichtung der AG zur jährlichen öffentlichen Rechnungslegung vor. Im Regelfall stellen Vorstand und Aufsichtsrat den Jahresabschluss gemeinsam fest; stimmt der Aufsichtsrat nicht zu, so stellt ihn die Hauptversammlung fest (§§ 172, 173 AktG). Der Jahresabschluss ist vom durch den Aufsichtsrat zu bestellenden Abschlussprüfer zu prüfen. Der Abschlussprüfer nimmt an den entsprechenden Aufsichtsratssitzungen teil (§ 171 AktG). Die Prüfberichte sind jedem Aufsichtsratsmitglied bzw. den Mitgliedern eines Aufsichtsratsausschusses auszuhändigen (§ 170 Abs. 3 AktG).
Die AG kann durch Beschluss der Hauptversammlung eigene Aktien zum Bezug durch Vorstandsmitglieder und Arbeitnehmer ausgeben (sog. Aktienoptionspläne).

III. Anwendungsprobleme und Rechtstatsachen

1. Bedeutung der AG

Die Aktiengesellschaft ist in der Bundesrepublik Deutschland nach wie vor die wichtigste Rechtsform für Großunternehmen. 2025 gab es 12 479 Aktiengesellschaften (*www.listflix.de*). In Deutschland betrug die Zahl der Aktionäre im Jahre 2024 etwa 4,18 Mio. (*www.statista.com*; nach 6,21 Mio. als Höchststand 2000).

2. Machtverteilung in der AG

Die Machtverteilung in den vorhandenen Aktiengesellschaften weicht von Idealvorstellungen des Gesetzgebers in zweierlei Hinsicht völlig ab: Der eine Teil wird von einem Großaktionär allein oder zusammen mit anderen beherrscht. Hieraus erwachsen besondere Herausforderungen zur Kontrolle des Konzernmanagements in Konzernaufsichtsräten (*Köstler,* Mitbest. 11/92, 43). Zum anderen Teil handelt es sich um sog. Publikumsaktiengesellschaften, deren Aktionärsstruktur sehr unterschiedlich ist. Individuelle Kleinanleger lassen ihre Aktien überwiegend durch Banken verwalten, die über ihr daraus rührendes Depotstimmrecht einen überproportionalen Einfluss auf Hauptversammlungen haben. Hinzu kommt die zunehmende Rolle von Kapitalanlagegesellschaften der unterschiedlichsten Art (Fonds).
Daraus wird deutlich, in welcher Weise das gesetzliche Modell der Aktiengesellschaft je nach den Verhältnissen auf der Kapitalseite in der Realität völlig unterschiedlich ausgefüllt wird. Auch wird immer wieder deutlich, wie begrenzt Einfluss und tatsächliche Informationsmöglichkeiten eines Aufsichtsrates insgesamt, geschweige einer Minderheit in ihm, sind (vgl. bereits *Wiethölter,* Interessen und Organisation in der Aktiengesellschaft im amerikanischen und deutschen Recht, 1961).
Seit Jahren gewinnt das sog. Shareholder-value-Konzept an Bedeutung. Die wörtliche Übersetzung des aus dem Amerikanischen kommenden Begriffs weist die Richtung: Es geht um eine am Wert der Gesellschaftsanteile (Börsenwert) orientier-

te Art der Unternehmensführung. Damit wird die Erwartung verbunden, kurzfristig mehr Gewinne auszuschütten, was offenkundig längerfristige Vorhaben zur Zukunftssicherung des Unternehmens gefährden kann. Naturgemäß folgt daraus auch ein erhöhter Druck auf die Arbeitnehmer zur Senkung der Lohnkosten (vgl. *Grünewälder,* AG 96, 447; *Kittner,* DB 97, 2285). Dem werden Erwägungen zur Berücksichtigung der Interessen anderer am Unternehmen beteiligter Personengruppen (stakeholder, vgl. sogleich u. 3) sowie weiterer öffentlicher Interessen entgegengehalten.

3. AG und Mitbestimmung – Unternehmensrecht

Trotz seiner konzeptionellen Herkunft als Anteilseignergremium ist der Aufsichtsrat der Aktiengesellschaft Ansatzpunkt für die Verwirklichung von Mitbestimmung auf der Unternehmensebene (hierzu siehe die Einleitungen zum MontanMbG, Nr. 27, und MitbestG, Nr. 26). Das entspricht insoweit der Vorstellung von Mitbestimmung als gleichberechtigter Legitimation der Unternehmensführung durch Arbeit und Kapital, als der Aufsichtsrat den Vorstand der Aktiengesellschaft bestellt (§ 84 AktG). Es bleibt jedoch die Tatsache bestehen, dass das AktG ausschließlich geschaffen wurde, um die Rechtsverhältnisse von Kapitalgebern und deren Beauftragten zu regeln. Demgemäß liegt es zum Beispiel in der Hand der Aktionäre bzw. ihrer Vertreter im Aufsichtsrat, ob bestimmte Geschäfte des Vorstandes überhaupt als der Zustimmung des Aufsichtsrates bedürftig bezeichnet werden (§ 111 Abs. 4 AktG). Auch hat die Hauptversammlung bei Uneinigkeit zwischen Vorstand und Aufsichtsrat immer das letzte Wort (für zustimmungsbedürftige Geschäfte: § 111 Abs. 4 AktG; beim Jahresabschluss: § 173 Abs. 1 AktG) oder ist ausschließlich zuständig (z. B. für Fusionen, § 13 UmwG, Nr. 33).
Das Gesetz für die gleichberechtigte Teilhabe von Frauen und Männern in Führungspositionen (v. 24. 4. 15, BGBl. I 642; dazu *Herb*, DB 15, 964; *Winter/Marx/De Decker*, DB 15, 1331; *Röder/Arnold*, NZA 15, 1281) verlangt für börsennotierte Unternehmen, die paritätisch mitbestimmt sind, einen Frauenanteil von 30 % im Aufsichtsrat (§ 96 Abs. 2 AktG). Für Unternehmen, die entweder börsennotiert oder mitbestimmt sind, gibt es lediglich die Pflicht zur Festlegung einer Zielgröße für die Geschlechterverteilung im Aufsichtsrat, der Geschäftsleitung und in den beiden obersten Managementebenen (§ 76 Abs. 4, § 111 Abs. 5 AktG). Durch Ergänzungsgesetz v. 7. 8. 2021 (BGBl. I 3311) wurde auch eine Mindestgeschlechterbeteiligung im Vorstand geregelt. Angesichts eines Frauenanteils von gut 10 % schien das dringend geboten. Die Quote hat tatsächlich zu einer Erhöhung des Frauenanteils in den Aufsichtsräten der betroffenen Unternehmen geführt, regelmäßig aber kaum über die Zielvorgaben hinaus (Böckler impuls 2/19, S. 1). Das IAB hat eine ernüchternde Bilanz aus der Einführung der Regelung gezogen (*Kohaut/Möller*, IAB-Kurzbericht 23/19).

Weiterführende Literatur

(s. auch Literaturhinweise zum MitbestG [Nr. 26])

Aktiengesetz

Monographien

Bachner/Culic/Weinbrenner, Neu im Aufsichtsrat, Tipps und Hinweise für Arbeitnehmervertreter und Betriebsräte, 3. Aufl. (2023)
Fuchs/Köstler/Pütz, Handbuch zur Aufsichtsratswahl, 7. Aufl. (2021)
Köstler/Müller/Sick, Aufsichtsratspraxis, 10. Aufl. (2013)
v.Schenck/Wilsing/Henning (Hrsg.), Arbeitshandbuch für Aufsichtsratsmitglieder, 6. Aufl. (2025)

Aufsatz

Thannheiser, Aufsichtsrat – Risiken und Chancen, AiB 2003, S. 735; AiB 2004, S. 174 und 301

Übersicht 8: Unternehmensmitbestimmung in einer Kapitalgesellschaft

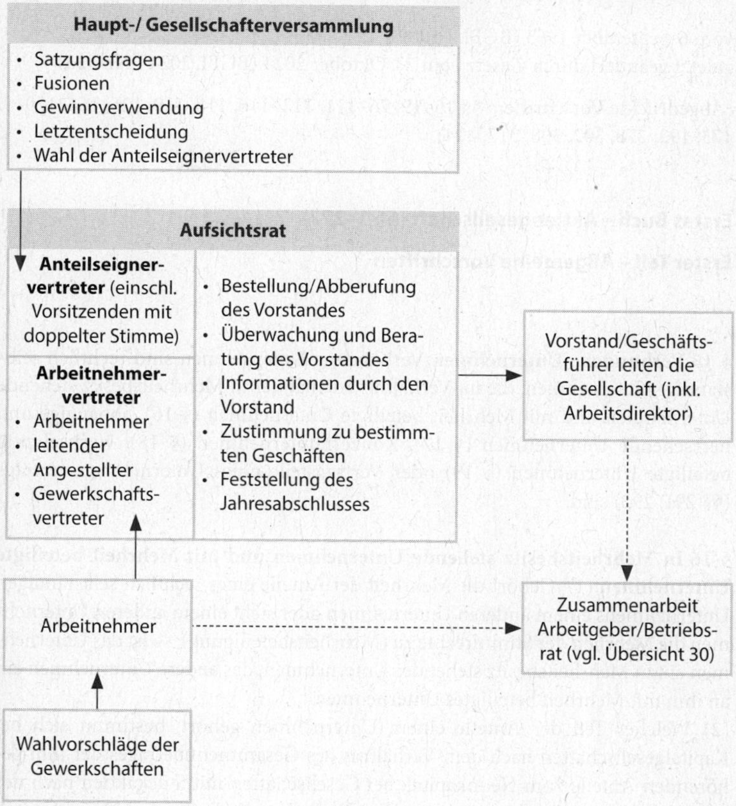

Aktiengesetz (AktG)

vom 6. September 1965 (BGBl. I 1089),
zuletzt geändert durch Gesetz vom 23. Oktober 2024 (BGBl. 2024 I Nr. 323)

(Abgedruckte Vorschriften: §§ 15–19, 76–111, 112–116, 118, 119, 125, 161, 170–173, 192, 278, 302, 308, 317, 404)

Erstes Buch – Aktiengesellschaft (§§ 1–277)

Erster Teil – Allgemeine Vorschriften

…

§ 15 Verbundene Unternehmen Verbundene Unternehmen sind rechtlich selbständige Unternehmen, die im Verhältnis zueinander in Mehrheitsbesitz stehende Unternehmen und mit Mehrheit beteiligte Unternehmen (§ 16), abhängige und herrschende Unternehmen (§ 17), Konzernunternehmen (§ 18), wechselseitig beteiligte Unternehmen (§ 19) oder Vertragsteile eines Unternehmensvertrags (§§ 291, 292) sind.

§ 16 In Mehrheitsbesitz stehende Unternehmen und mit Mehrheit beteiligte Unternehmen (1) Gehört die Mehrheit der Anteile eines rechtlich selbständigen Unternehmens einem anderen Unternehmen oder steht einem anderen Unternehmen die Mehrheit der Stimmrechte zu (Mehrheitsbeteiligung), so ist das Unternehmen ein in Mehrheitsbesitz stehendes Unternehmen, das andere Unternehmen ein an ihm mit Mehrheit beteiligtes Unternehmen.
(2) Welcher Teil der Anteile einem Unternehmen gehört, bestimmt sich bei Kapitalgesellschaften nach dem Verhältnis des Gesamtnennbetrages der ihm gehörenden Anteile zum Nennkapital, bei Gesellschaften mit Stückaktien nach der Zahl der Aktien. Eigene Anteile sind bei Kapitalgesellschaften vom Nennkapital, bei Gesellschaften mit Stückaktien von der Zahl der Aktien abzusetzen. Eigenen Anteilen des Unternehmens stehen Anteile gleich, die einem anderen für Rechnung des Unternehmens gehören.
(3) Welcher Teil der Stimmrechte einem Unternehmen zusteht, bestimmt sich nach dem Verhältnis der Zahl der Stimmrechte, die es aus den ihm gehörenden Anteilen ausüben kann, zur Gesamtzahl aller Stimmrechte. Von der Gesamtzahl aller Stimmrechte sind die Stimmrechte aus eigenen Anteilen sowie aus Anteilen, die nach Absatz 2 Satz 3 eigenen Anteilen gleichstehen, abzusetzen.
(4) Als Anteile, die einem Unternehmen gehören, gelten auch die Anteile, die einem von ihm abhängigen Unternehmen oder einem anderen für Rechnung des Unternehmens oder eines von diesem abhängigen Unternehmens gehören und, wenn der Inhaber des Unternehmens ein Einzelkaufmann ist, auch die Anteile, die sonstiges Vermögen des Inhabers sind.

§ 17 Abhängige und herrschende Unternehmen (1) Abhängige Unternehmen sind rechtlich selbständige Unternehmen, auf die ein anderes Unternehmen (herrschendes Unternehmen) unmittelbar oder mittelbar einen beherrschenden Einfluß ausüben kann.
(2) Von einem in Mehrheitsbesitz stehenden Unternehmen wird vermutet, daß es von dem an ihm mit Mehrheit beteiligten Unternehmen abhängig ist.

§ 18 Konzern und Konzernunternehmen (1) Sind ein herrschendes und ein oder mehrere abhängige Unternehmen unter der einheitlichen Leitung des herrschenden Unternehmens zusammengefaßt, so bilden sie einen Konzern; die einzelnen Unternehmen sind Konzernunternehmen. Unternehmen, zwischen denen ein Beherrschungsvertrag (§ 291) besteht oder von denen das eine in das andere eingegliedert ist (§ 319), sind als unter einheitlicher Leitung zusammengefaßt anzusehen. Von einem abhängigen Unternehmen wird vermutet, daß es mit dem herrschenden Unternehmen einen Konzern bildet.
(2) Sind rechtlich selbständige Unternehmen, ohne daß das eine Unternehmen von dem anderen abhängig ist, unter einheitlicher Leitung zusammengefaßt, so bilden sie auch einen Konzern; die einzelnen Unternehmen sind Konzernunternehmen.

§ 19 Wechselseitig beteiligte Unternehmen (1) Wechselseitig beteiligte Unternehmen sind Unternehmen mit Sitz im Inland in der Rechtsform einer Kapitalgesellschaft, die dadurch verbunden sind, daß jedem Unternehmen mehr als der vierte Teil der Anteile des anderen Unternehmens gehört. Für die Feststellung, ob einem Unternehmen mehr als der vierte Teil der Anteile des anderen Unternehmens gehört, gilt § 16 Abs. 2 Satz 1, Abs. 4.
(2) Gehört einem wechselseitig beteiligten Unternehmen an dem anderen Unternehmen eine Mehrheitsbeteiligung oder kann das eine auf das andere Unternehmen unmittelbar oder mittelbar einen beherrschenden Einfluß ausüben, so ist das eine als herrschendes, das andere als abhängiges Unternehmen anzusehen.
(3) Gehört jedem der wechselseitig beteiligten Unternehmen an dem anderen Unternehmen eine Mehrheitsbeteiligung oder kann jedes auf das andere unmittelbar oder mittelbar einen beherrschenden Einfluß ausüben, so gelten beide Unternehmen als herrschend und als abhängig.
(4) § 328 ist auf Unternehmen, die nach Absatz 2 oder 3 herrschende oder abhängige Unternehmen sind, nicht anzuwenden.
…

Vierter Teil – Verfassung der Aktiengesellschaft

Erster Abschnitt – Vorstand

§ 76 Leitung der Aktiengesellschaft (1) Der Vorstand hat unter eigener Verantwortung die Gesellschaft zu leiten.[1]

1 Entgegen der eigenverantwortlichen Leitung der Gesellschaft durch den Vorstand bei der AG ist eine *GmbH* gekennzeichnet durch die Abhängigkeit der Geschäftsführer von Richtlinien und Weisungen der Gesellschafterversammlung:

(2) Der Vorstand kann aus einer oder mehreren Personen bestehen. Bei Gesellschaften mit einem Grundkapital von mehr als drei Millionen Euro hat er aus mindestens zwei Personen zu bestehen, es sei denn, die Satzung bestimmt, daß er aus

---

GmbH-Gesetz:

§ 35 Vertretung der Gesellschaft (1) Die Gesellschaft wird durch die Geschäftsführer gerichtlich und außergerichtlich vertreten. Hat eine Gesellschaft keinen Geschäftsführer (Führungslosigkeit), wird die Gesellschaft für den Fall, dass ihr gegenüber Willenserklärungen abgegeben oder Schriftstücke zugestellt werden, durch die Gesellschafter vertreten.

(2) …

(3) …

…

§ 36 Zielgrößen und Fristen zur gleichberechtigten Teilhabe von Frauen und Männern Die Geschäftsführer einer Gesellschaft, die der Mitbestimmung unterliegt, legen für den Frauenanteil in den beiden Führungsebenen unterhalb der Geschäftsführer Zielgrößen fest. Die Zielgrößen müssen den angestrebten Frauenanteil an der jeweiligen Führungsebene beschreiben und bei Angaben in Prozent vollen Personenzahlen entsprechen. Legen die Geschäftsführer für den Frauenanteil auf einer der Führungsebenen die Zielgröße Null fest, so haben sie diesen Beschluss klar und verständlich zu begründen. Die Begründung muss ausführlich die Erwägungen darlegen, die der Entscheidung zugrunde liegen. Liegt der Frauenanteil bei Festlegung der Zielgrößen unter 30 Prozent, so dürfen die Zielgrößen den jeweils erreichten Anteil nicht mehr unterschreiten. Gleichzeitig sind Fristen zur Erreichung der Zielgrößen festzulegen. Die Fristen dürfen jeweils nicht länger als fünf Jahre sein.

§ 37 Beschränkungen der Vertretungsbefugnis (1) Die Geschäftsführer sind der Gesellschaft gegenüber verpflichtet, die Beschränkungen einzuhalten, welche für den Umfang ihrer Befugnis, die Gesellschaft zu vertreten, durch den Gesellschaftsvertrag oder, soweit dieser nicht ein anderes bestimmt, durch die Beschlüsse der Gesellschafter festgesetzt sind.

(2) …

…

§ 45 Rechte der Gesellschafter (1) Die Rechte, welche den Gesellschaftern in den Angelegenheiten der Gesellschaft, insbesondere in bezug auf die Führung der Geschäfte zustehen, sowie die Ausübung derselben bestimmen sich, soweit nicht gesetzliche Vorschriften entgegenstehen, nach dem Gesellschaftsvertrag.

(2) …

…

§ 52 Aufsichtsrat (1) …

(2) Ist nach dem Drittelbeteiligungsgesetz ein Aufsichtsrat zu bestellen, so legt die Gesellschafterversammlung für den Frauenanteil im Aufsichtsrat und unter den Geschäftsführern Zielgrößen fest, es sei denn, sie hat dem Aufsichtsrat diese Aufgabe übertragen. Ist nach dem Mitbestimmungsgesetz, dem Montan-Mitbestimmungsgesetz oder dem Mitbestimmungsergänzungsgesetz ein Aufsichtsrat zu bestellen, so legt der Aufsichtsrat für den Frauenanteil im Aufsichtsrat und unter den Geschäftsführern Zielgrößen fest. Die Zielgrößen müssen den angestrebten Frauenanteil am jeweiligen Gesamtgremium beschreiben und bei Angaben in Prozent vollen Personenzahlen entsprechen. Wird für den Aufsichtsrat oder unter den Geschäftsführern die Zielgröße Null festgelegt, so ist dieser Beschluss klar und verständlich zu begründen. Die Begründung muss ausführlich die Erwägungen darlegen, die der Entscheidung zugrunde liegen. Liegt der Frauenanteil bei Festlegung der Zielgrößen unter 30 Prozent, so dürfen die Zielgrößen den jeweils erreichten Anteil nicht mehr unterschreiten. Gleichzeitig sind Fristen zur Erreichung der Zielgrößen festzulegen. Die Fristen dürfen jeweils nicht länger als fünf Jahre sein.…

einer Person besteht. Die Vorschriften über die Bestellung eines Arbeitsdirektors bleiben unberührt.[2]

(3) Mitglied des Vorstands kann nur eine natürliche, unbeschränkt geschäftsfähige Person sein. Mitglied des Vorstands kann nicht sein, wer

1. als Betreuter bei der Besorgung seiner Vermögensangelegenheiten ganz oder teilweise einem Einwilligungsvorbehalt (§ 1825 des Bürgerlichen Gesetzbuchs) unterliegt,
2. aufgrund eines gerichtlichen Urteils oder einer vollziehbaren Entscheidung einer Verwaltungsbehörde einen Beruf, einen Berufszweig, ein Gewerbe oder einen Gewerbezweig nicht ausüben darf, sofern der Unternehmensgegenstand ganz oder teilweise mit dem Gegenstand des Verbots übereinstimmt,
3. wegen einer oder mehrerer vorsätzlich begangener Straftaten
   a) des Unterlassens der Stellung des Antrags auf Eröffnung des Insolvenzverfahrens (Insolvenzverschleppung),
   b) nach den §§ 283 bis 283d des Strafgesetzbuchs (Insolvenzstraftaten),
   c) der falschen Angaben nach § 399 dieses Gesetzes oder § 82 des Gesetzes betreffend die Gesellschaften mit beschränkter Haftung,
   d) der unrichtigen Darstellung nach § 400 dieses Gesetzes, § 331 des Handelsgesetzbuchs, § 346 des Umwandlungsgesetzes oder § 17 des Publizitätsgesetzes,
   e) nach den §§ 263 bis 264a oder den §§ 265b bis 266a des Strafgesetzbuchs zu einer Freiheitsstrafe von mindestens einem Jahr

   verurteilt worden ist; dieser Ausschluss gilt für die Dauer von fünf Jahren seit der Rechtskraft des Urteils, wobei die Zeit nicht eingerechnet wird, in welcher der Täter auf behördliche Anordnung in einer Anstalt verwahrt worden ist.

Satz 2 Nummer 2 gilt entsprechend, wenn die Person in einem anderen Mitgliedstaat der Europäischen Union oder einem anderen Vertragsstaat des Abkommens über den Europäischen Wirtschaftsraum einem vergleichbaren Verbot unterliegt. Satz 2 Nr. 3 gilt entsprechend bei einer Verurteilung im Ausland wegen einer Tat, die mit den in Satz 2 Nr. 3 genannten Taten vergleichbar ist.

(3a) Besteht der Vorstand bei börsennotierten Gesellschaften, für die das Mitbestimmungsgesetz, das Gesetz über die Mitbestimmung der Arbeitnehmer in den Aufsichtsräten und Vorständen der Unternehmen des Bergbaus und der Eisen und Stahl erzeugenden Industrie in der im Bundesgesetzblatt Teil III, Gliederungsnummer 801-2, veröffentlichten bereinigten Fassung – Montan-Mitbestimmungsgesetz – oder das Gesetz zur Ergänzung des Gesetzes über die Mitbestimmung der Arbeitnehmer in den Aufsichtsräten und Vorständen der Unternehmen des Bergbaus und der Eisen und Stahl erzeugenden Industrie in der im Bundesgesetzblatt Teil III, Gliederungsnummer 801-3, veröffentlichten bereinigten Fassung – Mitbestimmungsergänzungsgesetz – gilt, aus mehr als drei Personen, so muss mindestens eine Frau und mindestens ein Mann Mitglied des Vorstand sein. Eine Bestellung eines Vorstandsmitglieds unter Verstoß gegen dieses Beteiligungsgebot ist nichtig.

---

2 Vgl. § 13 **Montan-Mitbestimmungsgesetz** (MontanMitbestG) und § 13 **Montan-Mitbestimmungsergänzungsgesetz** (MontanMitbErgG).

(4) Der Vorstand von Gesellschaften, die börsennotiert sind oder der Mitbestimmung unterliegen, legt für den Frauenanteil in den beiden Führungsebenen unterhalb des Vorstands Zielgrößen fest. Die Zielgrößen müssen den angestrebten Frauenanteil an der jeweiligen Führungsebene beschreiben und bei Angaben in Prozent vollen Personenzahlen entsprechen. Legt der Vorstand für den Frauenanteil auf einer der Führungsebenen die Zielgröße Null fest, so hat er diesen Beschluss klar und verständlich zu begründen. Die Begründung muss ausführlich die Erwägungen darlegen, die der Entscheidung zugrunde liegen. Liegt der Frauenanteil bei Festlegung der Zielgrößen unter 30 Prozent, so dürfen die Zielgrößen den jeweils erreichten Anteil nicht mehr unterschreiten. Gleichzeitig sind Fristen zur Erreichung der Zielgrößen festzulegen. Die Fristen dürfen jeweils nicht länger als fünf Jahre sein.

§ 77 Geschäftsführung (1) Besteht der Vorstand aus mehreren Personen, so sind sämtliche Vorstandsmitglieder nur gemeinschaftlich zur Geschäftsführung befugt. Die Satzung oder die Geschäftsordnung des Vorstands kann Abweichendes bestimmen; es kann jedoch nicht bestimmt werden, daß ein oder mehrere Vorstandsmitglieder Meinungsverschiedenheiten im Vorstand gegen die Mehrheit seiner Mitglieder entscheiden.
(2) Der Vorstand kann sich eine Geschäftsordnung geben, wenn nicht die Satzung den Erlaß der Geschäftsordnung dem Aufsichtsrat übertragen hat oder der Aufsichtsrat eine Geschäftsordnung für den Vorstand erläßt. Die Satzung kann Einzelfragen der Geschäftsordnung bindend regeln. Beschlüsse des Vorstands über die Geschäftsordnung müssen einstimmig gefaßt werden.

§ 78 Vertretung (1) Der Vorstand vertritt die Gesellschaft gerichtlich und außergerichtlich. Hat eine Gesellschaft keinen Vorstand (Führungslosigkeit), wird die Gesellschaft für den Fall, dass ihr gegenüber Willenserklärungen abgegeben oder Schriftstücke zugestellt werden, durch den Aufsichtsrat vertreten.
(2) Besteht der Vorstand aus mehreren Personen, so sind, wenn die Satzung nichts anderes bestimmt, sämtliche Vorstandsmitglieder nur gemeinschaftlich zur Vertretung der Gesellschaft befugt Ist eine Willenserklärung gegenüber der Gesellschaft abzugeben, so genügt die Abgabe gegenüber einem Vorstandsmitglied oder im Fall des Absatzes 1 Satz 2 gegenüber einem Aufsichtsratsmitglied. An die Vertreter der Gesellschaft nach Absatz 1 können unter der im Handelsregister eingetragenen Geschäftsanschrift Willenserklärungen gegenüber der Gesellschaft abgegeben und Schriftstücke für die Gesellschaft zugestellt werden. Unabhängig hiervon können die Abgabe und die Zustellung auch unter der eingetragenen Anschrift der empfangsberechtigten Person nach § 39 Abs. 1 Satz 2 erfolgen.
(3) Die Satzung kann auch bestimmen, daß einzelne Vorstandsmitglieder allein oder in Gemeinschaft mit einem Prokuristen zur Vertretung der Gesellschaft befugt sind. Dasselbe kann der Aufsichtsrat bestimmen, wenn die Satzung ihn hierzu ermächtigt hat. Absatz 2 Satz 2 gilt in diesen Fällen sinngemäß.
(4) Zur Gesamtvertretung befugte Vorstandsmitglieder können einzelne von ihnen zur Vornahme bestimmter Geschäfte oder bestimmter Arten von Geschäften

ermächtigen. Dies gilt sinngemäß, wenn ein einzelnes Vorstandsmitglied in Gemeinschaft mit einem Prokuristen zur Vertretung der Gesellschaft befugt ist.

§ 79 *(weggefallen)*

§ 80 Angaben auf Geschäftsbriefen (1) Auf allen Geschäftsbriefen gleichviel welcher Form, die an einen bestimmten Empfänger gerichtet werden, müssen die Rechtsform und der Sitz der Gesellschaft, das Registergericht des Sitzes der Gesellschaft und die Nummer, unter der die Gesellschaft in das Handelsregister eingetragen ist, sowie alle Vorstandsmitglieder und der Vorsitzende des Aufsichtsrats mit dem Familiennamen und mindestens einem ausgeschriebenen Vornamen angegeben werden. Der Vorsitzende des Vorstands ist als solcher zu bezeichnen. Werden Angaben über das Kapital der Gesellschaft gemacht, so müssen in jedem Falle das Grundkapital sowie, wenn auf die Aktien der Ausgabebetrag nicht vollständig eingezahlt ist, der Gesamtbetrag der ausstehenden Einlagen angegeben werden.
(2) Der Angaben nach Absatz 1 Satz 1 und 2 bedarf es nicht bei Mitteilungen oder Berichten, die im Rahmen einer bestehenden Geschäftsverbindung ergehen und für die üblicherweise Vordrucke verwendet werden, in denen lediglich die im Einzelfall erforderlichen besonderen Angaben eingefügt zu werden brauchen.
(3) Bestellscheine gelten als Geschäftsbriefe im Sinne des Absatzes 1. Absatz 2 ist auf sie nicht anzuwenden.
(4) Auf allen Geschäftsbriefen und Bestellscheinen, die von einer Zweigniederlassung einer Aktiengesellschaft mit Sitz im Ausland verwendet werden, müssen das Register, bei dem die Zweigniederlassung geführt wird, und die Nummer des Registereintrags angegeben werden; im übrigen gelten die Vorschriften der Absätze 1 bis 3 für die Angaben bezüglich der Haupt- und der Zweigniederlassung, soweit nicht das ausländische Recht Abweichungen nötig macht. Befindet sich die ausländische Gesellschaft in Abwicklung, so sind auch diese Tatsache sowie alle Abwickler anzugeben.

§ 81 Änderung des Vorstands und der Vertretungsbefugnis seiner Mitglieder
(1) Jede Änderung des Vorstands oder der Vertretungsbefugnis eines Vorstandsmitglieds hat der Vorstand zur Eintragung in das Handelsregister anzumelden.
(2) Der Anmeldung sind die Urkunden über die Änderung in Urschrift oder öffentlich beglaubigter Abschrift beizufügen.
(3) Die neuen Vorstandsmitglieder haben in der Anmeldung zu versichern, daß keine Umstände vorliegen, die ihrer Bestellung nach § 76 Abs. 3 Satz 2 Nr. 2 und 3 sowie Satz 3 und 4 entgegenstehen, und daß sie über ihre unbeschränkte Auskunftspflicht gegenüber dem Gericht belehrt worden sind. § 37 Abs. 2 Satz 2 ist anzuwenden.
(4) *(weggefallen)*

§ 82 Beschränkungen der Vertretungs- und Geschäftsführungsbefugnis
(1) Vertretungsbefugnis des Vorstands kann nicht beschränkt werden.
(2) Im Verhältnis der Vorstandsmitglieder zur Gesellschaft sind diese verpflichtet, die Beschränkungen einzuhalten, die im Rahmen der Vorschriften über die Akti-

engesellschaft die Satzung, der Aufsichtsrat, die Hauptversammlung und die Geschäftsordnungen des Vorstands und des Aufsichtsrats für die Geschäftsführungsbefugnis getroffen haben.

§ 83 Vorbereitung und Ausführung von Hauptversammlungsbeschlüssen
(1) Der Vorstand ist auf Verlangen der Hauptversammlung verpflichtet, Maßnahmen, die in die Zuständigkeit der Hauptversammlung fallen, vorzubereiten. Das gleiche gilt für die Vorbereitung und den Abschluß von Verträgen, die nur mit Zustimmung der Hauptversammlung wirksam werden. Der Beschluß der Hauptversammlung bedarf der Mehrheiten, die für die Maßnahmen oder für die Zustimmung zu dem Vertrag erforderlich sind.
(2) Der Vorstand ist verpflichtet, die von der Hauptversammlung im Rahmen ihrer Zuständigkeit beschlossenen Maßnahmen auszuführen.

§ 84 Bestellung und Abberufung des Vorstands (1) Vorstandsmitglieder bestellt der Aufsichtsrat auf höchstens fünf Jahre. Eine wiederholte Bestellung oder Verlängerung der Amtszeit, jeweils für höchstens fünf Jahre, ist zulässig. Sie bedarf eines erneuten Aufsichtsratsbeschlusses, der frühestens ein Jahr vor Ablauf der bisherigen Amtszeit gefaßt werden kann. Nur bei einer Bestellung auf weniger als fünf Jahre kann eine Verlängerung der Amtszeit ohne neuen Aufsichtsratsbeschluß vorgesehen werden, sofern dadurch die gesamte Amtszeit nicht mehr als fünf Jahre beträgt. Dies gilt sinngemäß für den Anstellungsvertrag; er kann jedoch vorsehen, daß er für den Fall einer Verlängerung der Amtszeit bis zu deren Ablauf weitergilt.
(2) Werden mehrere Personen zu Vorstandsmitgliedern bestellt, so kann der Aufsichtsrat ein Mitglied zum Vorsitzenden des Vorstands ernennen.
(3) Ein Mitglied eines Vorstands, der aus mehreren Personen besteht, hat das Recht, den Aufsichtsrat um den Widerruf seiner Bestellung zu ersuchen, wenn es wegen Mutterschutz, Elternzeit, der Pflege eines Familienangehörigen oder Krankheit seinen mit der Bestellung verbundenen Pflichten vorübergehend nicht nachkommen kann. Macht ein Vorstandsmitglied von diesem Recht Gebrauch, muss der Aufsichtsrat die Bestellung dieses Vorstandsmitglieds
1. im Fall des Mutterschutzes widerrufen und dabei die Wiederbestellung nach Ablauf des Zeitraums der in § 3 Absatz 1 und 2 des Mutterschutzgesetzes genannten Schutzfristen zusichern,
2. in den Fällen der Elternzeit, der Pflege eines Familienangehörigen oder der Krankheit widerrufen und dabei die Wiederbestellung nach einem Zeitraum von bis zu drei Monaten entsprechend dem Verlangen des Vorstandsmitglieds zusichern; der Aufsichtsrat kann von dem Widerruf der Bestellung absehen, wenn ein wichtiger Grund vorliegt.

In den in Satz 2 Nummer 2 genannten Fällen kann der Aufsichtsrat die Bestellung des Vorstandsmitglieds auf dessen Verlangen mit Zusicherung der Wiederbestellung nach einem Zeitraum von bis zu zwölf Monaten widerrufen. Das vorgesehene Ende der vorherigen Amtszeit bleibt auch als Ende der Amtszeit nach der Wiederbestellung bestehen. Im Übrigen bleiben die Regelungen des Absatzes 1 unberührt. Die Vorgabe des § 76 Absatz 2 Satz 2, dass der Vorstand aus mindestens zwei Personen zu bestehen hat, gilt während des Zeitraums nach den Sätzen 2 und 3 auch dann als erfüllt, wenn diese Vorgabe ohne den Widerruf eingehalten wäre. Ein Unterschreiten der in der Satzung festgelegten Mindestzahl an Vorstandsmitgliedern ist während des Zeitraums nach den Sätzen 2 oder 3 unbeachtlich. § 76 Absatz 3a und § 393a Absatz 2 Nummer 1 finden auf Bestellungen während des Zeitraums nach den Sätzen 2 oder 3 keine Anwendung, wenn das Beteiligungsgebot ohne den Widerruf eingehalten wäre. § 88 ist während des Zeitraums nach den Sätzen 2 oder 3 entsprechend anzuwenden.

(4) Der Aufsichtsrat kann die Bestellung zum Vorstandsmitglied und die Ernennung zum Vorsitzenden des Vorstands widerrufen, wenn ein wichtiger Grund vorliegt. Ein solcher Grund ist namentlich grobe Pflichtverletzung, Unfähigkeit zur ordnungsmäßigen Geschäftsführung oder Vertrauensentzug durch die Hauptversammlung, es sei denn, daß das Vertrauen aus offenbar unsachlichen Gründen entzogen worden ist. Dies gilt auch für den vom ersten Aufsichtsrat bestellten Vorstand. Der Widerruf ist wirksam, bis seine Unwirksamkeit rechtskräftig festgestellt ist. Für die Ansprüche aus dem Anstellungsvertrag gelten die allgemeinen Vorschriften.

(5) Die Vorschriften des Montan-Mitbestimmungsgesetzes über die besonderen Mehrheitserfordernisse für einen Aufsichtsratsbeschluß über die Bestellung eines Arbeitsdirektors oder den Widerruf seiner Bestellung bleiben unberührt.

§ 85 Bestellung durch das Gericht (1) Fehlt ein erforderliches Vorstandsmitglied, so hat in dringenden Fällen das Gericht auf Antrag eines Beteiligten das Mitglied zu bestellen. Gegen die Entscheidung ist die Beschwerde zulässig.

(1a) § 76 Absatz 3a gilt auch für die gerichtliche Bestellung.

(2) Das Amt des gerichtlich bestellten Vorstandsmitglieds erlischt in jedem Fall, sobald der Mangel behoben ist.

(3) Das gerichtlich bestellte Vorstandsmitglied hat Anspruch auf Ersatz angemessener barer Auslagen und auf Vergütung für seine Tätigkeit. Einigen sich das gerichtlich bestellte Vorstandsmitglied und die Gesellschaft nicht, so setzt das Gericht die Auslagen und die Vergütung fest. Gegen die Entscheidung ist die Beschwerde zulässig; die Rechtsbeschwerde ist ausgeschlossen. Aus der rechtskräftigen Entscheidung findet die Zwangsvollstreckung nach der Zivilprozeßordnung statt.

§ 86 *(weggefallen)*

§ 87 Grundsätze für die Bezüge der Vorstandsmitglieder (1) Der Aufsichtsrat hat bei der Festsetzung der Gesamtbezüge des einzelnen Vorstandsmitglieds (Gehalt, Gewinnbeteiligungen, Aufwandsentschädigungen, Versicherungsentgelte, Provisionen, anreizorientierte Vergütungszusagen wie zum Beispiel Aktienbezugsrechte und Nebenleistungen jeder Art) dafür zu sorgen, dass diese in einem angemessenen Verhältnis zu den Aufgaben und Leistungen des Vorstandsmitglieds sowie zur Lage der Gesellschaft stehen und die übliche Vergütung nicht ohne besondere Gründe übersteigen. Die Vergütungsstruktur ist bei börsennotierten Gesellschaften auf eine nachhaltige und langfristige Entwicklung der Gesellschaft auszurichten. Variable Vergütungsbestandteile sollen daher eine mehrjährige Bemes-

sungsgrundlage haben; für außerordentliche Entwicklungen soll der Aufsichtsrat eine Begrenzungsmöglichkeit vereinbaren. Satz 1 gilt sinngemäß für Ruhegehalt, Hinterbliebenenbezüge und Leistungen verwandter Art.
(2) Verschlechtert sich die Lage der Gesellschaft nach der Festsetzung so, dass die Weitergewährung der Bezüge nach Absatz 1 unbillig für die Gesellschaft wäre, so soll der Aufsichtsrat oder im Falle des § 85 Absatz 3 das Gericht auf Antrag des Aufsichtsrats die Bezüge auf die angemessene Höhe herabsetzen. Ruhegehalt, Hinterbliebenenbezüge und Leistungen verwandter Art können nur in den ersten drei Jahren nach Ausscheiden aus der Gesellschaft nach Satz 1 herabgesetzt werden. Durch eine Herabsetzung wird der Anstellungsvertrag im Übrigen nicht berührt. Das Vorstandsmitglied kann jedoch seinen Anstellungsvertrag für den Schluß des nächsten Kalendervierteljahres mit einer Kündigungsfrist von sechs Wochen kündigen.
(3) Wird über das Vermögen der Gesellschaft das Insolvenzverfahren eröffnet und kündigt der Insolvenzverwalter den Anstellungsvertrag eines Vorstandsmitglieds, so kann es Ersatz für den Schaden, der ihm durch die Aufhebung des Dienstverhältnisses entsteht, nur für zwei Jahre seit dem Ablauf des Dienstverhältnisses verlangen.
(4) Die Hauptversammlung kann auf Antrag nach § 122 Absatz 2 Satz 1 die nach § 87a Absatz 1 Satz 2 Nummer 1 festgelegte Maximalvergütung herabsetzen.

§ 88 Wettbewerbsverbot (1) Die Vorstandsmitglieder dürfen ohne Einwilligung des Aufsichtsrats weder ein Handelsgewerbe betreiben noch im Geschäftszweig der Gesellschaft für eigene oder fremde Rechnung Geschäfte machen. Sie dürfen ohne Einwilligung auch nicht Mitglied des Vorstands oder Geschäftsführer oder persönlich haftender Gesellschafter einer anderen Handelsgesellschaft sein. Die Einwilligung des Aufsichtsrats kann nur für bestimmte Handelsgewerbe oder Handelsgesellschaften oder für bestimmte Arten von Geschäften erteilt werden.
(2) Verstößt ein Vorstandsmitglied gegen dieses Verbot, so kann die Gesellschaft Schadenersatz fordern. Sie kann statt dessen von dem Mitglied verlangen, daß es die für eigene Rechnung gemachten Geschäfte als für Rechnung der Gesellschaft eingegangen gelten läßt und die aus Geschäften für fremde Rechnung bezogene Vergütung herausgibt oder seinen Anspruch auf die Vergütung abtritt.
(3) Die Ansprüche der Gesellschaft verjähren in drei Monaten seit dem Zeitpunkt, in dem die übrigen Vorstandsmitglieder und die Aufsichtratsmitglieder von der zum Schadensersatz verpflichtenden Handlung Kenntnis erlangen oder ohne grobe Fahrlässigkeit erlangen müssten. Sie verjähren ohne Rücksicht auf diese Kenntnis oder grob fahrlässige Unkenntnis in fünf Jahren von ihrer Entstehung an.

§ 89 Kreditgewährung an Vorstandsmitglieder (1) Die Gesellschaft darf ihren Vorstandsmitgliedern Kredit nur auf Grund eines Beschlusses des Aufsichtsrats gewähren. Der Beschluß kann nur für bestimmte Kreditgeschäfte oder Arten von Kreditgeschäften und nicht für länger als drei Monate im voraus gefaßt werden. Er hat die Verzinsung und Rückzahlung des Kredits zu regeln. Der Gewährung eines Kredits steht die Gestattung einer Entnahme gleich, die über die dem Vorstandsmitglied zustehenden Bezüge hinausgeht, namentlich auch die Gestattung der Entnahme von Vorschüssen auf Bezüge. Dies gilt nicht für Kredite, die ein Monatsgehalt nicht übersteigen.

(2) Die Gesellschaft darf ihren Prokuristen und zum gesamten Geschäftsbetrieb ermächtigten Handlungsbevollmächtigten Kredit nur mit Einwilligung des Aufsichtsrats gewähren. Eine herrschende Gesellschaft darf Kredite an gesetzliche Vertreter, Prokuristen oder zum gesamten Geschäftsbetrieb ermächtigte Handlungsbevollmächtigte eines abhängigen Unternehmens nur mit Einwilligung ihres Aufsichtsrats, eine abhängige Gesellschaft darf Kredite an gesetzliche Vertreter, Prokuristen oder zum gesamten Geschäftsbetrieb ermächtigte Handlungsbevollmächtigte des herrschenden Unternehmens nur mit Einwilligung des Aufsichtsrats des herrschenden Unternehmens gewähren. Absatz 1 Satz 2 bis 5 gilt sinngemäß.

(3) Absatz 2 gilt auch für Kredite an den Ehegatten, Lebenspartner oder an ein minderjähriges Kind eines Vorstandsmitglieds, eines anderen gesetzlichen Vertreters, eines Prokuristen oder eines zum gesamten Geschäftsbetrieb ermächtigten Handlungsbevollmächtigten. Er gilt ferner für Kredite an einen Dritten, der für Rechnung dieser Personen oder für Rechnung eines Vorstandsmitglieds, eines anderen gesetzlichen Vertreters, eines Prokuristen oder eines zum gesamten Geschäftsbetrieb ermächtigten Handlungsbevollmächtigten handelt.

(4) Ist ein Vorstandsmitglied, ein Prokurist oder ein zum gesamten Geschäftsbetrieb ermächtigter Handlungsbevollmächtigter zugleich gesetzlicher Vertreter oder Mitglied des Aufsichtsrats einer anderen juristischen Person oder Gesellschafter einer Personenhandelsgesellschaft, so darf die Gesellschaft der juristischen Person oder der Personenhandelsgesellschaft Kredit nur mit Einwilligung des Aufsichtsrats gewähren; Absatz 1 Satz 2 und 3 gilt sinngemäß. Dies gilt nicht, wenn die juristische Person oder die Personenhandelsgesellschaft mit der Gesellschaft verbunden ist oder wenn der Kredit für die Bezahlung von Waren gewährt wird, welche die Gesellschaft der juristischen Person oder der Personenhandelsgesellschaft liefert.

(5) Wird entgegen den Absätzen 1 bis 4 Kredit gewährt, so ist der Kredit ohne Rücksicht auf entgegenstehende Vereinbarungen sofort zurückzugewähren, wenn nicht der Aufsichtsrat nachträglich zustimmt.

(6) Ist die Gesellschaft ein Kreditinstitut oder Finanzdienstleistungsinstitut, auf das § 15 des Gesetzes über das Kreditwesen anzuwenden ist, gelten anstelle der Absätze 1 bis 5 die Vorschriften des Gesetzes über das Kreditwesen.

§ 90 Berichte an den Aufsichtsrat (1) Der Vorstand hat dem Aufsichtsrat zu berichten über

1. die beabsichtigte Geschäftspolitik und andere grundsätzliche Fragen der Unternehmensplanung (insbesondere die Finanz-, Investitions- und Personalplanung), wobei auf Abweichungen der tatsächlichen Entwicklung von früher berichteten Zielen unter Angabe von Gründen einzugehen ist;
2. die Rentabilität der Gesellschaft, insbesondere die Rentabilität des Eigenkapitals;
3. den Gang der Geschäfte, insbesondere den Umsatz, und die Lage der Gesellschaft;

4. Geschäfte, die für die Rentabilität oder Liquidität der Gesellschaft von erheblicher Bedeutung sein können.

Ist die Gesellschaft Mutterunternehmen (§ 290 Abs. 1, 2 des Handelsgesetzbuchs), so hat der Bericht auch auf Tochterunternehmen und auf Gemeinschaftsunternehmen (§ 310 Abs. 1 des Handelsgesetzbuchs) einzugehen. Außerdem ist dem Vorsitzenden des Aufsichtsrats aus sonstigen wichtigen Anlässen zu berichten; als wichtiger Anlaß ist auch ein dem Vorstand bekanntgewordener geschäftlicher Vorgang bei einem verbundenen Unternehmen anzusehen, der auf die Lage der Gesellschaft von erheblichem Einfluß sein kann.

(2) Die Berichte nach Absatz 1 Satz 1 Nr. 1 bis 4 sind wie folgt zu erstatten:

1. die Berichte nach Nummer 1 mindestens einmal jährlich, wenn nicht Änderungen der Lage oder neue Fragen eine unverzügliche Berichterstattung gebieten;
2. die Berichte nach Nummer 2 in der Sitzung des Aufsichtsrats, in der über den Jahresabschluß verhandelt wird;
3. die Berichte nach Nummer 3 regelmäßig, mindestens vierteljährlich;
4. die Berichte nach Nummer 4 möglichst so rechtzeitig, daß der Aufsichtsrat vor Vornahme der Geschäfte Gelegenheit hat, zu ihnen Stellung zu nehmen.

(3) Der Aufsichtsrat kann vom Vorstand jederzeit einen Bericht verlangen über Angelegenheiten der Gesellschaft, über ihre rechtlichen und geschäftlichen Beziehungen zu verbundenen Unternehmen sowie über geschäftliche Vorgänge bei diesen Unternehmen, die auf die Lage der Gesellschaft von erheblichem Einfluß sein können. Auch ein einzelnes Mitglied kann einen Bericht, jedoch nur an den Aufsichtsrat, verlangen.

(4) Die Berichte haben den Grundsätzen einer gewissenhaften und getreuen Rechenschaft zu entsprechen. Sie sind möglichst rechtzeitig und, mit Ausnahme des Berichts nach Absatz 1 Satz 3, in der Regel in Textform zu erstatten.

(5) Jedes Aufsichtsratsmitglied hat das Recht, von den Berichten Kenntnis zu nehmen. Soweit die Berichte in Textform erstattet worden sind, sind sie auch jedem Aufsichtsratsmitglied auf Verlangen zu übermitteln, soweit der Aufsichtsrat nichts anderes beschlossen hat. Der Vorsitzende des Aufsichtsrats hat die Aufsichtsratsmitglieder über die Berichte nach Absatz 1 Satz 3 spätestens in der nächsten Aufsichtsratssitzung zu unterrichten.

§ 91 Organisation; Buchführung (1) Der Vorstand hat dafür zu sorgen, daß die erforderlichen Handelsbücher geführt werden.

(2) Der Vorstand hat geeignete Maßnahmen zu treffen, insbesondere ein Überwachungssystem einzurichten, damit den Fortbestand der Gesellschaft gefährdende Entwicklungen früh erkannt werden.

(3) Der Vorstand einer börsennotierten Gesellschaft hat darüber hinaus ein im Hinblick auf den Umfang der Geschäftstätigkeit und die Risikolage des Unternehmens angemessenes und wirksames internes Kontrollsystem und Risikomanagementsystem einzurichten.

§ 92 Vorstandspflichten bei Verlust, Überschuldung oder Zahlungsunfähigkeit

(1) Ergibt sich bei Aufstellung der Jahresbilanz oder einer Zwischenbilanz oder ist

bei pflichtmäßigem Ermessen anzunehmen, daß ein Verlust in Höhe der Hälfte des Grundkapitals besteht, so hat der Vorstand unverzüglich die Hauptversammlung einzuberufen und ihr dies anzuzeigen.
(2) *(aufgehoben)*

§ 93 Sorgfaltspflicht und Verantwortlichkeit der Vorstandsmitglieder[1] (1) Die Vorstandsmitglieder haben bei ihrer Geschäftsführung die Sorgfalt eines ordentlichen und gewissenhaften Geschäftsleiters anzuwenden. Eine Pflichtverletzung liegt nicht vor, wenn das Vorstandsmitglied bei einer unternehmerischen Entscheidung vernünftigerweise annehmen durfte, auf der Grundlage angemessener Information zum Wohle der Gesellschaft zu handeln. Über vertrauliche Angaben und Geheimnisse der Gesellschaft, namentlich Betriebs- oder Geschäftsgeheimnisse, die den Vorstandsmitgliedern durch ihre Tätigkeit im Vorstand bekanntgeworden sind, haben sie Stillschweigen zu bewahren.
(2) Vorstandsmitglieder, die ihre Pflichten verletzen, sind der Gesellschaft zum Ersatz des daraus entstehenden Schadens als Gesamtschuldner verpflichtet. Ist streitig, ob sie die Sorgfalt eines ordentlichen und gewissenhaften Geschäftsleiters angewandt haben, so trifft sie die Beweislast. Schließt die Gesellschaft eine Versicherung zur Absicherung eines Vorstandsmitglieds gegen Risiken aus dessen beruflicher Tätigkeit für die Gesellschaft ab, ist ein Selbstbehalt von mindestens 10 Prozent des Schadens bis mindestens zur Höhe des Eineinhalbfachen der festen jährlichen Vergütung des Vorstandsmitglieds vorzusehen.
(3)–(5) …
(6) Die Ansprüche aus diesen Vorschriften verjähren bei Gesellschaften, die zum Zeitpunkt der Pflichtverletzung börsennotiert sind, in zehn Jahren, bei anderen Gesellschaften in fünf Jahren.

---

1 Zu einer besonderen Ausformulierung von Verhaltenspflichten von Organmitgliedern – aber auch anderen Insidern (vgl. Einl. II 2) – siehe das **Wertpapierhandelsgesetz** (WpHG) vom 25.7.1994 (BGBl. I 1749), zuletzt geändert durch Gesetz vom 28.2.2025 (BGBl. I 2025 Nr. 69):

…

§ 2 Begriffsbestimmungen (1) Wertpapiere im Sinne dieses Gesetzes sind, auch wenn keine Urkunden über sie ausgestellt sind, alle Gattungen von übertragbaren Wertpapieren mit Ausnahme von Zahlungsinstrumenten, die ihrer Art nach auf den Finanzmärkten handelbar sind, insbesondere

1. Aktien,
2. andere Anteile an in- oder ausländischen juristischen Personen, rechtsfähigen Personengesellschaften und sonstigen Unternehmen, soweit sie Aktien vergleichbar sind, sowie Hinterlegungsscheine, die Aktien vertreten,
3. Schuldtitel,
   a) insbesondere Genussscheine und Inhaberschuldverschreibungen und Orderschuldverschreibungen sowie Hinterlegungsscheine, die Schuldtitel vertreten,
   b) sonstige Wertpapiere, die zum Erwerb oder zur Veräußerung von Wertpapieren nach den Nummern 1 und 2 berechtigen oder zu einer Barzahlung führen, die in Abhängigkeit von Wertpapieren, von Währungen, Zinssätzen oder anderen Erträgen, von Waren, Indices oder Messgrößen bestimmt wird;

…

§ 94 Stellvertreter von Vorstandsmitgliedern Die Vorschriften für die Vorstandsmitglieder gelten auch für ihre Stellvertreter.

Zweiter Abschnitt – Aufsichtsrat

§ 95 Zahl der Aufsichtsratsmitglieder Der Aufsichtsrat besteht aus drei Mitgliedern. Die Satzung kann eine bestimmte höhere Zahl festsetzen. Die Zahl muß durch drei teilbar sein, wenn dies zur Erfüllung mitbestimmungspflichtiger Vorgaben erforderlich ist. Die Höchstzahl der Aufsichtsratsmitglieder beträgt bei Gesellschaften mit einem Grundkapital

bis zu	1 500 000	Euro neun,
von mehr als	1 500 000	Euro fünfzehn,
von mehr als	10 000 000	Euro einundzwanzig.

Durch die vorstehenden Vorschriften werden hiervon abweichende Vorschriften des Mitbestimmungsgesetzes, des Montan-Mitbestimmungsgesetzes und des Mitbestimmungsergänzungsgesetzes nicht berührt.

§ 96 Zusammensetzung des Aufsichtsrats (1) Der Aufsichtsrat setzt sich zusammen
bei Gesellschaften, für die das Mitbestimmungsgesetz gilt, aus Aufsichtsratsmitgliedern der Aktionäre und der Arbeitnehmer,
bei Gesellschaften, für die das Montan-Mitbestimmungsgesetz gilt, aus Aufsichtsratsmitgliedern der Aktionäre und der Arbeitnehmer und aus weiteren Mitgliedern,
bei Gesellschaften, für die die §§ 5 bis 13 des Mitbestimmungsergänzungsgesetzes gelten, aus Aufsichtsratsmitgliedern der Aktionäre und der Arbeitnehmer und aus einem weiteren Mitglied,
bei Gesellschaften, für die das Drittelbeteiligungsgesetz gilt, aus Aufsichtsratsmitgliedern der Aktionäre und der Arbeitnehmer,
bei Gesellschaften, für die das Gesetz über die Mitbestimmung der Arbeitnehmer bei einer grenzüberschreitenden Verschmelzung vom 21. Dezember 2006 (BGBl. I S. 3332) in der jeweils geltenden Fassung gilt, aus Aufsichtsratsmitgliedern der Aktionäre und der Arbeitnehmer,
bei Gesellschaften, für die das Gesetz über die Mitbestimmung der Arbeitnehmer bei grenzüberschreitendem Formwechsel und grenzüberschreitender Spaltung vom 4. Januar 2023 (BGBl. 2023 I Nr. 10) in der jeweils geltenden Fassung gilt, aus Aufsichtsratsmitgliedern der Aktionäre und der Arbeitnehmer,
bei den übrigen Gesellschaften nur aus Aufsichtsratsmitgliedern der Aktionäre.
(2) Bei börsennotierten Gesellschaften, für die das Mitbestimmungsgesetz, das Montan-Mitbestimmungsgesetz oder das Mitbestimmungsergänzungsgesetz gilt, setzt sich der Aufsichtsrat zu mindestens 30 Prozent aus Frauen und zu mindestens 30 Prozent aus Männern zusammen. Der Mindestanteil ist vom Aufsichtsrat insgesamt zu erfüllen. Widerspricht die Seite der Anteilseigner- oder Arbeitnehmervertreter auf Grund eines mit Mehrheit gefassten Beschlusses vor der Wahl der Gesamterfüllung gegenüber dem Aufsichtsratsvorsitzenden, so ist der Mindestanteil für diese Wahl von der Seite der Anteilseigner und der Seite der Arbeitnehmer

getrennt zu erfüllen. Es ist in allen Fällen auf volle Personenzahlen mathematisch auf- beziehungsweise abzurunden. Verringert sich bei Gesamterfüllung der höhere Frauenanteil einer Seite nachträglich und widerspricht sie nun der Gesamterfüllung, so wird dadurch die Besetzung auf der anderen Seite nicht unwirksam. Eine Wahl der Mitglieder des Aufsichtsrats durch die Hauptversammlung und eine Entsendung in den Aufsichtsrat unter Verstoß gegen das Mindestanteilsgebot ist nichtig. Ist eine Wahl aus anderen Gründen für nichtig erklärt, so verstoßen zwischenzeitlich erfolgte Wahlen insoweit nicht gegen das Mindestanteilsgebot. Auf die Wahl der Aufsichtsratsmitglieder der Arbeitnehmer sind die in Satz 1 genannten Gesetze zur Mitbestimmung anzuwenden.
(3) Bei börsennotierten Gesellschaften, die aus einer grenzüberschreitenden Verschmelzung, einem grenzüberschreitenden Formwechsel oder einer grenzüberschreitenden Spaltung hervorgegangen sind und bei denen nach dem Gesetz über die Mitbestimmung der Arbeitnehmer bei einer grenzüberschreitenden Verschmelzung oder nach dem Gesetz über die Mitbestimmung der Arbeitnehmer bei grenzüberschreitendem Formwechsel oder grenzüberschreitender Spaltung das Aufsichts- oder Verwaltungsorgan aus derselben Zahl von Anteilseigner- und Arbeitnehmervertretern besteht, müssen in dem Aufsichts- oder Verwaltungsorgan Frauen und Männer jeweils mit einem Anteil von mindestens 30 Prozent vertreten sein. Absatz 2 Satz 2, 4, 6 und 7 gilt entsprechend.
(4) Nach anderen als den zuletzt angewandten gesetzlichen Vorschriften kann der Aufsichtsrat nur zusammengesetzt werden, wenn nach § 97 oder nach § 98 die in der Bekanntmachung des Vorstands oder in der gerichtlichen Entscheidung angegebenen gesetzlichen Vorschriften anzuwenden sind.

§ 97 Bekanntmachung über die Zusammensetzung des Aufsichtsrats (1) Ist der Vorstand der Ansicht, daß der Aufsichtsrat nicht nach den für ihn maßgebenden gesetzlichen Vorschriften zusammengesetzt ist, so hat er dies unverzüglich in den Gesellschaftsblättern und gleichzeitig durch Aushang in sämtlichen Betrieben der Gesellschaft und ihrer Konzernunternehmen bekanntzumachen. In der Bekanntmachung sind die nach Ansicht des Vorstands maßgebenden gesetzlichen Vorschriften anzugeben. Es ist darauf hinzuweisen, daß der Aufsichtsrat nach diesen Vorschriften zusammengesetzt wird, wenn nicht Antragsberechtigte nach § 98 Abs. 2 innerhalb eines Monats nach der Bekanntmachung im elektronischen Bundesanzeiger das nach § 98 Abs. 1 zuständige Gericht anrufen.
(2) Wird das nach § 98 Abs. 1 zuständige Gericht nicht innerhalb eines Monats nach der Bekanntmachung im elektronischen Bundesanzeiger angerufen, so ist der neue Aufsichtsrat nach den in der Bekanntmachung des Vorstands angegebenen gesetzlichen Vorschriften zusammenzusetzen. Die Bestimmungen der Satzung über die Zusammensetzung des Aufsichtsrats, über die Zahl der Aufsichtsratsmitglieder sowie über die Wahl, Abberufung und Entsendung von Aufsichtsratsmitgliedern treten mit der Beendigung der ersten Hauptversammlung, die nach Ablauf der Anrufungsfrist einberufen wird, spätestens sechs Monate nach Ablauf dieser Frist insoweit außer Kraft, als sie den nunmehr anzuwendenden gesetzlichen Vorschriften widersprechen. Mit demselben Zeitpunkt erlischt das Amt der bisherigen Aufsichtratsmitglieder. Eine Hauptversammlung, die innerhalb der Frist von sechs

Monaten stattfindet, kann an Stelle der außer Kraft tretenden Satzungsbestimmungen mit einfacher Stimmenmehrheit neue Satzungsbestimmungen beschließen.
(3) Solange ein gerichtliches Verfahren nach §§ 98, 99 anhängig ist, kann eine Bekanntmachung über die Zusammensetzung des Aufsichtsrats nicht erfolgen.

§ 98 Gerichtliche Entscheidung über die Zusammensetzung des Aufsichtsrats

(1) Ist streitig oder ungewiss, nach welchen gesetzlichen Vorschriften der Aufsichtsrat zusammenzusetzen ist, so entscheidet darüber auf Antrag ausschließlich das Landgericht, in dessen Bezirk die Gesellschaft ihren Sitz hat.
(2) Antragsberechtigt sind

1. der Vorstand,
2. jedes Aufsichtsratsmitglied,
3. jeder Aktionär,
4. der Gesamtbetriebsrat der Gesellschaft oder, wenn in der Gesellschaft nur ein Betriebsrat besteht, der Betriebsrat,
5. der Gesamt- oder Unternehmenssprecherausschuss der Gesellschaft oder, wenn in der Gesellschaft nur ein Sprecherausschuss besteht, der Sprecherausschuss,
6. der Gesamtbetriebsrat eines anderen Unternehmens, dessen Arbeitnehmer nach den gesetzlichen Vorschriften, deren Anwendung streitig oder ungewiß ist, selbst oder durch Delegierte an der Wahl von Aufsichtsratsmitgliedern der Gesellschaft teilnehmen, oder, wenn in dem anderen Unternehmen nur ein Betriebsrat besteht, der Betriebsrat,
7. der Gesamt- oder Unternehmenssprecherausschuss eines anderen Unternehmens, dessen Arbeitnehmer nach den gesetzlichen Vorschriften, deren Anwendung streitig oder ungewiss ist, selbst oder durch Delegierte an der Wahl von Aufsichtsratsmitgliedern der Gesellschaft teilnehmen, oder, wenn in dem anderen Unternehmen nur ein Sprecherausschuss besteht, der Sprecherausschuss,
8. mindestens ein Zehntel oder einhundert der Arbeitnehmer, die nach den gesetzlichen Vorschriften, deren Anwendung streitig oder ungewiß ist, selbst oder durch Delegierte an der Wahl von Aufsichtsratsmitgliedern der Gesellschaft teilnehmen,
9. Spitzenorganisationen der Gewerkschaften, die nach den gesetzlichen Vorschriften, deren Anwendung streitig oder ungewiß ist, ein Vorschlagsrecht hätten,
10. Gewerkschaften, die nach den gesetzlichen Vorschriften, deren Anwendung streitig oder ungewiß ist, ein Vorschlagsrecht hätten.

Ist die Anwendung des Mitbestimmungsgesetzes oder die Anwendung von Vorschriften des Mitbestimmungsgesetzes streitig oder ungewiß, so sind außer den nach Satz 1 Antragsberechtigten auch je ein Zehntel der wahlberechtigten in § 3 Abs. 1 Nr. 1 des Mitbestimmungsgesetzes bezeichneten Arbeitnehmer oder der wahlberechtigten leitenden Angestellten im Sinne des Mitbestimmungsgesetzes antragsberechtigt.

(3) Die Absätze 1 und 2 gelten sinngemäß, wenn streitig ist, ob der Abschlußprüfer das nach § 3 oder § 16 des Mitbestimmungsergänzungsgesetzes maßgebliche Umsatzverhältnis richtig ermittelt hat.
(4) Entspricht die Zusammensetzung des Aufsichtsrats nicht der gerichtlichen Entscheidung, so ist der neue Aufsichtsrat nach den in der Entscheidung angegebenen gesetzlichen Vorschriften zusammenzusetzen. § 97 Abs. 2 gilt sinngemäß mit der Maßgabe, daß die Frist von sechs Monaten mit dem Eintritt der Rechtskraft beginnt.

§ 99 Verfahren (1) Auf das Verfahren ist das Gesetz über das Verfahren in Familiensachen und in den Angelegenheiten der freiwilligen Gerichtsbarkeit anzuwenden, soweit in den Absätzen 2 bis 5 nichts anderes bestimmt ist.
(2) Das Landgericht hat den Antrag in den Gesellschaftsblättern bekanntzumachen. Der Vorstand und jedes Aufsichtsratsmitglied sowie die nach § 98 Abs. 2 antragsberechtigten Betriebsräte, Sprecherausschüsse, Spitzenorganisationen und Gewerkschaften sind zu hören.
(3) Das Landgericht entscheidet durch einen mit Gründen versehenen Beschluss. Gegen die Entscheidung des Landgerichts findet die Beschwerde statt. Sie kann nur auf eine Verletzung des Rechts gestützt werden; § 72 Abs. 1 Satz 2 und § 74 Abs. 2 und 3 des Gesetzes über das Verfahren in Familiensachen und in den Angelegenheiten der freiwilligen Gerichtsbarkeit sowie § 547 der Zivilprozessordnung gelten sinngemäß. Die Beschwerde kann nur durch die Einreichung einer von einem Rechtsanwalt unterzeichneten Beschwerdeschrift eingelegt werden. Die Landesregierung kann durch Rechtsverordnung die Entscheidung über die Beschwerde für die Bezirke mehrerer Oberlandesgerichte einem der Oberlandesgerichte oder dem Obersten Landesgericht übertragen, wenn dies der Sicherung einer einheitlichen Rechtsprechung dient. Die Landesregierung kann die Ermächtigung auf die Landesjustizverwaltung übertragen.
(4) Das Gericht hat seine Entscheidung dem Antragsteller und der Gesellschaft zuzustellen. Es hat sie ferner ohne Gründe in den Gesellschaftsblättern bekanntzumachen. Die Beschwerde steht jedem nach § 98 Abs. 2 Antragsberechtigten zu. Die Beschwerdefrist beginnt mit der Bekanntmachung der Entscheidung im elektronischen Bundesanzeiger, für den Antragsteller und die Gesellschaft jedoch nicht vor der Zustellung der Entscheidung.
(5) Die Entscheidung wird erst mit der Rechtskraft wirksam. Sie wirkt für und gegen alle. Der Vorstand hat die rechtskräftige Entscheidung unverzüglich zum Handelsregister einzureichen.
(6) Die Kosten können ganz oder zum Teil dem Antragsteller auferlegt werden, wenn dies der Billigkeit entspricht. Kosten der Beteiligten werden nicht erstattet.

§ 100 Persönliche Voraussetzungen für Aufsichtsratsmitglieder (1) Mitglied des Aufsichtsrats kann nur eine natürliche, unbeschränkt geschäftsfähige Person sein. Ein Betreuter, der bei der Besorgung seiner Vermögensangelegenheiten ganz oder teilweise einem Einwilligungsvorbehalt (§ 1825 des Bürgerlichen Gesetzbuchs) unterliegt, kann nicht Mitglied des Aufsichtsrats sein.
(2) Mitglied des Aufsichtsrats kann nicht sein, wer

1. bereits in zehn Handelsgesellschaften, die gesetzlich einen Aufsichtsrat zu bilden haben, Aufsichtsratsmitglied ist,
2. gesetzlicher Vertreter eines von der Gesellschaft abhängigen Unternehmens ist,
3. gesetzlicher Vertreter einer anderen Kapitalgesellschaft ist, deren Aufsichtsrat ein Vorstandsmitglied der Gesellschaft angehört, oder
4. in den letzten zwei Jahren Vorstandsmitglied derselben börsennotierten Gesellschaft war, es sei denn, seine Wahl erfolgt auf Vorschlag von Aktionären, die mehr als 25 Prozent der Stimmrechte an der Gesellschaft halten.

Auf die Höchstzahl nach Satz 1 Nr. 1 sind bis zu fünf Aufsichtsratssitze nicht anzurechnen, die ein gesetzlicher Vertreter (beim Einzelkaufmann der Inhaber) des herrschenden Unternehmens eines Konzerns in zum Konzern gehörenden Handelsgesellschaften, die gesetzlich einen Aufsichtsrat zu bilden haben, innehat. Auf die Höchstzahl nach Satz 1 Nr. 1 sind Aufsichtsratsämter im Sinne der Nummer 1 doppelt anzurechnen, für die das Mitglied zum Vorsitzenden gewählt worden ist.

(3) Die anderen persönlichen Voraussetzungen der Aufsichtsratsmitglieder der Arbeitnehmer sowie der weiteren Mitglieder bestimmen sich nach dem Mitbestimmungsgesetz, dem Montan-Mitbestimmungsgesetz, dem Mitbestimmungsergänzungsgesetz, dem Drittelbeteiligungsgesetz, dem Gesetz über die Mitbestimmung der Arbeitnehmer bei einer grenzüberschreitenden Verschmelzung und dem Gesetz über die Mitbestimmung der Arbeitnehmer bei grenzüberschreitendem Formwechsel oder grenzüberschreitender Spaltung.

(4) Die Satzung kann persönliche Voraussetzungen nur für Aufsichtsratsmitglieder fordern, die von der Hauptversammlung ohne Bindung an Wahlvorschläge gewählt oder auf Grund der Satzung in den Aufsichtsrat entsandt werden.

(5) Bei Gesellschaften, die Unternehmen von öffentlichem Interesse nach § 316a Satz 2 des Handelsgesetzbuchs sind, muss mindestens ein Mitglied des Aufsichtsrats über Sachverstand auf dem Gebiet Rechnungslegung und mindestens ein weiteres Mitglied des Aufsichtsrats über Sachverstand auf dem Gebiet Abschlussprüfung verfügen; die Mitglieder müssen in ihrer Gesamtheit mit dem Sektor, in dem die Gesellschaft tätig ist, vertraut sein.

§ 101 Bestellung der Aufsichtsratsmitglieder (1) Die Mitglieder des Aufsichtsrats werden von der Hauptversammlung gewählt, soweit sie nicht in den Aufsichtsrat zu entsenden oder als Aufsichtsratsmitglieder der Arbeitnehmer nach dem Mitbestimmungsgesetz, dem Mitbestimmungsergänzungsgesetz, dem Drittelbeteiligungsgesetz, dem Gesetz über die Mitbestimmung der Arbeitnehmer bei einer grenzüberschreitenden Verschmelzung oder dem Gesetz über die Mitbestimmung der Arbeitnehmer bei grenzüberschreitendem Formwechsel oder grenzüberschreitender Spaltung zu wählen sind. An Wahlvorschläge ist die Hauptversammlung nur gemäß §§ 6 und 8 des Montan-Mitbestimmungsgesetzes gebunden.

(2) Ein Recht, Mitglieder in den Aufsichtsrat zu entsenden, kann nur durch die Satzung und nur für bestimmte Aktionäre oder für die jeweiligen Inhaber bestimmter Aktien begründet werden. Inhaber bestimmter Aktien kann das Entsendungsrecht nur eingeräumt werden, wenn die Aktien auf Namen lauten und ihre Übertragung an die Zustimmung der Gesellschaft gebunden ist. Die Aktien der Entsendungs-

berechtigten gelten nicht als eine besondere Gattung. Die Entsendungsrechte können insgesamt höchstens für ein Drittel der sich aus dem Gesetz oder der Satzung ergebenden Zahl der Aufsichtsratsmitglieder der Aktionäre eingeräumt werden.
(3) Stellvertreter von Aufsichtsratsmitgliedern können nicht bestellt werden. Jedoch kann für jedes Aufsichtsratsmitglied mit Ausnahme des weiteren Mitglieds, das nach dem Montan-Mitbestimmungsgesetz oder dem Mitbestimmungsergänzungsgesetz auf Vorschlag der übrigen Aufsichtsratsmitglieder gewählt wird, ein Ersatzmitglied bestellt werden, das Mitglied des Aufsichtsrats wird, wenn das Aufsichtsratsmitglied vor Ablauf seiner Amtszeit wegfällt. Das Ersatzmitglied kann nur gleichzeitig mit dem Aufsichtsratsmitglied bestellt werden. Auf seine Bestellung sowie die Nichtigkeit und Anfechtung seiner Bestellung sind die für das Aufsichtsratsmitglied geltenden Vorschriften anzuwenden.

§ 102 Amtszeit der Aufsichtsratsmitglieder (1) Aufsichtsratsmitglieder können nicht für längere Zeit als bis zur Beendigung der Hauptversammlung bestellt werden, die über die Entlastung für das vierte Geschäftsjahr nach dem Beginn der Amtszeit beschließt. Das Geschäftsjahr, in dem die Amtszeit beginnt, wird nicht mitgerechnet.
(2) Das Amt des Ersatzmitglieds erlischt spätestens mit Ablauf der Amtszeit des weggefallenen Aufsichtsratsmitglieds.

§ 103 Abberufung der Aufsichtsratsmitglieder (1) Aufsichtsratsmitglieder, die von der Hauptversammlung ohne Bindung an einen Wahlvorschlag gewählt worden sind, können von ihr vor Ablauf der Amtszeit abberufen werden. Der Beschluß bedarf einer Mehrheit, die mindestens drei Viertel der abgegebenen Stimmen umfaßt. Die Satzung kann eine andere Mehrheit und weitere Erfordernisse bestimmen.
(2) Ein Aufsichtsratsmitglied, das auf Grund der Satzung in den Aufsichtsrat entsandt ist, kann von dem Entsendungsberechtigten jederzeit abberufen und durch ein anderes ersetzt werden. Sind die in der Satzung bestimmten Voraussetzungen des Entsendungsrechts weggefallen, so kann die Hauptversammlung das entsandte Mitglied mit einfacher Stimmenmehrheit abberufen.
(3) Das Gericht hat auf Antrag des Aufsichtsrats ein Aufsichtsratsmitglied abzuberufen, wenn in dessen Person ein wichtiger Grund vorliegt. Der Aufsichtsrat beschließt über die Antragstellung mit einfacher Mehrheit. Ist das Aufsichtsratsmitglied auf Grund der Satzung in den Aufsichtsrat entsandt worden, so können auch Aktionäre, deren Anteile zusammen den zehnten Teil des Grundkapitals oder den anteiligen Betrag von einer Million Euro erreichen, den Antrag stellen. Gegen die Entscheidung ist die Beschwerde zulässig.
(4) Für die Abberufung der Aufsichtsratsmitglieder, die weder von der Hauptversammlung ohne Bindung an einen Wahlvorschlag gewählt worden sind noch auf Grund der Satzung in den Aufsichtsrat entsandt sind, gelten außer Absatz 3 das Mitbestimmungsgesetz, das Montan-Mitbestimmungsgesetz, das Mitbestimmungsergänzungsgesetz, das Drittelbeteiligungsgesetz, das SE-Beteiligungsgesetz, das Gesetz über die Mitbestimmung der Arbeitnehmer bei einer grenzüberschrei-

tenden Verschmelzung und das Gesetz über die Mitbestimmung der Arbeitnehmer bei grenzüberschreitendem Formwechsel oder grenzüberschreitender Spaltung.
(5) Für die Abberufung eines Ersatzmitglieds gelten die Vorschriften über die Abberufung des Aufsichtsratsmitglieds, für das es bestellt ist.

§ 104 Bestellung durch das Gericht (1) Gehört dem Aufsichtsrat die zur Beschlußfähigkeit nötige Zahl von Mitgliedern nicht an, so hat ihn das Gericht auf Antrag des Vorstands, eines Aufsichtsratsmitglieds oder eines Aktionärs auf diese Zahl zu ergänzen. Der Vorstand ist verpflichtet, den Antrag unverzüglich zu stellen, es sei denn, daß die rechtzeitige Ergänzung vor der nächsten Aufsichtsratssitzung zu erwarten ist. Hat der Aufsichtsrat auch aus Aufsichtsratsmitgliedern der Arbeitnehmer zu bestehen, so können auch den Antrag stellen
1. der Gesamtbetriebsrat der Gesellschaft oder, wenn in der Gesellschaft nur ein Betriebsrat besteht, der Betriebsrat, sowie, wenn die Gesellschaft herrschendes Unternehmen eines Konzerns ist, der Konzernbetriebsrat,
2. der Gesamt- oder Unternehmenssprecherausschuss der Gesellschaft oder, wenn in der Gesellschaft nur ein Sprecherausschuss besteht, der Sprecherausschuss sowie, wenn die Gesellschaft herrschendes Unternehmen eines Konzerns ist, der Konzernsprecherausschuss,
3. der Gesamtbetriebsrat eines anderen Unternehmens, dessen Arbeitnehmer selbst oder durch Delegierte an der Wahl teilnehmen, oder, wenn in dem anderen Unternehmen nur ein Betriebsrat besteht, der Betriebsrat,
4. der Gesamt- oder Unternehmenssprecherausschuss eines anderen Unternehmens, dessen Arbeitnehmer selbst oder durch Delegierte an der Wahl teilnehmen, oder, wenn in dem anderen Unternehmen nur ein Sprecherausschuss besteht, der Sprecherausschuss,
5. mindestens ein Zehntel oder einhundert der Arbeitnehmer, die selbst oder durch Delegierte an der Wahl teilnehmen,
6. Spitzenorganisationen der Gewerkschaften, die das Recht haben, Aufsichtsratsmitglieder der Arbeitnehmer vorzuschlagen,
7. Gewerkschaften, die das Recht haben, Aufsichtsratsmitglieder der Arbeitnehmer vorzuschlagen.

Hat der Aufsichtsrat nach dem Mitbestimmungsgesetz auch aus Aufsichtsratsmitgliedern der Arbeitnehmer zu bestehen, so sind außer den nach Satz 3 Antragsberechtigten auch je ein Zehntel der wahlberechtigten in § 3 Abs. 1 Nr. 1 des Mitbestimmungsgesetzes bezeichneten Arbeitnehmer oder der wahlberechtigten leitenden Angestellten im Sinne des Mitbestimmungsgesetzes antragsberechtigt. Gegen die Entscheidung ist die Beschwerde zulässig.
(2) Gehören dem Aufsichtsrat länger als drei Monate weniger Mitglieder als die durch Gesetz oder Satzung festgesetzte Zahl an, so hat ihn das Gericht auf Antrag auf diese Zahl zu ergänzen. In dringenden Fällen hat das Gericht auf Antrag den Aufsichtsrat auch vor Ablauf der Frist zu ergänzen. Das Antragsrecht bestimmt sich nach Absatz 1. Gegen die Entscheidung ist die Beschwerde zulässig.
(3) Absatz 2 ist auf einen Aufsichtsrat, in dem die Arbeitnehmer ein Mitbestimmungsrecht nach dem Mitbestimmungsgesetz, dem Montan-Mitbestimmungs-

gesetz oder dem Mitbestimmungsergänzungsgesetz haben, mit der Maßgabe anzuwenden,

1. daß das Gericht den Aufsichtsrat hinsichtlich des weiteren Mitglieds, das nach dem Montan-Mitbestimmungsgesetz oder dem Mitbestimmungsergänzungsgesetz auf Vorschlag der übrigen Aufsichtsratsmitglieder gewählt wird, nicht ergänzen kann,
2. daß es stets ein dringender Fall ist, wenn dem Aufsichtsrat, abgesehen von dem in Nummer 1 genannten weiteren Mitglied, nicht alle Mitglieder angehören, aus denen er nach Gesetz oder Satzung zu bestehen hat.

(4) Hat der Aufsichtsrat auch aus Aufsichtsratsmitgliedern der Arbeitnehmer zu bestehen, so hat das Gericht ihn so zu ergänzen, daß das für seine Zusammensetzung maßgebende zahlenmäßige Verhältnis hergestellt wird. Wenn der Aufsichtsrat zur Herstellung seiner Beschlußfähigkeit ergänzt wird, gilt dies nur, soweit die zur Beschlußfähigkeit nötige Zahl der Aufsichtsratsmitglieder die Wahrung dieses Verhältnisses möglich macht. Ist ein Aufsichtsratsmitglied zu ersetzen, das nach Gesetz oder Satzung in persönlicher Hinsicht besonderen Voraussetzungen entsprechen muß, so muß auch das vom Gericht bestellte Aufsichtsratsmitglied diesen Voraussetzungen entsprechen. Ist ein Aufsichtsratsmitglied zu ersetzen, bei dessen Wahl eine Spitzenorganisation der Gewerkschaften, eine Gewerkschaft oder die Betriebsräte ein Vorschlagsrecht hätten, so soll das Gericht Vorschläge dieser Stellen berücksichtigen, soweit nicht überwiegende Belange der Gesellschaft oder der Allgemeinheit der Bestellung des Vorgeschlagenen entgegenstehen; das gleiche gilt, wenn das Aufsichtsratsmitglied durch Delegierte zu wählen wäre, für gemeinsame Vorschläge der Betriebsräte der Unternehmen, in denen Delegierte zu wählen sind.

(5) Die Ergänzung durch das Gericht ist bei börsennotierten Gesellschaften, für die das Mitbestimmungsgesetz, das Montan-Mitbestimmungsgesetz oder das Mitbestimmungsergänzungsgesetz gilt, nach Maßgabe des § 96 Absatz 2 Satz 1 bis 5 vorzunehmen.

(6) Das Amt des gerichtlich bestellten Aufsichtsratsmitglieds erlischt in jedem Fall, sobald der Mangel behoben ist.

(7) Das gerichtlich bestellte Aufsichtsratsmitglied hat Anspruch auf Ersatz angemessener barer Auslagen und, wenn den Aufsichtsratsmitgliedern der Gesellschaft eine Vergütung gewährt wird, auf Vergütung für seine Tätigkeit. Auf Antrag des Aufsichtsratsmitglieds setzt das Gericht die Auslagen und die Vergütung fest. Gegen die Entscheidung ist die Beschwerde zulässig; die Rechtsbeschwerde ist ausgeschlossen. Aus der rechtskräftigen Entscheidung findet die Zwangsvollstreckung nach der Zivilprozeßordnung statt.

§ 105 Unvereinbarkeit der Zugehörigkeit zum Vorstand und zum Aufsichtsrat

(1) Ein Aufsichtsratsmitglied kann nicht zugleich Vorstandsmitglied, dauernd Stellvertreter von Vorstandsmitgliedern, Prokurist oder zum gesamten Geschäftsbetrieb ermächtigter Handlungsbevollmächtigter der Gesellschaft sein.

(2) Nur für einen im voraus begrenzten Zeitraum, höchstens für ein Jahr, kann der Aufsichtsrat einzelne seiner Mitglieder zu Stellvertretern von fehlenden oder verhinderten Vorstandsmitgliedern bestellen. Eine wiederholte Bestellung oder

Verlängerung der Amtszeit ist zulässig, wenn dadurch die Amtszeit insgesamt ein Jahr nicht übersteigt. Während ihrer Amtszeit als Stellvertreter von Vorstandsmitgliedern können die Aufsichtsratsmitglieder keine Tätigkeit als Aufsichtsratsmitglied ausüben. Das Wettbewerbsverbot des § 88 gilt für sie nicht.

§ 106 Bekanntmachung der Änderungen im Aufsichtsrat Der Vorstand hat bei jeder Änderung in den Personen der Aufsichtsratsmitglieder unverzüglich eine Liste der Mitglieder des Aufsichtsrats, aus welcher Name, Vorname, ausgeübter Beruf und Wohnort der Mitglieder ersichtlich ist, zum Handelsregister einzureichen; das Gericht hat nach § 10 des Handelsgesetzbuchs einen Hinweis darauf bekannt zu machen, dass die Liste zum Handelsregister eingereicht worden ist.

§ 107 Innere Ordnung des Aufsichtsrats (1) Der Aufsichtsrat hat nach näherer Bestimmung der Satzung aus seiner Mitte einen Vorsitzenden und mindestens einen Stellvertreter zu wählen. Der Vorstand hat zum Handelsregister anzumelden, wer gewählt ist. Der Stellvertreter hat nur dann die Rechte und Pflichten des Vorsitzenden, wenn dieser verhindert ist.
(2) Über die Sitzungen des Aufsichtsrats ist eine Niederschrift anzufertigen, die der Vorsitzende zu unterzeichnen hat. In der Niederschrift sind der Ort und der Tag der Sitzung, die Teilnehmer, die Gegenstände der Tagesordnung, der wesentliche Inhalt der Verhandlungen und die Beschlüsse des Aufsichtsrats anzugeben. Ein Verstoß gegen Satz 1 oder Satz 2 macht einen Beschluß nicht unwirksam. Jedem Mitglied des Aufsichtsrats ist auf Verlangen eine Abschrift der Sitzungsniederschrift auszuhändigen.
(3) Der Aufsichtsrat kann aus seiner Mitte einen oder mehrere Ausschüsse bestellen, namentlich, um seine Verhandlungen und Beschlüsse vorzubereiten oder die Ausführung seiner Beschlüsse zu überwachen. Er kann insbesondere einen Prüfungsausschuss bestellen, der sich mit der Überwachung des Rechnungslegungsprozesses, der Wirksamkeit des internen Kontrollsystems, des Risikomanagementsystems und des internen Revisionssystems sowie der Abschlussprüfung, hier insbesondere der Auswahl und der Unabhängigkeit des Abschlussprüfers, der Qualität der Abschlussprüfung und der vom Abschlussprüfer zusätzlich erbrachten Leistungen, befasst. Der Prüfungsausschuss kann Empfehlungen oder Vorschläge zur Gewährleistung der Integrität des Rechnungslegungsprozesses unterbreiten. Der Aufsichtsrat der börsennotierten Gesellschaft kann außerdem einen Ausschuss bestellen, der über die Zustimmung nach § 111b Absatz 1 beschließt. An dem Geschäft beteiligte nahestehende Personen im Sinne des § 111a Absatz 1 Satz 2 können nicht Mitglieder des Ausschusses sein. Er muss mehrheitlich aus Mitgliedern zusammengesetzt sein, bei denen keine Besorgnis eines Interessenkonfliktes auf Grund ihrer Beziehungen zu einer nahestehenden Person besteht. Die Aufgaben nach Absatz 1 Satz 1, § 59 Abs. 3, § 77 Abs. 2 Satz 1, § 84 Abs. 1 Satz 1 und 3, Absatz 2, 3 Satz 2 und 3 sowie Absatz 4 Satz 1, § 87 Abs. 1 und Abs. 2 Satz 1 und 2, § 111 Abs. 3, §§ 171, 314 Abs. 2 und 3 sowie Beschlüsse, daß bestimmte Arten von Geschäften nur mit Zustimmung des Aufsichtsrats vorgenommen werden dürfen, können einem Ausschuß nicht an Stelle des Aufsichtsrats zur Beschlußfassung überwiesen werden. Dem Aufsichtsrat ist regelmäßig über die Arbeit der Ausschüsse zu berichten.

(4) Der Aufsichtsrat einer Gesellschaft, die Unternehmen von öffentlichem Interesse nach § 316a Satz 2 des Handelsgesetzbuchs ist, hat einen Prüfungsausschuss im Sinne des Absatzes 3 Satz 2 einzurichten. Besteht der Aufsichtsrat nur aus drei Mitgliedern, ist dieser auch der Prüfungsausschuss. Der Prüfungsausschuss muss die Voraussetzungen des § 100 Absatz 5 erfüllen. Jedes Mitglied des Prüfungsausschusses kann über den Ausschussvorsitzenden unmittelbar bei den Leitern derjenigen Zentralbereiche der Gesellschaft, die in der Gesellschaft für die Aufgaben zuständig sind, die den Prüfungsausschuss nach Absatz 3 Satz 2 betreffen, Auskünfte einholen. Der Ausschussvorsitzende hat die eingeholte Auskunft allen Mitgliedern des Prüfungsausschusses mitzuteilen. Werden Auskünfte nach Satz 4 eingeholt, ist der Vorstand hierüber unverzüglich zu unterrichten.

§ 108 Beschlußfassung des Aufsichtsrats (1) Der Aufsichtsrat entscheidet durch Beschluß.
(2) Die Beschlußfähigkeit des Aufsichtsrats kann, soweit sie nicht gesetzlich geregelt ist, durch die Satzung bestimmt werden. Ist sie weder gesetzlich noch durch die Satzung geregelt, so ist der Aufsichtsrat nur beschlußfähig, wenn mindestens die Hälfte der Mitglieder, aus denen er nach Gesetz oder Satzung insgesamt zu bestehen hat, an der Beschlußfassung teilnimmt. In jedem Fall müssen mindestens drei Mitglieder an der Beschlußfassung teilnehmen. Der Beschlußfähigkeit steht nicht entgegen, daß dem Aufsichtsrat weniger Mitglieder als die durch Gesetz oder Satzung festgesetzte Zahl angehören, auch wenn das für seine Zusammensetzung maßgebende zahlenmäßige Verhältnis nicht gewahrt ist.
(3) Abwesende Aufsichtsratsmitglieder können dadurch an der Beschlußfassung des Aufsichtsrats und seiner Ausschüsse teilnehmen, daß sie schriftliche Stimmabgaben überreichen lassen. Die schriftlichen Stimmabgaben können durch andere Aufsichtsratsmitglieder überreicht werden. Sie können auch durch Personen, die nicht dem Aufsichtsrat angehören, übergeben werden, wenn diese nach § 109 Abs. 3 zur Teilnahme an der Sitzung berechtigt sind.
(4) Schriftliche, fernmündliche oder andere vergleichbare Formen der Beschlussfassung des Aufsichtsrats und seiner Ausschüsse sind vorbehaltlich einer näheren Regelung durch die Satzung oder eine Geschäftsordnung des Aufsichtsrats nur zulässig, wenn kein Mitglied diesem Verfahren widerspricht.

§ 109 Teilnahme an Sitzungen des Aufsichtsrats und seiner Ausschüsse (1) An den Sitzungen des Aufsichtsrats und seiner Ausschüsse sollen Personen, die weder dem Aufsichtsrat noch dem Vorstand angehören, nicht teilnehmen. Sachverständige und Auskunftspersonen können zur Beratung über einzelne Gegenstände zugezogen werden. Wird der Abschlussprüfer als Sachverständiger zugezogen, nimmt der Vorstand an dieser Sitzung nicht teil, es sei denn, der Aufsichtsrat oder der Ausschuss erachtet seine Teilnahme für erforderlich.
(2) Aufsichtsratsmitglieder, die dem Ausschuß nicht angehören, können an den Ausschußsitzungen teilnehmen, wenn der Vorsitzende des Aufsichtsrats nichts anderes bestimmt.
(3) Die Satzung kann zulassen, daß an den Sitzungen des Aufsichtsrats und seiner Ausschüsse Personen, die dem Aufsichtsrat nicht angehören, an Stelle von ver-

hinderten Aufsichtsratsmitgliedern teilnehmen können, wenn diese sie hierzu in Textform ermächtigt haben.
(4) Abweichende gesetzliche Vorschriften bleiben unberührt.

§ 110 Einberufung des Aufsichtsrats (1) Jedes Aufsichtsratsmitglied oder der Vorstand kann unter Angabe des Zwecks und der Gründe verlangen, daß der Vorsitzende des Aufsichtsrats unverzüglich den Aufsichtsrat einberuft. Die Sitzung muß binnen zwei Wochen nach der Einberufung stattfinden.
(2) Wird dem Verlangen nicht entsprochen, so kann das Aufsichtsratsmitglied oder der Vorstand unter Mitteilung des Sachverhalts und der Angabe einer Tagesordnung selbst den Aufsichtsrat einberufen.
(3) Der Aufsichtsrat muss zwei Sitzungen im Kalenderhalbjahr abhalten. In nichtbörsennotierten Gesellschaften kann der Aufsichtsrat beschließen, dass eine Sitzung im Kalenderhalbjahr abzuhalten ist.

§ 111 Aufgaben und Rechte des Aufsichtsrats (1) Der Aufsichtsrat hat die Geschäftsführung zu überwachen.
(2) Der Aufsichtsrat kann die Bücher und Schriften der Gesellschaft sowie die Vermögensgegenstände, namentlich die Gesellschaftskasse und die Bestände an Wertpapieren und Waren, einsehen und prüfen. Er kann damit auch einzelne Mitglieder oder für bestimmte Aufgaben besondere Sachverständige beauftragen. Er erteilt dem Abschlußprüfer den Prüfungsauftrag für den Jahres- und den Konzernabschluß gemäß § 290 des Handelsgesetzbuchs. Er kann darüber hinaus eine externe inhaltliche Überprüfung der nichtfinanziellen Erklärung oder des gesonderten nichtfinanziellen Berichts (§ 289b des Handelsgesetzbuchs), der nichtfinanziellen Konzernerklärung oder des gesonderten nichtfinanziellen Konzernberichts (§ 315b des Handelsgesetzbuchs) beauftragen.
(3) Der Aufsichtsrat hat eine Hauptversammlung einzuberufen, wenn das Wohl der Gesellschaft es fordert. Für den Beschluß genügt die einfache Mehrheit.
(4) Maßnahmen der Geschäftsführung können dem Aufsichtsrat nicht übertragen werden. Die Satzung oder der Aufsichtsrat hat jedoch zu bestimmen, daß bestimmte Arten von Geschäften nur mit seiner Zustimmung vorgenommen werden dürfen. Verweigert der Aufsichtsrat seine Zustimmung, so kann der Vorstand verlangen, daß die Hauptversammlung über die Zustimmung beschließt. Der Beschluß, durch den die Hauptversammlung zustimmt, bedarf einer Mehrheit, die mindestens drei Viertel der abgegebenen Stimmen umfaßt. Die Satzung kann weder eine andere Mehrheit noch weitere Erfordernisse bestimmen.
(5) Der Aufsichtsrat von Gesellschaften, die börsennotiert sind oder der Mitbestimmung unterliegen, legt für den Frauenanteil im Aufsichtsrat und im Vorstand Zielgrößen fest. Die Zielgrößen müssen den angestrebten Frauenanteil am jeweiligen Gesamtgremium beschreiben und bei Angaben in Prozent vollen Personenzahlen entsprechen. Legt der Aufsichtsrat für den Aufsichtsrat oder den Vorstand die Zielgröße Null fest, so hat er diesen Beschluss klar und verständlich zu begründen. Die Begründung muss ausführlich die Erwägungen darlegen, die der Entscheidung zugrunde liegen. Liegt der Frauenanteil bei Festlegung der Zielgrößen unter 30 Prozent, so dürfen die Zielgrößen den jeweils erreichten Anteil nicht

mehr unterschreiten. Gleichzeitig sind Fristen zur Erreichung der Zielgrößen festzulegen. Die Fristen dürfen jeweils nicht länger als fünf Jahre sein. Wenn für den Aufsichtsrat bereits das Mindestanteilsgebot nach § 96 Absatz 2 oder 3 gilt, sind die Festlegungen nur für den Vorstand vorzunehmen. Gilt für den Vorstand das Beteiligungsgebot nach § 76 Absatz 3a, entfällt auch die Pflicht zur Zielgrößensetzung für den Vorstand.
(6) Die Aufsichtsratsmitglieder können ihre Aufgaben nicht durch andere wahrnehmen lassen.

§§ 111a–111c *(nicht abgedruckt)*

§ 112 Vertretung der Gesellschaft gegenüber Vorstandsmitgliedern Vorstandsmitgliedern gegenüber vertritt der Aufsichtsrat die Gesellschaft gerichtlich und außergerichtlich. § 78 Abs. 2 Satz 2 gilt entsprechend.

§ 113 Vergütung der Aufsichtsratsmitglieder (1) Den Aufsichtsratsmitgliedern kann für ihre Tätigkeit eine Vergütung gewährt werden. Sie kann in der Satzung festgesetzt oder von der Hauptversammlung bewilligt werden. Sie soll in einem angemessenen Verhältnis zu den Aufgaben der Aufsichtsratsmitglieder und zur Lage der Gesellschaft stehen.
(2) Den Mitgliedern des ersten Aufsichtsrats kann nur die Hauptversammlung eine Vergütung für ihre Tätigkeit bewilligen. Der Beschluß kann erst in der Hauptversammlung gefaßt werden, die über die Entlastung der Mitglieder des ersten Aufsichtsrats beschließt.
(3) Bei börsennotierten Gesellschaften ist mindestens alle vier Jahre über die Vergütung der Aufsichtsratsmitglieder Beschluss zu fassen. Ein die Vergütung bestätigender Beschluss ist zulässig; im Übrigen gilt Absatz 1 Satz 2. In dem Beschluss sind die nach § 87a Absatz 1 Satz 2 erforderlichen Angaben sinngemäß und in klarer und verständlicher Form zu machen oder in Bezug zu nehmen. Die Angaben können in der Satzung unterbleiben, wenn die Vergütung in der Satzung festgesetzt wird. Der Beschluss ist wegen eines Verstoßes gegen Satz 3 nicht anfechtbar. § 120a Absatz 2 und 3 ist sinngemäß anzuwenden.

§ 114 Verträge mit Aufsichtsratsmitgliedern (1) Verpflichtet sich ein Aufsichtsratsmitglied außerhalb seiner Tätigkeit im Aufsichtsrat durch einen Dienstvertrag, durch den ein Arbeitsverhältnis nicht begründet wird, oder durch einen Werkvertrag gegenüber der Gesellschaft zu einer Tätigkeit höherer Art, so hängt die Wirksamkeit des Vertrags von der Zustimmung des Aufsichtsrats ab.
(2) Gewährt die Gesellschaft auf Grund eines solchen Vertrags dem Aufsichtsratsmitglied eine Vergütung, ohne daß der Aufsichtsrat dem Vertrag zugestimmt hat, so hat das Aufsichtsratsmitglied die Vergütung zurückzugewähren, es sei denn, daß der Aufsichtsrat den Vertrag genehmigt. Ein Anspruch des Aufsichtsratsmitglieds gegen die Gesellschaft auf Herausgabe der durch die geleistete Tätigkeit erlangten Bereicherung bleibt unberührt; der Anspruch kann jedoch nicht gegen den Rückgewähranspruch aufgerechnet werden.

§ 115 Kreditgewährung an Aufsichtsratsmitglieder (1) Die Gesellschaft darf ihren Aufsichtsratsmitgliedern Kredit nur mit Einwilligung des Aufsichtsrats gewähren. Eine herrschende Gesellschaft darf Kredite an Aufsichtsratsmitglieder eines abhängigen Unternehmens nur mit Einwilligung ihres Aufsichtsrats, eine abhängige Gesellschaft darf Kredite an Aufsichtsratsmitglieder des herrschenden Unternehmens nur mit Einwilligung des Aufsichtsrats des herrschenden Unternehmens gewähren. Die Einwilligung kann nur für bestimmte Kreditgeschäfte oder Arten von Kreditgeschäften und nicht für länger als drei Monate im voraus erteilt werden. Der Beschluß über die Einwilligung hat die Verzinsung und Rückzahlung des Kredits zu regeln. Betreibt das Aufsichtsratsmitglied ein Handelsgewerbe als Einzelkaufmann, so ist die Einwilligung nicht erforderlich, wenn der Kredit für die Bezahlung von Waren gewährt wird, welche die Gesellschaft seinem Handelsgeschäft liefert.
(2) Absatz 1 gilt auch für Kredite an den Ehegatten, Lebenspartner oder an ein minderjähriges Kind eines Aufsichtsratsmitglieds und für Kredite an einen Dritten, der für Rechnung dieser Personen oder für Rechnung eines Aufsichtsratsmitglieds handelt.
(3) Ist ein Aufsichtsratsmitglied zugleich gesetzlicher Vertreter einer anderen juristischen Person oder Gesellschafter einer Personenhandelsgesellschaft, so darf die Gesellschaft der juristischen Person oder der Personenhandelsgesellschaft Kredit nur mit Einwilligung des Aufsichtsrats gewähren; Absatz 1 Satz 3 und 4 gilt sinngemäß. Dies gilt nicht, wenn die juristische Person oder die Personenhandelsgesellschaft mit der Gesellschaft verbunden ist oder wenn der Kredit für die Bezahlung von Waren gewährt wird, welche die Gesellschaft der juristischen Person oder der Personenhandelsgesellschaft liefert.
(4) Wird entgegen den Absätzen 1 bis 3 Kredit gewährt, so ist der Kredit ohne Rücksicht auf entgegenstehende Vereinbarungen sofort zurückzugewähren, wenn nicht der Aufsichtsrat nachträglich zustimmt.
(5) Ist die Gesellschaft ein Kreditinstitut oder Finanzdienstleistungsinstitut, auf das § 15 des Gesetzes über das Kreditwesen anzuwenden ist, gelten anstelle der Absätze 1 bis 4 die Vorschriften des Gesetzes über das Kreditwesen.

§ 116 Sorgfaltspflicht und Verantwortlichkeit der Aufsichtsratsmitglieder Für die Sorgfaltspflicht und Verantwortlichkeit der Aufsichtsratsmitglieder gelten § 93 mit Ausnahme des Absatzes 2 Satz 3 über die Sorgfaltspflicht und Verantwortlichkeit der Vorstandsmitglieder und § 15b der Insolvenzordnung sinngemäß. Die Aufsichtsratsmitglieder sind insbesondere zur Verschwiegenheit über erhaltene vertrauliche Berichte und vertrauliche Beratungen verpflichtet.
…

Vierter Abschnitt – Hauptversammlung

§ 118 Allgemeines (1) Die Aktionäre üben ihre Rechte in den Angelegenheiten der Gesellschaft in der Hauptversammlung aus, soweit das Gesetz nichts anderes bestimmt. Die Satzung kann vorsehen oder den Vorstand dazu ermächtigen vorzusehen, dass die Aktionäre an der Hauptversammlung auch ohne Anwesenheit an

Betriebsrat und Mitbestimmung
PRAXISWISSEN FÜR NICHT FREIGESTELLTE BETRIEBSRATSMITGLIEDER
Übersicht: Betriebsrat – Allgemeine Aufgaben
Arbeitsrecht im Betrieb
aib-web.de
AiB | FACHZEITSCHRIFT FÜR DEN BETRIEBSRAT
BETRIEBSRATSVERGÜTUNG
Faire Vergütung für den Betriebsrat
AKTUELLES In Kraft: Europäische KI-Verordnung
GRUNDLAGEN Rechtssicher: Beschlüsse gerichtsfest fassen
RECHTSPRECHUNG BAG: Kleiner Betriebsrat ist besser als keiner
Jetzt gratis testen!
Dreifach stark für Euer Gremium.

deren Ort und ohne einen Bevollmächtigten teilnehmen und sämtliche oder einzelne ihrer Rechte ganz oder teilweise im Wege elektronischer Kommunikation ausüben können. Bei elektronischer Ausübung des Stimmrechts ist dem Abgebenden der Zugang der elektronisch abgegebenen Stimme nach den Anforderungen gemäß Artikel 7 Absatz 1 und Artikel 9 Absatz 5 Unterabsatz 1 der Durchführungsverordnung (EU) 2018/1212 von der Gesellschaft elektronisch zu bestätigen. Sofern die Bestätigung einem Intermediär erteilt wird, hat dieser die Bestätigung unverzüglich dem Aktionär zu übermitteln. § 67a Absatz 2 Satz 1 und Absatz 3 gilt entsprechend.

(2) Die Satzung kann vorsehen oder den Vorstand dazu ermächtigen vorzusehen, dass Aktionäre ihre Stimmen, auch ohne an der Versammlung teilzunehmen, schriftlich oder im Wege elektronischer Kommunikation abgeben dürfen (Briefwahl). Absatz 1 Satz 3 bis 5 gilt entsprechend.

(3) Die Mitglieder des Vorstands und des Aufsichtsrats sollen an der Hauptversammlung teilnehmen. Die Satzung kann jedoch bestimmte Fälle vorsehen, in denen die Teilnahme von Mitgliedern des Aufsichtsrats im Wege der Bild- und Tonübertragung erfolgen darf.

(4) Die Satzung oder die Geschäftsordnung gemäß § 129 Abs. 1 kann vorsehen oder den Vorstand oder den Versammlungsleiter dazu ermächtigen vorzusehen, die Bild- und Tonübertragung der Versammlung zuzulassen.

…

§ 119 Rechte der Hauptversammlung (1) Die Hauptversammlung beschließt in den im Gesetz und in der Satzung ausdrücklich bestimmten Fällen, namentlich über

1. die Bestellung der Mitglieder des Aufsichtsrats, soweit sie nicht in den Aufsichtsrat zu entsenden oder als Aufsichtsratsmitglied der Arbeitnehmer nach dem Mitbestimmungsgesetz, dem Mitbestimmungsergänzungsgesetz, dem Drittelbeteiligungsgesetz, dem Gesetz über die Mitbestimmung der Arbeitnehmer bei einer grenzüberschreitenden Verschmelzung oder dem Gesetz über die Mitbestimmung der Arbeitnehmer bei grenzüberschreitendem Formwechsel oder grenzüberschreitender Spaltung zu wählen sind;
2. die Verwendung des Bilanzgewinns;
3. das Vergütungssystem und den Vergütungsbericht für Mitglieder des Vorstands und des Aufsichtsrats der börsennotierten Gesellschaft;
4. die Entlastung der Mitglieder des Vorstands und des Aufsichtsrats;
5. die Bestellung des Abschlußprüfers;
6. Satzungsänderungen;
7. Maßnahmen der Kapitalbeschaffung und der Kapitalherabsetzung;
8. die Bestellung von Prüfern zur Prüfung von Vorgängen bei der Gründung oder der Geschäftsführung;
9. die Auflösung der Gesellschaft.

(2) Über Fragen der Geschäftsführung kann die Hauptversammlung nur entscheiden, wenn der Vorstand es verlangt.

…

§ 125 Mitteilungen für die Aktionäre und an Aufsichtsratsmitglieder (1) Der Vorstand einer Gesellschaft, die nicht ausschließlich Namensaktien ausgegeben hat, hat die Einberufung der Hauptversammlung mindestens 21 Tage vor derselben wie folgt mitzuteilen:

1. den Intermediären, die Aktien der Gesellschaft verwahren,
2. den Aktionären und Intermediären, die die Mitteilung verlangt haben, und
3. den Vereinigungen von Aktionären, die die Mitteilung verlangt haben oder die in der letzten Hauptversammlung Stimmrechte ausgeübt haben.

Ist die Tagesordnung nach § 122 Abs. 2 zu ändern, so ist bei börsennotierten Gesellschaften die geänderte Tagesordnung mitzuteilen. In der Mitteilung ist auf die Möglichkeiten der Ausübung des Stimmrechts durch einen Bevollmächtigten, auch durch eine Vereinigung von Aktionären, hinzuweisen. Bei börsennotierten Gesellschaften sind einem Vorschlag zur Wahl von Aufsichtsratsmitgliedern Angaben zu deren Mitgliedschaft in anderen gesetzlich zu bildenden Aufsichtsräten beizufügen; Angaben zu ihrer Mitgliedschaft in vergleichbaren in- und ausländischen Kontrollgremien von Wirtschaftsunternehmen sollen beigefügt werden.

(2) Die gleiche Mitteilung hat der Vorstand einer Gesellschaft, die Namensaktien ausgegeben hat, den zu Beginn des 21. Tages vor der Hauptversammlung im Aktienregister Eingetragenen zu machen sowie den Aktionären und Intermediären, die die Mitteilung verlangt haben, und den Vereinigungen von Aktionären, die die Mitteilung verlangt oder die in der letzten Hauptversammlung Stimmrecht ausgeübt haben.

(3) Jedes Aufsichtsratsmitglied kann verlangen, daß ihm der Vorstand die gleichen Mitteilungen übersendet.

(4) …

…

Fünfter Teil – Rechnungslegung. Gewinnverwendung

…

Erster Abschnitt – Jahresabschluss und Lagebericht; Entsprechenserklärung und Vergütungsbericht

§ 161 Erklärung zum Corporate Governance Kodex (1) Vorstand und Aufsichtsrat der börsennotierten Gesellschaft erklären jährlich, dass den vom Bundesministerium der Justiz und für Verbraucherschutz im amtlichen Teil des elektronischen Bundesanzeigers bekannt gemachten Empfehlungen der »Regierungskommission Deutscher Corporate Governance Kodex« entsprochen wurde und wird oder welche Empfehlungen nicht angewendet wurden oder werden und warum nicht. Gleiches gilt für Vorstand und Aufsichtsrat einer Gesellschaft, die ausschließlich andere Wertpapiere als Aktien zum Handel an einem organisierten Markt im Sinn des § 2 Absatz 11 des Wertpapierhandelsgesetzes ausgegeben hat und deren ausgegebene Aktien auf eigene Veranlassung über ein multilaterales Handelssystem im Sinn des § 2 Absatz 8 Satz 1 Nummer 8 des Wertpapierhandelsgesetzes gehandelt werden.

(2) Die Erklärung ist auf der Internetseite der Gesellschaft dauerhaft öffentlich zugänglich zu machen.
…

Zweiter Abschnitt – Prüfung des Jahresabschlusses

§ 170 Vorlage an den Aufsichtsrat (1) Der Vorstand hat den Jahresabschluß und den Lagebericht unverzüglich nach ihrer Aufstellung dem Aufsichtsrat vorzulegen. Satz 1 gilt entsprechend für einen Einzelabschluss nach § 325 Abs. 2a des Handelsgesetzbuchs sowie bei Mutterunternehmen (§ 290 Abs. 1, 2 des Handelsgesetzbuchs) für den Konzernabschluss und den Konzernlagebericht. Nach Satz 1 vorzulegen sind auch der gesonderte nichtfinanzielle Bericht (§ 289b des Handelsgesetzbuchs), der gesonderte nichtfinanzielle Konzernbericht (§ 315b des Handelsgesetzbuchs), der Ertragsteuerinformationsbericht (§§ 342b, 342c, 342d Absatz 2 Nummer 2 des Handelsgesetzbuchs) und die Erklärung nach § 342d Absatz 2 Nummer 1 des Handelsgesetzbuchs, sofern sie erstellt wurden.
(2) Zugleich hat der Vorstand dem Aufsichtsrat den Vorschlag vorzulegen, den er der Hauptversammlung für die Verwendung des Bilanzgewinns machen will. Der Vorschlag ist, sofern er keine abweichende Gliederung bedingt, wie folgt zu gliedern:
1. Verteilung an die Aktionäre …
2. Einstellung in Gewinnrücklagen …
3. Gewinnvortrag …
4. Bilanzgewinn …

(3) Jedes Aufsichtsratsmitglied hat das Recht, von den Vorlagen und Prüfungsberichten Kenntnis zu nehmen. Die Vorlagen und Prüfungsberichte sind auch jedem Aufsichtsratsmitglied oder, soweit der Aufsichtsrat dies beschlossen hat, den Mitgliedern eines Ausschusses zu übermitteln.

§ 171 Prüfung durch den Aufsichtsrat (1) Der Aufsichtsrat hat den Jahresabschluß, den Lagebericht und den Vorschlag für die Verwendung des Bilanzgewinns zu prüfen, bei Mutterunternehmen (§ 290 Abs. 1, 2 des Handelsgesetzbuchs) auch den Konzernabschluß und den Konzernlagebericht. Ist der Jahresabschluss oder der Konzernabschluss durch einen Abschlussprüfer zu prüfen, so hat dieser an den Verhandlungen des Aufsichtsrats oder des Prüfungsausschusses über diese Vorlagen teilzunehmen und über die wesentlichen Ergebnisse seiner Prüfung, insbesondere wesentliche Schwächen des internen Kontroll- und des Risikomanagements bezogen auf den Rechnungslegungsprozess, zu berichten. Er informiert über Umstände, die seine Befangenheit besorgen lassen und über Leistungen, die er zusätzlich zu den Abschlussprüfungsleistungen erbracht hat. Der Aufsichtsrat hat auch den gesonderten nichtfinanziellen Bericht (§ 289b des Handelsgesetzbuchs) und den gesonderten nichtfinanziellen Konzernbericht (§ 315b des Handelsgesetzbuchs), den Ertragsteuerinformationsbericht (§§ 342b, 342c, 342d Absatz 2 Nummer 2 des Handelsgesetzbuchs) und die Erklärung nach § 342d Absatz 2 Nummer 1 des Handelsgesetzbuchs zu prüfen, sofern sie erstellt wurden.

(2) Der Aufsichtsrat hat über das Ergebnis der Prüfung schriftlich an die Hauptversammlung zu berichten. In dem Bericht hat der Aufsichtsrat auch mitzuteilen, in welcher Art und in welchem Umfang er die Geschäftsführung der Gesellschaft während des Geschäftsjahrs geprüft hat; bei börsennotierten Gesellschaften hat er insbesondere anzugeben, welche Ausschüsse gebildet worden sind, sowie die Zahl seiner Sitzungen und die der Ausschüsse mitzuteilen. Ist der Jahresabschluß durch einen Abschlußprüfer zu prüfen, so hat der Aufsichtsrat ferner zu dem Ergebnis der Prüfung des Jahresabschlusses durch den Abschlußprüfer Stellung zu nehmen. Am Schluß des Berichts hat der Aufsichtsrat zu erklären, ob nach dem abschließenden Ergebnis seiner Prüfung Einwendungen zu erheben sind und ob er den vom Vorstand aufgestellten Jahresabschluß billigt. Bei Mutterunternehmen (§ 290 Abs. 1, 2 des Handelsgesetzbuchs) finden die Sätze 3 und 4 entsprechende Anwendung auf den Konzernabschluss.
(3) Der Aufsichtsrat hat seinen Bericht innerhalb eines Monats, nachdem ihm die Vorlagen zugegangen sind, dem Vorstand zuzuleiten. Wird der Bericht dem Vorstand nicht innerhalb der Frist zugeleitet, hat der Vorstand dem Aufsichtsrat unverzüglich eine weitere Frist von nicht mehr als einem Monat zu setzen. Wird der Bericht dem Vorstand nicht vor Ablauf der weiteren Frist zugeleitet, gilt der Jahresabschluß als vom Aufsichtsrat nicht gebilligt; bei Mutterunternehmen (§ 290 Abs. 1, 2 des Handelsgesetzbuchs) gilt das Gleiche hinsichtlich des Konzernabschlusses.
(4) Die Absätze 1 bis 3 gelten auch hinsichtlich eines Einzelabschlusses nach § 325 Abs. 2a des Handelsgesetzbuchs. Der Vorstand darf den in Satz 1 genannten Abschluss erst nach dessen Billigung durch den Aufsichtsrat offen legen.

Dritter Abschnitt – Feststellung des Jahresabschlusses. Gewinnverwendung

§ 172 Feststellung durch Vorstand und Aufsichtsrat Billigt der Aufsichtsrat den Jahresabschluß, so ist dieser festgestellt, sofern nicht Vorstand und Aufsichtsrat beschließen, die Feststellung des Jahresabschlusses der Hauptversammlung zu überlassen. Die Beschlüsse des Vorstands und des Aufsichtsrats sind in den Bericht des Aufsichtsrats an die Hauptversammlung aufzunehmen.

§ 173 Feststellung durch die Hauptversammlung (1) Haben Vorstand und Aufsichtsrat beschlossen, die Feststellung des Jahresabschlusses der Hauptversammlung zu überlassen, oder hat der Aufsichtsrat den Jahresabschluß nicht gebilligt, so stellt die Hauptversammlung den Jahresabschluß fest. Hat der Aufsichtsrat eines Mutterunternehmens (§ 290 Abs. 1, 2 des Handelsgesetzbuchs) den Konzernabschluss nicht gebilligt, so entscheidet die Hauptversammlung über die Billigung.
(2) …
(3) …
…

Sechster Teil – Satzungsänderung. Maßnahmen der Kapitalbeschaffung und Kapitalherabsetzung

…

Zweiter Abschnitt – Maßnahmen der Kapitalbeschaffung

§ 192 Voraussetzungen (1) Die Hauptversammlung kann eine Erhöhung des Grundkapitals beschließen, die nur so weit durchgeführt werden soll, wie von einem Umtausch- oder Bezugsrecht Gebrauch gemacht wird, das die Gesellschaft hat oder auf die neuen Aktien (Bezugsaktien) einräumt (bedingte Kapitalerhöhung).
(2) Die bedingte Kapitalerhöhung soll nur zu folgenden Zwecken beschlossen werden:
1. zur Gewährung von Umtausch- oder Bezugsrechten auf Grund von Wandelschuldverschreibungen;
2. zur Vorbereitung des Zusammenschlusses mehrerer Unternehmen;
3. zur Gewährung von Bezugsrechten an Arbeitnehmer und Mitglieder der Geschäftsführung der Gesellschaft oder eines verbundenen Unternehmens im Wege des Zustimmungs- oder Ermächtigungsbeschlusses.

(3)–(5) *(nicht abgedruckt)*

…

Zweites Buch – Kommanditgesellschaft auf Aktien (§§ 278–290)

§ 278 Wesen der Kommanditgesellschaft auf Aktien (1) Die Kommanditgesellschaft auf Aktien ist eine Gesellschaft mit eigener Rechtspersönlichkeit, bei der mindestens ein Gesellschafter den Gesellschaftsgläubigern unbeschränkt haftet (persönlich haftender Gesellschafter) und die übrigen an dem in Aktien zerlegten Grundkapital beteiligt sind, ohne persönlich für die Verbindlichkeiten der Gesellschaft zu haften (Kommanditaktionäre).
(2) Das Rechtsverhältnis der persönlich haftenden Gesellschafter untereinander und gegenüber der Gesamtheit der Kommanditaktionäre sowie gegenüber Dritten, namentlich die Befugnis der persönlich haftenden Gesellschafter zur Geschäftsführung und zur Vertretung der Gesellschaft, bestimmt sich nach den Vorschriften des Handelsgesetzbuchs über die Kommanditgesellschaft.
(3) Im Übrigen gelten für die Kommanditgesellschaft auf Aktien, soweit sich aus den folgenden Vorschriften oder aus dem Fehlen eines Vorstands nicht anderes ergibt, die Vorschriften des Ersten Buchs über die Aktiengesellschaft sinngemäß.

…

Drittes Buch – Verbundene Unternehmen (§§ 291–338)

Erster Teil – Unternehmensverträge

…

Dritter Abschnitt – Sicherung der Gesellschaft und der Gläubiger

§ 302 Verlustübernahme (1) Besteht ein Beherrschungs- oder ein Gewinnabführungsvertrag, so hat der andere Vertragsteil jeden während der Vertragsdauer sonst entstehenden Jahresfehlbetrag auszugleichen, soweit dieser nicht dadurch ausgeglichen wird, daß den anderen Gewinnrücklagen Beträge entnommen werden, die während der Vertragsdauer in sie eingestellt worden sind.
(2) Hat eine abhängige Gesellschaft den Betrieb ihres Unternehmens dem herrschenden Unternehmen verpachtet oder sonst überlassen, so hat das herrschende Unternehmen jeden während der Vertragsdauer sonst entstehenden Jahresfehlbetrag auszugleichen, soweit die vereinbarte Gegenleistung das angemessene Entgelt nicht erreicht.
(3) Die Gesellschaft kann auf den Anspruch auf Ausgleich erst drei Jahre nach dem Tage, an dem die Eintragung der Beendigung des Vertrags in das Handelsregister nach § 10 des Handelsgesetzbuchs bekannt gemacht worden ist, verzichten oder sich über ihn vergleichen. Dies gilt nicht, wenn der Ausgleichspflichtige zahlungsunfähig ist und sich zur Abwendung des Insolvenzverfahrens mit seinen Gläubigern vergleicht oder wenn die Ersatzpflicht in einem Insolvenzplan oder Restrukturierungsplan geregelt wird. Der Verzicht oder Vergleich wird nur wirksam, wenn die außenstehenden Aktionäre durch Sonderbeschluß zustimmen und nicht eine Minderheit, deren Anteile zusammen den zehnten Teil des bei der Beschlußfassung vertretenen Grundkapitals erreichen, zur Niederschrift Widerspruch erhebt.
(4) Die Ansprüche aus diesen Vorschriften verjähren in zehn Jahren seit dem Tag, an dem die Eintragung der Beendigung des Vertrags in das Handelsregister nach § 10 des Handelsgesetzbuchs bekannt gemacht worden ist.
…

Zweiter Teil – Leitungsmacht und Verantwortlichkeit bei Abhängigkeit von Unternehmen

Erster Abschnitt – Leitungsmacht und Verantwortlichkeit bei Bestehen eines Beherrschungsvertrags

§ 308 Leitungsmacht (1) Besteht ein Beherrschungsvertrag, so ist das herrschende Unternehmen berechtigt, dem Vorstand der Gesellschaft hinsichtlich der Leitung der Gesellschaft Weisungen zu erteilen. Bestimmt der Vertrag nichts anderes, so können auch Weisungen erteilt werden, die für die Gesellschaft nachteilig sind, wenn sie den Belangen des herrschenden Unternehmens oder der mit ihm und der Gesellschaft konzernverbundenen Unternehmen dienen.
(2) Der Vorstand ist verpflichtet, die Weisungen des herrschenden Unternehmens zu befolgen. Er ist nicht berechtigt, die Befolgung einer Weisung zu verweigern, weil sie nach seiner Ansicht nicht den Belangen des herrschenden Unternehmens oder der mit ihm und der Gesellschaft konzernverbundenen Unternehmen dient, es sei denn, daß sie offensichtlich nicht diesen Belangen dient.
(3) Wird der Vorstand angewiesen, ein Geschäft vorzunehmen, das nur mit Zustimmung des Aufsichtsrats der Gesellschaft vorgenommen werden darf, und wird diese Zustimmung nicht innerhalb einer angemessenen Frist erteilt, so hat der

Vorstand dies dem herrschenden Unternehmen mitzuteilen. Wiederholt das herrschende Unternehmen nach dieser Mitteilung die Weisung, so ist die Zustimmung des Aufsichtsrats nicht mehr erforderlich; die Weisung darf, wenn das herrschende Unternehmen einen Aufsichtsrat hat, nur mit dessen Zustimmung wiederholt werden.

…

Zweiter Abschnitt – Verantwortlichkeit bei Fehlen eines Beherrschungsvertrags

§ 317 Verantwortlichkeit des herrschenden Unternehmens und seiner gesetzlichen Vertreter (1) Veranlaßt ein herrschendes Unternehmen eine abhängige Gesellschaft, mit der kein Beherrschungsvertrag besteht, ein für sie nachteiliges Rechtsgeschäft vorzunehmen oder zu ihrem Nachteil eine Maßnahme zu treffen oder zu unterlassen, ohne daß es den Nachteil bis zum Ende des Geschäftsjahrs tatsächlich ausgleicht oder der abhängigen Gesellschaft einen Rechtsanspruch auf einen zum Ausgleich bestimmten Vorteil gewährt, so ist es der Gesellschaft zum Ersatz des ihr daraus entstehenden Schadens verpflichtet. Es ist auch den Aktionären zum Ersatz des ihnen daraus entstehenden Schadens verpflichtet, soweit sie, abgesehen von einem Schaden, der ihnen durch Schädigung der Gesellschaft zugefügt worden ist, geschädigt worden sind.
(2) Die Ersatzpflicht tritt nicht ein, wenn auch ein ordentlicher und gewissenhafter Geschäftsleiter einer unabhängigen Gesellschaft das Rechtsgeschäft vorgenommen oder die Maßnahme getroffen oder unterlassen hätte.
(3) Neben dem herrschenden Unternehmen haften als Gesamtschuldner die gesetzlichen Vertreter des Unternehmens, die die Gesellschaft zu dem Rechtsgeschäft oder der Maßnahme veranlaßt haben.
(4) § 309 Abs. 3 bis 5 gilt sinngemäß.

…

Viertes Buch – Sonder-, Straf- und Schlußvorschriften (§§ 394–410)

Dritter Teil – Straf- und Bußgeldvorschriften. Schlußvorschriften

…

§ 404 Verletzung der Geheimhaltungspflicht (1) Mit Freiheitsstrafe bis zu einem Jahr, bei börsennotierten Gesellschaften bis zu zwei Jahren, oder mit Geldstrafe wird bestraft, wer ein Geheimnis der Gesellschaft, namentlich ein Betriebs- oder Geschäftsgeheimnis, das ihm in seiner Eigenschaft als
1. Mitglied des Vorstands oder des Aufsichtsrats oder Abwickler,
2. Prüfer oder Gehilfe eines Prüfers

bekanntgeworden ist, unbefugt offenbart; im Falle der Nummer 2 jedoch nur, wenn die Tat nicht in § 333 des Handelsgesetzbuches mit Strafe bedroht ist.
(2) Handelt der Täter gegen Entgelt oder in der Absicht, sich oder einen anderen zu bereichern oder einen anderen zu schädigen, so ist die Strafe Freiheitsstrafe bis

zu zwei Jahren, bei börsennotierten Gesellschaften bis zu drei Jahren, oder Geldstrafe. Ebenso wird bestraft, wer ein Geheimnis der in Absatz 1 bezeichneten Art, namentlich ein Betriebs- oder Geschäftsgeheimnis, das ihm unter den Voraussetzungen des Absatzes 1 bekanntgeworden ist, unbefugt verwertet.

(3) Die Tat wird nur auf Antrag der Gesellschaft verfolgt. Hat ein Mitglied des Vorstands oder ein Abwickler die Tat begangen, so ist der Aufsichtsrat, hat ein Mitglied des Aufsichtsrats die Tat begangen, so sind der Vorstand oder die Abwickler antragsberechtigt.

…

2. Allgemeines Gleichbehandlungsgesetz (AGG)

2

Einleitung

I. Geschichtliche Entwicklung

Der Schutz vor diskriminierender Behandlung im Arbeitsleben ist seit langem Gegenstand entsprechender rechtlicher Aktivitäten. Am ältesten sind die Bemühungen zur Gleichbehandlung von Frauen und Männern, insbesondere hinsichtlich der Entlohnung, auf der Grundlage des Art. 3 Abs. 2 und 3 GG (Nr. 20). Am Beginn einer seither immer differenzierteren und tiefergreifenden Rechtsprechung stand die Entscheidung des *BAG* (15. 1. 1955 – 1 AZR 305/54, AP Nr. 4 zu Art. 3 GG) zur Unzulässigkeit von Lohnabschlägen für Frauen (vgl. *Kittner*, 50 Urteile, 3. Aufl., 2024, Nr. 9). Daneben hat das Schwerbehindertenrecht (Nr. 30 IX) sich zunehmend der Diskriminierungsproblematik angenommen. Alle derartigen rechtlichen Vorkehrungen sind seit Ende 2006 im »Allgemeinen Gleichbehandlungsgesetz« (AGG) zusammengefasst (s. u. 2 und II), nun ergänzt durch das EntgTranspG (s. Einl. zum EntgTranspG, Nr. 2a).

1. Gleichbehandlung von Frauen und Männern im Arbeitsleben

Als wichtiger Motor für eine über Art. 3 GG hinausgehende Rechtspolitik zur Gleichbehandlung von Frauen und Männern im Arbeitsleben hat sich das europäische Recht erwiesen. Dort sichert Art. 157 AEUV (ursprünglich Art. 119 EWG-Vertrag, vgl. EU-ASO Einl. II 4 zu Nr. 3) den Grundsatz der Lohngleichheit. Davon ausgehend sind Richtlinien zur Gleichstellung von Männern und Frauen im Arbeitsleben ergangen. Heute ist der Komplex geregelt in der Richtlinie 2006/54/EG (EU-ASO Nr. 15).

2. Umfassende Antidiskriminierungsgesetzgebung

In den Jahren 2000 bis 2004 sind vier europäische Richtlinien zum Schutz vor Diskriminierung erlassen worden:

- 2000/43/EG gegen rassistische und ethnische Diskriminierung (EU-ASO Nr. 13),
- 2000/78/EG für Gleichbehandlung in Beschäftigung und Beruf (EU-ASO Nr. 14),
- 2002/73/EG v. 22. 11. 2000 für Gleichberechtigung von Männern und Frauen hinsichtlich des Zugangs zur Beschäftigung, Berufsbildung und zum beruflichen Aufstieg sowie in Bezug auf die Arbeitsbedingungen (ABl. 269/15, inzwischen ersetzt durch RL 2006/54/EG, s. o. 1) und
- 2004/113/EG v. 13. 12. 2004 für Gleichbehandlung wegen des Geschlechts außerhalb der Arbeitswelt (ABl. L 373/37).

Nachdem eine Umsetzung in der 15. Wahlperiode gescheitert war, legte die große Koalition einen Vorschlag vor (BR-Drs. 329/06), der in die Verabschiedung des am 18.8.2006 in Kraft getretenen AGG mündete (vgl. *Nollert-Borasio/Perreng*, AiB 06, 459, und PersR 06, 316; *Annuß*, BB 06, 1629; *Richardi*, NZA 06, 881; ausführlich zur Vorgeschichte in der 36. Aufl.). Mit dem AGG ist ein Teil der bisherigen Vorschriften zum Diskriminierungsschutz außer Kraft getreten (§§ 611a, 611b, 612 Abs. 3 BGB und das Beschäftigtenschutzgesetz; s. Nr. 14b bis zur 31. Aufl.). Die entsprechenden Vorschriften in den Mitbestimmungsgesetzen (z.B. § 75 BetrVG und § 2 Abs. 4 S. 2 BPersVG) und im Schwerbehindertenrecht sind geblieben und an das AGG angepasst worden.
Seit 2017 wird das AGG nunmehr durch das EntgTranspG zum Schutz vor Entgeltdiskriminierungen wegen des Geschlechts ergänzt (Nr. 2a). Durch das Gesetz zur Änderung des Allgemeinen Gleichbehandlungsgesetzes (v. 23.5.2022, BGBl. I 768) wurde der Abschnitt über die Antidiskriminierungsstelle des Bundes neu strukturiert. Dieser sitzt nunmehr der/die Unabhängige Bundesbeauftragte für Antidiskriminierung vor (dazu *Thüsing/Bleckmann*, BB 22, 1332). Im Zuge der Umsetzung der sog. Vereinbarkeitsrichtlinie (EU) 2019/1158 (EU-ASO Nr. 57) wurde die Zuständigkeit der Antidiskriminierungsstelle des Bundes auch für Beschwerden über Benachteiligungen in Bezug auf die Vereinbarkeit von Familie und Beruf begründet (Gesetz v. 19.12.2022, BGBl. I 2510).

II. Wesentlicher Inhalt des Gesetzes

1. Grundsatz und Anwendungsbereich

Ziel des Gesetzes ist die Verhinderung bzw. Beseitigung der wichtigsten im gesellschaftlichen Leben vorkommenden Benachteiligungen (§ 1 AGG). Dazu werden Verbote formuliert, Sanktionen angedroht und institutionelle Vorkehrungen zur Unterstützung diskriminierter Personen geschaffen (Übersicht 9). Das Gesetz vermeidet jedoch den Begriff der »Diskriminierung«, um deutlich zu machen, dass nicht jede Ungleichbehandlung unzulässig ist. Dementsprechend enthält es eine Vielzahl von Vorschriften, die Ungleichbehandlungen erlauben (u. 3).
Der Schwerpunkt des AGG liegt im Bereich des Arbeitsrechts. Es gibt jedoch auch einen – hier nicht abgedruckten – Abschnitt zum »Schutz vor Benachteiligungen im Zivilrechtsverkehr« (z.B. bei Mietverhältnissen, §§ 19–21 AGG). Im Arbeitsrecht sind alle Stadien des Arbeitsverhältnisses erfasst (zur Kündigung s. aber u. 7). Persönlich sind nicht nur Arbeitnehmer in das Gesetz einbezogen, sondern auch arbeitnehmerähnliche Personen (Allg. Einführung I 7; zum Schutz von GmbH-Fremdgeschäftsführern bei Beendigung des Dienstverhältnisses *BGH* 26.3.2019 – II ZR 244/17, NJW 19, 2086) und Stellenbewerber sowie Personen nach Beendigung eines Arbeitsverhältnisses (§ 6 AGG). Auch Praktikanten fallen in den Anwendungsbereich (*BAG* 23.11.2023 – 8 AZR 212/22, NZA 24, 184, Rn. 13). Die betriebliche Altersversorgung ist ebenfalls dem AGG unterstellt, soweit es keine betriebsrentenrechtlichen Sonderregeln gibt (vgl. § 2 Abs. 2 S. 2 AGG und dazu *BAG* 11.12.2007 – 3 AZR 249/06, BB 08, 557). Wegen dieses weiten Anwendungsbereichs spricht das Gesetz nicht von »Arbeitnehmern«, sondern von »Beschäftig-

ten« (vgl. Einl. II 1 zum BGB, Nr. 14). Das Benachteiligungsverbot erstreckt sich auch auf die Mitgliedschaft in Arbeitgebervereinigungen und Gewerkschaften (§ 18 AGG). Für Beamte gelten die Grundsätze des AGG entsprechend (§ 24 AGG). Die Bestimmungen des Gesetzes sind zwingend, von ihnen kann nicht durch Vereinbarung abgewichen werden (§ 31 AGG).

2. Verbotene Benachteiligungen

a) Benachteiligungstatbestände

Das Gesetz verbietet die nicht gerechtfertigte Benachteiligung aus Gründen der »Rasse«, der ethnischen Herkunft, des Geschlechts, der Weltanschauung, einer Behinderung, des Alters oder der sexuellen Identität (§ 7 Abs. 1 AGG i. V. mit § 1 AGG). Eine – insbesondere sexuelle – Belästigung gilt unter bestimmten Umständen als Benachteiligung (§ 3 Abs. 3 und 4 AGG, vgl. *BAG* 24.9.2009 – 8 AZR 705/08, DB 2010, 618). Eine sexuelle Belästigung ist dabei nicht von einer sexuellen Motivation des Belästigenden abhängig (*BAG* 29.6.2017 – 2 AZR 302/16, NZA 17, 1121). Nicht als Benachteiligung gelten positive Maßnahmen zur Förderung bisher benachteiligter Gruppen (§ 5 AGG), die jedoch die Rechtspositionen der übrigen Beschäftigten nicht unangemessen beeinträchtigen dürfen (zur Unzulässigkeit leistungsunabhängiger Frauenquoten s. u. 5 b). Vertragsklauseln, die eine nicht gerechtfertigte Benachteiligung enthalten bzw. herbeiführen, sind unwirksam (§ 7 Abs. 2 AGG).

Es wird zwischen unmittelbarer und mittelbarer Benachteiligung unterschieden. Eine *unmittelbare* Benachteiligung liegt vor, wenn Beschäftigte *wegen* eines in § 1 AGG genannten Grundes schlechter behandelt werden als andere Beschäftigte (§ 3 Abs. 1 AGG). »Wegen« eines solchen Grundes wird benachteiligt, wenn dieser Grund im Rahmen eines Motivbündels mit eine Rolle gespielt und die Entscheidung beeinflusst hat. Ob tatsächlich das Merkmal vorliegt, ist nicht entscheidend, vielmehr genügt schon eine entsprechende Annahme (z. B., dass eine Behinderung vorliege, *BAG* 17.12.2009 – 8 AZR 670/08, NZA 10, 383). Hat der Arbeitgeber keine Kenntnis von dem jeweiligen Umstand, kann es sich nicht um eine unzulässige unmittelbare Benachteiligung handeln. Eine Kündigung in Unkenntnis der Schwangerschaft stellt, obwohl sie nach § 17 MuSchG (Nr. 28) unwirksam ist, deshalb keine Diskriminierung wegen des Geschlechts dar (*BAG* 17.10.2013 – 8 AZR 742/12, NZA 14, 303). Der Grund muss nicht unbedingt in der Person des Beschäftigten selbst liegen. So ist z. B. auch die Benachteiligung einer Arbeitnehmerin wegen der Behinderung ihres Kindes unzulässig (*EuGH* 17.7.2008 – C-303/06, NZA 08, 932 – Coleman). Die Benachteiligung setzt eine vergleichbare Lage mit den Arbeitnehmern voraus, die besser behandelt wurden. Eine Benachteiligung wegen der Behinderung des Kindes des Arbeitnehmers kann auch in Form einer mittelbaren Benachteiligung vorliegen (*EuGH* 11.9.2025 – C-38/24, NZA 25, 1381 – G L / A B).

Wer sich nicht ernsthaft auf eine Stelle beworben hat, sondern nur, um eine eventuelle Entschädigung wegen Diskriminierung einfordern zu können, fällt nicht in den Anwendungsbereich des Antidiskriminierungsrechts, das nur Gleichbehandlung in Bezug auf eine tatsächlich beabsichtigte Beschäftigung verlangt, und handelt rechtsmissbräuchlich; er genießt daher keine auf das Antidiskriminierungsrecht gestützten Ansprüche (*EuGH* 28.7.2016 – C-423/15, NZA 16, 1014 – Kratzer). Dementsprechend hat das *BAG* (11.8.2016 – 8 AZR 4/15, NZA 17, 310) entschieden, dass Bewerber, die sich nur deshalb beworben haben, damit sie eine Entschädigung verlangen können, nicht aber um die ausgeschriebene Stelle erlangen zu können, rechtsmissbräuchlich handeln und daher keine Ansprüche geltend machen können. Allerdings hat es auch klargestellt, dass dies noch nicht schon aus dem bloßen Fehlen der objektiven Eignung herzuleiten ist. Berücksichtigt werden kann für die Annahme eines Rechtsmissbrauchs auch das Bewerbungsverhalten bei anderen Arbeitgebern (*BAG* 19.9.2024 – 8 AZR 21/24, NZA 25, 104, Rn. 59 ff.).

Von einer *mittelbaren* Benachteiligung wird gesprochen, wenn anscheinend neutrale Maßnahmen oder Vorschriften Personen wegen eines relevanten Grundes im Ergebnis in besonderer Weise schlechter stellen und dafür kein rechtfertigender Grund vorliegt (§ 3 Abs. 2 AGG). Nicht zwingend erforderlich ist der Nachweis der mittelbaren Benachteiligung durch Statistiken. Vielmehr genügt der Nachweis von Benachteiligung durch Hinweis auf hypothetische Vergleichspersonen, die, wenn es sie denn nur gäbe, anders behandelt worden wären (*Däubler*, ZfA 06, 479, 481 f.; *Schlachter*, ZESAR 06, 391, 394). Der *EuGH* hat als rechtfertigende Kriterien anerkannt: Flexibilität im Sinne der Anpassung an unterschiedliche Arbeitszeiten und -orte sowie die hierfür erforderliche Berufsausbildung und die Dauer der Betriebszugehörigkeit (17.10.1989 – Rs. 109/88, NZA 90, 772 – Danfoss). Ebenso ist das Dienstalter als ausschlaggebendes Kriterium beim Gehalt zur Honorierung betriebsspezifischer Erfahrungen zulässig (*EuGH* 3.10.2006 – C-17/05, NZA 06, 1205 – Cadman). Soll eine mittelbare Diskriminierung aus einer Statistik hergeleitet werden, müssen die Vergleichsgruppen eine hinreichende Größe aufweisen und konjunkturelle und rein zufällige Erscheinungen ausschließen (*EuGH* 28.2.2013 – C-427/11, NZA 13, 315, Rn. 45 – Kenny).

Eine Diskriminierung hängt nicht davon ab, dass es ein Opfer gibt (*EuGH* 10.7.2008 – C-54/07, NZA 08, 929 – Feryn: öffentliche Erklärung, Arbeitnehmer bestimmter Herkunft in Hinblick auf die Präferenzen der Kundschaft nicht einstellen zu wollen; vgl. auch *EuGH* 23.4.2020 – C-507/18, NZA 20, 703 – NH), sodass diejenigen, die allgemein zur Rechtskontrolle berufen sind (z.B. der Betriebsrat gemäß § 80 Abs. 1 Nr. 1 BetrVG, Nr. 12), bereits im Vorfeld konkreter Rechtsverletzungen einschreiten können.

Über diese Benachteiligungen sowie Belästigungen hinaus sind auch Anweisungen zur Diskriminierung (u. 6) verboten.

b) Beweislast

Zur Erleichterung der Rechtsdurchsetzung unzulässig benachteiligter Personen regelt § 22 AGG die Beweislast: Diese müssen zunächst nur Indizien beweisen, die eine unzulässige Benachteiligung vermuten lassen. Auch mit aussagekräftigen Statistiken können Indizien bewiesen werden (*BAG* 22.7.2010 – 8 AZR 1012/08, DB 11, 177). Wenn der Arbeitgeber entgegen § 11 AGG in einer Stellenausschreibung das Vorliegen oder Fehlen bestimmter Merkmale verlangt, ohne dass dies

nach dem AGG gerechtfertigt wäre, kann dies ein Indiz für eine Diskriminierung darstellen (*BAG* 15.12.2016 – 8 AZR 454/15, BB 17, 953). Ein Indiz kann sich auch aus Äußerungen Dritter ergeben, die vorgeben, Einfluss auf die Entscheidungspraxis des Arbeitgebers zu haben, vorausgesetzt, dass der Arbeitgeber sich davon nicht distanziert hat (*EuGH* 25.4.2013 – C-81/12, EuZW 13, 469 – ACCEPT).
Einen expliziten Auskunftsanspruch über die Gründe für eine nachteilige Entscheidung des Arbeitgebers kennt das Gesetz nicht. Das Unionsrecht verlangt einen solchen auch nicht, der *EuGH* hat allerdings darauf hingewiesen, dass die Verweigerung jeglicher Information zusammen mit anderen Umständen ein Indiz für eine Benachteiligung bedeuten kann (*EuGH* 19.4.2012 – C-415/10, NZA 12, 493 – Meister; dazu *Braunroth*, AuR 12, 343; *Gola*, NZA 13, 360; *BAG* 11.12.2012 – 9 AZR 136/11, DB 13, 2509).
Gelingt der Nachweis eines solchen Indizes, hat der Arbeitgeber zu beweisen, dass kein Verstoß gegen die Bestimmungen zum Schutz vor Benachteiligung vorgelegen hat (*BAG* 24.4.2008 – 8 AZR 257/07, NZA 08, 1351: es genügt eine überwiegende Wahrscheinlichkeit für eine unzulässige Benachteiligung).

3. Berechtigung zur Ungleichbehandlung

Abgesehen von der bereits zum Benachteiligungstatbestand gehörenden Frage der Berechtigung einer mittelbaren Ungleichbehandlung legt das Gesetz für einzelne Ungleichbehandlungstatbestände Gründe fest, aus denen Ungleichbehandlungen zulässig sind. Im Falle einer Ungleichbehandlung aus mehreren Gründen, muss sich die Rechtfertigung auf alle diese Gründe erstrecken (§ 4 AGG).
Die Ungleichbehandlung wegen eines in § 1 AGG genannten Grundes ist zulässig, wenn dieser eine wesentliche und entscheidende berufliche Anforderung ist (§ 8 Abs. 1 AGG). Das immer wieder genannte Beispiel ist etwa das Geschlecht für Schauspielerrollen. Unzulässig ist im Allgemeinen die geschlechtsspezifische Differenzierung für die Tätigkeit als Gleichstellungsbeauftragte/r (*BAG* 12.11.1998 – 8 AZR 365/97, NZA 99, 371). Je nach konkreter Tätigkeit kann das Geschlecht aber unverzichtbare Voraussetzung sein. Dann genügt es im Übrigen schon, wenn nur ein Teil der Tätigkeit (im konkreten Fall Integrationsarbeit mit zugewanderten muslimischen Frauen) nur von Angehörigen eines bestimmten Geschlechts erbracht werden kann (*BAG* 18.3.2010 – 8 AZR 77/09, NZA 10, 872, 875). Eine landesgesetzliche Regelung, die für die Stelle der Gleichstellungsbeauftragten das weibliche Geschlecht vorschreibt, kann davon nicht entbinden, sondern bedarf ihrerseits einer entsprechenden Rechtfertigung im Hinblick darauf, dass es sich um eine wesentliche und entscheidende Anforderung der Tätigkeit handeln muss (*BAG* 17.10.2024 – 8 AZR 214/23, NZA 25, 171). Ein geringeres Entgelt nur deswegen, weil wegen eines in § 1 AGG genannten Grundes besondere Schutzvorschriften gelten (Mutterschutz oder Schwerbehindertenschutz), ist unzulässig (§ 8 Abs. 2 AGG).
Religions- und Weltanschauungsgemeinschaften dürfen ihre Beschäftigten ungleich behandeln, wenn die Religion oder Weltanschauung eine gerechtfertigte berufliche Anforderung darstellt (§ 9 Abs. 1 AGG, s. u. 5 c).

Eine unterschiedliche Behandlung wegen des Alters wird in § 10 AGG unter insgesamt 6 Aspekten gerechtfertigt.

4. Rechtsprechung zu einzelnen Diskriminierungsmerkmalen

a) Benachteiligung wegen des Alters

Während der *EuGH* die erleichterte Befristung für ältere Arbeitnehmer für eine unzulässige Altersdiskriminierung hielt (*EuGH* 22. 11. 2005 – C-144/04, NZA 05, 1345 – Mangold), hält er tarifvertragliche Altersgrenzen als Zwangspensionierungen jedenfalls dann für zulässig, wenn sie voraussetzen, dass der Arbeitnehmer eine Altersrente erhält (zu Einzelheiten Einl. II 1a zum TzBfG, Nr. 32). Ein tarifvertragliches Einstellungshöchstalter für Piloten hat das *BAG* (8. 12. 2010 – 7 ABR 98/09, NZA 11, 751) nicht akzeptiert. Wenn ein Arbeitnehmer die Altersgrenze erreicht hat und eine Altersgrenze eingreift, darf der Arbeitgeber die Fortsetzung des Arbeitsverhältnisses verweigern, wenn er damit das Ziel einer ausgewogenen Beschäftigungsverteilung zwischen den Generationen verfolgt und ein jüngerer qualifizierter Bewerber zur Verfügung steht (*BAG* 25. 4. 2024 – 8 AZR 140/23, NZA 24, 988). Unter den selben Voraussetzungen darf ein Arbeitgeber auch externe Bewerber, die die Altersgrenze überschritten haben, bei der Stellenbesetzung unberücksichtigt lassen (*BAG* 8. 5. 2025 – 8 AZR 299/24, NZA 25, 1327).
Dass das Kriterium des Lebensalters bei der Sozialauswahl nach § 1 Abs. 3 KSchG (Nr. 25) zu berücksichtigen ist, stellt keine Diskriminierung wegen des Alters dar (*BAG* 15. 12. 2011 – 2 AZR 42/10, DB 12, 1445). Ebenso ist die Bildung von Altersgruppen bei der Sozialauswahl keine unzulässige Altersdiskriminierung (vgl. Einl. III 2 zum KSchG, Nr. 25). Zur gesetzlichen Staffelung von Kündigungsfristen s. Einl. II 2 zum BGB, Nr. 14.
Staffelungen von Sozialplanleistungen nach Lebensalter oder Betriebszugehörigkeit sind ebenso zulässig wie deren Reduktion oder Ausschluss für rentenberechtigte Arbeitnehmer (*BAG* 12. 4. 2011 – 1 AZR 764/09, DB 09, 849) bzw. für ältere Arbeitnehmer eine Begrenzung der Leistungen, solange ein substanzieller Ausgleich für die wirtschaftlichen Nachteile aus eine Betriebsänderung gewährleistet ist (*BAG* 7. 12. 2021 – 1 AZR 562/20, NZA 22, 281). Das gilt auch für Arbeitnehmer, die nach Bezug von Arbeitslosengeld in vorzeitige Altersrente mit Abschlägen überwechseln können (*BAG* 7. 5. 2019 – 1 ABR 54/17, NZA 19, 1295). Das hat der *EuGH* in einem Fall gebilligt, in dem die betroffenen Arbeitnehmer immerhin die Hälfte der regulären Sozialplanleistungen beanspruchen konnten (*EuGH* 6. 12. 2012 – C-152/11, NZA 12, 1435 – Odar). Daraus folgt aber nicht, dass geringere Sozialplanleistungen für rentennahe Arbeitnehmer immer die Hälfte der regulären Sozialplanansprüche umfassen müssen (*BAG* 23. 4. 2013 – 1 AZR 916/11, NZA 13, 980, Rn. 37 ff.). Das *BAG* verlangt allerdings, dass den betreffenden Arbeitnehmern keine unangemessenen Nachteile zugefügt werden. Das entspricht jedenfalls der neueren Rechtsprechung des *EuGH*, wonach der Ausschluss einer Abfindung zulässig ist, wenn der Arbeitnehmer ohne Nachteil infolge eines vorzeitigen Renteneintritts in den Rentenbezug wechseln kann (*EuGH* 26. 2. 2015 – C-515/13, NZA 15, 473 – Landin).

Unzulässig ist es aber grundsätzlich, Sozialplanleistungen zu reduzieren im Hinblick auf die Möglichkeit, eine vorgezogene Altersrente wegen Behinderung zu erhalten (*EuGH* 6. 12. 2012 – C-152/11, NZA 12, 1435 – Odar; *BAG* 17. 11. 2015 – 1 AZR 938/13, NZA 16, 501). Betroffene Arbeitnehmer können in dem Fall verlangen, dass der Sozialplanberechnung der frühestmögliche Renteneintritt zugrunde zu legen ist, der gelten würde, wenn sie nicht behindert wären (*BAG* 16. 7. 2019 – 1 AZR 842/16, NZA 19, 1432, Rn. 22). Entsprechendes muss beim Abstellen auf einen vorgezogenen Renteneintritt für Frauen gelten (*Zange*, NZA 13, 601, 603), nicht aber für vorgezogene Altersrenten nach Arbeitslosigkeit (*BAG* 23. 4. 2013 – 1 AZR 916/11, NZA 13, 980).
Die Staffelung der Urlaubslänge nach dem Alter bedarf einer Rechtfertigung durch den Schutz älterer Beschäftigter, wobei dem Arbeitgeber ein Einschätzungsspielraum in Bezug auf die Situation seines Unternehmens zukommt (*BAG* 21. 10. 2014 – 9 AZR 956/12, NZA 15, 297). Mangels einer solchen Rechtfertigung haben die benachteiligten Arbeitnehmer Anspruch auf eine Urlaubslänge nach der höchsten Altersstufe (*BAG* 20. 3. 2012 – 9 AZR 529/10, NZA 12, 803).
Die Vergütung nach Lebensaltersstufen stellt eine ungerechtfertigte Diskriminierung wegen des Alters dar. Die benachteiligten Arbeitnehmer können Vergütung nach der höchsten Lebensaltersstufe verlangen (*BAG* 10. 11. 2011 – 6 AZR 481/09, NZA 12, 161; NZA-RR 12, 100). Sofern Tarifvertragsparteien allerdings zu einem diskriminierungsfreien System übergehen, können sie eine vorübergehende Besitzstandswahrung regeln (*EuGH* 8. 9. 2011 – C-297/10, C-298/10, NZA 11, 1100 – Hennigs und Mai). Im Übrigen stellt ein Wechsel zu einem neuen Vergütungssystem für neu eingestellte Arbeitnehmer für sich keine mittelbare Diskriminierung wegen des Alters dar (*EuGH* 14. 2. 2019 – C-154/18, NZA 19, 444 – Horgan u. a.). Auch wenn die verfassungsgerichtliche Rechtsprechung verlangt, dass die Tarifvertragsparteien im Falle eines Gleichheitsverstoßes, ein vorrangiges Korrekturrecht haben müssen (Einl. II 1e zum TVG, Nr. 31), dürfte es bei Diskriminierungen durch Tarifverträge bei der gerichtlichen »Anpassung nach oben« bleiben, weil dies unionsrechtlich vorgegeben ist (vgl. *Garloff*, KJ 25, 451, 459).
Zu Fragen der Altersdiskriminierung in der betrieblichen Altersversorgung s. Einl. II 10 zum BetrAVG (Nr. 11).
Im Hinblick auf das Wunschrecht eines behinderten Menschen hat der *EuGH* eine Altersanforderung bei einer persönlichen Assistenz als gerechtfertigt angesehen (7. 12. 2023 – C-518/22, ZESAR 24, 123 – AP Assistenzprofis).
Kein Indiz für eine Altersdiskriminierung soll in der Wendung »junges, dynamische Unternehmen« in einer Stellenbeschreibung liegen (*BAG* 23. 11. 2017 – 8 AZR 604/16, NZA 18, 584).

b) Benachteiligung wegen des Geschlechts

Es stellt eine unzulässige Diskriminierung wegen des Geschlechts dar, wenn die Einstellung Schwangerer in ein befristetes Arbeitsverhältnis aus diesem Grunde verweigert wird, auch wenn dadurch über einen wesentlichen Zeitraum des Arbeitsverhältnisses hinweg nicht gearbeitet werden kann (*EuGH*, NZA 01, 1241 – Tele Danmark).

Eine wichtige praktische Möglichkeit zur Herstellung von Chancengleichheit zwischen Männern und Frauen bieten sog. Quoten. Eine *automatische* Bevorzugung von Frauen gleicher Qualifikation gegenüber Männern bei der Einstellung in einen Bereich mit Unterrepräsentation von Frauen ist jedoch eine unzulässige Diskriminierung (*EuGH* 6.7.2000 – C-407/98, EuZW 00, 540 – Abrahamson; 17.10.1995 – C-450/93, NZA 95, 1095 – Kalanke), zulässig ist aber eine Regelung mit *Öffnungsklausel* zur Berücksichtigung individueller Umstände (*EuGH* 11.11.1997 – C-409/95, DB 97, 2383 – Marschall; vgl. *Goergens,* AiB 98, 124; *Sachs,* RdA 98, 129; *Pfarr,* NZA 95, 809).

Eine individuell ungleiche Bezahlung, die u.a. nach § 22 AGG zu vermuten ist, wenn ein Arbeitnehmer des anderen Geschlechts eine höhere Vergütung erhält, kann aber gerechtfertigt werden. Dazu kann der Arbeitgeber sich allerdings nicht einfach darauf berufen, dass der besser bezahlte Arbeitnehmer im Rahmen der Vertragsverhandlungen ein höheres Entgelt habe aushandeln können. Denn dadurch kann nicht ausgeschlossen werden, dass das Geschlecht mitursächlich für die Vereinbarung der höheren Vergütung war (*BAG* 16.2.2023 – 8 AZR 450/21, NZA 23, 958, Rn. 51ff.; dazu *Junker,* JZ 23, 775). Demgegenüber kann der Arbeitgeber den Nachweis führen, dass die höhere Vergütung erforderlich war im Hinblick auf besondere Rekrutierungsschwierigkeiten am Arbeitsmarkt oder eine höhere Qualifikation oder Berufserfahrung (*BAG* 16.2.2023 – 8 AZR 450/21, NZA 23, 958, Rn. 51f., 61).

Unzulässig ist die Bildung von »Leichtlohngruppen«, die auf eine mittelbare Benachteiligung von Frauen hinausläuft. Vielmehr bedarf es einer Berücksichtigung auch sensomotorischer Anforderungen neben muskulären (*BAG* 27.4.1988 – 4 AZR 707/87, DB 88, 1657; *EuGH* 1.7.1986 – Rs. 237/85, AiB 86, 200 – Rummler).

Eine mittelbare Diskriminierung wegen des Geschlechts liegt vor, wenn der tarifliche Bewährungsaufstieg für Teilzeitkräfte länger dauert als für Vollzeitkräfte (*EuGH*, AP Nr. 25 zu § 23a BAT – Nimz; *BAG* 2.12.1992 – 4 AZR 152/92, AuR 93, 225 mit Anm. *Richter*). Insgesamt ist die Benachteiligung von Teilzeitkräften oftmals eine mittelbare Diskriminierung von Frauen, weil überwiegend Frauen in Teilzeitarbeit arbeiten (vgl. bei tariflichen Sonderzahlungen: *EuGH* 9.9.1999 – C-281/97, NZA 99, 1151 – Krüger; im Bereich der betrieblichen Altersversorgung: *BAG* 14.1.1986 – 3 AZR 456/84, DB 86, 2237; *EuGH* 13.5.1986 – Rs. 170/84, NZA 86, 599 – Bilka; hierzu *Kittner*, 50 Urteile, 3. Aufl., 2024, Nr. 8; *Pfarr*, NZA 86, 599; *BVerfG* 28.9.1992 – 1 BvR 496/87, ZIP 93, 140). Keine unzulässige, mittelbare Diskriminierung wegen des Geschlechts sieht das *BAG*, wenn Erziehungsurlaub bzw. Elternzeit in Wartezeitregelungen (für die betriebliche Altersversorgung) wegen des Ruhens des Arbeitsverhältnisses unberücksichtigt bleibt (*BAG* 6.5.2025 – 3 AZR 65/24, NZA 25, 1470). Auf ein Vorabentscheidungsersuchen des *BAG* (28.10.2021 – 8 AZR 370/20 [A], NZA 22, 702) hat der *EuGH* klargestellt, dass eine wesentlich stärkere Betroffenheit eines Geschlechts in der Gruppe der durch eine Regelung benachteiligten Arbeitnehmer nicht dadurch infrage gestellt wird, dass dieses Geschlecht auch in der Gruppe der Bevorzugten zahlenmäßig überrepräsentiert ist (29.7.2024 – C-184/22 u.a., NZA 24, 1265, Rn. 54ff. – KfH Kuratorium).

Wenn Überstundenzuschläge nur bei Überschreiten der betrieblichen Vollarbeitszeit und nicht bereits bei Überschreiten der individuellen Arbeitszeit zu leisten sind, bedeutet das eine Benachteiligung Teilzeitbeschäftigter entgegen § 4 TzBfG (Nr. 32), zugleich aber auch eine mittelbare Benachteiligung von Frauen, wenn wesentlich mehr Frauen als Männer teilzeitbeschäftigt sind. Das lässt sich nichtmit dem von EuGH als »fehlerhaft« bezeichneten Argument rechtfertigen, dass dadurch eine schlechtere Behandlung Vollzeitbeschäftigter vermieden werden soll, weil die Gleichbehandlung in der Zuschlagsgewährung bei Überschreiten der individuellen Arbeitszeit läge (29.7.2024 – C-184/22 u.a., NZA 2024, 1265, Rn. 51, 72 – KfH Kuratorium).
Die Missachtung der Schutzvorschriften des MuSchG ist ein Indiz für eine Benachteiligung wegen des Geschlechts (*BAG* 12.12.2013 – 8 AZR 838/12, NZA 14, 722, Rn. 31). Bei Unterschreitung des Medianentgelts des anderen Geschlechts ist eine Entgeltdiskriminierung zu vermuten (s. Einl. II zum EntgTranspG, Nr. 2a).

c) Benachteiligung wegen der Religion

Kopftuchverbote haben die Rechtsprechung unter verschiedenen Gesichtspunkten beschäftigt (vgl. *Preis/Morgenbrodt*, ZESAR 17, 309; *Sagan*, EuZW 17, 457). Allein der Umstand, dass ein Kunde des Arbeitgebers verlangt, dass Leistungen nicht mehr von einer Arbeitnehmerin ausgeführt werden, die ein islamisches Kopftuch trägt, kann eine Ungleichbehandlung wegen der Religion nicht rechtfertigen (*EuGH* 14.3.2017 – C-188/15, NZA 17, 375 – Bougnaoui). Demgegenüber kann der Arbeitgeber nach der Rechtsprechung des *EuGH* (14.3.2017 – C-157/15 – Achbita) verlangen, dass seine Arbeitnehmer keinerlei politische, philosophische oder religiöse Zeichen am Arbeitsplatz tragen, um eine Neutralitätspolitik gegenüber seinen Kunden zu verfolgen. Durch diese Rechtsprechung sind allerdings nur die Grenzen nach den Diskriminierungsverboten abgesteckt. Demgegenüber kann nach dem Grundrecht der Religionsfreiheit im GG eine weitergehende Rücksichtnahme des Arbeitgebers geboten sein (Einl. III 4 zum GG, Nr. 20). Das ist im Rahmen der Prüfung der Angemessenheit im Hinblick auf eine mögliche mittelbare Benachteiligung zu berücksichtigen (*EuGH* 15.7.2021 – C-3419/19 u.a., NZA 21, 1085 – Wabe; dazu *Stein*, SR 21, 221; Vorabentscheidungsersuchen: *BAG* 30.1.2019 – 10 AZR 299/18 [A], NZA 19, 693). Die Gerichte müssen prüfen, ob die Neutralitätspolitik, die ein solches Kopftuchverbot rechtfertigen soll, tatsächlich in kohärenter und systematischer Weise verfolgt wird und mit Rücksicht auf die davon betroffenen Rechte geeignet, erforderlich und verhältnismäßig ist (*EuGH* 28.11.2023 – C-148/22, NZA 23, 1588 – OP/Commune d'Ans; dazu *Payandeh*, EuZA 24, 298). Für eine landesrechtliche Bestimmung hat das *BAG* eine verfassungskonforme Auslegung dahin vorgenommen, dass das Kopftuchverbot nur dann zur Anwendung kommen kann, wenn das Tragen eines islamischen Kopftuchs eine konkrete Gefahr für Schulfrieden oder staatliche Neutralität mit sich bringt (8 AZR 62/19, NZA 21, 189).
Eine Ungleichbehandlung wegen der Religion kann nach § 9 Abs. 1 AGG auch gerechtfertigt sein, wenn eine Religionsgemeinschaft eine bestimmte Religion als berufliche Anforderung verlangt. Dies soll auch »im Hinlick auf ihr Selbstbestim-

mungsrecht« möglich sein. Denn bislang gestand die Rechtsprechung den Religionsgemeinschaften eine weitgehend autonome Bestimmung von Glaubensanforderungen an ihr Personal zu (vgl. *BVerfG* 11.10.1977 – 2 BvR 209/76, DB 77, 2379; *BAG* 25.4.1978 – 1 AZR 70/76, DB 78, 2175). Das war offenkundig unvereinbar mit der Richtlinie 2000/78/EG (EU-ASO Nr. 14), insofern diese einen gewissen Tätigkeitsbezug für die Aufstellung von Erwartungen an die Beschäftigten von Religionsgemeinschaften fordert (vgl. *Deinert*, EuZA 09, 332). Entsprechend verlangt der *EuGH* eine wirksame gerichtliche Kontrolle von Glaubensanforderungen, die sich aufgrund der Tätigkeit oder der Umstände ihrer Ausübung ergeben müssen (17.4.2018 – C-414/16, NZA 18, 569 – Egenberger; dazu *Heuschmid/Höller*, AuR 18, 586; *Junker*, NJW 18, 1850; *Klocke/Wolters*, BB 18, 1460). Danach bestimmen die Kirchen zwar in Ausübung ihrer Autonomie das Ethos, die Gerichte prüfen jedoch, ob die gestellten Religionsanforderungen hinsichtlich der konkreten Tätigkeit mit Blick auf das Ethos gerechtfertigt sind. Das *BAG* hält dementsprechend eine Rechtfertigung einer unterschiedlichen Behandlung mit Anforderungen unter Berufung auf das kirchliche Selbstbestimmungsrecht für ausgeschlossen, § 9 Abs. 1 Alt. 1 AGG mithin für unanwendbar und lässt nur eine Rechtfertigung mit Rücksicht auf die Art der Tätigkeit nach Alt. 2 der Bestimmung zu (25.10.2018 – 8 AZR 501/14, NZA 2019, 455). Das *BVerfG* hat diese Entscheidung aufgehoben. Dabei geht das Verfassungsgericht davon aus, dass die unionsrechtlichen Vorgaben im innerstaatlichen Recht gewährleistet werden können. Insoweit könnten die Kirchen auf einer ersten Stufe in Ausübung ihres Selbstbestimmungsrechts die beruflichen Anforderungen bestimmen. Auf zweiter Stufe sei eine Abwägung vorzunehmen, ob die Anforderung im Hinblick auf die konkrete Tätigkeit verhältnismäßig ist. Dabei sei dem religiösen Selbstverständnis besonderes Gewicht beizumessen. Je weniger Bedeutung eine Aufgabe für die Verwirklichung des religiösen Ethos habe, umso eher sei dem Diskriminierungsschutz Vorzug zu geben (*BVerfG* 29.9.2025 – 2 BvR 934/19, NZA 25, 1617).

Nach § 9 Abs. 2 AGG können die Kirchen von ihren Beschäftigten loyales und aufrichtiges Verhalten hinsichtlich ihres Selbstverständnisses verlangen. Auch hier stellt sich die Frage nach der Reichweite der Kirchenautonomie bei der Bestimmung derartiger Loyalitätserwartungen (vgl. dazu Einl. III 4 zum GG, Nr. 20). Ob ein Kirchenaustritt zum Anlass einer Kündigung genommen werden kann, obwohl der Arbeitgeber von anderen Arbeitnehmern nicht verlangt, dass sie dieser Kirche angehören, ist Gegenstand eines Vorabentscheidungsersuchens des *BAG* zum *EuGH* (*BAG* 1.2.2024 – 2 AZR 196/22 [A], NZA 24, 543).

d) Benachteiligung wegen der sexuellen Identität

Die Verweigerung eines Vertragsschlusses im Hinblick auf die sexuelle Ausrichtung einer Person ist antidiskriminierungsrechtlich grundsätzlich unzulässig und lässt sich auch nicht mit der durch Art. 16 EU-GRC (Nr. 20b) geschützten unternehmerischen Freiheit im Hinblick auf die Wahl des Vertragspartners rechtfertigen (*EuGH* 12.1.2023 – C-356/21, NZA 23, 287, Rn. 73 ff. – JK/TP).

Eine Benachteiligung wegen der Transsexualität kann – außer einer Benachteiligung wegen des Geschlechts – auch eine Benachteiligung wegen der sexuellen

Identität bedeuten (*BAG* 17.12.2015 – 8 AZR 421/14, NZA 16, 888). Unzulässig ist der Ausschluss eingetragener Lebenspartner von tariflichen Leistungen, die nur für Ehegatten vorgesehen sind (*EuGH* 12.12.2013 – C-267/12, NZA 14, 153 – Hay). Zu Fragen unzulässiger Gestaltungen betrieblicher Versorgungsordnungen s. Einl. II 10 zum BetrAVG (Nr. 11).

e) Benachteiligung wegen einer Behinderung

Benachteiligungen wegen einer Behinderung liegen in den meisten Fällen in der verweigerten Einstellung. Das Hauptproblem liegt im Nachweis, dass die unterbliebene Einstellung *wegen* der Behinderung erfolgte (zur Beweislast s. o. 2 b). Bei der Frage, ob die Abwesenheit der Behinderung wesentliche und entscheidende berufliche Anforderung im Sinne des § 8 AGG ist, was die Benachteiligung rechtfertigen würde, ist zu berücksichtigen, dass der Arbeitgeber einer gesteigerten Fürsorgepflicht unterliegt und angemessene Vorkehrungen für die Beschäftigung behinderter Menschen ergreifen muss (*BAG* 19.12.2013 – 6 AZR 190/12, NZA 14, 372). Überdies müssen sich angemessene Vorkehrungen nach der Rechtsprechung des *EuGH* auch auf die Beschäftigung von Arbeitnehmern beziehen, die nicht selbst behindert sind, sondern behinderten Kindern erforderliche Pflege zukommen lassen (11.9.2025 – C-38/24, NZA 25, 1381). Nur wenn auch unter Berücksichtigung dieser Verpflichtung eine Erfüllung der Arbeitsleistung nicht möglich ist, hat man es mit einer wesentlichen und entscheidenden Bedingung zu tun. Darüber hinaus kommen Diskriminierungen häufig in Betracht, wenn es um Leistungseinschränkungen oder -kürzungen geht, die an die Möglichkeit einer vorgezogenen Altersrente wegen Behinderung knüpfen (vgl. *EuGH* 6.12.2012 – C-152/11, NZA 12, 1435 – Odar). In dem Zusammenhang hat der *EuGH* klargestellt, dass die Einstellung einer tarifvertraglichen Überbrückungsleistung bei Erreichen der Voraussetzungen einer vorgezogenen Altersrente eine unzulässige Diskriminierung wegen der Behinderung darstellt, insoweit eine vorgezogene Rente für schwerbehinderte Menschen nur mit Abschlägen bezogen werden kann (19.9.2018 – C-312/17, NZA 18, 1268 – Bedi). Dementsprechend ist eine im Hinblick auf einen vorgezogenen Rentenbeginn erfolgende Verkürzung der Laufzeit eines Vorruhestandsverhältnisses eine unzulässige Benachteiligung wegen der Behinderung (*BAG* 21.11.2017 – 9 AZR 141/17, NZA 18, 786). Wenn die Betriebsparteien im Rahmen eines Sozialplans zusätzliche Abfindungen für schwerbehinderungsbedingte wirtschaftliche Nachteile vorsehen, dürfen diese nicht bei älteren schwerbehinderten Arbeitnehmern infolge einer Höchstbetragsregelung am Ende wieder fortfallen (*BAG* 11.10.2022 – 1 AZR 129/21, NZA 23, 233).

Eine tarifliche Regelung, wonach die Gewährung einer Erwerbsminderungsrente auf Dauer zur Auflösung des Arbeitsverhältnisses führt, ist nach der Rechtsprechung im Hinblick auf das Ziel gerechtfertigt, ein Arbeitsverhältnis zu beenden, das nicht mehr erfüllt werden kann, während der Arbeitnehmer seinen Lebensstandard durch die Rente sichern kann (*BAG* 10.12.2014 – 7 AZR 1002/12, NZA-RR 16, 83).

Ein Indiz für eine Benachteiligung wegen einer Behinderung, das die Beweislastumkehr nach § 22 AGG (s. o. 2 b) auslöst, liegt grundsätzlich vor, wenn ein Arbeitgeber Verfahrens- oder Förderpflichten zugunsten schwerbehinderter Menschen verletzt hat (vgl. etwa *BAG* 23.11.2023 – 8 AZR 212/22, NZA 24, 184, Rn. 26), z.B. wenn der öffentliche Arbeitgeber freie Stellen entgegen § 165 S. 1 SGB IX (Nr. 30 IX) nicht bei der Arbeitsagentur meldet (*BAG* 25.11.2021 – 8 AZR 313/20, NZA 22, 638) oder pflichtwidrig entgegen § 165 S. 3 SGB schwerbehinderte Bewerber nicht zu einem Vorstellungsgespräch einlädt (*BAG* 12.9.2006 – 9 AZR 807/05, DB 07, 747; 24.1.2013 – 8 AZR 188/12, NZA 13, 896; 23.1.2020 – 8 AZR 484/18, NZA 20, 851). Letzteres soll aber nicht gelten, wenn dem Arbeitgeber die Behinderung nicht aus dem Anschreiben oder dem Lebenslauf des Bewerbers bekannt ist (*BAG* 22.10.2015 – 8 AZR 384/14, NZA 16, 625, zum Fall einer dezentralen Auswahlentscheidung an einer Universität s. *BAG* 25.4.2024 – 8 AZR 143/23, NZA 25, 181). Ein solches Indiz für eine Benachteiligung wird nicht dadurch wieder ausgeräumt, dass der Arbeitgeber die Einladung später nachholt (*BAG* 22.8.2013 – 8 AZR 563/12, NZA 14, 82). Dasselbe gilt für die Pflicht des Arbeitgebers nach § 164 Abs. 1 S. 4 SGB IX, die Schwerbehindertenvertretung und die betriebliche Interessenvertretung vom Eingang einer Bewerbung eines schwerbehinderten Menschen zu unterrichten (*BAG* 23.11.2023 – 8 AZR 212/22, NZA 24, 184, Rn. 26f.). Ein Indiz für eine Benachteiligung wegen der Schwerbehinderung kann auch gegeben sein, wenn entgegen § 164 Abs. 1 SGB IX die Schwerbehindertenvertretung nicht beteiligt wurde (*BAG* 20.1.2016 – 8 AZR 194/14, NZA 2016, 681), oder keine Verbindung zur Arbeitsagentur aufgenommen wurde (*BAG* 27.3.2025 – 8 AZR 123/24, NZA 25, 995), wenn der Arbeitgeber die Pflichtquote (Einl. I 2e zum SGB IX, Nr. 30 IX) nicht erfüllt und einen behinderten Bewerber entgegen § 164 Abs. 1 S. 9 SGB IX nicht von der Einstellungsentscheidung unterrichtet (*BAG* 28.9.2017 – 8 AZR 492/16, NZA 18, 519), wenn ein Arbeitgeber nach Krankheiten fragt, was nach den Einzelfallumständen auf eine Erkundigung nach einer Behinderung hindeutet (*BAG* 17.12.2009 – 8 AZR 670/08, NZA 10, 383, 385), wenn ein Arbeitgeber ohne die nach § 168 SGB IX erforderliche Zustimmung des Integrationsamtes kündigt (*BAG* 2.6.2022 – 8 AZR 191/21, NZA 22, 1461) oder der Informationsanspruch der Scherbehindertenvertretung verletzt wurde (*BAG* 26.1.2017 – 8 AZR 736/15, NZA 17, 854). Auch die Verletzung der Pflicht zur Bestellung eines Inklusionbeauftragten nach § 181 SGB IX kann bei Maßnahmen, die spezifische Belange schwerbehinderter Menschen betreffen, wie etwa die potenzielle Verletzung einer besonderen Fürsorgepflicht gegenüber einem behinderten Menschen (vgl. Einl. II 1f zum SGB IX, Nr. 30 IX), ein entsprechendes Indiz begründen (*BAG* 26.6.2025 – 8 AZR 276/24, NZA 25, 1389). Soweit ein behinderter Mensch die Verletzung von Schutz- oder Förderpflichten eines (potenziellen) Arbeitgebers nur vermuten kann, weil es sich um ein reines Internum des Arbeitgeberunternehmens handelt, genügt im Prozess zunächst die bloße Behauptung der Verletzung dieser Pflicht, ohne dass der Bewerber konkrete Anhaltspunkte dazu vortragen müsste (*BAG* 14.6.2023 – 8 AZR 136/22, NZA 23, 1248). Da die Pflichten des Arbeitgebers nach §§ 164ff. SGB IX nur schwerbehinderte und gleichgestellte Menschen betreffen, folgt aus ihrer Missachtung dann kein Indiz für eine Benachteiligung wegen der Behinderung, wenn der Arbeitnehmer im fraglichen Zeitpunkt einem schwerbehinderten Menschen nicht gleichgestellt war, auch nicht, wenn dies später rückwirkend erfolgt (*BAG* 23.11.2023 – 8 AZR 212/22, NZA 24, 184, Rn. 28ff.).

5. Pflichten und Maßnahmen des Arbeitgebers und der Arbeitnehmer

Arbeitgeber werden durch das Gesetz in mehrfacher Hinsicht in die Pflicht genommen. Von ihnen selbst herbeigeführte Benachteiligungen gelten als Vertragsverletzung (§ 7 Abs. 3 AGG). Die Weisung an Beschäftigte zu einer Benachteiligung anderer Beschäftigter wird dem Anweisenden als eigene Benachteiligung zugerechnet (§ 3 Abs. 5 AGG). Der Arbeitgeber muss seine Arbeitnehmer auch vor Benachteiligungen Dritter (z. B. im Betrieb tätige Fremdfirmen und Kunden) schützen (§ 12 Abs. 3 und 4 AGG). Die Verletzung dieser Pflicht dürfte auch strafrechtlich relevant werden (vgl. *Schramm*, Anm. zu *BGH* 20. 10. 2011 – 4 StR 71/11, JZ 12, 967, 969 ff.). Der *BGH* hat in einer entgegengesetzten Entscheidung v. 20. 10. 2011 (4 StR 71/11, JZ 12, 967) sowohl das Verbot der Belästigung wegen einer Behinderung als auch § 12 AGG übersehen (vgl. *Ladiges*, SR 13, 29 ff.).
Gemäß § 11 AGG ist es verboten, eine Stelle so auszuschreiben, dass damit eine Benachteiligung wegen eines der Merkmale des § 1 AGG verbunden ist.
Innerhalb des Betriebes hat der Arbeitgeber alles ihm Mögliche zur Unterbindung benachteiligender Maßnahmen zu veranlassen (§ 12 AGG). Die Schulung der Beschäftigten mit dieser Zielrichtung gilt als Erfüllung dieser Verpflichtung (§ 12 Abs. 2 AGG). Den Beschäftigten ist demgegenüber jede Diskriminierung anderer Beschäftigter verboten. Eine solche Diskriminierung stellt gemäß § 7 Abs. 3 AGG eine Vertragspflichtverletzung dar. Sie kann den Arbeitgeber zur außerordentlichen Kündigung nach § 626 Abs. 1 BGB berechtigen (*BAG* 10. 11. 2014 – 2 AZR 651/13, NZA 15, 294).
Außerdem hat der Arbeitgeber den Beschäftigten eine für Beschwerden zuständige Stelle zu benennen. Die Einrichtung einer solchen Beschwerdestelle ist mitbestimmungspflichtig (*BAG* 21. 7. 2009 – 1 ABR 42/08, DB 09, 1993). Diese Stelle und der Text des AGG wie des § 61b ArbGG sind im Betrieb bekannt zu machen (§ 12 Abs. 5 AGG).

6. Rechte der Beschäftigten

Die Beschäftigten haben das Recht, sich über eine (vermeintliche) Benachteiligung bei der vom Arbeitgeber hierfür benannten Stelle zu beschweren (§ 13 AGG). Die Beschwerde ist zu prüfen; das Ergebnis muss dem Beschwerdeführer mitgeteilt werden. Ergreift der Arbeitgeber keine oder ungeeignete Maßnahmen zur Unterbindung einer Belästigung bzw. sexuellen Belästigung, können die betroffenen Beschäftigten die Arbeit bei weiterbestehendem Entgeltanspruch verweigern (§ 14 AGG).
Unzulässig benachteiligte Beschäftigte haben Anspruch auf Schadensersatz bzw. Entschädigung. Das Gesetz unterscheidet zwischen materiellem und immateriellem Schaden. Ein materieller Schaden (z. B. entgangener Verdienst) ist gemäß § 15 Abs. 1 AGG nur zu ersetzen, wenn der Arbeitgeber ihn zu vertreten hat (verschuldensabhängiger Schadensersatz). Letzteres ist allerdings mit den europäischen Vorgaben nicht zu vereinbaren (*Thüsing*, NZA Sonderbeil. zu Heft 22/04, S. 3, 16; offengelassen von *BAG* 18. 5. 2017 – 8 AZR 74/16, NZA 18, 1530, Rn. 51 ff.). Der Anspruch muss daher unabhängig von einem Verschulden eingreifen. Er ist nach

oben hin nicht begrenzt. Wegen eines immateriellen (also nicht in Geld ausdrückbaren) Schadens ist dagegen ohne Rücksicht auf ein Verschulden des Arbeitgebers eine »Entschädigung« zu leisten (§ 15 Abs. 2 AGG; *BAG* 22. 1. 2009 – 8 AZR 906/07, NZA 09, 945). Auch sie ist im Allgemeinen nicht nach oben hin begrenzt. Nur bei einer Nichteinstellung ist die Entschädigung auf drei Monatsgehälter »gedeckelt«, wenn der oder die Betroffene auch bei benachteiligungsfreier Auswahl nicht eingestellt worden wäre (§ 15 Abs. 2 S. 2 AGG). Entschädigungsansprüche stehen unter dem Vorbehalt des Rechtsmissbrauchs (s. o. 2).

Der Abschluss eines Beschäftigungsverhältnisses kann nicht eingeklagt werden (§ 15 Abs. 6 AGG). Demgegenüber steht § 15 Abs. 6 AGG nicht dem Anspruch auf Fortführung eines Rechtsverhältnisses entgegen, das in diskriminierender Weise beendet werden sollte (*BAG* 21. 11. 2017 – 9 AZR 141/17, NZA 18, 786, Rn. 39).

Für Schadensersatz und Entschädigung gilt nach § 15 Abs. 4 AGG eine nach der Rechtsprechung des *BAG* europarechtskonforme (*BAG* 18. 5. 2017 – 8 AZR 74/16, NZA 18, 1530) Ausschlussfrist von 2 Monaten, zu deren Wahrung es genügt, wenn der Anspruch auf Entschädigung ohne konkrete Bezifferung geltend gemacht wird (*BAG* 22. 1. 2009 – 8 AZR 906/07, NZA 09, 945). Die für die Geltendmachung des Anspruchs geforderte Schriftform kann auch dadurch gewahrt werden, dass der Arbeitnehmer eine Klage gegen den Arbeitgeber erhebt (*BAG* 22. 5. 2014 – 8 AZR 662/13, NZA 14, 924). Ab Geltendmachung des Anspruchs greift eine 3-monatige Klagefrist gemäß § 61b Abs. 1 ArbGG. Auch hier kann die Entschädigung ohne bezifferten Klageantrag eingefordert werden (*BAG* 22. 1. 2009 – 8 AZR 906/07, NZA 09, 945). Die Ausschlussfrist beginnt mit Kenntnis von der Benachteiligung, im Falle einer Bewerbung mit der Ablehnung, auch im letzteren Fall aber frühestens ab Kenntnis von der Benachteiligung (*EuGH*, NZA 10, 869 – Bulicke; *BAG* 15. 3. 2012 – 8 AZR 37/11, DB 12, 1873). Die Ausschlussfrist gilt nicht für Ansprüche, die auf anderen Anspruchsgrundlagen beruhen, sofern nicht auch für solche Ansprüche die Beweiserleichterung des § 22 AGG (s. o. 2 b) eingreift (*BAG* 18. 5. 2017 – 8 AZR 74/16, NZA 18, 1530, Rn. 90 ff.; tendenziell weitergehend noch *BAG* 21. 6. 2012 – 8 AZR 188/11, DB 12, 2521).

Bei diskriminierender Vorenthaltung von Leistungen hat der Arbeitnehmer Anspruch auf dieselben Vorteile, die der privilegierten Arbeitnehmergruppe gewährt werden. Im Falle der Entgeltdiskriminierung wegen des Geschlechts folgt dies aus § 3 EntgTranspG (Einl. II zum EntgTranspG, Nr. 2a). Der Arbeitgeber kann sich dem nicht dadurch entziehen, dass er die bislang bevorzugte Gruppe rückwirkend schlechter behandelt (*EuGH* 27. 4. 2023 – C-681/21, NZA 23, 754 – BVAEB). Für die Zukunft ist eine solche Anpassung aber nicht aus Gründen des Diskriminierungsschutzes ausgeschlossen. Zur Geltendmachung eines Anspruchs auf Gleichbehandlung muss die Ausschlussfrist des § 15 Abs. 4 AGG nicht eingehalten werden (*BAG* 22. 10. 2015 – 8 AZR 168/14, NZA 16, 1081). Neben dem Anspruch auf Gleichbehandlung können Arbeitnehmer auch Ansprüche auf eine Entschädigung wegen der immateriellen Schäden durch die Benachteiligung geltend machen (*BAG* 16. 2. 2023 – 8 AZR 450/21, NZA 23, 958, Rn. 100). Denn diese werden nicht schon durch die Gewährung der vorenthaltenen Leistungen ausgeglichen.

Der Arbeitgeber darf Beschäftigten, die Rechte nach dem AGG in Anspruch nehmen oder sich weigern eine unzulässige Weisung auszuführen, nicht maßregeln

(§ 16 AGG). Geschieht dies doch, kann der Arbeitnehmer darauf aber keinen Schadensersatz- oder Entschädigungsanspruch nach § 15 AGG stützen (*BAG* 18.5.2017 – 8 AZR 74/16, NZA 18, 1530, Rn. 86).

7. AGG und Kündigungsrecht

Auf Kündigungen sollen nach § 2 Abs. 4 AGG ausschließlich die Vorschriften über den allgemeinen und besonderen Kündigungsschutz Anwendung finden. Das widerspricht auf den ersten Blick den europarechtlichen Vorgaben, denn selbstverständlich beziehen sich diese Benachteiligungsverbote auch und gerade auf Kündigungen (*EuGH* 11.7.2006 – C-13/05, NZA 06, 839 – Chacón Navas). Deshalb müssen die Diskriminierungsverbote des AGG im Rahmen des Kündigungsschutzrechts zur Anwendung gebracht werden (*BAG* 6.11.2008 – 2 AZR 523/07, DB 09, 626). Das KSchG (Nr. 25) ist daher richtlinienkonform so auszulegen, dass unzulässige Diskriminierungen ausgeschlossen werden. Ist das KSchG nicht anwendbar, etwa während der sechsmonatigen Wartezeit gemäß § 1 Abs. 1 KSchG, ist die Kündigung wegen Verstoßes gegen das AGG gemäß § 134 BGB nichtig, ohne dass § 2 Abs. 4 AGG dem entgegenstünde (*BAG* 19.12.2013 – 6 AZR 190/12, NZA 14, 372). Entschädigungsansprüche wegen einer diskriminierenden Kündigung werden durch § 2 Abs. 4 AGG nicht ausgeschlossen (*BAG* 12.12.2013 – 8 AZR 838/12, NZA 14, 722).

8. AGG und Kollektivverträge

Das AGG bezieht sich gemäß § 2 Abs. 1 Nr. 2 AGG auch auf »kollektivrechtliche Vereinbarungen«, also Betriebs- bzw. Dienstvereinbarungen und Tarifverträge. In dieser Hinsicht liegt das Gesetz auf einer Linie mit der bisherigen Rechtsprechung des *EuGH*, der Tarifverträge ebenfalls einer Diskriminierungskontrolle unterwirft (vgl. *EuGH* 31.5.1995 – C-400/93, AP EWG-Vertrag Art. 119 Nr. 68 – Royal Copenhagen). Das ist insofern nicht unproblematisch, als jedenfalls Tarifverträge unter dem Schutz des Art. 28 der Grundrechte-Charta (EU-ASO Nr. 4) stehen. Dieser Konflikt ist noch nicht abschließend geklärt. Der *EuGH* erkennt zwar den Tarifparteien einen Ermessensspielraum hinsichtlich ihrer tarifpolitischen Ziele zu, misst tarifliche Regelungen aber zuweilen im nächsten Schritt an Geeignetheit und Erforderlichkeit für diese Ziele, ohne ihnen insoweit eine Einschätzungs- und Gestaltungsprärogative zuzubilligen (etwa *EuGH* 8.9.2011 – C-297/10, C-298/10, NZA 11, 1100 – Hennigs und Mai; anders *BAG* 19.1.2011 – 3 AZR 29/09, NZA 11, 860).

9. Kollektive Aktionen und institutionelle Vorkehrungen

Damit die Beschäftigten bei der Durchsetzung ihrer Rechte aus dem AGG nicht auf sich allein gestellt bleiben, schafft das Gesetz Verantwortlichkeiten und Rechte kollektiver Akteure sowie institutionelle Unterstützung. Gemäß § 17 Abs. 1 AGG werden vor allem Tarifvertrags- und Betriebsparteien aufgefordert, an der Verwirklichung der Ziele des AGG mitzuwirken. Betriebsräte und Gewerkschaften erhalten das Recht, grobe Verstöße des Arbeitgebers entsprechend § 23 Abs. 3 BetrVG geltend zu machen. Antidiskriminierungsverbände können in Gerichtsverhandlungen als Beistände, also nicht als Prozessvertreter, auftreten (§ 23 Abs. 2 AGG). Wer der Ansicht ist, unzulässig benachteiligt zu sein, kann die Antidiskriminierungsstelle des Bundes anrufen (§ 27 Abs. 1 AGG). Sie kann Auskunft über die Rechtslage geben, die Beratung durch andere Stellen vermitteln oder sich selbst um gütliche Beilegung des Streits bemühen (§ 27 Abs. 2 AGG).

III. Anwendungsprobleme und Rechtstatsachen

Bereits kurz nach Inkrafttreten entbrannte eine Diskussion um eine mögliche missbräuchliche Ausnutzung von Fehlern der Arbeitgeber, um Entschädigungsleistungen zu erhalten. Derartigen Praktiken schiebt die Rspr. allerdings einen Riegel vor (s. o. II 2). Von einer nennenswerten Zahl an Fällen ist nichts bekannt geworden.
In einem Pilotprojekt wurde ein Verfahren anonymer Bewerbung getestet, bei dem die erste Vorauswahl von Bewerbern in Unkenntnis potenziell diskriminierungsverdächtiger Merkmale erfolgte. Die Antidiskriminierungsstelle des Bundes hat im April 2012 nach dessen Ende ein positives Fazit gezogen. Derzeit gibt es aber keine Gesetzesinitiative für die flächendeckende Einführung der anonymisierten Bewerbung.
Die Antidiskriminierungsstelle des Bundes hat 2016 einen Evaluationsbericht vorgelegt, der auf Schutzlücken für die Beschäftigten hinweist. Kritisiert werden u. a. die kurzen Fristen für die Geltendmachung von Ansprüchen und das Fehlen eines Verbandsklagerechts (zu diesbezüglichen Möglichkeiten *Herberger*, RdA 22, 220). Außerdem wird ein Unterstützungsrecht für die Antidiskriminierungsstelle des Bundes vorgeschlagen. Kritisiert wird darüber hinaus, dass die Versagung angemessener Vorkehrungen für die Beschäftigung behinderter Menschen zwar im Rechtssinne als Diskriminierung anzusehen ist (s. o. II 5 e), dies aber nicht im Gesetz klargestellt wird. Die Maßnahmen, die Arbeitgeber zum Schutz vor Diskriminierungen ergreifen müssen (s. o. II 6), werden als nicht hinreichend konkretisiert betrachtet. Schließlich wird auch für Fremdpersonal Diskriminierungsschutz gegenüber dem Arbeitgeber des Einsatzbetriebes eingefordert. Die BDA lehnt sämtliche genannten Vorschläge ab.
Der Benachteiligung von Frauen im Hinblick auf ihre Arbeitsmarktchancen durch die unterschiedliche Beanspruchung bei der Verbindung von Familien- und Erwerbsarbeit soll die Richtlinie (EU) 2019/1158 zur Vereinbarkeit von Beruf und Privatleben für Eltern und pflegende Angehörige begegnen (EU-ASO Nr. 57). Sie wurde u. a. im BEEG umgesetzt (Gesetz v. 19. 12. 2022, BGBl. I 2510; s. Einl. I zum BEEG, Nr. 16).

Wichtige Entscheidungen

EuGH 13. 5. 1986 – Rs. 170/84, NZA 1986, 599 – Bilka
EuGH 17. 10. 1995 – C-450/93, NZA 1995, 1095 – Kalanke
EuGH 22. 11. 2005 – C-144/04, NZA 2005, 1345 – Mangold
EuGH 11. 7. 2006 – C-13/05, NZA 2006, 839 – Chacón Navas

EuGH 6.12.2012 – C-152/11, NZA 2012, 1435 – Odar
EuGH 17.4.2018 – C-414/16, NZA 2018, 569 – Egenberger
BVerfG 29.9.2025 – 2 BvR 934/19, NZA 2025, 1617

Weiterführende Literatur

Evaluationsbericht

Antidiskriminierungsstelle des Bundes, Evaluation des Allgemeinen Gleichbehandlungsgesetzes (2016)

Handbücher und Kommentare

Deinert/Wenckebach/Zwanziger-*Zwanziger*, Arbeitsrecht, § 93 (Gleichbehandlung)
Bauer/Krieger/Günther, Allgemeines Gleichbehandlungsgesetz und Entgelttransparenzgesetz, 5. Aufl. (2018)
Däubler/Beck, Handkommentar zum AGG, 5. Aufl. (2022)
Hey/Forst, AGG, 2. Aufl. (2015)
Nollert-Borasio/Dickerhoff-Borello/Wenckebach, Allgemeines Gleichbehandlungsgesetz (AGG), Basiskommentar, 6. Aufl. (2025)
v.Roetteken, AGG (Loseblatt)
Schleusener/Suckow/Thieken, AGG, 7. Aufl. (2025)

Aufsätze

Cisch/Böhm, Das Allgemeine Gleichbehandlungsgesetz und die betriebliche Altersversorgung in Deutschland, BB 2007, S. 602
Däubler, Die Kündigung als unmittelbare Diskriminierung, AiB 2007, S. 27
Däubler, Die Kündigung als mittelbare Diskriminierung, AiB 2007, S. 97
Deinert, Anwendungsprobleme der arbeitsrechtlichen Schadensersatzvorschriften im AGG, DB 2007, S. 398
Dzida/Groh, Diskriminierung nach dem AGG beim Einsatz von Algorithmen im Bewerbungsverfahren, NJW 2018, S. 1917
Gach/Julis, Beschwerdestelle und -verfahren nach § 13 Allgemeines Gleichbehandlungsgesetz, BB 2007, S. 773
Hensel, Recht gegen Diskriminierung: die djb-Konzeption für ein Gleichstellungsgesetz in der Privatwirtschaft, AuR 2022, S. 465
Herberger, Der Schutz vor Diskriminierungen beim Einsatz von KI-Systemen im Personalmanagement, SR 2025, S. 180
Hoffmann, Drittes Geschlecht, die »Gleichbehandlung von Männern und Frauen« und das AGG, JZ 2021, S. 484
Nebe/Schmieder, Lücken im Diskriminierungsschutz (Teil I), ZESAR 2024, S. 265, (Teil II), ZESAR 2024, S. 318
Niederfranke, Beseitigung von Gewalt und Belästigung in der Arbeitswelt – ILO-Übereinkommen 190, AuR 2021, S. 392

Übersicht 9: Gleichbehandlung

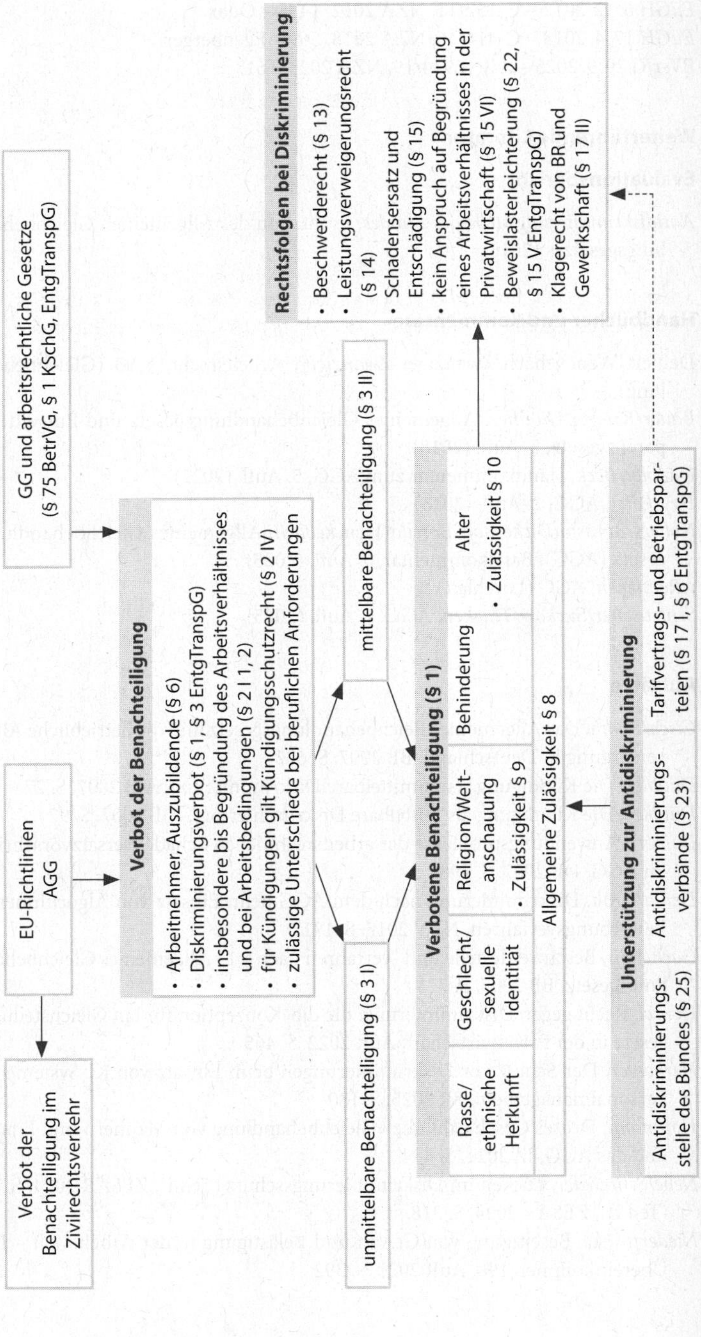

Allgemeines Gleichbehandlungsgesetz (AGG)

vom 14. August 2006 (BGBl. I 1897),
zuletzt geändert durch Gesetz vom 22. Dezember 2023 (BGBl. 2023 I Nr. 414)
(Abgedruckte Vorschriften: §§ 1–18, 22–33 Abs. 1)

Abschnitt 1 – Allgemeiner Teil

§ 1 Ziel des Gesetzes Ziel des Gesetzes ist, Benachteiligungen aus Gründen der Rasse oder wegen der ethnischen Herkunft, des Geschlechts, der Religion oder Weltanschauung, einer Behinderung, des Alters oder der sexuellen Identität zu verhindern oder zu beseitigen.

§ 2 Anwendungsbereich (1) Benachteiligungen aus einem in § 1 genannten Grund sind nach Maßgabe dieses Gesetzes unzulässig in Bezug auf:

1. die Bedingungen, einschließlich Auswahlkriterien und Einstellungsbedingungen, für den Zugang zu unselbstständiger und selbstständiger Erwerbstätigkeit, unabhängig von Tätigkeitsfeld und beruflicher Position, sowie für den beruflichen Aufstieg,
2. die Beschäftigungs- und Arbeitsbedingungen einschließlich Arbeitsentgelt und Entlassungsbedingungen, insbesondere in individual- und kollektivrechtlichen Vereinbarungen und Maßnahmen bei der Durchführung und Beendigung eines Beschäftigungsverhältnisses sowie beim beruflichen Aufstieg,
3. den Zugang zu allen Formen und allen Ebenen der Berufsberatung, der Berufsbildung einschließlich der Berufsausbildung, der beruflichen Weiterbildung und der Umschulung sowie der praktischen Berufserfahrung,
4. die Mitgliedschaft und Mitwirkung in einer Beschäftigten- oder Arbeitgebervereinigung oder einer Vereinigung, deren Mitglieder einer bestimmten Berufsgruppe angehören, einschließlich der Inanspruchnahme der Leistungen solcher Vereinigungen,
5. den Sozialschutz, einschließlich der sozialen Sicherheit und der Gesundheitsdienste,
6. die sozialen Vergünstigungen,
7. die Bildung,
8. den Zugang zu und die Versorgung mit Gütern und Dienstleistungen, die der Öffentlichkeit zur Verfügung stehen, einschließlich von Wohnraum.

(2) Für Leistungen nach dem Sozialgesetzbuch gelten § 33c des Ersten Buches Sozialgesetzbuch und § 19a des Vierten Buches Sozialgesetzbuch. Für die betriebliche Altersvorsorge gilt das Betriebsrentengesetz.

(3) Die Geltung sonstiger Benachteiligungsverbote oder Gebote der Gleichbehandlung wird durch dieses Gesetz nicht berührt. Dies gilt auch für öffentlichrechtliche Vorschriften, die dem Schutz bestimmter Personengruppen dienen.

(4) Für Kündigungen gelten ausschließlich die Bestimmungen zum allgemeinen und besonderen Kündigungsschutz.

§ 3 Begriffsbestimmungen (1) Eine unmittelbare Benachteiligung liegt vor, wenn eine Person wegen eines in § 1 genannten Grundes eine weniger günstige Behandlung erfährt, als eine andere Person in einer vergleichbaren Situation erfährt, erfahren hat oder erfahren würde. Eine unmittelbare Benachteiligung wegen des Geschlechts liegt in Bezug auf § 2 Abs. 1 Nr. 1 bis 4 auch im Falle einer ungünstigeren Behandlung einer Frau wegen Schwangerschaft oder Mutterschaft vor.
(2) Eine mittelbare Benachteiligung liegt vor, wenn dem Anschein nach neutrale Vorschriften, Kriterien oder Verfahren Personen wegen eines in § 1 genannten Grundes gegenüber anderen Personen in besonderer Weise benachteiligen können, es sei denn, die betreffenden Vorschriften, Kriterien oder Verfahren sind durch ein rechtmäßiges Ziel sachlich gerechtfertigt und die Mittel sind zur Erreichung dieses Ziels angemessen und erforderlich.
(3) Eine Belästigung ist eine Benachteiligung, wenn unerwünschte Verhaltensweisen, die mit einem in § 1 genannten Grund in Zusammenhang stehen, bezwecken oder bewirken, dass die Würde der betreffenden Person verletzt und ein von Einschüchterungen, Anfeindungen, Erniedrigungen, Entwürdigungen oder Beleidigungen gekennzeichnetes Umfeld geschaffen wird.
(4) Eine sexuelle Belästigung ist eine Benachteiligung in Bezug auf § 2 Abs. 1 Nr. 1 bis 4, wenn ein unerwünschtes, sexuell bestimmtes Verhalten, wozu auch unerwünschte sexuelle Handlungen und Aufforderungen zu diesen, sexuell bestimmte körperliche Berührungen, Bemerkungen sexuellen Inhalts sowie unerwünschtes Zeigen und sichtbares Anbringen von pornographischen Darstellungen gehören, bezweckt oder bewirkt, dass die Würde der betreffenden Person verletzt wird, insbesondere wenn ein von Einschüchterungen, Anfeindungen, Erniedrigungen, Entwürdigungen oder Beleidigungen gekennzeichnetes Umfeld geschaffen wird.
(5) Die Anweisung zur Benachteiligung einer Person aus einem in § 1 genannten Grund gilt als Benachteiligung. Eine solche Anweisung liegt in Bezug auf § 2 Abs. 1 Nr. 1 bis 4 insbesondere vor, wenn jemand eine Person zu einem Verhalten bestimmt, das einen Beschäftigten oder eine Beschäftigte wegen eines in § 1 genannten Grundes benachteiligt oder benachteiligen kann.

§ 4 Unterschiedliche Behandlung wegen mehrerer Gründe Erfolgt eine unterschiedliche Behandlung wegen mehrerer der in § 1 genannten Gründe, so kann diese unterschiedliche Behandlung nach den §§ 8 bis 10 und 20 nur gerechtfertigt werden, wenn sich die Rechtfertigung auf alle diese Gründe erstreckt, derentwegen die unterschiedliche Behandlung erfolgt.

§ 5 Positive Maßnahmen Ungeachtet der in den §§ 8 bis 10 sowie in § 20 benannten Gründe ist eine unterschiedliche Behandlung auch zulässig, wenn durch geeignete und angemessene Maßnahmen bestehende Nachteile wegen eines in § 1 genannten Grundes verhindert oder ausgeglichen werden sollen.

Abschnitt 2 – Schutz der Beschäftigten vor Benachteiligung

Unterabschnitt 1 – Verbot der Benachteiligung

§ 6 Persönlicher Anwendungsbereich (1) Beschäftigte im Sinne dieses Gesetzes sind

1. Arbeitnehmerinnen und Arbeitnehmer,
2. die zu ihrer Berufsbildung Beschäftigten,
3. Personen, die wegen ihrer wirtschaftlichen Unselbstständigkeit als arbeitnehmerähnliche Personen anzusehen sind; zu diesen gehören auch die in Heimarbeit Beschäftigten und die ihnen Gleichgestellten.

Als Beschäftigte gelten auch die Bewerberinnen und Bewerber für ein Beschäftigungsverhältnis sowie die Personen, deren Beschäftigungsverhältnis beendet ist.

(2) Arbeitgeber (Arbeitgeber und Arbeitgeberinnen) im Sinne dieses Abschnitts sind natürliche und juristische Personen sowie rechtsfähige Personengesellschaften, die Personen nach Absatz 1 beschäftigen. Werden Beschäftigte einem Dritten zur Arbeitsleistung überlassen, so gilt auch dieser als Arbeitgeber im Sinne dieses Abschnitts. Für die in Heimarbeit Beschäftigten und die ihnen Gleichgestellten tritt an die Stelle des Arbeitgebers der Auftraggeber oder Zwischenmeister.

(3) Soweit es die Bedingungen für den Zugang zur Erwerbstätigkeit sowie den beruflichen Aufstieg betrifft, gelten die Vorschriften dieses Abschnitts für Selbstständige und Organmitglieder, insbesondere Geschäftsführer oder Geschäftsführerinnen und Vorstände, entsprechend.

§ 7 Benachteiligungsverbot (1) Beschäftigte dürfen nicht wegen eines in § 1 genannten Grundes benachteiligt werden; dies gilt auch, wenn die Person, die die Benachteiligung begeht, das Vorliegen eines in § 1 genannten Grundes bei der Benachteiligung nur annimmt.

(2) Bestimmungen in Vereinbarungen, die gegen das Benachteiligungsverbot des Absatzes 1 verstoßen, sind unwirksam.

(3) Eine Benachteiligung nach Absatz 1 durch Arbeitgeber oder Beschäftigte ist eine Verletzung vertraglicher Pflichten.

§ 8 Zulässige unterschiedliche Behandlung wegen beruflicher Anforderungen (1) Eine unterschiedliche Behandlung wegen eines in § 1 genannten Grundes ist zulässig, wenn dieser Grund wegen der Art der auszuübenden Tätigkeit oder der Bedingungen ihrer Ausübung eine wesentliche und entscheidende berufliche Anforderung darstellt, sofern der Zweck rechtmäßig und die Anforderung angemessen ist.

(2) Die Vereinbarung einer geringeren Vergütung für gleiche oder gleichwertige Arbeit wegen eines in § 1 genannten Grundes wird nicht dadurch gerechtfertigt, dass wegen eines in § 1 genannten Grundes besondere Schutzvorschriften gelten.

§ 9 Zulässige unterschiedliche Behandlung wegen der Religion oder Weltanschauung (1) Ungeachtet des § 8 ist eine unterschiedliche Behandlung wegen der Religion oder der Weltanschauung bei der Beschäftigung durch Religionsgemeinschaften, die ihnen zugeordneten Einrichtungen ohne Rücksicht auf ihre Rechtsform oder durch Vereinigungen, die sich die gemeinschaftliche Pflege einer Religion oder Weltanschauung zur Aufgabe machen, auch zulässig, wenn eine bestimmte Religion oder Weltanschauung unter Beachtung des Selbstverständnisses der jeweiligen Religionsgemeinschaft oder Vereinigung im Hinblick auf ihr Selbstbestimmungsrecht oder nach der Art der Tätigkeit eine gerechtfertigte berufliche Anforderung darstellt.

(2) Das Verbot unterschiedlicher Behandlung wegen der Religion oder der Weltanschauung berührt nicht das Recht der in Absatz 1 genannten Religionsgemeinschaften, der ihnen zugeordneten Einrichtungen ohne Rücksicht auf ihre Rechtsform oder der Vereinigungen, die sich die gemeinschaftliche Pflege einer Religion oder Weltanschauung zur Aufgabe machen, von ihren Beschäftigten ein loyales und aufrichtiges Verhalten im Sinne ihres jeweiligen Selbstverständnisses verlangen zu können.

§ 10 Zulässige unterschiedliche Behandlung wegen des Alters Ungeachtet des § 8 ist eine unterschiedliche Behandlung wegen des Alters auch zulässig, wenn sie objektiv und angemessen und durch ein legitimes Ziel gerechtfertigt ist. Die Mittel zur Erreichung dieses Ziels müssen angemessen und erforderlich sein. Derartige unterschiedliche Behandlungen können insbesondere Folgendes einschließen:

1. die Festlegung besonderer Bedingungen für den Zugang zur Beschäftigung und zur beruflichen Bildung sowie besonderer Beschäftigungs- und Arbeitsbedingungen, einschließlich der Bedingungen für Entlohnung und Beendigung des Beschäftigungsverhältnisses, um die berufliche Eingliederung von Jugendlichen, älteren Beschäftigten und Personen mit Fürsorgepflichten zu fördern oder ihren Schutz sicherzustellen,
2. die Festlegung von Mindestanforderungen an das Alter, die Berufserfahrung oder das Dienstalter für den Zugang zur Beschäftigung oder für bestimmte mit der Beschäftigung verbundene Vorteile,
3. die Festsetzung eines Höchstalters für die Einstellung auf Grund der spezifischen Ausbildungsanforderungen eines bestimmten Arbeitsplatzes oder auf Grund der Notwendigkeit einer angemessenen Beschäftigungszeit vor dem Eintritt in den Ruhestand,
4. die Festsetzung von Altersgrenzen bei den betrieblichen Systemen der sozialen Sicherheit als Voraussetzung für die Mitgliedschaft oder den Bezug von Altersrente oder von Leistungen bei Invalidität einschließlich der Festsetzung unterschiedlicher Altersgrenzen im Rahmen dieser Systeme für bestimmte Beschäftigte oder Gruppen von Beschäftigten und die Verwendung von Alterskriterien im Rahmen dieser Systeme für versicherungsmathematische Berechnungen,
5. eine Vereinbarung, die die Beendigung des Beschäftigungsverhältnisses ohne Kündigung zu einem Zeitpunkt vorsieht, zu dem der oder die Beschäftigte eine Rente wegen Alters beantragen kann; § 41 des Sechsten Buches Sozialgesetzbuch bleibt unberührt,
6. Differenzierungen von Leistungen in Sozialplänen im Sinne des Betriebsverfassungsgesetzes, wenn die Parteien eine nach Alter oder Betriebszugehörigkeit

gestaffelte Abfindungsregelung geschaffen haben, in der die wesentlich vom Alter abhängenden Chancen auf dem Arbeitsmarkt durch eine verhältnismäßig starke Betonung des Lebensalters erkennbar berücksichtigt worden sind, oder Beschäftigte von den Leistungen des Sozialplans ausgeschlossen haben, die wirtschaftlich abgesichert sind, weil sie, gegebenenfalls nach Bezug von Arbeitslosengeld, rentenberechtigt sind.

Unterabschnitt 2 – Organisationspflichten des Arbeitgebers

§ 11 Ausschreibung Ein Arbeitsplatz darf nicht unter Verstoß gegen § 7 Abs. 1 ausgeschrieben werden.

§ 12 Maßnahmen und Pflichten des Arbeitgebers (1) Der Arbeitgeber ist verpflichtet, die erforderlichen Maßnahmen zum Schutz vor Benachteiligungen wegen eines in § 1 genannten Grundes zu treffen. Dieser Schutz umfasst auch vorbeugende Maßnahmen.
(2) Der Arbeitgeber soll in geeigneter Art und Weise, insbesondere im Rahmen der beruflichen Aus- und Fortbildung, auf die Unzulässigkeit solcher Benachteiligungen hinweisen und darauf hinwirken, dass diese unterbleiben. Hat der Arbeitgeber seine Beschäftigten in geeigneter Weise zum Zwecke der Verhinderung von Benachteiligung geschult, gilt dies als Erfüllung seiner Pflichten nach Absatz 1.
(3) Verstoßen Beschäftigte gegen das Benachteiligungsverbot des § 7 Abs. 1, so hat der Arbeitgeber die im Einzelfall geeigneten, erforderlichen und angemessenen Maßnahmen zur Unterbindung der Benachteiligung wie Abmahnung, Umsetzung, Versetzung oder Kündigung zu ergreifen.
(4) Werden Beschäftigte bei der Ausübung ihrer Tätigkeit durch Dritte nach § 7 Abs. 1 benachteiligt, so hat der Arbeitgeber die im Einzelfall geeigneten, erforderlichen und angemessenen Maßnahmen zum Schutz der Beschäftigten zu ergreifen.
(5) Dieses Gesetz und § 61b des Arbeitsgerichtsgesetzes sowie Informationen über die für die Behandlung von Beschwerden nach § 13 zuständigen Stellen sind im Betrieb oder in der Dienststelle bekannt zu machen. Die Bekanntmachung kann durch Aushang oder Auslegung an geeigneter Stelle oder den Einsatz der im Betrieb oder der Dienststelle üblichen Informations- und Kommunikationstechnik erfolgen.

Unterabschnitt 3 – Rechte der Beschäftigten

§ 13 Beschwerderecht (1) Die Beschäftigten haben das Recht, sich bei den zuständigen Stellen des Betriebs, des Unternehmens oder der Dienststelle zu beschweren, wenn sie sich im Zusammenhang mit ihrem Beschäftigungsverhältnis vom Arbeitgeber, von Vorgesetzten, anderen Beschäftigten oder Dritten wegen eines in § 1 genannten Grundes benachteiligt fühlen. Die Beschwerde ist zu prüfen und das Ergebnis der oder dem beschwerdeführenden Beschäftigten mitzuteilen.
(2) Die Rechte der Arbeitnehmervertretungen bleiben unberührt.

§ 14 Leistungsverweigerungsrecht Ergreift der Arbeitgeber keine oder offensichtlich ungeeignete Maßnahmen zur Unterbindung einer Belästigung oder sexuellen Belästigung am Arbeitsplatz, sind die betroffenen Beschäftigten berechtigt, ihre Tätigkeit ohne Verlust des Arbeitsentgelts einzustellen, soweit dies zu ihrem Schutz erforderlich ist. § 273 des Bürgerlichen Gesetzbuchs bleibt unberührt.

§ 15 Entschädigung und Schadensersatz (1) Bei einem Verstoß gegen das Benachteiligungsverbot ist der Arbeitgeber verpflichtet, den hierdurch entstandenen Schaden zu ersetzen. Dies gilt nicht, wenn der Arbeitgeber die Pflichtverletzung nicht zu vertreten hat.
(2) Wegen eines Schadens, der nicht Vermögensschaden ist, kann der oder die Beschäftigte eine angemessene Entschädigung in Geld verlangen. Die Entschädigung darf bei einer Nichteinstellung drei Monatsgehälter nicht übersteigen, wenn der oder die Beschäftigte auch bei benachteiligungsfreier Auswahl nicht eingestellt worden wäre.
(3) Der Arbeitgeber ist bei der Anwendung kollektivrechtlicher Vereinbarungen nur dann zur Entschädigung verpflichtet, wenn er vorsätzlich oder grob fahrlässig handelt.
(4) Ein Anspruch nach Absatz 1 oder 2 muss innerhalb einer Frist von zwei Monaten schriftlich geltend gemacht werden, es sei denn, die Tarifvertragsparteien haben etwas anderes vereinbart. Die Frist beginnt im Falle einer Bewerbung oder eines beruflichen Aufstiegs mit dem Zugang der Ablehnung[1] und in den sonstigen Fällen einer Benachteiligung zu dem Zeitpunkt, in dem der oder die Beschäftigte von der Benachteiligung Kenntnis erlangt.
(5) Im Übrigen bleiben Ansprüche gegen den Arbeitgeber, die sich aus anderen Rechtsvorschriften ergeben, unberührt.
(6) Ein Verstoß des Arbeitgebers gegen das Benachteiligungsverbot des § 7 Abs. 1 begründet keinen Anspruch auf Begründung eines Beschäftigungsverhältnisses, Berufsausbildungsverhältnisses oder einen beruflichen Aufstieg, es sei denn, ein solcher ergibt sich aus einem anderen Rechtsgrund.

§ 16 Maßregelungsverbot (1) Der Arbeitgeber darf Beschäftigte nicht wegen der Inanspruchnahme von Rechten nach diesem Abschnitt oder wegen der Weigerung, eine gegen diesen Abschnitt verstoßende Anweisung auszuführen, benachteiligen. Gleiches gilt für Personen, die den Beschäftigten hierbei unterstützen oder als Zeuginnen oder Zeugen aussagen.
(2) Die Zurückweisung oder Duldung benachteiligender Verhaltensweisen durch betroffene Beschäftigte darf nicht als Grundlage für eine Entscheidung herangezogen werden, die diese Beschäftigten berührt. Absatz 1 Satz 2 gilt entsprechend.
(3) § 22 gilt entsprechend.

---

1 Die Frist beginnt aber nicht vor Kenntnis von der Benachteiligung (*BAG*, DB 12, 1873).

Unterabschnitt 4 – Ergänzende Vorschriften

§ 17 Soziale Verantwortung der Beteiligten (1) Tarifvertragsparteien, Arbeitgeber, Beschäftigte und deren Vertretungen sind aufgefordert, im Rahmen ihrer Aufgaben und Handlungsmöglichkeiten an der Verwirklichung des in § 1 genannten Ziels mitzuwirken.
(2) In Betrieben, in denen die Voraussetzungen des § 1 Abs. 1 Satz 1 des Betriebsverfassungsgesetzes vorliegen, können bei einem groben Verstoß des Arbeitgebers gegen Vorschriften aus diesem Abschnitt der Betriebsrat oder eine im Betrieb vertretene Gewerkschaft unter der Voraussetzung des § 23 Abs. 3 Satz 1 des Betriebsverfassungsgesetzes die dort genannten Rechte gerichtlich geltend machen; § 23 Abs. 3 Satz 2 bis 5 des Betriebsverfassungsgesetzes gilt entsprechend. Mit dem Antrag dürfen nicht Ansprüche des Benachteiligten geltend gemacht werden.

§ 18 Mitgliedschaft in Vereinigungen (1) Die Vorschriften dieses Abschnitts gelten entsprechend für die Mitgliedschaft oder die Mitwirkung in einer
1. Tarifvertragspartei,
2. Vereinigung, deren Mitglieder einer bestimmten Berufsgruppe angehören oder die eine überragende Machtstellung im wirtschaftlichen oder sozialen Bereich innehat, wenn ein grundlegendes Interesse am Erwerb der Mitgliedschaft besteht,

sowie deren jeweiligen Zusammenschlüssen.
(2) Wenn die Ablehnung einen Verstoß gegen das Benachteiligungsverbot des § 7 Abs. 1 darstellt, besteht ein Anspruch auf Mitgliedschaft oder Mitwirkung in den in Absatz 1 genannten Vereinigungen.

Abschnitt 3 – Schutz vor Benachteiligung im Zivilrechtsverkehr

§§ 19–21 *(nicht abgedruckt)*

Abschnitt 4 – Rechtsschutz

§ 22 Beweislast Wenn im Streitfall die eine Partei Indizien beweist, die eine Benachteiligung wegen eines in § 1 genannten Grundes vermuten lassen, trägt die andere Partei die Beweislast dafür, dass kein Verstoß gegen die Bestimmungen zum Schutz vor Benachteiligung vorgelegen hat.

§ 23 Unterstützung durch Antidiskriminierungsverbände (1) Antidiskriminierungsverbände sind Personenzusammenschlüsse, die nicht gewerbsmäßig und nicht nur vorübergehend entsprechend ihrer Satzung die besonderen Interessen von benachteiligten Personen oder Personengruppen nach Maßgabe von § 1 wahrnehmen. Die Befugnisse nach den Absätzen 2 bis 4 stehen ihnen zu, wenn sie mindestens 75 Mitglieder haben oder einen Zusammenschluss aus mindestens sieben Verbänden bilden.
(2) Antidiskriminierungsverbände sind befugt, im Rahmen ihres Satzungszwecks in gerichtlichen Verfahren als Beistände Benachteiligter in der Verhandlung auf-

zutreten. Im Übrigen bleiben die Vorschriften der Verfahrensordnungen, insbesondere diejenigen, nach denen Beiständen weiterer Vortrag untersagt werden kann, unberührt.
(3) Antidiskriminierungsverbänden ist im Rahmen ihres Satzungszwecks die Besorgung von Rechtsangelegenheiten Benachteiligter gestattet.
(4) Besondere Klagerechte und Vertretungsbefugnisse von Verbänden zu Gunsten von behinderten Menschen bleiben unberührt.

Abschnitt 5 – Sonderregelungen für öffentlich-rechtliche Dienstverhältnisse

§ 24 Sonderregelung für öffentlich-rechtliche Dienstverhältnisse Die Vorschriften dieses Gesetzes gelten unter Berücksichtigung ihrer besonderen Rechtsstellung entsprechend für
1. Beamtinnen und Beamte des Bundes, der Länder, der Gemeinden, der Gemeindeverbände sowie der sonstigen der Aufsicht des Bundes oder eines Landes unterstehenden Körperschaften, Anstalten und Stiftungen des öffentlichen Rechts,
2. Richterinnen und Richter des Bundes und der Länder,
3. Zivildienstleistende sowie anerkannte Kriegsdienstverweigerer, soweit ihre Heranziehung zum Zivildienst betroffen ist.

Abschnitt 6 – Antidiskriminierungsstelle des Bundes und Unabhängige Bundesbeaufragte oder Unabhängiger Bundesbeauftragter für Antidiskriminierung

§ 25 Antidiskriminierungsstelle des Bundes (1) Beim Bundesministerium für Familie, Senioren, Frauen und Jugend wird unbeschadet der Zuständigkeit der Beauftragten des Deutschen Bundestages oder der Bundesregierung die Stelle des Bundes zum Schutz vor Benachteiligungen wegen eines in § 1 genannten Grundes (Antidiskriminierungsstelle des Bundes) errichtet.
(2) Der Antidiskriminierungsstelle des Bundes ist die für die Erfüllung ihrer Aufgaben notwendige Personal und Sachausstattung zur Verfügung zu stellen. Sie ist im Einzelplan des Bundesministeriums für Familie, Senioren, Frauen und Jugend in einem eigenen Kapitel auszuweisen.
(3) Der Antidiskriminierungsstelle des Bundes wird von der oder dem Unabhängigen Bundesbeauftragten für Antidiskriminierung geleitet.

§ 26 Wahl der oder des Unabhängigen Bundesbeauftragten für Antidiskriminierung; Anforderungen (1) Die oder der Unabhängige Bundesbeauftragte für Antidiskriminierung wird auf Vorschlag der Bundesregierung vom Deutschen Bundestag gewählt.
(2) Über den Vorschlag stimmt der Deutsche Bundestag ohne Aussprache ab.
(3) Die vorgeschlagene Person ist gewählt, wenn für sie mehr als die Hälfte der gesetzlichen Zahl der Mitglieder des Deutschen Bundestages gestimmt hat.

(4) Die oder der Unabhängige Bundesbeauftragte für Antidiskriminierung muss zur Erfüllung ihrer oder seiner Aufgaben und zur Ausübung ihrer oder seiner Befugnisse über die erforderliche Qualifikation, Erfahrung und Sachkunde insbesondere im Bereich der Antidiskriminierung verfügen. Insbesondere muss sie oder er über durch einschlägige Berufserfahrung erworbene Kenntnisse des Antidiskriminierungsrechts verfügen und die Befähigung für die Laufbahn des höheren nichttechnischen Verwaltungsdienstes des Bundes haben.

§ 26a Rechtsstellung der oder des Unabhängigen Bundesbeauftragten für Antidiskriminierung (1) Die oder der Unabhängige Bundesbeauftragte für Antidiskriminierung steht nach Maßgabe dieses Gesetzes in einem öffentlich-rechtlichen Amtsverhältnis zum Bund. Sie oder er ist bei der Ausübung ihres oder seines Amtes unabhängig und nur dem Gesetz unterworfen.
(2) Die oder der Unabhängige Bundesbeauftragte für Antidiskriminierung untersteht der Rechtsaufsicht der Bundesregierung.

§ 26b Amtszeit der oder des Unabhängigen Bundesbeauftragten für Antidiskriminierung (1) Die Amtszeit der oder des Unabhängigen Bundesbeauftragten für Antidiskriminierung beträgt fünf Jahre.
(2) Die einmalige Wiederwahl ist zulässig.
(3) Kommt vor Ende des Amtsverhältnisses eine Neuwahl nicht zustande, so führt die oder der bisherige Unabhängige Bundesbeauftragte für Antidiskriminierung auf Ersuchen der Bundespräsidentin oder des Bundespräsidenten die Geschäfte bis zur Neuwahl fort.

§ 26c Beginn und Ende des Amtsverhältnisses der oder des Unabhängigen Bundesbeauftragten für Antidiskriminierung; Amtseid (1) Die oder der nach § 26 Gewählte ist von der Bundespräsidentin oder dem Bundespräsidenten zu ernennen. Das Amtsverhältnis der oder des Unabhängigen Bundesbeauftragten für Antidiskriminierung beginnt mit der Aushändigung der Ernennungsurkunde.
(2) Die oder der Unabhängige Bundesbeauftragte für Antidiskriminierung leistet vor der Bundespräsidentin oder dem Bundespräsidenten folgenden Eid: »Ich schwöre, dass ich meine Kraft dem Wohl des deutschen Volkes widmen, seinen Nutzen mehren, Schaden von ihm wenden, das Grundgesetz und die Gesetze des Bundes wahren und verteidigen, meine Pflichten gewissenhaft erfüllen und Gerechtigkeit gegen jedermann üben werde. So wahr mir Gott helfe.« Der Eid kann auch ohne religiöse Beteuerung geleistet werden.
(3) Das Amtsverhältnis endet
1. regulär mit dem Ablauf der Amtszeit oder
2. wenn die oder der Unabhängige Bundesbeauftragte für Antidiskriminierung vorzeitig aus dem Amt entlassen wird.

(4) Entlassen wird die oder der Unabhängige Bundesbeauftragte für Antidiskriminierung
1. auf eigenes Verlangen oder
2. auf Vorschlag der Bundesregierung, wenn die oder der Unabhängige Bundesbeauftragte für Antidiskriminierung eine schwere Verfehlung begangen hat

oder die Voraussetzungen für die Wahrnehmung ihrer oder seiner Aufgaben nicht mehr erfüllt.

Die Entlassung erfolgt durch die Bundespräsidentin oder den Bundespräsidenten.

(5) Im Fall der Beendigung des Amtsverhältnisses vollzieht die Bundespräsidentin oder der Bundespräsident eine Urkunde. Die Entlassung wird mit der Aushändigung der Urkunde wirksam.

§ 26d Unerlaubte Handlungen und Tätigkeiten der oder des Unabhängigen Bundesbeauftragten für Antidiskriminierung (1) Die oder der Unabhängige Bundesbeauftragte für Antidiskriminierung darf keine Handlungen vornehmen, die mit den Aufgaben des Amtes nicht zu vereinbaren sind.

(2) Die oder der Unabhängige Bundesbeauftragte für Antidiskriminierung darf während der Amtszeit und während einer anschließenden Geschäftsführung keine anderen Tätigkeiten ausüben, die mit dem Amt nicht zu vereinbaren sind, unabhängig davon, ob es entgeltliche oder unentgeltliche Tätigkeiten sind. Insbesondere darf sie oder er

1. kein besoldetes Amt, kein Gewerbe und keinen Beruf ausüben,
2. nicht dem Vorstand, Aufsichtsrat oder Verwaltungsrat eines auf Erwerb gerichteten Unternehmens, nicht einer Regierung oder einer gesetzgebenden Körperschaft des Bundes oder eines Landes angehören und
3. nicht gegen Entgelt außergerichtliche Gutachten abgeben.

§ 26e Verschwiegenheitspflicht der oder des Unabhängigen Bundesbeauftragten für Antidiskriminierung (1) Die oder der Unabhängige Bundesbeauftragte für Antidiskriminierung ist verpflichtet, über die Angelegenheiten, die ihr oder ihm im Amt oder während einer anschließenden Geschäftsführung bekannt werden, Verschwiegenheit zu bewahren. Dies gilt nicht für Mitteilungen im dienstlichen Verkehr oder für Tatsachen, die offenkundig sind oder ihrer Bedeutung nach keiner Geheimhaltung bedürfen. Die oder der Unabhängige Bundesbeauftragte für Antidiskriminierung entscheidet nach pflichtgemäßem Ermessen, ob und inwieweit sie oder er über solche Angelegenheiten vor Gericht oder außergerichtlich aussagt oder Erklärungen abgibt.

(2) Die Pflicht zur Verschwiegenheit gilt auch nach Beendigung des Amtsverhältnisses oder nach Beendigung einer anschließenden Geschäftsführung. In Angelegenheiten, für die die Pflicht zur Verschwiegenheit gilt, darf vor Gericht oder außergerichtlich nur ausgesagt werden und dürfen Erklärungen nur abgegeben werden, wenn dies die oder der amtierende Unabhängige Bundesbeauftragte für Antidiskriminierung genehmigt hat.

(3) Unberührt bleibt die Pflicht, bei einer Gefährdung der freiheitlichen demokratischen Grundordnung für deren Erhaltung einzutreten und die gesetzlich begründete Pflicht, Straftaten anzuzeigen.

§ 26f Zeugnisverweigerungsrecht der oder des Unabhängigen Bundesbeauftragten für Antidiskriminierung (1) Die oder der Unabhängige Bundesbeauftragte für Antidiskriminierung ist berechtigt, über Personen, die ihr oder ihm in

ihrer oder seiner Eigenschaft als Leitung der Antidiskriminierungsstelle des Bundes Tatsachen anvertraut haben, sowie über diese Tatsachen selbst das Zeugnis zu verweigern. Soweit das Zeugnisverweigerungsrecht der oder des Unabhängigen Bundesbeauftragten für Antidiskriminierung reicht, darf von ihr oder ihm nicht gefordert werden, Akten oder andere Dokumente vorzulegen oder herauszugeben.
(2) Das Zeugnisverweigerungsrecht gilt auch für die der oder dem Unabhängigen Bundesbeauftragten für Antidiskriminierung zugewiesenen Beschäftigten mit der Maßgabe, dass über die Ausübung dieses Rechts die oder der Unabhängige Bundesbeauftragte für Antidiskriminierung entscheidet.

§ 26g Anspruch der oder des Unabhängigen Bundesbeauftragten für Antidiskriminierung auf Amtsbezüge, Versorgung und auf andere Leistungen (1) Die oder der Unabhängige Bundesbeauftragte für Antidiskriminierung erhält Amtsbezüge entsprechend dem Grundgehalt der Besoldungsgruppe B 6 und den Familienzuschlag entsprechend den §§ 39 bis 41 des Bundesbesoldungsgesetzes.
(2) Das Zeugnisverweigerungsrecht gilt auch für die der oder dem Unabhängigen Bundesbeauftragten für Antidiskriminierung zugewiesenen Beschäftigten mit der Maßgabe, dass über die Ausübung dieses Rechts die oder der Unabhängige Bundesbeauftragte für Antidiskriminierung entscheidet.
(3) Für Ansprüche auf Beihilfe und Versorgung gelten § 12 Absatz 6, die §§ 13 bis 18 und 20 des Bundesministergesetzes entsprechend mit der Maßgabe, dass an die Stelle der vierjährigen Amtszeit in § 15 Absatz 1 des Bundesministergesetzes eine Amtszeit als Unabhängige Bundesbeauftragte oder Unabhängiger Bundesbeauftragter für Antidiskriminierung von fünf Jahren tritt. Ein Anspruch auf Übergangsgeld besteht längstens bis zum Ablauf des Monats, in dem die für Bundesbeamtinnen und Bundesbeamte geltende Regelaltersgrenze nach § 51 Absatz 1 und 2 des Bundesbeamtengesetzes vollendet wird. Ist § 18 Absatz 2 des Bundesministergesetzes nicht anzuwenden, weil das Beamtenverhältnis einer Bundesbeamtin oder eines Bundesbeamten nach Beendigung des Amtsverhältnisses als Unabhängige Bundesbeauftragte oder Unabhängiger Bundesbeauftragter für Antidiskriminierung fortgesetzt wird, dann ist die Amtszeit als Unabhängige Bundesbeauftragte oder Unabhängiger Bundesbeauftragter für Antidiskriminierung bei der wegen Eintritt oder Versetzung der Bundesbeamtin oder des Bundesbeamten in den Ruhestand durchzuführenden Festsetzung des Ruhegehalts als ruhegehaltfähige Dienstzeit zu berücksichtigen.
(4) Die oder der Unabhängige Bundesbeauftragte für Antidiskriminierung erhält Reisekostenvergütung und Umzugskostenvergütung entsprechend den für Bundesbeamtinnen und Bundesbeamte geltenden Vorschriften.
(5) *(weggefallen)*

§ 26h Verwendung der Geschenke an die Unabhängige Bundesbeauftragte oder den Unabhängigen Bundesbeauftragten für Antidiskriminierung (1) Erhält die oder der Unabhängige Bundesbeauftragte für Antidiskriminierung ein Geschenk in Bezug auf das Amt, so muss sie oder er dies der Präsidentin oder dem Präsidenten des Deutschen Bundestages mitteilen.

(2) Die Präsidentin oder der Präsident des Deutschen Bundestages entscheidet über die Verwendung des Geschenks. Sie oder er kann Verfahrensvorschriften erlassen.

§ 26i Berufsbeschränkung Die oder der Unabhängige Bundesbeauftragte für Antidiskriminierung ist verpflichtet, eine beabsichtigte Erwerbstätigkeit oder sonstige entgeltliche Beschäftigung außerhalb des öffentlichen Dienstes, die innerhalb der ersten 18 Monate nach dem Ende der Amtszeit oder einer anschließenden Geschäftsführung aufgenommen werden soll, schriftlich oder elektronisch gegenüber der Präsidentin oder dem Präsidenten des Deutschen Bundestages anzuzeigen. Die Präsidentin oder der Präsident des Deutschen Bundestages kann der oder dem Unabhängigen Bundesbeauftragten für Antidiskriminierung die beabsichtigte Erwerbstätigkeit oder sonstige entgeltliche Beschäftigung untersagen, soweit zu besorgen ist, dass öffentliche Interessen beeinträchtigt werden. Von einer Beeinträchtigung ist insbesondere dann auszugehen, wenn die beabsichtigte Erwerbstätigkeit oder sonstige entgeltliche Beschäftigung in Angelegenheiten oder Bereichen ausgeführt werden soll, in denen die oder der Unabhängige Bundesbeauftragte für Antidiskriminierung während der Amtszeit oder einer anschließenden Geschäftsführung tätig war. Eine Untersagung soll in der Regel die Dauer von einem Jahr nach dem Ende der Amtszeit oder einer anschließenden Geschäftsführung nicht überschreiten. In Fällen der schweren Beeinträchtigung öffentlicher Interessen kann eine Untersagung auch für die Dauer von bis zu 18 Monaten ausgesprochen werden.

§ 27 Aufgaben der Antidiskriminierungsstelle des Bundes (1) Wer der Ansicht ist, wegen eines in § 1 genannten Grundes benachteiligt worden zu sein, kann sich an die Antidiskriminierungsstelle des Bundes wenden. An die Antidiskriminierungsstelle des Bundes können sich auch Beschäftigte wenden, die der Ansicht sind, benachteiligt worden zu sein auf Grund

1. der Beantragung oder Inanspruchnahme einer Freistellung von der Arbeitsleistung oder der Anpassung der Arbeitszeit als Eltern oder pflegende Angehörige nach dem Bundeselterngeld- und Elternzeitgesetz, dem Pflegezeitgesetz oder dem Familienpflegezeitgesetz,
2. des Fernbleibens von der Arbeit nach § 2 des Pflegezeitgesetzes oder
3. der Verweigerung ihrer persönlich zu erbringenden Arbeitsleistung aus dringenden familiären Gründen nach § 275 Absatz 3 des Bürgerlichen Gesetzbuchs, wenn eine Erkrankung oder ein Unfall ihre unmittelbare Anwesenheit erforderten.

(2) Die Antidiskriminierungsstelle des Bundes unterstützt auf unabhängige Weise Personen, die sich nach Absatz 1 an sie wenden, bei der Durchsetzung ihrer Rechte zum Schutz vor Benachteiligungen. Hierbei kann sie insbesondere

1. über Ansprüche und die Möglichkeiten des rechtlichen Vorgehens im Rahmen gesetzlicher Regelungen zum Schutz vor Benachteiligungen informieren,
2. Beratung durch andere Stellen vermitteln,
3. eine gütliche Beilegung zwischen den Beteiligten anstreben.

Soweit Beauftragte des Deutschen Bundestages oder der Bundesregierung zuständig sind, leitet die Antidiskriminierungsstelle des Bundes die Anliegen der in Absatz 1 genannten Personen mit deren Einverständnis unverzüglich an diese weiter.
(3) Die Antidiskriminierungsstelle des Bundes nimmt auf unabhängige Weise folgende Aufgaben wahr, soweit nicht die Zuständigkeit der Beauftragten der Bundesregierung oder des Deutschen Bundestages berührt ist:
1. Öffentlichkeitsarbeit,
2. Maßnahmen zur Verhinderung von Benachteiligungen aus den in § 1 genannten Gründen sowie von Benachteiligungen von Beschäftigten gemäß Absatz 1 Satz 2,
3. Durchführung wissenschaftlicher Untersuchungen zu diesen Benachteiligungen.

(4) Die Antidiskriminierungsstelle des Bundes und die in ihrem Zuständigkeitsbereich betroffenen Beauftragten der Bundesregierung und des Deutschen Bundestages legen gemeinsam dem Deutschen Bundestag alle vier Jahre Berichte über Benachteiligungen aus den in § 1 genannten Gründen sowie über Benachteiligungen von Beschäftigten gemäß Absatz 1 Satz 2 vor und geben Empfehlungen zur Beseitigung und Vermeidung dieser Benachteiligungen. Sie können gemeinsam wissenschaftliche Untersuchungen zu Benachteiligungen durchführen.
(5) Die Antidiskriminierungsstelle des Bundes und die in ihrem Zuständigkeitsbereich betroffenen Beauftragten der Bundesregierung und des Deutschen Bundestages sollen bei Benachteiligungen aus mehreren der in § 1 genannten Gründe zusammenarbeiten.

§ 28 Amtsbefugnisse der oder des Unabhängigen Bundesbeauftragten für Antidiskriminierung und Pflicht zur Unterstützung durch Bundesbehörden und öffentliche Stellen des Bundes (1) Die oder der Unabhängige Bundesbeauftragte für Antidiskriminierung ist bei allen Vorhaben, die ihre oder seine Aufgaben berühren, zu beteiligen. Die Beteiligung soll möglichst frühzeitig erfolgen. Sie oder er kann der Bundesregierung Vorschläge machen und Stellungnahmen zuleiten.
(2) Die oder der Unabhängige Bundesbeauftragte für Antidiskriminierung informiert die Bundesministerien – vorbehaltlich anderweitiger gesetzlicher Bestimmungen – frühzeitig in Angelegenheiten von grundsätzlicher politischer Bedeutung, soweit Aufgaben der Bundesministerien betroffen sind.
(3) In den Fällen, in denen sich eine Person wegen einer Benachteiligung an die Antidiskriminierungsstelle des Bundes gewandt hat und die Antidiskriminierungsstelle des Bundes die gütliche Beilegung zwischen den Beteiligten anstrebt, kann die oder der Unabhängige Bundesbeauftragte für Antidiskriminierung Beteiligte um Stellungnahmen ersuchen, soweit die Person, die sich an die Antidiskriminierungsstelle des Bundes gewandt hat, hierzu ihr Einverständnis erklärt.
(4) Alle Bundesministerien, sonstigen Bundesbehörden und öffentlichen Stellen im Bereich des Bundes sind verpflichtet, die Unabhängige Bundesbeauftragte oder den Unabhängigen Bundesbeauftragten für Antidiskriminierung bei der Erfüllung der Aufgaben zu unterstützen, insbesondere die erforderlichen Auskünfte zu erteilen.

§ 29 Zusammenarbeit der Antidiskriminierungsstelle des Bundes mit Nichtregierungsorganisationen und anderen Einrichtungen Die Antidiskriminierungsstelle des Bundes soll bei ihrer Tätigkeit Nichtregierungsorganisationen sowie Einrichtungen, die auf europäischer, Bundes-, Landes- oder regionaler Ebene zum Schutz vor Benachteiligungen wegen eines in § 1 genannten Grundes tätig sind, in geeigneter Form einbeziehen.

§ 30 Beirat der Antidiskriminierungsstelle des Bundes (1) Zur Förderung des Dialogs mit gesellschaftlichen Gruppen und Organisationen, die sich den Schutz vor Benachteiligungen wegen eines in § 1 genannten Grundes zum Ziel gesetzt haben, wird der Antidiskriminierungsstelle des Bundes ein Beirat beigeordnet. Der Beirat berät die Antidiskriminierungsstelle des Bundes bei der Vorlage von Berichten und Empfehlungen an den Deutschen Bundestag nach § 27 Abs. 4 und kann hierzu sowie zu wissenschaftlichen Untersuchungen nach § 27 Abs. 3 Nr. 3 eigene Vorschläge unterbreiten.
(2) Das Bundesministerium für Familie, Senioren, Frauen und Jugend beruft im Einvernehmen mit der oder dem Unabhängigen Bundesbeauftragten für Antidiskriminierung sowie den entsprechend zuständigen Beauftragten der Bundesregierung oder des Deutschen Bundestages die Mitglieder dieses Beirats und für jedes Mitglied eine Stellvertretung. In den Beirat sollen Vertreterinnen und Vertreter gesellschaftlicher Gruppen und Organisationen sowie Expertinnen und Experten in Benachteiligungsfragen berufen werden. Die Gesamtzahl der Mitglieder des Beirats soll 16 Personen nicht überschreiten. Der Beirat soll zu gleichen Teilen mit Frauen und Männern besetzt sein.
(3) Der Beirat gibt sich eine Geschäftsordnung, die der Zustimmung des Bundesministeriums für Familie, Senioren, Frauen und Jugend bedarf.
(4) Die Mitglieder des Beirats üben die Tätigkeit nach diesem Gesetz ehrenamtlich aus. Sie haben Anspruch auf Aufwandsentschädigung sowie Reisekostenvergütung, Tagegelder und Übernachtungsgelder. Näheres regelt die Geschäftsordnung.

Abschnitt 7 – Schlussvorschriften

§ 31 Unabdingbarkeit Von den Vorschriften dieses Gesetzes kann nicht zu Ungunsten der geschützten Personen abgewichen werden.

§ 32 Schlussbestimmung Soweit in diesem Gesetz nicht Abweichendes bestimmt ist, gelten die allgemeinen Bestimmungen.

§ 33 Übergangsbestimmungen (1) Bei Benachteiligungen nach den §§ 611a, 611b und 612 Abs. 3 des Bürgerlichen Gesetzbuchs oder sexuellen Belästigungen nach dem Beschäftigtenschutzgesetz ist das vor dem 18. August 2006 maßgebliche Recht anzuwenden.
(2)–(5) *(nicht abgedruckt)*

2a. Gesetz zur Förderung der Entgelttransparenz zwischen Frauen und Männern (Entgelttransparenzgesetz – EntgTranspG)

2a

Einleitung

I. Geschichtliche Entwicklung

Obwohl das AGG (Nr. 2) Diskriminierungen wegen des Geschlechts in jeder Hinsicht ebenso wie Art. 157 AEUV (Nr. 20a) spezifisch mit Blick auf das Entgelt verbietet, ist zu beklagen, dass Frauen offenkundig immer noch häufig deutlich weniger Vergütung für gleiche oder gleichwertige Arbeit erhalten als Männer. Dem will das EntgTranspG (v. 30.6.2017, BGBl. I 2152; dazu *Bauer/Günther/Romero*, NZA 17, 809; *Franzen*, NZA 17, 814; *Kocher*, AuR 18, 8; *Kuhn/Schwindling*, DB 17, 785; *Oberthür*, NJW 17, 2228; *Roloff*, RdA 19, 28; *Wank*, RdA 18, 34; Entwurf: BT-Drs. 18/11133) begegnen.

II. Wesentlicher Gesetzesinhalt

Das EntgTranspG fasst das Verbot der Diskriminierung wegen des Geschlechts beim Entgelt in § 3 EntgTranspG zusammen. Aus dieser Bestimmung ist auch ein Anspruch auf Gleichbehandlung im Falle unzulässiger Diskriminierung herzuleiten (*BAG* 16.2.2023 – 8 AZR 450/21, NZA 23, 958, Rn. 21 f.; zum Gleichbehandlungsanspruch nach dem AGG s. u. 7). Nach § 4 Abs. 4 EntgTranspG muss der Arbeitgeber Entgeltsysteme diskriminierungsfrei ausgestalten. Allerdings wird für tarifliche und gesetzliche Systeme vermutet, dass unterschiedliche Entgeltgruppen auch Tätigkeiten betreffen, die nicht gleichwertig sind.
Arbeitnehmer haben einen individuellen Auskunftsanspruch über Verfahren der Entgeltfindung und Vergleichsentgelte als statistischer Median gemäß §§ 10 ff. EntgTranspG (zu den Anforderungen an Auskunftsbegehren und Auskunftsklage *BAG* 25.6.2020 – 8 AZR 145/19, NZA 20, 1613). Der Anspruch entsteht gemäß § 10 Abs. 2 EntgTranspG frühestens nach zwei Jahren erneut, wenn sich die Voraussetzungen nicht wesentlich verändert haben. Die Information erfolgt durch den Betriebsrat, wenn dieser nicht Auskunft unmittelbar durch den Arbeitgeber verlangt. Ein Recht auf dauerhafte Überlassung der Bruttoentgeltlisten hat der Betriebsrat deswegen aber nach der Rechtsprechung nicht (*BAG* 29.9.2020 – 1 ABR 32/19, NZA 21, 53). Ein tarifgebundener Arbeitgeber kann hinsichtlich des Entgeltfindungsverfahrens auf den Tarifvertrag verweisen. Die Unterschreitung des Vergleichsmedians des anderen Geschlechts begründet die (widerlegliche, s. § 22 AGG, Nr. 2) Vermutung, dass eine Entgeltbenachteiligung wegen des Geschlechts gegeben ist (*BAG* 21.1.2021 – 8 AZR 488/19, NZA 21, 1011).
§ 15 Abs. 5 EntgTranspG bewirkt eine weitere Beweislasterleichterung. Ein nicht tarifgebundener bzw. tarifanwendender Arbeitgeber, der den Auskunftsanspruch nicht er-

füllt, muss im Streitfall beweisen, dass er das Entgeltgleichheitsgebot nicht verletzt hat. Für den tarifgebundenen Arbeitgeber gilt diese Regelung aber nicht. Hier muss der Arbeitnehmer gegebenenfalls auf Auskunft klagen (*Franzen*, NZA 17, 814, 819).

Für große Unternehmen mit mehr als 500 Beschäftigten besteht nach §§ 17 ff. EntgTranspG eine Pflicht zur Überprüfung der Einhaltung des Entgeltgleichheitsgebots. Der Betriebsrat hat dazu nur ein Unterrichtungsrecht nach § 20 EntgTranspG. Für lageberichtspflichtpflichtige Unternehmen kommt die Pflicht zur Erstellung eines Berichts zur Gleichstellung und Entgeltgleichheit, der im Bundesanzeiger zu veröffentlichen ist, nach §§ 21 f. EntgTranspG hinzu.

III. Anwendungsprobleme und rechtspolitische Diskussion

Die bis zum 7.6.2026 umzusetzende europäische Entgelttransparenzrichtlinie (EU) 2023/970 (v. 10.5.2023, ABl. L 132/21; dazu *Jung*, RdA 24, 89; *Rolfs/Lex*, NZA 23, 1353; *Winter*, EuZA 24, 140; *Zimmer*, ZESAR 24, 3; *Günther/Schiffelholz/Westenrieder*, NZA 24, 1305) sieht unter anderem Auskunftsrechte für Arbeitnehmer über individuelle Einkommen und durchschnittliche Einkommen beim Arbeitgeber vor, aufgeschlüsselt nach Geschlecht und Arbeitnehmergruppen. Arbeitgeber mit mindestens 100 Beschäftigten müssen eine Berichterstattung über das geschlechtsspezifische Lohngefälle leisten. Bei Überschreiten eines Gefälles von 5 % bedarf es mangels Rechtfertigung einer Entgeltbewertung in Zusammenarbeit mit der Arbeitnehmervertretung. Dass derartige Maßnahmen notwendig sind, folgt unter anderem daraus, dass der Zweite Bericht der Bundesregierung zur Wirksamkeit des EntgTranspG immer noch eine statistische Lohnlücke zwischen den Geschlechtern von rund 18 % sowie eine bereinigte Entgeltlücke bei gleicher bzw. gleichwertiger Arbeit von 7 % aufweist (BT-Drs. 20/8100). Allerdings ist das *Gender pay gap* in tarifgebundenen Betrieben kleiner als in nicht tarifgebundenen Betrieben (IAB-Forum: *https://iab-forum.de/graphs/in-tarifgebundenen-betrieben-ist-der-gender-pay-gap-kleiner/*).

Im Übrigen wird das EntgTranspG in vielen Betrieben nicht korrekt angewendet, aber auch die Beschäftigten machen von ihren Auskunftsrechten häufig keinen Gebrauch (*Emmler/Klenner*, WSI-Report Nr. 84).

Wichtige Entscheidungen

BAG 25.6.2020 – 8 AZR 145/19, NZA 2020, 1613
BAG 29.9.2020 – 1 ABR 32/19, NZA 2021, 53

Weiterführende Literatur

Evaluationsbericht

Zweiter Bericht der Bundesregierung zur Wirksamkeit des Gesetzes zur Förderung der Entgelttransparenz zwischen Frauen und Männern sowie zum Stand der Umsetzung des Entgeltgleichheitsgebots in Betrieben mit weniger als 200 Beschäftigten, BT-Drs. 20/8100

Handbücher und Kommentare

Deinert/Wenckebach/Zwanziger-Zwanziger, Arbeitsrecht, § 93 (Gleichbehandlung)
Bauer/Krieger/Günther, Allgemeines Gleichbehandlungsgesetz und Entgelttransparenzgesetz, 5. Aufl. (2018)
Däubler/Beck, Handkommentar zum AGG, 5. Aufl. (2022)
Oerder/Wenckebach, Entgelttransparenzgesetz, Basiskommentar (2018)

Aufsätze

Themenheft Entgeltgerechtigkeit, AiB 10/2018
Bauer/Günther/Romero, Offene Fragen des Entgelttransparenzgesetzes – was Arbeitgeber beachten sollten, NZA 2017, S. 809
Bauer/Romero, Der individuelle Auskunftsanspruch nach dem Entgelttransparenzgesetz, NZA 2017, S. 409
Brune/Brune, Das Entgelttransparenzgesetz – auch ein Auftrag für die Gerichte, BB 2019, S. 436
Emmler/Klenner, Wie wird das Entgelttransparenzgesetz in Betrieben umgesetzt? WSI-Report Nr. 84
Franzen, Anwendungsfragen des Auskunftsanspruchs nach dem Entgelttransparenzgesetz (EntgTranspG), NZA 2017, S. 814
Kania, Betriebsratsbeteiligung bei der Durchsetzung von Entgelttransparenz, NZA 2017, S. 809
Kocher, Das Entgelttransparenzgesetz: ein Gesetz (nur) für Betriebsräte?, AuR 2018, S. 8
Lillemeier, Entgeltgleichheit. – Anforderungen einer geschlechtsneutralen Arbeitsbewertung und Entlohnung, AuR 2018, S. 119
Oberthür, Das Gesetz zur Förderung der Transparenz von Entgeltstrukturen, NJW 2017, S. 2228
Roloff, Erst die Auskunft, dann das gleiche Entgelt, RdA 2019, S. 28
Wank, Das Entgelttransparenzgesetz – Prämissen und Umsetzung, RdA 2018, S. 34
Winter, Die neue Richtlinie (EU) 2023/970: Entgeltgleichheit durch Entgelttransparenz und Durchsetzungsmechanismen stärken, EuZA 2024, S. 140
Winter, Neue Berichtspflichten für Entgelttransparenz – Welche Entgeltbestandteile müssen berichtet werden?, NZA 2024, S. 449
Winter, Verwirklichung von gleichem Entgelt für Männer und Frauen bei gleichwertiger Arbeit durch die EU-Entgelttransparenzrichtlinie – Auswirkungen für (tarifvertragliche) Entgeltsysteme, SR 2025, S. 42
Zimmer, Aktuelle Rechtsprechung zum Auskunftsanspruch nach dem Entgelttransparenzgesetz, AuR 2021, S. 202
Zimmer, Fortentwicklung des EntgTranspG durch Umsetzung der Entgelttransparenzrichtlinie 2023/970/EU, ZESAR 2024, S. 3

Gesetz zur Förderung der Entgelttransparenz zwischen Frauen und Männern (Entgelttransparenzgesetz – EntgTranspG)

vom 30. Juni 2017 (BGBl. I 2152),
zuletzt geändert durch Gesetz vom 5. Juli 2021 (BGBl. I 3338)

Abschnitt 1 – Allgemeine Bestimmungen

§ 1 Ziel des Gesetzes Ziel des Gesetzes ist es, das Gebot des gleichen Entgelts für Frauen und Männer bei gleicher oder gleichwertiger Arbeit durchzusetzen.

§ 2 Anwendungsbereich (1) Dieses Gesetz gilt für das Entgelt von Beschäftigten nach § 5 Absatz 2, die bei Arbeitgebern nach § 5 Absatz 3 beschäftigt sind, soweit durch dieses Gesetz nichts anderes bestimmt wird.
(2) Das Allgemeine Gleichbehandlungsgesetz bleibt unberührt. Ebenfalls unberührt bleiben sonstige Benachteiligungsverbote und Gebote der Gleichbehandlung sowie öffentlich-rechtliche Vorschriften, die dem Schutz oder der Förderung bestimmter Personengruppen dienen.

§ 3 Verbot der unmittelbaren und mittelbaren Entgeltbenachteiligung wegen des Geschlechts (1) Bei gleicher oder gleichwertiger Arbeit ist eine unmittelbare oder mittelbare Benachteiligung wegen des Geschlechts im Hinblick auf sämtliche Entgeltbestandteile und Entgeltbedingungen verboten.
(2) Eine unmittelbare Entgeltbenachteiligung liegt vor, wenn eine Beschäftigte oder ein Beschäftigter wegen des Geschlechts bei gleicher oder gleichwertiger Arbeit ein geringeres Entgelt erhält, als eine Beschäftigte oder ein Beschäftigter des jeweils anderen Geschlechts erhält, erhalten hat oder erhalten würde. Eine unmittelbare Benachteiligung liegt auch im Falle eines geringeren Entgelts einer Frau wegen Schwangerschaft oder Mutterschaft vor.
(3) Eine mittelbare Entgeltbenachteiligung liegt vor, wenn dem Anschein nach neutrale Vorschriften, Kriterien oder Verfahren Beschäftigte wegen des Geschlechts gegenüber Beschäftigten des jeweils anderen Geschlechts in Bezug auf das Entgelt in besonderer Weise benachteiligen können, es sei denn, die betreffenden Vorschriften, Kriterien oder Verfahren sind durch ein rechtmäßiges Ziel sachlich gerechtfertigt und die Mittel sind zur Erreichung dieses Ziels angemessen und erforderlich. Insbesondere arbeitsmarkt-, leistungs- und arbeitsergebnisbezogene Kriterien können ein unterschiedliches Entgelt rechtfertigen, sofern der Grundsatz der Verhältnismäßigkeit beachtet wurde.
(4) Die §§ 5 und 8 des Allgemeinen Gleichbehandlungsgesetzes bleiben unberührt.

§ 4 Feststellung von gleicher oder gleichwertiger Arbeit, benachteiligungsfreie Entgeltsysteme (1) Weibliche und männliche Beschäftigte üben eine gleiche Arbeit aus, wenn sie an verschiedenen Arbeitsplätzen oder nacheinander an demselben Arbeitsplatz eine identische oder gleichartige Tätigkeit ausführen.

(2) Weibliche und männliche Beschäftigte üben eine gleichwertige Arbeit im Sinne dieses Gesetzes aus, wenn sie unter Zugrundelegung einer Gesamtheit von Faktoren als in einer vergleichbaren Situation befindlich angesehen werden können. Zu den zu berücksichtigenden Faktoren gehören unter anderem die Art der Arbeit, die Ausbildungsanforderungen und die Arbeitsbedingungen. Es ist von den tatsächlichen, für die jeweilige Tätigkeit wesentlichen Anforderungen auszugehen, die von den ausübenden Beschäftigten und deren Leistungen unabhängig sind.
(3) Beschäftigte in unterschiedlichen Rechtsverhältnissen nach § 5 Absatz 2 können untereinander nicht als vergleichbar nach Absatz 1 oder als in einer vergleichbaren Situation nach Absatz 2 befindlich angesehen werden.
(4) Verwendet der Arbeitgeber für das Entgelt, das den Beschäftigten zusteht, ein Entgeltsystem, müssen dieses Entgeltsystem als Ganzes und auch die einzelnen Entgeltbestandteile so ausgestaltet sein, dass eine Benachteiligung wegen des Geschlechts ausgeschlossen ist. Dazu muss es insbesondere

1. die Art der zu verrichtenden Tätigkeit objektiv berücksichtigen,
2. auf für weibliche und männliche Beschäftigte gemeinsamen Kriterien beruhen,
3. die einzelnen Differenzierungskriterien diskriminierungsfrei gewichten sowie
4. insgesamt durchschaubar sein.

(5) Für tarifvertragliche Entgeltregelungen sowie für Entgeltregelungen, die auf einer bindenden Festsetzung nach § 19 Absatz 3 des Heimarbeitsgesetzes beruhen, gilt eine Angemessenheitsvermutung. Tätigkeiten, die aufgrund dieser Regelungen unterschiedlichen Entgeltgruppen zugewiesen werden, werden als nicht gleichwertig angesehen, sofern die Regelungen nicht gegen höherrangiges Recht verstoßen.
(6) Absatz 5 ist sinngemäß auch auf gesetzliche Entgeltregelungen anzuwenden.

§ 5 Allgemeine Begriffsbestimmungen (1) Entgelt im Sinne dieses Gesetzes sind alle Grund- oder Mindestarbeitsentgelte sowie alle sonstigen Vergütungen, die unmittelbar oder mittelbar in bar oder in Sachleistungen aufgrund eines Beschäftigungsverhältnisses gewährt werden.
(2) Beschäftigte im Sinne dieses Gesetzes sind

1. Arbeitnehmerinnen und Arbeitnehmer,
2. Beamtinnen und Beamte des Bundes sowie der sonstigen der Aufsicht des Bundes unterstehenden Körperschaften, Anstalten und Stiftungen des öffentlichen Rechts,
3. Richterinnen und Richter des Bundes,
4. Soldatinnen und Soldaten,
5. die zu ihrer Berufsbildung Beschäftigten sowie
6. die in Heimarbeit Beschäftigten sowie die ihnen Gleichgestellten.

(3) Arbeitgeber im Sinne dieses Gesetzes sind natürliche und juristische Personen sowie rechtsfähige Personengesellschaften, die Personen nach Absatz 2 beschäftigen, soweit durch dieses Gesetz nichts anderes bestimmt wird. Für die in Heimarbeit Beschäftigten und die ihnen Gleichgestellten tritt an die Stelle des Arbeitgebers der Auftraggeber oder Zwischenmeister.
(4) Tarifgebundene Arbeitgeber im Sinne dieses Gesetzes sind Arbeitgeber, die einen Entgelttarifvertrag oder Entgeltrahmentarifvertrag aufgrund von § 3 Ab-

satz 1 des Tarifvertragsgesetzes anwenden. Von Satz 1 erfasst werden auch Arbeitgeber, die einen Entgelttarifvertrag aufgrund der Tarifgeltung einer Allgemeinverbindlichkeitserklärung nach § 5 des Tarifvertragsgesetzes oder Entgeltregelungen aufgrund einer bindenden Festsetzung nach § 19 Absatz 3 des Heimarbeitsgesetzes anwenden.
(5) Tarifanwendende Arbeitgeber im Sinne dieses Gesetzes sind Arbeitgeber, die im Geltungsbereich eines Entgelttarifvertrages oder Entgeltrahmentarifvertrages die tariflichen Regelungen zum Entgelt durch schriftliche Vereinbarung zwischen Arbeitgeber und Beschäftigten verbindlich und inhaltsgleich für alle Tätigkeiten und Beschäftigten übernommen haben, für die diese tariflichen Regelungen zum Entgelt angewendet werden.

§ 6 Aufgaben von Arbeitgebern, Tarifvertragsparteien und betrieblichen Interessenvertretungen (1) Arbeitgeber, Tarifvertragsparteien und die betrieblichen Interessenvertretungen sind aufgefordert, im Rahmen ihrer Aufgaben und Handlungsmöglichkeiten an der Verwirklichung der Entgeltgleichheit zwischen Frauen und Männern mitzuwirken. Die zuständigen Tarifvertragsparteien benennen Vertreterinnen und Vertreter zur Einhaltung des Entgeltgleichheitsgebots im Sinne dieses Gesetzes und zur Wahrnehmung der Aufgaben nach § 14 Absatz 3.
(2) Arbeitgeber sind verpflichtet, die erforderlichen Maßnahmen zu treffen, um die Beschäftigten vor Benachteiligungen wegen des Geschlechts in Bezug auf das Entgelt zu schützen. Dieser Schutz umfasst auch vorbeugende Maßnahmen.

§ 7 Entgeltgleichheitsgebot Bei Beschäftigungsverhältnissen darf für gleiche oder für gleichwertige Arbeit nicht wegen des Geschlechts der oder des Beschäftigten ein geringeres Entgelt vereinbart oder gezahlt werden als bei einer oder einem Beschäftigten des anderen Geschlechts.

§ 8 Unwirksamkeit von Vereinbarungen (1) Bestimmungen in Vereinbarungen, die gegen § 3 oder § 7 verstoßen, sind unwirksam.
(2) Die Nutzung der in einem Auskunftsverlangen erlangten Informationen ist auf die Geltendmachung von Rechten im Sinne dieses Gesetzes beschränkt. Die Veröffentlichung personenbezogener Gehaltsangaben und die Weitergabe an Dritte sind von dem Nutzungsrecht nicht umfasst.

§ 9 Maßregelungsverbot Der Arbeitgeber darf Beschäftigte nicht wegen der Inanspruchnahme von Rechten nach diesem Gesetz benachteiligen. Gleiches gilt für Personen, welche die Beschäftigten hierbei unterstützen oder als Zeuginnen oder Zeugen aussagen. § 16 des Allgemeinen Gleichbehandlungsgesetzes bleibt unberührt.

Abschnitt 2 – Individuelle Verfahren zur Überprüfung von Entgeltgleichheit

§ 10 Individueller Auskunftsanspruch (1) Zur Überprüfung der Einhaltung des Entgeltgleichheitsgebots im Sinne dieses Gesetzes haben Beschäftigte einen Auskunftsanspruch nach Maßgabe der §§ 11 bis 16. Dazu haben die Beschäftigten in zumutbarer Weise eine gleiche oder gleichwertige Tätigkeit (Vergleichstätigkeit) zu benennen. Sie können Auskunft zu dem durchschnittlichen monatlichen Bruttoentgelt nach § 5 Absatz 1 und zu bis zu zwei einzelnen Entgeltbestandteilen verlangen.

(2) Das Auskunftsverlangen hat in Textform zu erfolgen. Vor Ablauf von zwei Jahren nach Einreichen des letzten Auskunftsverlangens können Beschäftigte nur dann erneut Auskunft verlangen, wenn sie darlegen, dass sich die Voraussetzungen wesentlich verändert haben.

(3) Das Auskunftsverlangen ist mit der Antwort nach Maßgabe der §§ 11 bis 16 erfüllt.

(4) Sonstige Auskunftsansprüche bleiben von diesem Gesetz unberührt.

§ 11 Angabe zu Vergleichstätigkeit und Vergleichsentgelt (1) Die Auskunftsverpflichtung erstreckt sich auf die Angabe zu den Kriterien und Verfahren der Entgeltfindung nach Absatz 2 und auf die Angabe zum Vergleichsentgelt nach Absatz 3.

(2) Die Auskunftsverpflichtung zu den Kriterien und Verfahren der Entgeltfindung erstreckt sich auf die Information über die Festlegung des eigenen Entgelts sowie des Entgelts für die Vergleichstätigkeit. Soweit die Kriterien und Verfahren der Entgeltfindung auf gesetzlichen Regelungen, auf tarifvertraglichen Entgeltregelungen oder auf einer bindenden Festsetzung nach § 19 Absatz 3 des Heimarbeitsgesetzes beruhen, sind als Antwort auf das Auskunftsverlangen die Nennung dieser Regelungen und die Angabe, wo die Regelungen einzusehen sind, ausreichend.

(3) Die Auskunftsverpflichtung in Bezug auf das Vergleichsentgelt erstreckt sich auf die Angabe des Entgelts für die Vergleichstätigkeit (Vergleichsentgelt). Das Vergleichsentgelt ist anzugeben als auf Vollzeitäquivalente hochgerechneter statistischer Median des durchschnittlichen monatlichen Bruttoentgelts sowie der benannten Entgeltbestandteile, jeweils bezogen auf ein Kalenderjahr, nach folgenden Vorgaben:

1. in den Fällen des § 14 sowie in den Fällen einer gesetzlichen Entgeltregelung ist das Vergleichsentgelt der Beschäftigten des jeweils anderen Geschlechts anzugeben, die in die gleiche Entgelt- oder Besoldungsgruppe eingruppiert sind wie der oder die auskunftverlangende Beschäftigte;
2. in den Fällen des § 15 ist das Vergleichsentgelt aller Beschäftigten des jeweils anderen Geschlechts anzugeben, die die erfragte Vergleichstätigkeit oder die nach § 15 Absatz 4 ermittelte Vergleichstätigkeit ausüben.

(4) Auf kollektiv-rechtliche Entgeltregelungen der Kirchen oder der öffentlich-rechtlichen Religionsgesellschaften ist Absatz 2 Satz 2 und Absatz 3 Nummer 1 entsprechend anzuwenden.

§ 12 Reichweite (1) Der Anspruch nach § 10 besteht für Beschäftigte nach § 5 Absatz 2 in Betrieben mit in der Regel mehr als 200 Beschäftigten bei demselben Arbeitgeber.

(2) Die Auskunftspflicht nach § 10 umfasst

1. nur Entgeltregelungen, die in demselben Betrieb und bei demselben Arbeitgeber angewendet werden,
2. keine regional unterschiedlichen Entgeltregelungen bei demselben Arbeitgeber und
3. keinen Vergleich der Beschäftigtengruppen nach § 5 Absatz 2 untereinander.

(3) Bei der Beantwortung eines Auskunftsverlangens ist der Schutz personenbezogener Daten der auskunftverlangenden Beschäftigten sowie der vom Auskunftsverlangen betroffenen Beschäftigten zu wahren. Insbesondere ist das Vergleichsentgelt nicht anzugeben, wenn die Vergleichstätigkeit von weniger als sechs Beschäftigten des jeweils anderen Geschlechts ausgeübt wird. Es ist sicherzustellen, dass nur die mit der Beantwortung betrauten Personen Kenntnis von den hierfür notwendigen Daten erlangen.

§ 13 Aufgaben und Rechte des Betriebsrates (1) Im Rahmen seiner Aufgabe nach § 80 Absatz 1 Nummer 2a des Betriebsverfassungsgesetzes fördert der Betriebsrat die Durchsetzung der Entgeltgleichheit von Frauen und Männern im Betrieb. Dabei nimmt der Betriebsrat insbesondere die Aufgaben nach § 14 Absatz 1 und § 15 Absatz 2 wahr. Betriebsverfassungsrechtliche, tarifrechtliche oder betrieblich geregelte Verfahren bleiben unberührt.

(2) Der Betriebsausschuss nach § 27 des Betriebsverfassungsgesetzes oder ein nach § 28 Absatz 1 Satz 3 des Betriebsverfassungsgesetzes beauftragter Ausschuss hat für die Erfüllung seiner Aufgaben nach Absatz 1 das Recht, die Listen über die Bruttolöhne und -gehälter im Sinne des § 80 Absatz 2 Satz 2 des Betriebsverfassungsgesetzes einzusehen und auszuwerten. Er kann mehrere Auskunftsverlangen bündeln und gemeinsam behandeln.

(3) Der Arbeitgeber hat dem Betriebsausschuss Einblick in die Listen über die Bruttolöhne und -gehälter der Beschäftigten zu gewähren und diese aufzuschlüsseln. Die Entgeltlisten müssen nach Geschlecht aufgeschlüsselt alle Entgeltbestandteile enthalten einschließlich übertariflicher Zulagen und solcher Zahlungen, die individuell ausgehandelt und gezahlt werden. Die Entgeltlisten sind so aufzubereiten, dass der Betriebsausschuss im Rahmen seines Einblicksrechts die Auskunft ordnungsgemäß erfüllen kann.

(4) Leitende Angestellte wenden sich für ihr Auskunftsverlangen nach § 10, abweichend von den §§ 14 und 15, an den Arbeitgeber.

(5) Der Arbeitgeber erklärt schriftlich oder in Textform gegenüber dem Betriebsrat für dessen Beantwortung des Auskunftsverlangens, ob eine § 5 Absatz 5 entsprechende Anwendung der tariflichen Regelungen zum Entgelt erfolgt. Der Betriebsrat bestätigt gegenüber den Beschäftigten schriftlich oder in Textform die Abgabe dieser Erklärung. Die Sätze 1 und 2 gelten in den Fällen des § 14 Absatz 3 Satz 3 entsprechend.

(6) Gesetzliche und sonstige kollektiv-rechtlich geregelte Beteiligungsrechte des Betriebsrates bleiben von diesem Gesetz unberührt.

§ 14 Verfahren bei tarifgebundenen und tarifanwendenden Arbeitgebern (1) Beschäftigte tarifgebundener und tarifanwendender Arbeitgeber wenden sich für ihr Auskunftsverlangen nach § 10 an den Betriebsrat. Die Vorgaben bestimmen sich nach § 13. Der Betriebsrat hat den Arbeitgeber über eingehende Auskunftsverlangen in anonymisierter Form umfassend zu informieren. Abweichend von Satz 1 kann der Betriebsrat verlangen, dass der Arbeitgeber die Auskunftsverpflichtung übernimmt.

(2) Abweichend von Absatz 1 Satz 1 kann der Arbeitgeber die Erfüllung der Auskunftsverpflichtung generell oder in bestimmten Fällen übernehmen, wenn er dies zuvor gegenüber dem Betriebsrat erläutert hat. Die Übernahme kann jeweils längstens für die Dauer der Amtszeit des jeweils amtierenden Betriebsrates erfolgen. Übernimmt der Arbeitgeber die Erfüllung der Auskunftsverpflichtung, hat er den Betriebsrat umfassend und rechtzeitig über eingehende Auskunftsverlangen sowie über seine Antwort zu informieren. Die Beschäftigten sind jeweils darüber zu informieren, wer die Auskunft erteilt.

(3) Besteht kein Betriebsrat, wenden sich die Beschäftigten an den Arbeitgeber. Der Arbeitgeber informiert die Vertreterinnen und Vertreter der zuständigen Tarifvertragsparteien nach § 6 Absatz 1 Satz 2 über seine Antwort zu eingegangenen Auskunftsverlangen. Der Arbeitgeber sowie die Vertreterinnen und Vertreter der zuständigen Tarifvertragsparteien können vereinbaren, dass die Vertreterinnen und Vertreter der zuständigen Tarifvertragsparteien die Beantwortung von Auskunftsverlangen übernehmen. In diesem Fall informiert der Arbeitgeber diese umfassend und rechtzeitig über eingehende Auskunftsverlangen. Die Beschäftigten sind jeweils darüber zu informieren, wer die Auskunft erteilt.

(4) Soweit die Vertreterinnen und Vertreter der zuständigen Tarifvertragsparteien nach Absatz 3 Satz 3 das Auskunftsverlangen beantworten, hat der Arbeitgeber diesen auf Verlangen die zur Erfüllung ihrer Aufgaben erforderlichen Informationen bereitzustellen. Diese unterliegen im Rahmen ihrer Aufgaben der Verschwiegenheitspflicht.

§ 15 Verfahren bei nicht tarifgebundenen und nicht tarifanwendenden Arbeitgebern (1) Beschäftigte nicht tarifgebundener und nicht tarifanwendender Arbeitgeber wenden sich für ihr Auskunftsverlangen nach § 10 an den Arbeitgeber.

(2) Besteht ein Betriebsrat, gilt § 14 Absatz 1 und 2 entsprechend.

(3) Der Arbeitgeber oder der Betriebsrat ist verpflichtet, die nach § 10 verlangten Auskünfte innerhalb von drei Monaten nach Zugang des Auskunftsverlangens in Textform zu erteilen. Droht Fristversäumnis, hat der Arbeitgeber oder der Betriebsrat die auskunftverlangende Beschäftigte oder den auskunftverlangenden Beschäftigten darüber zu informieren und die Antwort ohne weiteres Verzögern zu erteilen.

(4) Der Arbeitgeber oder der Betriebsrat gibt an, inwiefern die benannte Vergleichstätigkeit überwiegend von Beschäftigten des jeweils anderen Geschlechts ausgeübt wird. Hält der Arbeitgeber oder der Betriebsrat die erfragte Vergleichstätigkeit nach den im Betrieb angewendeten Maßstäben für nicht gleich oder nicht gleichwertig, hat er dies anhand dieser Maßstäbe nachvollziehbar zu begründen. Dabei sind die in § 4 genannten Kriterien zu berücksichtigen. Der Arbeitgeber oder der Betriebsrat hat in diesem Fall seine Auskunft auf eine seines Erachtens nach gleiche oder gleichwertige Tätigkeit zu beziehen. Soweit der Betriebsrat für die Beantwortung des Auskunftsverlangens zuständig ist, hat der Arbeitgeber dem

Betriebsrat auf Verlangen die zur Erfüllung seiner Aufgaben erforderlichen Informationen bereitzustellen.
(5) Unterlässt der Arbeitgeber die Erfüllung seiner Auskunftspflicht, trägt er im Streitfall die Beweislast dafür, dass kein Verstoß gegen das Entgeltgleichheitsgebot im Sinne dieses Gesetzes vorliegt. Dies gilt auch, wenn der Betriebsrat aus Gründen, die der Arbeitgeber zu vertreten hat, die Auskunft nicht erteilen konnte.

§ 16 Öffentlicher Dienst Der Anspruch nach § 10 besteht auch für Beschäftigte des öffentlichen Dienstes nach § 5 Absatz 2 Nummer 1 bis 5 in Dienststellen mit in der Regel mehr als 200 Beschäftigten. Die §§ 11 bis 14 sind sinngemäß anzuwenden.

Abschnitt 3 – Betriebliche Verfahren zur Überprüfung und Herstellung von Entgeltgleichheit

§ 17 Betriebliche Prüfverfahren (1) Private Arbeitgeber mit in der Regel mehr als 500 Beschäftigten sind aufgefordert, mithilfe betrieblicher Prüfverfahren ihre Entgeltregelungen und die verschiedenen gezahlten Entgeltbestandteile sowie deren Anwendung regelmäßig auf die Einhaltung des Entgeltgleichheitsgebots im Sinne dieses Gesetzes zu überprüfen. Nimmt in einem Konzern das herrschende Unternehmen auf die Entgeltbedingungen mindestens eines Konzernunternehmens entscheidenden Einfluss, kann das herrschende Unternehmen das betriebliche Prüfverfahren nach Satz 1 für alle Konzernunternehmen durchführen.
(2) Wird ein betriebliches Prüfverfahren durchgeführt, hat dies in eigener Verantwortung der Arbeitgeber mithilfe der Verfahren nach § 18 und unter Beteiligung der betrieblichen Interessenvertretungen zu erfolgen.

§ 18 Durchführung betrieblicher Prüfverfahren (1) In das betriebliche Prüfverfahren sind die Tätigkeiten einzubeziehen, die demselben Entgeltsystem unterliegen, unabhängig davon, welche individualrechtlichen, tarifvertraglichen und betrieblichen Rechtsgrundlagen zusammenwirken.
(2) Betriebliche Prüfverfahren haben aus Bestandsaufnahme, Analyse und Ergebnisbericht zu bestehen. Der Arbeitgeber ist unter Berücksichtigung betrieblicher Mitwirkungsrechte frei in der Wahl von Analysemethoden und Arbeitsbewertungsverfahren. Es sind valide statistische Methoden zu verwenden. Die Daten sind nach Geschlecht aufzuschlüsseln. Dabei ist der Schutz personenbezogener Daten zu wahren.
(3) Bestandsaufnahme und Analyse haben die aktuellen Entgeltregelungen, Entgeltbestandteile und Arbeitsbewertungsverfahren zu erfassen und diese und deren Anwendung im Hinblick auf die Einhaltung des Entgeltgleichheitsgebots im Sinne dieses Gesetzes auszuwerten. Dabei ist § 4 zu beachten. § 12 Absatz 1 und 2 ist sinngemäß anzuwenden. Bei gesetzlichen, bei tarifvertraglichen Entgeltregelungen und bei Entgeltregelungen, die auf einer bindenden Festsetzung nach § 19 Absatz 3 des Heimarbeitsgesetzes beruhen, besteht keine Verpflichtung zur Überprüfung der Gleichwertigkeit von Tätigkeiten. Auf kollektiv-rechtliche Entgeltregelungen der Kirchen oder der öffentlich-rechtlichen Religionsgesellschaften ist Satz 4 entsprechend anzuwenden.

(4) Die Ergebnisse von Bestandsaufnahme und Analyse werden zusammengefasst und können betriebsintern veröffentlicht werden.

§ 19 Beseitigung von Entgeltbenachteiligungen Ergeben sich aus einem betrieblichen Prüfverfahren Benachteiligungen wegen des Geschlechts in Bezug auf das Entgelt, ergreift der Arbeitgeber die geeigneten Maßnahmen zur Beseitigung der Benachteiligung.

§ 20 Mitwirkung und Infomation (1) Der Arbeitgeber hat den Betriebsrat über die Planung des betrieblichen Prüfverfahrens rechtzeitig unter Vorlage der erforderlichen Unterlagen zu unterrichten.
(2) Die Beschäftigten sind über die Ergebnisse des betrieblichen Prüfverfahrens zu informieren. § 43 Absatz 2 und § 53 Absatz 2 des Betriebsverfassungsgesetzes sind zu beachten.

Abschnitt 4 – Berichtspflichten für Arbeitgeber

§ 21 Bericht zur Gleichstellung und Entgeltgleichheit (1) Arbeitgeber mit in der Regel mehr als 500 Beschäftigten, die zur Erstellung eines Lageberichts nach den §§ 264 und 289 des Handelsgesetzbuches verpflichtet sind, erstellen einen Bericht zur Gleichstellung und Entgeltgleichheit, in dem sie Folgendes darstellen:
1. ihre Maßnahmen zur Förderung der Gleichstellung von Frauen und Männern und deren Wirkungen sowie
2. ihre Maßnahmen zur Herstellung von Entgeltgleichheit für Frauen und Männer.

Arbeitgeber, die keine Maßnahmen im Sinne des Satzes 1 Nummer 1 oder 2 durchführen, haben dies in ihrem Bericht zu begründen.
(2) Der Bericht enthält außerdem nach Geschlecht aufgeschlüsselte Angaben
1. zu der durchschnittlichen Gesamtzahl der Beschäftigten sowie
2. zu der durchschnittlichen Zahl der Vollzeit- und Teilzeitbeschäftigten.

§ 22 Berichtszeitraum und Veröffentlichung (1) Arbeitgeber nach § 21 Absatz 1, die tarifgebunden nach § 5 Absatz 4 sind oder die tarifanwendend nach § 5 Absatz 5 sind und die gemäß § 13 Absatz 5 erklärt haben, tarifliche Regelungen zum Entgelt nach § 5 Absatz 5 anzuwenden, erstellen den Bericht alle fünf Jahre. Der Berichtszeitraum umfasst die vergangenen fünf Jahre.
(2) Alle anderen Arbeitgeber nach § 21 Absatz 1 erstellen den Bericht alle drei Jahre. Der Berichtszeitraum umfasst die vergangenen drei Jahre.
(3) Die Angaben nach § 1 Absatz 2 beziehen sich nur auf das jeweils letzte Kalenderjahr im Berichtszeitraum. Ab dem zweiten Bericht sind für die genannten Angaben die Veränderungen im Vergleich zum letzten Bericht anzugeben.
(4) Der Bericht nach § 21 ist dem nächsten Lagebericht nach § 289 des Handelsgesetzbuches, der dem jeweiligen Berichtszeitraum folgt, als Anlage beizufügen und im Unternehmensregister offenzulegen.

Abschnitt 5 – Evaluation, Aufgabe der Gleichstellungsbeauftragten, Übergangsbestimmungen

§ 23 Evaluation und Berichterstattung (1) Die Bundesregierung evaluiert nach Inkrafttreten dieses Gesetzes laufend die Wirksamkeit dieses Gesetzes und informiert alle vier Jahre, erstmals zwei Jahre nach Inkrafttreten, über die Ergebnisse. Die Evaluation hat die Umsetzung des Gebots des gleichen Entgelts für Frauen und Männer bei gleicher oder gleichwertiger Arbeit in allen Betriebs- und Unternehmensformen und -größen darzustellen, die unter den Anwendungsbereich des Abschnittes 2 dieses Gesetzes unterfallen.
(2) Über die Entwicklung des Gebots des gleichen Entgelts für Frauen und Männer bei gleicher oder gleichwertiger Arbeit in Betrieben mit in der Regel weniger als 200 Beschäftigten berichtet die Bundesregierung alle vier Jahre, erstmals zwei Jahre nach Inkrafttreten dieses Gesetzes.
(3) Die Bundesregierung hat in die Evaluation nach Absatz 1 und in die Berichterstattung nach Absatz 2 die Stellungnahme der Sozialpartner miteinzubeziehen.

§ 24 Aufgabe der Gleichstellungsbeauftragten Die Gleichstellungsbeauftragten in der Bundesverwaltung und in den Unternehmen und den Gerichten des Bundes sowie die Beauftragten, die in Unternehmen für die Gleichstellung von Frauen und Männern zuständig sind, haben die Aufgabe, den Vollzug dieses Gesetzes in Bezug auf die Durchsetzung des Gebots des gleichen Entgelts bei gleicher oder gleichwertiger Arbeit für Frauen und Männer zu fördern.

§ 25 Übergangsbestimmungen (1) Der Auskunftsanspruch nach § 10 kann erstmals sechs Kalendermonate nach dem 6. Juli 2017 geltend gemacht werden. Soweit der Auskunftsanspruch nach Satz 1 dann innerhalb von drei Kalenderjahren erstmals geltend gemacht wird, können Beschäftigte abweichend von § 10 Absatz 2 Satz 2 erst nach Ablauf von drei Kalenderjahren erneut Auskunft verlangen. Satz 2 gilt nicht, soweit die Beschäftigten darlegen, dass sich die Voraussetzungen wesentlich verändert haben.
(2) Der Bericht nach § 21 ist erstmals im Jahr 2018 zu erstellen.
(3) Abweichend von § 22 Absatz 1 Satz 2 und Absatz 2 Satz 2 umfasst der Berichtszeitraum für den ersten Bericht nur das letzte abgeschlossene Kalenderjahr, das dem Jahr 2017 vorausgeht.
(4) § 22 Absatz 4 in der ab dem 1. August 2022 geltenden Fassung ist erstmals anzuwenden auf Berichte zur Gleichstellung und Entgeltgleichheit, die Lageberichten beizufügen sind, welche für das nach dem 31. Dezember 2021 beginnende Geschäftsjahr aufgestellt werden.

3. Gesetz über Arbeitnehmererfindungen (Arbeitnehmererfindungsgesetz – ArbnErfG)

Einleitung

(zugleich für UrhG, Nr. 3 a)

3

I. Geschichtliche Entwicklung

Mit dem Wachstum der Industrie und der damit einhergehenden Zunahme der Arbeitsteilung trat die Figur des individuellen Erfinders zunehmend zurück hinter Erfindungen im Dienste anderer (d.h. von Unternehmen). Heutzutage werden etwa 80 % der wertvollen Erfindungen von Arbeitnehmern gemacht (*Schwab,* AiB 09, 545). Seit es Patentgesetze zum Schutze von Erfindungen gibt, stellt sich deshalb die Frage des Erfinderschutzes für Arbeitnehmer. Es kollidiert der Gedanke des individuellen Schutzrechts, des Patents mit dem Grundsatz, dass dem Arbeitgeber das Recht am Arbeitsergebnis zusteht (wie er eigentumsrechtlich in der herrschenden Meinung zu § 950 BGB zum Ausdruck kommt, vgl. Einl. I 1 zum BGB, Nr. 14). Bis zur vorletzten Jahrhundertwende ging die arbeitsrechtliche Vertragsauslegung durchweg davon aus, dass – falls ausdrücklich nichts anderes vereinbart war – dem Arbeitgeber das Eigentum an Arbeitnehmererfindungen zustehe und dies durch das Arbeitsentgelt mit abgegolten sei.

Diese Sicht wurde mit der Entscheidung des *Reichsgerichts* vom 17.4.1907 (Blatt für Patent-, Muster- und Zeichenwesen 1907, 176) folgendermaßen weiterentwickelt: »Eine während des Laufs eines Dienstvertrages gemachte Erfindung des Dienstverpflichteten fällt nur dann dem Dienstberechtigten zu, wenn dies im Dienstvertrag ausdrücklich vereinbart oder entweder die Erfindung im besonderen Auftrage des Dienstberechtigten gemacht ist oder aber im Bereiche der besonderen, dem Dienstverpflichteten zufallenden Aufgaben liegt.« Damit wurde der Grundstein für die heutige Betrachtungsweise gelegt. In der Folgezeit kam es zunächst zu tarifvertraglichen Regelungen und danach zur ausdrücklich erklärten Bereitschaft des Präsidenten des Deutschen Patentamtes 1922, Erfindernennungen von Arbeitnehmern entgegenzunehmen und auf der Patenturkunde zu vermerken (RArbBl. 22, Amtlicher Teil 151, näher zur Entwicklung 45. Aufl.). Die damit geförderte Entwicklung des sog. Erfinderpersönlichkeitsrechts auch für Arbeitnehmer hat die spätere Gesetzgebung wesentlich beeinflusst.

Die erste Regelung des Arbeitnehmererfinderrechts erfolgte 1942 zur Stärkung der Kriegswirtschaft mit der »VO über die Behandlung von Erfindungen von Gefolgschaftsmitgliedern« vom 12.7.1942 (RGBl. I 466) und »Richtlinien für die Vergütung von Erfindungen von Gefolgschaftsmitgliedern« (Reichsanzeiger Nr. 70 vom 25.3.1943; i.d.F. vom 10.10.44, RAnz. Nr. 271 vom 5.12.44; ausf. 45. Aufl.). *Wilhelm Herschel* hat diese Regelungen ungeachtet ihres kriegswirtschaftlichen Anlasses folgendermaßen charakterisiert: »Diese Verordnungen waren sachlich und

praktikabel; sie waren nur mit einigen nationalsozialistischen Ornamenten ausgestattet. Deshalb galten sie noch nach dem Zusammenbruch unbeanstandet weiter.« (RdA 82, 265, 266; zur Weitergeltung nach 1945 *BGH* 23. 5. 1952 – I ZR 149/51, BB 52, 663; *BAG* 1. 11. 1956 – 2 AZR 268/54, AP Nr. 4 zu § 2 ArbNErfindVO).
In der Bundesrepublik Deutschland wurde die eigene gesetzliche Fortentwicklung des Arbeitnehmererfinderrechts zunächst in der ersten Legislaturperiode mit einem Regierungsentwurf von 1952 (BT I/3343) aufgegriffen. Das heutige Gesetz wurde dann in der 2. Legislaturperiode am 3. 5. 1957 im Bundestag in dritter Lesung einstimmig verabschiedet (BT-Prot. 206. Sitzung, S. 11759). Es baut auf der allseits akzeptierten Grundvorstellung der VO von 1942 auf, dass die Erfinderrechte zunächst dem Arbeitnehmer als Erfinder zustehen und der Arbeitgeber hinsichtlich der Diensterfindung eine zeitlich begrenzte Anwartschaft hat (vgl. *Volmer,* RdA 57, 241, 242). Das ist in anderen Rechtsordnungen unterschiedlich und durchaus auch anders geregelt (*Deinert*, Internationales Arbeitsrecht, 2013, § 12 Rn. 3).
Zu dem Gesetz sind zwei Verordnungen erlassen worden: die Erste VO zur Durchführung des ArbnErfG vom 1. 10. 1957 (BGBl. I 1679), mit welcher eine Schiedsstelle beim Patent- und Markenamt München eingerichtet wurde, und die Zweite VO zur Durchführung des ArbnErfG vom 1. 10. 1957 (BGBl. I 1680) über Berufung und Rechtsstellung der Beisitzer der Schiedsstelle gemäß § 30 Abs. 4 und 5 ArbnErfG.
Der Bundesminister für Arbeit hat Richtlinien über die Bemessung der Vergütung gemäß § 11 ArbnErfG erlassen (abgedruckt bei *Schwab,* Anh.; zur Handhabung *Schoden,* BetrR 82, 127).
Durch das Gesetz zur Vereinfachung und Modernisierung des Patentrechts vom 31. 7. 2009 (BGBl. I 2521; dazu *Schwab*, AiB 09, 545; *Bayreuther*, NZA 09, 1123; *Schreyer-Bestmann/Garbers-von Boehm*, DB 09, 2266; *Gärtner/Simon*, BB 11, 1909) wurden wesentlich folgende Neuerungen eingeführt:
- Beseitigung der Möglichkeit einer beschränkten Inanspruchnahme der Erfindung durch den Arbeitgeber
- Fiktion einer Inanspruchnahme der Erfindung mangels Freigabe innerhalb von 4 Monaten
- insolvenzrechtliche Regelungen in § 27 ArbnErfG.

II. Wesentlicher Gesetzesinhalt

1. ArbnErfG

Das Gesetz regelt die arbeitsrechtliche Behandlung von Erfindungen und technischen Verbesserungsvorschlägen (§ 1 ArbnErfG; Übersicht 10). Erfindungen im Sinne des Gesetzes sind nur Erfindungen, die patent- oder gebrauchsmusterfähig sind. Dabei handelt es sich um Patente i. S. des Patentgesetzes i. d. F. der Bekanntmachung vom 16. 12. 1980 (BGBl. I 81) und um Gebrauchsmuster i. S. des Gebrauchsmustergesetzes i. d. F. der Bekanntmachung vom 28. 8. 1986 (BGBl. I 24). Patente und Gebrauchsmuster unterscheiden sich nach der sog. Erfindungshöhe, d. h. Gebrauchsmuster sind »kleinere technische Erfindungen«.

Technische Verbesserungsvorschläge sind Vorschläge für Neuerungen, die nicht patent- oder gebrauchsmusterfähig sind (§ 3 ArbnErfG; zur Abgrenzung *Gaul,* BB 92, 1710; *Becher,* BB 93, 353). Soweit sie dem Arbeitgeber eine ähnliche Vorzugsstellung gewähren wie ein gewerbliches Schutzrecht (eine tatsächliche Monopolstellung), spricht man von »qualifizierten Verbesserungsvorschlägen«. Der Arbeitnehmer hat einen Anspruch auf angemessene Vergütung, sobald der Arbeitgeber einen solchen Vorschlag verwertet (§ 20 Abs. 1 ArbnErfG mit Verweisung auf §§ 9, 12). Diese Vergütung ist im Streitfall im arbeitsgerichtlichen Urteilsverfahren geltend zu machen (*BAG* 30.4.1965 – 3 AZR 291/63, AP Nr. 1 zu § 20 ArbnErfG). § 20 schließt als gesetzliche Regelung ein Mitbestimmungsrecht des Betriebsrats hinsichtlich der Vergütung aus. Für sog. einfache Verbesserungsvorschläge gelten Tarifverträge, Betriebsvereinbarungen (§ 20 Abs. 2 ArbnErfG) oder hilfsweise der Einzelarbeitsvertrag. Hinsichtlich ihrer Behandlung besteht ein volles Mitbestimmungsrecht des Betriebsrats gemäß § 87 Abs. 1 Nr. 12 BetrVG (vgl. *Schwab,* AiB 99, 445).

3

Hauptgegenstand des Gesetzes sind Erfindungen, die unterschieden werden in Diensterfindungen und freie Erfindungen (§ 4 Abs. 1 ArbnErfG). Diensterfindungen (auch »gebundene Erfindungen«) werden in § 4 ArbnErfG bezüglich ihres Zusammenhangs mit dem Arbeitsverhältnis definiert. Sie erfassen sog. Auftragserfindungen, zu denen der Arbeitnehmer beauftragt wurde oder die mit seiner Tätigkeit in einem inneren Zusammenhang stehen (§ 4 Abs. 2 Nr. 1 ArbnErfG), und sog. Erfahrungserfindungen, die zustande gekommen sind, weil die betriebliche Tätigkeit dem Erfinder die Anregung zur Erfindung gegeben hat (§ 4 Abs. 2 Nr. 2 ArbnErfG). Alle anderen Erfindungen von Arbeitnehmern sind »freie Erfindungen« (§ 4 Abs. 3 ArbnErfG). Sie unterliegen nur den in §§ 18, 19 ArbnErfG geregelten Beschränkungen: Der Arbeitnehmer hat während der Dauer des Arbeitsverhältnisses gemachte freie Erfindungen dem Arbeitgeber mitzuteilen (§ 18 ArbnErfG) und unter bestimmten Bedingungen zur beschränkten Nutzung anzubieten (§ 19 ArbnErfG).

Diensterfindungen hat der Arbeitnehmer dem Arbeitgeber in Textform (§ 126b BGB) anzuzeigen (§ 5 ArbnErfG), der sich dann entscheiden kann, ob er sie in Anspruch nehmen (§ 6 ArbnErfG) oder freigeben (§ 8 ArbnErfG) will, wobei mangels Freigabe innerhalb von 4 Monaten eine Inanspruchnahme vorliegt (§ 6 Abs. 2 ArbnErfG). Auch nach der Inanspruchnahme durch den Arbeitgeber verbleibt das Recht der Erfinderbenennung beim Arbeitnehmer-Erfinder, für den es der Arbeitgeber beim Patentamt anzumelden hat (§ 13 ArbnErfG, außer im Falle der Gefährdung von Betriebsgeheimnissen, § 17 ArbnErfG). Hat der Arbeitnehmer die Erfindung zu Unrecht selbst angemeldet, muss der Arbeitgeber sich das Patent im Falle der Inanspruchnahme der Erfindung übertragen lassen (*BGH* 22.4.2011 – X ZR 72/10, NZA-RR 11, 479).

Bei Inanspruchnahme der Erfindung hat der Arbeitgeber dem Arbeitnehmer eine »angemessene Vergütung« zu bezahlen (§ 9 ArbnErfG), für deren Bemessung der Bundesarbeitsminister Richtlinien erlässt (§ 11 ArbnErfG; s. I). Für die Höhe der Vergütung sind insbesondere die wirtschaftliche Verwertbarkeit der Erfindung, die Aufgaben und Stellung des Arbeitnehmers im Betrieb sowie sein Anteil am Zustandekommen der Erfindung maßgebend (§ 9 Abs. 2 ArbnErfG). Die Regelung ist verfassungsgemäß (*BVerfG* 24.4.1998 – 1 BvR 587/88, NJW 98, 3704). Die gemäß § 11 ArbnErfG erlassenen Richtlinien geben nur eine Orientierung zur Ermittlung der Angemessenheit. Sie sind rechtlich nicht verbindlich (vgl. *Schwab*, NZA-RR 14, 281, 284). Kommt über die Vergütung keine Einigung zustande, wird sie durch den Arbeitgeber festgesetzt (§ 12 Abs. 3 ArbnErfG). Ist der Arbeitnehmer mit der Festsetzung der Vergütung nicht einverstanden, muss er binnen 2 Monaten widersprechen (§ 12 Abs. 4 ArbnErfG). Danach ist der Rechtsweg zum Landgericht offen (§ 39 Abs. 1 ArbnErfG); lediglich Leistungsklagen aus verbindlich festgesetzten Vergütungen kommen vor die Arbeitsgerichtsbarkeit (§ 39 Abs. 2 ArbnErfG; hierzu kritisch *Kunze,* RdA 75, 42, 46). Diese Zuständigkeit der Arbeitsgerichte bleibt auch erhalten, wenn patentrechtliche Fragestellungen in diesem Rahmen zu klären sind (*BAG* 31.5.2016 – 9 AZB 3/16, NZA-RR 16, 548). Der Arbeitnehmererfinder hat gegenüber dem Arbeitgeber einen Rechnungslegungsanspruch gemäß § 259 BGB (*BGH* 17.5.1994 – X ZR 82/92, NJW 95, 386). Auf Verlangen des Arbeitnehmers muss der Arbeitgeber grundsätzlich auch die mit den erfindungsgemäßen Produkten erzielten Gewinne einschließlich einzelner Kostenfaktoren offenbaren (*BGH* 13.11.1997 – X ZR 132/95, DB 98, 771; zu den Grenzen dieses Anspruchs *BGH* 13.11.1997 – X ZR 6/96, NZA 98, 313).

Als freiwillige Möglichkeit der Streitschlichtung besteht eine beim Deutschen Patentamt eingerichtete Schiedsstelle (§§ 28 ff. ArbnErfG).

Das Gesetz gilt auch im öffentlichen Dienst und dort auch für Beamte und Soldaten (§ 1). Die Erfindungen von Hochschulbeschäftigten im Rahmen ihrer Forschungstätigkeit unterliegen im Hinblick auf die grundrechtlich geschützte Freiheit von Forschung und Lehre (Art. 5 Abs. 3 GG) besonderen Regeln, die auf die Forschungsautonomie Rücksicht nehmen (§ 42 ArbnErfG).

Die Vergütungen für Diensterfindungen und Verbesserungsvorschläge werden steuerlich wie Arbeitseinkommen behandelt (vgl. BT-Drs. 12/7488).

2. UrhG

Eine ähnliche Problematik für die Erfindungen im Arbeitsverhältnis ergibt sich für geschützte Werke, die Urheber in Erfüllung einer Verpflichtung aus dem Arbeitsverhältnis geschaffen haben bzw. für angestellte ausübende Künstler. Für sie gilt das Urheberrechtsgesetz.

Gemessen am Arbeitnehmererfinderrecht ist das Recht der Arbeitnehmer-Urheber nur sehr knapp geregelt (zum Folgenden *Rehbinder,* WiB 94, 461). Das Gesetz geht davon aus, dass der Arbeitnehmer alle Urheberrechte an von ihm geschaffenen Werken hat (§§ 7, 11 UrhG). Durch §§ 43 und 79 UrhG wird darauf verwiesen, in welchem Umfang der Arbeitnehmer-Urheber anderen Nutzungsrechte einräumen kann. Das ergibt sich im Hinblick auf § 31 Abs. 5 UrhG typischerweise aus dem Arbeitsvertrag. M.a.W.: Das Gesetz regelt im Wesentlichen die Verweisung auf die vertragliche Regelung im Einzelfall. Ist demnach Gegenstand der geschuldeten Arbeitsleistung die Schaffung eines geschützten Werkes, so liegt im Zweifel das ausschließliche Nutzungsrecht ohne zusätzliche Vergütung beim Arbeitgeber. Will der Urheber sich eine bestimmte Verwertung vorbehalten, muss er dies ausdrücklich ausschließen (vgl. *BAG* 12.3.1997 – 5 AZR 669/95, BB 97, 2112; *BGH*

22. 2. 1974 – I ZR 128/72, NJW 74, 904; vgl. *Kunze,* RdA 75, 42, 48). Eine tarifvertragliche Vergütungsregelung geht aber einer vertraglichen Regelung, wonach die urheberrechtliche Vergütung durch die arbeitsvertragliche Entlohnung abgegolten sein soll, wegen § 4 Abs. 3 TVG vor (*BAG* 27. 3. 2019 – 5 AZR 71/18, NZA 19, 1228, Rn. 18 ff.). Auch das mit Gesetz v. 20. 12. 16 (BGBl. I 3037) in § 40a UrhG eingefügte Recht auf Zweitverwertung muss als mit der Vergütung abgegolten angesehen werden (vgl. BT-Drs. 18/8625, S. 30; *Konertz,* NZA 17, 614, 617). Strittig ist, ob der Arbeitnehmer mit der Einräumung des Urheberrechts zugleich stillschweigend darauf verzichtet hat, dass auch sein Name bei der Verwertung genannt wird (eingehend *Schwab,* NZA 00, 1254). Eine Sondervergütung kommt in Betracht, wenn der Arbeitnehmer eine höhere als die im Arbeitsvertrag vorgesehene Leistung erbracht hat. Gelegenheitswerke, deren Erstellung vertraglich nicht geschuldet ist, stehen dem Arbeitnehmer uneingeschränkt zu. Er ist nach h. M. auch nicht verpflichtet, diese dem Arbeitgeber anzubieten, wie dies nach dem ArbnErfG der Fall wäre (*Schwab,* NZA-RR 15, 5, 7).

Der gleiche Schutz gilt für Computerprogramme, was früher richterrechtlich geregelt war (vgl. *BAG* 13. 9. 1983 – 3 AZR 371/81, AuR 85, 197) und seit Juni 1993 durch §§ 69a ff. UrhG gesetzlich geregelt ist (hierzu *Brandi-Dohrn,* BB 94, 658). Der Arbeitnehmer-Urheber muss seine Rechte ausdrücklich vereinbaren, sonst liegen sie gemäß § 69b UrhG beim Arbeitgeber (vgl. *KG Berlin,* NZA 97, 718). Wenn die Erstellung des Programms zu den Leistungspflichten gehört, scheidet eine über das Arbeitsentgelt hinausgehende Vergütung aus (*BGH* 24. 10. 2000 – X ZR 72/98, BB 01, 66 – Wetterführungspläne I). Das alles gilt aber nur, wenn ein Computerprogramm nicht gemäß § 1 PatG patentfähig ist. Ist dies wegen technischer Komponenten ausnahmsweise doch der Fall, kommt das ArbnErfG zur Anwendung (s. o. 1; vgl. *BGH* 23. 10. 2001 – X ZR 72/98, NZA-RR 02, 202 – Wetterführungspläne II).

Für Ansprüche aus dem UrhG sind die Landgerichte nach §§ 102, 105 UrhG zuständig. Nur für Streitigkeiten aus Arbeitsverhältnissen, die die Leistung einer vereinbarten Vergütung betreffen, sind die Arbeitsgerichte nach § 104 S. 2 UrhG, § 2 Abs. 2b ArbGG zuständig. Das gilt auch, wenn in dem Rechtsstreit urheberrechtliche Fragen zu klären sind (*BAG* 27. 3. 2019 – 5 AZR 71/18, NZA 19, 1228, Rn. 13).

An dieser Rechtslage hat die sog. Urheberrechtsreform durch das am 1. 7. 2002 in Kraft getretene »Gesetz zur Stärkung der vertraglichen Rechte von Urhebern und ausübenden Künstlern« vom 28. 3. 2002 nichts Grundsätzliches geändert, weil die für Arbeitnehmer geltenden Vorschriften (§§ 43 und 69b UrhG) unberührt blieben. Es spricht jedoch viel dafür, dass auch Arbeitnehmer einen Anspruch auf eine »angemessene Vergütung« haben sollen (§§ 11 S. 2, 32 Abs. 1 UrhG; zur Verfassungsmäßigkeit des Anspruchs des Urhebers auf eine angemessene Vergütung *BVerfG* 23. 10. 2013 – 1 BvR 1842/11 u. a., NJW 14, 46). Man kann zwar für den Regelfall unterstellen, dass eine solche im Arbeitsentgelt enthalten ist, jedoch bleibt dem Arbeitnehmer die Möglichkeit nachzuweisen, dass dies im Einzelfall z. B. wegen eines nur unterdurchschnittlichen Entgelts nicht der Fall ist (eingehend *Grobys/Foerstl,* NZA 02, 1015). Gemäß § 32 Abs. 4 UrhG kann die Vergütung tariflich geregelt werden.

Eine § 69b UrhG vergleichbare Regelung enthalten das
- Halbleiterschutzgesetz und das
- Designgesetz (zu beiden s. Fn. zu § 69b).

III. Anwendungsprobleme/Rechtstatsachen/Rechtspolitische Diskussion

Trotz Kritik an der zu geringen Höhe der üblichen Arbeitnehmervergütung (*Schoden,* BetrR 82, 119, 142) und der fehlenden vollständigen Zuordnung zur Arbeitsgerichtsbarkeit (*Kunze,* RdA 75, 42, 46) sind nachhaltige rechtspolitische Impulse zur Veränderung des Gesetzes ausgeblieben. Das mag mit einen Grund in der Betriebsvereinbarungspraxis zum betrieblichen Vorschlagswesen haben (vgl. *Gaul,* AuR 87, 349). Im Jahr 1999 wurden insgesamt ca. 1,1 Mio. Verbesserungsvorschläge gemacht. Aus ihnen resultierten Einsparungen von ca. 1,86 Mrd. DM allein in jenem Jahr. An Arbeitnehmer wurden Prämien von insgesamt ca. 330 Mio. DM gezahlt (Spitzenprämie 563 000 DM in der Automobilindustrie, vgl. iwd, 16/2000, S. 8). Die formal nur freiwillige Schiedsstelle beim Bundespatentamt ist in dem Sinne »angenommen« worden, dass nur noch sehr wenige derartiger Rechtsstreitigkeiten zu den Gerichten kommen, die nicht vorher die Schiedsstelle durchlaufen haben; rund 70 % ihrer Einigungsvorschläge bleiben widerspruchslos (*Schwab,* § 36 Rn. 3).

Wichtige Entscheidungen

BVerfG 24.4.1998 – 1 BvR 587/88, NJW 1998, 3704
BVerfG 23.10.2013 – 1 BvR 1842/11 u.a., NJW 2014, 46

Weiterführende Literatur

Kommentare und Handbücher

Deinert/Wenckebach/Zwanziger-*Becker,* Arbeitsrecht, § 57 (Recht am Arbeitsergebnis)
Bartenbach, Arbeitnehmererfindungen im Konzern, 6. Aufl. (2025)
Bartenbach/Volz, Arbeitnehmererfindervergütung, 4. Aufl. (2017)
Bartenbach/Volz, Arbeitnehmererfindungsgesetz, 7. Aufl. (2024)
Boemke/Kursawe, ArbnErfG, 2. Aufl. (2024)
Peukert, Urheberrecht, 19. Aufl. (2023)
Schwab, Arbeitnehmererfindungsrecht, 4. Aufl. (2018)

Aufsätze

Balle, Der urheberrechtliche Schutz von Arbeitsergebnissen, NZA 1997, S. 868
Czernik, Eine urheberrechtliche Betrachtung des Dienstverpflichteten, RdA 2014, S. 354
Däubler, Arbeitnehmer-Erfinder: Ein Glückspilz?, AiB 9/2021, S. 14

Gaul, Einflussrechte des Betriebsrats bei Arbeitnehmererfindungen – 30 Jahre Arbeitnehmererfindungsgesetz, AuR 1987, S. 359

Herschel, 25 Jahre Arbeitnehmererfindungsgesetz, RdA 1982, S. 265

Kästle/Schmoll, Arbeitnehmererfindungen bei M&A-Transaktionen und Umstrukturierungen, BB 2018, S. 820

Konertz, Arbeitnehmererfindungen und -werke in der Weiterbeschäftigung, NZA 2019, S. 746

Konertz, Die Sondervergütung und das Recht auf Zweitverwertung im Arbeitnehmerurheberrecht, NZA 2017, S. 614

Leuze, Urheberrechte an bzw. in Tarifverträgen, AuR 2013, S. 475

Schwab, Der Arbeitnehmer als Erfinder, NZA-RR 2014, S. 281

Schwab, Der Arbeitnehmer als Urheber, NZA-RR 2015, S. 5

Schwab, Der Arbeitnehmer als Vorschlagseinreicher, NZA-RR 2015, S. 225

Schwab, Betriebsrat und betriebliches Vorschlagswesen, AiB 1999, S. 445

Schwab, Warum kein Arbeitnehmerurheberrecht?, AuR 1993, S. 129

Übersicht 10: Arbeitnehmererfindungen

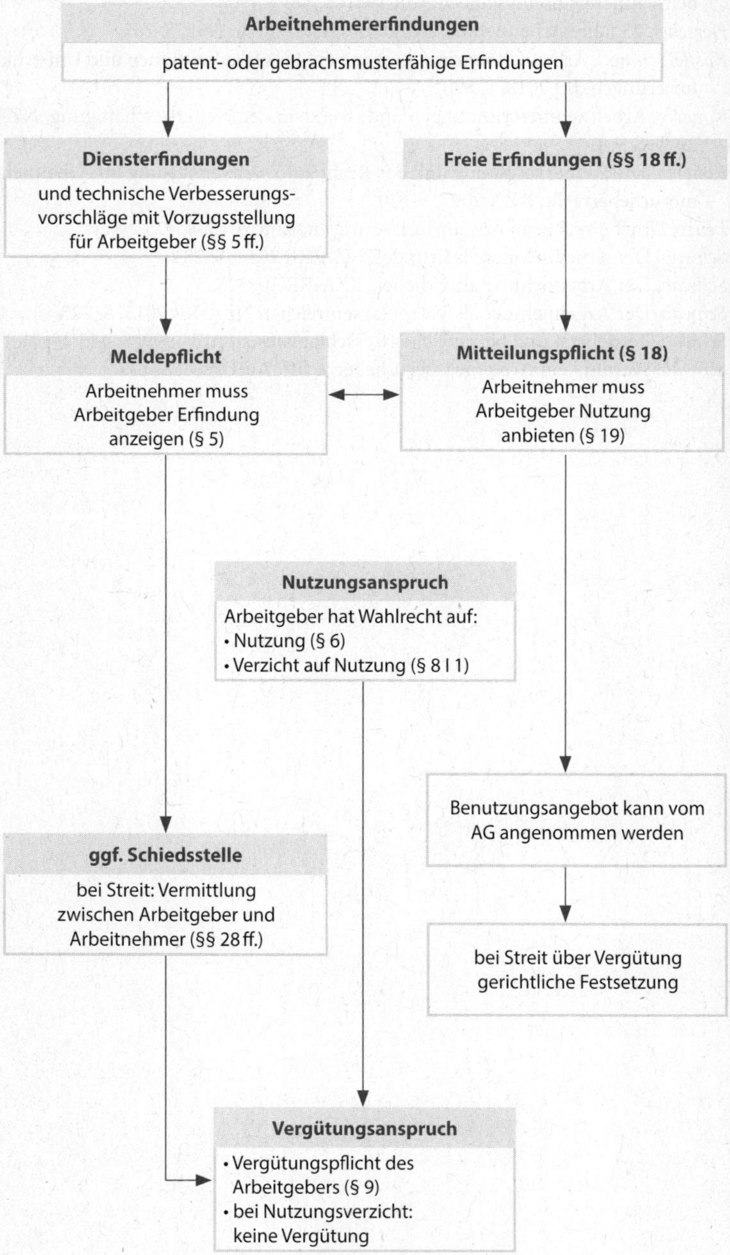

Gesetz über Arbeitnehmererfindungen (Arbeitnehmererfindungsgesetz – ArbnErfG)

vom 25. Juli 1957 (BGBl. I 756),
zuletzt geändert durch Gesetz vom 7. Juli 2021 (BGBl. I 2363)
(Abgedruckte Vorschriften: §§ 1–45)

Erster Abschnitt – Anwendungsbereich und Begriffsbestimmungen

§ 1 Anwendungsbereich Diesem Gesetz unterliegen die Erfindungen und technischen Verbesserungsvorschläge von Arbeitnehmern im privaten und im öffentlichen Dienst, von Beamten und Soldaten.

§ 2 Erfindungen Erfindungen im Sinne dieses Gesetzes sind nur Erfindungen, die patent- oder gebrauchsmusterfähig sind.

§ 3 Technische Verbesserungsvorschläge Technische Verbesserungsvorschläge im Sinne dieses Gesetzes sind Vorschläge für sonstige technische Neuerungen, die nicht patent- oder gebrauchsmusterfähig sind.

§ 4 Diensterfindungen und freie Erfindungen (1) Erfindungen von Arbeitnehmern im Sinne dieses Gesetzes können gebundene oder freie Erfindungen sein.
(2) Gebundene Erfindungen (Diensterfindungen) sind während der Dauer des Arbeitsverhältnisses gemachte Erfindungen, die entweder
1. aus der dem Arbeitnehmer im Betrieb oder in der öffentlichen Verwaltung obliegenden Tätigkeit entstanden sind oder
2. maßgeblich auf Erfahrungen oder Arbeiten des Betriebes oder der öffentlichen Verwaltung beruhen.

(3) Sonstige Erfindungen von Arbeitnehmern sind freie Erfindungen. Sie unterliegen jedoch den Beschränkungen der §§ 18 und 19.
(4) Die Absätze 1 bis 3 gelten entsprechend für Erfindungen von Beamten und Soldaten.

Zweiter Abschnitt – Erfindungen und technische Verbesserungsvorschläge von Arbeitnehmern im privaten Dienst

1. Diensterfindungen

§ 5 Meldepflicht (1) Der Arbeitnehmer, der eine Diensterfindung gemacht hat, ist verpflichtet, sie unverzüglich dem Arbeitgeber gesondert in Textform zu melden und hierbei kenntlich zu machen, daß es sich um die Meldung einer Erfindung handelt. Sind mehrere Arbeitnehmer an dem Zustandekommen der Erfindung beteiligt, so können sie die Meldung gemeinsam abgeben. Der Arbeitgeber hat den Zeitpunkt des Eingangs der Meldung dem Arbeitnehmer unverzüglich in Textform zu bestätigen.

(2) In der Meldung hat der Arbeitnehmer die technische Aufgabe, ihre Lösung und das Zustandekommen der Diensterfindung zu beschreiben. Vorhandene Aufzeichnungen sollen beigefügt werden, soweit sie zum Verständnis der Erfindung erforderlich sind. Die Meldung soll dem Arbeitnehmer dienstlich erteilte Weisungen oder Richtlinien, die benutzten Erfahrungen oder Arbeiten des Betriebes, die Mitarbeiter sowie Art und Umfang ihrer Mitarbeit angeben und soll hervorheben, was der meldende Arbeitnehmer als seinen eigenen Anteil ansieht.
(3) Eine Meldung, die den Anforderungen des Absatzes 2 nicht entspricht, gilt als ordnungsgemäß, wenn der Arbeitgeber nicht innerhalb von zwei Monaten erklärt, daß und in welcher Hinsicht die Meldung einer Ergänzung bedarf. Er hat den Arbeitnehmer, soweit erforderlich, bei der Ergänzung der Meldung zu unterstützen.

§ 6 Inanspruchnahme (1) Der Arbeitgeber kann eine Diensterfindung durch Erklärung gegenüber dem Arbeitnehmer in Anspruch nehmen.
(2) Die Inanspruchnahme gilt als erklärt, wenn der Arbeitgeber die Diensterfindung nicht bis zum Ablauf von vier Monaten nach Eingang der ordnungsgemäßen Meldung (§ 5 Abs. 2 Satz 1 und 3) gegenüber dem Arbeitnehmer durch Erklärung in Textform freigibt.

§ 7 Wirkung der Inanspruchnahme (1) Mit der Inanspruchnahme gehen alle vermögenswerten Rechte an der Diensterfindung auf den Arbeitgeber über.
(2) Verfügungen, die der Arbeitnehmer über eine Diensterfindung vor der Inanspruchnahme getroffen hat, sind dem Arbeitgeber gegenüber unwirksam, soweit seine Rechte beeinträchtigt werden.

§ 8 Frei gewordene Diensterfindungen Eine Diensterfindung wird frei, wenn der Arbeitgeber sie durch Erklärung in Textform freigibt. Über eine frei gewordene Diensterfindung kann der Arbeitnehmer ohne die Beschränkungen der §§ 18 und 19 verfügen.

§ 9 Vergütung bei Inanspruchnahme (1) Der Arbeitnehmer hat gegen den Arbeitgeber einen Anspruch auf angemessene Vergütung, sobald der Arbeitgeber die Diensterfindung in Anspruch genommen hat.
(2) Für die Bemessung der Vergütung sind insbesondere die wirtschaftliche Verwertbarkeit der Diensterfindung, die Aufgaben und die Stellung des Arbeitnehmers im Betrieb sowie der Anteil des Betriebes an dem Zustandekommen der Diensterfindung maßgebend.

§ 10 *(weggefallen)*

§ 11 Vergütungsrichtlinien Das Bundesministerium für Arbeit und Soziales erläßt nach Anhörung der Spitzenorganisationen der Arbeitgeber und der Arbeitnehmer (§ 12 des Tarifvertragsgesetzes) Richtlinien über die Bemessung der Vergütung.

§ 12 Feststellung oder Festsetzung der Vergütung (1) Die Art und Höhe der Vergütung soll in angemessener Frist nach Inanspruchnahme der Diensterfindung durch Vereinbarung zwischen dem Arbeitgeber und dem Arbeitnehmer festgestellt werden.
(2) Wenn mehrere Arbeitnehmer an der Diensterfindung beteiligt sind, ist die Vergütung für jeden gesondert festzustellen. Die Gesamthöhe der Vergütung und die Anteile der einzelnen Erfinder an der Diensterfindung hat der Arbeitgeber den Beteiligten bekanntzugeben.
(3) Kommt eine Vereinbarung über die Vergütung in angemessener Frist nach Inanspruchnahme der Diensterfindung nicht zustande, so hat der Arbeitgeber die Vergütung durch eine begründete Erklärung in Textform an den Arbeitnehmer festzusetzen und entsprechend der Festsetzung zu zahlen. Die Vergütung ist spätestens bis zum Ablauf von drei Monaten nach Erteilung des Schutzrechts festzusetzen.
(4) Der Arbeitnehmer kann der Festsetzung innerhalb von zwei Monaten durch Erklärung in Textform widersprechen, wenn er mit der Festsetzung nicht einverstanden ist. Widerspricht er nicht, so wird die Festsetzung für beide Teile verbindlich.
(5) Sind mehrere Arbeitnehmer an der Diensterfindung beteiligt, so wird die Festsetzung für alle Beteiligten nicht verbindlich, wenn einer von ihnen der Festsetzung mit der Begründung widerspricht, daß sein Anteil an der Diensterfindung unrichtig festgesetzt sei. Der Arbeitgeber ist in diesem Falle berechtigt, die Vergütung für alle Beteiligten neu festzusetzen.
(6) Arbeitgeber und Arbeitnehmer können voneinander die Einwilligung in eine andere Regelung der Vergütung verlangen, wenn sich Umstände wesentlich ändern, die für die Feststellung oder Festsetzung der Vergütung maßgebend waren. Rückzahlung einer bereits geleisteten Vergütung kann nicht verlangt werden. Die Absätze 1 bis 5 sind nicht anzuwenden.

§ 13 Schutzrechtsanmeldung im Inland (1) Der Arbeitgeber ist verpflichtet und allein berechtigt, eine gemeldete Diensterfindung im Inland zur Erteilung eines Schutzrechts anzumelden. Eine patentfähige Diensterfindung hat er zur Erteilung eines Patents anzumelden, sofern nicht bei verständiger Würdigung der Verwertbarkeit der Erfindung der Gebrauchsmusterschutz zweckdienlicher erscheint. Die Anmeldung hat unverzüglich zu geschehen.
(2) Die Verpflichtung des Arbeitgebers zur Anmeldung entfällt,
1. wenn die Diensterfindung freigeworden ist (§ 8);
2. wenn der Arbeitnehmer der Nichtanmeldung zustimmt;
3. wenn die Voraussetzungen des § 17 vorliegen.

(3) Genügt der Arbeitgeber nach Inanspruchnahme der Diensterfindung seiner Anmeldepflicht nicht und bewirkt er die Anmeldung auch nicht innerhalb einer ihm vom Arbeitnehmer gesetzten angemessenen Nachfrist, so kann der Arbeitnehmer die Anmeldung der Diensterfindung für den Arbeitgeber auf dessen Namen und Kosten bewirken.
(4) Ist die Diensterfindung freigeworden, so ist nur der Arbeitnehmer berechtigt, sie zur Erteilung eines Schutzrechts anzumelden. Hatte der Arbeitgeber die Dienst-

erfindung bereits zur Erteilung eines Schutzrechts angemeldet, so gehen die Rechte aus der Anmeldung auf den Arbeitnehmer über.

§ 14 Schutzrechtsanmeldung im Ausland (1) Nach Inanspruchnahme der Diensterfindung ist der Arbeitgeber berechtigt, diese auch im Ausland zur Erteilung von Schutzrechten anzumelden.
(2) Für ausländische Staaten, in denen der Arbeitgeber Schutzrechte nicht erwerben will, hat er dem Arbeitnehmer die Diensterfindung freizugeben und ihm auf Verlangen den Erwerb von Auslandsschutzrechten zu ermöglichen. Die Freigabe soll so rechtzeitig vorgenommen werden, daß der Arbeitnehmer die Prioritätsfristen der zwischenstaatlichen Verträge auf dem Gebiet des gewerblichen Rechtsschutzes ausnutzen kann.
(3) Der Arbeitgeber kann sich gleichzeitig mit der Freigabe nach Absatz 2 ein nichtausschließliches Recht zur Benutzung der Diensterfindung in den betreffenden ausländischen Staaten gegen angemessene Vergütung vorbehalten und verlangen, daß der Arbeitnehmer bei der Verwertung der freigegebenen Erfindung in den betreffenden ausländischen Staaten die Verpflichtungen des Arbeitgebers aus den im Zeitpunkt der Freigabe bestehenden Verträgen über die Diensterfindung gegen angemessene Vergütung berücksichtigt.

§ 15 Gegenseitige Rechte und Pflichten beim Erwerb von Schutzrechten (1) Der Arbeitgeber hat dem Arbeitnehmer zugleich mit der Anmeldung der Diensterfindung zur Erteilung eines Schutzrechts Abschriften der Anmeldeunterlagen zu geben. Er hat ihn von dem Fortgang des Verfahrens zu unterrichten und ihm auf Verlangen Einsicht in den Schriftwechsel zu gewähren.
(2) Der Arbeitnehmer hat den Arbeitgeber auf Verlangen beim Erwerb von Schutzrechten zu unterstützen und die erforderlichen Erklärungen abzugeben.

§ 16 Aufgabe der Schutzrechtsanmeldung oder des Schutzrechts (1) Wenn der Arbeitgeber vor Erfüllung des Anspruchs des Arbeitnehmers auf angemessene Vergütung die Anmeldung der Diensterfindung zur Erteilung eines Schutzrechts nicht weiterverfolgen oder das auf die Diensterfindung erteilte Schutzrecht nicht aufrechterhalten will, hat er dies dem Arbeitnehmer mitzuteilen und ihm auf dessen Verlangen und Kosten das Recht zu übertragen sowie die zur Wahrung des Rechts erforderlichen Unterlagen auszuhändigen.
(2) Der Arbeitgeber ist berechtigt, das Recht aufzugeben, sofern der Arbeitnehmer nicht innerhalb von drei Monaten nach Zugang der Mitteilung die Übertragung des Rechts verlangt.
(3) Gleichzeitig mit der Mitteilung nach Absatz 1 kann sich der Arbeitgeber ein nichtausschließliches Recht zur Benutzung der Diensterfindung gegen angemessene Vergütung vorbehalten.

§ 17 Betriebsgeheimnisse (1) Wenn berechtigte Belange des Betriebes es erfordern, eine gemeldete Diensterfindung nicht bekannt werden zu lassen, kann der Arbeitgeber von der Erwirkung eines Schutzrechts absehen, sofern er die Schutzfähigkeit der Diensterfindung gegenüber dem Arbeitnehmer anerkennt.

(2) Erkennt der Arbeitgeber die Schutzfähigkeit der Diensterfindung nicht an, so kann er von der Erwirkung eines Schutzrechts absehen, wenn er zur Herbeiführung einer Einigung über die Schutzfähigkeit der Diensterfindung die Schiedsstelle (§ 29) anruft.
(3) Bei der Bemessung der Vergütung für eine Erfindung nach Absatz 1 sind auch die wirtschaftlichen Nachteile zu berücksichtigen, die sich für den Arbeitnehmer daraus ergeben, daß auf die Diensterfindung kein Schutzrecht erteilt worden ist.

2. Freie Erfindungen

§ 18 Mitteilungspflicht (1) Der Arbeitnehmer, der während der Dauer des Arbeitsverhältnisses eine freie Erfindung gemacht hat, hat dies dem Arbeitgeber unverzüglich durch Erklärung in Textform mitzuteilen. Dabei muß über die Erfindung und, wenn dies erforderlich ist, auch über ihre Entstehung so viel mitgeteilt werden, daß der Arbeitgeber beurteilen kann, ob die Erfindung frei ist.
(2) Bestreitet der Arbeitgeber nicht innerhalb von drei Monaten nach Zugang der Mitteilung durch Erklärung in Textform an den Arbeitnehmer, daß die ihm mitgeteilte Erfindung frei sei, so kann die Erfindung nicht mehr als Diensterfindung in Anspruch genommen werden (§ 6).
(3) Eine Verpflichtung zur Mitteilung freier Erfindungen besteht nicht, wenn die Erfindung offensichtlich im Arbeitsbereich des Betriebes des Arbeitgebers nicht verwendbar ist.

§ 19 Anbietungspflicht (1) Bevor der Arbeitnehmer eine freie Erfindung während der Dauer des Arbeitsverhältnisses anderweitig verwertet, hat er zunächst dem Arbeitgeber mindestens ein nichtausschließliches Recht zur Benutzung der Erfindung zu angemessenen Bedingungen anzubieten, wenn die Erfindung im Zeitpunkt des Angebots in den vorhandenen oder vorbereiteten Arbeitsbereich des Betriebes des Arbeitgebers fällt. Das Angebot kann gleichzeitig mit der Mitteilung nach § 18 abgegeben werden.
(2) Nimmt der Arbeitgeber das Angebot innerhalb von drei Monaten nicht an, so erlischt das Vorrecht.
(3) Erklärt sich der Arbeitgeber innerhalb der Frist des Absatzes 2 zum Erwerb des ihm angebotenen Rechts bereit, macht er jedoch geltend, daß die Bedingungen des Angebots nicht angemessen seien, so setzt das Gericht auf Antrag des Arbeitgebers oder des Arbeitnehmers die Bedingungen fest.
(4) Der Arbeitgeber oder der Arbeitnehmer kann eine andere Festsetzung der Bedingungen beantragen, wenn sich Umstände wesentlich ändern, die für die vereinbarten oder festgesetzten Bedingungen maßgebend waren.

3. Technische Verbesserungsvorschläge

§ 20 (1) Für technische Verbesserungsvorschläge, die dem Arbeitgeber eine ähnliche Vorzugsstellung gewähren wie ein gewerbliches Schutzrecht, hat der Arbeitnehmer gegen den Arbeitgeber einen Anspruch auf angemessene Vergütung,

sobald dieser sie verwertet. Die Bestimmungen der §§ 9 und 12 sind sinngemäß anzuwenden.
(2) Im übrigen bleibt die Behandlung technischer Verbesserungsvorschläge der Regelung durch Tarifvertrag oder Betriebsvereinbarung überlassen.

4. Gemeinsame Bestimmungen

§ 21 *(weggefallen)*

§ 22 Unabdingbarkeit Die Vorschriften dieses Gesetzes können zuungunsten des Arbeitnehmers nicht abgedungen werden. Zulässig sind jedoch Vereinbarungen über Diensterfindungen nach ihrer Meldung, über freie Erfindungen und technische Verbesserungsvorschläge (§ 20 Abs. 1) nach ihrer Mitteilung.

§ 23 Unbilligkeit (1) Vereinbarungen über Diensterfindungen, freie Erfindungen oder technische Verbesserungsvorschläge (§ 20 Abs. 1), die nach diesem Gesetz zulässig sind, sind unwirksam, soweit sie in erheblichem Maße unbillig sind. Das gleiche gilt für die Festsetzung der Vergütung (§ 12 Abs. 4).
(2) Auf die Unbilligkeit einer Vereinbarung oder einer Festsetzung der Vergütung können sich Arbeitgeber und Arbeitnehmer nur berufen, wenn sie die Unbilligkeit spätestens bis zum Ablauf von sechs Monaten nach Beendigung des Arbeitsverhältnisses durch Erklärung in Textform gegenüber dem anderen Teil geltend machen.

§ 24 Geheimhaltungspflicht (1) Der Arbeitgeber hat die ihm gemeldete oder mitgeteilte Erfindung eines Arbeitnehmers so lange geheimzuhalten, als dessen berechtigte Belange dies erfordern.
(2) Der Arbeitnehmer hat eine Diensterfindung so lange geheimzuhalten, als sie nicht freigeworden ist (§ 8).
(3) Sonstige Personen, die auf Grund dieses Gesetzes von einer Erfindung Kenntnis erlangt haben, dürfen ihre Kenntniss weder auswerten noch bekanntgeben.

§ 25 Verpflichtungen aus dem Arbeitsverhältnis Sonstige Verpflichtungen, die sich für den Arbeitgeber und den Arbeitnehmer aus dem Arbeitsverhältnis ergeben, werden durch die Vorschriften dieses Gesetzes nicht berührt, soweit sich nicht daraus, daß die Erfindung freigeworden ist (§ 8), etwas anderes ergibt.

§ 26 Auflösung des Arbeitsverhältnisses Die Rechte und Pflichten aus diesem Gesetz werden durch die Auflösung des Arbeitsverhältnisses nicht berührt.

§ 27 Insolvenzverfahren Wird nach Inanspruchnahme der Diensterfindung das Insolvenzverfahren über das Vermögen des Arbeitgebers eröffnet, so gilt folgendes:
1. Veräußert der Insolvenzverwalter die Diensterfindung mit dem Geschäftsbetrieb, so tritt der Erwerber für die Zeit von der Eröffnung des Insolvenzverfahrens an in die Vergütungspflicht des Arbeitgebers ein.

2. Verwertet der Insolvenzverwalter die Diensterfindung im Unternehmen des Schuldners, so hat er dem Arbeitnehmer eine angemessene Vergütung für die Verwertung aus der Insolvenzmasse zu zahlen.
3. In allen anderen Fällen hat der Insolvenzverwalter dem Arbeitnehmer die Diensterfindung sowie darauf bezogene Schutzrechtspositionen spätestens nach Ablauf eines Jahres nach Eröffnung des Insolvenzverfahrens anzubieten; im Übrigen gilt § 16 entsprechend. Nimmt der Arbeitnehmer das Angebot innerhalb von zwei Monaten nach dessen Zugang nicht an, kann der Insolvenzverwalter die Erfindung ohne Geschäftsbetrieb veräußern oder das Recht aufgeben. Im Fall der Veräußerung kann der Insolvenzverwalter mit dem Erwerber vereinbaren, dass sich dieser verpflichtet, dem Arbeitnehmer die Vergütung nach § 9 zu zahlen. Wird eine solche Vereinbarung nicht getroffen, hat der Insolvenzverwalter dem Arbeitnehmer die Vergütung aus dem Veräußerungserlös zu zahlen.
4. Im Übrigen kann der Arbeitnehmer seine Vergütungsansprüche nach den §§ 9 bis 12 nur als Insolvenzgläubiger geltend machen.

3

5. Schiedsverfahren

§ 28 Gütliche Einigung In allen Streitfällen zwischen Arbeitgeber und Arbeitnehmer auf Grund dieses Gesetzes kann jederzeit die Schiedsstelle angerufen werden. Die Schiedsstelle hat zu versuchen, eine gütliche Einigung herbeizuführen.

§ 29 Errichtung der Schiedsstelle (1) Die Schiedsstelle wird beim Deutschen Patent- und Markenamt errichtet.
(2) Die Schiedsstelle kann außerhalb ihres Sitzes zusammentreten.

§ 30 Besetzung der Schiedsstelle (1) Die Schiedsstelle besteht aus einem Vorsitzenden oder seinem Vertreter und zwei Beisitzern.
(2) Der Vorsitzende und sein Vertreter sollen die Befähigung zum Richteramt nach dem Deutschen Richtergesetz besitzen. Sie werden vom Bundesministerium der Justiz und für Verbraucherschutz für die Dauer von vier Jahren berufen. Eine Wiederberufung ist zulässig.
(3) Die Beisitzer sollen auf dem Gebiet der Technik, auf das sich die Erfindung oder der technische Verbesserungsvorschlag bezieht, besondere Erfahrung besitzen. Sie werden vom Präsidenten des Deutschen Patent- und Markenamts aus den Mitgliedern oder Hilfsmitgliedern des Patentamtes für den einzelnen Streitfall berufen.
(4) Auf Antrag eines Beteiligten ist die Besetzung der Schiedsstelle um je einen Beisitzer aus Kreisen der Arbeitgeber und der Arbeitnehmer zu erweitern. Diese Beisitzer werden vom Präsidenten des Deutschen Patent- und Markenamts aus Vorschlagslisten ausgewählt und für den einzelnen Streitfall bestellt. Zur Einreichung von Vorschlagslisten sind berechtigt die in § 11 genannten Spitzenorganisationen, ferner die Gewerkschaften und die selbständigen Vereinigungen von Arbeitnehmern mit sozial- oder berufspolitischer Zwecksetzung, die keiner dieser Spitzenorganisationen angeschlossen sind, wenn ihnen eine erhebliche Zahl von

Arbeitnehmern angehört, von denen nach der ihnen im Betrieb obliegenden Tätigkeit erfinderische Leistungen erwartet werden.

(5) Der Präsident des Deutschen Patent- und Markenamts soll den Beisitzer nach Absatz 4 aus der Vorschlagsliste derjenigen Organisation auswählen, welcher der Beteiligte angehört, wenn der Beteiligte seine Zugehörigkeit zu einer Organisation vor der Auswahl der Schiedsstelle mitgeteilt hat.

(6) Die Dienstaufsicht über die Schiedsstelle führt der Vorsitzende, die Dienstaufsicht über den Vorsitzenden der Präsident des Deutschen Patent- und Markenamts. Die Mitglieder der Schiedsstelle sind an Weisungen nicht gebunden.

§ 31 Anrufung der Schiedsstelle (1) Die Anrufung der Schiedsstelle erfolgt durch schriftlichen Antrag. Der Antrag soll in zwei Stücken eingereicht werden. Er soll eine kurze Darstellung des Sachverhalts sowie Namen und Anschrift des anderen Beteiligten enthalten.

(2) Der Antrag wird vom Vorsitzenden der Schiedsstelle dem anderen Beteiligten mit der Aufforderung zugestellt, sich innerhalb einer bestimmten Frist zu dem Antrag schriftlich zu äußern.

§ 32 Antrag auf Erweiterung der Schiedsstelle Der Antrag auf Erweiterung der Besetzung der Schiedsstelle ist von demjenigen, der die Schiedsstelle anruft, zugleich mit der Anrufung (§ 31 Abs. 1), von dem anderen Beteiligten innerhalb von zwei Wochen nach Zustellung des die Anrufung enthaltenen Antrags (§ 31 Abs. 2) zu stellen.

§ 33 Verfahren vor der Schiedsstelle (1) Auf das Verfahren vor der Schiedsstelle sind §§ 41 bis 48, 1042 Abs. 1 und § 1050 der Zivilprozeßordnung sinngemäß anzuwenden. § 1042 Abs. 2 der Zivilprozeßordnung ist mit der Maßgabe sinngemäß anzuwenden, daß auch Patentanwälte und Erlaubnisscheininhaber (Art. 3 des Zweiten Gesetzes zur Änderung und Überleitung von Vorschriften auf dem Gebiet des gewerblichen Rechtsschutzes vom 2. Juli 1949 – WiGBl. S. 179) sowie Verbandsvertreter im Sinne des § 11 des Arbeitsgerichtsgesetzes von der Schiedsstelle nicht zurückgewiesen werden dürfen.

(2) Im übrigen bestimmt die Schiedsstelle das Verfahren selbst.

§ 34 Einigungsvorschlag der Schiedsstelle (1) Die Schiedsstelle faßt ihre Beschlüsse mit Stimmenmehrheit. § 196 Abs. 2 des Gerichtsverfassungsgesetzes ist anzuwenden.

(2) Die Schiedsstelle hat den Beteiligten einen Einigungsvorschlag zu machen. Der Einigungsvorschlag ist zu begründen und von sämtlichen Mitgliedern der Schiedsstelle zu unterschreiben. Auf die Möglichkeit des Widerspruchs und die Folgen bei Versäumung der Widerspruchsfrist ist in dem Einigungsvorschlag hinzuweisen. Der Einigungsvorschlag ist den Beteiligten zuzustellen.

(3) Der Einigungsvorschlag gilt als angenommen und eine dem Inhalt des Vorschlages entsprechende Vereinbarung als zustande gekommen, wenn nicht innerhalb eines Monats nach Zustellung des Vorschlages ein schriftlicher Widerspruch eines der Beteiligten bei der Schiedsstelle eingeht.

(4) Ist einer der Beteiligten durch unabwendbaren Zufall verhindert worden, den Widerspruch rechtzeitig einzulegen, so ist er auf Antrag wieder in den vorigen Stand einzusetzen. Der Antrag muß innerhalb eines Monats nach Wegfall des Hindernisses schriftlich bei der Schiedsstelle eingereicht werden. Innerhalb dieser Frist ist der Widerspruch nachzuholen. Der Antrag muß die Tatsachen, auf die er gestützt wird, und die Mittel angeben, mit denen diese Tatsachen glaubhaft gemacht werden. Ein Jahr nach Zustellung des Einigungsvorschlages kann die Wiedereinsetzung nicht mehr beantragt und der Widerspruch nicht mehr nachgeholt werden.
(5) Über den Wiedereinsetzungsantrag entscheidet die Schiedsstelle. Gegen die Entscheidung der Schiedsstelle findet die sofortige Beschwerde nach den Vorschriften der Zivilprozeßordnung an das für den Sitz des Antragstellers zuständige Landgericht statt.

§ 35 Erfolglose Beendigung des Schiedsverfahrens (1) Das Verfahren vor der Schiedsstelle ist erfolglos beendet,
1. wenn sich der andere Beteiligte innerhalb der ihm nach § 31 Abs. 2 gesetzten Frist nicht geäußert hat;
2. wenn er es abgelehnt hat, sich auf das Verfahren vor der Schiedsstelle einzulassen;
3. wenn innerhalb der Frist des § 34 Abs. 3 ein schriftlicher Widerspruch eines der Beteiligten bei der Schiedsstelle eingegangen ist.

(2) Der Vorsitzende der Schiedsstelle teilt die erfolglose Beendigung des Schiedsverfahrens den Beteiligten mit.

§ 36 Kosten des Schiedsverfahrens Im Verfahren vor der Schiedsstelle werden keine Gebühren oder Auslagen erhoben.

6. Gerichtliches Verfahren

§ 37 Voraussetzungen für die Erhebung der Klage (1) Rechte oder Rechtsverhältnisse, die in diesem Gesetz geregelt sind, können im Wege der Klage erst geltend gemacht werden, nachdem ein Verfahren vor der Schiedsstelle vorausgegangen ist.
(2) Dies gilt nicht,
1. wenn mit der Klage Rechte aus einer Vereinbarung (§§ 12, 19, 22, 34) geltend gemacht werden oder die Klage darauf gestützt wird, daß die Vereinbarung nicht rechtswirksam sei;
2. wenn seit der Anrufung der Schiedsstelle sechs Monate verstrichen sind;
3. wenn der Arbeitnehmer aus dem Betrieb des Arbeitgebers ausgeschieden ist;
4. wenn die Parteien vereinbart haben, von der Anrufung der Schiedsstelle abzusehen. Diese Vereinbarung kann erst getroffen werden, nachdem der Streitfall (§ 28) eingetreten ist. Sie bedarf der Schriftform.

(3) Einer Vereinbarung nach Absatz 2 Nr. 4 steht es gleich, wenn beide Parteien zur Hauptsache mündlich verhandelt haben, ohne geltend zu machen, daß die Schiedsstelle nicht angerufen worden ist.

(4) Der vorherigen Anrufung der Schiedsstelle bedarf es ferner nicht für Anträge auf Anordnung eines Arrestes oder einer einstweiligen Verfügung.
(5) Die Klage ist nach Erlaß eines Arrestes oder einer einstweiligen Verfügung ohne die Beschränkung des Absatzes 1 zulässig, wenn der Partei nach den §§ 926, 936 der Zivilprozeßordnung eine Frist zur Erhebung der Klage bestimmt worden ist.

§ 38 Klage auf angemessene Vergütung Besteht Streit über die Höhe der Vergütung, so kann die Klage auch auf Zahlung eines vom Gericht zu bestimmenden angemessenen Betrages gerichtet werden.

§ 39 Zuständigkeit (1) Für alle Rechtsstreitigkeiten über Erfindungen eines Arbeitnehmers sind die für Patentstreitsachen zuständigen Gerichte (§ 143 des Patentgesetzes) ohne Rücksicht auf den Streitwert ausschließlich zuständig. Die Vorschriften über das Verfahren in Patentstreitsachen sind anzuwenden.
(2) Ausgenommen von der Regelung des Absatzes 1 sind Rechtsstreitigkeiten, die ausschließlich Ansprüche auf Leistung einer festgestellten oder festgesetzten Vergütung für eine Erfindung zum Gegenstand haben.

Dritter Abschnitt – Erfindungen und technische Verbesserungsvorschläge von Arbeitnehmern im öffentlichen Dienst, von Beamten und Soldaten

§ 40 Arbeitnehmer im öffentlichen Dienst Auf Erfindungen und technische Verbesserungsvorschläge von Arbeitnehmern, die in Betrieben und Verwaltungen des Bundes, der Länder, der Gemeinden und sonstigen Körperschaften, Anstalten und Stiftungen des öffentlichen Rechts beschäftigt sind, sind die Vorschriften für Arbeitnehmer im privaten Dienst mit folgender Maßgabe anzuwenden:

1. An Stelle der Inanspruchnahme der Diensterfindung kann der Arbeitgeber eine angemessene Beteiligung an dem Ertrage der Diensterfindung in Anspruch nehmen, wenn dies vorher vereinbart worden ist. Über die Höhe der Beteiligung können im voraus bindende Abmachungen getroffen werden. Kommt eine Vereinbarung über die Höhe der Beteiligung nicht zustande, so hat der Arbeitgeber sie festzusetzen. § 12 Abs. 3 bis 6 ist entsprechend anzuwenden.
2. Die Behandlung von technischen Verbesserungsvorschlägen nach § 20 Abs. 2 kann auch durch Dienstvereinbarung geregelt werden; Vorschriften, nach denen die Einigung über die Dienstvereinbarung durch die Entscheidung einer höheren Dienststelle oder einer dritten Stelle ersetzt werden kann, finden keine Anwendung.
3. Dem Arbeitnehmer können im öffentlichen Interesse durch allgemeine Anordnung der zuständigen obersten Dienstbehörde Beschränkungen hinsichtlich der Art der Verwertung der Diensterfindung auferlegt werden.
4. Zur Einreichung von Vorschlagslisten für Arbeitgeberbeisitzer (§ 30 Abs. 4) sind auch die Bundesregierung und die Landesregierungen berechtigt.

5. Soweit öffentliche Verwaltungen eigene Schiedsstellen zur Beilegung von Streitigkeiten auf Grund dieses Gesetzes errichtet haben, finden die Vorschriften der §§ 29 bis 32 keine Anwendung.

§ 41 Beamte, Soldaten Auf Erfindungen und technische Verbesserungsvorschläge von Beamten und Soldaten sind die Vorschriften für Arbeitnehmer im öffentlichen Dienst entsprechend anzuwenden.

§ 42 Besondere Bestimmungen für Erfindungen an Hochschulen Für Erfindungen der an einer Hochschule Beschäftigten gelten folgende besonderen Bestimmungen:

1. Der Erfinder ist berechtigt, die Diensterfindung im Rahmen seiner Lehr- und Forschungstätigkeit zu offenbaren, wenn er dies dem Dienstherrn rechtzeitig, in der Regel zwei Monate zuvor, angezeigt hat. § 24 Abs. 2 findet insoweit keine Anwendung.
2. Lehnt ein Erfinder aufgrund seiner Lehr- und Forschungsfreiheit die Offenbarung seiner Diensterfindung ab, so ist er nicht verpflichtet, die Erfindung dem Dienstherrn zu melden. Will der Erfinder seine Erfindung zu einem späteren Zeitpunkt offenbaren, so hat er dem Dienstherrn die Erfindung unverzüglich zu melden.
3. Dem Erfinder bleibt im Fall der Inanspruchnahme der Diensterfindung ein nichtausschließliches Recht zur Benutzung der Diensterfindung im Rahmen seiner Lehr- und Forschungstätigkeit.
4. Verwertet der Dienstherr die Erfindung, beträgt die Höhe der Vergütung 30 vom Hundert der durch die Verwertung erzielten Einnahmen.
5. § 40 Nr. 1 findet keine Anwendung.

Vierter Abschnitt – Übergangs- und Schlußbestimmungen

§ 43 Übergangsvorschrift (1) § 42 in der am 7. Februar 2002 (BGBl. I S. 414) geltenden Fassung dieses Gesetzes findet nur Anwendung auf Erfindungen, die nach dem 6. Februar 2002 gemacht worden sind. Abweichend von Satz 1 ist in den Fällen, in denen sich Professoren, Dozenten oder wissenschaftliche Assistenten an einer wissenschaftlichen Hochschule zur Übertragung der Rechte an einer Erfindung gegenüber einem Dritten vor dem 18. Juli 2001 vertraglich verpflichtet haben, § 42 des Gesetzes über Arbeitnehmererfindungen in der bis zum 6. Februar 2002 geltenden Fassung bis zum 7. Februar 2003 weiter anzuwenden.

(2) Für die vor dem 7. Februar 2002 von den an einer Hochschule Beschäftigten gemachten Erfindungen sind die Vorschriften des Gesetzes über Arbeitnehmererfindungen in der bis zum 6. Februar 2002 geltenden Fassung anzuwenden. Das Recht der Professoren, Dozenten und wissenschaftlichen Assistenten an einer wissenschaftlichen Hochschule, dem Dienstherrn ihre vor dem 6. Februar 2002 gemachten Erfindungen anzubieten, bleibt unberührt.

(3) Auf Erfindungen, die vor dem 1. Oktober 2009 gemeldet wurden, sind die Vorschriften dieses Gesetzes in der bis zum 30. September 2009 geltenden Fassung

weiter anzuwenden. Für technische Verbesserungsvorschläge gilt Satz 1 entsprechend.

§ 44 *(weggefallen)*

§ 45 Durchführungsbestimmungen Das Bundesministerium der Justiz und für Verbraucherschutz wird ermächtigt, im Einvernehmen mit dem Bundesministerium für Arbeit und Soziales die für die Erweiterung der Besetzung der Schiedsstelle (§ 30 Abs. 4 und 5) erforderlichen Durchführungsbestimmungen[1] zu erlassen. Insbesondere kann es bestimmen,

1. welche persönlichen Voraussetzungen Personen erfüllen müssen, die als Beisitzer aus Kreisen der Arbeitgeber oder der Arbeitnehmer vorgeschlagen werden;
2. wie die auf Grund der Vorschlagslisten ausgewählten Beisitzer für ihre Tätigkeit zu entschädigen sind.

§§ 46–49 *(nicht abgedruckt)*

1 Vgl. **Zweite VO zur Durchführung des Gesetzes über Arbeitnehmererfindungen** (ArbnErfGDV 2) vom 1.10.1957 (BGBl. I 1680), zuletzt geändert durch Gesetz vom 31.7.2009 (BGBl. I 2521).

3a. Gesetz über Urheberrechte und verwandte Schutzrechte (Urheberrechtsgesetz – UrhG)

vom 9. September 1965 (BGBl. I 1273),
zuletzt geändert durch Gesetz vom 23. Oktober 2024 (BGBl. 2024 I Nr. 323)

(Abgedruckte Vorschriften: §§ 11, 31, 32, 43, 69b, 79 Abs. 1 und 2)

Einleitung

(siehe bei Nr. 3, II 2)

Gesetzestext

§ 11 Allgemeines Das Urheberrecht schützt den Urheber in seinen geistigen und persönlichen Beziehungen zum Werk und in der Nutzung des Werkes. Es dient zugleich der Sicherung einer angemessenen Vergütung für die Nutzung des Werkes.

…

§ 31 Einräumung von Nutzungsrechten (1) Der Urheber kann einem anderen das Recht einräumen, das Werk auf einzelne oder alle Nutzungsarten zu nutzen (Nutzungsrecht). Das Nutzungsrecht kann als einfaches oder ausschließliches Recht sowie räumlich, zeitlich oder inhaltlich beschränkt eingeräumt werden.

(2) Das einfache Nutzungsrecht berechtigt den Inhaber, das Werk auf die erlaubte Art zu nutzen, ohne dass eine Nutzung durch andere ausgeschlossen ist.

(3) Das ausschließliche Nutzungsrecht berechtigt den Inhaber, das Werk unter Ausschluss aller anderen Personen auf die ihm erlaubte Art zu nutzen und Nutzungsrechte einzuräumen. Es kann bestimmt werden, dass die Nutzung durch den Urheber vorbehalten bleibt. § 35 bleibt unberührt.

(4) *(weggefallen)*

(5) Sind bei der Einräumung eines Nutzungsrechts die Nutzungsarten nicht ausdrücklich einzeln bezeichnet, so bestimmt sich nach dem von beiden Partnern zugrunde gelegten Vertragszweck, auf welche Nutzungsarten es sich erstreckt. Entsprechendes gilt für die Frage, ob ein Nutzungsrecht eingeräumt wird, ob es sich um ein einfaches oder ausschließliches Nutzungsrecht handelt, wie weit Nutzungsrecht und Verbotsrecht reichen und welchen Einschränkungen das Nutzungsrecht unterliegt.

§ 32 Angemessene Vergütung (1) Der Urheber hat für die Einräumung von Nutzungsrechten und die Erlaubnis zur Werknutzung Anspruch auf die vertraglich

vereinbarte Vergütung. Ist die Höhe der Vergütung nicht bestimmt, gilt die angemessene Vergütung als vereinbart. Soweit die vereinbarte Vergütung nicht angemessen ist, kann der Urheber von seinem Vertragspartner die Einwilligung in die Änderung des Vertrages verlangen, durch die dem Urheber die angemessene Vergütung gewährt wird.
(2) Eine nach einer gemeinsamen Vergütungsregel (§ 36) ermittelte Vergütung ist angemessen. Im Übrigen ist die Vergütung angemessen, wenn sie im Zeitpunkt des Vertragsschlusses dem entspricht, was im Geschäftsverkehr nach Art und Umfang der eingeräumten Nutzungsmöglichkeit, insbesondere nach Dauer, Häufigkeit, Ausmaß und Zeitpunkt der Nutzung, unter Berücksichtigung aller Umstände üblicher- und redlicherweise zu leisten ist. Eine pauschale Vergütung muss eine angemessene Beteiligung des Urhebers am voraussichtlichen Gesamtertrag der Nutzung gewährleisten und durch die Besonderheiten der Branche gerechtfertigt sein.
(2a) Eine gemeinsame Vergütungsregel kann zur Ermittlung der angemessenen Vergütung auch bei Verträgen herangezogen werden, die vor ihrem zeitlichen Anwendungsbereich abgeschlossen wurden.
(3) Auf eine Vereinbarung, die zum Nachteil des Urhebers von den Absätzen 1 bis 2a abweicht, kann der Vertragspartner sich nicht berufen. Die in Satz 1 bezeichneten Vorschriften finden auch Anwendung, wenn sie durch anderweitige Gestaltungen umgangen werden. Der Urheber kann aber unentgeltlich ein einfaches Nutzungsrecht für jedermann einräumen.
(4) Der Urheber hat keinen Anspruch nach Absatz 1 Satz 3, soweit die Vergütung für die Nutzung seiner Werke tarifvertraglich bestimmt ist.
…

§ 43 Urheber in Arbeits- oder Dienstverhältnissen Die Vorschriften dieses Unterabschnitts sind auch anzuwenden, wenn der Urheber das Werk in Erfüllung seiner Verpflichtungen aus einem Arbeits- oder Dienstverhältnis geschaffen hat, soweit sich aus dem Inhalt oder dem Wesen des Arbeits- oder Dienstverhältnisses nichts anderes ergibt.[1]
…

§ 69b Urheber in Arbeits- und Dienstverhältnissen[2,3] (1) Wird ein Computerprogramm von einem Arbeitnehmer in Wahrnehmung seiner Aufgaben oder nach

---

1 Die Rechtsprechung geht im Hinblick auf § 31 Abs. 5 davon aus, dass das ausschließliche Nutzungsrecht im Zweifel ohne zusätzliche Vergütung beim Arbeitgeber liegt. Etwas anderes muss ausdrücklich vereinbart sein (*BGH*, NJW 74, 904; *BAG*, BB 97, 2112).

2 Vgl. auch § 2 Abs. 2 des Gesetzes über den Schutz der Topographien von mikroelektronischen Halbleitererzeugnissen **(Halbleiterschutzgesetz – HalblSchG)** vom 22.10.1987 (BGBl. I 2294), zuletzt geändert durch Gesetz vom 10.8.2021 (BGBl. I 3490): Ist die Topographie im Rahmen eines Arbeitsverhältnisses oder im Auftrag eines anderen geschaffen worden, so steht das Recht auf den Schutz der Topographie dem Arbeitgeber oder dem Auftraggeber zu, soweit durch Vertrag nichts anderes bestimmt ist.

3 Vgl. § 7 Abs. 2 **DesignG** in der Fassung der Bekanntmachung vom 24. Februar 2014 (BGBl. I 122), zuletzt geändert durch Gesetz vom 10.8.2021 (BGBl. I 3490): Wird ein

den Anweisungen seines Arbeitgebers geschaffen, so ist ausschließlich der Arbeitgeber zur Ausübung aller vermögensrechtlichen Befugnisse an dem Computerprogramm berechtigt, sofern nichts anderes vereinbart ist.

(2) Absatz 1 ist auf Dienstverhältnisse entsprechend anzuwenden.

…

§ 79 Nutzungsrechte (1) Der ausübende Künstler kann seine Rechte und Ansprüche aus den §§ 77 und 78 übertragen. § 78 Abs. 3 und 4 bleibt unberührt.

(2) Der ausübende Künstler kann einem anderen das Recht einräumen, die Darbietung auf einzelne oder alle der ihm vorbehaltenen Nutzungsarten zu nutzen.

…

Design von einem Arbeitnehmer in Ausübung seiner Aufgaben oder nach den Weisungen seines Arbeitgebers entworfen, so steht das Recht an dem eingetragenen Design dem Arbeitgeber zu, sofern vertraglich nichts anderes vereinbart wurde.

4. Gesetz zur Regelung der Arbeitnehmerüberlassung (Arbeitnehmerüberlassungsgesetz – AÜG)

Einleitung

I. Geschichtliche Entwicklung

1. Allgemeines

Das AÜG geht zurück auf eine Entscheidung des *BVerfG* (4.4.1967 – 1 BvR 84/65, NJW 67, 974), mit welcher § 37 Abs. 3 des damaligen Gesetzes über Arbeitsvermittlung und Arbeitslosenversicherung (AVAVG), der Arbeitnehmer-Überlassungsverträge in das Arbeitsvermittlungsmonopol der Arbeitsämter einbezog, als mit dem Grundrecht der freien Berufswahl (Art. 12 GG) nicht vereinbar erklärt worden war. Das *BVerfG* hatte zwar anerkannt, dass Arbeitnehmer-Überlassungsverträge mit der Arbeitsvermittlung »gewisse wirtschaftliche Funktionen gemeinsam« haben. Den wesentlichen Unterschied zur Arbeitsvermittlung – die der Bundesanstalt für Arbeit (= BA, heute Bundesagentur für Arbeit) vorbehalten war – hat es jedoch darin gesehen, dass beim Arbeitnehmer-Überlassungsvertrag die Rechtsbeziehungen zwischen dem Überlassenden und dem überlassenen Arbeitnehmer von Dauer seien und insbesondere während der Zeit bestehen bleiben, in der der Arbeitnehmer im fremden Betrieb tätig wird.
Im Gefolge der *BVerfG*-Entscheidung nahm die Zahl der Verleihfirmen sprunghaft zu (von 145, die der BA Ende 1968 bekannt waren, auf 1046 zum 30.6.1972), während das *BVerfG* auf Grund einer Stellungnahme des Deutschen Industrie- und Handelstages noch davon ausging, dass solche Verleiher selten waren. Die Freigabe der Arbeitnehmerüberlassung führte bald zu erheblichen Missständen (Vermittlung ausländischer Arbeitnehmer ohne Arbeitserlaubnis, Nichtabführung von Sozialversicherungsbeiträgen, Vorenthaltung von Lohn). Diese Missstände sollten durch das AÜG beseitigt werden, das am 21.6.1972 vom Deutschen Bundestag verabschiedet worden ist. Seine Grundkonzeption ging dahin, die Arbeitnehmerüberlassung von der Arbeitsvermittlung abzugrenzen, was insbesondere durch das (inzwischen wieder abgeschaffte) sog. Synchronisierungsverbot bewirkt werden sollte. Die Höhe des vom Verleiher gezahlten Entgelts konnte unter dem für vergleichbare Arbeitnehmer des Entleihbetriebs liegen.

2. Änderungen

In der Folge ist das Gesetz vielfach geändert worden (vgl. 45. Aufl., Einl. I 2 a). Seine radikalste Änderung erfuhr es durch das »Erste Gesetz für moderne Dienstleistungen am Arbeitsmarkt« vom 23.12.2002 (BGBl. I 4607). Eingeführt wurde ein Anspruch der Leiharbeitnehmer auf Gleichbehandlung. Im Gegenzug fielen

Synchronisationsverbot hinsichtlich Vertrags- und Einsatzdauer und Höchstüberlassungsdauer (zum Gesetz *Ankersen*, NZA 03, 421; *Böhm*, NZA 03, 828; *Kokemoor*, NZA 03, 238; *Marschner*, DB 04, 380; *Reim*, ZTR 03, 106; *Ulber*, AuR 03, 7). Die Neuregelung ist verfassungsgemäß (*BVerfG* 29. 12. 2004 – 1 BvR 2283/03, DB 05, 110).

Zur Umsetzung der Leiharbeitsrichtlinie 2008/104 (EU-ASO Nr. 42) wurde das Erste Gesetz zur Änderung des Arbeitnehmerüberlassungsgesetzes – Verhinderung von Missbrauch der Arbeitnehmerüberlassung v. 28. 4. 11 erlassen (BGBl. I 642; dazu ausf. 45. Aufl., Einl I 2b; vgl. *Ulber*, AiB 11, 351; *Leuchten*, NZA 11, 608; *Düwell*, DB 11, 1520 ff.; *Hamann*, RdA 11, 321). Mit ihm wurde u. a. die Lohnuntergrenze nach § 3a AÜG eingeführt. Diese lag bis 30. 9. 25 bei 14,53 Euro (VO v. 23. 10. 24, BGBl. I Nr. 333). Solange keine neue Lohnuntergrenze festgelegt wird, bleibt es beim allgemeinen Mindestlohnanspruch nach dem MiLoG (Nr. 31b) auch für Leiharbeiter.

Nach einer Reihe kleinerer Änderungen durch das »Gesetz zur Änderung des Arbeitnehmerüberlassungsgesetzes und des Schwarzarbeitsbekämpfungsgesetzes« v. 20. 7. 11 (BGBl. I 1506) und das TarifautonomiestärkungsG (v. 11. 8. 14, BGBl. I 1348, s. dazu Einl. I 1d zum TVG, Nr. 31) erfolgte die letzte umfassendere Reform durch das Gesetz zur Änderung des Arbeitnehmerüberlassungsgesetzes und anderer Gesetze v. 21. 2. 17 (BGBl. I 258; dazu *Absenger*, WSI-Mitt. 17, 70; *Deinert*, RdA 17, 65; *Henssler*, RdA 17, 83; *Lembke*, NZA 17, 1; *Ulber*, AiB 1/17, 27; *ders.*, AuR 17, 238; *Wank*, RdA 17, 100; Entwurf: BT-Drs. 18/9232). Ziel des Gesetzes war die Rückführung der Arbeitnehmerüberlassung auf ihre Kernfunktionen zur Überwindung vorübergehender Personalengpässe sowie die Abgrenzung echter Werkverträge von Arbeitnehmerüberlassung in Form verdeckter Werkverträge (vgl. zuletzt zusammenfassend 48. Aufl.).

Mit Gesetz v. 18. 3. 2022 (BGBl. I 466) war während des Jahres 2022 erneut die pandemiebedingt eingeführte befristete Möglichkeit des Kurzarbeitergeldbezugs auch für Leiharbeitnehmer befristet fortgeführt worden.

Zur Umsetzung der sog. Transparenzrichtlinie (»Arbeitsbedingungenrichtlinie«, vgl. Einl. zum NachwG, Nr. 29) wurde das AÜG durch Gesetz v. 20. 7. 2022 (BGBl. I 1174) ergänzt um

- die Pflicht des Verleihers, dem Arbeitnehmer vor jedem Einsatz Firma und Anschrift des Verleihers mitzuteilen (§ 11 Abs. 2 S. 4 AÜG) und
- die Pflicht des Entleihers, nach Mitteilung eines Wunsches auf Übernahme durch einen seit mind. 6 Monaten beschäftigten Leiharbeitnehmer eine begründete Antwort zu geben (§ 13a Abs. 2 AÜG).
- Im Zuge des Vierten Bürokratieentlastungsgesetzes (v. 23. 10. 2024, BGBl. I Nr. 323) wurde das Formerfordernis für den Überlassungsvertrag in § 12 AÜG von Schriftform auf Textform (§ 126b BGB, Nr. 14) geändert.

4

II. Wesentlicher Gesetzesinhalt

1. Gesamtkonzept

Das zentrale Anliegen des AÜG besteht in dreierlei:

- der Abgrenzung der Arbeitnehmerüberlassung von Arbeitsvermittlung und dabei der Formulierung von Bedingungen, unter denen Leiharbeit zulässig ist,
- der Formulierung von Mindestbedingungen für die Rechtsstellung des Leiharbeitnehmers und
- Sicherungen für den Leiharbeitnehmer im Falle verbotener Arbeitnehmerüberlassung.

Die rechtliche Bedeutung des AÜG hat sich in diesem Zusammenhang relativiert: Als es geschaffen wurde, gab es noch das Arbeitsvermittlungsmonopol der Bundesanstalt für Arbeit. Entsprechend schwerwiegend war das in jeder privaten Arbeitsverschaffung angelegte Problem der Umgehung dieses Vermittlungsmonopols. Heute ist die private Arbeitsvermittlung zulässig (vgl. §§ 292 ff. SGB III). Damit ist der Schutz des Leiharbeitnehmers einerseits vor unangemessenen Arbeitsbedingungen und andererseits vor Nachteilen aus der gespaltenen Arbeitgeberstellung von Verleiher und Entleiher im Besonderen in den Vordergrund gerückt. Dieser Schutz war durch die Deregulierungen im Zuge des Ersten Gesetzes für moderne Dienstleistungen am Arbeitsmarkt (s. o. I 2) teilweise erheblich relativiert worden, sodass Leiharbeit in großem Umfang als Instrument eingesetzt wurde, um Arbeitnehmer unter einem »billigeren Arbeitsrecht« zu beschäftigen. Durch ein Zusammenspiel von Gesetzgeber (Gesetz v. 28. 4. 11, s. o. I 2), Tarifvertragsparteien (s. u. III 1) und Rechtsprechung zur Tarifunfähigkeit der CGZP (s. u. III 3) wurde die Leiharbeit aber auf ein personalpolitisches Instrument zur Bewältigung vorübergehenden Personalbedarfs zurückgeführt (*Deinert*, RdA 14, 65, 69). Durch das AÜG-Änderungsgesetz von 2017 wurde diese Entwicklung abgeschlossen.

2. Erlaubnisabhängigkeit, offene Arbeitnehmerüberlassung, fingiertes Arbeitsverhältnis bei Rechtsverstoß

Arbeitnehmerüberlassung darf nur mit einer Erlaubnis der Bundesagentur für Arbeit betrieben werden (§ 1 AÜG). Das gilt auch für Arbeitnehmerüberlassung von Deutschland aus ins Ausland und für ausländische Verleiher, die Arbeitnehmer nach Deutschland verleihen (vgl. *Kienle/Koch,* DB 01, 922; zur Arbeitnehmerentsendung vgl. das AEntG, Nr. 31 a). Arbeitnehmerüberlassung liegt vor, wenn ein Wirtschaftsunternehmen im Rahmen seiner Tätigkeit Arbeitnehmer Dritten überlässt (das ist wichtig für die Fälle, in denen strittig ist, ob ein Unternehmen im Rahmen eines erlaubnisfreien Dienst- oder Werkvertrages tätig wurde, s. u. III 2). Eine Erlaubnis ist unter den Bedingungen des § 3 AÜG zu versagen bzw. zurückzunehmen. Keiner Erlaubnis bedarf der Arbeitnehmerverleih in folgenden Fällen:

- zwischen Mitgliedern einer Arbeitsgemeinschaft bei Tarifvertragsidentität (§ 1 Abs. 1 AÜG);
- zwischen Arbeitgebern eines Wirtschaftszweiges zur Vermeidung von Kurzarbeit aufgrund eines Tarifvertrages (§ 1 Abs. 3 Nr. 1 AÜG);

- zwischen Konzernunternehmen, sofern der Arbeitnehmer nicht zur Überlassung eingestellt und beschäftigt wird (§ 1 Abs. 3 Nr. 2 AÜG, das Konzernprivileg kommt bereits dann nicht zur Anwendung, wenn der Arbeitnehmer entweder zur Überlassung eingestellt wurde *oder* [im späteren Einsatz] zur Überlassung beschäftigt wird, *BAG* 12. 11. 2024 – 9 AZR 13/24, NZA 25, 478);
- zwischen Arbeitgebern bei nur gelegentlicher Überlassung, wenn der Arbeitnehmer nicht zum Zweck der Überlassung eingestellt und beschäftigt wird (§ 1 Abs. 3 Nr. 2a AÜG),
- bei Gestellungen im öffentlichen Dienst auf tarifvertraglicher Grundlage (§ 1 Abs. 3 Nr. 2b AÜG) und
- bei Überlassungen innerhalb des öffentlichen Dienstes oder einer öffentlich-rechtlichen Religionsgesellschaft im Fall der Anwendung von Tarifverträgen des öffentlichen Dienstes bzw. entsprechender kirchlicher Regelungen (§ 1 Abs. 3 Nr. 2c AÜG).

Ob das AÜG auch anwendbar ist bei der Gestellung im Rahmen der Tätigkeit von Vereinsmitgliedern, was im Gesundheitsbereich namentlich im Hinblick auf Rote-Kreuz-Schwestern von erheblicher Bedeutung ist, war zweifelhaft geworden. Der *EuGH* (17. 11. 2016 – C-216/15, NZA 17, 41 – Ruhrlandklinik; dazu Anm. *Heuschmid/Hlava*, AuR 17, 121) hatte dazu auf Vorlage des *BAG* (17. 3. 2015 – 1 ABR 62/12 (A), BAGE 151, 131) entschieden, dass derartige Gestellungen in den Anwendungsbereich der Leiharbeitsrichtlinie fallen, wenn die Mitglieder nach innerstaatlichem Recht aufgrund dieser Arbeitsleistung geschützt werden. Dementsprechend hatte das *BAG* (21. 2. 2017 – 1 ABR 62/12, NZA 17, 662) entschieden, dass in solchen Gestaltungen vereinsrechtlicher Gestellungen Arbeitnehmerüberlassung i. S. d. § 1 Abs. 1 vorliege. Dies wurde durch Anfügung von § 2 Abs. 4 DRKG (Art. 9 des Rentenüberleitungsabschlussgesetzes v. 17. 7. 2017, BGBl. I 2575) korrigiert, was den zeitlich unbegrenzten Einsatz durch Gestellung erlaubt. In Fortführung dieser Rechtsprechung geht das *BAG* allerdings zu Recht davon aus, dass auch eine Gestellung von (selbst geschäftsführenden) Gesellschaftern, im konkreten Fall einer Crewing-Gesellschaft von Piloten, Arbeitnehmerüberlassung sein kann, weil das AÜG unionsrechtskonform auszulegen ist (26. 4. 2022 – 9 AZR 139/21, NZA 22, 1333, Rn. 68 ff.).

Auf Vorabentscheidungsersuchen des *BAG* (16. 6. 2021 – 6 AZR 390/20 [A], NZA 21, 1269) hat der *EuGH* entschieden, dass die im öffentlichen Dienst vorgesehene Personalgestellung, bei der der Arbeitnehmer nach Widerspruch gegen den Übergang seines Arbeitsverhältnisses auf Dauer zur Arbeitsleistung bei einem Dritten verpflichtet wird, nicht unter die Leiharbeitsrichtlinie fällt, weil es sich um eine dauerhafte Verlagerung der Tätigkeit handelt und ein Missbrauch oder eine Umgehung der Leiharbeitsrichtlinie ausgeschlossen ist (22. 6. 2023 – C-427/21, NZA 23, 815 – ALB FILS Kliniken). Die Ausnahme für Personalgestellungen im öffentlichen Dienst dürfte daher rechtmäßig sein (so auch *BAG* 25. 1. 2024 – 6 AZR 390/20, NZA 24, 568, Rn. 17).

Das GesamthafenbetriebsG ist nach der Rechtsprechung ein Spezialgesetz, das dem AÜG vorgeht mit der Folge, dass etwa ein Hafenarbeiter unabhängig von einer etwaigen Überlassungerlaubnis kein fingiertes Arbeitsverhältnis zum Hafeneinzelbetrieb geltend machen kann (*BAG* 5. 7. 2022 – 9 AZR 476/21, NZA 23, 712).

Arbeitnehmerüberlassung muss offen geschehen (§ 1 Abs. 1 S. 5 AÜG) und darf nicht unter dem Deckmantel eines Werk- oder freien Dienstvertrages betrieben werden (dazu *Kainer/Schweipert*, NZA 17, 13).
Wichtigste arbeitsrechtliche Sanktion für die Nichteinhaltung der Bedingungen des § 3 Abs. 1 ist § 9 Nr. 1 – 1b in Verbindung mit § 10 Abs. 1 AÜG: Fehlt die erforderliche Erlaubnis, wird die Höchstüberlassungsdauer (s. u. 5) überschritten oder erfolgt die Überlassung verdeckt (also ohne Offenlegung, dass tatsächliche Arbeitnehmerüberlassung vorliegt), sind die Verträge unwirksam und es gilt ein Arbeitsverhältnis zwischen Entleiher und Leiharbeitnehmer als zustande gekommen (zur Bestimmung dessen Inhalts vgl. *BAG* 20.9.2016 – 9 AZR 735/15, DB 17, 434; anderes soll aber gelten, wenn das Leiharbeitsverhältnis einem anderen als deutschem Recht unterliegt, *BAG* 26.4.2022 – 9 AZR 228/21, NZA 22, 1257; 26.4.2022 – 9 AZR 139/21, NZA 22, 1333; krit. dazu *Brors/Schüren*, NZA 22, 1310; *Barkow v. Creytz*, NZA 22, 1314). Für die gerichtliche Geltendmachung des fingierten Arbeitsverhältnisses gilt nicht die Klagefrist des § 17 S. 1 TzBfG (Nr. 32) in entsprechender Anwendung (*BAG* 1.10.2024 – 9 AZR 270/23, NZA 25, 421). Das Recht, sich auf dieses fingierte Arbeitsverhältnis zu berufen, wird jedenfalls nicht schon dadurch verwirkt, dass der Arbeitnehmer zunächst woanders als beim Entleiher die Arbeit wieder aufnimmt (*BAG* 20.3.2018 – 9 AZR 508/17, NZA 18, 931). Auch aus sozialversicherungsrechtlicher Sicht besteht damit eine entgeltliche Beschäftigung zum Entleiher (*BSG* 29.6.2016 – B 12 R 8/14 R, NZS 17, 237). Das hat unmittelbare Wirkung in all den Fällen, in denen von vornherein ohne Erlaubnis operiert wurde (z. B. bei unzutreffender Berufung auf einen selbstständigen Dienst- oder Werkvertrag, s. u. III 2). Wird die Erlaubnis entzogen, gilt sie gemäß §§ 4 Abs. 1 S. 2 und 5 Abs. 2 S. 2 in Verbindung mit § 2 Abs. 4 S. 4 AÜG noch ein Jahr als fortbestehend, weshalb aus dieser Konstellation kaum Arbeitsverhältnisse über § 10 Abs. 1 AÜG entstehen dürften. Das *Hessische LAG* (6.3.2001 – 2/9 Sa 1246/00, NZA-RR 02, 73) hielt die Regelung insoweit für verfassungswidrig, als das Arbeitsverhältnis mit dem Entleiher nicht dem Willen des Arbeitnehmers entspreche. Der Gesetzgeber hat dies aufgegriffen und dem Leiharbeiter ein Widerspruchsrecht eingeräumt (dazu *Hamann/Rudnik*, NZA 17, 22). Dessen Ausübung ist zur Vermeidung von Missbräuchen an eine Identitäts- und Aktualitätsprüfung durch die Arbeitsagentur nach § 9 Abs. 2 AÜG gebunden.
Daneben soll die Einhaltung des Gesetzes durch einen umfangreichen Katalog von Ordnungswidrigkeiten sichergestellt werden (§ 16 AÜG). Die illegale Überlassung von ausländischen Arbeitnehmern erfüllt besondere Straftatbestände (§§ 15, 15a AÜG). Zur besseren Verfolgung illegaler Arbeitnehmerüberlassung arbeitet die Bundesagentur mit allen übrigen in Frage kommenden Behörden zusammen (§ 18 AÜG).

3. Verbot der Leiharbeit

§ 1b S. 1 AÜG verbietet die Arbeitnehmerüberlassung im Baugewerbe für Arbeiten, die üblicherweise von Arbeitern verrichtet werden. Das *BVerfG* hat die inhaltsgleiche Vorgängervorschrift (§ 12a AFG) als verfassungsgemäß bezeichnet (*BVerfG* 6.10.1987 – 1 BvR 1986/82 u. a., BVerfGE 77, 84; insgesamt *Düwell*, BB 95, 1082).

§ 1b AÜG dient der Beseitigung von Wettbewerbsverzerrungen und der Erhöhung der Flexibilität im Baugewerbe (vgl. *Sahl/Bachner*, NZA 94, 1063). Das Verbot der Leiharbeit am Bau gilt nicht für den Verleih zwischen Bauunternehmen, die denselben Bautarifverträgen unterfallen (§ 1b S. 2 Buchst. b AÜG). Auch kann ein für allgemeinverbindlich erklärter Tarifvertrag Ausnahmen vorsehen (§ 1b S. 2 Buchst. a AÜG). Nachdem dies vom *EuGH* als europarechtlich geboten bezeichnet worden war (*EuGH* 25.10.2011 – C-493/99, BB 01, 2427 – Kommission/Deutschland), stellt § 1b S. 2 AÜG ausländische Unternehmen, für die die deutschen Bautarifverträge nicht gelten, von diesem Verbot frei. Obwohl Bedenken im Hinblick auf die Vereinbarkeit mit der Leiharbeitsrichtlinie (oben I 2) geltend gemacht wurden (vgl. *Boemke*, RIW 09, 177, 181; *Waas*, ZESAR 2009, 207, 209), wurde das Verbot bei deren Umsetzung aufrechterhalten.

Nachdem in der Fleischindustrie erhebliche Missstände hinsichtlich Arbeitssicherheit und Gewährung der Arbeitnehmerrechte beim Einsatz von Fremdpersonal festgestellt worden waren, nimmt der Gesetzgeber durch § 6a GSA Fleisch (Nr. 4 a) die Schlachthofbetreiber unmittelbar in die arbeitsrechtliche Verantwortung im Wege eines Gebots der unmittelbaren Anstellung von Arbeitnehmern durch ein Verbot des Einsatzes von Werkvertragsarbeitnehmern und Selbstständigen sowie ein sektorales Verbot der Leiharbeit. Der Gesetzgeber sieht dies als gerechtfertigt an durch das Ziel einer Wiederherstellung der Ordnung auf dem betroffenen Teilarbeitsmarkt (näher Einl. zu Nr. 4 a). Auch hinsichtlich dieses Verbots werden aus der Literatur Zweifel geäußert (*Thüsing u. a.*, NZA 20, 1160; *Greiner/Muños Andres*, BB 24, 1588; *Rieble/Pingel/Vetter*, ZFA 24, 372; a. A. *Deinert*, AuR 20, 344, 351 f.). Dagegen erhobene Verfassungsbeschwerden blieben aber ohne Erfolg (*BVerfG* 1.6.2022 – 1 BvR 2888/20 u. a., NZA 22, 1045).

4

4. Rechtsbeziehungen zwischen Verleiher, Leiharbeitnehmer und Entleiher

Das AÜG geht von folgender rechtlichen Dreiecksbeziehung aus: Der Verleiher ist der Arbeitgeber des Leiharbeitnehmers. Er räumt dem Entleiher aufgrund eines Arbeitsverschaffungsvertrages das Recht ein, über den konkreten Arbeitseinsatz des Leiharbeitnehmers zu verfügen, m. a. W., er überträgt ihm das sog. Direktionsrecht gegenüber dem Leiharbeitnehmer (Übersicht 11). Erforderlich ist allerdings, dass der Arbeitnehmer tatsächlich dem Entleiher zur Verfügung steht und nicht etwa nur Arbeiten verrichtet, zu denen sein Arbeitgeber gegenüber dem »Entleiher« verpflichtet ist (zur darin liegenden Abgrenzung zwischen einem selbstständigen Dienst- bzw. Werkvertrag und einer Arbeitnehmerüberlassung s. u. III 2). Die Übernahme des Leiharbeiters darf dem Entleiher nicht versagt werden, es kann aber eine angemessene Vergütung an den Verleiher gemäß § 9 Abs. 1 Nr. 3 vereinbart werden. Das ist nach der Rechtsprechung des *BGH* selbst für den Fall möglich, dass der Verleiher das Arbeitsverhältnis bereits beendet hatte, weil das Vermittlungselement der Leiharbeit durchaus aus gesetzlicher Sicht erwünscht ist (5.11.2020 – III ZR 156/19, NZA 21, 50).

Zwar ist die europäische Befristungsrichtlinie (EU-ASO Nr. 41) auf Leiharbeitsverhältnisse nicht anwendbar (*EuGH* 11.4.2013 – C-290/12, NZA 13, 495 – Della

Rocca; dazu *Lembke*, NZA 13, 815). Leiharbeitnehmer genießen aber im Verhältnis zum Verleiher nach deutschem Recht denselben Schutz vor Vertragsbefristungen wie andere Arbeitnehmer (*BAG* 15.5.2013 – 7 AZR 525/11, DB 13, 2276, Rn. 19). Von der vertragsbezogenen Befristung zu unterscheiden ist die Regelung des § 1 Abs. 1 S. 4 AÜG, wonach die Überlassung vorübergehend erfolgen muss (s. u. 5).
Kann der Verleiher den Leiharbeitnehmer nicht einsetzen, trägt er nach § 11 Abs. 4 S. 2 AÜG das Beschäftigungsrisiko und damit die Gefahr, dennoch die Vergütung zahlen zu müssen. Dies darf nicht durch entsprechenden Einsatz eines Arbeitszeitkontos umgangen werden (*BAG* 16.4.2014 – 5 AZR 483/12, NZA 14, 1262). Der Verleiher hat mangels Einsetzbarkeit aber die Möglichkeit der betriebsbedingten ordentlichen Kündigung, muss freilich – wie für diese Art der Kündigung sonst auch erforderlich (vgl. Einl. III 2 zum KSchG, Nr. 25) – nachweisen, dass sein Auftragsrückgang dauerhaft ist (*BAG* 18.5.2006 – 2 AZR 412/05, DB 06, 1962; *Dahl*, DB 06, 2519). Pandemiebedingt ist mehrfach befristet die Möglichkeit von Kurzarbeit mit Kurzarbeitergeldbezug (vgl. Einl. II 2b zum SGB III, Nr. 30 III) eingeräumt worden (vgl. Einl. I, sowie Einl. II 4 zur 47. Aufl.).
Der Vertrag zwischen Verleiher und Entleiher bedarf der Textform und muss die Art des Arbeitseinsatzes spezifizieren (§ 12 AÜG). Solange kein formgültiger Verleihvertrag geschlossen wurde, kann der Verleiher die Offenlegungs- und Konkretisierungspflichten nach § 1 Abs. 1 Satz 5 und 6 AÜG nicht erfüllen (*BAG* 5.3.2024 – 9 AZR 204/23, NZA 24, 984, noch zum bisherigen Schriftformerfordernis, das durch die Textform ersetzt wurde, s. o. I 2), sodass eine bereits erfolgte Überlassung den Regeln über die verdeckte Arbeitnehmerüberlassung mit der Folge des unwirksamen Arbeitsvertrages und eines fingierten Arbeitsverhältnisses zum Entleiher greifen (o. 2). Das gilt nicht gleichermaßen für den Arbeitsvertrag zwischen Verleiher und Leiharbeitnehmer. Jedoch muss der Verleiher dem Leiharbeitnehmer eine Urkunde mit den wesentlichen Vertragsinhalten aushändigen (§ 11 AÜG; so wie bei jedem »normalen« Arbeitnehmer aufgrund des Nachweisgesetzes, Nr. 29). Die Nachweispflicht umfasst allerdings nicht die (für den Anspruch auf Gleichbehandlung, s. u. 6, wichtigen) Vertragsbedingungen, die beim Entleiher gelten (*BAG* 25.3.2015 – 5 AZR 368/12, NZA 15, 877). Vor dem jeweilligen Einsatz muss über den Entleiher und dessen Anschrift nach § 11 Abs. 2 S. 4 AÜG informiert werden.
Zwischen dem Leiharbeitnehmer und dem Entleiher wiederum bestehen über diese Weisungsunterworfenheit hinaus keine arbeitsvertraglichen Beziehungen. Das zeitigt aber arbeitsrechtliche Ungereimtheiten, da es nun einmal das entleihende Unternehmen ist, in dessen betrieblicher Organisation und unter dessen Direktionsgewalt der Leiharbeitnehmer produktiv tätig wird. Das Gesetz trägt dem an verschiedenen Stellen Rechnung:
Gemäß § 11 Abs. 6 AÜG gelten die für den Entleiher geltenden öffentlich-rechtlichen Arbeitsschutzvorschriften auch für dort beschäftigte Leiharbeitnehmer. Der Entleiher ist für die entsprechende Unterweisung verantwortlich (§ 12 Abs. 2 ArbSchG).
Auch haftet der Entleiher für die Abführung der Sozialversicherungsbeträge durch den Verleiher wie ein selbstschuldnerischer Bürge (§ 28e Abs. 2 SGB IV).

Durch Gesetz v. 28.4.11 (o. I 2) wurde ein neuer § 13a eingeführt, wonach der Entleiher zur Information über freie Arbeitsplätze verpflichtet ist, § 13b verschafft dem Leiharbeitnehmer Zugang zu Gemeinschaftseinrichtungen und -diensten des Entleihers (*Forst*, AuR 12, 97; *Kock*, BB 12, 323). Auch nach Umsetzung der Richtlinie 2008/104/EG (EU-ASO Nr. 42) fehlt es allerdings an den von deren Art. 6 Abs. 5 geforderten Maßnahmen zum verbesserten Zugang zu Fort- und Weiterbildungsangeboten des Verleihers und des Entleihers (krit. deshalb *Ulber*, AuR 10, 412, 415).

Auch betriebsverfassungsrechtlich geht das Gesetz entsprechend seiner Grundkonzeption davon aus, dass Leiharbeitnehmer Angehörige des entsendenden Betriebs des Verleihers bleiben (§ 14 Abs. 1 AÜG, zur Frage eines Zutrittsrechts zum Entleiherbetrieb s. *BAG* 15.10.2014 – 7 ABR 74/12, NZA 15, 560). Aufgrund des BetrVerf-ReformG haben jedoch Leiharbeitnehmer, die länger als 3 Monate in einem Betrieb eingesetzt sind, dort das aktive Wahlrecht (§ 7 Abs. 1 S. 2 BetrVG). Sie sind aber nicht wählbar (§ 7 S. 2 BetrVG, § 14 Abs. 2 S. 1 AÜG und § 10 Abs. 2 MitbestG), auch nicht im Falle nicht gewerbsmäßiger Arbeitnehmerüberlassung (*BAG* 17.2.2010 – 7 ABR 51/08, DB 10, 1298). Allerdings wird die Tätigkeit als Leiharbeitnehmer im Falle einer späteren Übernahme durch den Entleiher auf die Beschäftigungszeit für das passive Wahlrecht nach § 8 BetrVG angerechnet (*BAG*, AP Nr. 15 zu § 8 BetrVG 1972). Seit 1.4.2017 ist in § 14 Abs. 2 S. 4 – 6 AÜG die Berücksichtigung von Leiharbeitern bei Schwellenwerten in den Gesetzen über die betriebliche Mitbestimmung vorgesehen (zur Entwicklung der Rechtsprechung bis dahin vgl. 45. Aufl.); dasselbe gilt für die Gesetze über die Unternehmensmitbestimmung, soweit Leiharbeiter länger als 6 Monate eingesetzt sind (dazu *Fuchs/Köstler/Pütz*, AG-Report 7/14, R104; *Oetker*, NZA 17, 29). Dabei kommt es zur Bestimmung der Einsatzdauer nicht darauf an, wie lange der einzelne Leiharbeiter eingesetzt wird, sondern es ist auch bei wechselnder Besetzung auf den Arbeitsplatz abzustellen (*BGH* 25.6.2019 – II ZB 21/18, NZA 19, 1232; dazu *Klengel*, AuR 20, 456). Leiharbeiter sind nach allem betriebsverfassungsrechtlich sowohl dem Verleih- als auch dem Entleihbetrieb zuzuordnen. Dabei richtet sich die Zuständigkeit der beiden Betriebsräte nach dem Gegenstand des Mitbestimmungsrechts und der darauf bezogenen Entscheidungsmacht des Verleih- oder des Einsatzarbeitgebers (*BAG* 24.8.2016 – 7 ABR 2/15, NZA 17, 269).

Der Eingliederung der Leiharbeitnehmer in das betriebliche Geschehen beim Entleiher wird durch einige eher marginale Vorschriften Rechnung getragen: Sie dürfen die Sprechstunde des Betriebsrats aufsuchen und an Betriebsversammlungen teilnehmen; der Arbeitgeber ist ihnen gegenüber zur Unterrichtung und Erörterung hinsichtlich ihrer Arbeitsaufgaben verpflichtet. Leiharbeitnehmer können sich an den Betriebsrat mit Beschwerden wenden (§ 14 Abs. 2 AÜG). Schließlich hat der Betriebsrat vor der Arbeitsaufnahme ein Mitbestimmungsrecht gemäß § 99 BetrVG. Der Betriebsrat hat zwar kein Zustimmungsverweigerungsrecht bei Verletzung des Gleichbehandlungsgrundsatzes (s. u. 6), wohl aber dann, wenn der Leiharbeitnehmer nicht vorübergehend (s. u. 5) eingesetzt werden soll (*BAG* 10.7.2013 – 7 ABR 91/11, DB 13, 2629). Die Rechtsprechung hat darüber hinaus dem Betriebsrat auch ein Mitbestimmungsrecht hinsichtlich der Arbeitszeit der Leiharbeitnehmer gemäß § 87 Abs. 1 Nr. 2 BetrVG eingeräumt (vgl. *BAG* 15.12.1992 – 1 ABR 38/92, AiB 93, 316).

Der Einsatz von Leiharbeitnehmern als Streikbrecher ist nach § 11 Abs. 5 AÜG unzulässig (dazu *Boemke*, ZfA 17, 1; *Klein/Leist*, AuR 17, 100; *dies.*, SR 17, 31). Diese Regelung ist verfassungsgemäß (*BVerfG* 19.6.2020 – 1 BvR 842/17, NZA 20, 1186).

Wenn im Entleiherbetrieb eine Kündigung von Stammkräften (Arbeitnehmern des Entleihers) ansteht, sind bei der Ermittlung des Schwellenwertes nach § 23 KSchG (Nr. 25) als Voraussetzung für die Anwendbarkeit des sozialen Kündigungsschutzes auch die regelmäßig beschäftigten Leiharbeiter zu berücksichtigen (*BAG* 24.1.2013 – 2 AZR 140/12, DB 13, 1494). Ob Leiharbeiter für die Betriebsgrößenberechnung bei Massenentlassungen nach §§ 17 ff. KSchG mitzählen, war Gegenstand eines vom *BAG* an den *EuGH* gerichteten Vorabentscheidungsersuchens (16.11.2017 – 2 AZR 90/17, NZA 18, 245), das sich aber zwischenzeitlich erledigt hatte (vgl. ABl. 2018 C 276/34).

5. Nur vorübergehender Einsatz

Im Zuge des Änderungsgesetzes 2017 (o. I 2) wurde als wesentliches Element der Rückführung der Leiharbeit auf ihre Kernfunktionen als Instrument zur Überbrückung vorübergehenden Arbeitskräftebedarfs eine gesetzliche Höchstüberlassungsdauer von 18 Monaten in § 1 Abs. 1b AÜG geregelt (dazu *Hamann/Klengel*, EuZA 17, 194; *Löwisch*, DB 17, 1449). Damit sind dann drei problematische Fragen geklärt, die zum bisherigen Recht umstritten waren (vgl. 41. Aufl.):

- Der vorübergehende Charakter der Arbeitnehmerüberlassung ist ein zwingendes Gebot (so bereits zum früheren Recht *BAG* 30.9.2014 – 1 ABR 79/12, NZA 15, 240).
- Was noch als vorübergehend anzusehen ist, ist mit 18 Monaten gesetzlich definiert. Mehrere Überlassungszeiträume werden zusammengerechnet, wenn die Zeit dazwischen nicht mehr als 3 Monate beträgt. Ob und unter welchen Voraussetzungen im Fall eines Betriebsübergangs Zeiten beim Betriebsveräußerer zu berücksichtigen sind, ist Gegenstand eines Vorabentscheidungsersuchens zum *EuGH* (*BAG* 1.10.2024 – 9 AZR 264/23 [A], NZA 25, 257). Die Höchstüberlassungsdauer kann in einem Tarifvertrag der Einsatzbranche verlängert werden. Das ist unionsrechtlich unbedenklich (*EuGH* 17.3.2022 – C-232/20, NZA 22, 549 – Daimler). Die Höchstüberlassungsdauer muss durch den Tarifvertrag konkret festgeschrieben sein und darf den vorübergehenden Charakter der Arbeitnehmerüberlassung nicht infrage stellen (s. nächster Bulletpoint). Ein solcher Tarifvertrag der Einsatzbranche ist auch maßgeblich, wenn weder Verleiher noch Leiharbeitnehmer tarifgebunden sind, was auch verfassungsgemäß ist (*BAG* 14.9.2022 – 4 AZR 83/21, NZA 23, 305). Nicht tarifgebundene Arbeitgeber profitieren von einem solchen Tarifvertrag nur, wenn sie eine Betriebs- oder Dienstvereinbarung abschließen, die einen solchen Tarifvertrag in Bezug nimmt. Auch das setzt Tarifgebundenheit des Entleihers, nicht aber des Verleihers, voraus (*BAG* 14.9.2022 – 4 AZR 26/21, NZA 23, 313). Tarifverträge der Einsatzbranche können eine Öffnungsklausel zugunsten betrieblicher Regelungen über die

Höchstüberlassungsdauer enthalten, bei nicht tarifgebundenen Arbeitgebern darf die Höchstüberlassungsdauer aber maximal 24 Monate umfassen, wenn die Tarifvertragsparteien nicht eine darüberhinausgehende Dauer zugelassen haben (§ 1 Abs. 1b AÜG). Demgegenüber können die Betriebsparteien des Einsatzbetriebes kein Verbot des vorzeitigen Abzugs des Leiharbeitnehmers durch den Verleiher aus dem Einsatzbetrieb regeln (*BAG* 8.11.2022 – 9 AZR 486/231, NZA 23, 505, Rn. 53 ff.).

- Das Verbot vorübergehender Überlassung ist arbeitnehmerbezogen zu begreifen und nicht arbeitsplatzbezogen (*BAG* 8.11.2022 – 9 AZR 486/21, NZA 23, 505, Rn. 21 ff.). Die Richtlinie fordert nicht, dass die vorübergehende Überlassung arbeitsplatzbezogen sein muss (*EuGH* 17.3.2022 – C-232/20, NZA 22, 549 – Daimler). Allerdings können lange Überlassungsdauern desselben Leiharbeitnehmers an den Entleiher einen missbräuchlichen Einsatz darstellen. Die Überlassung eines Leiharbeitnehmers soll nämlich nicht zu einer Dauersituation für den Leiharbeitnehmer beim Entleiher werden. Wann das anzunehmen ist, ist unter Berücksichtigung aller Umstände des Einzelfalls, zu denen insbesondere Besonderheiten der Branche zählen, zu bestimmen. Der *EuGH* hat auch betont, dass insbesondere zu berücksichtigen ist, wenn es keine objektive Erklärung für den aufeinanderfolgenden Einsatz von Leiharbeitnehmern gibt, »erst recht nicht, wenn es derselbe Leiharbeitnehmer ist« (ebd., Rn. 62). Daraus ist zu schließen, dass ein solcher missbräuchlicher Einsatz durch Dauerüberlassung auch vorliegen kann, wenn verschiedene Leiharbeitnehmer eingesetzt werden, insbesondere bei Ringtausch-Modellen. Andererseits verlangt der *EuGH*, dass auch darauf abzustellen ist, was im Kontext des nationalen Regelungsrahmens vernünftigerweise als »vorübergehend« betrachtet wird. Insoweit wird maßgeblich die Höchstüberlassungsdauer von 18 Monaten zu berücksichtigen sein. Im Falle einer Überlassungsdauer von 55 Monaten hat der *EuGH* Missbrauch für möglich gehalten. Eine Höchstüberlassungsdauer im Umfang von 48 Monaten hat das *BAG* in konkreten Fällen für noch zulässig gehalten (*BAG* 14.9.2022 – 4 AZR 83/21, NZA 23, 305; 8.11.2022 – 9 AZR 486/231, NZA 23, 505).
- Der *EuGH* hat aber auch klargestellt, dass es nach der Richtlinie zwar keine Höchstgrenzen für wiederholten Einsatz von Leiharbeitern gibt und auch keine sachlichen Gründe für den Einsatz gefordert werden müssen, dass die Mitgliedstaaten aber verpflichtet sind, Maßnahmen zu ergreifen, um den vorübergehenden Charakter von Leiharbeit zu sichern (14.10.2020 – C-681/18, NZA 20, 1463 – JH/KG; dazu *Franzen*, NZA 21, 24; *Klengel*, AuR 21, 180). In diesem Sinne hat der *EuGH* in der Übergangsvorschrift, die die Nichtberücksichtigung von Überlassungszeiten vor Inkrafttreten des Gesetzes vorsieht, einen Verstoß gegen die Richtlinie gesehen, der aber nicht zur unmittelbaren Anwendbarkeit der Richtlinie in privatrechtlichen Arbeitsverhältnissen, sondern nur zu einem Staatshaftungsanspruch führt (17.3.2022 – C-232/20, NZA 22, 549 – Daimler, Rn. 73 ff.). Dementsprechend geht die Rechtsprechung davon aus, dass die Übergangsregelung des § 19 Abs. 2 AÜG durch die Gerichte weiterhin anzuwenden ist und Arbeitnehmer gegebenenfalls auf Staatshaftungsansprüche verwiesen sind (*BAG* 14.9.2022 – 4 AZR 26/21, NZA 23, 313, Rn. 71 ff.)

- Die Überschreitung der Überlassungshöchstdauer führt seit 1.4.2017 zur Unwirksamkeit des Arbeitsvertrages nach § 9 Nr. 1b AÜG mit der Folge, dass nach § 10 AÜG ein Arbeitsverhältnis mit dem Entleiher fingiert wird, wenn der Arbeitnehmer der Unwirksamkeitsfolge nicht widerspricht (s. o. 2). Durch die Richtlinie erzwungen ist eine solche Regelung aber nicht (*EuGH* 17.3.2022 – C-232/20, NZA 22, 549 – Daimler, Rn. 90 ff.). Nach der Rechtsprechung des *BAG* führt hingegen eine nicht nur vorübergehende Überlassung als solche nicht zur Fiktion eines Arbeitsvertrages mit dem Entleiher, da diese Folge in §§ 9 Nr. 1b, 10 AÜG nicht vorgesehen ist (*BAG* 14.9.2022 – 4 AZR 26/21, NZA 23, 313, Rn. 76 ff.).

6. Gleichbehandlungsprinzip

Den Verleiher trifft die Pflicht, einem Leiharbeitnehmer die gleichen Arbeitsbedingungen zu gewähren wie einem vergleichbaren Arbeitnehmer des Einsatzbetriebs (*Wass,* ZESAR 12, 7; *Zimmer*, NZA 13, 289; zur Verfassungsmäßigkeit *BVerfG* 29.12.2004 – 1 BvR 2283/03, DB 05, 110; zur Anwendung bei Auslandseinsätzen *BAG* 28.5.2014 – 5 AZR 422/12, NZA 14, 1264). Entscheidend für den Vergleich ist die Tätigkeit, die der Entleiher dem Leiharbeiter zugewiesen hat (*BAG* 23.11.2016 – 5 AZR 53/16, NZA 17, 380). Die Gleichbehandlung war bislang in §§ 9 und 10 AÜG vorgeschrieben, seit 1.4.2017 ist sie in § 8 AÜG geregelt (dazu *Bayreuther*, NZA 17, 18; *Greiner*, RdA 17, 153). Sie bezieht sich auf die wesentlichen Arbeitsbedingungen, also nicht nur das Entgelt. Dazu gehören beispielsweise auch die Dauer der Arbeitszeit (*BAG* 18.3.2014 – 9 AZR 669/12, DB 14, 1688 [OS]) oder der Urlaubsanspruch (*BAG* 23.20.2013 – 5 AZR 135/12, NZA 14, 200, Rn. 34). Zur Ermittlung, ob der Gleichstellungsgrundsatz gewahrt wurde, sind die Leistungen, die gewährt wurden, und die Leistungen, die ein vergleichbarer Stammarbeitnehmer erhalten würde, für die gesamte Dauer des Einsatzes beim Entleiher zu summieren und einander gegenüberzustellen (*BAG* 21.10.2015 – 5 AZR 604/14, NZA 16, 422). Aus dem Gleichstellungsgebot folgt allerdings nicht, dass der Leiharbeitnehmer die tariflichen Ausschlussfristen, die im Einsatzbetrieb gelten, einhalten muss (*BAG* 23.3.2011 – 5 AZR 7/10, NZA 11, 850). Wenn das Tarifentgelt des Einsatzbetriebes gewahrt wird, wird nach § 8 AÜG Abs. 1 S. 2 widerleglich vermutet, dass dadurch der Gleichstellungsgrundsatz eingehalten ist.

Vom Gleichbehandlungsgrundsatz kann aufgrund eines Tarifvertrages abgewichen werden (§ 8 Abs. 2 AÜG), sofern nicht die Lohnuntergrenze des § 3a AÜG unterschritten wird. Hierzu gibt es namentlich Tarifverträge zwischen einer DGB-Tarifgemeinschaft und IGZ bzw. BAP. Konkurrierende Tarifverträge der »Tarifgemeinschaft Christlicher Gewerkschaften für Zeitarbeit und Personalserviceagenturen« (CGZP) haben sich durch die Tarifunfähigkeit der CGZP erledigt. Zur Problematik s. u. III 3. Die Abweichung aufgrund eines Tarifvertrages ist auch durch Bezugnahme auf einen solchen Tarifvertrag möglich. Das setzt allerdings eine vollständige Inbezugnahme des Tarifvertrages und nicht nur von Teilen davon voraus (*BAG* 16.10.2019 – 4 AZR 66/18, NZA 20, 260). Nach dem AÜG-Änderungsgesetz 2017 (s. o. I 2) ist die Abweichung vom Gleichstellungsgrundsatz prinzipiell nur noch während der ersten 9 Monate der Überlassung zulässig. Abweichungen sind aber nach § 8 Abs. 4 AÜG in Branchenzuschlagstarifverträgen zulässig, wenn im Rahmen einer stufenweisen Heranführung nach einer Einarbeitungszeit von längstens 6 Wochen spätestens nach 15 Monaten der Überlassung das Vergleichsentgelt eines Stammbeschäftigten erreicht wird. Bei dieser Regelung ist ebenfalls die Möglichkeit einer Bezugnahme durch nicht tarifgebundene Arbeitsvertragsparteien auf die tariflichen Bestimmungen gegeben. Auch im Rahmen der Regelungen zur maximalen Dauer der Abweichungen vom Gleichstellungsgrundsatz sind vorübergehende Einsatzzeiten, die nicht mehr als 3 Monate zurückliegen, zu berücksichtigen (§ 8 Abs. 4 S. 4 AÜG).

Die tarifvertragliche Abweichung vom Gleichstellungsgebot ist nach § 8 Abs. 2 AÜG ohne weiteres möglich. In richtlinienkonformer Auslegung ist aber das Gebot des Art. 5 Abs. 3 der Leiharbeitsrichtlinie zu berücksichtigen, wonach der Gesamtschutz von Leiharbeitnehmern gewahrt bleiben muss. Auf ein Vorabentscheidungsersuchen des *BAG* (16.12.2020 – 5 AZR 143/19 [A], NZA 21, 801), hat der *EuGH* dazu klargestellt, dass es zur Wahrung des Gesamtschutzes korrespondierender Ausgleichsvorteile bedürfe, wenn vom Gleichstellungsgrundsatz zum Nachteil des Leiharbeiters abgewichen werde (15.12.2022 – C-311/21, NZA 23, 31 – TimePartner, m. Anm. *Thüsing*; dazu auch *Franzen*, NZA 23, 24; *Däubler*, NZA 23, 73; *Lembke*, EuZA 23, 452). Dabei sind allerdings Passagen der Entscheidung des *EuGH* zweifelhaft, insoweit unklar bleibt, ob diese Ausgleichsvorteile im Tarifvertrag enthalten sein müssen oder sich auch aus dem nationalen Leiharbeitsrecht ergeben können. Das *BAG* versteht dies dahin, dass auch gesetzliche Schutzvorschriften zugunsten von Leiharbeitern als Ausgleichsvorteile zu berücksichtigen seien, ohne den Gerichtshof wegen dieser Unklarheiten allerdings nochmals anzurufen. Zu den gesetzlich geregelten Ausgleichsvorteilen zählen die Fortzahlung der Vergütung während verleihfreier Zeiten, die Lohnuntergrenze und die Begrenzung der Abweichungsmöglichkeit auf die ersten neun Monate (31.5.2023 – 5 AZR 143/19, NZA 23, 1340; dazu krit. *Brors*, ZESAR 24, 370).

4

Der Leiharbeitnehmer hat gemäß § 13 AÜG einen Anspruch gegen den Entleiher auf Auskunft über die wesentlichen Arbeitsbedingungen für vergleichbare Arbeitnehmer im Betrieb des Entleihers. Für schuldhaft verspätete oder unzutreffende Auskünfte haftet der Entleiher dem Leiharbeitnehmer auf Schadensersatz gemäß § 280 Abs. 1 BGB (*BAG* 24.4.2014 – 8 AZR 1081/12, NZA 14, 968). Hat der Arbeitnehmer die Auskunft erhalten, enthält diese implizit auch eine Aussage zur Vergleichbarkeit. Der Leiharbeitgeber muss dann darlegen, warum er die Vergleichbarkeit bezweifelt (*BAG* 10.9.2007 – 4 AZR 656/06, DB 08, 243). Der Arbeitnehmer kann die Voraussetzungen des Gleichbehandlungsanspruchs aber auch unter Benennung eines vergleichbaren Stammarbeitnehmers und dessen Vergütung darlegen. Ferner kann er ein betriebliches Vergütungssystem benennen und muss dazu dessen tatsächliche Anwendung im Betrieb darlegen (*BAG* 13.3.2013 – 5 AZR 146/12, NZA 13, 782; 16.12.2020 – 5 AZR 22/19, NZA 21, 642). Im Falle einer Übernahme durch den Entleiher bei unveränderter Tätigkeit kann sich der Leiharbeiter auch auf die eigenen Bedingungen berufen (*BAG* 16.12.2020 – 5 AZR 131/19, NZA 21, 720).

Verstößt der Vertrag zwischen Verleiher und Leiharbeitnehmer gegen das Gleichstellungsgebot, kann der Betriebsrat des Entleiherbetriebs deswegen nicht die Zustimmung zur Einstellung verweigern (*BAG* 21.7.2009 – 1 ABR 35/08, DB 09, 2157).

III. Anwendungsprobleme und Rechtstatsachen

1. Größenordnung und Bedeutung sowie Missbrauchspotenzial

Die Zahlen über die bei der Bundesagentur für Arbeit registrierten erlaubten Aktivitäten im Bereich der gewerblichen Arbeitnehmerüberlassung zeigen die starke Konjunkturabhängigkeit dieser Branche. Anfang 2006 gab es 4700 Zeitarbeitsfirmen mit 450 000 Mitarbeitern, über 125 000 mehr als 2003 (iwd 26/06, S. 2). Am 30. 6. 2006 lag die Zahl der Zeitarbeiter bereits bei 516 000; für 2007 wurde sie auf über 600 000 Vollzeitstellen beziffert (Böckler impuls 3/09, S. 7). Nachdem die Rechtsprechung durch Feststellung der Tarifunfähigkeit der CGZP zunächst ein Unterlaufen der Gleichbehandlung durch niedrige Tarifabschlüsse ausgeschlossen hatte und für die Zukunft ein solches Unterlaufen durch die Festsetzung der Lohnuntergrenze nach § 3a ausgeschlossen werden kann, hat die relative Bedeutung von Leiharbeit seit 2012 abgenommen und ist unter 2 % gesunken, die absolute Zahl sank nach einem zwischenzeitlichen Höchststand von 927 000 im August 2011 auf 720 000 im April 2013 (vgl. m. w. N. *Deinert*, RdA 14, 65, 72). Die Leiharbeit ist insgesamt unattraktiver als Instrument zur Ersetzung von Stammbelegschaften geworden (s. o. II 1). Ende Juni 2014 waren es aber bereits wieder 882 000 Leiharbeitnehmer (BT-Drs. 18/5068), für 2015 wurde eine Zahl von 961 000 ermittelt; im Dezember 2017 waren es 1,03 Mio. Arbeitnehmer, was einem Anteil von 2,8 % aller Beschäftigten entspricht (BT-Drs. 19/4148, S. 2). Im Juni 2020, also während der Pandemie, waren es 702 000 sozialversicherungspflichtig beschäftigte Leiharbeitnehmer (BT-Drs. 19/27003, S. 2).

Gründe für das Interesse von Unternehmen am Einsatz von Leiharbeitnehmern sind seit Inkrafttreten des Gesetzes unverändert die gleichen:

- Einsparung von direkten Personal-, einschließlich Lohnfortzahlungskosten (überdurchschnittlich viele Leiharbeiter arbeiten im Niedriglohnbereich, BT-Drs. 18/4786, S. 2);
- Minderung des Verwaltungsaufwands;
- kurzfristiger Ausgleich erhöhten Arbeitsanfalls;
- keine Einhaltung von Kündigungsfristen und Fortfall arbeitsrechtlicher Auseinandersetzungen bei Beendigung der Tätigkeit der Leiharbeitnehmer;
- Entlastung des Personalhaushalts, da Abwicklung über »Einkaufskonten«, »Fremdunternehmensleistung« oder »sächlicher Aufwand« erfolgt (Erfahrungsbericht der Bundesregierung 1976/77; aus der Sicht der Arbeitgeber *Hagedorn*, Arbeitgeber 92, 891).

Demgemäß spricht der *EuGH* davon, »dass die Überlassung von Arbeitnehmern einen aus beruflicher und sozialer Sicht besonders sensiblen Bereich darstellt. Wegen der Besonderheiten der mit dieser Art von Tätigkeit verbundenen Arbeitsbeziehungen wirkt sich die Ausübung dieser Tätigkeit sowohl auf die Verhältnisse auf dem Arbeitsmarkt als auch auf die berechtigten Interessen der betroffenen Arbeitnehmer aus« (17. 12. 1981 – Rs. 279/80, NJW 82, 1203 f. – Webb). Die Deregulierung der Leiharbeit durch das 1. Hartz-Gesetz (I 2) führte zu einer teilweisen Ersetzung von Stammbelegschaften durch Leiharbeiter. Dies rechnet sich für Unternehmen immer dann, wenn die Verrechnungssätze, die der Entleiher an den Verleiher zahlen muss, hinter den Kosten regulärer Beschäftigung von Arbeit-

nehmern zurückbleiben. Der Druck auf die Lohnkosten von Leiharbeitnehmern ist deshalb erheblich. Davon ausgehend ergab sich inzwischen auch ein zusätzlicher Druck auf die Arbeitsbedingungen von Stammbeschäftigten (Böckler impuls 5/09, S. 7; *gute* ARBEIT. 10, S. 6 ff.). Besonders spektakulär war insoweit die Überführung von Belegschaften in ein konzernangehöriges Leiharbeitsunternehmen mit Rückausleihe (vgl. »Fall Schlecker beunruhigt Zeitarbeitsbranche«, FAZ v. 12.1.10). Dem begegnet das Reformgesetz vom 28.4.2011 (I 2) nur ungenügend. Die Regelung, die sich inzwischen in § 8 Abs. 3 AÜG findet, ist umgehungsanfällig und im Übrigen europarechtlich bedenklich, weil sie im Umkehrschluss grundsätzlich die Ausgliederung mit Rückverleih gestattet (vgl. *Ulber*, AuR 10, 412, 414). Vor diesem Hintergrund ist die Lohnuntergrenze des § 3a ein wichtiger Schritt. Das ist auch deshalb wichtig, weil die endgültige Gleichstellung nach 9 Monaten für viele Leiharbeitnehmer nicht wirkt, denn für mehr als 70% der Leiharbeiter endet das Arbeitsverhältnis bereits vorher, für mehr als die Hälfte der Leiharbeiter sogar bereits nach 2,7 Monaten (vgl. BT-Drs. 19/4148, S. 9). Mehr als zwei von drei Leiharbeitsverhältnissen enden nach bis zu 9 Monaten (BT-Drs. 19/27003, S. 62).
Insgesamt ist der sog. Klebeeffekt, wonach Leiharbeit in reguläre Beschäftigung beim Entleihunternehmen führt, in Frage gestellt. Zwar wurde durch Untersuchungen ermittelt, dass etwa 30% der Leiharbeiter hinterher eine feste Stelle fänden. Jedoch ist weder feststellbar, ob diese Arbeitnehmer sonst keine Festanstellung gefunden hätten (vgl. Böckler impuls 8/08, S. 1). Noch ist gesichert, dass eine solche Anstellung dauerhaft ist. Vielmehr kommt auch eine befristete Beschäftigung bis zur Dauer von zwei Jahren ohne Sachgrund gemäß § 14 Abs. 2 TzBfG (Nr. 32) in Betracht. Ob nach Ablauf der Befristungsdauer dann erneut Leiharbeiter eingesetzt werden oder reguläre Beschäftigte, ist überhaupt nicht empirisch untersucht. Nach einer Untersuchung des IAB hat die Ausweitung der Leiharbeit durchaus zu Beschäftigungszuwächsen geführt, die allerdings in nennenswertem Umfang auf Kosten der regulär Beschäftigten erfolgte (*Jahn/Weber*, IAB-Kurzbericht 2/13).
Auf der anderen Seite gibt es eine »natürliche Grenze« für den Einsatz von Leiharbeitnehmern anstelle von Stammpersonal überall dort, wo Erfahrungen der Arbeitnehmer und betriebliche Zusammenarbeit für die Qualität des Arbeitsergebnisses unverzichtbar sind.
Leiharbeit wird als Frühindikator am Arbeitsmarkt bezeichnet. Sie ist mit einer besonderen Arbeitsplatzgefährdung verbunden (vgl. SZ v. 21.3.2011, S. 19). Das bedeutet, dass im Zuge einer Krise wie 2008/09 Leiharbeiter in der Regel die ersten sind, deren Beschäftigungsverhältnisse infrage stehen, während sie bei einem Aufschwung auch als erste profitieren (vgl. FAZ v. 13.3.2009, S. 19). Eine ähnliche Entwicklung ergab sich im Zuge der Corona-Krise.

2. Werk- und Dienstverträge, Scheinwerkverträge und illegale Leiharbeit

Nachdem die Attraktivität von Leiharbeit als Ersatz von Kernbelegschaften abgenommen hat (s.o. 1), reagierten Arbeitgeber darauf mit Ausweichstrategien. Die wichtigste Grauzone wird dadurch eröffnet, dass Hauptunternehmen im Rahmen von selbstständigen Dienstleistungs- oder Werkverträgen auf Subunternehmer zu-

rückgreifen, die ihrerseits wieder mit einem anderen Unternehmen entsprechende Verträge abschließen. Die Fleischindustrie hat dies in Perfektion betrieben, indem sie praktisch sämtliche Tätigkeiten des Kernbereichs der betrieblichen Wertschöpfung mittels Werkvertragsvergabe ausgliederte. Der damit verbundenen »Entsorgung« der arbeitsrechtlichen Verantwortung auf Dritte hat der Gesetzgeber durch die Regelungen des § 6a GSA Fleisch mit einem Direktanstellungsverbot Rechnung getragen (Nr. 4 a). Aktuell wird die »Einsatzmittlung« als Gestaltung zur Umgehung der Schranken des AÜG propagiert (*Vielmeier*, RdA 19, 371).
Die Abgrenzung zwischen selbstständigem Dienst- bzw. Werkvertrag und Arbeitsvertrag gewinnt zunehmend an Bedeutung (vgl. *Schuster*, AiB 12, 151; zu Strategien aus betrieblicher und gewerkschaftlicher Sicht *Klebe*, AiB 12, 559). Dasselbe gilt für die Abgrenzung von Werk- und Dienstverträgen mit Einsatz eigener Arbeitnehmer des Vertragspartners und Leiharbeit. Entscheidend für die Abgrenzung ist gemäß § 1 Abs. 1 S. 2 AÜG, ob dem Arbeitgeber des Einsatzbetriebes ein Weisungsrecht zusteht und der Arbeitnehmer in dessen Arbeitsorganisation eingegliedert wird. Ob ein echter selbständiger Werk- oder Dienstvertrag oder in Wirklichkeit Arbeitnehmerüberlassung vorliegt, richtet sich nicht nach dem Wortlaut eines Vertrages, sondern danach, welchen Inhalt der Vertrag nach seiner praktischen Durchführung hat (§ 11 Abs. 1 S. 2 AÜG). Zur Anerkennung eines selbstständigen Dienst- oder Werkvertrages ist in jedem Falle erforderlich, dass der Werk- oder Dienstleistungsunternehmer über die betrieblichen personellen Voraussetzungen verfügt, um die Tätigkeit der Arbeitnehmer beim Dritten vor Ort zu organisieren und ihnen Weisungen zu erteilen (*BAG* 9.11.1994 – 7 AZR 217/94, NZA 95, 572). Wenn der Einsatzbetrieb über die Bestimmung der Leistungen des vermeintlichen Werkvertragspartners auch über Inhalt, Durchführung, Zeit, Dauer und Ort der Tätigkeit des Fremdpersonals mitentscheidet, kann darin ein Indiz dafür liegen, dass in Wirklichkeit keine werkvertragliche, sondern eine arbeitsvertragliche Beziehung vorliegt (*BAG* 25.9.2013 – 10 AZR 282/12, DB 13, 2626). Die Durchführung von Flügen im Wege des sog. Wet Lease mit eigenen Flugzeugen und eigenem Personal für eine fremde Fluggesellschaft hat die Rechtsprechung mangels Weisungsgebundenheit gegenüber der Fluggesellschaft nicht als Arbeitnehmerüberlassung eingeordnet (*BAG* 27.9.2022 – 9 AZR 468/21, NZA 23, 105). Für die Mitbestimmung bei Einstellungen nach § 99 BetrVG betont das *BAG* (13.5.2014 – 1 ABR 50/12, NZA 14, 1149), dass nicht das Rechtsverhältnis, in dem die jeweilige Person zum Arbeitgeber steht, entscheidend ist, sondern ob der Beschäftigte so in die betriebliche Organisation integriert ist, dass der Arbeitgeber ein typisches Weisungsrecht hat und Entscheidungen über Inhalt, Ort und Zeit der Tätigkeit trifft. Dazu genügt noch nicht, dass die Arbeitnehmer im Betrieb des Auftraggebers tätig werden und ihre Arbeiten in den betrieblichen Prozess eingeplant und detailliert beschrieben sind (*BAG* 8.11.2016 – 1 ABR 57/14, NZA-RR 17, 134).
Erweist sich ein Dienst- oder Werkvertrag in Wahrheit als Arbeitnehmerüberlassung und ist diese nicht als solche kenntlich gemacht (verdeckt), führt das – anders als nach früherer Rechtsprechung (*BAG* 12.7.2016 – 9 AZR 352/15, BB 16, 2686) – zur Unwirksamkeit des Arbeitsvertrages und zur Fiktion eines Arbeitsverhältnisses mit dem Entleiher, wobei der Leiharbeitnehmer aber ein Widerspruchsrecht hat (s. o. II 2). Dieses Risiko soll die Beteiligten dazu verleiten, klare Abgrenzungen herzustellen.

3. Tarifliche Regelung der Leiharbeit und Missbrauch tariflicher Normsetzungsmacht

Wegen des erheblichen Drucks auf die Vergütung von Leiharbeitern, damit Verleiher konkurrenzfähig Leiharbeitnehmer anbieten können, war ein enormer Run auf Tarifverträge für Leiharbeit entstanden: Der sog. Equal Pay-Grundsatz (s. o. II 6) kann durchbrochen werden, wenn ein Tarifvertrag Abweichendes vorsieht. Die Leiharbeitsbranche war daher sehr daran interessiert, Tarifverträge zu niedrigeren Bedingungen als dem Niveau im Entleiherbetrieb abzuschließen. Dies ist in bemerkenswertem Maße gelungen. Hier haben sich Akteure gefunden, die in einen wahrhaften Unterbietungswettbewerb eingetreten sind (vgl. *Deinert*, NZA 09, 1176, 1177; ausf. *Zimmer* [Hrsg.], Rechtsprobleme der tariflichen Unterbietungskonkurrenz, 2011). Namentlich die Tarifgemeinschaft Christlicher Gewerkschaften für Zeitarbeit und PSA (CGZP) ist hier zu nennen. In dem Zusammenhang wird ein Missbrauch der tariflichen Normsetzungsbefugnis angenommen (*Schüren*, AuR 08, 239). Die Tarifunfähigkeit der CGZP steht zwar inzwischen rechtskräftig fest (*BAG* 14.12.2010 – 1 ABR 19/10, NZA 11, 289), die Arbeitgeber waren aber nun dazu übergegangen, mit den Einzelgewerkschaften Tarifverträge zu schließen (*Düwell/Dahl*, DB 10, 1759). Dadurch ist auch Druck auf die DGB-Gewerkschaften entstanden, die Mühe haben, sich vom gesetzlichen Mindestlohnniveau abzusetzen. Insgesamt führt Leiharbeit bislang in der Mehrzahl der Fälle nicht zu gleichen Arbeitsbedingungen im Vergleich mit den Stammbeschäftigten des Entleiherbetriebs (*Seifert/Krehmer*, WSI-Mitt. 08, S. 335). Dass die Rechtsprechung des *BAG* die Wahrung des Gesamtschutzes der Leiharbeiter bereits als durch gesetzliche Regelungen gewährleistet ansieht (s. o. II 6), begünstigt dies zusätzlich.

Die Gewerkschaften versuchten daher, über die Entleiherbetriebe den Gleichstellungsgrundsatz durchzusetzen. Erstmals in der Stahlindustrie war der Abschluss eines tarifvertraglichen Gleichbehandlungsgebots gelungen (»Erstmals gleicher Lohn für Leiharbeiter«, SZ vom 2.10.10, S. 2). In der Tarifrunde 2012 gelang auch für die Metallindustrie eine Ausweitung des Schutzes von Leiharbeitern über Tarifverträge mit den Entleihern, insbesondere durch Verpflichtung auf Einsatz von Leiharbeitnehmern aus Unternehmen, die tarifgerecht bezahlen, Mitbestimmung des Betriebsrats sowie mit den Verleihern Einführung eines Branchenzuschlags nach sechs Wochen Einsatzzeit (vgl. IGM direkt 7/12, S. 3; iwd 22/12, S. 1 f.; dazu *Krause*, NZA 12, 830; *Schumann*, AiB 12, 423). Inzwischen gibt es eine Reihe weiterer Branchen mit Branchenzuschlagstarifverträgen. Der Gesetzgeber hat diese Option aufgegriffen und in dem Zusammenhang eine Verlängerung der Möglichkeiten zur Abweichung vom Gleichstellungsgrundsatz auf 15 Monate anerkannt (s. o. II 6).

Nachdem die Tarifunfähigkeit der CGZP feststand, ergaben sich Folgefragen. Grundsätzlich konnten die betroffenen Arbeitnehmer Vergütung auf Grundlage des Gleichbehandlungsgrundsatzes und die Sozialversicherungsträger entsprechende Beitragsansprüche nachfordern (zu Einzelheiten s. 40. und 46. Aufl.). Arbeitgeber waren davor nicht durch den rechtsstaatlichen Grundsatz des Vertrauensschutzes geschützt (*BVerfG* 25.4.2015 – 1 BvR 2314/12, NZA 15, 757).

IV. Reformbestrebungen

Nach Schaffung des jüngsten Änderungsgesetzes (s. o. I 2) gibt es aktuell keine Reformbestrebungen. Die letzte Koalitionsregierung betonte vielmehr, dass Werkverträge und Arbeitnehmerüberlassung notwendige Instrumente seien (»Mehr Fortschritt wagen, Bündnis für Freiheit, Gerechtigkeit und Nachhaltigkeit«, Koalitionsvertrag 2021–2025 zwischen SPD, Bündnis 90/Die Grünen und FDP). Rechtsverstöße sollten durch effektive Rechtsdurchsetzung verhindert werden. Ansonsten war lediglich eine Überprüfung notwendiger Anpassungen infolge europäischer Rechtsprechung vorgesehen. Von gewerkschaftsnaher Seite wird vorgeschlagen, das bewährte (vgl. Einl. III zum GSA Fleisch, Nr. 4a) Direktanstellangebot und damit auch das daraus folgende Verbot der Arbeitnehmerüberlassung aus der Fleischwirtschaft auf die Paketzustellung und die Saisonarbeit zu übertragen (*Sutterer-Kipping*, Mitb 2/2025, 55).

Wichtige Entscheidungen

BVerfG 4. 4. 1967 – 1 BvR 84/65, NJW 1967, 974
BVerfG 6. 10. 1987 – 1 BvR 1986/82 u. a., BVerfGE 77, 84
EuGH 17. 11. 2016 – C-216/15, NZA 2017, 41 – Ruhrlandklinik
EuGH 17. 3. 2022 – C-232/20, NZA 2022, 549 – Daimler
EuGH 15. 12. 2022 – C-311/21, NZA 2023, 31 – TimePartner
BAG 31. 5. 2023 – 5 AZR 143/19, NZA 2023, 1340

Weiterführende Literatur

Handbücher und Kommentare

Deinert/Wenckebach/Zwanziger-*Walser*, Arbeitsrecht, § 113 (Arbeitnehmerüberlassung)
Boemke/Lembke, Arbeitnehmerüberlassungsgesetz, 4. Aufl. (2026)
Schüren/Hamann, Arbeitnehmerüberlassungsgesetz, 6. Aufl. (2022)
Steiner/Mittländer, Leiharbeit, Werkverträge und andere prekäre Beschäftigungsverhältnisse, Handlungshilfe für Betriebsräte, 3. Aufl. (2017)
Thüsing, Arbeitnehmerüberlassungsgesetz, 4. Aufl. (2018)
Ulber/Ulber, Arbeitnehmerüberlassungsgesetz, Kommentar für die Praxis, 6. Aufl. (2023)
Ulber/Ulber, Arbeitnehmerüberlassungsgesetz, Basiskommentar, 3. Aufl. (2020)
Ulber, Leiharbeit, Ratgeber für Betriebsräte und Beschäftigte, 2. Aufl. (2018)
Urban-Crell/Germakowski/Bissels/Hurst, Arbeitnehmerüberlassungsgesetz – AÜG, Kommentar, 4. Aufl. (2024)

Aufsätze

Absenger, Die Reform von Leiharbeit und Werkverträgen: erfreuliche Neuregelungen, aber auch viele Schwächen, WSI-Mitt. 2017, S. 70

Bayreuther, Vergütungsstrukturen und Equal-pay in der Arbeitnehmerüberlassung nach der AÜG-Reform, NZA 2017, S. 18

Deinert, Kernbelegschaften – Randbelegschaften – Fremdbelegschaften, RdA 2014, S. 65

Deinert, Neuregelung des Fremdpersonaleinsatzes im Betrieb, RdA 2017, S. 65

Hamann, Fremdpersonal im Unternehmen – Industriedienstleistung statt Leiharbeit?, NZA Beilage 1/2014, S. 3

Hamann/Klengel, Zutritt verboten für den Betriebsrat?, Zum Zugangsrecht des BR des Verleihers zu den Arbeitsplätzen der Leiharbeitnehmer im Entleiherbetrieb, AuR 2016, S. 99

Hamann/Klengel, Die AÜG-Reform 2017 im Lichte der Richtlinie Leiharbeit, EuZA 2017, S. 485

Hamann/Klengel, Die Überlassungsdauer des reformierten AÜG im Lichte des Unionsrechts, EuZA 2017, S. 194

Hamann/Rudnik, Mitbestimmung nach § 87 BetrVG bei Onsite-Werkverträgen, NZA 2016, S. 1368

Henssler, Fremdpersonaleinsatz durch On-Site-Werkverträge und Arbeitnehmerüberlassung – offene Fragen und Anwendungsprobleme des neuen Rechts, RdA 2017, S. 83

Hertwig/Kirsch, Betriebsübergreifender Personaleinsatz: Arbeitgeberzusammenschlüsse und tarifvertragliche Arbeitnehmerüberlassung, WSI-Mitt. 2013, S. 107

Kainer/Schweipert, Werkverträge und verdeckte Leiharbeit nach dem neuen AÜG, NZA 2017, S. 13

Klein/Leist, Kein Einsatz von Leiharbeitnehmern als Streikbrecher – Die Neuregelung in § 11 Abs. 5 AÜG n. F. im Hinblick auf Auslegung, Schutzlücken, Rechtsfolgen und Durchsetzung, AuR 2017, S. 100

Krause, Arbeit in der Holzklasse – Gesetzliche und kollektivvertragliche Rahmung der Leiharbeit, KJ 2013, S. 119

Lembke, AÜG-Reform 2017 – Eine Reformatio in Peius, NZA 2017, S. 1

Linsenmaier/Kiel, Der Leiharbeitnehmer in der Betriebsverfassung – »Zwei-Komponenten-Lehre« und normzweckorientierte Gesetzesauslegung, RdA 2014, S. 135

Löwisch, Gewerkschaftliche Leiharbeitsgenossenschaften, NZA 2023, S. 929

Oetker, Arbeitnehmerüberlassung und Unternehmensmitbestimmung im entleihenden Unternehmen nach § 14 II 5 und 6 AÜG, NZA 2017, S. 29

Ulber, Die AÜG-Reform: Neuregelung zur Diskriminierung und zum funktionswidrigen Einsatz von Leiharbeitnehmern, AuR 2017, S. 65

Waltermann, Fehlentwicklung in der Leiharbeit, NZA 2010, S. 482

Wank, Änderungen im Leiharbeitsrecht, RdA 2017, S. 100

Wank, Genügt das reformierte AÜG dem Unionsrecht?, AuR 2018, S. 1909

Übersicht 11: Arbeitnehmerüberlassung/Werkvertrag

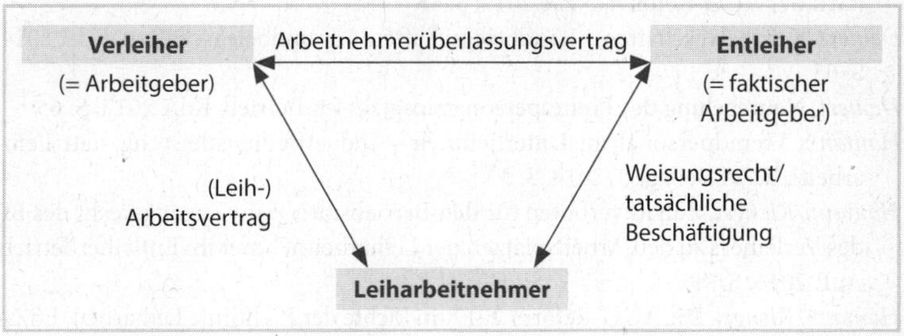

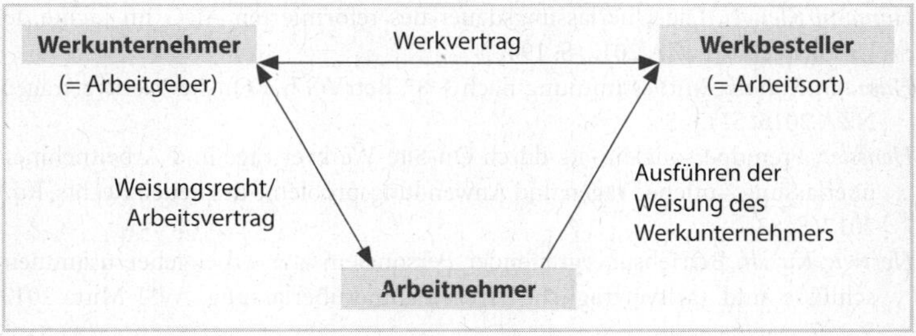

Checkliste 12: Fragen zum Scheinwerkvertrag

- Gibt der Einsatzbetrieb Anweisungen bzgl. der Ausführung der Arbeiten?
- Arbeiten die Stammarbeiter und die Fremdfirmenbeschäftigten vermischt (z. B. in Gruppen) zusammen?
- Nimmt der Einsatzbetrieb Einfluss auf Zahl, Qualifikation oder Arbeitszeit der Fremdfirmenarbeitnehmer?
- Werden die Fremdfirmenbeschäftigten vom Leitungspersonal des Einsatzbetriebes eingesetzt, beaufsichtigt oder angewiesen?
- Hat das Fremdunternehmen kein eigenes Leitungspersonal im Einsatzbetrieb eingesetzt?
- Werden Stundenzettel vom Einsatzbetrieb abgezeichnet oder dessen Zeiterfassungsgeräte benutzt?
- Werden die Arbeiten des Fremdunternehmens nach Stunden abgerechnet?
- Werden Maschinen, Werkzeug oder Material vom Einsatzbetrieb gestellt?

Wird eine der Fragen positiv beantwortet, deutet dies darauf hin, dass ein Scheinwerkvertrag, d. h. Arbeitnehmerüberlassung, vorliegt (vgl. Ulber, Arbeitnehmer in Zeitarbeitsfirmen, 2. Aufl. 2004, S. 37).

Gesetz zur Regelung der Arbeitnehmerüberlassung (Arbeitnehmerüberlassungsgesetz – AÜG)

vom 7. August 1972 (BGBl. I 1393),
zuletzt geändert durch Gesetz vom 22. Dezember 2025 (BGBl. 2025 I Nr. 369)

§ 1 Arbeitnehmerüberlassung, Erlaubnispflicht (1) Arbeitgeber, die als Verleiher Dritten (Entleihern) Arbeitnehmer (Leiharbeitnehmer) im Rahmen ihrer wirtschaftlichen Tätigkeit zur Arbeitsleistung überlassen (Arbeitnehmerüberlassung) wollen, bedürfen der Erlaubnis. Arbeitnehmer werden zur Arbeitsleistung überlassen, wenn sie in die Arbeitsorganisation des Entleihers eingegliedert sind und seinen Weisungen unterliegen. Die Überlassung und das Tätigwerdenlassen von Arbeitnehmern als Leiharbeitnehmer ist nur zulässig, soweit zwischen dem Verleiher und dem Leiharbeitnehmer ein Arbeitsverhältnis besteht. Die Überlassung von Arbeitnehmern ist vorübergehend bis zu einer Überlassungshöchstdauer nach Absatz 1b zulässig.[1] Verleiher und Entleiher haben die Überlassung von Leiharbeitnehmern in ihrem Vertrag ausdrücklich als Arbeitnehmerüberlassung zu bezeichnen, bevor sie den Leiharbeitnehmer überlassen oder tätig werden lassen. Vor der Überlassung haben sie die Person des Leiharbeitnehmers unter Bezugnahme auf diesen Vertrag zu konkretisieren.

(1a) Die Abordnung von Arbeitnehmern zu einer zur Herstellung eines Werkes gebildeten Arbeitsgemeinschaft ist keine Arbeitnehmerüberlassung, wenn der Arbeitgeber Mitglied der Arbeitsgemeinschaft ist, für alle Mitglieder der Arbeitsgemeinschaft Tarifverträge desselben Wirtschaftszweiges gelten und alle Mitglieder auf Grund des Arbeitsgemeinschaftsvertrages zur selbständigen Erbringung von Vertragsleistungen verpflichtet sind. Für einen Arbeitgeber mit Geschäftssitz in einem anderen Mitgliedstaat des Europäischen Wirtschaftsraumes ist die Abordnung von Arbeitnehmern zu einer zur Herstellung eines Werkes gebildeten Arbeitsgemeinschaft auch dann keine Arbeitnehmerüberlassung, wenn für ihn deutsche Tarifverträge desselben Wirtschaftszweiges wie für die anderen Mitglieder der Arbeitsgemeinschaft nicht gelten, er aber die übrigen Voraussetzungen des Satzes 1 erfüllt.

(1b) Der Verleiher darf denselben Leiharbeitnehmer nicht länger als 18 aufeinander folgende Monate demselben Entleiher überlassen; der Entleiher darf denselben Leiharbeitnehmer nicht länger als 18 aufeinander folgende Monate tätig werden lassen. Der Zeitraum vorheriger Überlassungen durch denselben oder einen anderen Verleiher an denselben Entleiher ist vollständig anzurechnen, wenn zwischen

1 Vgl. § 2 Abs. 4 des Gesetzes über das Deutsche Rote Kreuz und andere freiwillige Hilfsgesellschaften im Sinne der Genfer Rotkreuz-Abkommen (**DRK-Gesetz – DRKG**) vom 5. 12. 2008 (BGBl. I 2346), zuletzt geändert durch Gesetz vom 28. 10. 2025 (BGBl. 2025 I Nr. 259): Für die Gestellung von Mitgliedern einer Schwesternschaft vom Deutschen Roten Kreuz gilt das Arbeitnehmerüberlassungsgesetz mit der Maßgabe, dass § 1 Absatz 1 Satz 4 und Absatz 1b des Arbeitnehmerüberlassungsgesetzes nicht anwendbar ist. Die Gestellung gilt nicht als Arbeitnehmerüberlassung im Sinne des § 40 Absatz 1 Nummer 2 des Aufenthaltsgesetzes.

den Einsätzen jeweils nicht mehr als drei Monate liegen. In einem Tarifvertrag von Tarifvertragsparteien der Einsatzbranche kann eine von Satz 1 abweichende Überlassungshöchstdauer festgelegt werden. Im Geltungsbereich eines Tarifvertrages nach Satz 3 können abweichende tarifvertragliche Regelungen im Betrieb eines nicht tarifgebundenen Entleihers durch Betriebs- oder Dienstvereinbarung übernommen werden. In einer auf Grund eines Tarifvertrages von Tarifvertragsparteien der Einsatzbranche getroffenen Betriebs- oder Dienstvereinbarung kann eine von Satz 1 abweichende Überlassungshöchstdauer festgelegt werden. Können auf Grund eines Tarifvertrages nach Satz 5 abweichende Regelungen in einer Betriebs- oder Dienstvereinbarung getroffen werden, kann auch in Betrieben eines nicht tarifgebundenen Entleihers bis zu einer Überlassungshöchstdauer von 24 Monaten davon Gebrauch gemacht werden, soweit nicht durch diesen Tarifvertrag eine von Satz 1 abweichende Überlassungshöchstdauer für Betriebs- oder Dienstvereinbarungen festgelegt ist. Unterfällt der Betrieb des nicht tarifgebundenen Entleihers bei Abschluss einer Betriebs- oder Dienstvereinbarung nach Satz 4 oder Satz 6 den Geltungsbereichen mehrerer Tarifverträge, ist auf den für die Branche des Entleihers repräsentativen Tarifvertrag abzustellen. Die Kirchen und die öffentlich-rechtlichen Religionsgesellschaften können von Satz 1 abweichende Überlassungshöchstdauern in ihren Regelungen vorsehen.[2]

(2) Werden Arbeitnehmer Dritten zur Arbeitsleistung überlassen und übernimmt der Überlassende nicht die üblichen Arbeitgeberpflichten oder das Arbeitgeberrisiko (§ 3 Abs. 1 Nr. 1 bis 3), so wird vermutet, daß der Überlassende Arbeitsvermittlung betreibt.

(3) Dieses Gesetz ist mit Ausnahme des § 1b Satz 1, des § 16 Absatz 1 Nummer 1f und Absatz 2 bis 5 sowie der §§ 17 und 18 nicht anzuwenden auf die Arbeitnehmerüberlassung

1. zwischen Arbeitgebern desselben Wirtschaftszweiges zur Vermeidung von Kurzarbeit oder Entlassungen, wenn ein für den Entleiher und Verleiher geltender Tarifvertrag dies vorsieht,
2. zwischen Konzernunternehmen im Sinne des § 18 des Aktiengesetzes, wenn der Arbeitnehmer nicht zum Zweck der Überlassung eingestellt und beschäftigt wird,

2a. zwischen Arbeitgebern, wenn die Überlassung nur gelegentlich erfolgt und der Arbeitnehmer nicht zum Zweck der Überlassung eingestellt und beschäftigt wird,

2b. zwischen Arbeitgebern, wenn Aufgaben eines Arbeitnehmers von dem bisherigen zu dem anderen Arbeitgeber verlagert werden und auf Grund eines Tarifvertrages des öffentlichen Dienstes
   a) das Arbeitsverhältnis mit dem bisherigen Arbeitgeber weiter besteht und
   b) die Arbeitsleistung zukünftig bei dem anderen Arbeitgeber erbracht wird,

2c. zwischen Arbeitgebern, wenn diese juristische Personen des öffentlichen Rechts sind und Tarifverträge des öffentlichen Dienstes oder Regelungen der öffentlich-rechtlichen Religionsgesellschaften anwenden, oder

2 Vgl. § 2 Abs. 4 DRKG (siehe Fn. zu § 1 Abs. 1 Satz 4).

3. in das Ausland, wenn der Leiharbeitnehmer in ein auf der Grundlage zwischenstaatlicher Vereinbarungen begründetes deutsch-ausländisches Gemeinschaftsunternehmen verliehen wird, an dem der Verleiher beteiligt ist.

§ 1a Anzeige der Überlassung (1) Keiner Erlaubnis bedarf ein Arbeitgeber mit weniger als 50 Beschäftigten, der zur Vermeidung von Kurzarbeit oder Entlassungen an einen Arbeitgeber einen Arbeitnehmer, der nicht zum Zweck der Überlassung eingestellt und beschäftigt wird, bis zur Dauer von zwölf Monaten überläßt, wenn er die Überlassung vorher schriftlich der Bundesagentur für Arbeit angezeigt hat.
(2) In der Anzeige sind anzugeben
1. Vor- und Familiennamen, Wohnort und Wohnung, Tag und Ort der Geburt des Leiharbeitnehmers,
2. Art der vom Leiharbeitnehmer zu leistenden Tätigkeit und etwaige Pflicht zur auswärtigen Leistung,
3. Beginn und Dauer der Überlassung,
4. Firma und Anschrift des Entleihers.

§ 1b Einschränkungen im Baugewerbe Arbeitnehmerüberlassung nach § 1 in Betriebe des Baugewerbes für Arbeiten, die üblicherweise von Arbeitern verrichtet werden, ist unzulässig. Sie ist gestattet
a) zwischen Betrieben des Baugewerbes und anderen Betrieben, wenn diese Betriebe erfassende, für allgemeinverbindlich erklärte Tarifverträge dies bestimmen,
b) zwischen Betrieben des Baugewerbes, wenn der verleihende Betrieb nachweislich seit mindestens drei Jahren von denselben Rahmen- und Sozialkassentarifverträgen oder von deren Allgemeinverbindlichkeit erfasst wird.

Abweichend von Satz 2 ist für Betriebe des Baugewerbes mit Geschäftssitz in einem anderen Mitgliedstaat des Europäischen Wirtschaftsraumes Arbeitnehmerüberlassung auch gestattet, wenn die ausländischen Betriebe nicht von deutschen Rahmen- und Sozialkassentarifverträgen oder für allgemeinverbindlich erklärten Tarifverträgen erfasst werden, sie aber nachweislich seit mindestens drei Jahren überwiegend Tätigkeiten ausüben, die unter den Geltungsbereich derselben Rahmen- und Sozialkassentarifverträge fallen, von denen der Betrieb des Entleihers erfasst wird.

§ 2 Erteilung und Erlöschen der Erlaubnis (1) Die Erlaubnis wird auf schriftlichen Antrag erteilt.
(2) Die Erlaubnis kann unter Bedingungen erteilt und mit Auflagen verbunden werden, um sicherzustellen, daß keine Tatsachen eintreten, die nach § 3 die Versagung der Erlaubnis rechtfertigen. Die Aufnahme, Änderung oder Ergänzung von Auflagen sind auch nach Erteilung der Erlaubnis zulässig.
(3) Die Erlaubnis kann unter dem Vorbehalt des Widerrufs erteilt werden, wenn eine abschließende Beurteilung des Antrags noch nicht möglich ist.
(4) Die Erlaubnis ist auf ein Jahr zu befristen. Der Antrag auf Verlängerung der Erlaubnis ist spätestens drei Monate vor Ablauf des Jahres zu stellen. Die Erlaubnis

verlängert sich um ein weiteres Jahr, wenn die Erlaubnisbehörde die Verlängerung nicht vor Ablauf des Jahres ablehnt. Im Fall der Ablehnung gilt die Erlaubnis für die Abwicklung der nach § 1 erlaubt abgeschlossenen Verträge als fortbestehend, jedoch nicht länger als zwölf Monate.
(5) Die Erlaubnis kann unbefristet erteilt werden, wenn der Verleiher drei aufeinanderfolgende Jahre lang nach § 1 erlaubt tätig war. Sie erlischt, wenn der Verleiher von der Erlaubnis drei Jahre lang keinen Gebrauch gemacht hat.

§ 3 Versagung (1) Die Erlaubnis oder ihre Verlängerung ist zu versagen, wenn Tatsachen die Annahme rechtfertigen, daß der Antragsteller
1. die für die Ausübung der Tätigkeit nach § 1 erforderliche Zuverlässigkeit nicht besitzt, insbesondere weil er die Vorschriften des Sozialversicherungsrechts, über die Einbehaltung und Abführung der Lohnsteuer, über die Arbeitsvermittlung, über die Anwerbung im Ausland oder über die Ausländerbeschäftigung, über die Überlassungshöchstdauer nach § 1 Absatz 1b, die Vorschriften des Arbeitsschutzrechts oder die arbeitsrechtlichen Pflichten nicht einhält;
2. nach der Gestaltung seiner Betriebsorganisation nicht in der Lage ist, die üblichen Arbeitgeberpflichten ordnungsgemäß zu erfüllen;
3. dem Leiharbeitnehmer die ihm nach § 8 zustehenden Arbeitsbedingungen einschließlich des Arbeitsentgelts nicht gewährt.

(2) Die Erlaubnis oder ihre Verlängerung ist ferner zu versagen, wenn für die Ausübung der Tätigkeit nach § 1 Betriebe, Betriebsteile oder Nebenbetriebe vorgesehen sind, die nicht in einem Mitgliedstaat der Europäischen Wirtschaftsgemeinschaft oder einem anderen Vertragsstaat des Abkommens über den Europäischen Wirtschaftsraum liegen.
(3) Die Erlaubnis kann versagt werden, wenn der Antragsteller nicht Deutscher im Sinne des Artikels 116 des Grundgesetzes ist oder wenn eine Gesellschaft oder juristische Person den Antrag stellt, die entweder nicht nach deutschem Recht gegründet ist oder die weder ihren satzungsmäßigen Sitz noch ihre Hauptverwaltung noch ihre Hauptniederlassung im Geltungsbereich dieses Gesetzes hat.
(4) Staatsangehörige der Mitgliedstaaten der Europäischen Wirtschaftsgemeinschaft oder eines anderen Vertragsstaates des Abkommens über den Europäischen Wirtschaftsraum erhalten die Erlaubnis unter den gleichen Voraussetzungen wie deutsche Staatsangehörige. Den Staatsangehörigen dieser Staaten stehen gleich Gesellschaften und juristische Personen, die nach den Rechtsvorschriften dieser Staaten gegründet sind und ihren satzungsgemäßen Sitz, ihre Hauptverwaltung oder ihre Hauptniederlassung innerhalb dieser Staaten haben. Soweit diese Gesellschaften oder juristische Personen zwar ihren satzungsmäßigen Sitz, jedoch weder ihre Hauptverwaltung noch ihre Hauptniederlassung innerhalb dieser Staaten haben, gilt Satz 2 nur, wenn ihre Tätigkeit in tatsächlicher und dauerhafter Verbindung mit der Wirtschaft eines Mitgliedstaates oder eines Vertragsstaates des Abkommens über den Europäischen Wirtschaftsraum steht.
(5) Staatsangehörige anderer als der in Absatz 4 genannten Staaten, die sich aufgrund eines internationalen Abkommens im Geltungsbereich dieses Gesetzes niederlassen und hierbei sowie bei ihrer Geschäftstätigkeit nicht weniger günstig behandelt werden dürfen als deutsche Staatsangehörige, erhalten die Erlaubnis unter

den gleichen Voraussetzungen wie deutsche Staatsangehörige. Den Staatsangehörigen nach Satz 1 stehen gleich Gesellschaften, die nach den Rechtsvorschriften des anderen Staates gegründet sind.

§ 3a Lohnuntergrenze (1) Gewerkschaften und Vereinigungen von Arbeitgebern, die zumindest auch für ihre jeweiligen in der Arbeitnehmerüberlassung tätigen Mitglieder zuständig sind (vorschlagsberechtigte Tarifvertragsparteien) und bundesweit tarifliche Mindeststundenentgelte im Bereich der Arbeitnehmerüberlassung miteinander vereinbart haben, können dem Bundesministerium für Arbeit und Soziales gemeinsam vorschlagen, diese als Lohnuntergrenze in einer Rechtsverordnung verbindlich festzusetzen; die Mindeststundenentgelte können nach dem jeweiligen Beschäftigungsort differenzieren und auch Regelungen zur Fälligkeit entsprechender Ansprüche einschließlich hierzu vereinbarter Ausnahmen und deren Voraussetzungen umfassen. Der Vorschlag muss für Verleihzeiten und verleihfreie Zeiten einheitliche Mindeststundenentgelte sowie eine Laufzeit enthalten. Der Vorschlag ist schriftlich zu begründen.
(2) Das Bundesministerium für Arbeit und Soziales kann, wenn dies im öffentlichen Interesse geboten erscheint, in einer Rechtsverordnung ohne Zustimmung des Bundesrates bestimmen, dass die vorgeschlagenen tariflichen Mindeststundenentgelte nach Absatz 1 als verbindliche Lohnuntergrenze auf alle in den Geltungsbereich der Verordnung fallenden Arbeitgeber sowie Leiharbeitnehmer Anwendung findet. Der Verordnungsgeber kann den Vorschlag nur inhaltlich unverändert in die Rechtsverordnung übernehmen.
(3) Der Verordnungsgeber hat bei seiner Entscheidung nach Absatz 2 im Rahmen einer Gesamtabwägung neben den Zielen dieses Gesetzes zu prüfen, ob eine Rechtsverordnung nach Absatz 2 insbesondere geeignet ist, die finanzielle Stabilität der sozialen Sicherungssysteme zu gewährleisten. Der Verordnungsgeber hat zu berücksichtigen
1. die bestehenden bundesweiten Tarifverträge in der Arbeitnehmerüberlassung und
2. die Repräsentativität der vorschlagenden Tarifvertragsparteien.

(4) Liegen mehrere Vorschläge nach Absatz 1 vor, hat der Verordnungsgeber bei seiner Entscheidung nach Absatz 2 im Rahmen der nach Absatz 3 erforderlichen Gesamtabwägung die Repräsentativität der vorschlagenden Tarifvertragsparteien besonders zu berücksichtigen. Bei der Feststellung der Repräsentativität ist vorrangig abzustellen auf
1. die Zahl der jeweils in den Geltungsbereich einer Rechtsverordnung nach Absatz 2 fallenden Arbeitnehmer, die bei Mitgliedern der vorschlagenden Arbeitgebervereinigung beschäftigt sind;
2. die Zahl der jeweils in den Geltungsbereich einer Rechtsverordnung nach Absatz 2 fallenden Mitglieder der vorschlagenden Gewerkschaften.

(5) Vor Erlass ist ein Entwurf der Rechtsverordnung im Bundesanzeiger bekannt zu machen. Das Bundesministerium für Arbeit und Soziales gibt Verleihern und Leiharbeitnehmern sowie den Gewerkschaften und Vereinigungen von Arbeitgebern, die im Geltungsbereich der Rechtsverordnung zumindest teilweise tarifzuständig sind, Gelegenheit zur schriftlichen Stellungnahme innerhalb von drei

Wochen ab dem Tag der Bekanntmachung des Entwurfs der Rechtsverordnung im Bundesanzeiger. Nach Ablauf der Stellungnahmefrist wird der in § 5 Absatz 1 Satz 1 des Tarifvertragsgesetzes genannte Ausschluss mit dem Vorschlag befasst.
(6) Nach Absatz 1 vorschlagsberechtigte Tarifvertragsparteien können gemeinsam die Änderung einer nach Absatz 2 erlassenen Rechtsverordnung vorschlagen. Die Absätze 1 bis 5 finden entsprechend Anwendung.

§ 4 Rücknahme (1) Eine rechtswidrige Erlaubnis kann mit Wirkung für die Zukunft zurückgenommen werden. § 2 Abs. 4 Satz 4 gilt entsprechend.
(2) Die Erlaubnisbehörde hat dem Verleiher auf Antrag den Vermögensnachteil auszugleichen, den dieser dadurch erleidet, daß er auf den Bestand der Erlaubnis vertraut hat, soweit sein Vertrauen unter Abwägung mit dem öffentlichen Interesse schutzwürdig ist. Auf Vertrauen kann sich der Verleiher nicht berufen, wenn er
1. die Erlaubnis durch arglistige Täuschung, Drohung oder eine strafbare Handlung erwirkt hat;
2. die Erlaubnis durch Angaben erwirkt hat, die in wesentlicher Beziehung unrichtig oder unvollständig waren, oder
3. die Rechtswidrigkeit der Erlaubnis kannte oder infolge grober Fahrlässigkeit nicht kannte.

Der Vermögensnachteil ist jedoch nicht über den Betrag des Interesses hinaus zu ersetzen, das der Verleiher an dem Bestand der Erlaubnis hat. Der auszugleichende Vermögensnachteil wird durch die Erlaubnisbehörde festgesetzt. Der Anspruch kann nur innerhalb eines Jahres geltend gemacht werden; die Frist beginnt, sobald die Erlaubnisbehörde den Verleiher auf sie hingewiesen hat.
(3) Die Rücknahme ist nur innerhalb eines Jahres seit dem Zeitpunkt zulässig, in dem die Erlaubnisbehörde von den Tatsachen Kenntnis erhalten hat, die die Rücknahme der Erlaubnis rechtfertigen.

§ 5 Widerruf (1) Die Erlaubnis kann mit Wirkung für die Zukunft widerrufen werden, wenn
1. der Widerruf bei ihrer Erteilung nach § 2 Abs. 3 vorbehalten worden ist;
2. der Verleiher eine Auflage nach § 2 nicht innerhalb einer ihm gesetzten Frist erfüllt hat;
3. die Erlaubnisbehörde aufgrund nachträglich eingetretener Tatsachen berechtigt wäre, die Erlaubnis zu versagen, oder
4. die Erlaubnisbehörde aufgrund einer geänderten Rechtslage berechtigt wäre, die Erlaubnis zu versagen; § 4 Abs. 2 gilt entsprechend.

(2) Die Erlaubnis wird mit dem Wirksamwerden des Widerrufs unwirksam. § 2 Abs. 4 Satz 4 gilt entsprechend.
(3) Der Widerruf ist unzulässig, wenn eine Erlaubnis gleichen Inhalts erneut erteilt werden müßte.
(4) Der Widerruf ist nur innerhalb eines Jahres seit dem Zeitpunkt zulässig, in dem die Erlaubnisbehörde von den Tatsachen Kenntnis erhalten hat, die den Widerruf der Erlaubnis rechtfertigen.

§ 6 Verwaltungszwang Werden Leiharbeitnehmer von einem Verleiher ohne die erforderliche Erlaubnis überlassen, so hat die Erlaubnisbehörde dem Verleiher dies zu untersagen und das weitere Überlassen nach den Vorschriften des Verwaltungsvollstreckungsgesetzes zu verhindern.

§ 7 Anzeigen und Auskünfte (1) Der Verleiher hat der Erlaubnisbehörde nach Erteilung der Erlaubnis unaufgefordert die Verlegung, Schließung und Errichtung von Betrieben, Betriebsteilen oder Nebenbetrieben vorher anzuzeigen, soweit diese die Ausübung der Arbeitnehmerüberlassung zum Gegenstand haben. Wenn die Erlaubnis Personengesamtheiten, rechtsfähigen Personengesellschaften oder juristischen Personen erteilt ist und nach ihrer Erteilung eine andere Person zur Geschäftsführung oder Vertretung nach Gesetz, Satzung oder Gesellschaftsvertrag berufen wird, ist auch dies unaufgefordert anzuzeigen.
(2) Der Verleiher hat der Erlaubnisbehörde auf Verlangen die Auskünfte zu erteilen, die zur Durchführung des Gesetzes erforderlich sind. Die Auskünfte sind wahrheitsgemäß, vollständig, fristgemäß und unentgeltlich zu erteilen. Auf Verlangen der Erlaubnisbehörde hat der Verleiher die geschäftlichen Unterlagen vorzulegen, aus denen sich die Richtigkeit seiner Angaben ergibt, oder seine Angaben auf sonstige Weise glaubhaft zu machen. Der Verleiher hat seine Geschäftsunterlagen drei Jahre lang aufzubewahren.
(3) In begründeten Einzelfällen sind die von der Erlaubnisbehörde beauftragten Personen befugt, Grundstücke und Geschäftsräume des Verleihers zu betreten und dort Prüfungen vorzunehmen. Der Verleiher hat die Maßnahmen nach Satz 1 zu dulden. Das Grundrecht der Unverletzlichkeit der Wohnung (Artikel 13 des Grundgesetzes) wird insoweit eingeschränkt.
(4) Durchsuchungen können nur auf Anordnung des Richters bei dem Amtsgericht, in dessen Bezirk die Durchsuchung erfolgen soll, vorgenommen werden. Auf die Anfechtung dieser Anordnung finden die §§ 304 bis 310 der Strafprozeßordnung entsprechende Anwendung. Bei Gefahr im Verzuge können die von der Erlaubnisbehörde beauftragten Personen während der Geschäftszeit die erforderlichen Durchsuchungen ohne richterliche Anordnung vornehmen. An Ort und Stelle ist eine Niederschrift über die Durchsuchung und ihr wesentliches Ergebnis aufzunehmen, aus der sich, falls keine richterliche Anordnung ergangen ist, auch die Tatsachen ergeben, die zur Annahme einer Gefahr im Verzuge geführt haben.
(5) Der Verleiher kann die Auskunft auf solche Fragen verweigern, deren Beantwortung ihn selbst oder einen der in § 383 Abs. 1 Nr. 1 bis 3 der Zivilprozeßordnung bezeichneten Angehörigen der Gefahr strafgerichtlicher Verfolgung oder eines Verfahrens nach dem Gesetz über Ordnungswidrigkeiten aussetzen würde.

§ 8 Grundsatz der Gleichstellung (1) Der Verleiher ist verpflichtet, dem Leiharbeitnehmer für die Zeit der Überlassung an den Entleiher die im Betrieb des Entleihers für einen vergleichbaren Arbeitnehmer des Entleihers geltenden wesentlichen Arbeitsbedingungen einschließlich des Arbeitsentgelts zu gewähren (Gleichstellungsgrundsatz). Erhält der Leiharbeitnehmer das für einen vergleichbaren Arbeitnehmer des Entleihers im Entleihbetrieb geschuldete tarifvertragliche Arbeitsentgelt oder in Ermangelung eines solchen ein für vergleichbare Arbeitnehmer in der Einsatzbranche geltendes tarifvertragliches Arbeitsentgelt, wird vermutet, dass der Leiharbeitnehmer hinsichtlich des Arbeitsentgelts im Sinne von Satz 1 gleichgestellt ist. Werden im Betrieb des Entleihers Sachbezüge gewährt, kann ein Wertausgleich in Euro erfolgen.

(2) Ein Tarifvertrag kann vom Gleichstellungsgrundsatz abweichen, soweit er nicht die in einer Rechtsverordnung nach § 3a Absatz 2 festgesetzten Mindeststundenentgelte unterschreitet. Soweit ein solcher Tarifvertrag vom Gleichstellungsgrundsatz abweicht, hat der Verleiher dem Leiharbeitnehmer die nach diesem Tarifvertrag geschuldeten Arbeitsbedingungen zu gewähren. Im Geltungsbereich eines solchen Tarifvertrages können nicht tarifgebundene Arbeitgeber und Arbeitnehmer die Anwendung des Tarifvertrages vereinbaren. Soweit ein solcher Tarifvertrag die in einer Rechtsverordnung nach § 3a Absatz 2 festgesetzten Mindeststundenentgelte unterschreitet, hat der Verleiher dem Leiharbeitnehmer für jede Arbeitsstunde das im Betrieb des Entleihers für einen vergleichbaren Arbeitnehmer des Entleihers für eine Arbeitsstunde zu zahlende Arbeitsentgelt zu gewähren.

(3) Eine abweichende tarifliche Regelung im Sinne von Absatz 2 gilt nicht für Leiharbeitnehmer, die in den letzten sechs Monaten vor der Überlassung an den Entleiher aus einem Arbeitsverhältnis bei diesem oder einem Arbeitgeber, der mit dem Entleiher einen Konzern im Sinne des § 18 des Aktiengesetzes bildet, ausgeschieden sind.

(4) Ein Tarifvertrag im Sinne des Absatzes 2 kann hinsichtlich des Arbeitsentgelts vom Gleichstellungsgrundsatz für die ersten neun Monate einer Überlassung an einen Entleiher abweichen. Eine längere Abweichung durch Tarifvertrag ist nur zulässig, wenn

1. nach spätestens 15 Monaten einer Überlassung an einen Entleiher mindestens ein Arbeitsentgelt erreicht wird, das in dem Tarifvertrag als gleichwertig mit dem tarifvertraglichen Arbeitsentgelt vergleichbarer Arbeitnehmer in der Einsatzbranche festgelegt ist, und
2. nach einer Einarbeitungszeit von längstens sechs Wochen eine stufenweise Heranführung an dieses Arbeitsentgelt erfolgt.

Im Geltungsbereich eines solchen Tarifvertrages können nicht tarifgebundene Arbeitgeber und Arbeitnehmer die Anwendung der tariflichen Regelungen vereinbaren. Der Zeitraum vorheriger Überlassungen durch denselben oder einen anderen Verleiher an denselben Entleiher ist vollständig anzurechnen, wenn zwischen den Einsätzen jeweils nicht mehr als drei Monate liegen.

(5) Der Verleiher ist verpflichtet, dem Leiharbeitnehmer mindestens das in einer Rechtsverordnung nach § 3a Absatz 2 für die Zeit der Überlassung und für Zeiten ohne Überlassung festgesetzte Mindeststundenentgelt zu zahlen.

§ 9 Unwirksamkeit (1) Unwirksam sind:

1. Verträge zwischen Verleihern und Entleihern sowie zwischen Verleihern und Leiharbeitnehmern, wenn der Verleiher nicht die nach § 1 erforderliche Erlaubnis hat; der Vertrag zwischen Verleiher und Leiharbeitnehmer wird nicht unwirksam, wenn der Leiharbeitnehmer schriftlich bis zum Ablauf eines Monats nach dem zwischen Verleiher und Entleiher für den Beginn der Überlassung vorgesehenen Zeitpunkt gegenüber dem Verleiher oder dem Entleiher

erklärt, dass er an dem Arbeitsvertrag mit dem Verleiher festhält; tritt die Unwirksamkeit erst nach Aufnahme der Tätigkeit beim Entleiher ein, so beginnt die Frist mit Eintritt der Unwirksamkeit,

1a. Arbeitsverträge zwischen Verleihern und Leiharbeitnehmern, wenn entgegen § 1 Absatz 1 Satz 5 und 6 die Arbeitnehmerüberlassung nicht ausdrücklich als solche bezeichnet und die Person des Leiharbeitnehmers nicht konkretisiert worden ist, es sei denn, der Leiharbeitnehmer erklärt schriftlich bis zum Ablauf eines Monats nach dem zwischen Verleiher und Entleiher für den Beginn der Überlassung vorgesehenen Zeitpunkt gegenüber dem Verleiher oder dem Entleiher, dass er an dem Arbeitsvertrag mit dem Verleiher festhält,

1b. Arbeitsverträge zwischen Verleihern und Leiharbeitnehmern mit dem Überschreiten der zulässigen Überlassungshöchstdauer nach § 1 Absatz 1b, es sei denn, der Leiharbeitnehmer erklärt schriftlich bis zum Ablauf eines Monats nach Überschreiten der zulässigen Überlassungshöchstdauer gegenüber dem Verleiher oder dem Entleiher, dass er an dem Arbeitsvertrag mit dem Verleiher festhält,

2. Vereinbarungen, die für den Leiharbeitnehmer schlechtere als die ihm nach § 8 zustehenden Arbeitsbedingungen einschließlich des Arbeitsentgelts vorsehen,

2a. Vereinbarungen, die den Zugang des Leiharbeitnehmers zu dem Gemeinschaftseinrichtungen oder -diensten im Unternehmen des Entleihers entgegen § 13b beschränken,

3. Vereinbarungen, die dem Entleiher untersagen, den Leiharbeitnehmer zu einem Zeitpunkt einzustellen, in dem dessen Arbeitsverhältnis zum Verleiher nicht mehr besteht; dies schließt die Vereinbarung einer angemessenen Vergütung zwischen Verleiher und Entleiher für die nach vorangegangenem Verleih oder mittels vorangegangenem Verleih erfolgte Vermittlung nicht aus,

4. Vereinbarungen, die dem Leiharbeitnehmer untersagen, mit dem Entleiher zu einem Zeitpunkt, in dem das Arbeitsverhältnis zwischen Verleiher und Leiharbeitnehmer nicht mehr besteht, ein Arbeitsverhältnis einzugehen,

5. Vereinbarungen, nach denen der Leiharbeitnehmer eine Vermittlungsvergütung an den Verleiher zu zahlen hat.

(2) Die Erklärung nach Absatz 1 Nummer 1, 1a oder 1b (Festhaltenserklärung) ist nur wirksam, wenn

1. der Leiharbeitnehmer diese vor ihrer Abgabe persönlich in einer Agentur für Arbeit vorlegt,
2. die Agentur für Arbeit die abzugebende Erklärung mit dem Datum des Tages der Vorlage und dem Hinweis versieht, dass sie die Identität des Leiharbeitnehmers festgestellt hat, und
3. die Erklärung spätestens am dritten Tag nach der Vorlage in der Agentur für Arbeit dem Ver- oder Entleiher zugeht.

(3) Eine vor Beginn einer Frist nach Absatz 1 Nummer 1 bis 1b abgegebene Festhaltenserklärung ist unwirksam. Wird die Überlassung nach der Festhaltenserklärung fortgeführt, gilt Absatz 1 Nummer 1 bis 1 b. Eine erneute Festhaltenserklärung ist unwirksam. § 28e Absatz 2 Satz 4 des Vierten Buches Sozialgesetzbuch gilt unbeschadet der Festhaltenserklärung.

§ 10 Rechtsfolgen bei Unwirksamkeit (1) Ist der Vertrag zwischen einem Verleiher und einem Leiharbeitnehmer nach § 9 unwirksam, so gilt ein Arbeitsverhältnis zwischen Entleiher und Leiharbeitnehmer zu dem zwischen dem Entleiher und dem Verleiher für den Beginn der Tätigkeit vorgesehenen Zeitpunkt als zustande gekommen; tritt die Unwirksamkeit erst nach Aufnahme der Tätigkeit beim Entleiher ein, so gilt das Arbeitsverhältnis zwischen Entleiher und Leiharbeitnehmer mit dem Eintritt der Unwirksamkeit als zustande gekommen. Das Arbeitsverhältnis nach Satz 1 gilt als befristet, wenn die Tätigkeit des Leiharbeitnehmers bei dem Entleiher nur befristet vorgesehen war und ein die Befristung des Arbeitsverhältnisses sachlich rechtfertigender Grund vorliegt. Für das Arbeitsverhältnis nach Satz 1 gilt die zwischen dem Verleiher und dem Entleiher vorgesehene Arbeitszeit als vereinbart. Im übrigen bestimmen sich Inhalt und Dauer dieses Arbeitsverhältnisses nach den für den Betrieb des Entleihers geltenden Vorschriften und sonstigen Regelungen; sind solche nicht vorhanden, gelten diejenigen vergleichbarer Betriebe. Der Leiharbeitnehmer hat gegen den Entleiher mindestens Anspruch auf das mit dem Verleiher vereinbarte Arbeitsentgelt.
(2) Der Leiharbeitnehmer kann im Fall der Unwirksamkeit seines Vertrages mit dem Verleiher nach § 9 von diesem Ersatz des Schadens verlangen, den er dadurch erleidet, daß er auf die Gültigkeit des Vertrages vertraut. Die Ersatzpflicht tritt nicht ein, wenn der Leiharbeitnehmer den Grund der Unwirksamkeit kannte.
(3) Zahlt der Verleiher das vereinbarte Arbeitsentgelt oder Teile des Arbeitsentgelts an den Leiharbeitnehmer, obwohl der Vertrag nach § 9 unwirksam ist, so hat er auch sonstige Teile des Arbeitsentgelts, die bei einem wirksamen Arbeitsvertrag für den Leiharbeitnehmer an einen anderen zu zahlen wären, an den anderen zu zahlen. Hinsichtlich dieser Zahlungspflicht gilt der Verleiher neben dem Entleiher als Arbeitgeber; beide haften insoweit als Gesamtschuldner.
(4), (5) *(weggefallen)*

§ 10a Rechtsfolgen bei Überlassung durch eine andere Person als den Arbeitgeber Werden Arbeitnehmer entgegen § 1 Absatz 1 Satz 3 von einer anderen Person überlassen und verstößt diese Person hierbei gegen § 1 Absatz 1 Satz 1, 5 und 6 oder Absatz 1b, gelten für das Arbeitsverhältnis des Leiharbeitnehmers § 9 Absatz 1 Nummer 1 bis 1b und § 10 entsprechend.

§ 11 Sonstige Vorschriften über das Leiharbeitsverhältnis (1) Der Nachweis der wesentlichen Vertragsbedingungen des Leiharbeitsverhältnisses richtet sich nach den Bestimmungen des Nachweisgesetzes. Zusätzlich zu den in § 2 Abs. 1 des Nachweisgesetzes genannten Angaben sind in die Niederschrift aufzunehmen:
1. Firma und Anschrift des Verleihers, die Erlaubnisbehörde sowie Ort und Datum der Erteilung der Erlaubnis nach § 1,
2. Art und Höhe der Leistungen für Zeiten, in denen der Leiharbeitnehmer nicht verliehen ist.

(2) Der Verleiher ist ferner verpflichtet, dem Leiharbeitnehmer bei Vertragsschluß ein Merkblatt der Erlaubnisbehörde über den wesentlichen Inhalt dieses Gesetzes auszuhändigen. Nichtdeutsche Leiharbeitnehmer erhalten das Merkblatt und den Nachweis nach Absatz 1 auf Verlangen in ihrer Muttersprache. Die Kosten des

Merkblatts trägt der Verleiher. Der Verleiher hat den Leiharbeitnehmer vor jeder Überlassung darüber zu informieren, dass er als Leiharbeitnehmer tätig wird, und ihm die Firma und Anschrift des Entleihers, dem er überlassen wird, in Textform mitzuteilen.

(3) Der Verleiher hat den Leiharbeitnehmer unverzüglich über den Zeitpunkt des Wegfalls der Erlaubnis zu unterrichten. In den Fällen der Nichtverlängerung (§ 2 Abs. 4 Satz 3), der Rücknahme (§ 4) oder des Widerrufs (§ 5) hat er ihn ferner auf das voraussichtliche Ende der Abwicklung (§ 2 Abs. 4 Satz 4) und die gesetzliche Abwicklungsfrist (§ 2 Abs. 4 Satz 4 letzter Halbsatz) hinzuweisen.

(4) § 622 Abs. 5 Nr. 1 des Bürgerlichen Gesetzbuchs ist nicht auf Arbeitsverhältnisse zwischen Verleihern und Leiharbeitnehmern anzuwenden. Das Recht des Leiharbeitnehmers auf Vergütung bei Annahmeverzug des Verleihers (§ 615 Satz 1 des Bürgerlichen Gesetzbuchs) kann nicht durch Vertrag aufgehoben oder beschränkt werden; § 615 Satz 2 des Bürgerlichen Gesetzbuchs bleibt unberührt. Das Recht des Leiharbeitnehmers auf Vergütung kann durch Vereinbarung von Kurzarbeit für den Arbeitsausfall und für die Dauer aufgehoben werden, für die dem Leiharbeitnehmer Kurzarbeitergeld nach dem Dritten Buch Sozialgesetzbuch gezahlt wird; eine solche Vereinbarung kann das Recht ds Leiharbeitnehmers auf Vergütung bis längstens zum Ablauf des 30. Juni 2022 ausschließen.

(5) Der Entleiher darf Leiharbeitnehmer nicht tätig werden lassen, wenn sein Betrieb unmittelbar durch einen Arbeitskampf betroffen ist. Satz 1 gilt nicht, wenn der Entleiher sicherstellt, dass Leiharbeitnehmer keine Tätigkeiten übernehmen, die bisher von Arbeitnehmern erledigt wurden, die

1. sich im Arbeitskampf befinden oder
2. ihrerseits Tätigkeiten von Arbeitnehmern, die sich im Arbeitskampf befinden, übernommen haben.

Der Leiharbeitnehmer ist nicht verpflichtet, bei einem Entleiher tätig zu sein, soweit dieser durch einen Arbeitskampf unmittelbar betroffen ist. In den Fällen eines Arbeitskampfes hat der Verleiher den Leiharbeitnehmer auf das Recht, die Arbeitsleistung zu verweigern, hinzuweisen.

(6) Die Tätigkeit des Leiharbeitnehmers bei dem Entleiher unterliegt den für den Betrieb des Entleihers geltenden öffentlich-rechtlichen Vorschriften des Arbeitsschutzrechts; die hieraus sich ergebenden Pflichten für den Arbeitgeber obliegen dem Entleiher unbeschadet der Pflichten des Verleihers. Insbesondere hat der Entleiher den Leiharbeitnehmer vor Beginn der Beschäftigung und bei Veränderungen in seinem Arbeitsbereich über Gefahren für Sicherheit und Gesundheit, denen er bei der Arbeit ausgesetzt sein kann, sowie über die Maßnahmen und Einrichtungen zur Abwendung dieser Gefahren zu unterrichten. Der Entleiher hat den Leiharbeitnehmer zusätzlich über die Notwendigkeit besonderer Qualifikationen oder beruflicher Fähigkeiten oder einer besonderen ärztlichen Überwachung sowie über erhöhte besondere Gefahren des Arbeitsplatzes zu unterrichten.

(7) Hat der Leiharbeitnehmer während der Dauer der Tätigkeit bei dem Entleiher eine Erfindung oder einen technischen Verbesserungsvorschlag gemacht, so gilt der Entleiher als Arbeitgeber im Sinne des Gesetzes über Arbeitnehmererfindungen.

§ 11a Verordnungsermächtigung Die Bundesregierung wird ermächtigt, durch Rechtsverordnung ohne Zustimmung des Bundesrates zu bestimmen, dass das in § 11 Absatz 4 Satz 2 geregelte Recht des Leiharbeitnehmers auf Vergütung bei Vereinbarung von Kurzarbeit für den Arbeitsausfall und für die Dauer aufgehoben ist, für die dem Leiharbeitnehmer Kurzarbeitgergeld nach dem Dritten Buch Sozialgesetzbuch gezahlt wird. Die Verordnung ist zeitlich zu befristen. Die Ermächtigung tritt mit Ablauf des 30. Juni 2023 außer Kraft.

§ 12 Rechtsbeziehungen zwischen Verleiher und Entleiher (1) Der Vertrag zwischen dem Verleiher und dem Entleiher bedarf der Textform. Wenn der Vertrag und seine tatsächliche Durchführung einander widersprechen, ist für die rechtliche Einordnung des Vertrages die tatsächliche Durchführung maßgebend. In dem Vertrag hat der Verleiher zu erklären, ob er die Erlaubnis nach § 1 besitzt. Der Entleiher hat in dem Vertrag anzugeben, welche besonderen Merkmale die für den Leiharbeitnehmer vorgesehene Tätigkeit hat und welche berufliche Qualifikation dafür erforderlich ist sowie welche im Betrieb des Entleihers für einen vergleichbaren Arbeitnehmer des Entleihers wesentlichen Arbeitsbedingungen einschließlich des Arbeitsentgelts gelten; Letzteres gilt nicht, soweit die Voraussetzungen der in § 8 Absatz 2 und 4 Satz 2 genannten Ausnahme vorliegen.
(2) Der Verleiher hat den Entleiher unverzüglich über den Zeitpunkt des Wegfalls der Erlaubnis zu unterrichten. In den Fällen der Nichtverlängerung (§ 2 Abs. 4 Satz 3), der Rücknahme (§ 4) oder des Widerrufs (§ 5) hat er ihn ferner auf das voraussichtliche Ende der Abwicklung (§ 2 Abs. 4 Satz 4) und die gesetzliche Abwicklungsfrist (§ 2 Abs. 4 Satz 4 letzter Halbsatz) hinzuweisen.
(3) *(weggefallen)*

§ 13 Auskunftsanspruch des Leiharbeitnehmers Der Leiharbeitnehmer kann im Falle der Überlassung von seinem Entleiher Auskunft über die im Betrieb des Entleihers für einen vergleichbaren Arbeitnehmer des Entleihers geltenden wesentlichen Arbeitsbedingungen einschließlich des Arbeitsentgelts verlangen; dies gilt nicht, soweit die Voraussetzungen der in § 8 Absatz 2 und 4 Satz 2 genannten Ausnahme vorliegen.

§ 13a Informationspflicht des Entleihers über freie Arbeitsplätze und Übernahmegesuch des Leiharbeitnehmers (1) Der Entleiher hat den Leiharbeitnehmer über Arbeitsplätze des Entleihers, die besetzt werden sollen, zu informieren. Die Information kann durch allgemeine Bekanntgabe an geeigneter, dem Leiharbeitnehmer zugänglicher Stelle im Betrieb und Unternehmen des Entleihers erfolgen.
(2) Der Entleiher hat einem Leiharbeitnehmer, der ihm seit mindestens sechs Monaten überlassen ist und der ihm in Textform den Wunsch nach dem Abschluss eines Arbeitsvertrages angezeigt hat, innerhalb eines Monats nach Zugang der Anzeige eine begründete Antwort in Textform mitzuteilen. Satz 1 gilt nicht, sofern der Leiharbeitnehmer dem Entleiher diesen Wunsch in den letzten zwölf Monaten bereits einmal angezeigt hat. Für die Bestimmung der Dauer der Überlassung nach Satz 1 gilt § 1 Absatz 1b Satz 2 entsprechend.

§ 13b Zugang des Leiharbeitnehmers zu Gemeinschaftseinrichtungen oder -diensten Der Entleiher hat dem Leiharbeitnehmer Zugang zu den Gemeinschaftseinrichtungen oder -diensten im Unternehmen unter den gleichen Bedingungen zu gewähren wie vergleichbaren Arbeitnehmern in dem Betrieb, in dem der Leiharbeitnehmer seine Arbeitsleistung erbringt, es sei denn, eine unterschiedliche Behandlung ist aus sachlichen Gründen gerechtfertigt. Gemeinschaftseinrichtungen oder -dienste im Sinne des Satzes 1 sind insbesondere Kinderbetreuungseinrichtungen, Gemeinschaftsverpflegung und Beförderungsmittel.

§ 14 Mitwirkungs- und Mitbestimmungsrechte (1) Leiharbeitnehmer bleiben auch während der Zeit ihrer Arbeitsleistung bei einem Entleiher Angehörige des entsendenden Betriebs des Verleihers.
(2) Leiharbeitnehmer sind bei der Wahl der Arbeitnehmervertreter in den Aufsichtsrat im Entleiherunternehmen und bei der Wahl der betriebsverfassungsrechtlichen Arbeitnehmervertretungen im Entleiherbetrieb nicht wählbar. Sie sind berechtigt, die Sprechstunden dieser Arbeitnehmervertretungen aufzusuchen und an den Betriebs- und Jugendversammlungen im Entleiherbetrieb teilzunehmen. Die §§ 81, 82 Abs. 1 und die §§ 84 bis 86 des Betriebsverfassungsgesetzes gelten im Entleiherbetrieb auch in bezug auf die dort tätigen Leiharbeitnehmer. Soweit Bestimmungen des Betriebsverfassungsgesetzes mit Ausnahme des § 112a, des Europäische Betriebsräte-Gesetzes oder der auf Grund der jeweiligen Gesetze erlassenen Wahlordnungen eine bestimmte Anzahl oder einen bestimmten Anteil von Arbeitnehmern voraussetzen, sind Leiharbeitnehmer auch im Entleiherbetrieb zu berücksichtigen. Soweit Bestimmungen des Mitbestimmungsgesetzes, des Montan-Mitbestimmungsgesetzes, des Mitbestimmungsergänzungsgesetzes, des Drittelbeteiligungsgesetzes, des Gesetzes über die Mitbestimmung der Arbeitnehmer bei einer grenzüberschreitenden Verschmelzung, des Gesetzes über die Mitbestimmung der Arbeitnehmer bei grenzüberschreitendem Formwechsel oder grenzüberschreitender Spaltung, des SE- und des SCE-Beteiligungsgesetzes oder der auf Grund der jeweiligen Gesetze erlassenen Wahlordnungen eine bestimmte Anzahl oder einen bestimmten Anteil von Arbeitnehmern voraussetzen, sind Leiharbeitnehmer auch im Entleiherunternehmen zu berücksichtigen. Soweit die Anwendung der in Satz 5 genannten Gesetze eine bestimmte Anzahl oder einen bestimmten Anteil von Arbeitnehmern erfordert, sind Leiharbeitnehmer im Entleiherunternehmen nur zu berücksichtigen, wenn die Einsatzdauer sechs Monate übersteigt.
(3) Vor der Übernahme eines Leiharbeitnehmers zur Arbeitsleistung ist der Betriebsrat des Entleiherbetriebs nach § 99 des Betriebsverfassungsgesetzes zu beteiligen. Dabei hat der Entleiher dem Betriebsrat auch die Erklärung des Verleihers nach § 12 Absatz 1 Satz 3 vorzulegen. Er ist ferner verpflichtet, Mitteilungen des Verleihers nach § 12 Abs. 2 unverzüglich dem Betriebsrat bekanntzugeben.
(4) Die Absätze 1 und 2 Satz 1 und 2 sowie Abs. 3 gelten für die Anwendung des Bundespersonalvertretungsgesetzes sinngemäß.

§ 15 Ausländische Leiharbeitnehmer ohne Genehmigung (1) Wer als Verleiher einen Ausländer, der einen erforderlichen Aufenthaltstitel nach § 4a Absatz 5 Satz 1

des Aufenthaltsgesetzes, eine Erlaubnis oder Berechtigung nach § 4a Absatz 5 Satz 2 in Verbindung mit Absatz 4 des Aufenthaltsgesetzes, eine Aufenthaltsgestattung oder eine Duldung, die zur Ausübung der Beschäftigung berechtigen, oder eine Genehmigung nach § 284 Abs. 1 des Dritten Buches Sozialgesetzbuch nicht besitzt, entgegen § 1 einem Dritten ohne Erlaubnis überläßt, wird mit Freiheitsstrafe bis zu drei Jahren oder mit Geldstrafe bestraft.
(2) In besonders schweren Fällen ist die Strafe Freiheitsstrafe von sechs Monaten bis zu fünf Jahren. Ein besonders schwerer Fall liegt in der Regel vor, wenn der Täter gewerbsmäßig oder aus grobem Eigennutz handelt.

§ 15a Entleih von Ausländern ohne Genehmigung (1) Wer als Entleiher einen ihm überlassenen Ausländer, der einen erforderlichen Aufenthaltstitel nach § 4a Absatz 5 Satz 1 des Aufenthaltsgesetzes, eine Erlaubnis oder Berechtigung nach § 4a Absatz 5 Satz 2 in Verbindung mit Absatz 4 des Aufenthaltsgesetzes, eine Aufenthaltsgestattung oder eine Duldung, die zur Ausübung der Beschäftigung berechtigen, oder eine Genehmigung nach § 284 Abs. 1 des Dritten Buches Sozialgesetzbuch nicht besitzt, zu Arbeitsbedingungen des Leiharbeitsverhältnisses tätig werden läßt, die in einem auffälligen Mißverhältnis zu den Arbeitsbedingungen deutscher Leiharbeitnehmer stehen, die die gleiche oder eine vergleichbare Tätigkeit ausüben, wird mit Freiheitsstrafe bis zu drei Jahren oder mit Geldstrafe bestraft. In besonders schweren Fällen ist die Strafe Freiheitsstrafe von sechs Monaten bis zu fünf Jahren; ein besonders schwerer Fall liegt in der Regel vor, wenn der Täter gewerbsmäßig oder aus grobem Eigennutz handelt.
(2) Wer als Entleiher
1. gleichzeitig mehr als fünf Ausländer, die einen erforderlichen Aufenthaltstitel nach § 4a Absatz 5 Satz 1 des Aufenthaltsgesetzes, eine Erlaubnis oder Berechtigung nach § 4a Absatz 5 Satz 2 in Verbindung mit Absatz 4 des Aufenthaltsgesetzes, eine Aufenthaltsgestattung oder eine Duldung, die zur Ausübung der Beschäftigung berechtigen, oder eine Genehmigung nach § 284 Abs. 1 des Dritten Buches Sozialgesetzbuch nicht besitzen, tätig werden läßt oder
2. eine in § 16 Abs. 1 Nr. 2 bezeichnete vorsätzliche Zuwiderhandlung beharrlich wiederholt,

wird mit Freiheitsstrafe bis zu einem Jahr oder mit Geldstrafe bestraft. Handelt der Täter aus grobem Eigennutz, ist die Strafe Freiheitsstrafe bis zu drei Jahren oder Geldstrafe.

§ 16 Ordnungswidrigkeiten (1) Ordnungswidrig handelt, wer vorsätzlich oder fahrlässig
1. entgegen § 1 einen Leiharbeitnehmer einem Dritten ohne Erlaubnis überläßt,
1a. einen ihm von einem Verleiher ohne Erlaubnis überlassenen Leiharbeitnehmer tätig werden läßt,
1b. entgegen § 1 Absatz 1 Satz 3 einen Arbeitnehmer überlässt oder tätig werden lässt,
1c. entgegen § 1 Absatz 2 Satz 5 eine dort genannte Überlassung nicht, nicht richtig oder nicht rechtzeitig bezeichnet,

1d. entgegen § 1 Absatz 1 Satz 6 die Person nicht, nicht richtig oder nicht rechtzeitig konkretisiert,
1e. entgegen § 1 Absatz 1b Satz 1 einen Leiharbeitnehmer überlässt,
1f. entgegen § 1b Satz 1 Arbeitnehmer überläßt oder tätig werden läßt,
2. einen ihm überlassenen ausländischen Leiharbeitnehmer, der einen erforderlichen Aufenthaltstitel nach § 4a Absatz 5 Satz 1 des Aufenthaltsgesetzes, eine Erlaubnis oder Berechtigung nach § 4a Absatz 5 Satz 2 in Verbindung mit Absatz 4 des Aufenthaltsgesetzes, eine Aufenthaltsgestattung oder eine Duldung, die zur Ausübung der Beschäftigung berechtigen, oder eine Genehmigung nach § 284 Abs. 1 des Dritten Buches Sozialgesetzbuch nicht besitzt, tätig werden läßt,
2a. eine Anzeige nach § 1a nicht richtig, nicht vollständig oder nicht rechtzeitig erstattet,
3. einer Auflage nach § 2 Abs. 2 nicht, nicht vollständig oder nicht rechtzeitig nachkommt,
4. eine Anzeige nach § 7 Abs. 1 nicht, nicht richtig, nicht vollständig oder nicht rechtzeitig erstattet,
5. eine Auskunft nach § 7 Abs. 2 Satz 1 nicht, nicht richtig, nicht vollständig oder nicht rechtzeitig erteilt,
6. seiner Aufbewahrungspflicht nach § 7 Abs. 2 Satz 4 nicht nachkommt,
6a. entgegen § 7 Abs. 3 Satz 2 eine dort genannte Maßnahme nicht duldet,
7. *(weggefallen)*
7a. entgegen § 8 Absatz 1 Satz 1 oder Absatz 2 Satz 2 oder 4 eine Arbeitsbedingung nicht gewährt,
7b. entgegen § 8 Absatz 5 in Verbindung mit einer Rechtsverordnung nach § 3a Absatz 2 Satz 1 das dort genannte Mindeststundenentgelt nicht oder nicht rechtzeitig zahlt,
8. einer Pflicht nach § 11 Abs. 1 oder Absatz 2 nicht nachkommt,
8a. entgegen § 11 Absatz 5 Satz 1 einen Leiharbeitnehmer tätig werden lässt,
9. entgegen § 13a Absatz 1 Satz 1 den Leiharbeitnehmer nicht, nicht richtig oder nicht vollständig informiert oder
10. entgegen § 13b Satz 1 Zugang nicht gewährt,
11. entgegen § 17a Satz 1 in Verbindung mit § 5 Absatz 1 Satz 1 Nummer 1 des Schwarzarbeitsbekämpfungsgesetzes eine Prüfung nicht duldet oder bei dieser Prüfung nicht mitwirkt,
12. entgegen § 17a Satz 1 in Verbindung mit § 5 Absatz 1 Satz 1 Nummer 2 des Schwarzarbeitsbekämpfungsgesetzes das Betreten eines Grundstücks oder Geschäftsraums nicht duldet,
13. entgegen § 17a Satz in Verbindung mit § 5 Absatz 1 Satz 1 Nummer 3 Buchstabe a des Schwarzarbeitsbekämpfungsgesetzes eine dort genannte Auskunft nicht, nicht richtig, nicht vollständig, nicht in der vorgeschriebenen Weise oder nicht rechtzeitig erteilt,
14. entgegen § 17a Satz 1 in Verbindung mit § 5 Absatz 1 Satz 1 Nummer 3 Buchstabe b des Schwarzarbeitsbekämpfungsgesetzes eine dort genannte Unterlage nicht, nicht richtig, nicht vollständig oder nicht rechtzeitig bereitstellt oder nicht, nicht richtig, nicht vollständig oder nicht rechtzeitig vorlegt,

15. entgegen § 17a Satz 1 in Verbindung mit § 5 Absatz 1 Satz 1 Nummer 4 des Schwarzarbeitsbekämpfungsgesetzes die Einsicht in eine dort genannte Unterlage nicht, nicht richtig oder nicht rechtzeitig ermöglicht,
16. entgegen § 17b Absatz 1 Satz 1 eine Anmeldung nicht, nicht richtig, nicht vollständig, nicht in der vorgeschriebenen Weise oder nicht rechtzeitig zuleitet,
17. entgegen § 17b Absatz 1 Satz 2 eine Änderungsmeldung nicht, nicht richtig, nicht vollständig, nicht in der vorgeschriebenen Weise oder nicht rechtzeitig macht,
18. entgegen § 17c Absatz 1 eine Aufzeichnung nicht, nicht richtig, nicht vollständig oder nicht rechtzeitig erstellt oder nicht oder nicht mindestens zwei Jahre aufbewahrt oder
19. entgegen § 17c Absatz 2 eine Unterlage nicht, nicht richtig, nicht vollständig oder nicht in der vorgeschriebenen Weise bereithält.

(2) Die Ordnungswidrigkeit kann in den Fällen des Absatzes 1 Nummer 2, 7a, 7b und 8a mit einer Geldbuße bis zu fünfhunderttausend Euro, in den Fällen des Absatzes 1 Nummer 18 mit einer Geldbuße bis zu fünfzigtausend Euro, in den Fällen des Absatzes 1 Nummer 1 bis 1f, 6, 11 bis 17 und 19 mit einer Geldbuße bis zu dreißigtausend Euro, in den Fällen des Absatzes 1 Nummer 2a, 3, 9 und 10 mit einer Geldbuße bis zu dreitausend Euro, in den Fällen des Absatzes 1 Nummer 8 mit einer Geldbuße bis zu zweitausend Euro und in den übrigen Fällen mit einer Geldbuße bis zu eintausend Euro geahndet werden.

(3) Verwaltungsbehörden im Sinne des § 36 Absatz 1 Nummer 1 des Gesetzes über Ordnungswidrigkeiten sind in den Fällen des Absatzes 1 Nummer 1, 1a, 1c, 1d, 1f, 2, 2a und 7b sowie 11 bis 19 die Behörden der Zollverwaltung jeweils für ihren Geschäftsbereich, in den Fällen des Absatzes 1 Nummer 1b, 1e, 3 bis 7a sowie 8 bis 10 die Bundesagentur für Arbeit.

(4) § 66 des Zehnten Buches Sozialgesetzbuch gilt entsprechend.

(5) Die Geldbußen fließen in die Kasse der zuständigen Verwaltungsbehörde. Sie trägt abweichend von § 105 Abs. 2 des Gesetzes über Ordnungswidrigkeiten die notwendigen Auslagen und ist auch ersatzpflichtig im Sinne des § 110 Abs. 4 des Gesetzes über Ordnungswidrigkeiten.

§ 17 Durchführung (1) Die Bundesagentur für Arbeit führt dieses Gesetz nach fachlichen Weisungen des Bundesministeriums für Arbeit und Soziales durch. Verwaltungskosten werden nicht erstattet.

(2) Die Prüfung der Arbeitsbedingungen nach § 8 Absatz 5 obliegt zudem den Behörden der Zollverwaltung nach Maßgabe der §§ 17a bis 18 a.

§ 17a Befugnisse der Behörden der Zollverwaltung Die §§ 2, 3 bis 7, 13, 14, 15 bis 20, 22 und 23 des Schwarzarbeitsbekämpfungsgesetzes sind entsprechend anzuwenden mit der Maßgabe, dass die dort genannten Behörden nach Einsicht in Arbeitsverträge, Niederschriften nach § 2 des Nachweisgesetzes und andere Geschäftsunterlagen nehmen können, die mittelbar oder unmittelbar Auskunft über die Einhaltung der Arbeitsbedingungen nach § 8 Absatz 5 geben. Entsandte Arbeitnehmerinnen und Arbeitnehmer können im Rahmen der Prüfungen nach dem Schwarzarbeitsbekämpfungsgesetz auch nach dem Abschluss der Entsendung kontaktiert werden.

§ 17b Meldepflicht (1) Überlässt ein Verleiher mit Sitz im Ausland einen Leiharbeitnehmer zur Arbeitsleistung einem Entleiher, hat der Verleiher, sofern eine Rechtsverordnung nach § 3a auf das Arbeitsverhältnis Anwendung findet, vor Beginn jeder Überlassung der zuständigen Behörde der Zollverwaltung eine schriftliche Anmeldung in deutscher Sprache mit folgenden Angaben zuzuleiten:
1. Familienname, Vornamen und Geburtsdatum des überlassenen Leiharbeitnehmers,
2. Beginn und Dauer der Überlassung,[1]

---

1 **Verordnung über Meldepflichten nach dem Mindestlohngesetz, dem Arbeitnehmer-Entsendegesetz und dem Arbeitnehmerüberlassungsgesetz** (Mindestlohnmeldeverordnung – MiLoMeldV) vom 26.11.2014 (BGBl. I 1825), zuletzt geändert durch Gesetz vom 22.12.2025 (BGBl. I 2025 Nr. 369)

§ 1 Meldungen (1) Der Arbeitgeber mit Sitz im Ausland soll die Meldungen nach § 16 Absatz 1 des Mindestlohngesetzes und § 18 Absatz 1 des Arbeitnehmer-Entsendegesetzes elektronisch übermitteln. Für die elektronische Übermittlung hat er das Internetportal zu nutzen, das die Zollverwaltung zur Verfügung stellt. Abweichend von den Sätzen 1 und 2 haben Arbeitgeber mit Sitz in einem anderen Mitgliedstaat der Europäischen Union oder des Europäischen Wirtschaftsraums, die Kraftfahrerinnen oder Kraftfahrer nach § 36 Absatz 1 des Arbeitgeber-Entsendegesetzes im Inland beschäftigen, die Anmeldung mittels der elektronischen Schnittstelle des Binnenmarkt-Informationssystems nach Artikel 1 in Verbindung mit Artikel 5 Buchstabe a der Verordnung (EU) Nr. 1024/2012 des Europäischen Parlaments und des Rates vom 25. Oktober 2012 über die Verwaltungszusammenarbeit mit Hilfe des Binnenmarkt-Informationssystems und zur Aufhebung der Entscheidung 2008/49/EG der Kommission (»IMI-Verordnung«) (ABI. L 316 vom 14.11.2012, S. 1), die zuletzt durch die Verordnung (EU) 2020/1055 (ABI. L 249 vom 31.7.2020, S. 17) geändert worden ist, zuzuleiten.

(2) Absatz 1 gilt entsprechend für Verleiher bei Meldungen
1. nach § 16 Absatz 3 des Mindestlohngesetzes,
2. nach § 18 Absatz 3 des Arbeitnehmer-Entsendegesetzes und
3. nach § 17b Absatz 1 des Arbeitnehmerüberlassungsgesetzes.

(3) Bei der elektronischen Übermittlung nach Absatz 1 Satz 1 und 2 sowie Absatz 2 hat die Zollverwaltung Verfahren einzusetzen, die dem jeweiligen Stand der Technik entsprechen sowie die Vertraulichkeit und Integrität der Daten gewährleisten. Bei Nutzung allgemein zugänglicher Netze sind die Daten über das Internetportal Ende-zu-Ende zu verschlüsseln. Jede Meldung sowie die darin enthaltenen Datensätze sind systemseitig mit einem eindeutigen Kennzeichen zur Identifizierung zu versehen.

§ 2 Abwandlung der Anmeldung (1) Abweichend von der Meldepflicht nach § 16 Absatz 1 Satz 1 und 2 des Mindestlohngesetzes und § 18 Absatz 1 Satz 1 und 2 des Arbeitnehmer-Entsendegesetzes ist in den Fällen, in denen ein Arbeitgeber mit Sitz im Ausland Arbeitnehmerinnen und Arbeitnehmer
1. an einem Beschäftigungsort
   a) zumindest teilweise vor 6 Uhr oder nach 22 Uhr oder
   b) in Schichtarbeit,
2. an mehreren Beschäftigungsorten am selben Tag oder
3. in ausschließlich mobiler Tätigkeit

beschäftigt, eine Einsatzplanung vorzulegen.

(2) In den Fällen des Absatzes 1 Nummer 1 und 2 hat der Arbeitgeber in der Einsatzplanung folgende Angaben zu machen:
1. den Familiennamen, den Vornamen, das Geburtsdatum , die Staatsangehörigkeit und die Kontaktdaten der von ihm beschäftigten Arbeitnehmerinnen und Arbeitnehmer,
2. den Beginn und die voraussichtliche Dauer der Beschäftigung,

4

3. Ort der Beschäftigung,
4. Ort im Inland, an dem die nach § 17c erforderlichen Unterlagen bereitgehalten werden,
5. Familienname, Vornamen und Anschrift in Deutschland eines oder einer Zustellungsbevollmächtigten des Verleihers,

---

3. den Ort der Beschäftigung, wobei die Angaben die Ortsbezeichnung, die Postleitzahl und, soweit vorhanden, den Straßennamen sowie die Hausnummer enthalten müssen und der Einsatz der Arbeitnehmerinnen und Arbeitnehmer am Beschäftigungsort durch die Angabe von Datum und Uhrzeiten zu konkretisieren ist,
4. den Ort im Inland, an dem die nach § 17 Absatz 2 des Mindestlohngesetzes und § 19 Absatz 2 des Arbeitnehmer-Entsendegesetzes erforderlichen Unterlagen bereitgehalten werden,
5. den Familiennamen, den Vornamen, und die Anschrift in Deutschland einer oder eines Zustellungsbevollmächtigten,
6. die Branche, in die die Arbeitnehmerinnen und Arbeitnehmer entsandt werden sollen,
7. die Tätigkeit oder die Position der beschäftigten Arbeitnehmerinnen oder Arbeitnehmer für die Dauer der Beschäftigung und
8. den Familiennamen, den Vornamen oder die Firma sowie die Anschrift der Auftraggeber.

Die Einsatzplanung kann einen Zeitraum von bis zu drei Monaten umfassen.

(3) In den Fällen des Absatzes 1 Nummer 3 hat der Arbeitgeber in der Einsatzplanung folgende Angaben zu machen;
1. den Familiennamen, den Vornamen, das Geburtsdatum, die Staatsangehörigkeit und die Kontaktdaten der von ihm voraussichtlich eingesetzten Arbeitnehmerinnen und Arbeitnehmer unter Angabe der voraussichtlichen Anzahl der Einsätze in Deutschland während des angemeldeten Beschäftigungszeitraums,
2. den Beginn und das voraussichtliche Ende der Werk- oder Dienstleistung,
3. den Ort im Inland, an dem die nach § 17 Absatz 2 des Mindestlohngesetzes und § 19 Absatz 2 des Arbeitnehmer-Entsendegesetzes erforderlichen Unterlagen bereitgehalten werden,
4. die Branche, in die die Arbeitnehmerinnen und Arbeitnehmer entsandt werden sollen,
5. die Tätigkeit oder die Position der beschäftigten Arbeitnehmerinnen oder Arbeitnehmer für die Dauer der Beschäftigung und
6. den Familiennamen, den Vornamen oder die Firma sowie die Anschrift, der Auftraggeber.

Die Einsatzplanung kann je nach Auftragssicherheit einen Zeitraum von bis zu sechs Monaten umfassen. Sofern die Unterlagen im Ausland bereitgehalten werden, ist der Einsatzplanung eine Versicherung beizufügen, dass die Unterlagen auf Anforderung der Behörden der Zollverwaltung für die Prüfung in deutscher Sprache im Inland bereitgestellt werden. Diesen Unterlagen sind auch Angaben zu den im gemeldeten Zeitraum tatsächlich erbrachten Werk- oder Dienstleistungen sowie den jeweiligen Auftraggebern beizufügen.

(4) Bei einer ausschließlich mobilen Tätigkeit im Sinne des Absatzes 1 Nummer 3 handelt es sich um eine Tätigkeit, die nicht an Beschäftigungsorte gebunden ist. Eine ausschließlich mobile Tätigkeit liegt insbesondere bei der Zustellung von Briefen, Paketen und Druckerzeugnissen, der Abfallsammlung, der Straßenreinigung, dem Winterdienst, dem Gütertransport und der Personenbeförderung vor. Das Erbringen ambulanter Pflegeleistungen wird einer ausschließlich mobilen Tätigkeit gleichgestellt. Abweichend von Satz 2 gelten die Beförderung von Gütern oder Personen im Straßenverkehrssektor für Arbeitgeber mit Sitz in einem anderen Mitgliedstaat der Europäischen Union oder des Europäischen Wirtschaftsraums, die eine Entsendung im Sinne des Abschnitts 9 Unterabschnitt 2

6. Branche, in die die Leiharbeitnehmer überlassen werden sollen, und
7. Familienname, Vornamen oder Firma sowie Anschrift des Entleihers.

Änderungen bezüglich dieser Angaben hat der Verleiher unverzüglich zu melden.

(2) Das Bundesministerium der Finanzen kann durch Rechtsverordnung im Einvernehmen mit dem Bundesministerium für Arbeit und Soziales ohne Zustimmung des Bundesrates bestimmen,

1. dass, auf welche Weise und unter welchen technischen und organisatorischen Voraussetzungen eine Anmeldung, Änderungsmeldung und Versicherung abweichend von den Absätzen 1 und 2 elektronisch übermittelt werden kann,
2. unter welchen Voraussetzungen eine Änderungsmeldung ausnahmsweise entfallen kann und
3. wie das Meldeverfahren vereinfacht oder abgewandelt werden kann.

(3) Das Bundesministerium der Finanzen kann durch Rechtsverordnung ohne Zustimmung des Bundesrates die zuständige Behörde nach Absatz 1 Satz 1 bestimmen.

§ 17c Erstellen und Bereithalten von Dokumenten (1) Sofern eine Rechtsverordnung nach § 3a auf ein Arbeitsverhältnis Anwendung findet, ist der Entleiher verpflichtet, Beginn, Ende und Dauer der täglichen Arbeitszeit des Leiharbeitnehmers spätestens bis zum Ablauf des siebten auf den Tag der Arbeitsleistung folgenden Kalendertages aufzuzeichnen und diese Aufzeichnungen mindestens zwei Jahre beginnend ab dem für die Aufzeichnung maßgeblichen Zeitpunkt aufzubewahren.

4

---

des Arbeitnehmer-Entsendegesetzes darstellen, nicht als ausschließlich mobile Tätigkeit im Sinne des Absatzes 1 Nummer 3.

(5) Bei einer ausschließlich mobilen Tätigkeit im Sinne des Absatzes 1 Nummer 3 handelt es sich um eine Tätigkeit, die nicht an Beschäftigungsorte gebunden ist. Eine ausschließlich mobile Tätigkeit liegt insbesondere bei der Zustellung von Briefen, Paketen und Druckerzeugnissen, der Abfallsammlung, der Straßenreinigung, dem Winterdienst, dem Gütertransport und der Personenbeförderung vor. Das Erbringen ambulanter Pflegeleistungen wird einer ausschließlich mobilen Tätigkeit gleichgestellt. Abweichend von Satz 2 gelten die Beförderung von Gütern oder Personen im Straßenverkehrssektor für Arbeitgeber mit Sitz in einem anderen Mitgliedstaat der Europäischen Union oder des Europäischen Wirtschaftsraums, die eine Entsendung im Sinne des Abschnitts 9 Unterabschnitt 2 des Arbeitnehmer-Entsendegesetzes darstellen, nicht als ausschließlich mobile Tätigkeit im Sinne des Absatzes 1 Nummer 3.

§ 3 Änderungsmeldung (1) Eine Abweichung der Beschäftigung von den in der gemeldeten Einsatzplanung nach § 2 Absatz 2 gemachten Angaben müssen Arbeitgeber oder Verleiher entgegen § 16 Absatz 1 Satz 3 und Absatz 3 Satz 2 des Mindestlohngesetzes, § 18 Absatz 1 Satz 3 und Absatz 3 Satz 2 des Arbeitnehmer-Entsendegesetzes und § 17b Absatz 1 Satz 2 des Arbeitnehmerüberlassungsgesetzes nur melden, wenn der Einsatz am gemeldeten Ort um mindestens acht Stunden verschoben wird.

(2) Eine Abweichung der Beschäftigung von den in der gemeldeten Einsatzplanung nach § 2 Absatz 3 gemachten Angaben müssen Arbeitgeber oder Verleiher entgegen § 16 Absatz 1 Satz 3 und Absatz 3 Satz 2 des Mindestlohngesetzes, § 18 Absatz 1 Satz 3 und Absatz 3 Satz 2 des Arbeitnehmer-Entsendegesetzes und § 17b Absatz 1 Satz 2 des Arbeitnehmerüberlassungsgesetzes nicht melden.

…

(2) Jeder Verleiher ist verpflichtet, die für die Kontrolle der Einhaltung einer Rechtsverordnung nach § 3a erforderlichen Unterlagen im Inland für die gesamte Dauer der tatsächlichen Beschäftigung des Leiharbeitnehmers im Geltungsbereich dieses Gesetzes, insgesamt jedoch nicht länger als zwei Jahre, in deutscher Sprache bereitzuhalten. Auf Verlangen der Prüfbehörde sind die Unterlagen auch am Ort der Beschäftigung bereitzuhalten.

§ 18 Zusammenarbeit mit anderen Behörden (1) Zur Verfolgung und Ahndung der Ordnungswidrigkeiten nach § 16 arbeiten die Bundesagentur für Arbeit und die Behörden der Zollverwaltung insbesondere mit folgenden Behörden zusammen:

1. den Trägern der Krankenversicherung als Einzugsstellen für die Sozialversicherungsbeiträge,
2. den in § 71 des Aufenthaltsgesetzes genannten Behörden,
3. den Finanzbehörden,
4. den nach Landesrecht für die Verfolgung und Ahndung von Ordnungswidrigkeiten nach dem Schwarzarbeitsbekämpfungsgesetz zuständigen Behörden,
5. den Trägern der Unfallversicherung,
6. den für den Arbeitsschutz zuständigen Landesbehörden,
7. den Rentenversicherungsträgern,
8. den Trägern der Sozialhilfe.

(2) Ergeben sich für die Bundesagentur für Arbeit oder die Behörden der Zollverwaltung bei der Durchführung dieses Gesetzes im Einzelfall konkrete Anhaltspunkte für

1. Verstöße gegen das Schwarzarbeitsbekämpfungsgesetz,
2. eine Beschäftigung oder Tätigkeit von Ausländern ohne erforderlichen Aufenthaltstitel nach § 4a Absatz 5 Satz 1 des Aufenthaltsgesetzes, eine Erlaubnis oder Berechtigung nach § 4a Absatz 5 Satz 2 in Verbindung mit Absatz 4 des Aufenthaltsgesetzes, eine Aufenthaltsgestattung oder eine Duldung, die zur Ausübung der Beschäftigung berechtigen, oder eine Genehmigung nach § 284 Abs. 1 des Dritten Buches Sozialgesetzbuch,
3. Verstöße gegen die Mitwirkungspflicht nach § 60 Abs. 1 Satz 1 Nr. 2 des Ersten Buches Sozialgesetzbuch gegenüber einer Dienststelle der Bundesagentur für Arbeit, einem Träger der gesetzlichen Kranken-, Pflege-, Unfall- oder Rentenversicherung oder einem Träger der Sozialhilfe oder gegen die Meldepflicht nach § 8a des Asylbewerberleistungsgesetzes,
4. Verstöße gegen die Vorschriften des Vierten und Siebten Buches Sozialgesetzbuch über die Verpflichtung zur Zahlung von Sozialversicherungsbeiträgen, soweit sie im Zusammenhang mit den in den Nummern 1 bis 3 genannten Verstößen sowie mit Arbeitnehmerüberlassung entgegen § 1 stehen,
5. Verstöße gegen die Steuergesetze,
6. Verstöße gegen das Aufenthaltsgesetz,
7. Verstöße gegen das Gesetz zur Sicherung von Arbeitnehmerrechten in der Fleischwirtschaft,
8. Verstöße gegen das Mindestlohngesetz,
9. Verstöße gegen das Arbeitnehmer-Entsendegesetz,

unterrichten sie die für die Verfolgung und Ahndung zuständigen Behörden, die Träger der Sozialhilfe sowie die Behörden nach § 71 des Aufenthaltsgesetzes.

(3) In Strafsachen, die Straftaten nach den §§ 15 und 15a zum Gegenstand haben, sind der Bundesagentur für Arbeit und den Behörden der Zollverwaltung zur Verfolgung von Ordnungswidrigkeiten

1. bei Einleitung des Strafverfahrens die Personendaten des Beschuldigten, der Straftatbestand, die Tatzeit und der Tatort,
2. im Falle der Erhebung der öffentlichen Klage die das Verfahren abschließende Entscheidung mit Begründung

zu übermitteln. Ist mit der in Nummer 2 genannten Entscheidung ein Rechtsmittel verworfen worden oder wird darin auf die angefochtene Entscheidung Bezug genommen, so ist auch die angefochtene Entscheidung zu übermitteln. Die Übermittlung veranlaßt die Strafvollstreckungs- oder die Strafverfolgungsbehörde. Eine Verwendung

1. der Daten der Arbeitnehmer für Maßnahmen zu ihren Gunsten,
2. der Daten des Arbeitgebers zur Besetzung seiner offenen Arbeitsplätze, die im Zusammenhang mit dem Strafverfahren bekanntgeworden sind,
3. der in den Nummern 1 und 2 genannten Daten für Entscheidungen über die Einstellung oder Rückforderung von Leistungen der Bundesagentur für Arbeit

ist zulässig.

(4) *(aufgehoben)*

(5) Die Behörden der Zollverwaltung unterrichten die zuständigen örtlichen Landesfinanzbehörden über den Inhalt von Meldungen nach § 17b.

(6) Die Behörden der Zollverwaltung und die übrigen in § 2 des Schwarzarbeitsbekämpfungsgesetzes genannten Behörden dürfen nach Maßgabe der jeweils einschlägigen datenschutzrechtlichen Bestimmungen auch mit Behörden anderer Vertragsstaaten des Abkommens über den Europäischen Wirtschaftsraum zusammenarbeiten, die dem § 17 Absatz 2 entsprechende Aufgaben durchführen oder für die Bekämpfung illegaler Beschäftigung zuständig sind oder Auskünfte geben können, ob ein Arbeitgeber seine Verpflichtungen nach § 8 Absatz 5 erfüllt. Die Regelungen über die internationale Rechtshilfe in Strafsachen bleiben hiervon unberührt.

§ 18a Ersatzzustellung an den Verleiher Für die Ersatzzustellung an den Verleiher auf Grund von Maßnahmen nach diesem Gesetz gilt der im Inland gelegene Ort der konkreten Beschäftigung des Leiharbeitnehmers sowie das vom Verleiher eingesetzte Fahrzeug als Geschäftsraum im Sinne des § 5 Absatz 2 Satz 2 Nummer 1 des Verwaltungszustellungsgesetzes in Verbindung mit § 178 Absatz 1 Nummer 1 der Zivilprozessordnung.

§ 19 Übergangsvorschrift (1) § 8 Absatz 3 findet keine Anwendung auf Leiharbeitsverhältnisse, die vor dem 15. Dezember 2010 begründet worden sind.

(2) Überlassungszeiten vor dem 1. April 2017 werden bei der Berechnung der Überlassungshöchstdauer nach § 1 Absatz 1b und der Berechnung der Überlassungszeiten nach § 8 Absatz 4 Satz 1 nicht berücksichtigt.

§ 20 Evaluation Die Anwendung dieses Gesetzes ist im Jahr 2020 zu evaluieren.

4

4a. Gesetz zur Sicherung von Arbeitnehmerrechten in der Fleischwirtschaft (GSA Fleisch)

Einleitung

I. Entstehungsgeschichte

Wiederholt waren in der Fleischindustrie erhebliche Missstände beim Arbeitsschutz und in Bezug auf die vertraglichen Rechte der Arbeitnehmer festgestellt worden (vgl. *DGB*, Zur Situation in der deutschen Fleischindustrie, 2017; *Ministerium für Arbeit, Gesundheit und Soziales NRW*, Überwachungsaktion »Faire Arbeit in der Fleischindustrie« Abschlussbericht, Düsseldorf 2019). Illegale Arbeitnehmerüberlassung sowie Nichteinhaltung rechtlicher Verpflichtungen beim Einsatz von Subunternehmern wurden häufig festgestellt. Die sechs größten Unternehmen der Branche unterzeichneten im Jahr 2015 eine Selbstverpflichtungserklärung u. a. zur Direktanstellung der Arbeitnehmer, die ganz überwiegend aus dem Ausland für die Arbeit in Schlachthöfen rekrutiert wurden. Tatsächlich umgesetzt wurde dies nur zu einem geringen Teil. Auch die Aufnahme in das AEntG (Nr. 31a) durch Gesetz v. 24. 5. 2014 (BGBl. I 538) brachte keine Abhilfe, nachdem im August 2018 endgültig klar wurde, dass es keinen neuen Mindestlohntarif für die Fleischindustrie geben werde. Schließlich hatte der Gesetzgeber spezielle Regelungen für die Branche im Gesetz zur Sicherung von Arbeitnehmerrechten in der Fleischwirtschaft v. 17. 7. 2017 (BGBl. I 2541, 2572) geschaffen, die neben einer Haftung für Sozialversicherungsbeiträge teilweise bereits anderweitig geltende Regelungen wiederholte, etwa die Pflicht des Arbeitgebers, persönliche Schutzausrüstungen unentgeltlich zur Verfügung zu stellen oder das Arbeitsentgelt in Euro zu berechnen und auszuzahlen.

Alle diese Maßnahmen erwiesen sich allerdings nicht als nachhaltig. Die Fleischindustrie lagerte weitestgehend die Kernbereiche der Wertschöpfung im Wege von Werkverträgen auf Unternehmen aus, die überwiegend aus Osteuropa stammende Arbeitskräfte beschäftigten. Vielfach waren nur noch Administration und Aufsicht durch eigene Arbeitnehmer der Schlachthofbetreiber gewährleistet, während im Übrigen vom Viehzutrieb über Schlachtung und Zerlegung bis hin zur Verpackung der fertigen Fleischprodukte Fremdpersonal beschäftigt wurde. Damit einher ging die weitgehende Auslagerung der arbeitsrechtlichen Verantwortung für Arbeitnehmerrechte und insbesondere Arbeitssicherheit auf die Vertragspartner, während die Betriebsorganisation in der Hand der Schlachthofbetreiber blieb. Bei Arbeitsschutzkontrollen im Jahr 2019 sowie weiteren coronabedingten Kontrollen der Schlachthöfe wie auch der Unterkünfte der ausländischen Arbeitnehmer zeigten sich teils verheerende Missstände und massive Rechtsverstöße (ausf. Bestandsaufnahme in BT-Drs. 19/21978, S. 17 ff.).

Dem ist der Gesetzgeber durch das Arbeitsschutzkontrollgesetz (v. 22. 12. 2020, BGBl. I 3334) mit u. a. Änderungen des GSA Fleisch entgegengetreten.

II. Wesentlicher Inhalt des Gesetzes

Neben allgemeinen Vorgaben für die Gesamtwirtschaft hinsichtlich der Häufigkeit von Arbeitsschutzkontrollen nach dem ArbSchG (Nr. 7), des Zugriffs der Arbeitsschutzbehörden für Zwecke der Kontrolle des ArbZG (Nr. 8) auf Aufzeichnungen und Anforderungen an Unterkünfte mit entsprechenden behördlichen Kontrollmöglichkeiten nach der ArbStättV (Nr. 7b) sowie Erhöhung der Bußgeldrahmen für verschiedene Arbeitsschutzgesetze liegt die Kernregelung des Arbeitsschutzkontrollgesetzes (o. I) in einer Reform des GSA Fleisch. Zu den bisherigen Regelungen über die Haftung für Sozialversicherungsbeiträge (§ 3 GSA Fleisch), unentgeltliche Bereitstellung von Arbeitsmitteln, Schutzkleidung und persönlichen Schutzausrüstungen (§ 4 GSA Fleisch), Berechnung und Abrechnung des Arbeitsentgelts und Aufrechnungsverbot (§ 5 GSA Fleisch) sowie Bußgeldvorschriften (§§ 6, 7 GSA Fleisch) treten weitere Regelungen. Das betrifft namentlich manipulationssichere zeitnahe Arbeitszeitaufzeichnung (§ 6 GSA Fleisch) und eine Einschränkung des Einsatzes von Fremdpersonal, die gemäß § 6b GSA Fleisch von den Zollverwaltungsbehörden kontrolliert wird.

Mit Wirkung seit 1. 1. 2021 darf der Inhaber eines Betriebs der Fleischindustrie gemäß § 6a GSA Fleisch keine Selbstständigen oder Arbeitnehmer von Drittunternehmen mehr beschäftigen. Nur noch auslaufend bis 31. 3. 2024 war der Einsatz von Leiharbeitern gestattet und auch das nur mit gewissen Einschränkungen (vgl. 49. Aufl., Einl. II zum GSA Fleisch).

Durch das so konturierte Direktanstellungsgebot soll die arbeitsrechtliche Verantwortung wieder bei dem liegen, der den Betrieb organisiert. Auch die Zerlegung des Betriebes in verschiedene Produktionsschritte durch jeweils eigene Unternehmen soll nicht möglich sein, da allein der Betriebsinhaber, der die übergreifende Organisation innehat, die Arbeitnehmer anstellen muss.

Dokumentationspflicht und Direktanstellungsgebot gelten aber nach § 2 Abs. 2 GSA Fleisch nicht für das Fleischerhandwerk. Dieses wird maßgeblich nach der Zahl der (unter Einrechnung von Drittpersonal) im Betrieb beschäftigten Personen (nicht mehr als 49) definiert.

4a

III. Anwendungsprobleme

Schon mit Bekanntwerden der Pläne für ein Direktanstellungsgebot wurden verfassungs- und europarechtliche Zweifel an der Zulässigkeit des Vorhabens laut (*Bayreuther*, NZA 20, 773; *Thüsing u.a.*, NZA 20, 1160, 1163 ff.). Allerdings rechtfertigt das Ziel des Gesetzes, Arbeitssicherheit und Gesundheitsschutz der Arbeitnehmer, Schutz der Bevölkerung vor Infektionskrankheiten sowie Beachtung der arbeitsvertraglichen Verpflichtungen gegenüber den betroffenen Arbeitnehmern zu gewährleisten, die damit verbundenen Eingriffe in die Berufsfreiheit der betroffenen Unternehmen der Fleischindustrie wie deren Vertragspartner und der betroffenen Arbeitnehmer (BT-Drs. 19/21978, S. 38 ff.; *Deinert/Cremer*, Fremdpersonalverbot in der Fleischwirtschaft auf dem Prüfstand des Verfassungsrechts, 2023). Dieses Ziel des Gesetzgebers rechtfertigt überdies auch Eingriffe in europäische Grundfreiheiten (*Deinert*, AuR 20, 344). Eilanträge gegen das Gesetz blieben beim *BVerfG* ebenso erfolglos (29. 12. 2020 – 1 BvQ 152/20 u. a., NZA 21, 120; 1 BvQ 165/20 u. a., NZA 21, 124) wie Verfassungsbeschwerden gegen das Verbot der Leiharbeit in der Fleischwirtschaft (s. dazu Einl. II 3 zum AÜG, Nr. 4).

Die in § 8 GSA Fleisch vorgesehene Evaluation bestätigte die Erreichung der gesetzlichen Ziele. Die bisherigen Werkvertragsarbeitnehmer wurden von den Unternehmen der Fleischwirtschaft weitgehend in die Stammbelegschaften übernommen, deren Arbeitsbedingungen haben sich verbessert und die Durchführung von Kontrollen durch die Behörden wurde erleichtert (*BMAS*, Forschungsbericht 633).

Weiterführende Literatur

Aufsätze

Bayreuther, Verbot von Werkverträgen und Arbeitnehmerüberlassung in der Fleischwirtschaft, NZA 2020, S. 773

Däubler, Arbeitsschutz schafft neues Arbeitsrecht!?, NZA 2021, S. 86

Deinert, Zur Zulässigkeit eines Direktanstellungsgebots für Arbeitnehmer in der Fleischindustrie, AuR 2020, S. 344

Deinert/Cremer, Fremdpersonalverbot in der Fleischwirtschaft auf dem Prüfstand des Verfassungsrechts (2023)

Greiner/Muños Andres, Sektorale Arbeitnehmerüberlassungsverbote in Bauhauptgewerbe und Fleischindustrie – verfassungsgemäß?, BB 2024, S. 1588

Rieble/Pingel/Vetter, Verfassungs- und Unionsrechtskonformität von Direktanstellungsgeboten, ZFA 2024, S. 372

Thüsing u.a., Das Verbot der Arbeitnehmerüberlassung in der Fleischwirtschaft, NZA 2020, S. 1160

Thüsing/Mantsch, Branchenspezifische Verbote des Fremdpersonaleinsatzes – Leiharbeit auf Abschiedstournee?, NZA 2024, S. 584

Zimmer, Das Verbot des Fremdpersonaleinsatzes in der Fleischwirtschaft und dessen Anwendungsbereich, NZA 2021, S. 4

Evaluation

Bundesministerium für Arbeit und Soziales, Die Evaluation nach § 8 des Gesetzes zur Sicherung von Arbeitnehmerrechten in der Fleischwirtschaft (GSA Fleisch), Abschlussbericht, Forschungsbericht 633

Gesetz zur Sicherung von Arbeitnehmerrechten in der Fleischwirtschaft (GSA Fleisch)

vom 17. Juli 2017 (BGBl. I 2541, 2572),
zuletzt geändert durch Gesetz vom 22. Dezember 2025 (BGBl. 2025 I Nr. 369)

§ 1 Zielsetzung Ziele des Gesetzes sind die Sicherung von Rechten und Ansprüchen der Arbeitnehmerinnen und Arbeitnehmer, der Arbeits- und Gesundheitsschutz sowie die Verhinderung von Umgehungen der Pflicht zur Zahlung von Sozialversicherungsbeiträgen durch die Beauftragung von Nachunternehmern in der Fleischwirtschaft.

§ 2 Geltungsbereich (1) Dieses Gesetz gilt für die Fleischwirtschaft. Zur Fleischwirtschaft im Sinne dieses Gesetzes gehören Betriebe im Sinne von § 6 Absatz 9 des Arbeitnehmer-Entsendegesetzes.
(2) Die §§ 6 bis 6b finden auf das Fleischerhandwerk keine Anwendung. Zum Fleischerhandwerk im Sinne dieses Gesetzes gehören Unternehmer der Fleischwirtschaft, die in der Regel nicht mehr als 49 Personen tätig werden lassen und

1. ihre Tätigkeiten nach § 1 Absatz 2 der Handwerksordnung handwerksmäßig betreiben und in die Handwerksrolle des zulassungspflichtigen Handwerks oder in das Verzeichnis des zulassungsfreien Handwerks oder handwerksähnlichen Gewerbes eingetragen sind oder
2. justistische Personen oder rechtsfähige Personengesellschaften sind, deren Mitglieder oder Gesellschafter ausschließlich Unternehmer im Sinne des Satzes 2 Nummer 1 sind.

Bei der Bestimmung der Anzahl der in der Regel tätigen Personen nach Satz 2 sind auch die bei Nachunternehmen tätigen Arbeitnehmerinnen und Arbeitnehmer, Leiharbeitnehmerinnen und Leiharbeitnehmer sowie Selbstständige mitzuzählen. Nicht berücksichtigt werden bei der Bestimmung der Anzahl der in der Regel tätigen Personen nach Satz 2 solche Personen, die ausschließlich mit dem Verkauf und damit in unmittelbarem Zusammenhang stehenden Tätigkeiten befasst sind, sowie Auszubildende in der Ausbildung zur Fachverkäuferin oder zum Fachverkäufer im Lebensmittelhandwerk mit Schwerpunkt Fleischwirtschaft.

§ 3 Haftung für Sozialversicherungsbeiträge (1) § 28e Absatz 3a, Absatz 3b Satz 1, Absatz 3c Satz 1, Absatz 3e, Absatz 3f Satz 1 und 2 und Absatz 4 des Vierten Buches Sozialgesetzbuch gilt für Unternehmer der Fleischwirtschaft, die andere Unternehmer mit Tätigkeiten des Schlachtens oder der Fleischverarbeitung im Sinne des § 6 Absatz 9 Satz 2 bis 4 des Arbeitnehmer-Entsendegesetzes beauftragen, mit der Maßgabe entsprechend, dass der Nachweis entsprechend § 28e Absatz 3b Satz 1 des Vierten Buches Sozialgesetzbuch ausschließlich durch eine Unbedenklichkeitsbescheinigung der zuständigen Einzugsstelle für den Nachunternehmer oder den von diesem beauftragten Verleiher entsprechend § 28e Absatz 3f Satz 1 und 2 des Vierten Buches Sozialgesetzbuch erbracht werden kann.

(2) § 150 Absatz 3 des Siebten Buches Sozialgesetzbuch gilt, soweit er die entsprechende Geltung von in Absatz 1 genannten Vorschriften des Vierten Buches Sozialgesetzbuch anordnet, entsprechend für Unternehmer der Fleischwirtschaft.

§ 4 Arbeitsmittel, Schutzkleidung und persönliche Schutzausrüstung (1) Der Arbeitgeber hat Arbeitnehmerinnen und Arbeitnehmern Arbeitsmittel, die aus Hygienegründen oder Gründen der Arbeitssicherheit vorgeschriebene besondere Arbeitskleidung (Schutzkleidung) und persönliche Schutzausrüstung unentgeltlich zur Verfügung zu stellen und instand zu halten.
(2) Eine Vereinbarung, durch die Arbeitnehmerinnen und Arbeitnehmer verpflichtet werden, Arbeitsmittel, Schutzkleidung oder persönliche Schutzausrüstung auf eigene Kosten zu beschaffen oder instand zu halten, ist unwirksam.

§ 5 Berechnung und Zahlung des Arbeitsentgelts, Aufrechnungsverbot (1) Das Arbeitsentgelt ist in Euro zu berechnen und auszuzahlen.
(2) Die Aufrechnung gegenüber dem unpfändbaren Teil des Arbeitsentgelts ist unzulässig.

§ 6 Erstellen von Dokumenten (1) Die Pflichten zum Erstellen von Dokumenten nach § 17 Absatz 1 des Mindestlohngesetzes, § 19 Absatz 1 des Arbeitnehmer-Entsendegesetzes und § 17c Absatz 1 des Arbeitnehmerüberlassungsgesetzes werden dahingehend abgewandelt, dass Arbeitgeber und Entleiher verpflichtet sind, den Beginn der täglichen Arbeitszeit der Arbeitnehmerinnen und Arbeitnehmer sowie Leiharbeitnehmerinnen und Leiharbeitnehmer jeweils unmittelbar bei Arbeitsaufnahme sowie Ende und Dauer der täglichen Arbeitszeit jeweils am Tag der Arbeitsleistung elektronisch und manipulationssicher aufzuzeichnen und diese Aufzeichnung elektronisch aufzubewahren.
(2) Die tägliche Arbeitszeit im Sinne des Absatzes 1 umfasst auch Zeiten, die die Arbeitnehmerin oder der Arbeitnehmer für Vor- und Nachbereitungshandlungen im Betrieb benötigt, soweit diese fremdnützig sind und nicht zugleich der Befriedigung eins eigenen Bedürfnisses der Arbeitnehmerin oder des Arbeitnehmers dienen. Zeiten für Vor- und Nachbereitungshandlungen nach Satz 1 sind insbsondere Zeiten, die die Arbeitnehmerin oder der Arbeitnehmer jeweils einschließlich der hierfür erforderlichen innerbetrieblichen Wegezeiten benötigt für

1. das Auf- und Abrüsten von Arbeitsmitteln einschließlich der Entgegennahme und des Abgebens der Arbeitsmittel (Rüstzeiten),
2. das An- oder Ablegen der Arbeitskleidung einschließlich der Entgegennahme und des Abgebens der Arbeitskleidung (Umkleidezeiten), wenn das Tragen einer bestimmten Arbeitskleidung vom Arbeitgeber angeordnet wird oder gesetzlich vorgeschrieben ist und das Umkleiden im Betrieb erfolgt, und
3. das Waschen vor Beginn oder nach Beendigung der Arbeit (Waschzeiten), wenn das Waschen aus hygienischen oder gesundheitlichen Gründen notwendig ist

§ 6a Einschränkungen des Einsatzes von Fremdpersonal (1) Ein Unternehmer muss einen Betrieb oder, im Fall des Absatzes 3 Satz 2, eine übergreifende Organisation, in dem oder in der geschlachtet wird, Schlachtkörper zerlegt werden oder das Fleisch verarbeitet wird, als alleiniger Inhaber führen. Die gemeinsame Führung eines Betriebes oder einer übergreifenden Organisation durch zwei oder mehrere Unternehmer ist unzulässig.

(2) Der Inhaber darf im Bereich der Schlachtung einschließlich der Zerlegung von Schlachtkörpern sowie im Bereich der Fleischverarbeitung Arbeitnehmerinnen und Arbeitnehmer nur im Rahmen von mit ihm bestehenden Arbeitsverhältnissen tätig werden lassen. Er darf in diesen Bereichen keine Selbstständigen tätig werden lassen. Ein Dritter darf in diesen Bereichen keine Arbeitnehmerinnen und Arbeitnehmer und keine Selbstständigen tätig werden lassen und keine Leiharbeitnehmerinnen und Leiharbeitnehmer in diese Bereiche überlassen.

(3) Inhaber ist, wer über die Nutzung der Betriebsmittel und den Einsatz des Personals entscheidet. Wenn aufgrund der räumlichen oder funktionalen Einbindung des Betriebes in eine übergreifende Organisation die Arbeitsabläufe in dem Betrieb inhaltlich oder zeitlich im Wesentlichen vorgegeben sind, ist Inhaber, wer die übergreifende Organisation führt.

(4) Eine übergreifende Organisation ist ein überbetrieblicher, nicht notwendig räumlich zusammenhängender Produktionsverbund, in dem ein Unternehmer die Arbeitsabläufe im Bereich der Schlachtung einschließlich der Zerlegung von Schlachtkörpern oder im Bereich der Fleischverarbeitung inhaltlich oder zeitlich im Wesentlichen vorgibt.

4a

§ 6b Prüfung und Befugnisse der Behörden der Zollverwaltung (1) Die Prüfung der Einhaltung der Vorgaben des § 6a obliegt den Behörden der Zollverwaltung.

(2) Die §§ 2, 3 bis 7, 13, 14, 15 bis 20, 22 und 23 des Schwarzarbeitsbekämpfungsgesetzes sind entsprechend anzuwenden mit der Maßgabe, dass

1. die dortigen Befugnisse, Duldungs- und Mitwirkungspflichten auch gegenüber Inhabern im Sinne des § 6a Absatz 3 sowie Personen, welche die Nutzung eines Betriebes oder einer übergreifenden Organisation gestatten, Anwendung finden,
2. die dort genannten Behörden auch Einsicht in Arbeitsverträge, Niederschriften nach § 2 des Nachweisgesetzes, Satzungen, Gesellschaftsverträge und andere Geschäftsunterlagen nehmen können, die mittelbar oder unmittelbar Auskunft über die Einhaltung der Vorgaben nach § 6a geben, und
3. die nach § 5 Absatz 1 des Schwarzarbeitsbekämpfungsgesetzes, auch in Verbindung mit Nummer 1, zur Mitwirkung Verpflichteten die Unterlagen nach Nummer 2 vorzulegen haben.

§ 7 Bußgeldvorschriften (1) Ordnungswidrig handelt, wer einem anderen die Nutzung eines Betriebes oder einer übergreifenden Organisation, in dem oder in der geschlachtet wird, Schlachtkörper zerlegt werden oder Fleisch verarbeitet wird, ganz oder teilweise gestattet und weiß oder wenigstens fahrlässig nicht weiß, dass der andere

1. entgegen § 6a Absatz 1 Satz 1 den Betrieb oder die übergreifende Organisation nicht richtig führt,

2. entgegen § 6a Absatz 2 Satz 1 eine Arbeitnehmerin oder einen Arbeitnehmer tätig werden lässt oder
3. entgegen § 6a Absatz 2 Satz 2 einen Selbstständigen tätig werden lässt.

(2) Ordnungswidrig handelt, wer vorsätzlich oder fahrlässig
1. entgegen § 3 Absatz 1 in Verbindung mit § 28e Absatz 3c Satz 1 des Vierten Buches Sozialgesetzbuch eine Mitteilung nicht, nicht richtig, nicht vollständig oder nicht rechtzeitig macht,
2. entgegen § 6 in Verbindung mit § 17 Absatz 1 Satz 1, auch in Verbindung mit Satz 2, des Mindestlohngesetzes, § 19 Absatz 1 Satz 1, auch in Verbindung mit Satz 2, des Arbeitnehmer-Entsendegesetzes oder § 17c Absatz 1 des Arbeitnehmerüberlassungsgesetzes eine Aufzeichnung nicht, nicht richtig, nicht vollständig, nicht in der vorgeschriebenen Weise oder nicht rechtzeitig erstellt oder nicht, nicht vollständig, nicht in der vorgeschriebenen Weise oder nicht mindestens zwei Jahre aufbewahrt,
3. entgegen § 6a Absatz 1 Satz 1 einen Betrieb oder eine übergreifende Organisation nicht richtig führt,
4. entgegen § 6a Absatz 2 Satz 1 eine Arbeitnehmerin oder einen Arbeitnehmer tätig werden lässt,
5. entgegen § 6a Absatz 2 Satz 2 einen Selbstständigen tätig werden lässt oder
6. entgegen § 6a Absatz 2 Satz 3 eine Arbeitnehmerin oder einen Arbeitnehmer oder einen Selbstständigen tätig werden lässt oder eine Leiharbeitnehmerin oder einen Leiharbeitnehmer überlässt.

(3) Die Ordnungswidrigkeit kann in den Fällen des Absatzes 1 sowie des Absatzes 2 Nummer 3 bis 6 mit einer Geldbuße bis zu fünfhunderttausend Euro, in den übrigen Fällen mit einer Geldbuße bis zu fünfzigtausend Euro geahndet werden.

(4) Verwaltungsbehörden im Sinne des § 36 Absatz 1 Nummer 1 des Gesetzes über Ordnungswidrigkeiten sind
1. in den Fällen der Absätze 1 und 2 Nummer 2 bis 6 die Behörden der Zollverwaltung jeweils für ihren Geschäftsbereich und
2. in den Fällen des Absatzes 2 Nummer 1 der Versicherungsträger.

§ 8 Evaluation Das Bundesministerium für Arbeit und Soziales wird die Regelung zur Einschränkung des Einsatzes von Fremdpersonal in der Fleischwirtschaft einschließlich der Einschränkung des Anwendungsbereichs der Regelung für das Fleischerhandwerk im Jahr 2023 evaluieren.

5. Arbeitsgerichtsgesetz (ArbGG)

Einleitung

I. Geschichtliche Entwicklung

Die Herausbildung einer von der »ordentlichen« Gerichtsbarkeit abgetrennten Arbeitsgerichtsbarkeit geht zurück auf im Jahre 1806 von Napoleon I. geschaffene Sondergerichte zur Entscheidung von Rechtsstreitigkeiten zwischen Fabrikanten und Arbeitern. Nachdem diese Einrichtung im (von Frankreich besetzten) linksrheinischen Deutschland übernommen worden und später unter dem Namen »Fabrikgericht« in Preußen weiterverbreitet worden war, wurden durch das Gewerbegerichtsgesetz von 1890 und das Kaufmannsgerichtsgesetz von 1904 in größeren Gemeinden besondere, mit Arbeitgeber- und Arbeitnehmerbeisitzern paritätisch besetzte Gerichte errichtet. Am 23.12.1926 wurde das Arbeitsgerichtsgesetz verabschiedet, mit welchem eine einheitliche staatliche Gerichtsbarkeit für Arbeitssachen geschaffen wurde. Allerdings blieben die Landesarbeitsgerichte und das Reichsarbeitsgericht den Landgerichten und dem Reichsgericht organisatorisch angegliedert. Erst das ArbGG von 1953, das sich im Übrigen eng an das ArbGG von 1926 anlehnt, schuf die nunmehr in allen drei Instanzen organisatorisch selbstständige Arbeitsgerichtsbarkeit (Übersicht 14; zur Geschichte der Arbeitsgerichtsbarkeit *Linsenmaier,* NZA 04, 401; *Opolony,* NZA 04, 519; *Hanau,* NZA 04, 625). Dabei ist die Eigenständigkeit des Bundesarbeitsgerichts durch Art. 95 Abs. 1 GG garantiert.

Das Arbeitsgerichtsgesetz ist immer wieder, vor allem mit dem Hauptziel einer Beschleunigung der Verfahren, geändert worden (vgl. 29. Aufl.). Übergangsweise gab es während der Pandemie besondere Regelungen zum Einsatz von Videokonferenztechnik im Verfahren (vgl. 47. Aufl.; zu deren praktischer Bedeutung und einem Ausblick vgl. *Trienekens/Höland/Welti,* CR 22, 64). Das Gesetz ist wegen seiner vielen Verweisungen auf die ZPO auch immer von den dort häufigen Gesetzesänderungen betroffen. Zuletzt waren bedeutsam insbesondere Änderungen im Hinblick auf den elektronischen Rechtsverkehr und die elektronische Akte (vgl. 47. Aufl.). Darüber hinaus hat das Gesetz zahlreiche Begleitänderungen im Zuge von Reformen des materiellen Arbeitsrechts erfahren (vgl. zu jüngeren diesbezüglichen Änderungen Einl. I zum ArbGG in der 44. Aufl.). Die jüngsten, substanziellen Änderungen dieser Art waren zunächst die Begründung der Zuständigkeit der Arbeitsgerichtsbarkeit im Beschlussverfahren für Angelegenheiten aus dem MgFSG (Nr. 26d) gemäß § 2a Abs. 1 Nr. 3h ArbGG im Zuge der Umsetzung der Umwandlungsrichtlinie hinsichtlich der Mitbestimmung der Arbeitnehmer (Gesetz v. 4.1.2023, BGBl. I 2023 Nr. 10). Das Gesetz zur weiteren Digitalisierung der Justiz (v. 12.7.2024, BGBl. I Nr. 234) schuf unter anderem die Möglichkeit der sog. Schriftsatzkündigung sowie der Abgabe weiterer Willenserklärungen, für die die Schriftform gilt, auch in elektronischer Form (dazu *Düwell,* NZA 24, 1169). Schließlich kam es zur Zulassung des Einsatzes von Videokonferenztechnik im

Verfahren in allen drei Instanzen durch Gesetz v. 15. 7. 2024 (BGBl. I Nr. 237, dazu *Francken/Natter/Rieker*, NZA 24, 937; *Düwell*, BB 24, 2106).
Die 92. Justizministerkonferenz hat 2021 gefordert, kollektive Rechtsschutzmöglichkeiten für Massenverfahren auch in der Arbeitsgerichtsbarkeit zu prüfen.

II. Wesentlicher Gesetzesinhalt

Die Gerichtsbarkeit in Arbeitssachen wird ausgeübt durch die Arbeitsgerichte (ArbG), die Landesarbeitsgerichte (LAG) und das Bundesarbeitsgericht (BAG; mit Sitz in Erfurt). Die internationale Zuständigkeit der deutschen Arbeitsgerichte wird vor allem durch einen inländischen Arbeitsort begründet (Einzelheiten bei Einl. II zu Nr. 14 a).
Das Urteilsverfahren wird vor allem in individuellen Vertragsstreitigkeiten zwischen Arbeitgeber und Arbeitnehmer, das Beschlussverfahren vor allem bei Streitigkeiten zwischen Arbeitgeber und Betriebsrat durchgeführt. Der Arbeitnehmerbegriff (vgl. Einl. II 1 zum BGB, Nr. 14) ist damit auch wesentlich für den Zugang zur Arbeitsgerichtsbarkeit anstelle der ordentlichen Gerichtsbarkeit (Amts- und Landgerichte). § 5 Abs. 1 S. 1 ArbGG erstreckt die Zuständigkeit der Arbeitsgerichte aber auch auf arbeitnehmerähnliche Personen. Das *BAG* hat entschieden, dass in Streitigkeiten zwischen Arbeitgeber und Arbeitnehmer über die Höhe einer Corona-Prämie nach § 150a SGB XI nicht die Arbeitsgerichte, sondern die Sozialgerichte zuständig sind (1. 3. 2022 – 9 AZB 25/21, NZA 22, 509). Demgegenüber sind für Streitigkeiten über eine Corona-Sonderleistung nach § 26e Abs. 2 Satz 1 KHG die Verwaltungsgerichte zuständig (*BAG* 12. 1. 2024 – 9 AZB 23/23, NZA 24, 426).
In erster Instanz sind die Arbeitsgerichte ohne Rücksicht auf den Streitwert zuständig. Gegen ihre Urteile ist Berufung bzw. Beschwerde vor den Landesarbeitsgerichten zulässig (§§ 64 Abs. 1, 78, 87 ArbGG). Die Zulassung zur zweiten Instanz im Urteilsverfahren ist an den Streitwert bzw. die ausdrückliche Zulassung durch das Arbeitsgericht gebunden. Der Wert des Streitgegenstandes muss 600 € übersteigen. Darüber hinaus ist die Berufung in Kündigungssachen immer zulässig. Das BAG entscheidet in dritter und letzter Instanz. Voraussetzung ist, dass das LAG die Revision bzw. – in Beschlussverfahren – Rechtsbeschwerde wegen der grundsätzlichen Bedeutung der Rechtssache oder wegen Abweichung von einer anderen obergerichtlichen Entscheidung zugelassen hat (§§ 72 Abs. 2, 92 ArbGG). Im Revisionsverfahren bzw. im Rechtsbeschwerdeverfahren (§§ 74, 92 ArbGG) wird nur noch über Rechtsfragen entschieden. Sind die Verfahrensbeteiligten darüber einig, können sie auf eine Berufung verzichten, und falls das ArbG dies zulässt, direkt das BAG anrufen (sog. Sprungrevision bzw. Sprungrechtsbeschwerde, §§ 76, 96a ArbGG). Arbeitsgerichte und Landesarbeitsgerichte sind mit einem hauptamtlichen Vorsitzenden Richter und zwei ehrenamtlichen Richtern (Beisitzer), das BAG mit drei Berufsrichtern (einschließlich Vorsitzenden) und zwei ehrenamtlichen Richtern besetzt. Die ehrenamtlichen Richter werden je zur Hälfte aus Kreisen der Arbeitnehmer und Arbeitgeber entnommen (§ 16 ArbGG). Sie werden aus Vorschlagslisten ausgewählt, die von Gewerkschaften, Arbeitgeberverbänden und öffentlichen Körperschaften eingereicht werden. Die ehrenamtliche Richtertätig-

keit erfolgt unentgeltlich. Den ehrenamtlichen Richtern ist jedoch eine Aufwandsentschädigung zu entrichten.

Seit im Jahre 1926 das Verfahren vor den Gerichten für Arbeitssachen zum ersten Mal geregelt wurde, ist es immer wieder das Bestreben des Gesetzgebers gewesen, das Verfahren vor diesem Gerichtsbarkeitszweig durchsichtiger, schneller, kostengünstiger und rationeller als vor den Gerichten der allgemeinen Zivilgerichtsbarkeit zu gestalten (zum Kostenrecht *Roloff*, NZA 07, 900). Häufig sind Vorschriften des ArbGG, die sich bewährt hatten, später in die Zivilprozessordnung (ZPO) übernommen worden. Die wesentlichsten Unterschiede gegenüber dem ZPO-Verfahren sind:

- die Einflussmöglichkeiten der ehrenamtlichen Richter mit vollem Stimmrecht;
- die (fast völlige) Gleichstellung der Rechtsschutzvertreter der Gewerkschaften (auch der »DGB Rechtsschutz GmbH«, *LAG Schleswig-Holstein* 9.4.1998 – 5 Sa 573/97, AuR 98, 296) und Arbeitgeberverbände mit Rechtsanwälten (seit 2008 können sie auch vor dem BAG vertreten);
- die Verkürzung der Rechtsbehelfs- und Rechtsmittelfristen in den ersten beiden Instanzen;
- keine Kostenvorschüsse an das Gericht; geringere Gerichtsgebühren; Gerichtskostenfreiheit in vielen Fällen (vgl. § 2 II GKG; zur Prozesskostenhilfe s. Einl. II zur ZPO, Nr. 35); der Zugang zu den Gerichten darf nicht durch Kostenregelungen praktisch unmöglich gemacht werden;
- keine Kostenerstattung in erster Instanz (§ 12a ArbGG); im Hinblick auf die Kostenfreiheit geht das *BAG* davon aus, dass auch außergerichtliche Kosten für die Beitreibung von Ansprüchen nicht zu ersetzen sind (*BAG* 28.11.2019 – 8 AZR 293/18, NZA 20, 465), sodass die Verzugskostenpauschale nach § 288 Abs. 5 S. 1 BGB (Nr. 14) für alle bis zum Ende der ersten Instanz angefallenen Kosten ausgeschlossen ist (25.9.2018 – 8 AZR 26/18, NZA 19, 121; 12.12.2018 – 5 AZR 588/17, NZA 19, 775, Rn. 46ff.; a.A. *Sächs. LAG* 17.7.2019 – 2 Sa 364/18, BB 19, 2298; aufgehoben durch *BAG* 22.10.2020 – 8 AZR 412/19, NZA 21, 127). Das dürfte allerdings unionsrechtswidrig sein, soweit europarechtlich begründete Ansprüche betroffen sind (*Daum*, EuZA 24, 317, 323ff., im Anschluss an *EuGH* 14.9.2023 – C-113/22, ZESAR 24, 38 – TGSS);
- Urteile der Arbeitsgerichte sind grundsätzlich vorläufig vollstreckbar (§ 62 ArbGG);
- ausgeprägtes Güteverfahren (§§ 54, 55 ArbGG), in welchem 40% der Verfahren beendet werden.

Überall da, wo das ArbGG schweigt, gilt für das Urteilsverfahren (siehe § 2 ArbGG) die ZPO (vgl. §§ 46 Abs. 2, 64 Abs. 6, 72 Abs. 5 ArbGG). In diesem Verfahren besteht zwar die Pflicht des Vorsitzenden (§ 139 ZPO), auf die Stellung sachdienlicher Anträge hinzuwirken, es ist jedoch grundsätzlich Aufgabe der Parteien, dem Gericht die Tatsachen vorzutragen (Beibringungsgrundsatz). Etwas anderes gilt nur beim (vor allem in Angelegenheiten der Betriebsverfassung maßgeblichen) Beschlussverfahren (siehe § 2a ArbGG), bei dem es Aufgabe des Gerichtes ist, die Tatsachen zu ermitteln (Untersuchungsgrundsatz, §§ 80ff. ArbGG, insbes. § 83 Abs. 1 ArbGG). Da die Entscheidungen Wirkungen für eine Vielzahl von Personen

entfalten, darf das Ergebnis nicht von der Beibringung durch die Beteiligten abhängen.
Die arbeitsrechtliche Rechtsberatung ihrer Mitglieder außerhalb und im Vorfeld eines Gerichtsverfahrens ist den Gewerkschaften und Arbeitgeberverbänden aufgrund § 7 des Rechtsdienstleistungsgesetzes erlaubt. Im Hinblick auf diese verbandsmäßige Selbsthilfe (einschließlich der Möglichkeit der Prozessvertretung gemäß § 11 ArbGG) hatte das Beratungshilfegesetz eine staatlich finanzierte Rechtsberatung Minderbemittelter in Arbeitsrechtsfragen ausgeschlossen. Das ist vom *BVerfG* (2.12.1992 – 1 BvR 296/88, NZA 93, 427) als Verstoß gegen das Gleichbehandlungsgebot (Art. 3 Abs. 1 GG) gewertet worden. Seit 1994 erstreckt sich das BeratungshilfeG auch auf Angelegenheiten der Arbeitsgerichtsbarkeit (vgl. § 11a Fußn. 1). Die Prozesskostenhilfe für eine minderbemittelte Partei ist in § 11a ArbGG geregelt (hierzu *App*, AuA 93, 304; *Schwab*, NZA 95, 115). Zur Prozesskostenhilfe s. Einl. II zur ZPO (Nr. 35).

III. Anwendungsprobleme und Rechtstatsachen

1. Funktion der Arbeitsgerichtsbarkeit

Die Beurteilung eines Prozessgesetzes hat von dessen dienender Funktion auszugehen. Es hat zu gewährleisten, dass das materielle Recht schnell, wirtschaftlich und in einem für den rechtsuchenden Bürger überschaubaren Verfahren verwirklicht wird. Dies kann freilich nur in dem Umfang geschehen, in dem das materielle Recht selbst Ansprüche bereitstellt und darüber hinaus sich ein Berechtigter um die Durchsetzung seiner Ansprüche bemüht (»Wo kein Kläger, da kein Richter«). Was das Letztere angeht, muss man allerdings davon ausgehen, dass es sehr viele Arbeitnehmer aus Angst vor weiteren Nachteilen während des Bestands eines Arbeitsverhältnisses nicht wagen, strittige Fragen vor das Arbeitsgericht zu tragen und ihr Recht durchzusetzen: *Ramm* (KJ 70, 175) hat bereits für Zeiten guter Wirtschaftskonjunktur festgestellt, dass etwa 80 % der gewerkschaftlich organisierten Arbeitnehmer erst nach Beendigung ihres Arbeitsverhältnisses gegen den Arbeitgeber prozessieren. Bei den restlichen 20 %, die auch innerhalb eines bestehenden Arbeitsverhältnisses ihre Ansprüche einklagen, handelt es sich überwiegend um Angehörige des öffentlichen Dienstes und zum geringeren Teil um Arbeitnehmer aus Großbetrieben, in deren Augen dieses zusätzliche Risiko eines Prozesses geringer wiegt. Umgekehrt kann eine gut funktionierende Mitbestimmung Rechtsstreite überflüssig machen (deutlich sichtbar beim geringen Klageaufkommen aus dem Bereich der Montanmitbestimmung).
Im Übrigen ist beachtlich, wie im Urteilsverfahren die Prozessführungslast typischerweise beim Arbeitnehmer liegt (fast 98 % aller eingereichten Klagen). Das ist Ausdruck des sozialen Ungleichgewichts beider Seiten: Arbeitgeber können strittige Dinge in der Regel einseitig durch Direktionsrecht, Verweigerung o. Ä. »regeln« (hierzu s. *Kittner/Breinlinger*, Zeitschrift für Rechtssoziologie 81, 53). Im Beschlussverfahren zwischen Betriebsrat und Arbeitgeber sieht das Verhältnis mit etwa 90 %: 10 % ähnlich aus.

Die Arbeitsgerichtsbarkeit hat eine im Verhältnis zu anderen Gerichtszweigen besonders schwierige Aufgabe der Konfliktlösung. Hinter fast jedem Fall steht der soziale Konflikt zwischen Arbeit und Kapital, und vielfach existieren keine eindeutigen Kriterien zur Rechtsauslegung. Das rückt die Arbeitsgerichtsbarkeit – zumal dort, wo sie rechtsschöpferisch tätig werden muss, wie im Arbeitskampfrecht – unvermeidlich in die (legitime) politische Auseinandersetzung. In diesem Zusammenhang ist das Koalitionsrecht der Arbeitsrichter in Frage gestellt worden (s. *Bobke/Unterhinnighofen* in Kittner, GewJB 84, 413; *Reifner,* AiB 84, 56; kritisch *Rüthers,* DB 84, 1620 mit Erwiderung *Schuldt,* DB 84, 2509). Das *BVerfG* hat eine Verfassungsbeschwerde wegen fehlender Erfolgsaussicht nicht angenommen und in diesem Zusammenhang ausgeführt: »Richtern – auch der Arbeitsgerichtsbarkeit – ist es daher von Verfassungs wegen gestattet, sich gewerkschaftlich zu betätigen. Dazu gehört die Teilnahme an einem Arbeitskreis ›Recht‹ der Gewerkschaft ÖTV, selbst wenn dabei sich vor den Arbeitsgerichten auftretende Anwälte an der allgemeinen Erörterung aktueller arbeitsrechtlicher Probleme beteiligen« (*BVerfG* 15.3.1984 – 1 BvR 200/84, BB 84, 787).

Insgesamt zeigt die Statistik der arbeitsgerichtlichen Tätigkeit (s. Übersicht 13), in welch hohem Maße die Arbeitsgerichte streitschlichtend wirken: nur gut 6 % aller Klagen werden durch streitiges Urteil entschieden, dagegen enden rund 2/3 aller Verfahren durch Vergleich oder auf andere Weise (Übersicht 13). Die Bedeutung der Konfliktlösung ohne Urteil wurde durch das Mediationsgesetz (v. 21.7.2012, BGBl. I 1577; *Ahrens*, NJW 12, 2465; aus arbeitsrechtlicher Sicht *Düwell*, BB 12, 1921; *Francken*, NZA 12, 836; *Niedostadek*, ZESAR 12, 319; *Stoppkotte/Stiel*, AuR 12, 385; Entwurf: BR-Drs. 60/11; vgl. 37. Aufl., Einl. III 6 zum ArbGG; dazu *Francken*, NZA 11, 1001; *Stiel/Stoppkotte*, AiB 12, 631, zur Entwicklung im Laufe der Beratungen s. 40. Aufl.) zusätzlich ausgeweitet. Mediation ist ein Verfahren, bei dem die Parteien mithilfe von Dritten (Mediatoren) freiwillig und eigenverantwortlich eine einvernehmliche Beilegung ihres Konfliktes anstreben. Für die grenzüberschreitende Mediation gibt es die EU-Richtlinie 2008/52/EG (EU-ASO Nr. 80). Das dadurch veranlasste Gesetz sieht die Mediation auch für die Arbeitsgerichtsbarkeit vor, und zwar nicht nur bei grenzüberschreitenden Fällen. Es folgt dem sog. erweiterten Güterichterkonzept, das einer außergerichtlichen Mediation nicht im Wege steht. Nach § 54 Abs. 6 ArbGG kann der Vorsitzende die Parteien an einen Güterichter verweisen, diese müssen einverstanden sein (*Francken*, NZA 12, 836, 838). Der Güterichter kann alle Methoden der Konfliktbeilegung einsetzen. Das schließt die Möglichkeit der Mediation ein. Im Übrigen kann das Gericht nach § 54a ArbGG den Parteien eine Mediation oder ein anderes Verfahren der außergerichtlichen Konfliktbeilegung vorschlagen. Entscheiden die Parteien sich dafür, ruht das Verfahren und wird nach drei Monaten wieder aufgenommen, wenn sie nicht erklären, noch eine Mediation oder außergerichtliche Konfliktbeilegung zu betreiben.

2. Prozessdauer

Der wundeste Punkt der gegenwärtigen Arbeitsgerichtspraxis ist die Prozessdauer, auch wenn man berücksichtigt, dass die Verfahrensdauer bei anderen Gerichten, etwa bei den Verwaltungsgerichten, noch deutlich länger sind: Fast die Hälfte der Verfahren dauert länger als 3 Monate. Bei Ausschöpfung aller Rechtsmittel muss leicht mit 2 Jahren Prozessdauer gerechnet werden. Auch wenn derartige Verfahrenslängen im Vergleich mit anderen Gerichtsverfahren noch relativ kurz sind, sollte dies im Hinblick auf die existenzielle Bedeutung für die Betroffenen nicht den Blick für die Problematik verstellen. Solche Verfahrenslängen bedeuten in vielen Fällen »Rechtsverweigerung« in dem Sinne, dass, wo ein Arbeitnehmer schon nicht vor dem Prozess abgeschreckt wird, er selbst von einem obsiegenden Urteil nichts hat. Das gilt vor allem bei Kündigungsschutzprozessen (s. u. 3) und trifft z. B. ausländische Arbeitnehmer, die schon wieder in ihr Heimatland zurückgekehrt sind, besonders hart.
Dieser Zustand beruht vor allem auf der völlig unzulänglichen Besetzung der Arbeitsgerichte. Eine vorübergehende Besserung, nachdem im Zuge der deutschen Vereinigung die Gerichtsbesetzungen erhöht wurden, mit Abnahme der Prozesse aber nicht in gleichem Maße wieder abgebaut werden konnten, hat sich inzwischen erledigt. Vor allem infolge der Wirtschaftskrise nahm auch die Zahl der Verfahren vor den Arbeitsgerichten wieder zu (vgl. einblick 3/09, S. 5). Das *BAG* hatte 2012 die höchste Eingangszahl seit Gründung des Gerichts überhaupt (vgl. Pressemitteilung des Gerichts Nr. 8/13).

3. Sonderfall: Kündigungsschutzprozess

In besonderer Weise mit der Beurteilung des Prozessverlaufes verwoben ist das materielle Recht bei Kündigungsschutzprozessen, die in etwa die Hälfte aller erledigten Urteilsverfahren ausmachen. Einerseits muss der faktisch nicht bestehende Schutz vor der Beendigung eines Arbeitsverhältnisses gesehen werden (siehe Einl. zum KSchG, Nr. 25). Bei der Klage gegen eine betriebsbedingte Kündigung wirkt sich zu Lasten des Arbeitnehmers überdies die Tatsache aus, dass ihm die Beweislast dafür obliegt, dass andere Arbeitnehmer des Betriebes weniger schutzwürdig sind. Andererseits steht und fällt die Durchsetzung des materiellen Rechts gerade beim Kündigungsschutzprozess mit der Dauer des Gerichtsverfahrens (das gilt jedenfalls so lange, als nicht eine durchgängige Weiterbeschäftigung des gekündigten Arbeitnehmers bis zum rechtskräftigen Abschluss des Kündigungsschutzprozesses zumindest in den Fällen sichergestellt ist, in denen der Betriebsrat der Kündigung widersprochen hat, vgl. Einl. zum KSchG, Nr. 25; der DGB-Entwurf für ein modernes Betriebsverfassungsgesetz [vgl. Einl. IV zum BetrVG, Nr. 12] sieht insoweit jedenfalls einen grundsätzlichen Weiterbeschäftigungsanspruch bei Kündigung trotz Widerspruchs des Betriebsrats vor). Zum Mindesten wäre hinsichtlich der Verfahrensbeschleunigung erforderlich, dass ein erstinstanzliches Urteil über die Rechtmäßigkeit einer Kündigung vor Ablauf der Kündigungsfrist vorliegt.

4. Verhältnis der deutschen Arbeitsgerichtsbarkeit zum EuGH

Zunehmend gewinnen europäische Rechtsgrundlagen Bedeutung auch für das deutsche Arbeitsleben (vgl. die allgemeinen Literaturhinweise). Deren verbindliche Auslegung ist Sache des *EuGH.* Er kann gemäß Art. 267 AEUV (Nr. 20 a) von jedem nationalen (Arbeits-)Gericht auch unter Übergehung des *BAG* zur Vorabentscheidung einer europarechtlichen Frage angerufen werden (vgl. *Maschmann,* NZA 95, 920). Daraus können Auslegungsprobleme im Verhältnis zwischen *BAG* und *EuGH* erwachsen (vgl. *Wißmann,* AuR 01, 370). Letztinstanzliche Gerichte wie das *BAG* müssen bei europarechtlichen Auslegungsfragen ein Vorabentscheidungsersuchen an den *EuGH* richten, was eine einheitliche Rechtsprechung gewährleisten soll.

Weiterführende Literatur

Handbücher und Kommentare

Deinert/Wenckebach/Zwanziger-*Zwanziger,* Arbeitsrecht, §§ 127, 128 (Arbeitsgerichtsverfahren)
Düwell/Lipke (Hrsg.), Arbeitsgerichtsgesetz, 6. Aufl. (2025)
Germelmann/Matthes/Prütting, ArbGG, 10. Aufl. (2022)
Grunsky/Waas/Benecke/Greiner, ArbGG, 8. Aufl. (2014)
Helml/Pessinger, ArbGG, 5. Aufl. (2021)
Lakies, Arbeitsgerichtsgesetz, Basiskommentar (2010)
Schwab/Weth, ArbGG, 6. Aufl. (2021)

5

Fachbücher und Aufsätze

Borowosky, Die NS-Belastung des Bundesarbeitsgerichts – vorläufige Bilanz zur personellen Kontinuität, KJ 2023, S. 399
Francken, Die Auswirkungen der KI-Verordnung auf das arbeitsgerichtliche Verfahren, NZA 2024, S. 1454
Greiner, Wo kein Kläger, da kein Richter – Ansätze zur Unterbindung der Divergenz von Rechtslage und Rechtswirklichkeit im Arbeitsrecht, AuR 2016, S. 92
Grotmann-Höfling, Die Arbeitsgerichtsbarkeit 2021 im Lichte der Statistik, SAE 2023, S. 22
Grotmann-Höfling, Vertretung vor den Gerichten für Arbeitssachen, AuR 2009, S. 392
Hanau, 60 Jahre Bundesarbeitsgericht, Eine Chronik (2014)
Hanau, Gedanken zum 100-jährigen Bestehen des Deutschen Arbeitsgerichtsverbandes, NZA 1993, S. 338
Höland, Der arbeitsgerichtliche Rechtsschutz während des Arbeitsverhältnisses – einige Schwächen, ihre Gründe und ihre Folgen, AuR 2010, S. 452
Höland/Welti/Kaufmann/Maischak, Die Arbeitsgerichtsbarkeit in der Pandemie, Erste Ergebnisse eines empirischen Forschungsprojektes, AuR 2022, S. 4
Reinfelder, Arbeitsgerichtliche Streitigkeiten und die Insolvenz des Arbeitnehmers, NZA 2009, S. 124

Schmidt, Arbeitsrecht und Arbeitsgerichtsbarkeit im Fokus der Politologie, SR 2013, S. 109

Stöhr, Historische Entwicklung der Laienrichterbeteiligung in der Arbeitsgerichtsbarkeit, AuR 2021, S. G13

Trienekens/Höland/Welti, Videokonferenzen in der Arbeits- und Sozialgerichtsbarkeit, CR 2022, S. 64

Weth, Besonderheiten der Arbeitsgerichtsbarkeit, NZA 1998, S. 680

Übersicht 13: Tätigkeit der Arbeitsgerichte 2023 und 2024

	2024	2023
Urteilsverfahren Neuzugänge	308 684	282 088
Erledigte Urteilsverfahren insgesamt	296 968	275 550
Davon durch Urteile	37 909	35 652
Davon durch Vergleich	201 019	182 351
Davon durch Klagerücknahme	34 776	34 072
Beschlussverfahren Neuzugänge	7394	7719
Erledigte Beschlussverfahren insgesamt	7341	7566

Quelle: Statistisches Bundesamt

Übersicht 14: Arbeitsgerichtsbarkeit

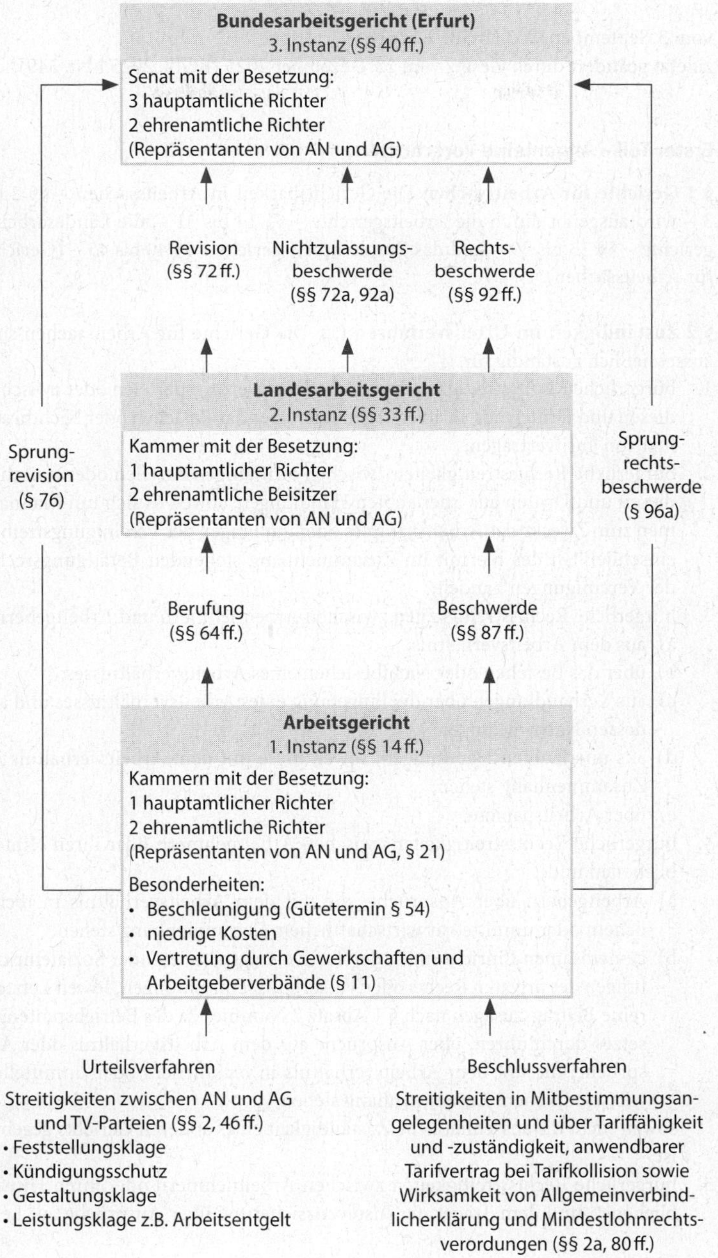

5

Arbeitsgerichtsgesetz (ArbGG)

vom 3. September 1953 (BGBl. I 1267),
zuletzt geändert durch Gesetz vom 22. Dezember 2025 (BGBl. 2025 I Nr. 349)

Erster Teil – Allgemeine Vorschriften

§ 1 Gerichte für Arbeitssachen Die Gerichtsbarkeit in Arbeitssachen – §§ 2 bis 3 – wird ausgeübt durch die Arbeitsgerichte – §§ 14 bis 31 –, die Landesarbeitsgerichte – §§ 33 bis 39 – und das Bundesarbeitsgericht – §§ 40 bis 45 – (Gerichte für Arbeitssachen).

§ 2 Zuständigkeit im Urteilsverfahren (1) Die Gerichte für Arbeitssachen sind ausschließlich zuständig für

1. bürgerliche Rechtsstreitigkeiten zwischen Tarifvertragsparteien oder zwischen diesen und Dritten aus Tarifverträgen oder über das Bestehen oder Nichtbestehen von Tarifverträgen;
2. bürgerliche Rechtsstreitigkeiten zwischen tariffähigen Parteien oder zwischen diesen und Dritten aus unerlaubten Handlungen, soweit es sich um Maßnahmen zum Zwecke des Arbeitskampfes oder um Fragen der Vereinigungsfreiheit einschließlich des hiermit im Zusammenhang stehenden Betätigungsrechts der Vereinigungen handelt;
3. bürgerliche Rechtsstreitigkeiten zwischen Arbeitnehmern und Arbeitgebern
   a) aus dem Arbeitsverhältnis;
   b) über das Bestehen oder Nichtbestehen eines Arbeitsverhältnisses;
   c) aus Verhandlungen über die Eingehung eines Arbeitsverhältnisses und aus dessen Nachwirkungen;
   d) aus unerlaubten Handlungen, soweit diese mit dem Arbeitsverhältnis im Zusammenhang stehen;
   e) über Arbeitspapiere;
4. bürgerliche Rechtsstreitigkeiten zwischen Arbeitnehmern oder ihren Hinterbliebenen und
   a) Arbeitgebern über Ansprüche, die mit dem Arbeitsverhältnis in rechtlichem oder unmittelbar wirtschaftlichem Zusammenhang stehen;
   b) gemeinsamen Einrichtungen der Tarifvertragsparteien oder Sozialeinrichtungen des privaten Rechts oder Versorgungseinrichtungen, soweit Letztere reine Beitragszusagen nach § 1 Absatz 2 Nummer 2a des Betriebsrentengesetzes durchführen, über Ansprüche aus dem Arbeitsverhältnis oder Ansprüche, die mit dem Arbeitsverhältnis in rechtlichem oder unmittelbar wirtschaftlichem Zusammenhang stehen,

   soweit nicht die ausschließliche Zuständigkeit eines anderen Gerichts gegeben ist;
5. bürgerliche Rechtsstreitigkeiten zwischen Arbeitnehmern oder ihren Hinterbliebenen und dem Träger der Insolvenzsicherung über Ansprüche auf Leis-

tungen der Insolvenzsicherung nach dem Vierten Abschnitt des Ersten Teils des Gesetzes zur Verbesserung der betrieblichen Altersversorgung;

6. bürgerliche Rechtsstreitigkeiten zwischen Arbeitgebern und Einrichtungen nach Nummer 4 Buchstabe b und Nummer 5 sowie zwischen diesen Einrichtungen, soweit nicht die ausschließliche Zuständigkeit eines anderen Gerichts gegeben ist;
7. bürgerliche Rechtsstreitigkeiten zwischen Entwicklungshelfern und Trägern des Entwicklungsdienstes nach dem Entwicklungshelfergesetz;
8. bürgerliche Rechtsstreitigkeiten zwischen den Trägern des freiwilligen sozialen oder ökologischen Jahres oder den Einsatzstellen und Freiwilligen nach dem Jugendfreiwilligendienstegesetz;

8a. bürgerliche Rechsstreitigkeiten zwischen dem Bund oder den Einsatzstellen des Bundesfreiwilligendienstes oder deren Trägern und Freiwilligen nach dem Bundesfreiwilligendienstgesetz;

9. bürgerliche Rechtsstreitigkeiten zwischen Arbeitnehmern aus gemeinsamer Arbeit und aus unerlaubten Handlungen, soweit diese mit dem Arbeitsverhältnis im Zusammenhang stehen;
10. bürgerliche Rechtsstreitigkeiten zwischen behinderten Menschen im Arbeitsbereich von Werkstätten für behinderte Menschen und den Trägern der Werkstätten aus den in § 221 des Neunten Buches Sozialgesetzbuch geregelten arbeitnehmerähnlichen Rechtsverhältnissen.

(2) Die Gerichte für Arbeitssachen sind auch zuständig für bürgerliche Rechtsstreitigkeiten zwischen Arbeitnehmern und Arbeitgebern,

a) die ausschließlich Ansprüche auf Leistung einer festgestellten oder festgesetzten Vergütung für eine Arbeitnehmererfindung oder für einen technischen Verbesserungsvorschlag nach § 20 Abs. 1 des Gesetzes über Arbeitnehmererfindungen zum Gegenstand haben;

b) die als Urheberrechtsstreitsachen aus Arbeitsverhältnissen ausschließlich Ansprüche auf Leistung einer vereinbarten Vergütung zum Gegenstand haben.

(3) Vor die Gerichte für Arbeitssachen können auch nicht unter die Absätze 1 und 2 fallende Rechtsstreitigkeiten gebracht werden, wenn der Anspruch mit einer bei einem Arbeitsgericht anhängigen oder gleichzeitig anhängig werdenden bürgerlichen Rechtsstreitigkeit der in den Absätzen 1 und 2 bezeichneten Art in rechtlichem oder unmittelbar wirtschaftlichem Zusammenhang steht und für seine Geltendmachung nicht die ausschließliche Zuständigkeit eines anderen Gerichts gegeben ist.

(4) Auf Grund einer Vereinbarung können auch bürgerliche Rechtsstreitigkeiten zwischen juristischen Personen des Privatrechts und Personen, die kraft Gesetzes allein oder als Mitglieder des Vertretungsorgans der juristischen Person zu deren Vertretung berufen sind, vor die Gerichte für Arbeitssachen gebracht werden.

(5) In Rechtsstreitigkeiten nach diesen Vorschriften findet das Urteilsverfahren statt.

§ 2a Zuständigkeit im Beschlußverfahren (1) Die Gerichte für Arbeitssachen sind ferner ausschließlich zuständig für

1. Angelegenheiten aus dem Betriebsverfassungsgesetz, soweit nicht für Maßnahmen nach seinen §§ 119 bis 121 die Zuständigkeit eines anderen Gerichts gegeben ist;
2. Angelegenheiten aus dem Sprecherausschußgesetz, soweit nicht für Maßnahmen nach seinen §§ 35 bis 36 die Zuständigkeit eines anderen Gerichts gegeben ist;
3. Angelegenheiten aus dem Mitbestimmungsgesetz, dem Mitbestimmungsergänzungsgesetz und dem Drittelbeteiligungsgesetz, soweit über die Wahl von Vertretern der Arbeitnehmer in den Aufsichtsrat und über ihre Abberufung mit Ausnahme der Abberufung nach § 103 Abs. 3 des Aktiengesetzes zu entscheiden ist;

3a. Angelegenheiten aus den §§ 177, 178 und 222 des Neunten Buches Sozialgesetzbuch;

3b. Angelegenheiten aus den Gesetz über Europäische Betriebsräte, soweit nicht für Maßnahmen nach seinen §§ 43 bis 45 die Zuständigkeit eines anderen Gerichts gegeben ist;

3c. Angelegenheiten aus § 51 des Berufsbildungsgesetzes;

3d. Angelegenheiten aus § 10 des Bundesfreiwilligendienstgesetzes;

3e. Angelegenheiten aus dem SE-Beteiligungsgesetz vom 22. Dezember 2004 (BGBl. I S. 3675, 3686) mit Ausnahme der §§ 45 und 46 und nach den §§ 34 bis 39 nur insoweit, als über die Wahl von Vertretern der Arbeitnehmer in das Aufsichts- oder Verwaltungsorgan sowie deren Abberufung mit Ausnahme der Abberufung nach § 103 Abs. 3 des Aktiengesetzes zu entscheiden ist;

3f. Angelegenheiten aus dem SCE-Beteiligungsgesetz vom 14. August 2006 (BGBl. I S. 1911, 1917) mit Ausnahme der §§ 47 und 48 und nach den §§ 34 bis 39 nur insoweit, als über die Wahl von Vertretern der Arbeitnehmer in das Aufsichts- oder Verwaltungsorgan sowie deren Abberufung zu entscheiden ist;

3g. Angelegenheiten aus dem Gesetz über die Mitbestimmung der Arbeitnehmer bei einer grenzüberschreitenden Verschmelzung vom 21. Dezember 2006 (BGBl. I S. 3332) in der jeweils geltenden Fassung mit Ausnahme der §§ 34 und 35 und nach den §§ 23 bis 28 nur insoweit, als über die Wahl von Vertretern der Arbeitnehmer in das Aufsichts- oder Verwaltungsorgan sowie deren Abberufung mit Ausnahme der Abberufung nach § 103 Abs. 3 des Aktiengesetzes zu entscheiden ist;

3h. Angelegenheiten aus dem Gesetz über die Mitbestimmung der Arbeitnehmer bei grenzüberschreitendem Formwechsel und grenzüberschreitender Spaltung vom 3. Januar 2023 (BGBl. 2023 I Nr. 10) in der jeweils geltenden Fassung mit Ausnahme der §§ 38 und 39 und nach den §§ 25 bis 30 nur insoweit, als über die Wahl von Vertretern der Arbeitnehmer in das Aufsichts- oder Verwaltungsorgan sowie deren Abberufung mit Ausnahme der Abberufung nach § 103 Absatz 3 des Aktiengesetzes zu entscheiden ist;

4. die Entscheidung über die Tariffähigkeit und die Tarifzuständigkeit einer Vereinigung;
5. die Entscheidung über die Wirksamkeit einer Allgemeinverbindlicherklärung nach § 5 des Tarifvertragsgesetzes, einer Rechtsverordnung nach § 7 oder § 7a

des Arbeitnehmer-Entsendegesetzes und einer Rechtsverordnung nach § 3a des Arbeitnehmerüberlassungsgesetzes;

6. die Entscheidung über den nach § 4a Absatz 2 Satz 2 des Tarifvertragsgesetzes im Betrieb anwendbaren Tarifvertrag.

(2) In Streitigkeiten nach diesen Vorschriften findet das Beschlußverfahren statt.

§ 3 Zuständigkeit in sonstigen Fällen Die in den §§ 2 und 2a begründete Zuständigkeit besteht auch in den Fällen, in denen der Rechtsstreit durch einen Rechtsnachfolger oder durch eine Person geführt wird, die kraft Gesetzes an Stelle des sachlich Berechtigten oder Verpflichteten hierzu befugt ist.

§ 4 Ausschluß der Arbeitsgerichtsbarkeit In den Fällen des § 2 Abs. 1 und Abs. 2 kann die Arbeitsgerichtsbarkeit nach Maßgabe der §§ 101 bis 110 ausgeschlossen werden.

§ 5 Begriff des Arbeitnehmers (1) Arbeitnehmer im Sinne dieses Gesetzes sind Arbeiter und Angestellte sowie die zu ihrer Berufsausbildung Beschäftigten. Als Arbeitnehmer gelten auch die in Heimarbeit Beschäftigten und die ihnen Gleichgestellten (§ 1 des Heimarbeitsgesetzes vom 14. März 1951 – Bundesgesetzbl. I S. 191 –) sowie sonstige Personen, die wegen ihrer wirtschaftlichen Unselbständigkeit als arbeitnehmerähnliche Personen anzusehen sind. Als Arbeitnehmer gelten nicht in Betrieben einer juristischen Person oder einer Personengesamtheit Personen, die kraft Gesetzes, Satzung oder Gesellschaftsvertrag allein oder als Mitglieder des Vertretungsorgans zur Vertretung der juristischen Person oder der Personengesamtheit berufen sind.

(2) Beamte sind als solche keine Arbeitnehmer.

(3) Handelsvertreter gelten nur dann als Arbeitnehmer im Sinne dieses Gesetzes, wenn sie zu dem Personenkreis gehören, für den nach § 92a des Handelsgesetzbuchs die untere Grenze der vertraglichen Leistungen des Unternehmers festgesetzt werden kann, und wenn sie während der letzten sechs Monate des Vertragsverhältnisses, bei kürzerer Vertragsdauer während dieser, im Durchschnitt monatlich nicht mehr als 1000 Euro auf Grund des Vertragsverhältnisses an Vergütung einschließlich Provision und Ersatz für im regelmäßigen Geschäftsbetrieb entstandene Aufwendungen bezogen haben. Das Bundesministerium für Arbeit und Soziales und das Bundesministerium der Justiz und für Verbraucherschutz können im Einvernehmen mit dem Bundesministerium für Wirtschaft und Energie die in Satz 1 bestimmte Vergütungsgrenze durch Rechtsverordnung, die nicht der Zustimmung des Bundesrates bedarf, den jeweiligen Lohn- und Preisverhältnissen anpassen.

§ 6 Besetzung der Gerichte für Arbeitssachen (1) Die Gerichte für Arbeitssachen sind mit Berufsrichtern und mit ehrenamtlichen Richtern aus den Kreisen der Arbeitnehmer und Arbeitgeber besetzt.

(2) *(weggefallen)*

§ 6a Allgemeine Vorschriften über das Präsidium und die Geschäftsverteilung Für die Gerichte für Arbeitssachen gelten die Vorschriften des Zweiten Titels des Gerichtsverfassungsgesetzes nach Maßgabe der folgenden Vorschriften entsprechend:

1. Bei einem Arbeitsgericht mit weniger als drei Richterplanstellen werden die Aufgaben des Präsidiums durch den Vorsitzenden oder, wenn zwei Vorsitzende bestellt sind, im Einvernehmen der Vorsitzenden wahrgenommen. Einigen sich die Vorsitzenden nicht, so entscheidet das Präsidium des Landesarbeitsgerichts oder, soweit ein solches nicht besteht, der Präsident dieses Gerichts.
2. Bei einem Landesarbeitsgericht mit weniger als drei Richterplanstellen werden die Aufgaben des Präsidiums durch den Präsidenten, soweit ein zweiter Vorsitzender vorhanden ist, im Benehmen mit diesem wahrgenommen.
3. Der aufsichtführende Richter bestimmt, welche richterlichen Aufgaben er wahrnimmt.
4. Jeder ehrenamtliche Richter kann mehreren Spruchkörpern angehören.
5. Den Vorsitz in den Kammern der Arbeitsgerichte führen die Berufsrichter.

§ 7 Geschäftsstelle, Aufbringung der Mittel (1) Bei jedem Gericht für Arbeitssachen wird eine Geschäftsstelle eingerichtet, die mit der erforderlichen Zahl von Urkundsbeamten besetzt wird. Die Einrichtung der Geschäftsstelle bestimmt bei dem Bundesarbeitsgericht das Bundesministerium für Arbeit und Soziales im Benehmen mit dem Bundesministerium der Justiz und für Verbraucherschutz. Die Einrichtung der Geschäftsstelle bestimmt bei den Arbeitsgerichten und Landesarbeitsgerichten die zuständige oberste Landesbehörde.
(2) Die Kosten der Arbeitsgerichte und der Landesarbeitsgerichte trägt das Land, das sie errichtet. Die Kosten des Bundesarbeitsgerichts trägt der Bund.

§ 8 Gang des Verfahrens (1) Im ersten Rechtszug sind die Arbeitsgerichte zuständig, soweit durch Gesetz nichts anderes bestimmt ist.
(2) Gegen die Urteile der Arbeitsgerichte findet die Berufung an die Landesarbeitsgerichte nach Maßgabe des § 64 Abs. 1 statt.
(3) Gegen die Urteile der Landesarbeitsgerichte findet die Revision an das Bundesarbeitsgericht nach Maßgabe des § 72 Abs. 1 statt.
(4) Gegen die Beschlüsse der Arbeitsgerichte und ihrer Vorsitzenden im Beschlußverfahren findet die Beschwerde an das Landesarbeitsgericht nach Maßgabe des § 87 statt.
(5) Gegen die Beschlüsse der Landesarbeitsgerichte im Beschlußverfahren findet die Rechtsbeschwerde an das Bundesarbeitsgericht nach Maßgabe des § 92 statt.

§ 9 Allgemeine Verfahrensvorschriften und Rechtsschutz bei überlangen Gerichtsverfahren (1) Das Verfahren ist in allen Rechtszügen zu beschleunigen.
(2) Die Vorschriften des Gerichtsverfassungsgesetzes über Zustellungs- und Vollstreckungsbeamte, über die Aufrechterhaltung der Ordnung in der Sitzung, über die Gerichtssprache, über die Wahrnehmung richterlicher Geschäfte durch Referendare und über Beratung und Abstimmung gelten in allen Rechtszügen entsprechend. Abweichend von Satz 1 findet

1. § 185 Absatz 1a des Gerichtsverfassungsgesetzes mit der Maßgabe Anwendung, dass das Gericht dem Dolmetscher die Teilnahme an der Verhandlung, Anhörung oder Vernehmung per Bild- und Tonübertragung gestatten kann;
2. § 193 Absatz 1 des Gerichtsverfassungsgesetzes keine Anwendung für die erstmalige gemeinsame Beratung und Abstimmung mit den ehrenamtlichen Richterinnen und Richtern bei einer Entscheidung aufgrund mündlicher Verhandlung.

Die Vorschriften des Siebzehnten Titels des Gerichtsverfassungsgesetzes sind mit der Maßgabe entsprechend anzuwenden, dass an die Stelle des Oberlandesgerichts das Landesarbeitsgericht, an die Stelle des Bundesgerichtshofs das Bundesarbeitsgericht und an die Stelle der Zivilprozessordnung das Arbeitsgerichtsgesetz tritt.

(3) Die Vorschriften über die Wahrnehmung der Geschäfte bei den ordentlichen Gerichten durch Rechtspfleger gelten in allen Rechtszügen entsprechend. Als Rechtspfleger können nur Beamte bestellt werden, die die Rechtspflegerprüfung oder die Prüfung für den gehobenen Dienst bei der Arbeitsgerichtsbarkeit bestanden haben.

(4) Zeugen und Sachverständige erhalten eine Entschädigung oder Vergütung nach dem Justizvergütungs- und -entschädigungsgesetz.

(5) Alle mit einem befristeten Rechtsmittel anfechtbaren Entscheidungen enthalten die Belehrung über das Rechtsmittel. Soweit ein Rechtsmittel nicht gegeben ist, ist eine entsprechende Belehrung zu erteilen. Die Frist für ein Rechtsmittel beginnt nur, wenn die Partei oder der Beteiligte über das Rechtsmittel und das Gericht, bei dem das Rechtsmittel einzulegen ist, die Anschrift des Gerichts und die einzuhaltende Frist und Form schriftlich belehrt worden ist. Ist die Belehrung unterblieben oder unrichtig erteilt, so ist die Einlegung des Rechtsmittels nur innerhalb eines Jahres seit Zustellung der Entscheidung zulässig, außer wenn die Einlegung vor Ablauf der Jahresfrist infolge höherer Gewalt unmöglich war oder eine Belehrung dahin erfolgt ist, daß ein Rechtsmittel nicht gegeben sei; § 234 Abs. 1, 2 und § 236 Abs. 2 der Zivilprozeßordnung gelten für den Fall höherer Gewalt entsprechend.

§ 10 Parteifähigkeit Parteifähig im arbeitsgerichtlichen Verfahren sind auch Gewerkschaften und Vereinigungen von Arbeitgebern sowie Zusammenschlüsse solcher Verbände; in den Fällen des § 2a Abs. 1 Nr. 1 bis 3f sind auch die nach dem Betriebsverfassungsgesetz, dem Sprecherausschussgesetz, dem Mitbestimmungsgesetz, dem Mitbestimmungsergänzungsgesetz, dem Drittelbeteiligungsgesetz, dem § 222 des Neunten Buches Sozialgesetzbuch, dem § 51 des Berufsbildungsgesetzes und den zu diesen Gesetzen ergangenen Rechtsverordnungen sowie die nach dem Gesetz über Europäische Betriebsräte, dem SE-Beteiligungsgesetz, dem SCE-Beteiligungsgesetz, dem Gesetz über die Mitbestimmung der Arbeitnehmer bei einer grenzüberschreitenden Verschmelzung und dem Gesetz über die Mitbestimmung der Arbeitnehmer bei grenzüberschreitendem Formwechsel und grenzüberschreitender Spaltung beteiligten Personen und Stellen Beteiligte. Parteifähig im arbeitsgerichtlichen Verfahren sind in den Fällen des § 2a Abs. 1 Nr. 4 auch die beteiligten Vereinigungen von Arbeitnehmern und Arbeitgebern sowie die oberste Arbeitsbehörde des Bundes oder derjenigen Länder, auf deren Bereich sich die

Tätigkeit der Vereinigung erstreckt. Parteifähig im arbeitsgerichtlichen Verfahren sind in den Fällen des § 2a Absatz 1 Nummer 5 auch die oberste Arbeitsbehörde des Bundes oder die oberste Arbeitsbehörde eines Landes, soweit ihr nach § 5 Absatz 6 des Tarifvertragsgesetzes Rechte übertragen sind.

§ 11 Prozessvertretung (1) Die Parteien können vor dem Arbeitsgericht den Rechtsstreit selbst führen. Parteien, die eine fremde oder ihnen zum Zweck der Einziehung auf fremde Rechnung abgetretene Geldforderung geltend machen, müssen sich durch einen Rechtsanwalt als Bevollmächtigten vertreten lassen, soweit sie nicht nach Maßgabe des Absatzes 2 zur Vertretung des Gläubigers befugt wären oder eine Forderung einziehen, deren ursprünglicher Gläubiger sie sind.
(2) Die Parteien können sich durch einen Rechtsanwalt als Bevollmächtigten vertreten lassen. Darüber hinaus sind als Bevollmächtigte vor dem Arbeitsgericht vertretungsbefugt nur

1. Beschäftigte der Partei oder eines mit ihr verbundenen Unternehmens (§ 15 des Aktiengesetzes); Behörden und juristische Personen des öffentlichen Rechts einschließlich der von ihnen zur Erfüllung ihrer öffentlichen Aufgaben gebildeten Zusammenschlüsse können sich auch durch Beschäftigte anderer Behörden oder juristischer Personen des öffentlichen Rechts einschließlich der von ihnen zur Erfüllung ihrer öffentlichen Aufgaben gebildeten Zusammenschlüsse vertreten lassen,
2. volljährige Familienangehörige (§ 15 der Abgabenordnung, § 11 des Lebenspartnerschaftsgesetzes), Personen mit Befähigung zum Richteramt und Streitgenossen, wenn die Vertretung nicht im Zusammenhang mit einer entgeltlichen Tätigkeit steht,
3. selbständige Vereinigungen von Arbeitnehmern mit sozial- oder berufspolitischer Zwecksetzung für ihre Mitglieder,
4. Gewerkschaften und Vereinigungen von Arbeitgebern sowie Zusammenschlüsse solcher Verbände für ihre Mitglieder oder für andere Verbände oder Zusammenschlüsse mit vergleichbarer Ausrichtung und deren Mitglieder,
5. juristische Personen, deren Anteile sämtlich im wirtschaftlichen Eigentum einer der in Nummer 4 bezeichneten Organisationen stehen, wenn die juristische Person ausschließlich die Rechtsberatung und Prozessvertretung dieser Organisation und ihrer Mitglieder oder anderer Verbände oder Zusammenschlüsse mit vergleichbarer Ausrichtung und deren Mitglieder entsprechend deren Satzung durchführt, und wenn die Organisation für die Tätigkeit der Bevollmächtigten haftet.

Bevollmächtigte, die keine natürlichen Personen sind, handeln durch ihre Organe und mit der Prozessvertretung beauftragten Vertreter.
(3) Das Gericht weist Bevollmächtigte, die nicht nach Maßgabe des Absatzes 2 vertretungsbefugt sind, durch unanfechtbaren Beschluss zurück. Prozesshandlungen eines nicht vertretungsbefugten Bevollmächtigten und Zustellungen oder Mitteilungen an diesen Bevollmächtigten sind bis zu seiner Zurückweisung wirksam. Das Gericht kann den in Absatz 2 Satz 2 Nr. 1 bis 3 bezeichneten Bevollmächtigten durch unanfechtbaren Beschluss die weitere Vertretung untersagen, wenn sie nicht in der Lage sind, das Sach- und Streitverhältnis sachgerecht darzustellen.

(4) Vor dem Bundesarbeitsgericht und dem Landesarbeitsgericht müssen sich die Parteien, außer im Verfahren vor einem beauftragten oder ersuchten Richter und bei Prozesshandlungen, die vor dem Urkundsbeamten der Geschäftsstelle vorgenommen werden können, durch Prozessbevollmächtigte vertreten lassen. Als Bevollmächtigte sind außer Rechtsanwälten nur die in Absatz 2 Satz 2 Nr. 4 und 5 bezeichneten Organisationen zugelassen. Diese müssen in Verfahren vor dem Bundesarbeitsgericht durch Personen mit Befähigung zum Richteramt handeln. Eine Partei, die nach Maßgabe des Satzes 2 zur Vertretung berechtigt ist, kann sich selbst vertreten; Satz 3 bleibt unberührt.
(5) Richter dürfen nicht als Bevollmächtigte vor dem Gericht auftreten, dem sie angehören. Ehrenamtliche Richter dürfen, außer in den Fällen des Absatzes 2 Satz 2 Nr. 1, nicht vor einem Spruchkörper auftreten, dem sie angehören. Absatz 3 Satz 1 und 2 gilt entsprechend.
(6) In der Verhandlung können die Parteien mit Beiständen erscheinen. Beistand kann sein, wer in Verfahren, in denen die Parteien den Rechtsstreit selbst führen können, als Bevollmächtigter zur Vertretung in der Verhandlung befugt ist. Das Gericht kann andere Personen als Beistand zulassen, wenn dies sachdienlich ist und hierfür nach den Umständen des Einzelfalls ein Bedürfnis besteht. Absatz 3 Satz 1 und 3 und Absatz 5 gelten entsprechend. Das von dem Beistand Vorgetragene gilt als von der Partei vorgebracht, soweit es nicht von dieser sofort widerrufen oder berichtigt wird.

§ 11a Beiordnung eines Rechtsanwalts, Prozeßkostenhilfe[1] (1) Die Vorschriften der Zivilprozessordnung über die Prozesskostenhilfe und über die grenzüberschreitende Prozesskostenhilfe innerhalb der Europäischen Union nach der Richtlinie 2003/8/EG mit Ausnahme des § 118 Absatz 1 Satz 6 der Zivilprozessordnung gelten in Verfahren vor den Gerichten für Arbeitssachen entsprechend. Im Bewilligungsverfahren gilt für den Erörterungstermin nach § 118 Absatz 1 Satz 3 der Zivilprozessordnung § 50a dieses Gesetzes entsprechend.
(2) Das Bundesministerium für Arbeit und Soziales wird ermächtigt, zur Vereinfachung und Vereinheitlichung des Verfahrens durch Rechtsverordnung mit Zustimmung des Bundesrates Formulare für die Erklärung der Partei über ihre persönlichen und wirtschaftlichen Verhältnisse (§ 117 Abs. 2 der Zivilprozeßordnung) einzuführen.

§ 12 Kosten Das Justizverwaltungskostengesetz und das Justizbeitreibungsgesetz gelten entsprechend, soweit sie nicht unmittelbar Anwendung finden. Bei Einziehung der Gerichts- und Verwaltungskosten leisten die Vollstreckungsbehörden der Justizverwaltung oder die sonst nach Landesrecht zuständigen Stellen den Ge-

1 Für die außergerichtliche Beratung bei geringem Einkommen gilt das Gesetz über Rechtsberatung und Vertretung für Bürger mit geringem Einkommen (**Beratungshilfegesetz – BerHG**) vom 18.6.1980 (BGBl. I 689), zuletzt geändert durch Gesetz vom 15.7.2024 (BGBl. 2024 I Nr. 237). Aufgrund des Gesetzes vom 14.9.1994 (BGBl. I 2323) erstreckt sich diese Beratung auch auf Angelegenheiten der Arbeitsgerichtsbarkeit (§ 2 Abs. 2 Satz 1 BerHG). Über den Antrag auf Beratungshilfe entscheidet das Amtsgericht, in dessen Bezirk der Hilfesuchende seinen allgemeinen Gerichtsstand hat (§ 4 Abs. 1 BerHG).

richten für Arbeitssachen Amtshilfe, soweit sie diese Aufgabe nicht als eigene wahrnehmen. Vollstreckungsbehörde ist für die Ansprüche, die beim Bundesarbeitsgericht entstehen, die Justizbeitreibungsstelle des Bundesarbeitsgerichts.

§ 12a Kostentragungspflicht (1) In Urteilsverfahren des ersten Rechtszugs besteht kein Anspruch der obsiegenden Partei auf Entschädigung wegen Zeitversäumnis und auf Erstattung der Kosten für die Zuziehung eines Prozeßbevollmächtigten oder Beistandes. Vor Abschluß der Vereinbarung über die Vertretung ist auf den Ausschluß der Kostenerstattung nach Satz 1 hinzuweisen. Satz 1 gilt nicht für Kosten, die dem Beklagten dadurch entstanden sind, daß der Kläger ein Gericht der ordentlichen Gerichtsbarkeit, der allgemeinen Verwaltungsgerichtsbarkeit, der Finanz- oder Sozialgerichtsbarkeit angerufen und dieses den Rechtsstreit an das Arbeitsgericht verwiesen hat.
(2) Werden im Urteilsverfahren des zweiten und dritten Rechtszugs die Kosten nach § 92 Abs. 1 der Zivilprozeßordnung verhältnismäßig geteilt und ist die eine Partei durch einen Rechtsanwalt, die andere Partei durch einen Verbandsvertreter nach § 11 Abs. 2 Satz 2 Nr. 4 und 5 vertreten, so ist diese Partei hinsichtlich der außergerichtlichen Kosten so zu stellen, als wenn sie durch einen Rechtsanwalt vertreten worden wäre. Ansprüche auf Erstattung stehen ihr jedoch nur insoweit zu, als ihr Kosten im Einzelfall tatsächlich erwachsen sind.

§ 13 Rechtshilfe (1) Die Arbeitsgerichte leisten den Gerichten für Arbeitssachen Rechtshilfe. Ist die Amtshandlung außerhalb des Sitzes eines Arbeitsgerichts vorzunehmen, so leistet das Amtsgericht Rechtshilfe.
(2) Die Vorschriften des Gerichtsverfassungsgesetzes über Rechtshilfe und des Einführungsgesetzes zum Gerichtsverfassungsgesetz über verfahrensübergreifende Mitteilungen von Amts wegen finden entsprechende Anwendung.

§ 13a Internationale Verfahren Die Vorschriften des Buches 11 der Zivilprozessordnung über die justizielle Zusammenarbeit in der Europäischen Union finden in Verfahren vor den Gerichten für Arbeitssachen Anwendung, soweit dieses Gesetz nichts anderes bestimmt. § 1100 Absatz 1 der Zivilprozessordnung ist mit der Maßgabe anzuwenden, dass anstelle von § 128a Absatz 6 der Zivilprozessordnung § 50a Absatz 3 dieses Gesetzes anwendbar ist. § 1101 Absatz 2 findet mit der Maßgabe Anwendung, dass anstelle von § 284 Absatz 2 Satz 3 der Zivilprozessordnung in Verbindung mit § 128a Absatz 6 und § 284 Absatz 3 der Zivilprozessordnung § 58 Absatz 4 Satz 3 in Verbindung mit § 50a Absatz 3 dieses Gesetzes anwendbar ist.

Zweiter Teil – Aufbau der Gerichte für Arbeitssachen

Erster Abschnitt – Arbeitsgerichte

§ 14 Errichtung und Organisation (1) In den Ländern werden Arbeitsgerichte errichtet.
(2) Durch Gesetz werden angeordnet
1. die Errichtung und Aufhebung eines Arbeitsgerichts;

2. die Verlegung eines Gerichtssitzes;
3. Änderungen in der Abgrenzung der Gerichtsbezirke;
4. die Zuweisung einzelner Sachgebiete an ein Arbeitsgericht für die Bezirke mehrerer Arbeitsgerichte;
5. die Errichtung von Kammern des Arbeitsgerichts an anderen Orten;
6. der Übergang anhängiger Verfahren auf ein anderes Gericht bei Maßnahmen nach den Nummern 1, 3 und 4, wenn sich die Zuständigkeit nicht nach den bisher geltenden Vorschriften richten soll.

(3) Mehrere Länder können die Errichtung eines gemeinsamen Arbeitsgerichts oder gemeinsamer Kammern eines Arbeitsgerichts oder die Ausdehnung von Gerichtsbezirken über die Landesgrenzen hinaus, auch für einzelne Sachgebiete, vereinbaren.

(4) Die zuständige oberste Landesbehörde kann anordnen, daß außerhalb des Sitzes des Arbeitsgerichts Gerichtstage abgehalten werden. Die Landesregierung kann ferner durch Rechtsverordnung bestimmen, daß Gerichtstage außerhalb des Sitzes des Arbeitsgerichts abgehalten werden. Die Landesregierung kann die Ermächtigung nach Satz 2 durch Rechtsverordnung auf die zuständige oberste Landesbehörde übertragen.

(5) Bei der Vorbereitung gesetzlicher Regelungen nach Absatz 2 Nr. 1 bis 5 und Absatz 3 sind die Gewerkschaften und Vereinigungen von Arbeitgebern, die für das Arbeitsleben im Landesgebiet wesentliche Bedeutung haben, zu hören.

§ 15 Verwaltung und Dienstaufsicht (1) Die Geschäfte der Verwaltung und Dienstaufsicht führt die zuständige oberste Landesbehörde. Vor Erlaß allgemeiner Anordnungen, die die Verwaltung und Dienstaufsicht betreffen, soweit sie nicht rein technischer Art sind, sind die in § 14 Abs. 5 genannten Verbände zu hören.

(2) Die Landesregierung kann durch Rechtsverordnung Geschäfte der Verwaltung und Dienstaufsicht dem Präsidenten des Landesarbeitsgerichts oder dem Vorsitzenden des Arbeitsgerichts oder, wenn mehrere Vorsitzende vorhanden sind, einem von ihnen übertragen. Die Landesregierung kann die Ermächtigung nach Satz 1 durch Rechtsverordnung auf die zuständige oberste Landesbehörde übertragen.

§ 16 Zusammensetzung (1) Das Arbeitsgericht besteht aus der erforderlichen Zahl von Vorsitzenden und ehrenamtlichen Richtern. Die ehrenamtlichen Richter werden je zur Hälfte aus den Kreisen der Arbeitnehmer und der Arbeitgeber entnommen.

(2) Jede Kammer des Arbeitsgerichts wird in der Besetzung mit einem Vorsitzenden und je einem ehrenamtlichen Richter aus Kreisen der Arbeitnehmer und der Arbeitgeber tätig.

§ 17 Bildung von Kammern (1) Die zuständige oberste Landesbehörde bestimmt die Zahl der Kammern. Die Landesregierung kann diese Befugnis durch Rechtsverordnung auf die Präsidentin oder den Präsidenten des Landesarbeitsgerichts übertragen. Vor Bestimmung der Zahl der Kammern sind die in § 14 Absatz 5 genannten Verbände zu hören.

(2) Soweit ein Bedürfnis besteht, kann die Landesregierung durch Rechtsverordnung für die Streitigkeiten bestimmter Berufe und Gewerbe und bestimmter Gruppen von Arbeitnehmern Fachkammern bilden. Die Zuständigkeit einer Fachkammer kann durch Rechtsverordnung auf die Bezirke anderer Arbeitsgerichte oder Teile von ihnen erstreckt werden, sofern die Erstreckung für eine sachdienliche Förderung oder schnellere Erledigung der Verfahren zweckmäßig ist. Die Rechtsverordnungen auf Grund der Sätze 1 und 2 treffen Regelungen zum Übergang anhängiger Verfahren auf ein anderes Gericht, sofern die Regelungen zur sachdienlichen Erledigung der Verfahren zweckmäßig sind und sich die Zuständigkeit nicht nach den bisher geltenden Vorschriften richten soll. § 14 Abs. 5 ist entsprechend anzuwenden.
(3) Die Landesregierung kann die Ermächtigung nach Absatz 2 durch Rechtsverordnung auf die zuständige oberste Landesbehörde übertragen.

§ 18 Ernennung der Vorsitzenden (1) Die Vorsitzenden werden auf Vorschlag der zuständigen obersten Landesbehörde nach Beratung mit einem Ausschuß entsprechend den landesrechtlichen Vorschriften bestellt.
(2) Der Ausschuß ist von der zuständigen obersten Landesbehörde zu errichten. Ihm müssen in gleichem Verhältnis Vertreter der in § 14 Abs. 5 genannten Gewerkschaften und Vereinigungen von Arbeitgebern sowie der Arbeitsgerichtsbarkeit angehören.
(3) Einem Vorsitzenden kann zugleich ein weiteres Richteramt bei einem anderen Arbeitsgericht übertragen werden.
(4)–(6) *(weggefallen)*
(7) Bei den Arbeitsgerichten können Richter auf Probe und Richter kraft Auftrags verwendet werden.

§ 19 Ständige Vertretung (1) Ist ein Arbeitsgericht nur mit einem Vorsitzenden besetzt, so beauftragt das Präsidium des Landesarbeitsgerichts einen Richter seines Bezirks mit der ständigen Vertretung des Vorsitzenden.
(2) Wird an einem Arbeitsgericht die vorübergehende Vertretung durch einen Richter eines anderen Gerichts nötig, so beauftragt das Präsidium des Landesarbeitsgerichts einen Richter seines Bezirks längstens für zwei Monate mit der Vertretung. In Eilfällen kann an Stelle des Präsidiums der Präsident des Landesarbeitsgerichts einen zeitweiligen Vertreter bestellen. Die Gründe für die getroffene Anordnung sind schriftlich niederzulegen.

§ 20 Berufung der ehrenamtlichen Richter (1) Die ehrenamtlichen Richter werden von der zuständigen obersten Landesbehörde oder von der von der Landesregierung durch Rechtsverordnung beauftragten Stelle auf die Dauer von fünf Jahren berufen. Die Landesregierung kann die Ermächtigung nach Satz 1 durch Rechtsverordnung auf die zuständige oberste Landesbehörde übertragen.
(2) Die ehrenamtlichen Richter sind in angemessenem Verhältnis unter billiger Berücksichtigung der Minderheiten aus den Vorschlagslisten zu entnehmen, die der zuständigen Stelle von den im Land bestehenden Gewerkschaften, selbständigen Vereinigungen von Arbeitnehmern mit sozial- oder berufspolitischer Zweck-

setzung und Vereinigungen von Arbeitgebern sowie von den in § 22 Abs. 2 Nr. 3 bezeichneten Körperschaften oder deren Arbeitgebervereinigungen eingereicht werden.

§ 21 Voraussetzungen für die Berufung als ehrenamtlicher Richter (1) Als ehrenamtliche Richter sind Arbeitnehmer und Arbeitgeber zu berufen, die das 25. Lebensjahr vollendet haben und im Bezirk des Arbeitsgerichts tätig sind oder wohnen.

(2) Vom Amt des ehrenamtlichen Richters ist ausgeschlossen,

1. wer infolge Richterspruchs die Fähigkeit zur Bekleidung öffentlicher Ämter nicht besitzt oder wegen einer vorsätzlichen Tat zu einer Freiheitsstrafe von mehr als sechs Monaten verurteilt worden ist;
2. wer wegen einer Tat angeklagt ist, die den Verlust der Fähigkeit zur Bekleidung öffentlicher Ämter zur Folge haben kann;
3. wer das Wahlrecht zum Deutschen Bundestag nicht besitzt.

Personen, die in Vermögensverfall geraten sind, sollen nicht als ehrenamtliche Richter berufen werden.

(3) Beamte und Angestellte eines Gerichts für Arbeitssachen dürfen nicht als ehrenamtliche Richter berufen werden.

(4) Das Amt des ehrenamtlichen Richters, der zum ehrenamtlichen Richter in einem höheren Rechtszug berufen wird, endet mit Beginn der Amtszeit im höheren Rechtszug. Niemand darf gleichzeitig ehrenamtlicher Richter der Arbeitnehmerseite und der Arbeitgeberseite sein oder als ehrenamtlicher Richter bei mehr als einem Gericht für Arbeitssachen berufen werden.

(5) Wird das Fehlen einer Voraussetzung für die Berufung nachträglich bekannt oder fällt eine Voraussetzung nachträglich fort, so ist der ehrenamtliche Richter auf Antrag der zuständigen Stelle (§ 20) oder auf eigenen Antrag von seinem Amt zu entbinden. Über den Antrag entscheidet die vom Präsidium für jedes Geschäftsjahr im voraus bestimmte Kammer des Landesarbeitsgerichts. Vor der Entscheidung ist der ehrenamtliche Richter zu hören. Die Entscheidung ist unanfechtbar. Die nach Satz 2 zuständige Kammer kann anordnen, daß der ehrenamtliche Richter bis zu der Entscheidung über die Entbindung vom Amt nicht heranzuziehen ist.

(6) Verliert der ehrenamtliche Richter seine Eigenschaft als Arbeitnehmer oder Arbeitgeber wegen Erreichens der Altersgrenze, findet Absatz 5 mit der Maßgabe Anwendung, daß die Entbindung vom Amt nur auf Antrag des ehrenamtlichen Richters zulässig ist.

§ 22 Ehrenamtlicher Richter aus Kreisen der Arbeitgeber (1) Ehrenamtlicher Richter aus Kreisen der Arbeitgeber kann auch sein, wer vorübergehend oder regelmäßig zu gewissen Zeiten des Jahres keine Arbeitnehmer beschäftigt.

(2) Zu ehrenamtlichen Richtern aus Kreisen der Arbeitgeber können auch berufen werden

1. bei Betrieben einer juristischen Person oder einer Personengesamtheit Personen, die kraft Gesetzes, Satzung oder Gesellschaftsvertrag allein oder als Mitglieder des Vertretungsorgans zur Vertretung der juristischen Person oder der Personengesamtheit berufen sind;

2. Geschäftsführer, Betriebsleiter oder Personalleiter, soweit sie zur Einstellung von Arbeitnehmern in den Betrieb berechtigt sind, oder Personen, denen Prokura oder Generalvollmacht erteilt ist;
3. bei dem Bund, den Ländern, den Gemeinden, den Gemeindeverbänden und anderen Körperschaften, Anstalten und Stiftungen des öffentlichen Rechts Beamte und Angestellte nach näherer Anordnung der zuständigen obersten Bundes- oder Landesbehörde;
4. Mitglieder und Angestellte von Vereinigungen von Arbeitgebern sowie Vorstandsmitglieder und Angestellte von Zusammenschlüssen solcher Vereinigungen, wenn diese Personen kraft Satzung oder Vollmacht zur Vertretung befugt sind.

§ 23 Ehrenamtlicher Richter aus Kreisen der Arbeitnehmer (1) Ehrenamtlicher Richter aus Kreisen der Arbeitnehmer kann auch sein, wer arbeitslos ist.
(2) Den Arbeitnehmern stehen für die Berufung als ehrenamtliche Richter Mitglieder und Angestellte von Gewerkschaften, von selbständigen Vereinigungen von Arbeitnehmern mit sozial- oder berufspolitischer Zwecksetzung sowie Vorstandsmitglieder und Angestellte von Zusammenschlüssen von Gewerkschaften gleich, wenn diese Personen kraft Satzung oder Vollmacht zur Vertretung befugt sind. Gleiches gilt für Bevollmächtigte, die als Angestellte juristischer Personen, deren Anteile sämtlich im wirtschaftlichen Eigentum einer der in Satz 1 genannten Organisationen stehen, handeln und wenn die juristische Person ausschließlich die Rechtsberatung und Prozeßvertretung der Mitglieder der Organisation entsprechend deren Satzung durchführt.

§ 24 Ablehnung und Niederlegung des ehrenamtlichen Richteramts (1) Das Amt des ehrenamtlichen Richters kann ablehnen oder niederlegen
1. wer die Regelaltersgrenze nach dem Sechsten Buch erreicht hat;
2. wer aus gesundheitlichen Gründen daran gehindert ist, das Amt ordnungsgemäß auszuüben;
3. wer durch ehrenamtliche Tätigkeit für die Allgemeinheit so in Anspruch genommen ist, daß ihm die Übernahme des Amtes nicht zugemutet werden kann;
4. wer in den zehn der Berufung vorhergehenden Jahren als ehrenamtlicher Richter bei einem Gericht für Arbeitssachen tätig gewesen ist;
5. wer glaubhaft macht, daß ihm wichtige Gründe, insbesondere die Fürsorge für seine Familie, die Ausübung des Amtes in besonderem Maß erschweren.

(2) Über die Berechtigung zur Ablehnung oder Niederlegung entscheidet die zuständige Stelle (§ 20). Die Entscheidung ist endgültig.

§ 25 *(weggefallen)*

§ 26 Schutz der ehrenamtlichen Richter (1) Niemand darf in der Übernahme oder Ausübung des Amtes als ehrenamtlicher Richter beschränkt oder wegen der Übernahme oder Ausübung des Amtes benachteiligt werden.

(2) Wer einen anderen in der Übernahme oder Ausübung seines Amtes als ehrenamtlicher Richter beschränkt oder wegen der Übernahme oder Ausübung des Amtes benachteiligt, wird mit Freiheitsstrafe bis zu einem Jahr oder mit Geldstrafe bestraft.

§ 27 Amtsenthebung der ehrenamtlichen Richter Ein ehrenamtlicher Richter ist auf Antrag der zuständigen Stelle (§ 20) seines Amtes zu entheben, wenn er seine Amtspflicht grob verletzt. § 21 Abs. 5 Satz 2 bis 5 ist entsprechend anzuwenden.

§ 28 Ordnungsgeld gegen ehrenamtliche Richter Die vom Präsidium für jedes Geschäftsjahr im voraus bestimmte Kammer des Landesarbeitsgerichts kann auf Antrag des Vorsitzenden des Arbeitsgerichts gegen einen ehrenamtlichen Richter, der sich der Erfüllung seiner Pflichten entzieht, insbesondere ohne genügende Entschuldigung nicht oder nicht rechtzeitig zu den Sitzungen erscheint, ein Ordnungsgeld festsetzen. Vor dem Antrag hat der Vorsitzende des Arbeitsgerichts den ehrenamtlichen Richter zu hören. Die Entscheidung ist endgültig.

§ 29 Ausschuß der ehrenamtlichen Richter (1) Bei jedem Arbeitsgericht mit mehr als einer Kammer wird ein Ausschuß der ehrenamtlichen Richter gebildet. Er besteht aus mindestens je drei ehrenamtlichen Richtern aus den Kreisen der Arbeitnehmer und der Arbeitgeber in gleicher Zahl, die von den ehrenamtlichen Richtern aus den Kreisen der Arbeitnehmer und der Arbeitgeber in getrennter Wahl gewählt werden. Der Ausschuß tagt unter der Leitung des aufsichtführenden oder, wenn ein solcher nicht vorhanden oder verhindert ist, des dienstältesten Vorsitzenden des Arbeitsgerichts.

(2) Der Ausschuß ist vor der Bildung von Kammern, vor der Geschäftsverteilung, vor der Verteilung der ehrenamtlichen Richter auf die Kammern und vor der Aufstellung der Listen über die Heranziehung der ehrenamtlichen Richter zu den Sitzungen mündlich oder schriftlich zu hören. Er kann den Vorsitzenden des Arbeitsgerichts und den die Verwaltung und Dienstaufsicht führenden Stellen (§ 15) Wünsche der ehrenamtlichen Richter übermitteln.

§ 30 Besetzung der Fachkammern Die ehrenamtlichen Richter einer Fachkammer sollen aus den Kreisen der Arbeitnehmer und der Arbeitgeber entnommen werden, für die die Fachkammer gebildet ist. Werden für Streitigkeiten der in § 22 Abs. 2 Nr. 2 bezeichneten Angestellten Fachkammern gebildet, so dürfen ihnen diese Angestellten nicht als ehrenamtliche Richter aus Kreisen der Arbeitgeber angehören. Wird die Zuständigkeit einer Fachkammer gemäß § 17 Abs. 2 erstreckt, so sollen die ehrenamtlichen Richter dieser Kammer aus den Bezirken derjenigen Arbeitsgerichte berufen werden, für deren Bezirke die Fachkammer zuständig ist.

§ 31 Heranziehung der ehrenamtlichen Richter (1) Die ehrenamtlichen Richter sollen zu den Sitzungen nach der Reihenfolge einer Liste herangezogen werden, die der Vorsitzende vor Beginn des Geschäftsjahrs oder vor Beginn der Amtszeit neu berufener ehrenamtlicher Richter gemäß § 29 Abs. 2 aufstellt.

(2) Für die Heranziehung von Vertretern bei unvorhergesehener Verhinderung kann eine Hilfsliste von ehrenamtlichen Richtern aufgestellt werden, die am Gerichtssitz oder in der Nähe wohnen oder ihren Dienstsitz haben.

§ 32 *(weggefallen)*

Zweiter Abschnitt – Landesarbeitsgerichte

§ 33 Errichtung und Organisation In den Ländern werden Landesarbeitsgerichte errichtet. § 14 Abs. 2 bis 5 ist entsprechend anzuwenden.

§ 34 Verwaltung und Dienstaufsicht (1) Die Geschäfte der Verwaltung und Dienstaufsicht führt die zuständige oberste Landesbehörde. § 15 Abs. 1 Satz 2 gilt entsprechend.
(2) Die Landesregierung kann durch Rechtsverordnung Geschäfte der Verwaltung und Dienstaufsicht dem Präsidenten des Landesarbeitsgerichts übertragen. Die Landesregierung kann die Ermächtigung nach Satz 1 durch Rechtsverordnung auf die zuständige oberste Landesbehörde übertragen.

§ 35 Zusammensetzung, Bildung von Kammern (1) Das Landesarbeitsgericht besteht aus dem Präsidenten, der erforderlichen Zahl von weiteren Vorsitzenden und von ehrenamtlichen Richtern. Die ehrenamtlichen Richter werden je zur Hälfte aus den Kreisen der Arbeitnehmer und der Arbeitgeber entnommen.
(2) Jede Kammer des Landesarbeitsgerichts wird in der Besetzung mit einem Vorsitzenden und je einem ehrenamtlichen Richter aus den Kreisen der Arbeitnehmer und der Arbeitgeber tätig.
(3) Die zuständige oberste Landesbehörde bestimmt die Zahl der Kammern. § 17 gilt entsprechend.

§ 36 Vorsitzende Der Präsident und die weiteren Vorsitzenden werden auf Vorschlag der zuständigen obersten Landesbehörde nach Anhörung der in § 14 Abs. 5 genannten Gewerkschaften und Vereinigungen von Arbeitgebern als Richter auf Lebenszeit entsprechend den landesrechtlichen Vorschriften bestellt.

§ 37 Ehrenamtliche Richter (1) Die ehrenamtlichen Richter müssen das dreißigste Lebensjahr vollendet haben und sollen mindestens fünf Jahre ehrenamtliche Richter eines Gerichts für Arbeitssachen gewesen sein.
(2) Im Übrigen gelten für die Berufung und Stellung der ehrenamtlichen Richter sowie für die Amtsenthebung und die Amtsentbindung die §§ 20 bis 28 entsprechend.

§ 38 Ausschuß der ehrenamtlichen Richter Bei jedem Landesarbeitsgericht wird ein Ausschuß der ehrenamtlichen Richter gebildet. Die Vorschriften des § 29 Abs. 1 Satz 2 und 3 und Abs. 2 gelten entsprechend.

§ 39 Heranziehung der ehrenamtlichen Richter Die ehrenamtlichen Richter sollen zu den Sitzungen nach der Reihenfolge einer Liste herangezogen werden, die der Vorsitzende vor Beginn des Geschäftsjahrs oder vor Beginn der Amtszeit neu berufener ehrenamtlicher Richter gemäß § 38 Satz 2 aufstellt. § 31 Abs. 2 ist entsprechend anzuwenden.

Dritter Abschnitt – Bundesarbeitsgericht

§ 40 Errichtung (1) Das Bundesarbeitsgericht hat seinen Sitz in Erfurt.
(1 a) *(weggefallen)*
(2) Die Geschäfte der Verwaltung und Dienstaufsicht führt das Bundesministerium für Arbeit und Soziales im Einvernehmen mit dem Bundesministerium der Justiz. Das Bundesministerium für Arbeit und Soziales kann im Einvernehmen mit dem Bundesministerium der Justiz und für Verbraucherschutz Geschäfte der Verwaltung und Dienstaufsicht auf den Präsidenten des Bundesarbeitsgerichts übertragen.

§ 41 Zusammensetzung, Senate (1) Das Bundesarbeitsgericht besteht aus dem Präsidenten, der erforderlichen Zahl von Vorsitzenden Richtern, von berufsrichterlichen Beisitzern sowie ehrenamtlichen Richtern. Die ehrenamtlichen Richter werden je zur Hälfte aus den Kreisen der Arbeitnehmer und der Arbeitgeber entnommen.
(2) Jeder Senat wird in der Besetzung mit einem Vorsitzenden, zwei berufsrichterlichen Beisitzern und je einem ehrenamtlichen Richter aus den Kreisen der Arbeitnehmer und der Arbeitgeber tätig.
(3) Die Zahl der Senate bestimmt das Bundesministerium für Arbeit und Soziales im Einvernehmen mit dem Bundesministerium der Justiz und für Verbraucherschutz.

§ 42 Bundesrichter (1) Für die Berufung der Bundesrichter (Präsident, Vorsitzende Richter und berufsrichterliche Beisitzer nach § 41 Abs. 1 Satz 1) gelten die Vorschriften des Richterwahlgesetzes. Zuständiges Ministerium im Sinne des § 1 Abs. 1 des Richterwahlgesetzes ist das Bundesministerium für Arbeit und Soziales; es entscheidet im Benehmen mit dem Bundesministerium der Justiz und für Verbraucherschutz.
(2) Die zu berufenden Personen müssen das fünfunddreißigste Lebensjahr vollendet haben.

§ 43 Ehrenamtliche Richter (1) Die ehrenamtlichen Richter werden vom Bundesministerium für Arbeit und Soziales für die Dauer von fünf Jahren berufen. Sie sind im angemessenen Verhältnis unter billiger Berücksichtigung der Minderheiten aus den Vorschlagslisten zu entnehmen, die von den Gewerkschaften, den selbständigen Vereinigungen von Arbeitnehmern mit sozial- oder berufspolitischer Zwecksetzung und Vereinigungen von Arbeitgebern, die für das Arbeitsleben des Bundesgebiets wesentliche Bedeutung haben, sowie von den in § 22 Abs. 2 Nr. 3 bezeichneten Körperschaften eingereicht worden sind.

(2) Die ehrenamtlichen Richter müssen das fünfunddreißigste Lebensjahr vollendet haben, besondere Kenntnisse und Erfahrungen auf dem Gebiet des Arbeitsrechts und des Arbeitslebens besitzen und sollen mindestens fünf Jahre ehrenamtlicher Richter eines Gerichts für Arbeitssachen gewesen sein. Sie sollen längere Zeit in Deutschland als Arbeitnehmer oder als Arbeitgeber tätig gewesen sein.
(3) Für die Berufung, Stellung und Heranziehung der ehrenamtlichen Richter sowie für die Amtsenthebung und die Amtsentbindung sind im Übrigen die Vorschriften der §§ 21 bis 28 und des § 31 entsprechend anzuwenden mit der Maßgabe, daß die in § 21 Abs. 5, § 27 Satz 2 und § 28 Satz 1 bezeichneten Entscheidungen durch den vom Präsidium für jedes Geschäftsjahr im voraus bestimmten Senat des Bundesarbeitsgerichts getroffen werden.

§ 44 Anhörung der ehrenamtlichen Richter, Geschäftsordnung (1) Bevor zu Beginn des Geschäftsjahrs die Geschäfte verteilt sowie die berufsrichterlichen Beisitzer und die ehrenamtlichen Richter den einzelnen Senaten und dem Großen Senat zugeteilt werden, sind je die beiden lebensältesten ehrenamtlichen Richter aus den Kreisen der Arbeitnehmer und der Arbeitgeber zu hören.
(2) Der Geschäftsgang wird durch eine Geschäftsordnung geregelt, die das Präsidium beschließt. Absatz 1 gilt entsprechend.

§ 45 Großer Senat (1) Bei dem Bundesarbeitsgericht wird ein Großer Senat gebildet.
(2) Der Große Senat entscheidet, wenn ein Senat in einer Rechtsfrage von der Entscheidung eines anderen Senats oder des Großen Senats abweichen will.
(3) Eine Vorlage an den Großen Senat ist nur zulässig, wenn der Senat, von dessen Entscheidung abgewichen werden soll, auf Anfrage des erkennenden Senats erklärt hat, daß er an seiner Rechtsauffassung festhält. Kann der Senat, von dessen Entscheidung abgewichen werden soll, wegen einer Änderung des Geschäftsverteilungsplanes mit der Rechtsfrage nicht mehr befaßt werden, tritt der Senat an seine Stelle, der nach dem Geschäftsverteilungsplan für den Fall, in dem abweichend entschieden wurde, nunmehr zuständig wäre. Über die Anfrage und die Antwort entscheidet der jeweilige Senat durch Beschluß in der für Urteile erforderlichen Besetzung.
(4) Der erkennende Senat kann eine Frage von grundsätzlicher Bedeutung dem Großen Senat zur Entscheidung vorlegen, wenn das nach seiner Auffassung zur Fortbildung des Rechts oder zur Sicherung einer einheitlichen Rechtsprechung erforderlich ist.
(5) Der Große Senat besteht aus dem Präsidenten, je einem Berufsrichter der Senate, in denen der Präsident nicht den Vorsitz führt, und je drei ehrenamtlichen Richtern aus den Kreisen der Arbeitnehmer und Arbeitgeber. Bei einer Verhinderung des Präsidenten tritt ein Berufsrichter des Senats, dem er angehört, an seine Stelle.
(6) Die Mitglieder und die Vertreter werden durch das Präsidium für ein Geschäftsjahr bestellt. Den Vorsitz im Großen Senat führt der Präsident, bei Verhinderung das dienstälteste Mitglied. Bei Stimmengleichheit gibt die Stimme des Vorsitzenden den Ausschlag.

(7) Der Große Senat entscheidet nur über die Rechtsfrage. Er kann ohne mündliche Verhandlung entscheiden. Seine Entscheidung ist in der vorliegenden Sache für den erkennenden Senat bindend.

Dritter Teil – Verfahren vor den Gerichten für Arbeitssachen

Erster Abschnitt – Urteilsverfahren

Erster Unterabschnitt – Erster Rechtszug

§ 46 Grundsatz (1) Das Urteilsverfahren findet in den in § 2 Abs. 1 bis 4 bezeichneten bürgerlichen Rechtsstreitigkeiten Anwendung.
(2) Für das Urteilsverfahren des ersten Rechtszugs gelten die Vorschriften der Zivilprozeßordnung über das Verfahren vor den Amtsgerichten entsprechend, soweit dieses Gesetz nichts anderes bestimmt. Die Vorschriften über den frühen ersten Termin zur mündlichen Verhandlung und das schriftliche Vorverfahren (§§ 275 bis 277 der Zivilprozessordnung), über das vereinfachte Verfahren (§ 495a der Zivilprozessordnung), über den Urkunden- und Wechselprozess (§§ 592 bis 605a der Zivilprozessordnung), über die Entscheidung ohne mündliche Verhandlung (§ 128 Absatz 2 der Zivilprozessordnung), über die Förderung von Videoverhandlungen bei Terminsänderungsanträgen (§ 227 Absatz 1 Satz 3 und Absatz 4 der Zivilprozessordnung), über die Verlegung von Terminen in der Zeit vom 1. Juli bis 31. August (§ 227 Absatz 3 Satz 1 der Zivilprozessordnung) und die Äußerung über Bedenken gegen eine Videoverhandlung in der Klageschrift und der Klageerwiderung (§ 253 Absatz 3 Nummer 4 und § 277 Absatz 1 Satz 2 Nummer 2 der Zivilprozessordnung) finden keine Anwendung. § 127 Abs. 2 der Zivilprozessordnung findet mit der Maßgabe Anwendung, dass die sofortige Beschwerde bei Bestandsschutzstreitigkeiten unabhängig von einem Streitwert zulässig ist. Abweichend von § 160 Absatz 1 Nummer 4 der Zivilprozessordnung enthält das Protokoll die Namen der erschienenen Parteien, Nebenintervenienten, Vertreter, Bevollmächtigten, Beistände, Zeugen und Sachverständigen sowie im Fall der §§ 50a und 58 Absatz 4 die Angabe, wer an der Verhandlung oder der Beweisaufnahme per Bild- und Tonübertragung teilnimmt.

§ 46a Mahnverfahren (1) Für das Mahnverfahren vor den Gerichten für Arbeitssachen gelten die Vorschriften der Zivilprozeßordnung über das Mahnverfahren einschließlich der maschinellen Bearbeitung entsprechend, soweit dieses Gesetz nichts anderes bestimmt. § 702 Absatz 2 Satz 2 der Zivilprozessordnung ist nicht anzuwenden.
(2) Zuständig für die Durchführung des Mahnverfahrens ist das Arbeitsgericht, das für die im Urteilsverfahren erhobene Klage zuständig sein würde. Die Landesregierungen werden ermächtigt, einem Arbeitsgericht durch Rechtsverordnung Mahnverfahren für die Bezirke mehrerer Arbeitsgerichte zuzuweisen. Die Zuweisung kann auf Mahnverfahren beschränkt werden, die maschinell bearbeitet werden. Die Landesregierungen können die Ermächtigung durch Rechtsverordnung auf die jeweils zuständige oberste Landesbehörde übertragen. Mehrere Län-

der können die Zuständigkeit eines Arbeitsgerichts über die Landesgrenzen hinaus vereinbaren.

(3) Die in den Mahnbescheid nach § 692 Abs. 1 Nr. 3 der Zivilprozeßordnung aufzunehmende Frist beträgt eine Woche.

(4) Wird rechtzeitig Widerspruch erhoben und beantragt eine Partei die Durchführung der mündlichen Verhandlung, so gibt das Gericht, das den Mahnbescheid erlassen hat, den Rechtsstreit von Amts wegen an das Gericht ab, das in dem Mahnbescheid gemäß § 692 Absatz 1 Nummer 1 der Zivilprozessordnung bezeichnet worden ist. Verlangen die Parteien übereinstimmend die Abgabe an ein anderes als das im Mahnbescheid bezeichnete Gericht, erfolgt die Abgabe dorthin. Die Geschäftsstelle hat dem Antragsteller unverzüglich aufzugeben, seinen Anspruch binnen zwei Wochen schriftlich zu begründen. Bei Eingang der Anspruchsbegründung bestimmt der Vorsitzende den Termin zur mündlichen Verhandlung. Geht die Anspruchsbegründung nicht rechtzeitig ein, so wird bis zu ihrem Eingang der Termin nur auf Antrag des Antragsgegners bestimmt.

(5) Die Streitsache gilt als mit Zustellung des Mahnbescheids rechtshängig geworden, wenn alsbald nach Erhebung des Widerspruchs Termin zur mündlichen Verhandlung bestimmt wird.

(6) Im Fall des Einspruchs hat das Gericht von Amts wegen zu prüfen, ob der Einspruch an sich statthaft und ob er in der gesetzlichen Form und Frist eingelegt ist. Fehlt es an einem dieser Erfordernisse, so ist der Einspruch als unzulässig zu verwerfen. Ist der Einspruch zulässig, hat die Geschäftsstelle dem Antragsteller unverzüglich aufzugeben, seinen Anspruch binnen zwei Wochen schriftlich zu begründen. Nach Ablauf der Begründungsfrist bestimmt der Vorsitzende unverzüglich Termin zur mündlichen Verhandlung.

(7) Das Bundesministerium für Arbeit und Soziales wird ermächtigt, durch Rechtsverordnung mit Zustimmung des Bundesrates den Verfahrensablauf zu regeln, soweit dies für eine einheitliche maschinelle Bearbeitung der Mahnverfahren erforderlich ist (Verfahrensablaufplan).

(8) Das Bundesministerium für Arbeit und Soziales wird ermächtigt, durch Rechtsverordnung mit Zustimmung des Bundesrates zur Vereinfachung des Mahnverfahrens und zum Schutze der in Anspruch genommenen Partei Formulare einzuführen. Dabei können für Mahnverfahren bei Gerichten, die die Verfahren maschinell bearbeiten, und für Mahnverfahren bei Gerichten, die die Verfahren nicht maschinell bearbeiten, unterschiedliche Formulare eingeführt werden. Die Rechtsverordnung kann ein elektronisches Formular vorsehen; § 130c Satz 2 bis 4 der Zivilprozessordnung gilt entsprechend.

§ 46b Europäisches Mahnverfahren nach der Verordnung (EG) Nr. 1896/2006

(1) Für das Europäische Mahnverfahren nach der Verordnung (EG) Nr. 1896/2006 des Europäischen Parlaments und des Rates vom 12. Dezember 2006 zur Einführung eines Europäischen Mahnverfahrens (ABl. EU Nr. L 399 S. 1) gelten die Vorschriften des Abschnitts 5 des Buchs 11 der Zivilprozessordnung entsprechend, soweit dieses Gesetz nichts anderes bestimmt.

(2) Für die Bearbeitung von Anträgen auf Erlass und Überprüfung sowie die Vollstreckbarerklärung eines Europäischen Zahlungsbefehls nach der Verordnung

(EG) Nr. 1896/2006 ist das Arbeitsgericht zuständig, das für die im Urteilsverfahren erhobene Klage zuständig sein würde.
(3) Im Fall des Artikels 17 Abs. 1 der Verordnung (EG) Nr. 1896/2006 ist § 46a Abs. 4 und 5 entsprechend anzuwenden. Der Antrag auf Durchführung der mündlichen Verhandlung gilt als vom Antragsteller gestellt.

§ 46c Elektronisches Dokument; Verordnungsermächtigung (1) Vorbereitende Schriftsätze und deren Anlagen, schriftlich einzureichende Anträge und Erklärungen der Parteien sowie schriftlich einzureichende Auskünfte, Aussagen, Gutachten, Übersetzungen, Anträge und Erklärungen Dritter können nach Maßgabe der folgenden Absätze als elektronische Dokumente bei Gericht eingereicht werden.
(2) Das elektronische Dokument muss für die Bearbeitung durch das Gericht geeignet sein. Die Bundesregierung bestimmt durch Rechtsverordnung mit Zustimmung des Bundesrates technische Rahmenbedingungen für die Übermittlung und die Eignung zur Bearbeitung durch das Gericht sowie das Nähere zur Verarbeitung von Daten der Postfachinhaber nach Absatz 4 Satz 1 Nummer 3 und 4 in einem sicheren elektronischen Verzeichnis.
(3) Das elektronische Dokument muss mit einer qualifizierten elektronischen Signatur der verantwortenden Person versehen sein oder von der verantwortenden Person signiert und auf einem sicheren Übermittlungsweg eingereicht werden. Satz 1 gilt nicht für Anlagen, die vorbereitenden Schriftsätzen beigefügt sind. Soll ein schriftlich einzureichender Antrag oder eine schriftlich einzureichende Erklärung einer Partei oder eines Dritten als elektronisches Dokument eingereicht werden, so kann der unterschriebene Antrag oder die unterschriebene Erklärung in ein elektronisches Dokument übertragen und durch den Bevollmächtigten, den Vertreter oder den Beistand nach Satz 1 übermittelt werden.
(4) Sichere Übermittlungswege sind
1. der Übermittlungsweg zwischen den besonderen elektronischen Anwaltspostfächern nach den § 31a und 31b der Bundesrechtsanwaltsordnung oder einem entsprechenden, auf gesetzlicher Grundlage errichteten elektronischen Postfach und der elektronischen Poststelle des Gerichts,
2. der Übermittlungsweg zwischen einem nach Durchführung eines Identifizierungsverfahrens eingerichteten Postfach einer Behörde oder einer juristischen Person des öffentlichen Rechts und der elektronischen Poststelle des Gerichts,
3. der Übermittlungsweg zwischen einem nach Durchführung eines Identifizierungsverfahrens eingerichteten elektronischen Postfach einer natürlichen oder juristischen Person oder einer sonstigen Vereinigung und der elektronischen Poststelle des Gerichts,
4. der Übermittlungsweg zwischen einem nach Durchführung eines Indentifizierungsverfahrens genutzten Postfach- und Versanddienst eines Nutzerkontos im Sinne des § 2 Absatz 5 des Onlinezugangsgesetzes und der elektronischen Poststelle des Gerichts,
5. sonstige bundeseinheitliche Übermittlungswege, die durch Rechtsverordnung der Bundesregierung mit Zustimmung des Bundesrates festgelegt werden, bei denen die Authenzität und Integrität der Daten sowie die Barrierefreiheit gewährleistet sind.

Das Nähere zu den Übermittlungswegen gemäß Satz 1 Nummer 2 bis 4 regelt die Rechtsverordnung nach Absatz 2 Satz 2.

(5) Ein elektronisches Dokument ist eingegangen, sobald es auf der für den Empfang bestimmten Einrichtung des Gerichts gespeichert ist. Dem Absender ist eine automatisierte Bestätigung über den Zeitpunkt des Eingangs zu erteilen.

(6) Ist ein elektronisches Dokument für das Gericht zur Bearbeitung nicht geeignet, ist dies dem Absender unter Hinweis auf die Unwirksamkeit des Eingangs unverzüglich mitzuteilen. Das Dokument gilt als zum Zeitpunkt der früheren Einreichung eingegangen, sofern der Absender es unverzüglich in einer für das Gericht zur Bearbeitung geeigneten Form nachreicht und glaubhaft macht, dass es mit dem zuerst eingereichten Dokument inhaltlich übereinstimmt.

§ 46d Gerichtliches elektronisches Dokument Soweit dieses Gesetz dem Richter, dem Rechtspfleger, dem Urkundsbeamten der Geschäftsstelle oder dem Gerichtsvollzieher die handschriftliche Unterzeichnung vorschreibt, genügt dieser Form die Aufzeichnung als elektronisches Dokument, wenn die verantwortenden Personen am Ende des Dokuments ihren Namen hinzufügen und das Dokument mit einer qualifizierten elektronischen Signatur versehen. Der in Satz 1 genannten Form genügt auch ein elektronisches Dokument, in welches das handschriftlich unterzeichnete Schriftstück gemäß § 46e Absatz 2 übertragen worden ist.

§ 46e Elektronische Akte; Verordnungsermächtigung (1) Die Prozessakten werden elektronisch geführt. Die Bundesregierung und die Landesregierungen bestimmen jeweils für ihren Bereich durch Rechtsverordnung die organisatorischen und dem Stand der Technik entsprechenden technischen Rahmenbedingungen für die Bildung, Führung und Aufbewahrung der elektronischen Akten einschließlich der einzuhaltenden Anforderungen der Barrierefreiheit. Die Bundesregierung und die Landesregierungen können jeweils für ihren Bereich durch Rechtsverordnung bestimmen, dass Akten, die in Papierform angelegt wurden, in Papierform weitergeführt werden. Die Landesregierungen können die Ermächtigungen nach den Sätzen 2 und 3 durch Rechtsverordnung auf die für die Arbeitsgerichtsbarkeit zuständigen obersten Landesbehörden übertragen. Die Rechtsverordnungen der Bundesregierung bedürfen nicht der Zustimmung des Bundesrates.

(2) In Papierform eingereichte Schriftstücke und sonstige Unterlagen sollen nach dem Stand der Technik in ein elektronisches Dokument übertragen werden. Es ist sicherzustellen, dass das elektronische Dokument mit den eingereichten Schriftstücken und sonstigen Unterlagen bildlich und inhaltlich übereinstimmt. Die in Papierform eingereichten Schriftstücke und sonstigen Unterlagen können sechs Monate nach der Übertragung vernichtet werden, sofern sie nicht rückgabepflichtig sind.

(3) Die Bundesregierung und die Landesregierungen können jeweils für ihren Bereich durch Rechtsverordnung bestimmen, dass Akten, die vor dem 1. Januar 2026 in Papierform angelegt wurden, ab einem bestimmten Stichtag oder Ereignis in elektronischer Form weitergeführt werden. Die Zulassung der Weiterführung in elektronischer Form kann auf einzelne Gerichte oder Verfahren beschränkt werden; wird von dieser Möglichkeit Gebrauch gemacht, kann in der Rechtsverord-

nung bestimmt werden, dass durch Verwaltungsvorschrift, die öffentlich bekanntzumachen ist, geregelt wird, in welchen Verfahren Akten in elektronischer Form weitergeführt werden. Die Rechtsverordnung der Bundesregierung bedarf nicht der Zustimmung des Bundesrates. Die Landesregierungen können die Ermächtigung durch Rechtsverordnung auf die für die Arbeitsgerichtsbarkeit zuständigen obersten Landesbehörden übertragen.
(4) Die Bundesregierung kann durch Rechtsverordnung mit Zustimmung des Bundesrates die für die Übermittlung elektronischer Akten zwischen Behörden und Gerichten geltenden Standards bestimmen.

§ 46f Formulare; Verordnungsermächtigung Das Bundesministerium für Arbeit und Soziales kann durch Rechtsverordnung mit Zustimmung des Bundesrates elektronische Formulare einführen. Die Rechtsverordnung kann bestimmen, dass die in den Formularen enthaltenen Angaben ganz oder teilweise in strukturierter maschinenlesbarer Form zu übermitteln sind. Die Formulare sind auf einer in der Rechtsverordnung zu bestimmenden Kommunikationsplattform im Internet zur Nutzung bereitzustellen. Die Rechtsverordnung kann bestimmen, dass eine Identifikation des Formularverwenders abweichend von § 46c Absatz 3 auch durch Nutzung des elektronischen Identitätsnachweises nach § 18 des Personalausweisgesetzes, § 12 des eID-Karte-Gesetzes oder § 78 Absatz 5 des Aufenthaltsgesetzes erfolgen kann.

§ 46g Nutzungspflicht für Rechtsanwälte, Behörden und vertretungsberechtigte Bevollmächtigte Vorbereitende Schriftsätze und deren Anlagen sowie schriftlich einzureichende Anträge und Erklärungen, die durch einen Rechtsanwalt, durch eine Behörde oder durch eine juristische Person des öffentlichen Rechts einschließlich der von ihr zur Erfüllung ihrer öffentlichen Aufgaben gebildeten Zusammenschlüsse eingereicht werden, sind als elektronisches Dokument zu übermitteln. Gleiches gilt für die nach diesem Gesetz vertretungsberechtigten Personen und Bevollmächtigten, für die ein sicherer Übermittlungsweg nach § 46c Absatz 4 Satz 1 Nummer 1 oder 3 zur Verfügung steht, ausgenommen sind nach § 11 Absatz 2 Satz 2 Nummer 1 Halbsatz 1 oder Nummer 2 vertretungsbefugte Personen. Ist eine Übermittlung aus technischen Gründen vorübergehend nicht möglich, bleibt die Übermittlung nach den allgemeinen Vorschriften zulässig. Die vorübergehende Unmöglichkeit ist bei der Ersatzeinreichung oder unverzüglich danach glaubhaft zu machen; auf Anforderung ist ein elektronisches Dokument nachzureichen.

§ 46h Formfiktion Ist eine empfangsbedürftige Willenserklärung, die der schriftlichen oder elektronischen Form bedarf, klar erkennbar in einem vorbereiteten Schriftsatz enthalten, der als elektronische Dokument nach § 46c bei Gericht eingereicht oder dem Empfänger zugestellt oder mitgeteilt wurde, so gilt die Willenserklärung als in schriftlicher oder elektronsicher Form zugegangen. Dies gilt auch dann, wenn die Ersetzung der schriftlichen Form durch die elektronische Form ausgeschlossen ist.

§ 47 Sondervorschriften über Ladung und Einlassung[1] (1) Die Klageschrift muß mindestens eine Woche vor dem Termin zugestellt sein.
(2) Eine Aufforderung an den Beklagten, sich auf die Klage schriftlich zu äußern, erfolgt in der Regel nicht.

§ 48 Rechtsweg und Zuständigkeit[2] (1) Für die Zulässigkeit des Rechtsweges und der Verfahrensart sowie für die sachliche und örtliche Zuständigkeit gelten die §§ 17 bis 17b des Gerichtsverfassungsgesetzes mit folgender Maßgabe entsprechend:
1. Beschlüsse entsprechend § 17a Abs. 2 und 3 des Gerichtsverfassungsgesetzes über die örtliche Zuständigkeit sind unanfechtbar.
2. Der Beschluß nach § 17a Abs. 4 des Gerichtsverfassungsgesetzes ergeht, sofern er nicht lediglich die örtliche Zuständigkeit zum Gegenstand hat, auch außerhalb der mündlichen Verhandlung stets durch die Kammer.

(1 a) Für Streitigkeiten nach § 2 Abs. 1 Nr. 3, 4a, 7, 8 und 10 sowie Abs. 2 ist auch das Arbeitsgericht zuständig, in dessen Bezirk der Arbeitnehmer gewöhnlich seine Arbeit verrichtet oder zuletzt gewöhnlich verrichtet hat. Ist ein gewöhnlicher Arbeitsort im Sinne des Satzes 1 nicht feststellbar, ist das Arbeitsgericht örtlich zuständig, von dessen Bezirk aus der Arbeitnehmer gewöhnlich seine Arbeit verrichtet oder zuletzt gewöhnlich verrichtet hat.
(2) Die Tarifvertragsparteien können im Tarifvertrag die Zuständigkeit eines an sich örtlich unzuständigen Arbeitsgerichts festlegen für
1. bürgerliche Rechtsstreitigkeiten zwischen Arbeitnehmern und Arbeitgebern aus einem Arbeitsverhältnis und aus Verhandlungen über die Eingehung eines Arbeitsverhältnisses, das sich nach einem Tarifvertrag bestimmt,
2. bürgerliche Rechtsstreitigkeiten aus dem Verhältnis einer gemeinsamen Einrichtung der Tarifvertragsparteien zu den Arbeitnehmern oder Arbeitgebern.

Im Geltungsbereich eines Tarifvertrags nach Satz 1 Nr. 1 gelten die tarifvertraglichen Bestimmungen über das örtlich zuständige Arbeitsgericht zwischen nicht tarifgebundenen Arbeitgebern und Arbeitnehmern, wenn die Anwendung des gesamten Tarifvertrags zwischen ihnen vereinbart ist. Die in § 38 Abs. 2 und 3 der Zivilprozeßordnung vorgesehenen Beschränkungen finden keine Anwendung.

§ 48a *(aufgehoben)*

§ 49 Ablehnung von Gerichtspersonen (1) Über die Ablehnung von Gerichtspersonen entscheidet die Kammer des Arbeitsgerichts.
(2) Wird sie durch das Ausscheiden des abgelehnten Mitgliedes beschlußunfähig, so entscheidet das Landesarbeitsgericht.
(3) Gegen den Beschluß findet kein Rechtsmittel statt.

---

1 Die Worte »Ladung und« sind gegenstandslos.
2 Die internationale Zuständigkeit richtet sich nach der **Brüssel Ia-VO (EU) Nr. 1215/2012** (EU-ASO Nr. 81).

§ 50 Zustellung (1) Die Urteile werden von Amts wegen binnen drei Wochen seit Übermittlung an die Geschäftsstelle zugestellt. § 317 Abs. 1 Satz 3 der Zivilprozeßordnung ist nicht anzuwenden.
(2) Die §§ 173, 175 und 178 Absatz 1 Nummer 2 der Zivilprozessordnung sind auf die nach § 11 zur Prozessvertretung zugelassenen Personen entsprechend anzuwenden.
(3) *(weggefallen)*

§ 50a Videoverhandlung (1) Die mündliche Verhandlung kann in geeigneten Fällen und soweit ausreichende Kapazitäten zur Verfügung stehen als Videoverhandlung stattfinden. Eine mündliche Verhandlung findet als Videoverhandlung statt, wenn an ihr mindestens ein Verfahrensbeteiligter per Bild- und Tonübertragung teilnimmt. Verfahrensbeteiligte nach dieser Vorschrift sind die Parteien und Nebenintervenienten sowie ihre Bevollmächtigten, Vertreter und Beistände.
(2) Der Vorsitzende kann unter den Voraussetzungen des Absatzes 1 Satz 1 auf Antrag eines Verfahrensbeteiligten oder von Amts wegen die Teilnahme per Bild- und Tonübertragung für einen Verfahrensbeteiligten, mehrere oder alle Verfahrensbeteiligte gestatten. Die Ablehnung eines Antrags auf Teilnahme per Bild- und Tonübertragung ist kurz zu begründen.
(3) Den Verfahrensbeteiligten und Dritten ist es untersagt, die Videoverhandlung aufzuzeichnen. Hierauf sind sie zu Beginn der Verhandlung hinzuweisen. Die Videoverhandlung kann für die Zwecke des § 160a der Zivilprozessordnung ganz oder teilweise aufgezeichnet werden. Über Beginn und Ende der Aufzeichnung sind die Verfahrensbeteiligten zu informieren.
(4) Entscheidungen nach dieser Vorschrift sind unanfechtbar.

§ 51 Persönliches Erscheinen der Parteien (1) Der Vorsitzende kann das persönliche Erscheinen der Parteien in jeder Lage des Rechtsstreits anordnen. Als persönliches Erscheinen gilt auch die nach § 50a Absatz 2 Satz 1 gestattete Teilnahme per Bild- und Tonübertragung. Im Übrigen finden die Vorschriften des § 141 Abs. 2 und 3 der Zivilprozeßordnung entsprechende Anwendung.
(2) Der Vorsitzende kann die Zulassung eines Prozeßbevollmächtigten ablehnen, wenn die Partei trotz Anordnung ihres persönlichen Erscheinens unbegründet ausgeblieben ist und hierdurch der Zweck der Anordnung vereitelt wird. § 141 Abs. 3 Satz 2 und 3 der Zivilprozeßordnung findet entsprechende Anwendung.

§ 52 Öffentlichkeit Die Verhandlungen vor dem erkennenden Gericht einschließlich der Beweisaufnahme und der Verkündung der Entscheidung ist öffentlich. Das Arbeitsgericht kann die Öffentlichkeit für die Verhandlung oder für einen Teil der Verhandlung ausschließen, wenn durch die Öffentlichkeit eine Gefährdung der öffentlichen Ordnung, insbesondere der Staatssicherheit, oder eine Gefährdung der Sittlichkeit zu besorgen ist oder wenn eine Partei den Ausschluß der Öffentlichkeit beantragt, weil Betriebs-, Geschäfts- oder Erfindungsgeheimnisse zum Gegenstand der Verhandlung oder der Beweisaufnahme gemacht werden; außerdem ist § 171b des Gerichtsverfassungsgesetzes entsprechend anzuwenden. Im Güteverfahren kann es die Öffentlichkeit auch aus Zweckmäßigkeitsgründen ausschließen. § 169

Absatz 1 Satz 2 bis 5, Absatz 2 und 4 sowie die §§ 173 bis 175 des Gerichtsverfassungsgesetzes sind entsprechend anzuwenden.

§ 53 Befugnisse des Vorsitzenden und der ehrenamtlichen Richter (1) Die nicht auf Grund einer mündlichen Verhandlung ergehenden Beschlüsse und Verfügungen erläßt, soweit nichts anderes bestimmt ist, der Vorsitzende allein. Entsprechendes gilt für Amtshandlungen auf Grund eines Rechtshilfeersuchens.
(2) Im Übrigen gelten für die Befugnisse des Vorsitzenden und der ehrenamtlichen Richter die Vorschriften der Zivilprozeßordnung über das landgerichtliche Verfahren entsprechend.

§ 54 Güteverfahren (1) Die mündliche Verhandlung beginnt mit einer Verhandlung vor dem Vorsitzenden zum Zwecke der gütlichen Einigung der Parteien (Güteverhandlung). Der Vorsitzende hat zu diesem Zweck das gesamte Streitverhältnis mit den Parteien unter freier Würdigung aller Umstände zu erörtern. Zur Aufklärung des Sachverhalts kann er alle Handlungen vornehmen, die sofort erfolgen können. Eidliche Vernehmungen sind jedoch ausgeschlossen. Der Vorsitzende kann die Güteverhandlung mit Zustimmung der Parteien in einem weiteren Termin, der alsbald stattzufinden hat, fortsetzen. § 50a ist anzuwenden.
(2) Die Klage kann bis zum Stellen der Anträge ohne Einwilligung des Beklagten zurückgenommen werden. In der Güteverhandlung erklärte gerichtliche Geständnisse nach § 288 der Zivilprozeßordnung haben nur dann bindende Wirkung, wenn sie zu Protokoll erklärt worden sind. § 39 Satz 1 und § 282 Abs. 3 Satz 1 der Zivilprozeßordnung sind nicht anzuwenden.
(3) Das Ergebnis der Güteverhandlung, insbesondere der Abschluß eines Vergleichs, ist in das Protokoll aufzunehmen.
(4) Erscheint eine Partei in der Güteverhandlung nicht oder ist die Güteverhandlung erfolglos, schließt sich die weitere Verhandlung unmittelbar an oder es ist, falls der weiteren Verhandlung Hinderungsgründe entgegenstehen, Termin zur streitigen Verhandlung zu bestimmen; diese hat alsbald stattzufinden.
(5) Erscheinen oder verhandeln beide Parteien in der Güteverhandlung nicht, ist das Ruhen des Verfahrens anzuordnen. Auf Antrag einer Partei ist Termin zur streitigen Verhandlung zu bestimmen. Dieser Antrag kann nur innerhalb von sechs Monaten nach der Güteverhandlung gestellt werden. Nach Ablauf der Frist ist § 269 Abs. 3 bis 5 der Zivilprozeßordnung entsprechend anzuwenden.
(6) Der Vorsitzende kann die Parteien für die Güteverhandlung sowie deren Fortsetzung vor einen hierfür bestimmten und nicht entscheidungsbefugten Richter (Güterichter) verweisen. Der Güterichter kann alle Methoden der Konfliktbeilegung einschließlich der Mediation einsetzen.

§ 54a Mediation, außergerichtliche Konfliktbeilegung[1] (1) Das Gericht kann den Parteien eine Mediation oder ein anderes Verfahren der außergerichtlichen Konfliktbeilegung vorschlagen.

---

1 Vgl. **Mediationsgesetz** (MediationsG) vom 21.7.2012 (BGBl. I 1577), geändert durch Verordnung vom 31.8.2015 (BGBl. I 1474):

(2) Entscheiden sich die Parteien zur Durchführung einer Mediation oder eines anderen Verfahrens der außergerichtlichen Konfliktbeilegung, ordnet das Gericht das Ruhen des Verfahrens an. Auf Antrag einer Partei ist Termin zur mündlichen Verhandlung zu bestimmen. Im Übrigen nimmt das Gericht das Verfahren nach drei Monaten wieder auf, es sei denn, die Parteien legen übereinstimmend dar, dass eine Mediation oder eine außergerichtliche Konfliktbeilegung noch betrieben wird.

---

§ 1 Begriffsbestimmungen (1) Mediation ist ein vertrauliches und strukturiertes Verfahren, bei dem Parteien mithilfe eines oder mehrerer Mediatoren freiwillig und eigenverantwortlich eine einvernehmliche Beilegung ihres Konflikts anstreben.
(2) Ein Mediator ist eine unabhängige und neutrale Person ohne Entscheidungsbefugnis, die die Parteien durch die Mediation führt.
§ 2 Verfahren; Aufgaben des Mediators (1) Die Parteien wählen den Mediator aus.
(2) Der Mediator vergewissert sich, dass die Parteien die Grundsätze und den Ablauf des Mediationsverfahrens verstanden haben und freiwillig an der Mediation teilnehmen.
(3) Der Mediator ist allen Parteien gleichermaßen verpflichtet. Er fördert die Kommunikation der Parteien und gewährleistet, dass die Parteien in angemessener und fairer Weise in die Mediation eingebunden sind. Er kann im allseitigen Einverständnis getrennte Gespräche mit den Parteien führen.
(4) Dritte können nur mit Zustimmung aller Parteien in die Mediation einbezogen werden.
(5) Die Parteien können die Mediation jederzeit beenden. Der Mediator kann die Mediation beenden, insbesondere wenn er der Auffassung ist, dass eine eigenverantwortliche Kommunikation oder eine Einigung der Parteien nicht zu erwarten ist.
(6) Der Mediator wirkt im Falle einer Einigung darauf hin, dass die Parteien die Vereinbarung in Kenntnis der Sachlage treffen und ihren Inhalt verstehen. Er hat die Parteien, die ohne fachliche Beratung an der Mediation teilnehmen, auf die Möglichkeit hinzuweisen, die Vereinbarung bei Bedarf durch externe Berater überprüfen zu lassen. Mit Zustimmung der Parteien kann die erzielte Einigung in einer Abschlussvereinbarung dokumentiert werden.
§ 3 Offenbarungspflichten; Tätigkeitsbeschränkungen (1) Der Mediator hat den Parteien alle Umstände offenzulegen, die seine Unabhängigkeit und Neutralität beeinträchtigen können. Er darf bei Vorliegen solcher Umstände nur als Mediator tätig werden, wenn die Parteien dem ausdrücklich zustimmen.
(2) Als Mediator darf nicht tätig werden, wer vor der Mediation in derselben Sache für eine Partei tätig gewesen ist. Der Mediator darf auch nicht während oder nach der Mediation für eine Partei in derselben Sache tätig werden.
(3) Eine Person darf nicht als Mediator tätig werden, wenn eine mit ihr in derselben Berufsausübungs- oder Bürogemeinschaft verbundene andere Person vor der Mediation in derselben Sache für eine Partei tätig gewesen ist. Eine solche andere Person darf auch nicht während oder nach der Mediation für eine Partei in derselben Sache tätig werden.
(4) Die Beschränkungen des Absatzes 3 gelten nicht, wenn sich die betroffenen Parteien im Einzelfall nach umfassender Information damit einverstanden erklärt haben und Belange der Rechtspflege dem nicht entgegenstehen.
(5) Der Mediator ist verpflichtet, die Parteien auf deren Verlangen über seinen fachlichen Hintergrund, seine Ausbildung und seine Erfahrung auf dem Gebiet der Mediation zu informieren.
…

5

§ 55 Alleinentscheidung durch den Vorsitzenden (1) Der Vorsitzende entscheidet außerhalb der streitigen Verhandlung allein
1. bei Zurücknahme der Klage;
2. bei Verzicht auf den geltend gemachten Anspruch;
3. bei Anerkenntnis des geltend gemachten Anspruchs;
4. bei Säumnis einer Partei;
4a. über die Verwerfung des Einspruchs gegen ein Versäumnisurteil oder einen Vollstreckungsbescheid als unzulässig;
5. bei Säumnis beider Parteien;
6. über die einstweilige Einstellung der Zwangsvollstreckung;
7. über die örtliche Zuständigkeit;
8. über die Aussetzung und Anordnung des Ruhens des Verfahrens;
9. wenn nur noch über die Kosten zu entscheiden ist;
10. bei Entscheidungen über eine Berichtigung des Tatbestandes, soweit nicht eine Partei eine mündliche Verhandlung hierüber beantragt;
11. im Fall des § 11 Abs. 3 über die Zurückweisung des Bevollmächtigten oder die Untersagung der weiteren Vertretung.

(2) Der Vorsitzende kann in den Fällen des Absatzes 1 Nr. 1, 3 und 4a bis 10 eine Entscheidung ohne mündliche Verhandlung treffen. Dies gilt mit Zustimmung der Parteien auch in dem Fall des Absatzes 1 Nr. 2.

(3) Der Vorsitzende entscheidet ferner allein, wenn in der Verhandlung, die sich unmittelbar an die Güteverhandlung anschließt, eine das Verfahren beendende Entscheidung ergehen kann und die Parteien übereinstimmend eine Entscheidung durch den Vorsitzenden beantragen; der Antrag ist in das Protokoll aufzunehmen.

(4) Der Vorsitzende kann vor der streitigen Verhandlung einen Beweisbeschluß erlassen, soweit er anordnet
1. eine Beweisaufnahme durch den ersuchten Richter;
2. eine schriftliche Beantwortung der Beweisfrage nach § 377 Abs. 3 der Zivilprozeßordnung;
3. die Einholung schriftlicher Auskünfte;
4. eine Parteivernehmung;
5. die Einholung eines schriftlichen Sachverständigengutachtens.

Anordnungen nach Nummer 1 bis 3 und 5 können vor der streitigen Verhandlung ausgeführt werden.

§ 56 Vorbereitung der streitigen Verhandlung (1) Der Vorsitzende hat die streitige Verhandlung so vorzubereiten, daß sie möglichst in einem Termin zu Ende geführt werden kann. Zu diesem Zweck soll er, soweit es sachdienlich erscheint, insbesondere
1. den Parteien die Ergänzung oder Erläuterung ihrer vorbereitenden Schriftsätze sowie die Vorlegung von Urkunden und von anderen zur Niederlegung bei Gericht geeigneten Gegenständen aufgeben, insbesondere eine Frist zur Erklärung über bestimmte klärungsbedürftige Punkte setzen;
2. Behörden oder Träger eines öffentlichen Amtes um Mitteilung von Urkunden oder um Erteilung amtlicher Auskünfte ersuchen;

3. das persönliche Erscheinen der Parteien anordnen;
4. Zeugen, auf die sich eine Partei bezogen hat, und Sachverständige zur mündlichen Verhandlung laden sowie eine Anordnung nach § 378 der Zivilprozeßordnung treffen.

Von diesen Maßnahmen sind die Parteien zu benachrichtigen.

(2) Angriffs- und Verteidigungsmittel, die erst nach Ablauf einer nach Absatz 1 Satz 2 Nr. 1 gesetzten Frist vorgebracht werden, sind nur zuzulassen, wenn nach der freien Überzeugung des Gerichts ihre Zulassung die Erledigung des Rechtsstreits nicht verzögern würde oder wenn die Partei die Verspätung genügend entschuldigt. Die Parteien sind über die Folgen der Versäumung der nach Absatz 1 Satz 2 Nr. 1 gesetzten Frist zu belehren.

§ 57 Verhandlung vor der Kammer (1) Die Verhandlung ist möglichst in einem Termin zu Ende zu führen. Ist das nicht durchführbar, insbesondere weil eine Beweisaufnahme nicht sofort stattfinden kann, so ist der Termin zur weiteren Verhandlung, die sich alsbald anschließen soll, sofort zu verkünden.

(2) Die gütliche Erledigung des Rechtsstreits soll während des ganzen Verfahrens angestrebt werden.

§ 58 Beweisaufnahme (1) Soweit die Beweisaufnahme an der Gerichtsstelle möglich ist, erfolgt sie vor der Kammer. In den übrigen Fällen kann die Beweisaufnahme, unbeschadet des § 13, dem Vorsitzenden übertragen werden.

(2) Zeugen und Sachverständige werden nur beeidigt, wenn die Kammer dies im Hinblick auf die Bedeutung des Zeugnisses für die Entscheidung des Rechtsstreits für notwendig erachtet. Im Falle des § 377 Abs. 3 der Zivilprozeßordnung ist die eidesstattliche Versicherung nur erforderlich, wenn die Kammer sie aus dem gleichen Grunde für notwendig hält.

(3) Insbesondere über die Zahl der in einem Arbeitsverhältnis stehenden Mitglieder oder das Vertretensein einer Gewerkschaft in einem Betrieb kann Beweis auch durch die Vorlegung öffentlicher Urkunden angetreten werden.

(4) Der Vorsitzende kann auf Antrag oder von Amts wegen die Beweisaufnahme per Bild- und Tonübertragung gestatten. Das Antragsrechtsteht den Verfahrensbeteiligten, Zeugen und Sachverständigen zu. § 50a Absatz 1, 3 und 4 gilt entsprechend. Satz 1 gilt nicht für den Beweis durch Urkunden.

(5) § 375 Absatz 1 Nummer 2 und 3 der Zivilprozessordnung ist entsprechend anzuwenden für den Fall, dass eine Zeugenvernehmung nach § 58 Absatz 4 nicht stattfindet. § 479 Absatz 1 der Zivilprozessordnung ist entsprechend anzuwenden für den Fall, dass die Leistung des Eides nach § 58 Absatz 4 nicht stattfindet. § 411 Absatz 3 der Zivilprozessordnung ist mit der Maßgabe anzuwenden, dass das Erscheinen des Sachverständigen auch als Teilnahme per Bild- und Tonübertragung nach § 50a gestattet werden kann. § 492 Absatz 3 der Zivilprozessordnung ist mit der Maßgabe anzuwenden, dass für den Erörterungstermin § 50a entsprechend gilt.

§ 59 Versäumnisverfahren Gegen ein Versäumnisurteil kann eine Partei, gegen die das Urteil ergangen ist, binnen einer Notfrist von einer Woche nach seiner Zustellung Einspruch einlegen. Der Einspruch wird beim Arbeitsgericht schriftlich oder durch Abgabe einer Erklärung zu Protokoll der Geschäftsstelle eingelegt. Hierauf ist die Partei zugleich mit der Zustellung des Urteils schriftlich hinzuweisen. § 345 der Zivilprozeßordnung bleibt unberührt.

§ 60 Verkündung des Urteils (1) Zur Verkündung des Urteils kann ein besonderer Termin nur bestimmt werden, wenn die sofortige Verkündung in dem Termin, auf Grund dessen es erlassen wird, aus besonderen Gründen nicht möglich ist, insbesondere weil die Beratung nicht mehr am Tage der Verhandlung stattfinden kann. Der Verkündungstermin wird nur dann über drei Wochen hinaus angesetzt, wenn wichtige Gründe, insbesondere der Umfang oder die Schwierigkeit der Sache, dies erfordern. Dies gilt auch dann, wenn ein Urteil nach Lage der Akten erlassen wird. Der Vorsitzende kann den Verfahrensbeteiligten gestatten, an der Urteilsverkündung per Bild- und Tonübertragung teilzunehmen.
(2) Bei Verkündung des Urteils ist der wesentliche Inhalt der Entscheidungsgründe mitzuteilen. Dies gilt nicht, wenn beide Parteien abwesend sind; in diesem Fall genügt die Bezugnahme auf die unterschriebene Urteilsformel.
(3) Die Wirksamkeit der Verkündung ist von der Anwesenheit der ehrenamtlichen Richter nicht abhängig. Wird ein von der Kammer gefälltes Urteil ohne Zuziehung der ehrenamtlichen Richter verkündet, so ist die Urteilsformel vorher von dem Vorsitzenden und den ehrenamtlichen Richtern zu unterschreiben.
(4) Das Urteil nebst Tatbestand und Entscheidungsgründen ist vom Vorsitzenden zu unterschreiben. Wird das Urteil nicht in dem Termin verkündet, in dem die mündliche Verhandlung geschlossen wird, so muß es bei der Verkündung in vollständiger Form abgefaßt sein. Ein Urteil, das in dem Termin, in dem die mündliche Verhandlung geschlossen wird, verkündet wird, ist vor Ablauf von drei Wochen, vom Tage der Verkündung an gerechnet, vollständig abgefaßt der Geschäftsstelle zu übermitteln; kann dies ausnahmsweise nicht geschehen, so ist innerhalb dieser Frist das von dem Vorsitzenden unterschriebene Urteil ohne Tatbestand und Entscheidungsgründe der Geschäftsstelle zu übermitteln. In diesem Fall sind Tatbestand und Entscheidungsgründe alsbald nachträglich anzufertigen, von dem Vorsitzenden besonders zu unterschreiben und der Geschäftsstelle zu übermitteln.

§ 61 Inhalt des Urteils (1) Den Wert des Streitgegenstandes setzt das Arbeitsgericht im Urteil fest.
(2) Spricht das Urteil die Verpflichtung zur Vornahme einer Handlung aus, so ist der Beklagte auf Antrag des Klägers zugleich für den Fall, daß die Handlung nicht binnen einer bestimmten Frist vorgenommen ist, zur Zahlung einer vom Arbeitsgericht nach freiem Ermessen festzusetzenden Entschädigung zu verurteilen. Die Zwangsvollstreckung nach §§ 887 und 888 der Zivilprozeßordnung ist in diesem Fall ausgeschlossen.
(3) Ein über den Grund des Anspruchs vorab entscheidendes Zwischenurteil ist wegen der Rechtsmittel nicht als Endurteil anzusehen.

§ 61a Besondere Prozeßförderung in Kündigungsverfahren (1) Verfahren in Rechtsstreitigkeiten über das Bestehen, das Nichtbestehen oder die Kündigung ei-

nes Arbeitsverhältnisses sind nach Maßgabe der folgenden Vorschriften vorrangig zu erledigen.
(2) Die Güteverhandlung soll innerhalb von zwei Wochen nach Klageerhebung stattfinden.
(3) Ist die Güteverhandlung erfolglos oder wird das Verfahren nicht in einer sich unmittelbar anschließenden weiteren Verhandlung abgeschlossen, fordert der Vorsitzende den Beklagten auf, binnen einer angemessenen Frist, die mindestens zwei Wochen betragen muß, im einzelnen unter Beweisantritt schriftlich die Klage zu erwidern, wenn der Beklagte noch nicht oder nicht ausreichend auf die Klage erwidert hat.
(4) Der Vorsitzende kann dem Kläger eine angemessene Frist, die mindestens zwei Wochen betragen muß, zur schriftlichen Stellungnahme auf die Klageerwiderung setzen.
(5) Angriffs- und Verteidigungsmittel, die erst nach Ablauf der nach Absatz 3 oder 4 gesetzten Fristen vorgebracht werden, sind nur zuzulassen, wenn nach der freien Überzeugung des Gerichts ihre Zulassung die Erledigung des Rechtsstreits nicht verzögert oder wenn die Partei die Verspätung genügend entschuldigt.
(6) Die Parteien sind über die Folgen der Versäumung der nach Absatz 3 oder 4 gesetzten Fristen zu belehren.

§ 61b Klage wegen Benachteiligung (1) Eine Klage auf Entschädigung nach § 15 des Allgemeinen Gleichbehandlungsgesetzes muss innerhalb von drei Monaten, nachdem der Anspruch geltend gemacht worden ist, erhoben werden.
(2) Machen mehrere Bewerber wegen Benachteiligung bei der Begründung eines Arbeitsverhältnisses oder beim beruflichen Aufstieg eine Entschädigung nach § 15 des Allgemeinen Gleichbehandlungsgesetzes gerichtlich geltend, so wird auf Antrag des Arbeitgebers das Arbeitsgericht, bei dem die erste Klage erhoben ist, auch für die übrigen Klagen ausschließlich zuständig. Die Rechtsstreitigkeiten sind von Amts wegen an dieses Arbeitsgericht zu verweisen; die Prozesse sind zur gleichzeitigen Verhandlung und Entscheidung zu verbinden.
(3) Auf Antrag des Arbeitgebers findet die mündliche Verhandlung nicht vor Ablauf von sechs Monaten seit Erhebung der ersten Klage statt.

§ 62 Zwangsvollstreckung (1) Urteile der Arbeitsgerichte, gegen die Einspruch oder Berufung zulässig ist, sind vorläufig vollstreckbar. Macht der Beklagte glaubhaft, daß die Vollstreckung ihm einen nicht zu ersetzenden Nachteil bringen würde, so hat das Arbeitsgericht auf seinen Antrag die vorläufige Vollstreckbarkeit im Urteil auszuschließen. In den Fällen des § 707 Abs. 1 und des § 719 Abs. 1 der Zivilprozeßordnung kann die Zwangsvollstreckung nur unter derselben Voraussetzung eingestellt werden. Die Einstellung der Zwangsvollstreckung nach Satz 3 erfolgt ohne Sicherheitsleistung. Die Entscheidung ergeht durch unanfechtbaren Beschluss.
(2) Im Übrigen finden auf die Zwangsvollstreckung einschließlich des Arrests und der einstweiligen Verfügung die Vorschriften des Achten Buchs der Zivilprozeßordnung Anwendung. Die Entscheidung über den Antrag auf Erlaß einer einstweiligen Verfügung kann in dringenden Fällen, auch dann, wenn der Antrag zurück-

zuweisen ist, ohne mündliche Verhandlung ergehen. Eine in das Schutzschriftenregister nach § 945a Absatz 1 der Zivilprozessordnung eingestellte Schutzschrift gilt auch als bei allen Arbeitsgerichten der Länder eingereicht.

§ 63 Übermittlung von Urteilen in Tarifvertragssachen Rechtskräftige Urteile, die in bürgerlichen Rechtsstreitigkeiten zwischen Tarifvertragsparteien aus dem Tarifvertrag oder über das Bestehen oder Nichtbestehen des Tarifvertrags ergangen sind, sind alsbald der zuständigen obersten Landesbehörde und dem Bundesministerium für Arbeit und Soziales in vollständiger Form abschriftlich zu übersenden oder elektronisch zu übermitteln. Ist die zuständige oberste Landesbehörde die Landesjustizverwaltung, so sind die Urteilsabschriften oder das Urteil in elektronischer Form auch der obersten Arbeitsbehörde des Landes zu übermitteln.

Zweiter Unterabschnitt – Berufungsverfahren

§ 64 Grundsatz (1) Gegen die Urteile der Arbeitsgerichte findet, soweit nicht nach § 78 das Rechtsmittel der sofortigen Beschwerde gegeben ist, die Berufung an die Landesarbeitsgerichte statt.

(2) Die Berufung kann nur eingelegt werden,

a) wenn sie in dem Urteil des Arbeitsgerichts zugelassen worden ist,

b) wenn der Wert des Beschwerdegegenstandes 600 Euro übersteigt,

c) in Rechtsstreitigkeiten über das Bestehen, das Nichtbestehen oder die Kündigung eines Arbeitsverhältnisses oder

d) wenn es sich um ein Versäumnisurteil handelt, gegen das der Einspruch an sich nicht statthaft ist, wenn die Berufung oder Anschlussberufung darauf gestützt wird, dass der Fall der schuldhaften Versäumung nicht vorgelegen habe.

(3) Das Arbeitsgericht hat die Berufung zuzulassen, wenn

1. die Rechtssache grundsätzliche Bedeutung hat,
2. die Rechtssache Rechtsstreitigkeiten betrifft
   a) zwischen Tarifvertragsparteien aus Tarifverträgen oder über das Bestehen oder Nichtbestehen von Tarifverträgen,
   b) über die Auslegung eines Tarifvertrags, dessen Geltungsbereich sich über den Bezirk eines Arbeitsgerichts hinaus erstreckt, oder
   c) zwischen tariffähigen Parteien oder zwischen diesen und Dritten aus unerlaubten Handlungen, soweit es sich um Maßnahmen zum Zwecke des Arbeitskampfs oder um Fragen der Vereinigungsfreiheit einschließlich des hiermit im Zusammenhang stehenden Betätigungsrechts der Vereinigungen handelt, oder
3. das Arbeitsgericht in der Auslegung einer Rechtsvorschrift von einem ihm im Verfahren vorgelegten Urteil, das für oder gegen eine Partei des Rechtsstreits ergangen ist, oder von einem Urteil des im Rechtszug übergeordneten Landesarbeitsgerichts abweicht und die Entscheidung auf dieser Abweichung beruht.

(3 a) Die Entscheidung des Arbeitsgerichts, ob die Berufung zugelassen oder nicht zugelassen wird, ist in den Urteilstenor aufzunehmen. Ist dies unterblieben, kann binnen zwei Wochen ab Verkündung des Urteils eine entsprechende Ergänzung

beantragt werden. Über den Antrag kann die Kammer ohne mündliche Verhandlung entscheiden.
(4) Das Landesarbeitsgericht ist an die Zulassung gebunden.
(5) Ist die Berufung nicht zugelassen worden, hat der Berufungskläger den Wert des Beschwerdegegenstands glaubhaft zu machen; zur Versicherung an Eides Statt darf er nicht zugelassen werden.
(6) Für das Verfahren vor den Landesarbeitsgerichten gelten, soweit dieses Gesetz nichts anderes bestimmt, die Vorschriften der Zivilprozeßordnung über die Berufung entsprechend. Die Vorschriften über das Verfahren vor dem Einzelrichter finden keine Anwendung.
(7) Die Vorschriften der §§ 46c bis 46g, § 49 Abs. 1 und 3, der §§ 50 bis § 51 Absatz 1, der §§ 52, 53, 55 Abs. 1 Nr. 1 bis 9, Abs. 2 und 4, des § 54 Absatz 6, des § 54a, der §§ 56 bis 59, 61 Abs. 2 und 3 und der §§ 62 und 63 über den elektronischen Rechtsverkehr, Ablehnung von Gerichtspersonen, Zustellungen, Videoverhandlung, persönliches Erscheinen der Parteien, Öffentlichkeit, Befugnisse des Vorsitzenden und der ehrenamtlichen Richter, Güterichter, Mediation und außergerichtliche Konfliktbeilegung, Vorbereitung der streitigen Verhandlung, Verhandlung vor der Kammer, Beweisaufnahme, Versäumnisverfahren, Inhalt des Urteils, Zwangsvollstreckung und Übersendung von Urteilen in Tarifvertragssachen gelten entsprechend.
(8) Berufungen in Rechtsstreitigkeiten über das Bestehen, das Nichtbestehen oder die Kündigung eines Arbeitsverhältnisses sind vorrangig zu erledigen.

§ 65 Beschränkung der Berufung Das Berufungsgericht prüft nicht, ob der beschrittene Rechtsweg und die Verfahrensart zulässig sind, ob bei der Berufung der ehrenamtlichen Richter Verfahrensmängel unterlaufen sind oder Umstände vorgelegen haben, die die Berufung eines ehrenamtlichen Richters zu seinem Amte ausschließen.

§ 66 Einlegung der Berufung, Terminbestimmung (1) Die Frist für die Einlegung der Berufung beträgt einen Monat, die Frist für die Begründung der Berufung zwei Monate. Beide Fristen beginnen mit der Zustellung des in vollständiger Form abgefassten Urteils, spätestens aber mit Ablauf von fünf Monaten nach der Verkündung. Die Berufung muß innerhalb einer Frist von einem Monat nach Zustellung der Berufungsbegründung beantwortet werden. Mit der Zustellung der Berufungsbegründung ist der Berufungsbeklagte auf die Frist für die Berufungsbeantwortung hinzuweisen. Die Fristen zur Begründung der Berufung und zur Berufungsbeantwortung können vom Vorsitzenden einmal auf Antrag verlängert werden, wenn nach seiner freien Überzeugung der Rechtsstreit durch die Verlängerung nicht verzögert wird oder wenn die Partei erhebliche Gründe darlegt.
(2) Die Bestimmung des Termins zur mündlichen Verhandlung muss unverzüglich erfolgen. § 522 Abs. 1 der Zivilprozessordnung bleibt unberührt; die Verwerfung der Berufung ohne mündliche Verhandlung ergeht durch Beschluss des Vorsitzenden. § 522 Abs. 2 und 3 der Zivilprozessordnung findet keine Anwendung.

§ 67 Zulassung neuer Angriffs- und Verteidigungsmittel (1) Angriffs- und Verteidigungsmittel, die im ersten Rechtszug zu Recht zurückgewiesen worden sind, bleiben ausgeschlossen.
(2) Neue Angriffs- und Verteidigungsmittel, die im ersten Rechtszug entgegen einer hierfür nach § 56 Abs. 1 Satz 2 Nr. 1 oder § 61a Abs. 3 oder 4 gesetzten Frist nicht vorgebracht worden sind, sind nur zuzulassen, wenn nach der freien Überzeugung des Landesarbeitsgerichts ihre Zulassung die Erledigung des Rechtsstreits nicht verzögern würde oder wenn die Partei die Verspätung genügend entschuldigt. Der Entschuldigungsgrund ist auf Verlangen des Landesarbeitsgerichts glaubhaft zu machen.
(3) Neue Angriffs- und Verteidigungsmittel, die im ersten Rechtszug entgegen § 282 Abs. 1 der Zivilprozessordnung nicht rechtzeitig vorgebracht oder entgegen § 282 Abs. 2 der Zivilprozessordnung nicht rechtzeitig mitgeteilt worden sind, sind nur zuzulassen, wenn ihre Zulassung nach der freien Überzeugung des Landesarbeitsgerichts die Erledigung des Rechtsstreits nicht verzögern würde oder wenn die Partei das Vorbringen im ersten Rechtszug nicht aus grober Nachlässigkeit unterlassen hatte.
(4) Soweit das Vorbringen neuer Angriffs- und Verteidigungsmittel nach den Absätzen 2 und 3 zulässig ist, sind diese vom Berufungskläger in der Berufungsbegründung, vom Berufungsbeklagten in der Berufungsbeantwortung vorzubringen. Werden sie später vorgebracht, sind sie nur zuzulassen, wenn sie nach der Berufungsbegründung oder der Berufungsbeantwortung entstanden sind oder das verspätete Vorbringen nach der freien Überzeugung des Landesarbeitsgerichts die Erledigung des Rechtsstreits nicht verzögern würde oder nicht auf Verschulden der Partei beruht.

§ 67a *(aufgehoben)*

§ 68 Zurückverweisung Wegen eines Mangels im Verfahren des Arbeitsgerichts ist die Zurückverweisung unzulässig.

§ 69 Urteil (1) Das Urteil nebst Tatbestand und Entscheidungsgründen ist von sämtlichen Mitgliedern der Kammer zu unterschreiben. § 60 Abs. 1 bis 3 und Abs. 4 Satz 2 bis 4 ist entsprechend mit der Maßgabe anzuwenden, dass die Frist nach Absatz 4 Satz 3 vier Wochen beträgt und im Falle des Absatzes 4 Satz 4 Tatbestand und Entscheidungsgründe von sämtlichen Mitgliedern der Kammer zu unterschreiben sind.
(2) Im Urteil kann von der Darstellung des Tatbestandes und, soweit das Berufungsgericht den Gründen der angefochtenen Entscheidung folgt und dies in seinem Urteil feststellt, auch von der Darstellung der Entscheidungsgründe abgesehen werden.
(3) Ist gegen das Urteil die Revision statthaft, so soll der Tatbestand eine gedrängte Darstellung des Sach- und Streitstandes auf der Grundlage der mündlichen Vorträge der Parteien enthalten. Eine Bezugnahme auf das angefochtene Urteil sowie auf Schriftsätze, Protokolle und andere Unterlagen ist zulässig, soweit hierdurch

die Beurteilung des Parteivorbringens durch das Revisionsgericht nicht wesentlich erschwert wird.

(4) § 540 Abs. 1 der Zivilprozessordnung findet keine Anwendung. § 313a Abs. 1 Satz 2 der Zivilprozessordnung findet mit der Maßgabe entsprechende Anwendung, dass es keiner Entscheidungsgründe bedarf, wenn die Parteien auf sie verzichtet haben; im Übrigen sind die §§ 313a und 313b der Zivilprozessordnung entsprechend anwendbar.

§ 70 *(aufgehoben)*

§ 71 *(aufgehoben)*

Dritter Unterabschnitt – Revisionsverfahren

§ 72 Grundsatz (1) Gegen das Endurteil eines Landesarbeitsgerichts findet die Revision an das Bundesarbeitsgericht statt, wenn sie in dem Urteil des Landesarbeitsgerichts oder in dem Beschluß des Bundesarbeitsgerichts nach § 72a Abs. 5 Satz 2 zugelassen worden ist. § 64 Abs. 3a ist entsprechend anzuwenden.

(2) Die Revision ist zuzulassen, wenn

1. eine entscheidungserhebliche Rechtsfrage grundsätzliche Bedeutung hat,
2. das Urteil von einer Entscheidung des Bundesverfassungsgerichts, von einer Entscheidung des Gemeinsamen Senats der obersten Gerichtshöfe des Bundes, von einer Entscheidung des Bundesarbeitsgerichts oder, solange eine Entscheidung des Bundesarbeitsgerichts in der Rechtsfrage nicht ergangen ist, von einer Entscheidung einer anderen Kammer desselben Landesarbeitsgerichts oder eines anderen Landesarbeitsgerichts abweicht und die Entscheidung auf dieser Abweichung beruht oder
3. ein absoluter Revisionsgrund gemäß § 547 Nr. 1 bis 5 der Zivilprozessordnung oder eine entscheidungserhebliche Verletzung des Anspruchs auf rechtliches Gehör geltend gemacht wird und vorliegt.

(3) Das Bundesarbeitsgericht ist an die Zulassung der Revision durch das Landesarbeitsgericht gebunden.

(4) Gegen Urteile, durch die über die Anordnung, Abänderung oder Aufhebung eines Arrests oder einer einstweiligen Verfügung entschieden wird, ist die Revision nicht zulässig.

(5) Für das Verfahren vor dem Bundesarbeitsgericht gelten, soweit dieses Gesetz nichts anderes bestimmt, die Vorschriften der Zivilprozeßordnung über die Revision mit Ausnahme der §§ 552b, 565 und 566 entsprechend.

(6) Die Vorschriften der §§ 46c bis 46g, § 49 Abs. 1, der §§ 50, 50a, 52 und 53, des § 57 Abs. 2, des § 61 Abs. 2 und des § 63 dieses Gesetzes über den elektronischen Rechtsverkehr, Ablehnung von Gerichtspersonen, Zustellung, Videoverhandlung, Öffentlichkeit, Befugnisse des Vorsitzenden und der ehrenamtlichen Richter, gütliche Erledigung des Rechtsstreits sowie Inhalt des Urteils und Übersendung von Urteilen in Tarifvertragssachen und des § 169 Absatz 3 und 4 des Gerichtsverfassungsgesetzes über die Ton- und Fernseh-Rundfunkaufnahmen sowie Ton- und Filmaufnahmen bei der Entscheidungsverkündung gelten entsprechend.

5

§ 72a Nichtzulassungsbeschwerde (1) Die Nichtzulassung der Revision durch das Landesarbeitsgericht kann selbständig durch Beschwerde angefochten werden.

(2) Die Beschwerde ist bei dem Bundesarbeitsgericht innerhalb einer Notfrist von einem Monat nach Zustellung des in vollständiger Form abgefaßten Urteils schriftlich einzulegen. Der Beschwerdeschrift soll eine Ausfertigung oder beglaubigte Abschrift des Urteils beigefügt werden, gegen das die Revision eingelegt werden soll.

(3) Die Beschwerde ist innerhalb einer Notfrist von zwei Monaten nach Zustellung des in vollständiger Form abgefaßten Urteils zu begründen. Die Begründung muss enthalten:

1. die Darlegung der grundsätzlichen Bedeutung einer Rechtsfrage und deren Entscheidungserheblichkeit,
2. die Bezeichnung der Entscheidung, von der das Urteil des Landesarbeitsgerichts abweicht, oder
3. die Darlegung eines absoluten Revisionsgrundes nach § 547 Nr. 1 bis 5 der Zivilprozessordnung oder der Verletzung des Anspruchs auf rechtliches Gehör und der Entscheidungserheblichkeit der Verletzung.

(4) Die Einlegung der Beschwerde hat aufschiebende Wirkung. Die Vorschriften des § 719 Abs. 2 und 3 der Zivilprozeßordnung sind entsprechend anzuwenden.

(5) Das Landesarbeitsgericht ist zu einer Änderung seiner Entscheidung nicht befugt. Das Bundesarbeitsgericht entscheidet unter Hinzuziehung der ehrenamtlichen Richter durch Beschluß, der ohne mündliche Verhandlung ergehen kann. Die ehrenamtlichen Richter wirken nicht mit, wenn die Nichtzulassungsbeschwerde als unzulässig verworfen wird, weil sie nicht statthaft oder nicht in der gesetzlichen Form und Frist eingelegt und begründet ist. Dem Beschluss soll eine kurze Begründung beigefügt werden. Von einer Begründung kann abgesehen werden, wenn sie nicht geeignet wäre, zur Klärung der Voraussetzungen beizutragen, unter denen eine Revision zuzulassen ist, oder wenn der Beschwerde stattgegeben wird. Mit der Ablehnung der Beschwerde durch das Bundesarbeitsgericht wird das Urteil rechtskräftig.

(6) Wird der Beschwerde stattgegeben, so wird das Beschwerdeverfahren als Revisionsverfahren fortgesetzt. In diesem Fall gilt die form- und fristgerechte Einlegung der Nichtzulassungsbeschwerde als Einlegung der Revision. Mit der Zustellung der Entscheidung beginnt die Revisionsbegründungsfrist.

(7) Hat das Landesarbeitsgericht den Anspruch des Beschwerdeführers auf rechtliches Gehör in entscheidungserheblicher Weise verletzt, so kann das Bundesarbeitsgericht abweichend von Absatz 6 in dem der Beschwerde stattgebenden Beschluss das angefochtene Urteil aufheben und den Rechtsstreit zur neuen Verhandlung und Entscheidung an das Landesarbeitsgericht zurückverweisen.

§ 72b Sofortige Beschwerde wegen verspäteter Absetzung des Berufungsurteils

(1) Das Endurteil eines Landesarbeitsgerichts kann durch sofortige Beschwerde angefochten werden, wenn es nicht binnen fünf Monaten nach der Verkündung vollständig abgefasst und mit den Unterschriften sämtlicher Mitglieder der Kammer versehen der Geschäftsstelle übergeben worden ist. § 72a findet keine Anwendung.

(2) Die sofortige Beschwerde ist innerhalb einer Notfrist von einem Monat beim Bundesarbeitsgericht einzulegen und zu begründen. Die Frist beginnt mit dem Ablauf von fünf Monaten nach der Verkündung des Urteils des Landesarbeitsgerichts. § 9 Abs. 5 findet keine Anwendung.
(3) Die sofortige Beschwerde wird durch Einreichung einer Beschwerdeschrift eingelegt. Die Beschwerdeschrift muss die Bezeichnung der angefochtenen Entscheidung sowie die Erklärung enthalten, dass Beschwerde gegen diese Entscheidung eingelegt werde. Die Beschwerde kann nur damit begründet werden, dass das Urteil des Landesarbeitsgerichts mit Ablauf von fünf Monaten nach der Verkündung noch nicht vollständig abgefasst und mit den Unterschriften sämtlicher Mitglieder der Kammer versehen der Geschäftsstelle übergeben worden ist.
(4) Über die sofortige Beschwerde entscheidet das Bundesarbeitsgericht ohne Hinzuziehung der ehrenamtlichen Richter durch Beschluss, der ohne mündliche Verhandlung ergehen kann. Dem Beschluss soll eine kurze Begründung beigefügt werden.
(5) Ist die sofortige Beschwerde zulässig und begründet, ist das Urteil des Landesarbeitsgerichts aufzuheben und die Sache zur neuen Verhandlung und Entscheidung an das Landesarbeitsgericht zurückzuverweisen. Die Zurückverweisung kann an eine andere Kammer des Landesarbeitsgerichts erfolgen.

§ 73 Revisionsgründe (1) Die Revision kann nur darauf gestützt werden, daß das Urteil des Landesarbeitsgerichts auf der Verletzung einer Rechtsnorm beruht. Sie kann nicht auf die Gründe des § 72b gestützt werden.
(2) § 65 findet entsprechende Anwendung.

§ 74 Einlegung der Revision, Terminbestimmung (1) Die Frist für die Einlegung der Revision beträgt einen Monat, die Frist für die Begründung der Revision zwei Monate. Beide Fristen beginnen mit der Zustellung des in vollständiger Form abgefassten Urteils, spätestens aber mit Ablauf von fünf Monaten nach der Verkündung. Die Revisionsbegründungsfrist kann einmal bis zu einem weiteren Monat verlängert werden.
(2) Die Bestimmung des Termins zur mündlichen Verhandlung muß unverzüglich erfolgen. § 552 Abs. 1 der Zivilprozeßordnung bleibt unberührt. Die Verwerfung der Revision ohne mündliche Verhandlung ergeht durch Beschluß des Senats und ohne Zuziehung der ehrenamtlichen Richter.

§ 75 Urteil (1) Die Wirksamkeit der Verkündung des Urteils ist von der Anwesenheit der ehrenamtlichen Richter nicht abhängig. Wird ein Urteil in Abwesenheit der ehrenamtlichen Richter verkündet, so ist die Urteilsformel vorher von sämtlichen Mitgliedern des erkennenden Senats zu unterschreiben.
(2) Das Urteil nebst Tatbestand und Entscheidungsgründen ist von sämtlichen Mitgliedern des erkennenden Senats zu unterschreiben.

§ 76 Sprungrevision (1) Gegen das Urteil eines Arbeitsgerichts kann unter Übergehung der Berufungsinstanz unmittelbar die Revision eingelegt werden (Sprungrevision), wenn der Gegner schriftlich zustimmt und wenn sie vom Arbeitsgericht auf Antrag im Urteil oder nachträglich durch Beschluß zugelassen wird. Der Antrag ist innerhalb einer Notfrist von einem Monat nach Zustellung des in vollständiger Form abgefaßten Urteils schriftlich zu stellen. Die Zustimmung des Gegners ist, wenn die Revision im Urteil zugelassen ist, der Revisionsschrift, andernfalls dem Antrag beizufügen.

(2) Die Sprungrevision ist nur zuzulassen, wenn die Rechtssache grundsätzliche Bedeutung hat und Rechtsstreitigkeiten betrifft

1. zwischen Tarifvertragsparteien aus Tarifverträgen oder über das Bestehen oder Nichtbestehen von Tarifverträgen,
2. über die Auslegung eines Tarifvertrags, dessen Geltungsbereich sich über den Bezirk des Landesarbeitsgerichts hinaus erstreckt, oder
3. zwischen tariffähigen Parteien oder zwischen diesen und Dritten aus unerlaubten Handlungen, soweit es sich um Maßnahmen zum Zwecke des Arbeitskampfs oder um Fragen der Vereinigungsfreiheit einschließlich des hiermit im Zusammenhang stehenden Betätigungsrechts der Vereinigungen handelt.

Das Bundesarbeitsgericht ist an die Zulassung gebunden. Die Ablehnung der Zulassung ist unanfechtbar.

(3) Lehnt das Arbeitsgericht den Antrag auf Zulassung der Revision durch Beschluß ab, so beginnt mit der Zustellung dieser Entscheidung der Lauf der Berufungsfrist von neuem, sofern der Antrag in der gesetzlichen Form und Frist gestellt und die Zustimmungserklärung beigefügt war. Läßt das Arbeitsgericht die Revision durch Beschluß zu, so beginnt mit der Zustellung dieser Entscheidung der Lauf der Revisionsfrist.

(4) Die Revision kann nicht auf Mängel des Verfahrens gestützt werden.

(5) Die Einlegung der Revision und die Zustimmung gelten als Verzicht auf die Berufung, wenn das Arbeitsgericht die Revision zugelassen hat.

(6) Verweist das Bundesarbeitsgericht die Sache zur anderweitigen Verhandlung und Entscheidung zurück, so kann die Zurückverweisung nach seinem Ermessen auch an dasjenige Landesarbeitsgericht erfolgen, das für die Berufung zuständig gewesen wäre. In diesem Falle gelten für das Verfahren vor dem Landesarbeitsgericht die gleichen Grundsätze, wie wenn der Rechtsstreit auf eine ordnungsmäßig eingelegte Berufung beim Landesarbeitsgericht anhängig geworden wäre. Das Arbeitsgericht und das Landesarbeitsgericht haben die rechtliche Beurteilung, die der Aufhebung zugrunde gelegt ist, auch ihrer Entscheidung zugrunde zu legen. Von der Einlegung der Revision nach Absatz 1 hat die Geschäftsstelle des Bundesarbeitsgerichts der Geschäftsstelle des Arbeitsgerichts unverzüglich Nachricht zu geben.

§ 77 **Revisionsbeschwerde** Gegen den Beschluss des Landesarbeitsgerichts, der die Berufung als unzulässig verwirft, findet die Rechtsbeschwerde statt, wenn das Landesarbeitsgericht sie in dem Beschluss oder das Bundesarbeitsgericht sie zugelassen hat. Für die Zulassung der Rechtsbeschwerde gelten § 72 Absatz 2 und § 72a entsprechend. Über die Nichtzulassungsbeschwerde und die Revisionsbeschwerde entscheidet das Bundesarbeitsgericht ohne Hinzuziehung der ehrenamtlichen Richter. Die Vorschriften der Zivilprozessordnung über die Rechtsbeschwerde gelten entsprechend.

Vierter Unterabschnitt – Beschwerdeverfahren, Abhilfe bei Verletzung des Anspruchs auf rechtliches Gehör

§ 78 Beschwerdeverfahren Hinsichtlich der Beschwerde gegen Entscheidungen der Arbeitsgerichte oder ihrer Vorsitzenden gelten die für die Beschwerde gegen Entscheidungen der Amtsgerichte maßgebenden Vorschriften der Zivilprozessordnung entsprechend. Für die Zulassung der Rechtsbeschwerde gilt § 72 Abs. 2 entsprechend. Über die sofortige Beschwerde entscheidet das Landesarbeitsgericht ohne Hinzuziehung der ehrenamtlichen Richter, über die Rechtsbeschwerde das Bundesarbeitsgericht.

§ 78a Abhilfe bei Verletzung des Anspruchs auf rechtliches Gehör (1) Auf die Rüge der durch die Entscheidung beschwerten Partei ist das Verfahren fortzuführen, wenn

1. ein Rechtsmittel oder ein anderer Rechtsbehelf gegen die Entscheidung nicht gegeben ist und
2. das Gericht den Anspruch dieser Partei auf rechtliches Gehör in entscheidungserheblicher Weise verletzt hat.

Gegen eine der Endentscheidung vorausgehende Entscheidung findet die Rüge nicht statt.

(2) Die Rüge ist innerhalb einer Notfrist von zwei Wochen nach Kenntnis von der Verletzung des rechtlichen Gehörs zu erheben; der Zeitpunkt der Kenntniserlangung ist glaubhaft zu machen. Nach Ablauf eines Jahres seit Bekanntgabe der angegriffenen Entscheidung kann die Rüge nicht mehr erhoben werden. Formlos mitgeteilte Entscheidungen gelten mit dem vierten Tage nach Aufgabe zur Post als bekannt gegeben. Die Rüge ist schriftlich bei dem Gericht zu erheben, dessen Entscheidung angegriffen wird. Die Rüge muss die angegriffene Entscheidung bezeichnen und das Vorliegen der in Absatz 1 Satz 1 Nr. 2 genannten Voraussetzungen darlegen.

(3) Dem Gegner ist, soweit erforderlich, Gelegenheit zur Stellungnahme zu geben.

(4) Das Gericht hat von Amts wegen zu prüfen, ob die Rüge an sich statthaft und ob sie in der gesetzlichen Form und Frist erhoben ist. Mangelt es an einem dieser Erfordernisse, so ist die Rüge als unzulässig zu verwerfen. Ist die Rüge unbegründet, weist das Gericht sie zurück. Die Entscheidung ergeht durch unanfechtbaren Beschluss. Der Beschluss soll kurz begründet werden.

(5) Ist die Rüge begründet, so hilft ihr das Gericht ab, indem es das Verfahren fortführt, soweit dies aufgrund der Rüge geboten ist. Das Verfahren wird in die Lage zurückversetzt, in der es sich vor dem Schluss der mündlichen Verhandlung befand. § 343 der Zivilprozessordnung gilt entsprechend. In schriftlichen Verfahren tritt an die Stelle des Schlusses der mündlichen Verhandlung der Zeitpunkt, bis zu dem Schriftsätze eingereicht werden können.

(6) Die Entscheidungen nach den Absätzen 4 und 5 erfolgen unter Hinzuziehung der ehrenamtlichen Richter. Die ehrenamtlichen Richter wirken nicht mit, wenn die Rüge als unzulässig verworfen wird oder sich gegen eine Entscheidung richtet, die ohne Hinzuziehung der ehrenamtlichen Richter erlassen wurde.

(7) § 707 der Zivilprozessordnung ist unter der Voraussetzung entsprechend anzuwenden, dass der Beklagte glaubhaft macht, dass die Vollstreckung ihm einen nicht zu ersetzenden Nachteil bringen würde.
(8) Auf das Beschlussverfahren finden die Absätze 1 bis 7 entsprechende Anwendung.

Fünfter Unterabschnitt – Wiederaufnahme des Verfahrens

§ 79 Die Vorschriften der Zivilprozeßordnung über die Wiederaufnahme des Verfahrens gelten für Rechtsstreitigkeiten nach § 2 Abs. 1 bis 4 entsprechend. Die Nichtigkeitsklage kann jedoch nicht auf Mängel des Verfahrens bei der Berufung der ehrenamtlichen Richter oder auf, Umstände, die die Berufung eines ehrenamtlichen Richters zu seinem Amt ausschließen, gestützt werden.

Zweiter Abschnitt – Beschlußverfahren

Erster Unterabschnitt – Erster Rechtszug

§ 80 Grundsatz (1) Das Beschlußverfahren findet in den in § 2a bezeichneten Fällen Anwendung.
(2) Für das Beschlussverfahren des ersten Rechtszugs gelten die für das Urteilsverfahren des ersten Rechtszugs maßgebenden Vorschriften entsprechend, soweit sich aus den §§ 81 bis 84 nichts anderes ergibt. Der Vorsitzende kann ein Güteverfahren ansetzen; die für das Urteilsverfahren des ersten Rechtszugs maßgebenden Vorschriften über das Güteverfahren gelten entsprechend.
(3) § 48 Abs. 1 findet entsprechende Anwendung.

§ 81 Antrag (1) Das Verfahren wird nur auf Antrag eingeleitet; der Antrag ist bei dem Arbeitsgericht schriftlich einzureichen oder bei seiner Geschäftsstelle mündlich zu Protokoll anzubringen.
(2) Der Antrag kann jederzeit in derselben Form zurückgenommen werden. In diesem Fall ist das Verfahren vom Vorsitzenden des Arbeitsgerichts einzustellen. Von der Einstellung ist den Beteiligten Kenntnis zu geben, soweit ihnen der Antrag vom Arbeitsgericht mitgeteilt worden ist.
(3) Eine Änderung des Antrags ist zulässig, wenn die übrigen Beteiligten zustimmen oder das Gericht die Änderung für sachdienlich hält. Die Zustimmung der Beteiligten zu der Änderung des Antrags gilt als erteilt, wenn die Beteiligten sich, ohne zu widersprechen, in einem Schriftsatz oder in der mündlichen Verhandlung auf den geänderten Antrag eingelassen haben. Die Entscheidung, daß eine Änderung des Antrags nicht vorliegt oder zugelassen wird, ist unanfechtbar.

§ 82 Örtliche Zuständigkeit (1) Zuständig ist das Arbeitsgericht, in dessen Bezirk der Betrieb liegt. In Angelegenheiten des Gesamtbetriebsrats, des Konzernbetriebsrats, der Gesamtjugendvertretung oder der Gesamt-Jugend- und Auszubildendenvertretung, des Wirtschaftsausschusses und der Vertretung der Arbeitnehmer im Aufsichtsrat ist das Arbeitsgericht zuständig, in dessen Bezirk das Unternehmen

seinen Sitz hat. Satz 2 gilt entsprechend in Angelegenheiten des Gesamtsprecherausschusses, des Unternehmenssprecherausschusses und des Konzernsprecherausschusses.
(2) In Angelegenheiten eines Europäischen Betriebsrats, im Rahmen eines Verfahrens zur Unterrichtung und Anhörung oder des besonderen Verhandlungsgremiums ist das Arbeitsgericht zuständig, in dessen Bezirk das Unternehmen oder das herrschende Unternehmen nach § 2 des Gesetzes über Europäische Betriebsräte seinen Sitz hat. Bei einer Vereinbarung nach § 41 Absatz 1 bis 7 des Gesetzes über Europäische Betriebsräte ist der Sitz des vertragschließenden Unternehmens maßgebend.
(3) In Angelegenheiten aus dem SE-Beteiligungsgesetz ist das Arbeitsgericht zuständig, in dessen Bezirk die Europäische Gesellschaft ihren Sitz hat; vor ihrer Eintragung ist das Arbeitsgericht zuständig, in dessen Bezirk die Europäische Gesellschaft ihren Sitz haben soll.
(4) In Angelegenheiten nach dem SCE-Beteiligungsgesetz ist das Arbeitsgericht zuständig, in dessen Bezirk die Europäische Genossenschaft ihren Sitz hat; vor ihrer Eintragung ist das Arbeitsgericht zuständig, in dessen Bezirk die Europäische Genossenschaft ihren Sitz haben soll.
(5) In Angelegenheiten nach dem Gesetz über die Mitbestimmung der Arbeitnehmer bei einer grenzüberschreitenden Verschmelzung ist das Arbeitsgericht zuständig, in dessen Bezirk die aus der grenzüberschreitenden Verschmelzung hervorgegangene Gesellschaft ihren Sitz hat; vor ihrer Eintragung ist das Arbeitsgericht zuständig, in dessen Bezirk die aus der grenzüberschreitenden Verschmelzung hervorgehende Gesellschaft ihren Sitz haben soll.
(6) In Angelegenheiten nach dem Gesetz über die Mitbestimmung der Arbeitnehmer bei grenzüberschreitendem Formwechsel und grenzüberschreitender Spaltung ist das Arbeitsgericht zuständig, in dessen Bezirk die aus dem grenzüberschreitenden Formwechsel oder der grenzüberschreitenden Spaltung hervorgegangene Gesellschaft ihren Sitz haben soll.

§ 83 Verfahren (1) Das Gericht erforscht den Sachverhalt im Rahmen der gestellten Anträge von Amts wegen. Die am Verfahren Beteiligten haben an der Aufklärung des Sachverhalts mitzuwirken.
(1 a) Der Vorsitzende kann den Beteiligten eine Frist für ihr Vorbringen setzen. Nach Ablauf einer nach Satz 1 gesetzten Frist kann das Vorbringen zurückgewiesen werden, wenn nach der freien Überzeugung des Gerichts seine Zulassung die Erledigung des Beschlussverfahrens verzögern würde und der Beteiligte die Verspätung nicht genügend entschuldigt. Die Beteiligten sind über die Folgen der Versäumung der nach Satz 1 gesetzten Frist zu belehren.
(2) Zur Aufklärung des Sachverhalts können Urkunden eingesehen, Auskünfte eingeholt, Zeugen, Sachverständige und Beteiligte vernommen und der Augenschein eingenommen werden.
(3) In dem Verfahren sind der Arbeitgeber, die Arbeitnehmer und die Stellen zu hören, die nach dem Betriebsverfassungsgesetz, dem Sprecherausschussgesetz, dem Mitbestimmungsgesetz, dem Mitbestimmungsergänzungsgesetz, dem Drittelbeteiligungsgesetz, den §§ 177, 178 und 222 des Neunten Buches Sozialgesetz-

buch, dem § 18a des Berufsbildungsgesetzes und den zu diesen Gesetzen ergangenen Rechtsverordnungen sowie nach dem Gesetz über Europäische Betriebsräte, dem SE-Beteiligungsgesetz, dem SCE-Beteiligungsgesetz, dem Gesetz über die Mitbestimmung der Arbeitnehmer bei einer grenzüberschreitenden Verschmelzung und dem Gesetz über die Mitbestimmung der Arbeitnehmer bei grenzüberschreitendem Formwechsel oder grenzüberschreitender Spaltung im einzelnen Fall beteiligt sind.
(4) Die Beteiligten können sich schriftlich äußern. Bleibt ein Beteiligter auf Ladung unentschuldigt aus, so ist der Pflicht zur Anhörung genügt; hierauf ist in der Ladung hinzuweisen. Mit Einverständnis der Beteiligten kann das Gericht ohne mündliche Verhandlung entscheiden.
(5) Gegen Beschlüsse und Verfügungen des Arbeitsgerichts oder seines Vorsitzenden findet die Beschwerde nach Maßgabe des § 78 statt.

§ 83a Vergleich, Erledigung des Verfahrens (1) Die Beteiligten können, um das Verfahren ganz oder zum Teil zu erledigen, zu Protokoll des Gerichts oder des Vorsitzenden oder des Güterichters einen Vergleich schließen, soweit sie über den Gegenstand des Vergleichs verfügen können, oder das Verfahren für erledigt erklären.
(2) Haben die Beteiligten das Verfahren für erledigt erklärt, so ist es vom Vorsitzenden des Arbeitsgerichts einzustellen. § 81 Abs. 2 Satz 3 ist entsprechend anzuwenden.
(3) Hat der Antragsteller das Verfahren für erledigt erklärt, so sind die übrigen Beteiligten binnen einer von dem Vorsitzenden zu bestimmenden Frist von mindestens zwei Wochen aufzufordern, mitzuteilen, ob sie der Erledigung zustimmen. Die Zustimmung gilt als erteilt, wenn sich der Beteiligte innerhalb der vom Vorsitzenden bestimmten Frist nicht äußert.

§ 84 Beschluß Das Gericht entscheidet nach seiner freien, aus dem Gesamtergebnis des Verfahrens gewonnenen Überzeugung. Der Beschluß ist schriftlich abzufassen. § 60 ist entsprechend anzuwenden.

§ 85 Zwangsvollstreckung (1) Soweit sich aus Absatz 2 nichts anderes ergibt, findet aus rechtskräftigen Beschlüssen der Arbeitsgerichte oder gerichtlichen Vergleichen, durch die einem Beteiligten eine Verpflichtung auferlegt wird, die Zwangsvollstreckung statt. Beschlüsse der Arbeitsgerichte in vermögensrechtlichen Streitigkeiten sind vorläufig vollstreckbar; § 62 Abs. 1 Satz 2 bis 5 ist entsprechend anzuwenden. Für die Zwangsvollstreckung gelten die Vorschriften des Achten Buches der Zivilprozeßordnung entsprechend mit der Maßgabe, daß der nach dem Beschluß Verpflichtete als Schuldner, derjenige, der die Erfüllung der Verpflichtung auf Grund des Beschlusses verlangen kann, als Gläubiger gilt und in den Fällen des § 23 Abs. 3, des § 98 Abs. 5 sowie der §§ 101 und 104 des Betriebsverfassungsgesetzes eine Festsetzung von Ordnungs- oder Zwangshaft nicht erfolgt.
(2) Der Erlaß einer einstweiligen Verfügung ist zulässig. Für das Verfahren gelten die Vorschriften des Achten Buches der Zivilprozeßordnung über die einstweilige Verfügung entsprechend mit der Maßgabe, daß die Entscheidungen durch Be-

schluß der Kammer ergehen, erforderliche Zustellungen von Amts wegen erfolgen und ein Anspruch auf Schadensersatz nach § 945 der Zivilprozeßordnung in Angelegenheiten des Betriebsverfassungsgesetzes nicht besteht. Eine in das Schutzschriftenregister nach § 945a Absatz 1 der Zivilprozessordnung eingestellte Schutzschrift gilt auch als bei allen Arbeitsgerichten des Länder eingereicht.

§ 86 *(weggefallen)*

Zweiter Unterabschnitt – Zweiter Rechtszug

§ 87 Grundsatz (1) Gegen die das Verfahren beendenden Beschlüsse der Arbeitsgerichte findet die Beschwerde an das Landesarbeitsgericht statt.
(2) Für das Beschwerdeverfahren gelten die für das Berufungsverfahren maßgebenden Vorschriften sowie die Vorschrift des § 85 über die Zwangsvollstreckung entsprechend, soweit sich aus den §§ 88 bis 91 nichts anderes ergibt. Für die Vertretung der Beteiligten gilt § 11 Abs. 1 bis 3 und 5 entsprechend. Der Antrag kann jederzeit mit Zustimmung der anderen Beteiligten zurückgenommen werden; § 81 Abs. 2 Satz 2 und 3 und Absatz 3 ist entsprechend anzuwenden.
(3) In erster Instanz zu Recht zurückgewiesenes Vorbringen bleibt ausgeschlossen. Neues Vorbringen, das im ersten Rechtszug entgegen einer hierfür nach § 83 Abs. 1a gesetzten Frist nicht vorgebracht wurde, kann zurückgewiesen werden, wenn seine Zulassung nach der freien Überzeugung des Landesarbeitsgerichts die Erledigung des Beschlussverfahrens verzögern würde und der Beteiligte die Verzögerung nicht genügend entschuldigt. Soweit neues Vorbringen nach Satz 2 zulässig ist, muss es der Beschwerdeführer in der Beschwerdebegründung, der Beschwerdegegner in der Beschwerdebeantwortung vortragen. Wird es später vorgebracht, kann es zurückgewiesen werden, wenn die Möglichkeit es vorzutragen vor der Beschwerdebegründung oder der Beschwerdebeantwortung entstanden ist und das verspätete Vorbringen nach der freien Überzeugung des Landesarbeitsgerichts die Erledigung des Rechtsstreits verzögern würde und auf dem Verschulden des Beteiligten beruht.
(4) Die Einlegung der Beschwerde hat aufschiebende Wirkung; § 85 Abs. 1 Satz 2 bleibt unberührt.

§ 88 Beschränkung der Beschwerde § 65 findet entsprechende Anwendung.

§ 89 Einlegung (1) Für die Einlegung und Begründung der Beschwerde gilt § 11 Abs. 4 und 5 entsprechend.
(2) Die Beschwerdeschrift muss den Beschluss bezeichnen, gegen den die Beschwerde gerichtet ist, und die Erklärung enthalten, dass gegen diesen Beschluß die Beschwerde eingelegt wird. Die Beschwerdebegründung muss angeben, auf welche im einzelnen anzuführenden Beschwerdegründe sowie auf welche neuen Tatsachen die Beschwerde gestützt wird.
(3) Ist die Beschwerde nicht in der gesetzlichen Form oder Frist eingelegt oder begründet, so ist sie als unzulässig zu verwerfen. Der Beschluss kann ohne vorherige mündliche Verhandlung durch den Vorsitzenden ergehen; er ist unanfechtbar. Er

ist dem Beschwerdeführer zuzustellen. § 522 Abs. 2 und 3 der Zivilprozessordnung ist nicht anwendbar.
(4) Die Beschwerde kann jederzeit in der für ihre Einlegung vorgeschriebenen Form zurückgenommen werden. Im Falle der Zurücknahme stellt der Vorsitzende das Verfahren ein. Er gibt hiervon den Beteiligten Kenntnis, soweit ihnen die Beschwerde zugestellt worden ist.

§ 90 Verfahren (1) Die Beschwerdeschrift und die Beschwerdebegründung werden den Beteiligten zur Äußerung zugestellt. Die Äußerung erfolgt durch Einreichung eines Schriftsatzes beim Beschwerdegericht oder durch Erklärung zu Protokoll der Geschäftsstelle des Arbeitsgerichts, das den angefochtenen Beschluss erlassen hat.
(2) Für das Verfahren sind die §§ 83 und 83a entsprechend anzuwenden.

§ 91 Entscheidung (1) Über die Beschwerde entscheidet das Landesarbeitsgericht durch Beschluß. Eine Zurückverweisung ist nicht zulässig. § 84 Satz 2 gilt entsprechend.
(2) Der Beschluß nebst Gründen ist von den Mitgliedern der Kammer zu unterschreiben und den Beteiligten zuzustellen. § 69 Abs. 1 Satz 2 gilt entsprechend.

Dritter Unterabschnitt – Dritter Rechtszug

§ 92 Rechtsbeschwerdeverfahren, Grundsatz (1) Gegen den das Verfahren beendenden Beschluß eines Landesarbeitsgerichts findet die Rechtsbeschwerde an das Bundesarbeitsgericht statt, wenn sie in dem Beschluß des Landesarbeitsgerichts oder in dem Beschluß des Bundesarbeitsgerichts nach § 92a Satz 2 zugelassen wird. § 72 Abs. 1 Satz 2, Abs. 2 und 3 ist entsprechend anzuwenden. In den Fällen des § 85 Abs. 2 findet die Rechtsbeschwerde nicht statt.
(2) Für das Rechtsbeschwerdeverfahren gelten die für das Revisionsverfahren maßgebenden Vorschriften sowie die Vorschrift des § 85 über die Zwangsvollstreckung entsprechend, soweit sich aus den §§ 93 bis 96 nichts anderes ergibt. Für die Vertretung der Beteiligten gilt § 11 Abs. 1 bis 3 und 5 entsprechend. Der Antrag kann jederzeit mit Zustimmung der anderen Beteiligten zurückgenommen werden; § 81 Abs. 2 Satz 2 und 3 ist entsprechend anzuwenden.
(3) Die Einlegung der Rechtsbeschwerde hat aufschiebende Wirkung. § 85 Abs. 1 Satz 2 bleibt unberührt.

§ 92a Nichtzulassungsbeschwerde Die Nichtzulassung der Rechtsbeschwerde durch das Landesarbeitsgericht kann selbständig durch Beschwerde angefochten werden. § 72a Abs. 2 bis 7 ist entsprechend anzuwenden.

§ 92b Sofortige Beschwerde wegen verspäteter Absetzung der Beschwerdeentscheidung Der Beschluss eines Landesarbeitsgerichts nach § 91 kann durch sofortige Beschwerde angefochten werden, wenn er nicht binnen fünf Monaten nach der Verkündung vollständig abgefasst und mit den Unterschriften sämtlicher Mitglieder der Kammer versehen der Geschäftsstelle übergeben worden ist. § 72b Abs. 2 bis 5 gilt entsprechend. § 92a findet keine Anwendung.

§ 93 Rechtsbeschwerdegründe (1) Die Rechtsbeschwerde kann nur darauf gestützt werden, daß der Beschluß des Landesarbeitsgerichts auf der Nichtanwendung oder der unrichtigen Anwendung einer Rechtsnorm beruht. Sie kann nicht auf die Gründe des § 92b gestützt werden.
(2) § 65 findet entsprechende Anwendung.

§ 94 Einlegung (1) Für die Einlegung und Begründung der Rechtsbeschwerde gilt § 11 Abs. 4 und 5 entsprechend.
(2) Die Rechtsbeschwerdeschrift muß den Beschluß bezeichnen, gegen den die Rechtsbeschwerde gerichtet ist, und die Erklärung enthalten, daß gegen diesen Beschluß die Rechtsbeschwerde eingelegt werde. Die Rechtsbeschwerdebegründung muß angeben, inwieweit die Abänderung des angefochtenen Beschlusses beantragt wird, welche Bestimmungen verletzt sein sollen und worin die Verletzung bestehen soll. § 74 Abs. 2 ist entsprechend anzuwenden.
(3) Die Rechtsbeschwerde kann jederzeit in der für ihre Einlegung vorgeschriebenen Form zurückgenommen werden. Im Fall der Zurücknahme stellt der Vorsitzende das Verfahren ein. Er gibt hiervon den Beteiligten Kenntnis, soweit ihnen die Rechtsbeschwerde zugestellt worden ist.

§ 95 Verfahren Die Rechtsbeschwerdeschrift und die Rechtsbeschwerdebegründung werden den Beteiligten zur Äußerung zugestellt. Die Äußerung erfolgt durch Einreichung eines Schriftsatzes beim Bundesarbeitsgericht oder durch Erklärung zu Protokoll der Geschäftsstelle des Landesarbeitsgerichts, das den angefochtenen Beschluß erlassen hat. Geht von einem Beteiligten die Äußerung nicht rechtzeitig ein, so steht dies dem Fortgang des Verfahrens nicht entgegen. § 83a ist entsprechend anzuwenden.

§ 96 Entscheidung (1) Über die Rechtsbeschwerde entscheidet das Bundesarbeitsgericht durch Beschluß. Die §§ 562, 563 der Zivilprozeßordnung gelten entsprechend.
(2) Der Beschluß nebst Gründen ist von sämtlichen Mitgliedern des Senats zu unterschreiben und den Beteiligten zuzustellen.

§ 96a Sprungrechtsbeschwerde (1) Gegen den das Verfahren beendenden Beschluß eines Arbeitsgerichts kann unter Übergehung der Beschwerdeinstanz unmittelbar Rechtsbeschwerde eingelegt werden (Sprungrechtsbeschwerde), wenn die übrigen Beteiligten schriftlich zustimmen und wenn sie vom Arbeitsgericht wegen grundsätzlicher Bedeutung der Rechtssache auf Antrag in dem verfahrensbeendenden Beschluß oder nachträglich durch gesonderten Beschluß zugelassen wird. Der Antrag ist innerhalb einer Notfrist von einem Monat nach Zustellung des in vollständiger Form abgefaßten Beschlusses schriftlich zu stellen. Die Zustimmung der übrigen Beteiligten ist, wenn die Sprungrechtsbeschwerde in dem verfahrens-

beendenden Beschluß zugelassen ist, der Rechtsbeschwerdeschrift, andernfalls dem Antrag beizufügen.
(2) § 76 Abs. 2 Satz 2, 3, Abs. 3 bis 6 ist entsprechend anzuwenden.

Vierter Unterabschnitt – Beschlußverfahren in besonderen Fällen

§ 97 Entscheidung über die Tariffähigkeit oder Tarifzuständigkeit einer Vereinigung (1) In den Fällen des § 2a Abs. 1 Nr. 4 wird das Verfahren auf Antrag einer räumlich und sachlich zuständigen Vereinigung von Arbeitnehmern oder von Arbeitgebern oder der obersten Arbeitsbehörde des Bundes oder der obersten Arbeitsbehörde eines Landes, auf dessen Gebiet sich die Tätigkeit der Vereinigung erstreckt, eingeleitet.
(2) Für Verfahren nach § 2a Absatz 1 Nummer 4 ist das Landesarbeitsgericht zuständig, in dessen Bezirk die Vereinigung, über deren Tariffähigkeit oder Tarifzuständigkeit zu entscheiden ist, ihren Sitz hat.
(2 a) Für das Verfahren sind § 80 Absatz 1, 2 Satz 1 und Absatz 3, §§ 81, 83 Absatz 1 und 2 bis 4, §§ 83a, 84 Satz 1 und 2, § 91 Absatz 2 und §§ 92 bis 96 entsprechend anzuwenden. Für die Vertretung der Beteiligten gilt § 11 Absatz 4 und 5 entsprechend.
(3) Der rechtskräftige Beschluss über die Tariffähigkeit oder Tarifzuständigkeit einer Vereinigung wirkt für und gegen jedermann. Die Vorschrift des § 63 über die Übersendung von Urteilen gilt entsprechend für die rechtskräftigen Beschlüsse von Gerichten für Arbeitssachen im Verfahren nach § 2a Abs. 1 Nr. 4.
(4) In den Fällen des § 2a Abs. 1 Nr. 4 findet eine Wiederaufnahme des Verfahrens auch dann statt, wenn die Entscheidung über die Tariffähigkeit oder Tarifzuständigkeit darauf beruht, daß ein Beteiligter absichtlich unrichtige Angaben oder Aussagen gemacht hat. § 581 der Zivilprozeßordnung findet keine Anwendung.
(5) Hängt die Entscheidung eines Rechtsstreits davon ab, ob eine Vereinigung tariffähig oder ob die Tarifzuständigkeit der Vereinigung gegeben ist, so hat das Gericht das Verfahren bis zur Erledigung des Beschlußverfahrens nach § 2a Abs. 1 Nr. 4 auszusetzen. Im Falle des Satzes 1 sind die Parteien des Rechtsstreits auch im Beschlußverfahren nach § 2a Abs. 1 Nr. 4 antragsberechtigt.

§ 98 Entscheidung über die Wirksamkeit einer Allgemeinverbindlicherklärung oder einer Rechtsverordnung (1) In den Fällen des § 2a Absatz 1 Nummer 5 wird das Verfahren eingeleitet auf Antrag
1. jeder natürlichen oder juristischen Person oder
2. einer Gewerkschaft oder einer Vereinigung von Arbeitgebern,

die nach Bekanntmachung der Allgemeinverbindlicherklärung oder der Rechtsverordnung geltend macht, durch die Allgemeinverbindlicherklärung oder die Rechtsverordnung oder deren Anwendung in ihren Rechten verletzt zu sein oder in absehbarer Zeit verletzt zu werden.
(2) Für Verfahren nach § 2a Absatz 1 Nummer 5 ist das Landesarbeitsgericht zuständig, in dessen Bezirk die Behörde ihren Sitz hat, die den Tarifvertrag für allgemeinverbindlich erklärt hat oder die Rechtsverordnung erlassen hat.

(3) Für das Verfahren sind § 80 Absatz 1, 2 Satz 1 und Absatz 3, §§ 81, 83 Absatz 1 und 2 bis 4, §§ 83a, 84 Satz 1 und 2, § 91 Absatz 2 und §§ 92 bis 96 entsprechend anzuwenden. Für die Vertretung der Beteiligten gilt § 11 Absatz 4 und 5 entsprechend. In dem Verfahren ist die Behörde, die den Tarifvertrag für allgemeinverbindlich erklärt hat oder die Rechtsverordnung erlassen hat, Beteiligte.
(4) Der rechtskräftige Beschluss über die Wirksamkeit einer Allgemeinverbindlicherklärung oder einer Rechtsverordnung wirkt für und gegen jedermann. Rechtskräftige Beschlüsse von Gerichten für Arbeitssachen im Verfahren nach § 2a Absatz 1 Nummer 5 sind alsbald der obersten Arbeitsbehörde des Bundes in vollständiger Form abschriftlich zu übersenden oder elektronisch zu übermitteln. Soweit eine Allgemeinverbindlicherklärung oder eine Rechtsverordnung rechtskräftig als wirksam oder unwirksam festgestellt wird, ist die Entscheidungsformel durch die oberste Arbeitsbehörde des Bundes im Bundesanzeiger bekannt zu machen.
(5) In den Fällen des § 2a Absatz 1 Nummer 5 findet eine Wiederaufnahme des Verfahrens auch dann statt, wenn die Entscheidung über die Wirksamkeit einer Allgemeinverbindlicherklärung oder einer Rechtsverordnung darauf beruht, dass ein Beteiligter absichtlich unrichtige Angaben oder Aussagen gemacht hat. § 581 der Zivilprozessordnung findet keine Anwendung.
(6) Hängt die Entscheidung eines Rechtsstreits davon ab, ob eine Allgemeinverbindlicherklärung oder eine Rechtsverordnung wirksam ist und hat das Gericht ernsthafte Zweifel nichtverfassungsrechtlicher Art an der Wirksamkeit der Allgemeinverbindlicherklärung oder der Rechtsverordnung, so hat das Gericht das Verfahren bis zur Erledigung des Beschlussverfahrens nach § 2a Absatz 1 Nummer 5 auszusetzen. Setzt ein Gericht für Arbeitssachen nach Satz 1 einen Rechtsstreit über den Leistungsanspruch einer gemeinsamen Einrichtung aus, hat das Gericht auf deren Antrag den Beklagten zur vorläufigen Leistung zu verpflichten. Die Anordnung unterbleibt, wenn das Gericht die Allgemeinverbindlicherklärung oder die Rechtsverordnung nach dem bisherigen Sach- und Streitstand für offensichtlich unwirksam hält oder der Beklagte glaubhaft macht, dass die vorläufige Leistungspflicht ihm einen nicht zu ersetzenden Nachteil bringen würde. Auf die Entscheidung über die vorläufige Leistungspflicht finden die Vorschriften über die Aussetzung entsprechend Anwendung; die Entscheidung ist ein Vollstreckungstitel gemäß § 794 Absatz 1 Nummer 3 der Zivilprozessordnung. Auch außerhalb eines Beschwerdeverfahrens können die Parteien die Änderung oder Aufhebung der Entscheidung über die vorläufige Leistungspflicht wegen veränderter oder im ursprünglichen Verfahren ohne Verschulden nicht geltend gemachter Umstände beantragen. Ergeht nach Aufnahme des Verfahrens eine Entscheidung, gilt § 717 der Zivilprozessordnung entsprechend. Im Falle des Satzes 1 sind die Parteien des Rechtsstreits auch im Beschlussverfahren nach § 2a Absatz 1 Nummer 5 antragsberechtigt.

§ 99 Entscheidung über den nach § 4a Absatz 2 Satz 2 des Tarifvertragsgesetzes im Betrieb anwendbaren Tarifvertrag (1) In den Fällen des § 2a Absatz 1 Nummer 6 wird das Verfahren auf Antrag einer Tarifvertragspartei eines kollidierenden Tarifvertrags eingeleitet.

(2) Für das Verfahren sind die §§ 80 bis 82 Absatz 1 Satz 1, die §§ 83 bis 84 und 87 bis 96a entsprechend anzuwenden.
(3) Der rechtskräftige Beschluss über den nach § 4a Absatz 2 Satz 2 des Tarifvertragsgesetzes im Betrieb anwendbaren Tarifvertrag wirkt für und gegen jedermann.
(4) In den Fällen des § 2a Absatz 1 Nummer 6 findet eine Wiederaufnahme des Verfahrens auch dann statt, wenn die Entscheidung über den nach § 4a Absatz 2 Satz 2 des Tarifvertragsgesetzes im Betrieb anwendbaren Tarifvertrag darauf beruht, dass ein Beteiligter absichtlich unrichtige Angaben oder Aussagen gemacht hat. § 581 der Zivilprozessordnung findet keine Anwendung.

§ 100 Entscheidung über die Besetzung der Einigungsstelle (1) In den Fällen des § 76 Abs. 2 Satz 2 und 3 des Betriebsverfassungsgesetzes entscheidet der Vorsitzende allein. Wegen fehlender Zuständigkeit der Einigungsstelle können die Anträge nur zurückgewiesen werden, wenn die Einigungsstelle offensichtlich unzuständig ist. Für das Verfahren gelten die §§ 80 bis 84 entsprechend. Die Einlassungs- und Ladungsfristen betragen 48 Stunden. Ein Richter darf nur dann zum Vorsitzenden der Einigungsstelle bestellt werden, wenn aufgrund der Geschäftsverteilung ausgeschlossen ist, dass er mit der Überprüfung, der Auslegung oder der Anwendung des Spruchs der Einigungsstelle befasst wird. Der Beschluss des Vorsitzenden soll den Beteiligten innerhalb von zwei Wochen nach Eingang des Antrags zugestellt werden; er ist den Beteiligten spätestens innerhalb von vier Wochen nach diesem Zeitpunkt zuzustellen.
(2) Gegen die Entscheidungen des Vorsitzenden findet die Beschwerde an das Landesarbeitsgericht statt. Die Beschwerde ist innerhalb einer Frist von zwei Wochen einzulegen und zu begründen. Für das Verfahren gelten § 87 Abs. 2 und 3 und die §§ 88 bis 90 Abs. 1 und 2 sowie § 91 Abs. 1 und 2 entsprechend mit der Maßgabe, dass an die Stelle der Kammer des Landesarbeitsgerichts der Vorsitzende tritt. Gegen dessen Entscheidung findet kein Rechtsmittel statt.

Vierter Teil – Schiedsvertrag in Arbeitsstreitigkeiten

§ 101 Grundsatz (1) Für bürgerliche Rechtsstreitigkeiten zwischen Tarifvertragsparteien aus Tarifverträgen oder über das Bestehen oder Nichtbestehen von Tarifverträgen können die Parteien des Tarifvertrags die Arbeitsgerichtsbarkeit allgemein oder für den Einzelfall durch die ausdrückliche Vereinbarung ausschließen, daß die Entscheidung durch ein Schiedsgericht erfolgen soll.
(2) Für bürgerliche Rechtsstreitigkeiten aus einem Arbeitsverhältnis, das sich nach einem Tarifvertrag bestimmt, können die Parteien des Tarifvertrags die Arbeitsgerichtsbarkeit im Tarifvertrag durch die ausdrückliche Vereinbarung ausschließen, daß die Entscheidung durch ein Schiedsgericht erfolgen soll, wenn der persönliche Geltungsbereich des Tarifvertrags überwiegend Bühnenkünstler, Filmschaffende oder Artisten umfaßt. Die Vereinbarung gilt nur für tarifgebundene Personen. Sie erstreckt sich auf Parteien, deren Verhältnisse sich aus anderen Gründen nach dem Tarifvertrag regeln, wenn die Parteien dies ausdrücklich und schriftlich vereinbart

haben; der Mangel der Form wird durch Einlassung auf die schiedsgerichtliche Verhandlung zur Hauptsache geheilt.
(3) Die Vorschriften der Zivilprozeßordnung über das schiedsrichterliche Verfahren finden in Arbeitssachen keine Anwendung.

§ 102 Prozeßhindernde Einrede (1) Wird das Arbeitsgericht wegen einer Rechtsstreitigkeit angerufen, für die die Parteien des Tarifvertrages einen Schiedsvertrag geschlossen haben, so hat das Gericht die Klage als unzulässig abzuweisen, wenn sich der Beklagte auf den Schiedsvertrag beruft.
(2) Der Beklagte kann sich nicht auf den Schiedsvertrag berufen,
1. wenn in einem Fall, in dem die Streitparteien selbst die Mitglieder des Schiedsgerichts zu ernennen haben, der Kläger dieser Pflicht nachgekommen ist, der Beklagte die Ernennung aber nicht binnen einer Woche nach der Aufforderung des Klägers vorgenommen hat;
2. wenn in einem Falle, in dem nicht die Streitparteien, sondern die Parteien des Schiedsvertrags die Mitglieder des Schiedsgerichts zu ernennen haben, das Schiedsgericht nicht gebildet ist und die den Parteien des Schiedsvertrags von dem Vorsitzenden des Arbeitsgerichts gesetzte Frist zur Bildung des Schiedsgerichts fruchtlos verstrichen ist;
3. wenn das nach dem Schiedsvertrag gebildete Schiedsgericht die Durchführung des Verfahrens verzögert und die ihm von dem Vorsitzenden des Arbeitsgerichts gesetzte Frist zur Durchführung des Verfahrens fruchtlos verstrichen ist;
4. wenn das Schiedsgericht den Parteien des streitigen Rechtsverhältnisses anzeigt, daß die Abgabe eines Schiedsspruchs unmöglich ist.

(3) In den Fällen des Absatzes 2 Nummern 2 und 3 erfolgt die Bestimmung der Frist auf Antrag des Klägers durch den Vorsitzenden des Arbeitsgerichts, das für die Geltendmachung des Anspruchs zuständig wäre.
(4) Kann sich der Beklagte nach Absatz 2 nicht auf den Schiedsvertrag berufen, so ist eine schiedsrichterliche Entscheidung des Rechtsstreits auf Grund des Schiedsvertrags ausgeschlossen.

§ 103 Zusammensetzung des Schiedsgerichts (1) Das Schiedsgericht muß aus einer gleichen Zahl von Arbeitnehmern und von Arbeitgebern bestehen; außerdem können ihm Unparteiische angehören. Personen, die infolge Richterspruchs die Fähigkeit zur Bekleidung öffentlicher Ämter nicht besitzen, dürfen ihm nicht angehören.
(2) Mitglieder des Schiedsgerichts können unter denselben Voraussetzungen abgelehnt werden, die zur Ablehnung eines Richters berechtigen.
(3) Über die Ablehnung beschließt die Kammer des Arbeitsgerichts, das für die Geltendmachung des Anspruchs zuständig wäre. Vor dem Beschluß sind die Streitparteien und das abgelehnte Mitglied des Schiedsgerichts zu hören. Der Vorsitzende des Arbeitsgerichts entscheidet, ob sie mündlich oder schriftlich zu hören sind. Die mündliche Anhörung erfolgt vor der Kammer. Gegen den Beschluß findet kein Rechtsmittel statt.

§ 104 Verfahren vor dem Schiedsgericht Das Verfahren vor dem Schiedsgericht regelt sich nach den §§ 105 bis 110 und dem Schiedsvertrag, im Übrigen nach dem freien Ermessen des Schiedsgerichts.

§ 105 Anhörung der Parteien (1) Vor der Fällung des Schiedsspruchs sind die Streitparteien zu hören.
(2) Die Anhörung erfolgt mündlich. Die Parteien haben persönlich zu erscheinen oder sich durch einen mit schriftlicher Vollmacht versehenen Bevollmächtigten vertreten zu lassen. Die Beglaubigung der Vollmachtsurkunde kann nicht verlangt werden. Die Vorschrift des § 11 Abs. 1 bis 3 gilt entsprechend, soweit der Schiedsvertrag nicht anderes bestimmt.
(3) Bleibt eine Partei in der Verhandlung unentschuldigt aus oder äußert sie sich trotz Aufforderung nicht, so ist der Pflicht zur Anhörung genügt.

§ 106 Beweisaufnahme (1) Das Schiedsgericht kann Beweise erheben, soweit die Beweismittel ihm zur Verfügung gestellt werden. Zeugen und Sachverständige kann das Schiedsgericht nicht beeidigen, eidesstattliche Versicherungen nicht verlangen oder entgegennehmen.
(2) Hält das Schiedsgericht eine Beweiserhebung für erforderlich, die es nicht vornehmen kann, so ersucht es um die Vornahme den Vorsitzenden desjenigen Arbeitsgerichts oder, falls dies aus Gründen der örtlichen Lage zweckmäßiger ist, dasjenige Amtsgericht, in dessen Bezirk die Beweisaufnahme erfolgen soll. Entsprechend ist zu verfahren, wenn das Schiedsgericht die Beeidigung eines Zeugen oder Sachverständigen gemäß § 58 Abs. 2 Satz 1 für notwendig oder eine eidliche Parteivernehmung für sachdienlich erachtet. Die durch die Rechtshilfe entstehenden baren Auslagen sind dem Gericht zu ersetzen; § 22 Abs. 1 und § 29 des Gerichtskostengesetzes finden entsprechende Anwendung.

§ 107 Vergleich Ein vor dem Schiedsgericht geschlossener Vergleich ist unter Angabe des Tages seines Zustandekommens von den Streitparteien und den Mitgliedern des Schiedsgerichts zu unterschreiben.

§ 108 Schiedsspruch (1) Der Schiedsspruch ergeht mit einfacher Mehrheit der Stimmen der Mitglieder des Schiedsgerichts, falls der Schiedsvertrag nichts anderes bestimmt.
(2) Der Schiedsspruch ist unter Angabe des Tages seiner Fällung von den Mitgliedern des Schiedsgerichts zu unterschreiben und muß schriftlich begründet werden, soweit die Parteien nicht auf schriftliche Begründung ausdrücklich verzichten. Eine vom Verhandlungsleiter unterschriebene Ausfertigung des Schiedsspruchs ist jeder Streitpartei zuzustellen. Die Zustellung kann durch eingeschriebenen Brief gegen Rückschein erfolgen.
(3) Eine vom Verhandlungsleiter unterschriebene Ausfertigung des Schiedsspruchs soll bei dem Arbeitsgericht, das für die Geltendmachung des Anspruchs zuständig wäre, niedergelegt werden. Die Akten des Schiedsgerichts oder Teile der Akten können ebenfalls dort niedergelegt werden.

(4) Der Schiedsspruch hat unter den Parteien dieselben Wirkungen wie ein rechtskräftiges Urteil des Arbeitsgerichts.

§ 109 Zwangsvollstreckung (1) Die Zwangsvollstreckung findet aus dem Schiedsspruch oder aus einem vor dem Schiedsgericht geschlossenen Vergleich nur statt, wenn der Schiedsspruch oder der Vergleich von dem Vorsitzenden des Arbeitsgerichts, das für die Geltendmachung des Anspruchs zuständig wäre, für vollstreckbar erklärt worden ist. Der Vorsitzende hat vor der Erklärung den Gegner zu hören. Wird nachgewiesen, daß auf Aufhebung des Schiedsspruchs geklagt ist, so ist die Entscheidung bis zur Erledigung dieses Rechtsstreits auszusetzen.
(2) Die Entscheidung des Vorsitzenden ist endgültig. Sie ist den Parteien zuzustellen.

§ 110 Aufhebungsklage (1) Auf Aufhebung des Schiedsspruchs kann geklagt werden,
1. wenn das schiedsgerichtliche Verfahren unzulässig war;
2. wenn der Schiedsspruch auf der Verletzung einer Rechtsnorm beruht;
3. wenn die Voraussetzungen vorliegen, unter denen gegen ein gerichtliches Urteil nach § 580 Nr. 1 bis 6 der Zivilprozeßordnung die Restitutionsklage zulässig wäre.

(2) Für die Klage ist das Arbeitsgericht zuständig, das für die Geltendmachung des Anspruchs zuständig wäre.
(3) Die Klage ist binnen einer Notfrist von zwei Wochen zu erheben. Die Frist beginnt in den Fällen des Absatzes 1 Nr. 1 und 2 mit der Zustellung des Schiedsspruchs. Im Falle des Absatzes 1 Nr. 3 beginnt sie mit der Rechtskraft des Urteils, das die Verurteilung wegen der Straftat ausspricht, oder mit dem Tage, an dem der Partei bekannt geworden ist, daß die Einleitung oder die Durchführung des Verfahrens nicht erfolgen kann; nach Ablauf von zehn Jahren, von der Zustellung des Schiedsspruchs an gerechnet, ist die Klage unstatthaft.
(4) Ist der Schiedsspruch für vollstreckbar erklärt, so ist in dem der Klage stattgebenden Urteil auch die Aufhebung der Vollstreckbarkeitserklärung auszusprechen.

Fünfter Teil – Übergangs- und Schlußvorschriften

§ 111 Änderung von Vorschriften (1) Soweit nach anderen Rechtsvorschriften andere Gerichte, Behörden oder Stellen zur Entscheidung oder Beilegung von Arbeitssachen zuständig sind, treten an ihre Stelle die Arbeitsgerichte. Dies gilt nicht für Seemannsämter, soweit sie zur vorläufigen Entscheidung von Arbeitssachen zuständig sind.
(2) Zur Beilegung von Streitigkeiten zwischen Ausbildenden und Auszubildenden aus einem bestehenden Berufsausbildungsverhältnis können im Bereich des Handwerks die Handwerksinnungen, im übrigen die zuständigen Stellen im Sinne des Berufsbildungsgesetzes Ausschüsse bilden, denen Arbeitgeber und Arbeitnehmer in gleicher Zahl angehören müssen. Der Ausschuß hat die Parteien mündlich zu hören. Wird der von ihm gefällte Spruch nicht innerhalb einer Woche von beiden

Parteien anerkannt, so kann binnen zwei Wochen nach ergangenem Spruch Klage beim zuständigen Arbeitsgericht erhoben werden. § 9 Abs. 5 gilt entsprechend. Der Klage muß in allen Fällen die Verhandlung vor dem Ausschuß vorangegangen sein. Aus Vergleichen, die vor dem Ausschuß geschlossen sind, und aus Sprüchen des Ausschusses, die von beiden Seiten anerkannt sind, findet die Zwangsvollstreckung statt. Die §§ 107 und 109 gelten entsprechend.

§ 112 Übergangsregelung; Verordnungsermächtigung (1) Für Beschlussverfahren nach § 2a Absatz 1 Nummer 4, die bis zum Ablauf des 15. August 2014 anhängig gemacht worden sind, gilt § 97 in der an diesem Tag geltenden Fassung bis zum Abschluss des Verfahrens durch einen rechtskräftigen Beschluss fort.
(2) § 43 des Einführungsgesetzes zum Gerichtsverfassungsgesetz gilt entsprechend.
(3) Dokumente und Aktenteile, die nach den Verschlusssachenanweisungen des Bundes oder der Länder als Verschlusssache höher als VS-NUR FÜR DEN DIENSTGEBRAUCH eingestuft sind, dürfen abweichend von den §§ 46c bis 46f bis zum 31. Dezember 2035 in Papierform erstellt, geführt und übermittelt werden. Dokumente und Aktenteile, die nach den Verschlusssachenanweisungen des Bundes oder der Länder als Verschlusssache VS-NUR FÜR DEN DIENSTGEBRAUCH eingestuft sind, dürfen bis zum 31. Dezember 2035 abweichend von den §§ 46c bis 46f in Papierform übermittelt werden. Die für die Handhabung von Verschlusssachen geltenden Geheimschutzvorschriften bleiben unberührt.
(4) Die Bundesregierung und die Landesregierungen können abweichend von § 46e jeweils für ihren Bereich durch Rechtsverordnung bestimmen, dass Akten, die elektronisch angelegt wurden, ab einem bestimmten Ereignis bis zum 31. Dezember 2025 in Papierform weitergeführt werden. Die Zulassung der Weiterführung in Papierform kann auf einzelne Gerichte oder Verfahren beschränkt werden; wird von dieser Möglichkeit Gebrauch gemacht, kann in der Rechtsverordnung bestimmt werden, dass durch Verwaltungsvorschrift, die öffentlich bekanntzumachen ist, geregelt wird, in welchen Verfahren Akten in elektronischer Form weitergeführt werden. Die Rechtsverordnung der Bundesregierung bedarf nicht der Zustimmung des Bundesrates. Die Landesregierungen können die Ermächtigung durch Rechtsverordnung auf die für die Arbeitsgerichtsbarkeit zuständigen obersten Landesbehörden übertragen.
(5) Die Bundesregierung und die Landesregierungen können jeweils für ihren Bereich durch Rechtsverordnung bestimmen, dass Akten abweichend von § 46e Absatz 1 und Absatz 3 Satz 1 in der ab dem 1. Januar 2026 geltenden Fassung bis einschließlich 31. Dezember 2026 in Papierform angelegt sowie von anderer Stelle bis einschließlich 31. Dezember 2026 übermittelte elektronische Akten in Papierform geführt oder weitergeführt werden. Die Bestimmung kann auf einzelne Gerichte oder Verfahren beschränkt werden; wird von dieser Möglichkeit Gebrauch gemacht, so kann in der Rechtsverordnung bestimmt werden, dass durch Verwaltungsvorschrift, die öffentlich bekanntzumachen ist, geregelt wird, in welchen Verfahren Akten in Papierform angelegt oder elektronisch übermittelte Akten in Papierform geführt oder weitergeführt werden. Die Rechtsverordnung der Bundesregierung bedarf nicht der Zustimmung des Bundesrates. Die Bundesregierung

kann die in Satz genannte Ermächtigung durch Rechtsverordnung auf die zuständigen Bundesministerien übertragen. Die Landesregierungen können die in Satz 1 genannte Ermächtigung durch Rechtsverordnung auf die für die Arbeitsgerichtsbarkeit zuständigen obersten Landesbehörden übertragen.

§ 113 Berichterstattung Die Bundesregierung berichtet dem Deutschen Bundestag bis zum 8. September 2020 über die Auswirkungen der vorläufigen Leistungspflicht nach § 98 Absatz 6 Satz 2 und gibt eine Einschätzung dazu ab, ob die Regelung fortbestehen soll.

§§ 114–116 *(weggefallen)*

§ 117 Verfahren bei Meinungsverschiedenheiten der beteiligten Verwaltungen Soweit in den Fällen der §§ 40 und 41 das Einvernehmen nicht erzielt wird, entscheidet die Bundesregierung.

§§ 118–122 *(weggefallen)*

6. Gesetz über den Schutz des Arbeitsplatzes bei Einberufung zum Wehrdienst (Arbeitsplatzschutzgesetz – ArbPlSchG)

Einleitung

I. Schutz des Arbeitsplatzes bei Wehrdienst

Mit dem ArbPlSchG soll Arbeitnehmern, die zum Grundwehrdienst oder zu Wehrübungen eingezogen werden, der Arbeitsplatz erhalten werden (Übersicht 15). Obwohl die Wehrpflicht durch Gesetz vom 28.4.2011 (BGBl. I 678) ausgesetzt worden ist, behält das Gesetz weiterhin seine Geltung, weil der Wehrdienst weiterhin freiwillig möglich ist und auf diesen die Vorschriften des Gesetzes zum Arbeitsplatzschutz beim Grundwehrdienst anzuwenden sind (§ 16 Abs. 7 ArbPlSchG; im Übrigen bleibt es bei der Wehrpflicht im Spannungs- und Verteidigungsfall). Die praktische Bedeutung des Gesetzes hat durch die Aussetzung der Wehrpflicht aber erheblich abgenommen. Seine Relevanz behält das Gesetz darüber hinaus aber auch für Staatsangehörige von Vertragsstaaten der (Revidierten) Europäischen Sozialcharta bei deren Ableistung des Wehrdienstes im Heimatsstaat gemäß § 16 Abs. 6 ArbPlSchG.
Das Gesetz wurde im Rahmen des Bundeswehreinsatzbereitschaftsstärkungsgesetzes (v. 4.8.2019, BGBl. I 1147) reformiert im Hinblick auf eine Entlastung von Arbeitgebern bei der Teilnahme an Wehrübungen. Zudem wurde ein generelles Benachteiligungsverbot für die betroffenen Arbeitnehmer eingeführt (§ 5 ArbPlSchG).
Zum Schutze der Wehrdienstleistenden ordnet das Gesetz das Ruhen des Arbeitsverhältnisses während des Wehrdienstes an und erschwert Kündigungen. Lediglich in Kleinstbetrieben mit weniger als fünf Beschäftigten (ohne Auszubildende) wird die Einberufung als wichtiger Kündigungsgrund zugelassen (§ 2 Abs. 3 ArbPlSchG). Da das Arbeitsverhältnis lediglich ruht, behalten die Einberufenen ihr aktives und passives Wahlrecht zum Betriebsrat, zur Jugendvertretung und zum Aufsichtsrat. Auch die Gewerkschaftsmitgliedschaft bleibt aufrechterhalten (z.B. § 5 Ziff. 7 der Satzung der IG Metall). Die Zeit des Grundwehrdienstes und von Übungen wird auf die Berufs- und Betriebszugehörigkeit angerechnet (§ 6 Abs. 2 ArbPlSchG; hierzu *Nitschke,* DB 86, 2384). Die Übernahme eines Auszubildenden in ein Arbeitsverhältnis sowie die Verlängerung eines befristeten Arbeitsvertrages oder die Übernahme eines befristet eingestellten Arbeitnehmers in ein Arbeitsverhältnis darf nicht aus Anlass des Wehrdienstes verweigert werden (§ 2 Abs. 5 ArbPlSchG, zur Vorgeschichte vgl. 34. Aufl.). Wenn der Arbeitgeber bei Abwesenheit des Arbeitnehmers zum Zwecke einer Wehrübung eine Ersatzkraft einstellt, können ihm nach § 2 Abs. 6 ArbPlSchG zusätzliche Kosten im Rahmen verfügbarer Haushaltsmittel erstattet werden.

Aufgrund von § 4 Abs. 1 ArbPlSchG in der durch das Wehrdienst-Modernisierungsgesetz (v. 22.12.2025, BGBl. I Nr. 370) modifizierten Fassung kann der Arbeitgeber für jeden im Jahr geleisteten Monat Wehrdienst bzw. einer Wehrübung den Urlaubsanspruch um ein Zwölftel kürzen.

II. Arbeitsrechtliche Regelungen in Bezug auf Freiwillige nach dem Bundesfreiwilligendienstgesetz

Durch Aussetzung der Wehrpflicht ist der Zivildienst entfallen. Zum Schutz der sozialen Infrastruktur wurde deshalb der Bundesfreiwilligendienst mit dem BFDG (Gesetz zur Einführung eines Bundesfreiwilligendienstes v. 28.4.11, BGBl. I 687, nachstehend Nr. 6 a) eingeführt (vgl. auch *DGB*, Das Bundesfreiwilligendienstgesetz – eine verpasste Chance, 2012). Das ArbPlSchG ist auf diesen Dienst nicht anwendbar. Der Freiwilligendienst wird durch schriftliche Vereinbarung gemäß § 8 BFDG begründet. Es handelt sich nicht um ein Arbeitsverhältnis, sondern um ein Dienstverhältnis eigener Art (BT-Drs. 17/4803, S. 17; zu den verbleibenden arbeitsrechtlichen Fragen *Klenter*, AiB 13, 316). Dieses dürfte bürgerlich-rechtlicher Natur sein, da die Arbeitsgerichte gemäß § 2 Abs. 1 Nr. 8a ArbGG zuständig sind (vgl. *Düwell*, JurisPR-ArbR 29/11, Anm. 7). Die Dienstleistenden werden in verschiedener Hinsicht wie Arbeitnehmer behandelt, etwa hinsichtlich der Haftung (§ 9 Abs. 2 BFDG) oder der Anwendung des Arbeitsschutzrechts (§ 13 Abs. 1 BFDG). Zum Unfallversicherungsschutz vgl. *Leube*, SGb 11, 378; zur Einbeziehung in die Interessenvertretung *Leube*, ZTR 12, 207.

Weiterführende Literatur

Gutmann, Kündigungsschutz von Drittstaatsangehörigen wegen des Wehrdienstes, NZA 2017, S. 889

Klenter, Freiwilligendienst und prekäre Beschäftigung. Arbeitsmarktneutralität und Handlungsmöglichkeiten für den BR, AiB 2013, S. 316

Übersicht 15: Arbeitsplatzschutz für Wehrdienstleistende

Wehrdienst

↓

Auswirkungen auf das Arbeitsverhältnis

↓

Ruhen der arbeitsvertraglichen Pflichten

- Arbeitsverhältnis bleibt während Wehrdienst bestehen (§ 1 I)
- Wohnraum und Sachbezüge sind weiter zu überlassen/gewähren (§ 3)
- befristete Arbeitsverhältnisse werden durch Zeiten der Einberufung nicht verlängert (§ 1 IV)
- Kürzung des Erholungsurlaubs (§ 4)

↓

Fortsetzung des Arbeitsverhältnisses

- Benachteiligungsverbot bei Wiederaufnahme der Arbeit (§ 6 I)

↓

Besonderer Kündigungsschutz

- Kündigungsverbot während Wehrdienst (§ 2 I)
- Ausnahme: Kündigung aus wichtigem Grund (§ 2 III)
- Wehrdienst ist kein wichtiger Kündigungsgrund (Ausnahme: Unzumutbarkeit in Betrieben bis 5 Arbeitnehmer (§ 2 III))
- 3-Wochen-Frist für Kündigungsschutzklage beginnt erst 2 Wochen nach Ende des Wehrdienstes (§ 2 IV)
- Wehrdienst darf nicht zum Anlass einer Vertragsverweigerung genommen werden (§ 2 V)

↓

Anrechnungszeiten

- Zeiten des Wehrdienstes werden auf Betriebszugehörigkeit angerechnet (§ 6 II)
  (Ausnahme: bei Auszubildenden erst nach Abschluss der Ausbildung)
- Nichtanrechnung auf Probe-, Bewährungs- und Ausbildungszeiten (§ 6 III, IV)

Gesetz über den Schutz des Arbeitsplatzes bei Einberufung zum Wehrdienst (Arbeitsplatzschutzgesetz – ArbPlSchG)

vom 30. März 1957 (BGBl. I 293),
in der Fassung der Bekanntmachung vom 16. Juli 2009 (BGBl. I 2055),
zuletzt geändert durch Gesetz vom 22. Dezember 2025 (BGBl. 2025 I Nr. 370)

(Abgedruckte Vorschriften: §§ 1–16 a)

Abschnitt 1 – Grundwehrdienst und Wehrübungen

§ 1 Ruhen des Arbeitsverhältnisses (1) Wird ein Arbeitnehmer zum Grundwehrdienst oder zu einer Wehrübung einberufen, so ruht das Arbeitsverhältnis während des Wehrdienstes.

(2) Einem Arbeitnehmer im öffentlichen Dienst hat der Arbeitgeber während einer Wehrübung Arbeitsentgelt wie bei einem Erholungsurlaub zu zahlen. Zum Arbeitsentgelt gehören nicht besondere Zuwendungen, die mit Rücksicht auf den Erholungsurlaub gewährt werden. Auf Antrag erstattet der Bund im Rahmen verfügbarer Haushaltsmittel dem Arbeitgeber für eine Wehrübung im Kalenderjahr das ausgezahlte, um die gesetzlichen Abzüge geminderte Arbeitsentgelt (§ 14 des Vierten Buches Sozialgesetzbuch) für den 15. bis 30. Wehrübungstag; der Antrag ist nur zulässig, wenn er spätestens zwei Monate nach Beginn der Wehrübung gestellt wird. Satz 3 gilt nicht, wenn der Bund selbst Arbeitgeber ist.

(3) Der Arbeitnehmer hat den Einberufungsbescheid unverzüglich seinem Arbeitgeber vorzulegen.

(4) Ein befristetes Arbeitsverhältnis wird durch Einberufung zum Grundwehrdienst oder zu einer Wehrübung nicht verlängert; das Gleiche gilt, wenn ein Arbeitsverhältnis aus anderen Gründen während des Wehrdienstes geendet hätte.

(5) Wird der Einberufungsbescheid zum Grundwehrdienst oder zu einer Wehrübung vor Diensteintritt aufgehoben oder wird der Grundwehrdienst oder die Wehrübung vorzeitig beendet und muss der Arbeitgeber vorübergehend für zwei Personen am gleichen Arbeitsplatz Lohn oder Gehalt zahlen, so werden ihm die hierdurch ohne sein Verschulden entstandenen Mehraufwendungen vom Bund auf Antrag erstattet. Der Antrag ist innerhalb von sechs Monaten, nachdem die Mehraufwendungen entstanden sind, bei der vom Bundesministerium der Verteidigung bestimmten Stelle zu stellen.

(6) Auf Antrag erstattet der Bund einem Arbeitgeber, der kein Arbeitgeber des öffentlichen Dienstes ist, die zusätzlichen Kosten für die Einstellung einer Ersatzkraft auf Grund einer Wehrübung im Kalenderjahr. Die Erstattung erfolgt im Rahmen verfügbarer Haushaltsmittel in Höhe eines Drittels der dem Arbeitnehmer zustehenden Mindestleistung nach § 8 Absatz 1 in Verbindung mit Anlage 1 des Unterhaltssicherungsgesetzes. Sie erfolgt nur, wenn der Arbeitgeber nachweist, dass er eine fachlich gleichwertige Ersatzkraft eingestellt hat. Der Anspruch besteht für jeden Tag der Wehrübung ab dem 21. Tag, höchstens jedoch für 30 Tage. Der

6

Antrag ist nur zulässig, wenn er spätestens zwei Monate nach Beginn der Wehrübung gestellt wird.

§ 2 Kündigungsschutz für Arbeitnehmer, Weiterbeschäftigung nach der Berufsausbildung (1) Von der Zustellung des Einberufungsbescheides bis zur Beendigung des Grundwehrdienstes sowie während einer Wehrübung darf der Arbeitgeber das Arbeitsverhältnis nicht kündigen.
(2) Im Übrigen darf der Arbeitgeber das Arbeitsverhältnis nicht aus Anlass des Wehrdienstes kündigen. Muss er aus dringenden betrieblichen Erfordernissen (§ 1 Absatz 2 des Kündigungsschutzgesetzes) Arbeitnehmer entlassen, so darf er bei der Auswahl der zu Entlassenden den Wehrdienst eines Arbeitnehmers nicht zu dessen Ungunsten berücksichtigen. Ist streitig, ob der Arbeitgeber aus Anlass des Wehrdienstes gekündigt oder bei der Auswahl der zu Entlassenden den Wehrdienst zu Ungunsten des Arbeitnehmers berücksichtigt hat, so trifft die Beweislast den Arbeitgeber.
(3) Das Recht zur Kündigung aus wichtigem Grunde bleibt unberührt. Die Einberufung des Arbeitnehmers zum Wehrdienst ist kein wichtiger Grund zur Kündigung; dies gilt im Falle des Grundwehrdienstes von mehr als sechs Monaten nicht für unverheiratete Arbeitnehmer in Betrieben mit in der Regel fünf oder weniger Arbeitnehmern ausschließlich der zu ihrer Berufsbildung Beschäftigten, wenn dem Arbeitgeber infolge Einstellung einer Ersatzkraft die Weiterbeschäftigung des Arbeitnehmers nach Entlassung aus dem Wehrdienst nicht zugemutet werden kann. Bei der Feststellung der Zahl der beschäftigten Arbeitnehmer nach Satz 2 sind teilzeitbeschäftigte Arbeitnehmer mit einer regelmäßigen wöchentlichen Arbeitszeit von nicht mehr als 20 Stunden mit 0,5 und nicht mehr als 30 Stunden mit 0,75 zu berücksichtigen. Eine nach Satz 2 zweiter Halbsatz zulässige Kündigung darf jedoch nur unter Einhaltung einer Frist von zwei Monaten für den Zeitpunkt der Entlassung aus dem Wehrdienst ausgesprochen werden.
(4) Geht dem Arbeitnehmer nach der Zustellung des Einberufungsbescheides oder während des Wehrdienstes eine Kündigung zu, so beginnt die Frist des § 4 Satz 1 des Kündigungsschutzgesetzes erst zwei Wochen nach Ende des Wehrdienstes.
(5) Der Ausbildende darf die Übernahme eines Auszubildenden in ein Arbeitsverhältnis auf unbestimmte Zeit nach Beendigung des Berufsausbildungsverhältnisses nicht aus Anlass des Wehrdienstes ablehnen. Absatz 2 Satz 3 gilt entsprechend. Der Arbeitgeber darf die Verlängerung eines befristeten Arbeitsverhältnisses oder die Übernahme des Arbeitnehmers in ein unbefristetes Arbeitsverhältnis nicht aus Anlass des Wehrdienstes ablehnen.

§ 3 Wohnraum und Sachbezüge (1) Das Ruhen des Arbeitsverhältnisses (§ 1 Absatz 1) lässt eine Verpflichtung zum Überlassen von Wohnraum unberührt.
(2) Für die Auflösung eines Mietverhältnisses über Wohnraum, der mit Rücksicht auf das Arbeitsverhältnis zur Unterbringung des Arbeitnehmers und seiner Familie überlassen ist, darf die durch den Grundwehrdienst oder eine Wehrübung veranlasste Abwesenheit des Arbeitnehmers nicht zu seinem Nachteil berücksichtigt werden. Dies gilt entsprechend für allein stehende Arbeitnehmer, die den Wohnraum während ihrer Abwesenheit aus besonderen Gründen benötigen.

(3) Bildet die Überlassung des Wohnraums einen Teil des Arbeitsentgelts, so hat der Arbeitnehmer für die Weitergewährung an den Arbeitgeber eine Entschädigung zu zahlen, die diesem Teil des Arbeitsentgelts entspricht. Ist kein bestimmter Betrag vereinbart, so hat der Arbeitnehmer eine angemessene Entschädigung zu zahlen.
(4) Sachbezüge sind während des Grundwehrdienstes oder während einer Wehrübung auf Verlangen weiterzugewähren. Absatz 3 gilt sinngemäß.
(5) Die Absätze 3 und 4 finden keine Anwendung, wenn der Arbeitgeber nach diesem Gesetz das Arbeitsentgelt während des Wehrdienstes weiterzuzahlen hat.

§ 4 Erholungsurlaub (1) Der Arbeitgeber kann den Erholungsurlaub, der dem Arbeitnehmer für ein Urlaubsjahr aus dem Arbeitsverhältnis zusteht, für jeden vollen Monat, den der Arbeitnehmer in diesem Jahr Wehrdienst geleistet hat, um ein Zwölftel kürzen. Dem Arbeitnehmer ist der ihm zustehende Erholungsurlaub auf Verlangen vor Beginn des Wehrdienstes zu gewähren.
(2) Hat der Arbeitnehmer den ihm zustehenden Urlaub vor seiner Einberufung nicht oder nicht vollständig erhalten, so hat der Arbeitgeber den Resturlaub nach dem Wehrdienst im laufenden oder im nächsten Urlaubsjahr zu gewähren.
(3) Endet das Arbeitsverhältnis während des Wehrdienstes oder setzt der Arbeitnehmer im Anschluss an den Wehrdienst das Arbeitsverhältnis nicht fort, so hat der Arbeitgeber den noch nicht gewährten Urlaub abzugelten.
(4) Hat der Arbeitnehmer vor seiner Einberufung mehr Urlaub erhalten als ihm nach Absatz 1 zustand, so kann der Arbeitgeber den Urlaub, der dem Arbeitnehmer nach seiner Entlassung aus dem Wehrdienst zusteht, um die zu viel gewährten Urlaubstage kürzen.
(5) Für die Zeit des Wehrdienstes richtet sich der Urlaub nach den Urlaubsvorschriften für Soldaten.

§ 5 Benachteiligungsverbot Einem Arbeitnehmer, der Grundwehrdienst leistet oder an einer Wehrübung teilnimmt, darf in beruflicher und betrieblicher Hinsicht kein Nachteil entstehen.

§ 6 Fortsetzung des Arbeitsverhältnisses (1) Die Zeit des Grundwehrdienstes oder einer Wehrübung wird auf die Berufs- und Betriebszugehörigkeit angerechnet; bei Auszubildenden und sonstigen in Berufsausbildung Beschäftigten wird die Wehrdienstzeit auf die Berufszugehörigkeit jedoch erst nach Abschluss der Ausbildung angerechnet. Die Zeit des Grundwehrdienstes oder einer Wehrübung gilt als Dienst- und Beschäftigungszeit im Sinne der Tarifordnungen und Tarifverträge des öffentlichen Dienstes.
(2) Auf Probe- und Ausbildungszeiten wird die Zeit des Grundwehrdienstes oder einer Wehrübung nicht angerechnet.
(3) Auf Bewährungszeiten, die für die Einstufung in eine höhere Lohn- oder Vergütungsgruppe vereinbart sind, wird die Zeit des Grundwehrdienstes nicht angerechnet. Während der Zeit, um die sich die Einstufung in eine höhere Lohn- oder Vergütungsgruppe hierdurch verzögert, erhält der Arbeitnehmer von seinem Arbeitgeber zum Arbeitsentgelt eine Zulage in Höhe des Unterschiedsbetrages zwi-

schen seinem Arbeitsentgelt und dem Arbeitsentgelt, das ihm bei der Einstufung in die höhere Lohn- oder Vergütungsgruppe zustehen würde.

§ 7 Vorschriften für in Heimarbeit Beschäftigte (1) Für in Heimarbeit Beschäftigte, die ihren Lebensunterhalt überwiegend aus der Heimarbeit beziehen, gelten die §§ 1 bis 4 sowie § 6 Absatz 1 sinngemäß.
(2) Vor und nach dem Wehrdienst dürfen in Heimarbeit Beschäftigte aus Anlass des Wehrdienstes bei der Ausgabe von Heimarbeit im Vergleich zu den anderen in Heimarbeit Beschäftigten des gleichen Auftraggebers oder Zwischenmeisters nicht benachteiligt werden; andernfalls haben sie Anspruch auf das dadurch entgangene Entgelt. Der Berechnung des entgangenen Entgelts ist das Entgelt zu Grunde zu legen, das der in Heimarbeit Beschäftigte im Durchschnitt der letzten 52 Wochen vor der Vorlage des Einberufungsbescheides beim Auftraggeber oder Zwischenmeister erzielt hat.

§ 8 Vorschriften für Handelsvertreter (1) Das Vertragsverhältnis zwischen einem Handelsvertreter und einem Unternehmer wird durch Einberufung des Handelsvertreters zum Grundwehrdienst oder zu einer Wehrübung nicht gelöst.
(2) Der Handelsvertreter hat den Einberufungsbescheid unverzüglich den Unternehmern vorzulegen, mit denen er in einem Vertragsverhältnis steht.
(3) Ein befristetes Vertragsverhältnis wird durch Einberufung zum Grundwehrdienst oder zu einer Wehrübung nicht verlängert; das Gleiche gilt, wenn ein Vertragsverhältnis aus anderen Gründen während des Wehrdienstes geendet hätte.
(4) Der Unternehmer darf das Vertragsverhältnis aus Anlass der Einberufung des Handelsvertreters zum Grundwehrdienst oder zu einer Wehrübung nicht kündigen.
(5) Ist dem Handelsvertreter ein bestimmter Bezirk oder ein bestimmter Kundenkreis zugewiesen und kann er während des Grundwehrdienstes oder während einer Wehrübung seine Vertragspflichten nicht in dem notwendigen Umfange erfüllen, so kann der Unternehmer aus diesem Grund erforderliche Aufwendungen von dem Handelsvertreter ersetzt verlangen. Zu ersetzen sind nur die Aufwendungen, die dem Unternehmer dadurch entstehen, dass er die dem Handelsvertreter obliegende Tätigkeit selbst ausübt oder durch Angestellte oder durch andere Handelsvertreter ausüben lässt; soweit der Unternehmer selbst die Tätigkeit ausübt, kann er nur die aufgewendeten Reisekosten ersetzt verlangen. Die Aufwendungen sind nur bis zur Höhe der Vergütung des Handelsvertreters zu ersetzen; sie können mit ihr verrechnet werden.
(6) Der Unternehmer ist, auch wenn der Handelsvertreter zum Alleinvertreter bestellt ist, während des Grundwehrdienstes oder einer Wehrübung des Handelsvertreters berechtigt, selbst oder durch Angestellte oder durch andere Handelsvertreter sich um die Vermittlung oder den Abschluss von Geschäften zu bemühen.

§ 9 Vorschriften für Beamte und Richter (1) Wird ein Beamter zum Grundwehrdienst einberufen, so ist er für die Dauer des Grundwehrdienstes ohne Bezüge beurlaubt.

(2) Wird ein Beamter zu einer Wehrübung einberufen, so ist er für die Dauer der Wehrübung mit Bezügen beurlaubt. Der Dienstherr hat ihm während dieser Zeit die Bezüge wie bei einem Erholungsurlaub zu zahlen. Zu den Bezügen gehören nicht besondere Zuwendungen, die mit Rücksicht auf den Erholungsurlaub gewährt werden. Auf Antrag erstattet der Bund im Rahmen verfügbarer Haushaltsmittel dem Dienstherrn für eine Wehrübung im Kalenderjahr die um die gesetzlichen Abzüge geminderten Bezüge für den 15. bis 30. Wehrübungstag; der Antrag ist nur zulässig, wenn er spätestens zwei Monate nach Beginn der Wehrübung gestellt wird. Satz 3 gilt nicht für Dienstherren nach § 2 des Bundesbeamtengesetzes.
(3) Absatz 2 Satz 2 gilt für die bei der Deutschen Post AG, der DB Privat- und Firmenkundenbank AG und der Deutschen Telekom AG beschäftigten Beamten mit der Maßgabe, dass der Bund den Aktiengesellschaften die Bezüge der Beamten für die Dauer der Wehrübung zu erstatten hat. Der Antrag ist innerhalb von sechs Monaten nach Beendigung des Wehrdienstes bei der vom Bundesministerium der Verteidigung bestimmten Stelle zu stellen.
(4) Der Beamte hat den Einberufungsbescheid unverzüglich seinem Dienstvorgesetzten vorzulegen.
(5) Dienstverhältnisse auf Zeit werden durch Einberufung zum Grundwehrdienst oder zu einer Wehrübung nicht verlängert.
(6) Der Beamte darf aus Anlass der Einberufung zum Grundwehrdienst oder zu einer Wehrübung nicht entlassen werden.
(7) Dem Beamten dürfen aus der Abwesenheit, die durch den Wehrdienst veranlasst war, keine dienstlichen Nachteile entstehen.
(8) Vorbereitungsdienst und Probezeiten werden um die Zeit des Grundwehrdienstes verlängert. Der Vorbereitungsdienst wird um die Zeit der Wehrübungen verlängert, die sechs Wochen im Kalenderjahr überschreitet. Die Verzögerungen, die sich daraus für den Beginn des Besoldungsdienstalters oder, bei Beamten und Richtern des Bundes, für den Beginn der Erfahrungszeit ergeben, sind auszugleichen. Auch die sich daraus ergebenden beruflichen Verzögerungen sind angemessen auszugleichen.
(9) § 4 Absatz 1, 2, 4 und 5 gilt für Beamte entsprechend.
(10) Die Einstellung als Beamter darf wegen der Einberufung zum Grundwehrdienst oder zu einer Wehrübung nicht verzögert werden. Wird ein Soldat während des Grundwehrdienstes oder einer Wehrübung eingestellt, so sind die Absätze 1, 2 und 4 bis 9 entsprechend anzuwenden.
(11) Die Absätze 1, 2 und 4 bis 10 gelten für Richter entsprechend.

§ 10 Freiwillige Wehrübungen Wird der Wehrpflichtige zu einer Wehrübung auf Grund freiwilliger Verpflichtung (§ 4 Absatz 3 Satz 1 und 2 des Wehrpflichtgesetzes) einberufen, so gelten die §§ 1 bis 4 und 6 bis 9 nur, soweit diese Wehrübung allein oder zusammen mit anderen freiwilligen Wehrübungen im Kalenderjahr nicht länger als sechs Wochen dauert.

§ 11 *(weggefallen)*

§ 11a Bevorzugte Einstellung in den öffentlichen Dienst (1) Bewirbt sich ein Soldat oder entlassener Soldat bis zum Ablauf von sechs Monaten nach Beendigung des Grundwehrdienstes um Einstellung in den öffentlichen Dienst, so hat er Vorrang vor gesetzlich nicht bevorrechtigten Bewerbern gleicher Eignung. Das Gleiche gilt für Wehrpflichtige, die im Anschluss an den Grundwehrdienst eine für den künftigen Beruf im öffentlichen Dienst vorgeschriebene, über die allgemeinbildende Schulbildung hinausgehende Ausbildung ohne unzulässige Überschreitung der Regelzeit durchlaufen, wenn sie sich innerhalb von sechs Monaten nach Abschluss dieser Ausbildung um Einstellung bewerben.
(2) Haben sich die Anforderungen an die fachliche Eignung für die Einstellung in den öffentlichen Dienst für Wehrpflichtige im Sinne des Absatzes 1 Satz 2 während der wehrdienstbedingten Verzögerung ihrer Bewerbung um Einstellung erhöht, so ist der Grad ihrer fachlichen Eignung nach den Anforderungen zu prüfen, die zu einem Zeitpunkt bestanden haben, zu dem sie sich ohne den Grundwehrdienst hätten bewerben können. Führt die Prüfung zu dem Ergebnis, dass ein Wehrpflichtiger ohne diese Verzögerung eingestellt worden wäre, kann er vor Bewerbern ohne Grundwehrdienst eingestellt werden. Die Zahl der Stellen, die Wehrpflichtigen in einem Einstellungstermin vorbehalten werden kann, bestimmt sich nach dem zahlenmäßigen Verhältnis der Bewerber mit wehrdienstbedingter Verzögerung zu denjenigen, bei denen eine solche nicht vorliegt; Bruchteile von Stellen sind zugunsten der Wehrpflichtigen aufzurunden.

§ 12 Anrechnung der Wehrdienstzeit und der Zeit einer Berufsförderung bei Einstellung entlassener Soldaten (1) Wird ein entlassener Soldat im Anschluss an den Grundwehrdienst oder an eine Wehrübung als Arbeitnehmer eingestellt, gilt § 6, nachdem er sechs Monate lang dem Betrieb oder der Verwaltung angehört. Das Gleiche gilt für Wehrpflichtige, die im Anschluss an den Grundwehrdienst oder eine Wehrübung eine für den künftigen Beruf als Arbeitnehmer förderliche, über die allgemein bildende Schulbildung hinausgehende Ausbildung ohne unzulässige Überschreitung der Regelzeit durchlaufen und im Anschluss daran als Arbeitnehmer eingestellt werden. In einer betrieblichen oder überbetrieblichen Altersversorgung beschränkt sich eine Anrechnung nach Satz 1 auf die Berücksichtigung bei den Unverfallbarkeitsfristen nach dem Betriebsrentengesetz. Ist dem Soldaten infolge einer Wehrdienstbeschädigung nach Entlassung aus der Bundeswehr auf Grund des Soldatenversorgungsgesetzes Berufsumschulung oder Berufsfortbildung gewährt worden, so wird auch die hierfür erforderliche Zeit auf die Berufs- und Betriebszugehörigkeit oder als Dienst- und Beschäftigungszeit angerechnet.
(2) Die Besoldungsgesetze regeln unter Berücksichtigung des § 9 Absatz 7 und 11 die Anrechnung der Wehrdienstzeit auf das Besoldungsdienstalter für entlassene Soldaten, die nach dem Grundwehrdienst oder nach einer Wehrübung als Beamter oder Richter eingestellt werden. Bei Einstellung als Beamter oder Richter des Bundes gilt Satz 1 mit der Maßgabe, dass an die Stelle des Besoldungsdienstalters die Erfahrungszeit tritt.
(3) Bewirbt sich ein Soldat oder entlassener Soldat bis zum Ablauf von sechs Monaten nach Beendigung des Grundwehrdienstes oder einer Wehrübung um Ein-

stellung als Beamter und wird er in den Vorbereitungsdienst eingestellt, so gelten Absatz 2 und § 9 Absatz 8 Satz 4 entsprechend.
(4) Absatz 3 gilt entsprechend für einen Arbeitnehmer, dessen Ausbildung für ein späteres Beamtenverhältnis durch eine festgesetzte mehrjährige Tätigkeit im Arbeitsverhältnis anstelle des sonst vorgeschriebenen Vorbereitungsdienstes durchgeführt wird.

§ 13 Anrechnung des Wehrdienstes im späteren Berufsleben (1) Die Zeit des Grundwehrdienstes und der Wehrübungen wird auf die bei der Zulassung zu weiterführenden Prüfungen im Beruf nachzuweisende Zeit einer mehrjährigen Tätigkeit nach der Lehrabschlussprüfung angerechnet, soweit eine Zeit von einem Jahr nicht unterschritten wird.
(2) Beginnt ein entlassener Soldat im Anschluss an den Grundwehrdienst oder eine Wehrübung eine für den künftigen Beruf als Beamter oder Richter über die allgemein bildende Schulbildung hinausgehende vorgeschriebene Ausbildung (Hochschul-, Fachhochschul-, Fachschul- oder andere berufliche Ausbildung) oder wird diese durch den Grundwehrdienst oder durch Wehrübungen unterbrochen, so gelten für Beamte § 9 Absatz 8 Satz 4 und § 12 Absatz 2, für Richter § 9 Absatz 11 und § 12 Absatz 2 entsprechend, wenn er sich bis zum Ablauf von sechs Monaten nach Abschluss der Ausbildung um Einstellung als Beamter oder Richter bewirbt und auf Grund dieser Bewerbung eingestellt wird.
(3) Für einen Arbeitnehmer, dessen Ausbildung für ein späteres Beamtenverhältnis durch eine festgesetzte mehrjährige Tätigkeit im Arbeitsverhältnis an Stelle des sonst vorgeschriebenen Vorbereitungsdienstes durchgeführt wird, gelten § 9 Absatz 8 Satz 4 und § 12 Absatz 2 entsprechend.

Abschnitt 2 – Meldung

§ 14 Weiterzahlung des Arbeitsentgelts (1) Wird ein Arbeitnehmer nach Maßgabe des Wehrpflichtgesetzes von den Karrierecentern der Bundeswehr aufgefordert, sich persönlich zu melden oder vorzustellen, so hat der Arbeitgeber für die ausfallende Arbeitszeit das Arbeitsentgelt weiterzuzahlen.
(2) Der Arbeitnehmer hat die Ladung unverzüglich seinem Arbeitgeber vorzulegen.
(3) Die Absätze 1 und 2 gelten entsprechend für den Arbeitnehmer, der zu Dienstleistungen nach dem Vierten Abschnitt des Soldatengesetzes herangezogen werden soll.

Abschnitt 3 – Alters- und Hinterbliebenenversorgung

§ 14a Zusätzliche Alters- und Hinterbliebenenversorgung für Arbeitnehmer
(1) Eine bestehende Versicherung in der zusätzlichen Alters- und Hinterbliebenenversorgung für Arbeitnehmer im öffentlichen Dienst wird durch Einberufung zum Grundwehrdienst oder zu einer Wehrübung nicht berührt.
(2) Der Arbeitgeber hat während des Wehrdienstes die Beiträge (Arbeitgeber- und Arbeitnehmeranteil) weiterzuentrichten, und zwar in der Höhe, in der sie zu

6

entrichten gewesen wären, wenn das Arbeitsverhältnis aus Anlass der Einberufung des Arbeitnehmers nicht ruhen würde. Nach Ende des Wehrdienstes meldet der Arbeitgeber die auf die Zeit des Wehrdienstes entfallenden Beiträge beim Bundesministerium der Verteidigung oder der von ihm bestimmten Stelle zur Erstattung an. Satz 2 gilt nicht im Falle des § 1 Absatz 2. Veränderungen in der Beitragshöhe, die nach dem Wehrdienst eintreten, bleiben unberücksichtigt.

(3) Für Arbeitnehmer, die einer Pensionskasse angehören oder als Leistungsempfänger einer anderen Einrichtung oder Form der betrieblichen oder überbetrieblichen Alters- und Hinterbliebenenversorgung in Betracht kommen, gelten die Absätze 1 und 2 Satz 1, 2 und 4 sinngemäß. Betriebliche oder überbetriebliche Alters- und Hinterbliebenenversorgungen sind Versicherungen in Einrichtungen nach dem Betriebsrentengesetz, freiwillige Versicherungen in einem Zweig der gesetzlichen Rentenversicherung und Versicherungen in öffentlich-rechtlichen Versicherungs- oder Versorgungseinrichtungen einer Berufsgruppe.

(4) Einem Arbeitnehmer, der aus seinem Arbeitseinkommen freiwillig Beiträge zur gesetzlichen Rentenversicherung oder zu einer sonstigen Alters- und Hinterbliebenenversorgung leistet, werden diese auf Antrag für die Zeit des Wehrdienstes in Höhe des Betrages erstattet, der für die letzten zwölf Monate vor Beginn des Wehrdienstes durchschnittlich entrichtet worden ist, wenn die den Aufwendungen zu Grunde liegende Versicherung bei Beginn des Wehrdienstes mindestens zwölf Monate besteht und der Arbeitgeber nach den Absätzen 1 bis 3 nicht zur Weiterentrichtung verpflichtet ist; Einkünfte aus geringfügiger Beschäftigung im Sinne des § 8 des Vierten Buches Sozialgesetzbuch bleiben außer Betracht. Die Leistungen nach diesem Absatz. dürfen, wenn Beiträge des Bundes zur gesetzlichen Rentenversicherung für die Zeit des Wehrdienstes entrichtet werden, 40 vom Hundert des Höchstbeitrages, der für die freiwillige Versicherung in der allgemeinen Rentenversicherung entrichtet werden kann, ansonsten den Höchstbeitrag nicht übersteigen. Die Sätze 1 und 2 gelten nicht bei Zahlung des Arbeitsentgelts nach § 1 Absatz 2, bei Anspruch auf Leistungen nach den §§ 5 bis 8 des Unterhaltssicherungsgesetzes oder für Elternzeit.

§ 14b Alters- und Hinterbliebenenversorgung in besonderen Fällen (1) Einem Wehrpflichtigen, der am Tage vor Beginn des Wehrdienstverhältnisses (§ 2 des Soldatengesetzes) auf Grund einer durch Gesetz angeordneten oder auf Gesetz beruhenden Verpflichtung Mitglied einer öffentlich-rechtlichen Versicherungs- oder Versorgungseinrichtung seiner Berufsgruppe ist und von der Versicherungspflicht in der gesetzlichen Rentenversicherung befreit ist oder vor der Wehrdienstleistung in einem Zweig der gesetzlichen Rentenversicherung freiwillig versichert war, werden die Beiträge zu dieser Einrichtung auf Antrag in der Höhe erstattet, in der sie nach der Satzung oder den Versicherungsbedingungen für die Zeit des Wehrdienstes zu zahlen sind. Die Leistungen dürfen den Betrag nicht übersteigen, den der Bund für die Zeit des Wehrdienstes in der gesetzlichen Rentenversicherung zu entrichten hätte, wenn der Wehrpflichtige nicht von der Versicherungspflicht befreit worden wäre. Die Sätze 1 und 2 gelten nicht bei Zahlung des Arbeitsentgelts nach § 1 Absatz 2, der Bezüge nach § 9 Absatz 2, bei Anspruch auf Leistungen nach § 5 Absatz 1 und nach § 6 des Unterhaltssicherungsgesetzes oder für Elternzeit.

(2) Einem Wehrpflichtigen, der nach § 14a nicht anspruchsberechtigt ist und Beiträge zur gesetzlichen Rentenversicherung oder zu einer sonstigen Alters- und Hinterbliebenenversorgung leistet, werden die Beiträge auf Antrag für die Zeit des Wehrdienstes erstattet. Beiträge, die freiwillig zur gesetzlichen Rentenversicherung entrichtet werden, soweit sie die Beiträge des Bundes zur gesetzlichen Rentenversicherung für die Zeit des Wehrdienstes übersteigen, und Beiträge zu einer sonstigen Alters- und Hinterbliebenenversorgung, die freiwillig entrichtet werden, werden nur in Höhe des Betrages erstattet, der für die letzten zwölf Monate vor Beginn des Wehrdienstes durchschnittlich entrichtet worden ist, wenn die den Aufwendungen zugrundeliegende Versicherung bei Beginn des Wehrdienstes mindestens zwölf Monate besteht. Diese Beiträge müssen aus eigenen Einkünften aus Land- und Forstwirtschaft, Gewerbebetrieb, selbständiger Arbeit, nichtselbständiger Arbeit oder Lohnersatzleistungen geleistet worden sein; Einkünfte aus geringfügiger Beschäftigung im Sinne des § 8 des Vierten Buches Sozialgesetzbuch bleiben außer Betracht. Sind Zuschüsse zum Beitrag nach § 32 des Gesetzes über die Alterssicherung der Landwirte gewährt worden, ist mit den für den gleichen Zeitraum gezahlten Zuschüssen gegen den Erstattungsanspruch aufzurechnen. Die Sätze 1 bis 4 gelten nicht bei Zahlung des Arbeitsentgelts nach § 1 Absatz 2, der Bezüge nach § 9 Absatz 2, bei Anspruch auf Leistungen nach den §§ 5 bis 8 des Unterhaltssicherungsgesetzes oder für Elternzeit.
(3) Die Leistungen nach Absatz 2 dürfen, wenn Beiträge des Bundes zur gesetzlichen Rentenversicherung für die Zeit des Wehrdienstes entrichtet oder Beiträge nach Absatz 1 erstattet werden, 40 vom Hundert des Höchstbeitrages, der für die freiwillige Versicherung in der allgemeinen Rentenversicherung entrichtet werden kann, ansonsten den Höchstbeitrag nicht übersteigen.

§ 14c Verfahren (1) Ist seit der Beendigung des Wehrdienstes ein Jahr verstrichen, so können Beiträge nicht mehr nach § 14a Absatz 2 Satz 2 angemeldet und können Anträge nach § 14b Absatz 1 und 2 nicht mehr gestellt werden. Über die Erstattungsanträge entscheidet das Bundesamt für das Personalmanagement der Bundeswehr. Zu erstattende Beiträge nach § 14a dürfen nur unmittelbar an die Einrichtung der Alters- und Hinterbliebenenversorgung gezahlt werden, sofern ein Nachweis über die Beitragszahlung durch den Arbeitgeber oder die Arbeitgeberin nicht vorgelegt wird. Zu erstattende Beiträge nach § 14b werden an die Einrichtung der Alters- und Hinterbliebenenversorgung ausgezahlt.
(2) Der Wehrpflichtige hat die Unterlagen zur Begründung der Erstattungsantrags drei Jahre aufzubewahren. Die Aufbewahrungsfrist beginnt mit dem Datum der Entscheidung über den Erstattungsantrag.

Abschnitt 4 – Schlussvorschriften

§ 15 Begriffsbestimmungen (1) Arbeitnehmer im Sinne dieses Gesetzes sind Arbeiter und Angestellte sowie die zu ihrer Berufsausbildung Beschäftigten.
(2) Öffentlicher Dienst im Sinne dieses Gesetzes ist die Tätigkeit im Dienst des Bundes, eines Landes, einer Gemeinde (eines Gemeindeverbandes) oder anderer Körperschaften, Anstalten und Stiftungen des öffentlichen Rechts oder der Ver-

bände von solchen; ausgenommen ist die Tätigkeit bei öffentlich-rechtlichen Religionsgesellschaften oder ihren Verbänden.

§ 16 Sonstige Geltung des Gesetzes (1) Dieses Gesetz gilt auch im Falle des unbefristeten Wehrdienstes im Spannungs- oder Verteidigungsfall mit der Maßgabe, dass die Vorschriften über Wehrübungen anzuwenden sind. § 1 Absatz 2 Satz 3 und Absatz 6 sowie § 9 Absatz 2 Satz 4 sind nicht anzuwenden.
(2) Dieses Gesetz gilt auch im Falle der freiwilligen Verlängerung des Grundwehrdienstes (§ 6a des Wehrpflichtgesetzes) mit der Maßgabe, dass die Vorschriften über den Grundwehrdienst anzuwenden sind.
(3) Dieses Gesetz ist ferner anzuwenden auf Arbeits- und Dienstverhältnisse von Personen, die zu Dienstleistungen nach dem Vierten Abschnitt des Soldatengesetzes herangezogen werden, mit der Maßgabe, dass die Vorschriften über Wehrübungen entsprechend anzuwenden sind. § 10 ist nur bei Übungen (§ 61 des Soldatengesetzes) und Wehrdienst zur temporären Verbesserung der personellen Einsatzbereitschaft (§ 63b des Soldatengesetzes) anzuwenden.
(4) § 1 Absatz 1, 3 und 4 und die §§ 2 bis 8 dieses Gesetzes gelten auch für in Deutschland beschäftigte Ausländer, wenn diese in ihrem Heimatstaat zur Erfüllung ihrer dort bestehenden Wehrpflicht zum Wehrdienst herangezogen werden. Dies gilt nur für Ausländer, die Staatsangehörige der Vertragsparteien der Europäischen Sozialcharta vom 18. Oktober 1961 (BGBl. 1964 II S. 1262) sind und die ihren rechtmäßigen Aufenthalt in Deutschland haben.
(5) Dieses Gesetz gilt auch im Falle des freiwilligen Wehrdienstes nach § 58b des Soldatengesetzes mit der Maßgabe, dass die Vorschriften über den Grundwehrdienst anzuwenden sind.

§ 16a Wehrdienst als Soldat auf Zeit (1) Dieses Gesetz gilt auch im Falle des Wehrdienstes als Soldat auf Zeit
1. für die zunächst auf sechs Monate festgesetzte Dienstzeit,
2. für die endgültig auf insgesamt nicht mehr als zwei Jahre festgesetzte Dienstzeit

mit der Maßgabe, dass die für den Grundwehrdienst der Wehrpflichtigen geltenden Vorschriften anzuwenden sind, ausgenommen § 9 Abs. 8 Satz 3, §§ 14a und 14 b.
(2) In den Fällen des Absatzes 1 Nr. 1 und 2 sind § 125 Satz 1 des Beamtenrechtsrahmengesetzes oder § 31 Absatz 1 Satz 1 Nummer 2 des Bundesbeamtengesetzes und § 22 Abs. 2 Satz 1 des Beamtenstatusgesetzes nicht anzuwenden.
(3) *(weggefallen)*
(4) Wird die Dienstzeit auf insgesamt mehr als zwei Jahre festgesetzt, so ist der Arbeitgeber durch die zuständige Personal bearbeitende Dienststelle der Bundeswehr unverzüglich zu benachrichtigen. Das Gleiche gilt, wenn ein Wehrpflichtiger während des Grundwehrdienstes zum Soldaten auf Zeit ernannt wird.
(5) Die Absätze 1 bis 4 gelten entsprechend im Falle einer Verlängerung der Dienstzeit nach Absatz 1 aus zwingenden Gründen der Verteidigung (§ 54 Abs. 3 des Soldatengesetzes).

§ 17 Übergangsvorschrift *(nicht abgedruckt)*

6a. Gesetz über den Bundesfreiwilligendienst (Bundesfreiwilligendienstgesetz – BFDG)

vom 28. April 2011 (BGBl. I 687),
geändert durch Gesetz vom 23. Mai 2024 (BGBl. 2024 I Nr. 170)

(Abgedruckte Vorschriften: §§ 6 Abs. 1, 8 Abs. 1 Satz 1, 9 Abs. 2, 11, 13 Abs. 1)

Einleitung

(siehe bei Nr. 6, II)

Gesetzestext

§ 6 Einsatzstellen (1) Die Freiwilligen leisten den Bundesfreiwilligendienst in einer dafür anerkannten Einsatzstelle.

…

§ 8 Vereinbarung (1) Der Bund und die oder der Freiwillige schließen vor Beginn des Bundesfreiwilligendienstes auf gemeinsamen Vorschlag der oder des Freiwilligen und der Einsatzstelle eine schriftliche Vereinbarung ab. …

…

§ 9 Haftung (1) …

(2) Für Schäden bei der Ausübung ihrer Tätigkeit haften Freiwillige nur wie Arbeitnehmerinnen und Arbeitnehmer.

…

§ 11 Bescheinigung, Zeugnis (1) Die Einsatzstelle stellt der oder dem Freiwilligen nach Abschluss des Dienstes eine Bescheinigung über den geleisteten Dienst aus. Eine Zweitausfertigung der Bescheinigung ist der zuständigen Bundesbehörde zuzuleiten.

(2) Bei Beendigung des freiwilligen Dienstes erhält die oder der Freiwillige von der Einsatzstelle ein schriftliches Zeugnis über die Art und Dauer des freiwilligen Dienstes. Das Zeugnis ist auf die Leistungen und die Führung während der Dienstzeit zu erstrecken. Dabei sind in das Zeugnis berufsqualifizierende Merkmale des Bundesfreiwilligendienstes aufzunehmen.

…

§ 13 Anwendung arbeitsrechtlicher, arbeitsschutzrechtlicher und sonstiger Bestimmungen (1) Für eine Tätigkeit im Rahmen eines Bundesfreiwilligendienstes im Sinne dieses Gesetzes sind die Arbeitsschutzbestimmungen, das Jugendarbeitsschutzgesetz und das Bundesurlaubsgesetz entsprechend anzuwenden.

…

7. Gesetz über die Durchführung von Maßnahmen des Arbeitsschutzes und zur Verbesserung der Sicherheit und des Gesundheitsschutzes der Beschäftigten bei der Arbeit (Arbeitsschutzgesetz – ArbSchG)

Einleitung

I. Gesamtsystem des Arbeitsschutzes

1. Nationales Recht

»Der Arbeitsschutz umfaßt alle rechtlichen, organisatorischen, technischen und medizinischen Maßnahmen, die getroffen werden müssen, um die körperliche und psychische Unversehrtheit der in die Arbeitsorganisation des Arbeitgebers eingegliederten Arbeitnehmer zu schützen; ferner aber auch, um bestimmte Persönlichkeitsrechte der Arbeitnehmer im Arbeitsprozeß zu wahren. Die Zielrichtung des Arbeitsschutzes ist abwehrender Art (gegen Gefahren, Schäden, Belästigungen, vermeidbare Belastungen) wie gestaltender Art (Herstellung möglichst menschengerechter Arbeitsplätze, Arbeitsabläufe, Arbeitsumgebungen). Das so zu kennzeichnende Arbeitsschutzrecht ist der älteste Teil des dem Schutz der Arbeitnehmer insgesamt dienenden Arbeitsrechts.« (*Wlotzke,* Arbeitsschutzrecht – Aspekte zum Stand, Arbeitsschutz 1978, S. 147)

Der Arbeitsschutz dient auch dem umfassenden Ziel des Schutzes der menschlichen Gesundheit im Sinne des Gesundheitsbegriffs der Weltgesundheitsorganisation: »Zustand vollständigen körperlichen, geistigen und sozialen Wohlbefindens«. Dies wird seit 2015 durch die Verknüpfung des Arbeitsschutzes mit den Zielen der Prävention und der Gesundheitsförderung gemäß §§ 20 ff. SGB V (Nr. 30 V) verstärkt.

Dem Gesetzgeber ist nicht freigestellt, ob er überhaupt Arbeitsschutzvorschriften erlässt. Zur Sicherung des Grundrechts auf Leben und körperliche Unversehrtheit trifft ihn vielmehr eine verfassungsrechtliche Schutzpflicht (*BVerfG* 28. 1. 1992 – 1 BvR 1052/82, 1 BvL 16/83, 1 BvL 10/91, NJW 92, 964, 966). Dies kann durch die Regelung privat- und öffentlich-rechtlicher Pflichten und Rechte, wie auch durch eine geeignete Organisation und ein adäquates Verfahren realisiert werden (*BVerfG* 20. 12. 1979 – 1 BvR 385/77, BVerfGE 53, 30, 65).

Privatrechtlich sind die §§ 618 BGB (Nr. 14) und 62 HGB (Nr. 21) von Bedeutung. Sie verpflichten den Arbeitgeber zu Maßnahmen des Arbeitsschutzes für den Arbeitnehmer im Rahmen des Arbeitsverhältnisses. Die Maßstäbe dieser Verpflichtung werden durch die öffentlich-rechtlichen Arbeitsschutzvorschriften gesetzt, wenn diese geeignet sind, Gegenstand einer vertraglichen Vereinbarung zu sein. Als Rechtsfolgen bei ihrer Verletzung kommen Ansprüche auf Erfüllung, Unterlassung, Leistungszurückbehaltung und Schadensersatz in Betracht. So haben Arbeitnehmer gemäß § 618 BGB z. B. einen privatrechtlichen Anspruch auf Beurteilung der Arbeitsbedingungen (*BAG* 12. 8. 2008 – 9 AZR 1117/06, AuR 08, 360).

Die Ausgestaltung des öffentlich-rechtlichen Arbeitsschutzes beruht auf zwei Säulen (sog. »Duales Arbeitsschutzsystem«):

- dem staatlichen Arbeitsschutz, dem zugleich die Rechtsetzung durch Gesetze und Verordnungen (Bund) und die Überwachung (staatliche Arbeitsschutzaufsicht der Länder) sowie eine Garantenstellung zur Wahrung der Grundrechte obliegt, und
- dem autonomen Arbeitsschutz der Träger der gesetzlichen Unfallversicherung, die im Rahmen der gesetzlich vorgesehenen Selbstverwaltung nach dem SGB VII (Nr. 30 VII) durch, in stark zurückgehendem Maße, Unfallverhütungsvorschriften (UVV) und deren Überwachung durch Aufsichtspersonen.

Die staatlichen und »autonomen« Institutionen des überbetrieblichen Arbeitsschutzsystems haben zudem einen gesetzlichen Beratungsauftrag und sind gegenseitig zur Kooperation verpflichtet (§ 21 Abs. 3 ArbSchG, § 20 SGB VII; Nr. 30 VII). Seit 2006 wurde in Anknüpfung an den europäischen Rahmen eine »Gemeinsame Deutsche Arbeitsschutzstrategie« (GDA) entwickelt, die diese Kooperation auf der Basis abgestimmter Ziele und Arbeitsschwerpunkte verbessern soll. Mit dem Unfallversicherungsmodernisierungsgesetz (UVMG) vom 26. 6. 2008 (BGBl. I 2130) wurde dieser Ansatz im ArbSchG und im SGB VII verankert (§§ 20a, 20b ArbSchG, § 20 SGB VII; vgl. ergänzend auch § 20d SGB V; Nr. 30 V).

Ein wichtiges Gestaltungsfeld im Rahmen des staatlichen Vorschriften- und Regelwerks im Bereich des betrieblichen Arbeitsschutzes ist die Erarbeitung von »(Technischen) Regeln«. Diese Regeln (AMR, ASR, TRBA, TRBS, TREMF, TRGS, TRLV, TROS, RAB, MuSchR) werden in den durch staatliches Recht (ArbSchG, ArbeitsschutzVO, MuSchG) konstituierten Ausschüssen (ASGA, ABS, ABAS, AfAMed, AGS, AStA, AfMu) erarbeitet sowie vom BMAS bekannt gegeben. Sie konkretisieren die überwiegend als Schutzzielbestimmungen in den Vorschriften formulierten Pflichten des Arbeitgebers. Die in den pluralistisch zusammengesetzten staatlichen Ausschüssen nach § 18 Abs. 5 ArbSchG erarbeiteten Regeln sind rechtlich nicht zwingend, lösen aber eine Vermutungswirkung zugunsten des Rechtsanwenders, d. h. des Arbeitgebers oder der sonst verantwortlichen Personen aus. Bei Einhaltung dieser Regeln ist davon auszugehen, dass die in der jeweiligen VO gestellten Anforderungen diesbezüglich erfüllt sind. Wendet der Arbeitgeber die Regeln nicht an, muss er durch andere Maßnahmen die gleiche Sicherheit und den gleichen Gesundheitsschutz der Beschäftigten erreichen.

Im Rahmen von ArbeitsschutzVO nach §§ 18, 19 ArbSchG muss der Arbeitgeber Schutzmaßnahmen auf der Grundlage der Gefährdungsbeurteilung nach dem Stand der Technik sowie ggf. nach gesicherten wissenschaftlichen Erkenntnissen festlegen und durchführen. Zuverlässige Quellen für Regeln sowie für Erkenntnisse sind insbesondere die Bundesanstalt für Arbeitsschutz und Arbeitsmedizin (*www.baua.de*) und die Träger der gesetzlichen Unfallversicherung (*www.dguv.de*) sowie deren Forschungsinstitute (z. B. das Institut für Arbeitsschutz der DGUV, *www.dguv.de/ifa/index.jsp*).

2. Europäisches und Internationales Recht

Im Rahmen der EU spielt die Harmonisierung und Verbesserung des Arbeitsschutzes eine wichtige Rolle. Dabei werden die Organe der EU, gestützt auf die Rechtsgrundlagen des AEUV (Nr. 20a), in zweierlei Hinsicht tätig:
- betrieblicher Arbeitsschutz (in Form von Richtlinien nach Art. 153 AEUV zum Schutz der Sicherheit und der Gesundheit der Beschäftigten) und
- vorgreifender Arbeitsschutz einschließlich Verbraucherschutz (in Form von EU-Binnenmarktrichtlinien, zunehmend EU-Verordnungen mit sicherheitstechnischen Anforderungen an das Inverkehrbringen von Produkten, Verfahren und Stoffen nach Art. 114 AEUV).

Anders als Richtlinien, die von den Mitgliedstaaten umgesetzt werden müssen, wirken Verordnungen unmittelbar (wie z. B.: Produktsicherheits-VO, PSA-VO, Maschinen-VO, REACH-VO, CLP-VO).

Die EU hat in beiden Bereichen seit dem Ende der 1980er Jahre eine Vielzahl von Rechtsvorschriften erlassen. Im Bereich des betrieblichen Arbeitsschutzes (Art. 153 AEUV) gelten eine Rahmenrichtlinie 89/391/EWG über Maßnahmen zur Verbesserung der Sicherheit und der Gesundheit der Arbeitnehmer bei der Arbeit (EU-ASO Nr. 60; umgesetzt durch das ArbSchG) sowie eine Reihe konkretisierender Einzelrichtlinien, auch zum Arbeitszeitschutz sowie zum sozialen Arbeitsschutz, etwa die Arbeitszeitrichtlinie (EU-ASO Nr. 63; umgesetzt durch das ArbZG; Nr. 8) sowie die Jugendarbeitsschutzrichtlinie 94/33/EG (EU-ASO Nr. 62; umgesetzt durch das JArbSchG; Nr. 24) und die Mutterschutzrichtlinie 92/85/EWG (EU-ASO Nr. 61; umgesetzt durch das MuSchG; Nr. 28). Durch die Umsetzung von Richtlinien nach Art. 153 AEUV sind insbesondere die folgenden Rechtsvorschriften neu geschaffen bzw. geändert worden:
- Arbeitssicherheitsgesetz (Nr. 7 a),
- ArbeitsstättenVO (Nr. 7 b)
- GefahrstoffVO (Nr. 7 c)
- BetriebssicherheitsVO (Nr. 7 d)
- LastenhandhabungsVO (Nr. 7 e),
- PSA-BenutzungsVO (Nr. 7 f),
- Lärm- und VibrationsarbeitsschutzVO (Nr. 7g)
- ArbeitsmedizinvorsorgeVO (Nr. 7 h)
- VO zu künstlicher optischer Strahlung (Nr. 7 i)
- VO zu elektromagnetischen Feldern (Nr. 7 j)

Die Europäische Kommission hat zur Förderung des betrieblichen Arbeitsschutzes eine »Europäische Agentur für Sicherheit und Gesundheitsschutz am Arbeitsplatz« (EU-OSHA) mit Sitz in Bilbao eingerichtet (EuZW 94, 483; *https://osha.europa.eu/de*).

Neben der EU wirkt auf internationaler Ebene die »Internationale Arbeitsorganisation« (ILO, vgl. Einführung I 5) auf das nationale Arbeitsschutzrecht ein. Von der Bundesrepublik Deutschland wurde z. B. das Übereinkommen Nr. 190 der ILO von 2019 über die Beseitigung von Gewalt und Belästigung in der Arbeitswelt ratifiziert (Gesetz v. 22. 5. 2023, BGBl. II Nr. 142). Ratifiziert wurde auch das Übereinkommen Nr. 187 über den Förderungsrahmen für den Arbeitsschutz von 2006

(Gesetz v. 26.5.2010, BGBl. II Nr. 13). Geplant ist aktuell, das Übereinkommen Nr. 155 über den Arbeitsschutz und die Arbeitsumwelt von 1981 zu ratifizieren (Entwurf: BT-Drs. 21/1889; Beschlussempfehlung und Bericht des Ausschusses für Arbeit und Soziales: BT-Drs. 21/2626).

II. Zu einzelnen Arbeitsschutzvorschriften

Im August 2011 wurde im Rahmen der »Gemeinsamen Deutschen Arbeitsschutzstrategie« (GDA) ein neues Leitlinienpapier zur Neuordnung des Vorschriften- und Regelwerks im Arbeitsschutz verabschiedet (zur vorherigen Entwicklung vgl. 50. Aufl., Einl. II zum ArbSchG, Nr. 7). Dieses definiert das Verhältnis von staatlichem Recht zum autonomen Recht der Unfallversicherungsträger und beschreibt die Verfahren, mit denen die beiden Rechtsbereiche aufeinander abgestimmt werden. Zentrale Elemente des Leitlinienpapiers sind:

- Vorrang von staatlichen Vorschriften und Regeln
- Bedarfsprüfung für Unfallverhütungsvorschriften
- Vermutungswirkung nur bei staatlichen Regeln, die von den zuständigen Ausschüssen erarbeitet und vom BMAS bekannt gemacht werden
- Kooperations- und Kombinationsmodell zum Zusammenwirken von staatlichen Regeln und Regeln der Unfallversicherungsträger.

Eine Konsequenz dieser Neuordnung des Arbeitsschutzrechts ist eine Reduzierung der geltenden Unfallverhütungsvorschriften (UVV) nach § 15 SGB VII. Ein wesentlicher Teil der diesbezüglichen Aktivitäten der Unfallversicherungsträger hat sich dementsprechend auf die Erarbeitung des konkretisierenden Regelwerks der staatlichen Arbeitsschutzvorschriften verlagert, was die Überwachung Letzterer durch ihre Aufsichtspersonen grundsätzlich einschließt (vgl. § 2 Abs. 1 UVV DGUV Vorschrift 1, Nr. 2.1.1 DGUV Regel 100-001; Übersicht 16). Das Vorschriften- und Regelwerk der Träger der gesetzlichen Unfallversicherung, hier der DGUV, ist in Kategorien eingeteilt: DGUV-Vorschriften (= UVV), -Regeln, -Informationen, -Grundsätze und -Empfehlungen.

1. Arbeitsschutzgesetz (ArbSchG) – Grundgesetz des betrieblichen Arbeitsschutzes (Nr. 7)

Das ArbSchG ist die Umsetzung der europäischen Rahmenrichtlinie 89/391/EWG in bundesdeutsches Recht (EU-ASO Nr. 60, vgl. Übersicht 17). Zweck des Gesetzes ist es, Sicherheit und Gesundheitsschutz der Beschäftigten bei der Arbeit durch Maßnahmen des Arbeitsschutzes sicherzustellen und zu verbessern (§ 1 Abs. 1 ArbSchG). Es gilt in allen Tätigkeitsbereichen (§ 1 Abs. 1 S. 2 ArbSchG), d.h. insbesondere auch im öffentlichen Dienst. Nicht erfasst werden lediglich Hausangestellte in privaten Haushalten (§ 1 Abs. 2 ArbSchG; vgl. § 2 Abs. 2 ArbSchG zum Beschäftigtenbegriff).

Der Arbeitgeber wird zum vorbeugenden Arbeitsschutz (Prävention) einschließlich der menschengerechten Gestaltung der Arbeit verpflichtet (§ 3 Abs. 1, § 2 Abs. 1 ArbSchG). § 3 Abs. 1 ArbSchG verpflichtet den Arbeitgeber, die erforderlichen Maßnahmen des Arbeitsschutzes unter Berücksichtigung der Umstände zu treffen, die die Sicherheit und Gesundheit der Beschäftigten bei der Arbeit beeinflussen. Die getroffenen Maßnahmen sind auf ihre Wirksamkeit zu überprüfen und erforderlichenfalls sich ändernden Gegebenheiten anzupassen sowie kontinuierlich zu verbessern. Die Kosten der Maßnahmen des Arbeitsschutzes hat der Arbeitgeber zu tragen (§ 3 Abs. 3 ArbSchG).

Die Maßnahmen des ArbSchG zielen auf die Vermeidung von Gefährdungen für das Leben sowie die physische und psychische Gesundheit (§ 4 Nr. 1 ArbSchG) und müssen durch eine geeignete Organisation (was nach der Rechtsprechung des *BAG* 13.9.2022 – 1 ABR 22/21 – auch die Pflicht zur Arbeitszeiterfassung umfasst; s. Einl. IV 5a zum ArbZG, Nr. 8), die Mitwirkung der Beschäftigten sowie geeignete Anweisungen realisiert werden (vgl. § 3 Abs. 2 ArbSchG, § 4 Nr. 7 ArbSchG).

Der Präventionsgedanke kommt umfassend und differenziert in § 4 ArbSchG zum Ausdruck. In dieser Vorschrift sind allgemeine Grundsätze für die Festlegung und Durchführung von Maßnahmen des Arbeitsschutzes festgelegt, die eine Rangfolge von Maßnahmen, die Berücksichtigung von wissenschaftlichen Erkenntnissen, eine übergreifende betriebliche Präventionspolitik sowie den Schutz besonders schutzbedürftiger Beschäftigter und die Prävention gegenüber Diskriminierung umfassen.

Im Sinne einer methodischen Grundlage für die systematische Durchführung wird der Arbeitgeber zu einer Beurteilung der Arbeitsbedingungen bzw. Gefährdungsbeurteilung verpflichtet (§ 5 ArbSchG). Die damit ermittelten Gefährdungen i. S. v. § 4 Nr. 1 ArbSchG sowie die Festlegung, Wirksamkeitsüberprüfung und Anpassung von entsprechenden Maßnahmen des Arbeitsschutzes sind zu dokumentieren (§ 6 ArbSchG).

Gemäß § 7 ArbSchG hat der Arbeitgeber die Befähigung der Beschäftigten zu prüfen, die bei der Aufgabenerfüllung zu beachtenden Bestimmungen und Maßnahmen des Arbeitsschutzes einzuhalten.

§ 8 ArbSchG trägt der Situation Rechnung, dass Beschäftigte zwar in räumlicher Beziehung (d. h. im Kontext von Arbeitssystemen) zueinander tätig werden können, jedoch nicht notwendigerweise alle beim selben Arbeitgeber beschäftigt sind. Demgemäß werden die beteiligten Arbeitgeber verpflichtet, bei der Durchführung der Sicherheits- und Gesundheitsschutzbestimmungen zusammenzuarbeiten. Sie haben sich gegenseitig und ihre Beschäftigten über Gefahren zu unterrichten. Dementsprechend trifft einen Arbeitgeber auch die Verantwortung dafür, dass in seinem Betrieb tätige Beschäftigte von sog. Fremdfirmen/Vertragspartnern angemessene Anweisungen zum Arbeitsschutz erhalten haben (§ 8 ArbSchG).

Zu besonderen Gefahren werden zusätzliche Pflichten des Arbeitgebers bestimmt (§ 9 ArbSchG). Er hat Maßnahmen zu treffen, damit nur Beschäftigte Zugang zu besonders gefährlichen Arbeitsbereichen haben, die zuvor geeignete Anweisungen erhalten haben. Im Hinblick auf unmittelbare erhebliche Gefahren muss der Arbeitgeber Beschäftigte besonders unterrichten und es ihnen ermöglichen, die geeigneten Maßnahmen zur Gefahrenabwehr und Schadensbegrenzung notfalls selbst treffen zu können. Bei solchen Gefahren muss es den Beschäftigten möglich sein, sich durch sofortiges Verlassen der Arbeitsplätze in Sicherheit zu bringen.

Der Arbeitgeber hat angemessene Maßnahmen zur Organisation der Ersten Hilfe, des Brandschutzes und des Notfallmanagements zu ermitteln und festzulegen sowie entsprechende Erst-, Brandschutz- sowie Notfallhelfer zu benennen (§ 10 ArbSchG).

Den Beschäftigten ist auf deren Wunsch und gefährdungsbezogen arbeitsmedizinische Vorsorge zu ermöglichen (§ 11 ArbSchG; vgl. auch ArbMedVV, s. u. 9).

Die Beschäftigten sind während der Arbeitszeit ausreichend und angemessen, d. h. angepasst an die bestehenden Gefährdungen und zu treffenden Maßnahmen des Arbeitsschutzes regelmäßig zu unterweisen (§ 12 ArbSchG).

Die Beschäftigten werden auf Grundlage der Maßnahmen des Arbeitgebers dazu verpflichtet, im Rahmen ihrer Befähigung (§ 7 ArbSchG) und gem. der Unterweisung (§ 12 ArbSchG) für ihre Sicherheit und Gesundheit bei der Arbeit Sorge zu tragen (§ 15 Abs. 1 ArbSchG; Checkliste 18). Hierzu gehört insbesondere die bestimmungsgemäße Verwendung von PSA und Arbeitsmitteln (§ 15 Abs. 2 ArbSchG). Die Beschäftigten haben dem Arbeitgeber oder dem zuständigen Vorgesetzten unmittelbare erhebliche Gefahren für die Sicherheit und Gesundheit sowie Defekte an Schutzsystemen unverzüglich zu melden (§ 16 ArbSchG).

Beschäftigte haben das Recht, dem Arbeitgeber Vorschläge zu allen Fragen der Sicherheit und des Gesundheitsschutzes zu machen (§ 17 Abs. 1 ArbSchG; vgl. auch § 82 Abs. 1 BetrVG; Nr. 12). Reagiert der Arbeitgeber nicht auf ihre Beschwerden oder liegen gravierende Rechtsverstöße vor, können sich die Beschäftigten gemäß § 17 Abs. 2 ArbSchG an die zuständige Behörde wenden (vgl. auch §§ 84, 85 BetrVG; Nr. 12).

Die Überwachung des ArbSchG und der auf dieses gestützten ArbeitsschutzVO obliegt der staatlichen Arbeitsschutzaufsicht (§ 21 Abs. 1, 2 ArbSchG). Das Gesetz verpflichtet die zuständigen Behörden zum Zusammenwirken mit den Trägern der gesetzlichen Unfallversicherung (Berufsgenossenschaften, Unfallkassen, § 21 Abs. 3, 4 ArbSchG). Die »Gemeinsame Deutsche Arbeitsschutzstrategie« (GDA) soll diese Kooperation verbessern (§§ 20a, 20b; *www.gda-portal.de*).

Ein wesentliches Merkmal des ArbSchG ist es, dass es keine Detailregelungen und unmittelbare Vorgaben trifft, sondern weit gefasste, z. T. generalisierende Rahmenvorschriften enthält. Der Gesetzgeber wollte damit bewusst Spielraum für die betriebliche Situation lassen (Übersicht 19). Das wiederum führt zu einem Mitbestimmungsrecht des Betriebsrates gemäß § 87 Abs. 1 Nr. 7 BetrVG (Nr. 12). Dieses Mitbestimmungsrecht bezieht sich z. B. auf die Grundpflichten und Grundsätze der §§ 3, 4 ArbSchG, die Beurteilung der Arbeitsbedingungen bzw. Gefährdungsbeurteilung gemäß §§ 5, 6 ArbSchG, die Unterweisung gemäß § 12 ArbSchG sowie auf entsprechende Regelungen in den Arbeitsschutzverordnungen nach den Verordnungsermächtigungen gemäß §§ 18, 19 ArbSchG (vgl. II 3–9).

In Betrieben, in denen kein Betriebsrat existiert, hat der Arbeitgeber die Arbeitnehmer zu allen Maßnahmen zu hören, die Auswirkungen auf ihre Sicherheit und Gesundheit haben können (§ 81 Abs. 3 BetrVG; Nr. 12; für den öffentlichen Dienst vgl. § 14 ArbSchG).

2. Arbeitssicherheitsgesetz (ASiG) – Grundgesetz der betrieblichen Arbeitsschutzorganisation (Nr. 7 a)

Das ASiG (in Kraft getreten 1974) verpflichtet, i. V. m. der UVV DGUV Vorschrift 2 sowie der DGUV Regel 100-002, den Arbeitgeber zur Bestellung von Betriebsärzten (§ 2 ASiG) und Fachkräften für Arbeitssicherheit (§ 5 ASiG; vgl. III 2). Diese haben die Aufgabe, den Arbeitgeber bei der Durchführung des betrieblichen Arbeitsschutzes zu beraten und zu unterstützen (§ 1 ASiG). Fachkraft und Betriebsarzt sind direkt dem Arbeitgeber zugeordnet (Stabsfunktion); bei der Anwendung ihrer jeweiligen Fachkunde sind sie weisungsfrei und dürfen deswegen nicht benachteiligt werden (§§ 4, 7, 8 ASiG). Der Arbeitgeber kann auch einen überbetrieblichen Dienst verpflichten (§ 19 ASiG). Allerdings ist der Arbeitgeber verpflichtet, vorrangig zu prüfen, ob betriebliche Experten bestellt werden können (*LAG Berlin-Brandenburg* 7.7.2016 – 21 TaBV 195/16). In Betrieben mit mehr als 20 Beschäftigten ist ein beratender Arbeitsschutzausschuss zu bilden (§ 11 ASiG). Von besonderer Bedeutung bei der Umsetzung des ASiG ist die Beteiligung des Betriebsrats (§ 9 ASiG; i. V. m. § 16 auch des Personalrats). Deren Mitbestimmung bei der Bestellung und Abberufung der Betriebsärzte und Fachkräfte für Arbeitssicherheit ist erforderlich, um diesen die notwendige Unabhängigkeit gegenüber dem Arbeitgeber zu verleihen (*BAG* 10.4.1979 – 1 ABR 34/77, DB 79, 1995). Hinzu kommt die Beteiligung im Arbeitsschutzausschuss (§ 11 ASiG), die von Seiten des Betriebsrats stets im Zusammenhang mit seinen Aufgaben sowie Informations-, Beteiligungs- und Mitbestimmungsrechten aus dem BetrVG (§§ 80, 87 Abs. 1 Nr. 7, 89, 90, 91 BetrVG; Nr. 12) zu sehen ist (analog gilt dies auch für den Personalrat gemäß den Regelungen der PersVG).
Schließlich werden durch § 22 SGB VII i. V. m. § 20 UVV DGUV Vorschrift 1 die Regelungen des ASiG durch die Pflicht des Arbeitgebers ergänzt, Sicherheitsbeauftragte zu bestellen (Nr. 30 VII).
Ergänzend ist auf Pflichten zur Benennung von Beschäftigten im Hinblick auf Erste Hilfe, Brandschutz sowie Evakuierungsmaßnahmen gemäß § 10 Abs. 2 ArbSchG i. V. m. sonstigen Rechtsvorschriften hinzuweisen.

3. Betriebssicherheitsverordnung (Nr. 7 d)

Ziel der BetrSichV ist die Verbesserung von Sicherheit und Gesundheitsschutz der Beschäftigten durch Maßnahmen des Arbeitsschutzes bei der Arbeit im Hinblick auf die Verwendung von Arbeitsmitteln. Die BetrSichV trägt in ihrer aktuellen Fassung besonderen Präventionsschwerpunkten Rechnung: Instandhaltung, besondere Betriebszustände, Betriebsstörungen, Manipulation von Schutzeinrichtungen und unsachgemäße Verwendung. Verbunden mit der Verpflichtung des Arbeitgebers zur Ermittlung und Beurteilung von Gefährdungen (§ 3 BetrSichV) werden Vorgaben bestimmt, die sich auf die Einbeziehung der Gebrauchstauglichkeit von Arbeitsmitteln, d. h. deren ergonomischer bzw. alters- und alternsgerechter Gestaltung, sowie, damit verknüpft, auf die sichere und gesundheitsgerechte Optimierung von physischen und psychischen Belastungen beziehen. Dies entspricht dem Begriff der menschengerechten Gestaltung der Arbeit als Teil von Maßnahmen des

Arbeitsschutzes gemäß § 2 Abs. 1 ArbSchG. Allgemeine und weitere Maßnahmen zur sicheren und gesundheitsgerechten Verwendung von Arbeitsmitteln werden in §§ 4 ff. BetrSichV bestimmt. Gesonderte Anhänge bestimmen zusätzliche Vorschriften für bestimmte Arbeitsmittel (Anhang 1) sowie für überwachungsbedürftige Anlagen (Anhang 2, vgl. §§ 15 ff. BetrSichV sowie das ÜAnlG). Arbeitsmitteln, bei deren Verwendung besondere Gefährdungen auftreten können, wird insbesondere durch besondere Prüfungen Rechnung getragen (Anhang 3).

4. Arbeitsstättenverordnung (Nr. 7 b) / Baustellenverordnung

Die ArbStättV dient der Sicherheit und dem Gesundheitsschutz der Beschäftigten beim Einrichten und Betreiben von Arbeitsstätten. Sie gilt grundsätzlich auch für Baustellen, wobei organisationsbezogene Anforderungen (insbesondere Koordinierung) in Bezug auf Sicherheit und Gesundheitsschutz durch die BaustellV geregelt werden. Die Regelungen zur Gefährdungsbeurteilung (§ 3 ArbStättV), zur Unterweisung (§ 6 ArbStättV) sowie für Bildschirmarbeitsplätze (Anhang Nr. 6 ArbStättV) gelten grundsätzlich auch für Telearbeitsplätze, d.h. für Bildschirmarbeitsplätze im Privatbereich der Beschäftigten (§ 1 Abs. 4 i. V. m. § 2 Abs. 7). Mobiles Arbeiten außerhalb von Arbeitsplätzen i. S. d. der ArbStättV, einschließlich der Arbeitsform »Homeoffice« wird demgegenüber insbesondere durch die Regelungen des ArbZG (Nr. 8) sowie des ArbSchG i. V. m. der BetrSichV (Nr. 7d) und der ArbMedVV (Nr. 7h; vgl. 1, 3 und 9) erfasst (vgl. IV 3 c).
Allgemeine Anforderungen an das Einrichten und Betreiben von Arbeitsstätten sind in § 3a Abs. 1 ArbStättV bestimmt. Danach ist der Arbeitgeber verpflichtet, auf Basis der Gefährdungsbeurteilung gem. § 3 ArbStättV dafür zu sorgen, dass Arbeitsstätten den Vorschriften dieser VO einschließlich ihres Anhangs entsprechend so eingerichtet und betrieben werden, dass Gefährdungen für die Sicherheit und die Gesundheit der Beschäftigten vermieden oder minimiert werden. Gefordert wird, im Falle einer Beschäftigung von Menschen mit Behinderung, eine barrierefreie Gestaltung der Arbeitsstätten (§ 3a Abs. 2 ArbStättV). Die zuständige Behörde kann auf Antrag des Arbeitgebers Ausnahmen zulassen (§ 3a Abs. 3 ArbStättV). Schutzmaßnahmen im Hinblick auf besondere Anforderungen an den Betrieb von Arbeitsstätten enthält § 4 ArbStättV. Diese beziehen sich auf Instandhaltung und Mängelbeseitigung, Hygiene, Sicherheitseinrichtungen (z. B. Feuerlöscheinrichtungen), Verkehrs- und Fluchtwege, Notausgänge und entsprechende Pläne sowie Mittel und Einrichtungen zur Ersten Hilfe. Der Arbeitgeber muss weiterhin für den Schutz von nicht rauchenden Beschäftigten sorgen, mit Einschränkungen für Arbeitsstätten mit Publikumsverkehr (§ 5 ArbStättV). Spezielle Pflichten zur Unterweisung der Beschäftigten bestimmt § 6 ArbStättV. Im Übrigen regelt ein Anhang zur ArbStättV weitere, spezifische Anforderungen und Maßnahmen an Einrichtung und Betrieb von Arbeitsstätten, die überwiegend als Schutzzielbestimmungen formuliert sind.

5. Gefahrstoffverordnung (Nr. 7 c) / Biostoffverordnung

Zweck der GefStoffV ist der Schutz der Beschäftigten bei Tätigkeiten mit Gefahrstoffen. Die GefStoffV enthält, ausgehend von Regelungen zur Gefahrstoffinformation (§§ 3 ff. GefStoffV) Pflichten des Arbeitgebers zur Informationsermittlung und Gefährdungsbeurteilung (§ 6 GefStoffV), und einen Katalog von Grundpflichten des Arbeitgebers (Minimierungs- und Substitutionsgebot, Einhaltung der Rangfolge der Schutzmaßnahmen; Bestimmungen zur Expositionsermittlung usw.; vgl. § 7 GefStoffV). §§ 8 bis 12 GefStoffV enthalten die Schutzmaßnahmenpakete, die gefährdungsbezogen aufeinander aufbauen, zu Betriebsstörungen, Unfällen und Notfällen (§ 13 GefStoffV), zur Unterrichtung und Unterweisung der Beschäftigten (§ 14 GefStoffV), zur Zusammenarbeit verschiedener Firmen (§ 15 GefStoffV) sowie zur Verwendung von Biozid-Produkten (§§ 15a ff. GefStoffV).
Pflichten des Arbeitgebers für die Sicherheit und den Gesundheitsschutz der Beschäftigten bei gezielten und nicht gezielten Tätigkeiten mit biologischen Arbeitsstoffen werden durch die BioStoffV bestimmt.

6. Lastenhandhabungsverordnung (Nr. 7 e)

Ziel der LastenhandhabungsVO (LasthandhabV) ist die Gewährleistung und Verbesserung von Sicherheit und Gesundheitsschutz der Beschäftigten durch Maßnahmen des Arbeitsschutzes bei der Arbeit im Hinblick auf die manuelle Handhabung von Lasten, die die Sicherheit und die Gesundheit der Beschäftigten gefährden kann. Primär hat der Arbeitgeber zu prüfen, ob durch geeignete organisatorische Maßnahmen oder den Einsatz geeigneter Arbeitsmittel, insbesondere mechanische Ausrüstungen, manuelle Handhabungen von Lasten, die für die Beschäftigten eine Gefährdung für Sicherheit und Gesundheit, insbesondere der Lendenwirbelsäule mit sich bringen, vermieden werden können (§ 2 Abs. 1 LasthandhabV). Zur Ermittlung der sekundären Schutzmaßnahmen nach § 2 Abs. 2 S. 2 LasthandhabV (Minimierungsgebot) sind die entsprechenden Gefährdungen in die Beurteilung der Arbeitsbedingungen einzubeziehen (§ 2 Abs. 2 S. 1 LasthandhabV, § 5 ArbSchG). Die Beurteilung erfolgt unter Zugrundelegung des Anhangs der LasthandhabV. Dazu kommen die Schutzmaßnahmen im Hinblick auf die Übertragung von Aufgaben (§ 3 LasthandhabV). Bei der Unterweisung nach § 12 ArbSchG hat der Arbeitgeber insbesondere den Anhang und die körperliche Eignung der Beschäftigten zu berücksichtigen. Er hat den Beschäftigten, soweit dies möglich ist, genaue Angaben zu machen über die sachgemäße manuelle Handhabung von Lasten und über die Gefahren, denen die Beschäftigten insbesondere bei unsachgemäßer Ausführung der Tätigkeit ausgesetzt sind (§ 4 LasthandhabV).

7. Arbeitsschutzverordnungen zu physikalischen Gefährdungen (Nr. 7g, i und j)

Grundlegend für die Durchführung von Maßnahmen zum Schutz vor Gefährdungen der Beschäftigten durch physikalische Einwirkungen (Lärm, Vibrationen, künstliche optische Strahlung, elektromagnetische Felder, Druckluft) bei der Arbeit ist die Gefährdungsbeurteilung, ausgehend von der Beurteilung der Arbeitsbedingungen gemäß § 5 ArbSchG. In den entsprechenden Vorschriften werden hierzu spezielle Pflichten des Arbeitgebers bestimmt (vgl. z. B. § 3 Abs. 1 LärmVibrationsArbSchV). Auf dieser Grundlage sind die entsprechenden, in den jeweiligen Verordnungen bestimmten, speziellen Maßnahmen des Arbeitsschutzes festzulegen und durchzuführen.

8. PSA-Benutzungsverordnung (Nr. 7 f)

Ziel der PSA-BV ist die Gewährleistung und Verbesserung von Sicherheit und Gesundheitsschutz der Beschäftigten durch Maßnahmen des Arbeitsschutzes bei der Arbeit im Hinblick auf die Benutzung von persönlicher Schutzausrüstung (PSA). Die in der PSA-BV geregelten Arbeitgeberpflichten bilden die notwendige Ergänzung des sog. vorgreifenden (produktbezogenen) Arbeitsschutzes bei PSA. Die bloße Bereitstellung von PSA, die den grundlegenden Anforderungen an Sicherheit und Gesundheit entsprechen muss, die für ihr Inverkehrbringen gefordert werden, ist aus der Sicht des betrieblichen Arbeitsschutzes nicht ausreichend: Der Arbeitgeber muss zusätzlich bei Auswahl, Erwerb und Einsatz der PSA die spezifischen betrieblichen Verhältnisse berücksichtigen. Grundlage für die Durchführung von Maßnahmen des Arbeitsschutzes ist auch bei der Benutzung von Arbeitsmitteln die Beurteilung der Arbeitsbedingungen nach § 5 ArbSchG. Die allgemeinen Pflichten des Arbeitgebers und die Pflichten und Rechte der Beschäftigten nach dem ArbSchG sind entsprechend dieser Zielsetzung in Bezug auf die Benutzung von PSA bei der Arbeit umzusetzen. In diesem Kontext ist insbesondere auf die Verpflichtung des Arbeitgebers hinzuweisen, bei Maßnahmen des Arbeitsschutzes von der Nachrangigkeit individueller Schutzmaßnahmen gegenüber anderen Maßnahmen auszugehen. Dabei sind der Stand der Technik und sonstige gesicherte arbeitswissenschaftliche Erkenntnisse zu berücksichtigen (vgl. § 4 Nr. 5 und 3 ArbSchG). Immer dann, wenn durch kollektive Maßnahmen des Arbeitsschutzes kein ausreichender Schutz der Beschäftigten sichergestellt ist, muss der Arbeitgeber geeignete PSA zur Benutzung bereitstellen. Der Arbeitgeber darf nur PSA auswählen und den Beschäftigten bereitstellen, die den Anforderungen der Verordnung (EU) 2016/425 entsprechen, Schutz gegenüber der zu verhütenden Gefährdung bieten, ohne selbst eine größere Gefährdung mit sich zu bringen, für die am Arbeitsplatz gegebenen Bedingungen geeignet sind und den ergonomischen Anforderungen und den gesundheitlichen Erfordernissen der Beschäftigten entsprechen. Durch Wartungs-, Reparatur- und Ersatzmaßnahmen sowie durch ordnungsgemäße Lagerung trägt der Arbeitgeber dafür Sorge, dass die PSA während der gesamten Benutzungsdauer gut funktionieren und sich in einem hygienisch einwandfreien Zustand befinden (§ 2 PSA-BV). Bei der Unterweisung nach § 12 ArbSchG hat der Arbeitgeber die Beschäftigten zu qualifizieren, wie die PSA sicherheitsgerecht benutzt wird. Soweit erforderlich, führt er eine Schulung in der Benutzung durch. Für jede bereitgestellte PSA hat der Arbeitgeber erforderliche Informationen für die Benutzung in für die Beschäftigten verständlicher Form und Sprache bereitzuhalten (§ 3 PSA-BV).

9. Arbeitsmedizinvorsorgeverordnung (Nr. 7 h)

Mit der ArbMedVV sind gesonderte Regelungen zur arbeitsmedizinischen Vorsorge zusammengeführt worden. Die Vorschrift regelt die arbeitsmedizinische Sekundärprävention (arbeitsmedizinische Vorsorge einschließlich individueller arbeitsmedizinischer Beratungen). In einem Anhang werden die Vorsorgeanlässe aufgelistet. Dabei folgt eine Untergliederung nach Tätigkeiten mit Gefahrstoffen, mit biologischen Arbeitsstoffen, mit physikalischen Einwirkungen sowie bei sonstigen Tätigkeiten. Die VO bezieht neben der Pflicht- und Angebotsvorsorge, einschließlich nachgehender Vorsorge, auch die sog. Wunschvorsorge i. S. v. § 11 ArbSchG ein (vgl. AME Wunschvorsorge).
Die ArbMedVV verlangt dem oder der Beschäftigten nicht ab, den Nachweis der Eignung für eine Tätigkeit zu erbringen. Ein Untersuchungsverlangen des Arbeitgebers zur Feststellung der Eignung eines oder einer Beschäftigten für eine bestimmte Tätigkeit muss auf Rechtsgrundlagen außerhalb des Arbeitsschutzrechts gestützt werden. In Betracht kommen hier, neben Rechtsvorschriften zum allgemeinen Schutz der Bevölkerung (z. B. Fahrerlaubnisverordnung), Betriebsvereinbarungen, Tarifverträge und allgemeine arbeitsrechtliche Grundsätze (vgl. hierzu DGUV Empfehlungen für arbeitsmedizinische Beratungen und Untersuchungen, 2024).

10. Gesetzliche Unfallversicherung/SGB VII

Parallel zum staatlichen Arbeitsschutzrecht steht die gesetzliche Unfallversicherung (SGB VII). Die Aktivitäten der gesetzlichen Unfallversicherungsträger auf dem Gebiet der Prävention bilden die »zweite Säule« des dualen Arbeitsschutzsystems (eingehend Einl. II 4 zum SGB VII, Nr. 30 VII). Die Unfallversicherung gewährt Leistungen bei Versicherungsfällen, d. h. Arbeitsunfällen und Berufskrankheiten (Einl. II 3 zum SGB VII), unabhängig davon, ob Arbeitsschutzvorschriften verletzt wurden oder nicht.

11. Mitbestimmung (BetrVG/PersVG)

Von zentraler Bedeutung für die betriebliche Umsetzung des Arbeitsschutzes sind die Informations-, Beteiligungs- und Mitbestimmungsrechte des Betriebs- bzw. Personalrats. Sie haben die Durchführung der Verpflichtungen des Arbeitgebers aufgrund der Arbeitsschutzvorschriften zu überwachen (§§ 80 Abs. 1 Nr. 1, 89 BetrVG; Nr. 12, bzw. §§ 62 Nr. 2, 68 BPersVG). Im Rahmen der Unterrichtungsrechte gemäß § 80 Abs. 2 BetrVG bzw. § 66 BPersVG sind die entsprechenden Unterlagen dem Betriebs- bzw. Personalrat zur Verfügung zu stellen. Die Einigungsstelle kann Sachverständige zur Beurteilung der Arbeitsbedigungen und zur Beurteilung notwendiger Schutzmaßnahmen hinzuziehen (*BAG* 7. 12. 2021 – 1 ABR 25/20, AP Nr. 29 zu § 87 BetrVG 1972 Gesundheitsschutz, m. Anm. *Pieper*). Für Betriebsräte folgt dies aus § 80 Abs. 3 BetrVG. Das *BAG* hat anerkannt, dass Schulungen über Arbeitsschutz und Unfallverhütung grundsätzlich als »erforderlich« i. S. d. § 37 Abs. 6 BetrVG anzusehen sind, und zwar mindestens für jedes Mitglied

des Arbeitsschutzausschusses nach § 11 ASiG (*BAG* 15. 5. 1986 – 6 ABR 74/83, DB 86, 2496; vgl. *BAG* 17. 11. 2021 – 7 ABR 27/20, NZA 22, 564). Bei allen gesetzlichen Regelungen, die Handlungsspielräume für die betriebliche Ausgestaltung enthalten, handelt es sich um Rahmenvorschriften im Sinne von § 87 Abs. 1 Nr. 7 BetrVG; bei entsprechenden Maßnahmen des Arbeitgebers besteht daher grundsätzlich ein Mitbestimmungsrecht des Betriebsrats (vgl. insbesondere *BAG* 28. 3. 2017 – 1 ABR 25/15, NZA 17, 1132; *BAG* 7. 12. 2021 – 1 ABR 25/20, AP Nr. 29 zu § 87 BetrVG 1972 Gesundheitsschutz, m. Anm. *Pieper*).
Dem Mitbestimmungsrecht des Personalrats gemäß § 80 Abs. 1 Nr. 16 BPersVG sind, aufgrund des von § 87 Abs. 1 Nr. 7 BetrVG abweichenden Wortlauts, durch die Rechtsprechung des *BVerwG* Grenzen gesetzt worden. Danach unterliegt eine in Zusammenhang mit der Gefährdungsbeurteilung gemäß §§ 5, 6 ArbSchG durchgeführte Befragung der Beschäftigten durch den Dienststellenleiter nicht der Mitbestimmung des Personalrats (14. 10. 2002 – 6 P 7.01). Außerdem scheidet die Mitbestimmung bei der Gefährdungsbeurteilung aus (*BVerwG* 5. 3. 2012 – 6 PB 25.11, NZA-RR 12, 447). Demgegenüber unterliegen Maßnahmen des Arbeitsschutzes der Mitbestimmung nach § 80 Abs. 1 Nr. 16 BPersVG, wenn diese der Verhütung von Gesundheitsgefahren dienen, die einen Bezug zur Tätigkeit der Beschäftigten in der Dienststelle haben.

III. Anwendungsprobleme und Rechtstatsachen

1. Entwicklung der Arbeitsbedingungen

Zur Zahl und Entwicklung der gemeldeten Wegeunfälle, Arbeitsunfälle und Verdachtsanzeigen im Hinblick auf Berufskrankheiten vgl. Einl. III zum SGB VII, Nr. 30 VII. Hinsichtlich der absoluten Zahlen der krankheitsbedingten Arbeitsunfähigkeit stehen, unabhängig von den Besonderheiten der SARS-CoV-2-Pandemie, Krankheiten des Muskel-Skelett- sowie des Atmungssystems an der Spitze der Arbeitsunfähigkeitsstatistik. Während die Anzahl der Arbeitsunfähigkeitstage (AU-Tage) auf Grund dieser Erkrankungen seit 2008 keine wesentliche Änderung erkennen lässt, ist der Trend für psychische Erkrankungen und Verhaltensstörungen tendenziell steigend: Die Anzahl der AU-Tage stieg von 41 Millionen Tage im Jahr 2008 auf 59,2 Millionen Tage im Jahr 2011 bzw. von 9 % der AU-Tage insgesamt in 2008 auf 13 % in 2011 und auf 142,1 Millionen AU-Tage bzw. 16 % in 2023.
Europäische und nationale Erhebungen belegen seit langem den Handlungsbedarf zur Verbesserung von Sicherheit und Gesundheitsschutz, insbesondere im Hinblick auf arbeitsbedingte Erkrankungen. Die Europäische Stiftung zur Verbesserung der Arbeits- und Lebensbedingungen in Dublin (Eurofound) untersucht regelmäßig die Arbeitsbedingungen in Europa (*www.eurofound.europa.eu/de/surveys/european-working-conditions-surveys-ewcs*). Im Jahre 2005 sahen danach ein Drittel der Beschäftigten Risiken für ihre Sicherheit und Gesundheit. Die am häufigsten genannten arbeitsbedingten Gesundheitsprobleme sind danach Rückenschmerzen, Stress, Muskelschmerzen im Nacken- und Schulterbereich sowie allgemeine Erschöpfungssymptome. Nach wie vor weit verbreitet sind zudem Arbeitsplätze mit stark belastenden Arbeitsbedingungen (Lärm, Vibration, gefährliche Stoffe, Hitze,

Kälte, schweres Heben und Tragen, arbeiten unter Zwangshaltung, repetitive Tätigkeiten etc.). Der vielfach konstatierte demografische Wandel spitzt eine Reihe dieser Entwicklungen zu. Präventive Maßnahmen zur menschengerechten Gestaltung der Arbeit sind vor diesem Hintergrund weiterzuentwickeln. Im Hinblick auf Intensivierung bzw. Verdichtung der Arbeit hatte bereits 2001 Eurofound die Auffassung vertreten, dass insbesondere eine einseitig forcierte Flexibilität nicht förderlich für gesundheitsgerechte Arbeitsbedingungen ist. Dies bezog sich auf die anhaltende Flexibilisierung der Arbeitszeit, der Arbeitsorganisation und des Arbeitsmarktes. Diese Tendenz hat sich fortgesetzt (vgl. BAuA, Stressreport 2012 und 2019, *www.baua.de/DE/Angebote/Publikationen/Berichte/Stressreport-2019.html*).
Aus diversen Erhebungen ergibt sich zudem, dass eine verstärkte Kunden-, d.h. Marktorientierung und insbesondere die umfassende Verwendung von informationstechnisch gestützten Arbeitsmitteln (»Digitalisierung«) die Veränderung der Betriebs- und Arbeitsorganisation wesentlich bestimmen. Dies kann bei Nichtbeachtung der Grundsätze einer menschengerechten Gestaltung der Arbeit negative Folgen für die Beschäftigten haben, insbesondere mit Blick auf Gefährdungen aufgrund psychischer und physischer Belastungen (vgl. hierzu IV 1).

2. Fachkundige Beratung des Arbeitgebers und betriebliche Arbeitsschutzorganisation

ArbSchG und ASiG (II 1, 2) sind hinsichtlich ihrer Zielsetzungen und Inhalte miteinander verknüpft. Aufgrund der steigenden Anforderungen an einen präventiven Arbeitsschutz und damit an die fachkundige Beratung des Arbeitgebers sind für die betriebliche Umsetzung des ASiG i. V. m. der konkretisierenden UVV DGUV Vorschrift 2 »Betriebsärzte und Fachkräfte für Arbeitssicherheit« (Mustertext 2024 geändert) sowie der DGUV Regel 100-002 besonders relevant: die sicherheitstechnische und betriebsärztliche Betreuung in Betrieben mit bis zu 20 bzw. mit mehr als 20 Beschäftigten, ergänzt durch alternative Betreuungsformen für Kleinst- und Kleinbetriebe mit bis zu 50 Beschäftigten, die fachkundliche Aus- und Fortbildung von Betriebsärzten und von Fachkräften für Arbeitssicherheit sowie geeignete Maßnahmen der Qualitätssicherung der Betreuung (vgl. umfassend: *www.baua.de/DE/Themen/Arbeitswelt-und-Arbeitsschutz-im-Wandel/Organisation-des-Arbeitsschutzes/Organisation-betrieblicher-Arbeitsschutz/Organisation-betrieblicher-Arbeitsschutz_node.html* und *www.dguv.de/fb-org/sachgebiete/betreuung/index.jsp*).

3. Vollzug

Das Vorschriften- und Regelwerk des Arbeitsschutzes wird gemäß §§ 21 ff. ArbSchG durch die Aufsichtsbehörden der Länder und gemäß §§ 17 ff. SGB VII durch die Aufsichtspersonen der gesetzlichen Unfallversicherungsträger überwacht. Dies schließt die Aufgabe zur Beratung ein. Dafür standen 2023 bundesweit 1620 staatliche Aufsichtsbeamte mit Arbeitsschutzaufgaben (1996: 4039, Ortsinstanz) und 2160 Aufsichtspersonen der Träger der gesetzlichen Unfallversicherung mit Vollzugsaufgaben (1996: 3082) zur Verfügung. Der sich bislang stetig

verringernde Personalbestand sowie grundlegende Organisationsveränderungen vor dem Hintergrund fiskalischer Argumente bergen das Risiko von Beratungs- und Überwachungslücken. Dies zeigt sich z. B. bei den massiven Rückgängen der Betriebsbesichtigungen durch die staatliche Arbeitsschutzaufsicht von 541 694 (1998) auf 151 096 in 61 864 Betrieben (2019); durch die Träger der gesetzlichen Unfallversicherung wurden 2019 noch 514 159 Besichtigungen in 269 792 Unternehmen (1998: 1 027 317 Besichtigungen) durchgeführt. Unter den Bedingungen der SARS-CoV-2-Pandemie ab März 2020 nahm die Besichtigungsaktivität temporär nochmals deutlich ab (vgl. BT-Drs. 20/370). Mit dem Jahr 2023 zeigt sich eine allmählich wieder steigende Tendenz: 133 564 Besichtigungen in 63 008 Betrieben durch die staatliche Arbeitsschutzaufsicht bzw. 502 859 Besichtigungen in 258 628 Unternehmen durch die Träger der gesetzlichen Unfallversicherung). Verbunden mit einem speziellen Fokus auf die Verbesserung der Arbeitsbedingungen in der Fleischwirtschaft soll mit dem Arbeitsschutzkontrollgesetz v. 22. 12. 2020 (vgl. Einl. I zum GSA Fleisch; Nr. 4 a) insbesondere der »negative Trend bei den Betriebsbesichtigungen gestoppt und in eine wieder ansteigende Entwicklung umgekehrt werden«. Zu diesem Zweck ist betriebsbezogen eine jährliche Mindestbesichtigungsquote für staatliche Behörden verankert worden, »die schrittweise ansteigend im Jahr 2026 ihren Zielwert erreichen soll« (BT-Drs. 19/21978, S. 1 f.; § 21 Abs. 1a ArbSchG).
Mit Wirkung zum 1. 1. 2023 wurde die Verpflichtung zum Datenaustausch zum betrieblichen Arbeitsschutz zwischen den für den Vollzug des ArbSchG zuständigen staatlichen Behörden und den Trägern der gesetzlichen Unfallversicherung verankert (§ 21 Abs. 3a ArbSchG bzw. § 20 Abs. 1a SGB VII, Nr. 30 VII).
Die Einrichtung einer Bundesfachstelle für Sicherheit und Gesundheit bei der Arbeit bei der BAuA soll insbesondere die Auswertung der Jahresberichte der Länder einschließlich der Besichtigungsquote nach § 21 Abs. 1a ArbSchG realisieren (zu Aktivitäten der GDA vgl. BT-Drs. 20/370).
In Zusammenhang mit den auch in Zukunft begrenzten Ressourcen des Vollzugs ist insbesondere auf die Möglichkeiten der Interessenvertretungen der Beschäftigten im Hinblick auf eine sichere, gesundheits- und menschengerechte Gestaltung der Arbeitsbedingungen hinzuweisen. Insbesondere betriebs- und tarifpolitische Konzepte sowie mitbestimmte betriebliche Regelungen durch Betriebs- und Personalräte bzw. tarifvertragliche Regelungen sind dabei von Bedeutung (vgl. IV 1).
Hilfreich für die betrieblichen Akteure sind insbesondere die folgenden Informationsquellen: *www.baua.de, www.dguv.de, www.komnet.nrw.de.*

IV. Arbeits- und rechtspolitische Diskussion

1. Bundesrepublik

Gefährdungen infolge psychischer Belastungen bilden seit geraumer Zeit einen besonderen arbeitspolitischen Schwerpunkt. Durch entsprechende Ergänzungen in §§ 4, 5 ArbSchG wurde mit dem Gesetz zur Neuordnung der bundesunmittelbaren Unfallkassen, zur Änderung des Sozialgerichtsgesetzes und zur Änderung anderer Gesetze v. 19. 10. 2013 (BUK-Neuorganisationsgesetz, BGBl. I 3836) klargestellt,

dass sich Gefährdungen der Gesundheit der Beschäftigten auch infolge psychischer Belastungen ergeben können (§ 5 Abs. 3 Nr. 6 ArbSchG). Arbeitsschutzverordnungen nach §§ 18, 19 ArbSchG wurden diesbezüglich ergänzt. Im Hinblick auf arbeitsbedingte psychische Erkrankungen soll nach Plänen der Bundesregierung das betriebliche Eingliederungsmanagement (BEM, vgl. Einl. II 1g zum SGB IX; Nr. 30 IX) bekannter gemacht werden, insbesondere für kleine und mittlere Betriebe (»Verantwortung für Deutschland,«, Koalitionsvertrag zwischen CDU, CSU und SPD, 21. Legislaturperiode, Zeilen 628 ff.). Die Bedeutung von Gefährdungen infolge physischer Belastungen bei der Arbeit, wie auch die Wechselwirkungen mit psychischen Belastungen, unterstreichen das Erfordernis einer rechtlichen Verbesserung über die Regelungen insbesondere der LasthandhabV (II 6) hinaus. Die aktuelle Bundesregierung tritt vor diesem Hintergrund für »hohe Standards im Arbeitsschutz« ein. Neben einem besonderen Augenmerk auf Berufskraftfahrer und Paketboten wird allgemein die Stärkung der Prävention gegenüber Gefährdungen infolge psychischer Belastungen versprochen (ebd., Zeilen 482 ff.).
Die Zusammenarbeit der staatlichen Ausschüsse nach § 18 Nr. 5 ArbSchG bei der Erarbeitung von Arbeitsschutzregeln und Erkenntnissen soll verbessert werden, wobei dabei insbesondere auf den 2021 konstituierten Ausschuss für Sicherheit und Gesundheitsschutz bei der Arbeit (ASGA) hinzuweisen ist (§ 24a ArbSchG).
Weiterhin ist nach wie vor eine Verbesserung der Ressourcen der für den Vollzug und die Beratung zuständigen Behörden einschließlich der Aufsichtspersonen der gesetzlichen Unfallversicherung unter Einbeziehung der Krankenkassen notwendig.
Das Überwiegen gestaltungsoffener Rahmenvorschriften mit Schutzzielbestimmungen in den geltenden öffentlich-rechtlichen Arbeitsschutzvorschriften, die Ergebnisse der Rechtsprechung dazu sowie die Herausforderungen für die Arbeitsschutzaufsicht werfen, auch bezogen auf die betriebliche Mitbestimmung (vgl. II 11), die Frage auf, ob Sicherheit und Gesundheit bei der Arbeit zukünftig verstärkt zum Gegenstand von Tarifverträgen werden sollten (vgl. *Kohte*, FS Kittner, S. 232 ff.).

2. EU

Im Hinblick auf die Wirksamkeit ihrer Rechtsetzung legt die EU programmatisch den Schwerpunkt ihrer Aktivitäten auf die Umsetzung, Überwachung und Anpassung des bestehenden Rechtsrahmens in Bezug auf den betrieblichen Arbeitsschutz (Art. 153 AEUV). Am 19. 10. 2020 hat die EU-Kommission ihr Arbeitsprogramm für 2021 unter dem Titel »Eine vitale Union in einer fragilen Welt« – »Die Welt von morgen gestalten und damit die Schäden von heute beheben« veröffentlicht (COM[2020] 690 final). Den Hintergrund bildeten zu diesem Zeitpunkt im Wesentlichen die politischen und ökonomischen Folgen der SARS-CoV-2-Pandemie. In diesem Programm kündigt die Kommission an, »gestützt auf Erkenntnisse aus der … Pandemie, … vor dem Hintergrund der sich wandelnden Arbeitswelt einen neuen strategischen Rahmen der EU für Gesundheit und Sicherheit am Arbeitsplatz vor(zu)schlagen« (Nr. 2.3, Abs. 2 S. 5). Resultat ist die Mitteilung der EU-Kommission »Strategischer Rahmen der EU für Gesundheit und Sicherheit am

Arbeitsplatz 2021–2027 – Arbeitsschutz in einer sich wandelnden Arbeitswelt« v. 28.6.2021 (COM[2021] 323 final). Dieser Rahmen konzentriert sich auf drei übergreifende Hauptziele: auf die Antizipierung und Bewältigung des Wandels in der neuen Arbeitswelt, der durch die ökologische, die digitale und die demografische Transformation hervorgerufen werde, auf die Verbesserung der Prävention von Arbeitsunfällen und arbeitsbedingten Erkrankungen sowie auf die Stärkung der Vorsorge für künftige Gesundheitskrisen.

3. Übergreifende Handlungsfelder

Aktuelle Handlungsfelder des Arbeitsschutzes ergeben sich insbesondere aufgrund der Auswirkungen von Klimawandel und Digitalisierung sowie bei Lieferketten.

a) Klimawandel

Aufgrund der Auswirkungen des globalen Klimawandels (»Treibhaus-Effekt«) verändern sich auch die Anforderungen an den Arbeitsschutz (vgl. den Schwerpunkt »Klimawandel, Nachhaltigkeit & Arbeitsschutz« in sis seit Ausgabe 9/2022). Diese Auswirkungen führen insbesondere zu erhöhter Hitzebelastung bei der Arbeit sowie solarer UV-Belastung bei Arbeiten im Freien. Infektionskrankheiten und invasive Arten mit Allergenen pflanzlicher oder tierischer Herkunft treten neu oder vermehrt auf. Die Häufigkeit von Extremwetterereignissen nimmt zu. Die damit verbundenen Gefährdungen für das Leben sowie die physische und psychische Gesundheit der Beschäftigten bedeuten für den Arbeitsschutz eine besondere Herausforderung. Angepasste Bewertungsmaßstäbe und Schutzmaßnahmen sind auf der Grundlage des ggf. anzupassenden Vorschriften- und Regelwerks des Arbeitsschutzes festzulegen und durchzuführen (vgl. *www.baua.de/DE/Themen/Arbeitsgestaltung/Klimawandel-und-Arbeitsschutz; www.baua.de/DE/Forschung/Schwerpunkt-Infektionsschutz-Arbeitsschutz/Schwerpunkt-Infektionsschutz-Arbeits schutz_dynnode*).

b) Digitalisierung

Besondere Anforderungen an den Arbeitsschutz ergeben sich infolge der fortschreitenden Digitalisierung der betrieblichen Management-, Kern- und Unterstützungsprozesse, d.h. der Aufbau- und Ablauforganisation, einschließlich der Logistik und der Kommunikation, und damit der diesen Prozessen zugeordneten Arbeitssystemen (vgl. u.a. den Schwerpunkt »Flexibilisierung & Digitalisierung« in sis 5/2020 ff.). Dabei kommt Systemen der Künstlichen Intelligenz (KI-Systeme) eine übergreifende Bedeutung zu (vgl. BT-Drs. 19/28899, 22; EU-KI-VO). Hinzuweisen ist darauf, dass die Hinzuziehung von Sachverständigen durch den Betriebsrat bei der Einführung oder Anwendung von KI-Systemen laut § 80 Abs. 3 S. 2 BetrVG als erforderlich gilt.

Allgemein ist der Arbeitgeber zu Maßnahmen des Arbeitsschutzes gemäß ArbSchG verpflichtet (insbesondere §§ 3, 4, 5, 6 und 12 ArbSchG i.V.m. den Regelungen der ArbStättV zur Bildschirmarbeit einschließlich Telearbeit; s.o. I 1, 4; vgl. allgemein *www.baua.de/DE/Forschung/Schwerpunkt-Digitale-Arbeit/Arbeitsschutz-und-Digitalisierung*). Dies, einschließlich Pflichten gemäß BetrSichV (Nr. 7d), ArbMedVV (Nr. 7h) sowie ArbZG (Nr. 8), ausgenommen die ArbStättV (Nr. 7b) infolge ihres Anwendungsbereichs, gilt auch für die Formen mobilen Arbeitens außerhalb von Arbeitsplätzen in Arbeitsstätten i. S. d. ArbStättV, einschließlich der Arbeitsform »Homeoffice« (s. o. II 4). Hinzuweisen ist zudem auf das Mitbestimmungsrecht des Betriebsrats gem. § 87 Abs. 1 Nr. 7 i. V. m. Nr. 14 BetrVG (*LAG Berlin-Brandenburg* 30. 1. 2024 – 8 TaBV 748/23).

c) Lieferketten

Hinsichtlich der Anforderungen in Bezug auf den Menschenrechts- und damit auch Lebens- und Gesundheitsschutz von Arbeitnehmern bei anderen Unternehmen in der Lieferkette ist zu verweisen auf das LkSG (Nr. 14b).

Wichtige Entscheidungen

BAG 15. 5. 1986 – 6 ABR 74/83, DB 1986, 2496
BAG 12. 8. 2008 – 9 AZR 1117/06, AuR 2008, 360
BAG 28. 3. 2017 – 1 ABR 25/15, NZA 2017, 1132
BAG 7. 12. 2021 – 1 ABR 25/20, AP Nr. 29 zu § 87 BetrVG 1972 Gesundheitsschutz, m. Anm. *Pieper*

Weiterführende Literatur

Deinert/Wenckebach/Zwanziger-*Beetz*, Arbeitsrecht, § 94 (Arbeitsschutz)
IFA (Hrsg.), Sicherheit und Gesundheitsschutz am Arbeitsplatz – Handbuch (2003 ff.)
Kahl, Arbeitssicherheit (2019)
Kittner, Arbeitsrecht und Geschichte, Kapitel 30 »Arbeitsschutz« (2025)
Kohte/Faber/Busch (Hrsg.), Gesamtes Arbeitsschutzrecht, 3. Aufl. (2023)
Kollmer/Klindt/Schucht (Hrsg.), Arbeitsschutzgesetz, 4. Aufl. (2021)
Pieper, Arbeitsschutzrecht – ArbSchR, Kommentar für die Praxis, 7. Aufl. (2022)
Pieper, Arbeitsschutzgesetz, Basiskommentar, 9. Aufl. (2026)
Pieper, Neues zu Arbeitsschutzrecht, AuR 2025, S. 419
Schmatz/Nöthlichs, Sicherheitstechnik (1969 ff.)
Schwab/Weber/Winkelmüller, BeckOK Arbeitsschutzrecht, beck-online (2020 ff.)
vom Stein/Rothe/Schlegel, Gesundheitsmanagement und Krankheit im Arbeitsverhältnis, 3. Auflage (2024)
Wilrich, Technikverantwortung (2022)
Wilrich, Arbeitsschutzstrafrecht (2020)

Übersicht 16: Gesamtsystem Arbeitsschutz

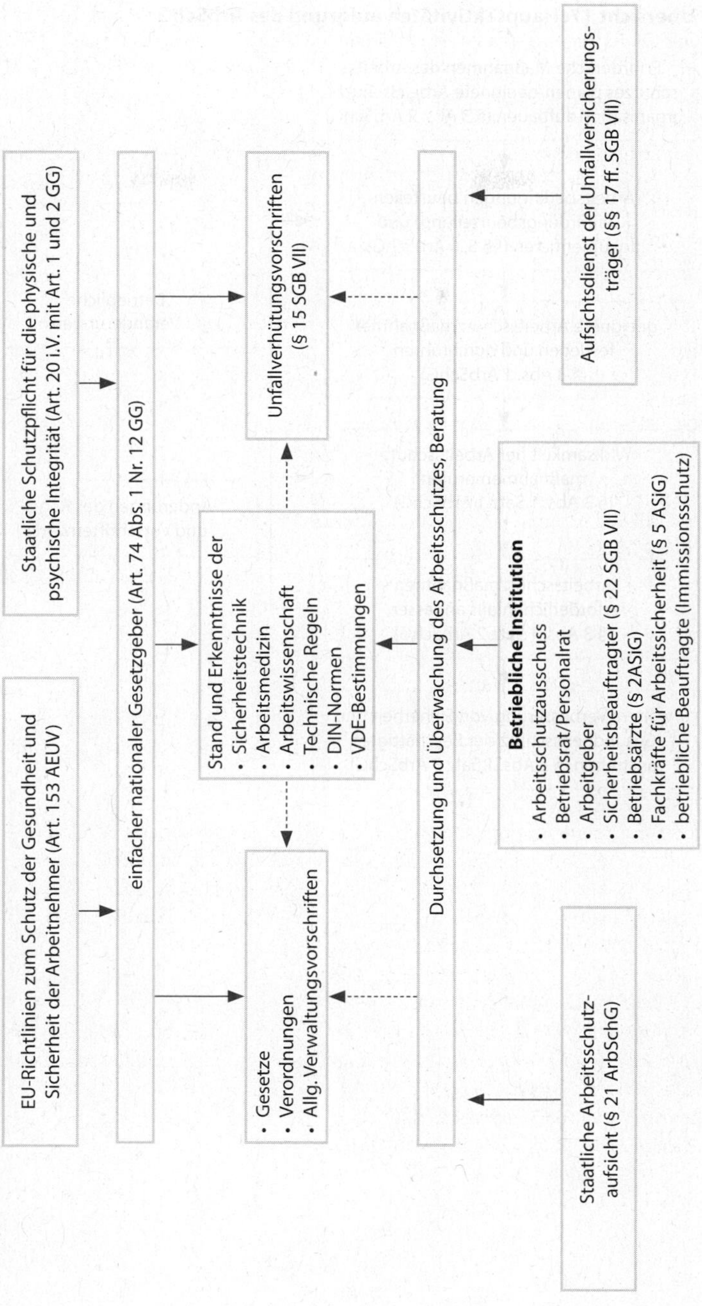

Übersicht 17: Hauptaktivitäten aufgrund des ArbSchG

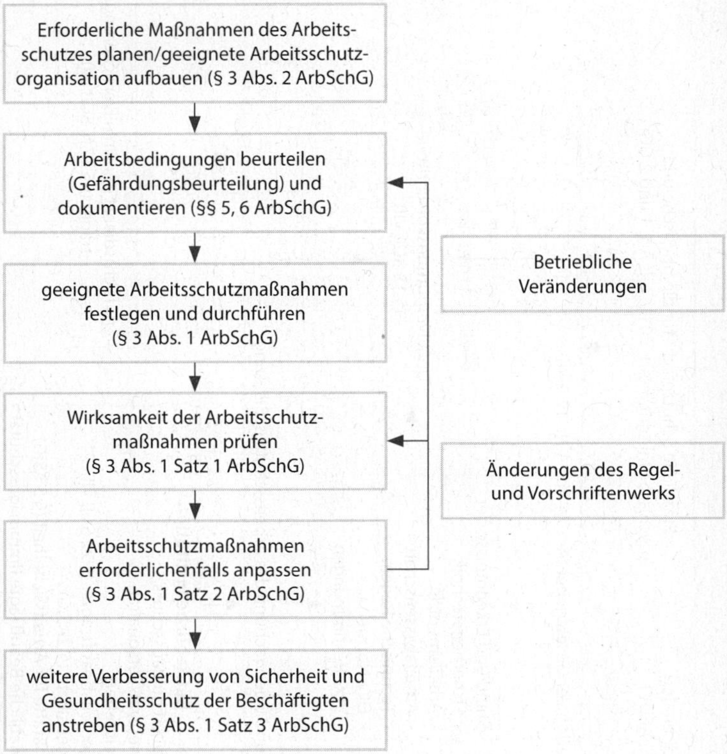

Checkliste 18: Pflichten und Rechte der Beschäftigten im Arbeitsschutz

I. Pflichten

- Sorge für die eigene Sicherheit und Gesundheit tragen (§ 15 I S. 1 ArbSchG)
  Maßstab: übliche Sorgfalt in eigenen Angelegenheiten.
- Sorge für die Sicherheit und Gesundheit von Dritten tragen
  (§ 15 I S. 2 ArbSchG)
  »Dritte« sind insbesondere alle anderen Beschäftigten, die von den Handlungen oder Unterlassungen der Beschäftigten betroffen sind.
- bestimmungsgemäße Verwendung von Arbeitsmitteln (§ 15 II ArbSchG)
  v. a. Maschinen, Geräte, Werkzeuge, Arbeitsstoffe, Transportmittel sowie zur Verfügung gestellte Schutzausrüstungen
- Arbeitsschutzbezogene Meldepflichten gegenüber dem Arbeitgeber oder dem zuständigen Vorgesetzten (§ 16 II ArbSchG)
- sonstige Unterstützungspflichten gemeinsam mit dem Betriebsarzt und der Fachkraft für Arbeitssicherheit (§ 16 II ArbSchG)

II. Rechte

- Erfüllungsanspruch aufgrund des Arbeitsvertrages gem. § 618 BGB, insbesondere auf Beurteilung der Arbeitsbedingungen gem. § 5 ArbSchG
- Leistungsverweigerungs- bzw. Zurückbehaltungsrecht bei Nichterfüllung der Arbeitgeberpflichten (§ 273 BGB)
- Entfernungsrecht bei unmittelbarer erheblicher Gefahr (§ 9 III ArbSchG)
- Vorschlagsrecht gegenüber dem Arbeitgeber zu allen Fragen der Sicherheit und des Gesundheitsschutzes bei der Arbeit (§ 17 I S. 1 ArbSchG)
- Recht auf Gefährdungs-/Überlastungsanzeige im Rahmen zivilrechtlicher, arbeitsvertraglicher Bestimmungen
- außerbetriebliches Beschwerderecht d.h. die Möglichkeit, sich nach Ausschöpfung innerbetrieblicher Möglichkeit an die jeweils zuständige Behörde zu wenden (§ 17 II ArbSchG)
- arbeitsmedizinische Vorsorge:
  auf Wunsch des Beschäftigten grundsätzlich regelmäßige arbeitsmedizinische Untersuchung (§ 11 ArbSchG; vgl. § 5a ArbMedVV)

Übersicht 19: Ausfüllungsbedürftige Rahmenvorschriften im ArbSchG und mitbestimmte Gestaltungen

§§	Gegenstand	Gestaltung
3 I	Grundpflichten des Arbeitgebers: das Treffen von Arbeitsschutzmaßnahmen, Wirksamkeitsüberprüfung, Anpassung sowie Verbesserung des betrieblichen Arbeitsschutzes	Entwickeln von betrieblichen Arbeitsschutz- bzw. Gesundheitsförderungsprogrammen
3 II	geeignete betriebliche Organisation und Vorkehrungen zur Beachtung derArbeitsschutzmaßnahmen, Beteiligung der Beschäftigten	Aufbau und Weiterentwicklung einer geeigneten Organisation sowie der Organisation des Arbeitsschutzes, Arbeitsschutzmanagement, Gestalten der betrieblichen Aufbau- und Ablauforganisation unter Arbeitsschutzaspekten, Gesundheits- oder Qualitätszirkel
4	Allgemeine Grundsätze für die Durchführung von Arbeitsschutzmaßnahmen	Verfahren zur Einhaltung der Rangfolge von Schutzmaßnahmen, Durchführen ergonomischer Maßnahmen unter Berücksichtigung des Stands der Technik und sonstiger gesicherter arbeitswissenschaftlicher Erkenntnisse bei Handlungsspielraum der Betriebsparteien
5	Beurteilung der Arbeitsbedingungen (Gefährdungsbeurteilung)	Auswahl, Entwicklung und Einführung von Methoden zur Beurteilung der Arbeitsbedingungen
6	Dokumentation	Ausgestaltung der Dokumentation
7	Übertragen von Aufgaben an entsprechend geeignete und qualifizierte Beschäftigte	Kriterienkatalog für Eignung
8 I	Zusammenarbeit mehrerer Arbeitgeber	Koordinieren von Sicherheit und Gesundheitsschutz im Falle der Anwesenheit von Beschäftigten mehrerer Arbeitgeber an einem Arbeitsplatz
8 II	Unterweisung von Fremdfirmenbeschäftigten	Art und Weise sowie Umfang der Pflicht des Arbeitgebers, sich über den Stand der Unterweisung von Fremdfirmenbeschäftigten in seinem Betrieb zu vergewissern
9, 10	Arbeitsschutzmaßnahmen bei besonderen Gefahren sowie zur Ersten Hilfe und sonstigen Notfallmaßnahmen	Art und Weise der Festlegung und Durchführung der Maßnahmen
11	arbeitsmedizinische Vorsorge auf Wunsch der Beschäftigten	Art und Weise sowie Umfang der arbeitsmedizinischen Vorsorge
12	Unterweisung der Beschäftigten	Art und Weise sowie Umfang der Unterweisung über Sicherheit und Gesundheitsschutz

Checkliste 20: Arbeitssicherheitsgesetz

I. Anwendungsbereich

- für alle Tätigkeitsbereiche mit Ausnahme des öffentlichen Dienstes (§ 16)
- weitere Ausnahmen gemäß § 17 ASiG bei Hausangestellten, in privaten Haushalten, im Bereich der Seeschifffahrt und des Bergbaus.

II. Themenkomplexe

- Organisation des betrieblichen Arbeitsschutzes
- Bestellung von Betriebsärzten und Fachkräften für Arbeitssicherheit, denen eine beratende Funktion zukommt (§ 1)

II. Arbeitgeberpflichten

- Bestellung von Betriebsärzten und Fachkräften für Arbeitssicherheit (§§ 2, 5); der Arbeitgeber kann auch einen überbetrieblichen Dienst bestellen (§ 19)
- Überwachungspflicht der beauftragten Personen bzw. Dienste mit dem Instrument des Direktionsrechts oder, bei überbetrieblichen Diensten, des vertraglichen Erfüllungsanspruchs (§§ 2 II bzw. 5 II)
- Allgemeine Unterstützungspflicht der beauftragten Personen bzw. Dienste (§§ 2 II bzw. 5 II)
- Besondere Unterstützungspflicht im Hinblick auf Bereitstellung von Hilfspersonal sowie Sachmitteln (§§ 2 II bzw. 5 II)
- Besondere Informationspflicht der beauftragten Personen bzw. Dienste hinsichtlich Personen, die mit einem befristeten Arbeitsvertrag beschäftigt bzw. zur Arbeitsleistung überlassen sind (§§ 2 II bzw. 5 II)
- Den beauftragten Personen ist die erforderliche Fortbildung zur Erfüllung ihrer Aufgaben zu ermöglichen (§§ 2 III bzw. 5 III)

IV. Aufgaben von Betriebsärzten und Fachkräften für Arbeitssicherheit

- Unterstützung des Arbeitgebers beim Arbeitsschutz und bei der Unfallverhütung (vgl. insbesondere die Aufgabenkataloge in § 3 I und § 6)
- Zusammenarbeit untereinander (§ 10 Satz 1), insbesondere durch gemeinsame Betriebsbegehungen
- Zusammenarbeit mit dem Betriebsrat (§ 9), Mitbestimmung bei Bestellung und Abberufung sowie bei Aufgabenerweiterung oder -einschränkung
- Zusammenarbeit mit anderen betrieblichen Beauftragten, z. B. Sicherheitsbeauftragte, Immissionsschutzbeauftragte, Gefahrgutbeauftragte (§ 10 Satz 3)

V. Betriebliche Stellung der Betriebsärzte und Fachkräfte für Arbeitssicherheit

- Weisungsfreiheit bei der Anwendung ihrer arbeitsmedizinischen und sicherheitstechnischen Fachkunde (§ 8 I)
- Benachteiligungsverbot (§ 8 I)
- Direkt dem Betriebsleiter unterstellt (§ 8 II)
- Bei Konflikten mit dem Betriebsleiter umfangreiche Vorschlagsrechte direkt dem Arbeitgeber gegenüber (§ 8 III)

VI. Arbeitsschutzausschuss (§ 11)

- Beratung von Anliegen des Arbeitsschutzes
- verpflichtende Einrichtung in Betrieben mit mehr als 20 Beschäftigten
- verpflichtende Einbeziehung der verantwortlichen, fachkundigen, unterstützenden und mitbestimmenden Akteure
- mindestens vierteljährliche Sitzungen

Übersicht 21: Ausfüllungsbedürftige Rahmenbestimmungen in der ArbStättV und mitbestimmte Gestaltungen

§§	Regelungsgegenstand	Gestaltung
3	Gefährdungsbeurteilung	• Ermittlung und Beurteilung von arbeitsstättenbezogenen Gefährdungen und Bestimmung der anzuwendenden, notwendigen Maßnahmen
3a	Einrichten und Betreiben von Arbeitsstätten	• Treffen von Maßnahmen bei Einrichten und Betrieb von Arbeitsstätten • Maßnahmen zur behindertengerechten Gestaltung • Treffen von Ausnahmemaßnahmen
4	Besondere Anforderungen an das Betreiben von Arbeitsstätten	• Maßnahmen zur Instandhaltung, Sicherstellung der Hygiene, Wartung und Prüfung von Sicherheitseinrichtungen, Planung von Flucht- und Rettungswegen, Planung der Ersten Hilfe
5	Nichtraucherschutz	• Durchführung von Maßnahmen des Nichtraucherschutzes • Durchführung von Maßnahmen in Arbeitsstätten mit Publikumsverkehr
6	Unterweisung	• Art und Weise sowie Umfang der Unterweisung über Sicherheit und Gesundheitsschutz
Anhang zu § 3a Abs. 1	Allgemeine Anforderungen Maßnahmen zum Schutz vor besonderen Gefahren Arbeitsbedingungen Sanitär-, Pausen- und Bereitschaftsräume, Kantinen, Erste-Hilfe-Räume, Unterkünfte Ergänzende Anforderungen und Maßnahmen für besondere Arbeitsstätten und Arbeitsplätze Maßnahmen zur Gestaltung von Bildschirmarbeitsplätzen	• Ermittlung und Festlegung von Maßnahmen zur Durchführung der im Anhang aufgeführten Pflichten des Arbeitgebers

Übersicht 22: Ausfüllungsbedürftige Rahmenbestimmungen in der GefStoffV und mitbestimmte Gestaltung

§§	Regelungsgegenstand	Gestaltung
6	Informationsermittlung und Gefährdungsbeurteilung	• Ermittlung und Beurteilung, Festlegung der anzuwendenden Schutzmaßnahmen • Dokumentation • Erstellung eines Gefahrstoffverzeichnisses • Auswahl fachkundiger Personen
7	Grundpflichten	• Durchführung allgemeiner Schutzmaßnahmen • Maßnahmen zur Substitution • Verwendung von PSA • Wirksamkeitsüberprüfung
8	Allgemeine Schutzmaßnahmen	• Durchführung von Schutzmaßnahmen • Hygienemaßnahmen • Lagerung • Maßnahmen bei besonderen Tätigkeiten
9	Zusätzliche Schutzmaßnahmen	• Maßnahmen bei Überschreitung von Grenzwerten • Maßnahmen zur Wirksamkeitsüberprüfung von Maßnahmen ohne Grenzwerte • Maßnahmen zur Substitution oder zur Verwendung in geschlossenen Systemen • Regelungen zur Alleinarbeit
10	Besondere Schutzmaßnahmen bei Tätigkeiten mit krebserzeugenden, keimzellmutagenen und reproduktionstoxischen Gefahrstoffen der Kategorie 1A und 1 B	• Maßnahmen zur Durchführung bei Nichteinhaltung von Arbeitsplatzgrenzwerten bzw. VSK • Zu Asbest: §§ 11 f.
12	Besondere Schutzmaßnahmen gegen physikalisch-chemische Einwirkungen	• Maßnahmen zur Vermeidung von Brand- und Explosionsgefahren
13	Betriebsstörungen, Unfälle und Notfälle	• Festlegung von Notfallmaßnahmen • Durchführung von Notfallmaßnahmen
14	Unterrichtung und Unterweisung der Beschäftigten	• Erstellung von Betriebsanweisungen • Konzeption und Durchführung von Unterweisungen zu Maßnahmen bei Tätigkeiten mit bestimmten Gefahrstoffen
15	Zusammenarbeit verschiedener Firmen	• Einbeziehung arbeitsschutzbezogener Gesichtspunkte bei der Auswahl von Fremdfirmen • Auswahl eines geeigneten Koordinators • Zusammenwirken und Abstimmung bei der Durchführung der Gefährdungsbeurteilung

Checkliste 23: *Derzeit nicht besetzt*

Übersicht 24: Ausfüllungsbedürftige Rahmenbestimmungen in der BetrSichV und mitbestimmte Gestaltung

§§	Regelungsgegenstand	Gestaltung
3	Gefährdungsbeurteilung	Ermittlung und Beurteilung von Gefährdungen in Bezug auf die Verwendung von Arbeitsmitteln zur Festlegung von Schutzmaßnahmen
4	Grundpflichten des Arbeitgebers	Einhaltung der Rangfolge von Schutzmaßnahmen Ermittlung und Durchführung von Prüfungen Wirksamkeitsüberprüfungen Verfahren und Maßnahmen zur Einbindung der Belange des Arbeitsschutzes in die betriebliche Organisation
5	Anforderungen an die zur Verfügung gestellten Arbeitsmittel	Festlegung und Durchführung von Verfahren und Maßnahmen im Hinblick auf die Zurfügungstellung sicherer und gesundheitsgerechter Arbeitsmittel
6	Grundlegende Schutzmaßnahmen bei der Verwendung von Arbeitsmitteln	Festlegung und Durchführung von Maßnahmen zur sicheren und ergonomische Verwendung von Arbeitsmitteln
7	Vereinfachte Vorgehensweise bei der Verwendung von Arbeitsmitteln	Festlegung von Verfahren
8	Schutzmaßnahmen bei Gefährdungen durch Energien, Ingangsetzen und Stillsetzen	Festlegung und Durchführung besonderer Schutzmaßnahmen
9	Weitere Schutzmaßnahmen bei der Verwendung von Arbeitsmitteln	Festlegung und Durchführung der weiteren Schutzmaßnahmen
10	Instandhaltung und Änderung von Arbeitsmitteln	Festlegung bzw. Durchführung von Verfahren und Maßnahmen im Hinblick auf die Durchführung der Instandhaltung bzw. bei der Änderung von Arbeitsmitteln
11	Besondere Betriebszustände, Betriebsstörungen und Unfälle	Festlegung und Durchführung von Maßnahmen im Hinblick auf besondere Betriebszustände, Betriebsstörungen und Unfälle
12	Unterweisung und besondere Beauftragung von Beschäftigten	Festlegung und Durchführung der Unterweisung
13	Zusammenarbeit verschiedener Arbeitgeber	Festlegung und Durchführung von Verfahren und Maßnahmen zur Zusammenarbeit
14	Prüfung von Arbeitsmitteln	Festlegung und Durchführung von Verfahren und Maßnahmen zur Prüfung von Arbeitsmitteln

Übersicht 25: Pflicht-, Angebots- und Wunschvorsorge (§ 2 Abs. 2-4 ArbMedVV)

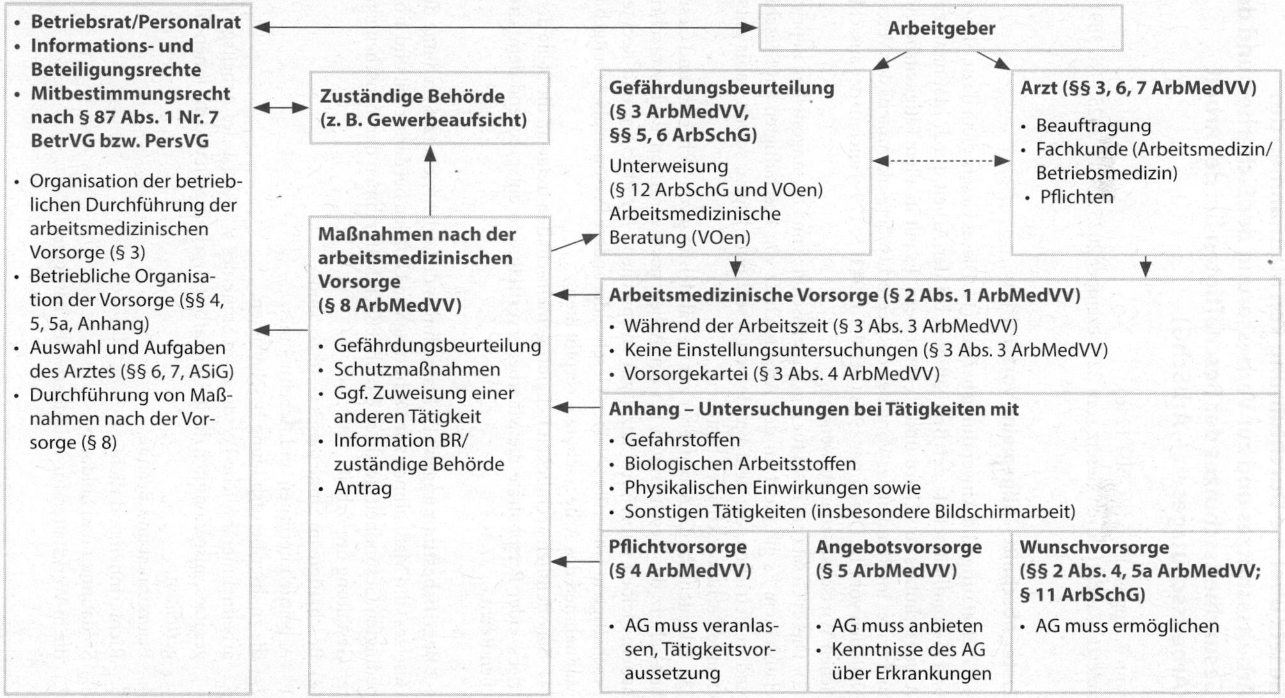

7

Gesetz über die Durchführung von Maßnahmen des Arbeitsschutzes und zur Verbesserung der Sicherheit und des Gesundheitsschutzes der Beschäftigten bei der Arbeit (Arbeitsschutzgesetz – ArbSchG)

vom 7. August 1996 (BGBl. I 1246),
zuletzt geändert durch Gesetz vom 22. Dezember 2025 (BGBl. 2025 I Nr. 369)

Erster Abschnitt – Allgemeine Vorschriften

§ 1 Zielsetzung und Anwendungsbereich (1) Dieses Gesetz dient dazu, Sicherheit und Gesundheitsschutz der Beschäftigten bei der Arbeit durch Maßnahmen des Arbeitsschutzes zu sichern und zu verbessern. Es gilt in allen Tätigkeitsbereichen und findet im Rahmen der Vorgaben des Seerechtsübereinkommens der Vereinten Nationen vom 10. Dezember 1982 (BGBl. I 1994 II S. 1799) auch in der ausschließlichen Wirtschaftszone Anwendung.
(2) Dieses Gesetz gilt nicht für den Arbeitsschutz von Hausangestellten in privaten Haushalten. Es gilt nicht für den Arbeitsschutz von Beschäftigten auf Seeschiffen und in Betrieben, die dem Bundesberggesetz unterliegen, soweit dafür entsprechende Rechtsvorschriften bestehen.
(3) Pflichten, die die Arbeitgeber zur Gewährleistung von Sicherheit und Gesundheitsschutz der Beschäftigten bei der Arbeit nach sonstigen Rechtsvorschriften haben, bleiben unberührt. Satz 1 gilt entsprechend für Pflichten und Rechte der Beschäftigten. Unberührt bleiben Gesetze, die andere Personen als Arbeitgeber zu Maßnahmen des Arbeitsschutzes verpflichten.
(4) Bei öffentlich-rechtlichen Religionsgemeinschaften treten an die Stelle der Betriebs- oder Personalräte die Mitarbeitervertretungen entsprechend dem kirchlichen Recht.

§ 2 Begriffsbestimmungen (1) Maßnahmen des Arbeitsschutzes im Sinne dieses Gesetzes sind Maßnahmen zur Verhütung von Unfällen bei der Arbeit und arbeitsbedingten Gesundheitsgefahren einschließlich Maßnahmen der menschengerechten Gestaltung der Arbeit.
(2) Beschäftigte im Sinne dieses Gesetzes sind:
1. Arbeitnehmerinnen und Arbeitnehmer,
2. die zu ihrer Berufsbildung Beschäftigten,
3. arbeitnehmerähnliche Personen im Sinne des § 5 Abs. 1 des Arbeitsgerichtsgesetzes, ausgenommen die in Heimarbeit Beschäftigten und die ihnen Gleichgestellten,
4. Beamtinnen und Beamte,
5. Richterinnen und Richter,
6. Soldatinnen und Soldaten,
7. die in Werkstätten für Behinderte Beschäftigten.

(3) Arbeitgeber im Sinne dieses Gesetzes sind natürliche und juristische Personen und rechtsfähige Personengesellschaften, die Personen nach Absatz 2 beschäftigen.
(4) Sonstige Rechtsvorschriften im Sinne dieses Gesetzes sind Regelungen über Maßnahmen des Arbeitsschutzes in anderen Gesetzen, in Rechtsverordnungen und Unfallverhütungsvorschriften.
(5) Als Betriebe im Sinne dieses Gesetzes gelten für den Bereich des öffentlichen Dienstes die Dienststellen. Dienststellen sind die einzelnen Behörden, Verwaltungsstellen und Betriebe der Verwaltungen des Bundes, der Länder, der Gemeinden und der sonstigen Körperschaften, Anstalten und Stiftungen des öffentlichen Rechts, die Gerichte des Bundes und der Länder sowie die entsprechenden Einrichtungen der Streitkräfte.

Zweiter Abschnitt – Pflichten des Arbeitgebers

§ 3 Grundpflichten des Arbeitgebers (1) Der Arbeitgeber ist verpflichtet, die erforderlichen Maßnahmen des Arbeitsschutzes unter Berücksichtigung der Umstände zu treffen, die Sicherheit und Gesundheit der Beschäftigten bei der Arbeit beeinflussen. Er hat die Maßnahmen auf ihre Wirksamkeit zu überprüfen und erforderlichenfalls sich ändernden Gegebenheiten anzupassen. Dabei hat er eine Verbesserung von Sicherheit und Gesundheitsschutz der Beschäftigten anzustreben.
(2) Zur Planung und Durchführung der Maßnahmen nach Absatz 1 hat der Arbeitgeber unter Berücksichtigung der Art der Tätigkeiten und der Zahl der Beschäftigten
1. für eine geeignete Organisation zu sorgen und die erforderlichen Mittel bereitzustellen sowie
2. Vorkehrungen zu treffen, daß die Maßnahmen erforderlichenfalls bei allen Tätigkeiten und eingebunden in die betrieblichen Führungsstrukturen beachtet werden und die Beschäftigten ihren Mitwirkungspflichten nachkommen können.

(3) Kosten für Maßnahmen nach diesem Gesetz darf der Arbeitgeber nicht den Beschäftigten auferlegen.

§ 4 Allgemeine Grundsätze Der Arbeitgeber hat bei Maßnahmen des Arbeitsschutzes von folgenden allgemeinen Grundsätzen auszugehen:
1. Die Arbeit ist so zu gestalten, daß eine Gefährdung für das Leben sowie die physische und die psychische Gesundheit möglichst vermieden und die verbleibende Gefährdung möglichst gering gehalten wird;
2. Gefahren sind an ihrer Quelle zu bekämpfen;
3. bei den Maßnahmen sind der Stand von Technik, Arbeitsmedizin und Hygiene sowie sonstige gesicherte arbeitswissenschaftliche Erkenntnisse zu berücksichtigen;
4. Maßnahmen sind mit dem Ziel zu planen, Technik, Arbeitsorganisation, sonstige Arbeitsbedingungen, soziale Beziehungen und Einfluß der Umwelt auf den Arbeitsplatz sachgerecht zu verknüpfen;

5. individuelle Schutzmaßnahmen sind nachrangig zu anderen Maßnahmen;
6. spezielle Gefahren für besonders schutzbedürftige Beschäftigtengruppen sind zu berücksichtigen;
7. den Beschäftigten sind geeignete Anweisungen zu erteilen;
8. mittelbar oder unmittelbar geschlechtsspezifisch wirkende Regelungen sind nur zulässig, wenn dies aus biologischen Gründen zwingend geboten ist.

§ 5 Beurteilung der Arbeitsbedingungen (1) Der Arbeitgeber hat durch eine Beurteilung der für die Beschäftigten mit ihrer Arbeit verbundenen Gefährdung zu ermitteln, welche Maßnahmen des Arbeitsschutzes erforderlich sind.
(2) Der Arbeitgeber hat die Beurteilung je nach Art der Tätigkeiten vorzunehmen. Bei gleichartigen Arbeitsbedingungen ist die Beurteilung eines Arbeitsplatzes oder einer Tätigkeit ausreichend.
(3) Eine Gefährdung kann sich insbesondere ergeben durch
1. die Gestaltung und die Einrichtung der Arbeitsstätte und des Arbeitsplatzes,
2. physikalische, chemische und biologische Einwirkungen,
3. die Gestaltung, die Auswahl und den Einsatz von Arbeitsmitteln, insbesondere von Arbeitsstoffen, Maschinen, Geräten und Anlagen sowie den Umgang damit;
4. die Gestaltung von Arbeits- und Fertigungsverfahren, Arbeitsabläufen und Arbeitszeit und deren Zusammenwirken,
5. unzureichende Qualifikation und Unterweisung der Beschäftigten,
6. psychische Belastungen bei der Arbeit.

§ 6 Dokumentation (1) Der Arbeitgeber muß über die je nach Art der Tätigkeiten und der Zahl der Beschäftigten erforderlichen Unterlagen verfügen, aus denen das Ergebnis der Gefährdungsbeurteilung, die von ihm festgelegten Maßnahmen des Arbeitsschutzes und das Ergebnis ihrer Überprüfung ersichtlich sind. Bei gleichartiger Gefährdungssituation ist es ausreichend, wenn die Unterlagen zusammengefaßte Angaben enthalten.
(2) Unfälle in seinem Betrieb, bei denen ein Beschäftigter getötet oder so verletzt wird, daß er stirbt oder für mehr als drei Tage völlig oder teilweise arbeits- oder dienstunfähig wird, hat der Arbeitgeber zu erfassen.

§ 7 Übertragung von Aufgaben Bei der Übertragung von Aufgaben auf Beschäftigte hat der Arbeitgeber je nach Art der Tätigkeiten zu berücksichtigen, ob die Beschäftigten befähigt sind, die für die Sicherheit und den Gesundheitsschutz bei der Aufgabenerfüllung zu beachtenden Bestimmungen und Maßnahmen einzuhalten.

§ 8 Zusammenarbeit mehrerer Arbeitgeber (1) Werden Beschäftigte mehrerer Arbeitgeber an einem Arbeitsplatz tätig, sind die Arbeitgeber verpflichtet, bei der Durchführung der Sicherheits- und Gesundheitsschutzbestimmungen zusammenzuarbeiten. Soweit dies für die Sicherheit und den Gesundheitsschutz der Beschäftigten bei der Arbeit erforderlich ist, haben die Arbeitgeber je nach Art der Tätigkeiten insbesondere sich gegenseitig und ihre Beschäftigten über die mit den Ar-

beiten verbundenen Gefahren für Sicherheit und Gesundheit der Beschäftigten zu unterrichten und Maßnahmen zur Verhütung dieser Gefahren abzustimmen.
(2) Der Arbeitgeber muß sich je nach Art der Tätigkeit vergewissern, daß die Beschäftigten anderer Arbeitgeber, die in seinem Betrieb tätig werden, hinsichtlich der Gefahren für ihre Sicherheit und Gesundheit während ihrer Tätigkeit in seinem Betrieb angemessene Anweisungen erhalten haben.

§ 9 Besondere Gefahren (1) Der Arbeitgeber hat Maßnahmen zu treffen, damit nur Beschäftigte Zugang zu besonders gefährlichen Arbeitsbereichen haben, die zuvor geeignete Anweisungen erhalten haben.
(2) Der Arbeitgeber hat Vorkehrungen zu treffen, daß alle Beschäftigten, die einer unmittelbaren erheblichen Gefahr ausgesetzt sind oder sein können, möglichst frühzeitig über diese Gefahr und die getroffenen oder zu treffenden Schutzmaßnahmen unterrichtet sind. Bei unmittelbarer erheblicher Gefahr für die eigene Sicherheit oder die Sicherheit anderer Personen müssen die Beschäftigten die geeigneten Maßnahmen zur Gefahrenabwehr und Schadensbegrenzung selbst treffen können, wenn der zuständige Vorgesetzte nicht erreichbar ist; dabei sind die Kenntnisse der Beschäftigten und die vorhandenen technischen Mittel zu berücksichtigen. Den Beschäftigten dürfen aus ihrem Handeln keine Nachteile entstehen, es sei denn, sie haben vorsätzlich oder grob fahrlässig ungeeignete Maßnahmen getroffen.
(3) Der Arbeitgeber hat Maßnahmen zu treffen, die es den Beschäftigten bei unmittelbarer erheblicher Gefahr ermöglichen, sich durch sofortiges Verlassen der Arbeitsplätze in Sicherheit zu bringen. Den Beschäftigten dürfen hierdurch keine Nachteile entstehen. Hält die unmittelbare erhebliche Gefahr an, darf der Arbeitgeber die Beschäftigten nur in besonders begründeten Ausnahmefällen auffordern, ihre Tätigkeit wieder aufzunehmen. Gesetzliche Pflichten der Beschäftigten zur Abwehr von Gefahren für die öffentliche Sicherheit sowie die §§ 7 und 11 des Soldatengesetzes bleiben unberührt.

§ 10 Erste Hilfe und sonstige Notfallmaßnahmen (1) Der Arbeitgeber hat entsprechend der Art der Arbeitsstätte und der Tätigkeiten sowie der Zahl der Beschäftigten die Maßnahmen zu treffen, die zur Ersten Hilfe, Brandbekämpfung und Evakuierung der Beschäftigten erforderlich sind. Dabei hat er der Anwesenheit anderer Personen Rechnung zu tragen. Er hat auch dafür zu sorgen, daß im Notfall die erforderlichen Verbindungen zu außerbetrieblichen Stellen, insbesondere in den Bereichen der Ersten Hilfe, der medizinischen Notversorgung, der Bergung und der Brandbekämpfung eingerichtet sind.
(2) Der Arbeitgeber hat diejenigen Beschäftigten zu benennen, die Aufgaben der Ersten Hilfe, Brandbekämpfung und Evakuierung der Beschäftigten übernehmen. Anzahl, Ausbildung und Ausrüstung der nach Satz 1 benannten Beschäftigten müssen in einem angemessenen Verhältnis zur Zahl der Beschäftigten und zu den bestehenden besonderen Gefahren stehen. Vor der Benennung hat der Arbeitgeber den Betriebs- oder Personalrat zu hören. Weitergehende Beteiligungsrechte bleiben unberührt. Der Arbeitgeber kann die in Satz 1 genannten Aufgaben auch selbst

wahrnehmen, wenn er über die nach Satz 2 erforderliche Ausbildung und Ausrüstung verfügt.

§ 11 Arbeitsmedizinische Vorsorge Der Arbeitgeber hat den Beschäftigten auf ihren Wunsch unbeschadet der Pflichten aus anderen Rechtsvorschriften zu ermöglichen, sich je nach den Gefahren für Sicherheit und Gesundheit bei der Arbeit regelmäßig arbeitsmedizinisch untersuchen zu lassen, es sei denn, auf Grund der Beurteilung der Arbeitsbedingungen und der getroffenen Schutzmaßnahmen ist nicht mit einem Gesundheitsschaden zu rechnen.

§ 12 Unterweisung (1) Der Arbeitgeber hat die Beschäftigten über Sicherheit und Gesundheitsschutz bei der Arbeit während ihrer Arbeitszeit ausreichend und angemessen zu unterweisen. Die Unterweisung umfaßt Anweisungen und Erläuterungen, die eigens auf den Arbeitsplatz oder den Aufgabenbereich der Beschäftigten ausgerichtet sind. Die Unterweisung muß bei der Einstellung, bei Veränderungen im Aufgabenbereich, der Einführung neuer Arbeitsmittel oder einer neuen Technologie vor Aufnahme der Tätigkeit der Beschäftigten erfolgen. Die Unterweisung muß an die Gefährdungsentwicklung angepaßt sein und erforderlichenfalls regelmäßig wiederholt werden.
(2) Bei einer Arbeitnehmerüberlassung trifft die Pflicht zur Unterweisung nach Absatz 1 den Entleiher. Er hat die Unterweisung unter Berücksichtigung der Qualifikation und der Erfahrung der Personen, die ihm zur Arbeitsleistung überlassen werden, vorzunehmen. Die sonstigen Arbeitsschutzpflichten des Verleihers bleiben unberührt.

§ 13 Verantwortliche Personen (1) Verantwortlich für die Erfüllung der sich aus diesem Abschnitt ergebenden Pflichten sind neben dem Arbeitgeber
1. sein gesetzlicher Vertreter,
2. das vertretungsberechtigte Organ einer juristischen Person,
3. der vertretungsberechtigte Gesellschafter einer Personenhandelsgesellschaft,
4. Personen, die mit der Leitung eines Unternehmens oder eines Betriebes beauftragt sind, im Rahmen der ihnen übertragenen Aufgaben und Befugnisse,
5. sonstige nach Absatz 2 oder nach einer auf Grund dieses Gesetzes erlassenen Rechtsverordnung oder nach einer Unfallverhütungsvorschrift verpflichtete Personen im Rahmen ihrer Aufgaben und Befugnisse.

(2) Der Arbeitgeber kann zuverlässige und fachkundige Personen schriftlich damit beauftragen, ihm obliegende Aufgaben nach diesem Gesetz in eigener Verantwortung wahrzunehmen.

§ 14 Unterrichtung und Anhörung der Beschäftigten des öffentlichen Dienstes
(1) Die Beschäftigten des öffentlichen Dienstes sind vor Beginn der Beschäftigung und bei Veränderungen in ihren Arbeitsbereichen über Gefahren für Sicherheit und Gesundheit, denen sie bei der Arbeit ausgesetzt sein können, sowie über die Maßnahmen und Einrichtungen zur Verhütung dieser Gefahren und die nach § 10 Abs. 2 getroffenen Maßnahmen zu unterrichten.

(2) Soweit in Betrieben des öffentlichen Dienstes keine Vertretung der Beschäftigten besteht, hat der Arbeitgeber die Beschäftigten zu allen Maßnahmen zu hören, die Auswirkungen auf Sicherheit und Gesundheit der Beschäftigten haben können.

Dritter Abschnitt – Pflichten und Rechte der Beschäftigten

§ 15 Pflichten der Beschäftigten (1) Die Beschäftigten sind verpflichtet, nach ihren Möglichkeiten sowie gemäß der Unterweisung und Weisung des Arbeitgebers für ihre Sicherheit und Gesundheit bei der Arbeit Sorge zu tragen. Entsprechend Satz 1 haben die Beschäftigten auch für die Sicherheit und Gesundheit der Personen zu sorgen, die von ihren Handlungen oder Unterlassungen bei der Arbeit betroffen sind.
(2) Im Rahmen des Absatzes 1 haben die Beschäftigten insbesondere Maschinen, Geräte, Werkzeuge, Arbeitsstoffe, Transportmittel und sonstige Arbeitsmittel sowie Schutzvorrichtungen und die ihnen zur Verfügung gestellte persönliche Schutzausrüstung bestimmungsgemäß zu verwenden.

§ 16 Besondere Unterstützungspflichten (1) Die Beschäftigten haben dem Arbeitgeber oder dem zuständigen Vorgesetzten jede von ihnen festgestellte unmittelbare erhebliche Gefahr für die Sicherheit und Gesundheit sowie jeden an den Schutzsystemen festgestellten Defekt unverzüglich zu melden.
(2) Die Beschäftigten haben gemeinsam mit dem Betriebsarzt und der Fachkraft für Arbeitssicherheit den Arbeitgeber darin zu unterstützen, die Sicherheit und den Gesundheitsschutz der Beschäftigten bei der Arbeit zu gewährleisten und seine Pflichten entsprechend den behördlichen Auflagen zu erfüllen. Unbeschadet ihrer Pflicht nach Absatz 1 sollen die Beschäftigten von ihnen festgestellte Gefahren für Sicherheit und Gesundheit und Mängel an den Schutzsystemen auch der Fachkraft für Arbeitssicherheit, dem Betriebsarzt oder dem Sicherheitsbeauftragten nach § 22 des Siebten Buches Sozialgesetzbuch mitteilen.

§ 17 Rechte der Beschäftigten (1) Die Beschäftigten sind berechtigt, dem Arbeitgeber Vorschläge zu allen Fragen der Sicherheit und des Gesundheitsschutzes bei der Arbeit zu machen. Für Beamtinnen und Beamte des Bundes ist § 125 des Bundesbeamtengesetzes anzuwenden. Entsprechendes Landesrecht bleibt unberührt.
(2) Sind Beschäftigte auf Grund konkreter Anhaltspunkte der Auffassung, daß die vom Arbeitgeber getroffenen Maßnahmen und bereitgestellten Mittel nicht ausreichen, um die Sicherheit und den Gesundheitsschutz bei der Arbeit zu gewährleisten, und hilft der Arbeitgeber darauf gerichteten Beschwerden von Beschäftigten nicht ab, können sich diese an die zuständige Behörde wenden. Hierdurch dürfen den Beschäftigten keine Nachteile entstehen. Die in Absatz 1 Satz 2 und 3 genannten Vorschriften des Hinweisgeberschutzgesetzes, sowie die Vorschriften der Wehrbeschwerdeordnung und des Gesetzes über den Wehrbeauftragten des Deutschen Bundestages bleiben unberührt.

Vierter Abschnitt – Verordnungsermächtigungen

§ 18 Verordnungsermächtigungen (1) Die Bundesregierung wird ermächtigt, durch Rechtsverordnung mit Zustimmung des Bundesrates vorzuschreiben, welche Maßnahmen der Arbeitgeber und die sonstigen verantwortlichen Personen zu treffen haben und wie sich die Beschäftigten zu verhalten haben, um ihre jeweiligen Pflichten, die sich aus diesem Gesetz ergeben, zu erfüllen. In diesen Rechtsverordnungen kann auch bestimmt werden, daß bestimmte Vorschriften des Gesetzes zum Schutz anderer als in § 2 Abs. 2 genannter Personen anzuwenden sind.

(2) Durch Rechtsverordnungen nach Absatz 1 kann insbesondere bestimmt werden,

1. daß und wie zur Abwehr bestimmter Gefahren Dauer oder Lage der Beschäftigung oder die Zahl der Beschäftigten begrenzt werden muß,
2. daß der Einsatz bestimmter Arbeitsmittel oder -verfahren mit besonderen Gefahren für die Beschäftigten verboten ist oder der zuständigen Behörde angezeigt oder von ihr erlaubt sein muß oder besonders gefährdete Personen dabei nicht beschäftigt werden dürfen,
3. daß bestimmte, besonders gefährliche Betriebsanlagen einschließlich der Arbeits- und Fertigungsverfahren vor Inbetriebnahme, in regelmäßigen Abständen oder auf behördliche Anordnung fachkundig geprüft werden müssen,

3a. dass für bestimmte Beschäftigte angemessene Unterkünfte bereitzustellen sind, wenn dies aus Gründen der Sicherheit, zum Schutz der Gesundheit oder aus Gründen der menschengerechten Gestaltung der Arbeit erforderlich ist und welche Anforderungen dabei zu erfüllen sind,

4. daß Beschäftigte, bevor sie eine bestimmte gefährdende Tätigkeit aufnehmen oder fortsetzen oder nachdem sie sie beendet haben, arbeitsmedizinisch zu untersuchen sind und welche besonderen Pflichten der Arzt dabei zu beachten hat,
5. daß Ausschüsse zu bilden sind, denen die Aufgabe übertragen wird, die Bundesregierung oder das zuständige Bundesministerium zur Anwendung der Rechtsverordnungen zu beraten, dem Stand der Technik, Arbeitsmedizin und Hygiene entsprechende Regeln und sonstige gesicherte arbeitswissenschaftliche Erkenntnisse zu ermitteln sowie Regeln zu ermitteln, wie die in den Rechtsverordnungen gestellten Anforderungen erfüllt werden können. Das Bundesministerium für Arbeit und Soziales kann die Regeln und Erkenntnisse amtlich bekannt machen.

(3) In epidemischen Lagen von nationaler Tragweite nach § 5 Absatz 1 des Infektionsschutzgesetzes kann das Bundesministerium für Arbeit und Soziales ohne Zustimmung des Bundesrates spezielle Rechtsverordnungen nach Absatz 1 für einen befristeten Zeitraum erlassen. Das Bundesministerium für Arbeit und Soziales kann ohne Zustimmung des Bundesrates durch Rechtsverordnung für einen befristeten Zeitraum, der spätestens mit Ablauf des 7. April 2023 endet,

1. bestimmen, dass spezielle Rechtsverordnungen nach Satz 1 nach Aufhebung der Feststellung der epidemischen Lage von nationaler Tragweite nach § 5 Absatz 1 des Infektionsschutzgesetzes fortgelten, und diese ändern sowie
2. spezielle Rechtsverordnungen nach Absatz 1 erlassen.

§ 19 Rechtsakte der Europäischen Gemeinschaften und zwischenstaatliche Vereinbarungen Rechtsverordnungen[1] nach § 18 können auch erlassen werden, soweit dies zur Durchführung von Rechtsakten des Rates oder der Kommission der Europäischen Gemeinschaften oder von Beschlüssen internationaler Organisationen oder von zwischenstaatlichen Vereinbarungen, die Sachbereiche dieses Gesetzes betreffen, erforderlich ist, insbesondere um Arbeitsschutzpflichten für andere als in § 2 Abs. 3 genannte Personen zu regeln.

§ 20 Regelungen für den öffentlichen Dienst (1) Für die Beamten der Länder, Gemeinden und sonstigen Körperschaften, Anstalten und Stiftungen des öffentlichen Rechts regelt das Landesrecht, ob und inwieweit die nach § 18 erlassenen Rechtsverordnungen gelten.
(2) Für bestimmte Tätigkeiten im öffentlichen Dienst des Bundes, insbesondere bei der Bundeswehr, der Polizei, den Zivil- und Katastrophenschutzdiensten, dem Zoll oder den Nachrichtendiensten, können das Bundeskanzleramt, das Bundesministerium des Innern, für Bau und Heimat, das Bundesministerium für Verkehr und digitale Infrastruktur, das Bundesministerium der Verteidigung oder das Bundesministerium der Finanzen, soweit sie hierfür jeweils zuständig sind, durch Rechtsverordnung ohne Zustimmung des Bundesrates bestimmen, daß Vorschriften dieses Gesetzes ganz oder zum Teil nicht anzuwenden sind, soweit öffentliche Belange dies zwingend erfordern, insbesondere zur Aufrechterhaltung oder Wiederherstellung der öffentlichen Sicherheit. Rechtsverordnungen nach Satz 1 werden im Einvernehmen mit dem Bundesministerium für Arbeit und Soziales und, soweit nicht das Bundesministerium des Innern, für Bau und Heimat selbst ermächtigt ist, im Einvernehmen mit diesem Ministerium erlassen.[2] In den Rechtsverordnungen ist gleichzeitig festzulegen, wie die Sicherheit und der Gesundheitsschutz bei der Arbeit unter Berücksichtigung der Ziele dieses Gesetzes auf andere Weise gewährleistet werden. Für Tätigkeiten im öffentlichen Dienst der Länder, Gemeinden und sonstigen landesunmittelbaren Körperschaften, Anstalten und Stiftungen des öffentlichen Rechts können den Sätzen 1 und 3 entsprechende Regelungen durch Landesrecht getroffen werden.

Fünfter Abschnitt – Gemeinsame deutsche Arbeitsschutzstrategie

§ 20a Gemeinsame deutsche Arbeitsschutzstrategie (1) Nach den Bestimmungen dieses Abschnitts entwickeln Bund, Länder und Unfallversicherungsträger im Interesse eines wirksamen Arbeitsschutzes eine gemeinsame deutsche Arbeits-

1 Vgl. **VO zur Umsetzung von EG-Einzelrichtlinien zur EG-Rahmenrichtlinie Arbeitsschutz** vom 4. 12. 1996 (BGBl. I 1841); deutsche Umsetzungsverordnungen sind abgedruckt unter Nr. 7b ff.

2 Vgl. **Verordnung über die modifizierte Anwendung** von Vorschriften des Arbeitsschutzgesetzes für bestimmte Tätigkeiten im öffentlichen Dienst des Bundes im Geschäftsbereich
- des Bundesministeriums des Innern, für Bau und Heimat vom 8. 2. 2000 (BGBl. I 114), zuletzt geändert durch Verordnung vom 19. 6. 2020 (BGBl. I 1328),
- des Bundesministeriums der Verteidigung vom 3. 6. 2002 (BGBl. I 1850).

schutzstrategie und gewährleisten ihre Umsetzung und Fortschreibung. Mit der Wahrnehmung der ihnen gesetzlich zugewiesenen Aufgaben zur Verhütung von Arbeitsunfällen, Berufskrankheiten und arbeitsbedingten Gesundheitsgefahren sowie zur menschengerechten Gestaltung der Arbeit tragen Bund, Länder und Unfallversicherungsträger dazu bei, die Ziele der gemeinsamen deutschen Arbeitsschutzstrategie zu erreichen.

(2) Die gemeinsame deutsche Arbeitsschutzstrategie umfasst

1. die Entwicklung gemeinsamer Arbeitsschutzziele,
2. die Festlegung vorrangiger Handlungsfelder und von Eckpunkten für Arbeitsprogramme sowie deren Ausführung nach einheitlichen Grundsätzen,
3. die Evaluierung der Arbeitsschutzziele, Handlungsfelder und Arbeitsprogramme mit geeigneten Kennziffern,
4. die Festlegung eines abgestimmten Vorgehens der für den Arbeitsschutz zuständigen Landesbehörden und der Unfallversicherungsträger bei der Beratung und Überwachung der Betriebe,
5. die Herstellung eines verständlichen, überschaubaren und abgestimmten Vorschriften- und Regelwerks.

§ 20b Nationale Arbeitsschutzkonferenz (1) Die Aufgabe der Entwicklung, Steuerung und Fortschreibung der gemeinsamen deutschen Arbeitsschutzstrategie nach § 20a Abs. 1 Satz 1 wird von der Nationalen Arbeitsschutzkonferenz wahrgenommen. Sie setzt sich aus jeweils drei stimmberechtigten Vertretern von Bund, Ländern und den Unfallversicherungsträgern zusammen und bestimmt für jede Gruppe drei Stellvertreter. Außerdem entsenden die Spitzenorganisationen der Arbeitgeber und Arbeitnehmer für die Behandlung von Angelegenheiten nach § 20a Abs. 2 Nr. 1 bis 3 und 5 jeweils bis zu drei Vertreter in die Nationale Arbeitsschutzkonferenz; sie nehmen mit beratender Stimme an den Sitzungen teil. Die Nationale Arbeitsschutzkonferenz gibt sich eine Geschäftsordnung; darin werden insbesondere die Arbeitsweise und das Beschlussverfahren festgelegt. Die Geschäftsordnung muss einstimmig angenommen werden.

(2) Alle Einrichtungen, die mit Sicherheit und Gesundheit bei der Arbeit befasst sind, können der Nationalen Arbeitsschutzkonferenz Vorschläge für Arbeitsschutzziele, Handlungsfelder und Arbeitsprogramme unterbreiten.

(3) Die Nationale Arbeitsschutzkonferenz wird durch ein Arbeitsschutzforum unterstützt, das in der Regel einmal jährlich stattfindet. Am Arbeitsschutzforum sollen sachverständige Vertreter der Spitzenorganisationen der Arbeitgeber und Arbeitnehmer, der Berufs- und Wirtschaftsverbände, der Wissenschaft, der Kranken- und Rentenversicherungsträger, von Einrichtungen im Bereich Sicherheit und Gesundheit bei der Arbeit sowie von Einrichtungen, die der Förderung der Beschäftigungsfähigkeit dienen, teilnehmen. Das Arbeitsschutzforum hat die Aufgabe, eine frühzeitige und aktive Teilhabe der sachverständigen Fachöffentlichkeit an der Entwicklung und Fortschreibung der gemeinsamen deutschen Arbeitsschutzstrategie sicherzustellen und die Nationale Arbeitsschutzkonferenz entsprechend zu beraten.

(4) Einzelheiten zum Verfahren der Einreichung von Vorschlägen nach Absatz 2 und zur Durchführung des Arbeitsschutzforums nach Absatz 3 werden in der Geschäftsordnung der Nationalen Arbeitsschutzkonferenz geregelt.
(5) Die Geschäfte der Nationalen Arbeitsschutzkonferenz und des Arbeitsschutzforums führt die Bundesanstalt für Arbeitsschutz und Arbeitsmedizin. Einzelheiten zu Arbeitsweise und Verfahren werden in der Geschäftsordnung der Nationalen Arbeitsschutzkonferenz festgelegt.

Sechster Abschnitt – Schlußvorschriften

§ 21 Zuständige Behörden, Zusammenwirken mit den Trägern der gesetzlichen Unfallversicherung (1) Die Überwachung des Arbeitsschutzes nach diesem Gesetz ist staatliche Aufgabe. Die zuständigen Behörden haben die Einhaltung dieses Gesetzes und der auf Grund dieses Gesetzes erlassenen Rechtsverordnungen zu überwachen und die Arbeitgeber bei der Erfüllung ihrer Pflichten zu beraten. Bei der Überwachung haben die zuständigen Behörden bei der Auswahl von Betrieben Art und Umfang des betrieblichen Gefährdungspotenzials zu berücksichtigen.
(1 a) Die zuständigen Landesbehörden haben bei der Überwachung nach Absatz 1 sicherzustellen, dass im Laufe des Kalenderjahres eine Mindestanzahl an Betrieben besichtigt wird. Beginnend mit dem Kalenderjahr 2026 sind im Laufe eines Kalenderjahres mindestens 5 Prozent der im Land vorhandenen Betriebe zu besichtigen (Mindestbesichtigungsquote). Von der Mindestbesichtigungsquote kann durch Landesrecht nicht abgewichen werden. Erreicht eine Landesbehörde die Mindestbesichtigungsquote nicht, so hat sie die Zahl der besichtigten Betriebe bis zum Kalenderjahr 2026 schrittweise mindestens so weit zu erhöhen, dass sie die Mindestbesichtigungsquote erreicht. Maßgeblich für die Anzahl der im Land vorhandenen Betriebe ist die amtliche Statistik der Bundesagentur für Arbeit des Vorjahres.
(2) Die Aufgaben und Befugnisse der Träger der gesetzlichen Unfallversicherung richten sich, soweit nichts anderes bestimmt ist, nach den Vorschriften des Sozialgesetzbuchs. Soweit die Träger der gesetzlichen Unfallversicherung nach dem Sozialgesetzbuch im Rahmen ihres Präventionsauftrags auch Aufgaben zur Gewährleistung von Sicherheit und Gesundheitsschutz der Beschäftigten wahrnehmen, werden sie ausschließlich im Rahmen ihrer autonomen Befugnisse tätig.
(3) Die zuständigen Landesbehörden und die Unfallversicherungsträger wirken auf der Grundlage einer gemeinsamen Beratungs- und Überwachungsstrategie nach § 20a Abs. 2 Nr. 4 eng zusammen und stellen den Erfahrungsaustausch sicher. Diese Strategie umfasst die Abstimmung allgemeiner Grundsätze zur methodischen Vorgehensweise bei

1. der Beratung und Überwachung der Betriebe,
2. der Festlegung inhaltlicher Beratungs- und Überwachungsschwerpunkte, aufeinander abgestimmter und gemeinsamer Schwerpunktaktionen und Arbeitsprogramme und
3. der Förderung eines Daten- und sonstigen Informationsaustausches, insbesondere über Betriebsbesichtigungen und deren wesentliche Ergebnisse.

Die zuständigen Landesbehörden vereinbaren mit den Unfallversicherungsträgern nach § 20 Abs. 2 Satz 3 des Siebten Buches Sozialgesetzbuch die Maßnahmen, die zur Umsetzung der gemeinsamen Arbeitsprogramme nach § 20a Abs. 2 Nr. 2 und der gemeinsamen Beratungs- und Überwachungsstrategie notwendig sind; sie evaluieren deren Zielerreichung mit den von der Nationalen Arbeitsschutzkonferenz nach § 20a Abs. 2 Nr. 3 bestimmten Kennziffern.

(3 a) Zu nach dem 1. Januar 2023 durchgeführten Betriebsbesichtigungen und deren Ergebnissen übermitteln die für den Arbeitsschutz zuständigen Landesbehörden an den für die besichtigte Betriebsstätte zuständigen Unfallversicherungsträger im Wege elektronischer Datenübertragung folgende Informationen:

1. Name und Anschrift des Betriebs,
2. Anschrift der besichtigten Betriebsstätte, soweit nicht mit Nummer 1 identisch,
3. Kennnummer zur Identifizierung,
4. Wirtschaftszweig des Betriebs,
5. Datum der Besichtigung,
6. Anzahl der Beschäftigten zum Zeitpunkt der Besichtigung,
7. Vorhandensein einer betrieblichen Interessenvertretung,
8. Art der sicherheitstechnischen Betreuung,
9. Art der betriebsärztlichen Betreuung,
10. Bewertung der Arbeitsschutzorganisation einschließlich
    a) der Unterweisung,
    b) der arbeitsmedizinischen Vorsorge und
    c) der Ersten Hilfe und sonstiger Notfallmaßnahmen,
11. Bewertung der Gefährdungsbeurteilung einschließlich
    a) der Ermittlung von Gefährdungen und Festlegung von Maßnahmen,
    b) der Prüfung der Umsetzung der Maßnahmen und ihrer Wirksamkeit und
    c) der Dokumentation der Gefährdungen und Maßnahmen,
12. Verwaltungshandeln in Form von Feststellungen, Anordnungen oder Bußgeldern.

Die übertragenen Daten dürfen von den Unfallversicherungsträgern nur zur Erfüllung der in ihrer Zuständigkeit nach § 17 Absatz 1 des Siebten Buches Sozialgesetzbuch liegenden Aufgaben verarbeitet werden.

(4) Die für den Arbeitsschutz zuständige oberste Landesbehörde kann mit Trägern der gesetzlichen Unfallversicherung vereinbaren, daß diese in näher zu bestimmenden Tätigkeitsbereichen die Einhaltung dieses Gesetzes, bestimmter Vorschriften dieses Gesetzes oder der auf Grund dieses Gesetzes erlassenen Rechtsverordnungen überwachen. In der Vereinbarung sind Art und Umfang der Überwachung sowie die Zusammenarbeit mit den staatlichen Arbeitsschutzbehörden festzulegen.

(5) Soweit nachfolgend nichts anderes bestimmt ist, ist zuständige Behörde für die Durchführung dieses Gesetzes und der auf dieses Gesetz gestützten Rechtsverordnungen in den Betrieben und Verwaltungen des Bundes die Zentralstelle für Arbeitsschutz beim Bundesministerium des Innern, für Bau und Heimat. Im Auftrag der Zentralstelle handelt, soweit nichts anderes bestimmt ist, die Unfallversicherung Bund und Bahn, die insoweit der Aufsicht des Bundesministeriums des Innern, für Bau und Heimat unterliegt; Aufwendungen werden nicht erstattet. Im öffentlichen Dienst im Geschäftsbereich des Bundesministeriums für Verkehr

und digitale Infrastruktur führt die Unfallversicherung Bund und Bahn, soweit die Eisenbahn-Unfallkasse bis zum 31. Dezember 2014 Träger der Unfallversicherung war, dieses Gesetz durch. Für Betriebe und Verwaltungen in den Geschäftsbereichen des Bundesministeriums der Verteidigung und des Auswärtigen Amtes hinsichtlich seiner Auslandsvertretungen führt das jeweilige Bundesministerium, soweit es jeweils zuständig ist, oder die von ihm jeweils bestimmte Stelle dieses Gesetz durch. Im Geschäftsbereich des Bundesministeriums der Finanzen führt die Berufsgenossenschaft Verkehrswirtschaft Post-Logistik Telekommunikation dieses Gesetz durch, soweit der Geschäftsbereich des ehemaligen Bundesministeriums für Post und Telekommunikation betroffen ist. Die Sätze 1 bis 4 gelten auch für Betriebe und Verwaltungen, die zur Bundesverwaltung gehören, für die aber eine Berufsgenossenschaft Träger der Unfallversicherung ist. Die zuständigen Bundesministerien können mit den Berufsgenossenschaften für diese Betriebe und Verwaltungen vereinbaren, daß das Gesetz von den Berufsgenossenschaften durchgeführt wird; Aufwendungen werden nicht erstattet.

§ 22 Befugnisse der zuständigen Behörden (1) Die zuständige Behörde kann vom Arbeitgeber oder von den verantwortlichen Personen die zur Durchführung ihrer Überwachungsaufgabe erforderlichen Auskünfte und die Überlassung von entsprechenden Unterlagen verlangen. Werden Beschäftigte mehrerer Arbeitgeber an einem Arbeitsplatz tätig, kann die zuständige Behörde von den Arbeitgebern oder von den verantwortlichen Personen verlangen, dass das Ergebnis der Abstimmung über die zu treffenen Maßnahmen nach § 8 Absatz 1 schriftlich vorgelegt wird. Die auskunftspflichtige Person kann die Auskunft auf solche Fragen oder die Vorlage derjenigen Unterlagen verweigern, deren Beantwortung oder Vorlage sie selbst oder einen ihrer in § 383 Abs. 1 Nr. 1 bis 3 der Zivilprozeßordnung bezeichneten Angehörigen der Gefahr der Verfolgung wegen einer Straftat oder Ordnungswidrigkeit aussetzen würde. Die auskunftspflichtige Person ist darauf hinzuweisen.

(2) Die mit der Überwachung beauftragten Personen sind befugt, zu den Betriebs- und Arbeitszeiten Betriebsstätten, Geschäfts- und Betriebsräume zu betreten, zu besichtigen und zu prüfen sowie in die geschäftlichen Unterlagen der auskunftspflichtigen Person Einsicht zu nehmen, soweit dies zur Erfüllung ihrer Aufgaben erforderlich ist. Außerdem sind sie befugt, Betriebsanlagen, Arbeitsmittel und persönliche Schutzausrüstungen zu prüfen, Arbeitsverfahren und Arbeitsabläufe zu untersuchen, Messungen vorzunehmen und insbesondere arbeitsbedingte Gesundheitsgefahren festzustellen und zu untersuchen, auf welche Ursachen ein Arbeitsunfall, eine arbeitsbedingte Erkrankung oder ein Schadensfall zurückzuführen ist. Sie sind berechtigt, die Begleitung durch den Arbeitgeber oder eine von ihm beauftragte Person zu verlangen. Der Arbeitgeber oder die verantwortlichen Personen haben die mit der Überwachung beauftragten Personen ohne Einverständis des Arbeitgebers die Maßnahmen nach den Sätzen 1 und 2 zu unterstützen. Außerhalb der in Satz 1 genannten Zeiten dürfen die mit der Überwachung beauftragten Personen ohne Einverständnis des Arbeitgebers die Maßnahmen nach den Sätzen 1 und 2 nur treffen, soweit sie zur Verhütung dringender Gefahren für die öffentliche Sicherheit und Ordnung erforderlich sind. Wenn sich die Arbeitsstätte in einer

Wohnung befindet, dürfen die mit der Überwachung beauftragten Personen die Maßnahmen nach den Sätzen 1 und 2 ohne Einverständnis der Bewohner oder Nutzungsberechtigten nur treffen, soweit sie zur Verhütung dringender Gefahren für die öffentliche Sicherheit und Ordnung erforderlich sind. Die auskunftspflichtige Person hat die Maßnahmen nach den Sätzen 1, 2, 5 und 6 zu dulden. Die Sätze 1 und 5 gelten entsprechend, wenn nicht feststeht, ob in der Arbeitsstätte Personen beschäftigt werden, jedoch Tatsachen gegeben sind, die diese Annahme rechtfertigen. Das Grundrecht der Unverletzlichkeit der Wohnung (Artikel 13 des Grundgesetzes) wird insoweit eingeschränkt.

(3) Die zuständige Behörde kann im Einzelfall anordnen,

1. welche Maßnahmen der Arbeitgeber und die verantwortlichen Personen oder die Beschäftigten zur Erfüllung der Pflichten zu treffen haben, die sich aus diesem Gesetz und den auf Grund dieses Gesetzes erlassenen Rechtsverordnungen ergeben,
2. welche Maßnahmen der Arbeitgeber und die verantwortlichen Personen zur Abwendung einer besonderen Gefahr für Leben und Gesundheit der Beschäftigten zu treffen haben.

Die zuständige Behörde hat, wenn nicht Gefahr im Verzug ist, zur Ausführung der Anordnung eine angemessene Frist zu setzen. Wird eine Anordnung nach Satz 1 nicht innerhalb einer gesetzten Frist oder eine für sofort vollziehbar erklärte Anordnung nicht sofort ausgeführt, kann die zuständige Behörde die von der Anordnung betroffene Arbeit oder die Verwendung oder den Betrieb der von der Anordnung betroffenen Arbeitsmittel untersagen. Maßnahmen der zuständigen Behörde im Bereich des öffentlichen Dienstes, die den Dienstbetrieb wesentlich beeinträchtigen, sollen im Einvernehmen mit der obersten Bundes- oder Landesbehörde oder dem Hauptverwaltungsbeamten der Gemeinde getroffen werden.

§ 23 Betriebliche Daten, Zusammenarbeit mit anderen Behörden, Jahresbericht, Bundesfachstelle (1) Der Arbeitgeber hat der zuständigen Behörde zu einem von ihr bestimmten Zeitpunkt Mitteilungen über

1. die Zahl der Beschäftigten und derer, an die er Heimarbeit vergibt, aufgegliedert nach Geschlecht, Alter und Staatsangehörigkeit,
2. den Namen oder die Bezeichnung und Anschrift des Betriebs, in dem er sie beschäftigt,
3. seinen Namen, seine Firma und seine Anschrift sowie
4. den Wirtschaftszweig, dem sein Betrieb angehört,

zu machen. Das Bundesministerium für Arbeit und Soziales wird ermächtigt, durch Rechtsverordnung mit Zustimmung des Bundesrates zu bestimmen, daß die Stellen der Bundesverwaltung, denen der Arbeitgeber die in Satz 1 genannten Mitteilungen bereits auf Grund einer Rechtsvorschrift mitgeteilt hat, diese Angaben an die für die Behörden nach Satz 1 zuständigen obersten Landesbehörden als Schreiben oder auf maschinell verwertbaren Datenträgern oder durch Datenübertragung weiterzuleiten haben. In der Rechtsverordnung können das Nähere über die Form der weiterzuleitenden Angaben sowie die Frist für die Weiterleitung bestimmt werden. Die weitergeleiteten Angaben dürfen nur zur Erfüllung der in der Zuständigkeit der Behörden nach § 21 Abs. 1 liegenden Arbeitsschutzaufgaben verarbeitet werden.

(2) Die mit der Überwachung beauftragten Personen dürfen die ihnen bei ihrer Überwachungstätigkeit zur Kenntnis gelangenden Geschäfts- und Betriebsgeheimnisse nur in den gesetzlich geregelten Fällen oder zur Verfolgung von Gesetzwidrigkeiten oder zur Erfüllung von gesetzlich geregelten Aufgaben zum Schutz der Versicherten dem Träger der gesetzlichen Unfallversicherung oder zum Schutz der Umwelt den dafür zuständigen Behörden offenbaren. Soweit es sich bei Geschäfts- und Betriebsgeheimnissen um Informationen über die Umwelt im Sinne des Umweltinformationsgesetzes handelt, richtet sich die Befugnis zu ihrer Offenbarung nach dem Umweltinformationsgesetz.

(3) Ergeben sich im Einzelfall für die zuständigen Behörden konkrete Anhaltspunkte für

1. eine Beschäftigung oder Tätigkeit von Ausländern ohne den erforderlichen Aufenthaltstitel nach § 4a Absatz 5 Satz 1 des Aufenthaltsgesetzes, eine Erlaubnis oder Berechtigung nach § 4a Absatz 5 Satz 2 in Verbindung mit Absatz 4 eine Aufenthaltsgestattung oder eine Duldung, die zur Ausübung der Beschäftigung berechtigen, oder eine Genehmigung nach § 284 Absatz 1 des Dritten Buches Sozialgesetzbuch,
2. Verstöße gegen die Mitwirkungspflicht nach § 60 Abs. 1 Satz 1 Nr. 2 des Ersten Buches Sozialgesetzbuch gegenüber einer Dienststelle der Bundesagentur für Arbeit, einem Träger der gesetzlichen Kranken-, Pflege-, Unfall- oder Rentenversicherung oder einem Träger der Sozialhilfe oder gegen die Meldepflicht nach § 8a des Asylbewerberleistungsgesetzes,
3. Verstöße gegen das Schwarzarbeitsbekämpfungsgesetz,
4. Verstöße gegen das Arbeitnehmerüberlassungsgesetz,
5. Verstöße gegen die Vorschriften des Vierten und Siebten Buches Sozialgesetzbuch über die Verpflichtung zur Zahlung von Sozialversicherungsbeiträgen,
6. Verstöße gegen das Aufenthaltsgesetz,
7. Verstöße gegen die Steuergesetze,
8. Verstöße gegen das Gesetz zur Sicherung von Arbeitnehmerrechten in der Fleischwirtschaft,
9. Verstöße gegen Vorgaben für Pakete mit erhöhtem Gewicht nach dem Postgesetz,
10. Verstöße gegen das Mindestlohngesetz,
11. Verstöße gegen das Arbeitnehmer-Entsendegesetz,

unterrichten sie die für die Verfolgung und Ahndung zuständigen Behörden, die Träger der Sozialhilfe sowie die Behörden nach § 71 des Aufenthaltsgesetzes. In den Fällen des Satzes 1 arbeiten die zuständigen Behörden insbesondere mit den Agenturen für Arbeit, den Hauptzollämtern, den Rentenversicherungsträgern, den Krankenkassen als Einzugsstellen für die Sozialversicherungsbeiträge, den Trägern der gesetzlichen Unfallversicherung, den nach Landesrecht für die Verfolgung und Ahndung von Verstößen gegen das Gesetz zur Bekämpfung der Schwarzarbeit zuständigen Behörden, den Trägern der Sozialhilfe, den in § 71 des Aufenthaltsgesetzes genannten Behörden, den Finanzbehörden und der Bundesnetzagentur für Elektrizität, Gas, Telekommunikation, Post und Eisenbahnen zusammen.

(3a) Leitet die Generalzolldirektion im Rahmen ihrer Funktion als Verbindungsbüro im Sinne des Artikels 4 Absatz 1 der Richtlinie 96/71/EG in der Fassung vom 28. Juni 2018 ein über das Binnenmarkt-Informationssystem eingehendes Ersuchen, das die Mindestarbeitsbedingungen nach Artikel 3 Absatz 1 Buchstabe e der Richtlinie 96/71/EG in der Fassung vom 28. Juni 2018 betrifft, an die zuständigen Behörden weiter, so können diese die zur Beantwortung erforderlichen Informationen an die Generalzolldirektion zur Weiterleitung an die ersuchenden Behörden übermitteln.
(4) Die zuständigen obersten Landesbehörden haben über die Überwachungstätigkeit der ihnen unterstellten Behörden einen Jahresbericht zu veröffentlichen. Der Jahresbericht umfaßt auch Angaben zur Erfüllung von Unterrichtungspflichten aus internationalen Übereinkommen oder Rechtsakten der Europäischen Gemeinschaften, soweit sie den Arbeitsschutz betreffen.
(5) Bei der Bundesanstalt für Arbeitsschutz und Arbeitsmedizin wird eine Bundesfachstelle für Sicherheit und Gesundheit bei der Arbeit eingerichtet. Sie hat die Aufgabe, die Jahresberichte der Länder einschließlich der Besichtigungsquote nach § 21 Absatz 1a auszuwerten und die Ergebnisse für den statistischen Bericht über den Stand von Sicherheit und Gesundheit bei der Arbeit und über das Unfall- und Berufskrankheitengeschehen in der Bundesrepublik Deutschland nach § 25 Absatz 1 des Siebten Buches Sozialgesetzbuch zusammenzufassen. Das Bundesministerium für Arbeit und Soziales kann die Arbeitsweise und das Verfahren der Bundesfachstelle für Sicherheit und Gesundheit bei der Arbeit im Errichtungserlass der Bundesanstalt für Arbeitsschutz und Arbeitsmedizin festlegen.

§ 24 Ermächtigung zum Erlaß von allgemeinen Verwaltungsvorschriften Die Bundesregierung kann mit Zustimmung des Bundesrates allgemeine Verwaltungsvorschriften erlassen insbesondere

1. zur Durchführung dieses Gesetzes und der auf Grund dieses Gesetzes erlassenen Rechtsverordnungen, insbesondere dazu, welche Kriterien zur Auswahl von Betrieben bei der Überwachung anzuwenden, welche Sachverhalte im Rahmen einer Betriebsbesichtigung mindestens zu prüfen und welche Ergebnisse aus der Überwachung für die Berichterstattung zu erfassen sind,
2. über die Gestaltung der Jahresberichte nach § 23 Abs. 4 und
3. über die Angaben, die die zuständigen obersten Landesbehörden dem Bundesministerium für Arbeit und Soziales für den Unfallverhütungsbericht nach § 25 Abs. 2 des Siebten Buches Sozialgesetzbuch bis zu einem bestimmten Zeitpunkt mitzuteilen haben.

§ 24a Ausschuss für Sicherheit und Gesundheit bei der Arbeit (1) Beim Bundesministerium für Arbeit und Soziales wird ein Ausschuss für Sicherheit und Gesundheit bei der Arbeit gebildet, in dem geeignete Personen vonseiten der öffentlichen und privaten Arbeitgeber, der Gewerkschaften, der Landesbehörden, der gesetzlichen Unfallversicherung und weitere geeignete Personen, insbesondere aus der Wissenschaft, vertreten sein sollen. Dem Ausschuss sollen nicht mehr als 15 Mitglieder angehören. Für jedes Mitglied ist ein stellvertretendes Mitglied zu benennen. Die Mitgliedschaft im Ausschuss ist ehrenamtlich. Ein Mitglied oder ein stellvertretendes Mitglied aus den anderen Ausschüssen beim Bundesministerium für Arbeit und Soziales nach § 18 Absatz 2 Nummer 5 soll dauerhaft als Gast im Ausschuss für Sicherheit und Gesundheit bei der Arbeit vertreten sein.

(2) Das Bundesministerium für Arbeit und Soziales beruft die Mitglieder des Ausschusses für Sicherheit und Gesundheit bei der Arbeit und die stellvertretenden Mitglieder. Der Ausschuss gibt sich eine Geschäftsordnung und wählt die Vorsitzende oder den Vorsitzenden aus seiner Mitte. Die Geschäftsordnung und die Wahl der oder des Vorsitzenden bedürfen der Zustimmung des Bundesministeriums für Arbeit und Soziales.

(3) Zu den Aufgaben des Ausschusses für Sicherheit und Gesundheit bei der Arbeit gehört es, soweit hierfür kein anderer Ausschuss beim Bundesministerium für Arbeit und Soziales nach § 18 Absatz 2 Nummer 5 zuständig ist,

1. den Stand von Technik, Arbeitsmedizin und Hygiene sowie sonstige gesicherte arbeitswissenschaftliche Erkenntnisse für die Sicherheit und Gesundheit der Beschäftigten zu ermitteln,
2. Regeln und Erkenntnisse zu ermitteln, wie die in diesem Gesetz gestellten Anforderungen erfüllt werden können,
3. Empfehlungen zu Sicherheit und Gesundheit bei der Arbeit aufzustellen,
4. das Bundesministerium für Arbeit und Soziales in allen Fragen des Arbeitsschutzes zu beraten.

Das Arbeitsprogramm des Ausschusses für Sicherheit und Gesundheit bei der Arbeit wird mit dem Bundesministerium für Arbeit und Soziales abgestimmt. Der Ausschuss arbeitet eng mit den anderen Ausschüssen beim Bundesministerium für Arbeit und Soziales nach § 18 Absatz 2 Nummer 5 zusammen.

(4) Das Bundesministerium für Arbeit und Soziales kann die vom Ausschuss für Sicherheit und Gesundheit bei der Arbeit ermittelten Regeln und Erkenntnisse im Gemeinsamen Ministerialblatt bekannt geben und die Empfehlungen veröffentlichen. Der Arbeitgeber hat die bekannt gegebenen Regeln und Erkenntnisse zu berücksichtigen. Bei Einhaltung dieser Regeln und bei Beachtung dieser Erkenntnisse ist davon auszugehen, dass die in diesem Gesetz gestellten Anforderungen erfüllt sind, soweit diese von der betreffenden Regel abgedeckt sind. Die Anforderungen aus Rechtsverordnungen nach § 18 und dazu bekannt gegebene Regeln und Erkenntnisse bleiben unberührt.

(5) Die Bundesminsterien sowie die obersten Landesbehörden können zu den Sitzungen des Ausschusses für Sicherheit und Gesundheit bei der Arbeit Vertreterinnen oder Vertreter entsenden. Auf Verlangen ist ihnen in der Sitzung das Wort zu erteilen.

(6) Die Geschäfte des Ausschusses für Sicherheit und Gesundheit bei der Arbeit führt die Bundesanstalt für Arbeitsschutz und Arbeitsmedizin.

§ 25 Bußgeldvorschriften (1) Ordnungswidrig handelt, wer vorsätzlich oder fahrlässig

1. einer Rechtsverordnung nach § 18 Abs. 1 oder § 19 zuwiderhandelt, soweit sie für einen bestimmten Tatbestand auf diese Bußgeldvorschrift verweist, oder
2. a) als Arbeitgeber oder als verantwortliche Person einer vollziehbaren Anordnung nach § 22 Abs. 3 oder

b) als Beschäftigter einer vollziehbaren Anordnung nach § 22 Abs. 3 Satz 1 Nr. 1

zuwiderhandelt.

(2) Die Ordnungswidrigkeit kann in den Fällen des Absatzes 1 Nr. 1 und 2 Buchstabe b mit einer Geldbuße bis zu fünftausend Euro, in den Fällen des Absatzes 1 Nr. 2 Buchstabe a mit einer Geldbuße bis zu dreißigtausend Euro geahndet werden.

§ 26 Strafvorschriften Mit Freiheitsstrafe bis zu einem Jahr oder mit Geldstrafe wird bestraft, wer

1. eine in § 25 Abs. 1 Nr. 2 Buchstabe a bezeichnete Handlung beharrlich wiederholt oder
2. durch eine in § 25 Abs. 1 Nr. 1 oder Nr. 2 Buchstabe a bezeichnete vorsätzliche Handlung Leben oder Gesundheit eines Beschäftigten gefährdet.

7a. Gesetz über Betriebsärzte, Sicherheitsingenieure und andere Fachkräfte für Arbeitssicherheit (Arbeitssicherheitsgesetz – ASiG)

vom 12. Dezember 1973 (BGBl. I 1885),
zuletzt geändert durch Gesetz vom 20. April 2013 (BGBl. I 868)

(Abgedruckte Vorschriften: §§ 1–20)

Einleitung

(siehe bei Nr. 7, II 2)

Gesetzestext

Erster Abschnitt

§ 1 Grundsatz Der Arbeitgeber hat nach Maßgabe dieses Gesetzes Betriebsärzte und Fachkräfte für Arbeitssicherheit zu bestellen. Diese sollen ihn beim Arbeitsschutz und bei der Unfallverhütung unterstützen. Damit soll erreicht werden, daß

1. die dem Arbeitsschutz und der Unfallverhütung dienenden Vorschriften den besonderen Betriebsverhältnissen entsprechend angewandt werden,
2. gesicherte arbeitsmedizinische und sicherheitstechnische Erkenntnisse zur Verbesserung des Arbeitsschutzes und der Unfallverhütung verwirklicht werden können,
3. die dem Arbeitsschutz und der Unfallverhütung dienenden Maßnahmen einen möglichst hohen Wirkungsgrad erreichen.

Zweiter Abschnitt – Betriebsärzte

§ 2 Bestellung von Betriebsärzten (1) Der Arbeitgeber hat Betriebsärzte schriftlich zu bestellen und ihnen die in § 3 genannten Aufgaben zu übertragen, soweit dies erforderlich ist im Hinblick auf

1. die Betriebsart und die damit für die Arbeitnehmer verbundenen Unfall- und Gesundheitsgefahren,
2. die Zahl der beschäftigten Arbeitnehmer und die Zusammensetzung der Arbeitnehmerschaft und
3. die Betriebsorganisation, insbesondere im Hinblick auf die Zahl und die Art der für den Arbeitsschutz und die Unfallverhütung verantwortlichen Personen.

(2) Der Arbeitgeber hat dafür zu sorgen, daß die von ihm bestellten Betriebsärzte ihre Aufgaben erfüllen. Er hat sie bei der Erfüllung ihrer Aufgaben zu unterstützen;

insbesondere ist er verpflichtet, ihnen, soweit dies zur Erfüllung ihrer Aufgaben erforderlich ist, Hilfspersonal sowie Räume, Einrichtungen, Geräte und Mittel zur Verfügung zu stellen. Er hat sie über den Einsatz von Personen zu unterrichten, die mit einem befristeten Arbeitsvertrag beschäftigt oder ihm zur Arbeitsleistung überlassen sind.

(3) Der Arbeitgeber hat den Betriebsärzten die zur Erfüllung ihrer Aufgaben erforderliche Fortbildung unter Berücksichtigung der betrieblichen Belange zu ermöglichen. Ist der Betriebsarzt als Arbeitnehmer eingestellt, so ist er für die Zeit der Fortbildung unter Fortentrichtung der Arbeitsvergütung von der Arbeit freizustellen. Die Kosten der Fortbildung trägt der Arbeitgeber. Ist der Betriebsarzt nicht als Arbeitnehmer eingestellt, so ist er für die Zeit der Fortbildung von der Erfüllung der ihm übertragenen Aufgaben freizustellen.

§ 3 Aufgaben der Betriebsärzte (1) Die Betriebsärzte haben die Aufgabe, den Arbeitgeber beim Arbeitsschutz und bei der Unfallverhütung in allen Fragen des Gesundheitsschutzes zu unterstützen. Sie haben insbesondere

1. den Arbeitgeber und die sonst für den Arbeitsschutz und die Unfallverhütung verantwortlichen Personen zu beraten, insbesondere bei
   a) der Planung, Ausführung und Unterhaltung von Betriebsanlagen und von sozialen und sanitären Einrichtungen,
   b) der Beschaffung von technischen Arbeitsmitteln und der Einführung von Arbeitsverfahren und Arbeitsstoffen,
   c) der Auswahl und Erprobung von Körperschutzmitteln,
   d) arbeitsphysiologischen, arbeitspsychologischen und sonstigen ergonomischen sowie arbeitshygienischen Fragen, insbesondere des Arbeitsrhythmus, der Arbeitszeit und der Pausenregelung, der Gestaltung der Arbeitsplätze, des Arbeitsablaufs und der Arbeitsumgebung,
   e) der Organisation der »Ersten Hilfe« im Betrieb,
   f) Fragen des Arbeitsplatzwechsels sowie der Eingliederung und Wiedereingliederung Behinderter in den Arbeitsprozeß,
   g) der Beurteilung der Arbeitsbedingungen,
2. die Arbeitnehmer zu untersuchen, arbeitsmedizinisch zu beurteilen und zu beraten sowie die Untersuchungsergebnisse zu erfassen und auszuwerten,
3. die Durchführung des Arbeitsschutzes und der Unfallverhütung zu beobachten und im Zusammenhang damit
   a) die Arbeitsstätten in regelmäßigen Abständen zu begehen und festgestellte Mängel dem Arbeitgeber oder der sonst für den Arbeitsschutz und die Unfallverhütung verantwortlichen Person mitzuteilen, Maßnahmen zur Beseitigung dieser Mängel vorzuschlagen und auf deren Durchführung hinzuwirken,
   b) auf die Benutzung der Körperschutzmittel zu achten,
   c) Ursachen von arbeitsbedingten Erkrankungen zu untersuchen, die Untersuchungsergebnisse zu erfassen und auszuwerten und dem Arbeitgeber Maßnahmen zur Verhütung dieser Erkrankungen vorzuschlagen,
4. darauf hinzuwirken, daß sich alle im Betrieb Beschäftigten den Anforderungen des Arbeitsschutzes und der Unfallverhütung entsprechend verhalten, ins-

besondere sie über die Unfall- und Gesundheitsgefahren, denen sie bei der Arbeit ausgesetzt sind, sowie über die Einrichtungen und Maßnahmen zur Abwendung dieser Gefahren zu belehren und bei der Einsatzplanung und Schulung der Helfer in »Erster Hilfe« und des medizinischen Hilfspersonals mitzuwirken.

(2) Die Betriebsärzte haben auf Wunsch des Arbeitnehmers diesem das Ergebnis arbeitsmedizinischer Untersuchungen mitzuteilen; § 8 Abs. 1 Satz 3 bleibt unberührt.

(3) Zu den Aufgaben der Betriebsärzte gehört es nicht, Krankmeldungen der Arbeitnehmer auf ihre Berechtigung zu überprüfen.

§ 4 Anforderungen an Betriebsärzte Der Arbeitgeber darf als Betriebsärzte nur Personen bestellen, die berechtigt sind, den ärztlichen Beruf auszuüben, und die über die zur Erfüllung der ihnen übertragenen Aufgaben erforderliche arbeitsmedizinische Fachkunde verfügen.

Dritter Abschnitt – Fachkräfte für Arbeitssicherheit

§ 5 Bestellung von Fachkräften für Arbeitssicherheit (1) Der Arbeitgeber hat Fachkräfte für Arbeitssicherheit (Sicherheitsingenieure, -techniker, -meister) schriftlich zu bestellen und ihnen die in § 6 genannten Aufgaben zu übertragen, soweit dies erforderlich ist im Hinblick auf

1. die Betriebsart und die damit für die Arbeitnehmer verbundenen Unfall- und Gesundheitsgefahren,
2. die Zahl der beschäftigten Arbeitnehmer und die Zusammensetzung der Arbeitnehmerschaft,
3. die Betriebsorganisation, insbesondere im Hinblick auf die Zahl und Art der für den Arbeitsschutz und die Unfallverhütung verantwortlichen Personen,
4. die Kenntnisse und die Schulung des Arbeitgebers oder der nach § 13 Abs. 1 Nr. 1, 2 oder 3 des Arbeitsschutzgesetzes verantwortlichen Personen in Fragen des Arbeitsschutzes.

(2) Der Arbeitgeber hat dafür zu sorgen, daß die von ihm bestellten Fachkräfte für Arbeitssicherheit ihre Aufgaben erfüllen. Er hat sie bei der Erfüllung ihrer Aufgaben zu unterstützen; insbesondere ist er verpflichtet, ihnen, soweit dies zur Erfüllung ihrer Aufgaben erforderlich ist, Hilfspersonal sowie Räume, Einrichtungen, Geräte und Mittel zur Verfügung zu stellen. Er hat sie über den Einsatz von Personen zu unterrichten, die mit einem befristeten Arbeitsvertrag beschäftigt oder ihm zur Arbeitsleistung überlassen sind.

(3) Der Arbeitgeber hat den Fachkräften für Arbeitssicherheit die zur Erfüllung ihrer Aufgaben erforderliche Fortbildung unter Berücksichtigung der betrieblichen Belange zu ermöglichen. Ist die Fachkraft für Arbeitssicherheit als Arbeitnehmer eingestellt, so ist sie für die Zeit der Fortbildung unter Fortentrichtung der Arbeitsvergütung von der Arbeit freizustellen. Die Kosten der Fortbildung trägt der Arbeitgeber. Ist die Fachkraft für Arbeitssicherheit nicht als Arbeitnehmer eingestellt, so ist sie für die Zeit der Fortbildung von der Erfüllung der ihr übertragenen Aufgaben freizustellen.

§ 6 Aufgaben der Fachkräfte für Arbeitssicherheit Die Fachkräfte für Arbeitssicherheit haben die Aufgabe, den Arbeitgeber beim Arbeitsschutz und bei der Unfallverhütung in allen Fragen der Arbeitssicherheit einschließlich der menschengerechten Gestaltung der Arbeit zu unterstützen. Sie haben insbesondere

1. den Arbeitgeber und die sonst für den Arbeitsschutz und die Unfallverhütung verantwortlichen Personen zu beraten, insbesondere bei
   a) der Planung, Ausführung und Unterhaltung von Betriebsanlagen und von sozialen und sanitären Einrichtungen,
   b) der Beschaffung von technischen Arbeitsmitteln und der Einführung von Arbeitsverfahren und Arbeitsstoffen,
   c) der Auswahl und Erprobung von Körperschutzmitteln,
   d) der Gestaltung der Arbeitsplätze, des Arbeitsablaufs, der Arbeitsumgebung und in sonstigen Fragen der Ergonomie,
   e) der Beurteilung der Arbeitsbedingungen,
2. die Betriebsanlagen und die technischen Arbeitsmittel insbesondere vor der Inbetriebnahme und Arbeitsverfahren insbesondere vor ihrer Einführung sicherheitstechnisch zu überprüfen,
3. die Durchführung des Arbeitsschutzes und der Unfallverhütung zu beobachten und im Zusammenhang damit
   a) die Arbeitsstätten in regelmäßigen Abständen zu begehen und festgestellte Mängel dem Arbeitgeber oder der sonst für den Arbeitsschutz und die Unfallverhütung verantwortlichen Person mitzuteilen, Maßnahmen zur Beseitigung dieser Mängel vorzuschlagen und auf deren Durchführung hinzuwirken,
   b) auf die Benutzung der Körperschutzmittel zu achten,
   c) Ursachen von Arbeitsunfällen zu untersuchen, die Untersuchungsergebnisse zu erfassen und auszuwerten und dem Arbeitgeber Maßnahmen zur Verhütung dieser Arbeitsunfälle vorzuschlagen,
4. darauf hinzuwirken, daß sich alle im Betrieb Beschäftigten den Anforderungen des Arbeitsschutzes und der Unfallverhütung entsprechend verhalten, insbesondere sie über die Unfall- und Gesundheitsgefahren, denen sie bei der Arbeit ausgesetzt sind, sowie über die Einrichtungen und Maßnahmen zur Abwendung dieser Gefahren zu belehren und bei der Schulung der Sicherheitsbeauftragten mitzuwirken.

§ 7 Anforderungen an Fachkräfte für Arbeitssicherheit (1) Der Arbeitgeber darf als Fachkräfte für Arbeitssicherheit nur Personen bestellen, die den nachstehenden Anforderungen genügen: Der Sicherheitsingenieur muß berechtigt sein, die Berufsbezeichnung Ingenieur zu führen und über die zur Erfüllung der ihm übertragenen Aufgaben erforderliche sicherheitstechnische Fachkunde verfügen. Der Sicherheitstechniker oder -meister muß über die zur Erfüllung der ihm übertragenen Aufgaben erforderliche sicherheitstechnische Fachkunde verfügen.
(2) Die zuständige Behörde kann es im Einzelfall zulassen, daß an Stelle eines Sicherheitsingenieurs, der berechtigt ist, die Berufsbezeichnung Ingenieur zu führen, jemand bestellt werden darf, der zur Erfüllung der sich aus § 6 ergebenden Aufgaben über entsprechende Fachkenntnisse verfügt.

Vierter Abschnitt – Gemeinsame Vorschriften

§ 8 Unabhängigkeit bei der Anwendung der Fachkunde (1) Betriebsärzte und Fachkräfte für Arbeitssicherheit sind bei der Anwendung ihrer arbeitsmedizinischen und sicherheitstechnischen Fachkunde weisungsfrei. Sie dürfen wegen der Erfüllung der ihnen übertragenen Aufgaben nicht benachteiligt werden. Betriebsärzte sind nur ihrem ärztlichen Gewissen unterworfen und haben die Regeln der ärztlichen Schweigepflicht zu beachten.
(2) Betriebsärzte und Fachkräfte für Arbeitssicherheit oder, wenn für einen Betrieb mehrere Betriebsärzte oder Fachkräfte für Arbeitssicherheit bestellt sind, der leitende Betriebsarzt und die leitende Fachkraft für Arbeitssicherheit, unterstehen unmittelbar dem Leiter des Betriebs.
(3) Können sich Betriebsärzte oder Fachkräfte für Arbeitssicherheit über eine von ihnen vorgeschlagene arbeitsmedizinische oder sicherheitstechnische Maßnahme mit dem Leiter des Betriebs nicht verständigen, so können sie ihren Vorschlag unmittelbar dem Arbeitgeber und, wenn dieser eine juristische Person ist, dem zuständigen Mitglied des zur gesetzlichen Vertretung berufenen Organs unterbreiten. Ist für einen Betrieb oder ein Unternehmen ein leitender Betriebsarzt oder eine leitende Fachkraft für Arbeitssicherheit bestellt, steht diesen das Vorschlagsrecht nach Satz 1 zu. Lehnt der Arbeitgeber oder das zuständige Mitglied des zur gesetzlichen Vertretung berufenen Organs den Vorschlag ab, so ist dies den Vorschlagenden schriftlich mitzuteilen und zu begründen; der Betriebsrat erhält eine Abschrift.

§ 9 Zusammenarbeit mit dem Betriebsrat (1) Die Betriebsärzte und die Fachkräfte für Arbeitssicherheit haben bei der Erfüllung ihrer Aufgaben mit dem Betriebsrat zusammenzuarbeiten.
(2) Die Betriebsärzte und die Fachkräfte für Arbeitssicherheit haben den Betriebsrat über wichtige Angelegenheiten des Arbeitsschutzes und der Unfallverhütung zu unterrichten; sie haben ihm den Inhalt eines Vorschlages mitzuteilen, den sie nach § 8 Abs. 3 dem Arbeitgeber machen. Sie haben den Betriebsrat auf sein Verlangen in Angelegenheiten des Arbeitsschutzes und der Unfallverhütung zu beraten.
(3) Die Betriebsärzte und Fachkräfte für Arbeitssicherheit sind mit Zustimmung des Betriebsrats zu bestellen und abzuberufen. Das gleiche gilt, wenn deren Aufgaben erweitert oder eingeschränkt werden sollen; im übrigen gilt § 87 in Verbindung mit § 76 des Betriebsverfassungsgesetzes. Vor der Verpflichtung oder Entpflichtung eines freiberuflich tätigen Arztes, einer freiberuflich tätigen Fachkraft für Arbeitssicherheit oder eines überbetrieblichen Dienstes ist der Betriebsrat zu hören.

§ 10 Zusammenarbeit der Betriebsärzte und der Fachkräfte für Arbeitssicherheit Die Betriebsärzte und die Fachkräfte für Arbeitssicherheit haben bei der Erfüllung ihrer Aufgaben zusammenzuarbeiten. Dazu gehört es insbesondere, gemeinsame Betriebsbegehungen vorzunehmen. Die Betriebsärzte und die Fachkräfte für Arbeitssicherheit arbeiten bei der Erfüllung ihrer Aufgaben mit den anderen im Betrieb für Angelegenheiten der technischen Sicherheit, des Gesundheits- und des Umweltschutzes beauftragten Personen zusammen.

§ 11 Arbeitsschutzausschuß Soweit in einer sonstigen Rechtsvorschrift nichts anderes bestimmt ist, hat der Arbeitgeber in Betrieben mit mehr als zwanzig Beschäftigten einen Arbeitsschutzausschuß zu bilden; bei der Feststellung der Zahl der Beschäftigten sind Teilzeitbeschäftigte mit einer regelmäßigen wöchentlichen Arbeitszeit von nicht mehr als 20 Stunden mit 0,5 und nicht mehr als 30 Stunden mit 0,75 zu berücksichtigen. Dieser Ausschuß setzt sich zusammen aus:

dem Arbeitgeber oder einem von ihm Beauftragten,
zwei vom Betriebsrat bestimmten Betriebsratsmitgliedern,
Betriebsärzten,
Fachkräften für Arbeitssicherheit und
Sicherheitsbeauftragten nach § 22 des Siebten Buches Sozialgesetzbuch.

Der Arbeitsschutzausschuß hat die Aufgabe, Anliegen des Arbeitsschutzes und der Unfallverhütung zu beraten. Der Arbeitsschutzausschuß tritt mindestens einmal vierteljährlich zusammen.

§ 12 Behördliche Anordnungen (1) Die zuständige Behörde kann im Einzelfall anordnen, welche Maßnahmen der Arbeitgeber zur Erfüllung der sich aus diesem Gesetz und den die gesetzlichen Pflichten näher bestimmenden Rechtsverordnungen und Unfallverhütungsvorschriften ergebenden Pflichten, insbesondere hinsichtlich der Bestellung von Betriebsärzten und Fachkräften für Arbeitssicherheit, zu treffen hat.

(2) Die zuständige Behörde hat, bevor sie eine Anordnung trifft,

1. den Arbeitgeber und den Betriebsrat zu hören und mit ihnen zu erörtern, welche Maßnahmen angebracht erscheinen und
2. dem zuständigen Träger der gesetzlichen Unfallversicherung Gelegenheit zu geben, an der Erörterung mit dem Arbeitgeber teilzunehmen und zu der von der Behörde in Aussicht genommenen Anordnung Stellung zu nehmen.

(3) Die zuständige Behörde hat dem Arbeitgeber zur Ausführung der Anordnung eine angemessene Frist zu setzen.

(4) Die zuständige Behörde hat den Betriebsrat über eine gegenüber dem Arbeitgeber getroffene Anordnung schriftlich in Kenntnis zu setzen.

§ 13 Auskunfts- und Besichtigungsrechte (1) Der Arbeitgeber hat der zuständigen Behörde auf deren Verlangen die zur Durchführung des Gesetzes erforderlichen Auskünfte zu erteilen. Er kann die Auskunft auf solche Fragen verweigern, deren Beantwortung ihn selbst oder einen der in § 383 Abs. 1 Nr. 1 bis 3 der Zivilprozeßordnung bezeichneten Angehörigen der Gefahr strafgerichtlicher Verfolgung oder eines Verfahrens nach dem Gesetz über Ordnungswidrigkeiten aussetzen würde.

(2) Die Beauftragten der zuständigen Behörde sind berechtigt, die Arbeitsstätten während der üblichen Betriebs- und Arbeitszeit zu betreten und zu besichtigen; außerhalb dieser Zeit oder wenn sich die Arbeitsstätten in einer Wohnung befinden, dürfen sie nur zur Verhütung von dringenden Gefahren für die öffentliche Sicherheit und Ordnung betreten und besichtigt werden. Das Grundrecht der Unverletzlichkeit der Wohnung (Artikel 13 des Grundgesetzes) wird insoweit eingeschränkt.

§ 14 Ermächtigung zum Erlaß von Rechtsverordnungen (1) Das Bundesministerium für Arbeit und Soziales kann mit Zustimmung des Bundesrates durch Rechtsverordnung bestimmen, welche Maßnahmen der Arbeitgeber zur Erfüllung der sich aus diesem Gesetz ergebenden Pflichten zu treffen hat. Soweit die Träger der gesetzlichen Unfallversicherung ermächtigt sind, die gesetzlichen Pflichten durch Unfallverhütungsvorschriften näher zu bestimmen, macht das Bundesministerium für Arbeit und Soziales von der Ermächtigung erst Gebrauch, nachdem innerhalb einer von ihm gesetzten angemessenen Frist der Träger der gesetzlichen Unfallversicherung eine entsprechende Unfallverhütungsvorschrift nicht erlassen hat oder eine unzureichend gewordene Unfallverhütungsvorschrift nicht ändert.
(2) *(weggefallen)*

§ 15 Ermächtigung zum Erlaß von allgemeinen Verwaltungsvorschriften Das Bundesministerium für Arbeit und Soziales erläßt mit Zustimmung des Bundesrates allgemeine Verwaltungsvorschriften zu diesem Gesetz und den auf Grund des Gesetzes erlassenen Rechtsverordnungen.

§ 16 Öffentliche Verwaltung In Verwaltungen und Betrieben des Bundes, der Länder, der Gemeinden und der sonstigen Körperschaften, Anstalten und Stiftungen des öffentlichen Rechts ist ein den Grundsätzen dieses Gesetzes gleichwertiger arbeitsmedizinischer und sicherheitstechnischer Arbeitsschutz zu gewährleisten.

§ 17 Nichtanwendung des Gesetzes (1) Dieses Gesetz ist nicht anzuwenden, soweit Arbeitnehmer im Haushalt beschäftigt werden.
(2) Soweit im Seearbeitsgesetz und in anderen Vorschriften im Bereich der Seeschifffahrt gleichwertige Regelungen enthalten sind, gelten diese Regelungen für die Besatzungsmitglieder auf Kauffahrteischiffen unter deutscher Flagge. Soweit dieses Gesetz auf die Seeschiffahrt nicht anwendbar ist, wird das Nähere durch Rechtsverordnung geregelt.
(3) Soweit das Bergrecht diesem Gesetz gleichwertige Regelungen enthält, gelten diese Regelungen. Im übrigen gilt dieses Gesetz.

§ 18 Ausnahmen Die zuständige Behörde kann dem Arbeitgeber gestatten, auch solche Betriebsärzte und Fachkräfte für Arbeitssicherheit zu bestellen, die noch nicht über die erforderliche Fachkunde im Sinne des § 4 oder § 7 verfügen, wenn der Arbeitgeber sich verpflichtet, in einer festzulegenden Frist den Betriebsarzt oder die Fachkraft für Arbeitssicherheit entsprechend fortbilden zu lassen.

§ 19 Überbetriebliche Dienste Die Verpflichtung des Arbeitgebers, Betriebsärzte und Fachkräfte für Arbeitssicherheit zu bestellen, kann auch dadurch erfüllt werden, daß der Arbeitgeber einen überbetrieblichen Dienst von Betriebsärzten oder Fachkräften für Arbeitssicherheit zur Wahrnehmung der Aufgaben nach § 3 oder § 6 verpflichtet.

§ 20 Ordnungswidrigkeiten (1) Ordnungswidrig handelt, wer vorsätzlich oder fahrlässig

1. einer vollziehbaren Anordnung nach § 12 Abs. 1 zuwiderhandelt,
2. entgegen § 13 Abs. 1 Satz 1 eine Auskunft nicht, nicht richtig oder nicht vollständig erteilt oder
3. entgegen § 13 Abs. 2 Satz 1 eine Besichtigung nicht duldet.

(2) Eine Ordnungswidrigkeit nach Absatz 1 Nr. 1 kann mit einer Geldbuße bis zu 25000 Euro, eine Ordnungswidrigkeit nach Absatz 1 Nr. 2 und 3 mit einer Geldbuße bis zu 500 Euro geahndet werden.

§§ **21–23** *(nicht abgedruckt)*

7b. Verordnung über Arbeitsstätten (Arbeitsstättenverordnung – ArbStättV)

vom 12. August 2004 (BGBl. I 2179),
zuletzt geändert durch Gesetz vom 27. März 2024 (BGBl. I 2024 Nr. 109)[1]

Einleitung

(siehe bei Nr. 7, II 4)

Verordnungstext

§ 1 Ziel, Anwendungsbereich (1) Diese Verordnung dient der Sicherheit und dem Schutz der Gesundheit der Beschäftigten beim Einrichten und Betreiben von Arbeitsstätten.

(2) Für folgende Arbeitsstätten gelten nur § 5 und der Anhang Nummer 1.3:

1. Arbeitsstätten im Reisegewerbe und im Marktverkehr,
2. Transportmittel, die im öffentlichen Verkehr eingesetzt werden,
3. Felder, Wälder und sonstige Flächen, die zu einem land- oder forstwirtschaftlichen Betrieb gehören, aber außerhalb der von ihm bebauten Fläche liegen.

(3) Für Gemeinschaftsunterkünfte außerhalb des Geländes eines Betriebes oder einer Baustelle gelten nur

1. § 3,
2. § 3a und
3. Nummer 4.4 des Anhangs.

(4) Für Telearbeitsplätze gelten nur

1. § 3 bei der erstmaligen Beurteilung der Arbeitsbedingungen und des Arbeitsplatzes,
2. § 6 und der Anhang Nummer 6,

---

1 Diese Verordnung dient der Umsetzung

1. der EG-Richtlinie 89/654/EWG des Rates vom 30. November 1989 über Mindestvorschriften für Sicherheit und Gesundheitsschutz in Arbeitsstätten (Erste Einzelrichtlinie im Sinne des Artikels 16 Absatz 1 der Richtlinie 89/391/EWG) (ABl. EG Nr. L 393 S. 1) und
2. der Richtlinie 92/58/EWG des Rates vom 24. Juni 1992 über Mindestvorschriften für die Sicherheits- und/oder Gesundheitsschutzkennzeichnung am Arbeitsplatz (Neunte Einzelrichtlinie im Sinne des Artikels 16 Absatz 1 der Richtlinie 89/391/EWG) (ABl. EG Nr. L 245 S. 23) und
3. des Anhangs IV (Mindestvorschriften für Sicherheit und Gesundheitsschutz auf Baustellen) der Richtlinie 92/57/EWG des Rates vom 24. Juni 1992 über die auf zeitlich begrenzte oder ortsveränderliche Baustellen anzuwendenden Mindestvorschriften für die Sicherheit und den Gesundheitsschutz (Achte Einzelrichtlinie im Sinne des Artikels 16 Absatz 1 der Richtlinie 89/391/EWG) (ABl. EG Nr. L 245 S. 6).

soweit der Arbeitsplatz von dem im Betrieb abweicht. Die in Satz 1 genannten Vorschriften gelten, soweit Anforderungen unter Beachtung der Eigenart von Telearbeitsplätzen auf diese anwendbar sind.

(5) Der Anhang Nummer 6 gilt nicht für

1. Bedienerplätze von Maschinen oder Fahrerplätze von Fahrzeugen mit Bildschirmgeräten,
2. tragbare Bildschirmgeräte für die ortsveränderliche Verwendung, die nicht regelmäßig an einem Arbeitsplatz verwendet werden,
3. Rechenmaschinen, Regristrierkassen oder andere Arbeitsmittel mit einer kleinen Daten- oder Messwertanzeigevorrichtung, die zur unmittelbaren Benutzung des Arbeitsmittels erforderlich ist und
4. Schreibmaschinen klassischer Bauart mit einem Display.

(6) Diese Verordnung ist für Arbeitsstätten in Betrieben, die dem Bundesberggesetz unterliegen, nur für Bildschirmarbeitsplätze einschließlich Telearbeitsplätze anzuwenden.

(7) Das Bundeskanzleramt, das Bundesministerium des Innern, für Bau und Heimat, das Bundesministerium für Verkehr und digitale Infrastruktur, das Bundesministerium für Umwelt, Naturschutz und nukleare Sicherheit, das Bundesministerium der Verteidigung oder das Bundesministerium der Finanzen können, soweit sie hierfür jeweils zuständig sind, im Einvernehmen mit dem Bundesministerium für Arbeit und Soziales und, soweit nicht das Bundesministerium des Innern, für Bau und Heimat selbst zuständig ist, im Einvernehmen mit dem Bundesministerium des Innern, für Bau und Heimat Ausnahmen von den Vorschriften dieser Verordnung zulassen, soweit öffentliche Belange dies zwingend erfordern, insbesondere zur Aufrechterhaltung oder Wiederherstellung der öffentlichen Sicherheit. In diesem Fall ist gleichzeitig festzulegen, wie die Sicherheit und der Schutz der Gesundheit der Beschäftigten nach dieser Verordnung auf andere Weise gewährleistet werden.

§ 2 Begriffsbestimmungen (1) Arbeitsstätten sind:

1. Arbeitsräume oder andere Orte in Gebäuden auf dem Gelände eines Betriebes,
2. Orte im Freien auf dem Gelände eines Betriebes,
3. Orte auf Baustellen,

sofern sie zur Nutzung für Arbeitsplätze vorgesehen sind.

(2) Zur Arbeitsstätte gehören insbesondere auch:

1. Orte auf dem Gelände eines Betriebes oder einer Baustelle, zu denen Beschäftigte im Rahmen ihrer Arbeit Zugang haben,
2. Verkehrswege, Fluchtwege, Notausgänge, Lager-, Maschinen- und Nebenräume, Sanitärräume, Kantinen, Pausen- und Bereitschaftsräume, Erste-Hilfe-Räume, Unterkünfte sowie
3. Einrichtungen, die dem Betreiben der Arbeitsstätte dienen, insbesondere Sicherheitsbeleuchtungen, Feuerlöscheinrichtungen, Versorgungseinrichtungen, Beleuchtungsanlagen, raumlufttechnische Anlagen, Signalanlagen, Energieverteilungsanlagen, Türen und Tore, Fahrsteige, Fahrtreppen, Laderampen und Steigleitern.

(3) Arbeitsräume sind die Räume, in denen Arbeitsplätze innerhalb von Gebäuden dauerhaft eingerichtet sind.

(4) Arbeitsplätze sind Bereiche, in denen Beschäftigte im Rahmen ihrer Arbeit tätig sind.

(5) Bildschirmarbeitsplätze sind Arbeitsplätze, die sich in Arbeitsräumen befinden und die mit Bildschirmgeräten und sonstigen Arbeitsmitteln ausgestattet sind.

(6) Bildschirmgeräte sind Funktionseinheiten, zu denen insbesondere Bildschirme zur Darstellung von visuellen Informationen, Einrichtungen zur Datenein- und -ausgabe, sonstige Steuerungs- und Kommunikationseinheiten (Rechner) sowie eine Software zur Steuerung und Umsetzung der Arbeitsaufgabe gehören.

(7) Telearbeitsplätze sind vom Arbeitgeber fest eingerichtete Bildschirmarbeitsplätze im Privatbereich der Beschäftigten, für die der Arbeitgeber eine mit den Beschäftigten vereinbarte wöchentliche Arbeitszeit und die Dauer der Einrichtung festgelegt hat. Ein Telearbeitsplatz ist vom Arbeitgeber erst dann eingerichtet, wenn Arbeitgeber und Beschäftigte die Bedingungen der Telearbeit arbeitsvertraglich oder im Rahmen einer Vereinbarung festgelegt haben und die benötigte Ausstattung des Telearbeitsplatzes mit Mobiliar, Arbeitsmitteln einschließlich der Kommunikationseinrichtungen durch den Arbeitgeber oder eine von ihm beauftragte Person im Privatbereich des Beschäftigten bereitgestellt und installiert ist.

(8) Gemeinschaftsunterkünfte im Sinne dieser Verordnung sind Unterkünfte innerhalb oder außerhalb des Geländes eines Betriebes der einer Baustelle, die

1. den Beschäftigten durch den Arbeitgeber oder auf dessen Veranlassung durch Dritte entgeltlich oder unentgeltlich zur Verfügung gestellt werden und
2. von mehreren Beschäftigten und insgesamt von mindestens vier Personen gemeinschaftlich genutzt werden.

(9) Einrichten ist das Bereitstellen und Ausgestalten der Arbeitsstätte. Das Einrichten umfasst insbesondere:

1. bauliche Maßnahmen oder Veränderungen,
2. das Ausstatten mit Maschinen, Anlagen, anderen Arbeitsmitteln und Mobiliar sowie mit Beleuchtungs-, Lüftungs-, Heizungs-, Feuerlösch- und Versorgungseinrichtungen,
3. das Anlegen und Kennzeichnen von Verkehrs- und Fluchtwegen sowie das Kennzeichnen von Gefahrenstellen und brandschutztechnischen Ausrüstungen und
4. das Festlegen von Arbeitsplätzen.

(10) Das Betreiben von Arbeitsstätten umfasst das Benutzen, Instandhalten und Optimieren der Arbeitsstätten sowie die Organisation und Gestaltung der Arbeit einschließlich der Arbeitsabläufe in Arbeitsstätten.

(11) Instandhalten ist die Wartung, Inspektion, Instandsetzung oder Verbesserung der Arbeitsstätten zum Erhalt des baulichen und technischen Zustandes.

(12) Stand der Technik ist der Entwicklungsstand fortschrittlicher Verfahren, Einrichtungen oder Betriebsweisen, der die praktische Eignung einer Maßnahme zur Gewährleistung der Sicherheit und zum Schutz der Gesundheit der Beschäftigten gesichert erscheinen lässt. Bei der Bestimmung des Stands der Technik sind insbesondere vergleichbare Verfahren, Einrichtungen oder Betriebsweisen heran-

zuziehen, die mit Erfolg in der Praxis erprobt worden sind. Gleiches gilt für die Anforderungen an die Arbeitsmedizin und die Hygiene.
(13) Fachkundig ist, wer über die zur Ausübung einer in dieser Verordnung bestimmten Aufgabe erforderlichen Fachkenntnisse verfügt. Die Anforderungen an die Fachkunde sind abhängig von der jeweiligen Art der Aufgabe. Zu den Anforderungen zählen eine entsprechende Berufsausbildung, Berufserfahrung oder eine zeitnah ausgeübte entsprechende berufliche Tätigkeit. Die Fachkenntnisse sind durch Teilnahme an Schulungen auf aktuellem Stand zu halten.

§ 3 Gefährdungsbeurteilung (1) Bei der Beurteilung der Arbeitsbedingungen nach § 5 des Arbeitsschutzgesetzes hat der Arbeitgeber zunächst festzustellen, ob die Beschäftigten Gefährdungen beim Einrichten und Betreiben von Arbeitsstätten ausgesetzt sind oder ausgesetzt sein können. Ist dies der Fall, hat er alle möglichen Gefärdungen der Sicherheit und der Gesundheit der Beschäftigten zu beurteilen und dabei die Auswirkungen der Arbeitsorganisation und der Arbeitsabläufe in der Arbeitsstätte zu berücksichtigen. Bei der Gefährdungsbeurteilung hat er die physischen und psychischen Belastungen sowie bei Bildschirmarbeitsplätzen insbesondere die Belastungen der Augen oder die Gefährdung des Sehvermögens der Beschäftigten zu berücksichtigen. Entsprechend dem Ergebnis der Gefährdungsbeurteilung hat der Arbeitgeber Maßnahmen zum Schutz der Beschäftigten gemäß den Vorschriften dieser Verordnung einschließlich ihres Anhangs nach dem Stand der Technik, Arbeitsmedizin und Hygiene festzulegen. Sonstige gesicherte arbeitswissenschaftliche Erkenntnisse sind zu berücksichtigen.
(2) Der Arbeitgeber hat sicherzustellen, dass die Gefährdungsbeurteilung fachkundig durchgeführt wird. Verfügt der Arbeitgeber nicht selbst über die entsprechenden Kenntnisse, hat er sich fachkundig beraten zu lassen.
(3) Der Arbeitgeber hat die Gefährdungsbeurteilung vor Aufnahme der Tätigkeiten zu dokumentieren. In der Dokumentation ist anzugeben, welche Gefährdungen am Arbeitsplatz auftreten können und welche Maßnahmen nach Absatz 1 Satz 4 durchgeführt werden müssen.

§ 3a Einrichten und Betreiben von Arbeitsstätten (1) Der Arbeitgeber hat dafür zu sorgen, dass Arbeitsstätten so eingerichtet und betrieben werden, dass Gefährdungen für die Sicherheit und die Gesundheit der Beschäftigten möglichst vermieden und verbleibende Gefährdungen möglichst gering gehalten werden. Beim Einrichten und Betreiben der Arbeitsstätten hat der Arbeitgeber die Maßnahmen nach § 3 Absatz 1 durchzuführen und dabei den Stand der Technik, Arbeitsmedizin und Hygiene, die ergonomischen Anforderungen sowie insbesondere die vom Bundesministerium für Arbeit und Soziales nach § 7 Absatz 4 bekannt gemachten Regeln und Erkenntnisse zu berücksichtigen. Bei Einhaltung der bekannt gemachten Regeln ist davon auszugehen, dass die in dieser Verordnung gestellten Anforderungen. diesbezüglich erfüllt sind. Wendet der Arbeitgeber diese Regeln nicht an, so muss er durch andere Maßnahmen die gleiche Sicherheit und den gleichen Schutz der Gesundheit der Beschäftigten erreichen.
(2) Beschäftigt der Arbeitgeber Menschen mit Behinderungen, hat er die Arbeitsstätte so einzurichten und zu betreiben, dass die besonderen Belange dieser Be-

schäftigten im Hinblick auf die Sicherheit und den Schutz der Gesundheit berücksichtigt werden. Dies gilt insbesondere für die barrierefreie Gestaltung von Arbeitsplätzen, Sanitär-, Pausen- und Bereitschaftsräumen, Kantinen, Erste-Hilfe-Räumen und Unterkünften sowie den zugehörigen Türen, Verkehrswegen, Fluchtwegen, Notausgängen, Treppen und Orientierungssystemen, die von den Beschäftigten mit Behinderungen benutzt werden.

(3) Die zuständige Behörde kann auf schriftlichen Antrag des Arbeitgebers Ausnahmen von den Vorschriften dieser Verordnung einschließlich ihres Anhanges zulassen, wenn

1. der Arbeitgeber andere, ebenso wirksame Maßnahmen trifft oder
2. die Durchführung der Vorschrift im Einzelfall zu einer unverhältnismäßigen Härte führen würde und die Abweichung mit dem Schutz der Beschäftigten vereinbar ist.

Der Antrag des Arbeitgebers kann in Papierform oder elektronisch übermittelt werden. Bei der Beurteilung sind die Belange der kleineren Betriebe besonders zu berücksichtigen.

(4) Anforderungen in anderen Rechtsvorschriften, insbesondere im Bauordnungsrecht der Länder, gelten vorrangig, soweit sie über die Anforderungen dieser Verordnung hinausgehen.

§ 4 Besondere Anforderungen an das Betreiben von Arbeitsstätten (1) Der Arbeitgeber hat die Arbeitsstätte instand zu halten und dafür zu sorgen, dass festgestellte Mängel unverzüglich beseitigt werden. Können Mängel, mit denen eine unmittelbare erhebliche Gefahr verbunden ist, nicht sofort beseitigt werden, hat er dafür zu sorgen, dass die gefährdeten Beschäftigten ihre Tätigkeit unverzüglich einstellen.

(2) Der Arbeitgeber hat dafür zu sorgen, dass Arbeitsstätten den hygienischen Erfordernissen entsprechend gereinigt werden. Verunreinigungen und Ablagerungen, die zu Gefährdungen führen können, sind unverzüglich zu beseitigen.

(3) Der Arbeitgeber hat die Sicherheitseinrichtungen, insbesondere Sicherheitsbeleuchtung, Brandmelde- und Feuerlöscheinrichtungen, Signalanlagen, Notaggregate und Notschalter sowie raumlufttechnische Anlagen instand zu halten und in regelmäßigen Abständen auf ihre Funktionsfähigkeit prüfen zu lassen.

(4) Der Arbeitgeber hat dafür zu sorgen, dass Verkehrswege, Fluchtwege und Notausgänge ständig freigehalten werden, damit sie jederzeit benutzbar sind. Der Arbeitgeber hat Vorkehrungen so zu treffen, dass die Beschäftigten bei Gefahr sich unverzüglich in Sicherheit bringen und schnell gerettet werden können. Der Arbeitgeber hat einen Flucht- und Rettungsplan aufzustellen, wenn Lage, Ausdehnung und Art der Benutzung der Arbeitsstätte dies erfordern. Der Plan ist an geeigneten Stellen in der Arbeitsstätte auszulegen oder auszuhängen. In angemessenen Zeitabständen ist entsprechend diesem Plan zu üben.

(5) Der Arbeitgeber hat beim Einrichten und Betreiben von Arbeitsstätten Mittel und Einrichtungen zur Ersten Hilfe zur Verfügung zu stellen und regelmäßig auf ihre Vollständigkeit und Verwendungsfähigkeit prüfen zu lassen.

§ 5 **Nichtraucherschutz** (1) Der Arbeitgeber hat die erforderlichen Maßnahmen zu treffen, damit die nicht rauchenden Beschäftigten in Arbeitsstätten wirksam vor den Gesundheitsgefahren durch Rauche und Dämpfe von Tabak- und Cannabisprodukten sowie elektronischen Zigaretten geschützt sind. Soweit erforderlich, hat der Arbeitgeber ein allgemeines oder auf einzelne Bereiche der Arbeitsstätte beschränktes Rauchverbot zu erlassen.
(2) In Arbeitsstätten mit Publikumsverkehr hat der Arbeitgeber beim Einrichten und Betreiben von Arbeitsräumen der Natur des Betriebes entsprechende und der Art der Beschäftigung angepasste technische oder organisatorische Maßnahmen nach Absatz 1 zum Schutz der nicht rauchenden Beschäftigten zu treffen.

§ 6 **Unterweisung der Beschäftigten** (1) Der Arbeitgeber hat den Beschäftigten ausreichende und angemessene Informationen anhand der Gefährdungsbeurteilung in einer für die Beschäftigten verständlichen Form und Sprache zur Verfügung zu stellen über
1. das bestimmungsgemäße Betreiben der Arbeitsstätte,
2. alle gesundheits- und sicherheitsrelevanten Fragen im Zusammenhang mit ihrer Tätigkeit,
3. Maßnahmen, die zur Gewährleistung der Sicherheit und zum Schutz der Gesundheit der Beschäftigten durchgeführt werden müssen, und
4. arbeitsplatzspezifische Maßnahmen, insbesondere bei Tätigkeiten auf Baustellen oder an Bildschirmgeräten,

und sie anhand dieser Informationen zu unterweisen.
(2) Die Unterweisung nach Absatz 1 muss sich auf Maßnahmen im Gefahrenfall erstrecken, insbesondere auf
1. die Bedienung von Sicherheits- und Warneinrichtungen,
2. die Erste Hilfe und die dazu vorgehaltenen Mittel und Einrichtungen und
3. den innerbetrieblichen Verkehr.

(3) Die Unterweisung nach Absatz 1 muss sich auf Maßnahmen der Brandverhütung und Verhaltensmaßnahmen im Brandfall erstrecken, insbesondere auf die Nutzung der Fluchtwege und Notausgänge. Diejenigen Beschäftigten, die Aufgaben der Brandbekämpfung übernehmen, hat der Arbeitgeber in der Bedienung der Feuerlöscheinrichtungen zu unterweisen.
(4) Die Unterweisungen müssen vor Aufnahme der Tätigkeit stattfinden. Danach sind sie mindestens jährlich zu wiederholen. Sie haben in einer für die Beschäftigten verständlichen Form und Sprache zu erfolgen. Unterweisungen sind unverzüglich zu wiederholen, wenn sich die Tätigkeiten der Beschäftigten, die Arbeitsorganisation, die Arbeits- und Fertigungsverfahren oder die Einrichtungen und Betriebsweisen in der Arbeitsstätte wesentlich verändern und die Veränderung mit zusätzlichen Gefährdungen verbunden ist.

§ 7 **Ausschuss für Arbeitsstätten** (1) Beim Bundesministerium für Arbeit und Soziales wird ein Ausschuss für Arbeitsstätten gebildet, in dem fachkundige Vertreter der Arbeitgeber, der Gewerkschaften, der Länderbehörden, der gesetzlichen Unfallversicherung und weitere fachkundige Personen, insbesondere der Wissenschaft, in angemessener Zahl vertreten sein sollen. Die Gesamtzahl der Mitglieder soll 16 Personen nicht überschreiten. Für jedes Mitglied ist ein stellvertretendes Mitglied zu benennen. Die Mitgliedschaft im Ausschuss für Arbeitsstätten ist ehrenamtlich.

(2) Das Bundesministerium für Arbeit und Soziales beruft die Mitglieder des Ausschusses und die stellvertretenden Mitglieder. Der Ausschuss gibt sich eine Geschäftsordnung und wählt den Vorsitzenden aus seiner Mitte. Die Geschäftsordnung und die Wahl des Vorsitzenden bedürfen der Zustimmung des Bundesministeriums für Arbeit und Soziales.

(3) Zu den Aufgaben des Ausschusses gehört es,

1. dem Stand der Technik, Arbeitsmedizin und Hygiene entsprechende Regeln und sonstige gesicherte wissenschaftliche Erkenntnisse für die Sicherheit und Gesundheit der Beschäftigten in Arbeitsstätten zu ermitteln,
2. Regeln und Erkenntnisse zu ermitteln, wie die Anforderungen dieser Verordnung erfüllt werden können, sowie Empfehlungen für weitere Maßnahmen zur Gewährleistung der Sicherheit und zum Schutz der Gesundheit der Beschäftigten auszuarbeiten und
3. das Bundesministerium für Arbeit und Soziales in allen Fragen der Sicherheit und der Gesundheit der Beschäftigten in Arbeitsstätten zu beraten.

Bei der Wahrnehmung seiner Aufgaben soll der Ausschuss die allgemeinen Grundsätze des Arbeitsschutzes nach § 4 des Arbeitsschutzgesetzes berücksichtigen. Das Arbeitsprogramm des Ausschusses für Arbeitsstätten wird mit dem Bundesministerium für Arbeit und Soziales abgestimmt. Der Ausschuss arbeitet eng mit den anderen Ausschüssen beim Bundesministerium für Arbeit und Soziales zusammen. Die Sitzungen des Ausschusses sind nicht öffentlich. Beratungs- und Abstimmungsergebnisse des Ausschusses sowie Niederschriften der Untergremien sind vertraulich zu behandeln, soweit die Erfüllung der Aufgaben, die den Untergremien oder den Mitgliedern des Ausschusses obliegen, dem nicht entgegenstehen.

(4) Das Bundesministerium für Arbeit und Soziales kann die vom Ausschuss nach Absatz 3 ermittelten Regeln und Erkenntnisse sowie Empfehlungen im Gemeinsamen Ministerialblatt bekannt machen.

(5) Die Bundesministerien sowie die zuständigen obersten Landesbehörden können zu den Sitzungen des Ausschusses Vertreter entsenden. Diesen ist auf Verlangen in der Sitzung das Wort zu erteilen.

(6) Die Geschäfte des Ausschusses führt die Bundesanstalt für Arbeitsschutz und Arbeitsmedizin.

§ 8 Übergangsvorschriften (1) Soweit für Arbeitsstätten,

1. die am 1. Mai 1976 eingerichtet waren oder mit deren Einrichtung vor diesem Zeitpunkt begonnen worden war oder
2. die am 20. Dezember 1996 eingerichtet waren oder mit deren Einrichtung vor diesem Zeitpunkt begonnen worden war und für die zum Zeitpunkt der Einrichtung die Gewerbeordnung keine Anwendung fand,

in dieser Verordnung Anforderungen gestellt werden, die umfangreiche Änderungen der Arbeitsstätte, der Betriebseinrichtungen, Arbeitsverfahren oder Arbeitsabläufe notwendig machen, gelten hierfür bis zum 31. Dezember 2020 mindestens die entsprechenden Anforderungen des Anhangs II der Richtlinie 89/654/EWG des Rates vom 30. November 1989 über Mindestvorschriften für Sicherheit und Gesundheitsschutz in Arbeitsstätten (ABl. EG Nr. L 393 S. 1). Soweit diese Arbeitsstätten oder ihre Betriebseinrichtungen wesentlich erweitert oder umgebaut oder die Arbeitsverfahren oder Arbeitsabläufe wesentlich umgestaltet werden, hat der Arbeitgeber die erforderlichen Maßnahmen zu treffen, damit diese Änderungen, Erweiterungen oder Umgestaltungen mit den Anforderungen dieser Verordnung übereinstimmen.

(2) Bestimmungen in vom Ausschuss für Arbeitsstätten ermittelten und vom Bundesministerium für Arbeit und Soziales im Gemeinsamen Ministerialblatt bekannt gemachten Regeln für Arbeitsstätten, die Anforderungen an den Arbeitsplatz enthalten, gelten unter Berücksichtigung der Begriffsbestimmung des Arbeitsplatzes in § 2 Absatz 2 der Arbeitsstättenverordnung vom 12. August 2004 (BGBl. I S. 2179), die zuletzt durch Artikel 282 der Verordnung vom 31. August 2015 (BGBl. I S. 1474) geändert worden ist, solange fort, bis sie vom Ausschuss für Arbeitsstätten überprüft und erforderlichenfalls vom Bundesministerium für Arbeit und Soziales im Gemeinsamen Ministerialblatt neu bekannt gemacht worden sind.

§ 9 Straftaten und Ordnungswidrigkeiten (1) Ordnungswidrig im Sinne des § 25 Absatz 1 Nummer 1 des Arbeitsschutzgesetzes handelt, wer vorsätzlich oder fahrlässig

1. entgegen § 3 Absatz 3 eine Gefährdungsbeurteilung nicht richtig, nicht vollständig oder nicht rechtzeitig dokumentiert,
2. entgegen § 3a Absatz 1 Satz 1 nicht dafür sorgt, dass eine Arbeitsstätte in der dort vorgeschriebenen Weise eingerichtet ist oder betrieben wird,
3. entgegen § 3a Absatz 1 Satz 2 in Verbindung mit Nummer 4.1 Absatz 1 des Anhangs einen dort genannten Toilettenraum oder eine dort genannte mobile, anschlussfreie Toilettenkabine nicht oder nicht in der vorgeschriebenen Weise zur Verfügung stellt,
4. entgegen § 3a Absatz 1 Satz 2 in Verbindung mit Nummer 4.2 Absatz 1 des Anhangs einen dort genannten Pausenraum oder einen dort genannten Pausenbereich nicht oder nicht in der vorgeschriebenen Weise zur Verfügung stellt,

4a. entgegen § 3a Absatz 1 Satz 2 in Verbindung mit Nummer 4.4 Absatz 1 Satz 1 des Anhangs eine Unterkunft in den Fällen der Nummer 4.4 Absatz 1 Satz 3 des Anhangs nicht oder nicht rechtzeitig zur Verfügung stellt,

4b. entgegen § 3a Absatz 1 Satz 2 in Verbindung mit Nummer 4.4 Absatz 4 Satz 1 des Anhangs eine Unterbringung in einer Gemeinschaftsunterkunft nicht, nicht richtig, nicht vollstädig oder nicht rechtzeitig dokumentiert,

5. entgegen § 3a Absatz 2 eine Arbeitsstätte nicht in der dort vorgeschriebenen Weise einrichtet oder betreibt,
6. entgegen § 4 Absatz 1 Satz 2 nicht dafür sorgt, dass die gefährdeten Beschäftigten ihre Tätigkeit unverzüglich einstellen,
7. entgegen § 4 Absatz 4 Satz 1 nicht dafür sorgt, dass Verkehrswege, Fluchtwege und Notausgänge freigehalten werden,
8. entgegen § 4 Absatz 5 ein Mittel oder eine Einrichtung zur Ersten Hilfe nicht zur Verfügung stellt,

9. entgegen § 6 Absatz 4 Satz 1 nicht sicherstellt, dass die Beschäftigten vor Aufnahme der Tätigkeit unterwiesen werden.

(2) Wer durch eine in Absatz 1 bezeichnete vorsätzliche Handlung das Leben oder die Gesundheit von Beschäftigten gefährdet, ist nach § 26 Nummer 2 des Arbeitsschutzgesetzes strafbar.

Anhang
Anforderungen und Maßnahmen für Arbeitsstätten nach § 3 Absatz 1

Inhaltsübersicht

1 Allgemeine Anforderungen

1.1 Anforderungen an Konstruktion und Festigkeit von Gebäuden

Gebäude für Arbeitsstätten müssen eine der Nutzungsart entsprechende Konstruktion und Festigkeit aufweisen.

1.2 Abmessungen von Räumen, Luftraum

(1) Arbeitsräume, Sanitär-, Pausen- und Bereitschaftsräume, Kantinen, Erste-Hilfe-Räume und Unterkünfte müssen eine ausreichende Grundfläche und eine, in Abhängigkeit von der Größe der Grundfläche der Räume, ausreichende lichte Höhe aufweisen, so dass die Beschäftigten ohne Beeinträchtigung ihrer Sicherheit, ihrer Gesundheit oder ihres Wohlbefindens die Räume nutzen oder ihre Arbeit verrichten können.
(2) Die Abmessungen der Räume richten sich nach der Art ihrer Nutzung.
(3) Die Größe des notwendigen Luftraumes ist in Abhängigkeit von der Art der physischen Belastung und der Anzahl der Beschäftigten sowie der sonstigen anwesenden Personen zu bemessen.

1.3 Sicherheits- und Gesundheitsschutzkennzeichnung

(1) Unberührt von den nachfolgenden Anforderungen sind Sicherheits- und Gesundheitsschutzkennzeichnungen einzusetzen, wenn Gefährdungen der Sicherheit und Gesundheit der Beschäftigten nicht durch technische oder organisatorische Maßnahmen vermieden oder ausreichend begrenzt werden können. Das Ergebnis der Gefährdungsbeurteilung und die Maßnahmen nach § 3 Absatz 1 sind dabei zu berücksichtigen.
(2) Die Kennzeichnung ist nach der Art der Gefährdung dauerhaft oder vorübergehend nach den Vorgaben der Richtlinie 92/58/EWG des Rates vom 24. Juni 1992 über Mindestvorschriften für die Sicherheits- und/oder Gesundheitsschutzkennzeichnung am Arbeitsplatz (Neunte Einzelrichtlinie im Sinne des Artikels 16 Absatz 1 der Richtlinie 89/391/EWG) (ABl. EG Nr. L 245 S. 23) auszuführen. Diese Richtlinie gilt in der jeweils aktuellen Fassung. Wird diese Richtlinie geändert oder nach den in dieser Richtlinie vorgesehenen Verfahren an den technischen

Fortschritt angepasst, gilt sie in der geänderten im Amtsblatt der Europäischen Gemeinschaften veröffentlichten Fassung nach Ablauf der in der Änderungs- oder Anpassungsrichtlinie festgelegten Umsetzungsfrist. Die geänderte Fassung kann bereits ab Inkrafttreten der Änderungs- oder Anpassungsrichtlinie angewendet werden.
(3) *(weggefallen)*

1.4 Energieverteilungsanlagen

Anlagen, die der Versorgung der Arbeitsstätte mit Energie dienen, müssen so ausgewählt, installiert und betrieben werden, dass die Beschäftigten vor dem direkten oder indirekten Berühren spannungsführender Teile geschützt sind und dass von den Anlagen keine Brand- oder Explosionsgefahren ausgehen. Bei der Konzeption und der Ausführung sowie der Wahl des Materials und der Schutzvorrichtungen sind Art und Stärke der verteilten Energie, die äußeren Einwirkbedingungen und die Fachkenntnisse der Personen zu berücksichtigen, die zu Teilen der Anlage Zugang haben.

1.5 Fußböden, Wände, Decken, Dächer

(1) Die Oberflächen der Fußböden, Wände und Decken der Räume müssen so gestaltet sein, dass sie den Erfordernissen des sicheren Betreibens entsprechen sowie leicht und sicher zu reinigen sind. Arbeitsräume müssen unter Berücksichtigung der Art des Betriebes und der physischen Belastungen eine angemessene Dämmung gegen Wärme und Kälte sowie eine ausreichende Isolierung gegen Feuchtigkeit aufweisen. Auch Sanitär-, Pausen- und Bereitschaftsräume, Kantinen, Erste-Hilfe-Räume und Unterkünfte müssen über eine angemessene Dämmung gegen Wärme und Kälte sowie eine ausreichende Isolierung gegen Feuchtigkeit verfügen.
(2) Die Fußböden der Räume dürfen keine Unebenheiten, Löcher, Stolperstellen oder gefährlichen Schrägen aufweisen. Sie müssen gegen Verrutschen gesichert, tragfähig, trittsicher und rutschhemmend sein.
(3) Durchsichtige oder lichtdurchlässige Wände, insbesondere Ganzglaswände in Arbeitsräumen oder im Bereich von Verkehrswegen, müssen deutlich gekennzeichnet sein. Sie müssen entweder aus bruchsicherem Werkstoff bestehen oder so gegen die Arbeitsplätze in Arbeitsräumen oder die Verkehrswege abgeschirmt sein, dass die Beschäftigten nicht mit den Wänden in Berührung kommen und beim Zersplittern der Wände nicht verletzt werden können.
(4) Dächer aus nicht durchtrittsicherem Material dürfen nur betreten werden, wenn Ausrüstungen benutzt werden, die ein sicheres Arbeiten ermöglichen.

1.6 Fenster, Oberlichter

(1) Fenster, Oberlichter und Lüftungsvorrichtungen müssen sich von den Beschäftigten sicher öffnen, schließen, verstellen und arretieren lassen. Sie dürfen nicht so angeordnet sein, dass sie in geöffnetem Zustand eine Gefahr für die Beschäftigten darstellen.

(2) Fenster und Oberlichter müssen so ausgewählt oder ausgerüstet und eingebaut sein, dass sie ohne Gefährdung der Ausführenden und anderer Personen gereinigt werden können.

1.7 Türen, Tore

(1) Die Lage, Anzahl, Abmessungen und Ausführung insbesondere hinsichtlich der verwendeten Werkstoffe von Türen und Toren müssen sich nach der Art und Nutzung der Räume oder Bereiche richten.
(2) Durchsichtige Türen müssen in Augenhöhe gekennzeichnet sein.
(3) Pendeltüren und -tore müssen durchsichtig sein oder ein Sichtfenster haben.
(4) Bestehen durchsichtige oder lichtdurchlässige Flächen von Türen und Toren nicht aus bruchsicherem Werkstoff und ist zu befürchten, dass sich die Beschäftigten beim Zersplittern verletzen können, sind diese Flächen gegen Eindrücken zu schützen.
(5) Schiebetüren und -tore müssen gegen Ausheben und Herausfallen gesichert sein. Türen und Tore, die sich nach oben öffnen, müssen gegen Herabfallen gesichert sein.
(6) In unmittelbarer Nähe von Toren, die vorwiegend für den Fahrzeugverkehr bestimmt sind, müssen gut sichtbar gekennzeichnete, stets zugängliche Türen für Fußgänger vorhanden sein. Diese Türen sind nicht erforderlich, wenn der Durchgang durch die Tore für Fußgänger gefahrlos möglich ist.
(7) Kraftbetätigte Türen und Tore müssen sicher benutzbar sein. Dazu gehört, dass sie

a) ohne Gefährdung der Beschäftigten bewegt werden oder zum Stillstand kommen können,
b) mit selbsttätig wirkenden Sicherungen ausgestattet sind,
c) auch von Hand zu öffnen sind, sofern sie sich bei Stromausfall nicht automatisch öffnen.

(8) Besondere Anforderungen gelten für Türen im Verlauf von Fluchtwegen (Nummer 2.3).

1.8 Verkehrswege

(1) Verkehrswege, einschließlich Treppen, fest angebrachte Steigleitern und Laderampen müssen so angelegt und bemessen sein, dass sie je nach ihrem Bestimmungszweck leicht und sicher begangen oder befahren werden können und in der Nähe Beschäftigte nicht gefährdet werden.
(2) Die Bemessung der Verkehrswege, die dem Personenverkehr, Güterverkehr oder Personen- und Güterverkehr dienen, muss sich nach der Anzahl der möglichen Benutzer und der Art des Betriebes richten.
(3) Werden Transportmittel auf Verkehrswegen eingesetzt, muss für Fußgänger ein ausreichender Sicherheitsabstand gewahrt werden.
(4) Verkehrswege für Fahrzeuge müssen an Türen und Toren, Durchgängen, Fußgängerwegen und Treppenaustritten in ausreichendem Abstand vorbeiführen.

(5) Soweit Nutzung und Einrichtung der Räume es zum Schutz der Beschäftigten erfordern, müssen die Begrenzungen der Verkehrswege gekennzeichnet sein.
(6) Besondere Anforderungen gelten für Fluchtwege (Nummer 2.3).

1.9 Fahrtreppen, Fahrsteige

Fahrtreppen und Fahrsteige müssen so ausgewählt und installiert sein, dass sie sicher funktionieren und sicher benutzbar sind. Dazu gehört, dass die Notbefehlseinrichtungen gut erkennbar und leicht zugänglich sind und nur solche Fahrtreppen und Fahrsteige eingesetzt werden, die mit den notwendigen Sicherheitsvorrichtungen ausgestattet sind.

1.10 Laderampen

(1) Laderampen sind entsprechend den Abmessungen der Transportmittel und der Ladung auszulegen.
(2) Sie müssen mindestens einen Abgang haben; lange Laderampen müssen, soweit betriebstechnisch möglich, an jedem Endbereich einen Abgang haben.
(3) Sie müssen einfach und sicher benutzbar sein. Dazu gehört, dass sie nach Möglichkeit mit Schutzvorrichtungen gegen Absturz auszurüsten sind; das gilt insbesondere in Bereichen von Laderampen, die keine ständigen Be- und Entladestellen sind.

1.11 Steigleitern, Steigeisengänge

Steigleitern und Steigeisengänge müssen sicher benutzbar sein. Dazu gehört, dass sie

a) nach Notwendigkeit über Schutzvorrichtungen gegen Absturz, vorzugsweise über Steigschutzeinrichtungen verfügen,
b) an ihren Austrittsstellen eine Haltevorrichtung haben,
c) nach Notwendigkeit in angemessenen Abständen mit Ruhebühnen ausgerüstet sind.

2 Maßnahmen zum Schutz vor besonderen Gefahren

2.1 Schutz vor Absturz und herabfallenden Gegenständen, Betreten von Gefahrenbereichen

(1) Arbeitsplätze und Verkehrswege, bei denen eine Absturzgefahr für Beschäftigte oder die Gefahr des Herabfallens von Gegenständen besteht, müssen mit Schutzvorrichtungen versehen sein, die verhindern, dass Beschäftigte abstürzen oder durch herabfallende Gegenstände verletzt werden können. Sind aufgrund der Eigenart des Arbeitsplatzes oder der durchzuführenden Arbeiten Schutzvorrichtungen gegen Absturz nicht geeignet, muss der Arbeitgeber die Sicherheit der Beschäftigten durch andere wirksame Maßnahmen gewährleisten. Eine Absturzgefahr besteht bei einer Absturzhöhe von mehr als einem Meter.

(2) Arbeitsplätze und Verkehrswege, die an Gefahrenbereiche grenzen, müssen mit Schutzvorrichtungen versehen sein, die verhindern, dass Beschäftigte in die Gefahrenbereiche gelangen.
(3) Die Arbeitsplätze und Verkehrswege nach den Absätzen 1 und 2 müssen gegen unbefugtes Betreten gesichert und gut sichtbar als Gefahrenbereiche gekennzeichnet sein. Zum Schutz derjenigen, die diese Bereiche betreten müssen, sind geeignete Maßnahmen zu treffen.

2.2 Maßnahmen gegen Brände

(1) Arbeitsstätten müssen je nach
a) Abmessung und Nutzung,
b) der Brandgefährdung vorhandener Einrichtungen und Materialien,
c) der größtmöglichen Anzahl anwesender Personen
mit einer ausreichenden Anzahl geeigneter Feuerlöscheinrichtungen und erforderlichenfalls Brandmeldern und Alarmanlagen ausgestattet sein.
(2) Nicht selbsttätige Feuerlöscheinrichtungen müssen als solche dauerhaft gekennzeichnet, leicht zu erreichen und zu handhaben sein.
(3) Selbsttätig wirkende Feuerlöscheinrichtungen müssen mit Warneinrichtungen ausgerüstet sein, wenn bei ihrem Einsatz Gefahren für die Beschäftigten auftreten können.

2.3 Fluchtwege und Notausgänge

(1) Fluchtwege und Notausgänge müssen
a) sich in Anzahl, Anordnung und Abmessung nach der Nutzung, der Einrichtung und den Abmessungen der Arbeitsstätte sowie nach der höchstmöglichen Anzahl der dort anwesenden Personen richten,
b) auf möglichst kurzem Weg ins Freie oder, falls dies nicht möglich ist, in einen gesicherten Bereich führen,
c) in angemessener Form und dauerhaft gekennzeichnet sein.
Sie sind mit einer Sicherheitsbeleuchtung auszurüsten, wenn das gefahrlose Verlassen der Arbeitsstätte für die Beschäftigten, insbesondere bei Ausfall der allgemeinen Beleuchtung, nicht gewährleistet ist.
(2) Türen im Verlauf von Fluchtwegen oder Türen von Notausgängen müssen
a) sich von innen ohne besondere Hilfsmittel jederzeit leicht öffnen lassen, solange sich Beschäftigte in der Arbeitsstätte befinden,
b) in angemessener Form und dauerhaft gekennzeichnet sein.
Türen von Notausgängen müssen sich nach außen öffnen lassen. In Notausgängen, die ausschließlich für den Notfall konzipiert und ausschließlich im Notfall benutzt werden, sind Karussell- und Schiebetüren nicht zulässig.

3 Arbeitsbedingungen

3.1 Bewegungsfläche

(1) Die freie unverstellte Fläche am Arbeitsplatz muss so bemessen sein, dass sich die Beschäftigten bei ihrer Tätigkeit ungehindert bewegen können.
(2) Ist dies nicht möglich, muss den Beschäftigten in der Nähe des Arbeitsplatzes eine andere ausreichend große Bewegungsfläche zur Verfügung stehen.

3.2 Anordnung der Arbeitsplätze

Arbeitsplätze sind in der Arbeitsstätte so anzuordnen, dass Beschäftigte
a) sie sicher erreichen und verlassen können,
b) sich bei Gefahr schnell in Sicherheit bringen können,
c) durch benachbarte Arbeitsplätze, Transporte oder Einwirkungen von außerhalb nicht gefährdet werden.

3.3 Ausstattung

(1) Jedem Beschäftigten muss mindestens eine Kleiderablage zur Verfügung stehen, sofern keine Umkleideräume vorhanden sind.
(2) Kann die Arbeit ganz oder teilweise sitzend verrichtet werden oder lässt es der Arbeitsablauf zu, sich zeitweise zu setzen, sind den Beschäftigten am Arbeitsplatz Sitzgelegenheiten zur Verfügung zu stellen. Können aus betriebstechnischen Gründen keine Sitzgelegenheiten unmittelbar am Arbeitsplatz aufgestellt werden, obwohl es der Arbeitsablauf zulässt, sich zeitweise zu setzen, müssen den Beschäftigten in der Nähe der Arbeitsplätze Sitzgelegenheiten bereitgestellt werden.

3.4 Beleuchtung und Sichtverbindung

(1) Der Arbeitgeber darf als Arbeitsräume nur solche Räume betreiben, die möglichst ausreichend Tageslicht erhalten und die eine Sichtverbindung nach außen haben.
Dies gilt nicht für
1. Räume, bei denen betriebs-, produktions- oder bautechnische Gründe Tageslicht oder einer Sichtverbindung nach außen entgegenstehen,
2. Räume, in denen sich Beschäftigte zur Verrichtung ihrer Tätigkeit regelmäßig nicht über einen längeren Zeitraum oder im Verlauf der täglichen Arbeitszeit nur kurzzeitig aufhalten müssen, insbesondere Archive, Lager-, Maschinen- und Nebenräume, Teeküchen,
3. Räume, die vollständig unter Erdgleiche liegen, soweit es sich dabei um Tiefgaragen oder ähnliche Einrichtungen, um kulturelle Einrichtungen, um Verkaufsräume oder um Schank- und Speiseräume handelt,
4. Räume in Bahnhofs- oder Flughafenhallen, Passagen oder innerhalb von Kaufhäusern und Einkaufszentren,

5. Räume mit einer Grundfläche von mindestens 2000 m^2, sofern Oberlichter oder andere bauliche Vorrichtungen vorhanden sind, die Tageslicht in den Arbeitsraum lenken.

(2) Pausen- und Bereitschaftsräume sowie Unterkünfte müssen möglichst ausreichend mit Tageslicht beleuchtet sein und eine Sichtverbindung nach außen haben. Kantinen sollen möglichst ausreichend Tageslicht erhalten und eine Sichtverbindung nach außen haben.

(3) Räume, die bis zum 3. Dezember 2016 eingerichtet worden sind oder mit deren Einrichtung begonnen worden war und die die Anforderungen nach Absatz 1 Satz 1 oder Absatz 2 nicht erfüllen, dürfen ohne eine Sichtverbindung nach außen weiter betrieben werden, bis sie wesentlich erweitert oder umgebaut werden.

(4) In Arbeitsräumen muss die Stärke des Tageslichteinfalls am Arbeitsplatz je nach Art der Tätigkeit reguliert werden können.

(5) Arbeitsstätten müssen mit Einrichtungen ausgestattet sein, die eine angemessene künstliche Beleuchtung ermöglichen, so dass die Sicherheit und der Schutz der Gesundheit der Beschäftigten gewährleistet sind.

(6) Die Beleuchtungsanlagen sind so auszuwählen und anzuordnen, dass dadurch die Sicherheit und die Gesundheit der Beschäftigten nicht gefährdet werden.

(7) Arbeitsstätten, in denen bei Ausfall der Allgemeinbeleuchtung die Sicherheit der Beschäftigten gefährdet werden kann, müssen eine ausreichende Sicherheitsbeleuchtung haben.

3.5 Raumtemperatur

(1) Arbeitsräume, in denen aus betriebstechnischer Sicht keine spezifischen Anforderungen an die Raumtemperatur gestellt werden, müssen während der Nutzungsdauer unter Berücksichtigung der Arbeitsverfahren und der physischen Belastungen der Beschäftigten eine gesundheitlich zuträgliche Raumtemperatur haben.

(2) Sanitär-, Pausen- und Bereitschaftsräume, Kantinen, Erste-Hilfe-Räume und Unterkünfte müssen während der Nutzungsdauer unter Berücksichtigung des spezifischen Nutzungszwecks eine gesundheitlich zuträgliche Raumtemperatur haben.

(3) Fenster, Oberlichter und Glaswände müssen unter Berücksichtigung der Arbeitsverfahren und der Art der Arbeitsstätte eine Abschirmung gegen übermäßige Sonneneinstrahlung ermöglichen.

3.6 Lüftung

(1) In Arbeitsräumen, Sanitär-, Pausen- und Bereitschaftsräumen, Kantinen, Erste- Hilfe-Räumen und Unterkünften muss unter Berücksichtigung des spezifischen Nutzungszwecks, der Arbeitsverfahren, der physischen Belastungen und der Anzahl der Beschäftigten sowie der sonstigen anwesenden Personen während der Nutzungsdauer ausreichend gesundheitlich zuträgliche Atemluft vorhanden sein.

(2) Ist für das Betreiben von Arbeitsstätten eine raumlufttechnische Anlage erforderlich, muss diese jederzeit funktionsfähig sein und die Anforderungen nach Absatz 1 erfüllen. Bei raumlufttechnischen Anlagen muss eine Störung durch eine selbsttätige Warneinrichtung angezeigt werden. Es müssen Vorkehrungen getroffen sein, durch die die Beschäftigten im Fall einer Störung gegen Gesundheitsgefahren geschützt sind.
(3) Werden raumlufttechnische Anlagen verwendet, ist sicherzustellen, dass die Beschäftigten keinem störenden Luftzug ausgesetzt sind.
(4) Ablagerungen und Verunreinigungen in raumlufttechnischen Anlagen, die zu einer unmittelbaren Gesundheitsgefährdung durch die Raumluft führen können, müssen umgehend beseitigt werden.

3.7 Lärm

In Arbeitsstätten ist der Schalldruckpegel so niedrig zu halten, wie es nach der Art des Betriebes möglich ist. Der Schalldruckpegel am Arbeitsplatz in Arbeitsräumen ist in Abhängigkeit von der Nutzung und den zu verrichtenden Tätigkeiten so weit zu reduzieren, dass keine Beeinträchtigungen der Gesundheit der Beschäftigten entstehen.

4 Sanitär-, Pausen- und Bereitschaftsräume, Kantinen, Erste-Hilfe-Räume und Unterkünfte

4.1 Sanitärräum

(1) Der Arbeitgeber hat Toilettenräume zur Verfügung zu stellen. Toilettenräume sind für Männer und Frauen getrennt einzurichten oder es ist eine getrennte Nutzung zu ermöglichen. Toilettenräume sind mit verschließbaren Zugängen, einer ausreichenden Anzahl von Toilettenbecken und Handwaschgelegenheiten zur Verfügung zu stellen. Sie müssen sich sowohl in der Nähe der Arbeitsräume als auch in der Nähe von Kantinen, Pausen- und Bereitschaftsräumen, Wasch- und Umkleideräumen befinden. Bei Arbeiten im Freien und auf Baustellen mit wenigen Beschäftigten sind mobile, anschlussfreie Toilettenkabinen in der Nähe der Arbeitsplätze ausreichend.
(2) Der Arbeitgeber hat – wenn es die Art der Tätigkeit oder gesundheitliche Gründe erfordern – Waschräume zur Verfügung zu stellen. Diese sind für Männer und Frauen getrennt einzurichten oder es ist eine getrennte Nutzung zu ermöglichen. Bei Arbeiten im Freien und auf Baustellen mit wenigen Beschäftigten sind Waschgelegenheiten ausreichend. Waschräume sind

a) in der Nähe von Arbeitsräumen und sichtgeschützt einzurichten,
b) so zu bemessen, dass die Beschäftigten sich den hygienischen Erfordernissen entsprechend und ungehindert reinigen können; dazu müssen fließendes warmes und kaltes Wasser, Mittel zum Reinigen und gegebenenfalls zum Desinfizieren sowie zum Abtrocknen der Hände vorhanden sein,
c) mit einer ausreichenden Anzahl geeigneter Duschen zur Verfügung zu stellen, wenn es die Art der Tätigkeit oder gesundheitliche Gründe erfordern.

Sind Waschräume nicht erforderlich, müssen in der Nähe des Arbeitsplatzes und der Umkleideräume ausreichende und angemessene Waschgelegenheiten mit fließendem Wasser (erforderlichenfalls mit warmem Wasser), Mitteln zum Reinigen und zum Abtrocknen der Hände zur Verfügung stehen.

(3) Der Arbeitgeber hat geeignete Umkleideräume zur Verfügung zu stellen, wenn die Beschäftigten bei ihrer Tätigkeit besondere Arbeitskleidung tragen müssen und es ihnen nicht zuzumuten ist, sich in einem anderen Raum umzukleiden. Umkleideräume sind für Männer und Frauen getrennt einzurichten oder es ist eine getrennte Nutzung zu ermöglichen. Umkleideräume müssen

a) leicht zugänglich und von ausreichender Größe und sichtgeschützt eingerichtet werden; entsprechend der Anzahl gleichzeitiger Benutzer muss genügend freie Bodenfläche für ungehindertes Umkleiden vorhanden sein,
b) mit Sitzgelegenheiten sowie mit verschließbaren Einrichtungen ausgestattet sein, in denen jeder Beschäftigte seine Kleidung aufbewahren kann.

Kleiderschränke für Arbeitskleidung und Schutzkleidung sind von Kleiderschränken für persönliche Kleidung und Gegenstände zu trennen, wenn die Umstände dies erfordern.

(4) Wasch- und Umkleideräume, die voneinander räumlich getrennt sind, müssen untereinander leicht erreichbar sein.

4.2 Pausen- und Bereitschaftsräume

(1) Bei mehr als zehn Beschäftigten oder wenn die Sicherheit und der Schutz der Gesundheit es erfordern, ist den Beschäftigten ein Pausenraum oder ein entsprechender Pausenbereich zur Verfügung zu stellen. Dies gilt nicht, wenn die Beschäftigten in Büroräumen oder vergleichbaren Arbeitsräumen beschäftigt sind und dort gleichwertige Voraussetzungen für eine Erholung während der Pause gegeben sind. Fallen in die Arbeitszeit regelmäßig und häufig Arbeitsbereitschaftszeiten oder Arbeitsunterbrechungen und sind keine Pausenräume vorhanden, so sind für die Beschäftigten Räume für Bereitschaftszeiten einzurichten. Schwangere Frauen und stillende Mütter müssen sich während der Pausen und, soweit es erforderlich ist, auch während der Arbeitszeit unter geeigneten Bedingungen hinlegen und ausruhen können.

(2) Pausenräume oder entsprechende Pausenbereiche sind

a) für die Beschäftigten leicht erreichbar an ungefährdeter Stelle und in ausreichender Größe bereitzustellen,
b) entsprechend der Anzahl der gleichzeitigen Benutzer mit leicht zu reinigenden Tischen und Sitzgelegenheiten mit Rückenlehne auszustatten,
c) als separate Räume zu gestalten, wenn die Beurteilung der Arbeitsbedingungen und der Arbeitsstätte dies erfordern.

(3) Bereitschaftsräume und Pausenräume, die als Bereitschaftsräume genutzt werden, müssen dem Zweck entsprechend ausgestattet sein.

4.3 Erste-Hilfe-Räume

(1) Erste-Hilfe-Räume oder vergleichbare Bereiche sind entsprechend der Art der Gefährdungen in der Arbeitsstätte oder der Anzahl der Beschäftigten, der Art der auszuübenden Tätigkeiten sowie der räumlichen Größe der Betriebe zur Verfügung zu stellen.
(2) Erste-Hilfe-Räume müssen an ihren Zugängen als solche gekennzeichnet und für Personen mit Rettungstransportmitteln leicht zugänglich sein.
(3) Sie sind mit den erforderlichen Mitteln und Einrichtungen zur Ersten Hilfe auszustatten. An einer deutlich gekennzeichneten Stelle müssen Anschrift und Telefonnummer der örtlichen Rettungsdienste angegeben sein.
(4) Darüber hinaus sind überall dort, wo es die Arbeitsbedingungen erfordern, Mittel und Einrichtungen zur Ersten Hilfe aufzubewahren. Sie müssen leicht zugänglich und einsatzbereit sein. Die Aufbewahrungsstellen müssen als solche gekennzeichnet und gut erreichbar sein.

4.4 Unterkünfte

(1) Der Arbeitgeber hat angemessene Unterkünfte für Beschäftigte zur Verfügung zu stellen, gegebenenfalls auch außerhalb des Geländes eines Betriebes oder einer Baustelle, wenn es aus Gründen der Sicherheit, zum Schutz der Gesundheit oder aus Gründen der menschengerechten Gestaltung der Arbeit erforderlich ist. Die Bereitstellung angemessener Unterkünfte kann insbesondere wegen der Abgelegenheit der Arbeitsstätte, der Art der auszuübenden Tätigkeiten oder der Anzahl der im Betrieb beschäftigten Personen erforderlich sein. Sie ist stets erforderlich, wenn den Beschäftigten im Zusammenhang mit der Anwerbung oder Entsendung zur zeitlich befristeten Erbringung einer vertraglich geschuldeten Arbeitsleistung die Bereitstellung oder Vermittlung einer Unterbringung in Gemeinschaftsunterkünften in Aussicht gestellt wird und zu erwarten ist, dass der Beschäftigte die Verpflichtung zur Erbringung seiner Arbeitsleistung anderenfalls nicht eingehen würde. Kann der Arbeitgeber erforderliche Unterkünfte innerhalb des Geländes eines Betriebes oder einer Baustelle nicht zur Verfügung stellen, hat er für eine andere angemessene Unterbringung der Beschäftigten außerhalb des Geländes eines Betriebs oder einer Baustelle zu sorgen. Wird die Unterkunft als Gemeinschaftsunterkunft außerhalb des Geländes eines Betriebes oder einer Baustelle durch den Arbeitgeber oder auf desssen Veranlassung durch Dritte zur Verfügung gestellt, so hat der Arbeitgeber auch in diesem Fall für die Angemessenheit der Unterkunft zu sorgen.
(2) Unterkünfte müssen entsprechend ihrer Belegungszahl und der Dauer der Unterbringung ausgestattet sein mit:
1. Wohn- und Schlafbereich (Betten, Schränken, Tischen, Stühlen),
2. Essbereich,
3. Sanitäreinrichtungen.
(3) Wird die Unterkunft von Männern und Frauen gemeinsam genutzt, ist dies bei der Zuteilung der Räume zu berücksichtigen.

(4) Der Arbeitgeber hat die Unterbringung von Beschäftigten in Gemeinschaftsunterkünften innerhalb oder außerhalb des Geländes eines Betriebes oder einer Baustelle nach den Sätzen 2 und 3 zu dokumentieren. In der Dokumentation sind anzugeben:

1. die Adressen der Gemeinschaftsunterkünfte,
2. die Unterbrigungskapazitäten der Gemeinschaftsunterkünfte,
3. die Zuordnung der untergebrachten Beschäftigten zu den Gemeinschaftsunterkünften sowie
4. der dazugehörige Zeitraum der Unterbringung der jeweiligen Beschäftigten.

Die Dokumentation muss ab Beginn der Bereitstellung der Gemeinschaftsunterkünfte am Ort der Leistungserbringung verfügbar sein. Die Dokumentation ist nach Beendigung der Unterbringung vier Wochen aufzubewahren.

5 Ergänzende Anforderungen und Maßnahmen für besondere Arbeitsstätten und Arbeitsplätze

5.1 Arbeitsplätze in nicht allseits umschlossenen Arbeitsstätten und Arbeitsplätze im Freien

Arbeitsplätze in nicht allseits umschlossenen Arbeitsstätten und Arbeitsplätze im Freien sind so einzurichten und zu betreiben, dass sie von den Beschäftigten bei jeder Witterung sicher und ohne Gesundheitsgefährdung erreicht, benutzt und wieder verlassen werden können. Dazu gehört, dass Arbeitsplätze gegen Witterungseinflüsse geschützt sind oder den Beschäftigten geeignete persönliche Schutzausrüstungen zur Verfügung gestellt werden.
Werden die Beschäftigten auf Arbeitsplätzen im Freien beschäftigt, so sind die Arbeitsplätze nach Möglichkeit so einzurichten, dass diese die Beschäftigten nicht gesundheitsgefährdenden äußeren Einwirkungen ausgesetzt sind.

5.2 Baustellen

(1) Die Beschäftigten müssen

a) sich gegen Witterungseinflüsse geschützt umkleiden, waschen und wärmen können,
b) über Einrichtungen verfügen, um ihre Mahlzeiten einnehmen und gegebenenfalls auch zubereiten zu können,
c) in der Nähe der Arbeitsplätze über Trinkwasser oder ein anderes alkoholfreies Getränk verfügen können.

Weiterhin sind auf Baustellen folgende Anforderungen umzusetzen:

d) Sind Umkleideräume nicht erforderlich, muss für jeden regelmäßig auf der Baustelle anwesenden Beschäftigten eine Kleiderablage und ein abschließbares Fach vorhanden sein, damit persönliche Gegenstände unter Verschluss aufbewahrt werden können.
e) Unter Berücksichtigung der Arbeitsverfahren und der physischen Belastungen der Beschäftigten ist dafür zu sorgen, dass ausreichend gesundheitlich zuträgliche Atemluft vorhanden ist.

f) Beschäftigte müssen die Möglichkeit haben, Arbeitskleidung und Schutzkleidung außerhalb der Arbeitszeit zu lüften und zu trocknen.
g) In regelmäßigen Abständen sind geeignete Versuche und Übungen an Feuerlöscheinrichtungen und Brandmelde- und Alarmanlagen durchzuführen.

(2) Schutzvorrichtungen, die ein Abstürzen von Beschäftigten an Arbeitsplätzen und Verkehrswegen auf Baustellen verhindern, müssen vorhanden sein:
1. unabhängig von der Absturzhöhe bei
   a) Arbeitsplätzen am und über Wasser oder an und über anderen festen oder flüssigen Stoffen, in denen man versinken kann,
   b) Verkehrswegen über Wasser oder anderen festen oder flüssigen Stoffen, in denen man versinken kann,
2. bei mehr als 1,00 m Absturzhöhe an Wandöffnungen, an freiliegenden Treppenläufen und -absätzen und
3. bei mehr als 2,00 m Absturzhöhe an allen übrigen Arbeitsplätzen.

Bei einer Absturzhöhe bis zu 3,00 m ist eine Schutzvorrichtung entbehrlich an Arbeitsplätzen und Verkehrswegen auf Dächern und Geschossdecken von baulichen Anlagen mit bis zu 22,5 Grad Neigung und nicht mehr als 50,00 m² Grundfläche, sofern die Arbeiten von hierfür fachlich qualifizierten und körperlich geeigneten Beschäftigten ausgeführt werden und diese Beschäftigten besonders unterwiesen sind. Die Absturzkante muss für die Beschäftigten deutlich erkennbar sein.

(3) Räumliche Begrenzungen der Arbeitsplätze, Materialien, Ausrüstungen und ganz allgemein alle Elemente, die durch Ortsveränderung die Sicherheit und die Gesundheit der Beschäftigten beeinträchtigen können, müssen auf geeignete Weise stabilisiert werden. Hierzu zählen auch Maßnahmen, die verhindern, dass Fahrzeuge, Erdbaumaschinen und Förderzeuge abstürzen, umstürzen, abrutschen oder einbrechen.

(4) Werden Beförderungsmittel auf Verkehrswegen verwendet, so müssen für andere, den Verkehrsweg nutzende Personen ein ausreichender Sicherheitsabstand oder geeignete Schutzvorrichtungen vorgesehen werden. Die Wege müssen regelmäßig überprüft und gewartet werden.

(5) Bei Arbeiten, aus denen sich im besonderen Maße Gefährdungen für die Beschäftigten ergeben können, müssen geeignete Sicherheitsvorkehrungen getroffen werden. Dies gilt insbesondere für Abbrucharbeiten sowie Montage- und Demontagearbeiten. Zur Erfüllung der Schutzmaßnahmen des Satzes 1 sind
a) bei Arbeiten an erhöhten oder tiefer gelegenen Standorten Standsicherheit und Stabilität der Arbeitsplätze und ihrer Zugänge auf geeignete Weise zu gewährleisten und zu überprüfen, insbesondere nach einer Veränderung der Höhe oder Tiefe des Arbeitsplatzes,
b) bei Aushubarbeiten, Brunnenbauarbeiten, unterirdischen oder Tunnelarbeiten die Erd- oder Felswände so abzuböschen, zu verbauen oder anderweitig so zu sichern, dass sie während der einzelnen Bauzustände standsicher sind; vor Beginn von Erdarbeiten sind geeignete Maßnahmen durchzuführen, um die Gefährdung durch unterirdisch verlegte Kabel und andere Versorgungsleitungen festzustellen und auf ein Mindestmaß zu verringern,
c) bei Arbeiten, bei denen Sauerstoffmangel auftreten kann, geeignete Maßnahmen zu treffen, um einer Gefahr vorzubeugen und eine wirksame und sofor-

tige Hilfeleistung zu ermöglichen; Einzelarbeitsplätze in Bereichen, in denen erhöhte Gefährdung durch Sauerstoffmangel besteht, sind nur zulässig, wenn diese ständig von außen überwacht werden und alle geeigneten Vorkehrungen getroffen sind, um eine wirksame und sofortige Hilfeleistung zu ermöglichen,

d) beim Auf-, Um- sowie Abbau von Spundwänden und Senkkästen angemessene Vorrichtungen vorzusehen, damit sich die Beschäftigten beim Eindringen von Wasser und Material retten können,

e) bei Laderampen Absturzsicherungen vorzusehen,

f) bei Arbeiten, bei denen mit Gefährdungen aus dem Verkehr von Land-, Wasser-, oder Luftfahrzeugen zu rechnen ist, geeignete Vorkehrungen zu treffen.

Abbrucharbeiten, Montage- oder Demontagearbeiten, insbesondere der Auf- oder Abbau von Stahl- oder Betonkonstruktionen, die Montage oder Demontage von Verbau zur Sicherung von Erd- oder Felswänden oder Senkkästen sind fachkundig zu planen und nur unter fachkundiger Aufsicht sowie nach schriftlicher Abbruch-, Montage- oder Demontageanweisung durchzuführen; die Abbruch-, Montage- oder Demontageanweisung muss die erforderlichen sicherheitstechnischen Angaben enthalten; auf die Schriftform kann verzichtet werden, wenn für die jeweiligen Abbruch-, Montage- oder Demontagearbeiten besondere sicherheitstechnische Angaben nicht erforderlich sind.

(6) Vorhandene elektrische Freileitungen müssen nach Möglichkeit außerhalb des Baustellengeländes verlegt oder freigeschaltet werden. Wenn dies nicht möglich ist, sind geeignete Abschrankungen, Abschirmungen oder Hinweise anzubringen, um Fahrzeuge und Einrichtungen von diesen Leitungen fern zu halten.

6 Maßnahmen zur Gestaltung von Bildschirmarbeitsplätzen

6.1 Allgemeine Anforderungen an Bildschirmarbeitsplätze

(1) Bildschirmarbeitsplätze sind so einzurichten und zu betreiben, dass die Sicherheit und der Schutz der Gesundheit der Beschäftigten gewährleistet sind. Die Grundsätze der Ergonomie sind auf die Bildschirmarbeitsplätze und die erforderlichen Arbeitsmittel sowie die für die Informationsverarbeitung durch die Beschäftigten erforderlichen Bildschirmgeräte entsprechend anzuwenden.

(2) Der Arbeitgeber hat dafür zu sorgen, dass die Tätigkeiten der Beschäftigten an Bildschirmgeräten insbesondere durch andere Tätigkeiten oder regelmäßige Erholungszeiten unterbrochen werden.

(3) Für die Beschäftigten ist ausreichend Raum für wechselnde Arbeitshaltungen und -bewegungen vorzusehen.

(4) Die Bildschirmgeräte sind so aufzustellen und zu betreiben, dass die Oberflächen frei von störenden Reflexionen und Blendungen sind.

(5) Die Arbeitstische oder Arbeitsflächen müssen eine reflexionsarme Oberfläche haben und so aufgestellt werden, dass die Oberflächen bei der Arbeit frei von störenden Reflexionen und Blendungen sind.

(6) Die Arbeitsflächen sind entsprechend der Arbeitsaufgabe so zu bemessen, dass alle Eingabemittel auf der Arbeitsfläche variabel angeordnet werden können und eine flexible Anordnung des Bildschirms, des Schriftguts und der sonstigen

Arbeitsmittel möglich ist. Die Arbeitsfläche vor der Tastatur muss ein Auflegen der Handballen ermöglichen.

(7) Auf Wunsch der Beschäftigten hat der Arbeitgeber eine Fußstütze und einen Manuskripthalter zur Verfügung zu stellen, wenn eine ergonomisch günstige Arbeitshaltung auf andere Art und Weise nicht erreicht werden kann.

(8) Die Beleuchtung muss der Art der Arbeitsaufgabe entsprechen und an das Sehvermögen der Beschäftigten angepasst sein; ein angemessener Kontrast zwischen Bildschirm und Arbeitsumgebung ist zu gewährleisten. Durch die Gestaltung des Bildschirmarbeitsplatzes sowie der Auslegung und der Anordnung der Beleuchtung sind störende Blendungen, Reflexionen oder Spiegelungen auf dem Bildschirm und den sonstigen Arbeitsmitteln zu vermeiden.

(9) Werden an einem Arbeitsplatz mehrere Bildschirmgeräte oder Bildschirme betrieben, müssen diese ergonomisch angeordnet sein. Die Eingabegeräte müssen sich eindeutig dem jeweiligen Bildschirmgerät zuordnen lassen.

(10) Die Arbeitsmittel dürfen nicht zu einer erhöhten, gesundheitlich unzuträglichen Wärmebelastung am Arbeitsplatz führen.

6.2 Allgemeine Anforderungen an Bildschirme und Bildschirmgeräte

(1) Die Text- und Grafikdarstellungen auf dem Bildschirm müssen entsprechend der Arbeitsaufgabe und dem Sehabstand scharf und deutlich sowie ausreichend groß sein. Der Zeichen- und der Zeilenabstand müssen angemessen sein. Die Zeichengröße und der Zeilenabstand müssen auf dem Bildschirm individuell eingestellt werden können.

(2) Das auf dem Bildschirm dargestellte Bild muss flimmerfrei sein. Das Bild darf keine Verzerrungen aufweisen.

(3) Die Helligkeit der Bildschirmanzeige und der Kontrast der Text- und Grafikdarstellungen auf dem Bildschirm müssen von den Beschäftigten einfach eingestellt werden können. Sie müssen den Verhältnissen der Arbeitsumgebung individuell angepasst werden können.

(4) Die Bildschirmgröße und -form müssen der Arbeitsaufgabe angemessen sein.

(5) Die von den Bildschirmgeräten ausgehende elektromagnetische Strahlung muss so niedrig gehalten werden, dass die Sicherheit und die Gesundheit der Beschäftigten nicht gefährdet werden.

6.3 Anforderungen an Bildschirmgeräte und Arbeitsmittel für die ortsgebundene Verwendung von Arbeitsplätzen

(1) Bildschirme müssen frei und leicht dreh- und neigbar sein sowie über reflexionsarme Oberflächen verfügen. Bildschirme, die über reflektierende Oberflächen verfügen, dürfen nur dann betrieben werden, wenn dies aus zwingenden aufgabenbezogenen Gründen erforderlich ist.

(2) Tastaturen müssen die folgenden Eigenschaften aufweisen:

1. sie müssen vom Bildschirm getrennte Einheiten sein,
2. sie müssen neigbar sein,
3. die Oberflächen müssen reflexionsarm sein,

4. die Form und der Anschlag der Tasten müssen den Arbeitsaufgaben angemessen sein und eine ergonomische Bedienung ermöglichen,
5. die Beschriftung der Tasten muss sich vom Untergrund deutlich abheben und bei normaler Arbeitshaltung gut lesbar sein.

(3) Alternative Eingabemittel (zum Beispiel Eingabe über den Bildschirm, Spracheingabe, Scanner) dürfen nur eingesetzt werden, wenn dadurch die Arbeitsaufgaben leichter ausgeführt werden können und keine zusätzlichen Belastungen für die Beschäftigten entstehen.

6.4 Anforderungen an tragbare Bildschirmgeräte für die ortsveränderliche Verwendung von Arbeitsplätzen

(1) Größe, Form und Gewicht tragbarer Bildschirmgeräte müssen der Arbeitsaufgabe entsprechend angemessen sein.

(2) Tragbare Bildschirmgeräte müssen

1. über Bildschirme mit reflexionsarmen Oberflächen verfügen und
2. so betrieben werden, dass der Bildschirm frei von störenden Reflexionen und Blendungen ist.

(3) Tragbare Bildschirmgeräte ohne Trennung zwischen Bildschirm und externem Eingabemittel (insbesondere Geräte ohne Tastatur) dürfen nur an Arbeitsplätzen betrieben werden, an denen die Geräte nur kurzzeitig verwendet werden oder an denen die Arbeitsaufgaben mit keinen anderen Bildschirmgeräten ausgeführt werden können.

(4) Tragbare Bildschirmgeräte mit alternativen Eingabemitteln sind den Arbeitsaufgaben angemessen und mit dem Ziel einer optimalen Entlastung der Beschäftigten zu betreiben.

(5) Werden tragbare Bildschirmgeräte ortsgebunden an Arbeitsplätzen verwendet, gelten zusätzlich die Anforderungen nach Nummer 6.1.

6.5 Anforderungen an die Benutzerfreundlichkeit von Bildschirmarbeitsplätzen

(1) Beim Betreiben der Bildschirmarbeitsplätze hat der Arbeitgeber dafür zu sorgen, dass der Arbeitsplatz den Arbeitsaufgaben angemessen gestaltet ist. Er hat insbesondere geeignete Softwaresysteme bereitzustellen.

(2) Die Bildschirmgeräte und die Software müssen entsprechend den Kenntnissen und Erfahrungen der Beschäftigten im Hinblick auf die jeweilige Arbeitsaufgabe angepasst werden können.

(3) Das Softwaresystem muss den Beschäftigten Angaben über die jeweiligen Dialogabläufe machen.

(4) Die Bildschirmgeräte und die Software müssen es den Beschäftigten ermöglichen, die Dialogabläufe zu beeinflussen. Sie müssen eventuelle Fehler bei der Handhabung beschreiben und eine Fehlerbeseitigung mit begrenztem Arbeitsaufwand erlauben.

(5) Eine Kontrolle der Arbeit hinsichtlich der qualitativen oder quantitativen Ergebnisse darf ohne Wissen der Beschäftigten nicht durchgeführt werden.

7c. Verordnung zum Schutz vor Gefahrstoffen (Gefahrstoffverordnung – GefStoffV)

vom 26. November 2010 (BGBl. I 1643, 1644),
zuletzt geändert durch Verordnung vom 17. Dezember 2025 (BGBl. 2025 I Nr. 337)

(Abgedruckte Vorschriften: §§ 1–20)

Einleitung

(siehe bei Nr. 7, II 5)

Verordnungstext

Abschnitt 1 – Zielsetzung, Anwendungsbereich und Begriffsbestimmungen

§ 1 Zielsetzung und Anwendungsbereich (1) Ziel dieser Verordnung ist es, den Menschen und die Umwelt vor stoffbedingten Schädigungen zu schützen durch
1. Regelungen zur Einstufung, Kennzeichnung und Verpackung gefährlicher Stoffe und Gemische,
2. Maßnahmen zum Schutz der Beschäftigten und anderer Personen bei Tätigkeiten mit Gefahrstoffen und
3. Beschränkungen für das Herstellen und Verwenden bestimmter gefährlicher Stoffe, Gemische und Erzeugnisse.

(2) Abschnitt 2 gilt für das Inverkehrbringen von
1. gefährlichen Stoffen und Gemischen,
2. bestimmten Stoffen, Gemischen und Erzeugnissen, die mit zusätzlichen Kennzeichnungen zu versehen sind, nach Maßgabe der Richtlinie 96/59/EG des Rates vom 16. September 1996 über die Beseitigung polychlorierter Biphenyle und polychlorierter Terphenyle (PCB/PCT) (ABl. L 243 vom 24. 9. 1996, S. 31), die durch die Verordnung (EG) Nr. 596/2009 (ABl. L 188 vom 18. 7. 2009, S. 14) geändert worden ist.
3. Biozid-Produkten im Sinne des § 3 Nummer 11 des Chemikaliengesetzes, die keine gefährlichen Stoffe oder Gemische sind, sowie
4. Biozid-Werkstoffen im Sinne des § 3 Nummer 12 des Chemikaliengesetzes, die biologische Arbeitsstoffe im Sinne der Biostoffverordnung sind, und Biozid-Produkten im Sinne des § 3 Nummer 11 des Chemikaliengesetzes, die als Wirkstoffe solche biologischen Arbeitsstoffe enthalten.

Abschnitt 2 gilt auch für das Veranlassen von Tätigkeiten an baulichen und technischen Anlagen, die Gefahrstoffe enthalten können, welche durch die Tätigkeiten freigesetzt werden können und zu besonderen Gesundheitsgefahren führen kön-

nen. Abschnitt 2 gilt nicht für Lebensmittel oder Futtermittel in Form von Fertigerzeugnissen, die für den Endverbraucher bestimmt sind.
(3) Die Abschnitte 3 bis 6 gelten für Tätigkeiten, bei denen die Sicherheit und Gesundheit der Beschäftigten durch Stoffe, Gemische oder Erzeugnisse gefährdet sein kann. Sie gelten auch, wenn die Sicherheit und Gesundheit anderer Personen aufgrund von Tätigkeiten im Sinne von § 2 Absatz 5 gefährdet sein können, die durch Beschäftigte oder Unternehmer ohne Beschäftigte ausgeübt werden. Die Sätze 1 und 2 finden auch Anwendung auf Tätigkeiten, die im Zusammenhang mit der Beförderung von Stoffen, Gemischen und Erzeugnissen ausgeübt werden. Die Vorschriften des Gefahrgutbeförderungsgesetzes und der darauf gestützten Rechtsverordnungen bleiben unberührt.
(4) Sofern nicht ausdrücklich etwas anderes bestimmt ist, gilt diese Verordnung nicht für
1. biologische Arbeitsstoffe im Sinne der Biostoffverordnung und
2. private Haushalte.

Diese Verordnung gilt ferner nicht für Betriebe, die dem Bundesberggesetz unterliegen, soweit dort oder in Rechtsverordnungen, die auf Grund dieses Gesetzes erlassen worden sind, entsprechende Rechtsvorschriften bestehen.

§ 2 Begriffsbestimmungen (1) Gefahrstoffe im Sinne dieser Vorschrift sind
1. gefährliche Stoffe und Gemische nach § 3a des Chemikaliengesetzes,
1a. Stoffe und Gemische, die über die Gefahrenklasse gewässergefährdend nach der Verordnung (EG) Nr. 1272/2008 des Europäischen Parlaments und des Rates vom 16. Dezember 2008 über die Einstufung, Kennzeichnung und Verpackung von Stoffen und Gemischen, zur Änderung und Aufhebung der Richtlinien 67/548/EWG und 1999/45/EG und zur Änderung der Verordnung (EG) Nr. 1907/2006 (ABl. L 353 vom 31. 12. 2008, S. 1), die zuletzt durch die Delegierte Verordnung (EU) 2022/692 (ABl. L 129 vom 3. 5. 2022, S. 1) geändert worden ist, hinaus umweltgefährlich sind, indem sie selbst oder deren Umwandlungsprodukte sonst geeignet sind, die Beschaffenheit des Naturhaushaltes, von Wasser, Boden oder Luft, Klima, Tieren, Pflanzen oder Mikroorganismen derart zu verändern, dass dadurch sofort oder später Gefahren für die Umwelt herbeigeführt werden können,
2. Stoffe, Gemische und Erzeugnisse, die explosionsfähig sind,
3. Stoffe, Gemische und Erzeugnisse, aus denen bei der Herstellung oder Verwendung Stoffe nach Nummer 1 oder Nummer 2 entstehen oder freigesetzt werden können,
4. Stoffe und Gemische, die die Kriterien nach den Nummern 1 bis 3 nicht erfüllen, aber auf Grund ihrer physikalisch-chemischen, chemischen oder toxischen Eigenschaften und der Art und Weise, wie sie am Arbeitsplatz vorhanden sind oder verwendet werden, die Gesundheit und die Sicherheit der Beschäftigten gefährden können,
5. alle Stoffe, denen ein Arbeitsplatzgrenzwert zugewiesen worden ist.

(2) Für die Begriffe Stoff, Gemisch, Erzeugnis, Lieferant, nachgeschalteter Anwender und Hersteller gelten die Begriffsbestimmungen nach Artikel 2 der Verordnung (EG) Nr. 1272/2008.

(3) Krebserzeugend, keimzellmutagen oder reproduktionstoxisch sind
1. Stoffe, die in Anhang VI der Verordnung (EG) Nr. 1272/2008 in der jeweils geltenden Fassung als karzinogen, keimzellmutagen oder reproduktionstoxisch eingestuft sind,
2. Stoffe, welche die Kriterien für die Einstufung als karzinogen, keimzellmutagen oder reporduktionstoxisch nach Anhang I der Verordnung (EG) Nr. 1272/2008 in der jeweils geltenden Fassung erfüllen,
3. Gemische, die einen oder mehrere der in § 2 Absatz 3 Nummer 1 oder 2 genannten Stoffe enthalten, wenn die Konzentration dieses Stoffs oder dieser Stoffe die stoffspezifischen oder die allgemeinen Konzentrationsgrenzen nach der Verordnung (EG) Nr. 1272/2008 in der jeweils geltenden Fassung erreicht oder übersteigt, die für die Einstufung eines Gemischs als karzinogen, keimzellmutagen oder reproduktionstoxisch festgelegt sind,
4. Stoffe, Gemische, Tätigkeiten oder Verfahren, die in den nach § 20 Absatz 4 bekannt gegebenen Regeln und Erkenntnissen als krebserzeugend, keimzellmutagen oder reproduktionstoxisch bezeichnet werden.

(4) Organische Peroxide im Sinne des § 12 Absatz 4 und des Anhangs III sind Stoffe, die sich vom Wasserstoffperoxid dadurch ableiten, dass ein oder beide Wasserstoffatome durch organische Gruppen ersetzt sind, sowie Gemische, die diese Stoffe enthalten.

(4a) Asbest sind folgende Silikate mit Faserstruktur:
1. Aktinolith, CAS-Nummer 77536-66-4,
2. Amosit, CAS-Nummer 12172-73-5,
3. Anthophyllit, CAS-Nummer 77536-67-5,
4. Chrysotil, CAS-Nummer 12001-29-5 und CAS-Nummer 132207-32-0,
5. Krokydolith, CAS-Nummer 12001-28-4,
6. Tremolit, CAS-Nummer 77536-68-6.

(4b) Asbesthaltige Materialien sind jeweils Asbest enthaltende natürlich vorkommende mineralische Rohstoffe, Gemische und Erzeugnisse.

(4c) Anerkannte emissionsarme Verfahren sind behördlich oder von den Trägern der gesetzlichen Unfallversicherung geprüfte und anerkannte Arbeitsverfahren für Tätigkeiten mit asbesthaltigen Materialien, die nachweislich im Bereich niedrigen Risikos erfolgen.

(5) Eine Tätigkeit ist jede Arbeit mit Stoffen, Gemischen oder Erzeugnissen, einschließlich Herstellung, Mischung, Ge- und Verbrauch, Lagerung, Aufbewahrung, Be- und Verarbeitung, Ab- und Umfüllung, Entfernung, Entsorgung und Vernichtung. Zu den Tätigkeiten zählen auch das innerbetriebliche Befördern sowie Bedien- und Überwachungsarbeiten.

(5a) Begasung bezeichnet eine Verwendung von Biozid-Produkten oder Pflanzenschutzmitteln
1. bei der bestimmungsgemäß Stoffe gasförmig freigesetzt werden,
   a) die als akut toxisch Kategorie 1, 2 oder 3 eingestuft sind oder
   b) für die in der Zulassung festgelegt wurde, dass eine Messung oder Überwachung der Wirkstoff- oder Sauerstoffkonzentration zu erfolgen hat,

2. für die in der Zulassung die Bereitstellung und Verwendung eines unabhängig von der Umgebungsatmosphäre wirkenden Atemschutzgeräts festgelegt wurde oder
3. die zur Raumdesinfektion sämtlicher Flächen eines umschlossenen Raumes eingesetzt werden, wobei Formaldehyd aus einer wässrigen Formaldehydlösung in Form schwebfähiger Flüssigkeitstropfen ausgebracht wird.

(6) Lagern ist das Aufbewahren zur späteren Verwendung sowie zur Abgabe an andere. Es schließt die Bereitstellung zur Beförderung ein, wenn die Beförderung nicht innerhalb von 24 Stunden nach der Bereitstellung oder am darauffolgenden Werktag erfolgt. Ist dieser Werktag ein Samstag, so endet die Frist mit Ablauf des nächsten Werktags.

(7) Es stehen gleich

1. den Beschäftigten die in Heimarbeit beschäftigten Personen sowie Schülerinnen und Schüler, Studierende und sonstige, insbesondere an wissenschaftlichen Einrichtungen tätige Personen, die Tätigkeiten mit Gefahrstoffen ausüben; für Schülerinnen und Schüler und Studierende gelten jedoch nicht die Regelungen dieser Verordnung über die Beteiligung der Personalvertretungen,
2. dem Arbeitgeber der Unternehmer ohne Beschäftigte sowie der Auftraggeber und der Zwischenmeister im Sinne des Heimarbeitsgesetzes in der im Bundesgesetzblatt Teil III, Gliederungsnummer 804 – 1, veröffentlichten bereinigten Fassung, das zuletzt durch Artikel 225 der Verordnung vom 31. Oktober 2006 (BGBl. I S. 2407) geändert worden ist.

(8) Der Arbeitsplatzgrenzwert ist der Grenzwert für die zeitlich gewichtete durchschnittliche Konzentration eines Stoffs in der Luft am Arbeitsplatz in Bezug auf einen gegebenen Referenzzeitraum. Er gibt an, bis zu welcher Konzentration eines Stoffes akute oder chronische schädliche Auswirkungen auf die Gesundheit von Beschäftigten im Allgemeinen nicht zu erwarten sind.

(8a) Die Akzeptanzkonzentration ist die Konzentration eines als krebserzeugend eingestuften Stoffs in der Luft am Arbeitsplatz, die bei 40jähriger arbeitstäglicher Exposition mit dem Akzeptanzrisiko assoziiert ist. Bei Einhaltung der Akzeptanzkonzentration wird das Risiko einer Krebserkrankung als niedrig und akzeptabel angesehen (Bereich niedrigen Risikos). Bei einer Überschreitung der Akzeptanzkonzentration bis zur Erreichung der Toleranzkonzentration ist von einem mittleren Risiko auszugehen (Bereich mittleren Risikos).

(8b) Die Toleranzkonzentration ist die Konzentration eines als krebserzeugend eingestuften Stoffs in der Luft am Arbeitsplatz, die bei 40jähriger arbeitstäglicher Exposition mit dem Toleranzrisiko assoziiert ist. Bei Überschreitung der Toleranzkonzentration wird das Risiko einer Krebserkrankung als hoch und nicht tolerabel angesehen (Bereich hohen Risikos).

(9) Der biologische Grenzwert ist der Grenzwert für die toxikologisch-arbeitsmedizinisch abgeleitete Konzentration eines Stoffs, seines Metaboliten oder eines Beanspruchungsindikators im entsprechenden biologischen Material. Er gibt an, bis zu welcher Konzentration die Gesundheit von Beschäftigten im Allgemeinen nicht beeinträchtigt wird.

(9 a) Physikalisch-chemische Einwirkungen umfassen Gefährdungen, die hervorgerufen werden können durch Tätigkeiten mit

1. Stoffen, Gemischen oder Erzeugnissen mit einer physikalischen Gefahr nach der Verordnung (EG) Nr. 1272/2008 oder
2. weiteren Gefahrstoffen, die nach der Verordnung (EG) Nr. 1272/2008 nicht mit einer physikalischen Gefahr eingestuft sind, die aber miteinander oder aufgrund anderer Wechselwirkungen so reagieren können, dass Brände oder Explosionen entstehen können.

(10) Ein explosionsfähiges Gemisch ist ein Gemisch aus brennbaren Gasen, Dämpfen, Nebeln oder aufgewirbelten Stäuben und Luft oder einem anderen Oxidationsmittel, das nach Wirksamwerden einer Zündquelle in einer sich selbsttätig fortpflanzenden Flammenausbreitung reagiert, sodass im Allgemeinen ein sprunghafter Temperatur- und Druckanstieg hervorgerufen wird.

(11) Chemisch instabile Gase, die auch ohne ein Oxidationsmittel nach Wirksamwerden einer Zündquelle in einer sich selbsttätig fortpflanzenden Flammenausbreitung reagieren können, sodass ein sprunghafter Temperatur- und Druckanstieg hervorgerufen wird, stehen explosionsfähigen Gemischen nach Absatz 10 gleich.

(12) Ein gefährliches explosionsfähiges Gemisch ist ein explosionsfähiges Gemisch, das in solcher Menge auftritt, dass besondere Schutzmaßnahmen für die Aufrechterhaltung der Gesundheit und Sicherheit der Beschäftigten oder anderer Personen erforderlich werden.

(13) Gefährliche explosionsfähige Atmosphäre ist ein gefährliches explosionsfähiges Gemisch mit Luft als Oxidationsmittel unter atmosphärischen Bedingungen (Umgebungstemperatur von −20 °C bis +60 °C und Druck von 0,8 Bar bis 1,1 Bar).

(14) Explosionsgefährdeter Bereich ist der Gefahrenbereich, in dem gefährliche explosionsfähige Atmosphäre auftreten kann.

(15) Der Stand der Technik ist der Entwicklungsstand fortschrittlicher Verfahren, Einrichtungen oder Betriebsweisen, der die praktische Eignung einer Maßnahme zum Schutz der Gesundheit und zur Sicherheit der Beschäftigten gesichert erscheinen lässt. Bei der Bestimmung des Stands der Technik sind insbesondere vergleichbare Verfahren, Einrichtungen oder Betriebsweisen heranzuziehen, die mit Erfolg in der Praxis erprobt worden sind. Gleiches gilt für die Anforderungen an die Arbeitsmedizin und die Arbeitsplatzhygiene.

(16) Fachkundig ist, wer zur Ausübung einer in dieser Verordnung bestimmten Aufgabe über die erforderlichen Fachkenntnisse verfügt. Die Anforderungen an die Fachkunde sind abhängig von der jeweiligen Art der Aufgabe. Zu den Anforderungen zählen eine entsprechende Berufsausbildung oder eine entsprechende Berufserfahrung oder eine zeitnah ausgeübte entsprechende berufliche Tätigkeit sowie die Teilnahme an spezifischen Fortbildungsmaßnahmen

(17) Sachkundig ist, wer seine bestehende Fachkunde durch Teilnahme an einem behördlich anerkannten Sachkundelehrgang erweitert hat. In Abhängigkeit vom Aufgabengebiet kann es zum Erwerb der Sachkunde auch erforderlich sein, den Lehrgang mit einer erfolgreichen Prüfung abzuschließen. Sachkundig ist ferner, wer über eine von der zuständigen Behörde als gleichwertig anerkannte oder in dieser Verordnung als gleichwertig bestimmte Qualifikation verfügt.

(18) Eine Verwenderkategorie bezeichnet eine Personengruppe, die berechtigt ist, ein bestimmtes Biozid-Produkt zu verwenden. Sie beschreibt den Grad der Qualifikation, die für diese Verwendung erforderlich ist. Die zugehörige Verwenderkategorie eines Biozid-Produkts wird nach der Verordnung (EU) Nr. 528/2012 des Europäischen Parlaments und des Rates vom 22. Mai 2012 über die Bereitstellung auf dem Markt und die Verwendung von Biozid-Produkten (ABl. L 167 vom 27. 6. 2012, S. 1), die zuletzt durch die Delegierte Verordnung (EU) 2019/1825 (ABl. L 279 vom 31. 10. 2019, S. 19) geändert worden ist, in der jeweils geltenden Fassung, im Zulassungsverfahren festgelegt. Verwenderkategorien sind

1. die breite Öffentlichkeit,
2. der berufsmäßige Verwender,
3. der geschulte berufsmäßige Verwender.

Abschnitt 2 – Gefahrstoffinformation

§ 3 *(weggefallen)*

§ 4 Einstufung, Kennzeichnung, Verpackung (1) Die Einstufung, Kennzeichnung und Verpackung von Stoffen und Gemischen sowie von Erzeugnissen mit Explosivstoff richten sich nach den Bestimmungen der Verordnung (EG) Nr. 1272/2008.

(2) Bei der Einstufung von Stoffen und Gemischen sind die nach § 20 Absatz 4 bekannt gegebenen Regeln und Erkenntnisse zu beachten.

(3) Die Kennzeichnung von Stoffen und Gemischen, die in Deutschland in Verkehr gebracht werden, muss in deutscher Sprache erfolgen.

(4) Werden gefährliche Stoffe oder gefährliche Gemische unverpackt in Verkehr gebracht, sind jeder Liefereinheit geeignete Sicherheitsinformationen oder ein Sicherheitsdatenblatt in deutscher Sprache beizufügen.

(5) Lieferanten eines Biozid-Produkts, für das ein Dritter der Zulassungsinhaber ist, haben über die in Absatz 1 erwähnten Kennzeichnungspflichten hinaus sicherzustellen, dass die vom Zulassungsinhaber nach Artikel 69 Absatz 2 Satz 2 der Verordnung (EU) Nr. 528/2012 anzubringende Zusatzkennzeichnung bei der Abgabe an Dritte erhalten oder neu angebracht ist. Biozid-Produkte, die aufgrund des § 28 Absatz 8 des Chemikaliengesetzes ohne Zulassung auf dem Markt bereitgestellt werden, sind zusätzlich zu der in Absatz 1 erwähnten Kennzeichnung entsprechend Artikel 69 Absatz 2 Satz 2 und 3 der Verordnung (EU) Nr. 528/2012 zu kennzeichnen, wobei die dort in Satz 2 Buchstabe c und d aufgeführten Angaben entfallen und die Angaben nach Satz 2 Buchstabe f und g auf die vorgesehenen Anwendungen zu beziehen sind.

(6) Biozid-Wirkstoffe, die biologische Arbeitsstoffe nach § 2 Absatz 1 der Biostoffverordnung sind, sind zusätzlich nach § 3 der Biostoffverordnung einzustufen. Biozid-Wirkstoffe nach Satz 1 sowie Biozid-Produkte, bei denen der Wirkstoff ein biologischer Arbeitsstoff ist, sind zusätzlich mit den folgenden Elementen zu kennzeichnen:

1. Identität des Organismus nach Anhang II Titel 2 Nummer 2.1 und 2.2 der Verordnung (EU) Nr. 528/2012,

2. Einstufung der Mikroorganismen in Risikogruppen nach § 3 der Biostoffverordnung und
3. im Falle einer Einstufung in die Risikogruppe 2 und höher nach § 3 der Biostoffverordnung Hinzufügung des Symbols für Biogefährdung nach Anhang I der Biostoffverordnung.

(7) Dekontaminierte PCB-haltige Geräte im Sinne der Richtlinie 96/59/EG müssen nach dem Anhang dieser Richtlinie gekennzeichnet werden.

(8) Die Kennzeichnung bestimmter, beschränkter Stoffe, Gemische und Erzeugnisse richtet sich zusätzlich nach Artikel 67 in Verbindung mit Anhang XVII der Verordnung (EG) Nr. 1907/2006 in ihrer jeweils geltenden Fassung.

(9) Der Lieferant eines Gemischs oder eines Stoffs hat einem nachgeschalteten Anwender auf Anfrage unverzüglich alle Informationen zur Verfügung zu stellen, die dieser für eine ordnungsgemäße Einstufung neuer Gemische benötigt, wenn
1. der Informationsgehalt der Kennzeichnung oder des Sicherheitsdatenblatts des Gemisches oder
2. die Information über eine Verunreinigung oder Beimengung auf dem Kennzeichnungsetikett oder im Sicherheitsdatenblatt des Stoffs

dafür nicht ausreicht.

§ 5 Sicherheitsdatenblatt und sonstige Informationspflichten (1) Die vom Lieferanten hinsichtlich des Sicherheitsdatenblattes beim Inverkehrbringen von Stoffen oder Gemischen zu beachtenden Anforderungen ergeben sich aus Artikel 31 in Verbindung mit Anhang II der Verordnung (EG) Nr. 1907/2006. Ist nach diesen Vorschriften die Übermittlung eines Sicherheitsdatenblatts nicht erforderlich, richten sich die Informationspflichten nach Artikel 32 der Verordnung (EG) Nr. 1907/2006.

(2) Bei den Angaben, die nach den Nummern 15 und 16 des Anhangs II der Verordnung (EG) Nr. 1907/2006 zu machen sind, sind insbesondere die nach § 20 Absatz 4 bekannt gegebenen Regeln und Erkenntnisse zu berücksichtigen, nach denen Stoffe oder Tätigkeiten als krebserzeugend, keimzellmutagen oder reproduktionstoxisch bezeichnet werden.

§ 5a Besondere Mitwirkungs- und Informationspflichten für Veranlasser von Tätigkeiten an baulichen oder technischen Anlagen (1) Derjenige, der Tätigkeiten an baulichen oder technischen Anlagen veranlasst (Veranlasser), hat vor Beginn der Tätigkeiten dem ausführenden Unternehmen alle ihm vorliegenden Informationen zur Bau- oder Nutzungsgeschichte oder vorhandene oder vermutete Gefahrstoffe schriftlich oder elektronisch zur Verfügung zu stellen. Der Veranlasser hat sich zur Informationsbeschaffung in zumutbarem Aufwand der ihm zugänglichen Unterlagen zu bedienen. Gefahrstoffe im Sinne von Satz 1 sind solche, die durch die Tätigkeiten freigesetzt werden und zu einer besonderen Gesundheitsgefährdung führen können.

(2) Damit festgestellt werden kann, ob Asbest vorliegt, hat der Veranlasser vor Beginn der Tätigkeiten an Objekten mit Baujahr zwischen 1993 und 1996 des Datums des Baubeginns des Objekts oder das Baujahr des Objekts, sofern das genaue Datum des Baubeginns nicht bekannt ist, an das ausführende Unternehmen schriftlich

oder elektronisch zu übermitteln. Bei Objekten mit Baujahr vor 1993 oder nach 1996 reicht die Angabe des Baujahrs aus.

(3) Weiterreichende Informations-, Schutz- oder Überwachungspflichten, die sich für den Veranlasser nach anderen Rechtsvorschriften ergeben, bleiben unberührt.

(4) Die Absätze 1 bis 3 gelten auch für private Haushalte.

Abschnitt 3 – Gefährdungsbeurteilung und Grundpflichten

§ 6 Informationsermittlung und Gefährdungsbeurteilung (1) Im Rahmen einer Gefährdungsbeurteilung als Bestandteil der Beurteilung der Arbeitsbedingungen nach § 5 des Arbeitsschutzgesetzes hat der Arbeitgeber festzustellen, ob die Beschäftigten Tätigkeiten mit Gefahrstoffen ausüben oder ob bei Tätigkeiten Gefahrstoffe entstehen oder freigesetzt werden können. Ist dies der Fall, so hat er alle hiervon ausgehenden Gefährdungen der Gesundheit und Sicherheit der Beschäftigten unter folgenden Gesichtspunkten zu beurteilen:

1. gefährliche Eigenschaften der Stoffe oder Gemische, einschließlich ihrer physikalisch-chemischen Wirkungen,
2. Informationen des Lieferanten zum Gesundheitsschutz und zur Sicherheit insbesondere im Sicherheitsdatenblatt, einschließlich der Angaben zu Zulassungspflicht und zu Herstellungs- und Verwendungsbeschränkungen,

2a. Informationen des Veranlassers nach § 5a Absatz 1 und 2,

3. Art und Ausmaß der Exposition unter Berücksichtigung aller Expositionswege; dabei sind die Ergebnisse der Messungen und Ermittlungen nach § 7 Absatz 8 zu berücksichtigen,
4. Möglichkeiten einer Substitution,
5. Arbeitsbedingungen und Verfahren, einschließlich der Arbeitsmittel und der Gefahrstoffmenge,
6. Grenzwerte und Konzentrationen nach § 2 Absatz 8 bis 9,
7. Wirksamkeit der ergriffenen oder zu ergreifenden Schutzmaßnahmen,
8. tätigkeitsbezogene Erkenntnisse
   a) über Belastungs- und Expositionssituationen, einschließlich psychischer Belastungen,
   b) aus der arbeitsmedizinischen Vorsorge nach der Verordnung zur arbeitsmedizinischen Vorsorge, einschließlich Erkenntnissen aus dem Biomonitorin, soweit solche Erkenntnisse vorliegen.

(2) Der Arbeitgeber hat sich die für die Gefährdungsbeurteilung notwendigen Informationen beim Lieferanten, Veranlasser oder aus anderen, ihm mit zumutbarem Aufwand zugänglichen Quellen zu beschaffen. Insbesondere hat der Arbeitgeber die Informationen zu beachten, die ihm nach Titel IV der Verordnung (EG) Nr. 1907/2006 zur Verfügung gestellt werden; dazu gehören Sicherheitsdatenblätter und die Informationen zu Stoffen oder Gemischen, für die kein Sicherheitsdatenblatt zu erstellen ist. Sofern die Verordnung (EG) Nr. 1907/2006 keine Informationspflicht vorsieht, hat der Lieferant dem Arbeitgeber auf Anfrage die für die Gefährdungsbeurteilung notwendigen Informationen über die Gefahrstoffe zur Verfügung zu stellen.

(2a) Der Arbeitgeber hat im Rahmen der Gefährdungsbeurteilung die ihm gemäß § 5a Absatz 1 durch den Veranlasser zur Verfügung gestellten Informationen dahingehend zu prüfen, ob Gefahrstoffe bei den Tätigkeiten an den baulichen oder technischen Anlagen freigesetzt werden und zu einer Gesundheitsgefährdung der Beschäftigten führen können.

(2b) Reichen die dem Arbeitgeber gemäß § 5a Absatz 1 vom Veranlasser zur Verfügung gestellten Informationen für die Gefährdungsbeurteilung nicht aus, so hat der Arbeitgeber im Rahmen einer besonderen Leistung zu prüfen, ob Gefahrstoffe bei den Tätigkeiten an baulichen oder technischen Anlagen freigesetzt werden und zu einer Gesundheitsgefährdung der Beschäftigten führen können. Erfordert die Durchführung dieser Prüfung Kenntnisse, über die der Arbeitgeber nicht verfügt, hat er sich dabei externen Sachverstands zu bedienen. Dies gilt insbesondere dann, wenn für eine sachgerechte Prüfung eine technische Erkundung erforderlich wird.

(2c) Ist für die Durchführung der Gefährdungsbeurteilung und die daraus resultierende Festlegung geeigneter Schutzmaßnahmen eine technische Erkundung erforderlich, um festzustellen, ob Gefahrstoffe bei den Tätigkeiten an baulichen oder technischen Anlagen freigesetzt werden und eine Gesundheitsgefährdung der Beschäftigten darstellen können, ist diese eine Voraussetzung für die Durchführung der Tätigkeiten.

(3) Stoffe und Gemische, die nicht von einem Lieferanten nach § 4 Absatz 1 eingestuft und gekennzeichnet worden sind, beispielsweise innerbetrieblich hergestellte Stoffe oder Gemische, hat der Arbeitgeber selbst einzustufen. Zumindest aber hat er die von den Stoffen oder Gemischen ausgehenden Gefährdungen der Beschäftigten zu ermitteln; dies gilt auch für Gefahrstoffe nach § 2 Absatz 1 Nummer 4.

(4) Der Arbeitgeber hat festzustellen, ob die verwendeten Stoffe, Gemische und Erzeugnisse bei Tätigkeiten, auch unter Berücksichtigung verwendeter Arbeitsmittel, Verfahren und der Arbeitsumgebung sowie ihrer möglichen Wechselwirkungen, zu Brand- oder Explosionsgefährdungen führen können. Dabei hat er zu beurteilen,

1. ob gefährliche Mengen oder Konzentrationen von Gefahrstoffen, die zu Brand- und Explosionsgefährdungen führen können, auftreten; dabei sind sowohl Stoffe und Gemische mit physikalischen Gefährdungen nach der Verordnung (EG) Nr. 1272/2008 wie auch andere Gefahrstoffe, die zu Brand- und Explosionsgefährdungen führen können, sowie Stoffe, die in gefährlicher Weise miteinander reagieren können, zu berücksichtigen,
2. ob Zündquellen oder Bedingungen, die Brände oder Explosionen auslösen können, vorhanden sind und
3. ob schädliche Auswirkungen von Bränden oder Explosionen auf die Gesundheit und Sicherheit der Beschäftigten möglich sind.

Insbesondere hat er zu ermitteln, ob die Stoffe, Gemische und Erzeugnisse auf Grund ihrer Eigenschaften und der Art und Weise, wie sie am Arbeitsplatz vorhanden sind oder verwendet werden, explosionsfähige Gemische bilden können. Im Fall von nicht atmosphärischen Bedingungen sind auch die möglichen Veränderungen der für den Explosionsschutz relevanten sicherheitstechnischen Kenngrößen zu ermitteln und zu berücksichtigen.

(5) Bei der Gefährdungsbeurteilung sind ferner Tätigkeiten zu berücksichtigen, bei denen auch nach Ausschöpfung sämtlicher technischer Schutzmaßnahmen die Möglichkeit einer Gefährdung besteht. Dies gilt insbesondere für Instandhaltungsarbeiten, einschließlich Wartungsarbeiten. Darüber hinaus sind auch andere Tätigkeiten wie Bedien- und Überwachungsarbeiten zu berücksichtigen, wenn diese zu einer Gefährdung von Beschäftigten durch Gefahrstoffe führen können.
(6) Die mit den Tätigkeiten verbundenen inhalativen, dermalen und physikalisch-chemischen Gefährdungen sind unabhängig voneinander zu beurteilen und in der Gefährdungsbeurteilung zusammenzuführen. Treten bei einer Tätigkeit mehrere Gefahrstoffe gleichzeitig auf, sind Wechsel- oder Kombinationswirkungen der Gefahrstoffe, die Einfluss auf die Gesundheit und Sicherheit der Beschäftigten haben, bei der Gefährdungsbeurteilung zu berücksichtigen, soweit solche Wirkungen bekannt sind.
(7) Der Arbeitgeber kann bei der Festlegung der Schutzmaßnahmen eine Gefährdungsbeurteilung übernehmen, die ihm der Lieferant mitgeliefert hat, sofern die Angaben und Festlegungen in dieser Gefährungsbeurteilung den Arbeitsbedigungen und Verfahren, einschließlich der Arbeitsmittel und der Gefahrstoffmenge, im eigenen Betrieb entsprechen.
(8) Der Arbeitgeber hat die Gefährdungsbeurteilung unabhängig von der Zahl der Beschäftigten erstmals vor Aufnahme der Tätigkeit zu dokumentieren. Dabei ist Folgendes anzugeben:

1. die Gefährdungen bei Tätigkeiten mit Gefahrstoffen,
2. das Ergebnis der Prüfung auf Möglichkeiten einer Substitution nach Absatz 1 Satz 2 Nummer 4,
3. eine Begründung für einen Verzicht auf eine technisch mögliche Substitution, sofern Schutzmaßnahmen nach § 9 oder § 10 zu ergreifen sind,
4. die durchzuführenden Schutzmaßnahmen einschließlich derer, die wegen der Überschreitung eines Arbeitsplatzgrenzwerts oder bei Tätigkeiten im Bereich zusätzlichen Risikos zusätzlich ergriffen wurden, sowie der geplanten Schutzmaßnahmen, die zukünftig ergriffen werden sollen, um den entsprechenden Wert einzuhalten oder in den Bereich niedrigen Risikos zu gelangen,
5. eine Begründung, wenn bei Tätigkeiten mit krebserzeugenden oder keimzellmutagenen Gefahrstoffen der Kategorie 1A oder 1B Beschäftigte nicht in das Expositionsverzeichnis nach § 10a Absatz 1 Satz 1 aufgenommen wurden,
6. eine Begründung, wenn von den nach § 20 Absatz 4 bekannt gegebenen Regeln und Erkenntnissen abgewichen wird, und
7. die Ermittlungsergebnisse, die belegen, dass der Grenzwert nach § 7 Absatz 8 Satz 1 Nummer 1 oder 2 eingehalten wird oder, bei Stoffen ohne entsprechende Werte, die ergriffenen technischen Schutzmaßnahmen wirksam sind.

Im Rahmen der Dokumentation der Gefährdungsbeurteilung können auch vorhandene Gefährdungsbeurteilungen, Dokumente oder andere gleichwertige Berichte verwendet werden, die auf Grund von Verpflichtungen nach anderen Rechtsvorschriften erstellt worden sind.
(9) Bei der Dokumentation nach Absatz 8 hat der Arbeitgeber in Abhängigkeit der Feststellungen nach Absatz 4 die Gefährdungen durch gefährliche explosionsfähige

Gemische besonders auszuweisen (Explosionsschutzdokument). Daraus muss insbesondere hervorgehen,

1. dass die Explosionsgefährdungen ermittelt und einer Bewertung unterzogen worden sind,
2. dass angemessene Vorkehrungen getroffen werden, um die Ziele des Explosionsschutzes zu erreichen (Darlegung eines Explosionsschutzkonzeptes),
3. ob und welche Bereiche entsprechend Anhang I Nummer 1.7 in Zonen eingeteilt wurden,
4. für welche Bereiche Explosionsschutzmaßnahmen nach § 12 und Anhang I Nummer 1 getroffen wurden,
5. wie die Vorgaben nach § 15 umgesetzt werden und
6. welche Überprüfungen nach § 7 Absatz 7 und welche Prüfungen zum Explosionsschutz nach Anhang 2 Abschnitt 3 der Betriebssicherheitsverordnung durchzuführen sind.

(10) Bei Tätigkeiten mit geringer Gefährdung nach Absatz 13 kann auf eine detaillierte Dokumentation verzichtet werden. Falls in anderen Fällen auf eine detaillierte Dokumentation verzichtet wird, ist dies nachvollziehbar zu begründen. Die Gefährdungsbeurteilung ist regelmäßig zu überprüfen und bei Bedarf zu aktualisieren. Sie ist umgehend zu aktualisieren, wenn maßgebliche Veränderungen oder neue Informationen dies erfordern oder wenn sich eine Aktualisierung auf Grund der Ergebnisse der arbeitsmedizinischen Vorsorge nach der Verordnung zur arbeitsmedizinischen Vorsorge als notwendig erweist.

(11) Die Gefährdungsbeurteilung darf nur von fachkundigen Personen durchgeführt werden. Verfügt der Arbeitgeber nicht selbst über die entsprechenden Kenntnisse, so hat er sich fachkundig beraten zu lassen. Fachkundig können insbesondere die Fachkraft für Arbeitssicherheit und die Betriebsärztin oder der Betriebsarzt sein.

(12) Der Arbeitgeber hat ein Verzeichnis der im Betrieb verwendeten Gefahrstoffe zu führen. Das Verzeichnis muss mindestens folgende Angaben enthalten:

1. Bezeichnung des Gefahrstoffs,
2. Einstufung des Gefahrstoffs oder Angaben zu den gefährlichen Eigenschaften,
3. Angaben zu den im Betrieb verwendeten Mengenbereichen,
4. Bezeichnung der Arbeitsbereiche, in denen Beschäftigte dem Gefahrstoff exponiert sein können, und
5. einen Verweis auf die entsprechenden Sicherheitsdatenblätter.

Die Sätze 1 und 2 gelten nicht, wenn nur Tätigkeiten mit geringer Gefährdung nach Absatz 13 ausgeübt werden. Die Angaben nach Satz 2 Nummer 1, 2, 4 und 5 müssen allen betroffenen Beschäftigten und ihrer Vertretung zugänglich sein.

(13) Ergibt sich aus der Gefährdungsbeurteilung für bestimmte Tätigkeiten auf Grund

1. der gefährlichen Eigenschaften des Gefahrstoffs,
2. einer geringen verwendeten Stoffmenge,
3. einer nach Höhe und Dauer niedrigen Exposition und
4. der Arbeitsbedingungen

insgesamt eine nur geringe Gefährdung der Beschäftigten und reichen die nach § 8 zu ergreifenden Maßnahmen zum Schutz der Beschäftigten aus, so müssen keine weiteren Maßnahmen des Abschnitts 4 ergriffen werden.
(14) Liegen für Stoffe oder Gemische keine Prüfdaten oder entsprechende aussagekräftige Informationen zur akut toxischen, reizenden, hautsensibilisierenden oder keimzellmutagenen Wirkung oder zur spezifischen Zielorgan-Toxizität bei wiederholter Exposition vor, sind die Stoffe oder Gemische bei der Gefährdungsbeurteilung wie Stoffe der Gefahrenklasse Akute Toxizität (oral, dermal und inhalativ) Kategorie 3, Ätzwirkung auf die Haut/Hautreizung Kategorie 2, Sensibilisierung der Haut Kategorie 1, Keimzellmutagenität Kategorie 2 oder Spezifische Zielorgan-Toxizität, wiederholte Exposition (STOT RE) Kategorie 2 zu behandeln. Hinsichtlich der Spezifizierung der anzuwendenden Einstufungskategorien sind die entsprechenden nach § 20 Absatz 4 Nummer 1 bekannt gegebenen Regeln und Erkenntnisse zu berücksichtigen.

§ 7 **Grundpflichten** (1) Der Arbeitgeber darf eine Tätigkeit mit Gefahrstoffen erst aufnehmen lassen, nachdem eine Gefährdungsbeurteilung nach § 6 durchgeführt und die erforderlichen Schutzmaßnahmen nach Abschnitt 4 ergriffen worden sind.
(1a) Der Arbeitgeber hat die Belange des Arbeitsschutzes bei Tätigkeiten mit Gefahrstoffen angemessen in seine betriebliche Organisation einzubinden und die dafür erforderlichen personellen, finanziellen und organisatorischen Voraussetzungen zu schaffen. Insbesondere hat er dafür zu sorgen, dass bei der Gestaltung der Arbeitsorganisation, des Arbeitsverfahrens und des Arbeitsplatzes sowie bei der Auswahl und Bereitstellung der Arbeitsmittel alle Faktoren ausreichend berücksichtigt werden, die mit Sicherheit und Gesundheit, einschließlich der psychischen Gesundheit, der Beschäftigten zusammenhängen.
(2) Um die Gesundheit und Sicherheit der Beschäftigten bei allen Tätigkeiten mit Gefahrstoffen zu gewährleisten, hat der Arbeitgeber die erforderlichen Maßnahmen nach dem Arbeitsschutzgesetz und zusätzlich die nach dieser Verordnung erforderlichen Maßnahmen zu ergreifen. Dabei hat er die nach § 20 Absatz 4 bekannt gegebenen Regeln und Erkenntnisse zu berücksichtigen. Bei Einhaltung dieser Regeln und Erkenntnisse ist in der Regel davon auszugehen, dass die Anforderungen dieser Verordnung erfüllt sind. Von diesen Regeln und Erkenntnissen kann abgewichen werden, wenn durch andere Maßnahmen zumindest in vergleichbarer Weise der Schutz der Gesundheit und die Sicherheit der Beschäftigten gewährleistet werden.
(3) Der Arbeitgeber hat auf der Grundlage des Ergebnisses der Substitutionsprüfung nach § 6 Absatz 1 Satz 2 Nummer 4 vorrangig eine Substitution durchzuführen. Er hat Gefahrstoffe oder Verfahren durch Stoffe, Gemische oder Erzeugnisse oder Verfahren zu ersetzen, die unter den jeweiligen Verwendungsbedingungen für die Gesundheit und Sicherheit der Beschäftigten nicht oder weniger gefährlich sind.
(4) Der Arbeitgeber hat Gefährdungen der Gesundheit und der Sicherheit der Beschäftigten bei Tätigkeiten mit Gefahrstoffen auszuschließen. Ist dies nicht möglich, hat er sie auf ein Minimum zu reduzieren. Diesen Geboten hat der Arbeitgeber

durch die Festlegung und Anwendung geeigneter Schutzmaßnahmen Rechnung zu tragen. Dabei hat er folgende Rangfolge zu beachten:

1. Gestaltung geeigneter Verfahren und technischer Steuerungseinrichtungen von Verfahren, den Einsatz emissionsfreier oder emissionsarmer Verwendungsformen sowie Verwendung geeigneter Arbeitsmittel und Materialien nach dem Stand der Technik,
2. Anwendung kollektiver Schutzmaßnahmen technischer Art an der Gefahrenquelle, wie angemessene Be- und Entlüftung, und Anwendung geeigneter organisatorischer Maßnahmen,
3. sofern eine Gefährdung nicht durch Maßnahmen nach den Nummern 1 und 2 verhütet werden kann, Anwendung von individuellen Schutzmaßnahmen, die auch die Bereitstellung und Verwendung von persönlicher Schutzausrüstung umfassen.

(5) Beschäftigte müssen die bereitgestellte persönliche Schutzausrüstung verwenden, solange eine Gefährdung besteht. Die Verwendung von belastender persönlicher Schutzausrüstung darf keine Dauermaßnahme sein. Sie ist für jeden Beschäftigten auf das unbedingt erforderliche Maß zu beschränken.

(6) Der Arbeitgeber stellt sicher, dass

1. die persönliche Schutzausrüstung an einem dafür vorgesehenen Ort sachgerecht aufbewahrt wird,
2. die persönliche Schutzausrüstung vor Gebrauch geprüft und nach Gebrauch gereinigt wird und
3. schadhafte persönliche Schutzausrüstung vor erneutem Gebrauch ausgebessert oder ausgetauscht wird.

(7) Der Arbeitgeber hat die Funktion und die Wirksamkeit der technischen Schutzmaßnahmen regelmäßig, mindestens jedoch jedes dritte Jahr, zu überprüfen. Das Ergebnis der Prüfungen ist aufzuzeichnen und vorzugsweise zusammen mit der Dokumentation nach § 6 Absatz 8 aufzubewahren.

(8) Der Arbeitgeber stellt sicher, dass folgende Grenzwerte eingehalten werden:

1. Arbeitsplatzgrenzwerte und
2. Grenzwerte in Anhang III der Richtlinie 2004/37/EG des Europäischen Parlaments und des Rates vom 29. April 2004 über den Schutz der Arbeitnehmer gegen Gefährdung durch Exposition gegenüber Karzinogenen, Mutagenen oder reproduktionstoxischen Stoffen bei der Arbeit (Sechste Einzelrichtlinie im Sinne von Artikel 16 Absatz 1 der Richtlinie 89/391/EWG des Rates) (kodifizierte Fassung) (ABl. L 158 vom 30. 4. 2004, S. 50; L 229 vom 29. 6. 2004, S. 23; L 204 vom 4. 8. 2007, S. 28), die zuletzt durch die Richtlinie (EU) 2022/431 vom 9. März 2022 (ABl. L 088 vom 16. 3. 2022, S. 1) geändert worden ist, in der jeweils geltenden Fassung und nach Ablauf der in der Richtlinie festgelegten Umsetzungsfrist.

(8a) Kann eine Exposition am Arbeitsplatz anderenfalls nicht ausreichend beurteilt werden, können zum Zweck der Beurteilung der Exposition der Beschäftigten zur Erfüllung der Pflichten nach § 6 Absatz 1 Erkenntnisse aus dem Biomonitoring nach § 6 Absatz 2 der Verordnung zur arbeitsmedizinischen Vorsorge verwendet werden, sofern solche Erkenntnisse vorliegen. Soweit dies im Einzelfall erforderlich ist, können zu diesem Zweck auch personenbezogene Erkenntnisse verwendet werden. § 22 Absatz 2 des Bundesdatenschutzgesetzes gilt entsprechend.

(9) Sofern Tätigkeiten mit Gefahrstoffen ausgeübt werden, für die keine Grenzwerte oder Konzentrationen nach § 2 Absatz 8 bis 8b oder § 7 Absatz 8 Satz 1 Nummer 2 vorliegen, hat der Arbeitgeber regelmäßig die Wirksamkeit der ergriffenen technischen Schutzmaßnahmen durch geeignete Ermittlungsmethoden zu überprüfen, zu denen auch Arbeitsplatzmessungen gehören.

(10) Wer Arbeitsplatzmessungen von Gefahrstoffen durchführt, muss fachkundig sein und über die erforderlichen Einrichtungen verfügen und wer geeignete Methoden zur Ermittlung der Exposition am Arbeitsplatz anwendet, muss ebenfalls fachkundig sein. Wenn ein Arbeitgeber eine für Messungen von Gefahrstoffen an Arbeitsplätzen akkreditierte Messstelle beauftragt, kann der Arbeitgeber in der Regel davon ausgehen, dass die von dieser Messstelle gewonnenen Erkenntnisse zutreffend sind.

(11) Der Arbeitgeber hat bei allen Ermittlungen und Messungen die nach § 20 Absatz 4 bekannt gegebenen Regeln und Erkenntnisse zu berücksichtigen.

Abschnitt 4 – Schutzmaßnahmen

§ 8 Allgemeine Schutzmaßnahmen (1) Der Arbeitgeber hat bei Tätigkeiten mit Gefahrstoffen die folgenden Schutzmaßnahmen zu ergreifen:

1. geeignete Gestaltung des Arbeitsplatzes und geeignete Arbeitsorganisation,
2. Bereitstellung geeigneter Arbeitsmittel für Tätigkeiten mit Gefahrstoffen und geeignete Wartungsverfahren zur Gewährleistung der Gesundheit und Sicherheit der Beschäftigten bei der Arbeit,
3. Begrenzung der Anzahl der Beschäftigten, die gegenüber Gefahrstoffen exponiert sind oder exponiert sein können,
4. Begrenzung der Dauer und der Höhe der Exposition,
5. angemessene Hygienemaßnahmen, insbesondere zur Vermeidung von Kontaminationen, und die regelmäßige Reinigung des Arbeitsplatzes,
6. Begrenzung der am Arbeitsplatz vorhandenen Gefahrstoffe auf die Menge, die für den Fortgang der Tätigkeiten erforderlich ist,
7. geeignete Arbeitsmethoden und Verfahren, welche die Gesundheit und Sicherheit der Beschäftigten nicht beeinträchtigen oder die Gefährdung so gering wie möglich halten, einschließlich Vorkehrungen für die sichere Handhabung, Lagerung und Beförderung von Gefahrstoffen und von Abfällen, die Gefahrstoffe enthalten, am Arbeitsplatz.

(2) Der Arbeitgeber hat sicherzustellen, dass

1. alle verwendeten Stoffe und Gemische identifizierbar sind,
2. gefährliche Stoffe und Gemische innerbetrieblich mit einer Kennzeichnung versehen sind, die ausreichende Informationen über die Einstufung, über die Gefahren bei der Handhabung und über dei zu beachtenden Sicherheitsmaßnahmen enthält; vorzugsweise ist eine Kennzeichnung zu wählen, die der Verordnung (EG) Nr. 1272/2008 entspricht,

3. Apparaturen und Rohrleitungen so gekennzeichnet sind, dass mindestens die enthaltenen Gefahrstoffe sowie die davon ausgehenden Gefahren eindeutig identifizierbar sind.

Kennzeichnungspflichten nach anderen Rechtsvorschriften bleiben unberührt. Solange der Arbeitgeber den Verpflichtungen nach Satz 1 nicht nachgekommen ist, darf er Tätigkeiten mit den dort genannten Stoffen und Gemischen nicht ausüben lassen. Satz 1 Nummer 2 gilt nicht für Stoffe, die für Forschungs- und Entwicklungszwecke oder für wissenschaftliche Lehrzwecke neu hergestellt worden sind und noch nicht geprüft werden konnten. Eine Exposition der Beschäftigten bei Tätigkeiten mit diesen Stoffen ist zu vermeiden.

(3) Der Arbeitgeber hat gemäß den Ergebnissen der Gefährdungsbeurteilung nach § 6 sicherzustellen, dass die Beschäftigten in Arbeitsbereichen, in denen sie gegenüber Gefahrstoffen exponiert sein können, keine Nahrungs- oder Genussmittel zu sich nehmen. Der Arbeitgeber hat hierfür vor Aufnahme der Tätigkeiten geeignete Bereiche einzurichten.

(4) Der Arbeitgeber hat sicherzustellen, dass durch Verwendung verschließbarer Behälter eine sichere Lagerung, Handhabung und Beförderung von Gefahrstoffen auch bei der Abfallentsorgung gewährleistet ist.

(5) Der Arbeitgeber hat sicherzustellen, dass Gefahrstoffe so aufbewahrt oder gelagert werden, dass sie weder die menschliche Gesundheit noch die Umwelt gefährden. Er hat dabei wirksame Vorkehrungen zu treffen, um Missbrauch oder Fehlgebrauch zu verhindern. Insbesondere dürfen Gefahrstoffe nicht in solchen Behältern aufbewahrt werden, durch deren Form oder Bzeichnung der Inhalt mit Lebensmitteln verwechselt werden kann. Sie dürfen nur übersichtlich geordnet und nicht in unmittelbarer Nähe von Arznei-, Lebens- oder Futtermitteln, einschließlich deren Zusatzstoffe, aufbewahrt oder gelagert werden. Bei der Aufbewahrung zur Abgabe oder zur sofortigen Verwendung muss eine Kennzeichnung nach Absatz 2 deutlich sichtbar und lesbar angebraucht sein.

(6) Der Arbeitgeber hat sicherzustellen, dass Gefahrstoffe, die nicht mehr benötigt werden, und entleerte Behälter, die noch Reste von Gefahrstoffen enthalten können, sicher gehandhabt, vom Arbeitsplatz entfernt und sachgerecht gelagert oder entsorgt werden.

(7) Der Arbeitgeber hat sicherzustellen, dass Stoffe und Gemische, die als akut toxisch Kategorie 1, 2 oder 3 eingestuft sind, unter Verschluss oder so aufbewahrt oder gelagert werden, dass nur zuverlässige Personen Zugang haben, die fachkundig und entsprechend tätigkeitsbezogen unterwiesen sind. Tätigkeiten mit diesen Stoffen und Gemischen dürfen nur von fachkundigen oder entsprechend tätigkeitsbezogen unterwiesenen Personen ausgeführt werden. Satz 2 gilt auch für Tätigkeiten mit Stoffen und Gemischen, die als atemwegssensibilisierend eingestuft sind. Die Sätze 1 und 2 gilten nicht für Kraftstoffe an Tankstellen oder sonstigen Betankungseinrichtungen sowie für Stoffe und Gemische, die als akut toxisch Kategorie 3 eingestuft sind, sofern diese vormals nach der Richtlinie 67/548/EWG oder der Richtlinie 1999/45/EG als gesundheitsschädlich bewertet wurden. Hinsichtlich der Bewertung als gesundheitsschädlich sind die entsprechenden nach § 20 Absatz 4 Nummer 1 bekannt gegebenen Erkenntnisse zu berücksichtigen.

(8) Der Arbeitgeber hat bei Tätigkeiten mit Gefahrstoffen nach Anhang I Nummer 2 bis 5 sowohl die §§ 6 bis 18 als auch die betreffenden Vorschriften des Anhangs I Nummer 2 bis 5 zu beachten.

§ 9 Zusätzliche Schutzmaßnahmen (1) Sind die allgemeinen Schutzmaßnahmen nach § 8 nicht ausreichend, um Gefährdungen durch Einatmen, Aufnahme über die Haut oder Verschlucken entgegenzuwirken, hat der Arbeitgeber zusätzlich diejenigen Maßnahmen nach den Absätzen 2 bis 7 zu ergreifen, die auf Grund der Gefährdungsbeurteilung nach § 6 erforderlich sind. Dies gilt insbesondere, wenn
1. Arbeitsplatzgrenzwerte oder biologische Grenzwerte überschritten werden,
2. bei hautresorptiven oder haut- oder augenschädigenden Gefahrstoffen eine Gefährdung durch Haut- oder Augenkontakt besteht oder
3. bei Gefahrstoffen ohne Arbeitsplatzgrenzwert und ohne biologischen Grenzwert eine Gefährdung auf Grund der ihnen zugeordneten Gefahrenklasse und der inhalativen Exposition angenommen werden kann.

(2) Der Arbeitgeber hat sicherzustellen, dass Gefahrstoffe in einem geschlossenen System hergestellt und verwendet werden, wenn
1. die Substitution der Gefahrstoffe nach § 7 Absatz 3 durch solche Stoffe, Gemische, Erzeugnisse oder Verfahren, die bei ihrer Verwendung nicht oder weniger gefährlich für die Gesundheit und Sicherheit sind, technisch nicht möglich ist und
2. eine erhöhte Gefährdung der Beschäftigten durch inhalative Exposition gegenüber diesen Gefahrstoffen besteht.

Ist die Anwendung eines geschlossenen Systems technisch nicht möglich, so hat der Arbeitgeber dafür zu sorgen, dass die Exposition der Beschäftigten nach dem Stand der Technik und unter Beachtung von § 7 Absatz 4 so weit wie möglich verringert wird.

(3) Bei Überschreitung eines Arbeitsplatzgrenzwerts muss der Arbeitgeber unverzüglich die Gefährdungsbeurteilung nach § 6 erneut durchführen und geeignete zusätzliche Schutzmaßnahmen ergreifen, um den Arbeitsplatzgrenzwert einzuhalten. Wird trotz Ausschöpfung aller technischen und organisatorischen Schutzmaßnahmen der Arbeitsplatzgrenzwert nicht eingehalten, hat der Arbeitgeber unverzüglich persönliche Schutzausrüstung bereitszustellen. Dies gilt insbesondere für Abbruch-, Sanierungs- und Instandhaltungsarbeiten.

(4) Besteht trotz Ausschöpfung aller technischen und organisatorischen Schutzmaßnahmen bei hautresorptiven, haut- oder augenschädigenden Gefahrstoffen eine Gefährdung durch Haut- oder Augenkontakt, hat der Arbeitgeber unverzüglich persönliche Schutzausrüstung bereitszustellen.

(5) Der Arbeitgeber hat getrennte Aufbewahrungsmöglichkeiten für die Arbeits- und Schutzkleidung einerseits und die Straßenkleidung andererseits zur Verfügung zu stellen. Der Arbeitgeber hat die durch Gefahrstoffe verunreinigte Arbeitskleidung zu reinigen.

(6) Der Arbeitgeber hat geeignete Maßnahmen zu ergreifen, die gewährleisten, dass Arbeitsbereiche, in denen eine erhöhte Gefährdung der Beschäftigten besteht, nur den Beschäftigten zugänglich sind, die sie zur Ausübung ihrer Arbeit oder zur Durchführung bestimmter Aufgaben betreten müssen.

(7) Wenn Tätigkeiten mit Gefahrstoffen von einer oder einem Beschäftigten allein ausgeübt werden, hat der Arbeitgeber zusätzliche Schutzmaßnahmen zu ergreifen oder eine angemessene Aufsicht zu gewährleisten. Dies kann auch durch den Einsatz technischer Mittel sichergestellt werden.

§ 10 Besondere Schutzmaßnahmen bei Tätigkeiten mit krebserzeugenden, keimzellmutagenen und reproduktionstoxischen Gefahrstoffen der Kategorie 1A und 1B (1) Der Arbeitgeber hat sicherzustellen, dass krebserzeugende, keimzellmutagene oder reproduktionstoxische Gefahrstoffe der Kategorie 1A oder 1B in einem geschlossenen System hergestellt und verwendet werden, wenn eine Substitution der Gefahrstoffe technisch nicht möglich ist. Ist die Anwendung eines geschlossenen Systems technisch nicht möglich, hat der Arbeitgeber die Exposition der Beschäftigten nach dem Stand der Technik zu minimieren. Dabei hat er die Absätze 2 bis 6 zu beachten. Schutzmaßnahmen sind dabei umso dringlicher zu ergreifen, je höher die Exposition der Beschäftigten ist. Die Herstellungs- und Verwendungsbeschränkungen nach Anhang II Nummer 6 sind zu beachten. Für Tätigkeiten mit Asbest gelten die speziellen Anforderungen nach § 11a in Verbindung mit Anhang I Nummer 3.

(2) Der Arbeitgeber hat

1. die Exposition der Beschäftigten durch Arbeitsplatzmessungen oder durch andere geeignete Ermittlungsmethoden zu bestimmen, auch um erhöhte Expositionen infolge eines unvorhersehbaren Ereignisses oder eines Unfalls schnell erkennen zu können,
2. die Arbeitsbereiche abzugrenzen, in denen Beschäftigte gegenüber diesen Gefahrstoffen exponiert werden oder exponiert werden können, und die erforderlichen Sicherheitszeichen einschließlich der Verbotszeichen »Zutritt für Unbefugte verboten« und »Rauchen verboten« anzubringen; dabei richtet sich die Auswahl der Sicherheitskennzeichnung nach Anhang II Nummer 3.1 der Richtlinie 92/58/EWG des Rates vom 24. Juni 1992 über Mindestvorschriften für die Sicherheits- und/oder Gesundheitsschutzkennzeichnung am Arbeitsplatz (Neunte Einzelrichtlinie im Sinne von Artikel 16 Absatz 1 der Richtlinie 89/391/EWG) (ABl. L 245 vom 26. 8. 1992, S. 23), die zuletzt durch die Verordnung (EU) 2019/1243 (ABl. L 198 vom 25. 7. 2017, S. 241) geändert worden ist,
3. sicherzustellen, dass die nach Nummer 2 gekennzeichneten Arbeitsbereiche nur den Beschäftigten zugänglich sind, die sie zur Ausübung ihrer Arbeit oder zur Durchführung bestimmter Aufgaben betreten müssen,
4. sicherzustellen, dass die Beschäftigten nach Nummer 3 fachkundig oder entsprechend tätigkeitsbezogen unterwiesen sind,
5. sicherzustellen, dass die in einem nach Nummer 2 gekennzeichneten Arbeitsbereich abgesaugte Luft nicht in den Arbeitsbereich zurückgeführt wird.

Satz 1 Nummer 2 und 4 gilt nicht für Tätigkeiten, für die nach § 20 Absatz 4 ein Arbeitsplatzgrenzwert bekannt gegeben wurde, wenn dieser Wert eingehalten wird. Satz 1 Nummer 5 gilt nicht, wenn die abgesaugte Luft unter Berücksichtigung der nach § 20 Absatz 4 bekannt gegebenen Regeln und Erkenntnisse sowie unter Anwendung von behördlich oder von den Trägern der gesetzlichen Unfallversicherung anerkannten Verfahren oder Geräten ausreichend von solchen Gefahrstoffen

gereinigt ist und die Luft dabei so geführt oder gereinigt wird, dass die Gefahrstoffe nicht in die Atemluft von Beschäftigten in anderen Arbeitsbereichen gelangen.
(3) Kann der Arbeitsplatzgrenzwert oder der Grenzwert nach § 7 Absatz 8 Satz 1 Nummer 2 nicht eingehalten werden oder liegen Tätigkeiten im Bereich mittleren Risikos vor oder ist bei Gefahrstoffen ohne Arbeitsplatzgrenzwert, Akzeptanzkonzentration oder Grenzwert nach § 7 Absatz 8 Satz 1 Nummer 2 die Exposition der Beschäftigten wesentlich erhöht, so hat der Arbeitgeber
1. die Expositionsdauer der Beschäftigten so weit wie möglich zu verkürzen und
2. den Beschäftigten geeigneten Atemschutz zur Verfügung zu stellen.

Der Arbeitgeber hat bei der Festlegung dieser Maßnahmen die Beschäftigten oder deren Vertretung in geeigneter Form zu beteiligen.
(4) Der Arbeitgeber hat im Rahmen der Gefährdungsbeurteilung nach § 6 festzulegen, bei welchen Tätigkeiten Beschäftigte persönliche Schutzausrüstung tragen müssen. Dies ist insbesondere der Fall
1. bei Überschreitung des Arbeitsplatzgrenzwerts oder bei Tätigkeiten im Bereich hohen Risikos,
2. bei einer wesentlich erhöhten Exposition gegenüber Gefahrstoffen ohne Arbeitsplatzgrenzwert oder Toleranzkonzentration oder
3. bei Tätigkeiten im Bereich mittleren Risikos beim Auftreten von Expositionsspitzen.

(5) Kann bei Tätigkeiten im krebserzeugenden oder keimzellmutagenen Gefahrstoffen der Kategorie 1A od er 1B trotz Ausschöpfung der technischen Schutzmaßnahmen der Arbeitsplatzgrenzwert nicht eingehalten werden oder werden Tätigkeiten im Bereich mittleren Risikos ausgeübt, hat der Arbeitgeber unverzüglich einen Maßnahmenplan zu erstellen. In dem Maßnahmenplan ist darzulegen, wie das Ziel erreicht werden soll, den Arbeitsplatzgrenzwert einzuhalten oder in den Bereich niedrigen Risikos zu gelangen. Dabei sind aufzuführen:
1. die vorgesehenen Maßnahmen,
2. die angestrebte Expositionsminderung sowie
3. der geplante Zeitrahmen.

Der Maßnahmenplan ist zusammen mit der Dokumentation der Gefährdungsbeurteilung nach § 6 Absatz 8 aufzubewahren.
(6) Kann auch bei Umsetzung des Maßnahmenplans nach Absatz 5 bei Tätigkeiten mit krebserzeugenden oder keimzellmutagenen Gefahrstoffen der Kategorie 1A oder 1B der Arbeitsplatzgrenzwert nicht eingehalten werden oder werden Tätigkeiten im Bereich hohen Risikos ausgeübt, hat der Arbeitgeber sicherzustellen, dass diese Tätigkeiten nur nach einer nach § 20 Absatz 4 bekannt gegebenen Regel ausgeübt werden.

§ 10a Besondere Aufzeichnungs-, Mitteilungs- und Unterrichtungspflichten bei Tätigkeiten mit krebserzeugenden, keimzellmutagenen oder reproduktionstoxischen Gefahrstoffen der Kategorie 1A oder 1B (1) Um im Falle einer späteren Erkrankung die Höhe und die Dauer einer Exposition nachvollziehen zu können, hat der Arbeitgeber ein Verzeichnis über die Beschäftigten zu führen, die solche Tätigkeiten mit krebserzeugenden, keimzellmutagenen oder reproduktionstoxischen Gefahrstoffen der Kategorie 1A oder 1B ausüben, bei denen die Gefährdungsbeurteilung eine Gefährdung ihrer Gesundheit ergibt. In dem Verzeichnis sind die Tätigkeit sowie die Höhe und die Dauer der Exposition der Beschäftigten anzugeben. § 22 Absatz 2 des Bundesdatenschutzgesetzes gilt entsprechend.

(2) Das Verzeichnis ist während der Dauer der Exposition stets aktuell zu halten und für mindestens folgende Zeiträume nach Ende der Exposition aufzubewahren:

1. bei Tätigkeiten mit krebserzeugenden oder keimzellmutagenen Gefahrstoffen der Kategorie 1A oder 1B 40 Jahre oder
2. bei Tätigkeiten mit reproduktionstoxischen Gefahrstoffen der Kategorie 1A oder 1B fünf Jahre.

Bei Beendigung des Beschäftigungsverhältnisses hat der Arbeitgeber den Beschäftigten einen Auszug aus dem Verzeichnis auszuhändigen, der die sie betreffenden Angaben enthält. Der Arbeitgeber hat einen Nachweis über die Aushändigung wie Personalunterlagen aufzubewahren.

(3) Der Arbeitgeber kann seinen Pflichten nach Absatz 2 auch dadurch nachkommen, dass er die in Absatz 1 Satz 2 genannten Daten an den für den Beschäftigten zuständigen Unfallversicherungsträger oder einen Verband der Unfallversicherungsträger übermittelt.

(4) Der Arbeitgeber hat Zugang zu den Daten des Verzeichnisses nach Absatz 1 zu ermöglichen

1. der Ärztin oder dem Arzt nach § 7 Absatz 1 der Verordnung zur arbeitsmedizinischen Vorsorge zur Erfüllung der Pflichten nach § 6 der Verordnung zur arbeitsmedizinischen Vorsorge sowie der zuständigen Behörde zum Zweck der Überwachung,
2. den betroffenen Beschäftigten, soweit die Daten sie betreffen,
3. der Vertretung der Beschäftigten, soweit es sich um nicht personenbezogene Daten handelt.

(5) Der Arbeitgeber hat der zuständigen Behörde Tätigkeiten mit krebserzeugenden oder keimzellmutagenen Gefahrstoffen der Kategorie 1A oder 1B, bei denen der Arbeitsplatzgrenzwert nicht eingehalten wird oder die im Bereich hohen Risikos ausgeübt werden, unter Angabe der ermittelten Exposition schriftlich oder elektronisch innerhalb einer Frist von zwei Monaten nach Aufnahme der Tätigkeit mitzuteilen. Der Mitteilung ist ein Maßnahmenplan nach § 10 Absatz 5 beizufügen. Die Behörde kann verlangen, dass ihr die Mitteilung elektronisch übermittelt wird, wenn sie hierfür ein Format zur Verfügung stellt. Die Sätze 1 bis 3 gelten nicht für Tätigkeiten mit Asbest, die nach § 11a Absatz 4 in Verbindung mit Anhang I Nummer 3.5 Absatz 3 Nummer 2 angezeigt wurden.

(6) Der Arbeitgeber hat bei Tätigkeiten mit krebserzeugenden, keimzellmutagenen oder reproduktionstoxischen Gefahrstoffen der Kategorie 1A oder 1B sicherzustellen, dass

1. die Beschäftigten und ihre Vertretung nachprüfen können, ob die Bestimmungen dieser Verordnung eingehalten werden, insbesondere in Bezug auf
   a) durchzuführende Maßnahmen nach § 10 Absatz 4,
   b) die Auswahl und Verwendung der persönlichen Schutzausrüstung und die damit verbundenen Belastungen der Beschäftigten,

2. die Beschäftigten und ihre Vertretung bei einer unvorhergesehenen Exposition oder bei einem Unfall unverzüglich unterrichtet und über die Ursachen sowie über die bereits ergriffenen oder noch zu ergreifenden Maßnahmen informiert werden.

§ 11 Verwendungs- und Tätigeitsbeschreibungen für Asbest (1) Verboten sind:
1. die Gewinnung, Aufbereitung, Weiterverarbeitung und Wiederverwendung natürlich vorkommender mineralischer Rohstoffe und daraus hergestellter Gemische und Erzeugnisse mit einem Asbest-Massengehalt von mehr als 0,1 Prozent,
2. die weitere Verwendung asbesthaltiger Materialien, denen Asbest absichtlich zugesetzt wurde und die bei Tätigkeiten anfallen, zu anderen Zwecken als der Abfallbehandlung oder Abfallentsorgung, und
3. Tätigkeiten an asbesthaltigen Materialien in oder an baulichen oder technischen Anlagen, einschließlich Geräten, Maschinen, Fahrzeugen und sonstigen Erzeugnissen.

Die Regelungen des Abfallrechts bleiben unberührt.

(2) Ausgenommen von den Verboten sind:
1. das vollständige Entfernen asbesthaltiger Bauteile oder Materialien aus baulichen oder technischen Anlagen, einschließlich Geräten, Maschinen, Fahrzeugen und sonstigen Erzeugnissen sowie von Teilflächen oder aus Teilbereichen dieser Anlagen, einschließlich Geräten, Maschinen, Fahrzeugen und sonstigen Erzeugnissen (Abbrucharbeiten),
2. folgende Sanierungsarbeiten:
   a) Maßnahmen zur Vermeidung von Gefährdungen der Nutzer von Gebäuden durch asbesthaltige Stäube mittels räumlicher Trennung des asbesthaltigen Materials, sofern ein vollständiges Entfernen aus technischen Gründen nicht möglich ist, und
   b) Sofortmaßnahmen zur vorläufigen Sicherung beschädigter asbesthaltiger Bauteile oder Materialien, sofern ein vollständiges Entfernen nicht sofort möglich ist, aber unverzüglich eingeleitet wird,
3. folgende Instandhaltungsarbeiten:
   a) die Wartung und Inspektion asbesthaltiger Bauteile oder Materialien in oder an baulichen oder technischen Anlagen, einschließlich Geräten, Maschinen, Fahrzeugen und sonstigen Erzeugnissen sowie
   b) Tätigkeiten zur funktionalen Instandhaltung baulicher Anlagen, die im Rahmen der laufenden Nutzung erforderlich sind, soweit mit diesen Tätigkeiten keine Instandsetzung asbesthaltiger Materialien verbunden ist; die funktionale Instandhaltung erfasst auch die Anpassung an den Stand der Bautechnik; dies umfasst auch Maßnahmen zur energetischen Sanierung,
4. Tätigkeiten, die im Rahmen von Abbruch-, Sanierungs- oder Instandhaltungsarbeiten als vorbereitende, begleitende oder abschließende Tätigkeiten erforderlich sind oder
5. Tätigkeiten zu Forschungs-, Entwicklungs-, Analyse-, Mess- und Prüfzwecken.

(3) Die Ausnahmen nach Absatz 2 gelten nicht für

1. feste Überdeckung und Überbauung oder Aufständerung an Asbestzementdächern, Asbestzement-Wand- und Deckenverkleidungen, asbesthaltigen Bodenbelägen und
2. Reinigungs- und Beschichtungsarbeiten an nicht vollflächig beschichteten Asbestzementdächern und Außenwandverkleidungen aus Asbestzement.

(4) Die räumliche Trennung nach Absatz 2 Nummer 2 Buchstabe a ist nur zulässig, wenn sie nach den in § 20 Absatz 4 Nummer 1 bekannt gegebenen Regeln und Erkenntnissen gekennzeichnet wird und wenn dokumentiert wird, in oder an welchem Bauteil asbesthaltige Materialien verbleiben.

(5) Instandhaltungsarbeiten nach Absatz 2 Nummer 3 sind nur zulässig, wenn
1. keine Tätigkeiten im Bereich hohen Risikos ausgeübt werden,
2. das Ende der Nutzungsdauer des asbesthaltigen Materials nicht erreicht ist; dies ist der Fall, wenn das asbesthaltige Material seine ursprüngliche Funktion noch erfüllt,
3. das Vorhandensein asbesthaltiger Materialien nicht in einer Form kaschiert wird, die ein späteres Erkennen verhindern oder erheblich erschweren würde, und
4. ein späteres vollständiges Entfernen des asbesthaltigen Materials durch die Tätigkeit nicht erheblich erschwert wird.

(6) Die Möglichkeit einer Ausnahmen nach § 19 Absatz 1 gilt nicht für Tätigkeiten nach Absatz 1 Nummer 1 und 2 sowie nach Absatz 3.

(7) Die Absätze 1 bis 5 gelten auch für private Haushalte. Führen private Haushalte die nach den Absätzen 1 bis 5 zulässigen Tätigkeiten durch, so sind sie verpflichtet, die Entstehung, Freisetzung und Ausbreitung von Asbestfasern und von potenziell asbestfaserhaltigem Staub so weit wie möglich zu verhindern und im Übrigen zu minimieren.

§ 11a Anforderungen an Tätigkeiten mit Asbest (1) Der Arbeitgeber hat im Rahmen der Gefährdungsbeurteilung nach § 6 vor Aufnahme der Tätigkeit
1. die ihm nach § 5a Absatz 1 und 2 zur Verfügung gestellten Informationen auf Plausibilität zu prüfen und zu berücksichtigen,
2. das Datum des Baubeginns oder des Baujahres nach § 5a Absatz 2 zu berücksichtigen,
3. festzustellen, ob die auszuführenden Tätigkeiten nach § 11 zulässig sind,
4. festzustellen, ob die Tätigkeiten zu einer Freisetzung von Asbestfasern führen können,
5. zu ermitteln, ob unter Berücksichtigung der vorgesehenen Schutzmaßnahmen Tätigkeiten im Bereich niedrigen, mittleren oder hohen Risikos ausgeübt werden sollen, und
6. einen Arbeitsplan nach Anhang I Nummer 3.2 zu erstellen.

Wenn gemäß Satz 1 Nummer 2 mit dem Bau des Objekts nach dem 31. Oktober 1993 begonnen wurde, kann in der Regel vermutet werden, dass kein Asbest vorhanden ist. Abweichend von dem in Satz 2 genannten Stichtag gelten für bestimmte asbesthaltige Stoffe, Zubereitungen oder Erzeugnisse andere Übergangsfristen, die in Anhang I Nummer 3.8 aufgeführt sind. Der Arbeitgeber darf Tätigkeiten mit

Asbest nur durchführen lassen, wenn diese nach § 11 Absatz 1 bis 5 oder § 19 Absatz 1 Satz 1 zulässig sind.

(2) Der Arbeitgeber darf Tätigkeiten mit Asbest nur durchführen lassen, wenn der Betrieb über die erforderliche sicherheitstechnische, organisatorische und personelle Ausstattung verfügt. Der Arbeitgeber hat vorrangig Arbeitsverfahren anzuwenden und technische Schutzmaßnahmen zu treffen, durch die eine Freisetzung von Asbestfasern verhindert oder minimiert wird. Der Arbeitgeber hat risikobezogen Schutzmaßnahmen nach Anhang I Nummer 3.3 festzulegen und umzusetzen, dabei sind die nach § 20 Absatz 4 bekannt gegebenen Regeln zu berücksichtigen. Der Arbeitgeber hat Maßnahmen zu treffen, durch die eine Gefährdung anderer Personen ausgeschlossen wird.

(3) Betriebe bedürfen einer Zulassung durch die zuständige Behörde, wenn Tätigkeiten im Bereich hohen Risikos ausgeübt werden sollen. Der Arbeitgeber hat die Zulassung nach Anhang I Nummer 3.4 schriftlich oder elektronisch zu beantragen. Die Zulassung wird für einen Zeitraum von maximal sechs Jahren erteilt. Sie kann mit Auflagen sowie mit dem Vorbehalt des Widerrufs erteilt werden. Auflagen können nachträglich angeordnet werden.

(4) Der Arbeitgeber hat Tätigkeiten mit Asbest spätestens eine Woche vor Beginn der Tätigkeiten bei der zuständigen Behörde schriftlich oder elektronisch nach Anhang I Nummer 3.5 anzuzeigen. Art und Umfang der Anzeige sind abhängig vom Risikobereich der Tätigkeiten. Die zuständige Behörde kann in begründeten Fällen auf die Einhaltung der Frist verzichten. Sie kann verlangen, dass ihr die Anzeige elektronisch übermittelt wird, wenn sie hierfür ein Format zur Verfügung stellt. Der Arbeitgeber hat den Beschäftigten und ihrer Vertretung Einsicht in die Anzeige zu gewähren.

(4a) Betriebe bedürfen einer Genehmigung durch die zuständige Behörde, wenn Abbrucharbeiten im Bereich niedrigen Risikos oder im Bereich mittleren Risikos durchgeführt werden sollen. Die Zulassung nach Absatz 3 für Tätigkeiten im Bereich hohen Risikos schließt die Genehmigung nach Satz 1 ein.

(5) Der Arbeitgeber hat bei Tätigkeiten mit Asbest sicherzustellen, dass

1. die Ermittlung und Beurteilung der Gefährdungen, die Festlegung der erforderlichen Schutzmaßnahmen sowie die Durchführung der Unterweisungen durch eine Person erfolgt, die über eine Sachkunde nach Anhang I Nummer 3.7 verfügt; verfügt der Arbeitgeber nicht selbst über die erforderliche Sachkunde, so hat er zur Erfüllung dieser Aufgaben eine sachkundige verantwortliche Person im Betrieb zu benennen,
2. die Tätigkeiten von einer weisungsbefugten Person beaufsichtigt werden, die über eine Sachkunde nach Anhang I Nummer 3.7 verfügt; diese aufsichtführende Person muss während der Durchführung der Tätigkeiten ständig vor Ort anwesend sein,
3. die Tätigkeiten nur von Beschäftigten ausgeübt werden, die über eine Fachkunde nach Anhang I Nummer 3.6 verfügen.

Die Anforderungen an die Sachkunde nach Satz 1 Nummer 1 und 2 sind abhängig von den im Betrieb zu erfüllenden Aufgaben und dem Risikobereich der auszuführenden Tätigkeiten. Bei der Anwendung anerkannter emissionsarmer Verfahren kann die erforderliche Qualifikation der aufsichtführenden Person durch die Teilnahme an einer spezifischen praxisbezogenen Fortbildungsmaßnahme nach Anhang I Nummer 3.6 Absatz 2 erworben werden.

(6) Auf Tätigkeiten mit einer Exposition unterhalb 1000 Fasern je Kubikmeter sind die Absätze 1 bis 5 nicht anzuwenden. Bei diesen Tätigkeiten sind staubmindernde Maßnahmen nach Anhang I Nummer 2.3 zu ergreifen.

§ 12 Besondere Schutzmaßnahmen gegen physikalisch-chemische Einwirkungen, insbesondere gegen Brand- und Explosionsgefährdungen (1) Der Arbeitgeber hat auf der Grundlage der Gefährdungsbeurteilung Maßnahmen zum Schutz der Beschäftigten und anderer Personen vor physikalisch-chemischen Einwirkungen zu ergreifen. Er hat die Maßnahmen so festzulegen, dass die Gefährdungen vermieden oder so weit wie möglich verringert werden. Dies gilt insbesondere bei Tätigkeiten einschließlich Lagerung, bei denen es zu Brand- und Explosionsgefährdungen kommen kann. Dabei hat der Arbeitgeber Anhang I Nummer 1 und 5 zu beachten. Die Vorschriften des Sprengstoffgesetzes und der darauf gestützten Rechtsvorschriften bleiben unberührt.

(2) Zur Vermeidung von Brand- und Explosionsgefährdungen hat der Arbeitgeber Maßnahmen nach folgender Rangfolge zu ergreifen:

1. gefährliche Mengen oder Konzentrationen von Gefahrstoffen, die zu Brand- oder Explosionsgefährdungen führen können, sind zu vermeiden,
2. Zündquellen oder Bedingungen, die Brände oder Explosionen auslösen können, sind zu vermeiden,
3. schädliche Auswirkungen von Bränden oder Explosionen auf die Gesundheit und Sicherheit der Beschäftigten und anderer Personen sind so weit wie möglich zu verringern.

(3) Arbeitsbereiche, Arbeitsplätze, Arbeitsmittel und deren Verbindungen untereinander müssen so konstruiert, errichtet, zusammengebaut, installiert, verwendet und instand gehalten werden, dass keine Brand- und Explosionsgefährdungen auftreten.

(4) Bei Tätigkeiten mit organischen Peroxiden hat der Arbeitgeber über die Bestimmungen der Absätze 1 und 2 sowie des Anhangs I Nummer 1 hinaus insbesondere Maßnahmen zu treffen, die die

1. Gefahr einer unbeabsichtigten Explosion minimieren und
2. Auswirkungen von Bränden und Explosionen beschränken.

Dabei hat der Arbeitgeber Anhang III zu beachten.

§ 13 Betriebsstörungen, Unfälle und Notfälle (1) Um die Gesundheit und die Sicherheit der Beschäftigten bei Betriebsstörungen, einem Unfällen oder Notfällen zu schützen, hat der Arbeitgeber rechtzeitig die Notfallmaßnahmen festzulegen, die beim Eintreten eines derartigen Ereignisses zu ergreifen sind. Dies schließt die Bereitstellung angemessener Erste-Hilfe-Einrichtungen und die Durchführung von Sicherheitsübungen in regelmäßigen Abständen ein.

(2) Tritt eines der in Absatz 1 Satz 1 genannten Ereignisse ein, so hat der Arbeitgeber unverzüglich die gemäß Absatz 1 festgelegten Maßnahmen zu ergreifen, um

1. betroffene Beschäftigte über die durch das Ereignis hervorgerufene Gefahrensituation im Betrieb zu informieren,

2. die Auswirkungen des Ereignisses zu mindern und
3. wieder einen normalen Betriebsablauf herbeizuführen.

Neben den Rettungskräften dürfen nur die Beschäftigten im Gefahrenbereich verbleiben, die Tätigkeiten zur Erreichung der Ziele nach Satz 1 Nummer 2 und 3 ausüben.

(3) Der Arbeitgeber hat Beschäftigten, die im Gefahrenbereich tätig werden, vor Aufnahme ihrer Tätigkeit geeignete Schutzkleidung und persönliche Schutzausrüstung sowie gegebenenfalls erforderliche spezielle Sicherheitseinrichtungen und besondere Arbeitsmittel zur Verfügung zu stellen. Im Gefahrenbereich müssen die Beschäftigten die Schutzkleidung und die persönliche Schutzausrüstung für die Dauer des nicht bestimmungsgemäßen Betriebsablaufs verwenden. Die Verwendung belastender persönlicher Schutzausrüstung muss für die einzelnen Beschäftigten zeitlich begrenzt sein. Ungeschützte und unbefugte Personen dürfen sich nicht im festzulegenden Gefahrenbereich aufhalten.

(4) Der Arbeitgeber hat Warn- und sonstige Kommunikationssysteme, die eine erhöhte Gefährdung der Gesundheit und Sicherheit anzeigen, zur Verfügung zu stellen, so dass eine angemessene Reaktion möglich ist und unverzüglich Abhilfemaßnahmen sowie Hilfs-, Evakuierungs- und Rettungsmaßnahmen eingeleitet werden können.

(5) Der Arbeitgeber hat sicherzustellen, dass Informationen über Maßnahmen bei Notfällen mit Gefahrstoffen zur Verfügung stehen. Die zuständigen innerbetrieblichen und betriebsfremden Unfall- und Notfalldienste müssen Zugang zu diesen Informationen erhalten. Zu diesen Informationen zählen:

1. eine Vorabmitteilung über einschlägige Gefahren bei der Arbeit, über Maßnahmen zur Feststellung von Gefahren sowie über Vorsichtsmaßregeln und Verfahren, damit die Notfalldienste ihre eigenen Abhilfe- und Sicherheitsmaßnahmen vorbereiten können,
2. alle verfügbaren Informationen über spezifische Gefahren, die bei einem Unfall oder Notfall auftreten oder auftreten können, einschließlich der Informationen über die Verfahren nach den Absätzen 1 bis 4.

§ 14 Unterrichtung und Unterweisung der Beschäftigten (1) Der Arbeitgeber hat sicherzustellen, dass den Beschäftigten eine schriftliche Betriebsanweisung, die der Gefährdungsbeurteilung nach § 6 Rechnung trägt, in einer für die Beschäftigten verständlichen Form und Sprache zugänglich gemacht wird. Die Betriebsanweisung muss mindestens Folgendes enthalten:

1. Informationen über die am Arbeitsplatz vorhandenen oder entstehenden Gefahrstoffe, wie beispielsweise die Bezeichnung der Gefahrstoffe, ihre Kennzeichnung sowie mögliche Gefährdungen der Gesundheit und der Sicherheit,
2. Informationen über angemessene Vorsichtsmaßregeln und Maßnahmen, die die Beschäftigten zu ihrem eigenen Schutz und zum Schutz der anderen Beschäftigten am Arbeitsplatz durchzuführen haben; dazu gehören insbesondere
   a) Hygienevorschriften,
   b) Informationen über Maßnahmen, die zur Verhütung einer Exposition zu ergreifen sind,

c) Informationen zum Tragen und Verwenden von persönlicher Schutzausrüstung und Schutzkleidung,
3. Informationen über Maßnahmen, die bei Betriebsstörungen, Unfällen und Notfällen und zur Verhütung dieser von den Beschäftigten, insbesondere von Rettungsmannschaften, durchzuführen sind.

Die Betriebsanweisung muss bei jeder maßgeblichen Veränderung der Arbeitsbedingungen aktualisiert werden. Der Arbeitgeber hat ferner sicherzustellen, dass die Beschäftigten

1. Zugang haben zu allen Informationen nach Artikel 35 der Verordnung (EG) Nr. 1907/2006 über die Stoffe und Gemische, mit denen sie Tätigkeiten ausüben, insbesondere zu Sicherheitsdatenblättern, und
2. über Methoden und Verfahren unterrichtet werden, die bei der Verwendung von Gefahrstoffen zum Schutz der Beschäftigten angewendet werden müssen.

(2) Der Arbeitgeber hat sicherzustellen, dass die Beschäftigten anhand der Betriebsanweisung nach Absatz 1 über alle auftretenden Gefährdungen und entsprechende Schutzmaßnahmen mündlich unterwiesen werden. Teil dieser Unterweisung ist ferner eine allgemeine arbeitsmedizinisch-toxikologische Beratung. Diese dient auch zur Information der Beschäftigten über die Voraussetzungen, unter denen sie Anspruch auf arbeitsmedizinische Vorsorgeuntersuchungen nach der Verordnung zur arbeitsmedizinischen Vorsorge haben, und über den Zweck dieser Vorsorgeuntersuchungen. Die Beratung ist unter Beteiligung der Ärztin oder des Arztes nach § 7 Absatz 1 der Verordnung zur arbeitsmedizinischen Vorsorge durchzuführen, falls dies erforderlich sein sollte. Die Unterweisung muss vor Aufnahme der Beschäftigung und danach mindestens jährlich arbeitsplatzbezogen durchgeführt werden. Sie muss in für die Beschäftigten verständlicher Form und Sprache erfolgen. Inhalt und Zeitpunkt der Unterweisung sind schriftlich festzuhalten und von den Unterwiesenen durch Unterschrift zu bestätigen.

§ 15 Zusammenarbeit verschiedener Firmen (1) Soweit in einem Betrieb Fremdfirmen Tätigkeiten mit Gefahrstoffen ausüben, hat der Arbeitgeber als Auftraggeber sicherzustellen, dass nur solche Fremdfirmen herangezogen werden, die über die Fachkenntnisse und Erfahrungen verfügen, die für diese Tätigkeiten erforderlich sind. Der Arbeitgeber als Auftraggeber hat die Fremdfirmen über Gefahrenquellen und spezifische Verhaltensregeln zu informieren.

(2) Kann bei Tätigkeiten von Beschäftigten eines Arbeitgebers eine Gefährdung von Beschäftigten anderer Arbeitgeber durch Gefahrstoffe nicht ausgeschlossen werden, so haben alle betroffenen Arbeitgeber bei der Durchführung ihrer Gefährdungsbeurteilungen nach § 6 zusammenzuwirken und die Schutzmaßnahmen abzustimmen. Dies ist zu dokumentieren. Die Arbeitgeber haben dabei sicherzustellen, dass Gefährdungen der Beschäftigten aller beteiligten Unternehmen durch Gefahrstoffe wirksam begegnet wird.

(3) Jeder Arbeitgeber ist dafür verantwortlich, dass seine Beschäftigten die gemeinsam festgelegten Schutzmaßnahmen anwenden.

(4) Besteht bei Tätigkeiten von Beschäftigten eines Arbeitgebers eine erhöhte Gefährdung von Beschäftigten anderer Arbeitgeber durch Gefahrstoffe, ist durch die beteiligten Arbeitgeber ein Koordinator zu bestellen. Wurde ein Koordinator nach

den Bestimmungen der Baustellenverordnung vom 10. Juni 1998 (BGBl. I S. 1283), die durch Artikel 15 der Verordnung vom 23. Dezember 2004 (BGBl. I S. 3758) geändert worden ist, bestellt, gilt die Pflicht nach Satz 1 als erfüllt. Dem Koordinator sind von den beteiligten Arbeitgebern alle erforderlichen sicherheitsrelevanten Informationen sowie Informationen zu den festgelegten Schutzmaßnahmen zur Verfügung zu stellen. Die Bestellung eines Koordinators entbindet die Arbeitgeber nicht von ihrer Verantwortung nach dieser Verordnung.

Abschnitt 4a – Anforderungen an die Verwendung von Biozid-Produkten einschließlich der Begasung sowie an Begasungen mit Pflanzenschutzmitteln

§ 15a Verwendungsbeschränkungen (1) Biozid-Produkte dürfen nicht verwendet werden, soweit damit zu rechnen ist, dass ihre Verwendung im einzelnen Anwendungsfall schädliche Auswirkungen auf die Gesundheit von Menschen, Nicht-Zielorganismen oder auf die Umwelt hat.

(2) Wer Biozid-Produkte verwendet, hat dies ordnungsgemäß zu tun. Zur ordnungsgemäßen Verwendung gehört insbesondere, dass

1. die Verwendung von Biozid-Produkten auf das notwendige Mindestmaß begrenzt wird durch:
   a) das Abwägen von Nutzen und Risiken des Einsatzes des Biozid-Produkts und
   b) eine sachgerechte Berücksichtigung physikalischer, biologischer, chemischer und sonstiger Alternativen,
2. das Biozid-Produkt nur für die in der Kennzeichnung oder der Zulassung ausgewiesensen Verwendungszwecke eingesetzt wird,
3. die sich auch der Kennzeichnung oder der Zulassung ergebenden Verwendungsbedingungen eingehalten werden und
4. die Qualifikation des Verwenders die Anforderungen erfüllt, die für die in der Zulassung festgelegte Verwenderkategorie erforderlich ist.

(3) Die Absätze 1 und 2 gelten auch für private Haushalte.

§ 15b Allgemeine Anforderungen an die Verwendung von Biozid-Produkten
(1) Der Arbeitgeber hat vor Verwendung eines Biozid-Produkts sicherzustellen, dass die Anforderungen nach § 15a erfüllt werden. Dies erfolgt hinsichtlich der Anforderungen nach

1. § 15a Absatz 2 Satz 2 Nummer 1 im Rahmen der Substitutionsprüfung nach § 6 Absatz 1 Satz 2 Nummer 4,
2. § 15a Absatz 2 Satz 2 Nummer 3 im Rahmen der Gefährdungsbeurteilung nach § 6 Absatz 1; dabei hat der Arbeitgeber insbesondere Folgendes zu berücksichtigen:
   a) die in der Zulassung festgelegten Maßnahmen zum Schutz der Sicherheit und Gesundheit sowie der Umwelt,
   b) die Kennzeichnung nach § 4 Absatz 5 und 6 einschließlich des gegebenenfalls beigefügten Merkblatts.

(2) Der Arbeitgeber hat die erforderlichen Maßnahmen unter Beachtung der Rangfolge nach § 7 Absatz 4 Satz 4 und unter dem Gesichtspunkt einer nachhaltigen Verwendung so festzulegen und durchzuführen, dass eine Gefährdung der Beschäftigten, anderer Personen oder der Umwelt verhindert oder minimiert wird.

(3) Eine Fachkunde im Sinne von Anhang I Nummer 4.3 ist erforderlich für die Verwendung von Biozid-Produkten

1. die zu der Hauptgruppe 3 »Schädlingsbekämpfungsmittel« im Sinne des Anhangs V der Verordnung (EU) Nr. 528/2012 gehören oder
2. deren Wirkstoffe endokrinschädigende Eigenschaften nach Artikel 5 Absatz 1 Buchstabe d der Verordnung (EU) Nr. 528/2012 haben.

Satz 1 gilt nicht, wenn das Biozid-Produkt für eine Verwendung durch die breite Öffentlichkeit zugelassen oder wenn für die Verwendung eine Sachkunde nach § 15c Absatz 3 erforderlich ist.

§ 15c Besondere Anforderungen an die Verwendung bestimmter Biozid-Produkte (1) Der Arbeitgeber hat die Pflichten nach den Absätzen 2 und 3 zu erfüllen, wenn folgende Biozid-Produkte verwendet werden sollen:

1. Schädlingsbekämpfungsmittel der Hauptgruppe 3 nach Anhang V der Verordnung (EU) Nr. 528/2012, die eingestuft sind als
   a) akut toxisch Kategorie 1, 2 oder 3,
   b) krebserzeugend, keimzellmutagen oder reproduktionstoxisch Kategorie 1A oder 1B oder
   c) spezfisch zielorgantoxisch Kategorie 1 SE oder RE oder
2. für die über die nach Nummer 1 erfassten Fälle hinaus für die vorgesehene Anwendung in der Zulassung die Verwenderkategorie »geschulter berufsmäßiger Verwender« festgelegt wurde.

(2) Der Arbeitgeber hat bei der zuständigen Behörde schriftlich oder elektronisch gemäß Satz 2 oder 4 anzuzeigen:

1. die erstmalige Verwendung von Biozid-Produkten der Hauptgruppe 3 nach Anhang V
1. der Verordnung (EU) Nr. 528/2012 nach Absatz 1 und
2. den Beginn einer erneuten Verwendung von Biozid-Produkten der Hauptgruppe 3 nach Anhang V der Verordnung (EU) Nr. 528/2012 nach Absatz 1 nach einer Unterbrechung von mehr als einem Jahr.

Die Anzeige hat spätestens sechs Wochen vor Beginn der Verwendung zu erfolgen. Anhang I Nummer 4.2.1 ist zu beachten. Die zuständige Behörde kann verlangen, dass ihr die Anzeige elektronisch übermittelt wird, wenn sie hierfür ein Format zur Verfügung stellt. Änderungen bezüglich der Angaben nach Satz 1 hat der Arbeitgeber der zuständigen Behörde unverzüglich anzuzeigen.

(3) Die Verwendung von Biozid-Produkten nach Absatz 1 darf nur durch Personen erfolgen, die über eine für das jeweilige Biozid-Produkt geltende Sachkunde im Sinne von Anhang I Nummer 4.4 verfügen. Die Anforderungen an die Sachkunde sind von der Produktart, den Anwendungen, für die das Biozid-Produkt zugelassen ist, und dem Gefährdungspotential für Mensch und Umwelt abhängig.

(4) Abweichend von Absatz 3 ist statt einer Sachkunde eine auf die jeweilige Verwendung bezogene Unterweisung ausreichend, sofern die Verwendung unter unmittelbarer und ständiger Aufsicht einer nach Absatz 3 für die jeweilige Verwendung sachkundigen Person durchgeführt wird. Dabei sind die nach § 20 Absatz 4 bekannt gegebenen Regeln zu berücksichtigen.

§ 15d Besondere Anforderungen bei Begasungen (1) Der Arbeitgeber bedarf einer Erlaubnis durch die zuständige Behörde, wenn Begasungen durchgeführt werden sollen. Die Erlaubnis ist nach Maßgabe des Anhangs I Nummer 4.1 vor der erstmaligen Durchführung von Begasungen schriftlich oder elektronisch zu beantragen. Sie kann befristet, mit Auflagen oder unter dem Vorbehalt des Widerrufs erteilt werden. Auflagen können nachträglich angeordnet werden. Änderungen bezüglich der Angaben nach Satz 2 in Verbindung mit Anhang I Nummer 4.1 Absatz 2 hat der Arbeitgeber der zuständigen Behörde unverzüglich mitzuteilen.
(2) Eine Erlaubnis ist nicht erforderlich, wenn wegen der geringen Menge des freiwerdenden Wirkstoffs eine Gefährdung für Mensch und Umwelt nicht besteht. Hierbei sind die nach § 20 Absatz 4 bekanntgegebenen Regeln und Erkenntnisse zu berücksichtigen.
(3) Der Arbeitgeber hat eine Begasung spätestens eine Woche vor deren Durchführung bei der zuständigen Behörde nach Maßgabe des Anhangs I Nummer 4.2.2 schriftlich oder elektronisch anzuzeigen. Die zuständige Behörde kann verlangen, dass ihr die Anzeige elektronisch übermittelt wird, wenn sie hierfür ein Format zur Verfügung stellt. Die zuständige Behörde kann

1. in begründeten Fällen auf die Einhaltung dieser Frist verzichten oder
2. einer Sammelanzeige zustimmen, wenn Begasungen regelmäßig wiederholt werden und dabei die in der Anzeige beschriebenen Bedingungen unverändert bleiben.

Bei Schiffs- und Containerbegasungen in Häfen verkürzt sich die Frist nach Satz 1 auf 24 Stunden.
(4) Der Arbeitgeber hat für jede Begasung eine verantwortliche Person zu bestellen, die Inhaber eines Befähigungsscheins (Befähigungsscheininhaber) nach Anhang I Nummer 4.5 ist. Die verantwortliche Person hat

1. bie Begasungen innerhalb von Räumen die Nutzung angrenzender Räume und Gebäude spätestens 24 Stunden vor Beginn der Tätigkeit schriftlich unter Hinweis auf die Gefahren der eingesetzten Biozid-Produkte oder Pflanzenschutzmittel zu warnen und
2. sicherzustellen, dass
   a) die Begasung von einem Befähigungsscheininhaber durchgeführt wird,
   b) Zugänge zu den Gefahrenbereichen gemäß Anhang I Nummer 4.6 gekennzeichnet sind und
   c) neben einem Befähigungsscheininhaber mindestens eine weitere sachkundige Person anwesend ist, wenn Begasungen mit Biozid-Produkten durchgeführt werden sollen, für die in der Zulassung festgelegt wurde, dass
      aa) eine Messung oder Überwachung der Wirkstoff- oder Sauerstoffkonzentration zu erfolgen hat oder

bb) ein unabhängig von der Umgebungsatmosphäre wirkendes Atemschutzgerät bereitzustellen und zu verwenden ist.

(5) Bei einer Betriebsstörung, einem Unfall oder Notfall hat

1. der anwesende Befähigungsscheininhaber den Gefahrenbereich zu sichern und darf ihn erst freigeben, wenn die Gefahr nicht mehr besteht und gefährliche Rückstände beseitigt sind,
2. die sachkundige Person den Befähigungsscheininhaber zu unterstützen; dies gilt insbesondere bei Absperr- und Rettungsmaßnahmen.

(6) Für Begasungen mit Pflanzenschutzmitteln gelten die Sachkundeanforderungen nach Anhang I Nummer 4.4 als erfüllt, wenn die Sachkunde nach dem Pflanzenschutzrecht erworben wurde.

(7) Bei Begasungen von Transporteinheiten

1. im Freien muss ein allseitiger Sicherheitsabstand von mindestens 10 Metern zu den benachbarten Gebäuden eingehalten werden,
2. sind diese von der verantwortlichen Person abzusichten, auf ihre Gasdichtheit zu prüfen sowie für die Dauer der Verwendung abzuschließen, zu verblomben und allseitig sichtbar mit einem Warnzeichen nach Anhang I Nummer 4.6 zu kennzeichnen.

§ 15e Ergänzende Dokumentationspflichten (1) Der Arbeitgeber hat dafür Sorge zu tragen, dass über die Begasungen eine Niederschrift angefertigt wird. In der Niederschrift ist zu dokumentieren:

1. Name der verantwortlichen Person,
2. Art und Menge der verwendeten Biozid-Produkte oder Pflanzenschutzmittel,
3. Ort, Beginn und Ende der Begasung,
4. Zeitpunkt der Freigabe,
5. andere im Sinne von § 15 beteiligte Arbeitgeber und
6. die getroffenen Maßnahmen.

(2) Der Arbeitgeber hat der zuständigen Behörde die Niederschrift auf Verlangen vorzulegen.

(3) Werden für die Begasungen Pflanzenschutzmittel verwendet, kann die Niederschrift zusammen mit den Aufzeichnungen nach Artikel 67 Absatz 1 der Verordnung (EG) Nr. 1107/2009 des Europäischen Parlaments und des Rates vom 21. Oktober 2009 über das Inverkehrbringen von Pflanzenschutzmitteln und zur Aufhebung der Richtlinien 79/119/EWG und 91/414/EWG des Rates (ABl. L 309 vom 24.11.2009, S. 1; L 111 vom 2.5.2018, S. 10; L 45 vom 18.2.2020, S. 81), die zuletzt durch die Verordnung (EU) 2019/1381 vom 20. Juni 2019 (ABl. L 231 vom 6.9.2019, S. 1) geändert worden ist, erstellt werden.

§ 15f Anforderungen an den Umgang mit Transporteinheiten (1) Kann nicht ausgeschlossen werden, dass Transporteinheiten wie Fahrzeuge, Waggons, Schiffe, Tanks, Container oder andere Transportbehälter begast wurden, so hat der Arbeitgeber dies vor dem Öffnen der Transporteinheiten zu ermitteln.

(2) Ergibt die Ermittlung, dass die Transporteinheit begast wurde, hat der Arbeitgeber die erforderlichen Schutzmaßnahmen zu treffen. Dabei ist insbesondere sicherzustellen, dass Beschäftigte gegenüber den Biozid-Produkten oder Pflanzen-

schutzmitteln nicht exponiert werden. Kann eine Exposition nicht ausgeschlossen werden, hat das Öffnen, Lüften und die Freigabe der Transporteinheit durch eine Person zu erfolgen, die über eine Fachkunde im Sinne von Anhang I Nummer 4.3 verfügt.

§ 15g Besondere Anforderungen an Begasungen auf Schiffen (1) Begasungen auf Schiffen sind nur zulässig, wenn
1. das Begasungsmittel für diese Verwendung zugelassen ist und
2. die erforderlichen Maßnahmen getroffen wurden, um die Sicherheit der Besatzung und anderer Personen jederzeit hinreichend zu gewährleisten.

(2) Bei Begasungen auf Schiffen hat die verantwortliche Person
1. sicherzustellen, dass eine Kennzeichnung entsprechend Anhang I Nummer 4.6 erfolgt,
2. vor Beginn der Begasung der Schiffsführerin beziehungsweise dem Schiffsführer schriftlich mitzuteilen:
   a) den Zeitpunkt und die betroffenen Räume,
   b) Art, Umfang und Dauer der Begasung einschließlich der Angaben zu dem verwendeten Begasungsmittel,
   c) die getroffenen Schutz- und Sicherheitsmaßnahmen einschließlich der erforderlichen technischen Änderungen, die am Schiff vorgenommen wurden,
3. vor Verlassen des Hafens oder der Beladestelle der Schiffsführerin beziehungsweise dem Schiffsführer schriftlich zu bestätigen, dass
   a) die begasten Räume hinreichend gasdicht sind und
   b) die angrenzenden Räume von Begasungsmitteln frei sind.

(3) Die Gasdichtheit der begasten Räume muss mindestens alle acht Stunden geprüft werden. Die Ergebnisse der Prüfungen sind zu dokumentieren. Die Schiffsführerin beziehungsweise der Schiffsführer hat der Hafenbehörde beziehungsweise der zuständigen Person der Entladestelle spätestens 24 Stunden vor Ankunft des Schiffs die Art und den Zeitpunkt der Begasung anzuzeigen und dabei mitzuteilen, welche Räume begast worden sind.

(4) Die Beförderung begaster Transporteinheiten auf Schiffen darf nur erfolgen, wenn sichergestellt ist, dass sich außerhalb der Transporteinheiten keine gefährlichen Gaskonzentrationen entwickeln. Die Anzeigepflicht nach Absatz 3 Satz 3 gilt entsprechend.

§ 15h Ausnahmen von Abschnitt 4a (1) Es finden keine Anwendung
1. Abschnitt 4a sowie Anhang I Nummer 4 auf Begasungen, wenn diese ausschließlich der Forschung und Entwicklung oder der instituionellen Eignungsprüfung der Biozid-Produkte, Pflanzenschutzmittel oder deren Anwendungsverfahren dienen,
2. § 15c Absatz 3 auf die Verwendung von Biozid-Produkten der Hauptgruppe 3 Schädlingsbekämpfungsmittel, die als akut toxisch Kategorie 1, 2 oder 3 eingestuft sind, wenn sich entsprechende Anforderungen bereits aus anderen Rechtsvorschriften ergeben,

3. §§ 15d und 15e auf Begasungen in vollautomatisch, programmgesteuerten Sterilisatoren im medizinischen Bereich, die einem verfahrens- und stoffspezifischen Kriterium entsprechen, das nach § 20 Absatz 4 bekanntgegeben wurde,
4. § 15d Absatz 3 auf Begasungen, wenn diese durchgeführt werden
   a) im medizinischen Bereich oder
   b) innerhalb ortsfester Sterilisationskammern.

(2) Die Ausnahmen nach Absatz 1 gelten nicht für Biozid-Produkte soweit in der Zulassung des jeweiligen Biozid-Produkts etwas Anderes abgestimmt ist.

Abschnitt 5 – Verbote und Beschränkungen

§ 16 Herstellungs- und Verwendungsbeschränkungen (1) Herstellungs- und Verwendungsbeschränkungen für bestimmte Stoffe, Gemische und Erzeugnisse ergeben sich aus Artikel 67 in Verbindung mit Anhang XVII der Verordnung (EG) Nr. 1907/2006.

(2) Nach Maßgabe des Anhangs II bestehen weitere Herstellungs- und Verwendungsbeschränkungen für dort genannte Stoffe, Gemische und Erzeugnisse.

(3) Der Arbeitgeber darf in Heimarbeit beschäftigte Personen nur Tätigkeiten mit geringer Gefährdung im Sinne des § 6 Absatz 13 ausüben lassen.

§ 17 *(nicht abgedruckt)*

Abschnitt 6 – Vollzugsregelungen und Ausschuss für Gefahrstoffe

§ 18 Unterrichtung der Behörde (1) Der Arbeitgeber hat der zuständigen Behörde unverzüglich anzuzeigen

1. jeden Unfall und jede Betriebsstörung, die bei Tätigkeiten mit Gefahrstoffen zu einer ernsten Gesundheitsschädigung von Beschäftigten geführt haben,
2. Krankheits- und Todesfälle, bei denen konkrete Anhaltspunkte dafür bestehen, dass sie durch die Tätigkeit mit Gefahrstoffen verursacht worden sind, mit der genauen Angabe der Tätigkeit und der Gefährdungsbeurteilung nach § 6.

Lassen sich die für die Anzeige nach Satz 1 erforderlichen Angaben gleichwertig aus Anzeigen nach anderen Rechtsvorschriften entnehmen, kann die Anzeigepflicht auch durch Übermittlung von Kopien dieser Anzeigen an die zuständige Behörde erfüllt werden. Der Arbeitgeber hat den betroffenen Beschäftigten oder ihrer Vertretung Kopien der Anzeigen nach Satz 1 oder Satz 2 zur Kenntnis zu geben.

(2) Unbeschadet des § 22 des Arbeitsschutzgesetzes hat der Arbeitgeber der zuständigen Behörde auf Verlangen Folgendes mitzuteilen:

1. das Ergebnis der Gefährdungsbeurteilung nach § 6 und die ihr zugrunde liegenden Informationen, einschließlich der Dokumentation der Gefährdungsbeurteilung,
2. die Tätigkeiten, bei denen Beschäftigte tatsächlich oder möglicherweise gegenüber Gefahrstoffen exponiert worden sind, und die Anzahl dieser Beschäftigten,
3. die nach § 13 des Arbeitsschutzgesetzes verantwortlichen Personen,

4. die durchgeführten Schutz- und Vorsorgemaßnahmen, einschließlich der Betriebsanweisungen,
5. eine Kopie des Maßnahmenplans nach § 10 Absatz 5 bei Tätigkeiten im Bereich mittleren oder hohen Risikos.

(3) Der Arbeitgeber hat der zuständigen Behörde bei Tätigkeiten mit krebserzeugenden, keimzellmutagenen oder reproduktionstoxischen Gefahrstoffen der Kategorie 1A oder 1B zusätzlich auf Verlangen Folgendes mitzuteilen:
1. das Ergebnis der Substitutionsprüfung,
2. Informationen über
   a) ausgübte Tätigkeiten und angewandte industrielle Verfahren und die Gründe für die Verwendung dieser Gefahrstoffe,
   b) die Menge der hergestellten oder verwendeten Gefahrstoffe,
   c) die Art der zu verwendenden Schutzausrüstung,
   d) Art und Ausmaß der Exposition,
   e) durchgeführte Substitutionen.

(4) Auf Verlangen der zuständigen Behörde ist die nach Anhang II der Verordnung (EG) Nr. 1907/2006 geforderte Fachkunde für die Erstellung von Sicherheitsdatenblättern nachzuweisen.

§ 19 Behördliche Ausnahmen, Anordnungen und Befugnisse (1) Die zuständige Behörde kann auf schriftlichen oder elektronsichen Antrag des Arbeitgebers Ausnahmen von den §§ 6 bis 15 zulassen, wenn die Anwendung dieser Vorschriften im Einzelfall zu einer unverhältnismäßigen Härte führen würde und die Abweichung mit dem Schutz der Beschäftigten vereinbar ist. § 11 Absatz 6 bleibt unberührt. Der Arbeitgeber hat der zuständigen Behörde im Ausnahmeantrag darzulegen:
1. den Grund für die Beantragung der Ausnahme,
2. die jährlich zu verwendende Menge des Gefahrstoffs,
3. die betroffenen Tätigkeiten und Verfahren,
4. die Zahl der voraussichtlich betroffenen Beschäftigten,
5. die geplanten Maßnahmen zur Gewährleistung des Gesundheitsschutzes und der Sicherheit der betroffenen Beschäftigten,
6. die technischen und organisatorischen Maßnahmen, die zur Verringerung oder Vermeidung einer Exposition der Beschäftigten ergriffen werden sollen.

(2) Eine Ausnahme nach Absatz 1 kann auch im Zusammenhang mit Verwaltungsverfahren nach anderen Rechtsvorschriften beantragt werden.

(3) Die zuständige Behörde kann unbeschadet des § 23 des Chemikaliengesetzes im Einzelfall Maßnahmen anordnen, die der Hersteller, Lieferant oder Arbeitgeber zu ergreifen hat, um die Pflichten nach den Abschnitten 2 bis 5 dieser Verordnung zu erfüllen; dabei kann sie insbesondere anordnen, dass der Arbeitgeber
1. die zur Bekämpfung besonderer Gefahren notwendigen Maßnahmen ergreifen muss,
2. festzustellen hat, ob und in welchem Umfang eine vermutete Gefahr tatsächlich besteht und welche Maßnahmen zur Bekämpfung der Gefahr ergriffen werden müssen,
3. die Arbeit, bei der die Beschäftigten gefährdet sind, einstellen zu lassen hat, wenn der Arbeitgeber die zur Bekämpfung der Gefahr angeordneten notwen-

digen Maßnahmen nicht unverzüglich oder nicht innerhalb der gesetzten Frist ergreift.

Bei Gefahr im Verzug können die Anordnungen auch gegenüber weisungsberechtigten Personen im Betrieb erlassen werden.

(4) Der zuständigen Behörde ist auf Verlangen ein Nachweis vorzulegen, dass die Gefährdungsbeurteilung fachkundig nach § 6 Absatz 11 erstellt wurde.

(5) Die zuständige Behörde kann dem Arbeitgeber untersagen, Tätigkeiten mit Gefahrstoffen auszuüben oder ausüben zu lassen, und insbesondere eine Stilllegung der betroffenen Arbeitsbereiche anordnen, wenn der Arbeitgeber der Mitteilungspflicht nach § 18 Absatz 2 Nummer 1 nicht nachkommt.

(6) Die zuständige Behörde veröffentlicht eine Liste der Betriebe mit Zulassung nach § 11a Absatz 4a oder lässt diese in einer von einer zentralen Stelle geführten Liste veröffentlichen,

§ 19a Anerkennung ausländischer Qualifikationen (1) Die zuständige Behörde erkennt auf Antrag an, dass eine ausländische Aus- oder Weiterbildung dem Erwerb einer Sachkunde im Sinne des § 2 Absatz 17 gleichwertig ist, wenn durch sie Kenntnisse erlangt wurden, die den Sachkundeanforderungen der nach § 20 Absatz 4 bekanntgegebenen Regeln und Erkenntnissen entsprechen.

(2) Die Behörde entscheidet über die Gleichwertigkeit einer ausländischen Qualifikation auf Grundlage der ihr vorliegenden oder zusätzlich vom Antragsteller vorgelegten Nachweise. Die Nachweise sind in deutscher Sprache beizubringen. Die Gleichwertigkeit wird durch eine Bescheinigung bestätigt.

§ 20 Ausschuss für Gefahrstoffe (1) Beim Bundesministerium für Arbeit und Soziales wird ein Ausschuss für Gefahrstoffe (AGS) gebildet, in dem geeignete Personen vonseiten der Arbeitgeber, der Gewerkschaften, der Länderbehörden, der gesetzlichen Unfallversicherung und weitere geeignete Personen, insbesondere aus der Wissenschaft, vertreten sein sollen. Die Gesamtzahl der Mitglieder soll 21 Personen nicht überschreiten. Für jedes Mitglied ist ein stellvertretendes Mitglied zu benennen. Die Mitgliedschaft im Ausschuss für Gefahrstoffe ist ehrenamtlich.

(2) Das Bundesministerium für Arbeit und Soziales beruft die Mitglieder des Ausschusses und die stellvertretenden Mitglieder. Der Ausschuss gibt sich eine Geschäftsordnung und wählt die Vorsitzende oder den Vorsitzenden aus seiner Mitte. Die Geschäftsordnung und die Wahl der oder des Vorsitzenden bedürfen der Zustimmung des Bundesministeriums für Arbeit und Soziales.

(3) Zu den Aufgaben des Ausschusses gehört es:

1. den Stand der Wissenschaft, Technik, Arbeitsmedizin und Arbeitshygiene sowie sonstige gesicherte Erkenntnisse für Tätigkeiten mit Gefahrstoffen einschließlich deren Einstufung und Kennzeichnung zu ermitteln und entsprechende Empfehlungen auszusprechen,
2. zu ermitteln, wie die in dieser Verordnung gestellten Anforderungen erfüllt werden können und dazu die dem jeweiligen Stand von Technik und Medizin entsprechenden Regeln und Erkenntnisse zu erarbeiten,
3. das Bundesministerium für Arbeit und Soziales in allen Fragen zu Gefahrstoffen und zur Chemikaliensicherheit zu beraten und

4. Grenzwerte und Konzentrationen nach § 2 Absatz 8 bis 9 sowie entsprechende Ermittlungs- und Messverfahren vorzuschlagen und regelmäßig zu überprüfen, wobei
   a) bei der Festlegung dieser Grenzwerte und Konzentrationen sicherzustellen ist, dass der Schutz der Gesundheit der Beschäftigten gewahrt ist,
   b) für jeden Stoff, für den ein Arbeitsplatzgrenzwert oder ein biologischer Grenzwert in Rechtsakten der Europäischen Union festgelegt worden ist, unter Berücksichtigung dieses Grenzwerts ein nationaler Grenzwert vorzuschlagen ist; dabei sind die entsprechenden Bestimmungen der Richtlinien 98/24/EG, 2004/37/EG und 2009/148/EG zu berücksichtigen.

Das Arbeitsprogramm des Ausschusses für Gefahrstoffe wird mit dem Bundesministerium für Arbeit und Soziales abgestimmt, wobei die Letztentscheidungsbefugnis beim Bundesministerium für Arbeit und Soziales liegt. Der Ausschuss arbeitet eng mit den anderen Ausschüssen beim Bundesministerium für Arbeit und Soziales zusammen.

(4) Nach Prüfung kann das Bundesministerium für Arbeit und Soziales

1. die vom Ausschuss für Gefahrstoffe ermittelten Regeln und Erkenntnisse nach Absatz 3 Satz 1 Nummer 2 sowie die Grenzwerte und Konzentrationen nach Absatz 3 Satz 1 Nummer 4 im Gemeinsamen Ministerialblatt bekannt geben und
2. die Empfehlungen nach Absatz 3 Satz 1 Nummer 1 sowie die Beratungsergebnisse nach Absatz 3 Nummer 3 in geeigneter Weise veröffentlichen.

(5) Die Bundesministerien sowie die obersten Landesbehörden können zu den Sitzungen des Ausschusses Vertreterinnen oder Vertreter entsenden. Auf Verlangen ist diesen in der Sitzung das Wort zu erteilen.

(6) Die Bundesanstalt für Arbeitsschutz und Arbeitsmedizin führt die Geschäfte des Ausschusses.

Abschnitt 7 – Ordnungswidrigkeiten, Straftaten und Übergangsvorschriften

§§ 21–25 *(nicht abgedruckt)*

7d. Betriebssicherheitsverordnung (BetrSichV)

vom 3. Februar 2015 (BGBl. I 49),
zuletzt geändert durch Gesetz vom 18. Dezember 2025 (BGBl. I 2025 Nr. 347)

(Abgedruckte Vorschriften: §§ 1–14, 22, 23)

Einleitung

(siehe bei Nr. 7, II 3)

Verordnungstext

Abschnitt 1 – Anwendungsbereich und Begriffsbestimmungen

§ 1 Anwendungsbereich und Zielsetzung (1) Diese Verordnung gilt für die Verwendung von Arbeitsmitteln. Ziel dieser Verordnung ist es, die Sicherheit und den Schutz der Gesundheit von Beschäftigten bei der Verwendung von Arbeitsmitteln zu gewährleisten. Dies soll insbesondere erreicht werden durch

1. die Auswahl geeigneter Arbeitsmittel und deren sichere Verwendung,
2. die für den vorgesehenen Verwendungszweck geeignete Gestaltung von Arbeits- und Fertigungsverfahren sowie
3. die Qualifikation und Unterweisung der Beschäftigten.

Diese Verordnung regelt hinsichtlich der in § 18 und in Anhang 2 genannten überwachungsbedürftigen Anlagen zugleich Maßnahmen zum Schutz anderer Personen im Gefahrenbereich, soweit diese aufgrund der Verwendung dieser Anlagen durch Arbeitgeber im Sinne des § 2 Absatz 3 gefährdet werden können.

(2) Diese Verordnung gilt nicht in Betrieben, die dem Bundesberggesetz unterliegen, soweit dafür entsprechende Rechtsvorschriften bestehen. Abweichend von Satz 1 gilt sie jedoch für überwachungsbedürftige Anlagen in Tagesanlagen, mit Ausnahme von Rohrleitungen nach Anhang 2 Abschnitt 4 Nummer 2.1 Satz 1 Buchstabe d.

(3) Diese Verordnung gilt nicht auf Seeschiffen unter fremder Flagge und auf Seeschiffen, für die das Bundesministerium für Verkehr und digitale Infrastruktur nach § 10 des Flaggenrechtsgesetzes die Befugnis zur Führung der Bundesflagge lediglich für die erste Überführungsreise in einen anderen Hafen verliehen hat.

(4) Abschnitt 3 gilt nicht für Energieanlagen im Sinne des § 3 Nummer 32 des Energiewirtschaftsgesetzes, soweit sie Druckanlagen im Sinne des Anhangs 2 Abschnitt 4 Nummer 2.1 Buchstabe b, c oder d dieser Verordnung sind. Satz 1 gilt nicht für Gasfüllanlagen, die Energieanlagen im Sinne des § 3 Nummer 15 des Energiewirtschaftsgesetzes sind und nicht auf dem Betriebsgelände von Unternehmen der öffentlichen Gasversorgung von diesen errichtet und betrieben werden.

(5) Das Bundesministerium der Verteidigung kann Ausnahmen von den Vorschriften dieser Verordnung zulassen, wenn zwingende Gründe der Verteidigung oder die Erfüllung zwischenstaatlicher Verpflichtungen der Bundesrepublik Deutschland dies erfordern und die Sicherheit auf andere Weise gewährleistet ist.

§ 2 Begriffsbestimmungen (1) Arbeitsmittel sind Werkzeuge, Geräte, Maschinen oder Anlagen, die für die Arbeit verwendet werden, sowie überwachungsbedürftige Anlagen.

(2) Die Verwendung von Arbeitsmitteln umfasst jegliche Tätigkeit mit diesen. Hierzu gehören insbesondere das Montieren und Installieren, Bedienen, An- oder Abschalten oder Einstellen, Gebrauchen, Betreiben, Instandhalten, Reinigen, Prüfen, Umbauen, Erproben, Demontieren, Transportieren und Überwachen.

(3) Arbeitgeber ist, wer nach § 2 Absatz 3 des Arbeitsschutzgesetzes als solcher bestimmt ist. Dem Arbeitgeber steht gleich,

1. wer, ohne Arbeitgeber zu sein, zu gewerblichen oder wirtschaftlichen Zwecken eine überwachungsbedürftige Anlage verwendet, sowie
2. der Auftraggeber und der Zwischenmeister im Sinne des Heimarbeitsgesetzes.

(4) Beschäftigte sind Personen, die nach § 2 Absatz 2 des Arbeitsschutzgesetzes als solche bestimmt sind. Den Beschäftigten stehen folgende Personen gleich, sofern sie Arbeitsmittel verwenden:

1. Schülerinnen und Schüler sowie Studierende,
2. in Heimarbeit Beschäftigte nach § 1 Absatz 1 des Heimarbeitsgesetzes sowie
3. sonstige Personen, insbesondere Personen, die in wissenschaftlichen Einrichtungen tätig sind.

(5) Fachkundig ist, wer zur Ausübung einer in dieser Verordnung bestimmten Aufgabe über die erforderliche Fachkenntnis verfügt. Die Anforderungen sind abhängig von der jeweiligen Art der Aufgabe. Zu den Anforderungen zählen eine entsprechende Berufsausbildung, Berufserfahrung oder eine zeitnah ausgeübte entsprechende berufliche Tätigkeit. Die Fachkenntnisse sich durch Teilnahme an Schulungen auf aktuellem Stand zu halten.

(6) Zur Prüfung befähigte Person ist eine Person, die durch ihre Berufsausbildung, ihre Berufserfahrung und ihre zeitnahe berufliche Tätigkeit über die erforderlichen Kenntnisse zur Prüfung von Arbeitsmitteln verfügt; soweit hinsichtlich der Prüfung von Arbeitsmitteln in den Anhängen 2 und 3 weitergehende Anforderungen festgelegt sind, sind diese zu erfüllen.

(7) Instandhaltung ist die Gesamtheit aller Maßnahmen zur Erhaltung des sicheren Zustands oder der Rückführung in diesen. Instandhaltung umfasst insbesondere Inspektion, Wartung und Instandsetzung.

(8) Prüfung ist die Ermittlung des Istzustands, der Vergleich des Istzustands mit dem Sollzustand sowie die Bewertung der Abweichung des Istzustands vom Sollzustand.

(9) Prüfpflichtige Änderung ist jede Maßnahme, durch welche die Sicherheit eines Arbeitsmittels beeinflusst wird. Auch Instandsetzungsarbeiten können solche Maßnahmen sein.

(10) Stand der Technik ist der Entwicklungsstand fortschrittlicher Verfahren, Einrichtungen oder Betriebsweisen, der die praktische Eignung einer Maßnahme oder Vorgehensweise zum Schutz der Gesundheit und zur Sicherheit der Beschäftigten oder anderer Personen gesichert erscheinen lässt. Bei der Bestimmung des Stands der Technik sind insbesondere vergleichbare Verfahren, Einrichtungen oder Betriebsweisen heranzuziehen, die mit Erfolg in der Praxis erprobt worden sind.
(11) Gefahrenbereich ist der Bereich innerhalb oder im Umkreis eines Arbeitsmittels, in dem die Sicherheit oder die Gesundheit von Beschäftigten und anderen Personen durch die Verwendung des Arbeitsmittels gefährdet ist.
(12) Errichtung umfasst die Montage und Installation am Verwendungsort.
(13) Überwachungsbedürftige Anlagen sind die Anlagen, die in Anhang 2 genannt oder nach § 18 Absatz 1 erlaubnispflichtig sind. Zu den überwachungsbedürftigen Anlagen gehören auch Mess-, Steuer- und Regeleinrichtungen, die dem sicheren Betrieb dieser überwachungsbedürftigen Anlage dienen.
(14) Zugelassene Überwachungsstellen sind die in Anhang 2 Abschnitt 1 genannten Stellen.
(15) Andere Personen sind Personen, die nicht Beschäftigte oder Gleichgestellte nach Absatz 4 sind und sich im Gefahrenbereich einer überwachungsbedürftigen Anlage innerhalb oder außerhalb eines Betriebsgeländes befinden.

Abschnitt 2 – Gefährdungsbeurteilung und Schutzmaßnahmen

§ 3 Gefährdungsbeurteilung (1) Der Arbeitgeber hat vor der Verwendung von Arbeitsmitteln die auftretenden Gefährdungen zu beurteilen (Gefährdungsbeurteilung) und daraus notwendige und geeignete Schutzmaßnahmen abzuleiten. Das Vorhandensein einer CE-Kennzeichnung am Arbeitsmittel entbindet nicht von der Pflicht zur Durchführung einer Gefährdungsbeurteilung. Für Aufzugsanlagen gilt Satz 1 nur, wenn sie von einem Arbeitgeber im Sinne des § 2 Absatz 3 Satz 1 verwendet werden.
(2) In die Beurteilung sind alle Gefährdungen einzubeziehen, die bei der Verwendung von Arbeitsmitteln ausgehen, und zwar von
1. den Arbeitsmitteln selbst,
2. der Arbeitsumgebung und
3. den Arbeitsgegenständen, an denen Tätigkeiten mit Arbeitsmitteln durchgeführt werden.

Bei der Gefährdungsbeurteilung ist insbesondere Folgendes zu berücksichtigen:
1. die Gebrauchstauglichkeit von Arbeitsmitteln einschließlich der ergonomischen, alters- und alternsgerechten Gestaltung,
2. die sicherheitsrelevanten einschließlich der ergonomischen Zusammenhänge zwischen Arbeitsplatz, Arbeitsmittel, Arbeitsverfahren, Arbeitsorganisation, Arbeitsablauf, Arbeitszeit und Arbeitsaufgabe,
3. die physischen und psychischen Belastungen der Beschäftigten, die bei der Verwendung von Arbeitsmitteln auftreten,
4. vorhersehbare Betriebsstörungen und die Gefährdung bei Maßnahmen zu deren Beseitigung.

(3) Die Gefährdungsbeurteilung soll bereits vor der Auswahl und der Beschaffung der Arbeitsmittel begonnen werden. Dabei sind insbesondere die Eignung des Arbeitsmittels für die geplante Verwendung, die Arbeitsabläufe und die Arbeitsorganisation zu berücksichtigen. Die Gefährdungsbeurteilung darf nur von fachkundigen Personen durchgeführt werden. Verfügt der Arbeitgeber nicht selbst über die entsprechenden Kenntnisse, so hat er sich fachkundig beraten zu lassen.
(4) Der Arbeitgeber hat sich die Informationen zu beschaffen, die für die Gefährdungsbeurteilung notwendig sind. Dies sind insbesondere die nach § 21 Absatz 6 Nummer 1 bekannt gegebenen Regeln und Erkenntnisse, Gebrauchs- und Betriebsanleitungen sowie die ihm zugänglichen Erkenntnisse aus der arbeitsmedizinischen Vorsorge. Der Arbeitgeber darf diese Informationen übernehmen, sofern sie auf die Arbeitsmittel, Arbeitsbedingungen und Verfahren in seinem Betrieb anwendbar sind. Bei der Informationsbeschaffung kann der Arbeitgeber davon ausgehen, dass die vom Hersteller des Arbeitsmittels mitgelieferten Informationen zutreffend sind, es sei denn, dass er über andere Erkenntnisse verfügt.
(5) Der Arbeitgeber kann bei der Festlegung der Schutzmaßnahmen bereits vorhandene Gefährdungsbeurteilungen, hierzu gehören auch gleichwertige Unterlagen, die ihm der Hersteller oder Inverkehrbringer mitgeliefert hat, übernehmen, sofern die Angaben und Festlegungen in dieser Gefährdungsbeurteilung den Arbeitsmitteln einschließlich der Arbeitsbedingungen und -verfahren, im eigenen Betrieb entsprechen.
(6) Der Arbeitgeber hat Art und Umfang erforderlicher Prüfungen von Arbeitsmitteln sowie die Fristen von wiederkehrenden Prüfungen nach den §§ 14 und 16 zu ermitteln und festzulegen, soweit diese Verordnung nicht bereits entsprechende Vorgaben enthält. Satz 1 gilt auch für Aufzugsanlagen. Die Fristen für die wiederkehrenden Prüfungen sind so festzulegen, dass die Arbeitsmittel bis zur nächsten festgelegten Prüfung sicher verwendet werden können. Bei der Festlegung der Fristen für die wiederkehrenden Prüfungen nach § 14 Absatz 2 Satz 1 für die in Anhang 3 genannten Arbeitsmittel dürfen die dort genannten Prüffristen nicht überschritten werden. Bei der Festlegung der Fristen für die wiederkehrenden Prüfungen nach § 16 dürfen die in Anhang 2 Abschnitt 5.1 bis 5.3 und Abschnitt 4 Nummer 5.8 in Verbindung mit Tabelle 1 genannten Höchstfristen nicht überschritten werden, es sei denn, dass in den genannten Anhängen etwas anderes bestimmt ist. Ferner hat der Arbeitgeber zu ermitteln und festzulegen, welche Voraussetzungen die zur Prüfung befähigten Personen erfüllen müssen, die von ihm mit den Prüfungen von Arbeitsmitteln nach den §§ 14, 15 und 16 zu beauftragen sind.
(7) Die Gefährdungsbeurteilung ist regelmäßig zu überprüfen. Dabei ist der Stand der Technik zu berücksichtigen. Soweit erforderlich, sind die Schutzmaßnahmen bei der Verwendung von Arbeitsmitteln entsprechend anzupassen. Der Arbeitgeber hat die Gefährdungsbeurteilung unverzüglich zu aktualisieren, wenn

1. sicherheitsrelevante Veränderungen der Arbeitsbedingungen einschließlich der Änderung von Arbeitsmitteln dies erfordern,
2. neue Informationen, insbesondere Erkenntnisse aus dem Unfallgeschehen oder aus der arbeitsmedizinischen Vorsorge, vorliegen oder

3. die Überprüfung der Wirksamkeit der Schutzmaßnahmen nach § 4 Absatz 5 ergeben, dass die festgelegten Schutzmaßnahmen nicht wirksam oder nicht ausreichend sind.

Ergibt die Überprüfung der Gefährdungsbeurteilung, dass keine Aktualisierung erforderlich ist, so hat der Arbeitgeber dies unter Angabe des Datums der Überprüfung in der Dokumentation nach Absatz 8 zu vermerken.

(8) Der Arbeitgeber hat das Ergebnis seiner Gefährdungsbeurteilung vor der erstmaligen Verwendung der Arbeitsmittel zu dokumentieren. Dabei sind mindestens anzugeben

1. die Gefährdungen, die bei der Verwendung der Arbeitsmittel auftreten,
2. die zu ergreifenden Schutzmaßnahmen,
3. wie die Anforderungen dieser Verordnung eingehalten werden, wenn von den nach § 21 Absatz 6 Nummer 1 bekannt gegebenen Regeln und Erkenntnissen abgewichen wird,
4. Art und Umfang der erforderlichen Prüfungen sowie die Fristen der wiederkehrenden Prüfungen (Absatz 6 Satz 1) und
5. das Ergebnis der Überprüfung der Wirksamkeit der Schutzmaßnahmen nach § 4 Absatz 5.

Die Dokumentation kann auch in elektronischer Form vorgenommen werden.

(9) Sofern der Arbeitgeber von § 7 Absatz 1 Gebrauch macht und die Gefährdungsbeurteilung ergibt, dass die Voraussetzungen nach § 7 Absatz 1 vorliegen, ist eine Dokumentation dieser Voraussetzungen ausreichend.

§ 4 Grundpflichten des Arbeitgebers (1) Arbeitsmittel dürfen erst verwendet werden, nachdem der Arbeitgeber

1. eine Gefährdungsbeurteilung durchgeführt hat,
2. die dabei ermittelten Schutzmaßnahmen nach dem Stand der Technik getroffen hat und
3. festgestellt hat, dass die Verwendung der Arbeitsmittel nach dem Stand der Technik sicher ist.

(2) Ergibt sich aus der Gefährdungsbeurteilung, dass Gefährdungen durch technische Schutzmaßnahmen nach dem Stand der Technik nicht oder nur unzureichend vermieden werden können, hat der Arbeitgeber geeignete organisatorische und personenbezogene Schutzmaßnahmen zu treffen. Technische Schutzmaßnahmen haben Vorrang vor organisatorischen, diese haben wiederum Vorrang vor personenbezogenen Schutzmaßnahmen. Die Verwendung persönlicher Schutzausrüstung ist für jeden Beschäftigten auf das erforderliche Minimum zu beschränken.

(3) Bei der Festlegung der Schutzmaßnahmen hat der Arbeitgeber die Vorschriften dieser Verordnung einschließlich der Anhänge zu beachten und die nach § 21 Absatz 6 Nummer 1 bekannt gegebenen Regeln und Erkenntnisse zu berücksichtigen. Bei Einhaltung dieser Regeln und Erkenntnisse ist davon auszugehen, dass die in dieser Verordnung gestellten Anforderungen erfüllt sind. Von den Regeln und Erkenntnissen kann abgewichen werden, wenn Sicherheit und Gesundheit durch andere Maßnahmen zumindest in vergleichbarer Weise gewährleistet werden.

(4) Der Arbeitgeber hat dafür zu sorgen, dass Arbeitsmittel, für die in § 14 und im Abschnitt 3 dieser Verordnung Prüfungen vorgeschrieben sind, nur verwendet werden, wenn diese Prüfungen durchgeführt und dokumentiert wurden.
(5) Der Arbeitgeber hat die Wirksamkeit der Schutzmaßnahmen vor der erstmaligen Verwendung der Arbeitsmittel zu überprüfen. Satz 1 gilt nicht, soweit entsprechende Prüfungen nach § 14 oder § 15 durchgeführt wurden. Der Arbeitgeber hat weiterhin dafür zu sorgen, dass Arbeitsmittel vor ihrer jeweiligen Verwendung auf offensichtliche Mängel, die die sichere Verwendung beeinträchtigen können, kontrolliert werden und dass Schutz- und Sicherheitseinrichtungen einer regelmäßigen Kontrolle ihrer Funktionsfähigkeit unterzogen werden. Satz 3 gilt auch bei Arbeitsmitteln, für die wiederkehrende Prüfungen nach § 14 oder § 16 vorgeschrieben sind.
(6) Der Arbeitgeber hat die Belange des Arbeitsschutzes in Bezug auf die Verwendung von Arbeitsmitteln angemessen in seine betriebliche Organisation einzubinden und hierfür die erforderlichen personellen, finanziellen und organisatorischen Voraussetzungen zu schaffen. Insbesondere hat er dafür zu sorgen, dass bei der Gestaltung der Arbeitsorganisation, des Arbeitsverfahrens und des Arbeitsplatzes sowie bei der Auswahl und beim Zur-Verfügung-Stellen der Arbeitsmittel alle mit der Sicherheit und Gesundheit der Beschäftigten zusammenhängenden Faktoren, einschließlich der psychischen, ausreichend berücksichtigt werden.

§ 5 Anforderungen an die zur Verfügung gestellten Arbeitsmittel (1) Der Arbeitgeber darf nur solche Arbeitsmittel zur Verfügung stellen und verwenden lassen, die unter Berücksichtigung der vorgesehenen Einsatzbedingungen bei der Verwendung sicher sind. Die Arbeitsmittel müssen
1. für die Art der auszuführenden Arbeiten geeignet sein,
2. den gegebenen Einsatzbedingungen und den vorhersehbaren Beanspruchungen angepasst sein und
3. über die erforderlichen sicherheitsrelevanten Ausrüstungen verfügen,

sodass eine Gefährdung durch ihre Verwendung so gering wie möglich gehalten wird. Kann durch Maßnahmen nach den Sätzen 1 und 2 die Sicherheit und Gesundheit nicht gewärleistet werden, so hat der Arbeitgeber andere geeignete Schutzmaßnahmen zu treffen, um die Gefährdung so weit wie möglich zu reduzieren.
(2) Der Arbeitgeber darf Arbeitsmittel nicht zur Verfügung stellen und verwenden lassen, wenn sie Mängel aufweisen, welche die sichere Verwendung beeinträchtigen.
(3) Der Arbeitgeber darf nur solche Arbeitsmittel zur Verfügung stellen und verwenden lassen, die den für sie geltenden Rechtsvorschriften über Sicherheit und Gesundheitsschutz entsprechen. Zu diesen Rechtsvorschriften gehören neben den Vorschriften dieser Verordnung insbesondere Rechtsvorschriften, mit denen Gemeinschaftsrichtlinien in deutsches Recht umgesetzt wurden und die für die Arbeitsmittel zum Zeitpunkt des Bereitstellens auf dem Markt gelten. Arbeitsmittel, die der Arbeitgeber für eigene Zwecke selbst hergestellt hat, müssen den grundlegenden Sicherheitsanforderungen der anzuwendenden Gemeinschaftsrichtlinien entsprechen. Den formalen Anforderungen dieser Richtlinien brauchen sie nicht

zu entsprechen, es sei denn, es ist in der jeweiligen Richtlinie ausdrücklich anders bestimmt.

(4) Der Arbeitgeber hat dafür zu sorgen, dass Beschäftigte nur die Arbeitsmittel verwenden, die er ihnen zur Verfügung gestellt hat oder deren Verwendung er ihnen ausdrücklich gestattet hat.

§ 6 Grundlegende Schutzmaßnahmen bei der Verwendung von Arbeitsmitteln

(1) Der Arbeitgeber hat dafür zu sorgen, dass die Arbeitsmittel sicher verwendet und dabei die Grundsätze der Ergonomie beachtet werden. Dabei ist Anhang 1 zu beachten. Die Verwendung der Arbeitsmittel ist so zu gestalten und zu organisieren, dass Belastungen und Fehlbeanspruchungen, die die Gesundheit und die Sicherheit der Beschäftigten gefährden können, vermieden oder, wenn dies nicht möglich ist, auf ein Mindestmaß reduziert werden. Der Arbeitgeber hat darauf zu achten, dass die Beschäftigten in der Lage sind, die Arbeitsmittel zu verwenden, ohne sich oder andere Personen zu gefährden. Insbesondere sind folgende Grundsätze einer menschengerechten Gestaltung der Arbeit zu berücksichtigen:

1. die Arbeitsmittel einschließlich ihrer Schnittstelle zum Menschen müssen an die körperlichen Eigenschaften und die Kompetenz der Beschäftigten angepasst sein sowie biomechanische Belastungen bei der Verwendung vermieden sein. Zu berücksichtigen sind hierbei die Arbeitsumgebung, die Lage der Zugriffstellen und des Schwerpunktes des Arbeitsmittels, die erforderliche Körperhaltung, die Körperbewegung, die Entfernung zum Körper, die benötigte persönliche Schutzausrüstung sowie die psychische Belastung der Beschäftigten,
2. die Beschäftigten müssen über einen ausreichenden Bewegungsfreiraum verfügen,
3. es sind ein Arbeitstempo und ein Arbeitsrhythmus zu vermeiden, die zu Gefährdungen der Beschäftigten führen können,
4. es sind Bedien- und Überwachungstätigkeiten zu vermeiden, die eine uneingeschränkte und dauernde Aufmerksamkeit erfordern.

(2) Der Arbeitgeber hat dafür zu sorgen, dass vorhandene Schutzeinrichtungen und zur Verfügung gestellte persönliche Schutzausrüstungen verwendet werden, dass erforderliche Schutz- oder Sicherheitseinrichtungen funktionfähig sind und nicht auf einfache Weise manipuliert oder umgangen werden. Der Arbeitgeber hat ferner durch geeignete Maßnahmen dafür zu sorgen, dass Beschäftigte bei der Verwendung der Arbeitsmittel, die nach § 12 erhaltenen Informationen sowie Kennzeichnungen und Gefahrenhinweise beachten.

(3) Der Arbeitgeber hat dafür zu sorgen, dass

1. die Errichtung von Arbeitsmitteln, der Auf- und Abbau, die Erprobung sowie die Instandhaltung und Prüfung von Arbeitsmitteln unter Berücksichtigung der sicherheitsrelevanten Aufstellungs- und Umgebungsbedingungen nach dem Stand der Technik erfolgen und sicher durchgeführt werden,
2. erforderliche Sicherheits- und Schutzabstände eingehalten werden und
3. alle verwendeten oder erzeugten Energieformen und Materialien sicher zu- und abgeführt werden können.

Werden Arbeitsmittel im Freien verwendet, hat der Arbeitgeber dafür zu sorgen, dass die sichere Verwendung der Arbeitsmittel ungeachtet der Witterungsverhältnisse stets gewährleistet ist.

§ 7 Vereinfachte Vorgehensweise bei der Verwendung von Arbeitsmitteln
(1) Der Arbeitgeber kann auf weitere Maßnahmen nach den §§ 8 und 9 verzichten, wenn sich aus der Gefährdungsbeurteilung ergibt, dass
1. die Arbeitsmittel mindestens den sicherheitstechnischen Anforderungen der für sie zum Zeitpunkt der Verwendung geltenden Rechtsvorschriften zum Bereitstellen von Arbeitsmitteln auf dem Markt entsprechen,
2. die Arbeitsmittel ausschließlich bestimmungsgemäß entsprechend den Vorgaben des Herstellers verwendet werden,
3. keine zusätzlichen Gefährdungen der Beschäftigten unter Berücksichtigung der Arbeitsumgebung, der Arbeitsgegenstände, der Arbeitsabläufe sowie der Dauer und der zeitlichen Lage der Arbeitszeit auftreten und
4. Instandhaltungsmaßnahmen nach § 10 getroffen und Prüfungen nach § 14 durchgeführt werden.

(2) Absatz 1 gilt nicht für überwachungsbedürftige Anlagen und die in Anhang 3 genannten Arbeitsmittel.

§ 8 Schutzmaßnahmen bei Gefährdungen durch Energien, Ingangsetzen und Stillsetzen (1) Der Arbeitgeber darf nur solche Arbeitsmittel verwenden lassen, die gegen Gefährdungen ausgelegt sind durch
1. die von ihnen ausgehenden oder verwendeten Energien,
2. direktes oder indirektes Berühren von Teilen, die unter elektrischer Spannung stehen, oder
3. Störungen ihrer Energieversorgung.

Die Arbeitsmittel müssen ferner so gestaltet sein, dass eine gefährliche elektrostatische Aufladung vermieden oder begrenzt wird. Ist dies nicht möglich, müssen sie mit Einrichtungen zum Ableiten solcher Aufladungen ausgestattet sein.

(2) Der Arbeitgeber hat dafür zu sorgen, dass Arbeitsmittel mit den sicherheitstechnisch erforderlichen Mess-, Steuer- und Regeleinrichtungen ausgestattet sind, damit sie sicher und zuverlässig verwendet werden.

(3) Befehlseinrichtungen, die Einfluss auf die sichere Verwendung der Arbeitsmittel haben, müssen insbesondere
1. als solche deutlich erkennbar, außerhalb des Gefahrenbereichs angeordnet und leicht und ohne Gefährdung erreichbar sein; ihre Betätigung darf zu keiner zusätzlichen Gefährdung führen,
2. sicher beschaffen und auf vorhersehbare Störungen, Beanspruchungen und Zwänge ausgelegt sein,
3. gegen unbeabsichtigtes oder unbefugtes Betätigen gesichert sein.

(4) Arbeitsmittel dürfen nur absichtlich in Gang gesetzt werden können. Soweit erforderlich, muss das Ingangsetzen sicher verhindert werden können oder müssen sich die Beschäftigten Gefährdungen durch das in Gang gesetzte Arbeitsmittel rechtzeitig entziehen können. Hierbei und bei Änderungen des Betriebszustands

muss auch die Sicherheit im Gefahrenbereich durch geeignete Maßnahmen gewährleistet werden.

(5) Vom Standort der Bedienung des Arbeitsmittels aus muss dieses als Ganzes oder in Teilen so stillgesetzt und von jeder einzelnen Energiequelle dauerhaft sicher getrennt werden können, dass ein sicherer Zustand gewährleistet ist. Die hierfür vorgesehenen Befehlseinrichtungen müssen leicht und ungehindert erreichbar und deutlich erkennbar gekennzeichnet sein. Der Befehl zum Stillsetzen eines Arbeitsmittels muss gegenüber dem Befehl zum Ingangsetzen Vorrang haben. Können bei Arbeitsmitteln, die über Systeme mit Speicherwirkung verfügen, nach dem Trennen von jeder Energiequelle nach Satz 1 noch Energien gespeichert sein, so müssen Einrichtungen vorhanden sein, mit denen diese Systeme energiefrei gemacht werden können. Diese Einrichtungen müssen gekennzeichnet sein. Ist ein vollständiges Energiefreimachen nicht möglich, müssen an den Arbeitsmitteln entsprechende Gefahrenhinweise vorhanden sein.

(6) Kraftbetriebene Arbeitsmittel müssen mit einer schnell erreichbaren und auffällig gekennzeichneten Notbefehlseinrichtunge zum sicheren Stillsetzen des gesamten Arbeitsmittels ausgerüstet sein, mit der Gefahr bringende Bewegungen oder Prozesse ohne zusätzliche Gefährdungen unverzüglich stillgesetzt werden können. Auf eine Notbefehlseinrichtung kann verzichtet werden, wenn sie die Gefährdung nicht mindern würde; in diesem Fall ist die Sicherheit auf andere Weise zu gewährleisten. Vom jeweiligen Bedienungsort des Arbeitsmittels aus muss feststellbar sein, ob sich Personen oder Hindernisse im Gefahrenbereich befinden, oder dem Ingangsetzen muss ein automatisch ansprechendes Sicherheitssystem vorgeschaltet sein, das das Ingangsetzen verhindert, solange sich Beschäftigte im Gefahrenbereich aufhalten. Ist dies nicht möglich, müssen ausreichende Möglichkeiten zur Verständigung und Warnung vor dem Ingangsetzen vorhanden sein. Soweit erforderlich, muss das Ingangsetzen sicher verhindert werden können, oder die Beschäftigten müssen sich Gefährdungen durch das in Gang gesetzte Arbeitsmittel rechtzeitig entziehen können.

§ 9 Weitere Schutzmaßnahmen bei der Verwendung von Arbeitsmitteln (1) Der Arbeitgeber hat dafür zu sorgen, dass Arbeitsmittel unter Berücksichtigung der zu erwartenden Betriebsbedingungen so verwendet werden, dass Beschäftigte gegen vorhersehbare Gefährdungen ausreichend geschützt sind. Insbesondere müssen

1. Arbeitsmittel ausreichend standsicher sein und, falls erforderlich, gegen unbeabsichtigte Positions- und Lageänderungen stabilisiert werden,
2. Arbeitsmittel mit den erforderlichen sicherheitstechnischen Ausrüstungen versehen sein,
3. Arbeitsmittel, ihre Teile und die Verbindungen untereinander den Belastungen aus inneren und äußeren Kräften standhalten,
4. Schutzeinrichtungen bei Splitter- oder Bruchgefahr sowie gegen herabfallende oder herausschleudernde Gegenstände vorhanden sein,
5. sichere Zugänge zu Arbeitsplätzen an und in Arbeitsmitteln gewährleistet und ein gefahrloses Aufenthalt dort möglich sein,
6. Schutzmaßnahmen getroffen werden, die sowohl einen Absturz von Beschäftigten als auch von Arbeitsmitteln sicher verhindern,

7. Maßnahmen getroffen werden, damit Personen nicht unbeabsichtigt in Arbeitsmitteln eingeschlossen werden; im Notfall müssen eingeschlossene Personen aus Arbeitsmitteln in angemessener Zeit befreit werden können,
8. Schutzmaßnahmen gegen Gefährdungen durch bewegliche Teile getroffen werden; hierzu gehören auch Maßnahmen, die den unbeabsichtigten Zugang zum Gefahrenbereich von beweglichen Teilen von Arbeitsmitteln verhindern oder die beweglichen Teile vor dem Erreichen des Gefahrenbereichs stillsetzen,
9. Maßnahmen getroffen werden, die verhindern, dass die sichere Verwendung der Arbeitsmittel durch äußere Einwirkungen beeinträchtigt wird,
10. Leitungen so verlegt sein, dass Gefährdungen vermieden werden, und
11. Maßnahmen getroffen werden, die verhindern, dass außer Betrieb gesetzte Arbeitsmittel zu Gefährdungen führen.

(2) Der Arbeitgeber hat Schutzmaßnahmen gegen Gefährdungen durch heiße oder kalte Teile, scharfe Ecken und Kanten und raue Oberflächen von Arbeitsmitteln zu treffen.

(3) Der Arbeitgeber hat weiterhin dafür zu sorgen, dass Schutzeinrichtungen

1. einen ausreichenden Schutz gegen Gefährdungen bieten,
2. stabil gebaut sind,
3. sicher in Position gehalten werden,
4. die Eingriffe, die für den Einbau oder den Austausch von Teilen sowie für Instandhaltungsarbeiten erforderlich sind, möglichst ohne Demontage der Schutzeinrichtungen zulassen,
5. keine zusätzlichen Gefährdungen verursachen,
6. nicht auf einfache Weise umgangen oder unwirksam gemacht werden können und
7. die Beobachtung und Durchführung des Arbeitszyklus nicht mehr als notwendig einschränken.

(4) Werden Arbeitsmittel in Bereichen mit gefährlicher explosionsfähiger Atmosphäre verwendet oder kommt es durch deren Verwendung zur Bildung gefährlicher explosionsfähiger Atmosphäre, müssen unter Beachtung der Gefahrstoffverordnung die erforderlichen Schutzmaßnahmen getroffen werden, insbesondere sind die für die jeweilige Zone geeigneten Geräte und Schutzsysteme im Sinne der Richtlinie 2014/34/EU des Europäischen Parlaments und des Rates vom 26. Februar 2014 zur Harmonisierung der Rechtsvorschriften der Mitgliedstaaten für Geräte und Schutzsysteme zur bestimmungsgemäßen Verwendung in explosionsgefährdeten Bereichen (ABl. L 96 vom 29. 3. 2014, S. 309) einzusetzen. Diese Schutzmaßnahmen sind vor der erstmaligen Verwendung der Arbeitsmittel im Explosionsschutzdokument nach § 6 Absatz 9 der Gefahrstoffverordnung zu dokumentieren.

(5) Soweit nach der Gefährdungsbeurteilung erforderlich, müssen an Arbeitsmitteln oder in deren Gefahrenbereich ausreichende, verständliche und gut wahrnehmbare Sicherheitskennzeichnungen und Gefahrenhinweise sowie Einrichtungen zur angemessenen, unmissverständlichen und leicht wahrnehmbaren Warnung im Gefahrenfall vorhanden sein.

§ 10 Instandhaltung und Änderung von Arbeitsmitteln (1) Der Arbeitgeber hat Instandhaltungsmaßnahmen zu treffen, damit die Arbeitsmittel während der gesamten Verwendungsdauer den für sie geltenden Sicherheits- und Gesundheitsschutzanforderungen entsprechen und in einem sicheren Zustand erhalten werden. Dabei sind die Angaben des Herstellers zu berücksichtigen. Notwendige Instandhaltungsmaßnahmen nach Satz 1 sind unverzüglich durchzuführen und die dabei erforderlichen Schutzmaßnahmen zu treffen.

(2) Der Arbeitgeber hat Instandhaltungsmaßnahmen auf der Grundlage einer Gefährdungsbeurteilung sicher durchführen zu lassen und dabei die Betriebsanleitung des Herstellers zu berücksichtigen. Instandhaltungsmaßnahmen dürfen nur von fachkundigen, beauftragten und unterwiesenen Beschäftigten oder von sonstigen für die Durchführung der Instandhaltungsarbeiten geeigneten Auftragnehmern mit vergleichbarer Qualifikation durchgeführt werden.

(3) Der Arbeitgeber hat alle erforderlichen Maßnahmen zu treffen, damit Instandhaltungsarbeiten sicher durchgeführt werden können. Dabei hat er insbesondere

1. die Verantwortlichkeiten für die Durchführung der erforderlichen Sicherungsmaßnahmen festzulegen,
2. eine ausreichende Kommunikation zwischen Bedien- und Instandhaltungspersonal sicherzustellen,
3. den Arbeitsbereich während der Instandhaltungsarbeiten abzusichern,
4. das Betreten des Arbeitsbereichs durch Unbefugte zu verhindern, soweit das nach der Gefährdungsbeurteilung erforderlich ist,
5. sichere Zugänge für das Instandhaltungspersonal vorzusehen,
6. Gefährdungen durch bewegte oder angehobene Arbeitsmittel oder deren Teile sowie durch gefährliche Energien oder Stoffe zu vermeiden,
7. dafür zu sorgen, dass Einrichtungen vorhanden sind, mit denen Energien beseitigt werden können, die nach einer Trennung des instand zu haltenden Arbeitsmittels von Energiequellen noch gespeichert sind; diese Einrichtungen sind entsprechend zu kennzeichnen,
8. sichere Arbeitsverfahren für solche Arbeitsbedingungen festzulegen, die vom Normalzustand abweichen,
9. erforderliche Warn- und Gefahrenhinweise bezogen auf Instandhaltungsarbeiten an den Arbeitsmitteln zur Verfügung zu stellen,
10. dafür zu sorgen, dass nur geeignete Geräte und Werkzeuge und eine geeignete persönliche Schutzausrüstung verwendet werden,
11. bei Auftreten oder Bildung gefährlicher explosionsfähiger Atmosphäre Schutzmaßnahmen entsprechend § 9 Absatz 4 Satz 1 zu treffen,
12. Systeme für die Freigabe bestimmter Arbeiten anzuwenden.

(4) Werden bei Instandhaltungsmaßnahmen an Arbeitsmitteln die für den Normalbetrieb getroffenen technischen Schutzmaßnahmen ganz oder teilweise außer Betrieb gesetzt oder müssen solche Arbeiten unter Gefährdung durch Energie durchgeführt werden, so ist die Sicherheit der Beschäftigten während der Dauer dieser Arbeiten durch andere geeignete Maßnahmen zu gewährleisten.

(5) Werden Änderungen an Arbeitsmitteln durchgeführt, gelten die Absätze 1 bis 3 entsprechend. Der Arbeitgeber hat sicherzustellen, dass die geänderten Arbeitsmit-

tel die Sicherheits- und Gesundheitsschutzanforderungen nach § 5 Absatz 1 und 2 erfüllen. Bei Änderungen von Arbeitsmitteln hat der Arbeitgeber zu beurteilen, ob es sich um prüfpflichtige Änderungen handelt. Er hat auch zu beurteilen, ob er bei den Änderungen von Arbeitsmitteln Herstellerpflichten zu beachten hat, die sich aus anderen Rechtsvorschriften, insbesondere dem Produktsicherheitsgesetz oder einer Verordnung nach § 8 Absatz 1 des Produktsicherheitsgesetzes ergeben.

§ 11 Besondere Betriebszustände, Betriebsstörungen und Unfälle (1) Der Arbeitgeber hat Maßnahmen zu ergreifen, durch die unzulässige oder instabile Betriebszustände von Arbeitsmitteln verhindert werden. Können instabile Zustände nicht sicher verhindert werden, hat der Arbeitgeber Maßnahmen zu ihrer Beherrschung zu treffen. Die Sätze 1 und 2 gelten insbesondere für An- und Abfahr- sowie Erprobungsvorgänge.

(2) Der Arbeitgeber hat dafür zu sorgen, dass Beschäftigte und andere Personen bei einem Unfall oder bei einem Notfall unverzüglich gerettet und ärztlich versorgt werden können. Dies schließt die Bereitstellung geeigneter Zugänge zu den Arbeitsmitteln und in diese sowie die Bereitstellung erforderlicher Befestigungsmöglichkeiten für Rettungseinrichtungen an und in den Arbeitsmitteln ein. Im Notfall müssen Zugangssperren gefahrlos selbsttätig in einen sicheren Bereich öffnen. Ist dies nicht möglich, müssen Zugangssperren über eine Notentriegelung leicht zu öffnen sein, wobei an der Notentriegelung und an der Zugangssperre auf die noch bestehenden Gefahren besonders hingewiesen werden muss. Besteht die Möglichkeit, in ein Arbeitsmittel eingezogen zu werden, muss die Rettung eingezogener Personen möglich sein.

(3) Der Arbeitgeber hat dafür zu sorgen, dass die notwendigen Informationen über Maßnahmen bei Notfällen zur Verfügung stehen. Die Informationen müssen auch Rettungsdiensten zur Verfügung stehen, soweit sie für Rettungseinsätze benötigt werden. Zu den Informationen zählen:

1. eine Vorabmitteilung über einschlägige Gefährdungen bei der Arbeit, über Maßnahmen zur Feststellung von Gefährdungen sowie über Vorsichtsmaßnahmen und Verfahren, damit die Rettungsdienste ihre eigenen Abhilfe- und Sicherheitsmaßnahmen vorbereiten können,
2. Informationen über einschlägige und spezifische Gefährdungen, die bei einem Unfall oder Notfall auftreten können, einschließlich der Informationen über die Maßnahmen nach den Absätzen 1 und 2.

Treten durch besondere Betriebszustände oder Betriebsstörungen Gefährdungen auf, hat der Arbeitgeber dafür zu sorgen, dass dies durch Warneinrichtungen angezeigt wird.

(4) Werden bei Rüst-, Einrichtungs- und Erprobungsarbeiten oder vergleichbaren Arbeiten an Arbeitsmitteln die für den Normalbetrieb getroffenen technischen Schutzmaßnahmen ganz oder teilweise außer Betrieb gesetzt oder müssen solche Arbeiten unter Gefährdung durch Energie durchgeführt werden, so ist die Sicherheit der Beschäftigten während der Dauer dieser Arbeiten durch andere geeignete Maßnahmen zu gewährleisten. Die Arbeiten nach Satz 1 dürfen nur von fachkundigen Personen durchgeführt werden.

(5) Insbesondere bei Rüst- und Einrichtungsarbeiten, der Erprobung und der Prüfung von Arbeitsmitteln sowie bei der Fehlersuche sind Gefahrenbereiche festzulegen. Ist ein Aufenthalt im Gefahrenbereich von Arbeitsmitteln erforderlich, sind auf der Grundlage der Gefährdungsbeurteilung weitere Maßnahmen zu treffen, welche die Sicherheit der Beschäftigten gewährleisten.

§ 12 Unterweisung und besondere Beauftragung von Beschäftigten (1) Bevor Beschäftigte Arbeitsmittel erstmalig verwenden, hat der Arbeitgeber ihnen ausreichende und angemessene Informationen anhand der Gefährdungsbeurteilung in einer für die Beschäftigten verständlichen Form und Sprache zur Verfügung zu stellen über

1. vorhandene Gefährdungen bei der Verwendung von Arbeitsmitteln einschließlich damit verbundener Gefährdungen durch die Arbeitsumgebung,
2. erforderliche Schutzmaßnahmen und Verhaltensregelungen und
3. Maßnahmen bei Betriebsstörungen, Unfällen und zur Ersten Hilfe bei Notfällen.

Der Arbeitgeber hat die Beschäftigten vor Aufnahme der Verwendung von Arbeitsmitteln tätigkeitsbezogen anhand der Informationen nach Satz 1 zu unterweisen. Dennoch hat er in regelmäßigen Abständen, mindestens jedoch einmal jährlich, weitere Unterweisungen durchzuführen. Das Datum einer jeden Unterweisung und die Namen der Unterwiesenen hat er schriftlich festzuhalten.

(2) Bevor Beschäftigte Arbeitsmittel erstmalig verwenden, hat der Arbeitgeber ihnen eine schriftliche Betriebsanweisung für die Verwendung des Arbeitsmittels in einer für die Beschäftigten verständlichen Form und Sprache an geeigneter Stelle zur Verfügung zu stellen. Satz 1 gilt nicht für Arbeitsmittel, für die keine Gebrauchsanleitung nach § 3 Absatz 4 des Produktsicherheitsgesetzes mitgeliefert werden muss. Anstelle einer Betriebsanweisung kann der Arbeitgeber auch eine bei der Bereitstellung des Arbeitsmittels auf dem Markt mitgelieferte Gebrauchsanleitung oder Betriebsanleitung zur Verfügung stellen, wenn diese Informationen enthalten, die einer Betriebsanweisung entsprechen. Die Betriebsanweisung ist bei sicherheitsrelevanten Änderungen der Arbeitsbedingungen zu aktualisieren und bei der regelmäßig wiederkehrenden Unterweisung nach § 12 des Arbeitsschutzgesetzes in Bezug zu nehmen.

(3) Ist die Verwendung von Arbeitsmitteln mit besonderen Gefährdungen verbunden, hat der Arbeitgeber dafür zu sorgen, dass diese nur von hierzu beauftragten Beschäftigten verwendet werden.

§ 13 Zusammenarbeit verschiedener Arbeitgeber (1) Beabsichtigt der Arbeitgeber, in seinem Betrieb Arbeiten durch eine betriebsfremde Person (Auftragnehmer) durchführen zu lassen, so darf er dafür nur solche Auftragnehmer heranziehen, die über die für die geplanten Arbeiten erforderliche Fachkunde verfügen. Der Arbeitgeber als Auftraggeber hat die Auftragnehmer, die ihrerseits Arbeitgeber sind, über die von seinen Arbeitsmitteln ausgehenden Gefährdungen und über spezifische Verhaltensregeln zu informieren. Der Auftragnehmer hat den Auftraggeber und andere Arbeitgeber über Gefährdungen durch seine Arbeiten für Beschäftigte des Auftraggebers und anderer Arbeitgeber zu informieren.

(2) Kann eine Gefährdung von Beschäftigten anderer Arbeitgeber nicht ausgeschlossen werden, so haben alle betroffenen Arbeitgeber bei ihren Gefährdungsbeurteilungen zusammenzuwirken und die Schutzmaßnahmen so abzustimmen und durchzuführen, dass diese wirksam sind. Jeder Arbeitgeber ist dafür verantwortlich, dass seine Beschäftigten die gemeinsam festgelegten Schutzmaßnahmen anwenden.
(3) Besteht bei der Verwendung von Arbeitsmitteln eine erhöhte Gefährdung von Beschäftigten anderer Arbeitgeber, ist für die Abstimmung der jeweils erforderlichen Schutzmaßnahmen durch die beteiligten Arbeitgeber ein Koordinator/eine Koordinatorin schriftlich zu bestellen. Sofern aufgrund anderer Arbeitsschutzvorschriften bereits ein Koordinator/eine Koordinatorin bestellt ist, kann dieser/diese auch die Koordinationsaufgaben nach dieser Verordnung übernehmen. Dem Koordinator/der Koordinatorin sind von den beteiligten Arbeitgebern alle erforderlichen sicherheitsrelevanten Informationen sowie Informationen zu den festgelegten Schutzmaßnahmen zur Verfügung zu stellen. Die Bestellung eines Koordinators/einer Koordinatorin entbindet die Arbeitgeber nicht von ihrer Verantwortung nach dieser Verordnung.

§ 14 Prüfung von Arbeitsmitteln (1) Der Arbeitgeber hat Arbeitsmittel, deren Sicherheit von den Montagebedingungen abhängt, vor der erstmaligen Verwendung von einer zur Prüfung befähigten Person prüfen zu lassen. Die Prüfung umfasst Folgendes:
1. die Kontrolle der vorschriftsmäßigen Montage oder Installation und der sicheren Funktion dieser Arbeitsmittel,
2. die rechtzeitige Feststellung von Schäden,
3. die Feststellung, ob die getroffenen sicherheitstechnischen Maßnahmen geeignet und funktionsfähig sind.

Prüfinhalte, die im Rahmen eines Konformitätsbewertungsverfahrens geprüft und dokumentiert wurden, müssen nicht erneut geprüft werden. Die Prüfung muss vor jeder Inbetriebnahme nach einer Montage stattfinden.
(2) Arbeitsmittel, die Schäden verursachenden Einflüssen ausgesetzt sind, die zu Gefährdungen der Beschäftigten führen können, hat der Arbeitgeber wiederkehrend von einer zur Prüfung befähigten Person prüfen zu lassen. Die Prüfung muss entsprechend den nach § 3 Absatz 6 ermittelten Fristen stattfinden. Ergibt die Prüfung, dass ein Arbeitsmittel nicht bis zu der nach § 3 Absatz 6 ermittelten nächsten wiederkehrenden Prüfung sicher betrieben werden kann, ist die Prüffrist neu festzulegen.
(3) Arbeitsmittel sind nach prüfpflichtigen Änderungen vor ihrer nächsten Verwendung durch eine zur Prüfung befähigte Person prüfen zu lassen. Arbeitsmittel, die von außergewöhnlichen Ereignissen betroffen sind, die schädigende Auswirkungen auf ihre Sicherheit haben können, durch die Beschäftigte gefährdet werden können, sind vor ihrer weiteren Verwendung einer außerordentlichen Prüfung durch eine zur Prüfung befähigte Person unterziehen zu lassen. Außergewöhnliche Ereignisse können insbesondere Unfälle, längere Zeiträume der Nichtverwendung der Arbeitsmittel oder Naturereignisse sein.

(4) Bei der Prüfung der in Anhang 3 genannten Arbeitsmittel gelten die dort genannten Vorgaben zusätzlich zu den Vorgaben der Absätze 1 bis 3.

(5) Der Fälligkeitstermin von wiederkehrenden Prüfungen wird jeweils mit dem Monat und dem Jahr angegeben. Die Frist für die nächste wiederkehrende Prüfung beginnt mit dem Fälligkeitstermin der letzten Prüfung. Wird eine Prüfung vor dem Fälligkeitstermin durchgeführt, beginnt die Frist für die nächste Prüfung mit dem Monat und Jahr der Durchführung. Für Arbeitsmittel mit einer Prüffrist von mehr als zwei Jahren gilt Satz 3 nur, wenn die Prüfung mehr als zwei Monate vor dem Fälligkeitstermin durchgeführt wird. Ist ein Arbeitsmittel zum Fälligkeitstermin der wiederkehrenden Prüfung außer Betrieb gesetzt, so darf es erst wieder in Betrieb genommen werden, nachdem diese Prüfung durchgeführt worden ist; in diesem Fall beginnt die Frist für die nächste wiederkehrende Prüfung mit dem Termin der Prüfung. Eine wiederkehrende Prüfung gilt als fristgerecht durchgeführt, wenn sie spätestens zwei Monate nach dem Fälligkeitstermin durchgeführt wurde. Dieser Absatz ist nur anzuwenden, soweit es sich um Arbeitsmittel nach Anhang 2 Abschnitt 2 bis 4 und Anhang 3 handelt.

(6) Zur Prüfung befähigte Personen nach § 2 Absatz 6 unterliegen bei der Durchführung der nach dieser Verordnung vorgeschriebenen Prüfungen keinen fachlichen Weisungen durch den Arbeitgeber. Zur Prüfung befähigte Personen dürfen vom Arbeitgeber wegen ihrer Prüftätigkeit nicht benachteiligt werden.

(7) Der Arbeitgeber hat dafür zu sorgen, dass das Ergebnis der Prüfung nach den Absätzen 1 bis 4 aufgezeichnet und mindestens bis zur nächsten Prüfung aufbewahrt wird. Dabei hat er dafür zu sorgen, dass die Aufzeichnungen nach Satz 1 mindestens Auskunft geben über:

1. Art der Prüfung,
2. Prüfumfang,
3. Ergebnis der Prüfung und
4. Name und Unterschrift der zur Prüfung befähigten Person; bei ausschließlich elektronisch übermittelten Dokumenten elektronische Signatur.

Aufzeichnungen können auch in elektronischer Form aufbewahrt werden. Werden Arbeitsmittel nach den Absätzen 1 und 2 sowie Anhang 3 an unterschiedlichen Betriebsorten verwendet, ist am Einsatzort ein Nachweis über die Durchführung der letzten Prüfung vorzuhalten.

(8) Die Absätze 1 bis 3 gelten nicht für überwachungsbedürftige Anlagen, soweit entsprechende Prüfungen in den §§ 15 und 16 vorgeschrieben sind. Absatz 7 gilt nicht für überwachungsbedürftige Anlagen, soweit entsprechende Aufzeichnungen in § 17 vorgeschrieben sind.

Abschnitt 3 – Zusätzliche Vorschriften für überwachungsbedürftige Anlagen

§§ 15 –18 *(nicht abgedruckt)*

Abschnitt 4 – Vollzugsregelungen und Ausschuss für Betriebssicherheit

§§ 19–21 *(nicht abgedruckt)*

Abschnitt 5 – Ordnungswidrigkeiten und Straftaten, Schlussvorschriften

§ 22 Ordnungswidrigkeiten (1) Ordnungswidrig im Sinne des § 25 Absatz 1 Nummer 1 des Arbeitsschutzgesetzes handelt, wer vorsätzlich oder fahrlässig

1. entgegen § 3 Absatz 1 Satz 1 eine Gefährdung nicht, nicht richtig oder nicht rechtzeitig beurteilt,
2. entgegen § 3 Absatz 3 Satz 3 eine Gefährdungsbeurteilung durchführt,
3. *(aufgehoben)*
4. *(aufgehoben)*
5. entgegen § 3 Absatz 7 Satz 4 eine Gefährdungsbeurteilung nicht oder nicht rechtzeitig aktualisiert,
6. entgegen § 3 Absatz 8 Satz 1 ein dort genanntes Ergebnis nicht oder nicht rechtzeitig dokumentiert,
7. entgegen § 4 Absatz 1 ein Arbeitsmittel verwendet,
8. entgegen § 4 Absatz 4 nicht dafür sorgt, dass Arbeitsmittel, für die in § 14 oder in Abschnitt 3 dieser Verordnung Prüfungen vorgeschrieben sind, nur verwendet werden, wenn diese Prüfungen durchgeführt und dokumentiert wurden,
9. entgegen § 5 Absatz 2 ein Arbeitsmittel verwenden lässt,
10. entgegen § 5 Absatz 4 nicht dafür sorgt, dass ein Beschäftigter nur ein dort genanntes Arbeitsmittel verwendet,
11. entgegen § 6 Absatz 1 Satz 2 in Verbindung mit Anhang 1 Nummer 1.3 Satz 1 nicht dafür sorgt, dass ein Beschäftigter nur auf einem dort genannten Platz mitfährt,
12. entgegen § 6 Absatz 1 Satz 2 in Verbindung mit Anhang 1 Nummer 1.4 Satz 1 nicht dafür sorgt, dass eine dort genannte Einrichtung vorhanden ist,
13. entgegen § 6 Absatz 1 Satz 2 in Verbindung mit Anhang 1 Nummer 1.5 eine dort genannte Maßnahme nicht oder nicht rechtzeitig trifft,
14. entgegen § 6 Absatz 1 Satz 2 in Verbindung mit Anhang 1 Nummer 1.7 Satz 1 nicht dafür sorgt, dass die dort genannte Geschwindigkeit angepasst werden kann,
15. entgegen § 6 Absatz 1 Satz 2 in Verbindung mit Anhang 1 Nummer 1.8 Satz 1 Buchstabe a nicht dafür sorgt, dass eine Verbindungseinrichtung gesichert ist,
16. entgegen § 6 Absatz 1 Satz 2 in Verbindung mit Anhang 1 Nummer 2.1 Satz 1 nicht dafür sorgt, dass die Standsicherheit oder die Festigkeit eines dort genannten Arbeitsmittels sichergestellt ist,
17. entgegen § 6 Absatz 1 Satz 2 in Verbindung mit Anhang 1 Nummer 2.1 Satz 5 ein dort genanntes Arbeitsmittel nicht richtig aufgestellt oder nicht richtig verwendet,
18. entgegen § 6 Absatz 1 Satz 2 in Verbindung mit Anhang 1 Nummer 2.2 Satz 1 nicht dafür sorgt, dass ein Arbeitsmittel mit einem dort genannten Hinweis versehen ist,
19. entgegen § 6 Absatz 1 Satz 2 in Verbindung mit Anhang 1 Nummer 2.3.2 nicht dafür sorgt, dass ein dort genanntes Arbeitsmittel abgebremst und eine ungewollte Bewegung verhindert werden kann,

20. entgegen § 6 Absatz 1 Satz 2 in Verbindung mit Anhang 1 Nummer 2.4 Satz 2 nicht dafür sorgt, dass das Heben eines Beschäftigten nur mit einem dort genannten Arbeitsmittel erfolgt,
21. entgegen § 6 Absatz 1 Satz 2 in Verbindung mit Anhang 1 Nummer 2.5 Buchstabe b oder Buchstabe c nicht dafür sorgt, dass Lasten sicher angeschlagen werden oder Lasten oder Lastaufnahme- oder Anschlagmittel sich nicht unbeabsichtigt lösen oder verschieben können,
22. entgegen § 6 Absatz 1 Satz 2 in Verbindung mit Anhang 1 Nummer 3.2.3 Satz 2 nicht dafür sorgt, dass ein dort genanntes Gerüst verankert wird,
23. entgegen § 6 Absatz 1 Satz 2 in Verbindung mit Anhang 1 Nummer 3.2.6 Satz 1 nicht dafür sorgt, dass ein Gerüst nur in der dort genannten Weise auf-, ab- oder umgebaut wird,
24. entgegen § 6 Absatz 2 Satz 1 nicht dafür sorgt, dass eine Schutzeinrichtung verwendet wird,
25. entgegen § 12 Absatz 1 Satz 1 eine Information nicht, nicht vollständig oder nicht rechtzeitig zur Verfügung stellt,
26. entgegen § 12 Absatz 1 Satz 2 einen Beschäftigten nicht, nicht richtig, nicht vollständig oder nicht rechtzeitig unterweist,
27. entgegen § 12 Absatz 2 Satz 1 eine Betriebsanweisung nicht, nicht richtig, nicht vollständig oder nicht rechtzeitig zur Verfügung stellt,
28. entgegen § 14 Absatz 1 Satz 1 oder Absatz 4 Satz 1 ein Arbeitsmittel nicht oder nicht rechtzeitig prüfen lässt,
29. entgegen § 14 Absatz 3 Satz 2 ein Arbeitsmittel einer außerordentlichen Prüfung nicht oder nicht rechtzeitig unterziehen lässt,
30. entgegen § 14 Absatz 7 Satz 1 nicht dafür sorgt, dass ein Ergebnis aufgezeichnet und aufbewahrt wird,
31. entgegen § 14 Absatz 7 Satz 2 nicht dafür sorgt, dass eine Aufzeichnung eine dort genannte Auskunft gibt,
32. entgegen § 19 Absatz 1 bei einem Arbeitsmittel nach Anhang 3 Abschnitt 1 Nummer 1.1, Abschnitt 2 Nummer 1.1 Satz 1 oder Abschnitt 3 Nummer 1.1 Satz 1 eine Anzeige nicht, nicht richtig, nicht vollständig oder nicht rechtzeitig erstattet oder
33. entgegen § 19 Absatz 3 eine Dokumentation, eine Information, einen Nachweis oder eine Angabe nicht, nicht richtig, nicht vollständig oder nicht rechtzeitig übermittelt.

(2) Ordnungswidrig im Sinne des § 32 Absatz 1 Nummer 14 Buchstabe a des Gesetzes über überwachungsbedürftige Anlagen handelt, wer vorsätzlich oder fahrlässig

1. entgegen § 6 Absatz 1 Satz 2 in Verbindung mit Anhang 1 Nummer 4.1 Satz 1 nicht dafür sorgt, dass ein Kommunikationssystem wirksam ist,
2. entgegen § 6 Absatz 1 Satz 2 in Verbindung mit Anhang 1 Nummer 4.1 Satz 2 einen Notfallplan nicht oder nicht rechtzeitig zur Verfügung stellt,
3. entgegen § 6 Absatz 1 Satz 2 in Verbindung mit Anhang 1 Nummer 4.1 Satz 5 eine dort genannte Einrichtung nicht oder nicht rechtzeitig bereitstellt,
4. entgegen § 6 Absatz 1 Satz 2 in Verbindung mit Anhang 1 Nummer 4.1 Satz 6 nicht dafür sorgt, dass eine Person Hilfe herbeirufen kann,

5. entgegen § 6 Absatz 1 Satz 2 in Verbindung mit Anhang 1 Nummer 4.4 Satz 1 nicht dafür sorgt, dass ein Personenumlaufaufzug nur von Beschäftigten verwendet wird,
5a. entgegen § 6 Absatz 1 Satz 2 in Verbindung mit Anhang 1 Nummer 4.4 Satz 2 einen Personenumlaufaufzug durch eine andere Person verwenden lässt,
6. entgegen § 15 Absatz 1 Satz 1 nicht sicherstellt, dass eine überwachungsbedürftige Anlage geprüft wird,
7. entgegen § 16 Absatz 1 in Verbindung mit Anhang 2 Abschnitt 3 Nummer 5.1 Satz 1 bis 3 oder 4, Nummer 5.2 Satz 1 oder Nummer 5.3 Satz 1 oder Abschnitt 4 Nummer 5.1 Satz 1, 2 oder 3, Nummer 5.2 bis 5.4 oder 5.5, Nummer 5.7 Satz 3, Nummer 5.8 oder Nummer 5.9 Satz 1 nicht sicherstellt, dass eine überwachungsbedürftige Anlage geprüft wird,
8. ohne Erlaubnis nach § 18 Absatz 1 Satz 1 eine dort genannte Anlage errichtet, betreibt oder ändert,
9. einer vollziehbaren Anordnung nach § 19 Absatz 5 Satz 1 zuwiderhandelt oder
10. eine in Absatz 1 Nummer 9 oder Nummer 24 bezeichnete Handlung in Bezug auf eine überwachungsbedürftige Anlage nach § 2 Nummer 30 des Produktsicherheitsgesetzes begeht.

(3) Ordnungswidrig im Sinne des § 32 Absatz 1 Nummer 14 Buchstabe b des Gesetzes über überwachungsbedürftige Anlagen handelt, wer vorsätzlich oder fahrlässig entgegen § 19 Absatz 1 bei einem Arbeitsmittel nach Anhang 2 Abschnitt 2 Nummer 2 Buchstabe a, Buchstabe b Satz 1 oder Buchstabe c, Abschnitt 3 Nummer 2 oder Abschnitt 4 Nummer 2.1, 2.2 oder 2.3 eine Anzeige nicht, nicht richtig, nicht vollständig oder nicht rechtzeitig erstattet.

§ 23 Straftaten (1) Wer durch eine in § 22 Absatz 1 bezeichnete vorsätzliche Handlung Leben oder Gesundheit eines Beschäftigten gefährdet, ist nach § 26 Nummer 2 des Arbeitsschutzgesetzes strafbar.

(2) Wer eine in § 22 Absatz 2 bezeichnete vorsätzliche Handlung beharrlich wiederholt oder durch eine solche vorsätzliche Handlung Leben oder Gesundheit eines anderen oder fremde Sachen von bedeutendem Wert gefährdet, ist nach § 33 des Gesetzes über überwachungsbedürftige Anlagen strafbar.

§ 24 Übergangsvorschriften *(nicht abgedruckt)*

Anhang 1 (zu § 6 Absatz 1 Satz 2)
Besondere Vorschriften für bestimmte Arbeitsmittel

(nicht abgedruckt)

Anhang 2 (zu den §§ 15 und 16)
Prüfvorschriften für überwachungsbedürftige Anlagen

(nicht abgedruckt)

Anhang 3 (zu § 14 Absatz 4)
Prüfvorschriften für bestimmte Arbeitsmittel

(nicht abgedruckt)

7e. Verordnung über Sicherheit und Gesundheitsschutz bei der manuellen Handhabung von Lasten bei der Arbeit (Lastenhandhabungsverordnung – LasthandhabV)

vom 4. Dezember 1996 (BGBl. I 1842),
zuletzt geändert durch Verordnung vom 19. Juni 2020 (BGBl. I 1328)

Einleitung

(siehe bei Nr. 7, II 6)

Verordnungstext

§ 1 Anwendungsbereich (1) Diese Verordnung gilt für die manuelle Handhabung von Lasten, die aufgrund ihrer Merkmale oder ungünstiger ergonomischer Bedingungen für die Beschäftigten eine Gefährdung für Sicherheit und Gesundheit, insbesondere der Lendenwirbelsäule, mit sich bringt.
(2) Manuelle Handhabung im Sinne dieser Verordnung ist jedes Befördern oder Abstützen einer Last durch menschliche Kraft, unter anderem das Heben, Absetzen, Schieben, Ziehen, Tragen oder Bewegen einer Last.
(3) Das Bundeskanzleramt, das Bundesministerium des Innern, für Bau und Heimat das Bundesministerium für Verkehr und digitale Infrastruktur, das Bundesministerium der Verteidigung oder das Bundesministerium der Finanzen können, soweit sie hierfür jeweils zuständig sind, im Einvernehmen mit dem Bundesministerium für Arbeit und Soziales und, soweit nicht das Bundesministerium des Innern selbst zuständig ist, im Einvernehmen mit dem Bundesministerium des Innern bestimmen, daß für bestimmte Tätigkeiten im öffentlichen Dienst des Bundes, insbesondere bei der Bundeswehr, der Polizei, den Zivil- und Katastrophenschutzdiensten, dem Zoll oder den Nachrichtendiensten, Vorschriften dieser Verordnung ganz oder zum Teil nicht anzuwenden sind, soweit öffentliche Belange dies zwingend erfordern, insbesondere zur Aufrechterhaltung oder Wiederherstellung der öffentlichen Sicherheit. In diesem Fall ist gleichzeitig festzulegen, wie die Sicherheit und der Gesundheitsschutz der Beschäftigten nach dieser Verordnung auf andere Weise gewährleistet werden.

§ 2 Maßnahmen (1) Der Arbeitgeber hat unter Zugrundelegung des Anhangs geeignete organisatorische Maßnahmen zu treffen oder geeignete Arbeitsmittel, insbesondere mechanische Ausrüstungen, einzusetzen, um manuelle Handhabungen von Lasten, die für die Beschäftigten eine Gefährdung für Sicherheit und Gesundheit, insbesondere der Lendenwirbelsäule mit sich bringen, zu vermeiden.

(2) Können diese manuellen Handhabungen von Lasten nicht vermieden werden, hat der Arbeitgeber bei der Beurteilung der Arbeitsbedingungen nach § 5 des Arbeitsschutzgesetzes die Arbeitsbedingungen insbesondere unter Zugrundelegung des Anhangs zu beurteilen. Aufgrund der Beurteilung hat der Arbeitgeber geeignete Maßnahmen zu treffen, damit eine Gefährdung von Sicherheit und Gesundheit der Beschäftigten möglichst gering gehalten wird.

§ 3 Übertragung von Aufgaben Bei der Übertragung von Aufgaben der manuellen Handhabung von Lasten, die für die Beschäftigten zu einer Gefährdung für Sicherheit und Gesundheit führen, hat der Arbeitgeber die körperliche Eignung der Beschäftigten zur Ausführung der Aufgaben zu berücksichtigen.

§ 4 Unterweisung Bei der Unterweisung nach § 12 des Arbeitsschutzgesetzes hat der Arbeitgeber insbesondere den Anhang und die körperliche Eignung der Beschäftigten zu berücksichtigen. Er hat den Beschäftigten, soweit dies möglich ist, genaue Angaben zu machen über die sachgemäße manuelle Handhabung von Lasten und über die Gefahren, denen die Beschäftigten insbesondere bei unsachgemäßer Ausführung der Tätigkeit ausgesetzt sind.

Anhang

Merkmale, aus denen sich eine Gefährdung von Sicherheit und Gesundheit, insbesondere der Lendenwirbelsäule, der Beschäftigten ergeben kann:

(1) Im Hinblick auf die zu handhabende Last insbesondere

1. ihr Gewicht, ihre Form und Größe,
2. die Lage der Zugriffsstellen,
3. die Schwerpunktlage und
4. die Möglichkeit einer unvorhergesehenen Bewegung.

(2) Im Hinblick auf die von den Beschäftigten zu erfüllende Arbeitsaufgabe insbesondere

1. die erforderliche Körperhaltung oder Körperbewegung, insbesondere Drehbewegung,
2. die Entfernung der Last vom Körper,
3. die durch das Heben, Senken oder Tragen der Last zu überbrückende Entfernung,
4. das Ausmaß, die Häufigkeit und die Dauer des erforderlichen Kraftaufwandes,
5. die erforderliche persönliche Schutzausrüstung,
6. das Arbeitstempo infolge eines nicht durch die Beschäftigten zu ändernden Arbeitsablaufs und
7. die zur Verfügung stehende Erholungs- oder Ruhezeit.

(3) Im Hinblick auf die Beschaffenheit des Arbeitsplatzes und der Arbeitsumgebung insbesondere

1. der in vertikaler Richtung zur Verfügung stehende Platz und Raum,
2. der Höhenunterschied über verschiedene Ebenen,
3. die Temperatur, Luftfeuchtigkeit und Luftgeschwindigkeit,
4. die Beleuchtung,
5. die Ebenheit, Rutschfestigkeit oder Stabilität der Standfläche und
6. die Bekleidung, insbesondere das Schuhwerk.

7f. Verordnung über Sicherheit und Gesundheitsschutz bei der Benutzung persönlicher Schutzausrüstungen bei der Arbeit (PSA-Benutzungsverordnung – PSA-BV)

vom 4. Dezember 1996 (BGBl. I S. 1841),
zuletzt geändert durch Verordnung vom 2. Dezember 2024 (BGBl. 2024 I Nr. 384)

Einleitung

(siehe bei Nr. 7, II 8)

Verordnungstext

§ 1 Anwendungsbereich (1) Diese Verordnung gilt für die Bereitstellung persönlicher Schutzausrüstungen durch Arbeitgeber sowie für die Benutzung persönlicher Schutzausrüstungen durch Beschäftigte bei der Arbeit.

(2) Persönliche Schutzausrüstung im Sinne dieser Verordnung ist jede Ausrüstung, die dazu bestimmt ist, von den Beschäftigten benutzt oder getragen zu werden, um sich gegen eine Gefährdung für ihre Sicherheit und Gesundheit zu schützen, sowie jede mit demselben Ziel verwendete und mit der persönlichen Schutzausrüstung verbundene Zusatzausrüstung.

(3) Als persönliche Schutzausrüstungen im Sinne des Absatzes 2 gelten nicht:

1. Arbeitskleidung und Uniformen, die nicht speziell der Sicherheit und dem Gesundheitsschutz der Beschäftigten dienen,
2. Ausrüstungen für Not- und Rettungsdienste,
3. persönliche Schutzausrüstungen für die Bundeswehr, den Zivil- und Katastrophenschutz, die Polizeien des Bundes und der Länder sowie sonstige Einrichtungen, die der öffentlichen Sicherheit oder der öffentlichen Ordnung dienen,
4. persönliche Schutzausrüstungen für den Straßenverkehr, soweit sie verkehrsrechtlichen Vorschriften unterliegen,
5. Sportausrüstungen,
6. Selbstverteidigungs- und Abschreckungsmittel,
7. tragbare Geräte zur Feststellung und Signalisierung von Gefahren und Gefahrstoffen.

(4) Die Verordnung gilt nicht in Betrieben, die dem Bundesberggesetz unterliegen.

§ 2 Bereitstellung und Benutzung (1) Unbeschadet seiner Pflichten nach den §§ 3, 4 und 5 des Arbeitsschutzgesetzes darf der Arbeitgeber nur persönliche Schutzausrüstungen auswählen und den Beschäftigten bereitstellen, die

1. den Anforderungen der Verordnung (EU) 2016/425 des Europäischen Parlaments und des Rates vom 9. März 2016 über persönliche Schutzausrüstungen und zur Aufhebung der Richtlinie 89/686/EWG des Rates (ABl. L 81 vom 31. 3. 2016, S. 51) in der jeweils geltenden Fassung entsprechen,
2. Schutz gegenüber der zu verhütenden Gefährdung bieten, ohne selbst eine größere Gefährdung mit sich zu bringen,
3. für die am Arbeitsplatz gegebenen Bedingungen geeignet sind und
4. den ergonomischen Anforderungen und den gesundheitlichen Erfordernissen der Beschäftigten entsprechen.

(2) Persönliche Schutzausrüstungen müssen den Beschäftigten individuell passen. Sie sind grundsätzlich für den Gebrauch durch eine Person bestimmt. Erfordern die Umstände eine Benutzung durch verschiedene Beschäftigte, hat der Arbeitgeber dafür zu sorgen, daß Gesundheitsgefahren oder hygienische Probleme nicht auftreten.

(3) Werden mehrere persönliche Schutzausrüstungen gleichzeitig von einer oder einem Beschäftigten benutzt, muß der Arbeitgeber diese Schutzausrüstungen so aufeinander abstimmen, daß die Schutzwirkung der einzelnen Ausrüstungen nicht beeinträchtigt wird.

(4) Durch Wartungs-, Reparatur- und Ersatzmaßnahmen sowie durch ordnungsgemäße Lagerung trägt der Arbeitgeber dafür Sorge, daß die persönlichen Schutzausrüstungen während der gesamten Benutzungsdauer gut funktionieren und sich in einem hygienisch einwandfreien Zustand befinden.

§ 3 Unterweisung (1) Bei der Unterweisung nach § 12 des Arbeitsschutzgesetzes hat der Arbeitgeber die Beschäftigten darin zu unterweisen, wie die persönlichen Schutzausrüstungen sicherheitsgerecht benutzt werden. Soweit erforderlich, führt er eine Schulung in der Benutzung durch.

(2) Für jede bereitgestellte persönliche Schutzausrüstung hat der Arbeitgeber erforderliche Informationen für die Benutzung in für die Beschäftigten verständlicher Form und Sprache bereitzuhalten.

7g. Verordnung zum Schutz der Beschäftigten vor Gefährdungen durch Lärm und Vibrationen (Lärm- und Vibrations-Arbeitsschutzverordnung – LärmVibrationsArbSchV)

vom 6. März 2007 (BGBl. I S. 261),
zuletzt geändert durch Verordnung vom 21. Juli 2021 (BGBl. I 3115)

Einleitung

(siehe bei Nr. 7, II 7)

Verordnungstext

Abschnitt 1 – Anwendungsbereich und Begriffsbestimmungen

§ 1 Anwendungsbereich (1) Diese Verordnung gilt zum Schutz der Beschäftigten vor tatsächlichen oder möglichen Gefährdungen ihrer Gesundheit und Sicherheit durch Lärm oder Vibrationen bei der Arbeit.
(2) Das Bundesministerium der Verteidigung kann für Beschäftigte, die Lärm und Vibrationen ausgesetzt sind oder ausgesetzt sein können, Ausnahmen von den Vorschriften dieser Verordnung zulassen, soweit öffentliche Belange dies zwingend erfordern, insbesondere für Zwecke der Landesverteidigung oder zur Erfüllung zwischenstaatlicher Verpflichtungen der Bundesrepublik Deutschland. In diesem Fall ist gleichzeitig festzulegen, wie die Sicherheit und der Gesundheitsschutz der Beschäftigten nach dieser Verordnung auf andere Weise gewährleistet werden kann.

§ 2 Begriffsbestimmungen (1) Lärm im Sinne dieser Verordnung ist jeder Schall, der zu einer Beeinträchtigung des Hörvermögens oder zu einer sonstigen mittelbaren oder unmittelbaren Gefährdung von Sicherheit und Gesundheit der Beschäftigten führen kann.
(2) Der Tages-Lärmexpositionspegel ($L_{EX,8h}$) ist der über die Zeit gemittelte Lärmexpositionspegel bezogen auf eine Achtstundenschicht. Er umfasst alle am Arbeitsplatz auftretenden Schallereignisse.
(3) Der Wochen-Lärmexpositionspegel ($L_{EX,40h}$) ist der über die Zeit gemittelte Tages-Lärmexpositionspegel bezogen auf eine 40-Stundenwoche.
(4) Der Spitzenschalldruckpegel ($L_{pC,peak}$) ist der Höchstwert des momentanen Schalldruckpegels.
(5) Vibrationen sind alle mechanischen Schwingungen, die durch Gegenstände auf den menschlichen Körper übertragen werden und zu einer mittelbaren oder un-

mittelbaren Gefährdung von Sicherheit und Gesundheit der Beschäftigten führen können. Dazu gehören insbesondere

1. mechanische Schwingungen, die bei Übertragung auf das Hand-Arm-System des Menschen Gefährdungen für die Gesundheit und Sicherheit der Beschäftigten verursachen oder verursachen können (Hand-Arm-Vibrationen), insbesondere Knochen- oder Gelenkschäden, Durchblutungsstörungen oder neurologische Erkrankungen, und
2. mechanische Schwingungen, die bei Übertragung auf den gesamten Körper Gefährdungen für die Gesundheit und Sicherheit der Beschäftigten verursachen oder verursachen können (Ganzkörper-Vibrationen), insbesondere Rückenschmerzen und Schädigungen der Wirbelsäule.

(6) Der Tages-Vibrationsexpositionswert A ist der über die Zeit nach Nummer 1.1 des Anhangs für Hand-Arm-Vibrationen und nach Nummer 2.1 des Anhangs für Ganzkörper-Vibrationen gemittelte Vibrationsexpositionswert bezogen auf eine Achtstundenschicht.

(7) Fachkundig ist, wer über die erforderlichen Fachkenntnisse zur Ausübung einer in dieser Verordnung bestimmten Aufgabe verfügt. Die Anforderungen an die Fachkunde sind abhängig von der jeweiligen Art der Aufgabe. Zu den Anforderungen zählen eine entsprechende Berufsausbildung oder Berufserfahrung jeweils in Verbindung mit einer zeitnah ausgeübten einschlägigen beruflichen Tätigkeit sowie die Teilnahme an spezifischen Fortbildungsmaßnahmen.

(8) Der Stand der Technik ist der Entwicklungsstand fortschrittlicher Verfahren, Einrichtungen oder Betriebsweisen, der die praktische Eignung einer Maßnahme zum Schutz der Gesundheit und zur Sicherheit der Beschäftigten gesichert erscheinen lässt. Bei der Bestimmung des Standes der Technik sind insbesondere vergleichbare Verfahren, Einrichtungen oder Betriebsweisen heranzuziehen, die mit Erfolg in der Praxis erprobt worden sind. Gleiches gilt für die Anforderungen an die Arbeitsmedizin und die Arbeitshygiene.

(9) Den Beschäftigten stehen Schülerinnen und Schüler, Studierende und sonstige in Ausbildungseinrichtungen tätige Personen, die bei ihren Tätigkeiten Lärm und Vibrationen ausgesetzt sind, gleich.

Abschnitt 2 – Ermittlung und Bewertung der Gefährdung; Messungen

§ 3 Gefährdungsbeurteilung (1) Bei der Beurteilung der Arbeitsbedingungen nach § 5 des Arbeitsschutzgesetzes hat der Arbeitgeber zunächst festzustellen, ob die Beschäftigten Lärm oder Vibrationen ausgesetzt sind oder ausgesetzt sein können. Ist dies der Fall, hat er alle hiervon ausgehenden Gefährdungen für die Gesundheit und Sicherheit der Beschäftigten zu beurteilen. Dazu hat er die auftretenden Expositionen am Arbeitsplatz zu ermitteln und zu bewerten. Der Arbeitgeber kann sich die notwendigen Informationen beim Hersteller oder Inverkehrbringer von Arbeitsmitteln oder bei anderen ohne weiteres zugänglichen Quellen beschaffen. Lässt sich die Einhaltung der Auslöse- und Expositionsgrenzwerte nicht sicher ermitteln, hat er den Umfang der Exposition durch Messungen nach § 4 festzustellen. Entsprechend dem Ergebnis der Gefährdungsbeurteilung hat der Arbeitgeber Schutzmaßnahmen nach dem Stand der Technik festzulegen.

(2) Die Gefährdungsbeurteilung nach Absatz 1 umfasst insbesondere

1. bei Exposition der Beschäftigten durch Lärm
   a) Art, Ausmaß und Dauer der Exposition durch Lärm,
   b) die Auslösewerte nach § 6 Satz 1 und die Expositionswerte nach § 8 Abs. 2,
   c) die Verfügbarkeit alternativer Arbeitsmittel und Ausrüstungen, die zu einer geringeren Exposition der Beschäftigten führen (Substitutionsprüfung),
   d) Erkenntnisse aus der arbeitsmedizinischen Vorsorge sowie allgemein zugängliche, veröffentlichte Informationen hierzu,
   e) die zeitliche Ausdehnung der beruflichen Exposition über eine Achtstundenschicht hinaus,
   f) die Verfügbarkeit und Wirksamkeit von Gehörschutzmitteln,
   g) Auswirkungen auf die Gesundheit und Sicherheit von Beschäftigten, die besonders gefährdeten Gruppen angehören, und
   h) Herstellerangaben zu Lärmemissionen sowie
2. bei Exposition der Beschäftigten durch Vibrationen
   a) Art, Ausmaß und Dauer der Exposition durch Vibrationen, einschließlich besonderer Arbeitsbedingungen, wie zum Beispiel Tätigkeiten bei niedrigen Temperaturen,
   b) die Expositionsgrenzwerte und Auslösewerte nach § 9 Abs. 1 und 2,
   c) die Verfügbarkeit und die Möglichkeit des Einsatzes alternativer Arbeitsmittel und Ausrüstungen, die zu einer geringeren Exposition der Beschäftigten führen (Substitutionsprüfung),
   d) Erkenntnisse aus der arbeitsmedizinischen Vorsorge sowie allgemein zugängliche, veröffentlichte Informationen hierzu,
   e) die zeitliche Ausdehnung der beruflichen Exposition über eine Achtstundenschicht hinaus,
   f) Auswirkungen auf die Gesundheit und Sicherheit von Beschäftigten, die besonders gefährdeten Gruppen angehören, und
   g) Herstellerangaben zu Vibrationsemissionen.

(3) Die mit der Exposition durch Lärm oder Vibrationen verbundenen Gefährdungen sind unabhängig voneinander zu beurteilen und in der Gefährdungsbeurteilung zusammenzuführen. Mögliche Wechsel- oder Kombinationswirkungen sind bei der Gefährdungsbeurteilung zu berücksichtigen. Dies gilt insbesondere bei Tätigkeiten mit gleichzeitiger Belastung durch Lärm, arbeitsbedingten ototoxischen Substanzen oder Vibrationen, soweit dies technisch durchführbar ist. Zu berücksichtigen sind auch mittelbare Auswirkungen auf die Gesundheit und Sicherheit der Beschäftigten, zum Beispiel durch Wechselwirkungen zwischen Lärm und Warnsignalen oder anderen Geräuschen, deren Wahrnehmung zur Vermeidung von Gefährdungen erforderlich ist. Bei Tätigkeiten, die eine hohe Konzentration und Aufmerksamkeit erfordern, sind störende und negative Einflüsse infolge einer Exposition durch Lärm oder Vibrationen zu berücksichtigen.

(4) Der Arbeitgeber hat die Gefährdungsbeurteilung unabhängig von der Zahl der Beschäftigten zu dokumentieren. In der Dokumentation ist anzugeben, welche Gefährdungen am Arbeitsplatz auftreten können und welche Maßnahmen zur Vermeidung oder Minimierung der Gefährdung der Beschäftigten durchgeführt werden müssen. Die Gefährdungsbeurteilung ist zu aktualisieren, wenn maßgebliche

Veränderungen der Arbeitsbedingungen dies erforderlich machen oder wenn sich eine Aktualisierung auf Grund der Ergebnisse der arbeitsmedizinischen Vorsorge als notwendig erweist.

§ 4 Messungen (1) Der Arbeitgeber hat sicherzustellen, dass Messungen nach dem Stand der Technik durchgeführt werden. Dazu müssen

1. Messverfahren und -geräte den vorhandenen Arbeitsplatz- und Expositionsbedingungen angepasst sein; dies betrifft insbesondere die Eigenschaften des zu messenden Lärms oder der zu messenden Vibrationen, die Dauer der Einwirkung und die Umgebungsbedingungen und
2. die Messverfahren und -geräte geeignet sein, die jeweiligen physikalischen Größen zu bestimmen, und die Entscheidung erlauben, ob die in den §§ 6 und 9 festgesetzten Auslöse- und Expositionsgrenzwerte eingehalten werden.

Die durchzuführenden Messungen können auch eine Stichprobenerhebung umfassen, die für die persönliche Exposition eines Beschäftigten repräsentativ ist. Der Arbeitgeber hat die Dokumentation über die ermittelten Messergebnisse mindestens 30 Jahre in einer Form aufzubewahren, die eine spätere Einsichtnahme ermöglicht.

(2) Messungen zur Ermittlung der Exposition durch Vibrationen sind zusätzlich zu den Anforderungen nach Absatz 1 entsprechend den Nummern 1.2 und 2.2 des Anhangs durchzuführen.

§ 5 Fachkunde Der Arbeitgeber hat sicherzustellen, dass die Gefährdungsbeurteilung nur von fachkundigen Personen durchgeführt wird. Verfügt der Arbeitgeber nicht selbst über die entsprechenden Kenntnisse, hat er sich fachkundig beraten zu lassen. Fachkundige Personen können insbesondere der Betriebsarzt und die Fachkraft für Arbeitssicherheit sein. Der Arbeitgeber darf mit der Durchführung von Messungen nur Personen beauftragen, die über die dafür notwendige Fachkunde und die erforderlichen Einrichtungen verfügen.

Abschnitt 3 – Auslösewerte und Schutzmaßnahmen bei Lärm

§ 6 Auslösewerte bei Lärm Die Auslösewerte in Bezug auf den Tages-Lärmexpositionspegel und den Spitzenschalldruckpegel betragen:

1. Obere Auslösewerte: $L_{EX,8h}$ = 85 dB(A) beziehungsweise $L_{pC,peak}$ = 137 dB(C),
2. Untere Auslösewerte: $L_{EX,8h}$ = 80 dB(A) beziehungsweise $L_{pC,peak}$ = 135 dB(C).

Bei der Anwendung der Auslösewerte wird die dämmende Wirkung eines persönlichen Gehörschutzes der Beschäftigten nicht berücksichtigt.

§ 7 Maßnahmen zur Vermeidung und Verringerung der Lärmexposition (1) Der Arbeitgeber hat die nach § 3 Abs. 1 Satz 6 festgelegten Schutzmaßnahmen nach dem Stand der Technik durchzuführen, um die Gefährdung der Beschäftigten auszuschließen oder so weit wie möglich zu verringern. Dabei ist folgende Rangfolge zu berücksichtigen:

7g

1. Die Lärmemission muss am Entstehungsort verhindert oder so weit wie möglich verringert werden. Technische Maßnahmen haben Vorrang vor organisatorischen Maßnahmen.
2. Die Maßnahmen nach Nummer 1 haben Vorrang vor der Verwendung von Gehörschutz nach § 8.

(2) Zu den Maßnahmen nach Absatz 1 gehören insbesondere:

1. alternative Arbeitsverfahren, welche die Exposition der Beschäftigten durch Lärm verringern,
2. Auswahl und Einsatz neuer oder bereits vorhandener Arbeitsmittel unter dem vorrangigen Gesichtspunkt der Lärmminderung,
3. die lärmmindernde Gestaltung und Einrichtung der Arbeitsstätten und Arbeitsplätze,
4. technische Maßnahmen zur Luftschallminderung, beispielsweise durch Abschirmungen oder Kapselungen, und zur Körperschallminderung, beispielsweise durch Körperschalldämpfung oder -dämmung oder durch Körperschallisolierung,
5. Wartungsprogramme für Arbeitsmittel, Arbeitsplätze und Anlagen,
6. arbeitsorganisatorische Maßnahmen zur Lärmminderung durch Begrenzung von Dauer und Ausmaß der Exposition und Arbeitszeitpläne mit ausreichenden Zeiten ohne belastende Exposition.

(3) In Ruheräumen ist unter Berücksichtigung ihres Zweckes und ihrer Nutzungsbedingungen die Lärmexposition so weit wie möglich zu verringern.

(4) Der Arbeitgeber hat Arbeitsbereiche, in denen einer der oberen Auslösewerte für Lärm ($L_{EX,8h}$, $L_{pC,peak}$) überschritten werden kann, als Lärmbereiche zu kennzeichnen und, falls technisch möglich, abzugrenzen. In diesen Bereichen dürfen sich Beschäftigte nur aufhalten, wenn das Arbeitsverfahren dies erfordert und die Beschäftigten eine geeignete persönliche Schutzausrüstung verwenden; Absatz 1 bleibt unberührt.

(5) Wird einer der oberen Auslösewerte überschritten, hat der Arbeitgeber ein Programm mit technischen und organisatorischen Maßnahmen zur Verringerung der Lärmexposition auszuarbeiten und durchzuführen. Dabei sind insbesondere die Absätze 1 und 2 zu berücksichtigen.

§ 8 Gehörschutz (1) Werden die unteren Auslösewerte nach § 6 Satz 1 Nr. 2 trotz Durchführung der Maßnahmen nach § 7 Abs. 1 nicht eingehalten, hat der Arbeitgeber den Beschäftigten einen geeigneten persönlichen Gehörschutz zur Verfügung zu stellen, der den Anforderungen nach Absatz 2 genügt.

(2) Der persönliche Gehörschutz ist vom Arbeitgeber so auszuwählen, dass durch seine Anwendung die Gefährdung des Gehörs beseitigt oder auf ein Minimum verringert wird. Dabei muss unter Einbeziehung der dämmenden Wirkung des Gehörschutzes sichergestellt werden, dass der auf das Gehör des Beschäftigten einwirkende Lärm die maximal zulässigen Expositionswerte $L_{EX,8h}$ = 85 dB(A) beziehungsweise $L_{pC,peak}$ = 137 dB(C) nicht überschreitet.

(3) Erreicht oder überschreitet die Lärmexposition am Arbeitsplatz einen der oberen Auslösewerte nach § 6 Satz 1 Nr. 1, hat der Arbeitgeber dafür Sorge zu

tragen, dass die Beschäftigten den persönlichen Gehörschutz bestimmungsgemäß verwenden.

(4) Der Zustand des ausgewählten persönlichen Gehörschutzes ist in regelmäßigen Abständen zu überprüfen. Stellt der Arbeitgeber dabei fest, dass die Anforderungen des Absatzes 2 Satz 2 nicht eingehalten werden, hat er unverzüglich die Gründe für diese Nichteinhaltung zu ermitteln und Maßnahmen zu ergreifen, die für eine dauerhafte Einhaltung der Anforderungen erforderlich sind.

Abschnitt 4 – Expositionsgrenzwerte und Auslösewerte sowie Schutzmaßnahmen bei Vibrationen

§ 9 Expositionsgrenzwerte und Auslösewerte für Vibrationen (1) Für Hand-Arm-Vibrationen beträgt

1. der Expositionsgrenzwert A(8) = 5 m/s² und
2. der Auslösewert A(8) = 2,5 m/s².

Die Exposition der Beschäftigten gegenüber Hand-Arm-Vibrationen wird nach Nummer 1 des Anhangs ermittelt und bewertet.

(2) Für Ganzkörper-Vibrationen beträgt

1. der Expositionsgrenzwert A(8) = 1,15 m/s² in X- und Y-Richtung und A(8) = 0,8 m/s² in Z-Richtung und
2. der Auslösewert A(8) = 0,5 m/s².

Die Exposition der Beschäftigten gegenüber Ganzkörper-Vibrationen wird nach Nummer 2 des Anhangs ermittelt und bewertet.

§ 10 Maßnahmen zur Vermeidung und Verringerung der Exposition durch Vibrationen (1) Der Arbeitgeber hat die in § 3 Abs. 1 Satz 6 festgelegten Schutzmaßnahmen nach dem Stand der Technik durchzuführen, um die Gefährdung der Beschäftigten auszuschließen oder so weit wie möglich zu verringern. Dabei müssen Vibrationen am Entstehungsort verhindert oder so weit wie möglich verringert werden. Technische Maßnahmen zur Minderung von Vibrationen haben Vorrang vor organisatorischen Maßnahmen.

(2) Zu den Maßnahmen nach Absatz 1 gehören insbesondere

1. alternative Arbeitsverfahren, welche die Exposition gegenüber Vibrationen verringern,
2. Auswahl und Einsatz neuer oder bereits vorhandener Arbeitsmittel, die nach ergonomischen Gesichtspunkten ausgelegt sind und unter Berücksichtigung der auszuführenden Tätigkeit möglichst geringe Vibrationen verursachen, beispielsweise schwingungsgedämpfte handgehaltene oder handgeführte Arbeitsmaschinen, welche die auf den Hand-Arm-Bereich übertragene Vibration verringern,
3. die Bereitstellung von Zusatzausrüstungen, welche die Gesundheitsgefährdung auf Grund von Vibrationen verringern, beispielsweise Sitze, die Ganzkörper-Vibrationen wirkungsvoll dämpfen,
4. Wartungsprogramme für Arbeitsmittel, Arbeitsplätze und Anlagen sowie Fahrbahnen,
5. die Gestaltung und Einrichtung der Arbeitsstätten und Arbeitsplätze,

6. die Schulung der Beschäftigten im bestimmungsgemäßen Einsatz und in der sicheren und vibrationsarmen Bedienung von Arbeitsmitteln,
7. die Begrenzung der Dauer und Intensität der Exposition,
8. Arbeitszeitpläne mit ausreichenden Zeiten ohne belastende Exposition und
9. die Bereitstellung von Kleidung für gefährdete Beschäftigte zum Schutz vor Kälte und Nässe.

(3) Der Arbeitgeber hat, insbesondere durch die Maßnahmen nach Absatz 1, dafür Sorge zu tragen, dass bei der Exposition der Beschäftigten die Expositionsgrenzwerte nach § 9 Abs. 1 Satz 1 Nr. 1 und § 9 Abs. 2 Satz 1 Nr. 1 nicht überschritten werden. Werden die Expositionsgrenzwerte trotz der durchgeführten Maßnahmen überschritten, hat der Arbeitgeber unverzüglich die Gründe zu ermitteln und weitere Maßnahmen zu ergreifen, um die Exposition auf einen Wert unterhalb der Expositionsgrenzwerte zu senken und ein erneutes Überschreiten der Grenzwerte zu verhindern.

(4) Werden die Auslösewerte nach § 9 Abs. 1 Satz 1 Nr. 2 oder § 9 Abs. 2 Satz 1 Nr. 2 überschritten, hat der Arbeitgeber ein Programm mit technischen und organisatorischen Maßnahmen zur Verringerung der Exposition durch Vibrationen auszuarbeiten und durchzuführen. Dabei sind insbesondere die in Absatz 2 genannten Maßnahmen zu berücksichtigen.

Abschnitt 5 – Unterweisung der Beschäftigten; Beratung durch den Ausschuss für Betriebssicherheit

§ 11 Unterweisung der Beschäftigten (1) Können bei Exposition durch Lärm die unteren Auslösewerte nach § 6 Satz 1 Nr. 2 oder bei Exposition durch Vibrationen die Auslösewerte nach § 9 Abs. 1 Satz 1 Nr. 2 oder § 9 Abs. 2 Satz 1 Nr. 2 erreicht oder überschritten werden, stellt der Arbeitgeber sicher, dass die betroffenen Beschäftigten eine Unterweisung erhalten, die auf den Ergebnissen der Gefährdungsbeurteilung beruht und die Aufschluss über die mit der Exposition verbundenen Gesundheitsgefährdungen gibt. Sie muss vor Aufnahme der Beschäftigung und danach in regelmäßigen Abständen, jedoch immer bei wesentlichen Änderungen der belastenden Tätigkeit, erfolgen.

(2) Der Arbeitgeber stellt sicher, dass die Unterweisung nach Absatz 1 in einer für die Beschäftigten verständlichen Form und Sprache erfolgt und mindestens folgende Informationen enthält:
1. die Art der Gefährdung,
2. die durchgeführten Maßnahmen zur Beseitigung oder zur Minimierung der Gefährdung unter Berücksichtigung der Arbeitsplatzbedingungen,
3. die Expositionsgrenzwerte und Auslösewerte,
4. die Ergebnisse der Ermittlungen zur Exposition zusammen mit einer Erläuterung ihrer Bedeutung und der Bewertung der damit verbundenen möglichen Gefährdungen und gesundheitlichen Folgen,
5. die sachgerechte Verwendung der persönlichen Schutzausrüstung,
6. die Voraussetzungen, unter denen die Beschäftigten Anspruch auf arbeitsmedizinische Vorsorge haben, und deren Zweck,

7. die ordnungsgemäße Handhabung der Arbeitsmittel und sichere Arbeitsverfahren zur Minimierung der Expositionen,
8. Hinweise zur Erkennung und Meldung möglicher Gesundheitsschäden.

(3) Um frühzeitig Gesundheitsstörungen durch Lärm oder Vibrationen erkennen zu können, hat der Arbeitgeber sicherzustellen, dass ab dem Überschreiten der unteren Auslösewerte für Lärm und dem Überschreiten der Auslösewerte für Vibrationen die betroffenen Beschäftigten eine allgemeine arbeitsmedizinische Beratung erhalten. Die Beratung ist unter Beteiligung des in § 7 Abs. 1 der Verordnung zur arbeitsmedizinischen Vorsorge genannten Arztes durchzuführen, falls dies aus arbeitsmedizinischen Gründen erforderlich sein sollte. Die arbeitsmedizinische Beratung kann im Rahmen der Unterweisung nach Absatz 1 erfolgen.

§ 12 Beratung durch den Ausschuss für Betriebssicherheit Der Ausschuss nach § 21 der Betriebssicherheitsverordnung vom 3. Februar 2015 (BGBl. I S. 49), die zuletzt durch Artikel 1 der Verordnung vom 28. Mai 2021 (BGBl. I S. 1224) geändert worden ist, berät das Bundesministerium für Arbeit und Soziales auch in Fragen der Sicherheit und des Gesundheitsschutzes bei lärm- oder vibrationsbezogenen Gefährdungen. § 21 Absatz 4 und 5 der Betriebssicherheitsverordnung gilt entsprechend.

§ 13 *(weggefallen)*

§ 14 *(weggefallen)*

Abschnitt 6 – Ausnahmen, Straftaten und Ordnungswidrigkeiten, Übergangsvorschriften

§ 15 Ausnahmen (1) Die zuständige Behörde kann auf schriftlichen oder elektronischen Antrag des Arbeitgebers Ausnahmen von den Vorschriften der §§ 7 und 10 zulassen, wenn die Durchführung der Vorschrift im Einzelfall zu einer unverhältnismäßigen Härte führen würde und die Abweichung mit dem Schutz der Beschäftigten vereinbar ist. Diese Ausnahmen können mit Nebenbestimmungen verbunden werden, die unter Berücksichtigung der besonderen Umstände gewährleisten, dass die sich daraus ergebenden Gefährdungen auf ein Minimum reduziert werden. Diese Ausnahmen sind spätestens nach vier Jahren zu überprüfen; sie sind aufzuheben, sobald die Umstände, die sie gerechtfertigt haben, nicht mehr gegeben sind. Der Antrag des Arbeitgebers muss Angaben enthalten zu

1. der Gefährdungsbeurteilung einschließlich deren Dokumentation,
2. Art, Ausmaß und Dauer der ermittelten Exposition,
3. den Messergebnissen,
4. dem Stand der Technik bezüglich der Tätigkeiten und der Arbeitsverfahren sowie den technischen, organisatorischen und persönlichen Schutzmaßnahmen,
5. Lösungsvorschlägen und einem Zeitplan, wie die Exposition der Beschäftigen reduziert werden kann, um die Expositions- und Auslösewerte einzuhalten.
6. *(weggefallen)*

Die Ausnahme nach Satz 1 kann auch im Zusammenhang mit Verwaltungsverfahren nach anderen Rechtsvorschriften beantragt werden.

(2) In besonderen Fällen kann die zuständige Behörde auf Antrag des Arbeitgebers zulassen, dass für Tätigkeiten, bei denen die Lärmexposition von einem Arbeitstag zum anderen erheblich schwankt, für die Anwendung der Auslösewerte zur Bewertung der Lärmpegel, denen die Beschäftigten ausgesetzt sind, anstatt des Tages-Lärmexpositionspegels der Wochen-Lärmexpositionspegel verwendet wird, sofern

1. der Wochen-Lärmexpositionspegel den Expositionswert $L_{EX,40h}$ = 85 dB(A) nicht überschreitet und dies durch eine geeignete Messung nachgewiesen wird und
2. geeignete Maßnahmen getroffen werden, um die mit diesen Tätigkeiten verbundenen Gefährdungen auf ein Minimum zu verringern.

§ 16 Straftaten und Ordnungswidrigkeiten (1) Ordnungswidrig im Sinne des § 25 Abs. 1 Nr. 1 des Arbeitsschutzgesetzes handelt, wer vorsätzlich oder fahrlässig

1. entgegen § 3 Abs. 1 Satz 2 die auftretende Exposition nicht in dem in Absatz 2 genannten Umfang ermittelt und bewertet,
2. entgegen § 3 Abs. 4 Satz 1 eine Gefährdungsbeurteilung nicht dokumentiert oder in der Dokumentation entgegen § 3 Abs. 4 Satz 2 die dort genannten Angaben nicht macht,
3. entgegen § 4 Abs. 1 Satz 1 in Verbindung mit Satz 2 nicht sicherstellt, dass Messungen nach dem Stand der Technik durchgeführt werden, oder entgegen § 4 Abs. 1 Satz 4 die Messergebnisse nicht speichert,
4. entgegen § 5 Satz 1 nicht sicherstellt, dass die Gefährdungsbeurteilung von fachkundigen Personen durchgeführt wird, oder entgegen § 5 Satz 4 nicht die dort genannten Personen mit der Durchführung der Messungen beauftragt,
5. entgegen § 7 Abs. 4 Satz 1 Arbeitsbereiche nicht kennzeichnet oder abgrenzt,
6. entgegen § 7 Abs. 5 Satz 1 ein Programm mit technischen und organisatorischen Maßnahmen zur Verringerung der Lärmexposition nicht durchführt,
7. entgegen § 8 Abs. 1 in Verbindung mit Abs. 2 den dort genannten Gehörschutz nicht zur Verfügung stellt,
8. entgegen § 8 Abs. 3 nicht dafür Sorge trägt, dass die Beschäftigten den dort genannten Gehörschutz bestimmungsgemäß verwenden,
9. entgegen § 10 Abs. 3 Satz 1 nicht dafür sorgt, dass die in § 9 Abs. 1 Satz 1 Nr. 1 oder § 9 Abs. 2 Satz 1 Nr. 1 genannten Expositionsgrenzwerte nicht überschritten werden,
10. entgegen § 10 Abs. 4 Satz 1 ein Programm mit technischen und organisatorischen Maßnahmen zur Verringerung der Exposition durch Vibrationen nicht durchführt oder
11. entgegen § 11 Abs. 1 nicht sicherstellt, dass die Beschäftigten eine Unterweisung erhalten, die auf den Ergebnissen der Gefährdungsbeurteilung beruht und die in § 11 Abs. 2 genannten Informationen enthält.
12. *(weggefallen)*
13. *(weggefallen)*

(2) Wer durch eine in Absatz 1 bezeichnete vorsätzliche Handlung das Leben oder die Gesundheit eines Beschäftigten gefährdet, ist nach § 26 Nr. 2 des Arbeitsschutzgesetzes strafbar.

§ 17 Übergangsvorschriften (1) Für den Bereich des Musik- und Unterhaltungssektors ist diese Verordnung erst ab dem 15. Februar 2008 anzuwenden.
(2) Für Wehrmaterial der Bundeswehr, das vor dem 1. Juli 2007 erstmals in Betrieb genommen wurde, gilt bis zum 1. Juli 2011 abweichend von § 9 Abs. 2 Nr. 1 für Ganzkörper-Vibrationen in Z-Richtung ein Expositionsgrenzwert von $A = 1{,}15\,m/s^2$.
(3) Abweichend von § 9 Abs. 2 Nr. 1 darf bis zum 31. Dezember 2011 bei Tätigkeiten mit Baumaschinen und Baugeräten, die vor dem Jahr 1997 hergestellt worden sind und bei deren Verwendung trotz Durchführung aller in Betracht kommenden Maßnahmen nach dieser Verordnung die Einhaltung des Expositionsgrenzwertes für Ganzkörper-Vibrationen nach § 9 Abs. 2 Nr. 1 nicht möglich ist, an höchstens 30 Tagen im Jahr der Expositionsgrenzwert für Ganzkörper-Vibrationen in Z-Richtung von $A = 0{,}8\,m/s^2$ bis höchstens $1{,}15\,m/s^2$ überschritten werden.

7h. Verordnung zur arbeitsmedizinischen Vorsorge (ArbMedVV)

vom 18. Dezember 2008 (BGBl. I 2768),
zuletzt geändert durch Verordnung vom 12. Juli 2019 (BGBl. I 1082)

(Abgedruckte Vorschriften: §§ 1–10)

Einleitung

(siehe bei Nr. 7, II 9)

Verordnungstext

§ 1 Ziel und Anwendungsbereich (1) Ziel der Verordnung ist es, durch Maßnahmen der arbeitsmedizinischen Vorsorge arbeitsbedingte Erkrankungen einschließlich Berufskrankheiten frühzeitig zu erkennen und zu verhüten. Arbeitsmedizinische Vorsorge soll zugleich einen Beitrag zum Erhalt der Beschäftigungsfähigkeit und zur Fortentwicklung des betrieblichen Gesundheitsschutzes leisten.
(2) Diese Verordnung gilt für die arbeitsmedizinische Vorsorge im Geltungsbereich des Arbeitsschutzgesetzes.
(3) Diese Verordnung lässt sonstige arbeitsmedizinische Präventionsmaßnahmen, insbesondere nach dem Arbeitsschutzgesetz und dem Gesetz über Betriebsärzte, Sicherheitsingenieure und andere Fachkräfte für Arbeitssicherheit (Arbeitssicherheitsgesetz), unberührt.

§ 2 Begriffsbestimmungen (1) Arbeitsmedizinische Vorsorge im Sinne dieser Verordnung

1. ist Teil der arbeitsmedizinischen Präventionsmaßnahmen im Betrieb;
2. dient der Beurteilung der individuellen Wechselwirkungen von Arbeit und physischer und psychischer Gesundheit und der Früherkennung arbeitsbedingter Gesundheitsstörungen sowie der Feststellung, ob bei Ausübung einer bestimmten Tätigkeit eine erhöhte gesundheitliche Gefährdung besteht;
3. beinhaltet ein ärztliches Beratungsgespräch mit Anamnese einschließlich Arbeitsanamnese sowie körperliche oder klinische Untersuchungen, soweit diese für die individuelle Aufklärung und Beratung erforderlich sind und der oder die Beschäftigte diese Untersuchungen nicht ablehnt;
4. umfasst die Nutzung von Erkenntnissen aus der Vorsorge für die Gefährdungsbeurteilung und für sonstige Maßnahmen des Arbeitsschutzes;
5. umfasst nicht den Nachweis der gesundheitlichen Eignung für berufliche Anforderungen nach sonstigen Rechtsvorschriften oder individual- oder kollektivrechtlichen Vereinbarungen.

(2) Pflichtvorsorge ist arbeitsmedizinische Vorsorge, die bei bestimmten besonders gefährdenden Tätigkeiten veranlasst werden muss.

(3) Angebotsvorsorge ist arbeitsmedizinische Vorsorge, die bei bestimmten gefährdenden Tätigkeiten angeboten werden muss.
(4) Wunschvorsorge ist arbeitsmedizinische Vorsorge, die bei Tätigkeiten, bei denen ein Gesundheitsschaden nicht ausgeschlossen werden kann, auf Wunsch des oder der Beschäftigten ermöglicht werden muss.

§ 3 Allgemeine Pflichten des Arbeitgebers (1) Der Arbeitgeber hat auf der Grundlage der Gefährdungsbeurteilung für eine angemessene arbeitsmedizinische Vorsorge zu sorgen. Dabei hat er die Vorschriften dieser Verordnung einschließlich des Anhangs zu beachten und die nach § 9 Abs. 4 bekannt gegebenen Regeln und Erkenntnisse zu berücksichtigen. Bei Einhaltung der Regeln und Erkenntnisse nach Satz 2 ist davon auszugehen, dass die gestellten Anforderungen erfüllt sind. Arbeitsmedizinische Vorsorge kann auch weitere Maßnahmen der Gesundheitsvorsorge umfassen.
(2) Der Arbeitgeber hat zur Durchführung der arbeitsmedizinischen Vorsorge einen Arzt oder eine Ärztin nach § 7 zu beauftragen. Ist ein Betriebsarzt oder eine Betriebsärztin nach § 2 des Arbeitssicherheitsgesetzes bestellt, soll der Arbeitgeber vorrangig diesen oder diese auch mit der arbeitsmedizinischen Vorsorge beauftragen. Dem Arzt oder der Ärztin sind alle erforderlichen Auskünfte über die Arbeitsplatzverhältnisse, insbesondere über den Anlass der arbeitsmedizinischen Vorsorge und die Ergebnisse der Gefährdungsbeurteilung, zu erteilen und die Begehung des Arbeitsplatzes zu ermöglichen. Ihm oder ihr ist auf Verlangen Einsicht in die Unterlagen nach Absatz 4 zu gewähren.
(3) Arbeitsmedizinische Vorsorge soll währen der Arbeitszeit stattfinden. Ergibt die Gefährdungsbeurteilung für die Tätigkeit oder die Tätigkeiten des oder der Beschäftigten mehrere Vorsorgeanlässe, soll die arbeitsmedizinische Vorsorge in einem Termin stattfinden. Arbeitsmedizinische Vorsorge soll nicht zusammen mit Untersuchungen, die dem Nachweis der gesundheitlichen Eignung für berufliche Anforderungen dienen, durchgeführt werden, es sei denn, betriebliche Gründe erfordern dies; in diesem Fall hat der Arbeitgeber den Arzt oder die Ärztin zu verpflichten, die unterschiedlichen Zwecke von arbeitsmedizinischer Vorsorge und Eignungsuntersuchung gegenüber dem oder der Beschäftigten offenzulegen.
(4) Der Arbeitgeber hat eine Vorsorgekartei zu führen mit Angaben, dass, wann und aus welchen Anlässen arbeitsmedizinische Vorsorge stattgefunden hat; die Kartei kann automatisiert geführt werden. Die Angaben sind bis zur Beendigung des Beschäftigungsverhältnisses aufzubewahren und anschließend zu löschen, es sei denn, dass Rechtsvorschriften oder die nach § 9 Absatz 4 bekannt gegebenen Regeln etwas anderes bestimmen. Der Arbeitgeber hat der zuständigen Behörde auf Anordnung eine Kopie der Vorsorgekartei zu übermitteln. Bei Beendigung des Beschäftigungsverhältnisses hat der Arbeitgeber der betroffenen Person eine Kopie der sie betreffenden Angaben auszuhändigen; § 34 des Bundesdatenschutzgesetzes bleibt unberührt.

§ 4 Pflichtvorsorge (1) Der Arbeitgeber hat nach Maßgabe des Anhangs Pflichtvorsorge für die Beschäftigten zu veranlassen. Pflichtvorsorge muss vor Aufnahme der Tätigkeit und anschließend in regelmäßigen Abständen veranlasst werden.

(2) Der Arbeitgeber darf eine Tätigkeit nur ausüben lassen, wenn der oder die Beschäftigte an der Pflichtvorsorge teilgenommen hat.

§ 5 Angebotsvorsorge (1) Der Arbeitgeber hat den Beschäftigten Angebotsvorsorge nach Maßgabe des Anhangs anzubieten. Angebotsvorsorge muss vor Aufnahme der Tätigkeit und anschließend in regelmäßigen Abständen angeboten werden. Das Ausschlagen eines Angebots entbindet den Arbeitgeber nicht von der Verpflichtung, weiter regelmäßig Angebotsvorsorge anzubieten.
(2) Erhält der Arbeitgeber Kenntnis von einer Erkrankung, die im ursächlichen Zusammenhang mit der Tätigkeit des oder der Beschäftigten stehen kann, so hat er ihm oder ihr unverzüglich Angebotsvorsorge anzubieten. Dies gilt auch für Beschäftigte mit vergleichbaren Tätigkeiten, wenn Anhaltspunkte dafür bestehen, dass sie ebenfalls gefährdet sein können.
(3) Der Arbeitgeber hat Beschäftigten sowie ehemals Beschäftigten nach Maßgabe des Anhangs nach Beendigung bestimmter Tätigkeiten, bei denen nach längeren Latenzzeiten Gesundheitsstörungen auftreten können, nachgehende Vorsorge anzubieten. Am Ende des Beschäftigungsverhältnisses überträgt der Arbeitgeber diese Verpflichtung auf den zuständigen gesetzlichen Unfallversicherungsträger und überlässt ihm die erforderlichen Unterlagen in Kopie, sofern der oder die Beschäftigte eingewilligt hat.

§ 5a Wunschvorsorge Über die Vorschriften des Anhangs hinaus hat der Arbeitgeber den Beschäftigten auf ihren Wunsch hin regelmäßig arbeitsmedizinische Vorsorge nach § 11 des Arbeitsschutzgesetzes zu ermöglichen, es sei denn, auf Grund der Beurteilung der Arbeitsbedingungen und der getroffenen Schutzmaßnahmen ist nicht mit einem Gesundheitsschaden zu rechnen.

§ 6 Pflichten des Arztes oder der Ärztin (1) Bei der arbeitsmedizinischen Vorsorge hat der Arzt oder die Ärztin die Vorschriften dieser Verordnung einschließlich des Anhangs zu beachten und die dem Stand der Arbeitsmedizin entsprechenden Regeln und Erkenntnisse zu berücksichtigen. Vor Durchführung der arbeitsmedizinischen Vorsorge muss er oder sie sich die notwendigen Kenntnisse über die Arbeitsplatzverhältnisse verschaffen. In die Arbeitsanamnese müssen alle Arbeitsbedingungen und arbeitsbedingten Gefährdungen einfließen. Vor Durchführung körperlicher oder klinischer Untersuchungen hat der Arzt oder die Ärztin deren Erforderlichkeit nach pflichtgemäßem Ermessen zu prüfen und den oder die Beschäftigte über die Inhalte, den Zweck und die Risiken der Untersuchung aufzuklären. Untersuchungen nach Satz 3 dürfen nicht gegen den Willen des oder der Beschäftigten durchgeführt werden. Der Arzt oder die Ärztin hat die ärztliche Schweigepflicht zu beachten.
(2) Biomonitoring ist Bestandteil der arbeitsmedizinischen Vorsorge, soweit dafür arbeitsmedizinisch anerkannte Analyseverfahren und geeignete Werte zur Beurteilung zur Verfügung stehen. Biomonitoring darf nicht gegen den Willen der oder des Beschäftigten durchgeführt werden. Impfungen sind Bestandteil der arbeitsmedizinischen Vorsorge und den Beschäftigten anzubieten, soweit das Risiko einer Infektion tätigkeitsbedingt und im Vergleich zur Allgemeinbevölkerung erhöht ist.

Satz 3 gilt nicht, wenn der oder die Beschäftigte bereits über einen ausreichenden Immunschutz verfügt.

(3) Der Arzt oder die Ärztin hat

1. das Ergebnis sowie die Befunde der arbeitsmedizinsichen Vorsorge schriftlich festzuhalten oder den oder die Beschäftigte darüber zu beraten,
2. dem oder der Beschäftigten auf seinen oder ihren Wunsch hin das Ergebnis zur Verfügung zu stellen sowie
3. der oder dem Beschäftigten und dem Arbeitgeber eine Vorsorgebescheinigung darüber auszustellen, dass, wann und aus welchem Anlass ein arbeitsmedizinischer Vorsorgetermin stattgefunden hat; die Vorsorgebescheinigung enthält auch die Angabe, wann eine weitere arbeitsmedizinische Vorsorge aus ärztlicher Sicht angezeigt ist.

(4) Der Arzt oder die Ärztin hat die Erkenntnisse arbeitsmedizinischer Vorsorge auszuwerten. Ergeben sich Anhaltspunkte dafür, dass die Maßnahmen des Arbeitsschutzes für den Beschäfigten oder die Beschäftigte oder andere Beschäftigte nicht ausreichen, so hat der Arzt oder die Ärztin dies dem Arbeitgeber mitzuteilen und Maßnahmen des Arbeitsschutzes vorzuschlagen. Hält der Arzt oder die Ärztin aus medizinischen Gründen, die ausschließlich in der Person des oder der Beschäftigten liegen, einen Tätigkeitswechsel für erforderlich, so bedarf diese Mitteilung an den Arbeitgeber der Einwilligung des oder der Beschäftigten.

§ 7 Anforderungen an den Arzt oder die Ärztin (1) Unbeschadet anderer Bestimmungen im Anhang für einzelne Anlässe arbeitsmedizinischer Vorsorge muss der Arzt oder die Ärztin berechtigt sein, die Gebietsbezeichnung »Arbeitsmedizin« oder die Zusatzbezeichnung »Betriebsmedizin« zu führen. Er oder sie darf selbst keine Arbeitgeberfunktion gegenüber dem oder der Beschäftigten ausüben. Verfügt der Arzt oder die Ärztin nach Satz 1 für bestimmte Untersuchungsmethoden nicht über die erforderlichen Fachkenntnisse oder die speziellen Anerkennungen oder Ausrüstungen, so hat er oder sie Ärzte oder Ärztinnen hinzuzuziehen, die diese Anforderungen erfüllen.

(2) Die zuständige Behörde kann für Ärzte oder Ärztinnen in begründeten Einzelfällen Ausnahmen von Absatz 1 Satz 1 zulassen.

§ 8 Maßnahmen nach der arbeitsmedizinsichen Vorsorge (1) Im Fall von § 6 Absatz 4 Satz 2 hat der Arbeitgeber die Gefährdungsbeurteilung zu überprüfen und unverzüglich die erforderlichen Maßnahmen des Arbeitsschutzes zu treffen. Wird ein Tätigkeitswechsel vorgeschlagen, so hat der Arbeitgeber nach Maßgabe der dienst- und arbeitsrechtlichen Regelungen dem oder der Beschäftigten eine andere Tätigkeit zuzuweisen.

(2) Dem Betriebs- oder Pesonalrat und der zuständigen Behörde sind die getroffenen Maßnahmen mitzuteilen.

(3) Halten der oder die Beschäftigte oder der Arbeitgeber das Ergebnis der Auswertung nach § 6 Absatz 4 für unzutreffend, so entscheidet auf Antrag die zuständige Behörde.

§ 9 Ausschuss für Arbeitsmedizin (1) Beim Bundesministerium für Arbeit und Soziales wird ein Ausschuss für Arbeitsmedizin gebildet, in dem fachkundige Vertreter der Arbeitgeber, der Gewerkschaften, der Länderbehörden, der gesetzlichen Unfallversicherung und weitere fachkundige Personen, insbesondere der Wissenschaft, vertreten sein sollen. Die Gesamtzahl der Mitglieder soll zwölf Personen nicht überschreiten. Für jedes Mitglied ist ein stellvertretendes Mitglied zu benennen. Die Mitgliedschaft im Ausschuss für Arbeitsmedizin ist ehrenamtlich.

(2) Das Bundesministerium für Arbeit und Soziales beruft die Mitglieder des Ausschusses und die stellvertretenden Mitglieder. Der Ausschuss gibt sich eine Geschäftsordnung und wählt den Vorsitzenden oder die Vorsitzende aus seiner Mitte. Die Geschäftsordnung und die Wahl des oder der Vorsitzenden bedürfen der Zustimmung des Bundesministeriums für Arbeit und Soziales.

(3) Zu den Aufgaben des Ausschusses gehört es,

1. dem Stand der Arbeitsmedizin entsprechende Regeln und sonstige gesicherte arbeitsmedizinische Erkenntnisse zu ermitteln,
2. Regeln und Erkenntnisse zu ermitteln, wie die in dieser Verordnung gestellten Anforderungen insbesondere zu Inhalt und Umfang von Pflicht-, Angebots- und Wunschvorsorge erfüllt werden können,
3. Empfehlungen zur arbeitsmedizinischen Vorsorge aufzustellen,
4. Empfehlungen für weitere Maßnahmen der Gesundheitsvorsorge auszusprechen, insbesondere für betriebliche Gesundheitsprogramme,
5. Regeln und Erkenntnisse zu sonstigen arbeitsmedizinischen Präventionsmaßnahmen nach § 1 Abs. 3 zu ermitteln, insbesondere zur allgemeinen arbeitsmedizinischen Beratung der Beschäftigten,
6. das Bundesministerium für Arbeit und Soziales in allen Fragen der arbeitsmedizinischen Vorsorge sowie zu sonstigen Fragen des medizinischen Arbeitsschutzes zu beraten.

Das Arbeitsprogramm des Ausschusses für Arbeitsmedizin wird mit dem Bundesministerium für Arbeit und Soziales abgestimmt. Der Ausschuss arbeitet eng mit den anderen Ausschüssen beim Bundesministerium für Arbeit und Soziales zusammen.

(4) Das Bundesministerium für Arbeit und Soziales kann die vom Ausschuss für Arbeitsmedizin ermittelten Regeln und Erkenntnisse sowie Empfehlungen im Gemeinsamen Ministerialblatt bekannt geben.

(5) Die Bundesministerien sowie die obersten Landesbehörden können zu den Sitzungen des Ausschusses Vertreter entsenden. Auf Verlangen ist diesen in der Sitzung das Wort zu erteilen.

(6) Die Geschäfte des Ausschusses führt die Bundesanstalt für Arbeitsschutz und Arbeitsmedizin.

§ 10 Ordnungswidrigkeiten und Straftaten (1) Ordnungswidrig im Sinne des § 25 Abs. 1 Nr. 1 des Arbeitsschutzgesetzes handelt, wer vorsätzlich oder fahrlässig

1. entgegen § 4 Abs. 1 eine Pflichtvorsorge nicht oder nicht rechtzeitig veranlasst,
2. entgegen § 4 Abs. 2 eine Tätigkeit ausüben lässt,

3. entgegen § 3 Absatz 4 Satz 1 Halbsatz 1 eine Vorsorgekartei nicht, nicht richtig oder nicht vollständig führt oder
4. entgegen § 5 Abs. 1 Satz 1 eine Angebotsvorsorge nicht oder nicht rechtzeitig anbietet.

(2) Wer durch eine in Absatz 1 bezeichnete vorsätzliche Handlung Leben oder Gesundheit eines oder einer Beschäftigten gefährdet, ist nach § 26 Nr. 2 des Arbeitsschutzgesetzes strafbar.

Anhang
Arbeitsmedizinische Pflicht- und Angebotsvorsorge

(nicht abgedruckt)

7i. Verordnung zum Schutz der Beschäftigten vor Gefährdungen durch künstliche optische Strahlung (Arbeitsschutzverordnung zu künstlicher optischer Strahlung – OStrV)

vom 19. Juli 2010 (BGBl. I 960),
zuletzt geändert durch Verordnung vom 18. Oktober 2017 (BGBl. I 3584)

Einleitung

(siehe bei Nr. 7, II 7)

Verordnungstext

Abschnitt 1 – Anwendungsbereich und Begriffsbestimmungen

§ 1 Anwendungsbereich (1) Diese Verordnung gilt zum Schutz der Beschäftigten bei der Arbeit vor tatsächlichen oder möglichen Gefährdungen ihrer Gesundheit und Sicherheit durch optische Strahlung aus künstlichen Strahlungsquellen. Sie betrifft insbesondere die Gefährdungen der Augen oder der Haut.
(2) Die Verordnung gilt nicht in Betrieben, die dem Bundesberggesetz unterliegen, soweit dort oder in den auf Grund dieses Gesetzes erlassenen Rechtsverordnungen entsprechende Rechtsvorschriften bestehen.
(3) Das Bundesministerium der Verteidigung kann für Beschäftigte, für die tatsächliche oder mögliche Gefährdungen ihrer Gesundheit und Sicherheit durch künstliche optische Strahlung bestehen, Ausnahmen von den Vorschriften dieser Verordnung zulassen, soweit öffentliche Belange dies zwingend erfordern, insbesondere für Zwecke der Verteidigung oder zur Erfüllung zwischenstaatlicher Verpflichtungen der Bundesrepublik Deutschland. In diesem Fall ist gleichzeitig festzulegen, wie die Sicherheit und der Gesundheitsschutz der Beschäftigten nach dieser Verordnung auf andere Weise gewährleistet werden können.

§ 2 Begriffsbestimmungen (1) Optische Strahlung ist jede elektromagnetische Strahlung im Wellenlängenbereich von 100 Nanometer bis 1 Millimeter. Das Spektrum der optischen Strahlung wird unterteilt in ultraviolette Strahlung, sichtbare Strahlung und Infrarotstrahlung:

1. Ultraviolette Strahlung ist die optische Strahlung im Wellenlängenbereich von 100 bis 400 Nanometer (UV-Strahlung), das Spektrum der UV-Strahlung wird unterteilt in UV-A-Strahlung (315 bis 400 Nanometer), UV-B-Strahlung (280 bis 315 Nanometer) und UV-C-Strahlung (100 bis 280 Nanometer);

2. sichtbare Strahlung ist optische Strahlung im Wellenlängenbereich von 380 bis 780 Nanometer;
3. Infrarotstrahlung ist die optische Strahlung im Wellenlängenbereich von 780 Nanometer bis 1 Millimeter (IR-Strahlung); das Spektrum der IR-Strahlung wird unterteilt in IR-A-Strahlung (780 bis 1400 Nanometer), IR-B-Strahlung (1400 bis 3000 Nanometer) und IR-C-Strahlung (3000 Nanometer bis 1 Millimeter).

(2) Künstliche optische Strahlung im Sinne dieser Verordnung ist jede optische Strahlung, die von künstlichen Strahlungsquellen ausgeht.

(3) Laserstrahlung ist durch einen Laser erzeugte kohärente optische Strahlung. Laser sind Geräte oder Einrichtungen zur Erzeugung und Verstärkung von kohärenter optischer Strahlung.

(4) Inkohärente künstliche optische Strahlung ist jede künstliche optische Strahlung außer Laserstrahlung.

(5) Expositionsgrenzwerte sind maximal zulässige Werte bei Exposition der Augen oder der Haut durch künstliche optische Strahlung.

(6) Bestrahlungsstärke oder Leistungsdichte ist die auf eine Fläche fallende Strahlungsleistung je Flächeneinheit, ausgedrückt in Watt pro Quadratmeter.

(7) Bestrahlung ist das Integral der Bestrahlungsstärke über die Zeit, ausgedrückt in Joule pro Quadratmeter.

(8) Strahldichte ist der Strahlungsfluss oder die Strahlungsleistung je Einheitsraumwinkel je Flächeneinheit, ausgedrückt in Watt pro Quadratmeter pro Steradiant.

(9) Ausmaß ist die kombinierte Wirkung von Bestrahlungsstärke, Bestrahlung und Strahldichte von künstlicher optischer Strahlung, der Beschäftigte ausgesetzt sind.

(10) Fachkundig ist, wer über die erforderlichen Fachkenntnisse zur Ausübung einer in dieser Verordnung bestimmten Aufgabe verfügt. Die Anforderungen an die Fachkunde sind abhängig von der jeweiligen Art der Aufgabe. Zu den Anforderungen zählen eine entsprechende Berufsausbildung oder Berufserfahrung jeweils in Verbindung mit einer zeitnah ausgeübten einschlägigen beruflichen Tätigkeit sowie die Teilnahme an spezifischen Fortbildungsmaßnahmen.

(11) Stand der Technik ist der Entwicklungsstand fortschrittlicher Verfahren, Einrichtungen oder Betriebsweisen, der die praktische Eignung einer Maßnahme zum Schutz der Gesundheit und zur Sicherheit der Beschäftigten gesichert erscheinen lässt. Bei der Bestimmung des Standes der Technik sind insbesondere vergleichbare Verfahren, Einrichtungen oder Betriebsweisen heranzuziehen, die mit Erfolg in der Praxis erprobt worden sind. Gleiches gilt für die Anforderungen an die Arbeitsmedizin und Arbeitshygiene.

(12) Den Beschäftigten stehen Schülerinnen und Schüler, Studierende und sonstige in Ausbildungseinrichtungen tätige Personen, die bei ihren Tätigkeiten künstlicher optischer Strahlung ausgesetzt sind, gleich.

Abschnitt 2 – Ermittlung und Bewertung der Gefährdungen durch künstliche optische Strahlung; Messungen

§ 3 Gefährdungsbeurteilung (1) Bei der Beurteilung der Arbeitsbedingungen nach § 5 des Arbeitsschutzgesetzes hat der Arbeitgeber zunächst festzustellen, ob künstliche optische Strahlung am Arbeitsplatz von Beschäftigten auftritt oder auftreten kann. Ist dies der Fall, hat er alle hiervon ausgehenden Gefährdungen für die Gesundheit und Sicherheit der Beschäftigten zu beurteilen. Er hat die auftretenden Expositionen durch künstliche optische Strahlung am Arbeitsplatz zu ermitteln und zu bewerten. Für die Beschäftigten ist in jedem Fall eine Gefährdung gegeben, wenn die Expositionsgrenzwerte nach § 6 überschritten werden. Der Arbeitgeber kann sich die notwendigen Informationen beim Hersteller oder Inverkehrbringer der verwendeten Arbeitsmittel oder mit Hilfe anderer ohne weiteres zugänglicher Quellen beschaffen. Lässt sich nicht sicher feststellen, ob die Expositionsgrenzwerte nach § 6 eingehalten werden, hat er den Umfang der Exposition durch Berechnungen oder Messungen nach § 4 festzustellen. Entsprechend dem Ergebnis der Gefährdungsbeurteilung hat der Arbeitgeber Schutzmaßnahmen nach dem Stand der Technik festzulegen.

(2) Bei der Gefährdungsbeurteilung nach Absatz 1 ist insbesondere Folgendes zu berücksichtigen:

1. Art, Ausmaß und Dauer der Exposition durch künstliche optische Strahlung,
2. der Wellenlängenbereich der künstlichen optischen Strahlung,
3. die in § 6 genannten Expositionsgrenzwerte,
4. alle Auswirkungen auf die Gesundheit und Sicherheit von Beschäftigten, die besonders gefährdeten Gruppen angehören,
5. alle möglichen Auswirkungen auf die Sicherheit und Gesundheit von Beschäftigten, die sich aus dem Zusammenwirken von künstlicher optischer Strahlung und fotosensibilisierenden chemischen Stoffen am Arbeitsplatz ergeben können,
6. alle indirekten Auswirkungen auf die Sicherheit und Gesundheit der Beschäftigten, zum Beispiel durch Blendung, Brand- und Explosionsgefahr,
7. die Verfügbarkeit und die Möglichkeit des Einsatzes alternativer Arbeitsmittel und Ausrüstungen, die zu einer geringeren Exposition der Beschäftigten führen (Substitutionsprüfung),
8. Erkenntnisse aus arbeitsmedizinischen Vorsorgeuntersuchungen sowie hierzu allgemein zugängliche, veröffentlichte Informationen,
9. die Exposition der Beschäftigten durch künstliche optische Strahlung aus mehreren Quellen,
10. die Herstellerangaben zu optischen Strahlungsquellen und anderen Arbeitsmitteln,
11. die Klassifizierung der Lasereinrichtungen und gegebenenfalls der in den Lasereinrichtungen zum Einsatz kommenden Laser nach dem Stand der Technik,
12. die Klassifizierung von inkohärenten optischen Strahlungsquellen nach dem Stand der Technik, von denen vergleichbare Gefährdungen wie bei Lasern der Klassen 3R, 3B oder 4 ausgehen können,

13. die Arbeitsplatz- und Expositionsbedingungen, die zum Beispiel im Normalbetrieb, bei Einrichtvorgängen sowie bei Instandhaltungs- und Reparaturarbeiten auftreten können.

(3) Vor Aufnahme einer Tätigkeit hat der Arbeitgeber die Gefährdungsbeurteilung durchzuführen und die erforderlichen Schutzmaßnahmen zu treffen. Die Gefährdungsbeurteilung ist regelmäßig zu überprüfen und gegebenenfalls zu aktualisieren, insbesondere wenn maßgebliche Veränderungen der Arbeitsbedingungen dies erforderlich machen. Die Schutzmaßnahmen sind gegebenenfalls anzupassen.

(4) Der Arbeitgeber hat die Gefährdungsbeurteilung unabhängig von der Zahl der Beschäftigten vor Aufnahme der Tätigkeit in einer Form zu dokumentieren, die eine spätere Einsichtnahme ermöglicht. In der Dokumentation ist anzugeben, welche Gefährdungen am Arbeitsplatz auftreten können und welche Maßnahmen zur Vermeidung oder Minimierung der Gefährdung der Beschäftigten durchgeführt werden müssen. Der Arbeitgeber hat die ermittelten Ergebnisse aus Messungen und Berechnungen in einer Form aufzubewahren, die eine spätere Einsichtnahme ermöglicht. Für Expositionen durch künstliche ultraviolette Strahlung sind entsprechende Unterlagen mindestens 30 Jahre aufzubewahren.

§ 4 Messungen und Berechnungen (1) Der Arbeitgeber hat sicherzustellen, dass Messungen und Berechnungen nach dem Stand der Technik fachkundig geplant und durchgeführt werden. Dazu müssen Messverfahren und -geräte sowie eventuell erforderliche Berechnungsverfahren

1. den vorhandenen Arbeitsplatz- und Expositionsbedingungen hinsichtlich der betreffenden künstlichen optischen Strahlung angepasst sein und
2. geeignet sein, die jeweiligen physikalischen Größen zu bestimmen; die Messergebnisse müssen die Entscheidung erlauben, ob die in § 6 genannten Expositionsgrenzwerte eingehalten werden.

(2) Die durchzuführenden Messungen können auch eine Stichprobenerhebung umfassen, die für die persönliche Exposition eines Beschäftigten repräsentativ ist.

§ 5 Fachkundige Personen, Laserschutzbeauftragter (1) Der Arbeitgeber hat sicherzustellen, dass die Gefährdungsbeurteilung, die Messungen und die Berechnungen nur von fachkundigen Personen durchgeführt werden. Verfügt der Arbeitgeber nicht selbst über die entsprechenden Kenntnisse, hat er sich fachkundig beraten zu lassen.

(2) Vor der Aufnahme des Betriebs von Lasereinrichtungen der Klassen 3R, 3B und 4 hat der Arbeitgeber, sofern er nicht selbst über die erforderlichen Fachkenntnisse verfügt, einen Laserschutzbeauftragten schriftlich zu bestellen. Der Laserschutzbeauftragte muss über die für seine Aufgaben erforderlichen Fachkenntnisse verfügen. Die fachliche Qualifikation ist durch die erfolgreiche Teilnahme an einem Lehrgang nachzuweisen und durch Fortbildungen auf aktuellem Stand zu halten. Der Laserschutzbeauftragte unterstützt den Arbeitgeber

1. bei der Durchführung der Gefährdungsbeurteilung nach § 3,
2. bei der Durchführung der notwendigen Schutzmaßnahmen nach § 7 und
3. bei der Überwachung des sicheren Betriebs von Lasern nach Satz 1.

Bei der Wahrnehmung seiner Aufgaben arbeitet der Laserschutzbeauftragte mit der Fachkraft für Arbeitssicherheit und dem Betriebsarzt zusammen.

Abschnitt 3 – Expositionsgrenzwerte und Schutzmaßnahmen gegen künstliche optische Strahlung

§ 6 Expositionsgrenzwerte für künstliche optische Strahlung (1) Die Expositionsgrenzwerte für inkohärente künstliche optische Strahlung entsprechen den festgelegten Werten im Anhang I der Richtlinie 2006/25/EG des Europäischen Parlaments und des Rates vom 5. April 2006 über Mindestvorschriften zum Schutz von Sicherheit und Gesundheit der Arbeitnehmer vor der Gefährdung durch physikalische Einwirkungen (künstliche optische Strahlung) (19. Einzelrichtlinie im Sinne des Artikels 16 Absatz 1 der Richtlinie 89/391/EWG) (ABl. L 114 vom 27. 4. 2006, S. 38) in der jeweils geltenden Fassung.
(2) Die Expositionsgrenzwerte für Laserstrahlung entsprechen den festgelegten Werten im Anhang II der Richtlinie 2006/25/EG des Europäischen Parlaments und des Rates vom 5. April 2006 über Mindestvorschriften zum Schutz von Sicherheit und Gesundheit der Arbeitnehmer vor der Gefährdung durch physikalische Einwirkungen (künstliche optische Strahlung) (19. Einzelrichtlinie im Sinne des Artikels 16 Absatz 1 der Richtlinie 89/391/EWG) (ABl. L 114 vom 27. 4. 2006, S. 38) in der jeweils geltenden Fassung.

§ 7 Maßnahmen zur Vermeidung und Verringerung der Gefährdungen von Beschäftigten durch künstliche optische Strahlung (1) Der Arbeitgeber hat die nach § 3 Absatz 1 Satz 7 festgelegten Schutzmaßnahmen nach dem Stand der Technik durchzuführen, um Gefährdungen der Beschäftigten auszuschließen oder soweit wie möglich zu verringern. Dazu sind die Entstehung und die Ausbreitung künstlicher optischer Strahlung vorrangig an der Quelle zu verhindern oder auf ein Mindestmaß zu reduzieren. Bei der Durchführung der Maßnahmen hat der Arbeitgeber dafür zu sorgen, dass die Expositionsgrenzwerte für die Beschäftigten gemäß § 6 nicht überschritten werden. Technische Maßnahmen zur Vermeidung oder Verringerung der künstlichen optischen Strahlung haben Vorrang vor organisatorischen und individuellen Maßnahmen. Persönliche Schutzausrüstungen sind dann zu verwenden, wenn technische und organisatorische Maßnahmen nicht ausreichen oder nicht anwendbar sind.
(2) Zu den Maßnahmen nach Absatz 1 gehören insbesondere:
1. alternative Arbeitsverfahren, welche die Exposition der Beschäftigten durch künstliche optische Strahlung verringern,
2. Auswahl und Einsatz von Arbeitsmitteln, die in geringerem Maße künstliche optische Strahlung emittieren,
3. technische Maßnahmen zur Verringerung der Exposition der Beschäftigten durch künstliche optische Strahlung, falls erforderlich auch unter Einsatz von Verriegelungseinrichtungen, Abschirmungen oder vergleichbaren Sicherheitseinrichtungen,
4. Wartungsprogramme für Arbeitsmittel, Arbeitsplätze und Anlagen,
5. die Gestaltung und die Einrichtung der Arbeitsstätten und Arbeitsplätze,

6. organisatorische Maßnahmen zur Begrenzung von Ausmaß und Dauer der Exposition,
7. Auswahl und Einsatz einer geeigneten persönlichen Schutzausrüstung,
8. die Verwendung der Arbeitsmittel nach den Herstellerangaben.

(3) Der Arbeitgeber hat Arbeitsbereiche zu kennzeichnen, in denen die Expositionsgrenzwerte für künstliche optische Strahlung überschritten werden können. Die Kennzeichnung muss deutlich erkennbar und dauerhaft sein. Sie kann beispielsweise durch Warn-, Hinweis- und Zusatzzeichen sowie Verbotszeichen und Warnleuchten erfolgen. Die betreffenden Arbeitsbereiche sind abzugrenzen und der Zugang ist für Unbefugte einzuschränken, wenn dies technisch möglich ist. In diesen Bereichen dürfen Beschäftigte nur tätig werden, wenn das Arbeitsverfahren dies erfordert; Absatz 1 bleibt unberührt.

(4) Werden die Expositionsgrenzwerte trotz der durchgeführten Maßnahmen nach Absatz 1 überschritten, hat der Arbeitgeber unverzüglich weitere Maßnahmen nach Absatz 2 zu ergreifen, um die Exposition der Beschäftigten auf einen Wert unterhalb der Expositionsgrenzwerte zu senken. Der Arbeitgeber hat die Gefährdungsbeurteilung nach § 3 zu wiederholen, um die Gründe für die Grenzwertüberschreitung zu ermitteln. Die Schutzmaßnahmen sind so anzupassen, dass ein erneutes Überschreiten der Grenzwerte verhindert wird.

Abschnitt 4 – Unterweisung der Beschäftigten bei Gefährdungen durch künstliche optische Strahlung; Beratung durch den Ausschuss für Betriebssicherheit

§ 8 Unterweisung der Beschäftigten (1) Bei Gefährdungen der Beschäftigten durch künstliche optische Strahlung am Arbeitsplatz stellt der Arbeitgeber sicher, dass die betroffenen Beschäftigten eine Unterweisung erhalten, die auf den Ergebnissen der Gefährdungsbeurteilung beruht und die Aufschluss über die am Arbeitsplatz auftretenden Gefährdungen gibt. Sie muss vor Aufnahme der Beschäftigung, danach in regelmäßigen Abständen, mindestens jedoch jährlich, und sofort bei wesentlichen Änderungen der gefährdenden Tätigkeit erfolgen. Die Unterweisung muss mindestens folgende Informationen enthalten:

1. die mit der Tätigkeit verbundenen Gefährdungen,
2. die durchgeführten Maßnahmen zur Beseitigung oder zur Minimierung der Gefährdung unter Berücksichtigung der Arbeitsplatzbedingungen,
3. die Expositionsgrenzwerte und ihre Bedeutung,
4. die Ergebnisse der Expositionsermittlung zusammen mit einer Erläuterung ihrer Bedeutung und der Bewertung der damit verbundenen möglichen Gefährdungen und gesundheitlichen Folgen,
5. die Beschreibung sicherer Arbeitsverfahren zur Minimierung der Gefährdung auf Grund der Exposition durch künstliche optische Strahlung,
6. die sachgerechte Verwendung der persönlichen Schutzausrüstung.

Die Unterweisung muss in einer für die Beschäftigten verständlichen Form und Sprache erfolgen.

(2) Können bei Tätigkeiten am Arbeitsplatz die Grenzwerte nach § 6 für künstliche optische Strahlung überschritten werden, stellt der Arbeitgeber sicher, dass die be-

troffenen Beschäftigten arbeitsmedizinisch beraten werden. Die Beschäftigten sind dabei auch über den Zweck der arbeitsmedizinischen Vorsorgeuntersuchungen zu informieren und darüber, unter welchen Voraussetzungen sie Anspruch auf diese haben. Die Beratung kann im Rahmen der Unterweisung erfolgen. Falls erforderlich, hat der Arbeitgeber den Arzt nach § 7 Absatz 1 der Verordnung zur arbeitsmedizinischen Vorsorge zu beteiligen.

§ 9 Beratung durch den Ausschuss für Betriebssicherheit Das Bundesministerium für Arbeit und Soziales wird in allen Fragen der Sicherheit und des Gesundheitsschutzes bei künstlicher optischer Strahlung durch den Ausschuss nach § 21 der Betriebssicherheitsverordnung beraten. § 21 Absatz 5 und 6 der Betriebssicherheitsverordnung gilt entsprechend.

Abschnitt 5 – Ausnahmen; Straftaten und Ordnungswidrigkeiten

§ 10 Ausnahmen (1) Die zuständige Behörde kann auf schriftlichen Antrag des Arbeitgebers Ausnahmen von den Vorschriften des § 7 zulassen, wenn die Durchführung der Vorschrift im Einzelfall zu einer unverhältnismäßigen Härte führen würde und die Abweichung mit dem Schutz der Beschäftigten vereinbar ist. Diese Ausnahmen können mit Nebenbestimmungen verbunden werden, die unter Berücksichtigung der besonderen Umstände gewährleisten, dass die Gefährdungen, die sich aus den Ausnahmen ergeben können, auf ein Minimum reduziert werden. Die Ausnahmen sind spätestens nach vier Jahren zu überprüfen; sie sind aufzuheben, sobald die Umstände, die sie gerechtfertigt haben, nicht mehr gegeben sind. Der Antrag des Arbeitgebers muss mindestens Angaben enthalten zu

1. der Gefährdungsbeurteilung einschließlich der Dokumentation,
2. Art, Ausmaß und Dauer der Exposition durch die künstliche optische Strahlung,
3. dem Wellenlängenbereich der künstlichen optischen Strahlung,
4. dem Stand der Technik bezüglich der Tätigkeiten und der Arbeitsverfahren sowie zu den technischen, organisatorischen und persönlichen Schutzmaßnahmen,
5. den Lösungsvorschlägen, wie die Exposition der Beschäftigten reduziert werden kann, um die Expositionswerte einzuhalten, sowie einen Zeitplan hierfür.

Der Antrag des Arbeitgebers kann in Papierform oder elektronisch übermittelt werden.

(2) Eine Ausnahme nach Absatz 1 Satz 1 kann auch im Zusammenhang mit Verwaltungsverfahren nach anderen Rechtsvorschriften beantragt werden.

§ 11 Straftaten und Ordnungswidrigkeiten (1) Ordnungswidrig im Sinne des § 25 Absatz 1 Nummer 1 des Arbeitsschutzgesetzes handelt, wer vorsätzlich oder fahrlässig

1. entgegen § 3 Absatz 3 Satz 1 Beschäftigte eine Tätigkeit aufnehmen lässt,
2. entgegen § 3 Absatz 4 Satz 1 und 2 eine Gefährdungsbeurteilung nicht richtig, nicht vollständig oder nicht rechtzeitig dokumentiert,

3. entgegen § 4 Absatz 1 Satz 1 nicht sicherstellt, dass eine Messung oder eine Berechnung nach dem Stand der Technik durchgeführt wird,
4. entgegen § 5 Absatz 1 Satz 1 nicht sicherstellt, dass die Gefährdungsbeurteilung, die Messungen oder die Berechnungen von fachkundigen Personen durchgeführt werden,
5. entgegen § 5 Absatz 2 Satz 1 einen Laserschutzbeauftragten nicht schriftlich bestellt,

5a. entgegen § 5 Absatz 2 Satz 2 einen Laserschutzbeauftragten bestellt, der nicht über die für seine Aufgaben erforderlichen Fachkenntnisse verfügt,

6. entgegen § 7 Absatz 3 Satz 1 einen Arbeitsbereich nicht kennzeichnet,
7. entgegen § 7 Absatz 3 Satz 4 einen Arbeitsbereich nicht abgrenzt,
8. entgegen § 7 Absatz 4 Satz 1 eine Maßnahme nicht oder nicht rechtzeitig durchführt oder
9. entgegen § 8 Absatz 1 Satz 1 nicht sicherstellt, dass ein Beschäftigter eine Unterweisung in der vorgeschriebenen Weise enthält.

(2) Wer durch eine in Absatz 1 bezeichnete vorsätzliche Handlung das Leben oder die Gesundheit von Beschäftigten gefährdet, ist nach § 26 Nummer 2 des Arbeitsschutzgesetzes strafbar.

7j. Verordnung zum Schutz der Beschäftigten vor Gefährdungen durch elektromagnetische Felder (Arbeitsschutzverordnung zu elektromagnetischen Feldern – EMFV)

vom 15. November 2016 (BGBl. I 2531),
geändert durch Verordnung vom 30. April 2019 (BGBl. I 554)

Einleitung

(siehe bei Nr. 7, II 7)

Verordnungstext

Abschnitt 1 – Anwendungsbereich und Begriffsbestimmungen

§ 1 Anwendungsbereich (1) Diese Verordnung gilt zum Schutz der Beschäftigten bei der Arbeit vor tatsächlichen oder möglichen Gefährdungen ihrer Gesundheit und Sicherheit durch Einwirkung von elektromagnetischen Feldern.
(2) Diese Verordnung umfasst alle bekannten direkten und indirekten Wirkungen, die durch elektromagnetische Felder hervorgerufen werden. Sie gilt nur für die Kurzzeitwirkungen von elektromagnetischen Feldern.
(3) Diese Verordnung gilt nicht
1. für Gefährdungen durch das Berühren von unter Spannung stehenden elektrischen Teilen,
2. für vermutete Langzeitwirkungen von elektromagnetischen Feldern und
3. in Betrieben, die dem Bundesberggesetz unterliegen, soweit dort oder in den aufgrund dieses Gesetzes erlassenen Rechtsverordnungen entsprechende Rechtsvorschriften bestehen.

(4) Das Bundesministerium der Verteidigung kann für Beschäftigte, für die tatsächliche oder mögliche Gefährdungen ihrer Gesundheit und Sicherheit durch elektromagnetische Felder bestehen, Ausnahmen von den Vorschriften dieser Verordnung zulassen, soweit öffentliche Belange dies zwingend erfordern, insbesondere für Zwecke der Verteidigung oder zur Erfüllung zwischenstaatlicher Verpflichtungen der Bundesrepublik Deutschland. In diesem Fall ist festzulegen, wie die Sicherheit und der Gesundheitsschutz der Beschäftigten nach dieser Verordnung auf andere Weise gewährleistet werden können.

§ 2 Begriffsbestimmungen (1) Im Sinne dieser Verordnung gelten die Begriffsbestimmungen der Absätze 2 bis 10.

(2) Elektromagnetische Felder sind statische elektrische, statische magnetische sowie zeitveränderliche elektrische, magnetische und elektromagnetische Felder mit Frequenzen bis 300 Gigahertz.

(3) Direkte Wirkungen sind die im menschlichen Körper durch dessen Anwesenheit in einem elektromagnetischen Feld unmittelbar hervorgerufenen Wirkungen. Zu denen zählen

1. thermische Wirkungen aufgrund von Energieabsorption aus elektromagnetischen Feldern im menschlichen Gewebe oder durch induzierte Körperströme in Extremitäten und
2. nichtthermische Wirkungen durch die Stimulation von Muskeln, Nerven oder Sinnesorganen. Diese Wirkungen können kognitive Funktionen oder die körperliche Gesundheit exponierter Beschäftigter nachteilig beeinflussen, durch die Stimulation von Sinnesorganen zu vorübergehenden Symptomen wie Schwindelgefühl oder Magnetophosphenen führen sowie das Wahrnehmungsvermögen oder andere Hirn- oder Muskelfunktionen beeinflussen und damit das sichere Arbeiten von Beschäftigten gefährden.

(4) Indirekte Wirkungen sind die von einem elektromagnetischen Feld ausgelösten Wirkungen auf Gegenstände, welche die Gesundheit und die Sicherheit von Beschäftigten am Arbeitsplatz gefährden können. Dies betrifft insbesondere Gefährdungen durch

1. Einwirkungen auf medizinische Vorrichtungen oder Geräte, einschließlich Herzschrittmachern sowie andere aktive oder passive Implantate oder am Körper getragene medizinische Geräte;
2. die Projektilwirkung ferromagnetischer Gegenstände in statischen Magnetfeldern;
3. die Auslösung von elektrischen Zündvorrichtungen (Detonatoren);
4. Brände oder Explosionen durch die Entzündung von brennbaren Materialien aufgrund von Funkenbildung sowie
5. Kontaktströme.

(5) Expositionsgrenzwerte sind maximal zulässige Werte, die aufgrund von wissenschaftlich nachgewiesenen Wirkungen im Inneren des menschlichen Körpers festgelegt wurden und deren Einhaltung nicht direkt durch Messungen am Arbeitsplatz überprüfbar ist. Folgende Expositionsgrenzwerte sind zu unterscheiden:

1. Expositionsgrenzwerte für gesundheitliche Wirkungen; dies sind diejenigen Grenzwerte, bei deren Überschreitung gesundheitsschädliche Gewebeerwärmung oder Stimulation von Nerven- oder Muskelgewebe auftreten können;
2. Expositionsgrenzwerte für sensorische Wirkungen; dies sind diejenigen Grenzwerte, bei deren Überschreitung reversible Stimulationen von Sinneszellen oder geringfügige Veränderungen von Hirnfunktionen auftreten können (Magnetophosphene, Schwindel, Übelkeit, metallischer Geschmack, Mikrowellenhören).

(6) Auslöseschwellen sind festgelegte Werte von direkt messbaren physikalischen Größen. Bei Auslöseschwellen, die von Expositionsgrenzwerten abgeleitet sind, bedeutet die Einhaltung dieser Auslöseschwellen, dass die entsprechenden Expositionsgrenzwerte nicht überschritten werden. Bei Exposition oberhalb dieser Auslöseschwellen sind Maßnahmen zum Schutz der Beschäftigten zu ergreifen, es

sei denn, dass die relevanten Expositionsgrenzwerte nachweislich eingehalten sind. Bei Auslöseschwellen, die nicht von Expositionsgrenzwerten abgeleitet sind, sind bei Überschreitung dieser Auslöseschwellen direkt Maßnahmen zum Schutz der Beschäftigten durchzuführen. Im Frequenzbereich von 0 Hertz bis 10 Megahertz ist zwischen unteren und oberen Auslöseschwellen zu unterscheiden:

1. bei elektrischen Feldern bezeichnen die Ausdrücke untere Auslöseschwelle und obere Auslöseschwelle die Werte, ab deren Überschreitung spezifische Maßnahmen zur Vermeidung von direkten und indirekten Wirkungen durch Entladungen oder Kontaktströme nach § 6 Absatz 1 zu ergreifen sind, und
2. bei magnetischen Feldern ist die untere Auslöseschwelle vom Expositionsgrenzwert für sensorische Wirkungen und die obere Auslöseschwelle vom Expositionsgrenzwert für gesundheitliche Wirkungen abgeleitet.

(7) Besonders schutzbedürftige Beschäftigte sind insbesondere Beschäftigte

1. mit aktiven medizinischen Implantaten, insbesondere Herzschrittmachern,
2. mit passiven medizinischen Implantaten,
3. mit medizinischen Geräten, die am Körper getragen werden, insbesondere Insulinpumpen,
4. mit sonstigen durch elektromagnetische Felder beeinflussbaren Fremdkörpern im Körper oder
5. mit eingeschränkter Thermoregulation.

(8) Fachkundig ist, wer über die erforderlichen Fachkenntnisse zur Ausübung einer in dieser Verordnung bestimmten Aufgabe verfügt. Die Anforderungen an die Fachkunde sind abhängig von der jeweiligen Art der Aufgabe. Zu den Anforderungen zählen eine entsprechende Berufsausbildung oder Berufserfahrung jeweils in Verbindung mit einer zeitnah ausgeübten einschlägigen beruflichen Tätigkeit sowie die Teilnahme an spezifischen Fortbildungsmaßnahmen.

(9) Stand der Technik ist der Entwicklungsstand fortschrittlicher Verfahren, Einrichtungen oder Betriebsweisen, der die praktische Eignung einer Maßnahme zum Schutz der Gesundheit und zur Sicherheit der Beschäftigten gesichert erscheinen lässt. Bei der Bestimmung des Standes der Technik sind insbesondere vergleichbare Verfahren, Einrichtungen oder Betriebsweisen heranzuziehen, die mit Erfolg in der Praxis erprobt worden sind. Gleiches gilt für die Anforderungen an die Arbeitsmedizin und Arbeitshygiene.

(10) Beschäftigte sind Personen im Sinne des § 2 Absatz 2 des Arbeitsschutzgesetzes. Den Beschäftigten stehen folgende Personen gleich, sofern sie bei ihren Tätigkeiten elektromagnetischen Feldern ausgesetzt sein können:

1. Schülerinnen und Schüler,
2. Studierende und Praktikanten sowie
3. sonstige, insbesondere an wissenschaftlichen Einrichtungen tätige Personen.

Auf die den Beschäftigten gleichstehenden Personen finden die Regelungen dieser Verordnung über die Beteiligung der Personalvertretungen keine Anwendung.

(11) Den in dieser Verordnung verwendeten physikalischen Größen sind die in Anhang 1 enthaltenen Definitionen zugrunde zu legen.

Abschnitt 2 – Gefährdungsbeurteilung; Fachkundige Personen; Messungen, Berechnungen und Bewertungen

§ 3 Gefährdungsbeurteilung (1) Bei der Beurteilung der Arbeitsbedingungen nach § 5 des Arbeitsschutzgesetzes hat der Arbeitgeber zunächst festzustellen, ob elektromagnetische Felder am Arbeitsplatz von Beschäftigten auftreten oder auftreten können. Ist dies der Fall, hat er alle hiervon ausgehenden Gefährdungen für die Gesundheit und die Sicherheit der Beschäftigten zu beurteilen. Dazu sind die auftretenden Expositionen durch elektromagnetische Felder am Arbeitsplatz nach dem Stand der Technik zu ermitteln und zu bewerten. Für die Beschäftigten ist insbesondere dann von einer Gefährdung auszugehen, wenn die Expositionsgrenzwerte nach § 5 in Verbindung mit den Anhängen 2 und 3 überschritten werden. Der Arbeitgeber kann sich dazu für die Gefährdungsbeurteilung notwendige Informationen beim Wirtschaftsakteur, insbesondere beim Hersteller oder Inverkehrbringer der verwendeten Arbeitsmittel, oder von anderen ohne Weiteres zugänglichen Quellen beschaffen. Die Informationen umfassen insbesondere die für die verwendeten Arbeitsmittel verfügbaren Emissionswerte und andere geeignete sicherheitsbezogene Daten einschließlich spezifischer Informationen zur Gefährdungsbeurteilung, wenn diese auf die Expositionsbedingungen am Arbeitsplatz anwendbar sind. Ergebnisse aus Expositionsbewertungen von der Öffentlichkeit zugänglichen Bereichen können bei der Gefährdungsbeurteilung berücksichtigt werden, wenn die Expositionsgrenzwerte nach § 5 in Verbindung mit den Anhängen 2 und 3 eingehalten werden und sicheres Arbeiten gewährleistet ist. Lässt sich anhand der verfügbaren Informationen nicht sicher feststellen, ob die Expositionsgrenzwerte nach § 5 in Verbindung mit den Anhängen 2 und 3 eingehalten werden, ist der Umfang der Exposition durch Berechnungen oder Messungen nach § 4 festzustellen. Entsprechend dem Ergebnis der Gefährdungsbeurteilung hat der Arbeitgeber Maßnahmen nach dem Stand der Technik festzulegen.

(2) Bei Einhaltung der Auslöseschwellen nach § 5 in Verbindung mit den Anhängen 2 und 3 kann der Arbeitgeber davon ausgehen, dass die mit diesen Auslöseschwellen verbundenen Expositionsgrenzwerte nach § 5 in Verbindung mit den Anhängen 2 und 3 eingehalten sind und damit keine weiteren Maßnahmen nach § 6 Absatz 1 zum Schutz der Beschäftigten vor Gefährdungen durch direkte Wirkungen von elektromagnetischen Feldern erforderlich sind. Gefährdungen durch indirekte Wirkungen müssen gesondert betrachtet werden.

(3) Werden die Auslöseschwellen nach § 5 in Verbindung mit den Anhängen 2 und 3 überschritten und wird im Rahmen der Gefährdungsbeurteilung nach Absatz 1 nicht der Nachweis erbracht, dass Gefährdungen durch Überschreitung der relevanten Expositionsgrenzwerte oder dass Gefährdungen durch indirekte Wirkungen von elektromagnetischen Feldern ausgeschlossen werden können, so hat der Arbeitgeber zur Vermeidung oder Verringerung der Gefährdung nach Absatz 1 Satz 9 Maßnahmen nach dem Stand der Technik festzulegen.

(4) Bei der Gefährdungsbeurteilung nach Absatz 1 ist insbesondere Folgendes zu berücksichtigen:

1. Art, Ausmaß und Dauer der Exposition durch elektromagnetische Felder, einschließlich der räumlichen Verteilung der elektromagnetischen Felder am Arbeitsplatz und über den Körper des Beschäftigten,
2. die Frequenzen und erforderlichenfalls den Signalverlauf der einwirkenden elektromagnetischen Felder,
3. alle direkten und indirekten Wirkungen von elektromagnetischen Feldern, die zu Gefährdungen führen können,
4. die in § 5 in Verbindung mit den Anhängen 2 und 3 genannten Expositionsgrenzwerte für gesundheitliche und sensorische Wirkungen und die Auslöseschwellen,
5. die Verfügbarkeit und die Möglichkeit des Einsatzes alternativer Arbeitsmittel und Ausrüstungen zur Vermeidung oder Verringerung der Gefährdungen der Beschäftigten durch direkte oder indirekte Wirkungen von elektromagnetischen Feldern (Substitutionsprüfung),
6. Erkenntnisse aus der arbeitsmedizinischen Vorsorge sowie hierzu allgemein zugängliche, veröffentlichte Informationen,
7. die Exposition von Beschäftigten gegenüber elektromagnetischen Feldern aus mehreren Quellen,
8. die Exposition von Beschäftigten gegenüber elektromagnetischen Feldern mit mehreren Frequenzen,
9. die relevanten Herstellerangaben zu Arbeitsmitteln, die elektromagnetische Felder erzeugen oder emittieren, sowie weitere relevante gesundheits- und sicherheitsbezogene Informationen,
10. die Arbeitsplatz- und Expositionsbedingungen, die bei verschiedenen Betriebszuständen insbesondere bei Instandhaltungs- und Reparaturarbeiten und bei Einrichtvorgängen auftreten können sowie
11. alle Auswirkungen auf die Gesundheit und Sicherheit von besonders schutzbedürftigen Beschäftigten, insbesondere wenn der Arbeitgeber darüber informiert ist.

(5) Der Arbeitgeber hat vor Aufnahme einer Tätigkeit die Gefährdungsbeurteilung und die erforderlichen Maßnahmen nach dem Stand der Technik durchzuführen. Die Gefährdungsbeurteilung und die Wirksamkeit der daraus abgeleiteten Maßnahmen sind regelmäßig zu überprüfen. Die Gefährdungsbeurteilung und die Maßnahmen sind zu aktualisieren, wenn

1. neue sicherheits- oder gesundheitsrelevante Erkenntnisse, insbesondere aus der arbeitsmedizinischen Vorsorge, vorliegen,
2. maßgebliche Veränderungen der Arbeitsbedingungen dies erfordern oder
3. die Prüfung der Wirksamkeit der Maßnahmen ergeben hat, dass die Maßnahmen nicht wirksam oder nicht ausreichend sind.

(6) Der Arbeitgeber hat die Gefährdungsbeurteilung unabhängig von der Zahl der Beschäftigten vor Aufnahme der Tätigkeit nach Satz 2 in einer Form zu dokumentieren, die eine spätere Einsichtnahme ermöglicht. In der Dokumentation ist anzugeben, welche Gefährdungen am Arbeitsplatz auftreten können und welche Maßnahmen zur Vermeidung oder Verringerung der Gefährdung der Beschäftigten durchgeführt werden müssen. Die Dokumentation kann eine Begründung des Arbeitgebers einschließen, warum aufgrund der Art und des Umfangs der

möglichen Gefährdungen durch elektromagnetische Felder nur eine vereinfachte Gefährdungsbeurteilung durchgeführt wurde. Der Arbeitgeber hat die Ergebnisse aus Messungen oder Berechnungen nach der Erstellung in Verbindung mit Satz 5 in einer Form aufzubewahren, die eine spätere Einsichtnahme ermöglicht. Werden an Arbeitsplätzen die oberen Auslöseschwellen bei nichtthermischen oder thermischen Wirkungen nach den Anhängen 2 und 3 überschritten, sind die ermittelten Ergebnisse aus Messungen oder Berechnungen mindestens 20 Jahre aufzubewahren.

(7) Bei der Festlegung der Maßnahmen nach Absatz 1 Satz 9 hat der Arbeitgeber nach § 4 Nummer 6 des Arbeitsschutzgesetzes die Erfordernisse von besonders schutzbedürftigen Beschäftigten entsprechend dem Ergebnis der Gefährdungsbeurteilung zu berücksichtigen und gegebenenfalls individuelle Schutzmaßnahmen vorzusehen.

§ 4 Fachkundige Personen; Messungen, Berechnungen und Bewertungen

(1) Der Arbeitgeber hat sicherzustellen, dass die Gefährdungsbeurteilung, die Messungen, die Berechnungen oder die Bewertungen nach dem Stand der Technik nach Absatz 2 fachkundig geplant und durchgeführt werden. Verfügt der Arbeitgeber dazu nicht selbst über die entsprechenden Kenntnisse, hat er sich von fachkundigen Personen beraten zu lassen.

(2) Messverfahren und -geräte sowie eventuell erforderliche Berechnungs- und Bewertungsverfahren müssen

1. an die vorhandenen Arbeitsplatz- und Expositionsbedingungen angepasst sein,
2. geeignet sein, die erforderlichen physikalischen Größen zu bestimmen, um feststellen zu können, ob die Expositionsgrenzwerte und Auslöseschwellen nach § 5 in Verbindung mit den Anhängen 2 und 3 eingehalten sind, und
3. die Mess- oder Berechnungsunsicherheiten berücksichtigen.

(3) Im Niederfrequenzbereich können als Bewertungsverfahren bei nicht sinusförmigen oder gepulsten elektromagnetischen Feldern Verfahren zur Bewertung im Zeitbereich nach dem Stand der Technik wie die Methode der gewichteten Spitzenwerte angewendet werden.

(4) Die durchzuführenden Messungen, Berechnungen oder Bewertungen können bei gleichartigen Arbeitsplatzbedingungen auch durch repräsentative Stichprobenerhebungen erfolgen.

Abschnitt 3 – Expositionsgrenzwerte und Auslöseschwellen; Festlegungen zum Schutz vor Gefährdungen durch elektromagnetische Felder

Unterabschnitt 1 – Expositionsgrenzwerte und Auslöseschwellen; Festlegungen zum Schutz vor Gefährdungen durch elektromagnetische Felder

§ 5 Expositionsgrenzwerte und Auslöseschwellen für elektromagnetische Felder

Expositionsgrenzwerte und Auslöseschwellen für elektromagnetische Felder sind in den Anhängen 2 und 3 festgelegt. Die zugehörigen physikalischen Größen sind in Anhang 1 festgelegt.

§ 6 Maßnahmen zur Vermeidung und Verringerung der Gefährdungen von Beschäftigten durch elektromagnetische Felder (1) Der Arbeitgeber hat die nach § 3 Absatz 1 Satz 9 festgelegten Maßnahmen nach dem Stand der Technik durchzuführen, um Gefährdungen der Beschäftigten auszuschließen oder so weit wie möglich zu verringern. Dazu sind die Entstehung und die Ausbreitung elektromagnetischer Felder nach dem Stand der Technik vorrangig an der Quelle zu verhindern oder zu reduzieren. Der Arbeitgeber hat dafür zu sorgen, dass die Expositionsgrenzwerte nach § 5 in Verbindung mit den Anhängen 2 und 3 eingehalten und Gefährdungen aufgrund direkter und indirekter Wirkungen von elektromagnetischen Feldern vermieden oder verringert werden und somit ein sicheres Arbeiten gewährleistet ist. Technische Maßnahmen haben Vorrang vor organisatorischen und personenbezogenen Maßnahmen. Geeignete persönliche Schutzausrüstung ist dann zu verwenden, wenn technische und organisatorische Maßnahmen nicht ausreichen oder nicht anwendbar sind.

(2) Zu den Maßnahmen nach Absatz 1 gehören insbesondere
1. alternative Arbeitsverfahren, durch die Gefährdungen durch elektromagnetische Felder vermieden oder verringert werden,
2. Auswahl, Einsatz und Betriebsweise von Arbeitsmitteln, die unter Berücksichtigung der auszuführenden Tätigkeit in geringerem Maße elektromagnetische Felder emittieren,
3. technische Maßnahmen zur Verringerung der Gefährdungen durch elektromagnetische Felder, falls erforderlich auch unter Einsatz von Abschirmungen, Verriegelungs- oder anderen Sicherheitseinrichtungen,
4. angemessene Abgrenzungs- und Zugangskontrollmaßnahmen, insbesondere Warnhinweise, Signale, Kennzeichnungen, Markierungen oder Schranken,
5. bei elektrischen Feldern Maßnahmen und Verfahren zur Vermeidung oder Minimierung von elektrischen Entladungen oder Kontaktströmen,
6. angemessene Wartungsprogramme und Kontrollen von Arbeitsmitteln, Arbeitsplätzen und Anlagen,
7. die Gestaltung und die Einrichtung der Arbeitsstätten und Arbeitsplätze,
8. organisatorische Maßnahmen zur Begrenzung von Ausmaß und Dauer der Exposition,
9. Auswahl und Einsatz von geeigneter persönlicher Schutzausrüstung sowie
10. die Verwendung der Arbeitsmittel nach den Herstellerangaben.

(3) Der Arbeitgeber hat Arbeitsbereiche, in denen die Auslöseschwellen für elektromagnetische Felder nach den Anhängen 2 und 3 überschritten werden, oder Arbeitsbereiche mit Gefährdungen für besonders schutzbedürftige Beschäftigte nach Satz 2 zu kennzeichnen. Die Kennzeichnung muss deutlich erkennbar und dauerhaft sein. Sie kann insbesondere durch Warn-, Hinweis- und Zusatzzeichen sowie Verbotszeichen und Warnleuchten erfolgen. Der Arbeitgeber hat die betreffenden Arbeitsbereiche für die Dauer der Tätigkeit abzugrenzen und den Zugang gegebenenfalls einzuschränken. In diesen Bereichen dürfen Beschäftigte nur tätig werden, wenn das Arbeitsverfahren dies erfordert. Absatz 1 bleibt unberührt.

1. Arbeitsbereiche müssen nicht gekennzeichnet werden, wenn der Zugang auf geeignete Weise beschränkt ist und die Beschäftigten in geeigneter Weise unterwiesen sind.
2. In Arbeitsbereichen mit öffentlich zugänglichen Arbeitsplätzen ist eine Kennzeichnung nach Satz 1 unterhalb der oberen Auslöseschwelle nach Anhang 2 Tabelle A2.10 nicht erforderlich, wenn gemäß der Gefährdungsbeurteilung nach § 3 für an diesen Arbeitsplätzen tätige Beschäftigte mit aktiven Implantaten oder am Körper getragenen medizinischen Geräten ein sicheres Arbeiten gewährleistet ist und die betroffenen Beschäftigten über die Gefährdungen aufgrund der elektromagnetischen Felder unterwiesen sind.

(4) Die Expositionsgrenzwerte für sensorische Wirkungen nach § 5 in Verbindung mit den Anhängen 2 und 3 dürfen nur überschritten werden, wenn
1. die Überschreitung auf kurzzeitige Einzelereignisse unter definierten Betriebsbedingungen beschränkt ist,
2. keine geeigneten alternativen Arbeitsverfahren zur Verfügung stehen, bei denen die Exposition der Beschäftigten minimiert oder beseitigt werden kann,
3. die besonderen Festlegungen nach den §§ 7, 14, 17 und 18 umgesetzt sind und
4. ein sicheres Arbeiten dadurch gewährleistet ist, dass nach Durchführung der entsprechend dem Ergebnis der Gefährdungsbeurteilung festgesetzten Maßnahmen Gefährdungen durch direkte und indirekte Wirkungen ausgeschlossen sind.

(5) Die Expositionsgrenzwerte für gesundheitliche Wirkungen nach § 5 in Verbindung mit den Anhängen 2 und 3 dürfen bei medizinischen Anwendungen von Magnetresonanzverfahren überschritten werden, wenn die besonderen Festlegungen nach § 18 umgesetzt sind.

(6) Werden abweichend von Absatz 4 und 5 die Expositionsgrenzwerte für sensorische oder gesundheitliche Wirkungen überschritten, hat der Arbeitgeber unverzüglich die Gründe zu ermitteln und weitere Maßnahmen nach Absatz 2 zu ergreifen, um die Exposition auf einen Wert unterhalb der Expositionsgrenzwerte zu senken und ein erneutes Überschreiten der Expositionsgrenzwerte zu verhindern.

(7) Treten trotz aller durchgeführten Maßnahmen bei Beschäftigten vorübergehende Symptome auf, so hat der Arbeitgeber unverzüglich die Gefährdungsbeurteilung und die nach § 3 Absatz 1 Satz 9 festgelegten Maßnahmen zum Schutz der Beschäftigten zu überprüfen und erforderlichenfalls zu aktualisieren. Vorübergehende Symptome können Folgendes umfassen:
1. durch die Bewegung im statischen Magnetfeld hervorgerufene Wirkungen, insbesondere Schwindelgefühl oder Übelkeit,
2. durch zeitveränderliche elektromagnetische Felder hervorgerufene Sinnesempfindungen, insbesondere Magnetophosphene oder Mikrowellenhören, sowie Wirkungen auf die im Kopf gelegenen Teile des Zentralnervensystems oder
3. Wirkungen durch Entladungen oder Kontaktströme in elektromagnetischen Feldern.

Unterabschnitt 2 – Besondere Festlegungen zum Schutz vor Gefährdungen von Beschäftigten durch elektromagnetische Felder

§ 7 Besondere Festlegungen für die Überschreitung der Expositionsgrenzwerte für sensorische Wirkungen bei Tätigkeiten im statischen Magnetfeld über 2 Tesla Bei Überschreitung des Expositionsgrenzwertes für sensorische Wirkungen unter normalen Arbeitsbedingungen im statischen Magnetfeld über 2 Tesla nach Anhang 2 Tabelle A2.1 hat der Arbeitgeber dafür zu sorgen, dass

1. die Exposition am Arbeitsplatz nur die Gliedmaßen der Beschäftigten betrifft und eine gefährdende Exposition von Kopf und Rumpf ausgeschlossen ist oder
2. nach Durchführung der festgelegten Maßnahmen entsprechend der Gefährdungsbeurteilung nach § 3
   a) die Überschreitung der Expositionsgrenzwerte für sensorische Wirkungen nach Anhang 2 Tabellen A2.1 und A2.4 auf kurzzeitige Einzelereignisse unter definierten Betriebsbedingungen beschränkt ist,
   b) die Expositionsgrenzwerte für kontrollierte Arbeitsbedingungen nach Anhang 2 Tabellen A2.1 und A2.3 eingehalten werden,
   c) nur speziell unterwiesene und geschulte Beschäftigte Zugang zu den kontrollierten Bereichen haben,
   d) spezielle Arbeitspraktiken und Maßnahmen, insbesondere kontrollierte Bewegungen der Beschäftigten im Bereich mit hohen räumlichen Magnetfeldgradienten, angewendet werden und
   e) weitere Maßnahmen nach § 6 Absatz 2 ergriffen werden, wenn vorübergehende Symptome nach § 6 Absatz 7 auftreten.

§ 8 Besondere Festlegungen für die Überschreitung der Auslöseschwellen für die Projektilwirkung von ferromagnetischen Gegenständen im Streufeld von Anlagen mit hohem statischen Magnetfeld (> 100 Millitesla) (1) Bei Überschreitung der unteren Auslöseschwellen für die Projektilwirkung von ferromagnetischen Gegenständen im Streufeld von Anlagen mit hohem statischen Magnetfeld (> 100 Millitesla) nach Anhang 2 Tabelle A2.11 hat der Arbeitgeber die betreffenden Arbeitsbereiche nach § 6 Absatz 3 zu kennzeichnen.

(2) Bei Überschreitung der oberen Auslöseschwellen für die Projektilwirkung von ferromagnetischen Gegenständen im Streufeld von Anlagen mit hohem statischen Magnetfeld (> 100 Millitesla) nach Anhang 2 Tabelle A2.11 hat der Arbeitgeber weitere Maßnahmen nach § 6 Absatz 2 zu ergreifen, um Gefährdungen der Beschäftigten zu beseitigen oder zu minimieren. Dazu zählen insbesondere folgende Maßnahmen:

1. Bereitstellung und Verwendung von geeigneten nichtferromagnetischen Arbeitsmitteln,
2. Abschirmungen, Verriegelungen oder andere Sicherheitseinrichtungen,
3. Zugangskontrolle zum betreffenden Arbeitsbereich, erforderlichenfalls Einsatz von Detektoren für ferromagnetische Gegenstände und
4. betriebsorganisatorische Maßnahmen, insbesondere Schulung und Unterweisung sowie erforderlichenfalls Hinweise für Dritte, damit Beschäftigte nicht gefährdet werden.

§ 9 Besondere Festlegungen für die Überschreitung der oberen Auslöseschwelle für die Beeinflussung von implantierten aktiven oder am Körper getragenen medizinischen Geräten in statischen Magnetfeldern Bei Überschreitung der oberen Auslöseschwelle nach Anhang 2 Tabelle A2.10 hat der Arbeitgeber weitere Maßnahmen nach § 6 Absatz 2 zu ergreifen, um Gefährdungen der Beschäftigten mit implantierten aktiven oder am Körper getragenen medizinischen Geräten zu beseitigen oder zu minimieren. Dazu zählen insbesondere folgende Maßnahmen:
1. Bewertung der Einwirkung für den einzelnen Mitarbeiter auf der Grundlage von Informationen des Herstellers des implantierten aktiven medizinischen Gerätes und soweit möglich des behandelnden Arztes oder Arbeitsmediziners,
2. Zugangsbeschränkung zum betreffenden Arbeitsbereich insbesondere durch Kontroll- oder Absperrungsmaßnahmen und
3. betriebsorganisatorische Maßnahmen, insbesondere Schulung und Unterweisung, individuelle oder allgemeine Zugangsverbote.

Unterabschnitt 3 – Besondere Festlegungen zum Schutz vor Gefährdungen durch elektromagnetische Felder im Frequenzbereich von 0 Hertz bis 10 Megahertz

§ 10 Besondere Festlegungen für die Überschreitung der unteren Auslöseschwellen für externe elektrische Felder im Frequenzbereich von 0 Hertz bis 10 Megahertz Bei Überschreitung der unteren Auslöseschwellen für externe elektrische Felder im Frequenzbereich von 0 Hertz bis 10 Megahertz nach Anhang 2 Tabelle A2.7 hat der Arbeitgeber, wenn keine geeigneten alternativen Arbeitsverfahren zur Verfügung stehen, dafür zu sorgen, dass
1. die Expositionsgrenzwerte der internen elektrischen Feldstärke Ei für sensorische Wirkungen im Frequenzbereich bis 400 Hertz nach Anhang 2 Tabelle A2.4 nicht überschritten und Gefährdungen durch direkte und indirekte Wirkungen vermieden oder verringert werden und damit ein sicheres Arbeiten gewährleistet ist oder
2. nach Durchführung der festgelegten Maßnahmen entsprechend der Gefährdungsbeurteilung
   a) die Gefährdung durch Entladungen oder Kontaktströme durch spezifische Maßnahmen ausgeschlossen ist. Dazu zählen insbesondere
      aa) geeignete technische Arbeitsmittel,
      bb) Maßnahmen zum Potentialausgleich,
      cc) die Erdung von Arbeitsgegenständen,
      dd) die spezielle Schulung und Unterweisung der Beschäftigten und
      ee) persönliche Schutzausrüstung wie isolierende Schuhe, Isolierhandschuhe und Schutzkleidung;
   b) die Gefährdungen in statischen elektrischen Feldern durch spezifische Maßnahmen beseitigt oder minimiert sind. Dazu zählen insbesondere
      aa) die Nichtüberschreitung des Expositionsgrenzwertes für die externe elektrische Feldstärke Ee von statischen elektrischen Feldern nach Anhang 2 Tabelle A2.2,
      bb) die Zugangskontrolle zum betreffenden Arbeitsbereich und

7j

cc) die spezielle Schulung und Unterweisung der Beschäftigten;

c) die Expositionsgrenzwerte der internen elektrischen Feldstärke Ei für gesundheitliche Wirkungen im Frequenzbereich bis 10 Megahertz nach Anhang 2 Tabelle A2.3 nicht überschritten werden sowie

d) die Gefährdungen durch direkte und indirekte Wirkungen ausgeschlossen sind und damit ein sicheres Arbeiten gewährleistet ist.

§ 11 Besondere Festlegungen für die Überschreitung der oberen Auslöseschwellen für externe elektrische Felder im Frequenzbereich von 0 Hertz bis 10 Megahertz Bei Überschreitung der oberen Auslöseschwellen für die Exposition gegenüber externen elektrischen Feldern im Frequenzbereich von 0 Hertz bis 10 Megahertz nach Anhang 2 Tabelle A2.7 hat der Arbeitgeber, wenn keine geeigneten alternativen Arbeitsverfahren zur Verfügung stehen, dafür zu sorgen, dass über die in § 10 Nummer 2 genannten Maßnahmen hinaus weitere Maßnahmen nach § 6 Absatz 2 durchgeführt werden, damit Gefährdungen durch direkte und indirekte Wirkungen ausgeschlossen sind. Zu den Maßnahmen zählen insbesondere spezielle Unterweisungen.

§ 12 Besondere Festlegungen für die Überschreitung der unteren Auslöseschwellen für magnetische Felder im Frequenzbereich von 0 Hertz bis 10 Megahertz Bei Überschreitung der unteren Auslöseschwellen für die Exposition gegenüber magnetischen Feldern im Frequenzbereich von 0 Hertz bis 10 Megahertz nach Anhang 2 Tabelle A2.8 insbesondere im Bereich von Kopf oder Rumpf hat der Arbeitgeber, wenn keine geeigneten alternativen Arbeitsverfahren zur Verfügung stehen, dafür zu sorgen, dass

1. die Expositionsgrenzwerte der internen elektrischen Feldstärke Ei für sensorische Wirkungen im Frequenzbereich bis 400 Hertz nach Anhang 2 Tabelle A2.4 nicht überschritten werden oder
2. nach Durchführung der festgelegten Maßnahmen entsprechend der Gefährdungsbeurteilung
   a) die Überschreitung der Expositionsgrenzwerte der internen elektrischen Feldstärke Ei für sensorische Wirkungen im Frequenzbereich bis 400 Hertz nach Anhang 2 Tabelle A2.4 auf kurzzeitige Einzelereignisse unter definierten Betriebsbedingungen beschränkt ist,
   b) die Expositionsgrenzwerte der internen elektrischen Feldstärke Ei für gesundheitliche Wirkungen im Frequenzbereich bis 10 Megahertz nach Anhang 2 Tabelle A2.3 eingehalten werden und
   c) die Gefährdungen durch direkte und indirekte Wirkungen ausgeschlossen sind und damit ein sicheres Arbeiten gewährleistet ist.

§ 13 Besondere Festlegungen für die Überschreitung der Auslöseschwellen für Kontaktströme bei berührendem Kontakt Bei Überschreitung der Auslöseschwellen für Kontaktströme IK bei berührendem Kontakt nach Anhang 2 Tabelle A2.9 hat der Arbeitgeber, wenn keine geeigneten alternativen Arbeitsverfahren oder Arbeitsmittel zur Verfügung stehen, dafür zu sorgen, dass

1. die Beschäftigten so unterwiesen sind, dass sie immer einen greifenden Kontakt herstellen,
2. die Expositionsgrenzwerte für kontinuierliche Kontaktströme IK bei greifendem Kontakt nach Anhang 2 Tabelle A2.5 und für den Entladungspuls eines Kontaktstroms nach Anhang 2 Tabelle A2.6 eingehalten werden und
3. die Gefährdungen durch direkte und indirekte Wirkungen ausgeschlossen sind und damit ein sicheres Arbeiten gewährleistet ist.

§ 14 Besondere Festlegungen für die Überschreitung der Expositionsgrenzwerte für sensorische Wirkungen im Frequenzbereich bis 400 Hertz Bei Überschreitung der Expositionsgrenzwerte für sensorische Wirkungen für im Frequenzbereich bis 400 Hertz nach Anhang 2 Tabelle A2.4 hat der Arbeitgeber, wenn keine geeigneten alternativen Arbeitsverfahren zur Verfügung stehen, dafür zu sorgen, dass nach Durchführung der festgelegten Maßnahmen entsprechend der Gefährdungsbeurteilung

1. die Überschreitung auf kurzzeitige Einzelereignisse unter definierten Betriebsbedingungen beschränkt ist,
2. die Expositionsgrenzwerte der internen elektrischen Feldstärke Ei für gesundheitliche Wirkungen im Frequenzbereich bis 400 Hertz nach Anhang 2 Tabelle A2.3 nicht überschritten werden und
3. unverzüglich weitere Maßnahmen nach § 6 Absatz 2 ergriffen werden, wenn vorübergehende Symptome nach § 6 Absatz 7 auftreten.

Unterabschnitt 4 – Besondere Festlegungen zum Schutz vor Gefährdungen durch elektromagnetische Felder im Frequenzbereich von 100 Kilohertz bis 300 Gigahertz

7j

§ 15 Besondere Festlegungen für die Überschreitung der Auslöseschwellen für elektromagnetische Felder im Frequenzbereich von 100 Kilohertz bis 300 Gigahertz (1) Bei Überschreitung der Auslöseschwellen für die Exposition gegenüber elektromagnetischen Feldern im Frequenzbereich von 100 Kilohertz bis 300 Gigahertz nach Anhang 3 Tabelle A3.4 hat der Arbeitgeber dafür zu sorgen, dass

1. die Expositionsgrenzwerte der spezifischen Absorptionsrate SAR für gesundheitliche Wirkungen bei Exposition gegenüber elektromagnetischen Feldern im Frequenzbereich von 100 Kilohertz bis 6 Gigahertz nach Anhang 3 Tabelle A3.1 und der Expositionsgrenzwert der Leistungsdichte S für gesundheitliche Wirkungen bei Exposition gegenüber elektromagnetischen Feldern im Frequenzbereich von 6 Gigahertz bis 300 Gigahertz nach Anhang 3 Tabelle A3.2 eingehalten werden und
2. nach Durchführung der festgelegten Maßnahmen entsprechend der Gefährdungsbeurteilung Gefährdungen der Beschäftigten durch direkte und indirekte Wirkungen ausgeschlossen sind und damit ein sicheres Arbeiten gewährleistet ist.

(2) Die besonderen Festlegungen für die Überschreitung der Expositionsgrenzwerte der lokalen spezifischen Energieabsorption SA für sensorische Wirkungen bei Exposition gegenüber gepulsten elektromagnetischen Feldern im Frequenz-

bereich von 0,3 Gigahertz bis 6 Gigahertz (Mikrowellenhören) nach § 17 gelten unabhängig von Absatz 1. Sie sind daher gesondert zu betrachten.

§ 16 Besondere Festlegungen für die Überschreitung der Auslöseschwellen für stationäre Kontaktströme oder induzierte Ströme durch die Gliedmaßen im Frequenzbereich von 100 Kilohertz bis 110 Megahertz Bei Überschreitung der Auslöseschwellen für stationäre Kontaktströme IK oder induzierte Ströme durch die Gliedmaßen IG im Frequenzbereich von 100 Kilohertz bis 110 Megahertz nach Anhang 3 Tabelle A3.5 hat der Arbeitgeber dafür zu sorgen, dass

1. die Expositionsgrenzwerte der spezifischen Absorptionsrate SAR für gesundheitliche Wirkungen bei Exposition gegenüber elektromagnetischen Feldern nach Anhang 3 Tabelle A3.1 im Frequenzbereich von 100 Kilohertz bis 110 Megahertz eingehalten werden und
2. nach Durchführung der festgelegten Maßnahmen entsprechend der Gefährdungsbeurteilung Gefährdungen der Beschäftigten durch direkte und indirekte Wirkungen ausgeschlossen sind und damit ein sicheres Arbeiten gewährleistet ist.

§ 17 Besondere Festlegungen für die Überschreitung des Expositionsgrenzwertes der lokalen spezifischen Energieabsorption für sensorische Wirkungen von gepulsten elektromagnetischen Feldern im Frequenzbereich von 0,3 Gigahertz bis 6 Gigahertz (Mikrowellenhören) Bei Überschreitung des Expositionsgrenzwertes der lokalen spezifischen Energieabsorption SA für sensorische Wirkungen bei Exposition gegenüber gepulsten elektromagnetischen Feldern im Frequenzbereich von 0,3 Gigahertz bis 6 Gigahertz (Mikrowellenhören) nach Anhang 3 Tabelle A3.3 hat der Arbeitgeber, wenn keine geeigneten alternativen Arbeitsverfahren zur Verfügung stehen, dafür zu sorgen, dass nach Durchführung der festgelegten Maßnahmen entsprechend der Gefährdungsbeurteilung

1. die Überschreitung auf kurzzeitige Einzelereignisse unter definierten Betriebsbedingungen beschränkt ist,
2. die Expositionsgrenzwerte der spezifischen Absorptionsrate SAR für gesundheitliche Wirkungen bei Exposition gegenüber elektromagnetischen Feldern im Frequenzbereich von 100 Kilohertz bis 6 Gigahertz nach Anhang 3 Tabelle A3.1 und der Expositionsgrenzwert der Leistungsdichte S für gesundheitliche Wirkungen bei Exposition gegenüber elektromagnetischen Feldern im Frequenzbereich von 6 Gigahertz bis 300 Gigahertz nach Anhang 3 Tabelle A3.2 nicht überschritten werden und
3. unverzüglich weitere Maßnahmen nach § 6 Absatz 2 ergriffen werden, wenn vorübergehende Symptome nach § 6 Absatz 7 auftreten.

Unterabschnitt 5 – Besondere Festlegungen zum Schutz vor Gefährdungen durch elektromagnetische Felder bei medizinischen Anwendungen von Magnetresonanzverfahren

§ 18 Besondere Festlegungen für die Überschreitung von Expositionsgrenzwerten bei medizinischen Anwendungen von Magnetresonanzverfahren Abweichend von den §§ 7 bis 16 hat der Arbeitgeber bei einer Überschreitung der Expositionsgrenzwerte nach den Anhängen 2 und 3 bei der Aufstellung, Prüfung, Anwendung, Entwicklung oder Wartung von medizinischen Geräten für bildgebende Verfahren mittels Magnetresonanz am Patienten oder damit verknüpften Forschungsarbeiten

1. Art, Ausmaß, Häufigkeit und Dauer der Überschreitung von Expositionsgrenzwerten in Arbeitsbereichen, in denen Beschäftigte tätig werden müssen, im Rahmen der Gefährdungsbeurteilung nach § 3 nachzuweisen,
2. alle technischen und organisatorischen Maßnahmen nach dem Stand der Technik nach § 6 Absatz 1 zur Vermeidung oder Verringerung der Exposition der betroffenen Beschäftigten durchzuführen,
3. zu begründen, für welche medizinische Anwendungsfälle die Notwendigkeit zur Überschreitung der Expositionsgrenzwerte gegeben ist,
4. alle spezifischen Merkmale des Arbeitsplatzes, der Arbeitsmittel oder der Arbeitsmethoden bei der Durchführung der Gefährdungsbeurteilung sowie die Festlegung und die Durchführung von Maßnahmen für den sicheren Betrieb und zum Schutz der betroffenen Beschäftigten zu berücksichtigen,
5. dafür zu sorgen, dass in der Dokumentation der Gefährdungsbeurteilung nach § 6 Absatz 1 ein Nachweis enthalten ist, wie Beschäftigte vor Gefährdungen durch direkte und indirekte Wirkungen geschützt sind,
6. sicherzustellen, dass die vom Hersteller bereitgestellten Bedienungsanleitungen und Sicherheitshinweise eingehalten werden und
7. sicherzustellen, dass nur speziell unterwiesene Beschäftigte tätig werden.

Abschnitt 4 – Unterweisung der Beschäftigten; Beratung durch den Ausschuss für Betriebssicherheit

§ 19 Unterweisung der Beschäftigten Bei Gefährdungen der Beschäftigten durch elektromagnetische Felder am Arbeitsplatz stellt der Arbeitgeber sicher, dass die betroffenen Beschäftigten eine Unterweisung erhalten, die auf den Ergebnissen der Gefährdungsbeurteilung beruht und die Aufschluss über die am Arbeitsplatz auftretenden Gefährdungen gibt. Die Unterweisung muss vor Aufnahme der Tätigkeit, danach in regelmäßigen Abständen, mindestens jedoch jährlich, und unverzüglich bei wesentlichen Änderungen der gefährdenden Tätigkeit oder des Arbeitsplatzes erfolgen. Die Unterweisung muss in einer für die Beschäftigten verständlichen Form und Sprache erfolgen und mindestens folgende Informationen enthalten:

1. die mit der Tätigkeit verbundenen Gefährdungen durch direkte und indirekte Wirkungen von elektromagnetischen Feldern,
2. die durchgeführten Maßnahmen zur Beseitigung oder zur Minimierung der Gefährdung unter Berücksichtigung der Arbeitsplatzbedingungen,
3. die relevanten Expositionsgrenzwerte und Auslöseschwellen sowie ihre Bedeutung,
4. die Ergebnisse der Expositionsermittlung zusammen mit der Erläuterung ihrer Bedeutung und der Bewertung der damit verbundenen möglichen Gefährdungen und gesundheitlichen Folgen,

5. die Beschreibung sicherer Arbeitsverfahren zur Minimierung der Gefährdung aufgrund der Exposition durch elektromagnetische Felder,
6. die sachgerechte Verwendung der persönlichen Schutzausrüstung,
7. Hinweise zur Erkennung und Meldung von möglichen gesundheitsschädlichen Wirkungen einer Exposition,
8. möglicherweise auftretende vorübergehende Symptome nach § 6 Absatz 7 und wie diese vermieden werden können und
9. spezifische Informationen für besonders schutzbedürftige Beschäftigte.

(2) Im Rahmen der Unterweisung nach Absatz 1 ist auch eine allgemeine arbeitsmedizinische Beratung durchzuführen mit Hinweisen zu besonderen Gefährdungen insbesondere für besonders schutzbedürftige Beschäftigte. Die Beschäftigten sind dabei auch über den Anspruch und den Zweck der arbeitsmedizinischen Vorsorge nach der Verordnung über arbeitsmedizinische Vorsorge zu unterrichten. Falls erforderlich, hat der Arbeitgeber die Ärztin oder den Arzt nach § 7 Absatz 1 der Verordnung zur arbeitsmedizinischen Vorsorge zu beteiligen.

§ 20 Beratung durch den Ausschuss für Betriebssicherheit Das Bundesministerium für Arbeit und Soziales wird in allen Fragen der Sicherheit und des Gesundheitsschutzes bei elektromagnetischen Feldern durch den Ausschuss nach § 21 der Betriebssicherheitsverordnung beraten. § 21 Absatz 5 und 6 der Betriebssicherheitsverordnung gilt entsprechend.

Abschnitt 5 – Ausnahmen; Straftaten und Ordnungswidrigkeiten

§ 21 Ausnahmen (1) Die zuständige Behörde kann auf schriftlichen oder elektronischen Antrag des Arbeitgebers Ausnahmen von den §§ 6 bis 17 zulassen, wenn die Durchführung der Vorschrift im Einzelfall zu einer unverhältnismäßigen Härte führen würde und die Abweichung mit dem Schutz der Beschäftigten vereinbar ist. Diese Ausnahmen können mit Nebenbestimmungen verbunden werden, die unter Berücksichtigung der besonderen Umstände gewährleisten, dass die Gefährdungen, die sich aus den Ausnahmen ergeben können, auf ein Minimum reduziert werden. Die Ausnahmen sind spätestens nach vier Jahren zu überprüfen. Sie sind aufzuheben, sobald die Umstände, die sie gerechtfertigt haben, nicht mehr gegeben sind. Der Antrag des Arbeitgebers muss mindestens Angaben enthalten zu

1. der Gefährdungsbeurteilung einschließlich der Dokumentation,
2. Art, Ausmaß und Dauer der Exposition durch die elektromagnetischen Felder,
3. den Frequenzen und erforderlichenfalls dem Signalverlauf der elektromagnetischen Felder,
4. dem Stand der Technik bezüglich der Tätigkeiten und der Arbeitsverfahren sowie zu den technischen, organisatorischen und persönlichen Schutzmaßnahmen und
5. den Lösungsvorschlägen, wie die Exposition der Beschäftigten reduziert werden kann, um die Expositionsgrenzwerte wieder einzuhalten, sowie einen Zeitplan hierfür.

(2) Eine Ausnahme nach Absatz 1 Satz 1 kann auch im Zusammenhang mit Verwaltungsverfahren nach anderen Rechtsvorschriften beantragt werden.

§ 22 Straftaten und Ordnungswidrigkeiten (1) Ordnungswidrig im Sinne des § 25 Absatz 1 Nummer 1 des Arbeitsschutzgesetzes handelt, wer vorsätzlich oder fahrlässig

1. entgegen § 3 Absatz 5 Satz 1 eine Gefährdungsbeurteilung oder eine dort genannte Maßnahme nicht, nicht richtig, nicht in der vorgeschriebenen Weise oder nicht rechtzeitig durchführt,
2. entgegen § 3 Absatz 6 Satz 1 eine Dokumentation nicht, nicht richtig, nicht vollständig, nicht in der vorgeschriebenen Weise oder nicht rechtzeitig erstellt,
3. entgegen § 3 Absatz 6 Satz 5 ein Ergebnis nicht oder nicht mindestens 20 Jahre aufbewahrt,
4. entgegen § 3 Absatz 7 dort genannte Erfordernisse nicht, nicht richtig oder nicht rechtzeitig berücksichtigt,
5. entgegen § 4 Absatz 1 Satz 1 nicht sicherstellt, dass eine dort genannte Gefährdungsbeurteilung, Messung, Berechnung oder Bewertung geplant oder durchgeführt wird,
6. entgegen § 6 Absatz 1 Satz 3, § 12 Nummer 2 Buchstabe b, § 13 Nummer 2, § 15 Absatz 1 Nummer 1 oder § 16 Nummer 1 nicht dafür sorgt, dass dort genannte Expositionsgrenzwerte eingehalten werden oder eine Gefährdung vermieden oder verringert wird,
7. entgegen § 6 Absatz 3 Satz 1 einen Arbeitsbereich nicht oder nicht richtig kennzeichnet,
8. entgegen § 6 Absatz 3 Satz 4 einen Arbeitsbereich nicht oder nicht richtig abgrenzt,
9. entgegen § 8 Absatz 2 Satz 1 oder § 9 Satz 1 eine Maßnahme nicht, nicht richtig oder nicht rechtzeitig ergreift,
10. entgegen § 10 Nummer 1 oder 2 Buchstabe c, § 12 Nummer 1, § 14 Nummer 2 oder § 17 Nummer 2 nicht dafür sorgt, dass dort genannte Expositionsgrenzwerte nicht überschritten werden,
11. entgegen § 10 Nummer 2 Buchstabe a Satzteil vor Satz 2, Buchstabe b Satzteil vor Satz 2, § 12 Nummer 2 Buchstabe c, § 13 Nummer 3, § 15 Absatz 1 Nummer 2 oder § 16 Nummer 2 nicht dafür sorgt, dass eine Gefährdung ausgeschlossen, beseitigt oder minimiert ist,
12. entgegen § 11 Satz 1 nicht dafür sorgt, dass eine Maßnahme durchführt wird,
13. entgegen § 12 Nummer 2 Buchstabe a, § 14 Nummer 1 oder § 17 Nummer 1 nicht dafür sorgt, dass eine Überschreitung beschränkt ist,
14. entgegen § 13 Nummer 1 nicht dafür sorgt, dass die Beschäftigten unterwiesen sind,
15. entgegen § 14 Nummer 3 oder § 17 Nummer 3 nicht dafür sorgt, dass eine Maßnahme ergriffen wird,
16. entgegen § 18 Nummer 5 nicht dafür sorgt, dass ein Nachweis enthalten ist, oder
17. entgegen § 19 Absatz 1 Satz 1 nicht sicherstellt, dass ein Beschäftigter eine Unterweisung erhält.

(2) Wer durch eine in Absatz 1 bezeichnete vorsätzliche Handlung das Leben oder die Gesundheit von Beschäftigten gefährdet, ist nach § 26 Nummer 2 des Arbeitsschutzgesetzes strafbar.

Anhang 1
Physikalische Größen im Zuammenhang mit der Exposition gegenüber elektromagnetischen Feldern

(nicht abgedruckt)

Anhang 2
Nichtthermische Wirkungen: Expositionsgrenzwerte und Auslöseschwellen für statische und zeitveränderliche elektrische und magnetische Felder im Frequenzbereich bis 10 MHz

(nicht abgedruckt)

Anhang 3
Thermische Wirkungen: Expositionsgrenzwerte und Auslöseschwellen für zeitveränderliche elektromagnetische Felder im Frequenzbereich von 100 kHz bis 300 GHz

(nicht abgedruckt)

7k. Gesetz zur Verhütung und Bekämpfung von Infektionskrankheiten beim Menschen (Infektionsschutzgesetz – IfSG)

Einleitung

Die Regelungen des Gesetzes dienen nach § 1 Abs. 1 IfSG der Vorbeugung übertragbarer Krankheiten bei Menschen, der Infektionsfrüherkennung und der Verhinderung der Weiterverbreitung von Infektionen. Arbeitsrechtlich relevant geworden sind aus dem Gesetz insbesondere zwei Aspekte während der Pandemie:
(1) Die mehrfach geregelte Änderung des § 56 IfSG betrifft Entschädigungen insbesondere bei Quarantäne. Sie ist allerdings gegenüber der Vergütungspflicht des Arbeitgebers bei vorübergehender Verhinderung nach § 616 BGB (Nr. 14) nachrangig (vgl. Allg. Einf. 10).
(2) Darüber hinaus betrifft § 59 IfSG die Frage der Anrechnung einer Quarantänezeit auf den Urlaub. Die Regelung war notwendig geworden, weil der Arbeitnehmer eine Nachgewährung von Urlaub nach allgemeinen Grundsätzen nicht beanspruchen könnte.

Gesetz zur Verhütung und Bekämpfung von Infektionskrankheiten beim Menschen (Infektionsschutzgesetz – IfSG)

vom 20. Juli 2000 (BGBl. I S. 1045),
zuletzt geändert durch Gesetz vom 12. Dezember 2023 (BGBl. 2023 I Nr. 359)

(Abgedruckte Vorschriften: §§ 56, 59)

§ 56 Entschädigung (1) Wer auf Grund dieses Gesetzes als Ausscheider, Ansteckungsverdächtiger, Krankheitsverdächtiger oder als sonstiger Träger von Krankheitserregern im Sinne von § 31 Satz 2 Verboten in der Ausübung seiner bisherigen Erwerbstätigkeit unterliegt oder unterworfen wird und dadurch einen Verdienstausfall erleidet, erhält eine Entschädigung in Geld. Das Gleiche gilt für eine Person, die nach § 30, auch in Verbindung mit § 32, abgesondert wird oder sich auf Grund einer nach § 36 Absatz 8 Satz 1 Nummer 1 erlassenen Rechtsverordnung absondert. Eine Entschädigung in Geld kann auch einer Person gewährt werden, wenn diese sich bereits vor der Anordnung einer Absonderung nach § 30 oder eines beruflichen Tätigkeitsverbots nach § 31 vorsorglich abgesondert oder vorsorglich bestimmte berufliche Tätigkeiten ganz oder teilweise nicht ausgeübt hat und dadurch einen Verdienstausfall erleidet, wenn eine Anordnung einer Absonderung nach § 30 oder eines beruflichen Tätigkeitsverbots nach § 31 bereits zum Zeitpunkt der vorsorglichen Absonderung oder der vorsorglichen Nichtausübung beruflicher Tätigkeiten hätte erlassen werden können. Eine Entschädigung nach den Sätzen 1 und 2 erhält nicht, wer durch Inanspruchnahme einer Schutzimpfung oder anderen Maßnahme der spezifischen Prophylaxe, die gesetzlich vorgeschrieben ist oder im Bereich des gewöhnlichen Aufenthaltsorts des Betroffenen öffentlich empfohlen wurde, oder durch Nichtantritt einer vermeidbaren Reise in ein bereits zum Zeitpunkt der Abreise eingestuftes Risikogebiet ein Verbot in der Ausübung seiner bisherigen Tätigkeit oder eine Absonderung hätte vermeiden können. Eine Reise ist im Sinne des Satzes 4 vermeidbar, wenn zum Zeitpunkt der Abreise keine zwingenden und unaufschiebbaren Gründe für die Reise vorlagen.

(1a) Sofern der Deutsche Bundestag nach § 5 Absatz 1 Satz 1 eine epidemische Lage von nationaler Tragweite festgestellt hat, erhält eine erwerbstätige Person eine Entschädigung in Geld, wenn

1. Einrichtungen zur Betreuung von Kindern, Schulen oder Einrichtungen für Menschen mit Behinderungen zur Verhinderung der Verbreitung von Infektionen oder übertragbaren Krankheiten auf Grund dieses Gesetzes vorübergehend geschlossen werden oder deren Betreten, auch aufgrund einer Absonderung, untersagt wird, oder wenn von der zuständigen Behörde aus Gründen des Infektionsschutzes Schul- oder Betriebsferien angeordnet oder verlängert werden, die Präsenzpflicht in einer Schule aufgehoben oder der Zugang zum Kinderbetreuungsangebot eingeschränkt wird oder eine behördliche Empfehlung vorliegt, vom Besuch einer Einrichtung zur Betreuung von Kindern, einer Schule oder einer Einrichtung für Menschen mit Behinderungen abzusehen,

2. die erwerbstätige Person ihr Kind, das das zwölfte Lebensjahr noch nicht vollendet hat oder behindert und auf Hilfe angewiesen ist, in diesem Zeitraum selbst beaufsichtigt, betreut oder pflegt, weil sie keine anderweitige zumutbare Betreuungsmöglichkeit sicherstellen kann, und
3. die erwerbstätige Person dadurch einen Verdienstausfall erleidet.

Anspruchsberechtigte haben gegenüber der zuständigen Behörde, auf Verlangen des Arbeitgebers auch diesem gegenüber, darzulegen, dass sie in diesem Zeitraum keine zumutbare Betreuungsmöglichkeit für das Kind sicherstellen können. Ein Anspruch besteht nicht, soweit eine Schließung ohnehin wegen der Schul- oder Betriebsferien erfolgen würde. Im Fall, dass das Kind in Vollzeitpflege nach § 33 des Achten Buches Sozialgesetzbuch in den Haushalt aufgenommen wurde, steht der Anspruch auf Entschädigung den Pflegeeltern zu. Der Anspruch nach Satz 1 besteht in Bezug auf die dort genannten Maßnahmen auch unabhängig von einer durch den Deutschen Bundestag nach § 5 Absatz 1 Satz 1 festgestellten epidemischen Lage von nationaler Tragweite, soweit diese zur Verhinderung der Verbreitung der Coronavirus-Krankheit-2019 (COVID-19) im Zeitraum bis zum Ablauf des 23. September 2022 erfolgen.

(2) Die Entschädigung bemisst sich nach dem Verdienstausfall. Für die ersten sechs Wochen wird sie in Höhe des Verdienstausfalls gewährt. Vom Beginn der siebenten Woche an wird die Entschädigung abweichend von Satz 2 in Höhe von 67 Prozent des der erwerbstätigen Person entstandenen Verdienstausfalls gewährt; für einen vollen Monat wird höchstens ein Betrag von 2016 Euro gewährt. Im Fall des Absatzes 1a wird die Entschädigung von Beginn an in der in Satz 3 bestimmten Höhe gewährt. Für jede erwerbstätige Person wird die Entschädigung nach Satz 4 für die Dauer der vom Deutschen Bundestag nach § 5 Absatz 1 Satz 1 festgestellten epidemischen Lage von nationaler Tragweite und für den in Absatz 1a genannten Zeitraum unabhängig von der Anzahl der Kinder für längstens zehn Wochen pro Jahr gewährt, für eine erwerbstätige Person, die ihr Kind allein beaufsichtigt, betreut oder pflegt, längstens für 20 Wochen pro Jahr.

(3) Als Verdienstausfall gilt das Arbeitsentgelt, das dem Arbeitnehmer bei der für ihn maßgebenden regelmäßigen Arbeitszeit zusteht, vermindert um Steuern und Beiträge zur Sozialversicherung sowie zur Arbeitsförderung oder entsprechende Aufwendungen zur sozialen Sicherung in angemessenem Umfang (Netto-Arbeitsentgelt). Bei der Ermittlung des Arbeitsentgelts sind die Regelungen des § 4 Absatz 1, 1a und 4 des Entgeltfortzahlungsgesetzes entsprechend anzuwenden. Für die Berechnung des Verdienstausfalls ist die Netto-Entgeltdifferenz in entsprechender Anwendung des § 106 des Dritten Buches Sozialgesetzbuch zu bilden. Der Betrag erhöht sich um das Kurzarbeitergeld und um das Zuschuss-Wintergeld, auf das der Arbeitnehmer Anspruch hätte, wenn er nicht aus den in Absatz 1 genannten Gründen an der Arbeitsleistung verhindert wäre. Satz 1 gilt für die Berechnung des Verdienstausfalls bei den in Heimarbeit Beschäftigten und bei Selbständigen entsprechend mit der Maßgabe, dass bei den in Heimarbeit Beschäftigten das im Durchschnitt des letzten Jahres vor Einstellung der verbotenen Tätigkeit oder vor der Absonderung verdiente monatliche Arbeitsentgelt und bei Selbständigen ein Zwölftel des Arbeitseinkommens (§ 15 des Vierten Buches Sozialgesetzbuch) aus der entschädigungspflichtigen Tätigkeit zugrunde zu legen ist.

(4) Bei einer Existenzgefährdung können den Entschädigungsberechtigten die während der Verdienstausfallzeiten entstehenden Mehraufwendungen auf Antrag in angemessenem Umfang von der zuständigen Behörde erstattet werden. Selbständige, deren Betrieb oder Praxis während der Dauer einer Maßnahme nach Absatz 1 ruht, erhalten neben der Entschädigung nach den Absätzen 2 und 3 auf Antrag von der zuständigen Behörde Ersatz der in dieser Zeit weiterlaufenden nicht gedeckten Betriebsausgaben in angemessenem Umfang.

(5) Bei Arbeitnehmern hat der Arbeitgeber für die Dauer des Arbeitsverhältnisses, längstens für sechs Wochen, die Entschädigung für die zuständige Behörde auszuzahlen. Abweichend von Satz 1 hat der Arbeitgeber die Entschädigung nach Absatz 1a für die in Absatz 2 Satz 5 genannte Dauer auszuzahlen. Die ausgezahlten Beträge werden dem Arbeitgeber auf Antrag von der zuständigen Behörde erstattet. Im Übrigen wird die Entschädigung von der zuständigen Behörde auf Antrag gewährt.

(6) Bei Arbeitnehmern richtet sich die Fälligkeit der Entschädigungsleistungen nach der Fälligkeit des aus der bisherigen Tätigkeit erzielten Arbeitsentgelts. Bei sonstigen Entschädigungsberechtigten ist die Entschädigung jeweils zum Ersten eines Monats für den abgelaufenen Monat zu gewähren.

(7) Wird der Entschädigungsberechtigte arbeitsunfähig, so bleibt der Entschädigungsanspruch in Höhe des Betrages, der bei Eintritt der Arbeitsunfähigkeit an den Berechtigten auszuzahlen war, bestehen. Ansprüche, die Entschädigungsberechtigten wegen des durch die Arbeitsunfähigkeit bedingten Verdienstausfalls auf Grund anderer gesetzlicher Vorschriften oder eines privaten Versicherungsverhältnisses zustehen, gehen insoweit auf das entschädigungspflichtige Land über.

(8) Auf die Entschädigung sind anzurechnen

1. Zuschüsse des Arbeitgebers, soweit sie zusammen mit der Entschädigung den tatsächlichen Verdienstausfall übersteigen,
2. das Netto-Arbeitsentgelt und das Arbeitseinkommen nach Absatz 3 aus einer Tätigkeit, die als Ersatz der verbotenen Tätigkeit ausgeübt wird, soweit es zusammen mit der Entschädigung den tatsächlichen Verdienstausfall übersteigt,
3. der Wert desjenigen, das der Entschädigungsberechtigte durch Ausübung einer anderen als der verbotenen Tätigkeit zu erwerben böswillig unterlässt, soweit es zusammen mit der Entschädigung den tatsächlichen Verdienstausfall übersteigt,
4. das Arbeitslosengeld in der Höhe, in der diese Leistung dem Entschädigungsberechtigten ohne Anwendung der Vorschriften über das Ruhen des Anspruchs auf Arbeitslosengeld bei Sperrzeit nach dem Dritten Buch Sozialgesetzbuch sowie des § 66 des Ersten Buches Sozialgesetzbuch in der jeweils geltenden Fassung hätten gewährt werden müssen.

Liegen die Voraussetzungen für eine Anrechnung sowohl nach Nummer 3 als auch nach Nummer 4 vor, so ist der höhere Betrag anzurechnen.

(9) Der Anspruch auf Entschädigung geht insoweit, als dem Entschädigungsberechtigten Arbeitslosengeld oder Kurzarbeitergeld für die gleiche Zeit zu gewähren ist, auf die Bundesagentur für Arbeit über. Die bei der Gewährung von Kurzarbeitergeld auf die Bundesagentur für Arbeit übergegangenen Entschädigungsansprüche können auf der Grundlage von Vereinbarungen der Bundesagentur für Arbeit

mit den Ländern in einem pauschalierten Verfahren geltend gemacht werden. Das Eintreten eines Tatbestandes nach Absatz 1 oder Absatz 1a unterbricht nicht den Bezug von Arbeitslosengeld oder Kurzarbeitergeld, wenn die weiteren Voraussetzungen nach dem Dritten Buch Sozialgesetzbuch erfüllt sind.
(10) Ein auf anderen gesetzlichen Vorschriften beruhender Anspruch auf Ersatz des Verdienstausfalls, der dem Entschädigungsberechtigten durch das Verbot der Ausübung seiner Erwerbstätigkeit oder durch die Absonderung erwachsen ist, geht insoweit auf das zur Gewährung der Entschädigung verpflichtete Land über, als dieses dem Entschädigungsberechtigten nach diesem Gesetz Leistungen zu gewähren hat.
(11) Die Anträge nach Absatz 5 sind innerhalb einer Frist von zwei Jahren nach Einstellung der verbotenen Tätigkeit, dem Ende der Absonderung oder nach dem Ende der vorübergehenden Schließung, der Untersagung des Betretens, der Schul- oder Betriebsferien, der Aufhebung der Präsenzpflicht, der Einschränkung des Kinderbetreuungsangebotes oder der Aufhebung der Empfehlung nach Absatz 1a Satz 1 Nummer 1 bei der zuständigen Behörde zu stellen. Die Landesregierungen werden ermächtigt, durch Rechtsverordnung zu bestimmen, dass der Antrag nach Absatz 5 Satz 3 und 4 nach amtlich vorgeschriebenem Verfahren durch Datenfernübertragung zu übermitteln ist und das nähere Verfahren zu bestimmen. Die zuständige Behörde kann zur Vermeidung unbilliger Härten auf eine Übermittlung durch Datenfernübertragung verzichten. Dem Antrag ist von Arbeitnehmern eine Bescheinigung des Arbeitgebers und von den in Heimarbeit Beschäftigten eine Bescheinigung des Auftraggebers über die Höhe des in dem nach Absatz 3 für sie maßgeblichen Zeitraum verdienten Arbeitsentgelts und der gesetzlichen Abzüge, von Selbständigen eine Bescheinigung des Finanzamtes über die Höhe des letzten beim Finanzamt nachgewiesenen Arbeitseinkommens beizufügen. Ist ein solches Arbeitseinkommen noch nicht nachgewiesen oder ist ein Unterschiedsbetrag nach Absatz 3 zu errechnen, so kann die zuständige Behörde die Vorlage anderer oder weiterer Nachweise verlangen. Die Frist nach Satz 1 verlängert sich in den Fällen des Absatzes 9 bei der Gewährung von Kurzarbeitergeld auf vier Jahre.
(12) Die zuständige Behörde hat auf Antrag dem Arbeitgeber einen Vorschuss in der voraussichtlichen Höhe des Erstattungsbetrages, den in Heimarbeit Beschäftigten und Selbständigen in der voraussichtlichen Höhe der Entschädigung zu gewähren.

§ 59 Arbeits- und sozialrechtliche Sondervorschriften (1) Wird ein Beschäftigter während seines Urlaubs nach § 30, auch in Verbindung mit § 32, abgesondert oder hat er sich auf Grund einer nach § 36 Absatz 8 Satz 1 Nummer 1 erlassenen Rechtsverordnung abzusondern, so werden die Tage der Absonderung nicht auf den Jahresurlaub angerechnet.
(2) Kranke und Ausscheider, die länger als sechs Monate Anspruch auf eine Entschädigung nach § 56 Absatz 1 Satz 1 oder Satz 2 haben oder mit hoher Wahrscheinlichkeit haben werden, gelten als Menschen mit Behinderungen im Sinne des Dritten Buches Sozialgesetzbuch.

8. Arbeitszeitgesetz (ArbZG)

Einleitung

I. Geschichtliche Entwicklung

Seit Beginn der Industrialisierung sind Dauer und Verteilung der Arbeitszeit ein zentraler Aspekt sowohl des gewerkschaftlichen Kampfes als auch der staatlichen Arbeitsschutzgesetzgebung. In zahlreichen Statuten und Kongressbeschlüssen deutscher Gewerkschaften gegen Ende des 19. Jahrhunderts heißt es, dass Arbeitsniederlegungen, deren Zweck die Verkürzung der Arbeitszeit ist, den Vorrang vor anderen zu erhalten haben. Die bedeutendsten deutschen Arbeitskämpfe jener Zeit galten in erster Linie einer Verkürzung der Arbeitszeit. Und im Statut des Deutschen Metallarbeiter-Verbandes von 1891 wird sogar der Verbandszweck durch folgenden, an erster Stelle stehenden Passus konkretisiert: »Möglichste Beschränkung der Arbeitszeit, Beseitigung der Sonntagsarbeit, der Überstunden und der Akkordarbeit, unter Zugrundelegung eines Lohnes, welcher für die Befriedigung der Bedürfnisse der Arbeiter und deren Familien ausreichend ist.«
Die Geschichte der staatlichen Gesetzgebung zur Begrenzung der Arbeitszeit ist wechselvoll (vgl. *Kittner*, Geschichte und Arbeitsrecht, S. 458 ff.). An ihrem Anfang stand das preußische Regulativ von 1839, das Kinderarbeit aus dem bezeichnenden Motiv beschränkte, dass andernfalls nicht mehr genügend taugliche Soldaten zur Verfügung stünden. Auf Drängen der Sozialdemokratie wurden Schritt für Schritt während des Kaiserreichs für einzelne Beschäftigungsgruppen Arbeitszeitbegrenzungen eingeführt. Schließlich wurde auf Grund einer entsprechenden Zusage des Rates der Volksbeauftragten durch die Demobilisierungsverordnungen von 1918/19 der Achtstundentag für alle Beschäftigten festgelegt. In der Wirtschaftskrise des Jahres 1923 wurde dieser Grundsatz durch die Zulassung zahlreicher Ausnahmen, insbesondere die Straflosstellung der Duldung oder Annahme freiwilliger Mehrarbeit so durchlöchert, dass bald der Achtstundentag die Ausnahme und der zehnstündige Arbeitstag die Regel wurde. Auf Grund der Zunahme der Arbeitslosigkeit wurde durch das Arbeitszeit-Notgesetz v. 14.4.1927 (RGbl. I 109) die Vorschrift über die Duldung freiwilliger Mehrarbeit beseitigt und für über acht Stunden hinausgehende Arbeit ein Lohnzuschlag in Höhe von 25 % festgelegt.
Nach der Machtergreifung durch die Nationalsozialisten wurden zunächst die vorgefundenen Bestimmungen über die werktägliche Arbeitszeit der männlichen, weiblichen und jugendlichen Arbeiter in der AZO von 1934 zusammengefasst und dabei zugunsten des »Führerprinzips« alle Mitwirkungsrechte der Betriebsvertretungen beseitigt. Die AZO vom 30.4.1938 brachte demgegenüber keine wesentlichen inhaltlichen Veränderungen. Nachdem die meisten der Arbeitszeit-Schutzvorschriften im 2. Weltkrieg außer Kraft gesetzt worden waren, wurde der Vorkriegszustand auf Anordnung der Besatzungsmächte wiederhergestellt. Die AZO, deren wesentlicher Inhalt seither unverändert blieb, galt gemäß Art. 125 GG

als Bundesrecht weiter, was das Bundesverfassungsgericht bestätigt hat (*BVerfG* 3.5.1967 – 2 BvR 134/63, BVerfGE 22, 1, 20f.).
Nach vielen gesetzgeberischen Anläufen ist die AZO schließlich durch das Arbeitszeitgesetz vom 6.6.1994 (BGBl. I 1170) abgelöst worden (hierzu *Zmarzlik,* DB 94, 1082). Nach langen Vorarbeiten hatte der Rat kurz zuvor, am 23.11.1993, die Richtlinie 93/104 EG über bestimmte Aspekte der Arbeitszeitgestaltung verabschiedet (*Däubler/Kittner/Lörcher,* IntASO Nr. 446). Sie wurde zwischenzeitlich ersetzt durch die Richtlinie 2003/88/EG (EU-ASO Nr. 63). Sie enthält nicht mehr als den kleinsten gemeinsamen Nenner zur Arbeitszeitgesetzgebung in Europa. Dementsprechend schien es zunächst, als erzwinge die Richtlinie keine Änderungen des deutschen Rechts (vgl. *Balze,* EuZW 94, 205; *Lörcher,* AuR 94, 49; zur Vereinbarkeit der Richtlinie mit dem europäischen Primärrecht vgl. *EuGH* 12.11.1996 – C-84/94, DB 97, 175 – Vereinigtes Königreich/Rat). Zwischenzeitlich haben sich aber verschiedene Gesichtspunkte ergeben, bei denen die Vereinbarkeit des Gesetzes mit der Richtlinie zweifelhaft ist (vgl. Umsetzungsbericht, deutsche Übersetzung in AuR 11, 105) – vor allem beim Bereitschaftsdienst (s. u. II 1).
Durch vorübergehende Lockerung während der ersten schweren Welle der Corona-Pandemie in systemrelevanten Tätigkeiten (vgl. 47. Aufl.) wurde erneut ebenso deutlich wie an den Entwicklungen in Kriegszeiten, dass der Arbeitszeitschutz in Krisen leicht relativiert werden kann.

II. Wesentlicher Gesetzesinhalt

Das ArbZG regelt arbeitsschutzrechtliche Obergrenzen der Arbeitszeit. Die konkrete Dauer der Arbeitszeit im einzelnen Fall ergibt sich aus dem Arbeitsvertrag bzw. aus Tarifverträgen und Betriebsvereinbarungen (bzw. aufgrund Mitbestimmung des Betriebs- und Personalrates, vgl. § 87 Abs. 1 Nr. 2 und 3 BetrVG). Das ArbZG ist dadurch gekennzeichnet, dass es zu allen Regelungsbereichen lediglich Grundnormen festlegt, jedoch eine Ausdehnung der zulässigen Arbeitszeit jeweils durch Tarifvertrag oder durch Betriebsvereinbarung aufgrund eines Tarifvertrages (vgl. §§ 7, 12 ArbZG) oder durch die Aufsichtsbehörde (§ 15 ArbZG) zulässt.

1. Tägliche Arbeitszeit

Die werktägliche Arbeitszeit wird zwar im Grundsatz auf 8 Stunden festgelegt (§ 3 S. 1 ArbZG). Sie kann jedoch auf 10 Stunden ausgedehnt werden, sofern innerhalb eines Ausgleichszeitraums von 6 Monaten durchschnittlich 8 Stunden werktäglich nicht überschritten werden (§ 3 S. 2 ArbZG). Als Werktage gelten auch die Samstage, sodass im Grundsatz eine 48-Stunden-Woche und bei Nutzung des Ausgleichszeitraums zeitweise eine 60-Stunden-Woche möglich wird. Das ArbzG enthält eine Fülle von Ausnahmen von der regelmäßigen Höchstarbeitszeit (Checkliste 26). Eine Regelung bzw. Begrenzung von Mehrarbeit sieht das Gesetz nicht vor. Auch werden keine Mehrarbeitszuschläge mehr geregelt (früher § 15 AZO). Bereitschaftsdienst muss europarechtlich in die durchschnittliche Arbeitszeit einbezogen werden. Nachdem der *EuGH* dies schon für spanische Krankenhausärzte entschieden hatte (*EuGH* 3.10.2000 – C-303/98, DB 01, 818 – Simap), hat er dies mit Urteil vom 9.9.03 auch für das deutsche ArbZG festgestellt (9.9.2003 – C-151/02, PersR 03, 458 – Jaeger; ebenso *BAG* 18.2.2003 – 1 ABR 2/02, PersR 03, 454 mit gemeinsamer Anm. *Reim,* PersR 03, 451; *Franzen,* BB 03, 2063; zur daraus folgenden Staatshaftung *EuGH* 25.11.2010 – C-429/09, NZA 11, 53 – Fuß).

Das ArbZG ist daraufhin mit Gesetz vom 24.12.03 (BGBl. I 3002) entsprechend geändert worden (vgl. *Buschmann,* AiB 03, 649; *Mayer,* AiB 03, 713). Tarifvertraglich oder durch Betriebsvereinbarung aufgrund eines Tarifvertrages kann seither gemäß § 7 Abs. 2a ArbZG u.a. die werktägliche Arbeitszeit ohne entsprechenden Ausgleich über 8 Stunden verlängert werden, wenn in die Arbeitszeit regelmäßig und in erheblichem Umfang Arbeitsbereitschaft oder Bereitschaftsdienst fällt und durch besondere Regelungen ein Ausschluss einer Gesundheitsgefährdung sichergestellt wird. Ob der Gesetzgeber die letztgenannte Voraussetzung europarechtlich in dieser Abstraktheit aufstellen durfte oder vielmehr selbst entsprechende Regelungen schaffen musste, hat das *BAG* (23.6.2010 – 10 AZR 543/09, NZA 10, 1081) bislang offengelassen. Rechtspolitisch gab es Bestrebungen zu einer Reform der Arbeitszeitrichtlinie 2003/88/EG, die aber zu keinem Ergebnis geführt haben (vgl. EU-ASO, Einl. IV zur RL 2003/88/EG, Nr. 63).

Anders als Bereitschaftsdienst ist Rufbereitschaft, die zwar eine ständige Erreichbarkeit fordert, nicht jedoch zugleich die Anwesenheit am Arbeitsplatz, im Prinzip nicht als Arbeitszeit anzusehen, weil der Arbeitnehmer in dieser Situation freier über seine Zeit verfügen und eigenen Interessen nachgehen kann (Rechtsprechungsüberblick bei *Buschmann*, AuR 22, 266). Deshalb gelten nur die Zeiten, in denen tatsächlich Leistungen erbracht werden, als Arbeitszeit. Davon hat der *EuGH* aber eine Ausnahme gemacht, wenn ein Arbeitnehmer innerhalb von 8 Minuten einem Ruf des Arbeitgebers zum Einsatz Folge leisten muss, weil dann die Möglichkeiten, anderen Tätigkeiten nachzugehen, erheblich eingeschränkt sind (21.2.2018 – C-518/15, NZA 18, 293 – Matzak). Insgesamt entscheidet letztlich die Ausgestaltung der Rufbereitschaft darüber, ob sie arbeitszeitrechtlich als Arbeitszeit anzusehen ist oder nicht. Maßgeblich ist insoweit die dem Arbeitnehmer verbleibende Gestaltungsfreiheit hinsichtlich seiner Freizeit. Entscheidend ist, ob der Arbeitnehmer durch die mit der Rufbereitschaft auferlegten Beschränkungen in seinen Möglichkeiten der Freizeitgestaltung beeinträchtigt wird. Wichtig sind für diese Beurteilung die zeitlichen Vorgaben und die Häufigkeit, mit der es zu Einsätzen kommt (*EuGH* 9.3.2021 – C-580/19, NZA 21, 489 – R.J./Stadt Offenbach). Aus dem Bereitstellen einer Dienstunterkunft, soweit dies nicht mit besonderen Anwesenheitspflichten verbunden ist, folgt eine derartige Einschränkung allerdings noch nicht (*EuGH* 9.3.2021 – C-344/19, NZA 21, 485 – Radiotelevizija Slovenija). Auch im Fall relativ kurzer Rufzeiten soll nach der Rechtsprechung Bereitschaftsdienst nicht als Arbeitszeit anzusehen sein, wenn der Arbeitnehmer während der Rufbereitschaft einer anderen beruflichen Tätigkeit nachgehen kann und dies auch nicht durch die Häufigkeit der Einsätze behindert wird (*EuGH* 11.11.2021 – C-214/20, NZA 21, 1699 – MG/Dublin City Council).

Nicht zur täglichen Arbeitszeit gehören grundsätzlich die Wege von und zur Arbeit. Wenn der Arbeitnehmer allerdings statt vom Betrieb direkt von Zuhause zum Kunden fahren muss (oder umgekehrt direkt vom Kunden nach Hause), ist dies als Arbeitszeit anzusehen (vgl. *EuGH* 10.9.2015 – C-266/14, EuZW 15, 791 – Tyco).

2. Pausen und Ruhezeiten

Die Mindestdauer der Ruhepausen beträgt bei einer Arbeitszeit von mehr als 6 bis zu 9 Stunden 30 Minuten, bei einer Arbeitszeit über 9 Stunden 45 Minuten (§ 4 S. 1 ArbZG). Die Ruhepausen können in Zeitabschnitte von jeweils mindestens 15 Minuten aufgeteilt werden (§ 4 S. 2 ArbZG). Länger als 6 Stunden hintereinander dürfen Arbeitnehmer nicht ohne Ruhepausen beschäftigt werden (§ 4 S. 3 ArbZG). Die Ruhepausen müssen im Voraus und d. h. mindestens zu Beginn der täglichen Arbeitszeit feststehen (vgl. BT-Drs. 12/5888, S. 24). Inaktive Zeiten des Bereitschaftsdienstes stellen keine Ruhepausen i. S. des § 4 ArbZG dar (*BAG* 16. 12. 2009 – 5 AZR 157/09, NZA 10, 505, 506).

Nach Beendigung der täglichen Arbeitszeit müssen Arbeitnehmer eine ununterbrochene Ruhezeit von mindestens 11 Stunden haben (§ 5 Abs. 1 ArbZG). Der *EuGH* hat entschieden, dass dies nicht etwa dadurch infrage gestellt werden kann, dass mehrere Arbeitsverträge zwischen Arbeitgeber und Arbeitnehmer geschlossen werden und während der Ruhezeit nach Erfüllung des einen der andere Arbeitsvertrag erfüllt wird: eine Zeit kann nicht gleichzeitig Arbeit und Freizeit sein (17. 3. 2021 – C-585/19, NZA 21, 549 – ASE). Unter täglicher Arbeitszeit ist nicht die Arbeit an einem Kalendertag, sondern die Arbeitszeit eines Arbeitstages des betreffenden Arbeitnehmers zu verstehen (*Zmarzlik,* DB 94, 1094). In bestimmten Einrichtungen (z. B. Krankenhäusern, Gaststätten, Verkehrsbetrieben, Landwirtschaft) kann die Dauer der Ruhenszeit um bis zu eine Stunde verkürzt werden, wenn dafür innerhalb eines Monats ein Ausgleich durch Verlängerung um eine Stunde an anderen Tagen erfolgt (§ 5 Abs. 2 ArbZG). Zur Gewährleistung von Ruhezeiten für Personalratsmitglieder s. *BAG* 16. 9. 2020 – 7 AZR 491/19, NZA 21, 369; für Betriebsratsmitglieder s. *BAG* 18. 1. 2017 – 7 AZR 224/15, NZA 17, 791. Die von Art. 5 Abs. 1 der Arbeitszeitrichtlinie vorgesehene wöchentliche Ruhezeit (s. u. 4) darf nicht mit der täglichen Ruhezeit zusammenfallen, sondern muss ergänzend gewährt werden (*EuGH* 2. 3. 2023 – C-477/21, NZA 23, 349 – MÁV-START).

3. Nacht- und Schichtarbeit

In seinem Urteil zur Verfassungswidrigkeit des Nachtarbeitsverbots für Frauen hat das *BVerfG* besondere gesetzliche Vorkehrungen zum Schutz der Arbeitnehmer bei Nachtarbeit verlangt (s. unten IV 3). Dieser Vorgabe dient § 6 ArbZG. Als oberster Grundsatz wird festgelegt, dass die Arbeitszeit der Nacht- und Schichtarbeiter nach den gesicherten arbeitswissenschaftlichen Erkenntnissen über die menschengerechte Gestaltung der Arbeitszeit festzulegen ist (§ 6 Abs. 1 ArbZG). Bei Verlängerung der täglichen Arbeitszeit beträgt der Verteilungszeitraum nicht ein halbes Jahr, sondern lediglich 4 Wochen (§ 6 Abs. 2 ArbZG). Für Nachtarbeitnehmer sind regelmäßige arbeitsmedizinische Untersuchungen vorgeschrieben (§ 6 Abs. 3 ArbZG). Im Falle einer Gesundheitsgefährdung durch Nachtarbeit oder wenn ein Kind unter 12 Jahren oder ein schwerpflegebedürftiger Angehöriger versorgt werden muss, ist ein Nachtarbeitnehmer auf sein Verlangen auf einen für ihn geeigneten Tagesarbeitsplatz umzusetzen (§ 6 Abs. 4 ArbZG). Für den Fall, dass der

Arbeitgeber entgegenstehende dringende betriebliche Erfordernisse geltend macht, ist der Betriebs- oder Personalrat zu hören (§ 6 Abs. 4 S. 2 ArbZG).

Die Arbeitszeitrichtlinie schreibt keinen besonderen Ausgleich für die Belastungen durch Nachtarbeit vor. Art. 8 sieht lediglich eine Höchstbegrenzung der Nachtarbeit vor. Dementsprechend hat der *EuGH* Mitgliedstaaten nicht als verpflichtet angesehen, die Nachtarbeit mit einer kürzeren Höchstarbeitszeitgrenze zu versehen als Tagarbeit (24.2.2022 – C- 262/20, NZA 22, 467 – VB/Glavna direktsia »Pozharna bezopasnost i zashtita na naselenieto«). Soweit keine tarifvertraglichen Ausgleichsregelungen bestehen, hat der Arbeitgeber dem Nachtarbeiter entweder einen zusätzlichen Zeitausgleich oder einen Entgeltzuschlag zu gewähren (§ 6 Abs. 5 ArbZG). Wenn nicht die Umstände für eine höhere oder geringere Belastung sprechen, ist ein Zuschlag in Höhe von 25 % (bei Dauernachtarbeit 30 %) regelmäßig angemessen (*BAG* 9.12.2015 – 10 AZR 423/14, NZA 16, 426; *BAG* 10.11.2021 – 10 AZR 261/20, NZA 22, 707). Dieser Zuschlag ist, sofern nicht eine höhere Vergütung vorgesehen ist, zuzüglich zum gesetzlichen Mindestlohn zu zahlen (*BAG* 25.4.2018 – 5 AZR 25/17, NZA 18, 1145). Ein Abschlag vom Nachtarbeitszuschlag für Zeitungszusteller ist nicht mit Rücksicht auf die Pressefreiheit gemäß Art. 5 Abs. 1 S. 2 GG geboten (*BAG* 14.12.2022 – 10 AZR 531/20, NZA 23, 647). Ob ein tarifvertraglicher Zuschlag, der für regelmäßige Nachtarbeit geringere Zuschläge als für unregelmäßige vorsieht, mit dem Unionsrecht vereinbar ist, war Gegenstand eines Vorabentscheidungsersuchens (*BAG* 9.12.2020 – 10 AZR 332/20 [A], NZA 21, 1121). Da die Arbeitszeitrichtlinie Nachtzuschläge nicht regelt, konnte es allein darum gehen, ob diese Frage aus den Grundrechten beantwortet werden kann. Das hat der *EuGH* unter Hinweis darauf verneint, dass die tarifvertraglichen Regelungen nicht als Durchführung des Unionsrechts anzusehen wären (7.7.2022 – C- 257/21 u.a., NZA 22, 971 – Coca Cola; dazu *Creutzfeldt*, NZA 22, 1032). Die Frage ist daher allein nach dem innerstaatlichen deutschen Recht zu beantworten. Insoweit geht das *BAG* davon aus, dass eine tarifvertragliche Zuschlagsregelung den Anspruch eines Nachtarbeiters auf einen Ausgleich nach § 6 Abs. 5 ArbZG verdrängen kann, dabei aber dem Gleichbehandlungsgebot des Art. 3 Abs. 1 GG genügen muss. Unter Berücksichtigung der Tarifautonomie sei eine unterschiedliche Regelung für regelmäßige und unregelmäßige Nachtarbeit dann gerechtfertigt, wenn es den Tarifvertragsparteien nicht nur um den Gesundheitsschutz gehe, sondern auch darum, die schlechtere Planbarkeit unregelmäßiger Nachtarbeit auszugleichen (*BAG* 22.2.2023 – 10 AZR 332/20, NZA 23, 638). Allerdings hat das *BVerfG* klargestellt, dass ein rechtfertigender Grund objektiv vorliegen und nicht im Tarifvertrag niedergelegt sein muss (*BVerfG* 11.12.2024 – 1 BvR 1109/21 und 1 BvR 1422/23, AP GG Art. 9 Nr. 157, Rn. 165 ff.). Außerdem hat das Gericht die Rechtsprechung des *BAG* zu den Folgen eines Verstoßes des Tarifvertrags gegen den allgemeinen Gleichbehandlungsgrundsatz korrigiert. Das nahm bei unzulässiger Differenzierung unterschiedlicher Nachtzuschläge an, die benachteiligte Gruppe habe einen Anspruch auf die ihr vorenthaltene höhere Leistung der bevorzugten Gruppe (*BAG* 22.3.2023 – 10 AZR 553/20, NZA 23, 915, Rn. 63; 22.3.2023 – 10 AZR 499/20, NZA 23, 989, Rn. 75). Diese Rechtsfolge darf nunmehr nicht automatisch eintreten. Vielmehr ist den Tarifvertragsparteien ein vorrangiges Korrekturrecht einzuräumen (*BVerfG* 11.12.2024 – 1 BvR 1109/21 und

1 BvR 1422/23, AP GG Art. 9 Nr. 157, Rn. 195 ff.; vgl. zum Ganzen Einl. II 1e zum TVG, Nr. 31).

Zwischen Zeitausgleich, Entgeltzuschlag oder einer Kombination aus beidem kann der Arbeitgeber frei wählen (*BAG* 13. 1. 2016 – 10 AZR 792/14, NZA-RR 16, 333). Diesen Standpunkt hat die Rechtsprechung gegen die Kritik aufrechterhalten, dass ein Entgeltzuschlag den angestrebten Gesundheitsschutz bestenfalls mittelbar durch Abhalten des Arbeitgebers von kostenintensiver Nachtarbeit bewirken kann (*BAG* 15. 7. 2020 – 10 AZR 123/19, NZA 21, 44). Auch nächtlicher Bereitschaftsdienst zählt zu dieser ausgleichspflichtigen Nachtarbeit (*BAG* 12. 12. 2012 – 10 AZR 192/11, NZA-RR 13, 476). Der Betriebsrat hat ein Mitbestimmungsrecht gemäß § 87 Abs. 1 Nr. 7 BetrVG darüber, welche Alternative gewählt wird, nicht jedoch über die Höhe von Freizeitausgleich oder Zuschlag (*BAG* 26. 8. 1997 – 1 ABR 16/97, NZA 98, 441). Eine tarifliche Regelung ist aber vorrangig (*BAG* 17. 1. 2012 – 1 ABR 62/10, DB 12, 868).

Der Anwendungsbereich der Vorschrift für Nachtarbeit ist sehr eng. Als Nachtarbeit wird nur solche Arbeitszeit angesehen, die mehr als zwei Stunden der Zeit von 23 bis 6 Uhr umfasst (§ 2 Abs. 3 und 4 ArbZG). Als Nachtarbeiter gelten solche Arbeitnehmer, die entweder normalerweise Nachtarbeit in Wechselschicht oder Nachtarbeit an mindestens 48 Tagen im Kalenderjahr leisten (§ 2 Abs. 5 ArbZG).

4. Sonn- und Feiertagsruhe

In dieser Hinsicht löst das Gesetz die bisherigen Vorschriften der Gewerbeordnung ab. Es verbietet zwar im Grundsatz Arbeit an Sonn- und Feiertagen (§ 9 Abs. 1 ArbZG). Jedoch sieht es einen umfangreichen Katalog an Ausnahmen vor, bei denen Arbeitnehmer an Sonn- und Feiertagen beschäftigt werden dürfen (§ 10 ArbZG). Im Hinblick auf kapitalintensive kontinuierliche Produktionsprozesse sind insbesondere die Ausnahmemöglichkeiten der Nr. 15 und 16 zu nennen. In diesem Zusammenhang wird der für die Ausnahmeentscheidung zuständigen Aufsichtsbehörde sogar ausdrücklich aufgegeben, solche Arbeiten zu bewilligen, die aus chemischen, biologischen, technischen oder physikalischen Gründen einen ununterbrochenen Fortgang auch an Sonn- und Feiertagen erfordern (§ 13 Abs. 4 ArbZG; vgl. *VG Arnsberg* 11. 12. 1996 – 1 K 4697/96, DB 97, 580). Zur Kompensation für die Beschäftigung an einem Sonn- oder Feiertag müssen Arbeitnehmer einen Ersatzruhetag innerhalb von zwei Wochen gewährt bekommen (§ 11 Abs. 3 ArbZG; vgl. *Ulber*, AiB 99, 181). Für den Ersatzruhetag bei Feiertagsarbeit hat das *BAG* entschieden, dass dieser nicht zwingend auf einen Tag fallen muss, an dem sonst gearbeitet worden wäre (8. 12. 2021 – 10 AZR 641/19, DB 22, 1263). Mindestens 15 Sonntage im Jahr müssen beschäftigungsfrei bleiben (§ 11 Abs. 1 ArbZG). Wenn Sonntagsarbeit grundsätzlich zulässig ist, soll der Arbeitgeber dies im Wege des Direktionsrechts auch anordnen können (*BAG* 15. 9. 2009 – 9 AZR 757/08; krit. *Ulber*, AuR 25, 319, 320).

Der Gesetzgeber ist hinsichtlich der Gestattung von Arbeit an Sonn- und Feiertagen nicht frei. Er hat das grundsätzliche Verbot der Sonntagsarbeit aus Art. 140 GG in Verbindung mit Art. 139 WRV zu beachten. In dieser Hinsicht bestehen gegen die Regelungen des ArbZG erhebliche verfassungsrechtliche Bedenken. Denn

aufgrund des umfangreichen Katalogs für Ausnahmen vom Verbot der Sonntagsarbeit wird das von der Verfassung vorgegebene Regel- und Ausnahmeverhältnis geradezu auf den Kopf gestellt (hierzu eingehend *Kuhr*, DB 94, 2186). Vgl. insoweit die Vorgaben für den Schutz der Sonntagsruhe (u. IV 2), die sich bei der parallelen Problematik beim Ladenschluss (Nr. 8 a) ergeben haben.
Aufgrund des Euro-Einführungsgesetzes vom 9. 6. 1998 (BGBl. I 1242) dürfen Arbeitnehmer bei grenzüberschreitenden Finanzmarktgeschäften an solchen Feiertagen beschäftigt werden, die nicht in allen Mitgliedstaaten der EU gelten (§ 10 Abs. 4 ArbZG; EU-weit sind nur der 25. 12. und der 1. 1. Feiertage; vgl. *Anzinger*, NZA 98, 845).

III. Rechtspolitische Vorhaben

Wie schon die vorherigen Regierungen will auch die aktuelle Koalitionsregierung das Arbeitszeitrecht deregulieren (»Verantwortung für Deutschland, Koalitionsvertrag zwischen CDU, CSU und SPD, 21. Legislaturperiode«, Zeilen 558 ff.). An die Stelle der täglichen Höchstarbeitszeit soll eine wöchentliche treten, und zwar »auch und gerade im Sinne einer besseren Vereinbarkeit von Familie und Beruf«. Ferner ist eine elektronische Zeiterfassung »unbürokratisch« mit »angemessenen Übergangsregelungen« geplant. Vertrauensarbeitszeit soll dennoch »im Einklang mit der EU-Arbeitszeitrichtlinie« möglich sein (s. aber dazu u. IV 11). Für das Bäckereihandwerk soll der Ausnahmekatalog nach § 10 ArbZG erweitert werden. Betont wird im Übrigen, dass kein Beschäftigter gegen seinen Willen zu höherer Arbeitszeit gezwungen werden dürfe. Außerdem sind steuerfreie Mehrarbeitzuschläge bei Überschreitung der Vollarbeitszeit sowie Prämien zur Ausweitung der Arbeitszeit für Teilzeitkräfte vorgesehen. Die Regelungen zur Arbeitszeiterfassung an Hochschulen will die Koalition »rechtssicher und praktikabel« gestalten (ebd., Zeile 2436).
Dabei wäre die Aufgabe des Achtstundentages nicht nur die Aufgabe einer über hundertjährigen Errungenschaft (s. o. I), sondern auch mit Gesundheitsgefahren und Problemen hinsichtlich der Vereinbarkeit von Beruf und Familie verbunden, während das ArbZG bereits jetzt erhebliche Flexibilisierungsmöglichkeiten bereithält (Böckler impuls 10/25, 6).

IV. Anwendungsprobleme und Rechtstatsachen

1. Wochenarbeitszeit

Die wöchentliche Arbeitszeit wird üblicherweise durch Tarifvertrag geregelt. Der Konflikt um die Dauer der wöchentlichen Arbeitszeit hat seit Beginn der Industrialisierung bis heute im Mittelpunkt der Auseinandersetzungen zwischen Arbeitgebern und Arbeitnehmern gestanden (s. oben I). Nachdem 1956 noch ca. 96 % aller Arbeitnehmer eine wöchentliche Arbeitszeit von 48 Stunden und mehr hatten, konnte bis zum Anfang der 80er Jahre die 40-Stunden-Woche für fast alle Arbeitnehmer weitgehend ohne größere Konflikte erreicht werden.

Nach einem Zwischenschritt 1987 haben die IG Metall und anschließend die IG Medien (für die metallverarbeitende und die Druckindustrie) die 35-Stunden-Woche in Stufen bis zum 1. 10. 1995 durchgesetzt (zu diesem Tarifabschluss mit einer Korridorlösung für Ausnahmen, s. *Bispinck/WSI-Tarifarchiv*, WSI-Mitt. 90, 546). In der ostdeutschen Metallindustrie gelang die Arbeitszeitverkürzung von 38 auf 35 Stunden (anders als in der ostdeutschen Stahlindustrie) nach dem gescheiterten Arbeitskampf im Frühjahr 2003 nicht (*Kittner*, Arbeitskampf, S. 692 ff.).
Aktuell wird für bestimmte Arbeiten ein Übergang zur 4-Tage-Woche bei vollem Lohnausgleich diskutiert. So selbstverständlich es ist, dass das nicht für jede Arbeit realisiert werden kann, so unsachlich ist die Behauptung, dass das schlechterdings unmöglich sei (zu einer Bewertung vgl. *Walwei*, IAB-Forum v. 2. 5. 2024).

2. Wochenendarbeit

War bereits die Frage der Samstagsarbeit seit der Arbeitszeitverkürzung von 1984 tarifpolitisch umstritten, so ist inzwischen auch die Arbeit am Sonntag Gegenstand heftiger Auseinandersetzungen. Von Unternehmen (insbesondere Elektronik, aber auch Chemie und Textil) wird die Notwendigkeit durchlaufender Produktionsprozesse reklamiert. Für 2007 gab das Statistische Bundesamt eine Quote von 48,7 % Samstagsarbeit und 27,4 % Sonn- und Feiertagsarbeit an. Die Flexibilisierung der Lage der Arbeitszeit hat zwischenzeitlich dazu geführt, dass trotz 5-Tage-Woche oftmals am Wochenende gearbeitet wird. 45 % der Beschäftigten sollen zumindest gelegentlich samstags arbeiten (Böckler impuls 20/2009, S. 2). Dem entsprechen Ergebnisse des Mikrozensus für 2016 aus Nordrhein-Westfalen, wonach 42,2 % der Beschäftigten Wochenendarbeit leisten (*Munz-König*, Wann gehören Vati und Mutti mir? – Sonderarbeitszeiten in NRW, 2018). Gewerkschaften und Kirchen verteidigen gemeinsam jedenfalls den arbeitsfreien Sonntag. Es ist empirisch erwiesen, dass Wochenendarbeit die meisten sozialen Kontakte mit sich bringt und damit die Möglichkeit zur Teilnahme am gesellschaftlichen Leben empfindlich beschränkt (*Garhammer*, WSI-Mitt. 92, 300). Während der arbeitsfreie Samstag nur tariflich gesichert werden kann, ist die Arbeitsruhe an Sonntagen auf der Grundlage von Art. 140 GG und Art. 139 Weimarer Reichsverfassung geschützt. Der verfassungsrechtliche Sonntagsschutz beschränkt sich nach der Rechtsprechung des *BVerfG* zum Sonntagsschutz im Ladenschlussrecht jedoch nicht auf die Freizeit zur Religionsausübung, sondern trägt auch dem Bedürfnis nach einem freien Sonntag zur physischen und psychischen Regeneration sowie für gemeinsame Aktivitäten im politisch-gesellschaftlichen und im privaten sowie familiären Bereich Rechnung. Dem muss die staatliche Gewalt bei der Freigabe der Sonntagsruhe Rechnung tragen, indem dies nur aus sachlichen Gründen geschehen darf, die sich nicht in bloßen Umsatz- und Erwerbsinteressen erschöpfen (*BVerfG* 1. 12. 2009 – 1 BvR 2857/07 u. 2858/07, AuR 10, 167). Im Hinblick auf den verfassungsrechtlichen Schutz der Sonn- und Feiertagsruhe ist es unzulässig, Arbeitnehmer am Samstag nach 24 Uhr mit der Bedienung von Kunden sowie Aufräum- und Abschlussarbeiten zu beschäftigen (*BVerwG* 4. 12. 2014 – 8 B 66.14, EzA Nr. 27 zu Art. 140 GG; dazu *Ulber*, AuR 2016, 250).

§ 9 ArbZG regelt die Sonntagsruhe grundsätzlich. Die Behörde hat weitgehende Möglichkeiten zur Zulassung von Ausnahmen gemäß §§ 10, 17 ArbZG, muss dabei aber diesen verfassungsrechtlichen Vorgaben Rechnung tragen (vgl. *BVerwG* 11.11.2015 – 8 CN 2.14, BVerwGE 150, 327, wonach die hessische Bedarfsgewerbeordnung wegen zu weitgehender Freigabe der Sonntagsarbeit teilweise nichtig war).

3. Schicht- und Nachtarbeit

Die Zahl der Schicht- und Nachtarbeiter lag nach Angaben des Statistischen Bundesamtes im Jahr 2007 bei 14,8 %. Für 2017 lag die Zahl der Schichtarbeiter bei 15,3 % (www.de.statista.com). Die Bundesregierung hat es bis jetzt immer wieder abgelehnt, hierzu gesetzgeberisch initiativ zu werden, vielmehr vor allem auf die Tarifvertragsparteien verwiesen. Eine Reihe von Tarifverträgen sieht kürzere Arbeitszeiten für Schichtarbeiter vor (z. B. in der Eisen- und Stahlindustrie und im Bergbau).
Nachdem schon der *EuGH* (25.7.1991 – C-345/89, DB 91, 2194 – Stoeckel) ein Nachtarbeitsverbot nur für Frauen als Diskriminierung wegen des Geschlechts bezeichnet hat, ist § 19 AZO durch das *BVerfG* am 28.1.92 wegen Verstoßes gegen Art. 3 GG als verfassungswidrig erklärt worden (28.1.1992 – 1 BvR 1025/82, 1 BvL 16/83 und 10/91, DB 92, 377; dazu *Kittner*, 50 Urteile, 3. Aufl., 2024, Nr. 21). Das *BVerfG* hat dabei jedoch verlangt: »Auf der Grundlage dieser Einschätzung bedarf Nachtarbeit im Rahmen von Arbeitsverhältnissen angesichts ihrer nachgewiesenen Schädlichkeit für die menschliche Gesundheit auch weiterhin einer gesetzlichen Regelung. Ihre unbeschränkte Freigabe ohne flankierende Maßnahmen würde gegen den objektiven Gehalt des Art. 2 Abs. 2 S. 1 GG verstoßen.« § 6 ArbZG trägt diesen verfassungsrechtlichen Vorgaben nur ansatzweise Rechnung (s. o. II 3).
Unberührt von der Aufhebung des allgemeinen Nachtarbeitsverbots für Frauen ist dasjenige für werdende und stillende Mütter gemäß § 5 Abs. 1 MuSchG (hierzu *EuGH* 5.5.1994 – C-421/92, EuZW 94, 375 – Habermann-Beltermann).

4. Gleitzeit

Etwa 20–25 % aller Arbeitnehmer haben eine gleitende Arbeitszeit. Es ist davon auszugehen, dass Gleitzeit künftig noch weit mehr Verbreitung finden wird, weil zunehmende Digitalisierung von Arbeitsprozessen räumliche und zeitliche Vorgaben der Arbeit in wachsendem Maße entbehrlich macht. Durch Gleitzeit werden den Arbeitnehmern persönliche Flexibilitätsspielräume eröffnet. Obwohl diese Form der Arbeitszeitverteilung der individuellen Lebensführung des einzelnen Arbeitnehmers entgegenkommt und von den Arbeitnehmern durchgehend geschätzt wird, birgt sie erhebliche Probleme: Abgesehen davon, dass bei gleitender Arbeitszeit das normale Unpünktlichkeitsrisiko (z. B. verspätetes Verkehrsmittel) auf den Arbeitnehmer verlagert wird, bedeutet jede Übertragung von Zeiteinheiten auf einen anderen Arbeitstag die Durchbrechung des Achtstundengebotes (vgl. *Buschmann*, AiB 81, 155). Außerdem besteht die Gefahr versteckter Mehrarbeit und überschrittener Gleitzeitsalden (zu einer empirischen Studie *Bosch/Ellguth/Promberger*, WSI-Mitt. 92, 51).

5. Mehrarbeit bzw. Überstunden und Arbeitszeitkonten

a) Arbeitszeiterfassung

Die Arbeitszeitrichtlinie verlangt, dass die gesetzlichen Höchstarbeitszeiten eingehalten werden. Dazu ist es erforderlich, dass Arbeitgeber die geleistete tägliche Arbeitszeit objektiv und verlässlich feststellen. Der *EuGH* hat ausdrücklich klargestellt, dass es nicht genügt, wenn der Arbeitnehmer als schwächere Vertragspartei darauf verwiesen ist, die Einhaltung des Gesetzes durchzusetzen und die geleisteten Arbeitszeiten nachzuweisen (14.5.2019 – C-55/18, NZA 19, 683 – CCOO/Deutsche Bank; dazu *Höpfner/Daum*, RdA 19, 270; *Lörcher*, AuR 19, 418; *Riegel*, RdA 21, 152; *Schumann/Wagner*, Gute Arbeit 9/19, 12; *Ulber*, Vorgaben des EuGH zur Arbeitszeiterfassung, 2020; *ders.*, NZA 19, 677). Klargestellt hat der *EuGH*, dass es nicht ausreichend ist, wenn Arbeitgeber nur Überarbeit nach § 16 Abs. 2 ArbZG aufzeichnen müssen. Darauf hat die innerstaatliche Rechtsprechung im Wege der richtlinienkonformen Auslegung der Verpflichtung des Arbeitgebers zur geeigneten Arbeitsschutzorganisation nach § 3 Abs. 2 Nr. 1 ArbSchG (Nr. 7) entschieden, dass dieser grundsätzlich verpflichtet ist, die Arbeitszeit, auch soweit es nicht um Überstunden geht, zu erfassen (*BAG* 13.9.2022 – 1 ABR 22/21, NZA 22, 1616; dazu *Bayreuther*, NZA 23, 193; *Pschorr*, AuR 23, 193; *Wedde*, CuA 2/23, 8; zur Mitbestimmung des Betriebsrats *Gaßmann*, CuA 2/23, 12; *Schuch*, AuR 23, 202; *Brors*, AuR 23, 188). In dem Zusammenhang gab es einen Referentenentwurf zur Änderung der aktuellen Rechtslage (dazu *Aligbe*, Betriebliche Prävention 2023, 313; *Lübker/Wulff*, Gute Arbeit 10/23, 25). Der Entwurf wurde allerdings in der 20. Legislaturperiode nicht mehr verwirklicht. Das Thema ist Gegenstand erneuter rechtspolitischer Absichten der Koalitionsregierung (s. o. III). In der Zwischenzeit hat der *EuGH* klargestellt, dass die Verpflichtung zur Arbeitszeiterfassung auch in Bezug auf Hausangestellte greift (19.12.2024 – C-531/23, NZA 25, 97 – HJ/US, MU).

b) Vertragliche Konsequenzen von Überstunden

Die vorstehende Frage betrifft allerdings zunächst nur den öffentlich-rechtlichen Arbeitszeitschutz und besagt nichts darüber, wann der Arbeitnehmer Überstunden leistet und ob diese zu vergüten sind (dazu sogleich; vgl. auch *Temming*, NZA 21, 1433). Die Arbeitszeiterfassung ist freilich eine wichtige Voraussetzung für die Feststellung, ob Überstunden geleistet wurden. Hinsichtlich der Anordnung von Überstunden hat der Betriebsrat ebenso ein Mitbestimmungsrecht nach § 87 Abs. 1 Nr. 3 BetrVG wie bei deren Duldung durch den Arbeitgeber. Er kann daher auch im Wege eines Unterlassungsanspruchs verlangen, dass der Arbeitgeber gegen nicht angeordnete Überstunden Gegenmaßnahmen ergreift und diese nicht einfach hinnimmt (*BAG* 28.7.2020 – 1 ABR 18/19, NZA 21, 1509).

Die Arbeitszeit ist Messfaktor der vom Arbeitnehmer versprochenen Arbeit und daher Bezugsgröße für die Vergütung (vgl. Einl. II 14 zum BGB, Nr. 14). Leistet der Arbeitnehmer Überstunden, so stellt sich die Frage nach ihrer Vergütung. Dabei ist mangels besonderer Vereinbarung davon auszugehen, dass bei einem Vollzeitarbeitsverhältnis die regelmäßige Dauer der Arbeitszeit 40 Stunden wöchentlich beträgt (*BAG* 25.3.2015 – 5 AZR 602/13, NZA 15, 1002). Aus § 612 Abs. 1 BGB folgt, dass die Überstunden zu vergüten sind, wenn die Arbeit nur gegen Vergütung erwartet werden konnte. Eine solche Vergütungserwartung kann ausnahmsweise fehlen bei einer sehr hohen Grundvergütung, bei Diensten höherer Art oder dann, wenn arbeitszeitbezogene und arbeitszeitunabhängige Arbeitsleistungen miteinander verschränkt sind, insbesondere bei Vergütung auf Provisionsbasis (*BAG* 27.6.2012 – 5 AZR 530/11, NZA 12, 1147). Ein pauschaler vertraglicher Ausschluss von Überstundenvergütungen ist wegen Intransparenz (§ 307 Abs. 1 S. 2 BGB) unwirksam, wenn nicht klar ist, welche Arbeitstätigkeit maximal erbracht werden muss, wenn für den Arbeitnehmer also nicht von vornherein klar ist, welche Leistung er für die Gegenleistung erbringen muss (*BAG* 27.6.2012 – 5 AZR 530/11, NZA 12, 1147). Der Arbeitnehmer kann zwar mit dem Arbeitgeber vereinbaren, dass statt einer Vergütung ein Freizeitausgleich für Überstunden stattfinden soll. Darauf hat aber mangels Vereinbarung keine Seite einen Anspruch. Nimmt der Arbeitnehmer die Abgeltung von Überstunden durch Freizeitausgleich hin, bindet er sich damit nicht für die Zukunft und kann stattdessen jederzeit dazu übergehen, eine Bezahlung für die Überstunden zu verlangen (vgl. *BAG* 17.12.2009 – 6 AZR 716/08, BB 10, 1159). Macht der Arbeitnehmer Überstundenvergütung geltend, so muss er darlegen, wann und in welchem Umfang er über die Normalarbeitszeit hinaus gearbeitet hat (*BAG* 21.12.2016 – 5 AZR 362/16, NZA-RR 17, 233). Außerdem muss er darlegen, dass der Arbeitgeber, der sich Überstunden nicht aufdrängen lassen muss, diese angeordnet, zumindest aber gebilligt oder, ohne sie zu unterbinden, geduldet hat (*BAG* 10.4.2013 – 5 AZR 122/12, DB 13, 2089). Wenn der Arbeitnehmer dazu eine vom Vorgesetzten abgezeichnete elektronisch erfasste Arbeitszeitaufzeichnung in Bezug nimmt, ist es Sache des Arbeitgebers, die Nichtleistung von Überstunden bzw. einen bereits erfolgten Ausgleich darzulegen (*BAG* 26.6.2019 – 5 AZR 452/18, NZA 19, 1362, Rn. 39 f.). Die Verletzung der Pflicht zur effektiven Arbeitszeiterfassung durch den Arbeitgeber ändert nichts an der Notwendigkeit, Überstunden und Veranlassung durch den Arbeitgeber darzulegen (*BAG* 4.5.2022 – 5 AZR 359/21, NZA 22, 1267; 5 AZR 474/21, NZA 22, 1271).

In der Bundesrepublik wurden 2017 1,1 Milliarden bezahlte Überstunden durch abhängig Beschäftigte erbracht, was einem Anteil von 2 % am Arbeitsvolumen entspricht; mehr als die Hälfte davon blieb unbezahlt (BT-Drs. 19/6187). Demgegenüber wurden die unbezahlten Überstunden von Arbeitnehmern bislang empirisch nicht erfasst. Psychologisch besonders negativ wirken fremdbestimmte Überstunden, während das Gefühl des Gestresstseins deutlich geringer ist, wenn Beschäftigte autonom über eventuelle Arbeitszeitüberschreitungen entscheiden können (Böckler Impuls 3/16, 2).

c) Fahrt- und Umkleidezeiten

Fahrzeiten zur Arbeit sind im Allgemeinen keine Arbeit für den Arbeitgeber, sondern der Privatsphäre zuzurechnen und daher nicht zu vergüten. Anders ist es aber, wenn die Arbeit nicht im Betrieb zu erbringen ist. Dann gehört die Fahrt zur Arbeitsstelle zu den vertraglichen Pflichten und ist zu vergüten (*BAG* 18.3.2020 – 5 AZR 36/19, NZA 20, 868, Rn. 16).
Ob Zeiten des Umkleidens für den Arbeitnehmer Arbeitszeit sind, ist wichtig für die Frage, ob er die versprochene Arbeit in vollem zeitlichem Umfang erbracht hat bzw. ob das Umziehen womöglich Überstunden bedeutet. Das *BAG* (19.9.2012 – 5 AZR 678/11, NZA-RR 13, 63) hat entschieden, dass dies der Fall ist, wenn der Arbeitgeber das Tragen bestimmter Kleidung verlangt und das Umkleiden im Betrieb erfolgen muss. Allerdings will das *BAG* nur die Umkleidezeiten als Überstunden anerkennen, die unter Ausschöpfung der persönlichen Leistungsfähigkeit erforderlich waren (Kritik dagegen: *Deinert*, AiB plus 7/13, S. 9). Muss Spezialkleidung bereits aus anderen Gründen getragen und zwingend an bestimmten Orten angelegt werden (z. B. OP-Kleidung oder Kleidung für staubfreie Zonen), gehört das Umziehen selbstverständlich zur Arbeitszeit (zur Mitbestimmung hinsichtlich Umkleidezeiten s. *BAG* 12.11.2013 – 1 ABR 59/12, NZA 14, 557). Dasselbe gilt für Wegezeiten zu einer außerbetrieblichen Ausgabestätte für Dienstkleidung, es sei denn, dieser Weg gehört nicht zur Beschäftigung, sondern tritt an die Stelle des sonst anfallenden Arbeitsweges (statt zum Betrieb geht der Arbeitnehmer beispielsweise morgens zur Ausgabestätte). Wenn dieser vom Arbeitgeber angeordnete zusätzliche Weg außerhalb der regulären Arbeitszeit erbracht wird, ist er als Überstunden zu vergüten (*BAG* 19.3.2014 – 5 AZR 954/12, NZA 14, 787). In Tarifverträgen kann allerdings geregelt werden, dass Umkleidezeiten unvergütet bleiben (*BAG* 13.12.2016 – 9 AZR 574/15, NZA 17, 459). Die vorstehenden Grundsätze gelten auch für Zeiten der notwendigen Körperreinigung, wobei öffentlich-rechtliche Vorgaben, etwa des Arbeitsschutzes, hinsichtlich der Frage zu berücksichtigen sind, ob es sich um einen unmittelbaren Zusammenhang mit der geschuldeten Arbeitsleistung handelt (*BAG* 23.4.2024 – 5 AZR 212/23, DB 24, 2501).
Vergütungspflichtig sind auch Reisezeiten für Dienstreisen unter Einschluss von Auslandsdienstreisen (*BAG* 17.10.2018 – 5 AZR 553/17, NZA 19, 159).

d) Arbeitszeitkonten

In allen Tarifverträgen ist die Möglichkeit von Mehrarbeit geregelt. Für Überstunden wurden (und werden) Zuschläge gewährt. Eine gesetzliche Zuschlagsregelung wie in § 15 AZO gibt es nicht mehr. Die Regelung von Überstundenzuschlägen wird jedoch zunehmend durch tarifliche und betriebliche Regelungen gegenstandslos, die

- ein großes Volumen von Arbeitszeitkonten und
- Freizeitausgleich statt Überstunden vorsehen.

Regelmäßig wird die ordnungsgemäße Erbringung der Arbeitsleistung, die der Arbeitnehmer dem Arbeitgeber in einer bestimmten Menge (Zeit) versprochen hat, in einem Arbeitszeitkonto dokumentiert. Aus diesem ergeben sich eventuelle

Überstunden als Guthaben bzw. Fehlstunden als Minussaldo. Zeiten, für die der Arbeitgeber ohne Arbeitsleistung den Lohn schuldet, etwa bei Krankheit gemäß § 3 EFZG, werden als fiktive Arbeitsstunden gutgeschrieben. Minusstunden dürfen nur dann in das Arbeitszeitkonto eingestellt werden, wenn der Arbeitgeber diese Stunden im Rahmen einer verstetigten Vergütung vorschussweise vergütet hat und der Arbeitnehmer zur Nachleistung verpflichtet ist (*BAG* 26.1.2011 – 5 AZR 819/09, NZA 11, 640). Eine Verrechnung mit Minusstunden setzt eine diesbezügliche Rechtsgrundlage voraus (*BAG* 21.3.2012 – 5 AZR 676/11, NZA 12, 870).

6. Teilzeit

Zur Problematik der Teilzeitarbeit siehe Einl. II 2 zum TzBfG, Nr. 32.

7. Erholungspausen

Unterhalb der Ebene der Wochenarbeitszeit gibt es als »Freizeit in der Arbeit« Pausenregelungen: zu unterscheiden sind die Ruhepausen aufgrund § 4 ArbZG (die nicht vergütet werden, falls dies nicht ausnahmsweise tariflich oder anders vereinbart ist) und tarifliche Erholungspausen. Die gesetzlichen Erholungspausen nach § 4 ArbZG, die nicht vergütet werden müssen, sind Mindestpausen. Der Arbeitgeber darf im Rahmen seines Weisungsrechts unter Beachtung des Mitbestimmungsrechts des Betriebsrats (s. u. 8) längere Pausen anordnen (*BAG* 16.12.2009 – 5 AZR 157/09, NZA 10, 505). Noch nicht ausgelotet ist freilich, wie weit dies reicht, ob also der Arbeitgeber beispielsweise durch Anordnung mehrstündiger Ruhepausen im Handel das Wirtschaftsrisiko in Bezug auf nachfrageschwache Zeiten auf den Arbeitnehmer abwälzen darf. Bei Meinungsverschiedenheiten über die Lage und Dauer der Erholungspause muss der Arbeitnehmer, wenn er ordnungsgemäß nicht arbeitet, protestieren und seine Arbeitsleistung anbieten. Anderenfalls erhält er für die Dauer der Pause keinen Lohn (*BAG* 25.2.2015 – 5 AZR 886/12, NZA 15, 494).

8. Lage und Verteilung der Arbeitszeit

Der Arbeitgeber kann die Lage der Arbeitszeit im Wege seines Weisungsrechts nach billigem Ermessen bestimmen (§ 106 GewO), wenn nicht schon im Arbeitsvertrag, im Tarifvertrag oder einer Betriebsvereinbarung andere Festlegungen getroffen wurden (*BAG* 10.12.2014 – 10 AZR 63/14, NZA 15, 483). Eine Sonderregelung gilt für die Änderung der Lage der Arbeitszeit nach einer Arbeitszeitverringerung gemäß §§ 8 Abs. 5 S. 3, 9a Abs. 3 TzBfG (Nr. 32). Über Lage und Verteilung der Arbeitszeit bestimmt der Betriebsrat allerdings gemäß § 87 Abs. 1 Nr. 2 BetrVG mit (Einzelheiten bei DKW-*Klebe*, § 87 Rn. 81 ff.). Das Mitbestimmungsrecht umfasst die Festlegung von Ruhepausen, auch von unbezahlten Ruhepausen, die über die durch das Arbeitszeitgesetz festgelegte Dauer hinausgehen (*BAG* 25.2.2015 – 1 AZR 642/13, NZA 15, 442). Für einzelne Arbeitnehmer kann individuell eine günstigere Lage der Arbeitszeit vereinbart werden (z. B. wegen besserer Verkehrsverbindungen; *BAG* 23.6.1992 – 1 AZR 57/92, DB 93, 788). Voraussetzung ist allerdings, dass hierdurch andere Arbeitnehmer nicht betroffen sind. Bei kollektivem Bezug einer solchen Vereinbarung greift wieder das Mitbestimmungsrecht des Betriebsrats (vgl. *Kittner,* Quelle 1/93, 23).

9. Lebensarbeitszeit

Die Begrenzung der Lebensarbeitszeit ist nicht im ArbZG geregelt, sondern erfolgt nach unten mit der Regelung von Schulpflicht und dem Verbot der Kinderarbeit (§§ 5–7 JArbSchG) und nach oben unter Bezug auf die Rentengesetzgebung durch Arbeitsvertrag bzw. Betriebsvereinbarung oder Tarifvertrag (zu Altersgrenzen s. Einl. II 1a zum TzBfG, Nr. 32; zum gleitenden Übergang in den Ruhestand s. Einl IV zum SGB VI, Nr. 30 VI).

10. Flexibilisierung der Arbeitszeit

So wie für den arbeitsrechtlichen Schutz im Allgemeinen, werden alle Fragen der Arbeitszeitgestaltung seit Jahrzehnten vom Konflikt um die sog. Flexibilisierung geprägt (hierzu s. insgesamt *Oppolzer/Wegener/Zachert,* Hrsg., Flexibilisierung – Deregulierung, Arbeitspolitik in der Wende, 1986; *Kilz/Reh,* BB 93, 1209). »Flexibilisierung statt Verkürzung« heißt dabei die Position der Arbeitgeber. Dabei bieten die typischen Tarifverträge seit Langem so viele betriebsindividuelle Flexibilisierungsmöglichkeiten, dass sie von den Arbeitgebern gar nicht immer ausgenutzt werden (»Wenig Bereitschaft der Firmen zur Flexibilisierung«, Handelsblatt 26.7.95).

In der betrieblichen Praxis nehmen flexible Arbeitszeiten immer mehr zu. Für etwa ein Drittel aller Arbeitnehmer wurde ein Arbeitszeitkonto zum Ausgleich von Schwankungen geführt (vor allem in Großbetrieben 65 %; iwd 15/08, S. 8). Auch in Tarifverträgen werden zunehmend sog. Arbeitszeitkorridore geregelt (iwd 40/03, S. 6). Die Insolvenzsicherung von Arbeitszeitkonten erfolgt durch den 2008 novellierten § 7e SGB IV (vgl. Einl. zum SGB IV, Nr. 30 IV).

Angesichts der Diskussionen um die Anforderungen an das Arbeitsrecht der Zukunft in einer digitalisierten Arbeitswelt (s. allg. Einführung I 9) fordern die Arbeitgeber weit mehr Flexibilisierungsspielräume im gesetzlichen Arbeitszeitrecht (vgl. *Kampeter*, SR 17, 196, 197 ff.), während die Gewerkschaften effektiveren Schutz gegen Rund-um-die-Uhr-Erreichbarkeit der Arbeitnehmer durch Telemedien verlangen. Einen Dämpfer hat Letzteres durch die Rechtsprechung jedenfalls insoweit erfahren, als Arbeitnehmer Weisungen zur Arbeitszeit für den nächsten Tag per SMS auch während der Freizeit zur Kenntnis nehmen müssen (*BAG* 23.8.2023 – 5 AZR 349/22, NZA 23, 1607).

11. Vertrauensarbeitszeit

Vertrauensarbeitszeit betrifft an sich nicht die Gestaltung und den Umfang der Arbeitszeit. Betroffen ist vielmehr die Erfassung. Der Arbeitnehmer muss bei Vertrauensarbeitszeit weder mehr noch weniger arbeiten als nach dem Arbeitsvertrag geschuldet. Dementsprechend kann der Arbeitgeber ein Arbeitszeitkonto führen

und der Arbeitnehmer kann die Abgeltung eines Zeitguthabens aus Mehrarbeit verlangen (*BAG* 23.9.2015 – 5 AZR 767/13, NZA 16, 295). Der Arbeitgeber verzichtet lediglich darauf, dies im Einzelnen zu kontrollieren. Uneingeschränkt ist dies allerdings aus unionsrechtlichen Gründen kaum mehr möglich (s.o. 5 a). Denn dieses erfordert auch, dass der Arbeitgeber sich um die Richtigkeit der Aufzeichnung kümmert und nicht darauf beschränkt, dem Arbeitnehmer die Aufzeichnung zu überlassen, ohne diese auf ihre Stichhaltigkeit und insbesondere auf die Übereinstimmung mit dem Arbeitszeitrecht zu überprüfen.
Sofern der Betriebsrat Daten zu Beginn und Ende der Arbeitszeit verlangt, kann der Arbeitgeber sich ebenfalls nicht auf die Vertrauensarbeitszeit berufen, sondern er muss die notwendigen Daten ermitteln (*BAG* 6.5.2003 – 1 ABR 13/02, ZTR 04, 101). Der *EuGH* (30.5.2013 – C-342/12, NZA 13, 723 – Worten) hat entschieden, dass die Notwendigkeit der Arbeitszeiterfassung zum Zwecke behördlicher Kontrollen datenschutzrechtlich unbedenklich ist. Nichts anderes kann letztlich für die Erfassung zum Zwecke des Überwachungsmandats des Betriebsrats gelten.

Wichtige Entscheidungen

BVerfG 28.1.1992 – 1 BvR 1025/82, 1 BvL 16/83 und 10/91, DB 1992, 377
BVerfG 1.12.2009 – 1 BvR 2857/07 u. 2858/07, AuR 2010, 167
EuGH 3.10.2000 – C-303/98, DB 2001, 818 – Simap
EuGH 9.9.2003 – C-151/02, PersR 2003, 458 – Jaeger
EuGH 21.2.2018 – C-518/15, NZA 2018, 293 – Matzak
EuGH 14.5.2019 – C-55/18, NZA 2019, 683 – CCOO/Deutsche Bank
BAG 4.5.2022 – 5 AZR 359/21, NZA 2022, 1267
BAG 13.9.2022 – 1 ABR 22/21, NZA 2022, 1616
BAG 23.8.2023 – 5 AZR 349/22, NZA 2023, 1607

Weiterführende Literatur

Handbücher und Kommentare

Deinert/Wenckebach/Zwanziger-*Wenckebach* und -*Klengel*, Arbeitsrecht, §§ 27–29 (Arbeitszeit)
Anzinger/Koberski, ArbZG, 5. Aufl. (2020)
Baeck/Deutsch/Winzer, Arbeitszeitgesetz, 4. Aufl. (2020)
Buschmann/Ulber, Arbeitszeitrecht, Kompaktkommentar (2019)
Fischer/Mittländer/Steiner, Arbeitszeitgesetz, Basiskommentar, 2. Aufl. (2024)
Greiner, Arbeitszeitgesetz, 17. Aufl. (2025)
Hahn/Pfeiffer/Schubert (Hrsg.), Arbeitszeitrecht, 3. Aufl. (2024)
Hamm, Betriebliche Arbeitszeitgestaltung (2023)
Schliemann, Arbeitszeitgesetz, 4. Aufl. (2020)
Schneider, Streit um Arbeitszeit – Geschichte des Kampfes um Arbeitszeitverkürzung in Deutschland (1984)
Schumann/Wagner (Hrsg.), Handbuch Arbeitszeit, 4. Aufl. (2022)

Aufsätze

Bayreuther, Arbeitszeiterfassung – Aktueller Stand und offene Fragen, AuR 2024, S. 190

Buschmann, Völker- und europarechtsnotwendige Korrekturen im Arbeitszeitrecht, JbArbR 61 (2025), S. 19

Franzen, Entkopplung der Arbeitszeit vom Arbeitsentgelt, RdA 2014, S. 1

Franzen, Umkleidezeiten und Arbeitszeit, NZA 2016, S. 136

Klein/Leist, Die unionsrechtliche Pflicht der Arbeitgeber zur Arbeitszeiterfassung, ZESAR 2019, S. 365

Kolbe, Das Arbeitszeitrecht – aus der Zeit gefallen?, ZFA 2021, S. 216

Kollmer, Verbot der Sonn- und Feiertagsarbeit, DB 2025, S. 1959

Kreft, Arbeitszeit, AuR 2018, S. 56

Ulber, Arbeitszeit und Deregulierung, AuR 2025, S. 319

Ulber, Grundfragen des Arbeitszeitrechts im 21. Jahrhundert, SR 2021, S. 189

Ulber/Staps, Einführung in das Arbeitszeitrecht, JuS 2024, S. 820

Checkliste 26: Dauer der werktäglichen Höchstarbeitszeit

I. Grundsatz:

Die werktägliche **Höchstarbeitszeit** beträgt **acht Stunden** (§§ 3 I, 6 II ArbZG).

II. Ausnahmen:

- Verkürzung der Höchstarbeitszeit durch RVO bei **gefährlichen Arbeiten** (§ 8).
- Verlängerung auf bis zu zehn Stunden bei ungleichmäßiger Verteilung der Arbeitszeit in einem **Ausgleichszeitraum** (§§ 3 II, 6 II).
- Verlängerung der Höchstarbeitszeit über zehn Stunden hinaus durch TV oder aufgrund eines TV durch **BV,** wenn in die Arbeitszeit regelmäßig und in erheblichem Umfang **Arbeitsbereitschaft** oder **Bereitschaftsdienst** fällt und ein **Zeitausgleich** geregelt ist (§ 7 I Nr. 1 und 4).
- Abweichende Regelung bei **Rufbereitschaft,** in der **Landwirtschaft,** bei der **Behandlung, Pflege und Betreuung von Personen,** im **öffentlichen Dienst** durch **TV** oder aufgrund eines TV durch **BV** (§ 7 II Nr. 2–4).
- Verlängerung der Höchstarbeitszeit über acht Stunden hinaus auch **ohne Zeitausgleich** durch TV oder aufgrund eines TV durch BV, wenn in die Arbeitszeit regelmäßig und in erheblichem Umfang **Arbeitsbereitschaft** oder **Bereitschaftsdienst** fällt und durch besondere Regelungen sichergestellt wird, dass die **Gesundheit der Arbeitnehmer nicht gefährdet** wird (§ 7 II a) und der Arbeitnehmer **schriftlich eingewilligt** hat (§ 7 VII).
- Verlängerung der Höchstarbeitszeit in einem **nicht tarifgebundenen Betrieb,** wenn ein TV, in dessen Geltungsbereich der Betrieb liegt, durch BV oder einzelvertragliche Vereinbarung übernommen wird (§ 7 III).
- Abweichende Regelung bei **Kirchen** und **Religionsgesellschaften** (§ 7 IV).
- Verlängerung der Höchstarbeitszeit durch Bewilligung der **Aufsichtsbehörde** in Bereichen, in denen tarifliche Regelungen üblicherweise nicht getroffen werden (§ 7 V).
- Verlängerung der Höchstarbeitszeit in Bereichen, in denen Ausnahmen durch **RVO** zugelassen worden sind (§ 7 VI).
- Verlängerung der Höchstarbeitszeit ohne Bewilligung der Aufsichtsbehörde möglich in **Notfällen** und **außergewöhnlichen Fällen** (§ 14 I).
- Verlängerung der Höchstarbeitszeit ohne Bewilligung der Aufsichtsbehörde (geringe Anzahl von Arbeitnehmern, Gefährdung des Arbeitsergebnisses bzw. unverhältnismäßiger Schaden und Unzumutbarkeit anderer Vorkehrungen) (§ 14 II 1).
- Verlängerung der Höchstarbeitszeit ohne Bewilligung der Aufsichtsbehörde bei **Forschung und Lehre,** bei unaufschiebbaren **Vor- und Abschlussarbeiten,** bei unaufschiebbaren Arbeiten zur **Behandlung, Pflege und Betreuung von Personen** sowie zur **Behandlung und Pflege von Tieren** und zudem Unzumutbarkeit anderer Vorkehrungen (§ 14 II 2).
- Verlängerung der Höchstarbeitszeit durch Bewilligung der Aufsichtsbehörde im Falle von **Kontischicht,** bei Arbeit auf **Bau- und Montagestellen** und in **Saison- und Kampagnebetrieben** (§ 15 I 1 und 2).
- Verlängerung der Höchstarbeitszeit durch Bewilligung der Aufsichtsbehörde, wenn das im **dringenden öffentlichen Interesse** nötig ist (§ 15 II).
- Verlängerung der Höchstarbeitszeit möglich aus **zwingenden Gründen der Verteidigung** aufgrund einer Rechtsverordnung (§ 15 III).

Arbeitszeitgesetz (ArbZG)

vom 6. Juni 1994 (BGBl. I 1170),
zuletzt geändert durch Gesetz vom 23. Oktober 2024 (BGBl. 2024 I Nr. 323)

Erster Abschnitt – Allgemeine Vorschriften

§ 1 Zweck des Gesetzes Zweck des Gesetzes ist es,
1. die Sicherheit und den Gesundheitsschutz der Arbeitnehmer in der Bundesrepublik Deutschland und in der ausschließlichen Wirtschaftszone bei der Arbeitszeitgestaltung zu gewährleisten und die Rahmenbedingungen für flexible Arbeitszeiten zu verbessern sowie
2. den Sonntag und die staatlich anerkannten Feiertage als Tage der Arbeitsruhe und der seelischen Erhebung der Arbeitnehmer zu schützen.

§ 2 Begriffsbestimmungen (1) Arbeitszeit im Sinne dieses Gesetzes ist die Zeit vom Beginn bis zum Ende der Arbeit ohne die Ruhepausen; Arbeitszeiten bei mehreren Arbeitgebern sind zusammenzurechnen. Im Bergbau unter Tage zählen die Ruhepausen zur Arbeitszeit.
(2) Arbeitnehmer im Sinne dieses Gesetzes sind Arbeiter und Angestellte sowie die zu ihrer Berufsbildung Beschäftigten.
(3) Nachtzeit im Sinne dieses Gesetzes ist die Zeit von 23 bis 6 Uhr, in Bäckereien und Konditoreien die Zeit von 22 bis 5 Uhr.
(4) Nachtarbeit im Sinne dieses Gesetzes ist jede Arbeit, die mehr als zwei Stunden der Nachtzeit umfaßt.
(5) Nachtarbeitnehmer im Sinne dieses Gesetzes sind Arbeitnehmer, die
1. auf Grund ihrer Arbeitszeitgestaltung normalerweise Nachtarbeit in Wechselschicht zu leisten haben oder
2. Nachtarbeit an mindestens 48 Tagen im Kalenderjahr leisten.

Zweiter Abschnitt – Werktägliche Arbeitszeit und arbeitsfreie Zeiten

8

§ 3 Arbeitszeit der Arbeitnehmer Die werktägliche Arbeitszeit der Arbeitnehmer darf acht Stunden nicht überschreiten. Sie kann auf bis zu zehn Stunden nur verlängert werden, wenn innerhalb von sechs Kalendermonaten oder innerhalb von 24 Wochen im Durchschnitt acht Stunden werktäglich nicht überschritten werden.

§ 4 Ruhepausen Die Arbeit ist durch im voraus feststehende Ruhepausen von mindestens 30 Minuten bei einer Arbeitszeit von mehr als sechs bis zu neun Stunden und 45 Minuten bei einer Arbeitszeit von mehr als neun Stunden insgesamt zu unterbrechen. Die Ruhepausen nach Satz 1 können in Zeitabschnitte von jeweils mindestens 15 Minuten aufgeteilt werden. Länger als sechs Stunden hintereinander dürfen Arbeitnehmer nicht ohne Ruhepause beschäftigt werden.

§ 5 Ruhezeit (1) Die Arbeitnehmer müssen nach Beendigung der täglichen Arbeitszeit eine ununterbrochene Ruhezeit von mindestens elf Stunden haben.

(2) Die Dauer der Ruhezeit des Absatzes 1 kann in Krankenhäusern und anderen Einrichtungen zur Behandlung, Pflege und Betreuung von Personen, in Gaststätten und anderen Einrichtungen zur Bewirtung und Beherbergung, in Verkehrsbetrieben, beim Rundfunk sowie in der Landwirtschaft und in der Tierhaltung um bis zu eine Stunde verkürzt werden, wenn jede Verkürzung der Ruhezeit innerhalb eines Kalendermonats oder innerhalb von vier Wochen durch Verlängerung einer anderen Ruhezeit auf mindestens zwölf Stunden ausgeglichen wird.

(3) Abweichend von Absatz 1 können in Krankenhäusern und anderen Einrichtungen zur Behandlung, Pflege und Betreuung von Personen Kürzungen der Ruhezeit durch Inanspruchnahme während der Rufbereitschaft, die nicht mehr als die Hälfte der Ruhezeit betragen, zu anderen Zeiten ausgeglichen werden.

(4) *(weggefallen)*

§ 6 Nacht- und Schichtarbeit[1] (1) Die Arbeitszeit der Nacht- und Schichtarbeitnehmer ist nach den gesicherten arbeitswissenschaftlichen Erkenntnissen über die menschengerechte Gestaltung der Arbeit festzulegen.

(2) Die werktägliche Arbeitszeit der Nachtarbeitnehmer darf acht Stunden nicht überschreiten. Sie kann auf bis zu zehn Stunden nur verlängert werden, wenn abweichend von § 3 innerhalb von einem Kalendermonat oder innerhalb von vier Wochen im Durchschnitt acht Stunden werktäglich nicht überschritten werden. Für Zeiträume, in denen Nachtarbeitnehmer im Sinne des § 2 Abs. 5 Nr. 2 nicht zur Nachtarbeit herangezogen werden, findet § 3 Satz 2 Anwendung.

(3) Nachtarbeitnehmer sind berechtigt, sich vor Beginn der Beschäftigung und danach in regelmäßigen Zeitabständen von nicht weniger als drei Jahren arbeits-

---

1 **§ 3b EStG Steuerfreiheit von Zuschlägen für Sonntags-, Feiertags- oder Nachtarbeit:**
(1) Steuerfrei sind Zuschläge, die für tatsächlich geleistete Sonntags-, Feiertags- oder Nachtarbeit neben dem Grundlohn gezahlt werden, soweit sie

1. für Nachtarbeit 25 Prozent,
2. vorbehaltlich der Nummern 3 und 4 für Sonntagsarbeit 50 Prozent,
3. vorbehaltlich der Nummer 4 für Arbeit am 31. Dezember ab 14 Uhr und an den gesetzlichen Feiertagen 125 Prozent,
4. für Arbeit am 24. Dezember ab 14 Uhr, am 25. und 26. Dezember sowie am 1. Mai 150 Prozent

des Grundlohnes nicht übersteigen.

(2) Grundlohn ist der laufende Arbeitslohn, der dem Arbeitnehmer bei der für ihn maßgebenden regelmäßigen Arbeitszeit für den jeweiligen Lohnzahlungszeitraum zusteht; er ist in einen Stundenlohn umzurechnen und mit höchstens 50 Euro anzusetzen. Nachtarbeit ist die Arbeit in der Zeit von 20 Uhr bis 6 Uhr. Sonntagsarbeit und Feiertagsarbeit ist die Arbeit in der Zeit von 0 Uhr und 24 Uhr des jeweiligen Tages. Die gesetzlichen Feiertage werden durch die am Ort der Arbeitsstätte geltenden Vorschriften bestimmt.

(3) Wenn die Nachtarbeit vor 0 Uhr aufgenommen wird, gilb abweichend von den Absätzen 1 und 2 Folgendes:

1. Für Nachtarbeit in der Zeit von 0 Uhr bis 4 Uhr erhöht sich der Zuschlagssatz auf 40 Prozent,
2. als Sonntagsarbeit und Feiertagsarbeit gilt auch die Arbeit in der Zeit von 0 Uhr bis 4 Uhr des auf den Sonntag oder Feiertag folgenden Tages.

medizinisch untersuchen zu lassen. Nach Vollendung des 50. Lebensjahres steht Nachtarbeitnehmern dieses Recht in Zeitabständen von einem Jahr zu. Die Kosten der Untersuchungen hat der Arbeitgeber zu tragen, sofern er die Untersuchungen den Nachtarbeitnehmern nicht kostenlos durch einen Betriebsarzt oder einen überbetrieblichen Dienst von Betriebsärzten anbietet.

(4) Der Arbeitgeber hat den Nachtarbeitnehmer auf dessen Verlangen auf einen für ihn geeigneten Tagesarbeitsplatz umzusetzen, wenn

a) nach arbeitsmedizinischer Feststellung die weitere Verrichtung von Nachtarbeit den Arbeitnehmer in seiner Gesundheit gefährdet oder
b) im Haushalt des Arbeitnehmers ein Kind unter zwölf Jahren lebt, das nicht von einer anderen im Haushalt lebenden Person betreut werden kann, oder
c) der Arbeitnehmer einen schwerpflegebedürftigen Angehörigen zu versorgen hat, der nicht von einem anderen im Haushalt lebenden Angehörigen versorgt werden kann,

sofern dem nicht dringende betriebliche Erfordernisse entgegenstehen. Stehen der Umsetzung des Nachtarbeitnehmers auf einen für ihn geeigneten Tagesarbeitsplatz nach Auffassung des Arbeitgebers dringende betriebliche Erfordernisse entgegen, so ist der Betriebs- oder Personalrat zu hören. Der Betriebs- oder Personalrat kann dem Arbeitgeber Vorschläge für eine Umsetzung unterbreiten.

(5) Soweit keine tarifvertraglichen Ausgleichsregelungen bestehen, hat der Arbeitgeber dem Nachtarbeitnehmer für die während der Nachtzeit geleisteten Arbeitsstunden eine angemessene Zahl bezahlter freier Tage oder einen angemessenen Zuschlag auf das ihm hierfür zustehende Bruttoarbeitsentgelt zu gewähren.

(6) Es ist sicherzustellen, daß Nachtarbeitnehmer den gleichen Zugang zur betrieblichen Weiterbildung und zu aufstiegsfördernden Maßnahmen haben wie die übrigen Arbeitnehmer.

§ 7 Abweichende Regelungen (1) In einem Tarifvertrag oder auf Grund eines Tarifvertrags in einer Betriebs- oder Dienstvereinbarung kann zugelassen werden,

1. abweichend von § 3
   a) die Arbeitszeit über zehn Stunden werktäglich zu verlängern, wenn in die Arbeitszeit regelmäßig und in erheblichem Umfang Arbeitsbereitschaft oder Bereitschaftsdienst fällt,
   b) einen anderen Ausgleichszeitraum festzulegen,
   c) *(weggefallen)*
2. abweichend von § 4 Satz 2 die Gesamtdauer der Ruhepausen in Schichtbetrieben und Verkehrsbetrieben auf Kurzpausen von angemessener Dauer aufzuteilen,
3. abweichend von § 5 Abs. 1 die Ruhezeit um bis zu zwei Stunden zu kürzen, wenn die Art der Arbeit dies erfordert und die Kürzung der Ruhezeit innerhalb eines festzulegenden Ausgleichszeitraums ausgeglichen wird,
4. abweichend von § 6 Abs. 2
   a) die Arbeitszeit über zehn Stunden werktäglich hinaus zu verlängern, wenn in die Arbeitszeit regelmäßig und in erheblichem Umfang Arbeitsbereitschaft oder Bereitschaftsdienst fällt,
   b) einen anderen Ausgleichszeitraum festzulegen,

5. den Beginn des siebenstündigen Nachtzeitraums des § 2 Abs. 3 auf die Zeit zwischen 22 und 24 Uhr festzulegen.

(2) Sofern der Gesundheitsschutz der Arbeitnehmer durch einen entsprechenden Zeitausgleich gewährleistet wird, kann in einem Tarifvertrag oder auf Grund eines Tarifvertrags in einer Betriebs- oder Dienstvereinbarung ferner zugelassen werden,

1. abweichend von § 5 Abs. 1 die Ruhezeiten bei Rufbereitschaft den Besonderheiten dieses Dienstes anzupassen, insbesondere Kürzungen der Ruhezeit infolge von Inanspruchnahme während dieses Dienstes zu anderen Zeiten auszugleichen,
2. die Regelungen der §§ 3, 5 Abs. 1 und § 6 Abs. 2 in der Landwirtschaft der Bestellungs- und Erntezeit sowie den Witterungseinflüssen anzupassen,
3. die Regelungen der §§ 3, 4, 5 Abs. 1 und § 6 Abs. 2 bei der Behandlung, Pflege und Betreuung von Personen der Eigenart dieser Tätigkeit und dem Wohl dieser Personen entsprechend anzupassen,
4. die Regelungen der §§ 3, 4, 5 Abs. 1 und § 6 Abs. 2 bei Verwaltungen und Betrieben des Bundes, der Länder, der Gemeinden und sonstigen Körperschaften, Anstalten und Stiftungen des öffentlichen Rechts sowie bei anderen Arbeitgebern, die der Tarifbindung eines für den öffentlichen Dienst geltenden oder eines im wesentlichen inhaltsgleichen Tarifvertrags unterliegen, der Eigenart der Tätigkeit bei diesen Stellen anzupassen.

(2 a) In einem Tarifvertrag oder auf Grund eines Tarifvertrags in einer Betriebs- oder Dienstvereinbarung kann abweichend von den §§ 3, 5 Abs. 1 und § 6 Abs. 2 zugelassen werden, die werktägliche Arbeitszeit auch ohne Ausgleich über acht Stunden zu verlängern, wenn in die Arbeitszeit regelmäßig und in erheblichem Umfang Arbeitsbereitschaft oder Bereitschaftsdienst fällt und durch besondere Regelungen sichergestellt wird, dass die Gesundheit der Arbeitnehmer nicht gefährdet wird.

(3) Im Geltungsbereich eines Tarifvertrags nach Absatz 1, 2 oder 2a können abweichende tarifvertragliche Regelungen im Betrieb eines nicht tarifgebundenen Arbeitgebers durch Betriebs- oder Dienstvereinbarung oder, wenn ein Betriebs- oder Personalrat nicht besteht, durch schriftliche Vereinbarung zwischen dem Arbeitgeber und dem Arbeitnehmer übernommen werden. Können auf Grund eines solchen Tarifvertrags abweichende Regelungen in einer Betriebs- oder Dienstvereinbarung getroffen werden, kann auch in Betrieben eines nicht tarifgebundenen Arbeitgebers davon Gebrauch gemacht werden. Eine nach Absatz 2 Nr. 4 getroffene abweichende tarifvertragliche Regelung hat zwischen nicht tarifgebundenen Arbeitgebern und Arbeitnehmern Geltung, wenn zwischen ihnen die Anwendung der für den öffentlichen Dienst geltenden tarifvertraglichen Bestimmungen vereinbart ist und die Arbeitgeber die Kosten des Betriebs überwiegend mit Zuwendungen im Sinne des Haushaltsrechts decken.

(4) Die Kirchen und die öffentlich-rechtlichen Religionsgesellschaften können die in Absatz 1, 2 oder 2a genannten Abweichungen in ihren Regelungen vorsehen.

(5) In einem Bereich, in dem Regelungen durch Tarifvertrag üblicherweise nicht getroffen werden, können Ausnahmen im Rahmen des Absatzes 1, 2 oder 2a durch

die Aufsichtsbehörde bewilligt werden, wenn dies aus betrieblichen Gründen erforderlich ist und die Gesundheit der Arbeitnehmer nicht gefährdet wird.

(6) Die Bundesregierung kann durch Rechtsverordnung mit Zustimmung des Bundesrates Ausnahmen im Rahmen des Absatzes 1 oder 2 zulassen, sofern dies aus betrieblichen Gründen erforderlich ist und die Gesundheit der Arbeitnehmer nicht gefährdet wird.

(7) Auf Grund einer Regelung nach Absatz 2a oder den Absätzen 3 bis 5 jeweils in Verbindung mit Absatz 2a darf die Arbeitszeit nur verlängert werden, wenn der Arbeitnehmer schriftlich eingewilligt hat. Der Arbeitnehmer kann die Einwilligung mit einer Frist von sechs Monaten schriftlich widerrufen. Der Arbeitgeber darf einen Arbeitnehmer nicht benachteiligen, weil dieser die Einwilligung zur Verlängerung der Arbeitszeit nicht erklärt oder die Einwilligung widerrufen hat.

(8) Werden Regelungen nach Absatz 1 Nr. 1 und Nr. 4, Absatz 2 Nr. 2 bis 4 oder solche Regelungen auf Grund der Absätze 3 und 4 zugelassen, darf die Arbeitszeit 48 Stunden wöchentlich im Durchschnitt von zwölf Kalendermonaten nicht überschreiten. Erfolgt die Zulassung auf Grund des Absatzes 5, darf die Arbeitszeit 48 Stunden wöchentlich im Durchschnitt von sechs Kalendermonaten oder 24 Wochen nicht überschreiten.

(9) Wird die werktägliche Arbeitszeit über zwölf Stunden hinaus verlängert, muss im unmittelbaren Anschluss an die Beendigung der Arbeitszeit eine Ruhezeit von mindestens elf Stunden gewährt werden.

§ 8 Gefährliche Arbeiten Die Bundesregierung kann durch Rechtsverordnung mit Zustimmung des Bundesrates für einzelne Beschäftigungsbereiche, für bestimmte Arbeiten oder für bestimmte Arbeitnehmergruppen, bei denen besondere Gefahren für die Gesundheit der Arbeitnehmer zu erwarten sind, die Arbeitszeit über § 3 hinaus beschränken, die Ruhepausen und Ruhezeiten über die §§ 4 und 5 hinaus ausdehnen, die Regelungen zum Schutz der Nacht- und Schichtarbeitnehmer in § 6 erweitern und die Abweichungsmöglichkeiten nach § 7 beschränken, soweit dies zum Schutz der Gesundheit der Arbeitnehmer erforderlich ist. Satz 1 gilt nicht für Beschäftigungsbereiche und Arbeiten in Betrieben, die der Bergaufsicht unterliegen.

Dritter Abschnitt – Sonn- und Feiertagsruhe

§ 9 Sonn- und Feiertagsruhe[1] (1) Arbeitnehmer dürfen an Sonn- und gesetzlichen Feiertagen von 0 bis 24 Uhr nicht beschäftigt werden.

(2) In mehrschichtigen Betrieben mit regelmäßiger Tag- und Nachtschicht kann Beginn oder Ende der Sonn- und Feiertagsruhe um bis zu sechs Stunden vor- oder zurückverlegt werden, wenn für die auf den Beginn der Ruhezeit folgenden 24 Stunden der Betrieb ruht.

(3) Für Kraftfahrer und Beifahrer kann der Beginn der 24stündigen Sonn- und Feiertagsruhe um bis zu zwei Stunden vorverlegt werden.

1 Zur Steuerfreiheit von Zuschlägen siehe Fn. 1 zu § 6.

§ 10 Sonn- und Feiertagsbeschäftigung (1) Sofern die Arbeiten nicht an Werktagen vorgenommen werden können, dürfen Arbeitnehmer an Sonn- und Feiertagen abweichend von § 9 beschäftigt werden

1. in Not- und Rettungsdiensten sowie bei der Feuerwehr,
2. zur Aufrechterhaltung der öffentlichen Sicherheit und Ordnung sowie der Funktionsfähigkeit von Gerichten und Behörden und für Zwecke der Verteidigung,
3. in Krankenhäusern und anderen Einrichtungen zur Behandlung, Pflege und Betreuung von Personen,
4. in Gaststätten und anderen Einrichtungen zur Bewirtung und Beherbergung sowie im Haushalt,
5. bei Musikaufführungen, Theatervorstellungen, Filmvorführungen, Schaustellungen, Darbietungen und anderen ähnlichen Veranstaltungen,
6. bei nichtgewerblichen Aktionen und Veranstaltungen der Kirchen, Religionsgesellschaften, Verbände, Vereine, Parteien und anderer ähnlicher Vereinigungen,
7. beim Sport und in Freizeit-, Erholungs- und Vergnügungseinrichtungen, beim Fremdenverkehr sowie in Museen und wissenschaftlichen Präsenzbibliotheken,
8. beim Rundfunk, bei der Tages- und Sportpresse, bei Nachrichtenagenturen sowie bei den der Tagesaktualität dienenden Tätigkeiten für andere Presseerzeugnisse einschließlich des Austragens, bei der Herstellung von Satz, Filmen und Druckformen für tagesaktuelle Nachrichten und Bilder, bei tagesaktuellen Aufnahmen auf Ton- und Bildträger sowie beim Transport und Kommissionieren von Presseerzeugnissen, deren Ersterscheinungstag am Montag oder am Tag nach einem Feiertag liegt,
9. bei Messen, Ausstellungen und Märkten im Sinne des Titels IV der Gewerbeordnung sowie bei Volksfesten,
10. in Verkehrsbetrieben sowie beim Transport und Kommissionieren von leichtverderblichen Waren im Sinne des § 30 Abs. 3 Nr. 2 der Straßenverkehrsordnung,
11. in den Energie- und Wasserversorgungsbetrieben sowie in Abfall- und Abwasserentsorgungsbetrieben,
12. in der Landwirtschaft und in der Tierhaltung sowie in Einrichtungen zur Behandlung und Pflege von Tieren,
13. im Bewachungsgewerbe und bei der Bewachung von Betriebsanlagen,
14. bei der Reinigung und Instandhaltung von Betriebseinrichtungen, soweit hierdurch der regelmäßige Fortgang des eigenen oder eines fremden Betriebs bedingt ist, bei der Vorbereitung der Wiederaufnahme des vollen werktägigen Betriebs sowie bei der Aufrechterhaltung der Funktionsfähigkeit von Datennetzen und Rechnersystemen,
15. zur Verhütung des Verderbens von Naturerzeugnissen oder Rohstoffen oder des Mißlingens von Arbeitsergebnissen sowie bei kontinuierlich durchzuführenden Forschungsarbeiten,
16. zur Vermeidung einer Zerstörung oder erheblichen Beschädigung der Produktionseinrichtungen.

(2) Abweichend von § 9 dürfen Arbeitnehmer an Sonn- und Feiertagen mit den Produktionsarbeiten beschäftigt werden, wenn die infolge der Unterbrechung der Produktion nach Absatz 1 Nr. 14 zulässigen Arbeiten den Einsatz von mehr Arbeitnehmern als bei durchgehender Produktion erfordern.
(3) Abweichend von § 9 dürfen Arbeitnehmer an Sonn- und Feiertagen in Bäckereien und Konditoreien für bis zu drei Stunden mit der Herstellung und dem Austragen oder Ausfahren von Konditorwaren und an diesem Tag zum Verkauf kommenden Bäckerwaren beschäftigt werden.
(4) Sofern die Arbeiten nicht an Werktagen vorgenommen werden können, dürfen Arbeitnehmer zur Durchführung des Eil- und Großbetragszahlungsverkehrs und des Geld-, Devisen-, Wertpapier- und Derivatehandels abweichend von § 9 Abs. 1 an den auf einen Werktag fallenden Feiertagen beschäftigt werden, die nicht in allen Mitgliedstaaten der Europäischen Union Feiertage sind.

§ 11 Ausgleich für Sonn- und Feiertagsbeschäftigung (1) Mindestens 15 Sonntage im Jahr müssen beschäftigungsfrei bleiben.
(2) Für die Beschäftigung an Sonn- und Feiertagen gelten die §§ 3 bis 8 entsprechend, jedoch dürfen durch die Arbeitszeit an Sonn- und Feiertagen die in den §§ 3, 6 Abs. 2, §§ 7 und 21a Abs. 4 bestimmten Höchstarbeitszeiten und Ausgleichszeiträume nicht überschritten werden.
(3) Werden Arbeitnehmer an einem Sonntag beschäftigt, müssen sie einen Ersatzruhetag haben, der innerhalb eines den Beschäftigungstag einschließenden Zeitraums von zwei Wochen zu gewähren ist. Werden Arbeitnehmer an einem auf einen Werktag fallenden Feiertag beschäftigt, müssen sie einen Ersatzruhetag haben, der innerhalb eines den Beschäftigungstag einschließenden Zeitraums von acht Wochen zu gewähren ist.
(4) Die Sonn- oder Feiertagsruhe des § 9 oder der Ersatzruhetag des Absatzes 3 ist den Arbeitnehmern unmittelbar in Verbindung mit einer Ruhezeit nach § 5 zu gewähren, soweit dem technische oder arbeitsorganisatorische Gründe nicht entgegenstehen.

§ 12 Abweichende Regelungen In einem Tarifvertrag oder auf Grund eines Tarifvertrags in einer Betriebs- oder Dienstvereinbarung kann zugelassen werden,
1. abweichend von § 11 Abs. 1 die Anzahl der beschäftigungsfreien Sonntage in den Einrichtungen des § 10 Abs. 1 Nr. 2, 3, 4 und 10 auf mindestens zehn Sonntage, im Rundfunk, in Theaterbetrieben, Orchestern sowie bei Schaustellungen auf mindestens acht Sonntage, in Filmtheatern und in der Tierhaltung auf mindestens sechs Sonntage im Jahr zu verringern,
2. abweichend von § 11 Abs. 3 den Wegfall von Ersatzruhetagen für auf Werktage fallende Feiertage zu vereinbaren oder Arbeitnehmer innerhalb eines festzulegenden Ausgleichszeitraums beschäftigungsfrei zu stellen,
3. abweichend von § 11 Abs. 1 bis 3 in der Seeschiffahrt die den Arbeitnehmern nach diesen Vorschriften zustehenden freien Tage zusammenhängend zu geben,
4. abweichend von § 11 Abs. 2 die Arbeitszeit in vollkontinuierlichen Schichtbetrieben an Sonn- und Feiertagen auf bis zu zwölf Stunden zu verlängern,

8

wenn dadurch zusätzliche freie Schichten an Sonn- und Feiertagen erreicht werden.

§ 7 Abs. 3 bis 6 findet Anwendung.

§ 13 Ermächtigung, Anordnung, Bewilligung (1) Die Bundesregierung kann durch Rechtsverordnung mit Zustimmung des Bundesrates zur Vermeidung erheblicher Schäden unter Berücksichtigung des Schutzes der Arbeitnehmer und der Sonn- und Feiertagsruhe

1. die Bereiche mit Sonn- und Feiertagsbeschäftigung nach § 10 sowie die dort zugelassenen Arbeiten näher bestimmen,
2. über die Ausnahmen nach § 10 hinaus weitere Ausnahmen abweichend von § 9
   a) für Betriebe, in denen die Beschäftigung von Arbeitnehmern an Sonn- oder Feiertagen zur Befriedigung täglicher oder an diesen Tagen besonders hervortretender Bedürfnisse der Bevölkerung erforderlich ist,
   b) für Betriebe, in denen Arbeiten vorkommen, deren Unterbrechung oder Aufschub
      aa) nach dem Stand der Technik ihrer Art nach nicht oder nur mit erheblichen Schwierigkeiten möglich ist,
      bb) besondere Gefahren für Leben oder Gesundheit der Arbeitnehmer zur Folge hätte,
      cc) zu erheblichen Belastungen der Umwelt oder der Energie- oder Wasserversorgung führen würde,
   c) aus Gründen des Gemeinwohls, insbesondere auch zur Sicherung der Beschäftigung,

zulassen und die zum Schutz der Arbeitnehmer und der Sonn- und Feiertagsruhe notwendigen Bedingungen bestimmen.

(2) Soweit die Bundesregierung von der Ermächtigung des Absatzes 1 Nr. 2 Buchstabe a keinen Gebrauch gemacht hat, können die Landesregierungen durch Rechtsverordnung entsprechende Bestimmungen erlassen. Die Landesregierungen können diese Ermächtigung durch Rechtsverordnung auf oberste Landesbehörden übertragen.

(3) Die Aufsichtsbehörde kann

1. feststellen, ob eine Beschäftigung nach § 10 zulässig ist,
2. abweichend von § 9 bewilligen, Arbeitnehmer zu beschäftigen
   a) im Handelsgewerbe an bis zu zehn Sonn- und Feiertagen im Jahr, an denen besondere Verhältnisse einen erweiterten Geschäftsverkehr erforderlich machen,
   b) an bis zu fünf Sonn- und Feiertagen im Jahr, wenn besondere Verhältnisse zur Verhütung eines unverhältnismäßigen Schadens dies erfordern,
   c) an einem Sonntag im Jahr zur Durchführung einer gesetzlich vorgeschriebenen Inventur,

und Anordnungen über die Beschäftigungszeit unter Berücksichtigung der für den öffentlichen Gottesdienst bestimmten Zeit treffen.

(4) Die Aufsichtsbehörde soll abweichend von § 9 bewilligen, daß Arbeitnehmer an Sonn- und Feiertagen mit Arbeiten beschäftigt werden, die aus chemischen,

biologischen, technischen oder physikalischen Gründen einen ununterbrochenen Fortgang auch an Sonn- und Feiertagen erfordern.
(5) Die Aufsichtsbehörde hat abweichend von § 9 die Beschäftigung von Arbeitnehmern an Sonn- und Feiertagen zu bewilligen, wenn bei einer weitgehenden Ausnutzung der gesetzlich zulässigen wöchentlichen Betriebszeiten und bei längeren Betriebszeiten im Ausland die Konkurrenzfähigkeit unzumutbar beeinträchtigt ist und durch die Genehmigung von Sonn- und Feiertagsarbeit die Beschäftigung gesichert werden kann.

Vierter Abschnitt – Ausnahmen in besonderen Fällen

§ 14 Außergewöhnliche Fälle (1) Von den §§ 3 bis 5, § 6 Abs. 2, §§ 7, 9 bis 11 darf abgewichen werden bei vorübergehenden Arbeiten in Notfällen und in außergewöhnlichen Fällen, die unabhängig vom Willen der Betroffenen eintreten und deren Folgen nicht auf andere Weise zu beseitigen sind, besonders wenn Rohstoffe oder Lebensmittel zu verderben oder Arbeitsergebnisse zu mißlingen drohen.
(2) Von den §§ 3 bis 5, 6 Abs. 2, §§ 7, 11 Abs. 1 bis 3 und § 12 darf ferner abgewichen werden,
1. wenn eine verhältnismäßig geringe Zahl von Arbeitnehmern vorübergehend mit Arbeiten beschäftigt wird, deren Nichterledigung das Ergebnis der Arbeiten gefährden oder einen unverhältnismäßigen Schaden zur Folge haben würden,
2. bei Forschung und Lehre, bei unaufschiebbaren Vor- und Abschlußarbeiten sowie bei unaufschiebbaren Arbeiten zur Behandlung, Pflege und Betreuung von Personen oder zur Behandlung und Pflege von Tieren an einzelnen Tagen,

wenn dem Arbeitgeber andere Vorkehrungen nicht zugemutet werden können.
(3) Wird von den Befugnissen nach den Absatz 1 oder 2 Gebrauch gemacht, darf die Arbeitszeit 48 Stunden wöchentlich im Durchschnitt von sechs Kalendermonaten oder 24 Wochen nicht überschreiten.
(4) *(weggefallen)*

§ 15 Bewilligung, Ermächtigung (1) Die Aufsichtsbehörde kann
1. eine von den §§ 3, 6 Abs. 2 und § 11 Abs. 2 abweichende längere tägliche Arbeitszeit bewilligen
   a) für kontinuierliche Schichtbetriebe zur Erreichung zusätzlicher Freischichten,
   b) für Bau- und Montagestellen,
2. eine von den §§ 3, 6 Abs. 2 und § 11 Abs. 2 abweichende längere tägliche Arbeitszeit für Saison- und Kampagnebetriebe für die Zeit der Saison oder Kampagne bewilligen, wenn die Verlängerung der Arbeitszeit über acht Stunden werktäglich durch eine entsprechende Verkürzung der Arbeitszeit zu anderen Zeiten ausgeglichen wird,
3. eine von den §§ 5 und 11 Abs. 2 abweichende Dauer und Lage der Ruhezeit bei Arbeitsbereitschaft, Bereitschaftsdienst und Rufbereitschaft den Besonderheiten dieser Inanspruchnahmen im öffentlichen Dienst entsprechend bewilligen,

4. eine von den §§ 5 und 11 Abs. 2 abweichende Ruhezeit zur Herbeiführung eines regelmäßigen wöchentlichen Schichtwechsels zweimal innerhalb eines Zeitraums von drei Wochen bewilligen.

(2) Die Aufsichtsbehörde kann über die in diesem Gesetz vorgesehenen Ausnahmen hinaus weitergehende Ausnahmen zulassen, soweit sie im öffentlichen Interesse dringend nötig werden.

(2 a) Die Bundesregierung kann durch Rechtsverordnung[1] mit Zustimmung des Bundesrates

1. Ausnahmen von den §§ 3, 4, 5 und 6 Absatz 2 sowie von den §§ 9 und 11 für Arbeitnehmer, die besondere Tätigkeiten zur Errichtung, zur Änderung oder zum Betrieb von Bauwerken, künstlichen Inseln oder sonstigen Anlagen auf See (Offshore-Tätigkeiten) durchführen, zulassen und
2. die zum Schutz der in Nummer 1 genannten Arbeitnehmer sowie der Sonn- und Feiertagsruhe notwendigen Bedingungen bestimmen.

(3) Das Bundesministerium der Verteidigung kann in seinem Geschäftsbereich durch Rechtsverordnung mit Zustimmung des Bundesministeriums für Arbeit und Soziales aus zwingenden Gründen der Verteidigung Arbeitnehmer verpflichten, über die in diesem Gesetz und in den auf Grund dieses Gesetzes erlassenen Rechtsverordnungen und Tarifverträgen festgelegten Arbeitszeitgrenzen und -beschränkungen hinaus Arbeit zu leisten.

(3 a) Das Bundesministerium der Verteidigung kann in seinem Geschäftsbereich durch Rechtsverordnung im Einvernehmen mit dem Bundesministerium für Arbeit und Soziales für besondere Tätigkeiten der Arbeitnehmer bei den Streitkräften Abweichungen von in diesem Gesetz sowie von in den auf Grund dieses Gesetzes erlassenen Rechtsverordnungen bestimmten Arbeitszeitgrenzen und -beschränkungen zulassen, soweit die Abweichungen aus zwingenden Gründen erforderlich sind und die größtmögliche Sicherheit und der bestmögliche Gesundheitsschutz der Arbeitnehmer gewährleistet werden.

(4) Werden Ausnahmen nach den Absätzen 1 oder 2 zugelassen, darf die Arbeitszeit 48 Stunden wöchentlich im Durchschnitt von sechs Kalendermonaten oder 24 Wochen nicht überschreiten.

Fünfter Abschnitt – Durchführung des Gesetzes

§ 16 Aushang und Arbeitszeitnachweise (1) Der Arbeitgeber ist verpflichtet, eine Kopie dieses Gesetzes, der auf Grund dieses Gesetzes erlassenen, für den Betrieb geltenden Rechtsverordnungen und der für den Betrieb geltenden Tarifverträge und Betriebs- oder Dienstvereinbarungen im Sinne des § 7 Absatz 1 bis 3 und der §§ 12 und 21a Abs. 6 den Arbeitnehmern über die im Betrieb oder in der Dienststelle übliche Informations- und Kommunikationstechnik zur Verfügung zu stellen und an geeigneter Stelle im Betrieb oder in der Dienststelle zur Einsichtnahme auszulegen oder auszuhängen.

---

1 Verordnung über die Arbeitszeit bei Offshore-Tätigkeiten (Offshore-Arbeitszeitverordnung – **Offshore-ArbZV**) v. 5.7.2013 (BGBl. I 2228).

(2) Der Arbeitgeber ist verpflichtet, die über die werktägliche Arbeitszeit des § 3 Satz 1 hinausgehende Arbeitszeit der Arbeitnehmer aufzuzeichnen und ein Verzeichnis der Arbeitnehmer zu führen, die in eine Verlängerung der Arbeitszeit gemäß § 7 Abs. 7 eingewilligt haben. Die Nachweise sind mindestens zwei Jahre aufzubewahren.

§ 17 Aufsichtsbehörde (1) Die Einhaltung dieses Gesetzes und der auf Grund dieses Gesetzes erlassenen Rechtsverordnungen wird von den nach Landesrecht zuständigen Behörden (Aufsichtsbehörden) überwacht.
(2) Die Aufsichtsbehörde kann die erforderlichen Maßnahmen anordnen, die der Arbeitgeber zur Erfüllung der sich aus diesem Gesetz und den auf Grund dieses Gesetzes erlassenen Rechtsverordnungen ergebenden Pflichten zu treffen hat.
(3) Für den öffentlichen Dienst des Bundes sowie für die bundesunmittelbaren Körperschaften, Anstalten und Stiftungen des öffentlichen Rechts werden die Aufgaben und Befugnisse der Aufsichtsbehörde vom zuständigen Bundesministerium oder den von ihm bestimmten Stellen wahrgenommen; das gleiche gilt für die Befugnisse nach § 15 Abs. 1 und 2.
(4) Die Aufsichtsbehörde kann vom Arbeitgeber die für die Durchführung dieses Gesetzes und der auf Grund dieses Gesetzes erlassenen Rechtsverordnungen erforderlichen Auskünfte verlangen. Sie kann ferner vom Arbeitgeber verlangen, die Arbeitszeitnachweise und Tarifverträge oder Betriebs- oder Dienstvereinbarungen im Sinne des § 7 Abs. 1 bis 3, §§ 12 und 21a Abs. 6 sowie andere Arbeitszeitnachweise oder Geschäftsunterlagen, die mittelbar oder unmittelbar Auskunft über die Einhaltung des Arbeitszeitgesetzes geben, vorzulegen oder zur Einsicht einzusenden.
(5) Die Beauftragten der Aufsichtsbehörde sind berechtigt, die Arbeitsstätten während der Betriebs- und Arbeitszeit zu betreten und zu besichtigen; außerhalb dieser Zeit oder wenn sich die Arbeitsstätten in einer Wohnung befinden, dürfen sie ohne Einverständnis des Inhabers nur zur Verhütung von dringenden Gefahren für die öffentliche Sicherheit und Ordnung betreten und besichtigt werden. Der Arbeitgeber hat das Betreten und Besichtigen der Arbeitsstätten zu gestatten. Das Grundrecht der Unverletzlichkeit der Wohnung (Artikel 13 des Grundgesetzes) wird insoweit eingeschränkt.
(6) Der zur Auskunft Verpflichtete kann die Auskunft auf solche Fragen verweigern, deren Beantwortung ihn selbst oder einen der in § 383 Abs. 1 Nr. 1 bis 3 der Zivilprozeßordnung bezeichneten Angehörigen der Gefahr strafgerichtlicher Verfolgung oder eines Verfahrens nach dem Gesetz über Ordnungswidrigkeiten aussetzen würde.

Sechster Abschnitt – Sonderregelungen[1]

§ 18 Nichtanwendung des Gesetzes (1) Dieses Gesetz ist nicht anzuwenden auf

1. leitende Angestellte im Sinne des § 5 Abs. 3 des Betriebsverfassungsgesetzes sowie Chefärzte,
2. Leiter von öffentlichen Dienststellen und deren Vertreter sowie Arbeitnehmer im öffentlichen Dienst, die zu selbständigen Entscheidungen in Personalangelegenheiten befugt sind,
3. Arbeitnehmer, die in häuslicher Gemeinschaft mit den ihnen anvertrauten Personen zusammenleben und sie eigenverantwortlich erziehen, pflegen oder betreuen,
4. den liturgischen Bereich der Kirchen und der Religionsgemeinschaften.

(2) Für die Beschäftigung von Personen unter 18 Jahren gilt anstelle dieses Gesetzes das Jugendarbeitsschutzgesetz.
(3) Für die Beschäftigung von Arbeitnehmern als Besatzungsmitglieder auf Kauffahrteischiffen im Sinne des § 3 des Seearbeitsgesetzes gilt anstelle dieses Gesetzes das Seearbeitsgesetz.
(4) *(weggefallen)*

§ 19 Beschäftigung im öffentlichen Dienst Bei der Wahrnehmung hoheitlicher Aufgaben im öffentlichen Dienst können, soweit keine tarifvertragliche Regelung besteht, durch die zuständige Dienstbehörde die für Beamte geltenden Bestimmungen über die Arbeitszeit auf die Arbeitnehmer übertragen werden; insoweit finden die §§ 3 bis 13 keine Anwendung.

§ 20 Beschäftigung in der Luftfahrt Für die Beschäftigung von Arbeitnehmern als Besatzungsmitglieder von Luftfahrzeugen gelten anstelle der Vorschriften dieses Gesetzes über Arbeits- und Ruhezeiten die Vorschriften über Flug-, Flugdienst- und Ruhezeiten der Zweiten Durchführungsverordnung zur Betriebsordnung für Luftfahrtgerät in der jeweils geltenden Fassung.

§ 21 Beschäftigung in der Binnenschiffahrt (1) Die Bundesregierung kann durch Rechtsverordnung mit Zustimmung des Bundesrates, auch zur Umsetzung zwischenstaatlicher Vereinbarungen oder Rechtsakten der Europäischen Union, abweichend von den Vorschriften dieses Gesetzes die Bedingungen für die Arbeitszeitgestaltung von Arbeitnehmern, die als Mitglied der Besatzung oder des Bordpersonals an Bord eines Fahrzeugs in der Binnenschifffahrt beschäftigt sind, regeln, soweit dies erforderlich ist, um den besonderen Bedingungen an Bord von Binnenschiffen Rechnung zu tragen. Insbesondere können in diesen Rechtsverordnungen die notwendigen Bedingungen für die Sicherheit und den Gesundheitsschutz im Sinne des § 1, einschließlich gesundheitlicher Untersuchungen hinsicht-

---

1 Für Fahrpersonal vgl. das **Fahrpersonalgesetz** (FPersG) i. d. F. der Bekanntmachung vom 19. 2. 1987 (BGBl. I 640), zuletzt geändert durch Gesetz vom 2. 3. 2023 (BGBl. 2023 I Nr. 56); **FahrpersonalVO** (FPersV) vom 27. 6. 2005 (BGBl. I 1882), zuletzt geändert durch Gesetz vom 15. 7. 2024 (BGBl. 2024 I Nr. 236).

lich der Auswirkungen der Arbeitszeitbedingungen auf einem Schiff in der Binnenschifffahrt, sowie die notwendigen Bedingungen für den Schutz der Sonn- und Feiertagsruhe bestimmt werden. In Rechtsverordnungen nach Satz 1 kann ferner bestimmt werden, dass von den Vorschriften der Rechtsverordnung auch durch Tarifvertrag abgewichen werden kann.
(2) Soweit die Bundesregierung von der Ermächtigung des Absatzes 1 keinen Gebrauch macht, gelten die Vorschriften dieses Gesetzes für das Fahrpersonal auf Binnenschiffen, es sei denn, binnenschifffahrtsrechtliche Vorschriften über Ruhezeiten stehen dem entgegen. Bei Anwendung des Satzes 1 kann durch Tarifvertrag von den Vorschriften dieses Gesetzes abgewichen werden, um der Eigenart der Binnenschifffahrt Rechnung zu tragen.

§ 21a Beschäftigung im Straßentransport (1) Für die Beschäftigung von Arbeitnehmern als Fahrer oder Beifahrer bei Straßenverkehrstätigkeiten im Sinne der Verordnung (EG) Nr. 651/2006 des Europäischen Parlaments und des Rates vom 15. März 2006 zur Harmonisierung bestimmter Sozialvorschriften im Straßenverkehr und zur Änderung der Verordnungen (EWG) Nr. 3821/85 und (EG) Nr. 2135/98 des Rates sowie zur Aufhebung der Verordnung (EWG) Nr. 3820/85 des Rates (ABl. EG Nr. L 102 S. 1) oder des Europäischen Übereinkommens über die Arbeit des im internationalen Straßenverkehr beschäftigten Fahrpersonals (AETR) vom 1. Juli 1970 (BGBl. II 1974 S. 1473) in ihren jeweiligen Fassungen gelten die Vorschriften dieses Gesetzes, soweit nicht die folgenden Absätze abweichende Regelungen enthalten. Die Vorschriften der Verordnung (EG) Nr. 561/2006 und des AETR bleiben unberührt.
(2) Eine Woche im Sinne dieser Vorschriften ist der Zeitraum von Montag 0 Uhr bis Sonntag 24 Uhr.
(3) Abweichend von § 2 Abs. 1 ist keine Arbeitszeit:
1. die Zeit, während derer sich ein Arbeitnehmer am Arbeitsplatz bereithalten muss, um seine Tätigkeit aufzunehmen,
2. die Zeit, während derer sich ein Arbeitnehmer bereithalten muss, um seine Tätigkeit auf Anweisung aufnehmen zu können, ohne sich an seinem Arbeitsplatz aufhalten zu müssen;
3. für Arbeitnehmer, die sich beim Fahren abwechseln, die während der Fahrt neben dem Fahrer oder in einer Schlafkabine verbrachte Zeit.

Für die Zeiten nach Satz 1 Nr. 1 und 2 gilt dies nur, wenn der Zeitraum und dessen voraussichtliche Dauer im Voraus, spätestens unmittelbar vor Beginn des betreffenden Zeitraums bekannt ist. Die in Satz 1 genannten Zeiten sind keine Ruhezeiten. Die in Satz 1 Nr. 1 und 2 genannten Zeiten sind keine Ruhepausen.
(4) Die Arbeitszeit darf 48 Stunden wöchentlich nicht überschreiten. Sie kann auf bis zu 60 Stunden verlängert werden, wenn innerhalb von vier Kalendermonaten oder 16 Wochen im Durchschnitt 48 Stunden wöchentlich nicht überschritten werden.
(5) Die Ruhezeiten bestimmen sich nach den Vorschriften der Europäischen Gemeinschaften für Kraftfahrer und Beifahrer sowie nach dem AETR. Dies gilt auch für Auszubildende und Praktikanten.

(6) In einem Tarifvertrag oder auf Grund eines Tarifvertrags in einer Betriebs- oder Dienstvereinbarung kann zugelassen werden,
1. nähere Einzelheiten zu den in Absatz 3 Satz 1 Nr. 1, 2 und Satz 2 genannten Voraussetzungen zu regeln,
2. abweichend von Absatz 4 sowie den §§ 3 und 6 Abs. 2 die Arbeitszeit festzulegen, wenn objektive, technische oder arbeitszeitorganisatorische Gründe vorliegen. Dabei darf die Arbeitszeit 48 Stunden wöchentlich im Durchschnitt von sechs Kalendermonaten nicht überschreiten.

§ 7 Abs. 1 Nr. 2 und Abs. 2a gilt nicht. § 7 Abs. 3 gilt entsprechend.
(7) Der Arbeitgeber ist verpflichtet, die Arbeitszeit der Arbeitnehmer aufzuzeichnen. Die Aufzeichnungen sind mindestens zwei Jahre aufzubewahren. Der Arbeitgeber hat dem Arbeitnehmer auf Verlangen eine Kopie der Aufzeichnungen seiner Arbeitszeit auszuhändigen.
(8) Zur Berechnung der Arbeitszeit fordert der Arbeitgeber den Arbeitnehmer schriftlich auf, ihm eine Aufstellung der bei einem anderen Arbeitgeber geleisteten Arbeitszeit vorzulegen. Der Arbeitnehmer legt diese Angaben schriftlich vor.

Siebter Abschnitt – Straf- und Bußgeldvorschriften

§ 22 Bußgeldvorschriften (1) Ordnungswidrig handelt, wer als Arbeitgeber vorsätzlich oder fahrlässig
1. entgegen §§ 3, 6 Abs. 2 oder § 21a Abs. 4, jeweils auch in Verbindung mit § 11 Abs. 2, einen Arbeitnehmer über die Grenzen der Arbeitszeit hinaus beschäftigt,
2. entgegen § 4 Ruhepausen nicht, nicht mit der vorgeschriebenen Mindestdauer oder nicht rechtzeitig gewährt,
3. entgegen § 5 Abs. 1 die Mindestruhezeit nicht gewährt oder entgegen § 5 Abs. 2 die Verkürzung der Ruhezeit durch Verlängerung einer anderen Ruhezeit nicht oder nicht rechtzeitig ausgleicht,
4. einer Rechtsverordnung nach § 8 Satz 1, § 13 Absatz 1 oder 2, § 15 Absatz 2a Nummer 2, § 21 Absatz 1 oder § 24 zuwiderhandelt, soweit sie für einen bestimmten Tatbestand auf diese Bußgeldvorschrift verweist,
5. entgegen § 9 Abs. 1 einen Arbeitnehmer an Sonn- oder Feiertagen beschäftigt,
6. entgegen § 11 Abs. 1 einen Arbeitnehmer an allen Sonntagen beschäftigt oder entgegen § 11 Abs. 3 einen Ersatzruhetag nicht oder nicht rechtzeitig gewährt,
7. einer vollziehbaren Anordnung nach § 13 Abs. 3 Nr. 2 zuwiderhandelt,
8. entgegen § 16 Abs. 1 die dort bezeichnete Auslage oder den dort bezeichneten Aushang nicht vornimmt,
9. entgegen § 16 Abs. 2 oder § 21a Abs. 7 Aufzeichnungen nicht oder nicht richtig erstellt oder nicht für die vorgeschriebene Dauer aufbewahrt oder
10. entgegen § 17 Abs. 4 eine Auskunft nicht, nicht richtig oder nicht vollständig erteilt, Unterlagen nicht oder nicht vollständig vorlegt oder nicht einsendet oder entgegen § 17 Abs. 5 Satz 2 eine Maßnahme nicht gestattet.

(2) Die Ordnungswidrigkeit kann in den Fällen des Absatzes 1 Nr. 1 bis 7, 9 und 10 mit einer Geldbuße bis zu dreißigtausend Euro, in den Fällen des Absatzes 1 Nr. 8 mit einer Geldbuße bis zu fünftausend Euro geahndet werden.

§ 23 Strafvorschriften (1) Wer eine der in § 22 Abs. 1 Nr. 1 bis 3, 5 bis 7 bezeichneten Handlungen

1. vorsätzlich begeht und dadurch Gesundheit oder Arbeitskraft eines Arbeitnehmers gefährdet oder
2. beharrlich wiederholt,

wird mit Freiheitsstrafe bis zu einem Jahr oder mit Geldstrafe bestraft.

(2) Wer in den Fällen des Absatzes 1 Nr. 1 die Gefahr fahrlässig verursacht, wird mit Freiheitsstrafe bis zu sechs Monaten oder mit Geldstrafe bis zu 180 Tagessätzen bestraft.

Achter Abschnitt – Schlußvorschriften

§ 24 Umsetzung von zwischenstaatlichen Vereinbarungen und Rechtsakten der EG Die Bundesregierung kann mit Zustimmung des Bundesrates zur Erfüllung von Verpflichtungen aus zwischenstaatlichen Vereinbarungen oder zur Umsetzung von Rechtsakten des Rates oder der Kommission der Europäischen Gemeinschaften, die Sachbereiche dieses Gesetzes betreffen, Rechtsverordnungen nach diesem Gesetz erlassen.

§ 25 Übergangsregelung für Tarifverträge Enthält ein am 1. Januar 2004 bestehender oder nachwirkender Tarifvertrag abweichende Regelungen nach § 7 Abs. 1 oder 2 oder § 12 Satz 1, die den in diesen Vorschriften festgelegten Höchstrahmen überschreiten, bleiben diese tarifvertraglichen Bestimmungen bis zum 31. Dezember 2006 unberührt. Tarifverträgen nach Satz 1 stehen durch Tarifvertrag zugelassene Betriebsvereinbarungen sowie Regelungen nach § 7 Abs. 4 gleich.

§ 26 *(weggefallen)*

8

8a. Gesetz über den Ladenschluss (Ladenschlussgesetz)

Einleitung

I. Geschichtliche Entwicklung

Das Recht des Ladenschlusses war zunächst ausschließlich in einem Bundesgesetz, dem Ladenschlussgesetz (LadSchlG) geregelt. Aufgrund der Föderalismusreform von Mitte 2006 (Einl. I zu Nr. 20) ist diese Materie in die Gesetzgebungszuständigkeit der Länder übergegangen (Art. 74 Nr. 11 GG). Damit können sie vom zunächst weiterbestehenden LadSchlG abweichen. Davon haben alle Länder außer Bayern in den Jahren 2006 und 2007 Gebrauch gemacht. Bayern ist erst im Jahr 2025 mit einer landesgesetzlichen Regelung nachgezogen.
Mit den neuen Landesgesetzen werden die Ladenschlusszeiten an Werktagen weitestgehend freigegeben und landesspezifische Ausnahmen für Arbeit an Sonn- und Feiertagen geregelt (Übersicht unten III). Eine Freigabe der Sonntagsruhe bedarf aber der Rechtfertigung durch einen sachlichen Grund, der sich nicht in bloßen Umsatz- und Erwerbsinteressen erschöpft (*BVerfG* 1. 12. 2009 – 1 BvR 2857/07, 1 BvR 2858/07, AuR 10, 167; *BVerwG* 17. 5. 2017 – 8 CN 1.16, AuR 17, 273 [OS]). Das *BVerfG* hat deshalb der Zulassung der Ladenöffnung in Berlin an allen vier Adventssonntagen die Anerkennung versagt, weil damit für einen ganzen Monat die Sonntagsruhe freigegeben wurde, ohne dass dies durch sachliche Gründe gerechtfertigt werden konnte. Aus diesem Grunde wurden zahlreiche andere landesgesetzliche Regelungen unter Berücksichtigung der tragenden Entscheidungsgründe des *BVerfG* verfassungsrechtlich bedenklich (vgl. *Rozek*, AuR 10, 148, 151). Soweit landesgesetzlich die Möglichkeit mehrerer offener Sonntage gegeben ist, kommt eine verfassungskonforme Auslegung dergestalt in Betracht, dass diese nicht unmittelbar aufeinander folgen dürfen (vgl. etwa *SächsOVG* 9. 11. 2009 – 3 B 455/09, AuR 10, 171).
Die Landesgesetzgeber können nicht von § 17 LadSchlG abweichen, da es sich bei dieser Materie um Arbeitszeitrecht handelt, für das nach wie vor der Bund gemäß Art. 74 Nr. 12 GG zuständig ist (*BVerfG* 14. 1. 2015 – 1 BvR 931/12, BVerfGE 138, 261).

II. Ladenschluss und Arbeitsrecht

Eine gesetzliche Beschränkung des Ladenschlusses bedeutet die zeitliche Beschränkung der unternehmerischen Tätigkeit (so wie §§ 9 ff. ArbZG für Sonn- und Feiertage). Sie legt damit mittelbar die Grenzen des Arbeitstages für die dort Beschäftigten fest (zu arbeitsrechtlichen Problemen des LadSchlG vgl. *Kerwer,* NZA 99, 1313). Eine derartige Regelung ist verfassungsgemäß (zum LadSchlG *BVerfG* 4. 6. 1998 – 1 BvR 2652/95, AuR 98, 384).

Das *BAG* hat anerkannt, dass von der gesetzlichen Festlegung des Ladenschlusses keine Beschränkungen auf das Mitbestimmungsrecht des Betriebsrates hinsichtlich Beginn und Ende der Arbeitszeit ausgehen (*BAG* 31. 8. 1982 – 1 ABR 27/80, DB 83, 453). Auf die Verfassungsbeschwerde des Arbeitgebers hat das *BVerfG* betont, dass der Arbeitgeber als Grundrechtsträger seine Freiheit nur mit Hilfe der Arbeitnehmer, die ebenfalls Grundrechtsträger sind, ausüben kann. Die Verfassung verlange nicht, dass die Aufgaben des Betriebsrats allein auf arbeitstechnische Folgeprobleme unternehmerischer Entscheidungen reduziert sind (18. 12. 1985 – 1 BvR 143/83, AP Nr. 15 zu § 87 BetrVG 1972 Arbeitszeit). Ebenso ist eine tarifliche Festlegung des Arbeitszeitendes unabhängig vom gesetzlichen Ladenschluss zulässig; ein Streik dafür ist rechtmäßig (*BAG* 27. 6. 1989 – 1 AZR 404/88, NZA 89, 969). Eine Klage gegen die Gewerkschaften HBV und DAG wegen Verstoßes eines solchen Tarifvertrages gegen das Kartellrecht blieb erfolglos (*BGH* vom 25. 6. 91 – KZR 16/90). Einzelarbeitsvertragliche Verpflichtungen zur Arbeit über das kollektivvertraglich festgelegte Arbeitsende hinaus sind unzulässig (*Buschmann*, NZA 90, 387; *Anzinger/Koberski*, NZA 89, 737; a. A. *Löwisch*, NZA 89, 959).

III. Übersicht über das Ladenschlussrecht der Länder

	Werktage	Sonntage/Feiertage	letzte Änderung
Baden-Württemberg (LadÖG)	0.00–24.00 Uhr	• höchstens 3 verkaufsoffene Sonn-/Feiertage (nicht Adventssonntage, Feiertage im Dezember sowie Oster- und Pfingstsonntag) • 24.12.: bis 14.00 Uhr, wenn an einem Werktag	18. 11. 2025
Bayern (BayLadSchlG)	6.00–20.00 Uhr	höchstens 4 Tage jährlich aus besonderem Anlass bis 5 Stunden zwischen 10.00 und 18.00 Uhr aufgrund gemeindlicher Rechtsverordnung (nicht: Neujahr, Heilige Drei Könige [Epiphanias], Karfreitag, Ostersonntag, Ostermontag, 1. Mai, Pfingstsonntag, Pfingstmontag, Allerheiligen, Volkstrauertag, Totensonntag, die Adventssonntage im Dezember, der Erste und der Zweite Weihnachtstag sowie Heiligabend und Silvester, sofern diese auf einen Sonntag fallen)	25. 7. 2025

8a

	Werktage	Sonntage/Feiertage	letzte Änderung
Berlin (BerlLadÖffG)	0.00–24.00 Uhr	• 13.00–20.00 Uhr an bis zu 10 (nicht aufeinander folgenden) Sonn-/Feiertagen im Jahr (nicht: 1. Januar, 1. Mai, Karfreitag, Oster- und Pfingstsonntag, Volkstrauertag, Totensonntag, 24.12., wenn er auf einen Adventssonntag fällt, und die Feiertage im Dezember) • 24.12.: bis 14.00 Uhr, wenn an einem Werktag	13.10.2010
Brandenburg (BbgLÖG)	0.00–24.00 Uhr	• 13.00–20.00 Uhr an bis zu 5 Sonn-/Feiertagen im Jahr (nicht: Karfreitag, Oster- und Pfingstsonntag, Volkstrauertag, Totensonntag, 1. und 2. Weihnachtsfeiertag und nicht mehr als 2 Sonn-/Feiertage innerhalb von 4 Wochen) • 24.12.: bis 14.00 Uhr, wenn an einem Werktag	25.4.2017
Bremen (LadSchlG Br)	0.00–24.00 Uhr	• Ausnahmen an Sonn- und Feiertagen nur für bestimmte Gewerbe und Tätigkeiten	2.5.2023
Hamburg (LÖG HA)	0.00–24.00 Uhr	• an jährlich höchstens 4 Sonn-/Feiertagen (max. 5 Stunden bis 18.00 Uhr; nicht: Sonntage im Dezember, Adventssonntage, Ostersonntag, Pfingstsonntag, Volkstrauertag, Totensonntag sowie gesetzliche Feiertage) • 24.12.: bis 14.00 Uhr, wenn an einem Werktag	15.12.2009
Hessen (HLÖG)	0.00–24.00 Uhr	• an jährlich höchstens 4 Sonn-/Feiertagen (max. 6 Stunden bis 20.00 Uhr; nicht: Adventssonntage, 1. und 2. Weihnachtstag, Karfreitag, die Osterfeiertage, die Pfingstfeiertage, Fronleichnam, Volkstrauertag und Totensonntag) • Gründonnerstag bis 20.00 Uhr • 24.12. u. 31.12.: bis 14.00 Uhr, wenn an einem Werktag	10.7.2024 Außerkrafttreten 2030

	Werktage	Sonntage/Feiertage	letzte Änderung
Mecklenburg-Vorpommern (ÖffZG M-V)	0.00–24.00 Uhr, Samstag bis 22.00 Uhr, 4 Samstage bis 24.00 Uhr	• an jährlich höchstens 4 Sonntagen, die keine Feiertage sind (nicht an Ostern, Pfingsten und Sonntagen im Dezember; Ausnahme: 1. Advent) • 24.12.: bis 14.00 Uhr, wenn an einem Werktag	10.1.2024
Niedersachsen (NLöffVZG)	0.00–24.00 Uhr	• an jährlich höchstens 4, in Ausflugsorten an 8 Sonn-/Feiertagen, wenn besonderer Anlass, öffentliches Interesse oder sonstiger rechtfertigender sachlicher Grund (max. 5 Stunden; nicht: Palmsonntag, Ostersonntag Pfingstsonntag, Volkstrauertag, Totensonntag, die Adventssonntage, 27. Dezember und staatliche Feiertage) • 24.12. und 31.12.: bis 14.00 Uhr, wenn an einem Werktag	15.5.2019
Nordrhein-Westfalen (LÖG NRW)	0.00–24.00 Uhr, Samstag bis 22.00 Uhr	• an jährlich höchstens 8 Sonn-/Feiertagen (aus Anlass von örtl. Festen etc. max. 5 Stunden; nicht an zwei Adventssonntagen, 1. und 2. Weihnachtstag, Ostersonntag, Pfingstsonntag, 1.5., 3.10. und 24.12., wenn dieser ein Sonntag ist, sowie den stillen Feiertagen) • 24.12.: bis 14.00 Uhr, wenn an einem Werktag	22.3.2018
Rheinland-Pfalz (LadÖffnG)	6.00–22.00 Uhr (mit Ausnahmen); an 8 Werktagen/Jahr auch ganztägig	• an jährlich höchstens 4 Sonntagen (max. 5 Stunden; nicht: Ostersonntag, Pfingstsonntag, Volkstrauertag, Totensonntag, an Adventssonntagen im Dezember sowie Sonntagen, auf die ein Feiertag fällt) • 24.12.: bis 14.00 Uhr, wenn an einem Werktag	22.12.2015

	Werktage	Sonntage/Feiertage	letzte Änderung
Saarland (LÖG Saarland)	6.00–20.00 Uhr (mit Ausnahmen)	• an jährlich höchstens 4 Sonn-/Feiertagen (max. 5 Stunden bis 18.00 Uhr; nicht: 1. Januar, 1. Mai, Oster- und Pfingstsonntag, Volkstrauertag, Totensonntag, Karfreitag sowie Sonn- und Feiertage im Dezember, Ausnahme: 1. Advent, wenn er in den Dezember fällt) • 24.12.: bis 14.00 Uhr, wenn an einem Werktag	11.11.2020
Sachsen (SächsLadÖffG)	6.00–22.00 Uhr (mit Ausnahmen)	• durch gemeindliche Rechtsverordnung an jährlich höchstens 4 Sonn-/Feiertagen (12.00–18.00 Uhr; nicht: Ostersonntag, Pfingstsonntag, gesetzlicher Feiertag, Heiligabend, oder 31.12., soweit er auf einen Sonntag fällt) • 24. und 31. 12.: bis 14.00 Uhr, wenn an einem Werktag	5.11.2020
Sachsen-Anhalt (LÖffZeitG LSA)	0.00–24.00 Uhr; Samstag bis 22.00 Uhr	• an jährlich höchstens 4 (abweichend 2023 und 2024: 6) Sonn-/Feiertagen (max. 5 Stunden in der Zeit von 11.00–20.00 Uhr; nicht: Neujahrstag, Karfreitag, Ostersonntag, Ostermontag, Volkstrauertag, Totensonntag, 1. und 2. Weihnachtsfeiertag sowie Heiligabend, soweit er auf einen Sonntag fällt) sowie die davor liegenden Samstage bis 24.00 Uhr • 24.12.: bis 14.00 Uhr, wenn an einem Werktag	8.3.2025
Schleswig-Holstein (LÖffZG)	0.00–24.00 Uhr	• an jährlich höchstens 4 Sonn-/Feiertagen (max. 5 Stunden bis 18.00 Uhr; nicht: Karfreitag, 1. Mai, der Oster- und Pfingstsonntag, Volkstrauertag, Totensonntag, Adventssonntage, Sonn- und Feiertage im Dezember sowie der 24. Dezember) • 24.12.: bis 14.00 Uhr, wenn an einem Werktag	29.11.2006

	Werktage	Sonntage/Feiertage	letzte Änderung
Thüringen (ThürLadÖffG)	0.00–20.00 Uhr; Samstag bis 20.00 Uhr (Ausnahmen bis 24.00 Uhr möglich)	• an jährlich höchstens 4 Sonn-/Feiertagen (max. 6 Stunden in der Zeit von 11.00–20.00 Uhr; nicht an Karfreitag und Sonn- und Feiertagen im Dezember; Ausnahme: 1. oder 2. Advent) • 24.12. und 31.12.: bis 14.00 Uhr, wenn an einem Werktag	17.2.2022

Weiterführende Literatur

Buschmann, Streit um den Ladenschluss, AuR 2020, S. G21

Horstmann, Neue Gesetzgebungskompetenzen bei Ladenschluss und Arbeitszeit, NZA 2006, S. 1246

Kühling, Ladenschluss nach der Föderalismusreform, AuR 2006, S. 384

8a

Ladenschlussgesetz (LadschlG)

vom 28. November 1956 (BGBl. I 875),
in der Fassung der Bekanntmachung vom 2. Juni 2003 (BGBl. I 744),
zuletzt geändert durch Verordnung vom 31. August 2015 (BGBl. I 1474)

(Abgedruckte Vorschrift: § 17)

Dritter Abschnitt – Besonderer Schutz der Arbeitnehmer

§ **17** (1) In Verkaufsstellen dürfen Arbeitnehmer an Sonn- und Feiertagen nur während der ausnahmsweise zugelassenen Öffnungszeiten (§§ 4 bis 15 und die hierauf gestützten Vorschriften) und, falls dies zur Erledigung von Vorbereitungs- und Abschlussarbeiten unerlässlich ist, während insgesamt weiterer dreißig Minuten beschäftigt werden.
(2) Die Dauer der Beschäftigungszeit des einzelnen Arbeitnehmers an Sonn- und Feiertagen darf acht Stunden nicht überschreiten.
(2a) In Verkaufsstellen, die gemäß § 10 oder den hierauf gestützten Vorschriften an Sonn- und Feiertagen geöffnet sein dürfen, dürfen Arbeitnehmer an jährlich höchstens 22 Sonn- und Feiertagen beschäftigt werden. Ihre Arbeitszeit an Sonn- und Feiertagen darf vier Stunden nicht überschreiten.
(3) Arbeitnehmer, die an Sonn- und Feiertagen in Verkaufsstellen gemäß §§ 4 bis 6, 8 bis 12, 14 und 15 und den hierauf gestützten Vorschriften beschäftigt werden, sind, wenn die Beschäftigung länger als drei Stunden dauert, an einem Werktage derselben Woche ab 13 Uhr, wenn sie länger als sechs Stunden dauert, an einem ganzen Werktage derselben Woche von der Arbeit freizustellen; mindestens jeder dritte Sonntag muss beschäftigungsfrei bleiben. Werden sie bis zu drei Stunden beschäftigt, so muss jeder zweite Sonntag oder in jeder zweiten Woche ein Nachmittag ab 13 Uhr beschäftigungsfrei bleiben. Statt an einem Nachmittag darf die Freizeit am Sonnabend- oder Montagvormittag bis 14 Uhr gewährt werden. Während der Zeiten, zu denen die Verkaufsstelle geschlossen sein muss, darf die Freizeit nicht gegeben werden.
(4) Arbeitnehmer und Arbeitnehmerinnen in Verkaufsstellen können verlangen, in jedem Kalendermonat an einem Samstag von der Beschäftigung freigestellt zu werden.
(5) Mit dem Beschicken von Warenautomaten dürfen Arbeitnehmer außerhalb der Öffnungszeiten, die für die mit dem Warenautomaten in räumlichem Zusammenhang stehende Verkaufsstelle gelten, nicht beschäftigt werden.
(6) *(weggefallen)*
(7) Das Bundesministerium für Arbeit und Soziales wird ermächtigt, zum Schutze der Arbeitnehmer in Verkaufsstellen vor übermäßiger Inanspruchnahme ihrer Arbeitskraft oder sonstiger Gefährdung ihrer Gesundheit durch Rechtsverordnung mit Zustimmung des Bundesrates zu bestimmen,

1. dass während der ausnahmsweise zugelassenen Öffnungszeiten (§§ 4 bis 16 und die hierauf gestützten Vorschriften) bestimmte Arbeitnehmer nicht oder die Arbeitnehmer nicht mit bestimmten Arbeiten beschäftigt werden dürfen,
2. dass den Arbeitnehmern für Sonn- und Feiertagsarbeit über die Vorschriften des Absatzes 3 hinaus ein Ausgleich zu gewähren ist,
3. dass die Arbeitnehmer während der Ladenschlusszeiten an Werktagen (§ 3 Abs. 1 Nr. 2, §§ 5, 6, 8 bis 10 und die hierauf gestützten Vorschriften) nicht oder nicht mit bestimmten Arbeiten beschäftigt werden dürfen.

(8) Das Gewerbeaufsichtsamt kann in begründeten Einzelfällen Ausnahmen von den Vorschriften der Absätze 1 bis 5 bewilligen. Die Bewilligung kann jederzeit widerrufen werden.

(9) Die Vorschriften der Absätze 1 bis 8 finden auf pharmazeutisch vorgebildete Arbeitnehmer in Apotheken keine Anwendung.

9. Gesetz über den Aufenthalt, die Erwerbstätigkeit und die Integration von Ausländern im Bundesgebiet (Aufenthaltsgesetz – AufenthG)

Einleitung

I. Gesamtsystem der Ausländerbeschäftigung

1. Grundsätze

Der Arbeitsmarkt der Bundesrepublik Deutschland ist, wie die meisten Arbeitsmärkte der Welt, im Grundsatz national abgegrenzt. Auch wenn infolge der Arbeitnehmerfreizügigkeit innerhalb Europas (EU-ASO, Einl. II 2b zum AEUV, Nr. 3) nunmehr ein europäischer und nicht mehr nur ein nationaler Arbeitsmarkt existiert, bedeutet das im Ausgangspunkt: Nur deutsche Staatsangehörige (und gleichgestellte EU-Bürger) dürfen ein Arbeitsverhältnis frei abschließen. Ausländer bedürfen besonderer Erlaubnisse und zwar üblicherweise auf zwei Ebenen:

- um sich in Deutschland überhaupt legal aufzuhalten und
- um in Deutschland zu arbeiten (selbstständig oder als Arbeitnehmer).

Die erste Ebene betrifft das Staatsangehörigkeitsrecht und das Aufenthaltsrecht, die zweite das Arbeitsgenehmigungsrecht. Im Staatsangehörigkeitsrecht ist geregelt, wer Deutscher ist und wie man Deutscher werden kann. Auf der Grundlage des Art. 116 GG wird dies durch das Staatsangehörigkeitsgesetz geregelt. Dieses ist zuletzt entscheidend durch das Zuwanderungsgesetz (s. u. II 1) in die Richtung geändert worden, dass einerseits nach fünf (vormals acht) Jahren rechtmäßigen Aufenthalts in Deutschland ein Rechtsanspruch auf Einbürgerung besteht, dieser aber an klare Voraussetzungen geknüpft ist (vor allem: Bekenntnis zur freiheitlichen demokratischen Grundordnung, Fähigkeit zur Bestreitung des eigenen Lebensunterhalts, keine doppelte Staatsbürgerschaft, ausreichende deutsche Sprachkenntnisse, §§ 8 ff. StAG). Das Aufenthaltsrecht regelt die Rechtmäßigkeit des Aufenthalts im Inland und die Zulässigkeit einer Beschäftigung (Arbeitsgenehmigungsrecht).

Die fundamentale Zweiteilung in Deutsche und Ausländer gilt jedoch nicht für Angehörige der EU-Mitgliedstaaten. Sie werden für den Bereich der abhängigen und selbstständigen Beschäftigung bis auf ganz seltene Ausnahmefälle wie Deutsche behandelt (s. FreizügigkeitsG-EU, u. II 2). Sie haben nach Art. 45 AEUV (Nr. 20 a) und der EU-Freizügigkeitsverordnung (EU-ASO Nr. 28) unmittelbaren Zugang zum deutschen Arbeitsmarkt. Weiterhin haben sie nach Art. 7 ff. der EU-Freizügigkeitsverordnung Anspruch auf gleiche Rechte wie deutsche Arbeitnehmer. Wenn daher von »Ausländern« und den rechtlichen Anforderungen an deren Beschäftigung in Deutschland die Rede ist, dann betrifft das nur Angehörige sog. Drittstaaten der EU (bei denen wiederum abweichende Regelungen möglich sind, wie z. B. im Verhältnis zur Türkei).

Vergleichbare Probleme entstehen, wenn Deutsche im Ausland tätig werden (zum sog. Arbeitsvertragsstatut vgl. Rom I-VO [Nr. 14a], zur »Ausstrahlung« in der Sozialversicherung § 4 SGB IV, *Deinert*, Sozialrecht, 18. Kap. Rn. 7 ff.; zu grenzüberschreitenden Beschäftigungsproblemen Übersicht 27).
Mit dem Gesetz zur Weiterentwicklung der Fachkräfteeinwanderung (v. 16. 8. 2023, BGBl. 2023 I Nr. 217; Entwurf: BT-Drs. 20/6500; dazu *Klaus/Kolb*, ZAR 23, 194) wurde das Ausländerrecht grundlegend neu ausgerichtet. Künftig wird die Zuwanderung qualifizierter Arbeitskräfte gezielt ermöglicht. Das Gesetz gestattet die Zuwanderung mit Berufsabschluss oder Hochschulabschluss, darüber hinaus aber auch mit besonderer Berufserfahrung (sogleich u. 2). Die Chancenkarte ermöglicht die Arbeitsplatzsuche als Fachkraft oder auf Grundlage eines Punktesystems nach verschiedenen Auswahlkriterien wie Qualifikation und Sprachkenntnissen und gestattet während der Arbeitssuche eine Beschäftigung bis 20 Stunden und die Ausübung einer Probebeschäftigung. Zudem wurde eine kontingentierte kurzzeitige Beschäftigung ermöglicht, die aber nur in Branchen mit besonders großem Bedarf vorgesehen ist (§ 4a Abs. 4 AufenthG, § 15d BeschV). Sie ist nur bei tarifgebundenen Arbeitgebern möglich und kann ohne besondere Qualifikation bis acht Monate ausgeübt werden.

2. Ausländerbeschäftigung nach dem Fachkräfteeinwanderungskonzept

Seit 1. 1. 2005 ist bezogen auf die Beschäftigung von Ausländern die bisherige Zweigleisigkeit von Aufenthalts- und Arbeitserlaubnisrecht aufgegeben. Ausländer benötigen zur Aufnahme einer Beschäftigung in Deutschland nur noch eine Genehmigung. Der Aufenthalt setzt nach § 4 AufenthG einen Aufenthaltstitel voraus. Dieser berechtigt nach § 4a AufenthG zur Erwerbstätigkeit, wenn eine solche nicht verboten oder beschränkt ist. In letzterem Fall kann eine darüber hinaus gehende Erwerbstätigkeit behördlich erlaubt werden. Dabei muss jeder Aufenthaltstitel nach § 4a Abs. 3 AufenthG erkennen lassen, ob die Ausübung einer Erwerbstätigkeit erlaubt ist oder einer Beschränkung unterliegt. Der Aufenthaltstitel wird durch die Ausländerbehörde mit interner Zustimmung der Bundesagentur für Arbeit erteilt. Man spricht von einem »one-stop-government« oder »single-permit«, wie dies durch die Richtlinie 2011/98/EU (EU-ASO Nr. 30) unionsrechtlich erforderlich ist. Einzelheiten werden in zwei Verordnungen geregelt:

- der BeschV (Nr. 9 c) als dem Kern der Regelungen zur Ausländerbeschäftigung (sie wurde 2013 grundlegend neugestaltet und mit der bisherigen Beschäftigungsverfahrensverordnung zusammengefasst, VO v. 6. 6. 2013, BGBl. I 1499, dazu *Huber*, NZA 14, 820 ff.; Reform durch die Verordnung zur Weiterentwicklung der Fachkräfteeinwanderung v. 31. 8. 2023, BGBl. I 2023 Nr. 233) und
- der AufenthV (Nr. 9d), die ganz überwiegend allgemein ausländerrechtlichen Inhalt hat und insoweit die frühere AusführungsVO zum AuslG ersetzt.

Damit ist das System der Ausländerbeschäftigung wesentlich vereinfacht und übersichtlicher geworden.

II. Zu den einzelnen Gesetzen

1. Aufenthaltsgesetz

Die gesetzliche Konzeption durch Zuwanderungsgesetz (v. 20.6.2002, BGBl. I 1946) in ihrer Neuausrichtung durch das Fachkräfteeinwanderungsgesetz (v. 15.8.2019, BGBl. I 1307; zur Entwicklung vgl. Einl. II 1 zum AufenthG in 48. Aufl.) geht auch unter dem Gesetz zur Weiterentwicklung der Fachkräfteeinwanderung (s. o. I 1) davon aus, dass der Aufenthaltstitel zur Beschäftigung berechtigt, es sei denn, dies ist verboten oder beschränkt (§ 4a Abs. 1 AufenthG). Tatsächlich gibt es praktisch durchweg derartige Verbote und Beschränkungen, liberalisiert ist vor allem die Zuwanderung qualifizierter Ausländer.
Die Aufenthaltserlaubnis wird nach § 7 AufenthG zu verschiedenen Zwecken erteilt. Insoweit regelt der Dritte Abschnitt (§§ 16 ff. AufenthG) den Aufenthalt zum Zwecke der Ausbildung und der Vierte Abschnitt (§§ 18 ff. AufenthG) den Aufenthalt zur Erwerbstätigkeit. § 18 AufenthG regelt den Grundsatz der Fachkräfteeinwanderung. Sie wird an den Erfordernissen des Wirtschafts- und Wissenschaftsstandorts Deutschland unter Berücksichtigung der Verhältnisse auf dem Arbeitsmarkt zugelassen. Nach § 18 Abs. 2 AufenthG ist die Erteilung eines Aufenthaltstitels zur Ausübung einer Beschäftigung u. a. abhängig von einem konkreten Arbeitsplatzangebot und der Zustimmung der Arbeitsagentur nach § 39 AufenthG, sofern diese nicht entbehrlich ist. Einer Fachkraft mit Berufsausbildung (§ 18 Abs. 3 Nr. 1 AufenthG: inländische qualifizierte Berufsausbildung oder gleichwertige ausländische Qualifikation) kann nach § 18a AufenthG eine Aufenthaltserlaubnis zur Ausübung einer qualifizierten Beschäftigung, die ihrer erworbenen Qualifikation entspricht, erteilt werden. Einer Fachkraft mit akademischer Ausbildung (§ 18 Abs. 3 Nr. 2 AufenthG: Abschluss einer deutschen, anerkannten ausländischen oder vergleichbaren ausländischen Hochschule) kann nach § 18b AufenthG ebenfalls eine Aufenthaltserlaubnis zur Ausübung einer qualifikationsentsprechenden Beschäftigung erteilt werden. Ab einer bestimmten Einkommenshöhe kann nach § 18 Abs. 2 AufenthG eine Blaue Karte EU erteilt werden. Außerdem können Akademiker nach § 20 Abs. 2 AufenthG bis zu sechs Monate Aufenthalt zur Arbeitsplatzsuche nehmen. Fachkräfte können unter den besonderen Voraussetzungen des § 18c AufenthG ohne Zustimmung der BA eine Niederlassungserlaubnis nach vierjährigem Besitz eines Aufenthaltstitels erhalten. Unter den Voraussetzungen des § 19d AufenthG können geduldete Ausländer eine Aufenthaltserlaubnis zur Ausübung einer der beruflichen Qualifikation entsprechenden Beschäftigung erhalten.
Demgegenüber kann die Beschäftigung Geringqualifizierter nur nach § 19c AufenthG in Ausnahmefällen auf Grundlage der BeschV erlaubt werden, wobei § 6 BeschV dies konturiert. Danach genügen die Anerkennung der Berufsqualifikation im Herkunftsland und der Nachweis einer mindestens zweijährigen Berufserfahrung (zu den daraus erwachsenden Risiken prekärer Beschäftigung *Kolb*, SVR-Kurzinformation 2023-6).
Das Gesetz ist vielfach geändert worden. Ein wesentlicher Grund liegt darin, dass die Migrationspolitik in Bezug auf sog. Drittstaatsangehörige nach Art. 79 AEUV (EU-ASO Nr. 3) im Sinne einer gemeinsamen Einwanderungspolitik und wirksamen Steuerung der Migrationsströme sowie angemessenen Behandlung der Dritt-

staatsangehörigen und Verhütung und Bekämpfung von illegaler Einwanderung und Menschenhandel einer Kompetenz der EU unterliegt. Allerdings können die Mitgliedstaaten weiterhin festlegen, wie viel Drittstaatsangehörige in das Hoheitsgebiet einreisen dürfen, um dort einer Beschäftigung nachzugehen. Vor diesem Hintergrund gibt es eine ganze Reihe von Richtlinien, die das Aufenthaltsrecht von Drittstaatsangehörigen regeln (EU-ASO Nr. 30 ff.). Diese Richtlinien wurden durch eine Reihe aufenthaltsrechtlicher Gesetze in der Bundesrepublik umgesetzt (vgl. 45. Aufl., Einl. II 1b zum AufenthG). Zugleich gab es eine Reihe von Maßnahmen im Zuge der starken Flüchtlingszuwanderung nach 2015 (s. ebd.). Zuletzt war die rechtspolitische Debatte besonders beherrscht durch Diskussionen um die Aufenthaltsbeendigung für Ausländer ohne Aufenthaltsrecht. In dem Zusammenhang wurde etwa das Rückführungsverbesserungsgesetz erlassen (v. 21. 2. 2024, BGBl. I Nr. 54), das allerdings nur wenig Bedeutung für die Ausländerbeschäftigung hat. Erwähnenswert ist insoweit die Regelung, dass einem Ausländer mit Duldung, der also nicht abgeschoben wird, nach § 60a Abs. 5a AufenthG eine Erwerbstätigkeit mit Zustimmung der Bundesagentur für Arbeit erlaubt werden soll.

2. Freizügigkeitsgesetz/EU

Dieses Gesetz hat ab 1. 1. 2005 das bisherige Aufenthaltsgesetz/EWG abgelöst. Es konkretisiert wie dieses die durch den AEUV (Nr. 20 a) garantierte Freizügigkeit zu Erwerbszwecken innerhalb der Europäischen Union im nationalen Recht. Seine Konzeption für abhängige Arbeit ist sehr einfach: Unionsbürger, die sich als Arbeitnehmer, zur Arbeitssuche oder zur Berufsbildung in Deutschland aufhalten wollen, haben das Recht auf Einreise und Aufenthalt nach diesem Gesetz (§ 2 Abs. 2 Nr. 1 FreizügigkeitsG/EU). Sie benötigen für die Aufnahme einer Arbeit keine Erlaubnis nach dem Aufenthaltsgesetz (s. o. I 1). Das Freizügigkeitsrecht kann nur bei einer sehr schwerwiegenden Gefährdung der öffentlichen Ordnung entzogen werden (§ 6 FreizügigkeitsG/EU). Ihre Familienangehörigen können bei ihnen Wohnung nehmen und erhalten im Falle des Todes des Freizügigkeitsberechtigten nach einem Jahr ständigen Aufenthalts in Deutschland ein eigenes Aufenthaltsrecht (§ 3 FreizügigkeitsG/EU). Diese Regelungen betreffen das öffentlich-rechtliche Verhältnis zum Staat in Bezug auf den Aufenthalt im Inland. Wer in Ausübung seines Freizügigkeitsrechts einen Arbeitsvertrag geschlossen hat, genießt aber auch bestimmte arbeitsrechtliche Rechte im Verhältnis zum Arbeitgeber (dazu Einl. II 2b zum AEUV, Nr. 20 a).

Das Gesetz gilt nach § 12 FreizügigkeitsG/EU auch für Staatsangehörige aus dem »Europäischen Wirtschaftsraum« (EWR).

Durch das Gesetz zur Änderung des Freizügigkeitsgesetzes/EU und weiterer Vorschriften v. 2. 12. 2014 (BGBl. I 1922; Entwurf: BT-Drs. 18/2581) wurden bestimmte Maßnahmen zur Bekämpfung von Missbrauch des Freizügigkeitsrechts im Hinblick auf Schwarzarbeit, illegale Beschäftigung und unberechtigte Inanspruchnahme von Kindergeld eingeführt. Das Aufenthaltsrecht ist nunmehr zunächst auf ein halbes Jahr befristet, wenn nicht weiterhin Arbeit gesucht wird und begründete Aussicht auf die Aufnahme einer Beschäftigung besteht. Außerdem ist nach § 7

Abs. 2 FreizügigkeitsG/EU in bestimmten Fällen eine Untersagung der Wiedereinreise in das Bundesgebiet möglich.

3. Asylgesetz

Das AsylG vom 26.6.1992 regelt das Verfahren zur Erlangung von Asyl in der Bundesrepublik Deutschland gemäß Art. 16a GG sowie zur Erlangung von internationalem Schutz als Flüchtling (§ 1 AsylG). Gemäß § 55 erhalten Ausländer, die einen Asylantrag gestellt haben, eine Aufenthaltsgestattung. Gemäß § 61 AsylG ist aber die Aufnahme einer Erwerbstätigkeit während des Asylverfahrens untersagt, nach drei Monaten kann dem Asylbewerber jedoch mit Zustimmung der Bundesagentur für Arbeit die Aufnahme einer Beschäftigung gestattet werden. Das gilt nach § 61 Abs. 2 S. 4 AsylG aber nicht für Ausländer aus einem sog. sicheren Herkunftsstaat. Ist ein Ausländer unanfechtbar als Asylberechtigter anerkannt, erhält er eine befristete Aufenthaltserlaubnis (§§ 25 Abs. 1 S. 1 AufenthG).
Der materielle Anspruch auf Asyl ist in Art. 16a GG geregelt. Nach dem Änderungsgesetz vom 28.6.1993 (BGBl. I 1002) bleibt es zwar im Grundsatz bei einem individuellen Grundrecht auf Asyl (Art. 16a Abs. 1 GG). Hierauf kann sich jedoch nicht berufen, wer aus einem »Nichtverfolgerstaat« einreist, der die Genfer Flüchtlingskonvention anerkannt hat (vgl. die »Genfer Konvention« über die Rechtsstellung von Flüchtlingen vom 28.7.1951 (BGBl. 1953 II 559) in der Fassung des Protokolls vom 31.1.1967 (BGBl. 1969 II 1293). Der materielle Flüchtlingsstatus entsprechend der Genfer Flüchtlingskonvention ist in § 3 AsylG geregelt. Das AsylG wurde in der Folge der Flüchtlingskrise 2015 zahlreiche Male geändert, v.a. aber in aufenthalts- und verfahrensrechtlicher Sicht, weniger in Bezug auf Arbeitsmarktgesichtspunkte.

4. Sonderfall: Fluchtmigration aus der Ukraine

Durch den Durchführungsbeschluss des Rates (EU) 2022/383 (v. 4.3.2022, ABl. C 71/1) hat die EU erstmals in ihrer Geschichte die sog. Massenzustromrichtlinie 2001/55/EG (v. 20.7.2001, ABl. L 212/12) zu Gunsten ukrainischer Staatsangehöriger nach dem Überfall Russlands auf das ukrainische Staatsgebiet aktiviert. Aus diesem Grund erhalten ukrainische Staatsangehörige ohne weiteres gemäß § 24 Abs. 1 AufenthG einen Aufenthaltstitel. Die für diesen Fall zunächst vorgesehene freie Entscheidung der Behörden über den Arbeitsmarktzugang in § 24 AufenthG a.F. verstieß allerdings gegen Art. 12 der Massenzustromrichtlinie, wonach nur eine Vorrangprüfung für Arbeitslosengeldbezieher zulässig ist (vgl. *Thym*, Ukrainer dürfen in die EU, LTO v. 4.3.2022). Die Regelung wurde im Zuge des Gesetzes zur Regelung eines Sofortzuschlags und einer Einmalzahlung in den sozialen Mindestsicherungssystemen sowie zur Änderung des Finanzausgleichsgesetzes und weiterer Gesetze (v. 23.5.2022, BGBl. I 760) folgerichtig aufgehoben.

III. Arbeitsbedingungen ausländischer Arbeitnehmer

Das Ausländer- und Aufenthaltsrecht regelt zwar die Frage, ob jemand in der Bundesrepublik beschäftigt werden kann, jedoch kaum Fragen der Arbeitsbedingungen. Lediglich die Bestimmungen der §§ 98a ff. AufenthG über die Rechte illegal Beschäftigter, die auf der sog. Sanktionenrichtlinie 2009/52/EU (EU-ASO Nr. 34) beruhen, sowie das FreizügigkeitsG/EU regeln ein paar Aspekte.

Da Ausländerbeschäftigung regelmäßig ein Fall mit Auslandsberührung ist, ist vorab die Frage des anwendbaren Rechts zu prüfen (vgl. Einl. III zur Rom I-VO, Nr. 14 a). Erst wenn danach deutsches Recht anwendbar ist, ist im nächsten Schritt zu fragen, ob besondere Regelungen für die Arbeitsbedingungen ausländischer Arbeitnehmer gelten. Dazu gibt es praktisch keine gesetzlichen Bestimmungen. Im Grundsatz haben ausländische Arbeitnehmer dieselben Rechte wie deutsche Arbeitnehmer. Diese formale Gleichbehandlung kann allerdings in der Sache durchaus auf Benachteiligungen hinauslaufen. Das wird etwa deutlich, wenn das *BAG* beispielsweise einen Arbeitnehmer, der einen Arbeitsvertrag in deutscher Sprache unterschreibt, obwohl er diese Sprache nicht beherrscht, ebenso behandelt wie einen sprachkundigen Arbeitnehmer, der sich nicht für den Inhalt des Vertrages interessiert (*BAG* 19.3.2014 – 5 AZR 252/12 [B], AP Nr. 26 zu § 130 BGB). In beiden Fällen sei der Arbeitnehmer an den Vertrag mit seinem schriftlichen Inhalt gebunden. Das überzeugt nicht. Vielmehr muss die Rechtsprechung an dieser Stelle korrigierend den Grundrechten des Arbeitnehmers in einer Weise Rechnung tragen, dass dieser tatsächlich von seinen Grundrechten Gebrauch machen kann, sodass ihm die Vertragsfreiheit auch effektiv zur Verfügung steht (*Deinert*, ZFA 18, 17, 32 ff.; vgl. auch *Mankowski*, Anm. zu BAG AP Nr. 26 zu § 130 BGB). Darüber hinaus ist nach wie vor in der Realität in beträchtlichem Umfang illegale Ausbeutung zu beobachten (vgl. Böckler impuls 1/24, 4; Böckler impuls 11/24, 5; s. dazu nationaler Aktionsplan gegen Arbeitsausbeutung und Zwangsarbeit, BT-Drs. 20/14970).

IV. Rechtstatsachen und rechtspolitische Diskussion

Der Anteil ausländischer Arbeitnehmer an den sozialversicherungspflichtigen Beschäftigten lag seit 2005 konstant bei rund 1,7 Mio. (gegenüber 1,9 Mio. im Jahre 2002). Das hat sich seit der Flüchtlingswelle 2015 erheblich geändert. Im August 2025 lebten rund 14 Mio. Ausländer in Deutschland, davon gut 1,3 Mio. Ukrainer (IAB-Zuwanderungsmonitor, Sept. 2025, S. 4 f.). Allerdings gibt es eine hohe Zahl arbeitsloser Ausländer im Inland infolge humanitärer Migration. Die Quote der Arbeitslosen aus den Asylherkunftsländern liegt mit 27,6 % mehr als viermal so hoch wie die allgemeine Arbeitslosenquote. Die Beschäftigungsquote der ausländischen Bevölkerung liegt bei 57,2 %. Unter Ukrainern liegt die Arbeitslosenquote bei 39,3 % und die Beschäftigungsquote bei 36,2 % (IAB-Zuwanderungsmonitor, Sept. 2025, S. 2 f.).

Die Arbeitsmarktintegration hängt einerseits von Sprachförderung, Bildung und Ausbildung, ab, andererseits aber auch von der Aufnahmebereitschaft der Wirtschaft (IAB, Zuwanderungsmonitor, August 2018). Wie eine Integration zugewanderter Menschen in Gesellschaft, Arbeitsmarkt und Sozialordnung gelingen kann (dazu *Deinert/Fontana*, NJW 18, 2767), ist nach wie vor eine große innenpolitische Herausforderung, die nicht nur den Deutschen Juristentag 2018 beschäftigte (zur Evaluation von Arbeitsmarktmaßnahmen vgl. *Kasrin/Stockinger/Tübbicke*, IAB-Kurzbericht 7/21). Dieses Thema sowie die Frage, wie Fluchtmigration in das Inland reduziert werden kann, beherrscht die aktuelle politische Diskussion.

Umgekehrt ist klar, dass der aktuelle Fachkräftemangel nicht ohne Zuwanderung bewältigt werden kann. Dementsprechend will die aktuelle Regierung die qualifizierte Einwanderung fördern (»Verantwortung für Deutschland«, Koalitionsvertrag zwischen CDU, CSU und SPD für die 21. Legislaturperiode, Zeilen 403 ff.). Außerdem ist geplant, Hürden für Flüchtlinge bei der Beschäftigungsaufnahme abzubauen und Arbeitsverbote auf maximal drei Monate zu reduzieren. Außerdem strebt die Koalition eine Verbesserung des Schutzes von Arbeitnehmerrechten im Rahmen der Erwerbsmigration an. Eine Evaluation des Fachkräfteeinwanderungsgesetzes (s. o. II 1) durch das IAB hat in diesem Sinne positive Migrationswirkungen bescheinigt, aber auch klargestellt, dass diese nicht reichen, um den Fachkräftemangel nachhaltig zu bekämpfen (*Adunts/Ivanov/Vallizadeh*, IAB-Forschungsbericht 25/2024).

Aktuell ist eine erheblich unterschiedliche Bezahlung zwischen Arbeitnehmern mit und ohne Migrationshintergrund zu beobachten. Dieses *Migrant pay gap* lässt sich nur in Teilen mit sachlichen Kriterien begründen und lässt Diskriminierungen vermuten, die nach derzeitiger Rechtslage allerdings nur schwer nachweisbar sind (*Rahimian*, RdA 25, 20).

Weiterführende Literatur

Deinert/Wenckebach/Zwanziger-*Hlava/Klengel*, Arbeitsrecht, § 107 (Ausländische Arbeitnehmer)

Brors, Zwangsarbeit in Form moderner Schuldknechtschaft – ein Problem bei der Anwerbung von Arbeitskräften aus dem Ausland?, NZA 2024, S. 961

Bünte/Knödler, Recht der Arbeitsmigration – die nicht selbständige Beschäftigung ausländischer Arbeitnehmer nach dem Zuwanderungsgesetz, NZA 2008, S. 743

Bünte/Knödler, Die »Blaue Karte EU« – Neues zur Integration ausländischer Arbeitnehmer in den deutschen Arbeitsmarkt, NZA 2012, S. 1255

Deinert, Beschäftigung ausländischer Arbeitnehmer in Inlandsbetrieben (2016)

Deinert, Illegale Ausländerbeschäftigung, NZA 2018, S. 71

Deinert, Migration und Arbeitsrecht, ZFA 2018, S. 17

Deinert, Prekäre Erwerbsarbeit ausländischer Arbeitskräfte in Deutschland, VSSAR 2023, S. 391

Deinert/Fontana, Migration und ihre Folgen, NJW 2018, S. 2767

Fischer-Lescano, Verschärfung des Ausländerrechts, KJ 2006, S. 236

Huber, Neue Regelungen des Arbeitsmarktzugangs für Drittstaatsangehörige – Die (neue) Beschäftigungsverordnung, NZA 2014, S. 820

Klaus, Mobilisierte Fachkräfte: Die Umsetzung der ICT-Richtlinie im AufenthG, der AufenthV und der BeschV, ZAR 2017, S. 257

Klaus, Die rechtlichen Rahmenbedingungen für kurzfristige Entsendungen ins Bundesgebiet, ZAR 2014, S. 148

Kolb, Neue Risiken prekärer Beschäftigung?, Zu alten und neuen Instrumenten in der Erwerbsmigrationspolitik und was sie für den Arbeitnehmerschutz bedeuten, SVR-Kurzinformation 2023-6

Meise, Beschäftigte mit Migrationshintergrund: Milieuspezifische Zugänge zur Interessenvertretung, WSI-Mitt. 2019, S. 270

Neundorf, Aktuelle Entwicklungen im Beschäftigungserlaubnisrecht für Drittstaatsangehörige, ZESAR 2019, S. 373

Rahimian, Entgeltgleichheit im Lichte des Migrant Pay Gaps, RdA 2025, S. 20

Sachverständigenrat für Integration und Migration, Fakten zu Flucht und Asyl, 3. Juli 2023

Schubert, Flüchtlinge und Arbeitsrecht, AuR 2015, S. 430

Schubert/Räder, Flüchtlinge in Arbeit und Ausbildung (2017)

Schwarz, Jüngste EU-Richtlinien zum Schutz der Rechte von Wanderarbeitnehmern – eine Momentaufnahme, RV aktuell 2015, S. 13

Übersicht 27: Grenzüberschreitende Beschäftigungsprobleme

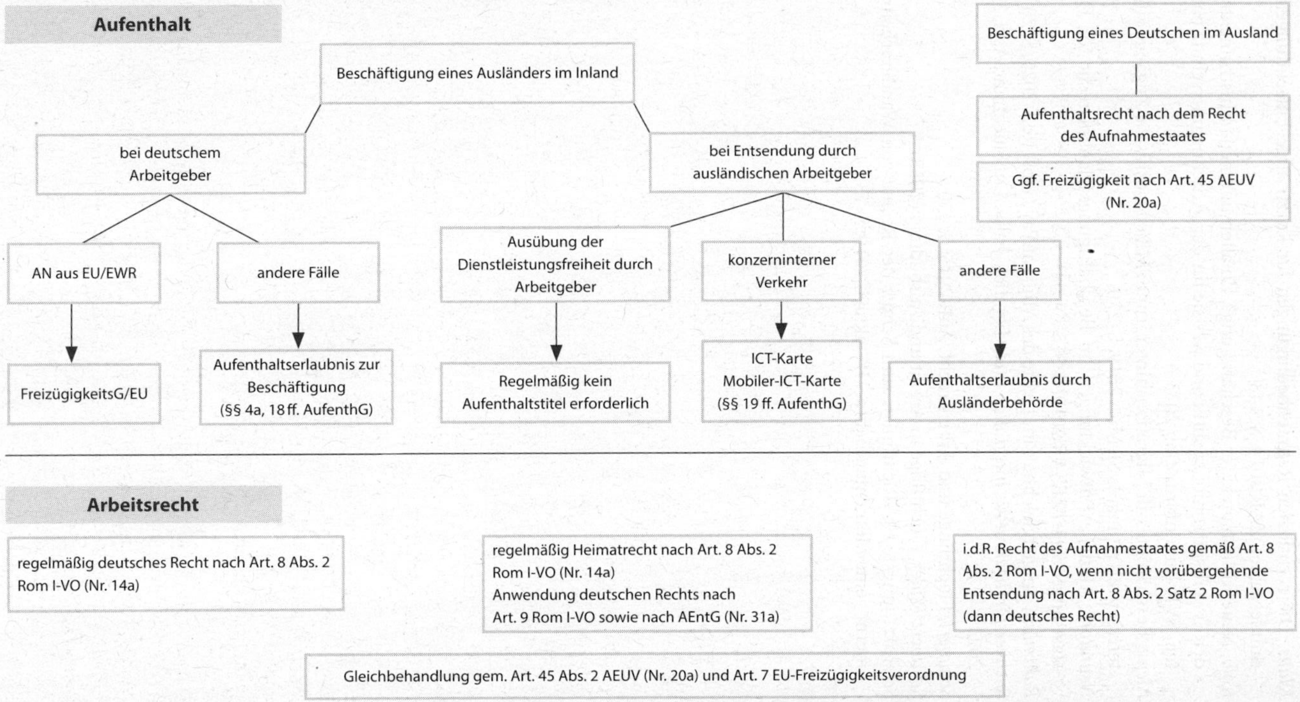

Gesetz über den Aufenthalt, die Erwerbstätigkeit und die Integration von Ausländern im Bundesgebiet (Aufenthaltsgesetz – AufenthG)

vom 30. Juli 2004 (BGBl. I 1950),
in der Fassung der Bekanntmachung vom 25. Februar 2008 (BGBl. I 162),
zuletzt geändert durch Gesetz vom 22. Dezember 2025 (BGBl. 2025 I Nr. 369)

(Abgedruckte Vorschriften: §§ 4, 4a, 18–18d, 19b, 20, 39–42, 98a–98c)

Kapitel 2 – Einreise und Aufenthalt im Bundesgebiet

Erster Abschnitt – Allgemeines

…

§ 4 Erfordernis eines Aufenthaltstitels (1) Ausländer bedürfen für die Einreise und den Aufenthalt im Bundesgebiet eines Aufenthaltstitels, sofern nicht durch Recht der Europäischen Union oder durch Rechtsverordnung etwas anderes bestimmt ist oder auf Grund des Abkommens vom 12. September 1963 zur Gründung einer Assoziation zwischen der Europäischen Wirtschaftsgemeinschaft und der Türkei (BGBl. 1964 II S. 509) (Assoziationsabkommen EWG/Türkei) ein Aufenthaltsrecht besteht. Die Aufenthaltstitel werden erteilt als
1. Visum im Sinne des § 6 Absatz 1 Nummer 1 und Absatz 3,
2. Aufenthaltserlaubnis (§ 7),
2a. Blaue Karte EU (§ 18g),
2b. ICT-Karte (§ 19),
2c. Mobiler-ICT-Karte (§ 19b),
3. Niederlassungserlaubnis (§ 9) oder
4. Erlaubnis zum Daueraufenthalt – EU (§ 9a).

Die für die Aufenthaltserlaubnis geltenden Rechtsvorschriften werden auch auf die Blaue Karte EU, die ICT-Karte und die Mobiler-ICT-Karte angewandt, sofern durch Gesetz oder Rechtsverordnung nichts anderes bestimmt ist.
(2) Ein Ausländer, dem nach dem Assoziationsabkommen EWG/Türkei ein Aufenthaltsrecht zusteht, ist verpflichtet, das Bestehen des Aufenthaltsrechts durch den Besitz einer Aufenthaltserlaubnis nachzuweisen, sofern er weder eine Niederlassungserlaubnis noch eine Erlaubnis zum Daueraufenthalt – EU besitzt. Die Aufenthaltserlaubnis wird auf Antrag ausgestellt.

§ 4a Zugang zur Erwerbstätigkeit (1) Ausländer, die einen Aufenthaltstitel besitzen, dürfen eine Erwerbstätigkeit ausüben, es sei denn, ein Gesetz bestimmt ein Verbot. Die Erwerbstätigkeit kann durch Gesetz beschränkt sein. Die Ausübung einer über das Verbot oder die Beschränkung hinausgehenden Erwerbstätigkeit bedarf der Erlaubnis.
(2) Sofern die Ausübung einer Beschäftigung gesetzlich verboten oder beschränkt ist, bedarf die Ausübung einer Beschäftigung oder einer über die Beschränkung

hinausgehenden Beschäftigung der Erlaubnis; diese kann dem Vorbehalt der Zustimmung durch die Bundesagentur für Arbeit nach § 39 unterliegen. Die Zustimmung der Bundesagentur für Arbeit kann beschränkt erteilt werden. Bedarf die Erlaubnis nicht der Zustimmung der Bundesagentur für Arbeit, gelten § 39 Absatz 4 für die Erteilung der Erlaubnis und § 40 Absatz 2 oder Absatz 3 für die Versagung der Erlaubnis entsprechend.

(3) Jeder Aufenthaltstitel muss erkennen lassen, ob die Ausübung einer Erwerbstätigkeit erlaubt ist und ob sie Beschränkungen unterliegt. Zudem müssen Beschränkungen seitens der Bundesagentur für Arbeit für die Ausübung der Beschäftigung in den Aufenthaltstitel übernommen werden. Für die Änderung einer Beschränkung im Aufenthaltstitel ist eine Erlaubnis erforderlich. Wurde ein Aufenthaltstitel zum Zweck der Ausübung einer bestimmten Beschäftigung erteilt, ist die Ausübung einer anderen Erwerbstätigkeit verboten, solange und soweit die zuständige Behörde die Ausübung der anderen Erwerbstätigkeit nicht erlaubt hat. Die Sätze 2 und 3 gelten nicht, wenn sich der Arbeitgeber auf Grund eines Betriebsübergangs nach § 613a des Bürgerlichen Gesetzbuchs ändert oder auf Grund eines Formwechsels eine andere Rechtsform erhält.

(4) Ein Ausländer, der keinen Aufenthaltstitel besitzt, darf eine kontingentierte kurzzeitige Beschäftigung oder eine Saisonbeschäftigung nach der Beschäftigungsverordnung nur ausüben, wenn er dafür eine Arbeitserlaubnis der Bundesagentur für Arbeit besitzt, sowie eine andere Erwerbstätigkeit nur ausüben, wenn er auf Grund einer zwischenstaatlichen Vereinbarung, eines Gesetzes oder einer Rechtsverordnung ohne Aufenthaltstitel hierzu berechtigt ist oder deren Ausübung ihm durch die zuständige Behörde erlaubt wurde.

(5) Ein Ausländer darf nur beschäftigt oder mit anderen entgeltlichen Dienst- oder Werkleistungen beauftragt werden, wenn er einen Aufenthaltstitel besitzt und kein diesbezügliches Verbot oder keine diesbezügliche Beschränkung besteht. Ein Ausländer, der keinen Aufenthaltstitel besitzt, darf nur unter den Voraussetzungen des Absatzes 4 beschäftigt werden. Wer im Bundesgebiet einen Ausländer beschäftigt, muss

1. prüfen, ob die Voraussetzungen nach Satz 1 oder Satz 2 vorliegen,
2. für die Dauer der Beschäftigung eine Kopie des Aufenthaltstitels, der Arbeitserlaubnis der Bundesagentur für Arbeit oder der Bescheinigung über die Aufenthaltsgestattung oder über die Aussetzung der Abschiebung des Ausländers in elektronischer Form oder in Papierform aufbewahren und
3. der zuständigen Ausländerbehörde innerhalb von vier Wochen ab Kenntnis mitteilen, dass die Beschäftigung, für die ein Aufenthaltstitel nach Kapitel 2 Abschnitt 4 erteilt wurde, vorzeitig beendet wurde.

Satz 3 Nummer 1 gilt auch für denjenigen, der einen Ausländer mit nachhaltigen entgeltlichen Dienst- oder Werkleistungen beauftragt, die der Ausländer auf Gewinnerzielung gerichtet ausübt.

…

Vierter Abschnitt – Aufenthalt zum Zweck der Erwerbstätigkeit

§ 18 Grundsatz der Fachkräfteeinwanderung; allgemeine Bestimmungen

(1) Die Zulassung ausländischer Beschäftigter orientiert sich an den Erfordernissen des Wirtschafts- und Wissenschaftsstandortes Deutschland unter Berücksichtigung der Verhältnisse auf dem Arbeitsmarkt. Die besonderen Möglichkeiten für ausländische Fach- und Arbeitskräfte dienen der Sicherung der Fach- und Arbeitskräftebasis und der Stärkung der sozialen Sicherungssysteme. Sie sind ausgerichtet auf die nachhaltige Integration von Fachkräften sowie Arbeitskräften mit ausgeprägter Berufserfahrung in den Arbeitsmarkt und die Gesellschaft unter Beachtung der Interessen der öffentlichen Sicherheit.

(2) Die Erteilung eines Aufenthaltstitels zur Ausübung einer Beschäftigung nach diesem Abschnitt setzt voraus, dass

1. ein konkretes Arbeitsplatzangebot vorliegt,
2. die Bundesagentur für Arbeit nach § 39 zugestimmt hat; dies gilt nicht, wenn durch Gesetz, zwischenstaatliche Vereinbarung oder durch die Beschäftigungsverordnung bestimmt ist, dass die Ausübung der Beschäftigung ohne Zustimmung der Bundesagentur für Arbeit zulässig ist; in diesem Fall kann die Erteilung des Aufenthaltstitels auch versagt werden, wenn einer der Tatbestände des § 40 Absatz 2 oder 3 vorliegt,
3. eine Berufsausübungserlaubnis erteilt wurde oder zugesagt ist, soweit dies erforderlich ist,
4. die Gleichwertigkeit der Qualifikation festgestellt wurde oder ein anerkannter ausländischer oder ein einem deutschen Hochschulabschluss vergleichbarer ausländischer Hochschulabschluss vorliegt, soweit dies eine Voraussetzung für die Erteilung des Aufenthaltstitels ist,

4a. der Ausländer und der Arbeitgeber versichern, dass die Beschäftigung tatsächlich ausgeübt werden soll, und

5. in den Fällen der erstmaligen Erteilung eines Aufenthaltstitels nach § 18a oder § 18b nach Vollendung des 45. Lebensjahres des Ausländers die Höhe des Gehalts mindestens 55 Prozent der jährlichen Beitragsbemessungsgrenze in der allgemeinen Rentenversicherung entspricht, es sei denn, der Ausländer kann den Nachweis über eine angemessene Altersversorgung erbringen. Von den Voraussetzungen nach Satz 1 kann abgesehen werden, wenn ein öffentliches, insbesondere ein regionales, wirtschaftliches oder arbeitsmarktpolitisches Interesse an der Beschäftigung des Ausländers besteht, insbesondere, wenn die Gehaltsschwelle nur geringfügig unterschritten oder die Altersgrenze nur geringfügig überschritten wird. Das Bundesministerium des Innern, für Bau und Heimat gibt das Mindestgehalt für jedes Kalenderjahr jeweils bis zum 31. Dezember des Vorjahres im Bundesanzeiger bekannt.

(3) Fachkraft im Sinne dieses Gesetzes ist ein Ausländer, der

1. eine inländische qualifizierte Berufsausbildung oder eine mit einer inländischen qualifizierten Berufsausbildung gleichwertige ausländische Berufsqualifikation besitzt (Fachkraft mit Berufsausbildung) oder

2. einen deutschen, einen anerkannten ausländischen oder einen einem deutschen Hochschulabschluss vergleichbaren ausländischen Hochschulabschluss besitzt (Fachkraft mit akademischer Ausbildung).

(4) Aufenthaltstitel gemäß den §§ 18a, 18b, 18g und 19c werden für die Dauer von vier Jahren oder, wenn das Arbeitsverhältnis oder die Zustimmung der Bundesagentur für Arbeit auf einen kürzeren Zeitraum befristet sind, für diesen kürzeren Zeitraum zuzüglich dreier Monate, nicht jedoch für länger als vier Jahre erteilt.

§ 18a Fachkräfte mit Berufsausbildung Einer Fachkraft mit Berufsausbildung wird eine Aufenthaltserlaubnis zur Ausübung jeder qualifizierten Beschäftigung erteilt.

§ 18b Fachkräfte mit akademischer Ausbildung Einer Fachkraft mit akademischer Ausbildung wird eine Aufenthaltserlaubnis zur Ausübung jeder qualifizierten Beschäftigung erteilt.

§ 18c Niederlassungserlaubnis für Fachkräfte (1) Einer Fachkraft ist ohne Zustimmung der Bundesagentur für Arbeit eine Niederlassungserlaubnis zu erteilen, wenn

1. sie seit drei Jahren im Besitz eines Aufenthaltstitels nach den §§ 18a, 18b, 18d oder § 18g ist,
2. sie einen Arbeitsplatz innehat, der nach den Voraussetzungen der §§ 18a, 18b, 18d oder § 18g von ihr besetzt werden darf,
3. sie mindestens 36 Monate Pflichtbeiträge oder freiweillige Beiträge zur gesetzlichen Rentenversicherung geleistet hat oder Aufwendungen für einen Anspruch auf vergleichbare Leistungen einer Versicherungs- oder Versorgungseinrichtung oder eines Versicherungsunternehmens nachweist,
4. sie über ausreichende Kenntnisse der deutschen Sprache verfügt und
5. die Voraussetzungen des § 9 Absatz 2 Satz 1 Nummer 2 und 4 bis 6, 8 und 9 vorliegen; § 9 Absatz 2 Satz 2 bis 4 und 6 gilt entsprechend.

Die Frist nach Satz 1 Nummer 1 verkürzt sich auf zwei Jahre und die Frist nach Satz 1 Nummer 3 verkürzt sich auf 24 Monate, wenn die Fachkraft eine inländische Berufsausbildung oder ein inländisches Studium erfolgreich abgeschlossen hat.

(2) Abweichend von Absatz 1 ist dem Inhaber einer Blauen Karte EU eine Niederlassungserlaubnis zu erteilen, wenn er mindestens 27 Monate eine Beschäftigung nach § 18g ausgeübt hat und für diesen Zeitraum Pflichtbeiträge oder freiwillige Beiträge zur gesetzlichen Rentenversicherung geleistet hat oder Aufwendungen für einen Anspruch auf vergleichbare Leistungen einer Versicherungs- oder Versorgungseinrichtung oder eines Versicherungsunternehmens nachweist und die Voraussetzungen des § 9 Absatz 2 Satz 1 Nummer 2 und 4 bis 6, 8 und 9 vorliegen und er über einfache Kenntnisse der deutschen Sprache verfügt. § 9 Absatz 2 Satz 2 bis 4 und 6 gilt entsprechend. Die Frist nach Satz 1 verkürzt sich auf 21 Monate, wenn der Ausländer über ausreichende Kenntnisse der deutschen Sprache verfügt.

(3) Einer hoch qualifizierten Fachkraft mit akademischer Ausbildung soll ohne Zustimmung der Bundesagentur für Arbeit in besonderen Fällen eine Niederlassungserlaubnis erteilt werden, wenn die Annahme gerechtfertigt ist, dass die Integration

in die Lebensverhältnisse der Bundesrepublik Deutschland und die Sicherung des Lebensunterhalts ohne staatliche Hilfe gewährleistet sind sowie die Voraussetzung des § 9 Absatz 2 Satz 1 Nummer 4 vorliegt. Die Landesregierung kann bestimmen, dass die Erteilung der Niederlassungserlaubnis nach Satz 1 der Zustimmung der obersten Landesbehörde oder einer von ihr bestimmten Stelle bedarf. Hoch qualifiziert nach Satz 1 sind bei mehrjähriger Berufserfahrung insbesondere
1. Wissenschaftler mit besonderen fachlichen Kenntnissen oder
2. Lehrpersonen mit herausgehobener Funktion oder wissenschaftliche Mitarbeiter in herausgehobener Funktion.

§ 18d Forschung (1) Einem Ausländer wird ohne Zustimmung der Bundesagentur für Arbeit eine Aufenthaltserlaubnis nach der Richtlinie (EU) 2016/801 zum Zweck der Forschung erteilt, wenn
1. er
   a) eine wirksame Aufnahmevereinbarung oder einen entsprechenden Vertrag zur Durchführung eines Forschungsvorhabens mit einer Forschungseinrichtung abgeschlossen hat, die für die Durchführung des besonderen Zulassungsverfahrens für Forscher im Bundesgebiet anerkannt ist, oder
   b) eine wirksame Aufnahmevereinbarung oder einen entsprechenden Vertrag mit einer Forschungseinrichtung abgeschlossen hat, die Forschung betreibt, und
2. die Forschungseinrichtung sich schriftlich zur Übernahme der Kosten verpflichtet hat, die öffentlichen Stellen bis zu sechs Monate nach der Beendigung der Aufnahmevereinbarung entstehen für
   a) den Lebensunterhalt des Ausländers während eines unerlaubten Aufenthalts in einem Mitgliedstaat der Europäischen Union und
   b) eine Abschiebung des Ausländers.

In den Fällen des Satzes 1 Nummer 1 Buchstabe a ist die Aufenthaltserlaubnis innerhalb von 60 Tagen nach Antragstellung zu erteilen.
(2) Von dem Erfordernis des Absatzes 1 Satz 1 Nummer 2 soll abgesehen werden, wenn die Tätigkeit der Forschungseinrichtung überwiegend aus öffentlichen Mitteln finanziert wird. Es kann davon abgesehen werden, wenn an dem Forschungsvorhaben ein besonderes öffentliches Interesse besteht. Auf die nach Absatz 1 Satz 1 Nummer 2 abgegebenen Erklärungen sind nach § 66 Absatz 5, § 67 Absatz 3 sowie § 68 Absatz 2 Satz 2 und 3 und Absatz 4 entsprechend anzuwenden.
(3) Die Forschungseinrichtung kann die Erklärung nach Absatz 1 Satz 1 Nummer 2 auch gegenüber der für ihre Anerkennung zuständigen Stelle allgemein für sämtliche Ausländer abgeben, denen auf Grund einer mit ihr geschlossenen Aufnahmevereinbarung eine Aufenthaltserlaubnis erteilt wird.
(4) Die Aufenthaltserlaubnis wird für mindestens ein Jahr erteilt. Nimmt der Ausländer an einem Unions- oder multilateralen Programm mit Mobilitätsmaßnahmen teil, so wird die Aufenthaltserlaubnis für mindestens zwei Jahre erteilt. Wenn das Forschungsvorhaben in einem kürzeren Zeitraum durchgeführt wird, wird die Aufenthaltserlaubnis abweichend von den Sätzen 1 und 2 auf die Dauer des Forschungsvorhabens befristet; die Frist beträgt in den Fällen des Satzes 2 mindestens ein Jahr.

(5) Eine Aufenthaltserlaubnis nach Absatz 1 berechtigt zur Aufnahme der Forschungstätigkeit bei der in der Aufnahmevereinbarung bezeichneten Forschungseinrichtung und zur Aufnahme von Tätigkeiten in der Lehre. Änderungen des Forschungsvorhabens während des Aufenthalts führen nicht zum Wegfall der Berechtigung.
(6) Einem Ausländer, der in einem Mitgliedstaat der Europäischen Union international Schutzberechtigter ist, kann eine Aufenthaltserlaubnis zum Zweck der Forschung erteilt werden, wenn die Voraussetzungen des Absatzes 1 erfüllt sind und er sich mindestens zwei Jahre nach Erteilung der Schutzberechtigung in diesem Mitgliedstaat aufgehalten hat. Absatz 5 gilt entsprechend.
…

§ 19b Mobiler-ICT-Karte (1) Eine Mobiler-ICT-Karte ist ein Aufenthaltstitel nach der Richtlinie (EU) 2014/66 zum Zweck eines unternehmensinternen Transfers im Sinne des § 19 Absatz 1 Satz 2, wenn der Ausländer einen für die Dauer des Antragsverfahrens gültigen nach der Richtlinie (EU) 2014/66 erteilten Aufenthaltstitel eines anderen Mitgliedstaates besitzt.
(2) Einem Ausländer wird die Mobiler-ICT-Karte erteilt, wenn
1. er als Führungskraft, Spezialist oder Trainee tätig wird,
2. der unternehmensinterne Transfer mehr als 90 Tage dauert,
3. er einen für die Dauer des Transfers gültigen Arbeitsvertrag und erforderlichenfalls ein Abordnungsschreiben vorweist, worin enthalten sind:
   a) Einzelheiten zu Ort, Art, Entgelt und zu sonstigen Arbeitsbedingungen für die Dauer des Transfers sowie
   b) der Nachweis, dass der Ausländer nach Beendigung des Transfers in eine außerhalb der Europäischen Union ansässige Niederlassung des gleichen Unternehmens oder der gleichen Unternehmensgruppe zurückkehren kann.

(3) Wird der Antrag auf Erteilung der Mobiler-ICT-Karte mindestens 20 Tage vor Beginn des Aufenthalts im Bundesgebiet gestellt und ist der Aufenthaltstitel des anderen Mitgliedstaates weiterhin gültig, so gelten bis zur Entscheidung der Ausländerbehörde der Aufenthalt und die Beschäftigung des Ausländers für bis zu 90 Tage innerhalb eines Zeitraums von 180 Tagen als erlaubt.
(4) Der Antrag wird abgelehnt, wenn er parallel zu einer Mitteilung nach § 19a Absatz 1 Satz 1 gestellt wurde. Abgelehnt wird ein Antrag auch, wenn er zwar während des Aufenthalts nach § 19a, aber nicht mindestens 20 Tage vor Ablauf dieses Aufenthalts vollständig gestellt wurde.
(5) Die Mobiler-ICT-Karte wird nicht erteilt, wenn sich der Ausländer im Rahmen des unternehmensinternen Transfers im Bundesgebiet länger aufhalten wird als in anderen Mitgliedstaaten.
(6) Der Antrag kann abgelehnt werden, wenn
1. die Höchstdauer des unternehmensinternen Transfers nach § 19 Absatz 4 erreicht wurde oder
2. der in § 19 Absatz 6 Nummer 3 genannte Ablehnungsgrund vorliegt.

(7) Die inländische aufnehmende Niederlassung ist verpflichtet, der zuständigen Ausländerbehörde Änderungen in Bezug auf die in Absatz 2 genannten Voraussetzungen unverzüglich, in der Regel innerhalb einer Woche, anzuzeigen.
…

§ 20 Arbeitsplatzsuche im Anschluss an Aufenthalte im Bundesgebiet (1) Zur Suche nach einer Erwerbstätigkeit
1. wird einem Ausländer nach erfolgreichem Abschluss eines Studiums im Bundesgebiet im Rahmen eines Aufenthalts nach § 16b oder § 16c eine Aufenthaltserlaubnis erteilt,
2. wird einem Ausländer nach Abschluss der Forschungstätigkeit im Rahmen eines Aufenthalts nach § 18d oder § 18f eine Aufenthaltserlaubnis erteilt,
3. ist einem Ausländer nach erfolgreichem Abschluss einer qualifizierten Berufsausbildung im Bundesgebiet im Rahmen eines Aufenthalts nach § 16a eine Aufenthaltserlaubnis zu erteilen,
4. ist einem Ausländer nach der Feststellung der Gleichwertigkeit der Berufsqualifikation oder der Erteilung der Berufsausübungserlaubnis im Bundesgebiet im Rahmen eines Aufenthalts nach § 16d eine Aufenthaltserlaubnis zu erteilen,
5. wird einem Ausländer nach erfolgreichem Abschluss einer Assistenz- oder Helferausbildung in einem staatlich anerkannten oder vergleichbar geregelten Ausbildungsberuf in einem Beruf im Gesundheits- und Pflegewesen im Bundesgebiet eine Aufenthaltserlaubnis erteilt,

sofern die Tätigkeit nach den Bestimmungen der §§ 18a, 18b, 18d, 18g, 19c und 21 von Ausländern ausgeübt werden darf.
(2) Die Erteilung einer Aufenthaltserlaubnis nach Absatz 1 setzt die Lebensunterhaltssicherung voraus. Sie wird in den Fällen des Absatzes 1 Nummer 1 bis 4 für einen Zeitraum von bis zu 18 Monaten erteilt. In den Fällen des Absatzes 1 Nummer 5 wird sie für einen Zeitraum von bis zu zwölf Monaten erteilt und kann einmalig um bis zu sechs Monate verlängert werden, wenn der Lebensunterhalt gesichert ist. Die Verlängerung nach Absatz 1 über diese Zeiträume hinaus ist ausgeschlossen.
…

Achter Abschnitt – Beteiligung der Bundesagentur für Arbeit

§ 39 Zustimmung zur Beschäftigung (1) Die Erteilung eines Aufenthaltstitels zur Ausübung einer Beschäftigung setzt die Zustimmung der Bundesagentur für Arbeit voraus, es sei denn, die Zustimmung ist kraft Gesetzes, auf Grund der Beschäftigungsverordnung oder Bestimmung in einer zwischenstaatlichen Vereinbarung nicht erforderlich. Die Zustimmung kann erteilt werden, wenn dies durch ein Gesetz, die Beschäftigungsverordnung oder zwischenstaatliche Vereinbarung bestimmt ist.
(2) Die Bundesagentur für Arbeit kann in den Fällen der §§ 18a, 18b, 18g Absatz 1 Satz 2 oder des § 18g Absatz 2 der Ausübung einer Beschäftigung zustimmen, wenn

1. der Ausländer nicht zu ungünstigeren Arbeitsbedingungen als vergleichbare inländische Arbeitnehmer beschäftigt wird,
2. der Ausländer
   a) gemäß § 18a oder § 18b eine qualifizierte Beschäftigung ausüben wird,
   b) gemäß § 18g Absatz 1 Satz 2 eine ihre Qualifikation angemessene Beschäftigung ausüben wird oder
   c) im Fall des § 18g Absatz 2 über durch Berufserfahrung erlangte Fertigkeiten, Kenntnisse und Fähigkeiten verfügt, die alle Voraussetzungen nach § 18g Absatz 2 erfüllen und die zur Ausübung einer Beschäftigung in einem Beruf, der zu den Gruppen 133 oder 25 nach der Empfehlung der Kommission vom 29. Oktober 2009 über die Verwendung der Internationalen Standardklassifikation der Berufe (ISCO-08) (ABl. L 292 vom 10. 11. 2009, S. 31) gehört, erforderlich sind,
3. ein inländisches Beschäftigungsverhältnis vorliegt und,
4. sofern die Beschäftigungsverordnung nähere Voraussetzungen in Bezug auf die Ausübung der Beschäftigung vorsieht, diese vorliegen.

Die Zustimmung wird ohne Vorrangprüfung im Sinne des Absatzes 3 Nummer 3 erteilt, es sei denn, in der Beschäftigungsverordnung ist etwas anderes bestimmt.

(2a) Die Zustimmung gilt als erteilt, wenn die Bundesagentur für Arbeit für einzelne Berufe oder Beschäftigungen festgestellt hat, dass die Besetzung offener Stellen für einen befristeten Zeitraum mit den durch Tarifvertrag oder durch die Bundesagentur für Arbeit festgelegten Arbeitsbedingungen arbeitsmarkt- und integrationspolitisch verantwortbar ist (Globalzustimmung) und der Arbeitgeber ihr Einhaltung zugesichert hat. Die nach § 71 zuständige Stelle kann im Einzelfall von der Globalzustimmung abweichen. In diesem Fall gilt § 72 Absatz 7 entsprechend.

(3) Die Bundesagentur für Arbeit kann der Ausübung einer Beschäftigung durch einen Ausländer unabhängig von einer Qualifikation als Fachkraft zustimmen, wenn

1. der Ausländer nicht zu ungünstigeren Arbeitsbedingungen als vergleichbare inländische Arbeitnehmer beschäftigt wird,
2. die in § 16d Absatz 3, den §§ 19, 19b, 19c Absatz 3 oder § 19d Absatz 1 Nummer 1 oder durch die Beschäftigungsverordnung geregelten Voraussetzungen für die Zustimmung in Bezug auf die Ausübung der Beschäftigung vorliegen und
3. für die Beschäftigung deutsche Arbeitnehmer sowie Ausländer, die diesen hinsichtlich der Arbeitsaufnahme rechtlich gleichgestellt sind, oder andere Ausländer, die nach dem Recht der Europäischen Union einen Anspruch auf vorrangigen Zugang zum Arbeitsmarkt haben, nicht zur Verfügung stehen (Vorrangprüfung), soweit diese Prüfung durch die Beschäftigungsverordnung oder Gesetz vorgesehen ist.

(3a) Die Bundesagentur für Arbeit kann der Ausübung einer qualifizierten inländischen Beschäftigung nach § 20a Absatz 5 Satz 2 zustimmen, wenn der Ausländer nicht zu ungünstigeren Arbeitsbedingungen als vergleichbare inländische Arbeitnehmer beschäftigt wird.

(4) Für die Erteilung der Zustimmung oder der Arbeitserlaubnis hat der Arbeitgeber der Bundesagentur für Arbeit Auskünfte in Bezug auf das Beschäftigungs-

verhältnis, insbesondere zum Arbeitsentgelt, zu den Arbeitszeiten und zu sonstigen Arbeitsbedingungen, zu der Sozialversicherungspflicht und zum Erfordernis einer Berufsausübungserlaubnis sowie im Fall der Saisonbeschäftigung zu Unterkunft, Mietbedingungen und Miethöhe, zu erteilen. Auf Aufforderung durch die Bundesagentur für Arbeit hat ein Arbeitgeber, der einen Ausländer beschäftigt oder beschäftigt hat, eine Auskunft nach Satz 1 innerhalb eines Monats zu erteilen.

(5) Die Absätze 1, 3 und 4 gelten auch, wenn bei Aufenthalten zu anderen Zwecken nach en Abschnitten 3, 5 oder 7 eine Zustimmung der Bundesagentur für Arbeit zur Ausübung einer Beschäftigung erforderlich ist.

(6) Die Absätze 3 und 4 gelten für die Erteilung einer Arbeitserlaubnis der Bundesagentur für Arbeit entsprechend. Im Übrigen sind die für die Zustimmung der Bundesagentur für Arbeit geltenden Rechtsvorschriften auf die Arbeitserlaubnis anzuwenden, soweit durch Gesetz oder Rechtsverordnung nichts anderes bestimmt ist. Die Bundesagentur für Arbeit kann für die Zustimmung zur Erteilung eines Aufenthaltstitels zum Zweck der Saisonbeschäftigung und für die Erteilung einer Arbeitserlaubnis zum Zweck der Saisonbeschäftigung und zur kurzzeitigen kontingentierten Beschäftigung am Bedarf orientierte Zulassungszahlen festlegen.

§ 40 Versagungsgründe (1) Die Zustimmung nach § 39 ist zu versagen, wenn

1. das Arbeitsverhältnis auf Grund einer unerlaubten Arbeitsvermittlung oder Anwerbung zustande gekommen ist oder
2. der Ausländer als Leiharbeitnehmer (§ 1 Abs. 1 des Arbeitnehmerüberlassungsgesetzes) tätig werden will.

(2) Die Zustimmung kann versagt werden, wenn

1. der Ausländer gegen § 404 Absatz 1 oder Absatz 2 Nummer 2 bis 4, 6 bis 13, 28 und 29 des Dritten Buches Sozialgesetzbuch, gegen die §§ 10, 10a oder § 11 des Schwarzarbeitsbekämpfungsgesetzes oder gegen die §§ 15, 15a oder § 16 Absatz 1 Nummer 2 des Arbeitnehmerüberlassungsgesetzes schuldhaft verstoßen hat,
2. wichtige Gründe in der Person des Ausländers vorliegen, oder
3. die Beschäftigung bei einem Arbeitgeber erfolgen soll, der oder dessen nach Satzung oder Gesetz Vertretungsberechtigter innerhalb der letzten fünf Jahre wegen eines Verstoßes gegen § 404 Absatz 1 oder Absatz 2 Nummer 3 des Dritten Buches Sozialgesetzbuch rechtskräftig mit einer Geldbuße belegt oder wegen eines Verstoßes gegen die §§ 10, 10a oder 11 des Schwarzarbeitsbekämpfungsgesetzes oder gegen die §§ 15, 15a oder 16 Absatz 1 Nummer 2 des Arbeitnehmerüberlassungsgesetzes rechtskräftig zu einer Geld- oder Freiheitsstrafe verurteilt worden ist; dies gilt bei einem unternehmensinternen Transfer gemäß § 19 oder § 19b entsprechend für die aufnehmende Niederlassung.

(3) Die Zustimmung kann darüber hinaus versagt werden, wenn

1. der Arbeitgeber oder die aufnehmende Niederlassung seinen oder ihren sozialversicherungsrechtlichen, steuerrechtlichen oder arbeitsrechtlichen Pflichten nicht nachgekommen ist,
2. über das Vermögen des Arbeitgebers oder über das Vermögen der aufnehmenden Niederlassung ein Insolvenzverfahren eröffnet wurde, das auf Auflösung

des Arbeitgebers oder der Niederlassung und Abwicklung des Geschäftsbetriebs gerichtet ist,
3. der Arbeitgeber oder die aufnehmende Niederlassung im Rahmen der Durchführung eines Insolvenzverfahrens aufgelöst wurde und der Geschäftsbetrieb abgewickelt wurde,
4. die Eröffnung eines Insolvenzverfahrens über das Vermögen des Arbeitgebers oder über das Vermögen der aufnehmenden Niederlassung mangels Masse abgelehnt wurde und der Geschäftsbetrieb eingestellt wurde,
5. der Arbeitgeber oder die aufnehmende Niederlassung keine Geschäftstätigkeit ausübt,
6. durch die Präsenz des Ausländers eine Einflussnahme auf arbeitsrechtliche oder betriebliche Auseinandersetzungen oder Verhandlungen bezweckt oder bewirkt wird oder
7. der Arbeitgeber oder die aufnehmende Niederlassung hauptsächlich zu dem Zweck gegründet wurde, die Einreise und den Aufenthalt von Ausländern zum Zweck der Beschäftigung zu erleichtern; das Gleiche gilt, wenn das Arbeitsverhältnis hauptsächlich zu diesem Zweck begründet wurde.

§ 41 Widerruf der Zustimmung und Entzug der Arbeitserlaubnis Die Zustimmung kann widerrufen und die Arbeitserlaubnis zum Zweck der Saisonbeschäftigung kann entzogen werden, wenn der Ausländer zu ungünstigeren Arbeitsbedingungen als vergleichbare inländische Arbeitnehmer beschäftigt wird oder der Tatbestand des § 40 erfüllt ist.

§ 42 Verordnungsermächtigung und Weisungsrecht (1) Das Bundesministerium für Arbeit und Soziales kann durch Rechtsverordnung (Beschäftigungsverordnung) mit Zustimmung des Bundesrates Folgendes bestimmen:
1. Beschäftigungen, für die Ausländer nach § 4a Absatz 2 Satz 1, § 16a Absatz 1 Satz 1, den §§ 16d, 16e Absatz 1 Satz 1, den §§ 19, 19b, 19c Absatz 1 sowie § 19e mit oder ohne Zustimmung der Bundesagentur für Arbeit zugelassen werden können, und ihre Voraussetzungen,
2. Beschäftigungen und Bedingungen, zu denen eine Zustimmung der Bundesagentur für Arbeit für eine qualifizierte Beschäftigung nach § 19c Absatz 2 unabhängig von der Qualifikation als Fachkraft erteilt werden kann und
3. nähere Voraussetzungen in Bezug auf die Ausübung einer Beschäftigung als Fachkraft nach den §§ 18a,18b und 18g Absatz 1 sowie für Beschäftigungen eines Inhabers einer Blauen Karte EU nach § 18g Absatz 2,
4. Tätigkeiten, die für die Durchführung dieses Gesetzes stets oder unter bestimmten Voraussetzungen nicht als Beschäftigung anzusehen sind.

(1a) Die Bundesregierung kann durch die Beschäftigungsverordnung mit Zustimmung des Bundesrates bestimmen, dass die Bundesagentur für Arbeit der Beschäftigung von Angehörigen bestimmter Staaten unter gesonderten Voraussetzungen zustimmen kann.

(2) Das Bundesministerium für Arbeit und Soziales kann durch die Beschäftigungsverordnung ohne Zustimmung des Bundesrates Folgendes bestimmen:

1. die Voraussetzungen und das Verfahren zur Erteilung der Zustimmung der Bundesagentur für Arbeit; dabei kann auch ein alternatives Verfahren zur Vorrangprüfung geregelt werden,
2. Einzelheiten über die zeitliche, betriebliche, berufliche und regionale Beschränkung der Zustimmung,
3. Fälle nach § 39 Absatz 2 und 3, in denen für eine Zustimmung eine Vorrangprüfung durchgeführt wird, beispielsweise für die Beschäftigung von Fachkräften in zu bestimmenden Bezirken der Bundesagentur für Arbeit sowie in bestimmten Berufen,
4. Fälle, in denen Ausländern, die im Besitz einer Duldung sind, oder anderen Ausländern, die keinen Aufenthaltstitel besitzen, nach § 4a Absatz 4 eine Beschäftigung erlaubt werden kann,
5. die Voraussetzungen und das Verfahren zur Erteilung einer Arbeitserlaubnis der Arbeitsagentur für Arbeit an Staatsangehörige der in Anhang II zu der Verordnung (EU) 2018/1806 des Europäischen Parlaments und des Rates vom 14. November 2018 zur Aufstellung der Liste der Drittländer, deren Staatsangehörige beim Überschreiten der Außengrenzen im Besitz eines Visums sein müssen, sowie der Liste der Drittländer, deren Staatsangehörige von dieser Visumpflicht befreit sind (ABl. L 303 vom 28. 11. 2018, S. 39), genannten Staaten,
6. Berufe, in denen für Angehörige bestimmter Staaten die Erteilung einer Blauen Karte EU zu versagen ist, weil im Herkunftsland ein Mangel an qualifizierten Arbeitnehmern in diesen Berufsgruppen besteht,
7. Fälle, in denen ein Arbeitgeber, der Rechtspflichten in Bezug auf die Beschäftigung, insbesondere arbeits-, sozialversicherungs- oder steuerrechtliche Pflichten, verletzt hat, von der Möglichkeit ausgeschlossen werden kann, dass die Bundesagentur für Arbeit eine Zustimmung oder Arbeitserlaubnis für die Beschäftigung eines Ausländers bei diesem Arbeitgeber erteilt.

(3) Das Bundesministerium für Arbeit und Soziales kann der Bundesagentur für Arbeit zur Durchführung der Bestimmungen dieses Gesetzes und der hierzu erlassenen Rechtsverordnungen sowie der von der Europäischen Union erlassenen Bestimmungen über den Zugang zum Arbeitsmarkt und der zwischenstaatlichen Vereinbarungen über die Beschäftigung von Arbeitnehmern Weisungen erteilen.

…

Kapitel 9a – Rechtsfolgen bei illegaler Beschäftigung

§ 98a Vergütung (1) Der Arbeitgeber ist verpflichtet, dem Ausländer, den er ohne die nach § 284 Absatz 1 des Dritten Buches Sozialgesetzbuch erforderliche Genehmigung oder ohne die nach § 4a Absatz 5 erforderliche Berechtigung zur Erwerbstätigkeit beschäftigt hat, die vereinbarte Vergütung zu zahlen. Für die Vergütung wird vermutet, dass der Arbeitgeber den Ausländer drei Monate beschäftigt hat.

(2) Als vereinbarte Vergütung ist die übliche Vergütung anzusehen, es sei denn, der Arbeitgeber hat mit dem Ausländer zulässigerweise eine geringere oder eine höhere Vergütung vereinbart.

(2a) Der Arbeitgeber ist verpflichtet, dem Ausländer das Arbeitsentgelt zu zahlen, das er der Bundesagentur für Arbeit nach § 39 Absatz 4 mitgeteilt hat und das diese für die Erteilung der Zustimmung oder Arbeitserlaubnis zu Grunde gelegt hat.
(3) Ein Unternehmer, der einen anderen Unternehmer mit der Erbringung von Werk- oder Dienstleistungen beauftragt, haftet für die Erfüllung der Verpflichtung dieses Unternehmers nach Absatz 1 wie ein Bürge, der auf die Einrede der Vorausklage verzichtet hat.
(4) Für den Generalunternehmer und alle zwischengeschalteten Unternehmer ohne unmittelbare vertragliche Beziehung zu dem Arbeitgeber gilt Absatz 3 entsprechend, es sei denn, dem Generalunternehmer oder dem zwischengeschalteten Unternehmer war nicht bekannt, dass der Arbeitgeber Ausländer ohne die nach § 284 Absatz 1 des Dritten Buches Sozialgesetzbuch erforderliche Genehmigung oder ohne die nach § 4a Absatz 5 erforderliche Berechtigung zur Erwerbstätigkeit beschäftigt hat.
(5) Die Haftung nach den Absätzen 3 und 4 entfällt, wenn der Unternehmer nachweist, dass er auf Grund sorgfältiger Prüfung davon ausgehen konnte, dass der Arbeitgeber keine Ausländer ohne die nach § 284 Absatz 1 des Dritten Buches Sozialgesetzbuch erforderliche Genehmigung oder ohne die nach § 4a Absatz 5 erforderliche Berechtigung zur Erwerbstätigkeit beschäftigt hat.
(6) Ein Ausländer, der im Geltungsbereich dieses Gesetzes ohne die nach § 284 Absatz 1 des Dritten Buches Sozialgesetzbuch erforderliche Genehmigung oder ohne die nach § 4a Absatz 5 erforderliche Berechtigung zur Erwerbstätigkeit beschäftigt worden ist, kann Klage auf Erfüllung der Zahlungsverpflichtungen nach Absatz 3 und 4 auch vor einem deutschen Gericht für Arbeitssachen erheben.
(7) Die Vorschriften des Arbeitnehmer-Entsendegesetzes bleiben unberührt.

§ 98b Ausschluss von Subventionen (1) Die zuständige Behörde kann Anträge auf Subventionen im Sinne des § 264 des Strafgesetzbuches ganz oder teilweise ablehnen, wenn der Antragsteller oder dessen nach Satzung oder Gesetz Vertretungsberechtigter
1. nach § 404 Absatz 2 Nummer 3 des Dritten Buches Sozialgesetzbuch mit einer Geldbuße von wenigstens Zweitausendfünfhundert Euro rechtskräftig belegt worden ist oder
2. nach den §§ 10, 10a oder 11 des Schwarzarbeitsbekämpfungsgesetzes zu einer Freiheitsstrafe von mehr als drei Monaten oder einer Geldstrafe von mehr als 90 Tagessätzen rechtskräftig verurteilt worden ist.

Ablehnungen nach Satz 1 können je nach Schwere des der Geldbuße oder der Freiheits- oder der Geldstrafe zugrunde liegenden Verstoßes in einem Zeitraum von bis zu fünf Jahren ab Rechtskraft der Geldbuße, der Freiheits- oder der Geldstrafe erfolgen.
(2) Absatz 1 gilt nicht, wenn
1. auf die beantragte Subvention ein Rechtsanspruch besteht,
2. der Antragsteller eine natürliche Person ist und die Beschäftigung, durch die der Verstoß nach Absatz 1 Satz 1 begangen wurde, seinen privaten Zwecken diente, oder

3. der Verstoß nach Absatz 1 Satz 1 darin bestand, dass ein Unionsbürger rechtswidrig beschäftigt wurde.

§ 98c Ausschluss von der Vergabe öffentlicher Aufträge (1) Öffentliche Auftraggeber nach § 99 des Gesetzes gegen Wettbewerbsbeschränkungen können einen Bewerber oder einen Bieter vom Wettbewerb um einen Liefer-, Bau- oder Dienstleistungsauftrag ausschließen, wenn dieser oder dessen nach Satzung oder Gesetz Vertretungsberechtigter

1. nach § 404 Absatz 2 Nummer 3 des Dritten Buches Sozialgesetzbuch mit einer Geldbuße von wenigstens Zweitausendfünfhundert Euro rechtskräftig belegt worden ist oder
2. nach den §§ 10, 10a oder 11 des Schwarzarbeitsbekämpfungsgesetzes zu einer Freiheitsstrafe von mehr als drei Monaten oder einer Geldstrafe von mehr als 90 Tagessätzen rechtskräftig verurteilt worden ist.

Ausschlüsse nach Satz 1 können bis zur nachgewiesenen Wiederherstellung der Zuverlässigkeit, je nach Schwere des der Geldbuße, der Freiheits- oder der Geldstrafe zugrunde liegenden Verstoßes in einem Zeitraum von bis zu fünf Jahren ab Rechtskraft der Geldbuße, der Freiheits- oder der Geldstrafe erfolgen.

(2) Absatz 1 gilt nicht, wenn der Verstoß nach Absatz 1 Satz 1 darin bestand, dass ein Unionsbürger rechtswidrig beschäftigt wurde.

(3) Macht ein öffentlicher Auftraggeber von der Möglichkeit nach Absatz 1 Gebrauch, gilt § 21 Absatz 2 bis 5 des Arbeitnehmer-Entsendegesetzes entsprechend.

9

9a. Gesetz über die allgemeine Freizügigkeit von Unionsbürgern (Freizügigkeitsgesetz/EU – FreizügG/EU)

vom 30. Juli 2004 (BGBl. I 1950),
zuletzt geändert durch Gesetz vom 21. Februar 2024 (BGBl. 2024 I Nr. 54)

(Abgedruckte Vorschriften: §§ 1–15)

Einleitung

(siehe bei Nr. 9, II 2)

Gesetzestext

§ 1 Anwendungsbereich, Begriffsbestimmungen (1) Dieses Gesetz regelt die Einreise und den Aufenthalt von

1. Unionsbürgern,
2. Staatsangehörigen der EWR-Staaten, die nicht Unionsbürger sind,
3. Staatsangehörigen des Vereinigten Königreichs Großbritannien und Nordirland nach dessen Austritt aus der Europäischen Union, denen nach dem Austrittsabkommen Rechte zur Einreise und zum Aufenthalt gewährt werden,
4. Familienangehörigen der in den Nummern 1 bis 3 genannten Personen,
5. nahestehende Personen der in den Nummern 1 bis 3 genannten Personen sowie
6. Familienangehörige und nahestehende Personen von Deutschen, die von ihrem Recht auf Freizügigkeit nach Artikel 21 des Vertrages über die Arbeitsweise der Europäischen Union nachhaltig Gebrauch gemacht haben.

(2) Im Sinne dieses Gesetzes

1. sind Unionsbürger Staatsangehörige anderer Mitgliedstaaten der Europäischen Union, die nicht Deutsche sind,
2. ist Lebenspartner einer Person
   a) ein Lebenspartner im Sinne des Lebenspartnerschaftsgesetzes sowie
   b) eine Person, die auf der Grundlage der Rechtsvorschriften eines Mitgliedstaates der Europäischen Union oder eines EWR-Staates eine eingetragene Partnerschaft eingegangen ist,
3. sind Familienangehörige einer Person
   a) der Ehegatte,
   b) der Lebenspartner,
   c) die Verwandten in gerader Linie der Person oder des Ehegatten oder des Lebenspartners, die das 21. Lebensjahr noch nicht vollendet haben oder denen von diesen Unterhalt gewährt wird, und

d) die Verwandten in gerader aufsteigender Linie der Person oder des Ehegatten oder des Lebenspartners, denen von diesen Unterhalt gewährt wird,
4. sind nahestehende Personen einer Person
a) Verwandte im Sinne des § 1589 des Bürgerlichen Gesetzbuchs und die Verwandten des Ehegatten oder des Lebenspartners, die nicht Familienangehörige der Person im Sinne der Nummer 3 sind,
b) ledige Kinder, die das 18. Lebensjahr noch nicht vollendet haben, unter Vormundschaft von oder in einem Pflegekindverhältnis zu der Person stehen und keine Familienangehörigen im Sinne von Nummer 3 Buchstabe c sind, sowie
c) eine Lebensgefährtin oder ein Lebensgefährte, mit der oder dem die Person eine glaubhaft dargelegt, auf Dauer angelegte Gemeinschaft eingegangen ist, die keine weitere Lebensgemeinschaft gleicher Art zulässt, wenn die Personen beide weder verheiratet noch Lebenspartner einer Lebenspartnerschaft im Sinne der Nummer 2 sind,
5. ist das Austrittsabkommen des Abkommens über den Austritt des Vereinigten Königreichs Großbritannien und Nordirlandaus der Europäischen Union und der Europäischen Atomgemeinschaft (ABl. L 29 vom 31. 1. 2020, S. 7) und
6. sind britische Staatsangehörige die in Artikel 2 Buchstabe d des Austrittsabkommens genannten Personen.

§ 2 Recht auf Einreise und Aufenthalt (1) Freizügigkeitsberechtigte Unionsbürger und ihre Familienangehörigen haben das Recht auf Einreise und Aufenthalt nach Maßgabe dieses Gesetzes.
(2) Unionsrechtlich freizügigkeitsberechtigt sind:
1. Unionsbürger, die sich als Arbeitnehmer oder zur Berufsausbildung aufhalten wollen,
1a. Unionsbürger, die sich zur Arbeitsuche aufhalten, für bis zu sechs Monate und darüber hinaus nur, solange sie nachweisen können, dass sie weiterhin Arbeit suchen und begründete Aussicht haben, eingestellt zu werden,
2. Unionsbürger, wenn sie zur Ausübung einer selbständigen Erwerbstätigkeit berechtigt sind (niedergelassene selbständige Erwerbstätige),
3. Unionsbürger, die, ohne sich niederzulassen, als selbständige Erwerbstätige Dienstleistungen im Sinne des Artikels 57 des Vertrages über die Arbeitsweise der Europäischen Union erbringen wollen (Erbringer von Dienstleistungen), wenn sie zur Erbringung der Dienstleistung berechtigt sind,
4. Unionsbürger als Empfänger von Dienstleistungen,
5. nicht erwerbstätige Unionsbürger unter den Voraussetzungen des § 4,
6. Familienangehörige unter den Voraussetzungen der §§ 3 und 4,
7. Unionsbürger und ihre Familienangehörigen, die ein Daueraufenthaltsrecht erworben haben.
(3) Das Recht nach Absatz 1 bleibt für Arbeitnehmer und selbständig Erwerbstätige unberührt bei
1. vorübergehender Erwerbsminderung infolge Krankheit oder Unfall,

2. unfreiwilliger durch die zuständige Agentur für Arbeit bestätigter Arbeitslosigkeit oder Einstellung einer selbständigen Tätigkeit infolge von Umständen, auf die der Selbständige keinen Einfluss hatte, nach mehr als einem Jahr Tätigkeit,
3. Aufnahme einer Berufsausbildung, wenn zwischen der Ausbildung und der früheren Erwerbstätigkeit ein Zusammenhang besteht; der Zusammenhang ist nicht erforderlich, wenn der Unionsbürger seinen Arbeitsplatz unfreiwillig verloren hat.

Bei unfreiwilliger durch die zuständige Agentur für Arbeit bestätigter Arbeitslosigkeit nach weniger als einem Jahr Beschäftigung bleibt das Recht aus Absatz 1 während der Dauer von sechs Monaten unberührt.

(4) Das Nichtbestehen des Rechts nach Absatz 1 kann festgestellt werden, wenn feststeht, dass die betreffende Person das Vorliegen einer Voraussetzung für dieses Recht durch die Verwendung von gefälschten oder verfälschten Dokumenten oder durch Vorspiegelung falscher Tatsachen vorgetäuscht hat. Das Nichtbestehen des Rechts nach Absatz 1 kann bei einem Familienangehörigen, der nicht Unionsbürger ist, außerdem festgestellt werden, wenn feststeht, dass er dem Unionsbürger nicht zur Herstellung oder Wahrung der familiären Lebensgemeinschaft nachzieht oder ihn nicht zu diesem Zweck begleitet. Einem Familienangehörigen, der nicht Unionsbürger ist, kann in diesen Fällen die Erteilung der Aufenthaltskarte oder des Visums versagt werden oder seine Aufenthaltskarte kann eingezogen werden. Entscheidungen nach den Sätzen 1 bis 3 bedürfen der Schriftform.

§ 2a Visum, Dokumente, Visumverfahren (1) Unionsbürger bedürfen für die Einreise keines Visums und für den Aufenthalt keines Aufenthaltstitels. Für ihren Aufenthalt von bis zu drei Monaten ist der Besitz eines gültigen Personalausweises oder Reisepasses ausreichend. Satz 2 gilt auch für Familienangehörige, die nicht Unionsbürger sind, wenn sie im Besitz eines anerkannten oder sonst zugelassenen Passes oder Passersatzes sind und sie den Unionsbürger begleiten oder ihm nachziehen. Soweit nach dem Europäischen Übereinkommen über die Regelung des Personenverkehrs zwischen den Mitgliedstaaten des Europarates vom 10. Februar 1959 (BGBl. 1959 II S. 389, 390) günstigere Regelungen Anwendung finden, bleiben diese unberührt.

(2) Familienangehörige und nahestehende Personen, die nicht Unionsbürger sind, bedürfen für die Einreise eines Visums. Für die Ausstellung des Visums werden keine Gebühren erhoben. Satz 1 findet keine Anwendung auf Personen, die in entsprechender Anwendung des Aufenthaltsgesetzes oder einer nach § 99 Absatz 1 Nummer 2 des Aufenthaltsgesetzes erlassenen Rechtsverordnung wegen ihrer Staatsangehörigkeit auch für einen Aufenthalt, der kein Kurzaufenthalt ist, visumfrei in das Bundesgebiet einreisen und sich darin aufhalten dürfen.

(3) Der Besitz einer gültigen Aufenthaltskarte, auch derjenigen eines anderen Mitgliedstaates der Europäischen Union oder eines EWR-Staates, entbindet nach Artikel 5 Absatz 2 der Richtlinie 2004/38/EG des Europäischen Parlaments und des Rates vom 29. April 2004 über das Recht der Unionsbürger und ihrer Familienangehörigen, sich im Hoheitsgebiet der Mitgliedstaaten frei zu bewegen und aufzuhalten und zur Änderung der Verordnung (EWG) Nr. 1612/68 und zur Aufhebung der Richtlinien 64/221/EWG, 68/360/EWG, 72/194/EWG, 73/148/EWG,

75/34/EWG, 75/35/EWG, 90/364/EWG, 90/365/EWG und 93/96/EWG (ABl. L 158 vom 30. 4. 2004, S. 77; L 229 vom 29. 6. 2004, S. 35; L 204 vom 4. 8. 2007, S. 28) von der Visumpflicht.

(4) Ein Visum kann vor Einreise annulliert werden, indem eine Feststellung nach § 2 Absatz 4, § 5 Absatz 4 oder § 6 Absatz 1 erfolgt. Die Feststellung bedarf der Schriftform. § 11 Absatz 8 Satz 1 und Absatz 12 Satz 2 bleibt unberührt. Zuständig sind die Stelle, die das Visum ausgestellt hat, sowie die mit der polizeilichen Kontrolle des grenzüberschreitenden Verkehrs beauftragten Behörden.

(5) Die zuständigen Landesbehörden unterrichten das Auswärtige Amt über Aufenthaltsrechte nach den §§ 2 und 16 dieses Gesetzes von Personen, die die Voraussetzungen nach § 1 Absatz 2 Nummer 2 oder Nummer 3 des Aufenthaltsgesetzes erfüllen. Das Auswärtige Amt unterrichtet die zuständige Landesbehörde über ein Ende der Rechtsstellung nach § 1 Absatz 2 Nummer 2 oder Nummer 3 des Aufenthaltsgesetzes, wenn Tatsachen die Annahme rechtfertigen, dass sie Aufenthaltsrechte nach den §§ 2 und 16 dieses Gesetzes haben.

§ 3 Familienangehörige (1) Familienangehörige der in § 2 Abs. 2 Nr. 1 bis 5 genannten Unionsbürger haben das Recht nach § 2 Abs. 1, wenn sie den Unionsbürger begleiten oder ihm nachziehen. Für Familienangehörige der in § 2 Abs. 2 Nr. 5 genannten Unionsbürger gilt dies nach Maßgabe des § 4.

(2) Familienangehörige, die nicht Unionsbürger sind, behalten beim Tod des Unionsbürgers ein Aufenthaltsrecht, wenn sie die Voraussetzungen des § 2 Abs. 2 Nr. 1 bis 3 oder Nr. 5 erfüllen und sich vor dem Tod des Unionsbürgers mindestens ein Jahr als seine Familienangehörigen im Bundesgebiet aufgehalten haben.

(3) Die Kinder eines freizügigkeitsberechtigten Unionsbürgers und der Elternteil, der die elterliche Sorge für die Kinder tatsächlich ausübt, behalten auch nach dem Tod oder Wegzug des Unionsbürgers, von dem sie ihr Aufenthaltsrecht ableiten, bis zum Abschluss einer Ausbildung ihr Aufenthaltsrecht, wenn sich die Kinder im Bundesgebiet aufhalten und eine Ausbildungseinrichtung besuchen.

(4) Ehegatten oder Lebenspartner, die nicht Unionsbürger sind, behalten bei Scheidung oder Aufhebung der Ehe oder Aufhebung der Lebenspartnerschaft ein Aufenthaltsrecht, wenn sie die für Unionsbürger geltenden Voraussetzungen des § 2 Abs. 2 Nr. 1 bis 3 oder Nr. 5 erfüllen und wenn

1. die Ehe oder die Lebenspartnerschaft bis zur Einleitung des gerichtlichen Scheidungs- oder Aufhebungsverfahrens mindestens drei Jahre bestanden hat, davon mindestens ein Jahr im Bundesgebiet,
2. ihnen durch Vereinbarung der Ehegatten oder der Lebenspartner oder durch gerichtliche Entscheidung die elterliche Sorge für die Kinder des Unionsbürgers übertragen wurde,
3. es zur Vermeidung einer besonderen Härte erforderlich ist, insbesondere weil dem Ehegatten oder dem Lebenspartner wegen der Beeinträchtigung seiner schutzwürdigen Belange ein Festhalten an der Ehe oder der Lebenspartnerschaft nicht zugemutet werden konnte, oder
4. ihnen durch Vereinbarung der Ehegatten oder der Lebenspartner oder durch gerichtliche Entscheidung das Recht zum persönlichen Umgang mit dem minderjährigen Kind nur im Bundesgebiet eingeräumt wurde.

§ 3a Aufenthalt nahestehender Personen (1) Einer nahestehenden Person eines Unionsbürgers, die selbst nicht als Unionsbürger und nicht nach den §§ 3 oder 4 freizügigkeitsberechtigt ist, kann auf Antrag das Recht zur Einreise und zum Aufenthalt im Bundesgebiet verliehen werden, wenn

1. es sich um eine nahestehende Person im Sinne des § 1 Absatz 2 Nummer 4 Buchstabe a handelt und
   a) der Unionsbürger ihr zum Zeitpunkt der erstmaligen Antragstellung nachhaltig, in der Regel mindestens zwei Jahre, und nicht nur vorübergehend Unterhalt gewährt,
   b) der Unionsbürger mit ihr in dem Staat, in dem sie vor der Verlegung des Wohnsitzes in das Bundesgebiet gelebt hat oder lebt, in häuslicher Gemeinschaft gelebt hat und die häusliche Gemeinschaft zwischen dem Unionsbürger und ihr mindestens zwei Jahre bestanden hat oder
   c) nicht nur vorübergehend schwerwiegende gesundheitliche Gründe zum Antragszeitpunkt die persönliche Pflege von ihr durch den Unionsbürger zwingend erforderlich machen,
2. es sich um eine nahestehende Person im Sinn des § 1 Absatz 2 Nummer 4 Buchstabe b handelt und der Unionsbürger mit ihr im Bundesgebiet für längere Zeit in familiärer Gemeinschaft zusammenleben wird und sie vom Unionsbürger abhängig ist oder
3. es sich um eine nahestehende Person im Sinne des § 1 Absatz 2 Nummer 4 Buchstabe c handelt und der Unionsbürger mit ihr im Bundesgebiet nicht nur vorübergehend zusammenleben wird.

(2) Bei der Entscheidung über die Verleihung eines Rechts nach Absatz 1 ist nach einer eingehenden Untersuchung der persönlichen Umstände maßgeblich zu berücksichtigen, ob der Aufenthalt der nahestehenden Person unter Berücksichtigung ihrer Beziehung zum Unionsbürger sowie von anderen Gesichtspunkten, wie dem Grad der finanziellen oder physischen Abhängigkeit oder dem Grad der Verwandtschaft zwischen ihr und dem Unionsbürger, im Hinblick auf einen in Absatz 1 genannten Anlass des Aufenthalts erforderlich ist.
(3) § 3 Absatz 3 findet entsprechende Anwendung.

§ 4 Nicht erwerbstätige Freizügigkeitsberechtigte Nicht erwerbstätige Unionsbürger und ihre Familienangehörigen, die den Unionsbürger begleiten oder ihm nachziehen, haben das Recht nach § 2 Abs. 1, wenn sie über ausreichenden Krankenversicherungsschutz und ausreichende Existenzmittel verfügen. Hält sich der Unionsbürger als Student im Bundesgebiet auf, haben dieses Recht nur sein Ehegatte, Lebenspartner und seine Kinder, denen Unterhalt gewährt wird.

§ 4a Daueraufenthaltsrecht (1) Unionsbürger, die sich seit fünf Jahren ständig rechtmäßig im Bundesgebiet aufgehalten haben, haben unabhängig vom weiteren Vorliegen der Voraussetzungen des § 2 Abs. 2 das Recht auf Einreise und Aufenthalt (Daueraufenthaltsrecht). Ihre Familienangehörigen und nahestehenden Personen, die Inhaber eines Rechts nach § 3a Absatz 1 sind, die nicht Unionsbürger sind, haben dieses Recht, wenn sie sich seit fünf Jahren mit dem Unionsbürger ständig rechtmäßig im Bundesgebiet aufgehalten haben.

(2) Abweichend von Absatz 1 haben Unionsbürger nach § 2 Abs. 2 Nr. 1 bis 3 vor Ablauf von fünf Jahren das Daueraufenthaltsrecht, wenn sie

1. sich mindestens drei Jahre ständig im Bundesgebiet aufgehalten und mindestens während der letzten zwölf Monate im Bundesgebiet eine Erwerbstätigkeit ausgeübt haben und
   a) zum Zeitpunkt des Ausscheidens aus dem Erwerbsleben das 65. Lebensjahr erreicht haben oder
   b) ihre Beschäftigung im Rahmen einer Vorruhestandsregelung beenden oder
2. ihre Erwerbstätigkeit infolge einer vollen Erwerbsminderung aufgeben,
   a) die durch einen Arbeitsunfall oder eine Berufskrankheit eingetreten ist und einen Anspruch auf eine Rente gegenüber einem Leistungsträger im Bundesgebiet begründet oder
   b) nachdem sie sich zuvor mindestens zwei Jahre ständig im Bundesgebiet aufgehalten haben oder
3. drei Jahre ständig im Bundesgebiet erwerbstätig waren und anschließend in einem anderen Mitgliedstaat der Europäischen Union erwerbstätig sind, ihren Wohnsitz im Bundesgebiet beibehalten und mindestens einmal in der Woche dorthin zurückkehren; für den Erwerb des Rechts nach den Nummern 1 und 2 gelten die Zeiten der Erwerbstätigkeit in einem anderen Mitgliedstaat der Europäischen Union als Zeiten der Erwerbstätigkeit im Bundesgebiet.

Soweit der Ehegatte oder der Lebenspartner des Unionsbürgers Deutscher nach Artikel 116 des Grundgesetzes ist oder diese Rechtsstellung durch Eheschließung mit dem Unionsbürger bis zum 31. März 1953 verloren hat, entfallen in Satz 1 Nr. 1 und 2 die Voraussetzungen der Aufenthaltsdauer und der Dauer der Erwerbstätigkeit.

(3) Familienangehörige und nahestehende Personen eines verstorbenen Unionsbürgers nach § 2 Abs. 2 Nr. 1 bis 3, die im Zeitpunkt seines Todes bei ihm ihren ständigen Aufenthalt hatten, haben das Daueraufenthaltsrecht, wenn

1. der Unionsbürger sich im Zeitpunkt seines Todes seit mindestens zwei Jahren im Bundesgebiet ständig aufgehalten hat,
2. der Unionsbürger infolge eines Arbeitsunfalls oder einer Berufskrankheit gestorben ist oder
3. der überlebende Ehegatte oder Lebenspartner des Unionsbürgers Deutscher nach Artikel 116 des Grundgesetzes ist oder diese Rechtsstellung durch Eheschließung mit dem Unionsbürger vor dem 31. März 1953 verloren hat.

(4) Die Familienangehörigen und die nahestehenden Personen eines Unionsbürgers, der das Daueraufenthaltsrecht nach Absatz 2 erworben hat, haben ebenfalls das Daueraufenthaltsrecht, wenn sie bei dem Unionsbürger ihren ständigen Aufenthalt haben.

(5) Familienangehörige nach § 3 Absatz 2 bis 4 und nahestehende Personen nach § 3a Absatz 3 erwerben das Daueraufenthaltsrecht, wenn sie sich fünf Jahre ständig rechtmäßig im Bundesgebiet aufhalten.

(6) Der ständige Aufenthalt wird nicht berührt durch

1. Abwesenheiten bis zu insgesamt sechs Monaten im Jahr oder
2. Abwesenheit zur Ableistung des Wehrdienstes oder eines Ersatzdienstes sowie

3. eine einmalige Abwesenheit von bis zu zwölf aufeinander folgenden Monaten aus wichtigem Grund, insbesondere auf Grund einer Schwangerschaft und Entbindung, schweren Krankheit, eines Studiums, einer Berufsausbildung oder einer beruflichen Entsendung.

(7) Eine Abwesenheit aus einem seiner Natur nach nicht nur vorübergehenden Grund von mehr als zwei aufeinander folgenden Jahren führt zum Verlust des Daueraufenthaltsrechts.

§ 5 Aufenthaltskarten, Bescheinigung über das Daueraufenthaltsrecht (1) Freizügigkeitsberechtigten Familienangehörigen, die nicht Unionsbürger sind, wird von Amts wegen innerhalb von sechs Monaten, nachdem sie die erforderlichen Angaben gemacht haben, eine Aufenthaltskarte für Familienangehörige von Unionsbürgern ausgestellt, die fünf Jahre gültig sein soll. Eine Bescheinigung darüber, dass die erforderlichen Angaben gemacht worden sind, erhält der Familienangehörige unverzüglich.

(2) Die zuständige Ausländerbehörde kann verlangen, dass die Voraussetzungen des Rechts nach § 2 Abs. 1 drei Monate nach der Einreise glaubhaft gemacht werden. Für die Glaubhaftmachung erforderliche Angaben und Nachweise können von der zuständigen Meldebehörde bei der meldebehördlichen Anmeldung entgegengenommen werden. Diese leitet die Angaben und Nachweise an die zuständige Ausländerbehörde weiter. Eine darüber hinausgehende Verarbeitung oder Nutzung durch die Meldebehörde erfolgt nicht.

(3) Das Vorliegen oder der Fortbestand der Voraussetzungen des Rechts nach § 2 Absatz 1 kann aus besonderem Anlass überprüft werden.

(4) Sind die Voraussetzungen des Rechts nach § 2 Abs. 1 innerhalb von fünf Jahren nach Begründung des ständigen Aufenthalts im Bundesgebiet entfallen, kann der Verlust des Rechts nach § 2 Abs. 1 festgestellt und bei Familienangehörigen, die nicht Unionsbürger sind, die Aufenthaltskarte eingezogen werden. § 4a Abs. 6 gilt entsprechend.

(5) Auf Antrag wird Unionsbürgern unverzüglich ihr Daueraufenthaltsrecht bescheinigt. Ihren daueraufenthaltsberechtigten Familienangehörigen, die nicht Unionsbürger sind, wird innerhalb von sechs Monaten nach Antragstellung eine Daueraufenthaltskarte ausgestellt.

(6) Für den Verlust des Daueraufenthaltsrechts nach § 4a Abs. 7 gilt Absatz 4 Satz 1 entsprechend.

(7) Bei Verleihung des Rechts nach § 3a Absatz 1 stellt die zuständige Behörde eine Aufenthaltskarte für nahestehende Personen, die nicht Unionsbürger sind, aus, die fünf Jahre gültig sein soll. Die Inhaber des Rechts dürfen eine Erwerbstätigkeit ausüben. Absatz 5 Satz 2 findet entsprechende Anwendung.

§ 5a Vorlage von Dokumenten (1) Die zuständige Behörde darf in den Fällen des § 5 Absatz 2 von einem Unionsbürger den gültigen Personalausweis oder Reisepass und im Fall des

1. § 2 Abs. 2 Nr. 1 eine Einstellungsbestätigung oder eine Beschäftigungsbescheinigung des Arbeitgebers,
2. § 2 Abs. 2 Nr. 2 einen Nachweis über seine selbständige Tätigkeit,

3. § 2 Abs. 2 Nr. 5 einen Nachweis über ausreichenden Krankenversicherungsschutz und ausreichende Existenzmittel

verlangen. Ein nicht erwerbstätiger Unionsbürger im Sinne des § 2 Abs. 2 Nr. 5, der eine Bescheinigung vorlegt, dass er im Bundesgebiet eine Hochschule oder andere Ausbildungseinrichtung besucht, muss die Voraussetzungen nach Satz 1 Nr. 3 nur glaubhaft machen.

(2) Die zuständige Behörde darf von Familienangehörigen in den Fällen des § 5 Absatz 2 oder für die Ausstellung der Aufenthaltskarte einen anerkannten oder sonst zugelassenen gültigen Pass oder Passersatz und zusätzlich Folgendes verlangen:

1. einen Nachweis über das Bestehen der familiären Beziehung, bei Verwandten in absteigender und aufsteigender Linie einen urkundlichen Nachweis über Voraussetzungen des § 1 Absatz 2 Nummer 3,
2. eine Meldebestätigung des Unionsbürgers, den die Familienangehörigen begleiten oder dem sie nachziehen.

(3) Die zuständige Behörde verlangt in den Fällen des § 3a für die Ausstellung der Aufenthaltskarte über die in Absatz 2 genannten Nachweise hinaus

1. ein durch die zuständige Behörde des Ursprungs- oder Herkunfslands ausgestelltes Dokument, aus dem hervorgeht,
   a) in Fällen nach § 3a Absatz 1 Nummer 1 Buchstabe a, dass und seit wann die nahestehende Person vom Unionsbürger Unterhalt bezieht,
   b) in Fällen nach § 3a Absatz 1 Nummer 1 Buchstabe b, dass und wie lange die nahestehende Person mit dem Unionsbürger in häuslicher Gemeinschaft gelebt hat,
2. in Fällen nach § 3a Absatz 1 Nummer 1 Buchstabe c den Nachweis schwerwiegender gesundheitlicher Gründe, die die persönliche Pflege der nahestehenden Person durch den Unionsbürger zwingend erforderlich machen,
3. in Fällen nach § 3a Absatz 1 Nummer 2 den urkundlichen Nachweis des Bestehens der Vormundschaft oder des Pflegekindverhältnisses sowie einen Nachweis der Abhängigkeit der nahestehenden Person vom Unionsbürger und
4. in den Fällen von § 3a Absatz 1 Nummer 3 den Nachweis über die Umstände für das Bestehen einer dauerhaften Beziehung nach § 1 Absatz 2 Nummer 4 Buchstabe c zwischen dem Unionsbürger und der nahestehenden Person.

§ 6 Verlust des Rechts auf Einreise und Aufenthalt (1) Der Verlust des Rechts nach § 2 Abs. 1 kann unbeschadet des § 2 Absatz 4 und des § 5 Absatz 4 nur aus Gründen der öffentlichen Ordnung, Sicherheit oder Gesundheit (Artikel 45 Absatz 3, Artikel 52 Absatz 1 des Vertrages über die Arbeitsweise der Europäischen Union) festgestellt und die Bescheinigung über das Daueraufenthaltsrecht oder die Aufenthaltskarte oder Daueraufenthaltskarte eingezogen werden. Aus den in Satz 1 genannten Gründen kann auch die Einreise verweigert werden. Die Feststellung aus Gründen der öffentlichen Gesundheit kann nur erfolgen, wenn es sich um Krankheiten mit epidemischem Potenzial im Sinne der einschlägigen Rechtsinstrumente der Weltgesundheitsorganisation und sonstige übertragbare, durch Infektionserreger oder Parasiten verursachte Krankheiten handelt, sofern gegen diese Krankheiten Maßnahmen im Bundesgebiet getroffen werden. Krankheiten, die nach Ablauf einer Frist von drei Monaten ab dem Zeitpunkt der Einreise auftreten, stellen keinen Grund für eine Feststellung nach Satz 1 dar.

(2) Die Tatsache einer strafrechtlichen Verurteilung genügt für sich allein nicht, um die in Absatz 1 genannten Entscheidungen oder Maßnahmen zu begründen. Es dürfen nur im Bundeszentralregister noch nicht getilgte strafrechtliche Verurteilungen und diese nur insoweit berücksichtigt werden, als die ihnen zu Grunde liegenden Umstände ein persönliches Verhalten erkennen lassen, das eine gegenwärtige Gefährdung der öffentlichen Ordnung darstellt. Es muss eine tatsächliche und hinreichend schwere Gefährdung vorliegen, die ein Grundinteresse der Gesellschaft berührt.

(3) Bei der Entscheidung nach Absatz 1 sind insbesondere die Dauer des Aufenthalts des Betroffenen in Deutschland, sein Alter, sein Gesundheitszustand, seine familiäre und wirtschaftliche Lage, seine soziale und kulturelle Integration in Deutschland und das Ausmaß seiner Bindungen zum Herkunftsstaat zu berücksichtigen.

(4) Eine Feststellung nach Absatz 1 darf nach Erwerb des Daueraufenthaltsrechts nur aus schwerwiegenden Gründen getroffen werden.

(5) Eine Feststellung nach Absatz 1 darf bei Unionsbürgern und ihren Familienangehörigen, die ihren Aufenthalt in den letzten zehn Jahren im Bundesgebiet hatten, und bei Minderjährigen nur aus zwingenden Gründen der öffentlichen Sicherheit getroffen werden. Für Minderjährige gilt dies nicht, wenn der Verlust des Aufenthaltsrechts zum Wohl des Kindes notwendig ist. Zwingende Gründe der öffentlichen Sicherheit können nur dann vorliegen, wenn der Betroffene wegen einer oder mehrer vorsätzlicher Straftaten rechtskräftig zu einer Freiheits- oder Jugendstrafe von mindestens fünf Jahren verurteilt oder bei der letzten rechtskräftigen Verurteilung Sicherungsverwahrung angeordnet wurde, wenn die Sicherheit der Bundesrepublik Deutschland betroffen ist oder wenn vom Betroffenen eine terroristische Gefahr ausgeht.

(6) Die Entscheidungen oder Maßnahmen, die den Verlust den Aufenthaltsrechts oder des Daueraufenthaltsrechts betreffen, dürfen nicht zu wirtschaftlichen Zwecken getroffen werden.

(7) Wird der Pass, Personalausweis oder sonstige Passersatz ungültig, so kann dies die Aufenthaltsbeendigung nicht begründen.

(8) Vor der Feststellung nach Absatz 1 soll der Betroffene angehört werden. Die Feststellung bedarf der Schriftform.

(9) Die Absätze 1 bis 8 finden auf Personen, die ein Recht zur Einreise und zum Aufenthalt im Bundesgebiet nach § 3a Absatz 1 haben, entsprechende Anwendung.

§ 7 **Ausreisepflicht** (1) Unionsbürger oder ihre Familienangehörigen sind ausreisepflichtig, wenn die Ausländerbehörde festgestellt hat, dass das Recht auf Einreise und Aufenthalt nicht besteht. In dem Bescheid soll die Abschiebung angedroht und eine Ausreisefrist gesetzt werden. Außer in dringenden Fällen muss die Frist mindestens einen Monat betragen. Wird ein Antrag nach § 80 Abs. 5 der Verwaltungsgerichtsordnung gestellt, darf die Abschiebung nicht erfolgen, bevor über den Antrag entschieden wurde.

(2) Personen, die ihr Recht nach § 2 Absatz 1 oder ihr Recht nach § 3a Absatz 1 nach § 6 Absatz 1 verloren haben, soll untersagt werden, erneut in das Bundesgebiet einzureisen und sich darin aufzuhalten. Personen, bei denen das Nichtbestehen des Freizügigkeitsrechts nach § 2 Absatz 4 festgestellt worden ist, kann untersagt werden, erneut in das Bundesgebiet einzureisen und sich darin aufzuhalten. Personen nach Satz 2 soll untersagt werden, erneut in das Bundesgebiet einzureisen und sich darin aufzuhalten, wenn ein besonders schwerer Fall, insbesondere ein wiederholtes Vortäuschen des Vorliegens der Voraussetzungen des Rechts auf Einreise und Aufenthalt, vorliegt oder wenn der Aufenthalt dieser Personen die öffentliche Ordnung und Sicherheit der Bundesrepublik Deutschland in erheblicher Weise beeinträchtigt. Bei einer Entscheidung nach den Sätzen 1 bis 3 ist § 6 Absatz 3, 6 und 8 entsprechend anzuwenden. Das Verbot nach den Sätzen 1 bis 3 wird von Amts wegen befristet. Die Frist ist unter Berücksichtigung der Umstände des Einzelfalles auf Grund der auf Tatsachen gestützten Annahme der künftig von einem Aufenthalt der Person innerhalb der Europäischen Union und der Schengen-Staaten ausgehenden Gefahren für die öffentliche Ordnung und Sicherheit festzusetzen und darf fünf Jahre nur in den Fällen des § 6 Absatz 1 überschreiten. Die Frist beginnt mit der Ausreise. Ein nach angemessener Frist oder nach drei Jahren gestellter Antrag auf Aufhebung oder auf Verkürzung der festgesetzten Frist ist innerhalb von sechs Monaten zu bescheiden.

§ 8 Ausweispflicht (1) Die Personen, deren Einreise und Aufenthalt nach § 1 Absatz 1 durch dieses Gesetz geregelt ist, sind verpflichtet,
1. bei der Einreise in das oder der Ausreise aus dem Bundesgebiet einen Pass oder anerkannten Passersatz
   a) mit sich zu führen und
   b) einem zuständigen Beamten auf Verlangen zur Prüfung vorzulegen,
2. für die Dauer des Aufenthalts im Bundesgebiet den erforderlichen Pass oder Passersatz zu besitzen,
3. den Pass oder Passersatz sowie die Aufenthaltskarte, die Bescheinigung des Daueraufenthalts oder die Daueraufenthaltskarte den mit der Ausführung dieses Gesetzes betrauten Behörden auf Verlangen vorzulegen, auszuhändigen und vorübergehend zu überlassen, soweit dies zur Durchführung oder Sicherung von Maßnahmen nach diesem Gesetz erforderlich ist.

(1 a) Die Personen, deren Einreise und Aufenthalt nach § 1 Absatz 1 durch dieses Gesetz geregelt ist, sind verpflichtet, die in Absatz 1 Nummer 3 genannten Dokumente auf Verlangen einer zur Überprüfung der Identität befugten Behörde vorzulegen und es ihr zu ermöglichen, das Gesicht mit dem Lichtbild im Dokument abzugleichen.

(2) Die mit dem Vollzug dieses Gesetzes betrauten Behörden dürfen unter den Voraussetzungen des Absatzes 1 Nr. 3 die auf dem elektronischen Speicher- und Verarbeitungsmedium eines Dokumentes nach Absatz 1 gespeicherten biometrischen und sonstigen Daten auslesen, die benötigten biometrischen Daten beim Inhaber des Dokumentes erheben und die biometrischen Daten miteinander vergleichen. Biometrische Daten nach Satz 1 sind nur die Fingerabdrücke, das Lichtbild und die Irisbilder. Die Polizeivollzugsbehörden, die Zollverwaltung und die Meldebe-

hörden sind befugt, Maßnahmen nach Satz 1 zu treffen, soweit sie die Echtheit des Dokumentes oder die Identität des Inhabers überprüfen dürfen. Die nach den Sätzen 1 und 3 erhobenen Daten sind unverzüglich nach Beendigung der Prüfung der Echtheit des Dokumentes oder der Identität des Inhabers zu löschen.

§ 9 Strafvorschriften (1) Mit Freiheitsstrafe mit bis zu drei Jahren oder mit Geldstrafe wird bestraft, wer unrichtige oder unvollständige Angaben macht oder benutzt, um für sich oder einen anderen eine Aufenthaltskarte, eine Daueraufenthaltskarte, eine Bescheinigung über das Daueraufenthaltsrecht, ein Aufenthaltsdokument-GB oder ein Aufenthaltsdokument für Grenzgänger-GB zu beschaffen oder eine so beschaffte Urkunde wissentlich zur Täuschung im Rechtsverkehr gebraucht.
(2) Mit Freiheitsstrafe bis zu einem Jahr oder mit Geldstrafe wird bestraft, wer entgegen § 7 Abs. 2 Satz 1 in das Bundesgebiet einreist oder sich darin aufhält.
(3) Gegenständige, auf die sich eine Straftat nach Absatz 1 bezieht, können eingezogen werden.

§ 10 Bußgeldvorschriften (1) Ordnungswidrig handelt, wer
1. entgegen § 8 Absatz 1 Nummer 1 Buchstabe b oder Nummer 3 ein dort genanntes Dokument nicht oder nicht rechtzeitig vorlegt oder
2. entgegen § 8 Absatz 1a ein dort genanntes Dokument nicht oder nicht rechtzeitig vorlegt oder einen Abgleich mit dem Lichtbild nicht oder nicht rechtzeitig ermöglicht.

(2) Ordnungswidrig handelt, wer vorsätzlich oder leichtfertig entgegen § 8 Abs. 1 Nr. 2 einen Pass oder Passersatz nicht besitzt.
(3) Ordnungswidrig handelt, wer vorsätzlich oder fahrlässig entgegen § 8 Abs. 1 Nr. 1 Buchstabe a einen Pass oder Passersatz nicht mit sich führt.
(4) Die Ordnungswidrigkeit kann in den Fällen der Absätze 1 und 3 mit einer Geldbuße bis zu dreitausend Euro, in den übrigen Fällen mit einer Geldbuße bis zu tausend Euro geahndet werden.
(5) Verwaltungsbehörde im Sinne des § 36 Abs. 1 Nr. 1 des Gesetzes über Ordnungswidrigkeiten ist in den Fällen der Absätze 1 und 3 die in der Rechtsverordnung nach § 58 Abs. 1 des Bundespolizeigesetzes bestimmte Bundespolizeibehörde.

§ 11 Anwendung des Aufenthaltsgesetzes (1) Auf die Personen, deren Einreise und Aufenthalt nach § 1 Absatz 1 durch dieses Gesetz geregelt ist, finden § 3 Absatz 2, § 11 Absatz 8, die §§ 13, 14 Absatz 2, § 44 Absatz 4, die §§ 45a, 46 Absatz 2, § 50 Absatz 3 bis 6, § 59 Absatz 1 Satz 6 und 7, die §§ 69, 71 Absatz 2 und 3 Nummer 2 erste Alternative, die §§ 73, 74 Absatz 2, § 77 Absatz 1, die §§ 80, 82 Absatz 5, die §§ 85 bis 88, 90, 91, 95 Absatz 1 Nummer 4 und 8, Absatz 2 Nummer 2, Absatz 4, die §§ 96, 97, 98 Absatz 2 Nummer 2, Absatz 2a, 3 Nummer 3, Absatz 4 und 5 sowie § 99 des Aufenthaltsgesetzes entsprechende Anwendung.
(2) § 73 des Aufenthaltsgesetzes ist nur zur Feststellung von Gründen gemäß § 6 Absatz 1, hiervon abweichend in den Fällen des Absatzes 8 Satz 1 und des Absatzes 12 Satz 2 ohne Einschränkung anzuwenden.

(3) § 78 des Aufenthaltsgesetzes ist für die Ausstellung von Aufenthaltskarten, Daueraufenthaltskarten, Aufenthaltsdokumenten-GB und Aufenthaltsdokumenten für Grenzgänger-GB entsprechend anzuwenden. Auf die Angaben nach § 78 Absatz 1 Satz 3 Nummer 10 und 11 des Aufenthaltsgesetzes wird verzichtet, soweit zum Zeitpunkt der Veranlassung der Ausstellung ein anerkannter und gültiger ausländischer Pass vorhanden ist. Sie tragen die nach Maßgabe der nach den §§ 11a und 99 Absatz 1 Nummer 13a Satz 1 des Aufenthaltsgesetzes erlassenen Rechtsverordnung festgelegten Bezeichnungen. In der Zone für das automatische Lesen wird anstelle der Abkürzungen nach § 78 Absatz 2 Satz 2 Nummer 1 des Aufenthaltsgesetzes in Aufenthaltskarten und Daueraufenthaltskarten die Abkürzung »AF« und in Aufenthaltsdokumenten-GB und Aufenthaltsdokumenten für Grenzgänger-GB die Abkürzung »AR« verwendet.

(4) Eine Fiktionsbescheinigung nach § 81 Absatz 5 des Aufenthaltsgesetzes ist auf Antrag auszustellen, wenn nach diesem Gesetz von Amts wegen eine Aufenthaltskarte, ein Aufenthaltsdokument-GB oder ein Aufenthaltsdokument für Grenzgänger-GB auszustellen ist und ein Dokument mit elektronischem Speicher- und Verarbeitungsmedium noch nicht zur Überlassung an den Inhaber bereitsteht. In Fällen, in denen ein Recht auf Einreise und Aufenthalt nach diesem Gesetz nur auf Antrag besteht, findet § 81 des Aufenthaltsgesetzes entsprechende Anwendung.

(5) § 5 Absatz 1, 2 und 4, § 6 Absatz 3 Satz 2 und 3, § 7 Absatz 2 Satz 2 und § 82 Absatz 1 und 2 des Aufenthaltsgesetzes sowie § 82 Absatz 3 des Aufenthaltsgesetzes, soweit er sich auf § 82 Absatz 1 des Aufenthaltsgesetzes bezieht, sind in den Fällen des § 3a entsprechend anzuwenden.

(6) § 82 Absatz 4 des Aufenthaltsgesetzes ist in den Fällen des Absatzes 8 Satz 1 und des Absatzes 12 Satz 2 entsprechend anzuwenden.

(7) Die Mitteilungspflichten nach § 87 Absatz 2 Satz 1 Nummer 1 bis 3 des Aufenthaltsgesetzes bestehen insoweit entsprechend, als die dort genannten Umstände auch für die Feststellung nach § 2 Absatz 4, § 5 Absatz 4 und § 6 Absatz 1 entscheidungserheblich sein können. Sie bestehen in den Fällen des Absatzes 8 Satz 1 und des Absatzes 12 Satz 2 ohne diese Einschränkung.

(8) Auf den Aufenthalt von Personen, die

1. sich selbst als Familienangehörige im Bundesgebiet aufgehalten haben und nach § 3 Absatz 2 nach dem Tod eines Unionsbürgers ein Aufenthaltsrecht behalten,
2. nicht Unionsbürger sind, sich selbst als Ehegatten oder Lebenspartner im Bundesgebiet aufgehalten haben, und die nach der Scheidung oder Aufhebung der Ehe oder Aufhebung der Lebenspartnerschaft nach § 3 Absatz 4 ein Aufenthaltsrecht behalten, oder
3. sich als nahestehende Personen eines verstorbenen Unionsbürgers auf Grund eines Rechts zur Einreise und zum Aufenthalt im Bundesgebiet nach § 3a Absatz 3 in Verbindung mit § 3 Absatz 2 im Bundesgebiet aufgehalten haben,

sind die §§ 6 und 7 nicht anzuwenden. Insoweit findet das Aufenthaltsgesetz entsprechende Anwendung. Auf den Aufenthalt von Familienangehörigen der in Satz 1 genannten Personen ist § 3 Absatz 1 nicht anzuwenden. Die Regelungen des Aufenthaltsgesetzes zum Familiennachzug zu Inhabern von Aufenthaltserlaubnissen aus familiären Gründen sind auf den Familiennachzug zu den in Satz 1 Nummer 1 und 2 genannten Personen sowie auf den Familiennachzug zu solchen nahestehenden Personen eines Unionsbürgers, denen ein Recht auf Einreise und Aufenthalt im Bundesgebiet nach § 3a verliehen wurde, entsprechend anzuwenden.

(9) § 3 Absatz 1 ist für den Aufenthalt von Familienangehörigen von Personen nicht anzuwenden, die selbst Familienangehörige oder nahestehende Personen und nicht Unionsbürger sind und nach § 4a Absatz 1 Satz 2 ein Daueraufenthaltsrecht haben. Insoweit sind die Vorschriften des Aufenthaltsgesetzes zum Familiennachzug zu Inhabern einer Erlaubnis zum Daueraufenthalt – EU entsprechend anzuwenden.

(10) Sofern Familienangehörige von Personen, die ein in § 16 Absatz 1 und 2 genanntes Recht zum Aufenthalt in der Bundesrepublik Deutschland ausüben, kein Recht zum Aufenthalt in der Bundesrepublik Deutschland haben, das nach dem Austrittsabkommen geregelt ist, finden die Vorschriften des Aufenthaltsgesetzes zum Familiennachzug entsprechende Anwendung. Dabei werden gleichgestellt

1. Inhaber eines Daueraufenthaltsrechts nach Artikel 15 des Austrittsabkommens den Inhabern einer Erlaubnis zum Daueraufenthalt – EU,
2. Inhaber eines anderen Aufenthaltsrechts nach dem Austrittsabkommen, die britische Staatsangehörige sind, den Inhabern einer Blauen Karte EU und
3. Inhaber eines anderen Aufenthaltsrechts nach dem Austrittsabkommen, die weder britische Staatsangehörige noch Unionsbürger sind, den Inhabern einer Aufenthaltserlaubnis aus familiären Gründen.

(11) § 3a und die übrigen Bestimmungen dieses Gesetzes und des Aufenthaltsgesetzes, die in Fällen des § 3a dieses Gesetzes gelten, sind auf nahestehende Personen britischer Staatsangehöriger entsprechend anzuwenden, wenn die britischen Staatsangehörigen ein in § 16 Absatz 1 genanntes Aufenthaltsrecht im Bundesgebiet ausüben und wenn und solange die Voraussetzungen des Artikels 10 Absatz 2, 3 oder 4 des Austrittsabkommens erfüllt sind.

(12) Die §§ 6 und 7 finden nach Maßgabe des Artikels 20 Absatz 1 des Austrittsabkommens entsprechende Anwendung, wenn ein Verhalten, auf Grund dessen eine Beendigung des Aufenthalts eines Inhabers eines Rechts nach § 16 erfolgt oder durchgesetzt wird, vor dem Ende des Übergangszeitraums stattgefunden hat. Im Übrigen findet hinsichtlich der Beendigung des Aufenthalts von Inhabern eines Rechts nach § 16 das Aufenthaltsgesetz Anwendung. § 52 des Verwaltungsverfahrensgesetzes findet entsprechende Anwendung.

(13) § 88a Absatz 1 Satz 1, 3 und 4 des Aufenthaltsgesetzes findet entsprechende Anwendung, soweit die Übermittlung von teilnehmerbezogenen Daten im Rahmen der Durchführung von Integrationskursen nach § 44 Absatz 4 des Aufenthaltsgesetzes, zur Überwachung einer Eingliederungsvereinbarung nach dem Zweiten Buch Sozialgesetzbuch in der bis zum 30. Juni 2023 ggültigen Fassung oder eines Kooperationsplans nach dem Zweiten Buch Sozialgesetzbuch in der ab dem 1. Juli 2023 ggültigen Fassung oder zur Durchführung des Einbürgerungsverfahrens erforderlich ist.

(14) Das Aufenthaltsgesetz findet auch dann Anwendung, wenn es eine günstigere Rechtsstellung vermittelt als dieses Gesetz. Hat die Ausländerbehörde das Nichtbestehen oder den Verlust des Rechts nach § 2 Absatz 1 festgestellt, findet das

Aufenthaltsgesetz Anwendung, sofern dieses Gesetz keine besonderen Regelungen trifft.
(15) Zeiten des rechtmäßigen Aufenthalts nach diesem Gesetz unter fünf Jahren entsprechen den Zeiten des Besitzes einer Aufenthaltserlaubnis. Zeiten des rechtmäßigen Aufenthalts nach diesem Gesetz über fünf Jahren entsprechen dem Besitz einer Niederlassungserlaubnis.

§ 11a Verordnungsermächtigung Das Bundesministerium des Innern, für Bau und Heimat wird ermächtigt, durch Rechtsverordnung mit Zustimmung des Bundesrates die Einzelheiten der Ausstellung von Aufenthaltskarten nach § 5 Absatz 1 Satz 1 und Absatz 7 Satz 1, Daueraufenthaltskarten nach § 5 Absatz 5 Satz 2, Aufenthaltsdokumenten-GB nach § 16 Absatz 2 Satz 1 und Aufenthaltsdokumenten für Grenzgänger-GB nach § 16 Absatz 3 entsprechend § 99 Absatz 1 Nummer 13a Satz 1 des Aufenthaltsgesetzes sowie Einzelheiten des Prüfverfahrens entsprechend § 34 Nummer 4 des Personalausweisgesetzes und Einzelheiten zum elektronischen Identitätsnachweis entsprechend § 34 Nummer 5 bis 7 des Personalausweisgesetzes festzulegen.

§ 12 Staatsangehörige der EWR-Staaten Die nach diesem Gesetz für Unionsbürger, Familienangehörige von Unionsbürgern und nahestehende Personen von Unionsbürgern geltenden Regelungen finden jeweils auch für Staatsangehörige der EWR-Staaten, die nicht Unionsbürger sind, und für ihre Familienangehörigen und ihre nahestehenden Personen Anwendung.

§ 12a Unionsrechtliches Aufenthaltsrecht Auf Familienangehörige und nahestehende Personen von Deutschen, die von ihrem Recht auf Freizügigkeit nach Artikel 21 des Vertrages über die Arbeitsweise der Europäischen Union nachhaltig Gebrauch gemacht haben, finden die nach diesem Gesetz für Familienangehörige und für nahestehende Personen von Unionsbürgern geltenden Regelungen entsprechende Anwendung.

§ 13 Staatsangehörige der Beitrittsstaaten Soweit nach Maßgabe des Beitrittsvertrages eines Mitgliedstaates zur Europäischen Union abweichende Regelungen anzuwenden sind, findet dieses Gesetz Anwendung, wenn die Beschäftigung durch die Bundesagentur für Arbeit nach § 284 Absatz 1 des Dritten Buches Sozialgesetzbuch genehmigt wurde.

§ 14 Bestimmungen zum Verwaltungsverfahren Von den in § 11 Abs. 1 in Verbindung mit § 87 Absatz 1, 2 Satz 1 und 2, Absatz 4 Satz 1, 3 und 5, §§ 90, 91 Abs. 1 und 2, § 99 Abs. 1 und 2 des Aufenthaltsgesetzes getroffenen Regelungen des Verwaltungsverfahrens kann durch Landesrecht nicht abgewichen werden. Dies gilt nicht im Hinblick auf Verfahren im Zusammenhang mit Aufenthaltsrechten nach § 3a und mit den in den §§ 12a und 16 geregelten Aufenthaltsrechten.

§ 15 Übergangsregelung Eine vor dem 28. August 2007 ausgestellte Aufenthaltserlaubnis-EU gilt als Aufenthaltskarte für Familienangehörige eines Unionsbürgers fort.

…

9b. Asylgesetz

vom 26. Juni 1992 (BGBl. I 1126),
in der Fassung der Bekanntmachung vom 2. September 2008 (BGBl. I 1798),
zuletzt geändert durch Gesetz vom 22. Dezember 2025 (BGBl. 2025 I Nr. 364)
(Abgedruckte Vorschriften: §§ 55, 61)

Einleitung

(siehe bei Nr. 9, II 3)

Gesetzestext

§ 55 Aufenthaltsgestattung (1) Einem Ausländer, der um Asyl nachsucht, ist zur Durchführung des Asylverfahrens der Aufenthalt im Bundesgebiet ab Ausstellung des Ankunftsnachweises gemäß § 63a Absatz 1 gestattet (Aufenthaltsgestattung). Er hat keinen Anspruch darauf, sich in einem bestimmten Land oder an einem bestimmten Ort aufzuhalten. In den Fällen, in denen kein Ankunftsnachweis ausgestellt wird, entsteht die Aufenthaltsgestattung mit der Stellung des Asylantrags.
(2) Mit der Stellung eines Asylantrags erlöschen eine Befreiung vom Erfordernis eines Aufenthaltstitels und ein Aufenthaltstitel mit einer Gesamtgeltungsdauer bis zu sechs Monaten sowie die in § 81 Abs. 3 und 4 des Aufenthaltsgesetzes bezeichneten Wirkungen eines Antrags auf Erteilung eines Aufenthaltstitels. § 81 Abs. 4 des Aufenthaltsgesetzes bleibt unberührt, wenn der Ausländer einen Aufenthaltstitel mit einer Gesamtgeltungsdauer von mehr als sechs Monaten besessen und dessen Verlängerung beantragt hat.
(3) Soweit der Erwerb oder die Ausübung eines Rechtes oder einer Vergünstigung von der Dauer des Aufenthalts im Bundesgebiet abhängig ist, wird die Zeit eines Aufenthalts nach Absatz 1 nur angerechnet, wenn der Ausländer als Asylberechtigter anerkannt ist oder ihm internationaler Schutz im Sinne des § 1 Absatz 1 Nummer 2 zuerkannt wurde.

§ 61 Erwerbstätigkeit[1] (1) Für die Dauer der Pflicht, in einer Aufnahmeeinrichtung zu wohnen, darf der Ausländer keine Erwerbstätigkeit ausüben. Abweichend

---

1 Vgl. **Asylbewerberleistungsgesetz (AsylbLG)** vom 30. 6. 1993 (BGBl. I 1074), zuletzt geändert durch Gesetz vom 22. 12. 2025 (BGBl. 2025 I Nr. 363):
…
§ 5 Arbeitsgelegenheiten (1) In Aufnahmeeinrichtungen im Sinne des § 44 des Asylgesetzes und in vergleichbaren Einrichtungen sollen Arbeitsgelegenheiten insbesondere zur Aufrechterhaltung und Betreibung der Einrichtung zur Verfügung gestellt werden; von der Bereitstellung dieser Arbeitsgelegenheiten unberührt bleibt die Verpflichtung der Leistungsberechtigten, Tätigkeiten der Selbstversorgung zu erledigen. Im Übrigen sollen soweit wie möglich Arbeitsgelegenheiten bei staatlichen, bei kommunalen und bei

von Satz 1 ist dem Ausländer die Ausübung einer Beschäftigung zu erlauben, wenn

1. das Asylverfahren nicht innerhalb von sechs Monaten nach der Stellung des Asylantrags unanfechtbar abgeschlossen ist,
2. die Bundesagentur für Arbeit zugestimmt hat oder durch Rechtsverordnung bestimmt ist, dass die Ausübung der Beschäftigung ohne Zustimmung der Bundesagentur für Arbeit zulässig ist,
3. der Ausländer nicht Staatsangehöriger eines sicheren Herkunfsstaates (§ 29a oder § 29b) ist und
4. der Asylantrag nicht als offensichtlich unbegründet oder als unzulässig abgelehnt wurde, es sei denn das Verwaltungsgericht hat die aufschiebende Wirkung der Klage gegen die Entscheidung des Bundesamtes angeordnet;

Ausländern, die seit mindestens sechs Monaten eine Duldung nach § 60a des Aufenthaltsgesetzes besitzen, soll die Ausübung einer Beschäftigung erlaubt werden, es sei denn, zum Zeitpunkt der Beantragung der Erlaubnis zur Ausübung einer Beschäftigung stehen konkrete Maßnahmen zur Aufenthaltsbeendigung, die in einem hinreichenden sachlichen und zeitlichen Zusammenhang zur Aufenthaltsbeendigung stehen, bevor; diese konkreten Maßnahmen zur Aufenthaltsbeendigung stehen bevor, wenn

1. eine ärztliche Untersuchung zur Feststellung der Reisefähigkeit veranlasst wurde,

---

gemeinnützigen Trägern zur Verfügung gestellt werden, wenn das Arbeitsergebnis er Allgemeinheit dient.

(2) Für die zu leistende Arbeit nach Absatz 1 Satz 1 erster Halbsatz und Absatz 1 Satz 2 wird eine Aufwandsentschädigung von 80 Cent je Stunde ausgezahlt, soweit der Leistungsberechtigte nicht im Einzelfall höhere notwendige Aufwendungen nachweist, die ihm durch die Wahrnehmung der Arbeitsgelegenheit entstehen.

(3) Die Arbeitsgelegenheit ist zeitlich und räumlich so auszugestalten, daß sie auf zumutbare Weise und zumindest stundenweise ausgeübt werden kann. § 11 Absatz 4 des Zwölften Buches Sozialgesetzbuch gilt entsprechend. Ein sonstiger wichtiger Grund im Sinne von § 11 Absatz 4 Satz 1 Nummer 3 des Zwölften Buches Sozialgesetzbuch kann insbesondere auch dann vorliegen, wenn die oder der Leistungsberechtigte eine Beschäftigung auf dem allgemeinen Arbeitsmarkt, eine Berufsausbildung oder ein Studium aufnimmt oder aufgenommen hat.

(4) Arbeitsfähige, nicht erwerbstätige Leistungsberechtigte, die nicht mehr im schulpflichtigen Alter sind, sind zur Wahrnehmung einer zur Verfügung gestellten Arbeitsgelegenheit verpflichtet. Bei unbegründeter Ablehnung einer solchen Tätigkeit besteht nur Anspruch auf Leistungen entsprechend § 1a Absatz 1. Der Leistungsberechtigte ist vorher entsprechend zu belehren.

(5) Ein Arbeitsverhältnis im Sinne des Arbeitsrechts und ein Beschäftigungsverhältnis im Sinne der gesetzlichen Kranken- und Rentenversicherung werden nicht begründet. § 61 Abs. 1 des Asylgesetzes sowie asyl- und ausländerrechtliche Auflagen über das Verbot und die Beschränkung einer Erwerbstätigkeit stehen einer Tätigkeit nach den Absätzen 1 bis 4 nicht entgegen. Die Vorschriften über den Arbeitsschutz sowie über die Grundsätze der Beschränkung der Arbeitnehmerhaftung finden entsprechende Anwendung.

…

§ 8a Meldepflicht Leistungsberechtigte, die eine unselbständige oder selbständige Erwerbstätigkeit aufnehmen, haben dies spätestens am dritten Tag nach Aufnahme der Erwerbstätigkeit der zuständigen Behörde zu melden.

2. der Ausländer einen Antrag zur Förderung mit staatlichen Mitteln einer freiwilligen Ausreise gestellt hat,
3. die Buchung von Transportmitteln für die Abschiebung eingeleitet wurde,
4. vergleichbar konkrete Vorbereitungsmaßnahmen zur Abschiebung des Ausländers eingeleitet wurden, es sei denn, es ist von vornherein absehbar, dass diese nicht zum Erfolg führen, oder
5. ein Verfahren zur Bestimmung des zuständigen Mitgliedstaates gemäß Artikel 20 Absatz 1 der Verordnung (EU) Nr. 604/2013 eingeleitet wurde.

Die §§ 39, 40 Absatz 1 Nummer 1 und Absatz 2 und die §§ 41 und 42 des Aufenthaltsgesetzes gelten entsprechend für Ausländer nach Satz 2.

(2) Im Übrigen kann einem Asylbewerber, der sich seit drei Monaten gestattet im Bundesgebiet aufhält, gemäß § 4a Absatz 4 des Aufenthaltsgesetzes die Ausübung einer Beschäftigung erlaubt werden, wenn die Bundesagentur für Arbeit zugestimmt hat oder durch Rechtsverordnung bestimmt ist, dass die Ausübung der Beschäftigung ohne Zustimmung der Bundesagentur für Arbeit zulässig ist. Ein geduldeter oder rechtmäßiger Voraufenthalt wird auf die Wartezeit nach Satz 1 angerechnet. Die §§ 39, 40 Absatz 1 Nummer 1 und Absatz 2 des Aufenthaltsgesetzes gelten entsprechend. Einem Ausländer aus einem sicheren Herkunftsstaat gemäß § 29a oder § 29b, der nach dem 31. August 2015 einen Asylantrag gestellt hat, darf während des Asylverfahrens die Ausübung einer Beschäftigung nicht erlaubt werden. Absatz 1 Satz 2 bleibt unberührt.

…

9c. Verordnung über die Beschäftigung von Ausländerinnen und Ausländern (Beschäftigungsverordnung – BeschV)

vom 6. Juni 2013 (BGBl. I 1499),
zuletzt geändert durch Verordnung vom 22. Dezember 2025 (BGBl. 2025 I Nr. 355)

Einleitung

(siehe bei Nr. 9, I 2)

Verordnungstext

Teil 1 – Allgemeine Bestimmungen

§ 1 Anwendungsbereich der Verordnung (1) Die Verordnung steuert die Zuordnung ausländischer Arbeitnehmerinnen und Arbeitnehmer und bestimmt, unter welchen Voraussetzungen sie und die bereits in Deutschland lebenden Ausländerinnen und Ausländer zum Arbeitsmarkt zugelassen werden können. Sie regelt, in welchen Fällen

1. ein Aufenthaltstitel, der einer Ausländerin oder einem Ausländer die Ausübung einer Beschäftigung erlaubt, nach § 39 Absatz 1 Satz 1 des Aufenthaltsgesetzes ohne Zustimmung der Bundesagentur für Arbeit erteilt werden kann,
2. die Bundesagentur für Arbeit nach § 39 Absatz 1 Satz 2 des Aufenthaltsgesetzes einem Aufenthaltstitel, der einer Ausländerin oder einem Ausländer die Ausübung einer Beschäftigung erlaubt, zustimmen kann,
3. einer Ausländerin oder einem Ausländer, die oder der im Besitz einer Duldung ist oder anderen Ausländerinnen und Ausländern, die keinen Aufenthaltstitel besitzen, nach § 4a Absatz 4 des Aufenthaltsgesetzes die Ausübung einer Beschäftigung mit oder ohne Zustimmung der Bundesagentur für Arbeit erlaubt werden kann,
4. die Zustimmung der Bundesagentur für Arbeit abweichend von § 39 Absatz 3 des Aufenthaltsgesetzes erteilt werden darf.

(2) Die erstmalige Erteilung der Zustimmung der Bundesagentur für Arbeit setzt in den Fällen der §§ 6, 22a, § 24a und § 26 Absatz 2, in denen die Aufnahme der Beschäftigung nach Vollendung des 45. Lebensjahres der Ausländerin oder des Ausländers erfolgt, eine Höhe des Gehalts von mindestens 55 Prozent der jährlichen Beitragsbemessungsgrenze in der allgemeinen Rentenversicherung voraus, es sei denn, die Ausländerin oder der Ausländer kann den Nachweis über eine angemessene Altersversorgung erbringen. Von den Voraussetzungen nach Satz 1 kann abgesehen werden, wenn ein öffentliches, insbesondere ein regionales, wirtschaftliches oder arbeitsmarktpolitisches Interesse an der Beschäftigung der Ausländerin oder

des Ausländers besteht. Insbesondere kann von den Voraussetzungen nach Satz 1 abgesehen werden, wenn die Gehaltsschwelle nur geringwertig unterschritten oder die Altersgrenze nur geringfügig überschritten wird. In den Fällen des § 26 Absatz 2 kann von den Voraussetzungen nach Satz 1 nur in begründeten Ausnahmefällen abgesehen werden, wenn ein öffentliches Interesse nach Satz 2 besteht; Satz 3 findet keine Anwendung. Das Bundesministerium des Innern und für Heimat gibt das Mindestgehalt für jedes Kalenderjahr jeweils bis zum 31. Dezember des Vorjahres im Bundesanzeiger bekannt.

Teil 2 – Qualifizierte Beschäftigungen

§ 2 Vermittlungsabsprachen (1) Für die Erteilung einer Aufenthaltserlaubnis nach § 16d Absatz 4 Nummer 1 des Aufenthaltsgesetzes kann Ausländerinnen und Ausländern die Zustimmug zur Ausübung einer Beschäftigung erteilt werden, deren Anforderungen in einem Zusammenhang mit den berufsfachlichen Kenntnissen stehen, die in dem nach der Anerkennung ausgeübten Beruf verlangt werden, wenn

1. soweit erforderlich, für diese Beschäftigung eine Berufsausübungserlaubnis erteilt wurde und
2. sie erklären, nach der Einreise im Inland bei der nach den Regelungen des Bundes oder der Länder für die berufliche Anerkennung zuständigen Stelle das Verfahren zur Feststellung der Gleichwertigkeit ihrer ausländischen Berufsqualifikation und, soweit erforderlich, zur Erteilung der Berufsausübungserlaubnis durchzuführen.

Satz 1 gilt in den Fällen von § 16d Absatz 4 Nummer 2 des Aufenthaltsgesetzes auch für weitere im Inland reglementierte Berufe.

(2) Für die Erteilung einer Aufenthaltserlaubnis bei nicht reglementierten Berufen nach § 16d Absatz 4 Nummer 2 des Aufenthaltsgesetzes kann Ausländerinnen und Ausländern die Zustimmung zur Ausübung einer qualifizierten Beschäftigung in ihrem anzuerkennenden Beruf erteilt werden, wenn sie erklären, dass sie nach der Einreise im Inland bei der nach den Regelungen des Bundes oder der Länder für die berufliche Anerkennung zuständigen Stellen das Verfahren zur Feststellung der Gleichwertigkeit ihrer Berufsqualifikation durchführen werden.

(3) Die Zustimmung nach den Absätzen 1 und 2 wird für ein Jahr erteilt. Eine erneute Zustimmung kann nur erteilt werden, wenn das Verfahren zur Feststellung der Gleichwertigkeit der ausländischen Berufsqualifikation oder, soweit erforderlich, zur Erteilung der Berufsausübungserlaubnis bei der nach den Regelungen des Bundes oder der Länder für die berufliche Anerkennung zuständigen Stelle betrieben wird. Das Verfahren umfasst die Teilnahme an Qualifizierungsmaßnahmen einschließlich sich daran anschließender Prüfungen, die für die Feststellung der Gleichwertigkeit oder die Erteilung der Berufsausübungserlaubnis erfoderlich sind.

§ 2a Anerkennungspartnerschaft (1) Die Zustimmung kann für eine Aufenthaltserlaubnis nach § 16d Absatz 3 des Aufenthaltsgesetzes erteilt werden, wenn die

Anforderungen an die bis zur Feststellung der Gleichwertigkeit der Berufsqualifikation oder zur Erteilung der Berufsausübungserlaubnis ausgeübte Beschäftigung

1. in einem berufsfachlichen Zusammenhang mit der ausländischen Berufsqualifikation stehen und
2. ein Anerkennungsverfahren für einen Beruf in derselben Berufsgruppe erfolgen soll, in der die Beschäftigung ausgeübt wird.

§ 2 Absatz 1 Satz 1 Nummer 1 gilt entsprechend.

(2) Die Zustimmung wird für höchstens ein Jahr erteilt. Sie kann nur dann erneut erteilt werden, wenn das Verfahren zur Feststellung der Gleichwertigkeit der Berufsqualifikation oder zur Erteilung der Berufsausübungserlaubnis bie der für die berufliche Anerkennung zuständigen Stelle betrieben wird. Das Verfahren umfasst die Teilnahme an Qualifizierungsmaßnahmen einschließlich sich daran anschließender Prüfungen, die für die Feststellung der Gleichwertigkeit oder die Erteilung der Berufsauübungserlaubnis erforderlich sind. § 9 findet keine Anwendung.

(3) Die Zustimmung nach den Absätzen 1 und 2 wird für ein Jahr erteilt. Eine erneute Zustimmung kann nur erteilt werden, wenn das Verfahren zur Feststellung der Gleichwertigkeit der ausländischen Berufsqualifikation oder, soweit erforderlich, zur Erteilung der Berufsausübungserlaubnis bei der nach den Regelungen des Bundes oder der Länder für die berufliche Anerkennung zuständigen Stelle betrieben wird. Das Verfahren umfasst die Teilnahme an Qualifizierungsmaßnahmen einschließlich sich daran anschließender Prüfungen, die für die Feststellung der Gleichwertigkeit oder die Erteilung der Berufsausübungserlaubnis erfoderlich sind.

§ 3 Leitende Angestellte, Führungskräfte und Spezialisten Die Zustimmung kann erteilt werden für

1. leitende Angestellte,
2. Mitglieder des Organs einer juristischen Person, die zur gesetzlichen Vertretung berechtigt sind, oder
3. Personen, die für die Ausübung einer inländischen qualifizierten Beschäftigung über besondere, vor allem unternehmensspezifische Spezialkenntnisse verfügen.

§ 4 *(aufgehoben)*

§ 5 Wissenschaft, Forschung und Entwicklung Keiner Zustimmung bedarf die Erteilung eines Aufenthaltstitels an

1. wissenschaftliches Personal von Hochschulen und von Forschungs- und Entwicklungseinrichtungen, das nicht bereits in den Anwendungsbereich der §§ 18d und 18f des Aufenthaltsgesetzes fällt,
2. Gastwissenschaftlerinnen und Gastwissenschaftler an einer Hochschule oder an einer öffentlich-rechtlichen oder überwiegend aus öffentlichen Mitteln finanzierten oder als öffentliches Unternehmen in privater Rechtsform geführten Forschungseinrichtung, die nicht bereits in den Anwendungsbereich der §§ 18d und 18f des Aufenthaltsgesetzes fallen,

3. Ingenieurinnen und Ingenieure sowie Technikerinnen und Techniker als technische Mitarbeiterinnen und Mitarbeiter im Forschungsteam einer Gastwissenschaftlerin oder eines Gastwissenschaftlers,
4. Lehrkräfte öffentlicher Schulen oder staatlich genehmigter privater Ersatzschulen oder anerkannter privater Ergänzungsschulen oder
5. Lehrkräfte zur Sprachvermittlung an Hochschulen.

§ 6 Beschäftigung bei ausgeprägter berufspraktischer Erfahrung (1) Die Zustimmung zur Ausübung einer inländischen qualifizierten Beschäftigung kann Ausländerinnen und Ausländern erteilt werden, wenn die Ausländerin oder der Ausländer über Folgendes verfügt:
1. eine in den letzten fünf Jahren erworbene, mindestens zweijährige Berufserfahrung, die die Ausländerin oder den Ausländer zu der Beschäftigung befähigt,
2. einen Arbeitsplatz, bei dem die Höhe des Gehalts mindestens 45 Prozent der jährlichen Beitragsbemessungsgrenze in der allgemeinen Rentenversicherung beträgt, oder ein Angebot für einen solchen Arbeitsplatz und
3. eine der folgenden Qualifikationen:
   a) eine ausländische Berufsqualifikation, die von dem Staat, in dem sie erworben wurde, staatlich anerkannt ist und deren Erlangung eine Ausbildungsdauer von mindestens zwei Jahren vorausgesetzt hat,
   b) einen ausländischen Hochschulabschluss, der von dem Staat, in dem er erworben wurde, staatlich anerkannt ist, oder
   c) einen im Ausland erworbenen Berufsabschluss, der durch eine Ausbildung erworben wurde, die nach Inhalt, Dauer und der Art ihrer Durchführung die Anforderungen des Berufsbildungsgesetzes an eine Berufsausbildung einhält und geeignet ist, die notwendige berufliche Handlungsfähigkeit für einen Ausbildungsberuf nach dem Berufsbildungsgesetz oder der Handwerksordnung zu vermitteln, und der von einer deutschen Auslandshandelskammer erteilt worden ist.

Ist der Arbeitgeber tarifgebunden und beschäftigt er die Ausländerin oder den Ausländer zu den bei ihm geltenden tariflichen Arbeitsbedingungen, findet die Gehaltsschwelle nach Satz 1 Nummer 2 Halbsatz 2 keine Anwendung. In Berufen auf dem Gebiet der Informations- und Kommunikationstechnologie findet Satz 1 Nummer 3 keine Anwendung. Der Ausländer ist verpflichtet, sich das Vorliegen der Voraussetzungen nach Satz 1 Nummer 3 Buchstabe a oder b von einer fachkundigen inländischen Stelle bestätigen zu lassen. Das Vorliegen der nach Satz 1 Nummer 3 Buchstabe c an die Ausbildung im Ausland gestellten Anforderungen ist gegenüber der abschlusserteilenden Stelle auf deren Antrag und Kosten zu bestätigen.

(2) § 9 findet keine Anwendung. Das Bundesministerium des Innern und für Heimat gibt das Mindestgehalt nach Absatz 1 Satz 1 für jedes Kalenderjahr jeweils bis zum 31. Dezember des Vorjahres im Bundesanzeiger bekannt.

§ 7 *(aufgehoben)*

§ 8 Betriebliche Aus- und Weiterbildung; Anerkennung ausländischer Berufsqualifikationen (1) Die Zustimmung kann für die Erteilung eines Aufenthaltstitels nach § 16a Absatz 1 des Aufenthaltsgesetzes erteilt werden.
(2) Die Zustimmung kann für die Erteilung einer Aufenthaltserlaubnis nach § 16d Absatz 1 Satz 2 Nummer 3 und Absatz 2 des Aufenthaltsgesetzes erteilt werden.
(3) Ist für eine qualifizierte Beschäftigung
1. die Feststellung der Gleichwertigkeit eines im Ausland erworbenen Berufsabschlusses im Sinne des § 18a des Aufenthaltsgesetzes oder,
2. in einem im Inland reglementierten Beruf die Befugnis zur Berufsausübung notwendig

und ist hierfür eine vorherige befristete praktische Tätigkeit im Inland erforderlich, kann der Erteilung des Aufenthaltstitels für die Ausübung dieser befristeten Beschäftigung zugestimmt werden.

§ 9 Beschäftigung bei Vorbeschäftigungszeiten oder längerem Aufenthalt Keiner Zustimmung bedarf die Ausübung einer Beschäftigung bei Ausländerinnen und Ausländern, die eine Aufenthaltserlaubnis besitzen und
1. zwei Jahre rechtmäßig eine versicherungspflichtige Beschäftigung im Bundesgebiet ausgeübt haben oder
2. sich seit drei Jahren ununterbrochen erlaubt, geduldet oder mit einer Aufenthaltsgestattung im Bundesgebiet aufhalten; Unterbrechungszeiten werden entsprechend § 51 Absatz 1 Nummer 7 des Aufenthaltsgesetzes berücksichtigt.

(2) Auf die Beschäftigungszeit nach Absatz 1 Nummer 1 werden nicht angerechnet Zeiten
1. von Beschäftigungen, die vor dem Zeitpunkt liegen, an dem die Ausländerin oder der Ausländer unter Aufgabe ihres oder seines gewöhnlichen Aufenthaltes ausgereist war,
2. einer nach dem Aufenthaltsgesetz oder dieser Verordnung zeitlich begrenzten Beschäftigung und
3. einer Beschäftigung, für die die Ausländerin oder der Ausländer auf Grund einer zwischenstaatlichen Vereinbarung von der Zustimmungspflicht für eine Beschäftigung befreit war.

(3) Auf die Aufenthaltszeit nach Absatz 1 Nummer 2 werden Zeiten eines Aufenthaltes nach § 16b des Aufenthaltsgesetzes nur zur Hälfte und nur bis zu zwei Jahren angerechnet. Zeiten einer Beschäftigung, die nach dem Aufenthaltsgesetz oder dieser Verordnung zeitlich begrenzt ist, werden auf die Aufenthaltszeit angerechnet, wenn der Ausländerin oder dem Ausländer ein Aufenthaltstitel für einen anderen Zweck als den der Beschäftigung erteilt wird.

Teil 3 – Vorübergehende Beschäftigung

§ 10 Internationaler Personalaustausch, Auslandsprojekte (1) Die Zustimmung kann erteilt werden zur Ausübung einer Beschäftigung von bis zu drei Jahren
1. Ausländerinnen und Ausländern, die eine Hochschulausbildung oder eine vergleichbare Qualifikation besitzen, im Rahmen des Personalaustausches innerhalb eines international tätigen Unternehmens oder Konzerns,

2. für im Ausland beschäftigte Arbeitnehmerinnen und Arbeitnehmer eines international tätigen Konzerns oder Unternehmens im inländischen Konzern- oder Unternehmensteil, wenn die Tätigkeit zur Vorbereitung von Auslandsprojekten unabdingbar erforderlich ist, die Arbeitnehmerin oder der Arbeitnehmer bei der Durchführung des Projektes im Ausland tätig wird und über eine mit deutschen Facharbeitern vergleichbare Qualifikation und darüber hinaus über besondere, vor allem unternehmensspezifische Spezialkenntnisse verfügt.

(2) In den Fällen des Absatzes 1 Satz 1 Nummer 2 kann die Zustimmung auch für Arbeitnehmerinnen und Arbeitnehmer des Auftraggebers des Auslandsprojektes erteilt werden, wenn sie im Zusammenhang mit den vorbereitenden Arbeiten vorübergehend vom Auftragnehmer beschäftigt werden, der Auftrag eine entsprechende Verpflichtung für den Auftragnehmer enthält und die Beschäftigung für die spätere Tätigkeit im Rahmen des fertig gestellten Projektes notwendig ist. Satz 1 wird auch angewendet, wenn der Auftragnehmer weder eine Zweigstelle noch einen Betrieb im Ausland hat.

§ 10a Unternehmensintern transferierte Arbeitnehmer Die Zustimmung zur Erteilung einer ICT-Karte nach § 19 des Aufenthaltsgesetzes und zur Erteilung einer Mobiler-ICT-Karte nach § 19b des Aufenthaltsgesetzes kann erteilt werden, wenn

1. die Beschäftigung in der aufnehmenden Niederlassung als Führungskraft, als Spezialistin oder Spezialist oder als Trainee erfolgt,
2. das Arbeitsentgelt nicht ungünstiger ist als das vergleichbarer deutscher Arbeitnehmerinnen und Arbeitnehmer und
3. die Beschäftigung nicht zu ungünstigeren Arbeitsbedingungen erfolgt als die vergleichbarer entsandter Arbeitnehmerinnen und Arbeitnehmer.

§ 11 Sprachlehrerinnen und Sprachlehrer, Spezialitätenköchinnen und Spezialitätenköche (1) Die Zustimmung kann für Lehrkräfte zur Erteilung muttersprachlichen Unterrichts in Schulen unter Aufsicht der jeweils zuständigen berufskonsularischen Vertretung mit einer Geltungsdauer von bis zu fünf Jahren erteilt werden.

(2) Die Zustimmung kann mit Vorrangprüfung für Spezialitätenköchinnen und Spezialitätenköche für die Ausübung einer Vollzeitbeschäftigung in Spezialitätenrestaurants mit einer Geltungsdauer von bis zu vier Jahren erteilt werden. Die erstmalige Zustimmung wird längstens für ein Jahr erteilt.

(3) Für eine erneute Beschäftigung nach den Absätzen 1 und 2 darf die Zustimmung nicht vor Ablauf von drei Jahren nach Ablauf des früheren Aufenthaltstitels erteilt werden.

§ 12 Au-pair-Beschäftigungen Die Zustimmung kann für Personen mit Grundkenntnissen der deutschen Sprache erteilt werden, die unter 27 Jahre alt sind und in einer Familie, in der Deutsch als Muttersprache gesprochen wird, bis zu einem Jahr als Au-pair beschäftigt werden. Wird in der Familie Deutsch als Familiensprache gesprochen, kann die Zustimmung erteilt werden, wenn der oder die Beschäftigte nicht aus einem Heimatland der Gasteltern stammt.

§ 13 Hausangestellte von Entsandten Die Zustimmung zur Ausübung einer Beschäftigung als Hausangestellte oder Hausangestellter bei Personen, die
1. für ihren Arbeitgeber oder im Auftrag eines Unternehmens mit Sitz im Ausland vorübergehend im Inland tätig werden oder
2. die Hausangestellte oder den Hausangestellten auf der Grundlage der Wiener Übereinkommen über diplomatische Beziehungen oder über konsularische Beziehungen eingestellt haben,

kann erteilt werden, wenn diese Personen vor ihrer Einreise die Hausangestellte oder den Hausangestellten seit mindestens einem Jahr in ihrem Haushalt zur Betreuung eines Kindes unter 16 Jahren oder eines pflegebedürftigen Haushaltsmitgliedes beschäftigt haben. Die Zustimmung wird für die Dauer des Aufenthaltes der Person, bei der die Hausangestellten beschäftigt sind, längstens für fünf Jahre erteilt.

§ 14 Sonstige Beschäftigungen (1) Keiner Zustimmung bedarf die Erteilung eines Aufenthaltstitels an
1. Personen, die im Rahmen eines gesetzlich geregelten oder auf einem Programm der Europäischen Union beruhenden Freiwilligendienstes beschäftigt werden, oder
2. vorwiegend aus karitativen Gründen Beschäftigte.

(1 a) Keiner Zustimmung bedarf die Erteilung eines Aufenthaltstitels an vorwiegend aus religiösen Gründen Beschäftigte, die über hinreichende deutsche Sprachkenntnisse verfügen. Wenn es dem aus religiöse Gründen Beschäftigten auf Grund besonderer Umstände des Einzelfalles nicht möglich oder nicht zumutbar ist, vor der Einreise Bemühungen zum Erwerb einfacher Kenntnisse der deutschen Sprache zu unternehmen, oder in Abwägung der Gesamtumstände das Sprachnachweiserfordernis im Einzelfall eine besondere Härte darstellen würde, bedarf die erstmalige Erteilung eines Aufenthaltstitels trotz fehlender hinreichender deutscher Sprachkenntnisse keiner Zustimmung. Im Fall des Satzes 2 sind innerhalb eines Zeitraums von weniger als einem Jahr nach Einreise hinreichende deutsche Sprachkenntnisse nachzuweisen. Aus vorwiegend religiösen Gründen Beschäftigte, die wegen ihrer Staatsangehörigkeit auf für einen Aufenthalt, der kein Kurzaufenthalt ist, visumfrei in das Bundesgebiet einreisen und sich darin aufhalten dürfen, sind vom Erfordernis der Sprachkenntnisse befreit.

(2) Keiner Zustimmung bedarf die Erteilung eines Aufenthaltstitels an Studierende ausländischer Hochschulen bis zur Vollendung des 35. Lebensjahres zur Ausübung einer Ferienbeschäftigung von bis zu 90 Tagen innerhalb eines Zeitraums von zwölf Monaten, die von der Bundesagentur für Arbeit vermittelt worden ist.

§ 15 Praktika zu Weiterbildungszwecken Keiner Zustimmung bedarf die Erteilung eines Aufenthaltstitels für ein Praktikum
1. nach § 16e des Aufenthaltsgesetzes,

2. während eines Aufenthaltes zum Zweck der schulischen Ausbildung oder des Studiums, das vorgeschriebener Bestandteil der Ausbildung ist oder zur Erreichung des Ausbildungszieles nachweislich erforderlich ist,
3. im Rahmen eines von der Europäischen Union oder der bilateralen Entwicklungszusammenarbeit finanziell geförderten Programms,
4. mit einer Dauer von bis zu einem Jahr im Rahmen eines internationalen Austauschprogramms von Verbänden, öffentlich-rechtlichen Einrichtungen oder studentischen Organisationen an Studierende oder Absolventen ausländischer Hochschulen im Einvernehmen mit der Bundesagentur für Arbeit,
5. an Fach- und Führungskräfte, die ein Stipendium aus öffentlichen deutschen Mitteln, Mitteln der Europäischen Union oder Mitteln internationaler zwischenstaatlicher Organisationen erhalten,
6. mit einer Dauer von bis zu einem Jahr während eines Studiums an einer ausländischen Hochschule, das nach dem vierten Semester studienfachbezogen im Einvernehmen mit der Bundesagentur für Arbeit ausgeübt wird,
7. von Schülerinnen und Schülern sowie Schulabsolventinnen und Schulabsolventen deutscher Auslandsschulen mit einer Dauer von bis zu sechs Wochen oder
8. von Schülerinnen und Schülern sowie Schulabsolventinnen und Schulabsolventen anderer allgemeinbildender ausländischer Schulen mit einer Dauer von bis zu sechs Wochen, wenn sie über ausreichende deutsche Sprachkenntnisse verfügen.

§ 15a Saisonabhängige Beschäftigung (1) Ausländerinnen und Ausländern, die auf Grund einer Absprache der Bundesagentur für Arbeit mit der Arbeitsverwaltung des Herkunftslandes über das Verfahren und die Auswahl zum Zweck der Saisonbeschäftigung nach der Richtlinie 2014/36/EU des Europäischen Parlaments und des Rates vom 26. Februar 2014 über die Bedingungen für die Einreise und den Aufenthalt von Drittstaatsangehörigen zwecks Beschäftigung als Saisonarbeitnehmer (ABl. L 94 vom 28.3.2014, S. 375) vermittelt worden sind, kann die Bundesagentur für Arbeit zur Ausübung einer saisonabhängigen Beschäftigung von regelmäßig mindestens 30 Stunden wöchentlich in der Land- und Forstwirtschaft, im Gartenbau, im Hotel- und Gaststättengewerbe, in der Obst- und Gemüseverarbeitung sowie in Sägewerken

1. eine Arbeitserlaubnis für die Dauer von bis zu 90 Tagen je Zeitraum von 180 Tagen mit Vorrangprüfung erteilen, wenn es sich um Staatsangehörige eines in Anhang II der Verordnung (EU) 2018/1806 des Europäischen Parlaments und des Rates vom 14. November 2018 zur Aufstellung der Liste der Drittländer, deren Staatsangehörige beim Überschreiten der Außengrenzen im Besitz eines Visums sein müssen, sowie der Liste der Drittländer, deren Staatsangehörige von dieser Visumspflicht befreit sind (ABl. L 303 vom 28.11.2018, S. 39), die durch die Verordnung (EU) 2019/592 (ABl. L 103 I vom 12.4.2019, S. 1) geändert worden ist, genannten Staates handelt, oder
2. eine Zustimmung mit Vorrangprüfung erteilen, wenn
   a) die Aufenthaltsdauer mehr als 90 Tage je Zeitraum von 180 Tagen beträgt oder

b) es sich um Staatsangehörige eines in Anhang I der Verordnung (EU) 2018/1806 genannten Staates handelt.

Die saisonabhängige Beschäftigung eines Ausländers oder einer Ausländerin darf sechs Monate innerhalb eines Zeitraums von zwölf Monaten nicht überschreiten. Die Dauer der saisonabhängigen Beschäftigung darf den Gültigkeitszeitraum des Reisedokuments nicht überschreiten. Im Fall des § 39 Nummer 11 der Aufenthaltsverordnung gilt die Zustimmung als erteilt, bis über sie entschieden ist. Ausländerinnen und Ausländern, die in den letzten fünf Jahren mindestens einmals als Saisonbeschäftigte im Bundesgebiet tätig waren, sind im Rahmen der durch die Bundesagentur für Arbeit festgelegten Zahl der Arbeitserlaubnisse und Zustimmungen bervorrechtigt zu berücksichtigen. Der Zeitraum für die Beschäftigung von Saisonbeschäftigten ist für einen Betrieb auf acht Monate innerhalb eines Zeitraums von zwölf Monaten begrenzt. Satz 5 gilt nicht für Betriebe des Obst-, Gemüse-, Wein-, Hopfen- und Tabakanbaus.

(2) Die Erteilung einer Arbeitserlaubnis oder der Zustimmung setzt voraus, dass

1. der Nachweis über ausreichenden Krankenversicherungsschutz erbracht wird,
2. der oder dem Saisonbeschäftigten eine angemessene Unterkunft zur Verfügung steht,
3. ein konkretes Arbeitsplatzangebot oder ein gültiger Arbeitsvertrag vorliegt, in dem insbesondere festgelegt sind
   a) der Ort und die Art der Arbeit,
   b) die Dauer der Beschäftigung,
   c) die Vergütung,
   d) die Arbeitszeit pro Woche oder Monat,
   e) die Dauer des bezahlten Urlaubs,
   f) gegebenenfalls andere einschlägige Arbeitsbedingungen und
   g) falls möglich, der Zeitpunkt des Beginns der Beschäftigung.

Stellt der Arbeitgeber der oder dem Saisonbeschäftigten eine Unterkunft zur Verfügung, so muss der Mietzins angemessen sein und darf nicht automatisch vom Lohn einbehalten werden. In diesem Fall muss der oder die Saisonbeschäftigte einen Mietvertrag erhalten, in dem die Mietbedingungen festgelegt sind. Der Arbeitgeber hat der Bundesagentur für Arbeit jeden Wechsel der Unterkunft des oder der Saisonbeschäftigten unverzüglich anzuzeigen.

(3) Die Arbeitserlaubnis oder die Zustimmung ist zu versagen oder zu entziehen, wenn

1. sich die Ausländerin oder der Ausländer bereits im Bundesgebiet aufhält, es sei denn, die Einreise ist zur Aufnahme der Saisonbeschäftigung erfolgt oder die Arbeitserlaubnis oder die Zustimmung wird für eine an eine Saisonbeschäftigung anschließende weitere Saisonbeschäftigung beantragt,
2. der oder die Saisonbeschäftigte einen Antrag nach Artikel 16a des Grundgesetzes gestellt hat oder um internationalen Schutz gemäß der Richtlinie 2011/95/EU nachsucht; § 55 Absatz 2 des Asylgesetzes bleibt unberührt,
3. der oder die Saisonbeschäftigte den aus einer früheren Entscheidung über die Zulassung zur Saisonbeschäftigung erwachsenen Verpflichtungen nicht nachgekommen ist,

4. über das Unternehmen des Arbeitgebers ein Insolvenzverfahren eröffnet wurde, das auf Auflösung des Unternehmens und Abwicklung des Geschäftsbetriebs gerichtet ist,
5. das Unternehmen des Arbeitgebers im Rahmen der Durchführung eines Insolvenzverfahrens aufgelöst wurde und der Geschäftsbetrieb abgewickelt wurde,
6. die Eröffnung eines Insolvenzverfahrens über das Vermögen des Unternehmens des Arbeitgebers mangels Masse abgelehnt wurde und der Geschäftsbetrieb eingestellt wurde,
7. das Unternehmen des Arbeitgebers keine Geschäftstätigkeit ausübt oder
8. die nach Absatz 2 vorgelegten Unterlagen in betrüberischer Weise erworben, gefälscht oder manipuliert wurden.

Die Arbeitserlaubnis oder die Zustimmung ist zu versagen, wenn die durch die Bundesagentur für Arbeit festgelegte Zahl der Arbeitserlaubnisse und Zustimmungen für den maßgeblichen Zeitraum erreicht ist. § 39 Absatz 3 des Aufenthaltsgesetzes bleibt unberührt. Die Arbeitserlaubnis oder die Zustimmung kann versagt oder die Arbeitserlaubnis entzogen werden, wenn der Arbeitgeber seinen sozialversicherungsrechtlichen, steuerrechtlichen oder arbeitsrechtlichen Pflichten nicht nachgekommen ist. § 40 Absatz 1 und 2 Nummer 1 und 3 sowie § 41 des Aufenthaltsgesetzes mit Ausnahme der Tatbestände des § 40 Absatz 2 Nummer 2 und Absatz 3 des Aufenthaltsgesetzes gelten fort.

(4) Die Arbeitserlaubnis ist vom Arbeitgeber bei der Bundesagentur für Arbeit zu beantragen. Die Ausländerin oder der Ausländer muss spätestens bei Aufnahme der Beschäftigung im Besitz der Arbeitserlaubnis sein.

(5) Bei einer ein- oder mehrmaligen Verlängerung des Beschäftigungsverhältnisses bei demselben oder einem anderen Arbeitgeber kann eine weitere Arbeitserlaubnis erteilt werden, soweit die in Absatz 1 Satz 1 Nummer 1 genannte Höchstdauer nicht überschritten wird.

(6) Die Arbeitserlaubnis und die Zustimmung werden ohne Vorrangprüfung erteilt, soweit die Bundesagentur für Arbeit eine am Bedarf orientierte Zulassungszahl nach § 39 Absatz 6 Satz 3 des Aufenthaltsgesetzes festgelegt hat.

§ 15b Schaustellergehilfen Die Zustimmung zu einem Aufenthaltstitel zur Ausübung einer Beschäftigung im Schaustellergewerbe kann bis zu insgesamt neun Monaten im Kalenderjahr mit Vorrangprüfung erteilt werden, wenn die betreffenden Personen auf Grund einer Absprache der Bundesagentur für Arbeit mit der Arbeitsverwaltung des Herkunftslandes über das Verfahren und die Auswahl vermittelt worden sind.

§ 15c Haushaltshilfen Die Zustimmung zu einem Aufenthaltstitel zur Ausübung einer versicherungspflichtigen Vollzeitbeschäftigung bis zu drei Jahren für hauswirtschaftliche Arbeiten und notwendige pflegerische Alltagshilfen in Haushalten mit Pflegebedürftigen im Sinne des Elften Buches Sozialgesetzbuch kann mit Vorrangprüfung erteilt werden, wenn die betreffenden Personen auf Grund einer Absprache der Bundesagentur für Arbeit mit der Arbeitsverwaltung des Herkunftslandes über das Verfahren und die Auswahl vermittelt worden sind. Innerhalb des Zulassungszeitraums von drei Jahren kann die Zustimmung zum Wechsel des Arbeitgebers erteilt werden. Für eine erneute Beschäftigung nach der Ausreise darf die Zustimmung nach Satz 1 nur erteilt werden, wenn sich die betreffende Person nach der Ausreise mindestens so lange im Ausland aufgehalten hat, wie sie zuvor im Inland beschäftigt war.

§ 15d Kurzzeitige kontingentierte Beschäftigung (1) Die Bundesagentur für Arbeit kann Ausländerinnen und Ausländern zur Ausübung jeder inländischen Beschäftigung von regelmäßig mindestens 30 Stunden wöchentlich
1. eine Arbeitserlaubnis für die Dauer von bis zu 90 Tagen je Zeitraum von 180 Tagen erteilen, wenn es sich um Staatsangehörige eines in Anhang II der Verordnung (EU) 2018/1806 genannten Staates handelt, oder
2. die Zustimmung zu einem Aufenthaltstitel erteilen, wenn
   a) die Aufenthaltsdauer mehr als 90 Tage je Zeitraum von 180 Tagen beträgt oder
   b) es sich um Staatsangehörige eines in Anhang I der Verordnung (EU) 2018/1806 genannten Staates handelt.

Die Zustimmung oder Arbeitserlaubnis setzt voraus, dass die Bundesagentur für Arbeit eine am Bedarf orientierte Zulassungszahl (Kontingent) festgelegt hat und das Kontingent noch nicht ausgeschöpft ist. Die Festlegung kann sich insbesondere auf bestimmte Wirtschaftszweige oder Berufsgruppen beziehen oder diese ausschließen. Die Bundesagentur für Arbeit kann die Festlegung entsprechend des arbeitsmarktpolitischen Bedarfs jederzeit ändern. Die Bundesagentur für Arbeit kann die Zustimmung oder die Arbeitserlaubnis versagen, wenn sie für einzelne Berufsgruppen oder Wirtschaftszweige festgestellt hat, dass sich aus der Besetzung offener Stellen mit ausländischen Bewerberinnen und Bewerbern nachteilige Auswirkungen auf den Arbeitsmarkt, insbesondere hinsichtlich der Beschäftigungsstruktur, der Region oder eines Wirtschaftszweiges, ergeben.

(2) Die Zustimmung oder die Arbeitserlaubnis setzt weiter voraus, dass der Arbeitgeber
1. gemäß § 3 oder § 5 des Tarifvertragsgesetzes an einen Tarifvertrag gebunden ist, der die Entlohnung für die angestrebte Tätigkeit der Ausländerin oder des Ausländers regelt,
2. die Ausländerin oder den Ausländer zu den geltenden tariflichen Arbeitsbedingungen beschäftigt,
3. die erforderlichen Reisekosten trägt und
4. Ausländerinnen und Ausländer aufgrund dieser Vorschrift an höchstens zehn innerhalb von zwölf Monaten in dem Einsatzbetrieb beschäftigt.

(3) Die Beschäftigung darf acht Monate innerhalb eines Zeitraums von zwölf Monaten nicht überschreiten. Im Fall des § 39 Satz 1 Nummer 11 der Aufenthaltsverordnung gilt die Zustimmung als erteilt, bis über sie entschieden ist.

(4) Die Arbeitserlaubnis ist vom Arbeitgeber bei der Bundesagentur für Arbeit zu beantragen. Die Ausländerin oder der Ausländer muss spätestens bei Aufnahme der Beschäftigung im Besitz der Arbeitserlaubnis sein.

(5) Bei einer ein- oder mehrmaligen Verlängerung des Beschäftigungsverhältnisses kann eine weitere Arbeitserlaubnis erteilt werden, soweit die in Absatz 1 Satz 1

Nummer 1 genannte Höchstdauer nicht überschritten wird. Dies gilt auch für ein Beschäftigungsverhältnis bei einem anderen Arbeitgeber.

Teil 4 – Entsandte Arbeitnehmerinnen und Arbeitnehmer

§ 16 Geschäftsreisende Keiner Zustimmung bedarf die Erteilung eines Aufenthaltstitels an Personen, die
1. bei einem Arbeitgeber mit Sitz im Inland im kaufmännischen Bereich im Ausland beschäftigt werden,
2. für einen Arbeitgeber mit Sitz im Ausland Besprechungen oder Verhandlungen im Inland führen, Vertragsangebote erstellen, Verträge schließen oder die Durchführung eines Vertrages überwachen oder
3. für einen Arbeitgeber mit Sitz im Ausland einen inländischen Unternehmensteil gründen, überwachen oder steuern,

und die sich im Rahmen ihrer Beschäftigung unter Beibehaltung ihres gewöhnlichen Aufenthaltes im Ausland insgesamt nicht länger als 90 Tage innerhalb eines Zeitraums von 180 Tagen im Inland aufhalten.

§ 17 Betriebliche Weiterbildung Keiner Zustimmung bedarf die Erteilung eines Aufenthaltstitels an im Ausland beschäftigte Fachkräfte eines international tätigen Konzerns oder Unternehmens zum Zweck einer betrieblichen Weiterbildung im inländischen Konzern- oder Unternehmensteil für bis zu 90 Tage innerhalb eines Zeitraums von zwölf Monaten.

§ 18 Journalistinnen und Journalisten Keiner Zustimmung bedarf die Erteilung eines Aufenthaltstitels an Beschäftigte eines Arbeitgebers mit Sitz im Ausland,
1. deren Tätigkeit vom Presse- und Informationsamt der Bundesregierung anerkannt ist oder
2. die unter Beibehaltung ihres gewöhnlichen Aufenthaltes im Ausland im Inland journalistisch tätig werden, wenn die Dauer der Tätigkeit 90 Tage innerhalb eines Zeitraums von zwölf Monaten nicht übersteigt.

§ 19 Werklieferungsverträge (1) Keiner Zustimmung bedarf die Erteilung eines Aufenthaltstitels an Personen, die von ihrem Arbeitgeber mit Sitz im Ausland für bis zu 90 Tage innerhalb eines Zeitraums von zwölf Monaten in das Inland entsandt werden, um
1. gewerblichen Zwecken dienende Maschinen, Anlagen und Programme der elektronischen Datenverarbeitung, die bei dem Arbeitgeber bestellt worden sind, aufzustellen und zu montieren, zu warten oder zu reparieren oder um in die Bedienung dieser Maschinen, Anlagen und Programme einzuweisen,
2. erworbene Maschinen, Anlagen und sonstige Sachen abzunehmen oder in ihre Bedienung eingewiesen zu werden,
3. erworbene, gebrauchte Anlagen zum Zweck des Wiederaufbaus im Sitzstaat des Arbeitgebers zu demontieren,

4. unternehmenseigene Messestände oder Messestände für ein ausländisches Unternehmen, das im Sitzstaat des Arbeitgebers ansässig ist, auf- und abzubauen und zu betreuen oder
5. im Rahmen von Exportlieferungs- und Lizenzverträgen einen Betriebslehrgang zu absolvieren.

In den Fällen des Satzes 1 Nummer 1 und 3 setzt die Befreiung von der Zustimmung voraus, dass der Arbeitgeber der Bundesagentur für Arbeit die Beschäftigungen vor ihrer Aufnahme angezeigt hat.

(2) Die Zustimmung kann für Personen erteilt werden, die von ihrem Arbeitgeber mit Sitz im Ausland länger als 90 Tage und bis zu einer Dauer von drei Jahren in das Inland entsandt werden, um

1. gewerblichen Zwecken dienende Maschinen, Anlagen und Programme der elekronischen Datenverarbeitung, die bei dem Arbeitgeber bestellt worden sind, aufzustellen und zu montieren, zu warten oder zu reparieren oder um in die Bedienung dieser Maschinen, Anlagen und Programme einzuweisen,
2. erworbene Maschinen, Anlagen und sonstige Sachen abzunehmen oder in ihre Bedienung eingewiesen zu werden, oder
3. erworbene, gebrauchte Anlagen zum Zweck des Wiederaufbaus im Sitzstaat des Arbeitgebers zu demontieren.

§ 20 Internationaler Straßen- und Schienenverkehr (1) Keiner Zustimmung bedarf die Erteilung eines Aufenthaltstitels an das Fahrpersonal, das

1. im Güterkraftverkehr für einen Arbeitgeber mit Sitz
   a) im Hoheitsgebiet eines anderen Mitgliedstaates der Europäischen Union oder eines anderen Vertragsstaates des Abkommens über den Europäischen Wirtschaftsraum Beförderungen im grenzüberschreitenden Verkehr nach Artikel 2 Nummer 2 oder Kabotagebeförderungen nach Artikel 8 Absatz 2 der Verordnung (EG) Nr. 1072/2009 des Europäischen Parlaments und des Rates vom 21. Oktober 2009 über gemeinsame Regeln für den Zugang zum Markt des grenzüberschreitenden Güterverkehrs (ABl. L 300 vom 14. 11. 2009, S. 72) durchführt und für das dem Arbeitgeber eine Fahrerbescheinigung augestellt worden ist,
   b) außerhalb des Hoheitsgebietes eines Mitgliedstaates der Europäischen Union oder eines anderen Vertragsstaates des Abkommens über den Europäischen Wirtschaftsraum Beförderungen im grenzüberschreitenden Güterverkehr mit einem im Sitzstaat des Arbeitgebers zugelassenen Fahrzeug durchführt, für einen Aufenthalt von höchstens 90 Tagen innerhalb eines Zeitraums von zwölf Monaten, oder ein in Deutschland zugelassenes Fahrzeug in einen Staat außerhalb dieses Gebietes überführt,
2. im grenzüberschreitenden Personenverkehr auf der Straße für einen Arbeitgeber mit Sitz im Ausland grenzüberschreitende Fahrten mit einem im Sitzstaat des Arbeitgebers zugelassenen Fahrzeug durchführt. Dies gilt im grenzüberschreitenden Linienverkehr mit Omnibussen auch dann, wenn das Fahrzeug im Inland zugelassen ist.

(2) Keiner Zustimmung bedarf die Erteilung eines Aufenthaltstitels an das Fahrpersonal im grenzüberschreitenden Schienenverkehr, wenn das Beförderungsunternehmen seinen Sitz im Ausland hat.

§ 21 Dienstleistungserbringung Keiner Zustimmung bedarf die Erteilung eines Aufenthaltstitels an Personen, die von einem Unternehmen mit Sitz in einem Mitgliedstaat der Europäischen Union oder einem Vertragsstaat des Abkommens über den Europäischen Wirtschaftsraum in dem Sitzstaat des Unternehmens ordnungsgemäß beschäftigt sind und zur Erbringung einer Dienstleistung vorübergehend in das Bundesgebiet entsandt werden.

Teil 5 – Besondere Berufs- oder Personengruppen

§ 22 Besondere Berufsgruppen Keiner Zustimmung bedarf die Erteilung eines Aufenthaltstitels an

1. Personen einschließlich ihres Hilfspersonals, die unter Beibehaltung ihre gewöhnlichen Wohnsitzes im Ausland in Vorträgen oder in Darbietungen von besonderem wissenschaftlichen oder künstlerischen Wert oder bei Darbietungen sportlichen Charakters im Inland tätig werden, wenn die Dauer der Tätigkeit 90 Tage innerhalb eines Zeitraums von zwölf Monaten nicht übersteigt,
2. Personen, die im Rahmen von Festspielen oder Musik- und Kulturtagen beschäftigt oder im Rahmen von Gastspielen oder ausländischen Film- und Fernsehproduktionen entsandt werden, wenn die Dauer der Tätigkeit 90 Tage innerhalb eines Zeitraums von zwölf Monaten nicht übersteigt,
3. Personen, die in Tagesdarbietungen bis zu 15 Tag im Jahr auftreten,
4. Berufssportlerinnen und Berufssportler oder Berufstrainerinnen und Berufstrainer, deren Einsatz in deutschen Sportvereinen oder vergleichbaren am Wettkampfsport teilnehmenden sportlichen Einrichtungen vorgesehen ist, wenn sie
   a) das 16. Lebensjahr vollendet haben,
   b) der Verein oder die Einrichtung ein Bruttogehalt zahlt, das mindestens 50 Prozent der Beitragsbemessungsgrenze für die gesetzliche Rentenversicherung beträgt, und
   c) der für die Sportart zuständige deutsche Spitzenverband im Einvernehmen mit dem Deutschen Olympischen Sportbund die sportliche Qualifikation als Berufssportlerin oder Berufssportler oder die fachliche Eignung als Trainerin oder Trainer bestätigt,
5. Personen, die eSport in Form eines Wettkampfes zwischen Personen berufsmäßig ausüben und deren Einsatz in deutschen Vereinen oder vergleichbaren an Wettkämpfen teilnehmenden Einrichtungen des eSports vorgesehen ist, wenn sie
   a) das 16. Lebensjahr vollendet haben,
   b) der Verein oder die Einrichtung ein Bruttogehalt zahlt, das mindestens 50 Prozent der Beitragsbemessungsgrenze für die gesetzliche Rentenversicherung beträgt, und

c) der für den eSport zuständige deutsche Spitzenverband die berufsmäßige Ausübung von eSport bestätigt und die ausgeübte Form des eSports von erheblicher nationaler oder internationaler Bedeutung ist,

6. Fotomodelle, Werbetypen, Mannequins oder Dressmen,
7. Reiseleiterinnen und Reiseleiter, die unter Beibehaltung ihres gewöhnlichen Aufenthaltes im Ausland ausländische Touristengruppen in das Inland begleiten, wenn die Dauer der Tätigkeit 90 Tage innerhalb von zwölf Monaten nicht übersteigt,
8. Dolmetscherinnen und Dolmetscher, die unter Beibehaltung ihres gewöhnlichen Aufenthaltes im Ausland für ein Unternehmen mit Sitz im Ausland an Besprechungen oder Verhandlungen im Inland teilnehmen, wenn die Dauer der Tätigkeit 90 Tage innerhalb eines Zeitraums von zwölf Monaten nicht übersteigt, oder
9. Hausangestellte, die unter Beibehaltung ihres gewöhnlichen Aufenthaltes im Ausland ihren Arbeitgeber oder dessen Familienangehörige mit gewöhnlichem Aufenthalt im Ausland für eine Dauer von bis zu 90 Tagen innerhalb eines Zeitraums von zwölf Monaten in das Inland begleiten.

§ 22a Beschäftigung von Pflegehilfskräften Die Zustimmung kann Ausländerinnen und Ausländern für eine inländische Beschäftigung als Pflegehilfskraft erteilt werden, wenn sie die durch Bundes- oder Landesrecht bestimmten Voraussetzungen zur Ausübung einer Pflegehilfstätigkeit erfüllen, und

1. sie über eine nach bundes- oder landesrechtlichen Vorschriften geregelte, staatlich anerkannte Ausbildung in einer Pflegehilfstätigkeit verfügen oder
2. nach den Regelungen der Länder zuständige Stelle die Gleichwertigkeit ihrer im Ausland erworbenen Berufsqualifikation zu einer Ausbildung nach Nummer 1 festgestellt hat.

§ 9 findet keine Anwendung.

§ 23 Internationale Sportveranstaltungen Keiner Zustimmung bedarf die Erteilung eines Aufenthaltstitels an Personen, die zur Vorbereitung, Teilnahme, Durchführung und Nachbereitung internationaler Sportveranstaltungen durch das jeweilige Organisationskomitee akkreditiert werden, soweit die Bundesregierung Durchführungsgarantien übernommen hat; dies sind insbesondere folgende Personen:

1. die Repräsentantinnen und Repräsentanten, Mitarbeiterinnen und Mitarbeiter und Beauftragten von Verbänden oder Organisationen einschließlich Schiedsrichterinnen und Schiedsrichter sowie Schiedsrichterassistentinnen und Schiedsrichterassistenten,
2. die Sportlerinnen und Sportler sowie bezahltes Personal der teilnehmenden Mannschaften,
3. die Vertreterinnen und Vertreter der offiziellen Verbandspartner und der offiziellen Lizenzpartner,
4. die Vertreterinnen und Vertreter der Medien einschließlich des technischen Personals sowie die Mitarbeiterinnen und Mitarbeiter der Medienpartner.

§ 24 Schifffahrt- und Luftverkehr Keiner Zustimmung bedarf die Erteilung eines Aufenthaltstitels an
1. die Mitglieder der Besatzungen von Seeschiffen im internationalen Verkehr,
2. die nach dem Seelotsgesetz für den Seelotsendienst zugelassenen Personen,
3. das technische Personal auf Binnenschiffen und im grenzüberschreitenden Verkehr das für die Gästebetreuung erforderliche Bedienungs- und Servicepersonal auf Personenfahrgastschiffen oder
4. die Besatzungen von Luftfahrzeugen mit Ausnahme der Luftfahrzeugführerinnen und Luftfahrzeugführer, Flugingenieurinnen und Flugingenieure sowie Flugnavigatorinnen und Flugnavigatoren bei Unternehmen mit Sitz im Inland.

§ 24a Berufskraftfahrerinnen und Berufskraftfahrer (1) Die Zustimmung kann Ausländerinnen und Ausländern für eine inländische Beschäftigung als Berufskraftfahrerin oder Berufskraftfahrer im Güterverkehr oder im Personenverkehr mit Kraftomnibussen erteilt werden, wenn sie
1. die EU- oder EWR-Fahrerlaubnis und
2. die Grundqualikation oder beschleunigte Grundqualifikation nach der Richtlinie 2003/59/EG des Europäischen Parlaments und des Rates vom 15. Juli 2003 über die Grundqualifikation und Weiterbildung der Fahrer bestimmter Kraftfahrzeuge für den Güter- oder Personenkraftverkehr und zur Änderung der Verordnung (EWG) Nr. 3820/85 des Rages und der Richtlinie 91/439/EWG des Rates sowie zur Aufhebung der Richtlinie 76/914/EWG des Rates (ABl. L 226 vom 10. 9. 2003, S. 4), die zuletzt durch die Richtlinie (EU) 2018/645 (ABl. L 112 vom 2. 5. 2018, S. 29) geändert worden ist, und der Richtlinie 2006/126/EG des Europäischen Parlaments und des Rates vom 20. Dezember 2006 über den Führerschein (Neufassung) (ABl. L 403 vom 30. 12. 2006, S. 18), die zuletzt durch die Richtlinie (EU) 2018/933 (ABl. L 165 vom 2. 7. 2018, S. 35) geändert worden ist,

besitzen, die für die Ausübung der Beschäftigung erforderlich sind. Die Zustimmung wird mit Vorrangprüfung erteilt. Satz 2 gilt nicht, wenn zuvor eine Zustimmung nach Absatz 2 für eine Beschäftigung bei demselben Arbeitgeber erteilt wurde.

(2) Die Zustimmung kann Ausländerinnen und Ausländern für eine inländische Beschäftigung bei einem Arbeitgeber erteilt werden, wenn
1. der Arbeitsvertrag die Ausländerin oder den Ausländer zur Teilnahme an Maßnahmen zur Erlangung der Voraussetzungen verpflichtet, die für die Berufsausübung als Berufskraftfahrerin oder Berufskraftfahrer im Güterkraftverkehr oder im Personenverkehr mit Kraftomnibussen erforderlich sind,
2. die Arbeitsbedingungen für die Zeit der Maßnahme so ausgestaltet sind, dass die nach Nummer 1 erforderliche Fahrerlaubnis und die Qualifikationen einschließlich der Ausstellung der erforderlichen Dokumente innerhalb von 15 Monaten erlangt werden können,
3. für die Zeit nach Erlangung der Fahrerlaubnis und der Qualifikation ein konkretes Arbeitsplatzangebot für eine inländische Beschäftigung als Berufskraftfahrerin oder Berufskraftfahrer im Güterverkehr oder Personenverkehr mit Kraftomnibussen bei demselben Arbeitgeber vorliegt und

4. der Nachweis erbracht wird, dass sie die in ihrem Herkunftsland für die Beschäftigung als Berufskraftfahrerin oder Berufskraftfahrer einschlägige Fahrerlaubnis besitzen.

Die Zustimmung wird für bis zu 15 Monate erteilt. Im begründeten Einzelfall kann die Zustimmung für bis zu weitere sechs Monate erteilt werden.

(3) Für Personen, die eine Aufenthaltserlaubnis zum Zwecke einer Beschäftigung nach Absatz 1 oder 2 besitzen, findet § 9 keine Anwendung.

§ 24b Windenergieanlagen auf See und Offshore-Anbindungsleitungen *(nicht abgedruckt)*

§ 25 Kultur und Unterhaltung Die Zustimmung kann mit Vorrangprüfung für Personen erteilt werden, die

1. eine künstlerische oder artistische Beschäftigung oder eine Beschäftigung als Hilfspersonal, das für die Darbietung erforderlich ist, ausüben oder
2. zu einer länger als 90 Tage dauernden Beschäftigung im Rahmen von Gastspielen oder ausländischen Film- oder Fernsehproduktionen entsandt werden.

§ 26 Beschäftigung bestimmter Staatsangehöriger (1) Für Staatsangehörige von Andorra, Australien, Israel, Japan, Kanada, der Republik Korea, von Monaco, Neuseeland, San Marino, des Vereinigten Königreichs Großbritannien und Nordirland im Sinne des § 1 Absatz 2 Nummer 6 des Freizügigkeitsgesetzes/EU sowie der Vereinigten Staaten von Amerika kann die Zustimmung mit Vorrangprüfung zur Ausübung jeder Beschäftigung unabhängig vom Sitz des Arbeitgebers erteilt werden.

(2) Für Staatsangehörige von Albanien, Bosnien und Herzegowina, Kosovo, Montenegro, Nordmazedonien und Serbien können Zustimmungen mit Vorrangprüfung zur Ausübung jeder Beschäftigung erteilt werden. Die erstmalige Zustimmung darf nur erteilt werden, wenn der Antrag auf Erteilung des Aufenthaltstitels bei der jeweils zuständigen deutschen Auslandsvertretung in einem der in Satz 1 genannten Staaten gestellt wird. Die Anzahl der Zustimmungen in den Fällen des Satzes 2 ist auf bis zu 25 000 je Kalenderjahr begrenzt. Die Zustimmung darf nicht erteilt werden, wenn der Antragsteller in den letzten 24 Monaten vor Antragstellung Leistungen nach dem Asylbewerberleistungsgesetz bezogen hat. § 9 findet keine Anwendung, es sei denn, dass eine Zustimmung nach § 26 Absatz 2 in der bis zum Ablauf des 31. Dezember 2020 geltenden Fassung erteilt wurde.

§ 27 Grenzgängerbeschäftigung Zur Erteilung einer Grenzgängerkarte nach § 12 Absatz 1 der Aufenthaltsverordnung kann die Zustimmung mit Vorrangprüfung erteilt werden.

§ 28 Deutsche Volkszugehörige Deutschen Volkszugehörigen, die einen Aufnahmebescheid nach dem Bundesvertriebenengesetz besitzen, kann die Zustimmung mit Vorrangprüfung zu einem Aufenthaltstitel zur Ausübung einer vorübergehenden Beschäftigung erteilt werden.

Teil 6 – Sonstiges

§ 29 Internationales Abkommen (1) Für Beschäftigungen im Rahmen der mit den Staaten Türkei, Serbien, Bosnien-Herzegowina und Nordmazedonien bestehenden Werkvertragsarbeitnehmerabkommen kann die Zustimmung erteilt werden. Dies gilt auch für das zur Durchführung der Werkvertragstätigkeit erforderliche leitende Personal oder Verwaltungspersonal mit betriebsspezifischen Kenntnissen für die Dauer von bis zu vier Jahren. Das Bundesministerium für Arbeit und Soziales kann die Erteilung der Zustimmung durch die Bundesagentur für Arbeit an Beschäftigte der Bauwirtschaft im Rahmen von Werkverträgen im Verhältnis zu den beschäftigten gewerblichen Personen des im Inland ansässigen Unternehmens zahlenmäßig beschränken. Dabei ist darauf zu achten, dass auch kleine und mittelständische im Inland ansässige Unternehmen angemessen berücksichtigt werden.

(2) Die Zustimmung zur Ausübung einer Beschäftigung von bis zu 18 Monaten kann erteilt werden, wenn die betreffenden Personen auf der Grundlage einer zwischenstaatlichen Vereinbarung über die Beschäftigung von Arbeitnehmerinnen und Arbeitnehmern zur beruflichen und sprachlichen Fortbildung (Gastarbeitnehmer-Vereinbarung) mit dem Staat, dessen Staatsangehörigkeit sie besitzen, beschäftigt werden.

(3) Für Beschäftigungen nach zwischenstaatlichen Vereinbarungen, in denen bestimmt ist, dass jemand für eine Beschäftigung keiner Arbeitsgenehmigung oder Arbeitserlaubnis bedarf, bedarf es keiner Zustimmung. Bei Beschäftigungen nach Vereinbarungen, in denen bestimmt ist, dass eine Arbeitsgenehmigung oder Arbeitserlaubnis erteilt werden kann, kann die Zustimmung erteilt werden.

(4) Für Fach- oder Weltausstellungen, die nach dem am 22. November 1928 in Paris unterzeichneten Abkommen über internationale Ausstellungen registriert sind, kann für Angehörige der ausstellenden Staaten die Zustimmung mit Vorrangprüfung erteilt werden, wenn sie für den ausstellenden Staat zur Vorbereitung, Durchführung oder Beendigung des nationalen Ausstellungsbeitrages tätig werden.

(5) Die Zustimmung kann für Personen erteilt werden, die von einem Unternehmen mit Sitz im Ausland ordnungsgemäß beschäftigt werden und auf der Grundlage des Übereinkommens zur Errichtung der Welthandelsorganisation vom 15. April 1994 (BGBl. 1994 II S. 1438, 1441) oder anderer für die Bundesrepublik Deutschland völkerrechtlich verbindlicher Freihandelsabkommen der Europäischen Union oder der Europäischen Union und ihrer Mitgliedstaaten vorübergehend in das Bundesgebiet entsandt werden. Für Beschäftigungen auf Grundlage der in Satz 1 geannnten Abkommen, in denen bestimmt ist, dass jemand für eine Beschäftigung keiner Arbeitsgenehmigung oder keiner Arbeitserlaubnis bedarf, bedarf es keiner Zustimmung.

§ 30 Beschäftigungsaufenthalte ohne Aufenthaltstitel Nicht als Beschäftigung im Sinne des Aufenthaltsgesetzes gelten

1. Tätigkeiten nach den § 3 Nummer 1 und 2 auch ohne Zustimmung, nach den §§ 16 und 29 Absatz 5 Satz 2, die bis zu 90 Tage innerhalb eines Zeitraums von 180 Tagen ausgeübt werden,

2. Tätigkeiten nach den §§ 5, 14, 15, 17, 18, 19 Absatz 1 sowie den §§ 22, 22 und 23, die bis zu 90 Tage innerhalb eines Zeitraums von zwölf Monaten ausgeübt werden,
3. Tätigkeiten nach § 21, die von Ausländerinnen und Ausländern, die in einem anderen Mitgliedstaat der Europäischen Union die Rechtsstellung eines langfristig Aufenthaltsberechtigten innehaben, bis zu 90 Tage innerhalb eines Zeitraums von zwölf Monaten ausgeübt werden, und
4. Tätigkeiten von Personen, die nach den §§ 23 bis 30 der Aufenthaltsverordnung vom Erfordernis eines Aufenthaltstitels befreit sind.

Teil 7 – Beschäftigung bei Aufenthalt aus völkerrechtlichen, humanitären oder politischen Gründen sowie von Personen mit Duldung und Asylbewerbern

§ 31 Beschäftigung bei Aufenthalt aus völkerrechtlichen, humanitären oder politischen Gründen Die Erteilung der Erlaubnis zur Beschäftigung an Ausländerinnen und Ausländer mit einer Aufenthaltserlaubnis, die nach Abschnitt 5 des Aufenthaltsgesetzes erteilt worden ist, bedarf keiner Zustimmung des Bundesagentur für Arbeit.

§ 32 Beschäftigung von Personen mit Duldung oder Aufenthaltsgestattung
(1) Ausländerinnen und Ausländern, die eine Duldung besitzen, kann eine Zustimmung mit Vorrangprüfung zur Ausübung einer Beschäftigung erteilt werden, wenn sie sich seit drei Monaten erlaubt, geduldet oder mit einer Aufenthaltsgestattung im Bundesgebiet aufhalten. Die §§ 39, 40 Absatz 1 Nummer 1 und Absatz 2 sowie § 41 des Aufenthaltsgesetzes gelten entsprechend.
(2) Keiner Zustimmung bedarf die Erteilung einer Erlaubnis zur Ausübung
1. eines Praktikums nach § 22 Absatz 1 Satz 2 Nummer 1 bis 4 des Mindestlohngesetzes,
2. einer Berufsausbildung in einem staatlich anerkannten oder vergleichbar geregelten Ausbildungsberuf,
3. einer Beschäftigung nach § 18c Absatz 3 und § 18g Absatz 1 Satz 1 des Aufenthaltsgesetzes, § 5, § 14 Absatz 1 und 1a, § 15 Nummer 2, § 22 Nummer 3 bis 6 und § 23,
4. einer Beschäftigung von Ehegatten, Lebenspartnern, Verwandten und Verschwägerten ersten Grades eines Arbeitgebers in dessen Betrieb, wenn der Arbeitgeber mit diesen in häuslicher Gemeinschaft lebt, oder
5. jeder Beschäftigung nach einem ununterbrochen vierjährigen erlaubten, geduldeten oder gestatteten Aufenthalt im Bundesgebiet.

(3) Der Absatz 2 findet auch Anwendung auf Ausländerinnen und Ausländer mit einer Aufenthaltsgestattung.

§ 33 *(aufgehoben)*

Teil 8 – Verfahrensregelungen

§ 34 Beschränkung der Zustimmung (1) Die Bundesagentur für Arbeit kann die Zustimmung zur Ausübung einer Beschäftigung beschränken hinsichtlich
1. der Geltungsdauer,
2. des Betriebs,
3. der beruflichen Tätigkeit,
4. des Arbeitgebers,
5. der Region, in der die Beschäftigung ausgeübt werden kann, und
6. der Lage und Verteilung der Arbeitszeit.

(2) Die Zustimmung wird längstens für vier Jahre erteilt.

(3) Bei Beschäftigungen zur beruflichen Aus- und Weiterbildung nach § 16a Absatz 1 und § 16d Absatz 1 Satz 2 Nummer 3 des Aufenthaltsgesetzes ist die Zustimmung wie folgt zu erteilen:
1. bei der Ausbildung für die nach der Ausbildungsordnung festgelegte Ausbildungsdauer und
2. bei der Weiterbildung für die Dauer, die ausweislich eines von der Bundesagentur für Arbeit geprüften Weiterbildungsplanes zur Erreichung des Weiterbildungszieles erforderlich ist.

§ 35 Reichweite der Zustimmung (1) Die Zustimmung zur Ausübung einer Beschäftigung wird jeweils zu einem bestimmten Aufenthaltstitel erteilt.

(2) Ist die Zustimmung zu einem Aufenthaltstitel erteilt worden, so gilt die Zustimmung im Rahmen ihrer zeitlichen Begrenzung auch für jeden weiteren Aufenthaltstitel fort.

(3) Die Absätze 1 und 2 gelten entsprechend für die Zustimmung zur Ausübung einer Beschäftigung an Personen, die eine Aufenthaltsgestattung oder Duldung besitzen.

(4) Ist die Zustimmung für ein bestimmtes Beschäftigungsverhältnis erteilt worden, so erlischt sie mit der Beendigung dieses Beschäftigungsverhältnisses. Dies gilt nicht, wenn sich der Arbeitgeber auf Grund eines Betriebsübergangs nach § 613a des Bürgerlichen Gesetzbuchs ändert oder auf Grund eines Formwechsels eine andere Rechtsform erhält.

(5) Die Zustimmung zur Ausübung einer Beschäftigung kann ohne Vorrangprüfung erteilt werden, wenn die Beschäftigung nach Ablauf der Geltungsdauer einer für mindestens ein Jahr erteilten Zustimmung bei demselben Arbeitgeber fortgesetzt wird. Dies gilt nicht für Beschäftigungen, die nach dieser Verordnung oder einer zwischenstaatlichen Vereinbarung zeitlich begrenzt sind.

§ 36 Erteilung der Zustimmung (1) Die Bundesagentur für Arbeit teilt der zuständigen Stelle die Zustimmung zur Erteilung eines Aufenthaltstitels nach § 39 des Aufenthaltsgesetzes oder einer Grenzgängerkarte, deren Versagung nach § 40 des Aufenthaltsgesetzes, den Widerruf nach § 41 des Aufenthaltsgesetzes oder die Rücknahme einer Zustimmung mit.

(2) Die Zustimmung zur Ausübung einer Beschäftigung gilt als erteilt, wenn die Bundesagentur für Arbeit der zuständigen Stelle nicht innerhalb von zwei Wochen

nach Übermittlung der Zustimmungsanfrage mitteilt, dass die übermittelten Informationen für die Entscheidung über die Zustimmung nicht ausreichen oder dass der Arbeitgeber die erforderlichen Auskünfte nicht oder nicht rechtzeitig erteilt hat. In den Fällen des § 18g Absatz 4 oder des § 81a des Aufenthaltsgesetzes verkürzt sich die Frist nach Satz 1 auf eine Woche.

(3) Die Bundesagentur für Arbeit soll bereits vor der Übermittlung der Zustimmungsanfrage der Ausübung der Beschäftigung gegenüber der zuständigen Stelle zustimmen oder prüfen, ob die arbeitsmarktbezogenen Voraussetzungen für eine spätere Zustimmung vorliegen, wenn der Arbeitgeber die hierzu erforderlichen Auskünfte erteilt hat und das Verfahren dadurch beschleunigt wird.

(4) Ein Arbeitgeber kann für eine Dauer von bis zu fünf Jahren von der Möglichkeit ausgeschlossen werden, dass die Bundesagentur für Arbeit eine Zustimmung oder eine Arbeitserlaubnis für die Beschäftigung einer Ausländerin oder eines Ausländers bei diesem Arbeitgeber erteilt, wenn

1. der Arbeitgeber eine oder mehrere Ausländerinnen oder einen oder mehrere Ausländer wiederholt zu ungünstigeren Arbeitsbedingungen als vergleichbare inländische Arbeitnehmerinnen und Arbeitnehmer beschäftigt oder beschäftigt hat,
2. der Arbeitgeber seinen sozialversicherungspflichtigen, steuerrechtlichen oder arbeitsrechtlichen Pflichten in schwerwiegender Weise nicht nachgekommen ist,
3. der Arbeitgeber oder sein nach Satzung oder Gesetz Vertretungsberechtigter innerhalb der letzten fünf Jahre wegen eines Verstoßes gegen § 404 Absatz 1 oder Absatz 2 Nummer 3 des Dritten Buches Sozialgesetzbuch rechtskräftig mit einer Geldbuße belegt oder wegen eines Verstoßes gegen die §§ 10, 10a oder 11 des Schwarzarbeiterbekämpfungsgesetzes oder gegen die §§ 15, 15a oder 16 Absatz 1 Nummer 2 des Arbeitnehmerüberlassungsgesetzes rechtskräftig zu einer Geld- oder Freiheitsstrafe verurteilt worden ist,
4. der Arbeitgeber durch die Präsenz der Ausländerin oder des Ausländers in schwerwiegender Weise eine Einflussnahme auf arbeitsrechtliche oder betriebliche Auseinandersetzungen oder Verhandlungen bezweckt oder bewirkt oder bezweckt hat oder bewirkt hat oder
5. der Arbeitgeber in der Vergangenheit Arbeitsverhältnisse mit einer Ausländerin oder mehreren Ausländerinnen oder einem Ausländer oder mehreren Ausländern hauptsächlich zu dem Zweck begründet hat, die Einreise oder den Aufenthalt von Ausländerinnen oder Ausländern zu anderen Zwecken als der Beschäftigung zu erleichtern, für die eine Zustimmung oder Arbeitserlaubnis erteilt wurde. Satz 1 Nummer 5 gilt auch, wenn sich der Ausländer oder die Ausländerin zustimmungs- oder arbeitserlaubnisfrei aufhielt und eine andere Beschäftigung ausgeübt hat, als die, die der Befreiung zugrunde gelegen hat.

Der Ausschluss gilt auch für Vermittlungen nach § 14 Absatz 2 oder für Einvernehmen nach § 15 Nummer 4 und 6.

§ 37 Härtefallregelung Ausländerinnen und Ausländern kann die Zustimmung zur Ausübung einer Beschäftigung ohne Vorrangprüfung erteilt werden, wenn deren Versagung eine besondere Härte bedeuten würde.

Teil 9 – Anwerbung und Arbeitsvermittlung aus dem Ausland

§ 38 Anwerbung und Vermittlung Die Anwerbung in Staaten, die in der Anlage zu dieser Verordnung aufgeführt sind, darf für eine Beschäftigung in Gesundheits- und Pflegeberufen nur von der Bundesagentur für Arbeit durchgeführt werden.

§ 39 Ordnungswidrigkeiten Ordnungswidrig im Sinne des § 404 Absatz 2 Nummer 9 des Dritten Buches Sozialgesetzbuch handelt, wer vorsätzlich oder fahrlässig entgegen § 38 eine Anwerbung oder Arbeitsvermittlung durchführt.

9d. Aufenthaltsverordnung (AufenthV)

vom 25. November 2004 (BGBl. I 2945),
zuletzt geändert durch Verordnung vom 29. Oktober 2025 (BGBl. 2025 I Nr. 260)

(Abgedruckte Vorschriften: §§ 35, 37)

Einleitung

(siehe bei Nr. 9, I 2)

Verordnungstext

§ 35 Zustimmungsfreiheit bei bestimmten Arbeitsaufenthalten und Praktika
Abweichend von § 31 bedarf das Visum nicht der Zustimmung der Ausländerbehörde bei Ausländern, die

1. auf Grund einer zwischenstaatlichen Vereinbarung als Gastarbeitnehmer oder als Werkvertragsarbeitnehmer tätig werden,
2. eine von der Bundesagentur für Arbeit vermittelte Beschäftigung bis zu einer Höchstdauer von neun Monaten ausüben,
3. ohne Begründung eines gewöhnlichen Aufenthalts im Bundesgebiet als Besatzungsmitglieder eines Seeschiffes tätig werden, das berechtigt ist, die Bundesflagge zu führen, und das in das internationale Seeschifffahrtsregister eingetragen ist (§ 12 des Flaggenrechtsgesetzes),
4. auf Grund einer zwischenstaatlichen Vereinbarung im Rahmen eines Ferienaufenthalts von bis zu einem Jahr eine Erwerbstätigkeit ausüben dürfen oder
5. eine Tätigkeit bis zu längstens drei Monaten ausüben wollen, für die sie nur ein Stipendium erhalten, das ausschließlich aus öffentlichen Mitteln gezahlt wird.

…

§ 37 Zustimmungsfreiheit in sonstigen Fällen Abweichend von § 31 Abs. 1 Satz 1 Nr. 1 und 2 bedarf das Visum nicht der Zustimmung der Ausländerbehörde für Ausländer, die im Bundesgebiet lediglich Tätigkeiten, die nach § 30 Nummer 1 bis 3 der Beschäftigungsverordnung nicht als Beschäftigung gelten, oder diesen entsprechende selbständige Tätigkeiten ausüben wollen.

…

10. Berufsbildungsgesetz (BBiG)

Einleitung

I. Geschichtliche Entwicklung

Bis 1969 waren das Recht des Ausbildungsvertrages und das öffentlich-rechtliche Berufsbildungsrecht gesetzlich überhaupt nicht, nur in einzelnen Ländern oder nur lückenhaft geregelt, zum Teil in Gesetzen aus dem vorausgegangenen Jahrhundert, wie in der GewO und im HGB. Nach 1918 hatten die Gewerkschaften eine »neuzeitliche Regelung des Lehrlingswesens und die Verbesserung der Fortbildung« gefordert. Die Forderungen des ADGB auf seinem Gründungskongress 1919 sind verblüffend aktuell:

- »Die Zuständigkeit der Innungen ist aufzuheben.
- Zur Neuregelung der Lehrlingsverhältnisse werden auf jeden Beruf paritätisch aus Vertretern von Arbeitgebern und Arbeitnehmern bestehende Zentralkommissionen eingesetzt.
- Von den Zentralkommissionen ist dahin zu wirken, dass die Großindustrie mehr als bisher Einrichtungen zur systematischen Ausbildung schafft.
- Im Bedarfsfall sind Zwangsmaßnahmen zur Einstellung von Lehrlingen vorzusehen.
- Neben den Betriebslehrwerkstätten ist die Errichtung von Sammellehrwerkstätten anzustreben, die den Lehrlingen kleinerer Betriebe die Möglichkeit einer besseren Ausbildung gibt.
- Die Kosten sind von den Arbeitgebern aufzubringen.«

Das Resultat war lediglich, dass die Reichsregierung im Jahre 1927 den Entwurf eines Berufsbildungsgesetzes vorlegte, der jedoch im Reichstag nicht beraten wurde.

Erst 1969 wurde eine zentralstaatliche Regelung mit Berufsbildungsgesetz als Bundesgesetz verabschiedet. Im Hinblick auf schon damals offenkundige Mängel des Systems der beruflichen Bildung war das BBiG bereits unmittelbar nach seinem Inkrafttreten Gegenstand reformpolitischer Bemühungen, um den Bürgern Chancengleichheit zu gewährleisten. Mit dem »Ausbildungsplatzförderungsgesetz« vom 9.9.1976 (AplFG, BGBl. I 2658) wurde eine Ausbildungsplatzabgabe für den Fall einer Verfehlung einer bestimmten Ausbildungsplatzquote vorgesehen. Das Gesetz ist allerdings aus kompetenzrechtlichen Gründen für verfassungswidrig erklärt worden (*BVerfG* 10.12.1980 – 2 BvF 3/77, NJW 81, 329; hierzu *Kittner,* Gewerkschaftliche Bildungspolitik 1981, 71; *Schmidt-Bleibtreu,* DB 81, 743).

Am 29.12.1981 ist in der Bundesrepublik Deutschland das »Abkommen 142 der Internationalen Arbeitsorganisation über die Berufsberatung und Berufsbildung im Rahmen der Erschließung des Arbeitskräftepotenzials« vom 23.6.1975 in Kraft getreten (BGBl. II 168). Die in diesem Abkommen geregelten Grundsätze der beruflichen Bildung werden der Bundesregierung zufolge durch das Recht der Berufsbildung und -beratung in der Bundesrepublik erfüllt.

Seither hat es eine Reihe weiterer Änderungen gegeben (vgl. Einl. I zum BBiG in 49. Aufl.). Wichtig sind insb. die Einführung einer Mindestausbildungsvergütung, die Stärkung höherqualifizierter Ausbildungen und die Erweiterung der Teilzeitausbildungsmöglichkeiten durch das Gesetz zur Modernisierung und Stärkung der beruflichen Bildung (v. 12.12.2019, BGBl. I 2522; Entwurf: BR-Drs. 230/19). Eine Neufassung des Gesetzes wurde am 4.5.2020 bekannt gemacht (BGBl. I 920).
Mit dem Berufsbildungsvalidierungs- und -digitalisierungsgesetz (v. 19.7.2024, BGBl. I Nr. 246, Entwurf: BT-Drs. 20/10857) wurden ergänzende Regelungen geschaffen, die eine anschlussfähige Feststellung und Bescheinigung individueller beruflicher Handlungsfähigkeit am Maßstab eines anerkannten Ausbildungsberufs gestatten (sog. Vailidierung, §§ 50bff. BBiG), ferner insbesondere Rahmenbedingungen für digitale mobile Ausbildung (§ 28 Abs. 2 BBiG, dazu *Pepping/Günther*, NZA 24, 1241) und virtuelle Teilnahme für Prüfende an Prüfungen (§ 42a BBiG). Zudem sollte ein Fortschritt bei der Digitalisierung der verwaltungstechnischen Vorgänge erreicht werden (vgl. z.B. § 11 Abs. 2 BBiG über die Aushändigung bzw. Übermittlung der Vertragsabfassung). In der Folge wurde das Gesetz am 16.4.2025 in seiner Neufassung bekanntgemacht (BGBl. I Nr. 117).

II. Gesetzesinhalt

1. Grundsatz: duales System

Das Berufsbildungsgesetz geht für die betriebliche Berufsbildung vom »dualen System« aus: die berufliche Ausbildung erfolgt dem Grundsatz nach getrennt in den Lernorten »Betrieb« und »Schule«, was zu folgender Struktur der Berufsbildung und ihrer rechtlichen Verfassung führt: Art und Umfang des Angebots an Ausbildungsplätzen hängen von der Gestaltung durch die private Wirtschaft ab. Es gibt kein dem Anspruch auf den Besuch allgemeinbildender Schulen vergleichbares »Recht auf berufliche Bildung«. Rahmenbedingungen werden durch den Bund geregelt, der hierfür gemäß Art. 74 Nr. 11 (Recht der Wirtschaft) und Nr. 12 GG (Arbeitsrecht) zur Gesetzgebung zuständig ist.
Daneben steht der Besuch der Berufsschule. Da das Schulwesen in die Gesetzgebungszuständigkeit der Länder fällt (Art. 70 GG), ist insoweit eine bundesgesetzliche Regelung und eine gesetzliche Vereinheitlichung der Bestimmungen für Schule und Betrieb nicht möglich. Es bleibt nur der Weg über Absprachen zwischen Bund und Ländern. § 15 BBiG und § 9 JArbSchG regeln die Freistellung Berufsschulpflichtiger (auch über 18-Jährige) von der Beschäftigung (vgl. *BAG* 26.3.2001 – 5 AZR 413/99, NZA 01, 892).
Die Aufteilung in die Lernorte »Betrieb« und »Schule« wird aber nicht vollständig durchgehalten. Weil nicht alle Anbieter von Ausbildungsplätzen alle notwendigen Ausbildungsinhalte vermitteln können, lässt das BBiG auch die Ausbildung an »sonstigen Berufsbildungseinrichten« im Rahmen der »außerbetrieblichen Ausbildung« zu (§ 2 Abs. 1 Nr. 3 BBiG). Konsequenterweise wird zur Abschlussprüfung auch zugelassen, wer in einer berufsbildenden Schule oder sonstigen berufsbildenden Einrichtung ausgebildet wurde, wenn dabei der betrieblichen Ausbildung

gleichwertige Kenntnisse vermittelt werden (§ 43 Abs. 2 BBiG). Es ist möglich, Teile der Ausbildung im Ausland durchzuführen (§ 2 Abs. 3 BBiG).

2. BBiG

Unter Berücksichtigung dieser grundsätzlichen Strukturmerkmale enthält das BBiG vor allem Vorschriften über das Berufsausbildungsverhältnis (§§ 10–26 BBiG), die Ordnung der Berufsausbildung (Berechtigung zum Ausbilden, Anerkennung von Ausbildungsberufen und Ausbildungsordnungen, das Prüfungswesen und die Überwachung der Regelung der Berufsausbildung) sowie die Beteiligung von Arbeitgebern, Arbeitnehmern und Lehrern der Berufsschulen in den Ausschüssen für Berufsbildung und die Validierung individueller beruflicher Handlungsfähigkeit (§§ 27–50a BBiG). Die berufliche Fortbildung wird in den §§ 53–57 BBiG geregelt, die Umschulung in §§ 58–63 BBiG. Inhaltlich erfolgt die berufliche Bildung vor allem auf Grund sog. Ausbildungsordnungen, die für jeden Ausbildungsberuf durch RechtsVO gemäß §§ 4, 5 BBiG festgelegt werden.
Das Handwerk ist ausgeklammert geblieben; die Berufsausbildung für diesen Bereich wird inhaltsgleich in der Handwerksordnung (HwO) geregelt (vgl. die Bekanntmachung v. 24. 9. 1998, BGBl. I 3074).
Kern des BBiG ist die Regelung des Ausbildungsvertrages, der im Grundsatz den Regeln des Arbeitsvertrages unterstellt ist (§ 10 Abs. 2 BBiG; Übersicht 28). In dieser Hinsicht hat das »Berufsbildungsreformgesetz« v. 23. 3. 2005 (BGBl. I 931) nur wenige Änderungen gebracht. Insbesondere ist die Dauer einer Probezeit von höchstens drei auf vier Monate erhöht worden (§ 20 BBiG). In dieser Zeit kann das Ausbildungsverhältnis jederzeit ohne Einhaltung einer Frist gekündigt werden (§ 22 Abs. 1 BBiG). Ein vorausgegangenes Praktikum hat weder auf die Möglichkeit zur Vereinbarung einer Probezeit noch auf deren Dauer Einfluss (*BAG* 19. 11. 2015 – 6 AZR 844/14, NZA 16, 228). Nach dem Ende der Probezeit kann dem Auszubildenden nur aus wichtigem Grund gekündigt werden (§ 22 Abs. 2 Nr. 1 BBiG). Eine solche Kündigung aus wichtigem Grund soll auch im Falle des Verdachts einer schweren Pflichtverletzung möglich sein (*BAG* 12. 2. 2015 – 6 AZR 845/13, NZA 15, 741).
Ausbildende müssen nach § 14 Abs. 1 Nr. 3 BBiG Ausbildungsmittel wie Werkzeuge, Werkstoffe und Fachliteratur für die Ausbildung sowie Zwischenprüfungen und Abschlussprüfungen kostenlos zur Verfügung stellen. Sie dürfen nach § 12 Abs. 2 Nr. 1 BBiG keine Vereinbarung treffen, wonach Auszubildende eine Entschädigung für die Ausbildung zu zahlen haben. Diese Regelungen gelten aber nur für die Berufsausbildung, nicht für berufliche Fortbildungen nach §§ 53 ff. BBiG. Bei Letzteren sind beispielsweise Rückzahlungsklauseln üblich und zulässig. Die Rspr. unterzieht solche Vereinbarungen allerdings der Inhaltskontrolle nach §§ 305 ff. BGB (vgl. Einl. II 8 zum BGB, Nr. 15). Auch sonstige außerbetriebliche Ausbildungen unterliegen nicht dem Verbot der Vereinbarung einer Ausbildungsentschädigung, wohl aber der Kontrolle nach §§ 305 ff. BGB (*BAG* 5. 9. 2023 – 9 AZR 350/22, NZA 24, 325; 20. 8. 2024 – 9 AZR 259/23, NZA 25, 322, Rn. 39 ff.; beide betr. Schulung zum Flugzeugführer).

Auszubildende haben Anspruch auf eine »angemessene Vergütung« (§ 17 Abs. 1 BBiG; *Litterscheid*, NZA 06, 639). Im Falle einer Teilzeitausbildung ist die Ausbildungsvergütung entsprechend geringer, selbst wenn dadurch Berufsschulunterrichtszeiten teilweise »unvergütet« bleiben, weil die Auszubildenden für diese Zeit nach § 19 BBiG die Vergütung »nur« fortgezahlt bekommen (*BAG* 1. 12. 2020 – 9 AZR 104/20, NZA 21, 970). Das MiLoG (Nr. 31 b) findet gemäß dessen § 22 Abs. 1 S. 1 MiLoG nur auf Arbeitnehmer Anwendung. Auszubildende haben daher keinen Anspruch auf den gesetzlichen Mindestlohn. Um zu verhindern, dass junge Menschen einen Anreiz erhalten, anstelle einer Berufsausbildung ein Arbeitsverhältnis mit Anspruch auf den Mindestlohn einzugehen, ist der Anspruch auf den Mindestlohn gemäß § 22 Abs. 2 MiLoG für unter 18-Jährige ohne abgeschlossene Berufsausbildung ausgeschlossen (BR-Drs. 147/14, S. 47). Die Vergütungshöhe wird in allen Wirtschaftszweigen in Tarifverträgen geregelt (i. d. R. nicht unter 1000 Euro monatlich, Böckler impuls 12/25, 4 f.). Eine Ausbildungsvergütung für nicht tarifgebundene Auszubildende, die mehr als 20 % unter der tariflichen Vergütung liegt, ist nicht mehr angemessen gemäß § 17 Abs. 4 BBiG (im Anschluss an die Rspr., *BAG* 10. 4. 1991 – 5 AZR 226/90, DB 91, 1524; hierzu *Natzel*, DB 92, 1521, vgl. auch 47. Aufl.). Das gilt auch, wenn unter den Ausbildungsbetrieben ein geringer Organisationsgrad herrscht (*OVG Bautzen* 19. 2. 2009 – 3 B 373/06, NZA-RR 09, 543). Soll die Ausbildung in einem Ausbildungsberuf auf Basis eines Anlernvertrages und nicht in einem Berufsbildungsverhältnis erfolgen, verstößt dies gegen das Gesetz und der Arbeitgeber hat das für Arbeitnehmer übliche Entgelt im Rahmen eines sog. faktischen Arbeitsverhältnisses zu zahlen (*BAG* 17. 11. 2010 – 7 ABR 113/09, DB 11, 943). Eine Ausbildungsvergütung ist noch nicht deshalb als angemessen anzusehen, weil sie nicht gegen die guten Sitten i. S. des § 138 BGB verstößt (*BAG* 29. 4. 2015 – 9 AZR 108/14, NZA 15, 1384). Durch das Gesetz zur Modernisierung und Stärkung der beruflichen Bildung (s. o. I) wurde eine gesetzliche Mindestausbildungsvergütung in § 17 Abs. 2 BBiG vorgeschrieben, die jährlich fortgeschrieben wird. 2026 beträgt die Mindestausbildungsvergütung im ersten Lehrjahr 724 Euro (Bekanntmachung vom 7. 10. 2025, BGBl. I Nr. 235). Sie erhöht sich im zweiten Lehrjahr um 18 % (2026: 854 Euro), im dritten um 35 % (2026: 977 Euro) und im vierten Lehrjahr um 40 % (2026: 1014 Euro). Von den Mindestausbildungsvergütungen kann allerdings auch zulasten des Auszubildenden durch Tarifvertrag gemäß § 17 Abs. 3 BBiG abgewichen werden. Überstunden sind nach § 17 Abs. 7 BBiG zu vergüten oder in Freizeit auszugleichen.

Hinsichtlich der Haftung gegenüber Kollegen im Betrieb greifen die §§ 104, 105 SGB VII (Nr. 30 VII) ebenso wie unter Arbeitnehmern (*BAG* 19. 3. 2015 – 8 AZR 67/14, NZA 15, 1057). Das *BAG* hat in seiner zweiten Warnstreikentscheidung vom 12. 9. 1984 (1 AZR 342/83, DB 84, 2563) festgestellt, dass Auszubildende im Grundsatz ein Streikrecht haben, um auf die Ausbildungsbedingungen Einfluss zu nehmen. In der Entscheidung ist offengeblieben, ob das über die Teilnahme an Warnstreiks hinaus auch für Streiks über eine längere Zeit gilt, wenn dadurch der Ausbildungszweck gefährdet werden könnte.

Das Ausbildungsverhältnis endet mit Ablauf der Ausbildungsdauer (§ 21 Abs. 1 BBiG). Vor Ablauf der Ausbildungsdauer endet es bei erfolgreicher Abschlussprüfung mit Bekanntgabe des Ergebnisses durch den Prüfungsausschuss (§ 21 Abs. 2

BBiG). Wegen dieses gesetzlich vorgeschriebenen Endes stellt sich die Problematik einer Anschlussbeschäftigung (»Übernahme«) durch den ausbildenden Arbeitgeber. Hierzu gab es bislang in vielen Tarifverträgen zumindest die Verpflichtung des Arbeitgebers, Ausgebildete wenigstens in ein befristetes Arbeitsverhältnis zu übernehmen. Die Übernahmequoten sind seit Mitte der 2000er Jahre stetig gestiegen. Derzeit werden etwa zwei von drei Ausbildungsabsolventen in ein Arbeitsverhältnis übernommen (*Dummert/Frei/Leber*, IAB-Kurzbericht 20/14, S. 6). Umgekehrt bedeutet das aber auch, dass ein Drittel der Absolventen ohne Anschlussbeschäftigung im Ausbildungsbetrieb bleibt. Auch ohne ausdrückliche Übernahmevereinbarung entsteht gemäß § 24 BBiG ein Arbeitsverhältnis auf unbestimmte Zeit, wenn der Auszubildende im Anschluss an das Berufsbildungsverhältnis weiterbeschäftigt wird. Erforderlich ist aber die Kenntnis des Ausbildenden vom Ende des Ausbildungsverhältnisses (was bei vorzeitiger Beendigung durch erfolgreiche Abschlussprüfung relevant wird) und von der Weiterarbeit (*BAG* 20.3.2018 – 9 AZR 479/17, NZA 18, 943).

Einzelne Vorschriften über den Berufsbildungsvertrag gelten gemäß § 26 BBiG auch für andere Vereinbarungen, bei denen Personen zum Erwerb beruflicher Fertigkeiten, Kenntnisse, Fähigkeiten und Erfahrung beschäftigt werden, ohne dass eine gesetzliche Berufsausbildung vorliegt. Mit dieser Bestimmung sind neben Volontären und Anlernlingen insbesondere Praktikanten angesprochen. Für Umschüler gilt § 26 BBiG hingegen nicht, Umschulungen erfolgen entweder im Rahmen eines Arbeitsverhältnisses oder im Rahmen eines besonderen Qualifizierungsvertrages (*BAG* 12.2.2013 – 3 AZR 120/11, NZA 14, 31, Rn. 12). Praktikanten haben grundsätzlich Anspruch auf den gesetzlichen Mindestlohn (Nr. 31 b), allerdings regelt § 22 Abs. 1 S. 2 MiLoG Ausnahmen, insbesondere für ausbildungsbegleitende Praktika sowie bis zu 3-monatige Berufsorientierungspraktika. Letztere können zwar nicht den gesetzlichen Mindestlohn, wohl aber eine angemessene Vergütung gemäß § 17 BBiG verlangen. In diesem Zusammenhang definiert § 22 Abs. 2 S. 3 MiLoG, was ein Praktikum ist, und stellt dabei klar, dass es in Abgrenzung von anderen Vertragsverhältnissen auf die tatsächliche Ausgestaltung und Durchführung des Vertrages ankommt. Letzteres wurde durch die Neufassung des § 611a Abs. 1 S. 6 BGB (vgl. II 1 zum BGB, Nr. 14) eigentlich überflüssig. Damit ist die sog. »Generation Praktikum« angesprochen. Dieser Begriff zielt auf das verbreitete Phänomen, dass Hochschulabsolventen als vermeintliche Praktikanten eingestellt werden, in Wirklichkeit aber Arbeitnehmer sind. Diese Fallgestaltungen werden ohne Weiteres vom gesetzlichen Mindestlohn erfasst, da man es in Wirklichkeit mit Arbeitnehmern zu tun hat (*Picker/Sausmikat*, NZA 14, 942). Neben diesen Regelungen für den Mindestlohn gilt für Praktikanten eine besondere Nachweispflicht gemäß § 2 Abs. 1a NachwG (Nr. 29).

Die Durchführung der betrieblichen Berufsbildung unterliegt der Mitbestimmung des Betriebsrats gemäß §§ 96–98 BetrVG (hierzu *Bieler*, AiB 01, 198; *Hamm*, AuR 92, 326; *Hamm*, AiB 93, 85). Für »sonstige Ausbildungseinrichtungen« schreibt § 51 BBiG eine eigene Interessenvertretung vor.

III. Anwendungsprobleme und Rechtstatsachen

Das zentrale Problem der beruflichen Bildung ist seit vielen Jahren der Mangel an betrieblichen Ausbildungsplätzen. Dabei hat auch der Berufsbildungsbericht 2019 gezeigt, dass insoweit nicht auf die blanke Zahl der Ausbildungsstellen geschaut werden darf. Denn es haben rund 24 500 junge Menschen keine Beschäftigung gefunden, obwohl dem gleichzeitig 57 600 unbesetzte Plätze gegenüber standen (BT-Drs. 19/9515, S. 50 f.). So sind, um nur zwei Gründe zu nennen, freie Stellen nicht immer die gesuchten und die Bewerber sind nicht immer für die freien Stellen geeignet. Teils versuchen Betriebe, ihre Attraktivität für Auszubildende zu steigern, etwa durch ergänzende Leistungen oder Mobilitätshilfen im ländlichen Raum (vgl. *Leber/Schwengler*, IAB-Kurzbericht 3/21). Auch das Berufsbildungsvalidierungs- und -digitalisierungsgesetz (s. o. I) zielt u. a. darauf ab, die Berufsausbildung attraktiver zu machen.

Im Übrigen verdecken globale Statistiken die strukturellen Probleme der Berufsausbildung:

- Viele Jugendliche werden nicht ihrem Berufswunsch entsprechend vermittelt. Hierin dürfte mit ein Grund für die hohe Abbrecherquote (20 % aller Ausbildungsverträge) liegen.
- Viele Jugendliche werden in Ausbildungsberufe gelenkt, die auch längerfristig keine entsprechenden Beschäftigungschancen bieten (z. B. Friseur, Bäcker, Verkäufer im Nahrungsmittelhandwerk).
- Die strukturelle Veränderung bei Schulabschlüssen führt zu einer Verdrängung von Hauptschülern aus dualen Berufen, die traditionell mit dieser Abschlussform angestrebt werden konnten.
- Die Benachteiligung junger Frauen besteht nach wie vor. Ihre Berufsausbildung konzentriert sich nach wie vor auf so genannte Frauenberufe mit allen Folgen geringeren Verdienstes, minderer Aufstiegschancen und größeren Arbeitslosigkeitsrisikos. Junge Frauen sind in gewerblich-technischen Ausbildungsberufen immer noch unterrepräsentiert.
- Demgegenüber steht zunehmend das Problem der mangelnden Bildungsvoraussetzungen von Jugendlichen, deretwegen sie keine Ausbildungsstelle erhalten.

Bei allen Mängeln der Berufsbildung darf aber der grundsätzlich positive Beitrag des dualen Systems nicht aus den Augen verloren werden: so finden immerhin 60 % der Absolventen eine Anschlussbeschäftigung im Ausbildungsbetrieb, geschätzte weitere 8 % finden eine Anschlussbeschäftigung in einem anderen Betrieb des Unternehmens (*Seibert/Wydra-Somaggio*, IAB-Kurzbericht 20/17). Auch könnten immerhin 4 von 5 Arbeitnehmern mit Berufsausbildung ihre aktuell ausgeübte Tätigkeit nicht ohne ihre Qualifikation ausüben. M. a. W.: 80 % der ausgebildeten Arbeitnehmer sind letztlich ausbildungsadäquat beschäftigt (vgl. *Büchel/Neubäumer*, MittAB 01, 269).

IV. Rechtspolitische Diskussion

Der Vorschlag der EU-Kommission für eine »Praktikumsrichtlinie« (COM [2024] 132 final) sieht den Grundsatz der Nichtdiskriminierung in Art. 3 vor. Danach soll ein Praktikant keine schlechteren Arbeitsbedingungen unter Einschluss der Vergütung als vergleichbare regulärer Arbeitnehmer genießen, wobei eine unterschiedliche Behandlung aus sachlichen Gründen zulässig ist, etwa wegen unterschiedlicher Aufgaben, eines geringeren Maßes an Verantwortung oder eines höheren Lernanteils. Art. 4 zielt darauf, eine schlechtere Behandlung durch sog. Scheinpraktika, mit denen in Wahrheit reguläre Arbeitsverhältnisse getarnt werden, zu verhindern. Dazu sind behördliche Kontrollen vorgesehen. Art. 5 regelt Kriterien, die im Rahmen einer Gesamtbewertung die Beurteilung erlauben sollen, ob ein Scheinpraktikum vorliegt. Dabei sind z. B. Dauer, Ausbildungskomponenten, Aufgaben und Verantwortlichkeiten zu berücksichtigen. Dazu treffen Arbeitgeber Informationspflichten auf Anfragen der Behörden gemäß Art. 5 Abs. 2 des Entwurfs.

Weiterführende Literatur

Handbücher und Kommentare

Deinert/Wenckebach/Zwanziger-*Lakies,* Arbeitsrecht, § 115 (Berufsbildung)
Benecke/Hergenröder, Berufsbildungsgesetz, 2. Aufl. (2021)
Lakies, Berufsbildungsgesetz, Basiskommentar, 6. Aufl. (2023)
Lakies/Malottke/Berkenkamp, Berufsbildungsgesetz mit Kurzkommentierung des Jugendarbeitsschutzgesetzes, Kommentar für die Praxis, 8. Aufl. (2025)
Taubert, Berufsbildungsgesetz, 3. Aufl. (2021)

Aufsätze

Düwell, Das Sonderarbeitsrecht der beruflichen Ausbildung – Dringender Regelungsbedarf, NZA 2021, S. 28
Günther, Die Angemessenheit der Ausbildungsvergütung im Lichte der gesetzlichen Mindestausbildungsvergütung, NZA 2023, S. 805
Haverkamp, Warum bleiben Ausbildungsplätze unbesetzt? – Eine berufliche Mismatch-Analyse, WSI-Mitt. 2016, S. 595
Nehls, Das reformierte Berufsbildungsgesetz, AiB 2005, S. 332
Pepping/Günther, Digitalisierung der Ausbildung: Mobiles Ausbilden nun auch offiziell zulässig, NZA 2024, S. 1241
Raab, Betriebliche und außerbetriebliche Bildungsmaßnahmen, NZA 2008, S. 270

Übersicht 28: Berufsausbildung

Berufsausbildung

- breit angelegte berufliche Grundbildung zur Vermittlung notwendiger fachlicher Fertigkeiten und Kenntnisse zur Ausübung einer qualifizierten beruflichen Tätigkeit (§ 1)
- Anerkennung von Ausbildungsberufen mit Ausbildungsordnungen (§§ 4, 5)
- duales System: Lernort Berufsschule überbertriebl. Berufsbildung (§ 2)

Betrieb

Abschluss eines Berufsausbildungsvertrages zwischen AG (Ausbildendem) und Auzubildendem (§ 10)

Pflichten des Ausbildenden (§ 14)

- Vermitteln der erforderlichen Kenntnisse/Fertigkeiten
- planmäßige, zeitliche und sachliche Gliederung der Ausbildung
- Arbeitgeber bildet selbst aus oder beauftragt Ausbilder
- kostenlose Stellung der Ausbildungsmittel (Werkzeuge/Werkstoffe)
- Freistellung zum Berufsschulbesuch

Vertragsniederschrift (§ 11)

- Beginn und Dauer
- tägliche Arbeitszeit
- Probezeit
- Vergütung
- Urlaub
- Kündigung
- Hinweis auf TV und BV

Pflichten des Auszubildenden (§ 13)

- Aneignen der vermittelten Kenntnisse/Fertigkeiten
- Weisungsbefolgung
- pflegliche Behandlung der Arbeitsmittel
- Besuch der Berufsschule

Abschlussprüfung (§§ 37ff.)

- in anerkannten Ausbildungsberufen ist eine Abchlussprüfung abzulegen
- der Prüfungsausschuss besteht aus mindestens 3 Personen: je einem AG- und AN-Beauftragten sowie einem Lehrer einer berufsbildenden Schule

Berufsbildungsgesetz (BBiG)

in der Fassung der Bekanntmachung vom 16. April 2025 (BGBl. 2025 I Nr. 117, 129), geändert durch Gesetz vom 28. Oktober 2025 (BGBl. 2025 I Nr. 259)

(Abgedruckte Vorschriften: §§ 1–83, 101 – 104)

Teil 1 – Allgemeine Vorschriften

§ 1 Ziele und Begriffe der Berufsbildung (1) Berufsbildung im Sinne dieses Gesetzes sind die Berufsausbildungsvorbereitung, die Berufsausbildung, die berufliche Fortbildung und die berufliche Umschulung.

(2) Die Berufsausbildungsvorbereitung dient dem Ziel, durch die Vermittlung von Grundlagen für den Erwerb beruflicher Handlungsfähigkeit an eine Berufsausbildung in einem anerkannten Ausbildungsberuf heranzuführen.

(3) Die Berufsausbildung hat die für die Ausübung einer qualifizierten beruflichen Tätigkeit in einer sich wandelnden Arbeitswelt notwendigen beruflichen Fertigkeiten, Kenntnisse und Fähigkeiten (berufliche Handlungsfähigkeit) in einem geordneten Ausbildungsgang zu vermitteln. Sie hat ferner den Erwerb der erforderlichen Berufserfahrungen zu ermöglichen.

(4) Die berufliche Fortbildung soll es ermöglichen,

1. die berufliche Handlungsfähigkeit durch eine Anpassungsfortbildung zu erhalten und anzupassen oder
2. die berufliche Handlungsfähigkeit durch eine Fortbildung der höherqualifizierenden Berufsbildung zu erweitern und beruflich aufzusteigen.

(5) Die berufliche Umschulung soll zu einer anderen beruflichen Tätigkeit befähigen.

(6) Nach diesem Gesetz und der Handwerksordnung wird eine individuelle berufliche Handlungsfähigkeit am Maßstab eines anerkannten Ausbildungsberufs festgestellt. Die Feststellung erfolgt unabhängig davon, ob die berufliche Handlungsfähigkeit durch Berufsbildung erworben wurde. Ist die berufliche Handlungsfähigkeit überwiegend oder vollständig mit der für die Ausübung des anerkannten Ausbildungsberufs erforderlichen beruflichen Handlungsfähigkeit vergleichbar, wird dies bescheinigt.

§ 2 Lernorte der Berufsbildung (1) Berufsbildung wird durchgeführt

1. in Betrieben der Wirtschaft, in vergleichbaren Einrichtungen außerhalb der Wirtschaft, insbesondere des öffentlichen Dienstes, der Angehörigen freier Berufe und in Haushalten (betriebliche Berufsbildung),
2. in berufsbildenden Schulen (schulische Berufsbildung) und
3. in sonstigen Berufsbildungseinrichtungen außerhalb der schulischen und betrieblichen Berufsbildung (außerbetriebliche Berufsbildung).

(2) Die Lernorte nach Absatz 1 wirken bei der Durchführung der Berufsbildung zusammen (Lernortkooperation).

(3) Teile der Berufsausbildung können im Ausland durchgeführt werden, wenn dies dem Ausbildungsziel dient. Ihre Gesamtdauer soll ein Viertel der in der Ausbildungsordnung festgelegten Ausbildungsdauer nicht überschreiten.

§ 3 Anwendungsbereich (1) Dieses Gesetz gilt für die Berufsbildung, soweit sie nicht in berufsbildenden Schulen durchgeführt wird, die den Schulgesetzen der Länder unterstehen.

(2) Dieses Gesetz gilt nicht für

1. die Berufsbildung, die in berufsqualifizierenden oder vergleichbaren Studiengängen an Hochschulen auf der Grundlage des Hochschulrahmengesetzes und der Hochschulgesetze der Länder durchgeführt wird,
2. die Berufsbildung in einem öffentlich-rechtlichen Dienstverhältnis,
3. die Berufsbildung auf Kauffahrteischiffen, die nach dem Flaggenrechtsgesetz die Bundesflagge führen, soweit es sich nicht um Schiffe der kleinen Hochseefischerei oder der Küstenfischerei handelt.

(3) Für die Berufsbildung in Berufen der Handwerksordnung und die Feststellung nach § 1 Absatz 6 am Maßstab eines anerkannten Ausbildungsberufs nach der Handwerksordnung gelten § 4 Absatz 1 und 3 bis 6, § 5 Absatz 1 und 2, die §§ 6 bis 9, 27 bis 49, 50b bis 50e, 53 Absatz 1 bis 3, die §§ 53a bis 53e Absatz 1 bis 3, die §§ 54 bis 58 Satz 1, die §§ 59 bis 70, 76 bis 80 sowie 101 Absatz 1 Nummer 7 bis 11 nicht; insoweit gilt die Handwerksordnung.[1]

Teil 2 – Berufsbildung

Kapitel 1 – Berufsausbildung

Abschnitt 1 – Ordnung der Berufsausbildung; Anerkennung von Ausbildungsberufen

§ 4 Anerkennung von Ausbildungsberufen (1) Als Grundlage für eine geordnete und einheitliche Berufsausbildung kann das Bundesministerium für Wirtschaft und Klimaschutz oder das sonst zuständige Fachministerium im Einvernehmen mit dem Bundesministerium für Bildung und Forschung durch Rechtsverordnung, die nicht der Zustimmung des Bundesrates bedarf, Ausbildungsberufe staatlich anerkennen und hierfür Ausbildungsordnungen nach § 5 erlassen.

(2) Besteht in mehr als einem der durch die §§ 71 bis 75 erfassten Berufsbereiche und Bereiche ein Bedarf, gleiche Fertigkeiten, Kenntnisse und Fähigkeiten zu vermitteln, kann das für die betroffenen Berufsbereiche und Bereiche zuständige Fachministerium nach Absatz 1 einen Ausbildungsberuf auch für mehrere der durch die §§ 71 bis 75 erfassten Berufsbereiche und Bereiche staatlich anerkennen und eine entsprechende Ausbildungsordnung nach § 5 erlassen. Sind für die betroffenen Berufsbereiche und Bereiche verschiedene Fachministerien zuständig, können die staatliche Anerkennung und der Erlass der Ausbildungsordnung nach

1 **Handwerksordnung** (HWO) i. d. F. der Bekanntmachung vom 24. 9. 1998 (BGBl. I 3074; 2006 I 2095), zuletzt geändert durch Gesetz vom 3. 4. 2025 (BGBl. 2025 I Nr. 106).

Absatz 1 durch gemeinsame Rechtsverordnung der zuständigen Fachministerien erfolgen.
(3) Für einen anerkannten Ausbildungsberuf darf nur nach der Ausbildungsordnung ausgebildet werden.
(4) In anderen als anerkannten Ausbildungsberufen dürfen Jugendliche unter 18 Jahren nicht ausgebildet werden, soweit die Berufsausbildung nicht auf den Besuch weiterführender Bildungsgänge vorbereitet.
(5) Wird die Ausbildungsordnung eines Ausbildungsberufes aufgehoben oder geändert, so sind für bestehende Berufsausbildungsverhältnisse weiterhin die Vorschriften, die bis zum Zeitpunkt der Aufhebung oder der Änderung gelten, anzuwenden, es sei denn, die ändernde Verordnung sieht eine abweichende Regelung vor.
(6) Das zuständige Fachministerium informiert die Länder frühzeitig über Neuordnungskonzepte und bezieht sie in die Abstimmung ein.

§ 5 **Ausbildungsordnung** (1) Die Ausbildungsordnung hat festzulegen
1. die Bezeichnung des Ausbildungsberufes, der anerkannt wird,
2. die Ausbildungsdauer; sie soll nicht mehr als drei und nicht weniger als zwei Jahre betragen,
3. die beruflichen Fertigkeiten, Kenntnisse und Fähigkeiten, die mindestens Gegenstand der Berufsausbildung sind (Ausbildungsberufsbild),
4. eine Anleitung zur sachlichen und zeitlichen Gliederung der Vermittlung der beruflichen Fertigkeiten, Kenntnisse und Fähigkeiten (Ausbildungsrahmenplan),
5. die Prüfungsanforderungen.

Bei der Festlegung der Fertigkeiten, Kenntnisse und Fähigkeiten nach Satz 1 Nummer 3 ist insbesondere die technologische und digitale Entwicklung zu beachten.
(2) Die Ausbildungsordnung kann vorsehen,
1. dass die Abschlussprüfung in zwei zeitlich auseinanderfallenden Teilen durchgeführt wird,
2. dass im Fall einer Regelung nach Nummer 1 bei nicht bestandener Abschlussprüfung in einem drei- oder dreieinhalbjährigen Ausbildungsberuf, der auf einem zweijährigen Ausbildungsberuf aufbaut, der Abschluss des zweijährigen Ausbildungsberufs erworben wird, sofern im ersten Teil der Abschlussprüfung mindestens ausreichende Prüfleistungen erbracht worden sind,
3. dass Auszubildende bei erfolgreichem Abschluss eines zweijährigen Ausbildungsberufs vom ersten Teil der Abschlussprüfung oder einer Zwischenprüfung eines darauf aufbauenden drei- oder dreieinhalbjährigen Ausbildungsberufs befreit sind,
4. dass abweichend von § 4 Absatz 5 die Berufsausbildung in diesem Ausbildungsberuf unter Anrechnung der bereits zurückgelegten Ausbildungszeit fortgesetzt werden kann, wenn die Vertragsparteien dies vereinbaren,
5. dass auf die Dauer der durch die Ausbildungsordnung geregelten Berufsausbildung die Dauer einer anderen abgeschlossenen Berufsausbildung ganz oder teilweise anzurechnen ist,

6. dass über das in Absatz 1 Satz 1 Nummer 3 beschriebene Ausbildungsberufsbild hinaus zusätzliche berufliche Fertigkeiten, Kenntnisse und Fähigkeiten vermittelt werden können, die die berufliche Handlungsfähigkeit ergänzen oder erweitern,
7. dass Teile der Berufsausbildung in geeigneten Einrichtungen außerhalb der Ausbildungsstätte durchgeführt werden, wenn und soweit es die Berufsausbildung erfordert (überbetriebliche Berufsausbildung).

Im Fall des Satzes 1 Nummer 2 bedarf es eines Antrags der Auszubildenden. Im Fall des Satzes 1 Nummer 5 bedarf es der Vereinbarung der Vertragsparteien. Im Rahmen der Ordnungsverfahren soll stets geprüft werden, ob Regelungen nach Satz 1 Nummer 1 bis 3 und 5 sinnvoll und möglich sind.

(3) In den Fällen des § 4 Absatz 2 legt die Ausbildungsordnung fest:

1. eine einheitliche Bezeichnung des Ausbildungsberufs und
2. bei Bedarf differenierende Regelungen für die betroffenen Berufsbereiche und Bereiche.

Sie kann eine gemeinsame zuständige Stelle für mehrere Berufsbereiche und Bereiche festlegen.

§ 6 Erprobung neuer Ausbildungs- und Prüfungsformen Zur Entwicklung und Erprobung neuer Ausbildungs- und Prüfungsformen kann das Bundesministerium für Wirtschaft und Klimaschutz oder das sonst zuständige Fachministerium im Einvernehmen mit dem Bundesministerium für Bildung und Forschung nach Anhörung des Hauptausschusses des Bundesinstituts für Berufsbildung durch Rechtsverordnung, die nicht der Zustimmung des Bundesrates bedarf, Ausnahmen von § 4 Absatz 3 und 4 sowie den §§ 5, 37 und 48 zulassen, die auch auf eine bestimmte Art und Zahl von Ausbildungsstätten beschränkt werden können.

§ 7 Anrechnung beruflicher Vorbildung auf die Ausbildungsdauer (1) Die Landesregierungen können nach Anhörung des Landesausschusses für Berufsbildung durch Rechtsverordnung bestimmen, dass der Besuch eines Bildungsganges berufsbildender Schulen oder die Berufsausbildung in einer sonstigen Einrichtung ganz oder teilweise auf die Ausbildungsdauer angerechnet wird. Die Ermächtigung kann durch Rechtsverordnung auf oberste Landesbehörden weiter übertragen werden.

(2) Ist keine Rechtsverordnung nach Absatz 1 erlassen, kann eine Anrechnung durch die zuständige Stelle im Einzelfall erfolgen. Für die Entscheidung über die Anrechnung auf die Ausbildungsdauer kann der Hauptausschuss des Bundesinstituts für Berufsbildung Empfehlungen beschließen.

(3) Die Anrechnung bedarf des gemeinsamen Antrags der Auszubildenden und der Ausbildenden. Der Antrag ist an die zuständige Stelle zu richten. Er kann sich auf Teile des höchstzulässigen Anrechnungszeitraums beschränken.

(4) Ein Anrechnungszeitraum muss in ganzen Monaten durch sechs teilbar sein.

§ 7a Teilzeitberufsausbildung (1) Die Berufsausbildung kann in Teilzeit durchgeführt werden. Im Berufsausbildungsvertrag ist für die gesamte Ausbildungszeit

oder einen bestimmten Zeitraum der Berufsausbildung die Verkürzung der täglichen oder der wöchentlichen Ausbildungszeit zu vereinbaren. Die Kürzung der täglichen oder der wöchentlichen Ausbildungszeit darf nicht mehr als 50 Prozent betragen.
(2) Die Dauer der Teilzeitberufsausbildung verlängert sich entsprechend, höchstens jedoch bis zum Eineinhalbfachen der Dauer, die in der Ausbildungsordnung für die betreffende Berufsausbildung in Vollzeit festgelegt ist. Die Dauer der Teilzeitberufsausbildung ist auf ganze Monate abzurunden. § 8 Absatz 1 und 2 bleibt unberührt.
(3) Auf Verlangen der Auszubildenden verlängert sich die Ausbildungsdauer auch über die Höchstdauer nach Absatz 2 Satz 1 hinaus bis zur nächsten möglichen Abschlussprüfung.
(4) Der Antrag auf Eintragung des Berufsausbildungsvertrages nach § 36 Absatz 1 in das Verzeichnis der Berufsausbildungsverhältnisse für eine Teilzeitberufsausbildung kann mit einem Antrag auf Verkürzung der Ausbildungsdauer nach § 8 Absatz 1 verbunden werden.

§ 8 Verkürzung oder Verlängerung der Ausbildungsdauer (1) Auf gemeinsamen Antrag der Auszubildenden und der Ausbildenden hat die zuständige Stelle die Ausbildungsdauer zu kürzen, wenn zu erwarten ist, dass das Ausbildungsziel in der gekürzten Dauer erreicht wird. Satz 1 gilt bei einer Teilzeitberufsausbildung mit der Maßgabe, dass, wenn eine Verkürzung der Ausbildungsdauer entsprechend den Empfehlungen des Hauptausschusses nach Absatz 3 zu einer Ausbildungsdauer führt, die das Ende der für die betreffende Berufsausbildung in Vollzeit festgelegten Ausbildungsdauer höchstens um sechs Monate überschreitet, die Ausbildungsdauer auf das Ende der für die betreffende Berufsausbildung in Vollzeit festgelegten Ausbildungsdauer verkürzt wird.
(2) In Ausnahmefällen kann die zuständige Stelle auf Antrag Auszubildender die Ausbildungsdauer verlängern, wenn die Verlängerung erforderlich ist, um das Ausbildungsziel zu erreichen. Vor der Entscheidung über die Verlängerung sind die Ausbildenden zu hören.
(3) Für die Entscheidung über die Verkürzung oder Verlängerung der Ausbildungsdauer kann der Hauptausschuss des Bundesinstituts für Berufsbildung Empfehlungen beschließen.

§ 9 Regelungsbefugnis Soweit Vorschriften nicht bestehen, regelt die zuständige Stelle die Durchführung der Berufsausbildung im Rahmen dieses Gesetzes.

Abschnitt 2 – Berufsausbildungsverhältnis

Unterabschnitt 1 – Begründung des Ausbildungsverhältnisses

§ 10 Vertrag (1) Wer andere Personen zur Berufsausbildung einstellt (Ausbildende), hat mit den Auszubildenden einen Berufsausbildungsvertrag zu schließen.

(2) Auf den Berufsausbildungsvertrag sind, soweit sich aus seinem Wesen und Zweck und aus diesem Gesetz nichts anderes ergibt, die für den Arbeitsvertrag geltenden Rechtsvorschriften und Rechtsgrundsätze anzuwenden.
(3) Schließen die gesetzlichen Vertreter oder Vertreterinnen mit ihrem Kind einen Berufsausbildungsvertrag, so sind sie von dem Verbot des § 181 des Bürgerlichen Gesetzbuchs[1] befreit.
(4) Ein Mangel in der Berechtigung, Auszubildende einzustellen oder auszubilden, berührt die Wirksamkeit des Berufsausbildungsvertrages nicht.
(5) Zur Erfüllung der vertraglichen Verpflichtungen der Ausbildenden können mehrere natürliche oder juristische Personen in einem Ausbildungsverbund zusammenwirken, soweit die Verantwortlichkeit für die einzelnen Ausbildungsabschnitte sowie für die Ausbildungszeit insgesamt sichergestellt ist (Verbundausbildung).

§ 11 Vertragsabfassung (1) Ausbildende haben unverzüglich nach Abschluss des Berufsausbildungsvertrages, spätestens vor Beginn der Berufsausbildung, den wesentlichen Inhalt des Vertrages gemäß Satz 2 in Textform abzufassen. In die Vertragsabfassung sind mindestens aufzunehmen

1. Name und Anschrift der Ausbildenden sowie der Auszubildenden, bei Minderjährigen zusätzlich Name und Anschrift ihrer gesetzlichen Vertreter oder Vertreterinnen,
2. Art, sachliche und zeitliche Gliederung sowie Ziel der Berufsausbildung, insbesondere die Berufstätigkeit, für die ausgebildet werden soll,
3. Beginn und Dauer der Berufsausbildung,
4. die Ausbildungsstätte und Ausbildungsmaßnahmen außerhalb der Ausbildungsstätte,
5. Dauer der regelmäßigen täglichen Ausbildungszeit,
6. Dauer der Probezeit,
7. Zahlung und Höhe der Vergütung sowie deren Zusammensetzung, sofern sich die Vergütung aus verschiedenen Bestandteilen zusammensetzt,
8. Vergütung oder Ausgleich von Überstunden,
9. Dauer des Urlaubs,
10. Voraussetzungen, unter denen der Berufsausbildungsvertrag gekündigt werden kann,
11. ein in allgemeiner Form gehaltener Hinweis auf die Tarifverträge, Betriebs- oder Dienstvereinbarungen, die auf das Berufsausbildungsverhältnis anzuwenden sind,
12. die Form des Ausbildungsnachweises nach § 13 Satz 2 Nummer 7.

(2) Ausbildende haben den Auszubildenden und deren gesetzlichen Vertretern und Vertreterinnen die Vertragsabfassung unverzüglich nach deren Erstellung auszuhändigen oder nach Maßgabe des Satzes 2 zu übermitteln. Bei elektronischer

1 § 181 **BGB**: Ein Vertreter kann, soweit nicht ein anderes ihm gestattet ist, im Namen des Vertretenen mit sich im eigenen Namen oder als Vertreter eines Dritten ein Rechtsgeschäft nicht vornehmen, es sei denn, daß das Rechtsgeschäft ausschließlich in der Erfüllung einer Verbindlichkeit besteht.

Abfassung ist die Vertragsabfassung so zu übermitteln, dass die Empfänger und Empfängerinnen nach Satz 1 diese speichern und ausdrucken können. Ausbildende haben den Empfang durch die Empfänger und Empfängerinnen nach Satz 1 nachzuweisen. Die Vertragsabfassung und den Empfangsnachweis haben Ausbildende nach Ablauf des Jahres, in dem das Ausbildungsverhältnis beendet wurde, drei Jahre lang aufzubewahren.

(3) Bei Änderungen des Berufsausbildungsvertrages gelten die Absätze 1 und 2 entsprechend.

§ 12 Nichtige Vereinbarungen (1) Eine Vereinbarung, die Auszubildende für die Zeit nach Beendigung des Berufsausbildungsverhältnisses in der Ausübung ihrer beruflichen Tätigkeit beschränkt, ist nichtig. Dies gilt nicht, wenn sich Auszubildende innerhalb der letzten sechs Monate des Berufsausbildungsverhältnisses dazu verpflichten, nach dessen Beendigung mit den Ausbildenden ein Arbeitsverhältnis einzugehen.

(2) Nichtig ist eine Vereinbarung über

1. die Verpflichtung Auszubildender, für die Berufsausbildung eine Entschädigung zu zahlen,
2. Vertragsstrafen,
3. den Ausschluss oder die Beschränkung von Schadensersatzansprüchen,
4. die Festsetzung der Höhe eines Schadensersatzes in Pauschbeträgen.

Unterabschnitt 2 – Pflichten der Auszubildenden

§ 13 Verhalten während der Berufsausbildung Auszubildende haben sich zu bemühen, die berufliche Handlungsfähigkeit zu erwerben, die zum Erreichen des Ausbildungsziels erforderlich ist. Sie sind insbesondere verpflichtet,

1. die ihnen im Rahmen ihrer Berufsausbildung aufgetragenen Aufgaben sorgfältig auszuführen,
2. an Ausbildungsmaßnahmen teilzunehmen, für die sie nach § 15 freigestellt werden,
3. den Weisungen zu folgen, die ihnen im Rahmen der Berufsausbildung von Ausbildenden, von Ausbildern oder Ausbilderinnen oder von anderen weisungsberechtigten Personen erteilt werden,
4. die für die Ausbildungsstätte geltende Ordnung zu beachten,
5. Werkzeug, Maschinen und sonstige Einrichtungen pfleglich zu behandeln,
6. über Betriebs- und Geschäftsgeheimnisse Stillschweigen zu wahren,
7. einen schriftlichen oder elektronischen Ausbildungsnachweis zu führen,
8. den Empfang der Vertragsabfassung zu bestätigen.

Unterabschnitt 3 – Pflichten der Ausbildenden

§ 14 Berufsausbildung (1) Ausbildende haben

1. dafür zu sorgen, dass den Auszubildenden die berufliche Handlungsfähigkeit vermittelt wird, die zum Erreichen des Ausbildungsziels erforderlich ist, und die Berufsausbildung in einer durch ihren Zweck gebotenen Form planmäßig,

zeitlich und sachlich gegliedert so durchzuführen, dass das Ausbildungsziel in der vorgesehenen Ausbildungszeit erreicht werden kann,

2. selbst auszubilden oder einen Ausbilder oder eine Ausbilderin ausdrücklich damit zu beauftragen,
3. Auszubildenden kostenlos die Ausbildungsmittel, insbesondere Werkzeuge, Werkstoffe und Fachliteratur zur Verfügung zu stellen, die zur Berufsausbildung und zum Ablegen von Zwischen- und Abschlussprüfungen, auch soweit solche nach Beendigung des Berufsausbildungsverhältnisses stattfinden, erforderlich sind; die für das digitale mobile Ausbilden nach § 28 Absatz 2 Satz 2 zusätzlich erforderliche Hard- und Software sind für die Auszubildenden kostenlos zur Verfügung zu stellen,
4. Auszubildende zum Besuch der Berufsschule anzuhalten,
5. dafür zu sorgen, dass Auszubildende charakterlich gefördert sowie sittlich und körperlich nicht gefährdet werden.

(2) Ausbildende haben Auszubildende zum Führen der Ausbildungsnachweise nach § 13 Satz 2 Nummer 7 anzuhalten und diese regelmäßig durchzusehen. Den Auszubildenden ist Gelegenheit zu geben, den Ausbildungsnachweis am Arbeitsplatz zu führen.

(3) Auszubildenden dürfen nur Aufgaben übertragen werden, die dem Ausbildungszweck dienen und ihren körperlichen Kräften angemessen sind.

§ 15 Freistellung, Anrechnung (1) Ausbildende dürfen Auszubildende vor einem vor 9 Uhr beginnenden Berufsschulunterricht nicht beschäftigen. Sie haben Auszubildende freizustellen

1. für die Teilname am Berufsschulunterricht,
2. an einem Berufsschultag mit mehr als fünf Unterrichtsstunden von mindestens je 45 Minuten, einmal in der Woche,
3. in Berufsschulwochen mit einem planmäßigen Blockunterricht von mindestens 25 Stunden an mindestens fünf Tagen,
4. für die Teilnahme an Prüfungen und Ausbildungsmaßnahmen, die auf Grund öffentlich-rechtlicher oder vertraglicher Bestimmungen außerhalb der Ausbildungsstätte durchzuführen sind, und
5. an dem Arbeitstag, der der schriftlichen Abschlussprüfung unmittelbar vorangeht.

Im Fall von Satz 2 Nummer 3 sind zusätzliche betriebliche Ausbildungsveranstaltungen bis zu zwei Stunden wöchentlich zulässig.

(2) Auf die Ausbildungszeit der Auszubildenden werden angerechnet

1. die Berufsschulunterrichtszeit einschließlich der Pausen nach Absatz 1 Satz 2 Nummer 1,
2. Berufsschultage nach Absatz 1 Satz 2 Nummer 1 einschließlich der Pausen und der notwendigen Wegezeiten zwischen Berufsschule und Ausbildungsstätte,
3. Berufsschulwochen nach Absatz 1 Satz 2 Nummer 3 mit der durchschnittlichen wöchentlichen Ausbildungszeit,
4. die Freistellung nach Absatz 1 Satz 2 Nummer 4 mit der Zeit der Teilnahme einschließlich der Pausen und der notwendigen Wegezeiten zwischen Teilnahmeort und Ausbildungsstätte und

5. die Freistellung nach Absatz 1 Satz 2 Nummer 5 mit der durchschnittlichen täglichen Ausbildungszeit.

(3) Für Auszubildende unter 18 Jahren gilt das Jugendarbeitsschutzgesetz.

§ 16 Zeugnis (1) Ausbildende haben den Auszubildenden bei Beendigung des Berufsausbildungsverhältnisses ein schriftliches Zeugnis auszustellen. Das Zeugnis kann mit Einwilligung der Auszubildenden in elektronischer Form erteilt werden. Haben Ausbildende die Berufsausbildung nicht selbst durchgeführt, so soll auch der Ausbilder oder die Ausbilderin das Zeugnis unterschreiben.

(2) Das Zeugnis muss Angaben enthalten über Art, Dauer und Ziel der Berufsausbildung sowie über die erworbenen beruflichen Fertigkeiten, Kenntnisse und Fähigkeiten der Auszubildenden. Auf Verlangen Auszubildender sind auch Angaben über Verhalten und Leistung aufzunehmen.

Unterabschnitt 4 – Vergütung

§ 17 Vergütungsanspruch und Mindestvergütung (1) Ausbildende haben Auszubildenden eine angemessene Vergütung zu gewähren. Die Vergütung steigt mit fortschreitender Berufsausbildung, mindestens jährlich, an.

(2) Die Angemessenheit der Vergütung ist ausgeschlossen, wenn sie folgende monatliche Mindestvergütung unterschreitet:

1. im ersten Jahr einer Berufsausbildung
   a) 515 Euro, wenn die Berufsausbildung im Zeitraum vom 1. Januar 2020 bis zum 31. Dezember 2020 begonnen wird,
   b) 550 Euro, wenn die Berufsausbildung im Zeitraum vom 1. Januar 2021 bis zum 31. Dezember 2021 begonnen wird,
   c) 585 Euro, wenn die Berufsausbildung im Zeitraum vom 1. Januar 2022 bis zum 31. Dezember 2022 begonnen wird,
   d) 620 Euro, wenn die Berufsausbildung im Zeitraum vom 1. Januar 2023 bis zum 31. Dezember 2023 begonnen wird,
2. im zweiten Jahr einer Berufsausbildung den Betrag nach Nummer 1 für das jeweilige Jahr, in dem die Berufsausbildung begonnen worden ist, zuzüglich 18 Prozent,
3. im dritten Jahr einer Berufsausbildung den Betrag nach Nummer 1 für das jeweilige Jahr, in dem die Berufsausbildung begonnen worden ist, zuzüglich 35 Prozent und
4. im vierten Jahr einer Berufsausbildung den Betrag nach Nummer 1 für das jeweilige Jahr, in dem die Berufsausbildung begonnen worden ist, zuzüglich 40 Prozent.

Die Höhe der Mindestvergütung nach Satz 1 Nummer 1 wird zum 1 Januar eines jeden Jahres, erstmals zum 1. Januar 2024, fortgeschrieben. Die Fortschreibung entspricht dem rechnerischen Mittel der nach § 88 Absatz 1 Satz 1 Nummer 1 Buchstabe g erhobenen Ausbildungsvergütungen im Vergleich der beiden dem Jahr der Bekanntgabe vorausgegangenen Kalenderjahre. Dabei ist der sich ergebende Betrag bis unter 0,50 Euro abzurunden sowie von 0,50 Euro an aufzurunden. Das Bundesministerium für Bildung und Forschung gibt jeweils spätestens bis zum 1. Novem-

ber eines jeden Kalenderjahres die Höhe der Mindestvergütung nach Satz 1 Nummer 1 bis 4, die für das folgende Kalenderjahr maßgebend ist, im Bundesgesetzblatt bekannt. Die nach den Sätzen 2 bis 5 fortgeschriebene Höhe der Mindestvergütung für das erste Jahr einer Berufsausbildung gilt für Berufsausbildungen, die im Jahr der Fortschreibung begonnen haben. Die Aufschläge nach Satz 1 Nummer 2 bis 4 für das zweite bis vierte Jahr einer Berufsausbildung sind auf der Grundlage dieses Betrages zu berechnen und entsprechend Satz 4 zu runden.
(3) Angemessen ist auch eine für den Ausbildenden nach § 3 Absatz 1 des Tarifvertragsgesetzes geltende tarifvertragliche Vergütungsregelung, durch die die in Absatz 2 genannte jeweilige Mindestvergütung unterschritten wird. Nach Ablauf eines Tarifvertrages nach Satz 1 gilt dessen Vergütungsregelung für bereits begründete Ausbildungsverhältnisse weiterhin als angemessen, bis sie durch einen neuen oder ablösenden Tarifvertrag ersetzt wird.
(4) Die Angemessenheit der vereinbarten Vergütung ist auch dann, wenn sie die Mindestvergütung nach Absatz 2 nicht unterschreitet, in der Regel ausgeschlossen, wenn sie die Höhe der in einem Tarifvertrag geregelten Vergütung, in dessen Geltungsbereich das Ausbildungsverhältnis fällt, an den der Ausbildende aber nicht gebunden ist, um mehr als 20 Prozent unterschreitet.
(5) Bei einer Teilzeitberufsausbildung kann eine nach den Absätzen 2 bis 4 zu gewährende Vergütung unterschritten werden. Die Angemessenheit der Vergütung ist jedoch ausgeschlossen, wenn die prozentuale Kürzung der Vergütung höher ist als die prozentuale Kürzung der täglichen oder der wöchentlichen Arbeitszeit. Absatz 1 Satz 2 und Absatz 2 Satz 1 Nummer 2 bis 4, auch in Verbindung mit Absatz 2 Satz 2 bis 7, sind mit der Maßgabe anzuwenden, dass für die nach § 7a Absatz 2 Satz 1 verlängerte Dauer der Teilzeitberufsausbildung kein weiterer Anstieg der Vergütung erfolgen muss.
(6) Sachleistungen können in Höhe der nach § 17 Absatz 1 Satz 1 Nummer 4 des Vierten Buches Sozialgesetzbuch festgesetzten Sachbezugswerte angerechnet werden, jedoch nicht über 75 Prozent der Bruttovergütung hinaus.
(7) Eine über die vereinbarte regelmäßige tägliche Arbeitszeit hinausgehende Beschäftigung ist besonders zu vergüten oder durch die Gewährung entsprechender Freizeit auszugleichen.

§ 18 Bemessung und Fälligkeit der Vergütung (1) Die Vergütung bemisst sich nach Monaten. Bei Berechnung der Vergütung für einzelne Tage wird der Monat zu 30 Tagen gerechnet.
(2) Ausbildende haben die Vergütung für den laufenden Kalendermonat spätestens am letzten Arbeitstag des Monats zu zahlen.
(3) Gilt für Ausbildende nicht nach § 3 Absatz 1 des Tarifvertragsgesetzes eine tarifvertragliche Vergütungsregelung, sind sie verpflichtet, den bei ihnen beschäftigten Auszubildenden spätestens zu dem in Absatz 2 genannten Zeitpunkt eine Vergütung mindestens in der bei Beginn der Berufsausbildung geltenden Höhe der Mindestvergütung nach § 17 Absatz 2 Satz 1 zu zahlen. Satz 1 findet bei einer Teilzeitberufsausbildung mit der Maßgabe Anwendung, dass die Vergütungshöhe unter Berücksichtigung des § 17 Absatz 5 Satz 3 mindestens dem prozentualen Anteil an der Arbeitszeit entsprechen muss.

§ 19 Fortzahlung der Vergütung (1) Auszubildenden ist die Vergütung auch zu zahlen
1. für die Zeit der Freistellung (§ 15),
2. bis zur Dauer von sechs Wochen, wenn sie
   a) sich für die Berufsausbildung bereithalten, diese aber ausfällt oder
   b) aus einem sonstigen, in ihrer Person liegenden Grund unverschuldet verhindert sind, ihre Pflichten aus dem Berufsausbildungsverhältnis zu erfüllen.

(2) Können Auszubildende während der Zeit, für welche die Vergütung fortzuzahlen ist, aus berechtigtem Grund Sachleistungen nicht abnehmen, so sind diese nach den Sachbezugswerten (§ 17 Absatz 6) abzugelten.

Unterabschnitt 5 – Beginn und Beendigung des Ausbildungsverhältnisses

§ 20 Probezeit Das Berufsausbildungsverhältnis beginnt mit der Probezeit. Sie muss mindestens einen Monat und darf höchstens vier Monate betragen.

§ 21 Beendigung (1) Das Berufsausbildungsverhältnis endet mit dem Ablauf der Ausbildungsdauer.
(2) Bestehen Auszubildende vor Ablauf der Ausbildungsdauer die Abschlussprüfung, so endet das Berufsausbildungsverhältnis mit Bekanntgabe des Ergebnisses durch den Prüfungsausschuss.
(3) Bestehen Auszubildende die Abschlussprüfung nicht, so verlängert sich das Berufsausbildungsverhältnis auf ihr Verlangen bis zur nächstmöglichen Wiederholungsprüfung, höchstens um ein Jahr.

§ 22 Kündigung (1) Während der Probezeit kann das Berufsausbildungsverhältnis jederzeit ohne Einhalten einer Kündigungsfrist gekündigt werden.
(2) Nach der Probezeit kann das Berufsausbildungsverhältnis nur gekündigt werden
1. aus einem wichtigen Grund ohne Einhalten einer Kündigungsfrist,
2. von Auszubildenden mit einer Kündigungsfrist von vier Wochen, wenn sie die Berufsausbildung aufgeben oder sich für eine andere Berufstätigkeit ausbilden lassen wollen.

(3) Die Kündigung muss schriftlich und in den Fällen des Absatzes 2 unter Angabe der Kündigungsgründe erfolgen; die elektronische Form ausgeschlossen.
(4) Eine Kündigung aus einem wichtigen Grund ist unwirksam, wenn die ihr zugrunde liegenden Tatsachen dem zur Kündigung Berechtigten länger als zwei Wochen bekannt sind. Ist ein vorgesehenes Güteverfahren vor einer außergerichtlichen Stelle eingeleitet, so wird bis zu dessen Beendigung der Lauf dieser Frist gehemmt.

§ 23 Schadensersatz bei vorzeitiger Beendigung (1) Wird das Berufsausbildungsverhältnis nach der Probezeit vorzeitig gelöst, so können Ausbildende oder Auszubildende Ersatz des Schadens verlangen, wenn die andere Person den Grund

für die Auflösung zu vertreten hat. Dies gilt nicht im Falle des § 22 Absatz 2 Nummer 2.
(2) Der Anspruch erlischt, wenn er nicht innerhalb von drei Monaten nach Beendigung des Berufsausbildungsverhältnisses geltend gemacht wird.

Unterabschnitt 6 – Sonstige Vorschriften

§ 24 Weiterarbeit Werden Auszubildende im Anschluss an das Berufsausbildungsverhältnis beschäftigt, ohne dass hierüber ausdrücklich etwas vereinbart worden ist, so gilt ein Arbeitsverhältnis auf unbestimmte Zeit als begründet.

§ 25 Unabdingbarkeit Eine Vereinbarung, die zuungunsten Auszubildender von den Vorschriften dieses Teils des Gesetzes abweicht, ist nichtig.

§ 26 Andere Vertragsverhältnisse[1] Soweit nicht ein Arbeitsverhältnis vereinbart ist, gelten für Personen, die eingestellt werden, um berufliche Fertigkeiten, Kenntnisse, Fähigkeiten oder berufliche Erfahrungen zu erwerben, ohne dass es sich um eine Berufsausbildung im Sinne dieses Gesetzes handelt, die §§ 10 bis 16 und 17 Absatz 1, 6 und 7 sowie die §§ 18 bis 23 und 25 mit der Maßgabe, dass die gesetzliche Probezeit abgekürzt, auf die Vertragsabfassung verzichtet und bei vorzeitiger Lösung des Vertragsverhältnisses nach Ablauf der Probezeit abweichend von § 23 Absatz 1 Satz 1 Schadensersatz nicht verlangt werden kann.

Abschnitt 3 – Eignung von Ausbildungsstätte und Ausbildungspersonal

§ 27 Eignung der Ausbildungsstätte (1) Auszubildende dürfen nur eingestellt und ausgebildet werden, wenn
1. die Ausbildungsstätte nach Art und Einrichtung für die Berufsausbildung geeignet ist und
2. die Zahl der Auszubildenden in einem angemessenen Verhältnis zur Zahl der Ausbildungsplätze oder zur Zahl der beschäftigten Fachkräfte steht, es sei denn, dass anderenfalls die Berufsausbildung nicht gefährdet wird.

(2) Eine Ausbildungsstätte, in der die erforderlichen beruflichen Fertigkeiten, Kenntnisse und Fähigkeiten nicht im vollen Umfang vermittelt werden können, gilt als geeignet, wenn diese durch Ausbildungsmaßnahmen außerhalb der Ausbildungsstätte vermittelt werden.
(3) Eine Ausbildungsstätte ist nach Art und Einrichtung für die Berufsausbildung in Berufen der Landwirtschaft, einschließlich der ländlichen Hauswirtschaft, nur geeignet, wenn sie von der nach Landesrecht zuständigen Behörde als Ausbildungsstätte anerkannt ist. Das Bundesministerium für Ernährung und Landwirtschaft kann im Einvernehmen mit dem Bundesministerium für Bildung und Forschung nach Anhörung des Hauptausschusses des Bundesinstituts für Berufsbildung durch Rechtsverordnung, die nicht der Zustimmung des Bundesrates bedarf, Mindest-

1 S. auch § 22 Abs. 2 Satz 2 und 3 MiLoG.

anforderungen für die Größe, die Einrichtung und den Bewirtschaftungszustand der Ausbildungsstätte festsetzen.

(4) Eine Ausbildungsstätte ist nach Art und Einrichtung für die Berufsausbildung in Berufen der Hauswirtschaft nur geeignet, wenn sie von der nach Landesrecht zuständigen Behörde als Ausbildungsstätte anerkannt ist. Das Bundesministerium für Wirtschaft und Klimaschutz kann im Einvernehmen mit dem Bundesministerium für Bildung und Forschung nach Anhörung des Hauptausschusses des Bundesinstituts für Berufsbildung durch Rechtsverordnung, die nicht der Zustimmung des Bundesrates bedarf, Mindestanforderungen für die Größe, die Einrichtung und den Bewirtschaftungszustand der Ausbildungsstätte festsetzen.

§ 28 Eignung von Ausbildenden und Ausbildern oder Ausbilderinnen (1) Auszubildende darf nur einstellen, wer persönlich geeignet ist. Auszubildende darf nur ausbilden, wer persönlich und fachlich geeignet ist.

(2) Wer fachlich nicht geeignet ist oder wer nicht selbst ausbildet, darf Auszubildende nur dann einstellen, wenn er persönlich und fachlich geeignete Ausbilder oder Ausbilderinnen bestellt, die die Ausbildungsinhalte in der Ausbildungsstätte unmittelbar, verantwortlich und in wesentlichem Umfang vermitteln. Eine unmittelbare Vermittlung der Ausbildungsinhalte ist in angemessenem Umfang auch als digitales mobiles Ausbilden ohne gleichzeitige Anwesenheit der Auszubildenden und ihrer Ausbilder oder Ausbilderinnen am gleichen Ort möglich, wenn

1. für die Vermittlung Informationstechnik eingesetzt wird,
2. die Ausbildungsinhalte und die Orte, an denen sich die Auszubildenden und ihre Ausbildung oder Ausbilderinnen jeweils aufhalten, für die Vermittlung von Ausbildungsinhalten auf Distanz geeignet sind und
3. die Qualität der Vermittlung derjenigen bei gleichzeitiger Anwesenheit der Auszubildenden und ihrer Ausbilder oder Ausbilderinnen am gleichen Ort gleichwertig ist; dies ist insbesondere der Fall, wenn der Ausbilder oder die Ausbilderin jederzeit zu den betriebsüblichen Zeiten für den Auszubildenden oder die Auszubildende erreichbar ist, den Lernprozess steuert und begleitet sowie die Lernfortschritte kontrolliert.

Für die Ausgestaltung digitalen mobilen Ausbildens kann der Hauptausschuss des Bundesinstituts für Berufsbildung Empfehlungen beschließen.

(3) Unter der Verantwortung des Ausbilders oder der Ausbilderin kann bei der Berufsausbildung mitwirken, wer selbst nicht Ausbilder oder Ausbilderin ist, aber abweichend von den besonderen Voraussetzungen des § 30 die für die Vermittlung von Ausbildungsinhalten erforderlichen beruflichen Fertigkeiten, Kenntnisse und Fähigkeiten besitzt und persönlich geeignet ist.

§ 29 Persönliche Eignung Persönlich nicht geeignet ist insbesondere, wer

1. Kinder und Jugendliche nicht beschäftigen darf oder
2. wiederholt oder schwer gegen dieses Gesetz oder die auf Grund dieses Gesetzes erlassenen Vorschriften und Bestimmungen verstoßen hat.

§ 30 Fachliche Eignung (1) Fachlich geeignet ist, wer die beruflichen sowie die berufs- und arbeitspädagogischen Fertigkeiten, Kenntnisse und Fähigkeiten besitzt, die für die Vermittlung der Ausbildungsinhalte erforderlich sind.

(2) Die erforderlichen beruflichen Fertigkeiten, Kenntnisse und Fähigkeiten besitzt, wer

1. die Abschlussprüfung in einer dem Ausbildungsberuf entsprechenden Fachrichtung bestanden hat,
2. das Feststellungsverfahren nach § 1 Absatz 6 mit dem Ergebnis der vollständigen Vergleichbarkeit der individuellen beruflichen Handlungsfähigkeit mit der für Ausübung des Ausbildungsberufs der entsprechenden Fachrichtung erforderlichen beruflichen Handlungsfähigkeit abgeschlossen hat,
3. eine anerkannte Prüfung an einer Ausbildungsstätte oder vor einer Prüfungsbehörde oder eine Abschlussprüfung an einer staatlichen oder staatlich anerkannten Schule in einer dem Ausbildungsberuf entsprechenden Fachrichtung bestanden hat,
4. eine Abschlussprüfung an einer deutschen Hochschule in einer dem Ausbildungsberuf entsprechenden Fachrichtung bestanden hat oder
5. im Ausland einen Bildungsabschluss in einer dem Ausbildungsberuf entsprechenden Fachrichtung erworben hat, dessen Gleichwertigkeit nach dem Berufsqualifikationsfeststellungsgesetz oder anderen rechtlichen Regelungen festgestellt worden ist

und eine angemessene Zeit in seinem Beruf praktisch tätig gewesen ist.

(3) Das Bundesministerium für Wirtschaft und Klimaschutz oder das sonst zuständige Fachministerium kann im Einvernehmen mit dem Bundesministerium für Bildung und Forschung nach Anhörung des Hauptausschusses des Bundesinstituts für Berufsbildung durch Rechtsverordnung, die nicht der Zustimmung des Bundesrates bedarf, in den Fällen des Absatzes 2 Nummer 3 bestimmen, welche Prüfungen für welche Ausbildungsberufe anerkannt werden.

(4) Das Bundesministerium für Wirtschaft und Klimaschutz oder das sonst zuständige Fachministerium kann im Einvernehmen mit dem Bundesministerium für Bildung und Forschung nach Anhörung des Hauptausschusses des Bundesinstituts für Berufsbildung durch Rechtsverordnung, die nicht der Zustimmung des Bundesrates bedarf, für einzelne Ausbildungsberufe bestimmen, dass abweichend von Absatz 2 die für die fachliche Eignung erforderlichen beruflichen Fertigkeiten, Kenntnisse und Fähigkeiten nur besitzt, wer

1. die Voraussetzungen des Absatzes 2 Nummer 3 oder 4 erfüllt und eine angemessene Zeit in seinem Beruf praktisch tätig gewesen ist oder
2. die Voraussetzungen des Absatzes 2 Nummer 4 erfüllt und eine angemessene Zeit in seinem Beruf praktisch tätig gewesen ist oder
3. für die Ausübung eines freien Berufes zugelassen oder in ein öffentliches Amt bestellt ist.

(5) Das Bundesministerium für Bildung und Forschung kann nach Anhörung des Hauptausschusses des Bundesinstituts für Berufsbildung durch Rechtsverordnung,[1] die nicht der Zustimmung des Bundesrates bedarf, bestimmen, dass der

---

1 Vgl. **Ausbilder-EignungsVO** (AusbEignV 2009) vom 21.1.2009 (BGBl. I 88).

Erwerb berufs- und arbeitspädagogischer Fertigkeiten, Kenntnisse und Fähigkeiten gesondert nachzuweisen ist. Dabei können Inhalt, Umfang und Abschluss der Maßnahmen für den Nachweis geregelt werden.
(6) Die nach Landesrecht zuständige Behörde kann Personen, die die Voraussetzungen des Absatzes 2, 4 oder 5 nicht erfüllen, die fachliche Eignung nach Anhörung der zuständigen Stelle widerruflich zuerkennen.

§ 31 Europaklausel (1) In den Fällen des § 30 Absatz 2 und 4 besitzt die für die fachliche Eignung erforderlichen beruflichen Fertigkeiten, Kenntnisse und Fähigkeiten auch, wer die Voraussetzungen für die Anerkennung seiner Berufsqualifikation nach der Richtlinie 2005/36/EG des Europäischen Parlaments und des Rates vom 7. September 2005 über die Anerkennung von Berufsqualifikationen (ABl. EU Nr. L 255 S. 22) erfüllt, sofern er eine angemessene Zeit in seinem Beruf praktisch tätig gewesen ist. § 30 Absatz 4 Nummer 3 bleibt unberührt.
(2) Die Anerkennung kann unter den in Artikel 14 der in Absatz 1 genannten Richtlinie aufgeführten Voraussetzungen davon abhängig gemacht werden, dass der Antragsteller oder die Antragstellerin zunächst einen höchstens dreijährigen Anpassungslehrgang ableistet oder eine Eignungsprüfung ablegt.
(3) Die Entscheidung über die Anerkennung trifft die zuständige Stelle. Sie kann die Durchführung von Anpassungslehrgängen und Eignungsprüfungen regeln.

§ 31a Sonstige ausländische Vorqualifikation In den Fällen des § 30 Absatz 2 und 4 besitzt die für die fachliche Eignung erforderlichen Fertigkeiten, Kenntnisse und Fähigkeiten, wer die Voraussetzungen von § 2 Absatz 1 in Verbindung mit § 9 des Berufsqualifikationsfeststellungsgesetzes erfüllt und nicht in einem anderen Mitgliedstaat der Europäischen Union oder einem anderen Vertragsstaat des Europäischen Wirtschaftsraums oder der Schweiz seinen Befähigungsnachweis erworben hat, sofern er eine angemessene Zeit in seinem Beruf praktisch tätig gewesen ist. § 30 Absatz 4 Nummer 3 bleibt unberührt.

§ 32 Überwachung der Eignung (1) Die zuständige Stelle hat darüber zu wachen, dass die Eignung der Ausbildungsstätte sowie die persönliche und fachliche Eignung vorliegen.
(2) Werden Mängel der Eignung festgestellt, so hat die zuständige Stelle, falls der Mangel zu beheben und eine Gefährdung Auszubildender nicht zu erwarten ist, Ausbildende aufzufordern, innerhalb einer von ihr gesetzten Frist den Mangel zu beseitigen. Ist der Mangel der Eignung nicht zu beheben oder ist eine Gefährdung Auszubildender zu erwarten oder wird der Mangel nicht innerhalb der gesetzten Frist beseitigt, so hat die zuständige Stelle dies der nach Landesrecht zuständigen Behörde mitzuteilen.

§ 33 Untersagung des Einstellens und Ausbildens (1) Die nach Landesrecht zuständige Behörde kann für eine bestimmte Ausbildungsstätte das Einstellen und Ausbilden untersagen, wenn die Voraussetzungen nach § 27 nicht oder nicht mehr vorliegen.

(2) Die nach Landesrecht zuständige Behörde hat das Einstellen und Ausbilden zu untersagen, wenn die persönliche oder fachliche Eignung nicht oder nicht mehr vorliegt.
(3) Vor der Untersagung sind die Beteiligten und die zuständige Stelle zu hören. Dies gilt nicht im Falle des § 29 Nummer 1.

Abschnitt 4 – Verzeichnis der Berufsausbildungsverhältnisse

§ 34 Einrichten, Führen (1) Die zuständige Stelle hat zur Regelung, Überwachung, Förderung und zum Nachweis der Berufsausbildung für anerkannte Ausbildungsberufe ein Verzeichnis der in ihrem Zuständigkeitsbereich bestehenden Berufsausbildungsverhältnisse einzurichten und zu führen, in das der Berufsausbildungsvertrag einzutragen ist. Die Eintragung ist für Auszubildende gebührenfrei.
(2) Die Eintragung umfasst für jedes Berufsausbildungsverhältnis

1. Name, Vorname, Geburtsdatum, Anschrift, elektronische Kontaktdaten der Auszubildenden,
2. Geschlecht, Staatsangehörigkeit, allgemeinbildender Schulabschluss, vorausgegangene Teilnahme an berufsvorbereitender Qualifizierung oder beruflicher Grundbildung, vorherige Berufsausbildung sowie vorheriges Studium, Anschlussvertrag bei Anrechnung einer zuvor absolvierten dualen Berufsausbildung nach diesem Gesetz oder nach der Handwerksordnung enschließlich Ausbildungsberuf,
3. Name, Vorname, Anschrift und elektronische Kontaktdaten der gesetzlichen Vertreter und Vertreterinnen,
4. Ausbildungsberuf einschließlich Fachrichtung,
5. Berufsausbildung im Rahmen eines ausbildungsintegrierenden dualen Systems,
6. Tag, Monat und Jahrdes Abschlusses des Ausbildungsvertrages, Ausbildungsdauer, Dauer der Probezeit, Verkürzung der Ausbildungsdauer, Teilzeitberufsausbildung,
7. die bei Abschluss des Berufsausbildungsvertrages vereinbarte Vergütung für jedes Ausbildungsjahr,
8. Tag, Monat und Jahr des vertraglich vereinbarten Beginns und Endes der Berufsausbildung sowie Tag, Monat und Jahr einer vorzeitigen Auflösung des Ausbildungsverhältnisses,
9. Art der Förderung bei überwiegend öffenlich, insbesondere auf Grund des Dritten Buches Sozialgesetzbuch geförderten Berufsausbildungsverhältnis,
10. Name, Anschrift, elektronische Kontaktdaten der Ausbildenden, Anschrift und amtlicher Gemeindeschlüssel der Ausbildungsstätte, Wirtschaftszweig, Betriebsnummer der Ausbildungsstätte nach § 18i Absatz 1 oder § 18k Absatz 1 des Vierten Buches Sozialgesetzbuch, Zugehörigkeit zum öffentlichen Dienst,
11. Name, Vorname, elektronische Kontaktdaten, Geschlecht und Art der fachlichen Eignung der Ausbilder und Ausbilderinnen.

(3) Die Eintragungen sind am Ende des Kalenderjahres, in dem das Berufsausbildungsverhältnis beendet wird, in dem Verzeichnis der Berufsausbildungsverhältnisse zu löschen.

(4) Die nach Absatz 3 gelöschten Daten sind in einem gesonderten Dateisystem zu speichern, so lange und soweit dies für den Nachweis der Berufsausbildung erforderlich ist, höchstens jedoch für 60 Jahre.

§ 35 Eintragen, Ändern, Löschen (1) Ein Berufsausbildungsvertrag und Änderungen seines wesentlichen Inhalts sind in das Verzeichnis einzutragen, wenn
1. der Berufsausbildungsvertrag diesem Gesetz und der Ausbildungsordnung entspricht,
2. die persönliche und fachliche Eignung sowie die Eignung der Ausbildungsstätte für das Einstellen und Ausbilden vorliegen und
3. für Auszubildende unter 18 Jahren die ärztliche Bescheinigung über die Erstuntersuchung nach § 32 Absatz 1 des Jugendarbeitsschutzgesetzes zur Einsicht vorgelegt wird.

(2) Die Eintragung ist abzulehnen oder zu löschen, wenn die Eintragungsvoraussetzungen nicht vorliegen und der Mangel nicht nach § 32 Absatz 2 behoben wird. Die Eintragung ist ferner zu löschen, wenn die ärztliche Bescheinigung über die erste Nachuntersuchung nach § 33 Absatz 1 des Jugendarbeitsschutzgesetzes nicht spätestens am Tage der Anmeldung der Auszubildenden zur Zwischenprüfung oder zum ersten Teil der Abschlussprüfung zur Einsicht vorgelegt und der Mangel nicht nach § 32 Absatz 2 behoben wird.

(3) Zur Verbesserung der Feststellung von Angebot und Nachfrage auf dem Ausbildungsmarkt werden folgende Daten an das Bundesinstitut für Berufsbildung übermittelt:
1. Ausbildungsberuf einschließlich Fachrichtung,
2. Geschlecht der Auszubildenden, Anschlussvertrag bei Anrechnung einer zuvor absolvierten dualen Berufsausbildung nach diesem Gesetz oder nach der Handwerksordnung,
3. Verkürzung der Ausbildungsdauer,
4. Art der Förderung bei überwiegend öffentlich, insbesondere auf Grund des Dritten Buches Sozialgesetzbuch geförderten Berufsausbildungsverhältnissen.

An die Bundesagentur für Arbeit werden zur Verbesserung der Ausbildungsvermittlung, zur Verbesserung der Zuverlässigkeit und Aktualität der Ausbildungsvermittlungsstatistik sowie zur Verbesserung der Festlegung von Angebot und Nachfrage auf dem Ausbildungsmarkt folgende Daten übermittelt:
1. Name, Vorname, Geburtsdatum, Geschlecht und Anschrift der Auszubildenden,
2. Ausbildungsberuf einschließlich Fachrichtung,
3. Tag, Monat und Jahr des vertraglich vereinbarten Beginns und Endes der Berufsausbildung sowie Tag, Monat und Jahr einer vorzeitigen Auflösung des Ausbildungsverhältnisses,
4. Name und Anschrift der Ausbildenden, Anschrift und amtlicher Gemeindeschlüssel der Ausbildungsstätte, Wirtschaftszweig, Betriebsnummer der Ausbildungsstätte nach § 18i Absatz 1 oder § 18k Absatz 1 des Vierten Buches Sozialgesetzbuch, Zugehörigkeit zum öffentlichen Dienst.

Übermittelt werden die nach diesem Gesetz eingetragenen Daten zu den Ausbildungsverhältnissen, die ab dem 1. Oktober des vorangegangenen Kalenderjahres abgeschlossen wurden und am 30. September des laufenden Kalenderjahres noch bestanden. Bei der Datenübermittlung sind dem jeweiligen Stand der Technik entsprechende Maßnahmen zur Sicherstellung von Datenschutz und Datensicherheit, insbesondere nach den Artikeln 24, 25 und 32 der Verordnung (EU) 2016/679 des Europäischen Parlaments und des Rates vom 27. April 2016 zum Schutz natürlicher Personen bei der Verarbeitung personenbezogener Daten, zum freien Datenverkehr und zur Aufhebung derRichtlinie 95/46/EG (Datenschutz-Grundverordnung) (ABl. L 119 vom 4.5.2016, S. 1; L 314 vom 22.11.2016, S. 72; L 127 vom 23.5.2018, S. 2; L 74 vom 4.3.2021, S. 53) in der jeweils geltenden Fassung zu treffen, die insbesondere die Vertraulichkeit, Unversehrtheit und Zurechenbarkeit der Daten gewährleisten.

§ 36 Antrag und Mitteilungspflichten (1) Ausbildende haben unverzüglich nach Abschluss des Berufsausbildungsvertrages die Eintragung in das Verzeichnis nach Maßgabe des Satzes 2 zu beantragen. Der Antrag kann schriftlich oder elektronisch gestellt werden; eine Kopie der Vertragsabfassung und des Empfangsnachweises ist jeweils beizufügen. Auf einen betrieblichen Ausbildungsplan im Sinne von § 11 Absatz 1 Satz 2 Nummer 2, der der zuständigen Stelle bereits vorliegt, kann dabei Bezug genommen werden. Entsprechendes gilt bei Änderungen des wesentlichen Vertragsinhalts.
(2) Ausbildende und Auszubildende sind verpflichtet, den zuständigen Stellen die zur Eintragung nach § 34 erforderlichen Tatsachen auf Verlangen mitzuteilen.

Abschnitt 5 – Prüfungswesen

§ 37 Abschlussprüfung (1) In den anerkannten Ausbildungsberufen sind Abschlussprüfungen durchzuführen. Die Abschlussprüfung kann im Falle des Nichtbestehens zweimal wiederholt werden. Sofern die Abschlussprüfung in zwei zeitlich auseinanderfallenden Teilen durchgeführt wird, ist der erste Teil der Abschlussprüfung nicht eigenständig wiederholbar.
(2) Dem Prüfling ist ein Zeugnis auszustellen. Ausbildenden werden auf deren Verlangen die Ergebnisse der Abschlussprüfung der Auszubildenden übermittelt. Sofern die Abschlussprüfung in zwei zeitlich auseinanderfallenden Teilen durchgeführt wird, ist das Ergebnis der Prüfungsleistungen im ersten Teil der Abschlussprüfung dem Prüfling schriftlich oder elektronisch mitzuteilen.
(3) Dem Zeugnis ist auf Antrag des oder der Auszubildenden eine englischsprachige und eine französischsprachige Übersetzung beizufügen. Auf Antrag des oder der Auszubildenden ist das Ergebnis berufsschulischer Leistungsfeststellungen auf dem Zeugnis auszuweisen. Der oder die Auszubildende hat den Nachweis der berufsschulischen Leistungsfeststellungen dem Antrag beizufügen. Sofern die Schule nach Landesrecht verpflichtet ist, die berufsschulische Leistungsfeststellung an die zuständige Stelle zu übermitteln, hat die zuständige Stelle die berufsschulische Leistungsfeststellung nach der Übermittlung auf dem Zeugnis auszuweisen.
(4) Die Abschlussprüfung ist für Auszubildende gebührenfrei.

§ 38 Prüfungsgegenstand Durch die Abschlussprüfung ist festzustellen, ob der Prüfling die berufliche Handlungsfähigkeit erworben hat. In ihr soll der Prüfling nachweisen, dass er die erforderlichen beruflichen Fertigkeiten beherrscht, die notwendigen beruflichen Kenntnisse und Fähigkeiten besitzt und mit dem im Berufsschulunterricht zu vermittelnden, für die Berufsausbildung wesentlichen Lehrstoff vertraut ist. Die Ausbildungsordnung ist zugrunde zu legen.

§ 39 Prüfungsausschüsse, Prüferdelegationen (1) Für die Durchführung der Abschlussprüfung errichtet die zuständige Stelle Prüfungsausschüsse. Mehrere zuständige Stellen können bei einer von ihnen gemeinsame Prüfungsausschüsse errichten.

(2) Prüfungsausschüsse oder Prüferdelegationen nach § 42 Absatz 2 nehmen die Prüfungsleistungen ab.

(3) Prüfungsausschüsse oder Prüferdelegationen nach § 42 Absatz 2 können zur Bewertung einzelner, nicht mündlich zu erbringender Prüfungsleistungen gutachterliche Stellungnahmen Dritter, insbesondere berufsbildender Schulen, einholen. Im Rahmen der Begutachtung sind die wesentlichen Abläufe zu dokumentieren und die für die Bewertung erheblichen Tatsachen festzustellen.

§ 40 Zusammensetzung, Berufung (1) Der Prüfungsausschuss besteht aus mindestens drei Mitgliedern. Die Mitglieder müssen für die Prüfungsgebiete sachkundig und für die Mitwirkung im Prüfungswesen geeignet sein.

(2) Dem Prüfungsausschuss müssen als Mitglieder Beauftragte der Arbeitgeber und der Arbeitnehmer in gleicher Zahl sowie mindestens eine Lehrkraft einer berufsbildenden Schule angehören. Mindestens zwei Drittel der Gesamtzahl der Mitglieder müssen Beauftragte der Arbeitgeber und der Arbeitnehmer sein. Die Mitglieder haben Stellvertreter oder Stellvertreterinnen.

(3) Die Mitglieder werden von der zuständigen Stelle längstens für fünf Jahre berufen. Die Beauftragten der Arbeitnehmer werden auf Vorschlag der im Bezirk der zuständigen Stelle bestehenden Gewerkschaften und selbstständigen Vereinigungen von Arbeitnehmern mit sozial- oder berufspolitischer Zwecksetzung berufen. Die Lehrkraft einer berufsbildenden Schule wird im Einvernehmen mit der Schulaufsichtsbehörde oder der von ihr bestimmten Stelle berufen. Werden Mitglieder nicht oder nicht in ausreichender Zahl innerhalb einer von der zuständigen Stelle gesetzten angemessenen Frist vorgeschlagen, so beruft die zuständige Stelle insoweit nach pflichtgemäßem Ermessen. Die Mitglieder der Prüfungsausschüsse können nach Anhören der an ihrer Berufung Beteiligten aus wichtigem Grund abberufen werden. Die Sätze 1 bis 5 gelten für die stellvertretenden Mitglieder entsprechend.

(4) Die zuständige Stelle kann weitere Prüfende für den Einsatz in Prüferdelegationen nach § 42 Absatz 2 berufen. Die Berufung weiterer Prüfender kann auf bestimmte Prüf- oder Fachgebiete beschränkt werden. Absatz 3 ist entsprechend anzuwenden.

(5) Die für die Berufung von Prüfungsausschussmitgliedern Vorschlagsberechtigten sind über die Anzahl und die Größe der einzurichtenden Prüfungsausschüsse sowie über die Zahl der von ihnen vorzuschlagenden weiteren Prüfenden zu un-

terrichten. Die Vorschlagsberechtigten werden von der zuständigen Stelle darüber unterrichtet, welche der von ihnen vorgeschlagenen Mitglieder, Stellvertreter und Stellvertreterinnen sowie weiteren Prüfenden berufen wurden.
(6) Die Tätigkeit im Prüfungsausschuss oder in einer Prüferdelegation ist ehrenamtlich. Für bare Auslagen und für Zeitversäumnis ist, soweit eine Entschädigung nicht von anderer Seite gewährt wird, eine angemessene Entschädigun zu zahlen, deren Höhe von der zuständigen Stelle mit Genehmigung der obersten Landesbehörde festgesetzt wird. Die Entschädigung für Zeitversäumnis hat mindestens im Unfang von § 16 des Justizvergütungs- und -entschädigungsgesetzes in der jeweils geltenden Fassung zu erfolgen.
(6a) Prüfende sind von ihrem Arbeitgeber von der Erbringung der Arbeitsleistung freizustellen, wenn
1. es zur ordnungsgemäßen Durchführung der ihnen durch das Gesetz zugewiesenen Aufgaben erforderlich ist und
2. wichtige betriebliche Gründe nicht entgegenstehen.
(7) Von Absatz 2 darf nur abgewichen werden, wenn anderenfalls die erforderliche Zahl von Mitgliedern des Prüfungsausschusses nicht berufen werden kann.

§ 41 Vorsitz, Beschlussfähigkeit, Abstimmung (1) Der Prüfungsausschuss wählt ein Mitglied, das den Vorsitz führt, und ein weiteres Mitglied, das den Vorsitz stellvertretend übernimmt. Der Vorsitz und das ihn stellvertretende Mitglied sollen nicht derselben Mitgliedergruppe angehören.
(2) Der Prüfungsausschuss ist beschlussfähig, wenn zwei Drittel der Mitglieder, mindestens drei, mitwirken. Er beschließt mit der Mehrheit der abgegebenen Stimmen. Bei Stimmengleichheit gibt die Stimme des vorsitzenden Mitglieds den Ausschlag.

§ 42 Beschlussfassung, Bewertung der Abschlussprüfung (1) Der Prüfungsausschuss fasst die Beschlüsse über
1. die Noten zur Bewertung einzelner Prüfungsleistungen, die er selbst abgenommen hat,
2. die Noten zur Bewertung der Prüfung insgesamt sowie
3. das Bestehen oder Nichtbestehen der Abschlussprüfung.
(2) Die zuständige Stelle kann im Einvernehmen mit den Mitgliedern des Prüfungsausschusses die Abnahme und abschließende Bewertung von Prüfungsleistungen auf Prüferdelegationen übertragen. Für die Zusammensetzung von Prüferdelegationen und für die Abstimmungen in der Prüferdelegation sind § 40 Absatz 1 und 2 sowie § 41 entsprechend anzuwenden. Mitglieder von Prüferdelegationen können die Mitglieder des Prüfungsausschusses, deren Stellvertreter und Stellvertreterinnen sowie weitere Prüfende sein, die durch die zuständige Stelle nach § 40 Absatz 4 berufen worden sind.
(3) Die zuständige Stelle hat vor Beginn der Prüfung über die Bildung von Prüferdelegationen, über deren Mitglieder sowie über deren Stellvertreter und Stellvertreterinnen zu entscheiden. Prüfende können Mitglieder mehrerer Prüferdelegationen sein. Sind verschiedene Prüfungsleistungen derart aufeinander bezogen,

dass deren Beurteilung nur einheitlich erfolgen kann, so müssen diese Prüfungsleistungen von denselben Prüfenden abgenommen werden.

(4) Nach § 47 Absatz 2 Satz 2 erstellte oder ausgewählte Antwort-Wahl-Aufgaben können automatisiert ausgewertet werden, wenn das Aufgabenerstellungs- oder Aufgabenauswahlgremium festgelegt hat, welche Antworten als zutreffend anerkannt werden. Die Ergebnisse sind vom Prüfungsausschuss zu übernehmen.

(5) Der Prüfungsausschuss oder die Prüferdelegation kann einvernehmlich die Abnahme und Bewertung einzelner schriftlicher oder sonstiger Prüfungsleistungen, deren Bewertung unabhängig von der Anwesenheit bei der Erbringung erfolgen kann, so vornehmen, dass zwei seiner oder ihrer Mitglieder die Prüfungsleistungen selbstständig und unabhängig bewerten. Weichen die auf der Grundlage des in der Prüfungsordnung vorgesehenen Bewertungsschlüssels erfolgten Bewertungen der beiden Prüfenden um nicht mehr als 10 Prozent der erreichbaren Punkte voneinander ab, so errechnet sich die endgültige Bewertung aus dem Durchschnitt der beiden Bewertungen. Bei einer größeren Abweichung erfolgt die endgültige Bewertung durch ein vorab bestimmtes weiteres Mitglied des Prüfungsausschusses oder der Prüferdelegation.

(6) Sieht die Ausbildungsordnung vor, dass Auszubildende bei erfolgreichem Abschluss eines zweijährigen Ausbildungsberufs vom ersten Teil der Abschlussprüfung eines darauf aufbauenden drei- oder dreieinhalbjährigen Ausbildungsberufs befreit sind, so ist das Ergebnis der Abschlussprüfung des zweijährigen Ausbildungsberufs vom Prüfungsausschuss als das Ergebnis des ersten Teils der Abschlussprüfung des auf dem zweijährigen Ausbildungsberuf aufbauenden drei- oder dreieinhalbjährigen Ausbildungsberufs zu übernehmen.

§ 42a Virtuelle Teilnahme von Prüfenden (1) Die zuständige Stelle kann bestimmen, dass bei der Abnahme und Bewertung von Prüfungsleistungen, deren Bewertung die Anwesenheit bei Prüfungen bei der Abnahme erfordert, Prüfende unter Einsatz der Übertragung von Bild und Ton (Videokonferenz) teilnehmen, wenn

1. die abzunehmenden Prüfungsleistungen für diese Form der Durchführung geeignet sind,
2. die Prüflinge mit der Ladung zur Prüfung über diese Form der Durchführung informiert worden sind,
3. die Prüflinge sich unter Aufsicht an einem Ort befinden, der von der zuständigen Stelle festgelegt worden ist,
4. sich mindestens ein Prüfender am gleichen Ort wie die Prüflinge befindet,
5. die zuständige Stelle die zu nutzende Videokonferenztechnik festgelegt hat und deren Funktionsfähigkeit sowie deren Barrierefreiheit sicherstellt,
6. den Prüflingen und den Prüfenden vor der Prüfung ausreichend Gelegenheit gegeben worden ist, sich mit der Videokonferenztechnik vertraut zu machen,
7. während der Abnahme der Prüfungsleistung eine für die Videokonferenztechnik sachkundige Person zur Verfügung steht,
8. bei vorübergehenden technischen Störungen, die nicht durch den Prüfling zu vertreten sind, der damit verbundene Zeitverlust durch entsprechende Zeitverlängerung ausgeglichen wird und
9. keine Aufzeichnung der Videokonferenz erfolgt.

Auf Antrag einzelner Prüfender bei der zuständigen Stelle gilt Satz 1 nur für einzelne Prüfungsleistungen und diese Prüfenden mit der Maßgabe, dass die übrigen Prüfenden des jeweiligen Prüfungsausschusses oder der jeweiligen Prüferdelegation dem Antrag zustimmen.
(2) Die zuständige Stelle kann bestimmen, dass die Prüfenden an Sitzungen von Prüfungsausschüssen oder Prüferdelegationen auch ohne Anwesenheit an einem Ort teilnehmen und sämtliche oder einzelne ihrer Recht ganz oder teilweise im Wege elektronischer Kommunikation ausüben können.
(3) Die zuständige Stelle hat vor Beginn der Prüfung über die Bildung von Prüferdelegationen, über deren Mitglieder sowie über deren Stellvertreter und Stellvertreterinnen zu entscheiden. Prüfende können Mitglieder mehrerer Prüferdelegationen sein. Sind verschiedene Prüfungsleistungen derart aufeinander bezogen, dass deren Beurteilung nur einheitlich erfolgen kann, so müssen diese Prüfungsleistungen von denselben Prüfenden abgenommen werden.
(4) Nach § 47 Absatz 2 Satz 2 erstellte oder ausgewählte Antwort-Wahl-Aufgaben können automatisiert ausgewertet werden, wenn das Aufgabenerstellungs- oder Aufgabenauswahlgremium festgelegt hat, welche Antworten als zutreffend anerkannt werden. Die Ergebnisse sind vom Prüfungsausschuss zu übernehmen.
(5) Der Prüfungsausschuss oder die Prüferdelegation kann einvernehmlich die Abnahme und Bewertung einzelner schriftlicher oder sonstiger Prüfungsleistungen, deren Bewertung unabhängig von der Anwesenheit bei der Erbringung erfolgen kann, so vornehmen, dass zwei seiner oder ihrer Mitglieder die Prüfungsleistungen selbstständig und unabhängig bewerten. Weichen die auf der Grundlage des in der Prüfungsordnung vorgesehenen Bewertungsschlüssels erfolgten Bewertungen der beiden Prüfenden um nicht mehr als 10 Prozent der erreichbaren Punkte voneinander ab, so errechnet sich die endgültige Bewertung aus dem Durchschnitt der beiden Bewertungen. Bei einer größeren Abweichung erfolgt die endgültige Bewertung durch ein vorab bestimmtes weiteres Mitglied des Prüfungsausschusses oder der Prüferdelegation.
(6) Sieht die Ausbildungsordnung vor, dass Auszubildende bei erfolgreichem Abschluss eines zweijährigen Ausbildungsberufs vom ersten Teil der Abschlussprüfung eines darauf aufbauenden drei- oder dreieinhalbjährigen Ausbildungsberufs befreit sind, so ist das Ergebnis der Abschlussprüfung des zweijährigen Ausbildungsberufs vom Prüfungsausschuss als das Ergebnis des ersten Teils der Abschlussprüfung des auf dem zweijährigen Ausbildungsberuf aufbauenden drei- oder dreieinhalbjährigen Ausbildungsberufs zu übernehmen.

§ 43 Zulassung zur Abschlussprüfung (1) Zur Abschlussprüfung ist zuzulassen,
1. wer die Ausbildungszeit zurückgelegt hat oder wessen Ausbildungsdauer nicht später als zwei Monate nach dem Prüfungstermin endet,
2. wer an vorgeschriebenen Zwischenprüfungen teilgenommen sowie einen Ausbildungsnachweis nach § 13 Satz 2 Nummer 7 über den Ausbildenden oder die Ausbildende schriftlich oder elektronisch vorgelegt hat und
3. wessen Berufsausbildungsverhältnis in das Verzeichnis der Berufsausbildungsverhältnisse eingetragen oder aus einem Grund nicht eingetragen ist, den we-

der die Auszubildenden noch deren gesetzliche Vertreter oder Vertreterinnen zu vertreten haben.

(2) Zur Abschlussprüfung ist ferner zuzulassen, wer in einer berufsbildenden Schule oder einer sonstigen Berufsbildungseinrichtung ausgebildet worden ist, wenn dieser Bildungsgang der Berufsausbildung in einem anerkannten Ausbildungsberuf entspricht. Ein Bildungsgang entspricht der Berufsausbildung in einem anerkannten Ausbildungsberuf, wenn er

1. nach Inhalt, Anforderung und zeitlichem Umfang der jeweiligen Ausbildungsordnung gleichwertig ist,
2. systematisch, insbesondere im Rahmen einer sachlichen und zeitlichen Gliederung, durchgeführt wird und
3. durch Lernortkooperation einen angemessenen Anteil an fachpraktischer Ausbildung gewährleistet.

§ 44 Zulassung zur Abschlussprüfung bei zeitlich auseinanderfallenden Teilen

(1) Sofern die Abschlussprüfung in zwei zeitlich auseinanderfallenden Teilen durchgeführt wird, ist über die Zulassung jeweils gesondert zu entscheiden.

(2) Zum ersten Teil der Abschlussprüfung ist zuzulassen, wer die in der Ausbildungsordnung vorgeschriebene, erforderliche Ausbildungsdauer zurückgelegt hat und die Voraussetzungen des § 43 Absatz 1 Nummer 2 und 3 erfüllt.

(3) Zum zweiten Teil der Abschlussprüfung ist zuzulassen, wer

1. über die Voraussetzungen des § 43 Absatz 1 hinaus am ersten Teil der Abschlussprüfung teilgenommen hat,
2. auf Grund einer Rechtsverordnung nach § 5 Absatz 2 Satz 1 Nummer 3 von der Ablegung der Abschlussprüfung befreit ist oder
3. aus Gründen, die er nicht zu vertreten hat, am ersten Teil der Abschlussprüfung nicht teilgenommen hat.

Im Fall des Satzes 1 Nummer 3 ist der erste Teil der Abschlussprüfung zusammen mit dem zweiten Teil abzulegen.

§ 45 Zulassung in besonderen Fällen (1) Auszubildende können nach Anhörung der Ausbildenden und der Berufsschule vor Ablauf ihrer Ausbildungszeit zur Abschlussprüfung zugelassen werden, wenn ihre Leistungen dies rechtfertigen.

(2) Zur Abschlussprüfung ist auch zuzulassen, wer nachweist, dass er mindestens das Eineinhalbfache der Zeit, die als Ausbildungsdauer vorgeschrieben ist, in dem Beruf tätig gewesen ist, in dem die Prüfung abgelegt werden soll. Als Zeiten der Berufstätigkeit gelten auch Ausbildungszeiten in einem anderen, einschlägigen Ausbildungsberuf. Vom Nachweis der Mindestzeit nach Satz 1 kann ganz oder teilweise abgesehen werden, wenn durch Vorlage von Zeugnissen oder auf andere Weise glaubhaft gemacht wird, dass der Bewerber oder die Bewerberin die berufliche Handlungsfähigkeit erworben hat, die die Zulassung zur Prüfung rechtfertigt. Ausländische Bildungsabschlüsse und Zeiten der Berufstätigkeit im Ausland sind dabei zu berücksichtigen.

(3) Zur Abschlussprüfung ist auch zuzulassen, wer im Rahmen eines Verfahrens nach § 1 Absatz 6 die Bescheinigung der vollständigen Vergleichbarkeit seiner individuellen beruflichen Handlungsfähigkeit mit der für die Ausübung des im Antrag

bestimmten anerkannten Ausbildungsberufs erforderlichen Handlungsfähigkeit erhalten hat.
(4) Soldaten oder Soldatinnen auf Zeit und ehemalige Soldaten oder Soldatinnen sind nach Absatz 2 Satz 3 zur Abschlussprüfung zuzulassen, wenn das Bundesministerium der Verteidigung oder die von ihm bestimmte Stelle bescheinigt, dass der Bewerber oder die Bewerberin berufliche Fertigkeiten, Kenntnisse und Fähigkeiten erworben hat, welche die Zulassung zur Prüfung rechtfertigen.

§ 46 Entscheidung über die Zulassung (1) Über die Zulassung zur Abschlussprüfung entscheidet die zuständige Stelle. Hält sie die Zulassungsvoraussetzungen nicht für gegeben, so entscheidet der Prüfungsausschuss.
(2) Auszubildenden, die Elternzeit in Anspruch genommen haben, darf bei der Entscheidung über die Zulassung hieraus kein Nachteil erwachsen.

§ 47 Prüfungsordnung (1) Die zuständige Stelle hat eine Prüfungsordnung für die Abschlussprüfung zu erlassen. Die Prüfungsordnung bedarf der Genehmigung der zuständigen obersten Landesbehörde.
(2) Die Prüfungsordnung muss die Zulassung, die Gliederung der Prüfung, die Bewertungsmaßstäbe, die Erteilung der Prüfungszeugnisse, die Folgen von Verstößen gegen die Prüfungsordnung und die Wiederholungsprüfung regeln. Sie kann vorsehen, dass Prüfungsaufgaben, die überregional oder von einem Aufgabenerstellungsausschuss bei der zuständigen Stelle erstellt oder ausgewählt werden, zu übernehmen sind, sofern diese Aufgaben von Gremien erstellt oder ausgewählt werden, die entsprechend § 40 Absatz 2 zusammengesetzt sind.
(3) Im Fall des § 73 Absatz 1 erlässt das Bundesministerium des Innern und für Heimat oder das sonst zuständige Fachministerium die Prüfungsordnung durch Rechtsverordnung, die nicht der Zustimmung des Bundesrates bedarf. Das Bundesministerium des Innern, für Bau und Heimat oder das sonst zuständige Fachministerium kann die Ermächtigung nach Satz 1 durch Rechtsverordnung auf die von ihm bestimmte zuständige Stelle übertragen.
(4) Im Fall des § 73 Absatz 2 erlässt die zuständige Landesregierung die Prüfungsordnung durch Rechtsverordnung. Die Ermächtigung nach Satz 1 kann durch Rechtsverordnung auf die von ihr bestimmte zuständige Stelle übertragen werden.
(5) Wird im Fall des § 71 Absatz 8 die zuständige Stelle durch das Land bestimmt, so erlässt die zuständige Landesregierung die Prüfungsordnung durch Rechtsverordnung. Die Ermächtigung nach Satz 1 kann durch Rechtsverordnung auf die von ihr bestimmte zuständige Stelle übertragen werden.
(6) Der Hauptausschuss des Bundesinstituts für Berufsbildung erlässt für die Prüfungsordnung Richtlinien.

§ 48 Zwischenprüfungen (1) Während der Berufsausbildung ist zur Ermittlung des Ausbildungsstandes eine Zwischenprüfung entsprechend der Ausbildungsordnung durchzuführen. Die §§ 37 bis 39 gelten entsprechend.
(2) Die Zwischenprüfung entfällt, sofern

1. die Ausbildungsordnung vorsieht, dass die Abschlussprüfung in zwei zeitlich auseinanderfallenden Teilen durchgeführt wird, oder
2. die Ausbildungsordnung vorsieht, dass auf die Dauer der durch die Ausbildungsordnung geregelten Berufsausbildung die Dauer einer anderen abgeschlossenen Berufsausbildung im Umfang von mindestens zwei Jahren anzurechnen ist, und die Vertragsparteien die Anrechnung mit mindestens dieser Dauer vereinbart haben.

(3) Umzuschulende sind auf ihren Antrag zur Zwischenprüfung zuzulassen.

§ 49 Zusatzqualifikationen (1) Zusätzliche berufliche Fertigkeiten, Kenntnisse und Fähigkeiten nach § 5 Absatz 2 Satz 1 Nummer 6 werden gesondert geprüft und bescheinigt. Das Ergebnis der Prüfung nach § 37 bleibt unberührt.
(2) § 37 Absatz 3 und 4 sowie die §§ 39 bis 42a und 47 gelten entsprechend.

§ 50 Gleichstellung von Prüfungszeugnissen (1) Das Bundesministerium für Wirtschaft und Klimaschutz oder das sonst zuständige Fachministerium kann im Einvernehmen mit dem Bundesministerium für Bildung und Forschung nach Anhörung des Hauptausschusses des Bundesinstituts für Berufsbildung durch Rechtsverordnung außerhalb des Anwendungsbereichs dieses Gesetzes erworbene Prüfungszeugnisse den entsprechenden Zeugnissen über das Bestehen der Abschlussprüfung gleichstellen, wenn die Berufsausbildung und die in der Prüfung nachzuweisenden beruflichen Fertigkeiten, Kenntnisse und Fähigkeiten gleichwertig sind.
(2) Das Bundesministerium für Wirtschaft und Klimaschutz oder das sonst zuständige Fachministerium kann im Einvernehmen mit dem Bundesministerium für Bildung und Forschung nach Anhörung des Hauptausschusses des Bundesinstituts für Berufsbildung durch Rechtsverordnung im Ausland erworbene Prüfungszeugnisse den entsprechenden Zeugnissen über das Bestehen der Abschlussprüfung gleichstellen, wenn die in der Prüfung nachzuweisenden beruflichen Fertigkeiten, Kenntnisse und Fähigkeiten gleichwertig sind.

§ 50a Gleichwertigkeit ausländischer Berufsqualifikation Ausländische Berufsqualifikationen stehen einer bestandenen Aus- oder Fortbildungsprüfung nach diesem Gesetz gleich, wenn die Gleichwertigkeit der beruflichen Fertigkeiten, Kenntnisse und Fähigkeiten nach dem Berufsqualifikationsfeststellungsgesetz festgestellt wurde.

Abschnitt 6 – Feststellung und Bescheinigung der individuellen beruflichen Handlungsfähigkeit am Maßstab eines anerkannten Ausbildungsberufs

§ 50b Antragstellung und Zulassung (1) Die zuständige Stelle stellt auf Antrag die individuelle berufliche Handlungsfähigkeit des Antragstellers oder der Antragstellerin am Maßstab eines vom Antragsteller oder von der Antragstellerin zu bezeichnenden anerkannten Ausbildungsberufs (Referenzberuf) in einem Feststellungs- oder Ergänzungsverfahren fest und bescheinigt die individuelle berufliche Handlungsfähigkeit, wenn diese überwiegend oder vollständig mit der für die Ausübung des Referenzberufs erforderlichen beruflichen Handlungsfähigkeit vergleichbar ist.

(2) Antragsberechtigt ist, wer

1. seinen Wohnsitz in Deutschland hat oder die notwendige Berufstätigkeit nach Absatz 3 Satz 1 Nummer 1 mindestens zur Hälfte im Inland absolviert hat und
2. in dem Referenzberuf keinen Berufsabschluss hat und für wessen Berufsabschluss keine Gleichwertigkeit nach dem Berufsqualifikationsfeststellungsgesetz festgestellt worden ist,
3. nicht in einem Berufsausbildungsverhältnis im Referenzberuf steht sowie
4. das 25. Lebensjahr vollendet hat.

(3) Zum Feststellungsverfahren ist per Bescheid zuzulassen, wer

1. nachweist, mindestens das Eineinhalbfache der Zeit, die als Ausbildungsdauer für den Referenzberuf vorgeschrieben ist, in dem Referenzberuf tätig gewesen zu sein, und
2. glaubhaft macht, bei der Tätigkeit nach Nummer 1 oder in sonstiger Weise eine berufliche Handlungsfähigkeit erworben zu haben, die derjenigen, die für die Ausübung des Referenzberufs erforderlich ist, überwiegend oder vollständig vergleichbar ist.

§ 45 Absatz 2 Satz 2 bis 4 ist entsprechend mit der Maßgabe anzuwenden, dass, falls ein Berufsausbildungsverhältnis im Referenzberuf bestand und die Abschlussprüfung nicht bestanden wurde, die Dauer der Berufsausbildung bis höchstens zur Hälfte der festgelegten Ausbildungsdauer berücksichtigt werden kann. Gelingt dem Antragsteller oder der Antragstellerin der Nachweis nach Satz 1 Nummer 1 oder die Glaubhaftmachung nach Satz 1 Nummer 2 aus von ihm oder ihr selbst nicht vertretenden Gründen nicht oder nur teilweise, kann insoweit die Abgabe einer eidesstattlichen Versicherung gefordert werden.

(4) Richtet sich der Antrag auf die Feststellung der überwiegenden Vergleichbarkeit, ist Absatz 3 Satz 1 Nummer 1 mit der Maßgabe entsprechend anzuwenden, dass eine Tätigkeit im Tätigkeitsbereich des Referenzberufs genügt, die die im Antrag bezeichneten für die Ausübung des Referenzberufs erfoderlichen Fertigkeiten, Kenntnisse und Fähigkeiten umfasst.

(5) Wer bereits ein Feststellungsverfahren nach diesem Abschnitt durchlaufen hat, in dem die überwiegende, aber nicht vollständige Vergleichbarkeit mit der für die Ausübung des Referenzberufs erforderlichen beruflichen Handlungsfähigkeit festgestellt und bescheinigt worden ist, hat Anspruch auf Durchführung eines Ergänzungsverfahrens, wenn er glaubhaft macht, dass er den Teil der beruflichen Handlungsfähigkeit, der für eine vollständige Vergleichbarkeit gefehlt hat, nach der Zulassung zum Festellungsverfahren erworben hat. Absatz 3 Satz 3 ist mit der Maßgabe anzuwenden, dass es eines erneuten Nachweises nach Absatz 3 Satz 1 Nummer 1 nicht bedarf. Das Ergänzungsverfahren beschränkt sich auf diesen Teil der beruflichen Handlungsfähigkeit. Wird die vollständige Vergleichbarkeit im Ergänzungsverfahren festgestellt, so bescheinigt die zuständige Stelle die vollständige Vergleichbarkeit.

§ 50c Durchführung des Verfahrens (1) Für die Durchführung des Feststellungsverfahrens oder des Ergänzungsverfahrens bestimmt die zuständige Stelle aus dem Kreis der Personen, die sie für die Durchführung von Prüfungen im Referenzberuf nach § 40 Absatz 3 und 4 berufen hat, Feststellungstandems nach Satz 2 für mindestens ein Jahr und höchstens die Dauer der Berufungsperiode. Ein Feststellungstandem besteht aus je einem oder einer Beauftragten der Arbeitgeber- und Arbeitnehmerseite. Von der Besetzung mit jeweils einem oder einer Beauftragten der Arbeitgeber- und der Arbeitnehmerseite darf nur abgewichen werden, wenn andernfalls nicht die erforderliche Zahl an Personen bestimmt werden kann. Abweichend führt eine Person des Feststellungstandems die Feststellung der individuellen beruflichen Handlungsfähigkeit durch (Feststeller oder Feststellerin) und die andere Person sitzt der Durchführung der Feststellung bei (Beisitzer oder Beisitzerin). Die zuständige Stelle bestimmt durch Los, wer je Feststellungstandem die erste Feststellung durchführt. § 40 Absatz 2 Satz 3, Absatz 3 Satz 5, Absatz 4, 6 und 6a ist entsprechend anzuwenden. Mit Zustimmung der Mitglieder eines Feststellungstandems kann die zuständige Stelle abweichend von Satz 4 zweiter Halbsatz vorsehen, dass den Feststellungen anstelle des jeweils zweiten Mitglieds des Feststellungstandems hauptamtliche Mitarbeitende der zuständigen Stelle oder Arbeitnehmer und Arbeitnehmerinnen der von der zuständigen Stelle beherrschten Tochterunternehmen besitzen, die die Voraussetzungen des § 40 Absatz 1 Satz 2 erfüllen. Satz 6 gilt für diese Personen nicht.

(2) Der Feststeller oder die Feststellerin hat für die Feststellung geeignete Instrumente auszuwählen. Zu diesen Instrumenten gehören insbesondere mündliche und praktische Aufgaben sowie die Einbeziehung von Arbeitsergebnissen aus dem Tätigkeitsbereich des Referenzberufs in den letzten beiden Jahren vor Antragstellung. Auf schriftliche Aufgaben ist zu verzichten, wenn die Feststellung mittels anderer Instrumente mit vertretbarem Aufwand möglich ist.

(3) Bei einer überwiegenden Vergleichbarkeit weist der Bescheid zusätzlich die festgestellten und die nicht festgestellten Fertigkeiten, Kenntnisse und Fähigkeiten der für die Ausübung des Referenzberufs erforderlichen beruflichen Handlungsfähigkeit aus. Bei einer vollständigen Vergleichbarkeit stellt der Bescheid in der Form eines schriftlichen Zeugnisses die vollständige Vergleichbarkeit der beruflichen Handlungsfähigkeit des Antragstellers oder der Antragstellerin mit der für die Ausübung des Referenzberufs erforderlichen beruflichen Handlungsfähigkeit fest. § 37 Absatz 3 Satz 1 gilt entsprechend. Kann der Antragsteller oder die Antragstellerin weder die vollständige noch die überwiegende Vergleichbarkeit seiner oder ihrer individuellen beruflichen Handlungsfähigkeit mit der für den Referenzberuf erforderlichen beruflichen Handlungsfähigkeit im Rahmen des Feststellungsverfahrens nach diesem Abschnitt nachweisen, wird der Antrag auf Feststellung abgelehnt.

(4) Die zuständige Stelle hat Regelungen für das Verfahren zur Feststellung und Bescheinigung der individuell erworbenen beruflichen Handlungsfähigkeit zu erlassen. Diese Regelungen bedürfen der Genehmigung der zuständigen obersten Landesbehörde. Die Regelungen müssen umfassen:

1. den Ausschluss von der Mitwirkung,
2. die Verschwiegenheit,

3. die Nichtöffentlichkeit,
4. die Frist für die Ladung zum Feststellungstermin,
5. die Niederschrift, soweit diese über die Dokumentation nach § 50e Nummer 2 hinausgeht,
6. die Fristen für die Bescheide beziehungsweise für die Zeugniserteilung,
7. die Ausweispflicht und Belehrungen, insbesondere über den Ablauf des Verfahrens, die zur Verfügung stehende Zeit und die erlaubten Arbeits- und Hilfsmittel,
8. die Folgen von Täuschungshandlungen und Ordnungsverstößen sowie
9. den Rücktritt vom Feststellungsverfahren und die Nichtteilnahme am Feststellungsverfahren.

§ 47 Absatz 3 bis 6 gilt entsprechend.

§ 50d Besondere Regelungen für Menschen mit Behinderungen (1) Für Menschen mit Behinderungen nach § 2 Absatz 1 Satz 1 des Neunten Buches Sozialgesetzbuch, für die auf Grund von Art und Schwere der Behinderung die Feststellung der überwiegenden oder vollständigen, für die Ausübung des Referenzberufs erforderlichen beruflichen Handlungsfähigkeit nicht möglich ist, sind die §§ 50b und 50c mit der Maßgabe anzuwenden, dass

1. eine individuelle berufliche Handlungsfähigkeit am Maßstab eines Referenzberufs auch dann festgestellt und bescheinigt wird, wenn diese nicht überwiegend oder vollständig, sondern nur teilweise vergleichbar ist mit der für die Ausübung des Referenzberufs erforderlichen beruflichen Handlungsfähigkeit; in diesen Fällen weist der Bescheid eine teilweise Vergleichbarkeit aus; § 50c Absatz 3 Satz 1 gilt entsprechend,
2. bei einem Antrag, der sich auf die Festellung der teilweisen Vergleichbarkeit richtet,
   a) für § 50b Absatz 3 Satz 1 Nummer 1 eine Tätigkeit im Tätigkeitsbereich des Referenzberufs genügt, die die im Antrag bezeichneten, für die Ausübung des Referenzberufs erforderlichen Fertigkeiten, Kenntnisse und Fähigkeiten umfasst,
   b) für § 50b Absatz 3 Satz 1 Nummer 2 sich die Glaubhaftmachung auf die im Antrag bezeichneten, für die Ausübung des Referenzberufs erforderlichen Fertigkeiten, Kenntnisse und Fähigkeiten beschränkt,
   c) der Bescheid nach § 50c Absatz 3 auf Antrag zusätzlich zur Vergleichbarkeit mit dem Referenzberuf auch eine überwiegende oder vollständige Vergleichbarkeit mit einer Referenzausbildungsregelung nach § 66 ausweist, sofern sich die Ausbildungsregelung am gewählten Referenzberuf orientiert und entsprechend einer berufsspezifischen Musterregelung des Hauptausschusses des Bundesinstituts für Berufsbildung getroffen wurde,
3. abweichend von § 50b Absatz 2 Nummer 4 antragsberechtigt auch ist, wer das 25. Lebensjahr nocht nicht vollendet hat.

(2) Im Fall der teilweisen Vergleichbarkeit müssen die festgestellten, für die Ausübung eines Referenzberufs erforderlichen Fertigkeiten, Kenntnisse und Fähigkeiten zusammen dem Referenzberuf eindeutig zugeordnet werden können und eine berufliche Tätigkeit im Tätigkeitsbereich des Referenzberufs ermöglichen.

(3) Menschen mit Behinderungen können in ihrem Antrag eine Person als Verfahrensbegleitung benennen, die besonders mit den Belangen von Menschen mit Behinderungen im Rahmen der beruflichen Qualifizierung vertraut ist. Dies sind insbesondere solche Ausbilder und Ausbilderinnen, die die Rehabilitationspädagogische Zusatzqualifikation erworben haben. Auf Antrag des Antragstellers oder der Antragstellerin ist der Verfahrensbegleitung Gelegenheit zu geben,
1. zur Auswahl der Feststellungsinstrumente Stellung zu nehmen und
2. an der Durchführung der Feststellung teilzunehmen.

§ 50e Verordnungsermächtigung Als Grundlage für ein geordnetes und einheitliches Verfahren wird das Bundesministerium für Bildung und Forschung ermächtigt, im Einvernehmen mit dem Bundesministerium für Wirtschaft und Klimaschutz durch Rechtsverordnung, die nicht der Zustimmung des Bundesrates bedarf, insbesondere
1. die Voraussetzung und Maßstäbe, anhand derer die Durchführung des Feststellungs- und Ergänzungsverfahrens, insbesondere das Verfahren zur Festlegung der Feststellungsinstrumente einschließlich der Verpflichtung zur gemeinsamen Festlegung von Feststellungsinstrumenten durch zuständige Stellen erfolgt,
2. das Verfahren zur Würdigung, Feststellung und Dokumentation der Leistungen des Antragstellers oder der Antragstellerin,
3. die Möglichkeit von Wiederholungsversuchen sowie
4. Maßgaben zur Ausgestaltung des Bescheids bei Feststellung der überwiegenden oder im Fall des § 50d Absatz 1 Nummer 1 teilweisen Vergleichbarkeit und des Zeugnisses bei Feststellung der vollständigen Vergleichbarkeit.

Abschnitt 7 – Interessenvertretung

§ 51 Interessenvertretung (1) Auszubildende, deren praktische Berufsbildung in einer sonstigen Berufsbildungseinrichtung außerhalb der schulischen und betrieblichen Berufsbildung (§ 2 Absatz 1 Nummer 3) mit in der Regel mindestens fünf Auszubildenden stattfindet und die nicht wahlberechtigt zum Betriebsrat nach § 7 des Betriebsverfassungsgesetzes, zur Jugend- und Auszubildendenvertretung nach § 60 des Betriebsverfassungsgesetzes oder zur Mitwirkungsvertretung nach § 52 des Neunten Buches Sozialgesetzbuch sind (außerbetriebliche Auszubildende), wählen eine besondere Interessenvertretung.
(2) Absatz 1 findet keine Anwendung auf Berufsbildungseinrichtungen von Religionsgemeinschaften sowie auf andere Berufsbildungseinrichtungen, soweit sie eigene gleichwertige Regelungen getroffen haben.

§ 52 Verordnungsermächtigung Das Bundesministerium für Bildung und Forschung kann durch Rechtsverordnung, die nicht der Zustimmung des Bundesrates bedarf, die Fragen bestimmen, auf die sich die Beteiligung erstreckt, die Zusammensetzung und die Amtszeit der Interessenvertretung, die Durchführung der Wahl, insbesondere die Feststellung der Wahlberechtigung und der Wählbarkeit sowie Art und Umfang der Beteiligung.

Kapitel 2 – Berufliche Fortbildung

Abschnitt 1 – Fortbildungsordnungen des Bundes

§ 53 Fortbildungsordnungen der höherqualifizierenden Berufsbildung (1) Als Grundlage für eine einheitliche höherqualifizierende Berufsbildung kann das Bundesministerium für Bildung und Forschung im Einvernehmen mit dem Bundesministerium für Wirtschaft und Klimaschutz oder mit dem sonst zuständigen Fachministerium nach Anhörung des Hauptausschusses des Bundesinstituts für Berufsbildung durch Rechtsverordnung, die nicht der Zustimmung des Bundesrates bedarf, Abschlüsse der höherqualifizierenden Berufsbildung anerkennen und hierfür Prüfungsregelungen erlassen (Fortbildungsordnungen).

(2) Die Fortbildungsordnungen haben festzulegen
1. die Bezeichnung des Fortbildungsabschlusses,
2. die Fortbildungsstufe,
3. das Ziel, den Inhalt und die Anforderungen der Prüfung,
4. die Zulassungsvoraussetzungen für die Prüfung sowie
5. das Prüfungsverfahren.

(3) Abweichend von Absatz 1 werden Fortbildungsordnungen
1. in den Berufen der Landwirtschaft, einschließlich der ländlichen Hauswirtschaft, durch das Bundesministerium für Ernährung und Landwirtschaft im Einvernehmen mit dem Bundesministerium für Bildung und Forschung erlassen und
2. in Berufen der Hauswirtschaft durch das Bundesministerium für Wirtschaft und Klimaschutz im Einvernehmen mit dem Bundesministerium für Bildung und Forschung erlassen.

(4) § 4 Absatz 2 und § 5 Absatz 3 gelten entsprechend.

§ 53a Fortbildungsstufen (1) Die Fortbildungsstufen der höherqualifizierenden Berufsbildung sind
1. als erste Fortbildungsstufe der Geprüfte Berufsspezialit und die Geprüfte Berufsspezialistin,
2. als zweite Fortbildungsstufe der Bachelor Professional und
3. als dritte Fortbildungsstufe der Master Professional.

(2) Jede Fortbildungsordnung, die eine höherqualifizierende Berufsbildung der ersten Fortbildungsstufe regelt, soll auf einen Abschluss der zweiten Fortbildungsstufe hinführen.

§ 53b Geprüfter Berufsspezialist und Geprüfte Berufsspezialistin (1) Den Fortbildungsabschluss des Geprüften Berufsspezialisten oder der Geprüften Berufsspezialistin erlangt, wer eine Prüfung der ersten beruflichen Fortbildungsstufe besteht.

(2) In der Fortbildungsprüfung der ersten beruflichen Fortbildungsstufe wird festgestellt, ob der Prüfling
1. die Fertigkeiten, Kenntnisse und Fähigkeiten, die er in der Regel im Rahmen der Berufsausbildung erworben hat, vertieft hat und

2. die in der Regel im Rahmen der Berufsausbildung erworbene berufliche Handlungsfähigkeit um neuen Fertigkeiten, Kenntnisse und Fähigkeiten ergänzt hat.

Der Lernumfang für den Erwerb dieser Fertigkeiten, Kenntnisse und Fähigkeiten soll mindestens 400 Stunden betragen.

(3) Als Voraussetzung zur Zulassung für eine Prüfung der ersten beruflichen Fortbildungsstufe ist als Regelzugang vorzusehen:

1. der Abschluss in einem anerkannten Ausbildungsberuf oder
2. das Zeugnis der vollständigen Vergleichbarkeit der individuellen beruflichen Handlungsfähigkeit mit der für die Ausübung eines Ausbildungsberufs erforderlichen beruflichen Handlungsfähigkeit nach § 1 Absatz 6.

(4) Die Bezeichnung eines Fortbildungsabschlusses der ersten beruflichen Fortbildungsstufe beginnt mit den Wörtern »Geprüfter Berufsspezialist für« oder »Geprüfte Berufsspezialistin für«. Die Fortbildungsordnung kann vorsehen, dass dieser Abschlussbezeichnung eine weitere Abschlussbezeichnung vorangestellt wird. Diese Abschlussbezeichnung der ersten beruflichen Fortbildungsstufe darf nur führen, wer

1. die Prüfung der ersten beruflichen Fortbildungsstufe bestanden hat oder
2. die Prüfung einer gleichwertigen beruflichen Fortbildung auf der Grundlage bundes- oder landesrechtlicher Regelungen, die diese Abschlussbezeichnung vorsehen, bestanden hat.

§ 53c Bachelor Professional (1) Den Fortbildungsabschluss Bachelor Professional erlangt, wer eine Prüfung der zweiten beruflichen Fortbildungsstufe erfolgreich besteht.

(2) In der Fortbildungsprüfung der zweiten beruflichen Fortbildungsstufe wird festgestellt, ob der Prüfling in der Lage ist, Fach- und Führungsfunktionen zu übernehmen, in denen zu verantwortende Leitungsprozesse von Organisationen eigenständig gesteuert werden, eigenständig ausgeführt werden und dafür Mitarbeiter und Mitarbeiterinnen geführt werden. Der Lernumfang für den Erwerb dieser Fertigkeiten, Kenntnisse und Fähigkeiten soll mindestens 1200 Stunden betragen.

(3) Als Voraussetzung zur Zulassung für eine Prüfung der zweiten beruflichen Fortbildungsstufe ist als Regelzugang vorzusehen:

1. der Abschluss in einem anerkannten Ausbildungsberuf,
2. das Zeugnis der vollständigen Vergleichbarkeit der individuellen beruflichen Handlungsfähigkeit mit der für die Ausübung eines Ausbildungsberufs erforderlichen beruflichen Handlungsfähigkeit nach § 1 Absatz 6 oder
3. ein Abschluss der ersten beruflichen Fortbildungsstufe.

(4) Die Bezeichnung eines Fortbildungsabschlusses der zweiten beruflichen Fortbildungsstufe beginnt mit den Wörtern »Bachelor Professional in«. Die Fortbildungsordnung kann vorsehen, dass dieser Abschlussbezeichnung eine weitere Abschlussbezeichnung vorangestellt wird. Die Abschlussbezeichnung der zweiten beruflichen Fortbildungsstufe darf nur führen, wer

1. die Prüfung der zweiten beruflichen Fortbildungsstufe bestanden hat oder
2. die Prüfung einer gleichwertigen beruflichen Fortbildung auf der Grundlage bundes- oder landesrechtlicher Regelungen, die diese Abschlussbezeichnung vorsehen, bestanden hat.

§ 53d Master Professional (1) Den Fortbildungsabschluss Master Professional erlangt, wer die Prüfung der dritten beruflichen Fortbildungsstufe besteht.
(2) In der Fortbildungsprüfung der dritten beruflichen Fortbildungsstufe wird festgestellt, ob der Prüfling
1. die Fertigkeiten, Kenntnisse und Fähigkeiten, die er in der Regel mit der Vorbereitung auf eine Fortbildungsprüfung der zweiten Fortbildungsstufe erworben hat, vertieft hat und
2. neue Fertigkeiten, Kenntnisse und Fähigkeiten erworben hat, die erforderlich sind für die verantwortliche Führung von Organisationen oder zur Bearbeitung von neuen, komplexen Aufgaben- und Problemstellungen wie der Entwicklung von Verfahren und Produkten.

Der Lernumfang für den Erwerb dieser Fertigkeiten, Kenntnisse und Fähigkeiten soll mindestens 1600 Stunden betragen.
(3) Als Voraussetzung zur Zulassung für eine Prüfung der dritten beruflichen Fortbildungsstufe ist als Regelzugang ein Abschluss auf der zweiten beruflichen Fortbildungsstufe vorzusehen.
(4) Die Bezeichnung eines Fortbildungsabschlusses der dritten beruflichen Fortbildungsstufe beginnt mit den Wörtern »Master Professional in«. Die Fortbildungsordnung kann vorsehen, dass dieser Abschlussbezeichnung eine weitere Abschlussbezeichnung vorangestellt wird. Die Abschlussbezeichnung der dritten beruflichen Fortbildungsstufe darf nur führen, wer
1. die Prüfung der dritten beruflichen Fortbildungsstufe bestanden hat oder
2. die Prüfung einer gleichwertigen beruflichen Fortbildung auf der Grundlage bundes- oder landesrechtlicher Regelungen, die diese Abschlussbezeichnung vorsehen, bestanden hat.

§ 53e Anpassungsfortbildungsordnungen (1) Als Grundlage für eine einheitliche Anpassungsfortbildung kann das Bundesministerium für Bildung und Forschung im Einvernehmen mit dem Bundesministerium für Wirtschaft und Klimaschutz oder dem sonst zuständigen Fachministerium nach Anhörung des Hauptausschusses des Bundesinstituts für Berufsbildung durch Rechtsverordnung, die nicht der Zustimmung des Bundesrates bedarf, Fortbildungsabschlüsse anerkennen und hierfür Prüfungsregelungen erlassen (Anpassungsfortbildungsordnungen).
(2) Die Anpassungfortbildungsordnungen haben festzulegen:
1. die Bezeichnung des Fortbildungsabschlusses,
2. das Ziel, den Inhalt und die Anforderungen der Prüfung,
3. die Zulassungsvoraussetzungen und
4. das Prüfungsverfahren.

(3) Abweichend von Absatz 1 werden Anpassungsfortbildungsordnungen
1. in den Berufen der Landwirtschaft, einschließlich der ländlichen Hauswirtschaft, durch das Bundesministerium für Ernährung und Landwirtschaft im Einvernehmen mit dem Bundesministerium für Bildung und Forschung erlassen und

2. in Berufen der Hauswirtschaft durch das Bundesministerium für Wirtschaft und Klimaschutz im Einvernehmen mit dem Bundesministerium für Bildung und Forschung erlassen.

(4) § 4 Absatz 2 und § 5 Absatz 3 gelten entsprechend.

Abschnitt 2 – Fortbildungsprüfungsregelungen der zuständigen Stellen

§ 54 Fortbildungsprüfungsregelungen der zuständigen Stellen (1) Sofern für einen Fortbildungsabschluss weder eine Fortbildungsordnung noch eine Anpassungsfortbildungsordnung erlassen worden ist, kann die zuständige Stelle nach § 71 oder § 72 Fortbildungsprüfungsregelungen erlassen. Wird im Fall des § 71 Absatz 8 als zuständige Stelle eine Landesbehörde bestimmt, so erlässt die zuständige Landesregierung die Fortbildungsprüfungsregelungen durch Rechtsverordnung. Die Ermächtigung nach Satz 2 kann durch Rechtsverordnung auf die von ihr bestimmte zuständige Stelle übertragen werden.

(2) Die Fortbildungsprüfungsregelungen haben festzulegen:

1. die Bezeichnung des Fortbildungsabschlusses,
2. das Ziel, den Inhalt und die Anforderungen der Prüfungen,
3. die Zulassungsvoraussetzungen für die Prüfung und
4. das Prüfungsverfahren.

(3) Bestätigt die zuständige oberste Landesbehörde,

1. dass die Fortbildungsprüfungsregelungen die Voraussetzungen des § 53b Absatz 2 und 3 sowie des § 53a Absatz 2 erfüllen, so beginnt die Bezeichnung des Fortbildungsabschlusses mit den Wörtern »Geprüfter Berufsspezialist für« oder »Geprüfte Berufsspezialistin für«,
2. dass die Fortbildungsprüfungsregelungen die Voraussetzungen des § 53c Absatz 2 und 3 erfüllen, so beginnt die Bezeichnung des Fortbildungsabschlusses mit den Wörtern »Bachelor Professional in«,
3. dass die Fortbildungsprüfungsregelungen die Voraussetzungen des § 53d Absatz 2 und 3 erfüllen, so beginnt die Bezeichnung des Fortbildungsabschlusses mit den Wörtern »Master Professional in«.

Der Abschlussbezeichnung nach Satz 1 ist in Klammern ein Zusatz beizufügen, aus dem sich zweifelsfrei die zuständige Stelle ergibt, die die Fortbildungsprüfungsregelungen erlassen hat. Die Fortbildungsprüfungsregelungen können vorsehen, dass dieser Abschlussbezeichnung eine weitere Abschlussbezeichnung vorangestellt wird. Ist für die Bestätigung nach Satz 1 ein Gutachten erforderlich, wird dieses auf Antrag und auf Kosten der zuständigen Stelle vom Bundesinstitut für Berufsbildung nach § 90 Absatz 4 Satz 2 erstellt.

(4) Eine Abschlussbezeichnung, die in einer von der zuständigen obersten Landesbehörde bestätigten Fortbildungsprüfungsregelung enthalten ist, darf nur führen, wer die Prüfung bestanden hat.

Abschnitt 3 – Ausländische Vorqualifikationen, Prüfungen

§ 55 Berücksichtigung ausländischer Vorqualifikationen Sofern Fortbildungsordnungen, Anpassungsfortbildungsordnungen oder Fortbildungsprüfungsregelungen nach § 54 Zulassungsvoraussetzungen zu Prüfungen vorsehen, sind ausländische Bildungsabschlüsse und Zeiten der Berufstätigkeit im Ausland zu berücksichtigen.

§ 56 Fortbildungsprüfungen (1) Für die Durchführung von Prüfungen im Bereich der beruflichen Fortbildung errichtet die zuständige Stelle Prüfungsausschüsse. § 37 Absatz 2 Satz 1 und Absatz 3 Satz 1 sowie § 39 Absatz 1 Satz 2, Absatz 2 und 3 und die §§ 40, 41, 42 Absatz 1 bis 5 sowie die §§ 42a, 46 und 47 sind entsprechend anzuwenden.
(2) Der Prüfling ist auf Antrag von der Ablegung einzelner Prüfungsbestandteile durch die zuständige Stelle zu befreien, wenn
1. er eine andere vergleichbare Prüfung vor einer öffentlichen oder einer staatlich anerkannten Bildungseinrichtung oder vor einem staatlichen Prüfungsausschuss erfolgreich abgelegt hat und
2. die Anmeldung zur Fortbildungsprüfung innerhalb von zehn Jahren nach der Bekanntgabe des Bestehens der anderen Prüfung erfolgt.

§ 57 Gleichstellung von Prüfungszeugnissen Das Bundesministerium für Wirtschaft und Klimaschutz oder das sonst zuständige Fachministerium kann im Einvernehmen mit dem Bundesministerium für Bildung und Forschung nach Anhörung des Hauptausschusses des Bundesinstituts für Berufsbildung durch Rechtsverordnung Prüfungszeugnisse, die außerhalb des Anwendungsbereichs dieses Gesetzes oder im Ausland erworben worden sind, den entsprechenden Zeugnissen über das Bestehen einer Fortbildungsprüfung auf der Grundlage der §§ 53b bis 53e und 54 gleichstellen, wenn die in der Prüfung nachzuweisenden beruflichen Fertigkeiten, Kenntnisse und Fähigkeiten gleichwertig sind.

Kapitel 3 – Berufliche Umschulung

§ 58 Umschulungsordnung Als Grundlage für eine geordnete und einheitliche berufliche Umschulung kann das Bundesministerium für Bildung und Forschung im Einvernehmen mit dem Bundesministerium für Wirtschaft und Klimaschutz oder dem sonst zuständigen Fachministerium nach Anhörung des Hauptausschusses des Bundesinstituts für Berufsbildung durch Rechtsverordnung, die nicht der Zustimmung des Bundesrates bedarf,
1. die Bezeichnung des Umschulungsabschlusses,
2. das Ziel, den Inhalt, die Art und Dauer der Umschulung,
3. die Anforderungen der Umschulungsprüfung und die Zulassungsvoraussetzungen sowie
4. das Prüfungsverfahren der Umschulung

unter Berücksichtigung der besonderen Erfordernisse der beruflichen Erwachsenenbildung bestimmen (Umschulungsordnung). § 4 Absatz 2 Satz 1 und § 5 Absatz 3 gelten entsprechend.

§ 59 Umschulungsprüfungsregelungen der zuständigen Stellen Soweit Rechtsverordnungen nach § 58 nicht erlassen sind, kann die zuständige Stelle nach § 71 oder § 72 Umschulungsprüfungsregelungen erlassen. Wird im Fall des § 71 Absatz 8 als zuständige Stelle eine Landesbehörde bestimmt, so erlässt die zuständige Landesregierung die Umschulungsprüfungsregelungen durch Rechtsverordnung. Die Ermächtigung nach Satz 2 kann durch Rechtsverordnung auf die von ihr bestimmte zuständige Stelle üertragen werden. Die zuständige Stelle regelt die Bezeichnung des Umschulungsabschlusses, Ziel, Inhalt und Anforderungen der Prüfungen, die Zulassungsvoraussetzungen sowie das Prüfungsverfahren unter Berücksichtigung der besonderen Erfordernisse beruflicher Erwachsenenbildung.

§ 60 Umschulung für einen anerkannten Ausbildungsberuf Sofern sich die Umschulungsordnung (§ 58) oder eine Regelung der zuständigen Stelle (§ 59) auf die Umschulung für einen anerkannten Ausbildungsberuf richtet, sind das Ausbildungsberufsbild (§ 5 Absatz 1 Satz 1 Nummer 3), der Ausbildungsrahmenplan (§ 5 Absatz 1 Satz 1 Nummer 4) und die Prüfungsanforderungen (§ 5 Absatz 1 Satz 1 Nummer 5) zugrunde zu legen. Die §§ 27 bis 33 gelten entsprechend.

§ 61 Berücksichtigung ausländischer Vorqualifikationen Sofern die Umschulungsordnung (§ 58) oder eine Regelung der zuständigen Stelle (§ 59) Zulassungsvoraussetzungen vorsieht, sind ausländische Bildungsabschlüsse und Zeiten der Berufstätigkeit im Ausland zu berücksichtigen.

§ 62 Umschulungsmaßnahmen; Umschulungsprüfungen (1) Maßnahmen der beruflichen Umschulung müssen nach Inhalt, Art, Ziel und Dauer den besonderen Erfordernissen der beruflichen Erwachsenenbildung entsprechen.

(2) Umschulende haben die Durchführung der beruflichen Umschulung vor Beginn der Maßnahme der zuständigen Stelle schriftlich oder elektronisch anzuzeigen. Die Anzeigepflicht erstreckt sich auf den wesentlichen Inhalt des Umschulungsverhältnisses. Bei Abschluss eines Umschulungsvertrages ist eine Kopie des Umschulungsvertrages beizufügen.

(3) Für die Durchführung von Prüfungen im Bereich der beruflichen Umschulung errichtet die zuständige Stelle Prüfungsausschüsse. § 37 Absatz 2 und 3 sowie § 39 Absatz 2 und die §§ 40 bis 42a, 46 und 47 gelten entsprechend.

(4) Der Prüfling ist auf Antrag von der Ablegung einzelner Prüfungsbestandteile durch die zuständige Stelle zu befreien, wenn er eine andere vergleichbare Prüfung vor einer öffentlichen oder staatlich anerkannten Bildungseinrichtung oder vor einem staatlichen Prüfungsausschuss erfolgreich abgelegt hat und die Anmeldung zur Umschulungsprüfung innerhalb von zehn Jahren nach der Bekanntgabe des Bestehens der anderen Prüfung erfolgt.

§ 63 Gleichstellung von Prüfungszeugnissen Das Bundesministerium für Wirtschaft und Klimaschutz oder das sonst zuständige Fachministerium kann im Einvernehmen mit dem Bundesministerium für Bildung und Forschung nach Anhörung des Hauptausschusses des Bundesinstituts für Berufsbildung durch Rechtsverordnung außerhalb des Anwendungsbereichs dieses Gesetzes oder im Ausland erworbene Prüfungszeugnisse den entsprechenden Zeugnissen über das Bestehen einer Umschulungsprüfung auf der Grundlage der §§ 58 und 59 gleichstellen, wenn die in der Prüfung nachzuweisenden beruflichen Fertigkeiten, Kenntnisse und Fähigkeiten gleichwertig sind.

Kapitel 4 – Berufsbildung für besondere Personengruppen

Abschnitt 1 – Berufsbildung behinderter Menschen

§ 64 Berufsausbildung Behinderte Menschen (§ 2 Absatz 1 Satz 1 des Neunten Buches Sozialgesetzbuch) sollen in anerkannten Ausbildungsberufen ausgebildet werden.

§ 65 Berufsausbildung in anerkannten Ausbildungsberufen (1) Regelungen nach den §§ 9 und 47 sollen die besonderen Verhältnisse behinderter Menschen berücksichtigen. Dies gilt insbesondere für die zeitliche und sachliche Gliederung der Ausbildung, die Dauer von Prüfungszeiten, die Zulassung von Hilfsmitteln und die Inanspruchnahme von Hilfeleistungen Dritter wie Gebärdensprachdolmetscher für hörbehinderte Menschen.
(2) Der Berufsausbildungsvertrag mit einem behinderten Menschen ist in das Verzeichnis der Berufsausbildungsverhältnisse (§ 34) einzutragen. Der behinderte Mensch ist zur Abschlussprüfung auch zuzulassen, wenn die Voraussetzungen des § 43 Absatz 1 Nummer 2 und 3 nicht vorliegen.

§ 66 Ausbildungsregelungen der zuständigen Stellen (1) Für behinderte Menschen, für die wegen Art und Schwere ihrer Behinderung eine Ausbildung in einem anerkannten Ausbildungsberuf nicht in Betracht kommt, treffen die zuständigen Stellen auf Antrag der behinderten Menschen oder ihrer gesetzlichen Vertreter oder Vertreterinnen Ausbildungsregelungen entsprechend den Empfehlungen des Hauptausschusses des Bundesinstituts für Berufsbildung. Die Ausbildungsinhalte sollen unter Berücksichtigung von Lage und Entwicklung des allgemeinen Arbeitsmarktes aus den Inhalten anerkannter Ausbildungsberufe entwickelt werden. Im Antrag nach Satz 1 ist eine Ausbildungsmöglichkeit in dem angestrebten Ausbildungsgang nachzuweisen.
(2) § 65 Absatz 2 Satz 1 gilt entsprechend.

§ 67 Berufliche Fortbildung, berufliche Umschulung Für die berufliche Fortbildung und die berufliche Umschulung behinderter Menschen gelten die §§ 64 bis 66 entsprechend, soweit es Art und Schwere der Behinderung erfordern.

Abschnitt 2 – Berufsausbildungsvorbereitung

§ 68 Personenkreis und Anforderungen (1) Die Berufsausbildungsvorbereitung richtet sich an lernbeeinträchtigte oder sozial benachteiligte Personen, deren Entwicklungsstand eine erfolgreiche Ausbildung in einem anerkannten Ausbildungsberuf noch nicht erwarten lässt. Sie muss nach Inhalt, Art, Ziel und Dauer den besonderen Erfordernissen des in Satz 1 genannten Personenkreises entsprechen

und durch umfassende sozialpädagogische Betreuung und Unterstützung begleitet werden.
(2) Für die Berufsausbildungsvorbereitung, die nicht im Rahmen des Dritten Buches Sozialgesetzbuch oder anderer vergleichbarer, öffentlich geförderter Maßnahmen durchgeführt wird, gelten die §§ 27 bis 33 entsprechend.

§ 69 Qualifizierungsbausteine, Bescheinigung (1) Die Vermittlung von Grundlagen für den Erwerb beruflicher Handlungsfähigkeit (§ 1 Absatz 2) kann insbesondere durch inhaltlich und zeitlich abgegrenzte Lerneinheiten erfolgen, die aus den Inhalten anerkannter Ausbildungsberufe entwickelt werden (Qualifizierungsbausteine).
(2) Über vermittelte Grundlagen für den Erwerb beruflicher Handlungsfähigkeit stellt der Anbieter der Berufsausbildungsvorbereitung eine Bescheinigung aus. Das Nähere regelt das Bundesministerium für Bildung und Forschung im Einvernehmen mit den für den Erlass von Ausbildungsordnungen zuständigen Fachministerien nach Anhörung des Hauptausschusses des Bundesinstituts für Berufsbildung durch Rechtsverordnung[1], die nicht der Zustimmung des Bundesrates bedarf.

§ 70 Überwachung, Beratung (1) Die nach Landesrecht zuständige Behörde hat die Berufsausbildungsvorbereitung zu untersagen, wenn die Voraussetzungen des § 68 Absatz 1 nicht vorliegen.
(2) Der Anbieter hat die Durchführung von Maßnahmen der Berufsausbildungsvorbereitung vor Beginn der Maßnahme der zuständigen Stelle schriftlich oder elektronisch anzuzeigen. Die Anzeigepflicht erstreckt sich auf den wesentlichen Inhalt des Qualifizierungsvertrages.
(3) Die Absätze 1 und 2 sowie § 76 finden keine Anwendung, soweit die Berufsausbildungsvorbereitung im Rahmen des Dritten Buches Sozialgesetzbuch oder anderer vergleichbarer, öffentlich geförderter Maßnahmen durchgeführt wird.

Teil 3 – Organisation der Berufsbildung

Kapitel 1 – Zuständige Stellen; zuständige Behörden

Abschnitt 1 – Bestimmung der zuständigen Stelle

§ 71 Zuständige Stellen (1) Für die Berufsbildung in Berufen der Handwerksordnung ist die Handwerkskammer zuständige Stelle im Sinne dieses Gesetzes.
(2) Für die Berufsbildung in nichthandwerklichen Gewerbeberufen ist die Industrie- und Handelskammer zuständige Stelle im Sinne dieses Gesetzes.
(3) Für die Berufsbildung in Berufen der Landwirtschaft, einschließlich der ländlichen Hauswirtschaft, ist die Landwirtschaftskammer zuständige Stelle im Sinne dieses Gesetzes.
(4) Für die Berufsbildung der Fachangestellten im Bereich der Rechtspflege sind jeweils für ihren Bereich die Rechtsanwalts-, Patentanwalts- und Notarkammern

1 **Berufsausbildungsvorbereitungs-Bescheinigungsverordnung** (BAVBVO) vom 16.7. 2003 (BGBl. I 1472).

und für ihren Tätigkeitsbereich die Notarkassen zuständige Stelle im Sinne dieses Gesetzes.

(5) Für die Berufsbildung der Fachangestellten im Bereich der Wirtschaftsprüfung und Steuerberatung sind jeweils für ihren Bereich die Wirtschaftsprüferkammern und die Steuerberaterkammern zuständige Stelle im Sinne dieses Gesetzes.

(6) Für die Berufsbildung der Fachangestellten im Bereich der Gesundheitsdienstberufe sind jeweils für ihren Bereich die Ärzte-, Zahnärzte-, Tierärzte- und Apothekerkammern zuständige Stelle im Sinne dieses Gesetzes.

(7) Soweit die Berufsausbildungsvorbereitung, die Berufsausbildung und die berufliche Umschulung in Betrieben zulassungspflichtiger Handwerke, zulassungsfreier Handwerke und handwerksähnlicher Gewerbe durchgeführt wird, ist abweichend von den Absätzen 2 bis 6 die Handwerkskammer zuständige Stelle im Sinne dieses Gesetzes.

(8) Soweit Kammern für einzelne Berufsbereiche der Absätze 1 bis 6 nicht bestehen, bestimmt das Land die zuständige Stelle.

(9) Zuständige Stellen können vereinbaren, dass die ihnen jeweils durch Gesetz zugewiesenen Aufgaben im Bereich der Berufsbildung durch eine von ihnen für die Beteiligten wahrgenommen werden. Die Vereinbarung bedarf der Genehmigung durch die zuständigen obersten Bundes- oder Landesbehörden.

§ 72 Bestimmung durch Rechtsverordnung Das zuständige Fachministerium kann im Einvernehmen mit dem Bundesministerium für Bildung und Forschung durch Rechtsverordnung mit Zustimmung des Bundesrates für Berufsbereiche, die durch § 71 nicht geregelt sind, die zuständige Stelle bestimmen.

§ 73 Zuständige Stellen im Bereich des öffentlichen Dienstes (1) Im öffentlichen Dienst bestimmt für den Bund die oberste Bundesbehörde für ihren Geschäftsbereich die zuständige Stelle

1. in den Fällen der §§ 32, 33 und 76 sowie der §§ 23, 24 und 41a der Handwerksordnung,
2. für die Berufsbildung in anderen als den durch die §§ 71 und 72 erfassten Berufsbereichen;

dies gilt auch für die der Aufsicht des Bundes unterstehenden Körperschaften, Anstalten und Stiftungen des öffentlichen Rechts.

(2) Im öffentlichen Dienst bestimmen die Länder für ihren Bereich sowie für die Gemeinden und Gemeindeverbände die zuständige Stelle für die Berufsbildung in anderen als den durch die §§ 71 und 72 erfassten Berufsbereichen. Dies gilt auch für die der Aufsicht der Länder unterstehenden Körperschaften, Anstalten und Stiftungen des öffentlichen Rechts.

(3) § 71 Absatz 9 gilt entsprechend.

§ 74 Erweiterte Zuständigkeit § 73 gilt entsprechend für Ausbildungsberufe, in denen im Bereich der Kirchen und sonstigen Religionsgemeinschaften des öffentlichen Rechts oder außerhalb des öffentlichen Dienstes nach Ausbildungsordnungen des öffentlichen Dienstes ausgebildet wird.

§ 75 Zuständige Stellen im Bereich der Kirchen und sonstigen Religionsgemeinschaften des öffentlichen Rechts Die Kirchen und sonstigen Religionsgemeinschaften des öffentlichen Rechts bestimmen für ihren Bereich die zuständige Stelle für die Berufsbildung in anderen als den durch die §§ 71, 72 und 74 erfassten Berufsbereichen. Die §§ 77 bis 80 finden keine Anwendung.

§ 75a Zuständige Stellen bei mehreren betroffenen Berufsbereichen und Bereichen Erfolgt in den Fällen des § 4 Absatz 2 die Feststellung einer gemeinsamen zuständigen Stelle nach § 5 Absatz 3 Satz 2, geht § 71 Absatz 7 der Festlegung vor. Erfolgt keine Festlegung, bestimmt sich die zuständige Stelle nach der Zugehörigkeit des ausbildenden Lernorts der betrieblichen Berufsbildung zu einem Berufsbereich oder Bereich entsprechend den §§ 71 bis 75. Die Sätze 1 und 2 gelten bei Umschulungsordnungen entsprechend, soweit ein umschulender Lernort der betrieblichen Berufsbildung besteht. Fehlt ein umschulender Lernort der betrieblichen Berufsbildung, haben die Umzuschulenden die Wahl unter den zuständigen Stellen, die die jeweilige Umschulungsprüfung anbieten. Erfolgt bei Fortbildungsveranstaltungen in den Fällen des § 53 Absatz 4 und des § 53e Absatz 4 keine Festlegung einer gemeinsamen zuständigen Stelle, haben die Fortzubildenden die Wahl unter den zuständigen Stellen, die die jeweilige Fortbildungsprüfung anbieten.

§ 75b Zuständige Stelle bei der Feststellung nach § 1 Absatz 6 Die Vorschriften dieses Abschnitts gelten bei der Feststellung der individuellen beruflichen Handlungsfähigkeit am Maßstab eines anerkannten Ausbildungsberufs nach § 1 Absatz 6 entsprechend.

Abschnitt 2 – Überwachung der Berufsbildung

§ 76 Überwachung, Beratung (1) Die zuständige Stelle überwacht die Durchführung

1. der Berufsausbildungsvorbereitung,
2. der Berufsausbildung und
3. der beruflichen Umschulung

und fördert diese durch Beratung der an der Berufsbildung beteiligten Personen. Sie hat zu diesem Zweck Berater oder Beraterinnen zu bestellen. Die Bestellung von Beratern und Beraterinnen ist hauptberuflich, nebenberuflich oder ehrenamtlich möglich. Erfolgt die Bestellung ehrenamtlich, ist für bare Auslagen und für Zeitversäumnis, soweit eine Entschädigung von anderer Stelle nicht gewährt wird, eine angemessene Entschädigung zu zahlen, deren Höhe von der zuständigen Stelle mit Genehmigung der obersten Landesbehörde festgesetzt wird.

(2) Ausbildende, Umschulende und Anbieter von Maßnahmen der Berufsausbildungsvorbereitung sind auf Verlangen verpflichtet, die für die Überwachung notwendigen Auskünfte zu erteilen und Unterlagen vorzulegen sowie die Besichtigung der Ausbildungsstätten zu gestatten.

(3) Die Durchführung von Auslandsaufenthalten nach § 2 Absatz 3 überwacht und fördert die zuständige Stelle in geeigneter Weise. Beträgt die Dauer eines Aus-

bildungsabschnitts im Ausland mehr als sechs Wochen, ist hierfür ein mit der zuständigen Stelle abgestimmter Plan erforderlich.
(4) Auskunftspflichtige können die Auskunft auf solche Fragen verweigern, deren Beantwortung sie selbst oder einen der in § 52 der Strafprozessordnung bezeichneten Angehörigen der Gefahr strafgerichtlicher Verfolgung oder eines Verfahrens nach dem Gesetz über Ordnungswidrigkeiten aussetzen würde.
(5) Die zuständige Stelle teilt der Aufsichtsbehörde nach dem Jugendarbeitsschutzgesetz Wahrnehmungen mit, die für die Durchführung des Jugendarbeitsschutzgesetzes von Bedeutung sein können.

Abschnitt 3 – Berufsbildungsausschuss der zuständigen Stelle

§ 77 Errichtung (1) Die zuständige Stelle errichtet einen Berufsbildungsausschuss. Ihm gehören sechs Beauftragte der Arbeitgeber, sechs Beauftragte der Arbeitnehmer und sechs Lehrkräfte an berufsbildenden Schulen an, die Lehrkräfte mit beratender Stimme.
(2) Die Beauftragten der Arbeitgeber werden auf Vorschlag der zuständigen Stelle, die Beauftragten der Arbeitnehmer auf Vorschlag der im Bezirk der zuständigen Stelle bestehenden Gewerkschaften und selbstständigen Vereinigungen von Arbeitnehmern mit sozial- oder berufspolitischer Zwecksetzung, die Lehrkräfte an berufsbildenden Schulen von der nach Landesrecht zuständigen Behörde längstens für vier Jahre als Mitglieder berufen.
(3) Die Tätigkeit im Berufsbildungsausschuss ist ehrenamtlich. Für bare Auslagen und für Zeitversäumnis ist, soweit eine Entschädigung nicht von anderer Seite gewährt wird, eine angemessene Entschädigung zu zahlen, deren Höhe von der zuständigen Stelle mit Genehmigung der obersten Landesbehörde festgesetzt wird.
(4) Die Mitglieder können nach Anhören der an ihrer Berufung Beteiligten aus wichtigem Grund abberufen werden.
(5) Die Mitglieder haben Stellvertreter oder Stellvertreterinnen. Die Absätze 1 bis 4 gelten für die Stellvertreter und Stellvertreterinnen entsprechend.
(6) Der Berufsbildungsausschuss wählt ein Mitglied, das den Vorsitz führt, und ein weiteres Mitglied, das den Vorsitz stellvertretend übernimmt. Der Vorsitz und seine Stellvertretung sollen nicht derselben Mitgliedergruppe angehören.

§ 78 Beschlussfähigkeit, Abstimmung (1) Der Berufsbildungsausschuss ist beschlussfähig, wenn mehr als die Hälfte seiner stimmberechtigten Mitglieder anwesend ist. Er beschließt mit der Mehrheit der abgegebenen Stimmen.
(2) Zur Wirksamkeit eines Beschlusses ist es erforderlich, dass der Gegenstand bei der Einberufung des Ausschusses bezeichnet ist, es sei denn, dass er mit Zustimmung von zwei Dritteln der stimmberechtigten Mitglieder nachträglich auf die Tagesordnung gesetzt wird.

§ 79 Aufgaben (1) Der Berufsbildungsausschuss ist in allen wichtigen Angelegenheiten der beruflichen Bildung zu unterrichten und zu hören. Er hat im Rahmen seiner Aufgaben auf eine stetige Entwicklung der Qualität der beruflichen Bildung hinzuwirken.

(2) Wichtige Angelegenheiten, in denen der Berufsbildungsausschuss anzuhören ist, sind insbesondere:

1. Erlass von Verwaltungsgrundsätzen über die Eignung von Ausbildungs- und Umschulungsstätten, für das Führen von Ausbildungsnachweisen nach § 13 Satz 2 Nummer 7, für die Verkürzung der Ausbildungsdauer, für die vorzeitige Zulassung zur Abschlussprüfung, für die Durchführung der Prüfungen, zur Durchführung von über- und außerbetrieblicher Ausbildung sowie Verwaltungsrichtlinien zur beruflichen Bildung,
2. Umsetzung der vom Landesausschuss für Berufsbildung empfohlenen Maßnahmen,
3. wesentliche inhaltliche Änderungen des Ausbildungsvertragsmusters.

(3) Wichtige Angelegenheiten, in denen der Berufsbildungsausschuss zu unterrichten ist, sind insbesondere:

1. Zahl und Art der der zuständigen Stelle angezeigten Maßnahmen der Berufsausbildungsvorbereitung und beruflichen Umschulung sowie der eingetragenen Berufsausbildungsverhältnisse,
2. Zahl und Ergebnisse von durchgeführten Prüfungen sowie hierbei gewonnene Erfahrungen,
3. Tätigkeit der Berater und Beraterinnen nach § 76 Absatz 1 Satz 2,
4. für den räumlichen und fachlichen Zuständigkeitsbereich der zuständigen Stelle neue Formen, Inhalte und Methoden der Berufsbildung,
5. Stellungnahmen oder Vorschläge der zuständigen Stelle gegenüber anderen Stellen und Behörden, soweit sie sich auf die Durchführung dieses Gesetzes oder der auf Grund dieses Gesetzes erlassenen Rechtsvorschriften beziehen,
6. Bau eigener überbetrieblicher Berufsbildungsstätten,
7. Beschlüsse nach Absatz 5 sowie beschlossene Haushaltsansätze zur Durchführung der Berufsbildung mit Ausnahme der Personalkosten,
8. Verfahren zur Beilegung von Streitigkeiten aus Ausbildungsverhältnissen,
9. Arbeitsmarktfragen, soweit sie die Berufsbildung im Zuständigkeitsbereich der zuständigen Stelle berühren.

(4) Der Berufsbildungsausschuss hat die auf Grund dieses Gesetzes von der zuständigen Stelle zu erlassenden Rechtsvorschriften für die Durchführung der Berufsbildung zu beschließen. Gegen Beschlüsse, die gegen Gesetz oder Satzung verstoßen, kann die zur Vertretung der zuständigen Stelle berechtigte Person innerhalb einer Woche Einspruch einlegen. Der Einspruch ist zu begründen und hat aufschiebende Wirkung. Der Berufsbildungsausschuss hat seinen Beschluss zu überprüfen und erneut zu beschließen.

(5) Beschlüsse, zu deren Durchführung die für Berufsbildung im laufenden Haushalt vorgesehenen Mittel nicht ausreichen, bedürfen für ihre Wirksamkeit der Zustimmung der für den Haushaltsplan zuständigen Organe. Das Gleiche gilt für Beschlüsse, zu deren Durchführung in folgenden Haushaltsjahren Mittel bereitgestellt werden müssen, die die Ausgaben für Berufsbildung des laufenden Haushalts nicht unwesentlich übersteigen.

(6) Abweichend von § 77 Absatz 1 haben die Lehrkräfte Stimmrecht bei Beschlüssen zu Angelegenheiten der Berufsausbildungsvorbereitung und Berufsausbildung, soweit sich die Beschlüsse unmittelbar auf die Organisation der schulischen Berufsbildung auswirken.

§ 80 Geschäftsordnung Der Berufsbildungsausschuss gibt sich eine Geschäftsordnung. Sie kann die Bildung von Unterausschüssen vorsehen und bestimmen, dass ihnen nicht nur Mitglieder des Ausschusses angehören. Für die Unterausschüsse gelten § 77 Absatz 2 bis 6 und § 78 entsprechend.

Abschnitt 4 – Zuständige Behörden

§ 81 Zuständige Behörden (1) Im Bereich des Bundes ist die oberste Bundesbehörde oder die von ihr bestimmte Behörde die zuständige Behörde im Sinne des § 30 Absatz 6, der §§ 32, 33, 40 Absatz 6, des § 76 Absatz 1 und des § 77 Absatz 2 und 3.
(2) Ist eine oberste Bundesbehörde oder eine oberste Landesbehörde zuständige Stelle im Sinne dieses Gesetzes, so bedarf es im Falle des § 40 Absatz 6, des § 76 Absatz 1 und des § 77 Absatz 3 keiner Genehmigung.

Kapitel 2 – Landesausschüsse für Berufsbildung

§ 82 Errichtung, Geschäftsordnung, Abstimmung (1) Bei der Landesregierung wird ein Landesausschuss für Berufsbildung errichtet. Er setzt sich zusammen aus einer gleichen Zahl von Beauftragten der Arbeitgeber, der Arbeitnehmer und der obersten Landesbehörden. Die Hälfte der Beauftragten der obersten Landesbehörden muss in Fragen des Schulwesens sachverständig sein.
(2) Die Mitglieder des Landesausschusses werden längstens für vier Jahre von der Landesregierung oder der von ihr bestimmten obersten Landesbehörde berufen, die Beauftragten der Arbeitgeber auf Vorschlag der auf Landesebene bestehenden Zusammenschlüsse der Kammern, der Arbeitgeberverbände und der Unternehmerverbände, die Beauftragten der Arbeitnehmer auf Vorschlag der auf Landesebene bestehenden Gewerkschaften und selbstständigen Vereinigungen von Arbeitnehmern mit sozial- oder berufspolitischer Zwecksetzung. Die Tätigkeit im Landesausschuss ist ehrenamtlich. Für bare Auslagen und für Zeitversäumnis ist, soweit eine Entschädigung nicht von anderer Seite gewährt wird, eine angemessene Entschädigung zu zahlen, deren Höhe von der Landesregierung oder der von ihr bestimmten obersten Landesbehörde festgesetzt wird. Die Mitglieder können nach Anhören der an ihrer Berufung Beteiligten aus wichtigem Grund abberufen werden. Der Ausschuss wählt ein Mitglied, das den Vorsitz führt, und ein weiteres Mitglied, das den Vorsitz stellvertretend übernimmt. Der Vorsitz und seine Stellvertretung sollen nicht derselben Mitgliedergruppe angehören.
(3) Die Mitglieder haben Stellvertreter oder Stellvertreterinnen. Die Absätze 1 und 2 gelten für die Stellvertreter und Stellvertreterinnen entsprechend.
(4) Der Landesausschuss gibt sich eine Geschäftsordnung, die der Genehmigung der Landesregierung oder der von ihr bestimmten obersten Landesbehörde bedarf. Sie kann die Bildung von Unterausschüssen vorsehen und bestimmen, dass ihnen

nicht nur Mitglieder des Landesausschusses angehören. Absatz 2 Satz 2 gilt für die Unterausschüsse hinsichtlich der Entschädigung entsprechend. An den Sitzungen des Landesausschusses und der Unterausschüsse können Vertreter der beteiligten obersten Landesbehörden, der Gemeinden und Gemeindeverbände sowie der Agentur für Arbeit teilnehmen.
(5) Der Landesausschuss ist beschlussfähig, wenn mehr als die Hälfte seiner Mitglieder anwesend ist. Er beschließt mit der Mehrheit der abgegebenen Stimmen.

§ 83 Aufgaben (1) Der Landesausschuss hat die Landesregierung in den Fragen der Berufsbildung zu beraten, die sich für das Land ergeben. Er hat im Rahmen seiner Aufgaben auf eine stetige Entwicklung der Qualität der beruflichen Bildung hinzuwirken.
(2) Er hat insbesondere im Interesse einer einheitlichen Berufsbildung auf eine Zusammenarbeit zwischen der schulischen Berufsbildung und der Berufsbildung nach diesem Gesetz sowie auf eine Berücksichtigung der Berufsbildung bei der Neuordnung und Weiterentwicklung des Schulwesens hinzuwirken. Der Landesausschuss kann zur Stärkung der regionalen Ausbildungs- und Beschäftigungssituation Empfehlungen zur inhaltlichen und organisatorischen Abstimmung und zur Verbesserung der Ausbildungsangebote aussprechen.

Teil 4 – Berufsbildungsforschung, Planung und Statistik

§§ 84–88 *(nicht abgedruckt)*

Teil 5 – Bundesinstitut für Berufsbildung

§§ 89–100 *(nicht abgedruckt)*

Teil 6 – Bußgeldvorschriften

§ 101 Bußgeldvorschriften (1) Ordnungswidrig handelt, wer
1. entgegen § 11 Absatz 1 Satz 1, auch in Verbindung mit Absatz 3, den wesentlichen Inhalt des Vertrages oder eine wesentliche Änderung nicht, nicht richtig, nicht vollständig, nicht in der vorgeschriebenen Weise oder nicht rechtzeitig abfasst,
2. entgegen § 11 Absatz 2 Satz 1, auch in Verbindung mit Absatz 3, die Vertragsabfassung nicht, nicht richtig, nicht vollständig oder nicht rechtzeitig aushändigt und nicht, nicht richtig, nicht vollständig, nicht in der vorgeschriebenen Weise oder nicht rechtzeitig übermittelt,
3. entgegen § 11 Absatz 2 Satz 4, auch in Verbindung mit Absatz 3, die Vertragsabfassung oder den Empfangsnachweis nicht oder nicht mindestens drei Jahre aufbewahrt,
4. entgegen § 14 Absatz 3 Auszubildenden eine Verrichtung überträgt, die dem Ausbildungszweck nicht dient,
5. entgegen § 15 Absatz 1 Satz 1 oder 2 Auszubildende beschäftigt oder nicht freistellt,

6. entgegen § 18 Absatz 3 Satz 1, auch in Verbindung mit Satz 2, eine dort genannte Vergütung nicht, nicht richtig, nicht vollständig oder nicht rechtzeitig zahlt,
7. entgegen § 28 Absatz 1 oder 2 Auszubildende einstellt oder ausbildet,
8. einer vollziehbaren Anordnung nach § 33 Absatz 1 oder 2 zuwiderhandelt,
9. entgegen § 36 Absatz 1 Satz 1, auch in Verbindung mit Satz 4, eine dort genannte Eintragung nicht, nicht richtig, nicht in der vorgeschriebenen Weise oder nicht rechtzeitig beantragt,
10. entgegen § 53b Absatz 4 Satz 3, § 53c Absatz 4 Satz 3, § 53d Absatz 4 Satz 3 und § 54 Absatz 4 eine Abschlussbezeichnung führt oder
11. entgegen § 76 Absatz 2 eine Auskunft nicht, nicht richtig, nicht vollständig oder nicht rechtzeitig erteilt, eine Unterlage nicht, nicht richtig, nicht vollständig oder nicht rechtzeitig vorlegt oder eine Besichtigung nicht oder nicht rechtzeitig gestattet.

(2) Die Ordnungswidrigkeit kann in den Fällen des Absatzes 1 Nummer 4 bis 8 mit einer Geldbuße bis zu fünftausend Euro, in den Fällen des Absatzes 1 Nummer 1 bis 3 mit einer Geldbuße bis zu zweitausend Euro und in den übrigen Fällen mit einer Geldbuße bis zu tausend Euro geahndet werden.

Teil 7 – Übergangs- und Schlussvorschriften

§ 102 Gleichstellung von Abschlusszeugnissen im Rahmen der deutschen Einheit Prüfungszeugnisse nach der Systematik der Ausbildungsberufe und der Systematik der Facharbeiterberufe und Prüfungszeugnisse nach § 37 Absatz 2 stehen einander gleich.

§ 103 Fortgeltung bestehender Regelungen (1) Die vor dem 1. September 1969 anerkannten Lehrberufe und Anlernberufe oder vergleichbar geregelten Ausbildungsberufe gelten als Ausbildungsberufe im Sinne des § 4. Die Berufsbilder, die Berufsbildungspläne, die Prüfungsanforderungen und die Prüfungsordnungen für diese Berufe sind bis zum Erlass von Ausbildungsordnungen nach § 4 und der Prüfungsordnungen nach § 47 anzuwenden.

(2) Die vor dem 1. September 1969 erteilten Prüfungszeugnisse in Berufen, die nach Absatz 1 als anerkannte Ausbildungsberufe gelten, stehen Prüfungszeugnissen nach § 37 Absatz 2 gleich.

(3) Auf Ausbildungsverträge, die vor dem 30. September 2017 abgeschlossen wurden oder bis zu diesem Zeitpunkt abgeschlossen werden, sind § 5 Absatz 2 Satz 1, § 11 Absatz 1 Satz 2, § 13 Satz 2, die §§ 14, 43 Absatz 1 Nummer 2, § 79 Absatz 2 Nummer 1 sowie § 101 Absatz 1 Nummer 3 in ihrer bis zum 5. April 2017 geltenden Fassung weiter anzuwenden.

§ 104 Übertragung von Zuständigkeiten Die Landesregierungen werden ermächtigt, durch Rechtsverordnung die nach diesem Gesetz den nach Landesrecht zuständigen Behörden übertragenen Zuständigkeiten nach den §§ 27, 30, 32, 33 und 70 auf zuständige Stellen zu übertragen.

…

11. Gesetz zur Verbesserung der betrieblichen Altersversorgung (BetrAVG)

Einleitung

I. Geschichtliche Entwicklung

Betriebliche Altersversorgung gibt es bereits seit der Mitte des 19. Jahrhunderts. Zunächst vorwiegend für die wenigen (leitenden) Angestellten und später auch für Arbeiter wurden betriebliche Unterstützungseinrichtungen geschaffen. Nach Einführung der gesetzlichen Rentenversicherung diente die Gewährung eines zusätzlichen betrieblichen Altersruhegeldes der Aufstockung der gesetzlichen Rente (zur Alterssicherung insgesamt *Schmähl,* BArbBl. 7 – 8/95, 10). 11

Das hervorstechende rechtliche Charakteristikum solcher betrieblichen Altersruhegelder war vor allem, dass sie als freiwillige Zusagen des Arbeitgebers davon abhängig gemacht werden konnten, dass der Arbeitnehmer unmittelbar aus dem Arbeitsverhältnis in den Ruhestand wechselte. Bei vorzeitigem Ausscheiden des Arbeitnehmers entfielen grundsätzlich alle Betriebsrentenleistungen. Erst mit einer Entscheidung vom 10. 3. 1972 hat das *BAG* den Betriebsrenten für besonders gelagerte Fälle eine Unverfallbarkeit zugebilligt: Einem Arbeitnehmer, der dem Betrieb mehr als 20 Jahre angehört hatte und dem vor dem 65. Lebensjahr gekündigt worden war, blieb die Anwartschaft auf die ihm zugesagte und von ihm erdiente Betriebsrente erhalten (3 AZR 278/71, BAGE 24, 177; dazu *Kittner*, 50 Urteile, 3. Aufl., 2024, Nr. 14). Es folgten weitere Entscheidungen des *BAG*, mit denen der Schutz der Betriebsrenten ausgebaut wurde, bis diese Materie mit dem BetrAVG vom 19. 12. 1974 gesetzlich geregelt worden ist.

Das Gesetz wurde vielfach geändert (vgl. ausführlich 45. Aufl.). Besonders wichtig sind die folgenden Änderungen:

Das Altersvermögensgesetz v. 26. 6. 2001 (BGBl. I 1310) führte u. a. die Option der Privatvorsorge durch Gehaltsumwandlung in § 1a BetrAVG ein, um eine Kompensation der mit der Rentenreform verbundenen Reduzierung der gesetzlichen Altersrente zu ermöglichen.

Mit dem Betriebsrentenstärkungsgesetz (v. 17. 8. 2017, BGBl. I 3214, Entw.: BR-Drs. 780/16) sollte ein zusätzlicher Anreiz zur betrieblichen Altersversorgung geschaffen werden, um die Verbreitung der Betriebsrenten zu steigern (dazu *Dünn*, RVaktuell 5+6/17, 144; *Kerschbaumer/Reuter,* SozSich 17, 389; *Reinecke,* AuR 17, 432; *Rolfs*, NZA 17, 1225; krit. zum Vorhaben *Schmitz*, SozSich 17, 56). Neu ist vor allem die reine Beitragszusage gemäß § 1 Abs. 2 Nr. 2 BetrAVG. Bei ihr gibt es keine Mindestleistungen oder Garantieleistungen, der Arbeitgeber haftet nicht und auch die Insolvenzsicherung durch den Pensionssicherungsverein ist nicht vorgesehen (»pay and forget«). Außerdem wurde die Möglichkeit geschaffen, eine Entgeltumwandlung durch Tarifvertrag vorzusehen.

Wesentliche Änderungen erfolgten auch durch das Siebte SGB IV-Änderungsgesetz (v. 12. 6. 2020, BGBl. I 1248):

- regelmäßige Anspruchsbegrenzung bei Direktversicherung und Pensionskasse
- Insolvenzsicherungspflicht für regulierte Pensionskassen, nachdem der *EuGH* zuvor entschieden hatte, dass der fehlende Insolvenzschutz im Fall der Einstandspflicht des Arbeitgebers bei Leistungskürzung der Pensionskasse unvereinbar mit der sog. Zahlungsunfähigkeits-Richtlinie 2008/94/EG (EU-ASO Nr. 56) ist (19. 12. 2019 – C-168/18, NZA 20, 107 – PSV/Bauer).

In den neuen Bundesländern finden die §§ 1–18 BetrAVG erst auf Zusagen nach dem 31. 12. 1991 Anwendung (s. Fn. 1 zum Gesetzestitel; hierzu *Höfer/Küpper*, DB 91, 1569).

II. Wesentlicher Gesetzesinhalt

1. Anspruch auf betriebliche Altersversorgung

a) Allgemeines

Das BetrAVG geht von der Freiwilligkeit zur Einführung einer betrieblichen Altersversorgung durch den Arbeitgeber aus. Der Arbeitgeber kann allerdings auch aufgrund des Arbeitsvertrages, einer Betriebsvereinbarung oder eines Tarifvertrages zur Leistung verpflichtet werden (z. B. die tarifvertragliche »Zusatzversorgung« im öffentlichen Dienst). Derartige freiwillige Leistungen bzw. Leistungspflichten des Arbeitgebers werden aus finanziellen Aufwendungen des Arbeitgebers über die direkten Entgeltzahlungen hinaus aufgebracht (Übersicht 29). Unter Versorgung sind nicht nur reine Entgeltleistungen zu verstehen, sondern beispielsweise auch im Ruhestand gewährte Personalrabatte (*BAG* 19. 2. 2008 – 3 AZR 61/06, NZA-RR 08, 597, 600). Tarif- und Betriebsparteien können neue Vergütungsbestandteile einführen, die nach der Versorgungszusage nicht ruhegeldfähig sind (*BAG* 30. 1. 2024 – 3 AZR 144/23, NZA 24, 770). Die wirksam begründete Verpflichtung zur Zahlung einer Betriebsrente begegnet keinen verfassungsrechtlichen Bedenken (*BVerfG* 29. 2. 2012 – 1 BvR 2378/10, NZA 12, 788). Führt der Arbeitgeber die Altersversorgung über einen externen Träger durch, muss er gleichwohl für die von ihm zugesagten Leistungen nach § 1 Abs. 1 S. 3 BetrAVG einstehen. Das gilt auch, sobald der Versorgungsträger zu Recht Leistungen wegen Fehlbeträgen herabsetzt (*BAG* 27. 9. 2012 – 2 AZR 955/11, NZA 13, 425). Anders ist es nur bei der durch das Betriebsrentenstärkungsgesetz eingeführten reinen Beitragszusage (s. o. I). Der Arbeitgeber kann sich vorbehalten, laufende Betriebsrenten durch einen Kapitalbetrag abzufinden, kann von dieser Ersetzungsbefugnis, aber nur im Rahmen billigen Ermessens Gebrauch machen (*BAG* 17. 1. 2023 – 3 AZR 501/21, NZA 23, 764). Unzulässig ist dies aber, wenn die Kapitalleistung nicht mindestens den versicherungsmathematisch ermittelten Barwert der Rente erreicht (*BAG* 17. 2. 2023 – 3 AZR 220/22, NZA 23, 355).

Ein Betriebserwerber tritt nach § 613a BGB (Nr. 14) in die Dynamik einer Betriebsrentenzusage ein. Die Zusage wird daher nicht auf den Stand im Zeitpunkt eines Betriebsübergangs »eingefroren« (*BAG* 9. 5. 2023 – 3 AZR 174/22, NZA 23, 1183).

Das gilt auch im Fall der dynamischen Bezugnahme auf eine tarifvertragliche Regelung (*BAG* 15.11.2022 – 3 AZR 42/22, NZA 23, 449, Rn. 19).

b) Entgeltumwandlung

Arbeitnehmer können Teile ihres laufenden Entgelts zur Finanzierung künftiger Leistungen der betrieblichen Altersversorgung durch Entgeltumwandlung verwenden (§ 1 Abs. 2 Nr. 3 und 4 BetrAVG). Diese Möglichkeit ist aufgrund des Altersvermögensgesetzes (s. o. I) durch § 1a BetrAVG als Element einer zusätzlichen privaten Altersvorsorge ausgebaut worden (vgl. *Blomeyer,* DB 01, 1413; *Klemm,* NZA 02, 1123; *Liebscher,* Arbeitgeber 10/01, 18; *Stiefermann,* Arbeitgeber 10/01, 22). Das bedeutet:

- Der Arbeitnehmer hat einen Rechtsanspruch gegen den Arbeitgeber auf Entgeltumwandlung in der in § 1a BetrAVG genannten Höhe.
- Der Arbeitgeber muss diese Entgeltteile in eine betriebliche Altersversorgung einbringen.
- Besteht bei ihm keine derartige Einrichtung, muss er eine solche selbst schaffen bzw. sich einer anderwärts bestehenden anschließen oder eine Direktversicherung abschließen.
- Der Arbeitnehmer erhält zu seinem Vorsorgebetrag eine steuerliche Förderung.

Der Arbeitgeber ist nicht verpflichtet, den Arbeitnehmer auf diese Möglichkeit hinzuweisen (*BAG* 21.1.2014 – 3 AZR 807/11, NZA 14, 903). Dementsprechend kann der Arbeitnehmer keinen Schadensersatz wegen versäumter Entgeltumwandlung verlangen. Auch im Übrigen ist der Arbeitgeber nicht zu weiteren Informationen des Arbeitnehmers verpflichtet. Erteilt er aber Auskünfte, so müssen sie richtig, eindeutig und vollständig sein (vgl. *BAG* 18.2.2020 – 3 AZR 206/18, NZA 20, 860, betr. Sozialversicherungsbeiträge bei Entgeltumwandlung). Eine zugunsten des Arbeitnehmers abgeschlossene Direktversicherung muss vom Arbeitgeber nicht gekündigt werden, wenn der Arbeitnehmer mit dem Rückkaufswert Schulden begleichen möchte (*BAG* 26.4.2018 – 3 AZR 586/16, NZA 18, 929).

Gemäß § 20 Abs. 1 BetrAVG bedarf die Entgeltumwandlung tarifvertraglicher Ansprüche einer tarifvertraglichen Regelung (hierzu *Heither,* NZA 01, 1275). Dieser Tarifvorbehalt führt in der Praxis dazu, dass Tarifvertragsparteien für die ihnen angeschlossenen Unternehmen ohne betriebliche Altersversorgung eine gemeinsame Einrichtung zur Durchführung der aufgrund § 1a BetrAVG erforderlichen betrieblichen Altersversorgung bereitstellen (z. B. die »Altersversorgung Metall und Elektro« oder die ZVK im Baugewerbe).

Durch das Betriebsrentenstärkungsgesetz (s. o. I) wurde die Möglichkeit der verbindlichen Entgeltumwandlung durch Tarifvertrag in § 20 Abs. 2 mit Widerspruchsmöglichkeit des Arbeitnehmers eingeführt. Zum Ausgleich dadurch ersparter Aufwendungen für Sozialversicherungsbeiträge muss der Arbeitgeber gemäß § 1a Abs. 1a BetrAVG einen Zuschuss in Höhe von 15 % des umgewandelten Entgelts leisten (dazu sopo *aktuell* 317/21).

2. Unverfallbarkeit

Der Arbeitnehmer behält seine Anwartschaft auf eine ihm zugesagte betriebliche Altersversorgung (Versorgungszusage durch den Arbeitgeber unmittelbar, Abschluss eines Versicherungsvertrages zugunsten des Arbeitnehmers oder Leistungen aus einer Pensions- oder Unterstützungskasse) unter den in § 1b BetrAVG genannten Bedingungen auch dann, wenn sein Arbeitsverhältnis vor Eintritt des Versorgungsfalles endet (vgl. *Ahrend/Rühmann,* AuA 92, 306). Das Erfordernis eines Mindestalters stellt keine unzulässige Altersdiskriminierung dar, weil es dazu dient, Arbeitgeber vom Verwaltungsaufwand bei nur geringen Rentenansprüchen zu entlasten (*BAG* 28.5.2013 – 3 AZR 635/11, DB 13, 1974, für die frühere Regelung eines Mindestalters von 30 Jahren). Ebenso wenig ist die Wartefrist für die Unverfallbarkeit von 3 Jahren eine unzulässige Altersdiskriminierung mit Blick auf den Schutz des Arbeitgebers vor einer Vielzahl von Kleinrenten und mit Rücksicht auf das geringere Schutzbedürfnis der betroffenen Arbeitnehmer (zur früheren fünfjährigen Wartefrist *BAG* 9.10.2012 – 3 AZR 477/10, NZA-RR 13, 150). Die Unverfallbarkeit begründet keine Ansprüche auf vor den Versorgungsfall vorgezogene Zahlungen (*BAG* 26.5.2009 – 3 AZR 816/07, NZA-RR 10, 95). Nur ausnahmsweise kann bei groben Pflichtverletzungen die Versorgungszusage widerrufen werden (*BAG* 12.11.2013 – 3 AZR 274/12, NZA 14, 780).

3. Änderung der Versorgungsordnung

Durch Betriebsvereinbarung kann grundsätzlich nicht in individualrechtliche Versorgungszusagen eingegriffen werden. Möglich ist lediglich die Ablösung eines Versorgungszusagesystems durch ein anderes mit mindestens gleicher Gesamtdotierung (kollektiver Günstigkeitsvergleich). In diesem Zusammenhang können die Ansprüche einzelner Arbeitnehmer(gruppen) verändert werden (*BAG-GS* 16.9.1986 – GS 1/82 – 5 AZR 316/81, NZA 87, 168; *BAG* 19.2.2008 – 3 AZR 61/06, NZA-RR 08, 597, 600; zur Mitbestimmung des Betriebsrats s. u. 9).
Die Rechtsprechung geht allerdings davon aus, dass Versorgungszusagen im Zweifel immer nur nach einheitlich beim Arbeitgeber geltenden Grundsätzen gelten sollen. Das bedeutet sowohl für Gesamtzusagen als auch für Zusagen aus betrieblicher Übung, dass diese durch ein kollektives System, das auf einer Betriebsvereinbarung beruhen kann, geändert werden können (*BAG* 23.2.2016 – 3 AZR 44/14, NZA 16, 961, Rn. 48 ff.; 11.12.2018 – 3 AZR 380/17, NZA 19, 1082; dazu krit. *Deinert*, AuR 22, 351).
Grundsätzlich sind Änderungen von Versorgungsordnungen nur in den Grenzen des rechtsstaatlichen Vertrauensschutzgrundsatzes und der Verhältnismäßigkeit zulässig. Das *BAG* (9.12.2014 – 3 AZR 323/12, NZA 15, 1198, st. Rspr.) wendet dazu ein dreistufiges Schema an: Eingriffe in bereits erdiente Anwartschaften sind nur aus zwingenden Gründen zulässig, wenn sie also letztlich unabweisbar sind. Geht es hingegen um Zuwächse aus variablen Berechnungsfaktoren (»erdiente Dynamik«) bedarf es »triftiger« Gründe. Eingriffe in noch nicht erdiente Zuwachsraten, die also erst noch erworben werden könnten, sind schließlich aus jedem sachlichen Grund, der nachvollziehbar, anerkennenswert und willkürfrei ist, zuläs-

sig. Dieses Schema greift sowohl bei Versorgungsordnungen auf Grundlage einer Betriebsvereinbarung als auch bei solchen auf der Basis einer Gesamtzusage (*BAG* 23.2.2016 – 3 AZR 960/13, NZA 16, 642; bestätigt durch *BAG* 19.3.2019 – 3 AZR 201/17, DB 19, 1964; zu den ähnlichen Maßstäben für die Prüfung von Eingriffen in laufende Leistungen *BAG* 11.7.2017 – 3 AZR 513/16, NZA 17, 1471; zu den Maßstäben bei konzernweiter Versorgung *BAG* 2.7.2024 – 3 AZR 247/23, NZA 24, 1706). Auch ist es anwendbar, wenn eine Versorgungsordnung bei Betriebsübergang durch eine Versorgungsordnung beim Erwerber abgelöst wird (*BAG* 22.10.2019 – 3 AZR 429/18). Es gilt hingegen nicht bei tarifvertraglichen Änderungen der Versorgungsordnung, hier wird ein großzügigerer Maßstab angelegt (*BAG* 27.6.2006 – 3 AZR 212/05, DB 07, 2491, 2492). Sie müssen gleichwohl mit höherrangigem Recht, insb. dem rechtsstaatlichen Vertrauensschutzgrundsatz vereinbar sein. Der ersatzlose Fortfall einer Versorgung etwa ist danach bei Erreichen der Altersgrenze unzulässig (*BAG* 31.7.2018 – 3 AZR 731/16, NZA 2019, 59).

4. Übertragbarkeit (Portabilität)

Seit dem Alterseinkünftegesetz (s.o. I) kann der sog. Übertragungswert einer unverfallbaren Rentenanwartschaft sowohl einvernehmlich als auch unter engeren Voraussetzungen auf Verlangen nur des ausscheidenden Arbeitnehmers auf den neuen Arbeitgeber übertragen werden (§ 4 BetrAVG).

5. Schutz vor Auszehrung

Betriebliche Versorgungsleistungen dürfen nach ihrer Festsetzung im Versorgungsfall nicht mehr durch dynamisierte andere Versorgungsleistungen, insbesondere aus der gesetzlichen Rentenversicherung, geschmälert werden (§ 5 Abs. 1 BetrAVG; vgl. *BAG* 15.9.1977 – 3 AZR 654/76, DB 77, 1903). Allerdings darf eine zweckgleiche gesetzliche Hinterbliebenenrente auf eine betriebliche Hinterbliebenenversorgung, die von derselben Person abgeleitet wird, angerechnet werden (*BAG* 18.5.2010 – 3 AZR 97/08, DB 10, 2114).

6. Altersruhegeld vor Erreichen der Regelaltersgrenze

Bei Bezug von Altersruhegeld aus der gesetzlichen Rentenversicherung vor Erreichen der Regelaltersgrenze (künftig 67. Lebensjahr), insbesondere auf Grund der »flexiblen Altersgrenze«, werden grundsätzlich auch die Leistungen der betrieblichen Altersversorgung fällig (§ 6 BetrAVG). Für die betriebliche Altersversorgung kann eine feste Altersgrenze vorgesehen werden, unabhängig davon, ob der Arbeitnehmer eine gesetzliche Altersrente in Anspruch nimmt (*BAG* 17.9.2008 – 3 AZR 865/06, NZA 09, 440).

7. Leistungsanpassung

Zur Anpassung der Leistungen an die Geldentwertung gibt es die Pflicht des Arbeitgebers, eine solche alle drei Jahre zu prüfen und hierüber unter Berücksichtigung der Belange des Versorgungsempfängers und der eigenen wirtschaftlichen Lage nach billigem Ermessen zu entscheiden (§ 16 BetrAVG; hierzu *Zwanziger*, SR 24, 41; *ders.*, AuR 24, G9; *Rößler*, NZA-RR 07, 1). Der Arbeitgeber ist aber nicht an individuelle Fristen gebunden, sondern kann unternehmenseinheitliche Prüfungstermine festlegen (*BAG* 11.11.2014 – 3 AZR 117/13, NZA 15, 1076). Hat der Arbeitgeber eine Gesamtversorgung zugesagt, die sich auch aus anderen Rentenbezügen des Arbeitnehmers zusammensetzt, bezieht sich die Anpassungsprüfung gleichwohl auf die vom Arbeitgeber geschuldete Betriebsrente, nicht auf die Gesamtversorgung (*BAG* 19.11.2019 – 3 AZR 281/18, NZA 20, 248, Rn. 50 ff.). Seit 1999 ist die Anpassung nach oben hin für den Fall begrenzt worden, dass der Arbeitgeber sich verpflichtet, die laufenden Leistungen jährlich um mindestens 1 % anzupassen (§ 16 Abs. 3 Nr. 1 BetrAVG). Im Übrigen gilt die Anpassungsverpflichtung als erfüllt, wenn sie nicht geringer ist als der Anstieg des Preisindexes oder der Nettolöhne vergleichbarer Arbeitnehmer des Unternehmens (§ 16 Abs. 2 BetrAVG). Das *BAG* hat entschieden, dass die Überprüfung der Anpassung nicht vom Überschreiten einer »Opfergrenze« wie vor dem BetrAVG abhängig ist (*BAG* 16.12.1976 – 3 AZR 795/75, DB 77, 115). Die Anpassung darf sich nicht mit dem halben Ausgleich der Teuerung begnügen, und die Dynamik der Sozialversicherung muss außer Betracht bleiben (*BAG* 17.1.1980 – 3 AZR 614/76, DB 80, 306). Der Arbeitnehmer muss seine Ansprüche durch Rüge bis zum nächsten Anpassungsprüfungsstichtag geltend machen und ggf. zum übernächsten Stichtag einklagen, um sie nicht zu verlieren (vgl. dazu *BVerfG* 19.5.2021 – 1 BvR 1814/19 u.a., DB 21, 1755). Ist eine Anpassung in zurückliegender Zeit zu Recht aus wirtschaftlichen Gründen unterblieben, muss sie der Arbeitgeber nicht nachholen, wenn es ihm wieder besser geht (§ 16 Abs. 4 BetrAVG).

Grundsätzlich kommt es auf die Lage des Versorgungsschuldners an. Bei enger wirtschaftlicher Verknüpfung sollte es nach früherer Rechtsprechung aber auch auf die wirtschaftliche Lage des Konzerns ankommen (*BAG* 24.11.1993 – 4 AZR 329/93, DB 94, 1147; 28.4.1992 – 3 AZR 142/91, DB 92, 2402). Nach Änderung der diesbezüglichen Rechtsprechung des *BGH* zur sog. Haftung wegen Existenzvernichtung hält das *BAG* hieran nicht mehr fest (vgl. näher Einl. II 1 zum AktG, Nr. 1). Auch eine sog. harte Patronatserklärung, in der die Konzernmutter verspricht, für die Verbindlichkeiten der Konzerntochter einzustehen, führt nicht zu einem Berechnungsdurchgriff, es sei denn, der Erklärung lässt sich deutlich entnehmen, dass sie sich auch auf künftige Betriebsrentenanpassungen erstrecken soll (*BAG* 21.4.2015 – 3 AZR 102/14, DB 15, 2211, Rn. 68 f.). Dementsprechend sind andererseits aber auch Gewinne des Arbeitgebers aus konzerninternen Verrechnungspreisabreden zur berücksichtigen (*BAG* 10.2.2015 – 3 AZR 37/14, NZA-RR 15, 318). Im Falle eines Beherrschungsvertrages hingegen kommt ein Berechnungsdurchgriff in Betracht, wenn die wirtschaftliche Lage des Arbeitgebers durch Weisungen des herrschenden Unternehmens verschlechtert wurde (*BAG* 10.3.2015 – 3 AZR 739/13, DB 15, 1843; *BGH* 27.9.2016 – II ZR 57/15, NZA 16, 1470). Demgegenüber genügt ein isolierter Gewinnabführungsvertrag nicht für einen Berechnungsdurchgriff, weil das herrschende Unternehmen auf dessen Grundlage nicht auf die wirtschaftliche Lage des Arbeitgebers und beherrschten Unternehmens Einfluss nehmen kann (*BAG* 15.11.2022 – 3 AZR 505/21, NZA 23, 176).

Durch Umstrukturierungen kann es passieren, dass der Arbeitgeber schlechter ausgestattet ist, um Anpassungslasten aus der Altersversorgung tragen zu können. Im schlechtesten Fall ist der Arbeitgeber nur noch eine »Rentnergesellschaft«. Geschieht dies durch Übertragung von Versorgungsverbindlichkeiten im Rahmen einer Unternehmensumwandlung auf eine unzureichend ausgestattete »Rentnergesellschaft«, kommt ein Schadensersatzanspruch der Arbeitnehmer in Betracht. Das gilt hingegen nicht, wenn der bisherige Arbeitgeber erhalten bleibt und nur sein operatives Geschäft im Wege eines Betriebsübergangs auf einen Erwerber übergeht (*BAG* 15.9.2015 – 3 AZR 839/ 13, NZA 16, 235).
Von der Anpassungspflicht zu unterscheiden ist die Änderung einer bestehenden Versorgungsordnung mit möglichen Verschlechterungen (s.o. 3). Der Wortlaut des § 16 BetrAVG schließt auch eine Kürzung der Leistungen aus der betrieblichen Altersversorgung nicht aus (hierzu *BAG* 26.11.1985 – 3 AZR 105/84, DB 86, 2029).

8. Insolvenzsicherung

Um Betriebsrentner vor Zahlungsunfähigkeit des Arbeitgebers zu schützen, ist der (private) »Pensions-Sicherungsverein« (PSV) gegründet worden, an den alle Arbeitgeber, bei denen eine betriebliche Altersversorgung existiert, gemäß § 10 BetrAVG Beiträge leisten müssen. Die Insolvenzsicherungspflicht ist verfassungsgemäß (*BVerfG* 16.7.2012 – 1 BvR 2983/10, NZA 13, 193). Der PSV übernimmt Versorgungsleistungen der betrieblichen Altersversorgung, die wegen Zahlungsunfähigkeit des Arbeitgebers nicht erbracht werden können (§ 7 BetrAVG; vgl. *Berenz,* DB 04, 1098). Die Obergrenze der Insolvenzsicherung liegt beim Dreifachen der Bezugsgröße nach § 18 SGB IV (§ 7 Abs. 3 BetrAVG). Das *BAG* hat aber klargestellt, dass der PSV nicht für Versorgungszusagen einsteht, die eine Konzernmutter erteilt, da es sich in diesem Fall nicht um eine betriebliche Altersversorgung i.S.d. § 1 Abs. 1 S. 1 BetrAVG handelt, denn diese betrifft nur Versorgungszusagen des Vertragsarbeitgebers (*BAG* 20.5.2014 – 3 AZR 1094/12, NZA 15, 225). Auch scheidet ein Einstehen des PSV im Falle der reinen Beitragszusage aus (§ 1 Abs. 2 Nr. 2a BetrAVG; s.o. I)
Der PSV haftet auch für bei Eintritt des Sicherungsfalls bereits entstandene Versorgungsansprüche (*BAG* 20.9.2016 – 3 AZR 411/15, NZA 17, 258). Er ist dem *BAG* zufolge aber nicht verpflichtet, von ihm übernommene Betriebsrenten gemäß § 16 BetrAVG an die Kaufkraftentwicklung anzupassen, sofern die betriebliche Versorgungsregelung keine eigene Anpassungsklausel besitzt (vgl. *BAG* 5.10.1993 – 3 AZR 698/92, DB 94, 687).
Die Verwaltung des PSV liegt ausschließlich in Händen von Arbeitgebervertretern. Der PSV hat knapp 102000 Arbeitgeber mit sicherungspflichtiger betrieblicher Altersversorgung als Mitglieder. Der Beitragssatz lag 2024 bei 0,4 ‰, das Beitragsaufkommen betrug 171 Mio. Euro. Insgesamt standen 2023 gut 14 Mio. Versorgungsberechtigte und Anwärter, davon 4,7 Mio. Rentner und 9,4 Mio. Versorgungsberechtigte mit unverfallbaren Anwartschaften, unter Insolvenzschutz. Der Kapitalwert der geschützten Anwartschaften beträgt 382 Mrd. Euro. Im Jahr

2024 lag das vom PSV übernommene Schadenvolumen bei gut 703 Mio. Euro. Alle Daten unter *www.psvag.de*.

9. Mitbestimmung

Der Betriebsrat hat kein Mitbestimmungsrecht darüber, ob überhaupt eine betriebliche Altersversorgung bestehen soll, bzw. hinsichtlich deren finanzieller Ausstattung. Er hat jedoch gemäß § 87 Abs. 1 Nr. 10 BetrVG ein Mitbestimmungsrecht hinsichtlich des Leistungsplanes der betrieblichen Altersversorgung (vgl. *BAG* 12.6.1975 – 3 ABR 66/74, AuR 75, 248). Außerdem kann er gemäß § 87 Abs. 1 Nr. 8 BetrVG mitbestimmen, falls für die Gewährung der betrieblichen Altersversorgung eine Sozialeinrichtung im Sinne dieser Vorschrift errichtet wird (zur Mitbestimmung des Betriebsrats *Schaub*, AuR 92, 193). Beim Abschluss eines Lebensversicherungsvertrages hat er kein Mitbestimmungsrecht hinsichtlich der Auswahl und des Wechsels von Versicherungsunternehmen (*BAG* 16.2.1993 – 3 ABR 29/92, DB 93, 1240). Soweit die Reduzierung von Versorgungszusagen zulässig ist (s.o. 3), hat der Betriebsrat mitzubestimmen, wenn dabei auch die Verteilungsgrundsätze geändert werden. Er muss mit dem Arbeitgeber notfalls unter dem Vorbehalt der vertragsrechtlich zulässigen Umsetzung der Regelung verhandeln. Im Nichteinigungsfall entscheidet die Einigungsstelle (*BAG* 23.9.1997 – 3 ABR 85/96, DB 98, 779).
Auch soweit bei der Gehaltsumwandlung gemäß § 1a BetrAVG für regulierte Pensionskassen Gestaltungsspielräume für den Arbeitgeber bestehen, hat der Betriebsrat ein Mitbestimmungsrecht (*Blomeyer*, DB 01, 1413, 1418; DKW-*Klebe*, § 87 Rn. 326; a. A. *Feudner*, DB 01, 2047).
Zum kollektiven Günstigkeitsvergleich s. Einl. II 3 zum BetrVG, Nr. 12.

10. Gleichbehandlung

Die betriebliche Altersversorgung muss – so wie das ganze übrige Arbeitsrecht – den Diskriminierungsverboten des AGG (Nr. 2) genügen. § 2 Abs. 2 S. 2 AGG, der für die betriebliche Altersvorsorge das BetrAVG für einschlägig erklärt, gilt nur für dessen vorrangige Sonderregelungen (*BAG* 11.12.2007 – 3 AZR 249/06, NZA 08, 532; *Rolfs*, NZA 08, 553). Es gab aber bereits vor dem AGG eine breite Rechtsprechung zur Gleichbehandlung in der betrieblichen Altersversorgung.
Der Arbeitgeber darf bei Vorliegen eines sachlichen Grundes Arbeitnehmergruppen unterschiedlich behandeln (vgl. *BAG* 17.2.1998 – 3 AZR 783/96, NZA 98, 762: Zusage nur an Außendienstmitarbeiter und leitende Mitarbeiter des Innendienstes mit dem Zweck der engeren Bindung an den Betrieb). In diesem Zusammenhang ist auch eine unterschiedliche Behandlung von Arbeitern und Angestellten sachlich gerechtfertigt, wenn damit auf einen Lebenssachverhalt abgestellt wird, der zur Rechtfertigung der unterschiedlichen Behandlung geeignet ist (so für Anknüpfung der Altersversorgung an unterschiedliche Vergütungsgruppensysteme *BAG* 10.11.2015 – 3 AZR 575/14, NZA-RR 16, 204). Im Falle eines Verstoßes gegen den Gleichbehandlungsgrundsatz haben die Angehörigen der benachteiligten Gruppe

grundsätzlich Anspruch auf Anpassung »nach oben«, also auf Anwendung der Regelung, die für die begünstigte Gruppe gilt (*BAG* 3.6.2020 – 3 AZR 730/19).
Wenn der Arbeitgeber Betriebsrenten auf der Grundlage einer Bindung an einen Tarifvertrag erbringt, können Arbeitnehmer, die nicht in den Anwendungsbereich des Tarifvertrages fallen, vergleichbare Betriebsrentenansprüche nicht auf den Gleichbehandlungsgrundsatz stützen (*BAG* 2.7.2024 – 3 AZR 244/23, NZA 25, 131).
Teilzeitbeschäftigte dürfen nicht ausgeschlossen werden, wenn dies eine mittelbare Frauendiskriminierung darstellt (*BAG* 14.3.1989 – 3 AZR 490/87, BB 89, 2115; 23.1.1990 – 3 AZR 58/88, NZA 90, 778). Unabhängig hiervon sind teilzeitbeschäftigte Arbeitnehmer gemäß § 4 TzBfG gleich zu behandeln (vgl. *BAG* 14.3.1989 – 3 AZR 490/87, BB 89, 2116). Bei einem Verstoß dagegen ist eine bis zum Beginn des Arbeitsverhältnisses rückwirkende Korrektur vorzunehmen (*BAG* 28.7.1992 – 3 AZR 173/92, DB 93, 169; zur verfassungsrechtlichen Bestätigung dieser Rspr. vgl. *BVerfG* 19.5.1999 – 1 BvR 263/ 98, NZA 99, 815). Die Gleichbehandlung bedeutet, dass Teilzeitbeschäftigte Leistungen mindestens in der Höhe erhalten müssen, die dem Umfang ihrer Arbeitszeit im Verhältnis zu der einer Vollzeitkraft entspricht (*BAG* 19.4.2016 – 3 AZR 526/14, NZA 16, 820). Auch ist der Ausschluss von Witwenrenten in betrieblichen Versorgungssystemen unzulässig (*BAG* 15.3.1989 – 4 AZR 51/89, BB 89, 1826). Ebenso wenig dürfen Mutterschutzzeiten bei der Wartezeitberechnung unberücksichtigt bleiben (*BVerfG* 28.4.2011 – 1 BvR 1409/10, NZA 11, 857).
Der *EuGH* (17.5.1990 – C-262/88, DB 90, 1824 – Barber) hat eine Ungleichbehandlung beim für Männer späteren Einsetzen der betrieblichen Altersversorgung in Anknüpfung an ein späteres gesetzliches Renteneintrittsalter als Verstoß gegen den Grundsatz der Lohngleichheit gemäß Art. 119 EWG-Vertrag (später Art. 141 EG-Vertrag; nunmehr Art. 157 AEUV, Nr. 20a) bezeichnet. Das zwingt zur Gleichbehandlung hinsichtlich der Altersgrenzen zwischen Männern und Frauen. Auch versicherungsmathematische Abschläge für ein Geschlecht sind insoweit unzulässig (*BAG*, NZA 09, 785). Nachdem der *EuGH* (1.3.2011 – C-236/09, EuZW 11, 301 – Test-Achats) sog. Unisex-Tarife in der Versicherungswirtschaft erzwungen hat, muss dem auch auf Leistungsseite der betrieblichen Altersversorgung entsprochen werden (vgl. *Birk*, DB 11, 819 ff.).
Die Festlegung von Altersgrenzen für betriebliche Versorgungssysteme ist nach § 10 S. 3 Nr. 4 AGG (Nr. 2) grundsätzlich möglich, muss aber dem Grundsatz der Verhältnismäßigkeit genügen (*BAG* 26.9.2017 – 3 AZR 72/16, NZA 18, 315). Höchstaltersgrenzen sind aber unzulässig bei arbeitnehmerfinanzierter Versorgung (*Rolfs*, SR 2013, 41, 44). Unangemessen und deshalb unzulässig ist eine Höchstaltersgrenze von 55 Lebensjahren nach zehnjähriger Wartezeit, weil ein Arbeitnehmer dann selbst bei zwanzigjähriger Betriebstreue keine Anwartschaft erwerben könnte (*BAG* 18.3.2014 – 3 AZR 69/12, NZA 14, 606). Die Festlegung einer Wartezeit von 15 Jahren Betriebszugehörigkeit bis zur Regelaltersgrenze ist keine unzulässige Altersdiskriminierung (*BAG* 12.2.2013 – 3 AZR 100/11, NZA 13, 733). Zulässig können Altersgrenzen für hinsichtlich der Betriebsrente berücksichtigungsfähige Beschäftigungszeiten sein (*BAG* 26.4.2018 – 3 AZR 19/17, NZA 18, 1006). Ebenfalls keine unzulässige Ungleichbehandlung stellt es dar, wenn In-

validitätsleistungen von der Vollendung des 50. Lebensjahres abhängig gemacht werden (*BAG* 10.12.2013 – 3 AZR 796/11, DB 14, 1626). Desgleichen billigt die Rechtsprechung eine Höchstaltersgrenze für den Eintritt in das Versorgungssystem von 50 Jahren (*BAG* 12.11.2013 – 3 AZR 356/12, NZA 14, 848; *BVerfG* 23.7.2019 – 1 BvR 684/14, NZA 19, 1270). Die Höchstbegrenzung einer Altersrente nach einer bestimmten Anzahl von Dienstjahren ist keine unzulässige Altersdiskriminierung (*BAG* 22.10.2024 – 3 AZR 11/24, DB 25, 810).

Auch ist eine Altersabstandsklausel zulässig, wonach eine Hinterbliebenenversorgung ausscheidet, wenn der Ehegatte 15 Jahre jünger ist als der versorgungsberechtigte Arbeitnehmer (*BAG* 20.2.2018 – 3 AZR 43/17, NZA 18, 712). Zulässig kann eine Altersabstandsklausel sein, die an einen erheblichen Altersabstand eine Verringerung der Versorgungsleistung des Hinterbliebenen knüpft, weil der Lebenszuschnitt der Ehegatten dann darauf angelegt ist, dass der Hinterbliebene noch einen größeren Zeitraum ohne den Versorgungsberechtigten und ohne Verbindung mit dessen Einkommenssituation verbringt (*BAG* 11.12.2018 – 3 AZR 400/17, NZA 19, 537; 16.10.2018 – 3 AZR 520/17, NZA 19, 176). Eine Spätehenklausel, die eine Hinterbliebenenversorgung nur vorsieht, wenn die Ehe vor Erreichen der Altersgrenze geschlossen wurde, ist möglich (*BAG* 14.11.2017 – 3 AZR 781/16, NZA 18, 453). Demgegenüber ist nach der Rechtsprechung des *BAG* (4.8.2015 – 3 AZR 137/13, NZA 15, 1447) eine Klausel unzulässig, die die Hinterbliebenenversorgung ausschließt, wenn die Ehe nach Vollendung eines bestimmten Alters des Arbeitnehmers geschlossen wurde, sofern dem kein betriebsrentenrechtliches Strukturprinzip wie Erreichen der Altersgrenze oder Eintritt des Versorgungsfalls entspricht (*BAG* 19.2.2019 – 3 AZR 215/18, NZA 19, 997), während europäisches Unionsrecht einer solchen Klausel nicht entgegensteht (*EuGH* 24.11.2016 – C-443/15, NZA 17, 233 – Parris). Das Abhängigmachen einer Hinterbliebenenversorgung von einer mindestens zehnjährigen Ehedauer hat das *BAG* hingegen als unangemessene Benachteiligung gemäß § 307 BGB für unzulässig erklärt, weil dies als Abweichung von der Vertragstypik auf eine Gefährdung des Vertragszwecks hinausläuft (19.2.2019 – 3 AZR 150/18, NZA 19, 918). Zulässig ist das Verlangen nach einer Mindestehedauer von zwölf Monaten bei gleichzeitiger Ausnahme des Nachweises, dass der Tod des Berechtigten auf einer erst später eingetretenen Krankheit oder einem Unfall beruht (*BAG* 2.12.2021 – 3 AZR 254/21, NZA 22, 481).

Der Ausschluss einer Hinterbliebenenversorgung für gleichgeschlechtliche Lebenspartner ist jedenfalls dann unzulässig, wenn die Lebenspartnerschaft nach nationalem Recht hinsichtlich der Hinterbliebenenversorgung vergleichbar einer Ehe ausgestaltet ist (*EuGH* 1.4.2008 – C-267/06, NZA 08, 459 – Maruko). Das ist in Deutschland der Fall (*BAG* 11.12.2012 – 3 AZR 684/10, NZA-RR 13, 308). Auch verfassungsrechtlich lässt sich der Ausschluss eingetragener Lebenspartner aus einer betrieblichen Hinterbliebenenversorgung nicht rechtfertigen (*BVerfG* 20.5.2010 – 1 BvR 1164/07, NJW 10, 1439).

Tätigkeiten für denselben Arbeitgeber im EU-Ausland müssen als Dienstzeiten angerechnet werden (*EuGH* 10.3.2011 – C- 379/09, NZA 11, 561 – Casteels).

III. Anwendungsprobleme und Rechtstatsachen

Zusätzliche betriebliche Ruhegelder neben den Leistungen der gesetzlichen Altersversicherung sind zum festen Bestandteil des Sozialleistungssystems der Bundesrepublik Deutschland geworden. Sie betragen ca. 10 % der Renten aus der gesetzlichen Rentenversicherung. Nach einer rückläufigen Entwicklung kam es wegen der Nutzung der sog. Riester-Rente bis 2003 zu einem deutlichen Anstieg bei den Betriebsrenten (März 2003: Ansprüche für ca. 10 Mio. Arbeitnehmer = 42 % der Arbeitnehmer in der Privatwirtschaft; iwd, 42/03, S. 2; *Furier,* AiB 03, 292). Gerade bei Geringverdienern war das gesetzliche Kalkül der Privatvorsorge allerdings nicht aufgegangen (Böckler impuls 17/09, S. 5; IAB-Kurzbericht 15/12). Dem soll das Betriebsrentenstärkungsgesetz (s. o. I) ein Stück weit entgegen wirken.

Die betriebliche Altersversorgung ist in Westdeutschland (51 %) häufiger als in Ostdeutschland (45 %). Im Übrigen unterscheidet sich die Verbreitung vor allem nach der Betriebsgröße: Während lediglich 35 % der Betriebe mit bis zu 4 Arbeitnehmern eine betriebliche Altersversorgung kennen, liegt sie in Großbetrieben ab 1000 Beschäftigten bei 100 % (zum Ganzen *Blank*, SoSich 13, 205 ff.). Erfasst wurden im Jahre 2011 dadurch rund 50 % aller sozialversicherungspflichtig beschäftigten Arbeitnehmer, das waren 54 % der sozialversicherungspflichtig Beschäftigten in den alten Ländern und 37 % in den neuen Ländern (*Blank*, SozSich 13, 205, 207). Derzeit sind nach Angaben der Bundesregierung rund 54 % der sozialversicherungsrechtlich Beschäftigten betriebsrentenberechtigt.

Die jeweiligen Arbeitgeber verfolgen mit der Herausbildung dieser Form zusätzlicher betrieblicher Sozialleistungen unschwer auszumachende Interessen (zum Folgenden *Ahrend,* BB 94, 1229): Zum einen ist jede zusätzliche betriebliche Altersversorgung ein erfolgreiches personalwirtschaftliches Instrument, das die Attraktivität des jeweiligen Unternehmens erhöht und damit die Personalauswahl begünstigt. Zweitens wirkt sich die an lange Betriebszugehörigkeit angebundene Leistung hemmend auf die berufliche Mobilität der Arbeitnehmer und damit im Sinne einer vom Unternehmen gewünschten Bindung aus (vgl. iwd 12/99, S. 3). Schließlich ist die betriebliche Altersversorgung infolge Rückstellungen stets ein willkommener Beitrag zur Selbstfinanzierung der Unternehmen gewesen.

IV. Rechtspolitische Diskussion

Die betriebliche Altersversorgung soll nach den Vorstellungen der Bundesregierung (»Verantwortung für Deutschland«, Koalitionsvertrag zwischen CDU, CSU und SPD, 21. Legislaturperiode, Zeilen 603 ff.) gestärkt und in ihrer Verbreitung vorangetrieben werden, besonders in kleinen und mittleren Unternehmen. Die Geringverdienerförderung soll verbessert werden, angestrebt ist eine Digitalisierung, Vereinfachung, Transparenzsteigerung und Entbürokratisierung. Die Portabilität soll erhöht werden.

Dazu hat sie den Entwurf eines Zweiten Betriebsrentenstärkungsgesetzes auf den Weg gebracht (BT-Drs. 21/1859). Er geht zurück auf einen entsprechenden Entwurf aus der 20. Legislaturperiode (BR-Drs. 488/24), der nach dem Scheitern der »Ampelkoalition« nicht mehr beschlossen worden war und der parlamentarischen

Diskontinuität zum Opfer fiel. Dieser sieht u.a. Erleichterungen zum Anschluss kleiner Betriebe an tarifvertragliche Optionsmodelle mit Zuschuss des Arbeitgebers vor (zum vorherigen Vorschlag *Höfer*, DB 24, 2089; *Kowanz/Roeder*, NZA 24, 1310), eine Verbesserung der Förderung für Beschäftigte mit niedrigen Einkommen sowie die Möglichkeit von Kombinationen einer Betriebsrente mit einer Teilrente aus der gesetzlichen Rentenversicherung.

Wichtige Entscheidungen

BVerfG 29.2.2012 – 1 BvR 2378/10, NZA 2012, 788
BVerfG 16.7.2012 – 1 BvR 2983/10, NZA 2013, 193
EuGH 17.5.1990 – C-262/88, DB 1990, 1824 – Barber
EuGH 1.4.2008 – C-267/06, NZA 2008, 459 – Maruko
EuGH 1.3.2011 – C-236/09, EuZW 2011, 301 – Test-Achats
BAG 10.3.1972 – 3 AZR 278/71, BAGE 24, 177

Weiterführende Literatur

Handbücher und Kommentare

Deinert/Wenckebach/Zwanziger-*Hlava/Trümner*, Arbeitsrecht, §§ 64–68 (Betriebliche Altersversorgung)
Blomeyer/Rolfs/Otto, Betriebsrentengesetz, Gesetz zur Verbesserung der betrieblichen Altersversorgung (BetrAVG), 8. Aufl. (2022)
Höfer/Veit/Verhuven, BetrAVG, 2 Bde. (Loseblatt)
Karst/Cisch, Betriebsrentengesetz: BetrAVG, 16. Aufl. (2021)
Kemper/Kisters-Kölkes/Berenz/Huber/Betz-Rehm/Borgers, BetrAVG, 10. Aufl. (2023)
Uckermann/Drees, Das Recht der betrieblichen Altersversorgung, 2. Aufl. (2022)

Aufsätze

Beck, Die abgeleitete Rentnergesellschaft im Konzern und ihre Schadensersatzpflicht nach § 826 BGB für unterbliebene Rentenanpassungen, ZFA 2024, S. 344
Beye, Der Entwurf eines Gesetzes zur Verbesserung der betrieblichen Altersversorgung, BetrAV 2024, S. 402
Blank, Die betriebliche Altersversorgung, ihre Verbreitung, ihre Finanzierung, ihre Leistungen und Reformbedarfe, SozSich 2013, S. 205
Bruno-Latocha/Schäfer, Inflation und Betriebliche Altersversorgung, SozSich 2023, S. 351
Dünn, Das Betriebsrentenstärkungsgesetz, RVaktuell 2017, S. 144
Kerschbaumer, Das BRSG aus Sicht der Sozial- und Tarifpolitik, BetrAV 2018, S. 276
Rolfs, Diskriminierungsschutz in der betrieblichen Altersversorgung, SR 2013, S. 41
Schlewing, Hinausgeschobenes Entgelt: Mitarbeiterbindung durch betriebliche Altersversorgung?, NZA Beilage 4/2014, S. 127

Schmitz, Was bringt das Betriebsrentenstärkungsgesetz?, SozSich 2017, S. 56
Steinmeyer, Die Garantiefrage in der betrieblichen Altersversorgung, RdA 2024, S. 80
Zwanziger, Zum Rechtscharakter der Betriebsrente – historische Entwicklung und aktueller Stand, SR 2020, S. 57.
Zwanziger, Betriebsrentenanwartschaften werden unverfallbar, SR 2024, S. 41
AiB Schwerpunktheft 10/2024: Betriebliche Altersversorgung

Übersicht 29: Betriebliche Altersversorgung

Betriebliche Altersversorgung

- betriebliche Ruhestandsleistung des AG
- zusätzlich zur gesetzlichen Rente
- in den gesetzlich vorgesehenen Formen (§ 1 II)

Rechtsgrundlage der AG-Leistung

- freiwillige Zusage des AG (§ 1)
- Verpflichtung durch Arbeitsvertrag, TV oder BV
- Entgeltumwandlung (§§ 1a, 20)
- betriebliche Übung (§ 1b I 4)

Übertragung auf anderen AG (Portabilität, § 4)

Sicherung für AN

- teilweise Abweichungen durch TV (§ 20)

Widerrufsgrenzen	Unverfallbarkeit	Auszehrungsverbot	Anpassungspflicht	Insolvenzsicherung
BAG-Rspr. zu den wirtschaftlichen Anforderungen für Kürzung oder vollständigen Widerruf der Altersversorgungszusage	Anwartschaft verfällt nicht mehr bei • Vollendung des 25. Lebensjahres und • Bestand der Zusage seit 5 Jahren (§ 1b) Abfindung einer unverfallbaren Anwartschaft nur in gesetzlichen Grenzen (§ 3)	Verbot der Anrechnung anderer Versorgungsbezüge (§ 5)	Anpassung der Altersversorgung entsprechend wirschaftlicher Lage des AG alle 3 Jahre (§ 16)	Erfüllung der Versorgungszusage eines insolventen AG durch Träger der Insolvenzsicherung (§§ 7ff.) Träger = »Pensionssicherungsverein« (§ 14); Finanzierung durch AG-Umlage (§ 10)

Gesetz zur Verbesserung der betrieblichen Altersversorgung (BetrAVG)

vom 19. Dezember 1974 (BGBl. I 3610),
zuletzt geändert durch Gesetz vom 20. Dezember 2022 (BGBl. I 2759)[1]
(Abgedruckte Vorschriften: §§ 1–25, 26a, 30a – 31)

Erster Teil – Arbeitsrechtliche Vorschriften

Erster Abschnitt – Durchführung der betrieblichen Altersversorgung

§ 1 Zusage des Arbeitgebers auf betriebliche Altersvorsorge (1) Werden einem Arbeitnehmer Leistungen der Alters-, Invaliditäts- oder Hinterbliebenenversorgung aus Anlass seines Arbeitsverhältnisses vom Arbeitgeber zugesagt (betriebliche Altersversorgung), gelten die Vorschriften dieses Gesetzes. Die Durchführung der betrieblichen Altersversorgung kann unmittelbar über den Arbeitgeber oder über einen der in § 1b Abs. 2 bis 4 genannten Versorgungsträger erfolgen. Der Arbeitgeber steht für die Erfüllung der von ihm zugesagten Leistungen auch dann ein, wenn die Durchführung nicht unmittelbar über ihn erfolgt.

(2) Betriebliche Altersversorgung liegt auch vor, wenn

1. der Arbeitgeber sich verpflichtet, bestimmte Beiträge in eine Anwartschaft auf Alters-, Invaliditäts- oder Hinterbliebenenversorgung umzuwandeln (beitragsorientierte Leistungszusage),
2. der Arbeitgeber sich verpflichtet, Beiträge zur Finanzierung von Leistungen der betrieblichen Altersversorgung an einen Pensionsfonds, eine Pensionskasse oder eine Direktversicherung zu zahlen und für Leistungen zur Altersversorgung das planmäßig zuzurechnende Versorgungskapital auf der Grundlage der gezahlten Beiträge (Beiträge und die daraus erzielten Erträge), mindestens die Summe der zugesagten Beiträge, soweit sie nicht rechnungsmäßig für einen biometrischen Risikoausgleich verbraucht wurden, hierfür zur Verfügung zu stellen (Beitragszusage mit Mindestleistung),

2a. der Arbeitgeber durch Tarifvertrag oder auf Grund eines Tarifvertrages in einer Betriebs- oder Dienstvereinbarung verpflichtet wird, Beiträge zur Finanzierung von Leistungen der betrieblichen Altersversorgung an einen Pensionsfonds, eine Pensionskasse oder eine Direktversicherung nach § 22 zu zahlen; die Pflichten des Arbeitgebers nach Absatz 1 Satz 3, § 1a Absatz 4 Satz 2, den §§ 1b bis 6 und 16 sowie die Insolvenzsicherungspflicht nach dem Vierten Abschnitt bestehen nicht (reine Beitragszusage),

---

1 Für die neuen Bundesländer gilt folgende Maßgabe aufgrund Anlage I Kapitel VIII A III Anlage I Kapitel VIII Sachgebiet A – Arbeitsrechtsordnung Abschnitt III **Einigungsvertrag:**
a) Dieses Gesetz tritt am 1. Januar 1992 in Kraft.
b) §§ **1 bis 18** finden auf Zusagen über Leistungen der betrieblichen Altersversorgung Anwendung, die nach dem 31. Dezember 1991 erteilt werden; die Nachversicherung gemäß § 18 Abs. 6 von Zeiten vor dem 1. Januar 1992 ist ausgeschlossen.
c) §§ **26 bis 30** sind nicht anzuwenden.

3. künftige Entgeltansprüche in eine wertgleiche Anwartschaft auf Versorgungsleistungen umgewandelt werden (Entgeltumwandlung) oder
4. der Arbeitnehmer Beiträge aus seinem Arbeitsentgelt zur Finanzierung von Leistungen der betrieblichen Altersversorgung an einen Pensionsfonds, eine Pensionskasse oder eine Direktversicherung leistet und die Zusage des Arbeitgebers auch die Leistungen aus diesen Beiträgen umfasst; die Regelungen für Entgeltumwandlung sind hierbei entsprechend anzuwenden, soweit die zugesagten Leistungen aus diesen Beiträgen im Wege der Kapitaldeckung finanziert werden.

§ 1a Anspruch auf betriebliche Altersversorgung durch Entgeltumwandlung

(1) Der Arbeitnehmer kann vom Arbeitgeber verlangen, dass von seinen künftigen Entgeltansprüchen bis zu 4 vom Hundert der jeweiligen Beitragsbemessungsgrenze in der allgemeinen Rentenversicherung durch Entgeltumwandlung für seine betriebliche Altersversorgung verwendet werden. Die Durchführung des Anspruchs des Arbeitnehmers wird durch Vereinbarung geregelt. Ist der Arbeitgeber zu einer Durchführung über einen Pensionsfonds oder eine Pensionskasse (§ 1b Abs. 3) oder über eine Versorgungseinrichtung nach § 22 bereit, ist die betriebliche Altersversorgung dort durchzuführen; andernfalls kann der Arbeitnehmer verlangen, dass der Arbeitgeber für ihn eine Direktversicherung (§ 1b Abs. 2) abschließt. Soweit der Anspruch geltend gemacht wird, muss der Arbeitnehmer jährlich einen Betrag in Höhe von mindestens einem Hundertsechzigstel der Bezugsgröße nach § 18 Abs. 1 des Vierten Buches Sozialgesetzbuch für seine betriebliche Altersversorgung verwenden. Soweit der Arbeitnehmer Teile seines regelmäßigen Entgelts für betriebliche Altersversorgung verwendet, kann der Arbeitgeber verlangen, dass während eines laufenden Kalenderjahres gleich bleibende monatliche Beträge verwendet werden.

(1a) Der Arbeitgeber muss 15 Prozent des umgewandelten Entgelts zusätzlich als Arbeitgeberzuschuss an den Pensionsfonds, die Pensionskasse oder die Direktversicherung weiterleiten, soweit er durch die Entgeltumwandlung Sozialversicherungsbeiträge einspart.

(2) Soweit eine durch Entgeltumwandlung finanzierte betriebliche Altersversorgung besteht, ist der Anspruch des Arbeitnehmers auf Entgeltumwandlung ausgeschlossen.

(3) Soweit der Arbeitnehmer einen Anspruch auf Entgeltumwandlung für betriebliche Altersversorgung nach Absatz 1 hat, kann er verlangen, dass die Voraussetzungen für eine Förderung nach den §§ 10a, 82 Abs. 2 des Einkommensteuergesetzes erfüllt werden, wenn die betriebliche Altersversorgung über einen Pensionsfonds, eine Pensionskasse oder eine Direktversicherung durchgeführt wird.

(4) Falls der Arbeitnehmer bei fortbestehendem Arbeitsverhältnis kein Entgelt erhält, hat er das Recht, die Versicherung oder Versorgung mit eigenen Beiträgen fortzusetzen. Der Arbeitgeber steht auch für die Leistungen aus diesen Beiträgen ein. Die Regelungen über Entgeltumwandlung gelten entsprechend.

§ 1b Unverfallbarkeit und Durchführung der betrieblichen Altersversorgung

(1) Einem Arbeitnehmer, dem Leistungen aus der betrieblichen Altersversorgung

zugesagt worden sind, bleibt die Anwartschaft erhalten, wenn das Arbeitsverhältnis vor Eintritt des Versorgungsfalls, jedoch nach Vollendung des 21. Lebensjahres endet und die Versorgungszusage zu diesem Zeitpunkt mindestens drei Jahre bestanden hat (unverfallbare Anwartschaft). Ein Arbeitnehmer behält seine Anwartschaft auch dann, wenn er aufgrund einer Vorruhestandsregelung ausscheidet und ohne das vorherige Ausscheiden die Wartezeit und die sonstigen Voraussetzungen für den Bezug von Leistungen der betrieblichen Altersversorgung hätte erfüllen können. Eine Änderung der Versorgungszusage oder ihre Übernahme durch eine andere Person unterbricht nicht den Ablauf der Fristen nach Satz 1. Der Verpflichtung aus einer Versorgungszusage stehen Versorgungsverpflichtungen gleich, die auf betrieblicher Übung oder dem Grundsatz der Gleichbehandlung beruhen. Der Ablauf einer vorgesehenen Wartezeit wird durch die Beendigung des Arbeitsverhältnisses nach Erfüllung der Voraussetzungen der Sätze 1 und 2 nicht berührt. Wechselt ein Arbeitnehmer vom Geltungsbereich dieses Gesetzes in einen anderen Mitgliedstaat der Europäischen Union, bleibt die Anwartschaft in gleichem Umfange wie für Personen erhalten, die auch nach Beendigung eines Arbeitsverhältnisses innerhalb des Geltungsbereichs dieses Gesetzes verbleiben.

(2) Wird für die betriebliche Altersversorgung eine Lebensversicherung auf das Leben des Arbeitnehmers durch den Arbeitgeber abgeschlossen und sind der Arbeitnehmer oder seine Hinterbliebenen hinsichtlich der Leistungen des Versicherers ganz oder teilweise bezugsberechtigt (Direktversicherung), so ist der Arbeitgeber verpflichtet, wegen Beendigung des Arbeitsverhältnisses nach Erfüllung der in Absatz 1 Satz 1 und 2 genannten Voraussetzungen das Bezugsrecht nicht mehr zu widerrufen. Eine Vereinbarung, nach der das Bezugsrecht durch die Beendigung des Arbeitsverhältnisses nach Erfüllung der in Absatz 1 Satz 1 und 2 genannten Voraussetzungen auflösend bedingt ist, ist unwirksam. Hat der Arbeitgeber die Ansprüche aus dem Versicherungsvertrag abgetreten oder beliehen, so ist er verpflichtet, den Arbeitnehmer, dessen Arbeitsverhältnis nach Erfüllung der in Absatz 1 Satz 1 und 2 genannten Voraussetzungen geendet hat, bei Eintritt des Versicherungsfalles so zu stellen, als ob die Abtretung oder Beleihung nicht erfolgt wäre. Als Zeitpunkt der Erteilung der Versorgungszusage im Sinne des Absatzes 1 gilt der Versicherungsbeginn, frühestens jedoch der Beginn der Betriebszugehörigkeit.

(3) Wird die betriebliche Altersversorgung von einer rechtsfähigen Versorgungseinrichtung durchgeführt, die dem Arbeitnehmer oder seinen Hinterbliebenen auf ihre Leistungen einen Rechtsanspruch gewährt (Pensionskasse und Pensionsfonds), so gilt Absatz 1 entsprechend. Als Zeitpunkt der Erteilung der Versorgungszusage im Sinne des Absatzes 1 gilt der Versicherungsbeginn, frühestens jedoch der Beginn der Betriebszugehörigkeit.

(4) Wird die betriebliche Altersversorgung von einer rechtsfähigen Versorgungseinrichtung durchgeführt, die auf ihre Leistungen keinen Rechtsanspruch gewährt (Unterstützungskasse), so sind die nach Erfüllung der in Absatz 1 Satz 1 und 2 genannten Voraussetzungen und vor Eintritt des Versorgungsfalles aus dem Unternehmen ausgeschiedenen Arbeitnehmer und ihre Hinterbliebenen den bis zum Eintritt des Versorgungsfalles dem Unternehmen angehörenden Arbeitnehmern und deren Hinterbliebenen gleichgestellt. Die Versorgungszusage gilt in dem Zeit-

punkt als erteilt im Sinne des Absatzes 1, von dem an der Arbeitnehmer zum Kreis der Begünstigten der Unterstützungskasse gehört.

(5) Soweit betriebliche Altersversorgung durch Entgeltumwandlung einschließlich eines möglichen Arbeitgeberzuschusses nach § 1a Absatz 1a erfolgt, behält der Arbeitnehmer seine Anwartschaft, wenn sein Arbeitsverhältnis vor Eintritt des Versorgungsfalles endet; in den Fällen der Absätze 2 und 3.

1. dürfen die Überschussanteile nur zur Verbesserung der Leistung verwendet,
2. muss dem ausgeschiedenen Arbeitnehmer das Recht zur Fortsetzung der Versicherung oder Versorgung mit eigenen Beiträgen eingeräumt und
3. muss das Recht zur Verpfändung, Abtretung oder Beleihung durch den Arbeitgeber ausgeschlossen werden.

Im Fall einer Direktversicherung ist dem Arbeitnehmer darüber hinaus mit Beginn der Entgeltumwandlung ein unwiderrufliches Bezugsrecht einzuräumen.

§ 2 Höhe der unverfallbaren Anwartschaft (1) Bei Eintritt des Versorgungsfalles wegen Erreichens der Altersgrenze, wegen Invalidität oder Tod haben ein vorher ausgeschiedener Arbeitnehmer, dessen Anwartschaft nach § 1b fortbesteht, und seine Hinterbliebenen einen Anspruch mindestens in Höhe des Teiles der ohne das vorherige Ausscheiden zustehenden Leistung, der dem Verhältnis der Dauer der Betriebszugehörigkeit zu der Zeit vom Beginn der Betriebszugehörigkeit bis zum Erreichen der Regelaltersgrenze in der gesetzlichen Rentenversicherung entspricht; an die Stelle des Erreichens der Regelaltersgrenze tritt ein früherer Zeitpunkt, wenn dieser in der Versorgungsregelung als feste Altersgrenze vorgesehen ist, spätestens der Zeitpunkt der Vollendung des 65. Lebensjahres, falls der Arbeitnehmer ausscheidet und gleichzeitig eine Altersrente aus der gesetzlichen Rentenversicherung für besonders langjährig Versicherte in Anspruch nimmt. Der Mindestanspruch auf Leistungen wegen Invalidität oder Tod vor Erreichen der Altersgrenze ist jedoch nicht höher als der Betrag, den der Arbeitnehmer oder seine Hinterbliebenen erhalten hätten, wenn im Zeitpunkt des Ausscheidens der Versorgungsfall eingetreten wäre und die sonstigen Leistungsvoraussetzungen erfüllt gewesen wären.

(2) Ist bei einer Direktversicherung der Arbeitnehmer nach Erfüllung der Voraussetzungen des § 1b Abs. 1 und 5 vor Eintritt des Versorgungsfalls ausgeschieden, so gilt Absatz 1 mit der Maßgabe, daß sich der vom Arbeitgeber zu finanzierende Teilanspruch nach Absatz 1, soweit er über die von dem Versicherer nach dem Versicherungsvertrag auf Grund der Beiträge des Arbeitgebers zu erbringende Versicherungsleistung hinausgeht, gegen den Arbeitgeber richtet. An die Stelle der Ansprüche nach Satz 1 tritt die von dem Versicherer auf Grund des Versicherungsvertrags zu erbringende Versicherungsleistung, wenn

1. spätestens nach 3 Monaten seit dem Ausscheiden des Arbeitnehmers das Bezugsrecht unwiderruflich ist und eine Abtretung oder Beleihung des Rechts aus dem Versicherungsvertrag durch den Arbeitgeber und Beitragsrückstände nicht vorhanden sind,
2. vom Beginn der Versicherung, frühestens jedoch vom Beginn der Betriebszugehörigkeit an, nach dem Versicherungsvertrag die Überschußanteile nur zur Verbesserung der Versicherungsleistung zu verwenden sind und

3. der ausgeschiedene Arbeitnehmer nach dem Versicherungsvertrag das Recht zur Fortsetzung der Versicherung mit eigenen Beiträgen hat.

Die Einstandspflicht des Arbeitgebers nach § 1 Absatz 1 Satz 3 bleibt unberührt. Der ausgeschiedene Arbeitnehmer darf die Ansprüche aus dem Versicherungsvertrag in Höhe des durch Beitragszahlungen des Arbeitgebers gebildeten geschäftsplanmäßigen Deckungskapitals oder, soweit die Berechnung des Deckungskapitals nicht zum Geschäftsplan gehört, des nach § 169 Abs. 3 und 4 des Versicherungsgesetzes berechneten Wertes weder abtreten noch beleihen. In dieser Höhe darf der Rückkaufswert auf Grund einer Kündigung des Versicherungsvertrags nicht in Anspruch genommen werden; im Falle einer Kündigung wird die Versicherung in eine prämienfreie Versicherung umgewandelt. § 169 Abs. 1 des Versicherungsvertragsgesetzes findet insoweit keine Anwendung. Eine Abfindung des Anspruchs nach § 3 ist weiterhin möglich.

(3) Für Pensionskassen gilt Absatz 1 mit der Maßgabe, daß sich der vom Arbeitgeber zu finanzierende Teilanspruch nach Absatz 1, soweit er über die von der Pensionskasse nach dem aufsichtsbehördlich genehmigten Geschäftsplan oder, soweit eine aufsichtsbehördliche Genehmigung nicht vorgeschrieben ist, nach den allgemeinen Versicherungsbedingungen und den fachlichen Geschäftsunterlagen im Sinne des § 9 Absatz 2 Nummer 2 in Verbindung mit § 219 Absatz 3 Nummer 1 Buchstabe b des Versicherungsaufsichtsgesetzes (Geschäftsunterlagen) auf Grund der Beiträge des Arbeitgebers zu erbringende Leistung hinausgeht, gegen den Arbeitgeber richtet. An die Stelle der Ansprüche nach Satz 1 tritt die von der Pensionskasse auf Grund des Geschäftsplans oder der Geschäftsunterlagen zu erbringende Leistung, wenn nach dem aufsichtsbehördlich genehmigten Geschäftsplan oder den Geschäftsunterlagen

1. vom Beginn der Versicherung, frühestens jedoch vom Beginn der Betriebszugehörigkeit an, Überschußanteile, die auf Grund des Finanzierungsverfahrens regelmäßig entstehen, nur zur Verbesserung der Versicherungsleistung zu verwenden sind oder die Steigerung der Versorgungsanwartschaften des Arbeitnehmers der Entwicklung seines Arbeitsentgelts, soweit es unter den jeweiligen Beitragsbemessungsgrenzen der gesetzlichen Rentenversicherungen liegt, entspricht und
2. der ausgeschiedene Arbeitnehmer das Recht zur Fortsetzung der Versicherung mit eigenen Beiträgen hat.

Absatz 2 Satz 3 bis 7 gilt entsprechend.

(3 a) Für Pensionsfonds gilt Absatz 1 mit der Maßgabe, dass sich der vom Arbeitgeber zu finanzierende Teilanspruch, soweit er über die vom Pensionsfonds auf der Grundlage der nach dem geltenden Pensionsplan im Sinne des § 237 Absatz 1 Satz 3 des Versicherungsaufsichtsgesetzes berechnete Deckungsrückstellung hinausgeht, gegen den Arbeitgeber richtet.

(4) Eine Unterstützungskasse hat bei Eintritt des Versorgungsfalls einem vorzeitig ausgeschiedenen Arbeitnehmer, der nach § 1b Abs. 4 gleichgestellt ist, und seinen Hinterbliebenen mindestens den nach Absatz 1 berechneten Teil der Versorgung zu gewähren.

(5) Bei einer unverfallbaren Anwartschaft aus Entgeltumwandlung tritt an die Stelle der Ansprüche nach Absatz 1, 3a oder 4 die vom Zeitpunkt der Zusage auf

betriebliche Altersversorgung bis zum Ausscheiden des Arbeitnehmers erreichte Anwartschaft auf Leistungen aus den bis dahin umgewandelten Entgeltbestandteilen; dies gilt entsprechend für eine unverfallbare Anwartschaft aus Beiträgen im Rahmen einer beitragsorientierten Leistungszusage.

(6) An die Stelle der Ansprüche nach den Absätzen 2, 3, 3a und 5 tritt bei einer Beitragszusage mit Mindestleistung das dem Arbeitnehmer planmäßig zuzurechnende Versorgungskapital auf der Grundlage der bis zu seinem Ausscheiden geleisteten Beiträge (Beiträge und die bis zum Eintritt des Versorgungsfalls erzielten Erträge), mindestens die Summe der bis dahin zugesagten Beiträge, soweit sie nicht rechnungsmäßig für einen biometrischen Risikoausgleich verbraucht wurden.

§ 2a Berechnung und Wahrung des Teilanspruchs (1) Bei der Berechnung des Teilanspruchs eines mit unverfallbarer Anwartschaft ausgeschiedenen Arbeitnehmers nach § 2 sind die Versorgungsregelungen und die Bemessungsgrundlagen im Zeitpunkt des Ausscheidens zugrunde zu legen; Veränderungen, die nach dem Ausscheiden eintreten, bleiben außer Betracht.

(2) Abweichend von Absatz 1 darf ein ausgeschiedener Arbeitnehmer im Hinblick auf den Wert seiner unverfallbaren Anwartschaft gegenüber vergleichbaren nicht ausgeschiedenen Arbeitnehmern nicht benachteiligt werden. Eine Benachteiligung gilt insbesondere als ausgeschlossen, wenn

1. die Anwartschaft
   a) als nominales Anrecht festgelegt ist,
   b) eine Verzinsung enthält, die auch dem ausgeschiedenen Arbeitnehmer zugutekommt, oder
   c) über einen Pensionsfonds, eine Pensionskasse oder eine Direktversicherung durchgeführt wird und die Erträge auch dem ausgeschiedenen Arbeitnehmer zugutekommen, oder
2. die Anwartschaft angepasst wird
   a) um 1 Prozent jährlich,
   b) wie die Anwartschaften oder die Nettolöhne vergleichbarer nicht ausgeschiedener Arbeitnehmer,
   c) wie die laufenden Leistungen, die an die Versorgungsempfänger des Arbeitgebers erbracht werden, oder
   d) entsprechend dem Verbraucherpreisindex für Deutschland.

(3) Ist bei der Berechnung des Teilanspruchs eine Rente der gesetzlichen Rentenversicherung zu berücksichtigen, so kann bei einer unmittelbaren oder über eine Unterstützungskasse durchgeführten Versorgungszusage das bei der Berechnung von Pensionsrückstellungen allgemein zulässige Verfahren zugrunde gelegt werden, es sei denn, der ausgeschiedene Arbeitnehmer weist die bei der gesetzlichen Rentenversicherung im Zeitpunkt des Ausscheidens erreichten Entgeltpunkte nach. Bei einer Versorgungszusage, die über eine Pensionskasse oder einen Pensionsfonds durchgeführt wird, sind der aufsichtsbehördlich genehmigte Geschäftsplan, der Pensionsplan oder die sonstigen Geschäftsunterlagen zugrunde zu legen.

(4) Versorgungsanwartschaften, die der Arbeitnehmer nach seinem Ausscheiden erwirbt, dürfen nicht zu einer Kürzung des Teilanspruchs führen.

§ 3 Abfindung (1) Unverfallbare Anwartschaften im Falle der Beendigung des Arbeitsverhältnisses und laufende Leistungen dürfen nur unter den Voraussetzungen der folgenden Absätze abgefunden werden.

(2) Der Arbeitgeber kann eine Anwartschaft ohne Zustimmung des Arbeitnehmers abfinden, wenn der Monatsbetrag der aus der Anwartschaft resultierenden laufenden Leistung bei Erreichen der vorgesehenen Altersgrenze 1 vom Hundert, bei Kapitalleistungen zwölf Zehntel der monatlichen Bezugsgröße nach § 18 des Vierten Buches Sozialgesetzbuch nicht übersteigen würde. Dies gilt entsprechend für die Abfindung einer laufenden Leistung. Die Abfindung einer Anwartschaft bedarf der Zustimmung des Arbeitnehmers, wenn dieser nach Beendigung des Arbeitsverhältnisses ein neues Arbeitsverhältnis in einem anderen Mitgliedstaat der Europäischen Union begründet und dies innerhalb von drei Monaten nach Beendigung des Arbeitsverhältnisses seinem ehemaligen Arbeitgeber mitteilt. Die Abfindung ist unzulässig, wenn der Arbeitnehmer von seinem Recht auf Übertragung der Anwartschaft Gebrauch macht.

11

(3) Die Anwartschaft ist auf Verlangen des Arbeitnehmers abzufinden, wenn die Beiträge zur gesetzlichen Rentenversicherung erstattet worden sind.

(4) Der Teil der Anwartschaft, der während eines Insolvenzverfahrens erdient worden ist, kann ohne Zustimmung des Arbeitnehmers abgefunden werden, wenn die Betriebstätigkeit vollständig eingestellt und das Unternehmen liquidiert wird.

(5) Für die Berechnung des Abfindungsbetrages gilt § 4 Abs. 5 entsprechend.

(6) Die Abfindung ist gesondert auszuweisen und einmalig zu zahlen.

§ 4 Übertragung (1) Unverfallbare Anwartschaften und laufende Leistungen dürfen nur unter den Voraussetzungen der folgenden Absätze übertragen werden.

(2) Nach Beendigung des Arbeitsverhältnisses kann im Einvernehmen des ehemaligen mit dem neuen Arbeitgeber sowie dem Arbeitnehmer

1. die Zusage vom neuen Arbeitgeber übernommen werden oder
2. der Wert der vom Arbeitnehmer erworbenen unverfallbaren Anwartschaft auf betriebliche Altersversorgung (Übertragungswert) auf den neuen Arbeitgeber übertragen werden, wenn dieser eine wertgleiche Zusage erteilt; für die neue Anwartschaft gelten die Regelungen über Entgeltumwandlung entsprechend.

(3) Der Arbeitnehmer kann innerhalb eines Jahres nach Beendigung des Arbeitsverhältnisses von seinem ehemaligen Arbeitgeber verlangen, dass der Übertragungswert auf den neuen Arbeitgeber übertragen wird, wenn

1. die betriebliche Altersversorgung über einen Pensionsfonds, eine Pensionskasse oder eine Direktversicherung durchgeführt worden ist und
2. der Übertragungswert die Beitragsbemessungsgrenze in der allgemeinen Rentenversicherung nicht übersteigt.

Der Anspruch richtet sich gegen den Versorgungsträger, wenn die versicherungsförmige Lösung nach § 2 Abs. 2 oder 3 vorliegt oder soweit der Arbeitnehmer die Versicherung oder Versorgung mit eigenen Beiträgen fortgeführt hat. Der neue Arbeitgeber ist verpflichtet, eine dem Übertragungswert wertgleiche Zusage zu erteilen und über einen Pensionsfonds, eine Pensionskasse oder eine Direktversicherung durchzuführen. Für die neue Anwartschaft gelten die Regelungen über Entgeltumwandlung entsprechend.

(4) Wird die Betriebstätigkeit eingestellt und das Unternehmen liquidiert, kann eine Zusage von einer Pensionskasse oder einem Unternehmen der Lebensversicherung ohne Zustimmung des Arbeitnehmers oder Versorgungsempfängers übernommen werden, wenn sichergestellt ist, dass die Überschussanteile ab Rentenbeginn entsprechend § 16 Abs. 3 Nr. 2 verwendet werden. Bei einer Pensionskasse nach § 7 Absatz 1 Satz 2 Nummer 3 muss sichergestellt sein, dass im Zeitpunkt der Übernahme der in der Rechtsverordnung zu § 235 Absatz 1 Nummer 4 des Versicherungsaufsichtsgesetzes in der jeweils geltenden Fassung festgesetzte Höchstzinssatz zur Berechnung der Deckungsrückstellung nicht überschritten wird. § 2 Abs. 2 Satz 4 bis 6 gilt entsprechend.
(5) Der Übertragungswert entspricht bei einer unmittelbar über den Arbeitgeber oder über eine Unterstützungskasse durchgeführten betrieblichen Altersversorgung dem Barwert der nach § 2 bemessenen künftigen Versorgungsleistung im Zeitpunkt der Übertragung; bei der Berechnung des Barwerts sind die Rechnungsgrundlagen sowie die anerkannten Regeln der Versicherungsmathematik maßgebend. Soweit die betriebliche Altersversorgung über einen Pensionsfonds, eine Pensionskasse oder eine Direktversicherung durchgeführt worden ist, entspricht der Übertragungswert dem gebildeten Kapital im Zeitpunkt der Übertragung.
(6) Mit der vollständigen Übertragung des Übertragungswerts erlischt die Zusage des ehemaligen Arbeitgebers.

§ 4a Auskunftspflichten (1) Der Arbeitgeber oder der Versorgungsträger hat dem Arbeitnehmer auf dessen Verlangen mitzuteilen,
1. ob und wie eine Anwartschaft auf betriebliche Altersversorgung erworben wird,
2. wie hoch der Anspruch auf betriebliche Altersversorgung aus der bisher erworbenen Anwartschaft ist und bei Erreichen der in der Versorungsregelung vorgesehenen Altersgrenze voraussichtlich sein wird,
3. wie sich eine Beendigung des Arbeitsverhältnisses auf die Anwartschaft auswirkt und
4. wie sich die Anwartschaft nach einer Beendigung des Arbeitsverhältnisses entwickeln wird.

(2) Der Arbeitgeber oder der Versorgungsträger hat dem Arbeitnehmer oder dem ausgeschiedenen Arbeitnehmer auf dessen Verlangen schriftlich mitzuteilen, wie hoch bei einer Übertragung der Anwartschaft nach § 4 Absatz 3 der Übertragungswert ist. Der neue Arbeitgeber oder der Versorgungsträger hat dem Arbeitnehmer auf dessen Verlangen mitzuteilen, in welcher Höhe aus dem Übertragungswert ein Anspruch auf Altersversorgung bestehen würde und ob eine Invaliditäts- oder Hinterbliebenenversorgung bestehen würde.
(3) Der Arbeitgeber oder der Versorgungsträger hat dem ausgeschiedenen Arbeitnehmer auf dessen Verlangen mitzuteilen, wie hoch die Anwartschaft auf betriebliche Altersversorgung ist und wie sich die Anwartschaft künftig entwickeln wird. Satz 1 gilt entsprechend für Hinterbliebene im Versorgungsfall.
(4) Die Auskunft muss verständlich, in Textform und in angemessener Frist erteilt werden.

Zweiter Abschnitt – Auszehrungsverbot

§ 5 Auszehrung und Anrechnung (1) Die bei Eintritt des Versorgungsfalls festgesetzten Leistungen der betrieblichen Altersversorgung dürfen nicht mehr dadurch gemindert oder entzogen werden, daß Beträge, um die sich andere Versorgungsbezüge nach diesem Zeitpunkt durch Anpassung an die wirtschaftliche Entwicklung erhöhen, angerechnet oder bei der Begrenzung der Gesamtversorgung auf einen Höchstbetrag berücksichtigt werden.

(2) Leistungen der betrieblichen Altersversorgung dürfen durch Anrechnung oder Berücksichtigung anderer Versorgungsbezüge, soweit sie auf eigenen Beiträgen des Versorgungsempfängers beruhen, nicht gekürzt werden. Dies gilt nicht für Renten aus den gesetzlichen Rentenversicherungen, soweit sie auf Pflichtbeiträgen beruhen, sowie für sonstige Versorgungsbezüge, die mindestens zur Hälfte auf Beiträgen oder Zuschüssen des Arbeitgebers beruhen.

Dritter Abschnitt – Altersgrenze

§ 6 Vorzeitige Altersleistung Einem Arbeitnehmer, der die Altersrente aus der gesetzlichen Rentenversicherung als Vollrente in Anspruch nimmt, sind auf sein Verlangen nach Erfüllung der Wartezeit und sonstiger Leistungsvoraussetzungen Leistungen der betrieblichen Altersversorgung zu gewähren. Wird die Altersrente aus der gesetzlichen Rentenversicherung auf einen Teilbetrag beschränkt, können die Leistungen der betrieblichen Altersversorgung eingestellt werden. Der ausgeschiedene Arbeitnehmer ist verpflichtet, eine Beschränkung der Altersrente aus der gesetzlichen Rentenversicherung dem Arbeitgeber oder sonstigen Versorgungsträger unverzüglich anzuzeigen.

Vierter Abschnitt – Insolvenzsicherung

§ 7 Umfang des Versicherungsschutzes (1) Versorgungsempfänger, deren Ansprüche aus einer unmittelbaren Versorgungszusage des Arbeitgebers nicht erfüllt werden, weil über das Vermögen des Arbeitgebers oder über seinen Nachlaß das Insolvenzverfahren eröffnet worden ist, und ihre Hinterbliebenen haben gegen den Träger der Insolvenzsicherung einen Anspruch in Höhe der Leistung, die der Arbeitgeber aufgrund der Versorgungszusage zu erbringen hätte, wenn das Insolvenzverfahren nicht eröffnet worden wäre. Satz 1 gilt entsprechend,

1. wenn Leistungen aus einer Direktversicherung aufgrund der in § 1b Abs. 2 Satz 3 genannten Tatbestände nicht gezahlt werden und der Arbeitgeber seiner Verpflichtung nach § 1b Abs. 2 Satz 3 wegen der Eröffnung des Insolvenzverfahrens nicht nachkommt,
2. wenn eine Unterstützungskasse die nach ihrer Versorgungsregelung vorgesehene Versorgung nicht erbringt, weil über das Vermögen oder den Nachlass eines Arbeitgebers, der der Unterstützungskasse Zuwendungen leistet, das Insolvenzverfahren eröffnet worden ist,
3. wenn über das Vermögen oder den Nachlass des Arbeitgebers, dessen Versorgungszusage von einem Pensionsfonds oder einer Pensionskasse durchgeführt

wird, das Insolvenzverfahren eröffnet worden ist und soweit der Pensionsfonds oder die Pensionskasse die nach der Versorgungszusage des Arbeitgebers vorgesehene Leistung nicht erbringt; ein Anspruch gegen den Träger der Insolvenzsicherung besteht nicht, wenn eine Pensionskasse einem Sicherungsfonds nach dem Dritten Teil des Versicherungsaufsichtsgesetzes angehörtoder in Form einer gemeinsamen Einrichtung nach § 4 des Tarifvertragsgesetzes organisiert ist.

§ 14 des Versicherungsvertragsgesetzes findet entsprechende Anwendung. Der Eröffnung des Insolvenzverfahrens stehen bei der Anwendung der Sätze 1 bis 3 gleich

1. die Abweisung des Antrags auf Eröffnung des Insolvenzverfahrens mangels Masse,
2. der außergerichtliche Vergleich (Stundungs-, Quoten- oder Liquidationsvergleich) des Arbeitgebers mit seinen Gläubigern zur Abwendung eines Insolvenzverfahrens, wenn ihm der Träger der Insolvenzsicherung zustimmt,
3. die vollständige Beendigung der Betriebstätigkeit im Geltungsbereich dieses Gesetzes, wenn ein Antrag auf Eröffnung des Insolvenzverfahrens nicht gestellt worden ist und ein Insolvenzverfahren offensichtlich mangels Masse nicht in Betracht kommt.

(1 a) Der Anspruch gegen den Träger der Insolvenzsicherung entsteht mit dem Beginn des Kalendermonats, der auf den Eintritt des Sicherungsfalles folgt. Der Anspruch endet mit Ablauf des Sterbemonats des Begünstigten, soweit in der Versorgungszusage des Arbeitgebers nicht etwas anderes bestimmt ist. In den Fällen des Absatzes 1 Satz 1 und 4 Nr. 1 und 3 umfaßt der Anspruch auch rückständige Versorgungsleistungen, soweit diese bis zu zwölf Monaten vor Entstehen der Leistungspflicht des Trägers der Insolvenzsicherung entstanden sind.

(2) Personen, die bei Eröffnung des Insolvenzverfahrens oder bei Eintritt der nach Absatz 1 Satz 4 gleichstehenden Voraussetzungen (Sicherungsfall) eine nach § 1b unverfallbare Versorgungsanwartschaft haben, und ihre Hinterbliebenen haben bei Eintritt des Versorgungsfalls einen Anspruch gegen den Träger der Insolvenzsicherung, wenn die Anwartschaft beruht

1. auf einer unmittelbaren Versorgungszusage des Arbeitgebers oder
2. auf einer Direktversicherung und der Arbeitnehmer hinsichtlich der Leistungen des Versicherers widerruflich bezugsberechtigt ist oder die Leistungen auf Grund der in § 1b Absatz 2 Satz 3 genannten Tatbestände nicht gezahlt werden und der Arbeitgeber seiner Verpflichtung aus § 1b Absatz 2 Satz 3 wegen der Eröffnung des Insolvenzverfahrens nicht nachkommt,
3. auf einer Versorgungszusage des Arbeitgebers, die von einer Unterstützungskasse durchgeführt wird, oder
4. auf einer Versorgungszusage des Arbeitgebers, die von einem Pensionsfonds oder einer Pensionskasse nach Absatz 1 Satz 2 Nummer 3 durchgeführt wird, soweit der Pensionsfonds oder die Pensionskasse die nach der Versorgungszusage des Arbeitgebers vorgesehene Leistung nicht erbringt.

Satz 1 gilt entsprechend für Personen, die zum Kreis der Begünstigten einer Unterstützungskasse oder eines Pensionsfonds gehören, wenn der Sicherungsfall bei einem Trägerunternehmen eingetreten ist. Die Höhe des Anspruchs richtet sich nach der Höhe der Leistungen nach § 2 Absatz 1 und 2 Satz 2, bei Unterstützungskassen nach dem Teil der nach der Versorgungsregelung vorgesehenen Versorgung, der dem Verhältnis der Dauer der Betriebszugehörigkeit zu der Zeit vom Beginn der Betriebszugehörigkeit bis zum Erreichen der in der Versorgungsregelung vorgesehenen festen Altersgrenze entspricht, es sei denn, § 2 Abs. 5 ist anwendbar. Für die Berechnung der Höhe des Anspruchs nach Satz 3 wird die Betriebszugehörigkeit bis zum Eintritt des Sicherungsfalles berücksichtigt. Bei Pensionsfonds mit Leistungszusagen gelten für die Höhe des Anspruchs die Bestimmungen für unmittelbare Versorgungszusagen entsprechend, bei Beitragszusagen mit Mindestleistung gilt für die Höhe des Anspruchs § 2 Absatz 6. Bei der Berechnung der Höhe des Anspruchs sind Veränderungen der Versorgungsregelung und der Bemessungsgrundlagen, die nach dem Eintritt des Sicherungsfalles eintreten, nicht zu berücksichtigen; § 2a Absatz 2 findet keine Anwendung.

(2 a) Die Höhe des Anspruchs nach Absatz 2 richtet sich

1. bei unmittelbaren Versorgungszusagen, Unterstützungskassen und Pensionsfonds nach § 2 Absatz 1,
2. bei Direktversicherungen nach § 2 Absatz 2 Satz 2,
3. bei Pensionskassen nach § 2 Absatz 3 Satz 2.

Die Betriebszugehörigkeit wird bis zum Eintritt des Sicherungsfalls berücksichtigt. § 2 Absatz 5 und 6 gilt entsprechend. Veränderungen der Versorgungsregelung und der Bemessungsgrundlagen, die nach dem Eintritt des Sicherungsfalls eintreten, sind nicht zu berücksichtigen; § 2a Absatz 2 findet keine Anwendung.

(3) Ein Anspruch auf laufende Leistungen gegen den Träger der Insolvenzsicherung beträgt jedoch im Monat höchstens das Dreifache der im Zeitpunkt der ersten Fälligkeit maßgebenden monatlichen Bezugsgröße gemäß § 18 des Vierten Buches Sozialgesetzbuch. Satz 1 gilt entsprechend bei einem Anspruch auf Kapitalleistungen mit der Maßgabe, daß zehn vom Hundert der Leistung als Jahresbetrag einer laufenden Leistung anzusetzen sind.

(4) Ein Anspruch auf Leistungen gegen den Träger der Insolvenzsicherung vermindert sich in dem Umfang, in dem der Arbeitgeber oder sonstige Träger der Versorgung die Leistungen der betrieblichen Altersversorgung erbringt. Wird im Insolvenzverfahren ein Insolvenzplan bestätigt, vermindert sich der Anspruch auf Leistungen gegen den Träger der Insolvenzsicherung insoweit, als nach dem Insolvenzplan der Arbeitgeber oder sonstige Träger der Versorgung einen Teil der Leistungen selbst zu erbringen hat. Sieht der Insolvenzplan vor, daß der Arbeitgeber oder sonstige Träger der Versorgung die Leistungen der betrieblichen Altersversorgung von einem bestimmten Zeitpunkt an selbst zu erbringen hat, so entfällt der Anspruch auf Leistungen gegen den Träger der Insolvenzsicherung von diesem Zeitpunkt an. Die Sätze 2 und 3 sind für den außergerichtlichen Vergleich nach Absatz 1 Satz 4 Nr. 2 entsprechend anzuwenden. Im Insolvenzplan soll vorgesehen werden, daß bei einer nachhaltigen Besserung der wirtschaftlichen Lage des Arbeitgebers die vom Träger der Insolvenzsicherung zu erbringenden Leistungen ganz oder zum Teil vom Arbeitgeber oder sonstigen Träger der Versorgung wieder übernommen werden.

(5) Ein Anspruch gegen den Träger der Insolvenzsicherung besteht nicht, soweit nach den Umständen des Falles die Annahme gerechtfertigt ist, daß es der alleinige

oder überwiegende Zweck der Versorgungszusage oder ihre Verbesserung oder der für die Direktversicherung in § 1b Abs. 2 Satz 3 genannten Tatbestände gewesen ist, den Träger der Insolvenzsicherung in Anspruch zu nehmen. Diese Annahme ist insbesondere dann gerechtfertigt, wenn bei Erteilung oder Verbesserung der Versorgungszusage wegen der wirtschaftlichen Lage des Arbeitgebers zu erwarten war, daß die Zusage nicht erfüllt werde. Ein Anspruch auf Leistungen gegen den Träger der Insolvenzsicherung besteht bei Zusagen und Verbesserungen von Zusagen, die in den beiden letzten Jahren vor dem Eintritt des Sicherungsfalls erfolgt sind, nur

1. für ab dem 1. Januar 2002 gegebene Zusagen, soweit bei Entgeltumwandlung Beträge von bis zu 4 vom Hundert der Beitragsbemessungsgrenze in der allgemeinen Rentenversicherung für eine betriebliche Altersversorgung verwendet werden oder
2. für im Rahmen von Übertragungen gegebene Zusagen, soweit der Übertragungswert die Beitragsbemessungsgrenze in der allgemeinen Rentenversicherung nicht übersteigt.

(6) Ist der Sicherungsfall durch kriegerische Ereignisse, innere Unruhen, Naturkatastrophen oder Kernenergie verursacht worden, kann der Träger der Insolvenzsicherung mit Zustimmung der Bundesanstalt für Finanzdienstleistungsaufsicht die Leistungen nach billigem Ermessen abweichend von den Absätzen 1 bis 5 festsetzen.

§ 8 Übertragung der Leistungspflicht (1) Ein Anspruch gegen den Träger der Insolvenzsicherung auf Leistungen nach § 7 besteht nicht, wenn ein Unternehmen der Lebensversicherung sich dem Träger der Insolvenzsicherung gegenüber verpflichtet, diese Leistungen zu erbringen, und die nach § 7 Berechtigten ein unmittelbares Recht erwerben, die Leistungen zu fordern.

(2) An die Stelle des Anspruchs gegen den Träger der Insolvenzsicherung nach § 7 tritt auf Verlangen des Berechtigten die Versicherungsleistung aus einer auf sein Leben abgeschlossenen Rückdeckungsversicherung, wenn die Versorgungszusage auf die Leistungen der Rückdeckungsversicherung verweist. Das Wahlrecht des Berechtigten nach Satz 1 besteht nicht, sofern die Rückdeckungsversicherung in die Insolvenzmasse des Arbeitgebers fällt oder die Aufsichtsbehörde das Vermögen nach § 9 Absatz 3a oder 3b nicht auf den Träger der Insolvenzsicherung überträgt. Der Berechtigte hat das Recht, als Versicherungsnehmer in die Versicherung einzutreten und die Versicherung mit eigenen Beiträgen fortzusetzen; § 1b Absatz 5 Satz 1 Nummer 1 und § 2 Absatz 2 Satz 4 bis 6 gelten entsprechend. Der Träger der Insolvenzsicherung informiert den Berechtigten über sein Wahlrecht nach Satz 1 und über die damit verbundenen Folgen für den Insolvenzschutz. Das Wahlrecht erlischt sechs Monate nach Information durch den Träger der Insolvenzsicherung. Der Versicherer informiert den Träger der Insolvenzsicherung unverzüglich über den Versicherungsnehmerwechsel.

§ 8a Abfindung durch den Träger der Insolvenzsicherung Der Träger der Insolvenzsicherung kann eine Anwartschaft ohne Zustimmung des Arbeitnehmers abfinden, wenn der Monatsbetrag der aus der Anwartschaft resultierenden laufenden

Leistung bei Erreichen der vorgesehenen Altersgrenze 1 vom Hundert, bei Kapitalleistungen zwölf Zehntel der monatlichen Bezugsgröße nach § 18 des Vierten Buches Sozialgesetzbuch nicht übersteigen würde oder wenn dem Arbeitnehmer die Beiträge zur gesetzlichen Rentenversicherung erstattet worden sind. Dies gilt entsprechend für die Abfindung einer laufenden Leistung. Die Abfindung ist darüber hinaus möglich, wenn sie an ein Unternehmen der Lebensversicherung gezahlt wird, bei dem der Versorgungsberechtigte im Rahmen einer Direktversicherung versichert ist. § 2 Abs. 2 Satz 4 bis 6 und § 3 Abs. 5 gelten entsprechend.

§ 9 Mitteilungspflicht; Forderungs- und Vermögensübergang (1) Der Träger der Insolvenzsicherung teilt dem Berechtigten die ihm nach § 7 oder § 8 zustehenden Ansprüche oder Anwartschaften schriftlich mit. Unterbleibt die Mitteilung, so ist der Anspruch oder die Anwartschaft spätestens ein Jahr nach dem Sicherungsfall bei dem Träger der Insolvenzsicherung anzumelden; erfolgt die Anmeldung später, so beginnen die Leistungen frühestens mit dem Ersten des Monats der Anmeldung, es sei denn, daß der Berechtigte an der rechtzeitigen Anmeldung ohne sein Verschulden verhindert war.

(2) Ansprüche oder Anwartschaften des Berechtigten gegen den Arbeitgeber auf Leistungen der betrieblichen Altersversorgung, die den Anspruch gegen den Träger der Insolvenzsicherung begründen, gehen im Falle eines Insolvenzverfahrens mit dessen Eröffnung, in den übrigen Sicherungsfällen dann auf den Träger der Insolvenzsicherung über, wenn dieser nach Absatz 1 Satz 1 dem Berechtigten die ihm zustehenden Ansprüche der Anwartschaften mitteilt. Der Übergang kann nicht zum Nachteil des Berechtigten geltend gemacht werden. Die mit der Eröffnung des Insolvenzverfahrens übergegangenen Anwartschaften werden im Insolvenzverfahren als unbedingte Forderungen nach § 45 der Insolvenzordnung geltend gemacht.

(3) Ist der Träger der Insolvenzsicherung zu Leistungen verpflichtet, die ohne den Eintritt des Sicherungsfalles eine Unterstützungskasse erbringen würde, geht deren Vermögen einschließlich der Verbindlichkeiten auf ihn über; die Haftung für die Verbindlichkeiten beschränkt sich auf das übergegangene Vermögen. Wenn die übergegangenen Vermögenswerte den Barwert der Ansprüche und Anwartschaften gegen den Träger der Insolvenzsicherung übersteigen, hat dieser den übersteigenden Teil entsprechend der Satzung der Unterstützungskasse zu verwenden. Bei einer Unterstützungskasse mit mehreren Trägerunternehmen hat der Träger der Insolvenzsicherung einen Anspruch gegen die Unterstützungskasse auf einen Betrag, der dem Teil des Vermögens der Kasse entspricht, der auf das Unternehmen entfällt, bei dem der Sicherungsfall eingetreten ist. Die Sätze 1 bis 3 gelten nicht, wenn der Sicherungsfall auf den in § 7 Abs. 1 Satz 4 Nr. 2 genannten Gründen beruht, es sei denn, daß das Trägerunternehmen seine Betriebstätigkeit nach Eintritt des Sicherungsfalls nicht fortsetzt und aufgelöst wird (Liquidationsvergleich).

(3 a) Hat die Pensionskasse nach § 7 Absatz 1 Satz 2 Nummer 3 Kenntnis über den Sicherungsfall bei einem Arbeitgeber erlangt, dessen Versorgungszusage von ihr durchgeführt wird, hat sie dies und die Auswirkungen des Sicherungsfalls auf die Pensionskasse der Aufsichtsbehörde und dem Träger der Insolvenzsicherung unverzüglich mitzuteilen. Sind bei der Pensionskasse vor Eintritt des Sicherungs-

falls garantierte Leistungen gekürzt worden oder liegen der Aufsichtsbehörde Informationen vor, die eine dauerhafte Verschlechterung der finanziellen Lage der Pensionskasse wegen der Insolvenz des Arbeitgebers erwarten lassen, entscheidet die Aufsichtsbehörde nach Anhörung des Trägers der Insolvenzsicherung und der Pensionskasse nach pflichtgemäßem Ermessen, ob das dem Arbeitgeber zuzuordnende Vermögen der Pensionskasse einschließlich der Verbindlichkeiten auf den Träger der Insolvenzsicherung übertragen werden soll. Die Aufsichtsbehörde teilt ihre Entscheidung dem Träger der Insolvenzsicherung und der Pensionskasse mit. Die Übertragungsanordnung kann mit Nebenbestimmungen versehen werden. Absatz 3 Satz 1 zweiter Halbsatz gilt entsprechend. Der Träger der Insolvenzsicherung kann nach Anhörung der Aufsichtsbehörde der Pensionskasse Finanzmittel zur Verfügung stellen. Werden nach Eintritt des Sicherungsfalls von der Pensionskasse garantierte Leistungen gekürzt, gelten die Sätze 2 bis 6 entsprechend.
(3 b) Absatz 3a gilt entsprechend für den Pensionsfonds. Abweichend von Absatz 3a Satz 2 hat die Aufsichtsbehörde bei nicht versicherungsförmigen Pensionsplänen stets das dem Arbeiteber zuzuordnende Vermögen einschließlich der Verbindlichkeiten auf den Träger der Insolvenzsicherung zu übertragen.
(4) In einem Insolvenzplan, der die Fortführung des Unternehmens oder eines Betriebes vorsieht, ist für den Träger der Insolvenzsicherung eine besondere Gruppe zu bilden, sofern er hierauf nicht verzichtet. Sofern im Insolvenzplan nichts anderes vorgesehen ist, kann der Träger der Insolvenzsicherung, wenn innerhalb von drei Jahren nach der Aufhebung des Insolvenzverfahrens ein Antrag auf Eröffnung eines neuen Insolvenzverfahrens über das Vermögen des Arbeitgebers gestellt wird, in diesem Verfahren als Insolvenzgläubiger Erstattung der von ihm erbrachten Leistungen verlangen.
(5) Dem Träger der Insolvenzsicherung steht gegen den Beschluß, durch den das Insolvenzverfahren eröffnet wird, die sofortige Beschwerde zu.

§ 10 Beitragspflicht und Beitragsbemessung (1) Die Mittel für die Durchführung der Insolvenzsicherung werden auf Grund öffentlich-rechtlicher Verpflichtung durch Beiträge aller Arbeitgeber aufgebracht, die Leistungen der betrieblichen Altersversorgung unmittelbar zugesagt haben, eine betriebliche Altersversorgung über eine Unterstützungskasse, eine Direktversicherung der in § 7 Abs. 1 Satz 2 und Absatz 2 Satz 1 Nr. 2 bezeichneten Art, einen Pensionsfonds oder eine Pensionskasse nach § 7 Absatz 1 Satz 2 Nummer 3 durchführen. Der Versorgungsträger kann die Beiträge für den Arbeitgeber übernehmen.
(2) Die Beiträge müssen den Barwert der im laufenden Kalenderjahr entstehenden Ansprüche auf Leistungen der Insolvenzsicherung decken zuzüglich eines Betrages für die aufgrund eingetretener Insolvenzen zu sichernden Anwartschaften, der sich aus dem Unterschied der Barwerte dieser Anwartschaften am Ende des Kalenderjahres und am Ende des Vorjahres bemisst. Der Rechnungszinsfuß bei der Berechnung des Barwerts der Ansprüche auf Leistungen der Insolvenzsicherung bestimmt sich nach § 235 Absatz 1 Nummer 4 des Versicherungsaufsichtsgesetzes; soweit keine Übertragung nach § 8 Abs. 1 stattfindet, ist der Rechnungszinsfuß bei der Berechnung des Barwerts der Anwartschaften um ein Drittel höher. Darüber hinaus müssen die Beiträge die im gleichen Zeitraum entstehenden Verwaltungskosten

und sonstigen Kosten, die mit der Gewährung der Leistungen zusammenhängen, und die Zuführung zu einem von der Bundesanstalt für Finanzdienstleistungsaufsicht festgesetzten Ausgleichsfonds decken; § 193 des Versicherungsaufsichtsgesetzes bleibt unberührt. Auf die am Ende des Kalenderjahres fälligen Beiträge können Vorschüsse erhoben werden. Sind die nach den Sätzen 1 bis 3 erforderlichen Beiträge höher als im vorangegangenen Kalenderjahr, so kann der Unterschiedsbetrag auf das laufende und die folgenden vier Kalenderjahre verteilt werden. In Jahren, in denen sich außergewöhnlich hohe Beiträge ergeben würden, kann zu deren Ermäßigung der Ausgleichsfonds in einem von der Bundesanstalt für Finanzdienstleistungsaufsicht zu genehmigenden Umfang herangezogen werden; außerdem können die nach den Sätzen 1 bis 3 erforderlichen Beiträge auf das laufende und die bis zu vier folgenden Kalenderjahre verteilt werden.

(3) Die nach Absatz 2 erforderlichen Beiträge werden auf die Arbeitgeber nach Maßgabe der nachfolgenden Beträge umgelegt, soweit sie sich auf die laufenden Versorgungsleistungen und die nach § 1b unverfallbaren Versorgungsanwartschaften beziehen (Beitragsbemessungsgrundlage); diese Beträge sind festzustellen auf den Schluß des Wirtschaftsjahres des Arbeitgebers, das im abgelaufenen Kalenderjahr geendet hat:

1. Bei Arbeitgebern, die Leistungen der betrieblichen Altersversorgung unmittelbar zugesagt haben, ist Beitragsbemessungsgrundlage der Teilwert der Pensionsverpflichtung (§ 6a Abs. 3 des Einkommensteuergesetzes).
2. Bei Arbeitgebern, die eine betriebliche Altersversorgung über eine Direktversicherung mit widerruflichem Bezugsrecht durchführen, ist Beitragsbemessungsgrundlage das geschäftsplanmäßige Deckungskapital oder, soweit die Berechnung des Deckungskapitals nicht zum Geschäftsplan gehört, die Deckungsrückstellung. Für Versicherungen, bei denen der Versicherungsfall bereits eingetreten ist, und für Versicherungsanwartschaften, für die ein unwiderrufliches Bezugsrecht eingeräumt ist, ist das Deckungskapital oder die Deckungsrückstellung nur insoweit zu berücksichtigen, als die Versicherungen abgetreten oder beliehen sind.
3. Bei Arbeitgebern, die eine betriebliche Altersversorgung über eine Unterstützungskasse durchführen, ist Beitragsbemessungsgrundlage das Deckungskapital für die laufenden Leistungen (§ 4d Abs. 1 Nr. 1 Buchstabe a des Einkommensteuergesetzes) zuzüglich des Zwanzigfachen der nach § 4d Abs. 1 Nr. 1 Buchstabe b Satz 1 des Einkommensteuergesetzes errechneten jährlichen Zuwendungen für Leistungsanwärter im Sinne von § 4d Abs. 1 Nr. 1 Buchstabe b des Einkommensteuergesetzes.
4. Bei Arbeitgebern, die eine betriebliche Altersversorgung über einen Pensionsfonds oder eine Pensionskasse nach § 7 Absatz 1 Satz 2 Nummer 3 durchführen, ist Beitragsbemessungsgrundlage
   a) für unverfallbare Anwartschaften auf lebenslange Altersleistungen die Höhe der jährlichen Versorgungsleistung, die im Versorgungsfall, spätestens zum Zeitpunkt des Erreichens der Regelaltersgrenze in der gesetzlichen Rentenversicherung, erreicht werden kann, bei ausschließlich lebenslangen Invaliditäts- oder lebenslangen Hinterbliebenenleistungen jeweils ein Viertel dieses Wertes; bei Kapitalleistungen gelten 10 Prozent der Kapitalleistung,

bei Auszahlungsplänen 10 Prozent der Ratensumme zuzüglich des Restkapitals als Höhe der lebenslangen jährlichen Versorgungsleistung,

b) für lebenslang laufende Versorgungsleistungen 20 Prozent des nach Anlage 1 Spalte 2 zu § 4d Absatz 1 des Einkommensteuergesetzes berechneten Deckungskapitals; bei befristeten Versorgungsleistungen gelten 10 Prozent des Produktes aus maximal möglicher Restlaufzeit in vollen Jahren und der Höhe der jährlichen laufenden, bei Auszahlungsplänen 10 Prozent der zukünftigen Ratensumme zuzüglich des Restkapitals als Höhe der lebenslangen jährlichen Versorgungsleistung.

(4) Aus den Beitragsbescheiden des Trägers der Insolvenzsicherung findet die Zwangsvollstreckung in entsprechender Anwendung der Vorschriften der Zivilprozeßordnung statt. Die vollstreckbare Ausfertigung erteilt der Träger der Insolvenzsicherung.

§ 10a Säumniszuschläge; Zinsen; Verjährung (1) Für Beiträge, die wegen Verstoßes des Arbeitgebers gegen die Meldepflicht erst nach Fälligkeit erhoben werden, kann der Träger der Insolvenzsicherung für jeden angefangenen Monat vom Zeitpunkt der Fälligkeit an einen Säumniszuschlag in Höhe von bis zu eins vom Hundert der nacherhobenen Beiträge erheben.

(2) Für festgesetzte Beiträge und Vorschüsse, die der Arbeitgeber nach Fälligkeit zahlt, erhebt der Träger der Insolvenzsicherung für jeden Monat Verzugszinsen in Höhe von 0,5 vom Hundert der rückständigen Beiträge. Angefangene Monate bleiben außer Ansatz.

(3) Vom Träger der Insolvenzsicherung zu erstattende Beiträge werden vom Tage der Fälligkeit oder bei Feststellung des Erstattungsanspruchs durch gerichtliche Entscheidung vom Tage der Rechtshängigkeit an für jeden Monat mit 0,5 vom Hundert verzinst. Angefangene Monate bleiben außer Ansatz.

(4) Ansprüche auf Zahlung der Beiträge zur Insolvenzsicherung gemäß § 10 sowie Erstattungsansprüche nach Zahlung nicht geschuldeter Beiträge zur Insolvenzsicherung verjähren in sechs Jahren. Die Verjährungsfrist beginnt mit Ablauf des Kalenderjahres, in dem die Beitragspflicht entstanden oder der Erstattungsanspruch fällig geworden ist. Auf die Verjährung sind die Vorschriften des Bürgerlichen Gesetzbuchs anzuwenden.

§ 11 Melde-, Auskunfts- und Mitteilungspflichten (1) Der Arbeitgeber hat dem Träger der Insolvenzsicherung eine betriebliche Altersversorgung nach § 1b Abs. 1 bis 4 für seine Arbeitnehmer innerhalb von 3 Monaten nach Erteilung der unmittelbaren Versorgungszusage, dem Abschluß einer Direktversicherung, der Errichtung einer Unterstützungskasse, eines Pensionsfonds oder einer Pensionskasse nach § 7 Absatz 1 Satz 2 Nummer 3 mitzuteilen. Der Arbeitgeber, der sonstige Träger der Versorgung, der Insolvenzverwalter und die nach § 7 Berechtigten sind verpflichtet, dem Träger der Insolvenzsicherung alle Auskünfte zu erteilen, die zur Durchführung der Vorschriften dieses Abschnitts erforderlich sind, sowie Unterlagen vorzulegen, aus denen die erforderlichen Angaben ersichtlich sind.

(2) Ein beitragspflichtiger Arbeitgeber hat dem Träger der Insolvenzsicherung spätestens bis zum 30. September eines jeden Kalenderjahrs die Höhe des nach § 10

Abs. 3 für die Bemessung des Beitrages maßgebenden Betrages bei unmittelbaren Versorgungszusagen auf Grund eines versicherungsmathematischen Gutachtens, bei Direktversicherungen auf Grund einer Bescheinigung des Versicherers und bei Unterstützungskassen, Pensionsfonds und Pensionskassen auf Grund einer nachprüfbaren Berechnung mitzuteilen. Der Arbeitgeber hat die in Satz 1 bezeichneten Unterlagen mindestens 6 Jahre aufzubewahren.

(3) Der Insolvenzverwalter hat dem Träger der Insolvenzsicherung die Eröffnung des Insolvenzverfahrens, Namen und Anschriften der Versorgungsempfänger und die Höhe ihrer Versorgung nach § 7 unverzüglich mitzuteilen. Er hat zugleich Namen und Anschriften der Personen, die bei Eröffnung des Insolvenzverfahrens eine nach § 1 unverfallbare Versorgungsanwartschaft haben, sowie die Höhe ihrer Anwartschaft nach § 7 mitzuteilen.

(4) Der Arbeitgeber, der sonstige Träger der Versorgung und die nach § 7 Berechtigten sind verpflichtet, dem Insolvenzverwalter Auskünfte über alle Tatsachen zu erteilen, auf die sich die Mitteilungspflicht nach Absatz 3 bezieht.

(5) In den Fällen, in denen ein Insolvenzverfahren nicht eröffnet wird (§ 7 Abs. 1 Satz 4) oder nach § 207 der Insolvenzordnung eingestellt worden ist, sind die Pflichten des Insolvenzverwalters nach Absatz 3 vom Arbeitgeber oder dem sonstigen Träger der Versorgung zu erfüllen.

(6) Kammern und andere Zusammenschlüsse von Unternehmern oder anderen selbständigen Berufstätigen, die als Körperschaften des öffentlichen Rechts errichtet sind, ferner Verbände und andere Zusammenschlüsse, denen Unternehmer oder andere selbständige Berufstätige kraft Gesetzes angehören oder anzugehören haben, haben den Träger der Insolvenzsicherung bei der Ermittlung der nach § 10 beitragspflichtigen Arbeitgeber zu unterstützen. Die Aufsichtsbehörden haben auf Anfrage dem Träger der Insolvenzsicherung die unter ihrer Aufsicht stehenden Pensionskassen mitzuteilen.

(6 a) Ist bei einem Arbeitgeber, dessen Versorgungszusage von einer Pensionskasse oder einem Pensionsfonds durchgeführt wird, der Sicherungsfall eingetreten, muss die Pensionskasse oder der Pensionsfonds dem Träger der Insolvenzsicherung beschlossene Änderungen von Versorgungsleistungen unverzüglich mitteilen.

(7) Die nach den Absätzen 1 bis 3 und 5 zu Mitteilungen und Auskünften und die nach Absatz 6 zur Unterstützung Verpflichteten haben die vom Träger der Insolvenzsicherung vorgesehenen Vordrucke und technische Verfahren zu verwenden.

(8) Zur Sicherung der vollständigen Erfassung der nach § 10 beitragspflichtigen Arbeitgeber können die Finanzämter dem Träger der Insolvenzsicherung mitteilen, welche Arbeitgeber für die Beitragspflicht in Betracht kommen. Die Bundesregierung wird ermächtigt, durch Rechtsverordnung mit Zustimmung des Bundesrates das Nähere zu bestimmen und Einzelheiten des Verfahrens zu regeln.

§ 12 Ordnungswidrigkeiten (1) Ordnungswidrig handelt, wer vorsätzlich oder fahrlässig

1. entgegen § 11 Absatz 1 Satz 1, Absatz 2 Satz 1, Absatz 3, 5 oder 6a eine Mitteilung nicht, nicht richtig, nicht vollständig oder nicht rechtzeitig vornimmt,

2. entgegen § 11 Abs. 1 Satz 2 oder Abs. 4 eine Auskunft nicht, nicht richtig, nicht vollständig oder nicht rechtzeitig erteilt oder
3. entgegen § 11 Abs. 1 Satz 2 Unterlagen nicht, nicht richtig, nicht vollständig oder nicht rechtzeitig vorlegt oder entgegen § 11 Abs. 2 Satz 2 Unterlagen nicht aufbewahrt.

(2) Die Ordnungswidrigkeit kann mit einer Geldbuße bis zu zweitausendfünfhundert Euro geahndet werden.

(3) Verwaltungsbehörde im Sinne des § 36 Abs. 1 Nr. 1 des Gesetzes über Ordnungswidrigkeiten ist die Bundesanstalt für Finanzdienstleistungsaufsicht.

§ 13 *(weggefallen)*

§ 14 Träger der Insolvenzsicherung (1) Träger der Insolvenzsicherung ist der Pensions-Sicherungs-Verein Versicherungsverein auf Gegenseitigkeit. Er ist zugleich Träger der Insolvenzsicherung von Versorgungszusagen Luxemburger Unternehmen nach Maßgabe des Abkommens vom 22. September 2000 zwischen der Bundesrepublik Deutschland und dem Großherzogtum Luxemburg über Zusammenarbeit im Bereich der Insolvenzsicherung betrieblicher Altersversorgung.

(2) Der Pensions-Sicherungs-Verein Versicherungsverein auf Gegenseitigkeit unterliegt der Aufsicht durch die Bundesanstalt für Finanzdienstleistungsaufsicht. Soweit dieses Gesetz nichts anderes bestimmt, gelten für ihn die Vorschriften für kleine Versicherungsunternehmen nach den §§ 212 bis 216 des Versicherungsaufsichtsgesetzes und die auf Grund des § 217 des Versicherungsaufsichtsgesetzes erlassenen Rechtsverordnungen entsprechend. Die folgenden Vorschriften gelten mit folgenden Maßnahmen:

1. § 212 Absatz 2 Nummer 1 des Versicherungsaufsichtsgesetzes gilt mit der Maßgabe, dass § 30 des Versicherungsaufsichtsgesetzes Anwendung findet;
2. § 212 Absatz 3 Nummer 6 des Versicherungsaufsichtsgesetzes gilt ohne Maßgabe; § 212 Absatz 3 Nummer 7, 10 und 12 des Versicherungsaufsichtsgesetzes gilt mit der Maßgabe, dass die dort genannten Vorschriften auch auf die interne Revision Anwendung finden; § 212 Absatz 3 Nummer 13 des Versicherungsaufsichtsgesetzes gilt mit der Maßgabe, dass die Bundesanstalt für Finanzdienstleistungsaufsicht bei Vorliegen der gesetzlichen Tatbestandsmerkmale die Erlaubnis zum Geschäftsbetrieb widerrufen kann;
3. § 214 Absatz 1 des Versicherungsaufsichtsgesetzes gilt mit der Maßgabe, dass grundsätzlich die Hälfte des Ausgleichsfonds den Eigenmitteln zugerechnet werden kann. Auf Antrag des Pensions-Sicherungs-Vereins Versicherungsverein auf Gegenseitigkeit kann die Bundesanstalt für Finanzdienstleistungsaufsicht im Fall einer Inanspruchnahme des Ausgleichsfonds nach § 10 Absatz 2 Satz 5 festsetzen, dass der Ausgleichsfonds vorübergehend zu einem hierüber hinausgehenden Anteil den Eigenmitteln zugerechnet werden kann; § 214 Absatz 6 des Versicherungsaufsichtsgesetzes findet keine Anwendung;
4. der Umfang des Sicherungsvermögens muss mindestens der Summe aus den Bilanzwerten der in § 125 Absatz 2 des Versicherungsaufsichtsgesetzes genannten Beträge und dem nicht den Eigenmitteln zuzurechnenden Teil des Ausgleichsfonds entsprechend;

5. § 134 Absatz 3 Satz 2 des Versicherungsaufsichtsgesetzes gilt mit der Maßgabe, dass die Aufsichtsbehörde die Frist für Maßnahmen des Pensions-Sicherungs-Vereins Versicherungsverein auf Gegenseitigkeit um einen angemessenen Zeitraum verlängern kann; § 134 Absatz 6 Satz 1 des Versicherungsaufsichtsgesetzes ist entsprechend anzuwenden.
6. § 135 Absatz 2 Satz 2 des Versicherungsaufsichtsgesetzes gilt mit der Maßgabe, dass die Aufsichtsbehörde die genannte Frist um einen angemessenen Zeitraum verlängern kann.

(3) Der Bundesminister für Arbeit und Sozialordnung weist durch Rechtsverordnung mit Zustimmung des Bundesrates die Stellung des Trägers der Insolvenzsicherung der Kreditanstalt für Wiederaufbau zu, bei der ein Fonds zur Insolvenzsicherung der betrieblichen Altersversorgung gebildet wird, wenn

1. bis zum 31. Dezember 1974 nicht nachgewiesen worden ist, daß der in Absatz 1 genannte Träger die Erlaubnis der Aufsichtsbehörde zum Geschäftsbetrieb erhalten hat,
2. der in Absatz 1 genannte Träger aufgelöst worden ist oder
3. die Aufsichtsbehörde den Geschäftsbetrieb des in Absatz 1 genannten Trägers untersagt oder die Erlaubnis zum Geschäftsbetrieb widerruft.

In den Fällen der Nummern 2 und 3 geht das Vermögen des in Absatz 1 genannten Trägers einschließlich der Verbindlichkeiten auf die Kreditanstalt für Wiederaufbau über, die es dem Fonds zur Insolvenzsicherung der betrieblichen Altersversorgung zuweist.

(4) Wird die Insolvenzsicherung von der Kreditanstalt für Wiederaufbau durchgeführt, gelten die Vorschriften dieses Abschnittes mit folgenden Abweichungen:

1. In § 7 Abs. 6 entfällt die Zustimmung der Bundesanstalt für Finanzdienstleistungsaufsicht.
2. § 10 Abs. 2 findet keine Anwendung. Die von der Kreditanstalt für Wiederaufbau zu erhebenden Beiträge müssen den Bedarf für die laufenden Leistungen der Insolvenzsicherung im laufenden Kalenderjahr und die im gleichen Zeitraum entstehenden Verwaltungskosten und sonstigen Kosten, die mit der Gewährung der Leistungen zusammenhängen, decken. Bei einer Zuweisung nach Absatz 2 Nr. 1 beträgt der Beitrag für die ersten 3 Jahre mindestens 0,1 vom Hundert der Beitragsbemessungsgrundlage gemäß § 10 Abs. 3; der nicht benötigte Teil dieses Beitragsaufkommens wird einer Betriebsmittelreserve zugeführt. Bei einer Zuweisung nach Absatz 2 Nr. 2 oder 3 wird in den ersten 3 Jahren zu dem Beitrag nach Nummer 2 Satz 2 ein Zuschlag von 0,08 vom Hundert der Beitragsbemessungsgrundlage gemäß § 10 Abs. 3 zur Bildung einer Betriebsmittelreserve erhoben. Auf die Beiträge können Vorschüsse erhoben werden.
3. In § 12 Abs. 3 tritt an die Stelle der Bundesanstalt für Finanzdienstleistungsaufsicht die Kreditanstalt für Wiederaufbau.

Die Kreditanstalt für Wiederaufbau verwaltet den Fonds im eigenen Namen. Für Verbindlichkeiten des Fonds haftet sie nur mit dem Vermögen des Fonds. Dieser haftet nicht für die sonstigen Verbindlichkeiten der Bank. § 11 Abs. 1 Satz 1 des Gesetzes über die Kreditanstalt für Wiederaufbau in der Fassung der Bekanntmachung vom 23. Juni 1969 (BGBl. I S. 573), das zuletzt durch Artikel 14 des Gesetzes vom 21. Juni 2002 (BGBl. I S. 2010) geändert worden ist, ist in der jeweils geltenden Fassung auch für den Fonds anzuwenden.

§ 15 Verschwiegenheitspflicht Personen, die bei dem Träger der Insolvenzsicherung beschäftigt oder für ihn tätig sind, dürfen fremde Geheimnisse, insbesondere Betriebs- oder Geschäftsgeheimnisse, nicht unbefugt offenbaren oder verwerten. Sie sind nach dem Gesetz über die förmliche Verpflichtung nichtbeamteter Personen vom 2. März 1974 (Bundesgesetzbl. I S. 469, 547) von der Bundesanstalt für Finanzdienstleistungsaufsicht auf die gewissenhafte Erfüllung ihrer Obliegenheiten zu verpflichten.

Fünfter Abschnitt – Anpassung

§ 16 Anpassungspflicht (1) Der Arbeitgeber hat alle drei Jahre eine Anpassung der laufenden Leistungen der betrieblichen Altersversorgung zu prüfen und hierüber nach billigem Ermessen zu entscheiden; dabei sind insbesondere die Belange des Versorgungsempfängers und die wirtschaftliche Lage des Arbeitgebers zu berücksichtigen.

(2) Die Verpflichtung nach Absatz 1 gilt als erfüllt, wenn die Anpassung nicht geringer ist als der Anstieg

1. des Verbraucherpreisindexes für Deutschland oder
2. der Nettolöhne vergleichbarer Arbeitnehmergruppen des Unternehmens

im Prüfungszeitraum.

(3) Die Verpflichtung nach Absatz 1 entfällt, wenn

1. der Arbeitgeber sich verpflichtet, die laufenden Leistungen jährlich um wenigstens eins vom Hundert anzupassen,
2. die betriebliche Altersversorgung über eine Direktversicherung im Sinne des § 1b Abs. 2 oder über eine Pensionskasse im Sinne des § 1b Abs. 3 durchgeführt wird und ab Rentenbeginn sämtliche auf den Rentenbestand entfallende Überschußanteile zur Erhöhung der laufenden Leistungen verwendet werden oder
3. eine Beitragszusage mit Mindestleistung erteilt wurde; Absatz 5 findet insoweit keine Anwendung.

(4) Sind laufende Leistungen nach Absatz 1 nicht oder nicht in vollem Umfang anzupassen (zu Recht unterbliebene Anpassung), ist der Arbeitgeber nicht verpflichtet, die Anpassung zu einem späteren Zeitpunkt nachzuholen. Eine Anpassung gilt als zu Recht unterblieben, wenn der Arbeitgeber dem Versorgungsempfänger die wirtschaftliche Lage des Unternehmens schriftlich dargelegt, der Versorgungsempfänger nicht binnen drei Kalendermonaten nach Zugang der Mitteilung schriftlich widersprochen hat und er auf die Rechtsfolgen eines nicht fristgemäßen Widerspruchs hingewiesen wurde.

(5) Soweit betriebliche Altersversorgung durch Entgeltumwandlung finanziert wird, ist der Arbeitgeber verpflichtet, die Leistungen mindestens entsprechend Absatz 3 Nr. 1 anzupassen oder im Falle der Durchführung über eine Direktversicherung oder eine Pensionskasse sämtliche Überschussanteile entsprechend Absatz 3 Nr. 2 zu verwenden.

(6) Eine Verpflichtung zur Anpassung besteht nicht für monatliche Raten im Rahmen eines Auszahlungsplans sowie für Renten ab Vollendung des 85. Lebensjahres im Anschluss an einen Auszahlungsplan.

Sechster Abschnitt – Geltungsbereich

§ 17 Persönlicher Geltungsbereich (1) Arbeitnehmer im Sinne der §§ 1 bis 16 sind Arbeiter und Angestellte einschließlich der zu ihrer Berufsausbildung Beschäftigten; ein Berufsausbildungsverhältnis steht einem Arbeitsverhältnis gleich. Die §§ 1 bis 16 gelten entsprechend für Personen, die nicht Arbeitnehmer sind, wenn ihnen Leistungen der Alters-, Invaliditäts- oder Hinterbliebenenversorgung aus Anlaß ihrer Tätigkeit für ein Unternehmen zugesagt worden sind. Arbeitnehmer im Sinne von § 1a Abs. 1 sind nur Personen nach den Sätzen 1 und 2, soweit sie auf Grund der Beschäftigung oder Tätigkeit bei dem Arbeitgeber, gegen den sich der Anspruch nach § 1a richten würde, in der gesetzlichen Rentenversicherung pflichtversichert sind.

(2) Die §§ 7 bis 15 gelten nicht für den Bund, die Länder, die Gemeinden sowie die Körperschaften, Stiftungen und Anstalten des öffentlichen Rechts, bei denen das Insolvenzverfahren nicht zulässig ist, und solche juristische Personen des öffentlichen Rechts, bei denen der Bund, ein Land oder eine Gemeinde kraft Gesetzes die Zahlungsfähigkeit sichert.
(3) Gesetzliche Regelungen über Leistungen der betrieblichen Altersversorgung werden unbeschadet des § 18 durch die §§ 1 bis 16 und 26 bis 30 nicht berührt.

§ 18 Sonderregelungen für den öffentlichen Dienst (1) Für Personen, die
1. bei der Versorgungsanstalt des Bundes und der Länder (VBL) oder einer kommunalen oder kirchlichen Zusatzversorgungseinrichtung versichert sind, oder
2. bei einer anderen Zusatzversorgungseinrichtung versichert sind, die mit einer der Zusatzversorgungseinrichtungen nach Nummer 1 ein Überleitungsabkommen abgeschlossen hat oder aufgrund satzungsrechtlicher Vorschriften von Zusatzversorgungseinrichtungen nach Nummer 1 ein solches Abkommen abschließen kann, oder
3. unter das Hamburgische Zusatzversorgungsgesetz oder unter das Bremische Ruhelohngesetz in ihren jeweiligen Fassungen fallen oder auf die diese Gesetze sonst Anwendung finden,

gelten die §§ 2, 2a Absatz 1, 3 und 4 sowie die §§ 5, 16, 27 und 28 nicht, soweit sich aus den nachfolgenden Regelungen nichts Abweichendes ergibt; § 4 gilt nicht, wenn die Anwartschaft oder die laufende Leistung ganz oder teilweise umlage- oder haushaltsfinanziert ist. Soweit die betriebliche Altersversorgung über eine der in Satz 1 genannten Einrichtungen durchgeführt wird, finden die §§ 7 bis 15 keine Anwendung.
(2) Bei Eintritt des Versorgungsfalles vor dem 2. Januar 2002 erhalten die in Absatz 1 Nummer 1 und 2 bezeichneten Personen, deren Anwartschaft nach § 1b fortbesteht und deren Arbeitsverhältnis vor Eintritt des Versorgungsfalles geendet hat, von der Zusatzversorgungseinrichtung aus der Pflichtversicherung eine Zusatzrente nach folgenden Maßgaben:

1. Der monatliche Betrag der Zusatzrente beträgt für jedes Jahr der aufgrund des Arbeitsverhältnisses bestehenden Pflichtversicherung bei einer Zusatzversorgungseinrichtung 2,25 vom Hundert, höchstens jedoch 100 vom Hundert der Leistung, die bei dem höchstmöglichen Versorgungssatz zugestanden hätte (Voll-Leistung). Für die Berechnung der Voll-Leistung
   a) ist der Versicherungsfall der Regelaltersrente maßgebend,
   b) ist das Arbeitsentgelt maßgebend, das nach der Versorgungsregelung für die Leistungsbemessung maßgebend wäre, wenn im Zeitpunkt des Ausscheidens der Versicherungsfall im Sinne der Versorgungsregelung eingetreten wäre,
   c) findet § 2a Absatz 1 entsprechend Anwendung,
   d) ist im Rahmen einer Gesamtversorgung der im Falle einer Teilzeitbeschäftigung oder Beurlaubung nach der Versorgungsregelung für die gesamte Dauer des Arbeitsverhältnisses maßgebliche Beschäftigungsquotient nach der Versorgungsregelung als Beschäftigungsquotient auch für die übrige Zeit maßgebend,
   e) finden die Vorschriften der Versorgungsregelung über eine Mindestleistung keine Anwendung und
   f) ist eine anzurechnende Grundversorgung nach dem bei der Berechnung von Pensionsrückstellungen für die Berücksichtigung von Renten aus der gesetzlichen Rentenversicherung allgemein zulässigen Verfahren zu ermitteln. Hierbei ist das Arbeitsentgelt nach Buchstabe b zugrunde zu legen und – soweit während der Pflichtversicherung Teilzeitbeschäftigung bestand – diese nach Maßgabe der Versorgungsregelung zu berücksichtigen.
2. Die Zusatzrente vermindert sich um 0,3 vom Hundert für jeden vollen Kalendermonat, den der Versorgungsfall vor Vollendung des 65. Lebensjahres eintritt, höchstens jedoch um den in der Versorgungsregelung für die Voll-Leisung vorgesehenen Vomhundertsatz.
3. Übersteigt die Summe der Vomhundertsätze nach Nummer 1 aus unterschiedlichen Arbeitsverhältnissen 100, sind die einzelnen Leistungen im gleichen Verhältnis zu kürzen.
4. Die Zusatzrente muss monatlich mindestens den Betrag erreichen, der sich aufgrund des Arbeitsverhältnisses nach der Versorgungsregelung als Versicherungsrente aus den jeweils maßgeblichen Vomhundertsätzen der zusatzversorgungspflichtigen Entgelte oder der gezahlten Beiträge und Erhöhungsbeträge ergibt.
5. Die Vorschriften der Versorgungsregelung über das Erlöschen, das Ruhen und die Nichtleistung der Versorgungsrente gelten entsprechend. Soweit die Versorgungsregelung eine Mindestleistung in Ruhensfällen vorsieht, gilt dies nur, wenn die Mindestleistung der Leistung im Sinne der Nummer 4 entspricht.
6. Verstirbt die in Absatz 1 genannte Person, erhält eine Witwe oder ein Witwer 60 vom Hundert, eine Witwe oder ein Witwer im Sinne des § 46 Abs. 1 des Sechsten Buches Sozialgesetzbuch 42 vom Hundert, eine Halbwaise 12 vom Hundert, und eine Vollwaise 20 vom Hundert der unter Berücksichtigung der in diesem Absatz genannten Maßgaben zu berechnenden Zusatzrente; die §§ 46, 48, 103 bis 105 des Sechsten Buches Sozialgesetzbuch sind entsprechend

anzuwenden. Die Leistungen an mehrere Hinterbliebene dürfen den Betrag der Zusatzrente nicht übersteigen; gegebenenfalls sind die Leistungen im gleichen Verhältnis zu kürzen.

7. Versorgungsfall ist der Versicherungsfall im Sinne der Versorgungsregelung.

(2 a) Bei Eintritt des Versorgungsfalles oder bei Beginn der Hinterbliebenenrente nach dem 1. Januar 2002 erhalten die in Absatz 1 Nummer 1 und 2 genannten Personen, deren Anwartschaft nach § 1b fortbesteht und deren Arbeitsverhältnis vor Eintritt des Versorgungsfalles geendet hat, von der Zusatzversorgungseinrichtung die nach der jeweils maßgebenden Versorgungsregelung vorgesehenen Leistungen.

(3) Personen, auf die bis zur Beendigung ihres Arbeitsverhältnisses die Regelungen des Hamburgischen Zusatzversorgungsgesetzes oder des Bremischen Ruhelohngesetzes in ihren jeweiligen Fassungen Anwendung gefunden haben, haben Anspruch gegenüber ihrem ehemaligen Arbeitgeber auf Leistungen in sinngemäßer Anwendung des Absatzes 2 mit Ausnahme von Absatz 2 Nummer 3 und 4 sowie Nummer 5 Satz 2; bei Anwendung des Hamburgischen Zusatzversorgungsgesetzes bestimmt sich der monatliche Betrag der Zusatzrente abweichend von Absatz 2 nach der nach dem Hamburgischen Zusatzversorgungsgesetz maßgebenden Berechnungsweise. An die Stelle des Stichtags 2. Januar 2002 tritt im Bereich des Hamburgischen Zusatzversorgungsgesetzes der 1. August 2003 und im Bereich des Bremischen Ruhelohngesetzes der 1. März 2007.

(4) Die Leistungen nach den Absätzen 2, 2a und 3 werden in der Pflichtversicherung jährlich zum 1. Juli um 1 Prozent erhöht. In der freiwilligen Versicherung bestimmt sich die Anpassung der Leistungen nach der jeweils maßgabenden Versorgungsregelung.

(5) Besteht bei Eintritt des Versorgungsfalles neben dem Anspruch auf Zusatzrente nach Absatz 2 oder auf die in Absatz 3 oder Absatz 7 bezeichneten Leistungen auch Anspruch auf eine Versorgungsrente oder Versicherungsrente der in Absatz 1 Satz 1 Nr. 1 und 2 bezeichneten Zusatzversorgungseinrichtungen oder Anspruch auf entsprechende Versorgungsleistungen der Versorgungsanstalt der deutschen Kulturorchester oder der Versorgungsanstalt der deutschen Bühnen oder nach den Regelungen des Ersten Ruhegeldgesetzes, des Zweiten Ruhegeldgesetzes oder des Bremischen Ruhelohngesetzes, in deren Berechnung auch die der Zusatzrente zugrunde liegenden Zeiten berücksichtigt sind, ist nur die im Zahlbetrag höhere Rente zu leisten.

(6) Eine Anwartschaft auf Versorgungsleistungen kann bei Übertritt der anwartschaftsberechtigten Person in ein Versorgungssystem einer überstaatlichen Einrichtung in das Versorgungssystem dieser Einrichtung übertragen werden, wenn ein entsprechendes Abkommen zwischen der Zusatzversorgungseinrichtung oder der Freien und Hansestadt Hamburg oder der Freien Hansestadt Bremen und der überstaatlichen Einrichtung besteht.

(7) Für Personen, die bei der Versorgungsanstalt der deutschen Kulturorchester oder der Versorgungsanstalt der deutschen Bühnen pflichtversichert sind, gelten die §§ 2 und 3, mit Ausnahme von § 3 Absatz 2 Satz 3, sowie die §§ 4, 5, 16, 27 und 28 nicht; soweit die betriebliche Altersversorgung über die Versorgungsanstalten durchgeführt wird, finden die §§ 7 bis 15 keine Anwendung. Bei Eintritt des Ver-

sorgungsfalles treten an die Stelle der Zusatzrente und der Leistungen an Hinterbliebene nach Absatz 2 und an die Stelle der Regelung in Absatz 4 die satzungsgemäß vorgesehenen Leistungen; Absatz 2 Nr. 5 findet entsprechend Anwendung. Als pflichtversichert gelten auch die freiwillig Versicherten der Versorgungsanstalt der deutschen Kulturorchester und der Versorgungsanstalt der deutschen Bühnen.
(8) Gegen Entscheidungen der Zusatzversorgungseinrichtungen über Ansprüche nach diesem Gesetz ist der Rechtsweg gegeben, der für Versicherte der Einrichtung gilt.
(9) Bei Personen, die aus einem Arbeitsverhältnis ausscheiden, in dem sich nach § 5 Abs. 1 Satz 1 Nr. 2 des Sechsten Buches Sozialgesetzbuch versicherungsfrei waren, dürfen die Ansprüche nach § 2 Abs. 1 Satz 1 und 2 nicht hinter dem Rentenanspruch zurückbleiben, der sich ergeben hätte, wenn der Arbeitnehmer für die Zeit der versicherungsfreien Beschäftigung in der gesetzlichen Rentenversicherung nachversichert worden wäre; die Vergleichsberechnung ist im Versorgungsfall aufgrund einer Auskunft der Deutschen Rentenversicherung Bund vorzunehmen.

§ 18a Verjährung Der Anspruch auf Leistungen aus der betrieblichen Altersversorgung verjährt in 30 Jahren. Ansprüche auf regelmäßig wiederkehrende Leistungen unterliegen der regelmäßigen Verjährungsfrist nach den Vorschriften des Bürgerlichen Gesetzbuchs.

Siebter Abschnitt – Betriebliche Altersversorgung und Tarifvertrag

Unterabschnitt 1 – Tariföffnung; Optionssysteme

§ 19 Allgemeine Tariföffnungsklausel (1) Von den §§ 1a, 2, 2a Absatz 1, 3 und 4, § 3, mit Ausnahme des § 3 Absatz 2 Satz 3, von den §§ 4, 5, 16, 18a Satz 1, §§ 27 und 28 kann in Tarifverträgen abgewichen werden.
(2) Die abweichenden Bestimmungen haben zwischen nichttarifgebundenen Arbeitgebern und Arbeitnehmern Geltung, wenn zwischen diesen die Anwendung der einschlägigen tariflichen Regelung vereinbart ist.
(3) Im Übrigen kann von den Bestimmungen dieses Gesetzes nicht zuungunsten des Arbeitnehmers abgewichen werden.

§ 20 Tarifvertrag und Entgeltumwandlung; Optionssysteme (1) Soweit Entgeltansprüche auf einem Tarifvertrag beruhen, kann für diese eine Entgeltumwandlung nur vorgenommen werden, soweit dies durch Tarifvertrag vorgesehen oder durch Tarifvertrag zugelassen ist.
(2) In einem Tarifvertrag oder auf Grund eines Tarifvertrages in einer Betriebs- oder Dienstvereinbarung kann geregelt werden, dass der Arbeitgeber für alle Arbeitnehmer oder für eine Gruppe von Arbeitnehmern des Unternehmens oder einzelner Betriebe eine automatische Entgeltumwandlung einführt, gegen die der Arbeitnehmer ein Widerspruchsrecht hat (Optionssystem). Das Angebot des Arbeitgebers auf Entgeltumwandlung gilt als vom Arbeitnehmer angenommen, wenn er nicht widersprochen hat und das Angebot

1. in Textform und mindestens drei Monate vor der ersten Fälligkeit des umzuwandelnden Entgelts gemacht worden ist und
2. deutlich darauf hinweist,
   a) welcher Betrag und welcher Vergütungsbestandteil umgewandelt werden sollen und
   b) dass der Arbeitnehmer ohne Angabe von Gründen innerhalb einer Frist von mindestens einem Monat nach dem Zugang des Angebots widersprechen und die Entgeltumwandlung mit einer Frist von höchstens einem Monat beenden kann.

Nichttarifgebundene Arbeitgeber können ein einschlägiges tarifvertragliches Optionssystem anwenden oder auf Grund eines einschlägigen Tarifvertrages durch Betriebs- oder Dienstvereinbarung die Einführung eines Optionssystems regeln; Satz 2 gilt entsprechend.

Unterabschnitt 2 – Tarifvertrag und reine Beitragszusage

§ 21 Tarifvertragsparteien (1) Vereinbaren die Tarifvertragsparteien eine betriebliche Altersversorgung in Form der reinen Beitragszusage, müssen sie sich an deren Durchführung und Steuerung beteiligen.
(2) Die Tarifvertragsparteien sollen im Rahmen von Tarifverträgen nach Absatz 1 bereits bestehende Betriebsrentensysteme angemessen berücksichtigen. Die Tarifvertragsparteien müssen insbesondere prüfen, ob auf der Grundlage einer Betriebs- oder Dienstvereinbarung oder, wenn ein Betriebs- oder Personalrat nicht besteht, durch schriftliche Vereinbarung zwischen Arbeitgeber und Arbeitnehmer, tarifvertraglich vereinbarte Beiträge für eine reine Beitragszusage für eine andere nach diesem Gesetz zulässige Zulageart verwendet werden dürfen.
(3) Die Tarifvertragsparteien sollen nichttarifgebundenen Arbeitgebern und Arbeitnehmern den Zugang zur durchführenden Versorgungseinrichtung nicht verwehren. Der durchführenden Versorgungseinrichtung dürfen im Hinblick auf die Aufnahme und Verwaltung von Arbeitnehmern nichttarifgebundener Arbeitgeber keine sachlich unbegründeten Vorgaben gemacht werden.
(4) Wird eine reine Beitragszusage über eine Direktversicherung durchgeführt, kann eine gemeinsame Einrichtung nach § 4 des Tarifvertragsgesetzes als Versicherungsnehmer an die Stelle des Arbeitgebers treten.

§ 22 Arbeitnehmer und Versorgungseinrichtung (1) Bei einer reinen Beitragszusage hat der Pensionsfonds, die Pensionskasse oder die Direktversicherung dem Versorgungsempfänger auf der Grundlage des planmäßig zuzurechnenden Versorgungskapitals laufende Leistungen der betrieblichen Altersversorgung zu erbringen. Die Höhe der Leistungen darf nicht garantiert werden.
(2) Die auf den gezahlten Beiträgen beruhende Anwartschaft auf Altersrente ist sofort unverfallbar. Die Erträge der Versorgungseinrichtung müssen auch dem ausgeschiedenen Arbeitnehmer zugutekommen.
(3) Der Arbeitnehmer hat gegenüber der Versorgungseinrichtung das Recht,
1. nach Beendigung des Arbeitsverhältnisses
   a) die Versorgung mit eigenen Beiträgen fortzusetzen oder

b) innerhalb eines Jahres das gebildete Versorgungskapital auf die neue Versorgungseinrichtung, an die Beiträge auf der Grundlage einer reinen Beitragszusage gezahlt werden, zu übertragen,
2. entsprechend § 4a Auskunft zu verlangen und
3. entsprechend § 6 vorzeitige Altersleistungen in Anspruch zu nehmen.

(4) Die bei der Versorgungseinrichtung bestehende Anwartschaft ist nicht übertragbar, nicht beleihbar und nicht veräußerbar. Sie darf vorbehaltlich des Satzes 3 nicht vorzeitig verwertet werden. Die Versorgungseinrichtung kann Anwartschaften und laufende Leistungen bis zu der Wertgrenze in § 3 Absatz 2 Satz 1 abfinden; § 3 Absatz 2 Satz 3 gilt entsprechend.

(5) Für die Verjährung der Ansprüche gilt § 18a entsprechend.

§ 23 Zusatzbeiträge des Arbeitgebers (1) Zur Absicherung der reinen Beitragszusage soll im Tarifvertrag ein Sicherungsbeitrag vereinbart werden.

(2) Bei einer reinen Beitragszusage ist im Fall der Entgeltumwandlung im Tarifvertrag zu regeln, dass der Arbeitgeber 15 Prozent des umgewandelten Entgelts zusätzlich als Arbeitgeberzuschuss an die Versorgungseinrichtung weiterleiten muss, soweit der Arbeitgeber durch die Entgeltumwandlung Sozialversicherungsbeiträge einspart.

§ 24 Nichttarifgebundene Arbeitgeber und Arbeitnehmer Nichttarifgebundene Arbeitgeber und Arbeitnehmer können die Anwendung der einschlägigen tariflichen Regelung vereinbaren.

§ 25 Verordnungsermächtigung Das Bundesministerium für Arbeit und Soziales wird ermächtigt, im Einvernehmen mit dem Bundesministerium der Finanzen durch Rechtsverordnung Mindestanforderungen an die Verwendung der Beitrage nach § 1 Absatz 2 Nummer 2a festzulegen. Die Ermächtigung kann im Einvernehmen mit dem Bundesministerium der Finanzen auf die Bundesanstalt für Finanzdienstleistungsaufsicht übertragen werden. Rechtsverordnungen nach den Sätzen 1 und 2 bedürfen nicht der Zustimmung des Bundesrates.

Zweiter Teil – Übergangs- und Schlußvorschriften

§ 26 *(nicht abgedruckt)*

§ 26a Übergangsvorschrift zu § 1a Absatz 1a § 1a Absatz 1a gilt für individual- und kollektivrechtliche Entgeltumwandlungsvereinbarungen, die vor dem 1. Januar 2019 geschlossen worden sind, erst ab dem 1. Januar 2022.

§§ 27–30 *(nicht abgedruckt)*

§ 30a *(aufgehoben)*

§ 30b § 4 Abs. 3 gilt nur für Zusagen, die nach dem 31. Dezember 2004 erteilt wurden.

§ 30c (1) § 16 Abs. 3 Nr. 1 gilt nur für laufende Leistungen, die auf Zusagen beruhen, die nach dem 31. Dezember 1998 erteilt werden.
(1 a) § 16 Absatz 3 Nummer 2 gilt auch für Anpassungszeiträume, die vor dem 1. Januar 2016 liegen; in diesen Zeiträumen bereits erfolgte Anpassungen, gegen die der Versorgungsberechtigte vor dem 1. Januar 2016 Klage erhoben hat, bleiben unberührt.
(2) § 16 Abs. 4 gilt nicht für vor dem 1. Januar 1999 zu Recht unterbliebene Anpassungen.
(3) § 16 Abs. 5 gilt nur für laufende Leistungen, die auf Zusagen beruhen, die nach dem 31. Dezember 2000 erteilt werden.
(4) Für die Erfüllung der Anpassungsprüfungspflicht für Zeiträume vor dem 1. Januar 2003 gilt § 16 Abs. 2 Nr. 1 mit der Maßgabe, dass an die Stelle des Verbraucherpreisindexes für Deutschland der Preisindex für die Lebenshaltung von 4-Personen-Haushalten von Arbeitern und Angestellten mit mittlerem Einkommen tritt.

§ 30d Übergangsregelung zu § 18 (1) Ist der Versorgungsfall vor dem 1. Januar 2001 eingetreten oder ist der Arbeitnehmer vor dem 1. Januar 2001 aus dem Beschäftigungsverhältnis bei einem öffentlichen Arbeitgeber ausgeschieden und der Versorgungsfall nach dem 31. Dezember 2000 eingetreten, sind für die Berechnung der Voll-Leistung die Regelungen der Zusatzversorgungseinrichtungen nach § 18 Abs. 1 Satz 1 Nr. 1 und 2 oder die Gesetze im Sinne des § 18 Abs. 1 Satz 1 Nr. 3 sowie die weiteren Berechnungsfaktoren jeweils in der am 31. Dezember 2000 und vor dem 2. Januar 2002 geltenden Fassung maßgebend; § 18 Abs. 2 Nr. 1 Buchstabe b bleibt unberührt. Die Steuerklasse III/O ist zugrunde zu legen. Ist der Versorgungsfall vor dem 1. Januar 2001 eingetreten, besteht der Anspruch auf Zusatzrente mindestens in der Höhe, wie er sich aus § 18 in der Fassung vom 16. Dezember 1997 (BGBl. I S. 2998) ergibt.
(2) Die Anwendung des § 18 ist in den Fällen des Absatzes 1 ausgeschlossen, soweit eine Versorgungsrente der in § 18 Abs. 1 Satz 1 Nr. 1 und 2 bezeichneten Zusatzversorgungseinrichtungen oder eine entsprechende Leistung aufgrund der Regelungen des Ersten Ruhegeldgesetzes, des Zweiten Ruhegeldgesetzes oder des Bremischen Ruhelohngesetzes bezogen wird, oder eine Versicherungsrente abgefunden wurde.
(2 a) Für Personen, deren Beschäftigungsverhältnis vor dem 1. Januar 2002 vor Eintritt des Versorgungsfalls geendet hat und deren Anwartschaft nach § 1b fortbesteht, haben die in § 18 Absatz 1 Satz 1 Nummer 1 und 2 bezeichneten Zusatzversorgungseinrichtungen bei Eintritt des Versorgungsfalls nach dem 1. Januar 2002 die Anwartschaft für Zeiten bis zum 1. Januar 2002 nach § 18 Absatz 2 unter Berücksichtigung des § 18 Absatz 5 zu ermitteln.
(3) Für Arbeitnehmer im Sinne des § 18 Abs. 1 Satz 1 Nr. 4, 5 und 6 in der bis zum 31. Dezember 1998 geltenden Fassung, für die bis zum 31. Dezember 1998 ein Anspruch auf Nachversicherung nach § 18 Abs. 6 entstanden ist, gilt Absatz 1 Satz 1 für die aufgrund der Nachversicherung zu ermittelnde Voll-Leistung entsprechend mit der Maßgabe, dass sich der nach § 2 zu ermittelnde Anspruch gegen den ehemaligen Arbeitgeber richtet. Für den nach § 2 zu ermittelnden Anspruch gilt § 18

Abs. 2 Nr. 1 Buchstabe b entsprechend; für die übrigen Bemessungsfaktoren ist auf die Rechtslage am 31. Dezember 2000 abzustellen. Leistungen der gesetzlichen Rentenversicherung, die auf einer Nachversicherung wegen Ausscheidens aus einem Dienstordnungsverhältnis beruhen, und Leistungen, die die zuständige Versorgungseinrichtung aufgrund von Nachversicherungen im Sinne des § 18 Abs. 6 in der am 31. Dezember 1998 geltenden Fassung gewährt, werden auf den Anspruch nach § 2 angerechnet. Hat das Arbeitsverhältnis im Sinne des § 18 Abs. 9 bereits am 31. Dezember 1998 bestanden, ist in die Vergleichsberechnung nach § 18 Abs. 9 auch die Zusatzrente nach § 18 in der bis zum 31. Dezember 1998 geltenden Fassung einzubeziehen.

§ 30e (1) § 1 Abs. 2 Nr. 4 zweiter Halbsatz gilt für Zusagen, die nach dem 31. Dezember 2002 erteilt werden.
(2) § 1 Abs. 2 Nr. 4 zweiter Halbsatz findet auf Pensionskassen, deren Leistungen der betrieblichen Altersversorgung durch Beiträge der Arbeitnehmer und Arbeitgeber gemeinsam finanziert und die als beitragsorientierte Leistungszusage oder als Leistungszusage durchgeführt werden, mit der Maßgabe Anwendung, dass dem ausgeschiedenen Arbeitnehmer das Recht zur Fortführung mit eigenen Beiträgen nicht eingeräumt werden und eine Überschussverwendung gemäß § 1b Abs. 5 Nr. 1 nicht erfolgen muss. Wird dem ausgeschiedenen Arbeitnehmer ein Recht zur Fortführung nicht eingeräumt, gilt für die Höhe der unverfallbaren Anwartschaft § 2 Absatz 5 entsprechend. Für die Anpassung laufender Leistungen gelten die Regelungen nach § 16 Abs. 1 bis 4. Die Regelung in Absatz 1 bleibt unberührt.

§ 30f (1) Wenn Leistungen der betrieblichen Altersversorgung vor dem 1. Januar 2001 zugesagt worden sind, ist § 1b Abs. 1 mit der Maßgabe anzuwenden, dass die Anwartschaft erhalten bleibt, wenn das Arbeitsverhältnis vor Eintritt des Versorgungsfalles, jedoch nach Vollendung des 35. Lebensjahres endet und die Versorgungszusage zu diesem Zeitpunkt
1. mindestens zehn Jahre oder
2. bei mindestens zwölfjähriger Betriebszugehörigkeit mindestens drei Jahre

bestanden hat; in diesen Fällen bleibt die Anwartschaft auch erhalten, wenn die Zusage ab dem 1. Januar 2001 fünf Jahre bestanden hat und bei Beendigung des Arbeitsverhältnisses das 30. Lebensjahr vollendet ist. § 1b Abs. 5 findet für Anwartschaften aus diesen Zusagen keine Anwendung.
(2) Wenn Leistungen der betrieblichen Altersversorgung vor dem 1. Januar 2009 und nach dem 31. Dezember 2000 zugesagt worden sind, ist § 1b Abs. 1 Satz 1 mit der Maßgabe anzuwenden, dass die Anwartschaft erhalten bleibt, wenn das Arbeitsverhältnis vor Eintritt des Versorgungsfalls, jedoch nach Vollendung des 30. Lebensjahres endet und die Versorgungszusage zu diesem Zeitpunkt fünf Jahre bestanden hat; in diesen Fällen bleibt die Anwartschaft auch erhalten, wenn die Zusage ab dem 1. Januar 2009 fünf Jahre bestanden hat und bei Beendigung des Arbeitsverhältnisses des 25. Lebensjahr vollendet ist.
(3) Wenn Leistungen der betrieblichen Altersversorgung vor dem 1. Januar 2018 und nach dem 31. Dezember 2008 zugesagt worden sind, ist § 1b Absatz 1 Satz 1 mit der Maßgabe anzuwenden, dass die Anwartschaft erhalten bleibt, wenn das

Arbeitsverhältnis vor Eintritt des Versorgungsfalls, jedoch nach Vollendung des 25. Lebensjahres endet und die Versorgungszusage zu diesem Zeitpunkt fünf Jahre bestanden hat; in diesen Fällen bleibt die Anwartschaft auch erhalten, wenn die Zusage ab dem 1. Januar 2018 drei Jahre bestanden hat und bei Beendigung des Arbeitsverhältnisses das 21. Lebensjahr vollendet ist.

§ 30g (1) § 2a Absatz 2 gilt nicht für Beschäftigungszeiten vor dem 1. Januar 2018. Für Beschäftigungszeiten nach dem 31. Dezember 2017 gilt § 2a Absatz 2 nicht, wenn das Versorgungssystem vor dem 20. Mai 2014 für neue Arbeitnehmer geschlossen war.
(2) § 2 Absatz 5 gilt nur für Anwartschaften, die auf Zusagen beruhen, die nach dem 31. Dezember 2000 erteilt worden sind. Im Einvernehmen zwischen Arbeitgeber und Arbeitnehmer kann § 2 Absatz 5 auch auf Anwartschaften angewendet werden, die auf Zusagen beruhen, die vor dem 1. Januar 2001 erteilt worden sind.
(3) § 3 findet keine Anwendung auf laufende Leistungen, die vor dem 1. Januar 2005 erstmals gezahlt worden sind.

§ 30h § 20 Absatz 1 gilt für Entgeltumwandlungen, die auf Zusagen beruhen, die nach dem 29. Juni 2001 erteilt werden.

§ 30i (1) Der Barwert der bis zum 31. Dezember 2005 aufgrund eingetretener Insolvenzen zu sichernden Anwartschaften wird einmalig auf die beitragspflichtigen Arbeitgeber entsprechend § 10 Abs. 3 umgelegt und vom Träger der Insolvenzsicherung nach Maßgabe der Beträge zum Schluss des Wirtschaftsjahres, das im Jahr 2004 geendet hat, erhoben. Der Rechnungszinsfuß bei der Berechnung des Barwerts beträgt 3,67 vom Hundert.
(2) Der Betrag ist in 15 gleichen Raten fällig. Die erste Rate wird am 31. März 2007 fällig, die weiteren zum 31. März der folgenden Kalenderjahre. Bei vorfälliger Zahlung erfolgt eine Diskontierung der einzelnen Jahresraten mit dem zum Zeitpunkt der Zahlung um ein Drittel erhöhten Rechnungszinsfuß nach § 65 des Versicherungsaufsichtsgesetzes, wobei nur volle Monate berücksichtigt werden.
(3) Der abgezinste Gesamtbetrag ist gemäß Absatz 2 am 31. März 2007 fällig, wenn die sich ergebende Jahresrate nicht höher als 50 Euro ist.
(4) Insolvenzbedingte Zahlungsausfälle von ausstehenden Raten werden im Jahr der Insolvenz in die erforderlichen jährlichen Beiträge gemäß § 10 Abs. 2 eingerechnet.

§ 30j Übergangsregelung zu § 20 Absatz 2 § 20 Absatz 2 gilt nicht für Optionssysteme, die auf der Grundlage von Betriebs- oder Dienstvereinbarungen vor dem 1. Juni 2017 eingeführt worden sind.

§ 31 Auf Sicherungsfälle, die vor dem 1. Januar 1999 eingetreten sind, ist dieses Gesetz in der bis zu diesem Zeitpunkt geltenden Fassung anzuwenden.

§ 32 *(Inkrafttreten, nicht abgedruckt)*

12. Betriebsverfassungsgesetz (BetrVG)

Einleitung

I. Geschichtliche Entwicklung

1. Die Anfänge der betrieblichen Mitbestimmung

Der Gedanke der betrieblichen Interessenvertretung der Arbeitnehmer ist sehr alt (zum Folgenden vgl. *Däubler/Kittner*, Geschichte und Zukunft der Betriebsverfassung, 2. Aufl. 2022). Wenn man vom heute gebräuchlichen Begriff »Betriebsrat« ausgeht, so setzte sie mit dem »Betriebsrätegesetz« vom 4. Februar 1920 ein. Es hatte allerdings unmittelbare Vorläufer in »Arbeiterausschüssen« (die wiederum Gesellen- und Knappenvereinigungen in städtischem Handwerk und Bergbau als Vorbilder hatten). Arbeiterausschüsse tauchten – nach intellektuellen Vorübungen seit 1835 – zuerst im Kontext der Revolution von 1848 auf. Zum einen wurde die Forderung danach zum ersten Mal von Arbeitern selbst erhoben: aus dem Berliner Borsig-Werk. Zum anderen propagierten dies aufgeschlossene Großbürger und Unternehmer (*Carl Degenkolb)* im Paulskirchen-Parlament. Dort bleiben diese im dafür zuständigen Volkswirtschaftlichen Ausschuss in der Minderheit, und das Plenum lehnte eine Weiterverfolgung der Pläne ab.

Danach geriet der Gedanke der betrieblichen Mitbestimmung regelrecht zwischen die Fronten: Die großen Industriellen lehnten sie als Eingriff in ihre Stellung als »Herrn im Hause« ab, und Sozialdemokratie bzw. Gewerkschaften sahen in ihr eine Ablenkung vom »Klassenkampf«. Sie wurde nur von einer Minderheit von Sozialreformern (»Kathedersozialisten«), christlichen Politikern und aufgeschlossenen kleinen Unternehmen verfochten (*Freese*, Die konstitutionelle Fabrik, 1909).

Es bedurfte der großen Erschütterung durch zwei große Bergarbeiterstreiks 1889 und 1905, ehe im preußischen Bergbau zunächst freiwillige und danach obligatorische Arbeiterausschüsse eingeführt wurden (Bayern war schon 1900 vorangegangen). Einen qualitativen Sprung bedeutete erst das »Gesetz über den vaterländischen Hilfsdienst« vom 5. 12. 1916 (RGBl. S. 1333; vgl. *Wroblewski*, AuR 2018, G 21). Um die Arbeiterbewegung zur Erreichung kriegswirtschaftlicher Ziele enger in das bestehende Herrschaftssystem einzubinden sowie generell zur Stabilisierung der Systemloyalität unter Kriegsbedingungen, wurden erstmals reichsweit obligatorische Arbeiter- und Angestelltenausschüsse in Betrieben mit mehr als 50 Arbeitnehmern eingerichtet. Außerdem wurden erstmals die Gewerkschaften über ihre Vorschlagsberechtigung für Beisitzer von Schlichtungsausschüssen gesetzgeberisch nicht nur geduldet, sondern positiv anerkannt. Die Arbeitgeber akzeptierten die Zugeständnisse des Gesetzes lediglich als kriegsbedingt und verlangten, dass sie nach Kriegsende wieder rückgängig gemacht würden. Die Gewerkschaften forderten dagegen in ihren Programmen für die Nachkriegszeit die Etablierung von Arbeiterausschüssen als Normalfall. In diese Richtung zielten auch Pläne der Regierung für die Nachkriegszeit (vgl. *Kittner*, AuR 2020, G 3). Alle derartigen

Hoffnungen und Planungen wurden durch die November-Revolution 1918 durchkreuzt. Sie etablierte mit dem »Aufruf des Rates der Volksbeauftragten an das deutsche Volk« vom 12. 11. 1918 (RGBl. S. 1303) die Demokratie im Staate und mit dem »Stinnes-Legien-Abkommen« vom 15. 11. 1918 eine neue sozialstaatliche Arbeitsverfassung (vgl. *Kittner*, SR 2019, 119). Darin waren Arbeiterausschüsse vor allem als Hilfsorgane der Gewerkschaften für die Durchsetzung der Tarifverträge vorgesehen. Das wurde sogleich durch die »Verordnung über Tarifverträge, Arbeiter- und Angestellten-Ausschüsse und Schlichtung von Arbeitsstreitigkeiten« vom 23. 12. 1918 normiert.

Mit diesem kargen Ergebnis wollte sich die revolutionäre Arbeiterschaft nicht abfinden. Nachdem die Arbeiter- und Soldatenräte im staatlichen Leben zugunsten einer parlamentarischen Demokratie abgedankt hatten, wollten sie ihre Teilhabe in der Wirtschaft nicht völlig aufgeben. Es kam zu einer Art »zweiter Revolution« im Frühjahr 1919 mit ausgedehnten »Generalstreiks« im Ruhrgebiet, Mitteldeutschland und Berlin. Dort standen Forderungen nach betrieblicher Mitbestimmung im Mittelpunkt, und es kam unter Vermittlung der Reichsregierung zu Verhandlungsergebnissen mit weitreichenden Mitbestimmungsrechten von nunmehr erstmals so genannten »Betriebsräten«. Sie wurden ausdrücklich als Vorbild für ein nunmehr in Angriff genommenes »Betriebsrätegesetz« bezeichnet.

Vor diesem Hintergrund wurde die Weimarer Reichsverfassung vom 11. 8. 1919 (RGBl. S. 1383) verabschiedet. Sie enthielt Koalitionsfreiheit (Art. 159) und eine Räteverfassung (Art. 165) – beides vor allem von Hugo Sinzheimer konzipiert (vgl. *Kempen*, AuR 2015, G 13). Sozialisierung und Räteverfassung blieben jedoch nur unvollendetes »Zukunftsrecht«, von dem nur das Betriebsrätegesetz Wirklichkeit werden sollte. Seine Konzeption und Praxis litten von Anfang an daran, dass es als Teil eines größeren Ganzen geplant war, das aber nicht realisiert wurde.

Das Betriebsrätegesetz (BRG) vom 4. 2. 1920 (RGBl. 147) hatte außer dem Namen »Räte« mit dem Rätegedanken der Revolution nichts mehr gemein. Es brachte der Sache nach eine Weiterführung der Gesetzgebung über Arbeiterausschüsse, freilich mit deutlich mehr Organisations- und Beteiligungsrechten, die allerdings im Laufe des Gesetzgebungsverfahrens gegenüber den Tarifvertragsmodellen aus Mitteldeutschland und Berlin deutlich »abgespeckt« worden waren. Es fehlte weitestgehend an »harten« Mitbestimmungsrechten mit verbindlicher und durchsetzbarer Letztentscheidung eines neutralen Dritten und insbesondere an Einflussmöglichkeiten auf die übertarifliche Entlohnung.

§ 70 BRG sah erstmals auch eine Beteiligung von ein oder zwei Betriebsratsmitgliedern im Aufsichtsrat vor. Dazu wurde 1922 ein eigenes Ausführungsgesetz verabschiedet.

Der Nationalsozialismus drehte das Rad der Geschichte hinsichtlich der Beziehungen zwischen Arbeitgeber und Arbeitnehmer in ungeahnter Weise zurück: Die Gewerkschaften wurden zerschlagen, ihre Funktionäre eingesperrt, ermordet oder ins Exil getrieben. Das »Gesetz zur Ordnung der nationalen Arbeit« (AOG) vom 20. 1. 1934 (RGBl. I S. 45) setzte das Betriebsrätegesetz sowie das Gesetz über die Entsendung von Betriebsratsmitgliedern in den Aufsichtsrat und das Gesetz über die Betriebsbilanz usw. förmlich außer Kraft. Von da an galt das »Führerprinzip« in den Betrieben mit einem vom Unternehmer und der NSDAP eingesetzten »Vertrauensrat« der Arbeitnehmer – eine Karikatur des früheren BR. Seine Funktion richtete sich auf eine maximale Unterordnung der AN unter dem Stichwort des »gegenseitigen Vertrauens innerhalb der Betriebsgemeinschaft« (§ 6).

2. Entwicklung nach dem Zweiten Weltkrieg bis zum BetrVG 1972

Nach dem Zusammenbruch des Nationalsozialismus, der das Betriebsrätegesetz 1934 durch das »Gesetz zur Ordnung der nationalen Arbeit« beseitigt hatte, entstanden zunächst in allen Ländern Betriebsverfassungsgesetze, die im Zusammenhang mit weitgehenden Vorstellungen zur Neuordnung der Wirtschaft (Sozialisierung, Mitbestimmung) standen (siehe Einl. zum MontanMbG, Nr. 27). Diese Ländergesetze enthielten zum Teil heute noch nicht wieder erreichte Mitbestimmungsrechte, insbesondere hinsichtlich wirtschaftlicher Angelegenheiten.
Nachdem die qualifizierte Mitbestimmung im Montanbereich im Jahre 1951 noch unter dem Eindruck des Streikaufrufs der Metallarbeiter und Bergleute durch Verabschiedung des MontanMitbG gesichert werden konnte, setzte sich 1952 die von Konrad Adenauer geführte Bundestagsmehrheit mit der Verabschiedung des BetrVG über die gewerkschaftlichen Vorstellungen einer Neuordnung der Wirtschaft hinweg. Der Protest der Gewerkschaften, unzählige Warnstreiks und ein zweitägiger Streik in allen Zeitungsdruckereien, dessentwegen am 28. und 29.5.1952 keine Tageszeitungen erschienen, konnten dies nicht verhindern. So wurde statt der paritätischen Mitbestimmung nur eine Drittelbeteiligung der Arbeitnehmer in den Aufsichtsräten von Kapitalgesellschaften eingeführt (vgl. Einl. I zum DrittelbG, Nr. 26 a).
Hinsichtlich der betrieblichen Mitbestimmung führte das BetrVG 1952 die Tradition der Fabrik- und Arbeiterausschüsse und des Betriebsrätegesetzes von 1920 insofern konsequent fort, als die Betriebsräte in eine umfassende Friedenspflicht eingebunden und zur vertrauensvollen Zusammenarbeit mit dem Arbeitgeber verpflichtet wurden. Außerdem wurde ein deutlicher Akzent auf die Isolierung des Betriebsrats von den Gewerkschaften gelegt. Was die eigentlichen Mitbestimmungsrechte anbelangt, brachte das Gesetz Fortschritte praktisch nur bei sozialen Angelegenheiten (§ 56). Die Kritik hinsichtlich der Fundamentalentscheidung bei der Aufsichtsratsbesetzung ließ freilich in den Hintergrund treten, dass der Arbeitgeber ohne vorherige Mitbestimmung durch den Betriebsrat mit dem einzelnen Arbeitnehmer nichts rechtswirksam vereinbaren konnte. Damit erlangten die Betriebsräte z. B. durch die Mitbestimmung über die Verteilung von Arbeitsentgelt und -zeit erstmals einen echten Einfluss auf die Betriebsführung – der wesentliche Grund für ihre zunehmende Bedeutung im Wirtschaftsleben der Bundesrepublik Deutschland. Entgegen gewerkschaftlicher Vorstellungen wurden die Beschäftigten des öffentlichen Dienstes nicht erfasst. Für sie wurden Personalvertretungsgesetze des Bundes und der Länder geschaffen.
Nach dem Wahlerfolg der SPD und FDP im Jahre 1969 kündigte die aus diesen beiden Parteien gebildete Koalition in ihrer Regierungserklärung vom 28.10.1969 eine Ausweitung der betrieblichen Mitbestimmung durch die Novellierung des Betriebsverfassungs- und Bundespersonalvertretungsgesetzes an. Nach heftigen politischen Auseinandersetzungen kam es Ende 1971 zur Verabschiedung des BetrVG

1972 (vgl. DKW-*Deinert*, Einl. Rn. 27 ff.). Dieses Gesetz kann durchaus als Produkt des »68er Geistes« bezeichnet werden. Es war mehr als eine Reform des Gesetzes von 1952, nämlich ein wirklich neues Gesetz mit vielen Verbesserungen bei Organisations- und Mitbestimmungsrechten (eingehend *Däubler/Kittner*, Geschichte der Betriebsverfassung, S. 413 ff.).

3. Weitere Entwicklung

Das BetrVG ist seit 1972 häufig geändert worden. Die beiden umfangreichsten Änderungen, die zugleich die politische Grundausrichtung der jeweiligen Parlamentsmehrheit deutlich machten, erfolgten 1988 (a) und 2001 (b).

a) Gesetz zur Änderung des Betriebsverfassungsgesetzes, über Sprecherausschüsse der leitenden Angestellten und zur Sicherung der Montanmitbestimmung vom 20. 12. 1988 (BGBl. I 2312)

Nach mehrmaligen Anläufen und vielen Protesten der Gewerkschaften realisierte die Regierungskoalition aus CDU/CSU und FDP unter Kanzler *Helmut Kohl* ihre Pläne zur Änderung der Betriebsverfassung Ende 1988. Das BetrVG wurde insbesondere in folgender Hinsicht geändert:

- Verstärkter Minderheitenschutz bei der Betriebsratswahl und in der Betriebsratsarbeit (Freistellungen und Ausschussbesetzung nach Verhältniswahl);
- Verlängerung der Amtsperiode der Betriebsräte von 3 auf 4 Jahre;
- Begrenzung der Kosten für Einigungsstellenverfahren;
- Präzisierung der Informationspflichten des Arbeitgebers bei der Einführung neuer Technologien;
- Neuformulierung der Definition des »leitenden Angestellten« (zur gleichzeitigen gesetzlichen Einführung von Sprecherausschüssen der leitenden Angestellten siehe Einl. zum SprAuG, Nr. 12 b).

Diese Änderungen sind von den Gewerkschaften heftig bekämpft worden, weil unter dem Deckmantel des »Minderheitenschutzes« erklärtermaßen die Möglichkeit einer geschlossenen Interessenvertretung innerhalb der Betriebsverfassung geschwächt werden sollte (vgl. insgesamt *Apitzsch/Klebe/Schumann,* Hrsg., BetrVG '90 – Der Konflikt um eine andere Betriebsverfassung, 1988; Schwerpunktheft »Die Novelle zum BetrVG«, Mitbestimmung 6/88). Die Arbeitgeber haben gleichfalls den Sinn der Reform bezweifelt (vgl. *Weinrich,* Der Arbeitgeber 89, 454; zur gerichtlichen Praxis aufgrund der Novellierung s. *Kamphausen,* NZA 91, 880).

b) Betriebsverfassungs-Reformgesetz vom 23. 7. 2001 (BGBl. I 1852)

Die zweite große Änderung hat das BetrVG durch die rot-grüne Regierungsmehrheit (Kanzler: *Gerhard Schröder*) im Jahre 2001 erfahren (zum Folgenden vgl. DKW-*Deinert,* Einl. Rn. 37 ff.).

Ausgangspunkt war die Forderung der Gewerkschaften nach einem Ausbau der betrieblichen Mitbestimmung, die vom DGB am 3. 2. 1998 in »Novellierungsvorschlägen zum Betriebsverfassungsgesetz 1972« konkretisiert und Anfang 1999 in einer »Bonner Erklärung für eine moderne Betriebsverfassung« zusammengefasst worden war (Text der »Bonner Erklärung« AiB 2000, 62; hierzu *Benz-Overhage/Klebe,* AiB 2000, 24; Schwerpunktheft »Reform der Betriebsverfassung« GewMH 4/2001). Die Arbeitgeber lehnten demgegenüber jeden Ausbau der Mitbestim-

12

mung ab (*Hundt,* Arbeitgeber 11/00, 12). Nach knapp zweijähriger Vorbereitung legte das Bundesarbeitsministerium im Dezember 2000 einen Referentenentwurf vor (abgedruckt AiB 01, 87 mit Anm. *Riester,* AiB 01, 83; vgl. *Däubler,* AuR 01, 1; *Leminsky,* Mitbest. 1 – 2/01, 59; *Blanke/Rose,* Mitbest. 1 – 2/01, 63). Er wurde von Gewerkschaften (die mehr Mitbestimmung verlangten) und Arbeitgebern erwartungsgemäß kontrovers beurteilt (vgl. *DGB,* NZA 01, 135; für die Arbeitgeber *Schiefer/Korte,* NZA 01, 71). Unter Abschwächung einiger Vorschläge zum Ausbau der Mitbestimmung fand dieser Entwurf Eingang in den Regierungsentwurf des BetrVerfReformG (BT-Drs. 14/5741; hierzu *Engels u. a.,* DB 01, 352; *Buchner,* NZA 01, 633; *Hanau,* RdA 01, 65; *Konzen,* RdA 01, 76; *Richardi/Annuß,* DB 01, 41; Schwerpunktheft NZA 7/2001), der schließlich im Wesentlichen unverändert verabschiedet wurde (synoptische Darstellung im Verhältnis zum alten Recht bei *Reichold,* NZA 16/01, Sonderbeilage »Das Betriebsverfassungs-Reformgesetz«; zum Gesetz vgl. *Däubler,* AuR 01, 285; *Hanau,* NJW 01, 2513; *Löwisch,* BB 01, 1734 und 1790; *Nielebock,* AiB 01, 441; *Schaub,* ZTR 01, 437).

Die wesentlichen Änderungen des BetrVG durch das BetrVerfReformG betrafen organisatorische Fragen und dabei folgende Punkte:

- verkürztes (»vereinfachtes«) Wahlverfahren für Kleinbetriebe;
- Abschaffung der Unterscheidung zwischen Arbeitern und Angestellten (= Aufhebung des Gruppenprinzips);
- Zwang zur repräsentativen Vertretung der Geschlechter im Betriebsrat (§ 15 Abs. 2 BetrVG);
- erweiterte Freistellung von Betriebsratsmitgliedern;
- Möglichkeit der Delegation von Betriebsratsaufgaben auf Arbeitsgruppen (§ 28a BetrVG);
- Erstreckung der Zuständigkeit von Gesamt- und Konzernbetriebsrat auf Einheiten ohne Betriebsrat;
- ausdrückliche Verankerung eines Übergangs- und Restmandats (§§ 21a und b BetrVG);
- ausdrückliche Anerkennung des Gemeinschaftsbetriebs (§ 1 Abs. 2 BetrVG);
- tarifliche Festlegung der betrieblichen Einheit (§ 3 BetrVG).

Mitbestimmungsrechte wurden dagegen nur unwesentlich erweitert:

- Abstellen der Mindestarbeitnehmerzahl bei §§ 99 und 111 BetrVG auf das Unternehmen statt wie früher auf den Betrieb;
- Grundsätze der Durchführung von Gruppenarbeit (§ 87 Abs. 1 Nr. 13 BetrVG);
- Initiativrecht zur betrieblichen Berufsbildung (§ 97 BetrVG).

c) Die europäische Richtlinie 2002/14/EG zur Unterrichtung und Anhörung der Arbeitnehmer (EU-ASO Nr. 71) sieht Mindeststandards für Information und Konsultation der Arbeitnehmer hinsichtlich bestimmter betrieblicher Zusammenhänge vor. In Deutschland wurde dadurch eine Erweiterung der Informationsrechte des Betriebsrats in wirtschaftlichen Angelegenheiten als Anpassungsmaßnahme nötig (*Reichold,* NZA 03, 289). Jedoch wurde dazu bislang keine Initiative ergriffen (zu einer Bilanz nach mehr als 20 Jahren *Klocke*, AuR 24, 95).

d) Nach einer Reihe weiterer kleinerer Änderungen (vgl. 48. Aufl.) gab es in der letzten Großen Koalition unter Kanzlerin *Angela Merkel* (2018–2021) ein erneutes Reformvorhaben: Das Betriebsrätemodernisierungsgesetz (v. 14.6.2021, BGBl.

I 1762; dazu *Möllenkamp*, DB 21, 1198; *Schiefer/Worzalla*, NZA 21, 817; *Reinartz*, NZA-RR 21, 457; *Wandscher*, AuR 21, 446; Entwurf: BT-Drs. 19/28899; Beschlussempfehlung und Bericht des Ausschusses für Arbeit und Soziales: BT-Drs. 19/29819) zielte auf eine Verbesserung der Möglichkeiten, Betriebsräte zu wählen und auf eine Stärkung der Rechte von Betriebsräten und von Initiatoren für Betriebsratswahlen. Mit ihm ist eine ganze Reihe von Änderungen verbunden:

- Anhebung der Schwellenwerte für das obligatorische und das fakultative vereinfachte Wahlverfahren auf 100 bzw. 200 Arbeitnehmer,
- Verzicht auf Stützunterschriften für Wahlvorschläge in Betrieben mit bis zu 20 wahlberechtigten Arbeitnehmern und Reduzierung der Zahl der Stützunterschriften in Betrieben bis 100 Arbeitnehmer auf zwei,
- Einschränkung des Anfechtungsrechts zur Stärkung der Rechtssicherheit,
- Herabsetzung des Wahlalters auf 16 Jahre,
- Streichung der Altersgrenze bei der Jugend- und Auszubildendenvertretung,
- Initiativrecht des Betriebsrats in Fragen der Berufsbildung mit der Möglichkeit einer Vermittlung durch die Einigungsstelle ohne Einigungszwang (§ 96 Abs. 1a BetrVG),
- Bereitstellung von Sachverständigen für Fragen Künstlicher Intelligenz (§ 80 Abs. 3 S. 2 BetrVG),
- Klarstellung, dass das Unterrichtungs- und Beratungsrecht bei der Planung von Arbeitsverfahren und -abläufen auch den Einsatz Künstlicher Intelligenz betrifft,
- Klarstellung, dass die Rechte des Betriebsrats bei der Personalauswahl nicht durch den Einsatz Künstlicher Intelligenz infrage gestellt werden (vgl. insg. *Frank/Heine*, NZA 21, 1448),
- Mitbestimmungsrecht bei der Ausgestaltung mobiler Arbeit (§ 87 Abs. 1 Nr. 14 BetrVG; dazu *Bayreuther*, NZA 21, 839; *Eylert*, AuR 22, 292),
- Ermöglichung der Teilnahme an Betriebsratssitzungen per Video- oder Telefonkonferenz (§ 30 Abs. 2 S. 3 BetrVG),
- Zulassung der elektronischen Form für Einigungsstellensprüche, Betriebsvereinbarungen, Interessenausgleiche und Sozialpläne,
- Klarstellung, dass der Betriebsrat Teil der datenschutzrechtlich verantwortlichen Stelle Arbeitsgeber ist (§ 79a BetrVG; dazu *Brink/Joos*, NZA 21, 1440),
- Ausweitung des Sonderkündigungsschutzes für Wahlinitiatoren nach § 15 Abs. 3a KSchG auf 6 Personen, allerdings ohne Erfordernis der Zustimmung des Betriebsrats zur außerordentlichen Kündigung nach § 103 BetrVG und
- Sonderkündigungsschutz für sog. Vorfeldinitiatoren, die Vorbereitungshandlungen zur Initiation einer Betriebsratswahl ergreifen (§ 15 Abs. 3b KSchG), allerdings mit Möglichkeit der außerordentlichen Kündigung ohne Zustimmung des Betriebsrats oder des Arbeitsgerichts.

Im Nachgang dazu wurde die Wahlordnung (Nr. 12a) angepasst (VO v. 8.10.2021, BGBl. I 4640; dazu *Boemke/Haase*, NZA 21, 1513; *Carlson/Kummert*, AuR 22, 100).

e) Es folgten im Anschluss noch ein paar kleinere Änderungen des Gesetzes (vgl. 48. Aufl.).

f) Im Nachgang zu einer Entscheidung des *BGH*, wonach Unternehmensverantwortliche sich wegen Untreue strafbar machen können, wenn sie zu hohe Vergü-

tungen für Betriebsratsmitglieder ermöglichen (10. 1. 2023 – 6 StR 132/22, NZA 23, 301; vgl. 49. Aufl., Einl. III 1 zu Nr. 12), wurde nach Vorarbeiten einer Kommission »Rechtssicherheit in der Betriebsratsvergütung« (*Schlegel/Schmidt/Thüsing*, NZA 23, 103) das Zweite Gesetz zur Änderung des Betriebsverfassungsgesetzes erlassen (v. 19. 7. 2024, BGBl. I Nr. 24; dazu u. III 1; ferner *Buschmann*, AuR 24, 373; *Bayreuther*, NZA 24, 946; *Dzida/Castrup*, BB 24, 1844; *Giesen*, NJW 24, 2281; *Arnold*, BB 24, 1973; *Grimm/Krülls*, BB 24, 1780; *Jungbauer*, ZFA 24, 534; *Kleinebrink*, DB 24, 1883).
g) Zum Vorhaben einer Fortsetzung der durch das Betriebsrätemodernisierungsgesetz begonnenen Reformen und insb. zum DGB-Entwurf für ein modernes Betriebsverfassungsgesetz s. u. IV.

II. Wesentlicher Gesetzesinhalt

1. Errichtung von Betriebsräten und andere Gremien in der Betriebsverfassung

Das BetrVG ermöglicht die Errichtung von Betriebsräten zur Interessenvertretung der Arbeitnehmer in Betrieben mit mindestens fünf ständigen wahlberechtigten Arbeitnehmern (§ 1 Abs. 1 BetrVG; Übersicht 30). Wer Arbeitnehmer i. S. des § 5 BetrVG ist, richtet sich nach dem allgemeinen arbeitsrechtlichen Arbeitnehmerbegriff gemäß § 611a Abs. 1 BGB (Checkliste 5); hinzukommen muss die Zugehörigkeit zum jeweiligen Betrieb. Diese sog. Zwei-Komponenten-Lehre (Vertrag zum Betriebsinhaber und Eingliederung in den Betrieb) greift aber nicht bei drittbezogenem Personaleinsatz, wie etwa bei der Leiharbeit. Hier kommt es vielmehr auf den Zweck der jeweiligen Norm an, ob ein Arbeitnehmer ohne Vertrag zum Betriebsinhaber betriebsverfassungsrechtlich gleichwohl als Arbeitnehmer des Betriebes angesehen werden kann (*BAG* 5. 12. 2012 – 7 ABR 48/11, NZA 13, 793, Rn. 259). Für Leiharbeitnehmer ist dies heute in § 14 Abs. 2 S. 3 AÜG (vgl. Einl. II 4 zum AÜG) geregelt. Nicht erfasst werden »leitende Angestellte« (§ 5 Abs. 3 BetrVG). Für sie gibt es mit dem Sprecherausschuss eine eigene Interessenvertretung (vgl. SprAuG, Nr. 12 b).
Neben dem Betriebsrat haben Jugendliche und Auszubildende sowie schwerbehinderte Menschen eigene Interessenvertretungen (§§ 60 ff. BetrVG und §§ 94 ff. SGB IX), die mit dem Betriebsrat zusammenarbeiten. Mit dem 2001 eingeführten § 15 Abs. 2 BetrVG wird eine repräsentative Vertretung der Geschlechter im Betriebsrat angeordnet. Hinsichtlich anderer Beschäftigtengruppen macht das BetrVG keine bindenden Vorgaben (§ 15 Abs. 1 BetrVG).
In Unternehmen und Konzernen mit mehreren Betrieben kann die betriebsverfassungsrechtliche Struktur durch Tarifvertrag festgelegt werden (§ 3 BetrVG). Betriebsräte werden alle vier Jahre gewählt (vgl. § 13 BetrVG; zur Wahlordnung s. Nr. 12 a). Für Kleinbetriebe gibt es gemäß § 14a BetrVG ein vereinfachtes Wahlverfahren (vgl. *Berg,* AiB 02, 17; *Franke,* DB 02, 211). In Unternehmen mit mehreren Betrieben sind zwingend Gesamtbetriebsräte zu bilden (§ 47 BetrVG). Ein Konzernbetriebsrat wird dagegen nur errichtet, wenn Gesamtbetriebsräte, die mehr als die Hälfte aller Arbeitnehmer im Konzern repräsentieren, dies beschließen (§ 54

BetrVG; zum Konzernbegriff s. § 18 AktG). Die unmittelbare Einbeziehung der Arbeitnehmer erfolgt durch die Betriebsversammlung (§ 42 BetrVG) bzw. Jugend- und Auszubildendenversammlung (§ 71 BetrVG). Schließlich wird der Wirtschaftsausschuss als Informations- und Beratungsgremium auf Unternehmensebene gebildet (§ 106 BetrVG).
Für Religionsgemeinschaften gilt das BetrVG insgesamt nicht (§ 118 Abs. 2 BetrVG). Für deren Bereich werden aufgrund innerkirchlichen Rechts sog. Mitarbeitervertretungen gebildet.

2. Mitwirkung des Betriebsrats

Die Einwirkungsmöglichkeiten des Betriebsrates auf die Entscheidungen des Arbeitgebers sind unterschiedlich stark: Sie reichen von der bloßen Informationspflicht des Arbeitgebers (§ 105 BetrVG) über Beratungspflichten (§ 92 BetrVG) zur Möglichkeit, unter bestimmten Voraussetzungen die Zustimmung zu verweigern, der Sache nach also Widerspruch einzulegen (§ 99 BetrVG), bis hin zu Fällen der Mitbestimmung (§ 87 BetrVG), bei denen im Falle der Nichteinigung die Einigungsstelle (§ 76 BetrVG) entscheidet (Übersicht 31). Der Betriebsrat hat zwar ein allgemeines Überwachungsrecht gemäß § 80 Abs. 1 BetrVG, jedoch verneint das *BAG* einen daraus folgenden Rechtsanspruch gegen den Arbeitgeber auf Durchführung von Gesetzen und Tarifverträgen (*BAG* 17.10.1989 – 1 ABR 75/88, NZA 90, 441; hierzu *Nebendahl,* DB 91, 2018) bzw. auf Unterlassung einer Verletzung entsprechender Bestimmungen (*BAG* 22.8.2017 – 1 ABR 24/16, NZA 18, 115). Keine Mitbestimmung gibt es in wirtschaftlichen Angelegenheiten (§ 111 BetrVG). Dort ist lediglich über einen Interessenausgleich zu verhandeln und für nachteilige Folgen einer Unternehmensentscheidung ein Sozialplan erzwingbar (§ 112 BetrVG). Bei personellen Einzelmaßnahmen kann der Betriebsrat beim Vorliegen bestimmter Voraussetzungen die Zustimmung mit der Folge verweigern, dass der Arbeitgeber sich an das Arbeitsgericht wenden muss, um die Zustimmung des Betriebsrates ersetzen zu lassen (§ 99 BetrVG). Hat der Arbeitgeber eine notwendige Beteiligung nach § 99 BetrVG unterlassen, kann er eine ordnungsgemäße Beteiligung erst einleiten, nachdem er die Maßnahme zunächst rückgängig gemacht hat (*BAG* 11.10.2022 – 1 ABR 18/21, NZA 23, 182). Bei einer Kündigung ist der Betriebsrat dagegen nur zu hören (§ 102 Abs. 1 BetrVG, vgl. dazu *Deinert*, dbr 2/2007, S. 15). Sein Widerspruch hindert den Arbeitgeber nicht an der Kündigung, sondern führt nur unter bestimmten Voraussetzungen zur Weiterbeschäftigung des Arbeitnehmers während eines Kündigungsschutzprozesses (§ 102 Abs. 3 und 5 BetrVG, zur Wirksamkeit dieser Regelung siehe aber Einl. III 4 zum KSchG, Nr. 25).
In allgemeinen Personalangelegenheiten (z. B. Personalplanung, Auswahlrichtlinien, Berufsbildung) sieht das Gesetz unterschiedlich intensive Beteiligungsformen vor (§§ 92–98 BetrVG). Auf ein bloßes Beratungsrecht läuft die mit dem BetrVG 1972 neugeschaffene Einschaltung des Betriebsrates bei der Gestaltung von Arbeitsplatz, -ablauf und -umgebung hinaus (§§ 90, 91 BetrVG). Am stärksten ist die Beteiligung in den sog. sozialen Angelegenheiten (z. B. Ordnung des Betriebes einschließlich Betriebsbußen, Kurzarbeit, Überstunden, Lohngestaltung) gemäß § 87 BetrVG, bei denen im Nichteinigungsfalle die Einigungsstelle entscheidet und

der Betriebsrat selbst die Initiative hierzu ergreifen kann (zum Initiativrecht des Betriebsrates bei der Einführung von Kurzarbeit s. *BAG* 4. 3. 1986 – 1 ABR 15/84, NZA 86, 432; dazu *Kittner*, 50 Urteile, 3. Aufl., 2024, Nr. 29; zur Mitbestimmung bei technischen Überwachungseinrichtungen vgl. Einl. V zum BDSG, Nr. 15). Nach der sog. Theorie der Wirksamkeitsvoraussetzung kann ein Arbeitnehmer sich darauf berufen, dass eine individualrechtliche Maßnahme des Arbeitgebers unwirksam ist, wenn dieser Mitbestimmungsrechte verletzt hat. Anders ist es, wenn der Arbeitgeber zuvor mitbestimmungswidrig den Arbeitnehmern bestimmte Leistungen erbracht hat und diese Praxis später – erneut mitbestimmungswidrig – ändern will: Hier kann der Arbeitgeber nicht nach der Theorie der Wirksamkeitsvoraussetzung verpflichtet werden, an der bisherigen Praxis festzuhalten (*BAG* 18. 3. 2014 – 1 ABR 75/12, NZA 14, 984).
Mitbestimmungsrechte können während eines Arbeitskampfes eingeschränkt sein. Das ist der Fall, wenn bei Aufrechterhaltung des Rechtes die ernsthafte Gefahr besteht, dass eine Arbeitskampfmaßnahme des Arbeitgebers verhindert wird oder sonst zu seinem Nachteil in das Kampfgeschehen eingegriffen wird. Das nimmt das *BAG* etwa an, wenn der Arbeitgeber arbeitswillige Arbeitnehmer in einen bestreikten Betrieb versetzen will (*BAG* 13. 12. 2011 – 1 ABR 2/10, NZA 12, 571).
Die Beteiligungsrechte des Betriebsrats sind nicht durch das Recht des Arbeitgebers auf unternehmerische Betätigung beschränkt. Vielmehr gilt umgekehrt: Die unternehmerische Entscheidungsfreiheit wird durch die gesetzlichen Mitbestimmungsrechte begrenzt (*BAG* 22. 8. 2017 – 1 ABR 4/16, BB 18, 1021, Rn. 30). Für Tendenzbetriebe (z. B. Presse oder politische Organisationen) gelten allerdings nur eingeschränkte Beteiligungsrechte (§ 118 Abs. 1 BetrVG).

3. Betriebsvereinbarung

Das Ergebnis der Betriebsratsverhandlungen ist meist eine Betriebsvereinbarung gemäß § 77 BetrVG (Checkliste 32), die unmittelbar und zwingend, also wie ein Gesetz, wirkt (normative Wirkung). Es sind aber auch sog. Regelungsabsprachen anstelle einer Betriebsvereinbarung möglich, denen keine normative Wirkung zukommt (näher DKW-*Berg*, § 77 Rn. 161 ff.). Letztere kommen aber nicht schon durch bloße Hinnahme eines mitbestimmungswidrigen Arbeitgeberverhaltens durch den Betriebsrat zustande (*BAG* 23. 10. 2018 – 1 ABR 26/17, NZA 19, 483). Das Verhältnis der Rechte aus einer Betriebsvereinbarung zu denen aus einem Arbeitsvertrag folgt dem Günstigkeitsprinzip: Die für den Arbeitnehmer günstigere Regelung setzt sich durch. Der Große Senat des *BAG* (28. 9. 1978 – 2 AZR 2/77, AP Nr. 17 zu § 77 BetrVG 1972) hatte eine Ausnahme lediglich für Sozialleistungen anerkannt, sofern die Betriebsvereinbarung kollektiv (bezogen auf die Gesamtbelegschaft) günstiger ist, als die bisherigen vertraglichen Regelungen. In neuerer Rechtsprechung geht der 1. Senat des *BAG* (5. 3. 2013 – 1 AZR 417/12, DB 13, 1852) aber davon aus, dass vertragliche Regelungen, die auf allgemeinen Geschäftsbedingungen beruhen, erkennbar kollektiv geregelt werden sollen, sodass der Arbeitnehmer implizit sein Einverständnis gegeben haben soll, auch Verschlechterungen durch eine Betriebsvereinbarung vornehmen zu können. Das geht an der Realität vorbei, denn kein Arbeitnehmer macht sich solche Gedanken beim Abschluss des

Arbeitsvertrages, und höhlt auch die genannte Entscheidung des Großen Senats aus (ausf. Kritik bei *Deinert*, AuR 22, 351). Der 4. Senat des *BAG* hat deshalb auch erhebliche Bedenken gegen ein solches Verständnis erhoben. Am Ende hat er die Frage aber offengelassen und entschieden, dass jedenfalls bei gleichzeitiger dynamischer Verweisung des Arbeitsvertrages auf einen Tarifvertrag dessen Regelungen einer ungünstigeren Betriebsvereinbarung vorgehen (11.4.2018 – 4 AZR 119/17, NZA 18, 1273). Andere Senate des *BAG* haben sich aber wiederum an die Seite des 1. Senats gestellt (vgl. 11.12.2018 – 3 AZR 380/17, NZA 19, 1082 [dazu Einl. II 3 zum BetrAVG, Nr. 11]; 30.1.2019 – 5 AZR 450/17, NZA 19, 1065; 24.1.2024 – 10 AZR 33/23, NZA 24, 562).

Alle Beteiligungsrechte des Betriebsrates stehen unter dem (in seiner Reichweite und Detailausgestaltung aber sehr umstrittenen) Vorbehalt einer Regelung der gleichen Materie durch die Tarifvertragsparteien (§§ 77 Abs. 3, 87 Abs. 1 Eingangssatz BetrVG; hierzu näher III 3). Dazu hat das *BAG* klargestellt, dass in einem tarifpluralen Betrieb (vgl. § 4a TVG, dazu Einl. II 1c zum TVG, Nr. 31) jeder Tarifvertrag die Regelungssperre für die Betriebsparteien auslöst und jede zwingende tarifliche Regelung auch das Mitbestimmungsrecht des Betriebsrats nach § 87 Abs. 1 BetrVG hindert (25.1.2023 – 4 ABR 4/22, NZA 23, 979). Das Gesetz verpflichtet die Betriebsräte zur Zusammenarbeit mit den Gewerkschaften (§ 2 Abs. 1 BetrVG) und räumt diesen eine Vielzahl von Rechten ein (Übersicht bei *Fitting*, § 2 Rn. 65). 12

4. Rechtsstellung

Der Sicherung und organisatorischen Erleichterung der Betriebsratsarbeit dient eine Reihe von Bestimmungen (z.B. Freistellung zur Betriebsratstätigkeit und zu Schulungsmaßnahmen, § 37 BetrVG; Kosten der Betriebsratstätigkeit, § 40 BetrVG (einschließlich Gerichtsverfahren, zu den Grenzen: *BAG* 22.11.2017 – 7 ABR 34/17, NZA 18, 461); Kündigungsschutz, § 15 KSchG; Freistellung bei Betriebsratstätigkeit außerhalb der Arbeitszeit gemäß § 37 Abs. 3 BetrVG, zum Arbeitszeitkonto: *BAG* 28.9.2016 – 7 AZR 248/14, NZA 17, 335; zur Betriebsratssitzung außerhalb der Arbeitszeit: *BAG* 18.1.2017 – 7 AZR 224/15, NZA 17, 791). Der Betriebsrat kann an sich nicht Träger von Rechten und Pflichten außerhalb der Betriebsverfassung sein und kann daher auch kein Vermögen haben. Problematisch ist daher die Beauftragung Betriebsexterner, etwa Sachverständige oder Rechtsanwälte. Sofern der Beauftragte sich nicht einen Kostenerstattungsanspruch des Betriebsrats gegen den Arbeitgeber abtreten lässt, besteht noch die Möglichkeit, dass der Arbeitgeber formal den Vertrag mit dem Berater des Betriebsrats schließt. Nach der Rechtsprechung des *BGH* (25.10.2012 – III ZR 266/11, DB 12, 2752; dazu krit. *Preis/Ulber*, JZ 14, 579; *Lunk/Rodenbusch*, NJW 14, 1989) ist der Betriebsrat außerdem insoweit teilrechtsfähig, als er auch selbst den Vertrag schließen kann, sodass er in der Wahl des Vertragspartners völlige Entscheidungsfreiheit hat. Das soll freilich nur so weit gehen, wie die Kosten erforderlich sind. Ist die Beauftragung eines externen Beraters nicht erforderlich oder geht die vereinbarte Vergütung über das Übliche hinaus, dann haften allerdings die Betriebsratsmitglieder, die tätig geworden sind, als sog. vollmachtlose Vertreter. Das gilt aber dann nicht, wenn dem Vertragspartner erkennbar war, dass der Vertrag über diese Grenzen hinaus gegangen ist, was bei einem beauftragten Rechtsanwalt regelmäßig der Fall sein wird. Der *BGH* (a. a. O.) hat außerdem darauf hingewiesen, dass man eine solche Haftung vertraglich im Vorhinein mit dem externen Berater ausschließen kann. Das *BAG* hat überdies klargestellt, dass der Arbeitgeber, wenn er vermeintliche Forderungen Dritter wegen Betriebsratskosten erfüllt, keinen Regress bei den Mitgliedern des Betriebsrats mit der Begründung, die Kosten seien nicht erforderlich, nehmen kann (25. 10. 2023 – 7 AZR 338/22, BB 24, 637).

Im Allgemeinen hat der Betriebsrat Anspruch auf einen Internetzugang auch für einzelne Mitglieder (*BAG* 23. 9. 2010 – 6 AZR 330/09, DB 10, 2731). Ohne konkreten Anlass zur Annahme einer Verletzung der Vertraulichkeit kann der Betriebsrat aber nicht einen von der Anlage des Arbeitgebers unabhängigen Internet- und Telefonanschluss verlangen (*BAG* 20. 4. 2016 – 7 ABR 50/14, NZA 16, 1033).

Der Betriebsrat kann bestimmte Aufgaben auf Ausschüsse oder Arbeitsgruppen delegieren (§§ 28, 28a BetrVG).

Bei groben Verstößen des Arbeitgebers gegen das BetrVG kann der Betriebsrat gemäß § 23 Abs. 3 BetrVG auf Unterlassung mit der Möglichkeit eines Ordnungsgeldes klagen. Daneben hat er einen allgemeinen Unterlassungsanspruch bei mitbestimmungswidrigem Verhalten des Arbeitgebers (*BAG* 3. 5. 1994 – 1 ABR 24/93, DB 94, 2450; vgl. *Derleder*, AuR 95, 13; zum Einwand des Rechtsmissbrauchs in Ausnahmefällen *BAG* 12. 3. 2019 – 1 ABR 42/17, NZA 19, 843; krit. dazu *Heuschmid/Kummert*, NZA 19, 1258). Allerdings soll der Betriebsrat keinen Anspruch darauf haben, dass der Arbeitgeber die Folgen seines mitbestimmungswidrigen Verhaltens wieder beseitigt (*BAG* 23. 3. 2021 – 1 ABR 31/19, NZA 21, 959; krit. dazu *Kittner/Klebe*, AuR 22, 364).

Umgekehrt kann das Arbeitsgericht bei groben Verstößen gegen gesetzliche Pflichten nach § 23 Abs. 1 BetrVG einzelne Mitglieder des Betriebsrats ausschließen oder den Betriebsrat auflösen. Vertragsrechtliche Sanktionen wie Kündigung oder Abmahnung kommen hingegen nicht in Betracht, solange nicht (auch) arbeitsvertragliche Pflichten verletzt wurden (*BAG* 9. 9. 2015 – 7 ABR 69/13, NZA 16, 57).

5. Individualrechte

Schließlich sind in das BetrVG Rechte des einzelnen Arbeitnehmers aufgenommen worden (§§ 81–86 BetrVG).

III. Anwendungsprobleme und Rechtstatsachen

1. Grundkonflikte der Betriebsverfassung

Es gibt kaum ein Gesetz, das mehr als das BetrVG darauf angewiesen wäre, von den Betroffenen mit Leben erfüllt zu werden, wenn es nicht Papier bleiben soll. Seine Konzeption ist auf den ersten Blick merkwürdig: Es gibt keinen ausdrücklichen Auftrag zur Interessenvertretung, sondern nur in § 2 BetrVG die Pflicht zur »vertrauensvollen« Zusammenarbeit von Arbeitgeber und Betriebsrat »zum Wohle der Arbeitnehmer und des Betriebs«. Außerdem sind Maßnahmen des Arbeitskampfes zwischen Arbeitgeber und Betriebsrat verboten (§ 74 Abs. 2 BetrVG). Daraus kann jedoch nicht der Schluss gezogen werden, dass Betriebsräte nur eingeschränkt die Interessen der Arbeitnehmer vertreten könnten. Während die vertrauensvolle Zusammenarbeit vor allem vom Arbeitgeber verlangt, gegenüber Organisations- und Mitbestimmungsrechten des Betriebsrats nicht zu »mauern«, soll das betriebliche Arbeitskampfverbot die Sphären von Mitbestimmung und Tarifarbeitskampf gegeneinander abgrenzen (s. u. 3).

Ein wirksames Instrument in den Händen der Interessenvertretung der Arbeitnehmer kann das BetrVG dabei nur sein, wenn es in täglicher Auseinandersetzung mit den Arbeitgebern durchgesetzt wird. Deren Positionen folgen dabei häufig einem gewissen Grundmuster: Widerstand gegen die erstmalige Wahl von Betriebsräten (dazu ausführliche Untersuchung bei *Behrens/Dribbusch*, AuR 25, 370; jede fünfte Neugründung eines Betriebsrats wird behindert, vgl. Böckler impuls 15/24, 1), Kampf um jedes freizustellende Betriebsratsmitglied und Streitigkeiten wegen der technischen Arbeitsmöglichkeiten der Betriebsräte etc. gibt es vor allem in Klein- und Mittelbetrieben. Dort finden sich auch heute noch häufig Unternehmensführungen, für deren Verständnis der Betriebsrat – auch wenn es sich um eine gesetzliche Einrichtung handelt – ein nicht akzeptierter »Fremdkörper« geblieben ist. In den meisten Großunternehmen sieht es dagegen doch anders aus: Dort hat ein »aufgeklärtes« Management durchaus erkannt, dass eine Vielzahl von im Betrieb auftretenden Konflikten sogar reibungsloser zu bewältigen ist, wenn an ihrer Lösung die gewählten Vertreter der Arbeitnehmer beteiligt sind. In dieser Hinsicht haben sich auch durchaus unterschiedliche Typen von Betriebsratsarbeit herausgebildet (*Kotthoff*, WSI-Mitt. 95, 549; zusammenfassend zu den Vorteilen auch aus Unternehmersicht Böckler impuls 2/18, 4). In Zeiten der Hochkonjunktur kann das so weit gehen, dass Kündigungen de facto nur nach Zustimmung des Betriebsrates ausgesprochen werden. In der großen Wirtschaftskrise 2008 waren wiederum in der Breite der deutschen Industrie das Bemühen der Krisenbewältigung gemeinsam mit den Betriebsräten und die Nutzung von Kurzarbeit zur Vermeidung von Entlassungen zu beobachten. Ähnliches ist während Pandemie und Ukraine-Krise zu beobachten.

Es ist nicht möglich, eine detaillierte Bilanz über die seitherige Praxis mit dem BetrVG aufzustellen. Sicher ist jedenfalls, dass es für unzählige Fälle Tag für Tag die Grundlage einer wirksamen Interessenvertretung für die Arbeitnehmer darstellt. Als Anhaltspunkte dafür, ob und in welchem Umfang die Betriebsverfassung »funktioniert«, das heißt, wie intensiv das Gesetz genutzt wird, könnte man drei Fragen wählen:

- Existieren hinsichtlich aller Angelegenheiten, die in § 87 Abs. 1 BetrVG genannt werden, Betriebsvereinbarungen, sofern sie im Hinblick auf bestehende Tarifverträge zugelassen sind?
- Macht der Betriebsrat von seinem Initiativrecht überall dort Gebrauch, wo verbesserungsbedürftige und -fähige Zustände existieren?
- Wurde die Einigungsstelle angerufen, wenn in Verhandlungen ein zufriedenstellendes Ergebnis nicht zu erzielen war?

Praktische Erfahrungen zeigen, dass wohl nur in wenigen Betrieben alle drei Fragen mit »ja« beantwortet werden könnten.

Gleichsam eine Abbildung der Problematik der Mitbestimmung bedeutet der Kampf um Betriebsratsvergütungen. Tragen Betriebsratsmitglieder gerade in Großunternehmen häufig auch Verantwortung wie »Co-Manager« geht damit nicht eine Manager-Bezahlung einher. Es gilt vielmehr das Ehrenamtsprinzip des § 37 BetrVG, wonach Betriebsratsmitglieder von der eigentlichen Arbeit zur Erledigung der Betriebsratsaufgaben freigestellt sind, aber »ohne Minderung« des Arbeitsentgelts (§ 37 Abs. 2 BetrVG). Die Entgeltentwicklung darf aber gemäß § 37 Abs. 4 BetrVG, was insbesondere für freigestellte Betriebsratsmitglieder wichtig ist, nicht hinter der vergleichbarer Arbeitnehmer zurückbleiben. Zudem darf die Vergütung nicht so bemessen werden, dass das Betriebsratsmitglied entgegen § 78 Satz 2 BetrVG benachteiligt wird (zum System der Betriebsratsvergütung vgl. ausführlich *Deinert*, VSSAR 22, 263). Das Ehrenamtsprinzip wird von der Rechtsprechung strikt verstanden (vgl. etwa zuletzt *BAG* 23.11.2022 – 7 AZR 122/22, NZA 23, 513). Ergänzende gesetzliche Regelungen sollen verhindern, dass mit Blick auf eine drohende Strafbarkeit der Manager unsachgemäßer Druck auf die Gestaltung der Vergütung ausgeübt wird (s. o. I 3 e). Im Nachgang zu einer Entscheidung des *BGH* (10.1.2023 – 6 StR 132/22, NZA 23, 301) wurden durch das Zweite Gesetz zur Änderung des Betriebsverfassungsgesetzes (s. o. I 3 f) folgende Änderungen vorgenommen:

- Abstellen auf vergleichbare Arbeitnehmer im Zeitpunkt der Amtsübernahme für die Bestimmung der Mindestentgeltentwicklung,
- Regelbarkeit der Bestimmung vergleichbarer Arbeitnehmer durch Betriebsvereinbarung,
- Konkretisierung der Vergleichbarkeit und der Vergleichspersonen durch Arbeitgeber und Betriebsrat, gerichtlich nur auf grobe Fehlerhaftigkeit überprüfbar,
- Wenn das Betriebsratsmitglied die betrieblichen Anforderungen und Kriterien für eine Vergütung erfüllt, ist eine Vergütung weder begünstigend noch benachteiligend, sofern die Festlegung nicht ermessensfehlerhaft erfolgte.
- Im Hinblick auf missverständliche Ausführungen des *BGH* in der erwähnten Entscheidung hat das *BAG* klargestellt, dass die Regelung des § 37 Abs. 4 BetrVG, wonach die Vergütung nicht hinter der vergleichbarer Arbeitnehmer zurückbleiben darf, keine Höchstbegrenzung der Vergütung darstellt. Eine Grenze nach oben ergibt sich vielmehr nur aus dem Bevorzugungsverbot des § 78 S. 2 BetrVG (*BAG* 20.3.2025 – 7 AZR 46/24, NZA 25, 1177, Rn. 62 ff.; dazu *Annuß*, RdA 25, 322). Zugleich wurde entschieden, dass der Arbeitgeber, der die bisherige Vergütung eines Betriebsrats wegen Fehlerhaftigkeit reduzieren möchte, die objektive Fehlerhaftigkeit der Vergütung darlegen und ggf. beweisen muss (*BAG* 20.3.2025 – 7 AZR 46/24, NZA 25, 1177, Rn. 36 ff.; 7 AZR 159/24, NZA 25, 1189, Rn. 34 ff.; 7 AZR 181/24, NZA 25, 1197, Rn. 32 ff.).

2. Existenz und Wahl von Betriebsräten

Eine genaue Statistik, wie viele Betriebsräte es in der Gesamtwirtschaft gibt, existiert – mangels gesetzlicher Meldepflicht in der BRD – nicht (zum Folgenden *Hayen*, Betriebliche Mitbestimmung im 21. Jahrhundert, in: Hexel [Hrsg.], »Never change a winning team«, 2009). Gewerkschaften schätzen aufgrund der von ihnen erhobenen Daten, dass es bei rückläufiger Gesamtentwicklung etwa 40 000 Betriebsräte mit über 250 000 Mitgliedern gibt. Das »Institut der Deutschen Wirtschaft« kommt zu ähnlichen Zahlen. Nach den Erkenntnissen des IAB-Betriebspanels sind in Kleinbetrieben bis 50 Beschäftigten nur etwa 7 % der Arbeitnehmer in Westdeutschland und 8 % der Arbeitnehmer in Ostdeutschland durch Betriebsräte repräsentiert; demgegenüber sind es 86 % in Betrieben mit mehr als 500 Arbeitnehmern (*Ellguth/Kohaut*, WSI-Mitt. 22, 328, 333).

Eine Schattenseite des Ringens um die Wahl zum Betriebsratsmitglied zeigt sich in den Fällen, in denen es nicht gelingt, alle Gewerkschaftsmitglieder auf die Einbringung eines einzigen gewerkschaftlichen Wahlvorschlags zu verpflichten, vielmehr einzelne Mitgliedergruppen eigene Wahlvorschläge einreichen. Die Gewerkschaften nehmen für sich aufgrund ihrer Satzungen in Anspruch, gegen die den nichtgewerkschaftlichen Wahlvorschlag tragenden oder auf ihm kandidierenden Mitglieder Verbandsstrafen bis hin zum Ausschluss aus der Gewerkschaft auszusprechen. Das ist vom *BVerfG* gebilligt worden (*BVerfG* 24. 2. 1999 – 1 BvR 123/93, NZA 99, 713; zum Ausschlussrecht gegenüber feindlicher Wahlpropaganda *BGH* 25. 3. 1991 – II ZR 170/90, BetrR 91, 252). Insgesamt lässt die jeweils große Publizität einzelner Fälle die Tatsache in den Hintergrund treten, dass es sich nur um verschwindend wenige Ausnahmefälle handelt.

Die Wiederwahl von Betriebsratsmitgliedern ist hoch. Zwei von drei Betriebsräten werden im Amt bestätigt (iwd 5/11, S. 2; Böckler impuls 14/2014, S. 5).

3. Verhältnis Betriebsrat – Gewerkschaft

Die enge Verbindung zwischen Betriebsräten und Gewerkschaften ist entscheidend für die volle Ausschöpfung des BetrVG. Das Gesetz selbst bietet mit einer Reihe von Vorschriften Ansatzpunkte hierzu (z. B. §§ 2, 16 Abs. 2, 31, 119 Abs. 2 BetrVG) und trifft Vorkehrungen zum Schutze der Gewerkschaften vor Verdrängung durch die gesetzliche Institution »Betriebsrat«: Die §§ 77 Abs. 3 und 87 Abs. 1 BetrVG lassen dem Betriebsrat nur dort Handlungsmöglichkeiten, wo Tarifverträge nicht existieren oder üblich sind. Die Gewerkschaft hat unter bestimmten Voraussetzungen einen gerichtlich durchsetzbaren Unterlassungsanspruch gegen eine tarifwidrige Betriebsvereinbarung (*BAG* 20. 4. 1999 – 1 ABR 72/98, DB 99, 1555; hierzu DKW-*Berg*, § 77 Rn. 197 ff.). Das gilt aber nicht, wenn der Tarifvertrag nur nach § 4 Abs. 5 TVG nachwirkt (*BAG* 7. 6. 2017 – 1 ABR 32/15, NZA 17, 1410).

Für die Gewerkschaften ist die Nutzung der Befugnisse nach dem BetrVG existentielle Notwendigkeit, um in den Betrieben voll wirksam werden zu können. So bemühen sich die Gewerkschaften um den Aufbau gewerkschaftlicher Vertrauenskörper und die Einbindung der Betriebsrätetätigkeit in die gewerkschaftliche Betriebspolitik, um den Tendenzen des Betriebsverfassungsgesetzes, die Gewerkschaften aus dem Spannungsfeld des Betriebes zu verdrängen, entgegenzuwirken. Grundlage hierfür bildet der hohe gewerkschaftliche Organisationsgrad der Betriebsratsmitglieder (die Zahl der gewerkschaftlich organisierten Betriebsratsvorsitzenden liegt bei ca. 85 %, ca. ¾ der Mandate werden von DGB-Gewerkschaften errungen). Dazu kommen die gewerkschaftlichen Vertrauensleute (etwa 1 Vertrauensfrau/-mann auf 25 Beschäftigte; insgesamt ca. 125 000 bei der IG Metall).

Freilich ist nicht zu verkennen, dass nach wie vor das heikelste Problem im Verhältnis zwischen Betriebsräten und Gewerkschaften die Auseinandersetzung darum ist, wie berechtigte betriebliche Besonderheiten mit der Notwendigkeit einer überbetrieblichen gewerkschaftlichen Orientierung zu vereinbaren und gegenüber »Betriebsegoismen« abzugrenzen sind, die auf lange Sicht allen beteiligten Arbeitnehmern schaden, weil sie den notwendigen Solidaritätszusammenhang schwächen.
Insgesamt hat sich gerade mit der neueren Tarifpolitik der Gewerkschaften (vor allem zur Arbeitszeitgestaltung, s. Einl. IV 1 zum ArbZG, Nr. 8) eine Tendenz zur verstärkten Aufgabendelegation an Betriebsräte ergeben. In der Metallindustrie gibt es seit 2004 aufgrund des »Pforzheimer Abkommens« ein geordnetes, von beiden Tarifvertragsparteien gemeinsam durchgeführtes Verfahren zur betrieblichen Abweichung von Tarifverträgen (näher Einl. II 1 zum TVG, Nr. 31).

4. Konzentration und Internationalisierung

Erheblicher Einfluss auf die praktische Tätigkeit der Betriebsräte geht von der zunehmenden Unternehmenskonzentration (Zunahme konzernrechtlicher Verflechtungen) und von der Verlagerung wichtiger Entscheidungskompetenzen in Unternehmen mit mehreren Betrieben auf die oberste Unternehmensführungsebene aus. Damit werden den Betriebsräten »vor Ort« vielfach die kompetenten Gesprächspartner entzogen, ohne dass sich an den rechtlichen Zuständigkeiten etwas geändert hätte. In diesem Zusammenhang ist vor allem die zwingende Errichtung von Gesamtbetriebsräten (§ 47 Abs. 1 BetrVG) wichtig: Obwohl das Gesetz von der Primärzuständigkeit der Einzelbetriebsräte ausgeht und nur im Ausnahmefall ein über Koordinierungsmaßnahmen hinausgehendes Tätigwerden des Gesamtbetriebsrates anerkennt (§ 50 BetrVG), besteht doch vielfach das Bemühen von Unternehmensleitungen, so viel Angelegenheiten wie möglich mit dem Gesamtbetriebsrat zu regeln. Auf dieser Ebene lassen sich – das beweisen alle Erfahrungen – unternehmerische Vorstellungen erheblich reibungsloser realisieren, da die Gegenseite (= Gesamtbetriebsrat) oft erst divergierende Arbeitnehmerinteressen auszugleichen hat und auch die Rückkoppelung zu den Belegschaften bei weitem nicht so intensiv sein kann wie auf Betriebsratsebene. Das Gleiche gilt für die Einrichtung des Konzernbetriebsrates.
Als zunehmende Bedrohung der Handlungsfähigkeit von Betriebsverfassungsorganen hat sich die Aufspaltung eines Betriebes oder Unternehmens in mehrere rechtlich selbstständige Unternehmen erwiesen. Damit erreichen die wirtschaftlichen Eigentümer, dass Betriebsratsrechte ausgehöhlt werden und Arbeitnehmeransprüche ins Leere gehen. Zur Sicherung von Arbeitnehmerrechten bei Umwandlungen enthält das UmwG eine Reihe von Vorschriften (eingehend Einl. II 2 zum UmwG, Nr. 33). Vor ähnlichen Problemen stehen Betriebsräte bei enger Abhängigkeit formal selbstständiger Unternehmen aufgrund von Lieferbeziehungen (z. B. Just-in-time-Konzepten, hierzu *Doleschal,* BetrR 91, 285). Vielfach laufen Mitbestimmungsmöglichkeiten leer, weil »Sachzwänge« der Lieferbeziehungen nicht überspielt werden können (hierzu *Köhler,* Mitbestimmung 4/92, 24).
Schließlich gerät die betriebliche Interessenvertretung im Wortsinne »an die Grenze«, wenn Unternehmen international tätig werden. Im Hinblick auf das sog. Ter-

ritorialitätsprinzip der deutschen Betriebsverfassung (vgl. Einl. III zur Rom I-VO, Nr. 14 a) ist grenzüberschreitendes Tätigwerden nur in Ausnahmefällen möglich (vgl. *Deinert*, Internationales Arbeitsrecht, § 17 Rn. 51 ff.; zu rechtlichen Lösungen, die diesen Befund verbessern können, *Deinert*, Betriebsverfassung in Zeiten der Globalisierung). Das erschwert die Interessenvertretung empfindlich. Umso wichtiger sind eigene Strukturen zu gesetzlicher Interessenvertretung über die Grenzen hinweg. Hierfür gibt es den »Europäischen Betriebsrat« (EBRG, Nr. 12 c).

IV. Rechtspolitische Diskussion

Nachdem die »Ampel-Koalition« gescheitert war, hat die verbliebene rot-grüne Minderheitsregierung kurz vor Ende der letzten Legislaturperiode einen Gesetzentwurf für Änderungen des Gesetzes in den Bundestag eingebracht (BR-Drs. 588/22), der aber nicht mehr beschlossen wurde. Die neue Regierungskoalition strebt eine Weiterentwicklung der Mitbestimmung an. Geplant sind die Möglichkeit von Online-Sitzungen und Online-Betriebsversammlungen als gleichwertige Alternativen zur Präsenz sowie die Möglichkeit von Online-Wahlen. Außerdem sollen die Gewerkschaften ein digitales Zugangsrecht zum Betrieb erhalten, das ihren analogen Rechten entspricht (»Verantwortung für Deutschland«, Koalitionsvertrag zwischen CDU, CSU und SPD, 21. Legislaturperiode, Zeilen 579 ff.). **12**
Der DGB hat einen Entwurf für ein modernes Betriebsverfassungsgesetz, der weit über diese Ansätze hinausgeht, vorgelegt (AuR Sonderausgabe April 22, 6; dazu *Klebe*, AuR Sonderausgabe April 22, 2; *zu Dohna*, spw 3/22, 43; *Klapp/Klebe*, NZA 22, 683; *Däubler/Kittner*, Geschichte und Zukunft der Betriebsverfassung, S. 540 ff.; *Deinert*, RdA 23, 81; *Wenckebach*, WSI-Mitt. 23, 228; krit. *Annuß*, NZA 22, 694). Die darin enthaltenen Vorschläge sollen für Probleme, die sich in der Praxis gezeigt haben, Lösungen bieten, etwa durch eine Fortentwicklung des Betriebsbegriffs in § 1 BetrVG-E, Klarstellungen zur Betriebsratsvergütung oder zur Kostentragung. Vorgesehen sind auch umfassende Initiativrechte sowie eine Erweiterung der Mitbestimmung für bestimmte Gegenstände in sozialen Angelegenheiten und in personellen Angelegenheiten. Die Widerspruchsgründe bei Kündigungen nach § 102 BetrVG sollen erweitert und zugleich der Weiterbeschäftigungsanspruch gestärkt werden. Der Interessenausgleich soll erzwingbar werden. Außerdem sind verschiedene Instrumente zur Sicherung der Mitbestimmung vorgesehen. Der Sonderkündigungsschutz insbesondere für Vorfeldinitiatoren soll effektuiert werden. Die Individualrechte der Beschäftigten sollen gestärkt werden.

Wichtige Entscheidungen

BVerfG 24. 2. 1999 – 1 BvR 123/93, NZA 1999, 713
BAG 28. 9. 1978 – 2 AZR 2/77, AP Nr. 17 zu § 77 BetrVG 1972
BAG 5. 3. 2013 – 1 AZR 417/12, DB 2013, 1852
BAG 22. 8. 2017 – 1 ABR 4/16, BB 2018, 1021
BAG 20. 3. 2025 – 7 AZR 46/24, NZA 2025, 1177
BGH 10. 1. 2023 – 6 StR 132/22, NZA 2023, 301

Weiterführende Literatur

Geschichte

Däubler/Kittner, Geschichte und Zukunft der Betriebsverfassung, 2. Aufl. (2022)
Reichold, 100 Jahre Betriebsverfassung, ZFA 2020, S. 5
Rudolph, Zur Vorgeschichte der heutigen Jugend- und Auszubildendenvertretung, AuR 2022, S. G13

Handbücher

Deinert/Wenckebach/Zwanziger-*Deinert/Ulber*, Arbeitsrecht, § 12 (Betriebsvereinbarung)
Bachab/Kolowes, Tipps für Betriebsrats- und Ausschussvorsitzende, 4. Aufl. (2025)
Becker/Gorsky/Gün/Holtz/Kröll/Lenz/Ratayczak/Ressel/Uehlecke, Praxis der JAV von A bis Z, 13. Aufl. (2024)
Däubler/Klebe/Wedde (Hrsg.), Arbeitshilfen für den Betriebsrat, 5. Aufl. (2021)
Disselkamp, Praxis im Wirtschaftsausschuss von A bis Z, 6. Aufl. (2024)
Gamillscheg, Kollektives Arbeitsrecht II: Betriebsverfassung (2008)
Garloff/Heilmann/Wall, Handbuch Betriebsvereinbarungen, 5. Aufl. (2026)
Helms/Rehbock, Tipps für neu und wieder gewählte Betriebsratsmitglieder, 7. Aufl. (2022)
Hjort/Rothkegel/Schneider/Schur, Leitfaden für den Wirtschaftsausschuss, 5. Aufl. (2025)
Klocke, Das BetrVG und der Arbeitskampf im Betrieb (2019)
Laßmann/Mengay/Riegel/Rupp, Handbuch Interessenausgleich und Sozialplan, 8. Aufl. (2020)
Laßmann/Rupp, Handbuch Wirtschaftsausschuss, 12. Aufl. (2023)
Schoof, Betriebsratspraxis von A bis Z, 16. Aufl. (2024)

Kommentare

Däubler/Klebe/Wedde (Hrsg.), BetrVG, 20. Aufl. (2026)
Fitting u. a., BetrVG, 32. Aufl. (2024)
Hess/Worzalla/Glock/Nicolai/Rose/Huke, BetrVG, 10. Aufl. (2018)
Klebe/Ratayczak/Heilmann/Spoo, BetrVG, 23. Aufl. (2024)
Löwisch/Kaiser/Klumpp (Hrsg.), BetrVG, 8. Aufl. (2022)
Richardi, BetrVG, Kommentar, 17. Aufl. (2022)
Wiese u. a., Gemeinschaftskommentar zum BetrVG, 2 Bde., 12. Aufl. (2021)
Wlotzke/Preis/Kreft, BetrVG, 4. Aufl. (2009)

Aufsätze

Behrens/Dribbusch, Errichtung von Betriebsräten weiterhin unter Druck. Ergebnisse der vierten Befragung zur Be- und Verhinderung von Betriebsratswahlen, AuR 2025, S. 370
Däubler, Kann der Betriebsrat für mehr Klimaschutz sorgen?, AiB 11/2023, S. 13

zu Dohna, Aktuelle Rechtsprechung zur Vergütung von Betriebsratsmitgliedern, AuR 2024, S. 431

Donath/Engelmann, Künstliche Intelligenz und Mitbestimmung, AiB 12/2023, S. 8

Funder, Quo vadis Betriebsrat? Entwicklungstrends der betrieblichen Mitbestimmung, WSI-Mitt. 2018, S. 497

Gerst/Klebe, Digitalisiertes Personalmanagement: Zwischen evidenzbasierter HR-Arbeit und Überwachungskultur, Gestaltungsaufgaben und -rechte des Betriebsrats, AuR 2024, S. 362

Hjort, 100 Jahre Betriebsverfassung – Demokratie braucht Mitbestimmung, AuR 2020, S. 406

Hohendanner/Kohaut, Tarifbindung und betriebliche Interessenvertretung: Ergebnisses aus dem IAB-Betriebspanel 2022, WSI-Mitt. 2025, S. 297

Homburg, Auswertung der Betriebsratswahlen 2022 und Ausblick 2026, AuR 2024, S. 418

Klebe, Betriebsverfassung 2030: Zukunftsanforderungen und Weiterentwicklung, AuR 2020, S. 196

Krause, Betriebliche Mitbestimmung ohne Betrieb?, Zur Basis der betrieblichen Interessenvertretung bei digitalen Arbeitsstrukturen, KJ 2024, S. 466

Lang/Reinbach, Künstliche Intelligenz und betriebliche Mitbestimmung, BB 2024, S. 1396

Schwarze, Die Zukunft der Betriebsverfassung, RdA 2019, S. 114

Seidel, Neues zu ökologischer Transformation im Arbeitsrecht: Umweltschutz als Aufgabe des Betriebsrats, AuR 2024, S. 109

Wenckebach, Stärkung der Tarifbindung durch Erweiterung betrieblicher Mitbestimmung, WSI-Mitt. 2023, S. 228

12

Sonstiges

Zeitschrift »Arbeitsrecht im Betrieb«

Übersicht 30: Betriebsverfassung

Betriebsratsaufgaben

- »vertrauensvolle Zusammenarbeit« mit Arbeitgeber (§ 2 I) (Arbeitskampfverbot § 74 II)
- Zusammenarbeit mit Gewerkschaften (§ 3)
- Tarifvorrang (GG, 77 III, 87 I)
- Überwachen der Einhaltung von Arbeitnehmerrechten (§ 80)
- Informations- und Beratungsrechte (Übersicht 31)
- Mitbestimmungsrechte (Übersicht 31)
  - soziale Angelegenheiten
  - personelle Einzelmaßnahmen
  - Auswahlrichtlinien
  - Berufsbildung
  - Gestaltung der Arbeitsplätze
  - Sozialplan
- Behandlung von Arbeitnehmerbeschwerden (§ 85)

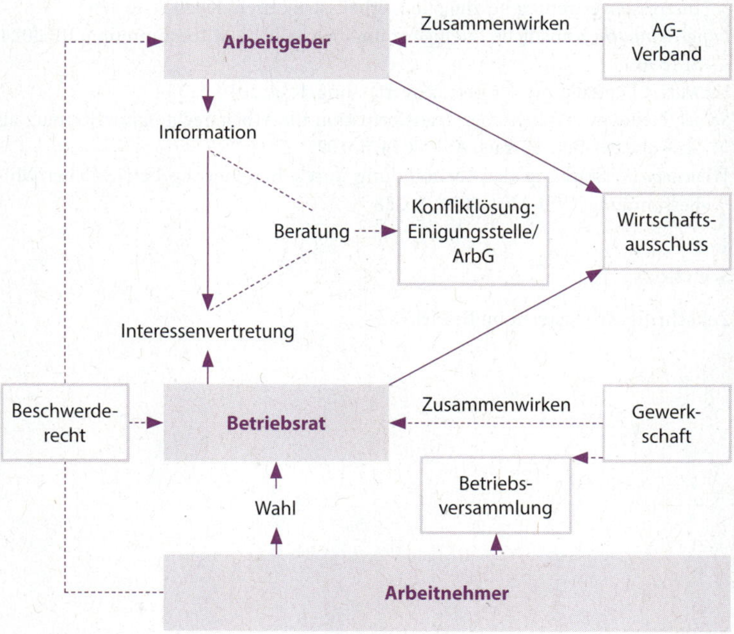

Übersicht 31: Beteiligungsrechte des Betriebsrats

Beteiligungsform	Gegenstand	§ des BetrVG
Information	• personelle Veränderung leitender Angestellter	105
Anhörung	• Kündigung	102 Abs. 1
Information und Beratung	• Baumaßnahmen/Arbeitsplatzgestaltung • Personalplanung • Betriebsänderung • Beschäftigungssicherung	90 92 111 92a
folgenbezogene, korrigierende Mitbestimmung = kein Einfluss auf die Maßnahme, sondern nur Folgemilderung	• menschengerechte Gestaltung der Arbeit • Sozialplan	91 112 Abs. 2
gebundene Mitbestimmung = Zustimmungsverweigerung nur mit bestimmten Gründen	• Einstellung, Versetzung, Eingruppierung	99
reaktive Mitbestimmung = Mitbestimmung mit Einigungsstelle nur, wenn Arbeitgeber die Maßnahme anstrebt	• Personalfragebogen • Auswahlrichtlinien (bis zu 500 Arbeitnehmer)	94 95 Abs. 1
initiative Mitbestimmung = Betriebsrat kann initiativ werden, erforderlichenfalls Einigungsstelle	• Arbeitnehmerbeschwerde • soziale Angelegenheiten • Berufsbildung • betriebliche Bildungsmaßnahmen • Auswahlrichtlinien (mehr als 500 Arbeitnehmer) • Sozialplan	85 87 96 98 95 Abs. 2 112 Abs. 2

12

Checkliste 32: Anspruch aus einer Betriebsvereinbarung

I. Zuständigkeit der Betriebsparteien

II. Regelungskompetenz der Betriebsparteien

1. Tarifvorbehalt gemäß § 77 III BetrVG
2. Gesetzesvorrang

III. Wirksame Betriebsvereinbarung

1. Zustandekommen der Betriebsvereinbarung
2. Schriftform (§ 77 II)

IV. Geltung der konkreten Betriebsvereinbarungsnorm

1. Räumlicher Geltungsbereich
2. Persönlicher Geltungsbereich
3. Zeitlicher Geltungsbereich

V. Nachwirkung (§ 77 VI)

VI. Konkurrenz zu anderen Betriebsvereinbarungen

VII. Mögliche Unwirksamkeit der Betriebsvereinbarung

1. Grenzen der Betriebsautonomie
2. »Billigkeitskontrolle« als Rechtskontrolle

VIII. Umdeutung einer unwirksamen Betriebsvereinbarung

IX. Sonderfragen bei Einigungsstellenspruch

1. Zuständigkeit und Verfahren der Einigungsstelle
2. Ermessenskontrolle

Betriebsverfassungsgesetz (BetrVG)

vom 15. Januar 1972 (BGBl. I 13),
in der Fassung der Bekanntmachung vom 25. September 2001 (BGBl. I 2518),
zuletzt geändert durch Gesetz vom 19. Juli 2024 (BGBl. 2024 I Nr. 248)

(Abgedruckte Vorschriften: §§ 1–121, 126, 129, 130)

Erster Teil – Allgemeine Vorschriften

§ 1 Errichtung von Betriebsräten (1) In Betrieben mit in der Regel mindestens fünf ständigen wahlberechtigten Arbeitnehmern, von denen drei wählbar sind, werden Betriebsräte gewählt. Dies gilt auch für gemeinsame Betriebe mehrerer Unternehmen.

(2) Ein gemeinsamer Betrieb mehrerer Unternehmen wird vermutet, wenn

1. zur Verfolgung arbeitstechnischer Zwecke die Betriebsmittel sowie die Arbeitnehmer von den Unternehmen gemeinsam eingesetzt werden oder
2. die Spaltung eines Unternehmens zur Folge hat, dass von einem Betrieb ein oder mehrere Betriebsteile einem an der Spaltung beteiligten anderen Unternehmen zugeordnet werden, ohne dass sich dabei die Organisation des betroffenen Betriebs wesentlich ändert.

12

§ 2 Stellung der Gewerkschaften und Vereinigungen der Arbeitgeber (1) Arbeitgeber und Betriebsrat arbeiten unter Beachtung der geltenden Tarifverträge vertrauensvoll und im Zusammenwirken mit den im Betrieb vertretenen Gewerkschaften und Arbeitgebervereinigungen zum Wohl der Arbeitnehmer und des Betriebs zusammen.

(2) Zur Wahrnehmung der in diesem Gesetz genannten Aufgaben und Befugnisse der im Betrieb vertretenen Gewerkschaften ist deren Beauftragten nach Unterrichtung des Arbeitgebers oder seines Vertreters Zugang zum Betrieb zu gewähren, soweit dem nicht unumgängliche Notwendigkeiten des Betriebsablaufs, zwingende Sicherheitsvorschriften oder der Schutz von Betriebsgeheimnissen entgegenstehen.

(3) Die Aufgaben der Gewerkschaften und der Vereinigungen der Arbeitgeber, insbesondere die Wahrnehmung der Interessen ihrer Mitglieder, werden durch dieses Gesetz nicht berührt.

§ 3 Abweichende Regelungen (1) Durch Tarifvertrag können bestimmt werden:

1. für Unternehmen mit mehreren Betrieben
   a) die Bildung eines unternehmenseinheitlichen Betriebsrats oder
   b) die Zusammenfassung von Betrieben,

   wenn dies die Bildung von Betriebsräten erleichtert oder einer sachgerechten Wahrnehmung der Interessen der Arbeitnehmer dient;

2. für Unternehmen und Konzerne, soweit sie nach produkt- oder projektbezogenen Geschäftsbereichen (Sparten) organisiert sind und die Leitung der Sparte auch Entscheidungen in beteiligungspflichtigen Angelegenheiten trifft, die Bildung von Betriebsräten in den Sparten (Spartenbetriebsräte), wenn dies der sachgerechten Wahrnehmung der Aufgaben des Betriebsrats dient;
3. andere Arbeitnehmervertretungsstrukturen, soweit dies insbesondere aufgrund der Betriebs-, Unternehmens- oder Konzernorganisation oder aufgrund anderer Formen der Zusammenarbeit von Unternehmen einer wirksamen und zweckmäßigen Interessenvertretung der Arbeitnehmer dient;
4. zusätzliche betriebsverfassungsrechtliche Gremien (Arbeitsgemeinschaften), die der unternehmensübergreifenden Zusammenarbeit von Arbeitnehmervertretungen dienen;
5. zusätzliche betriebsverfassungsrechtliche Vertretungen der Arbeitnehmer, die die Zusammenarbeit zwischen Betriebsrat und Arbeitnehmern erleichtern.

(2) Besteht in den Fällen des Absatzes 1 Nr. 1, 2, 4 oder 5 keine tarifliche Regelung und gilt auch kein anderer Tarifvertrag, kann die Regelung durch Betriebsvereinbarung getroffen werden.

(3) Besteht im Fall des Absatzes 1 Nr. 1 Buchstabe a keine tarifliche Regelung und besteht in dem Unternehmen kein Betriebsrat, können die Arbeitnehmer mit Stimmenmehrheit die Wahl eines unternehmenseinheitlichen Betriebsrats beschließen. Die Abstimmung kann von mindestens drei wahlberechtigten Arbeitnehmern des Unternehmens oder einer im Unternehmen vertretenen Gewerkschaft veranlasst werden.

(4) Sofern der Tarifvertrag oder die Betriebsvereinbarung nichts anderes bestimmt, sind Regelungen nach Absatz 1 Nr. 1 bis 3 erstmals bei der nächsten regelmäßigen Betriebsratswahl anzuwenden, es sei denn, es besteht kein Betriebsrat oder es ist aus anderen Gründen eine Neuwahl des Betriebsrats erforderlich. Sieht der Tarifvertrag oder die Betriebsvereinbarung einen anderen Wahlzeitpunkt vor, endet die Amtszeit bestehender Betriebsräte, die durch die Regelungen nach Absatz 1 Nr. 1 bis 3 entfallen, mit Bekanntgabe des Wahlergebnisses.

(5) Die aufgrund eines Tarifvertrages oder einer Betriebsvereinbarung nach Absatz 1 Nr. 1 bis 3 gebildeten betriebsverfassungsrechtlichen Organisationseinheiten gelten als Betriebe im Sinne dieses Gesetzes. Auf die in ihnen gebildeten Arbeitnehmervertretungen finden die Vorschriften über die Rechte und Pflichten des Betriebsrats und die Rechtsstellung seiner Mitglieder Anwendung.

§ 4 Betriebsteile, Kleinstbetriebe (1) Betriebsteile gelten als selbständige Betriebe, wenn sie die Voraussetzungen des § 1 Abs. 1 Satz 1 erfüllen und
1. räumlich weit vom Hauptbetrieb entfernt oder
2. durch Aufgabenbereich und Organisation eigenständig sind.

Die Arbeitnehmer eines Betriebsteils, in dem kein eigener Betriebsrat besteht, können mit Stimmenmehrheit formlos beschließen, an der Wahl des Betriebsrats im Hauptbetrieb teilzunehmen; § 3 Abs. 3 Satz 2 gilt entsprechend. Die Abstimmung kann auch vom Betriebsrat des Hauptbetriebs veranlasst werden. Der Beschluss ist dem Betriebsrat des Hauptbetriebs spätestens zehn Wochen vor Ablauf seiner

Amtszeit mitzuteilen. Für den Widerruf des Beschlusses gelten die Sätze 2 bis 4 entsprechend.

(2) Betriebe, die die Voraussetzungen des § 1 Abs. 1 Satz 1 nicht erfüllen, sind dem Hauptbetrieb zuzuordnen.

§ 5 Arbeitnehmer (1) Arbeitnehmer (Arbeitnehmerinnen und Arbeitnehmer) im Sinne dieses Gesetzes sind Arbeiter und Angestellte einschließlich der zu ihrer Berufsausbildung Beschäftigten, unabhängig davon, ob sie im Betrieb, im Außendienst oder mit Telearbeit beschäftigt werden. Als Arbeitnehmer gelten auch die in Heimarbeit Beschäftigten, die in der Hauptsache für den Betrieb arbeiten. Als Arbeitnehmer gelten ferner Beamte (Beamtinnen und Beamte), Soldaten (Soldatinnen und Soldaten) sowie Arbeitnehmer des öffentlichen Dienstes einschließlich der zu ihrer Berufsausbildung Beschäftigten, die in Betrieben privatrechtlich organisierter Unternehmen tätig sind.

(2) Als Arbeitnehmer im Sinne dieses Gesetzes gelten nicht

1. in Betrieben einer juristischen Person die Mitglieder des Organs, das zur gesetzlichen Vertretung der juristischen Person berufen ist;
2. die Gesellschafter einer offenen Handelsgesellschaft oder die Mitglieder einer anderen Personengesamtheit, soweit sie durch Gesetz, Satzung oder Gesellschaftsvertrag zur Vertretung der Personengesamtheit oder zur Geschäftsführung berufen sind, in deren Betrieben;
3. Personen, deren Beschäftigung nicht in erster Linie ihrem Erwerb dient, sondern vorwiegend durch Beweggründe karitativer oder religiöser Art bestimmt ist;
4. Personen, deren Beschäftigung nicht in erster Linie ihrem Erwerb dient und die vorwiegend zu ihrer Heilung, Wiedereingewöhnung, sittlichen Besserung oder Erziehung beschäftigt werden;
5. der Ehegatte, der Lebenspartner, Verwandte und Verschwägerte ersten Grades, die in häuslicher Gemeinschaft mit dem Arbeitgeber leben.

(3) Dieses Gesetz findet, soweit in ihm nicht ausdrücklich etwas anderes bestimmt ist, keine Anwendung auf leitende Angestellte. Leitender Angestellter ist, wer nach Arbeitsvertrag und Stellung im Unternehmen oder im Betrieb

1. zur selbständigen Einstellung und Entlassung von im Betrieb oder in der Betriebsabteilung beschäftigten Arbeitnehmern berechtigt ist oder
2. Generalvollmacht oder Prokura hat und die Prokura auch im Verhältnis zum Arbeitgeber nicht unbedeutend ist oder
3. regelmäßig sonstige Aufgaben wahrnimmt, die für den Bestand und die Entwicklung des Unternehmens oder eines Betriebs von Bedeutung sind und deren Erfüllung besondere Erfahrungen und Kenntnisse voraussetzt, wenn er dabei entweder die Entscheidungen im Wesentlichen frei von Weisungen trifft oder sie maßgeblich beeinflusst; dies kann auch bei Vorgaben insbesondere aufgrund von Rechtsvorschriften, Plänen oder Richtlinien sowie bei Zusammenarbeit mit anderen leitenden Angestellten gegeben sein.

Für die in Absatz 1 Satz 3 genannten Beamten und Soldaten gelten die Sätze 1 und 2 entsprechend.

(4) Leitender Angestellter nach Absatz 3 Nr. 3 ist im Zweifel, wer

1. aus Anlass der letzten Wahl des Betriebsrats, des Sprecherausschusses oder von Aufsichtsratsmitgliedern der Arbeitnehmer oder durch rechtskräftige gerichtliche Entscheidung den leitenden Angestellten zugeordnet worden ist oder
2. einer Leitungsebene angehört, auf der in dem Unternehmen überwiegend leitende Angestellte vertreten sind, oder
3. ein regelmäßiges Jahresarbeitsentgelt erhält, das für leitende Angestellte in dem Unternehmen üblich ist, oder,
4. falls auch bei der Anwendung der Nummer 3 noch Zweifel bleiben, ein regelmäßiges Jahresarbeitsentgelt erhält, das das Dreifache der Bezugsgröße nach § 18 des Vierten Buches des Sozialgesetzbuches überschreitet.

§ **6** *(weggefallen)*

Zweiter Teil – Betriebsrat, Betriebsversammlung, Gesamt- und Konzernbetriebsrat

Erster Abschnitt – Zusammensetzung und Wahl des Betriebsrats

§ 7 **Wahlberechtigung** Wahlberechtigt sind alle Arbeitnehmer des Betriebs, die das 16. Lebensjahr vollendet haben. Werden Arbeitnehmer eines anderen Arbeitgebers zur Arbeitsleistung überlassen, so sind diese wahlberechtigt, wenn sie länger als drei Monate im Betrieb eingesetzt werden.

§ 8 **Wählbarkeit** (1) Wählbar sind alle Wahlberechtigten, die das 18. Lebensjahr vollendet haben und sechs Monate dem Betrieb angehören oder als in Heimarbeit Beschäftigte in der Hauptsache für den Betrieb gearbeitet haben. Auf diese sechsmonatige Betriebszugehörigkeit werden Zeiten angerechnet, in denen der Arbeitnehmer unmittelbar vorher einem anderen Betrieb desselben Unternehmens oder Konzerns (§ 18 Abs. 1 des Aktiengesetzes) angehört hat. Nicht wählbar ist, wer infolge strafgerichtlicher Verurteilung die Fähigkeit, Rechte aus öffentlichen Wahlen zu erlangen, nicht besitzt.
(2) Besteht der Betrieb weniger als sechs Monate, so sind abweichend von der Vorschrift in Absatz 1 über die sechsmonatige Betriebszugehörigkeit diejenigen Arbeitnehmer wählbar, die bei der Einleitung der Betriebsratswahl im Betrieb beschäftigt sind und die übrigen Voraussetzungen für die Wählbarkeit erfüllen.

§ 9 **Zahl der Betriebsratsmitglieder** (1) Der Betriebsrat besteht in Betrieben mit in der Regel

5 bis 20 wahlberechtigten Arbeitnehmern aus einer Person,
21 bis 50 wahlberechtigten Arbeitnehmern aus 3 Mitgliedern,
51 wahlberechtigten Arbeitnehmern
bis 100 Arbeitnehmern aus 5 Mitgliedern,
101 bis 200 Arbeitnehmern aus 7 Mitgliedern,
201 bis 400 Arbeitnehmern aus 9 Mitgliedern,
401 bis 700 Arbeitnehmern aus 11 Mitgliedern,
701 bis 1000 Arbeitnehmern aus 13 Mitgliedern,

1001 bis	1500 Arbeitnehmern aus	15 Mitgliedern,
1501 bis	2000 Arbeitnehmern aus	17 Mitgliedern,
2001 bis	2500 Arbeitnehmern aus	19 Mitgliedern,
2501 bis	3000 Arbeitnehmern aus	21 Mitgliedern,
3001 bis	3500 Arbeitnehmern aus	23 Mitgliedern,
3501 bis	4000 Arbeitnehmern aus	25 Mitgliedern,
4001 bis	4500 Arbeitnehmern aus	27 Mitgliedern,
4501 bis	5000 Arbeitnehmern aus	29 Mitgliedern,
5001 bis	6000 Arbeitnehmern aus	31 Mitgliedern,
6001 bis	7000 Arbeitnehmern aus	33 Mitgliedern,
7001 bis	9000 Arbeitnehmern aus	35 Mitgliedern.

In Betrieben mit mehr als 9000 Arbeitnehmern erhöht sich die Zahl der Mitglieder des Betriebsrats für je angefangene weitere 3000 Arbeitnehmer um 2 Mitglieder.

§ 10 *(weggefallen)*

§ 11 Ermäßigte Zahl der Betriebsratsmitglieder Hat ein Betrieb nicht die ausreichende Zahl von wählbaren Arbeitnehmern, so ist die Zahl der Betriebsratsmitglieder der nächstniedrigeren Betriebsgröße zugrunde zu legen.

12

§ 12 *(weggefallen)*

§ 13 Zeitpunkt der Betriebsratswahlen (1) Die regelmäßigen Betriebsratswahlen finden alle vier Jahre in der Zeit vom 1. März bis 31. Mai statt. Sie sind zeitgleich mit den regelmäßigen Wahlen nach § 5 Abs. 1 des Sprecherausschussgesetzes einzuleiten.

(2) Außerhalb dieser Zeit ist der Betriebsrat zu wählen, wenn

1. mit Ablauf von 24 Monaten, vom Tage der Wahl an gerechnet, die Zahl der regelmäßig beschäftigten Arbeitnehmer um die Hälfte, mindestens aber um fünfzig, gestiegen oder gesunken ist,
2. die Gesamtzahl der Betriebsratsmitglieder nach Eintreten sämtlicher Ersatzmitglieder unter die vorgeschriebene Zahl der Betriebsratsmitglieder gesunken ist,
3. der Betriebsrat mit der Mehrheit seiner Mitglieder seinen Rücktritt beschlossen hat,
4. die Betriebsratswahl mit Erfolg angefochten worden ist,
5. der Betriebsrat durch eine gerichtliche Entscheidung aufgelöst ist oder
6. im Betrieb ein Betriebsrat nicht besteht.

(3) Hat außerhalb des für die regelmäßigen Betriebsratswahlen festgelegten Zeitraums eine Betriebsratswahl stattgefunden, so ist der Betriebsrat in dem auf die Wahl folgenden nächsten Zeitraum der regelmäßigen Betriebsratswahlen neu zu wählen. Hat die Amtszeit des Betriebsrats zu Beginn des für die regelmäßigen Betriebsratswahlen festgelegten Zeitraums noch nicht ein Jahr betragen, so ist der Betriebsrat in dem übernächsten Zeitraum der regelmäßigen Betriebsratswahlen neu zu wählen.

§ 14 Wahlvorschriften (1) Der Betriebsrat wird in geheimer und unmittelbarer Wahl gewählt.
(2) Die Wahl erfolgt nach den Grundsätzen der Verhältniswahl. Sie erfolgt nach den Grundsätzen der Mehrheitswahl, wenn nur ein Wahlvorschlag eingereicht wird oder wenn der Betriebsrat im vereinfachten Wahlverfahren nach § 14a zu wählen ist.
(3) Zur Wahl des Betriebsrats können die wahlberechtigten Arbeitnehmer und die im Betrieb vertretenen Gewerkschaften Wahlvorschläge machen.
(4) In Betrieben mit in der Regel bis zu 20 wahlberechtigten Arbeitnehmern bedarf es keiner Unterzeichnung von Wahlvorschlägen. Wahlvorschläge sind in Betrieben mit in der Regel 21 bis 100 wahlberechtigten Arbeitnehmern von mindestens zwei wahlberechtigten Arbeitnehmern und in Betrieben mit in der Regel mehr als 100 wahlberechtigten Arbeitnehmern von mindestens einem Zwanzigstel der wahlberechtigten Arbeitnehmer zu unterzeichnen. In jedem Fall genügt die Unterzeichnung durch 50 wahlberechtigte Arbeitnehmer.
(5) Jeder Wahlvorschlag einer Gewerkschaft muss von zwei Beauftragten unterzeichnet sein.

§ 14a Vereinfachtes Wahlverfahren für Kleinbetriebe (1) In Betrieben mit in der Regel fünf bis 100 wahlberechtigten Arbeitnehmern wird der Betriebsrat in einem zweistufigen Verfahren gewählt. Auf einer ersten Wahlversammlung wird der Wahlvorstand nach § 17a Nr. 3 gewählt. Auf einer zweiten Wahlversammlung wird der Betriebsrat in geheimer und unmittelbarer Wahl gewählt. Diese Wahlversammlung findet eine Woche nach der Wahlversammlung zur Wahl des Wahlvorstands statt.
(2) Wahlvorschläge können bis zum Ende der Wahlversammlung zur Wahl des Wahlvorstands nach § 17a Nr. 3 gemacht werden; für Wahlvorschläge der Arbeitnehmer gilt § 14 Abs. 4 mit der Maßgabe, dass für Wahlvorschläge, die erst auf dieser Wahlversammlung gemacht werden, keine Schriftform erforderlich ist.
(3) Ist der Wahlvorstand in Betrieben mit in der Regel fünf bis 100 wahlberechtigten Arbeitnehmern nach § 17a Nr. 1 in Verbindung mit § 16 vom Betriebsrat, Gesamtbetriebsrat oder Konzernbetriebsrat oder nach § 17a Nr. 4 vom Arbeitsgericht bestellt, wird der Betriebsrat abweichend von Absatz 1 Satz 1 und 2 auf nur einer Wahlversammlung in geheimer und unmittelbarer Wahl gewählt. Wahlvorschläge können bis eine Woche vor der Wahlversammlung zur Wahl des Betriebsrats gemacht werden; § 14 Abs. 4 gilt unverändert.
(4) Wahlberechtigten Arbeitnehmern, die an der Wahlversammlung zur Wahl des Betriebsrats nicht teilnehmen können, ist Gelegenheit zur schriftlichen Stimmabgabe zu geben.
(5) In Betrieben mit in der Regel 101 bis 200 wahlberechtigten Arbeitnehmern können der Wahlvorstand und der Arbeitgeber die Anwendung des vereinfachten Wahlverfahrens vereinbaren.

§ 15 Zusammensetzung nach Beschäftigungsarten und Geschlechter (1) Der Betriebsrat soll sich möglichst aus Arbeitnehmern der einzelnen Organisations-

bereiche und der verschiedenen Beschäftigungsarten der im Betrieb tätigen Arbeitnehmer zusammensetzen.
(2) Das Geschlecht, das in der Belegschaft in der Minderheit ist, muss mindestens entsprechend seinem zahlenmäßigen Verhältnis im Betriebsrat vertreten sein, wenn dieser aus mindestens drei Mitgliedern besteht.

§ 16 Bestellung des Wahlvorstands (1) Spätestens zehn Wochen vor Ablauf seiner Amtszeit bestellt der Betriebsrat einen aus drei Wahlberechtigten bestehenden Wahlvorstand und einen von ihnen als Vorsitzenden. Der Betriebsrat kann die Zahl der Wahlvorstandsmitglieder erhöhen, wenn dies zur ordnungsgemäßen Durchführung der Wahl erforderlich ist. Der Wahlvorstand muss in jedem Fall aus einer ungeraden Zahl von Mitgliedern bestehen. Für jedes Mitglied des Wahlvorstands kann für den Fall seiner Verhinderung ein Ersatzmitglied bestellt werden. In Betrieben mit weiblichen und männlichen Arbeitnehmern sollen dem Wahlvorstand Frauen und Männer angehören. Jede im Betrieb vertretene Gewerkschaft kann zusätzlich einen dem Betrieb angehörenden Beauftragten als nicht stimmberechtigtes Mitglied in den Wahlvorstand entsenden, sofern ihr nicht ein stimmberechtigtes Wahlvorstandsmitglied angehört.
(2) Besteht acht Wochen vor Ablauf der Amtszeit des Betriebsrats kein Wahlvorstand, so bestellt ihn das Arbeitsgericht auf Antrag von mindestens drei Wahlberechtigten oder einer im Betrieb vertretenen Gewerkschaft; Absatz 1 gilt entsprechend. In dem Antrag können Vorschläge für die Zusammensetzung des Wahlvorstands gemacht werden. Das Arbeitsgericht kann für Betriebe mit in der Regel mehr als zwanzig wahlberechtigten Arbeitnehmern auch Mitglieder einer im Betrieb vertretenen Gewerkschaft, die nicht Arbeitnehmer des Betriebs sind, zu Mitgliedern des Wahlvorstands bestellen, wenn dies zur ordnungsgemäßen Durchführung der Wahl erforderlich ist.
(3) Besteht acht Wochen vor Ablauf der Amtszeit des Betriebsrats kein Wahlvorstand, kann auch der Gesamtbetriebsrat oder, falls ein solcher nicht besteht, der Konzernbetriebsrat den Wahlvorstand bestellen. Absatz 1 gilt entsprechend.

§ 17 Bestellung des Wahlvorstands in Betrieben ohne Betriebsrat (1) Besteht in einem Betrieb, der die Voraussetzungen des § 1 Abs. 1 Satz 1 erfüllt, kein Betriebsrat, so bestellt der Gesamtbetriebsrat oder, falls ein solcher nicht besteht, der Konzernbetriebsrat einen Wahlvorstand. § 16 Abs. 1 gilt entsprechend.
(2) Besteht weder ein Gesamtbetriebsrat noch ein Konzernbetriebsrat, so wird in einer Betriebsversammlung von der Mehrheit der anwesenden Arbeitnehmer ein Wahlvorstand gewählt; § 16 Abs. 1 gilt entsprechend. Gleiches gilt, wenn der Gesamtbetriebsrat oder Konzernbetriebsrat die Bestellung des Wahlvorstands nach Absatz 1 unterlässt.
(3) Zu dieser Betriebsversammlung können drei wahlberechtigte Arbeitnehmer des Betriebs oder eine im Betrieb vertretene Gewerkschaft einladen und Vorschläge für die Zusammensetzung des Wahlvorstands machen.
(4) Findet trotz Einladung keine Betriebsversammlung statt oder wählt die Betriebsversammlung keinen Wahlvorstand, so bestellt ihn das Arbeitsgericht auf An-

trag von mindestens drei wahlberechtigten Arbeitnehmern oder einer im Betrieb vertretenen Gewerkschaft. § 16 Abs. 2 gilt entsprechend.

§ 17a Bestellung des Wahlvorstands im vereinfachten Wahlverfahren Im Fall des § 14a finden die §§ 16 und 17 mit folgender Maßgabe Anwendung:

1. Die Frist des § 16 Abs. 1 Satz 1 wird auf vier Wochen und die des § 16 Abs. 2 Satz 1, Abs. 3 Satz 1 auf drei Wochen verkürzt.
2. § 16 Abs. 1 Satz 2 und 3 findet keine Anwendung.
3. In den Fällen des § 17 Abs. 2 wird der Wahlvorstand in einer Wahlversammlung von der Mehrheit der anwesenden Arbeitnehmer gewählt. Für die Einladung zu der Wahlversammlung gilt § 17 Abs. 3 entsprechend.
4. § 17 Abs. 4 gilt entsprechend, wenn trotz Einladung keine Wahlversammlung stattfindet oder auf der Wahlversammlung kein Wahlvorstand gewählt wird.

§ 18 Vorbereitung und Durchführung der Wahl (1) Der Wahlvorstand hat die Wahl unverzüglich einzuleiten, sie durchzuführen und das Wahlergebnis festzustellen. Kommt der Wahlvorstand dieser Verpflichtung nicht nach, so ersetzt ihn das Arbeitsgericht auf Antrag des Betriebsrats, von mindestens drei wahlberechtigten Arbeitnehmern oder einer im Betrieb vertretenen Gewerkschaft. § 16 Abs. 2 gilt entsprechend.

(2) Ist zweifelhaft, ob eine betriebsratsfähige Organisationseinheit vorliegt, so können der Arbeitgeber, jeder beteiligte Betriebsrat, jeder beteiligte Wahlvorstand oder eine im Betrieb vertretene Gewerkschaft eine Entscheidung des Arbeitsgerichts beantragen.

(3) Unverzüglich nach Abschluss der Wahl nimmt der Wahlvorstand öffentlich die Auszählung der Stimmen vor, stellt deren Ergebnis in einer Niederschrift fest und gibt es den Arbeitnehmern des Betriebs bekannt. Dem Arbeitgeber und den im Betrieb vertretenen Gewerkschaften ist eine Abschrift der Wahlniederschrift zu übersenden.

§ 18a Zuordnung der leitenden Angestellten bei Wahlen (1) Sind die Wahlen nach § 13 Abs. 1 und nach § 5 Abs. 1 des Sprecherausschussgesetzes zeitgleich einzuleiten, so haben sich die Wahlvorstände unverzüglich nach Aufstellung der Wählerlisten, spätestens jedoch zwei Wochen vor Einleitung der Wahlen, gegenseitig darüber zu unterrichten, welche Angestellten sie den leitenden Angestellten zugeordnet haben; dies gilt auch, wenn die Wahlen ohne Bestehen einer gesetzlichen Verpflichtung zeitgleich eingeleitet werden. Soweit zwischen den Wahlvorständen kein Einvernehmen über die Zuordnung besteht, haben sie in gemeinsamer Sitzung eine Einigung zu versuchen. Soweit eine Einigung zustande kommt, sind die Angestellten entsprechend ihrer Zuordnung in die jeweilige Wählerliste einzutragen.

(2) Soweit eine Einigung nicht zustande kommt, hat ein Vermittler spätestens eine Woche vor Einleitung der Wahlen erneut eine Verständigung der Wahlvorstände über die Zuordnung zu versuchen. Der Arbeitgeber hat den Vermittler auf dessen Verlangen zu unterstützen, insbesondere die erforderlichen Auskünfte zu erteilen und die erforderlichen Unterlagen zur Verfügung zu stellen. Bleibt der Verstän-

digungsversuch erfolglos, so entscheidet der Vermittler nach Beratung mit dem Arbeitgeber. Absatz 1 Satz 3 gilt entsprechend.

(3) Auf die Person des Vermittlers müssen sich die Wahlvorstände einigen. Zum Vermittler kann nur ein Beschäftigter des Betriebs oder eines anderen Betriebs des Unternehmens oder Konzerns oder der Arbeitgeber bestellt werden. Kommt eine Einigung nicht zustande, so schlagen die Wahlvorstände je eine Person als Vermittler vor; durch Los wird entschieden, wer als Vermittler tätig wird.

(4) Wird mit der Wahl nach § 13 Abs. 1 oder 2 nicht zeitgleich eine Wahl nach dem Sprecherausschussgesetz eingeleitet, so hat der Wahlvorstand den Sprecherausschuss entsprechend Absatz 1 Satz 1 erster Halbsatz zu unterrichten. Soweit kein Einvernehmen über die Zuordnung besteht, hat der Sprecherausschuss Mitglieder zu benennen, die anstelle des Wahlvorstands an dem Zuordnungsverfahren teilnehmen. Wird mit der Wahl nach § 5 Abs. 1 oder 2 des Sprecherausschussgesetzes nicht zeitgleich eine Wahl nach diesem Gesetz eingeleitet, so gelten die Sätze 1 und 2 für den Betriebsrat entsprechend.

(5) Durch die Zuordnung wird der Rechtsweg nicht ausgeschlossen. Die Anfechtung der Betriebsratswahl oder der Wahl nach dem Sprecherausschussgesetz ist ausgeschlossen, soweit sie darauf gestützt wird, die Zuordnung sei fehlerhaft erfolgt. Satz 2 gilt nicht, soweit die Zuordnung offensichtlich fehlerhaft ist.

§ 19 Wahlanfechtung (1) Die Wahl kann beim Arbeitsgericht angefochten werden, wenn gegen wesentliche Vorschriften über das Wahlrecht, die Wählbarkeit oder das Wahlverfahren verstoßen worden ist und eine Berichtigung nicht erfolgt ist, es sei denn, dass durch den Verstoß das Wahlergebnis nicht geändert oder beeinflusst werden konnte.

(2) Zur Anfechtung berechtigt sind mindestens drei Wahlberechtigte, eine im Betrieb vertretene Gewerkschaft oder der Arbeitgeber. Die Wahlanfechtung ist nur binnen einer Frist von zwei Wochen, vom Tage der Bekanntgabe des Wahlergebnisses an gerechnet, zulässig.

(3) Die Anfechtung durch die Wahlberechtigten ist ausgeschlossen, soweit sie darauf gestützt wird, dass die Wählerliste unrichtig ist, wenn nicht zuvor aus demselben Grund ordnungsgemäß Einspruch gegen die Richtigkeit der Wählerliste eingelegt wurde. Dies gilt nicht, wenn die anfechtenden Wahlberechtigten an der Einlegung eines Einspruchs gehindert waren. Die Anfechtung durch den Arbeitgeber ist ausgeschlossen, soweit sie darauf gestützt wird, dass die Wählerliste unrichtig ist und wenn diese Unrichtigkeit auf seinen Angaben beruht.

§ 20 Wahlschutz und Wahlkosten (1) Niemand darf die Wahl des Betriebsrats behindern. Insbesondere darf kein Arbeitnehmer in der Ausübung des aktiven und passiven Wahlrechts beschränkt werden.

(2) Niemand darf die Wahl des Betriebsrats durch Zufügung oder Androhung von Nachteilen oder durch Gewährung oder Versprechen von Vorteilen beeinflussen.

(3) Die Kosten der Wahl trägt der Arbeitgeber. Versäumnis von Arbeitszeit, die zur Ausübung des Wahlrechts, zur Betätigung im Wahlvorstand oder zur Tätigkeit als

Vermittler (§ 18a) erforderlich ist, berechtigt den Arbeitgeber nicht zur Minderung des Arbeitsentgelts.

Zweiter Abschnitt – Amtszeit des Betriebsrats

§ 21 Amtszeit Die regelmäßige Amtszeit des Betriebsrats beträgt vier Jahre. Die Amtszeit beginnt mit der Bekanntgabe des Wahlergebnisses oder, wenn zu diesem Zeitpunkt noch ein Betriebsrat besteht, mit Ablauf von dessen Amtszeit. Die Amtszeit endet spätestens am 31. Mai des Jahres, in dem nach § 13 Abs. 1 die regelmäßigen Betriebsratswahlen stattfinden. In dem Fall des § 13 Abs. 3 Satz 2 endet die Amtszeit spätestens am 31. Mai des Jahres, in dem der Betriebsrat neu zu wählen ist. In den Fällen des § 13 Abs. 2 Nr. 1 und 2 endet die Amtszeit mit der Bekanntgabe des Wahlergebnisses des neu gewählten Betriebsrats.

§ 21a[1] Übergangsmandat (1) Wird ein Betrieb gespalten, so bleibt dessen Betriebsrat im Amt und führt die Geschäfte für die ihm bislang zugeordneten Betriebsteile weiter, soweit sie die Voraussetzungen des § 1 Abs. 1 Satz 1 erfüllen und nicht in einen Betrieb eingegliedert werden, in dem ein Betriebsrat besteht (Übergangsmandat). Der Betriebsrat hat insbesondere unverzüglich Wahlvorstände zu bestellen. Das Übergangsmandat endet, sobald in den Betriebsteilen ein neuer Betriebsrat gewählt und das Wahlergebnis bekannt gegeben ist, spätestens jedoch sechs Monate nach Wirksamwerden der Spaltung. Durch Tarifvertrag oder Betriebsvereinbarung kann das Übergangsmandat um weitere sechs Monate verlängert werden.
(2) Werden Betriebe oder Betriebsteile zu einem Betrieb zusammengefasst, so nimmt der Betriebsrat des nach der Zahl der wahlberechtigten Arbeitnehmer größten Betriebs oder Betriebsteils das Übergangsmandat wahr. Absatz 1 gilt entsprechend.
(3) Die Absätze 1 und 2 gelten auch, wenn die Spaltung oder Zusammenlegung von Betrieben und Betriebsteilen im Zusammenhang mit einer Betriebsveräußerung oder einer Umwandlung nach dem Umwandlungsgesetz erfolgt.

§ 21b Restmandat Geht ein Betrieb durch Stilllegung, Spaltung oder Zusammenlegung unter, so bleibt dessen Betriebsrat so lange im Amt, wie dies zur Wahrnehmung der damit im Zusammenhang stehenden Mitwirkungs- und Mitbestimmungsrechte erforderlich ist.

§ 22 Weiterführung der Geschäfte des Betriebsrats In den Fällen des § 13 Abs. 2 Nr. 1 bis 3 führt der Betriebsrat die Geschäfte weiter, bis der neue Betriebsrat gewählt und das Wahlergebnis bekanntgegeben ist.

---

1 Diese Vorschrift dient der Umsetzung des Artikels 6 der Richtlinie 2001/23/EG des Rates vom 12. März 2001 zur Angleichung der Rechtsvorschriften der Mitgliedstaaten über die Wahrung von Ansprüchen der Arbeitnehmer beim Übergang von Unternehmen, Betrieben oder Betriebsteilen (ABl. EG Nr. L 82 S. 16).

§ 23 Verletzung gesetzlicher Pflichten (1) Mindestens ein Viertel der wahlberechtigten Arbeitnehmer, der Arbeitgeber oder eine im Betrieb vertretene Gewerkschaft können beim Arbeitsgericht den Ausschluss eines Mitglieds aus dem Betriebsrat oder die Auflösung des Betriebsrats wegen grober Verletzung seiner gesetzlichen Pflichten beantragen. Der Ausschluss eines Mitglieds kann auch vom Betriebsrat beantragt werden.

(2) Wird der Betriebsrat aufgelöst, so setzt das Arbeitsgericht unverzüglich einen Wahlvorstand für die Neuwahl ein. § 16 Abs. 2 gilt entsprechend.

(3) Der Betriebsrat oder eine im Betrieb vertretene Gewerkschaft können bei groben Verstößen des Arbeitgebers gegen seine Verpflichtungen aus diesem Gesetz beim Arbeitsgericht beantragen, dem Arbeitgeber aufzugeben, eine Handlung zu unterlassen, die Vornahme einer Handlung zu dulden oder eine Handlung vorzunehmen. Handelt der Arbeitgeber der ihm durch rechtskräftige gerichtliche Entscheidung auferlegten Verpflichtung zuwider, eine Handlung zu unterlassen oder die Vornahme einer Handlung zu dulden, so ist er auf Antrag vom Arbeitsgericht wegen einer jeden Zuwiderhandlung nach vorheriger Androhung zu einem Ordnungsgeld zu verurteilen. Führt der Arbeitgeber die ihm durch eine rechtskräftige gerichtliche Entscheidung auferlegte Handlung nicht durch, so ist auf Antrag vom Arbeitsgericht zu erkennen, dass er zur Vornahme der Handlung durch Zwangsgeld anzuhalten sei. Antragsberechtigt sind der Betriebsrat oder eine im Betrieb vertretene Gewerkschaft. Das Höchstmaß des Ordnungsgeldes und Zwangsgeldes beträgt 10 000 Euro.

§ 24 Erlöschen der Mitgliedschaft Die Mitgliedschaft im Betriebsrat erlischt durch

1. Ablauf der Amtszeit,
2. Niederlegung des Betriebsratsamtes,
3. Beendigung des Arbeitsverhältnisses,
4. Verlust der Wählbarkeit,
5. Ausschluss aus dem Betriebsrat oder Auflösung des Betriebsrats aufgrund einer gerichtlichen Entscheidung,
6. gerichtliche Entscheidung über die Feststellung der Nichtwählbarkeit nach Ablauf der in § 19 Abs. 2 bezeichneten Frist, es sei denn, der Mangel liegt nicht mehr vor.

§ 25 Ersatzmitglieder (1) Scheidet ein Mitglied des Betriebsrats aus, so rückt ein Ersatzmitglied nach. Dies gilt entsprechend für die Stellvertretung eines zeitweilig verhinderten Mitglieds des Betriebsrats.

(2) Die Ersatzmitglieder werden unter Berücksichtigung des § 15 Abs. 2 der Reihe nach aus den nichtgewählten Arbeitnehmern derjenigen Vorschlagslisten entnommen, denen die zu ersetzenden Mitglieder angehören. Ist eine Vorschlagsliste erschöpft, so ist das Ersatzmitglied derjenigen Vorschlagsliste zu entnehmen, auf die nach den Grundsätzen der Verhältniswahl der nächste Sitz entfallen würde. Ist das ausgeschiedene oder verhinderte Mitglied nach den Grundsätzen der Mehrheitswahl gewählt, so bestimmt sich die Reihenfolge der Ersatzmitglieder unter Berücksichtigung des § 15 Abs. 2 nach der Höhe der erreichten Stimmenzahlen.

Dritter Abschnitt – Geschäftsführung des Betriebsrats

§ 26 Vorsitzender (1) Der Betriebsrat wählt aus seiner Mitte den Vorsitzenden und dessen Stellvertreter.
(2) Der Vorsitzende des Betriebsrats oder im Fall seiner Verhinderung sein Stellvertreter vertritt den Betriebsrat im Rahmen der von ihm gefassten Beschlüsse. Zur Entgegennahme von Erklärungen, die dem Betriebsrat gegenüber abzugeben sind, ist der Vorsitzende des Betriebsrats oder im Fall seiner Verhinderung sein Stellvertreter berechtigt.

§ 27 Betriebsausschuss (1) Hat ein Betriebsrat neun oder mehr Mitglieder, so bildet er einen Betriebsausschuss. Der Betriebsausschuss besteht aus dem Vorsitzenden des Betriebsrats, dessen Stellvertreter und bei Betriebsräten mit
9 bis 15 Mitgliedern aus 3 weiteren Ausschussmitgliedern,
17 bis 23 Mitgliedern aus 5 weiteren Ausschussmitgliedern,
25 bis 35 Mitgliedern aus 7 weiteren Ausschussmitgliedern,
37 oder mehr Mitgliedern aus 9 weiteren Ausschussmitgliedern.
Die weiteren Ausschussmitglieder werden vom Betriebsrat aus seiner Mitte in geheimer Wahl und nach den Grundsätzen der Verhältniswahl gewählt. Wird nur ein Wahlvorschlag gemacht, so erfolgt die Wahl nach den Grundsätzen der Mehrheitswahl. Sind die weiteren Ausschussmitglieder nach den Grundsätzen der Verhältniswahl gewählt, so erfolgt die Abberufung durch Beschluss des Betriebsrats, der in geheimer Abstimmung gefasst wird und einer Mehrheit von drei Vierteln der Stimmen der Mitglieder des Betriebsrats bedarf.
(2) Der Betriebsausschuss führt die laufenden Geschäfte des Betriebsrats. Der Betriebsrat kann dem Betriebsausschuss mit der Mehrheit der Stimmen seiner Mitglieder Aufgaben zur selbständigen Erledigung übertragen; dies gilt nicht für den Abschluss von Betriebsvereinbarungen. Die Übertragung bedarf der Schriftform. Die Sätze 2 und 3 gelten entsprechend für den Widerruf der Übertragung von Aufgaben.
(3) Betriebsräte mit weniger als neun Mitgliedern können die laufenden Geschäfte auf den Vorsitzenden des Betriebsrats oder andere Betriebsratsmitglieder übertragen.

§ 28 Übertragung von Aufgaben auf Ausschüsse (1) Der Betriebsrat kann in Betrieben mit mehr als 100 Arbeitnehmern Ausschüsse bilden und ihnen bestimmte Aufgaben übertragen. Für die Wahl und Abberufung der Ausschussmitglieder gilt § 27 Abs. 1 Satz 3 bis 5 entsprechend. Ist ein Betriebsausschuss gebildet, kann der Betriebsrat den Ausschüssen Aufgaben zur selbständigen Erledigung übertragen; § 27 Abs. 2 Satz 2 bis 4 gilt entsprechend.
(2) Absatz 1 gilt entsprechend für die Übertragung von Aufgaben zur selbständigen Entscheidung auf Mitglieder des Betriebsrats in Ausschüssen, deren Mitglieder vom Betriebsrat und vom Arbeitgeber benannt werden.

§ 28a Übertragung von Aufgaben auf Arbeitsgruppen (1) In Betrieben mit mehr als 100 Arbeitnehmern kann der Betriebsrat mit der Mehrheit der Stimmen seiner

Mitglieder bestimmte Aufgaben auf Arbeitsgruppen übertragen; dies erfolgt nach Maßgabe einer mit dem Arbeitgeber abzuschließenden Rahmenvereinbarung. Die Aufgaben müssen im Zusammenhang mit den von der Arbeitsgruppe zu erledigenden Tätigkeiten stehen. Die Übertragung bedarf der Schriftform. Für den Widerruf der Übertragung gelten Satz 1 erster Halbsatz und Satz 3 entsprechend.
(2) Die Arbeitsgruppe kann im Rahmen der ihr übertragenen Aufgaben mit dem Arbeitgeber Vereinbarungen schließen; eine Vereinbarung bedarf der Mehrheit der Stimmen der Gruppenmitglieder. § 77 gilt entsprechend. Können sich Arbeitgeber und Arbeitsgruppe in einer Angelegenheit nicht einigen, nimmt der Betriebsrat das Beteiligungsrecht wahr.

§ 29 Einberufung der Sitzungen (1) Vor Ablauf einer Woche nach dem Wahltag hat der Wahlvorstand die Mitglieder des Betriebsrats zu der nach § 26 Abs. 1 vorgeschriebenen Wahl einzuberufen. Der Vorsitzende des Wahlvorstands leitet die Sitzung, bis der Betriebsrat aus seiner Mitte einen Wahlleiter bestellt hat.
(2) Die weiteren Sitzungen beruft der Vorsitzende des Betriebsrats ein. Er setzt die Tagesordnung fest und leitet die Verhandlung. Der Vorsitzende hat die Mitglieder des Betriebsrats zu den Sitzungen rechtzeitig unter Mitteilung der Tagesordnung zu laden. Dies gilt auch für die Schwerbehindertenvertretung sowie für die Jugend- und Auszubildendenvertreter, soweit sie ein Recht auf Teilnahme an der Betriebsratssitzung haben. Kann ein Mitglied des Betriebsrats oder der Jugend- und Auszubildendenvertretung an der Sitzung nicht teilnehmen, so soll es dies unter Angabe der Gründe unverzüglich dem Vorsitzenden mitteilen. Der Vorsitzende hat für ein verhindertes Betriebsratsmitglied oder für einen verhinderten Jugend- und Auszubildendenvertreter das Ersatzmitglied zu laden.
(3) Der Vorsitzende hat eine Sitzung einzuberufen und den Gegenstand, dessen Beratung beantragt ist, auf die Tagesordnung zu setzen, wenn dies ein Viertel der Mitglieder des Betriebsrats oder der Arbeitgeber beantragt.
(4) Der Arbeitgeber nimmt an den Sitzungen, die auf sein Verlangen anberaumt sind, und an den Sitzungen, zu denen er ausdrücklich eingeladen ist, teil. Er kann einen Vertreter der Vereinigung der Arbeitgeber, der er angehört, hinzuziehen.

§ 30 Betriebsratssitzungen (1) Die Sitzungen des Betriebsrats finden in der Regel während der Arbeitszeit statt. Der Betriebsrat hat bei der Ansetzung von Betriebsratssitzungen auf die betrieblichen Notwendigkeiten Rücksicht zu nehmen. Der Arbeitgeber ist vom Zeitpunkt der Sitzung vorher zu verständigen. Die Sitzungen des Betriebsrats sind nicht öffentlich. Sie finden als Präsenzsitzung statt.
(2) Abweichend von Absatz 1 Satz 5 kann die Teilnahme an einer Betriebsratssitzung mittels Video- und Telefonkonferenz erfolgen, wenn
1. die Vorausetzungen für eine solche Teilnahme in der Geschäftsordnung unter Sicherung des Vorrangs der Präsenzsitzung festgelegt sind,
2. nicht mindestens ein Viertel der Mitglieder des Betriebsrats binnen einer von dem Vorsitzenden zu bestimmenden Frist diesem gegenüber widerspricht und
3. sichergestellt ist, dass Dritte vom Inhalt der Sitzung keine Kenntnis nehmen können.

Eine Aufzeichnung der Sitzung ist unzulässig.

12

(3) Erfolgt die Betriebsratssitzung mit der zusätzlichen Möglichkeit der Teilnahme mittels Video- und Telefonkonferenz, gilt auch eine Teilnahme vor Ort als erforderlich.

§ 31 Teilnahme der Gewerkschaften Auf Antrag von einem Viertel der Mitglieder des Betriebsrats kann ein Beauftragter einer im Betriebsrat vertretenen Gewerkschaft an den Sitzungen beratend teilnehmen; in diesem Fall sind der Zeitpunkt der Sitzung und die Tagesordnung der Gewerkschaft rechtzeitig mitzuteilen.

§ 32 Teilnahme der Schwerbehindertenvertretung Die Schwerbehindertenvertretung (§ 177 des Neunten Buches Sozialgesetzbuch) kann an allen Sitzungen des Betriebsrats beratend teilnehmen.

§ 33 Beschlüsse des Betriebsrats (1) Die Beschlüsse des Betriebsrats werden, soweit in diesem Gesetz nichts anderes bestimmt ist, mit der Mehrheit der Stimmen der anwesenden Mitglieder gefasst. Betriebsratsmitglieder, die mittels Video- und Telefonkonferenz an der Beschlussfassung teilnehmen, gelten als anwesend. Bei Stimmengleichheit ist ein Antrag abgelehnt.
(2) Der Betriebsrat ist nur beschlussfähig, wenn mindestens die Hälfte der Betriebsratsmitglieder an der Beschlussfassung teilnimmt; Stellvertretung durch Ersatzmitglieder ist zulässig.
(3) Nimmt die Jugend- und Auszubildendenvertretung an der Beschlussfassung teil, so werden die Stimmen der Jugend- und Auszubildendenvertreter bei der Feststellung der Stimmenmehrheit mitgezählt.

§ 34 Sitzungsniederschrift (1) Über jede Verhandlung des Betriebsrats ist eine Niederschrift aufzunehmen, die mindestens den Wortlaut der Beschlüsse und die Stimmenmehrheit, mit der sie gefasst sind, enthält. Die Niederschrift ist von dem Vorsitzenden und einem weiteren Mitglied zu unterzeichnen. Der Niederschrift ist eine Anwesenheitsliste beizufügen, in die sich jeder Teilnehmer eigenhändig einzutragen hat. Nimmt ein Betriebsratsmitglied mittels Video- und Telefonkonferenz an der Sitzung teil, so hat es seine Teilnahme gegenüber dem Vorsitzenden in Textform zu bestätigen. Die Bestätigung ist der Niederschrift beizufügen.
(2) Hat der Arbeitgeber oder ein Beauftragter einer Gewerkschaft an der Sitzung teilgenommen, so ist ihm der entsprechende Teil der Niederschrift abschriftlich auszuhändigen. Einwendungen gegen die Niederschrift sind unverzüglich schriftlich zu erheben; sie sind der Niederschrift beizufügen.
(3) Die Mitglieder des Betriebsrats haben das Recht, die Unterlagen des Betriebsrats und seiner Ausschüsse jederzeit einzusehen.

§ 35 Aussetzung von Beschlüssen (1) Erachtet die Mehrheit der Jugend- und Auszubildendenvertretung oder die Schwerbehindertenvertretung einen Beschluss des Betriebsrats als eine erhebliche Beeinträchtigung wichtiger Interessen der durch sie vertretenen Arbeitnehmer, so ist auf ihren Antrag der Beschluss auf die Dauer von einer Woche vom Zeitpunkt der Beschlussfassung an auszusetzen, damit in dieser

Frist eine Verständigung, gegebenenfalls mit Hilfe der im Betrieb vertretenen Gewerkschaften, versucht werden kann.
(2) Nach Ablauf der Frist ist über die Angelegenheit neu zu beschließen. Wird der erste Beschluss bestätigt, so kann der Antrag auf Aussetzung nicht wiederholt werden; dies gilt auch, wenn der erste Beschluss nur unerheblich geändert wird.

§ 36 Geschäftsordnung Sonstige Bestimmungen über die Geschäftsführung sollen in einer schriftlichen Geschäftsordnung getroffen werden, die der Betriebsrat mit der Mehrheit der Stimmen seiner Mitglieder beschließt.

§ 37 Ehrenamtliche Tätigkeit, Arbeitsversäumnis (1) Die Mitglieder des Betriebsrats führen ihr Amt unentgeltlich als Ehrenamt.
(2) Mitglieder des Betriebsrats sind von ihrer beruflichen Tätigkeit ohne Minderung des Arbeitsentgelts zu befreien, wenn und soweit es nach Umfang und Art des Betriebs zur ordnungsgemäßen Durchführung ihrer Aufgaben erforderlich ist.
(3) Zum Ausgleich für Betriebsratstätigkeit, die aus betriebsbedingten Gründen außerhalb der Arbeitszeit durchzuführen ist, hat das Betriebsratsmitglied Anspruch auf entsprechende Arbeitsbefreiung unter Fortzahlung des Arbeitsentgelts. Betriebsbedingte Gründe liegen auch vor, wenn die Betriebsratstätigkeit wegen der unterschiedlichen Arbeitszeiten der Betriebsratsmitglieder nicht innerhalb der persönlichen Arbeitszeit erfolgen kann. Die Arbeitsbefreiung ist vor Ablauf eines Monats zu gewähren; ist dies aus betriebsbedingten Gründen nicht möglich, so ist die aufgewendete Zeit wie Mehrarbeit zu vergüten.
(4) Das Arbeitsentgelt von Mitgliedern des Betriebsrats darf einschließlich eines Zeitraums von einem Jahr nach Beendigung der Amtszeit nicht geringer bemessen werden als das Arbeitsentgelt vergleichbarer Arbeitnehmer mit betriebsüblicher beruflicher Entwicklung. Dies gilt auch für allgemeine Zuwendungen des Arbeitgebers. Zur Bestimmung der vergleichbaren Arbeitnehmer nach Satz 1 ist auf den Zeitpunkt der Übernahme des Betriebsratsamtes abzustellen, soweit nicht ein sachlicher Grund für eine spätere Neubestimmung vorliegt. Arbeitgeber und Betriebsrat können in einer Betriebsvereinbarung ein Verfahren zur Festlegung vergleichbarer Arbeitnehmer regeln. Die Konkretisierung der Vergleichbarkeit in einer solchen Betriebsvereinbarung kann nur auf grobe Fehlerhaftigkeit überprüft werden; Gleiches gilt für die Festlegung der Vergleichspersonen, soweit sie einvernehmlich zwischen Arbeitgeber und Betriebsrat erfolgt und in Textform dokumentiert ist.
(5) Soweit nicht zwingende betriebliche Notwendigkeiten entgegenstehen, dürfen Mitglieder des Betriebsrats einschließlich eines Zeitraums von einem Jahr nach Beendigung der Amtszeit nur mit Tätigkeiten beschäftigt werden, die den Tätigkeiten der in Absatz 4 genannten Arbeitnehmer gleichwertig sind.
(6) Die Absätze 2 und 3 gelten entsprechend für die Teilnahme an Schulungs- und Bildungsveranstaltungen, soweit diese Kenntnisse vermitteln, die für die Arbeit des Betriebsrats erforderlich sind. Betriebsbedingte Gründe im Sinne des Absatzes 3 liegen auch vor, wenn wegen Besonderheiten der betrieblichen Arbeitszeitgestaltung die Schulung des Betriebsratsmitglieds außerhalb seiner Arbeitszeit erfolgt; in diesem Fall ist der Umfang des Ausgleichsanspruchs unter Einbeziehung der Arbeitsbefreiung nach Absatz 2 pro Schulungstag begrenzt auf die Arbeitszeit

eines vollzeitbeschäftigten Arbeitnehmers. Der Betriebsrat hat bei der Festlegung der zeitlichen Lage der Teilnahme an Schulungs- und Bildungsveranstaltungen die betrieblichen Notwendigkeiten zu berücksichtigen. Er hat dem Arbeitgeber die Teilnahme und die zeitliche Lage der Schulungs- und Bildungsveranstaltungen rechtzeitig bekannt zu geben. Hält der Arbeitgeber die betrieblichen Notwendigkeiten für nicht ausreichend berücksichtigt, so kann er die Einigungsstelle anrufen. Der Spruch der Einigungsstelle ersetzt die Einigung zwischen Arbeitgeber und Betriebsrat.

(7) Unbeschadet der Vorschrift des Absatzes 6 hat jedes Mitglied des Betriebsrats während seiner regelmäßigen Amtszeit Anspruch auf bezahlte Freistellung für insgesamt drei Wochen zur Teilnahme an Schulungs- und Bildungsveranstaltungen, die von der zuständigen obersten Arbeitsbehörde des Landes nach Beratung mit den Spitzenorganisationen der Gewerkschaften und der Arbeitgeberverbände als geeignet anerkannt sind. Der Anspruch nach Satz 1 erhöht sich für Arbeitnehmer, die erstmals das Amt eines Betriebsratsmitglieds übernehmen und auch nicht zuvor Jugend- und Auszubildendenvertreter waren, auf vier Wochen. Absatz 6 Satz 2 bis 6 findet Anwendung.

§ 38 Freistellungen (1) Von ihrer beruflichen Tätigkeit sind mindestens freizustellen in Betrieben mit in der Regel

200 bis	500 Arbeitnehmern	ein Betriebsratsmitglied,
501 bis	900 Arbeitnehmern	2 Betriebsratsmitglieder,
901 bis	1500 Arbeitnehmern	3 Betriebsratsmitglieder,
1501 bis	2000 Arbeitnehmern	4 Betriebsratsmitglieder,
2001 bis	3000 Arbeitnehmern	5 Betriebsratsmitglieder,
3001 bis	4000 Arbeitnehmern	6 Betriebsratsmitglieder,
4001 bis	5000 Arbeitnehmern	7 Betriebsratsmitglieder,
5001 bis	6000 Arbeitnehmern	8 Betriebsratsmitglieder,
6001 bis	7000 Arbeitnehmern	9 Betriebsratsmitglieder,
7001 bis	8000 Arbeitnehmern	10 Betriebsratsmitglieder,
8001 bis	9000 Arbeitnehmern	11 Betriebsratsmitglieder,
9001 bis	10 000 Arbeitnehmern	12 Betriebsratsmitglieder.

In Betrieben mit über 10 000 Arbeitnehmern ist für je angefangene weitere 2000 Arbeitnehmer ein weiteres Betriebsratsmitglied freizustellen. Freistellungen können auch in Form von Teilfreistellungen erfolgen. Diese dürfen zusammengenommen nicht den Umfang der Freistellungen nach den Sätzen 1 und 2 überschreiten. Durch Tarifvertrag oder Betriebsvereinbarung können anderweitige Regelungen über die Freistellung vereinbart werden.

(2) Die freizustellenden Betriebsratsmitglieder werden nach Beratung mit dem Arbeitgeber vom Betriebsrat aus seiner Mitte in geheimer Wahl und nach den Grundsätzen der Verhältniswahl gewählt. Wird nur ein Wahlvorschlag gemacht, so erfolgt die Wahl nach den Grundsätzen der Mehrheitswahl; ist nur ein Betriebsratsmitglied freizustellen, so wird dieses mit einfacher Stimmenmehrheit gewählt. Der Betriebsrat hat die Namen der Freizustellenden dem Arbeitgeber bekannt zu geben. Hält der Arbeitgeber eine Freistellung für sachlich nicht vertretbar, so kann er innerhalb einer Frist von zwei Wochen nach der Bekanntgabe die Einigungsstelle

anrufen. Der Spruch der Einigungsstelle ersetzt die Einigung zwischen Arbeitgeber und Betriebsrat. Bestätigt die Einigungsstelle die Bedenken des Arbeitgebers, so hat sie bei der Bestimmung eines anderen freizustellenden Betriebsratsmitglieds auch den Minderheitenschutz im Sinne des Satzes 1 zu beachten. Ruft der Arbeitgeber die Einigungsstelle nicht an, so gilt sein Einverständnis mit den Freistellungen nach Ablauf der zweiwöchigen Frist als erteilt. Für die Abberufung gilt § 27 Abs. 1 Satz 5 entsprechend.
(3) Der Zeitraum für die Weiterzahlung des nach § 37 Abs. 4 zu bemessenden Arbeitsentgelts und für die Beschäftigung nach § 37 Abs. 5 erhöht sich für Mitglieder des Betriebsrats, die drei volle aufeinanderfolgende Amtszeiten freigestellt waren, auf zwei Jahre nach Ablauf der Amtszeit.
(4) Freigestellte Betriebsratsmitglieder dürfen von inner- und außerbetrieblichen Maßnahmen der Berufsbildung nicht ausgeschlossen werden. Innerhalb eines Jahres nach Beendigung der Freistellung eines Betriebsratsmitglieds ist diesem im Rahmen der Möglichkeiten des Betriebs Gelegenheit zu geben, eine wegen der Freistellung unterbliebene betriebsübliche berufliche Entwicklung nachzuholen. Für Mitglieder des Betriebsrats, die drei volle aufeinanderfolgende Amtszeiten freigestellt waren, erhöht sich der Zeitraum nach Satz 2 auf zwei Jahre.

§ 39 Sprechstunden (1) Der Betriebsrat kann während der Arbeitszeit Sprechstunden einrichten. Zeit und Ort sind mit dem Arbeitgeber zu vereinbaren. Kommt eine Einigung nicht zustande, so entscheidet die Einigungsstelle. Der Spruch der Einigungsstelle ersetzt die Einigung zwischen Arbeitgeber und Betriebsrat.
(2) Führt die Jugend- und Auszubildendenvertretung keine eigenen Sprechstunden durch, so kann an den Sprechstunden des Betriebsrats ein Mitglied der Jugend- und Auszubildendenvertretung zur Beratung der in § 60 Abs. 1 genannten Arbeitnehmer teilnehmen.
(3) Versäumnis von Arbeitszeit, die zum Besuch der Sprechstunden oder durch sonstige Inanspruchnahme des Betriebsrats erforderlich ist, berechtigt den Arbeitgeber nicht zur Minderung des Arbeitsentgelts des Arbeitnehmers.

§ 40 Kosten und Sachaufwand des Betriebsrats (1) Die durch die Tätigkeit des Betriebsrats entstehenden Kosten trägt der Arbeitgeber.
(2) Für die Sitzungen, die Sprechstunden und die laufende Geschäftsführung hat der Arbeitgeber in erforderlichem Umfang Räume, sachliche Mittel, Informations- und Kommunikationstechnik sowie Büropersonal zur Verfügung zu stellen.

§ 41 Umlageverbot Die Erhebung und Leistung von Beiträgen der Arbeitnehmer für Zwecke des Betriebsrats ist unzulässig.

Vierter Abschnitt – Betriebsversammlung

§ 42 Zusammensetzung, Teilversammlung, Abteilungsversammlung (1) Die Betriebsversammlung besteht aus den Arbeitnehmern des Betriebs; sie wird von dem Vorsitzenden des Betriebsrats geleitet. Sie ist nicht öffentlich. Kann wegen der

Eigenart des Betriebs eine Versammlung aller Arbeitnehmer zum gleichen Zeitpunkt nicht stattfinden, so sind Teilversammlungen durchzuführen.
(2) Arbeitnehmer organisatorisch oder räumlich abgegrenzter Betriebsteile sind vom Betriebsrat zu Abteilungsversammlungen zusammenzufassen, wenn dies für die Erörterung der besonderen Belange der Arbeitnehmer erforderlich ist. Die Abteilungsversammlung wird von einem Mitglied des Betriebsrats geleitet, das möglichst einem beteiligten Betriebsteil als Arbeitnehmer angehört. Absatz 1 Satz 2 und 3 gilt entsprechend.

§ 43 Regelmäßige Betriebs- und Abteilungsversammlungen (1) Der Betriebsrat hat einmal in jedem Kalendervierteljahr eine Betriebsversammlung einzuberufen und in ihr einen Tätigkeitsbericht zu erstatten. Liegen die Voraussetzungen des § 42 Abs. 2 Satz 1 vor, so hat der Betriebsrat in jedem Kalenderjahr zwei der in Satz 1 genannten Betriebsversammlungen als Abteilungsversammlungen durchzuführen. Die Abteilungsversammlungen sollen möglichst gleichzeitig stattfinden. Der Betriebsrat kann in jedem Kalenderhalbjahr eine weitere Betriebsversammlung oder, wenn die Voraussetzungen des § 42 Abs. 2 Satz 1 vorliegen, einmal weitere Abteilungsversammlungen durchführen, wenn dies aus besonderen Gründen zweckmäßig erscheint.
(2) Der Arbeitgeber ist zu den Betriebs- und Abteilungsversammlungen unter Mitteilung der Tagesordnung einzuladen. Er ist berechtigt, in den Versammlungen zu sprechen. Der Arbeitgeber oder sein Vertreter hat mindestens einmal in jedem Kalenderjahr in einer Betriebsversammlung über das Personal- und Sozialwesen einschließlich des Stands der Gleichstellung von Frauen und Männern im Betrieb sowie der Integration der im Betrieb beschäftigten ausländischen Arbeitnehmer, über die wirtschaftliche Lage und Entwicklung des Betriebs sowie über den betrieblichen Umweltschutz zu berichten, soweit dadurch nicht Betriebs- oder Geschäftsgeheimnisse gefährdet werden.
(3) Der Betriebsrat ist berechtigt und auf Wunsch des Arbeitgebers oder von mindestens einem Viertel der wahlberechtigten Arbeitnehmer verpflichtet, eine Betriebsversammlung einzuberufen und den beantragten Beratungsgegenstand auf die Tagesordnung zu setzen. Vom Zeitpunkt der Versammlungen, die auf Wunsch des Arbeitgebers stattfinden, ist dieser rechtzeitig zu verständigen.
(4) Auf Antrag einer im Betrieb vertretenen Gewerkschaft muss der Betriebsrat vor Ablauf von zwei Wochen nach Eingang des Antrags eine Betriebsversammlung nach Abs. 1 Satz 1 einberufen, wenn im vorhergegangenen Kalenderhalbjahr keine Betriebsversammlung und keine Abteilungsversammlungen durchgeführt worden sind.

§ 44 Zeitpunkt und Verdienstausfall (1) Die in den §§ 14a, 17 und 43 Abs. 1 bezeichneten und die auf Wunsch des Arbeitgebers einberufenen Versammlungen finden während der Arbeitszeit statt, soweit nicht die Eigenart des Betriebs eine andere Regelung zwingend erfordert. Die Zeit der Teilnahme an diesen Versammlungen einschließlich der zusätzlichen Wegezeiten ist den Arbeitnehmern wie Arbeitszeit zu vergüten. Dies gilt auch dann, wenn die Versammlungen wegen der Eigenart des Betriebs außerhalb der Arbeitszeit stattfinden; Fahrkosten, die den

Arbeitnehmern durch die Teilnahme an diesen Versammlungen entstehen, sind vom Arbeitgeber zu erstatten.
(2) Sonstige Betriebs- oder Abteilungsversammlungen finden außerhalb der Arbeitszeit statt. Hiervon kann im Einvernehmen mit dem Arbeitgeber abgewichen werden; im Einvernehmen mit dem Arbeitgeber während der Arbeitszeit durchgeführte Versammlungen berechtigen den Arbeitgeber nicht, das Arbeitsentgelt der Arbeitnehmer zu mindern.

§ 45 Themen der Betriebs- und Abteilungsversammlungen Die Betriebs- und Abteilungsversammlungen können Angelegenheiten einschließlich solcher tarifpolitischer, sozialpolitischer, umweltpolitischer und wirtschaftlicher Art sowie Fragen der Förderung der Gleichstellung von Frauen und Männern und der Vereinbarkeit von Familie und Erwerbstätigkeit sowie der Integration der im Betrieb beschäftigten ausländischen Arbeitnehmer behandeln, die den Betrieb oder seine Arbeitnehmer unmittelbar betreffen; die Grundsätze des § 74 Abs. 2 finden Anwendung. Die Betriebs- und Abteilungsversammlungen können dem Betriebsrat Anträge unterbreiten und zu seinen Beschlüssen Stellung nehmen.

§ 46 Beauftragte der Verbände (1) An den Betriebs- oder Abteilungsversammlungen können Beauftragte der im Betrieb vertretenen Gewerkschaften beratend teilnehmen. Nimmt der Arbeitgeber an Betriebs- oder Abteilungsversammlungen teil, so kann er einen Beauftragten der Vereinigung der Arbeitgeber, der er angehört, hinzuziehen.
(2) Der Zeitpunkt und die Tagesordnung der Betriebs- oder Abteilungsversammlungen sind den im Betriebsrat vertretenen Gewerkschaften rechtzeitig schriftlich mitzuteilen.

Fünfter Abschnitt – Gesamtbetriebsrat

§ 47 Voraussetzungen der Errichtung, Mitgliederzahl, Stimmengewicht (1) Bestehen in einem Unternehmen mehrere Betriebsräte, so ist ein Gesamtbetriebsrat zu errichten.
(2) In den Gesamtbetriebsrat entsendet jeder Betriebsrat mit bis zu drei Mitgliedern eines seiner Mitglieder; jeder Betriebsrat mit mehr als drei Mitgliedern entsendet zwei seiner Mitglieder. Die Geschlechter sollen angemessen berücksichtigt werden.
(3) Der Betriebsrat hat für jedes Mitglied des Gesamtbetriebsrats mindestens ein Ersatzmitglied zu bestellen und die Reihenfolge des Nachrückens festzulegen.
(4) Durch Tarifvertrag oder Betriebsvereinbarung kann die Mitgliederzahl des Gesamtbetriebsrats abweichend von Absatz 2 Satz 1 geregelt werden.
(5) Gehören nach Absatz 2 Satz 1 dem Gesamtbetriebsrat mehr als vierzig Mitglieder an und besteht keine tarifliche Regelung nach Absatz 4, so ist zwischen Gesamtbetriebsrat und Arbeitgeber eine Betriebsvereinbarung über die Mitgliederzahl des Gesamtbetriebsrats abzuschließen, in der bestimmt wird, dass Betriebsräte mehrerer Betriebe eines Unternehmens, die regional oder durch gleichartige

Interessen miteinander verbunden sind, gemeinsam Mitglieder in den Gesamtbetriebsrat entsenden.

(6) Kommt im Fall des Absatzes 5 eine Einigung nicht zustande, so entscheidet eine für das Gesamtunternehmen zu bildende Einigungsstelle. Der Spruch der Einigungsstelle ersetzt die Einigung zwischen Arbeitgeber und Gesamtbetriebsrat.

(7) Jedes Mitglied des Gesamtbetriebsrats hat so viele Stimmen, wie in dem Betrieb, in dem es gewählt wurde, wahlberechtigte Arbeitnehmer in der Wählerliste eingetragen sind. Entsendet der Betriebsrat mehrere Mitglieder, so stehen ihnen die Stimmen nach Satz 1 anteilig zu.

(8) Ist ein Mitglied des Gesamtbetriebsrats für mehrere Betriebe entsandt worden, so hat es so viele Stimmen, wie in den Betrieben, für die es entsandt ist, wahlberechtigte Arbeitnehmer in den Wählerlisten eingetragen sind; sind mehrere Mitglieder entsandt worden, gilt Absatz 7 Satz 2 entsprechend.

(9) Für Mitglieder des Gesamtbetriebsrats, die aus einem gemeinsamen Betrieb mehrerer Unternehmen entsandt worden sind, können durch Tarifvertrag oder Betriebsvereinbarung von den Absätzen 7 und 8 abweichende Regelungen getroffen werden.

§ 48 Ausschluss von Gesamtbetriebsratsmitgliedern Mindestens ein Viertel der wahlberechtigten Arbeitnehmer des Unternehmens, der Arbeitgeber, der Gesamtbetriebsrat oder eine im Unternehmen vertretene Gewerkschaft können beim Arbeitsgericht den Ausschluss eines Mitglieds aus dem Gesamtbetriebsrat wegen grober Verletzung seiner gesetzlichen Pflichten beantragen.

§ 49 Erlöschen der Mitgliedschaft Die Mitgliedschaft im Gesamtbetriebsrat endet mit dem Erlöschen der Mitgliedschaft im Betriebsrat, durch Amtsniederlegung, durch Ausschluss aus dem Gesamtbetriebsrat aufgrund einer gerichtlichen Entscheidung oder Abberufung durch den Betriebsrat.

§ 50 Zuständigkeit (1) Der Gesamtbetriebsrat ist zuständig für die Behandlung von Angelegenheiten, die das Gesamtunternehmen oder mehrere Betriebe betreffen und nicht durch die einzelnen Betriebsräte innerhalb ihrer Betriebe geregelt werden können; seine Zuständigkeit erstreckt sich insoweit auch auf die Betriebe ohne Betriebsrat. Er ist den einzelnen Betriebsräten nicht übergeordnet.

(2) Der Betriebsrat kann mit der Mehrheit der Stimmen seiner Mitglieder den Gesamtbetriebsrat beauftragen, eine Angelegenheit für ihn zu behandeln. Der Betriebsrat kann sich dabei die Entscheidungsbefugnis vorbehalten. § 27 Abs. 2 Satz 3 und 4 gilt entsprechend.

§ 51 Geschäftsführung (1) Für den Gesamtbetriebsrat gelten § 25 Abs. 1, die §§ 26, 27 Abs. 2 und 3, § 28 Abs. 1 Satz 1 und 3, Abs. 2, die §§ 30, 31, 34, 35, 36, 37 Abs. 1 bis 3 sowie die §§ 40 und 41 entsprechend. § 27 Abs. 1 gilt entsprechend mit der Maßgabe, dass der Gesamtbetriebsausschuss aus dem Vorsitzenden des Gesamtbetriebsrats, dessen Stellvertreter und bei Gesamtbetriebsräten mit

9 bis 16 Mitgliedern aus 3 weiteren Ausschussmitgliedern,
17 bis 24 Mitgliedern aus 5 weiteren Ausschussmitgliedern,
25 bis 36 Mitgliedern aus 7 weiteren Ausschussmitgliedern,
mehr als 36 Mitgliedern aus 9 weiteren Ausschussmitgliedern
besteht.

(2) Ist ein Gesamtbetriebsrat zu errichten, so hat der Betriebsrat der Hauptverwaltung des Unternehmens oder, soweit ein solcher Betriebsrat nicht besteht, der Betriebsrat des nach der Zahl der wahlberechtigten Arbeitnehmer größten Betriebs zu der Wahl des Vorsitzenden und des stellvertretenden Vorsitzenden des Gesamtbetriebsrats einzuladen. Der Vorsitzende des einladenden Betriebsrats hat die Sitzung zu leiten, bis der Gesamtbetriebsrat aus seiner Mitte einen Wahlleiter bestellt hat. § 29 Abs. 2 bis 4 gilt entsprechend.

(3) Die Beschlüsse des Gesamtbetriebsrats werden, soweit nichts anderes bestimmt ist, mit Mehrheit der Stimmen der anwesenden Mitglieder gefasst. Mitglieder des Gesamtbetriebsrats, die mittels Video- und Telefonkonferenz an der Beschlussfassung teilnehmen, gelten als anwesend. Bei Stimmengleichheit ist ein Antrag abgelehnt. Der Gesamtbetriebsrat ist nur beschlussfähig, wenn mindestens die Hälfte seiner Mitglieder an der Beschlussfassung teilnimmt und die Teilnehmenden mindestens die Hälfte aller Stimmen vertreten; Stellvertretung durch Ersatzmitglieder ist zulässig. § 33 Abs. 3 gilt entsprechend.

(4) Auf die Beschlussfassung des Gesamtbetriebsausschusses und weiterer Ausschüsse des Gesamtbetriebsrats ist § 33 Abs. 1 und 2 anzuwenden.

(5) Die Vorschriften über die Rechte und Pflichten des Betriebsrats gelten entsprechend für den Gesamtbetriebsrat, soweit dieses Gesetz keine besonderen Vorschriften enthält.

§ 52 Teilnahme der Gesamtschwerbehindertenvertretung Die Gesamtschwerbehindertenvertretung (§ 180 Absatz 1 des Neunten Buches Sozialgesetzbuch) kann an allen Sitzungen des Gesamtbetriebsrats beratend teilnehmen.

§ 53 Betriebsräteversammlung (1) Mindestens einmal in jedem Kalenderjahr hat der Gesamtbetriebsrat die Vorsitzenden und die stellvertretenden Vorsitzenden der Betriebsräte sowie die weiteren Mitglieder der Betriebsausschüsse zu einer Versammlung einzuberufen. Zu dieser Versammlung kann der Betriebsrat abweichend von Satz 1 aus seiner Mitte andere Mitglieder entsenden, soweit dadurch die Gesamtzahl der sich für ihn nach Satz 1 ergebenden Teilnehmer nicht überschritten wird.

(2) In der Betriebsräteversammlung hat
1. der Gesamtbetriebsrat einen Tätigkeitsbericht,
2. der Unternehmer einen Bericht über das Personal- und Sozialwesen einschließlich des Stands der Gleichstellung von Frauen und Männern im Unternehmen, der Integration der im Unternehmen beschäftigten ausländischen Arbeitnehmer, über die wirtschaftliche Lage und Entwicklung des Unternehmens sowie über Fragen des Umweltschutzes im Unternehmen, soweit dadurch nicht Betriebs- und Geschäftsgeheimnisse gefährdet werden,

zu erstatten.

(3) Der Gesamtbetriebsrat kann die Betriebsräteversammlung in Form von Teilversammlungen durchführen. Im Übrigen gelten § 42 Abs. 1 Satz 1 zweiter Halbsatz und Satz 2, § 43 Abs. 2 Satz 1 und 2 sowie die §§ 45 und 46 entsprechend.

Sechster Abschnitt – Konzernbetriebsrat

§ 54 Errichtung des Konzernbetriebsrats (1) Für einen Konzern (§ 18 Abs. 1 des Aktiengesetzes) kann durch Beschlüsse der einzelnen Gesamtbetriebsräte ein Konzernbetriebsrat errichtet werden. Die Errichtung erfordert die Zustimmung der Gesamtbetriebsräte der Konzernunternehmen, in denen insgesamt mehr als 50 vom Hundert der Arbeitnehmer der Konzernunternehmen beschäftigt sind.
(2) Besteht in einem Konzernunternehmen nur ein Betriebsrat, so nimmt dieser die Aufgaben eines Gesamtbetriebsrats nach den Vorschriften dieses Abschnitts wahr.

§ 55 Zusammensetzung des Konzernbetriebsrats, Stimmengewicht (1) In den Konzernbetriebsrat entsendet jeder Gesamtbetriebsrat zwei seiner Mitglieder. Die Geschlechter sollen angemessen berücksichtigt werden.
(2) Der Gesamtbetriebsrat hat für jedes Mitglied des Konzernbetriebsrats mindestens ein Ersatzmitglied zu bestellen und die Reihenfolge des Nachrückens festzulegen.
(3) Jedem Mitglied des Konzernbetriebsrats stehen die Stimmen der Mitglieder des entsendenden Gesamtbetriebsrats je zur Hälfte zu.
(4) Durch Tarifvertrag oder Betriebsvereinbarung kann die Mitgliederzahl des Konzernbetriebsrats abweichend von Absatz 1 Satz 1 geregelt werden. § 47 Abs. 5 bis 9 gilt entsprechend.

§ 56 Ausschluss von Konzernbetriebsratsmitgliedern Mindestens ein Viertel der wahlberechtigten Arbeitnehmer der Konzernunternehmen, der Arbeitgeber, der Konzernbetriebsrat oder eine im Konzern vertretene Gewerkschaft können beim Arbeitsgericht den Ausschluss eines Mitglieds aus dem Konzernbetriebsrat wegen grober Verletzung seiner gesetzlichen Pflichten beantragen.

§ 57 Erlöschen der Mitgliedschaft Die Mitgliedschaft im Konzernbetriebsrat endet mit dem Erlöschen der Mitgliedschaft im Gesamtbetriebsrat, durch Amtsniederlegung, durch Ausschluss aus dem Konzernbetriebsrat aufgrund einer gerichtlichen Entscheidung oder Abberufung durch den Gesamtbetriebsrat.

§ 58 Zuständigkeit (1) Der Konzernbetriebsrat ist zuständig für die Behandlung von Angelegenheiten, die den Konzern oder mehrere Konzernunternehmen betreffen und nicht durch die einzelnen Gesamtbetriebsräte innerhalb ihrer Unternehmen geregelt werden können; seine Zuständigkeit erstreckt sich insoweit auch auf Unternehmen, die einen Gesamtbetriebsrat nicht gebildet haben, sowie auf Betriebe der Konzernunternehmen ohne Betriebsrat. Er ist den einzelnen Gesamtbetriebsräten nicht übergeordnet.

(2) Der Gesamtbetriebsrat kann mit der Mehrheit der Stimmen seiner Mitglieder den Konzernbetriebsrat beauftragen, eine Angelegenheit für ihn zu behandeln. Der Gesamtbetriebsrat kann sich dabei die Entscheidungsbefugnis vorbehalten. § 27 Abs. 2 Satz 3 und 4 gilt entsprechend.

§ 59 Geschäftsführung (1) Für den Konzernbetriebsrat gelten § 25 Abs. 1, die §§ 26, 27 Abs. 2 und 3, § 28 Abs. 1 Satz 1 und 3, Abs. 2, die §§ 30, 31, 34, 35, 36, 37 Abs. 1 bis 3 sowie die §§ 40, 41 und 51 Abs. 1 Satz 2 und Abs. 3 bis 5 entsprechend.
(2) Ist ein Konzernbetriebsrat zu errichten, so hat der Gesamtbetriebsrat des herrschenden Unternehmens oder, soweit ein solcher Gesamtbetriebsrat nicht besteht, der Gesamtbetriebsrat des nach der Zahl der wahlberechtigten Arbeitnehmer größten Konzernunternehmens zu der Wahl des Vorsitzenden und des stellvertretenden Vorsitzenden des Konzernbetriebsrats einzuladen. Der Vorsitzende des einladenden Gesamtbetriebsrats hat die Sitzung zu leiten, bis der Konzernbetriebsrat aus seiner Mitte einen Wahlleiter bestellt hat. § 29 Abs. 2 bis 4 gilt entsprechend.

§ 59a Teilnahme der Konzernschwerbehindertenvertretung Die Konzernschwerbehindertenvertretung (§ 180 Absatz 2 des Neunten Buches Sozialgesetzbuch) kann an allen Sitzungen des Konzernbetriebsrats beratend teilnehmen.

12

Dritter Teil – Jugend- und Auszubildendenvertretung

Erster Abschnitt – Betriebliche Jugend- und Auszubildendenvertretung

§ 60 Errichtung und Aufgabe (1) In Betrieben mit in der Regel mindestens fünf Arbeitnehmern, die das 18. Lebensjahr noch nicht vollendet haben (jugendliche Arbeitnehmer) oder die zu ihrer Berufsausbildung beschäftigt sind, werden Jugend- und Auszubildendenvertretungen gewählt.
(2) Die Jugend- und Auszubildendenvertretung nimmt nach Maßgabe der folgenden Vorschriften die besonderen Belange der in Absatz 1 genannten Arbeitnehmer wahr.

§ 61 Wahlberechtigung und Wählbarkeit (1) Wahlberechtigt sind alle in § 60 Abs. 1 genannten Arbeitnehmer des Betriebs.
(2) Wählbar sind alle Arbeitnehmer des Betriebs, die das 25. Lebensjahr noch nicht vollendet haben oder die zu ihrer Berufsausbildung beschäftigt sind; § 8 Abs. 1 Satz 3 findet Anwendung. Mitglieder des Betriebsrats können nicht zu Jugend- und Auszubildendenvertretern gewählt werden.

§ 62 Zahl der Jugend- und Auszubildendenvertreter, Zusammensetzung der Jugend- und Auszubildendenvertretung
(1) Die Jugend- und Auszubildendenvertretung besteht in Betrieben mit in der Regel

5 bis	20 der in § 60 Abs. 1 genannten Arbeitnehmer aus einer Person,
21 bis	50 der in § 60 Abs. 1 genannten Arbeitnehmer aus 3 Mitgliedern,

51 bis	150	der in § 60 Abs. 1 genannten Arbeitnehmer aus 5 Mitgliedern,
151 bis	300	der in § 60 Abs. 1 genannten Arbeitnehmer aus 7 Mitgliedern,
301 bis	500	der in § 60 Abs. 1 genannten Arbeitnehmer aus 9 Mitgliedern,
501 bis	700	der in § 60 Abs. 1 genannten Arbeitnehmer aus 11 Mitgliedern,
701 bis	1000	der in § 60 Abs. 1 genannten Arbeitnehmer aus 13 Mitgliedern,
mehr als	1000	der in § 60 Abs. 1 genannten Arbeitnehmer aus 15 Mitgliedern.

(2) Die Jugend- und Auszubildendenvertretung soll sich möglichst aus Vertretern der verschiedenen Beschäftigungsarten und Ausbildungsberufe der im Betrieb tätigen in § 60 Abs. 1 genannten Arbeitnehmer zusammensetzen.

(3) Das Geschlecht, das unter den in § 60 Abs. 1 genannten Arbeitnehmern in der Minderheit ist, muss mindestens entsprechend seinem zahlenmäßigen Verhältnis in der Jugend- und Auszubildendenvertretung vertreten sein, wenn diese aus mindestens drei Mitgliedern besteht.

§ 63 Wahlvorschriften (1) Die Jugend- und Auszubildendenvertretung wird in geheimer und unmittelbarer Wahl gewählt.

(2) Spätestens acht Wochen vor Ablauf der Amtszeit der Jugend- und Auszubildendenvertretung bestellt der Betriebsrat den Wahlvorstand und seinen Vorsitzenden. Für die Wahl der Jugend- und Auszubildendenvertreter gelten § 14 Abs. 2 bis 5, § 16 Abs. 1 Satz 4 bis 6, § 18 Abs. 1 Satz 1 und Abs. 3 sowie die §§ 19 und 20 entsprechend.

(3) Bestellt der Betriebsrat den Wahlvorstand nicht oder nicht spätestens sechs Wochen vor Ablauf der Amtszeit der Jugend- und Auszubildendenvertretung oder kommt der Wahlvorstand seiner Verpflichtung nach § 18 Abs. 1 Satz 1 nicht nach, so gelten § 16 Abs. 2 Satz 1 und 2, Abs. 3 Satz 1 und § 18 Abs. 1 Satz 2 entsprechend; der Antrag beim Arbeitsgericht kann auch von jugendlichen Arbeitnehmern gestellt werden.

(4) In Betrieben mit in der Regel fünf bis 100 der in § 60 Abs. 1 genannten Arbeitnehmer gilt auch § 14a entsprechend. Die Frist zur Bestellung des Wahlvorstands wird im Fall des Absatzes 2 Satz 1 auf vier Wochen und im Fall des Absatzes 3 Satz 1 auf drei Wochen verkürzt.

(5) In Betrieben mit in der Regel 101 bis 200 der in § 60 Abs. 1 genannten Arbeitnehmer gilt § 14a Abs. 5 entsprechend.

§ 64 Zeitpunkt der Wahlen und Amtszeit (1) Die regelmäßigen Wahlen der Jugend- und Auszubildendenvertretung finden alle zwei Jahre in der Zeit vom 1. Oktober bis zum 30. November statt. Für die Wahl der Jugend- und Auszubildendenvertretung außerhalb dieser Zeit gilt § 13 Abs. 2 Nr. 2 bis 6 und Abs. 3 entsprechend.

(2) Die regelmäßige Amtszeit der Jugend- und Auszubildendenvertretung beträgt zwei Jahre. Die Amtszeit beginnt mit der Bekanntgabe des Wahlergebnisses oder, wenn zu diesem Zeitpunkt noch eine Jugend- und Auszubildendenvertretung besteht, mit Ablauf von deren Amtszeit. Die Amtszeit endet spätestens am 30. November des Jahres, in dem nach Absatz 1 Satz 1 die regelmäßigen Wahlen stattfinden. In dem Fall des § 13 Abs. 3 Satz 2 endet die Amtszeit spätestens am 30. November

des Jahres, in dem die Jugend- und Auszubildendenvertretung neu zu wählen ist. In dem Fall des § 13 Abs. 2 Nr. 2 endet die Amtszeit mit der Bekanntgabe des Wahlergebnisses der neu gewählten Jugend- und Auszubildendenvertretung.
(3) Ein Mitglied der Jugend- und Auszubildendenvertretung, das im Laufe der Amtszeit das 25. Lebensjahr vollendet oder sein Berufsausbildungsverhältnis beendet, bleibt bis zum Ende der Amtszeit Mitglied der Jugend- und Auszubildendenvertretung.

§ 65 Geschäftsführung (1) Für die Jugend- und Auszubildendenvertretung gelten § 23 Abs. 1, die §§ 24, 25, 26, 28 Abs. 1 Satz 1 und 2, die §§ 30, 31, 33 Abs. 1 und 2 sowie die §§ 34, 36, 37, 40 und 41 entsprechend.
(2) Die Jugend- und Auszubildendenvertretung kann nach Verständigung des Betriebsrats Sitzungen abhalten; § 29 gilt entsprechend. An diesen Sitzungen kann der Betriebsratsvorsitzende oder ein beauftragtes Betriebsratsmitglied teilnehmen.

§ 66 Aussetzung von Beschlüssen des Betriebsrats (1) Erachtet die Mehrheit der Jugend- und Auszubildendenvertreter einen Beschluss des Betriebsrats als eine erhebliche Beeinträchtigung wichtiger Interessen der in § 60 Abs. 1 genannten Arbeitnehmer, so ist auf ihren Antrag der Beschluss auf die Dauer von einer Woche auszusetzen, damit in dieser Frist eine Verständigung, gegebenenfalls mit Hilfe der im Betrieb vertretenen Gewerkschaften, versucht werden kann.
(2) Wird der erste Beschluss bestätigt, so kann der Antrag auf Aussetzung nicht wiederholt werden; dies gilt auch, wenn der erste Beschluss nur unerheblich geändert wird.

§ 67 Teilnahme an Betriebsratssitzungen (1) Die Jugend- und Auszubildendenvertretung kann zu allen Betriebsratssitzungen einen Vertreter entsenden. Werden Angelegenheiten behandelt, die besonders die in § 60 Abs. 1 genannten Arbeitnehmer betreffen, so hat zu diesen Tagesordnungspunkten die gesamte Jugend- und Auszubildendenvertretung ein Teilnahmerecht.
(2) Die Jugend- und Auszubildendenvertreter haben Stimmrecht, soweit die zu fassenden Beschlüsse des Betriebsrats überwiegend die in § 60 Abs. 1 genannten Arbeitnehmer betreffen.
(3) Die Jugend- und Auszubildendenvertretung kann beim Betriebsrat beantragen, Angelegenheiten, die besonders die in § 60 Abs. 1 genannten Arbeitnehmer betreffen und über die sie beraten hat, auf die nächste Tagesordnung zu setzen. Der Betriebsrat soll Angelegenheiten, die besonders die in § 60 Abs. 1 genannten Arbeitnehmer betreffen, der Jugend- und Auszubildendenvertretung zur Beratung zuleiten.

§ 68 Teilnahme an gemeinsamen Besprechungen Der Betriebsrat hat die Jugend- und Auszubildendenvertretung zu Besprechungen zwischen Arbeitgeber und Betriebsrat beizuziehen, wenn Angelegenheiten behandelt werden, die besonders die in § 60 Abs. 1 genannten Arbeitnehmer betreffen.

§ 69 Sprechstunden In Betrieben, die in der Regel mehr als fünfzig der in § 60 Abs. 1 genannten Arbeitnehmer beschäftigen, kann die Jugend- und Auszubildendenvertretung Sprechstunden während der Arbeitszeit einrichten. Zeit und Ort sind durch Betriebsrat und Arbeitgeber zu vereinbaren. § 39 Abs. 1 Satz 3 und 4 und Abs. 3 gilt entsprechend. An den Sprechstunden der Jugend- und Auszubildendenvertretung kann der Betriebsratsvorsitzende oder ein beauftragtes Betriebsratsmitglied beratend teilnehmen.

§ 70 Allgemeine Aufgaben (1) Die Jugend- und Auszubildendenvertretung hat folgende allgemeine Aufgaben:

1. Maßnahmen, die den in § 60 Abs. 1 genannten Arbeitnehmern dienen, insbesondere in Fragen der Berufsbildung und der Übernahme der zu ihrer Berufsausbildung Beschäftigten in ein Arbeitsverhältnis, beim Betriebsrat zu beantragen;

1a. Maßnahmen zur Durchsetzung der tatsächlichen Gleichstellung der in § 60 Abs. 1 genannten Arbeitnehmer entsprechend § 80 Abs. 1 Nr. 2a und 2b beim Betriebsrat zu beantragen;

2. darüber zu wachen, dass die zugunsten der in § 60 Abs. 1 genannten Arbeitnehmer geltenden Gesetze, Verordnungen, Unfallverhütungsvorschriften, Tarifverträge und Betriebsvereinbarungen durchgeführt werden;
3. Anregungen von in § 60 Abs. 1 genannten Arbeitnehmern, insbesondere in Fragen der Berufsbildung, entgegenzunehmen und, falls sie berechtigt erscheinen, beim Betriebsrat auf eine Erledigung hinzuwirken. Die Jugend- und Auszubildendenvertretung hat die betroffenen in § 60 Abs. 1 genannten Arbeitnehmer über den Stand und das Ergebnis der Verhandlungen zu informieren;
4. die Integration ausländischer, in § 60 Abs. 1 genannter Arbeitnehmer im Betrieb zu fördern und entsprechende Maßnahmen beim Betriebsrat zu beantragen.

(2) Zur Durchführung ihrer Aufgaben ist die Jugend- und Auszubildendenvertretung durch den Betriebsrat rechtzeitig und umfassend zu unterrichten. Die Jugend- und Auszubildendenvertretung kann verlangen, dass ihr der Betriebsrat die zur Durchführung ihrer Aufgaben erforderlichen Unterlagen zur Verfügung stellt.

§ 71 Jugend- und Auszubildendenversammlung Die Jugend- und Auszubildendenvertretung kann vor oder nach jeder Betriebsversammlung im Einvernehmen mit dem Betriebsrat eine betriebliche Jugend- und Auszubildendenversammlung einberufen. Im Einvernehmen mit Betriebsrat und Arbeitgeber kann die betriebliche Jugend- und Auszubildendenversammlung auch zu einem anderen Zeitpunkt einberufen werden. § 43 Abs. 2 Satz 1 und 2, die §§ 44 bis 46 und § 65 Abs. 2 Satz 2 gelten entsprechend.

Zweiter Abschnitt – Gesamt-Jugend- und Auszubildendenvertretung

§ 72 Voraussetzungen der Errichtung, Mitgliederzahl, Stimmengewicht (1) Bestehen in einem Unternehmen mehrere Jugend- und Auszubildendenvertretungen, so ist eine Gesamt-Jugend- und Auszubildendenvertretung zu errichten.
(2) In die Gesamt-Jugend- und Auszubildendenvertretung entsendet jede Jugend- und Auszubildendenvertretung ein Mitglied.
(3) Die Jugend- und Auszubildendenvertretung hat für das Mitglied der Gesamt-Jugend- und Auszubildendenvertretung mindestens ein Ersatzmitglied zu bestellen und die Reihenfolge des Nachrückens festzulegen.
(4) Durch Tarifvertrag oder Betriebsvereinbarung kann die Mitgliederzahl der Gesamt-Jugend- und Auszubildendenvertretung abweichend von Absatz 2 geregelt werden.
(5) Gehören nach Absatz 2 der Gesamt-Jugend- und Auszubildendenvertretung mehr als zwanzig Mitglieder an und besteht keine tarifliche Regelung nach Absatz 4, so ist zwischen Gesamtbetriebsrat und Arbeitgeber eine Betriebsvereinbarung über die Mitgliederzahl der Gesamt-Jugend- und Auszubildendenvertretung abzuschließen, in der bestimmt wird, dass Jugend- und Auszubildendenvertretungen mehrerer Betriebe eines Unternehmens, die regional oder durch gleichartige Interessen miteinander verbunden sind, gemeinsam Mitglieder in die Gesamt-Jugend- und Auszubildendenvertretung entsenden.
(6) Kommt im Fall des Absatzes 5 eine Einigung nicht zustande, so entscheidet eine für das Gesamtunternehmen zu bildende Einigungsstelle. Der Spruch der Einigungsstelle ersetzt die Einigung zwischen Arbeitgeber und Gesamtbetriebsrat.
(7) Jedes Mitglied der Gesamt-Jugend- und Auszubildendenvertretung hat so viele Stimmen, wie in dem Betrieb, in dem es gewählt wurde, in § 60 Abs. 1 genannte Arbeitnehmer in der Wählerliste eingetragen sind. Ist ein Mitglied der Gesamt-Jugend- und Auszubildendenvertretung für mehrere Betriebe entsandt worden, so hat es so viele Stimmen, wie in den Betrieben, für die es entsandt ist, in § 60 Abs. 1 genannte Arbeitnehmer in den Wählerlisten eingetragen sind. Sind mehrere Mitglieder der Jugend- und Auszubildendenvertretung entsandt worden, so stehen diesen die Stimmen nach Satz 1 anteilig zu.
(8) Für Mitglieder der Gesamt-Jugend- und Auszubildendenvertretung, die aus einem gemeinsamen Betrieb mehrerer Unternehmen entsandt worden sind, können durch Tarifvertrag oder Betriebsvereinbarung von Absatz 7 abweichende Regelungen getroffen werden.

§ 73 Geschäftsführung und Geltung sonstiger Vorschriften (1) Die Gesamt-Jugend- und Auszubildendenvertretung kann nach Verständigung des Gesamtbetriebsrats Sitzungen abhalten. An den Sitzungen kann der Vorsitzende des Gesamtbetriebsrats oder ein beauftragtes Mitglied des Gesamtbetriebsrats teilnehmen.
(2) Für die Gesamt-Jugend- und Auszubildendenvertretung gelten § 25 Abs. 1, die §§ 26, 28 Abs. 1 Satz 1, die §§ 30, 31, 34, 36, 37 Abs. 1 bis 3, die §§ 40, 41, 48, 49, 50, 51 Abs. 2 bis 5 sowie die §§ 66 bis 68 entsprechend.

Dritter Abschnitt – Konzern-Jugend- und Auszubildendenvertretung

§ 73a Voraussetzung der Errichtung, Mitgliederzahl, Stimmengewicht (1) Bestehen in einem Konzern (§ 18 Abs. 1 des Aktiengesetzes) mehrere Gesamt-Jugend- und Auszubildendenvertretungen, kann durch Beschlüsse der einzelnen Gesamt-Jugend- und Auszubildendenvertretungen eine Konzern-Jugend- und Auszubildendenvertretung errichtet werden. Die Errichtung erfordert die Zustimmung der Gesamt-Jugend- und Auszubildendenvertretungen der Konzernunternehmen, in denen insgesamt mindestens 75 vom Hundert der in § 60 Abs. 1 genannten Arbeitnehmer beschäftigt sind. Besteht in einem Konzernunternehmen nur eine Jugend- und Auszubildendenvertretung, so nimmt diese die Aufgaben einer Gesamt-Jugend- und Auszubildendenvertretung nach den Vorschriften dieses Abschnitts wahr.
(2) In die Konzern-Jugend- und Auszubildendenvertretung entsendet jede Gesamt-Jugend- und Auszubildendenvertretung eines ihrer Mitglieder. Sie hat für jedes Mitglied mindestens ein Ersatzmitglied zu bestellen und die Reihenfolge des Nachrückens festzulegen.
(3) Jedes Mitglied der Konzern-Jugend- und Auszubildendenvertretung hat so viele Stimmen, wie die Mitglieder der entsendenden Gesamt-Jugend- und Auszubildendenvertretung insgesamt Stimmen haben.
(4) § 72 Abs. 4 bis 8 gilt entsprechend.

§ 73b Geschäftsführung und Geltung sonstiger Vorschriften (1) Die Konzern-Jugend- und Auszubildendenvertretung kann nach Verständigung des Konzernbetriebsrats Sitzungen abhalten. An den Sitzungen kann der Vorsitzende oder ein beauftragtes Mitglied des Konzernbetriebsrats teilnehmen.
(2) Für die Konzern-Jugend- und Auszubildendenvertretung gelten § 25 Abs. 1, die §§ 26, 28 Abs. 1 Satz 1, die §§ 30, 31, 34, 36, 37 Abs. 1 bis 3, die §§ 40, 41, 51 Abs. 3 bis 5, die §§ 56, 57, 58, 59 Abs. 2 und die §§ 66 bis 68 entsprechend.

Vierter Teil – Mitwirkung und Mitbestimmung der Arbeitnehmer

Erster Abschnitt – Allgemeines

§ 74 Grundsätze für die Zusammenarbeit (1) Arbeitgeber und Betriebsrat sollen mindestens einmal im Monat zu einer Besprechung zusammentreten. Sie haben über strittige Fragen mit dem ernsten Willen zur Einigung zu verhandeln und Vorschläge für die Beilegung von Meinungsverschiedenheiten zu machen.
(2) Maßnahmen des Arbeitskampfes zwischen Arbeitgeber und Betriebsrat sind unzulässig; Arbeitskämpfe tariffähiger Parteien werden hierdurch nicht berührt. Arbeitgeber und Betriebsrat haben Betätigungen zu unterlassen, durch die der Arbeitsablauf oder der Frieden des Betriebs beeinträchtigt werden. Sie haben jede parteipolitische Betätigung im Betrieb zu unterlassen; die Behandlung von Angelegenheiten tarifpolitischer, sozialpolitischer, umweltpolitischer und wirtschaftlicher Art, die den Betrieb oder seine Arbeitnehmer unmittelbar betreffen, wird hierdurch nicht berührt.

(3) Arbeitnehmer, die im Rahmen dieses Gesetzes Aufgaben übernehmen, werden hierdurch in der Betätigung für ihre Gewerkschaft auch im Betrieb nicht beschränkt.

§ 75 Grundsätze für die Behandlung der Betriebsangehörigen (1) Arbeitgeber und Betriebsrat haben darüber zu wachen, dass alle im Betrieb tätigen Personen nach den Grundsätzen von Recht und Billigkeit behandelt werden, insbesondere, dass jede Benachteiligung von Personen aus Gründen ihrer Rasse oder wegen ihrer ethnischen Herkunft, ihrer Abstammung oder sonstigen Herkunft, ihrer Nationalität, ihrer Religion oder Weltanschauung, ihrer Behinderung, ihres Alters, ihrer politischen oder gewerkschaftlichen Betätigung oder Einstellung oder wegen ihres Geschlechts oder ihrer sexuellen Identität unterbleibt.
(2) Arbeitgeber und Betriebsrat haben die freie Entfaltung der Persönlichkeit der im Betrieb beschäftigten Arbeitnehmer zu schützen und zu fördern. Sie haben die Selbständigkeit und Eigeninitiative der Arbeitnehmer und Arbeitsgruppen zu fördern.

§ 76 Einigungsstelle (1) Zur Beilegung von Meinungsverschiedenheiten zwischen Arbeitgeber und Betriebsrat, Gesamtbetriebsrat oder Konzernbetriebsrat ist bei Bedarf eine Einigungsstelle zu bilden. Durch Betriebsvereinbarung kann eine ständige Einigungsstelle errichtet werden.
(2) Die Einigungsstelle besteht aus einer gleichen Anzahl von Beisitzern, die vom Arbeitgeber und Betriebsrat bestellt werden, und einem unparteiischen Vorsitzenden, auf dessen Person sich beide Seiten einigen müssen. Kommt eine Einigung über die Person des Vorsitzenden nicht zustande, so bestellt ihn das Arbeitsgericht. Dieses entscheidet auch, wenn kein Einverständnis über die Zahl der Beisitzer erzielt wird.
(3) Die Einigungsstelle hat unverzüglich tätig zu werden. Sie fasst ihre Beschlüsse nach mündlicher Beratung mit Stimmenmehrheit. Bei der Beschlussfassung hat sich der Vorsitzende zunächst der Stimme zu enthalten; kommt eine Stimmenmehrheit nicht zustande, so nimmt der Vorsitzende nach weiterer Beratung an der erneuten Beschlussfassung teil. Die Beschlüsse der Einigungsstelle sind schriftlich niederzulegen und vom Vorsitzenden zu unterschreiben oder in elektronischer Form niederzulegen und vom Vorsitzenden mit seiner qualifizierten elektronischen Signatur zu versehen sowie Arbeitgeber und Betriebsrat zuzuleiten.
(4) Durch Betriebsvereinbarung können weitere Einzelheiten des Verfahrens vor der Einigungsstelle geregelt werden.
(5) In den Fällen, in denen der Spruch der Einigungsstelle die Einigung zwischen Arbeitgeber und Betriebsrat ersetzt, wird die Einigungsstelle auf Antrag einer Seite tätig. Benennt eine Seite keine Mitglieder oder bleiben die von einer Seite genannten Mitglieder trotz rechtzeitiger Einladung der Sitzung fern, so entscheiden der Vorsitzende und die erschienenen Mitglieder nach Maßgabe des Absatzes 3 allein. Die Einigungsstelle fasst ihre Beschlüsse unter angemessener Berücksichtigung der Belange des Betriebs und der betroffenen Arbeitnehmer nach billigem Ermessen. Die Überschreitung der Grenzen des Ermessens kann durch den Arbeitgeber oder

den Betriebsrat nur binnen einer Frist von zwei Wochen, vom Tage der Zuleitung des Beschlusses an gerechnet, beim Arbeitsgericht geltend gemacht werden.
(6) Im Übrigen wird die Einigungsstelle nur tätig, wenn beide Seiten es beantragen oder mit ihrem Tätigwerden einverstanden sind. In diesen Fällen ersetzt ihr Spruch die Einigung zwischen Arbeitgeber und Betriebsrat nur, wenn beide Seiten sich dem Spruch im Voraus unterworfen oder ihn nachträglich angenommen haben.
(7) Soweit nach anderen Vorschriften der Rechtsweg gegeben ist, wird er durch den Spruch der Einigungsstelle nicht ausgeschlossen.
(8) Durch Tarifvertrag kann bestimmt werden, dass an die Stelle der in Absatz 1 bezeichneten Einigungsstelle eine tarifliche Schlichtungsstelle tritt.

§ 76a Kosten der Einigungsstelle (1) Die Kosten der Einigungsstelle trägt der Arbeitgeber.
(2) Die Beisitzer der Einigungsstelle, die dem Betrieb angehören, erhalten für ihre Tätigkeit keine Vergütung; § 37 Abs. 2 und 3 gilt entsprechend. Ist die Einigungsstelle zur Beilegung von Meinungsverschiedenheiten zwischen Arbeitgeber und Gesamtbetriebsrat oder Konzernbetriebsrat zu bilden, so gilt Satz 1 für die einem Betrieb des Unternehmens oder eines Konzernunternehmens angehörenden Beisitzer entsprechend.
(3) Der Vorsitzende und die Beisitzer der Einigungsstelle, die nicht zu den in Absatz 2 genannten Personen zählen, haben gegenüber dem Arbeitgeber Anspruch auf Vergütung ihrer Tätigkeit. Die Höhe der Vergütung richtet sich nach den Grundsätzen des Absatzes 4 Satz 3 bis 5.
(4) Das Bundesministerium für Arbeit und Soziales kann durch Rechtsverordnung die Vergütung nach Absatz 3 regeln. In der Vergütungsordnung sind Höchstsätze festzusetzen. Dabei sind insbesondere der erforderliche Zeitaufwand, die Schwierigkeit der Streitigkeit sowie ein Verdienstausfall zu berücksichtigen. Die Vergütung der Beisitzer ist niedriger zu bemessen als die des Vorsitzenden. Bei der Festsetzung der Höchstsätze ist den berechtigten Interessen der Mitglieder der Einigungsstelle und des Arbeitgebers Rechnung zu tragen.
(5) Von Absatz 3 und einer Vergütungsordnung nach Absatz 4 kann durch Tarifvertrag oder in einer Betriebsvereinbarung, wenn ein Tarifvertrag dies zulässt oder eine tarifliche Regelung nicht besteht, abgewichen werden.

§ 77 Durchführung gemeinsamer Beschlüsse, Betriebsvereinbarungen (1) Vereinbarungen zwischen Betriebsrat und Arbeitgeber, auch soweit sie auf einem Spruch der Einigungsstelle beruhen, führt der Arbeitgeber durch, es sei denn, dass im Einzelfall etwas anderes vereinbart ist. Der Betriebsrat darf nicht durch einseitige Handlungen in die Leitung des Betriebs eingreifen.
(2) Betriebsvereinbarungen sind von Betriebsrat und Arbeitgeber gemeinsam zu beschließen und schriftlich niederzulegen. Sie sind von beiden Seiten zu unterzeichnen; dies gilt nicht, soweit Betriebsvereinbarungen auf einem Spruch der Einigungsstelle beruhen. Werden Betriebsvereinbarungen in elektronischer Form geschlossen, haben Arbeitgeber und Betriebsrat abweichend von § 126a Absatz 2 des Bürgerlichen Gesetzbuchs dasselbe Dokument elektronisch zu signieren. Der

Arbeitgeber hat die Betriebsvereinbarungen an geeigneter Stelle im Betrieb auszulegen.
(3) Arbeitsentgelte und sonstige Arbeitsbedingungen, die durch Tarifvertrag geregelt sind oder üblicherweise geregelt werden, können nicht Gegenstand einer Betriebsvereinbarung sein. Dies gilt nicht, wenn ein Tarifvertrag den Abschluss ergänzender Betriebsvereinbarungen ausdrücklich zulässt.
(4) Betriebsvereinbarungen gelten unmittelbar und zwingend. Werden Arbeitnehmern durch die Betriebsvereinbarung Rechte eingeräumt, so ist ein Verzicht auf sie nur mit Zustimmung des Betriebsrats zulässig. Die Verwirkung dieser Rechte ist ausgeschlossen. Ausschlussfristen für ihre Geltendmachung sind nur insoweit zulässig, als sie in einem Tarifvertrag oder einer Betriebsvereinbarung vereinbart werden; dasselbe gilt für die Abkürzung der Verjährungsfristen.
(5) Betriebsvereinbarungen können, soweit nichts anderes vereinbart ist, mit einer Frist von drei Monaten gekündigt werden.
(6) Nach Ablauf einer Betriebsvereinbarung gelten ihre Regelungen in Angelegenheiten, in denen ein Spruch der Einigungsstelle die Einigung zwischen Arbeitgeber und Betriebsrat ersetzen kann, weiter, bis sie durch eine andere Abmachung ersetzt werden.

§ 78 Schutzbestimmungen Die Mitglieder des Betriebsrats, des Gesamtbetriebsrats, des Konzernbetriebsrats, der Jugend- und Auszubildendenvertretung, der Gesamt-Jugend- und Auszubildendenvertretung, der Konzern-Jugend- und Auszubildendenvertretung, des Wirtschaftsausschusses, der Bordvertretung, des Seebetriebsrats, der in § 3 Abs. 1 genannten Vertretungen der Arbeitnehmer, der Einigungsstelle, einer tariflichen Schlichtungsstelle (§ 76 Abs. 8) und einer betrieblichen Beschwerdestelle (§ 86) sowie Auskunftspersonen (§ 80 Absatz 2 Satz 4) dürfen in der Ausübung ihrer Tätigkeit nicht gestört oder behindert werden. Sie dürfen wegen ihrer Tätigkeit nicht benachteiligt oder begünstigt werden; dies gilt auch für ihre berufliche Entwicklung. Eine Begünstigung oder Benachteiligung liegt im Hinblick auf das gezahlte Arbeitsentgelt nicht vor, wenn das Mitglied einer in Satz 1 genannten Vertretung in seiner Person die für die Gewährung des Arbeitsentgelts erforderlichen betrieblichen Anforderungen und Kriterien erfüllt und die Festlegung nicht ermessensfehlerhaft erfolgt.

§ 78a Schutz Auszubildender in besonderen Fällen (1) Beabsichtigt der Arbeitgeber, einen Auszubildenden, der Mitglied der Jugend- und Auszubildendenvertretung, des Betriebsrats, der Bordvertretung oder des Seebetriebsrats ist, nach Beendigung des Berufsausbildungsverhältnisses nicht in ein Arbeitsverhältnis auf unbestimmte Zeit zu übernehmen, so hat er dies drei Monate vor Beendigung des Berufsausbildungsverhältnisses dem Auszubildenden schriftlich mitzuteilen.
(2) Verlangt ein in Absatz 1 genannter Auszubildender innerhalb der letzten drei Monate vor Beendigung des Berufsausbildungsverhältnisses schriftlich vom Arbeitgeber die Weiterbeschäftigung, so gilt zwischen Auszubildendem und Arbeitgeber im Anschluss an das Berufsausbildungsverhältnis ein Arbeitsverhältnis auf unbestimmte Zeit als begründet. Auf dieses Arbeitsverhältnis ist insbesondere § 37 Abs. 4 und 5 entsprechend anzuwenden.

(3) Die Absätze 1 und 2 gelten auch, wenn das Berufsausbildungsverhältnis vor Ablauf eines Jahres nach Beendigung der Amtszeit der Jugend- und Auszubildendenvertretung, des Betriebsrats, der Bordvertretung oder des Seebetriebsrats endet.
(4) Der Arbeitgeber kann spätestens bis zum Ablauf von zwei Wochen nach Beendigung des Berufsausbildungsverhältnisses beim Arbeitsgericht beantragen,
1. festzustellen, dass ein Arbeitsverhältnis nach Absatz 2 oder 3 nicht begründet wird, oder
2. das bereits nach Absatz 2 oder 3 begründete Arbeitsverhältnis aufzulösen,

wenn Tatsachen vorliegen, aufgrund derer dem Arbeitgeber unter Berücksichtigung aller Umstände die Weiterbeschäftigung nicht zugemutet werden kann. In dem Verfahren vor dem Arbeitsgericht sind der Betriebsrat, die Bordvertretung, der Seebetriebsrat, bei Mitgliedern der Jugend- und Auszubildendenvertretung auch diese Beteiligte.
(5) Die Absätze 2 bis 4 finden unabhängig davon Anwendung, ob der Arbeitgeber seiner Mitteilungspflicht nach Absatz 1 nachgekommen ist.

§ 79 Geheimhaltungspflicht (1) Die Mitglieder und Ersatzmitglieder des Betriebsrats sind verpflichtet, Betriebs- oder Geschäftsgeheimnisse, die ihnen wegen ihrer Zugehörigkeit zum Betriebsrat bekannt geworden und vom Arbeitgeber ausdrücklich als geheimhaltungsbedürftig bezeichnet worden sind, nicht zu offenbaren und nicht zu verwerten. Dies gilt auch nach dem Ausscheiden aus dem Betriebsrat. Die Verpflichtung gilt nicht gegenüber Mitgliedern des Betriebsrats. Sie gilt ferner nicht gegenüber dem Gesamtbetriebsrat, dem Konzernbetriebsrat, der Bordvertretung, dem Seebetriebsrat und den Arbeitnehmervertretern im Aufsichtsrat sowie im Verfahren vor der Einigungsstelle, der tariflichen Schlichtungsstelle (§ 76 Abs. 8) oder einer betrieblichen Beschwerdestelle (§ 86).
(2) Absatz 1 gilt sinngemäß für die Mitglieder und Ersatzmitglieder des Gesamtbetriebsrats, des Konzernbetriebsrats, der Jugend- und Auszubildendenvertretung, der Gesamt-Jugend- und Auszubildendenvertretung, der Konzern-Jugend- und Auszubildendenvertretung, des Wirtschaftsausschusses, der Bordvertretung, des Seebetriebsrats, der gemäß § 3 Abs. 1 gebildeten Vertretungen der Arbeitnehmer, der Einigungsstelle, der tariflichen Schlichtungsstelle (§ 76 Abs. 8) und einer betrieblichen Beschwerdestelle (§ 86) sowie für die Vertreter von Gewerkschaften oder von Arbeitgebervereinigungen.

§ 79a Datenschutz Bei der Verarbeitung personenbezogener Daten hat der Betriebsrat die Vorschriften über den Datenschutz einzuhalten. Soweit der Betriebsrat zur Erfüllung der in seiner Zuständigkeit liegenden Aufgaben personenbezogene Daten verarbeitet, ist der Arbeitgeber der für die Verarbeitung Verantwortliche im Sinne der datenschutzrechtlichen Vorschriften. Arbeitgeber und Betriebsrat unterstützen sich gegenseitig bei der Einhaltung der datenschutzrechtlichen Vorschriften. Die oder der Datenschutzbeauftragte ist gegenüber dem Arbeitgeber zur Verschwiegenheit verpflichtet über Informationen, die Rückschlüsse auf den Meinungsbildungsprozess des Betriebsrats zulassen. § 6 Absatz 5 Satz 2, § 38 Absatz 2 des Bundesdatenschutzgesetzes gelten auch im Hinblick auf das Verhältnis der oder des Datenschutzbeauftragten zum Arbeitgeber.

§ 80 Allgemeine Aufgaben (1) Der Betriebsrat hat folgende allgemeine Aufgaben:
1. darüber zu wachen, dass die zugunsten der Arbeitnehmer geltenden Gesetze, Verordnungen, Unfallverhütungsvorschriften, Tarifverträge und Betriebsvereinbarungen durchgeführt werden;
2. Maßnahmen, die dem Betrieb und der Belegschaft dienen, beim Arbeitgeber zu beantragen;
2a. die Durchsetzung der tatsächlichen Gleichstellung von Frauen und Männern, insbesondere bei der Einstellung, Beschäftigung, Aus-, Fort- und Weiterbildung und dem beruflichen Aufstieg, zu fördern;
2b. die Vereinbarkeit von Familie und Erwerbstätigkeit zu fördern;
3. Anregungen von Arbeitnehmern und der Jugend- und Auszubildendenvertretung entgegenzunehmen und, falls sie berechtigt erscheinen, durch Verhandlungen mit dem Arbeitgeber auf eine Erledigung hinzuwirken; er hat die betreffenden Arbeitnehmer über den Stand und das Ergebnis der Verhandlungen zu unterrichten;
4. die Eingliederung schwerbehinderter Menschen einschließlich der Förderung des Abschlusses von Inklusionsvereinbarungen nach § 166 des Neunten Buches Sozialgesetzbuch und sonstiger besonders schutzbedürftiger Personen zu fördern;
5. die Wahl einer Jugend- und Auszubildendenvertretung vorzubereiten und durchzuführen und mit dieser zur Förderung der Belange der in § 60 Abs. 1 genannten Arbeitnehmer eng zusammenzuarbeiten; er kann von der Jugend- und Auszubildendenvertretung Vorschläge und Stellungnahmen anfordern;
6. die Beschäftigung älterer Arbeitnehmer im Betrieb zu fördern;
7. die Integration ausländischer Arbeitnehmer im Betrieb und das Verständnis zwischen ihnen und den deutschen Arbeitnehmern zu fördern sowie Maßnahmen zur Bekämpfung von Rassismus und Fremdenfeindlichkeit im Betrieb zu beantragen;
8. die Beschäftigung im Betrieb zu fördern und zu sichern;
9. Maßnahmen des Arbeitsschutzes und des betrieblichen Umweltschutzes zu fördern.

(2) Zur Durchführung seiner Aufgaben nach diesem Gesetz ist der Betriebsrat rechtzeitig und umfassend vom Arbeitgeber zu unterrichten; die Unterrichtung erstreckt sich auch auf die Beschäftigung von Personen, die nicht in einem Arbeitsverhältnis zum Arbeitgeber stehen, und umfasst insbesondere den zeitlichen Umfang des Einsatzes, den Einsatzort und die Arbeitsaufgaben dieser Personen. Dem Betriebsrat sind auf Verlangen jederzeit die zur Durchführung seiner Aufgaben erforderlichen Unterlagen zur Verfügung zu stellen; in diesem Rahmen ist der Betriebsausschuss oder ein nach § 28 gebildeter Ausschuss berechtigt, in die Listen über die Bruttolöhne und -gehälter Einblick zu nehmen. Zu den erforderlichen Unterlagen gehören auch die Verträge, die der Beschäftigung der in Satz 1 genannten Personen zugrunde liegen. Soweit es zur ordnungsgemäßen Erfüllung der Aufgaben des Betriebsrats erforderlich ist, hat der Arbeitgeber ihm sachkundige Arbeitnehmer als Auskunftspersonen zur Verfügung zu stellen; er hat hierbei die

Vorschläge des Betriebsrats zu berücksichtigen, soweit betriebliche Notwendigkeiten nicht entgegenstehen.
(3) Der Betriebsrat kann bei der Durchführung seiner Aufgaben nach näherer Vereinbarung mit dem Arbeitgeber Sachverständige hinzuziehen, soweit dies zur ordnungsgemäßen Erfüllung seiner Aufgaben erforderlich ist. Muss der Betriebsrat zur Durchführung seiner Aufgaben die Einführung oder Anwendung von Künstlicher Intelligenz beurteilen, gilt insoweit die Hinzuziehung eines Sachverständigen als erforderlich. Gleiches gilt, wenn sich Arbeitgeber und Betriebsrat auf einen ständigen Sachverständigen in Angelegenheiten nach Satz 2 einigen.
(4) Für die Geheimhaltungspflicht der Auskunftspersonen und der Sachverständigen gilt § 79 entsprechend.

Zweiter Abschnitt – Mitwirkungs- und Beschwerderecht des Arbeitnehmers

§ 81 Unterrichtungs- und Erörterungspflicht des Arbeitgebers (1) Der Arbeitgeber hat den Arbeitnehmer über dessen Aufgabe und Verantwortung sowie über die Art seiner Tätigkeit und ihre Einordnung in den Arbeitsablauf des Betriebs zu unterrichten. Er hat den Arbeitnehmer vor Beginn der Beschäftigung über die Unfall- und Gesundheitsgefahren, denen dieser bei der Beschäftigung ausgesetzt ist, sowie über die Maßnahmen und Einrichtungen zur Abwendung dieser Gefahren und die nach § 10 Abs. 2 des Arbeitsschutzgesetzes getroffenen Maßnahmen zu belehren.
(2) Über Veränderungen in seinem Arbeitsbereich ist der Arbeitnehmer rechtzeitig zu unterrichten. Absatz 1 gilt entsprechend.
(3) In Betrieben, in denen kein Betriebsrat besteht, hat der Arbeitgeber die Arbeitnehmer zu allen Maßnahmen zu hören, die Auswirkungen auf Sicherheit und Gesundheit der Arbeitnehmer haben können.
(4) Der Arbeitgeber hat den Arbeitnehmer über die aufgrund einer Planung von technischen Anlagen, von Arbeitsverfahren und Arbeitsabläufen oder der Arbeitsplätze vorgesehenen Maßnahmen und ihre Auswirkungen auf seinen Arbeitsplatz, die Arbeitsumgebung sowie auf Inhalt und Art seiner Tätigkeit zu unterrichten. Sobald feststeht, dass sich die Tätigkeit des Arbeitnehmers ändern wird und seine beruflichen Kenntnisse und Fähigkeiten zur Erfüllung seiner Aufgaben nicht ausreichen, hat der Arbeitgeber mit dem Arbeitnehmer zu erörtern, wie dessen berufliche Kenntnisse und Fähigkeiten im Rahmen der betrieblichen Möglichkeiten den künftigen Anforderungen angepasst werden können. Der Arbeitnehmer kann bei der Erörterung ein Mitglied des Betriebsrats hinzuziehen.

§ 82 Anhörungs- und Erörterungsrecht des Arbeitnehmers (1) Der Arbeitnehmer hat das Recht, in betrieblichen Angelegenheiten, die seine Person betreffen, von den nach Maßgabe des organisatorischen Aufbaus des Betriebs hierfür zuständigen Personen gehört zu werden. Er ist berechtigt, zu Maßnahmen des Arbeitgebers, die ihn betreffen, Stellung zu nehmen sowie Vorschläge für die Gestaltung des Arbeitsplatzes und des Arbeitsablaufs zu machen.

(2) Der Arbeitnehmer kann verlangen, dass ihm die Berechnung und Zusammensetzung seines Arbeitsentgelts erläutert und dass mit ihm die Beurteilung seiner Leistungen sowie die Möglichkeiten seiner beruflichen Entwicklung im Betrieb erörtert werden. Er kann ein Mitglied des Betriebsrats hinzuziehen. Das Mitglied des Betriebsrats hat über den Inhalt dieser Verhandlungen Stillschweigen zu bewahren, soweit es vom Arbeitnehmer im Einzelfall nicht von dieser Verpflichtung entbunden wird.

§ 83 Einsicht in die Personalakten (1) Der Arbeitnehmer hat das Recht, in die über ihn geführten Personalakten Einsicht zu nehmen. Er kann hierzu ein Mitglied des Betriebsrats hinzuziehen. Das Mitglied des Betriebsrats hat über den Inhalt der Personalakte Stillschweigen zu bewahren, soweit es vom Arbeitnehmer im Einzelfall nicht von dieser Verpflichtung entbunden wird.
(2) Erklärungen des Arbeitnehmers zum Inhalt der Personalakte sind dieser auf sein Verlangen beizufügen.

§ 84 Beschwerderecht (1) Jeder Arbeitnehmer hat das Recht, sich bei den zuständigen Stellen des Betriebs zu beschweren, wenn er sich vom Arbeitgeber oder von Arbeitnehmern des Betriebs benachteiligt oder ungerecht behandelt oder in sonstiger Weise beeinträchtigt fühlt. Er kann ein Mitglied des Betriebsrats zur Unterstützung oder Vermittlung hinzuziehen.
(2) Der Arbeitgeber hat den Arbeitnehmer über die Behandlung der Beschwerde zu bescheiden und, soweit er die Beschwerde für berechtigt erachtet, ihr abzuhelfen.
(3) Wegen der Erhebung einer Beschwerde dürfen dem Arbeitnehmer keine Nachteile entstehen.

§ 85 Behandlung von Beschwerden durch den Betriebsrat (1) Der Betriebsrat hat Beschwerden von Arbeitnehmern entgegenzunehmen und, falls er sie für berechtigt erachtet, beim Arbeitgeber auf Abhilfe hinzuwirken.
(2) Bestehen zwischen Betriebsrat und Arbeitgeber Meinungsverschiedenheiten über die Berechtigung der Beschwerde, so kann der Betriebsrat die Einigungsstelle anrufen. Der Spruch der Einigungsstelle ersetzt die Einigung zwischen Arbeitgeber und Betriebsrat. Dies gilt nicht, soweit Gegenstand der Beschwerde ein Rechtsanspruch ist.
(3) Der Arbeitgeber hat den Betriebsrat über die Behandlung der Beschwerde zu unterrichten. § 84 Abs. 2 bleibt unberührt.

§ 86 Ergänzende Vereinbarungen Durch Tarifvertrag oder Betriebsvereinbarung können die Einzelheiten des Beschwerdeverfahrens geregelt werden. Hierbei kann bestimmt werden, dass in den Fällen des § 85 Abs. 2 an die Stelle der Einigungsstelle eine betriebliche Beschwerdestelle tritt.

§ 86a Vorschlagsrecht der Arbeitnehmer Jeder Arbeitnehmer hat das Recht, dem Betriebsrat Themen zur Beratung vorzuschlagen. Wird ein Vorschlag von mindestens 5 vom Hundert der Arbeitnehmer des Betriebs unterstützt, hat der Betriebsrat diesen innerhalb von zwei Monaten auf die Tagesordnung einer Betriebsratssitzung zu setzen.

Dritter Abschnitt – Soziale Angelegenheiten

§ 87 Mitbestimmungsrechte (1) Der Betriebsrat hat, soweit eine gesetzliche oder tarifliche Regelung nicht besteht, in folgenden Angelegenheiten mitzubestimmen:

1. Fragen der Ordnung des Betriebs und des Verhaltens der Arbeitnehmer im Betrieb;
2. Beginn und Ende der täglichen Arbeitszeit einschließlich der Pausen sowie Verteilung der Arbeitszeit auf die einzelnen Wochentage;
3. vorübergehende Verkürzung oder Verlängerung der betriebsüblichen Arbeitszeit;
4. Zeit, Ort und Art der Auszahlung der Arbeitsentgelte;
5. Aufstellung allgemeiner Urlaubsgrundsätze und des Urlaubsplans sowie die Festsetzung der zeitlichen Lage des Urlaubs für einzelne Arbeitnehmer, wenn zwischen dem Arbeitgeber und den beteiligten Arbeitnehmern kein Einverständnis erzielt wird;
6. Einführung und Anwendung von technischen Einrichtungen, die dazu bestimmt sind, das Verhalten oder die Leistung der Arbeitnehmer zu überwachen;
7. Regelungen über die Verhütung von Arbeitsunfällen und Berufskrankheiten sowie über den Gesundheitsschutz im Rahmen der gesetzlichen Vorschriften oder der Unfallverhütungsvorschriften;
8. Form, Ausgestaltung und Verwaltung von Sozialeinrichtungen, deren Wirkungsbereich auf den Betrieb, das Unternehmen oder den Konzern beschränkt ist;
9. Zuweisung und Kündigung von Wohnräumen, die den Arbeitnehmern mit Rücksicht auf das Bestehen eines Arbeitsverhältnisses vermietet werden, sowie die allgemeine Festlegung der Nutzungsbedingungen;
10. Fragen der betrieblichen Lohngestaltung, insbesondere die Aufstellung von Entlohnungsgrundsätzen und die Einführung und Anwendung von neuen Entlohnungsmethoden sowie deren Änderung;
11. Festsetzung der Akkord- und Prämiensätze und vergleichbarer leistungsbezogener Entgelte, einschließlich der Geldfaktoren;
12. Grundsätze über das betriebliche Vorschlagswesen;
13. Grundsätze über die Durchführung von Gruppenarbeit; Gruppenarbeit im Sinne dieser Vorschrift liegt vor, wenn im Rahmen des betrieblichen Arbeitsablaufs eine Gruppe von Arbeitnehmern eine ihr übertragene Gesamtaufgabe im Wesentlichen eigenverantwortlich erledigt;
14. Ausgestaltung von mobiler Arbeit, die mittels Informations- und Kommunikationstechnik erbracht wird.

(2) Kommt eine Einigung über eine Angelegenheit nach Absatz 1 nicht zustande, so entscheidet die Einigungsstelle. Der Spruch der Einigungsstelle ersetzt die Einigung zwischen Arbeitgeber und Betriebsrat.

§ 88 Freiwillige Betriebsvereinbarungen Durch Betriebsvereinbarung können insbesondere geregelt werden

1. zusätzliche Maßnahmen zur Verhütung von Arbeitsunfällen und Gesundheitsschädigungen;

1a. Maßnahmen des betrieblichen Umweltschutzes;

2. die Errichtung von Sozialeinrichtungen, deren Wirkungsbereich auf den Betrieb, das Unternehmen oder den Konzern beschränkt ist;
3. Maßnahmen zur Förderung der Vermögensbildung;
4. Maßnahmen zur Integration ausländischer Arbeitnehmer sowie zur Bekämpfung von Rassismus und Fremdenfeindlichkeit im Betrieb;
5. Maßnahmen zur Eingliederung schwerbehinderter Menschen.

§ 89 Arbeits- und betrieblicher Umweltschutz (1) Der Betriebsrat hat sich dafür einzusetzen, dass die Vorschriften über den Arbeitsschutz und die Unfallverhütung im Betrieb sowie über den betrieblichen Umweltschutz durchgeführt werden. Er hat bei der Bekämpfung von Unfall- und Gesundheitsgefahren die für den Arbeitsschutz zuständigen Behörden, die Träger der gesetzlichen Unfallversicherung und die sonstigen in Betracht kommenden Stellen durch Anregung, Beratung und Auskunft zu unterstützen.

(2) Der Arbeitgeber und die in Absatz 1 Satz 2 genannten Stellen sind verpflichtet, den Betriebsrat oder die von ihm bestimmten Mitglieder des Betriebsrats bei allen im Zusammenhang mit dem Arbeitsschutz oder der Unfallverhütung stehenden Besichtigungen und Fragen und bei Unfalluntersuchungen hinzuzuziehen. Der Arbeitgeber hat den Betriebsrat auch bei allen im Zusammenhang mit dem betrieblichen Umweltschutz stehenden Besichtigungen und Fragen hinzuzuziehen und ihm unverzüglich die den Arbeitsschutz, die Unfallverhütung und den betrieblichen Umweltschutz betreffenden Auflagen und Anordnungen der zuständigen Stellen mitzuteilen.

(3) Als betrieblicher Umweltschutz im Sinne dieses Gesetzes sind alle personellen und organisatorischen Maßnahmen sowie alle die betrieblichen Bauten, Räume, technische Anlagen, Arbeitsverfahren, Arbeitsabläufe und Arbeitsplätze betreffenden Maßnahmen zu verstehen, die dem Umweltschutz dienen.

(4) An Besprechungen des Arbeitgebers mit den Sicherheitsbeauftragten im Rahmen des § 22 Abs. 2 des Siebten Buches Sozialgesetzbuch nehmen vom Betriebsrat beauftragte Betriebsratsmitglieder teil.

(5) Der Betriebsrat erhält vom Arbeitgeber die Niederschriften über Untersuchungen, Besichtigungen und Besprechungen, zu denen er nach den Absätzen 2 und 4 hinzuzuziehen ist.

(6) Der Arbeitgeber hat dem Betriebsrat eine Durchschrift der nach § 193 Abs. 5 des Siebten Buches Sozialgesetzbuch vom Betriebsrat zu unterschreibenden Unfallanzeige auszuhändigen.

Vierter Abschnitt – Gestaltung von Arbeitsplatz, Arbeitsablauf und Arbeitsumgebung

§ 90 Unterrichtungs- und Beratungsrechte (1) Der Arbeitgeber hat den Betriebsrat über die Planung

1. von Neu-, Um- und Erweiterungsbauten von Fabrikations-, Verwaltungs- und sonstigen betrieblichen Räumen,
2. von technischen Anlagen,
3. von Arbeitsverfahren und Arbeitsabläufen einschließlich des Einsatzes von Künstlicher Intelligenz oder
4. der Arbeitsplätze

rechtzeitig unter Vorlage der erforderlichen Unterlagen zu unterrichten.

(2) Der Arbeitgeber hat mit dem Betriebsrat die vorgesehenen Maßnahmen und ihre Auswirkungen auf die Arbeitnehmer, insbesondere auf die Art ihrer Arbeit sowie die sich daraus ergebenden Anforderungen an die Arbeitnehmer so rechtzeitig zu beraten, dass Vorschläge und Bedenken des Betriebsrats bei der Planung berücksichtigt werden können. Arbeitgeber und Betriebsrat sollen dabei auch die gesicherten arbeitswissenschaftlichen Erkenntnisse über die menschengerechte Gestaltung der Arbeit berücksichtigen.

§ 91 Mitbestimmungsrecht Werden die Arbeitnehmer durch Änderungen der Arbeitsplätze, des Arbeitsablaufs oder der Arbeitsumgebung, die den gesicherten arbeitswissenschaftlichen Erkenntnissen über die menschengerechte Gestaltung der Arbeit offensichtlich widersprechen, in besonderer Weise belastet, so kann der Betriebsrat angemessene Maßnahmen zur Abwendung, Milderung oder zum Ausgleich der Belastung verlangen. Kommt eine Einigung nicht zustande, so entscheidet die Einigungsstelle. Der Spruch der Einigungsstelle ersetzt die Einigung zwischen Arbeitgeber und Betriebsrat.

Fünfter Abschnitt – Personelle Angelegenheiten

Erster Unterabschnitt – Allgemeine personelle Angelegenheiten

§ 92 Personalplanung (1) Der Arbeitgeber hat den Betriebsrat über die Personalplanung, insbesondere über den gegenwärtigen und künftigen Personalbedarf sowie über die sich daraus ergebenden personellen Maßnahmen einschließlich der geplanten Beschäftigung von Personen, die nicht in einem Arbeitsverhältnis zum Arbeitgeber stehen, und Maßnahmen der Berufsbildung anhand von Unterlagen rechtzeitig und umfassend zu unterrichten. Er hat mit dem Betriebsrat über Art und Umfang der erforderlichen Maßnahmen und über die Vermeidung von Härten zu beraten.

(2) Der Betriebsrat kann dem Arbeitgeber Vorschläge für die Einführung einer Personalplanung und ihre Durchführung machen.

(3) Die Absätze 1 und 2 gelten entsprechend für Maßnahmen im Sinne des § 80 Abs. 1 Nr. 2a und 2b, insbesondere für die Aufstellung und Durchführung von Maßnahmen zur Förderung der Gleichstellung von Frauen und Männern. Glei-

ches gilt für die Eingliederung schwerbehinderter Menschen nach § 80 Absatz 1 Nummer 4.

§ 92a Beschäftigungssicherung (1) Der Betriebsrat kann dem Arbeitgeber Vorschläge zur Sicherung und Förderung der Beschäftigung machen. Diese können insbesondere eine flexible Gestaltung der Arbeitszeit, die Förderung von Teilzeitarbeit und Altersteilzeit, neue Formen der Arbeitsorganisation, Änderungen der Arbeitsverfahren und Arbeitsabläufe, die Qualifizierung der Arbeitnehmer, Alternativen zur Ausgliederung von Arbeit oder ihrer Vergabe an andere Unternehmen sowie zum Produktions- und Investitionsprogramm zum Gegenstand haben.
(2) Der Arbeitgeber hat die Vorschläge mit dem Betriebsrat zu beraten. Hält der Arbeitgeber die Vorschläge des Betriebsrats für ungeeignet, hat er dies zu begründen; in Betrieben mit mehr als 100 Arbeitnehmern erfolgt die Begründung schriftlich. Zu den Beratungen kann der Arbeitgeber oder der Betriebsrat einen Vertreter der Bundesagentur für Arbeit hinzuziehen.

§ 93 Ausschreibung von Arbeitsplätzen Der Betriebsrat kann verlangen, dass Arbeitsplätze, die besetzt werden sollen, allgemein oder für bestimmte Arten von Tätigkeiten vor ihrer Besetzung innerhalb des Betriebs ausgeschrieben werden.

12

§ 94 Personalfragebogen, Beurteilungsgrundsätze (1) Personalfragebogen bedürfen der Zustimmung des Betriebsrats. Kommt eine Einigung über ihren Inhalt nicht zustande, so entscheidet die Einigungsstelle. Der Spruch der Einigungsstelle ersetzt die Einigung zwischen Arbeitgeber und Betriebsrat.
(2) Absatz 1 gilt entsprechend für persönliche Angaben in schriftlichen Arbeitsverträgen, die allgemein für den Betrieb verwendet werden sollen, sowie für die Aufstellung allgemeiner Beurteilungsgrundsätze.

§ 95 Auswahlrichtlinien (1) Richtlinien über die personelle Auswahl bei Einstellungen, Versetzungen, Umgruppierungen und Kündigungen bedürfen der Zustimmung des Betriebsrats. Kommt eine Einigung über die Richtlinien oder ihren Inhalt nicht zustande, so entscheidet auf Antrag des Arbeitgebers die Einigungsstelle. Der Spruch der Einigungsstelle ersetzt die Einigung zwischen Arbeitgeber und Betriebsrat.
(2) In Betrieben mit mehr als 500 Arbeitnehmern kann der Betriebsrat die Aufstellung von Richtlinien über die bei Maßnahmen des Absatzes 1 Satz 1 zu beachtenden fachlichen und persönlichen Voraussetzungen und sozialen Gesichtspunkte verlangen. Kommt eine Einigung über die Richtlinien oder ihren Inhalt nicht zustande, so entscheidet die Einigungsstelle. Der Spruch der Einigungsstelle ersetzt die Einigung zwischen Arbeitgeber und Betriebsrat.
(2a) Die Absätze 1 und 2 finden auch dann Anwendung, wenn bei der Aufstellung der Richtlinien nach diesen Absätzen Künstliche Intelligenz zum Einsatz kommt.
(3) Versetzung im Sinne dieses Gesetzes ist die Zuweisung eines anderen Arbeitsbereichs, die voraussichtlich die Dauer von einem Monat überschreitet, oder die mit einer erheblichen Änderung der Umstände verbunden ist, unter denen die

Arbeit zu leisten ist. Werden Arbeitnehmer nach der Eigenart ihres Arbeitsverhältnisses üblicherweise nicht ständig an einem bestimmten Arbeitsplatz beschäftigt, so gilt die Bestimmung des jeweiligen Arbeitsplatzes nicht als Versetzung.

Zweiter Unterabschnitt – Berufsbildung

§ 96 Förderung der Berufsbildung (1) Arbeitgeber und Betriebsrat haben im Rahmen der betrieblichen Personalplanung und in Zusammenarbeit mit den für die Berufsbildung und den für die Förderung der Berufsbildung zuständigen Stellen die Berufsbildung der Arbeitnehmer zu fördern. Der Arbeitgeber hat auf Verlangen des Betriebsrats den Berufsbildungsbedarf zu ermitteln und mit ihm Fragen der Berufsbildung der Arbeitnehmer des Betriebs zu beraten. Hierzu kann der Betriebsrat Vorschläge machen.
(1a) Kommt im Rahmen der Beratung nach Absatz 1 eine Einigung über Maßnahmen der Berufsbildung nicht zustande, können der Arbeitgeber oder der Betriebsrat die Einigungsstelle um Vermittlung anrufen. Die Einigungsstelle hat eine Einigung der Parteien zu versuchen.
(2) Arbeitgeber und Betriebsrat haben darauf zu achten, dass unter Berücksichtigung der betrieblichen Notwendigkeiten den Arbeitnehmern die Teilnahme an betrieblichen oder außerbetrieblichen Maßnahmen der Berufsbildung ermöglicht wird. Sie haben dabei auch die Belange älterer Arbeitnehmer, Teilzeitbeschäftigter und von Arbeitnehmern mit Familienpflichten zu berücksichtigen.

§ 97 Einrichtungen und Maßnahmen der Berufsbildung (1) Der Arbeitgeber hat mit dem Betriebsrat über die Errichtung und Ausstattung betrieblicher Einrichtungen zur Berufsbildung, die Einführung betrieblicher Berufsbildungsmaßnahmen und die Teilnahme an außerbetrieblichen Berufsbildungsmaßnahmen zu beraten.
(2) Hat der Arbeitgeber Maßnahmen geplant oder durchgeführt, die dazu führen, dass sich die Tätigkeit der betroffenen Arbeitnehmer ändert und ihre beruflichen Kenntnisse und Fähigkeiten zur Erfüllung ihrer Aufgaben nicht mehr ausreichen, so hat der Betriebsrat bei der Einführung von Maßnahmen der betrieblichen Berufsbildung mitzubestimmen. Kommt eine Einigung nicht zustande, so entscheidet die Einigungsstelle. Der Spruch der Einigungsstelle ersetzt die Einigung zwischen Arbeitgeber und Betriebsrat.

§ 98 Durchführung betrieblicher Bildungsmaßnahmen (1) Der Betriebsrat hat bei der Durchführung von Maßnahmen der betrieblichen Berufsbildung mitzubestimmen.
(2) Der Betriebsrat kann der Bestellung einer mit der Durchführung der betrieblichen Berufsbildung beauftragten Person widersprechen oder ihre Abberufung verlangen, wenn diese die persönliche oder fachliche, insbesondere die berufs- und arbeitspädagogische Eignung im Sinne des Berufsbildungsgesetzes nicht besitzt oder ihre Aufgaben vernachlässigt.
(3) Führt der Arbeitgeber betriebliche Maßnahmen der Berufsbildung durch oder stellt er für außerbetriebliche Maßnahmen der Berufsbildung Arbeitnehmer frei

oder trägt er die durch die Teilnahme von Arbeitnehmern an solchen Maßnahmen entstehenden Kosten ganz oder teilweise, so kann der Betriebsrat Vorschläge für die Teilnahme von Arbeitnehmern oder Gruppen von Arbeitnehmern des Betriebs an diesen Maßnahmen der beruflichen Bildung machen.

(4) Kommt im Fall des Absatzes 1 oder über die nach Absatz 3 vom Betriebsrat vorgeschlagenen Teilnehmer eine Einigung nicht zustande, so entscheidet die Einigungsstelle. Der Spruch der Einigungsstelle ersetzt die Einigung zwischen Arbeitgeber und Betriebsrat.

(5) Kommt im Fall des Absatzes 2 eine Einigung nicht zustande, so kann der Betriebsrat beim Arbeitsgericht beantragen, dem Arbeitgeber aufzugeben, die Bestellung zu unterlassen oder die Abberufung durchzuführen. Führt der Arbeitgeber die Bestellung einer rechtskräftigen gerichtlichen Entscheidung zuwider durch, so ist er auf Antrag des Betriebsrats vom Arbeitsgericht wegen der Bestellung nach vorheriger Androhung zu einem Ordnungsgeld zu verurteilen; das Höchstmaß des Ordnungsgeldes beträgt 10 000 Euro. Führt der Arbeitgeber die Abberufung einer rechtskräftigen gerichtlichen Entscheidung zuwider nicht durch, so ist auf Antrag des Betriebsrats vom Arbeitsgericht zu erkennen, dass der Arbeitgeber zur Abberufung durch Zwangsgeld anzuhalten sei; das Höchstmaß des Zwangsgeldes beträgt für jeden Tag der Zuwiderhandlung 250 Euro. Die Vorschriften des Berufsbildungsgesetzes über die Ordnung der Berufsbildung bleiben unberührt.

(6) Die Absätze 1 bis 5 gelten entsprechend, wenn der Arbeitgeber sonstige Bildungsmaßnahmen im Betrieb durchführt.

Dritter Unterabschnitt – Personelle Einzelmaßnahmen

§ 99 Mitbestimmung bei personellen Einzelmaßnahmen (1) In Unternehmen mit in der Regel mehr als zwanzig wahlberechtigten Arbeitnehmern hat der Arbeitgeber den Betriebsrat vor jeder Einstellung, Eingruppierung, Umgruppierung und Versetzung zu unterrichten, ihm die erforderlichen Bewerbungsunterlagen vorzulegen und Auskunft über die Person der Beteiligten zu geben; er hat dem Betriebsrat unter Vorlage der erforderlichen Unterlagen Auskunft über die Auswirkungen der geplanten Maßnahme zu geben und die Zustimmung des Betriebsrats zu der geplanten Maßnahme einzuholen. Bei Einstellungen und Versetzungen hat der Arbeitgeber insbesondere den in Aussicht genommenen Arbeitsplatz und die vorgesehene Eingruppierung mitzuteilen. Die Mitglieder des Betriebsrats sind verpflichtet, über die ihnen im Rahmen der personellen Maßnahmen nach den Sätzen 1 und 2 bekanntgewordenen persönlichen Verhältnisse und Angelegenheiten der Arbeitnehmer, die ihrer Bedeutung oder ihrem Inhalt nach einer vertraulichen Behandlung bedürfen, Stillschweigen zu bewahren; § 79 Abs. 1 Satz 2 bis 4 gilt entsprechend.

(2) Der Betriebsrat kann die Zustimmung verweigern, wenn

1. die personelle Maßnahme gegen ein Gesetz, eine Verordnung, eine Unfallverhütungsvorschrift oder gegen eine Bestimmung in einem Tarifvertrag oder in einer Betriebsvereinbarung oder gegen eine gerichtliche Entscheidung oder eine behördliche Anordnung verstoßen würde,
2. die personelle Maßnahme gegen eine Richtlinie nach § 95 verstoßen würde,

3. die durch Tatsachen begründete Besorgnis besteht, dass infolge der personellen Maßnahme im Betrieb beschäftigte Arbeitnehmer gekündigt werden oder sonstige Nachteile erleiden, ohne dass dies aus betrieblichen oder persönlichen Gründen gerechtfertigt ist; als Nachteil gilt bei unbefristeter Einstellung auch die Nichtberücksichtigung eines gleich geeigneten befristet Beschäftigten,
4. der betroffene Arbeitnehmer durch die personelle Maßnahme benachteiligt wird, ohne dass dies aus betrieblichen oder in der Person des Arbeitnehmers liegenden Gründen gerechtfertigt ist,
5. eine nach § 93 erforderliche Ausschreibung im Betrieb unterblieben ist oder
6. die durch Tatsachen begründete Besorgnis besteht, dass der für die personelle Maßnahme in Aussicht genommene Bewerber oder Arbeitnehmer den Betriebsfrieden durch gesetzwidriges Verhalten oder durch grobe Verletzung der in § 75 Abs. 1 enthaltenen Grundsätze, insbesondere durch rassistische oder fremdenfeindliche Betätigung, stören werde.

(3) Verweigert der Betriebsrat seine Zustimmung, so hat er dies unter Angabe von Gründen innerhalb einer Woche nach Unterrichtung durch den Arbeitgeber diesem schriftlich mitzuteilen. Teilt der Betriebsrat dem Arbeitgeber die Verweigerung seiner Zustimmung nicht innerhalb der Frist schriftlich mit, so gilt die Zustimmung als erteilt.
(4) Verweigert der Betriebsrat seine Zustimmung, so kann der Arbeitgeber beim Arbeitsgericht beantragen, die Zustimmung zu ersetzen.

§ 100 Vorläufige personelle Maßnahmen (1) Der Arbeitgeber kann, wenn dies aus sachlichen Gründen dringend erforderlich ist, die personelle Maßnahme im Sinne des § 99 Abs. 1 Satz 1 vorläufig durchführen, bevor der Betriebsrat sich geäußert oder wenn er die Zustimmung verweigert hat. Der Arbeitgeber hat den Arbeitnehmer über die Sach- und Rechtslage aufzuklären.
(2) Der Arbeitgeber hat den Betriebsrat unverzüglich von der vorläufigen personellen Maßnahme zu unterrichten. Bestreitet der Betriebsrat, dass die Maßnahme aus sachlichen Gründen dringend erforderlich ist, so hat er dies dem Arbeitgeber unverzüglich mitzuteilen. In diesem Fall darf der Arbeitgeber die vorläufige personelle Maßnahme nur aufrechterhalten, wenn er innerhalb von drei Tagen beim Arbeitsgericht die Ersetzung der Zustimmung des Betriebsrats und die Feststellung beantragt, dass die Maßnahme aus sachlichen Gründen dringend erforderlich war.
(3) Lehnt das Gericht durch rechtskräftige Entscheidung die Ersetzung der Zustimmung des Betriebsrats ab oder stellt es rechtskräftig fest, dass offensichtlich die Maßnahme aus sachlichen Gründen nicht dringend erforderlich war, so endet die vorläufige personelle Maßnahme mit Ablauf von zwei Wochen nach Rechtskraft der Entscheidung. Von diesem Zeitpunkt an darf die personelle Maßnahme nicht aufrechterhalten werden.

§ 101 Zwangsgeld Führt der Arbeitgeber eine personelle Maßnahme im Sinne des § 99 Abs. 1 Satz 1 ohne Zustimmung des Betriebsrats durch oder hält er eine vorläufige personelle Maßnahme entgegen § 100 Abs. 2 Satz 3 oder Abs. 3 aufrecht, so kann der Betriebsrat beim Arbeitsgericht beantragen, dem Arbeitgeber aufzugeben, die personelle Maßnahme aufzuheben. Hebt der Arbeitgeber entgegen einer rechtskräftigen gerichtlichen Entscheidung die personelle Maßnahme nicht auf, so ist auf Antrag des Betriebsrats vom Arbeitsgericht zu erkennen, dass der Arbeitgeber zur Aufhebung der Maßnahme durch Zwangsgeld anzuhalten sei. Das Höchstmaß des Zwangsgeldes beträgt für jeden Tag der Zuwiderhandlung 250 Euro.

§ 102 Mitbestimmung bei Kündigungen (1) Der Betriebsrat ist vor jeder Kündigung zu hören. Der Arbeitgeber hat ihm die Gründe für die Kündigung mitzuteilen. Eine ohne Anhörung des Betriebsrats ausgesprochene Kündigung ist unwirksam.

(2) Hat der Betriebsrat gegen eine ordentliche Kündigung Bedenken, so hat er diese unter Angabe der Gründe dem Arbeitgeber spätestens innerhalb einer Woche schriftlich mitzuteilen. Äußert er sich innerhalb dieser Frist nicht, gilt seine Zustimmung zur Kündigung als erteilt. Hat der Betriebsrat gegen eine außerordentliche Kündigung Bedenken, so hat er diese unter Angabe der Gründe dem Arbeitgeber unverzüglich, spätestens jedoch innerhalb von drei Tagen, schriftlich mitzuteilen. Der Betriebsrat soll, soweit dies erforderlich erscheint, vor seiner Stellungnahme den betroffenen Arbeitnehmer hören. § 99 Abs. 1 Satz 3 gilt entsprechend.

12

(3) Der Betriebsrat kann innerhalb der Frist des Absatzes 2 Satz 1 der ordentlichen Kündigung widersprechen, wenn

1. der Arbeitgeber bei der Auswahl des zu kündigenden Arbeitnehmers soziale Gesichtspunkte nicht oder nicht ausreichend berücksichtigt hat,
2. die Kündigung gegen eine Richtlinie nach § 95 verstößt,
3. der zu kündigende Arbeitnehmer an einem anderen Arbeitsplatz im selben Betrieb oder in einem anderen Betrieb des Unternehmens weiterbeschäftigt werden kann,
4. die Weiterbeschäftigung des Arbeitnehmers nach zumutbaren Umschulungs- oder Fortbildungsmaßnahmen möglich ist oder
5. eine Weiterbeschäftigung des Arbeitnehmers unter geänderten Vertragsbedingungen möglich ist und der Arbeitnehmer sein Einverständnis hiermit erklärt hat.

(4) Kündigt der Arbeitgeber, obwohl der Betriebsrat nach Absatz 3 der Kündigung widersprochen hat, so hat er dem Arbeitnehmer mit der Kündigung eine Abschrift der Stellungnahme des Betriebsrats zuzuleiten.

(5) Hat der Betriebsrat einer ordentlichen Kündigung frist- und ordnungsgemäß widersprochen und hat der Arbeitnehmer nach dem Kündigungsschutzgesetz Klage auf Feststellung erhoben, dass das Arbeitsverhältnis durch die Kündigung nicht aufgelöst ist, so muss der Arbeitgeber auf Verlangen des Arbeitnehmers diesen nach Ablauf der Kündigungsfrist bis zum rechtskräftigen Abschluss des Rechtsstreits bei unveränderten Arbeitsbedingungen weiterbeschäftigen. Auf Antrag des Arbeitgebers kann das Gericht ihn durch einstweilige Verfügung von der Verpflichtung zur Weiterbeschäftigung nach Satz 1 entbinden, wenn

1. die Klage des Arbeitnehmers keine hinreichende Aussicht auf Erfolg bietet oder mutwillig erscheint oder
2. die Weiterbeschäftigung des Arbeitnehmers zu einer unzumutbaren wirtschaftlichen Belastung des Arbeitgebers führen würde oder

3. der Widerspruch des Betriebsrats offensichtlich unbegründet war.

(6) Arbeitgeber und Betriebsrat können vereinbaren, dass Kündigungen der Zustimmung des Betriebsrats bedürfen und dass bei Meinungsverschiedenheiten über die Berechtigung der Nichterteilung der Zustimmung die Einigungsstelle entscheidet.

(7) Die Vorschriften über die Beteiligung des Betriebsrats nach dem Kündigungsschutzgesetz bleiben unberührt.

§ 103 Außerordentliche Kündigung und Versetzung in besonderen Fällen

(1) Die außerordentliche Kündigung von Mitgliedern des Betriebsrats, der Jugend- und Auszubildendenvertretung, der Bordvertretung und des Seebetriebsrats, des Wahlvorstands sowie von Wahlbewerbern bedarf der Zustimmung des Betriebsrats.

(2) Verweigert der Betriebsrat seine Zustimmung, so kann das Arbeitsgericht sie auf Antrag des Arbeitgebers ersetzen, wenn die außerordentliche Kündigung unter Berücksichtigung aller Umstände gerechtfertigt ist. In dem Verfahren vor dem Arbeitsgericht ist der betroffene Arbeitnehmer Beteiligter.

(2a) Absatz 2 gilt entsprechend, wenn im Betrieb kein Betriebsrat besteht.

(3) Die Versetzung der in Absatz 1 genannten Personen, die zu einem Verlust des Amtes oder der Wählbarkeit führen würde, bedarf der Zustimmung des Betriebsrats; dies gilt nicht, wenn der betroffene Arbeitnehmer mit der Versetzung einverstanden ist. Absatz 2 gilt entsprechend mit der Maßgabe, dass das Arbeitsgericht die Zustimmung zu der Versetzung ersetzen kann, wenn diese auch unter Berücksichtigung der betriebsverfassungsrechtlichen Stellung des betroffenen Arbeitnehmers aus dringenden betrieblichen Gründen notwendig ist.

§ 104 Entfernung betriebsstörender Arbeitnehmer Hat ein Arbeitnehmer durch gesetzwidriges Verhalten oder durch grobe Verletzung der in § 75 Abs. 1 enthaltenen Grundsätze, insbesondere durch rassistische oder fremdenfeindliche Betätigungen, den Betriebsfrieden wiederholt ernstlich gestört, so kann der Betriebsrat vom Arbeitgeber die Entlassung oder Versetzung verlangen. Gibt das Arbeitsgericht einem Antrag des Betriebsrats statt, dem Arbeitgeber aufzugeben, die Entlassung oder Versetzung durchzuführen, und führt der Arbeitgeber die Entlassung oder Versetzung einer rechtskräftigen gerichtlichen Entscheidung zuwider nicht durch, so ist auf Antrag des Betriebsrats vom Arbeitsgericht zu erkennen, dass er zur Vornahme der Entlassung oder Versetzung durch Zwangsgeld anzuhalten sei. Das Höchstmaß des Zwangsgeldes beträgt für jeden Tag der Zuwiderhandlung 250 Euro.

§ 105 Leitende Angestellte Eine beabsichtigte Einstellung oder personelle Veränderung eines in § 5 Abs. 3 genannten leitenden Angestellten ist dem Betriebsrat rechtzeitig mitzuteilen.

Sechster Abschnitt – Wirtschaftliche Angelegenheiten

Erster Unterabschnitt – Unterrichtung in wirtschaftlichen Angelegenheiten

§ 106 Wirtschaftsausschuss (1) In allen Unternehmen mit in der Regel mehr als einhundert ständig beschäftigten Arbeitnehmern ist ein Wirtschaftsausschuss zu bilden. Der Wirtschaftsausschuss hat die Aufgabe, wirtschaftliche Angelegenheiten mit dem Unternehmer zu beraten und den Betriebsrat zu unterrichten.

(2) Der Unternehmer hat den Wirtschaftsausschuss rechtzeitig und umfassend über die wirtschaftlichen Angelegenheiten des Unternehmens unter Vorlage der erforderlichen Unterlagen zu unterrichten, soweit dadurch nicht die Betriebs- und Geschäftsgeheimnisse des Unternehmens gefährdet werden, sowie die sich daraus ergebenden Auswirkungen auf die Personalplanung darzustellen. Zu den erforderlichen Unterlagen gehört in den Fällen des Absatzes 3 Nr. 9a insbesondere die Angabe über den potentiellen Erwerber und dessen Absichten im Hinblick auf die künftige Geschäftstätigkeit des Unternehmens sowie die sich daraus ergebenden Auswirkungen auf die Arbeitnehmer; Gleiches gilt, wenn im Vorfeld der Übernahme des Unternehmens ein Bieterverfahren durchgeführt wird.

(3) Zu den wirtschaftlichen Angelegenheiten im Sinne dieser Vorschrift gehören insbesondere

1. die wirtschaftliche und finanzielle Lage des Unternehmens;
2. die Produktions- und Absatzlage;
3. das Produktions- und Investitionsprogramm;
4. Rationalisierungsvorhaben;
5. Fabrikations- und Arbeitsmethoden, insbesondere die Einführung neuer Arbeitsmethoden;

5a. Fragen des betrieblichen Umweltschutzes;

5b. Fragen der unternehmerischen Sorgfaltspflichten in Lieferketten gemäß dem Lieferkettensorgfaltspflichtengesetz;

6. die Einschränkung oder Stilllegung von Betrieben oder von Betriebsteilen;
7. die Verlegung von Betrieben oder Betriebsteilen;
8. der Zusammenschluss oder die Spaltung von Unternehmen oder Betrieben;
9. die Änderung der Betriebsorganisation oder des Betriebszwecks;

9a. die Übernahme des Unternehmens, wenn hiermit der Erwerb der Kontrolle verbunden ist, sowie

10. sonstige Vorgänge und Vorhaben, welche die Interessen der Arbeitnehmer des Unternehmens wesentlich berühren können.

§ 107 Bestellung und Zusammensetzung des Wirtschaftsausschusses (1) Der Wirtschaftsausschuss besteht aus mindestens drei und höchstens sieben Mitgliedern, die dem Unternehmen angehören müssen, darunter mindestens einem Betriebsratsmitglied. Zu Mitgliedern des Wirtschaftsausschusses können auch die in § 5 Abs. 3 genannten Angestellten bestimmt werden. Die Mitglieder sollen die zur Erfüllung ihrer Aufgaben erforderliche fachliche und persönliche Eignung besitzen.

(2) Die Mitglieder des Wirtschaftsausschusses werden vom Betriebsrat für die Dauer seiner Amtszeit bestimmt. Besteht ein Gesamtbetriebsrat, so bestimmt dieser die Mitglieder des Wirtschaftsausschusses; die Amtszeit der Mitglieder endet in diesem Fall in dem Zeitpunkt, in dem die Amtszeit der Mehrheit der Mitglieder des Gesamtbetriebsrats, die an der Bestimmung mitzuwirken berechtigt waren, abgelaufen ist. Die Mitglieder des Wirtschaftsausschusses können jederzeit abberufen werden; auf die Abberufung sind die Sätze 1 und 2 entsprechend anzuwenden.
(3) Der Betriebsrat kann mit der Mehrheit der Stimmen seiner Mitglieder beschließen, die Aufgaben des Wirtschaftsausschusses einem Ausschuss des Betriebsrats zu übertragen. Die Zahl der Mitglieder des Ausschusses darf die Zahl der Mitglieder des Betriebsausschusses nicht überschreiten. Der Betriebsrat kann jedoch weitere Arbeitnehmer einschließlich der in § 5 Abs. 3 genannten leitenden Angestellten bis zur selben Zahl, wie der Ausschuss Mitglieder hat, in den Ausschuss berufen; für die Beschlussfassung gilt Satz 1. Für die Verschwiegenheitspflicht der in Satz 3 bezeichneten weiteren Arbeitnehmer gilt § 79 entsprechend. Für die Abänderung und den Widerruf der Beschlüsse nach den Sätzen 1 bis 3 sind die gleichen Stimmenmehrheiten erforderlich wie für die Beschlüsse nach den Sätzen 1 bis 3. Ist in einem Unternehmen ein Gesamtbetriebsrat errichtet, so beschließt dieser über die anderweitige Wahrnehmung der Aufgaben des Wirtschaftsausschusses; die Sätze 1 bis 5 gelten entsprechend.

§ 108 Sitzungen (1) Der Wirtschaftsausschuss soll monatlich einmal zusammentreten.
(2) An den Sitzungen des Wirtschaftsausschusses hat der Unternehmer oder sein Vertreter teilzunehmen. Er kann sachkundige Arbeitnehmer des Unternehmens einschließlich der in § 5 Abs. 3 genannten Angestellten hinzuziehen. Für die Hinzuziehung und die Verschwiegenheitspflicht von Sachverständigen gilt § 80 Abs. 3 und 4 entsprechend.
(3) Die Mitglieder des Wirtschaftsausschusses sind berechtigt, in die nach § 106 Abs. 2 vorzulegenden Unterlagen Einsicht zu nehmen.
(4) Der Wirtschaftsausschuss hat über jede Sitzung dem Betriebsrat unverzüglich und vollständig zu berichten.
(5) Der Jahresabschluss ist dem Wirtschaftsausschuss unter Beteiligung des Betriebsrats zu erläutern.
(6) Hat der Betriebsrat oder der Gesamtbetriebsrat eine anderweitige Wahrnehmung der Aufgaben des Wirtschaftsausschusses beschlossen, so gelten die Absätze 1 bis 5 entsprechend.

§ 109 Beilegung von Meinungsverschiedenheiten Wird eine Auskunft über wirtschaftliche Angelegenheiten des Unternehmens im Sinne des § 106 entgegen dem Verlangen des Wirtschaftsausschusses nicht, nicht rechtzeitig oder nur ungenügend erteilt und kommt hierüber zwischen Unternehmer und Betriebsrat eine Einigung nicht zustande, so entscheidet die Einigungsstelle. Der Spruch der Einigungsstelle ersetzt die Einigung zwischen Arbeitgeber und Betriebsrat. Die Einigungsstelle kann, wenn dies für ihre Entscheidung erforderlich ist, Sachverständige anhören; § 80 Abs. 4 gilt entsprechend. Hat der Betriebsrat oder der Gesamtbetriebsrat eine anderweitige Wahrnehmung der Aufgaben des Wirtschaftsausschusses beschlossen, so gilt Satz 1 entsprechend.

§ 109a Unternehmensübernahme In Unternehmen, in denen kein Wirtschaftsausschuss besteht, ist im Fall des § 106 Abs. 3 Nr. 9a der Betriebsrat entsprechend § 106 Abs. 1 und 2 zu beteiligen; § 109 gilt entsprechend.

§ 110 Unterrichtung der Arbeitnehmer (1) In Unternehmen mit in der Regel mehr als 1000 ständig beschäftigten Arbeitnehmern hat der Unternehmer mindestens einmal in jedem Kalendervierteljahr nach vorheriger Abstimmung mit dem Wirtschaftsausschuss oder den in § 107 Abs. 3 genannten Stellen und dem Betriebsrat die Arbeitnehmer schriftlich über die wirtschaftliche Lage und Entwicklung des Unternehmens zu unterrichten.
(2) In Unternehmen, die die Voraussetzungen des Absatzes 1 nicht erfüllen, aber in der Regel mehr als zwanzig wahlberechtigte ständige Arbeitnehmer beschäftigen, gilt Absatz 1 mit der Maßgabe, dass die Unterrichtung der Arbeitnehmer mündlich erfolgen kann. Ist in diesen Unternehmen ein Wirtschaftsausschuss nicht zu errichten, so erfolgt die Unterrichtung nach vorheriger Abstimmung mit dem Betriebsrat.

Zweiter Unterabschnitt – Betriebsänderungen

§ 111 Betriebsänderungen In Unternehmen mit in der Regel mehr als zwanzig wahlberechtigten Arbeitnehmern hat der Unternehmer den Betriebsrat über geplante Betriebsänderungen, die wesentliche Nachteile für die Belegschaft oder erhebliche Teile der Belegschaft zur Folge haben können, rechtzeitig und umfassend zu unterrichten und die geplanten Betriebsänderungen mit dem Betriebsrat zu beraten. Der Betriebsrat kann in Unternehmen mit mehr als 300 Arbeitnehmern zu seiner Unterstützung einen Berater hinzuziehen; § 80 Abs. 4 gilt entsprechend; im Übrigen bleibt § 80 Abs. 3 unberührt. Als Betriebsänderungen im Sinne des Satzes 1 gelten

1. Einschränkung und Stilllegung des ganzen Betriebs oder von wesentlichen Betriebsteilen,
2. Verlegung des ganzen Betriebs oder von wesentlichen Betriebsteilen,
3. Zusammenschluss mit anderen Betrieben oder die Spaltung von Betrieben,
4. grundlegende Änderungen der Betriebsorganisation, des Betriebszwecks oder der Betriebsanlagen,
5. Einführung grundlegend neuer Arbeitsmethoden und Fertigungsverfahren.

§ 112 Interessenausgleich über die Betriebsänderung, Sozialplan (1) Kommt zwischen Unternehmer und Betriebsrat ein Interessenausgleich über die geplante Betriebsänderung zustande, so ist dieser schriftlich niederzulegen und vom Unternehmer und Betriebsrat zu unterschreiben; § 77 Absatz 2 Satz 3 gilt entsprechend. Das Gleiche gilt für eine Einigung über den Ausgleich oder die Milderung der wirtschaftlichen Nachteile, die den Arbeitnehmern infolge der geplanten Betriebsänderung entstehen (Sozialplan). Der Sozialplan hat die Wirkung einer Betriebsvereinbarung. § 77 Abs. 3 ist auf den Sozialplan nicht anzuwenden.

(2) Kommt ein Interessenausgleich über die geplante Betriebsänderung oder eine Einigung über den Sozialplan nicht zustande, so können der Unternehmer oder der Betriebsrat den Vorstand der Bundesagentur für Arbeit um Vermittlung ersuchen, der Vorstand kann die Aufgabe auf andere Bedienstete der Bundesagentur für Arbeit übertragen. Erfolgt kein Vermittlungsersuchen oder bleibt der Vermittlungsversuch ergebnislos, so können der Unternehmer oder der Betriebsrat die Einigungsstelle anrufen. Auf Ersuchen des Vorsitzenden der Einigungsstelle nimmt ein Mitglied des Vorstands der Bundesagentur für Arbeit oder ein vom Vorstand der Bundesagentur für Arbeit benannter Bediensteter der Bundesagentur für Arbeit an der Verhandlung teil.

(3) Unternehmer und Betriebsrat sollen der Einigungsstelle Vorschläge zur Beilegung der Meinungsverschiedenheiten über den Interessenausgleich und den Sozialplan machen. Die Einigungsstelle hat eine Einigung der Parteien zu versuchen. Kommt eine Einigung zustande, so ist sie schriftlich niederzulegen und von den Parteien und vom Vorsitzenden zu unterschreiben.

(4) Kommt eine Einigung über den Sozialplan nicht zustande, so entscheidet die Einigungsstelle über die Aufstellung eines Sozialplans. Der Spruch der Einigungsstelle ersetzt die Einigung zwischen Arbeitgeber und Betriebsrat.

(5) Die Einigungsstelle hat bei ihrer Entscheidung nach Absatz 4 sowohl die sozialen Belange der betroffenen Arbeitnehmer zu berücksichtigen als auch auf die wirtschaftliche Vertretbarkeit ihrer Entscheidung für das Unternehmen zu achten. Dabei hat die Einigungsstelle sich im Rahmen billigen Ermessens insbesondere von folgenden Grundsätzen leiten zu lassen:

1. Sie soll beim Ausgleich oder bei der Milderung wirtschaftlicher Nachteile, insbesondere durch Einkommensminderung, Wegfall von Sonderleistungen oder Verlust von Anwartschaften auf betriebliche Altersversorgung, Umzugskosten oder erhöhte Fahrtkosten, Leistungen vorsehen, die in der Regel den Gegebenheiten des Einzelfalles Rechnung tragen.
2. Sie hat die Aussichten der betroffenen Arbeitnehmer auf dem Arbeitsmarkt zu berücksichtigen. Sie soll Arbeitnehmer von Leistungen ausschließen, die in einem zumutbaren Arbeitsverhältnis im selben Betrieb oder in einem anderen Betrieb des Unternehmens oder eines zum Konzern gehörenden Unternehmens weiterbeschäftigt werden können und die Weiterbeschäftigung ablehnen; die mögliche Weiterbeschäftigung an einem anderen Ort begründet für sich allein nicht die Unzumutbarkeit.

2a. Sie soll insbesondere die im Dritten Buch des Sozialgesetzbuches vorgesehenen Förderungsmöglichkeiten zur Vermeidung von Arbeitslosigkeit berücksichtigen.

3. Sie hat bei der Bemessung des Gesamtbetrages der Sozialplanleistungen darauf zu achten, dass der Fortbestand des Unternehmens oder die nach Durchführung der Betriebsänderung verbleibenden Arbeitsplätze nicht gefährdet werden.

§ 112a Erzwingbarer Sozialplan bei Personalabbau, Neugründungen (1) Besteht eine geplante Betriebsänderung im Sinne des § 111 Satz 3 Nr. 1 allein in der Entlassung von Arbeitnehmern, so findet § 112 Abs. 4 und 5 nur Anwendung, wenn

1. in Betrieben mit in der Regel weniger als 60 Arbeitnehmern 20 vom Hundert der regelmäßig beschäftigten Arbeitnehmer, aber mindestens 6 Arbeitnehmer,
2. in Betrieben mit in der Regel mindestens 60 und weniger als 250 Arbeitnehmern 20 vom Hundert der regelmäßig beschäftigten Arbeitnehmer oder mindestens 37 Arbeitnehmer,
3. in Betrieben mit in der Regel mindestens 250 und weniger als 500 Arbeitnehmern 15 vom Hundert der regelmäßig beschäftigten Arbeitnehmer oder mindestens 60 Arbeitnehmer,
4. in Betrieben mit in der Regel mindestens 500 Arbeitnehmern 10 vom Hundert der regelmäßig beschäftigten Arbeitnehmer, aber mindestens 60 Arbeitnehmer

aus betriebsbedingten Gründen entlassen werden sollen. Als Entlassung gilt auch das vom Arbeitgeber aus Gründen der Betriebsänderung veranlasste Ausscheiden von Arbeitnehmern aufgrund von Aufhebungsverträgen.

(2) § 112 Abs. 4 und 5 findet keine Anwendung auf Betriebe eines Unternehmens in den ersten vier Jahren nach seiner Gründung. Dies gilt nicht für Neugründungen im Zusammenhang mit der rechtlichen Umstrukturierung von Unternehmen und Konzernen. Maßgebend für den Zeitpunkt der Gründung ist die Aufnahme einer Erwerbstätigkeit, die nach § 138 der Abgabenordnung dem Finanzamt mitzuteilen ist.

§ 113 Nachteilsausgleich (1) Weicht der Unternehmer von einem Interessenausgleich über die geplante Betriebsänderung ohne zwingenden Grund ab, so können Arbeitnehmer, die infolge dieser Abweichung entlassen werden, beim Arbeitsgericht Klage erheben mit dem Antrag, den Arbeitgeber zur Zahlung von Abfindungen zu verurteilen; § 10 des Kündigungsschutzgesetzes gilt entsprechend.

(2) Erleiden Arbeitnehmer infolge einer Abweichung nach Absatz 1 andere wirtschaftliche Nachteile, so hat der Unternehmer diese Nachteile bis zu einem Zeitraum von zwölf Monaten auszugleichen.

(3) Die Absätze 1 und 2 gelten entsprechend, wenn der Unternehmer eine geplante Betriebsänderung nach § 111 durchführt, ohne über sie einen Interessenausgleich mit dem Betriebsrat versucht zu haben, und infolge der Maßnahme Arbeitnehmer entlassen werden oder andere wirtschaftliche Nachteile erleiden.

Fünfter Teil – Besondere Vorschriften für einzelne Betriebsarten

Erster Abschnitt – Seeschifffahrt

§ 114 Grundsätze (1) Auf Seeschifffahrtsunternehmen und ihre Betriebe ist dieses Gesetz anzuwenden, soweit sich aus den Vorschriften dieses Abschnitts nichts anderes ergibt.

(2) Seeschifffahrtsunternehmen im Sinne dieses Gesetzes ist ein Unternehmen, das Handelsschifffahrt betreibt und seinen Sitz im Geltungsbereich dieses Gesetzes

hat. Ein Seeschifffahrtsunternehmen im Sinne dieses Abschnitts betreibt auch, wer als Korrespondenzreeder, Vertragsreeder, Ausrüster oder aufgrund eines ähnlichen Rechtsverhältnisses Schiffe zum Erwerb durch die Seeschifffahrt verwendet, wenn er Arbeitgeber des Kapitäns und der Besatzungsmitglieder ist oder überwiegend die Befugnisse des Arbeitgebers ausübt.

(3) Als Seebetrieb im Sinne dieses Gesetzes gilt die Gesamtheit der Schiffe eines Seeschifffahrtsunternehmens einschließlich der in Absatz 2 Satz 2 genannten Schiffe.

(4) Schiffe im Sinne dieses Gesetzes sind Kauffahrteischiffe, die nach dem Flaggenrechtsgesetz die Bundesflagge führen. Schiffe, die in der Regel binnen 24 Stunden nach dem Auslaufen an den Sitz eines Landbetriebs zurückkehren, gelten als Teil dieses Landbetriebs des Seeschifffahrtsunternehmens.

(5) Jugend- und Auszubildendenvertretungen werden nur für die Landbetriebe von Seeschifffahrtsunternehmen gebildet.

(6) Besatzungsmitglieder im Sinne dieses Gesetzes sind die in einem Heuer- oder Berufsausbildungsverhältnis zu einem Schifffahrtsunternehmen stehenden im Seebetrieb beschäftigten Personen mit Ausnahme des Kapitäns. Leitende Angestellte im Sinne des § 5 Abs. 3 dieses Gesetzes sind nur die Kapitäne.

§ 115 Bordvertretung (1) Auf Schiffen, die mit in der Regel mindestens fünf wahlberechtigten Besatzungsmitgliedern besetzt sind, von denen drei wählbar sind, wird eine Bordvertretung gewählt. Auf die Bordvertretung finden, soweit sich aus diesem Gesetz oder aus anderen gesetzlichen Vorschriften nicht etwas anderes ergibt, die Vorschriften über die Rechte und Pflichten des Betriebsrats und die Rechtsstellung seiner Mitglieder Anwendung.

(2) Die Vorschriften über die Wahl und Zusammensetzung des Betriebsrats finden mit folgender Maßgabe Anwendung:

1. Wahlberechtigt sind alle Besatzungsmitglieder des Schiffes.
2. Wählbar sind die Besatzungsmitglieder des Schiffes, die am Wahltag das 18. Lebensjahr vollendet haben und ein Jahr Besatzungsmitglied eines Schiffes waren, das nach dem Flaggenrechtsgesetz die Bundesflagge führt. § 8 Abs. 1 Satz 3 bleibt unberührt.
3. Die Bordvertretung besteht auf Schiffen mit in der Regel
5 bis 20 wahlberechtigten Besatzungsmitgliedern aus einer Person,
21 bis 75 wahlberechtigten Besatzungsmitgliedern aus drei Mitgliedern,
über 75 wahlberechtigten Besatzungsmitgliedern aus fünf Mitgliedern.
4. *(weggefallen)*
5. § 13 Abs. 1 und 3 findet keine Anwendung. Die Bordvertretung ist vor Ablauf ihrer Amtszeit unter den in § 13 Abs. 2 Nr. 2 bis 5 genannten Voraussetzungen neu zu wählen.
6. Die wahlberechtigten Besatzungsmitglieder können mit der Mehrheit aller Stimmen beschließen, die Wahl der Bordvertretung binnen 24 Stunden durchzuführen.
7. Die in § 16 Abs. 1 Satz 1 genannte Frist wird auf zwei Wochen, die in § 16 Abs. 2 Satz 1 genannte Frist wird auf eine Woche verkürzt.

8. Bestellt die im Amt befindliche Bordvertretung nicht rechtzeitig einen Wahlvorstand oder besteht keine Bordvertretung, wird der Wahlvorstand in einer Bordversammlung von der Mehrheit der anwesenden Besatzungsmitglieder gewählt; § 17 Abs. 3 gilt entsprechend. Kann aus Gründen der Aufrechterhaltung des ordnungsgemäßen Schiffsbetriebs eine Bordversammlung nicht stattfinden, so kann der Kapitän auf Antrag von drei Wahlberechtigten den Wahlvorstand bestellen. Bestellt der Kapitän den Wahlvorstand nicht, so ist der Seebetriebsrat berechtigt, den Wahlvorstand zu bestellen. Die Vorschriften über die Bestellung des Wahlvorstands durch das Arbeitsgericht bleiben unberührt.
9. Die Frist für die Wahlanfechtung beginnt für Besatzungsmitglieder an Bord, wenn das Schiff nach Bekanntgabe des Wahlergebnisses erstmalig einen Hafen im Geltungsbereich dieses Gesetzes oder einen Hafen, in dem ein Seemannsamt seinen Sitz hat, anläuft. Die Wahlanfechtung kann auch zu Protokoll des Seemannsamtes erklärt werden. Wird die Wahl zur Bordvertretung angefochten, zieht das Seemannsamt die an Bord befindlichen Wahlunterlagen ein. Die Anfechtungserklärung und die eingezogenen Wahlunterlagen sind vom Seemannsamt unverzüglich an das für die Anfechtung zuständige Arbeitsgericht weiterzuleiten.

(3) Auf die Amtszeit der Bordvertretung finden die §§ 21, 22 bis 25 mit der Maßgabe Anwendung, dass
1. die Amtszeit ein Jahr beträgt,
2. die Mitgliedschaft in der Bordvertretung auch endet, wenn das Besatzungsmitglied den Dienst an Bord beendet, es sei denn, dass es den Dienst an Bord vor Ablauf der Amtszeit nach Nummer 1 wieder antritt.

(4) Für die Geschäftsführung der Bordvertretung gelten die §§ 26 bis 36, § 37 Abs. 1 bis 3 sowie die §§ 39 bis 41 entsprechend. § 40 Abs. 2 ist mit der Maßgabe anzuwenden, dass die Bordvertretung in dem für ihre Tätigkeit erforderlichen Umfang auch die für die Verbindung des Schiffes zur Reederei eingerichteten Mittel zur beschleunigten Übermittlung von Nachrichten in Anspruch nehmen kann.

(5) Die §§ 42 bis 46 über die Betriebsversammlung finden für die Versammlung der Besatzungsmitglieder eines Schiffes (Bordversammlung) entsprechende Anwendung. Auf Verlangen der Bordvertretung hat der Kapitän der Bordversammlung einen Bericht über die Schiffsreise und die damit zusammenhängenden Angelegenheiten zu erstatten. Er hat Fragen, die den Schiffsbetrieb, die Schiffsreise und die Schiffssicherheit betreffen, zu beantworten.

(6) Die §§ 47 bis 59 über den Gesamtbetriebsrat und den Konzernbetriebsrat finden für die Bordvertretung keine Anwendung.

(7) Die §§ 74 bis 105 über die Mitwirkung und Mitbestimmung der Arbeitnehmer finden auf die Bordvertretung mit folgender Maßgabe Anwendung:
1. Die Bordvertretung ist zuständig für die Behandlung derjenigen nach diesem Gesetz der Mitwirkung und Mitbestimmung des Betriebsrats unterliegenden Angelegenheiten, die den Bordbetrieb oder die Besatzungsmitglieder des Schiffes betreffen und deren Regelung dem Kapitän aufgrund gesetzlicher Vorschriften oder der ihm von der Reederei übertragenen Befugnisse obliegt.

2. Kommt es zwischen Kapitän und Bordvertretung in einer der Mitwirkung oder Mitbestimmung der Bordvertretung unterliegenden Angelegenheit nicht zu einer Einigung, so kann die Angelegenheit von der Bordvertretung an den Seebetriebsrat abgegeben werden. Der Seebetriebsrat hat die Bordvertretung über die weitere Behandlung der Angelegenheit zu unterrichten. Bordvertretung und Kapitän dürfen die Einigungsstelle oder das Arbeitsgericht nur anrufen, wenn ein Seebetriebsrat nicht gewählt ist.
3. Bordvertretung und Kapitän können im Rahmen ihrer Zuständigkeiten Bordvereinbarungen abschließen. Die Vorschriften über Betriebsvereinbarungen gelten für Bordvereinbarungen entsprechend. Bordvereinbarungen sind unzulässig, soweit eine Angelegenheit durch eine Betriebsvereinbarung zwischen Seebetriebsrat und Arbeitgeber geregelt ist.
4. In Angelegenheiten, die der Mitbestimmung der Bordvertretung unterliegen, kann der Kapitän, auch wenn eine Einigung mit der Bordvertretung noch nicht erzielt ist, vorläufige Regelungen treffen, wenn dies zur Aufrechterhaltung des ordnungsgemäßen Schiffsbetriebs dringend erforderlich ist. Den von der Anordnung betroffenen Besatzungsmitgliedern ist die Vorläufigkeit der Regelung bekannt zu geben. Soweit die vorläufige Regelung der endgültigen Regelung nicht entspricht, hat das Schifffahrtsunternehmen Nachteile auszugleichen, die den Besatzungsmitgliedern durch die vorläufige Regelung entstanden sind.
5. Die Bordvertretung hat das Recht auf regelmäßige und umfassende Unterrichtung über den Schiffsbetrieb. Die erforderlichen Unterlagen sind der Bordvertretung vorzulegen. Zum Schiffsbetrieb gehören insbesondere die Schiffssicherheit, die Reiserouten, die voraussichtlichen Ankunfts- und Abfahrtszeiten sowie die zu befördernde Ladung.
6. Auf Verlangen der Bordvertretung hat der Kapitän ihr Einsicht in die an Bord befindlichen Schiffstagebücher zu gewähren. In den Fällen, in denen der Kapitän eine Eintragung über Angelegenheiten macht, die der Mitwirkung oder Mitbestimmung der Bordvertretung unterliegen, kann diese eine Abschrift der Eintragung verlangen und Erklärungen zum Schiffstagebuch abgeben. In den Fällen, in denen über eine der Mitwirkung oder Mitbestimmung der Bordvertretung unterliegenden Angelegenheit eine Einigung zwischen Kapitän und Bordvertretung nicht erzielt wird, kann die Bordvertretung dies zum Schiffstagebuch erklären und eine Abschrift dieser Eintragung verlangen.
7. Die Zuständigkeit der Bordvertretung im Rahmen des Arbeitsschutzes bezieht sich auch auf die Schiffssicherheit und die Zusammenarbeit mit den insoweit zuständigen Behörden und sonstigen in Betracht kommenden Stellen.

§ 116 Seebetriebsrat (1) In Seebetrieben werden Seebetriebsräte gewählt. Auf die Seebetriebsräte finden, soweit sich aus diesem Gesetz oder aus anderen gesetzlichen Vorschriften nicht etwas anderes ergibt, die Vorschriften über die Rechte und Pflichten des Betriebsrats und die Rechtsstellung seiner Mitglieder Anwendung.
(2) Die Vorschriften über die Wahl, Zusammensetzung und Amtszeit des Betriebsrats finden mit folgender Maßgabe Anwendung:
1. Wahlberechtigt zum Seebetriebsrat sind alle zum Seeschifffahrtsunternehmen gehörenden Besatzungsmitglieder.

2. Für die Wählbarkeit zum Seebetriebsrat gilt § 8 mit der Maßgabe, dass
   a) in Seeschifffahrtsunternehmen, zu denen mehr als acht Schiffe gehören oder in denen in der Regel mehr als 250 Besatzungsmitglieder beschäftigt sind, nur nach § 115 Abs. 2 Nr. 2 wählbare Besatzungsmitglieder wählbar sind;
   b) in den Fällen, in denen die Voraussetzungen des Buchstabens a nicht vorliegen, nur Arbeitnehmer wählbar sind, die nach § 8 die Wählbarkeit im Landbetrieb des Seeschifffahrtsunternehmens besitzen, es sei denn, dass der Arbeitgeber mit der Wahl von Besatzungsmitgliedern einverstanden ist.
3. Der Seebetriebsrat besteht in Seebetrieben mit in der Regel
   5 bis 400 wahlberechtigten Besatzungsmitgliedern aus einer Person,
   401 bis 800 wahlberechtigten Besatzungsmitgliedern aus drei Mitgliedern,
   über 800 wahlberechtigten Besatzungsmitgliedern aus fünf Mitgliedern.
4. Ein Wahlvorschlag ist gültig, wenn er im Fall des § 14 Abs. 4 Satz 1 erster Halbsatz und Satz 2 mindestens von drei wahlberechtigten Besatzungsmitgliedern unterschrieben ist.
5. § 14a findet keine Anwendung.
6. Die in § 16 Abs. 1 Satz 1 genannte Frist wird auf drei Monate, die in § 16 Abs. 2 Satz 1 genannte Frist auf zwei Monate verlängert.
7. Zu Mitgliedern des Wahlvorstands können auch im Landbetrieb des Seeschifffahrtsunternehmens beschäftigte Arbeitnehmer bestellt werden. § 17 Abs. 2 bis 4 findet keine Anwendung. Besteht kein Seebetriebsrat, so bestellt der Gesamtbetriebsrat oder, falls ein solcher nicht besteht, der Konzernbetriebsrat den Wahlvorstand. Besteht weder ein Gesamtbetriebsrat noch ein Konzernbetriebsrat, wird der Wahlvorstand gemeinsam vom Arbeitgeber und den im Seebetrieb vertretenen Gewerkschaften bestellt; Gleiches gilt, wenn der Gesamtbetriebsrat oder der Konzernbetriebsrat die Bestellung des Wahlvorstands nach Satz 3 unterlässt. Einigen sich Arbeitgeber und Gewerkschaften nicht, so bestellt ihn das Arbeitsgericht auf Antrag des Arbeitgebers, einer im Seebetrieb vertretenen Gewerkschaft oder von mindestens drei wahlberechtigten Besatzungsmitgliedern. § 16 Abs. 2 Satz 2 und 3 gilt entsprechend.
8. Die Frist für die Wahlanfechtung nach § 19 Abs. 2 beginnt für Besatzungsmitglieder an Bord, wenn das Schiff nach Bekanntgabe des Wahlergebnisses erstmalig einen Hafen im Geltungsbereich dieses Gesetzes oder einen Hafen, in dem ein Seemannsamt seinen Sitz hat, anläuft. Nach Ablauf von drei Monaten seit Bekanntgabe des Wahlergebnisses ist eine Wahlanfechtung unzulässig. Die Wahlanfechtung kann auch zu Protokoll des Seemannsamtes erklärt werden. Die Anfechtungserklärung ist vom Seemannsamt unverzüglich an das für die Anfechtung zuständige Arbeitsgericht weiterzuleiten.
9. Die Mitgliedschaft im Seebetriebsrat endet, wenn der Seebetriebsrat aus Besatzungsmitgliedern besteht, auch, wenn das Mitglied des Seebetriebsrats nicht mehr Besatzungsmitglied ist. Die Eigenschaft als Besatzungsmitglied wird durch die Tätigkeit im Seebetriebsrat oder durch eine Beschäftigung gemäß Absatz 3 Nr. 2 nicht berührt.

(3) Die §§ 26 bis 41 über die Geschäftsführung des Betriebsrats finden auf den Seebetriebsrat mit folgender Maßgabe Anwendung:

1. In Angelegenheiten, in denen der Seebetriebsrat nach diesem Gesetz innerhalb einer bestimmten Frist Stellung zu nehmen hat, kann er, abweichend von § 33 Abs. 2, ohne Rücksicht auf die Zahl der zur Sitzung erschienenen Mitglieder einen Beschluss fassen, wenn die Mitglieder ordnungsgemäß geladen worden sind.
2. Soweit die Mitglieder des Seebetriebsrats nicht freizustellen sind, sind sie so zu beschäftigen, dass sie durch ihre Tätigkeit nicht gehindert sind, die Aufgaben des Seebetriebsrats wahrzunehmen. Der Arbeitsplatz soll den Fähigkeiten und Kenntnissen des Mitglieds des Seebetriebsrats und seiner bisherigen beruflichen Stellung entsprechen. Der Arbeitsplatz ist im Einvernehmen mit dem Seebetriebsrat zu bestimmen. Kommt eine Einigung über die Bestimmung des Arbeitsplatzes nicht zustande, so entscheidet die Einigungsstelle. Der Spruch der Einigungsstelle ersetzt die Einigung zwischen Arbeitgeber und Seebetriebsrat.
3. Den Mitgliedern des Seebetriebsrats, die Besatzungsmitglieder sind, ist die Heuer auch dann fortzuzahlen, wenn sie im Landbetrieb beschäftigt werden. Sachbezüge sind angemessen abzugelten. Ist der neue Arbeitsplatz höherwertig, so ist das diesem Arbeitsplatz entsprechende Arbeitsentgelt zu zahlen.
4. Unter Berücksichtigung der örtlichen Verhältnisse ist über die Unterkunft der in den Seebetriebsrat gewählten Besatzungsmitglieder eine Regelung zwischen dem Seebetriebsrat und dem Arbeitgeber zu treffen, wenn der Arbeitsplatz sich nicht am Wohnort befindet. Kommt eine Einigung nicht zustande, so entscheidet die Einigungsstelle. Der Spruch der Einigungsstelle ersetzt die Einigung zwischen Arbeitgeber und Seebetriebsrat.
5. Der Seebetriebsrat hat das Recht, jedes zum Seebetrieb gehörende Schiff zu betreten, dort im Rahmen seiner Aufgaben tätig zu werden sowie an den Sitzungen der Bordvertretung teilzunehmen. § 115 Abs. 7 Nr. 5 Satz 1 gilt entsprechend.
6. Liegt ein Schiff in einem Hafen innerhalb des Geltungsbereichs dieses Gesetzes, so kann der Seebetriebsrat nach Unterrichtung des Kapitäns Sprechstunden an Bord abhalten und Bordversammlungen der Besatzungsmitglieder durchführen.
7. Läuft ein Schiff innerhalb eines Kalenderjahres keinen Hafen im Geltungsbereich dieses Gesetzes an, so gelten die Nummern 5 und 6 für europäische Häfen. Die Schleusen des Nordostseekanals gelten nicht als Häfen.
8. Im Einvernehmen mit dem Arbeitgeber können Sprechstunden und Bordversammlungen, abweichend von den Nummern 6 und 7, auch in anderen Liegehäfen des Schiffes durchgeführt werden, wenn ein dringendes Bedürfnis hierfür besteht. Kommt eine Einigung nicht zustande, so entscheidet die Einigungsstelle. Der Spruch der Einigungsstelle ersetzt die Einigung zwischen Arbeitgeber und Seebetriebsrat.

(4) Die §§ 42 bis 46 über die Betriebsversammlung finden auf den Seebetrieb keine Anwendung.

(5) Für den Seebetrieb nimmt der Seebetriebsrat die in den §§ 47 bis 59 dem Betriebsrat übertragenen Aufgaben, Befugnisse und Pflichten wahr.

(6) Die §§ 74 bis 113 über die Mitwirkung und Mitbestimmung der Arbeitnehmer finden auf den Seebetriebsrat mit folgender Maßgabe Anwendung:

1. Der Seebetriebsrat ist zuständig für die Behandlung derjenigen nach diesem Gesetz der Mitwirkung oder Mitbestimmung des Betriebsrats unterliegenden Angelegenheiten,
   a) die alle oder mehrere Schiffe des Seebetriebs oder die Besatzungsmitglieder aller oder mehrerer Schiffe des Seebetriebs betreffen,
   b) die nach § 115 Abs. 7 Nr. 2 von der Bordvertretung abgegeben worden sind oder
   c) für die nicht die Zuständigkeit der Bordvertretung nach § 115 Abs. 7 Nr. 1 gegeben ist.
2. Der Seebetriebsrat ist regelmäßig und umfassend über den Schiffsbetrieb des Seeschifffahrtsunternehmens zu unterrichten. Die erforderlichen Unterlagen sind ihm vorzulegen.

Zweiter Abschnitt – Luftfahrt

§ 117 Geltung für die Luftfahrt (1) Auf Landbetriebe von Luftfahrtunternehmen ist dieses Gesetz anzuwenden. Auf im Flugbetrieb beschäftigte Arbeitnehmer von Luftfahrtunternehmen ist dieses Gesetz anzuwenden, wenn keine Vertretung durch Tarifvertrag nach Absatz 2 Satz 1 errichtet ist.

(2) Für im Flugbetrieb beschäftigte Arbeitnehmer von Luftfahrtunternehmen kann durch Tarifvertrag eine Vertretung errichtet werden. Über die Zusammenarbeit dieser Vertretung mit den nach diesem Gesetz zu errichtenden Vertretungen der Arbeitnehmer der Landbetriebe des Luftfahrtunternehmens kann der Tarifvertrag von diesem Gesetz abweichende Regelungen vorsehen. Auf einen Tarifvertrag nach den Sätzen 1 und 2 ist § 4 Absatz 5 des Tarifvertragsgesetzes anzuwenden.

Dritter Abschnitt – Tendenzbetriebe und Religionsgemeinschaften

§ 118 Geltung für Tendenzbetriebe und Religionsgemeinschaften (1) Auf Unternehmen und Betriebe, die unmittelbar und überwiegend
1. politischen, koalitionspolitischen, konfessionellen, karitativen, erzieherischen, wissenschaftlichen oder künstlerischen Bestimmungen oder
2. Zwecken der Berichterstattung oder Meinungsäußerung, auf die Artikel 5 Abs. 1 Satz 2 des Grundgesetzes Anwendung findet,

dienen, finden die Vorschriften dieses Gesetzes keine Anwendung, soweit die Eigenart des Unternehmens oder des Betriebs dem entgegensteht. Die §§ 106 bis 110 sind nicht, die §§ 111 bis 113 nur insoweit anzuwenden, als sie den Ausgleich oder die Milderung wirtschaftlicher Nachteile für die Arbeitnehmer infolge von Betriebsänderungen regeln.

(2) Dieses Gesetz findet keine Anwendung auf Religionsgemeinschaften und ihre karitativen und erzieherischen Einrichtungen unbeschadet deren Rechtsform.

Sechster Teil – Straf- und Bußgeldvorschriften

§ 119 Straftaten gegen Betriebsverfassungsorgane und ihre Mitglieder (1) Mit Freiheitsstrafe bis zu einem Jahr oder mit Geldstrafe wird bestraft, wer

1. eine Wahl des Betriebsrats, der Jugend- und Auszubildendenvertretung, der Bordvertretung, des Seebetriebsrats oder der in § 3 Abs. 1 Nr. 1 bis 3 oder 5 bezeichneten Vertretungen der Arbeitnehmer behindert oder durch Zufügung oder Androhung von Nachteilen oder durch Gewährung oder Versprechen von Vorteilen beeinflusst,
2. die Tätigkeit des Betriebsrats, des Gesamtbetriebsrats, des Konzernbetriebsrats, der Jugend- und Auszubildendenvertretung, der Gesamt-Jugend- und Auszubildendenvertretung, der Konzern-Jugend- und Auszubildendenvertretung, der Bordvertretung, des Seebetriebsrats, der in § 3 Abs. 1 bezeichneten Vertretungen der Arbeitnehmer, der Einigungsstelle, der in § 76 Abs. 8 bezeichneten tariflichen Schlichtungsstelle, der in § 86 bezeichneten betrieblichen Beschwerdestelle oder des Wirtschaftsausschusses behindert oder stört, oder
3. ein Mitglied oder ein Ersatzmitglied des Betriebsrats, des Gesamtbetriebsrats, des Konzernbetriebsrats, der Jugend- und Auszubildendenvertretung, der Gesamt-Jugend- und Auszubildendenvertretung, der Konzern-Jugend- und Auszubildendenvertretung, der Bordvertretung, des Seebetriebsrats, der in § 3 Abs. 1 bezeichneten Vertretungen der Arbeitnehmer, der Einigungsstelle, der in § 76 Abs. 8 bezeichneten Schlichtungsstelle, der in § 86 bezeichneten betrieblichen Beschwerdestelle oder des Wirtschaftsausschusses um seiner Tätigkeit willen oder eine Auskunftsperson nach § 80 Absatz 2 Satz 4 um ihrer Tätigkeit willen benachteiligt oder begünstigt.

(2) Die Tat wird nur auf Antrag des Betriebsrats, des Gesamtbetriebsrats, des Konzernbetriebsrats, der Bordvertretung, des Seebetriebsrats, einer der in § 3 Abs. 1 bezeichneten Vertretungen der Arbeitnehmer, des Wahlvorstands, des Unternehmers oder einer im Betrieb vertretenen Gewerkschaft verfolgt.

§ 120 Verletzung von Geheimnissen (1) Wer unbefugt ein fremdes Betriebs- oder Geschäftsgeheimnis offenbart, das ihm in seiner Eigenschaft als

1. Mitglied oder Ersatzmitglied des Betriebsrats oder einer der in § 79 Abs. 2 bezeichneten Stellen,
2. Vertreter einer Gewerkschaft oder Arbeitgebervereinigung,
3. Sachverständiger, der vom Betriebsrat nach § 80 Abs. 3 hinzugezogen oder von der Einigungsstelle nach § 109 Satz 3 angehört worden ist,

3a. Berater, der vom Betriebsrat nach § 111 Satz 2 hinzugezogen worden ist,

3b. Auskunftsperson, die dem Betriebsrat nach § 80 Absatz 2 Satz 4 zur Verfügung gestellt worden ist, oder

4. Arbeitnehmer, der vom Betriebsrat nach § 107 Abs. 3 Satz 3 oder vom Wirtschaftsausschuss nach § 108 Abs. 2 Satz 2 hinzugezogen worden ist,

bekannt geworden und das vom Arbeitgeber ausdrücklich als geheimhaltungsbedürftig bezeichnet worden ist, wird mit Freiheitsstrafe bis zu einem Jahr oder mit Geldstrafe bestraft.

(2) Ebenso wird bestraft, wer unbefugt ein fremdes Geheimnis eines Arbeitnehmers, namentlich ein zu dessen persönlichen Lebensbereich gehörendes Geheimnis, offenbart, das ihm in seiner Eigenschaft als Mitglied oder Ersatzmitglied des Betriebsrats oder einer der in § 79 Abs. 2 bezeichneten Stellen bekannt geworden

ist und über das nach den Vorschriften dieses Gesetzes Stillschweigen zu bewahren ist.
(3) Handelt der Täter gegen Entgelt oder in der Absicht, sich oder einen anderen zu bereichern oder einen anderen zu schädigen, so ist die Strafe Freiheitsstrafe bis zu zwei Jahren oder Geldstrafe. Ebenso wird bestraft, wer unbefugt ein fremdes Geheimnis, namentlich ein Betriebs- oder Geschäftsgeheimnis, zu dessen Geheimhaltung er nach den Absätzen 1 oder 2 verpflichtet ist, verwertet.
(4) Die Absätze 1 bis 3 sind auch anzuwenden, wenn der Täter das fremde Geheimnis nach dem Tode des Betroffenen unbefugt offenbart oder verwertet.
(5) Die Tat wird nur auf Antrag des Verletzten verfolgt. Stirbt der Verletzte, so geht das Antragsrecht nach § 77 Abs. 2 des Strafgesetzbuches auf die Angehörigen über, wenn das Geheimnis zum persönlichen Lebensbereich des Verletzten gehört; in anderen Fällen geht es auf die Erben über. Offenbart der Täter das Geheimnis nach dem Tode des Betroffenen, so gilt Satz 2 sinngemäß.

§ 121 Bußgeldvorschriften (1) Ordnungswidrig handelt, wer eine der in § 90 Abs. 1, 2 Satz 1, § 92 Abs. 1 Satz 1 auch in Verbindung mit Abs. 3, § 99 Abs. 1, § 106 Abs. 2, § 108 Abs. 5, § 110 oder § 111 bezeichneten Aufklärungs- oder Auskunftspflichten nicht, wahrheitswidrig, unvollständig oder verspätet erfüllt.
(2) Die Ordnungswidrigkeit kann mit einer Geldbuße bis zu zehntausend Euro geahndet werden.

§§ 122–124 *(nicht abgedruckt)*

Achter Teil – Übergangs- und Schlussvorschriften

§§ 125 *(nicht abgedruckt)*

§ 126 Ermächtigung zum Erlass von Wahlordnungen Das Bundesministerium für Arbeit und Soziales wird ermächtigt, mit Zustimmung des Bundesrates Rechtsverordnungen[1] zu erlassen zur Regelung der in den §§ 7 bis 20, 60 bis 63, 115 und 116 bezeichneten Wahlen über
1. die Vorbereitung der Wahl, insbesondere die Aufstellung der Wählerlisten und die Errechnung der Vertreterzahl;
2. die Frist für die Einsichtnahme in die Wählerlisten und die Erhebung von Einsprüchen gegen sie;
3. die Vorschlagslisten und die Frist für ihre Einreichung;
4. das Wahlausschreiben und die Fristen für seine Bekanntmachung;
5. die Stimmabgabe;
5a. die Verteilung der Sitze im Betriebsrat, in der Bordvertretung, im Seebetriebsrat sowie in der Jugend- und Auszubildendenvertretung auf die Geschlechter,

---

1 Vgl. **WO** (Nr. 12 a); **WO Seeschifffahrt (WOS)** vom 7. 2. 2002 (BGBl. I 594), geändert durch Verordnung vom 8. 10. 2021 (BGBl. I 4640); **WahlO Post** vom 22. 2. 2002 (BGBl. I 946), geändert durch Verordnung vom 8. 10. 2021 (BGBl. I 4640).

auch soweit die Sitze nicht gemäß § 15 Abs. 2 und § 62 Abs. 3 besetzt werden können;
6. die Feststellung des Wahlergebnisses und die Fristen für seine Bekanntmachung;
7. die Aufbewahrung der Wahlakten.

§§ 127–128 *(nicht abgedruckt)*

§ 129 Sonderregelungen aus Anlass der COVID-19-Pandemie (1) Versammlungen nach den §§ 42, 53 und 71 können bis zum Ablauf des 7. April 2023 auch mittels audiovisueller Einrichtungen durchgeführt werden, wenn sichergestellt ist, dass nur teilnahmeberechtigte Personen Kenntnis von dem Inhalt der Versammlung nehmen können. Eine Aufzeichnung ist unzulässig.
(2) Die Teilnahme an Sitzungen der Einigungsstelle sowie die Beschlussfassung können bis zum Ablauf des 7. April 2023 auch mittels einer Video- und Telefonkonferenz erfolgen, wenn sichergestellt ist, dass Dritte vom Inhalt der Sitzung keine Kenntnis nehmen können. Eine Aufzeichnung ist unzulässig. Die Teilnehmer, die mittels Video- und Telefonkonferenz teilnehmen, bestätigen ihre Anwesenheit gegenüber dem Vorsitzenden der Einigungsstelle in Textform.

§ 130 Öffentlicher Dienst Dieses Gesetz findet keine Anwendung auf Verwaltungen und Betriebe des Bundes, der Länder, der Gemeinden und sonstiger Körperschaften, Anstalten und Stiftungen des öffentlichen Rechts.

§§ 131–132 *(nicht abgedruckt)*

12a. Erste Verordnung zur Durchführung des Betriebsverfassungsgesetzes (Wahlordnung – WO)

vom 11. Dezember 2001 (BGBl. I S. 3494),
zuletzt geändert durch Verordnung vom 8. Oktober 2021 (BGBl. I 4640)

Einleitung

(siehe bei Nr. 12, III)

Verordnungstext

Erster Teil – Wahl des Betriebsrats (§ 14 des Gesetzes)

Erster Abschnitt – Allgemeine Vorschriften

§ 1 Wahlvorstand (1) Die Leitung der Wahl obliegt dem Wahlvorstand.

(2) Der Wahlvorstand kann sich eine schriftliche Geschäftsordnung geben. Er kann Wahlberechtigte als Wahlhelferinnen und Wahlhelfer zu seiner Unterstützung bei der Durchführung der Stimmabgabe und bei der Stimmenzählung heranziehen.

(3) Die Beschlüsse des Wahlvorstands werden mit einfacher Stimmenmehrheit seiner stimmberechtigten Mitglieder gefasst. Die Sitzungen des Wahlvorstands finden als Präsenzsitzung statt. Über jede Sitzung des Wahlvorstands ist eine Niederschrift aufzunehmen, die mindestens den Wortlaut der gefassten Beschlüsse enthält. Die Niederschrift ist von der oder dem Vorsitzenden und einem weiteren stimmberechtigten Mitglied des Wahlvorstands zu unterzeichnen.

(4) Abweichend von Absatz 3 Satz 2 kann der Wahlvorstand beschließen, dass die Teilnahme an einer nicht öffentlichen Sitzung des Wahlvorstands mittels Video- und Telefonkonferenz erfolgen kann. Dies gilt nicht für Sitzungen des Wahlvorstands

1. im Rahmen einer Wahlversammlung nach § 14a Absatz 1 Satz 2 des Gesetzes,
2. zur Prüfung eingereichter Vorschlagslisten nach § 7 Absatz 2 Satz 2,
3. zur Durchführung eines Losverfahrens nach § 10 Absatz 1.

Es muss sichergestellt sein, dass Dritte vom Inhalt der Sitzung keine Kenntnis nehmen können. Eine Aufzeichnung der Sitzung ist unzulässig. Die mittels Video- und Telefonkonferenz Teilnehmenden bestätigen ihre Teilnahme gegenüber der oder dem Vorsitzenden in Textform. Die Bestätigung ist der Niederschrift nach Absatz 3 beizufügen.

(5) Erfolgt die Sitzung des Wahlvorstands mit der zusätzlichen Möglichkeit der Teilnahme mittels Video- und Telefonkonferenz, gilt auch eine Teilnahme vor Ort als erforderlich.

§ 2 Wählerliste (1) Der Wahlvorstand hat für jede Betriebsratswahl eine Liste der Wahlberechtigten (Wählerliste), getrennt nach den Geschlechtern, aufzustellen. Die Wahlberechtigten sollen mit Familienname, Vorname und Geburtsdatum in alphabetischer Reihenfolge aufgeführt werden. Die nach Absatz 3 Satz 2 nicht passiv Wahlberechtigten sind in der Wählerliste auszuweisen.
(2) Der Arbeitgeber hat dem Wahlvorstand alle für die Anfertigung der Wählerliste erforderlichen Auskünfte zu erteilen und die erforderlichen Unterlagen zur Verfügung zu stellen. Er hat den Wahlvorstand insbesondere bei Feststellung der in § 5 Abs. 3 des Gesetzes genannten Personen zu unterstützen.
(3) Das aktive und passive Wahlrecht steht nur Arbeitnehmerinnen und Arbeitnehmern zu, die in die Wählerliste eingetragen sind. Wahlberechtigten Arbeitnehmerinnen und Arbeitnehmern, die am Wahltag nicht nach § 8 des Gesetzes wählbar sind, und wahlberechtigten Leiharbeitnehmerinnen und Leiharbeitnehmern (§ 14 Absatz 2 Satz 1 des Arbeitnehmerüberlassungsgesetzes) steht nur das aktive Wahlrecht zu.
(4) Ein Abdruck der Wählerliste und ein Abdruck dieser Verordnung sind vom Tage der Einleitung der Wahl (§ 3 Abs. 1) bis zum Abschluss der Stimmabgabe an geeigneter Stelle im Betrieb zur Einsichtnahme auszulegen. Der Abdruck der Wählerliste soll die Geburtsdaten der Wahlberechtigten nicht enthalten. Ergänzend können der Abdruck der Wählerliste und die Verordnung mittels der im Betrieb vorhandenen Informations- und Kommunikationstechnik bekannt gemacht werden. Die Bekanntmachung ausschließlich in elektronischer Form ist nur zulässig, wenn alle Arbeitnehmerinnen und Arbeitnehmer von der Bekanntmachung Kenntnis erlangen können und Vorkehrungen getroffen werden, dass Änderungen der Bekanntmachung nur vom Wahlvorstand vorgenommen werden können.
(5) Der Wahlvorstand soll dafür sorgen, dass ausländische Arbeitnehmerinnen und Arbeitnehmer, die der deutschen Sprache nicht mächtig sind, vor Einleitung der Betriebsratswahl über Wahlverfahren, Aufstellung der Wähler- und Vorschlagslisten, Wahlvorgang und Stimmabgabe in geeigneter Weise unterrichtet werden.

§ 3 Wahlausschreiben (1) Spätestens sechs Wochen vor dem ersten Tag der Stimmabgabe erlässt der Wahlvorstand ein Wahlausschreiben, das von der oder dem Vorsitzenden und von mindestens einem weiteren stimmberechtigten Mitglied des Wahlvorstands zu unterschreiben ist. Mit Erlass des Wahlausschreibens ist die Betriebsratswahl eingeleitet. Der erste Tag der Stimmabgabe soll spätestens eine Woche vor dem Tag liegen, an dem die Amtszeit des Betriebsrats abläuft.
(2) Das Wahlausschreiben muss folgende Angaben enthalten:
1. das Datum seines Erlasses;
2. die Bestimmung des Orts, an dem die Wählerliste und diese Verordnung ausliegen, sowie der Fall der Bekanntmachung in elektronischer Form (§ 2 Abs. 4 Satz 3 und 4) wo und wie von der Wählerliste und der Verordnung Kenntnis genommen werden kann;
3. dass nur Arbeitnehmerinnen und Arbeitnehmer wählen oder gewählt werden können, die in die Wählerliste eingetragen sind, und dass Einsprüche gegen die Wählerliste (§ 4) nur vor Ablauf von zwei Wochen seit dem Erlass des Wahlausschreibens schriftlich beim Wahlvorstand eingelegt werden können, ver-

bunden mit einem Hinweis auf die Anfechtungsausschlussgründe nach § 19 Absatz 3 Satz 1 und 2 des Gesetzes; der letzte Tag der Frist und im Fall des § 41 Absatz 2 zusätzlich die Uhrzeit sind anzugeben;
4. den Anteil der Geschlechter und den Hinweis, dass das Geschlecht in der Minderheit im Betriebsrat mindestens entsprechend seinem zahlenmäßigen Verhältnis vertreten sein muss, wenn der Betriebsrat aus mindestens drei Mitgliedern besteht (§ 15 Abs. 2 des Gesetzes);
5. die Zahl der zu wählenden Betriebsratsmitglieder (§ 9 des Gesetzes) sowie die auf das Geschlecht in der Minderheit entfallenden Mindestsitze im Betriebsrat (§ 15 Abs. 2 des Gesetzes);
6. die Mindestzahl von Wahlberechtigten, von denen ein Wahlvorschlag unterzeichnet sein muss (§ 14 Abs. 4 des Gesetzes);
7. dass der Wahlvorschlag einer im Betrieb vertretenen Gewerkschaft von zwei Beauftragten unterzeichnet sein muss (§ 14 Abs. 5 des Gesetzes);
8. dass Wahlvorschläge vor Ablauf von zwei Wochen seit dem Erlass des Wahlausschreibens beim Wahlvorstand in Form von Vorschlagslisten einzureichen sind, wenn mehr als fünf Betriebsratsmitglieder zu wählen sind; der letzte Tag der Frist und im Fall des § 41 Absatz 2 zusätzlich die Uhrzeit sind anzugeben;
9. dass die Stimmabgabe an die Wahlvorschläge gebunden ist und dass nur solche Wahlvorschläge berücksichtigt werden dürfen, die fristgerecht (Nr. 8) eingereicht sind;
10. die Bestimmung des Orts, an dem die Wahlvorschläge bis zum Abschluss der Stimmabgabe aushängen;
11. Ort, Tag und Zeit der Stimmabgabe sowie die Betriebsteile und Kleinstbetriebe, für die schriftliche Stimmabgabe (§ 24 Abs. 3) beschlossen ist;
12. den Ort, an dem Einsprüche, Wahlvorschläge und sonstige Erklärungen gegenüber dem Wahlvorstand abzugeben sind (Betriebsadresse des Wahlvorstands);
13. Ort, Tag und Zeit der öffentlichen Stimmauszählung.

(3) Sofern es nach Größe, Eigenart oder Zusammensetzung der Arbeitnehmerschaft des Betriebs zweckmäßig ist, soll der Wahlvorstand im Wahlausschreiben darauf hinweisen, dass bei der Aufstellung von Wahlvorschlägen die einzelnen Organisationsbereiche und die verschiedenen Beschäftigungsarten berücksichtigt werden sollen.

(4) Ein Abdruck des Wahlausschreibens ist vom Tage seines Erlasses bis zum letzten Tage der Stimmabgabe an einer oder mehreren geeigneten, den Wahlberechtigten zugänglichen Stellen vom Wahlvorstand auszuhängen und in gut lesbarem Zustand zu erhalten. Ergänzend kann das Wahlausschreiben mittels der im Betrieb vorhandenen Informations- und Kommunikationstechnik bekannt gemacht werden. § 2 Abs. 4 Satz 4 gilt entsprechend. Ergänzend hat der Wahlvorstand das Wahlausschreiben den Personen nach § 24 Absatz 2 postalisch oder elektronisch zu übermitteln; der Arbeitgeber hat dem Wahlvorstand die dazu erforderlichen Informationen zur Verfügung zu stellen.

§ 4 Einspruch gegen die Wählerliste (1) Einsprüche gegen die Richtigkeit der Wählerliste können mit Wirksamkeit für die Betriebsratswahl nur vor Ablauf von

12a

zwei Wochen seit Erlass des Wahlausschreibens beim Wahlvorstand schriftlich eingelegt werden.
(2) Über Einsprüche nach Absatz 1 hat der Wahlvorstand unverzüglich zu entscheiden. Der Einspruch ist ausgeschlossen, soweit er darauf gestützt wird, dass die Zuordnung nach § 18a des Gesetzes fehlerhaft erfolgt sei. Satz 2 gilt nicht, soweit die nach § 18a Abs. 1 oder 4 Satz 1 und 2 des Gesetzes am Zuordnungsverfahren Beteiligten die Zuordnung übereinstimmend für offensichtlich fehlerhaft halten. Wird der Einspruch für begründet erachtet, so ist die Wählerliste zu berichtigen. Die Entscheidung des Wahlvorstands ist der Arbeitnehmerin oder dem Arbeitnehmer, die oder der den Einspruch eingelegt hat, unverzüglich schriftlich mitzuteilen; die Entscheidung muss der Arbeitnehmerin oder dem Arbeitnehmer spätestens am Tage vor dem Beginn der Stimmabgabe zugehen.
(3) Nach Ablauf der Einspruchsfrist soll der Wahlvorstand die Wählerliste nochmals auf ihre Vollständigkeit hin überprüfen. Im Übrigen kann nach Ablauf der Einspruchsfrist die Wählerliste nur bei Schreibfehlern, offenbaren Unrichtigkeiten, in Erledigung rechtzeitig eingelegter Einsprüche oder bei Eintritt von Wahlberechtigten in den Betrieb oder bei Ausscheiden aus dem Betrieb bis zum Abschluss der Stimmabgabe berichtigt oder ergänzt werden.

§ 5 Bestimmung der Mindestsitze für das Geschlecht in der Minderheit (1) Der Wahlvorstand stellt fest, welches Geschlecht von seinem zahlenmäßigen Verhältnis im Betrieb in der Minderheit ist. Sodann errechnet der Wahlvorstand den Mindestanteil der Betriebsratssitze für das Geschlecht in der Minderheit (§ 15 Abs. 2 des Gesetzes) nach den Grundsätzen der Verhältniswahl. Zu diesem Zweck werden die Zahlen der am Tage des Erlasses des Wahlausschreibens im Betrieb beschäftigten Frauen und Männer in einer Reihe nebeneinander gestellt und beide durch 1, 2, 3, 4 usw. geteilt. Die ermittelten Teilzahlen sind nacheinander reihenweise unter den Zahlen der ersten Reihe aufzuführen, bis höhere Teilzahlen für die Zuweisung der zu verteilenden Sitze nicht mehr in Betracht kommen.
(2) Unter den so gefundenen Teilzahlen werden so viele Höchstzahlen ausgesondert und der Größe nach geordnet, wie Betriebsratsmitglieder zu wählen sind. Das Geschlecht in der Minderheit erhält so viele Mitgliedersitze zugeteilt, wie Höchstzahlen auf es entfallen. Wenn die niedrigste in Betracht kommende Höchstzahl auf beide Gruppen zugleich entfällt, so entscheidet das Los darüber, welchem Geschlecht dieser Sitz zufällt.

Zweiter Abschnitt – Wahl von mehr als fünf Betriebsratsmitgliedern (aufgrund von Vorschlagslisten)

Erster Unterabschnitt – Einreichung und Bekanntmachung von Vorschlagslisten

§ 6 Vorschlagslisten (1) Sind mehr als fünf Betriebsratsmitglieder zu wählen, so erfolgt die Wahl aufgrund von Vorschlagslisten, sofern nicht die Anwendung des vereinfachten Wahlverfahrens vereinbart worden ist (§ 14a Absatz 5 des Gesetzes).

Die Vorschlagslisten sind von den Wahlberechtigten vor Ablauf von zwei Wochen seit Erlass des Wahlausschreibens beim Wahlvorstand einzureichen.
(2) Jede Vorschlagsliste soll mindestens doppelt so viele Bewerberinnen oder Bewerber aufweisen, wie Betriebsratsmitglieder zu wählen sind.
(3) In jeder Vorschlagsliste sind die einzelnen Bewerberinnen oder Bewerber in erkennbarer Reihenfolge unter fortlaufender Nummer und unter Angabe von Familienname, Vorname, Geburtsdatum, Art der Beschäftigung im Betrieb aufzuführen. Die schriftliche Zustimmung der Bewerberinnen oder der Bewerber zur Aufnahme in die Liste ist beizufügen.
(4) Wenn kein anderer Unterzeichner der Vorschlagsliste ausdrücklich als Listenvertreter bezeichnet ist, wird die oder der an erster Stelle Unterzeichnete als Listenvertreterin oder Listenvertreter angesehen. Diese Person ist berechtigt und verpflichtet, dem Wahlvorstand die zur Beseitigung von Beanstandungen erforderlichen Erklärungen abzugeben sowie Erklärungen und Entscheidungen des Wahlvorstands entgegenzunehmen.
(5) Die Unterschrift eines Wahlberechtigten zählt nur auf einer Vorschlagsliste. Hat ein Wahlberechtigter mehrere Vorschlagslisten unterzeichnet, so hat er auf Aufforderung des Wahlvorstands binnen einer ihm gesetzten angemessenen Frist, spätestens jedoch vor Ablauf von drei Arbeitstagen, zu erklären, welche Unterschrift er aufrechterhält. Unterbleibt die fristgerechte Erklärung, so wird sein Name auf der zuerst eingereichten Vorschlagsliste gezählt und auf den übrigen Listen gestrichen; sind mehrere Vorschlagslisten, die von demselben Wahlberechtigten unterschrieben sind, gleichzeitig eingereicht worden, so entscheidet das Los darüber, auf welcher Vorschlagsliste die Unterschrift gilt.
(6) Eine Verbindung von Vorschlagslisten ist unzulässig.
(7) Eine Bewerberin oder ein Bewerber kann nur auf einer Vorschlagsliste vorgeschlagen werden. Ist der Name dieser Person mit ihrer schriftlichen Zustimmung auf mehreren Vorschlagslisten aufgeführt, so hat sie auf Aufforderung des Wahlvorstands vor Ablauf von drei Arbeitstagen zu erklären, welche Bewerbung sie aufrechterhält. Unterbleibt die fristgerechte Erklärung, so ist die Bewerberin oder der Bewerber auf sämtlichen Listen zu streichen.

§ 7 **Prüfung der Vorschlagslisten** (1) Der Wahlvorstand hat bei Überbringen der Vorschlagsliste oder, falls die Vorschlagsliste auf eine andere Weise eingereicht wird, der Listenvertreterin oder dem Listenvertreter den Zeitpunkt der Einreichung schriftlich zu bestätigen.
(2) Der Wahlvorstand hat die eingereichten Vorschlagslisten, wenn die Liste nicht mit einem Kennwort versehen ist, mit Familienname und Vorname der beiden in der Liste an erster Stelle Benannten zu bezeichnen. Er hat die Vorschlagsliste unverzüglich, möglichst binnen einer Frist von zwei Arbeitstagen nach ihrem Eingang, zu prüfen und bei Ungültigkeit oder Beanstandung einer Liste die Listenvertreterin oder den Listenvertreter unverzüglich schriftlich unter Angabe der Gründe zu unterrichten.

§ 8 Ungültige Vorschlagslisten (1) Ungültig sind Vorschlagslisten,
1. die nicht fristgerecht eingereicht worden sind,
2. auf denen die Bewerberinnen oder die Bewerber nicht in erkennbarer Reihenfolge aufgeführt sind,
3. die bei der Einreichung nicht die erforderliche Zahl von Unterschriften (§ 14 Absatz 4 Satz 2 und 3 des Gesetzes) aufweisen. Die Rücknahme von Unterschriften auf einer eingereichten Vorschlagsliste beeinträchtigt deren Gültigkeit nicht; § 6 Abs. 5 bleibt unberührt.

(2) Ungültig sind auch Vorschlagslisten,
1. auf denen die Bewerberinnen oder Bewerber nicht in der in § 6 Abs. 3 bestimmten Weise bezeichnet sind,
2. wenn die schriftliche Zustimmung der Bewerberinnen oder der Bewerber zur Aufnahme in die Vorschlagsliste nicht vorliegt,
3. wenn die Vorschlagsliste infolge von Streichung gemäß § 6 Abs. 5 nicht mehr die erforderliche Zahl von Unterschriften aufweist,

falls diese Mängel trotz Beanstandung nicht binnen einer Frist von drei Arbeitstagen beseitigt werden.

§ 9 Nachfrist für Vorschlagslisten (1) Ist nach Ablauf der in § 6 Abs. 1 genannten Frist keine gültige Vorschlagsliste eingereicht, so hat dies der Wahlvorstand sofort in der gleichen Weise bekannt zu machen, wie das Wahlausschreiben und eine Nachfrist von einer Woche für die Einreichung von Vorschlagslisten zu setzen. In der Bekanntmachung ist darauf hinzuweisen, dass die Wahl nur stattfinden kann, wenn innerhalb der Nachfrist mindestens eine gültige Vorschlagsliste eingereicht wird.

(2) Wird trotz Bekanntmachung nach Absatz 1 eine gültige Vorschlagsliste nicht eingereicht, so hat der Wahlvorstand sofort bekannt zu machen, dass die Wahl nicht stattfindet.

§ 10 Bekanntmachung der Vorschlagslisten (1) Nach Ablauf der in § 6 Abs. 1, § 8 Abs. 2 und § 9 Abs. 1 genannten Fristen ermittelt der Wahlvorstand durch das Los die Reihenfolge der Ordnungsnummern, die den eingereichten Vorschlagslisten zugeteilt werden (Liste 1 usw.). Die Listenvertreterin oder der Listenvertreter sind zu der Losentscheidung rechtzeitig einzuladen.

(2) Spätestens eine Woche vor Beginn der Stimmabgabe hat der Wahlvorstand die als gültig anerkannten Vorschlagslisten bis zum Abschluss der Stimmabgabe in gleicher Weise bekannt zu machen wie das Wahlausschreiben nach § 3 Absatz 4 Satz 1 bis 3.

Zweiter Unterabschnitt – Wahlverfahren bei mehreren Vorschlagslisten (§ 14 Abs. 2 Satz 1 des Gesetzes)

§ 11 Stimmabgabe (1) Die Wählerin oder der Wähler kann ihre oder seine Stimme nur für eine der als gültig anerkannten Vorschlagslisten abgeben. Die Stimmabgabe erfolgt durch Abgabe von Stimmzetteln.

(2) Auf den Stimmzetteln sind die Vorschlagslisten nach der Reihenfolge der Ordnungsnummern sowie unter Angabe der beiden an erster Stelle benannten Bewerberinnen oder Bewerber mit Familienname, Vorname, Art der Beschäftigung im Betrieb untereinander aufzuführen; bei Listen, die mit Kennworten versehen sind, ist auch das Kennwort anzugeben. Die Stimmzettel für die Betriebsratswahl müssen sämtlich die gleiche Größe, Farbe, Beschaffenheit und Beschriftung haben.
(3) Die Wählerin oder der Wähler kennzeichnet die von ihr oder ihm gewählte Vorschlagsliste durch Ankreuzen an der im Stimmzettel hierfür vorgesehenen Stelle und faltet ihn in der Weise, dass ihre oder seine Stimme nicht erkennbar ist.
(4) Stimmzettel, die mit einem besonderen Merkmal versehen sind oder aus denen sich der Wille der Wählerin oder des Wählers nicht unzweifelhaft ergibt oder die andere Angaben als die in Absatz 1 genannten Vorschlagslisten, einen Zusatz oder sonstige Änderungen enthalten, sind ungültig.

§ 12 Wahlvorgang (1) Der Wahlvorstand hat geeignete Vorkehrungen für die unbeobachtete Bezeichnung der Stimmzettel im Wahlraum zu treffen und für die Bereitstellung einer Wahlurne oder mehrerer Wahlurnen zu sorgen. Die Wahlurne muss vom Wahlvorstand verschlossen und so eingerichtet sein, dass die eingeworfenen Stimmzettel nicht herausgenommen werden können, ohne dass die Urne geöffnet wird.
(2) Während der Wahl müssen immer mindestens zwei stimmberechtigte Mitglieder des Wahlvorstands im Wahlraum anwesend sein; sind Wahlhelferinnen oder Wahlhelfer bestellt (§ 1 Abs. 2), so genügt die Anwesenheit eines stimmberechtigten Mitglieds des Wahlvorstands und einer Wahlhelferin oder eines Wahlhelfers.
(3) Die Wählerin oder der Wähler gibt ihren oder seinen Namen an und wirft den gefalteten Stimmzettel in die Wahlurne ein, nachdem die Stimmabgabe in der Wählerliste vermerkt worden ist.
(4) Wer infolge seiner Behinderung bei der Stimmabgabe beeinträchtigt ist, kann eine Person seines Vertrauens bestimmen, die ihm bei der Stimmabgabe behilflich sein soll, und teilt dies dem Wahlvorstand mit. Wahlbewerberinnen oder Wahlbewerber, Mitglieder des Wahlvorstands sowie Wahlhelferinnen und Wahlhelfer dürfen nicht zur Hilfeleistung herangezogen werden. Die Hilfeleistung beschränkt sich auf die Erfüllung der Wünsche der Wählerin oder des Wählers zur Stimmabgabe; die Person des Vertrauens darf gemeinsam mit der Wählerin oder dem Wähler die Wahlzelle aufsuchen. Sie ist zur Geheimhaltung der Kenntnisse verpflichtet, die sie bei der Hilfeleistung zur Stimmabgabe erlangt hat. Die Sätze 1 bis 4 gelten entsprechend für des Lesens unkundige Wählerinnen und Wähler.
(5) Nach Abschluss der Stimmabgabe ist die Wahlurne zu versiegeln, wenn die Stimmenzählung nicht unmittelbar nach Beendigung der Wahl durchgeführt wird. Gleiches gilt, wenn die Stimmabgabe unterbrochen wird, insbesondere wenn sie an mehreren Tagen erfolgt.

§ 13 Öffentliche Stimmauszählung Unverzüglich nach Abschluss der Wahl nimmt der Wahlvorstand öffentlich die Auszählung der Stimmen vor und gibt das aufgrund der Auszählung sich ergebende Wahlergebnis bekannt. Sofern eine schriftliche Stimmabgabe erfolgt ist, führt der Wahlvorstand vor Beginn der Stimmauszählung das Verfahren nach § 26 durch.

§ 14 Verfahren bei der Stimmauszählung (1) Nach Öffnung der Wahlurne entnimmt der Wahlvorstand die Stimmzettel und zählt die auf jede Vorschlagsliste entfallenden Stimmen zusammen. Dabei ist die Gültigkeit der Stimmzettel zu prüfen.
(2) Befindet sich in in der Wahlurne ein Wahlumschlag mit mehreren gekennzeichneten Stimmzetteln (§ 26 Absatz 1 Satz 3, § 35 Absatz 4 Satz 3), so werden die Stimmzettel, wenn sie vollständig übereinstimmen, nur einfach gezählt, andernfalls als ungültig angesehen.

§ 15 Verteilung der Betriebsratssitze auf die Vorschlagslisten (1) Die Betriebsratssitze werden auf die Vorschlagslisten verteilt. Dazu werden die den einzelnen Vorschlagslisten zugefallenen Stimmenzahlen in einer Reihe nebeneinander gestellt und sämtlich durch 1, 2, 3, 4 usw. geteilt. Die ermittelten Teilzahlen sind nacheinander reihenweise unter den Zahlen der ersten Reihe aufzuführen, bis höhere Teilzahlen für die Zuweisung der zu verteilenden Sitze nicht mehr in Betracht kommen.
(2) Unter den so gefundenen Teilzahlen werden so viele Höchstzahlen ausgesondert und der Größe nach geordnet, wie Betriebsratsmitglieder zu wählen sind. Jede Vorschlagsliste erhält so viele Mitgliedersitze zugeteilt, wie Höchstzahlen auf sie entfallen. Entfällt die niedrigste in Betracht kommende Höchstzahl auf mehrere Vorschlagslisten zugleich, so entscheidet das Los darüber, welcher Vorschlagsliste dieser Sitz zufällt.
(3) Wenn eine Vorschlagsliste weniger Bewerberinnen oder Bewerber enthält, als Höchstzahlen auf sie entfallen, so gehen die überschüssigen Mitgliedersitze auf die folgenden Höchstzahlen der anderen Vorschlagslisten über.
(4) Die Reihenfolge der Bewerberinnen oder Bewerber innerhalb der einzelnen Vorschlagslisten bestimmt sich nach der Reihenfolge ihrer Benennung.
(5) Befindet sich unter den auf die Vorschlagslisten entfallenden Höchstzahlen nicht die erforderliche Mindestzahl von Angehörigen des Geschlechts in der Minderheit nach § 15 Abs. 2 des Gesetzes, so gilt Folgendes:

1. An die Stelle der auf der Vorschlagsliste mit der niedrigsten Höchstzahl benannten Person, die nicht dem Geschlecht in der Minderheit angehört, tritt die in derselben Vorschlagsliste in der Reihenfolge nach ihr benannte, nicht berücksichtigte Person des Geschlechts in der Minderheit.
2. Enthält diese Vorschlagsliste keine Person des Geschlechts in der Minderheit, so geht dieser Sitz auf die Vorschlagsliste mit der folgenden, noch nicht berücksichtigten Höchstzahl und mit Angehörigen des Geschlechts in der Minderheit über. Entfällt die folgende Höchstzahl auf mehrere Vorschlagslisten zugleich, so entscheidet das Los darüber, welcher Vorschlagsliste dieser Sitz zufällt.
3. Das Verfahren nach den Nummern 1 und 2 ist so lange fortzusetzen, bis der Mindestanteil der Sitze des Geschlechts in der Minderheit nach § 15 Abs. 2 des Gesetzes erreicht ist.

4. Bei der Verteilung der Sitze des Geschlechts in der Minderheit sind auf den einzelnen Vorschlagslisten nur die Angehörigen dieses Geschlechts in der Reihenfolge ihrer Benennung zu berücksichtigen.
5. Verfügt keine andere Vorschlagsliste über Angehörige des Geschlechts in der Minderheit, verbleibt der Sitz bei der Vorschlagsliste, die zuletzt ihren Sitz zu Gunsten des Geschlechts in der Minderheit nach Nummer 1 hätte abgeben müssen.

§ 16 Wahlniederschrift (1) Nachdem ermittelt ist, welche Arbeitnehmerinnen und Arbeitnehmer als Betriebsratsmitglieder gewählt sind, hat der Wahlvorstand in einer Niederschrift festzustellen:
1. die Gesamtzahl der abgegebenen Stimmen und die Zahl der abgegebenen gültigen Stimmen;
2. die jeder Liste zugefallenen Stimmenzahlen;
3. die berechneten Höchstzahlen;
4. die Verteilung der berechneten Höchstzahlen auf die Listen;
5. die Zahl der ungültigen Stimmen;
6. die Namen der in den Betriebsrat gewählten Bewerberinnen und Bewerber;
7. gegebenenfalls besondere während der Betriebsratswahl eingetretene Zwischenfälle oder sonstige Ereignisse.

(2) Die Niederschrift ist von der oder dem Vorsitzenden und von mindestens einem weiteren stimmberechtigten Mitglied des Wahlvorstands zu unterschreiben.

12a

§ 17 Benachrichtigung der Gewählten (1) Der Wahlvorstand hat die als Betriebsratsmitglieder gewählten Arbeitnehmerinnen und Arbeitnehmer unverzüglich schriftlich von ihrer Wahl zu benachrichtigen. Erklärt die gewählte Person nicht binnen drei Arbeitstagen nach Zugang der Benachrichtigung dem Wahlvorstand, dass sie die Wahl ablehne, so gilt die Wahl als angenommen.

(2) Lehnt eine gewählte Person die Wahl ab, so tritt an ihre Stelle die in derselben Vorschlagsliste in der Reihenfolge nach ihr benannte, nicht gewählte Person. Gehört die gewählte Person dem Geschlecht in der Minderheit an, so tritt an ihre Stelle die in derselben Vorschlagsliste in der Reihenfolge nach ihr benannte, nicht gewählte Person desselben Geschlechts, wenn ansonsten das Geschlecht in der Minderheit nicht die ihm nach § 15 Abs. 2 des Gesetzes zustehenden Mindestsitze erhält. § 15 Abs. 5 Nr. 2 bis 5 gilt entsprechend.

§ 18 Bekanntmachung der Gewählten Sobald die Namen der Betriebsratsmitglieder endgültig feststehen, hat der Wahlvorstand sie durch zweiwöchigen Aushang in gleicher Weise bekannt zu machen wie das Wahlausschreiben nach § 3 Absatz 4 Satz 1 bis 3. Je eine Abschrift der Wahlniederschrift (§ 16) ist dem Arbeitgeber und den im Betrieb vertretenen Gewerkschaften unverzüglich zu übersenden.

§ 19 Aufbewahrung der Wahlakten Der Betriebsrat hat die Wahlakten mindestens bis zur Beendigung seiner Amtszeit aufzubewahren.

Dritter Unterabschnitt – Wahlverfahren bei nur einer Vorschlagsliste (§ 14 Abs. 2 Satz 2 erster Halbsatz des Gesetzes)

§ 20 Stimmabgabe (1) Ist nur eine gültige Vorschlagsliste eingereicht, so kann die Wählerin oder der Wähler ihre oder seine Stimme nur für solche Bewerber abgeben, die in der Vorschlagsliste aufgeführt sind.
(2) Auf den Stimmzetteln sind die Bewerberinnen oder Bewerber unter Angabe von Familienname, Vorname, Art der Beschäftigung im Betrieb in der Reihenfolge aufzuführen, in der sie auf der Vorschlagsliste benannt sind.
(3) Die Wählerin oder der Wähler kennzeichnet die von ihr oder ihm gewählten Bewerberinnen oder Bewerber durch Ankreuzen an der hierfür im Stimmzettel vorgesehenen Stelle und faltet ihn in der Weise, dass ihre oder seine Stimme nicht erkennbar ist; es dürfen nicht mehr Bewerberinnen oder Bewerber angekreuzt werden, als Betriebsratsmitglieder zu wählen sind. § 11 Abs. 1 Satz 2, Abs. 2 Satz 2, Abs. 4, §§ 12 und 13 gelten entsprechend.

§ 21 Stimmauszählung Nach Öffnung der Wahlurne entnimmt der Wahlvorstand die Stimmzettel und zählt die auf jede Bewerberin und jeden Bewerber entfallenden Stimmen zusammen; § 14 Abs. 1 Satz 2 und Abs. 2 gilt entsprechend.

§ 22 Ermittlung der Gewählten (1) Zunächst werden die dem Geschlecht in der Minderheit zustehenden Mindestsitze (§ 15 Abs. 2 des Gesetzes) verteilt. Dazu werden die dem Geschlecht in der Minderheit zustehenden Mindestsitze mit Angehörigen dieses Geschlechts in der Reihenfolge der jeweils höchsten auf sie entfallenden Stimmenzahlen besetzt.
(2) Nach der Verteilung der Mindestsitze des Geschlechts in der Minderheit nach Absatz 1 erfolgt die Verteilung der weiteren Sitze. Die weiteren Sitze werden mit Bewerberinnen und Bewerbern, unabhängig von ihrem Geschlecht, in der Reihenfolge der jeweils höchsten auf sie entfallenden Stimmenzahlen besetzt.
(3) Haben in den Fällen des Absatzes 1 oder 2 für den zuletzt zu vergebenden Betriebsratssitz mehrere Bewerberinnen oder Bewerber die gleiche Stimmenzahl erhalten, so entscheidet das Los darüber, wer gewählt ist.
(4) Haben sich weniger Angehörige des Geschlechts in der Minderheit zur Wahl gestellt oder sind weniger Angehörige dieses Geschlechts gewählt worden, als ihm nach § 15 Abs. 2 des Gesetzes Mindestsitze zustehen, so sind die insoweit überschüssigen Mitgliedersitze des Geschlechts in der Minderheit bei der Sitzverteilung nach Absatz 2 Satz 2 zu berücksichtigen.

§ 23 Wahlniederschrift, Bekanntmachung (1) Nachdem ermittelt ist, welche Arbeitnehmerinnen und Arbeitnehmer als Betriebsratsmitglieder gewählt sind, hat der Wahlvorstand eine Niederschrift anzufertigen, in der außer den Angaben nach § 16 Abs. 1 Nr. 1, 5 bis 7 die jeder Bewerberin und jedem Bewerber zugefallenen Stimmenzahlen festzustellen sind. § 16 Abs. 2, § 17 Abs. 1, §§ 18 und 19 gelten entsprechend.
(2) Lehnt eine gewählte Person die Wahl ab, so tritt an ihre Stelle die nicht gewählte Person mit der nächsthöchsten Stimmenzahl. Gehört die gewählte Person dem Ge-

schlecht in der Minderheit an, so tritt an ihre Stelle die nicht gewählte Person dieses Geschlechts mit der nächsthöchsten Stimmenzahl, wenn ansonsten das Geschlecht in der Minderheit nicht die ihm nach § 15 Abs. 2 des Gesetzes zustehenden Mindestsitze erhalten würde. Gibt es keine weiteren Angehörigen dieses Geschlechts, auf die Stimmen entfallen sind, geht dieser Sitz auf die nicht gewählte Person des anderen Geschlechts mit der nächsthöchsten Stimmenzahl über.

Dritter Abschnitt – Schriftliche Stimmabgabe

§ 24 Voraussetzungen (1) Wahlberechtigten, die im Zeitpunkt der Wahl wegen Abwesenheit vom Betrieb verhindert sind, ihre Stimme persönlich abzugeben, hat der Wahlvorstand auf ihr Verlangen

1. das Wahlausschreiben,
2. die Vorschlagslisten,
3. den Stimmzettel und den Wahlumschlag,
4. eine vorgedruckte von der Wählerin oder dem Wähler abzugebende Erklärung, in der gegenüber dem Wahlvorstand zu versichern ist, dass der Stimmzettel persönlich gekennzeichnet worden ist, sowie
5. einen größeren Freiumschlag, der die Anschrift des Wahlvorstands und als Absender den Namen und die Anschrift der oder des Wahlberechtigten sowie den Vermerk »Schriftliche Stimmabgabe« trägt,

auszuhändigen oder zu übersenden. Die Wahlumschläge müssen sämtlich die gleiche Größe, Farbe, Beschaffenheit und Beschriftung haben. Der Wahlvorstand soll der Wählerin oder dem Wähler ferner ein Merkblatt über die Art und Weise der schriftlichen Stimmabgabe (§ 25) aushändigen oder übersenden. Der Wahlvorstand hat die Aushändigung oder die Übersendung der Unterlagen in der Wählerliste zu vermerken.

(2) Wahlberechtigte, von denen dem Wahlvorstand bekannt ist, dass sie

1. im Zeitpunkt der Wahl nach der Eigenart ihres Beschäftigungsverhältnisses, insbesondere im Außendienst oder mit Telearbeit Beschäftigte und in Heimarbeit Beschäftigte, oder
2. vorm Erlass des Wahlausschreibens bis zum Zeitpunkt der Wahl aus anderen Gründen, insbesondere bei Ruhen des Arbeitsverhältnisses oder Arbeitsunfähigkeit,

voraussichtlich nicht im Betrieb anwesend sein werden, erhalten die in Absatz 1 bezeichneten Unterlagen, ohne dass es eines Verlangens der Wahlberechtigten bedarf. Der Arbeitgeber hat dem Wahlvorstand die dazu erforderlichen Informationen zur Verfügung zu stellen.

(3) Für Betriebsteile und Kleinstbetriebe, die räumlich weit vom Hauptbetrieb entfernt sind, kann der Wahlvorstand die schriftliche Stimmabgabe beschließen. Absatz 2 gilt entsprechend.

§ 25 Stimmabgabe Die Stimmabgabe erfolgt in der Weise, dass die Wählerin oder der Wähler

12a

1. den Stimmzettel unbeobachtet persönlich kennzeichnet und so faltet und in dem Wahlumschlag verschließt, dass die Stimmabgabe erst nach Auseinanderfalten des Stimmzettels erkennbar ist,
2. die vorgedruckte Erklärung unter Angabe des Orts und des Datums unterschreibt und
3. den Wahlumschlag und die unterschriebene vorgedruckte Erklärung in dem Freiumschlag verschließt und diesen so rechtzeitig an den Wahlvorstand absendet oder übergibt, dass er vor Abschluss der Stimmabgabe vorliegt.

Die Wählerin oder der Wähler kann unter den Voraussetzungen des § 12 Abs. 4 die in den Nummern 1 bis 3 bezeichneten Tätigkeiten durch eine Person des Vertrauens verrichten lassen.

§ 26 Verfahren bei der Stimmabgabe (1) Zu Beginn der öffentlichen Sitzung zur Stimmauszählung nach § 13 öffnet der Wahlvorstand die bis zum Ende der Stimmabgabe (§ 3 Absatz 2 Nummer 11) eingegangenen Freiumschläge und entnimmt ihnen die Wahlumschläge sowie die vorgedruckten Erklärungen. Ist die schriftliche Stimmabgabe ordnungsgemäß erfolgt (§ 25), so vermerkt der Wahlvorstand die Stimmabgabe in der Wählerliste, öffnet die Wahlumschläge und legt die Stimmzettel in die Wahlurne. Befinden sich in einem Wahlumschlag mehrere gekennzeichnete Stimmzettel, werden sie in dem Wahlumschlag in die Wahlurne gelegt.
(2) Verspätet eingehende Briefumschläge hat der Wahlvorstand mit einem Vermerk über den Zeitpunkt des Eingangs ungeöffnet zu den Wahlunterlagen zu nehmen. Die Briefumschläge sind einen Monat nach Bekanntgabe des Wahlergebnisses ungeöffnet zu vernichten, wenn die Wahl nicht angefochten worden ist.

Vierter Abschnitt – Wahlvorschläge der Gewerkschaften

§ 27 Voraussetzungen, Verfahren (1) Für den Wahlvorschlag einer im Betrieb vertretenen Gewerkschaft (§ 14 Abs. 3 des Gesetzes) gelten die §§ 6 bis 26 entsprechend.
(2) Der Wahlvorschlag einer Gewerkschaft ist ungültig, wenn er nicht von zwei Beauftragten der Gewerkschaft unterzeichnet ist (§ 14 Abs. 5 des Gesetzes).
(3) Die oder der an erster Stelle unterzeichnete Beauftragte gilt als Listenvertreterin oder Listenvertreter. Die Gewerkschaft kann hierfür eine Arbeitnehmerin oder einen Arbeitnehmer des Betriebs, die oder der Mitglied der Gewerkschaft ist, benennen.

Zweiter Teil – Wahl des Betriebsrats im vereinfachten Wahlverfahren (§ 14a des Gesetzes)

Erster Abschnitt – Wahl des Betriebsrats im zweistufigen Verfahren (§ 14a Abs. 1 des Gesetzes)

Erster Unterabschnitt – Wahl des Wahlvorstands

§ 28 Einladung zur Wahlversammlung (1) Zu der Wahlversammlung, in der der Wahlvorstand nach § 17a Nr. 3 des Gesetzes (§ 14a Abs. 1 des Gesetzes) gewählt wird, können drei Wahlberechtigte des Betriebs oder eine im Betrieb vertretene Gewerkschaft einladen (einladende Stelle) und Vorschläge für die Zusammensetzung des Wahlvorstands machen. Die Einladung muss mindestens sieben Tage vor dem Tag der Wahlversammlung erfolgen. Sie ist durch Aushang an geeigneten Stellen im Betrieb bekannt zu machen. Ergänzend kann die Einladung mittels der im Betrieb vorhandenen Informations- und Kommunikationstechnik bekannt gemacht werden; § 2 Abs. 4 Satz 4 gilt entsprechend. Die Einladung muss folgende Hinweise enthalten:

a) Ort, Tag und Zeit der Wahlversammlung zur Wahl des Wahlvorstands;
b) dass Wahlvorschläge zur Wahl des Betriebsrats bis zum Ende der Wahlversammlung zur Wahl des Wahlvorstands gemacht werden können (§ 14a Abs. 2 des Gesetzes);
c) dass Wahlvorschläge der Arbeitnehmerinnen und Arbeitnehmer zur Wahl des Betriebsrats von mindestens zwei Wahlberechtigten unterzeichnet sein müssen; in Betrieben mit in der Regel bis zu zwanzig Wahlberechtigten bedarf es keiner Unterzeichnung von Wahlvorschlägen;
d) dass Wahlvorschläge zur Wahl des Betriebsrats, die erst in der Wahlversammlung zur Wahl des Wahlvorstands gemacht werden, nicht der Schriftform bedürfen.

(2) Der Arbeitgeber hat unverzüglich nach Aushang der Einladung zur Wahlversammlung nach Absatz 1 der einladenden Stelle alle für die Anfertigung der Wählerliste erforderlichen Unterlagen (§ 2) in einem versiegelten Umschlag auszuhändigen.

12a

§ 29 Wahl des Wahlvorstands Der Wahlvorstand wird in der Wahlversammlung zur Wahl des Wahlvorstands von der Mehrheit der anwesenden Arbeitnehmerinnen und Arbeitnehmer gewählt (§ 17a Nr. 3 Satz 1 des Gesetzes). Er besteht aus drei Mitgliedern (§ 17a Nr. 2 des Gesetzes). Für die Wahl der oder des Vorsitzenden des Wahlvorstands gilt Satz 1 entsprechend.

Zweiter Unterabschnitt – Wahl des Betriebsrats

§ 30 Wahlvorstand, Wählerliste (1) Unmittelbar nach seiner Wahl hat der Wahlvorstand in der Wahlversammlung zur Wahl des Wahlvorstands die Wahl des Betriebsrats einzuleiten. § 1 gilt entsprechend. Er hat unverzüglich in der Wahlversammlung eine Liste der Wahlberechtigten (Wählerliste), getrennt nach den Geschlechtern, aufzustellen. Die einladende Stelle hat dem Wahlvorstand den ihr nach § 28 Abs. 2 ausgehändigten versiegelten Umschlag zu übergeben. Die Wahlberechtigten sollen in der Wählerliste mit Familienname, Vorname und Geburtsdatum in alphabetischer Reihenfolge aufgeführt werden. § 2 Abs. 1 Satz 3, Abs. 2 bis 4 gilt entsprechend.

(2) Einsprüche gegen die Richtigkeit der Wählerliste können mit Wirksamkeit für die Betriebsratswahl nur vor Ablauf von drei Tagen seit Erlass des Wahlausschreibens beim Wahlvorstand schriftlich eingelegt werden. § 4 Abs. 2 und 3 gilt entsprechend.

§ 31 Wahlausschreiben (1) Im Anschluss an die Aufstellung der Wählerliste erlässt der Wahlvorstand in der Wahlversammlung das Wahlausschreiben, das von der oder dem Vorsitzenden und von mindestens einem weiteren stimmberechtigten Mitglied des Wahlvorstands zu unterschreiben ist. Mit Erlass des Wahlausschreibens ist die Betriebsratswahl eingeleitet. Das Wahlausschreiben muss folgende Angaben enthalten:

1. das Datum seines Erlasses;
2. die Bestimmung des Orts, an dem die Wählerliste und diese Verordnung ausliegen sowie im Fall der Bekanntmachung in elektronischer Form (§ 2 Abs. 4 Satz 3 und 4) wo und wie von der Wählerliste und der Verordnung Kenntnis genommen werden kann;
3. dass nur Arbeitnehmerinnen und Arbeitnehmer wählen oder gewählt werden können, die in die Wählerliste eingetragen sind, und dass Einsprüche gegen die Wählerliste (§ 30 Absatz 2 Satz 1) nur vor Ablauf von drei Tagen seit dem Erlass des Wahlausschreibens schriftlich beim Wahlvorstand eingelegt werden können, verbunden mit einem Hinweis auf die Anfechtungsausschlussgründe nach § 19 Absatz 3 Satz 1 und 2 des Gesetzes; der letzte Tag der Frist und im fall des § 41 Absatz 2 zusäztlich die Uhrzeit sind anzugeben;
4. den Anteil der Geschlechter und den Hinweis, dass das Geschlecht in der Minderheit im Betriebsrat mindestens entsprechend seinem zahlenmäßigen Verhältnis vertreten sein muss, wenn der Betriebsrat aus mindestens drei Mitgliedern besteht (§ 15 Abs. 2 des Gesetzes);
5. die Zahl der zu wählenden Betriebsratsmitglieder (§ 9 des Gesetzes) sowie die auf das Geschlecht in der Minderheit entfallenden Mindestsitze im Betriebsrat (§ 15 Abs. 2 des Gesetzes);
6. die Mindestzahl von Wahlberechtigten, von denen ein Wahlvorschlag unterzeichnet sein muss (§ 14 Abs. 4 des Gesetzes) und den Hinweis, dass Wahlvorschläge, die erst in der Wahlversammlung zur Wahl des Wahlvorstands gemacht werden, nicht der Schriftform bedürfen (§ 14a Abs. 2 zweiter Halbsatz des Gesetzes);
7. dass der Wahlvorschlag einer im Betrieb vertretenen Gewerkschaft von zwei Beauftragten unterzeichnet sein muss (§ 14 Abs. 5 des Gesetzes);
8. dass Wahlvorschläge bis zum Abschluss der Wahlversammlung zur Wahl des Wahlvorstands bei diesem einzureichen sind (§ 14a Abs. 2 erster Halbsatz des Gesetzes);
9. dass die Stimmabgabe an die Wahlvorschläge gebunden ist und dass nur solche Wahlvorschläge berücksichtigt werden dürfen, die fristgerecht (Nr. 8) eingereicht sind;
10. die Bestimmung des Orts, an dem die Wahlvorschläge bis zum Abschluss der Stimmabgabe aushängen;
11. Ort, Tag und Zeit der Wahlversammlung zur Wahl des Betriebsrats (Tag der Stimmabgabe – § 14a Abs. 1 Satz 3 und 4 des Gesetzes);
12. dass Wahlberechtigten, die an der Wahlversammlung zur Wahl des Betriebsrats nicht teilnehmen können, Gelegenheit zur nachträglichen schriftlichen Stimmabgabe gegeben wird (§ 14a Abs. 4 des Gesetzes); das Verlangen auf nachträgliche schriftliche Stimmabgabe muss spätestens drei Tage vor dem Tag

der Wahlversammlung zur Wahl des Betriebsrats dem Wahlvorstand mitgeteilt werden;
13. Ort, Tag und Zeit der nachträglichen schriftlichen Stimmabgabe (§ 14a Abs. 4 des Gesetzes) sowie die Betriebsteile und Kleinstbetriebe, für die nachträgliche schriftliche Stimmabgabe entsprechend § 24 Abs. 3 beschlossen ist;
14. den Ort, an dem Einsprüche, Wahlvorschläge und sonstige Erklärungen gegenüber dem Wahlvorstand abzugeben sind (Betriebsadresse des Wahlvorstands);
15. Ort, Tag und Zeit der öffentlichen Stimmauszählung.

(2) Ein Abdruck des Wahlausschreibens ist vom Tage seines Erlasses bis zum letzten Tage der Stimmabgabe an einer oder mehreren geeigneten, den Wahlberechtigten zugänglichen Stellen vom Wahlvorstand auszuhängen und in gut lesbarem Zustand zu erhalten. Ergänzend kann das Wahlausschreiben mittels der im Betrieb vorhandenen Informations- und Kommunikationstechnik bekannt gemacht werden. § 2 Abs. 4 Satz 4 gilt entsprechend.

§ 32 Bestimmung der Mindestsitze für das Geschlecht in der Minderheit Besteht der zu wählende Betriebsrat aus mindestens drei Mitgliedern, so hat der Wahlvorstand den Mindestanteil der Betriebsratssitze für das Geschlecht in der Minderheit (§ 15 Abs. 2 des Gesetzes) gemäß § 5 zu errechnen.

§ 33 Wahlvorschläge (1) Die Wahl des Betriebsrats erfolgt aufgrund von Wahlvorschlägen. Die Wahlvorschläge sind von den Wahlberechtigten und den im Betrieb vertretenen Gewerkschaften bis zum Ende der Wahlversammlung zur Wahl des Wahlvorstands bei diesem einzureichen. Wahlvorschläge, die erst in dieser Wahlversammlung gemacht werden, bedürfen nicht der Schriftform (§ 14a Abs. 2 des Gesetzes).

(2) Für Wahlvorschläge gilt § 6 Abs. 2 bis 4 entsprechend. Im Fall des § 14 Absatz 4 Satz 1 des Gesetzes gilt § 6 Absatz 4 entsprechend mit der Maßgabe, dass Person im Sinne des § 6 Absatz 4 Satz 2 diejenige ist, die den Wahlvorschlag eingereicht hat. § 6 Abs. 5 gilt entsprechend mit der Maßgabe, dass ein Wahlberechtigter, der mehrere Wahlvorschläge unterstützt, auf Aufforderung des Wahlvorstands in der Wahlversammlung erklären muss, welche Unterstützung er aufrechterhält. Für den Wahlvorschlag einer im Betrieb vertretenen Gewerkschaft gilt § 27 entsprechend.

(3) § 7 gilt entsprechend. § 8 gilt entsprechend mit der Maßgabe, dass Mängel der Wahlvorschläge nach § 8 Abs. 2 nur in der Wahlversammlung zur Wahl des Wahlvorstands beseitigt werden können.

(4) Unmittelbar nach Abschluss der Wahlversammlung hat der Wahlvorstand die als gültig anerkannten Wahlvorschläge bis zum Abschluss der Stimmabgabe in gleicher Weise bekannt zu machen wie das Wahlausschreiben (§ 31 Abs. 2).

(5) Ist in der Wahlversammlung kein Wahlvorschlag zur Wahl des Betriebsrats gemacht worden, hat der Wahlvorstand bekannt zu machen, dass die Wahl nicht stattfindet. Die Bekanntmachung hat in gleicher Weise wie das Wahlausschreiben (§ 31 Abs. 2) zu erfolgen.

§ 34 Wahlverfahren (1) Die Wählerin oder der Wähler kann ihre oder seine Stimme nur für solche Bewerberinnen oder Bewerber abgeben, die in einem Wahlvor-

12a

schlag benannt sind. Auf den Stimmzetteln sind die Bewerberinnen oder Bewerber in alphabetischer Reihenfolge unter Angabe von Familienname, Vorname und Art der Beschäftigung im Betrieb aufzuführen. Die Wählerin oder der Wähler kennzeichnet die von ihm Gewählten durch Ankreuzen an der hierfür im Stimmzettel vorgesehenen Stelle und faltet ihn in der Weise, dass ihre oder seine Stimmt nicht erkennbar ist; es dürfen nicht mehr Bewerberinnen oder Bewerber angekreuzt werden, als Betriebsratsmitglieder zu wählen sind. § 11 Abs. 1 Satz 2, Abs. 2 Satz 2, Abs. 4 und § 12 gelten entsprechend.
(2) Im Fall der nachträglichen schriftlichen Stimmabgabe (§ 35) hat der Wahlvorstand am Ende der Wahlversammlung zur Wahl des Betriebsrats die Wahlurne zu versiegeln und aufzubewahren.
(3) Erfolgt keine nachträgliche schriftliche Stimmabgabe, hat der Wahlvorstand unverzüglich nach Abschluss der Wahl die öffentliche Auszählung der Stimmen vorzunehmen und das sich daraus ergebende Wahlergebnis bekannt zu geben. Die §§ 21, 23 Abs. 1 gelten entsprechend.
(4) Ist nur ein Betriebsratsmitglied zu wählen, so ist die Person gewählt, die die meisten Stimmen erhalten hat. Bei Stimmengleichheit entscheidet das Los. Lehnt eine gewählte Person die Wahl ab, so tritt an ihre Stelle die nicht gewählte Person mit der nächsthöchsten Stimmenzahl.
(5) Sind mehrere Betriebsratsmitglieder zu wählen, gelten für die Ermittlung der Gewählten die §§ 22 und 23 Abs. 2 entsprechend.

§ 35 Nachträgliche schriftliche Stimmabgabe (1) Können Wahlberechtigte an der Wahlversammlung zur Wahl des Betriebsrats nicht teilnehmen, um ihre Stimme persönlich abzugeben, können sie beim Wahlvorstand die nachträgliche schriftliche Stimmabgabe beantragen (§ 14a Abs. 4 des Gesetzes). Das Verlangen auf nachträgliche schriftliche Stimmabgabe muss die oder der Wahlberechtigte dem Wahlvorstand spätestens drei Tage vor dem Tag der Wahlversammlung zur Wahl des Betriebsrats mitgeteilt haben. Die §§ 24, 25 gelten entsprechend.
(2) Wird die nachträgliche schriftliche Stimmabgabe aufgrund eines Antrags nach Absatz 1 Satz 1 erforderlich, hat dies der Wahlvorstand unter Angabe des Orts, des Tags und der Zeit der öffentlichen Stimmauszählung in gleicher Weise bekannt zu machen wie das Wahlausschreiben (§ 31 Abs. 2).
(3) Unmittelbar nach Ablauf der Frist für die nachträgliche schriftliche Stimmabgabe nimmt der Wahlvorstand in öffentlicher Sitzung die Auszählung der Stimmen vor.
(4) Zu Beginn der öffentlichen Sitzung nach Absatz 3 öffnet der Wahlvorstand die bis zu diesem Zeitpunkt eingegangenen Freiumschläge und entnimmt ihnen die Wahlumschläge sowie die vorgedruckten Erklärungen. Ist die nachträgliche schriftliche Stimmabgabe ordnungsgemäß erfolgt (§ 25), so vermerkt der Wahlvorstand die Stimmabgabe in der Wählerliste, öffnet die Wahlumschläge und legt die Stimmzettel in die bis dahin versiegelte Wahlurne. Befinden sich in einem Wahlumschlag mehrere gekennzeichnete Stimmzettel, werden sie in dem Wahlumschlag in die Wahlurne gelegt.

(5) Nachdem alle ordnungsgemäß nachträglich abgegebenen Stimmzettel in die Wahlurne gelegt worden sind, nimmt der Wahlvorstand im Anschluss die Auszählung der Stimmen vor. § 34 Abs. 3 bis 5 gilt entsprechend.

Zweiter Abschnitt – Wahl des Betriebsrats im einstufigen Verfahren (§ 14a Abs. 3 des Gesetzes)

§ 36 Wahlvorstand, Wahlverfahren (1) Nach der Bestellung des Wahlvorstands durch den Betriebsrat, Gesamtbetriebsrat, Konzernbetriebsrat oder das Arbeitsgericht (§ 14a Abs. 3, § 17a des Gesetzes) hat der Wahlvorstand die Wahl des Betriebsrats unverzüglich einzuleiten. Die Wahl des Betriebsrats findet auf einer Wahlversammlung statt (§ 14a Abs. 3 des Gesetzes). Die §§ 1, 2 und 30 Abs. 2 gelten entsprechend.

(2) Im Anschluss an die Aufstellung der Wählerliste erlässt der Wahlvorstand das Wahlausschreiben, das von der oder dem Vorsitzenden und von mindestens einem weiteren stimmberechtigten Mitglied des Wahlvorstands zu unterschreiben ist. Mit Erlass des Wahlausschreibens ist die Betriebsratswahl eingeleitet. Besteht im Betrieb ein Betriebsrat, soll der letzte Tag der Stimmabgabe (nachträgliche schriftliche Stimmabgabe) eine Woche vor dem Tag liegen, an dem die Amtszeit des Betriebsrats abläuft.

(3) Das Wahlausschreiben hat die in § 31 Abs. 1 Satz 3 vorgeschriebenen Angaben zu enthalten, soweit nachfolgend nichts anderes bestimmt ist:

1. Abweichend von Nummer 6 ist ausschließlich die Mindestzahl von Wahlberechtigten anzugeben, von denen ein Wahlvorschlag unterzeichnet sein muss (§ 14 Abs. 4 des Gesetzes).
2. Abweichend von Nummer 8 hat der Wahlvorstand anzugeben, dass die Wahlvorschläge spätestens eine Woche vor dem Tag der Wahlversammlung zur Wahl des Betriebsrats beim Wahlvorstand einzureichen sind (§ 14a Abs. 3 Satz 2 des Gesetzes); der letzte Tag der Frist und im Fall des § 41 Absatz 2 zusätzlich die Uhrzeit sind anzugeben.

Für die Bekanntmachung des Wahlausschreibens gilt § 31 Abs. 2 entsprechend.

(4) Die Vorschriften über die Bestimmung der Mindestsitze nach § 32, das Wahlverfahren nach § 34 und die nachträgliche Stimmabgabe nach § 35 gelten entsprechend.

(5) Für Wahlvorschläge gilt § 33 Abs. 1 entsprechend mit der Maßgabe, dass die Wahlvorschläge von den Wahlberechtigten und den im Betrieb vertretenen Gewerkschaften spätestens eine Woche vor der Wahlversammlung zur Wahl des Betriebsrats beim Wahlvorstand schriftlich einzureichen sind (§ 14a Abs. 3 Satz 2 zweiter Halbsatz des Gesetzes). § 6 Abs. 2 bis 5 und die §§ 7 und 8 gelten entsprechend mit der Maßgabe, dass die in § 6 Abs. 5 und § 8 Abs. 2 genannten Fristen nicht die gesetzliche Mindestfrist zur Einreichung der Wahlvorschläge nach § 14a Abs. 3 Satz 2 erster Halbsatz des Gesetzes überschreiten dürfen. Nach Ablauf der gesetzlichen Mindestfrist zur Einreichung der Wahlvorschläge hat der Wahlvorstand die als gültig anerkannten Wahlvorschläge bis zum Abschluss der Stimmabgabe in gleicher Weise bekannt zu machen wie das Wahlausschreiben (Absatz 3).

(6) Ist kein Wahlvorschlag zur Wahl des Betriebsrats gemacht worden, hat der Wahlvorstand bekannt zu machen, dass die Wahl nicht stattfindet. Die Bekanntmachung hat in gleicher Weise wie das Wahlausschreiben (Absatz 3) zu erfolgen.

Dritter Abschnitt – Wahl des Betriebsrats in Betrieben mit in der Regel 101 bis 200 Wahlberechtigten (§ 14a Abs. 5 des Gesetzes)

§ 37 Wahlverfahren Haben Arbeitgeber und Wahlvorstand in einem Betrieb mit in der Regel 101 bis 200 Wahlberechtigten die Wahl des Betriebsrats im vereinfachten Wahlverfahren vereinbart (§ 14a Abs. 5 des Gesetzes), richtet sich das Wahlverfahren nach § 36.

Dritter Teil – Wahl der Jugend- und Auszubildendenvertretung

§ 38 Wahlvorstand, Wahlvorbereitung Für die Wahl der Jugend- und Auszubildendenvertretung gelten die Vorschriften der §§ 1 bis 5 über den Wahlvorstand, die Wählerliste, das Wahlausschreiben und die Bestimmung der Mindestsitze für das Geschlecht in der Minderheit entsprechend. Dem Wahlvorstand muss mindestens eine nach § 8 des Gesetzes wählbare Person angehören.

§ 39 Durchführung der Wahl (1) Sind mehr als drei Mitglieder zur Jugend- und Auszubildendenvertretung zu wählen, so erfolgt die Wahl aufgrund von Vorschlagslisten, sofern die Wahl nicht im vereinfachten Wahlverfahren erfolgt (§ 63 Absatz 4 und 5 des Gesetzes). § 6 Abs. 1 Satz 2, Abs. 2 und 4 bis 7, die §§ 7 bis 10 und § 27 gelten entsprechend. § 6 Abs. 3 gilt entsprechend mit der Maßgabe, dass in jeder Vorschlagsliste auch der Ausbildungsberuf der einzelnen Bewerberinnen oder Bewerber aufzuführen ist.
(2) Sind mehrere gültige Vorschlagslisten eingereicht, so kann die Stimme nur für eine Vorschlagsliste abgegeben werden. § 11 Abs. 1 Satz 2, Abs. 3 und 4, die §§ 12 bis 19 gelten entsprechend. § 11 Abs. 2 gilt entsprechend mit der Maßgabe, dass auf den Stimmzetteln auch der Ausbildungsberuf der einzelnen Bewerberinnen oder Bewerber aufzuführen ist.
(3) Ist nur eine gültige Vorschlagsliste eingereicht, so kann die Stimme nur für solche Bewerberinnen oder Bewerber abgegeben werden, die in der Vorschlagsliste aufgeführt sind. § 20 Abs. 3, die §§ 21 bis 23 gelten entsprechend. § 20 Abs. 2 gilt entsprechend mit der Maßgabe, dass auf den Stimmzetteln auch der Ausbildungsberuf der einzelnen Bewerber aufzuführen ist.
(4) Für die schriftliche Stimmabgabe gelten die §§ 24 bis 26 entsprechend.

§ 40 Wahl der Jugend- und Auszubildendenvertretung im vereinfachten Wahlverfahren (1) In Betrieben mit in der Regel fünf bis 100 der in § 60 Abs. 1 des Gesetzes genannten Arbeitnehmerinnen und Arbeitnehmern wird die Jugend- und Auszubildendenvertretung im vereinfachten Wahlverfahren gewählt (§ 63 Abs. 4 Satz 1 des Gesetzes). Für das Wahlverfahren gilt § 36 entsprechend mit der Maßgabe, dass in den Wahlvorschlägen und auf den Stimmzetteln auch der Aus-

bildungsberuf der einzelnen Bewerberinnen oder Bewerber aufzuführen ist. § 38 Satz 2 gilt entsprechend.
(2) Absatz 1 Satz 2 und 3 gilt entsprechend, wenn in einem Betrieb mit in der Regel 101 bis 200 der in § 60 Abs. 1 des Gesetzes genannten Arbeitnehmerinnen und Arbeitnehmern Arbeitgeber und Wahlvorstand die Anwendung des vereinfachten Wahlverfahrens vereinbart haben (§ 63 Abs. 5 des Gesetzes).

Vierter Teil – Übergangs- und Schlussvorschriften

§ 41 Berechnung der Fristen (1) Für die Berechnung der in dieser Verordnung festgelegten Fristen finden die §§ 186 bis 193 des Bürgerlichen Gesetzbuches entsprechende Anwendung.
(2) Mit der Bestimmung des letzten Tages einer Frist nach Absatz 1 kann der Wahlvorstand eine Uhrzeit festlegen, bis zu der ihm Erklärungen nach § 4 Absatz 1, § 6 Absatz 1 und 7 Satz 2, § 8 Absatz 2, § 9 Absatz 1 Satz 1, § 30 Absatz 2 Satz 1 sowie § 36 Absatz 5 Satz 1 und 2 zugehen müssen. Diese Uhrzeit darf nicht vor dem Ende der Arbeitszeit der Mehrheit der Wählerinnen und Wähler an diesem Tag liegen.

§ 42 Bereich der Seeschifffahrt Die Regelung der Wahlen für die Bordvertretung und den Seebetriebsrat (§§ 115 und 116 des Gesetzes) bleibt einer besonderen Rechtsverordnung vorbehalten.

§ 43 Inkrafttreten (1) Diese Verordnung tritt am Tage nach der Verkündung in Kraft.
(2) *(weggefallen)*

12b. Gesetz über Sprecherausschüsse der leitenden Angestellten (Sprecherausschussgesetz – SprAuG)

Einleitung

I. Geschichtliche Entwicklung

»Leitender Angestellter« ist ursprünglich nur ein Ausgrenzungsbegriff, um festzulegen, auf welche Arbeitnehmer ein arbeitsrechtliches Gesetz *nicht* anzuwenden ist (§ 5 Abs. 3 BetrVG [Nr. 12], eingeschränkt § 14 Abs. 2 KSchG [Nr. 25]). Tarifverträge schließen sie üblicherweise aus ihrem persönlichen Geltungsbereich aus (und dazu noch vielfach einen unterschiedlich definierten Kreis nicht leitender Angestellter in Leitungsfunktionen – »AT-Angestellte«).

Gleichwohl haben natürlich auch Angestellte in oberen und obersten Funktionen Arbeitnehmerinteressen, und es hat schon sehr lange Standesorganisationen der leitenden bzw. »oberen« Angestellten gegeben (zusammengefasst in der ULA). Mit der Verstärkung der Mitbestimmungsrechte des Betriebsrats aufgrund des BetrVG 1972 kam es zu einer Entwicklung, bei der organisationspolitische Interessen der ULA-Verbände mit machtpolitischen Interessen der Arbeitgeber zusammenfielen: Beide bemühten sich um eine möglichst weit gezogene Ausfüllung des § 5 Abs. 3 BetrVG, um so viel Angestellte wie möglich der Vertretung durch den Betriebsrat zu entziehen. Als eigener organisatorischer Beitrag entstanden als freiwillige Vereinigungen Sprecherausschüsse der leitenden Angestellten (zuletzt ca. 350). Die Rechtsprechung des *BAG* zur Ausfüllung des § 5 Abs. 3 BetrVG mit ihrer funktionalen Zuordnung des leitenden Angestellten in die Sphäre der Unternehmensleitung (5. 3. 1974 – 1 ABR 19/73, AP Nr. 1 zu § 5 BetrVG, NZA 86, 460) führte nach vielen Gerichtsverfahren dazu, dass im Schnitt ca. 2 % der Angestellten als leitende Angestellte betrachtet werden können.

Eine qualitativ neue Etappe leitete das MitbestG 1976 ein: Mit diesem Gesetz wurde der leitenden Angestellten erstmals *positiv* gesetzgeberisch gedacht: durch die Zubilligung einer eigenen (überproportionalen) Vertretung im Aufsichtsrat (§ 15 Abs. 2 MitbestG). Diese viel kritisierte Regelung gab den Auftakt für die weitergehenden Wünsche der Verbände der leitenden Angestellten nach gesetzlicher Verankerung der Sprecherausschüsse.

Sie hatten bei diesem Wunsch stets die Unterstützung der FDP, und schließlich sprach sich die CDU/CSU-Bundestagsfraktion 1984 ebenfalls dafür aus. Nach der großen Auseinandersetzung mit den Gewerkschaften um die Änderung des § 116 AFG a. F. ließ man dieses Vorhaben (und die Änderung des BetrVG) in der 10. Legislaturperiode aus wahltaktischen Gründen in der Schublade. Im 11. Deutschen Bundestag wurden diese Pläne schließlich realisiert. Auf der Grundlage des Gesetzentwurfs der CDU/CSU und FDP (BT-Drs. 11/2503) verabschiedete der Bundestag das »Gesetz zur Änderung des Betriebsverfassungsgesetzes, über

Sprecherausschüsse der leitenden Angestellten und zur Sicherung der Montan-Mitbestimmung« am 1. 12. 1988 in zweiter und dritter Lesung.
Die politische Diskussion um das Sprecherausschussgesetz war durch die bemerkenswerte Tatsache geprägt, dass Arbeitgeberverbände und Gewerkschaften es gleichermaßen ablehnten. Bei den Arbeitgebern drückte sich darin die Abneigung gegen die gesetzliche Verfestigung von kollektiven Beteiligungsmöglichkeiten der leitenden Angestellten aus; die Gewerkschaften befürchteten – vor dem Hintergrund einer Ausweitung des Leitenden-Angestellten-Begriffs – eine weitere Spaltung der Arbeitnehmerschaft und eine Beeinträchtigung der Arbeit der Betriebsräte. Insbesondere in dieser Hinsicht wurde das Gesetz gegenüber dem Entwurf entscheidend »entschärft«: Der ursprünglich vorgesehene § 33, der dem Sprecherausschuss ein aufschiebendes Veto gegen Betriebsvereinbarungen eingeräumt hatte, wurde fallen gelassen. Es blieb dagegen bei der Neuregelung der Begriffsbestimmung des leitenden Angestellten gemäß § 5 Abs. 3 und insbes. Abs. 4 BetrVG (s. u. II 2).
Das Gesetz hat im Laufe der Jahre nur wenige Änderungen erfahren (vgl. 48. Aufl.). Im Zuge des Betriebsrätemodernisierungsgesetzes (v. 14. 6. 2021, BGBl. I 1762; vgl. Einl. I 3d zum BetrVG, Nr. 12) wurde eine generelle Regelung zur Sitzung mittels Video- und Telefonkonferenz in § 12 SprAuG geschaffen. Außerdem wurde die Möglichkeit der elektronischen Signatur von Richtlinien eingeführt. Eine Reform der Wahlordnung brachte die Möglichkeit virtueller Sitzungen des Wahlvorstands und weitere Digitalisierungselemente im Wahlverfahren (VO v. 20. 1. 2022, BGBl. I 69).

II. Wesentlicher Inhalt des Gesetzes

1. Sprecherausschussgesetz

Das Gesetz gibt den durch § 5 Abs. 3 und 4 BetrVG abgegrenzten leitenden Angestellten (s. u. 2) das Recht, Sprecherausschüsse zu bilden. Der Sprecherausschuss eines Betriebs besteht aus höchstens 7 Mitgliedern (bei über 300 leitenden Angestellten, § 4 Abs. 1 SprAuG). Wahlvorschriften und Organisation sind dem BetrVG nachgebildet – bis hin zur Bildung eines Gesamt- und Konzernsprecherausschusses (§§ 16 ff. SprAuG; 21 ff. SprAuG; mit der Möglichkeit statt mehrerer betrieblicher Sprecherausschüsse einen Unternehmenssprecherausschuss zu bilden, § 20 SprAuG; zu den Wahlvorschriften einschließlich der VO vom 28. 9. 1989, BGBl. I 1798, s. *Borgwardt,* DB 89, 2224).
Der Sprecherausschuss vertritt die Belange der leitenden Angestellten gegenüber dem Arbeitgeber (§ 25 SprAuG). Mitbestimmungsrechte wie der Betriebsrat hat er nicht, lediglich Informations- und Beratungsrechte (§§ 25 Abs. 2, 30, 31, 32 SprAuG).
Der Sprecherausschuss ist vor jeder Kündigung eines leitenden Angestellten zu hören; eine ohne seine Anhörung ausgesprochene Kündigung ist unwirksam (§ 31 Abs. 2 SprAuG). Eine bedeutsame Neuerung ist die Möglichkeit einer (freiwilligen) Kollektivvereinbarung (Richtlinie) über Inhalt, Abschluss oder die Beendigung von Arbeitsverhältnissen der leitenden Angestellten (§ 28 SprAuG; *Kramer,* DB

96, 1082; zur Beeinflussung des Arbeitsentgelts *Oetker,* BB 90, 2181). Zwischen Sprecherausschussrichtlinien über denselben Gegenstand gilt das Ablösungsprinzip, wonach eine neuere Richtlinie eine ältere beenden oder abändern kann, und zwar auch dann, wenn die neuere ungünstiger als die ältere Richtlinie ist (*BAG* 20.6.2023 – 3 AZR 231/22, NZA 24, 143, Rn. 30; zur Möglichkeit der Ablösung bestehender betrieblicher Einheitsregelungen mit kollektivem Bezug durch derartige Richtlinien *BAG* 11.12.2018 – 3 AZR 380/17, NZA 19, 1082; zur Kritik vgl. die entsprechenden Ausführungen in Bezug auf Betriebsvereinbarung in der Einl. II 3 zum BetrVG, Nr. 12).

Die Beziehungen zum Betriebsrat sind nach dem Wegfall des ursprünglich geplanten aufschiebenden Vetorechts gegen Betriebsvereinbarungen nur mehr informatorischer Natur: Betriebsrat und Sprecherausschuss können sich jeweils durch Mehrheitsbeschluss wechselseitig einladen; einmal im Jahr soll eine gemeinsame Sitzung stattfinden (§ 2 Abs. 2 SprAuG). Der Arbeitgeber hat den Sprecherausschuss vor Abschluss einer Betriebsvereinbarung, die rechtliche Interessen der leitenden Angestellten berührt, rechtzeitig anzuhören (§ 2 Abs. 1 SprAuG). Ob und wie dies erfolgt, ist ausschließlich eine Angelegenheit im Verhältnis zwischen Arbeitgeber und Sprecherausschuss und für den Abschluss und die Rechtswirksamkeit der Betriebsvereinbarung ohne Bedeutung.

Das SprAuG enthält *keine Gewerkschaftsrechte.* Das verwundert angesichts des niedrigen Organisationsgrades leitender Angestellter unter praktischen Gesichtspunkten zunächst nicht. Eine »gewerkschaftsfreie« Teilbetriebsverfassung ist jedoch nicht mit Art. 9 Abs. 3 GG vereinbar (vgl. *Däubler,* Das Arbeitsrecht 1, Rn. 1240).

2. Definition der leitenden Angestellten

Zugleich mit dem SprAuG ist § 5 Abs. 3 BetrVG neu gefasst und Abs. 4 eingefügt worden. Entgegen entsprechenden Befürchtungen ist es aufgrund dieser Änderungen nicht zu besonders vielen neuen Gerichtsverfahren gekommen.

Weiterführende Literatur

Kommentare

Bauer, Sprecherausschussgesetz und Wahlordnung, 2. Aufl. (1990)
Hromadka/Sieg, Sprecherausschussgesetz, 6. Aufl. (2025)
Löwisch, Sprecherausschussgesetz, 2. Aufl. (1994)
Steindorff, Neubestimmung der leitenden Angestellten? (1987)

Aufsätze

Bauer, Rechte und Pflichten der Sprecherausschüsse und ihrer Mitglieder, NZA 1989, Beilage 1
Birk, Der leitende Angestellte – Einige rechtsvergleichende Bemerkungen, RdA 1988, S. 211

Clausen/Löhr/Schneider/Trümner, Neufassung der Begriffsabgrenzung »leitende Angestellte«, AuR 1988, S. 293

Dänzer-Vanotti, Rechte und Pflichten des Sprecherausschusses, DB 1990, S. 41

Hanau, Zur Neuregelung der leitenden Angestellten und des Minderheitenschutzes in der Betriebsverfassung, AuR 1988, S. 261

Kramer, Probleme der Mitwirkungsrechte des Sprecherausschusses, NZA 1993, S. 1009

Kramer, Vereinbarungen des Arbeitgebers mit dem Sprecherausschuss, DB 1996, S. 1082

Kramer, Zur Rechtsstellung von Sprecherausschussmitgliedern, DB 1993, S. 1138

Lehmann, Gedanken zur »Lösung der Gewerkschaftsfrage« oder: wozu eigentlich »Sprecherausschüsse«?, AiB 1988, S. 297

Martens, Die leitenden Angestellten im Spannungsfeld von unternehmerischer Organisationsautonomie und Arbeitnehmerschutz, RdA 1988, S. 202

Oetker, Grundprobleme bei der Anwendung des Sprecherausschussgesetzes, ZfA 1990, S. 43

Richardi, Der Begriff des leitenden Angestellten, AuR 1991, S. 33

Steindorff, Nochmals: Neubestimmung der leitenden Angestellten, AuR 1988, S. 266

Gesetz über Sprecherausschüsse der leitenden Angestellten (Sprecherausschußgesetz – SprAuG)

vom 20. Dezember 1988 (BGBl. I 2312, 2316),
zuletzt geändert durch Gesetz vom 16. September 2022 (BGBl. I 1454)
(Abgedruckte Vorschriften: §§ 1–36, 39)

Erster Teil – Allgemeine Vorschriften

§ 1 Errichtung von Sprecherausschüssen (1) In Betrieben mit in der Regel mindestens zehn leitenden Angestellten (§ 5 Abs. 3 des Betriebsverfassungsgesetzes) werden Sprecherausschüsse der leitenden Angestellten gewählt.
(2) Leitende Angestellte eines Betriebs mit in der Regel weniger als zehn leitenden Angestellten gelten für die Anwendung dieses Gesetzes als leitende Angestellte des räumlich nächstgelegenen Betriebs desselben Unternehmens, der die Voraussetzungen des Absatzes 1 erfüllt.
(3) Dieses Gesetz findet keine Anwendung auf
1. Verwaltungen und Betriebe des Bundes, der Länder, der Gemeinden und sonstiger Körperschaften, Anstalten und Stiftungen des öffentlichen Rechts sowie
2. Religionsgemeinschaften und ihre karitativen und erzieherischen Einrichtungen unbeschadet deren Rechtsform.

§ 2 Zusammenarbeit (1) Der Sprecherausschuß arbeitet mit dem Arbeitgeber vertrauensvoll unter Beachtung der geltenden Tarifverträge zum Wohl der leitenden Angestellten und des Betriebs zusammen. Der Arbeitgeber hat vor Abschluß einer Betriebsvereinbarung oder sonstigen Vereinbarung mit dem Betriebsrat, die rechtliche Interessen der leitenden Angestellten berührt, den Sprecherausschuß rechtzeitig anzuhören.
(2) Der Sprecherausschuß kann dem Betriebsrat oder Mitgliedern des Betriebsrats das Recht einräumen, an Sitzungen des Sprecherausschusses teilzunehmen. Der Betriebsrat kann dem Sprecherausschuß oder Mitgliedern des Sprecherausschusses das Recht einräumen, an Sitzungen des Betriebsrats teilzunehmen. Einmal im Kalenderjahr soll eine gemeinsame Sitzung des Sprecherausschusses und des Betriebsrats stattfinden.
(3) Die Mitglieder des Sprecherausschusses dürfen in der Ausübung ihrer Tätigkeit nicht gestört oder behindert werden. Sie dürfen wegen ihrer Tätigkeit nicht benachteiligt oder begünstigt werden; dies gilt auch für ihre berufliche Entwicklung.
(4) Arbeitgeber und Sprecherausschuß haben Betätigungen zu unterlassen, durch die der Arbeitsablauf oder der Frieden des Betriebs beeinträchtigt werden. Sie haben jede parteipolitische Betätigung im Betrieb zu unterlassen; die Behandlung von Angelegenheiten tarifpolitischer, sozialpolitischer und wirtschaftlicher Art, die den Betrieb oder die leitenden Angestellten unmittelbar betreffen, wird hierdurch nicht berührt.

Zweiter Teil – Sprecherausschuß, Versammlung der leitenden Angestellten, Gesamt-, Unternehmens- und Konzernsprecherausschuß

Erster Abschnitt – Wahl, Zusammensetzung und Amtszeit des Sprecherausschusses

§ 3 Wahlberechtigung und Wählbarkeit (1) Wahlberechtigt sind alle leitenden Angestellten des Betriebs.

(2) Wählbar sind alle leitenden Angestellten, die sechs Monate dem Betrieb angehören. Auf die sechsmonatige Betriebszugehörigkeit werden Zeiten angerechnet, in denen der leitende Angestellte unmittelbar vorher einem anderen Betrieb desselben Unternehmens oder Konzerns (§ 18 Abs. 1 des Aktiengesetzes) als Beschäftigter angehört hat. Nicht wählbar ist, wer

1. aufgrund allgemeinen Auftrags des Arbeitgebers Verhandlungspartner des Sprecherausschusses ist,
2. nicht Aufsichtsratsmitglied der Arbeitnehmer nach § 6 Abs. 2 Satz 1 des Mitbestimmungsgesetzes in Verbindung mit § 105 Abs. 1 des Aktiengesetzes sein kann oder
3. infolge strafgerichtlicher Verurteilung die Fähigkeit, Rechte aus öffentlichen Wahlen zu erlangen, nicht besitzt.

§ 4 Zahl der Sprecherausschußmitglieder

(1) Der Sprecherausschuß besteht in Betrieben mit in der Regel

10 bis 20 leitenden Angestellten aus einer Person,
21 bis 100 leitenden Angestellten aus drei Mitgliedern,
101 bis 300 leitenden Angestellten aus fünf Mitgliedern,
über 300 leitenden Angestellten aus sieben Mitgliedern.

(2) Männer und Frauen sollen entsprechend ihrem zahlenmäßigen Verhältnis im Sprecherausschuß vertreten sein.

§ 5 Zeitpunkt der Wahlen und Amtszeit (1) Die regelmäßigen Wahlen des Sprecherausschusses finden alle vier Jahre in der Zeit vom 1. März bis 31. Mai statt. Sie sind zeitgleich mit den regelmäßigen Betriebsratswahlen nach § 13 Abs. 1 des Betriebsverfassungsgesetzes einzuleiten.

(2) Außerhalb dieses Zeitraums ist der Sprecherausschuß zu wählen, wenn

1. im Betrieb ein Sprecherausschuß nicht besteht,
2. der Sprecherausschuß durch eine gerichtliche Entscheidung aufgelöst ist,
3. die Wahl des Sprecherausschusses mit Erfolg angefochten worden ist oder
4. der Sprecherausschuß mit der Mehrheit seiner Mitglieder seinen Rücktritt beschlossen hat.

(3) Hat außerhalb des in Absatz 1 festgelegten Zeitraums eine Wahl des Sprecherausschusses stattgefunden, ist der Sprecherausschuß in dem auf die Wahl folgenden nächsten Zeitraum der regelmäßigen Wahlen des Sprecherausschusses neu zu wählen. Hat die Amtszeit des Sprecherausschusses zu Beginn des in Absatz 1 festgelegten Zeitraums noch nicht ein Jahr betragen, ist der Sprecherausschuß in dem übernächsten Zeitraum der regelmäßigen Wahlen des Sprecherausschusses neu zu wählen.

12b

(4) Die regelmäßige Amtszeit des Sprecherausschusses beträgt vier Jahre. Die Amtszeit beginnt mit der Bekanntgabe des Wahlergebnisses oder, wenn zu diesem Zeitpunkt noch ein Sprecherausschuß besteht, mit Ablauf von dessen Amtszeit. Die Amtszeit endet spätestens am 31. Mai des Jahres, in dem nach Absatz 1 die regelmäßigen Wahlen des Sprecherausschusses stattfinden. In dem Fall des Absatzes 3 Satz 2 endet die Amtszeit spätestens am 31. Mai des Jahres, in dem der Sprecherausschuß neu zu wählen ist.
(5) In dem Fall des Absatzes 2 Nr. 4 führt der Sprecherausschuß die Geschäfte weiter, bis der neue Sprecherausschuß gewählt und das Wahlergebnis bekanntgegeben ist.

§ 6 Wahlvorschriften (1) Der Sprecherausschuß wird in geheimer und unmittelbarer Wahl gewählt.
(2) Die Wahl erfolgt nach den Grundsätzen der Verhältniswahl; wird nur ein Wahlvorschlag eingereicht, erfolgt die Wahl nach den Grundsätzen der Mehrheitswahl.
(3) In Betrieben, deren Sprecherausschuß aus einer Person besteht, wird dieser mit einfacher Stimmenmehrheit gewählt. In einem getrennten Wahlgang ist ein Ersatzmitglied zu wählen.
(4) Zur Wahl des Sprecherausschusses können die leitenden Angestellten Wahlvorschläge machen. Jeder Wahlvorschlag muß von mindestens einem Zwanzigstel der leitenden Angestellten, jedoch von mindestens drei leitenden Angestellten unterzeichnet sein; in Betrieben mit in der Regel bis zu zwanzig leitenden Angestellten genügt die Unterzeichnung durch zwei leitende Angestellte. In jedem Fall genügt die Unterzeichnung durch fünfzig leitende Angestellte.

§ 7 Bestellung, Wahl und Aufgaben des Wahlvorstands (1) Spätestens zehn Wochen vor Ablauf seiner Amtszeit bestellt der Sprecherausschuß einen aus drei oder einer höheren ungeraden Zahl von leitenden Angestellten bestehenden Wahlvorstand und einen von ihnen als Vorsitzenden.
(2) Besteht in einem Betrieb, der die Voraussetzungen des § 1 Abs. 1 erfüllt, kein Sprecherausschuß, wird in einer Versammlung von der Mehrheit der anwesenden leitenden Angestellten des Betriebs ein Wahlvorstand gewählt. Zu dieser Versammlung können drei leitende Angestellte des Betriebs einladen und Vorschläge für die Zusammensetzung des Wahlvorstands machen. Der Wahlvorstand hat unverzüglich eine Abstimmung darüber herbeizuführen, ob ein Sprecherausschuß gewählt werden soll. Ein Sprecherausschuß wird gewählt, wenn dies die Mehrheit der leitenden Angestellten des Betriebs in einer Versammlung oder durch schriftliche Stimmabgabe verlangt.
(3) Zur Teilnahme an der Versammlung und der Abstimmung nach Absatz 2 sind die Angestellten berechtigt, die vom Wahlvorstand aus Anlaß der letzten Betriebsratswahl oder der letzten Wahl von Aufsichtsratsmitgliedern der Arbeitnehmer, falls diese Wahl später als die Betriebsratswahl stattgefunden hat, oder durch gerichtliche Entscheidung den leitenden Angestellten zugeordnet worden sind. Hat zuletzt oder im gleichen Zeitraum wie die nach Satz 1 maßgebende Wahl eine Wahl

nach diesem Gesetz stattgefunden, ist die für diese Wahl erfolgte Zuordnung entscheidend.

(4) Der Wahlvorstand hat die Wahl unverzüglich einzuleiten, sie durchzuführen und nach Abschluß der Wahl öffentlich die Auszählung der Stimmen vorzunehmen, deren Ergebnis in einer Niederschrift festzustellen und es im Betrieb bekanntzugeben. Dem Arbeitgeber ist eine Abschrift der Wahlniederschrift zu übersenden.

§ 8 Wahlanfechtung, Wahlschutz und Wahlkosten (1) Die Wahl kann beim Arbeitsgericht angefochten werden, wenn gegen wesentliche Vorschriften über das Wahlrecht, die Wählbarkeit oder das Wahlverfahren verstoßen worden ist und eine Berichtigung nicht erfolgt ist, es sei denn, daß durch den Verstoß das Wahlergebnis nicht geändert oder beeinflußt werden konnte. Zur Anfechtung berechtigt sind mindestens drei leitende Angestellte oder der Arbeitgeber. Die Wahlanfechtung ist nur innerhalb einer Frist von zwei Wochen, vom Tage der Bekanntgabe des Wahlergebnisses an gerechnet, zulässig.

(2) Niemand darf die Wahl des Sprecherausschusses behindern. Insbesondere darf kein leitender Angestellter in der Ausübung des aktiven und passiven Wahlrechts beschränkt werden. Niemand darf die Wahl des Sprecherausschusses durch Zufügung oder Androhung von Nachteilen oder durch Gewährung oder Versprechen von Vorteilen beeinflussen.

(3) Die Kosten der Wahl trägt der Arbeitgeber. Versäumnis von Arbeitszeit, die zur Ausübung des Wahlrechts, zur Betätigung im Wahlvorstand oder zur Tätigkeit als Vermittler (§ 18a des Betriebsverfassungsgesetzes) erforderlich ist, berechtigt den Arbeitgeber nicht zur Minderung des Arbeitsentgelts.

§ 9 Ausschluß von Mitgliedern, Auflösung des Sprecherausschusses und Erlöschen der Mitgliedschaft (1) Mindestens ein Viertel der leitenden Angestellten oder der Arbeitgeber können beim Arbeitsgericht den Ausschluß eines Mitglieds aus dem Sprecherausschuß oder die Auflösung des Sprecherausschusses wegen grober Verletzung seiner gesetzlichen Pflichten beantragen. Der Ausschluß eines Mitglieds kann auch vom Sprecherausschuß beantragt werden.

(2) Die Mitgliedschaft im Sprecherausschuß erlischt durch
1. Ablauf der Amtszeit,
2. Niederlegung des Sprecherausschußamtes,
3. Beendigung des Arbeitsverhältnisses,
4. Verlust der Wählbarkeit,
5. Ausschluß aus dem Sprecherausschuß oder Auflösung des Sprecherausschusses aufgrund einer gerichtlichen Entscheidung oder
6. gerichtliche Entscheidung über die Feststellung der Nichtwählbarkeit nach Ablauf der in § 8 Abs. 1 Satz 3 bezeichneten Frist, es sei denn, der Mangel liegt nicht mehr vor.

§ 10 Ersatzmitglieder (1) Scheidet ein Mitglied des Sprecherausschusses aus, rückt ein Ersatzmitglied nach. Dies gilt entsprechend für die Stellvertretung eines zeitweilig verhinderten Mitglieds des Sprecherausschusses.

(2) Die Ersatzmitglieder werden der Reihe nach aus den nicht gewählten leitenden Angestellten derjenigen Vorschlagslisten entnommen, denen die zu ersetzenden Mitglieder angehören. Ist eine Vorschlagsliste erschöpft, ist das Ersatzmitglied derjenigen Vorschlagsliste zu entnehmen, auf die nach den Grundsätzen der Verhältniswahl der nächste Sitz entfallen würde. Ist das ausgeschiedene oder verhinderte Mitglied nach den Grundsätzen der Mehrheitswahl gewählt, bestimmt sich die Reihenfolge der Ersatzmitglieder nach der Höhe der erreichten Stimmenzahl.
(3) In dem Fall des § 6 Abs. 3 gilt Absatz 1 mit der Maßgabe, daß das gewählte Ersatzmitglied nachrückt oder die Stellvertretung übernimmt.

Zweiter Abschnitt – Geschäftsführung des Sprecherausschusses

§ 11 Vorsitzender (1) Der Sprecherausschuß wählt aus seiner Mitte den Vorsitzenden und dessen Stellvertreter.
(2) Der Vorsitzende vertritt den Sprecherausschuß im Rahmen der von diesem gefaßten Beschlüsse. Zur Entgegennahme von Erklärungen, die dem Sprecherausschuß gegenüber abzugeben sind, ist der Vorsitzende berechtigt. Im Falle der Verhinderung des Vorsitzenden nimmt sein Stellvertreter diese Aufgaben wahr.
(3) Der Sprecherausschuß kann die laufenden Geschäfte auf den Vorsitzenden oder andere Mitglieder des Sprecherausschusses übertragen.

§ 12 Sitzungen des Sprecherausschusses (1) Vor Ablauf einer Woche nach dem Wahltag hat der Wahlvorstand die Mitglieder des Sprecherausschusses zu der nach § 11 Abs. 1 vorgeschriebenen Wahl einzuberufen. Der Vorsitzende des Wahlvorstands leitet die Sitzung, bis der Sprecherausschuß aus seiner Mitte einen Wahlleiter zur Wahl des Vorsitzenden und seines Stellvertreters bestellt hat.
(2) Die weiteren Sitzungen beruft der Vorsitzende des Sprecherausschusses ein. Er setzt die Tagesordnung fest und leitet die Verhandlung. Der Vorsitzende hat die Mitglieder des Sprecherausschusses zu den Sitzungen rechtzeitig unter Mitteilung der Tagesordnung zu laden.
(3) Der Vorsitzende hat eine Sitzung einzuberufen und den Gegenstand, dessen Beratung beantragt ist, auf die Tagesordnung zu setzen, wenn dies ein Drittel der Mitglieder des Sprecherausschusses oder der Arbeitgeber beantragen.
(4) Der Arbeitgeber nimmt an den Sitzungen, die auf sein Verlangen anberaumt sind, und an den Sitzungen, zu denen er ausdrücklich eingeladen ist, teil.
(5) Die Sitzungen des Sprecherausschusses finden in der Regel während der Arbeitszeit statt. Der Sprecherausschuß hat bei der Anberaumung von Sitzungen auf die betrieblichen Notwendigkeiten Rücksicht zu nehmen. Der Arbeitgeber ist über den Zeitpunkt der Sitzung vorher zu verständigen. Die Sitzungen des Sprecherausschusses sind nicht öffentlich; § 2 Abs. 2 bleibt unberührt. Die Sitzungen des Sprecherausschusses finden als Präsenzsitzung statt.
(6) Abweichend von Absatz 5 Satz 5 kann die Teilnahme an einer Sitzung des Sprecherausschusses mittels Video- und Telefonkonferenz erfolgen, wenn
1. die Voraussetzungen für eine solche Teilnahme in der Geschäftsordnung unter Sicherung des Vorrangs der Präsenzsitzung festgelegt sind,

2. nicht mindestens ein Viertel der Mitglieder des Sprecherausschusses binnen einer von dem Vorsitzenden zu bestimmenden Frist diesen gegenüber widerspricht und
3. sichergestellt ist, dass Dritte vom Inhalt der Sitzung keine Kenntnis nehmen können.

Eine Aufzeichnung der Sitzung ist unzulässig.

(7) Erfolgt die Sitzung des Sprecherausschusses mit der zusätzlichen Möglichkeit der Teilnahme mittels Video- und Telefonkonferenz, gilt auch eine Teilnahme vor Ort als erforderlich.

§ 13 Beschlüsse und Geschäftsordnung des Sprecherausschusses (1) Die Beschlüsse des Sprecherausschusses werden, soweit in diesem Gesetz nichts anderes bestimmt ist, mit der Mehrheit der Stimmen der anwesenden Mitglieder gefaßt. Mitglieder, die mittels Video- und Telefonkonferenz an der Beschlussfassung teilnehmen, gelten als anwesend. Bei Stimmengleichheit ist ein Antrag abgelehnt.

(2) Der Sprecherausschuß ist nur beschlußfähig, wenn mindestens die Hälfte seiner Mitglieder an der Beschlußfassung teilnimmt. Stellvertretung durch Ersatzmitglieder ist zulässig.

(3) Über jede Verhandlung des Sprecherausschusses ist eine Niederschrift anzufertigen, die mindestens den Wortlaut der Beschlüsse und die Stimmenmehrheit, mit der sie gefaßt sind, enthält. Die Niederschrift ist von dem Vorsitzenden und einem weiteren Mitglied zu unterzeichnen. Der Niederschrift ist eine Anwesenheitsliste beizufügen, in die sich jeder Teilnehmer eigenhändig einzutragen hat. Nimmt ein Mitglied des Sprecherausschusses mittels Video- und Telefonkonferenz an der Sitzung teil, so hat es seine Teilnahme gegenüber dem Vorsitzenden in Textform zu bestätigen. Die Bestätigung ist der Niederschrift beizufügen.

(4) Die Mitglieder des Sprecherausschusses haben das Recht, die Unterlagen des Sprecherausschusses jederzeit einzusehen.

(5) Sonstige Bestimmungen über die Geschäftsführung können in einer schriftlichen Geschäftsordnung getroffen werden, die der Sprecherausschuß mit der Mehrheit der Stimmen seiner Mitglieder beschließt.

§ 14 Arbeitsversäumnis und Kosten (1) Mitglieder des Sprecherausschusses sind von ihrer beruflichen Tätigkeit ohne Minderung des Arbeitsentgelts zu befreien, wenn und soweit es nach Umfang und Art des Betriebs zur ordnungsgemäßen Durchführung ihrer Aufgaben erforderlich ist.

(2) Die durch die Tätigkeit des Sprecherausschusses entstehenden Kosten trägt der Arbeitgeber. Für die Sitzungen und die laufende Geschäftsführung hat der Arbeitgeber in erforderlichem Umfang Räume, sachliche Mittel und Büropersonal zur Verfügung zu stellen.

Dritter Abschnitt – Versammlung der leitenden Angestellten

§ 15 Zeitpunkt, Einberufung und Themen der Versammlung (1) Der Sprecherausschuß soll einmal im Kalenderjahr eine Versammlung der leitenden Angestellten einberufen und in ihr einen Tätigkeitsbericht erstatten. Auf Antrag des Ar-

beitgebers oder eines Viertels der leitenden Angestellten hat der Sprecherausschuß eine Versammlung der leitenden Angestellten einzuberufen und den beantragten Beratungsgegenstand auf die Tagesordnung zu setzen.
(2) Die Versammlung der leitenden Angestellten soll während der Arbeitszeit stattfinden. Sie wird vom Vorsitzenden des Sprecherausschusses geleitet. Sie ist nicht öffentlich.
(3) Der Arbeitgeber ist zu der Versammlung der leitenden Angestellten unter Mitteilung der Tagesordnung einzuladen. Er ist berechtigt, in der Versammlung zu sprechen. Er hat über Angelegenheiten der leitenden Angestellten und die wirtschaftliche Lage und Entwicklung des Betriebs zu berichten, soweit dadurch nicht Betriebs- oder Geschäftsgeheimnisse gefährdet werden.
(4) Die Versammlung der leitenden Angestellten kann dem Sprecherausschuß Anträge unterbreiten und zu seinen Beschlüssen Stellung nehmen. § 2 Abs. 4 gilt entsprechend.

Vierter Abschnitt – Gesamtsprecherausschuß

§ 16 Errichtung, Mitgliederzahl und Stimmengewicht (1) Bestehen in einem Unternehmen mehrere Sprecherausschüsse, ist ein Gesamtsprecherausschuß zu errichten.
(2) In den Gesamtsprecherausschuß entsendet jeder Sprecherausschuß eines seiner Mitglieder. Satz 1 gilt entsprechend für die Abberufung. Durch Vereinbarung zwischen Gesamtsprecherausschuß und Arbeitgeber kann die Mitgliederzahl des Gesamtsprecherausschusses abweichend von Satz 1 geregelt werden.
(3) Der Sprecherausschuß hat für jedes Mitglied des Gesamtsprecherausschusses mindestens ein Ersatzmitglied zu bestellen und die Reihenfolge des Nachrückens festzulegen; § 10 Abs. 3 gilt entsprechend.
(4) Jedes Mitglied des Gesamtsprecherausschusses hat so viele Stimmen, wie in dem Betrieb, in dem es gewählt wurde, leitende Angestellte in der Wählerliste der leitenden Angestellten eingetragen sind. Ist ein Mitglied des Gesamtsprecherausschusses für mehrere Betriebe entsandt worden, hat es so viele Stimmen, wie in den Betrieben, für die es entsandt ist, leitende Angestellte in den Wählerlisten eingetragen sind. Sind für einen Betrieb mehrere Mitglieder des Sprecherausschusses entsandt worden, stehen diesen die Stimmen nach Satz 1 anteilig zu.

§ 17 Ausschluß von Mitgliedern und Erlöschen der Mitgliedschaft (1) Mindestens ein Viertel der leitenden Angestellten des Unternehmens, der Gesamtsprecherausschuß oder der Arbeitgeber können beim Arbeitsgericht den Ausschluß eines Mitglieds aus dem Gesamtsprecherausschuß wegen grober Verletzung seiner gesetzlichen Pflichten beantragen.
(2) Die Mitgliedschaft im Gesamtsprecherausschuß endet mit Erlöschen der Mitgliedschaft im Sprecherausschuß, durch Amtsniederlegung, durch Ausschluß aus dem Gesamtsprecherausschuß aufgrund einer gerichtlichen Entscheidung oder Abberufung durch den Sprecherausschuß.

§ 18 Zuständigkeit (1) Der Gesamtsprecherausschuß ist zuständig für die Behandlung von Angelegenheiten, die das Unternehmen oder mehrere Betriebe des Unternehmens betreffen und nicht durch die einzelnen Sprecherausschüsse innerhalb ihrer Betriebe behandelt werden können. Er ist den Sprecherausschüssen nicht übergeordnet.
(2) Der Sprecherausschuß kann mit der Mehrheit der Stimmen seiner Mitglieder den Gesamtsprecherausschuß schriftlich beauftragen, eine Angelegenheit für ihn zu behandeln. Der Sprecherausschuß kann sich dabei die Entscheidungsbefugnis vorbehalten. Für den Widerruf der Beauftragung gilt Satz 1 entsprechend.
(3) Die Vorschriften über die Rechte und Pflichten des Sprecherausschusses und die Rechtsstellung seiner Mitglieder gelten entsprechend für den Gesamtsprecherausschuß.

§ 19 Geschäftsführung (1) Für den Gesamtsprecherausschuß gelten § 10 Abs. 1, die §§ 11, 13 Abs. 1, 3 bis 5 und § 14 entsprechend.
(2) Ist ein Gesamtsprecherausschuß zu errichten, hat der Sprecherausschuß der Hauptverwaltung des Unternehmens oder, sofern ein solcher nicht besteht, der Sprecherausschuß des nach der Zahl der leitenden Angestellten größten Betriebs zu der Wahl des Vorsitzenden und des stellvertretenden Vorsitzenden des Gesamtsprecherausschusses einzuladen. Der Vorsitzende des einladenden Sprecherausschusses hat die Sitzung zu leiten, bis der Gesamtsprecherausschuß aus seiner Mitte einen Wahlleiter zur Wahl des Vorsitzenden und seines Stellvertreters bestellt hat. § 12 Absatz 2 bis 7 gilt entsprechend.
(3) Der Gesamtsprecherausschuß ist nur beschlußfähig, wenn mindestens die Hälfte seiner Mitglieder an der Beschlußfassung teilnimmt und die Teilnehmenden mindestens die Hälfte aller Stimmen vertreten. Stellvertretung durch Ersatzmitglieder ist zulässig.

Fünfter Abschnitt – Unternehmenssprecherausschuß

§ 20 Errichtung (1) Sind in einem Unternehmen mit mehreren Betrieben in der Regel insgesamt mindestens zehn leitende Angestellte beschäftigt, kann abweichend von § 1 Abs. 1 und 2 ein Unternehmenssprecherausschuß der leitenden Angestellten gewählt werden, wenn dies die Mehrheit der leitenden Angestellten des Unternehmens verlangt. Die §§ 2 bis 15 gelten entsprechend.
(2) Bestehen in dem Unternehmen Sprecherausschüsse, hat auf Antrag der Mehrheit der leitenden Angestellten des Unternehmens der Sprecherausschuß der Hauptverwaltung oder, sofern ein solcher nicht besteht, der Sprecherausschuß des nach der Zahl der leitenden Angestellten größten Betriebs einen Unternehmenswahlvorstand für die Wahl eines Unternehmenssprecherausschusses zu bestellen. Die Wahl des Unternehmenssprecherausschusses findet im nächsten Zeitraum der regelmäßigen Wahlen im Sinne von § 5 Abs. 1 Satz 1 statt. Die Amtszeit der Sprecherausschüsse endet mit der Bekanntgabe des Wahlergebnisses.
(3) Besteht ein Unternehmenssprecherausschuß, können auf Antrag der Mehrheit der leitenden Angestellten des Unternehmens Sprecherausschüsse gewählt werden. Der Unternehmenssprecherausschuß hat für jeden Betrieb, der die Voraussetzun-

gen des § 1 Abs. 1 erfüllt, einen Wahlvorstand nach § 7 Abs. 1 zu bestellen. Die Wahl von Sprecherausschüssen findet im nächsten Zeitraum der regelmäßigen Wahlen im Sinne von § 5 Abs. 1 Satz 1 statt. Die Amtszeit des Unternehmenssprecherausschusses endet mit der Bekanntgabe des Wahlergebnisses eines Sprecherausschusses.
(4) Die Vorschriften über die Rechte und Pflichten des Sprecherausschusses und die Rechtsstellung seiner Mitglieder gelten entsprechend für den Unternehmenssprecherausschuß.

Sechster Abschnitt – Konzernsprecherausschuß

§ 21 Errichtung, Mitgliederzahl und Stimmengewicht (1) Für einen Konzern (§ 18 Abs. 1 des Aktiengesetzes) kann durch Beschlüsse der einzelnen Gesamtsprecherausschüsse ein Konzernsprecherausschuß errichtet werden. Die Errichtung erfordert die Zustimmung der Gesamtsprecherausschüsse der Konzernunternehmen, in denen insgesamt mindestens 75 vom Hundert der leitenden Angestellten der Konzernunternehmen beschäftigt sind. Besteht in einem Konzernunternehmen nur ein Sprecherausschuß oder ein Unternehmenssprecherausschuß, tritt er an die Stelle des Gesamtsprecherausschusses und nimmt dessen Aufgaben nach den Vorschriften dieses Abschnitts wahr.
(2) In den Konzernsprecherausschuß entsendet jeder Gesamtsprecherausschuß eines seiner Mitglieder. Satz 1 gilt entsprechend für die Abberufung. Durch Vereinbarung zwischen Konzernsprecherausschuß und Arbeitgeber kann die Mitgliederzahl des Konzernsprecherausschusses abweichend von Satz 1 geregelt werden.
(3) Der Gesamtsprecherausschuß hat für jedes Mitglied des Konzernsprecherausschusses mindestens ein Ersatzmitglied zu bestellen und die Reihenfolge des Nachrückens festzulegen; nimmt der Sprecherausschuß oder der Unternehmenssprecherausschuß eines Konzernunternehmens die Aufgaben des Gesamtsprecherausschusses nach Absatz 1 Satz 3 wahr, gilt § 10 Abs. 3 entsprechend.
(4) Jedes Mitglied des Konzernsprecherausschusses hat so viele Stimmen, wie die Mitglieder des Gesamtsprecherausschusses, von dem es entsandt wurde, im Gesamtsprecherausschuß Stimmen haben. Ist ein Mitglied des Konzernsprecherausschusses von einem Sprecherausschuß oder Unternehmenssprecherausschuß entsandt worden, hat es so viele Stimmen, wie in dem Betrieb oder Konzernunternehmen, in dem es gewählt wurde, leitende Angestellte in der Wählerliste der leitenden Angestellten eingetragen sind. § 16 Abs. 4 Satz 2 und 3 gilt entsprechend.

§ 22 Ausschluß von Mitgliedern und Erlöschen der Mitgliedschaft (1) Mindestens ein Viertel der leitenden Angestellten der Konzernunternehmen, der Konzernsprecherausschuß oder der Arbeitgeber können beim Arbeitsgericht den Ausschluß eines Mitglieds aus dem Konzernsprecherausschuß wegen grober Verletzung seiner gesetzlichen Pflichten beantragen.
(2) Die Mitgliedschaft im Konzernsprecherausschuß endet mit dem Erlöschen der Mitgliedschaft im Gesamtsprecherausschuß, durch Amtsniederlegung, durch Ausschluß aus dem Konzernsprecherausschuß aufgrund einer gerichtlichen Entscheidung oder Abberufung durch den Gesamtsprecherausschuß.

§ 23 Zuständigkeit (1) Der Konzernsprecherausschuß ist zuständig für die Behandlung von Angelegenheiten, die den Konzern oder mehrere Konzernunternehmen betreffen und nicht durch die einzelnen Gesamtsprecherausschüsse innerhalb ihrer Unternehmen geregelt werden können. Er ist den Gesamtsprecherausschüssen nicht übergeordnet.
(2) Der Gesamtsprecherausschuß kann mit der Mehrheit der Stimmen seiner Mitglieder den Konzernsprecherausschuß schriftlich beauftragen, eine Angelegenheit für ihn zu behandeln. Der Gesamtsprecherausschuß kann sich dabei die Entscheidungsbefugnis vorbehalten. Für den Widerruf der Beauftragung gilt Satz 1 entsprechend.

§ 24 Geschäftsführung (1) Für den Konzernsprecherausschuß gelten § 10 Abs. 1, die §§ 11, 13 Abs. 1, 3 bis 5, §§ 14, 18 Abs. 3 und § 19 Abs. 3 entsprechend.
(2) Ist ein Konzernsprecherausschuß zu errichten, hat der Gesamtsprecherausschuß des herrschenden Unternehmens oder, sofern ein solcher nicht besteht, der Gesamtsprecherausschuß des nach der Zahl der leitenden Angestellten größten Konzernunternehmens zu der Wahl des Vorsitzenden und des stellvertretenden Vorsitzenden des Konzernsprecherausschusses einzuladen. Der Vorsitzende des einladenden Gesamtsprecherausschusses hat die Sitzung zu leiten, bis der Konzernsprecherausschuß aus seiner Mitte einen Wahlleiter zur Wahl des Vorsitzenden und seines Stellvertreters bestellt hat. § 12 Absatz 2 bis 7 gilt entsprechend.

Dritter Teil – Mitwirkung der leitenden Angestellten

Erster Abschnitt – Allgemeine Vorschriften

12b

§ 25 Aufgaben des Sprecherausschusses (1) Der Sprecherausschuß vertritt die Belange der leitenden Angestellten des Betriebs (§ 1 Abs. 1 und 2). Die Wahrnehmung eigener Belange durch den einzelnen leitenden Angestellten bleibt unberührt.
(2) Der Sprecherausschuß ist zur Durchführung seiner Aufgaben nach diesem Gesetz rechtzeitig und umfassend vom Arbeitgeber zu unterrichten. Auf Verlangen sind ihm die erforderlichen Unterlagen jederzeit zur Verfügung zu stellen.

§ 26 Unterstützung einzelner leitender Angestellter (1) Der leitende Angestellte kann bei der Wahrnehmung seiner Belange gegenüber dem Arbeitgeber ein Mitglied des Sprecherausschusses zur Unterstützung und Vermittlung hinzuziehen.
(2) Der leitende Angestellte hat das Recht, in die über ihn geführten Personalakten Einsicht zu nehmen. Er kann hierzu ein Mitglied des Sprecherausschusses hinzuziehen. Das Mitglied des Sprecherausschusses hat über den Inhalt der Personalakten Stillschweigen zu bewahren, soweit es von dem leitenden Angestellten im Einzelfall nicht von dieser Verpflichtung entbunden wird. Erklärungen des leitenden Angestellten zum Inhalt der Personalakten sind diesen auf sein Verlangen beizufügen.

§ 27 Grundsätze für die Behandlung der leitenden Angestellten (1) Arbeitgeber und Sprecherausschuss haben darüber zu wachen, dass alle leitenden Angestellten

des Betriebs nach den Grundsätzen von Recht und Billigkeit behandelt werden, insbesondere, dass jede Benachteiligung von Personen aus Gründen ihrer Rasse oder wegen ihrer ethnischen Herkunft, ihrer Abstammung oder sonstigen Herkunft, ihrer Nationalität, ihrer Religion oder Weltanschauung, ihrer Behinderung, ihres Alters, ihrer politischen oder gewerkschaftlichen Betätigung oder Einstellung oder wegen ihres Geschlechts oder ihrer sexuellen Identität unterbleibt.
(2) Arbeitgeber und Sprecherausschuss haben die freie Entfaltung der Persönlichkeit der leitenden Angestellten des Betriebs zu schützen und zu fördern.

§ 28 Richtlinien und Vereinbarungen (1) Arbeitgeber und Sprecherausschuß können Richtlinien über den Inhalt, den Abschluß oder die Beendigung von Arbeitsverhältnissen der leitenden Angestellten schriftlich vereinbaren. Werden Richtlinien in elektronischer Form geschlossen, haben Arbeitgeber und Sprecherausschuss abweichend von § 126a Absatz 2 des Bürgerlichen Gesetzbuchs dasselbe Dokument elektronisch zu signieren.
(2) Der Inhalt der Richtlinien gilt für die Arbeitsverhältnisse unmittelbar und zwingend, soweit dies zwischen Arbeitgeber und Sprecherausschuß vereinbart ist. Abweichende Regelungen zugunsten leitender Angestellter sind zulässig. Werden leitenden Angestellten Rechte nach Satz 1 eingeräumt, so ist ein Verzicht auf sie nur mit Zustimmung des Sprecherausschusses zulässig. Vereinbarungen nach Satz 1 können, soweit nichts anderes vereinbart ist, mit einer Frist von drei Monaten gekündigt werden.

§ 29 Geheimhaltungspflicht (1) Die Mitglieder und Ersatzmitglieder des Sprecherausschusses sind verpflichtet, Betriebs- oder Geschäftsgeheimnisse, die ihnen wegen ihrer Zugehörigkeit zum Sprecherausschuß bekanntgeworden und vom Arbeitgeber ausdrücklich als geheimhaltungsbedürftig bezeichnet worden sind, nicht zu offenbaren und nicht zu verwerten. Dies gilt auch nach dem Ausscheiden aus dem Sprecherausschuß. Die Verpflichtung gilt nicht gegenüber Mitgliedern des Sprecherausschusses, des Gesamtsprecherausschusses, des Unternehmenssprecherausschusses, des Konzernsprecherausschusses und den Arbeitnehmervertretern im Aufsichtsrat.
(2) Absatz 1 gilt entsprechend für die Mitglieder und Ersatzmitglieder des Gesamtsprecherausschusses, des Unternehmenssprecherausschusses und des Konzernsprecherausschusses.

Zweiter Abschnitt – Mitwirkungsrechte

§ 30 Arbeitsbedingungen und Beurteilungsgrundsätze Der Arbeitgeber hat den Sprecherausschuß rechtzeitig in folgenden Angelegenheiten der leitenden Angestellten zu unterrichten:
1. Änderungen der Gehaltsgestaltung und sonstiger allgemeiner Arbeitsbedingungen;
2. Einführung oder Änderung allgemeiner Beurteilungsgrundsätze.

Er hat die vorgesehenen Maßnahmen mit dem Sprecherausschuß zu beraten.

§ 31 Personelle Maßnahmen (1) Eine beabsichtigte Einstellung oder personelle Veränderung eines leitenden Angestellten ist dem Sprecherausschuß rechtzeitig mitzuteilen.
(2) Der Sprecherausschuß ist vor jeder Kündigung eines leitenden Angestellten zu hören. Der Arbeitgeber hat ihm die Gründe für die Kündigung mitzuteilen. Eine ohne Anhörung des Sprecherausschusses ausgesprochene Kündigung ist unwirksam. Bedenken gegen eine ordentliche Kündigung hat der Sprecherausschuß dem Arbeitgeber spätestens innerhalb einer Woche, Bedenken gegen eine außerordentliche Kündigung unverzüglich, spätestens jedoch innerhalb von drei Tagen, unter Angabe der Gründe schriftlich mitzuteilen. Äußert er sich innerhalb der nach Satz 4 maßgebenden Frist nicht, so gilt dies als Einverständnis des Sprecherausschusses mit der Kündigung.
(3) Die Mitglieder des Sprecherausschusses sind verpflichtet, über die ihnen im Rahmen personeller Maßnahmen nach den Absätzen 1 und 2 bekanntgewordenen persönlichen Verhältnisse und Angelegenheiten der leitenden Angestellten, die ihrer Bedeutung oder ihrem Inhalt nach einer vertraulichen Behandlung bedürfen, Stillschweigen zu bewahren; § 29 Abs. 1 Satz 2 und 3 gilt entsprechend.

§ 32 Wirtschaftliche Angelegenheiten (1) Der Unternehmer hat den Sprecherausschuß mindestens einmal im Kalenderhalbjahr über die wirtschaftlichen Angelegenheiten des Betriebs und des Unternehmens im Sinne des § 106 Abs. 3 des Betriebsverfassungsgesetzes zu unterrichten, soweit dadurch nicht die Betriebs- oder Geschäftsgeheimnisse des Unternehmens gefährdet werden. Satz 1 gilt nicht für Unternehmen und Betriebe im Sinne des § 118 Abs. 1 des Betriebsverfassungsgesetzes.
(2) Der Unternehmer hat den Sprecherausschuß über geplante Betriebsänderungen im Sinne von § 111 des Betriebsverfassungsgesetzes, die auch wesentliche Nachteile für leitende Angestellte zur Folge haben können, rechtzeitig und umfassend zu unterrichten. Entstehen leitenden Angestellten infolge der geplanten Betriebsänderung wirtschaftliche Nachteile, hat der Unternehmer mit dem Sprecherausschuß über Maßnahmen zum Ausgleich oder zur Milderung dieser Nachteile zu beraten.

Vierter Teil – Besondere Vorschriften

§ 33 Seeschiffahrt (1) Auf Seeschiffahrtsunternehmen (§ 114 Abs. 2 des Betriebsverfassungsgesetzes) und ihre Betriebe ist dieses Gesetz anzuwenden, soweit sich aus den Absätzen 2 bis 4 nichts anderes ergibt.
(2) Sprecherausschüsse werden nur in den Landbetrieben von Seeschiffahrtsunternehmen gewählt.
(3) Leitende Angestellte im Sinne von § 1 Abs. 1 dieses Gesetzes sind in einem Seebetrieb (§ 114 Abs. 3 und 4 des Betriebsverfassungsgesetzes) nur die Kapitäne. Sie gelten für die Anwendung dieses Gesetzes als leitende Angestellte des Landbetriebs. Bestehen mehrere Landbetriebe, so gelten sie als leitende Angestellte des nach der Zahl der leitenden Angestellten größten Landbetriebs.

(4) Die Vorschriften über die Wahl des Sprecherausschusses finden auf Sprecherausschüsse in den Landbetrieben von Seeschiffahrtsunternehmen mit folgender Maßgabe Anwendung:

1. Die in § 7 Abs. 1 genannte Frist wird auf sechzehn Wochen verlängert.
2. Die Frist für die Wahlanfechtung nach § 8 Abs. 1 Satz 3 beginnt für die leitenden Angestellten an Bord, wenn das Schiff nach Bekanntgabe des Wahlergebnisses erstmalig einen Hafen im Geltungsbereich dieses Gesetzes oder einen Hafen, in dem ein Seemannsamt seinen Sitz hat, anläuft. Nach Ablauf von drei Monaten seit Bekanntgabe des Wahlergebnisses ist eine Wahlanfechtung unzulässig. Die Wahlanfechtung kann auch zu Protokoll des Seemannsamtes erklärt werden. Die Anfechtungserklärung ist vom Seemannsamt unverzüglich an das für die Anfechtung zuständige Arbeitsgericht weiterzuleiten.

Fünfter Teil – Straf- und Bußgeldvorschriften

§ 34 Straftaten gegen Vertretungsorgane der leitenden Angestellten und ihre Mitglieder (1) Mit Freiheitsstrafe bis zu einem Jahr oder mit Geldstrafe wird bestraft, wer

1. eine Wahl des Sprecherausschusses oder des Unternehmenssprecherausschusses behindert oder durch Zufügung oder Androhung von Nachteilen oder durch Gewährung oder Versprechen von Vorteilen beeinflußt,
2. die Tätigkeit des Sprecherausschusses, des Gesamtsprecherausschusses, des Unternehmenssprecherausschusses oder des Konzernsprecherausschusses behindert oder stört oder
3. ein Mitglied oder ein Ersatzmitglied des Sprecherausschusses, des Gesamtsprecherausschusses, des Unternehmenssprecherausschusses oder des Konzernsprecherausschusses um seiner Tätigkeit willen benachteiligt oder begünstigt.

(2) Die Tat wird nur auf Antrag des Sprecherausschusses, des Gesamtsprecherausschusses, des Unternehmenssprecherausschusses, des Konzernsprecherausschusses, des Wahlvorstands oder des Unternehmers verfolgt.

§ 35 Verletzung von Geheimnissen (1) Wer unbefugt ein fremdes Betriebs- oder Geschäftsgeheimnis offenbart, das ihm in seiner Eigenschaft als Mitglied oder Ersatzmitglied des Sprecherausschusses, des Gesamtsprecherausschusses, des Unternehmenssprecherausschusses oder des Konzernsprecherausschusses bekanntgeworden und das vom Arbeitgeber ausdrücklich als geheimhaltungsbedürftig bezeichnet worden ist, wird mit Freiheitsstrafe bis zu einem Jahr oder mit Geldstrafe bestraft.

(2) Ebenso wird bestraft, wer unbefugt ein fremdes Geheimnis eines leitenden Angestellten oder eines anderen Arbeitnehmers, namentlich ein zu dessen persönlichen Lebensbereich gehörendes Geheimnis offenbart, das ihm in seiner Eigenschaft als Mitglied oder Ersatzmitglied des Sprecherausschusses oder einer der in Absatz 1 genannten Vertretungen bekanntgeworden ist und über das nach den Vorschriften dieses Gesetzes Stillschweigen zu bewahren ist.

(3) Handelt der Täter gegen Entgelt oder in der Absicht, sich oder einen anderen zu bereichern oder einen anderen zu schädigen, so ist die Strafe Freiheitsstrafe bis

zu zwei Jahren oder Geldstrafe. Ebenso wird bestraft, wer unbefugt ein fremdes Geheimnis, namentlich ein Betriebs- oder Geschäftsgeheimnis, zu dessen Geheimhaltung er nach den Absätzen 1 oder 2 verpflichtet ist, verwertet.
(4) Die Absätze 1 bis 3 sind auch anzuwenden, wenn der Täter das fremde Geheimnis nach dem Tode des Betroffenen unbefugt offenbart oder verwertet.
(5) Die Tat wird nur auf Antrag des Verletzten verfolgt. Stirbt der Verletzte, so geht das Antragsrecht nach § 77 Abs. 2 des Strafgesetzbuches auf die Angehörigen über, wenn das Geheimnis zum persönlichen Lebensbereich des Verletzten gehört; in anderen Fällen geht es auf die Erben über. Offenbart der Täter das Geheimnis nach dem Tode des Betroffenen, so gilt Satz 2 entsprechend.

§ 36 Bußgeldvorschriften (1) Ordnungswidrig handelt, wer eine der in § 30 Satz 1, § 31 Abs. 1 oder § 32 Abs. 1 Satz 1 oder Abs. 2 Satz 1 genannten Unterrichtungs- oder Mitteilungspflichten nicht, wahrheitswidrig, unvollständig oder verspätet erfüllt.
(2) Die Ordnungswidrigkeit kann mit einer Geldbuße bis zu zehntausend Euro geahndet werden.

Sechster Teil – Übergangs- und Schlußvorschriften

§ 37 Erstmalige Wahlen nach diesem Gesetz *(nicht abgedruckt)*

§ 38 Ermächtigung zum Erlaß von Wahlordnungen[1] *(nicht abgedruckt)*

§ 39 Sonderregelung aus Anlass der COVID-19-Pandemie Eine Versammlung nach § 15 kann bis zum Ablauf des 7. April 2023 auch mittels audiovisueller Einrichtungen durchgeführt werden, wenn sichergestellt ist, dass nur teilnahmeberechtigte Personen Kenntnis von dem Inhalt der Versammlung nehmen können. Eine Aufzeichnung ist unzulässig.

12b

1 Vgl. die **Wahlordnung zum Sprecherausschußgesetz** (WOSprAuG) vom 28.9.1989 (BGBl. I 1798), geändert durch Verordnung vom 20.1.2022 (BGBl. I 69).

13. Gesetz über Europäische Betriebsräte (EBRG)

Einleitung

I. Geschichtliche Entwicklung

Parallel zu ihren Aktivitäten um die Angleichung des europäischen Gesellschaftsrechts und Erschaffung einer europäischen Aktiengesellschaft (vgl. Einl. zur SE, Nr. 26 b) hatte sich die EG-Kommission schon sehr lange um die Verbesserung der Informationsmöglichkeiten der Arbeitnehmer in grenzüberschreitend tätigen Unternehmen bemüht. Dies führte 1983 zum Vorschlag einer »Richtlinie des Rates über die Unterrichtung und Anhörung der Arbeitnehmer von Unternehmen mit komplexer, insbesondere transnationaler Struktur« (= Vredeling-Richtlinie, benannt nach dem zuständigen EG-Kommissar, abgedruckt RdA 83, 241; hierzu *Hanau*, RdA 84, 157 ff.; *Pipkorn*, ZGR 85, 567 ff.). Dieser erfolglos gebliebene Richtlinienvorschlag war der Startpunkt einer langen und im Hinblick auf die unterschiedlichen Vorstellungen der Mitgliedstaaten zur kollektiven Interessenvertretung zähen Entwicklung, die am Ende in die Annahme der Richtlinie 94/45/EG (v. 22. 9. 1994, ABl. L 254/64) mündete. Diese wurde zwischenzeitlich durch die EBR-Richtlinie 2009/38/EG (EU-ASO Nr. 74) reformiert und neu gefasst (zur Geschichte der Richtlinie vgl. Einl. I zur EBR-Richtlinie, EU-ASO Nr. 74, ferner 45 Aufl. Einl. I zum EBRG). Die reformierte Richtlinie wurde durch das 2. EBRG-ÄndG v. 14. 6. 2011 (BGBl. I 1050; Reg.Entw.: BT-Drs. 17/4808; dazu *Hayen*, AiB 11, 15; *Müller*, Mitb. 10/11, S. 34) umgesetzt.

Im Zuge des Erwerbsminderungsrenten-Leistungsverbesserungsgesetzes (v. 17. 7. 2017, BGBl. I 2509) wurden die Vorgaben aus der Seeleute-Richtlinie (EU) 2015/1794 v. 6. 10. 2015 (ABl. L 263/1) für die Ermöglichung der Gremienbeteiligung von Seeleuten in § 41a EBRG umgesetzt (dazu *Hayen*, AuR 17, 394).

Entsprechend der Übergangsregelung des § 129 BetrVG a. F. wurde in § 41b EBRG während der Corona-Pandemie die befristete Möglichkeit von Gremiensitzungen und Beschlussfassungen per Videokonferenz erstmals durch Gesetz v. 20. 5. 2020 (BGBl. I 1044) geschaffen, die aber anders als im BetrVG keine Nachfolgeregelung im Zuge des Betriebsrätemodernisierungsgesetzes (v. 14. 6. 2021, BGBl. I 1762; vgl. Einl. I 3d zum BetrVG, Nr. 12) fand, sodass Sitzungen nach dem EBRG grundsätzlich in Präsenz stattfinden müssen.

II. Wesentlicher Gesetzesinhalt

Das Gesetz wird durch ein Dreiphasenmodell der Umsetzung gekennzeichnet, das so von der Richtlinie vorgegeben worden ist:

(1) *Freiwillige Vereinbarungen* über einen Euro-Betriebsrat bzw. über grenzüberschreitende Unterrichtung und Anhörung, die bis zum 22. September 1996 ge-

schlossen worden sind, gehen dem Gesetz vor. Es ist auf solche Vereinbarungen bis zu ihrer wirksamen Kündigung nicht anwendbar (§ 41 EBRG). Mit dieser Bestimmung, die auf Art. 13 der Richtlinie zurückgeht, sollten freiwillige und damit den konkreten Bedürfnissen der einzelnen Unternehmen und ihrer Belegschaftsvertretungen angepasste rasche Regelungen angeregt werden. Voraussetzung für die gesetzesverdrängende Wirkung einer solchen Vereinbarung ist, dass sie sich auf alle in den Mitgliedstaaten beschäftigten Arbeitnehmer erstreckt und eine Repräsentanz aus allen Mitgliedstaaten vorsieht, in denen das Unternehmen einen Betrieb hat. Auf Seiten der Arbeitnehmer konnte eine solche Vereinbarung sowohl von Gewerkschaften als auch von gesetzlichen Betriebsvertretungen abgeschlossen werden (vgl. *Wuttke,* DB 95, 774; *Sandmann,* WiB 96, 415; *Pauly/Ahouzaridi,* DZWir 96, 221). Diese Privilegierung bestehender Vereinbarungen setzt sich gemäß Art. 14 der reformierten Richtlinie fort. Nunmehr gibt es eine weitere Privilegierung für Vereinbarungen aus der Zeit der Umsetzungsphase der reformierten EBR-Richtlinie (§ 41 Abs. 8 EBRG).

(2) Seit dem 23. September 1996 wird ein gesetzlich strukturierter Verhandlungsmechanismus zur Verfügung gestellt. Sein Träger ist ein *»Besonderes Verhandlungsgremium«* (§ 8 EBRG). Dieses aus Vertretern aller Mitgliedstaaten, in denen ein Betrieb besteht, zusammengesetzte Arbeitnehmergremium hat als einzige Aufgabe den Abschluss einer Vereinbarung über eine grenzüberschreitende Unterrichtung und Anhörung der Arbeitnehmer (§ 8 Abs. 1 EBRG). Die Kosten des Besonderen Verhandlungsgremiums werden vom Unternehmen getragen. Darin sind Sachverständigenkosten eingeschlossen (§§ 13 Abs. 4, 16 EBRG). Das Besondere Verhandlungsgremium und das Unternehmen sind in der Gestaltung ihrer Vereinbarung frei (§ 17 S. 1 EBRG). Mindestbedingung ist, dass die Vereinbarung sich auf alle in den Mitgliedstaaten beschäftigten Arbeitnehmer erstreckt, in denen das Unternehmen einen Betrieb hat (§ 17 S. 2 EBRG). Mindestinhalte einer Vereinbarung über einen Europäischen Betriebsrat werden in § 18 EBRG geregelt (vgl. *Däubler,* EuroAS 98, 68).

Die zentrale Leitung eines Unternehmens hat der Arbeitnehmervertretung (Betriebsrat) die erforderlichen Informationen zu geben und Unterlagen zur Verfügung zu stellen (§ 8 Abs. 2 EBRG). Liegt die Leitung im Ausland, ist dieser Informationsanspruch durch die inländische, gemäß § 2 Abs. 2 EBRG fingierte Leitung zu erfüllen (*EuGH* 13. 1. 2004 – C-440/00, BB 04, 441 – Kühne & Nagel – mit Anm. *Däubler;* dazu abschließend *BAG,* BB 05, 440 mit Anm. *Leder/Zimmer*).

(3) Wenn das Unternehmen innerhalb von sechs Monaten nach Antragstellung die Aufnahme von Verhandlungen mit dem besonderen Verhandlungsgremium ablehnt oder innerhalb von drei Jahren nach Antragstellung keine Vereinbarung zustande kommt, ist ein *Europäischer Betriebsrat kraft Gesetzes* zu errichten (§ 21 Abs. 1 EBRG). Das Gleiche gilt, wenn das besondere Verhandlungsgremium nach Ablauf von drei Jahren mit zwei Drittel seiner Stimmen auf Verhandlungen verzichtet (§ 21 Abs. 2 EBRG). Der kraft Gesetzes errichtete Europäische Betriebsrat setzt sich aus Arbeitnehmern der Mitgliedstaaten zusammen, in denen das Unternehmen einen Betrieb mit 10 % der Gesamtzahl der Arbeitnehmer des Unternehmens bzw. der Gruppe in den Mitgliedstaaten hat (§ 22 Abs. 2 EBRG). Die Kosten und der Sachaufwand des Europäischen Betriebsrats einschließlich Sachverständiger sind im erforderlichen Ausmaß vom Unternehmen zu tragen (§ 39 EBRG).

13

Kernaufgabe des Europäischen Betriebsrats ist die jährliche Unterrichtung und Anhörung über die Entwicklung der Geschäftslage und die Perspektive des unionsweit tätigen Unternehmens (§ 29 Abs. 1 EBRG). § 29 Abs. 2 EBRG legt fest, welche Themen jedenfalls zur Informationspflicht gehören. Bei außergewöhnlichen Umständen, die erhebliche Auswirkungen auf die Interessen der Arbeitnehmer haben, ist der Europäische Betriebsrat unter Vorlage der erforderlichen Umstände unverzüglich zu unterrichten (§ 30 Abs. 1 EBRG). Das Unternehmen muss Gelegenheit zur Stellungnahme noch im Planungsstadium geben und darf keine »vollendeten Tatsachen« schaffen (vgl. das Urteil des *Berufungsgerichts Versailles* zur Schließung eines Renault-Werkes in Belgien, AuR 97, 299; zum Konflikt *Rehfeldt,* WSI-Mitt. 98, 450; s. nunmehr Art. 2g RL 2009/38/EG, EU-ASO Nr. 74). Der Europäische Betriebsrat berichtet den örtlichen Arbeitnehmervertretern über die Ergebnisse seiner eigenen Unterrichtung und Anhörung (§ 36 Abs. 1 EBRG).
Die Mitglieder des Europäischen Betriebsrats werden in Deutschland durch Betriebsrat, Gesamt- oder Konzernbetriebsrat je nach Struktur des inländischen Unternehmens bestellt (§ 23 EBRG). Ihre Amtszeit beträgt vier Jahre (§ 32 Abs. 1 EBRG). Die Pflicht zur vertrauensvollen Zusammenarbeit (§ 34 EBRG) und zur Geheimhaltung (§ 35 EBRG) entspricht den Regelungen des BetrVG.
Bei Konzernen wird ein Europäischer Betriebsrat nur beim herrschenden Unternehmen eingerichtet (§ 7 EBRG in Verbindung mit § 6 EBRG). Allerdings können die bis zum 22.9.1996 abgeschlossenen freiwilligen Vereinbarungen auch vorsehen, dass die Arbeitnehmer eines Konzerns nicht durch einen einzigen für sie alle tätigen Euro-Betriebsrat vertreten werden, sondern dass nebeneinander mehrere Gremien eingerichtet werden. Bedingung ist allerdings, dass durch eine solche Vereinbarung alle Arbeitnehmer des Konzerns erfasst sind (§ 41 Abs. 1 S. 2 EBRG).
Für die Tätigkeit in einem besonderen Verhandlungsgremium oder einem Europäischen Betriebsrat gilt ein dem BetrVG entsprechender Errichtungs- und Tätigkeitsschutz (§ 42 EBRG).
Ohne dass dies von der Richtlinie vorgesehen wäre, enthält das Gesetz an zwei Stellen deutsche »Spezialitäten«:

- ein Beteiligungsrecht des Vertreters der leitenden Angestellten (§ 23 Abs. 6 EBRG) und
- eine Einschränkung der EBR-Rechte für Tendenzunternehmen (§ 31 EBRG; hierzu *Blanke,* AiB 96, 204).

III. Anwendungsprobleme und Rechtstatsachen

Nach den Zahlen der Hans-Böckler-Stiftung (*www.boeckler.de*) gab es 2011 europaweit 978 EBR. Das ist weniger als die Hälfte aller EBR-fähigen Unternehmen. Über 160 EBR wurden bei Unternehmen mit Leitung in Deutschland gegründet. 2016 waren es mehr als 1000 Unternehmen mit EBR, 224 davon in Unternehmen mit zentraler Leitung in Deutschland. Nach Angaben des Europäischen Gewerkschaftsinstituts waren im Jahr 2022 1662 EBR und SE-Betriebsräte (vgl. Nr. 26 b) errichtet, von denen 1208 noch aktiv waren. Im Jahr 2025 waren es 1830 Gremien (*www.ewcdb.eu*). Nur etwa 1/3 der EBR-pflichtigen Unternehmen(sgruppen) haben einen EBR, 46 % der Deutschen EBR-Vereinbarungen sind nach Art. 14 der bisherigen EBR-Richtlinie privilegierte Alt-Vereinbarungen, die nicht die Mindeststandards der Richtlinie erfüllen (Boeckler impuls 19/24, 4).

IV. Rechtspolitische Diskussion

Die Europäische Union hat eine Änderungsrichtlinie angenommen. Durch die RL (EU) 2025/2450 (ABl. L v. 11.12.2025, Entwurf: COM [2024] 14 final; dazu *Günther/Schaller/Westenrieder*, NZA 24, 599; Boeckler impuls 19/24, 4) wurde die Richtlinie 2009/38/EG geändert. Auf dieser geänderten Grundlage ist das mitgliedstaatliche Recht innerhalb von zwei Jahren nach Inkrafttreten anzupassen. Darin ist unter anderem ein Geschlechterproporz von mindestens 40 % für jedes Geschlecht im besonderen Verhandlungsgremium sowie im IBR (kraft Gesetzes oder kraft Vereinbarung) vorgesehen. Es werden klare Regelungen in einer EBR-Vereinbarung für die materiellen Mittel und die Kostentragung gefordert, was sich auf Sachverständige (auch Gewerkschaftsvertreter) und deren Recht zur Sitzungsteilnahme sowie auf Schulungen erstreckt. Informationen und Anhörung sollen so rechtzeitig erfolgen, dass eine adäquate Bewertung und ggf. Stellungnahme des EBR möglich ist. Auf eine Stellungnahme des Europäischen Betriebsrats soll nun eine mit Gründen versehene schriftliche Antwort erfolgen. Diese Neuregelung des Art. 9 Abs. 3 lässt sich auch durchaus so deuten, dass der EBR bis dahin einen Unterlassungsanspruch hat (vgl. DKW-*Deinert*, § 29 EBRG Rn. 2; a. A. *Günther/Schaller/Westenrieder*, NZA 24, 599, 601 f.). Die Regelungen über die Vertraulichkeit von Informationen nach Art. 8 und über die Veweigerung von Informationen nach Art. 8a der geänderten Richtlinie verlangen von der zentralen Leitung eine Begründung. Der Bestandsschutz für ältere Vereinbarungen wird künftig entfallen. Art. 14a der Richtlinie ermöglicht aber die Anpassung älterer Vereinbarungen an die Mindestanforderungen des Art. 6 der neuen EBR-Richtlinie für eine Übergangsfrist von zwei Jahren.

Ferner soll der EBR kraft Gesetzes künftig zweimal jährlich unterrichtet werden. Dabei ist eine Online-Kommunikation nur für Ausnahmefälle vorgesehen. Auch für einen EBR kraft Gesetzes ist die Unterstützung durch Sachverständige unter Einschluss von Gewerkschaftsvertretern geplant. Hinsichtlich der Kosten ist eine Erstreckung auf Sitzungskosten, Übersetzungen, Aufenthalts- und Reisekosten vorgesehen.

Weiterführende Literatur

Annuß/Kühn/Rudolph/Rupp, EBRG, Kommentar (2014)

Blanke/Hayen/Kunz/Carlson, Europäische Betriebsräte-Gesetz, Kommentar, 3. Aufl. (2018)

zu Dohna-Jaeger, 20 Jahre EBRG – Status quo und Weiterentwicklung, AuR 2017, S. 194

DKW-*Däubler u. a.*, BetrVG, 19. Aufl. (2024), Kommentierung zum EBRG

Zahn, Die Zukunft Europäischer Betriebsräte im Vereinigten Königreich nach dem Brexit, AuR 2024, S. 456

Gesetz über Europäische Betriebsräte (Europäische Betriebsräte-Gesetz – EBRG)

vom 7. Dezember 2011 (BGBl. I 2650),
zuletzt geändert durch Gesetz vom 16. September 2022 (BGBl. I 1454)[1]

Erster Teil – Allgemeine Vorschriften

§ 1 Grenzübergreifende Unterrichtung und Anhörung (1) Zur Stärkung des Rechts auf grenzübergreifende Unterrichtung und Anhörung der Arbeitnehmer in gemeinschaftsweit tätigen Unternehmen und Unternehmensgruppen werden Europäische Betriebsräte oder Verfahren zur Unterrichtung und Anhörung der Arbeitnehmer vereinbart. Kommt es nicht zu einer Vereinbarung, wird ein Europäischer Betriebsrat kraft Gesetzes errichtet.

(2) Der Europäische Betriebsrat ist zuständig in Angelegenheiten, die das gemeinschaftsweit tätige Unternehmen oder die gemeinschaftsweit tätige Unternehmensgruppe insgesamt oder mindestens zwei Betriebe oder zwei Unternehmen in verschiedenen Mitgliedstaaten betreffen. Bei Unternehmen und Unternehmensgruppen nach § 2 Absatz 2 ist der Europäische Betriebsrat nur in solchen Angelegenheiten zuständig, die sich auf das Hoheitsgebiet der Mitgliedstaaten erstrecken, soweit kein größerer Geltungsbereich vereinbart wird.

(3) Die grenzübergreifende Unterrichtung und Anhörung der Arbeitnehmer erstreckt sich in einem Unternehmen auf alle in einem Mitgliedstaat liegenden Betriebe sowie in einer Unternehmensgruppe auf alle Unternehmen, die ihren Sitz in einem Mitgliedstaat haben, soweit kein größerer Geltungsbereich vereinbart wird.

(4) Unterrichtung im Sinne dieses Gesetzes bezeichnet die Übermittlung von Informationen durch die zentrale Leitung oder eine andere geeignete Leitungsebene an die Arbeitnehmervertreter, um ihnen Gelegenheit zur Kenntnisnahme und Prüfung der behandelten Frage zu geben. Die Unterrichtung erfolgt zu einem Zeitpunkt, in einer Weise und in einer inhaltlichen Ausgestaltung, die dem Zweck angemessen sind und es den Arbeitnehmervertretern ermöglichen, die möglichen Auswirkungen eingehend zu bewerten und gegebenenfalls Anhörungen mit dem zuständigen Organ des gemeinschaftsweit tätigen Unternehmens oder der gemeinschaftsweit tätigen Unternehmensgruppe vorzubereiten.

(5) Anhörung im Sinne dieses Gesetzes bezeichnet den Meinungsaustausch und die Einrichtung eines Dialogs zwischen den Arbeitnehmervertretern und der zentralen Leitung oder einer anderen geeigneten Leitungsebene zu einem Zeitpunkt, in einer Weise und in einer inhaltlichen Ausgestaltung, die es den Arbeitnehmervertretern auf der Grundlage der enthaltenen Informationen ermöglichen, innerhalb

1 Dieses Gesetz dient der Umsetzung der Richtlinie 2009/38/EG des Europäischen Parlaments und des Rates vom 6. Mai 2009 über die Einsetzung eines Europäischen Betriebsrats oder die Schaffung eines Verfahrens zur Unterrichtung oder Anhörung der Arbeitnehmer in gemeinschaftsweit operierenden Unternehmen und Unternehmensgruppen (ABl. L 122 vom 16. 5. 2009, S. 28).

einer angemessenen Frist zu den vorgeschlagenen Maßnahmen, die Gegenstand der Anhörung sind, eine Stellungnahme abzugeben, die innerhalb des gemeinschaftsweit tätigen Unternehmens oder der gemeinschaftsweit tätigen Unternehmensgruppe berücksichtigt werden kann. Die Anhörung muss den Arbeitnehmervertretern gestatten, mit der zentralen Leitung zusammenzukommen und eine mit Gründen versehene Antwort auf ihre etwaige Stellungnahme zu erhalten.
(6) Zentrale Leitung im Sinne dieses Gesetzes ist ein gemeinschaftsweit tätiges Unternehmen oder das herrschende Unternehmen einer gemeinschaftsweit tätigen Unternehmensgruppe.
(7) Unterrichtung und Anhörung des Europäischen Betriebsrats sind spätestens gleichzeitig mit der der nationalen Arbeitnehmervertretungen durchzuführen.

§ 2 Geltungsbereich (1) Dieses Gesetz gilt für gemeinschaftsweit tätige Unternehmen mit Sitz im Inland und für gemeinschaftsweit tätige Unternehmensgruppen mit Sitz des herrschenden Unternehmens im Inland.
(2) Liegt die zentrale Leitung nicht in einem Mitgliedstaat, besteht jedoch eine nachgeordnete Leitung für in Mitgliedstaaten liegende Betriebe oder Unternehmen, findet dieses Gesetz Anwendung, wenn die nachgeordnete Leitung im Inland liegt. Gibt es keine nachgeordnete Leitung, findet das Gesetz Anwendung, wenn die zentrale Leitung einen Betrieb oder ein Unternehmen im Inland als ihren Vertreter benennt. Wird kein Vertreter benannt, findet das Gesetz Anwendung, wenn der Betrieb oder das Unternehmen im Inland liegt, in dem verglichen mit anderen in den Mitgliedstaaten liegenden Betrieben des Unternehmens oder Unternehmen der Unternehmensgruppe die meisten Arbeitnehmer beschäftigt sind. Die vorgenannten Stellen gelten als zentrale Leitung.
(3) Mitgliedstaaten im Sinne dieses Gesetzes sind die Mitgliedstaaten der Europäischen Union sowie die anderen Vertragsstaaten des Abkommens über den Europäischen Wirtschaftsraum.
(4) Für die Berechnung der Anzahl der im Inland beschäftigten Arbeitnehmer (§ 4), den Auskunftsanspruch (§ 5 Absatz 2 und 3), die Bestimmung des herrschenden Unternehmens (§ 6), die Weiterleitung des Antrags (§ 9 Abs. 2 Satz 3), die gesamtschuldnerische Haftung des Arbeitgebers (§ 16 Abs. 2), die Bestellung der auf das Inland entfallenden Arbeitnehmervertreter (§§ 11, 23 Abs. 1 bis 5 und § 18 Abs. 2 in Verbindung mit § 23) und die für sie geltenden Schutzbestimmungen (§ 40) sowie für den Bericht gegenüber den örtlichen Arbeitnehmervertretungen im Inland (§ 36 Absatz 2) gilt dieses Gesetz auch dann, wenn die zentrale Leitung nicht im Inland liegt.

§ 3 Gemeinschaftsweite Tätigkeit (1) Ein Unternehmen ist gemeinschaftsweit tätig, wenn es mindestens 1000 Arbeitnehmer in den Mitgliedstaaten und davon jeweils mindestens 150 Arbeitnehmer in mindestens zwei Mitgliedstaaten beschäftigt.
(2) Eine Unternehmensgruppe ist gemeinschaftsweit tätig, wenn sie mindestens 1000 Arbeitnehmer in den Mitgliedstaaten beschäftigt und ihr mindestens zwei Unternehmen mit Sitz in verschiedenen Mitgliedstaaten angehören, die jeweils mindestens je 150 Arbeitnehmer in verschiedenen Mitgliedstaaten beschäftigen.

§ 4 Berechnung der Arbeitnehmerzahlen In Betrieben und Unternehmen des Inlands errechnen sich die im Rahmen des § 3 zu berücksichtigenden Arbeitnehmerzahlen nach der Anzahl der im Durchschnitt während der letzten zwei Jahre beschäftigten Arbeitnehmer im Sinne des § 5 Absatz 1 des Betriebsverfassungsgesetzes. Maßgebend für den Beginn der Frist nach Satz 1 ist der Zeitpunkt, in dem die zentrale Leitung die Initiative zur Bildung des besonderen Verhandlungsgremiums ergreift oder der zentralen Leitung ein den Voraussetzungen des § 9 Absatz 2 entsprechender Antrag der Arbeitnehmer oder ihrer Vertreter zugeht.

§ 5 Auskunftsanspruch (1) Die zentrale Leitung hat auf Verlangen einer Arbeitnehmervertretung die für die Aufnahme von Verhandlungen zur Bildung eines Europäischen Betriebsrats erforderlichen Informationen zu erheben und an die Arbeitnehmervertretung weiterzuleiten. Zu den erforderlichen Informationen gehören insbesondere die durchschnittliche Gesamtzahl der Arbeitnehmer und ihre Verteilung auf die Mitgliedstaaten, die Unternehmen und Betriebe sowie über die Struktur des Unternehmens oder der Unternehmensgruppe.

(2) Ein Betriebsrat oder ein Gesamtbetriebsrat kann den Anspruch nach Absatz 1 gegenüber der örtlichen Betriebs- oder Unternehmensleitung geltend machen; diese ist verpflichtet, die erforderlichen Informationen und Unterlagen bei der zentralen Leitung einzuholen.

(3) Jede Leitung eines Unternehmens einer gemeinschaftsweit tätigen Unternehmensgruppe sowie die zentrale Leitung sind verpflichtet, die Informationen nach Absatz 1 zu erheben und zur Verfügung zu stellen.

§ 6 Herrschendes Unternehmen (1) Ein Unternehmen, das zu einer gemeinschaftsweit tätigen Unternehmensgruppe gehört, ist herrschendes Unternehmen, wenn es unmittelbar oder mittelbar einen beherrschenden Einfluß auf ein anderes Unternehmen derselben Gruppe (abhängiges Unternehmen) ausüben kann.

(2) Ein beherrschender Einfluß wird vermutet, wenn ein Unternehmen in Bezug auf ein anderes Unternehmen unmittelbar oder mittelbar

1. mehr als die Hälfte der Mitglieder des Verwaltungs-, Leitungs- oder Aufsichtsorgans des anderen Unternehmens bestellen kann oder
2. über die Mehrheit der mit den Anteilen am anderen Unternehmen verbundenen Stimmrechte verfügt oder
3. die Mehrheit des gezeichneten Kapitals dieses Unternehmens besitzt.

Erfüllen mehrere Unternehmen eines der in Satz 1 Nummer 1 bis 3 genannten Kriterien, bestimmt sich das herrschende Unternehmen nach Maßgabe der dort bestimmten Rangfolge.

(3) Bei der Anwendung des Absatzes 2 müssen den Stimm- und Ernennungsrechten eines Unternehmens die Rechte aller von ihm abhängigen Unternehmen sowie aller natürlichen oder juristischen Personen, die zwar im eigenen Namen, aber für Rechnung des Unternehmens oder eines von ihm abhängigen Unternehmens handeln, hinzugerechnet werden.

(4) Investment- und Beteiligungsgesellschaften im Sinne des Artikels 3 Absatz 5 Buchstabe a oder c der Verordnung (EG) Nr. 139/2004 des Rates vom 20. Januar 2004 über die Kontrolle von Unternehmenszusammenschlüssen (ABl. L 24 vom

29.1.2004, S. 1) gelten nicht als herrschendes Unternehmen gegenüber einem anderen Unternehmen, an dem sie Anteile halten, an dessen Leitung sie jedoch nicht beteiligt sind.

§ 7 Europäischer Betriebsrat in Unternehmensgruppen Gehören einer gemeinschaftsweit tätigen Unternehmensgruppe ein oder mehrere gemeinschaftsweit tätige Unternehmen an, wird ein Europäischer Betriebsrat nur bei dem herrschenden Unternehmen errichtet, sofern nichts anderes vereinbart wird.

Zweiter Teil – Besonderes Verhandlungsgremium

§ 8 Aufgabe (1) Das besondere Verhandlungsgremium hat die Aufgabe, mit der zentralen Leitung eine Vereinbarung über eine grenzübergreifende Unterrichtung und Anhörung der Arbeitnehmer abzuschließen.
(2) Die zentrale Leitung hat dem besonderen Verhandlungsgremium rechtzeitig alle zur Durchführung seiner Aufgaben erforderlichen Auskünfte zu erteilen und die erforderlichen Unterlagen zur Verfügung zu stellen.
(3) Die zentrale Leitung und das besondere Verhandlungsgremium arbeiten vertrauensvoll zusammen. Zeitpunkt, Häufigkeit und Ort der Verhandlungen werden zwischen der zentralen Leitung und dem besonderen Verhandlungsgremium einvernehmlich festgelegt.

§ 9 Bildung (1) Die Bildung des besonderen Verhandlungsgremiums ist von den Arbeitnehmern oder ihren Vertretern schriftlich bei der zentralen Leitung zu beantragen oder erfolgt auf Initiative der zentralen Leitung.
(2) Der Antrag ist wirksam gestellt, wenn er von mindestens 100 Arbeitnehmern oder ihren Vertretern aus mindestens zwei Betrieben oder Unternehmen, die in verschiedenen Mitgliedstaaten liegen, unterzeichnet ist und der zentralen Leitung zugeht. Werden mehrere Anträge gestellt, sind die Unterschriften zusammenzuzählen. Wird ein Antrag bei einer im Inland liegenden Betriebs- oder Unternehmensleitung eingereicht, hat diese den Antrag unverzüglich an die zentrale Leitung weiterzuleiten und die Antragsteller darüber zu unterrichten.
(3) Die zentrale Leitung hat die Antragsteller, die örtlichen Betriebs- oder Unternehmensleitungen, die dort bestehenden Arbeitnehmervertretungen sowie die in inländischen Betrieben vertretenen Gewerkschaften über die Bildung eines besonderen Verhandlungsgremiums und seine Zusammensetzung zu unterrichten.

§ 10 Zusammensetzung (1) Für jeden Anteil der in einem Mitgliedstaat beschäftigten Arbeitnehmer, der 10 Prozent der Gesamtzahl der in allen Mitgliedstaaten beschäftigten Arbeitnehmer der gemeinschaftsweit tätigen Unternehmen oder Unternehmensgruppen oder einen Bruchteil davon beträgt, wird ein Mitglied aus diesem Mitgliedstaat in das besondere Verhandlungsgremium entsandt.
(2) Es können Ersatzmitglieder bestellt werden.

§ 11 Bestellung inländischer Arbeitnehmervertreter (1) Die nach diesem Gesetz oder dem Gesetz eines anderen Mitgliedstaates auf die im Inland beschäftigten

Arbeitnehmer entfallenden Mitglieder des besonderen Verhandlungsgremiums werden in gemeinschaftsweit tätigen Unternehmen vom Gesamtbetriebsrat (§ 47 des Betriebsverfassungsgesetzes) bestellt. Besteht nur ein Betriebsrat, so bestellt dieser die Mitglieder des besonderen Verhandlungsgremiums.

(2) Die in Absatz 1 Satz 1 genannten Mitglieder des besonderen Verhandlungsgremiums werden in gemeinschaftsweit tätigen Unternehmensgruppen vom Konzernbetriebsrat (§ 54 des Betriebsverfassungsgesetzes) bestellt. Besteht neben dem Konzernbetriebsrat noch ein in ihm nicht vertretener Gesamtbetriebsrat oder Betriebsrat, ist der Konzernbetriebsrat um deren Vorsitzende und um deren Stellvertreter zu erweitern; die Vorsitzenden und ihre Stellvertreter gelten insoweit als Konzernbetriebsratsmitglieder.

(3) Besteht kein Konzernbetriebsrat, werden die in Absatz 1 Satz 1 genannten Mitglieder des besonderen Verhandlungsgremiums wie folgt bestellt:

a) Bestehen mehrere Gesamtbetriebsräte, werden die Mitglieder des besonderen Verhandlungsgremiums auf einer gemeinsamen Sitzung der Gesamtbetriebsräte bestellt, zu welcher der Gesamtbetriebsratsvorsitzende des nach der Zahl der wahlberechtigten Arbeitnehmer größten inländischen Unternehmens einzuladen hat. Besteht daneben noch mindestens ein in den Gesamtbetriebsräten nicht vertretener Betriebsrat, sind der Betriebsratsvorsitzende und dessen Stellvertreter zu dieser Sitzung einzuladen; sie gelten insoweit als Gesamtbetriebsratsmitglieder.

b) Besteht neben einem Gesamtbetriebsrat noch mindestens ein in ihm nicht vertretener Betriebsrat, ist der Gesamtbetriebsrat um den Vorsitzenden des Betriebsrats und dessen Stellvertreter zu erweitern; der Betriebsratsvorsitzende und sein Stellvertreter gelten insoweit als Gesamtbetriebsratsmitglieder. Der Gesamtbetriebsrat bestellt die Mitglieder des besonderen Verhandlungsgremiums. Besteht nur ein Gesamtbetriebsrat, so hat dieser die Mitglieder des besonderen Verhandlungsgremiums zu bestellen.

c) Bestehen mehrere Betriebsräte, werden die Mitglieder des besonderen Verhandlungsgremiums auf einer gemeinsamen Sitzung bestellt, zu welcher der Betriebsratsvorsitzende des nach der Zahl der wahlberechtigten Arbeitnehmer größten inländischen Betriebs einzuladen hat. Zur Teilnahme an dieser Sitzung sind die Betriebsratsvorsitzenden und deren Stellvertreter berechtigt; § 47 Absatz 7 des Betriebsverfassungsgesetzes gilt entsprechend.

d) Besteht nur ein Betriebsrat, so hat dieser die Mitglieder des besonderen Verhandlungsgremiums zu bestellen.

(4) Zu Mitgliedern des besonderen Verhandlungsgremiums können auch die in § 5 Absatz 3 des Betriebsverfassungsgesetzes genannten Angestellten bestellt werden.

(5) Frauen und Männer sollen entsprechend ihrem zahlenmäßigen Verhältnis bestellt werden.

§ 12 Unterrichtung über die Mitglieder des besonderen Verhandlungsgremiums Der zentralen Leitung sind unverzüglich die Namen der Mitglieder des besonderen Verhandlungsgremiums, ihre Anschriften sowie die jeweilige Betriebszugehörigkeit mitzuteilen. Die zentrale Leitung hat die örtlichen Betriebs- oder

Unternehmensleitungen, die dort bestehenden Arbeitnehmervertretungen sowie die in inländischen Betrieben vertretenen Gewerkschaften über diese Angaben zu unterrichten.

§ 13 Sitzungen, Geschäftsordnung, Sachverständige (1) Die zentrale Leitung lädt unverzüglich nach Benennung der Mitglieder zur konstituierenden Sitzung des besonderen Verhandlungsgremiums ein und unterrichtet die örtlichen Betriebs- oder Unternehmensleitungen. Die zentrale Leitung unterrichtet zugleich die zuständigen europäischen Gewerkschaften und Arbeitgeberverbände über den Beginn der Verhandlungen und die Zusammensetzung des besonderen Verhandlungsgremiums nach § 12 Satz 1. Das besondere Verhandlungsgremium wählt aus seiner Mitte einen Vorsitzenden und kann sich eine Geschäftsordnung geben.
(2) Vor und nach jeder Verhandlung mit der zentralen Leitung hat das besondere Verhandlungsgremium das Recht, eine Sitzung durchzuführen und zu dieser einzuladen; § 8 Absatz 3 Satz 2 gilt entsprechend.
(3) Beschlüsse des besonderen Verhandlungsgremiums werden, soweit in diesem Gesetz nichts anderes bestimmt ist, mit der Mehrheit der Stimmen seiner Mitglieder gefasst.
(4) Das besondere Verhandlungsgremium kann sich durch Sachverständige seiner Wahl unterstützen lassen, soweit dies zur ordnungsgemäßen Erfüllung seiner Aufgaben erforderlich ist. Sachverständige können auch Beauftragte von Gewerkschaften sein. Die Sachverständigen und Gewerkschaftsvertreter können auf Wunsch des besonderen Verhandlungsgremiums beratend an den Verhandlungen teilnehmen.

§ 14 Einbeziehung von Arbeitnehmervertretern aus Drittstaaten Kommen die zentrale Leitung und das besondere Verhandlungsgremium überein, die nach § 17 auszuhandelnde Vereinbarung auf nicht in einem Mitgliedstaat (Drittstaat) liegende Betriebe oder Unternehmen zu erstrecken, können sie vereinbaren, Arbeitnehmervertreter aus diesen Staaten in das besondere Verhandlungsgremium einzubeziehen und die Anzahl der auf den jeweiligen Drittstaat entfallenden Mitglieder sowie deren Rechtsstellung festlegen.

§ 15 Beschluss über Beendigung der Verhandlungen (1) Das besondere Verhandlungsgremium kann mit mindestens zwei Dritteln der Stimmen seiner Mitglieder beschließen, keine Verhandlungen aufzunehmen oder diese zu beenden. Der Beschluss und das Abstimmungsergebnis sind in eine Niederschrift aufzunehmen, die vom Vorsitzenden und einem weiteren Mitglied zu unterzeichnen ist. Eine Abschrift der Niederschrift ist der zentralen Leitung zuzuleiten.
(2) Ein neuer Antrag auf Bildung eines besonderen Verhandlungsgremiums (§ 9) kann frühestens zwei Jahre nach dem Beschluss gemäß Absatz 1 gestellt werden, sofern das besondere Verhandlungsgremium und die zentrale Leitung nicht schriftlich eine kürzere Frist festlegen.

§ 16 Kosten und Sachaufwand (1) Die durch die Bildung und Tätigkeit des besonderen Verhandlungsgremiums entstehenden Kosten trägt die zentrale Leitung.

Werden Sachverständige nach § 13 Absatz 4 hinzugezogen, beschränkt sich die Kostentragungspflicht auf einen Sachverständigen. Die zentrale Leitung hat für die Sitzungen in erforderlichem Umfang Räume, sachliche Mittel, Dolmetscher und Büropersonal zur Verfügung zu stellen sowie die erforderlichen Reise- und Aufenthaltskosten der Mitglieder des besonderen Verhandlungsgremiums zu tragen.
(2) Der Arbeitgeber eines aus dem Inland entsandten Mitglieds des besonderen Verhandlungsgremiums haftet neben der zentralen Leitung für dessen Anspruch auf Kostenerstattung als Gesamtschuldner.

Dritter Teil – Vereinbarungen über grenzübergreifende Unterrichtung und Anhörung

§ 17 Gestaltungsfreiheit Die zentrale Leitung und das besondere Verhandlungsgremium können frei vereinbaren, wie die grenzübergreifende Unterrichtung und Anhörung der Arbeitnehmer ausgestaltet wird; sie sind nicht an die Bestimmungen des Vierten Teils dieses Gesetzes gebunden. Die Vereinbarung muss sich auf alle in den Mitgliedstaaten beschäftigten Arbeitnehmer erstrecken, in denen das Unternehmen oder die Unternehmensgruppe einen Betrieb hat. Die Parteien verständigen sich darauf, ob die grenzübergreifende Unterrichtung und Anhörung durch die Errichtung eines Europäischen Betriebsrats oder mehrerer Europäischer Betriebsräte nach § 18 oder durch ein Verfahren zur Unterrichtung und Anhörung der Arbeitnehmer nach § 19 erfolgen soll.

§ 18 Europäischer Betriebsrat kraft Vereinbarung (1) Soll ein Europäischer Betriebsrat errichtet werden, ist schriftlich zu vereinbaren, wie dieser ausgestaltet werden soll. Dabei soll insbesondere Folgendes geregelt werden:
1. Bezeichnung der erfassten Betriebe und Unternehmen, einschließlich der außerhalb des Hoheitsgebietes der Mitgliedstaaten liegenden Niederlassungen, sofern diese in den Geltungsbereich einbezogen werden,
2. Zusammensetzung des Europäischen Betriebsrats, Anzahl der Mitglieder, Ersatzmitglieder, Sitzverteilung und Mandatsdauer,
3. Aufgaben und Befugnisse des Europäischen Betriebsrats sowie das Verfahren zu seiner Unterrichtung und Anhörung; dieses Verfahren kann auf die Beteiligungsrechte der nationalen Arbeitnehmervertretungen abgestimmt werden, soweit deren Rechte hierdurch nicht beeinträchtigt werden,
4. Ort, Häufigkeit und Dauer der Sitzungen,
5. die Einrichtung eines Ausschusses des Europäischen Betriebsrats einschließlich seiner Zusammensetzung, der Bestellung seiner Mitglieder, seiner Befugnisse und Arbeitsweise,
6. die für den Europäischen Betriebsrat zur Verfügung zu stellenden finanziellen und sachlichen Mittel,
7. Klausel zur Anpassung der Vereinbarung an Strukturänderungen, die Geltungsdauer der Vereinbarung und das bei ihrer Neuverhandlung, Änderung oder Kündigung anzuwendende Verfahren, einschließlich einer Übergangsregelung.

(2) § 23 gilt entsprechend.

§ 19 Verfahren zur Unterrichtung und Anhörung Soll ein Verfahren zur Unterrichtung und Anhörung der Arbeitnehmer eingeführt werden, ist schriftlich zu vereinbaren, unter welchen Voraussetzungen die Arbeitnehmervertreter das Recht haben, die ihnen übermittelten Informationen gemeinsam zu beraten und wie sie ihre Vorschläge oder Bedenken mit der zentralen Leitung oder einer anderen geeigneten Leitungsebene erörtern können. Die Unterrichtung muss sich insbesondere auf grenzübergreifende Angelegenheiten erstrecken, die erhebliche Auswirkungen auf die Interessen der Arbeitnehmer haben.

§ 20 Übergangsbestimmung Eine nach § 18 oder § 19 bestehende Vereinbarung gilt fort, wenn vor ihrer Beendigung das Antrags- oder Initiativrecht nach § 9 Absatz 1 ausgeübt worden ist. Das Antragsrecht kann auch ein auf Grund einer Vereinbarung bestehendes Arbeitnehmervertretungsgremium ausüben. Die Fortgeltung endet, wenn die Vereinbarung durch eine neue Vereinbarung ersetzt oder ein Europäischer Betriebsrat kraft Gesetzes errichtet worden ist. Die Fortgeltung endet auch dann, wenn das besondere Verhandlungsgremium einen Beschluss nach § 15 Absatz 1 fasst; § 15 Absatz 2 gilt entsprechend. Die Sätze 1 bis 4 finden keine Anwendung, wenn in der bestehenden Vereinbarung eine Übergangsregelung enthalten ist.

Vierter Teil – Europäischer Betriebsrat kraft Gesetzes

Erster Abschnitt – Errichtung des Europäischen Betriebsrats

§ 21 Voraussetzungen (1) Verweigert die zentrale Leitung die Aufnahme von Verhandlungen innerhalb von sechs Monaten nach Antragstellung (§ 9), ist ein Europäischer Betriebsrat gemäß den §§ 22 und 23 zu errichten. Das gleiche gilt, wenn innerhalb von drei Jahren nach Antragstellung keine Vereinbarung nach § 18 oder § 19 zustande kommt oder die zentrale Leitung und das besondere Verhandlungsgremium das vorzeitige Scheitern der Verhandlungen erklären. Die Sätze 1 und 2 gelten entsprechend, wenn die Bildung des besonderen Verhandlungsgremiums auf Initiative der zentralen Leitung erfolgt.
(2) Ein Europäischer Betriebsrat ist nicht zu errichten, wenn das besondere Verhandlungsgremium vor Ablauf der in Absatz 1 genannten Fristen einen Beschluss nach § 15 Absatz 1 fasst.

§ 22 Zusammensetzung des Europäischen Betriebsrats (1) Der Europäische Betriebsrat setzt sich aus Arbeitnehmern des gemeinschaftsweit tätigen Unternehmens oder der gemeinschaftsweit tätigen Unternehmensgruppe zusammen. Es können Ersatzmitglieder bestellt werden.
(2) Für jeden Anteil der in einem Mitgliedstaat beschäftigten Arbeitnehmer, der 10 Prozent der Gesamtzahl der in allen Mitgliedstaaten beschäftigten Arbeitnehmer der gemeinschaftsweit tätigen Unternehmen oder Unternehmensgruppen oder einen Bruchteil davon beträgt, wird ein Mitglied aus diesem Mitgliedstaat in den Europäischen Betriebsrat entsandt.

13

§ 23 Bestellung inländischer Arbeitnehmervertreter (1) Die nach diesem Gesetz oder dem Gesetz eines anderen Mitgliedstaates auf die im Inland beschäftigten Arbeitnehmer entfallenden Mitglieder des Europäischen Betriebsrats werden in gemeinschaftsweit tätigen Unternehmen vom Gesamtbetriebsrat (§ 47 des Betriebsverfassungsgesetzes) bestellt. Besteht nur ein Betriebsrat, so bestellt dieser die Mitglieder des Europäischen Betriebsrats.

(2) Die in Absatz 1 Satz 1 genannten Mitglieder des Europäischen Betriebsrats werden in gemeinschaftsweit tätigen Unternehmensgruppen vom Konzernbetriebsrat (§ 54 des Betriebsverfassungsgesetzes) bestellt. Besteht neben dem Konzernbetriebsrat noch ein in ihm nicht vertretener Gesamtbetriebsrat oder Betriebsrat, ist der Konzernbetriebsrat um deren Vorsitzende und um deren Stellvertreter zu erweitern; die Vorsitzenden und ihre Stellvertreter gelten insoweit als Konzernbetriebsratsmitglieder.

(3) Besteht kein Konzernbetriebsrat, werden die in Absatz 1 Satz 1 genannten Mitglieder des Europäischen Betriebsrats wie folgt bestellt:

a) Bestehen mehrere Gesamtbetriebsräte, werden die Mitglieder des Europäischen Betriebsrats auf einer gemeinsamen Sitzung der Gesamtbetriebsräte bestellt, zu welcher der Gesamtbetriebsratsvorsitzende des nach der Zahl der wahlberechtigten Arbeitnehmer größten inländischen Unternehmens einzuladen hat. Besteht daneben noch mindestens ein in den Gesamtbetriebsräten nicht vertretener Betriebsrat, sind der Betriebsratsvorsitzende und dessen Stellvertreter zu dieser Sitzung einzuladen; sie gelten insoweit als Gesamtbetriebsratsmitglieder.

b) Besteht neben einem Gesamtbetriebsrat noch mindestens ein in ihm nicht vertretener Betriebsrat, ist der Gesamtbetriebsrat um den Vorsitzenden des Betriebsrats und dessen Stellvertreter zu erweitern; der Betriebsratsvorsitzende und sein Stellvertreter gelten insoweit als Gesamtbetriebsratsmitglieder. Der Gesamtbetriebsrat bestellt die Mitglieder des Europäischen Betriebsrats. Besteht nur ein Gesamtbetriebsrat, so hat dieser die Mitglieder des Europäischen Betriebsrats zu bestellen.

c) Bestehen mehrere Betriebsräte, werden die Mitglieder des Europäischen Betriebsrats auf einer gemeinsamen Sitzung bestellt, zu welcher der Betriebsratsvorsitzende des nach der Zahl der wahlberechtigten Arbeitnehmer größten inländischen Betriebs einzuladen hat. Zur Teilnahme an dieser Sitzung sind die Betriebsratsvorsitzenden und deren Stellvertreter berechtigt; § 47 Absatz 7 des Betriebsverfassungsgesetzes gilt entsprechend.

d) Besteht nur ein Betriebsrat, so hat dieser die Mitglieder des Europäischen Betriebsrats zu bestellen.

(4) Die Absätze 1 bis 3 gelten entsprechend für die Abberufung.

(5) Eine ausgewogene Vertretung der Arbeitnehmer nach ihrer Tätigkeit sollte so weit als möglich berücksichtigt werden; Frauen und Männer sollen entsprechend ihrem zahlenmäßigen Verhältnis bestellt werden.

(6) Das zuständige Sprecherausschussgremium eines gemeinschaftsweit tätigen Unternehmens oder einer gemeinschaftsweit tätigen Unternehmensgruppe mit Sitz der zentralen Leitung im Inland kann einen der in § 5 Absatz 3 des Betriebsverfassungsgesetzes genannten Angestellten bestimmen, der mit Rederecht an den

Sitzungen zur Unterrichtung und Anhörung des Europäischen Betriebsrats teilnimmt, sofern nach § 22 Absatz 2 mindestens fünf inländische Vertreter entsandt werden. § 35 Absatz 2 und § 39 gelten entsprechend.

§ 24 Unterrichtung über die Mitglieder des Europäischen Betriebsrats Der zentralen Leitung sind unverzüglich die Namen der Mitglieder des Europäischen Betriebsrats, ihre Anschriften sowie die jeweilige Betriebszugehörigkeit mitzuteilen. Die zentrale Leitung hat die örtlichen Betriebs- oder Unternehmensleitungen, die dort bestehenden Arbeitnehmervertretungen sowie die in inländischen Betrieben vertretenen Gewerkschaften über diese Angaben zu unterrichten.

Zweiter Abschnitt – Geschäftsführung des Europäischen Betriebsrats

§ 25 Konstituierende Sitzung, Vorsitzender (1) Die zentrale Leitung lädt unverzüglich nach Benennung der Mitglieder zur konstituierenden Sitzung des Europäischen Betriebsrats ein. Der Europäische Betriebsrat wählt aus seiner Mitte einen Vorsitzenden und dessen Stellvertreter.

(2) Der Vorsitzende des Europäischen Betriebsrats oder im Falle seiner Verhinderung der Stellvertreter vertritt den Europäischen Betriebsrat im Rahmen der von ihm gefassten Beschlüsse. Zur Entgegennahme von Erklärungen, die dem Europäischen Betriebsrat gegenüber abzugeben sind, ist der Vorsitzende oder im Falle seiner Verhinderung der Stellvertreter berechtigt.

§ 26 Ausschuss Der Europäische Betriebsrat bildet aus seiner Mitte einen Ausschuss. Der Ausschuss besteht aus dem Vorsitzenden und mindestens zwei, höchstens vier weiteren zu wählenden Ausschussmitgliedern. Die weiteren Ausschussmitglieder sollen in verschiedenen Mitgliedstaaten beschäftigt sein. Der Ausschuss führt die laufenden Geschäfte des Europäischen Betriebsrats.

§ 27 Sitzungen (1) Der Europäische Betriebsrat hat das Recht, im Zusammenhang mit der Unterrichtung durch die zentrale Leitung nach § 29 eine Sitzung durchzuführen und zu dieser einzuladen. Das gleiche gilt bei einer Unterrichtung über außergewöhnliche Umstände nach § 30. Der Zeitpunkt und der Ort der Sitzungen sind mit der zentralen Leitung abzustimmen. Mit Einverständnis der zentralen Leitung kann der Europäische Betriebsrat weitere Sitzungen durchführen. Die Sitzungen des Europäischen Betriebsrats sind nicht öffentlich.

(2) Absatz 1 gilt entsprechend für die Wahrnehmung der Mitwirkungsrechte des Europäischen Betriebsrats durch den Ausschuss nach § 26.

§ 28 Beschlüsse, Geschäftsordnung Die Beschlüsse des Europäischen Betriebsrats werden, soweit in diesem Gesetz nichts anderes bestimmt ist, mit der Mehrheit der Stimmen der anwesenden Mitglieder gefasst. Sonstige Bestimmungen über die Geschäftsführung sollen in einer schriftlichen Geschäftsordnung getroffen werden, die der Europäische Betriebsrat mit der Mehrheit der Stimmen seiner Mitglieder beschließt.

Dritter Abschnitt – Mitwirkungsrechte

§ 29 Jährliche Unterrichtung und Anhörung (1) Die zentrale Leitung hat den Europäischen Betriebsrat einmal im Kalenderjahr über die Entwicklung der Geschäftslage und die Perspektiven des gemeinschaftsweit tätigen Unternehmens oder der gemeinschaftsweit tätigen Unternehmensgruppe unter rechtzeitiger Vorlage der erforderlichen Unterlagen zu unterrichten und ihn anzuhören.
(2) Zu der Entwicklung der Geschäftslage und den Perspektiven im Sinne des Absatzes 1 gehören insbesondere
1. Struktur des Unternehmens oder der Unternehmensgruppe sowie die wirtschaftliche und finanzielle Lage,
2. die voraussichtliche Entwicklung der Geschäfts-, Produktions- und Absatzlage,
3. die Beschäftigungslage und ihre voraussichtliche Entwicklung,
4. Investitionen (Investitionsprogramme),
5. grundlegende Änderungen der Organisation,
6. die Einführung neuer Arbeits- und Fertigungsverfahren,
7. die Verlegung von Unternehmen, Betrieben oder wesentlichen Betriebsteilen sowie Verlagerungen der Produktion,
8. Zusammenschlüsse oder Spaltungen von Unternehmen oder Betrieben,
9. die Einschränkung oder Stilllegung von Unternehmen, Betrieben oder wesentlichen Betriebsteilen,
10. Massenentlassungen.

§ 30 Unterrichtung und Anhörung (1) Über außergewöhnliche Umstände, die erhebliche Auswirkungen auf die Interessen der Arbeitnehmer haben, hat die zentrale Leitung den Europäischen Betriebsrat rechtzeitig unter Vorlage der erforderlichen Unterlagen zu unterrichten und auf Verlangen anzuhören. Als außergewöhnliche Umstände oder Entscheidungen gelten insbesondere
1. die Verlegung von Unternehmen, Betrieben oder wesentlichen Betriebsteilen,
2. die Stilllegung von Unternehmen, Betrieben oder wesentlichen Betriebsteilen,
3. Massenentlassungen.

(2) Besteht ein Ausschuss nach § 26, so ist dieser anstelle des Europäischen Betriebsrats nach Absatz 1 Satz 1 zu beteiligen. § 27 Absatz 1 Satz 2 bis 5 gilt entsprechend. Zu den Sitzungen des Ausschusses sind auch diejenigen Mitglieder des Europäischen Betriebsrats zu laden, die für die Betriebe oder Unternehmen bestellt worden sind, die unmittelbar von den geplanten Maßnahmen oder Entscheidungen betroffen sind; sie gelten insoweit als Ausschussmitglieder.

§ 31 Tendenzunternehmen Auf Unternehmen und herrschende Unternehmen von Unternehmensgruppen, die unmittelbar und überwiegend den in § 118 Absatz 1 Satz 1 Nummer 1 und 2 des Betriebsverfassungsgesetzes genannten Bestimmungen oder Zwecken dienen, finden nur § 29 Absatz 2 Nummer 5 bis 10 und § 30 Anwendung mit der Maßgabe, dass eine Unterrichtung und Anhörung nur über den Ausgleich oder die Milderung der wirtschaftlichen Nachteile erfolgen muss, die den Arbeitnehmern infolge der Unternehmens- oder Betriebsänderungen entstehen.

Vierter Abschnitt – Änderung der Zusammensetzung, Übergang zu einer Vereinbarung

§ 32 Dauer der Mitgliedschaft, Neubestellung von Mitgliedern (1) Die Dauer der Mitgliedschaft im Europäischen Betriebsrat beträgt vier Jahre, wenn sie nicht durch Abberufung oder aus anderen Gründen vorzeitig endet. Die Mitgliedschaft beginnt mit der Bestellung.

(2) Alle zwei Jahre, vom Tage der konstituierenden Sitzung des Europäischen Betriebsrats (§ 25 Absatz 1) an gerechnet, hat die zentrale Leitung zu prüfen, ob sich die Arbeitnehmerzahlen in den einzelnen Mitgliedstaaten derart geändert haben, dass sich eine andere Zusammensetzung des Europäischen Betriebsrats nach § 22 Absatz 2 errechnet. Sie hat das Ergebnis dem Europäischen Betriebsrat mitzuteilen. Ist danach eine andere Zusammensetzung des Europäischen Betriebsrats erforderlich, veranlasst dieser bei den zuständigen Stellen, dass die Mitglieder des Europäischen Betriebsrats in den Mitgliedstaaten neu bestellt werden, in denen sich eine gegenüber dem vorhergehenden Zeitraum abweichende Anzahl der Arbeitnehmervertreter ergibt; mit der Neubestellung endet die Mitgliedschaft der bisher aus diesen Mitgliedstaaten stammenden Arbeitnehmervertreter im Europäischen Betriebsrat. Die Sätze 1 bis 3 gelten entsprechend bei Berücksichtigung eines bisher im Europäischen Betriebsrat nicht vertretenen Mitgliedstaats.

§ 33 Aufnahme von Verhandlungen Vier Jahre nach der konstituierenden Sitzung (§ 25 Absatz 1) hat der Europäische Betriebsrat mit der Mehrheit der Stimmen seiner Mitglieder einen Beschluss darüber zu fassen, ob mit der zentralen Leitung eine Vereinbarung nach § 17 ausgehandelt werden soll. Beschließt der Europäische Betriebsrat die Aufnahme von Verhandlungen, hat er die Rechte und Pflichten des besonderen Verhandlungsgremiums; die §§ 8, 13, 14 und 15 Absatz 1 sowie die §§ 16 bis 19 gelten entsprechend. Das Amt des Europäischen Betriebsrats endet, wenn eine Vereinbarung nach § 17 geschlossen worden ist.

13

Fünfter Teil – Gemeinsame Bestimmungen

§ 34 Vertrauensvolle Zusammenarbeit Zentrale Leitung und Europäischer Betriebsrat arbeiten vertrauensvoll zum Wohl der Arbeitnehmer und des Unternehmens oder der Unternehmensgruppe zusammen. Satz 1 gilt entsprechend für die Zusammenarbeit zwischen zentraler Leitung und Arbeitnehmervertretern im Rahmen eines Verfahrens zur Unterrichtung und Anhörung.

§ 35 Geheimhaltung, Vertraulichkeit (1) Die Pflicht der zentralen Leitung, über die im Rahmen der §§ 18 und 19 vereinbarten oder die sich aus § 29 und § 30 Absatz 1 ergebenden Angelegenheiten zu unterrichten, besteht nur, soweit dadurch nicht Betriebs- oder Geschäftsgeheimnisse des Unternehmens oder der Unternehmensgruppe gefährdet werden.

(2) Die Mitglieder und Ersatzmitglieder eines Europäischen Betriebsrats sind verpflichtet, Betriebs- oder Geschäftsgeheimnisse, die ihnen wegen ihrer Zugehörigkeit zum Europäischen Betriebsrat bekannt geworden und von der zentralen

Leitung ausdrücklich als geheimhaltungsbedürftig bezeichnet worden sind, nicht zu offenbaren und nicht zu verwerten. Dies gilt auch nach dem Ausscheiden aus dem Europäischen Betriebsrat. Die Verpflichtung gilt nicht gegenüber Mitgliedern eines Europäischen Betriebsrats. Sie gilt ferner nicht gegenüber den örtlichen Arbeitnehmervertretern der Betriebe oder Unternehmen, wenn diese auf Grund einer Vereinbarung nach § 18 oder nach § 36 über den Inhalt der Unterrichtungen und die Ergebnisse der Anhörungen zu unterrichten sind, den Arbeitnehmervertretern im Aufsichtsrat sowie gegenüber Dolmetschern und Sachverständigen, die zur Unterstützung herangezogen werden.

(3) Die Pflicht zur Vertraulichkeit nach Absatz 2 Satz 1 und 2 gilt entsprechend für

1. die Mitglieder und Ersatzmitglieder des besonderen Verhandlungsgremiums,
2. die Arbeitnehmervertreter im Rahmen eines Verfahrens zur Unterrichtung und Anhörung (§ 19),
3. die Sachverständigen und Dolmetscher sowie
4. die örtlichen Arbeitnehmervertreter.

(4) Die Ausnahmen von der Pflicht zur Vertraulichkeit nach Absatz 2 Satz 3 und 4 gelten entsprechend für

1. das besondere Verhandlungsgremium gegenüber Sachverständigen und Dolmetschern,
2. die Arbeitnehmervertreter im Rahmen eines Verfahrens zur Unterrichtung und Anhörung gegenüber Dolmetschern und Sachverständigen, die vereinbarungsgemäß zur Unterstützung herangezogen werden, und gegenüber örtlichen Arbeitnehmervertretern, sofern diese nach der Vereinbarung (§ 19) über die Inhalte der Unterrichtungen und die Ergebnisse der Anhörungen zu unterrichten sind.

§ 36 Unterrichtung der örtlichen Arbeitnehmervertreter (1) Der Europäische Betriebsrat oder der Ausschuss (§ 30 Absatz 2) berichtet den örtlichen Arbeitnehmervertretern oder, wenn es diese nicht gibt, den Arbeitnehmern der Betriebe oder Unternehmen über die Unterrichtung und Anhörung.

(2) Das Mitglied des Europäischen Betriebsrats oder des Ausschusses, das den örtlichen Arbeitnehmervertretungen im Inland berichtet, hat den Bericht in Betrieben oder Unternehmen, in denen Sprecherausschüsse der leitenden Angestellten bestehen, auf einer gemeinsamen Sitzung im Sinne des § 2 Absatz 2 des Sprecherausschussgesetzes zu erstatten. Dies gilt nicht, wenn ein nach § 23 Absatz 6 bestimmter Angestellter an der Sitzung zur Unterrichtung und Anhörung des Europäischen Betriebsrats teilgenommen hat. Wird der Bericht nach Absatz 1 nur schriftlich erstattet, ist er auch dem zuständigen Sprecherausschuss zuzuleiten.

§ 37 Wesentliche Strukturänderung (1) Ändert sich die Struktur des gemeinschaftsweit tätigen Unternehmens oder der gemeinschaftsweit tätigen Unternehmensgruppe wesentlich und bestehen hierzu keine Regelungen in geltenden Vereinbarungen oder widersprechen sich diese, nimmt die zentrale Leitung von sich aus oder auf Antrag der Arbeitnehmer oder ihrer Vertreter (§ 9 Absatz 1) die

Verhandlung über eine Vereinbarung nach § 18 oder § 19 auf. Als wesentliche Strukturänderungen im Sinne des Satzes 1 gelten insbesondere

1. Zusammenschluss von Unternehmen oder Unternehmensgruppen,
2. Spaltung von Unternehmen oder der Unternehmensgruppe,
3. Verlegung von Unternehmen oder der Unternehmensgruppe in einen anderen Mitgliedstaat oder Drittstaat oder Stilllegung von Unternehmen oder der Unternehmensgruppe,
4. Verlegung oder Stilllegung von Betrieben, soweit sie Auswirkungen auf die Zusammensetzung des Europäischen Betriebsrats haben können.

(2) Abweichend von § 10 entsendet jeder von der Strukturänderung betroffene Europäische Betriebsrat aus seiner Mitte drei weitere Mitglieder in das besondere Verhandlungsgremium.

(3) Für die Dauer der Verhandlung bleibt jeder von der Strukturänderung betroffene Europäische Betriebsrat bis zur Errichtung eines neuen Europäischen Betriebsrats im Amt (Übergangsmandat). Mit der zentralen Leitung kann vereinbart werden, nach welchen Bestimmungen und in welcher Zusammensetzung das Übergangsmandat wahrgenommen wird. Kommt es nicht zu einer Vereinbarung mit der zentralen Leitung nach Satz 2, wird das Übergangsmandat durch den jeweiligen Europäischen Betriebsrat entsprechend der für ihn im Unternehmen oder der Unternehmensgruppe geltenden Regelung wahrgenommen. Das Übergangsmandat endet auch, wenn das besondere Verhandlungsgremium einen Beschluss nach § 15 Absatz 1 fasst.

(4) Kommt es nicht zu einer Vereinbarung nach § 18 oder § 19, ist in den Fällen des § 21 Absatz 1 ein Europäischer Betriebsrat nach den §§ 22 und 23 zu errichten.

§ 38 Fortbildung (1) Der Europäische Betriebsrat kann Mitglieder zur Teilnahme an Schulungs- und Bildungsveranstaltungen bestimmten, soweit diese Kenntnisse vermitteln, die für die Arbeit des Europäischen Betriebsrats erforderlich sind. Der Europäische Betriebsrat hat die Teilnahme und zeitliche Lage rechtzeitig der zentralen Leitung mitzuteilen. Bei der Festlegung der zeitlichen Lage sind die betrieblichen Notwendigkeiten zu berücksichtigen. Der Europäische Betriebsrat kann die Aufgaben nach diesem Absatz auf den Ausschuss nach § 26 übertragen.

(2) Für das besondere Verhandlungsgremium und dessen Mitglieder gilt Absatz 1 Satz 1 bis 3 entsprechend.

§ 39 Kosten, Sachaufwand und Sachverständige (1) Die durch die Bildung und Tätigkeit des Europäischen Betriebsrats und des Ausschusses entstehenden Kosten trägt die zentrale Leitung. Die zentrale Leitung hat insbesondere für die Sitzungen und die laufende Geschäftsführung in erforderlichem Umfang Räume, sachliche Mittel und Büropersonal, für die Sitzungen außerdem Dolmetscher zur Verfügung zu stellen. Sie trägt die erforderlichen Reise- und Aufenthaltskosten der Mitglieder des Europäischen Betriebsrats und des Ausschusses. § 16 Absatz 2 gilt entsprechend.

(2) Der Europäische Betriebsrat und der Ausschuss können sich durch Sachverständige ihrer Wahl unterstützen lassen, soweit dies zur ordnungsgemäßen Erfüllung ihrer Aufgaben erforderlich ist. Sachverständige können auch Beauftragte von

Gewerkschaften sein. Werden Sachverständige hinzugezogen, beschränkt sich die Kostentragungspflicht auf einen Sachverständigen, es sei denn, eine Vereinbarung nach § 18 oder § 19 sieht etwas anderes vor.

§ 40 Schutz inländischer Arbeitnehmervertreter (1) Für die Mitglieder eines Europäischen Betriebsrats, die im Inland beschäftigt sind, gelten § 37 Absatz 1 bis 5 und die §§ 78 und 103 des Betriebsverfassungsgesetzes sowie § 15 Absatz 1 und 3 bis 5 des Kündigungsschutzgesetzes entsprechend. Für nach § 38 erforderliche Fortbildungen gilt § 37 Absatz 6 Satz 1 und 2 des Betriebsverfassungsgesetzes entsprechend.
(2) Absatz 1 gilt entsprechend für die Mitglieder des besonderen Verhandlungsgremiums und die Arbeitnehmervertreter im Rahmen eines Verfahrens zur Unterrichtung und Anhörung.

Sechster Teil – Bestehende Vereinbarungen

§ 41 Fortgeltung (1) Auf die in den §§ 2 und 3 genannten Unternehmen und Unternehmensgruppen, in denen vor dem 22. September 1996 eine Vereinbarung über grenzübergreifende Unterrichtung und Anhörung besteht, sind die Bestimmungen dieses Gesetzes außer in den Fällen des § 37 nicht anwendbar, solange die Vereinbarung wirksam ist. Die Vereinbarung muss sich auf alle in den Mitgliedstaaten beschäftigten Arbeitnehmer erstrecken und den Arbeitnehmern aus denjenigen Mitgliedstaaten eine angemessene Beteiligung an der Unterrichtung und Anhörung ermöglichen, in denen das Unternehmen oder die Unternehmensgruppe einen Betrieb hat.
(2) Der Anwendung des Absatzes 1 steht nicht entgegen, dass die Vereinbarung auf Seiten der Arbeitnehmer nur von einer im Betriebsverfassungsgesetz vorgesehenen Arbeitnehmervertretung geschlossen worden ist. Das gleiche gilt, wenn für ein Unternehmen oder eine Unternehmensgruppe anstelle einer Vereinbarung mehrere Vereinbarungen geschlossen worden sind.
(3) Sind die Voraussetzungen des Absatzes 1 deshalb nicht erfüllt, weil die an dem in Absatz 1 Satz 1 genannten Stichtag bestehende Vereinbarung nicht alle Arbeitnehmer erfasst, können die Parteien deren Einbeziehung innerhalb einer Frist von sechs Monaten nachholen.
(4) Bestehende Vereinbarungen können auch nach dem in Absatz 1 Satz 1 genannten Stichtag an Änderungen der Struktur des Unternehmens oder der Unternehmensgruppe sowie der Zahl der beschäftigten Arbeitnehmer angepasst werden, soweit es sich nicht um wesentliche Strukturänderungen im Sinne des § 37 handelt.
(5) Ist eine Vereinbarung befristet geschlossen worden, können die Parteien ihre Fortgeltung unter Berücksichtigung der Absätze 1, 3 und 4 beschließen.
(6) Eine Vereinbarung gilt fort, wenn vor ihrer Beendigung das Antrags- oder Initiativrecht nach § 9 Absatz 1 ausgeübt worden ist. Das Antragsrecht kann auch ein auf Grund der Vereinbarung bestehendes Arbeitnehmervertretungsgremium ausüben. Die Fortgeltung endet, wenn die Vereinbarung durch eine grenzübergreifende Unterrichtung und Anhörung nach § 18 oder § 19 ersetzt oder ein Europäischer

Betriebsrat kraft Gesetzes errichtet worden ist. Die Fortgeltung endet auch dann, wenn das besondere Verhandlungsgremium einen Beschluss nach § 15 Absatz 1 fasst; § 15 Absatz 2 gilt entsprechend.

(7) Auf Unternehmen und Unternehmensgruppen, die auf Grund der Berücksichtigung von im Vereinigten Königreich Großbritannien und Nordirland liegenden Betrieben und Unternehmen erstmalig die in den §§ 2 und 3 genannten Voraussetzungen erfüllen, sind die Bestimmungen dieses Gesetzes außer in den Fällen des § 37 nicht anwendbar, wenn in diesen Unternehmen und Unternehmensgruppen vor dem 15. Dezember 1999 eine Vereinbarung über grenzübergreifende Unterrichtung und Anhörung besteht. Die Absätze 1 bis 6 gelten entsprechend.

(8) Auf die in den §§ 2 und 3 genannten Unternehmen und Unternehmensgruppen, in denen zwischen dem 5. Juni 2009 und dem 5. Juni 2011 eine Vereinbarung über die grenzübergreifende Unterrichtung und Anhörung unterzeichnet oder überarbeitet wurde, sind außer in den Fällen des § 37 die Bestimmungen dieses Gesetzes in der Fassung vom 28. Oktober 1996 (BGBl. I S. 1548, 2022), zuletzt geändert durch Artikel 30 des Gesetzes vom 21. Dezember 2000 (BGBl. I S. 1983), anzuwenden. Ist eine Vereinbarung nach Satz 1 befristet geschlossen worden, können die Parteien ihre Fortgeltung beschließen, solange die Vereinbarung wirksam ist; Absatz 4 gilt entsprechend.

Siebter Teil – Besondere Vorschriften, Straf- und Bußgeldvorschriften

§ 41a Besondere Regelungen für Besatzungsmitglieder von Seeschiffen (1) Ist ein Mitglied des besonderen Verhandlungsgremiums, eines Europäischen Betriebsrats oder einer Arbeitnehmervertretung im Sinne des § 19 oder dessen Stellvertreter Besatzungsmitglied eines Seeschiffs, so sollen die Sitzungen so angesetzt werden, dass die Teilnahme des Besatzungsmitglieds erleichtert wird.

(2) Befindet sich ein Besatzungsmitglied auf See oder in einem Hafen, der sich in einem anderen Land als dem befindet, in dem die Reederei ihren Geschäftssitz hat, und kann deshalb nicht an einer Sitzung nach Absatz 1 teilnehmen, so kann eine Teilnahme an der Sitzung mittels neuer Informations- und Kommunikationstechnologien erfolgen, wenn

1. dies in der Geschäftsordnung des zuständigen Gremiums vorgesehen ist und
2. sichergestellt ist, dass Dritte vom Inhalt der Sitzung keine Kenntnis nehmen können.

§ 41b Sonderregelung aus Anlass der COVID-19-Pandemie Bis zum Ablauf des 7. April 2023 können die Teilnahme an Sitzungen des besonderen Verhandlungsgremiums, eines Europäischen Betriebsrats oder einer Arbeitnehmervertretung im Sinne des § 19 sowie die Beschlussfassung auch mittels Video- und Telefonkonferenz erfolgen, wenn sichergestellt ist, dass Dritte vom Inhalt der Sitzung keine Kenntnis nehmen können. Eine Aufzeichnung ist unzulässig.

§ 42 Errichtungs- und Tätigkeitsschutz Niemand darf

1. die Bildung des besonderen Verhandlungsgremiums (§ 9) oder die Errichtung eines Europäischen Betriebsrats (§§ 18, 21 Absatz 1) oder die Einführung eines

Verfahrens zur Unterrichtung und Anhörung (§ 19) behindern oder durch Zufügung oder Androhung von Nachteilen oder durch Gewährung oder Versprechen von Vorteilen beeinflussen,
2. die Tätigkeit des besonderen Verhandlungsgremiums, eines Europäischen Betriebsrats oder der Arbeitnehmervertreter im Rahmen eines Verfahrens zur Unterrichtung und Anhörung behindern oder stören oder
3. ein Mitglied oder Ersatzmitglied des besonderen Verhandlungsgremiums oder eines Europäischen Betriebsrats oder einen Arbeitnehmervertreter im Rahmen eines Verfahrens zur Unterrichtung und Anhörung um seiner Tätigkeit willen benachteiligen oder begünstigen.

§ 43 Strafvorschriften (1) Mit Freiheitsstrafe bis zu zwei Jahren oder mit Geldstrafe wird bestraft, wer entgegen § 35 Absatz 2 Satz 1 oder 2, jeweils auch in Verbindung mit Absatz 3, ein Betriebs- oder Geschäftsgeheimnis verwertet.
(2) Die Tat wird nur auf Antrag verfolgt.

§ 44 Strafvorschriften (1) Mit Freiheitsstrafe bis zu einem Jahr oder mit Geldstrafe wird bestraft, wer
1. entgegen § 35 Absatz 2 Satz 1 oder 2, jeweils auch in Verbindung mit Absatz 3, ein Betriebs- oder Geschäftsgeheimnis offenbart oder
2. einer Vorschrift des § 42 über die Errichtung der dort genannten Gremien oder die Einführung des dort genannten Verfahrens, die Tätigkeit der dort genannten Gremien oder der Arbeitnehmervertreter oder über die Benachteiligung oder Begünstigung eines Mitglieds oder Ersatzmitglieds der dort genannten Gremien oder eines Arbeitnehmervertreters zuwiderhandelt.

(2) Handelt der Täter in den Fällen des Absatzes 1 Nummer 1 gegen Entgelt oder in der Absicht, sich oder einen anderen zu bereichern oder einen anderen zu schädigen, so ist die Strafe Freiheitsstrafe bis zu zwei Jahren oder Geldstrafe.
(3) Die Tat wird nur auf Antrag verfolgt. In den Fällen des Absatzes 1 Nummer 2 sind das besondere Verhandlungsgremium, der Europäische Betriebsrat, die Mehrheit der Arbeitnehmervertreter im Rahmen eines Verfahrens zur Unterrichtung und Anhörung, die zentrale Leitung oder eine im Betrieb vertretene Gewerkschaft antragsberechtigt.

§ 45 Bußgeldvorschriften (1) Ordnungswidrig handelt, wer
1. entgegen § 5 Absatz 1 die Informationen nicht, nicht richtig, nicht vollständig oder nicht rechtzeitig erhebt oder weiterleitet oder
2. entgegen § 29 Absatz 1 oder § 30 Absatz 1 Satz 1 oder Absatz 2 Satz 1 den Europäischen Betriebsrat oder den Ausschuss nach § 26 nicht, nicht richtig, nicht vollständig, nicht in der vorgeschriebenen Weise oder nicht rechtzeitig unterrichtet.

(2) Die Ordnungswidrigkeit kann mit einer Geldbuße bis zu fünfzehntausend Euro geahndet werden.

14. Bürgerliches Gesetzbuch (BGB)

Einleitung

I. Geschichte und wesentlicher Gesetzesinhalt

1. Allgemeines

Das Bürgerliche Gesetzbuch (BGB) – nach mehr als zwanzigjährigen Vorarbeiten am 1. 1. 1900 in Kraft getreten – hat erstmalig nach Jahrhunderten der Rechtszersplitterung in Deutschland ein einheitliches Privatrecht für das ganze damalige Reichsgebiet geschaffen. Sein Ziel war nicht die Veränderung gesellschaftlicher Zustände, sondern die Herstellung der Rechtseinheit im Deutschen Reich. In ihm verschmolzen die politischen, ökonomischen und sozialen Wertsysteme, die das Kaiserreich beherrschten (vgl. *Rückert* – allgemein zum Dienstvertrag – und *Deutsch/Keiser* zum Kündigungsrecht – in: Schmoeckel/Rückert/Zimmermann, Hrsg., Historisch-kritischer Kommentar zum BGB, Bd. III Schuldrecht: Besonderer Teil, 1. Teilband, 2013).

Dieses »bürgerliche Recht« als technisch-instrumentales Recht sollte von jedem prinzipiell als frei und gleich gedachten Rechtsgenossen für eigennützige Zwecke genommen werden (»Jeder ist seines Glückes Schmied«). Das Vertrags-, Schuld- und Sachenrecht ist vom Leitbild des vernünftigen, selbstverantwortlichen und urteilsfähigen Rechtsgenossen beherrscht und geht davon aus, dass der in freier Selbstverantwortung geschlossene Vertrag zum angemessenen Ausgleich der Interessen der Beteiligten führt. Lediglich die als Grenznormen zu verstehenden Vorschriften der §§ 134, 138, 226 und 903 BGB sollten äußerste Schranken der Gesetzes- bzw. Sittenordnung ziehen.

Bereits in der Zeit seiner Entstehung (der »großen Depression« von 1873 bis 1896) lagen die vom freien Vertragsmodell des BGB unterstellten gesellschaftlichen Rahmenbedingungen nicht mehr vor. Nicht individuelle Marktsubjekte, sondern bereits Konzentration und Kartelle und ausgebaute Staatsintervention kennzeichneten die Situation. Auch die damalige Situation am Arbeitsmarkt zeigte, welche Folgen freie Verträge zwischen Ungleichen haben.

Diesen Erkenntnissen folgte bereits die zeitgenössische Kritik. Neben der SPD im Reichstag haben vor allem *Otto von Gierke* (Der Entwurf eines Bürgerlichen Gesetzbuchs und das Deutsche Recht, 1889) und *Anton Menger* (Das Bürgerliche Gesetzbuch und die besitzlosen Volksklassen, 1890) die unsoziale Schlagseite des BGB angegriffen. *Von Gierke* spricht von seiner »individualistischen und einseitig kapitalistischen Tendenz des reinsten Manchestertums« und einer »gemeinschaftsfeindlichen, auf die Stärkung des Starken gegen den Schwachen zielenden, in Wahrheit antisocialen Richtung«. Und *Menger* stellt fest, dass »kaum in irgendeinem anderen Gesetzbuch der neuesten Zeit die herrschenden und besitzenden Klassen ihre privatrechtliche Machtstellung so vollständig wie in diesem behauptet« haben.

Diese Leugnung existenzbestimmender ökonomischer und sozialer Ungleichheit durch das BGB ist durch die Rechtsentwicklung in allen Bereichen korrigiert worden (vgl. *Stürner*, JZ 96, 741; *Schmoeckel*, NJW 96, 1697):
Für das Arbeitsleben hat sich auf der Grundlage des gewerkschaftlichen Zusammenschlusses, dem hierdurch entwickelten Tarifvertragssystem, einer differenzierten Arbeitsschutzgesetzgebung (im weitesten Sinne) und der Mitbestimmung in Betrieb und Unternehmen ein Sondersystem des sozialen Schutzes entwickelt (siehe unten 2 und II). Für das allgemeine Wirtschaftsleben sind sowohl innerhalb des BGB als auch außerhalb vielfältige Korrektive gegen die Wirkungen ungleicher Marktmacht entwickelt worden: Zum einen hat die Rechtsprechung Ergänzungen und Weiterentwicklungen des BGB, aber auch Eigenschöpfungen vorgenommen, insbesondere durch Nutzung von Generalklauseln wie §§ 138, 242 BGB (z. B. zum »Wegfall der Geschäftsgrundlage« [jetzt § 313 BGB], zu Knebelverträgen). Zum anderen ist eine Vielzahl von Gesetzen zum Schutze schwächerer Marktteilnehmer erlassen worden, nicht selten nach Vorarbeit durch die Gerichte (z. B. Gesetz über Allgemeine Geschäftsbedingungen). »Verbraucherschutz« ist zu einem eigenen Begriff geworden. Der größte Teil dieser Gesetze war außerhalb des BGB angesiedelt (z. B. Gesetz über Wettbewerbsbeschränkungen, Produkthaftungsgesetz). Einige wenige Bereichsregelungen waren in das BGB integriert (z. B. Mieterschutzrecht, Reisevertragsrecht). Mit dem Schuldrechtsmodernisierungsgesetz vom 26. 11. 2001 (BGBl. I 3138) wurden weitere sog. Satellitengesetze in das BGB überführt, etwa die AGB-Kontrolle nach §§ 305 ff. BGB, die früher im AGBG geregelt war. Durch das Schuldrechtsmodernisierungsgesetz wurde auch die sog. Betriebsrisikolehre, wonach der Arbeitgeber die Vergütung zu zahlen hat, wenn die Arbeit aus betrieblichen oder wirtschaftlichen Gründen unterbleibt, in § 615 S. 3 BGB aufgegriffen.
Alle derartigen korrektiven Eingriffe des Gesetzgebers zum Schutze des sozial Schwächeren entsprechen dem Sozialstaatsprinzip des Grundgesetzes und dem Schutzauftrag des Gesetzgebers, der Grundrechtsausübung *aller* Bürger ausgewogen Rechnung zu tragen. »Es ist die Aufgabe jedes Gesetzgebers, Lebensverhältnisse, insbesondere auf dem Gebiet der Wirtschaft – gestaltend zu ordnen« (*BVerfG* 29. 11. 1961 – 1 BvR 758/57, BVerfGE 13, 230, 233). Das verpflichtet ihn insbesondere, zum Ausgleich »gestörter Vertragsparität« zugunsten des schwächeren Vertragspartners zu intervenieren (vgl. *BVerfG* 7. 2. 1990, BVerfGE 81, 242; *Kittner*, 50 Urteile, 3. Aufl., 2024, Nr. 20; s. u. Einl. zum GG, Nr. 20 unter III 2).
Typische Risikosituationen haben zu einer Ergänzung praktisch aller wichtigen Vertragstypen durch Versicherungen geführt, denn nur wenige mächtige und finanzstarke Vertragsparteien können den Ausfall von Leistungen bzw. Gegenleistungen mit eigenen Mitteln »verkraften«. Das fängt bei einer verbreiteten Form der Privatversicherung an und reicht zu einer Vielzahl gesetzlicher (Pflicht-)Versicherungs- oder Ausfallleistungssysteme (z. B. Pflichtversicherungsgesetz, Unterhaltsvorschussgesetz). Im Arbeitsleben sind die gesetzlichen Systeme der Unfall-, Kranken-, Pflege-, Renten- und Arbeitslosenversicherung das unverzichtbare »soziale Netz« für Risiken aus der privatvertraglichen Gestaltung der Arbeitsbeziehungen. Sie werden ergänzt durch das System zur Sicherung bei Zahlungsunfähigkeit des Arbeitgebers (§§ 7 ff. BetrAVG [Nr. 11], Insolvenzgeld, vgl. §§ 165 ff. SGB III [Nr. 30 III]).

2. Arbeitsrecht

a) Arbeitsrecht im und außerhalb des BGB

Das Arbeitsrecht ist zunächst einmal »Besonderes Schuldrecht«, das an eine spezifische Vertragsbeziehung anknüpft, nämlich die zwischen »Arbeitgeber« und »Arbeitnehmer«. Eine gesetzliche Definition des Arbeitnehmerbegriffs ergibt sich seit 1.4.2017 aus § 611a Abs. 1 BGB (dazu s. u. II 1). Mit der Rom I-VO (Nr. 14 a) wird für das Arbeitsrecht normiert, welches Recht bei internationalem Bezug eines Arbeitsverhältnisses gilt.

Das BGB, das mit seinen §§ 1–2385 alle Grundfragen des privaten Rechts umfassend regelt und allein für das Erbrecht mehr als 400 Paragrafen enthält, kannte bei Inkrafttreten und über die nächsten mehr als 100 Jahre hinweg den Arbeitsvertrag überhaupt nicht. Nur die »dürftigen« §§ 611–630 BGB regelten den »Dienstvertrag«, wobei nicht übersehen werden darf, dass der Dienstvertrag im Sinne des BGB in erster Linie die Rechtsbeziehungen zwischen einem Bürger (»Dienstberechtigten«) und dem für ihn in Selbstständigkeit Tätigen (»Dienstverpflichteten«) im Auge hat, also die Verträge, die zum Beispiel mit dem Arzt, dem Architekten oder dem Rechtsanwalt zustande kommen. Auf den verbreitetsten Vertrag über Dienstleistungen, nämlich den Arbeitsvertrag zwischen Arbeitgeber und Arbeitnehmer, der seine Besonderheit dadurch erhält, dass sich der Arbeitnehmer mit dem Abschluss des Vertrages in persönliche Abhängigkeit begibt und sich dem Direktionsrecht des Arbeitgebers unterwirft, finden die §§ 611–630 BGB zwar Anwendung, sie sind aber oftmals nicht sachgerecht (schon bei Schaffung des BGB wurde die unscharfe Abgrenzung von Dienst- und Werkvertrag als Möglichkeit der »Flucht aus dem Arbeitsrecht« kritisiert; vgl. *Kocher,* AuR 15, G1 ff.; zur aktuellen Diskussion s. Einl. III 2 zum AÜG, Nr. 4). Dazu kommen viele Vorschriften aus den Allgemeinen Teilen des BGB mit wichtigen Einzelregelungen auch für den Arbeitsvertrag (Übersicht 33). Freilich können die allgemeinen Regeln immer wieder durch arbeitsrechtliche Besonderheiten überlagert sein. So soll etwa die allgemeine Pauschale nach § 288 Abs. 5 BGB bei Zahlungsverzug des Arbeitgebers nicht zur Anwendung kommen, weil § 12a Abs. 1 S. 1 ArbGG (Nr. 5) allgemein jeden Ersatzanspruch wegen Beitreibungskosten ausschließt (vgl. Einl. II zum ArbGG, Nr. 5).

Dazu sind außerhalb des BGB zahlreiche weitere Vorschriften getreten (Urlaubsgesetz [Nr. 17], Entgeltfortzahlungsgesetz [Nr. 18]). Mit Dutzenden von Vorschriften greift der Staat mit Mindest- und Höchstnormen (z. B. MiLoG [Nr. 31b], ArbZG [Nr. 8], MuSchG [Nr. 28], ArbStättV [Nr. 7b] usw.), teils unter Androhung von Strafe oder Bußgeld, in das Arbeitsverhältnis ein. Im BGB selbst sind außer den Vorschriften über Werkmietwohnungen (§§ 576 ff. BGB), der Ergänzung von Kündigungsvorschriften (§§ 621, 622, 626 Abs. 2 BGB) und der Regelung des Betriebsübergangs (§ 613a BGB) keine nennenswerten arbeitsrechtlichen Ergänzungen hinzugekommen. Das Schuldrechtsmodernisierungsgesetz (s. o. 1) hat für das Arbeitsrecht vor allem Bedeutung durch die Aufhebung der Bereichsausnahme für eine AGB-Kontrolle (s. u. II 9) und die gesetzliche Regelung der Arbeitgeber-Beweislast im Falle der Arbeitnehmerhaftung (s. u. II 6). Darüber hinaus wurden die bisherigen Grundsätze der Rechtsprechung zum Betriebsrisiko in § 615 BGB festgeschrieben. Wichtige Sachkomplexe, wie das Schadensersatzrecht (u. II 6), der

arbeitsrechtliche Gleichbehandlungsgrundsatz (s. u. II 2, s. auch Einl. III 5 zum GG, Nr. 20) und die Regelung der Lohnfortzahlungspflicht bei fehlender Arbeitsmöglichkeit (Betriebsrisikolehre, s. u. II 15), sind unter völliger Ablösung vom Gesetzestext durch Richterrecht des Reichs- und nunmehr Bundesarbeitsgerichts entwickelt worden. Der Arbeitgeber kann die Entstehung einer betrieblichen Übung mit einem Freiwilligkeitsvorbehalt verhindern, indem er sich bei jeder Leistung vorbehält, über deren künftige Erbringung von Fall zu Fall zu entscheiden. Die Vereinbarung eines Freiwilligkeitsvorbehalts im Arbeitsvertrag, der von vornherein eine Deutung eines späteren Verhaltens des Arbeitgebers im Sinne einer betrieblichen Übung verhindern soll, bedeutet dagegen eine unangemessene Benachteiligung (§ 307 Abs. 1 BGB), so dass ein solcher Freiwilligkeitsvorbehalt unwirksam ist (*BAG* 25. 1. 2023 – 10 AZR 109/22, NZA 23, 629).
In diesem Kontext ist auch die betriebliche Übung zu nennen. Dabei handelt es sich um wiederholte Leistungen des Arbeitgebers ohne Vorbehalt, aus denen Ansprüche der Arbeitnehmer erwachsen können (Deinert/Wenckebach/Zwanziger-*Callsen*, Arbeitsrecht, § 13 Rn. 119 ff.). Zurückhaltend ist die Rechtsprechung bei der Annahme betrieblicher Übungen im Falle der wiederholten Weitergabe von Tarifsteigerungen (*BAG* 27. 2. 2019 – 5 AZR 354/18, NZA 19, 989). Eine betriebliche Übung setzt ein entsprechendes Verhalten gegenüber einer Mehrzahl von Arbeitnehmern voraus. Das *BAG* (13. 5. 2015 – 10 AZR 266/14, NZA 15, 992) hat aber klargestellt, dass wiederholte Leistungen gegenüber einem einzelnen Arbeitnehmer ebenfalls anspruchsbegründend wirken können, wenn sich daraus eine stillschweigende (»konkludente«) Vertragsänderung ergibt. Ebenfalls vertragsändernden Charakter hat die Konkretisierung, bei der die Reichweite des Weisungsrechts des Arbeitgebers eingeschränkt wird (vgl. Einl. II 4 zur GewO, Nr. 19).
Im Hinblick auf die typische Unterlegenheit des Arbeitnehmers als Individualvertragspartei ist das Arbeitsrecht ein Hauptanwendungsfall der staatlichen Schutzpflicht zum »Ausgleich gestörten Vertragsgleichgewichts« (Deinert/Wenckebach/Zwanziger-*Deinert*, Arbeitsrecht, § 1; *Dieterich*, RdA 95, 129). Dies wird im Arbeitsrecht durch Gesetze und die kollektiven Instrumente Tarifvertrag und Mitbestimmung/Betriebsvereinbarung angestrebt. Soweit diese Instrumente nicht greifen und Einzelabreden bzw. Allgemeine Geschäftsbedingungen vorliegen, erfolgt eine richterliche Angemessenheitskontrolle nach §§ 305 ff. BGB (s. o. 2).

b) Fehlen eines Arbeitsgesetzbuchs

Man kann sagen, dass der gegenwärtige Zustand der Zersplitterung des Arbeitsrechts in zahlreichen Gesetzen und Verordnungen, die in der täglichen Betriebspraxis gebraucht werden, gerade deshalb eingetreten ist, weil die BGB-Regelungen so kümmerlich ausgefallen sind. Um diesen Zustand zu ändern, sind verschiedene Anläufe zu einem Arbeitsvertragsgesetz unternommen worden; der erste Entwurf stammt aus dem Jahr 1923. Nachdem sich die Bundesregierung unter Willy Brandt 1969 zu dem Vorhaben eines einheitlichen Arbeitsgesetzbuches bekannt hatte, setzte sie zu seiner Vorbereitung die sog. Arbeitsgesetzbuchkommission als Sachverständigengremium ein. 1977 legte diese Kommission den Entwurf eines Arbeitsverhältnisgesetzes vor. (Vgl. Broschüre des Bundesministers für Arbeit und

Sozialordnung, 1977.) Hierzu hatte der DGB-Bundesausschuss im gleichen Jahr einen Alternativentwurf beschlossen (abgedruckt in: RdA 77, 166). Alle seitherigen Bundesregierungen haben jedoch dieses Vorhaben nicht weiterverfolgt.
Die Situation hat sich seit dem Beitritt der ostdeutschen Bundesländer zur Bundesrepublik geändert: Art. 30 des Einigungsvertrages fordert die gesetzgebenden Körperschaften der Bundesrepublik u.a. dazu auf, ein Arbeitsverhältnisgesetz zu schaffen (hierzu *Wlotzke/Lorenz,* BB 90, Beilage 35; s. auch *Preis,* ZRP 90, 289).
Der 59. Deutsche Juristentag 1992 hat die gesetzliche Regelung des Arbeitsvertragsrechts für dringlich erklärt. Ihm lagen der Entwurf eines »Arbeitskreises Deutsche Rechtseinheit« (NZA 17/92, Beilage) sowie Gutachten von *Köbl, Neumann* und *Weiss* vor (zu dem Entwurf und der Diskussion vgl. *Däubler,* AuR 92, 129; *Hromadka,* NJW 92, 1985; *Schmitt,* ZTR 92, 280; *Wank,* DB 92, 1826; *Weber,* BB 92, 1345; *Henssler,* JZ 92, 833). Die Bundesländer Sachsen und Brandenburg haben Gesetzentwürfe für ein Arbeitsvertragsgesetz im Bundesrat eingebracht (Sachsen: BR-Drs. 293/95; hierzu *Neumann,* DB 95, 2013; Brandenburg: BR-Drs. 671/96; hierzu *Griese,* NZA 96, 803). Hinter dem Wunsch nach Kodifikation liegen aber naturgemäß die bekannten kontroversen Wünsche: Die Gewerkschaften verbinden damit Vorstellungen inhaltlicher Reform (vgl. *Mayer,* AiB 92, 174; *Plander,* AiB 92, 246). Die Arbeitgeber dagegen akzeptieren ein »Arbeitsvertragsgesetz nur, wenn es maßvoll ist« (*Erasmy,* Arbeitgeber 92, 749) bzw. fordern tendenziell einen Abbau der gegenwärtigen Schutzstandards der Rechtsprechung (vgl. *Wisskirchen/Worzalla,* Arbeitgeber 92, 755; grundsätzliche Überlegungen zur Arbeitsverfassungsdebatte *Hanau,* ZRP 96, 349; *Preis,* AuA 96, 41; *Kempen,* AuR 92, 296).
Inzwischen gab es den neuerlichen Versuch einer Kodifizierung zumindest des Arbeitsvertragsrechts in einem von zwei Professoren entworfenen Arbeitsvertragsgesetz (ArbVG; *Henssler/Preis*, Entwurf eines Arbeitsvertragsgesetzes: ArbVG, 2014). Er hat sich indes nicht als konsensfähig erwiesen, weil die Gewerkschaften ihn ablehnen, da er zum Teil Verschlechterungen für Arbeitnehmer enthalte, während die Arbeitgeberseite es mit umgekehrtem Vorzeichen sogar ablehnt, auch nur den gegenwärtigen Rechtszustand in Form eines sog. Restatements festzuschreiben (zu den Gründen der Blockierung vgl. *Deinert/Kittner*, RdA 09, 265, 276f.).

II. Einzelfragen

14

1. Arbeitnehmerbegriff

Seit 1.4.2014 regelt § 611a BGB den Arbeitsvertrag und damit in Abs. 1, was ein Arbeitnehmer ist. Das Vorliegen der Eigenschaft als Arbeitnehmer ist entscheidende Anwendungsvoraussetzung für arbeitsrechtliche Gesetze. Die Regelung des § 611a BGB gibt allerdings nur das wieder, was die Rechtsprechung bislang bereits entwickelt hatte (*Richardi*, NZA 17, 36; *Wank*, AuR 17, 140; *Preis*, NZA 18, 817). Das BAG hatte sich in ständiger Rechtsprechung eine von *Alfred Hueck* entwickelte Formel zu Eigen gemacht: *»Arbeitnehmer ist, wer aufgrund privatrechtlichen Vertrags im Dienste eines anderen zur Leistung weisungsgebundener, fremdbestimmter Arbeit in persönlicher Abhängigkeit verpflichtet ist.«* (Zu den historischen Ursprüngen: *Kittner*, 50 Urteile, 3. Aufl., 2024, Nr. 7.) Diese Formel findet sich nunmehr in

§ 611a S. 1 BGB. Die Abgrenzung von einem freien Dienstverhältnis oder selbstständigen Werkvertrag erfolgt nach § 611a Abs. 1 S. 3 und 4 BGB: »*Weisungsgebunden ist, wer nicht im Wesentlichen frei seine Tätigkeit gestalten und seine Arbeitszeit bestimmen kann. Der Grad der persönlichen Abhängigkeit hängt dabei auch von der Eigenart der jeweiligen Tätigkeit ab.*« Nach § 611a Abs. 1 S. 6 BGB ist dabei auf die tatsächliche Durchführung des Vertragsverhältnisses abzustellen, sodass eine abweichende Bezeichnung nicht daran hindert, dass ein Vertrag als Arbeitsvertrag anzusehen ist. Bei der Beurteilung ist von Bedeutung, inwieweit der Dienstleister die Tätigkeit frei gestalten kann, ferner, ob die Möglichkeit besteht, einzelne Aufträge abzulehnen (*BAG* 21.5.2019 – 9 AZR 295/18, NZA 19, 1411). Das *BAG* hat klargestellt, dass die durch § 611a Abs. 1 S. 1 BGB vorausgesetzte Fremdbestimmung regelmäßig durch Weisungsgebundenheit zum Ausdruck kommt, aber auch eine eigenständige Bedeutung in Bezug auf die Eingliederung des Arbeitnehmers in die Arbeitsorganisation des Arbeitgebers haben kann (12.11.2024 – 9 AZR 205/23, NZA 25, 473). Bindung an Weisungen und Fremdbestimmung müssen die für das Arbeitsverhältnis prägende persönliche Abhängigkeit begründen.
Fremdbestimmte Arbeitsleistungen können zwar auch als Beiträge im Rahmen einer Vereinsmitgliedschaft erbracht werden, etwa in einer DRK-Schwesternschaft. Ob daran überhaupt festzuhalten ist oder nicht vielmehr das Arbeitsrecht auch in solchen Gestaltungen »arbeitsvertragsgleicher Tätigkeiten« unmittelbar zur Anwendung kommt, hat das *BAG* nunmehr ausdrücklich offengelassen. Es hat am Beispiel eines Yoga-Vereins aber klargestellt, dass zwingend von einem Arbeitsverhältnis auszugehen ist, wenn es sich nach Fremdbestimmung, Weisungsgebundenheit und Verbindlichkeit um arbeitsvertragliche Pflichten handelt, und das Vereinsmitglied nicht bereits aufgrund der Arbeitsleistung ähnlich einem Arbeitnehmer sozial geschützt ist, etwa den gesetzlichen Mindestlohn erhält. Das Privileg in einer autonomen Gestaltung der Dienstverhältnisse, wie es den Kirchen nach der Rechtsprechung aufgrund ihres Selbstbestimmungsrechts (Art. 140 GG i. V. m. Art. 137 Abs. 2 WRV) zukommt, konnte der Yoga-Verein jedenfalls nicht für sich in Anspruch nehmen (*BAG* 25.4.2023 – 9 AZR 253/22, NZA 23, 1175).
Komplexe Betriebsstrukturen, aber auch das Bedürfnis der Arbeitgeber, Kosten durch »Vermeidung« von Arbeits- und Sozialrecht zu senken, haben zunehmend zum Einsatz von Fremdfirmenbeschäftigten und Soloselbstständigen in den Betrieben geführt. Die Abgrenzung abhängiger Arbeit bzw. der Leiharbeit von (Schein-) Werk- und Dienstverträgen und (Schein-)Selbstständigkeit wird dadurch immer wichtiger, zugleich aber auch schwieriger (vgl. Einl. III 2 zum AÜG, Nr. 4; ausführlich *Deinert*, RdA 14, 65, 72). Weitere Herausforderungen bringen Matrix-Strukturen mit sich, bei denen Weisungsbeziehungen innerhalb eines Konzerns über klassische Unternehmens-/Arbeitgebergrenzen hinweg bestehen (vgl. *Koll*, AiB 2/18, 31; *Seebacher*, AiB 5/16, 39 ff.).
Erweist sich ein selbstständiges Dienstverhältnis auf Klage des Leistungserbringers als Scheinselbstständigkeit, ist dieser also Arbeitnehmer, so will die Rechtsprechung dem Arbeitgeber einen Anspruch auf Herausgabe vermeintlich überhöhter Honorare unter Abzug des geschuldeten Arbeitslohns zugestehen (vgl. *BAG* 4.12.2024 – 5 AZR 272/23, NZA 25, 426). Das beruht auf der Annahme, dass die Verrechnungssätze für Selbstständige höher sind als die Arbeitgeberkosten im Ar-

beitsverhältnis. In der Realität erweist sich das jedoch allzu oft als Fiktion, wenn Selbstständigkeit nämlich gewählt wird, um bei mehr oder weniger gleichem Preis Steuern und Sozialabgaben auf den Vertragspartner abzuwälzen.
Ganz neue Herausforderungen bringt insbesondere das sog. Crowdsourcing mit sich. Unternehmen vergeben Aufträge über Online-Plattformen zur Bewältigung abgeschlossener Aufgaben, die digital von irgendwo in der Welt erfüllt werden können (zur Entwicklung Böckler impuls 6/2016, 7). Möglich ist das Crowdsourcing aber auch hinsichtlich ganz »analoger« Arbeiten, die vor Ort physisch erbracht werden, etwa Reinigungsarbeiten oder Essensauslieferung. Beides sind Formen der Arbeit in der Plattform-Ökonomie. Bei kleinen Aufträgen in der analogen Welt spricht man auch von »Gig-Work«. Diese Form der Arbeit hat in den letzten Jahren erheblich zugenommen (vgl. z. B. für Lieferdienste IAB-Forum v. 3. 4. 2024). Häufig genießen die Betroffenen formal große Freiheiten, sind andererseits aber oft geringer Vergütung und inhaltlich intensiven Vorgaben ausgesetzt. Das wirft nicht nur die Frage nach dem Vorliegen von Arbeitsverhältnissen auf, sondern erzeugt ganz unabhängig davon Druck auf die Arbeitsbedingungen (*Böhm*, AiB 11/14, 39; *Klebe*, AuR 16, 277; umfassend: *Benner* [Hrsg.], Crowdwork – zurück in die Zukunft? [2014]; insgesamt zu den arbeitsrechtlichen Fragen: *Däubler/Klebe*, NZA 15, 1032). Dies sollte durch die Betriebsräte zumindest mitgestaltet werden (zu den Betriebsratsrechten s. *Klebe*, in: Benner [Hrsg.], a. a. O., S. 277). Für die Beschäftigten ergeben sich erhebliche Schutzlücken, wenn auf sie arbeitsrechtliche Regelungen nicht mehr angewendet werden (zum Schutz außerhalb des Arbeitsrechts s. *Däubler*, in: Benner [Hrsg.], a. a. O., S. 243).
In ersten Entscheidungen in Bezug auf Crowdworker, die ihre Arbeit physisch erbracht haben, haben Gerichte die Arbeitnehmereigenschaft verneint (*Hess.LAG* 14. 2. 2019 – 10 Ta 350/18, NZA-RR19, 505; *LAG München* 4. 12. 2019 – 8 Sa 146/19, NZA 20, 316; dazu *Bayreuther*, RdA 20, 248; *Schubert*, RdA 20, 241; *Wenckebach*, SR 20, 165). Allerdings hat das *BAG* in einem Fall das Gegenteil angenommen. Gerade wenn sich bei einfachen Arbeiten inhaltliche Vorgaben für die Durchführung der Arbeit erübrigen und die Plattform sich durch ihre Ausgestaltung die Verfügbarkeit des Crowdworkers für künftige Aufträge faktisch sichert, obwohl er einzelne Aufträge ablehnen kann, ist das Vorliegen eines Arbeitsverhältnisses möglich (*BAG* 1. 12. 2020 – 9 AZR 102/20, AP Nr. 132 zu § 611 BGB Abhängigkeit, m. Anm. *Deinert*; vgl. dazu auch abl. *Thüsing/Hütter-Brungs*, NZA-RR 21, 231; zust. *Junker*, JZ 21, 519; *Schwarze*, ZfA 21, 566; *Waltermann*, NJW 22, 1129; *Warter/Gruber-Risak*, AuR 21, 329). In ähnlicher Weise stellt der *EuGH* darauf ab, dass die Freiheit, die für Selbstständigkeit typisch ist, bei der Prüfung des Arbeitnehmerbegriffs im Rahmen des Unionsrechts nicht nur formal (»fiktiv«) existiert, sondern tatsächlich gegeben ist (vgl. *EuGH* 22. 4. 2020 – C-692/19, AuR 20, 524 – Yodel, m. krit. Anm. *Gruber-Risak*).
Auf EU-Ebene gibt es seit 2024 eine sog. Plattformarbeits-Richtlinie (EU) 2024/2831, die auf die Verbesserung der Arbeitssituation von Plattformbeschäftigten abzielt (ABl. L v. 11. 11. 2024; dazu *Fischels/Sokoll*, NZA 24, 721; *Gruber-Risak/Warter*, DRdA 24, 267; *Kühnel*, EuZA 25, 28; *Peters-Lange*, ZESAR 25, 266; Entwurf: COM [2021] 762 final). Dazu ist – neben Regeln zu algorithmischem Management (vgl. Einl. IV zum HAG, Nr. 22) – auch vorgesehen, dass diese ih-

14

ren Status als Arbeitnehmer oder Selbstständige verlässlich klären können (Art. 3 des Entwurfs). Der Arbeitnehmerstatus soll an die Kontrolle durch die Plattform knüpfen, wobei die Mitgliedstaaten bei der Umsetzung der Richtlinie eine Vermutungsregelung schaffen müssen. Wenn deren Voraussetzungen erfüllt sind, trifft die Beweislast denjenigen, der ein Arbeitsverhältnis bestreitet. Die Richtlinie ist bis zum 2. 12. 2026 umzusetzen.

Das Unionsrecht legt in seinen substanziell arbeitsrechtlichen Regelungen regelmäßig nicht den Arbeitnehmerbegriff des nationalen Rechts zugrunde. Vielmehr ist für jeden unionsrechtlichen Rechtsakt eigenständig zu prüfen, wie der Arbeitnehmerbegriff zu verstehen ist. Dabei ist der Arbeitnehmerbegriff im Unionsrecht regelmäßig weiter als der des deutschen Rechts (zum Arbeitnehmerbegriff im Unionsrecht vgl. EU-ASO, Einl. V zu Nr. 1). Das kann im Einzelfall dazu zwingen, den Arbeitnehmerbegriff eines deutschen Gesetzes unionsrechtskonform erweiternd auszulegen. In diesem Sinne kann beispielsweise ein Fremdgeschäftsführer einer GmbH Arbeitnehmer im Sinne des Urlaubsrechts (BUrlG, Nr. 17) sein (*BAG* 25. 7. 2023 – 9 AZR 43/22, NZA 23, 1531).

Zum Schutz vor Umgehung des Arbeitsrechts durch »Scheinpraktika«, die in Wirklichkeit Arbeitsverhältnisse sind, gibt es nunmehr einen Vorschlag der europäischen Kommission für eine sog. Praktikumsrichtlinie (COM [2024] 132 final). Er sieht unter anderem die behördliche Bekämpfung von Scheinpraktika mit Regelungen zu Anhaltspunkten für das Vorliegen eines regulären Arbeitsverhältnisses sowie einen Gleichbehandlungsanspruch von Praktikanten vor, von dem nur mit sachlichem Grund abgewichen werden kann.

Für den Fall, dass die Arbeitnehmereigenschaft verneint wird, muss jedoch noch geprüft werden, ob es sich nicht wenigstens um eine »arbeitnehmerähnlichen Person« handelt, für die zumindest einzelne arbeitsrechtliche Vorschriften gelten (Übersicht 6). Darüber hinaus gibt es weitere Formen der Tätigkeit für ein Unternehmen oder eine Behörde, bei denen zumindest teilweise Fremdbestimmung gegeben ist oder Gefahren aus der fremden Betriebsorganisation drohen. Gerade in neueren arbeitsrechtlichen Gesetzen werden diese, zunehmend unter dem Einfluss europarechtlicher Vorgaben (s. o. 5), unter dem Begriff des »Beschäftigten« zusammengefasst (vgl. *Forst*, RdA 14, 157) und genießen damit gleiche oder vergleichbare Rechte (s. etwa § 2 Abs. 2 ArbSchG, Nr. 7, oder § 6 Abs. 1 AGG, Nr. 2). Diese Gruppe von Beschäftigten schließt regelmäßig die arbeitnehmerähnlichen Personen mit ein. Eine zentrale Fragestellung einer sich verändernden Arbeitswelt ist dabei, ob angesichts zunehmender Möglichkeiten bestimmte Aufgaben nicht mehr an Arbeitnehmer, sondern an (Solo-)Selbstständige heranzutragen, der Arbeitnehmerbegriff doch noch einmal in einem erweiterten Sinne neu definiert werden sollte oder ob ein maßgeschneidertes Schutzrecht für eine Gruppe schutzbedürftiger Selbstständiger durch dieses Konzept der Arbeitnehmerähnlichkeit oder nach dem Vorbild des Heimarbeitsrechts (so ein Vorschlag von *Preis*, SR 17, 173; zum Heimarbeitsrecht Einl. IV zum HAG, Nr. 22) ausgebaut werden sollte oder es zumindest einer gewissen Mindestvergütung für Selbstständige bedarf (dazu *Bayreuther*, NJW 17, 357).

2. Gleichbehandlung und Diskriminierungsverbote im Arbeitsleben

Es ist anerkannt, dass der Arbeitgeber, wenn er nach einem generalisierenden Prinzip vorgeht, ohne an höherrangige Rechtsvorschriften gebunden zu sein, die Arbeitnehmer gleich behandeln muss (*BAG* 14.11.2017 – 3 AZR 515/16, NZA 18, 367, Rn. 21 ff.; auch im Falle einer Gesamtzusage, *BAG* 3.6.2020 – 3 AZR 730/19, NZA 21, 347). Dasselbe gilt, wenn er jeweils im Einzelfall nach Gutdünken verfährt (*BAG* 27.4.2021 – 9 AZR 662/19, NZA 21, 1176). Das bedeutet, dass eine unterschiedliche Behandlung eines rechtfertigenden Sachgrundes bedarf. Der Status als Arbeiter oder Angestellter genügt dazu nicht. Vielmehr bedarf es in Bezug auf den jeweiligen Sachverhalt solcher Unterschiede, dass sie eine unterschiedliche Behandlung rechtfertigen (*BAG* 10.11.2015 – 3 AZR 575/14, NZA-RR 16, 204). Benachteiligte Arbeitnehmer haben Anspruch auf Gleichbehandlung (*BAG* 3.9.2014 – 5 AZR 6/13, NZA 15, 222, Rn. 18; 3.6.2020 – 3 AZR 730/19, NZA 21, 347). Dieser Grundsatz wird aber auf Fälle der Begründung von Rechten beschränkt und soll nicht bei belastenden Anweisungen gelten. Allerdings muss der Arbeitgeber bei der Ausübung billigen Ermessens nach der Rechtsprechung den allgemeinen Gleichheitssatz ebenfalls achten (*BAG* 1.6.2022 – 5 AZR 28/22, NZA 22, 1387, Rn. 53 f.).
Der arbeitsrechtliche Gleichbehandlungsgrundsatz erfasst nur Arbeitgeberverhalten, nicht aber Regelungen in Tarifverträgen. Allerdings sieht die Rechtsprechung auch die Tarifvertragsparteien an den Gleichheitssatz des Art. 3 Abs. 1 GG gebunden. Bei dessen Anwendung ist aber der grundrechtlich durch Art. 9 Abs. 3 GG fundierte Gestaltungsspielraum der Tarifvertragsparteien zu berücksichtigen. Zudem haben die Tarifvertragsparteien im Fall einer unzulässigen Ungleichbehandlung ein vorrangiges Korrekturrecht, sodass es nicht automatisch dazukommen muss, dass die benachteiligten Arbeitnehmer die vorenthaltene Vergünstigung bekommen (Einl. II 1e zum TVG, Nr. 31).
Darüber hinaus gibt es spezielle Diskriminierungsverbote, die bestimmte Merkmale einer Person als Anknüpfungspunkte für Ungleichbehandlungen grundsätzlich ausschließen wollen (Geschlecht, Behinderung, Alter, Weltanschauung und Religion, sexuelle Identität, »Rasse«, ethnische Herkunft). Sie sind geregelt im AGG (Nr. 2) und im EntgTranspG (Nr. 2 a) sowie § 75 Abs. 1 BetrVG (Nr. 12) (s. dort). Ferner gibt es Benachteiligungsverbote für bestimmte Vertragstypen (vgl. z. B. § 4 TzBfG, Nr. 32).

14

3. Kündigung

Das BGB geht noch von der autonomen Entscheidung über die Beendigung eines Dienstvertrages in §§ 620 ff. BGB aus. Einvernehmlich können die Parteien den Vertrag ohne Weiteres beenden, soweit das Gebot fairer Verhandlungen geachtet wird (vgl. u. 10). Die Kündigung bedarf aber in jedem Fall der Schriftform gemäß § 623 BGB (s. u. 8). Die freie Beendigungsentscheidung wird einerseits durch das Befristungsrecht (vgl. u. 4) und andererseits dadurch überlagert, dass die ordentliche Kündigung (mit Kündigungsfrist) regelmäßig gesetzlich anerkannte Gründe voraussetzt, Einzelheiten sind im KSchG (Nr. 25) geregelt. Demgegenüber sind die

Kündigungsfristen im BGB enthalten. Nachdem das *BVerfG* (30.5.1990 – 1 BvL 2/83, DB 90, 1565) unterschiedliche Kündigungsfristen für Arbeiter und Angestellte für verfassungswidrig erklärt hatte, ist mit § 622 BGB eine Vereinheitlichung herbeigeführt worden. Sie beruht auf dem Kündigungsfristengesetz vom 7.10.1993 (BGBl. I 1668; dazu *Kehrmann,* AiB 93, 746; *Preis/Kramer,* DB 93, 2125; vgl. *Hromadka,* BB 93, 2372; *Schwedes,* BArbBl. 12/93, 8; *Worzalla,* NZA 94, 145; *Adomeit/Thau,* NJW 94, 11). Der Gesetzgeber hat sich dabei nicht am höheren früheren Angestelltenniveau orientiert, sondern eine einheitliche Grundfrist von 4 Wochen vorgesehen (statt bisher 2 Wochen für Arbeiter und 6 Wochen zum Quartalsende für Angestellte). Es kann jedoch nur jeweils zum 15. oder Ende eines Kalendermonats gekündigt werden. Mit der Beschäftigungsdauer steigt die Kündigungsfrist für den Arbeitgeber bis höchstens 7 Monate (vgl. Deinert/Wenckebach/Zwanziger-*Brandl/Tatzky/Wankel,* Arbeitsrecht, § 72). Dies verstößt nach dem *BAG* (18.9.2014 – 6 AZR 636/13, NZA 14, 1400) nicht gegen das Verbot der Altersdiskriminierung nach der Richtlinie 2000/78/EG (Einl. II 5a zum AGG, Nr. 2), weil damit der insgesamt schlechteren Arbeitsmarktchancen älterer Arbeitnehmer Rechnung getragen werden soll. Die frühere Einschränkung auf die Berücksichtigung von Beschäftigungszeiten ab dem 25. Lebensjahr ist inzwischen entfallen (zur Entwicklung vgl. Einl. II 2 zum BGB in 44. Aufl.). Von § 622 BGB kann umfassend durch Tarifvertrag abgewichen werden (Abs. 4). Die Kündigung muss erkennen lassen, zu welchem Termin das Arbeitsverhältnis enden soll. Kann dieser Zeitpunkt aber unschwer aus der gesetzlichen Regelung ermittelt werden, genügt der Hinweis auf die gesetzliche Kündigungsfrist im Kündigungsschreiben (*BAG* 20.6.2013 – 6 AZR 805/11, DB 13, 2093). Ausnahmsweise kommt eine außerordentliche Kündigung auch dann in Betracht, wenn eine ordentliche Kündigung, etwa durch Tarifvertrag, ausgeschlossen ist. Es sind dann aber besonders strenge Anforderungen an den wichtigen Grund zu stellen. Außerdem bedarf es regelmäßig einer sozialen Auslauffrist, die dem Umstand Rechnung trägt, dass auch eine ordentliche Kündigung nur mit einer Frist möglich wäre (zu einer außerordentlichen krankheitsbedingten Kündigung vgl. *BAG* 25.4.2018 – 2 AZR 6/18, NZA 18, 1056).

Außerordentliche Kündigungen sind regelmäßig ohne Frist aus wichtigem Grund gemäß § 626 BGB zulässig. Zu prüfen ist, (1) ob der fragliche Sachverhalt *an sich* geeignet ist, einen solchen wichtigen Grund darzustellen. Ob er (2) die Kündigung im konkreten Fall rechtfertigt, ist durch Abwägung der Interessen im Einzelfall festzustellen. Bei der Interessenabwägung ist auch ein womöglich langjährig störungsfreier Verlauf des Arbeitsverhältnisses zu berücksichtigen (vgl. Einl. III 3 zum KSchG, Nr. 25).

Jede verhaltensbedingte Kündigung, ob ordentlich oder außerordentlich, bedarf im Regelfall einer vorherigen Abmahnung. Das ist für die außerordentliche Kündigung nunmehr in § 314 Abs. 2 BGB geregelt. Sie ist nur ausnahmsweise entbehrlich, wenn eine Änderung des Verhaltens auch im Falle einer Abmahnung nicht zu erwarten wäre (*BAG* 10.2.1999 – 2 ABR 31/98, NZA 99, 708, 710 f.; im Einzelnen Däubler/Deinert/Zwanziger-*Deinert,* § 314 BGB Rn. 24 ff.).

4. Befristung von Arbeitsverhältnissen

§ 620 BGB spricht von der grundsätzlichen Möglichkeit der Befristung von Arbeitsverhältnissen. Ob eine Befristung jedoch zulässig ist, ergibt sich vor allem aus dem Teilzeit- und Befristungsgesetz (vgl. Nr. 32; siehe auch Nr. 32 a).

5. Betriebsübergang

§ 613a BGB soll die Rechte von Arbeitnehmern beim Betriebsübergang sichern (Übersicht 34). Diese Vorschrift geht zurück auf die Richtlinie 77/187/EWG, die zwischenzeitlich durch die Richtlinie 2001/23/EG (EU-ASO Nr. 55) ersetzt wurde. Sie gilt auch bei Übernahme eines in Insolvenz gegangenen Unternehmens (*BAG* 3.5.1983 – 3 AZR 1263/79, DB 83, 1259; vgl. jetzt § 128 InsO). Mit der Richtlinie 98/50/EG vom 29.6.1998 (ABl. L 201/88) wurde zwar die Geltung der Betriebsübergangsrichtlinie für Betriebe in einem Insolvenzverfahren mit dem Ziel der Liquidation ausgeschlossen. Für Deutschland änderte dies aber nichts an der Weitergeltung des günstigeren § 613a BGB (vgl. *Moll*, RdA 99, 233; *Weber*, EuZW 98, 583). Allerdings haftet der Erwerber nicht für Insolvenzforderungen. Dies dürfte mit der Betriebsübergangsrichtlinie vereinbar sein (*Zwanziger*, Anm. zu *EuGH* 28.4.2022 – C-237/20, AuR 23, 255 – FNV).

Über die Frage der Voraussetzungen zur Annahme eines Betriebsübergangs hat es eine lange Diskussion und z. T. voneinander abweichende Entscheidungen des *EuGH* und des *BAG* gegeben. Am heftigsten wurde dabei die Entscheidung des *EuGH* i.S. Christel Schmidt diskutiert, bei der es darum gegangen war, dass eine übergangsfähige Betriebsfunktion auch aus einer einzelnen Reinigungskraft bestehen kann (vgl. *EuGH* 14.4.1994 – C-392/92, DB 94, 1370; hierzu kontrovers *Trittin*, AiB 94, 465; *Röder/Baeck*, NZA 94, 204, 545; zum Ganzen *Kittner*, 50 Urteile, 3. Aufl. 2024, Nr. 22). Das *BAG* hatte demgegenüber den Übergang auch materieller Arbeitsmittel verlangt (*BAG* 4.3.1993 – 2 AZR 507/92, NZA 94, 260). In einem weiteren Grundsatzurteil hat der *EuGH* (11.3.1997 – C-13/95, DB 97, 628 – Ayse Süzen) festgestellt, dass auch beim Fehlen von Betriebsmitteln ein Übergang i.S. der Richtlinie bzw. des § 613a BGB möglich ist (vgl. *Preis/Steffan*, DB 98, 309; *Annuß*, NZA 98, 70). Das ist für alle Fälle des Übergangs von Dienstleistungen von Bedeutung. In solchen Fällen kommt es darauf an, dass die übergegangene Einheit ihre wirtschaftliche Identität bewahrt. Diese Einheit kann auch aus einer Gesamtheit von Arbeitnehmern bestehen, die durch eine gemeinsame Tätigkeit dauerhaft verbunden sind. Ein Betriebsübergang liegt dann vor, wenn der neue Unternehmensinhaber nicht nur die betreffende Tätigkeit weiterführt, sondern auch einen nach Zahl und Sachkunde wesentlichen Teil des beim Vorgänger hierfür eingesetzten Personals übernimmt. Ein Betriebsübergang ist im Übrigen nicht dadurch ausgeschlossen, dass die Tätigkeit für eine gewisse Zeit unterbrochen wird (*EuGH* 7.8.2018 – C-472/16, NZA 18, 1123 – Solino Següenza: Einstellung einer Musikschule, Wiedereröffnung durch Übernehmer mehrere Monate später nach Schulferien). Im Falle des sog. Wet Lease, bei dem ein Luftfahrtunternehmen Flugzeuge samt Besatzung anderen Unternehmen zur Verfügung stellt, handelt es sich nicht um einen Betriebsübergang (*BAG* 11.5.2023 – 6 AZR 121/22 [A], NZA

14

24, 629). Kein Betriebsübergang liegt bei einem Wechsel der Anteilseigner eines Unternehmens vor (*BAG* 23. 3. 2017 – 8 AZR 91/15, NZA 17, 981). Denn die Gesellschaft, mit der der Arbeitnehmer einen Arbeitsvertrag hat, wechselt dadurch nicht, der Arbeitgeber ist nach wie vor derselbe.

Auf den Erwerber gehen die Arbeitsverhältnisse der Arbeitnehmer über, die dem Betrieb angehören. Im Fall eines Betriebsteilübergangs kommt es darauf an, ob ein Arbeitnehmer dem übergehenden Betriebsteil zuzuordnen ist. Eine Sozialauswahl findet insoweit nicht statt. Des Betriebsübergangsrecht gewährleistet insoweit die Kontinuität des Arbeitsverhältnisses entsprechend der bereits zuvor erfolgten Zuordnung (*BAG* 11. 5. 2023 – 6 AZR 267/22).

Im Falle eines Betriebsübergangs haften Alt- und Neuarbeitgeber unter den Voraussetzungen des § 613a Abs. 2 gesamtschuldnerisch für aufgelaufene Verbindlichkeiten. Rechte aus Betriebsvereinbarungen und Tarifverträgen bleiben dem neuen Arbeitgeber gegenüber erhalten, selbst wenn er nicht kollektivrechtlich an die betreffenden Vereinbarungen gebunden ist. Das gilt auch im Falle eines nur noch nachwirkenden Tarifvertrages (*EuGH* 11. 9. 2014 – C-328/13, EuZW 14, 820 – ÖGB/Wirtschaftskammer Österreich, zur Nachwirkung s. § 4 Abs. 5 TVG, Nr. 31). Die Transformation in das Arbeitsverhältnis mangels kollektivrechtlicher Bindung des Arbeitgebers macht den jeweiligen Tarifvertrag bzw. die Betriebsvereinbarung nicht zu einer arbeitsvertraglichen Regelung. Da die Regelung ihre kollektivrechtliche Natur behält, kann der Arbeitgeber etwa eine Betriebsvereinbarung gegenüber dem zuständigen Betriebsrat kündigen (*BAG* 19. 9. 2023 – 1 AZR 281/22, NZA 24, 271, Rn. 43).

Diese Rechte können für ein Jahr nicht geändert werden. Wurde in einem Arbeitsvertrag dynamisch auf einen Tarifvertrag verwiesen, bleibt der neue Arbeitgeber mangels Vertragsänderung auch an diese Dynamik gebunden. Das verstößt nicht gegen seine negative Koalitionsfreiheit (*BAG* 23. 9. 2009 – 4 AZR 331/08, NZA 10, 513). Der *EuGH* (18. 7. 2013 – C-426/11, NZA 13, 835 – Alemo-Herron u. a.) will dies allerdings mit Rücksicht auf die unternehmerische Freiheit des Arbeitgebers beschränken. Auf Vorabentscheidungsersuchen des *BAG* (17. 6. 2015 – 4 AZR 61/14, NZA 16, 373; dazu *Hanau*, AuR 16, 159; *Klein*, NZA 16, 410; *Sagan*, ZESAR 16, 116) hat der *EuGH* entschieden, dass der neue Arbeitgeber die Möglichkeit haben muss, seine Änderungsinteressen wirksam geltend zu machen (27. 4. 2017 – C-680/15, NZA 17, 571 – Asklepios; dazu *Bayreuther*, NJW 17, 2158; *Schubert*, ZESAR 18, 8; *Wißmann*, NZA 17, 697). Darauf hat das *BAG* klargestellt, dass der Erwerber nach dem Übergang an die Tarifverträge dynamisch gebunden bleibt, jedoch grundsätzlich die Möglichkeit zur Änderung der Arbeitsbedingungen durch einvernehmliche Vertragsänderung oder einseitig unter den Voraussetzungen einer Änderungskündigung hat (30. 8. 2017 – 4 AZR 95/14, NZA 18, 255; 30. 8. 2017 – 4 AZR 443/15, NZA 18, 363).

Die einjährige Veränderungssperre hinsichtlich kollektivvertraglicher Rechte entfällt hingegen, wenn der Erwerber selbst kollektivvertragsgebunden ist. In diesem Fall lösen die dort geltenden Kollektivverträge die alten Bedingungen ab, selbst wenn sie ungünstiger sind. Nach einer Entscheidung des *EuGH* war zwar zweifelhaft geworden, ob eine Verschlechterung der Arbeitsbedingungen auf diesem Wege herbeigeführt werden darf (6. 9. 2011 – C-108/10, NZA 11, 1077 – Scattolon). Das

BAG erkennt die verschlechternde Ablösung aber jedenfalls für bereits vorher beim Erwerber geltende Kollektivverträge an, die nicht auf eine Gestaltung zum Nachteil der Arbeitnehmer anlässlich des Betriebsübergangs hinauslaufen (23.1.2019 – 4 AZR 445/17, NZA 19, 922; 12.6.2019 – 1 AZR 154/17, NZA 19, 1203).
Infolge des Betriebsübergangs geht das Arbeitsverhältnis so, wie es beim Veräußerer bestand, auf den Betriebserwerber über. Das erfasst auch die Dynamik eines Betriebsrentenversprechens (vgl. Einl. II 1a zum BetrAVG, Nr. 11). Sofern die Arbeitsbedingungen nicht nachträglich geändert wurden, folgt daraus, dass Betriebszugehörigkeitszeiten beim Veräußerer auch für die Geltendmachung von Rechten beim Erwerber zu berücksichtigen sind (*EuGH* 6.4.2017 – C-336/15, NZA 17, 585 – ISS; dazu *Witschen*, EuZA 17, 534). Auch die bindende Wirkung einer betrieblichen Übung geht auf den Erwerber über, und zwar selbst dann, wenn die vorausgesetzten Bedingungen beim Arbeitnehmer im Zeitpunkt des Betriebsübergangs noch nicht eingetreten waren (*BAG* 19.9.2023 – 1 AZR 281/22, NZA 24, 271, Rn. 23). Er kann dann später Rechte erwerben. Gehen mehrere Betriebsteile, denen der Arbeitnehmer angehörte, auf verschiedene Erwerber über, ist eine Aufspaltung des Arbeitsvertrages mit jeweiligem Übergang auf die verschiedenen Erwerber möglich (*EuGH* 26.3.2020 – C-344/18, NZA 20, 503 – ISS).
Gemäß § 613a Abs. 5 sind die Arbeitnehmer in Textform (§ 126b BGB) über für sie wichtige Einzelheiten des Betriebsübergangs zu unterrichten (*Meyer*, DB 07, 858). Sie können dem Übergang innerhalb eines Monats nach Zugang dieser Information schriftlich widersprechen (Abs. 6). Wenn mehrere Betriebsübergänge aufeinander gefolgt sind, soll einem vorausgegangenen Übergang des Arbeitsverhältnisses nur dann widersprochen werden können, wenn auch erfolgreich einem weiteren Übergang des Arbeitsverhältnisses widersprochen wurde (*BAG* 15.12.2022 – 2AZR 99/22, NZA 23, 352). Die Frist beginnt nicht zu laufen, wenn der Arbeitgeber seiner Informationspflicht gemäß Abs. 5 nicht oder nur unvollständig nachgekommen ist. Nach neuerer Rechtsprechung sollen allerdings Unterrichtungsfehler, die für die Entscheidung des Arbeitnehmers, ob er dem Übergang seines Arbeitsverhältnisses widersprechen möchte, ohne Belang sind, den Beginn der Frist nicht hindern (*BAG* 21.3.24 – 2 AZR 79/23, NZA 24, 829). Das Widerspruchsrecht kann auch verwirkt werden. Eine Verwirkung ist regelmäßig dann anzunehmen, wenn der Arbeitnehmer vom Übergang und vom Zeitpunkt seines Arbeitsverhältnisses, vom Gegenstand des Betriebsübergangs und vom Betriebsübernehmer Kenntnis hatte und über das Widerspruchsrecht als solches belehrt worden war und widerspruchslos beim Betriebsübernehmer über einen Zeitraum von mindestens sieben Jahren hinweg weiterarbeitet (*BAG* 24.8.2017 – 8 AZR 265/16, NZA 18, 168). Zur Frage eines Verzichts auf das Widerspruchsrecht *BAG* 28.2.2019 – 8 AZR 201/18, NZA 19, 1279.
Eine nicht ordnungsgemäße Unterrichtung führt jedoch nicht zur Unwirksamkeit einer dem Arbeitnehmer gegenüber ausgesprochenen Kündigung (*BAG* 24.5.2005 – 8 AZR 398/04, DB 05, 2472 mit Anm. *Gaul/Otto,* DB 05, 2465). Der Arbeitnehmer kann aber wegen der mangelhaften Unterrichtung Schadensersatzansprüche geltend machen (*BAG* 31.1.2008 – 8 AZR 1116/06, NZA 08, 642). Der widersprechende Arbeitnehmer bleibt beim bisherigen Arbeitgeber, riskiert dort aber eine Kündigung aus betriebsbedingten Gründen. Allerdings ist auch in einem

solchen Fall eine Sozialauswahl durchzuführen, bei der die Gründe für den Widerspruch nicht berücksichtigt werden (*BAG* 31.5.2007 – 2 AZR 276/06, NZA 08, 33). Die Ausübung des Widerspruchsrechts bewirkt keine Betriebsspaltung und begründet kein Übergangs- oder Restmandat des Betriebsrats nach §§ 21a, 21b BetrVG (Nr. 12) für die widersprechenden Arbeitnehmer (*BAG* 8.5.2014 – 2 AZR 1005/12, NZA 15, 889).
Werden – wie häufig bei Einschaltung einer Transfergesellschaft – Aufhebungsverträge geschlossen oder veranlasst der Arbeitgeber den Arbeitnehmer zu einer Eigenkündigung, obwohl dieser beim Betriebserwerber weiterhin arbeiten soll, ist dieses Rechtsgeschäft regelmäßig wegen Gesetzesumgehung nichtig, denn es zielt allein auf eine Verhinderung der Rechtsfolgen des § 613a BGB (*BAG* 27.9.2012 – 8 AZR 826/11, NZA 13, 961).

6. Arbeitnehmerhaftung

Das *BAG* hatte seit langem eine Begrenzung der Haftung eines Arbeitnehmers für von ihm verursachte Schäden vorgenommen (vgl. Deinert/Wenckebach/Zwanziger-*Lakies,* Arbeitsrecht, § 63; *Kittner*, 50 Urteile, 3. Aufl., 2024, Nr. 11). Nach Herstellung des Einvernehmens mit dem *BGH* (21.9.1993 – GmS-OGB 1/93, AP Nr. 102 zu § 611 BGB Haftung des Arbeitnehmers) stehen folgende Grundsätze nach der Rechtsprechung des *BAG* fest (27.9.1994 – GS 1/89 (A), AP Nr. 103 zu § 611 BGB Haftung des Arbeitnehmers): Bei leichtester Fahrlässigkeit haftet der Arbeitnehmer überhaupt nicht, während er bei Vorsatz und im Allgemeinen auch bei grober Fahrlässigkeit in vollem Umfang haften muss. Bei normaler Schuld (= mittlere Fahrlässigkeit) ist der Schaden zwischen Arbeitgeber und Arbeitnehmer zu teilen, wobei Verschulden und Betriebsrisiko gegeneinander abzuwägen sind (so auch *BGH* 11.3.1996 – II ZR 230/94, DB 96, 1242). Ausnahmsweise ist aber auch im Falle grober Fahrlässigkeit eine Haftungserleichterung möglich, soweit die Haftung unzumutbar ist. Dies ist insbesondere zu bejahen bei einem Missverhältnis zwischen Schadensrisiko und Arbeitslohn, d.h., wenn das Schadensrisiko so hoch ist, dass der Arbeitnehmer typischerweise schon von seinem Arbeitsentgelt her nicht in der Lage ist, Risikovorsorge zu betreiben oder einen eingetretenen Schaden zu ersetzen (*BAG* 12.10.1989 – 8 AZR 276/88, NZA 90, 97; 23.1.1997 – 8 AZR 893/95, NZA 98, 140). Als Faustregel orientiert sich die Rechtsprechung hier an einer Schadenshöhe von mehr als 3 Monatsgehältern (*BAG* 15.11.2001 – 8 AZR 95/01, NZA 02, 612, 614). Die Haftungsbeschränkung gilt für alle betrieblich veranlassten Tätigkeiten (*BAG* 27.9.1994 – GS 1/89 (A), AP Nr. 103 zu § 611 BGB Haftung des Arbeitnehmers; vgl. *Hanau/Rolfs,* NJW 94, 1439; *Kraushaar,* AiB 94, 353; *Annuß,* NZA 98, 1089). Der durch das Schuldrechtsmodernisierungsgesetz eingefügte § 619a BGB stellt gesetzlich klar, dass der Arbeitgeber – abweichend von den allgemeinen Grundsätzen des § 280 BGB – die Beweislast für das Verschulden des Arbeitnehmers trägt.
Im Außenverhältnis, gegenüber einem geschädigten Dritten, lässt der *BGH* eine Haftungsbeschränkung wegen betrieblich veranlasster Arbeit nicht zu (*BGH* 21.12.1993 – VI ZR 103/93, DB 94, 634). Der Arbeitnehmer kann von seinem Arbeitgeber allerdings verlangen, in dem Umfang von der Haftung gegenüber Dritten

freigestellt zu werden, in dem er dem Arbeitgeber gegenüber frei wäre, wenn dieser der Geschädigte wäre (*BAG* 23.6.1988 – 8 AZR 300/85, AP Nr. 94 zu § 611 BGB Haftung des Arbeitnehmers). Sofern der Arbeitnehmer in den Schutzbereich einer Pflichtversicherung einbezogen ist, lässt der *BGH* keine Berufung der Versicherung auf eine Schadensteilung zu (*BGH* 8.12.1971 – IV ZR 102/70, NJW 72, 440). Eine freiwillig abgeschlossene Berufshaftpflichtversicherung schließt diese Grundsätze dagegen nicht aus (*BAG* 25.9.1997 – 8 AZR 288/96, BB 98, 749). Wenn der Arbeitnehmer mit einem außenstehenden Dritten als Gesamtschuldner haftet, ist der Arbeitgeber nicht gehalten, sich vorrangig an den Dritten zu halten, es sei denn, es wäre ihm ohne Weiteres möglich, von diesem Ersatz zu erlangen (*BAG* 7.6.2018 – 8 AZR 96/17, NZA 19, 44).

7. Nachweisgesetz

Nach dem auf der sog. Nachweisrichtlinie 91/533/EWG v. 14.10.1991 (ABl. L 288/32, ersetzt durch die Transparenz-Richtlinie [EU] 2019/152, EU-ASO Nr. 50) beruhenden Nachweisgesetz muss der Arbeitgeber dem Arbeitnehmer einen schriftlichen Nachweis der Arbeitsbedingungen geben. Dies darf nicht mit einem Schriftformgebot für das Arbeitsverhältnis verwechselt werden (s. Einl. zum NachwG, Nr. 29).

8. Schriftform, elektronische Form und Textform

Aufgrund des »Arbeitsrechtsbeschleunigungsgesetzes« vom 30.3.2000 (BGBl. I 333) wurde § 623 BGB eingefügt. Danach bedarf die Beendigung eines Arbeitsverhältnisses durch Kündigung (beider Seiten), Auflösungsvertrag (dazu auch u. 10) und Befristung zu ihrer Wirksamkeit der Schriftform des § 126 BGB (zum Gesetz vgl. *Däubler,* AiB 2000, 188; *Lakies,* BB 2000, 667; *Preis/Rolfs,* NZA 2000, 348). Die Schriftform für Befristungsabreden ist in § 14 Abs. 4 TzBfG geregelt (vgl. Nr. 32). Für den Abschluss eines Arbeitsvertrages selbst gibt es hingegen kein gesetzliches Formgebot.

Mit dem »Gesetz zur Anpassung der Formvorschriften des Privatrechts und anderer Vorschriften an den modernen Rechtsgeschäftsverkehr« vom 13.7.2001 (BGBl. I 1542) sind die elektronische Form (§ 126a BGB) und die Textform (§ 126b BGB) eingeführt worden. Im Zweifel gilt die elektronische Form auch für ein rechtsgeschäftlich vereinbartes Formerfordernis (§ 127 Abs. 1 BGB). Sie ermöglicht insbesondere die Abgabe authentischer Willenserklärungen über das Internet. Allerdings wird die elektronische Form für die Beendigung des Arbeitsverhältnisses gemäß § 623 BGB nicht zugelassen. Die elektronische Form hat vor allem Bedeutung bei Schriftformerfordernissen im Betriebsverfassungsrecht (vgl. DKW-*Wedde,* Einl. Rn. 184ff.). Die Textform ermöglicht Dokumente ohne persönliche Unterschrift (vgl. z.B. § 613a Abs. 5; s.o. 5). Seit dem Vierten Bürokratieentlastungsgesetz (v. 23.10.2024, BGBl. I Nr. 323) kann ein Zeugnis mit Einwilligung in elektronischer Form erteilt werden und ein schriftlicher Nachweis der Arbeitsbedingungen nach dem NachwG (Nr. 29) kann durch einen Arbeitsvertrag, der in elektronischer Form geschlossen und dem Arbeitnehmer in ausdruckbarer Form übermittelt wurde, ersetzt werden.

9. Formularverträge/Allgemeine Geschäftsbedingungen

Seit dem 1. 1. 2002 ist mit dem »Schuldrechtsmodernisierungsgesetz« die bisher schon für sonstige vorformulierte Vertragsinhalte (»Allgemeine Geschäftsbedingungen« – AGB) geltende Rechtskontrolle auch auf Arbeitsverträge erstreckt worden (Übersicht *Annuß*, BB 06, 1333; Bestandsaufnahme bei *Stoffels*, ZfA 09, 861; *Deinert*, AiB 2008, 217). Dazu wurden die früheren Vorschriften des AGBG im Wesentlichen unverändert in das BGB überführt (§§ 305–310 BGB). Zu berücksichtigen sind dabei »die im Arbeitsrecht geltenden Besonderheiten« (§ 310 Abs. 4 S. 2 BGB); nicht einbezogen ist die Kontrolle von Tarifverträgen sowie Betriebs- und Dienstvereinbarungen (§ 310 Abs. 4 S. 1 BGB). Diese Einschränkungen gelten aber nicht für Privatkredite, die Arbeitgeber ihren Arbeitnehmern gewähren. Hier gilt das AGB-Recht vielmehr so, wie es auch sonst bei allgemeinen zivilrechtlichen Verträgen eingreift (vgl. *EuGH* 21. 3. 2019 – C-590/17, RIW 19, 361 – Pouvin u. a.). Kirchliche Arbeitsvertragsrichtlinien sind zwar keine von der Ausnahme des § 310 Abs. 4 S. 1 BGB erfassten kontrollfreien Kollektivverträge. Die Rechtsprechung will diese aber mit Rücksicht auf das kirchliche Selbstbestimmungsrecht (vgl. Einl. III 5 zum GG, Nr. 20) nur auf ihre Vereinbarkeit mit höherrangigem Recht und den guten Sitten überprüfen (*BAG* 5. 10. 2023 – 6 AZR 308/22, NZA 24, 569). Nicht überprüft werden kann die Vereinbarung der Höhe der Vergütung, solange nicht die Grenze der Sittenwidrigkeit (s. u. 12) erreicht wird (*BAG* 17. 10. 2012 – 5 AZR 792/11, NZA 13, 266). Vorrang vor Allgemeinen Geschäftsbedingungen, aber auch sonst vor durch den Arbeitgeber gestellten Vertragsbedingungen, haben individuelle Vereinbarungen der Vertragsparteien (s. § 305b BGB, vgl. *BAG* 24. 8. 2016 – 5 AZR 129/16, NZA 17, 58).
Überraschende Klauseln werden nicht Vertragsbestandteil gemäß § 305c Abs. 1 BGB. Intransparente Klauseln sind unwirksam nach § 307 Abs. 2 S. 2 BGB. Im Übrigen gibt es Klauselverbote in §§ 308 und 309 BGB. Soweit diese nicht greifen, ist nach § 307 Abs. 1 BGB zu prüfen, ob eine Klausel den Verwendungsgegner (d. h. den Arbeitnehmer) entgegen Treu und Glauben unangemessen benachteiligt.
Aufgrund dieser Rechtslage hat das *BAG* inzwischen eine Reihe von typischen Vertragsgestaltungen einer AGB-Kontrolle unterzogen (umfangreicher Überblick bis 49. Aufl.; insg. *Däubler/Deinert/Walser*, AGB-Kontrolle im Arbeitsrecht, 5. Aufl., 2021), insbesondere Vertragsstrafeversprechen (grundlegend: 4. 3. 2004 – 8 AZR 196/03, NZA 04, 727); Freiwilligkeitsvorbehalte (25. 1. 2023 – 10 AZR 109/22, NZA 23, 629), Widerrufsvorbehalte (24. 1. 2017 – 1 AZR 774/14, NZA 17, 777), Ausschlussfristen (zusammenfassend 5. 7. 2022 – 9 AZR 341/21, NZA 22, 1469) oder Rückzahlunsgklauseln für Kosten von Aus- und Fortbildungen (zuletzt etwa 25. 1. 2022 – 9 AZR 144/21, NZA 22, 978; 25. 4. 2023 – 9 AZR 187/22, NZA 23, 1122; 16. 4. 2024 – 9 AZR 199/23, NZA 24, 1211; 9. 7. 2024 – 9 AZR 227/23, NZA 24, 1713).
Eine als unzulässig erkannte Klausel wird dabei nicht im Wege der sog. geltungserhaltenden Reduktion auf das zulässige Maß zurückgeführt. Vielmehr gilt nur das

für einen solchen Fall gesetzlich Vorgesehene (z. B. gar keine Vertragsstrafe oder im Falle einer Ausschlussklausel die gesetzliche Verjährungsregelung).

10. Verbrauchereigenschaft des Arbeitnehmers

Seit dem Fernabsatzgesetz vom 27. 6. 2000 (BGBl. I 897) enthält § 13 BGB eine Legaldefinition des Verbrauchers. Sie bezieht ihrem Wortlaut nach auch Arbeitnehmer ein, und zwar sowohl in Bezug auf »echte« Verbrauchergeschäfte zwischen Arbeitgeber und Arbeitnehmer (z. B. Kauf eines »Jahreswagens«) als auch das eigentliche Arbeitsverhältnis. Das *BAG* bejaht eine Verbrauchereigenschaft des Arbeitnehmers, behält sich aber die Prüfung vor, ob die Anwendbarkeit der jeweiligen Norm nach ihrem Zweck ausgeschlossen ist. Das bedeutet:

- Der Widerruf eines Aufhebungsvertrages wird nicht zugelassen, weil es sich nach dem Gesetzeszweck um kein Haustürgeschäft i. S. des § 312 Abs. 1 S. 1 Nr. 1 a. F. handelt (*BAG* 27. 11. 2003 – 2 AZR 135/03, NZA 04, 597). Die Bestimmung ist inzwischen abweichend in den §§ 312b, 312g BGB geregelt und passt ohnehin in der Regel nicht. Denn das Gesetz knüpft an »außerhalb von Geschäftsräumen geschlossene Verträge«. Die Rechtsprechung verneint das Widerspruchsrecht, falls seine Voraussetzungen ausnahmsweise gegeben sind, auch in der neuen Fassung im Hinblick auf den Gesetzeszweck. Allerdings geht das *BAG* davon aus, dass beim Abschluss von Aufhebungsverträgen das Gebot fairen Verhandelns aus § 241 Abs. 2 BGB folgt. Es wird verletzt, wenn die Verhandlungssituation auf eine »unfaire Behandlung« hinausläuft. Das führt dann zu einem Schadensersatzanspruch, der auf eine Lösung von dem ungewünschten Aufhebungsvertrag hinausläuft (*BAG* 7. 2. 2019 – 6 AZR 75/18, NZA 19, 688; dazu *Fischinger*, NZA 19, 729; *Kamanabrou*, RdA 20, 201). Eine solche unfaire Behandlung liegt noch nicht darin, dass ein Aufhebungsvertrag nur zur sofortigen Annahme angeboten wird, dem Arbeitnehmer also keine Bedenkzeit eingeräumt wird (*BAG* 24. 2. 2022 – 6 AZR 333/21, NZA 22, 779).
- Eine individuell ausgehandelte Vertragsklausel kann gemäß § 310 Abs. 3 Nr. 2 BGB überprüft werden (*BAG* 25. 5. 2005 – 5 AZR 572/04, NZA 05, 1111).
- Hinsichtlich der Möglichkeit niedriger Zinsen gemäß § 288 Abs. 1 und 2 BGB lässt das *BAG* seine Neigung erkennen, keine verbraucherspezifische Besonderheit anzuerkennen (25. 5. 2005 – 5 AZR 572/04, NZA 05, 1111).

11. Fragerecht des Arbeitgebers

Die Rechtsprechung beurteilt die Frage der Anfechtbarkeit eines Arbeitsvertrages nach § 123 BGB wegen unzutreffender Angaben des Arbeitnehmers zu seinen persönlichen Verhältnissen nach der Zulässigkeit der vom Arbeitgeber diesbezüglich gestellten Frage (*BAG* 5. 10. 1995 – 2 AZR 923/94, NZA 96, 371). Die Zulässigkeit wurde früher nach einer Interessenabwägung ermittelt. Sie richtet sich nunmehr nach Art. 6 DS-GVO, § 26 BDSG (s. Einl. III zum BDSG, Nr. 15).

12. Werkswohnungen

Das Mietrecht des BGB enthält in §§ 576 ff. BGB Sonderregelungen für Wohnraum, der nur mit Rücksicht auf das Bestehen eines Arbeitsverhältnisses überlassen wurde (Übersicht 35).

13. Mindestlohn

In Deutschland gab es lange Zeit keinen allgemeinen gesetzlichen Mindestlohn. Stattdessen bevorzugte der Gesetzgeber zunächst ein Konzept branchenspezifischer Mindestlöhne nach dem AEntG (Nr. 31 a). Daneben genoss der Arbeitnehmer nur Schutz gegen »Hungerlöhne« nach § 138 BGB (vgl. Einl. I 6 zum MiLoG, Nr. 31 b). Seit 1. 1. 2015 gibt es einen allgemeinen gesetzlichen Mindestlohn für alle Arbeitnehmer nach dem MiLoG (Nr. 31 b).

14. Arbeitszeit

Die Arbeitszeit spielt unter drei Gesichtspunkten eine Rolle. Erstens regelt das ArbZG (Nr. 8), in welchem Umfang der Arbeitnehmer maximal arbeiten darf. Zweitens geht es um die zeitliche Lage der vom Arbeitnehmer zu erbringenden Arbeitsleistung (vgl. *Franzen*, RdA 14, 1, 3). Und drittens ist die vereinbarte Arbeitszeit für die Vergütung des Arbeitnehmers maßgeblich. Dies knüpft allein an die Leistung der versprochenen Dienste und ist unabhängig von der arbeitszeitrechtlichen Einordnung der betreffenden Zeiten (*BAG* 19. 3. 2014 – 5 AZR 954/12, NZA 14, 787). In welchem Umfang der Arbeitnehmer zur Arbeitsleistung verpflichtet ist, muss in Ermangelung anderer Anhaltspunkte aus der bisherigen Vertragspraxis der Parteien gefolgert werden (*BAG* 2. 11. 2016 – 10 AZR 419/15, NZA 17, 187). Arbeitet der Arbeitnehmer weniger als er vertraglich arbeiten muss, erhält er keinen Lohn, sofern der Arbeitgeber nicht dafür verantwortlich ist (zur diesbezüglichen Feststellung bei Streit um die Arbeitsfähigkeit des Arbeitnehmers *BAG* 22. 8. 2018 – 5 AZR 592/17, NZA 19, 30), dass der Arbeitnehmer nicht arbeiten konnte, oder ein besonderer Ausnahmetatbestand eingreift (sogleich u. 15). Ist allerdings (wie oftmals) ein Arbeitszeitkonto vereinbart, kann der Arbeitnehmer regelmäßig in bestimmten Ausgleichzeiträumen nacharbeiten, die ausgefallene Zeit wird als Minus in das Arbeitszeitkonto eingestellt. Die Konsequenzen von Überstunden (der Arbeitnehmer arbeitet mehr, als er als Gegenleistung versprochen hat) werden im Zusammenhang mit dem Arbeitszeitrecht behandelt (Einl. IV 5b zum ArbZG, Nr. 8).

15. Annahmeverzug, Betriebs- und Wirtschaftsrisiko

Wenn der Arbeitgeber die ordnungsgemäß angebotene Arbeitsleistung nicht annimmt, gerät er in Annahmeverzug gemäß § 615 S. 1 BGB. Er muss daher die Vergütung leisten, ohne dass der Arbeitnehmer zur Nacharbeit verpflichtet ist. Dabei kommt es nicht darauf an, ob der Arbeitgeber es zu vertreten hat, dass er die Arbeitsleistung nicht annehmen kann (*BAG* 13. 10. 2021 – 5AZR 211/21, NZA 22,

182, Rn. 16). Der Arbeitnehmer muss sich auf den Annahmeverzugslohn allerdings nach § 615 S. 2 BGB anrechnen lassen, was er während des Annahmeverzugs verdient hat oder böswillig zu verdienen unterlassen hat. Eine entsprechende Regelung enthält § 11 Nr. 2 KSchG (Nr. 25). Sie betrifft den Anspruch des Arbeitnehmers auf Vergütung unter dem Gesichtspunkt des Annahmeverzugs bei unterbliebener Beschäftigung während eines Kündigungsschutzverfahrens (dazu Einl. III 4 zum KSchG, Nr. 25).

Dem Annahmeverzug gleichgestellt sind nach § 615 S. 3 BGB »die Fälle, in denen der Arbeitgeber das Risiko des Arbeitsausfalls trägt«. Das geht zurück auf die Betriebs- und Wirtschaftsrisikolehre (vgl. *RG* 6.2.1923 – III 93/22, RGZ 106, 272 »Kieler Straßenbahnfall«; *BAG* 8.2.1957 – 1 AZR 338/55, AP Nr. 2 zu § 615 BGB Betriebsrisiko; dazu *Kittner*, 50 Urteile, 3. Aufl., 2024, Nr. 4). Der Gesetzgeber hat nämlich nicht geregelt, wann der Arbeitgeber dieses Risiko zu tragen hat, sondern eine Konkretisierung der Rechtsprechung überlassen (*BAG* 4.5.2022 – 5 AZR 366/21, NZA 22, 1113, Rn. 19; *Däubler*, NZA 01, 1329, 1332). Nach dieser Lehre trägt der Arbeitgeber grundsätzlich das Betriebsrisiko. Wenn die Arbeitsleistung aus betrieblichen Gründen ausbleibt, obwohl der Arbeitnehmer zur Arbeitsleistung bereit ist, etwa wenn die Fabrik wegen Blitzschlags abgebrannt ist, muss der Arbeitgeber das Betriebsrisiko tragen. Das Wirtschaftsrisiko betrifft den Fall, dass die Arbeitsleistung zwar möglich ist, aber aus wirtschaftlichen Gründen sinnlos. Das wäre etwa der Fall, wenn Produkte produziert werden können, aber keine Abnehmer finden. Letzteres ist genau genommen eigentlich schon durch die Fälle des Annahmeverzugs nach § 615 BGB erfasst. Ob Ansprüche aus § 615 S. 3 BGB im Fall der Existenzgefährdung des Betriebs entfallen, hat das *BAG* zuletzt offengelassen (4.5.2022 – 5 AZR 366/21, NZA 22, 1113, Rn. 24).

Im Fall eines allgemeinen Lockdowns zur Bekämpfung der Corona-Pandemie hat das *BAG* keinen Fall des Betriebsrisikos angenommen. Der Arbeitgeber habe nur für Gründe einzustehen, die in seinem Einflussbereich liegen, wie etwa das Ausbleiben von Betriebsstoffen oder Maschinenausfall, in solchen Fällen allerdings auch bei höherer Gewalt. Ein allgemeiner Lockdown gehöre nicht dazu, sondern treffe alle Bürger und Unternehmen in gleicher Weise als staatliche Pandemiebekämpfungsmaßnahme, die nicht mehr in den Verantwortungsbereich des Arbeitgebers falle. Sich daraus ergebende Nachteile ggf. auszugleichen, sei Aufgabe des Gesetzgebers (*BAG* 13.10.2021 – 5AZR 211/21, NZA 22, 182). Kann der Betrieb dagegen nicht fortgeführt werden, weil Teile der Belegschaft in Quarantäne sind, trifft den Arbeitgeber hingegen das Betriebsrisiko (*BAG* 4.5.2022 – 5 AZR 366/21, NZA 22, 1113, Rn. 19).

Ebenso gerät der Arbeitgeber in Annahmeverzug, wenn er die angebotene Leistung des Arbeitnehmers nicht annimmt, weil er ihn über öffentlich-rechtliche Verpflichtungen hinaus im Interesse des Gesundheitsschutzes nicht in den Betrieb lässt (*BAG* 10.8.2022 – 5 AZR 154/22, NZA 22, 1395; a. A. wohl *Krieger/Rudnik/Povedano Peramato*, NZA 20, 473, 476).

16. Beschäftigungsanspruch

Eine Pflicht zur Abnahme der Arbeitsleistung sieht das BGB nicht vor. Die Rechtsprechung hat aber aus dem allgemeinen Persönlichkeitsrecht (Art. 2 Abs. 1 i. V. m. Art. 1 Abs. 1 GG) abgeleitet, dass der Arbeitgeber nicht einfach die Leistung der Arbeit ablehnen und sich auf Zahlung der Vergütung im Annahmeverzug (s. o. 15) beschränken kann. Vielmehr ist der Arbeitgeber verpflichtet, den Arbeitnehmer auch tatsächlich zu beschäftigen (vgl. Einl. III 5 zum GG, Nr. 20).

17. Arbeitsergebnis

Dem Arbeitgeber steht das Recht am Arbeitsergebnis zu. Nach § 950 BGB wird zwar Eigentümer einer neuen beweglichen Sache, wer diese durch Verarbeitung oder Umbildung eines oder mehrerer Stoffe herstellt. Hersteller in diesem Sinne ist aber regelmäßig nicht der Arbeitnehmer, sondern derjenige, in dessen Namen und Interesse die Herstellung erfolgt, also der Arbeitgeber (*BGH* 27. 9. 1990 – I ZR 244/88, BGHZ 112, 243, 249 f.). Zu Rechten an Erfindungen sowie Urheberrechten s. die Einl. zum ArbnErfG (Nr. 4).

Wichtige Entscheidungen

BVerfG 30. 5. 1990 – 1 BvL 2/83, DB 1990, 15
EuGH 11. 3. 1997 – C-13/95, DB 1997, 628 – Ayse Süzen
EuGH 27. 4. 2017 – C-680/15, NZA 2017, 571 – Asklepios
RG 6. 2. 1923 – III 93/22, RGZ 106, 272
BAG 8. 2. 1957 – 1 AZR 338/55, AP Nr. 2 zu § 615 BGB Betriebsrisiko
BAG 27. 9. 1994 – GS 1/89 (A), AP Nr. 103 zu § 611 BGB Haftung des Arbeitnehmers
BAG 1. 12. 2020 – 9 AZR 102/20, AP Nr. 132 zu § 611 BGB Abhängigkeit

Weiterführende Literatur

Zum Arbeitnehmerbegriff:

Deinert, Die Ausrichtung des Anwendungsbereichs von Arbeits- und Sozialversicherungsrecht, JZ 2024, S. 740
Deinert, Kernbelegschaften – Randbelegschaften – Fremdbelegschaften, RdA 2014, S. 65
Gerber, Crowdworker*innen zwischen Autonomie und Kontrolle, WSI-Mitt. 2020, S. 182
Klebe, Crowdwork: Faire Arbeit im Netz?, AuR 2016, S. 277
Kocher, Diskontinuität von Erwerbsbiografien und das Normalarbeitsverhältnis, NZA 2010, S. 841
Preis, § 611a BGB – Potenziale des Arbeitnehmerbegriffes, NZA 2018, S. 817
Rinck, Der Arbeitnehmerbegriff im Wandel – Entwicklungen und Perspektiven, RdA 2019, S. 127
Wank, Der Arbeitnehmer-Begriff im neuen § 611a BGB, AuR 2017, S. 140
Waltermann, Abschied vom Normalarbeitsverhältnis?, NJW-Beilage 2010, S. 81

Zu BGB und Arbeitsvertrag:

Deinert/Wenckebach/Zwanziger-*Callsen,* Arbeitsrecht, § 13 (Arbeitsvertrag/einseitige Gestaltung)
Däubler, BGB kompakt, 3. Aufl. (2008)
Dieterich, Grundgesetz und Privatautonomie im Arbeitsrecht, RdA 1995, S. 129
Grüneberg, Bürgerliches Gesetzbuch, 85. Aufl. (2026)
Kittner, Der freie Arbeitsvertrag, Festschrift Kissel (1994), S. 473
Kittner, Schuldrecht, 3. Aufl. (2003)

Zum Betriebsübergang:

Bachner/Gerhardt, Betriebsübergang/Interessenausgleich/Sozialplan, 4. Aufl. (2020)
Bachner/Gerhardt/Matthießen, Arbeitsrecht bei der Umstrukturierung von Unternehmen und Betrieben, 5. Aufl. (2018)
Franzen, Informationspflichten und Widerspruchsrecht beim Betriebsübergang nach § 613a Abs. 5 und 6 BGB, RdA 2002, S. 258
Laßmann/Rupp, Betriebsübergang – § 613a BGB, Handlungshilfe für Betriebsräte (2017)
Willemsen/Hohenstatt/Schweibert/Seibt, Umstrukturierung und Übertragung von Unternehmen, 6. Aufl. (2021)

Zur Haftung:

Hanau, Altes und Neues zur arbeitsrechtlichen Haftungsbeschränkung, ZFA 2018, S. 65
Hanau/Rolfs, Abschied von der gefahrgeneigten Arbeit, NJW 1994, S. 1439
Krause, Geklärte und ungeklärte Probleme der Arbeitnehmerhaftung, NZA 2003, S. 577
Oetker, Neues zur Arbeitnehmerhaftung durch § 619a BGB?, BB 2002, S. 43
Otto/Schwarze/Krause, Die Haftung des Arbeitnehmers, 5. Aufl. (2025)
Richardi, Abschied von der gefahrgeneigten Arbeit als Voraussetzung für die Beschränkung der Arbeitnehmerhaftung, NZA 1994, S. 241
Schwab, Die Haftung des Arbeitnehmers, AiB 2007, S. 85
Waltermann, Besonderheiten der Haftung im Arbeitsverhältnis, JuS 2009, S. 193

Zur AGB-Kontrolle:

Clemenz/Kreft/Krause, AGB-Arbeitsrecht, Kommentar, 3. Aufl. (2023)
Däubler/Deinert/Walser, AGB-Kontrolle im Arbeitsrecht, 5. Aufl. (2020)
Lakies, Inhaltskontrolle von Arbeitsverträgen (2014)
Preis, Der Arbeitsvertrag, 6. Aufl. (2020)

Übersicht 33: Arbeitsrecht im Allgemeinen Schuldrecht

Gegenstand	§§ BGB
Leistungsbeschreibung, Leistungsmodalitäten (Leistungs- und Zahlungsort, Leistungszeit)	241, 269 ff.
Schadensersatz	249 ff.
Fälligkeit	271
Leistungsverweigerungsrecht (Zurückbehaltungsrecht)	273
Unmöglichkeit, Verzug, Verschulden	275 ff.
Hilfspersonen	278
Gläubigerverzug	293 ff.
Vertrag	311
AGB-Kontrolle	305 ff.
Abmahnung	314
einseitige Leistungsbestimmung	315 ff.
Leistungsbestimmung durch Dritte	317
gegenseitiger Vertrag	320 ff.
Leistungen zugunsten Dritter	328 ff.
Draufgabe, Vertragsstrafe	336 ff.
Rücktritt	346 ff.
Erfüllung	362 ff.
Quittung	368 ff.
Aufrechnung	387 ff.
Erlass	397
Forderungsübertragung	398 ff.
Schuldübernahme	414 ff.
Schuldner-/Gläubigermehrheit	420 ff.

Übersicht 34: Betriebsübergang

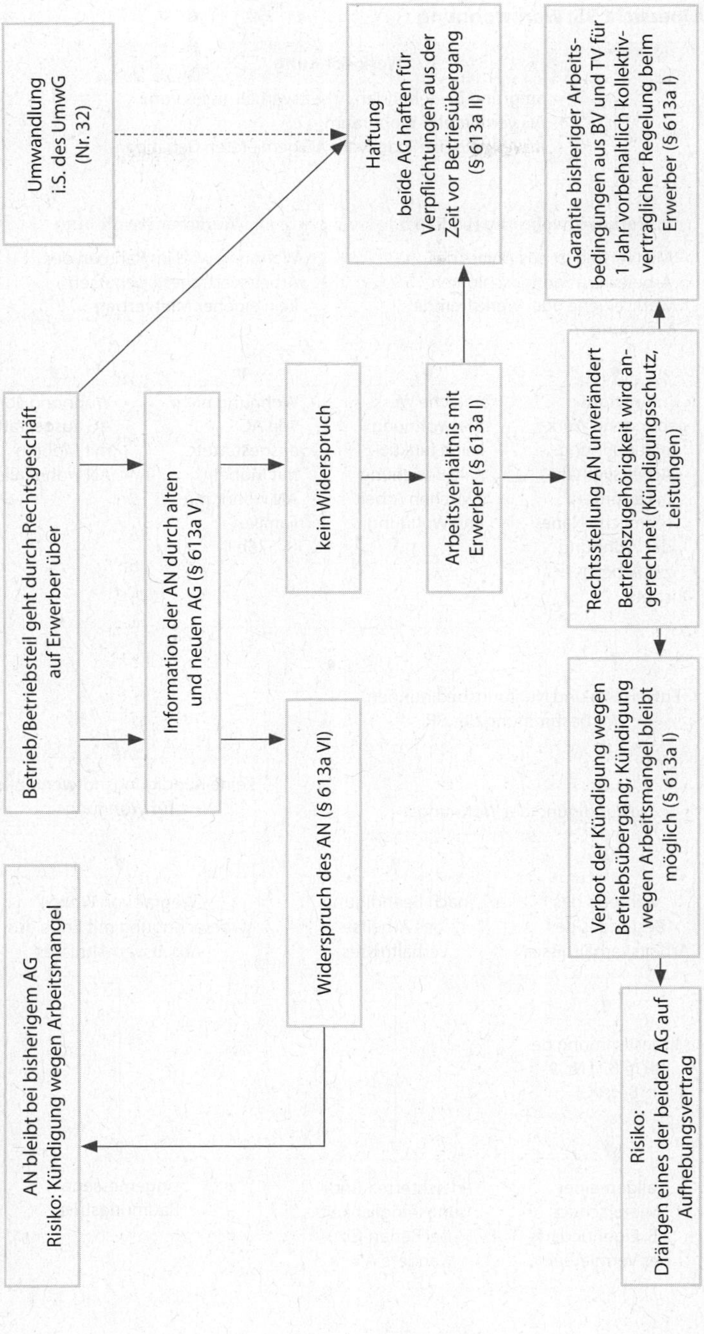

Übersicht 35: Werkwohnung

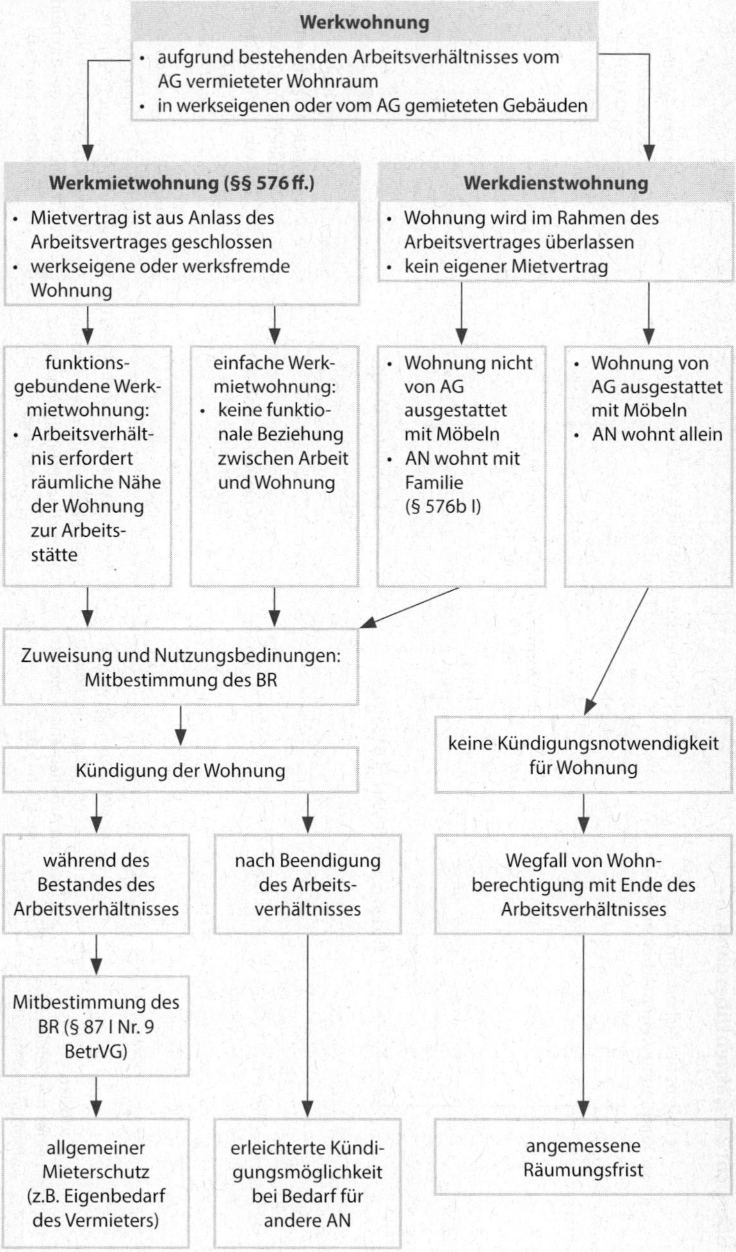

Bürgerliches Gesetzbuch (BGB)

vom 18. August 1896 (RGBl. 195),
in der Fassung der Bekanntmachung vom 2. Januar 2002 (BGBl. I 42),
zuletzt geändert durch Gesetz vom 22. Dezember 2025 (BGBl. 2025 I Nr. 364)

(Abgedruckte Vorschriften: §§ 1, 2, 12–14, 21, 31, 31a, 43, 54, 104–108 Abs. 1, 110, 113, 119–127a, 130, 133, 134, 138–140, 142, 143 I u. II, 145–155, 157, 164, 166, 174, 180, 186–195, 197–199, 203–205, 209, 212–215, 241, 242, 249, 252–254, 269–271, 273, 275, 276, 278–297, 305, 305b–311a, 312 Abs. 1, 312b Abs. 1, 312g Abs. 1, 313–315, 320, 323–326, 328, 339, 343, 346, 355, 387, 394, 398–400, 433, 488, 535, 576–576b, 581, 598, 611–620, 622–630, 631, 644, 645, 662, 666, 667, 670, 677, 705, 765, 812, 814, 817–819, 823, 826, 830, 831, 840, 903, 950, 1004)

Buch 1 – Allgemeiner Teil

Abschnitt 1 – Personen

Titel 1 – Natürliche Personen, Verbraucher, Unternehmer

§ 1 Beginn der Rechtsfähigkeit Die Rechtsfähigkeit des Menschen beginnt mit der Vollendung der Geburt.

§ 2 Eintritt der Volljährigkeit Die Volljährigkeit tritt mit der Vollendung des 18. Lebensjahres ein.
…

§ 12 Namensrecht Wird das Recht zum Gebrauch eines Namens dem Berechtigten von einem anderen bestritten oder wird das Interesse des Berechtigten dadurch verletzt, dass ein anderer unbefugt den gleichen Namen gebraucht, so kann der Berechtigte von dem anderen Beseitigung der Beeinträchtigung verlangen. Sind weitere Beeinträchtigungen zu besorgen, so kann er auf Unterlassung klagen.

§ 13 Verbraucher Verbraucher ist jede natürliche Person, die ein Rechtsgeschäft zu Zwecken abschließt, die überwiegend weder ihrer gewerblichen noch ihrer selbständigen beruflichen Tätigkeit zugerechnet werden können.

§ 14 Unternehmer (1) Unternehmer ist eine natürliche oder juristische Person oder eine rechtsfähige Personengesellschaft, die bei Abschluss eines Rechtsgeschäfts in Ausübung ihrer gewerblichen oder selbständigen beruflichen Tätigkeit handelt.
(2) Eine rechtsfähige Personengesellschaft ist eine Personengesellschaft, die mit der Fähigkeit ausgestattet ist, Rechte zu erwerben und Verbindlichkeiten einzugehen.
…

Titel 2 – Juristische Personen

§ 21 Nichtwirtschaftlicher Verein Ein Verein, dessen Zweck nicht auf einen wirtschaftlichen Geschäftsbetrieb gerichtet ist, erlangt Rechtsfähigkeit durch Eintragung in das Vereinsregister des zuständigen Amtsgerichts.
...

§ 31 Haftung des Vereins für Organe Der Verein ist für den Schaden verantwortlich, den der Vorstand, ein Mitglied des Vorstands oder ein anderer verfassungsmäßig berufener Vertreter durch eine in Ausführung der ihm zustehenden Verrichtungen begangene, zum Schadensersatze verpflichtende Handlung einem Dritten zufügt.

§ 31a Haftung von Organmitgliedern und besonderen Vertretern (1) Sind Organmitglieder oder besondere Vertreter unentgeltlich tätig oder erhalten sie für ihre Tätigkeit eine Vergütung, die 3300 Euro jährlich nicht übersteigt, haften sie dem Verein für einen bei der Wahrnehmung ihrer Pflichten verursachten Schaden nur bei Vorliegen von Vorsatz oder grober Fahrlässigkeit. Satz 1 gilt auch für die Haftung gegenüber den Mitgliedern des Vereins. Ist streitig, ob ein Organmitglied oder ein besonderer Vertreter einen Schaden vorsätzlich oder grob fahrlässig verursacht hat, trägt der Verein oder das Vereinsmitglied die Beweislast.
(2) Sind Organmitglieder oder besondere Vertreter nach Absatz 1 Satz 1 einem anderen zum Ersatz eines Schadens verpflichtet, den sie bei der Wahrnehmung ihrer Pflichten verursacht haben, so können sie von dem Verein die Befreiung von der Verbindlichkeit verlangen. Satz 1 gilt nicht, wenn der Schaden vorsätzlich oder grob fahrlässig verursacht wurde.
...

§ 43 Entziehung der Rechtsfähigkeit Einem Verein, dessen Rechtsfähigkeit auf Verleihung beruht, kann die Rechtsfähigkeit entzogen werden, wenn er einen anderen als den in der Satzung bestimmten Zweck verfolgt.
...

§ 54 Nicht rechtsfähige Vereine Auf Vereine, die nicht rechtsfähig sind, finden die Vorschriften über die Gesellschaft Anwendung. Aus einem Rechtsgeschäfte, das im Namen eines solchen Vereins einem Dritten gegenüber vorgenommen wird, haftet der Handelnde persönlich; handeln mehrere, so haften sie als Gesamtschuldner.
...

Abschnitt 3 – Rechtsgeschäfte

Titel 1 – Geschäftsfähigkeit

§ 104 Geschäftsunfähigkeit Geschäftsunfähig ist:
1. wer nicht das siebente Lebensjahr vollendet hat;
2. wer sich in einem die freie Willensbestimmung ausschließenden Zustand krankhafter Störung der Geistestätigkeit befindet, sofern nicht der Zustand seiner Natur nach ein vorübergehender ist.

§ 105 Nichtigkeit der Willenserklärung (1) Die Willenserklärung eines Geschäftsunfähigen ist nichtig.
(2) Nichtig ist auch eine Willenserklärung, die im Zustande der Bewusstlosigkeit oder vorübergehender Störung der Geistestätigkeit abgegeben wird.

§ 105a Geschäfte des täglichen Lebens Tätigt ein volljähriger Geschäftsunfähiger ein Geschäft des täglichen Lebens, das mit geringwertigen Mitteln bewirkt werden kann, so gilt der von ihm geschlossene Vertrag in Ansehung von Leistung und, soweit vereinbart, Gegenleistung als wirksam, sobald Leistung und Gegenleistung bewirkt sind. Satz 1 gilt nicht bei einer erheblichen Gefahr für die Person oder das Vermögen des Geschäftsunfähigen.

§ 106 Beschränkte Geschäftsfähigkeit Minderjähriger Ein Minderjähriger, der das siebente Lebensjahr vollendet hat, ist nach Maßgabe der §§ 107 bis 113 in der Geschäftsfähigkeit beschränkt.

§ 107 Einwilligung des gesetzlichen Vertreters Der Minderjährige bedarf zu einer Willenserklärung, durch die er nicht lediglich einen rechtlichen Vorteil erlangt, der Einwilligung seines gesetzlichen Vertreters.

§ 108 Vertragsschluss ohne Einwilligung (1) Schließt der Minderjährige einen Vertrag ohne die erforderliche Einwilligung des gesetzlichen Vertreters, so hängt die Wirksamkeit des Vertrags von der Genehmigung des Vertreters ab.
…

§ 110 Bewirken der Leistung mit eigenen Mitteln Ein von dem Minderjährigen ohne Zustimmung des gesetzlichen Vertreters geschlossener Vertrag gilt als von Anfang an wirksam, wenn der Minderjährige die vertragsmäßige Leistung mit Mitteln bewirkt, die ihm zu diesem Zweck oder zu freier Verfügung von dem Vertreter oder mit dessen Zustimmung von einem Dritten überlassen worden sind.
…

§ 113 Dienst- oder Arbeitsverhältnis (1) Ermächtigt der gesetzliche Vertreter den Minderjährigen, in Dienst oder in Arbeit zu treten, so ist der Minderjährige für solche Rechtsgeschäfte unbeschränkt geschäftsfähig, welche die Eingehung oder Aufhebung eines Dienst- oder Arbeitsverhältnisses der gestatteten Art oder die Erfüllung der sich aus einem solchen Verhältnis ergebenden Verpflichtungen be-

treffen. Ausgenommen sind Verträge, zu denen der Vertreter der Genehmigung des Familiengerichts bedarf.
(2) Die Ermächtigung kann von dem Vertreter zurückgenommen oder eingeschränkt werden.
(3) Ist der gesetzliche Vertreter ein Vormund, so kann die Ermächtigung, wenn sie von ihm verweigert wird, auf Antrag des Minderjährigen durch das Familiengericht ersetzt werden. Das Familiengericht hat die Ermächtigung zu ersetzen, wenn sie im Interesse des Mündels liegt.
(4) Die für einen einzelnen Fall erteilte Ermächtigung gilt im Zweifel als allgemeine Ermächtigung zur Eingehung von Verhältnissen derselben Art.
…

Titel 2 – Willenserklärung

§ 119 Anfechtbarkeit wegen Irrtums (1) Wer bei der Abgabe einer Willenserklärung über deren Inhalt im Irrtum war oder eine Erklärung dieses Inhalts überhaupt nicht abgeben wollte, kann die Erklärung anfechten, wenn anzunehmen ist, dass er sie bei Kenntnis der Sachlage und bei verständiger Würdigung des Falles nicht abgegeben haben würde.
(2) Als Irrtum über den Inhalt der Erklärung gilt auch der Irrtum über solche Eigenschaften der Person oder der Sache, die im Verkehr als wesentlich angesehen werden.

§ 120 Anfechtbarkeit wegen falscher Übermittlung Eine Willenserklärung, welche durch die zur Übermittelung verwendete Person oder Einrichtung unrichtig übermittelt worden ist, kann unter der gleichen Voraussetzung angefochten werden wie nach § 119 eine irrtümlich abgegebene Willenserklärung.

§ 121 Anfechtungsfrist (1) Die Anfechtung muss in den Fällen der §§ 119, 120 ohne schuldhaftes Zögern (unverzüglich) erfolgen, nachdem der Anfechtungsberechtigte von dem Anfechtungsgrund Kenntnis erlangt hat. Die einem Abwesenden gegenüber erfolgte Anfechtung gilt als rechtzeitig erfolgt, wenn die Anfechtungserklärung unverzüglich abgesendet worden ist.
(2) Die Anfechtung ist ausgeschlossen, wenn seit der Abgabe der Willenserklärung zehn Jahre verstrichen sind.

§ 122 Schadensersatzpflicht des Anfechtenden (1) Ist eine Willenserklärung nach § 118 nichtig oder auf Grund der §§ 119, 120 angefochten, so hat der Erklärende, wenn die Erklärung einem anderen gegenüber abzugeben war, diesem, andernfalls jedem Dritten den Schaden zu ersetzen, den der andere oder der Dritte dadurch erleidet, dass er auf die Gültigkeit der Erklärung vertraut, jedoch nicht über den Betrag des Interesses hinaus, welches der andere oder der Dritte an der Gültigkeit der Erklärung hat.
(2) Die Schadensersatzpflicht tritt nicht ein, wenn der Beschädigte den Grund der Nichtigkeit oder der Anfechtbarkeit kannte oder infolge von Fahrlässigkeit nicht kannte (kennen musste).

§ 123 Anfechtbarkeit wegen Täuschung oder Drohung (1) Wer zur Abgabe einer Willenserklärung durch arglistige Täuschung oder widerrechtlich durch Drohung bestimmt worden ist, kann die Erklärung anfechten.
(2) Hat ein Dritter die Täuschung verübt, so ist eine Erklärung, die einem anderen gegenüber abzugeben war, nur dann anfechtbar, wenn dieser die Täuschung kannte oder kennen musste. Soweit ein anderer als derjenige, welchem gegenüber die Erklärung abzugeben war, aus der Erklärung unmittelbar ein Recht erworben hat, ist die Erklärung ihm gegenüber anfechtbar, wenn er die Täuschung kannte oder kennen musste.

§ 124 Anfechtungsfrist (1) Die Anfechtung einer nach § 123 anfechtbaren Willenserklärung kann nur binnen Jahresfrist erfolgen.
(2) Die Frist beginnt im Falle der arglistigen Täuschung mit dem Zeitpunkt, in welchem der Anfechtungsberechtigte die Täuschung entdeckt, im Falle der Drohung mit dem Zeitpunkt, in welchem die Zwangslage aufhört. Auf den Lauf der Frist finden die für die Verjährung geltenden Vorschriften der §§ 206, 210 und 211 entsprechende Anwendung.
(3) Die Anfechtung ist ausgeschlossen, wenn seit der Abgabe der Willenserklärung zehn Jahre verstrichen sind.

§ 125 Nichtigkeit wegen Formmangels Ein Rechtsgeschäft, welches der durch Gesetz vorgeschriebenen Form ermangelt, ist nichtig. Der Mangel der durch Rechtsgeschäft bestimmten Form hat im Zweifel gleichfalls Nichtigkeit zur Folge.

§ 126 Schriftform (1) Ist durch Gesetz schriftliche Form vorgeschrieben, so muss die Urkunde von dem Aussteller eigenhändig durch Namensunterschrift oder mittels notariell beglaubigten Handzeichens unterzeichnet werden.
(2) Bei einem Vertrage muss die Unterzeichnung der Parteien auf derselben Urkunde erfolgen. Werden über den Vertrag mehrere gleichlautende Urkunden aufgenommen, so genügt es, wenn jede Partei die für die andere Partei bestimmte Urkunde unterzeichnet.
(3) Die schriftliche Form kann durch die elektronische Form ersetzt werden, wenn sich nicht aus dem Gesetz ein anderes ergibt.
(4) Als Erklärung in schriftlicher Form gilt auch eine öffentlich beglaubigte Erklärung nach § 129 Absatz 1 Satz 1 Nummer 2 oder eine Erklärung nach § 129 Absatz 3.
(5) Die schriftliche Form wird durch die notarielle Beurkundung ersetzt.

§ 126a Elektronische Form (1) Soll die gesetzlich vorgeschriebene schriftliche Form durch die elektronische Form ersetzt werden, so muss der Aussteller der Erklärung dieser seinen Namen hinzufügen und das elektronische Dokument mit seiner qualifizierten elektronischen Signatur versehen.
(2) Bei einem Vertrag müssen die Parteien jeweils ein gleichlautendes Dokument in der in Absatz 1 bezeichneten Weise elektronisch signieren.

§ 126b Textform Ist durch Gesetz Textform vorgeschrieben, so muss eine lesbare Erklärung, in der die Person des Erklärenden genannt ist, auf einem dauerhaften Datenträger abgegeben werden. Ein dauerhafter Datenträger ist jedes Medium, das

1. es dem Empfänger ermöglicht, eine auf dem Datenträger befindliche, an ihn persönlich gerichtete Erklärung so aufzubewahren oder zu speichern, dass sie ihm während eines für ihren Zweck angemessenen Zeitraums zugänglich ist, und
2. geeignet ist, die Erklärung unverändert wiederzugeben.

§ 127 Vereinbarte Form (1) Die Vorschriften des § 126, des § 126a oder des § 126b gelten im Zweifel auch für die durch Rechtsgeschäft bestimmte Form.
(2) Zur Wahrung der durch Rechtsgeschäft bestimmten schriftlichen Form genügt, soweit nicht ein anderer Wille anzunehmen ist, die telekommunikative Übermittlung und bei einem Vertrag der Briefwechsel. Wird eine solche Form gewählt, so kann nachträglich eine dem § 126 entsprechende Beurkundung verlangt werden.
(3) Zur Wahrung der durch Rechtsgeschäft bestimmten elektronischen Form genügt, soweit nicht ein anderer Wille anzunehmen ist, auch eine andere als die in § 126a bestimmte elektronische Signatur und bei einem Vertrag der Austausch von Angebots- und Annahmeerklärung, die jeweils mit einer elektronischen Signatur versehen sind. Wird eine solche Form gewählt, so kann nachträglich eine dem § 126a entsprechende elektronische Signierung oder, wenn diese einer der Parteien nicht möglich ist, eine dem § 126 entsprechende Beurkundung verlangt werden.

§ 127a Gerichtlicher Vergleich Die notarielle Beurkundung wird bei einem gerichtlichen Vergleich durch die Aufnahme der Erklärungen in ein nach den Vorschriften der Zivilprozessordnung errichtetes Protokoll ersetzt.
…

§ 130 Wirksamwerden der Willenserklärung gegenüber Abwesenden (1) Eine Willenserklärung, die einem anderen gegenüber abzugeben ist, wird, wenn sie in dessen Abwesenheit abgegeben wird, in dem Zeitpunkt wirksam, in welchem sie ihm zugeht. Sie wird nicht wirksam, wenn dem anderen vorher oder gleichzeitig ein Widerruf zugeht.
(2) Eine Willenserklärung, die notariell beurkundet oder öffentlich beglaubigt wurde, wird auch wirksam, wenn dem Erklärungsempfänger eine öffentlich beglaubigte Abschrift der Urschrift zugeht.
(3) Auf die Wirksamkeit der Willenserklärung ist es ohne Einfluss, wenn der Erklärende nach der Abgabe stirbt oder geschäftsunfähig wird.
(4) Diese Vorschriften finden auch dann Anwendung, wenn die Willenserklärung einer Behörde gegenüber abzugeben ist.
…

§ 133 Auslegung einer Willenserklärung Bei der Auslegung einer Willenserklärung ist der wirkliche Wille zu erforschen und nicht an dem buchstäblichen Sinne des Ausdrucks zu haften.

§ 134 Gesetzliches Verbot Ein Rechtsgeschäft, das gegen ein gesetzliches Verbot verstößt, ist nichtig, wenn sich nicht aus dem Gesetz ein anderes ergibt.
…

§ 138 Sittenwidriges Rechtsgeschäft, Wucher (1) Ein Rechtsgeschäft, das gegen die guten Sitten verstößt, ist nichtig.
(2) Nichtig ist insbesondere ein Rechtsgeschäft, durch das jemand unter Ausbeutung der Zwangslage, der Unerfahrenheit, des Mangels an Urteilsvermögen oder der erheblichen Willensschwäche eines anderen sich oder einem Dritten für eine Leistung Vermögensvorteile versprechen oder gewähren lässt, die in einem auffälligen Missverhältnis zu der Leistung stehen.[1]

§ 139 Teilnichtigkeit Ist ein Teil eines Rechtsgeschäfts nichtig, so ist das ganze Rechtsgeschäft nichtig, wenn nicht anzunehmen ist, dass es auch ohne den nichtigen Teil vorgenommen sein würde.

§ 140 Umdeutung Entspricht ein nichtiges Rechtsgeschäft den Erfordernissen eines anderen Rechtsgeschäfts, so gilt das letztere, wenn anzunehmen ist, dass dessen Geltung bei Kenntnis der Nichtigkeit gewollt sein würde.
…

§ 142 Wirkung der Anfechtung (1) Wird ein anfechtbares Rechtsgeschäft angefochten, so ist es als von Anfang an nichtig anzusehen.

---

1 Lohnwucher ist auch strafbar. Vgl. **§ 291 StGB Wucher:** »(1) Wer die Zwangslage, die Unerfahrenheit, den Mangel an Urteilsvermögen oder die erhebliche Willensschwäche eines anderen dadurch ausbeutet, daß er sich oder einem Dritten …
1. für die Vermietung von Räumen zum Wohnen oder damit verbundene Nebenleistungen,
2. für die Gewährung eines Kredits,
3. für eine sonstige Leistung oder
4. für die Vermittlung einer der vorbezeichneten Leistungen

Vermögensvorteile versprechen oder gewähren läßt, die in einem auffälligen Mißverhältnis zu der Leistung oder deren Vermittlung stehen, wird mit Freiheitsstrafe bis zu drei Jahren oder mit Geldstrafe bestraft. Wirken mehrere Personen als Leistende, Vermittler oder in anderer Weise mit und ergibt sich dadurch ein auffälliges Mißverhältnis zwischen sämtlichen Vermögensvorteilen und sämtlichen Gegenleistungen, so gilt Satz 1 für jeden, der die Zwangslage oder sonstige Schwäche des anderen für sich oder einen Dritten zur Erzielung eines übermäßigen Vermögensvorteils ausnutzt.
(2) In besonders schweren Fällen ist die Strafe Freiheitsstrafe von sechs Monaten bis zu zehn Jahren. Ein besonders schwerer Fall liegt in der Regel vor, wenn der Täter
1. durch die Tat den anderen in wirtschaftliche Not bringt,
2. die Tat gewerbsmäßig begeht,
3. sich durch Wechsel wucherische Vermögensvorteile versprechen läßt.«

(2) Wer die Anfechtbarkeit kannte oder kennen musste, wird, wenn die Anfechtung erfolgt, so behandelt, wie wenn er die Nichtigkeit des Rechtsgeschäfts gekannt hätte oder hätte kennen müssen.

§ 143 Anfechtungserklärung (1) Die Anfechtung erfolgt durch Erklärung gegenüber dem Anfechtungsgegner.
(2) Anfechtungsgegner ist bei einem Vertrag der andere Teil, im Falle des § 123 Abs. 2 Satz 2 derjenige, welcher aus dem Vertrag unmittelbar ein Recht erworben hat.
…

Titel 3 – Vertrag

§ 145 Bindung an den Antrag Wer einem anderen die Schließung eines Vertrags anträgt, ist an den Antrag gebunden, es sei denn, dass er die Gebundenheit ausgeschlossen hat.

§ 146 Erlöschen des Antrags Der Antrag erlischt, wenn er dem Antragenden gegenüber abgelehnt oder wenn er nicht diesem gegenüber nach den §§ 147 bis 149 rechtzeitig angenommen wird.

§ 147 Annahmefrist (1) Der einem Anwesenden gemachte Antrag kann nur sofort angenommen werden. Dies gilt auch von einem mittels Fernsprechers oder einer sonstigen technischen Einrichtung von Person zu Person gemachten Antrag.
(2) Der einem Abwesenden gemachte Antrag kann nur bis zu dem Zeitpunkt angenommen werden, in welchem der Antragende den Eingang der Antwort unter regelmäßigen Umständen erwarten darf.

§ 148 Bestimmung einer Annahmefrist Hat der Antragende für die Annahme des Antrags eine Frist bestimmt, so kann die Annahme nur innerhalb der Frist erfolgen.

§ 149 Verspätet zugegangene Annahmeerklärung Ist eine dem Antragenden verspätet zugegangene Annahmeerklärung dergestalt abgesendet worden, dass sie bei regelmäßiger Beförderung ihm rechtzeitig zugegangen sein würde, und musste der Antragende dies erkennen, so hat er die Verspätung dem Annehmenden unverzüglich nach dem Empfang der Erklärung anzuzeigen, sofern es nicht schon vorher geschehen ist. Verzögert er die Absendung der Anzeige, so gilt die Annahme als nicht verspätet.

§ 150 Verspätete und abändernde Annahme (1) Die verspätete Annahme eines Antrags gilt als neuer Antrag.
(2) Eine Annahme unter Erweiterungen, Einschränkungen oder sonstigen Änderungen gilt als Ablehnung verbunden mit einem neuen Antrage.

§ 151 Annahme ohne Erklärung gegenüber dem Antragenden Der Vertrag kommt durch die Annahme des Antrags zustande, ohne dass die Annahme dem Antragenden gegenüber erklärt zu werden braucht, wenn eine solche Erklärung nach der Verkehrssitte nicht zu erwarten ist oder der Antragende auf sie verzichtet hat. Der Zeitpunkt, in welchem der Antrag erlischt, bestimmt sich nach dem aus dem Antrag oder den Umständen zu entnehmenden Willen des Antragenden.

§ 152 Annahme bei notarieller Beurkundung Wird ein Vertrag notariell beurkundet, ohne dass beide Teile gleichzeitig anwesend sind, so kommt der Vertrag mit der nach § 128 erfolgten Beurkundung der Annahme zustande, wenn nicht ein anderes bestimmt ist. Die Vorschrift des § 151 Satz 2 findet Anwendung.

§ 153 Tod oder Geschäftsunfähigkeit des Antragenden Das Zustandekommen des Vertrags wird nicht dadurch gehindert, dass der Antragende vor der Annahme stirbt oder geschäftsunfähig wird, es sei denn, dass ein anderer Wille des Antragenden anzunehmen ist.

§ 154 Offener Einigungsmangel; fehlende Beurkundung (1) Solange nicht die Parteien sich über alle Punkte eines Vertrags geeinigt haben, über die nach der Erklärung auch nur einer Partei eine Vereinbarung getroffen werden soll, ist im Zweifel der Vertrag nicht geschlossen. Die Verständigung über einzelne Punkte ist auch dann nicht bindend, wenn eine Aufzeichnung stattgefunden hat.
(2) Ist eine Beurkundung des beabsichtigten Vertrags verabredet worden, so ist im Zweifel der Vertrag nicht geschlossen, bis die Beurkundung erfolgt ist.

§ 155 Versteckter Einigungsmangel Haben sich die Parteien bei einem Vertrag, den sie als geschlossen ansehen, über einen Punkt, über den eine Vereinbarung getroffen werden sollte, in Wirklichkeit nicht geeinigt, so gilt das Vereinbarte, sofern anzunehmen ist, dass der Vertrag auch ohne eine Bestimmung über diesen Punkt geschlossen sein würde.
…

§ 157 Auslegung von Verträgen Verträge sind so auszulegen, wie Treu und Glauben mit Rücksicht auf die Verkehrssitte es erfordern.
…

Titel 5 – Vertretung und Vollmacht

§ 164 Wirkung der Erklärung des Vertreters (1) Eine Willenserklärung, die jemand innerhalb der ihm zustehenden Vertretungsmacht im Namen des Vertretenen abgibt, wirkt unmittelbar für und gegen den Vertretenen. Es macht keinen Unterschied, ob die Erklärung ausdrücklich im Namen des Vertretenen erfolgt oder ob die Umstände ergeben, dass sie in dessen Namen erfolgen soll.
(2) Tritt der Wille, in fremdem Namen zu handeln, nicht erkennbar hervor, so kommt der Mangel des Willens, im eigenen Namen zu handeln, nicht in Betracht.

(3) Die Vorschriften des Absatzes 1 finden entsprechende Anwendung, wenn eine gegenüber einem anderen abzugebende Willenserklärung dessen Vertreter gegenüber erfolgt.

…

§ 166 Willensmängel; Wissenszurechnung (1) Soweit die rechtlichen Folgen einer Willenserklärung durch Willensmängel oder durch die Kenntnis oder das Kennenmüssen gewisser Umstände beeinflusst werden, kommt nicht die Person des Vertretenen, sondern die des Vertreters in Betracht.

(2) Hat im Falle einer durch Rechtsgeschäft erteilten Vertretungsmacht (Vollmacht) der Vertreter nach bestimmten Weisungen des Vollmachtgebers gehandelt, so kann sich dieser in Ansehung solcher Umstände, die er selbst kannte, nicht auf die Unkenntnis des Vertreters berufen. Dasselbe gilt von Umständen, die der Vollmachtgeber kennen musste, sofern das Kennenmüssen der Kenntnis gleichsteht.

…

§ 174 Einseitiges Rechtsgeschäft eines Bevollmächtigten Ein einseitiges Rechtsgeschäft, das ein Bevollmächtigter einem anderen gegenüber vornimmt, ist unwirksam, wenn der Bevollmächtigte eine Vollmachtsurkunde nicht vorlegt und der andere das Rechtsgeschäft aus diesem Grund unverzüglich zurückweist. Die Zurückweisung ist ausgeschlossen, wenn der Vollmachtgeber den anderen von der Bevollmächtigung in Kenntnis gesetzt hatte.

…

§ 180 Einseitiges Rechtsgeschäft Bei einem einseitigen Rechtsgeschäft ist Vertretung ohne Vertretungsmacht unzulässig. Hat jedoch derjenige, welchem gegenüber ein solches Rechtsgeschäft vorzunehmen war, die von dem Vertreter behauptete Vertretungsmacht bei der Vornahme des Rechtsgeschäfts nicht beanstandet oder ist er damit einverstanden gewesen, dass der Vertreter ohne Vertretungsmacht handele, so finden die Vorschriften über Verträge entsprechende Anwendung. Das Gleiche gilt, wenn ein einseitiges Rechtsgeschäft gegenüber einem Vertreter ohne Vertretungsmacht mit dessen Einverständnis vorgenommen wird.

…

Abschnitt 4 – Fristen, Termine

§ 186 Geltungsbereich Für die in Gesetzen, gerichtlichen Verfügungen und Rechtsgeschäften enthaltenen Frist- und Terminsbestimmungen gelten die Auslegungsvorschriften der §§ 187 bis 193.

§ 187 Fristbeginn (1) Ist für den Anfang einer Frist ein Ereignis oder ein in den Lauf eines Tages fallender Zeitpunkt maßgebend, so wird bei der Berechnung der Frist der Tag nicht mitgerechnet, in welchen das Ereignis oder der Zeitpunkt fällt.

(2) Ist der Beginn eines Tages der für den Anfang einer Frist maßgebende Zeitpunkt, so wird dieser Tag bei der Berechnung der Frist mitgerechnet. Das Gleiche gilt von dem Tage der Geburt bei der Berechnung des Lebensalters.

§ 188 Fristende (1) Eine nach Tagen bestimmte Frist endigt mit dem Ablauf des letzten Tages der Frist.
(2) Eine Frist, die nach Wochen, nach Monaten oder nach einem mehrere Monate umfassenden Zeitraum – Jahr, halbes Jahr, Vierteljahr – bestimmt ist, endigt im Falle des § 187 Abs. 1 mit dem Ablauf desjenigen Tages der letzten Woche oder des letzten Monats, welcher durch seine Benennung oder seine Zahl dem Tag entspricht, in den das Ereignis oder der Zeitpunkt fällt, im Falle des § 187 Abs. 2 mit dem Ablauf desjenigen Tages der letzten Woche oder des letzten Monats, welcher dem Tage vorhergeht, der durch seine Benennung oder seine Zahl dem Anfangstag der Frist entspricht.
(3) Fehlt bei einer nach Monaten bestimmten Frist in dem letzten Monat der für ihren Ablauf maßgebende Tag, so endigt die Frist mit dem Ablauf des letzten Tages dieses Monats.

§ 189 Berechnung einzelner Fristen (1) Unter einem halben Jahre wird eine Frist von sechs Monaten, unter einem Vierteljahre eine Frist von drei Monaten, unter einem halben Monat eine Frist von 15 Tagen verstanden.
(2) Ist eine Frist auf einen oder mehrere ganze Monate und einen halben Monat gestellt, so sind die 15 Tage zuletzt zu zählen.

§ 190 Fristverlängerung Im Falle der Verlängerung einer Frist wird die neue Frist von dem Ablauf der vorigen Frist an berechnet.

§ 191 Berechnung von Zeiträumen Ist ein Zeitraum nach Monaten oder nach Jahren in dem Sinne bestimmt, dass er nicht zusammenhängend zu verlaufen braucht, so wird der Monat zu 30, das Jahr zu 365 Tagen gerechnet.

§ 192 Anfang, Mitte, Ende des Monats Unter Anfang des Monats wird der erste, unter Mitte des Monats der 15., unter Ende des Monats der letzte Tag des Monats verstanden.

§ 193 Sonn- und Feiertag; Sonnabend Ist an einem bestimmten Tag oder innerhalb einer Frist eine Willenserklärung abzugeben oder eine Leistung zu bewirken und fällt der bestimmte Tag oder der letzte Tag der Frist auf einen Sonntag, einen am Erklärungs- oder Leistungsorte staatlich anerkannten allgemeinen Feiertag oder einen Sonnabend, so tritt an die Stelle eines solchen Tages der nächste Werktag.

Abschnitt 5 – Verjährung

Titel 1 – Gegenstand und Dauer der Verjährung

§ 194 Gegenstand der Verjährung (1) Das Recht, von einem anderen ein Tun oder Unterlassen zu verlangen (Anspruch), unterliegt der Verjährung.
(2) Der Verjährung unterliegen nicht
1. Ansprüche, die aus einem nicht verjährbaren Verbrechen erwachsen sind,
2. Ansprüche aus einem familienrechtlichen Verhältnis, soweit sie auf die Herstellung des dem Verhältnis entsprechenden Zustands für die Zukunft oder auf die Einwilligung in die genetische Untersuchung zur Klärung der leiblichen Abstammung gerichtet sind.

§ 195 Regelmäßige Verjährungsfrist Die regelmäßige Verjährungsfrist beträgt drei Jahre.
…

§ 197 Dreißigjährige Verjährungsfrist (1) In 30 Jahren verjähren, soweit nicht ein anderes bestimmt ist,
1. Schadensersatzansprüche, die auf der vorsätzlichen Verletzung des Lebens, des Körpers, der Gesundheit, der Freiheit oder der sexuellen Selbstbestimmung beruhen,
2. Herausgabeansprüche aus Eigentum, anderen dinglichen Rechten, den §§ 2018, 2130 und 2362 sowie die Ansprüche, die der Geltendmachung der Herausgabeansprüche dienen,
3. rechtskräftig festgestellte Ansprüche,
4. Ansprüche aus vollstreckbaren Vergleichen oder vollstreckbaren Urkunden,
5. Ansprüche, die durch die im Insolvenzverfahren erfolgte Feststellung vollstreckbar geworden sind, und
6. Ansprüche auf Erstattung der Kosten der Zwangsvollstreckung.

(2) Soweit Ansprüche nach Absatz 1 Nr. 3 bis 5 künftig fällig werdende regelmäßig wiederkehrende Leistungen zum Inhalt haben, tritt an die Stelle der Verjährungsfrist von 30 Jahren die regelmäßige Verjährungsfrist.

§ 198 Verjährung bei Rechtsnachfolge Gelangt eine Sache, hinsichtlich derer ein dinglicher Anspruch besteht, durch Rechtsnachfolge in den Besitz eines Dritten, so kommt die während des Besitzes des Rechtsvorgängers verstrichene Verjährungszeit dem Rechtsnachfolger zugute.

§ 199 Beginn der regelmäßigen Verjährungsfrist und Verjährungshöchstfristen (1) Die regelmäßige Verjährungsfrist beginnt, soweit nicht ein anderer Verjährungsbeginn bestimmt ist, mit dem Schluss des Jahres, in dem
1. der Anspruch entstanden ist und
2. der Gläubiger von den den Anspruch begründenden Umständen und der Person des Schuldners Kenntnis erlangt oder ohne grobe Fahrlässigkeit erlangen müsste.

(2) Schadensersatzansprüche, die auf der Verletzung des Lebens, des Körpers, der Gesundheit oder der Freiheit beruhen, verjähren ohne Rücksicht auf ihre Entstehung und die Kenntnis oder grob fahrlässige Unkenntnis in 30 Jahren von der Begehung der Handlung, der Pflichtverletzung oder dem sonstigen, den Schaden auslösenden Ereignis an.
(3) Sonstige Schadensersatzansprüche verjähren
1. ohne Rücksicht auf die Kenntnis oder grob fahrlässige Unkenntnis in zehn Jahren von ihrer Entstehung an, und
2. ohne Rücksicht auf ihre Entstehung und die Kenntnis oder grob fahrlässige Unkenntnis in 30 Jahren von der Begehung der Handlung, der Pflichtverletzung oder dem sonstigen, den Schaden auslösenden Ereignis an.

Maßgeblich ist die früher endende Frist.
(3 a) Ansprüche, die auf einem Erbfall beruhen oder deren Geltendmachung die Kenntnis einer Verfügung von Todes wegen voraussetzt, verjähren ohne Rücksicht auf die Kenntnis oder grob fahrlässige Unkenntnis in 30 Jahren von der Entstehung des Anspruchs an.
(4) Andere Ansprüche als die nach den Absätzen 2 bis 3a verjähren ohne Rücksicht auf die Kenntnis oder grob fahrlässige Unkenntnis in zehn Jahren von ihrer Entstehung an.
(5) Geht der Anspruch auf ein Unterlassen, so tritt an die Stelle der Entstehung die Zuwiderhandlung.
…

Titel 2 – Hemmung, Ablaufhemmung und Neubeginn der Verjährung

§ 203 Hemmung der Verjährung bei Verhandlungen Schweben zwischen dem Schuldner und dem Gläubiger Verhandlungen über den Anspruch oder die den Anspruch begründenden Umstände, so ist die Verjährung gehemmt, bis der eine oder der andere Teil die Fortsetzung der Verhandlungen verweigert. Die Verjährung tritt frühestens drei Monate nach dem Ende der Hemmung ein.

§ 204 Hemmung der Verjährung durch Rechtsverfolgung (1) Die Verjährung wird gehemmt durch

1. die Erhebung der Klage auf Leistung oder auf Feststellung des Anspruchs, auf Erteilung der Vollstreckungsklausel oder auf Erlass des Vollstreckungsurteils,

1a. *(weggefallen)*

2. die Zustellung des Antrags im vereinfachten Verfahren über den Unterhalt Minderjähriger,
3. die Zustellung des Mahnbescheids im Mahnverfahren oder des Europäischen Zahlungsbefehls im Europäischen Mahnverfahren nach der Verordnung (EG) Nr. 1896/2006 des Europäischen Parlaments und des Rates vom 12. Dezember 2006 zur Einführung eines Europäischen Mahnverfahrens (ABl. EU Nr. L 399 S. 1),
4. die Veranlassung der Bekanntgabe eines Antrags, mit dem der Anspruch geltend gemacht wird, bei einer
   a) staatlichen oder staatlich anderkannten Streitbeilegungsstelle oder

14

b) anderen Streitbeilegungsstelle, wenn das Verfahren im Einvernehmen mit dem Antragsgegner betrieben wird;
die Verjährung wird schon durch den Eingang des Antrags bei der Streitbeilegungsstelle gehemmt, wenn der Antrag demnächst bekannt gegeben wird,

5. die Geltendmachung der Aufrechnung des Anspruchs im Prozess,
6. die Zustellung der Streitverkündung,
6a. die öffentliche Bekanntmachung des Vorlagebeschlusses in einem Musterverfahren für Ansprüche, denen derselbe Lebenssachverhalt zugrunde liegt wie den Feststellungszielen des Musterverfahrens, wenn die Ansprüche zum Musterverfahren angemeldet werden,
7. die Zustellung des Antrags auf Durchführung eines selbständigen Beweisverfahrens,
8. den Beginn eines vereinbarten Begutachtungsverfahrens,
9. die Zustellung des Antrags auf Erlass eines Arrestes, einer einstweiligen Verfügung oder einer einstweiligen Anordnung, oder, wenn der Antrag nicht zugestellt wird, dessen Einreichung, wenn der Arrestbefehl, die einstweilige Verfügung oder die einstweilige Anordnung innerhalb eines Monats seit Verkündung oder Zustellung an den Gläubiger dem Schuldner zugestellt wird,
10. die Anmeldung des Anspruchs im Insolvenzverfahren oder im Schifffahrtsrechtlichen Verteilungsverfahren,
10a. die Anordnung einer Vollstreckungssperre nach dem Unternehmensstabilisierungs- und -restrukturierungsgesetz, durch die der Gläubiger an der Einleitung der Zwangsvollstreckung wegen des Anspruchs gehindert ist,
11. den Beginn des schiedsrichterlichen Verfahrens,
12. die Einreichung des Antrags bei einer Behörde, wenn die Zulässigkeit der Klage von der Vorentscheidung dieser Behörde abhängt und innerhalb von drei Monaten nach Erledigung des Gesuchs die Klage erhoben wird; dies gilt entsprechend für bei einem Gericht oder bei einer in Nummer 4 bezeichneten Streitbeilegungsstelle zu stellende Anträge, deren Zulässigkeit von der Vorentscheidung einer Behörde abhängt,
13. die Einreichung des Antrags bei dem höheren Gericht, wenn dieses das zuständige Gericht zu bestimmen hat und innerhalb von drei Monaten nach Erledigung des Gesuchs die Klage erhoben oder der Antrag, für den die Gerichtsstandsbestimmung zu erfolgen hat, gestellt wird, und
14. die Veranlassung der Bekanntgabe des erstmaligen Antrags auf Gewährung von Prozesskostenhilfe oder Verahrenskostenhilfe; wird die Bekanntgabe demnächst nach der Einreichung des Antrags veranlasst, so tritt die Hemmung der Verjährung bereits mit der Einreichung ein.

(2) Die Hemmung nach Absatz 1 endet sechs Monate nach der rechtskräftigen Entscheidung oder anderweitigen Beendigung des eingeleiteten Verfahrens. Gerät das Verfahren dadurch in Stillstand, dass die Parteien es nicht betreiben, so tritt an die Stelle der Beendigung des Verfahrens die letzte Verfahrenshandlung der Parteien, des Gerichts oder der sonst mit dem Verfahren befassten Stelle. Die Hemmung beginnt erneut, wenn eine der Parteien das Verfahren weiter betreibt.

(3) Auf die Frist nach Absatz 1 Nr. 6a, 9, 12 und 13 finden die §§ 206, 210 und 211 entsprechende Anwendung.

…

§ 205 Hemmung der Verjährung bei Leistungsverweigerungsrecht Die Verjährung ist gehemmt, solange der Schuldner auf Grund einer Vereinbarung mit dem Gläubiger vorübergehend zur Verweigerung der Leistung berechtigt ist.

…

§ 209 Wirkung der Hemmung Der Zeitraum, während dessen die Verjährung gehemmt ist, wird in die Verjährungsfrist nicht eingerechnet.

…

§ 212 Neubeginn der Verjährung (1) Die Verjährung beginnt erneut, wenn

1. der Schuldner dem Gläubiger gegenüber den Anspruch durch Abschlagszahlung, Zinszahlung, Sicherheitsleistung oder in anderer Weise anerkennt oder
2. eine gerichtliche oder behördliche Vollstreckungshandlung vorgenommen oder beantragt wird.

(2) Der erneute Beginn der Verjährung infolge einer Vollstreckungshandlung gilt als nicht eingetreten, wenn die Vollstreckungshandlung auf Antrag des Gläubigers oder wegen Mangels der gesetzlichen Voraussetzungen aufgehoben wird.
(3) Der erneute Beginn der Verjährung durch den Antrag auf Vornahme einer Vollstreckungshandlung gilt als nicht eingetreten, wenn dem Antrag nicht stattgegeben oder der Antrag vor der Vollstreckungshandlung zurückgenommen oder die erwirkte Vollstreckungshandlung nach Absatz 2 aufgehoben wird.

§ 213 Hemmung, Ablaufhemmung und erneuter Beginn der Verjährung bei anderen Ansprüchen Die Hemmung, die Ablaufhemmung und der erneute Beginn der Verjährung gelten auch für Ansprüche, die aus demselben Grunde wahlweise neben dem Anspruch oder an seiner Stelle gegeben sind.

Titel 3 – Rechtsfolgen der Verjährung

14

§ 214 Wirkung der Verjährung (1) Nach Eintritt der Verjährung ist der Schuldner berechtigt, die Leistung zu verweigern.
(2) Das zur Befriedigung eines verjährten Anspruchs Geleistete kann nicht zurückgefordert werden, auch wenn in Unkenntnis der Verjährung geleistet worden ist. Das Gleiche gilt von einem vertragsmäßigen Anerkenntnis sowie einer Sicherheitsleistung des Schuldners.

§ 215 Aufrechnung und Zurückbehaltungsrecht nach Eintritt der Verjährung Die Verjährung schließt die Aufrechnung und die Geltendmachung eines Zurückbehaltungsrechts nicht aus, wenn der Anspruch in dem Zeitpunkt noch nicht verjährt war, in dem erstmals aufgerechnet oder die Leistung verweigert werden konnte.

…

Buch 2 – Recht der Schuldverhältnisse

Abschnitt 1 – Inhalt der Schuldverhältnisse

Titel 1 – Verpflichtung zur Leistung

§ 241 Pflichten aus dem Schuldverhältnis (1) Kraft des Schuldverhältnisses ist der Gläubiger berechtigt, von dem Schuldner eine Leistung zu fordern. Die Leistung kann auch in einem Unterlassen bestehen.
(2) Das Schuldverhältnis kann nach seinem Inhalt jeden Teil zur Rücksicht auf die Rechte, Rechtsgüter und Interessen des anderen Teils verpflichten.
…

§ 242 Leistungen nach Treu und Glauben Der Schuldner ist verpflichtet, die Leistung so zu bewirken, wie Treu und Glauben mit Rücksicht auf die Verkehrssitte es erfordern.
…

§ 249 Art und Umfang des Schadensersatzes (1) Wer zum Schadensersatz verpflichtet ist, hat den Zustand herzustellen, der bestehen würde, wenn der zum Ersatz verpflichtende Umstand nicht eingetreten wäre.
(2) Ist wegen Verletzung einer Person oder wegen Beschädigung einer Sache Schadensersatz zu leisten, so kann der Gläubiger statt der Herstellung den dazu erforderlichen Geldbetrag verlangen. Bei der Beschädigung einer Sache schließt der nach Satz 1 erforderliche Geldbetrag die Umsatzsteuer nur mit ein, wenn und soweit sie tatsächlich angefallen ist.
…

§ 252 Entgangener Gewinn Der zu ersetzende Schaden umfasst auch den entgangenen Gewinn. Als entgangen gilt der Gewinn, welcher nach dem gewöhnlichen Lauf der Dinge oder nach den besonderen Umständen, insbesondere nach den getroffenen Anstalten und Vorkehrungen, mit Wahrscheinlichkeit erwartet werden konnte.

§ 253 Immaterieller Schaden (1) Wegen eines Schadens, der nicht Vermögensschaden ist, kann Entschädigung in Geld nur in den durch das Gesetz bestimmten Fällen gefordert werden.
(2) Ist wegen einer Verletzung des Körpers, der Gesundheit, der Freiheit oder der sexuellen Selbstbestimmung Schadensersatz zu leisten, kann auch wegen des Schadens, der nicht Vermögensschaden ist, eine billige Entschädigung in Geld gefordert werden.

§ 254 Mitverschulden (1) Hat bei der Entstehung des Schadens ein Verschulden des Beschädigten mitgewirkt, so hängt die Verpflichtung zum Ersatz sowie der Umfang des zu leistenden Ersatzes von den Umständen, insbesondere davon ab, inwieweit der Schaden vorwiegend von dem einen oder dem anderen Teil verursacht worden ist.

(2) Dies gilt auch dann, wenn sich das Verschulden des Beschädigten darauf beschränkt, dass er unterlassen hat, den Schuldner auf die Gefahr eines ungewöhnlich hohen Schadens aufmerksam zu machen, die der Schuldner weder kannte noch kennen musste, oder dass er unterlassen hat, den Schaden abzuwenden oder zu mindern. Die Vorschrift des § 278 findet entsprechende Anwendung.

…

§ 269 Leistungsort (1) Ist ein Ort für die Leistung weder bestimmt noch aus den Umständen, insbesondere aus der Natur des Schuldverhältnisses, zu entnehmen, so hat die Leistung an dem Ort zu erfolgen, an welchem der Schuldner zur Zeit der Entstehung des Schuldverhältnisses seinen Wohnsitz hatte.
(2) Ist die Verbindlichkeit im Gewerbebetriebe des Schuldners entstanden, so tritt, wenn der Schuldner seine gewerbliche Niederlassung an einem anderen Orte hatte, der Ort der Niederlassung an die Stelle des Wohnsitzes.
(3) Aus dem Umstand allein, dass der Schuldner die Kosten der Versendung übernommen hat, ist nicht zu entnehmen, dass der Ort, nach welchem die Versendung zu erfolgen hat, der Leistungsort sein soll.

§ 270 Zahlungsort (1) Geld hat der Schuldner im Zweifel auf seine Gefahr und seine Kosten dem Gläubiger an dessen Wohnsitz zu übermitteln.
(2) Ist die Forderung im Gewerbebetrieb des Gläubigers entstanden, so tritt, wenn der Gläubiger seine gewerbliche Niederlassung an einem anderen Orte hat, der Ort der Niederlassung an die Stelle des Wohnsitzes.
(3) Erhöhen sich infolge einer nach der Entstehung des Schuldverhältnisses eintretenden Änderung des Wohnsitzes oder der gewerblichen Niederlassung des Gläubigers die Kosten oder die Gefahr der Übermittlung, so hat der Gläubiger im ersteren Falle die Mehrkosten, im letzteren Falle die Gefahr zu tragen.
(4) Die Vorschriften über den Leistungsort bleiben unberührt.

…

§ 271 Leistungszeit (1) Ist eine Zeit für die Leistung weder bestimmt noch aus den Umständen zu entnehmen, so kann der Gläubiger die Leistung sofort verlangen, der Schuldner sie sofort bewirken.
(2) Ist eine Zeit bestimmt, so ist im Zweifel anzunehmen, dass der Gläubiger die Leistung nicht vor dieser Zeit verlangen, der Schuldner aber sie vorher bewirken kann.

…

§ 273 Zurückbehaltungsrecht (1) Hat der Schuldner aus demselben rechtlichen Verhältnis, auf dem seine Verpflichtung beruht, einen fälligen Anspruch gegen den Gläubiger, so kann er, sofern nicht aus dem Schuldverhältnisse sich ein anderes ergibt, die geschuldete Leistung verweigern, bis die ihm gebührende Leistung bewirkt wird (Zurückbehaltungsrecht).
(2) Wer zur Herausgabe eines Gegenstands verpflichtet ist, hat das gleiche Recht, wenn ihm ein fälliger Anspruch wegen Verwendungen auf den Gegenstand oder wegen eines ihm durch diesen verursachten Schadens zusteht, es sei denn, dass er

den Gegenstand durch eine vorsätzlich begangene unerlaubte Handlung erlangt hat.
(3) Der Gläubiger kann die Ausübung des Zurückbehaltungsrechts durch Sicherheitsleistung abwenden. Die Sicherheitsleistung durch Bürgen ist ausgeschlossen.
…

§ 275 Ausschluss der Leistungspflicht (1) Der Anspruch auf Leistung ist ausgeschlossen, soweit diese für den Schuldner oder für jedermann unmöglich ist.
(2) Der Schuldner kann die Leistung verweigern, soweit diese einen Aufwand erfordert, der unter Beachtung des Inhalts des Schuldverhältnisses und der Gebote von Treu und Glauben in einem groben Missverhältnis zu dem Leistungsinteresse des Gläubigers steht. Bei der Bestimmung der dem Schuldner zuzumutenden Anstrengungen ist auch zu berücksichtigen, ob der Schuldner das Leistungshindernis zu vertreten hat.
(3) Der Schuldner kann die Leistung ferner verweigern, wenn er die Leistung persönlich zu erbringen hat und sie ihm unter Abwägung des seiner Leistung entgegenstehenden Hindernisses mit dem Leistungsinteresse des Gläubigers nicht zugemutet werden kann.
(4) Die Rechte des Gläubigers bestimmen sich nach den §§ 280, 283 bis 285, 311a und 326.

§ 276 Verantwortlichkeit des Schuldners (1) Der Schuldner hat Vorsatz und Fahrlässigkeit zu vertreten, wenn eine strengere oder mildere Haftung weder bestimmt noch aus dem sonstigen Inhalt des Schuldverhältnisses, insbesondere aus der Übernahme einer Garantie oder eines Beschaffungsrisikos zu entnehmen ist. Die Vorschriften der §§ 827 und 828 finden entsprechende Anwendung.
(2) Fahrlässig handelt, wer die im Verkehr erforderliche Sorgfalt außer Acht lässt.
(3) Die Haftung wegen Vorsatzes kann dem Schuldner nicht im Voraus erlassen werden.
…

§ 278 Verantwortlichkeit des Schuldners für Dritte Der Schuldner hat ein Verschulden seines gesetzlichen Vertreters und der Personen, deren er sich zur Erfüllung seiner Verbindlichkeit bedient, in gleichem Umfang zu vertreten wie eigenes Verschulden. Die Vorschrift des § 276 Abs. 3 findet keine Anwendung.

§ 279 *(weggefallen)*

§ 280 Schadensersatz wegen Pflichtverletzung (1) Verletzt der Schuldner eine Pflicht aus dem Schuldverhältnis, so kann der Gläubiger Ersatz des hierdurch entstehenden Schadens verlangen. Dies gilt nicht, wenn der Schuldner die Pflichtverletzung nicht zu vertreten hat.
(2) Schadensersatz wegen Verzögerung der Leistung kann der Gläubiger nur unter der zusätzlichen Voraussetzung des § 286 verlangen.

(3) Schadensersatz statt der Leistung kann der Gläubiger nur unter den zusätzlichen Voraussetzungen des § 281, des § 282 oder des § 283 verlangen.

§ 281 Schadensersatz statt der Leistung wegen nicht oder nicht wie geschuldet erbrachter Leistung (1) Soweit der Schuldner die fällige Leistung nicht oder nicht wie geschuldet erbringt, kann der Gläubiger unter den Voraussetzungen des § 280 Abs. 1 Schadensersatz statt der Leistung verlangen, wenn er dem Schuldner erfolglos eine angemessene Frist zur Leistung oder Nacherfüllung bestimmt hat. Hat der Schuldner eine Teilleistung bewirkt, so kann der Gläubiger Schadensersatz statt der ganzen Leistung nur verlangen, wenn er an der Teilleistung kein Interesse hat. Hat der Schuldner die Leistung nicht wie geschuldet bewirkt, so kann der Gläubiger Schadensersatz statt der ganzen Leistung nicht verlangen, wenn die Pflichtverletzung unerheblich ist.
(2) Die Fristsetzung ist entbehrlich, wenn der Schuldner die Leistung ernsthaft und endgültig verweigert oder wenn besondere Umstände vorliegen, die unter Abwägung der beiderseitigen Interessen die sofortige Geltendmachung des Schadensersatzanspruchs rechtfertigen.
(3) Kommt nach der Art der Pflichtverletzung eine Fristsetzung nicht in Betracht, so tritt an deren Stelle eine Abmahnung.
(4) Der Anspruch auf die Leistung ist ausgeschlossen, sobald der Gläubiger statt der Leistung Schadensersatz verlangt hat.
(5) Verlangt der Gläubiger Schadensersatz statt der ganzen Leistung, so ist der Schuldner zur Rückforderung des Geleisteten nach den §§ 346 bis 348 berechtigt.

§ 282 Schadensersatz statt der Leistung wegen Verletzung einer Pflicht nach § 241 Abs. 2 Verletzt der Schuldner eine Pflicht nach § 241 Abs. 2, kann der Gläubiger unter den Voraussetzungen des § 280 Abs. 1 Schadensersatz statt der Leistung verlangen, wenn ihm die Leistung durch den Schuldner nicht mehr zuzumuten ist.

§ 283 Schadensersatz statt der Leistung bei Ausschluss der Leistungspflicht Braucht der Schuldner nach § 275 Abs. 1 bis 3 nicht zu leisten, kann der Gläubiger unter den Voraussetzungen des § 280 Abs. 1 Schadensersatz statt der Leistung verlangen. § 281 Abs. 1 Satz 2 und 3 und Abs. 5 findet entsprechende Anwendung.

§ 284 Ersatz vergeblicher Aufwendungen Anstelle des Schadensersatzes statt der Leistung kann der Gläubiger Ersatz der Aufwendungen verlangen, die er im Vertrauen auf den Erhalt der Leistung gemacht hat und billigerweise machen durfte, es sei denn, deren Zweck wäre auch ohne die Pflichtverletzung des Schuldners nicht erreicht worden.

§ 285 Herausgabe des Ersatzes (1) Erlangt der Schuldner infolge des Umstands, auf Grund dessen er die Leistung nach § 275 Abs. 1 bis 3 nicht zu erbringen braucht, für den geschuldeten Gegenstand einen Ersatz oder einen Ersatzanspruch, so kann

der Gläubiger Herausgabe des als Ersatz Empfangenen oder Abtretung des Ersatzanspruchs verlangen.
(2) Kann der Gläubiger statt der Leistung Schadensersatz verlangen, so mindert sich dieser, wenn er von dem in Absatz 1 bestimmten Recht Gebrauch macht, um den Wert des erlangten Ersatzes oder Ersatzanspruchs.

§ 286 Verzug des Schuldners (1) Leistet der Schuldner auf eine Mahnung des Gläubigers nicht, die nach dem Eintritt der Fälligkeit erfolgt, so kommt er durch die Mahnung in Verzug. Der Mahnung stehen die Erhebung der Klage auf die Leistung sowie die Zustellung eines Mahnbescheids im Mahnverfahren gleich.
(2) Der Mahnung bedarf es nicht, wenn
1. für die Leistung eine Zeit nach dem Kalender bestimmt ist,
2. der Leistung ein Ereignis vorauszugehen hat und eine angemessene Zeit für die Leistung in der Weise bestimmt ist, dass sie sich von dem Ereignis an nach dem Kalender berechnen lässt,
3. der Schuldner die Leistung ernsthaft und endgültig verweigert,
4. aus besonderen Gründen unter Abwägung der beiderseitigen Interessen der sofortige Eintritt des Verzugs gerechtfertigt ist.

(3) Der Schuldner einer Entgeltforderung kommt spätestens in Verzug, wenn er nicht innerhalb von 30 Tagen nach Fälligkeit und Zugang einer Rechnung oder gleichwertigen Zahlungsaufstellung leistet; dies gilt gegenüber einem Schuldner, der Verbraucher ist, nur, wenn auf diese Folgen in der Rechnung oder Zahlungsaufstellung besonders hingewiesen worden ist. Wenn der Zeitpunkt des Zugangs der Rechnung oder Zahlungsaufstellung unsicher ist, kommt der Schuldner, der nicht Verbraucher ist, spätestens 30 Tage nach Fälligkeit und Empfang der Gegenleistung in Verzug.
(4) Der Schuldner kommt nicht in Verzug, solange die Leistung infolge eines Umstandes unterbleibt, den er nicht zu vertreten hat.
(5) Für eine von den Absätzen 1 bis 3 abweichende Vereinbarung über den Eintritt des Verzugs gilt § 271a Absatz 1 bis 5 entsprechend.

§ 287 Verantwortlichkeit während des Verzugs Der Schuldner hat während des Verzugs jede Fahrlässigkeit zu vertreten. Er haftet wegen der Leistung auch für Zufall, es sei denn, dass der Schaden auch bei rechtzeitiger Leistung eingetreten sein würde.

§ 288 Verzugszinsen und sonstiger Verzugsschaden (1) Eine Geldschuld ist während des Verzugs zu verzinsen. Der Verzugszinssatz beträgt für das Jahr fünf Prozentpunkte über dem Basiszinssatz.
(2) Bei Rechtsgeschäften, an denen ein Verbraucher nicht beteiligt ist, beträgt der Zinssatz für Entgeltforderungen neun Prozentpunkte über dem Basiszinssatz.
(3) Der Gläubiger kann aus einem anderen Rechtsgrund höhere Zinsen verlangen.
(4) Die Geltendmachung eines weiteren Schadens ist nicht ausgeschlossen.
(5) Der Gläubiger einer Entgeltforderung hat bei Verzug des Schuldners, wenn dieser kein Verbraucher ist, außerdem einen Anspruch auf Zahlung einer Pauschale

in Höhe von 40 Euro. Dies gilt auch, wenn es sich bei der Entgeltforderung um eine Abschlagszahlung oder sonstigen Ratenzahlung handelt. Die Pauschale nach Satz 1 ist auf einen geschuldeten Schadensersatz anzurechnen, soweit der Schaden in Kosten der Rechtsverfolgung begründet ist.
(6) Eine im Voraus getroffene Vereinbarung, die den Anspruch des Gläubigers einer Entgeltforderung auf Verzugszinsen ausschließt, ist unwirksam. Gleiches gilt für eine Vereinbarung, die diesen Anspruch beschränkt oder den Anspruch des Gläubigers einer Entgeltforderung auf die Pauschale nach Absatz 5 oder auf Ersatz des Schadens, der in Kosten der Rechtsverfolgung begründet ist, ausschließt oder beschränkt, wenn sie im Hinblick auf die Belange des Gläubigers gob unbillig ist. Eine Vereinbarung über den Ausschluss der Pauschale nach Absatz 5 oder des Ersatzes des Schadens, der in Kosten der Rechtsverfolgung begründet ist, ist im Zweifel als grob unbillig anzusehen. Die Sätze 1 bis 3 sind nicht anzuwenden, wenn sich der Anspruch gegen einen Verbraucher richtet.

§ 289 Zinseszinsverbot Von Zinsen sind Verzugszinsen nicht zu entrichten. Das Recht des Gläubigers auf Ersatz des durch den Verzug entstehenden Schadens bleibt unberührt.

§ 290 Verzinsung des Wertersatzes Ist der Schuldner zum Ersatze des Wertes eines Gegenstandes verpflichtet, der während des Verzugs untergegangen ist oder aus einem während des Verzugs eingetretenen Grund nicht herausgegeben werden kann, so kann der Gläubiger Zinsen des zu ersetzenden Betrags von dem Zeitpunkt an verlangen, welcher der Bestimmung des Wertes zugrunde gelegt wird. Das Gleiche gilt, wenn der Schuldner zum Ersatz der Minderung des Wertes eines während des Verzugs verschlechterten Gegenstands verpflichtet ist.

§ 291 Prozesszinsen Eine Geldschuld hat der Schuldner von dem Eintritt der Rechtshängigkeit an zu verzinsen, auch wenn er nicht im Verzug ist; wird die Schuld erst später fällig, so ist sie von der Fälligkeit an zu verzinsen. Die Vorschriften des § 288 Abs. 1 Satz 2, Abs. 2, Abs. 3 und des § 289 Satz 1 finden entsprechende Anwendung.

§ 292 Haftung bei Herausgabepflicht (1) Hat der Schuldner einen bestimmten Gegenstand herauszugeben, so bestimmt sich von dem Eintritt der Rechtshängigkeit an der Anspruch des Gläubigers auf Schadensersatz wegen Verschlechterung, Untergangs oder einer aus einem anderen Grunde eintretenden Unmöglichkeit der Herausgabe nach den Vorschriften, welche für das Verhältnis zwischen dem Eigentümer und dem Besitzer von dem Eintritte der Rechtshängigkeit des Eigentumsanspruchs an gelten, soweit nicht aus dem Schuldverhältnis oder dem Verzug des Schuldners sich zugunsten des Gläubigers ein anderes ergibt.
(2) Das Gleiche gilt von dem Anspruch des Gläubigers auf Herausgabe oder Vergütung von Nutzungen und von dem Anspruch des Schuldners auf Ersatz von Verwendungen.

Titel 2 – Verzug des Gläubigers

§ 293 Annahmeverzug Der Gläubiger kommt in Verzug, wenn er die ihm angebotene Leistung nicht annimmt.

§ 294 Tatsächliches Angebot Die Leistung muss dem Gläubiger so, wie sie zu bewirken ist, tatsächlich angeboten werden.

§ 295 Wörtliches Angebot Ein wörtliches Angebot des Schuldners genügt, wenn der Gläubiger ihm erklärt hat, daß er die Leistung nicht annehmen werde, oder wenn zur Bewirkung der Leistung eine Handlung des Gläubigers erforderlich ist, insbesondere wenn der Gläubiger die geschuldete Sache abzuholen hat. Dem Angebot der Leistung steht die Aufforderung an den Gläubiger gleich, die erforderliche Handlung vorzunehmen.

§ 296 Entbehrlichkeit des Angebots Ist für die von dem Gläubiger vorzunehmende Handlung eine Zeit nach dem Kalender bestimmt, so bedarf es des Angebots nur, wenn der Gläubiger die Handlung rechtzeitig vornimmt. Das Gleiche gilt, wenn der Handlung ein Ereignis vorauszugehen hat und eine angemessene Zeit für die Handlung in der Weise bestimmt ist, dass sie sich von dem Ereignis an nach dem Kalender berechnen lässt.

§ 297 Unvermögen des Schuldners Der Gläubiger kommt nicht in Verzug, wenn der Schuldner zur Zeit des Angebots oder im Falle des § 296 zu der für die Handlung des Gläubigers bestimmten Zeit außerstande ist, die Leistung zu bewirken.
…

Abschnitt 2 – Gestaltung rechtsgeschäftlicher Schuldverhältnisse durch Allgemeine Geschäftsbedingungen

§ 305 Einbeziehung Allgemeiner Geschäftsbedingungen in den Vertrag[1]
(1) Allgemeine Geschäftsbedingungen sind alle für eine Vielzahl von Verträgen vorformulierten Vertragsbedingungen, die eine Vertragspartei (Verwender) der anderen Vertragspartei bei Abschluss eines Vertrags stellt. Gleichgültig ist, ob die Bestimmungen einen äußerlich gesonderten Bestandteil des Vertrags bilden oder in die Vertragsurkunde selbst aufgenommen werden, welchen Umfang sie haben, in welcher Schriftart sie verfasst sind und welche Form der Vertrag hat. Allgemeine Geschäftsbedingungen liegen nicht vor, soweit die Vertragsbedingungen zwischen den Vertragsparteien im Einzelnen ausgehandelt sind.
(2) Allgemeine Geschäftsbedingungen werden nur dann Bestandteil eines Vertrags, wenn der Verwender bei Vertragsschluss

1 Vgl. **§ 15 Unterlassungsklagengesetz** (UKlaG) vom 26.11.2001 (BGBl. I 3138), zuletzt geändert durch Gesetz vom 8.12.2025 (BGBl. 2025 I Nr. 318): »Dieses Gesetz findet auf das Arbeitsrecht keine Anwendung.«

1. die andere Vertragspartei ausdrücklich oder, wenn ein ausdrücklicher Hinweis wegen der Art des Vertragsschlusses nur unter unverhältnismäßigen Schwierigkeiten möglich ist, durch deutlich sichtbaren Aushang am Ort des Vertragsschlusses auf sie hinweist und
2. der anderen Vertragspartei die Möglichkeit verschafft, in zumutbarer Weise, die auch eine für den Verwender erkennbare körperliche Behinderung der anderen Vertragspartei angemessen berücksichtigt, von ihrem Inhalt Kenntnis zu nehmen,

und wenn die andere Vertragspartei mit ihrer Geltung einverstanden ist.
(3) Die Vertragsparteien können für eine bestimmte Art von Rechtsgeschäften die Geltung bestimmter Allgemeiner Geschäftsbedingungen unter Beachtung der in Absatz 2 bezeichneten Erfordernisse im Voraus vereinbaren.

§ 305a Einbeziehung in besonderen Fällen *(nicht abgedruckt)*

§ 305b Vorrang der Individualabrede Individuelle Vertragsabreden haben Vorrang vor Allgemeinen Geschäftsbedingungen.

§ 305c Überraschende und mehrdeutige Klauseln (1) Bestimmungen in Allgemeinen Geschäftsbedingungen, die nach den Umständen, insbesondere nach dem äußeren Erscheinungsbild des Vertrags, so ungewöhnlich sind, dass der Vertragspartner des Verwenders mit ihnen nicht zu rechnen braucht, werden nicht Vertragsbestandteil.
(2) Zweifel bei der Auslegung Allgemeiner Geschäftsbedingungen gehen zu Lasten des Verwenders.

§ 306 Rechtsfolgen bei Nichteinbeziehung und Unwirksamkeit (1) Sind Allgemeine Geschäftsbedingungen ganz oder teilweise nicht Vertragsbestandteil geworden oder unwirksam, so bleibt der Vertrag im Übrigen wirksam.
(2) Soweit die Bestimmungen nicht Vertragsbestandteil geworden oder unwirksam sind, richtet sich der Inhalt des Vertrags nach den gesetzlichen Vorschriften.
(3) Der Vertrag ist unwirksam, wenn das Festhalten an ihm auch unter Berücksichtigung der nach Absatz 2 vorgesehenen Änderung eine unzumutbare Härte für eine Vertragspartei darstellen würde.

§ 306a Umgehungsverbot Die Vorschriften dieses Abschnitts finden auch Anwendung, wenn sie durch anderweitige Gestaltungen umgangen werden.

§ 307 Inhaltskontrolle (1) Bestimmungen in Allgemeinen Geschäftsbedingungen sind unwirksam, wenn sie den Vertragspartner des Verwenders entgegen den Geboten von Treu und Glauben unangemessen benachteiligen. Eine unangemessene Benachteiligung kann sich auch daraus ergeben, dass die Bestimmung nicht klar und verständlich ist.
(2) Eine unangemessene Benachteiligung ist im Zweifel anzunehmen, wenn eine Bestimmung

1. mit wesentlichen Grundgedanken der gesetzlichen Regelung, von der abgewichen wird, nicht zu vereinbaren ist, oder
2. wesentliche Rechte oder Pflichten, die sich aus der Natur des Vertrags ergeben, so einschränkt, dass die Erreichung des Vertragszwecks gefährdet ist.

(3) Die Absätze 1 und 2 sowie die §§ 308 und 309 gelten nur für Bestimmungen in Allgemeinen Geschäftsbedingungen, durch die von Rechtsvorschriften abweichende oder diese ergänzende Regelungen vereinbart werden. Andere Bestimmungen können nach Absatz 1 Satz 2 in Verbindung mit Absatz 1 Satz 1 unwirksam sein.

§ 308 Klauselverbote mit Wertungsmöglichkeit In Allgemeinen Geschäftsbedingungen ist insbesondere unwirksam

1. (Annahme- und Leistungsfrist)
eine Bestimmung, durch die sich der Verwender unangemessen lange oder nicht hinreichend bestimmte Fristen für die Annahme oder Ablehnung eines Angebots oder die Erbringung einer Leistung vorbehält; ausgenommen hiervon ist der Vorbehalt, erst nach Ablauf der Widerrufsfrist nach § 355 Absatz 1 und 2 zu leisten;

1a. (Zahlungsfrist)
eine Bestimmung, durch die sich der Verwender eine unanagemessen lange Zeit für die Erfüllung einer Entgeltforderung des Vertragspartners vorbehält; ist der Verwender kein Verbraucher, ist im Zweifel anzunehmen, dass eine Zeit von mehr als 30 Tagen nach Empfang der Gegenleistung oder, wenn dem Schuldner nach Empfang der Gegenleistung eine Rechnung oder gleichwertige Zahlungsaufstellung zugeht, von mehr als 30 Tagen nach Zugang dieser Rechnung oder Zahlungsaufstellung unangemessen lang ist;

1b. (Überprüfungs- und Abnahmefrist)
eine Bestimmung, durch die sich der Verwender vorbehält, eine Entgeltforderung des Vertragspartners erst nach unangemessen langer Zeit für die Überprüfung oder Abnahme der Gegenleistung zu erfüllen; ist der Verwender kein Verbraucher, ist im Zweifel anzunehmen, dass eine Zeit von mehr als 15 Tagen nach Empfang der Gegenleistung unangemessen lang ist;

2. (Nachfrist)
eine Bestimmung, durch die sich der Verwender für die von ihm zu bewirkende Leistung abweichend von Rechtsvorschriften eine unangemessen lange oder nicht hinreichend bestimmte Nachfrist vorbehält;

3. (Rücktrittsvorbehalt)
die Vereinbarung eines Rechts des Verwenders, sich ohne sachlich gerechtfertigten und im Vertrag angegebenen Grund von seiner Leistungspflicht zu lösen; dies gilt nicht für Dauerschuldverhältnisse;

4. (Änderungsvorbehalt)
die Vereinbarung eines Rechts des Verwenders, die versprochene Leistung zu ändern oder von ihr abzuweichen, wenn nicht die Vereinbarung der Änderung oder Abweichung unter Berücksichtigung der Interessen des Verwenders für den anderen Vertragsteil zumutbar ist;

5. (Fingierte Erklärungen)
eine Bestimmung, wonach eine Erklärung des Vertragspartners des Verwenders bei Vornahme oder Unterlassung einer bestimmten Handlung als von ihm abgegeben oder nicht abgegeben gilt, es sei denn, dass
a) dem Vertragspartner eine angemessene Frist zur Abgabe einer ausdrücklichen Erklärung eingeräumt ist und
b) der Verwender sich verpflichtet, den Vertragspartner bei Beginn der Frist auf die vorgesehene Bedeutung seines Verhaltens besonders hinzuweisen;
6. (Fiktion des Zugangs)
eine Bestimmung, die vorsieht, dass eine Erklärung des Verwenders von besonderer Bedeutung dem anderen Vertragsteil als zugegangen gilt;
7. (Abwicklung von Verträgen)
eine Bestimmung, nach der der Verwender für den Fall, dass eine Vertragspartei vom Vertrag zurücktritt oder den Vertrag kündigt,
a) eine unangemessen hohe Vergütung für die Nutzung oder den Gebrauch einer Sache oder eines Rechts oder für erbrachte Leistungen oder
b) einen unangemessen hohen Ersatz von Aufwendungen verlangen kann;
8. (Nichtverfügbarkeit der Leistung)
die nach Nummer 3 zulässige Vereinbarung eines Vorbehalts des Verwenders, sich von der Verpflichtung zur Erfüllung des Vertrags bei Nichtverfügbarkeit der Leistung zu lösen, wenn sich der Verwender nicht verpflichtet,
a) den Vertragspartner unverzüglich über die Nichtverfügbarkeit zu informieren und
b) Gegenleistungen des Vertragspartners unverzüglich zu erstatten;
9. (Abtretungsausschluss)
eine Bestimmung, durch die die Abtretbarkeit ausgeschlossen wird,
a) für einen auf Geld gerichteten Anspruch des Vertragspartners gegen den Verwender oder
b) für ein anderes Recht, das der Vertragspartner gegen den Verwender hat, wenn
aa) beim Verwender ein schützenswertes Interesse an dem Abtretungsausschluss nicht besteht oder
bb) berechtigte Belange des Vertragspartners an der Abtretbarkeit des Rechts das schützenswerte Interesse des Verwenders an dem Abtretungsausschluss überwiegen;
Buchstabe a gilt nicht für Ansprüche aus Zahlungsdiensterahmenverträgen und die Buchstaben a und b gelten nicht für Ansprüche auf Versorgungsleistungen im Sinne des Betriebsrentengesetzes.

§ 309 Klauselverbote ohne Wertungsmöglichkeit Auch soweit eine Abweichung von den gesetzlichen Vorschriften zulässig ist, ist in Allgemeinen Geschäftsbedingungen unwirksam
1. (Kurzfristige Preiserhöhungen)
eine Bestimmung, welche die Erhöhung des Entgelts für Waren oder Leistungen vorsieht, die innerhalb von vier Monaten nach Vertragsabschluss geliefert

oder erbracht werden sollen; dies gilt nicht bei Waren oder Leistungen, die im Rahmen von Dauerschuldverhältnissen geliefert oder erbracht werden;

2. (Leistungsverweigerungsrechte)
   eine Bestimmung, durch die
   a) das Leistungsverweigerungsrecht, das dem Vertragspartner des Verwenders nach § 320 zusteht, ausgeschlossen oder eingeschränkt wird, oder
   b) ein dem Vertragspartner des Verwenders zustehendes Zurückbehaltungsrecht, soweit es auf demselben Vertragsverhältnis beruht, ausgeschlossen oder eingeschränkt, insbesondere von der Anerkennung von Mängeln durch den Verwender abhängig gemacht wird;
3. (Aufrechnungsverbot)
   eine Bestimmung, durch die dem Vertragspartner des Verwenders die Befugnis genommen wird, mit einer unbestrittenen oder rechtskräftig festgestellten Forderung aufzurechnen;
4. (Mahnung, Fristsetzung)
   eine Bestimmung, durch die der Verwender von der gesetzlichen Obliegenheit freigestellt wird, den anderen Vertragsteil zu mahnen oder ihm eine Frist für die Leistung oder Nacherfüllung zu setzen;
5. (Pauschalierung von Schadensersatzansprüchen)
   die Vereinbarung eines pauschalierten Anspruchs des Verwenders auf Schadensersatz oder Ersatz einer Wertminderung, wenn
   a) die Pauschale den in den geregelten Fällen nach dem gewöhnlichen Lauf der Dinge zu erwartenden Schaden oder die gewöhnlich eintretende Wertminderung übersteigt oder
   b) dem anderen Vertragsteil nicht ausdrücklich der Nachweis gestattet wird, ein Schaden oder eine Wertminderung sei überhaupt nicht entstanden oder wesentlich niedriger als die Pauschale;
6. (Vertragsstrafe)
   eine Bestimmung, durch die dem Verwender für den Fall der Nichtabnahme oder verspäteten Abnahme der Leistung, des Zahlungsverzugs oder für den Fall, dass der andere Vertragsteil sich vom Vertrag löst, Zahlung einer Vertragsstrafe versprochen wird;
7. (Haftungsausschluss bei Verletzung von Leben, Körper, Gesundheit und bei grobem Verschulden)
   a) (Verletzung von Leben, Körper, Gesundheit)
      ein Ausschluss oder eine Begrenzung der Haftung für Schäden aus der Verletzung des Lebens, des Körpers oder der Gesundheit, die auf einer fahrlässigen Pflichtverletzung des Verwenders oder einer vorsätzlichen oder fahrlässigen Pflichtverletzung eines gesetzlichen Vertreters oder Erfüllungsgehilfen des Verwenders beruhen;
   b) (Grobes Verschulden)
      ein Ausschluss oder eine Begrenzung der Haftung für sonstige Schäden, die auf einer grob fahrlässigen Pflichtverletzung des Verwenders oder auf einer vorsätzlichen oder grob fahrlässigen Pflichtverletzung eines gesetzlichen Vertreters oder Erfüllungsgehilfen des Verwenders beruhen;

die Buchstaben a und b gelten nicht für Haftungsbeschränkungen in den nach Maßgabe des Personenbeförderungsgesetzes genehmigten Beförderungsbedingungen und Tarifvorschriften der Straßenbahnen, Obusse und Kraftfahrzeuge im Linienverkehr, soweit sie nicht zum Nachteil des Fahrgastes von der Verordnung über die Allgemeinen Beförderungsbedingungen für den Straßenbahn- und Obusverkehr sowie den Linienverkehr mit Kraftfahrzeugen vom 27. Februar 1970 abweichen; Buchstabe b gilt nicht für Haftungsbeschränkungen für staatlich genehmigte Lotterie- oder Ausspielverträge;

8. (Sonstige Haftungsausschlüsse bei Pflichtverletzung)
(Kauf- und Werkverträge; nicht abgedruckt)
9. (Laufzeit bei Dauerschuldverhältnissen)
bei einem Vertragsverhältnis, das die regelmäßige Lieferung von Waren oder die regelmäßige Erbringung von Dienst- oder Werkleistungen durch den Verwender zum Gegenstand hat,
a) eine den anderen Vertragsteil länger als zwei Jahre bindende Laufzeit des Vertrags,
b) eine den anderen Vertragsteil bindende stillschweigende Verlängerung des Vertragsverhältnisses, es sei denn das Vertragsverhältnis wird nur auf unbestimmte Zeit verlängert und dem anderen Vertragsteil wird das Recht eingeräumt, das verlängerte Vertragsverhältnis jederzeit mit einer Frist von höchstens einem Monat zu kündigen, oder
c) eine zu Lasten des anderen Vertragsteils längere Kündigungsfrist als einen Monat vor Ablauf der zunächst vorgesehenen Vertragsdauer;
dies gilt nicht für Verträge über die Lieferung zusammengehörig verkaufter Sachen sowie für Versicherungsverträge;
10. (Wechsel des Vertragspartners)
eine Bestimmung, wonach bei Kauf-, Darlehens-, Dienst- oder Werkverträgen ein Dritter anstelle des Verwenders in die sich aus dem Vertrag ergebenden Rechte und Pflichten eintritt oder eintreten kann, es sei denn, in der Bestimmung wird
a) der Dritte namentlich bezeichnet, oder
b) dem anderen Vertragsteil das Recht eingeräumt, sich vom Vertrag zu lösen;
11. (Haftung des Abschlussvertreters)
eine Bestimmung, durch die der Verwender einem Vertreter, der den Vertrag für den anderen Vertragsteil abschließt,
a) ohne hierauf gerichtete ausdrückliche und gesonderte Erklärung eine eigene Haftung oder Einstandspflicht oder
b) im Falle vollmachtsloser Vertretung eine über § 179 hinausgehende Haftung auferlegt;
12. (Beweislast)
eine Bestimmung, durch die der Verwender die Beweislast zum Nachteil des anderen Vertragsteils ändert, insbesondere indem er
a) diesem die Beweislast für Umstände auferlegt, die im Verantwortungsbereich des Verwenders liegen, oder

b) den anderen Vertragsteil bestimmte Tatsachen bestätigen lässt;
Buchstabe b gilt nicht für Empfangsbekenntnisse, die gesondert unterschrieben oder mit einer gesonderten qualifizierten elektronischen Signatur versehen sind;

13. (Form von Anzeigen und Erklärungen)
eine Bestimmung, durch die Anzeigen oder Erklärungen, die dem Verwender oder einem Dritten gegenüber abzugeben sind, gebunden werden
a) an eine strengere Form als die schriftliche Form in einem Vertrag, für den durch Gesetz notarielle Beurkundung vorgeschrieben ist oder
b) an eine strengere Form als die Textform in anderen als den in Buchstabe a genannten Verträgen oder
c) an besondere Zugangserfordernisse;[1]

14. (Klageverzicht)
eine Bestimmung, wonach der andere Vertragsteil seine Ansprüche gegen den Verwender gerichtlich nur geltend machen darf, nachdem er eine gütliche Einigung in einem Verfahren zur außergerichtlichen Streitbeilegung versucht hat;

15. (Abschlagszahlungen und Sicherheitsleistung)
eine Bestimmung, nach der der Verwender bei einem Werkvertrag
a) für Teilleistungen Abschlagszahlungen vom anderen Vertragsteil verlangen kann, die wesentlich höher sind als die nach § 632a Absatz 1 und § 650m Absatz 1 zu leistenden Abschlagszahlungen, oder
b) die Sicherheitsleistung nach § 650m Absatz 2 nicht oder nur in geringerer Höhe leisten muss.

§ 310 Anwendungsbereich (1) § 305 Absatz 2 und 3, § 308 Nummer 1, 2 bis 9 und § 309 finden keine Anwendung auf Allgemeine Geschäftsbedingungen, die gegenüber einem Unternehmer, einer juristischen Person des öffentlichen Rechts oder einem öffentlich-rechtlichen Sondervermögen verwendet werden. § 307 Abs. 1 und 2 findet in den Fällen des Satzes 1 auch insoweit Anwendung, als dies zur Unwirksamkeit von in den § 308 Nummer 1, 2 bis 9 und § 309 genannten Vertragsbestimmungen führt; auf die im Handelsverkehr geltenden Gewohnheiten und Gebräuche ist angemessen Rücksicht zu nehmen. In den Fällen des Satzes 1 finden § 307 Absatz 1 und 2 sowie § 308 Nummer 1a und 1b auf Verträge, in die die Vergabe- und Vertragsordnung für Bauleistungen Teil B (VOB/B) in der jeweils zum Zeitpunkt des Vertragsschlusses geltenden Fassung ohne inhaltliche Abweichungen insgesamt einbezogen ist, in Bezug auf eine Inhaltskontrolle einzelner Bestimmungen keine Anwendung.
(1a) Die §§ 307 und 308 Nummer 1a und 1b sind nicht anzuwenden auf Verträge über Geschäfte nach Satz 2, wenn ein Unternehmer das Geschäft, das Gegenstand des Vertrages ist, rechtmäßig gewerbsmäßig tätigt und den Vertrag geschlossen hat mit

---

1 **Art. 229 § 37 EGBGB Überleitungsvorschrift zum Gesetz zur Verbesserung der zivilrechtlichen Durchsetzung von verbraucherschützenden Vorschriften des Datenschutzrechts** § 309 Nummer 13 des Bürgerlichen Gesetzbuchs in der seit dem 1. Oktober 2016 geltenden Fassung ist nur auf ein Schuldverhältnis anzuwenden, das nach dem 30. September 2016 entstanden ist.

1. einem Unternehmer, der solche Geschäfte am Ort seines Sitzes oder einer Niederlassung auch als Erbringer der vertragstypischen Leistung rechtmäßig gewerbsmäßig tätigen kann,
2. einem großen Unternehmer im Sinne des Satzes 3, der Geschäfte nach Satz 2 am Ort seines Sitzes oder einer Niederlassungauch als Erbringer der vertragstypischen Leistung rechtsmäßig gewerbsmäßig tätigen kann.

Geschäfte nach Satz 1 sind

1. Bankgeschäfte im Sinne des § 1 Absatz 1 Satz 2 des Kreditwesengesetzes,
2. Finanzdienstleistungen im Sinne des § 1 Absatz 1a Satz 2 des Kreditwesengesetzes,
3. Wertpapierdienstleistungen im Sinne des § 2 Absatz 2 des Wertpapierinstitutsgesetzes und Wertpapiernebendienstleistungen im Sinne des § 2 Absatz 3 des Wertpapierinstitutsgesetzes,
4. Zahlungsdienste im Sinne des § 1 Absatz 1 Satz 2 des Zahlungsdiensteaufsichtsgesetzes,
5. Geschäfte von Kapitalverwaltungsgesellschaften nach § 20 Absatz 2 und 3 des Kapitalanlagegesetzbuchs und
6. Geschäfte von Börsen und ihren Trägern nach § 2 Absatz 1 des Börsengesetzes.

Ein Unternehmer ist als großer Unternehmer nach Satz 1 Nummer 2 anzusehen, wenn er in jedem der beiden Kalenderjahre vor dem Vertragsschluss zwei der drei folgenden Merkmale erfüllt hat:

1. er hat im Jahresdurchschnitt nach § 267 Absatz 5 des Handelsgesetzbuchs jeweils mindestens 250 Arbeitnehmer beschäftigt,
2. er hat jeweils Umsatzerlöse von mehr als 50 Millionen Euro erzielt oder
3. seine Bilanzsumme nach § 267 Absatz 4a des Handelsgesetzbuchs hat sich jeweils auf mehr als 43 Millionen Euro belaufen.

Satz 1 ist auch anzuwenden, wenn die folgenden Stellen eine der beiden Vertragsparteien sind:

1. die Deutsche Bundesbank,
2. die Kreditanstalt für Wiederaufbau,
3. eine Stelle der öffentlichen Schuldenverwaltung nach § 2 Absatz 1 Nummer 3a des Kreditwesengesetzes,
4. eine auf der Grundlage der §§ 8a und 8b des Stabilisierungsfondsgesetzes errichtete Abwicklungsanstalt,
5. die Weltbank, der Internationale Währungsfonds, die Europäische Zentralbank, die nationalen Zentralbanken der Mitgliedstaaten des Europäischen Wirtschaftsraums und des Vereinigten Königreichs Großbritannien und Nordirland, die Europäische Investitionsbank oder eine vergleichbare internationale Finanzorganisation.

(2) Die §§ 308 und 309 finden keine Anwendung auf Verträge der Elektrizitäts-, Gas-, Fernwärme- und Wasserversorgungsunternehmen über die Versorgung von Sonderabnehmern mit elektrischer Energie, Gas, Fernwärme und Wasser aus dem Versorgungsnetz, soweit die Versorgungsbedingungen nicht zum Nachteil der Abnehmer von Verordnungen über Allgemeine Bedingungen für die Versorgung von Tarifkunden mit elektrischer Energie, Gas, Fernwärme und Wasser abweichen. Satz 1 gilt entsprechend für Verträge über die Entsorgung von Abwasser.

(3) Bei Verträgen zwischen einem Unternehmer und einem Verbraucher (Verbraucherverträge) finden die Vorschriften dieses Abschnitts mit folgenden Maßgaben Anwendung:

1. Allgemeine Geschäftsbedingungen gelten als vom Unternehmer gestellt, es sei denn, dass sie durch den Verbraucher in den Vertrag eingeführt wurden;
2. § 305c Abs. 2 und die §§ 306 und 307 bis 309 dieses Gesetzes sowie Artikel 46b des Einführungsgesetzes zum Bürgerlichen Gesetzbuche finden auf vorformulierte Vertragsbedingungen auch dann Anwendung, wenn diese nur zur einmaligen Verwendung bestimmt sind und soweit der Verbraucher auf Grund der Vorformulierung auf ihren Inhalt keinen Einfluss nehmen konnte;
3. bei der Beurteilung der unangemessenen Benachteiligung nach § 307 Abs. 1 und 2 sind auch die den Vertragsschluss begleitenden Umstände zu berücksichtigen.

(4) Dieser Abschnitt findet keine Anwendung bei Verträgen auf dem Gebiet des Erb-, Familien- und Gesellschaftsrechts sowie auf Tarifverträge, Betriebs- und Dienstvereinbarungen. Bei der Anwendung auf Arbeitsverträge sind die im Arbeitsrecht geltenden Besonderheiten angemessen zu berücksichtigen; § 305 Abs. 2 und 3 ist nicht anzuwenden. Tarifverträge, Betriebs- und Dienstvereinbarungen stehen Rechtsvorschriften im Sinne von § 307 Abs. 3 gleich.

Abschnitt 3 – Schuldverhältnisse aus Verträgen

Titel 1 – Begründung, Inhalt und Beendigung

Untertitel 1 – Begründung

§ 311 Rechtsgeschäftliche und rechtsgeschäftsähnliche Schuldverhältnisse
(1) Zur Begründung eines Schuldverhältnisses durch Rechtsgeschäft sowie zur Änderung des Inhalts eines Schuldverhältnisses ist ein Vertrag zwischen den Beteiligten erforderlich, soweit nicht das Gesetz ein anderes vorschreibt.

(2) Ein Schuldverhältnis mit Pflichten nach § 241 Abs. 2 entsteht auch durch

1. die Aufnahme von Vertragsverhandlungen,
2. die Anbahnung eines Vertrags, bei welcher der eine Teil im Hinblick auf eine etwaige rechtsgeschäftliche Beziehung dem anderen Teil die Möglichkeit zur Einwirkung auf seine Rechte, Rechtsgüter und Interessen gewährt oder ihm diese anvertraut, oder
3. ähnliche geschäftliche Kontakte.

(3) Ein Schuldverhältnis mit Pflichten nach § 241 Abs. 2 kann auch zu Personen entstehen, die nicht selbst Vertragspartei werden sollen. Ein solches Schuldverhältnis entsteht insbesondere, wenn der Dritte in besonderem Maße Vertrauen für sich in Anspruch nimmt und dadurch die Vertragsverhandlungen oder den Vertragsschluss erheblich beeinflusst.

§ 311a Leistungshindernis bei Vertragsschluss (1) Der Wirksamkeit eines Vertrags steht es nicht entgegen, dass der Schuldner nach § 275 Abs. 1 bis 3 nicht zu leisten braucht und das Leistungshindernis schon bei Vertragsschluss vorliegt.

(2) Der Gläubiger kann nach seiner Wahl Schadensersatz statt der Leistung oder Ersatz seiner Aufwendungen in dem in § 284 bestimmten Umfang verlangen. Dies gilt nicht, wenn der Schuldner das Leistungshindernis bei Vertragsschluss nicht kannte und seine Unkenntnis auch nicht zu vertreten hat. § 281 Abs. 1 Satz 2 und 3 und Abs. 5 findet entsprechende Anwendung.

…

Untertitel 2 – Grundsätze bei Verbraucherverträgen und besondere Betriebsformen

Kapitel 1 – Anwendungsbereich und Grundsätze bei Verbraucherverträgen

§ 312 Anwendungsbereich (1) Die Vorschriften der Kapitel 1 und 2 dieses Untertitels sind auf Verbraucherverträge anzuwenden, bei denen sich der Verbraucher zu der Zahlung eines Preises verpflichtet.

…

Kapitel 2 – Außerhalb von Geschäftsräumen geschlossene Verträge und Fernabsatzverträge

§ 312b Außerhalb von Geschäftsräumen geschlossene Verträge (1) Außerhalb von Geschäftsräumen geschlossene Verträge sind Verträge,

1. die bei gleichzeitiger körperlicher Anwesenheit des Verbrauchers und des Unternehmers an einem Ort geschlossen werden, der kein Geschäftsraum des Unternehmers ist,
2. für die der Verbraucher unter den in Nummer 1 genannten Umständen ein Angebot abgegeben hat,
3. die in den Geschäftsräumen des Unternehmers oder durch Fernkommunikationsmittel geschlossen werden, bei denen der Verbraucher jedoch unmittelbar zuvor außerhalb der Geschäftsräume des Unternehmers bei gleichzeitiger körperlicher Anwesenheit des Verbrauchers und des Unternehmers persönlich und individuell angesprochen wurde, oder
4. die auf einem Ausflug geschlossen werden, der von dem Unternehmer oder mit seiner Hilfe organisiert wurde, um beim Verbraucher für den Verkauf von Waren oder die Erbringung von Dienstleistungen zu werben und mit ihm entsprechende Verträge abzuschließen.

Dem Unternehmer stehen Personen gleich, die in seinem Namen oder Auftrag handeln.

…

§ 312g Widerrufsrecht (1) Dem Verbraucher steht bei außerhalb von Geschäftsräumen geschlossenen Verträgen und bei Fernabsatzverträgen ein Widerrufsrecht gemäß § 355 zu.

…

Untertitel 3 – Anpassung und Beendigung von Verträgen

§ 313 Störung der Geschäftsgrundlage (1) Haben sich Umstände, die zur Grundlage des Vertrags geworden sind, nach Vertragsschluss schwerwiegend verändert und hätten die Parteien den Vertrag nicht oder mit anderem Inhalt geschlossen, wenn sie diese Veränderung vorausgesehen hätten, so kann Anpassung des Vertrags verlangt werden, soweit einem Teil unter Berücksichtigung aller Umstände des Einzelfalls, insbesondere der vertraglichen oder gesetzlichen Risikoverteilung, das Festhalten am unveränderten Vertrag nicht zugemutet werden kann.
(2) Einer Veränderung der Umstände steht es gleich, wenn wesentliche Vorstellungen, die zur Grundlage des Vertrags geworden sind, sich als falsch herausstellen.
(3) Ist eine Anpassung des Vertrags nicht möglich oder einem Teil nicht zumutbar, so kann der benachteiligte Teil vom Vertrag zurücktreten. An die Stelle des Rücktrittsrechts tritt für Dauerschuldverhältnisse das Recht zur Kündigung.

§ 314 Kündigung von Dauerschuldverhältnissen aus wichtigem Grund (1) Dauerschuldverhältnisse kann jeder Vertragsteil aus wichtigem Grund ohne Einhaltung einer Kündigungsfrist kündigen. Ein wichtiger Grund liegt vor, wenn dem kündigenden Teil unter Berücksichtigung aller Umstände des Einzelfalls und unter Abwägung der beiderseitigen Interessen die Fortsetzung des Vertragsverhältnisses bis zur vereinbarten Beendigung oder bis zum Ablauf einer Kündigungsfrist nicht zugemutet werden kann.
(2) Besteht der wichtige Grund in der Verletzung einer Pflicht aus dem Vertrag, ist die Kündigung erst nach erfolglosem Ablauf einer zur Abhilfe bestimmten Frist oder nach erfolgloser Abmahnung zulässig. Für die Entbehrlichkeit der Bestimmung einer Frist zur Abhilfe und für die Entbehrlichkeit einer Abmahnung findet § 323 Absatz 2 Nummer 1 und 2 entsprechende Anwendung. Die Bestimmung einer Frist zur Abhilfe und eine Abmahnung sind auch entbehrlich, wenn besondere Umstände vorliegen, die unter Abwägung der beiderseitigen Interessen die sofortige Kündigung rechtfertigen.
(3) Der Berechtigte kann nur innerhalb einer angemessenen Frist kündigen, nachdem er vom Kündigungsgrund Kenntnis erlangt hat.
(4) Die Berechtigung, Schadensersatz zu verlangen, wird durch die Kündigung nicht ausgeschlossen.

Untertitel 4 – Einseitige Leistungsbestimmungsrechte

§ 315 Bestimmung der Leistung durch eine Partei (1) Soll die Leistung durch einen der Vertragschließenden bestimmt werden, so ist im Zweifel anzunehmen, daß die Bestimmung nach billigem Ermessen zu treffen ist.
(2) Die Bestimmung erfolgt durch Erklärung gegenüber dem anderen Teil.
(3) Soll die Bestimmung nach billigem Ermessen erfolgen, so ist die getroffene Bestimmung für den anderen Teil nur verbindlich, wenn sie der Billigkeit entspricht. Entspricht sie nicht der Billigkeit, so wird die Bestimmung durch Urteil getroffen; das Gleiche gilt, wenn die Bestimmung verzögert wird.
…

Titel 2 – Gegenseitiger Vertrag

§ 320 Einrede des nicht erfüllten Vertrags (1) Wer aus einem gegenseitigen Vertrag verpflichtet ist, kann die ihm obliegende Leistung bis zur Bewirkung der Gegenleistung verweigern, es sei denn, dass er vorzuleisten verpflichtet ist. Hat die Leistung an mehrere zu erfolgen, so kann dem einzelnen der ihm gebührende Teil bis zur Bewirkung der ganzen Gegenleistung verweigert werden. Die Vorschrift des § 273 Abs. 3 findet keine Anwendung.

(2) Ist von der einen Seite teilweise geleistet worden, so kann die Gegenleistung insoweit nicht verweigert werden, als die Verweigerung nach den Umständen, insbesondere wegen verhältnismäßiger Geringfügigkeit des rückständigen Teiles, gegen Treu und Glauben verstoßen würde.

…

§ 323 Rücktritt wegen nicht oder nicht vertragsgemäß erbrachter Leistung
(1) Erbringt bei einem gegenseitigen Vertrag der Schuldner eine fällige Leistung nicht oder nicht vertragsgemäß, so kann der Gläubiger, wenn er dem Schuldner erfolglos eine angemessene Frist zur Leistung oder Nacherfüllung bestimmt hat, vom Vertrag zurücktreten.

(2) Die Fristsetzung ist entbehrlich, wenn

1. der Schuldner die Leistung ernsthaft und endgültig verweigert,
2. der Schuldner die Leistung zu einem im Vertrag bestimmten Termin oder innerhalb einer bestimmten Frist nicht bewirkt und der Gläubiger im Vertrag den Fortbestand seines Leistungsinteresses an die Rechtzeitigkeit der Leistung gebunden hat oder
3. besondere Umstände vorliegen, die unter Abwägung der beiderseitigen Interessen den sofortigen Rücktritt rechtfertigen.

(3) Kommt nach der Art der Pflichtverletzung eine Fristsetzung nicht in Betracht, so tritt an deren Stelle eine Abmahnung.

(4) Der Gläubiger kann bereits vor dem Eintritt der Fälligkeit der Leistung zurücktreten, wenn offensichtlich ist, dass die Voraussetzungen des Rücktritts eintreten werden.

(5) Hat der Schuldner eine Teilleistung bewirkt, so kann der Gläubiger vom ganzen Vertrag nur zurücktreten, wenn er an der Teilleistung kein Interesse hat. Hat der Schuldner die Leistung nicht vertragsgemäß bewirkt, so kann der Gläubiger vom Vertrag nicht zurücktreten, wenn die Pflichtverletzung unerheblich ist.

(6) Der Rücktritt ist ausgeschlossen, wenn der Gläubiger für den Umstand, der ihn zum Rücktritt berechtigen würde, allein oder weit überwiegend verantwortlich ist oder wenn der vom Schuldner nicht zu vertretende Umstand zu einer Zeit eintritt, zu welcher der Gläubiger im Verzug der Annahme ist.

§ 324 Rücktritt wegen Verletzung einer Pflicht nach § 241 Abs. 2 Verletzt der Schuldner bei einem gegenseitigen Vertrag eine Pflicht nach § 241 Abs. 2, so kann der Gläubiger zurücktreten, wenn ihm ein Festhalten am Vertrag nicht mehr zuzumuten ist.

§ 325 Schadensersatz und Rücktritt Das Recht, bei einem gegenseitigen Vertrag Schadensersatz zu verlangen, wird durch den Rücktritt nicht ausgeschlossen.

§ 326 Befreiung von der Gegenleistung und Rücktritt beim Ausschluss der Leistungspflicht (1) Braucht der Schuldner nach § 275 Abs. 1 bis 3 nicht zu leisten, entfällt der Anspruch auf die Gegenleistung; bei einer Teilleistung findet § 441 Abs. 3 entsprechende Anwendung. Satz 1 gilt nicht, wenn der Schuldner im Falle der nicht vertragsgemäßen Leistung die Nacherfüllung nach § 275 Abs. 1 bis 3 nicht zu erbringen braucht.
(2) Ist der Gläubiger für den Umstand, auf Grund dessen der Schuldner nach § 275 Abs. 1 bis 3 nicht zu leisten braucht, allein oder weit überwiegend verantwortlich oder tritt dieser vom Schuldner nicht zu vertretende Umstand zu einer Zeit ein, zu welcher der Gläubiger im Verzug der Annahme ist, so behält der Schuldner den Anspruch auf die Gegenleistung. Er muss sich jedoch dasjenige anrechnen lassen, was er infolge der Befreiung von der Leistung erspart oder durch anderweitige Verwendung seiner Arbeitskraft erwirbt oder zu erwerben böswillig unterlässt.
(3) Verlangt der Gläubiger nach § 285 Herausgabe des für den geschuldeten Gegenstand erlangten Ersatzes oder Abtretung des Ersatzanspruchs, so bleibt er zur Gegenleistung verpflichtet. Diese mindert sich jedoch nach Maßgabe des § 441 Abs. 3 insoweit, als der Wert des Ersatzes oder des Ersatzanspruchs hinter dem Wert der geschuldeten Leistung zurückbleibt.
(4) Soweit die nach dieser Vorschrift nicht geschuldete Gegenleistung bewirkt ist, kann das Geleistete nach den §§ 346 bis 348 zurückgefordert werden.
(5) Braucht der Schuldner nach § 275 Abs. 1 bis 3 nicht zu leisten, kann der Gläubiger zurücktreten; auf den Rücktritt findet § 323 mit der Maßgabe entsprechende Anwendung, dass die Fristsetzung entbehrlich ist.
…

Titel 3 – Versprechen der Leistung an einen Dritten

§ 328 Vertrag zugunsten Dritter (1) Durch Vertrag kann eine Leistung an einen Dritten mit der Wirkung bedungen werden, dass der Dritte unmittelbar das Recht erwirbt, die Leistung zu fordern.
(2) In Ermangelung einer besonderen Bestimmung ist aus den Umständen, insbesondere aus dem Zweck des Vertrags, zu entnehmen, ob der Dritte das Recht erwerben, ob das Recht des Dritten sofort oder nur unter gewissen Voraussetzungen entstehen und ob den Vertragschließenden die Befugnis vorbehalten sein soll, das Recht des Dritten ohne dessen Zustimmung aufzuheben oder zu ändern.
…

Titel 4 – Draufgabe, Vertragsstrafe

§ 339 Verwirkung der Vertragsstrafe Verspricht der Schuldner dem Gläubiger für den Fall, dass er seine Verbindlichkeit nicht oder nicht in gehöriger Weise erfüllt, die Zahlung einer Geldsumme als Strafe, so ist die Strafe verwirkt, wenn er in Verzug kommt. Besteht die geschuldete Leistung in einem Unterlassen, so tritt die Verwirkung mit der Zuwiderhandlung ein.

…

§ 343 Herabsetzung der Strafe (1) Ist eine verwirkte Strafe unverhältnismäßig hoch, so kann sie auf Antrag des Schuldners durch Urteil auf den angemessenen Betrag herabgesetzt werden. Bei der Beurteilung der Angemessenheit ist jedes berechtigte Interesse des Gläubigers, nicht bloß das Vermögensinteresse, in Betracht zu ziehen. Nach der Entrichtung der Strafe ist die Herabsetzung ausgeschlossen.
(2) Das Gleiche gilt auch außer in den Fällen der §§ 339, 342, wenn jemand eine Strafe für den Fall verspricht, dass er eine Handlung vornimmt oder unterlässt.

…

Titel 5 – Rücktritt; Widerrufsrecht bei Verbraucherverträgen

§ 346 Wirkungen des Rücktritts (1) Hat sich eine Vertragspartei vertraglich den Rücktritt vorbehalten oder steht ihr ein gesetzliches Rücktrittsrecht zu, so sind im Falle des Rücktritts die empfangenen Leistungen zurückzugewähren und die gezogenen Nutzungen herauszugeben.

…

§ 355 Widerrufsrecht bei Verbraucherverträgen (1) Wird einem Verbraucher durch Gesetz ein Widerrufsrecht nach dieser Vorschrift eingeräumt, so sind der Verbraucher und der Unternehmer an ihre auf den Abschluss der Vertrags gerichteten Willenserklärungen nicht mehr gebunden, wenn der Verbraucher seine Willenserklärung fristgerecht widerrufen hat. Der Widerruf erfolgt durch Erklärung gegenüber dem Unternehmer. Aus der Erklärung muss der Entschluss des Verbrauchers zum Widerruf des Vertrags eindeutig hervorgehen. Der Widerruf muss keine Begründung enthalten. Zur Fristwahrung genügt die rechtzeitige Absendung des Widerrufs.
(2) Die Widerrufsfrist beträgt 14 Tage. Sie beginnt mit Vertragsschluss, soweit nichts anderes bestimmt ist.
(3) Im Falle des Widerrufs sind die empfangenen Leistungen unverzüglich zurückzugewähren. Bestimmt das Gesetz eine Höchstfrist für die Rückgewähr, so beginnt diese für den Unternehmer mit dem Zugang und für den Verbraucher mit der Abgabe der Widerrufserklärung. Ein Verbraucher wahrt diese Frist durch die rechteitige Absendung der Waren. Der Unternehmer trägt bei Widerruf die Gefahr der Rücksendung der Waren.

…

Titel 3 – Aufrechnung

§ 387 Voraussetzungen Schulden zwei Personen einander Leistungen, die ihrem Gegenstand nach gleichartig sind, so kann jeder Teil seine Forderung gegen die

Forderung des anderen Teils aufrechnen, sobald er die ihm gebührende Leistung fordern und die ihm obliegende Leistung bewirken kann.

…

§ 394 Keine Aufrechnung gegen unpfändbare Forderung[1] Soweit eine Forderung der Pfändung nicht unterworfen ist, findet die Aufrechnung gegen die Forderung nicht statt. Gegen die aus Kranken-, Hilfs- oder Sterbekassen, insbesondere aus Knappschaftskassen und Kassen der Knappschaftsvereine, zu beziehenden Hebungen können jedoch geschuldete Beiträge aufgerechnet werden.

…

§ 398 Abtretung Eine Forderung kann von dem Gläubiger durch Vertrag mit einem anderen auf diesen übertragen werden (Abtretung). Mit dem Abschluss des Vertrags tritt der neue Gläubiger an die Stelle des bisherigen Gläubigers.

§ 399 Ausschluss der Abtretung bei Inhaltsänderung oder Vereinbarung Eine Forderung kann nicht abgetreten werden, wenn die Leistung an einen anderen als den ursprünglichen Gläubiger nicht ohne Veränderung ihres Inhalts erfolgen kann oder wenn die Abtretung durch Vereinbarung mit dem Schuldner ausgeschlossen ist.

§ 400 Ausschluss bei unpfändbaren Forderungen Eine Forderung kann nicht abgetreten werden, soweit sie der Pfändung nicht unterworfen ist.

…

Abschnitt 8 – Einzelne Schuldverhältnisse

Titel 1 – Kauf, Tausch

§ 433 Vertragstypische Pflichten beim Kaufvertrag (1) Durch den Kaufvertrag wird der Verkäufer einer Sache verpflichtet, dem Käufer die Sache zu übergeben und das Eigentum an der Sache zu verschaffen. Der Verkäufer hat dem Käufer die Sache frei von Sach- und Rechtsmängeln zu verschaffen.

(2) Der Käufer ist verpflichtet, dem Verkäufer den vereinbarten Kaufpreis zu zahlen und die gekaufte Sache abzunehmen.

…

Titel 3 – Darlehensvertrag

§ 488 Vertragstypische Pflichten beim Darlehensvertrag (1) Durch den Darlehensvertrag wird der Darlehensgeber verpflichtet, dem Darlehensnehmer einen Geldbetrag in der vereinbarten Höhe zur Verfügung zu stellen. Der Darlehensnehmer ist verpflichtet, einen geschuldeten Zins zu zahlen und bei Fälligkeit das zur Verfügung gestellte Darlehen zurückzuzahlen.

---

1 S. auch § 5 Absatz 2 GSA Fleisch (Nr. 4 a).

(2) Die vereinbarten Zinsen sind, soweit nicht ein anderes bestimmt ist, nach dem Ablauf je eines Jahres und, wenn das Darlehen vor dem Ablauf eines Jahres zurückzuzahlen ist, bei der Rückzahlung zu entrichten.
(3) Ist für die Rückzahlung des Darlehens eine Zeit nicht bestimmt, so hängt die Fälligkeit davon ab, dass der Darlehensgeber oder der Darlehensnehmer kündigt. Die Kündigungsfrist beträgt drei Monate. Sind Zinsen nicht geschuldet, so ist der Darlehensnehmer auch ohne Kündigung zur Rückzahlung berechtigt.
...

Titel 5 – Mietvertrag, Pachtvertrag

§ 535 Inhalt und Hauptpflichten des Mietvertrags (1) Durch den Mietvertrag wird der Vermieter verpflichtet, dem Mieter den Gebrauch der Mietsache während der Mietzeit zu gewähren. Der Vermieter hat die Mietsache dem Mieter in einem zum vertragsgemäßen Gebrauch geeigneten Zustand zu überlassen und sie während der Mietzeit in diesem Zustand zu erhalten. Er hat die auf der Mietsache ruhenden Lasten zu tragen.
(2) Der Mieter ist verpflichtet, dem Vermieter die vereinbarte Miete zu entrichten.
...

§ 576 Fristen der ordentlichen Kündigung bei Werkmietwohnungen (1) Ist Wohnraum mit Rücksicht auf das Bestehen eines Dienstverhältnisses vermietet, so kann der Vermieter nach Beendigung des Dienstverhältnisses abweichend von § 573c Abs. 1 Satz 2 mit folgenden Fristen kündigen:
1. bei Wohnraum, der dem Mieter weniger als zehn Jahre überlassen war, spätestens am dritten Werktag eines Kalendermonats zum Ablauf des übernächsten Monats, wenn der Wohnraum für einen anderen zur Dienstleistung Verpflichteten benötigt wird;
2. spätestens am dritten Werktag eines Kalendermonats zum Ablauf dieses Monats, wenn das Dienstverhältnis seiner Art nach die Überlassung von Wohnraum erfordert hat, der in unmittelbarer Beziehung oder Nähe zur Arbeitsstätte steht, und der Wohnraum aus dem gleichen Grund für einen anderen zur Dienstleistung Verpflichteten benötigt wird.

(2) Eine zum Nachteil des Mieters abweichende Vereinbarung ist unwirksam.

§ 576a Besonderheiten des Widerspruchsrechts bei Werkmietwohnungen
(1) Bei der Anwendung der §§ 574 bis 574c auf Werkmietwohnungen sind auch die Belange des Dienstberechtigten zu berücksichtigen.
(2) Die §§ 574 bis 574c gelten nicht, wenn
1. der Vermieter nach § 576 Abs. 1 Nr. 2 gekündigt hat;
2. der Mieter das Dienstverhältnis gelöst hat, ohne dass ihm von dem Dienstberechtigten gesetzlich begründeter Anlass dazu gegeben war, oder der Mieter durch sein Verhalten dem Dienstberechtigten gesetzlich begründeten Anlass zur Auflösung des Dienstverhältnisses gegeben hat.

(3) Eine zum Nachteil des Mieters abweichende Vereinbarung ist unwirksam.

§ 576b Entsprechende Geltung des Mietrechts bei Werkdienstwohnungen (1) Ist Wohnraum im Rahmen eines Dienstverhältnisses überlassen, so gelten für die Beendigung des Rechtsverhältnisses hinsichtlich des Wohnraums die Vorschriften über Mietverhältnisse entsprechend, wenn der zur Dienstleistung Verpflichtete den Wohnraum überwiegend mit Einrichtungsgegenständen ausgestattet hat oder in dem Wohnraum mit seiner Familie oder Personen lebt, mit denen er einen auf Dauer angelegten gemeinsamen Haushalt führt.
(2) Eine zum Nachteil des Mieters abweichende Vereinbarung ist unwirksam.
…

§ 581 Vertragstypische Pflichten beim Pachtvertrag (1) Durch den Pachtvertrag wird der Verpächter verpflichtet, dem Pächter den Gebrauch des verpachteten Gegenstands und den Genuss der Früchte, soweit sie nach den Regeln einer ordnungmäßigen Wirtschaft als Ertrag anzusehen sind, während der Pachtzeit zu gewähren. Der Pächter ist verpflichtet, dem Verpächter die vereinbarte Pacht zu entrichten.
(2) Auf den Pachtvertrag mit Ausnahme des Landpachtvertrags sind, soweit sich nicht aus den §§ 582 bis 584b etwas anderes ergibt, die Vorschriften über den Mietvertrag entsprechend anzuwenden.
…

§ 598 Vertragstypische Pflichten bei der Leihe Durch den Leihvertrag wird der Verleiher einer Sache verpflichtet, dem Entleiher den Gebrauch der Sache unentgeltlich zu gestatten.
…

Titel 8 – Dienstvertrag und ähnliche Verträge

Untertitel 1 – Dienstvertrag

§ 611 Vertragstypische Pflichten beim Dienstvertrag (1) Durch den Dienstvertrag wird derjenige, welcher Dienste zusagt, zur Leistung der versprochenen Dienste, der andere Teil zur Gewährung der vereinbarten Vergütung verpflichtet.
(2) Gegenstand des Dienstvertrags können Dienste jeder Art sein.

§ 611a Arbeitsvertrag (1) Durch den Arbeitsvertrag wird der Arbeitnehmer im Dienste eines anderen zur Leistung weisungsgebundener, fremdbestimmter Arbeit in persönlicher Abhängigkeit verpflichtet. Das Weisungsrecht kann Inhalt, Durchführung, Zeit und Ort der Tätigkeit betreffen. Weisungsgebunden ist, wer nicht im Wesentlichen frei seine Tätigkeit gestalten und seine Arbeitszeit bestimmen kann. Der Grad der persönlichen Abhängigkeit hängt dabei auch von der Eigenart der jeweiligen Tätigkeit ab. Für die Feststellung, ob ein Arbeitsvertrag vorliegt, ist eine Gesamtbetrachtung aller Umstände vorzunehmen. Zeigt die tatsächliche Durchführung des Vertragsverhältnisses, dass es sich um ein Arbeitsverhältnis handelt, kommt es auf die Bezeichnung im Vertrag nicht an.
(2) Der Arbeitgeber ist zur Zahlung der vereinbarten Vergütung verpflichtet.

§ 611b *(weggefallen)*

§ 612 Vergütung (1) Eine Vergütung gilt als stillschweigend vereinbart, wenn die Dienstleistung den Umständen nach nur gegen eine Vergütung zu erwarten ist.
(2) Ist die Höhe der Vergütung nicht bestimmt, so ist bei dem Bestehen einer Taxe die taxmäßige Vergütung, in Ermangelung einer Taxe die übliche Vergütung als vereinbart anzusehen.
(3) *(weggefallen)*

§ 612a Maßregelungsverbot Der Arbeitgeber darf einen Arbeitnehmer bei einer Vereinbarung oder einer Maßnahme nicht benachteiligen, weil der Arbeitnehmer in zulässiger Weise seine Rechte ausübt.

§ 613 Unübertragbarkeit Der zur Dienstleistung Verpflichtete hat die Dienste im Zweifel in Person zu leisten. Der Anspruch auf die Dienste ist im Zweifel nicht übertragbar.

§ 613a Rechte und Pflichten bei Betriebsübergang (1) Geht ein Betrieb oder Betriebsteil durch Rechtsgeschäft auf einen anderen Inhaber über, so tritt dieser in die Rechte und Pflichten aus den im Zeitpunkt des Übergangs bestehenden Arbeitsverhältnissen ein. Sind diese Rechte und Pflichten durch Rechtsnormen eines Tarifvertrags oder durch eine Betriebsvereinbarung geregelt, so werden sie Inhalt des Arbeitsverhältnisses zwischen dem neuen Inhaber und dem Arbeitnehmer und dürfen nicht vor Ablauf eines Jahres nach dem Zeitpunkt des Übergangs zum Nachteil des Arbeitnehmers geändert werden. Satz 2 gilt nicht, wenn die Rechte und Pflichten bei dem neuen Inhaber durch Rechtsnormen eines anderen Tarifvertrags oder durch eine andere Betriebsvereinbarung geregelt werden. Vor Ablauf der Frist nach Satz 2 können die Rechte und Pflichten geändert werden, wenn der Tarifvertrag oder die Betriebsvereinbarung nicht mehr gilt oder bei fehlender beiderseitiger Tarifgebundenheit im Geltungsbereich eines anderen Tarifvertrags dessen Anwendung zwischen dem neuen Inhaber und dem Arbeitnehmer vereinbart wird.
(2) Der bisherige Arbeitgeber haftet neben dem neuen Inhaber für Verpflichtungen nach Absatz 1, soweit sie vor dem Zeitpunkt des Übergangs entstanden sind und vor Ablauf von einem Jahr nach diesem Zeitpunkt fällig werden, als Gesamtschuldner. Werden solche Verpflichtungen nach dem Zeitpunkt des Übergangs fällig, so haftet der bisherige Arbeitgeber für sie jedoch nur in dem Umfang, der dem im Zeitpunkt des Übergangs abgelaufenen Teil ihres Bemessungszeitraums entspricht.
(3) Absatz 2 gilt nicht, wenn eine juristische Person oder eine Personenhandelsgesellschaft durch Umwandlung erlischt.
(4) Die Kündigung des Arbeitsverhältnisses eines Arbeitnehmers durch den bisherigen Arbeitgeber oder durch den neuen Inhaber wegen des Übergangs eines Betriebs oder eines Betriebsteils ist unwirksam. Das Recht zur Kündigung des Arbeitsverhältnisses aus anderen Gründen bleibt unberührt.

(5) Der bisherige Arbeitgeber oder der neue Inhaber hat die von einem Übergang betroffenen Arbeitnehmer vor dem Übergang in Textform zu unterrichten über:

1. den Zeitpunkt oder den geplanten Zeitpunkt des Übergangs,
2. den Grund für den Übergang,
3. die rechtlichen, wirtschaftlichen und sozialen Folgen des Übergangs für die Arbeitnehmer und
4. die hinsichtlich der Arbeitnehmer in Aussicht genommenen Maßnahmen.

(6) Der Arbeitnehmer kann dem Übergang des Arbeitsverhältnisses innerhalb eines Monats nach Zugang der Unterrichtung nach Absatz 5 schriftlich widersprechen. Der Widerspruch kann gegenüber dem bisherigen Arbeitgeber oder dem neuen Inhaber erklärt werden.

§ 614 Fälligkeit der Vergütung Die Vergütung ist nach der Leistung der Dienste zu entrichten. Ist die Vergütung nach Zeitabschnitten bemessen, so ist sie nach dem Ablauf der einzelnen Zeitabschnitte zu entrichten.

§ 615 Vergütung bei Annahmeverzug und bei Betriebsrisiko Kommt der Dienstberechtigte mit der Annahme der Dienste in Verzug, so kann der Verpflichtete für die infolge des Verzugs nicht geleisteten Dienste die vereinbarte Vergütung verlangen, ohne zur Nachleistung verpflichtet zu sein. Er muss sich jedoch den Wert desjenigen anrechnen lassen, was er infolge des Unterbleibens der Dienstleistung erspart oder durch anderweitige Verwendung seiner Dienste erwirbt oder zu erwerben böswillig unterlässt. Die Sätze 1 und 2 gelten entsprechend in den Fällen, in denen der Arbeitgeber das Risiko des Arbeitsausfalls trägt.

§ 616 Vorübergehende Verhinderung Der zur Dienstleistung Verpflichtete wird des Anspruchs auf die Vergütung nicht dadurch verlustig, dass er für eine verhältnismäßig nicht erhebliche Zeit durch einen in seiner Person liegenden Grund ohne sein Verschulden an der Dienstleistung verhindert wird. Er muss sich jedoch den Betrag anrechnen lassen, welcher ihm für die Zeit der Verhinderung aus einer auf Grund gesetzlicher Verpflichtung bestehenden Kranken- oder Unfallversicherung zukommt.

§ 617 Pflicht zur Krankenfürsorge (1) Ist bei einem dauernden Dienstverhältnisse, welches die Erwerbstätigkeit des Verpflichteten vollständig oder hauptsächlich in Anspruch nimmt, der Verpflichtete in die häusliche Gemeinschaft aufgenommen, so hat der Dienstberechtigte ihm im Falle der Erkrankung die erforderliche Verpflegung und ärztliche Behandlung bis zur Dauer von sechs Wochen, jedoch nicht über die Beendigung des Dienstverhältnisses hinaus, zu gewähren, sofern nicht die Erkrankung von dem Verpflichteten vorsätzlich oder durch grobe Fahrlässigkeit herbeigeführt worden ist. Die Verpflegung und ärztliche Behandlung kann durch Aufnahme des Verpflichteten in eine Krankenanstalt gewährt werden. Die Kosten können auf die für die Zeit der Erkrankung geschuldete Vergütung angerechnet werden. Wird das Dienstverhältnis wegen der Erkrankung von dem Dienstberechtigten nach § 626 gekündigt, so bleibt die dadurch herbeigeführte Beendigung des Dienstverhältnisses außer Betracht.

(2) Die Verpflichtung des Dienstberechtigten tritt nicht ein, wenn für die Verpflegung und ärztliche Behandlung durch eine Versicherung oder durch eine Einrichtung der öffentlichen Krankenpflege Vorsorge getroffen ist.

§ 618 Pflicht zu Schutzmaßnahmen (1) Der Dienstberechtigte hat Räume, Vorrichtungen oder Gerätschaften, die er zur Verrichtung der Dienste zu beschaffen hat, so einzurichten und zu unterhalten und Dienstleistungen, die unter seiner Anordnung oder seiner Leitung vorzunehmen sind, so zu regeln, dass der Verpflichtete gegen Gefahr für Leben und Gesundheit soweit geschützt ist, als die Natur der Dienstleistung es gestattet.
(2) Ist der Verpflichtete in die häusliche Gemeinschaft aufgenommen, so hat der Dienstberechtigte in Ansehung des Wohn- und Schlafraums, der Verpflegung sowie der Arbeits- und Erholungszeit diejenigen Einrichtungen und Anordnungen zu treffen, welche mit Rücksicht auf die Gesundheit, die Sittlichkeit und die Religion des Verpflichteten erforderlich sind.
(3) Erfüllt der Dienstberechtigte die ihm in Ansehung des Lebens und der Gesundheit des Verpflichteten obliegenden Verpflichtungen nicht, so finden auf seine Verpflichtung zum Schadensersatze die für unerlaubte Handlungen geltenden Vorschriften der §§ 842 bis 846 entsprechende Anwendung.

§ 619 Unabdingbarkeit der Fürsorgepflichten Die dem Dienstberechtigten nach den §§ 617, 618 obliegenden Verpflichtungen können nicht im Voraus durch Vertrag aufgehoben oder beschränkt werden.

§ 619a Beweislast bei Haftung des Arbeitnehmers Abweichend von § 280 Abs. 1 hat der Arbeitnehmer dem Arbeitgeber Ersatz für den aus der Verletzung einer Pflicht aus dem Arbeitsverhältnis entstehenden Schaden nur zu leisten, wenn er die Pflichtverletzung zu vertreten hat.

§ 620 Beendigung des Dienstverhältnisses (1) Das Dienstverhältnis endigt mit dem Ablauf der Zeit, für die es eingegangen ist.
(2) Ist die Dauer des Dienstverhältnisses weder bestimmt noch aus der Beschaffenheit oder dem Zwecke der Dienste zu entnehmen, so kann jeder Teil das Dienstverhältnis nach Maßgabe der §§ 621 bis 623 kündigen.
(3) Für Arbeitsverträge, die auf bestimmte Zeit abgeschlossen werden, gilt das Teilzeit- und Befristungsgesetz.
…

§ 622 Kündigungsfristen bei Arbeitsverhältnissen (1) Das Arbeitsverhältnis eines Arbeiters oder eines Angestellten (Arbeitnehmers) kann mit einer Frist von vier Wochen zum Fünfzehnten oder zum Ende eines Kalendermonats gekündigt werden.
(2) Für eine Kündigung durch den Arbeitgeber beträgt die Kündigungsfrist, wenn das Arbeitsverhältnis in dem Betrieb oder Unternehmen

1. zwei Jahre bestanden hat, einen Monat zum Ende eines Kalendermonats,
2. fünf Jahre bestanden hat, zwei Monate zum Ende eines Kalendermonats,

3. acht Jahre bestanden hat, drei Monate zum Ende eines Kalendermonats,
4. zehn Jahre bestanden hat, vier Monate zum Ende eines Kalendermonats,
5. zwölf Jahre bestanden hat, fünf Monate zum Ende eines Kalendermonats,
6. 15 Jahre bestanden hat, sechs Monate zum Ende eines Kalendermonats,
7. 20 Jahre bestanden hat, sieben Monate zum Ende eines Kalendermonats.

(3) Während einer vereinbarten Probezeit, längstens für die Dauer von sechs Monaten, kann das Arbeitsverhältnis mit einer Frist von zwei Wochen gekündigt werden.

(4) Von den Absätzen 1 bis 3 abweichende Regelungen können durch Tarifvertrag vereinbart werden. Im Geltungsbereich eines solchen Tarifvertrags gelten die abweichenden tarifvertraglichen Bestimmungen zwischen nicht tarifgebundenen Arbeitgebern und Arbeitnehmern, wenn ihre Anwendung zwischen ihnen vereinbart ist.

(5) Einzelvertraglich kann eine kürzere als die in Absatz 1 genannte Kündigungsfrist nur vereinbart werden,

1. wenn ein Arbeitnehmer zur vorübergehenden Aushilfe eingestellt ist; dies gilt nicht, wenn das Arbeitsverhältnis über die Zeit von drei Monaten hinaus fortgesetzt wird;
2. wenn der Arbeitgeber in der Regel nicht mehr als 20 Arbeitnehmer ausschließlich der zu ihrer Berufsbildung Beschäftigten beschäftigt und die Kündigungsfrist vier Wochen nicht unterschreitet.

Bei der Feststellung der Zahl der beschäftigten Arbeitnehmer sind teilzeitbeschäftigte Arbeitnehmer mit einer regelmäßigen wöchentlichen Arbeitszeit von nicht mehr als 20 Stunden mit 0,5 und nicht mehr als 30 Stunden mit 0,75 zu berücksichtigen. Die einzelvertragliche Vereinbarung längerer als der in den Absätzen 1 bis 3 genannten Kündigungsfristen bleibt hiervon unberührt.

(6) Für die Kündigung des Arbeitsverhältnisses durch den Arbeitnehmer darf keine längere Frist vereinbart werden als für die Kündigung durch den Arbeitgeber.

§ 623 Schriftform der Kündigung Die Beendigung von Arbeitsverhältnissen durch Kündigung oder Auflösungsvertrag bedürfen zu ihrer Wirksamkeit der Schriftform; die elektronische Form ist ausgeschlossen.

§ 624 Kündigungsfrist bei Verträgen über mehr als fünf Jahre Ist das Dienstverhältnis für die Lebenszeit einer Person oder für längere Zeit als fünf Jahre eingegangen, so kann es von dem Verpflichteten nach dem Ablauf von fünf Jahren gekündigt werden. Die Kündigungsfrist beträgt sechs Monate.

§ 625 Stillschweigende Verlängerung Wird das Dienstverhältnis nach dem Ablauf der Dienstzeit von dem Verpflichteten mit Wissen des anderen Teiles fortgesetzt, so gilt es als auf unbestimmte Zeit verlängert, sofern nicht der andere Teil unverzüglich widerspricht.

§ 626 Fristlose Kündigung aus wichtigem Grund (1) Das Dienstverhältnis kann von jedem Vertragsteil aus wichtigem Grund ohne Einhaltung einer Kündigungsfrist gekündigt werden, wenn Tatsachen vorliegen, auf Grund derer dem Kündigen-

den unter Berücksichtigung aller Umstände des Einzelfalles und unter Abwägung der Interessen beider Vertragsteile die Fortsetzung des Dienstverhältnisses bis zum Ablauf der Kündigungsfrist oder bis zu der vereinbarten Beendigung des Dienstverhältnisses nicht zugemutet werden kann.
(2) Die Kündigung kann nur innerhalb von zwei Wochen erfolgen. Die Frist beginnt mit dem Zeitpunkt, in dem der Kündigungsberechtigte von den für die Kündigung maßgebenden Tatsachen Kenntnis erlangt. Der Kündigende muss dem anderen Teil auf Verlangen den Kündigungsgrund unverzüglich schriftlich mitteilen.

§ 627 Fristlose Kündigung bei Vertrauensstellung (1) Bei einem Dienstverhältnis, das kein Arbeitsverhältnis im Sinne des § 622 ist, ist die Kündigung auch ohne die im § 626 bezeichnete Voraussetzung zulässig, wenn der zur Dienstleistung Verpflichtete, ohne in einem dauernden Dienstverhältnis mit festen Bezügen zu stehen, Dienste höherer Art zu leisten hat, die auf Grund besonderen Vertrauens übertragen zu werden pflegen.
(2) Der Verpflichtete darf nur in der Art kündigen, dass sich der Dienstberechtigte die Dienste anderweit beschaffen kann, es sei denn, dass ein wichtiger Grund für die unzeitige Kündigung vorliegt. Kündigt er ohne solchen Grund zur Unzeit, so hat er dem Dienstberechtigten den daraus entstehenden Schaden zu ersetzen.

§ 628 Teilvergütung und Schadensersatz bei fristloser Kündigung (1) Wird nach dem Beginne der Dienstleistung das Dienstverhältnis auf Grund des § 626 oder des § 627 gekündigt, so kann der Verpflichtete einen seinen bisherigen Leistungen entsprechenden Teil der Vergütung verlangen. Kündigt er, ohne durch vertragswidriges Verhalten des anderen Teiles dazu veranlasst zu sein, oder veranlasst er durch sein vertragswidriges Verhalten die Kündigung des anderen Teiles, so steht ihm ein Anspruch auf die Vergütung insoweit nicht zu, als seine bisherigen Leistungen infolge der Kündigung für den anderen Teil kein Interesse haben. Ist die Vergütung für eine spätere Zeit im Voraus entrichtet, so hat der Verpflichtete sie nach Maßgabe des § 346 oder, wenn die Kündigung wegen eines Umstands erfolgt, den er nicht zu vertreten hat, nach den Vorschriften über die Herausgabe einer ungerechtfertigten Bereicherung zurückzuerstatten.
(2) Wird die Kündigung durch vertragswidriges Verhalten des anderen Teiles veranlasst, so ist dieser zum Ersatz des durch die Aufhebung des Dienstverhältnisses entstehenden Schadens verpflichtet.

§ 629 Freizeit zur Stellungssuche Nach der Kündigung eines dauernden Dienstverhältnisses hat der Dienstberechtigte dem Verpflichteten auf Verlangen angemessene Zeit zum Aufsuchen eines anderen Dienstverhältnisses zu gewähren.

§ 630 Pflicht zur Zeugniserteilung Bei der Beendigung eines dauernden Dienstverhältnisses kann der Verpflichtete von dem anderen Teil ein schriftliches Zeugnis über das Dienstverhältnis und dessen Dauer fordern. Das Zeugnis ist auf Verlangen auf die Leistungen und die Führung im Dienst zu erstrecken. Das Zeugnis kann mit Einwilligung des Verpflichteten in elektronischer Form erteilt werden.

Wenn der Verpflichtete ein Arbeitnehmer ist, findet § 109 der Gewerbeordnung Anwendung.

…

Titel 9 – Werkvertrag und ähnliche Verträge

§ 631 Vertragstypische Pflichten beim Werkvertrag (1) Durch den Werkvertrag wird der Unternehmer zur Herstellung des versprochenen Werkes, der Besteller zur Entrichtung der vereinbarten Vergütung verpflichtet.
(2) Gegenstand des Werkvertrags kann sowohl die Herstellung oder Veränderung einer Sache als auch ein anderer durch Arbeit oder Dienstleistung herbeizuführender Erfolg sein.

…

§ 644 Gefahrtragung (1) Der Unternehmer trägt die Gefahr bis zur Abnahme des Werkes. Kommt der Besteller in Verzug der Annahme, so geht die Gefahr auf ihn über. Für den zufälligen Untergang und eine zufällige Verschlechterung des von dem Besteller gelieferten Stoffes ist der Unternehmer nicht verantwortlich.
(2) Versendet der Unternehmer das Werk auf Verlangen des Bestellers nach einem anderen Ort als dem Erfüllungsorte, so finden die für den Kauf geltenden Vorschriften des § 447 entsprechende Anwendung.

§ 645 Verantwortlichkeit des Bestellers (1) Ist das Werk vor der Abnahme infolge eines Mangels des von dem Besteller gelieferten Stoffes oder infolge einer von dem Besteller für die Ausführung erteilten Anweisung untergegangen, verschlechtert oder unausführbar geworden, ohne dass ein Umstand mitgewirkt hat, den der Unternehmer zu vertreten hat, so kann der Unternehmer einen der geleisteten Arbeit entsprechenden Teil der Vergütung und Ersatz der in der Vergütung nicht inbegriffenen Auslagen verlangen. Das Gleiche gilt, wenn der Vertrag in Gemäßheit des § 643 aufgehoben wird.
(2) Eine weitergehende Haftung des Bestellers wegen Verschuldens bleibt unberührt.

…

Titel 12 – Auftrag, Geschäftsbesorgungsvertrag und Zahlungsdienste

§ 662 Vertragstypische Pflichten beim Auftrag Durch die Annahme eines Auftrags verpflichtet sich der Beauftragte, ein ihm von dem Auftraggeber übertragenes Geschäft für diesen unentgeltlich zu besorgen.

…

§ 666 Auskunfts- und Rechenschaftspflicht Der Beauftragte ist verpflichtet, dem Auftraggeber die erforderlichen Nachrichten zu geben, auf Verlangen über den Stand des Geschäfts Auskunft zu erteilen und nach der Ausführung des Auftrags Rechenschaft abzulegen.

§ 667 Herausgeberpflicht Der Beauftragte ist verpflichtet, dem Auftraggeber alles, was er zur Ausführung des Auftrags erhält und was er aus der Geschäftsbesorgung erlangt, herauszugeben.

…

§ 670 Ersatz von Aufwendungen Macht der Beauftragte zum Zwecke der Ausführung des Auftrags Aufwendungen, die er den Umständen nach für erforderlich halten darf, ist der Auftraggeber zum Ersatz verpflichtet.

…

Titel 13 – Geschäftsführung ohne Auftrag

§ 677 Pflichten des Geschäftsführers Wer ein Geschäft für einen anderen besorgt, ohne von ihm beauftragt oder ihm gegenüber sonst dazu berechtigt zu sein, hat das Geschäft so zu führen, wie das Interesse des Geschäftsherrn mit Rücksicht auf dessen wirklichen oder mutmaßlichen Willen es erfordert.

…

Titel 16 – Gesellschaft

§ 705 Rechtsnatur der Gesellschaft (1) Die Gesellschaft wird durch den Abschluss des Gesellschaftsvertrages errichtet, in dem sich die Gesellschafter verpflichten, die Erreichung eines gemeinsamen Zwecks in der durch den Vertrag bestimmten Weise zu fördern.

(2) Die Gesellschaft kann entweder selbst Rechte erwerben und Verbindlichkeiten eingehen, wenn sie nach dem gemeinsamen Willen der Gesellschafter am Rechtsverkehr teilnehmen soll (rechtsfähige Gesellschaft), oder sie kann den Gesellschaftern zur Ausgestaltung ihres Rechtsverhältnisses untereinander dienen (nicht rechtsfähige Gesellschaft).

(3) Ist der Gegenstand der Gesellschaft der Betrieb eines Unternehmens unter gemeinschaftlichem Namen, so wird vermutet, dass die Gesellschaft nach dem gemeinsamen Willen der Gesellschafter am Rechtsverkehr teilnimmt.

…

Titel 20 – Bürgschaft

§ 765 Vertragstypische Pflichten bei der Bürgschaft (1) Durch den Bürgschaftsvertrag verpflichtet sich der Bürge gegenüber dem Gläubiger eines Dritten, für die Erfüllung der Verbindlichkeit des Dritten einzustehen.

(2) Die Bürgschaft kann auch für eine künftige oder eine bedingte Verbindlichkeit übernommen werden.

…

Titel 26 – Ungerechtfertigte Bereicherung

§ 812 Herausgabeanspruch (1) Wer durch die Leistung eines anderen oder in sonstiger Weise auf dessen Kosten etwas ohne rechtlichen Grund erlangt, ist ihm zur Herausgabe verpflichtet. Diese Verpflichtung besteht auch dann, wenn der rechtliche Grund später wegfällt oder der mit einer Leistung nach dem Inhalt des Rechtsgeschäfts bezweckte Erfolg nicht eintritt.
(2) Als Leistung gilt auch die durch Vertrag erfolgte Anerkennung des Bestehens oder des Nichtbestehens eines Schuldverhältnisses.
…

§ 814 Kenntnis der Nichtschuld Das zum Zwecke der Erfüllung einer Verbindlichkeit Geleistete kann nicht zurückgefordert werden, wenn der Leistende gewusst hat, dass er zur Leistung nicht verpflichtet war, oder wenn die Leistung einer sittlichen Pflicht oder einer auf den Anstand zu nehmenden Rücksicht entsprach.
…

§ 817 Verstoß gegen Gesetz oder gute Sitten War der Zweck einer Leistung in der Art bestimmt, dass der Empfänger durch die Annahme gegen ein gesetzliches Verbot oder gegen die guten Sitten verstoßen hat, so ist der Empfänger zur Herausgabe verpflichtet. Die Rückforderung ist ausgeschlossen, wenn dem Leistenden gleichfalls ein solcher Verstoß zur Last fällt, es sei denn, dass die Leistung in der Eingehung einer Verbindlichkeit bestand; das zur Erfüllung einer solchen Verbindlichkeit Geleistete kann nicht zurückgefordert werden.

§ 818 Umfang des Bereicherungsanspruchs (1) Die Verpflichtung zur Herausgabe erstreckt sich auf die gezogenen Nutzungen sowie auf dasjenige, was der Empfänger auf Grund eines erlangten Rechts oder als Ersatz für die Zerstörung, Beschädigung oder Entziehung des erlangten Gegenstands erwirbt.
(2) Ist die Herausgabe wegen der Beschaffenheit des Erlangten nicht möglich oder ist der Empfänger aus einem anderen Grunde zur Herausgabe außerstande, so hat er den Wert zu ersetzen.
(3) Die Verpflichtung zur Herausgabe oder zum Ersatz des Wertes ist ausgeschlossen, soweit der Empfänger nicht mehr bereichert ist.
(4) Von dem Eintritt der Rechtshängigkeit an haftet der Empfänger nach den allgemeinen Vorschriften.

§ 819 Verschärfte Haftung bei Kenntnis und bei Gesetzes- oder Sittenverstoß
(1) Kennt der Empfänger den Mangel des rechtlichen Grundes bei dem Empfang oder erfährt er ihn später, so ist er von dem Empfang oder der Erlangung der Kenntnis an zur Herausgabe verpflichtet, wie wenn der Anspruch auf Herausgabe zu dieser Zeit rechtshängig geworden wäre.
(2) Verstößt der Empfänger durch die Annahme der Leistung gegen ein gesetzliches Verbot oder gegen die guten Sitten, so ist er von dem Empfang der Leistung an in der gleichen Weise verpflichtet.
…

Titel 27 – Unerlaubte Handlungen

§ 823 Schadensersatzpflicht (1) Wer vorsätzlich oder fahrlässig das Leben, den Körper, die Gesundheit, die Freiheit, das Eigentum oder ein sonstiges Recht eines anderen widerrechtlich verletzt, ist dem anderen zum Ersatze des daraus entstehenden Schadens verpflichtet.
(2) Die gleiche Verpflichtung trifft denjenigen, welcher gegen ein den Schutz eines anderen bezweckendes Gesetz verstößt. Ist nach dem Inhalt des Gesetzes ein Verstoß gegen dieses auch ohne Verschulden möglich, so tritt die Ersatzpflicht nur im Falle des Verschuldens ein.
…

§ 826 Sittenwidrige vorsätzliche Schädigung Wer in einer gegen die guten Sitten verstoßenden Weise einem anderen vorsätzlich Schaden zufügt, ist dem anderen zum Ersatz des Schadens verpflichtet.
…

§ 830 Mittäter und Beteiligte (1) Haben mehrere durch eine gemeinschaftlich begangene unerlaubte Handlung einen Schaden verursacht, so ist jeder für den Schaden verantwortlich. Das Gleiche gilt, wenn sich nicht ermitteln lässt, wer von mehreren Beteiligten den Schaden durch seine Handlung verursacht hat.
(2) Anstifter und Gehilfen stehen Mittätern gleich.

§ 831 Haftung für den Verrichtungsgehilfen (1) Wer einen anderen zu einer Verrichtung bestellt, ist zum Ersatz des Schadens verpflichtet, den der andere in Ausführung der Verrichtung einem Dritten widerrechtlich zufügt. Die Ersatzpflicht tritt nicht ein, wenn der Geschäftsherr bei der Auswahl der bestellten Person und, sofern er Vorrichtungen oder Gerätschaften zu beschaffen oder die Ausführung der Verrichtung zu leiten hat, bei der Beschaffung oder der Leitung die im Verkehr erforderliche Sorgfalt beobachtet oder wenn der Schaden auch bei Anwendung dieser Sorgfalt entstanden sein würde.
(2) Die gleiche Verantwortlichkeit trifft denjenigen, welcher für den Geschäftsherrn die Besorgung eines der im Absatz 1 Satz 2 bezeichneten Geschäfte durch Vertrag übernimmt.
…

§ 840 Haftung mehrerer (1) Sind für den aus einer unerlaubten Handlung entstehenden Schaden mehrere nebeneinander verantwortlich, so haften sie als Gesamtschuldner.
(2) Ist neben demjenigen, welcher nach den §§ 831, 832 zum Ersatz des von einem anderen verursachten Schadens verpflichtet ist, auch der andere für den Schaden verantwortlich, so ist in ihrem Verhältnis zueinander der andere allein, im Falle des § 829 der Aufsichtspflichtige allein verpflichtet.

(3) Ist neben demjenigen, welcher nach den §§ 833 bis 838 zum Ersatz des Schadens verpflichtet ist, ein Dritter für den Schaden verantwortlich, so ist in ihrem Verhältnis zueinander der Dritte allein verpflichtet.

…

Buch 3 – Sachenrecht

Abschnitt 3 – Eigentum

§ 903 Befugnisse des Eigentümers Der Eigentümer einer Sache kann, soweit nicht das Gesetz oder Rechte Dritter entgegenstehen, mit der Sache nach Belieben verfahren und andere von jeder Einwirkung ausschließen. Der Eigentümer eines Tieres hat bei der Ausübung seiner Befugnisse die besonderen Vorschriften zum Schutz der Tiere zu beachten.

…

§ 950 Verarbeitung (1) Wer durch Verarbeitung oder Umbildung eines oder mehrerer Stoffe eine neue bewegliche Sache herstellt, erwirbt das Eigentum an der neuen Sache, sonfern nicht der Wert der Verarbeitung oder der Umbildung erheblich geringer ist als der Wert des Stoffes. Als Verarbeitung gilt auch das Schreiben, Zeichnen, Malen, Drucken, Gravieren oder eine ähnliche Bearbeitung der Oberfläche.

(2) Mit dem Erwerb des Eigentums an der neuen Sache erlöschen die an dem Stoffe bestehenden Rechte.

…

§ 1004 Beseitigungs- und Unterlassungsanspruch (1) Wird das Eigentum in anderer Weise als durch Entziehung oder Vorenthaltung des Besitzes beeinträchtigt, so kann der Eigentümer von dem Störer die Beseitigung der Beeinträchtigung verlangen. Sind weitere Beeinträchtigungen zu besorgen, so kann der Eigentümer auf Unterlassung klagen.

(2) Der Anspruch ist ausgeschlossen, wenn der Eigentümer zur Duldung verpflichtet ist.

14a. Verordnung (EG) Nr. 593/2008 des Europäischen Parlaments und des Rates vom 17. Juni 2008 über das auf vertragliche Schuldverhältnisse anzuwendende Recht (ROM I)

Einleitung

I. Geschichtliche Entwicklung

Bis zum Jahr 2009 war das internationale Arbeitsrecht im Einführungsgesetz zum BGB (EGBGB) geregelt, seither greift die Rom I-VO. Das EGBGB hatte seine Hauptbedeutung zunächst darin, die Übergangssituation von den einzelnen Landesrechten auf das zum 1. 1. 1900 in Kraft getretene reichseinheitliche BGB (vgl. Einl. I 1 zum BGB, Nr. 14) zu regeln. Daneben enthält es – und das macht heute seine Bedeutung aus – Vorschriften über das Internationale Privatrecht (IPR), auf Grund dessen geklärt wird, welches nationale Recht gilt, wenn wegen des Auslandsbezuges einer Angelegenheit die Anwendung mehrerer Rechtsordnungen möglich erscheint.

So wie für das Arbeitsrecht hat es für viele andere privatrechtliche Rechtsbereiche Bemühungen auf nationaler und EG-Ebene gegeben, zu einer Vereinheitlichung der IPR-Regeln zu kommen. Sie mündeten schließlich in einem Schuldvertragsübereinkommen der EG-Mitgliedstaaten vom 16. 9. 1980 (zu seiner Entstehungsgeschichte s. BT-Drs. 10/503, 37). Dieses von der Bundesrepublik unterzeichnete Abkommen bot den Anlass für den Entwurf eines Gesetzes zur Neuregelung des Internationalen Privatrechts im Jahre 1983 (BT-Drs. 10/504). Nach Einarbeitung von Änderungsvorschlägen des Bundesrats wurde das Gesetz in der vom Rechtsausschuss des Bundestages erarbeiteten Fassung (BT-Drs. 10/5632) am 19. 6. 1986 verabschiedet. Aufgrund dieses IPR-Neuregelungsgesetzes (BGBl. I 1142) existierten erstmals gesetzliche Grundlagen für das internationale Kollisionsrecht im Bereich des Arbeitsrechts.

Mittlerweile ist das internationale Privatrecht zum Gegenstand europäischer Verordnungen geworden. Für vertragliche Schuldverhältnisse ist dieses geregelt in der VO (EG) Nr. 593/2008 (EU-ASO Nr. 22; dazu *Mauer/Sadtler*, RIW 08, 544; *Deinert*, RdA 09, 144; *Wurmnest*, EuZA 09, 480; zum Kommissionsvorschlag vgl. *Junker*, RIW 06, 401; *Knöfel*, RdA 06, 269; *Mauer*, DB 07, 1586). In dieser sog. Rom I-Verordnung ist mit dem internationalen Schuldrecht auch das internationale Arbeitsrecht geregelt. Die Verordnung gilt in Deutschland nach Art. 2 Rom I-Verordnung als sog. *loi uniforme*. Das bedeutet, dass sie von deutschen Gerichten bei jedem Fall mit Auslandsberührung anzuwenden ist, unabhängig davon, ob der Fall Berührungen zu einem Staat aufweist, in dem die Verordnung ebenfalls gilt. Die bisherigen Vorschriften des EGBGB über vertragliche Schuldverhältnisse entfielen mit Wirkung vom 17.12.2009 (Gesetz zur Anpassung der Vorschriften des Internationalen Privatrechts an die Verordnung [EG] Nr. 593/2008 v. 25.6.2009, BGBl. I 1574).

II. Vorprüfung: Internationale Zuständigkeit

Die Frage des anwendbaren Rechts bei Auslandsberührungen ist immer aus der Sicht des Rechtsanwenders zu stellen. Das bedeutet, dass jedes Gericht die in seinem Land geltenden Regeln des Internationalen Privatrechts anwendet. In Deutschland sind das die Regeln der Rom I-Verordnung. Bevor ein deutsches Gericht aber diese Kollisionsnormen und in der Folge das dadurch bestimmte Recht anwenden kann, muss es seine internationale Zuständigkeit prüfen. Diese richtet sich nach der Brüssel I a-Verordnung (EU) Nr. 1215/2012 (EU-ASO Nr. 81). Die Kollisionsnormen der ROM I-Verordnung kommen mit anderen Worten nur bei internationaler Zuständigkeit eines deutschen Gerichts (oder eines Gerichts, für das die ROM I-Verordnung ebenfalls gilt) zur Anwendung. Die Brüssel I a-Verordnung gilt im Verhältnis zu EU-Mitgliedstaaten (nach dänischer Mitteilung auch im Verhältnis zu Dänemark, vgl. ABl. 2013 L 79/4). Art. 20 ff. Brüssel Ia-Verordnung regeln eine ausschließliche internationale Zuständigkeit bei Verfahren des Individualarbeitsrechts. Danach ist die internationale Zuständigkeit für Klagen gegen den Arbeitgeber an dessen Sitz oder am gewöhnlichen Arbeitsort gegeben. Im Verhältnis zu Norwegen, Island und der Schweiz richtet sich die internationale Zuständigkeit nach dem Übereinkommen von Lugano v. 30.10.2007 (ABl. 2009 L 147/5), in dem im Wesentlichen dieselben Zuständigkeitsregeln enthalten sind. Kommen weder dieses Übereinkommen noch die Brüssel I a-Verordnung zur Anwendung, folgt die internationale Zuständigkeit einer analogen Anwendung der Regeln der ZPO über die örtliche Zuständigkeit (*BAG* 3.5.1995 – 5 AZR 15/94, AP Nr. 32 zu Internationales Privatrecht – Arbeitsrecht). In Fortsetzung dieses Rechtsgedankens kommt in entsprechender Anwendung des § 48 Abs. 1a ArbGG (Nr. 5) die internationale Zuständigkeit der deutschen Gerichte wegen eines inländischen gewöhnlichen Arbeitsortes in Betracht. Die internationale Zuständigkeit der deutschen Gerichte ist im Übrigen nach § 15 AEntG (Nr. 31a) für Ansprüche aus diesem Gesetz eröffnet. Nach § 98a AufenthG (Nr. 9) sind die deutschen Gerichte international zuständig für Klagen illegal beschäftigter Ausländer auf Vergütung gegen Auftraggeber und Subunternehmer nach § 98a Abs. 1 ff. AufenthG.
Das hoheitliche Handeln eines ausländischen Staates ist der deutschen Gerichtsbarkeit grundsätzlich entzogen. Allerdings sind arbeitsrechtliche Streitigkeiten nicht immer hoheitlicher Natur. Vielmehr kommt es darauf an, ob der Arbeitnehmer mit hoheitlichen Aufgaben betraut ist. Ist dies nicht der Fall, sind arbeitsrechtliche Streitigkeiten mit dem fremden Staat der deutschen Gerichtsbarkeit nicht entzogen (*BAG* 14.2.2013 – 3 AZB 5/12, NZA 13, 468).

III. Grundzüge des internationalen Arbeitsrechts

Die VO (EG) Nr. 593/2008 regelt lediglich das Internationale Privatrecht der Individualarbeitsverträge, nicht hingegen, welches Recht auf Tarifverträge, Betriebsvereinbarungen oder Arbeitskämpfe anzuwenden ist. Für die sog. Anknüpfung des

Arbeitsvertrages gelten dabei die Grundsätze der Art. 3 und 8 ROM I-Verordnung. Dabei ist ein Arbeitsvertrag gegeben, wenn jemand für eine bestimmte Zeit für eine andere Person nach deren Weisung Leistungen erbringt und als Gegenleistung eine Vergütung erhält; das kann auch ein Geschäftsführer sein, wenn er nicht in der Lage ist, auf die Willensbildung des Verwaltungsorgans der Gesellschaft Einfluss zu nehmen (*BAG* 15.12.2016 – 6 AZR 430/15, NZA 17, 502, Rn. 54).

Bei der Bestimmung des anwendbaren Rechts ist vorrangig eine freie Rechtswahl der Parteien. Eine solche kann auch in vorformulierten Vertragsklauseln vereinbart werden (*EuGH* 15.7.2021 – C-152/20 u.a., NZA 21, 1357 – Gruber Logistics, Rn. 40). Diese darf allerdings nicht dazu führen, dass dem Arbeitnehmer der Schutz der sog. zwingenden Vorschriften des eigentlich anwendbaren Rechts entzogen wird. Welche Vorschriften in diesem Sinne zwingend sind, muss nach diesem eigentlich anwendbaren Recht beantwortet werden (*EuGH* 15.7.2021 – C-152/20 u.a., NZA 21, 1357 – Gruber Logistics, Rn. 29). Wenn nach diesem sog. objektiven Vertragsstatut von einer Regelung nicht durch Vertrag abgewichen werden kann, ist sie in diesem Sinne zwingend. Das hat das *BAG* auch für §§ 305 ff. BGB (Nr. 14) angenommen, also für den Fall, dass eine Vertragsklausel der AGB-Kontrolle nicht standhält und daher nach diesen Bestimmungen unwirksam ist (23.1.2024 – 9 AZR 115/23, NZA 24, 693). Dasselbe gilt etwa für die Kündigungsfristen nach § 622 BGB (Nr. 14) oder den Anspruch auf ein Zeugnis (§ 109 GewO, Nr. 19) (*BAG* 18.6.2025 – 2 AZR 96/24 [B], NZA 25, 1400). Es ist demnach ein Günstigkeitsvergleich vorzunehmen. Dazu muss ermittelt werden, welches Recht objektiv auf den Arbeitsvertrag anzuwenden wäre, wenn es keine Rechtswahl gegeben hätte (s.u.). Dieses ist dann mit dem gewählten Recht zu vergleichen. Nur wenn das gewählte Recht keinen schlechteren Schutz für den Arbeitnehmer bietet, kann es angewendet werden.

Mangels Rechtswahl (sowie als Basis für den Günstigkeitsvergleich wie vorstehend beschrieben) ist gemäß Art. 8 Abs. 2–4 ROM I-Verordnung das Recht zu ermitteln, das auf den Arbeitsvertrag anzuwenden ist. Danach ist in erster Linie das sog. Arbeitsortprinzip maßgeblich. Das Arbeitsverhältnis unterliegt dem Recht des Staates, in dem oder von dem aus der Arbeitnehmer gewöhnlich seine Arbeit verrichtet (Abs. 2). Dabei hindert eine vorübergehende Entsendung in einen anderen Staat die Anwendung des Rechts des gewöhnlichen Arbeitsortes gemäß Abs. 2 S. 2 nicht. Im Übrigen darf ein Arbeitgeber nicht im Falle einer Entsendung von der Bruttovergütung eine hypothetische Besteuerung im Inland abziehen, wenn tatsächlich im Ausland Steuern anfallen, die niedriger sind. Anderes gilt, wenn dies – ohne Verstoß gegen einen zwingend anwendbaren Tarifvertrag – zwischen den Parteien vereinbart wurde (*BAG* 7.9.2022 – 5 AZR 128/22, NZA 23, 240; 7.9.2022 – 5 AZR 502/21, NZA 23, 249). Sofern es keinen gewöhnlichen Arbeitsort gibt, ist maßgeblich das Recht an dem Ort, an dem sich die Niederlassung befindet, die den Arbeitnehmer eingestellt hat (Art. 8 Abs. 3 ROM I-Verordnung). Dabei ist einstellende Niederlassung diejenige, die den Arbeitsvertrag geschlossen hat, nicht die, in die der Arbeitnehmer organisatorisch eingegliedert ist (*EuGH* 15.12.2011 – C-384/10, EuZW 12, 61 – Voogsgeerd). Das so nach Abs. 2 und 3 ermittelte Recht ist aber dann nicht anzuwenden, wenn aufgrund der Gesamtheit der Umstände

eine engere Beziehung zu einem anderen Staat besteht. Dann ist das Recht dieses anderen Staats anzuwenden (Art. 8 Abs. 4 ROM I-Verordnung).
Sog. Eingriffsnormen setzen sich allerdings gemäß Art. 9 ROM I-Verordnung gegenüber dem Vertragsstatut durch. Eingriffsnormen sind solche Normen, die über den Ausgleich der Vertragsinteressen hinausgehende politische, soziale oder wirtschaftliche Interessen des jeweiligen Staates verfolgen. Diese Eingriffsnormen unterliegen einer »Sonderanknüpfung«. Dabei regelt das AEntG (Nr. 31 a) für Arbeit im Inland, welche arbeitsrechtlichen Mindestarbeitsbedingungen zumindest als Eingriffsnormen anzusehen sind. Dazu gehört unter anderem der gesetzliche Mindestlohn nach dem MiLoG (§ 2 Nr. 1 AEntG; anders aus österreichischer Perspektive für Fälle gelegentlicher Arbeit in Deutschland: *OGH* 29.11.2016 – 9 ObA 53/16h, NZA-RR 17, 180). Die Aufzählung in § 2 AEntG ist allerdings nicht abschließend. Vielmehr gehört dazu beispielsweise auch der Anspruch auf Entgeltfortzahlung im Krankheitsfall nach § 3 EFZG oder der Anspruch auf Zuschuss zum Mutterschaftsgeld nach § 14 MuSchG (*BAG* 12.12.2001 – 5 AZR 255/00, IPRax 03, 258), nicht aber der Anspruch auf Verringerung der Arbeitszeit nach § 8 TzBfG (*BAG* 19.2.2008 – 9 AZR 498/06, NZA 08, 761) und nach der Rechtsprechung auch nicht § 613a BGB über den Betriebsübergang (*BAG* 29.10.1992 – 2 AZR 267/92, DB 93, 637). Die Anwendung von § 3 EFZG als Eingriffsnorm macht die Rechtsprechung im Übrigen davon abhängig, dass deutsches Sozialversicherungsrecht auf das Beschäftigungsverhältnis anwendbar ist (*BAG* 18.4.2012 – 10 AZR 200/11, RIW 12, 638). Den Sonderkündigungsschutz schwerbehinderter Menschen nach § 168 SGB IX rechnet das *BAG* (3.4.2025 – 2 AZR 72/24, NZA 25, 777, Rn. 14) nicht zu den Eingriffsnormen. Es fordert vielmehr für dessen Anwendung neben den Voraussetzungen des § 2 Abs. 2 SGB IX das Vorliegen eines deutschen Arbeitsvertragsstatuts. Auch der Sonderkündigungsschutz nach § 18 BEEG (Nr. 16) soll kein Eingriffsrecht sein (*BAG* 7.5.2020 – 2 AZR 692/19, RIW 20, 702).
Darüber hinaus regelt das AEntG die Möglichkeit einer Sonderanknüpfung allgemeinverbindlicher Tarifverträge des Baugewerbes (§ 4 AEntG) hinsichtlich bestimmter Arbeitsbedingungen (§ 5 AEntG) als Eingriffsnormen sowie einer Sonderanknüpfung solcher Tarifverträge, die durch Rechtsverordnung nach §§ 7, 7a AEntG verbindlich gemacht wurden. Auch die Lohnuntergrenze nach § 3a AÜG (vgl. Einl. I 2 zum AÜG, Nr. 4) bzw. der aus ihr resultierende Gleichbehandlungsanspruch wird als Eingriffsnorm anzusehen sein. Art. 9 Abs. 3 ROM I-Verordnung erlaubt darüber hinaus den deutschen Gerichten, Eingriffsnormen des Staates der Erfüllung der Leistung, Wirkung zu verleihen. Normen dritter Staaten können dagegen wegen des abschließenden Charakters des Art. 9 keine Anwendung finden (*EuGH* 18.10.2016 – C-135/15, NZA 16, 1389 – Nikiforidis). Allerdings ist es möglich, dass das anwendbare Recht auf sachrechtlicher Ebene faktische Umstände, die aus diesen drittstaatlichen Normen folgen, berücksichtigt (vgl. für Haushaltsnotlagen *BAG* 26.4.2017 – 5 AZR 962/13, RIW 17, 611; 20.10.2017 – 2 AZR 783/16 (F), NZA 18, 440, Rn. 48 ff.).
Mit dem Gesetz zum »Internationalen Schifffahrtsregister« (s.u. Fn. zu Art. 8) wird auf Schiffen unter deutscher Flagge die Anwendung ausländischen Arbeitsrechts für ausländische Seeleute zugelassen (hierzu vgl. *Geffken,* AiB 88, 129; *Hauschka/Henssler,* NZA 88, 597). Das *BVerfG* hat das Gesetz mit Entscheidung

vom 9. 11. 1995 im Wesentlichen für verfassungsgemäß erklärt (10. 1. 1995 – 1 BvF 1/90 u. a., DB 95, 483; hierzu *Fülbier*, RIW 95, 627; krit. *Geffken*, NZA 95, 504 = AiB 95, 170). Auch der *EuGH* (17. 3. 1992 – C-72/91 u. a., EuZW 93, 288 – Sloman Neptun) hat im 2. Schiffsregister keinen Verstoß gegen das Europarecht unter dem Gesichtspunkt einer unzulässigen Beihilfe gesehen. Die Sonderregeln dürften allerdings wegen des Anwendungsvorrangs der Rom I-VO international-arbeitsrechtlich keine Rechtsfolgen mehr erzeugen (vgl. *Magnus*, IPRax 10, 27, 41; im Ergebnis offengelassen von *BAG* 22. 10. 2015 – 2 AZR 720/14, NZA 16, 473, 475).

Eine gesondert anzuknüpfende Teilfrage betrifft die Form eines Rechtsgeschäfts, etwa einer Kündigung. Diese ist nach Art. 11 Rom I-VO anzuknüpfen. Auf einen Günstigkeitsvergleich nach Art. 8 Abs. 1 S. 2 Rom I-VO kommt es dabei nicht an (so für das Verhältnis von Art. 30 EGBGB a. F. zu Art. 11 EGBGB a. F. *BAG* 18. 6. 2025 – 2 AZR 96/24 [B], NZA 25, 1400, Rn. 26).

Soweit nach dem Internationalen Privatrecht ein fremdes Recht anzuwenden ist, kann dieses durch den sog. ordre public-Vorbehalt gemäß Art. 21 ROM I-Verordnung abgewehrt werden.

Neben arbeitsvertraglichen Ansprüchen können Arbeitgeber und Arbeitnehmer auch Ansprüche aus ungerechtfertigter Bereicherung und aus unerlaubter Handlung haben. Für sie gelten bei grenzüberschreitenden Sachverhalten die einschlägigen Kollisionsnormen der sog. ROM II-Verordnung (EG) Nr. 864/2007 (EU-ASO Nr. 21). Art. 9 ROM II-Verordnung betrifft die Haftung für Arbeitskampfmaßnahmen.

Das Kollisionsrecht des EGBGB spielt nach allem praktisch keine Rolle mehr im Arbeitsrecht. Denn auch das Betriebsverfassungs- und Tarifvertragsrecht werden dort nicht geregelt. Vielmehr gelten insoweit ungeschriebene Grundsätze, die zudem teilweise sehr umstritten sind. Während nämlich die Betriebsverfassung nach dem »Territorialitätsprinzip« auf Betriebe angewendet wird, die in der Bundesrepublik Deutschland belegen sind (*BAG* 9. 11. 1977 – 5 AZR 132/76, AP Nr. 13 zu Internationales Privatrecht – Arbeitsrecht; richtiger: Anknüpfung der Betriebsverfassung an den Lageort des Betriebes, *Deinert*, Betriebsverfassung in Zeiten der Globalisierung, S. 26 ff.), wird für das Tarifstatut daran angeknüpft, zu welchem Staat die engste Verbindung besteht (*BAG* 11. 9. 1991 – 4 AZR 71/91, AP Nr. 29 zu Internationales Privatrecht – Arbeitsrecht). Hiernach soll sich auch der räumliche Geltungsbereich eines Tarifvertrages richten (*BAG* 7. 9. 2022 – 5 AZR 502/21, NZA 23, 249). Hinsichtlich der unternehmerischen Mitbestimmung wird überwiegend davon ausgegangen, dass diese dem sog. Gesellschaftsstatut folgt (vgl. krit. *Deinert*, Internationales Arbeitsrecht, § 17 Rn. 82 ff.). Ob das Gesellschaftsstatut sich nach dem Recht des Staates richtet, in dem eine Gesellschaft gegründet wurde (sog. Gründungstheorie), oder nach dem Recht des Staats, in dem sie ihren tatsächlichen Verwaltungssitz hat (sog. Sitztheorie), ist nach einigen Entscheidungen des *EuGH* (9. 3. 1999 – C-212/97, EuZW 99, 216 – Centros; RIW 02, 945 – Überseering; EWS 03, 513 – Inspire Art) nicht mehr klar. Der *BGH* (27. 10. 2008 – II ZR 158/06, DB 08, 2825) geht für Gesellschaften, die in einem EU- oder EWR-Staat gegründet wurden, von der Gründungstheorie aus, im Übrigen aber von der Sitztheorie. Ein Referentenentwurf aus der 16. Legislaturperiode für eine Regelung des Internationalen Gesellschaftsrechts (dazu *Schneider*, BB 08, 566) sah eine Anknüpfung

an das Gründungsrecht vor und ermöglichte so den nachträglichen Wechsel des tatsächlichen Gesellschaftssitzes. Dabei besteht freilich die Gefahr, dass auf diese Weise Missbräuche in der Weise erfolgen, dass die Gesellschaft im Ausland zwecks Vermeidung der deutschen Mitbestimmung gegründet und alsbald nach Deutschland verlegt wird (*Seyboth*, AuR 08, 132; zur zunehmenden praktischen Bedeutung vgl. *Sick/Pütz*, WSI-Mit. 11, 34). In seiner jüngsten Rechtsprechung geht der *EuGH* allerdings davon aus, dass die Niederlassungsfreiheit nach Art. 49, 54 AEUV auch das Recht einer Gesellschaft umfasst, bei Beibehaltung des tatsächlichen Verwaltungssitzes den sog. Satzungssitz (den in der Satzung festgelegten Sitz einer Gesellschaft) zu verlegen. Der Mitgliedstaat, in dem bislang der Satzungssitz lag, darf dies nicht einfach durch einen Zwang zur Löschung der Gesellschaft verhindern (*EuGH* 25.10.2017 – C-106/16, NJW 17, 3639 – Polbud). Der Sache nach bedeutet dies ein Recht zum grenzüberschreitenden Rechtsformwechsel, wobei unklar bleibt, welche Maßnahmen ein Mitgliedstaat zum Schutz der Interessen anderer, etwa der Gläubiger oder auch der Arbeitnehmer ergreifen kann (*Kieninger*, NJW 17, 3624). Dabei liegt auf der Hand, dass mitbestimmte Gesellschaften mit Sitz in Deutschland durch bloße Verlagerung des Satzungssitzes in ein Land ohne Mitbestimmungsgesetzgebung versuchen könnten, der Mitbestimmung zu entfliehen (*Heuschmid*, AuR 18, 96, 99). Der grenzüberschreitende Formwechsel ist zwischenzeitlich Gegenstand unionsrechtlicher Regelungen geworden, die im Zusammenhang mit der Mitbestimmung im MgFSG (Nr. 26d) umgesetzt wurden.
Im Übrigen sind die im EGBGB verbliebenen Regelungen des Internationalen Privatrechts weiterhin anzuwenden, wenn die Rom I-Verordnung keine Regelung enthält. Insoweit ist durch Art. 5 des Gesetzes zur Änderung von Vorschriften im Bereich des Internationalen Privat- und Zivilverfahrensrechts (v. 11.6.2017, BGBl. I 1607) mit der Bestimmung des Art. 8 EGBGB über die gewillkürte Stellvertretung eine wichtige Regelung hinzugekommen: Das auf die Stellvertretung anwendbare Recht kann gewählt werden. Das objektive Vollmachtstatut folgt bei Bevollmächtigung eines Arbeitnehmers gemäß Abs. 3 der Bestimmung dem Sitzstaat des Arbeitgebers.

Wichtige Entscheidungen

BVerfG 10.1.1995 – 1 BvF 1/90 u.a., DB 1995, 483
EuGH 15.12.2011 – C-384/10, EuZW 2012, 61 – Voogsgeerd
EuGH 18.10.2016 – C-135/15, NZA 2016, 1389 – Nikiforidis

Weiterführende Literatur

Deinert/Wenckebach/Zwanziger-*Sutterer-Kipping*, Arbeitsrecht, § 9 (Arbeitskollisionsrecht)
Däubler, Die internationale Zuständigkeit der deutschen Arbeitsgerichte, NZA 2003, S. 1297
Deinert, Betriebsverfassung in Zeiten der Globalisierung (2021)
Deinert, Internationales Arbeitsrecht (2013)
Deinert, Neues Internationales Arbeitsrecht, RdA 2009, S. 144

Junker, Internationale Zuständigkeit und anwendbares Recht in Arbeitssachen, NZA 2005, S. 199

Wurmnest, Das neue internationale Arbeitsvertragsrecht der Rom I-Verordnung, EuZA 2009, S. 481

Übersicht 36: Auf Arbeitsverträge anwendbares Recht

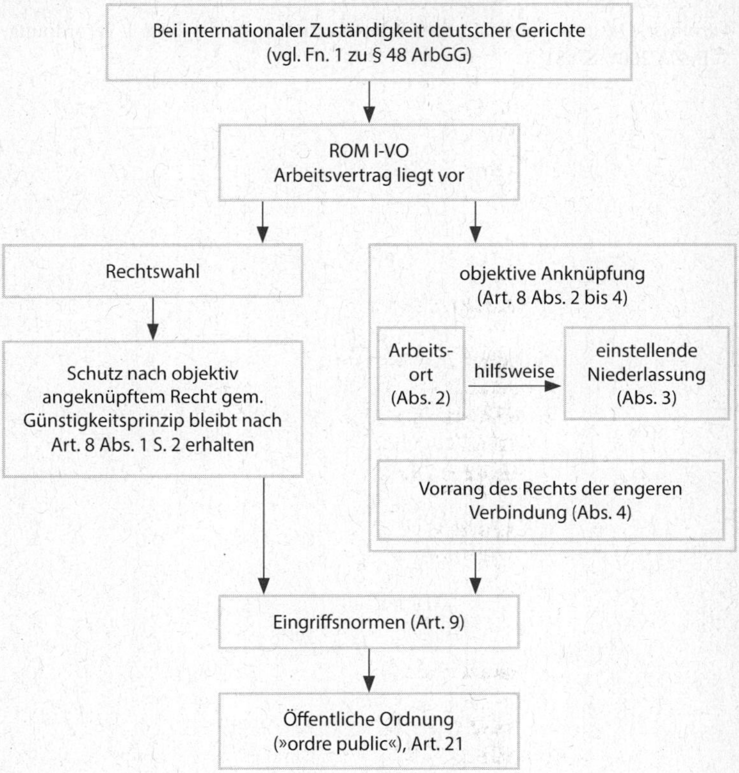

Verordnung (EG) Nr. 593/2008 des Europäischen Parlaments und des Rates über das auf vertragliche Schuldverhältnisse anzuwendende Recht (Rom I)

vom 17. Juni 2008 (ABl. L 177/6)

(Abgedruckte Vorschriften: Art. 3, 8, 9, 11)

Art. 3 Freie Rechtswahl (1) Der Vertrag unterliegt dem von den Parteien gewählten Recht. Die Rechtswahl muss ausdrücklich erfolgen oder sich eindeutig aus den Bestimmungen des Vertrags oder aus den Umständen des Falles ergeben. Die Parteien können die Rechtswahl für ihren ganzen Vertrag oder nur für einen Teil desselben treffen.

(2) Die Parteien können jederzeit vereinbaren, dass der Vertrag nach einem anderen Recht zu beurteilen ist als dem, das zuvor entweder aufgrund einer früheren Rechtswahl nach diesem Artikel oder aufgrund anderer Vorschriften dieser Verordnung für ihn maßgebend war. Die Formgültigkeit des Vertrags im Sinne des Artikels 11 und Rechte Dritter werden durch eine nach Vertragsschluss erfolgende Änderung der Bestimmung des anzuwendenden Rechts nicht berührt.

(3) Sind alle anderen Elemente des Sachverhalts zum Zeitpunkt der Rechtswahl in einem anderen als demjenigen Staat belegen, dessen Recht gewählt wurde, so berührt die Rechtswahl der Parteien nicht die Anwendung derjenigen Bestimmungen des Rechts dieses anderen Staates, von denen nicht durch Vereinbarung abgewichen werden kann.

(4) Sind alle anderen Elemente des Sachverhalts zum Zeitpunkt der Rechtswahl in einem oder mehreren Mitgliedstaaten belegen, so berührt die Wahl des Rechts eines Drittstaats durch die Parteien nicht die Anwendung der Bestimmungen des Gemeinschaftsrechts – gegebenenfalls in der von dem Mitgliedstaat des angerufenen Gerichts umgesetzten Form –, von denen nicht durch Vereinbarung abgewichen werden kann.

(5) Auf das Zustandekommen und die Wirksamkeit der Einigung der Parteien über das anzuwendende Recht finden die Artikel 10, 11 und 13 Anwendung.

…

Art. 8 Individualarbeitsverträge[1] (1) Individualarbeitsverträge unterliegen dem von den Parteien nach Artikel 3 gewählten Recht. Die Rechtswahl der Parteien darf jedoch nicht dazu führen, dass dem Arbeitnehmer der Schutz entzogen wird,

1 Vgl. die aufgrund des »Gesetzes zur Einführung eines zusätzlichen Registers für Seeschiffe unter der Bundesflagge im internationalen Verkehr« (**Internationales Seeschiffahrtsregister** – ISR) vom 23. 3. 1989 (BGBl. I 550) in das **Flaggenrechtsgesetz** (FlaggRG) i. d. F. vom 26. 10. 1994 (BGBl. I 3140), zuletzt geändert durch Gesetz vom 20. 12. 2022 (BGBl. I 2752) eingefügten Vorschriften:

§ 12 (1) Zur Führung der Bundesflagge berechtigte Kauffahrteischiffe, die im Sinne des Einkommensteuergesetzes im internationalen Verkehr betrieben werden, sind auf Antrag des Eigentümers in das Internationale Seeschiffahrtsregister einzutragen.

der ihm durch Bestimmungen gewährt wird, von denen nach dem Recht, das nach den Absätzen 2, 3 und 4 des vorliegenden Artikels mangels einer Rechtswahl anzuwenden wäre, nicht durch Vereinbarung abgewichen werden darf.
(2) Soweit das auf den Arbeitsvertrag anzuwendende Recht nicht durch Rechtswahl bestimmt ist, unterliegt der Arbeitsvertrag dem Recht des Staates, in dem oder andernfalls von dem aus der Arbeitnehmer in Erfüllung des Vertrags gewöhnlich seine Arbeit verrichtet. Der Staat, in dem die Arbeit gewöhnlich verrichtet wird, wechselt nicht, wenn der Arbeitnehmer seine Arbeit vorübergehend in einem anderen Staat verrichtet.
(3) Kann das anzuwendende Recht nicht nach Absatz 2 bestimmt werden, so unterliegt der Vertrag dem Recht des Staates, in dem sich die Niederlassung befindet, die den Arbeitnehmer eingestellt hat.
(4) Ergibt sich aus der Gesamtheit der Umstände, dass der Vertrag eine engere Verbindung zu einem anderen als dem in Absatz 2 oder 3 bezeichneten Staat aufweist, ist das Recht dieses anderen Staates anzuwenden.

Art. 9 Eingriffsnormen (1) Eine Eingriffsnorm ist eine zwingende Vorschrift, deren Einhaltung von einem Staat als so entscheidend für die Wahrung seines öffentlichen Interesses, insbesondere seiner politischen, sozialen oder wirtschaftlichen Organisation, angesehen wird, dass sie ungeachtet des nach Maßgabe dieser Verordnung auf den Vertrag anzuwendenden Rechts auf alle Sachverhalte anzuwenden ist, die in ihren Anwendungsbereich fallen.
(2) Diese Verordnung berührt nicht die Anwendung der Eingriffsnormen des Rechts des angerufenen Gerichts.
(3) Den Eingriffsnormen des Staates, in dem die durch den Vertrag begründeten Verpflichtungen erfüllt werden sollen oder erfüllt worden sind, kann Wirkung verliehen werden, soweit diese Eingriffsnormen die Erfüllung des Vertrags unrecht-

---

(2) Das Internationale Seeschiffahrtsregister wird vom Bundesministerium für Verkehr und digitale Infrastruktur eingerichtet und geführt.

§ 21 Abs. 4 Arbeitsverhältnisse von Besatzungsmitgliedern eines im Internationalen Seeschiffahrtsregister eingetragenen Kauffahrteischiffes, die im Inland keinen Wohnsitz oder ständigen Aufenthalt haben, unterliegen bei der Anwendung des Artikels 8 der Verordnung (EG) Nr. 593/2008 des Europäischen Parlaments und des Rates vom 17. Juni 2008 über das auf vertragliche Schuldverhältnisse anzuwendende Recht (Rom I) (ABl. L 177 vom 4. 7. 2008, S. 6) vorbehaltlich anderer Rechtsvorschriften der Europäischen Gemeinschaft nicht schon auf Grund der Tatsache, daß das Schiff die Bundesflagge führt, dem deutschen Recht. Werden für die in Satz 1 genannten Arbeitsverhältnisse von ausländischen Gewerkschaften Tarifverträge abgeschlossen, so haben diese nur dann die im Tarifvertragsgesetz genannten Wirkungen, wenn für sie die Anwendung des im Geltungsbereich des Grundgesetzes geltenden Tarifrechts sowie die Zuständigkeit der deutschen Gerichte vereinbart worden ist. *Nach Inkrafttreten dieses Absatzes abgeschlossene Tarifverträge beziehen sich auf die in Satz 1 genannten Arbeitsverhältnisse im Zweifel nur, wenn sie dies ausdrücklich vorsehen.* (S. 3 ist nach der Entscheidung *BVerfG*, DB 95, 483, verfassungswidrig und nichtig.) Die Vorschriften des deutschen Sozialversicherungsrechts bleiben unberührt.In diesem Zusammenhang s. **Schiffsbesetzungsverordnung** (SchBesV) vom 4. 4. 1984 (BGBl. I 532), zuletzt geändert durch Verordnung vom 23. Juni 2021 (BGBl. I 1849).

mäßig werden lassen. Bei der Entscheidung, ob diesen Eingriffsnormen Wirkung zu verleihen ist, werden Art und Zweck dieser Normen sowie die Folgen berücksichtigt, die sich aus ihrer Anwendung oder Nichtanwendung ergeben würden.

…

Art. 11 Form (1) Ein Vertrag, der zwischen Personen geschlossen wird, die oder deren Vertreter sich zum Zeitpunkt des Vertragsschlusses in demselben Staat befinden, ist formgültig, wenn er die Formerfordernisse des auf ihn nach dieser Verordnung anzuwendenden materiellen Rechts oder die Formerfordernisse des Rechts des Staates, in dem er geschlossen wird, erfüllt.

(2) Ein Vertrag, der zwischen Personen geschlossen wird, die oder deren Vertreter sich zum Zeitpunkt des Vertragsschlusses in verschiedenen Staaten befinden, ist formgültig, wenn er die Formerfordernisse des auf ihn nach dieser Verordnung anzuwendenden materiellen Rechts oder die Formerfordernisse des Rechts eines der Staaten, in denen sich eine der Vertragsparteien oder ihr Vertreter zum Zeitpunkt des Vertragsschlusses befindet, oder die Formerfordernisse des Rechts des Staates, in dem eine der Vertragsparteien zu diesem Zeitpunkt ihren gewöhnlichen Aufenthalt hatte, erfüllt.

(3) Ein einseitiges Rechtsgeschäft, das sich auf einen geschlossenen oder zu schließenden Vertrag bezieht, ist formgültig, wenn es die Formerfordernisse des materiellen Rechts, das nach dieser Verordnung auf den Vertrag anzuwenden ist oder anzuwenden wäre, oder die Formerfordernisse des Rechts des Staates erfüllt, in dem dieses Rechtsgeschäft vorgenommen worden ist oder in dem die Person, die das Rechtsgeschäft vorgenommen hat, zu diesem Zeitpunkt ihren gewöhnlichen Aufenthalt hatte.

(4) Die Absätze 1, 2 und 3 des vorliegenden Artikels gelten nicht für Verträge, die in den Anwendungsbereich von Artikel 6 fallen. Für die Form dieser Verträge ist das Recht des Staates maßgebend, in dem der Verbraucher seinen gewöhnlichen Aufenthalt hat.

(5) Abweichend von den Absätzen 1 bis 4 unterliegen Verträge, die ein dingliches Recht an einer unbeweglichen Sache oder die Miete oder Pacht einer unbeweglichen Sache zum Gegenstand haben, den Formvorschriften des Staates, in dem die unbewegliche Sache belegen ist, sofern diese Vorschriften nach dem Recht dieses Staates

a) unabhängig davon gelten, in welchem Staat der Vertrag geschlossen wird oder welchem Recht dieser Vertrag unterliegt, und
b) von ihnen nicht durch Vereinbarung abgewichen werden darf.

…

14b. Gesetz über die unternehmerischen Sorgfaltspflichten zur Vermeidung von Menschenrechtsverletzungen in Lieferketten (Lieferkettensorgfaltspflichtengesetz – LkSG)

Einleitung

I. Entstehung

Wenn Unternehmen Produkte, Teilprodukte oder Dienstleistungen von anderen Unternehmen im Ausland einkaufen, sind sie mit deren Arbeitnehmern rechtlich nicht verbunden und daher in rechtlicher Hinsicht an sich auch nicht für deren Arbeitsbedingungen verantwortlich. In ethischer Hinsicht stellt sich gleichwohl die Frage, ob deutsche und europäische Unternehmen auch eine Verantwortung für die Arbeitsbedingungen der Arbeitnehmer ihrer Vertragspartner tragen (zur betrieblichen Praxis Böckler impuls 1/25, 5). Dies rückt regelmäßig medienwirksam in den Fokus, wenn eine Fabrik in Bangladesch einstürzt oder eine Fabrik in Pakistan abbrennt. Der Bundestag hat in Vorwegnahme einer europäischen Regelung (s. u. III) die Sorgfaltspflichten deutscher Unternehmen im Hinblick auf den Schutz der Menschenrechte und der Umwelt durch seine unmittelbaren und mittelbaren Vertragspartner in der Lieferkette mit Wirkung ab 1. 1. 2023 geregelt (Lieferkettensorgfaltspflichtengesetz v. 16. 7. 2021, BGBl. I 2959; dazu *Frank/Edel/Heine/Heine*, DB 21, 2165; *Fuchs*, ZESAR 22, 355; *Grabosch/Schönfelder*, AuR 21, 488; *Krause*, RdA 22, 303 und RdA 22, 327; *Rühl/Knauer*, JZ 22, 105; *Sagan/Schmidt*, NZA-RR 22, 281; *Wagner/Ruttloff*, NJW 21, 2145; Entwurf: BT-Drs. 19/28649; dazu *Lutz-Bachmann/Vorbeck/Wengenroth*, BB 21, 906; zur Entwicklung und zu einem früheren Referentenentwurf: *Wötzel*, SozSich 21, 104; verfassungsrechtliche Kritik am Konzept insg. bei *Uffmann*, JZ 25, 588; *dies.*, ZFA 25, 4).

II. Wesentlicher Inhalt

Das Gesetz ist nur auf inländische Unternehmen mit mind. 1000 im Inland beschäftigten Arbeitnehmern anwendbar. Nach einer Risikoanalyse (§ 5 LkSG) treffen die Unternehmen nach § 6 LkSG Präventionspflichten im Hinblick auf diese Rechte im eigenen Geschäftsbereich sowie dem der unmittelbaren Vertragspartner. In Bezug auf mittelbare Vertragspartner sind Präventionsmaßnahmen nur bei substanziierter Kenntnis erforderlich. Bei Feststellung von Verstößen sind Abhilfemaßnahmen bis hin zum Abbruch der Geschäftsbeziehung geboten (§ 7 LkSG). Eine zivilrechtliche Haftung ist nicht vorgesehen, kann sich aber u. U. aus anderen Bestimmungen ergeben (§ 3 Abs. 3 LkSG). Die Durchsetzung solcher Rechte durch inländische

Gewerkschaften lässt § 11 LkSG in sog. Prozessstandschaft zu. Im Übrigen gibt es ein behördliches Kontrollverfahren nach §§ 12 ff. LkSG.

III. Anwendungsprobleme

Erste praktische Erfahrungen zeigen, dass die Durchsetzung des Gesetzes nicht ganz einfach ist. Das *European Centre for Constitutional and Human Rights* hat bereits im ersten Jahr der Geltung des Gesetzes gegen verschiedene deutsche Unternehmen Beschwerden eingereicht. Von Seiten der Arbeitgeber hingegen wird das Gesetz als überbordende Bürokratie bezeichnet, die keinen Beitrag zur Rechtsstaatlichkeit leiste, sondern nur deutschen Unternehmen schade (»Gemischte Bilanz beim Lieferkettengesetz«, Göttinger Tageblatt v. 16. 8. 2023, S. 7). Seit Inkrafttreten sind bis August 2024 insgesamt 206 Beschwerden beim Bundesamt für Wirtschaft und Ausfuhrkontrolle eingegangen, die 224 Einzelvorgänge betrafen, von denen allerdings 183 Vorgänge keinen Bezug zum LkSG hatten oder sich auf Unternehmen bezogen, die nicht dem Gesetz unterlagen (BT-Drs. 20/13245).

IV. Rechtspolitische Diskussion

Die aus der Kritik um den bürokratischen Aufwand folgende rechtspolitische Diskussion hatte Eingang in den Wahlkampf um die Bundestagswahl 2025 mit verschiedentlichen Forderungen nach Abschaffung des Gesetzes gefunden.
Inzwischen gibt es allerdings auf europäischer Ebene die Lieferketten-Sorgfaltspflichten-Richtlinie (EU) 2024/1760 (v. 13. 6. 2024, ABl. L v. 5. 7. 2024, sog. CSDDD; dazu *Hübner/Lieberknecht*, NJW 24, 1841; *Palmstorfer/Staudinger*, EuZW 24, 637; *Zimmer*, ZESAR 24, 461; Entwurf: COM [2022] 71 final; dazu *Grabosch*, AuR 22, 244; *Spindler*, ZIP 22, 765). Die Richtlinie soll zunächst für Unternehmen ab 5000 Arbeitnehmern und 1,5 Milliarden Euro Umsatz gelten, ab 2028 ab 3000 Arbeitnehmern und 900 Millionen Euro Umsatz und ab 2029 ab 1000 Arbeitnehmern und 450 Millionen Euro Umsatz. Sie bezieht sich auf die Schutzgüter des Anexes der Richtlinie, die bestimmte völkerrechtlich gewährleiste Menschenrechtsstandards sowie Umweltstandards umfassen. Diese gehen partiell über die Schutzstandards des LkSG hinaus. Anders als das LkSG wird nicht nur die vorgelagerte Lieferkette der Zulieferer erfasst, sondern auch die nachgelagerte Kette der Abnehmer. Die Sorgfaltspflichten gehen weiter, weil die Richtlinie auch ohne diesbezügliche Hinweise darauf verpflichtet, Missstände in der Aktivitätskette im Blick zu behalten. Auch sollen die betroffenen Unternehmen nach Art. 22 der Richtlinie verpflichtet werden, Pläne zur Eindämmung des Klimawandels zu erstellen. Art. 29 der Richtlinie sieht eine Haftung der Unternehmen bei schuldhaften Verstößen gegen die Verpflichtungen zur Verhinderung und Behebung negativer Auswirkungen in der Lieferkette vor (dazu *Wais*, JZ 25, 177). Ausgeschlossen ist die Haftung, wenn allein ein Geschäftspartner in der Aktivitätskette den Schaden verursacht hat. Die Haftungsregelung muss zwingend zur Anwendung kommen, sodass es sich um eine Eingriffsnorm handelt, die auch anzuwenden ist, wenn das Deliktsstatut nach Art. 4 ff. der ROM II-Verordnung ein fremdes Recht ist (vgl. Einl. III zur ROM I-Verordnung, Nr. 14a).

Die Richtlinie gestattet den Mitgliedstaaten ein höheres Schutzniveau. Sie war ursprünglich bis zum 26. 7. 2026 umzusetzen.
Allerdings hat die rechtspolitische Diskussion auch die europäische Ebene erfasst. In einem ersten Schritt hat die EU daher das Datum für die Umsetzungfrist für die Richtlinie hinausgeschoben und auch zunächst für das erste Jahr nur für Unternehmen mit einem Umsatz von mehr als 900 Millionen Euro, bei EU-Unternehmen ab 3000 Beschäftigten (Richtlinie [EU] 2025/794 v. 14. 4. 2025, ABl. L v. 16. 4. 2025). Darüber hinaus gibt es einen Vorschlag eines Pakets zur Änderung mehrerer Richtlinien, der auch die CSDDD-Richtlinie erfasst und u. a. die Sorgfaltspflichten ein Stück weit vereinfachen soll, u. a. durch Konzentration auf direkte Geschäftspartner anstelle der gesamten Wertschöpfungskette (COM [2025] 81; dazu *Stöbener de Mora/Noll*, EuZW 25, 501 ff.; krit. Böckler impuls 4/25, 7). Außerdem soll die umstrittene europäische Haftungsregelung gestrichen werden und es damit nur bei einer Haftung nach nationalem Recht bleiben (zu den damit verbundenen Rechtsunklarheiten *Kieninger*, ZIP 25, 682). Die Verpflichtung auf Klimapläne soll nicht mehr eine Umsetzungsverpflichtung einschließen. Zum Jahresende 2025 lag eine Einigung vor, wonach das Gesetz nur auf Unternehmen mit mehr als 5000 Mitarbeitern und einem jährlichen Umsatz von 1,5 Milliarden Euro angewendet wird und die Haftungsregelung entfällt.
Entsprechend hat die Regierungskoalition in ihrem Koalitionsvertrag (»Verantwortung für Deutschland«, Koalitionsvertrag zwischen CDU, CSU und SPD, 21. Legislaturperiode, Zeilen 1909 ff.) eine Abschaffung des LkSG im Wege der Ersetzung durch ein Gesetz über die internationale Unternehmensverantwortung geplant. Dieses soll die europäische Lieferketten-Richtlinie bürokratiearm und vollzugsfreundlich umsetzen und Berichtspflichten entfallen lassen (krit. dazu *Zimmer/Langbein*, NZA 25, 1151). In einem ersten Schritt hat die Bundesregierung einen Gesetzentwurf zur Änderung des LkSG auf den Weg gebracht, mit dem die Berichtspflicht nach § 10 Abs. 2 ff. LkSG gestrichen werden soll, sodass es allein bei der bisherigen Dokumentationspflicht bleibt (BR-Drs. 422/25). Die Ablösung durch ein neues Gesetz soll erst in Umsetzung der CSDDD-Richtlinie erfolgen (Bundesministerium für Arbeit und Soziales, Pressemitteilung 27/25).

Weiterführende Literatur

Göpfert/Bertke, Global Framework Agreements – Globale Rahmenvereinbarungen mit Gewerkschaften zu sozialen Standards, ZIP 2023, S. 1049

Klein, Das Lieferkettensorgfaltspflichtengesetz als Alternative zum Verbandsklagerecht?, ZIP 2023, S. 1053

Krause, Das Lieferkettensorgfaltspflichtengesetz als Baustein eines transnationalen Arbeitsrechts – Teil I, RdA 2022, S. 303, Teil II, RdA 2022, S. 327

Palmstorfer/Staudinger, Die EU-Lieferketten-Richtlinie, Der Binnenmarkt im Einsatz für eine bessere Welt, EuZW 2024, S. 637

Zimmer, Die Europäische Sorgfaltspflichtenrichtlinie 2024/1760/EU und ihre Umsetzung in das deutsche Recht, ZESAR 2024, S. 461

Zimmer, Möglichkeiten der Beteiligung von Betriebsrat und Wirtschaftsausschuss an der Umsetzung des Lieferkettesorgfaltspflichtengesetzes, AuR 2024, S. 7

Gesetz über die unternehmerischen Sorgfaltspflichten zur Vermeidung von Menschenrechtsverletzungen in Lieferketten (Lieferkettensorgfaltspflichtengesetz – LkSG)

vom 16. Juli 2021 (BGBl. I S. 2959)

(Abgedruckte Vorschriften: §§ 1–12)

Abschnitt 1 – Allgemeine Bestimmungen

§ 1 Anwendungsbereich (1) Dieses Gesetz ist anzuwenden auf Unternehmen ungeachtet ihrer Rechtsform, die

1. ihre Hauptverwaltung, ihre Hauptniederlassung, ihren Verwaltungssitz oder ihren satzungsmäßigen Sitz im Inland haben und
2. in der Regel mindestens 3000 Arbeitnehmer im Inland beschäftigen; ins Ausland entsandte Arbeitnehmer sind erfasst.

Abweichend von Satz 1 Nummer 1 ist dieses Gesetz auch anzuwenden auf Unternehmen ungeachtet ihrer Rechtsform, die

1. eine Zweigniederlassung gemäß § 13d des Handelsgesetzbuchs im Inland haben und
2. in der Regel mindestens 3000 Arbeitnehmer im Inland beschäftigen.

Ab dem 1. Januar 2024 betragen die in Satz 1 Nummer 2 und Satz 2 Nummer 2 vorgesehenen Schwellenwerte jeweils 1000 Arbeitnehmer.

(2) Leiharbeitnehmer sind bei der Berechnung der Arbeitnehmerzahl (Absatz 1 Satz 1 Nummer 2 und Satz 2 Nummer 2) des Entleihunternehmens zu berücksichtigen, wenn die Einsatzdauer sechs Monate übersteigt.

(3) Innerhalb von verbundenen Unternehmen (§ 15 des Aktiengesetzes) sind die im Inland beschäftigten Arbeitnehmer sämtlicher konzernangehöriger Gesellschaften bei der Berechnung der Arbeitnehmerzahl (Absatz 1 Satz 1 Nummer 2) der Obergesellschaft zu berücksichtigen; ins Ausland entsandte Arbeitnehmer sind erfasst.

§ 2 Begriffsbestimmungen (1) Geschützte Rechtspositionen im Sinne dieses Gesetzes sind solche, die sich aus den in den Nummern 1 bis 11 der Anlage aufgelisteten Übereinkommen zum Schutz der Menschenrechte ergeben.

(2) Ein menschenrechtliches Risiko im Sinne dieses Gesetzes ist ein Zustand, bei dem aufgrund tatsächlicher Umstände mit hinreichender Wahrscheinlichkeit ein Verstoß gegen eines der folgenden Verbote droht:

1. das Verbot der Beschäftigung eines Kindes unter dem Alter, mit dem nach dem Recht des Beschäftigungsortes die Schulpflicht endet, wobei das Beschäftigungsalter 15 Jahre nicht unterschreiten darf; dies gilt nicht, wenn das Recht des Beschäftigungsortes hiervon in Übereinstimmung mit Artikel 2 Absatz 4 sowie den Artikeln 4 bis 8 des Übereinkommens Nr. 138 der Internationalen Arbeitsorganisation vom 26. Juni 1973 über das Mindestalter für die Zulassung zur Beschäftigung (BGBl. 1976 II S. 201, 202) abweicht;

14b

2. das Verbot der schlimmsten Formen der Kinderarbeit für Kinder unter 18 Jahren; dies umfasst gemäß Artikel 3 des Übereinkommens Nr. 182 der Internationalen Arbeitsorganisation vom 17. Juni 1999 über das Verbot und unverzügliche Maßnahmen zur Beseitigung der schlimmsten Formen der Kinderarbeit (BGBl. 2001 II S. 1290, 1291):
   a) alle Formen der Sklaverei oder alle sklavereiähnlichen Praktiken, wie den Verkauf von Kindern und den Kinderhandel, Schuldknechtschaft und Leibeigenschaft sowie Zwangs- oder Pflichtarbeit, einschließlich der Zwangs- oder Pflichtrekrutierung von Kindern für den Einsatz in bewaffneten Konflikten,
   b) das Heranziehen, Vermitteln oder Anbieten eines Kindes zur Prostitution, zur Herstellung von Pornographie oder zu pornographischen Darbietungen,
   c) das Heranziehen, Vermitteln oder Anbieten eines Kindes zu unerlaubten Tätigkeiten, insbesondere zur Gewinnung von und zum Handel mit Drogen,
   d) Arbeit, die ihrer Natur nach oder aufgrund der Umstände, unter denen sie verrichtet wird, voraussichtlich für die Gesundheit, die Sicherheit oder die Sittlichkeit von Kindern schädlich ist;
3. das Verbot der Beschäftigung von Personen in Zwangsarbeit; dies umfasst jede Arbeitsleistung oder Dienstleistung, die von einer Person unter Androhung von Strafe verlangt wird und für die sie sich nicht freiwillig zur Verfügung gestellt hat, etwa in Folge von Schuldknechtschaft oder Menschenhandel; ausgenommen von der Zwangsarbeit sind Arbeits- oder Dienstleistungen, die mit Artikel 2 Absatz 2 des Übereinkommens Nr. 29 der Internationalen Arbeitsorganisation vom 28. Juni 1930 über Zwangs- oder Pflichtarbeit (BGBl. 1956 II S. 640, 641) oder mit Artikel 8 Buchstabe b und c des Internationalen Paktes vom 19. Dezember 1966 über bürgerliche und politische Rechte (BGBl. 1973 II S. 1533, 1534) vereinbar sind;
4. das Verbot aller Formen der Sklaverei, sklavenähnlicher Praktiken, Leibeigenschaft oder anderer Formen von Herrschaftsausübung oder Unterdrückung im Umfeld der Arbeitsstätte, etwa durch extreme wirtschaftliche oder sexuelle Ausbeutung und Erniedrigungen;
5. das Verbot der Missachtung der nach dem Recht des Beschäftigungsortes geltenden Pflichten des Arbeitsschutzes, wenn hierdurch die Gefahr von Unfällen bei der Arbeit oder arbeitsbedingte Gesundheitsgefahren entstehen, insbesondere durch
   a) offensichtlich ungenügende Sicherheitsstandards bei der Bereitstellung und der Instandhaltung der Arbeitsstätte, des Arbeitsplatzes und der Arbeitsmittel,
   b) das Fehlen geeigneter Schutzmaßnahmen, um Einwirkungen durch chemische, physikalische oder biologische Stoffe zu vermeiden,
   c) das Fehlen von Maßnahmen zur Verhinderung übermäßiger körperlicher und geistiger Ermüdung, insbesondere durch eine ungeeignete Arbeitsorganisation in Bezug auf Arbeitszeiten und Ruhepausen oder
   d) die ungenügende Ausbildung und Unterweisung von Beschäftigten;

6. das Verbot der Missachtung der Koalitionsfreiheit, nach der
   a) Arbeitnehmer sich frei zu Gewerkschaften zusammenschließen oder diesen beitreten können,
   b) die Gründung, der Beitritt und die Mitgliedschaft zu einer Gewerkschaft nicht als Grund für ungerechtfertigte Diskriminierungen oder Vergeltungsmaßnahmen genutzt werden dürfen,
   c) Gewerkschaften sich frei und in Übereinstimmung mit dem Recht des Beschäftigungsortes betätigen dürfen; dieses umfasst das Streikrecht und das Recht auf Kollektivverhandlungen;
7. das Verbot der Ungleichbehandlung von Beschäftigung, etwa aufgrund von nationaler und ethnischer Abstammung, sozialer Herkunft, Gesundheitsstatus, Behinderung, sexueller Orientierung, Alter, Geschlecht, politischer Meinung, Religion oder Weltanschauung, sofern diese nicht in den Erfordernissen der Beschäftigung begründet ist; eine Ungleichbehandlung umfasst insbesondere die Zahlung ungleichen Entgelts für gleichwertige Arbeit;
8. das Verbot des Vorenthaltens eines angemessenen Lohns; der angemessene Lohn ist mindestens der nach dem anwendbaren Recht festgelegte Mindestlohn und bemisst sich ansonsten nach dem Recht des Beschäftigungsortes;
9. das Verbot der Herbeiführung einer schädlichen Bodenveränderung, Gewässerverunreinigung, Luftverunreinigung, schädlichen Lärmemission oder eines übermäßigen Wasserverbrauchs, die
   a) die natürlichen Grundlagen zum Erhalt und der Produktion von Nahrung erheblich beeinträchtigt,
   b) einer Person den Zugang zu einwandfreiem Trinkwasser verwehrt,
   c) einer Person den Zugang zu Sanitäranlagen erschwert oder zerstört oder
   d) die Gesundheit einer Person schädigt;
10. das Verbot der widerrechtlichen Zwangsräumung und das Verbot des widerrechtlichen Entzugs von Land, von Wäldern und Gewässern bei dem Erwerb, der Bebauung oder anderweitigen Nutzung von Land, Wäldern und Gewässern, deren Nutzung die Lebensgrundlage einer Person sichert;
11. das Verbot der Beauftragung oder Nutzung privater oder öffentlicher Sicherheitskräfte zum Schutz des unternehmerischen Projekts, wenn aufgrund mangelnder Unterweisung oder Kontrolle seitens des Unternehmens bei dem Einsatz der Sicherheitskräfte
    a) das Verbot von Folter und grausamer, unmenschlicher oder erniedrigender Behandlung missachtet wird,
    b) Leib oder Leben verletzt werden oder
    c) die Vereinigungs- und Koalitionsfreiheit beeinträchtigt werden;
12. das Verbot eines über die Nummern 1 bis 11 hinausgehenden Tuns oder pflichtwidrigen Unterlassens, das unmittelbar geeignet ist, in besonders schwerwiegender Weise eine geschützte Rechtsposition zu beeinträchtigen und dessen Rechtswidrigkeit bei verständiger Würdigung aller in Betracht kommender Umstände offensichtlich ist.

(3) Ein umweltbezogenes Risiko im Sinne dieses Gesetzes ist ein Zustand, bei dem auf Grund tatsächlicher Umstände mit hinreichender Wahrscheinlichkeit ein Verstoß gegen eines der folgenden Verbote droht:

1. das Verbot der Herstellung von mit Quecksilber versetzten Produkten gemäß Artikel 4 Absatz 1 und Anlage A Teil I des Übereinkommens von Minamata vom 10. Oktober 2013 über Quecksilber (BGBl. 2017 II S. 610, 611) (Minamata-Übereinkommen);
2. das Verbot der Verwendung von Quecksilber und Quecksilberverbindungen bei Herstellungsprozessen im Sinne des Artikels 5 Absatz 2 und Anlage B Teil I des Minamata-Übereinkommens ab dem für die jeweiligen Produkte und Prozesse im Übereinkommen festgelegten Ausstiegsdatum;
3. das Verbot der Behandlung von Quecksilberabfällen entgegen den Bestimmungen des Artikels 11 Absatz 3 des Minamata-Übereinkommens;
4. das Verbot der Produktion und Verwendung von Chemikalien nach Artikel 3 Absatz 1 Buchstabe a und Anlage A des Stockholmer Übereinkommens vom 23. Mai 2001 über persistente organische Schadstoffe (BGBl. 2002 II S. 803, 804) (POPs-Übereinkommen), zuletzt geändert durch den Beschluss vom 6. Mai 2005 (BGBl. 2009 II S. 1060, 1061), in der Fassung der Verordnung (EU) 2019/1021 des Europäischen Parlaments und des Rates vom 20. Juni 2019 über persistente organische Schadstoffe (ABl. L 169 vom 26. 5. 2019, S. 45), die zuletzt durch die Delegierte Verordnung (EU) 2021/277 der Kommission vom 16. Dezember 2020 (ABl. L 62 vom 23. 2. 2021, S. 1) geändert worden ist;
5. das Verbot der nicht umweltgerechten Handhabung, Sammlung, Lagerung und Entsorgung von Abfällen nach den Regelungen, die in der anwendbaren Rechtsverordnung nach den Maßgaben des Artikels 6 Absatz 1 Buchstabe d Ziffer i und ii des POPs-Übereinkommens gelten;
6. das Verbot der Ausfuhr gefährlicher Abfälle im Sinne des Artikel 1 Absatz 1 und anderer Abfälle im Sinne des Artikel 1 Absatz 2 des Basler Übereinkommens über die Kontrolle der grenzüberschreitenden Verbringung gefährlicher Abfälle und ihrer Entsorgung vom 22. März 1989 (BGBl. 1994 II S. 2703, 2704) (Basler Übereinkommen), zuletzt geändert durch die Dritte Verordnung zur Änderung von Anlagen zum Basler Übereinkommen vom 22. März 1989 vom 6. Mai 2014 (BGBl. II S. 306, 307), und im Sinne der Verordnung (EG) Nr. 1013/2006 des Europäischen Parlaments und des Rates vom 14. Juni 2006 über die Verbringung von Abfällen (ABl. L 190 vom 17. 7. 2006, S. 1) (Verordnung (EG) Nr. 1013/2006), die zuletzt durch die Delegierte Verordnung (EU) 2020/2174 der Kommission vom 19. Oktober 2020 (ABl. L 433 vom 22. 12. 2020, S. 11) geändert worden ist
   a) in eine Vertragspartei, die die Einfuhr solcher gefährlichen und anderer Abfälle verboten hat (Artikel 4 Absatz 1 Buchstabe b des Basler Übereinkommens),
   b) in einem Einfuhrstaat im Sinne des Artikel 2 Nummer 11 des Basler Übereinkommens, der nicht seine schriftliche Einwilligung zu der bestimmten Einfuhr gegeben hat, wenn dieser Einfuhrstaat die Einfuhr dieser gefährlichen Abfällt nicht verboten hat (Artikel 4 Absatz 1 Buchstabe c des Basler Übereinkommens),
   c) in eine Nichtvertragspartei des Basler Übereinkommens (Artikel 4 Absatz 5 des Basler Übereinkommens),

d) in einen Einfuhrstaat, wenn solche gefährlichen Abfälle oder andere Abfälle in diesem Staat oder anderswo nicht umweltgerecht behandelt werden (Artikel 4 Absatz 8 Satz 1 des Basler Übereinkommens);
7. das Verbot der Ausfuhr gefährlicher Abfälle von in Anlage VII des Basler Übereinkommens aufgeführten Staaten in Staaten, die nicht in Anlage VII aufgeführt sind (Artikel 4A des Basler Übereinkommens, Artikel 36 der Verordnung (EG) Nr. 1013/2006) sowie
8. das Verbot der Einfuhr gefährlicher Abfälle und anderer Abfälle aus einer Nichtvertragspartei des Basler Übereinkommens (Artikel 4 Absatz 5 des Basler Übereinkommens).

(4) Eine Verletzung einer menschenrechtsbezogenen Pflicht im Sinne dieses Gesetzes ist der Verstoß gegen ein in Absatz 2 Nummer 1 bis 12 genanntes Verbot. Eine Verletzung einer umweltbezogenen Pflicht im Sinne dieses Gesetzes ist der Verstoß gegen ein in Absatz 3 Nummer 1 bis 8 genanntes Verbot.

(5) Die Lieferkette im Sinne dieses Gesetzes bezieht sich auf alle Produkte und Dienstleistungen eines Unternehmens. Sie umfasst alle Schritte im In- und Ausland, die zur Herstellung der Produkte und zur Erbringung der Dienstleistungen erforderlich sind, angefangen von der Gewinnung der Rohstoff bis zu der Lieferung an den Endkunden und erfasst
1. das Handeln eines Unternehmens im eigenen Geschäftsbereich,
2. das Handeln eines unmittelbaren Zulieferers und
3. das Handeln eines mittelbaren Zulieferers.

(6) Der eigene Geschäftsbereich im Sinne dieses Gesetzes erfasst jede Tätigkeit des Unternehmens zur Erreichung des Unternehmensziels. Erfasst ist damit jede Tätigkeit zur Herstellung und Verwertung von Produkten und zur Erbringung von Dienstleistungen, unabhängig davon, ob sie an einem Standort im In- oder Ausland vorgenommen wird. In verbundenen Unternehmen zählt zum eigenen Geschäftsbereich der Obergesellschaft eine konzernangehörige Gesellschaft, wenn die Obergesellschaft auf die konzernangehörige Gesellschaft einen bestimmenden Einfluss ausübt.

(7) Unmittelbarer Zulieferer im Sinne dieses Gesetzes ist ein Partner eines Vertrages über die Lieferung von Waren oder die Erbringung von Dienstleistungen, dessen Zulieferungen für die Herstellung des Produktes des Unternehmens oder zur Erbringung und Inanspruchnahme der betreffenden Dienstleistung notwendig sind.

(8) Mittelbarer Zulieferer im Sinne dieses Gesetzes ist jedes Unternehmen, das kein unmittelbarer Zulieferer ist und dessen Zulieferungen für die Herstellung des Produktes des Unternehmens oder zur Erbringung und Inanspruchnahme der betreffenden Dienstleistung notwendig sind.

Abschnitt 2 – Sorgfaltspflichten

§ 3 Sorgfaltspflichten (1) Unternehmen sind dazu verpflichtet, in ihren Lieferketten die in diesem Abschnitt festgelegten menschenrechtlichen und umweltbezogenen Sorgfaltspflichten in angemessener Weise zu beachten mit dem Ziel, menschenrechtlichen oder umweltbezogenen Risiken vorzubeugen oder sie zu minimieren oder die Verletzung menschenrechtsbezogener oder umweltbezogener Pflichten zu beenden. Die Sorgfaltspflichten enthalten:

1. die Einrichtung eines Risikomanagements (§ 4 Absatz 1),
2. die Festlegung einer betriebsinternen Zuständigkeit (§ 4 Absatz 3),
3. die Durchführung regelmäßiger Risikoanalysen (§ 5),
4. die Abgabe einer Grundsatzerklärung (§ 6 Absatz 2),
5. die Verankerung von Präventionsmaßnahmen im eigenen Geschäftsbereich (§ 6 Absatz 1 und 3) und gegenüber unmittelbaren Zulieferern (§ 6 Absatz 4),
6. das Ergreifen von Abhilfemaßnahmen (§ 7 Absatz 1 bis 3),
7. die Einrichtung eines Beschwerdeverfahrens (§ 8),
8. die Umsetzung von Sorgfaltspflichten in Bezug auf Risiken bei mittelbaren Zulieferern (§ 9) und
9. die Dokumentation (§ 10 Absatz 1) und die Berichterstattung (§ 10 Absatz 2).

(2) Die angemessene Weise eines Handelns, das den Sorgfaltspflichten genügt, bestimmt sich nach

1. Art und Umfang der Geschäftstätigkeit des Unternehmens,
2. dem Einflussvermögen des Unternehmens auf den unmittelbaren Verursacher eines menschenrechtlichen oder umweltbezogenen Risikos oder der Verletzung einer menschenrechtsbezogenen oder umweltbezogenen Pflicht,
3. der typischerweise zu erwartenden Schwere der Verletzung, der Umkehrbarkeit der Verletzung und der Wahrscheinlichkeit der Verletzung einer menschenrechtsbezogenen oder einer umweltbezogenen Pflicht sowie
4. nach der Art des Verursachungsbeitrages des Unternehmens zu dem menschenrechtlichen oder umweltbezogenen Risiko oder zu der Verletzung einer menschenrechtsbezogenen oder einer umweltbezogenen Pflicht.

(3) Eine Verletzung der Pflichten aus diesem Gesetz begründet keine zivilrechtliche Haftung. Eine unabhängig von diesem Gesetz begründete zivilrechtliche Haftung bleibt unberührt.

§ 4 Risikomanagement (1) Unternehmen müssen ein angemessenes und wirksames Risikomanagement zur Einhaltung der Sorgfaltsplichten (§ 3 Absatz 1) einrichten. Das Risikomanagement ist in alle maßgeblichen Geschäftsabläufe durch angemessene Maßnahmen zu verankern.

(2) Wirksam sind solche Maßnahmen, die es ermöglichen, menschenrechtliche und umweltbezogene Risiken zu erkennen und zu minimieren sowie Verletzungen menschenrechtsbezogener oder umweltbezogener Pflichten zu verhindern, zu beenden oder deren Ausmaß zu minimieren, wenn das Unternehmen diese Risiken oder Verletzungen innerhalb der Lieferkette verursacht oder dazu beigetragen hat.

(3) Das Unternehmen hat dafür zu sorgen, dass festgelegt ist, wer innerhalb des Unternehmens dafür zuständig ist, das Risikomanagement zu überwachen, etwa durch die Benennung eines Menschenrechtsbeauftragten. Die Geschäftsleitung hat sich regelmäßig, mindestens einmal jährlich, über die Arbeit der zuständigen Person oder Personen zu informieren.

(4) Das Unternehmen hat bei der Errichtung und Umsetzung seines Risikomanagementssystems die Interessen seiner Beschäftigten, der Beschäftigten innerhalb

seiner Lieferketten und derjenigen, die in sonstiger Weise durch das wirtschaftliche Handeln des Unternehmens oder durch das wirtschaftliche Handeln eines Unternehmens in seinen Lieferketten in einer geschützten Rechtsposition unmittelbar betroffen sein können, angemessen zu berücksichtigen.

§ 5 Risikoanalyse (1) Im Rahmen des Risikomanagements hat das Unternehmen eine angemessene Risikoanalyse nach den Absätzen 2 bis 4 durchzuführen, um die menschenrechtlichen und umweltbezogenen Risiken im eigenen Geschäftsbereich sowie bei seinen unmittelbaren Zulieferern zu ermitteln. In Fällen, in denen ein Unternehmen eine missbräuchliche Gestaltung der unmittelbaren Zuliefererbeziehung oder ein Umgehungsgeschäft vorgenommen hat, um die Anforderungen an die Sorgfaltspflichten in Hinblick auf den unmittelbaren Zulieferer zu umgehen, gilt ein mittelbarer Zulieferer als unmittelbarer Zulieferer.
(2) Die ermittelten menschenrechtlichen und umweltbezogenen Risiken sind angemessen zu gewichten und zu priorisieren. Dabei sind insbesondere die in § 3 Absatz 2 genannten Kriterien maßgeblich.
(3) Das Unternehmen muss dafür Sorge tragen, dass die Ergebnisse der Risikoanalyse intern an die maßgeblichen Entscheidungsträger, etwa an den Vorstand oder an die Einkaufsabteilung, kommuniziert werden.
(4) Die Risikoanalyse ist einmal im Jahr sowie anlassbezogen durchzuführen, wenn das Unternehmen mit einer wesentlich veränderten oder wesentlich erweiterten Risikolage in der Lieferkette rechnen muss, etwa durch die Einführung neuer Produkte, Projekte oder eines neuen Geschäftsfeldes. Erkenntnisse aus der Bearbeitung von Hinweisen nach § 8 Absatz 1 sind zu berücksichtigen.

§ 6 Präventionsmaßnahmen (1) Stellt ein Unternehmen im Rahmen einer Risikoanalyse nach § 5 ein Risiko fest, hat es unverzüglich angemessene Präventionsmaßnahmen nach den Absätzen 2 bis 4 zu ergreifen.
(2) Das Unternehmen muss eine Grundsatzerklärung über seine Menschenrechtsstrategie abgeben. Die Unternehmensleitung hat die Grundsatzerklärung abzugeben. Die Grundsatzerklärung muss mindestens die folgenden Elemente einer Menschenrechtsstrategie des Unternehmens enthalten:
1. die Beschreibung des Verfahrens, mit dem das Unternehmen seinen Pflichten nach § 4 Absatz 1, § 5 Absatz 1, § 6 Absatz 3 bis 5, sowie den §§ 7 bis 10 nachkommt,
2. die für das Unternehmen auf Grundlage der Risikoanalyse festgestellten prioritären menschenrechtlichen und umweltbezogenen Risiken und
3. die auf Grundlage der Risikoanalyse erfolgt Festlegung der menschenrechtsbezogenen und umweltbezogenen Erwartungen, die das Unternehmen an seine Beschäftigten und Zulieferer in der Lieferkette richtet.

(3) Das Unternehmen muss angemessene Präventionsmaßnahmen im eigenen Geschäftsbereich verankern, insbesondere:
1. die Umsetzung der in der Grundsatzerklärung dargelegten Menschenrechtsstrategie in den relevanten Geschäftsabläufen,

2. die Entwicklung und Implementierung geeigneter Beschaffungsstrategien und Einkaufspraktiken, durch die festgestellten Risiken verhindert oder minimiert werden,
3. die Durchführung von Schulungen in den relevanten Geschäftsbereichen,
4. die Durchführung risikobasierter Kontrollmaßnahmen, mit denen die Einhaltung der in der Grundsatzerklärung enthaltenen Menschenrechtsstrategie im eigenen Geschäftsbereich überprüft wird.

(4) Das Unternehmen muss angemessene Präventionsmaßnahmen gegenüber einem unmittelbaren Zulieferer verankern, insbesondere:

1. die Berücksichtigung der menschenrechtsbezogenen und umweltbezogenen Erwartungen bei der Auswahl eines unmittelbaren Zulieferers,
2. die vertragliche Zulieferung eines unmittelbaren Zulieferers, dass dieser die von der Geschäftsleitung des Unternehmens verlangten menschenrechtsbezogenen und umweltbezogenen Erwartungen einhält und entlang der Lieferkette angemessen adressiert,
3. die Durchführung von Schulungen und Weiterbildungen zur Durchsetzung der vertraglichen Zusicherungen des unmittelbaren Zulieferers nach Nummer 2,
4. die Vereinbarung angemessener vertraglicher Kontrollmechanismen sowie deren risikobasierte Durchführung, um die Einhaltung der Menschenrechtsstrategie bei dem unmittelbaren Zulieferer zu überprüfen.

(5) Die Wirksamkeit der Präventionsmaßnahmen ist einmal im Jahr sowie anlassbezogen zu überprüfen, wenn das Unternehmen mit einer wesentlich veränderten oder wesentlich erweiterten Risikolage im eigenen Geschäftsbereich oder beim unmittelbaren Zulieferer rechnen muss, etwa durch die Einführung neuer Produkte, Projekte oder eines neuen Geschäftsfeldes. Erkenntnisse aus der Bearbeitung von Hinweisen nach § 8 Absatz 1 sind zu berücksichtigen. Die Maßnahmen sind bei Bedarf unverzüglich zu aktualisieren.

§ 7 **Abhilfemaßnahmen** (1) Stellt das Unternehmen fest, dass die Verletzung einer menschenrechtsbezogenen oder einer umweltbezogenen Pflicht in seinem eigenen Geschäftsbereich oder bei einem unmittelbaren Zulieferer bereits eingetreten ist oder unmittelbar bevorsteht, hat es unverzüglich angemessene Abhilfemaßnahmen zu ergreifen, um diese Verletzung zu verhindern, zu beenden oder das Ausmaß der Verletzung zu minimieren. § 5 Absatz 1 Satz 2 gilt entsprechend. Im eigenen Geschäftsbereich im Inland muss die Abhilfemaßnahme zu einer Beendigung der Verletzung führen. Im eigenen Geschäftsbereich im Ausland und im eigenen Geschäftsbereich gemäß § 2 Absatz 6 Satz 3 muss die Abhilfemaßnahme in der Regel zur Beendigung der Verletzung führen.

(2) Ist die Verletzung einer menschenrechtsbezogenen oder einer umweltbezogenen Pflicht bei einem unmittelbaren Zulieferer so beschaffen, dass das Unternehmen sie nicht in absehbarer Zeit beenden kann, muss es unverzüglich ein Konzept zur Beendigung oder Minimierung erstellen und umsetzen. Das Konzept muss einen konkreten Zeitplan enthalten. Bei der Erstellung und Umsetzung des Konzepts sind insbesondere folgende Maßnahmen in Betracht zu ziehen:

1. die gemeinsame Erarbeitung und Umsetzung eines Plans zur Beendigung oder Minimierung der Verletzung mit dem Unternehmen, durch das die Verletzung verletzt wird,
2. der Zusammenschluss mit anderen Unternehmen im Rahmen von Brancheninitiativen und Branchenstandards, um die Einflussmöglichkeit auf den Verursacher zu erhöhen,
3. ein temporäres Aussetzen der Geschäftsbeziehung während der Bemühungen zur Risikominimierung.

(3) Der Abbruch einer Geschäftsbeziehung ist nur geboten, wenn
1. die Verletzung einer geschützten Rechtsposition oder einer umweltbezogenen Pflicht als sehr schwerwiegend bewertet wird,
2. die Umsetzung der im Konzept erarbeiteten Maßnahmen nach Ablauf der im Konzept festgelegten Zeit keine Abhilfe bewirkt,
3. dem Unternehmen keine anderen Mittel zur Verfügung stehen und eine Erhöhung des Einflussvermögens nicht aussichtsreich erscheint.

Die bloße Tatsache, dass ein Staat eines der in der Anlage zu diesem Gesetz aufgelisteten Übereinkommen nicht ratifiziert oder nicht in sein nationales Recht umgesetzt hat, führt nicht zu einer Pflicht zum Abbruch der Geschäftsbeziehung. Von Satz 2 unberührt bleiben Einschränkungen des Außenwirtschaftsverkehrs durch oder aufgrund von Bundesrecht, Recht der Europäischen Union oder Völkerrecht.

(4) Die Wirksamkeit der Abhilfemaßnahmen ist einmal im Jahr sowie anlassbezogen zu überprüfen, wenn das Unternehmen mit einer wesentlich veränderten oder wesentlich erweiterten Risikolage im eigenen Geschäftsbereich oder beim unmittelbaren Zulieferer rechnen muss, etwa durch die Einführung neuer Produkte, Projekte oder eines neuen Geschäftsfeldes. Erkenntnisse aus der Bearbeitung von Hinweisen nach § 8 Absatz 1 sind zu berücksichtigen. Die Maßnahmen sind bei Bedarf unverzüglich zu aktualisieren.

§ 8 Beschwerdeverfahren (1) Das Unternehmen hat dafür zu sorgen, dass ein angemessenes unternehmensinternes Beschwerdeverfahren nach den Absätzen 2 bis 4 eingerichtet ist. Das Beschwerdeverfahren ermöglicht Personen, auf menschenrechtliche und umweltbezogene Risiken sowie auf Verletzungen menschenrechtsbezogener oder umweltbezogener Pflichten hinzuweisen,. die durch das wirtschaftliche Handeln eines Unternehmens im eigenen Geschäftsbereich oder eines unmittelbaren Zulieferers entstanden sind. Der Eingang des Hinweises ist den Hinweisgebern zu bestätigen. Die von dem Unternehmen mit der Durchführung des Verfahrens betrauten Personen haben den Sachverhalt mit den Hinweisgebern zu erörtern. Sie können ein Verfahren der einvernehmlichen Beilegung anbieten. Die Unternehmen können sich stattdessen an einem entsprechenden externen Beschwerdeverfahren beteiligen, sofern es die nachfolgenden Kriterien erfüllt.

(2) Das Unternehmen legt eine Verfahrensordnung in Textform fest, die öffentlich zugänglich ist.

(3) Die von dem Unternehmen mit der Durchführung des Verfahrens betrauten Personen müssen Gewähr für unparteiisches Handeln bieten, insbesondere müssen

sie unabhängig und an Weisungen nicht gebunden sein. Sie sind zur Verschwiegenheit verpflichtet.

(4) Das Unternehmen muss in geeigneter Weise klare und verständliche Informationen zur Erreichbarkeit und Zuständigkeit und zur Durchführung des Beschwerdeverfahrens öffentlich zugänglich machen. Das Beschwerdeverfahren muss für potenzielle Beteiligte zugänglich sein, die Vertraulichkeit der Identität wahren und wirksamen Schutz vor Benachteiligung oder Bestrafung aufgrund einer Beschwerde gewährleisten.

(5) Die Wirksamkeit des Beschwerdeverfahrens ist mindestens einmal im Jahr sowie anlassbezogen zu überprüfen, wenn das Unternehmen mit einer wesentlich veränderten oder wesentlich erweiterten Risikolage im eigenen Geschäftsbereich oder beim unmittelbaren Zulieferer rechnen muss, etwa durch die Einführung neuer Produkte, Projekte oder eines neuen Geschäftsfeldes. Die Maßnahmen sind bei Bedarf unverzüglich zu wiederholen.

§ 9 Mittelbare Zulieferer; Verordnungsermächtigung (1) Das Unternehmen muss das Beschwerdeverfahren nach § 8 so einrichten, dass es Personen auch ermöglicht, auf menschenrechtliche oder umweltbezogene Risiken sowie auf Verletzungen menschenrechtsbezogener oder umweltbezogener Pflichten hinzuweisen, die durch das wirtschaftliche Handeln eines mittelbaren Zulieferers entstanden sind.

(2) Das Unternehmen muss nach Maßgabe des Absatzes 3 sein bestehendes Risikomanagement im Sinne von § 4 anpassen.

(3) Liegen einem Unternehmen tatsächliche Anhaltspunkte vor, die eine Verletzung einer menschenrechtsbezogenen oder einer umweltbezogenen Pflicht bei mittelbaren Zulieferern möglich erscheinen lassen (substantiierte Kenntnis), so hat es anlassbezogen unverzüglich

1. eine Risikoanalyse gemäß § 5 Absatz 1 bis 3 durchzuführen,
2. angemessene Präventionsmaßnahmen gegenüber dem Verursacher zu verankern, etwa die Durchführung von Kontrollmaßnahmen, die Unterstützung bei der Vorbeugung und Vermeidung eines Risikos oder die Umsetzung von branchenspezifischen oder branchenübergreifenden Initiativen, denen das Unternehmen beigetreten ist,
3. ein Konzept zur Verhinderung, Beendigung oder Minimierung zu erstellen und umzusetzen und
4. gegebenenfalls entsprechend seine Grundsatzerklärung gemäß § 6 Absatz 2 zu aktualisieren.

(4) Das Bundesministerium für Arbeit und Soziales wird ermächtigt, Näheres zu den Pflichten des Absatzes 3 durch Rechtsverordnung im Einvernehmen mit dem Bundesministerium für Wirtschaft und Energie ohne Zustimmung des Bundesrates zu regeln.

§ 10 Dokumentations- und Berichtspflicht (1) Die Erfüllung der Sorgfaltspflichten nach § 3 ist unternehmensintern fortlaufend zu dokumentieren. Die Dokumentation ist ab ihrer Erstellung mindestens sieben Jahre lang aufzubewahren.

(2) Das Unternehmen hat jährlich einen Bericht über die Erfüllung seiner Sorgfaltspflichten im vergangenen Geschäftsjahr zu erstellen und spätestens vier Monate nach dem Schluss des Geschäftsjahrs auf der Internetseite des Unternehmens für einen Zeitraum von sieben Jahren kostenfrei zugänglich zu machen. In dem Bericht ist nachvollziehbar mindestens darzulegen

1. ob und falls ja, welche menschenrechtlichen und umweltbezogenen Risiken oder Verletzungen einer menschenrechtsbezogenen oder umweltbezogenen Pflicht das Unternehmen identifiziert hat,
2. was das Unternehmen, unter Bezugnahme auf die in den §§ 4 bis 9 beschriebenen Maßnahmen, zur Erfüllung seiner Sorgfaltspflichten unternommen hat; dazu zählen auch die Elemente der Grundsatzerklärung gemäß § 6 Absatz 2, sowie die Maßnahmen, die das Unternehmen aufgrund von Beschwerden nach § 8 oder nach § 9 Absatz 1 getroffen hat,
3. wie das Unternehmen die Auswirkungen und die Wirksamkeit der Maßnahmen bewertet und
4. welche Schlussfolgerungen es aus der Bewertung für zukünftige Maßnahmen zieht.

(3) Hat das Unternehmen kein menschenrechtliches oder umweltbezogenes Risiko und keine Verletzung einer menschenrechtsbezogenen oder einer umweltbezogenen Pflicht festgestellt und dies in seinem Bericht plausibel dargelegt, sind keine weiteren Ausführungen nach Absatz 2 Satz 2 Nummer 2 bis 4 erforderlich.
(4) Der Wahrung von Betriebs- und Geschäftsgeheimnissen ist dabei gebührend Rechnung zu tragen.

Abschnitt 3 – Zivilprozess

§ 11 Besondere Prozessstandschaft (1) Wer geltend macht, in einer überragend wichtigen geschützten Rechtsposition aus § 2 Absatz 1 verletzt zu sein, kann zur gerichtlichen Geltendmachung seiner Rechte einer inländischen Gewerkschaft oder Nichtregierungsorganisation die Ermächtigung zur Prozessführung erteilen.
(2) Eine Gewerkschaft oder Nichtregierungsorganisation kann nach Absatz 1 nur ermächtigt werden, wenn sie eine auf Dauer angelegte eigene Präsenz unterhält und sich nach ihrer Satzung nicht gewerbsmäßig und nicht nur vorübergehend dafür einsetzt, die Menschenrechte oder entsprechenden Rechte im nationalen Recht eines Staates zu realisieren.

Abschnitt 4 – Behördliche Kontrolle und Durchsetzung

Unterabschnitt 1 – Berichtsprüfung

§ 12 Einreichung des Berichts (1) Der Bericht nach § 10 Absatz 2 Satz 1 ist in deutscher Sprache und elektronisch über einen von der zuständigen Behörde bereitgestellten Zugang einzureichen. 14b
(2) Der Bericht ist spätestens vier Monate nach dem Schluss des Geschäftsjahres, auf das er sich bezieht, einzureichen.

…

15. Gesetz zum Schutz vor Missbrauch personenbezogener Daten bei der Datenverarbeitung (Bundesdatenschutzgesetz – BDSG)

Einleitung

I. Entstehungsgeschichte

1. Bundesdatenschutzgesetz

Die erste gesetzliche Regelung zum Datenschutz in der Bundesrepublik erfolgte durch das hessische Datenschutzgesetz vom 7. 10. 1970 (Hess. GVBl. I 625; zur Geschichte des Datenschutzes *Kittner*, Arbeitsrecht und Geschichte, S. 547 ff.). Auf Bundesebene hatte der Deutsche Bundestag in einer Entschließung vom 28. 3. 1969 eine alsbaldige gesetzliche Regelung gefordert. 1971 wurden zunächst ein Referentenentwurf und dann ein Gesetzentwurf von Abgeordneten aller Bundestagsfraktionen vorgelegt. Es folgte 1973 der Regierungsentwurf zum BDSG (BT-Drs. 7/1027). Das BDSG vom 21. 1. 1977 (BGBl. I 201) ist mehrfach geändert worden (Überblick: 41. Aufl. Einl. I 3 zum BDSG, Nr. 15). Nachdem es in den Jahren 2008/09 in verschiedenen deutschen Großunternehmen zu erheblichen Datenskandalen kam, schien es für einen Augenblick möglich, dass sich die damalige Große Koalition auf ein Arbeitnehmerdatenschutzgesetz verständigt. Das Vorhaben wurde dann aber doch in die neue Legislaturperiode vertagt und schließlich nicht mehr verwirklicht. Immerhin wurde eine »kleine Lösung« in Form einer besonderen Bestimmung für den Datenschutz im Arbeitsverhältnis in § 32 gefunden (Gesetz v. 14. 8. 2009, BGBl. I 2814). Eine grundlegende Reform erfolgte sodann im Nachgang zur Schaffung der europäischen Datenschutz-Grundverordnung. Im Zuge des Datenschutz-Anpassungs- und -Umsetzungsgesetzes EU v. 30. 6. 2017 (BGBl. I 2097) wurde eine zusammenfassende und konkretisierende Regelung zur Datenverarbeitung im Beschäftigungsverhältnis in § 26 BDSG geschaffen. Durch das 2. EUDSAnpUG (v. 20. 11. 2019, BGBl. I 1626) wurde der Schwellenwert für die Bestellung eines Datenschutzbeauftragten von 10 auf 20 angehoben und die Möglichkeit der Einwilligung in die Datenverarbeitung in elektronischer Form eingeführt.

2. Europäische Entwicklung

Die Mitgliedstaaten des Europarates hatten ein »Übereinkommen vom 28. Januar 1981 zum Schutz der Menschen bei der automatischen Verarbeitung personenbezogener Daten« (= »Datenschutzkonvention«) unterzeichnet. Es ist in der Bundesrepublik ratifiziert worden und damit bei der Interpretation des innerstaatlichen Rechts zu berücksichtigen (Gesetz vom 13. 3. 1985, BGBl. II 538; hierzu s. BT-Drs.

10/2110; *Riegel,* RIW 89, 359; *Schild,* EuZW 91, 745; *Wurst,* JuS 91, 448; *Däubler/Kittner/Lörcher,* Internationale Arbeits- und Sozialordnung).

Seit 1995 gab es eine EG-Datenschutzrichtlinie (RL 1995/46/EG, ABl. L 281/31 v. 23.11.1995), der das deutsche Recht in der Folge genügen musste. Diese wurde durch die Europäische Datenschutz-Grundverordnung (EU) 2016/679 ersetzt (Nr. 15a, EU-ASO Nr. 51, zur historischen Entwicklung vgl. auch 45. Aufl.). Als Verordnung findet sie seit dem 25.5.2018 an sich unmittelbare Anwendung. Sie enthält allerdings zahlreiche Öffnungsklauseln für Regelungen durch die Mitgliedstaaten. Die Verordnung enthält keine spezifischen Regeln zum Arbeitnehmerdatenschutz, sodass die allgemeinen Regelungen der DS-GV auch für das Arbeitsverhältnis Geltung beanspruchen. Durch die Öffnung der DS-GV in deren Art. 88 für spezifische mitgliedstaatliche Regelungen auch in Bezug auf den Beschäftigtendatenschutz ist dieser durch die Verordnung im Ergebnis aber letztlich doch nicht geregelt (*Spindler*, DB 16, 937, 938). Entsprechend ist das BDSG weiterhin wesentliche Rechtsquelle des Beschäftigtendatenschutzes, wenngleich vorrangig die Regelungen der DS-GV anzuwenden sind. Durch Gesetz v. 17.7.2017 (BGBl. I 2541) wurden die Regelungen in §§ 67 ff. SGB X entsprechend der DS-GV angepasst (vgl. Einl. zum SGB X, Nr. 30 X).

II. Datenschutz nach der EU-Datenschutz-Grundverordnung

Art. 5 der DS-GV regelt die Grundsätze für die Verarbeitung personenbezogener Daten. Dazu gehören das Rechtmäßigkeitsprinzip, die Zweckbindung, der Grundsatz der Datenminimierung, der Grundsatz der Richtigkeit, das Prinzip der Speicherbegrenzung sowie der Grundsatz der Integrität und Vertraulichkeit. Dabei setzt die Rechtmäßigkeit der Verarbeitung nach Art. 6 DS-GV eine Rechtfertigung voraus. Diese kann sich im Arbeitsverhältnis insbesondere aus der Erforderlichkeit für die Erfüllung oder Durchführung eines Vertrages, für die Erfüllung einer Rechtspflicht oder aus einer Einwilligung ergeben. Die Einwilligung nach Art. 7 DS-GV, die vom Verantwortlichen nachzuweisen ist und jederzeit widerrufen werden kann, muss dem Prinzip der Freiwilligkeit (Art. 7 Abs. 4 DS-GV) entsprechen, da nach Art. 4 Nr. 11 DS-GV eine Einwilligung »jede freiwillig für den bestimmten Fall, in informierter Weise und unmissverständlich abgegebene Willensbekundung« ist. Anders als in einem früheren Entwurf ist die Einwilligung nicht schon bei einem strukturellen Ungleichgewicht wie im Arbeitsverhältnis ausgeschlossen, sondern es bedarf in jedem Einzelfall der Prüfung der Freiwilligkeit (*Kühling/Martini*, EuZW 16, 448, 451). In Betracht kommt allerdings auch eine stillschweigend erklärte Einwilligung (*Spindler*, DB 16, 937, 940; *Kort*, DB 16, 711, 715). Für besonders sensible Daten i.S. des Art. 9 Abs. 1, zu denen neben Herkunft, Meinung, Religion, Weltanschauung, genetische und biometrische Daten sowie Sexualdaten auch die Gewerkschaftszugehörigkeit zählt, ist aber nur eine ausdrückliche und zweckgebundene Einwilligung nach Art. 9 Abs. 2 lit. a DS-GV möglich. Hinsichtlich der Widerruflichkeit ist die von der bisherigen Rechtsprechung geforderte Interessenabwägung (s.u. III) künftig ausgeschlossen (*Kort*, DB 16, 711, 715).

Datentransfers in Drittstaaten unterliegen den Regelungen der Art. 44 ff. (vgl. *Däubler*, AiB 16, 26, 30). Dabei gilt der Grundsatz der Sicherung eines adäquaten

Datenschutzniveaus, worüber nach Art. 45 DS-GV eine Angemessenheitsentscheidung der Kommission ergehen kann.

Ein Konzernprivileg kennt die DS-GV nicht (*Spindler*, DB 16, 937, 941; a. A. *Kort*, DB 16, 711, 715). Im Erwägungsgrund (48) wird zwar darauf hingewiesen, dass es ein berechtigtes Interesse geben kann, personenbezogene Daten innerhalb einer Unternehmensgruppe für interne Verwaltungszwecke einschließlich der Verarbeitung von Beschäftigtendaten zu übermitteln. Dies ändert aber nichts an der Geltung der allgemeinen Grundsätze der DS-GV (*Brandt*, CuA 16, 17).

Die Datenerhebung, die nicht bei den Betroffenen erfolgt, löst eine Informationspflicht nach Art. 14 DS-GV aus. Sie erstreckt sich auf sämtliche Daten, auch solche, die der Verarbeitende selbst erzeugt hat (*EuGH* 28.11.2024 – C-169/23, NZA 25, 167 – Nemzeti Adatvédelmi és Információszabadság Hatóság). Darüber hinaus haben Betroffene und damit regelmäßig auch Arbeitnehmer im Arbeitsverhältnis gemäß Art. 15 DS-GV ein umfassendes Informationsrecht über die Verarbeitung personenbezogener Daten. Dagegen erstreckt sich der Auskunftsanspruch nicht darauf, welche Arbeitnehmer im Rahmen ihrer weisungsgebundenen Tätigkeit die Datenverarbeitungsvorgänge für ihren Arbeitgeber vorgenommen haben (*EuGH* 22.6.2023 – C-579/21, NZA 23, 889 – J M). Das »Recht auf Vergessenwerden« im Sinne eines Anspruchs auf Löschung ist in Art. 17 DS-GV geregelt. Dieses Recht ist insbesondere bei unrechtmäßiger Verarbeitung, widerrufener Einwilligung oder Zweckerledigung gegeben. Auch wenn dieses Recht vom Betroffenen nicht geltend gemacht wird, kann die Aufsichtsbehörde die Löschung unrechtmäßig, verarbeiteter Daten verlangen (*EuGH* 14.3.2024 – C-46/23, NZA 24, 1058 – Verwaltung Újpest).

Nach Art. 22 Abs. 1 DS-GV hat jede Person das Recht, nicht einer Entscheidung unterworfen zu werden, die ausschließlich auf einer automatisierten Verarbeitung von Daten beruht. Der *EuGH* legt diese Bestimmung weit aus, in dem sie etwa dem Profiling durch eine Kreditwürdigkeitsauskunftei entgegensteht (7.12.2023 – C-634/21, NZA 24, 45 – SCHUFA). Eine bloß formale Entscheidung durch Menschen, die regelmäßig dem Ergebnis der Datenverarbeitung folgt, kann danach nicht genügen. Es bedarf vielmehr einer inhaltlichen nachfolgenden Entscheidung.

Der Datenschutzbeauftragte ist in Art. 37 ff. DS-GV geregelt. Die Pflicht zur Benennung eines Datenschutzbeauftragten greift aber nur für Behörden und öffentliche Stellen sowie dann, wenn die Verarbeitung zur Kerntätigkeit gehört oder spezifische Arten von Daten i. S. des Art. 9 (besonders sensible Daten) verarbeitet werden. Allerdings können die Mitgliedstaaten nach Art. 37 Abs. 4 DS-GV weitergehende Pflichten zur Bestellung eines Datenschutzbeauftragten vorsehen. Das ist im deutschen Recht geschehen (s. u. III).

Zur Gewährleistung des Datenschutzes ist unter anderem ein Schadensersatzanspruch (Art. 82) geregelt (dazu *Däubler*, CuA 12/17, 29). Der *EuGH* hat geklärt, dass ein bloßer Verstoß gegen Datenschutzbestimmungen für den Anspruch noch nicht ausreicht, wenn er nicht zu einem immateriellen Schaden geführt hat. Andererseits darf der Ersatzanspruch nicht von einer gewissen Erheblichkeit des immateriellen Schadens abhängig gemacht werden. Die Bemessung des Schadensersatzes ist allerdings nach den Grundsätzen des innerstaatlichen Rechts vorzunehmen, wobei die Maßstäbe so gestaltet sein müssen, dass der Ersatzanspruch effektiv ist und die Bemessung nicht hinter vergleichbaren Fällen nach innerstaatlichem Recht zurückbleibt (*EuGH* 4.5.2023 – C-300/21, NZA 23, 621). Im Übrigen hat der Gerichtshof klargestellt, dass ein immaterieller Schaden, der zum Ersatz berechtigt, auch dann vorliegen kann, wenn die betroffene Person befürchtet, dass ihre Daten durch Dritte missbräuchlich verwendet werden könnten (*EuGH* 14.12.2023 – C-340/21, NZA 24, 679 – VB/NAP). In der Folge hat das *BAG* betont, dass eine solche Sorge zwar einen immateriellen Schaden begründet, jedoch nicht schon die bloße Äußerung entsprechender Befürchtungen. Bei der Prüfung anhand eines objektiven Maßstabes sei das Missbrauchsrisiko zu berücksichtigen. Allein aus dem Umstand, dass ein Arbeitgeber den Auskunftsanspruch nach Art. 15 DS-GV nicht erfüllt, soll ein immaterieller Schaden noch nicht folgen (*BAG* 20.6.2024 – 8 AZR 91/22, NZA 24, 1496; *BAG* 20.6.2024 – 8 AZR 124/23, NZA 24, 1499). Insbesondere führt eine verspätete Auskunftserteilung nicht zu einem Schaden und damit zu einem Schadensersatzanspruch (*BAG* 20.2.2025 – 8 AZR 61/24, NZA 25, 837; *BSG* 24.9.2024 – B 7 AS 15/23, NZA-RR 25, 190). Die rechtswidrige Überlassung von Personalakten an Dritte begründet einen Schadensersatzanspruch, wobei hinsichtlich der Höhe zu berücksichtigen ist, ob der Dritte seinerseits eine Schweigepflicht hat (*BGH* 11.2.2025 – VI ZR 365/22, NZA 25, 780). Auch andere negative Gefühle wie Sorge oder Ärger können einen immateriellen Schaden begründen (*EuGH* 4.9.2025 – C-655/23 – Quirin Privatbank). Die Überwachung durch eine Detektei verursache nach der Rechtsprechung die Befürchtung weiterer Überwachungen und begründet einen immateriellen Schaden (*BAG* 25.7.2024 – 8 AZR 225/3, NZA 24, 1580, Rn. 34). Gefordert ist einerseits ein vollkommener Ersatz des eingetretenen Schadens, andererseits hat der Schadensersatz keinen Sanktionszweck und darf nicht über den vollständigen Ersatz des entstandenen Schadens hinausgehen (*EuGH* 21.12.2023 – C-667/21, NZA 24, 393, Rn. 86 – MDK, auf Vorlage von *BAG* 26.8.2021 – 8 AZR 253/20 [A], DB 21, 2905). Die Regelung setzt ein Verschulden des Ausgleichspflichtigen voraus, das vermutet wird, wohingegen das Verschulden für die Bemessung des Ersatzanspruchs keine Rolle spielt (*EuGH* 21.12.2023 – C-667/21, NZA 24, 393, Rn. 88 ff., 102 – MDK; *EuGH* 25.1.2024 – C-687/21, Rn. 46 ff., NZA 24, 320 – MediaMarktSaturn). Zur Widerlegung des vermuteten Verschuldens genügt es nicht, wenn ein Arbeitgeber sich darauf beruft, dass der Verstoß durch die ihm unterstellten Personen erfolgt sei (*EuGH* 11.4.2024 – C-741/21, NZA 24, 607 – GP). Ein eventueller Unterlassungsanspruch darf nicht schadensmindernd bei der Bestimmung des Entschädigungsanspruchs berücksichtigt werden (*EuGH* 4.9.2025 – C-655/23 – Quirin Privatbank). Eine Klage, mit der eine Entschädigung gefordert wird, muss nicht exakt beziffert werden, es genügt, wenn dem Gericht die Tatsachen mitgeteilt werden, die für eine Schätzung des Schadens herangezogen werden sollen (*BAG* 20.6.2024 – 8 AZR 253/20, NZA 24, 1567, Rn. 25).

Die Regelungen der Verordnung sind in Bezug auf den Beschäftigtendatenschutz nicht abschließender Natur. Gemäß Art. 88 DS-GV können die Mitgliedstaaten spezifischere Bestimmungen über den Datenschutz im Arbeitsverhältnis erlassen. Sie umfassen Maßnahmen zur Wahrung der Menschenwürde und der berechtigten Interessen und Grundrechte der Betroffenen, insbesondere in Bezug auf die Transparenz, Datenverarbeitung und -übermittlung in Konzernen und auf

Überwachungssysteme am Arbeitsplatz. Dazu hat der *EuGH* klargestellt, dass spezifischere Vorschriften des nationalen Rechts derartige Sicherungen mit erfüllen müssen (30. 3. 2023 – C-34/21, NZA 23, 487 – Hauptpersonalrat Hess. Kultusministerium). Spezifischere Vorschriften müssen eine Konkretisierung im Hinblick auf den Beschäftigtendatenschutz bringen. Sie dürfen sich aber nicht darauf beschränken, die Inhalte der Verordnung lediglich zu wiederholen, sonst sind sie unanwendbar (*EuGH* 30. 3. 2023 – C-34/21, NZA 23, 487 – Hauptpersonalrat Hess. Kultusministerium). Für die Regelung des § 26 Abs. 1 S. 1 BDSG bedeutet dies, dass sie durch die unmittelbar anwendbaren Regelungen der DS-GV verdrängt wird (*BAG* 8. 5. 2025 – 8 AZR 209/21, NZA 25, 1248). Im Übrigen, betont der *EuGH*, dass solche Vorschriften nicht von Inhalt und Zielen der DS-GV abweichen dürfen (30. 3. 2023 – C-34/21, NZA 23, 487, Rn. 57). Eine Konkretisierung bedeutet demnach nicht die Möglichkeit einer Änderung des Schutzniveaus.
Die Öffnung für mitgliedstaatliche Regelungen erfasst nach Art. 88 Abs. 1 DS-GV auch Kollektivvereinbarungen, wozu neben Tarifverträgen auch Betriebsvereinbarungen (vgl. Erwägungsgrund [155]) gehören. Eine Verpflichtung auf die Sicherungen des Art. 88 Abs. 2 DS-GV enthält die im deutschen Recht vorgesehene Gestattung kollektivvertraglicher Regelungen der Datenverarbeitung in § 26 Abs. 4 BDSG. Ungeachtet des Gestaltungsspielraums der Betriebsparteien sind Kollektivvereinbarungen im Hinblick auf die von der DS-GV vorgegebenen Grundsätze der Datenverarbeitung und insbesondere auf die Grundsätze der Rechtmäßigkeit der Datenverarbeitung gerichtlich überprüfbar (*EuGH* 19. 12. 2024 – C-65/23, NZA 25, 38 – K-GmbH). Für die Betriebsparteien bleiben im Übrigen Tarifvorrang und Tarifvorbehalt gemäß §§ 87 Abs. 1, 77 Abs. 3 BetrVG zu beachten.

III. Beschäftigtendatenschutz im BDSG

Maßstab für den Datenschutz in Deutschland ist die auf Art. 1 und 2 GG beruhende *»informationelle Selbstbestimmung«* des Menschen. Die hierzu vom *BVerfG* in seinem Urteil vom 15. 12. 1983 zum Volkszählungsgesetz (1 BvR 209/83 u. a., DB 84, 36) entwickelten Grundsätze haben Bedeutung für alle datenschutzerheblichen Regelungen (vgl. *Benda*, DuD 2/84; *Simitis*, NJW 84, 389). Das BDSG konkretisiert den Schutz dieses Grundrechts (*BAG* 29. 6. 2017 – 2 AZR 597/16, NZA 17, 1179, Rn. 22). Insoweit der Datenschutz seit 2018 unmittelbar europäisch durch die DS-GV (s. o. I 2) geregelt ist, ist nunmehr Art. 8 der EU-Grundrechte Charta (EU-ASO Nr. 4) eine wesentliche Grundlage (*Däubler*, AiB 16, 26, 27). Allerdings bleibt ein erheblicher Konkretisierungsspielraum für den deutschen Gesetzgeber, der unter Beachtung des informationellen Selbstbestimmungsrechts wahrgenommen werden muss. Das ist durch § 26 BDSG geschehen, soweit diese Regelung nicht als bloße Widerholung unionsrechtlicher Vorgaben unanwendbar ist (s. o. II).
Der Beschäftigtendatenschutz greift weit über den Bereich des Arbeitsrechts hinaus. In Anlehnung an eine frühere Definition in § 3 Abs. 11 BDSG a. F. regelt nunmehr § 26 Abs. 8 BDSG den Beschäftigtenbegriff und erfasst damit insbesondere Arbeitnehmer, Beamte, Richter, Soldaten, Auszubildende, Arbeitnehmerähnliche und Bewerber. Hinzu kommen Leiharbeiter im Verhältnis zum Entleiher.

§ 26 BDSG gestattet in Übereinstimmung mit Art. 6 DS-GV die Datenverarbeitung nur im Falle der Erforderlichkeit für die Entscheidung über die Begründung eines Beschäftigungsverhältnisses oder nach Begründung des Beschäftigungsverhältnisses für dessen Durchführung oder Beendigung. Zulässig ist danach die Datenverarbeitung auch dann, wenn sie der Ausübung des Direktionsrechts oder der Kontrolle der Leistung des Arbeitnehmers dient. Eingeschlossen dürfte auch die Zulässigkeit der Speicherung von Bewerberdaten sein. Soweit der Arbeitgeber öffentlich-rechtlich dazu genötigt ist, ist auch das Terrorlisten-Screening zulässig (*Asgari*, DB 17, 1325, 1326 f.).

Eine besondere Bestimmung findet sich in § 26 Abs. 1 S. 2 BDSG über die Verarbeitung von Daten zur Aufdeckung von Straftaten. Sie setzt einen begründeten Verdacht und eine Interessenabwägung voraus. Beruht der Verdacht nicht auf konkreten Tatsachen, handelt der Arbeitgeber rechtswidrig und der Arbeitnehmer kann einen Entschädigungsanspruch wegen Verletzung des Persönlichkeitsrechts durch die unzulässigen Überwachungsmaßnahmen erlangen (*BAG* 19. 2. 2015 – 8 AZR 1007/13, NZA 15, 994). Soweit es um die Aufdeckung von Straftaten geht, die nicht im Beschäftigungsverhältnis begangen wurden, bleibt ein Rückgriff auf allgemeine datenschutzrechtliche Rechtfertigungstatbestände möglich. Zulässig sind danach Datenverarbeitungen, soweit sie für Zwecke des Beschäftigungsverhältnisses erfolgen, etwa Aufklärungsmaßnahmen zur Vorbereitung einer Kündigung (vgl. *BAG* 29. 6. 2017 – 2 AZR 597/16, NZA 17, 1179).

Eine Konkretisierung der Voraussetzungen der Datenverarbeitung für Zwecke des Beschäftigungsverhältnisses ist nach § 26 Abs. 4 BDSG durch Kollektivvertrag möglich (s. o. II).

Neben der Erforderlichkeit für Zwecke des Beschäftigungsverhältnisses kommt eine Einwilligung des Arbeitnehmers nach § 26 Abs. 2 BDSG als Rechtfertigung in Betracht. Das Gesetz betont die Notwendigkeit der Freiwilligkeit der Einwilligung. Für deren Beurteilung wird eine Berücksichtigung der dem Arbeitsverhältnis typischerweise innewohnenden Abhängigkeit und der Umstände der Erteilung der Einwilligung gefordert. Darüber hinaus bedarf es der Schriftform oder der elektronischen Form sowie der vorherigen Belehrung über die Widerruflichkeit der Einwilligung nach Art. 7 Abs. 3 DS-GV. Bei besonders sensiblen Daten im Sinne des Art. 9 DS-GV (s. o. II) muss sich die Einwilligung nach § 26 Abs. 3 S. 2 BDSG ausdrücklich auch auf diese Daten beziehen.

Die Zulässigkeit der Verarbeitung besonders sensibler Daten für arbeits- und sozialrechtliche Zwecke wird in § 26 Abs. 3 BDSG konkretisiert. Eine Rechtfertigung kann auch in der Erfüllung des Auskunftsanspruchs des Betriebsrats aus § 80 Abs. 2 BetrVG (Nr. 12) liegen. Der Betriebsrat muss aber eigenverantwortlich für Datensicherheit und -sparsamkeit sorgen (*BAG* 9. 5. 2023 – 1 ABR 14/22, NZA 23, 1404).

§ 26 Abs. 7 BDSG erstreckt den Arbeitnehmerdatenschutz auch auf Daten außerhalb automatisierter Dateien. Damit unterfallen beispielsweise auch handschriftliche Notizen dem Datenschutz (*Däubler*, CuA 10, 11). Letztlich wird jede Informationserhebung durch den Arbeitgeber auf diese Weise dem Datenschutz unterworfen. Insbesondere die Zulässigkeit von Fragen bei der Anbahnung eines Arbeitsvertrages mit einem Bewerber unterliegt der Regelung des § 26 BDSG (vgl.

Riesenhuber, NZA 12, 771). Da diese Bestimmung auf die Frage der Erforderlichkeit für die Entscheidung über die Begründung des Arbeitsverhältnisses abstellt, gelten letztlich dieselben Maßstäbe, die das *BAG* bereits früher angelegt hat. Unzulässig ist deshalb etwa die Frage nach der Schwangerschaft – und zwar unabhängig davon, ob sich nur Frauen oder auch Männer um den Arbeitsplatz bewerben (*BAG* 15.10.1992 – 2 AZR 227/82, DB 93, 435, im Anschluss an *EuGH* 8.11.1990 – C-177/88, DB 91, 286 – Dekker). Der Arbeitgeber darf die Einstellung für eine unbefristete Tätigkeit nicht wegen eines während der Schwangerschaft geltenden Beschäftigungsverbots verweigern (*EuGH* 3.2.2000 – C-207/98, NZA 00, 255 – Mahlburg). Deshalb ist eine Frage nach der Schwangerschaft auch nicht wegen eines möglichen Beschäftigungsverbotes zulässig, wenn die Frau nach dessen Ablauf normal arbeiten kann (*BAG* 6.2.2003 – 2 AZR 621/01, NZA 03, 848). Dasselbe gilt aber auch, wenn es um die Frage nach der Schwangerschaft an eine Bewerberin für eine Schwangerschaftsvertretungsstelle geht (*EuGH* 4.10.2001 – C-109/00, NZA 01, 1241 – Tele Danmark). Die Frage nach Vorstrafen darf sich nur auf für die Beschäftigung »einschlägige« Vorstrafen beziehen (*BAG* 21.2.1991 – 2 AZR 449/90, NJW 91, 2723, 2724). Dasselbe gilt für die Frage nach laufenden Ermittlungsverfahren (*BAG* 14.5.2013 – 9 AZR 844/11, NZA 13, 1089); unzulässig ist ebenfalls eine unspezifische Frage nach bereits eingestellten Ermittlungsverfahren, unabhängig von deren Relevanz für das Arbeitsverhältnis (*BAG* 15.11.2012 – 6 AZR 339/11, DB 13, 584). Fragen nach Religion oder Weltanschauung sind schon nach dem AGG (Nr. 2) unzulässig, falls es nicht gerade um die Einstellung bei einer Religionsgemeinschaft geht. Scientology ist allerdings keine Religionsgemeinschaft (*BAG* 22.3.1995 – 5 AZB 21/94, NZA 95, 823). Fragen nach Krankheiten sind nur ausnahmsweise zulässig, soweit diese Einfluss auf die Beschäftigung haben können (*Franzen*, RDV 03, 1). Zur Frage nach der Schwerbehinderung vgl. ausführlich Einl. II 1d zum SGB IX (Nr. 30 IX). Auf unzulässige Fragen darf der Arbeitnehmer nach der Rechtsprechung falsch antworten. Er hat gewissermaßen ein »Recht zur Lüge«, nur bei einer unrichtigen Antwort auf eine zulässig gestellte Frage kann der Arbeitgeber den Arbeitsvertrag nach § 123 BGB anfechten (*BAG* 5.10.1995 – 2 AZR 923/94, NZA 96, 371).

Unverzichtbar ist die Datenverarbeitung hinsichtlich Fehlzeiten wegen Arbeitsunfähigkeit, um die Voraussetzungen eines betrieblichen Eingliederungsmanagements nach § 167 Abs. 2 SGB IX (Nr. 30 IX) zu prüfen. Sie ist zulässig nach § 26 Abs. 3 BDSG; die Daten dürfen aber nicht ohne weiteres zur Rechtfertigung einer krankheitsbedingten Kündigung herangezogen werden (Däubler/Deinert/Zwanziger-*Deinert*, § 167 SGB IX Rn. 20). Zulässig ist ebenfalls die Aufzeichnung von Arbeitszeiten zur Überwachung der Einhaltung des Arbeitszeitrechts (vgl. *EuGH* 30.5.2013 – C-342/12, NZA 13, 723 – Worten).

Eine spezielle Regelung zur Videoüberwachung öffentlich zugänglicher Räume enthält § 4 BDSG. Danach ist die Videoüberwachung aus berechtigten Interessen für konkret festgelegte Zwecke, zur Wahrnehmung des Hausrechts oder zur Aufgabenerfüllung öffentlicher Stellen zulässig. Grundsätzlich verlangt § 4 Abs. 2 BDSG, dass die Videoüberwachung offen erfolgt. Unklar war zunächst, was dies für sonstige Fälle der Videoüberwachung bedeutet. Für Aufklärungszwecke ist die Rechtsprechung bislang davon ausgegangen, dass verdeckte Überwachungen nicht von dieser Spezialbestimmung erfasst werden, sondern von der Regelung des § 32 Abs. 1 S. 2 a. F. (nunmehr § 26 Abs. 1 S. 2 BDSG), und danach zulässig sind, wenn der konkrete Verdacht einer schweren Verfehlung besteht und andere Möglichkeiten zur Aufdeckung nicht zur Verfügung stehen; sie müssen sich auf einen räumlich und fachlich abgrenzbaren Kreis von Arbeitnehmern beziehen und dürfen nicht unverhältnismäßig sein (*BAG* 22. 9. 2016 – 2 AZR 848/15, NZA 17, 112, Rn. 28 ff.). Zur offenen Videoüberwachung hat das *BAG* nunmehr die folgenden Grundsätze entwickelt (28. 3. 2019 – 8 AZR 421/17, NZA 19, 1212; vgl. im Übrigen *EGMR* 28. 11. 2017 – 70838/13, AuR 2019, m. Anm. *Lörcher* – Antović und Mirković). Eine solche kann nach § 26 Abs. 1 S. 1 BDSG gerechtfertigt sein. Dieser Tatbestand kann ebenfalls neben § 4 BDSG eine Datenverarbeitung (durch – offene – Videoüberwachung) rechtfertigen. Auch die Voraussetzungen der Datenverarbeitung zur Aufklärung von Straftaten (§ 26 Abs. 1 S. 2 BDSG) entfalten keine Sperrwirkung dergestalt, dass der Arbeitgeber nicht auch präventiv zur Kontrolle der Einhaltung der Vertragspflichten des Arbeitnehmers Daten im Rahmen der dort geregelten Verhältnismäßigkeit durch Videoüberwachung erheben könnte. Eine präventive offene Überwachung darf aber nicht einen psychischen Anpassungsdruck erzeugen, sodass die Betroffenen letztlich in ihrem selbstbestimmten Handeln gehemmt sind. Die Rechtsprechung nimmt dies etwa an, wenn eine lückenlose, dauerhafte und detaillierte Erfassung des Verhaltens der Arbeitnehmer während der gesamten Arbeitszeit stattfindet.

Daten auf Dienstrechnern kann der Arbeitgeber auch ohne Verdacht einer Straftat zur Überprüfung der Einhaltung von Vertragspflichten einsehen. Auf offenkundig private Daten oder solche, die als privat gekennzeichnet sind, darf er ohne einen »qualifizierten« Anlass aber nicht zugreifen (*BAG* 31. 1. 2019 – 2 AZR 426/18, NZA 19, 893, Rn. 54). Im Übrigen ist nicht geklärt, ob der Arbeitgeber, der dem Arbeitnehmer die private Telekommunikation ermöglicht, etwa durch Internetzugang, dem Telekommunikation-Digitale-Dienste-Datenschutz-Gesetz (TDDDG) unterliegt (*Weichert*, CuA 7–8/22, 8, 9).

Unzulässig ist in jedem Fall eine Totalüberwachung des Arbeitnehmers (*BAG* 27. 3. 2003 – 2 AZR 51/02, AP Nr. 36 zu § 87 BetrVG Überwachung). Die Erstellung eines umfassenden Tätigkeits- oder Bewegungsprofils ist daher unzulässig. Der *BGH* (4. 6. 2013 – 1 StR 32/13, NJW 13, 2530) hat zudem entschieden, dass die Erstellung eines Bewegungsprofils durch eine Detektei mithilfe eines GPS-Empfängers regelmäßig auch strafbar ist. Die Lokalisierung eines auch privat genutzten Kfz durch GPS verstößt aber nicht in jedem Fall gegen Art. 8 EMRK. Es bedarf vielmehr einer Abwägung, bei der zu berücksichtigen ist, welche berechtigten Gründe dafür geltend gemacht werden, in welchem Umfang die Überwachung erfolgt, welche Folgen sie für den Arbeitnehmer hat, ob sie verdeckt erfolgt und ob es weniger eingreifende Maßnahmen gibt (*EGMR* 13. 12. 2022 – 26968/16, NZA 24, 315 – Florindo de Almeida).

Der deutsche Gesetzgeber hat auch von der Öffnungsklausel für die Voraussetzungen einer Pflicht zur Benennung eines Datenschutzbeauftragten (s. o. II) Gebrauch gemacht. Nach § 38 BDSG muss bei privaten Stellen ein Datenschutzbeauftragter u. a. dann benannt werden, wenn mindestens 20 Personen ständig mit der automatisierten Verarbeitung personenbezogener Daten beschäftigt sind. Der Sonderkündigungsschutz des Datenschutzbeauftragten greift kraft Verweisung in § 38 Abs. 2 BDSG allerdings nur, wenn die Benennung eines Datenschutzbeauftragten nach der DS-GV verpflichtend ist. Der Abberufungsschutz eines internen Datenschutzbeauftragten, wonach die Abberufung nur aus wichtigem Grund zulässig ist, ist im Vergleich zu Art. 38 DS-GV, der nur Schutz vor Abberufung »wegen der Erfüllung seiner Aufgaben« vorsieht, strenger, aber mit der Verordnung vereinbar (*EuGH* 22.6.2022 – C-534/20, EuZW 22, 672 – Leitstritz; auf Vorlage von *BAG* 27.4.2021 – 9 AZR 383/19[A], NZA 21, 1183). Auf dieser Grundlage hat das *BAG* entschieden, dass der Sonderkündigungsschutz unionsrechtskonform, aber auch verfassungsgemäß ist (25.8.2022 – 2 AZR 225/20, NZA 22, 1457). Der *EuGH* hat auch klargestellt, dass der Schutz des Datenschutzbeauftragten vor Abberufung über den Schutz nach der DS-GV hinausgehen darf, solange deren Ziele und Inhalte nicht infrage gestellt werden. Letzteres sei gegeben, wenn die Unabhängigkeit der Wahrnehmung der Aufgabe als Datenschutzbeauftragter nicht gewährleistet sei (*EuGH* 9.2.2023 – C-560/21, NZA 23, 223 – Zweckverband KISA). Insoweit sei eine Ämterinkompatibilität denkbar, wenn die Zwecke und Mittel der Verarbeitung in einer anderen Aufgabe für den Arbeitgeber festgelegt werden könnten. Ob dies bei einem Betriebsratsvorsitzenden und stellvertretenden Vorsitzenden eines Gesamtbetriebsrats im Falle eines Datenschutzbeauftragten für die Konzernunternehmen anzunehmen ist, sei durch die nationalen Gerichte zu klären (*EuGH* 9.2.2023 – C-453/21, NZA 23, 221 – X-FAB). Das *BAG* hat dazu abschließend entschieden, dass beim Betriebsratsvorsitzenden ein entsprechender Interessenkonflikt gegeben und daher eine Abberufung gerechtfertigt sei (6.6.2023 – 9 AZR 383/19, NZA 23, 1329). Es hat aber auch darauf hingewiesen, dass im Falle einer solchen Ämterinkompatibilität eine Umorganisation der Aufgaben und Pflichten als milderes Mittel vorrangig vor der Abberufung sei (*BAG* 6.6.2023 – 9 AZR 621/19, NZA 23, 1314).

Wurden Daten unter Verletzung des Datenschutzrechts erst einmal bekannt, soll ein Gericht nach der Rechtsprechung nicht ohne weiteres daran gehindert sein, diese Informationen im Prozess zu verwerten. Dies soll nur dann der Fall sein, wenn die Verletzung der Rechte des Arbeitnehmers durch eine gerichtliche Entscheidung verfestigt würde (*BAG* 16.12.2010 – 2 AZR 485/08, NZA 11, 571), m. a. W. die Verwertung ihrerseits eine Verletzung des Persönlichkeitsrechts durch das Gericht bewirkt (*BAG* 23.8.2018 – 2 AZR 133/18, NZA 18, 1329; 28.3.2019 – 8 AZR 421/17, NZA 19, 1212). Davon ist allerdings bei Verletzung des Persönlichkeitsrechts, die sich in der Verletzung der Datenschutzbestimmung manifestiert, auszugehen, wenn der Arbeitgeber nicht überwiegende Interessen ins Feld führen kann, die über das bloße Beweisbeschaffungsinteresse hinausgehen und gerade die datenschutzwidrige Informationsbeschaffung rechtfertigen (*BAG* 22.9.2016 – 2 AZR 848/15, NZA 17, 112, Rn. 21 ff., z. B. bei einer heimlichen Spindkontrolle: *BAG* 20.6.2013 – 2 AZR 546/12, NZA 14, 143; im Allgemeinen unzulässig ist der anlasslose Einsatz einer Keylogger-Software auf Dienstrechnern, *BAG* 27.7.2017 – 2 AZR 681/16, DB 17, 2488). Auch wenn der Arbeitgeber bei der offenen Videoüberwachung in Teilen gegen das Datenschutzrecht verstößt (Hinweis nur auf Kameraüberwachung, nicht auf Aufzeichnung und Speicherung), soll das der Verwertung einer vorsätzlichen gegen den Arbeitgeber gerichteten Tat nicht entgegenstehen (*BAG* 29.6.2023 – 2

AZR 296/22, NZA 23, 1105; dazu *Fuhlrott*, NZA 23, 1073; krit. *Däubler*, AuR 23, 411). Ob diese Rechtsprechung der DS-GV standhält, ist zu bezweifeln. Denn immerhin verlangt Art. 79 DS-GV die Bereitstellung wirksamer gerichtlicher Rechtsbehelfe gegen Verantwortliche. Zudem sieht Art. 82 DS-GV vor, dass der Betroffene bei Verletzung des Datenschutzes nach der Verordnung Ansprüche auf Schadensersatz hat. Dabei ließe sich argumentieren, dass die Herstellung des Zustandes, der ohne das schädigende Ereignis bestünde (§ 249 BGB, Nr. 14), verlange, dass das bereitstehende Beweismittel nicht verwertet werden kann. In jedem Fall hätte das *BAG* die Frage der Beweisverwertung dem *EuGH* vorlegen müssen (*Halder/Ittner*, DB 23, 2629). Das hat nunmehr das *LAG Niedersachsen* nachgeholt (8.5.2024 – 8 Sa 688/23, EuZW 24, 1077). Völlig unberücksichtigt gelassen hat es zudem die Rechte Dritter, die durch eine Videoüberwachung berührt werden (*Halder/Ittner*, DB 23, 2629, 2631). Umgekehrt stellt eine Verwertung von Beweismitteln, die in datenschutzrechtlich zulässiger Weise gewonnen wurden, regelmäßig keine Persönlichkeitsrechtsverletzung dar (*BAG* 29.6.2017 – 2 AZR 597/16, NZA 17, 1179, Rn. 22).

Eine Art betriebsverfassungsrechtliches Verwertungsverbot kann sich ergeben, wenn der Arbeitgeber im Rahmen der Anhörung des Betriebsrats nach § 102 Abs. 1 BetrVG eine Kündigung wegen einer bestimmten Tat beabsichtigt, im Prozess die Kündigung aber nur auf einen entsprechenden Verdacht stützt (*BAG* 20.6.2013 – 2 AZR 546/12, NZA 14, 143).

IV. Gendiagnostik

Einen Datenschutz besonderer Art bietet seit 1.2.2010 das GenDG (Nr. 15b; Überblick zum Gesetz bei *Genenger*, NJW 10, 113). Dem Arbeitgeber ist es nach § 19 GenDG schlechthin verboten, genetische Untersuchungen oder Analysen vom Arbeitnehmer zu verlangen oder Mitteilung über die Ergebnisse solcher Untersuchungen oder Analysen zu verlangen oder auch nur entgegenzunehmen oder zu verwenden. Eine Einwilligung des Arbeitnehmers nach § 8 GenDG kann hiervon nicht suspendieren (*Genenger*, AuR 09, 285, 288; *Wiese*, BB 09, 2198, 2202). Dasselbe Verbot gilt auch für arbeitsmedizinische Vorsorgeuntersuchungen. Allerdings sind in § 20 Abs. 2–3 GenDG Ausnahmen vorgesehen. Wichtig ist Abs. 3, wonach diagnostische genetische Untersuchungen zulässig sind, wenn die Gefahr schwerwiegender Erkrankungen oder gesundheitlicher Störungen an einem bestimmten Arbeitsplatz besteht. In diesem Fall bedarf es aber der Einwilligung des Beschäftigten gemäß § 8 GenDG. Sie setzt eine Aufklärung nach § 9 GenDG voraus. Mit dieser entscheidet der Arbeitnehmer auch, ob das Untersuchungsergebnis zur Kenntnis zu geben oder zu vernichten ist. Da die Einwilligung für die Zukunft widerruflich ist, ist es nur folgerichtig, wenn der Arbeitnehmer sich auch später noch für die Vernichtung des Untersuchungsergebnisses entscheiden kann (a.A. *Genenger*, AuR 09, 283, 289).

Ergänzt werden die Beschränkungen genetischer Untersuchungen im Arbeitsleben durch ein Benachteiligungsverbot nach § 21 GenDG. Dieses schließt sowohl das Verbot der Benachteiligung wegen genetischer Eigenschaften ein als auch ein Maßregelungsverbot wegen der Weigerung, genetische Untersuchungen vornehmen zu lassen oder deren Ergebnisse zu offenbaren. Im Falle der Verletzung des Benachteiligungsverbots hat der Arbeitnehmer einen Schadensersatzanspruch gemäß § 21 Abs. 2 GenDG i. V. m. § 15 AGG, was allerdings wegen § 15 Abs. 6 AGG Einstellungsansprüche ausschließt. Dem Arbeitnehmer kommt bezüglich des Benachteiligungsverbots die Beweiserleichterung des § 22 AGG zugute.

V. Betriebliche Mitbestimmung

Durch das BDSG wurden Stellung und Aufgabenerfüllung der Betriebsräte und Personalräte rechtlich nicht verändert. Deshalb werden die betriebsverfassungsrechtlichen Informationsregelungen durch das BDSG nicht eingeschränkt. Vielmehr ist die Datenverarbeitung zum Zwecke der Ausübung bzw. Erfüllung von gesetzlichen und kollektivvertraglichen Rechten und Pflichten der betrieblichen Interessenvertretung nach § 26 Abs. 1 S. 1 BDSG ausdrücklich gestattet (im Einzelnen s. *Gola*, BB 17, 1462, 1464 f.). D. h., dem Betriebsrat dürfen keine Informationen unter Hinweis auf datenschutzrechtliche Bestimmungen verweigert werden. Soweit der Betriebsrat selbst Daten verarbeitet, unterlag er nach bisherigem Recht nicht der Kontrolle des betrieblichen Datenschutzbeauftragten (*BAG* 11. 11. 1997 – 1 ABR 21/97, NZA 98, 385). Der Betriebsrat musste vielmehr eigenverantwortlich für den Schutz personenbezogener Daten sorgen (*BAG* 18. 7. 2012 – 7 ABR 23/11, DB 12, 2524). Das lässt sich nach dem neuen Recht nicht mehr aufrechterhalten, da die DS-GV keine solche Ausnahme kennt. Davon geht auch § 79a BetrVG (Nr. 12) aus. Dementsprechend unterliegt der Betriebsrat der Kontrolle durch den Datenschutzbeauftragten auch dann, wenn nach der DS-GV ein Datenschutzbeauftragter gar nicht verpflichtend vorgeschrieben wäre (*Gola*, BB 17, 1462, 1470). Das *BAG* hat zudem entschieden, dass der Auskunftsanspruch des Betriebsrats nach § 80 Abs. 2 S. 1 BetrVG (Nr. 12), soweit er sich auf sensitive Daten i. S. d. Art. 9 Abs. 1 DS-GV bezieht, davon abhängt, dass der Betriebsrat angemessene und spezifische Schutzmaßnahmen zur Wahrung der Interessen der betroffenen Arbeitnehmer trifft (9. 4. 2019 – 1 ABR 51/17, NZA 19, 1055). Verantwortlich für den Datenschutz im Sinne der DS-GV bleibt nach § 79a Satz 2 BetrVG der Arbeitgeber, mit dem der Betriebsrat nach Satz 3 der Bestimmung aber im Sinne wechselseitiger Unterstützung zusammenarbeiten muss.

Im Übrigen ist festzuhalten, dass im BetrVG an einer Vielzahl von Stellen Informations-, Mitwirkungs- und Mitbestimmungsrechte gegeben sind, die auch im Bereich der Datenverarbeitung vom Betriebsrat in Anspruch genommen werden können (z. B. §§ 75, 80, 85, 87, 90, 92–95, 99, 102 BetrVG). Nach § 26 Abs. 6 BDSG bleiben die Beteiligungsrechte unberührt. Der Betriebsrat hat über die Einhaltung der DS-GV und des BDSG gemäß § 80 Abs. 1 BetrVG zu wachen, denn es handelt sich um Gesetze, die in diesem Sinne zugunsten der Arbeitnehmer gelten (vgl. *BAG* 17. 3. 1987 – 1 ABR 59/85, BB 87, 1806). Insofern ist es berechtigt, von »Datenschutz durch Mitbestimmung« zu sprechen (*Schierbaum*, PersR 08, 344).

Ansatzpunkte bietet insbesondere § 87 Abs. 1 Nr. 6 BetrVG, der ein Mitbestimmungsrecht des Betriebsrates gegenüber den Kontrollmöglichkeiten einer automatischen Verarbeitung von Arbeitnehmerdaten gewährleistet (s. *BAG* 14. 9. 1984 – 1 ABR 23/82, DB 84, 2513; 11. 3. 1986 – 1 ABR 12/84, DB 86, 1469; dazu *Kittner*, 50

Urteile, 3. Aufl., 2024, Nr. 28). Anders als dieses Verständnis, wonach eine Einrichtung § 87 Abs. 1 Nr. 6 BetrVG bereits unterfällt, wenn sie zur Überwachung geeignet ist, geht das *BVerwG* davon aus, dass die Parallelbestimmung in § 80 Abs. 1 Nr. 21 BPersVG eine »objektiv-finale« Ausrichtung der Anlage in Richtung auf Überwachung erfordert (*BVerwG* 4. 5. 2023 – 5 P 16.31, BVerwGE 178, 281). Zur Änderung der betriebsverfassungsrechtlichen Rechtsprechung zwingt diese etwas großzügigere Rechtsprechung allerdings nicht.

VI. Sozialdatenschutz

Neben zahlreichen öffentlich-rechtlichen Vorschriften zum Datenschutz ist für das Arbeitsleben besonders wichtig der Schutz der Sozialdaten gemäß §§ 67 ff. SGB X sowie speziell für das Krankenversicherungsrecht gemäß §§ 284 ff. SGB V mit Regelungen auch zur elektronischen Gesundheitskarte in § 291a SGB V.

VII. Rechtspolitische Diskussion

Bislang ist es nicht gelungen, einen mehrheitsfähigen Gesetzentwurf zum Arbeitnehmerdatenschutz vorzulegen (Einzelheiten vgl. 38. und 41. Aufl.). Ein Entwurf für ein Beschäftigtendatengesetz aus der 21. Legislaturperiode wurde nicht mehr verwirklicht. Dieser enthielt sehr konkrete Regelungen, die die Frage der Erforderlichkeit der Datenverarbeitung im Beschäftigungsverhältnis detailliert durchdeklinierten, so etwa hinsichtlich des Fragerechts des Arbeitgebers bei der Vertragsanbahnung (§ 14) oder zum Profiling (§§ 24 ff.). Verstöße sollten zu einem Verwertungverbot (§ 11) führen.

Die aktuelle Bundesregierung verfolgt dieses Ziel nicht mehr. Der Koalitionsvertrag sieht insoweit nur Bürokratieabbau vor, hat den Datenschutz im Arbeitsverhältnis aber nicht im Blick (»Verantwortung für Deutschland«, Koalitionsvertrag zwischen CDU, CSU und SPD, 21. Legislaturperiode, Zeilen 2094 ff., 2249 ff., 3497 f.).

Wichtige Entscheidungen

BVerfG 15. 12. 1983 – 1 BvR 209/83 u. a., DB 1984, 36
EuGH 7. 12. 2023 – C-634/21, NZA 2024, 45 – SCHUFA
EuGH 21. 12. 2023 – C-667/21, NZA 2024, 393 – MDK

Weiterführende Literatur

Handbücher und Kommentare zum Datenschutz nach dem BDSG

Deinert/Wenckebach/Zwanziger-*Scholz/Sottorf,* Arbeitsrecht, § 95 (Datenschutz)
Däubler, Gläserne Belegschaften, Das Handbuch zum Beschäftigtendatenschutz, 10. Aufl. (2025)
Däubler, Digitalisierung und Arbeitsrecht, 8. Aufl. (2022)
Däubler/Wedde/Weichert/Sommer, EU-Datenschutz-Grundverordnung und BDSG-neu, 3. Aufl. (2024)

15

Bundesdatenschutzgesetz

Gola/Heckmann, DS-GVO/BDSG, 3. Aufl. (2022)
Körner, Wirksamer Beschäftigtendatenschutz im Lichte der Europäischen Datenschutz-Grundverordnung (DS-GVO) (2016)
Körner, Die Auswirkungen der Datenschutz-Grundverordnung (DSGVO) in der betrieblichen Praxis (2019)
Simitis/Hornung/Spiecker (Hrsg.), Datenschutzrecht, DSGVO mit BDSG, 2. Aufl. (2025)
Wedde, Beschäftigtendatenschutz, 2. Aufl. (2025)
Wedde, EU-Datenschutz-Grundverordnung und BDSG, 3. Aufl. (2024)
Wedde (Hrsg.), Handbuch Datenschutz und Mitbestimmung, 3. Aufl. (2022)
Weth/Herberger/Wächter/Sorge, Daten- und Persönlichkeitsschutz im Arbeitsverhältnis, 2. Aufl. (2019)

Aufsätze zum neuen Recht

Auer-Mayer, Datenschutzrechtliche Fragen bei der Nutzung von Künstlicher Intelligenz im Arbeitsverhältnis, ZESAR 2024, S. 199
Däubler, Informationsbedarf versus Persönlichkeitsschutz – was muss, was darf der Arbeitgeber wissen?, NZA 2017, S. 1481
Däubler, Schadensersatz bei DSGVO-Verstößen, CuA 12/2017, S. 29
Düwell/Brink, Die EU-Datenschutz-Grundverordnung und der Beschäftigten-Datenschutz, NZA 2016, S. 665
Krause, Kollegen unter Beobachtung, Eigenmächtige Observierungsmaßnahmen durch Beschäftigte, Festschrift für Wiebe (2024), S. 283
Gola, Der »neue« Beschäftigtendatenschutz nach § 26 BDSG n. F., BB 2017, S. 1462
Greiner/Senk, Der Datenschutzbeauftragte und sein Schutz vor Benachteiligung, Abberufung und Kündigung – Ein Wegweiser durch DS-GVO und BDSG, ZFA 2020, S. 201
Koch, Die Rechtsprechung des Zweiten Senats des Bundesarbeitsgerichts zur prozessualen Verwertbarkeit der Ergebnisse aus verdeckten Überwachungsmaßnahmen, ZFA 2018, S. 109
Kort, Arbeitnehmerdatenschutz gemäß der EU-Datenschutz-Grundverordnung, DB 2016, S. 711
Kramer, Folgen der EGMR-Rechtsprechung für eine IT-Kontrolle bei Privatnutzungsverbot, NZA 2018, S. 637
Rudkowski, Anforderungen der KI-VO und des Datenschutzrechts an den Einsatz von KI im Personalbereich, SR 2025, S. 170
Rudkowski, Der datenschutzrechtliche Auskunftsanspruch im Arbeitsrecht, NZA 2024, S. 1
Weichert, Datenschutz-Grundverordnung – arbeitsrechtlich spezifiziert, NZA 2020, S. 1597
Weichert, Das TTDSG im Beschäftigungsverhältnis, CuA 7–8/2022, S. 8

Zum GenDG:

Fischinger, Die arbeitsrechtlichen Regelungen des Gendiagnostikgesetzes, NZA 2010, S. 65
Genenger, Begrenzung genetischer Untersuchungen und Analysen im Arbeitsrecht, AuR 2009, S. 285
Kern, GenDG (2012)
Wiese, Gendiagnostikgesetz und Arbeitsleben, BB 2009, S. 2198

Übersicht 37: Datenschutz

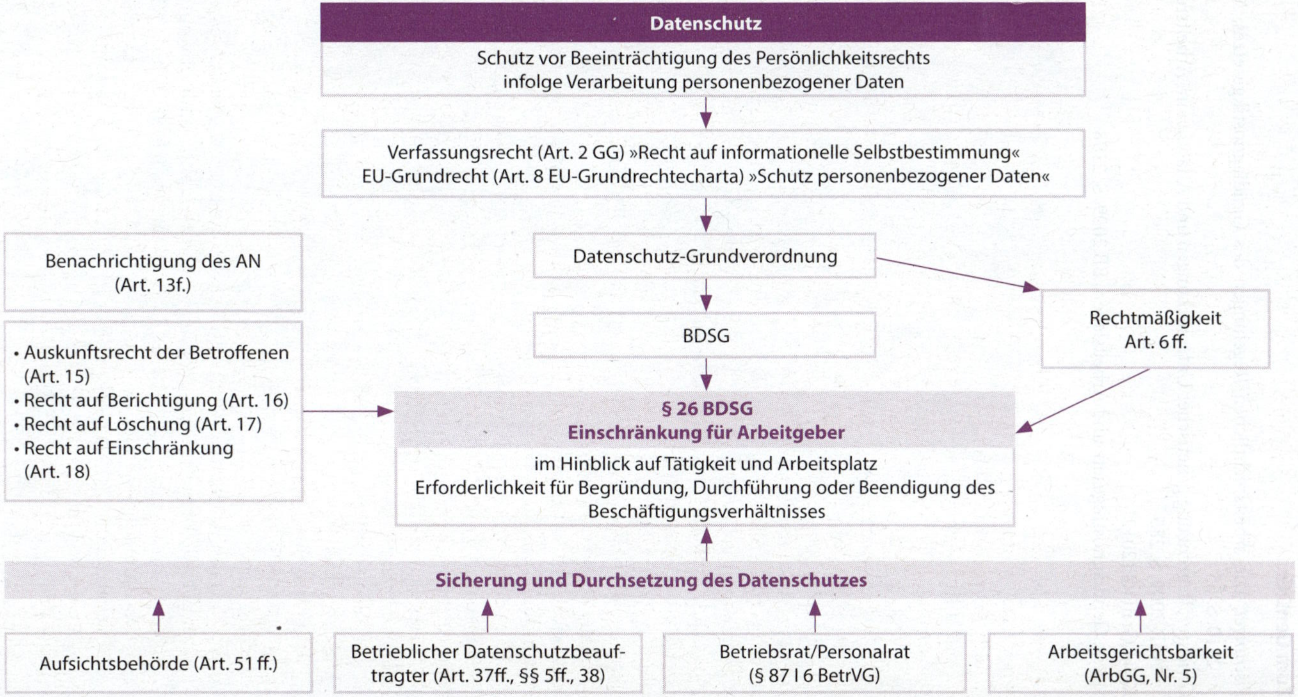

Gesetz zum Schutz vor Missbrauch personenbezogener Daten bei der Datenverarbeitung (BDSG)

vom 30. Juni 2017 (BGBl. I 2097),
zuletzt geändert durch Gesetz vom 6. Mai 2024 (BGBl. 2024 I Nr. 149)
(Abgedruckte Vorschriften: §§ 1, 2, 6, 24, 26, 32, 33, 38)

§ 1 Anwendungsbereich des Gesetzes (1) Dieses Gesetz gilt für die Verarbeitung personenbezogener Daten durch

1. öffentliche Stellen des Bundes,
2. öffentliche Stellen der Länder, soweit der Datenschutz nicht durch Landesgesetz geregelt ist und soweit sie
   a) Bundesrecht ausführen oder
   b) als Organe der Rechtspflege tätig werden und es sich nicht um Verwaltungsangelegenheiten handelt.

Für nichtöffentliche Stellen gilt dieses Gesetz für die ganz oder teilweise automatisierte Verarbeitung personenbezogener Daten sowie die nichtautomatisierte Verarbeitung personenbezogener Daten, die in einem Dateisystem gespeichert sind oder gespeichert werden sollen, es sei denn, die Verarbeitung durch natürliche Personen erfolgt zur Ausübung ausschließlich persönlicher oder familiärer Tätigkeiten.

(2) Andere Rechtsvorschriften des Bundes über den Datenschutz gehen den Vorschriften dieses Gesetzes vor. Regeln sie einen Sachverhalt, für den dieses Gesetz gilt, nicht oder nicht abschließend, finden die Vorschriften dieses Gesetzes Anwendung. Die Verpflichtung zur Wahrung gesetzlicher Geheimhaltungspflichten oder von Berufs- oder besonderen Amtsgeheimnissen, die nicht auf gesetzlichen Vorschriften beruhen, bleibt unberührt.

(3) Die Vorschriften dieses Gesetzes gehen denen des Verwaltungsverfahrensgesetzes vor, soweit bei der Ermittlung des Sachverhalts personenbezogene Daten verarbeitet werden.

(4) Dieses Gesetz findet Anwendung auf öffentliche Stellen. Auf nichtöffentliche Stellen findet es Anwendung, sofern

1. der Verantwortliche oder Auftragsverarbeiter personenbezogene Daten im Inland verarbeitet,
2. die Verarbeitung personenbezogener Daten im Rahmen der Tätigkeiten einer inländischen Niederlassung des Verantwortlichen oder Auftragsverarbeiters erfolgt oder
3. der Verantwortliche oder Auftragsverarbeiter zwar keine Niederlassung in einem Mitgliedstaat der Europäischen Union oder in einem anderen Vertragsstaat des Abkommens über den Europäischen Wirtschaftsraum hat, er aber in den Anwendungsbereich der Verordnung (EU) 2016/679 des Europäischen Parlaments und des Rates vom 27. April 2016 zum Schutz natürlicher Personen bei der Verarbeitung personenbezogener Daten, zum freien Datenverkehr und zur Aufhebung der Richtlinie 95/46/EG (Datenschutz-Grundverord-

nung) (ABl. L 119 vom 4. 5. 2016, S. 1; L 314 vom 22. 11. 2016, S. 72; L 127 vom 23. 5. 2018, S. 2) in der jeweils geltenden Fassung fällt.

Sofern dieses Gesetz nicht gemäß Satz 2 Anwendung findet, gelten für den Verantwortlichen oder Auftragsverarbeiter nur die §§ 8 bis 21, 39 bis 44.

(5) Die Vorschriften dieses Gesetzes finden keine Anwendung, soweit das Recht der Europäischen Union, im Besonderen die Verordnung (EU) 2016/679 in der jeweils geltenden Fassung, unmittelbar gilt.

(6) Bei Verarbeitungen zu Zwecken gemäß Artikel 2 der Verordnung (EU) 2016/679 stehen die Vertragsstaaten des Abkommens über den Europäischen Wirtschaftsraum den Mitgliedstaaten der Europäischen Union gleich. Andere Staaten gelten insoweit als Drittstaaten.

(7) Bei Verarbeitungen zu Zwecken gemäß Artikel 1 Absatz 1 der Richtlinie (EU) 2016/680 des Europäischen Parlaments und des Rates vom 27. April 2016 zum Schutz natürlicher Personen bei der Verarbeitung personenbezogener Daten durch die zuständigen Behörden zum Zweck der Verhütung, Ermittlung, Aufdeckung oder Verfolgung von Straftaten oder der Strafvollstreckung sowie zum freien Datenverkehr und zur Aufhebung des Rahmenbeschlusses 2008/977/JI des Rates (ABl. L 119 vom 4. 5. 2016, S. 89) stehen die bei der Umsetzung, Anwendung und Entwicklung des Schengen-Besitzstands assoziierten Staaten den Mitgliedstaaten der Europäischen Union gleich. Andere Staaten gelten insoweit als Drittstaaten.

(8) Für Verarbeitungen personenbezogener Daten durch öffentliche Stellen im Rahmen von nicht in die Anwendungsbereiche der Verordnung (EU) 2016/679 und der Richtlinie (EU) 2016/680 fallenden Tätigkeiten finden die Verordnung (EU) 2016/679 und die Teile 1 und 2 dieses Gesetzes entsprechend Anwendung, soweit nicht in diesem Gesetz oder einem anderen Gesetz Abweichendes geregelt ist.

§ 2 Begriffsbestimmungen (1) Öffentliche Stellen des Bundes sind die Behörden, die Organe der Rechtspflege und andere öffentlich-rechtlich organisierte Einrichtungen des Bundes, der bundesunmittelbaren Körperschaften, der Anstalten und Stiftungen des öffentlichen Rechts sowie deren Vereinigungen ungeachtet ihrer Rechtsform.

(2) Öffentliche Stellen der Länder sind die Behörden, die Organe der Rechtspflege und andere öffentlich-rechtlich organisierte Einrichtungen eines Landes, einer Gemeinde, eines Gemeindeverbandes oder sonstiger der Aufsicht des Landes unterstehender juristischer Personen des öffentlichen Rechts sowie deren Vereinigungen ungeachtet ihrer Rechtsform.

(3) Vereinigungen des privaten Rechts von öffentlichen Stellen des Bundes und der Länder, die Aufgaben der öffentlichen Verwaltung wahrnehmen, gelten ungeachtet der Beteiligung nichtöffentlicher Stellen als öffentliche Stellen des Bundes, wenn

1. sie über den Bereich eines Landes hinaus tätig werden oder
2. dem Bund die absolute Mehrheit der Anteile gehört oder die absolute Mehrheit der Stimmen zusteht.

Andernfalls gelten sie als öffentliche Stellen der Länder.

(4) Nichtöffentliche Stellen sind natürliche und juristische Personen, Gesellschaften und andere Personenvereinigungen des privaten Rechts, soweit sie nicht unter

die Absätze 1 bis 3 fallen. Nimmt eine nichtöffentliche Stelle hoheitliche Aufgaben der öffentlichen Verwaltung wahr, ist sie insoweit öffentliche Stelle im Sinne dieses Gesetzes.
(5) Öffentliche Stellen des Bundes gelten als nichtöffentliche Stellen im Sinne dieses Gesetzes, soweit sie als öffentlich-rechtliche Unternehmen am Wettbewerb teilnehmen. Als nichtöffentliche Stellen im Sinne dieses Gesetzes gelten auch öffentliche Stellen der Länder, soweit sie als öffentlich-rechtliche Unternehmen am Wettbewerb teilnehmen, Bundesrecht ausführen und der Datenschutz nicht durch Landesgesetz geregelt ist.

§ 6 Stellung (1) Die öffentliche Stelle stellt sicher, dass die oder der Datenschutzbeauftragte ordnungsgemäß und frühzeitig in alle mit dem Schutz personenbezogener Daten zusammenhängenden Fragen eingebunden wird.
(2) Die öffentliche Stelle unterstützt die Datenschutzbeauftragte oder den Datenschutzbeauftragten bei der Erfüllung ihrer oder seiner Aufgaben gemäß § 7, indem sie die für die Erfüllung dieser Aufgaben erforderlichen Ressourcen und den Zugang zu personenbezogenen Daten und Verarbeitungsvorgängen sowie die zur Erhaltung ihres oder seines Fachwissens erforderlichen Ressourcen zur Verfügung stellt.
(3) Die öffentliche Stelle stellt sicher, dass die oder der Datenschutzbeauftragte bei der Erfüllung ihrer oder seiner Aufgaben keine Anweisungen bezüglich der Ausübung dieser Aufgaben erhält. Die oder der Datenschutzbeauftragte berichtet unmittelbar der höchsten Leitungsebene der öffentlichen Stelle. Die oder der Datenschutzbeauftragte darf von der öffentlichen Stelle wegen der Erfüllung ihrer oder seiner Aufgaben nicht abberufen oder benachteiligt werden.
(4) Die Abberufung der oder des Datenschutzbeauftragten ist nur in entsprechender Anwendung des § 626 des Bürgerlichen Gesetzbuchs zulässig. Die Kündigung des Arbeitsverhältnisses ist unzulässig, es sei denn, dass Tatsachen vorliegen, welche die öffentliche Stelle zur Kündigung aus wichtigem Grund ohne Einhaltung einer Kündigungsfrist berechtigen. Nach dem Ende der Tätigkeit als Datenschutzbeauftragte oder als Datenschutzbeauftragter ist die Kündigung des Arbeitsverhältnisses innerhalb eines Jahres unzulässig, es sei denn, dass die öffentliche Stelle zur Kündigung aus wichtigem Grund ohne Einhaltung einer Kündigungsfrist berechtigt ist.
(5) Betroffene Personen können die Datenschutzbeauftragte oder den Datenschutzbeauftragten zu allen mit der Verarbeitung ihrer personenbezogenen Daten und mit der Wahrnehmung ihrer Rechte gemäß der Verordnung (EU) 2016/679, diesem Gesetz sowie anderen Rechtsvorschriften über den Datenschutz im Zusammenhang stehenden Fragen zu Rate ziehen. Die oder der Datenschutzbeauftragte ist zur Verschwiegenheit über die Identität der betroffenen Person sowie über Umstände, die Rückschlüsse auf die betroffene Personen zulassen, verpflichtet, soweit sie oder er nicht davon durch die betroffene Person befreit wird.
(6) Wenn die oder der Datenschutzbeauftragte bei ihrer oder seiner Tätigkeit Kenntnis von Daten erhält, für die der Leitung oder einer bei der öffentlichen Stelle beschäftigten Person aus beruflichen Gründen ein Zeugnisverweigerungsrecht zusteht, steht dieses Recht auch der oder dem Datenschutzbeauftragten und den

ihr oder ihm unterstellten Beschäftigten zu. Über die Ausübung dieses Rechts entscheidet die Person, der das Zeugnisverweigerungsrecht aus beruflichen Gründen zusteht, es sei denn, dass diese Entscheidung in absehbarer Zeit nicht herbeigeführt werden kann. Soweit das Zeugnisverweigerungsrecht der oder des Datenschutzbeauftragten reicht, unterliegen ihre oder seine Akten und andere Dokumente einem Beschlagnahmeverbot.

§ 24 Verarbeitung zu anderen Zwecken durch nichtöffentliche Stellen (1) Die Verarbeitung personenbezogener Daten zu einem anderen Zweck als zu demjenigen, zu dem die Daten erhoben wurden, durch nichtöffentliche Stellen ist zulässig, wenn

1. sie zur Abwehr von Gefahren für die staatliche oder öffentliche Sicherheit oder zur Verfolgung von Straftaten erforderlich ist oder
2. sie zur Geltendmachung, Ausübung oder Verteidigung zivilrechtlicher Ansprüche erforderlich ist,

sofern nicht die Interessen der betroffenen Person an dem Ausschluss der Verarbeitung überwiegen.

(2) Die Verarbeitung besonderer Kategorien personenbezogener Daten im Sinne des Artikels 9 Absatz 1 der Verordnung (EU) 2016/679 zu einem anderen Zweck als zu demjenigen, zu dem die Daten erhoben wurden, ist zulässig, wenn die Voraussetzungen des Absatzes 1 und ein Ausnahmetatbestand nach Artikel 9 Absatz 2 der Verordnung (EU) 2016/679 oder nach § 22 vorliegen.

§ 26 Datenverarbeitung für Zwecke des Beschäftigungsverhältnisses (1) Personenbezogene Daten von Beschäftigten dürfen für Zwecke des Beschäftigungsverhältnisses verarbeitet werden, wenn dies für die Entscheidung über die Begründung eines Beschäftigungsverhältnisses oder nach Begründung des Beschäftigungsverhältnisses für dessen Durchführung oder Beendigung oder zur Ausübung oder Erfüllung der sich aus einem Gesetz oder einem Tarifvertrag, einer Betriebs- oder Dienstvereinbarung (Kollektivvereinbarung) ergebenden Rechte und Pflichten der Interessenvertretung der Beschäftigten erforderlich ist. Zur Aufdeckung von Straftaten dürfen personenbezogene Daten von Beschäftigten nur dann verarbeitet werden, wenn zu dokumentierende tatsächliche Anhaltspunkte den Verdacht begründen, dass die betroffene Person im Beschäftigungsverhältnis eine Straftat begangen hat, die Verarbeitung zur Aufdeckung erforderlich ist und das schutzwürdige Interesse der oder des Beschäftigten an dem Ausschluss der Verarbeitung nicht überwiegt, insbesondere Art und Ausmaß im Hinblick auf den Anlass nicht unverhältnismäßig sind.

(2) Erfolgt die Verarbeitung personenbezogener Daten von Beschäftigten auf der Grundlage einer Einwilligung, so sind für die Beurteilung der Freiwilligkeit der Einwilligung insbesondere die im Beschäftigungsverhältnis bestehende Abhängigkeit der beschäftigten Person sowie die Umstände, unter denen die Einwilligung erteilt worden ist, zu berücksichtigen. Freiwilligkeit kann insbesondere vorliegen, wenn für die beschäftigte Person ein rechtlicher oder wirtschaftlicher Vorteil erreicht wird oder Arbeitgeber und beschäftigte Person gleichgelagerte Interessen verfolgen. Die Einwilligung hat schriftlich oder elektronisch zu erfolgen, soweit

nicht wegen besonderer Umstände eine andere Form angemessen ist. Der Arbeitgeber hat die beschäftigte Person über den Zweck der Datenverarbeitung und über ihr Widerrufsrecht nach Artikel 7 Absatz 3 der Verordnung (EU) 2016/679 in Textform aufzuklären.

(3) Abweichend von Artikel 9 Absatz 1 der Verordnung (EU) 2016/679 ist die Verarbeitung besonderer Kategorien personenbezogener Daten im Sinne des Artikels 9 Absatz 1 der Verordnung (EU) 2016/679 für Zwecke des Beschäftigungsverhältnisses zulässig, wenn sie zur Ausübung von Rechten oder zur Erfüllung rechtlicher Pflichten aus dem Arbeitsrecht, dem Recht der sozialen Sicherheit und des Sozialschutzes erforderlich ist und kein Grund zu der Annahme besteht, dass das schutzwürdige Interesse der betroffenen Person an dem Ausschluss der Verarbeitung überwiegt. Absatz 2 gilt auch für die Einwilligung in die Verarbeitung besonderer Kategorien personenbezogener Daten; die Einwilligung muss sich dabei ausdrücklich auf diese Daten beziehen. § 22 Absatz 2 gilt entsprechend.

(4) Die Verarbeitung personenbezogener Daten, einschließlich besonderer Kategorien personenbezogener Daten von Beschäftigten für Zwecke des Beschäftigungsverhältnisses, ist auf der Grundlage von Kollektivvereinbarungen zulässig. Dabei haben die Verhandlungspartner Artikel 88 Absatz 2 der Verordnung (EU) 2016/679 zu beachten.

(5) Der Verantwortliche muss geeignete Maßnahmen ergreifen, um sicherzustellen, dass insbesondere die in Artikel 5 der Verordnung (EU) 2016/679 dargelegten Grundsätze für die Verarbeitung personenbezogener Daten eingehalten werden.

(6) Die Beteiligungsrechte der Interessenvertretungen der Beschäftigten bleiben unberührt.

(7) Die Absätze 1 bis 6 sind auch anzuwenden, wenn personenbezogene Daten, einschließlich besonderer Kategorien personenbezogener Daten, von Beschäftigten verarbeitet werden, ohne dass sie in einem Dateisystem gespeichert sind oder gespeichert werden sollen.

(8) Beschäftigte im Sinne dieses Gesetzes sind:

1. Arbeitnehmerinnen und Arbeitnehmer, einschließlich der Leiharbeitnehmerinnen und Leiharbeitnehmer im Verhältnis zum Entleiher,
2. zu ihrer Berufsbildung Beschäftigte,
3. Teilnehmerinnen und Teilnehmer an Leistungen zur Teilhabe am Arbeitsleben sowie an Abklärungen der beruflichen Eignung oder Arbeitserprobung (Rehabilitandinnen und Rehabilitanden),
4. in anerkannten Werkstätten für behinderte Menschen Beschäftigte,
5. Freiwillige, die einen Dienst nach dem Jugendfreiwilligendienstegesetz oder dem Bundesfreiwilligendienstgesetz leisten,
6. Personen, die wegen ihrer wirtschaftlichen Unselbständigkeit als arbeitnehmerähnliche Personen anzusehen sind; zu diesen gehören auch die in Heimarbeit Beschäftigten und die ihnen Gleichgestellten,
7. Beamtinnen und Beamte des Bundes, Richterinnen und Richter des Bundes, Soldatinnen und Soldaten sowie Zivildienstleistende.

Bewerberinnen und Bewerber für ein Beschäftigungsverhältnis sowie Personen, deren Beschäftigungsverhältnis beendet ist, gelten als Beschäftigte.

§ 32 Informationspflicht bei Erhebung von personenbezogenen Daten bei der betroffenen Person (1) Die Pflicht zur Information der betroffenen Person gemäß Artikel 13 Absatz 3 der Verordnung (EU) 2016/679 besteht ergänzend zu der in Artikel 13 Absatz 4 der Verordnung (EU) 2016/679 genannten Ausnahme dann nicht, wenn die Erteilung der Information über die beabsichtigte Weiterverarbeitung

1. eine Weiterverarbeitung analog gespeicherter Daten betrifft, bei der sich der Verantwortliche durch die Weiterverarbeitung unmittelbar an die betroffene Person wendet, der Zweck mit dem ursprünglichen Erhebungszweck gemäß der Verordnung (EU) 2016/679 vereinbar ist, die Kommunikation mit der betroffenen Person nicht in digitaler Form erfolgt und das Interesse der betroffenen Person an der Informationserteilung nach den Umständen des Einzelfalls, insbesondere mit Blick auf den Zusammenhang, in dem die Daten erhoben wurden, als gering anzusehen ist,
2. im Fall einer öffentlichen Stelle die ordnungsgemäße Erfüllung der in der Zuständigkeit des Verantwortlichen liegenden Aufgaben im Sinne des Artikels 23 Absatz 1 Buchstabe a bis e der Verordnung (EU) 2016/679 gefährden würde und die Interessen des Verantwortlichen an der Nichterteilung der Information die Interessen der betroffenen Person überwiegen,
3. die öffentliche Sicherheit oder Ordnung gefährden oder sonst dem Wohl des Bundes oder eines Landes Nachteile bereiten würde und die Interessen des Verantwortlichen an der Nichterteilung der Information die Interessen der betroffenen Person überwiegen,
4. die Geltendmachung, Ausübung oder Verteidigung rechtlicher Ansprüche beeinträchtigen würde und die Interessen des Verantwortlichen an der Nichterteilung der Information die Interessen der betroffenen Person überwiegen oder
5. eine vertrauliche Übermittlung von Daten an öffentliche Stellen gefährden würde.

(2) Unterbleibt eine Information der betroffenen Person nach Maßgabe des Absatzes 1, ergreift der Verantwortliche geeignete Maßnahmen zum Schutz der berechtigten Interessen der betroffenen Person, einschließlich der Bereitstellung der in Artikel 13 Absatz 1 und 2 der Verordnung (EU) 2016/679 genannten Informationen für die Öffentlichkeit in präziser, transparenter, verständlicher und leicht zugänglicher Form in einer klaren und einfachen Sprache. Der Verantwortliche hält schriftlich fest, aus welchen Gründen er von einer Information abgesehen hat. Die Sätze 1 und 2 finden in den Fällen des Absatzes 1 Nummer 4 und 5 keine Anwendung.

(3) Unterbleibt die Benachrichtigung in den Fällen des Absatzes 1 wegen eines vorübergehenden Hinderungsgrundes, kommt der Verantwortliche der Informationspflicht unter Berücksichtigung der spezifischen Umstände der Verarbeitung innerhalb einer angemessenen Frist nach Fortfall des Hinderungsgrundes, spätestens jedoch innerhalb von zwei Wochen, nach.

§ 33 Informationspflicht, wenn die personenbezogenen Daten nicht bei der betroffenen Person erhoben wurden (1) Die Pflicht zur Information der betroffenen Person gemäß Artikel 14 Absatz 1, 2 und 4 der Verordnung (EU) 2016/679 besteht ergänzend zu den in Artikel 14 Absatz 5 der Verordnung (EU) 2016/679 und der in § 29 Absatz 1 Satz 1 genannten Ausnahme nicht, wenn die Erteilung der Information

1. im Fall einer öffentlichen Stelle
   a) die ordnungsgemäße Erfüllung der in der Zuständigkeit des Verantwortlichen liegenden Aufgaben im Sinne des Artikels 23 Absatz 1 Buchstabe a bis e der Verordnung (EU) 2016/679 gefährden würde oder
   b) die öffentliche Sicherheit oder Ordnung gefährden oder sonst dem Wohl des Bundes oder eines Landes Nachteile bereiten würde

und deswegen das Interesse der betroffenen Person an der Informationserteilung zurücktreten muss,

2. im Fall einer nichtöffentlichen Stelle
   a) die Geltendmachung, Ausübung oder Verteidigung zivilrechtlicher Ansprüche beeinträchtigen würde oder die Verarbeitung Daten aus zivilrechtlichen Verträgen beinhaltet und der Verhütung von Schäden durch Straftaten dient, sofern nicht das berechtigte Interesse der betroffenen Person an der Informationserteilung überwiegt, oder
   b) die zuständige öffentliche Stelle gegenüber dem Verantwortlichen festgestellt hat, dass das Bekanntwerden der Daten die öffentliche Sicherheit oder Ordnung gefährden oder sonst dem Wohl des Bundes oder eines Landes Nachteile bereiten würde; im Falle der Datenverarbeitung für Zwecke der Strafverfolgung bedarf es keiner Feststellung nach dem ersten Halbsatz.

(2) Unterbleibt eine Information der betroffenen Person nach Maßgabe des Absatzes 1, ergreift der Verantwortliche geeignete Maßnahmen zum Schutz der berechtigten Interessen der betroffenen Person, einschließlich der Bereitstellung der in Artikel 14 Absatz 1 und 2 der Verordnung (EU) 2016/679 genannten Informationen für die Öffentlichkeit in präziser, transparenter, verständlicher und leicht zugänglicher Form in einer klaren und einfachen Sprache. Der Verantwortliche hält schriftlich fest, aus welchen Gründen er von einer Information abgesehen hat.

(3) Bezieht sich die Informationserteilung auf die Übermittlung personenbezogener Daten durch öffentliche Stellen an Verfassungsschutzbehörden, den Bundesnachrichtendienst, den Militärischen Abschirmdienst und, soweit die Sicherheit des Bundes berührt wird, andere Behörden des Bundesministeriums der Verteidigung, ist sie nur mit Zustimmung dieser Stellen zulässig.

§ 38 Datenschutzbeauftragte nichtöffentlicher Stellen (1) Ergänzend zu Artikel 37 Absatz 1 Buchstabe b und c der Verordnung (EU) 2016/679 benennen der Verantwortliche und der Auftragsverarbeiter eine Datenschutzbeauftragte oder einen Datenschutzbeauftragten, soweit sie in der Regel mindestens 20 Personen ständig mit der automatisierten Verarbeitung personenbezogener Daten beschäftigen. Nehmen der Verantwortliche oder der Auftragsverarbeiter Verarbeitungen vor, die einer Datenschutz-Folgenabschätzung nach Artikel 35 der Verordnung (EU) 2016/679 unterliegen, oder verarbeiten sie personenbezogene Daten geschäftsmäßig zum Zweck der Übermittlung, der anonymisierten Übermittlung oder für Zwecke der Markt- oder Meinungsforschung, haben sie unabhängig von der Anzahl der mit der Verarbeitung beschäftigten Personen eine Datenschutzbeauftragte oder einen Datenschutzbeauftragten zu benennen.

(2) § 6 Absatz 4, 5 Satz 2 und Absatz 6 finden Anwendung, § 6 Absatz 4 jedoch nur, wenn die Benennung einer oder eines Datenschutzbeauftragten verpflichtend ist.

15a. Verordnung (EU) 2016/679 des Europäischen Parlaments und des Rates zum Schutz natürlicher Personen bei der Verarbeitung personenbezogener Daten, zum freien Datenverkehr und zur Aufhebung der Richtlinie 95/46/EG (EU-Datenschutz-Grundverordnung – EU-DSGVO)

vom 27. April 2016 (ABl. EU L 2016 119/1, zuletzt ber. ABl. EU L 2021 74/35)

(Abgedruckte Vorschriften: Art. 5 – 7, 13, 15 – 18, 22, 82)

Einleitung

(siehe bei Nr. 15, II)

Verordnungstext

Kapitel II – Grundsätze

Art. 5 Grundsätze für die Verarbeitung personenbezogener Daten (1) Personenbezogene Daten müssen

a) auf rechtmäßige Weise, nach Treu und Glauben und in einer für die betroffene Person nachvollziehbaren Weise verarbeitet werden (»Rechtmäßigkeit, Verarbeitung nach Treu und Glauben, Transparenz«);

b) für festgelegte, eindeutige und legitime Zwecke erhoben werden und dürfen nicht in einer mit diesen Zwecken nicht zu vereinbarenden Weise weiterverarbeitet werden; eine Weiterverarbeitung für im öffentlichen Interesse liegende Archivzwecke, für wissenschaftliche oder historische Forschungszwecke oder für statistische Zwecke gilt gemäß Artikel 89 Absatz 1 nicht als unvereinbar mit den ursprünglichen Zwecken (»Zweckbindung«);

c) dem Zweck angemessen und erheblich sowie auf das für die Zwecke der Verarbeitung notwendige Maß beschränkt sein (»Datenminimierung«);

d) sachlich richtig und erforderlichenfalls auf dem neuesten Stand sein; es sind alle angemessenen Maßnahmen zu treffen, damit personenbezogene Daten, die im Hinblick auf die Zwecke ihrer Verarbeitung unrichtig sind, unverzüglich gelöscht oder berichtigt werden (»Richtigkeit«);

e) in einer Form gespeichert werden, die die Identifizierung der betroffenen Personen nur so lange ermöglicht, wie es für die Zwecke, für die sie verarbeitet werden, erforderlich ist; personenbezogene Daten dürfen länger gespeichert werden, soweit die personenbezogenen Daten vorbehaltlich der Durchführung geeigneter technischer und organisatorischer Maßnahmen, die von dieser Verordnung zum Schutz der Rechte und Freiheiten der betroffenen Person gefordert werden, ausschließlich für im öffentlichen Interesse liegende Archivzwecke oder für wissenschaftliche und historische Forschungszwecke oder für statistische Zwecke gemäß Artikel 89 Absatz 1 verarbeitet werden (»Speicherbegrenzung«);

f) in einer Weise verarbeitet werden, die eine angemessene Sicherheit der personenbezogenen Daten gewährleistet, einschließlich Schutz vor unbefugter oder unrechtmäßiger Verarbeitung und vor unbeabsichtigtem Verlust, unbeabsichtigter Zerstörung oder unbeabsichtigter Schädigung durch geeignete technische und organisatorische Maßnahmen (»Integrität und Vertraulichkeit«).

(2) Der Verantwortliche ist für die Einhaltung des Absatzes 1 verantwortlich und muss dessen Einhaltung nachweisen können (»Rechenschaftspflicht«).

Art. 6 Rechtmäßigkeit der Verarbeitung (1) Die Verarbeitung ist nur rechtmäßig, wenn mindestens eine der nachstehenden Bedingungen erfüllt ist:

a) Die betroffene Person hat ihre Einwilligung zu der Verarbeitung der sie betreffenden personenbezogenen Daten für einen oder mehrere bestimmte Zwecke gegeben;

b) die Verarbeitung ist für die Erfüllung eines Vertrags, dessen Vertragspartei die betroffene Person ist, oder zur Durchführung vorvertraglicher Maßnahmen erforderlich, die auf Anfrage der betroffenen Person erfolgen;

c) die Verarbeitung ist zur Erfüllung einer rechtlichen Verpflichtung erforderlich, der der Verantwortliche unterliegt;

d) die Verarbeitung ist erforderlich, um lebenswichtige Interessen der betroffenen Person oder einer anderen natürlichen Person zu schützen;

e) die Verarbeitung ist für die Wahrnehmung einer Aufgabe erforderlich, die im öffentlichen Interesse liegt oder in Ausübung öffentlicher Gewalt erfolgt, die dem Verantwortlichen übertragen wurde;

f) die Verarbeitung ist zur Wahrung der berechtigten Interessen des Verantwortlichen oder eines Dritten erforderlich, sofern nicht die Interessen oder Grundrechte und Grundfreiheiten der betroffenen Person, die den Schutz personenbezogener Daten erfordern, überwiegen, insbesondere dann, wenn es sich bei der betroffenen Person um ein Kind handelt.

Unterabsatz 1 Buchstabe f gilt nicht für die von Behörden in Erfüllung ihrer Aufgaben vorgenommene Verarbeitung.

(2) Die Mitgliedstaaten können spezifischere Bestimmungen zur Anpassung der Anwendung der Vorschriften dieser Verordnung in Bezug auf die Verarbeitung zur Erfüllung von Absatz 1 Buchstaben c und e beibehalten oder einführen, indem sie spezifische Anforderungen für die Verarbeitung sowie sonstige Maßnahmen präziser bestimmen, um eine rechtmäßig und nach Treu und Glauben erfolgende Verarbeitung zu gewährleisten, einschließlich für andere besondere Verarbeitungssituationen gemäß Kapitel IX.

(3) Die Rechtsgrundlage für die Verarbeitungen gemäß Absatz 1 Buchstaben c und e wird festgelegt durch

a) Unionsrecht oder

b) das Recht der Mitgliedstaaten, dem der Verantwortliche unterliegt.

Der Zweck der Verarbeitung muss in dieser Rechtsgrundlage festgelegt oder hinsichtlich der Verarbeitung gemäß Absatz 1 Buchstabe e für die Erfüllung einer Aufgabe erforderlich sein, die im öffentlichen Interesse liegt oder in Ausübung öffentlicher Gewalt erfolgt, die dem Verantwortlichen übertragen wurde. Diese Rechtsgrundlage kann spezifische Bestimmungen zur Anpassung der Anwendung der Vorschriften dieser Verordnung enthalten, unter anderem Bestimmungen darüber, welche allgemeinen Bedingungen für die Regelung der Rechtmäßigkeit der Verarbeitung durch den Verantwortlichen gelten, welche Arten von Daten verarbeitet werden, welche Personen betroffen sind, an welche Einrichtungen und für welche Zwecke die personenbezogenen Daten offengelegt werden dürfen, welcher Zweckbindung sie unterliegen, wie lange sie gespeichert werden dürfen und welche Verarbeitungsvorgänge und -verfahren angewandt werden dürfen, einschließlich Maßnahmen zur Gewährleistung einer rechtmäßig und nach Treu und Glauben erfolgenden Verarbeitung, wie solche für sonstige besondere Verarbeitungssituationen gemäß Kapitel IX. Das Unionsrecht oder das Recht der Mitgliedstaaten müssen ein im öffentlichen Interesse liegendes Ziel verfolgen und in einem angemessenen Verhältnis zu dem verfolgten legitimen Zweck stehen.

(4) Beruht die Verarbeitung zu einem anderen Zweck als zu demjenigen, zu dem die personenbezogenen Daten erhoben wurden, nicht auf der Einwilligung der betroffenen Person oder auf einer Rechtsvorschrift der Union oder der Mitgliedstaaten, die in einer demokratischen Gesellschaft eine notwendige und verhältnismäßige Maßnahme zum Schutz der in Artikel 23 Absatz 1 genannten Ziele darstellt, so berücksichtigt der Verantwortliche – um festzustellen, ob die Verarbeitung zu einem anderen Zweck mit demjenigen, zu dem die personenbezogenen Daten ursprünglich erhoben wurden, vereinbar ist – unter anderem

a) jede Verbindung zwischen den Zwecken, für die die personenbezogenen Daten erhoben wurden, und den Zwecken der beabsichtigten Weiterverarbeitung,

b) den Zusammenhang, in dem die personenbezogenen Daten erhoben wurden, insbesondere hinsichtlich des Verhältnisses zwischen den betroffenen Personen und dem Verantwortlichen,

c) die Art der personenbezogenen Daten, insbesondere ob besondere Kategorien personenbezogener Daten gemäß Artikel 9 verarbeitet werden oder ob personenbezogene Daten über strafrechtliche Verurteilungen und Straftaten gemäß Artikel 10 verarbeitet werden,

d) die möglichen Folgen der beabsichtigten Weiterverarbeitung für die betroffenen Personen,

e) das Vorhandensein geeigneter Garantien, wozu Verschlüsselung oder Pseudonymisierung gehören kann.

Art. 7 Bedingungen für die Einwilligung (1) Beruht die Verarbeitung auf einer Einwilligung, muss der Verantwortliche nachweisen können, dass die betroffene Person in die Verarbeitung ihrer personenbezogenen Daten eingewilligt hat.

(2) Erfolgt die Einwilligung der betroffenen Person durch eine schriftliche Erklärung, die noch andere Sachverhalte betrifft, so muss das Ersuchen um Einwilligung in verständlicher und leicht zugänglicher Form in einer klaren und einfachen Sprache so erfolgen, dass es von den anderen Sachverhalten klar zu unterscheiden ist. Teile der Erklärung sind dann nicht verbindlich, wenn sie einen Verstoß gegen diese Verordnung darstellen.
(3) Die betroffene Person hat das Recht, ihre Einwilligung jederzeit zu widerrufen. Durch den Widerruf der Einwilligung wird die Rechtmäßigkeit der aufgrund der Einwilligung bis zum Widerruf erfolgten Verarbeitung nicht berührt. Die betroffene Person wird vor Abgabe der Einwilligung hiervon in Kenntnis gesetzt. Der Widerruf der Einwilligung muss so einfach wie die Erteilung der Einwilligung sein.
(4) Bei der Beurteilung, ob die Einwilligung freiwillig erteilt wurde, muss dem Umstand in größtmöglichem Umfang Rechnung getragen werden, ob unter anderem die Erfüllung eines Vertrags, einschließlich der Erbringung einer Dienstleistung, von der Einwilligung zu einer Verarbeitung von personenbezogenen Daten abhängig ist, die für die Erfüllung des Vertrags nicht erforderlich sind.
…

Kapitel III – Rechte der betroffenen Person

…

Abschnitt 2 – Informationspflicht und Recht auf Auskunft zu personenbezogenen Daten

Art. 13 Informationspflicht bei Erhebung von personenbezogenen Daten bei der betroffenen Person (1) Werden personenbezogene Daten bei der betroffenen Person erhoben, so teilt der Verantwortliche der betroffenen Person zum Zeitpunkt der Erhebung dieser Daten Folgendes mit:

a) den Namen und die Kontaktdaten des Verantwortlichen sowie gegebenenfalls seines Vertreters;
b) gegebenenfalls die Kontaktdaten des Datenschutzbeauftragten;
c) die Zwecke, für die die personenbezogenen Daten verarbeitet werden sollen, sowie die Rechtsgrundlage für die Verarbeitung;
d) wenn die Verarbeitung auf Artikel 6 Absatz 1 Buchstabe f beruht, die berechtigten Interessen, die von dem Verantwortlichen oder einem Dritten verfolgt werden;
e) gegebenenfalls die Empfänger oder Kategorien von Empfängern der personenbezogenen Daten und
f) gegebenenfalls die Absicht des Verantwortlichen, die personenbezogenen Daten an ein Drittland oder eine internationale Organisation zu übermitteln, sowie das Vorhandensein oder das Fehlen eines Angemessenheitsbeschlusses der Kommission oder im Falle von Übermittlungen gemäß Artikel 46 oder Artikel 47 oder Artikel 49 Absatz 1 Unterabsatz 2 einen Verweis auf die geeigneten oder angemessenen Garantien und die Möglichkeit, wie eine Kopie von ihnen zu erhalten ist, oder wo sie verfügbar sind.

(2) Zusätzlich zu den Informationen gemäß Absatz 1 stellt der Verantwortliche der betroffenen Person zum Zeitpunkt der Erhebung dieser Daten folgende weitere Informationen zur Verfügung, die notwendig sind, um eine faire und transparente Verarbeitung zu gewährleisten:

a) die Dauer, für die die personenbezogenen Daten gespeichert werden oder, falls dies nicht möglich ist, die Kriterien für die Festlegung dieser Dauer;
b) das Bestehen eines Rechts auf Auskunft seitens des Verantwortlichen über die betreffenden personenbezogenen Daten sowie auf Berichtigung oder Löschung oder auf Einschränkung der Verarbeitung oder eines Widerspruchsrechts gegen die Verarbeitung sowie des Rechts auf Datenübertragbarkeit;
c) wenn die Verarbeitung auf Artikel 6 Absatz 1 Buchstabe a oder Artikel 9 Absatz 2 Buchstabe a beruht, das Bestehen eines Rechts, die Einwilligung jederzeit zu widerrufen, ohne dass die Rechtmäßigkeit der aufgrund der Einwilligung bis zum Widerruf erfolgten Verarbeitung berührt wird;
d) das Bestehen eines Beschwerderechts bei einer Aufsichtsbehörde;
e) ob die Bereitstellung der personenbezogenen Daten gesetzlich oder vertraglich vorgeschrieben oder für einen Vertragsabschluss erforderlich ist, ob die betroffene Person verpflichtet ist, die personenbezogenen Daten bereitzustellen, und welche mögliche Folgen die Nichtbereitstellung hätte und
f) das Bestehen einer automatisierten Entscheidungsfindung einschließlich Profiling gemäß Artikel 22 Absätze 1 und 4 und – zumindest in diesen Fällen – aussagekräftige Informationen über die involvierte Logik sowie die Tragweite und die angestrebten Auswirkungen einer derartigen Verarbeitung für die betroffene Person.

(3) Beabsichtigt der Verantwortliche, die personenbezogenen Daten für einen anderen Zweck weiterzuverarbeiten als den, für den die personenbezogenen Daten erhoben wurden, so stellt er der betroffenen Person vor dieser Weiterverarbeitung Informationen über diesen anderen Zweck und alle anderen maßgeblichen Informationen gemäß Absatz 2 zur Verfügung.

(4) Die Absätze 1, 2 und 3 finden keine Anwendung, wenn und soweit die betroffene Person bereits über die Informationen verfügt.

…

Art. 15 Auskunftsrecht der betroffenen Person (1) Die betroffene Person hat das Recht, von dem Verantwortlichen eine Bestätigung darüber zu verlangen, ob sie betreffende personenbezogene Daten verarbeitet werden; ist dies der Fall, so hat sie ein Recht auf Auskunft über diese personenbezogenen Daten und auf folgende Informationen:

a) die Verarbeitungszwecke;
b) die Kategorien personenbezogener Daten, die verarbeitet werden;
c) die Empfänger oder Kategorien von Empfängern, gegenüber denen die personenbezogenen Daten offengelegt worden sind oder noch offengelegt werden, insbesondere bei Empfängern in Drittländern oder bei internationalen Organisationen;

d) falls möglich die geplante Dauer, für die die personenbezogenen Daten gespeichert werden, oder, falls dies nicht möglich ist, die Kriterien für die Festlegung dieser Dauer;
e) das Bestehen eines Rechts auf Berichtigung oder Löschung der sie betreffenden personenbezogenen Daten oder auf Einschränkung der Verarbeitung durch den Verantwortlichen oder eines Widerspruchsrechts gegen diese Verarbeitung;
f) das Bestehen eines Beschwerderechts bei einer Aufsichtsbehörde;
g) wenn die personenbezogenen Daten nicht bei der betroffenen Person erhoben werden, alle verfügbaren Informationen über die Herkunft der Daten;
h) das Bestehen einer automatisierten Entscheidungsfindung einschließlich Profiling gemäß Artikel 22 Absätze 1 und 4 und – zumindest in diesen Fällen – daussagekräftige Informationen über die involvierte Logik sowie die Tragweite und die angestrebten Auswirkungen einer derartigen Verarbeitung für die betroffene Person.

(2) Werden personenbezogene Daten an ein Drittland oder an eine internationale Organisation übermittelt, so hat die betroffene Person das Recht, über die geeigneten Garantien gemäß Artikel 46 im Zusammenhang mit der Übermittlung unterrichtet zu werden.

(3) Der Verantwortliche stellt eine Kopie der personenbezogenen Daten, die Gegenstand der Verarbeitung sind, zur Verfügung. Für alle weiteren Kopien, die die betroffene Person beantragt, kann der Verantwortliche ein angemessenes Entgelt auf der Grundlage der Verwaltungskosten verlangen. Stellt die betroffene Person den Antrag elektronisch, so sind die Informationen in einem gängigen elektronischen Format zur Verfügung zu stellen, sofern sie nichts anderes angibt.

(4) Das Recht auf Erhalt einer Kopie gemäß Absatz 3 darf die Rechte und Freiheiten anderer Personen nicht beeinträchtigen.

Abschnitt 3 – Berichtigung und Löschung

Art. 16 Recht auf Berichtigung Die betroffene Person hat das Recht, von dem Verantwortlichen unverzüglich die Berichtigung sie betreffender unrichtiger personenbezogener Daten zu verlangen. Unter Berücksichtigung der Zwecke der Verarbeitung hat die betroffene Person das Recht, die Vervollständigung unvollständiger personenbezogener Daten – auch mittels einer ergänzenden Erklärung – zu verlangen.

Art. 17 Recht auf Löschung (»Recht auf Vergessenwerden«) (1) Die betroffene Person hat das Recht, von dem Verantwortlichen zu verlangen, dass sie betreffende personenbezogene Daten unverzüglich gelöscht werden, und der Verantwortliche ist verpflichtet, personenbezogene Daten unverzüglich zu löschen, sofern einer der folgenden Gründe zutrifft:
a) Die personenbezogenen Daten sind für die Zwecke, für die sie erhoben oder auf sonstige Weise verarbeitet wurden, nicht mehr notwendig.
b) Die betroffene Person widerruft ihre Einwilligung, auf die sich die Verarbeitung gemäß Artikel 6 Absatz 1 Buchstabe a oder Artikel 9 Absatz 2 Buchstabe a

stützte, und es fehlt an einer anderweitigen Rechtsgrundlage für die Verarbeitung.
c) Die betroffene Person legt gemäß Artikel 21 Absatz 1 Widerspruch gegen die Verarbeitung ein und es liegen keine vorrangigen berechtigten Gründe für die Verarbeitung vor, oder die betroffene Person legt gemäß Artikel 21 Absatz 2 Widerspruch gegen die Verarbeitung ein.
d) Die personenbezogenen Daten wurden unrechtmäßig verarbeitet.
e) Die Löschung der personenbezogenen Daten ist zur Erfüllung einer rechtlichen Verpflichtung nach dem Unionsrecht oder dem Recht der Mitgliedstaaten erforderlich, dem der Verantwortliche unterliegt.
f) Die personenbezogenen Daten wurden in Bezug auf angebotene Dienste der Informationsgesellschaft gemäß Artikel 8 Absatz 1 erhoben.

(2) Hat der Verantwortliche die personenbezogenen Daten öffentlich gemacht und ist er gemäß Absatz 1 zu deren Löschung verpflichtet, so trifft er unter Berücksichtigung der verfügbaren Technologie und der Implementierungskosten angemessene Maßnahmen, auch technischer Art, um für die Datenverarbeitung Verantwortliche, die die personenbezogenen Daten verarbeiten, darüber zu informieren, dass eine betroffene Person von ihnen die Löschung aller Links zu diesen personenbezogenen Daten oder von Kopien oder Replikationen dieser personenbezogenen Daten verlangt hat.

(3) Die Absätze 1 und 2 gelten nicht, soweit die Verarbeitung erforderlich ist
a) zur Ausübung des Rechts auf freie Meinungsäußerung und Information;
b) zur Erfüllung einer rechtlichen Verpflichtung, die die Verarbeitung nach dem Recht der Union oder der Mitgliedstaaten, dem der Verantwortliche unterliegt, erfordert, oder zur Wahrnehmung einer Aufgabe, die im öffentlichen Interesse liegt oder in Ausübung öffentlicher Gewalt erfolgt, die dem Verantwortlichen übertragen wurde;
c) aus Gründen des öffentlichen Interesses im Bereich der öffentlichen Gesundheit gemäß Artikel 9 Absatz 2 Buchstaben h und i sowie Artikel 9 Absatz 3;
d) für im öffentlichen Interesse liegende Archivzwecke, wissenschaftliche oder historische Forschungszwecke oder für statistische Zwecke gemäß Artikel 89 Absatz 1, soweit das in Absatz 1 genannte Recht voraussichtlich die Verwirklichung der Ziele dieser Verarbeitung unmöglich macht oder ernsthaft beeinträchtigt, oder
e) zur Geltendmachung, Ausübung oder Verteidigung von Rechtsansprüchen.

Art. 18 Recht auf Einschränkung der Verarbeitung (1) Die betroffene Person hat das Recht, von dem Verantwortlichen die Einschränkung der Verarbeitung zu verlangen, wenn eine der folgenden Voraussetzungen gegeben ist:
a) die Richtigkeit der personenbezogenen Daten von der betroffenen Person bestritten wird, und zwar für eine Dauer, die es dem Verantwortlichen ermöglicht, die Richtigkeit der personenbezogenen Daten zu überprüfen,
b) die Verarbeitung unrechtmäßig ist und die betroffene Person die Löschung der personenbezogenen Daten ablehnt und stattdessen die Einschränkung der Nutzung der personenbezogenen Daten verlangt;

c) der Verantwortliche die personenbezogenen Daten für die Zwecke der Verarbeitung nicht länger benötigt, die betroffene Person sie jedoch zur Geltendmachung, Ausübung oder Verteidigung von Rechtsansprüchen benötigt, oder
d) die betroffene Person Widerspruch gegen die Verarbeitung gemäß Artikel 21 Absatz 1 eingelegt hat, solange noch nicht feststeht, ob die berechtigten Gründe des Verantwortlichen gegenüber denen der betroffenen Person überwiegen.

(2) Wurde die Verarbeitung gemäß Absatz 1 eingeschränkt, so dürfen diese personenbezogenen Daten – von ihrer Speicherung abgesehen – nur mit Einwilligung der betroffenen Person oder zur Geltendmachung, Ausübung oder Verteidigung von Rechtsansprüchen oder zum Schutz der Rechte einer anderen natürlichen oder juristischen Person oder aus Gründen eines wichtigen öffentlichen Interesses der Union oder eines Mitgliedstaats verarbeitet werden.

(3) Eine betroffene Person, die eine Einschränkung der Verarbeitung gemäß Absatz 1 erwirkt hat, wird von dem Verantwortlichen unterrichtet, bevor die Einschränkung aufgehoben wird.

…

Abschnitt 4 – Widerspruchsrecht und automatisierte Entscheidungsfindung im Einzelfall

…

Art. 22 Automatisierte Entscheidungen im Einzelfall einschließlich Profiling

(1) Die betroffene Person hat das Recht, nicht einer ausschließlich auf einer automatisierten Verarbeitung – einschließlich Profiling – beruhenden Entscheidung unterworfen zu werden, die ihr gegenüber rechtliche Wirkung entfaltet oder sie in ähnlicher Weise erheblich beeinträchtigt.

(2) Absatz 1 gilt nicht, wenn die Entscheidung
a) für den Abschluss oder die Erfüllung eines Vertrags zwischen der betroffenen Person und dem Verantwortlichen erforderlich ist,
b) aufgrund von Rechtsvorschriften der Union oder der Mitgliedstaaten, denen der Verantwortliche unterliegt, zulässig ist und diese Rechtsvorschriften angemessene Maßnahmen zur Wahrung der Rechte und Freiheiten sowie der berechtigten Interessen der betroffenen Person enthalten oder
c) mit ausdrücklicher Einwilligung der betroffenen Person erfolgt.

(3) In den in Absatz 2 Buchstaben a und c genannten Fällen trifft der Verantwortliche angemessene Maßnahmen, um die Rechte und Freiheiten sowie die berechtigten Interessen der betroffenen Person zu wahren, wozu mindestens das Recht auf Erwirkung des Eingreifens einer Person seitens des Verantwortlichen, auf Darlegung des eigenen Standpunkts und auf Anfechtung der Entscheidung gehört.

(4) Entscheidungen nach Absatz 2 dürfen nicht auf besonderen Kategorien personenbezogener Daten nach Artikel 9 Absatz 1 beruhen, sofern nicht Artikel 9 Absatz 2 Buchstabe a oder g gilt und angemessene Maßnahmen zum Schutz der Rechte und Freiheiten sowie der berechtigten Interessen der betroffenen Person getroffen wurden.

…

Kapitel VIII – Rechtsbehelfe, Haftung und Sanktionen

...

Art. 82 Haftung und Recht auf Schadenersatz (1) Jede Person, der wegen eines Verstoßes gegen diese Verordnung ein materieller oder immaterieller Schaden entstanden ist, hat Anspruch auf Schadenersatz gegen den Verantwortlichen oder gegen den Auftragsverarbeiter.

(2) Jeder an einer Verarbeitung beteiligte Verantwortliche haftet für den Schaden, der durch eine nicht dieser Verordnung entsprechende Verarbeitung verursacht wurde. Ein Auftragsverarbeiter haftet für den durch eine Verarbeitung verursachten Schaden nur dann, wenn er seinen speziell den Auftragsverarbeitern auferlegten Pflichten aus dieser Verordnung nicht nachgekommen ist oder unter Nichtbeachtung der rechtmäßig erteilten Anweisungen des für die Datenverarbeitung Verantwortlichen oder gegen diese Anweisungen gehandelt hat.

(3) Der Verantwortliche oder der Auftragsverarbeiter wird von der Haftung gemäß Absatz 2 befreit, wenn er nachweist, dass er in keinerlei Hinsicht für den Umstand, durch den der Schaden eingetreten ist, verantwortlich ist.

(4) Ist mehr als ein Verantwortlicher oder mehr als ein Auftragsverarbeiter bzw. sowohl ein Verantwortlicher als auch ein Auftragsverarbeiter an derselben Verarbeitung beteiligt und sind sie gemäß den Absätzen 2 und 3 für einen durch die Verarbeitung verursachten Schaden verantwortlich, so haftet jeder Verantwortliche oder jeder Auftragsverarbeiter für den gesamten Schaden, damit ein wirksamer Schadensersatz für die betroffene Person sichergestellt ist.

(5) Hat ein Verantwortlicher oder Auftragsverarbeiter gemäß Absatz 4 vollständigen Schadenersatz für den erlittenen Schaden gezahlt, so ist dieser Verantwortliche oder Auftragsverarbeiter berechtigt, von den übrigen an derselben Verarbeitung beteiligten für die Datenverarbeitung Verantwortlichen oder Auftragsverarbeitern den Teil des Schadenersatzes zurückzufordern, der unter den in Absatz 2 festgelegten Bedingungen ihrem Anteil an der Verantwortung für den Schaden entspricht.

(6) Mit Gerichtsverfahren zur Inanspruchnahme des Rechts auf Schadenersatz sind die Gerichte zu befassen, die nach den in Artikel 79 Absatz 2 genannten Rechtsvorschriften des Mitgliedstaats zuständig sind.

...

15b. Gesetz über genetische Untersuchungen bei Menschen (Gendiagnostikgesetz – GenDG)

vom 31. Juli 2009 (BGBl. I 2529),
zuletzt geändert durch Gesetz vom 4. Mai 2021 (BGBl. I 882)

(Abgedruckte Vorschriften: §§ 1–3, 8, 9, 11–13, 19–21)

Einleitung

(siehe bei Nr. 15, IV)

Gesetzestext

Abschnitt 1 – Allgemeine Vorschriften

§ 1 Zweck des Gesetzes Zweck dieses Gesetzes ist es, die Voraussetzungen für genetische Untersuchungen und im Rahmen genetischer Untersuchungen durchgeführte genetische Analysen sowie die Verwendung genetischer Proben und Daten zu bestimmen und eine Benachteiligung auf Grund genetischer Eigenschaften zu verhindern, um insbesondere die staatliche Verpflichtung zur Achtung und zum Schutz der Würde des Menschen und des Rechts auf informationelle Selbstbestimmung zu wahren.

§ 2 Anwendungsbereich (1) Dieses Gesetz gilt für genetische Untersuchungen und im Rahmen genetischer Untersuchungen durchgeführte genetische Analysen bei geborenen Menschen sowie bei Embryonen und Föten während der Schwangerschaft und den Umgang mit dabei gewonnenen Proben und genetischen Daten bei genetischen Untersuchungen zu medizinischen Zwecken, zur Klärung der Abstammung sowie im Versicherungsbereich und im Arbeitsleben.
(2) Dieses Gesetz gilt nicht für genetische Untersuchungen und Analysen und den Umgang mit genetischen Proben und Daten
1. zu Forschungszwecken,
2. auf Grund von Vorschriften
   a) über das Strafverfahren, über die internationale Rechtshilfe in Strafsachen, des Bundeskriminalamtsgesetzes und der Polizeigesetze der Länder,
   b) des Infektionsschutzgesetzes und der auf Grund des Infektionsschutzgesetzes erlassenen Rechtsverordnungen.

§ 3 Begriffsbestimmungen Im Sinne dieses Gesetzes
1. ist genetische Untersuchung eine auf den Untersuchungszweck gerichtete
   a) genetische Analyse zur Feststellung genetischer Eigenschaften oder
   b) vorgeburtliche Risikoabklärung

einschließlich der Beurteilung der jeweiligen Ergebnisse,

2. ist genetische Analyse eine auf die Feststellung genetischer Eigenschaften gerichtete Analyse
   a) der Zahl und der Struktur der Chromosomen (zytogenetische Analyse),
   b) der molekularen Struktur der Desoxyribonukleinsäure oder der Ribonukleinsäure (molekulargenetische Analyse) oder
   c) der Produkte der Nukleinsäuren (Genproduktanalyse),
3. ist vorgeburtliche Risikoabklärung eine Untersuchung des Embryos oder Fötus, mit der die Wahrscheinlichkeit für das Vorliegen bestimmter genetischer Eigenschaften mit Bedeutung für eine Erkrankung oder gesundheitliche Störung des Embryos oder Fötus ermittelt werden soll,
4. sind genetische Eigenschaften ererbte oder während der Befruchtung oder bis zur Geburt erworbene, vom Menschen stammende Erbinformationen,
5. ist verantwortliche ärztliche Person die Ärztin oder der Arzt, die oder der die genetische Untersuchung zu medizinischen Zwecken vornimmt,
6. ist genetische Untersuchung zu medizinischen Zwecken eine diagnostische oder eine prädikative genetische Untersuchung,
7. ist eine diagnostische genetische Untersuchung eine genetische Untersuchung mit dem Ziel
   a) der Abklärung einer bereits bestehenden Erkrankung oder gesundheitlichen Störung,
   b) der Abklärung, ob genetische Eigenschaften vorliegen, die zusammen mit der Einwirkung bestimmter äußerer Faktoren oder Fremdstoffe eine Erkrankung oder gesundheitliche Störung auslösen können,
   c) der Abklärung, ob genetische Eigenschaften vorliegen, die die Wirkung eines Arzneimittels beeinflussen können, oder
   d) der Abklärung, ob genetische Eigenschaften vorliegen, die den Eintritt einer möglichen Erkrankung oder gesundheitlichen Störung ganz oder teilweise verhindern können,
8. ist prädikative genetische Untersuchung eine genetische Untersuchung mit dem Ziel der Abklärung
   a) einer erst zukünftig auftretenden Erkrankung oder gesundheitlichen Störung oder
   b) einer Anlageträgerschaft für Erkrankungen oder gesundheitliche Störungen bei Nachkommen,
9. ist genetische Reihenuntersuchung eine genetische Untersuchung zu medizinischen Zwecken, die systematisch der gesamten Bevölkerung oder bestimmten Personengruppen in der gesamten Bevölkerung angeboten wird, ohne dass bei der jeweiligen betroffenen Person notwendigerweise Grund zu der Annahme besteht, sie habe die genetischen Eigenschaften, deren Vorhandensein mit der Untersuchung geklärt werden soll,
10. ist genetische Probe biologisches Material, das zur Verwendung für genetische Analysen vorgesehen ist oder an dem solche Analysen vorgenommen wurden,
11. sind genetische Daten die durch eine genetische Untersuchung oder die im Rahmen einer genetischen Untersuchung durchgeführte genetische Analyse gewonnenen Daten über genetische Eigenschaften,

12. sind Beschäftigte
    a) Arbeitnehmerinnen und Arbeitnehmer,
    b) die zu ihrer Berufsbildung Beschäftigten,
    c) Teilnehmer an Leistungen zur Teilhabe am Arbeitsleben sowie an Abklärungen der beruflichen Eignung oder Arbeitserprobung (Rehabilitanden),
    d) die in anerkannten Werkstätten für behinderte Menschen Beschäftigten,
    e) Personen, die nach dem Jugendfreiwilligendienstegesetz beschäftigt werden,
    f) Personen, die wegen ihrer wirtschaftlichen Unselbständigkeit als arbeitnehmerähnliche Personen anzusehen sind; zu diesen gehören auch die in Heimarbeit Beschäftigten und die ihnen Gleichgestellten,
    g) Bewerberinnen und Bewerber für ein Beschäftigungsverhältnis sowie Personen, deren Beschäftigungsverhältnis beendet ist,
13. sind Arbeitgeber (Arbeitgeberinnen und Arbeitgeber) natürliche oder juristische Personen oder rechtsfähige Personengesellschaften, die Personen nach Nummer 12 beschäftigen, bei in Heimarbeit Beschäftigten und den ihnen Gleichgestellten die Auftraggeber oder Zwischenmeister oder bei Beschäftigten, die einem Dritten zur Arbeitsleistung überlassen werden, auch die Dritten.

…

Abschnitt 2 – Genetische Untersuchungen zu medizinischen Zwecken

…

§ 8 Einwilligung (1) Eine genetische Untersuchung oder Analyse darf nur vorgenommen und eine dafür erforderliche genetische Probe nur gewonnen werden, wenn die betroffene Person in die Untersuchung und die Gewinnung der dafür erforderlichen genetischen Probe ausdrücklich und schriftlich gegenüber der verantwortlichen ärztlichen Person eingewilligt hat. Die Einwilligung nach Satz 1 umfasst sowohl die Entscheidung über den Umfang der genetischen Untersuchung als auch die Entscheidung, ob und inwieweit das Untersuchungsergebnis zur Kenntnis zu geben oder zu vernichten ist. Die Einwilligung nach Satz 1 umfasst auch die Einwilligung in die Verarbeitung genetischer Daten. Eine nach § 7 Abs. 2 beauftragte Person oder Einrichtung darf die genetische Analyse nur vornehmen, wenn ihr ein Nachweis der Einwilligung vorliegt.
(2) Die betroffene Person kann ihre Einwilligung jederzeit mit Wirkung für die Zukunft schriftlich oder mündlich gegenüber der verantwortlichen ärztlichen Person widerrufen. Erfolgt der Widerruf mündlich, ist dieser unverzüglich zu dokumentieren. Die verantwortliche ärztliche Person hat der nach § 7 Abs. 2 beauftragten Person oder Einrichtung unverzüglich einen Nachweis des Widerrufs zu übermitteln.

§ 9 Aufklärung (1) Vor Einholung der Einwilligung hat die verantwortliche ärztliche Person die betroffene Person über Wesen, Bedeutung und Tragweite der genetischen Untersuchung aufzuklären. Der betroffenen Person ist nach der Aufklärung eine angemessene Bedenkzeit bis zur Entscheidung über die Einwilligung einzuräumen.

(2) Die Aufklärung umfasst insbesondere

1. Zweck, Art, Umfang und Aussagekraft der genetischen Untersuchung einschließlich der mit dem vorgesehenen genetischen Untersuchungsmittel im Rahmen des Untersuchungszwecks erzielbaren Ergebnisse; dazu gehören auch die Bedeutung der zu untersuchenden genetischen Eigenschaften für eine Erkrankung oder gesundheitliche Störung sowie die Möglichkeiten, sie zu vermeiden, ihr vorzubeugen oder sie zu behandeln,
2. gesundheitliche Risiken, die mit der Kenntnis des Ergebnisses der genetischen Untersuchung und der Gewinnung der dafür erforderlichen genetischen Probe für die betroffene Person verbunden sind, bei Schwangeren auch gesundheitliche Risiken, die mit der vorgeburtlichen genetischen Untersuchung und der Gewinnung der dafür erforderlichen genetischen Probe für den Embryo oder Fötus verbunden sind,
3. die vorgesehene Verwendung der genetischen Probe sowie der Untersuchungs- oder der Analyseergebnisse,
4. das Recht der betroffenen Person, die Einwilligung jederzeit zu widerrufen,
5. das Recht der betroffenen Person auf Nichtwissen einschließlich des Rechts, das Untersuchungsergebnis oder Teile davon nicht zur Kenntnis zu nehmen, sondern vernichten zu lassen,
6. bei einer genetischen Reihenuntersuchung die Unterrichtung der betroffenen Personen über das Ergebnis der Bewertung der Untersuchung durch die Gendiagnostik-Kommission nach § 16 Abs. 2.

(3) Die verantwortliche ärztliche Person hat den Inhalt der Aufklärung vor der genetischen Untersuchung zu dokumentieren.

…

§ 11 Mitteilung der Ergebnisse genetischer Untersuchungen und Analysen

(1) Das Ergebnis einer genetischen Untersuchung darf vorbehaltlich der Absätze 2 und 3 nur der betroffenen Person und nur durch die verantwortliche ärztliche Person oder die Ärztin oder den Arzt, die oder der die genetische Untersuchung durchgeführt hat, mitgeteilt werden.

(2) Eine nach § 7 Abs. 2 mit der genetischen Analyse beauftragte Person oder Einrichtung darf das Ergebnis der genetischen Analyse nur der ärztlichen Person mitteilen, die sie mit der genetischen Analyse beauftragt hat.

(3) Die verantwortliche ärztliche Person darf das Ergebnis der genetischen Untersuchung oder Analyse anderen nur mit ausdrücklicher und schriftlich oder in elektronischer Form vorliegender Einwilligung der betroffenen Person mitteilen.

(4) Das Ergebnis der genetischen Untersuchung darf der betroffenen Person nicht mitgeteilt werden, soweit diese Person nach § 8 Abs. 1 Satz 1 in Verbindung mit Satz 2 entschieden hat, dass das Ergebnis der genetischen Untersuchung zu vernichten ist oder diese Person nach § 8 Abs. 2 ihre Einwilligung widerrufen hat.

§ 12 Aufbewahrung und Vernichtung der Ergebnisse genetischer Untersuchungen und Analysen (1) Die Ergebnisse genetischer Untersuchungen und Analysen hat die verantwortliche ärztliche Person zehn Jahre in den Untersuchungsunterlagen über die betroffene Person aufzubewahren. Die verantwortliche ärztliche Person hat die Ergebnisse genetischer Untersuchungen und Analysen unverzüglich in den Untersuchungsunterlagen über die betroffene Person zu vernichten,

1. wenn die Aufbewahrungsfrist nach Satz 1 abgelaufen ist oder
2. soweit diese Person nach § 8 Abs. 1 Satz 1 in Verbindung mit Satz 2 entschieden hat, dass die Ergebnisse der genetischen Untersuchungen und Analysen zu vernichten sind.

Soweit Grund zu der Annahme besteht, dass durch eine Vernichtung schutzwürdige Interessen der betroffenen Person beeinträchtigt würden oder wenn die betroffene Person eine längere Aufbewahrung schriftlich oder in elektronischer Form verlangt, hat die verantwortliche ärztliche Person die Ergebnisse anstelle einer Vernichtung nach Satz 2 Nr. 1 in der Verarbeitung einzuschränken und dies der nach § 7 Abs. 2 beauftragten Person oder Einrichtung mitzuteilen. Satz 2 Nr. 2 gilt auch, wenn die betroffene Person ihre Einwilligung nach § 8 Abs. 2 widerrufen hat, soweit ihr die Ergebnisse nicht bereits bekannt sind.

(2) Absatz 1 gilt für die Aufbewahrung, Vernichtung und Einschränkung der Verarbeitung des Ergebnisses einer genetischen Analyse durch die nach § 7 Abs. 2 beauftragte Person oder Einrichtung entsprechend.

§ 13 Verwendung und Vernichtung genetischer Proben (1) Eine genetische Probe darf nur für die Zwecke verwendet werden, für die sie gewonnen worden ist. Die verantwortliche ärztliche Person oder die nach § 7 Abs. 2 beauftragte Person oder Einrichtung hat die genetische Probe unverzüglich zu vernichten, sobald sie für diese Zwecke nicht mehr benötigt wird oder die betroffene Person ihre Einwilligung nach § 8 Abs. 2 widerrufen hat.

(2) Abweichend von Absatz 1 darf die genetische Probe zu anderen Zwecken nur verwendet werden, soweit dies nach anderen gesetzlichen Vorschriften zulässig ist oder wenn zuvor die Person, von der die genetische Probe stammt, nach Unterrichtung über die anderen Zwecke in die Verwendung ausdrücklich und schriftlich eingewilligt hat.

(3) Wer eine genetische Probe verwendet, hat die erforderlichen technischen und organisatorischen Maßnahmen zu treffen, um eine unzulässige Verwendung der Probe auszuschließen.

…

Abschnitt 5 – Genetische Untersuchungen im Arbeitsleben

§ 19 Genetische Untersuchungen und Analysen vor und nach Begründung des Beschäftigungsverhältnisses Der Arbeitgeber darf von Beschäftigten weder vor noch nach Begründung des Beschäftigungsverhältnisses

1. die Vornahme genetischer Untersuchungen oder Analysen verlangen oder
2. die Mitteilung von Ergebnissen bereits vorgenommener genetischer Untersuchungen oder Analysen verlangen, solche Ergebnisse entgegennehmen oder verwenden.

§ 20 Genetische Untersuchungen und Analysen zum Arbeitsschutz (1) Im Rahmen arbeitsmedizinischer Vorsorgeuntersuchungen dürfen weder
1. genetische Untersuchungen oder Analysen vorgenommen werden noch
2. die Mitteilung von Ergebnissen bereits vorgenommener genetischer Untersuchungen oder Analysen verlangt, solche Ergebnisse entgegengenommen oder verwendet werden.

(2) Abweichend von Absatz 1 sind im Rahmen arbeitsmedizinischer Vorsorgeuntersuchungen diagnostische genetische Untersuchungen durch Genproduktanalyse zulässig, soweit sie zur Feststellung genetischer Eigenschaften erforderlich sind, die für schwerwiegende Erkrankungen oder schwerwiegende gesundheitliche Störungen, die bei einer Beschäftigung an einem bestimmten Arbeitsplatz oder mit einer bestimmten Tätigkeit entstehen können, ursächlich oder mitursächlich sind. Als Bestandteil arbeitsmedizinischer Vorsorgeuntersuchungen sind genetische Untersuchungen nachrangig zu anderen Maßnahmen des Arbeitsschutzes.

(3) Die Bundesregierung kann durch Rechtsverordnung mit Zustimmung des Bundesrates regeln, dass abweichend von den Absätzen 1 und 2 im Rahmen arbeitsmedizinischer Vorsorgeuntersuchungen diagnostische genetische Untersuchungen durch zytogenetische und molekulargenetische Analysen bei bestimmten gesundheitsgefährdenden Tätigkeiten von Beschäftigten vorgenommen werden dürfen, soweit nach dem allgemein anerkannten Stand der Wissenschaft und Technik
1. dadurch genetische Eigenschaften festgestellt werden können, die für bestimmte, in der Rechtsverordnung zu bezeichnende schwerwiegende Erkrankungen oder schwerwiegende gesundheitliche Störungen, die bei einer Beschäftigung an einem bestimmten Arbeitsplatz oder mit einer bestimmten Tätigkeit entstehen können, ursächlich oder mitursächlich sind,
2. die Wahrscheinlichkeit, dass die Erkrankung oder gesundheitliche Störung bei der Beschäftigung an dem bestimmten Arbeitsplatz oder mit der bestimmten Tätigkeit entsteht, hoch ist und
3. die jeweilige genetische Untersuchung eine geeignete und die für die Beschäftigte oder den Beschäftigten schonendste Untersuchungsmethode ist, um die genetischen Eigenschaften festzustellen.

Absatz 2 Satz 2 gilt entsprechend.

(4) Die §§ 7 bis 16 gelten entsprechend.

§ 21 Arbeitsrechtliches Benachteiligungsverbot (1) Der Arbeitgeber darf Beschäftigte bei einer Vereinbarung oder Maßnahme, insbesondere bei der Begründung des Beschäftigungsverhältnisses, beim beruflichen Aufstieg, bei einer Weisung oder der Beendigung des Beschäftigungsverhältnisses nicht wegen ihrer oder der genetischen Eigenschaften einer genetisch verwandten Person benachteiligen. Dies gilt auch, wenn sich Beschäftigte weigern, genetische Untersuchungen oder Analysen bei sich vornehmen zu lassen oder die Ergebnisse bereits vorgenommener genetischer Untersuchungen oder Analysen zu offenbaren.

(2) Die §§ 15 und 22 des Allgemeinen Gleichbehandlungsgesetzes gelten entsprechend.

…

15c. Gesetz für einen besseren Schutz hinweisgebender Personen (Hinweisgeberschutzgesetz – HinSchG)

Einleitung

I. Entwicklung des Whistleblowing-Rechts im europäischen Recht

Nach früherer Rechtsprechung war der Arbeitnehmer grundsätzlich zur Verschwiegenheit über innerbetriebliche Vorgänge verpflichtet. Das galt sogar, wenn er Gefahr lief, selbst rechtswidrig zu handeln, er wurde auf sein Zurückbehaltungsrecht hinsichtlich der Arbeitsleistung verwiesen (*BAG* 5.2.1959 – 2 AZR 60/56, AP Nr. 2 zu § 70 HGB). Das *BVerfG* hat das aber dahingehend zurechtgerückt, dass die Zeugenaussage und selbst die Anzeige im Strafverfahren Ausübung staatsbürgerlicher Rechte sei, sodass die Sanktionierung durch Kündigung unzulässig sei (2.7.2001 – 1 BvR 2049/00, AuR 02, 187, 188). Das *BAG* ist dem zwar gefolgt, hat aber ausgeführt, dass die Strafanzeige keine unverhältnismäßige Reaktion auf das rechtswidrige Verhalten des Arbeitgebers darstellen dürfe. Im Rahmen der Interessenabwägung werden danach Berechtigung der Anzeige, aber auch die Motivation des Anzeigenden berücksichtigt (*BAG* 3.7.2003 – 2 AZR 235/02, AP Nr. 45 zu § 1 KSchG 1969 Verhaltensbedingte Kündigung). Der *EGMR* hat inzwischen zum sog. »Whistleblowing« klargestellt, dass ein Arbeitnehmer, der sich an Behörden oder Staatsanwaltschaft wendet und den Arbeitgeber wegen rechtswidrigen Verhaltens anzeigt, von seiner Meinungsfreiheit Gebrauch gemacht hat (21.7.2011 – 2827/08, AuR 11, 355 – Heinisch; dazu *Forst*, NJW 11, 3477; *Hochhauser*, ZESAR 12, 278; *Schlachter*, RdA 12, 108). Der Gang in die Öffentlichkeit muss letztes Mittel im Sinne der Verhältnismäßigkeit sein (*EGMR* 14.2.2023 – 21884/18, NZA 23, 555 – Halet).

Partiell ist dies inzwischen durch die Geschäftsgeheimnisschutz-Richtlinie (EU) 2016/943 (EU-ASO Nr. 52) geregelt. Sie sieht vor, dass die Mitgliedstaaten Maßnahmen zum Schutz von Geschäftsgeheimnissen treffen müssen. Entsprechend sieht Art. 5 lit. b der Richtlinie bei beruflichem oder sonstigem Fehlverhalten oder illegaler Tätigkeit keinen Schutz vor Offenbarungen vor, die in der Absicht des Schutzes des öffentlichen Interesses erfolgen (dazu *Schmitt*, RdA 17, 365). Wenig später wurde eine spezifische unionsrechtliche Whistleblowing-Richtlinie 2019/1937 (EU-ASO Nr. 53), die bis zum 17. Dezember 2021 umzusetzen war, angenommen. Sie sieht einen sog. »Whistleblower«-Schutz für Hinweisgeber auf Verstöße gegen konkret in der Richtlinie benanntes Unionsrecht vor (vgl. *Colneric/Gerdemann*, Die Umsetzung der Whistleblower-Richtlinie in deutsches Recht, 2020; *Gerdemann*, RdA 19, 16; *ders.*, NZA-Beilage 20, 43; *ders.*, SR 21, 2 und SR 21, 89). Ausdrücklich sind Arbeitnehmer vom Schutzbereich mitumfasst. Im Vordergrund dieser Richtlinie stehen nicht mehr Verschwiegenheit und Rechtfertigung einer Verletzung dieser Pflicht. Nunmehr geht es darum, dass Hinweisgeber wichtige Informanten zur Aufdeckung von Fehlverhalten sind (*Krause*, SR 19, 138, 149), also einen Betrag zur Rechtsdurchsetzung leisten (*Gerdemann*, SR 21, 2, 5).

II. Das Hinweisgeberschutzgesetz

Die Umsetzung der Richtlinie war in der 19. Legislaturperiode gescheitert. In der 20. Legislaturperiode wurde das Vorhaben erneut in den Bundestag eingebracht (Entwurf: BT-Drs. 20/3442; dazu *Sonnenberg/Rempp*, GmbHR 2022, R292; Beschlussempfehlung und Bericht des Rechtsausschusses: BT-Drs. 20/4909). Nachdem es im Bundesrat gescheitert war, wurde der Entwurf geteilt und die Beamten und Richter der Länder und Gemeinden sowie die unter deren Aufsicht stehende Körperschaften, Anstalten und Stiftungen aus dem Anwendungsbereich genommen. Dadurch wurde die Zustimmungsfreiheit des von den Fraktionen der Regierungsparteien eingebrachten Gesetzentwurfs (BT-Drs. 20/5992) erreicht, der insoweit mit dem vorausgegangenen Entwurf identisch war. Auf dieser Grundlage wurde das Hinweisgeberschutzgesetz erlassen (HinSchG v. 31.5.2023, BGBl. 2023 I Nr. 140). Während die Richtlinie nur Hinweisgeberschutz für Personen verlangt, die gegen bestimmte unionsrechtliche Rechtsakte verstoßen, ermuntert sie aber die Mitgliedstaten, die Umsetzungsgesetze auch auf Verstöße gegen nationales Recht auszuweiten (Art. 2 Abs. 2 der RL sowie Erwägungsgrund [5]). § 2 HinSchG erstreckt sich auf die von der Whistleblowing-Richtlinie erfassten Sachbereiche sowie nationale Strafvorschriften und bußgeldbewehrte Bestimmungen in Bezug auf bestimmte Rechtsgüter wie Leib, Leben und Gesundheit sowie Bestimmungen zum Schutz der Beschäftigten und ihrer Vertretungsorgane. Das betrifft etwa die Verletzung der Mindestlohnverpflichtung nach § 20 MiLoG oder von Auskunftspflichten nach dem BetrVG (BT-Drs. 20/3442, S. 57). Zu den vom Gesetz erfassten »Verstößen« gehören nach § 3 Abs. 2 S. 2 HinSchG auch missbräuchliche Handlungen, die den Zielen und Zwecken der genannten Regelungen zuwiderlaufen. Hinweisgeber genießen keinen Vertraulichkeitsschutz, sofern sie vorsätzlich oder grob fahrlässig unrichtige Informationen gemeldet haben (§ 9 Abs. 1 HinSchG). Die Vertraulichkeit der Identität des Hinweisgebers, betroffener Personen und sonstiger in der Meldung genannter Personen ist zu gewährleisten (§ 8).

Es sind interne und externe Kanäle vorgesehen. Arbeitgeber (»Beschäftigungsgeber«) mit mehr als 50 Arbeitnehmern müssen nach § 12 HinSchG interne Meldestellen einrichten. Kleinere Arbeitgeber mit bis zu 249 Beschäftigten können dazu auch eine gemeinsame Stelle betreiben (§ 14 Abs. 2 HinSchG) und müssen erst seit dem 17. Dezember 2023 interne Meldestellen einrichten (§ 42 HinSchG). Interne Meldestellen müssen nach § 15 Abs. 1 HinSchG unabhängig sein. Als externe Meldestelle ist insbesondere die des Bundes beim Bundesamt für Justiz nach § 19 Abs. 1 HinSchG vorgesehen (dazu die Organisationsverordnung HEMBV v. 7.8.2023, BGBl. 2023 I Nr. 211), die Länder können eigene externe Meldestellen gemäß § 20 HinSchG einrichten.

Die nach Art. 15 der Whistleblowing-Richtlinie vorgesehene »Offenlegung«, also der Gang in die Öffentlichkeit, ist in § 32 HinSchG geregelt. Sie ist zulässig, wenn auf eine externe Meldung keine geeigneten Folgemaßnahmen folgten, keine Rückmeldung erfolgte oder gleichsam im Notstand gehandelt wurde.

Hinweisgeber unterliegen einem umfassenden Schutz vor Repressalien nach § 33 ff. HinSchG, wenn sie in gutem Glauben handeln. Dazu ist auszuschließen, dass leichtfertig ohne ein Bemühen um Verifizierung gehandelt wurde. Derartiges hatte der *EGMR* in der Rechtssache Gawlik angenommen, wo ein Whistleblower einen vorgesetzten Arzt angezeigt hatte, sich dabei auf eine unvollständige elektronische Akte gestützt und nicht den Inhalt der vollständigen Papierakte zur Kenntnis genommen hatte (16.2.2021 – 23922/19, NZA 21, 851 – Gawlik). Geschützte Personen sind davor geschützt, für Beschaffung oder Zugriff auf Informationen verantwortlich gemacht zu werden, wenn dies nicht eine eigenständige Straftat darstellt. So ist die Verletzung vertraglicher Vertraulichkeitspflichten durch die Regelung des § 35 Abs. 1 HinSchG gerechtfertigt (vgl. auch BT-Drs. 20/3442, S. 94). Repressalien wie Abmahnungen oder Kündigungen, Degradierungen oder Abordnungen zu besonders unliebsamen Tätigkeiten sind nach § 36 HinSchG verboten. Wegen sich insoweit oftmals ergebender Beweisschwierigkeiten regelt § 36 Abs. 2 HinSchG eine Beweislastumkehr, wenn eine Meldung oder Offenlegung erfolgte und eine Benachteiligung im Zusammenhang mit der beruflichen Tätigkeit stattfand. Der Arbeitgeber muss entweder die anderweitige Rechtfertigung der Benachteiligung oder die fehlende Kausalität zwischen Hinweis und Benachteiligung nachweisen (Zweifel an Vereinbarkeit mit der RL bei *Gerdemann*, SR 21, 89, 99). Eine anderweitige Rechtfertigung kann etwa darin liegen, dass der Hinweisgeber selbst Pflichten aus dem Arbeitsverhältnis verletzt hat, sodass eine Kündigung nach § 1 KSchG oder § 626 BGB gerechtfertigt ist (vgl. BT-Drs. 20/3442, S. 96). Eine »Kronzeugenregelung« kennt das Gesetz nicht. Bei Verstoß gegen das Repressalienverbot besteht nach § 37 HinSchG ein Schadensersatzanspruch, der verschuldensunabhängig ist (*Zimmer/Schwung*, NZA 22, 1167, 1169). Nicht geregelt ist eine Entschädigung, wie sie etwa in § 15 Abs. 2 AGG für Fälle von Diskriminierungen vorgesehen ist. Das ist rechtspolitisch mit Blick auf effektiven Whistleblowerschutz problematisch (*Dohrmann*, RdA 21, 326, 331). Entschädigungen können aber zumindest als Teil des Schadensersatzes unter den Voraussetzungen des § 253 Abs. 2 BGB verlangt werden, ferner im Falle von Verletzungen des allgemeinen Persönlichkeitsrechts (BT-Drs. 20/3442, S. 96).

Eine hinweisgebende Person macht sich schadensersatzpflichtig nach § 38 HinSchG, wenn sie vorsätzlich oder grob fahrlässig unrichtige Informationen meldet oder offenlegt. Daraus folgt eine Immunität von Hinweisgebern, die in gutem Glauben handeln (vgl. BT-Drs. 20/3442, S. 97). Zum Verhältnis zum Schutz von »Whistleblowern« bei der Mitteilung von Geschäftsgeheimnissen s. u. III am Ende.

III. Geschäftsgeheimnisschutz und erlaubtes »Whistleblowing«

Die Geschäftsgeheimnisschutz-Richtlinie (s. o. I) wurde umgesetzt durch Gesetz v. 18.4.2019 (BGBl. I 466; dazu *Dann/Markgraf*, NJW 19, 1774; *Fuhlrott/Hiéramente*, DB 19, 967; *Naber/Peukert/Seeger*, NZA 19, 583; *Preis/Seiwerth*, RdA 19, 351; *Schmitt*, NZA-Beilage 20, 50; Gesetzentwurf: BT-Drs. 19/4724, dazu *Böning/Heidfeld*, AuR 18, 555; Beschlussempfehlung des Ausschusses für Recht und Verbraucherschutz: BT-Drs. 19/8300), dessen Art. 1 das Gesetz zum Schutz von Geschäftsgeheimnissen (GeschGehG) enthält.

§ 4 GeschGehG regelt die Unzulässigkeit der Erlangung, Nutzung und Offenlegung von Geschäftsgeheimnissen. Ein Geschäftsgeheimnis liegt aber nur vor, wenn ein berechtigtes Geheimhaltungsinteresse des Unternehmens besteht (§ 2 Nr. 1c GeschGehG). § 5 GeschGehG enthält Ausnahmen. Zu diesen zählen die Aufdeckung rechtswidriger Handlungen oder sonstigen Fehlverhaltens, wenn dies geeignet ist, das allgemeine öffentliche Interesse zu schützen, sowie die Offenlegung durch Arbeitnehmer gegenüber ihrer Interessenvertretung, soweit erforderlich zu deren Aufgabenerfüllung. Frühzeitig war bereits kritisiert worden, dass zum »Whistleblower«-Schutz entgegen der bisherigen Rechtsprechung (*BAG* 3.7.2003 – 2 AZR 235/02, NZA 04, 427) im Gesetzentwurf kein Vorrang innerbetrieblicher Klärungsversuche vorgesehen war. Verbreitet wird angenommen, dass aus § 1 Abs. 3 Nr. 4 GeschGehG, wonach Rechte und Pflichten aus dem Arbeitsverhältnis unberührt bleiben, folge, dass es nun doch bei der bisherigen arbeitsrechtlichen Rechtslage bleiben solle (*Dann/Markgraf*, NJW 19, 1774, 1777; *Fuhlrott/Hiéramente*, DB 19, 967, 969; *Naber/Peukert/Seeger*, NZA 19, 583, 586). Das lässt sich aber weder dem Gesetzeswortlaut entnehmen, noch der Begründung des Ausschusses für Recht und Verbraucherschutz (BT-Drs. 19/8300, S. 13), der diese Ergänzung veranlasst hatte.
Damit gibt es zwei Gesetze, die den Schutz von »Whistleblowern« regeln. Ihr Unterschied besteht darin, dass das HinSchG Hinweisgeber nicht nur bei Mitteilung von Geschäftsgeheimnissen schützt, während das GeschGehG den Schutz auch in Bezug auf solche Gegenstände gewährleistet, die nicht vom Anwendungsbereich (spezifisches Unionsrecht und bestimmte Rechtsverstöße nach innerstaatlichem Recht) des HinSchG erfasst sind. Die Anwendungsbereiche beider Gesetze überschneiden sich damit nur partiell.
Arbeitsvertraglich kann eine Erweiterung des Schutzes von Geschäftsgeheimnissen vereinbart werden. Dies muss aber einer AGB-Kontrolle (§§ 305 ff. BGB; vgl. Einl. II 9 zum BGB, Nr. 14) standhalten. In diesem Sinne ist eine sog. »Catch-all-Klausel«, die den Arbeitnehmer zur Verschwiegenheit über sämliche interne Vorgänge ohne zeitliche Begrenzung über das Ende des Abreitsverhältnisses hinaus zur Verschwiegenheit verpflichtet, nach § 307 BGB unwirksam. Denn sie hindert die berufliche Verwertung von Erfahrungswissen und kommt damit einem unbeschränkten nachvertraglichen Wettbewerbsverbot gleich (*BAG* 17.10.2023 – 8 AZR 172/24, NZA 25, 112).

Wichtige Entscheidungen

BVerfG 2.7.2001 – 1 BvR 2049/00, AuR 2002, 187, 188
EGMR 21.7.2011 – 2827/08, AuR 2011, 355 – Heinisch
BAG 17.10.2023 – 8 AZR 172/23, NZA 2025, 112

Weiterführende Literatur

Zum HinSchG:

Bayreuther, Das neue Hinweisgeberschutzgesetz, DB 2023, S. 1537
Bayreuther, Hinweisgeberschutz und Betriebsverfassung, NZA 2023, S. 666
Berger/Törkel, Das neue Hinweisgeberschutzgesetz, Gute Arbeit 9/2023, S. 27
Britschgi, Schutz von Hinweisgebern?, AiB 9/2023, S. 8
Bruns, Das neue Hinweisgeberschutzgesetz, NJW 2023, S. 1609
Dzida/Seibt, Neues Hinweisgeberschutzgesetz: Analyse und Antworten auf Praxisfragen, NZA 2023, S. 657
Franzen, Das Hinweisgeberschutzgesetz (HinSchG) im Überblick, in: Giesen/Junker/Rieble (Hrsg.), Die Umsetzung der Whistleblowingrichtlinie durch das Hinweisgeberschutzgesetz (2023), S. 15
Götz, Betriebsratsaufgaben im Hinweisgebermeldesystem, NZA 2023, S. 1433
Gravenhorst, Sexuelle Belästigung am Arbeitsplatz – AGG, HinSchG und »Best Practice«, NZA 2023, S. 1425
Reufels (Hrsg.), HinSchG (2024)
Thüsing, HinSchG (2024)
Wedde, Hinweisgeberschutzgesetz, Basiskommentar zum HinSchG (2023)

Zum GeschGehG:

Preis/Seiwerth, Geschäftsgeheimnisschutz im Arbeitsrecht nach dem Geschäftsgeheimnisgesetz, RdA 2019, S. 351

Gesetz für einen besseren Schutz hinweisgebender Personen (Hinweisgeberschutzgesetz – HinSchG)

vom 31. Mai 2023 (BGBl. 2023 I Nr. 140),
geändert durch Gesetz vom 2. Dezember 2025 (BGBl. 2025 I Nr. 301)

Abschnitt 1 – Allgemeine Vorschriften

§ 1 Zielsetzung und persönlicher Anwendungsbereich (1) Dieses Gesetz regelt den Schutz von natürlichen Personen, die im Zusammenhang mit ihrer beruflichen Tätigkeit oder im Vorfeld einer beruflichen Tätigkeit Informationen über Verstöße erlangt haben und diese an die nach diesem Gesetz vorgesehenen Meldestellen melden oder offenlegen (hinweisgebende Personen).
(2) Darüber hinaus werden Personen geschützt, die Gegenstand einer Meldung oder Offenlegung sind, sowie sonstige Personen, die von einer Meldung oder Offenlegung betroffen sind.

§ 2 Sachlicher Anwendungsbereich (1) Dieses Gesetz gilt für die Meldung (§ 3 Absatz 4) und die Offenlegung von Informationen über
1. Verstöße, die strafbewehrt sind,
2. Verstöße, die bußgeldbewehrt sind, soweit die verletzte Vorschrift dem Schutz von Leben, Leib oder Gesundheit oder dem Schutz der Rechte von Beschäftigten oder ihrer Vertretungsorgane dient,
3. sonstige Verstöße gegen Rechtsvorschriften des Bundes und der Länder sowie unmittelbar geltende Rechtsakte der Europäischen Union und der Europäischen Atomgemeinschaft
   a) zur Bekämpfung von Geldwäsche und Terrorismusfinanzierung, unter Einschluss insbesondere des Geldwäschegesetzes und der Verordnung (EU) 2015/847 des Europäischen Parlaments und des Rates vom 20. Mai 2015 über die Übermittlung von Angaben bei Geldtransfers und zur Aufhebung der Verordnung (EU) Nr. 1781/2006 (ABl. L 141 vom 5. 6. 2015, S. 1), die durch die Verordnung (EU) 2019/2175 (ABl. L 334 vom 27. 12. 2019, S. 1) geändert worden ist, in der jeweils geltenden Fassung,
   b) mit Vorgaben zur Produktsicherheit und -konformität,
   c) mit Vorgaben zur Sicherheit im Straßenverkehr, die das Straßeninfrastruktursicherheitsmanagement, die Sicherheitsanforderungen in Straßentunneln sowie die Zulassung zum Beruf des Güterkraftverkehrsunternehmers oder des Personenkraftverkehrsunternehmers (Kraftomnibusunternehmen) betreffen,
   d) mit Vorgaben zur Gewährleistung der Eisenbahnbetriebssicherheit,
   e) mit Vorgaben zur Sicherheit im Seeverkehr betreffend Vorschriften der Europäischen Union für die Anerkennung von Schiffsüberprüfungs- und -besichtigungsorganisationen, die Haftung und Versicherung des Beförderers bei der Beförderung von Reisenden auf See, die Zulassung von Schiffsausrüstung, die Seesicherheitsuntersuchung, die Seeleute-Ausbildung, die

Registrierung von Personen auf Fahrgastschiffen in der Seeschifffahrt sowie Vorschriften und Verfahrensregeln der Europäischen Union für das sichere Be- und Entladen von Massengutschiffen,

f) mit Vorgaben zur zivilen Luftverkehrssicherheit im Sinne der Abwehr von Gefahren für die betriebliche und technische Sicherheit und im Sinne der Flugsicherung,

g) mit Vorgaben zur sicheren Beförderung gefährlicher Güter auf der Straße, per Eisenbahn und per Binnenschiff,

h) mit Vorgaben zum Umweltschutz,

i) mit Vorgaben zum Strahlenschutz und zur kerntechnischen Sicherheit,

j) zur Förderung der Nutzung von Energie aus erneuerbaren Quellen und der Energieeffizienz,

k) zur Lebensmittel- und Futtermittelsicherheit, zur ökologischen Produktion und zur Kennzeichnung von ökologischen Erzeugnissen, zum Schutz geografischer Angaben für Agrarerzeugnisse und Lebensmittel einschließlich Wein, aromatisierter Weinerzeugnisse und Spirituosen sowie garantiert traditioneller Spezialitäten, zum Inverkehrbringen und Verwenden von Pflanzenschutzmitteln sowie zur Tiergesundheit und zum Tierschutz, soweit sie den Schutz von landwirtschaftlichen Nutztieren, den Schutz von Tieren zum Zeitpunkt der Tötung, die Haltung von Wildtieren in Zoos, den Schutz der für wissenschaftliche Zwecke verwendeten Tiere sowie den Transport von Tieren und die damit zusammenhängenden Vorgänge betreffen,

l) zu Qualitäts- und Sicherheitsstandards für Organe und Substanzen menschlichen Ursprungs, Human- und Tierarzneimittel, Medizinprodukte sowie die grenzüberschreitende Patientenversorgung,

m) zur Herstellung, zur Aufmachung und zum Verkauf von Tabakerzeugnissen und verwandten Erzeugnissen,

n) zur Regelung der Verbraucherrechte und des Verbraucherschutzes im Zusammenhang mit Verträgen zwischen Unternehmern und Verbrauchern sowie zum Schutz von Verbrauchern im Bereich der Zahlungskonten und Finanzdienstleistungen, bei Preisangaben sowie vor unlauteren geschäftlichen Handlungen,

o) zum Schutz der Privatsphäre in der elektronischen Kommunikation, zum Schutz der Vertraulichkeit der Kommunikation, zum Schutz personenbezogener Daten im Bereich der elektronischen Kommunikation, zum Schutz der Privatsphäre der Endeinrichtungen von Nutzern und von in diesen Endeinrichtungen gespeicherten Informationen, zum Schutz vor unzumutbaren Belästigungen durch Werbung mittels Telefonanrufen, automatischen Anrufmaschinen, Faxgeräten oder elektronischer Post sowie über die Rufnummernanzeige und -unterdrückung und zur Aufnahme in Teilnehmerverzeichnisse,

p) zum Schutz personenbezogener Daten im Anwendungsbereich der Verordnung (EU) 2016/679 des Europäischen Parlaments und des Rates vom 27. April 2016 zum Schutz natürlicher Personen bei der Verarbeitung personenbezogener Daten, zum freien Datenverkehr und zur Aufhebung der

Richtlinie 95/46/EG (Datenschutz-Grundverordnung) (ABl. L 119 vom 4. 5. 2016, S. 1; L 314 vom 22. 11. 2016, S. 72; L 127 vom 23. 5. 2018, S. 2; L 74 vom 4. 3. 2021, S. 35) gemäß deren Artikel 2,

q) zur Sicherheit in der Informationstechnik im Sinne des § 2 Nummer 39 des BSI-Gesetzes von besonders wichtigen Einrichtungen nach § 28 Absatz 2 des BSI-Gesetzes, soweit diese den Einrichtungsarten nach Anhang 1 Nummer 1.6.4. oder Anhang 2 Nummern 6.1.1. oder 6.1.2 des BSI-Gesetzes zuzuordnen sind,

r) zur Regelung der Rechte von Aktionären von Aktiengesellschaften,

s) zur Abschlussprüfung bei Unternehmen von öffentlichem Interesse nach § 316a Satz 2 des Handelsgesetzbuchs,

t) zur Rechnungslegung einschließlich der Buchführung von Unternehmen, die kapitalmarktorientiert im Sinne des § 264d des Handelsgesetzbuchs sind, von Kreditinstituten im Sinne des § 340 Absatz 1 des Handelsgesetzbuchs, Finanzdienstleistungsinstituten im Sinne des § 340 Absatz 4 Satz 1 des Handelsgesetzbuchs, Wertpapierinstituten im Sinne des § 340 Absatz 4a Satz 1 des Handelsgesetzbuchs, Instituten im Sinne des § 340 Absatz 5 Satz 1 des Handelsgesetzbuchs, Versicherungsunternehmen im Sinne des § 341 Absatz 1 des Handelsgesetzbuchs und Pensionsfonds im Sinne des § 341 Absatz 4 Satz 1 des Handelsgesetzbuchs,

4. Verstöße gegen bundesrechtlich und einheitlich geltende Regelungen für Auftraggeber zum Verfahren der Vergabe von öffentlichen Aufträgen und Konzessionen und zum Rechtsschutz in diesen Verfahren ab Erreichen der jeweiligen EU-Schwellenwerte,
5. Verstöße, die von § 4d Absatz 1 Satz 1 des Finanzdienstleistungsaufsichtsgesetzes erfasst sind, soweit sich nicht aus § 4 Absatz 1 Satz 1 etwas anderes ergibt,
6. Verstöße gegen für Körperschaften und Personenhandelsgesellschaften geltende steuerliche Rechtsnormen,
7. Verstöße in Form von Vereinbarungen, die darauf abzielen, sich in missbräuchlicher Weise einen steuerlichen Vorteil zu verschaffen, der dem Ziel oder dem Zweck des für Körperschaften und Personenhandelsgesellschaften geltenden Steuerrechts zuwiderläuft,
8. Verstöße gegen die Artikel 101 und 102 des Vertrags über die Arbeitsweise der Europäischen Union sowie Verstöße gegen die in § 81 Absatz 2 Nummer 1, 2 Buchstabe a und Nummer 5 sowie Absatz 3 des Gesetzes gegen Wettbewerbsbeschränkungen genannten Rechtsvorschriften,
9. Verstöße gegen Vorschriften der Verordnung (EU) 2022/1925 des Europäischen Parlaments und des Rates vom 14. September 2022 über bestreitbare und faire Märkte im digitalen Sektor und zur Änderung der Richtlinien (EU) 2019/1937 und (EU) 2020/1828 (Gesetz über digitale Märkte) (ABl. L 265 vom 12. 10. 2022, S. 1),
10. Äußerungen von Beamtinnen und Beamten, die einen Verstoß gegen die Pflicht zur Verfassungstreue darstellen.

(2) Dieses Gesetz gilt außerdem für die Meldung und Offenlegung von Informationen über

1. Verstöße gegen den Schutz der finanziellen Interessen der Europäischen Union im Sinne des Artikels 325 des Vertrags über die Arbeitsweise der Europäischen Union und
2. Verstöße gegen Binnenmarktvorschriften im Sinne des Artikels 26 Absatz 2 des Vertrags über die Arbeitsweise der Europäischen Union, einschließlich über Absatz 1 Nummer 8 hinausgehender Vorschriften der Europäischen Union über Wettbewerb und staatliche Beihilfen.

§ 3 Begriffsbestimmungen (1) Für dieses Gesetz gelten die Begriffsbestimmungen der folgenden Absätze.

(2) Verstöße sind Handlungen oder Unterlassungen im Rahmen einer beruflichen, unternehmerischen oder dienstlichen Tätigkeit, die rechtswidrig sind und Vorschriften oder Rechtsgebiete betreffen, die in den sachlichen Anwendungsbereich nach § 2 fallen. Hierzu können auch missbräuchliche Handlungen oder Unterlassungen gehören, die dem Ziel oder dem Zweck der Regelungen in den Vorschriften oder Rechtsgebieten zuwiderlaufen, die in den sachlichen Anwendungsbereich nach § 2 fallen.

(3) Informationen über Verstöße sind begründete Verdachtsmomente oder Wissen über tatsächliche oder mögliche Verstöße, die bei dem Beschäftigungsgeber, bei dem die hinweisgebende Person tätig ist oder war, oder bei einer anderen Stelle, mit der die hinweisgebende Person aufgrund ihrer beruflichen Tätigkeit im Kontakt steht oder stand, bereits begangen wurden oder sehr wahrscheinlich erfolgen werden, sowie über Versuche der Verschleierung solcher Verstöße.

(4) Meldungen sind Mitteilungen von Informationen über Verstöße an interne Meldestellen (§ 12) oder externe Meldestellen (§ 19 bis 24).

(5) Offenlegung bezeichnet das Zugänglichmachen von Informationen über Verstöße gegenüber der Öffentlichkeit.

(6) Repressalien sind Handlungen oder Unterlassungen im Zusammenhang mit der beruflichen Tätigkeit, die eine Reaktion auf eine Meldung oder eine Offenlegung sind und durch die der hinweisgebenden Person ein ungerechtfertigter Nachteil entsteht oder entstehen kann.

(7) Folgemaßnahmen sind die von einer internen Meldestelle nach § 18 oder von einer externen Meldestelle nach § 29 ergriffenen Maßnahmen zur Prüfung der Stichhaltigkeit einer Meldung, zum weiteren Vorgehen gegen den gemeldeten Verstoß oder zum Abschluss des Verfahrens.

(8) Beschäftigte sind

1. Arbeitnehmerinnen und Arbeitnehmer,
2. die zu ihrer Berufsbildung Beschäftigten,
3. Beamtinnen und Beamte,
4. Richterinnen und Richter mit Ausnahme der ehrenamtlichen Richterinnen und Richter,
5. Soldatinnen und Soldaten,
6. Personen, die wegen ihrer wirtschaftlichen Unselbständigkeit als arbeitnehmerähnliche Personen anzusehen sind; zu diesen gehören auch die in Heimarbeit Beschäftigten und die ihnen Gleichgestellten,

7. Menschen mit Behinderung, die in einer Werkstatt für behinderte Menschen oder bei einem anderen Leistungsanbieter nach § 60 des Neunten Buches Sozialgesetzbuch beschäftigt sind.

(9) Beschäftigungsgeber sind, sofern mindestens eine Person bei ihnen beschäftigt ist,

1. natürliche Personen sowie juristische Personen des öffentlichen und des privaten Rechts,
2. rechtsfähige Personengesellschaften und
3. sonstige, nicht in den Nummern 1 und 2 genannte rechtsfähige Personenvereinigungen.

(10) Private Beschäftigungsgeber sind Beschäftigungsgeber mit Ausnahme juristischer Personen des öffentlichen Rechts und solcher Beschäftigungsgeber, die im Eigentum oder unter der Kontrolle einer juristischen Person des öffentlichen Rechts stehen.

§ 4 Verhältnis zu sonstigen Bestimmungen (1) Diesem Gesetz gehen spezifische Regelungen über die Mitteilung von Informationen über Verstöße in den folgenden Vorschriften vor:

1. § 6 Absatz 5 und § 53 des Geldwäschegesetzes,
2. § 25a Absatz 1 Satz 6 Nummer 3 des Kreditwesengesetzes und § 13 Absatz 1 des Wertpapierinstitutsgesetzes,
3. § 58 des Wertpapierhandelsgesetzes,
4. § 23 Absatz 6 des Versicherungsaufsichtsgesetzes,
5. § 28 Absatz 1 Satz 2 Nummer 9 und § 68 Absatz 4 Satz 3 des Kapitalanlagegesetzbuchs,
6. §§ 3b und 5 Absatz 8 des Börsengesetzes,
7. § 55b Absatz 2 Nummer 7 der Wirtschaftsprüferordnung,
8. Artikel 32 der Verordnung (EU) Nr. 596/2014 des Europäischen Parlaments und des Rates vom 16. April 2014 über Marktmissbrauch (Marktmissbrauchsverordnung) und zur Aufhebung der Richtlinie 2003/6/EG des Europäischen Parlaments und des Rates und der Richtlinien 2003/124/EG, 2003/125/EG und 2004/72/EG der Kommission (ABl. L 173 vom 12. 6. 2014, S. 1; L 287 vom 21. 10. 2016, S. 320; L 348 vom 21. 12. 2016, S. 83), die zuletzt durch die Delegierte Verordnung (EU) 2021/1783 (ABl. L 359 vom 11. 10. 2021, S. 1) geändert worden ist, in der jeweils geltenden Fassung,
9. Artikel 4 und 5 der Verordnung (EU) Nr. 376/2014 des Europäischen Parlaments und des Rates vom 3. April 2014 über die Meldung, Analyse und Weiterverfolgung von Ereignissen in der Zivilluftfahrt, zur Änderung der Verordnung (EU) Nr. 996/2010 des Europäischen Parlaments und des Rates und zur Aufhebung der Richtlinie 2003/42/EG des Europäischen Parlaments und des Rates und der Verordnungen (EG) Nr. 1321/2007 und (EG) Nr. 1330/2007 der Kommission (ABl. L 122 vom 24. 4. 2014, S. 18), die zuletzt durch die Delegierte Verordnung (EU) 2020/2034 (ABl. L 416 vom 11. 12. 2020, S. 1) geändert worden ist, in der jeweils geltenden Fassung, und der aufgrund des § 32 Absatz 1 Nummer 1 des Luftverkehrsgesetzes erlassenen Rechtsverordnungen,
10. §§ 127 und 128 des Seearbeitsgesetzes,

11. § 14 Absatz 1 des Schiffssicherheitsgesetzes in Verbindung mit Abschnitt D Nummer 8 der Anlage zum Schiffssicherheitsgesetz und den aufgrund der §§ 9, 9a und 9c des Seeaufgabengesetzes erlassenen Rechtsverordnungen für Beschwerden, die die Sicherheit eines Schiffes unter ausländischer Flagge einschließlich der Sicherheit und Gesundheit seiner Besatzung, der Lebens- und Arbeitsbedingungen an Bord und der Verhütung von Verschmutzung durch Schiffe unter ausländischer Flagge betreffen, und
12. aufgrund des § 57c Satz 1 Nummer 1 und des § 68 Absatz 2 in Verbindung mit Absatz 3 und mit den §§ 65, 66 und 67 Nummer 1 und 8 und den §§ 126, 128 und 129 des Bundesberggesetzes erlassenen Rechtsverordnungen.

Soweit die spezifischen Regelungen in Satz 1 keine Vorgaben machen, gelten die Bestimmungen dieses Gesetzes.

(2) Das Verbraucherinformationsgesetz, das Informationsfreiheitsgesetz sowie Regelungen der Länder über den Zugang zu amtlichen Informationen finden keine Anwendung auf die Vorgänge nach diesem Gesetz. Satz 1 gilt nicht für die Regelungen des Bundes und der Länder über den Zugang zu Umweltinformationen.

(3) Die §§ 81h bis 81n des Gesetzes gegen Wettbewerbsbeschränkungen bleiben unberührt.

(4) Die Regelungen des Strafprozessrechts werden von den Vorgaben dieses Gesetzes nicht berührt.

§ 5 Vorrang von Sicherheitsinteressen sowie Verschwiegenheits- und Geheimhaltungspflichten (1) Eine Meldung oder Offenlegung fällt nicht in den Anwendungsbereich dieses Gesetzes, wenn sie folgende Informationen beinhaltet:

1. Informationen, die die nationale Sicherheit oder wesentliche Sicherheitsinteressen des Staates, insbesondere militärische oder sonstige sicherheitsempfindliche Belange des Geschäftsbereiches des Bundesministeriums der Verteidigung oder Kritische Infrastrukturen im Sinne der BSI-Kritisverordnung, betreffen,
2. Informationen von Nachrichtendiensten des Bundes oder der Länder oder von Behörden oder sonstigen öffentlichen Stellen des Bundes oder der Länder, soweit sie Aufgaben im Sinne des § 10 Nummer 3 des Sicherheitsüberprüfungsgesetzes oder im Sinne entsprechender Rechtsvorschriften der Länder wahrnehmen, oder
3. Informationen, die die Vergabe öffentlicher Aufträge und Konzessionen, die in den Anwendungsbereich des Artikels 346 des Vertrags über die Arbeitsweise der Europäischen Union fallen, betreffen.

(2) Eine Meldung oder Offenlegung fällt auch nicht in den Anwendungsbereich dieses Gesetzes, wenn ihr entgegenstehen:

1. eine Geheimhaltungs- oder Vertraulichkeitspflicht zum materiellen oder organisatorischen Schutz von Verschlusssachen, es sei denn, es handelt sich um die Meldung eines Verstoßes nach § 2 Absatz 1 Nummer 1 an eine interne Meldestelle (§ 12), mit den Aufgaben der internen Meldestelle wurde kein Dritter nach § 14 Absatz 1 betraut und die betreffende Geheimhaltungs- oder Vertraulichkeitspflicht bezieht sich auf eine Verschlusssache des Bundes nach

§ 4 Absatz 2 Nummer 4 des Sicherheitsüberprüfungsgesetzes oder auf eine entsprechende Verschlusssache nach den Rechtsvorschriften der Länder,
2. das richterliche Beratungsgeheimnis,
3. die Pflichten zur Wahrung der Verschwiegenheit durch Rechtsanwälte, Verteidiger in einem gesetzlich geordneten Verfahren, Kammerrechtsbeistände, Patentanwälte und Notare,
4. die Pflichten zur Wahrung der Verschwiegenheit durch Ärzte, Zahnärzte, Apotheker und Angehörige eines anderen Heilberufs, der für die Berufsausübung oder die Führung der Berufsbezeichnung eine staatlich geregelte Ausbildung erfordert, mit Ausnahme von Tierärzten, soweit es um Verstöße gegen von § 2 Absatz 1 Nummer 3 Buchstabe k erfasste Rechtsvorschriften zum Schutz von gewerblich gehaltenen landwirtschaftlichen Nutztieren geht, oder
5. die Pflichten zur Wahrung der Verschwiegenheit durch Personen, die aufgrund eines Vertragsverhältnisses einschließlich der gemeinschaftlichen Berufsausübung, einer berufsvorbereitenden Tätigkeit oder einer sonstigen Hilfstätigkeit an der beruflichen Tätigkeit der in den Nummern 2, 3 und 4 genannten Berufsgeheimnisträger mitwirken.

§ 6 Verhältnis zu sonstigen Verschwiegenheits- und Geheimhaltungspflichten

(1) Beinhaltet eine interne oder eine externe Meldung oder eine Offenlegung ein Geschäftsgeheimnis im Sinne des § 2 Nummer 1 des Gesetzes zum Schutz von Geschäftsgeheimnissen, so ist die Weitergabe des Geschäftsgeheimnisses an eine zuständige Meldestelle oder dessen Offenlegung erlaubt, sofern
1. die hinweisgebende Person hinreichenden Grund zu der Annahme hatte, dass die Weitergabe oder die Offenlegung des Inhalts dieser Informationen notwendig ist, um einen Verstoß aufzudecken, und
2. die Voraussetzungen des § 33 Absatz 1 Nummer 2 und 3 erfüllt sind.

(2) Vorbehaltlich der Vorgaben des § 5 dürfen Informationen, die einer vertraglichen Verschwiegenheitspflicht, einer Rechtsvorschrift des Bundes, eines Landes oder einem unmittelbar geltenden Rechtsakt der Europäischen Union über die Geheimhaltung oder über Verschwiegenheitspflichten, dem Steuergeheimnis nach § 30 der Abgabenordnung oder dem Sozialgeheimnis nach § 35 des Ersten Buches Sozialgesetzbuch unterliegen, an eine zuständige Meldestelle weitergegeben oder unter den Voraussetzungen des § 32 offengelegt werden, sofern
1. die hinweisgebende Person hinreichenden Grund zu der Annahme hatte, dass die Weitergabe oder die Offenlegung des Inhalts dieser Informationen notwendig ist, um einen Verstoß aufzudecken, und
2. die Voraussetzungen des § 33 Absatz 1 Nummer 2 und 3 erfüllt sind.

(3) Personen, die im Rahmen ihrer Tätigkeit für eine Meldestelle Informationen erlangen, die einer vertraglichen Verschwiegenheitspflicht, einer Rechtsvorschrift des Bundes über die Geheimhaltung oder über Verschwiegenheitspflichten, dem Steuergeheimnis nach § 30 der Abgabenordnung oder dem Sozialgeheimnis nach § 35 des Ersten Buches Sozialgesetzbuch unterliegen, haben ab dem Zeitpunkt des Eingangs der Informationen
1. diese Verschwiegenheits- oder Geheimhaltungsvorschriften vorbehaltlich des Absatzes 4 anzuwenden und

2. die schutzwürdigen Belange Betroffener in gleicher Weise zu beachten wie sie die hinweisgebende Person zu beachten hat, die die Informationen der Meldestelle mitgeteilt hat.

(4) Meldestellen dürfen Geheimnisse im Sinne der Absätze 1 und 2 nur insoweit verwenden oder weitergeben, wie dies für das Ergreifen von Folgemaßnahmen erforderlich ist.

(5) In Bezug auf Informationen, die einer vertraglichen Verschwiegenheitspflicht unterliegen, gelten die Absätze 3 und 4 ab dem Zeitpunkt, zu dem Kenntnis von der Verschwiegenheitspflicht besteht.

Abschnitt 2 – Meldungen

Unterabschnitt 1 – Grundsätze

§ 7 Wahlrecht zwischen interner und externer Meldung (1) Personen, die beabsichtigen, Informationen über einen Verstoß zu melden, können wählen, ob sie sich an eine interne Meldestelle (§ 12) oder eine externe Meldestelle (§§ 19 bis 24) wenden. Diese Personen sollten in den Fällen, in denen intern wirksam gegen den Verstoß vorgegangen werden kann und sie keine Repressalien befürchten, die Meldung an eine interne Meldestelle bevorzugen. Wenn einem intern gemeldeten Verstoß nicht abgeholfen wurde, bleibt es der hinweisgebenden Person unbenommen, sich an eine externe Meldestelle zu wenden.

(2) Es ist verboten, Meldungen oder die auf eine Meldung folgende Kommunikation zwischen hinweisgebender Person und Meldestelle zu behindern oder dies zu versuchen.

(3) Beschäftigungsgeber, die nach § 12 Absatz 1 und 3 zur Einrichtung interner Meldestellen verpflichtet sind, sollen Anreize dafür schaffen, dass sich hinweisgebende Personen vor einer Meldung an eine externe Meldestelle zunächst an die jeweilige interne Meldestelle wenden. Diese Beschäftigungsgeber stellen für Beschäftigte klare und leicht zugängliche Informationen über die Nutzung des internen Meldeverfahrens bereit. Die Möglichkeit einer externen Meldung darf hierdurch nicht beschränkt oder erschwert werden.

§ 8 Vertraulichkeitsgebot (1) Die Meldestellen haben die Vertraulichkeit der Identität der folgenden Personen zu wahren:

1. der hinweisgebenden Person, sofern die gemeldeten Informationen Verstöße betreffen, die in den Anwendungsbereich dieses Gesetzes fallen, oder die hinweisgebende Person zum Zeitpunkt der Meldung hinreichenden Grund zu der Annahme hatte, dass dies der Fall sei,
2. der Personen, die Gegenstand einer Meldung sind, und
3. der sonstigen in der Meldung genannten Personen.

Die Identität der in Satz 1 genannten Personen darf ausschließlich den Personen, die für die Entgegennahme von Meldungen oder für das Ergreifen von Folgemaßnahmen zuständig sind, sowie den sie bei der Erfüllung dieser Aufgaben unterstützenden Personen bekannt werden.

(2) Das Gebot der Vertraulichkeit der Identität gilt unabhängig davon, ob die Meldestelle für die eingehende Meldung zuständig ist.

§ 9 Ausnahmen vom Vertraulichkeitsgebot (1) Die Identität einer hinweisgebenden Person, die vorsätzlich oder grob fahrlässig unrichtige Informationen über Verstöße meldet, wird nicht nach diesem Gesetz geschützt.
(2) Informationen über die Identität einer hinweisgebenden Person oder über sonstige Umstände, die Rückschlüsse auf die Identität dieser Person erlauben, dürfen abweichend von § 8 Absatz 1 an die zuständige Stelle weitergegeben werden
1. in Strafverfahren auf Verlangen der Strafverfolgungsbehörden,
2. aufgrund einer Anordnung in einem der Meldung nachfolgenden Verwaltungsverfahren, einschließlich verwaltungsbehördlicher Bußgeldverfahren,
3. aufgrund einer gerichtlichen Entscheidung,
4. von der Bundesanstalt für Finanzdienstleistungsaufsicht als externe Meldestelle nach § 21 an die zuständigen Fachabteilungen innerhalb der Bundesanstalt für Finanzdienstleistungsaufsicht sowie bei in § 109a des Wertpapierhandelsgesetzes genannten Vorgängen an die in § 109a des Wertpapierhandelsgesetzes genannten Stellen oder
5. von dem Bundeskartellamt als externe Meldestelle nach § 22 an die zuständigen Fachabteilungen innerhalb des Bundeskartellamtes sowie in den Fällen des § 49 Absatz 2 Satz 2 und Absatz 4 und § 50d des Gesetzes gegen Wettbewerbsbeschränkungen an die jeweils zuständige Wettbewerbsbehörde.

Die Meldestelle hat die hinweisgebende Person vorab über die Weitergabe zu informieren. Hiervon ist abzusehen, wenn die Strafverfolgungsbehörde, die zuständige Behörde oder das Gericht der Meldestelle mitgeteilt hat, dass durch die Information die entsprechenden Ermittlungen, Untersuchungen oder Gerichtsverfahren gefährdet würden. Der hinweisgebenden Person sind mit der Information zugleich die Gründe für die Weitergabe schriftlich oder elektronisch darzulegen.
(3) Über die Fälle des Absatzes 2 hinaus dürfen Informationen über die Identität der hinweisgebenden Person oder über sonstige Umstände, die Rückschlüsse auf die Identität dieser Person erlauben, weitergegeben werden, wenn
1. die Weitergabe von Folgemaßnahmen erforderlich ist und
2. die hinweisgebende Person zuvor in die Weitergabe eingewilligt hat.

Die Einwilligung nach Satz 1 Nummer 2 muss für jede einzelne Weitergabe von Informationen über die Identität gesondert und in Textform vorliegen. Die Regelung des § 26 Absatz 2 des Bundesdatenschutzgesetzes bleibt unberührt.
(4) Informationen über die Identität von Personen, die Gegenstand einer Meldung sind, und von sonstigen in der Meldung genannten Personen dürfen abweichend von § 8 Absatz 1 an die jeweils zuständige Stelle weitergegeben werden
1. bei Vorliegen einer diesbezüglichen Einwilligung,
2. von internen Meldestellen, sofern dies im Rahmen interner Untersuchungen bei dem jeweiligen Beschäftigungsgeber oder in der jeweiligen Organisationseinheit erforderlich ist,
3. sofern dies für das Ergreifen von Folgemaßnahmen erforderlich ist,
4. in Strafverfahren auf Verlangen der Strafverfolgungsbehörde,

5. aufgrund einer Anordnung in einem einer Meldung nachfolgenden Verwaltungsverfahren, einschließlich verwaltungsbehördlicher Bußgeldverfahren,
6. aufgrund einer gerichtlichen Entscheidung,
7. von der Bundesanstalt für Finanzdienstleistungsaufsicht als externe Meldestelle nach § 21 an die zuständigen Fachabteilungen innerhalb der Bundesanstalt für Finanzdienstleistungsaufsicht sowie bei in § 109a des Wertpapierhandelsgesetzes genannten Vorgängen an die in § 109a des Wertpapierhandelsgesetzes genannten Stellen oder
8. von dem Bundeskartellamt als externe Meldestelle nach § 22 an die zuständigen Fachabteilungen innerhalb des Bundeskartellamtes sowie in den Fällen des § 49 Absatz 2 Satz 2 und Absatz 4 und § 50d des Gesetzes gegen Wettbewerbsbeschränkungen an die jeweils zuständige Wettbewerbsbehörde.

§ 10 Verarbeitung personenbezogener Daten Die Meldestellen sind befugt, personenbezogene Daten zu verarbeiten, soweit dies zur Erfüllung ihrer in den §§ 13 und 24 bezeichneten Aufgaben erforderlich ist. Abweichend von Artikel 9 Absatz 1 der Verordnung (EU) 2016/679 ist die Verarbeitung besonderer Kategorien personenbezogener Daten durch eine Meldestelle zulässig, wenn dies zur Erfüllung ihrer Aufgaben erforderlich ist. In diesem Fall hat die Meldestelle spezifische und angemessene Maßnahmen zur Wahrung der Interessen der betroffenen Person vorzusehen; § 22 Absatz 2 Satz 2 des Bundesdatenschutzgesetzes ist entsprechend anzuwenden.

§ 11 Dokumentation der Meldungen (1) Die Personen, die in einer Meldestelle für die Entgegennahme von Meldungen zuständig sind, dokumentieren alle eingehenden Meldungen in dauerhaft abrufbarer Weise unter Beachtung des Vertraulichkeitsgebots (§ 8).
(2) Bei telefonischen Meldungen oder Meldungen mittels einer anderen Art der Sprachübermittlung darf eine dauerhaft abrufbare Tonaufzeichnung des Gesprächs oder dessen vollständige und genaue Niederschrift (Wortprotokoll) nur mit Einwilligung der hinweisgebenden Person erfolgen. Liegt eine solche Einwilligung nicht vor, ist die Meldung durch eine von der für die Bearbeitung der Meldung verantwortlichen Person zu erstellende Zusammenfassung ihres Inhalts (Inhaltsprotokoll) zu dokumentieren.
(3) Erfolgt die Meldung im Rahmen einer Zusammenkunft gemäß § 16 Absatz 3 oder § 27 Absatz 3, darf mit Zustimmung der hinweisgebenden Person eine vollständige und genaue Aufzeichnung der Zusammenkunft erstellt und aufbewahrt werden. Die Aufzeichnung kann durch Erstellung einer Tonaufzeichnung des Gesprächs in dauerhaft abrufbarer Form oder durch ein von der für die Bearbeitung der Meldung verantwortlichen Person erstelltes Wortprotokoll der Zusammenkunft erfolgen.
(4) Der hinweisgebenden Person ist Gelegenheit zu geben, das Protokoll zu überprüfen, gegebenenfalls zu korrigieren und es durch ihre Unterschrift oder in elektronischer Form zu bestätigen. Wird eine Tonaufzeichnung zur Anfertigung eines Protokolls verwendet, so ist sie zu löschen, sobald das Protokoll fertiggestellt ist.

(5) Die Dokumentation wird drei Jahre nach Abschluss des Verfahrens gelöscht. Die Dokumentation kann länger aufbewahrt werden, um die Anforderungen nach diesem Gesetz oder nach anderen Rechtsvorschriften zu erfüllen, solange dies erforderlich und verhältnismäßig ist.

Unterabschnitt 2 – Interne Meldungen

§ 12 Pflicht zur Errichtung interner Meldestellen (1) Beschäftigungsgeber haben dafür zu sorgen, dass bei ihnen mindestens eine Stelle für interne Meldungen eingerichtet ist und betrieben wird, an die sich Beschäftigte wenden können (interne Meldestelle). Ist der Bund oder ein Land Beschäftigungsgeber, bestimmen die obersten Bundes- oder Landesbehörden Organisationseinheiten in Form von einzelnen oder mehreren Behörden, Verwaltungsstellen, Betrieben oder Gerichten. Die Pflicht nach Satz 1 gilt sodann für die Einrichtung und den Betrieb der internen Meldestelle bei den jeweiligen Organisationseinheiten. Für Gemeinden und Gemeindeverbände und solche Beschäftigungsgeber, die im Eigentum oder unter der Kontrolle von Gemeinden und Gemeindeverbänden stehen, gilt die Pflicht zur Einrichtung und zum Betrieb interner Meldestellen nach Maßgabe des jeweiligen Landesrechts.
(2) Die Pflicht nach Absatz 1 Satz 1 gilt nur für Beschäftigungsgeber mit jeweils in der Regel mindestens 50 Beschäftigten.
(3) Abweichend von Absatz 2 gilt die Pflicht nach Absatz 1 Satz 1 unabhängig von der Zahl der Beschäftigten für

1. Wertpapierdienstleistungsunternehmen im Sinne des § 2 Absatz 10 des Wertpapierhandelsgesetzes,
2. Datenbereitstellungsdienste im Sinne des § 2 Absatz 40 des Wertpapierhandelsgesetzes,
3. Börsenträger im Sinne des Börsengesetzes,
4. Institute im Sinne des § 1 Absatz 1b des Kreditwesengesetzes und Institute im Sinne des § 2 Absatz 1 des Werpapierinstitutsgesetzes,
5. Gegenparteien im Sinne des Artikels 3 Nummer 2 der Verordnung (EU) 2015/2365 des Europäischen Parlaments und des Rates vom 25. November 2015 über die Transparenz von Wertpapierfinanzierungsgeschäften und der Weiterverwendung sowie zur Änderung der Verordnung (EU) Nr. 648/2012 (ABl. L 337 vom 23. 12. 2015, S. 1), die zuletzt durch die Verordnung (EU) 2021/23 (ABl. L 22 vom 22. 1. 2021, S. 1) geändert worden ist, in der jeweils geltenden Fassung,
6. Kapitalverwaltungsgesellschaften gemäß § 17 Absatz 1 des Kapitalanlagegesetzbuchs,
7. Unternehmen gemäß § 1 Absatz 1 des Versicherungsaufsichtsgesetzes mit Ausnahme der nach den §§ 61 bis 66a des Versicherungsaufsichtsgesetzes tätigen Unternehmen mit Sitz in einem anderen Mitgliedstaat der Europäischen Union oder einem anderen Vertragsstaat des Abkommens über den Europäischen Wirtschaftsraum,
8. Institute im Sinne des § 2 Absatz 4 des Kryptomärkteaufsichtsgesetzes sowie
9. Institute im Sinne des § 1 Absatz 3 des Zahlungsdiensteaufsichtsgesetzes.

(4) Die nach Absatz 1 Satz 1 verpflichteten Beschäftigungsgeber erteilen der internen Meldestelle die notwendigen Befugnisse, um ihre Aufgabe wahrzunehmen, insbesondere, um Meldungen zu prüfen und Folgemaßnahmen zu ergreifen. Ist der Beschäftigungsgeber der Bund oder ein Land, gilt Satz 1 für die jeweiligen Organisationseinheiten entsprechend.

§ 13 Aufgaben der internen Meldestellen (1) Die internen Meldestellen betreiben Meldekanäle nach § 16, führen das Verfahren nach § 17 und ergreifen Folgemaßnahmen nach § 18.
(2) Die internen Meldestellen halten für Beschäftigte klare und leicht zugängliche Informationen über externe Meldeverfahren gemäß Unterabschnitt 2 und einschlägige Meldeverfahren von Organen, Einrichtungen oder sonstigen Stellen der Europäischen Union bereit.

§ 14 Organisationsformen interner Meldestellen (1) Eine interne Meldestelle kann eingerichtet werden, indem eine bei dem jeweiligen Beschäftigungsgeber oder bei der jeweiligen Organisationseinheit beschäftigte Person, eine aus mehreren beschäftigten Personen bestehende Arbeitseinheit oder ein Dritter mit den Aufgaben einer internen Meldestelle betraut wird. Die Betrauung eines Dritten mit den Aufgaben einer internen Meldestelle entbindet den betrauenden Beschäftigungsgeber nicht von der Pflicht, selbst geeignete Maßnahmen zu ergreifen, um einen etwaigen Verstoß abzustellen. Ist der Beschäftigungsgeber der Bund oder ein Land, gilt Satz 2 für die jeweiligen Organisationseinheiten entsprechend.
(2) Mehrere private Beschäftigungsgeber mit in der Regel 50 bis 249 Beschäftigten können für die Entgegennahme von Meldungen und für die weiteren nach diesem Gesetz vorgesehenen Maßnahmen eine gemeinsame Stelle einrichten und betreiben. Die Pflicht, Maßnahmen zu ergreifen, um den Verstoß abzustellen, und die Pflicht zur Rückmeldung an die hinweisgebende Person verbleiben bei dem einzelnen Beschäftigungsgeber.

§ 15 Unabhängige Tätigkeit; notwendige Fachkunde (1) Die mit den Aufgaben einer internen Meldestelle beauftragten Personen sind bei der Ausübung ihrer Tätigkeit unabhängig. Sie dürfen neben ihrer Tätigkeit für die interne Meldestelle andere Aufgaben und Pflichten wahrnehmen. Es ist dabei sicherzustellen, dass derartige Aufgaben und Pflichten nicht zu Interessenkonflikten führen.
(2) Beschäftigungsgeber tragen dafür Sorge, dass die mit den Aufgaben einer internen Meldestelle beauftragten Personen über die notwendige Fachkunde verfügen. Ist der Beschäftigungsgeber der Bund oder ein Land, gilt Satz 1 für die jeweiligen Organisationseinheiten entsprechend.

§ 16 Meldekanäle für interne Meldestellen (1) Nach § 12 zur Einrichtung interner Meldestellen verpflichtete Beschäftigungsgeber richten für diese Meldekanäle ein, über die sich Beschäftigte und dem Beschäftigungsgeber überlassene Leiharbeitnehmerinnen und Leiharbeitnehmer an die internen Meldestellen wenden können, um Informationen über Verstöße zu melden. Ist der Beschäftigungsgeber der Bund oder ein Land, gilt Satz 1 für die jeweiligen Organisationseinheiten entsprechend.

Der interne Meldekanal kann so gestaltet werden, dass er darüber hinaus auch natürlichen Personen offensteht, die im Rahmen ihrer beruflichen Tätigkeiten mit dem jeweiligen zur Einrichtung der internen Meldestelle verpflichteten Beschäftigungsgeber oder mit der jeweiligen Organisationseinheit in Kontakt stehen. Die interne Meldestelle sollte auch anonym eingehende Meldungen bearbeiten. Es besteht allerdings keine Verpflichtung, die Meldekanäle so zu gestalten, dass sie die Abgabe anonymer Meldungen ermöglichen.
(2) Die Meldekanäle sind so zu gestalten, dass nur die für die Entgegennahme und Bearbeitung der Meldungen zuständigen sowie die sie bei der Erfüllung dieser Aufgaben unterstützenden Personen Zugriff auf die eingehenden Meldungen haben.
(3) Interne Meldekanäle müssen Meldungen in mündlicher oder in Textform ermöglichen. Mündliche Meldungen müssen per Telefon oder mittels einer anderen Art der Sprachübermittlung möglich sein. Auf Ersuchen der hinweisgebenden Person ist für eine Meldung innerhalb einer angemessenen Zeit eine persönliche Zusammenkunft mit einer für die Entgegennahme einer Meldung zuständigen Person der internen Meldestelle zu ermöglichen. Mit Einwilligung der hinweisgebenden Person kann die Zusammenkunft auch im Wege der Bild- und Tonübertragung erfolgen.

§ 17 Verfahren bei internen Meldungen (1) Die interne Meldestelle
1. bestätigt der hinweisgebenden Person den Eingang einer Meldung spätestens nach sieben Tagen,
2. prüft, ob der gemeldete Verstoß in den sachlichen Anwendungsbereich nach § 2 fällt,
3. hält mit der hinweisgebenden Person Kontakt,
4. prüft die Stichhaltigkeit der eingegangenen Meldung,
5. ersucht die hinweisgebende Person erforderlichenfalls um weitere Informationen und
6. ergreift angemessene Folgemaßnahmen nach § 18.

(2) Die interne Meldestelle gibt der hinweisgebenden Person innerhalb von drei Monaten nach der Bestätigung des Eingangs der Meldung oder, wenn der Eingang nicht bestätigt wurde, spätestens drei Monate und sieben Tage nach Eingang der Meldung eine Rückmeldung. Die Rückmeldung umfasst die Mitteilung geplanter sowie bereits ergriffener Folgemaßnahmen sowie die Gründe für diese. Eine Rückmeldung an die hinweisgebende Person darf nur insoweit erfolgen, als dadurch interne Nachforschungen oder Ermittlungen nicht berührt und die Rechte der Personen, die Gegenstand einer Meldung sind oder die in der Meldung genannt werden, nicht beeinträchtigt werden.

§ 18 Folgemaßnahmen der internen Meldestelle Als Folgemaßnahmen kann die interne Meldestelle insbesondere
1. interne Untersuchungen mit dem Beschäftigungsgeber oder bei der jeweiligen Organisationseinheit durchführen und betroffene Personen und Arbeitseinheiten kontaktieren,
2. die hinweisgebende Person an andere zuständige Stellen verweisen,

3. das Verfahren aus Mangel an Beweisen oder aus anderen Gründen abschließen oder
4. das Verfahren zwecks weiterer Untersuchungen abgeben an
   a) eine bei dem Beschäftigungsgeber oder der jeweiligen Organisationseinheit für interne Ermittlungen zuständige Arbeitseinheit oder
   b) eine zuständige Behörde.

Unterabschnitt 3 – Externe Meldestellen

§ 19 Errichtung und Zuständigkeit einer externen Meldestelle des Bundes
(1) Der Bund errichtet beim Bundesamt für Justiz eine Stelle für externe Meldungen (externe Meldestelle des Bundes). Die externe Meldestelle des Bundes ist organisatorisch vom übrigen Zuständigkeitsbereich des Bundesamts für Justiz getrennt.
(2) Die Aufgaben der externen Meldestelle des Bundes werden unabhängig von den sonstigen Aufgaben des Bundesamts für Justiz wahrgenommen. Die Dienstaufsicht über die externe Meldestelle des Bundes führt die Präsidentin oder der Präsident des Bundesamts für Justiz. Die externe Meldestelle des Bundes untersteht einer Dienstaufsicht nur, soweit nicht ihre Unabhängigkeit beeinträchtigt wird.
(3) Der externen Meldestelle des Bundes ist die für die Erfüllung ihrer Aufgaben notwendige Personal- und Sachausstattung zur Verfügung zu stellen.
(4) Die externe Meldestelle des Bundes ist zuständig, soweit nicht eine externe Meldestelle nach den §§ 20 bis 23 zuständig ist.

§ 20 Errichtung und Zuständigkeit externer Meldestellen der Länder Jedes Land kann eine eigene externe Meldestelle einrichten für Meldungen, die die jeweilige Landesverwaltung und die jeweiligen Kommunalverwaltungen betreffen.

§ 21 Bundesanstalt für Finanzdienstleistungsaufsicht als externe Meldestelle
Die Bundesanstalt für Finanzdienstleistungsaufsicht ist zuständige externe Meldestelle für
1. Meldungen, die von § 4d des Finanzdienstleistungsaufsichtsgesetzes erfasst werden, einschließlich Meldungen, die Vorschriften des Wertpapiererwerbs- und Übernahmegesetzes betreffen,
2. Meldungen von Informationen über Verstöße
   a) nach § 2 Absatz 1 Nummer 3 Buchstabe a, soweit die Bundesanstalt für Finanzdienstleistungsaufsicht zuständige Behörde im Sinne des § 50 Absatz 1 Nummer 1 oder Nummer 2 des Geldwäschegesetzes ist, sowie
   b) nach § 2 Absatz 1 Nummer 3 Buchstabe r bis t.

Für die über dieses Gesetz hinausgehende nähere Ausgestaltung der Organisation und des Verfahrens der Bundesanstalt für Finanzdienstleistungsaufsicht als externe Meldestelle gilt § 4d des Finanzdienstleistungsaufsichtsgesetzes.

§ 22 Bundeskartellamt als externe Meldestelle (1) Das Bundeskartellamt ist zuständige externe Meldestelle für Meldungen von Informationen über Verstöße nach § 2 Absatz 1 Nummer 8 und 9. § 7 Absatz 1 Satz 3 findet mit der Maßgabe

Anwendung, dass sich die hinweisgebende Person jederzeit und unabhängig vom Ausgang des Verfahrens über die interne Meldung an das Bundeskartellamt wenden kann.
(2) Die Befugnisse des Bundeskartellamts nach anderen Vorschriften bleiben unberührt.

§ 23 Weitere externe Meldestellen (1) Der Bund richtet eine weitere externe Meldestelle ein für externe Meldungen, die die externe Meldestelle des Bundes nach § 19 betreffen.
(2) Für Meldungen, die eine externe Meldestelle nach den §§ 20 bis 22 betreffen, ist weitere externe Meldestelle die externe Meldestelle des Bundes nach § 19.

§ 24 Aufgaben der externen Meldestelle (1) Die externen Meldestellen errichten und betreiben Meldekanäle nach § 27, prüfen die Stichhaltigkeit einer Meldung und führen das Verfahren nach § 28.
(2) Die externen Meldestellen bieten natürlichen Personen, die in Erwägung ziehen, eine Meldung zu erstatten, umfassende und unabhängige Informationen und Beratung über bestehende Abhilfemöglichkeiten und Verfahren für den Schutz vor Repressalien. Dabei informieren die externen Meldestellen insbesondere auch über die Möglichkeit einer internen Meldung.
(3) Die externen Meldestellen veröffentlichen in einem gesonderten, leicht erkennbaren und leicht zugänglichen Abschnitt ihres Internetauftritts
1. die Voraussetzungen für den Schutz nach Maßgabe dieses Gesetzes,
2. Erläuterungen zum Meldeverfahren sowie die Art der möglichen Folgemaßnahmen nach § 29,
3. die geltende Vertraulichkeitsregelung für Meldungen und Informationen über die Verarbeitung personenbezogener Daten,
4. Informationen über die verfügbaren Abhilfemöglichkeiten und Verfahren zum Schutz vor Repressalien sowie die Verfügbarkeit einer vertraulichen Beratung von Personen, die in Erwägung ziehen, eine Meldung zu erstatten,
5. eine leicht verständliche Erläuterung dazu, unter welchen Voraussetzungen Personen, die eine Meldung an die externe Meldestelle richten, nicht wegen Verletzung der Verschwiegenheits- und Geheimhaltungspflichten haftbar gemacht werden können,
6. ihre Erreichbarkeiten, insbesondere E-Mail-Adresse, Postanschrift und Telefonnummer, sowie die Angabe, ob Telefongespräche aufgezeichnet werden.

(4) Die externen Meldestellen halten klare und leicht zugängliche Informationen über ihre jeweiligen Meldeverfahren bereit, auf die interne Meldestellen zugreifen oder verweisen können, um ihrer Pflicht nach § 13 Absatz 2 nachzukommen. Die externe Meldestelle des Bundes hält zudem klare und leicht zugängliche Informationen über die in § 13 Absatz 2 genannten Meldeverfahren bereit, auf die interne Meldestellen zugreifen oder verweisen können, um ihrer Pflicht nach § 13 Absatz 2 nachzukommen.

§ 25 Unabhängige Tätigkeit; Schulung (1) Die externen Meldestellen arbeiten im Rahmen ihrer Aufgaben und Befugnisse fachlich unabhängig und von den internen

Meldestellen getrennt. Die Aufsicht über sie erstreckt sich auf die Beachtung von Gesetz und sonstigem Recht.
(2) Die für die Bearbeitung von Meldungen zuständigen Personen werden regelmäßig für diese Aufgabe geschult. Sie dürfen neben ihrer Tätigkeit für eine externe Meldestelle andere Aufgaben und Pflichten wahrnehmen. Es ist dabei sicherzustellen, dass derartige Aufgaben und Pflichten nicht zu einem Interessenkonflikt führen.

§ 26 Berichtspflichten der externen Meldestelle (1) Die externen Meldestellen berichten jährlich in zusammengefasster Form über die eingegangenen Meldungen. Der Bericht darf keine Rückschlüsse auf die beteiligten Personen oder Unternehmen zulassen. Er ist der Öffentlichkeit zugänglich zu machen.
(2) Für den Bericht erfassen die externen Meldestellen die folgenden Daten und weisen sie im Bericht aus:
1. die Anzahl der eingegangenen Meldungen,
2. die Anzahl der Fälle, in denen interne Untersuchungen bei den betroffenen Unternehmen oder Behörden eingeleitet wurden,
3. die Anzahl der Fälle, die Ermittlungen einer Staatsanwaltschaft oder ein gerichtliches Verfahren zur Folge hatten, und
4. die Anzahl der Fälle, die eine Abgabe an eine sonstige zuständige Stelle zur Folge hatten.

(3) Die externe Meldestelle des Bundes nach § 19 übermittelt ihren Jahresbericht darüber hinaus dem Deutschen Bundestag, dem Bundesrat und der Bundesregierung und übermittelt eine Zusammenstellung der Berichte nach den Absätzen 1 und 2 der Europäischen Kommission.

Unterabschnitt 4 – Externe Meldungen

§ 27 Meldekanäle für externe Meldestellen (1) Für externe Meldestellen werden Meldekanäle eingerichtet, über die sich hinweisgebende Personen an die externen Meldestellen wenden können, um Informationen über Verstöße zu melden. § 16 Absatz 2 gilt entsprechend. Die externe Meldestelle sollte auch anonym eingehende Meldungen bearbeiten. Vorbehaltlich spezialgesetzlicher Regelungen besteht allerdings keine Verpflichtung, die Meldekanäle so zu gestalten, dass sie die Abgabe anonymer Meldungen ermöglichen.
(2) Wird eine Meldung bei einer externen Meldestelle von anderen als den für die Bearbeitung zuständigen Personen entgegengenommen, so ist sie unverzüglich, unverändert und unmittelbar an die für die Bearbeitung zuständigen Personen weiterzuleiten.
(3) Externe Meldekanäle müssen Meldungen in mündlicher und in Textform ermöglichen. Mündliche Meldungen müssen per Telefon oder mittels einer anderen Art der Sprachübermittlung möglich sein. Auf Ersuchen der hinweisgebenden Person ist für eine Meldung innerhalb einer angemessenen Zeit eine persönliche Zusammenkunft mit den für die Entgegennahme einer Meldung zuständigen Personen der externen Meldestelle zu ermöglichen. Mit Einwilligung der hinweis-

gebenden Person kann die Zusammenkunft auch im Wege der Bild- und Tonübertragung erfolgen.

§ 28 Verfahren bei externen Meldungen (1) Die externen Meldestellen bestätigen den Eingang einer Meldung umgehend, spätestens jedoch sieben Tage nach Eingang der Meldung. Eine Eingangsbestätigung erfolgt nicht, wenn die hinweisgebende Person darauf ausdrücklich verzichtet oder wenn hinreichender Grund zu der Annahme besteht, dass die Eingangsbestätigung den Schutz der Identität der hinweisgebenden Person beeinträchtigen würde. In für ein internes Meldeverfahren geeigneten Fällen weisen die externen Meldestellen zusammen mit der Eingangsbestätigung die hinweisgebende Person auf die Möglichkeit einer internen Meldung hin.
(2) Die externen Meldestellen prüfen, ob der gemeldete Verstoß in den sachlichen Anwendungsbereich nach § 2 fällt und keine Ausnahmen vom Anwendungsbereich dieses Gesetzes nach § 5 greifen. Ist dies der Fall, prüfen sie die Stichhaltigkeit der Meldung und ergreifen angemessene Folgemaßnahmen nach § 29.
(3) Für die Akteneinsicht durch Beteiligte im Sinne dieses Gesetzes gilt § 29 des Verwaltungsverfahrensgesetzes. Bestehende Verschwiegenheits- und Geheimhaltungspflichten im Sinne des § 6 Absatz 3 sind zu beachten. Für die hinweisgebende Person gelten die Sätze 1 und 2 entsprechend; hierbei ist sicherzustellen, dass die Rechte der Personen, die Gegenstand einer Meldung sind oder die in der Meldung genannt werden, nicht beeinträchtigt werden.
(4) Die hinweisgebende Person erhält auf ihre Meldung hin innerhalb einer angemessenen Zeit eine Rückmeldung. Diese erfolgt spätestens nach drei Monaten. In Fällen, in denen die Bearbeitung umfangreich ist, beträgt diese Frist sechs Monate. Die Gründe für die Verlängerung der Frist sind der hinweisgebenden Person mitzuteilen. § 17 Absatz 2 Satz 2 und 3 gilt entsprechend.
(5) Meldungen über Verstöße von besonderer Schwere können vorrangig behandelt werden. Die Fristen des Absatzes 4 für eine Rückmeldung bleiben davon unberührt.

§ 29 Folgemaßnahmen der externen Meldestellen (1) Die externen Meldestellen können nach pflichtgemäßem Ermessen Auskünfte von den betroffenen natürlichen Personen, von dem betroffenen Beschäftigungsgeber, von Dritten sowie von Behörden verlangen, soweit dies zur Überprüfung der Stichhaltigkeit der Meldung erforderlich ist. Für die Beantwortung des Auskunftsverlangens ist eine angemessene Frist zu gewähren. Für Auskunftsverlangen nach Satz 1 gelten das Zeugnisverweigerungsrecht nach den §§ 53 und 53a und das Auskunftsverweigerungsrecht nach § 55 der Strafprozessordnung entsprechend. Für die Beantwortung von Auskunftsverlangen wird auf Antrag eine Entschädigung entsprechend den Vorschriften des Justizvergütungs- und -entschädigungsgesetzes über die Entschädigung von Zeugen gewährt. § 23 Absatz 2 Satz 2 des Justizvergütungs- und -entschädigungsgesetzes gilt entsprechend.
(2) Als weitere Folgemaßnahmen können die externen Meldestellen nach pflichtgemäßem Ermessen

1. betroffene Beschäftigungsgeber kontaktieren,
2. die hinweisgebende Person an andere zuständige Stellen verweisen,
3. das Verfahren aus Mangel an Beweisen oder aus anderen Gründen abschließen oder
4. das Verfahren an eine zuständige Behörde zwecks weiterer Untersuchungen abgeben.

§ 30 Zusammenarbeit mit anderen öffentlichen Stellen Die externe Meldestelle sowie die sonstigen öffentlichen Stellen, die für die Aufklärung, Verhütung und Verfolgung von Verstößen im Anwendungsbereich dieses Gesetzes zuständig sind, arbeiten zur Durchführung dieses Gesetzes zusammen und unterstützen sich gegenseitig. Spezielle gesetzliche Regelungen zur Zusammenarbeit öffentlicher Stellen bleiben hiervon unberührt.

§ 31 Abschluss des Verfahrens (1) Hat eine externe Meldung die Stichhaltigkeit einer Meldung geprüft und das Verfahren nach § 28 geführt, schließt sie das Verfahren ab.
(2) Ist eine externe Meldestelle nicht zuständig für eine Meldung oder ist es ihr nicht möglich, dem gemeldeten Verstoß innerhalb einer angemessenen Zeit weiter nachzugehen, so leitet sie die Meldung unverzüglich unter Wahrung der Vertraulichkeit der Identität der hinweisgebenden Person an die jeweilige für die Aufklärung, Verhütung und Verfolgung des Verstoßes zuständige Stelle weiter. Dies gilt auch für Meldungen, für deren Weiterverfolgung nach § 4 Absatz 1 die externe Meldestelle nicht zuständig ist. Über die Weiterleitung setzt die externe Meldestelle die hinweisgebende Person unverzüglich in Kenntnis. Ist die Weiterleitung unter Wahrung der Vertraulichkeit der Identität nicht möglich, ist § 9 Absatz 3 zu beachten.
(3) Kommt eine externe Meldestelle zu dem Ergebnis, dass ein gemeldeter Verstoß als geringfügig anzusehen ist, so kann sie nach pflichtgemäßem Ermessen das Verfahren abschließen.
(4) Betrifft eine Meldung einen Sachverhalt, zu dem bereits ein Verfahren nach diesem Gesetz abgeschlossen wurde, so kann eine externe Meldestelle nach pflichtgemäßem Ermessen das Verfahren abschließen, wenn die Meldung keine neuen Tatsachen enthält. Dies gilt nicht, wenn neue rechtliche oder sachliche Umstände ein anderes Vorgehen rechtfertigen.
(5) Schließt eine externe Meldestelle das Verfahren nach Absatz 3 oder Absatz 4 ab, teilt sie der hinweisgebenden Person die Entscheidung und die Gründe für die Entscheidung unverzüglich mit. Die externe Meldestelle soll die Entscheidung nach Satz 1 unter Wahrung der Vertraulichkeit der Identität der in § 8 Absatz 1 genannten Personen dem betroffenen Beschäftigungsgeber mitteilen, wenn dieser zuvor gemäß § 29 Absatz 2 Nummer 1 von der externen Meldestelle kontaktiert wurde.
(6) Eine externe Meldestelle teilt der hinweisgebenden Person das Ergebnis der durch die Meldung ausgelösten Untersuchungen nach deren Abschluss mit, soweit dies mit gesetzlichen Verschwiegenheitspflichten vereinbar ist. Absatz 5 Satz 2 ist anzuwenden.

(7) Für Streitigkeiten wegen der Entscheidungen einer externen Meldestelle nach den Absätzen 1 bis 6 ist der Verwaltungsrechtsweg gegeben. Vor Erhebung einer Klage bedarf es keiner Nachprüfung in einem Vorverfahren.

Abschnitt 3 – Offenlegung

§ 32 Offenlegen von Informationen (1) Personen, die Informationen über Verstöße offenlegen, fallen unter die Schutzmaßnahmen dieses Gesetzes, wenn sie

1. zunächst gemäß Abschnitt 2 Unterabschnitt 4 eine externe Meldung erstattet haben und
   a) hierauf innerhalb der Fristen für eine Rückmeldung nach § 28 Absatz 4 keine geeigneten Folgemaßnahmen nach § 29 ergriffen wurden oder
   b) sie keine Rückmeldung über das Ergreifen solcher Folgemaßnahmen erhalten haben oder
2. hinreichenden Grund zu der Annahme hatten, dass
   a) der Verstoß wegen eines Notfalls, der Gefahr irreversibler Schäden oder vergleichbarer Umstände eine unmittelbare oder offenkundige Gefährdung des öffentlichen Interesses darstellen kann,
   b) im Fall einer externen Meldung Repressalien zu befürchten sind oder
   c) Beweismittel unterdrückt oder vernichtet werden könnten, Absprachen zwischen der zuständigen externen Meldestelle und dem Urheber des Verstoßes bestehen könnten oder aufgrund sonstiger besonderer Umstände die Aussichten gering sind, dass die externe Meldestelle wirksame Folgemaßnahmen nach § 29 einleiten wird.

(2) Das Offenlegen unrichtiger Informationen über Verstöße ist verboten.

Abschnitt 4 – Schutzmaßnahmen

§ 33 Voraussetzungen für den Schutz hinweisgebender Informationen (1) Die §§ 35 bis 37 sind auf hinweisgebende Personen anwendbar, sofern

1. diese intern gemäß § 17 oder extern gemäß § 28 Meldung erstattet haben oder eine Offenlegung gemäß § 32 vorgenommen haben,
2. die hinweisgebende Person zum Zeitpunkt der Meldung oder Offenlegung hinreichenden Grund zu der Annahme hatte, dass die von ihr gemeldeten oder offengelegten Informationen der Wahrheit entsprechen, und
3. die Informationen Verstöße betreffen, die in den Anwendungsbereich dieses Gesetzes fallen, oder die hinweisgebende Person zum Zeitpunkt der Meldung oder Offenlegung hinreichenden Grund zu der Annahme hatte, dass dies der Fall sei.

(2) Die §§ 35 bis 37 sind unter den Voraussetzungen des Absatzes 1 auch anwendbar auf Personen, die zuständigen Organen, Einrichtungen oder sonstigen Stellen der Europäischen Union in den Anwendungsbereich dieses Gesetzes fallende Verstöße gegen das Unionsrecht melden.

§ 34 Weitere geschützte Personen (1) Die §§ 35 bis 37 gelten entsprechend für natürliche Personen, die die hinweisgebende Person bei einer internen oder externen Meldung oder einer Offenlegung im beruflichen Zusammenhang vertraulich unterstützen, sofern die gemeldeten oder offengelegten Informationen

1. zutreffend sind oder die unterstützende Person zum Zeitpunkt der Unterstützung hinreichenden Grund zu der Annahme hatte, dass die von der hinweisgebenden Person gemeldeten oder offengelegten Informationen der Wahrheit entsprachen, und
2. Verstöße betreffen, die in den Anwendungsbereich dieses Gesetzes fallen, oder die unterstützende Person zum Zeitpunkt der Unterstützung hinreichenden Grund zu der Annahme hatte, dass dies der Fall sei.

(2) Sofern die Voraussetzungen des § 33 erfüllt sind, gelten die §§ 35 bis 37 entsprechend für

1. Dritte, die mit der hinweisgebenden Person in Verbindung stehen und in einem beruflichen Zusammenhang Repressalien erlitten haben, es sei denn, diese beruhen nicht auf der Meldung oder Offenlegung durch die hinweisgebende Person, und
2. juristische Personen, rechtsfähige Personengesellschaften und sonstige rechtsfähige Personenvereinigungen, die mit der hinweisgebenden Person infolge einer Beteiligung rechtlich verbunden sind oder für die die hinweisgebende Person tätig ist oder mit denen sie in einem beruflichen Kontext anderweitig in Verbindung steht.

§ 35 Ausschluss der Verantwortlichkeit (1) Eine hinweisgebende Person kann nicht für die Beschaffung von oder den Zugriff auf Informationen, die sie gemeldet oder offengelegt hat, rechtlich verantwortlich gemacht werden, sofern die Beschaffung nicht als solche oder der Zugriff nicht als solcher eine eigenständige Straftat darstellt.

(2) Eine hinweisgebende Person verletzt keine Offenlegungsbeschränkungen und kann nicht für die bei einer Meldung oder Offenlegung erfolgte Weitergabe von Informationen rechtlich verantwortlich gemacht werden, sofern sie hinreichenden Grund zu der Annahme hatte, dass die Weitergabe der Informationen erforderlich war, um einen Verstoß aufzudecken.

§ 36 Verbot von Repressalien; Beweislastumkehr (1) Gegen hinweisgebende Personen gerichtete Repressalien sind verboten. Das gilt auch für die Androhung und den Versuch, Repressalien auszuüben.

(2) Erleidet eine hinweisgebende Person eine Benachteiligung im Zusammenhang mit ihrer beruflichen Tätigkeit und macht sie geltend, diese Benachteiligung infolge einer Meldung oder Offenlegung nach diesem Gesetz erlitten zu haben, so wird vermutet, dass diese Benachteiligung eine Repressalie für diese Meldung oder Offenlegung ist. In diesem Fall hat die Person, die die hinweisgebende Person benachteiligt hat, zu beweisen, dass die Benachteiligung auf hinreichend gerechtfertigten Gründen basierte oder dass sie nicht auf der Meldung oder Offenlegung beruhte.

§ 37 Schadensersatz nach Repressalien (1) Bei einem Verstoß gegen das Verbot von Repressalien ist der Verursacher verpflichtet, der hinweisgebenden Person den daraus entstehenden Schaden zu ersetzen.
(2) Ein Verstoß gegen das Verbot von Repressalien begründet keinen Anspruch auf Begründung eines Beschäftigungsverhältnisses, eines Berufsausbildungsverhältnisses oder eines anderen Vertragsverhältnisses oder auf einen beruflichen Aufstieg.

§ 38 Schadensersatz nach einer Falschmeldung Die hinweisgebende Person ist zum Ersatz des Schadens verpflichtet, der aus einer vorsätzlichen oder grob fahrlässigen Meldung oder Offenlegung unrichtiger Informationen entstanden ist.

§ 39 Verbot abweichender Vereinbarungen Vereinbarungen, die nach diesem Gesetz bestehende Rechte hinweisgebender Personen oder sonst nach diesem Gesetz geschützter Personen einschränken, sind unwirksam.

Abschnitt 5 – Sanktionen

§ 40 Bußgeldvorschriften (1) Ordnungswidrig handelt, wer wissentlich entgegen § 32 Absatz 2 eine unrichtige Information offenlegt.
(2) Ordnungswidrig handelt, wer
1. entgegen § 7 Absatz 2 eine Meldung oder dort genannte Kommunikation behindert,
2. entgegen § 12 Absatz 1 Satz 1 nicht dafür sorgt, dass eine interne Meldestelle eingerichtet ist und betrieben wird, oder
3. entgegen § 36 Absatz 1 Satz 1, auch in Verbindung mit § 34, eine Repressalie ergreift.

(3) Ordnungswidrig handelt, wer vorsätzlich oder leichtfertig entgegen § 8 Absatz 1 Satz 1 die Vertraulichkeit nicht wahrt.
(4) Ordnungswidrig handelt, wer eine in Absatz 3 bezeichnete Handlung fahrlässig begeht.
(5) Der Versuch einer Ordnungswidrigkeit kann in den Fällen des Absatzes 2 Nummer 1 und 3 geahndet werden.
(6) Die Ordnungswidrigkeit kann in den Fällen des Absatzes 2 Nummer 1 und 3, der Absätze 3 und 5 mit einer Geldbuße bis zu fünfzigtausend Euro, in den Fällen der Absätze 1 und 2 Nummer 2 mit einer Geldbuße bis zu zwanzigtausend Euro und in den übrigen Fällen mit einer Geldbuße bis zu zehntausend Euro geahndet werden. § 30 Absatz 2 Satz 3 des Gesetzes über Ordnungswidrigkeiten ist in den Fällen des Absatzes 2 Nummer 1 und 3 und der Absätze 3 und 4 anzuwenden.

Abschnitt 6 – Schlussvorschriften

§ 41 Verordnungsermächtigung Das Bundesministerium der Justiz wird ermächtigt, durch Rechtsverordnung, die nicht der Zustimmung des Bundesrates bedarf, im Einvernehmen mit dem Bundesministerium für Wirtschaft und Klimaschutz, dem Bundesministerium der Finanzen, dem Bundesministerium des Innern und für Heimat, dem Bundesministerium für Arbeit und Soziales, dem Bundesministerium der Verteidigung, dem Bundesministerium für Gesundheit und dem Bundesministerium für Umwelt, Naturschutz, nukleare Sicherheit und Verbraucherschutz

1. die nähere Ausgestaltung der Organisation und des Verfahrens der externen Meldestelle des Bundes zu regeln und
2. eine weitere externe Meldestelle nach § 23 Absatz 1 zu bestimmen.

§ 42 Übergangsregelung (1) Abweichend von § 12 Absatz 1 müssen private Beschäftigungsgeber mit in der Regel 50 bis 249 Beschäftigten ihre internen Meldestellen erst ab dem 17. Dezember 2023 einrichten. Satz 1 gilt nicht für die in § 12 Absatz 3 genannten Beschäftigungsgeber.
(2) § 40 Absatz 2 Nummer 2 ist erst ab dem 1. Dezember 2023 anzuwenden.

15d. Gesetz zum Schutz von Geschäftsgeheimnissen (GeschGehG)

vom 18. April 2019 (BGBl. I 466)

(Abgedruckte Vorschriften: §§ 1, 2, 4 – 6, 10, 11, 13, 14)

Einleitung

(siehe bei Nr. 15c, III)

Gesetzestext

Abschnitt 1 – Allgemeines

§ 1 Anwendungsbereich (1) Dieses Gesetz dient dem Schutz von Geschäftsgeheimnissen vor unerlaubter Erlangung, Nutzung und Offenlegung.

(2) Öffentlich-rechtliche Vorschriften zur Geheimhaltung, Erlangung, Nutzung oder Offenlegung von Geschäftsgeheimnissen gehen vor.

(3) Es bleiben unberührt:

1. der berufs- und strafrechtliche Schutz von Geschäftsgeheimnissen, deren unbefugte Offenbarung von § 203 des Strafgesetzbuches erfasst wird,
2. die Ausübung des Rechts der freien Meinungsäußerung und der Informationsfreiheit nach der Charta der Grundrechte der Europäischen Union (ABl. C 202 vom 7. 6. 2016, S. 389), einschließlich der Achtung der Freiheit und Pluralität der Medien,
3. die Autonomie der Sozialpartner und ihr Recht, Kollektivverträge nach den bestehenden europäischen und nationalen Vorschriften abzuschließen,
4. die Rechte und Pflichten aus dem Arbeitsverhältnis und die Rechte der Arbeitnehmervertretungen.

§ 2 Begriffsbestimmungen Im Sinne dieses Gesetzes ist

1. Geschäftsgeheimnis
   eine Information
   a) die weder insgesamt noch in der genauen Anordnung und Zusammensetzung ihrer Bestandteile den Personen in den Kreisen, die üblicherweise mit dieser Art von Informationen umgehen, allgemein bekannt oder ohne Weiteres zugänglich ist und daher von wirtschaftlichem Wert ist und
   b) die Gegenstand von den Umständen nach angemessenen Geheimhaltungsmaßnahmen durch ihren rechtmäßigen Inhaber ist und
   c) bei der ein berechtigtes Interesse an der Geheimhaltung besteht;
2. Inhaber eines Geschäftsgeheimnisses
   jede natürliche oder juristische Person, die die rechtmäßige Kontrolle über ein Geschäftsgeheimnis hat;

3. Rechtsverletzer
jede natürliche oder juristische Person, die entgegen § 4 ein Geschäftsgeheimnis rechtswidrig erlangt, nutzt oder offenlegt; Rechtsverletzer ist nicht, wer sich auf eine Ausnahme nach § 5 berufen kann.
4. rechtsverletzendes Produkt
ein Produkt, dessen Konzeption, Merkmale, Funktionsweise, Herstellungsprozess oder Marketing in erheblichem Umfang auf einem rechtswidrig erlangten, genutzten oder offengelegten Geschäftsgeheimnis beruht.

…

§ 4 Handlungsverbote (1) Ein Geschäftsgeheimnis darf nicht erlangt werden durch
1. unbefugten Zugang zu, unbefugte Aneignung oder unbefugtes Kopieren von Dokumenten, Gegenständen, Materialien, Stoffen oder elektronischen Dateien, die der rechtmäßigen Kontrolle des Inhabers des Geschäftsgeheimnisses unterliegen und die das Geschäftsgeheimnis enthalten oder aus denen sich das Geschäftsgeheimnis ableiten lässt, oder
2. jedes sonstige Verhalten, das unter den jeweiligen Umständen nicht dem Grundsatz von Treu und Glauben unter Berücksichtigung der anständigen Marktgepflogenheit entspricht.

(2) Ein Geschäftsgeheimnis darf nicht nutzen oder offenlegen, wer
1. das Geschäftsgeheimnis durch eine eigene Handlung nach Absatz 1
   a) Nummer 1
   b) Nummer 2

   erlangt hat,
2. gegen eine Verpflichtung zur Beschränkung der Nutzung des Geschäftsgeheimnisses verstößt oder
3. gegen eine Verpflichtung verstößt, das Geschäftsgeheimnis nicht offenzulegen.

(3) Ein Geschäftsgeheimnis darf nicht erlangen, nutzen oder offenlegen, wer das Geschäftsgeheimnis über eine andere Person erlangt hat und zum Zeitpunkt der Erlangung, Nutzung oder Offenlegung weiß oder wissen müsste, dass diese das Geschäftsgeheimnis entgegen Absatz 2 genutzt oder offengelegt hat. Das gilt insbesondere, wenn die Nutzung in der Herstellung, dem Anbieten, dem Inverkehrbringen oder der Einfuhr, der Ausfuhr oder der Lagerung für diese Zwecke von rechtsverletzenden Produkten besteht.

§ 5 Ausnahmen Die Erlangung, die Nutzung oder die Offenlegung eines Geschäftsgeheimnisses fällt nicht unter die Verbote des § 4, wenn dies zum Schutz eines berechtigten Interesses erfolgt, insbesondere
1. zur Ausübung des Rechts der freien Meinungsäußerung und der Informationsfreiheit, einschließlich der Achtung der Freiheit und der Pluralität der Medien;
2. zur Aufdeckung einer rechtswidrigen Handlung oder eines beruflichen oder sonstigen Fehlverhaltens, wenn die Erlangung, Nutzung oder Offenlegung geeignet ist, das allgemeine öffentliche Interesse zu schützen;

3. im Rahmen der Offenlegung durch Arbeitnehmer gegenüber der Arbeitnehmervertretung, wenn dies erforderlich ist, damit die Arbeitnehmervertretung ihre Aufgaben erfüllen kann.

Abschnitt 2 – Ansprüche bei Rechtsverletzungen

§ 6 Beseitigung und Unterlassung Der Inhaber des Geschäftsgeheimnisses kann den Rechtsverletzer auf Beseitigung der Beeinträchtigung und bei Wiederholungsgefahr auch auf Unterlassung in Anspruch nehmen. Der Anspruch auf Unterlassung besteht auch dann, wenn eine Rechtsverletzung erstmalig droht.

…

§ 10 Haftung des Rechtsverletzers (1) Ein Rechtsverletzer, der vorsätzlich oder fahrlässig handelt, ist dem Inhaber des Geschäftsgeheimnisses zum Ersatz des daraus entstehenden Schadens verpflichtet. § 619a des Bürgerlichen Gesetzbuchs bleibt unberührt.
(2) Bei der Bemessung des Schadensersatzes kann auch der Gewinn, den der Rechtsverletzer durch die Verletzung des Rechts erzielt hat, berücksichtigt werden. Der Schadensersatzanspruch kann auch auf der Grundlage des Betrages bestimmt werden, den der Rechtsverletzer als angemessene Vergütung hätte entrichten müssen, wenn er die Zustimmung zur Erlangung, Nutzung oder Offenlegung des Geschäftsgeheimnisses eingeholt hätte.
(3) Der Inhaber des Geschäftsgeheimnisses kann auch wegen des Schadens, der nicht Vermögensschaden ist, von dem Rechtsverletzer eine Entschädigung in Geld verlangen, soweit dies der Billigkeit entspricht.

§ 11 Abfindung in Geld (1) Ein Rechtsverletzer, der weder vorsätzlich noch fahrlässig gehandelt hat, kann zur Abwendung der Ansprüche nach den §§ 6 oder 7 den Inhaber des Geschäftsgeheimnisses in Geld abfinden, wenn dem Rechtsverletzer durch die Erfüllung der Ansprüche ein unverhältnismäßig großer Nachteil entstehen würde und wenn die Abfindung in Geld als angemessen erscheint.
(2) Die Höhe der Abfindung in Geld bemisst sich nach der Vergütung, die im Falle einer vertraglichen Einräumung des Nutzungsrechts angemessen wäre. Sie darf den Betrag nicht übersteigen, der einer Vergütung im Sinne von Satz 1 für die Länge des Zeitraums entspricht, in dem dem Inhaber des Geschäftsgeheimnisses ein Unterlassungsanspruch zusteht.

…

§ 13 Herausgabeanspruch nach Eintritt der Verjährung Hat der Rechtsverletzer ein Geschäftsgeheimnis vorsätzlich oder fahrlässig erlangt, offengelegt oder genutzt und durch diese Verletzung eines Geschäftsgeheimnisses auf Kosten des Inhabers des Geschäftsgeheimnisses etwas erlangt, so ist er auch nach Eintritt der Verjährung des Schadensersatzanspruchs nach § 10 zur Herausgabe nach den Vorschriften des Bürgerlichen Gesetzbuchs über die Herausgabe einer ungerechtfertigten Bereicherung verpflichtet. Dieser Anspruch verjährt sechs Jahre nach seiner Entstehung.

§ 14 Missbrauchsverbot Die Geltendmachung der Ansprüche nach diesem Gesetz ist unzulässig, wenn sie unter Berücksichtigung der gesamten Umstände missbräuchlich ist. Bei missbräuchlicher Geltendmachung kann der Anspruchsgegner Ersatz der für seine Rechtsverteidigung erforderlichen Aufwendungen verlangen. Weitergehende Ersatzansprüche bleiben unberührt.

…

15e. Verordnung über künstliche Intelligenz (KI-Verordnung)

15e

Einleitung

Die europäische KI-Verordnung (EU) 2024/1689 v. 13.6.2024 (ABl. L v. 12.7.2024) regelt Pflichten, insbesondere der Anbieter und Betreiber von künstlicher Intelligenz. Der Arbeitgeber, der KI einsetzt, ist in der Regel Betreiber, sodass die Regelungen der KI-Verordnung auch im Arbeitsrecht Bedeutung entfalten.
Die KI-Verordnung verwendet einen weiten KI-Begriff und erfasst damit alle maschinengestützten Systeme, die autonom ausgelegt und anpassungsfähig sind. Die Verordnung gilt in ihren wesentlichen Teilen zwei Jahre nach Veröffentlichung im Amtsblatt, und zwar ab 2. August 2026. Sie verfolgt einen risikobasierten Ansatz. Systeme mit minimalem Risiko unterliegen keinen Einschränkungen, während Systeme mit unannehmbarem Risiko gänzlich verboten sind. Diese Regelung gilt bereits ab 2. August 2025. Dazu gehört auch das Verbot von Emotionserkennungssystemen am Arbeitsplatz.
Hochriskante KI-Systeme unterliegen strengen Anforderungen wie etwa Risikominderungsvorgaben. Insgesamt gelten besondere Transparenzpflichten entlang der Wertschöpfungskette.
Kritisch wird an der Ausgestaltung der KI-Verordnung vor allem gesehen, dass weitreichende Möglichkeiten zur Selbsteinschätzung für die Unternehmen vorgesehen sind. Außerdem wird befürchtet, dass die Regelungsmöglichkeiten der Mitgliedstaaten für einen weitergehenden Arbeitnehmerschutz eingeschränkt werden (insg. zur Bedeutung der Verordnung für das Arbeitsrecht Däubler, SR 24, 110).
Bei der Verwendung von KI im Betrieb sind aber auch andere rechtliche Regelungen zur Anwendung zu bringen. So bleibt das Datenschutzrecht gemäß Art. 2 Abs. 7 der KI-Verordnung unberührt, sodass auch bei der Verwendung von KI der Datenschutz zu beachten ist. Auch wenn weitgehend mit anonymisierten Daten gearbeitet wird, bleibt eine datenschutzrechtliche Bestimmung von besonderer Relevanz, nämlich Art. 22 DS-GVO. Nach dieser Bestimmung haben Arbeitnehmer das Recht, nicht einer ausschließlich automatisierten Verarbeitung unterworfen zu werden, die ihnen gegenüber rechtliche Wirkungen entfaltet oder sie in ähnlicher Weise erheblich beeinträchtigt. Ein lediglich formales Nachschalten einer menschlichen Entscheidung, die regelmäßig nur das Ergebnis der KI-Anwendung ohne eigenständige sachliche Erwägungen übernimmt, genügt dieser Anforderung nicht (EuGH 7.12.2023 – C-634/21, NZA 24, 45 – SCHUFA).
Zudem ist das AGG (Nr. 2) uneingeschränkt anwendbar. Für Diskriminierungen durch KI trägt der Arbeitgeber regelmäßig die rechtliche Verantwortung (Deinert, AuR 25, 6, 11).
Darüber hinaus ist die Verwendung von KI im Betrieb in verschiedener Hinsicht betriebsverfassungsrechtlich (vgl. BetrVG, Nr. 12) relevant. So ist insbesondere

das Mitbestimmungsrecht des Betriebsrats nach § 87 Abs. 1 Nr. 6 BetrVG zu respektieren (Möllenkamp, SR 25, 193).

Weiterführende Literatur

Becker/Klengel/Lamertz/Lebro, Haftung beim Einsatz von KI und die Folgen im Arbeitsverhältnis, NZA 2025, S. 960

Däubler, Die KI-Verordnung der Europäischen Union: Überblick und Konsequenzen im Arbeitsrecht, SR 2024, S. 110

Däubler/Klengel (Hrsg.), KI im Betrieb (2025)

Deinert, Rechtsfragen künstlicher Intelligenz im Arbeitsrecht, AuR 2025, S. 6

Donath, Arbeitsrechtliche Weisungen durch Künstliche Intelligenz, AuR 2024, S. 275

Frank/Heine, Arbeitsrechtliche Dimension der KI-Verordnung, NZA 2024, S. 433

Gerst/Klebe, Digitalisiertes Personalmanagement: Zwischen evidenzbasierter HR-Arbeit und Überwachungskultur, Gestaltungsaufgaben und -rechte des Betriebsrats, AuR 2024, S. 362

Günther/Gerigk/Berger, Von Algorithmen und Arbeitnehmern: Die europarechtliche Regulierung von KI im arbeitsrechtlichen Kontext, NZA 2024, S. 234

Hensel, Der digitale Betrieb, DIAS 2025, S. 11

Herberger, Der Schutz vor Diskriminierungen beim Einsatz von KI-Systemen im Personalmanagement, SR 2025, S. 180

Kühnel, Die europäische KI-Verordnung und die Auswirkungen auf die Arbeitswelt, ZESAR 2025, 275

Lugowski/Wagner, Der Einsatz von KI in der Arbeitswelt (2025)

Möllenkamp, Beteiligungsrechte und betriebliche Gestaltungoptionen beim Einsatz von KI im Personalbereich, SR 2025, S. 193

Rehder/Kossakowski/Tünte/Apitzsch/Momberger, Legal Heroes? Möglichkeiten und Grenzen digitaler Rechtsdienstleister im Arbeitsrecht, AuR 2025, S. 146

Rudkowski, Anforderungen der KI-VO und des Datenschutzrechts an den Einsatz von KI im Personalbereich, SR 2025, S. 170

Waas, KI und Arbeitsrecht, RdA 2022, S. 125

Verordnung (EU) 2024/1689 des Europäischen Parlaments und des Rates zur Festlegung hamonisierter Vorschriften für künstliche Intelligenz und zur Änderung der Verordnungen (EG) Nr. 300/2008, (EU) Nr. 168/2013, (EU) 2018/858, (EU) 2018/1139 und (EU) 2019/2144 sowie der Richtlinien 2014/90/EU, (EU) 2016/797 und (EU) 2020/1828 (Verordnung über künstliche Intelligenz)

vom 13. Juni 2024 (ABl. L v. 12. 7. 2024)

(Abgedruckte Vorschriften: Art. 2–6, 8, 9, 14, 26, 27, 113)

Kapitel 1 – Allgemeine Bestimmungen

…

Art. 2 Anwendungsbereich (1) Diese Verordnung gilt für

a) Anbieter, die in der Union KI-Systeme in Verkehr bringen oder in Betrieb nehmen oder KI-Modelle mit allgemeinem Verwendungszweck in Verkehr bringen, unabhängig davon, ob diese Anbieter in der Union oder in einem Drittland niedergelassen sind;

b) Betreiber von KI-Systemen, die ihren Sitz in der Union haben oder in der Union befinden;

c) Anbieter und Betreiber von KI-Systemen, die ihren Sitz in einem Drittland haben oder sich in einem Drittland befinden, wenn die vom KI-System hervorgebrachte Ausgabe in der Union verwendet wird;

d) Einführer und Händler von KI-Systemen;

e) Produkthersteller, die KI-Systeme zusammen mit ihrem Produkt unter ihrem eigenen Namen oder ihrer Handelsmarke in Verkehr bringen oder in Betrieb nehmen;

f) Bevollmächtigte von Anbietern, die nicht in der Union niedergelassen sind;

g) betroffene Personen, die sich in der Union befinden.

(2) Für KI-Systeme, die als Hochrisiko-KI-Systeme gemäß Artikel 6 Absatz 1 eingestuft sind und im Zusammenhang mit Produkten stehen, die unter die in Anhang I Abschnitt B aufgeführten Harmonisierungsrechtsvorschriften der Union fallen, gelten nur Artikel 6 Absatz 1, die Artikel 102 bis 109 und Artikel 112. Artikel 57 gilt nur, soweit die Anforderungen an Hochrisiko-KI-Systeme gemäß dieser Verordnung im Rahmen der genannten Harmonisierungsrechtsvorschriften der Union eingebunden wurden.

(3) Diese Verordnung gilt nur in den unter das Unionsrecht fallenden Bereichen und berührt keinesfalls die Zuständigkeiten der Mitgliedstaaten in Bezug auf die nationale Sicherheit, unabhängig von der Art der Einrichtung, die von den Mitgliedstaaten mit der Wahrnehmung von Aufgaben im Zusammenhang mit diesen Zuständigkeiten betraut wurde.

Diese Verordnung gilt nicht für KI-Systeme, wenn und soweit sie ausschließlich für militärische Zwecke, Verteidigungszwecke oder Zwecke der nationalen Sicherheit in Verkehr gebracht, in Betrieb genommen oder, mit oder ohne Änderungen, verwendet werden, unabhängig von der Art der Einrichtung, die diese Tätigkeiten ausübt.

Diese Verordnung gilt nicht für KI-Systeme, die nicht in der Union in Verkehr gebracht oder in Betrieb genommen werden, wenn die Ausgaben in der Union ausschließlich für militärische Zwecke, Verteidigungszwecke oder Zwecke der nationalen Sicherheit verwendet werden, unabhängig von der Art der Einrichtung, die diese Tätigkeiten ausübt.

(4) Diese Verordnung gilt weder für Behörden in Drittländern noch für internationale Organisationen, die gemäß Absatz 1 in den Anwendungsbereich dieser Verordnung fallen, soweit diese Behörden oder Organisationen KI-Systeme im Rahmen der internationalen Zusammenarbeit oder internationaler Übereinkünfte im Bereich der Strafverfolgung und justiziellen Zusammenarbeit mit der Union oder mit einem oder mehreren Mitgliedstaaten verwenden und sofern ein solches Drittland oder eine solche internationale Organisation angemessene Garantien hinsichtlich des Schutz der Privatsphäre, der Grundrechte und der Grundfreiheiten von Personen bietet.

(5) Die Anwendung der Bestimmungen über die Haftung der Anbieter von Vermittlungsdiensten in Kapitel II der Verordnung 2022/2065 bleibt von dieser Verordnung unberührt.

(6) Diese Verordnung gilt nicht für KI-Systeme oder KI-Modelle, einschließlich ihrer Ausgabe, die eigens für den alleinigen Zweck der wissenschaftlichen Forschung und Entwicklung entwickelt und in Betrieb genommen werden.

(7) Die Rechtsvorschriften der Union zum Schutz personenbezogener Daten, der Privatsphäre und der Vertraulichkeit der Kommunikation gelten für die Verarbeitung personenbezogener Daten im Zusammenhang mit den in dieser Verordnung festgelegten Rechten und Pflichten. Diese Verordnung berührt nicht die Verordnung (EU) 2016/679 bzw. (EU) 2018/1725 oder die Richtlinie 2002/58/EG bzw. (EU) 2016/680, unbeschadet des Artikels 10 Absatz 5 und des Artikels 59 der vorliegenden Verordnung.

(8) Diese Verordnung gilt nicht für Forschungs-, Test- und Entwicklungstätigkeiten zu KI-Systemen oder KI-Modellen, bevor diese in Verkehr gebracht oder in Betrieb genommen werden. Solche Tätigkeiten werden im Einklang mit dem geltenden Unionsrecht durchgeführt. Tests unter Realbedingungen fallen nicht unter diesen Ausschluss.

(9) Diese Verordnung berührt nicht die Vorschriften anderer Rechtsakte der Union zum Verbraucherschutz und zur Produktsicherheit.

(10) Diese Verordnung gilt nicht für die Pflichten von Betreibern, die natürliche Personen sind und KI-Systeme im Rahmen einer ausschließlich persönlichen und nicht beruflichen Tätigkeit verwenden.

(11) Diese Verordnung hindert die Union oder die Mitgliedstaaten nicht daran, Rechts- oder Verwaltungsvorschriften beizubehalten oder einzuführen, die für die Arbeitnehmer im Hinblick auf den Schutz ihrer Rechte bei der Verwendung von KI-Systemen durch die Arbeitgeber vorteilhafter sind, oder die Anwendung von

Kollektivvereinbarungen zu fördern oder zuzulassen, die für die Arbeitnehmer vorteilhafter sind.

(12) Diese Verordnung gilt nicht für KI-Systeme, die unter freien und quelloffenen Lizenzen bereitgestellt werden, es sei denn, sie werden als Hochrisiko-KI-Systeme oder als ein KI-System, das unter Artikel 5 oder 50 fällt, in Verkehr gebracht oder in Betrieb genommen

Art. 3 Begriffsbestimmungen Für die Zwecke dieser Verordnung bezeichnet der Ausdruck

1. »KI-System« ein maschinengestütztes System, das für einen in unterschiedlichem Grade autonomen Betrieb ausgelegt ist und das nach seiner Betriebsaufnahme anpassungsfähig sein kann und das aus den erhaltenen Eingaben für explizite oder implizite Ziele ableitet, wie Ausgaben wie etwa Vorhersagen, Inhalte, Empfehlungen oder Entscheidungen erstellt werden, die physische oder virtuelle Umgebungen beeinflussen können;
2. »Risiko« die Kombination aus der Wahrscheinlichkeit des Auftretens eines Schadens und der Schwere dieses Schadens;
3. »Anbieter« eine natürliche oder juristische Person, Behörde, Einrichtung oder sonstige Stelle, die ein KI-System oder ein KI-Modell mit allgemeinem Verwendungszweck entwickelt oder entwickeln lässt und es unter ihrem eigenen Namen oder ihrer Handelsmarke in Verkehr bringt oder das KI-System unter ihrem eigenen Namen oder ihrer Handelsmarke in Betrieb nimmt, sei es entgeltlich oder unentgeltlich;
4. »Betreiber« eine natürliche oder juristische Person, Behörde, Einrichtung oder sonstige Stelle, die ein KI-System in eigener Verantwortung verwendet, es sei denn, das KI-System wird im Rahmen einer persönlichen und nicht beruflichen Tätigkeit verwendet;
5. »Bevollmächtigter« eine in der Union ansässige oder niedergelassene natürliche oder juristische Person, die vom Anbieter eines KI-Systems oder eines KI-Modells mit allgemeinem Verwendungszweck schriftlich dazu bevollmächtigt wurde und sich damit einverstanden erklärt hat, in seinem Namen die in dieser Verordnung festgelegten Pflichten zu erfüllen bzw. Verfahren durchzuführen;
6. »Einführer« eine in der Union ansässige oder niedergelassene natürliche oder juristische Person, die ein KI-System, das den Namen oder die Handelsmarke einer in einem Drittland niedergelassenen natürlichen oder juristischen Person trägt, in Verkehr bringt;
7. »Händler« eine natürliche oder juristische Person in der Lieferkette, die ein KI-System auf dem Unionsmarkt bereitstellt, mit Ausnahme des Anbieters oder des Einführers;
8. »Akteur« einen Anbieter, Produkthersteller, Betreiber, Bevollmächtigten, Einführer oder Händler;
9. »Inverkehrbringen« die erstmalige Bereitstellung eines KI-Systems oder eines KI-Modells mit allgemeinem Verwendungszweck auf dem Unionsmarkt;
10. »Bereitstellung auf dem Markt« die entgeltliche oder unentgeltliche Abgabe eines KI-Systems oder eines KI-Modells mit allgemeinem Verwendungszweck

zum Vertrieb oder zur Verwendung auf dem Unionsmarkt im Rahmen einer Geschäftstätigkeit;

11. »Inbetriebnahme« die Bereitstellung eines KI-Systems in der Union zum Erstgebrauch direkt an den Betreiber oder zum Eigengebrauch entsprechend seiner Zweckbestimmung;
12. »Zweckbestimmung« die Verwendung, für die ein KI-System laut Anbieter bestimmt ist, einschließlich der besonderen Umstände und Bedingungen für die Verwendung, entsprechend den vom Anbieter bereitgestellten Informationen in den Betriebsanleitungen, im Werbe- oder Verkaufsmaterial und in diesbezüglichen Erklärungen sowie in der technischen Dokumentation;
13. »vernünftigerweise vorhersehbare Fehlanwendung« die Verwendung eines KI-Systems in einer Weise, die nicht seiner Zweckbestimmung entspricht, die sich aber aus einem vernünftigerweise vorhersehbaren menschlichen Verhalten oder einer vernünftigerweise vorhersehbaren Interaktion mit anderen Systemen, auch anderen KI-Systemen, ergeben kann;
14. »Sicherheitsbauteil« einen Bestandteil eines Produkts oder KI-Systems, der eine Sicherheitsfunktion für dieses Produkt oder KI-System erfüllt oder dessen Ausfall oder Störung die Gesundheit und Sicherheit von Personen oder Eigentum gefährdet;
15. »Betriebsanleitungen« die Informationen, die der Anbieter bereitstellt, um den Betreiber insbesondere über die Zweckbestimmung und die ordnungsgemäße Verwendung eines KI-Systems zu informieren;
16. »Rückruf eines KI-Systems« jede Maßnahme, die auf die Rückgabe an den Anbieter oder auf die Außerbetriebsetzung oder Abschaltung eines den Betreibern bereits zur Verfügung gestellten KI-Systems abzielt;
17. »Rücknahme eines KI-Systems« jede Maßnahme, mit der die Bereitstellung eines in der Lieferkette befindlichen KI-Systems auf dem Markt verhindert werden soll;
18. »Leistung eines KI-Systems« die Fähigkeit eines KI-Systems, seine Zweckbestimmung zu erfüllen;
19. »notifizierende Behörde« die nationale Behörde, die für die Einrichtung und Durchführung der erforderlichen Verfahren für die Bewertung, Benennung und Notifizierung von Konformitätsbewertungsstellen und für deren Überwachung zuständig ist;
20. »Konformitätsbewertung« ein Verfahren mit dem bewertet wird, ob die in Kapitel III Abschnitt 2 festgelegten Anforderungen an ein Hochrisiko-KI-System erfüllt wurden;
21. »Konformitätsbewertungsstelle« eine Stelle, die Konformitätsbewertungstätigkeiten einschließlich Prüfungen, Zertifizierungen und Inspektionen durchführt und dabei als Dritte auftritt;
22. »notifizierte Stelle« eine Konformitätsbewertungsstelle, die gemäß dieser Verordnung und den anderen einschlägigen Harmonisierungsrechtsvorschriften der Union notifiziert wurde;
23. »wesentliche Veränderung« eine Veränderung eines KI-Systems nach dessen Inverkehrbringen oder Inbetriebnahme, die in der vom Anbieter durchgeführten ursprünglichen Konformitätsbewertung nicht vorgesehen oder geplant

war und durch die die Konformität des KI-Systems mit den Anforderungen in Kapitel III Abschnitt 2 beeinträchtigt wird oder die zu einer Änderung der Zweckbestimmung führt, für die das KI-System bewertet wurde;

24. »CE-Kennzeichnung« eine Kennzeichnung, durch die ein Anbieter erklärt, dass ein KI-System die Anforderungen erfüllt, die in Kapitel III Abschnitt 2 und in anderen anwendbaren Harmonisierungsrechtsvorschriften, die die Anbringung dieser Kennzeichnung vorsehen, festgelegt sind;
25. »System zur Beobachtung nach dem Inverkehrbringen« alle Tätigkeiten, die Anbieter von KI-Systemen zur Sammlung und Überprüfung von Erfahrungen mit der Verwendung der von ihnen in Verkehr gebrachten oder in Betrieb genommenen KI-Systeme durchführen, um festzustellen, ob unverzüglich nötige Korrektur- oder Präventivmaßnahmen zu ergreifen sind;
26. »Marktüberwachungsbehörde« die nationale Behörde, die die Tätigkeiten durchführt und die Maßnahmen ergreift, die in der Verordnung (EU) 2019/1020 vorgesehen sind;
27. »harmonisierte Norm« bezeichnet eine harmonisierte Norm im Sinne des Artikels 2 Absatz 1 Buchstabe c der Verordnung (EU) Nr. 1025/2012;
28. »gemeinsame Spezifikation« eine Reihe technischer Spezifikationen im Sinne des Artikels 2 Nummer 4 der Verordnung (EU) Nr. 1025/2012, deren Befolgung es ermöglicht, bestimmte Anforderungen der vorliegenden Verordnung zu erfüllen;
29. »Trainingsdaten« Daten, die zum Trainieren eines KI-Systems verwendet werden, wobei dessen lernbare Parameter angepasst werden;
30. »Validierungsdaten« Daten, die zur Evaluation des trainierten KI-Systems und zur Einstellung seiner nicht erlernbaren Paramenter und seines Lernprozesses verwendet werden, um unter anderem eine Unter- oder Überanpassung zu vermeiden;
31. »Validierungsdatensatz« einen separaten Datensatz oder einen Teil des Trainingsdatensatzes mit fester oder variabler Aufteilung;
32. »Testdaten« Daten, die für eine unabhängige Bewertung des KI-Systems verwendet werden, um die erwartete Leistung dieses Systems vor dessen Inverkehrbringen oder Inbetriebnahme zu bestätigen;
33. »Eingabedaten« die in ein KI-System eingespeisten oder von diesem direkt erfassten Daten, auf deren Grundlage das System eine Ausgabe hervorbringt;
34. »biometrische Daten« mit speziellen technischen Verfahren gewonnene personenbezogene Daten zu den physischen, physiologischen oder verhaltenstypischen Merkmalen einer natürlichen Person, wie etwa Gesichtsbilder oder daktyloskopische Daten;
35. »biometrische Identifizierung« die automatisierte Erkennung physischer, physiologischer, verhaltensbezogener oder psychologischer menschlicher Merkmale zum Zwecke der Feststellung der Identität einer natürlichen Person durch den Vergleich biometrischer Daten dieser Person mit biometrischen Daten von Personen, die in einer Datenbank gespeichert sind;
36. »biometrische Verifizierung« die automatisierte Eins-zu-eins-Verifizierung, einschließlich Authentifizierung, der Identität natürlicher Personen durch den

Vergleich ihrer biometrischen Daten mit zuvor bereitgestellten biometrischen Daten;

37. »besondere Kategorien personenbezogener Daten« die in Artikel 9 Absatz 1 der Verordnung (EU) 2016/679, Artikel 10 der Richtlinie (EU) 2016/680 und Artikel 10 Absatz 1 der Verordnung (EU) 2018/1725 aufgeführten Kategorien personenbezogener Daten;
38. »sensible operative Daten« operative Daten im Zusammenhang mit Tätigkeiten zur Verhütung, Aufdeckung, Untersuchung oder Verfolgung von Straftaten, deren Offenlegung die Integrität von Strafverfahren gefährden könnte;
39. »Emotionserkennungssystem« ein KI-System, das dem Zweck dient, Emotionen oder Absichten natürlicher Personen auf der Grundlage ihrer biometrischen Daten festzustellen oder daraus abzuleiten;
40. »System zur biometrischen Kategorisierung« ein KI-System, das dem Zweck dient, natürliche Personen auf der Grundlage ihrer biometrischen Daten bestimmten Kategorien zuzuordnen, sofern es sich um eine Nebenfunktion eines anderen kommerziellen Dienstes handelt und aus objektiven technischen Gründen unbedingt erforderlich ist;
41. »biometrisches Fernidentifizierungssystem« ein KI-System, das dem Zweck dient, natürliche Personen ohne ihre aktive Einbeziehung und in der Regel aus der Ferne durch Abgleich der biometrischen Daten einer Person mit den in einer Referenzdatenbank gespeicherten biometrischen Daten zu identifizieren;
42. »biometrisches Echtzeit-Fernidentifizierungssystem« ein biometrisches Fernidentifizierungssystem, bei dem die Erfassung biometrischer Daten, der Abgleich und die Identifizierung ohne erhebliche Verzögerung erfolgen, und das zur Vermeidung einer Umgehung der Vorschriften nicht nur die sofortige Identifizierung, sondern auch eine Identifizierung mit begrenzten kurzen Verzögerungen umfasst;
43. »System zur nachträglichen biometrischen Fernidentifizierung« ein biometrisches Fernidentifizierungssystem, das kein biometrisches Echtzeit-Fernidentifizierungssystem ist;
44. »öffentlich zugänglicher Raum« einen einer unbestimmten Anzahl natürlicher Personen zugänglichen physischen Ort in privatem oder öffentlichem Eigentum, unabhängig davon, ob bestimmte Bedingungen für den Zugang gelten, und unabhängig von möglichen Kapazitätsbeschränkungen;
45. »Strafverfolgungsbehörde«
    a) eine Behörde, die für die Verhütung, Ermittlung, Aufdeckung oder Verfolgung von Straftaten oder die Strafvollstreckung, einschließlich des Schutzes vor und der Abwehr von Gefahren für die öffentliche Sicherheit, zuständig ist, oder
    b) eine andere Stelle oder Einrichtung, der durch nationales Recht die Ausübung öffentlicher Gewalt und hoheitlicher Befugnisse zur Verhütung, Ermittlung, Aufdeckung oder Verfolgung von Straftaten oder zur Strafvollstreckung, einschließlich des Schutzes vor und der Abwehr von Gefahren für die öffentliche Sicherheit, übertragen wurde;
46. »Strafverfolgung« Tätigkeiten der Strafverfolgungsbehörden oder in deren Auftrag zur Verhütung, Ermittlung, Aufdeckung oder Verfolgung von Straf-

taten oder zur Strafvollstreckung, einschließlich des Schutzes vor und der Abwehr von Gefahren für die öffentliche Sicherheit;

47. »Büro für Künstliche Intelligenz« die Aufgabe der Kommission, zur Umsetzung, Beobachtung und Überwachung von KI-Systemen und KI-Modellen mit allgemeinem Verwendungszweck und zu der im Beschluss der Kommission vom 24. Januar 2024 vorgesehenen KI-Governance beizutragen; Bezugnahmen in dieser Verordnung auf das Büro für Künstliche Intelligenz gelten als Bezugnahmen auf die Kommission;
48. »zuständige nationale Behörde« eine notifizierende Behörde oder eine Marktüberwachungsbehörde; in Bezug auf KI-Systeme, die von Organen, Einrichtungen und sonstigen Stellen der Union in Betrieb genommen oder verwendet werden, sind Bezugnahmen auf die zuständigen nationalen Behörden oder Marktüberwachungsbehörden in dieser Verordnung als Bezugnahmen auf den Europäischen Datenschutzbeauftragten auszulegen;
49. »schwerwiegender Vorfall« einen Vorfall oder eine Fehlfunktion bezüglich eines KI-Systems, das bzw. die direkt oder indirekt eine der nachstehenden Folgen hat:
    a) den Tod oder die schwere gesundheitliche Schädigung einer Person;
    b) eine schwere und unumkehrbare Störung der Verwaltung oder des Betriebs kritischer Infrastrukturen;
    c) die Verletzung von Pflichten aus den Unionsrechtsvorschriften zum Schutz der Grundrechte;
    d) schwere Sach- oder Umweltschäden;
50. »personenbezogene Daten« personenbezogene Daten im Sinne von Artikel 4 Nummer 1 der Verordnung (EU) 2016/679;
51. »nicht personenbezogene Daten« Daten, die keine personenbezogenen Daten im Sinne von Artikel 4 Nummer 1 der Verordnung (EU) 2016/679 sind;
52. »Profiling« das Profiling im Sinne von Artikel 4 Nummer 4 der Verordnung (EU) 2016/679;
53. »Plan für einen Test unter Realbedingungen« ein Dokument, in dem die Ziele, die Methodik, der geografische, bevölkerungsbezogene und zeitliche Umfang, die Überwachung, die Organisation und die Durchführung eines Tests unter Realbedingungen beschrieben werden;
54. »Plan für das Reallabor« ein zwischen dem teilnehmenden Anbieter und der zuständigen Behörde vereinbartes Dokument, in dem die Ziele, die Bedingungen, der Zeitrahmen, die Methodik und die Anforderungen für die im Reallabor durchgeführten Tätigkeiten beschrieben werden;
55. »KI-Reallabor« einen kontrollierten Rahmen, der von einer zuständigen Behörde geschaffen wird und den Anbieter oder zukünftige Anbieter von KI-Systemen nach einem Plan für das Reallabor einen begrenzten Zeitraum und unter regulatorischer Aufsicht nutzen können, um ein innovatives KI-System zu entwickeln, zu trainieren, zu validieren und – gegebenenfalls unter Realbedingungen – zu testen.
56. »KI-Kompetenz« die Fähigkeiten, die Kenntnisse und das Verständnis, die es Anbietern, Betreibern und Betroffenen unter Berücksichtigung ihrer jeweiligen Rechte und Pflichten im Rahmen dieser Verordnung ermöglichen, KI-

Systeme sachkundig einzusetzen sowie sich der Chancen und Risiken von KI und möglicher Schäden, die sie verursachen kann, bewusst zu werden.

57. »Test unter Realbedingungen« den befristeten Test eines KI-Systems auf seine Zweckbestimmung, der unter Realbedingungen außerhalb eines Labors oder einer anderweitig simulierten Umgebung erfolgt, um zuverlässige und belastbare Daten zu erheben und die Konformität des KI-Systems mit den Anforderungen der vorliegenden Verordnung zu bewerten und zu überprüfen, wobei dieser Test nicht als Inverkehrbringen oder Inbetriebnahme des KI-Systems im Sinne dieser Verordnung gilt, sofern alle Bedingungen nach Artikel 57 oder Artikel 60 erfüllt sind;
58. »Testteilnehmer« für die Zwecke eines Tests unter Realbedingungen eine natürliche Person, die an dem Test unter Realbedingungen teilnimmt;
59. »Test unter Realbedingungen« den befristeten Test eines KI-Systems auf seine Zweckbestimmung, der unter Realbedingungen außerhalb eines Labors oder einer anderweitig simulierten Umgebung erfolgt, um zuverlässige und belastbare Daten zu erheben und die Konformität des KI-Systems mit den Anforderungen der vorliegenden Verordnung zu bewerten und zu überprüfen, wobei dieser Test nicht als Inverkehrbringen oder Inbetriebnahme des KI-Systems im Sinne dieser Verordnung gilt, sofern alle Bedingungen nach Artikel 57 oder Artikel 60 erfüllt sind;
60. »Deepfake« einen durch KI erzeugten oder manipulierten Bild-, Ton- oder Videoinhalt, der wirklichen Personen, Gegenständen, Orten, Einrichtungen oder Ereignissen ähnelt und einer Person fälschlicherweise als echt oder wahrheitsgemäß erscheinen würde;
61. »weitverbreiteter Verstoß« jede Handlung oder Unterlassung, die gegen das Unionsrecht verstößt, das die Interessen von Einzelpersonen schützt, und die
    a) die kollektiven Interessen von Einzelpersonen in mindestens zwei anderen Mitgliedstaaten als dem Mitgliedstaat schädigt oder zu schädigen droht, in dem
        i) die Handlung oder die Unterlassung ihren Ursprung hatte oder stattfand,
        ii) der betreffende Anbieter oder gegebenenfalls sein Bevollmächtigter sich befindet oder niedergelassen ist oder
        iii) der Betreiber niedergelassen ist, sofern der Verstoß vom Betreiber begangen wird,
    b) die kollektiven Interessen von Einzelpersonen geschädigt hat, schädigt oder schädigen könnte und allgemeine Merkmale aufweist, einschließlich derselben rechtswidrigen Praxis oder desselben verletzten Interesses, und gleichzeitig auftritt und von demselben Akteur in mindestens drei Mitgliedstaaten begangen wird;
62. »kritische Infrastrukturen« kritische Infrastrukturen im Sinne von Artikel 2 Nummer 4 der Richtlinie (EU) 2022/2557;
63. »KI-Modell mit allgemeinem Verwendungszweck« ein KI-Modell – einschließlich der Fälle, in denen ein solches KI-Modell mit einer großen Datenmenge unter umfassender Selbstüberwachung trainiert wird –, das eine erhebliche allgemeine Verwendbarkeit aufweist und in der Lage ist, unabhängig von der Art

und Weise seines Inverkehrbringens ein breites Spektrum unterschiedlicher Aufgaben kompetent zu erfüllen, und das in eine Vielzahl nachgelagerter Systeme oder Anwendungen integriert werden kann, ausgenommen KI-Modelle, die vor ihrem Inverkehrbringen für Forschungs- und Entwicklungstätigkeiten oder die Konzipierung von Prototypen eingesetzt werden;

64. »Fähigkeiten mit hoher Wirkkraft« bezeichnet Fähigkeiten, die den bei den fortschrittlichsten KI-Modellen mit allgemeinem Verwendungszweck festgestellten Fähigkeiten entsprechen oder diese übersteigen;
65. »systemisches Risiko« ein Risiko, das für die Fähigkeiten mit hoher Wirkkraft von KI-Modellen mit allgemeinem Verwendungszweck spezifisch ist und aufgrund deren Reichweite oder aufgrund tatsächlicher oder vernünftigerweise vorhersehbarer negativer Folgen für die öffentliche Gesundheit, die Sicherheit, die öffentliche Sicherheit, die Grundrechte oder die Gesellschaft insgesamt erhebliche Auswirkungen auf den Unionsmarkt hat, die sich in großem Umfang über die gesamte Wertschöpfungskette hinweg verbreiten können;
66. »KI-System mit allgemeinem Verwendungszweck« ein KI-System, das auf einem KI-Modell mit allgemeinem Verwendungszweck beruht und in der Lage ist, einer Vielzahl von Zwecken sowohl für die direkte Verwendung als auch für die Integration in andere KI-Systeme zu dienen;
67. »Gleitkommaoperation« jede Rechenoperation oder jede Zuweisung mit Gleitkommazahlen, bei denen es sich um eine Teilmenge der reellen Zahlen handelt, die auf Computern typischerweise durch das Produkt aus einer ganzen Zahl mit fester Genauigkeit und einer festen Basis mit ganzzahligem Exponenten dargestellt wird;
68. »nachgelagerter Anbieter« einen Anbieter eines KI-Systems, einschließlich eines KI-Systems mit allgemeinem Verwendungszweck, das ein KI-Modell integriert, unabhängig davon, ob das KI-Modell von ihm selbst bereitgestellt und vertikal integriert wird oder von einer anderen Einrichtung auf der Grundlage vertraglicher Beziehungen bereitgestellt wird.

Art. 4 KI-Kompetenz Die Anbieter und Betreiber von KI-Systemen ergreifen Maßnahmen, um nach besten Kräften sicherzustellen, dass ihr Personal und andere Personen, die in ihrem Auftrag mit dem Betrieb und der Nutzung von KI-Systemen befasst sind, über ein ausreichendes Maß an KI-Kompetenz verfügen, wobei ihre technischen Kenntnisse, ihre Erfahrung, ihre Ausbildung und Schulung und der Kontext, in dem die KI-Systeme eingesetzt werden sollen, sowie die Personen oder Personengruppen, bei denen die KI-Systeme eingesetzt werden sollen, zu berücksichtigen sind.

Kapitel 2 – Verbotene Praktiken im KI-Bereich

Art. 5 Verbotene Praktiken im KI-Bereich (1) Folgende Praktiken im KI-Bereich sind verboten:

a) das Inverkehrbringen, die Inbetriebnahme oder die Verwendung eines KI-Systems, das Techniken der unterschwelligen Beeinflussung außerhalb des Bewusstseins einer Person oder absichtlich manipulative oder täuschende

Techniken mit dem Ziel oder der Wirkung einsetzt, das Verhalten einer Person oder einer Gruppe von Personen wesentlich zu verändern, indem ihre Fähigkeit, eine fundierte Entscheidung zu treffen, deutlich beeinträchtigt wird, wodurch sie veranlasst wird, eine Entscheidung zu treffen, die sie andernfalls nicht getroffen hätte, und zwar in einer Weise, die dieser Person, einer anderen Person oder einer Gruppe von Personen erheblichen Schaden zufügt oder mit hinreichender Wahrscheinlichkeit zufügen wird.

b) das Inverkehrbringen, die Inbetriebnahme oder die Verwendung eines KI-Systems, das eine Vulnerabilität oder Schutzbedürftigkeit einer natürlichen Person oder einer bestimmten Gruppe von Personen aufgrund ihres Alters, einer Behinderung oder einer bestimmten sozialen oder wirtschaftlichen Situation mit dem Ziel oder der Wirkung ausnutzt, das Verhalten dieser Person oder einer dieser Gruppe angehörenden Person in einer Weise wesentlich zu verändern, die dieser Person oder einer anderen Person erheblichen Schaden zufügt oder mit hinreichender Wahrscheinlichkeit zufügen wird;

c) das Inverkehrbringen, die Inbetriebnahme oder die Verwendung von KI-Systemen zur Bewertung oder Einstufung von natürlichen Personen oder Gruppen von Personen über einen bestimmten Zeitraum auf der Grundlage ihres sozialen Verhaltens oder bekannter, abgeleiteter oder vorhergesagter persönlicher Eigenschaften oder Persönlichkeitsmerkmale, wobei die soziale Bewertung zu einem oder beiden der folgenden Ergebnisse führt:
   i) Schlechterstellung oder Benachteiligung bestimmter natürlicher Personen oder Gruppen von Personen in sozialen Zusammenhängen, die in keinem Zusammenhang zu den Umständen stehen, unter denen die Daten ursprünglich erzeugt oder erhoben wurden;
   ii) Schlechterstellung oder Benachteiligung bestimmter natürlicher Personen oder Gruppen von Personen in einer Weise, die im Hinblick auf ihr soziales Verhalten oder dessen Tragweite ungerechtfertigt oder unverhältnismäßig ist;

d) das Inverkehrbringen, die Inbetriebnahme für diesen spezifischen Zweck oder die Verwendung eines KI-Systems zur Durchführung von Risikobewertungen in Bezug auf natürliche Personen, um das Risiko, dass eine natürliche Person eine Straftat begeht, ausschließlich auf der Grundlage des Profiling einer natürlichen Person oder der Bewertung ihrer persönlichen Merkmale und Eigenschaften zu bewerten oder vorherzusagen; dieses Verbot gilt nicht für KI-Systeme, die dazu verwendet werden, die durch Menschen durchgeführte Bewertung der Beteiligung einer Person an einer kriminellen Aktivität, die sich bereits auf objektive und überprüfbare Tatsachen stützt, die in unmittelbarem Zusammenhang mit einer kriminellen Aktivität stehen, zu unterstützen;

e) das Inverkehrbringen, die Inbetriebnahme für diesen spezifischen Zweck oder die Verwendung von KI-Systemen, die Datenbanken zur Gesichtserkennung durch das ungezielte Auslesen von Gesichtsbildern aus dem Internet oder von Überwachungsaufnahmen erstellen oder erweitern;

f) das Inverkehrbringen, die Inbetriebnahme für diesen spezifischen Zweck oder die Verwendung von KI-Systemen zur Ableitung von Emotionen einer natürlichen Person am Arbeitsplatz und in Bildungseinrichtungen, es sei denn, die Verwendung des KI-Systems soll aus medizinischen Gründen oder Sicherheitsgründen eingeführt oder auf den Markt gebracht werden;

g) das Inverkehrbringen, die Inbetriebnahme für diesen spezifischen Zweck oder die Verwendung von Systemen zur biometrischen Kategorisierung, mit denen natürliche Personen individuell auf der Grundlage ihrer biometrischen Daten kategorisiert werden, um ihre Rasse, ihre politischen Einstellungen, ihre Gewerkschaftszugehörigkeit, ihre religiösen oder weltanschaulichen Überzeugungen, ihr Sexualleben oder ihre sexuelle Ausrichtung zu erschließen oder abzuleiten; dieses Verbot gilt nicht für die Kennzeichnung oder Filterung rechtmäßig erworbener biometrischer Datensätze, wie z. B. Bilder auf der Grundlage biometrischer Daten oder die Kategorisierung biometrischer Daten im Bereich der Strafverfolgung;

h) die Verwendung biometrischer Echtzeit-Fernidentifizierungssysteme in öffentlich zugänglichen Räumen zu Strafverfolgungszwecken, außer wenn und insoweit dies im Hinblick auf eines der folgenden Ziele unbedingt erforderlich ist:

   i) gezielte Suche nach bestimmten Opfern von Entführung, Menschenhandel oder sexueller Ausbeutung sowie die Suche nach vermissten Personen;

   ii) Abwenden einer konkreten, erheblichen und unmittelbaren Gefahr für das Leben oder die körperliche Unversehrtheit natürlicher Personen oder einer tatsächlichen und bestehenden oder tatsächlichen und vorhersehbaren Gefahr eines Terroranschlags;

   iii) Aufspüren oder Identifizieren einer Person, die der Begehung einer Straftat verdächtigt wird, zum Zwecke der Durchführung von strafrechtlichen Ermittlungen oder von Strafverfahren oder der Vollstreckung einer Strafe für die in Anhang II aufgeführten Straftaten, die in dem betreffenden Mitgliedstaat nach dessen Recht mit einer Freiheitsstrafe oder einer freiheitsentziehenden Maßregel der Sicherung im Höchstmaß von mindestens vier Jahren bedroht ist.

Unterabsatz 1 Buchstabe h gilt unbeschadet des Artikels 9 der Verordnung (EU) 2016/679 für die Verarbeitung biometrischer Daten zu anderen Zwecken als der Strafverfolgung.

(2) Die Verwendung biometrischer Echtzeit-Fernidentifizierungssysteme in öffentlich zugänglichen Räumen zu Strafverfolgungszwecken im Hinblick auf die in Absatz 1 Unterabsatz 1 Buchstabe h genannten Ziele darf für die in jenem Buchstaben genannten Zwecke nur zur Bestätigung der Identität der speziell betroffenen Person erfolgen, wobei folgende Elemente berücksichtigt werden:

a) die Art der Situation, die der möglichen Verwendung zugrunde liegt, insbesondere die Schwere, die Wahrscheinlichkeit und das Ausmaß des Schadens, der entstehen würde, wenn das System nicht eingesetzt würde;

b) die Folgen der Verwendung des Systems für die Rechte und Freiheiten aller betroffenen Personen, insbesondere die Schwere, die Wahrscheinlichkeit und das Ausmaß solcher Folgen.

Darüber hinaus sind bei der Verwendung biometrischer Echtzeit-Fernidentifizierungssysteme in öffentlich zugänglichen Räumen zu Strafverfolgungszwecken im Hinblick auf die in Absatz 1 Unterabsatz 1 Buchstabe h des vorliegenden

Artikels genannten Ziele notwendige und verhältnismäßige Schutzvorkehrungen und Bedingungen für die Verwendung im Einklang mit nationalem Recht über die Ermächtigung ihrer Verwendung einzuhalten, insbesondere in Bezug auf die zeitlichen, geografischen und personenbezogenen Beschränkungen. Die Verwendung biometrischer Echtzeit-Fernidentifizierungssysteme in öffentlich zugänglichen Räumen ist nur dann zu gestatten, wenn die Strafverfolgungsbehörde eine Folgenabschätzung im Hinblick auf die Grundrechte gemäß Artikel 27 abgeschlossen und das System gemäß Artikel 49 in der EU-Datenbank registriert hat. In hinreichend begründeten dringenden Fällen kann jedoch mit der Verwendung solcher Systeme zunächst ohne Registrierung in der EU-Datenbank begonnen werden, sofern diese Registrierung unverzüglich erfolgt.

(3) Für die Zwecke des Absatz 1 Unterabsatz 1 Buchstabe h und des Absatzes 2 ist für jede Verwendung eines biometrischen Echtzeit-Fernidentifizierungssystems in öffentlich zugänglichen Räumen zu Strafverfolgungszwecken eine vorherige Genehmigung erforderlich, die von einer Justizbehörde oder einer unabhängigen Verwaltungsbehörde des Mitgliedstaats, in dem die Verwendung erfolgen soll, auf begründeten Antrag und gemäß den in Absatz 5 genannten detaillierten nationalen Rechtsvorschriften erteilt wird, wobei deren Entscheidung bindend ist. In hinreichend begründeten dringenden Fällen kann jedoch mit der Verwendung eines solchen Systems zunächst ohne Genehmigung begonnen werden, sofern eine solche Genehmigung unverzüglich, spätestens jedoch innerhalb von 24 Stunden beantragt wird. Wird eine solche Genehmigung abgelehnt, so wird die Verwendung mit sofortiger Wirkung eingestellt und werden alle Daten sowie die Ergebnisse und Ausgaben dieser Verwendung unverzüglich verworfen und gelöscht.

Die zuständige Justizbehörde oder eine unabhängige Verwaltungsbehörde, deren Entscheidung bindend ist, erteilt die Genehmigung nur dann, wenn sie auf der Grundlage objektiver Nachweise oder eindeutiger Hinweise, die ihr vorgelegt werden, davon überzeugt ist, dass die Verwendung des betreffenden biometrischen Echtzeit-Fernidentifizierungssystems für das Erreichen eines der in Absatz 1 Unterabsatz 1 Buchstabe h genannten Ziele – wie im Antrag angegeben – notwendig und verhältnismäßig ist und insbesondere auf das in Bezug auf den Zeitraum sowie den geografischen und persönlichen Anwendungsbereich unbedingt erforderliche Maß beschränkt bleibt. Bei ihrer Entscheidung über den Antrag berücksichtigt diese Behörde die in Absatz 2 genannten Elemente. Eine Entscheidung, aus der sich eine nachteilige Rechtsfolge für eine Person ergibt, darf nicht ausschließlich auf der Grundlage der Ausgabe des biometrischen Echtzeit-Fernidentifizierungssystems getroffen werden.

(4) Unbeschadet des Absatzes 3 wird jede Verwendung eines biometrischen Echtzeit-Fernidentifizierungssystems in öffentlich zugänglichen Räumen zu Strafverfolgungszwecken der zuständigen Marktüberwachungsbehörde und der nationalen Datenschutzbehörde gemäß den in Absatz 5 genannten nationalen Vorschriften mitgeteilt. Die Mitteilung muss mindestens die in Absatz 6 genannten Angaben enthalten und darf keine sensiblen operativen Daten enthalten.

(5) Ein Mitgliedstaat kann die Möglichkeit einer vollständigen oder teilweisen Ermächtigung zur Verwendung biometrischer Echtzeit-Fernidentifizierungssysteme in öffentlich zugänglichen Räumen zu Strafverfolgungszwecken innerhalb

der in Absatz 1 Unterabsatz 1 Buchstabe h sowie Absätze 2 und 3 aufgeführten Grenzen und unter den dort genannten Bedingungen vorsehen. Die betreffenden Mitgliedstaaten legen in ihrem nationalen Recht die erforderlichen detaillierten Vorschriften für die Beantragung, Erteilung und Ausübung der in Absatz 3 genannten Genehmigungen sowie für die entsprechende Beaufsichtigung und Berichterstattung fest. In diesen Vorschriften wird auch festgelegt, im Hinblick auf welche der in Absatz 1 Unterabsatz 1 Buchstabe h aufgeführten Ziele und welche der unter Buchstabe h Ziffer iii genannten Straftaten die zuständigen Behörden ermächtigt werden können, diese Systeme zu Strafverfolgungszwecken zu verwenden. Die Mitgliedstaaten teilen der Kommission diese Vorschriften spätestens 30 Tage nach ihrem Erlass mit. Die Mitgliedstaaten können im Einklang mit dem Unionsrecht strengere Rechtsvorschriften für die Verwendung biometrischer Fernidentifizierungssysteme erlassen.

(6) Die nationalen Marktüberwachungsbehörden und die nationalen Datenschutzbehörden der Mitgliedstaaten, denen gemäß Absatz 4 die Verwendung biometrischer Echtzeit-Fernidentifizierungssysteme in öffentlich zugänglichen Räumen zu Strafverfolgungszwecken mitgeteilt wurden, legen der Kommission Jahresberichte über diese Verwendung vor. Zu diesem Zweck stellt die Kommission den Mitgliedstaaten und den nationalen Marktüberwachungs- und Datenschutzbehörden ein Muster zur Verfügung, das Angaben über die Anzahl der Entscheidungen der zuständigen Justizbehörden oder einer unabhängigen Verwaltungsbehörde, deren Entscheidung über Genehmigungsanträge gemäß Absatz 3 bindend ist, und deren Ergebnis enthält.

(7) Die Kommission veröffentlicht Jahresberichte über die Verwendung biometrischer Echtzeit-Fernidentifizierungssysteme in öffentlich zugänglichen Räumen zu Strafverfolgungszwecken, die auf aggregierten Daten aus den Mitgliedstaaten auf der Grundlage der in Absatz 6 genannten Jahresberichte beruhen. Diese Jahresberichte dürfen keine sensiblen operativen Daten im Zusammenhang mit den damit verbundenen Strafverfolgungsmaßnahmen enthalten.

(8) Dieser Artikel berührt nicht die Verbote, die gelten, wenn KI-Praktiken gegen andere Rechtsvorschriften der Union verstoßen.

Kapitel 3 – Hochrisiko-KI-Systeme

Abschnitt 1 – Einstufung von KI-Systemen als Hochrisiko-Systeme

Art. 6 Einstufungsvorschriften für Hochrisiko-KI-Systeme (1) Ungeachtet dessen, ob ein KI-System unabhängig von den unter den Buchstaben a und b genannten Punkten in Verkehr gebracht oder in Betrieb genommen wird, gilt es als Hochrisiko-KI-System, wenn die beiden folgenden Bedingungen erfüllt sind:

a) das KI-System soll als Sicherheitsbauteil eines unter die in Anhang I aufgeführten Harmonisierungsrechtsvorschriften der Union fallenden Produkts verwendet werden oder das KI-System ist selbst ein solches Produkt;
b) das Produkt, dessen Sicherheitsbauteil gemäß Buchstabe a das KI-System ist, oder das KI-System selbst als Produkt muss einer Konformitätsbewertung durch Dritte im Hinblick auf das Inverkehrbringen oder die Inbetriebnahme

dieses Produkts gemäß den in Anhang I aufgeführten Harmonisierungsrechtsvorschriften der Union unterzogen werden.

(2) Zusätzlich zu den in Absatz 1 genannten Hochrisiko-KI-Systemen gelten die in Anhang III genannten KI-Systeme als hochriskant.

(3) Abweichend von Absatz 2 gilt ein in Anhang III genanntes KI-System nicht als hochriskant, wenn es kein erhebliches Risiko der Beeinträchtigung in Bezug auf die Gesundheit, Sicherheit oder Grundrechte natürlicher Personen birgt, indem es unter anderem nicht das Ergebnis der Entscheidungsfindung wesentlich beeinflusst.

Unterabsatz 1 gilt, wenn eine der folgenden Bedingungen erfüllt ist:

a) das KI-System ist dazu bestimmt, eine eng gefasst Verfahrensaufgabe durchzuführen;
b) das KI-System ist dazu bestimmt, das Ergebnis einer zuvor abgeschglossenen menschlichen Tätigkeit zu verbessern;
c) das KI-System ist dazu bestimmt, Entscheidungsmuster oder Abweichungen von früheren Entscheidungsmustern zu erkennen, und ist nicht dazu gedacht, die zuvor abgeschlossene menschliche Bewertung ohne eine angemessene menschliche Überprüfung zu ersetzen oder zu beeinflussen; oder
d) das KI-System ist dazu bestimmt, eine vorbereitende Aufgabe für eine Bewertung durchzuführen, die für die Zwecke der in Anhang III aufgeführten Anwendungsfälle relevant ist.

Ungeachtet des Unterabsatzes 1 gilt ein in Anhang III aufgeführtes KI-System immer dann als hochriskant, wenn es ein Profiling natürlicher Personen vornimmt.

(4) Ein Anbieter, der der Auffassung ist, dass ein in Anhang III aufgeführtes KI-System nicht hochriskant ist, dokumentiert seine Bewertung, bevor dieses System in Verkehr gebracht oder in Betrieb genommen wird. Dieser Anbieter unterliegt der Registrierungspflicht gemäß Artikel 49 Absatz 2. Auf Verlangen der zuständigen nationalen Behörden legt der Anbieter die Dokumentation der Bewertung vor.

(5) Die Kommission stellt nach Konsultation des Europäischen Gremiums für Künstliche Intelligenz (im Folgenden »KI-Gremium«) spätestens bis zum 2. Februar 2026 Leitlinien zur praktischen Umsetzung dieses Artikels gemäß Artikel 96 und eine umfassende Liste praktischer Beispiele für Anwendungsfälle für KI-Systeme, die hochriskant oder nicht hochriskant sind, bereit.

(6) Die Kommission ist befugt, gemäß Artikel 97 delegierte Rechtsakte zu erlassen, um Absatz 3 Unterabsatz 2 des vorliegenden Artikels zu ändern, indem neue Bedingungen zu den darin genannten Bedingungen hinzugefügt oder diese geändert werden, wenn konkrete und zuverlässige Beweise für das Vorhandensein von KI-Systemen vorliegen, die in den Anwendungsbereich von Anhang III fallen, jedoch kein erhebliches Risiko der Beeinträchtigung in Bezug auf die Gesundheit, Sicherheit oder Grundrechte natürlicher Personen bergen.

(7) Die Kommission erlässt gemäß Artikel 97 delegierte Rechtsakte, um Absatz 3 Unterabsatz 2 des vorliegenden Artikels zu ändern, indem eine der darin festgelegten Bedingungen gestrichen wird, wenn konkrete und zuverlässige Beweise dafür vorliegen, dass dies für die Aufrechterhaltung des Schutzniveaus in Bezug auf

Gesundheit, Sicherheit und die in dieser Verordnung vorgesehenen Grundrechte erforderlich ist.

(8) Eine Änderung der in Absatz 3 Unterabsatz 2 festgelegten Bedingungen, die gemäß den Absätzen 6 und 7 des vorliegenden Artikels erlassen wurde, darf das allgemeine Schutzniveau in Bezug auf Gesundheit, Sicherheit und die in dieser Verordnung vorgesehenen Grundrechte nicht senken; dabei ist die Kohärenz mit den gemäß Artikel 7 Absatz 1 erlassenen delegierten Rechtsakten sicherzustellen und die Marktentwicklungen und die technologischen Entwicklungen sind zu berücksichtigen.

...

Abschnitt 2 – Anforderungen an Hochrisiko-KI-Systeme

Art. 8 Einhaltung der Anforderungen (1) Hochrisiko-KI-Systeme müssen die in diesem Abschnitt festgelegten Anforderungen erfüllen, wobei ihrer Zweckbestimmung sowie dem allgemein anerkannten Stand der Technik in Bezug auf KI und KI-bezogene Technologien Rechnung zu tragen ist. Bei der Gewährleistung der Einhaltung dieser Anforderungen wird dem in Artikel 9 genannten Risikomanagementsystem Rechnung getragen.

(2) Enthält ein Produkt ein KI-System, für das die Anforderungen dieser Verordnung und die Anforderungen der in Anhang I Abschnitt A aufgeführten Harmonisierungsrechtsvorschriften der Union gelten, so sind die Anbieter dafür verantwortlich, sicherzustellen, dass ihr Produkt alle geltenden Anforderungen der geltenden Harmonisierungsrechtsvorschriften der Union vollständig erfüllt. Bei der Gewährleistung der Erfüllung der in diesem Abschnitt festgelegten Anforderungen durch die in Absatz 1 genannten Hochrisiko-KI-Systeme und im Hinblick auf die Gewährleistung der Kohärenz, der Vermeidung von Doppelarbeit und der Minimierung zusätzlicher Belastungen haben die Anbieter die Wahl, die erforderlichen Test- und Berichterstattungsverfahren, Informationen und Dokumentationen, die sie im Zusammenhang mit ihrem Produkt bereitstellen, gegebenenfalls in Dokumentationen und Verfahren zu integrieren, die bereits bestehen und gemäß den in Anhang I Abschnitt A aufgeführten Harmonisierungsrechtsvorschriften der Union vorgeschrieben sind.

Art. 9 Risikomanagementsystem (1) Für Hochrisiko-KI-Systeme wird ein Risikomanagementsystem eingerichtet, angewandt, dokumentiert und aufrechterhalten.

(2) Das Risikomanagementsystem versteht sich als ein kontinuierlicher iterativer Prozess, der während des gesamten Lebenszyklus eines Hochrisiko-KI-Systems geplant und durchgeführt wird und eine regelmäßige systematische Überprüfung und Aktualisierung erfordert. Es umfasst folgende Schritte:

a) die Ermittlung und Analyse der bekannten und vernünftigerweise vorhersehbaren Risiken, die vom Hochrisiko-KI-System für die Gesundheit, Sicherheit oder Grundrechte ausgehen können, wenn es entsprechend seiner Zweckbestimmung verwendet wird;

b) die Abschätzung und Bewertung der Risiken, die entstehen können, wenn das Hochrisiko-KI-System entsprechend seiner Zweckbestimmung oder im Rahmen einer vernünftigerweise vorhersehbaren Fehlanwendung verwendet wird;
c) die Bewertung anderer möglicherweise auftretender Risiken auf der Grundlage der Auswertung der Daten aus dem in Artikel 72 genannten System zur Beobachtung nach dem Inverkehrbringen;
d) die Ergreifung geeigneter und gezielter Risikomanagementmaßnahmen zur Bewältigung der gemäß Buchstabe a ermittelten Risiken.

(3) Die in diesem Artikel genannten Risiken betreffen nur solche Risiken, die durch die Entwicklung oder Konzeption des Hochrisiko-KI-Systems oder durch die Bereitstellung ausreichender technischer Informationen angemessen gemindert oder behoben werden können.

(4) Bei den in Absatz 2 Buchstabe d genannten Risikomanagementmaßnahmen werden die Auswirkungen und möglichen Wechselwirkungen, die sich aus der kombinierten Anwendung der Anforderungen dieses Abschnitts ergeben, gebührend berücksichtigt, um die Risiken wirksamer zu minimieren und gleichzeitig ein angemessenes Gleichgewicht bei der Durchführung der Maßnahmen zur Erfüllung dieser Anforderungen sicherzustellen.

(5) Die in Absatz 2 Buchstabe d genannten Risikomanagementmaßnahmen werden so gestaltet, dass jedes mit einer bestimmten Gefahr verbundene relevante Restrisiko sowie das Gesamtrisiko der Hochrisiko-KI-Systeme als vertretbar beurteilt wird.

Bei der Festlegung der am besten geeigneten Risikomanagementmaßnahmen ist Folgendes sicherzustellen:
a) soweit technisch möglich, Beseitigung oder Verringerung der gemäß Absatz 2 ermittelten und bewerteten Risiken durch eine geeignete Konzeption und Entwicklung des Hochrisiko-KI-Systems;
b) gegebenenfalls Anwendung angemessener Minderungs- und Kontrollmaßnahmen zur Bewältigung nicht auszuschließender Risiken;
c) Bereitstellung der gemäß Artikel 13 erforderlichen Informationen und gegebenenfalls entsprechende Schulung der Betreiber.

Zur Beseitigung oder Verringerung der Risiken im Zusammenhang mit der Verwendung des Hochrisiko-KI-Systems werden die technischen Kenntnisse, die Erfahrungen und der Bildungsstand, die vom Betreiber erwartet werden können, sowie der voraussichtliche Kontext, in dem das System eingesetzt werden soll, gebührend berücksichtigt.

(6) Hochrisiko-KI-Systeme müssen getestet werden, um die am besten geeigneten gezielten Risikomanagementmaßnahmen zu ermitteln. Durch das Testen wird sichergestellt, dass Hochrisiko-KI-Systeme stets im Einklang mit ihrer Zweckbestimmung funktionieren und die Anforderungen dieses Abschnitts erfüllen.

(7) Die Testverfahren können einen Test unter Realbedingungen gemäß Artikel 60 umfassen.

(8) Das Testen von Hochrisiko-KI-Systemen erfolgt zu jedem geeigneten Zeitpunkt während des gesamten Entwicklungsprozesses und in jedem Fall vor ihrem Inverkehrbringen oder ihrer Inbetriebnahme. Das Testen erfolgt anhang vorab

festgelegter Metriken und Wahrscheinlichkeitsschwellenwerte, die für die Zweckbestimmung des Hochrisiko-KI-Systems geeignet sind.
(9) Bei der Umsetzung des in den Absätzen 1 bis 7 vorgesehenen Risikomangementsystems berücksichtigen die Anbieter, ob angesichts seiner Zweckbestimmung das Hochrisiko-KI-System wahrscheinlich nachteilige Auswirkungen auf Personen unter 18 Jahren oder gegebenenfalls andere schutzbedürftige Grupen haben wird.
(10) Bei Anbietern von Hochrisiko-KI-Systemen, die den Anforderungen an interen Risikomangementprozesse gemäß anderen einschlägigen Bestimmungen des Unionsrechts unterliegen, können die in den Absätzen 1 bis 9 enthaltenen Aspekte Bestandteil der nach diesem Recht festgelegten Risikomanagementverfahren sein oder mit diesen Verfahren kombiniert werden.

...

Art. 14 Menschliche Aufsicht (1) Hochrisiko-KI-Systeme werden so konzipiert und entwickelt, dass sie während der Dauer ihrer Verwendung – auch mit geeigneten Instrumenten einer Mensch-Maschine-Schnittstelle – von natürlichen Personen wirksam beaufsichtigt werden können.
(2) Die menschliche Aufsicht dient der Verhinderung oder Minimierung der Risiken für Gesundheit, Sicherheit oder Grundrechte, die entstehen können, wenn ein Hochrisiko-KI-System im Einklang mit seiner Zweckbestimmung oder im Rahmen einer vernünftigerweise vorhersehbaren Fehlanwendung verwendet wird, insbesondere wenn solche Risiken trotz der Einhaltung anderer Anforderungen dieses Abschnitts fortbestehen.
(3) Die Aufsichtsmaßnahmen müssen den Risiken, dem Grad der Autonomie und dem Kontext der Nutzung des Hochrisiko-KI-Systems angemessen sein und werden durch eine oder beide der folgenden Arten von Vorkehrungen gewährleistet:
a) Vorkehrungen, die vor dem Inverkehrbringen oder der Inbetriebnahme vom Anbieter bestimmt und, sofern technisch machbar, in das Hochrisiko-KI-System eingebaut werden;
b) Vorkehrungen, die vor dem Inverkehrbringen oder der Inbetriebnahme des Hochrisiko-KI-Systems vom Anbieter bestimmt werden und dazu geeignet sind, vom Betreiber umgesetzt zu werden.
(4) Für die Zwecke der Durchführung der Absätze 1, 2 und 3 wird das Hochrisiko-KI-System dem Betreiber so zur Verfügung gestellt, dass die natürlichen Personen, denen die menschliche Aufsicht übertragen wurde, angemessen und verhältnismäßig in der Lage sind,
a) die einschlägigen Fähigkeiten und Grenzen des Hochrisiko-KI-Systems angemessen zu verstehen und seinen Betrieb ordnungsgemäß zu überwachen, einschließlich in Bezug auf das Erkennen und Beheben von Anomalien, Fehlfunktionen und unerwarteter Leistung;
b) sich einer möglichen Neigung zu einem automatischen oder übermäßigen Vertrauen in die von einem Hochrisiko-KI-System hervorgebrachte Ausgabe (»Automatisierungsbias«) bewusst zu bleiben, insbesondere wenn Hochrisiko-

KI-Systeme Informationen oder Empfehlungen ausgeben, auf deren Grundlage natürliche Personen Entscheidungen treffen;

c) die Ausgabe des Hochrisiko-KI-Systems richtig zu interpretieren, wobei beispielsweise die vorhandenen Interpretationsinstrumente und -methoden zu berücksichtigen sind;

d) in einer bestimmten Situation zu beschließen, das Hochrisiko-KI-System nicht zu verwenden oder die Ausgabe des Hochrisiko-KI-Systems außer Acht zu lassen, außer Kraft zu setzen oder rückgängig zu machen;

e) in den Betrieb des Hochrisiko-KI-Systems einzugreifen oder den Systembetrieb mit einer »Stopptaste« oder einem ähnlichen Verfahren zu unterbrechen, was dem System ermöglicht, in einem sicheren Zustand zum Stillstand zu kommen.

(5) Bei den in Anhang III Nummer 1 Buchstabe a genannten Hochrisiko-KI-Systemen müssen die in Absatz 3 des vorliegenden Artikels genannten Vorkehrungen so gestaltet sein, dass außerdem der Betreiber keine Maßnahmen oder Entscheidungen allein aufgrund des vom System hervorgebrachten Indentifizierungsergebnisses trifft, solange diese Identifizierung nicht von mindestens zwei natürlichen Personen, die notwendige Kompetenz, Ausbildung und Befugnis besitzen, getrennt überprüft und bestätigt wurde.

Die Anforderungen einer getrennten Überprüfung durch mindestens zwei natürliche Personen gilt nicht für Hochrisiko-KI-Systeme, die für Zwecke in den Bereichen Strafverfolgung, Migration, Grenzkontrolle oder Asyl verwendet werden, wenn die Anwendung dieser Anforderung nach Unionsrecht oder nationalem Recht unverhältnismäßig wäre.

…

Abschnitt 3 – Pflichten der Anbieter und Betreiber von Hochrisiko-KI-Systemen und anderer Beteiligter

…

Art. 26 Pflichten der Betreiber von Hochrisiko-KI-Systemen (1) Die Betreiber von Hochrisiko-KI-Systemen treffen geeignete technische und organisatorische Maßnahmen, um sicherzustellen, dass sie solche Systeme entsprechend der den Systemen beigefügten Betriebsanleitungen und gemäß den Absätzen 3 und 6 verwenden.

(2) Die Betreiber übertragen natürlichen Personen, die über die erforderliche Kompetenz, Ausbildung und Befugnis verfügen, die menschliche Aufsicht und lassen ihnen die erforderliche Unterstützung zukommen.

(3) Die Pflichten nach den Absätzen 1 und 2 lassen sonstige Pflichten der Betreiber nach Unionsrecht oder nationalem Recht sowie die Freiheit der Betreiber bei der Organisation ihrer eigenen Ressourcen und Tätigkeiten zur Wahrnehmung der vom Anbieter angegebenen Maßnahmen der menschlichen Aufsicht unberührt.

(4) Unbeschadet der Absätze 1 und 2 und soweit die Eingabedaten ihrer Kontrolle unterliegen, sorgen die Betreiber dafür, dass die Eingabedaten der Zweckbestim-

mung des Hochrisiko-KI-Systems entsprechen und ausreichend repräsentativ sind.

(5) Die Betreiber überwachen den Betrieb des Hochrisiko-KI-Systems anhand der Betriebsanleitung und informieren gegebenenfalls die Anbieter gemäß Artikel 72. Haben Betreiber Grund zu der Annahme, dass die Verwendung gemäß der Betriebsanleitung dazu führen kann, dass dieses Hochrisiko-KI-System ein Risiko im Sinne des Artikels 79 Absatz 1 birgt, so informieren sie unverzüglich den Anbieter oder Händler und die zuständige Marktüberwachungsbehörde und setzen die Verwendung dieses Systems aus. Haben die Betreiber einen schwerwiegenden Vorfall festgestellt, informieren sie auch unverzüglich zuerst den Anbieter und dann den Einführer oder Händler und die zuständigen Marktüberwachungsbehörden über diesen Vorfall. Kann der Betreiber den Anbieter nicht erreichen, so gilt Artikel 73 entsprechend. Diese Pflicht gilt nicht für sensible operative Daten von Betreibern von KI-Systemen, die Strafverfolgungsbehörden sind.

Bei Betreibern, die Finanzinstitute sind und gemäß den Rechtsvorschriften der Union über Finanzdienstleistungen Anforderungen in Bezug auf ihre Regelungen oder Verfahren der internen Unternehmensführung, unterliegen, gilt die in Unterabsatz 1 festgelegte Überwachungspflicht als erfüllt, wenn die Vorschriften über Regelungen, Verfahren oder Mechanismen der internen Unternehmensführung gemäß einschlägigem Recht über Finandienstleistungen eingehalten werden.

(6) Betreiber von Hochrisiko-KI-Systemen bewahren die von ihrem Hochrisiko-KI-System automatisch erzeugten Protokolle, soweit diese Protokolle ihrer Kontrolle unterliegen, für einen der Zweckbestimmung des Hochrisiko-KI-Systems angemessenen Zeitraum von mindestens sechs Monaten auf, sofern im geltenden Unionsrecht, insbesondere im Unionsrecht über den Schutz personenbezogener Daten, oder im geltenden nationalen Recht nichts anderes bestimmt ist.

Betreiber, die Finanzinstitute sind und gemäß den Rechtsvorschriften der Union über Finanzdienstleistungen Anforderungen in Bezug auf ihre Regelungen oder Verfahren der internen Unternehmensführung unterliegen, bewahren die Protokolle als Teil der gemäß einschlägigem Unionsecht über Finanzdienstleistungen aufzubewahrenden Dokumentation auf.

(7) Vor der Inbetriebnahme oder Verwendung eines Hochrisiko-KI-Systems am Arbeitsplatz informieren Betreiber, die Arbeitgeber sind, die Arbeitnehmervertreter und die betroffenen Arbeitnehmer darüber, dass sie der Verwendung des Hochrisiko-KI-Systems unterliegen werden. Diese Informationen werden gegebenenfalls im Einklang mit den Vorschriften und Gepflogenheiten auf Unionsebene und nationaler Ebene in Bezug auf die Unterrichtung der Arbeitnehmer und ihrer Vertreter bereitgestellt.

(8) Betreiber von Hochrisiko-KI-Systemen, bei denen es sich um Organe, Einrichtungen oder sonstige Stellen der Union handelt, müssen den Registrierungspflichten gemäß Artikel 49 nachkommen. Stellen diese Betreiber fest, dass das Hochrisiko-KI-System, dessen Verwendung sie planen, nicht in der in Artikel 71 genannten EU-Datenbank registriert wurde, sehen sie von der Verwendung dieses Systems ab und informieren den Anbieter oder den Händler.

(9) Die Betreiber von Hochrisiko-KI-Systemen verwenden gegebenenfalls die gemäß Artikel 13 der vorliegenden Verordnung bereitgestellten Informationen,

um ihrer Pflicht zur Durchführung einer Datenschutz-Folgenabschätzung gemäß Artikel 35 der Verordnung (EU) 2016/679 oder Artikel 27 der Richtlinie (EU) 2016/680 nachzukommen.

(10) Unbeschadet der Richtlinie (EU) 2016/680 beantragt der Betreiber eines Hochrisiko-KI-Systems zur nachträglichen biometrischen Fernfernidentifizierung im Rahmen von Ermittlungen zur gezielten Suche einer Person, die der Begehung einer Straftat verdächtigt wird oder aufgrund einer solchen verurteilt wurde, vorab oder unverzüglich, spätestens jedoch binnen 48 Stunden bei einer Justizbehörde oder einer Verwaltungsbehörde, deren Entscheidung bindend ist und einer justiziellen Überprüfung unterliegt, die Genehmigung für die Nutzung dieses Systems, es sei denn, es wird zur erstmaligen Identifizierung eines potenziellen Verdächtigen auf der Grundlage objektiver und nachprüfbarer Tatsachen, die in unmittelbarem Zusammenhang mit der Straftat stehen, verwendet. Jede Verwendung ist auf das für die Ermittlung einer bestimmten Straftat unbedingt erforderliche Maß zu beschränken.

Wird die gemäß Unterabsatz 1 beantragte Genehmigung abgelehnt, so wird die Verwendung des mit dieser beantragten Genehmigung verbundenen Systems zur nachträglichen biometrischen Fernidentifizierung mit sofortiger Wirkung eingestellt und werden die personenbezogenen Daten, die im Zusammenhang mit der Verwendung des Hochrisiko-KI-Systems stehen, für die die Genehmigung beantragt wurde, gelöscht.

In keinem Fall darf ein solches Hochrisiko-KI-System zur nachträglichen biometrischen Fernidentifizierung zu Strafverfolgungszwecken in nicht zielgerichteter Weise und ohne jeglichen Zusammenhang mit einer Straftat, einem Strafverfahren, einer tatsächlichen und bestehenden oder tatsächlichen und vorhersehbaren Gefahr einer Straftat oder der Suche nach einer bestimmten vermissten Person verwendet werden. Es muss sichergestellt werden, dass die Strafverfolgungsbehörden keine ausschließlich auf der Grundlage der Ausgabe solcher Systeme zur nachträglichen biometrischen Fernidentifizierung beruhende Entscheidung, aus der sich eine nachteilige Rechtsfolge für eine Person ergibt, treffen.

Dieser Absatz gilt unbeschadet des Artikels 9 der Verordnung (EU) 2016/679 und des Artikels 10 der Richtlinie (EU) 2016/680 für die Verarbeitung biometrischer Daten.

Unabhängig vom Zweck oder Betreiber wird jede Verwendung solcher Hochrisiko-KI-Systeme in der einschlägigen Polizeiakte dokumentiert und der zuständigen Marktüberwachungsbehörde und der nationalen Datenschutzbehörde auf Anfrage zur Verfügung gestellt, wovon die Offenlegung sensibler operativer Daten im Zusammenhang mit der Strafverfolgung ausgenommen ist. Dieser Unterabsatz berührt nicht die den Aufsichtsbehörden durch die Richtlinie (EU) 2016/680 übertragenen Befugnisse.

Die Betreiber legen den zuständigen Marktüberwachungsbehörden und den nationalen Datenschutzbehörden Jahresberichte über ihre Verwendung von Systemen zur nachträglichen biometrischen Fernidentifizierung vor, wovon die Offenlegung sensibler operativer Daten im Zusammenhang mit der Strafverfolgung ausgenommen ist. Die Berichte können eine Zusammenfassung sein, damit sie mehr als einen Einsatz abdecken.

Die Mitgliedstaaten können im Einklang mit dem Unionsrecht strengere Rechtsvorschriften für die Verwendung von Systemen zur nachträglichen biometrischen Fernidentifizierung erlassen.

(11) Unbeschadet des Artikels 50 der vorliegenden Verordnung informieren die Betreiber der in Anhang III aufgeführten Hochrisiko-KI-Systeme, die natürliche Personen betreffende Entscheidungen treffen oder bei solchen Entscheidungen Unterstützung leisten, die natürlichen Personen darüber, dass sie der Verwendung des Hochrisiko-KI-Systems unterliegen. Für Hochrisiko-KI-Systeme, die zu Strafverfolgungszwecken verwendet werden, gilt Artikel 13 der Richtlinie (EU) 2016/680.

(12) Die Betreiber arbeiten mit den zuständigen Behörden bei allen Maßnahmen zusammen, die diese Behörden im Zusammenhang mit dem Hochrisiko-KI-System zur Umsetzung dieser Verordnung ergreifen.

Art. 27 Grundrechte-Folgenabschätzung für Hochrisiko-KI-Systeme (1) Vor der Inbetriebnahme eines Hochrisiko-KI-Systems gemäß Artikel 6 Absatz 2 – mit Ausnahme von Hochrisiko-KI-Systemen, die in dem in Anhang III Nummer 2 aufgeführten Bereich verwendet werden sollen – führen Betreiber, bei denen es sich um Einrichtungen des öffentlichen Rechts oder private Einrichtungen, die öffentliche Dienste erbringen, handelt, und Betreiber von Hochrisiko-KI-Systemen gemäß Anhang III Nummer 5 Buchstaben b und c eine Abschätzung der Auswirkungen, die die Verwendung eines solchen Systems auf die Grundrechte haben kann, durch. Zu diesem Zweck führen die Betreiber eine Abschätzung durch, die Folgendes umfasst:

a) eine Beschreibung der Verfahren des Betreibers, bei denen das Hochrisiko-KI-System im Einklang mit seiner Zweckbestimmung verwendet wird;
b) eine Beschreibung des Zeitraums und der Häufigkeit, innerhalb dessen bzw. mit der jedes Hochrisiko-KI-System verwendet werden soll;
c) die Kategorien der natürlichen Personen und Personengruppen, die von seiner Verwendung im spezifischen Kontext betroffen sein könnten;
d) die spezifischen Schadensrisiken, die sich auf die gemäß Buchstabe c dieses Absatzes ermittelten Kategorien natürlicher Personen oder Personengruppen auswirken könnten, unter Berücksichtigung der vom Anbieter gemäß Artikel 13 bereitgestellten Informationen;
e) eine Beschreibung der Umsetzung von Maßnahmen der menschlichen Aufsicht entsprechend den Betriebsanleitungen;
f) die Maßnahmen, die im Falle des Eintretens dieser Risiken zu ergreifen sind, einschließlich der Regelungen für die interne Unternehmensführung und Beschwerdemechanismen.

(2) Die in Absatz 1 festgelegte Pflicht gilt für die erste Verwendung eines Hochrisiko-KI-Systems. Der Betreiber kann sich in ähnlichen Fällen auf zuvor durchgeführte Grundrechte-Folgenabschätzungen oder bereits vorhandene Folgenabschätzungen, die vom Anbieter durchgeführt wurden, stützen. Gelangt der Betreiber während der Verwendung des Hochrisiko-KI-Systems zur Auffassung, dass sich eines der in Absatz 1 aufgeführten Elemente geändert hat oder nicht mehr auf dem

neuesten Stand ist, so unternimmt der Betreiber die erforderlichen Schritte, um die Informationen zu aktualisieren.

(3) Sobald die Abschätzung gemäß Absatz 1 des vorliegenden Artikels durchgeführt wurde, teilt der Betreiber der Marktüberwachungsbehörde ihre Ergebnisse mit, indem er das ausgefüllte, in Absatz 5 des vorliegenden Artikels genannte Muster als Teil der Mitteilung übermittelt. In dem in Artikel 46 Absatz 1 genannten Fall können die Betreiber von der Mitteilungspflicht befreit werden.

(4) Wird eine der in diesem Artikel festgelegten Pflichten bereits infolge einer gemäß Artikel 35 der Verordnung (EU) 2016/679 oder Artikel 27 der Richtlinie (EU) 2016/680 durchgeführten Datenschutz-Folgenabschätzung erfüllt, so ergänzt die Grundrechte-Folgenabschätzung gemäß Absatz 1 des vorliegenden Artikels diese Datenschutz-Folgenabschätzung.

(5) Das Büro für Künstliche Intelligenz arbeitet ein Muster für einen Fragebogen – auch mithilfe eines automatisierten Instruments – aus, um die Betreiber in die Lage zu versetzen, ihren Pflichten gemäß diesem Artikel in vereinfachter Weise nachzukommen.

…

Kapitel 13 – Schlussbestimmungen

…

Art. 113 Inkrafttreten und Geltungsbeginn Diese Verordnung tritt am zwanzigsten Tag nach ihrer Veröffentlichung im Amtsblatt der Europäischen Union in Kraft.

Sie gilt ab dem 2. August 2026.

Jedoch:

a) Die Kapitel I und II gelten ab dem 2. Februar 2025;

b) Kapitel III Abschnitt 4, Kapitel V, Kapitel VII und Kapitel XII sowie Artikel 78 gelten ab dem 2. August 2025, mit Ausnahme des Artikels 101;

c) Artikel 6 Absatz 1 und die entsprechenden Pflichten gemäß dieser Verordnung gelten ab dem 2. August 2027.

Diese Verordnung ist in allen ihren Teilen verbindlich und gilt unmittelbar in jedem Mitgliedstaat.

16. Gesetz zum Elterngeld und zur Elternzeit (Bundeselterngeld- und Elternzeitgesetz – BEEG)

Einleitung

I. Geschichtliche Entwicklung

Das Ende 2006 verabschiedete Bundeselterngeld- und Elternzeitgesetz (BEEG) gewährt ein Elterngeld in der Frühphase der Elternschaft und die Möglichkeit einer arbeitsrechtlichen Freistellung (Elternzeit). Damit soll die Vereinbarkeit von Familie und Beruf erleichtert werden.

Seine Vorgängerregelung, das Bundeserziehungsgeldgesetz, hatte einen formal für Männer und Frauen geltenden Anspruch auf Elternurlaub gewährt. In seiner konkreten Ausgestaltung (Lockerung des Kündigungsschutzes, Bevorzugung von Teilzeitarbeit, kein angemessener Lohnersatz) hatte dies aber faktisch dahin gewirkt, die »Frauen zurück zum Herd« zu drängen. Von dem neuen Gesetz wurde erwartet, dass es die jungen Familien finanziell besser absichert und einen Anreiz schafft, dass beide Elternteile davon Gebrauch machen. Zwei zusätzliche Monate des Elterngeldes können beansprucht werden, wenn die Elternzeit auf beide Eltern verteilt wird. Während die Regelung des Elterngeldes mit dem Gesetz von 2006 völlig neu ist, sind die arbeitsrechtlichen Vorschriften über den Elternurlaub praktisch unverändert übernommen worden. Das Gesetz ist in der Folge mehrfach geändert worden (vgl. dazu 45. Aufl.).

Im Hinblick auf den Rechtsanspruch auf Krippenplätze für Kinder (dazu *Klenter*, SozSich 13, 176) gab es seit August 2013 das sog. Betreuungsgeld gemäß §§ 4a ff. BEEG a. F. für Eltern, die keine öffentlich geförderte Kinderbetreuung in Anspruch nehmen (Gesetz zur Einführung eines Betreuungsgeldes v. 15. 2. 2013, BGBl. I 254; Entwurf: BT-Drs. 17/9917). Die Regelung war rechtspolitisch und hinsichtlich ihrer verfassungsrechtlichen Zulässigkeit außerordentlich umstritten (dazu 40. Aufl., Einl. III zum BEEG). Sie wurde inzwischen mangels Gesetzgebungskompetenz des Bundes vom *BVerfG* (21. 7. 2015 – 1 BvF 2/13, NJW 15, 2399) für verfassungswidrig und nichtig erklärt.

Das Zweite Gesetz zur Änderung des Bundeselterngeld- und Elternzeitgesetzes (v. 15. 2. 2021, BGBl. I 239; vgl. *Graue*, SGb 22, 139; *Winkel/Nakielski*, AuR 21, 369; *Winkel*, AiB 12/21, 27; Entwurf: BR-Drs. 559/20) brachte vor allem Flexibilisierungen beim Elterngeldbezug bei einer Teilzeitbeschäftigung:

- der sog. Teilzeitkorridor wurde von 30 auf 32 Wochenstunden, was vier vollen Arbeitstagen in der Woche entspricht, ausgedehnt;
- ebenso kann der Partnerschaftsbonus in einem Teilzeitkorridor von 24 bis 32 (statt bisher 25 bis 30) Wochenstunden beansprucht werden;
- künftig ist nicht nur das Einkommen aus einer Teilzeittätigkeit beim Elterngeld Plus unschädlich, sondern auch eine Entgeltersatzleistung wie etwa Krankengeld;

- bei zu früh geborenen Kindern besteht Anspruch auf zusätzliche Elterngeldmonate;
- die Einkommensgrenze für Paare liegt künftig bei 300 000 Euro statt bisher 500 000 Euro.

Durch ein spezielles Umsetzungsgesetz (v. 19. 12. 2022, BGBl. I 2510; Entwurf: BT-Drs. 20/3447) wurde die europäische Richtlinie zur Vereinbarkeit von Beruf und Privatleben für Eltern und pflegende Angehörige 2019/1158 (EU-ASO Nr. 57, dazu *Dahm*, EuZA 20, 19; *Graue*, ZESAR 20, 62; *Stoye/Thoma*, ZESAR 20, 10; *Wietfeld/Hinrichsen*, EuZA 23, 363) umgesetzt. Dazu wurde eingeführt:

- Verpflichtung des Arbeitgebers zur Begründung einer Entscheidung, wenn er dem Wunsch eines Elternteils auf Arbeitszeitverringerung oder Änderung der Verteilung nicht entsprechen möchte,
- Verpflichtung zur Antwort binnen vier Wochen für Arbeitgeber in Kleinbetrieben auf Wünsche zum Abschluss einer Freistellungsvereinbarung nach dem PflegeZG oder FamPfZG (Nrn. 30 XIa und 30 XIb),
- bei Freistellungsvereinbarung im vorstehenden Sinne Möglichkeit der Rückkehr zur bisherigen Regelung und Kündigungsschutz für die Dauer der vereinbarten Freistellung und
- Schaffung der Zuständigkeit der Antidiskriminierungsstelle des Bundes für Diskriminierungen, die unter die Vereinbarkeitsrichtlinie fallen.

Hinsichtlich weiterer Vorgaben der Vereinbarkeitsrichtlinie sah die Bundesregierung keinen Umsetzungsbedarf: »Der größte Teil der Vorgaben der Richtlinie (EU) 2019/1158 bedarf keiner weiteren gesetzlichen Umsetzung, weil er dem bereits geltenden nationalen Recht entspricht.« (BT-Drs. 20/3447, S. 2).

Im Zuge des Haushaltsfinanzierungsgesetzes 2024 (v. 22. 12. 2023, BGBl. 2023 I Nr. 412) wurde die Einkommens-Höchstgrenze in § 1 Abs. 8 BEEG ab 1. 4. 2024 auf 150 000 bzw. 175 000 Euro abgesenkt. Außerdem wurde der Parallelbezug von Basiselterngeld auf einen Monat während der ersten zwölf Lebensmonate des Kindes begrenzt.

Mit dem Zweiten Haushaltsfinanzierungsgesetz 2024 (v. 27. 3. 2024, BGBl. I Nr. 107) wurde die Einkommenshöchstgrenze einheitlich auf 175 000 Euro festgesetzt. In § 4 Abs. 6 BEEG wurde die Regelung über den ausnahmsweise gleichzeitigen Bezug von Basiselterngeld durch beide Eltern mit Ausnahmen geregelt.

Durch das Vierte Bürokratieentlastungsgesetz (v. 23. 10. 2024, BGBl. I Nr. 323) wurde klargestellt, dass eine Erwerbstätigkeit auch bei vorübergehendem Nichtarbeiten in einem Arbeitsverhältnis möglich ist (§ 1 Abs. 6a BEEG). Außerdem wurden Formerfordernisse auf die Textform herabgesetzt, etwa bei der Elternzeit.

II. Wesentlicher Gesetzesinhalt

Das Gesetz regelt zwei Sachkomplexe: Elterngeld (§§ 1 ff. BEEG) und Elternzeit (§§ 15 ff. BEEG; Übersicht 38).

1. Basiselterngeld und Elterngeld Plus

Voraussetzung des Elterngeldbezuges ist nach § 1 Abs. 1 BEEG, dass ein Kind betreut und erzogen und keiner vollen Erwerbstätigkeit nachgegangen wird (d. h. gemäß § 1 Abs. 6 BEEG, dass die durschnittliche wöchentliche Arbeitszeit 32 Stunden nicht übersteigt).
Basiselterngeld wird als Einkommensersatzleistung in Höhe von 67 % des vorherigen Nettoeinkommens des betreuenden Elternteils von mind. 300 Euro bis max. 1800 Euro pro Monat gezahlt. Einmalige Bezüge wie Urlaubs- oder Weihnachtsgeld werden dabei nicht zur Bemessung herangezogen (*BSG* 29. 6. 2017 – B 10 EG 5/16 R, WzS 18, 17). Für Einkommenslose gibt es ein Mindestelterngeld von 300 Euro. Im Zuge der Neuregelung nach der Entscheidung des *BVerfG* zu den Regelleistungen nach dem SGB II (vgl. Einl. II 4 zum SGB II, Nr. 30 II) wurde allerdings die teilweise Anrechenbarkeit des Elterngeldes auf Arbeitslosengeld II (Grundsicherung) und Sozialhilfe mit dem Haushaltsbegleitgesetz 2011 (BGBl. 2010 I 1885) eingeführt. Elterngeld kann gemäß § 10 Abs. 5 BEEG bis zu 300 Euro unberücksichtigt bleiben. Für Geringverdiener mit Einkommen unterhalb von 1000 Euro erhöht sich der Prozentsatz schrittweise von 67 auf bis zu 100 %. Für je 2 Euro, die das Einkommen unter 1000 Euro liegt, steigt die Ersatzrate um 0,1 %. Umgekehrt sinkt der Prozentsatz gemäß § 2 Abs. 2 BEEG entsprechend bei Übersteigen eines Erwerbseinkommens von 1200 Euro auf maximal 65 %. Das Elterngeld entfällt ab einem zu versteuernden Einkommen von 175 000 Euro gemäß § 1 Abs. 8 BEEG.
Das Basiselterngeld wird nach § 4 BEEG bis zu zwölf Monaten gezahlt. Es kann um zwei »Partnermonate« verlängert werden, sofern auch der zweite Elternteil mindestens für diese beiden Monate Elternzeit in Anspruch nimmt. Das gilt für verheiratete Eltern ebenso wie für unverheiratete, die gemeinsam für ihr Kind sorgen. Alleinerziehende Eltern können für 14 Monate Elterngeld beanspruchen, wenn die Betreuung durch den anderen Elternteil wegen Gefährdung des Kindeswohls oder aus anderen Gründen unmöglich ist. Die Geltung nur für diese Ausnahmefälle ist verfassungsgemäß (*BSG* 26. 5. 2011 – B 10 EG 3/10 R, DB 12, 696).
Seit 1. 1. 2015 kann infolge des Gesetzes zur Einführung des Elterngeld Plus (v. 18. 12. 2014, BGBl. I 2325; dazu *Forst*, DB 15, 68; Gesetzentwurf: BT-Drs. 18/2583; dazu *Klenter*, PersR 10/14, 13; Ausschussbericht: BT-Drs. 18/3086) Elterngeld in geringerer Höhe in Anspruch genommen werden, wobei sich gleichzeitig die Bezugsdauer verlängert. Statt jeweils eines Monats Basiselterngeld können zwei Monate Elterngeld Plus in Höhe des halben Elterngeldes gemäß § 4 Abs. 3 BEEG bezogen werden. Das erlaubt eine Gesamtbezugsdauer von bis zu 28 Monaten Basiselterngeld (2 mal zwölf Monate Elterngeld Plus zzgl. 2 mal 2 Partnermonate als Elterngeld Plus). Auf diese Weise soll der bisherige Effekt vermieden werden, dass sich das Elterngeld infolge einer Teilzeitbeschäftigung reduzierte, ohne dass dadurch die Bezugsdauer verlängert worden wäre. Eine Variante des Elterngeldes Plus ist der Partnerschaftsbonus nach § 4b BEEG, bei dem jeder Elternteil 4 zusätzliche Monate Elterngeld Plus erhält, wenn beide Elternteile gleichzeitig zwischen 24 und 32 Wochenstunden arbeiten. Letzteres ist durch eine vorübergehende Arbeitsunfähigkeit nicht ausgeschlossen (*BSG* 7. 9. 2023 – B 10 EG 2/22 R, Report in: NZS 24, 479). In dem Fall kann die Gesamtbezugsdauer also sogar 32 Monate dauern.

2. Elternzeit

Elternzeit wird Arbeitnehmern gewährt, die dem Grunde nach Anspruch auf Elterngeld haben (§ 15 Abs. 1 BEEG). Die Elternzeit kann bis zum 3. Lebensjahr dauern, 24 Monate der Elternzeit sind allerdings auf eine spätere Zeit bis zur Vollendung des 8. Lebensjahres übertragbar. Die Elternzeit kann auf 3 Zeitabschnitte verteilt werden (§ 16 Abs. 1 S. 6 BEEG). Der Arbeitgeber hat hinsichtlich des dritten Abschnitts, sofern er nach dem 3. Geburtstag des Kindes liegt, die Möglichkeit einer Ablehnung aus dringenden betrieblichen Gründen (§ 16 Abs. 1 S. 7 BEEG).
Jeder Elternteil hat gegen seinen Arbeitgeber einen Anspruch auf Teilzeitarbeit (§ 15 Abs. 5–7 BEEG). Der Teilzeitwunsch darf vom Arbeitgeber nur bei Vorliegen dringender betrieblicher Gründe abgelehnt werden. Dabei kann sich der Arbeitgeber aber nicht auf einen Interessenausgleich nach § 112 BetrVG (Nr. 12), § 1 Abs. 5 KSchG (Nr. 25) stützen; denn die darin enthaltene Vermutung dringender betriebliche Gründe bezieht sich nach dem Gesetz ausdrücklich nur auf Kündigungen (*BAG* 5. 9. 2023 – 9 AZR 329/23, NZA 24, 190). Der Arbeitgeber ist in einem Rechtsstreit auf die mit der Ablehnung geltend gemachten Gründe beschränkt (*BAG* 11. 12. 2018 – 9 AZR 298/18, NZA 19, 616).
Die vorzeitige Beendigung der Elternzeit ist seit der Neuregelung durch das Gesetz zur Vereinfachung des Elterngeldes (v. 10. 9. 2012, BGBl. I 1878) wegen der Geburt eines weiteren Kindes sowie bei einer besonderen Härte möglich, wenn der Arbeitgeber nicht innerhalb von vier Wochen aus dringenden betrieblichen Gründen ablehnt. Im Falle der Geburt eines weiteren Kindes ist nach § 16 Abs. 3 S. 3 BEEG die vorzeitige Beendigung auch ohne Zustimmung des Arbeitgebers möglich.
Eine Verlängerung der Elternzeit ist – außer im Fall, dass ein vorgesehener Wechsel zwischen Anspruchsberechtigten aus wichtigem Grunde nicht erfolgen kann (§ 16 Abs. 3 S. 4 BEEG) – nur mit Zustimmung des Arbeitgebers möglich. Die Zustimmung steht aber nicht im Belieben des Arbeitgebers, er muss nach billigem Ermessen entscheiden, was durch die Gerichte überprüfbar ist (*BAG* 18. 10. 2011 – 9 AZR 315/10, NZA 12, 262).
Während der Elternzeit ruht das Arbeitsverhältnis. Auch während der Elternzeit entstehen allerdings Urlaubsansprüche (*BAG* 17. 5. 2011 – 9 AZR 197/10, DB 12, 182). Für jeden Kalendermonat Elternzeit kann der Arbeitgeber aber ein Zwölftel des jährlichen Erholungsurlaubs kürzen, es sei denn, der einschlägige Tarifvertrag verbietet das (§ 17 BEEG; zur Vereinbarkeit mit Unionsrecht vgl. *BAG* 19. 3. 2019 – 9 AZR 495/17, NZA 19, 1136; 19. 3. 2019 – 9 AZR 362/18, NZA 19, 1141). Der Arbeitgeber muss dies jedoch nicht vor Antritt der Elternzeit erklären (*BAG* 28. 7. 1992 – 9 AZR 340/91, NZA 94, 27). Andererseits ist eine solche Erklärung nur innerhalb des bestehenden Arbeitsverhältnisses möglich. Ist dies nicht geschehen, kann auch ein Urlaubsabgeltungsanspruch nach § 7 Abs. 4 BUrlG (Nr. 17) nicht mehr gekürzt werden (*BAG* 16. 4. 2024 – 9 AZR 165/23, NZA 24, 1272).
Bei der Berechnung von Urlaubsentgelt bleiben vorausgegangene Kürzungen durch Elternzeit innerhalb der maßgeblichen Referenzperiode als unverschuldete Verdienstkürzungen wegen § 11 Abs. 1 S. 3 BUrlG unberücksichtigt (*BAG* 16. 4. 2024 – 9 AZR 165/23, NZA 24, 1272).

Während der Elternzeit kann das Arbeitsverhältnis mit Genehmigung der obersten Landesbehörde gekündigt werden (§ 18 BEEG). Die vom Bundesarbeitsminister hierzu erlassene Verwaltungsvorschrift (BAnz 2007 Nr. 5, S. 247) lässt dies in großem Umfang zu; in Kleinbetrieben bis zu 5 Beschäftigten wird der Kündigungsschutz praktisch ganz aufgehoben (§ 2 Abs. 2 der Verwaltungsvorschrift).

III. Rechtstatsachen, Anwendungsprobleme und rechtspolitische Vorhaben

Elterngeld wird zwar Männern und Frauen gleichermaßen gewährt, jedoch wurden ungeachtet des Anreizes zweier zusätzlicher Elterngeldmonate von etwa 200 000 Anträgen im ersten Halbjahr 2007 nur 8,5 % von Männern gestellt (iwd 34/07). In der Zwischenzeit hat sich die Zahl aber erhöht, Mitte 2008 haben 18 % der Väter Elternzeit beantragt, 2/3 von ihnen über die 2 Monate Aufstockungszeit hinaus (Böckler impuls 17/09, S. 2). In der Folge hat sich der Anteil der Väter zwar erhöht, im Jahr 2017 waren es aber immer noch weniger als ein Viertel aller Bezieher (410 000 Väter gegenüber 1,35 Mio. Müttern, vgl. »Elterngeld immer gefragter«, SZ v. 15. 6. 2018, S. 6). Insgesamt erweist es sich angesichts der statistischen Verteilung, dass Benachteiligungen wegen der Elternzeit in der Regel auch eine mittelbare Diskriminierung wegen des Geschlechts (dazu vgl. Einl. II 2a und 4b zum AGG, Nr. 2) darstellen, wenn es an einem rechtfertigenden Grund für die unterschiedliche Behandlung fehlt (vgl. *EuGH* 8. 5. 2019 – C-486/18, NZA 19, 1131 – RE / Praxair).

16

Elterngeld Plus wird durchschnittlich von 28 % der Eltern genutzt, wobei gut ein Viertel der Väter von der Möglichkeit der Partnerschaftsmonate Gebrauch machte. Insgesamt wird das Elterngeld Plus allerdings vor allem von Besserverdienenden in Anspruch genommen (zum Ganzen »Dickes Plus beim Elterngeld Plus«, SZ v. 11. 1. 2018, S. 6).

Sozialpolitisch fragwürdig ist, dass durch die Kürzungen für Bezieher von Grundsicherung für die Familienplanung ein Anreiz geschaffen wird, Kinder möglichst erst bei Vorliegen einer Erwerbstätigkeit zu bekommen (*Schutter/Zerle-Elsäßer*, WSI-Mitt. 12, 216).

Ob die Neuregelungen zur Umsetzung der Vereinbarkeitsrichtlinie (s. o. I) ausreichend sind, ist allerdings zweifelhaft. So folgt aus der Vereinbarkeitsrichtlinie auch ein Antragsrecht auf Telearbeit (vgl. *Barrein*, NZA 22, 1088, 1092), das in der Umsetzungsgesetzgebung praktisch nicht berücksichtigt wurde. Auch ist der Anspruch auf Vaterschaftsurlaub nach der Richtlinie nicht genügend umgesetzt (zu den diesbezüglichen Anforderungen *Treichel*, AuR 22, 248, 249; *Daniels*, AuR 24, 335).

Weiterführende Literatur

Deinert/Wenckebach/Zwanziger-*Litzig*, Arbeitsrecht, § 52 (Elternzeit)
Deinert, Sozialrecht (2025), 9. Kap.: Familienstand und dessen Änderung
ArnoldTillmanns/Mutschler (Hrsg.), MuSchG und BEEG, 5. Aufl. (2024)
Bieresborn/Roos (Hrsg.), MuSchG, 3. Aufl. (2025)
Brose/Weth/Volk, MuSchG/BEEG, 10. Aufl. (2025)

Daniels, Der »Vaterschaftsurlaub« hätte in Deutschland längst eingeführt werden müssen, AuR 2024, S. 335
Graue/Mandalka/Wall, Bundeselterngeld- und Elternzeitgesetz, Basiskommentar, 7. Aufl. (2022)
Joussen, Nebenpflichten während der Elternzeit, NZA 2022, S. 889
Nebe, Familiengerechte Arbeitsorganisation – lückenhafter Rechtsrahmen und Herausforderungen fairer (kollektiver) Verteilung, SR 2024, S. 161
Rancke/Pepping (Hrsg.), Mutterschutz, Elterngeld, Elternzeit, 6. Aufl. (2021)
Treichel, Reformbedarf bei Eltern- und Pflegezeit und vielem mehr – Umsetzung der EU-Vereinbarkeitsrichtlinie, AuR 2022, S. 248
Treichel, »Vereinbarkeitsdefizite« – Zur defizitären Umsetzung der Richtlinie zur Vereinbarkeit von Beruf und Privatleben, AuR 2024, S. 202

Übersicht 38: Elterngeld und Elternzeit

Elternzeit

- Ruhen der arbeitsvertraglichen Pflichten
- bis zur Vollendung des 3., bei Aufteilung mehrere Zeitabschnitte bis zur Vollendung des 8. Lebensjahres des Kindes
- zur Kinderbetreuung und -erziehung

↓

Gleichstellung

- von Mann und Frau
- daher Teilbarkeit der Elternzeit zwischen den Eltern (§ 15 III)

↓

Voraussetzungen (§ 1)

- Wohnsitz in Deutschland
- Kind lebt im Haushalt
- Kind wird selbst betreut
- keine volle Erwerbstätigkeit

↓

Soziale und wirtschaftliche Absicherung

Kündigungsverbot für Arbeitgeber

- während der Schwangerschaft
- bis 4 Monate nach der Entbindung
- während der Elternzeit (§ 18)

Elterngeld (§ 1)

- 65-67% des letzten Verdienstes bzw. der Differenz zum letzten Verdienst; bei Geringverdienern bis 100%
- höchstens 1800 Euro
- mindestens 300 Euro
- für 12 Monate oder als Elterngeld Plus für 24 Monate
- plus 2 Monate, bei Elterngeld Plus 4 Monate bei Inanspruchnahme durch beide Elternteile
- Partnerschaftsbonus, wenn beide Eltern im Teilzeitkorridor arbeiten

Nebentätigkeit

max. 32 Stunden pro Woche (§ 15 IV)

Gesetz zum Elterngeld und zur Elternzeit (Bundeselterngeld- und Elternzeitgesetz – BEEG)

vom 5. Dezember 2006 (BGBl. I 2748),
in der Fassung der Bekanntmachung vom 4. April 2017 (BGBl. I 778),
zuletzt geändert durch Gesetz vom 22. Dezember 2025 (BGBl. 2025 I Nr. 370)

(Abgedruckte Vorschriften: §§ 1–21, 25 – 27)

Abschnitt 1 – Elterngeld

§ 1 Berechtigte (1) Anspruch auf Elterngeld hat, wer
1. einen Wohnsitz oder seinen gewöhnlichen Aufenthalt in Deutschland hat,
2. mit seinem Kind in einem Haushalt lebt,
3. dieses Kind selbst betreut und erzieht und
4. keine oder keine volle Erwerbstätigkeit ausübt.

Bei Mehrlingsgeburten besteht nur ein Anspruch auf Elterngeld.

(2) Anspruch auf Elterngeld hat auch, wer, ohne eine der Voraussetzungen des Absatzes 1 Satz 1 Nummer 1 zu erfüllen,
1. nach § 4 des Vierten Buches Sozialgesetzbuch dem deutschen Sozialversicherungsrecht unterliegt oder im Rahmen seines in Deutschland bestehenden öffentlich-rechtlichen Dienst- oder Amtsverhältnisses vorübergehend ins Ausland abgeordnet, versetzt oder kommandiert ist,
2. Entwicklungshelfer oder Entwicklungshelferin im Sinne des § 1 des Entwicklungshelfer-Gesetzes ist oder als Missionar oder Missionarin der Missionswerke und -gesellschaften, die Mitglieder oder Vereinbarungspartner des Evangelischen Missionswerkes Hamburg, der Arbeitsgemeinschaft Evangelikaler Missionen e. V. oder der Arbeitsgemeinschaft pfingstlich-charismatischer Missionen sind, tätig ist oder
3. die deutsche Staatsangehörigkeit besitzt und nur vorübergehend bei einer zwischen- oder überstaatlichen Einrichtung tätig ist, insbesondere nach den Entsenderichtlinien des Bundes beurlaubte Beamte und Beamtinnen, oder wer vorübergehend eine nach § 123a des Beamtenrechtsrahmengesetzes oder § 29 des Bundesbeamtengesetzes zugewiesene Tätigkeit im Ausland wahrnimmt.

Dies gilt auch für mit der nach Satz 1 berechtigten Person in einem Haushalt lebende Ehegatten oder Ehegattinnen.

(3) Anspruch auf Elterngeld hat abweichend von Absatz 1 Satz 1 Nummer 2 auch, wer
1. mit einem Kind in einem Haushalt lebt, das er mit dem Ziel der Annahme als Kind aufgenommen hat,
2. ein Kind des Ehegatten oder der Ehegattin in seinen Haushalt aufgenommen hat oder
3. mit einem Kind in einem Haushalt lebt und die von ihm erklärte Anerkennung der Vaterschaft nach § 1594 Absatz 2 des Bürgerlichen Gesetzbuchs noch

nicht wirksam oder über die von ihm beantragte Vaterschaftsfeststellung nach § 1600d des Bürgerlichen Gesetzbuchs noch nicht entschieden ist.

Für angenommene Kinder und Kinder im Sinne des Satzes 1 Nummer 1 sind die Vorschriften dieses Gesetzes mit der Maßgabe anzuwenden, dass statt des Zeitpunktes der Geburt der Zeitpunkt der Aufnahme des Kindes bei der berechtigten Person maßgeblich ist.

(4) Können die Eltern wegen einer schweren Krankheit, Schwerbehinderung oder Todes der Eltern ihr Kind nicht betreuen, haben Verwandte bis zum dritten Grad und ihre Ehegatten oder Ehegattinnen Anspruch auf Elterngeld, wenn sie die übrigen Voraussetzungen nach Absatz 1 erfüllen und wenn von anderen Berechtigten Elterngeld nicht in Anspruch genommen wird.

(5) Der Anspruch auf Elterngeld bleibt unberührt, wenn die Betreuung und Erziehung des Kindes aus einem wichtigen Grund nicht sofort aufgenommen werden kann oder wenn sie unterbrochen werden muss.

(6) Eine Person ist nicht voll erwerbstätig, wenn

1. ihre Arbeitszeit 32 Wochenstunden im Durchschnitt des Lebensmonats nicht übersteigt,
2. sie eine Beschäftigung zur Berufsbildung ausübt oder
3. sie eine geeignete Tagespflegeperson im Sinne der §§ 23 und 43 des Achten Buches geeignete Kindertagespflegeperson ist.

(6a) Als erwerbstätig im Sinne dieses Gesetzes gelten auch Personen, die vorübergehend nicht arbeiten, solange sie

1. sich in einem Arbeitsverhältnis befinden oder
2. selbständig erwerbstätig sind.

(7) Ein nicht freizügigkeitsberechtigter Ausländer oder eine nicht freizügigkeitsberechtigte Ausländerin ist nur anspruchsberechtigt, wenn diese Person

1. eine Niederlassungserlaubnis oder eine Erlaubnis zum Daueraufenthalt-EU besitzt,
2. eine Blaue Karte EU, eine ICT-Karte, eine Mobiler-ICT-Karte oder eine Aufenthaltserlaubnis besitzt, die für einen Zeitraum von mindestens sechs Monaten zur Ausübung einer Erwerbstätigkeit berechtigen oder berechtigt haben oder diese erlauben, es sei denn, die Aufenthaltserlaubnis wurde
   a) nach § 16e des Aufenthaltsgesetzes zu Ausbildungszwecken, nach § 19c Absatz 1 des Aufenthaltsgesetzes zum Zweck der Beschäftigung als Au-Pair oder zum Zweck der Saisonbeschäftigung, nach § 19e des Aufenthaltsgesetzes zum Zweck der Teilnahme an einem Europäischen Freiwilligendienst oder nach § 20a Absatz 5 Satz 1 des Aufenthaltsgesetzes zur Suche nach einer Erwerbstätigkeit oder nach Maßnahmen zur Anerkennung ausländischer Berufsqualifikationen erteilt,
   b) nach § 16b des Aufenthaltsgesetzes zum Zweck eines Studiums, nach § 16d des Aufenthaltsgesetzes für Maßnahmen zur Anerkennung ausländischer Berufsqualifikationen, nach § 20 des Aufenthaltsgesetzes zur Suche nach einer Erwerbstätigkeit oder nach § 20a Absatz 5 Satz 2 des Aufenthaltsgesetzes zur Suche nach einer Erwerbstätigkeit oder nach Maßnahmen zur Anerkennung ausländischer Berufsqualifikationen erteilt und die Person ist weder erwerbstätig noch nimmt sie Elternzeit nach § 15 dieses Gesetzes

oder laufende Geldleistungen nach dem Dritten Buch Sozialgesetzbuch in Anspruch,

c) nach § 23 Absatz 1 des Aufenthaltsgesetzes wegen eines Krieges im Heimatland dieser Person oder nach § 23a oder § 25 Absatz 3 bis 5 des Aufenthaltsgesetzes erteilt,

3. eine in Nummer 2 Buchstabe c genannte Aufenthaltserlaubnis besitzt und im Bundesgebiet berechtigt erwerbstätig ist oder Elternzeit nach § 15 dieses Gesetzes oder laufende Geldleistungen nach dem Dritten Buch Sozialgesetzbuch in Anspruch nimmt,
4. eine in Nummer 2 Buchstabe c genannte Aufenthaltserlaubnis besitzt und sich seit mindestens 15 Monaten erlaubt, gestattet oder geduldet im Bundesgebiet aufhält oder
5. eine Beschäftigungsduldung gemäß § 60d in Verbindung mit § 60a Absatz 2 Satz 3 des Aufenthaltsgesetzes besitzt.

Abweichend von Satz 1 Nummer 3 erste Alternative ist ein minderjähriger nicht freizügigkeitsberechtigter Ausländer oder eine minderjährige nicht freizügigkeitsberechtigte Ausländerin unabhängig von einer Erwerbstätigkeit anspruchsberechtigt.

(8) Ein Anspruch entfällt, wenn die berechtigte Person im letzten abgeschlossenen Veranlagungszeitraum vor der Geburt des Kindes ein zu versteuerndes Einkommen nach § 2 Absatz 5 des Einkommensteuergesetzes in Höhe von mehr als 175 000 Euro erzielt hat. Erfüllt auch eine andere Person die Voraussetzungen des Absatzes 1 Satz 1 Nummer 2 oder der Absätze 3 oder 4, entfällt abweichend von Satz 1 der Anspruch, wenn die Summe des zu versteuernden Einkommens beider Personen mehr als 175 000 Euro beträgt.

§ 2 Höhe des Elterngeldes (1) Elterngeld wird in Höhe von 67 Prozent des Einkommens aus Erwerbstätigkeit vor der Geburt des Kindes gewährt. Es wird bis zu einem Höchstbetrag von 1800 Euro monatlich für volle Lebensmonate gezahlt, in denen die berechtigte Person kein Einkommen aus Erwerbstätigkeit hat. Das Einkommen aus Erwerbstätigkeit errechnet sich nach Maßgabe der §§ 2c bis 2f aus der um die Abzüge für Steuern und Sozialabgaben verminderten Summe der positiven Einkünfte aus

1. nichtselbständiger Arbeit nach § 2 Absatz 1 Satz 1 Nummer 4 des Einkommensteuergesetzes sowie
2. Land- und Forstwirtschaft, Gewerbebetrieb und selbständiger Arbeit nach § 2 Absatz 1 Satz 1 Nummer 1 bis 3 des Einkommensteuergesetzes

die im Inland zu versteuern sind und die die berechtigte Person durchschnittlich monatlich im Bemessungszeitraum nach § 2b oder in Lebensmonaten der Bezugszeit nach § 2 Absatz 3 hat.

(2) In den Fällen, in denen das Einkommen aus Erwerbstätigkeit vor der Geburt geringer als 1000 Euro war, erhöht sich der Prozentsatz von 67 Prozent um 0,1 Prozentpunkte für je 2 Euro, um die dieses Einkommen den Betrag von 1000 Euro unterschreitet, auf bis zu 100 Prozent. In den Fällen, in denen das Einkommen aus Erwerbstätigkeit vor der Geburt höher als 1200 Euro war, sinkt der Prozentsatz

von 67 Prozent um 0,1 Prozentpunkte für je 2 Euro, um die dieses Einkommen den Betrag von 1200 Euro überschreitet, auf bis zu 65 Prozent.

(3) Für Lebensmonate nach der Geburt des Kindes, in denen die berechtigte Person ein Einkommen aus Erwerbstätigkeit hat, das durchschnittlich geringer ist als das Einkommen aus Erwerbstätigkeit vor der Geburt, wird Elterngeld in Höhe des nach Absatz 1 oder 2 maßgeblichen Prozentsatzes des Unterschiedsbetrages dieser Einkommen aus Erwerbstätigkeit gezahlt. Als Einkommen aus Erwerbstätigkeit vor der Geburt ist dabei höchstens der Betrag von 2770 Euro anzusetzen. Der Unterschiedsbetrag nach Satz 1 ist für das Einkommen aus Erwerbstätigkeit in Monaten, in denen die berechtigte Person Basiselterngeld in Anspruch nimmt, und in Lebensmonaten, in denen sie Elterngeld Plus im Sinne des § 4a Absatz 2 in Anspruch nimmt, getrennt zu berechnen.

(4) Elterngeld wird mindestens in Höhe von 300 Euro gezahlt. Dies gilt auch, wenn die berechtigte Person vor der Geburt des Kindes kein Einkommen aus Erwerbstätigkeit hat.

§ 2a Geschwisterbonus und Mehrlingszuschlag (1) Lebt die berechtigte Person in einem Haushalt mit

1. zwei Kindern, die noch nicht drei Jahre alt sind, oder
2. drei oder mehr Kindern, die noch nicht sechs Jahre alt sind,

wird das Elterngeld um 10 Prozent, mindestens jedoch um 75 Euro erhöht (Geschwisterbonus). Zu berücksichtigen sind alle Kinder, für die die berechtigte Person die Voraussetzungen des § 1 Absatz 1 und 3 erfüllt und für die sich das Elterngeld nicht nach Absatz 4 erhöht.

(2) Für angenommene Kinder, die noch nicht 14 Jahre alt sind, gilt als Alter des Kindes der Zeitraum seit der Aufnahme des Kindes in den Haushalt der berechtigten Person. Dies gilt auch für Kinder, die die berechtigte Person entsprechend § 1 Absatz 3 Satz 1 Nummer 1 mit dem Ziel der Annahme als Kind in ihren Haushalt aufgenommen hat. Für Kinder mit Behinderung im Sinne von § 2 Absatz 1 Satz 1 des Neunten Buches Sozialgesetzbuch liegt die Altersgrenze nach Absatz 1 Satz 1 bei 14 Jahren.

(3) Der Anspruch auf den Geschwisterbonus endet mit Ablauf des Monats, in dem eine der in Absatz 1 genannten Anspruchsvoraussetzungen entfällt.

(4) Bei Mehrlingsgeburten erhöht sich das Elterngeld um je 300 Euro für das zweite und jedes weitere Kind (Mehrlingszuschlag). Dies gilt auch, wenn ein Geschwisterbonus nach Absatz 1 gezahlt wird.

§ 2b Bemessungszeitraum (1) Für die Ermittlung des Einkommens aus nichtselbstständiger Erwerbstätigkeit im Sinne von § 2c vor der Geburt sind die zwölf Kalendermonate vor dem Kalendermonat der Geburt des Kindes maßgeblich. Bei der Bestimmung des Bemessungszeitraums nach Satz 1 bleiben Kalendermonate unberücksichtigt, in denen die berechtigte Person

1. im Zeitraum nach § 4 Absatz 1 Satz 2 und 3 und Absatz 5 Satz 3 Nummer 1 Buchstabe b, Nummer 2 Buchstabe b, Nummer 3 Buchstabe b und Nummer 4 Buchstabe b Elterngeld für ein älteres Kind bezogen hat,

2. während der Schutzfristen nach § 3 des Mutterschutzgesetzes nicht beschäftigt werden durfte oder Mutterschaftsgeld nach dem Fünften Buch Sozialgesetzbuch oder nach dem Zweiten Gesetz über die Krankenversicherung der Landwirte oder Krankentagegeld nach § 192 Absatz 5 Satz 2 des Versicherungsvertragsgesetzes bezogen hat,
3. eine Krankheit hatte, die maßgeblich durch eine Schwangerschaft bedingt war, oder
4. Wehrdienst nach dem Wehrpflichtgesetz oder nach dem Vierten Abschnitt des Soldatengesetzes oder Zivildienst nach dem Zivildienstgesetz geleistet hat.

Abweichend von Satz 2 sind Kalendermonate im Sinne des Satzes 2 Nummer 1 bis 4 auf Antrag der berechtigten Person zu berücksichtigen. Abweichend von Satz 2 bleiben auf Antrag bei der Ermittlung des Einkommens für die Zeit vom 1. März 2020 bis zum Ablauf des 23. September 2022 auch solche Kalendermonate unberücksichtigt, in denen die berechtigte Person aufgrund der COVID-19-Pandemie ein geringeres Einkommen aus Erwerbstätigkeit hatte und dies glaubhaft machen kann. Satz 2 Nummer 1 gilt in den Fällen des § 27 Absatz 1 Satz 1 mit der Maßgabe, dass auf Antrag auch Kalendermonate mit Elterngeldbezug für ein älteres Kind nach Vollendung von dessen 14. Lebensmonat unberücksichtigt bleiben, soweit der Elterngeldbezug von der Zeit vor Vollendung des 14. Lebensmonats auf danach verschoben wurde.

(2) Für die Ermittlung des Einkommens aus selbstständiger Erwerbstätigkeit im Sinne von § 2d vor der Geburt sind die jeweiligen steuerlichen Gewinnermittlungszeiträume maßgeblich, die dem letzten abgeschlossenen steuerlichen Veranlagungszeitraum vor der Geburt des Kindes zugrunde liegen. Haben in einem Gewinnermittlungszeitraum die Voraussetzungen des Absatzes 1 Satz 2 oder Satz 4 vorgelegen, sind auf Antrag die Gewinnermittlungszeiträume maßgeblich, die dem diesen Ereignissen vorangegangenen abgeschlossenen steuerlichen Veranlagungszeitraum zugrunde liegen.

(3) Abweichend von Absatz 1 ist für die Ermittlung des Einkommens aus nichtselbstständiger Erwerbstätigkeit vor der Geburt der letzte abgeschlossene steuerliche Veranlagungszeitraum vor der Geburt maßgeblich, wenn die berechtigte Person in den Zeiträumen nach Absatz 1 oder Absatz 2 Einkommen aus selbstständiger Erwerbstätigkeit hatte. Haben im Bemessungszeitraum nach Satz 1 die Voraussetzungen des Absatzes 1 Satz 2 oder Satz 4 vorgelegen, ist Absatz 2 Satz 2 mit der zusätzlichen Maßgabe anzuwenden, dass für die Ermittlung des Einkommens aus nichtselbstständiger Erwerbstätigkeit vor der Geburt der vorangegangene steuerliche Veranlagungszeitraum maßgeblich ist.

(4) Abweichend von Absatz 3 ist auf Antrag der berechtigten Person für die Ermittlung des Einkommens aus nichtselbstständiger Erwerbstätigkeit allein der Bemessungszeitraum nach Absatz 1 maßgeblich, wenn die zu berücksichtigende Summe der Einkünfte aus Land- und Forstwirtschaft, Gewerbebetrieb und selbstständiger Arbeit nach § 2 Absatz 1 Satz 1 Nummer 1 bis 3 des Einkommensteuergesetzes

1. in den jeweiligen steuerlichen Gewinnermittlungszeiträumen, die dem letzten abgeschlossenen steuerlichen Veranlagungszeitraum vor der Geburt des Kin-

des zugrunde liegen, durchschnittlich weniger als 35 Euro im Kalendermonat betrug und

2. in den jeweiligen steuerlichen Gewinnermittlungszeiträumen, die dem steuerlichen Veranlagungszeitraum der Geburt des Kindes zugrunde liegen, bis einschließlich zum Kalendermonat vor der Geburt des Kindes durchschnittlich weniger als 35 Euro im Kalendermonat betrug.

Abweichend von § 2 Absatz 1 Satz 3 Nummer 2 ist für die Berechnung des Elterngeldes im Fall des Satzes 1 allein das Einkommen aus nichtselbstständiger Erwerbstätigkeit maßgeblich. Die für die Entscheidung über den Antrag notwendige Ermittlung der Höhe der Einkünfte aus Land- und Forstwirtschaft, Gewerbebetrieb und selbstständiger Arbeit erfolgt für die Zeiträume nach Satz 1 Nummer 1 entsprechend § 2d Absatz 2; in Fällen, in denen zum Zeitpunkt der Entscheidung kein Einkommensteuerbescheid vorliegt, und für den Zeitraum nach Satz 1 Nummer 2 erfolgt die Ermittlung der Höhe der Einkünfte entsprechend § 2d Absatz 3. Die Entscheidung über den Antrag erfolgt abschließend auf der Grundlage der Höhe der Einkünfte, wie sie sich aus den gemäß Satz 3 vorgelegten Nachweisen ergibt.

§ 2c Einkommen aus nichtselbstständiger Erwerbstätigkeit (1) Der monatlich durchschnittlich zu berücksichtigende Überschuss der Einnahmen aus nichtselbstständiger Arbeit in Geld oder Geldeswert über ein Zwölftel des Arbeitnehmer-Pauschbetrags, vermindert um die Abzüge für Steuern und Sozialabgaben nach den §§ 2e und 2f, ergibt das Einkommen aus nichtselbstständiger Erwerbstätigkeit. Nicht berücksichtigt werden Einnahmen, die im Lohnsteuerabzugsverfahren nach den lohnsteuerlichen Vorgaben als sonstige Bezüge zu behandeln sind. Die zeitliche Zuordnung von Einnahmen erfolgt nach den lohnsteuerlichen Vorgaben für das Lohnsteuerabzugsverfahren. Maßgeblich ist der Arbeitnehmer-Pauschbetrag nach § 9a Satz 1 Nummer 1 Buchstabe a des Einkommensteuergesetzes in der am 1 Januar des Kalenderjahres vor der Geburt des Kindes für dieses Jahr geltenden Fassung.

(2) Grundlage der Ermittlung der Einnahmen sind die Angaben in den für die maßgeblichen Kalendermonate erstellten Lohn- und Gehaltsbescheinigungen des Arbeitgebers. Die Richtigkeit und Vollständigkeit der Angaben in den maßgeblichen Lohn- und Gehaltsbescheinigungen wird vermutet.

(3) Grundlage der Ermittlung der nach den §§ 2e und 2f erforderlichen Abzugsmerkmale für Steuern und Sozialabgaben sind die Angaben in der Lohn- und Gehaltsbescheinigung, die für den letzten Kalendermonat im Bemessungszeitraum mit Einnahmen nach Absatz 1 erstellt wurde. Soweit sich in den Lohn- und Gehaltsbescheinigungen des Bemessungszeitraums eine Angabe zu einem Abzugsmerkmal geändert hat, ist die von der Angabe nach Satz 1 abweichende Angabe maßgeblich, wenn sie in der überwiegenden Zahl der Kalendermonate des Bemessungszeitraums gegolten hat. § 2c Absatz 2 Satz 2 gilt entsprechend.

(4) Der anteilige Arbeitnehmer-Pauschbetrag nach Absatz 1 Satz 1 ist nicht zu berücksichtigen, wenn dem Ansässigkeitsstaat der berechtigten Person nach einem Abkommen zur Vermeidung der Doppelbesteuerung das Besteuerungsrecht für das Elterngeld zusteht und wenn das aus Deutschland gezahlte Elterngeld nach den maßgebenden Vorschriften des Ansässigkeitsstaats der Steuer unterliegt. Unterliegt

das Elterngeld im Ansässigkeitsstaat nach dessen maßgebenden Vorschriften nicht der Steuer, so ist der Arbeitnehmer-Pauschbetrag nach Absatz 1 entsprechend zu berücksichtigen.

§ 2d Einkommen aus selbstständiger Erwerbstätigkeit (1) Die monatlich durchschnittlich zu berücksichtigende Summe der positiven Einkünfte aus Land- und Forstwirtschaft, Gewerbebetrieb und selbstständiger Arbeit (Gewinneinkünfte), vermindert um die Abzüge für Steuern und Sozialabgaben nach den §§ 2e und 2f, ergibt das Einkommen aus selbstständiger Erwerbstätigkeit.
(2) Bei der Ermittlung der im Bemessungszeitraum zu berücksichtigenden Gewinneinkünfte sind die entsprechenden im Einkommensteuerbescheid ausgewiesenen Gewinne anzusetzen. Ist kein Einkommensteuerbescheid zu erstellen, werden die Gewinneinkünfte in entsprechender Anwendung des Absatzes 3 ermittelt.
(3) Grundlage der Ermittlung der in den Bezugsmonaten zu berücksichtigenden Gewinneinkünfte ist eine Gewinnermittlung, die mindestens den Anforderungen des § 4 Absatz 3 des Einkommensteuergesetzes entspricht. Als Betriebsausgaben sind 25 Prozent der zugrunde gelegten Einnahmen oder auf Antrag die damit zusammenhängenden tatsächlichen Betriebsausgaben anzusetzen.
(4) Soweit nicht in § 2c Absatz 3 etwas anderes bestimmt ist, sind bei der Ermittlung der nach § 2e erforderlichen Abzugsmerkmale für Steuern die Angaben im Einkommensteuerbescheid maßgeblich. § 2c Absatz 3 Satz 2 gilt entsprechend.
(5) Die zeitliche Zuordnung von Einnahmen und Ausgaben erfolgt nach den einkommensteuerrechtlichen Grundsätzen.

§ 2e Abzüge für Steuern (1) Als Abzüge für Steuern sind Beträge für die Einkommensteuer, den Solidaritätszuschlag und, wenn die berechtigte Person kirchensteuerpflichtig ist, die Kirchensteuer zu berücksichtigen. Die Abzüge für Steuern werden einheitlich für Einkommen aus nichtselbstständiger und selbstständiger Erwerbstätigkeit auf Grundlage einer Berechnung anhand des am 1 Januar des Kalenderjahres vor der Geburt des Kindes für dieses Jahr geltenden Programmablaufplans für die maschinelle Berechnung der vom Arbeitslohn einzubehaltenden Lohnsteuer, des Solidaritätszuschlags und der Maßstabsteuer für die Kirchenlohnesteuer im Sinne von § 39b Absatz 6 des Einkommensteuergesetzes nach den Maßgaben der Absätze 2 bis 5 ermittelt.
(2) Bemessungsgrundlage für die Ermittlung der Abzüge für Steuern ist die monatlich durchschnittlich zu berücksichtigende Summe der Einnahmen nach § 2c, soweit sie von der berechtigten Person zu versteuern sind, und der Gewinneinkünfte nach § 2d. Bei der Ermittlung der Abzüge für Steuern nach Absatz 1 werden folgende Pauschalen berücksichtigt:

1. der Arbeitnehmer-Pauschbetrag nach § 9a Satz 1 Nummer 1 Buchstabe a des Einkommensteuergesetzes, wenn die berechtigte Person von ihr zu versteuernde Einnahmen hat, die unter § 2c fallen, und
2. eine Vorsorgepauschale
   a) mit den Teilbeträgen nach § 39b Absatz 2 Satz 5 Nummer 3 Buchstabe b, c und e des Einkommensteuergesetzes, falls die berechtigte Person von ihr zu versteuernde Einnahmen nach § 2c hat, ohne in der gesetzlichen Renten-

versicherung oder einer vergleichbaren Einrichtung versicherungspflichtig gewesen zu sein, oder

b) mit den Teilbeträgen nach § 39b Absatz 2 Satz 5 Nummer 3 Buchstabe a bis c und e des Einkommensteuergesetzes in allen übrigen Fällen,

wobei die Höhe der Teilbeträge ohne Berücksichtigung der besonderen Regelungen zur Berechnung der Beiträge nach § 55 Absatz 3 und § 58 Absatz 3 des Elften Buches Sozialgesetzbuch bestimmt wird.

(3) Als Abzug für die Einkommensteuer ist der Betrag anzusetzen, der sich unter Berücksichtigung der Steuerklasse und des Faktors nach § 39f des Einkommensteuergesetzes nach § 2c Absatz 3 ergibt; die Steuerklasse VI bleibt unberücksichtigt. War die berechtigte Person im Bemessungszeitraum nach § 2b in keine Steuerklasse eingereiht oder ist ihr nach § 2d zu berücksichtigender Gewinn höher als ihr nach § 2c zu berücksichtigender Überschuss der Einnahmen über ein Zwölftel des Arbeitnehmer-Pauschbetrags, ist als Abzug für die Einkommensteuer der Betrag anzusetzen, der sich unter Berücksichtigung der Steuerklasse IV ohne Berücksichtigung eines Faktors nach § 39f des Einkommensteuergesetzes ergibt.

(4) Als Abzug für den Solidaritätszuschlag ist der Betrag anzusetzen, der sich nach den Maßgaben des Solidaritätszuschlagsgesetzes 1995 für die Einkommensteuer nach Absatz 3 ergibt. Freibeträge für Kinder werden nach den Maßgaben des § 3 Absatz 2a des Solidaritätszuschlagsgesetzes 1995 berücksichtigt.

(5) Als Abzug für die Kirchensteuer ist der Betrag anzusetzen, der sich unter Anwendung eines Kirchensteuersatzes von 8 Prozent für die Einkommensteuer nach Absatz 3 ergibt. Freibeträge für Kinder werden nach den Maßgaben des § 51a Absatz 2a des Einkommensteuergesetzes berücksichtigt.

(6) Vorbehaltlich der Absätze 2 bis 5 werden Freibeträge und Pauschalen nur berücksichtigt, wenn sie ohne weitere Voraussetzung jeder berechtigten Person zustehen.

(7) Abzüge für Steuern nach Absatz 1 Satz 1 sind nicht zu berücksichtigen, wenn dem Ansässigkeitsstaat der berechtigten Person nach einem Abkommen zur Vermeidung der Doppelbesteuerung das Besteuerungsrecht für das Elterngeld zusteht und wenn das aus Deutschland gezahlte Elterngeld nach den maßgebenden Vorschriften des Ansässigkeitsstaats der Steuer unterliegt. Unterliegt das Elterngeld im Ansässigkeitsstaat nach dessen maßgebenden Vorschriften nicht der Steuer, so sind die Abzüge für Steuern nach den Absätzen 1 bis 6 entsprechend zu berücksichtigen.

§ 2f Abzüge für Sozialabgaben (1) Als Abzüge für Sozialabgaben sind Beträge für die gesetzliche Sozialversicherung oder für eine vergleichbare Einrichtung sowie für die Arbeitsförderung zu berücksichtigen. Die Abzüge für Sozialabgaben werden einheitlich für Einkommen aus nichtselbstständiger und selbstständiger Erwerbstätigkeit anhand folgender Beitragssatzpauschalen ermittelt:

1. 9 Prozent für die Kranken- und Pflegeversicherung, falls die berechtigte Person in der gesetzlichen Krankenversicherung nach § 5 Absatz 1 Nummer 1 bis 12 des Fünften Buches Sozialgesetzbuch versicherungspflichtig gewesen ist,

2. 10 Prozent für die Rentenversicherung, falls die berechtigte Person in der gesetzlichen Rentenversicherung oder einer vergleichbaren Einrichtung versicherungspflichtig gewesen ist, und
3. 2 Prozent für die Arbeitsförderung, falls die berechtigte Person nach dem Dritten Buch Sozialgesetzbuch versicherungspflichtig gewesen ist.

(2) Bemessungsgrundlage für die Ermittlung der Abzüge für Sozialabgaben ist die monatlich durchschnittlich zu berücksichtigende Summe der Einnahmen nach § 2c und der Gewinneinkünfte nach § 2d. Einnahmen aus Beschäftigungen im Sinne des § 8, des § 8a oder des § 20 Absatz 3 Satz 1 des Vierten Buches Sozialgesetzbuch werden nicht berücksichtigt. Für Einnahmen aus Beschäftigungsverhältnissen im Sinne des § 20 Absatz 2 des Vierten Buches Sozialgesetzbuch ist der Betrag anzusetzen, der sich nach § 344 Absatz 4 des Dritten Buches Sozialgesetzbuch für diese Einnahmen ergibt, wobei der Faktor im Sinne des § 20 Absatz 2a Satz 2 des Vierten Buches Sozialgesetzbuch unter Zugrundelegung der Beitragssatzpauschalen nach Absatz 1 bestimmt wird.

(3) Andere Maßgaben zur Bestimmung der sozialversicherungsrechtlichen Beitragsbemessungsgrundlagen werden nicht berücksichtigt.

§ 3 Anrechnung von anderen Einnahmen (1) Auf das der berechtigten Person nach § 2 oder nach § 2 in Verbindung mit § 2a zustehende Elterngeld werden folgende Einnahmen angerechnet:

1. Mutterschaftsleistungen
   a) in Form des Mutterschaftsgeldes nach dem Fünften Buch Sozialgesetzbuch oder nach dem Zweiten Gesetz über die Krankenversicherung der Landwirte mit Ausnahme des Mutterschaftsgeldes nach § 19 Absatz 2 des Mutterschutzgesetzes oder
   b) in Form des Zuschusses zum Mutterschaftsgeld nach § 20 des Mutterschutzgesetzes, die der berechtigten Person für die Zeit ab dem Tag der Geburt des Kindes zustehen,
2. Dienst- oder Anwärterbezüge sowie Zuschüsse, die der berechtigten Person nach beamten- oder soldatenrechtlichen Vorschriften für die Zeit eines Beschäftigungsverbots ab dem Tag der Geburt des Kindes zustehen,
3. dem Elterngeld oder den Mutterschaftsleistungen vergleichbare Leistungen, auf die eine nach § 1 berechtigte Person außerhalb Deutschlands oder gegenüber einer über- oder zwischenstaatlichen Einrichtung Anspruch hat,
4. Elterngeld, das der berechtigten Person für ein älteres Kind zusteht, oder dem Elterngeld oder den Mutterschaftsleistungen vergleichbare Leistungen für ein älteres Kind, auf die die berechtigte Person außerhalb Deutschlands oder gegenüber einer über- oder zwischenstaatlichen Einrichtung Anspruch hat,
5. Einnahmen, die der berechtigten Person als Ersatz für Erwerbseinkommen zustehen und
   a) die nicht bereits für die Berechnung des Elterngeldes nach § 2 berücksichtigt oder
   b) bei deren Berechnung das Elterngeld nicht berücksichtigt wird.

Stehen der berechtigten Person die Einnahmen nur für einen Teil des Lebensmonats des Kindes zu, sind sie nur auf den entsprechenden Teil des Elterngeldes

anzurechnen. Für jeden Kalendermonat, in dem Einnahmen nach Satz 1 Nummer 4 oder Nummer 5 im Bemessungszeitraum bezogen worden sind, wird der Anrechnungsbetrag um ein Zwölftel gemindert. Beginnt der Bezug von Einnahmen nach Satz 1 Nummer 5 nach der Geburt des Kindes und berechnen sich die anzurechnenden Einnahmen auf der Grundlage eines Einkommens, das geringer ist als das Einkommen aus Erwerbstätigkeit im Bemessungszeitraum, so ist der Teil des Elterngeldes in Höhe des nach § 2 Absatz 1 oder 2 maßgeblichen Prozentsatzes des Unterschiedsbetrages zwischen dem durchschnittlichen monatlichen Einkommen aus Erwerbstätigkeit im Bemessungszeitraum und dem durchschnittlichen monatlichen Bemessungseinkommen der anzurechnenden Einnahmen von der Anrechnung freigestellt.
(2) Bis zu einem Betrag von 300 Euro ist das Elterngeld von der Anrechnung nach Absatz 1 frei, soweit nicht Einnahmen nach Absatz 1 Satz 1 Nummer 1 bis 3 auf das Elterngeld anzurechnen sind. Dieser Betrag erhöht sich bei Mehrlingsgeburten um je 300 Euro für das zweite und jedes weitere Kind.
(3) Solange kein Antrag auf die in Absatz 1 Satz 1 Nummer 3 genannten vergleichbaren Leistungen gestellt wird, ruht der Anspruch auf Elterngeld bis zur möglichen Höhe der vergleichbaren Leistung.

16

§ 4 Bezugsdauer, Anspruchsumfang (1) Elterngeld wird als Basiselterngeld oder als Elterngeld Plus gewährt. Es kann ab dem Tag der Geburt bezogen werden. Basiselterngeld kann bis zur Vollendung des 14. Lebensmonats bezogen werden. Elterngeld Plus kann bis zur Vollendung des 32. Lebensmonats bezogen werden, solange es ab dem 15. Lebensmonat in aufeinander folgenden Lebensmonaten von zumindest einem Elternteil in Anspruch genommen wird. Für angenommene Kinder und Kinder im Sinne des § 1 Absatz 3 Satz 1 Nummer 1 kann Elterngeld ab Aufnahme bei der berechtigten Person längstens bis zur Vollendung des achten Lebensjahres des Kindes bezogen werden.
(2) Elterngeld wird in Monatsbeträgen für Lebensmonate des Kindes gezahlt. Der Anspruch endet mit dem Ablauf des Lebensmonats, in dem eine Anspruchsvoraussetzung entfallen ist.
(3) Die Eltern haben gemeinsam Anspruch auf zwölf Monatsbeträge Basiselterngeld. Ist das Einkommen aus Erwerbstätigkeit eines Elternteils in zwei Lebensmonaten gemindert, haben die Eltern gemeinsam Anspruch auf zwei weitere Monate Basiselterngeld (Partnermonate). Statt für einen Lebensmonat Basiselterngeld zu beanspruchen, kann die berechtigte Person jeweils zwei Lebensmonate Elterngeld Plus beziehen.
(4) Ein Elternteil hat Anspruch auf höchstens zwölf Monatsbeträge Basiselterngeld zuzüglich der höchstens vier zustehenden Monatsbeträge Partnerschaftsbonus nach § 4b. Ein Elternteil hat nur Anspruch auf Elterngeld, wenn er es mindestens für zwei Lebensmonate bezieht. Lebensmonate des Kindes, in denen einem Elternteil nach § 3 Absatz 1 Satz 1 Nummer 1 bis 3 anzurechnende Leistungen oder nach § 192 Absatz 5 Satz 2 des Versicherungsvertragsgesetzes Versicherungsleistungen zustehen, gelten als Monate, für die dieser Elternteil Basiselterngeld nach § 4a Absatz 1 bezieht.

(5) Abweichend von Absatz 3 Satz 1 beträgt der gemeinsame Anspruch der Eltern auf Basiselterngeld für ein Kind, das

1. mindestens sechs Wochen vor dem voraussichtlichen Tag der Entbindung geboren wurde: 13 Monatsbeträge Basiselterngeld;
2. mindestens acht Wochen vor dem voraussichtlichen Tag der Entbindung geboren wurde: 14 Monatsbeträge Basiselterngeld;
3. mindestens zwölf Wochen vor dem voraussichtlichen Tag der Entbindung geboren wurde: 15 Monatsbeträge Basiselterngeld;
4. mindestens 16 Wochen vor dem voraussichtlichen Tag der Entbindung geboren wurde: 16 Monatsbeträge Basiselterngeld.

Für die Berechnung des Zeitraums zwischen dem voraussichtlichen Tag der Entbindung und dem tatsächlichen Tag der Geburt ist der voraussichtliche Tag der Entbindung maßgeblich, wie er sich aus dem ärztlichen Zeugnis oder Zeugnis einer Hebamme odes eines Entbindungspflegers ergibt.

Im Fall von

1. Satz 1 Nummer 1
   a) hat ein Elternteil abweichend von Absatz 4 Satz 1 Anspruch auf höchstens 13 Monatsbeträge Basiselterngeld zuzüglich der höchstens vier zustehenden Monatsbeträge Partnerschaftsbonus nach § 4b,
   b) kann Basiselterngeld abweichend von Absatz 1 Satz 3 bis zur Vollendung des 15. Lebensmonats des Kindes bezogen werden und
   c) kann Elterngeld Plus abweichend von Absatz 1 Satz 4 bis zur Vollendung des 32. Lebensmonats des Kindes bezogen werden, solange es ab dem 16. Lebensmonat in aufeinander folgenden Lebensmonaten von zumindest einem Elternteil in Anspruch genommen wird;
2. Satz 1 Nummer 2
   a) hat ein Elternteil abweichend von Absatz 4 Satz 1 Anspruch auf höchstens 14 Monatsbeträge Basiselterngeld zuzüglich der höchstens vier zustehenden Monatsbeträge Partnerschaftsbonus nach § 4b,
   b) kann Basiselterngeld abweichend von Absatz 1 Satz 3 bis zur Vollendung des 16. Lebensmonats des Kindes bezogen werden und
   c) kann Elterngeld Plus abweichend von Absatz 1 Satz 4 bis zur Vollendung des 32. Lebensmonats des Kindes bezogen werden, solange es ab dem 17. Lebensmonat in aufeinander folgenden Lebensmonaten von zumindest einem Elternteil in Anspruch genommen wird;
3. Satz 1 Nummer 3
   a) hat ein Elternteil abweichend von Absatz 4 Satz 1 Anspruch auf höchstens 15 Monatsbeträge Basiselterngeld zuzüglich der höchstens vier zustehenden Monatsbeträge Partnerschaftsbonus nach § 4b,
   b) kann Basiselterngeld abweichend von Absatz 1 Satz 3 bis zur Vollendung des 17. Lebensmonats des Kindes bezogen werden und
   c) kann Elterngeld Plus abweichend von Absatz 1 Satz 4 bis zur Vollendung des 32. Lebensmonats des Kindes bezogen werden, solange es ab dem 18. Lebensmonat in aufeinander folgenden Lebensmonaten von zumindest einem Elternteil in Anspruch genommen wird;
4. Satz 1 Nummer 4

a) hat ein Elternteil abweichend von Absatz 4 Satz 1 Anspruch auf höchstens 16 Monatsbeträge Basiselterngeld zuzüglich der höchstens vier zustehenden Monatsbeträge Partnerschaftsbonus nach § 4b,
b) kann Basiselterngeld abweichend von Absatz 1 Satz 3 bis zur Vollendung des 18. Lebensmonats des Kindes bezogen werden und
c) kann Elterngeld Plus abweichend von Absatz 1 Satz 4 bis zur Vollendung des 32. Lebensmonats des Kindes bezogen werden, solange es ab dem 19. Lebensmonat in aufeinander folgenden Lebensmonaten von zumindest einem Elternteil in Anspruch genommen wird.

(6) Ein gleichzeitiger Bezug von Basiselterngeld beider Elternteile ist nur in einem der ersten zwölf Lebensmonate des Kindes möglich. Bezieht einer der beiden Elternteile Elterngeld Plus, so kann dieser Elternteil das Elterngeld Plus gleichzeitig zum Bezug von Basiselterngeld oder von Elterngeld Plus des anderen Elternteils beziehen. § 4b bleibt unberührt. Abweichend von Satz 1 können bei Mehrlingsgeburten und Frühgeburten im Sinne des Absatzes 5 sowie bei Kindern, bei denen eine Behinderung im Sinne von § 2 Absatz 1 Satz 1 des Neunten Buches Sozialgesetzbuch ärztlich festgestellt wird, und bei Kindern, die einen Geschwisterbonus nach § 2a Absatz 1 in Verbindung mit Absatz 2 Satz 3 auslösen, beide Elternteile gleichzeitig Basiselterngeld beziehen.

16

§ 4a Berechnung von Basiselterngeld und Elterngeld Plus (1) Basiselterngeld wird allein nach den Vorgaben der §§ 2 bis 3 ermittelt.

(2) Elterngeld Plus wird nach den Vorgaben der §§ 2 bis 3 und den zusätzlichen Vorgaben der Sätze 2 und 3 ermittelt. Das Elterngeld Plus beträgt monatlich höchstens die Hälfte des Basiselterngeldes, das der berechtigten Person zustünde, wenn sie während des Elterngeldbezuges keine Einnahmen im Sinne des § 2 oder des § 3 hätte oder hat. Für die Berechnung des Elterngeldes Plus halbieren sich:
1. der Mindestbetrag für das Elterngeld nach § 2 Absatz 4 Satz 1,
2. der Mindestbetrag des Geschwisterbonus nach § 2a Absatz 1 Satz 1,
3. der Mehrlingszuschlag nach § 2a Absatz 4 sowie
4. die von der Anrechnung freigestellten Elterngeldbeträge nach § 3 Absatz 2.

§ 4b Partnerschaftsbonus (1) Wenn beide Elternteile
1. nicht weniger als 24 und nicht mehr als 32 Wochenstunden im Durchschnitt des Lebensmonats erwerbstätig sind und
2. die Voraussetzungen des § 1 erfüllen,

hat jeder Elternteil für diesen Lebensmonat Anspruch auf einen zusätzlichen Monatsbetrag Elterngeld Plus (Partnerschaftsbonus).

(2) Die Eltern haben je Elternteil Anspruch auf höchstens vier Monatsbeträge Partnerschaftsbonus. Sie können den Partnerschaftsbonus nur beziehen, wenn sie ihn jeweils für mindestens zwei Lebensmonate in Anspruch nehmen.

(3) Die Eltern können den Partnerschaftsbonus nur gleichzeitig und in aufeinander folgenden Lebensmonaten beziehen.

(4) Treten während des Bezugs des Partnerschaftsbonus die Voraussetzungen für einen alleinigen Bezug nach § 4c Absatz 1 Nummer 1 bis 3 ein, so kann der Bezug durch einen Elternteil nach § 4c Absatz 2 fortgeführt werden.

(5) Das Erfordernis des Bezugs in aufeinander folgenden Lebensmonaten nach Absatz 3 und § 4 Absatz 1 Satz 4 gilt auch dann als erfüllt, wenn sich während des Bezugs oder nach dem Ende des Bezugs herausstellt, dass die Voraussetzungen für den Partnerschaftsbonus nicht in allen Lebensmonaten, für die der Partnerschaftsbonus beantragt wurde, vorliegen oder vorlagen.

§ 4c Alleiniger Bezug durch einen Elternteil (1) Ein Elternteil kann abweichend von § 4 Absatz 4 Satz 1 zusätzlich auch das Elterngeld für die Partnermonate nach § 4 Absatz 3 Satz 2 beziehen, wenn das Einkommen aus Erwerbstätigkeit für zwei Lebensmonate gemindert ist und

1. bei dessen Elternteil die Voraussetzungen für den Entlastungsbetrag für Alleinerziehende nach § 24b Absatz 1 und 3 des Einkommensteuergesetzes vorliegen und der andere Elternteil weder mit ihm noch mit dem Kind in einer Wohnung lebt,
2. mit der Betreuung durch den anderen Elternteil eine Gefährdung des Kindeswohls im Sinne von § 1666 Absatz 1 und 2 des Bürgerlichen Gesetzbuchs verbunden wäre oder
3. die Betreuung durch den anderen Elternteil unmöglich ist, insbesondere, weil er wegen einer schweren Krankheit oder einer Schwerbehinderung sein Kind nicht betreuen kann; für die Feststellung der Unmöglichkeit der Betreuung bleiben wirtschaftliche Gründe und Gründe einer Verhinderung wegen anderweitiger Tätigkeiten außer Betracht.

(2) Liegt eine der Voraussetzungen des Absatzes 1 Nummer 1 bis 3 vor, so hat ein Elternteil, der in mindestens zwei bis höchstens vier aufeinander folgenden Lebensmonaten nicht weniger als 24 und nicht mehr als 32 Wochenstunden im Durchschnitt des Lebensmonats erwerbstätig ist, für diese Lebensmonate Anspruch auf zusätzliche Monatesbeträge Elterngeld Plus. § 4b Absatz 5 gilt entsprechend.

§ 4d Weitere Berechtigte Die §§ 4 bis 4c gelten in den Fällen des § 1 Absatz 3 und 4 entsprechend. Der Bezug von Elterngeld durch nicht sorgeberechtigte Elternteile und durch Personen, die nach § 1 Absatz 3 Satz 1 Nummer 2 und 3 Anspruch auf Elterngeld haben, bedarf der Zustimmung des sorgeberechtigten Elternteils.

Abschnitt 2 – Verfahren und Organisation

§ 5 Zusammentreffen von Ansprüchen (1) Erfüllen beide Elternteile die Anspruchsvoraussetzungen, bestimmen sie, wer von ihnen die Monatsbeträge für welche Lebensmonate des Kindes in Anspruch nimmt.

(2) Beanspruchen beide Elternteile zusammen mehr als die ihnen nach § 4 Absatz 3 und § 4b oder nach § 4 Absatz 3 und § 4b in Verbindung mit § 4d zustehenden Monatsbeträge, so besteht der Anspruch eines Elternteils, der nicht über die Hälfte der zustehenden Monatsbeträge hinausgeht, ungekürzt; der Anspruch des anderen Elternteils wird gekürzt auf die vom Gesamtanspruch verbleibenden Monatsbeträge. Beansprucht jeder der beiden Elternteile mehr als die Hälfte der ihm zustehenden Monatsbeträge, steht jedem Elternteil die Hälfte des Gesamtanspruchs der Monatsbeträge zu.

(3) Die Absätze 1 und 2 gelten in den Fällen des § 1 Absatz 3 und 4 entsprechend. Wird eine Einigung mit einem nicht sorgeberechtigten Elternteil oder einer Person, die nach § 1 Absatz 3 Satz 1 Nummer 2 und 3 Anspruch auf Elterngeld hat, nicht erzielt, so kommt es abweichend von Absatz 2 allein auf die Entscheidung des sorgeberechtigten Elternteils an.

§ 6 Auszahlung Elterngeld und Betreuungsgeld wird im Laufe des Lebensmonats gezahlt, für den es bestimmt ist.

§ 7 Antragstellung (1) Elterngeld ist schriftlich zu beantragen. Es wird rückwirkend nur für die letzten drei Lebensmonate vor Beginn des Lebensmonats geleistet, in dem der Antrag auf Elterngeld eingegangen ist. Im Antrag ist anzugeben, für welche Lebensmonate Basiselterngeld, für welche Lebensmonate Elterngeld Plus oder für welche Lebensmonate Partnerschaftsbonus beantragt wird.
(2) Die im Antrag getroffenen Entscheidungen können bis zum Ende des Bezugszeitraumes geändert werden. Eine Änderung kann rückwirkend nur für die letzten drei Lebensmonate vor Beginn des Lebensmonats verlangt werden, in dem der Änderungsantrag eingegangen ist. Sie ist außer in den Fällen besonderer Härte unzulässig, soweit Monatsbeträge bereits ausgezahlt sind. Abweichend von den Sätzen 2 und 3 kann für einen Lebensmonat, in dem bereits Elterngeld Plus bezogen wurde, nachträglich Basiselterngeld beantragt werden. Im Übrigen finden die für die Antragstellung geltenden Vorschriften auch auf den Änderungsantrag Anwendung.
(3) Der Antrag ist, außer im Fall des § 4c und der Antragstellung durch eine allein sorgeberechtigte Person, zu unterschreiben von der Person, die ihn stellt, und zur Bestätigung der Kenntnisnahme auch von der anderen berechtigten Person. Die andere berechtigte Person kann gleichzeitig

1. einen Antrag auf Elterngeld stellen oder
2. der Behörde anzeigen, wie viele Monatsbeträge sie beansprucht, wenn mit ihrem Anspruch die Höchstgrenzen nach § 4 Absatz 3 in Verbindung mit § 4b überschritten würden.

Liegt der Behörde von der anderen berechtigten Person weder ein Antrag auf Elterngeld noch eine Anzeige nach Satz 2 vor, so werden sämtliche Monatsbeträge der berechtigten Person ausgezahlt, die den Antrag gestellt hat; die andere berechtigte Person kann bei einem späteren Antrag abweichend von § 5 Absatz 2 nur die unter Berücksichtigung von § 4 Absatz 3 in Verbindung mit § 4b vom Gesamtanspruch verbleibenden Monatsbeträge erhalten.

§ 8 Auskunftspflicht, Nebenbestimmungen (1) Soweit im Antrag auf Elterngeld Angaben zum voraussichtlichen Einkommen aus Erwerbstätigkeit gemacht wurden, ist nach Ablauf des Bezugszeitraums für diese Zeit das tatsächliche Einkommen aus Erwerbstätigkeit nachzuweisen.
(1 a) Die Mitwirkungspflichten nach § 60 des Ersten Buches Sozialgesetzbuch gelten

1. im Falle des § 1 Absatz 8 Satz 2 auch für die andere Person im Sinne des § 1 Absatz 8 Satz 2 und

2. im Falle des § 4b oder des § 4b in Verbindung mit § 4d Satz 1 für beide Personen, die den Partnerschaftsbonus beantragt haben.

§ 65 Absatz 1 und 3 des Ersten Buches Sozialgesetzbuch gilt entsprechend.

(2) Elterngeld wird in den Fällen, in denen die berechtigte Person nach ihren Angaben im Antrag im Bezugszeitraum voraussichtlich kein Einkommen aus Erwerbstätigkeit haben wird, unter dem Vorbehalt des Widerrufs für den Fall gezahlt, dass sie entgegen ihren Angaben im Antrag Einkommen aus Erwerbstätigkeit hat. In den Fällen, in denen zum Zeitpunkt der Antragstellung der Steuerbescheid für den letzten abgeschlossenen steuerlichen Veranlagungszeitraum vor der Geburt des Kindes nicht vorliegt und nach den Angaben im Antrag die Beträge nach § 1 Absatz 8 voraussichtlich nicht überschritten werden, wird das Elterngeld unter dem Vorbehalt des Widerrufs für den Fall gezahlt, dass entgegen den Angaben im Antrag die Beträge nach § 1 Absatz 8 überschritten werden.

(3) Über die Höhe des Elterngeldes wird bis zum Nachweis der jeweils erforderlichen Angaben vorläufig unter Berücksichtigung der glaubhaft gemachten Angaben entschieden, wenn

1. zum Zeitpunkt der Antragstellung der Steuerbescheid für den letzten abgeschlossenen Veranlagungszeitraum vor der Geburt des Kindes nicht vorliegt und noch nicht angegeben werden kann, ob die Beträge nach § 1 Absatz 8 überschritten werden,
2. das Einkommen aus Erwerbstätigkeit vor der Geburt nicht ermittelt werden kann oder
3. die berechtigte Person nach den Angaben im Antrag auf Elterngeld im Bezugszeitraum voraussichtlich Einkommen aus Erwerbstätigkeit hat.

§ 9 Einkommens- und Arbeitszeitnachweis, Auskunftspflicht des Arbeitgebers
(1) Soweit es zum Nachweis des Einkommens aus Erwerbstätigkeit oder der wöchentlichen Arbeitszeit erforderlich ist, hat der Arbeitgeber der nach § 12 zuständigen Behörde für bei ihm Beschäftigte das Arbeitsentgelt, die für die Ermittlung der nach den §§ 2e und 2f erforderlichen Abzugsmerkmale für Steuern und Sozialabgaben sowie die Arbeitszeit auf Verlangen zu bescheinigen; das Gleiche gilt für ehemalige Arbeitgeber. Für die in Heimarbeit Beschäftigten und die ihnen Gleichgestellten (§ 1 Absatz 1 und 2 des Heimarbeitsgesetzes) tritt an die Stelle des Arbeitgebers der Auftraggeber oder Zwischenmeister.

(2) Für den Nachweis des Einkommens aus Erwerbstätigkeit kann die nach § 12 Absatz 1 zuständige Behörde auch das in § 108a Absatz 1 des Vierten Buches Sozialgesetzbuch vorgesehene Verfahren zur elektronischen Abfrage und Übermittlung von Entgeltbescheinigungsdaten nutzen. Sie darf dieses Verfahren nur nutzen, wenn die betroffene Arbeitnehmerin oder der betroffene Arbeitnehmer zuvor in dessen Nutzung eingewilligt hat. Wenn der betroffene Arbeitgeber ein systemgeprüftes Entgeltabrechnungsprogramm nutzt, ist er verpflichtet, die jeweiligen Entgeltbescheinigungsdaten mit dem in § 108a Absatz 1 des Vierten Buches Sozialgesetzbuch vorgesehenen Verfahren zu übermitteln.

§ 10 Verhältnis zu anderen Sozialleistungen (1) Das Elterngeld und vergleichbare Leistungen der Länder sowie die nach § 3 auf die Leistung angerechneten Einnahmen oder Leistungen bleiben bei Sozialleistungen, deren Zahlung von anderen Einkommen abhängig ist, bis zu einer Höhe von insgesamt 300 Euro im Monat als Einkommen unberücksichtigt.

(2) Das Elterngeld und vergleichbare Leistungen der Länder sowie die nach § 3 auf die Leistung angerechneten Einnahmen oder Leistungen dürfen bis zu einer Höhe von insgesamt 300 Euro nicht dafür herangezogen werden, um auf Rechtsvorschriften beruhende Leistungen anderer, auf die kein Anspruch besteht, zu versagen.

(3) Soweit die berechtigte Person Elterngeld Plus bezieht, bleibt das Elterngeld nur bis zur Hälfte des Anrechnungsfreibetrags, der nach Abzug der anderen nach Absatz 1 nicht zu berücksichtigenden Einnahmen für das Elterngeld verbleibt, als Einkommen unberücksichtigt und darf nur bis zu dieser Höhe nicht dafür herangezogen werden, um auf Rechtsvorschriften beruhende Leistungen anderer, auf die kein Anspruch besteht, zu versagen.

(4) Die nach den Absätzen 1 bis 3 nicht zu berücksichtigenden oder nicht heranzuziehenden Beträge vervielfachen sich bei Mehrlingsgeburten mit der Zahl der geborenen Kinder.

(5) Die Absätze 1 bis 4 gelten nicht bei Leistungen nach dem Zweiten Buch Sozialgesetzbuch, dem Zwölften Buch Sozialgesetzbuch, § 6a des Bundeskindergeldgesetzes und dem Asylbewerberleistungsgesetz. Bei den in Satz 1 bezeichneten Leistungen bleiben das Elterngeld und vergleichbare Leistungen der Länder sowie die nach § 3 auf das Elterngeld angerechneten Einnahmen in Höhe des nach § 2 Absatz 1 berücksichtigten Einkommens aus Erwerbstätigkeit vor der Geburt bis zu 300 Euro im Monat als Einkommen unberücksichtigt. Soweit die berechtigte Person Elterngeld Plus bezieht, verringern sich die Beträge nach Satz 2 um die Hälfte. Abweichend von Satz 2 bleibt Mutterschaftsgeld gemäß § 19 des Mutterschutzgesetzes in voller Höhe unberücksichtigt.

(6) Die Absätze 1 bis 4 gelten entsprechend, soweit für eine Sozialleistung ein Kostenbeitrag erhogen werden kann, der einkommensabhängig ist.

§ 11 Unterhaltspflichten Unterhaltsverpflichtungen werden durch die Zahlung des Elterngeldes und vergleichbarer Leistungen der Länder nur insoweit berührt, als die Zahlung 300 Euro monatlich übersteigt. Soweit die berechtigte Person Elterngeld Plus bezieht, werden die Unterhaltspflichten insoweit berührt, als die Zahlung 150 Euro übersteigt. Die in den Sätzen 1 und 2 genannten Beträge vervielfachen sich bei Mehrlingsgeburten mit der Zahl der geborenen Kinder. Die Sätze 1 bis 3 gelten nicht in den Fällen des § 1361 Absatz 3, der §§ 1579, 1603 Absatz 2 und des § 1611 Absatz 1 des Bürgerlichen Gesetzbuchs.

§ 12 Zuständigkeit; Bewirtschaftung der Mittel (1) Die Landesregierungen oder die von ihnen beauftragten Stellen bestimmen die für die Ausführung dieses Gesetzes zuständigen Behörden. Zuständig ist die von den Ländern für die Durchführung dieses Gesetzes bestimmte Behörde des Bezirks, in dem das Kind, für das Elterngeld beanspruch wird, seinen inländischen Wohnsitz hat. Hat das Kind, für das Elterngeld beansprucht wird, in den Fällen des § 1 Absatz 2 zum Zeitpunkt der ersten Antragstellung keinen inländischen Wohnsitz, so ist die von den Ländern für die Durchführung dieses Gesetzes bestimmte Behörde des Bezirks zuständig,

in dem die berechtigte Person ihren letzten inländischen Wohnsitz hatte; hilfsweise ist die Behörde des Bezirks zuständig, in dem der entsendende Dienstherr oder Arbeitgeber der berechtigten Person oder der Arbeitgeber des Ehegatten oder der Ehegattin der berchtigten Person den inländischen Sitz hat.
(2) Den nach Absatz 1 zuständigen Behörden obliegt auch die Beratung zur Elternzeit.
(3) Der Bund trägt die Ausgaben für das Elterngeld. Die damit zusammenhängenden Einnahmen sind an den Bund abzuführen. Für die Ausgaben und die mit ihnen zusammenhängenden Einnahmen sind die Vorschriften über das Haushaltsrecht des Bundes einschließlich der Verwaltungsvorschriften anzuwenden.

§ 13 Rechtsweg (1) Über öffentlich-rechtliche Streitigkeiten in Angelegenheiten der §§ 1 bis 12 entscheiden die Gerichte der Sozialgerichtsbarkeit. § 85 Absatz 2 Nummer 2 des Sozialgerichtsgesetzes gilt mit der Maßgabe, dass die zuständige Stelle nach § 12 bestimmt wird.
(2) Widerspruch und Anfechtungsklage haben keine aufschiebende Wirkung.

§ 14 Bußgeldvorschriften (1) Ordnungswidrig handelt, wer vorsätzlich oder fahrlässig
1. entgegen § 8 Absatz 1 einen Nachweis nicht, nicht richtig, nicht vollständig oder nicht rechtzeitig erbringt,
2. entgegen § 9 Absatz 1 eine dort genannte Angabe nicht, nicht richtig, nicht vollständig oder nicht rechtzeitig bescheinigt,
3. entgegen § 60 Absatz 1 Satz 1 Nummer 1 des Ersten Buches Sozialgesetzbuch, auch in Verbindung mit § 8 Absatz 1a Satz 1, eine Angabe nicht, nicht richtig, nicht vollständig oder nicht rechtzeitig macht,
4. entgegen § 60 Absatz 1 Satz 1 Nummer 2 des Ersten Buches Sozialgesetzbuch, auch in Verbindung mit § 8 Absatz 1a Satz 1, eine Mitteilung nicht, nicht richtig, nicht vollständig oder nicht rechtzeitig macht oder
5. entgegen § 60 Absatz 1 Satz 1 Nummer 3 des Ersten Buches Sozialgesetzbuch, auch in Verbindung mit § 8 Absatz 1a Satz 1, eine Beweisurkunde nicht, nicht richtig, nicht vollständig oder nicht rechtzeitig vorlegt.

(2) Die Ordnungswidrigkeit kann mit einer Geldbuße von bis zu zweitausend Euro geahndet werden.
(3) Verwaltungsbehörden im Sinne des § 36 Absatz 1 Nummer 1 des Gesetzes über Ordnungswidrigkeiten sind die in § 12 Absatz 1 genannten Behörden.

Abschnitt 3 – Elternzeit für Arbeitnehmerinnen und Arbeitnehmer

§ 15 Anspruch auf Elternzeit (1) Arbeitnehmerinnen und Arbeitnehmer haben Anspruch auf Elternzeit, wenn sie
1. a) mit ihrem Kind,
   b) mit einem Kind, für das sie die Anspruchsvoraussetzungen nach § 1 Absatz 3 oder 4 erfüllen, oder
   c) mit einem Kind, das sie in Vollzeitpflege nach § 33 des Achten Buches Sozialgesetzbuch aufgenommen haben,

in einem Haushalt leben und
2. dieses Kind selbst betreuen und erziehen.

Nicht sorgeberechtigte Elternteile und Personen, die nach Satz 1 Nummer 1 Buchstabe b und c Elternzeit nehmen können, bedürfen der Zustimmung des sorgeberechtigten Elternteils.

(1a) Anspruch auf Elternzeit haben Arbeitnehmerinnen und Arbeitnehmer auch, wenn sie mit ihrem Enkelkind in einem Haushalt leben und dieses Kind selbst betreuen und erziehen und

1. ein Elternteil des Kindes minderjährig ist oder
2. ein Elternteil des Kindes sich in einer Ausbildung befindet, die vor Vollendung des 18. Lebensjahres begonnen wurde und die Arbeitskraft des Elternteils im Allgemeinen voll in Anspruch nimmt.

Der Anspruch besteht nur für Zeiten, in denen keiner der Elternteile des Kindes selbst Elternzeit beansprucht.

(2) Der Anspruch auf Elternzeit besteht bis zur Vollendung des dritten Lebensjahres eines Kindes. Ein Anteil von bis zu 24 Monaten kann zwischen dem dritten Geburtstag und dem vollendeten achten Lebensjahr des Kindes in Anspruch genommen werden. Die Zeit der Mutterschutzfrist nach § 3 Absatz 2 und 3 des Mutterschutzgesetzes wird für die Elternzeit der Mutter auf die Begrenzung nach den Sätzen 1 und 2 angerechnet. Bei mehreren Kindern besteht der Anspruch auf Elternzeit für jedes Kind, auch wenn sich die Zeiträume im Sinne der Sätze 1 und 2 überschneiden. Bei einem angenommenen Kind und bei einem Kind in Vollzeit- oder Adoptionspflege kann Elternzeit von insgesamt bis zu drei Jahren ab der Aufnahme bei der berechtigten Person, längstens bis zur Vollendung des achten Lebensjahres des Kindes genommen werden; die Sätze 2 und 4 sind entsprechend anwendbar, soweit sie die zeitliche Aufteilung regeln. Der Anspruch kann nicht durch Vertrag ausgeschlossen oder beschränkt werden.

(3) Die Elternzeit kann, auch anteilig, von jedem Elternteil allein oder von beiden Elternteilen gemeinsam genommen werden. Satz 1 gilt in den Fällen des Absatzes 1 Satz 1 Nummer 1 Buchstabe b und c entsprechend.

(4) Die Arbeitnehmerin oder der Arbeitnehmer darf während der Elternzeit nicht mehr als 32 Wochenstunden im Durchschnitt des Monats erwerbstätig sein. Die Beschränkung auf 32 Wochenstunden im Durchschnitt des Monats gilt nicht für die Tätigkeit einer im Sinne der §§ 23 und 43 des Achten Buches Sozialgesetzbuch geeigneten Kindertagespflegeperson. Die Ausübung einer Teilzeitarbeit bei einem anderen Arbeitgeber oder einer selbständigen Erwerbstätigkeit nach Satz 1 bedürfen der Zustimmung des Arbeitgebers. Dieser kann seine Zustimmung nur innerhalb von vier Wochen nach der Beantragung aus dringenden betrieblichen Gründen in Textform verweigern.

(5) Der Arbeitnehmer oder die Arbeitnehmerin kann eine Verringerung der Arbeitszeit und ihre Verteilung beantragen. Der Antrag kann mit der Mitteilung nach Absatz 7 Satz 1 Nummer 5 in Textform verbunden werden. Über den Antrag sollen sich der Arbeitgeber und der Arbeitnehmer oder die Arbeitnehmerin innerhalb von vier Wochen einigen. Lehnt der Arbeitgeber den Antrag ab, so hat er dies dem Arbeitnehmer oder der Arbeitnehmerin innerhalb der Frist nach Satz 3 mit einer Begründung mitzuteilen. Unberührt bleibt das Recht, sowohl die vor der Elternzeit

bestehende Teilzeitarbeit unverändert während der Elternzeit fortzusetzen, soweit Absatz 4 beachtet ist, als auch nach der Elternzeit zu der Arbeitszeit zurückzukehren, die vor Beginn der Elternzeit vereinbart war.

(6) Der Arbeitnehmer oder die Arbeitnehmerin kann gegenüber dem Arbeitgeber, soweit eine Einigung nach Absatz 5 nicht möglich ist, unter den Voraussetzungen des Absatzes 7 während der Gesamtdauer der Elternzeit zweimal eine Verringerung seiner oder ihrer Arbeitszeit beanspruchen.

(7) Für den Anspruch auf Verringerung der Arbeitszeit gelten folgende Voraussetzungen:

1. Der Arbeitgeber beschäftigt, unabhängig von der Anzahl der Personen in Berufsbildung, in der Regel mehr als 15 Arbeitnehmer und Arbeitnehmerinnen,
2. das Arbeitsverhältnis in demselben Betrieb oder Unternehmen besteht ohne Unterbrechung länger als sechs Monate,
3. die vertraglich vereinbarte regelmäßige Arbeitszeit soll für mindestens zwei Monate auf einen Umfang von nicht weniger als 15 und nicht mehr als 32 Wochenstunden im Durchschnitt des Monats verringert werden,
4. dem Anspruch stehen keine dringenden betrieblichen Gründe entgegen und
5. der Anspruch auf Teilzeit wurde dem Arbeitgeber
   a) für den Zeitraum bis zum vollendeten dritten Lebensjahr des Kindes sieben Wochen und
   b) für den Zeitraum zwischen dem dritten Geburtstag und dem vollendeten achten Lebensjahr des Kindes 13 Wochen

   vor Beginn der Teilzeittätigkeit in Textform mitgeteilt.

Der Antrag muss den Beginn und den Umfang der verringerten Arbeitszeit enthalten. Die gewünschte Verteilung der verringerten Arbeitszeit soll im Antrag angegeben werden. Falls der Arbeitgeber die beanspruchte Verringerung oder Verteilung der Arbeitszeit ablehnt, muss die Ablehnung innerhalb der in Satz 5 genannten Frist und mit Begründung in Schriftform erfolgen. Hat ein Arbeitgeber die Verringerung der Arbeitszeit

1. in einer Elternzeit zwischen der Geburt und dem vollendeten dritten Lebensjahr des Kindes nicht spätestens vier Wochen nach Zugang des Antrags oder
2. in einer Elternzeit zwischen dem dritten Geburtstag und dem vollendeten achten Lebensjahr des Kindes nicht spätestens acht Wochen nach Zugang des Antrags

in Textform abgelehnt, gilt die Zustimmung als erteilt und die Verringerung der Arbeitszeit entsprechend den Wünschen der Arbeitnehmerin oder des Arbeitnehmers als festgelegt. Haben Arbeitgeber und Arbeitnehmerin oder Arbeitnehmer über die Verteilung der Arbeitszeit kein Einvernehmen nach Absatz 5 Satz 2 erzielt, und hat der Arbeitgeber nicht innerhalb der in Satz 5 genannten Fristen die gewünschte Verteilung in Textform abgelehnt, gilt die Verteilung der Arbeitszeit entsprechend den Wünschen der Arbeitnehmerin oder des Arbeitnehmers als festgelegt. Soweit der Arbeitgeber den Antrag auf Verringerung oder Verteilung der Arbeitszeit rechtzeitig ablehnt, kann die Arbeitnehmerin oder der Arbeitnehmer Klage vor dem Gericht für Arbeitssachen erheben.

§ 16 Inanspruchnahme der Elternzeit (1) Wer Elternzeit beanspruchen will, muss sie

1. für den Zeitraum bis zum vollendeten dritten Lebensjahr des Kindes spätestens sieben Wochen und
2. für den Zeitraum zwischen dem dritten Geburtstag und dem vollendeten achten Lebensjahr des Kindes spätestens 13 Wochen

vor Beginn der Elternzeit in Textform vom Arbeitgeber verlangen. Verlangt die Arbeitnehmerin oder der Arbeitnehmer Elternzeit nach Satz 1 Nummer 1, muss sie oder er gleichzeitig erklären, für welche Zeiten innerhalb von zwei Jahren Elternzeit genommen werden soll. Bei dringenden Gründen ist ausnahmsweise eine angemessene kürzere Frist möglich. Nimmt die Mutter die Elternzeit im Anschluss an die Mutterschutzfrist, wird die Zeit der Mutterschutzfrist nach § 3 Absatz 2 und des Mutterschutzgesetzes auf den Zeitraum nach Satz 2 angerechnet. Nimmt die Mutter die Elternzeit im Anschluss an einen auf die Mutterschutzfrist folgenden Erholungsurlaub, werden die Zeit der Mutterschutzfrist nach § 3 Absatz 2 und 3 des Mutterschutzgesetzes und die Zeit des Erholungsurlaubs auf den Zweijahreszeitraum nach Satz 2 angerechnet. Jeder Elternteil kann seine Elternzeit auf drei Zeitabschnitte verteilen; eine Verteilung auf weitere Zeitabschnitte ist nur mit der Zustimmung des Arbeitgebers möglich. Der Arbeitgeber kann die Inanspruchnahme eines dritten Abschnitts einer Elternzeit innerhalb von acht Wochen nach Zugang des Antrags aus dringenden betrieblichen Gründen ablehnen, wenn dieser Abschnitt im Zeitraum zwischen dem dritten Geburtstag und dem vollendeten achten Lebensjahr des Kindes liegen soll. Der Arbeitgeber hat dem Arbeitnehmer oder der Arbeitnehmerin die Elternzeit zu bescheinigen. Bei einem Arbeitgeberwechsel ist bei der Anmeldung der Elternzeit auf Verlangen des neuen Arbeitgebers eine Bescheinigung des früheren Arbeitgebers über bereits genommene Elternzeit durch die Arbeitnehmerin oder den Arbeitnehmer vorzulegen.

(2) Können Arbeitnehmerinnen aus einem von ihnen nicht zu vertretenden Grund eine sich unmittelbar an die Mutterschutzfrist des § 3 Absatz 2 und 3 des Mutterschutzgesetzes anschließende Elternzeit nicht rechtzeitig verlangen, können sie dies innerhalb einer Woche nach Wegfall des Grundes nachholen.

(3) Die Elternzeit kann vorzeitig beendet oder im Rahmen des § 15 Absatz 2 verlängert werden, wenn der Arbeitgeber zustimmt. Die vorzeitige Beendigung wegen der Geburt eines weiteren Kindes oder in Fällen besonderer Härte, insbesondere bei Eintritt einer schweren Krankheit, Schwerbehinderung oder Tod eines Elternteils oder eines Kindes der berechtigten Person oder bei erheblich gefährdeter wirtschaftlicher Existenz der Eltern nach Inanspruchnahme der Elternzeit, kann der Arbeitgeber unbeschadet von Satz 3 nur innerhalb von vier Wochen aus dringenden betrieblichen Gründen schriftlich ablehnen. Die Elternzeit kann zur Inanspruchnahme der Schutzfristen des § 3 des Mutterschutzgesetzes auch ohne Zustimmung des Arbeitgebers vorzeitig beendet werden; in diesen Fällen soll die Arbeitnehmerin dem Arbeitgeber die Beendigung der Elternzeit rechtzeitig mitteilen. Eine Verlängerung der Elternzeit kann verlangt werden, wenn ein vorgesehener Wechsel der Anspruchsberechtigten aus einem wichtigen Grund nicht erfolgen kann.

(4) Stirbt das Kind während der Elternzeit, endet diese spätestens drei Wochen nach dem Tod des Kindes.

(5) Eine Änderung in der Anspruchsberechtigung hat der Arbeitnehmer oder die Arbeitnehmerin dem Arbeitgeber unverzüglich mitzuteilen.

§ 17 Urlaub (1) Der Arbeitgeber kann den Erholungsurlaub, der dem Arbeitnehmer oder der Arbeitnehmerin für das Urlaubsjahr zusteht, für jeden vollen Kalendermonat der Elternzeit um ein Zwölftel kürzen. Dies gilt nicht, wenn der Arbeitnehmer oder die Arbeitnehmerin während der Elternzeit bei seinem oder ihrem Arbeitgeber Teilzeitarbeit leistet.
(2) Hat der Arbeitnehmer oder die Arbeitnehmerin den ihm oder ihr zustehenden Urlaub vor dem Beginn der Elternzeit nicht oder nicht vollständig erhalten, hat der Arbeitgeber den Resturlaub nach der Elternzeit im laufenden oder im nächsten Urlaubsjahr zu gewähren.
(3) Endet das Arbeitsverhältnis während der Elternzeit oder wird es im Anschluss an die Elternzeit nicht fortgesetzt, so hat der Arbeitgeber den noch nicht gewährten Urlaub abzugelten.
(4) Hat der Arbeitnehmer oder die Arbeitnehmerin vor Beginn der Elternzeit mehr Urlaub erhalten, als ihm oder ihr nach Absatz 1 zusteht, kann der Arbeitgeber den Urlaub, der dem Arbeitnehmer oder der Arbeitnehmerin nach dem Ende der Elternzeit zusteht, um die zu viel gewährten Urlaubstage kürzen.

§ 18 Kündigungsschutz (1) Der Arbeitgeber darf das Arbeitsverhältnis ab dem Zeitpunkt, von dem an Elternzeit verlangt worden ist, nicht kündigen. Der Kündigungsschutz nach Satz 1 beginnt
1. frühestens acht Wochen vor Beginn einer Elternzeit bis zum vollendeten dritten Lebensjahr des Kindes und
2. frühestens 14 Wochen vor Beginn einer Elternzeit zwischen dem dritten Geburtstag und dem vollendeten achten Lebensjahr des Kindes.

Während der Elternzeit darf der Arbeitgeber das Arbeitsverhältnis nicht kündigen. In besonderen Fällen kann ausnahmsweise eine Kündigung für zulässig erklärt werden. Die Zulässigkeitserklärung erfolgt durch die für den Arbeitsschutz zuständige oberste Landesbehörde oder die von ihr bestimmte Stelle. Die Bundesregierung kann mit Zustimmung des Bundesrates allgemeine Verwaltungsvorschriften zur Durchführung des Satzes 4 erlassen.
(2) Absatz 1 gilt entsprechend, wenn Arbeitnehmer oder Arbeitnehmerinnen
1. während der Elternzeit bei demselben Arbeitgeber Teilzeitarbeit leisten oder
2. ohne Elternzeit in Anspruch zu nehmen, Teilzeitarbeit leisten und Anspruch auf Elterngeld nach § 1 während des Zeitraums nach § 4 Absatz 1 Satz 2, 3 und 5 haben.

§ 19 Kündigung zum Ende der Elternzeit Der Arbeitnehmer oder die Arbeitnehmerin kann das Arbeitsverhältnis zum Ende der Elternzeit nur unter Einhaltung einer Kündigungsfrist von drei Monaten kündigen.

§ 20 Zur Berufsbildung Beschäftigte, in Heimarbeit Beschäftigte (1) Die zu ihrer Berufsbildung Beschäftigten gelten als Arbeitnehmer und Arbeitnehmerinnen im Sinne dieses Gesetzes. Die Elternzeit wird auf die Dauer einer Berufsbildung

nicht angerechnet, es sei denn, dass während der Elternzeit die Berufsausbildung nach § 7a des Berufsbildungsgesetzes oder § 27b der Handwerksordnung in Teilzeit durchgeführt wird. § 15 Absatz 4 Satz 1 bleibt unberührt.
(2) Anspruch auf Elternzeit haben auch die in Heimarbeit Beschäftigten und die ihnen Gleichgestellten (§ 1 Absatz 1 und 2 des Heimarbeitsgesetzes), soweit sie am Stück mitarbeiten. Für sie tritt an die Stelle des Arbeitgebers der Auftraggeber oder Zwischenmeister und an die Stelle des Arbeitsverhältnisses das Beschäftigungsverhältnis.

§ 21 Befristete Arbeitsverträge (1) Ein sachlicher Grund, der die Befristung eines Arbeitsverhältnisses rechtfertigt, liegt vor, wenn ein Arbeitnehmer oder eine Arbeitnehmerin zur Vertretung eines anderen Arbeitnehmers oder einer anderen Arbeitnehmerin für die Dauer eines Beschäftigungsverbotes nach dem Mutterschutzgesetz, einer Elternzeit, einer auf Tarifvertrag, Betriebsvereinbarung oder einzelvertraglicher Vereinbarung beruhenden Arbeitsfreistellung zur Betreuung eines Kindes oder für diese Zeiten zusammen oder für Teile davon eingestellt wird.
(2) Über die Dauer der Vertretung nach Absatz 1 hinaus ist die Befristung für notwendige Zeiten einer Einarbeitung zulässig.
(3) Die Dauer der Befristung des Arbeitsvertrags muss kalendermäßig bestimmt oder bestimmbar oder den in den Absätzen 1 und 2 genannten Zwecken zu entnehmen sein.
(4) Der Arbeitgeber kann den befristeten Arbeitsvertrag unter Einhaltung einer Frist von mindestens drei Wochen, jedoch frühestens zum Ende der Elternzeit, kündigen, wenn die Elternzeit ohne Zustimmung des Arbeitgebers vorzeitig endet und der Arbeitnehmer oder die Arbeitnehmerin die vorzeitige Beendigung der Elternzeit mitgeteilt hat. Satz 1 gilt entsprechend, wenn der Arbeitgeber die vorzeitige Beendigung der Elternzeit in den Fällen des § 16 Absatz 3 Satz 2 nicht ablehnen darf.
(5) Das Kündigungsschutzgesetz ist im Falle des Absatzes 4 nicht anzuwenden.
(6) Absatz 4 gilt nicht, soweit seine Anwendung vertraglich ausgeschlossen ist.
(7) Wird im Rahmen arbeitsrechtlicher Gesetze oder Verordnungen auf die Zahl der beschäftigten Arbeitnehmer und Arbeitnehmerinnen abgestellt, so sind bei der Ermittlung dieser Zahl Arbeitnehmer und Arbeitnehmerinnen, die sich in der Elternzeit befinden oder zur Betreuung eines Kindes freigestellt sind, nicht mitzuzählen, solange für sie aufgrund von Absatz 1 ein Vertreter oder eine Vertreterin eingestellt ist. Dies gilt nicht, wenn der Vertreter oder die Vertreterin nicht mitzuzählen ist. Die Sätze 1 und 2 gelten entsprechend, wenn im Rahmen arbeitsrechtlicher Gesetze oder Verordnungen auf die Zahl der Arbeitsplätze abgestellt wird.

Abschnitt 4 – Statistik und Schlussvorschriften

§§ 22–24b *(nicht abgedruckt)*

§ 25 Automatisierter Datenabruf bei den Standesämtern Beantragt eine Person Elterngeld, so ist die nach § 12 Absatz 1 zuständige Behörde berechtigt, zur Prüfung des Anspruchs nach § 1 die folgenden Daten über die Beurkundung der Geburt eines Kindes bei dem für die Entgegennahme der Anzeige der Geburt zuständigen Standesamt gemäß § 68 Absatz 3 des Personenstandsgesetzes automatisiert abzurufen, wenn die antragstellende Person zuvor in die elektronische Datenübermittlung eingewilligt hat:

1. Tag und Ort der Geburt des Kindes,
2. Geburtsname und Vornamen des Kindes,
3. Familiennamen, Geburtsnamen und Vornamen der Eltern des Kindes.

§ 26 Anwendung der Bücher des Sozialgesetzbuches (1) Soweit dieses Gesetz zum Elterngeld keine ausdrückliche Regelung trifft, ist bei der Ausführung des Ersten und Zweiten Abschnitts das Erste Kapitel des Zehnten Buches Sozialgesetzbuch anzuwenden.
(2) § 328 Absatz 3 und § 331 des Dritten Buches Sozialgesetzbuch gelten entsprechend.

§ 27 Sonderregelung aus Anlass der COVID-19-Pandemie (1) Übt ein Elternteil eine systemrelevante Tätigkeit aus, so kann sein Bezug von Elterngeld auf Antrag für die Zeit vom 1. März 2020 bis 31. Dezember 2020 aufgeschoben werden. Der Bezug der verschobenen Lebensmonate ist spätestens bis zum 30. Juni 2021 anzutreten. Wird von der Möglichkeit des Aufschubs Gebrauch gemacht, so kann das Basiselterngeld abweichend von § 4 Absatz 1 Satz 2 und 3 auch noch nach Vollendung des 14. Lebensmonats bezogen werden. In der Zeit vom 1. März 2020 bis 30. Juni 2021 entstehende Lücken im Elterngeldbezug sind abweichend von § 4 Absatz 1 Satz 4 unschädlich.
(2) Für ein Verschieben des Partnerschafsbonus genügt es, wenn nur ein Elternteil einen systemrelevanten Beruf ausübt. Hat der Bezug des Partnerschaftsbonus bereits begonnen, so gelten allein die Bestimmungen des Absatzes 3.
(3) Liegt der Bezug des Partnerschaftsbonus ganz oder teilweise vor dem Ablauf des 23. September 2022 und kann die berechtigte Person die Voraussetzungen des Bezugs aufgrund der COVID-19-Pandemie nicht einhalten, gelten die Angaben zur Höhe des Einkommens und zum Umfang der Arbeitszeit, die bei der Beantragung des Partnerschaftsbonus glaubhaft gemacht worden sind.

§ 28 Übergangsvorschrift (1) Für die vor dem 1. September 2021 geborenen oder mit dem Ziel der Adoption aufgenommenen Kinder ist dieses Gesetz in der bis zum 31. August 2021 geltenden Fassung weiter anzuwenden.
(1 a) Für die nach dem 31. August 2021 und vor dem 1. April 2024 geborenen oder mit dem Ziel der Adoption aufgenommenen Kinder ist dieses Gesetz in der bis zum 31. März 2024 geltenden Fassung weiter anzuwenden.
(1 b) Für die nach dem 31. März 2024 und vor dem 1. Mai 2025 geborenen oder mit dem Ziel der Adoption aufgenommenen Kinder ist dieses Gesetz in der bis zum 30. April 2025 geltenden Fassung weiter anzuwenden.
(2) Für die dem Erziehungsgeld vergleichbaren Leistungen der Länder sind § 8 Absatz 1 und § 9 des Bundeserziehungsgeldgesetzes in der bis zum 31. Dezember 2006 geltenden Fassung weiter anzuwenden.

(3) § 1 Absatz 7 Satz 1 Nummer 1 bis 4 in der Fassung des Artikels 36 des Gesetzes vom 12. Dezember 2019 (BGBl. I S. 2451) ist für Entscheidungen anzuwenden, die Zeiträume betreffen, die nach dem 29. Februar 2020 beginnen. § 1 Absatz 7 Satz 1 Nummer 5 in der Fassung des Artikels 36 des Gesetzes vom 12. Dezember 2019 (BGBl. I S. 2451) ist für Entscheidungen anzuwenden, die Zeiträume betreffen, die nach dem 31. Dezember 2019 beginnen. § 1 Absatz 7 Satz 1 Nummer 2 Buchstabe c in der Fassung des Artikels 12 Nummer 1 des Gesetzes vom 23. Mai 2022 (BGBl. I S. 760) ist für Entscheidungen anzuwenden, die Zeiträume betreffen, die nach dem 31. Mai 2022 beginnnen. § 1 Absatz 7 Satz 1 Nummer 2 Buchstabe a und b in der Fassung des Artikels 43 des Gesetzes vom 2. Dezember 2024 (BGBl. 2024 I Nr. 387) ist für Entscheidungen anzuwenden, die Zeiträume betreffen, die nach dem 31. Mai 2024 beginnen.

(4) § 9 Absatz 2 ist auf Kinder anwendbar, die nach dem 31. Dezember 2021 geboren oder mit dem Ziel der Adoption aufgenommen worden sind. § 25 ist auf Kinder anwendbar, die nach dem 31. Oktober 2024 geboren oder mit dem Ziel der Adoption aufgenommen worden sind. Für die nach dem 31. Dezember 2021 und vor dem 1. November 2024 geborenen oder mit dem Ziel der Adoption aufgenommenen Kinder ist § 25 in der bis zum 31. Oktober 2024 geltenden Fassung weiter anzuwenden. Zur Erprobung des Verfahrens können diese Regelungen in Pilotprojekten mit Zustimmung des Bundesministeriums für Familie, Senioren, Frauen und Jugend, des Bundesministeriums für Arbeit und Soziales und des Bundesministeriums des Innern und für Heimat auf Kinder, die vor dem 1. Januar 2022 geboren oder mit dem Ziel der Adoption aufgenommen worden sind, angewendet werden.

(5) § 1 Absatz 8 ist auf Kinder anwendbar, die ab dem 1. April 2025 geboren oder mit dem Ziel der Adoption angenommen worden sind. Für die ab dem 1. April 2024 und vor dem 1. April 2025 geborenen oder mit dem Ziel der Adoption angenommenen Kinder gilt § 1 Absatz 8 mit der Maßgabe, dass ein Anspruch entfällt, wenn die berechtigte Person im letzten abgeschlossenen Veranlagungszeitraum vor der Geburt des Kindes ein zu versteuerndes Einkommen nach § 2 Absatz 5 des Einkommensteuergesetzes in Höhe von mehr als 200 000 Euro erzielt hat. Erfüllt auch eine andere Person die Voraussetzungen des § 1 Absatz 1 Satz 1 Nummer 2 oder des Absatzes 3 oder 4, entfällt in diesem Zeitraum abweichend von § 1 Absatz 8 Satz 1 der Anspruch, wenn die Summe des zu versteuernden Einkommens beider Personen mehr als 200 000 Euro beträgt.

17. Mindesturlaubsgesetz für Arbeitnehmer (Bundesurlaubsgesetz – BUrlG)

Einleitung

I. Gesetzlicher Urlaubsanspruch

Das Urlaubsrecht ist – abgesehen vom Jugendschutzgesetz vom 30. 4. 1938 (RGBl. I 437), das Bestimmungen über den Urlaub für Jugendliche traf – gesetzlich erst nach 1945 geregelt worden. Dies geschah zunächst durch die Urlaubsgesetze der Länder, die 1963 durch das BUrlG abgelöst worden sind. Vor dieser Zeit war das Recht auf Urlaub weitgehend durch Tarifvertrag abgesichert: 1929 hatten 94,7 % aller von Tarifverträgen erfassten Arbeitnehmer einen Anspruch auf Urlaub. Nach 1933 setzte sich diese Entwicklung mit Urlaubsbestimmungen in Tarif- oder Betriebsordnungen fort.

Das BUrlG garantiert jedem Arbeitnehmer, aber auch arbeitnehmerähnlichen Personen und Heimarbeitern einen jährlichen Mindesturlaub von 24 Werktagen (Neuregelung gegenüber früher 18 Tagen aufgrund der EG-Arbeitszeitrichtlinie [EU-ASO Nr. 63, vgl. Einl. I zum ArbZG, Nr. 8] durch das Arbeitszeitrechtsgesetz vom 6. 6. 1994, BGBl. I 1170; zu deren Auswirkungen *Mitsch/Richter*, NZA 95, 771; Übersicht 39). Das entspricht 4 Arbeitswochen. Bei kürzerer Arbeitswoche (z. B. 5-Tage-Woche) ist der Urlaubsanspruch entsprechend umzurechnen (vgl. *BAG* 21. 5. 2019 – 9 AZR 259/18, NZA 19, 1365, Rn. 13; im Beispiel dann 20 Tage). Bereits »erdienter« Urlaub kann durch eine spätere Reduzierung der Arbeitszeit nicht verkürzt werden (*EuGH* 13. 6. 2013 – C-415/12, NZA 13, 775 – Brandes; *BAG* 10. 2. 2015 – 9 AZR 53/14 [F], NZA 15, 1005; dazu *Schubert*, NZA 13, 1105). Umgekehrt muss bei einer Erhöhung der Arbeitszeit fortan zeitanteilig mehr Urlaub gewährt werden (*EuGH* 11. 11. 2015 – C-219/14, NZA 15, 1501 – Greenfield). Der Urlaub kann mit Rücksicht auf Zeiten der Elternzeit gekürzt werden (s. Einl. II 2 zum BEEG, Nr. 16). Außerdem entsteht während Zeiten unbezahlten Sonderurlaubs kein Urlaubsanspruch (s. u. III).

Wenn ein tarifvertraglicher Mehrarbeitszuschlag ab einer bestimmten Arbeitszeit einsetzt, müssen dabei Arbeitzeiten, die urlaubsbedingt ausfallen, zusätzlich berücksichtigt werden, damit kein Anreiz entsteht, den Urlaub nicht zu nehmen (*EuGH* 13. 1. 2022 – C-514/20, ZESAR 22, 236 – DS/Koch Personaldienstleistungen). Dementsprechend müssen auch Urlaubsstunden für den Mehrarbeitszuschlag berücksichtigt werden (*BAG* 16. 11. 2022 – 10 AZR 210/19, NZA 23, 435).

Dieser gesetzliche Mindesturlaub ist inzwischen durch die Entwicklung der tarifvertraglichen Urlaubsansprüche für die meisten Arbeitnehmer weitgehend überholt worden: In fast allen Branchen ist ein tariflicher Urlaub von 6 Wochen Standard (iwd 43/09, S. 1). Ausgangspunkt dieser Entwicklung war ein Arbeitskampf in der Stahlindustrie 1978/79.

Weitergehende gesetzliche Urlaubsansprüche erhalten Jugendliche (§ 19 JArbSchG, Nr. 24) und schwerbehinderte Menschen (§ 208 SGB IX, Nr. 30 IX) sowie in einigen Bundesländern politisch Verfolgte. Besondere Gesetze bestehen für Beamte, Soldaten und Richter.
Tariflicher Urlaub, der über den gesetzlichen Urlaub hinausgeht, ist nicht an die gesetzlichen Urlaubsregeln wie z.B. für die Übertragung in das Folgejahr gebunden (*BAG* 23.3.2010 – 9 AZR 128/09, NZA 10, 810, 812). Mangels besonderer tariflicher Regeln folgt der tarifliche Urlaub allerdings im Zweifel den gesetzlichen Regeln des BUrlG (*BAG* 23.3.2010 – 9 AZR 128/09, NZA 10, 810, 812). Entsprechende Grundsätze gelten für einen vertraglichen Urlaubsanspruch, der über den gesetzlichen Mindesturlaub hinausgeht (*BAG* 4.5.2010 – 9 AZR 183/09, NZA 10, 1011, 1013). Grundsätzlich steht das Unionsrecht abweichenden Regeln für Urlaub, der über den Mindesturlaub nach der Richtlinie hinausgeht, nicht entgegen (*EuGH* 19.11.2019 – C-609/17 u.a., NZA 19, 1631 – TSN).
Was die betriebliche Umsetzung von Gesetz und Tarifverträgen angeht, ist auf das Mitbestimmungsrecht des Betriebsrates gemäß § 87 Abs. 1 Nr. 5 BetrVG zu verweisen.

II. Urlaubsanspruch, Urlaubsentgelt und Urlaubsgeld

Der Urlaubsanspruch wird erstmals nach 6 Monaten voll erworben (§ 4 BUrlG). Bei kürzerem Arbeitsverhältnis gibt es nur Teilurlaub nach § 5 BUrlG in Höhe eines Zwölftels für jeden vollen Monat des Bestandes des Arbeitsverhältnisses. Ebenso gibt es nur Teilurlaub, wenn ein Arbeitnehmer wegen zu späten Eintritts in das Arbeitsverhältnis die Wartezeit erst im folgenden Kalenderjahr erfüllen kann. Denn der Urlaubsanspruch ist immer auf das Kalenderjahr bezogen. Schließlich gibt es ebenfalls nur einen Teilurlaub, wenn der Arbeitnehmer, auch wenn er die Wartezeit bereits erfüllt hat, innerhalb der ersten Jahreshälfte eines Kalenderjahres aus dem Arbeitsverhältnis ausscheidet. Da sich dies unter Umständen erst herausstellt, nachdem der Arbeitnehmer bereits mehr Urlaub genommen hat, stellt § 5 Abs. 3 BUrlG klar, dass das Urlaubsentgelt für den zu viel gewährten Urlaub nicht zurückgefordert werden kann. Die Regelungen bewirken, dass ein Arbeitnehmer, der zum 30.6. aus dem Arbeitsverhältnis ausscheidet und am 1.7. beim neuen Arbeitgeber beginnt, in beiden Arbeitsverhältnissen Teilurlaub erhält (*BAG* 17.11.2015 – 9 AZR 179/15, NZA 16, 309), was zusammengenommen den vollen Jahresurlaub ausmacht. Für den Fall, dass während des Bestandes des Arbeitsverhältnisses der Abschluss eines neuen Arbeitsverhältnisses mit kurzer Unterbrechungsdauer vereinbart wird, sind beide Arbeitsverhältnisse für die Wartezeit zusammenzurechnen (*BAG* 20.10.2015 – 9 AZR 224/14, NZA 16, 159).
Ein Arbeitnehmer, der die Wartezeit von 6 Monaten erfüllt hat und dessen Arbeitsverhältnis in der zweiten Hälfte eines Kalenderjahres endet, hat nach diesen Regelungen den vollen Urlaubsanspruch. Wechselt er zu einem neuen Arbeitgeber, kann er nach § 6 Abs. 1 BUrlG bei diesem neuen Arbeitgeber nicht noch einmal einen Teilurlaub verlangen. Damit der neue Arbeitgeber dies überprüfen kann, muss der alte Arbeitgeber dem Arbeitnehmer nach § 6 Abs. 2 BUrlG eine Urlaubsbescheinigung ausstellen.

Das gesetzliche Urlaubsentgelt ergibt sich aus dem Durchschnittsverdienst der letzten 13 Wochen ohne Überstundenvergütung (§ 11 BUrlG). Als sog. Geldfaktor ist dabei mindestens der gesetzliche Mindestlohn nach dem MiLoG (Nr. 31 b) zugrunde zu legen (*BAG* 6.12.2017 – 5 AZR 699/16, NZA 18, 582). Geringere Vergütungen infolge von Kurzarbeit während der Referenzperiode dürfen nicht anspruchsmindernd berücksichtigt werden (*EuGH* 13.12.2018 – C-385/17, NZA 19, 47 – Hein). Dasselbe gilt für Verdienstkürzungen in Folge von Elternzeit (*BAG* 16.4.2024 – 9 AZR 165/23, NZA 24, 1272, vgl. Einl. II 2 zum BEEG, Nr. 16). Auch variable Vergütungen sind bei der Berechnung des Urlaubsentgelts unabhängig vom vereinbarten Abrechnungsmodus zu berücksichtigen (*BAG* 27.7.2021 – 9 AZR 376/20, NZA 22, 916). Eine tarifvertragliche Regelung, die eine Bemessung des Urlaubsentgelts allein nach dem ausgefallenen Arbeitsentgelt auch dann vorsieht, wenn der Urlaub während einer Tätigkeit mit höherem Arbeitszeitdeputat und entsprechend höherem Entgelt erworben wurde, ist wegen mittelbarer Benachteiligung von Teilzeitkräften nichtig (*BAG* 20.3.2018 – 9 AZR 486/17, NZA 18, 851).
Zusätzlich zum gesetzlichen Urlaubsentgelt erhalten tarifgebundene Arbeitnehmer zu 72 % ein zusätzliches sog. Urlaubsgeld, während andere Arbeitnehmer nur zu 34 % der Fälle Urlaubsgeld bekommen (Böckler impuls 10/25, 1). 44 % der Arbeitnehmer erhält auf diese Weise ein zusätzliches Urlaubsgeld. Der Arbeitgeber darf ein freiwilliges Urlaubsgeld, das er für jeden genommenen Urlaubstag gewährt, davon abhängig machen, dass der Arbeitnehmer in einem ungekündigten Arbeitsverhältnis steht (*BAG* 22.7.2014 – 9 AZR 981/12, NZA 14, 1136).

III. Urlaubsgewährung und -abgeltung

Der Urlaub wird vom Arbeitgeber durch Freistellung von der Arbeit gewährt. Dabei muss er nach § 7 Abs. 1 Rücksicht auf die Wünsche des Arbeitnehmers nehmen. Der Betriebsrat hat nach § 87 Abs. 1 Nr. 5 BetrVG mitzubestimmen. Eine widerrufliche Freistellung von der Arbeit, wie sie insbesondere nach einer Kündigung während des Laufs der Kündigungsfrist häufig erfolgt, genügt für die Urlaubsgewährung nicht, sodass die Freistellungszeit nicht auf den Urlaub angerechnet werden kann (*BAG* 19.5.2009 – 9 AZR 433/08, DB 09, 2103). Auch die Freistellungserklärung des Arbeitgebers im Zusammenhang mit einer fristlosen Kündigung genügt zur Urlaubsgewährung nicht, wenn der Arbeitgeber nicht vor Urlaubsantritt das Urlaubsentgelt zahlt oder vorbehaltlos zusagt (*BAG* 10.2.2015 – 9 AZR 455/13, NZA 15, 998). Umgekehrt ist aber davon auszugehen, dass der Arbeitgeber, wenn er dem Arbeitnehmer Urlaub gewährt, auf diese Weise zugleich außer Streit stellt, dass er zur Zahlung des Urlaubsentgelts verpflichtet ist. Dementsprechend kann der Arbeitnehmer das Entgelt auch dann noch beanspruchen, wenn er dies nicht innerhalb einer für das Arbeitsverhältnis maßgeblichen Ausschlussfrist geltend gemacht hat (*BAG* 30.1.2019 – 5 AZR 43/18, NZA 19, 769). Gewährt der Arbeitgeber im Falle der fristlosen Kündigung vorsorglich Urlaub, soll ihn das von der Freistellungspflicht befreien, auch wenn der Arbeitnehmer den Urlaub, etwa wegen sozialversicherungsrechtlicher Obliegenheiten zur Vermeidung einer Sperrzeit für das Arbeitslosengeld (§ 159 SGB III, Nr. 30 III), nicht selbstbestimmt nutzen kann (*BAG* 25.8.2020 – 9 AZR 612/19, NZA 20, 1633).

Der Urlaub ist gemäß § 7 Abs. 3 BUrlG im Kalenderjahr zu nehmen. Nur wenn dies aus betrieblichen oder persönlichen Gründen nicht möglich ist, kann er in das Folgejahr übertragen werden, in dem er dann innerhalb der ersten 3 Monate zu nehmen ist, ansonsten verfällt er. Für die Elternzeit und den Mutterschutz gelten Sonderregelungen in § 17 Abs. 2 BEEG (Nr. 16), § 24 S. 2 MuSchG (Nr. 28), nach denen Resturlaub nach Wiederantritt der Arbeit zu gewähren ist (vgl. *BAG* 15.12.2015 – 9 AZR 52/15, NZA 16, 433: keine bloße Verlängerung des Übertragungszeitraums).

Der *EuGH* hat entschieden, dass der Anspruch nicht schon deshalb entfallen darf, weil der Arbeitnehmer ihn nicht beantragt hat. Anders ist es, wenn der Arbeitnehmer aus freiem Willen in Kenntnis seiner Rechte und der Konsequenzen, die sich daraus ergeben, wenn er den Urlaub nicht nimmt, diesen nicht beantragt (6.11.2018 – C-684/16, NZA 18, 1474 – Max-Planck-Gesellschaft; C-619/16, NZA 18, 1612 – Kreuziger; dazu *Buschmann*, AuR 19, 233; Vorabentscheidungsersuchen: *BAG* 13.12.2016 – 9 AZR 541/15 [A], NZA 17, 271). Der Arbeitgeber ist zwar nicht verpflichtet, den Arbeitnehmer zur Inanspruchnahme des Urlaubs zu zwingen. Jedoch erlischt der Urlaubsanspruch nur dann am Ende des Kalenderjahres, wenn er den Arbeitnehmer auf den Umfang des Urlaubsanspruchs und die dafür maßgeblichen Fristen hinweist und ihn auffordert, den Urlaub auch tatsächlich zu nehmen. Nur wenn er diesen Mitwirkungspflichten nachgekommen ist und der Arbeitnehmer gleichwohl aus freien Stücken den Urlaub nicht nimmt, kann der Anspruch erlöschen (*BAG* 19.2.2019 – 9 AZR 423/16, NZA 19, 977). Demgegenüber genügen abstrakte Angaben des Arbeitgebers, etwa im Arbeitsvertrag, nicht den vom *EuGH* aufgestellten Transparenzanforderungen (*BAG* 19.2.2019 – 9 AZR 423/16, NZA 19, 977, Rn. 42). Auch wenn der Arbeitgeber seinen Mitwirkungsobliegenheiten genügt hat, geht der Anspruch dann nicht unter, wenn der Urlaubsanspruch nach § 7 Abs. 3 BUrlG ins Folgejahr übertragen wird. Dann kann der Urlaub aber auch nur am Ende des Übertragungszeitraums verfallen, wenn der Arbeitgeber den Arbeitnehmer unter Hinweis auf das drohende Erlöschen auffordert, den Urlaub noch innerhalb des Übertragungszeitraums zu nehmen (*BAG* 19.2.2019 – 9 AZR 541/15, NZA 19, 982, Rn. 45). Durch Versäumung der Mitwirkungsobliegenheiten des Arbeitgebers können Urlaubsansprüche mehrerer Jahre aufsummiert werden. Die Einrede des Arbeitgebers, dass der Anspruch nach §§ 194ff. BGB (Nr. 14) verjährt sei, ist nicht möglich, wenn er seine Mitwirkungsobliegenheiten nicht erfüllt hat (*EuGH* 22.9.2022 – C-120/21, NZA 22, 1326 – LB/TO; auf Vorabentscheidungsersuchen von *BAG* 29.9.2020 – 9 AZR 266/20 [A], NZA 21, 413). Die Verjährung beginnt daher erst mit Erfüllung der Mitwirkungsobliegenheiten des Arbeitgebers (*BAG* 20.12.2022 – 9 AZR 266/20, NZA 23, 683). Die vorstehenden Grundsätze gelten auch nach arbeitgeberseitiger Kündigung (*BAG* 19.2.2019 – 9 AZR 321/16, NZA 19, 1043). Beim Urlaub für schwerbehinderte Menschen gemäß § 208 SGB IX treffen den Arbeitgeber Mitwirkungsobliegenheiten nur, wenn er Kenntnis von der Schwerbehinderung oder einem Anerkennungsantrag hat oder wenn die Schwerbehinderung offenkundig ist. Anderenfalls ist ihm die Erfüllung seiner Mitwirkungsobliegenheiten unmöglich (*BAG* 30.11.2021 – 9 AZR 143/21,

ZTR 22, 313). Wenn der Arbeitnehmer ihn von dem Antrag informiert hat, kann er sich entscheiden, ob er seinen Mitwirkungsobliegenheiten nachkommen möchte mit der Folge, dass der Urlaub, wenn der Arbeitnehmer ihn nicht nimmt, verfällt, oder ob er auf die Mitwirkungsobliegenheiten verzichtet, dann aber im Falle der Anerkennung Urlaub nachgewähren muss (vgl. *BAG* 26.4.2022 – 9 AZR 367/21, NZA 22, 1047).

Wenn ein Arbeitnehmer nach Kündigung des Arbeitsvertrages ein neues Arbeitsverhältnis eingeht, hat er, wenn sich die Kündigung des bisherigen Arbeitsvertrages als rechtswidrig erweist, auch dann in dem unwirksam gekündigten Arbeitsverhältnis einen Urlaubsanspruch, wenn er nicht beide Verträge gleichzeitig hätte erfüllen können. Er hat dann also in beiden Arbeitsverhältnissen Anspruch auf Urlaub. Allerdings wird auf den Urlaubsanspruch im alten Arbeitsverhältnis die Gewährung von Urlaub im neuen Arbeitsverhältnis entsprechend § 615 Satz 2 BGB (Nr. 14), § 11 Nr. 1 KSchG (Nr. 25) angerechnet, sodass es nicht zu einer Doppelung der Ansprüche kommt (*BAG* 5.12.2023 – 9 AZR 230/22, NZA 24, 467). Unerheblich ist insoweit, in welcher Höhe ihm Urlaubsentgelt beim neuen Arbeitgeber zugeflossen ist, weil er ggf. Ansprüche auf Annahmeverzug aus den genannten Vorschriften hat, auf die das gezahlte Urlaubsentgelt anzurechnen ist.

Urlaub, der für ein Kalenderjahr ganz oder teilweise nicht gewährt werden kann, ist gemäß § 7 Abs. 4 BUrlG abzugelten. Deren Höhe bemisst sich entsprechend § 11 Abs. 1 BUrlG (s.o. II), also wie bei der Berechnung eines Urlaubsentgelts, nach dem durchschnittlichen Arbeitsverdienst in den letzten 13 Wochen vor Beendigung des Arbeitsverhältnisses (*BAG* 3.6.2025 – 9 AZR 137/24, NZA 25, 1322). Die Abgeltung darf nicht davon abhängig gemacht werden, dass der Arbeitnehmer nachweist, dass die Urlaubsgewährung aus von ihm nicht zu vertretenden Gründen unterblieben ist (*EuGH* 18.1.2024 – C-218/22, NZA 24, 253 – Commune di Copertino). Der Abgeltungsanspruch verjährt als Geldanspruch gemäß § 195 BGB nach drei Jahren (*BAG* 31.1.2023 – 9 AZR 456/20, NZA 23, 757).

Nach der sog. Surrogatstheorie der früheren Rechtsprechung war dieser Abgeltungsanspruch aber streng abhängig von dem eigentlichen Urlaubsanspruch. Das hatte zur Folge, dass ein Arbeitnehmer, der dauerhaft krank war, den Urlaubsanspruch zwar ins Folgejahr übertragen bekam. Denn es ist nicht rechtsmissbräuchlich, den Urlaub geltend zu machen, auch wenn der Arbeitnehmer während des ganzen Jahres kaum gearbeitet hat (*BAG* 28.1.1982 – 6 AZR 571/79, BB 82, 862). Konnte der Arbeitnehmer den Urlaub dann aber bis zum Ablauf des Monats März nicht nehmen, wäre er verfallen. Dies ist aber nach der Rechtsprechung des *EuGH* (20.1.2009 – C-350/06 u.a., DB 09, 234 – Schultz-Hoff; krit. dazu *Fenski*, NZA 14, 1381) mit der Arbeitszeitrichtlinie unvereinbar (auch, wenn der Urlaub nach Krankheit nicht mehr genommen werden kann, weil der Arbeitnehmer in den Ruhestand wechselt, *EuGH* 20.7.2016 – C-341/15 – Maschek; anders, wenn Urlaub mangels Arbeit infolge »Kurzarbeit Null« entfällt, *EuGH* 8.11.2012 – C-229/11 und C-230/11, NZA 12, 1273 – Heimann u.a., und zwar auch dann nicht, wenn der Arbeitnehmer im Zeitraum der Kurzarbeit erkrankt, *BAG* 5.12.2023 – 9 AZR 364/22, NZA 24, 330). Das *BAG* (24.3.2009 – 9 AZR 983/07, NZA 09, 538) ist dem gefolgt und hält in diesem Fall eine Abgeltung für möglich. Es hat die Surrogatstheorie insoweit aufgegeben. Dasselbe gilt für den Zusatzurlaub nach § 208 SGB IX (*BAG*

23.3.2010 – 9 AZR 128/09, NZA 10, 810). Für einen zusätzlichen tariflichen Urlaub hängt die Maßgeblichkeit dieser Rechtsprechung davon ab, ob die Tarifparteien diesen Urlaubsanspruch inhaltlich abhängig vom gesetzlichen Urlaub ausgestaltet haben (*BAG* 12.3.2013 – 9 AZR 292/11, NZA 14, 51). Diese Frage ist für den Verfall des tariflichen Mehrurlaubs sowie für die Frage der Abgeltung jeweils eigenständig zu prüfen (*BAG* 22.5.2012 – 9 AZR 618/10, NZA 12, 987). Entsprechendes gilt für einen zusätzlichen vertraglichen Anspruch (*BAG* 4.5.2010 – 9 AZR 183/09, NZA 10, 1011, 1013).

Der *EuGH* hält allerdings eine Begrenzung des Übertragungszeitraums bei hinreichender Länge für zulässig, weil dadurch der Erholungszweck des Urlaubs nicht infrage gestellt wird. Im konkreten Fall wurde ein 15-monatiger tarifvertraglicher Zeitraum akzeptiert (*EuGH* 22.11.2011 – C-214/10, NZA 11, 1333 – Schulte; dazu *Bayreuther*, DB 11, 2848; *Franzen*, NZA 11, 1403). Dementsprechend soll auch der gesetzliche Urlaub im deutschen Recht nach 15 Monaten entfallen: Im zweiten Jahr nach Ablauf des Urlaubsjahres soll der Urlaubsanspruch nach § 7 Abs. 3 BUrlG zum 31. März verfallen (*BAG* 7.8.2012 – 9 AZR 353/10, DB 12, 2462; *BAG* 16.10.2012 – 9 AZR 63/11, NZA 13, 326). Daraus ergibt sich dann eine – im Gesetz nicht vorgesehene – 15-monatige Übertragungsfrist (12 Monate mangels Verfalls nach § 7 Abs. 3 BUrlG im ersten Jahr nach dem Urlaubsjahr plus 3 Monate bis zum Verfall nach § 7 Abs. 3 BUrlG im zweiten Jahr nach dem Urlaubsjahr). Dieser Verfall nach 15 Monaten soll auch dann gelten, wenn der Arbeitgeber den zuvor beschriebenen Mitwirkungsobliegenheiten nicht genügt hat. Davon geht das *BAG* allerdings nur dann aus, wenn der Arbeitnehmer während des gesamten Urlaubsjahres krank war. Ob ein solcher Verfall nach 15 Monaten oder gegebenenfalls einer längeren Frist auch dann möglich ist, wenn der Arbeitnehmer nicht das ganze Urlaubsjahr krank war, der Arbeitgeber ihn aber nicht hinreichend aufgekärt hat über seine Rechte, war Gegenstand eines Vorabentscheidungsersuchens (*BAG* 7.7.2020 – 9 AZR 401/19 [A], NZA 20, 1541; vgl. dazu auch *BAG* 7.9.2021 – 9 AZR 3/21 [A], NZA 22, 107; für eine im Urlaubsjahr eintretende Erwerbsunfähigkeit auch *BAG* 7.7.2020 – 9 AZR 245/19 [A], NZA 20, 1547). Der *EuGH* hat dazu entschieden, dass der Urlaub nicht verfallen kann, wenn der Arbeitgeber den Arbeitnehmer in dem Jahr, in dem er noch teilweise gearbeitet hat, nicht in die Lage versetzt hat, seinen Urlaub nehmen zu können (22.9.2022 – C-518/20, NZA 22, 1323 – Fraport). Von daher kann der Urlaub auch nach einem längeren Zeitraum als 15 Monaten nicht verfallen, wenn der Arbeitgeber seinen Mitwirkungspflichten nicht nachgekommen ist (*BAG* 20.12.2022 – 9 AZR 401/19, BB 23, 1530; 20.12.2022 – 9 AZR 245/19, NZA 23, 1116). Der Gerichtshof hat aber zugleich klargestellt, dass dies nur für Jahre gelte, in denen teilweise gearbeitet wurde, sodass der Arbeitnehmer nicht über Jahre hinweg trotz Arbeitsunfähigkeit Urlaubsansprüche ansammeln kann (*EuGH* 22.9.2022 – C-518/20, NZA 22, 1323 – Fraport). Folgerichtig geht das *BAG* davon aus, dass die Nichterfüllung der Mitwirkungsobliegenheiten des Arbeitgebers insoweit unerheblich ist, als der Arbeitnehmer seinen Urlaubsanspruch im Urlaubsjahr wegen Krankheit nicht mehr in vollem Umfang nehmen konnte (*BAG* 31.1.2023 – 9 AZR 107/20, NZA 23, 968). Folglich erlischt ein Urlaubsanspruch unabhängig von der Erfüllung von Mitwirkungsobliegenheiten, wenn der Arbeitnehmer des gesamte Urlaubsjahr und den anschließenden Übertragungszeitraum hindurch

erkrankt war (*BAG* 31.1.2023 – 9 AZR 85/22, NZA 23, 1121). Die Begrenzung des Übertragungzeitraums kann aber vertraglich zugunsten des Arbeitnehmers geändert oder ganz aufgehoben werden. Das Unionsrecht gibt dem nationalen Recht nicht vor, wann ein Urlaubsanspruch spätestens verfällt (*BAG* 15.7.2025 – 9 AZR 198/24, NZA 25, 1324).
Unabhängig von der Frage, in welchem Umfang krankheitsbedingt nicht genommene Urlaubsansprüche in Folgejahre übertragen werden können, muss der Arbeitnehmer, wenn er wieder arbeitsfähig ist, den Urlaub antreten, damit er nicht am Ende des Jahres bzw. am Ende des Übertragungszeitraums verfällt (*BAG* 9.8.2011 – 9 AZR 425/10, NZA 12, 29).
Folge der Aufgabe der Surrogatstheorie ist, dass ein Urlaubsabgeltungsanspruch auch dann entsteht, wenn der Arbeitnehmer bis zur Beendigung des Arbeitsverhältnisses arbeitsunfähig ist (*BAG* 9.8.2011 – 9 AZR 365/10, NZA 11, 1421, 1424). Auf der anderen Seite stellt sich der Abgeltungsanspruch, da er eben nicht mehr das Schicksal des Urlaubsanspruchs teilt, nur noch als einfacher Geldanspruch dar, der nach allgemeinen tarifvertraglichen Ausschlussfristen verfällt (*BAG* 9.8.2011 – 9 AZR 365/10, NZA 11, 1421; bestätigt durch *BAG* 27.10.2020 – 9 AZR 513/19, NZA 21, 504). Er kann auch durch eine sog. Erledigungsklausel im Rahmen eines Vergleichs nach Vertragsbeendigung untergehen (*BAG* 14.5.2013 – 9 AZR 844/11, DB 13, 2154). Das *BAG* betont, dass die Möglichkeit, den Abgeltungsanspruch durchzusetzen, auch bei einer kurzen Verfallfrist von zwei Monaten gewährleistet ist (*BAG* 13.12.2011 – 9 AZR 399/10, NZA 12, 514). Die Frist beginnt in der Regel mit Fälligkeit des Abgeltungsanspruchs, die mit Beendigung des Arbeitsverhältnisses eintritt; die Ausschlussfrist wird nicht durch Erhebung einer Kündigungsschutzklage gewahrt (*BAG* 27.10.2020 – 9 AZR 513/19, NZA 21, 504). Die vorstehenden Grundsätze zum Verfall des Abgeltungsanspruchs durch tarifvertragliche Ausschlussfristen greifen auch für den Zusatzurlaub nach § 208 SGB IX sowie für ein zusätzliches tarifvertragliches Urlaubsgeld (*BAG* 13.12.2011 – 9 AZR 399/10, NZA 12, 514, 518 f.).
Krankheitstage während des Urlaubs werden nicht auf den Jahresurlaub angerechnet, sodass der Urlaub später noch genommen werden kann (*EuGH* 21.6.2012 – C-78/11, NZA 12, 851 – ANGED). Entsprechendes sieht § 9 BUrlG vor. Unzulässig wäre eine – nach deutschem Recht ohnehin nur für den Fall der Vertragsbeendigung vorgesehene – bloße finanzielle Abgeltung (*EuGH* 21.2.2013 – C-194/12, NZA 13, 369 – Concepción Maestre García). In seiner neueren Rechtsprechung hat der *EuGH* (24.1.2012 – C-282/10, NZA 12, 139 – Dominguez) nochmals betont, dass die zugrundeliegende EU-Richtlinie es nicht gestattet, den Urlaubsanspruch von weiteren Voraussetzungen abhängig zu machen. Einschränkungen des Urlaubsanspruchs wegen Krankheit sind damit unzulässig. Im Falle einer behördlich angeordneten Quarantäne ist der Arbeitnehmer nicht zwingend krank. Da in einem solchen Fall der Urlaubszweck anders als bei Krankheit nicht entfällt, verlangt das Unionsrecht keine entsprechende Nachgewährung (*EuGH* 14.12.2023 – C-206/22, NZA 24, 43 – TF/Sparkasse, Südpfalz, auf Vorabentscheidungsersuchen von *BAG* 16.9.2022 – 9 AZR 76/22 [A], NZA 23, 39). Die bewilligte Freistellung führt damit zum Verlust des Urlaubsanspruchs (*BAG* 28.5.2024 – 9 AZR 76/22, NZA 24, 1139). Die Frage hat allerdings nur noch Bedeutung für Altfälle bis 16.9.2022. Für spätere

Zeiträume hat der Gesetzgeber in § 59 Abs. 1 IfSG (Nr. 7k) eine Aufrechterhaltung des Anspruchs geregelt.

Wenn die Urlaubsgewährung durch den Wechsel in die Freistellungsphase im Rahmen der Blockaltersteilzeit unmöglich wird, würde der Urlaub an sich ohne Abgeltung verfallen (*BAG* 16.10.2012 – 9 AZR 234/11, NZA 13, 575). Das scheidet aber aus, wenn der Arbeitgeber seinen Mitwirkungsobliegenheiten nicht nachgekommen ist oder der Arbeitnehmer den zunächst bewilligten Urlaub nicht vollständig nehmen konnte, weil er erkrankt ist (*EuGH* 27.4.2023 – C-192/22, NZA 23, 681 – BMW, auf Vorabentscheidungseruchen von *BAG* 12.10.2021 – 9 AZR 577/20 [A], NZA 22, 1198).

Der Urlaubsanspruch wird auch während Zeiten erworben, in denen der Arbeitnehmer unbezahlten Sonderurlaub genommen hat (*BAG* 6.5.2014 – 9 AZR 678/12, NZA 14, 959). Allerdings geht die Rechtsprechung davon aus, dass infolge Sonderurlaubs eine ungleichmäßige Verteilung der Arbeitszeit auf das Jahr vorliegt und die Anzahl der geschuldeten Arbeitstage ins Verhältnis zur Zahl der gesetzlich vorgesehenen Urlaubstage zu setzen ist, sodass im Ergebnis dennoch eine Urlaubsreduzierung für Zeiten des Sonderurlaubs eintritt (*BAG* 21.5.2019 – 9 AZR 259/18, NZA 19, 1365, Rn. 13). Ebenso ist beim Wechsel von der Anspar- in die Freistellungsphase bei der Altersteilzeitarbeit im Blockmodell zu verfahren; in der Freistellungsphase kann dann mangels Arbeitspflicht kein Urlaubsanspruch mehr erworben werden (*BAG* 24.9.2019 – 9 AZR 481/18, NZA 20, 300). Dasselbe nimmt die Rspr. für Zeiten der Kurzarbeit an: Auch wenn diese nicht das Urlaubsentgelt vermindern (s. o.), können sie so eine Verkürzung der Zahl der Urlaubstage bewirken (*BAG* 30.11.2021 – 9 AZR 225/21, NZA 22, 629; das gilt auch bei Einführung von Kurzarbeit durch eine Betriebsvereinbarung, *BAG* 30.11.2021 – 9 AZR 234/21, NZA 22, 634).

Der Abgeltungsanspruch ist vererblich (*BAG* 22.9.2015 – 9 AZR 170/14, NZA 16, 37). Ein Abgeltungsanspruch muss aber auch bei Beendigung des Arbeitsverhältnisses durch Tod des Arbeitnehmers entstehen (*EuGH* 12.6.2014 – C-118/13, NZA 14, 651 – Bollacke; 6.11.2018 – C-569/16 u. a., NZA 18, 1467 – Bauer und Broßonn; dazu *Buschmann*, AuR 19, 233; a. A. noch *BAG* 18.10.2016 – 9 AZR 196/16 [A], NZA 17, 207). Er steht den Erben des Arbeitnehmers nach § 1922 Abs. 1 BGB zu (*BAG* 22.1.2019 – 9 AZR 45/19, NZA 19, 829; 22.1.2019 – 9 AZR 328/16, NZA 19, 835; 22.1.2019 – 9 AZR 10/17, NZA 19, 832), muss jedoch innerhalb der für das Arbeitsverhältnis maßgeblichen Ausschlussfristen geltend gemacht werden (*BAG* 22.1.2019 – 9 AZR 149/17, NZA 19, 985). Dies bezieht sich auch auf die Abgeltung von Zusatzurlaub schwerbehinderter Menschen nach § 208 SGB IX sowie auf einen eventuellen tariflichen Mehrurlaub, sofern die Tarifvertragsparteien diesen tariflichen Urlaubsanspruch nicht anderen Regelungen unterstellt haben. Letzteres ist zulässig, für einen entsprechenden Willen der Tarifvertragsparteien müssen aber deutliche Anhaltspunkte vorliegen (*BAG* 22.1.2019 – 9 AZR 45/19, NZA 19, 829, Rn. 27). Entsprechendes gilt auch für einen vertraglichen Anspruch auf Mehrurlaub (*BAG* 22.1.2019 – 9 AZR 328/16, NZA 19, 835, Rn. 32 ff.).

Wenn ein starker vorläufiger Insolvenzverwalter oder ein Insolenzverwalter nach Anzeige der Masseunzulänglichkeit die Arbeitsleistung eines Arbeitnehmers in Anspruch nimmt, ist ein Anspruch auf Urlaubsvergütung bzw. Urlaubsabgeltung eine bevorrechtigt zu berichtigende Masseverbindlichkeit bzw. Neumasseverbindlichkeit (*BAG* 25.11.2021 – 6 AZR 94/19, NZA 22, 366; nach Aufgabe entgegenstehender Rspr. durch *BAG* 10.9.2020 – 6 AZR 94/19 [A], NZA 21, 12; 16.2.2021 – 9 AS 1/21, NZA 21, 567).

IV. Durchsetzung des Urlaubsanspruchs

Gewährt der Arbeitgeber keinen Urlaub, muss der Anspruch notfalls gerichtlich, ggf. im vorläufigen Rechtsschutz, durchgesetzt werden. Eine Selbstbeurlaubung durch Fernbleiben von der Arbeit ist hingegen unzulässig und bedeutet unberechtigtes Fehlen, das gegebenenfalls zu einer Kündigung führen kann (*BAG* 20.5.2020 – 2 AZR 457/20, NZA 21, 1092). Wenn der Arbeitnehmer deshalb keinen Urlaub nimmt, weil der Arbeitgeber nicht bereit ist, das Urlaubsentgelt zu zahlen, darf der Urlaubsanspruch nicht am Ende verfallen, sondern muss übertragen werden (*EuGH* 29.11.2017 – C-214/16, BB 17, 3068 – King; vgl. § 11 Abs. 2 BUrlG). Der Arbeitnehmer kann rechtzeitig beantragten Urlaub, den der Arbeitgeber nicht gewährt, trotz Verfalls im Wege des Schadensersatzes durchsetzen. Der Anspruch ist – außer bei Beendigung des Arbeitsverhältnisses – jedoch nicht auf Abgeltung gerichtet, sondern auf Gewährung von Urlaub (*BAG* 16.5.2017 – 9 AZR 572/16, NZA 17, 1056). Im bestehenden Arbeitsverhältnis gibt es insoweit keine Abgeltungsansprüche (*BAG*, a.a.O.). Demgegenüber wäre ein im Wege des Schadensersatzes zu gewährender Ersatzurlaub nach § 7 Abs. 4 BUrlG abzugelten (*BAG* 16.5.2017 – 9 AZR 572/16, NZA 17, 1056, Rn. 13).

Der Urlaubanspruch kann dem Arbeitnehmer nicht abgekauft werden. Dies verstieße gegen § 134 BGB und hätte zur Folge, dass der Arbeitnehmer weiterhin einen Anspruch auf Urlaub hätte. Zulässig ist aber die Vereinbarung zur nachträglichen Abgeltung bereits verfallener Urlaubsansprüche (*BAG* 18.10.2011 – 9 AZR 303/10, NZA 12, 143).

Der Arbeitnehmer kann gemäß § 13 Abs. 1 S. 3 BUrlG im laufenden Arbeitsverhältnis nicht auf seinen Urlaubsanspruch verzichten, und zwar selbst dann nicht, wenn die Beendigung des Arbeitsverhältnisses feststeht. Das gilt nach der Rechtsprechung auch für Regelungen in einem gerichtlichen Vergleich. Anders ist es nur, wenn über die tatsächlichen Voraussetzungen eines Urlaubsanspruchs gestritten wurde und hierüber ein Vergleich geschlossen wird (*BAG* 3.6.2025 – 9 AZR 104/24, NZA 25, 1386).

V. Bildungsurlaub nach Landesrecht

Über den gesetzlichen Erholungsurlaub hinaus haben einige Bundesländer für alle Arbeitnehmer einen bezahlten Bildungsurlaub eingeführt (hierzu *BAG* 23.2.1989 – 8 AZR 133/87, DB 89, 1674). Die damit verbundenen Belastungen der Arbeitgeber sind verfassungsrechtlich gerechtfertigt (*BVerfG* 15.12.1987 – 1 BvR 563/85 u.a., AP Nr. 62 zu Art. 12 GG). Keine Regelungen zum Bildungsurlaub haben die Länder Bayern und Sachsen.

Land	Gesetzliche Regelung	Letzte Änderung	Dauer (ausgehend von 5-Tage-Woche)	Wartezeit	Entgelt
Baden-Württemberg	BzG	18.11.2025	5 Tage im Kalenderjahr	12 Monate	nach BUrlG
Berlin	BiZeitG	5.7.2021	5 Tage im Kalenderjahr	6 Monate	Fortzahlung der Vergütung
Brandenburg	BbgEBG	20.12.2023	10 Tage in 2 Jahren	6 Monate	nach BUrlG
Bremen	BremBZG	26.9.2017	10 Tage in 2 Jahren	6 Monate	nach BUrlG
Hamburg	BiUrlG HA	15.12.2009	10 Tage in 2 Jahren	6 Monate	Durchschnittsentgelt der letzten 13 Wochen
Hessen	BiUrlG HE	13.10.2022	5 Tage im Kalenderjahr	6 Monate	nach BUrlG
Mecklenburg-Vorpommern	BfG M-V	11.12.2020	10 Tage in 2 Jahren	6 Monate	Entgeltfortzahlung ohne Minderung
Niedersachsen	NBildUG	17.12.1999	5 Tage im Kalenderjahr	6 Monate	nach EFZG[1]
Nordrhein-Westfalen	AWbG	6.12.2022	5 Tage im Kalenderjahr	6 Monate	nach EFZG[2]
Rheinland-Pfalz	BFG	20.12.2024	10 Tage in 2 Jahren	6 Monate	nach BUrlG
Saarland	SBFG	24.4.2024	5 Tage im Kalenderjahr	6 Monate	Entgeltfortzahlung ohne Minderung

17

1 Siehe Nr. 18.
2 Siehe Nr. 18.

Land	Gesetzliche Regelung	Letzte Änderung	Dauer (ausgehend von 5-Tage-Woche)	Wartezeit	Entgelt
Sachsen-Anhalt	BiFreistG ST	18.11.2005	5 Tage im Kalenderjahr	6 Monate	nach tariflichen Regelungen über Urlaub oder BUrlG
Schleswig-Holstein	WBG	22.1.2017	1 Woche im Kalenderjahr	6 Monate	nach tariflichen Regelungen über Urlaub oder BUrlG
Thüringen	ThürBfG	2.7.2024	5 Tage im Kalenderjahr	6 Monate	nach den vertraglichen oder tariflichen Regelungen über den Urlaub oder BUrlG

Wichtige Entscheidungen

BVerfG 15.12.1987 – 1 BvR 563/85 u.a., AP Nr. 62 zu Art. 12 GG
EuGH 20.1.2009 – C-350/06 u.a., DB 2009, 234 – Schultz-Hoff
EuGH 22.11.2011 – C-214/10, NZA 2011, 1333 – Schulte
EuGH 6.11.2018 – C-684/16, NZA 2018, 1474 – Max-Planck-Gesellschaft
EuGH 6.11.2018 – C-619/16, NZA 2018, 1612 – Kreuziger
EuGH 13.1.2022 – C-514/20, ZESAR 2022, 236 – DS/Koch Personaldienstleistungen
EuGH 22.9.2022 – C-518/20, NZA 2022, 1323 – Fraport
BAG 21.5.2019 – 9 AZR 259/18, NZA 2019, 1365

Weiterführende Literatur

Erholungsurlaub

Deinert/Wenckebach/Zwanziger-*Litzig*, Arbeitsrecht, § 50 (Erholungsurlaub)
Deinert, Sozialrecht (2025), 6. Kap.: Urlaub und andere Freistellungen
Bayreuther, Urlaubsrecht – finalisiert, NZA 2019, S. 945
Bayreuther/Kiel/Zimmermann, BUrlG, 3. Aufl. (2024)
Jacobs/Münder, Deutsches Urlaubsrecht im europäischen Wandel, Teil I, RdA 2019, S. 332; Teil II, RdA 2020, S. 13.
Keller/Augsten, Bundesurlaubsgesetz, Basiskommentar, 2. Aufl. (2025)
Neumann/Fenski/Kühn, Bundesurlaubsgesetz, 12. Aufl. (2021)

Powietzka/Rolf, BUrlG, 3. Aufl. (2025)
Reinecke, Urlaub in der Kündigungsfrist, AuR 2013, S. 19
Schubert, Der Urlaubabgeltungsanspruch nach dem Abschied von der Surrogationsthese, RdA 2014, S. 9
Vogelsang, Das Entgeltausfallprinzip im Urlaubsrecht, RdA 2018, S. 110

Bildungsurlaub

Deinert/Wenckebach/Zwanziger-*Litzig*, Arbeitsrecht, § 51 (Bildungsurlaub)
Deinert/Maksimek, Weiterbildung, in: Deinert/Maksimek/Sutterer-Kipping, Die Rechtspolitik des Sozial- und Arbeitsrechts (2020), S. 507
Merkel/Dodt, Das Bildungszeitgesetz Baden-Württemberg im Überblick, BB 2016, S. 693
Meyer, Mehr Bildungsurlaub braucht das Land, PersR 2016, S. 46
AK-Spezial 1/2024 zum Saarländischen Bildungsfreistellungsgesetz

Übersicht 39: Urlaub

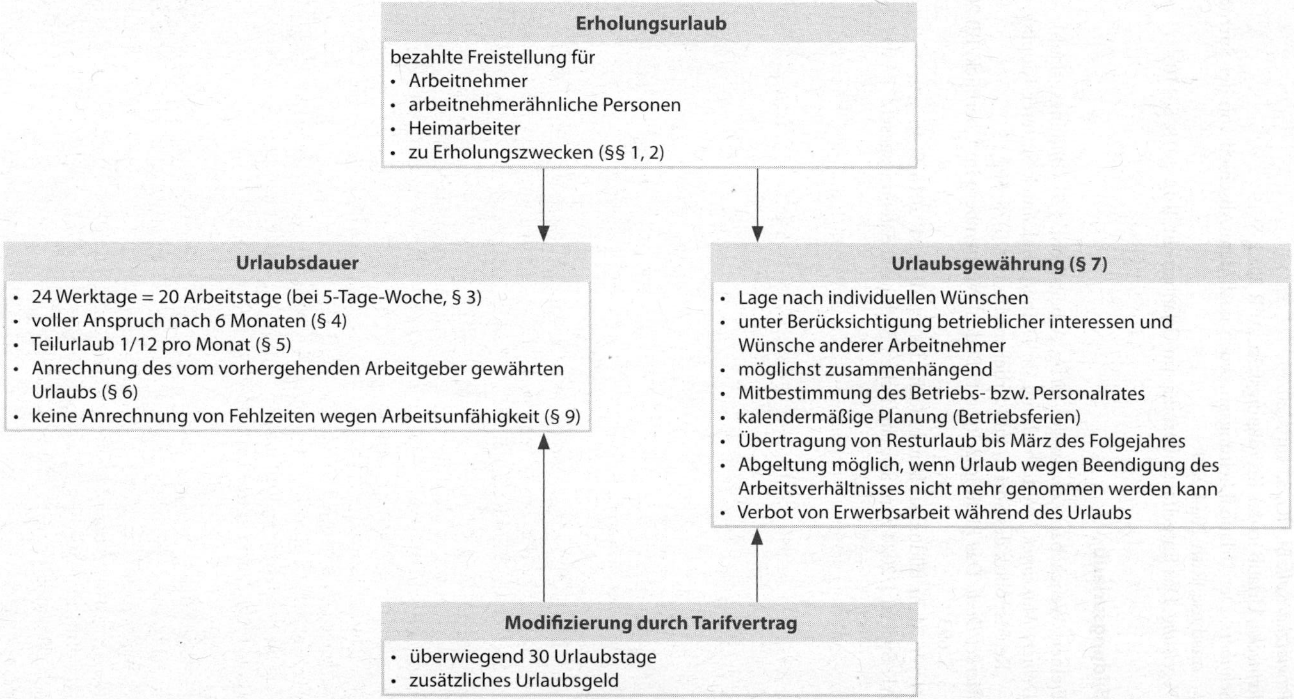

Mindesturlaubsgesetz für Arbeitnehmer (Bundesurlaubsgesetz – BUrlG)

vom 8. Januar 1963 (BGBl. I 2)
in der Fassung des Gesetzes vom 27. Juli 1969 (BGBl. I 946),
zuletzt geändert durch Gesetz vom 20. April 2013 (BGBl. I 868)

(Abgedruckte Vorschriften: §§ 1–13, 15a, 16)

§ 1 Urlaubsanspruch Jeder Arbeitnehmer hat in jedem Kalenderjahr Anspruch auf bezahlten Erholungsurlaub.

§ 2 Geltungsbereich Arbeitnehmer im Sinne des Gesetzes sind Arbeiter und Angestellte sowie die zu ihrer Berufsausbildung Beschäftigten. Als Arbeitnehmer gelten auch Personen, die wegen ihrer wirtschaftlichen Unselbständigkeit als arbeitnehmerähnliche Personen anzusehen sind; für den Bereich der Heimarbeit gilt § 12.

§ 3 Dauer des Urlaubs (1) Der Urlaub beträgt jährlich mindestens 24 Werktage.
(2) Als Werktage gelten alle Kalendertage, die nicht Sonn- oder gesetzliche Feiertage sind.

§ 4 Wartezeit Der volle Urlaubsanspruch wird erstmalig nach sechsmonatigem Bestehen des Arbeitsverhältnisses erworben.

§ 5 Teilurlaub (1) Anspruch auf ein Zwölftel des Jahresurlaubs für jeden vollen Monat des Bestehens des Arbeitsverhältnisses hat der Arbeitnehmer

a) für Zeiten eines Kalenderjahrs, für die er wegen Nichterfüllung der Wartezeit in diesem Kalenderjahr keinen vollen Urlaubsanspruch erwirbt;
b) wenn er vor erfüllter Wartezeit aus dem Arbeitsverhältnis ausscheidet;
c) wenn er nach erfüllter Wartezeit in der ersten Hälfte eines Kalenderjahrs aus dem Arbeitsverhältnis ausscheidet.

(2) Bruchteile von Urlaubstagen, die mindestens einen halben Tag ergeben, sind auf volle Urlaubstage aufzurunden.
(3) Hat der Arbeitnehmer im Falle des Absatzes 1 Buchstabe c bereits Urlaub über den ihm zustehenden Umfang hinaus erhalten, so kann das dafür gezahlte Urlaubsentgelt nicht zurückgefordert werden.

§ 6 Ausschluß von Doppelansprüchen (1) Der Anspruch auf Urlaub besteht nicht, soweit dem Arbeitnehmer für das laufende Kalenderjahr bereits von einem früheren Arbeitgeber Urlaub gewährt worden ist.
(2) Der Arbeitgeber ist verpflichtet, bei Beendigung des Arbeitsverhältnisses dem Arbeitnehmer eine Bescheinigung über den im laufenden Kalenderjahr gewährten oder abgegoltenen Urlaub auszuhändigen.

§ 7 Zeitpunkt, Übertragbarkeit und Abgeltung des Urlaubs (1) Bei der zeitlichen Festlegung des Urlaubs sind die Urlaubswünsche des Arbeitnehmers zu berücksichtigen, es sei denn, daß ihrer Berücksichtigung dringende betriebliche Belange oder Urlaubswünsche anderer Arbeitnehmer, die unter sozialen Gesichtspunkten den Vorrang verdienen, entgegenstehen. Der Urlaub ist zu gewähren, wenn der Arbeitnehmer dies im Anschluß an eine Maßnahme der medizinischen Vorsorge oder Rehabilitation verlangt.
(2) Der Urlaub ist zusammenhängend zu gewähren, es sei denn, daß dringende betriebliche oder in der Person des Arbeitnehmers liegende Gründe eine Teilung des Urlaubs erforderlich machen. Kann der Urlaub aus diesen Gründen nicht zusammenhängend gewährt werden, und hat der Arbeitnehmer Anspruch auf Urlaub von mehr als zwölf Werktagen, so muß einer der Urlaubsteile mindestens zwölf aufeinanderfolgende Werktage umfassen.
(3) Der Urlaub muß im laufenden Kalenderjahr gewährt und genommen werden. Eine Übertragung des Urlaubs auf das nächste Kalenderjahr ist nur statthaft, wenn dringende betriebliche oder in der Person des Arbeitnehmers liegende Gründe dies rechtfertigen. Im Fall der Übertragung muß der Urlaub in den ersten drei Monaten des folgenden Kalenderjahrs gewährt und genommen werden. Auf Verlangen des Arbeitnehmers ist ein nach § 5 Abs. 1 Buchstabe a entstehender Teilurlaub jedoch auf das nächste Kalenderjahr zu übertragen.
(4) Kann der Urlaub wegen Beendigung des Arbeitsverhältnisses ganz oder teilweise nicht mehr gewährt werden, so ist er abzugelten.

§ 8 Erwerbstätigkeit während des Urlaubs Während des Urlaubs darf der Arbeitnehmer keine dem Urlaubszweck widersprechende Erwerbstätigkeit leisten.

§ 9 Erkrankung während des Urlaubs Erkrankt ein Arbeitnehmer während des Urlaubs, so werden die durch ärztliches Zeugnis nachgewiesenen Tage der Arbeitsunfähigkeit auf den Jahresurlaub nicht angerechnet.

§ 10 Maßnahmen der medizinischen Vorsorge oder Rehabilitation Maßnahmen der medizinischen Vorsorge oder Rehabilitation dürfen nicht auf den Urlaub angerechnet werden, soweit ein Anspruch auf Fortzahlung des Arbeitsentgelts nach den gesetzlichen Vorschriften über die Entgeltfortzahlung im Krankheitsfall besteht.

§ 11 Urlaubsentgelt (1) Das Urlaubsentgelt bemißt sich nach dem durchschnittlichen Arbeitsverdienst, das der Arbeitnehmer in den letzten dreizehn Wochen vor dem Beginn des Urlaubs erhalten hat, mit Ausnahme des zusätzlich für Überstunden gezahlten Arbeitsverdienstes. Bei Verdiensterhöhungen nicht nur vorübergehender Natur, die während des Berechnungszeitraums oder des Urlaubs eintreten, ist von dem erhöhten Verdienst auszugehen. Verdienstkürzungen, die im Berechnungszeitraum infolge von Kurzarbeit, Arbeitsausfällen oder unverschuldeter Arbeitsversäumnis eintreten, bleiben für die Berechnung des Urlaubsentgelts außer Betracht. Zum Arbeitsentgelt gehörende Sachbezüge, die während des Urlaubs nicht weitergewährt werden, sind für die Dauer des Urlaubs angemessen in bar abzugelten.
(2) Das Urlaubsentgelt ist vor Antritt des Urlaubs auszuzahlen.

§ 12 Urlaub im Bereich der Heimarbeit Für die in Heimarbeit Beschäftigten und die ihnen nach § 1 Abs. 2 Buchstaben a bis c des Heimarbeitsgesetzes Gleichgestellten, für die die Urlaubsregelung nicht ausdrücklich von der Gleichstellung ausgenommen ist, gelten die vorstehenden Bestimmungen mit Ausnahme der §§ 4 bis 6, 7 Abs. 3 und 4 und § 11 nach Maßgabe der folgenden Bestimmungen:

1. Heimarbeiter (§ 1 Abs. 1 Buchstabe a des Heimarbeitsgesetzes) und nach § 1 Abs. 2 Buchstabe a des Heimarbeitsgesetzes Gleichgestellte erhalten von ihrem Auftraggeber oder, falls sie von einem Zwischenmeister beschäftigt werden, von diesem bei einem Anspruch auf 24 Werktage ein Urlaubsentgelt von 9,1 vom Hundert des in der Zeit vom 1. Mai bis zum 30. April des folgenden Jahres oder bis zur Beendigung des Beschäftigungsverhältnisses verdienten Arbeitsentgelts vor Abzug der Steuern und Sozialversicherungsbeiträge ohne Unkostenzuschlag und ohne die für den Lohnausfall an Feiertagen, den Arbeitsausfall infolge Krankheit und den Urlaub zu leistenden Zahlungen.
2. War der Anspruchsberechtigte im Berechnungszeitraum nicht ständig beschäftigt, so brauchen unbeschadet des Anspruches auf Urlaubsentgelt nach Nummer 1 nur so viele Urlaubstage gegeben zu werden, wie durchschnittliche Tagesverdienste, die er in der Regel erzielt hat, in dem Urlaubsentgelt nach Nummer 1 enthalten sind.
3. Das Urlaubsentgelt für die in Nummer 1 bezeichneten Personen soll erst bei der letzten Entgeltzahlung vor Antritt des Urlaubs ausgezahlt werden.
4. Hausgewerbetreibende (§ 1 Abs. 1 Buchstabe b des Heimarbeitsgesetzes) und nach § 1 Abs. 2 Buchstaben b und c des Heimarbeitsgesetzes Gleichgestellte erhalten von ihrem Auftraggeber, oder, falls sie von einem Zwischenmeister beschäftigt werden, von diesem als eigenes Urlaubsentgelt und zur Sicherung der Urlaubsansprüche der von ihnen Beschäftigten einen Betrag von 9,1 vom Hundert des an sie ausgezahlten Arbeitsentgelts vor Abzug der Steuern und Sozialversicherungsbeiträge ohne Unkostenzuschlag und ohne die für den Lohnausfall an Feiertagen, den Arbeitsausfall infolge Krankheit und den Urlaub zu leistenden Zahlungen.
5. Zwischenmeister, die den in Heimarbeit Beschäftigten nach § 1 Abs. 2 Buchstabe d des Heimarbeitsgesetzes gleichgestellt sind, haben gegen ihren Auftraggeber Anspruch auf die von ihnen nach den Nummern 1 und 4 nachweislich zu zahlenden Beträge.
6. Die Beträge nach den Nummern 1, 4 und 5 sind gesondert im Entgeltbeleg auszuweisen.
7. Durch Tarifvertrag kann bestimmt werden, daß Heimarbeiter (§ 1 Abs. 1 Buchstabe a des Heimarbeitsgesetzes), die nur für einen Auftraggeber tätig sind und tariflich allgemein wie Betriebsarbeiter behandelt werden, Urlaub nach den allgemeinen Urlaubsbestimmungen erhalten.
8. Auf die in den Nummern 1, 4 und 5 vorgesehenen Beträge finden die §§ 23 bis 25, 27 und 28 und auf die in den Nummern 1 und 4 vorgesehenen Beträge außerdem § 21 Abs. 2 des Heimarbeitsgesetzes entsprechende Anwendung. Für die Urlaubsansprüche der fremden Hilfskräfte der in Nummer 4 genannten Personen gilt § 26 des Heimarbeitsgesetzes entsprechend.

§ 13 Unabdingbarkeit (1) Von den vorstehenden Vorschriften mit Ausnahme der §§ 1, 2 und 3 Abs. 1 kann in Tarifverträgen abgewichen werden. Die abweichenden Bestimmungen haben zwischen nichttarifgebundenen Arbeitgebern und Arbeitnehmern Geltung, wenn zwischen diesen die Anwendung der einschlägigen tariflichen Urlaubsregelung vereinbart ist. Im übrigen kann, abgesehen von § 7 Abs. 2 Satz 2, von den Bestimmungen dieses Gesetzes nicht zuungunsten des Arbeitnehmers abgewichen werden.
(2) Für das Baugewerbe oder sonstige Wirtschaftszweige, in denen als Folge häufigen Ortswechsels der von den Betrieben zu leistenden Arbeit Arbeitsverhältnisse von kürzerer Dauer als einem Jahr in erheblichem Umfange üblich sind, kann durch Tarifvertrag von den vorstehenden Vorschriften über die in Absatz 1 Satz 1 vorgesehene Grenze hinaus abgewichen werden, soweit dies zur Sicherung eines zusammenhängenden Jahresurlaubs für alle Arbeitnehmer erforderlich ist. Absatz 1 Satz 2 findet entsprechende Anwendung.
(3) Für den Bereich der Deutsche Bahn Aktiengesellschaft sowie einer gemäß § 2 Abs. 1 und § 3 Abs. 3 des Deutsche Bahn Gründungsgesetzes vom 27. Dezember 1993 (BGBl. I S. 2378, 2386) ausgegliederten Gesellschaft und für den Bereich der Nachfolgeunternehmen der Deutschen Bundespost kann von der Vorschrift über das Kalenderjahr als Urlaubsjahr (§ 1) in Tarifverträgen abgewichen werden.

§ 14 Berlin-Klausel *(gegenstandslos)*

§ 15 Änderung und Aufhebung von Gesetzen *(nicht abgedruckt)*

§ 15a Übergangsvorschrift Befindet sich der Arbeitnehmer von einem Tag nach dem 9. Dezember 1998 bis zum 1. 1. 1999 oder darüber hinaus in einer Maßnahme der medizinischen Vorsorge oder Rehabilitation, sind für diesen Zeitraum die seit dem 1. 1. 1999 geltenden Vorschriften maßgebend, es sei denn, daß diese für den Arbeitnehmer ungünstiger sind.

§ 16 Inkrafttreten Dieses Gesetz tritt mit Wirkung vom 1. Januar 1963 in Kraft.

18. Gesetz über die Zahlung des Arbeitsentgelts an Feiertagen und im Krankheitsfall (Entgeltfortzahlungsgesetz – EntgFG)

Einleitung

I. Geschichtliche Entwicklung

Die Fortzahlung des Entgelts im Krankheitsfalle ist ein Kernstück der sozialen Sicherung in der Bundesrepublik Deutschland. Ihr vorangegangen ist der seit dem 19. Jahrhundert geführte Kampf um die wirtschaftliche Sicherung der Arbeitnehmer beim krankheitsbedingten Ausfall ihrer Arbeitskraft. Die erste diesbezügliche gesetzliche Regelung brachte das Allgemeine Deutsche Handelsgesetzbuch von 1861 für Handlungsgehilfen, sie fand später Eingang in § 63 HGB. Das sog. Arbeiterschutzgesetz vom 1.6.1891 brachte eine entsprechende Regelung für gewerbliche Angestellte (§ 133c GewO), bis sie 1896 durch § 616 des BGB (später: § 616 Abs. 1) auf alle Arbeitnehmer erstreckt wurde. Diese Vorschriften galten sämtlich dispositiv, konnten also abbedungen werden. Erst durch die Notverordnungen vom 1.12.1930 (RGBl. I 517) und 5.6.1931 (RGBl. I 279) wurden sie für Angestellte unabdingbar gemacht.

Nach Gründung der Bundesrepublik Deutschland forderten die Gewerkschaften eine unabdingbare sechswöchige Lohnfortzahlung auch für Arbeiter (vgl. Entschließung Nr. 21, 3. ord. DGB-Bundeskongress 1954). Ein entsprechender Entwurf der SPD wurde 1956 im Deutschen Bundestag abgelehnt. Im gleichen Jahre (vom 24.10.1956 bis 14.2.1957) kam es in der Metallindustrie Schleswig-Holsteins zu einem sechzehnwöchigen Streik von ca. 34000 Arbeitern (bei insgesamt ca. 45000 im Geltungsbereich des Tarifvertrages Beschäftigten) aus 38 Betrieben, der vor allem um die Forderung der IG Metall nach tarifvertraglich geregelter Lohnfortzahlung im Krankheitsfall geführt wurde (vgl. *Kittner*, 50 Urteile, 3. Aufl., 2024, Nr. 42). Das am Ende dieses Streiks erzielte Ergebnis brachte zwar noch nicht die völlige Gleichstellung der Arbeiter mit den Angestellten, war aber ein großer gewerkschaftspolitischer Erfolg, der zugleich den Anstoß dazu gab, dieses Problem gesetzgeberisch zu lösen. Freilich war das »Gesetz zur Verbesserung der wirtschaftlichen Sicherung der Arbeiter im Krankheitsfalle« vom 26.6.1957 (BGBl. I 649): noch völlig unzulänglich, da es Lohnfortzahlungsansprüche für Arbeiter zugunsten eines für sechs Wochen vom Arbeitgeber zu zahlenden Zuschusses zum Krankengeld bis zur Höhe von 90 % des Nettoverdienstes beseitigte. Überdies setzte diese Zahlung erst mit dem dritten Tag der Arbeitsunfähigkeit ein. Durch Gesetz vom 12.7.1961 (BGBl. I 913) wurden der zweite Karenztag abgeschafft und der Zuschuss so erhöht, dass 100 % des Nettoverdienstes erreicht wurden. Erst das unter der Regierung der Großen Koalition im Jahre 1969 verabschiedete LFZG hat das

18

Zwischenspiel derartiger sozialversicherungsrechtlich orientierter Lösungen zugunsten der nunmehrigen arbeitsrechtlichen Form beendet.
Mit dem Strafrechtsreform-Ergänzungsgesetz vom 28. 8. 1975 (BGBl. I 2289) ist die Lohnfortzahlung auch für den Fall eines nicht rechtswidrigen Schwangerschaftsabbruches eingeführt worden.
Mit dem Gesetz über die Zahlung des Arbeitsentgelts an Feiertagen und im Krankheitsfall (Entgeltfortzahlungsgesetz) vom 26. 5. 1994 (BGBl. I 1014) sind alle Vorschriften zur Entgeltfortzahlung im Krankheitsfall zusammengefasst und für alle Arbeitnehmer vereinheitlicht worden (§§ 3–10). Die Regelungen der Umlagefinanzierung für kleine Unternehmen in den §§ 10–19 LFZG blieben zunächst bestehen und sind nunmehr im AAG (Nr. 18 a) enthalten. Gleichzeitig wurde unter Aufhebung des Feiertagslohnzahlungsgesetzes die Feiertagsbezahlung in das EntgFG einbezogen (§§ 2, 11; zum Gesetzesinhalt *Kehrmann,* AiB 94, 322; *Schliemann,* AuR 94, 31; *Viethen,* BArbBl. 12/94, 7; *Schmitt,* RdA 96, 5).
Nach heftigen Auseinandersetzungen und in ungewöhnlicher Eile wurde die Entgeltfortzahlung im Krankheitsfalle durch das »Arbeitsrechtliche Beschäftigungsförderungsgesetz« vom 25. 9. 1996 (BGBl. I 1476) einschneidend verändert. Die Entgeltfortzahlung wurde auf 80 % gesenkt, der Arbeitnehmer konnte aber die volle Lohnfortzahlung für 5 Tage durch Verzicht auf einen Urlaubstag erlangen. Die Auswirkungen auf günstigere tarifvertragliche Regelungen blieben umstritten (vgl. dazu bis einschließlich 35. Aufl.). Die Änderungen wurden durch das »Gesetz zu Korrekturen in der Sozialversicherung und zur Sicherung der Arbeitnehmerrechte« vom Dezember 1998 wieder rückgängig gemacht (vgl. *Schaub,* NZA 99, 177; *Hold,* ZTR 99, 103).
Durch das Gesetz zur Änderung des Transplantationsgesetzes v. 21. 7. 2012 (BGBl. I 1601) wurde ein Entgeltfortzahlungsanspruch für Organspender in § 3a eingeführt (vgl. *Knorr,* NZA 12, 1132 ff.). Dem Arbeitgeber werden die Kosten durch den Krankheitskostenträger des Empfängers erstattet.
Durch das Dritte Bürokratieentlastungsgesetz (v. 22. 11. 2019, BGBl. I 1746) wurde mit Wirkung ab 1. 1. 2022 die Nachweispflicht der Arbeitsunfähigkeit in § 5 Abs. 1a EntgFG für nicht nur geringfügig beschäftigte Versicherte der gesetzlichen Krankenversicherung im Hinblick auf die Einführung einer sog. elektronischen Arbeitsunfähigkeitsbescheinigung durch die Krankenkasse gelockert. Der Start für die elektronische Arbeitsunfähigkeitsbescheinigung wurde allerdings zweimal verschoben (zunächst durch Art. 12b Gesetz Digitale Rentenübersicht v. 11. 2. 2021, BGBl. I 54; sodann durch Art. 4b des Gesetzes v. 23. 3. 2022, BGBl. I 482).

II. Wesentlicher Gesetzesinhalt

Das Entgeltfortzahlungsgesetz fasst die bisherige Regelung zur Feiertagslohnzahlung und zur Entgeltfortzahlung im Krankheitsfall zusammen (Übersicht 40).

1. Entgeltfortzahlung im Krankheitsfall

Arbeitnehmer erhalten einen Anspruch gegen den Arbeitgeber auf Fortzahlung des Arbeitsentgelts bei nicht verschuldeter Arbeitsunfähigkeit im Krankheitsfall bis zu einer Dauer von sechs Wochen (§ 3 Abs. 1 S. 1 EntgFG). Anspruch auf Entgeltfortzahlung hat der Arbeitnehmer auch dann, wenn die Arbeitsunfähigkeit während eines Annahmeverzugs des Arbeitgebers eintritt, etwa weil dieser unwirksam gekündigt hat (vgl. § 615 BGB, Nr. 14, § 11 KSchG, Nr. 25; *BAG* 4.12.2024 – 5 AZR 276/23, NZA 25, 554).

Im Falle einer Wiederholungserkrankung entsteht ein erneuter Entgeltfortzahlungsanspruch bis zu sechs Wochen, wenn der Arbeitnehmer mindestens sechs Monate nicht infolge derselben Krankheit arbeitsunfähig war oder seit dem Beginn der ersten Erkrankung zwölf Monate abgelaufen sind (§ 3 Abs. 1 S. 2 EntgFG, zur Rückforderung, falls der Arbeitgeber in Unkenntnis der Fortsetzungerkrankung geleistet hat, vgl. *BAG* 31.3.2021 – 5 AZR 197/20, NZA 21, 1041). Nach der Rechtsprechung kann der Arbeitgeber eine anderweitige Erkrankung bestreiten, sodass der Arbeitnehmer Tatsachen vortragen muss, die den Schluss rechtfertigen, dass es sich nicht um eine Fortsetzungserkrankung handelt. Dazu muss er die gesundheitlichen Einschränkungen schildern und seine Ärzte von der Schweigepflicht entbinden (*BAG* 18.10.2023 – 5 AZR 93/22, NZA 23, 1036).

Tritt während der Arbeitsunfähigkeit eine neue Krankheit auf, gilt der sog. Grundsatz der Einheit des Verhinderungsfalls. Das bedeutet, dass die Entgeltfortzahlung 6 Wochen nach Eintritt der erstmaligen Arbeitsunfähigkeit endet, auch wenn die zweite Erkrankung noch nicht ausgeheilt ist und wegen dieser deswegen noch keine 6 Wochen Entgeltfortzahlung geleistet wurden (*BAG* 11.12.2019 – 5 AZR 505/18, NZA 20, 446). Einer nicht verschuldeten Arbeitsunfähigkeit wird eine Arbeitsverhinderung infolge einer nicht rechtswidrigen Sterilisation oder eines nicht rechtswidrigen Schwangerschaftsabbruchs gleichgestellt (§ 3 Abs. 2 EntgFG; vgl. demgegenüber zur künstlichen Befruchtung *BAG* 26.10.2016 – 5 AZR 167/16, NZA 17, 240). Ob ein Verschulden im Fall des Rückfalls nach Alkoholtherapie vorlag, kann nur im Wege eines ärztlichen Sachverständigengutachtens geklärt werden (*BAG* 18.3.2015 – 10 AZR 99/14, BB 15, 1658). 18

Im Anschluss an die Entgeltfortzahlung erfolgt die materielle Sicherung des Arbeitnehmers durch das Krankengeld aufgrund §§ 44 ff. SGB V. Es wurde 1996 von 80 % auf 70 % des Nettoentgelts abgesenkt (vgl. Einl. II 2 zum SGB V, Nr. 30 V).

Für die Höhe des fortzuzahlenden Arbeitsentgelts gilt das sog. modifizierte Lohnausfallprinzip: dem Arbeitnehmer ist das Arbeitsentgelt fortzuzahlen, das er während der Erkrankung erhalten hätte (§ 4 Abs. 1 EntgFG), jedoch abzüglich sog. Aufwendungsersatzes und Überstundenvergütung (§ 4 Abs. 1a EntgFG). Das gilt auch im Falle von Bereitschaftsdiensten (*BAG* 5.10.2023 – 6 AZR 210/22, NZA 24, 265, Rn. 18 ff.). Zur Entgeltfortzahlung gehören auch eine vertraglich geschuldete Dienstwagenüberlassung zur privaten Nutzung (vgl. *BAG* 14.12.2010 – 9 AZR 631/09, NZA 11, 569) und eine etwa geschuldete Vergütung für Umkleidezeiten (*BAG* 14.5.2025 – 5 AZR 215/24, DB 25, 1969). Die Tarifvertragsparteien können eine abweichende Bemessungsgrundlage festlegen (§ 4 Abs. 4 EntgFG, eine abweichende Regelung auf dem sog. Dritten Weg der Kirchen durch Arbeitsvertragsrichtlinien ist dadurch aber nicht ermöglicht, *BAG* 5.10.2023 – 6 AZR 210/22, NZA 24, 265). Wenn in einer Mindestlohnvorschrift (vgl. AEntG, Nr. 31 a) nichts anderes geregelt ist, richtet sich die Höhe der Entgeltfortzahlung ebenfalls (mindestens) nach dem ausgefallenen Mindestentgelt (*BAG* 13.5.2015 – 10 AZR 495/14,

NZA 15, 1127). Dasselbe gilt mit Blick auf den gesetzlichen Mindestlohn nach dem MiLoG (Nr. 31 b), wenn nicht aus anderen Gründen ein höherer sog. Geldfaktor maßgeblich ist (*BAG* 6. 12. 2017 – 5 AZR 699/16, NZA 18, 582). § 4a EntgFG regelt die Kürzung von Sonderzahlungen wegen krankheitsbedingter Abwesenheit. Dabei darf nicht zwischen Arbeitern und Angestellten unterschieden werden, solange nicht ausgeschlossen werden kann, dass ein höherer Krankenstand auf den vom Arbeitgeber zu verantwortenden Arbeitsbedingungen beruht (*BVerfG* 1. 9. 1997 – 1 BvR 1929/95, NZA 97, 1339). Die Kürzungsregelung kann nicht auf jede Sonderzuwendung angewendet werden, sondern nur auf eine solche, die ausschließlich eine Gegenleistung für die Arbeitsleistung darstellt. Für eine Sonderzuwendung, die auch anderen Zwecken als einer Vergütung der Arbeit dient, kommt die Kürzung für Zeiten der Arbeitsunfähigkeit nur in Betracht, wenn dies so vereinbart wurde (*BAG* 25. 1. 2023 – 10 AZR 116/22, NZA 23, 633).
Sofern ein Arbeitszeitkonto geführt wird, kann eine Gutschrift als Arbeitszeit erfolgen in dem Umfang, in dem die Arbeit infolge Krankheit ausgefallen ist, sofern die Vereinbarung über das Arbeitszeitkonto das erlaubt (*BAG* 5. 10. 2023 – 6 AZR 210/22, NZA 24, 265). Anderenfalls ist die Arbeit als ausgefallene Arbeitszeit zu vergüten.
Der Arbeitnehmer ist verpflichtet, dem Arbeitgeber die Arbeitsunfähigkeit und deren voraussichtliche Dauer unverzüglich mitzuteilen (§ 5 Abs. 1 S. 1 EntgFG). Auch eine Fortdauer der Arbeitsunfähigkeit über den zunächst mitgeteilten Zeitraum hinaus muss der Arbeitnehmer mitteilen (*BAG* 7. 5. 2020 – 2 AZR 619/19, NZA 20, 1022, Rn. 17). Bei einer Erkrankung, die voraussichtlich länger als drei Tage dauert, hat der Arbeitnehmer sich eine ärztliche Bescheinigung ausstellen zu lassen (§ 5 Abs. 1a EntgFG). Eine Vorlagepflicht beim Arbeitgeber gibt es seit 1. 1. 2023 nur noch für geringfügig Beschäftigte im Privathaushalt sowie bei Feststellung der Arbeitsunfähigkeit durch einen Arzt, der nicht Vertragsarzt (»Kassenarzt«) ist (§ 5 Abs. 1 EntgFG). Ansonsten erfolgt für die gesetzlich Versicherten eine Meldung der Arbeitsunfähigkeit durch die Krankenkasse an den Arbeitgeber, der die Daten nach § 109 Abs. 1 S. 3 SGB IV elektronisch abrufen muss (vgl. o. I; zur elektronischen AU vgl. *Wall/Johannsen*, CuA 12/23, 11; zur praktischen Umsetzung *Holler*, NZA 23, 599). Eine ärztliche Bescheinigung belegt grundsätzlich den Anspruch des Arbeitnehmers auf Entgeltfortzahlung. Für deren Feststellung gibt es eine Richtlinie des Gemeinsamen Bundesausschusses: die sog. Arbeitsunfähigkeitsrichtlinie (s. Fn. zu § 74 SGB V, Nr. 30 V). Der Arbeitgeber, der die Arbeitsunfähigkeit bestreiten will, muss hierfür tatsächliche Umstände darlegen und beweisen, die zu ernsthaften Zweifeln Anlass geben (*BAG* 15. 7. 1992 – 5 AZR 312/91, DB 1992, 2347). Verstöße des Arztes gegen die Richtlinie können den Beweiswert der Bescheinigung infrage stellen, soweit es nicht nur um formale Bestimmungen im Verhältnis zwischen Arzt und Krankenkasse geht, sondern um Regelungen, die sich auf medizinische Erkenntnisse und die sichere Feststellung der Arbeitsunfähigkeit beziehen (*BAG* 28. 6. 2023 – 5 AZR 335/22, NZA 23, 1534). Die Bedeutung dieser Rechtsprechung dürfte mit der elektronischen Arbeitsunfähigkeitsbescheinigung aber abnehmen. Zweifel an der Richtigkeit der Bescheinigung sollen sich beispielsweise dann ergeben, wenn ein Arbeitnehmer kündigt und am selben Tag eine Krankschreibung erhält, deren Dauer genau der Kündigungsfrist entspricht (*BAG* 8. 9. 2021 – 5 AZR

149/21, NZA 22, 39). Dasselbe gilt, wenn mehrere Bescheinigungen passgenau den Zeitraum der Kündigungsfrist abdecken (*BAG* 18. 9. 2024 – 5 AZR 29/24, NZA 25, 100). Auch bei einer Arbeitgeberkündigung sollen je nach den Gesamtumständen des Einzelfalls Zweifel an der Arbeitsunfähigkeit entstehen, wenn der Arbeitnehmer unmittelbar nach Zugang der Erklärung erkrankt (*BAG* 13. 12. 2023 – 5 AZR 137/23, NZA 24, 539). Es ist dann wiederum an dem Arbeitnehmer, andere Beweismittel für die Erkrankung beizubringen, etwa indem er seinen Arzt von der Schweigepflicht entbindet. Im Zusammenhang hiermit steht § 275 SGB V (Nr. 30 V). Danach kann der Arbeitgeber verlangen, dass die Krankenkasse eine gutachterliche Stellungnahme des Medizinischen Dienstes zur Überprüfung der Arbeitsunfähigkeit einholt. Die Verletzung von Mitteilungspflichten gegenüber dem Arbeitgeber kann eine verhaltensbedingte Kündigung nach § 1 Abs. 2 KSchG (Nr. 25) rechtfertigen (*BAG* 7. 5. 2020 – 2 AZR 619/19, NZA 20, 1022, Rn. 16).

Bei einem Auslandsaufenthalt ist der Arbeitnehmer im Falle einer Erkrankung verpflichtet, dem Arbeitgeber die Arbeitsunfähigkeit, deren voraussichtliche Dauer und die Adresse am Aufenthaltsort in der schnellstmöglichen Art der Übermittlung mitzuteilen (umfassend zur Arbeitsunfähigkeit im Ausland *Peter,* RdA 99, 374; *Rehwald,* AiB 98, 301; zur zeitweiligen Verweigerung der Entgeltfortzahlung wegen unterlassener Mitteilung der Urlaubsanschrift *BAG* 19. 2. 1997 – 5 AZR 83/96, DB 97, 1237). Die durch die Mitteilung entstehenden Kosten hat der Arbeitgeber zu tragen (§ 5 Abs. 2 EntgFG). Auch bei Auslandsaufenthalt gilt grundsätzlich das Attest eines vom Arbeitnehmer im Ausland aufgesuchten Arztes. Der Beweiswert entspricht dem einer Bescheinigung aus dem Inland, wenn der Arzt erkennbar zwischen einer Erkrankung und einer darauf beruhenden Arbeitsunfähigkeit unterschieden hat (*BAG* 15. 1. 2025 – 5 AZR 284/24, NZA 25, 559). Nach Art. 27 Abs. 8 der Durchführungsverordnung (EU) 987/2009 (EU-ASO Nr. 25) haben AU-Bescheinigungen aus anderen EU-Mitgliedstaaten anders als nach früherer Rechtslage (vgl. *EuGH* 3. 6. 1992 – C-45/90, NZA 92, 735 – Paletta I; 2. 5. 1996 – C-206/94, NZA 96, 635 – Paletta II; *BAG* 19. 2. 1997 – 5 AZR 747/93, DB 97, 1235) ebenfalls (nur noch) eine Bindungswirkung, wenn das nationale Recht auch eine solche vorsieht. Das ist aber in der Bundesrepublik nicht der Fall. Vielmehr kann der Arbeitgeber die Vermutung einer Arbeitsunfähigkeit des Arbeitnehmers erschüttern.

Leistet der Arbeitgeber Entgeltfortzahlung und besteht ein Schadensersatzanspruch des Arbeitnehmers gegen Dritte wegen des Verdienstausfalls, so gehen die Ansprüche des Arbeitnehmers auf den Arbeitgeber über (§ 6 EntgFG). Das gilt auch, wenn der Arbeitgeber dem Arbeitnehmer für die fragliche Zeit Urlaubsentgelt zahlt (*BGH* 13. 8. 2013 – VI ZR 389/12, NZA 14, 91). Solange der Arbeitnehmer seine Pflicht zur Vorlage des ärztlichen Attestes nicht erfüllt, kann der Arbeitgeber die Fortzahlung des Arbeitsentgelts verweigern (§ 7 Abs. 1 Nr. 1 EntgFG). Diese Bestimmung verliert ihre Bedeutung durch die elektronische Meldung des Arztes bei der Krankenversicherung und die Möglichkeit des elektronischen Abrufs durch den Arbeitgeber. Das Gleiche gilt, falls der Arbeitnehmer den Übergang eines Schadensersatzanspruchs gegen einen Dritten auf den Arbeitgeber verhindert (§ 7 Abs. 1 Nr. 2 EntgFG).

Die Vorschriften über die Entgeltzahlung im Krankheitsfalle gelten auch bei Kurmaßnahmen zur medizinischen Vorsorge und Rehabilitation (§ 9 EntgFG).

Voraussetzung ist allerdings, dass die Behandlung – stationär oder ambulant – in einer medizinischen Vorsorge- oder Rehabilitationseinrichtung erfolgt (*BAG* 25.5.2016 – 5 AZR 298/15, NZA 16, 1028). Im Falle einer bloßen ärztlich verordneten Schonungszeit im Anschluss an eine Maßnahme der medizinischen Vorsorge und Rehabilitation soll kein Entgeltfortzahlungsanspruch bestehen (Ausschussbericht, BT-Drs. 12/5798, S. 22; hiergegen mit guten Argumenten *Leinemann,* AuR 95, 83). In jedem Falle hat der Arbeitnehmer jedoch Anspruch auf Urlaub gemäß § 7 Abs. 1 S. 2 BUrlG.
Abgesehen von der Regelung der Bemessungsgrundlagen für die Entgeltfortzahlung gemäß § 4 Abs. 4 EntgFG kann auch in Tarifverträgen – so wie in Einzelarbeitsverträgen und Betriebsvereinbarungen – von den Vorschriften des Gesetzes nicht zuungunsten des Arbeitnehmers abgewichen werden (§ 12 EntgFG, vgl. dazu *BAG* 16.7.2014 – 10 AZR 242/13, DB 14, 2176 [OS]: Bemessung auf Grundlage der tariflichen Arbeitszeit, auch wenn die wöchentliche Arbeitszeit zulässigerweise durch Betriebsvereinbarung erhöht ist).

2. Entgeltfortzahlung an Feiertagen

§ 2 EntgFG hat das frühere Feiertagslohnzahlungsgesetz abgelöst. Mit ihm wird die Frage geregelt, inwieweit wegen eines Feiertages ausgefallene Arbeit zu vergüten ist (vgl. *Deckers,* NZA 99, 964).
Hiervon zu unterscheiden sind feiertagsrechtlich die folgenden Fragen:

- die Bestimmung der Feiertage;
- die arbeitsschutzrechtliche Frage, ob und inwieweit Arbeit an Feiertagen zulässig ist (§ 12 ArbZG);
- die lohnzuschlagsrechtliche Frage, ob und inwieweit am Feiertag geleistete Arbeit mit einem erhöhten Verdienst zu bezahlen ist.

Gemäß § 2 EntgFG ist Arbeitszeit, die infolge eines gesetzlichen Feiertages ausfällt, so zu vergüten, als ob gearbeitet worden wäre. Welche Tage Feiertage sind, wird – mit Ausnahme des durch Art. 2 Abs. 2 des Einigungsvertrages als Feiertag bestimmten 3. Oktober – durch Landesrecht für jedes Bundesland gesondert bestimmt (vgl. Übersicht 41). In Deutschland gibt es nach der teilweisen Abschaffung des Buß- und Bettages zur Finanzierung der Arbeitgeberbeiträge zur Pflegeversicherung (vgl. § 58 Abs. 2 SGB XI sowie Einl. I zu Nr. 30 XI) neun bundesweite Feiertage. Erforderlich für den Entgeltfortzahlungsanspruch ist, dass die Arbeit wegen des Feiertags ausfällt. Muss der Arbeitnehmer nach dem Schichtplan am Feiertag gar nicht arbeiten, besteht kein Anspruch auf Entgeltfortzahlung (*BAG* 27.3.2014 – 6 AZR 621/12, NZA-RR 14, 500).
Wird aufgrund einer Ausnahmegenehmigung (§ 12 ArbZG) an einem Feiertag gearbeitet, erhält der Arbeitnehmer von Gesetzes wegen nur sein normales Arbeitsentgelt. Ob und in welcher Höhe Zuschläge gezahlt werden, ergibt sich aus Tarifverträgen bzw. Betriebsvereinbarungen und Einzelarbeitsverträgen.
Tarifliche Regelungen zu Feiertagszuschlägen sind im Zweifel so auszulegen, dass es nicht darauf ankommt, ob am Ort der tatsächlichen Arbeitsleistung ein Feiertag war, sondern ob dies am regelmäßigen Beschäftigungsort der Fall war (*BAG* 1.8.2024 – 6 AZR 38/24, DB 24, 311).

3. Unabdingbarkeit des Gesetzes

Nach § 12 darf (abgesehen von der Möglichkeit einer abweichenden Bemessungsgrundlage des fortzuzahlenden Arbeitsentgelts gemäß § 4, s. o. 1) nicht zu Ungunsten des Arbeitnehmers vom EntgFG abgewichen werden. Abweichende Bestimmungen sind daher auch zulässig, soweit sie für den Arbeitnehmer nicht günstiger, aber auch nicht ungünstiger sind, etwa wenn sie in ihrer Wirkung neutral sind oder ambivalente Wirkungen – sowohl günstiger als auch ungünstiger – erzeugen können (*BAG* 6. 12. 2017 – 5 AZR 118/17, NZA 18, 597: Arbeitszeitgutschrift für jeden auf einen Wochentag fallenden Feiertag). Einen Verstoß gegen die Unabdingbarkeit des Gesetzes stellt es auch dar, wenn ein Zeitungszusteller nach dem Arbeitsvertrag nur an Tagen arbeiten muss, an denen Zeitungen erscheinen, sodass automatisch sämtliche Feiertage der Entgeltfortzahlung entzogen sind (*BAG* 16. 10. 2019 – 5 AZR 352/18, NZA 20, 237).

III. Anwendungsprobleme und Rechtstatsachen

1. Der ständige Konflikt um die Lohnfortzahlung

Mit dem EntgFG ist zwar eine wichtige Etappe hinsichtlich der wirtschaftlichen Sicherung der Arbeiter im Krankheitsfalle erreicht. Jedoch sieht sich auch diese Errungenschaft – und zwar für Arbeiter und Angestellte gleichermaßen – nach wie vor Bedrohungen unter verschiedenen Aspekten ausgesetzt:
Während einer Wirtschaftskrise geht der Krankenstand häufig zurück, da viele Arbeitnehmer aus Angst um ihren Arbeitsplatz trotz vorliegender Erkrankungen zur Arbeit gehen (siehe unten 2).
Außerdem erlaubt die vom *BAG* gebilligte Möglichkeit sog. Anwesenheitsprämien (*BAG* 15. 2. 1990 – 6 AZR 381/88, NZA 90, 601) einen sozialpolitisch unakzeptablen Druck auf kranke Arbeitnehmer (eine Unterscheidung zwischen Arbeitern und Angestellten ist dabei unzulässig, vgl. *BVerfG* 1. 9. 1997 – 1 BvR 1929/95, AuR 98, 41).

2. Krankenstand

»Seit der Einführung der Lohnfortzahlung im Krankheitsfall auch für Arbeiter im Jahr 1970 sind weder der Krankenstand gestiegen noch die Kosten der Entgeltfortzahlung im Krankheitsfall überproportional angestiegen. Seitdem Krankenstand gemessen wird, folgt er der Konjunktur.« (BT-Drs. 12/1448) Der Krankenstand ist seit Mitte der 1990er Jahre zunächst kontinuierlich gesunken. Nach Angaben des IAB bewegte er sich von 5,1 % im Jahre 1995 auf etwa 4 % im Jahre 2000 und 3,3 % im Jahre 2005 (ebenso in den beiden Folgejahren: 3,2 %, iwd 51/52 – 08, S. 1) Nach einer Untersuchung des wissenschaftlichen Instituts der Allgemeinen Ortskrankenkassen gaben ¾ der Befragten an, sie würden sich aus Angst vor möglichen Jobverlusten mit einer Krankmeldung zurückhalten (iwd 5/07). Mehr als 70 % der Arbeitnehmer sollen im Jahr 2008 krank zur Arbeit gegangen sein, teilweise sogar gegen ausdrücklichen ärztlichen Rat (Handelsblatt v. 6. 11. 09). Dieser »Präsentismus« kann auch nicht im Sinne der Arbeitgeber sein, da die Folgekosten

mindestens so hoch sind wie die Folgen des Fehlens der betreffenden Arbeitnehmer (RVaktuell 13, 77). Seit Anfang 2008 ist der Krankenstand allerdings wieder fühlbar angestiegen (*Priester*, gute ARBEIT. 11/2008, S. 6), seither fast durchgängig. 2019 war der Höchststand seit 1997 erreicht. Im Pandemiejahr 2020 war er allerdings wieder leicht gesunken (iwd, *https://www.iwd.de/artikel/krankenstand-in-deutschland-498654/#die-haeufigkeit*). Das hat wahrscheinlich damit zu tun, dass Arztpraxen aus Angst vor Ansteckungen infolge der Corona-Pandemie gemieden wurden und die zunehmende Zahl an Arbeitnehmern im Homeoffice Ansteckungsrisiken reduziert hat (»Weniger Krankmeldungen«, SZ v. 5. 10. 2020, S. 17). Allerdings ist der Krankenstand danach wieder gestiegen, was insbesondere auch auf Personalmangel und belastende Arbeitsbedingungen zurückzuführen sein dürfte. Im Jahr 2023 lag der durchschnittliche Ausfall bei 15,1 Arbeitstagen pro Jahr (Böckler impuls 16/24, 1).
Es hat sich gezeigt, dass ein betriebliches Gesundheitsmanagement dämpfend auf den Krankenstand wirkt (*gute* ARBEIT. 1/09, S. 4). Offenbar wirkte die Wirtschaftskrise hingegen nicht dämpfend auf den Krankenstand. Eine Erklärung kann in der Zunahme von Muskel- und Skeletterkrankungen und psychischen Belastungen liegen (vgl. iwd 2/10, S. 2). Das indiziert, dass Präventionsmaßnahmen gefragt sind (idw 6/12, S. 1, 2), auch durch die Betriebe. So genannte Burnout-Fälle lassen sich häufig auf die Rahmenbedingungen der Arbeit zurückführen (vgl. »Fleißig, flexibel – und krank«, SZ v. 17. 8. 12, S. 17). Die rechtspolitisch diskutierte Antistress-Verordnung (vgl. Einl. IV 1 zum ArbSchG, Nr. 7) scheint insoweit in die richtige Richtung zu weisen.
Der Krankenstand ist zuletzt wieder zum Gegenstand der politischen Diskussion geworden. Arbeitgeber beklagen hohe Entgeltfortzahlungskosten und fordern Entlastungen (*Pimpertz*, IW-Kurzbericht 75/2025). Von anderer Seite wird darauf hingewiesen, dass sich die Entgeltfortzahlungkosten der Arbeitgeber in Relationen zu den Lohnsummen kaum verändert hätten (Boeckler impuls 14/25, 1).

3. Corona und COVID-19

Besondere Probleme für die Entgeltzahlung brachte die Corona-Pandemie mit sich. Dabei ist von folgenden Grundsätzen auszugehen. Im Falle einer COVID-19-Erkrankung greift ohne weiteres der Anspruch auf Entgeltfortzahlung im Krankheitsfall nach § 3 EntgFG, sofern die Erkrankung nicht selbstverschuldet herbeigeführt wurde (*Fuhlrott*, MDR 20, 540, 541) und zur Arbeitsunfähigkeit führt. Das galt auch bei symptomfreier Infektion während einer Quarantänepflicht, wenn die Arbeit nicht im Homeoffice verrichtet werden konnte (vgl. Bericht in: AuR 22, 214). Denn in diesem Fall ist der Arbeitnehmer aufgrund der Erkrankung unfähig, die Arbeitsleistung zu erbringen (*BAG* 20. 3. 2024 – 5 AZR 234/23, NZA 24, 972). Demgegenüber soll ein behördliches Tätigkeits- und Betretensverbot ungeachtet einer Arbeitsunfähigkeit einen Entgeltfortzahlungsanspruch des Arbeitnehmers ausschließen, weil die Arbeitsunfähigkeit nicht die alleinige Ursache des Arbeitsausfalls ist (*BAG* 19. 6. 2024 – 5 AZR 241/23, NZA 24, 1501). Inzwischen führt eine symptomfreie Infektion aber nicht mehr zur Arbeitsunfähigkeit und berechtigt daher nicht, der Arbeit fernzubleiben (näher *v.Steinau-Steinrück/Kurth*, NJW-Spezial

23, 626 f.). Während einer pandemiebedingten Betriebsschließung war der Arbeitgeber zur Fortzahlung der Vergütung nach § 615 BGB (Nr. 14) verpflichtet (*Fischinger/Hengstberger*, NZA 20, 559). Im Falle eines allgemeinen Lockdowns gilt das aber nicht (vgl. Einl. II 15 zum BGB, Nr. 14). Arbeitnehmer, die in Quarantäne sind, können unter Umständen nach § 616 BGB im Falle einer kürzeren Quarantänezeit Vergütung vom Arbeitgeber gemäß § 616 BGB beanspruchen (*Preis/Mazurek/Schmid*, NZA 20, 1137, 1139 ff.). Anderenfalls gab es Anspruch auf Entschädigung nach § 56 IfSG (Nr. 7k). Das gilt aber nicht, wenn der Arbeitsausfall durch eine Impfung hätte vermieden werden können. Vorübergehend bestand während der Pandemie eine Homeoffice-Pflicht nach § 28b IfSG (erstmalig eingefügt durch das Vierte Bevölkerungsschutzgesetz v. 23. 4. 2021, BGBl. I 802; dazu *Sagan/Witschen*, NZA 21, 593), ggf. auch als Arbeitsschutzmaßnahme. Wenn Kinderbetreuung wegen Erkrankung des Kindes notwendig wird, greifen die allgemeinen Regelungen des § 616 BGB. War dies hingegen notwendig, weil beispielsweise eine Schule geschlossen werden musste, sofern Tätigkeit im Homeoffice nicht zumutbar war, griff ebenfalls § 616 BGB (*Fuhlrott/Fischer*, NZA 20, 345, 348). Ansonsten gibt es die Möglichkeit des Kinderkrankengeldes nach § 45 Abs. 2a SGB V (Nr. 30 V), u. U. kam auch eine Entschädigung nach § 56 Abs. 1a IfSG in Betracht.

Weiterführende Literatur

Deinert/Wenckebach/Zwanziger-*Trümner*, Arbeitsrecht, § 38 (Persönliche Arbeitsverhinderung und Entgeltfortzahlung an Feiertagen), § 39 (Entgeltfortzahlung im Krankheitsfall und bei Kur)

Greiner, Pflichtenstruktur und Risikoverteilung im Entgeltfortzahlungsrecht, RdA 2025, S. 205

Kollmer, Arbeitsort beim Homeoffice – und das Feiertagsproblem, NJW 2024, S. 182

Schmidt-Lauber/Naber/Ruth, Corona – und was jetzt? Entgeltfortzahlung nach drei Jahren Pandemie-Arbeitsrecht, NZA 2023, S. 1220

Schmitt, Entgeltfortzahlungsgesetz, Kommentar, 9. Aufl. (2023)

v.Stein/Rothe/Schlegel, Gesundheitsmanagement und Krankheit im Arbeitsverhältnis, 3. Aufl. (2025)

Treber, Entgeltfortzahlungsgesetz, 2. Aufl. (2007)

Wedde/Kunz, Entgeltfortzahlungsgesetz, Basiskommentar, 4. Aufl. (2015)

Übersicht 40: Entgeltfortzahlung

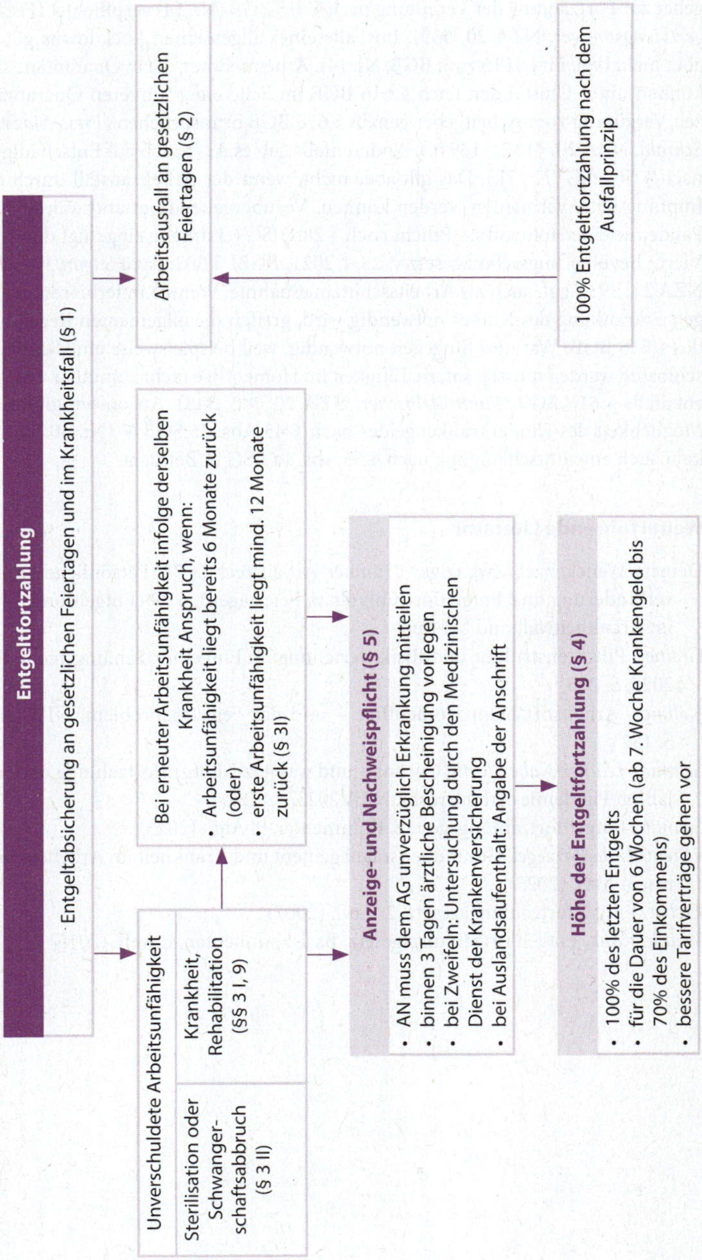

Übersicht 41: Gesetzliche Feiertage

	Neujahr, Karfreitag, Ostermontag, 1. Mai, Christi Himmelfahrt, Pfingstmontag, 3. Okt., 1. u. 2. Weihnachtsfeiertag	Oster-sonntag, Pfingst-sonntag	Heilige Drei Könige (6. 1.)	Int. Frau-entag (8. 3.)	Fron-leichnam	Augs-burger Friedens-fest	Mariä Himmel-fahrt	Welt-kinder-tag (20. 9.)	Reforma-tionstag (31. 10.)	Aller-heiligen (1. 11.)	Buß- und Bettag	Insgesamt
Baden-Württemberg	x		x		x					x		12
Bayern	x		x		x	x+	†			x		12 (14)
Berlin	x			x								10
Brandenburg	x	x							x			12
Bremen	x								x			10
Hamburg	x								x			10
Hessen	x				x							10
Mecklenburg-Vorpommern	x			x					x			11
Niedersachsen	x								x			10
Nordrhein-Westfalen	x				x					x		11
Rheinland-Pfalz	x				x					x		11
Saarland	x				x		x			x		12
Sachsen	x				*				x		x	11 (12)
Sachsen-Anhalt	x		x						x			11
Schleswig-Holstein	x								x			10
Thüringen	x				†			x	x			11 (12)

x = gesetzlicher Feiertag
† = gesetzlicher Feiertag nur in Gebieten mit überwiegend katholischer Bevölkerung
* = gesetzlicher Feiertag nur in einigen Gemeinden des Landkreises Bautzen
x+ = gesetzlicher Feiertag nur im Stadtgebiet Augsburg

18

Gesetz über die Zahlung des Arbeitsentgelts an Feiertagen und im Krankheitsfall (Entgeltfortzahlungsgesetz)

vom 26. Mai 1994 (BGBl. I 1014),
zuletzt geändert durch Gesetz vom 22. November 2019 (BGBl. I 1746)

§ 1 Anwendungsbereich (1) Dieses Gesetz regelt die Zahlung des Arbeitsentgelts an gesetzlichen Feiertagen und die Fortzahlung des Arbeitsentgelts im Krankheitsfall an Arbeitnehmer sowie die wirtschaftliche Sicherung im Bereich der Heimarbeit für gesetzliche Feiertage und im Krankheitsfall.
(2) Arbeitnehmer im Sinne dieses Gesetzes sind Arbeiter und Angestellte sowie die zu ihrer Berufsbildung Beschäftigten.

§ 2 Entgeltzahlung an Feiertagen (1) Für Arbeitszeit, die infolge eines gesetzlichen Feiertages ausfällt, hat der Arbeitgeber dem Arbeitnehmer das Arbeitsentgelt zu zahlen, das er ohne den Arbeitsausfall erhalten hätte.
(2) Die Arbeitszeit, die an einem gesetzlichen Feiertag gleichzeitig infolge von Kurzarbeit ausfällt und für die an anderen Tagen als an gesetzlichen Feiertagen Kurzarbeitergeld geleistet wird, gilt als infolge eines gesetzlichen Feiertages nach Absatz 1 ausgefallen.
(3) Arbeitnehmer, die am letzten Arbeitstag vor oder am ersten Arbeitstag nach Feiertagen unentschuldigt der Arbeit fernbleiben, haben keinen Anspruch auf Bezahlung für diese Feiertage.

§ 3 Anspruch auf Entgeltfortzahlung im Krankheitsfall (1) Wird ein Arbeitnehmer durch Arbeitsunfähigkeit infolge Krankheit an seiner Arbeitsleistung verhindert, ohne daß ihn ein Verschulden trifft, so hat er Anspruch auf Entgeltfortzahlung im Krankheitsfall durch den Arbeitgeber für die Zeit der Arbeitsunfähigkeit bis zur Dauer von sechs Wochen. Wird der Arbeitnehmer infolge derselben Krankheit erneut arbeitsunfähig, so verliert er wegen der erneuten Arbeitsunfähigkeit den Anspruch nach Satz 1 für einen weiteren Zeitraum von höchstens sechs Wochen nicht, wenn

1. er vor der erneuten Arbeitsunfähigkeit mindestens sechs Monate nicht infolge derselben Krankheit arbeitsunfähig war oder
2. seit Beginn der ersten Arbeitsunfähigkeit infolge derselben Krankheit eine Frist von zwölf Monaten abgelaufen ist.

(2) Als unverschuldete Arbeitsunfähigkeit im Sinne des Absatzes 1 gilt auch eine Arbeitsverhinderung, die infolge einer nicht rechtswidrigen Sterilisation oder eines nicht rechtswidrigen Abbruchs der Schwangerschaft eintritt. Dasselbe gilt für einen Abbruch der Schwangerschaft, wenn die Schwangerschaft innerhalb von zwölf Wochen nach der Empfängnis durch einen Arzt abgebrochen wird, die schwangere Frau den Abbruch verlangt und dem Arzt durch eine Bescheinigung nachgewiesen

hat, daß sie sich mindestens drei Tage vor dem Eingriff von einer anerkannten Beratungsstelle hat beraten lassen.
(3) Der Anspruch nach Absatz 1 entsteht nach vierwöchiger ununterbrochener Dauer des Arbeitsverhältnisses.

§ 3a Anspruch auf Entgeltfortzahlung bei Spende von Organen, Geweben oder Blut zur Separation von Blutstammzellen oder anderen Blutbestandteilen (1) Ist ein Arbeitnehmer durch Arbeitsunfähigkeit infolge der Spende von Organen oder Geweben, die nach den §§ 8 und 8a des Transplantationsgesetzes erfolgt, oder eine Blutspende zur Separation von Blutstammzellen oder anderen Blutbestandteilen im Sinne von § 9 des Transfusionsgesetzes an seiner Arbeitsleistung verhindert, hat er Anspruch auf Entgeltfortzahlung durch den Arbeitgeber für die Zeit der Arbeitsunfähigkeit bis zur Dauer von sechs Wochen. § 3 Absatz 1 Satz 2 gilt entsprechend
(2) Dem Arbeitgeber sind von der gesetzlichen Krankenkasse des Empfängers von Organen, Geweben oder Blut zur Separation von Blutstammzellen oder anderen Blutbestandteilen das an den Arbeitnehmer nach Absatz 1 fortgezahlte Arbeitsentgelt sowie die hierauf entfallenden vom Arbeitgeber zu tragenden Beiträge zur Sozialversicherung und zur betrieblichen Alters- und Hinterbliebenenversorgung auf Antrag zu erstatten. Ist der Empfänger von Organen, Geweben oder Blut zur Separation von Blutstammzellen oder anderen Blutbestandteilen gemäß § 193 Absatz 3 des Versicherungsvertragsgesetzes bei einem privaten Krankenversicherungsunternehmen versichert, erstattet dieses dem Arbeitgeber auf Antrag die Kosten nach Satz 1 in Höhe des tariflichen Erstattungssatzes. Ist der Empfänger von Organen, Geweben oder Blut zur Separation von Blutstammzellen oder anderen Blutbestandteilen bei einem Beihilfeträger des Bundes beihilfeberechtigt oder berücksichtigungsfähiger Angehöriger, erstattet der zuständige Beihilfeträger dem Arbeitgeber auf Antrag die Kosten nach Satz 1 zum jeweiligen Bemessungssatz des Empfängers von Organen, Geweben oder Blut zur Separation von Blutstammzellen oder anderen Blutbestandteilen; dies gilt entsprechend für sonstige öffentlich-rechtliche Träger von Kosten in Krankheitsfällen auf Bundesebene. Unterliegt der Empfänger von Organen, Geweben oder Blut zur Separation von Blutstammzellen oder anderen Blutbestandteilen der Heilfürsorge im Bereich des Bundes oder der truppenärztlichen Versorgung, erstatten die zuständigen Träger auf Antrag die Kosten nach Satz 1. Mehrere Erstattungspflichtige haben die Kosten nach Satz 1 anteilig zu tragen. Der Arbeitnehmer hat dem Arbeitgeber unverzüglich die zur Geltendmachung des Erstattungsanspruches erforderlichen Angaben zu machen

§ 4 Höhe des fortzuzahlenden Arbeitsentgelts (1) Für den in § 3 Abs. 1 oder in § 3a Absatz 1 bezeichneten Zeitraum ist dem Arbeitnehmer das ihm bei der für ihn maßgebenden regelmäßigen Arbeitszeit zustehende Arbeitsentgelt fortzuzahlen.
(1a) Zum Arbeitsentgelt nach Absatz 1 gehören nicht das zusätzlich für Überstunden gezahlte Arbeitsentgelt und Leistungen für Aufwendungen des Arbeitnehmers, soweit der Anspruch auf sie im Falle der Arbeitsfähigkeit davon abhängig ist, daß dem Arbeitnehmer entsprechende Aufwendungen tatsächlich entstanden sind, und

dem Arbeitnehmer solche Aufwendungen während der Arbeitsunfähigkeit nicht entstehen. Erhält der Arbeitnehmer eine auf das Ergebnis der Arbeit abgestellte Vergütung, so ist der von dem Arbeitnehmer in der für ihn maßgebenden regelmäßigen Arbeitszeit erzielbare Durchschnittsverdienst der Berechnung zugrunde zu legen.

(2) Ist der Arbeitgeber für Arbeitszeit, die gleichzeitig infolge eines gesetzlichen Feiertages ausgefallen ist, zur Fortzahlung des Arbeitsentgelts nach § 3 oder nach § 3a verpflichtet, bemißt sich die Höhe des fortzuzahlenden Arbeitsentgelts für diesen Feiertag nach § 2.

(3) Wird in dem Betrieb verkürzt gearbeitet und würde deshalb das Arbeitsentgelt des Arbeitnehmers im Falle seiner Arbeitsfähigkeit gemindert, so ist die verkürzte Arbeitszeit für ihre Dauer als die für den Arbeitnehmer maßgebende regelmäßige Arbeitszeit im Sinne des Absatzes 1 anzusehen. Dies gilt nicht im Falle des § 2 Abs. 2.

(4) Durch Tarifvertrag kann eine von den Absätzen 1, 1a und 3 abweichende Bemessungsgrundlage des fortzuzahlenden Arbeitsentgelts festgelegt werden. Im Geltungsbereich eines solchen Tarifvertrages kann zwischen nichttarifgebundenen Arbeitgebern und Arbeitnehmern die Anwendung der tarifvertraglichen Regelung über die Fortzahlung des Arbeitsentgelts im Krankheitsfalle vereinbart werden.

§ 4a Kürzung von Sondervergütungen Eine Vereinbarung über die Kürzung von Leistungen, die der Arbeitgeber zusätzlich zum laufenden Arbeitsentgelt erbringt (Sondervergütungen), ist auch für Zeiten der Arbeitsunfähigkeit infolge Krankheit zulässig. Die Kürzung darf für jeden Tag der Arbeitsunfähigkeit infolge Krankheit ein Viertel des Arbeitsentgelts, das im Jahresdurchschnitt auf einen Arbeitstag entfällt, nicht überschreiten.

§ 5 Anzeige- und Nachweispflicht (1) Der Arbeitnehmer ist verpflichtet, dem Arbeitgeber die Arbeitsunfähigkeit und deren voraussichtliche Dauer unverzüglich mitzuteilen. Dauert die Arbeitsunfähigkeit länger als drei Kalendertage, hat der Arbeitnehmer eine ärztliche Bescheinigung über das Bestehen der Arbeitsunfähigkeit sowie deren voraussichtliche Dauer spätestens an dem darauffolgenden Arbeitstag vorzulegen. Der Arbeitgeber ist berechtigt, die Vorlage der ärztlichen Bescheinigung früher zu verlangen. Dauert die Arbeitsunfähigkeit länger als in der Bescheinigung angegeben, ist der Arbeitnehmer verpflichtet, eine neue ärztliche Bescheinigung vorzulegen. Ist der Arbeitnehmer Mitglied einer gesetzlichen Krankenkasse, muß die ärztliche Bescheinigung einen Vermerk des behandelnden Arztes darüber enthalten, daß der Krankenkasse unverzüglich eine Bescheinigung über die Arbeitsunfähigkeit mit Angaben über den Befund und die voraussichtliche Dauer der Arbeitsunfähigkeit übersandt wird.

(1a) Absatz 1 Satz 2 bis 5 gilt nicht für Arbeitnehmer, die Versicherte einer gesetzlichen Krankenkasse sind. Diese sind verpflichtet, zu den in Absatz 1 Satz 2 bis 4 genannten Zeitpunkten das Bestehen einer Arbeitsunfähigkeit sowie deren voraussichtliche Dauer feststellen und sich eine ärztliche Bescheinigung nach Absatz 1 Satz 2 oder 4 aushändigen zu lassen. Die Sätze 1 und 2 gelten nicht

1. für Personen, die eine geringfügige Beschäftigung in Privathaushalten ausüben (§ 8a des Vierten Buches Sozialgesetzbuch) und
2. in Fällen der Feststellung der Arbeitsunfähigkeit durch einen Arzt, der nicht an der vertragsärztlichen Versorgung teilnimmt.

(2) Hält sich der Arbeitnehmer bei Beginn der Arbeitsunfähigkeit im Ausland auf, so ist er verpflichtet, dem Arbeitgeber die Arbeitsunfähigkeit, deren voraussichtliche Dauer und die Adresse am Aufenthaltsort in der schnellstmöglichen Art der Übermittlung mitzuteilen. Die durch die Mitteilung entstehenden Kosten hat der Arbeitgeber zu tragen. Darüber hinaus ist der Arbeitnehmer, wenn er Mitglied einer gesetzlichen Krankenkasse ist, verpflichtet, auch dieser die Arbeitsunfähigkeit und deren voraussichtliche Dauer unverzüglich anzuzeigen. Dauert die Arbeitsunfähigkeit länger als angezeigt, so ist der Arbeitnehmer verpflichtet, der gesetzlichen Krankenkasse die voraussichtliche Fortdauer der Arbeitsunfähigkeit mitzuteilen. Die gesetzlichen Krankenkassen können festlegen, daß der Arbeitnehmer Anzeige- und Mitteilungspflichten nach den Sätzen 3 und 4 auch gegenüber einem ausländischen Sozialversicherungsträger erfüllen kann. Absatz 1 Satz 5 gilt nicht. Kehrt ein arbeitsunfähig erkrankter Arbeitnehmer in das Inland zurück, so ist er verpflichtet, dem Arbeitgeber und der Krankenkasse seine Rückkehr unverzüglich anzuzeigen.

§ 6 Forderungsübergang bei Dritthaftung (1) Kann der Arbeitnehmer auf Grund gesetzlicher Vorschriften von einem Dritten Schadensersatz wegen des Verdienstausfalls beanspruchen, der ihm durch die Arbeitsunfähigkeit entstanden ist, so geht dieser Anspruch insoweit auf den Arbeitgeber über, als dieser dem Arbeitnehmer nach diesem Gesetz Arbeitsentgelt fortgezahlt und darauf entfallende vom Arbeitgeber zu tragende Beiträge zur Bundesagentur für Arbeit, Arbeitgeberanteile an Beiträgen zur Sozialversicherung und zur Pflegeversicherung sowie zu Einrichtungen der zusätzlichen Alters- und Hinterbliebenenversorgung abgeführt hat.

(2) Der Arbeitnehmer hat dem Arbeitgeber unverzüglich die zur Geltendmachung des Schadensersatzanspruchs erforderlichen Angaben zu machen.

(3) Der Forderungsübergang nach Absatz 1 kann nicht zum Nachteil des Arbeitnehmers geltend gemacht werden.

§ 7 Leistungsverweigerungsrecht des Arbeitgebers (1) Der Arbeitgeber ist berechtigt, die Fortzahlung des Arbeitsentgelts zu verweigern,

1. solange der Arbeitnehmer die von ihm nach § 5 Abs. 1 vorzulegende ärztliche Bescheinigung nicht vorlegt oder den ihm nach § 5 Abs. 2 obliegenden Verpflichtungen nicht nachkommt;
2. wenn der Arbeitnehmer den Übergang eines Schadensersatzanspruchs gegen einen Dritten auf den Arbeitgeber (§ 6) verhindert.

(2) Absatz 1 gilt nicht, wenn der Arbeitnehmer die Verletzung dieser ihm obliegenden Verpflichtungen nicht zu vertreten hat.

§ 8 Beendigung des Arbeitsverhältnisses (1) Der Anspruch auf Fortzahlung des Arbeitsentgelts wird nicht dadurch berührt, daß der Arbeitgeber das Arbeitsverhältnis aus Anlaß der Arbeitsunfähigkeit kündigt. Das gleiche gilt, wenn der

18

Arbeitnehmer das Arbeitsverhältnis aus einem vom Arbeitgeber zu vertretenden Grunde kündigt, der den Arbeitnehmer zur Kündigung aus wichtigem Grund ohne Einhaltung einer Kündigungsfrist berechtigt.
(2) Endet das Arbeitsverhältnis vor Ablauf der in § 3 Abs. 1 oder in § 3a Absatz 1 bezeichneten Zeit nach dem Beginn der Arbeitsunfähigkeit, ohne daß es einer Kündigung bedarf, oder infolge einer Kündigung aus anderen als den in Absatz 1 bezeichenten Gründen, so endet der Anspruch mit dem Ende des Arbeitsverhältnisses.

§ 9 Maßnahmen der medizinischen Vorsorge und Rehabilitation (1) Die Vorschriften der §§ 3 bis 4a und 6 bis 8 gelten entsprechend für die Arbeitsverhinderung infolge einer Maßnahme der medizinischen Vorsorge oder Rehabilitation, die ein Träger der gesetzlichen Renten-, Kranken- oder Unfallversicherung, eine Verwaltungsbehörde der Kriegsopferversorgung oder ein sonstiger Sozialleistungsträger bewilligt hat und die in einer Einrichtung der medizinischen Vorsorge oder Rehabilitation durchgeführt wird. Ist der Arbeitnehmer nicht Mitglied einer gesetzlichen Krankenkasse oder nicht in der gesetzlichen Rentenversicherung versichert, gelten die §§ 3 bis 4a und 6 bis 8 entsprechend, wenn eine Maßnahme der medizinischen Vorsorge oder Rehabilitation ärztlich verordnet worden ist und in einer Einrichtung der medizinischen Vorsorge oder Rehabilitation oder einer vergleichbaren Einrichtung durchgeführt wird.
(2) Der Arbeitnehmer ist verpflichtet, dem Arbeitgeber den Zeitpunkt des Antritts der Maßnahme, die voraussichtliche Dauer und die Verlängerung der Maßnahme im Sinne des Absatzes 1 unverzüglich mitzuteilen und ihm
a) eine Bescheinigung über die Bewilligung der Maßnahme durch einen Sozialleistungsträger nach Absatz 1 Satz 1 oder
b) eine ärztliche Bescheinigung über die Erforderlichkeit der Maßnahme im Sinne des Absatzes 1 Satz 2

unverzüglich vorzulegen.

§ 10 Wirtschaftliche Sicherung für den Krankheitsfall im Bereich der Heimarbeit (1) In Heimarbeit Beschäftigte (§ 1 Abs. 1 des Heimarbeitsgesetzes) und ihnen nach § 1 Abs. 2 Buchstabe a bis c des Heimarbeitsgesetzes Gleichgestellte haben gegen ihren Auftraggeber oder, falls sie von einem Zwischenmeister beschäftigt werden, gegen diesen Anspruch auf Zahlung eines Zuschlags zum Arbeitsentgelt. Der Zuschlag beträgt
1. für Heimarbeiter, für Hausgewerbetreibende ohne fremde Hilfskräfte und die nach § 1 Abs. 2 Buchstabe a des Heimarbeitsgesetzes Gleichgestellten 3,4 vom Hundert,
2. für Hausgewerbetreibende mit nicht mehr als zwei fremden Hilfskräften und die nach § 1 Abs. 2 Buchstabe b und c des Heimarbeitsgesetzes Gleichgestellten 6,4 vom Hundert

des Arbeitsentgelts vor Abzug der Steuern, des Beitrags zur Bundesagentur für Arbeit und der Sozialversicherungsbeiträge ohne Unkostenzuschlag und ohne die für den Lohnausfall an gesetzlichen Feiertagen, den Urlaub und den Arbeitsausfall infolge Krankheit zu leistenden Zahlungen. Der Zuschlag für die unter Nummer 2

aufgeführten Personen dient zugleich zur Sicherung der Ansprüche der von ihnen Beschäftigten.
(2) Zwischenmeister, die den in Heimarbeit Beschäftigten nach § 1 Abs. 2 Buchstabe d des Heimarbeitsgesetzes gleichgestellt sind, haben gegen ihren Auftraggeber Anspruch auf Vergütung der von ihnen nach Absatz 1 nachweislich zu zahlenden Zuschläge.
(3) Die nach den Absätzen 1 und 2 in Betracht kommenden Zuschläge sind gesondert in den Entgeltbeleg einzutragen.
(4) Für Heimarbeiter (§ 1 Abs. 1 Buchstabe a des Heimarbeitsgesetzes) kann durch Tarifvertrag bestimmt werden, daß sie statt der in Absatz 1 Satz 2 Nr. 1 bezeichneten Leistungen die den Arbeitnehmern im Falle ihrer Arbeitsunfähigkeit nach diesem Gesetz zustehenden Leistungen erhalten. Bei der Bemessung des Anspruch auf Arbeitsentgelt bleibt der Unkostenzuschlag außer Betracht.
(5) Auf die in den Absätzen 1 und 2 vorgesehenen Zuschläge sind die §§ 23 bis 25, 27 und 28 des Heimarbeitsgesetzes, auf die in Absatz 1 dem Zwischenmeister gegenüber vorgesehenen Zuschläge außerdem § 21 Abs. 2 des Heimarbeitsgesetzes entsprechend anzuwenden. Auf die Ansprüche der fremden Hilfskräfte der in Absatz 1 unter Nummer 2 genannten Personen auf Entgeltfortzahlung im Krankheitsfall ist § 26 des Heimarbeitsgesetzes entsprechend anzuwenden.

§ 11 Feiertagsbezahlung der in Heimarbeit Beschäftigten (1) Die in Heimarbeit Beschäftigten (§ 1 Abs. 1 des Heimarbeitsgesetzes) haben gegen den Auftraggeber oder Zwischenmeister Anspruch auf Feiertagsbezahlung nach Maßgabe der Absätze 2 bis 5. Den gleichen Anspruch haben die in § 1 Abs. 2 Buchstabe a bis d des Heimarbeitsgesetzes bezeichneten Personen, wenn sie hinsichtlich der Feiertagsbezahlung gleichgestellt werden; die Vorschriften des § 1 Abs. 3 Satz 3 und Abs. 4 und 5 des Heimarbeitsgesetzes finden Anwendung. Eine Gleichstellung, die sich auf die Entgeltregelung erstreckt, gilt auch für die Feiertagsbezahlung, wenn diese nicht ausdrücklich von der Gleichstellung ausgenommen ist.
(2) Das Feiertagsgeld beträgt für jeden Feiertag im Sinne des § 2 Abs. 1 0,72 vom Hundert des in einem Zeitraum von sechs Monaten ausgezahlten reinen Arbeitsentgelts ohne Unkostenzuschläge. Bei der Berechnung des Feiertagsgeldes ist für die Feiertage, die in den Zeitraum vom 1. Mai bis 31. Oktober fallen, der vorhergehende Zeitraum vom 1. November bis 30. April und für die Feiertage, die in den Zeitraum vom 1. November bis 30. April fallen, der vorhergehende Zeitraum vom 1. Mai bis 31. Oktober zugrunde zu legen. Der Anspruch auf Feiertagsgeld ist unabhängig davon, ob im laufenden Halbjahreszeitraum noch eine Beschäftigung in Heimarbeit für den Auftraggeber stattfindet.
(3) Das Feiertagsgeld ist jeweils bei der Entgeltzahlung vor dem Feiertag zu zahlen. Ist die Beschäftigung vor dem Feiertag unterbrochen worden, so ist das Feiertagsgeld spätestens drei Tage vor dem Feiertag auszuzahlen. Besteht bei der Einstellung der Ausgabe von Heimarbeit zwischen den Beteiligten Einvernehmen, das Heimarbeitsverhältnis nicht wieder fortzusetzen, so ist dem Berechtigten bei der letzen Entgeltzahlung das Feiertagsgeld für die noch übrigen Feiertage des laufenden sowie für die Feiertage des folgenden Halbjahreszeitraumes zu zahlen. Das Feier-

tagsgeld ist jeweils bei der Auszahlung in die Entgeltbelege (§ 9 des Heimarbeitsgesetzes) einzutragen.

(4) Übersteigt das Feiertagsgeld, das der nach Absatz 1 anspruchsberechtigte Hausgewerbetreibende oder im Lohnauftrag arbeitende Gewerbetreibende (Anspruchsberechtigte) für einen Feiertag auf Grund des § 2 seinen fremden Hilfskräften (§ 2 Abs. 6 des Heimarbeitsgesetzes) gezahlt hat, den Betrag, den er auf Grund der Absätze 2 und 3 für diesen Feiertag erhalten hat, so haben ihm auf Verlangen seine Auftraggeber oder Zwischenmeister den Mehrbetrag anteilig zu erstatten. Ist der Anspruchsberechtigte gleichzeitig Zwischenmeister, so bleibt hierbei das für die Heimarbeiter oder Hausgewerbetreibenden empfangene und weiter gezahlte Feiertagsgeld außer Ansatz. Nimmt ein Anspruchsberechtigter eine Erstattung nach Satz 1 in Anspruch, so können ihm bei Einstellung der Ausgabe von Heimarbeit die erstatteten Beträge auf das Feiertagsgeld angerechnet werden, das ihm auf Grund des Absatzes 2 und des Absatzes 3 Satz 3 für die dann noch übrigen Feiertage des laufenden sowie für die Feiertage des folgenden Halbjahreszeitraumes zu zahlen ist.

(5) Das Feiertagsgeld gilt als Entgelt im Sinne der Vorschriften des Heimarbeitsgesetzes über Mithaftung des Auftraggebers (§ 21 Abs. 2), über Entgeltschutz (§§ 23 bis 27) und über Auskunftspflicht über Entgelte (§ 28); hierbei finden die §§ 24 bis 26 des Heimarbeitsgesetzes Anwendung, wenn ein Feiertagsgeld gezahlt ist, das niedriger ist als das in diesem Gesetz festgesetzte.

§ 12 Unabdingbarkeit Abgesehen von § 4 Abs. 4 kann von den Vorschriften dieses Gesetzes nicht zuungunsten des Arbeitnehmers oder der nach § 10 berechtigten Personen abgewichen werden.

§ 13 Übergangsvorschrift Ist der Arbeitnehmer von einem Tag nach dem 9. Dezember 1998 bis zum 1. Januar 1999 oder darüber hinaus durch Arbeitsunfähigkeit infolge Krankheit oder infolge einer Maßnahme der medizinischen Vorsorge oder Rehabilitation an seiner Arbeitsleistung verhindert, sind für diesen Zeitraum die seit dem 1. Januar 1999 geltenden Vorschriften maßgebend, es sei denn, daß diese für den Arbeitnehmer ungünstiger sind.

18a. Gesetz über den Ausgleich von Arbeitgeberaufwendungen für Entgeltfortzahlung (Aufwendungsausgleichsgesetz – AAG)

Einleitung

Das Lohnfortzahlungsgesetz hatte ursprünglich in seinem Hauptteil (den aufgehobenen §§ 1–9) den Lohnfortzahlungsanspruch im Krankheitsfalle für Arbeiter geregelt. Dieser Teil ist 1994 aufgehoben und in das für Arbeiter und Angestellte gleiche Entgeltfortzahlungsgesetz überführt worden (vgl. Nr. 18).

Aufrechterhalten geblieben waren die §§ 10–19. Sie regelten ein Umlageverfahren für kleine Arbeitgeber mit nicht mehr als 20 Arbeitnehmern. Aufgrund des Gesetzes zur Änderung des Mutterschutzgesetzes vom 20. 12. 1996 (BGBl. I 2110) wurden die Kosten des Mutterschutzes voll erstattet.

Weil diese Erstattung auf kleine Unternehmen beschränkt geblieben war, hat das *BVerfG* am 18. 11. 2003 (1 BvR 302/96, BVerfGE 109, 64) die ganze Regelung des Arbeitgeberzuschusses zum Mutterschaftsgeld wegen der daraus folgenden Diskriminierungsgefahren in größeren Unternehmen für verfassungswidrig erklärt und eine Neuregelung bis zum 21. 12. 2005 verlangt.

Diese Neuregelung ist mit dem »Gesetz über den Ausgleich von Arbeitgeberaufwendungen« v. 22. 12. 2005 (BGBl. I 3686) erfolgt. Es enthält zwei verschiedene Ausgleichsmechanismen:

- Für Entgeltfortzahlungsaufwendungen bleibt es bei einer Kleinbetriebsregelung (Grenze jetzt: 30 Arbeitnehmer), allerdings mit der Möglichkeit eines freiwilligen Ausgleichsverfahrens für Arbeitgeber, die nicht erfasst sind (§ 12 AAG).
- Für Mutterschutzleistungen ist der Ausgleich auf Arbeitgeber jeder Größenordnung ausgedehnt worden.

In beiden Fällen erstreckt es sich auf die bislang nicht berücksichtigten Angestellten.

Wichtige Entscheidung

BVerfG 18. 11. 2003 – 1 BvR 302/96, BVerfGE 109, 64

Weiterführende Literatur

Buchner, Die Sicherung des Mutterschaftsgeldes durch das Aufwendungsausgleichsgesetz, NZA 2006, S. 121

Schmitt, Entgeltfortzahlungsgesetz, 9. Aufl. (2023)

18a

Gesetz über den Ausgleich von Arbeitgeberaufwendungen für Entgeltfortzahlung (Aufwendungsausgleichsgesetz – AAG)

vom 22. Dezember 2005 (BGBl. I 3686),
zuletzt geändert durch Gesetz vom 20. Dezember 2022 (BGBl. I 2759)

§ 1 Erstattungsanspruch (1) Die Krankenkassen mit Ausnahme der landwirtschaftlichen Krankenkasse erstatten den Arbeitgebern, die in der Regel ausschließlich der zu ihrer Berufsausbildung Beschäftigten nicht mehr als 30 Arbeitnehmer und Arbeitnehmerinnen beschäftigen, 80 Prozent

1. des für den in § 3 Abs. 1 und 2 und den in § 9 Abs. 1 des Entgeltfortzahlungsgesetzes bezeichneten Zeitraum an Arbeitnehmer und Arbeitnehmerinnen fortgezahlten Arbeitsentgelts,
2. der auf die Arbeitsentgelte nach der Nummer 1 entfallenden von den Arbeitgebern zu tragenden Beiträge zur Bundesagentur für Arbeit und der Arbeitgeberanteile an Beiträgen zur gesetzlichen Kranken- und Rentenversicherung, zur sozialen Pflegeversicherung und die Arbeitgeberzuschüsse nach § 172a des Sechsten Buches Sozialgesetzbuch sowie der Beitragszuschüsse nach § 257 des Fünften und nach § 61 des Elften Buches Sozialgesetzbuch.

(2) Die Krankenkassen mit Ausnahme der landwirtschaftlichen Krankenkasse erstatten den Arbeitgebern in vollem Umfang

1. den vom Arbeitgeber nach § 20 Absatz 1 des Mutterschutzgesetzes gezahlten Zuschuss zum Mutterschaftsgeld,
2. das vom Arbeitgeber nach § 18 des Mutterschutzgesetzes bei Beschäftigungsverboten gezahlte Arbeitsentgelt,
3. die auf die Arbeitsentgelte nach der Nummer 2 entfallenden von den Arbeitgebern zu tragenden Beiträge zur Bundesagentur für Arbeit und die Arbeitgeberanteile an Beiträgen zur gesetzlichen Kranken- und Rentenversicherung, zur sozialen Pflegeversicherung und die Arbeitgeberzuschüsse nach § 172a des Sechsten Buches Sozialgesetzbuch sowie der Beitragszuschüsse nach § 257 des Fünften und nach § 61 des Elften Buches Sozialgesetzbuch.

(3) Am Ausgleich der Arbeitgeberaufwendungen nach den Absätzen 1 (U1-Verfahren) und 2 (U2-Verfahren) nehmen auch die Arbeitgeber teil, die nur Auszubildende beschäftigen.

§ 2 Erstattung (1) Die zu gewährleistenden Beträge werden dem Arbeitgeber von der Krankenkasse ausgezahlt, bei der die Arbeitnehmer und Arbeitnehmerinnen, die Auszubildenden oder die nach § 18 oder § 20 Absatz 1 des Mutterschutzgesetzes anspruchsberechtigten Frauen versichert sind. Für geringfügig Beschäftigte nach dem Vierten Buch Sozialgesetzbuch ist zuständige Krankenkasse die Deutsche Rentenversicherung Knappschaft-Bahn-See als Träger der knappschaftlichen Krankenversicherung. Für Arbeitnehmer und Arbeitnehmerinnen, die nicht Mitglied einer Krankenkasse sind, gilt § 175 Abs. 3 Satz 2 des Fünften Buches Sozialgesetzbuch entsprechend.

(2) Die Erstattung wird auf Antrag erbracht. Sie ist zu gewähren, sobald der Arbeitgeber Arbeitsentgelt nach § 3 Abs. 1 und 2 und § 9 Abs. 1 des Entgeltfortzahlungsgesetzes, Arbeitsentgelt nach § 18 des Mutterschutzgesetzes oder Zuschuss zum Mutterschaftsgeld nach § 20 Absatz 1 des Mutterschutzgesetzes gezahlt hat. Stellt die Krankenkasse eine inhaltliche Abweichung und die Gründe hierfür zwischen ihrer Berechnung der Erstattung und dem Antrag des Arbeitgebers fest, hat sie diese Abweichung dem Arbeitgeber durch Datenübertragung nach § 95 Absatz 1 Satz 1 des Vierten Buches Sozialgesetzbuch unverzüglich zu melden; dies gilt auch, wenn dem Antrag vollständig entsprochen wird. § 28a Absatz 1 Satz 2 des Vierten Buches Sozialgesetzbuch gilt entsprechend.

(3) Der Arbeitgeber hat einen Antrag nach Absatz 2 Satz 1 durch Datenübertragung nach § 95 Absatz 1 Satz 1 und § 95b Absatz 1 Satz 1 des Vierten Buches Sozialgesetzbuch an die zuständige Krankenkasse zu übermitteln. § 28a Absatz 1 Satz 2 des Vierten Buches Sozialgesetzbuch gilt für die Meldung nach Satz 1 entsprechend.

(4) Den Übertragungsweg und die Einzelheiten des Verfahrens wie den Aufbau der Datensätze für die maschinellen Meldungen der Krankenkassen nach Absatz 2 und die maschinellen Anträge der Arbeitgeber nach Absatz 3 legt der Spitzenverband Bund der Krankenkassen in Grundsätzen fest, die vom Bundesministerium für Arbeit und Soziales im Einvernehmen mit dem Bundesministerium für Gesundheit zu genehmigen sind; die Bundesvereinigung der Deutschen Arbeitgeberverbände ist anzuhören.

§ 3 **Feststellung der Umlagepflicht** (1) Die zuständige Krankenkasse hat jeweils zum Beginn eines Kalenderjahrs festzustellen, welche Arbeitgeber für die Dauer dieses Kalenderjahrs an dem Ausgleich der Arbeitgeberaufwendungen nach § 1 Abs. 1 teilnehmen. Ein Arbeitgeber beschäftigt in der Regel nicht mehr als 30 Arbeitnehmer und Arbeitnehmerinnen, wenn er in dem letzten Kalenderjahr, das demjenigen, für das die Feststellung nach Satz 1 zu treffen ist, vorausgegangen ist, für einen Zeitraum von mindestens acht Kalendermonaten nicht mehr als 30 Arbeitnehmer und Arbeitnehmerinnen beschäftigt hat. Hat ein Betrieb nicht während des ganzen nach Satz 2 maßgebenden Kalenderjahrs bestanden, so nimmt der Arbeitgeber am Ausgleich der Arbeitgeberaufwendungen teil, wenn er während des Zeitraums des Bestehens des Betriebs in der überwiegenden Zahl der Kalendermonate nicht mehr als 30 Arbeitnehmer und Arbeitnehmerinnen beschäftigt hat. Wird ein Betrieb im Laufe des Kalenderjahrs errichtet, für das die Feststellung nach Satz 1 getroffen ist, so nimmt der Arbeitgeber am Ausgleich der Arbeitgeberaufwendungen teil, wenn nach der Art des Betriebs anzunehmen ist, dass die Zahl der beschäftigten Arbeitnehmer und Arbeitnehmerinnen während der überwiegenden Kalendermonate dieses Kalenderjahrs 30 nicht überschreiten wird. Bei der Errechnung der Gesamtzahl der beschäftigten Arbeitnehmer und Arbeitnehmerinnen bleiben schwerbehinderte Menschen im Sinne des Neunten Buches Sozialgesetzbuch außer Ansatz. Arbeitnehmer und Arbeitnehmerinnen, die wöchentlich regelmäßig nicht mehr als 10 Stunden zu leisten haben, werden mit 0,25, diejenigen, die

nicht mehr als 20 Stunden zu leisten haben, mit 0,5 und diejenigen, die nicht mehr als 30 Stunden zu leisten haben, mit 0,75 angesetzt.
(2) Der Arbeitgeber hat der nach § 2 Abs. 1 zuständigen Krankenkasse die für die Durchführung des Ausgleichs erforderlichen Angaben zu machen.
(3) Der Spitzenverband Bund der Krankenkassen regelt das Nähere über die Durchführung des Feststellungsverfahrens nach Absatz 1.

§ 4 Versagung und Rückforderung der Erstattung (1) Die Erstattung kann im Einzelfall versagt werden, solange der Arbeitgeber die nach § 3 Abs. 2 erforderlichen Angaben nicht oder nicht vollständig macht.
(2) Die Krankenkasse hat Erstattungsbeträge vom Arbeitgeber insbesondere zurückzufordern, soweit der Arbeitgeber
1. schuldhaft falsche oder unvollständige Angaben gemacht hat oder
2. Erstattungsbeträge gefordert hat, obwohl er wusste oder wissen musste, dass ein Anspruch nach § 3 Abs. 1 und 2 oder § 9 Abs. 1 des Entgeltfortzahlungsgesetzes oder nach § 18 oder § 20 Absatz 1 des Mutterschutzgesetzes nicht besteht.

Der Arbeitgeber kann sich nicht darauf berufen, dass er durch die zu Unrecht gezahlten Beträge nicht mehr bereichert sei. Von der Rückforderung kann abgesehen werden, wenn der zu Unrecht gezahlte Betrag gering ist und der entstehende Verwaltungsaufwand unverhältnismäßig groß sein würde.

§ 5 Abtretung Ist auf den Arbeitgeber ein Anspruch auf Schadenersatz nach § 6 des Entgeltfortzahlungsgesetzes übergegangen, so ist die Krankenkasse zur Erstattung nur verpflichtet, wenn der Arbeitgeber den auf ihn übergegangenen Anspruch bis zur anteiligen Höhe des Erstattungsbetrags an die Krankenkasse abtritt.

§ 6 Verjährung und Aufrechnung (1) Der Erstattungsanspruch verjährt in vier Jahren nach Ablauf des Kalenderjahrs, in dem er entstanden ist.
(2) Gegen Erstattungsansprüche dürfen nur Ansprüche aufgerechnet werden auf
1. Zahlung von Umlagebeträgen, Beiträge zur gesetzlichen Krankenversicherung und solche Beiträge, die die Einzugsstelle für andere Träger der Sozialversicherung und die Bundesagentur für Arbeit einzuziehen hat,
2. Rückzahlung von Vorschüssen,
3. Rückzahlung von zu Unrecht gezahlten Erstattungsbeträgen,
4. Erstattung von Verfahrenskosten,
5. Zahlung von Geldbußen,
6. Herausgabe einer von einem Dritten an den Berechtigten bewirkten Leistung, die der Krankenkasse gegenüber wirksam ist.

§ 7 Aufbringung der Mittel (1) Die Mittel zur Durchführung der U1- und U2-Verfahren werden von den am Ausgleich beteiligten Arbeitgebern jeweils durch gesonderte Umlagen aufgebracht, die die erforderlichen Verwaltungskosten angemessen berücksichtigen.

(2) Die Umlagen sind jeweils in einem Prozentsatz des Entgelts (Umlagesatz) festzusetzen, nach dem die Beiträge zur gesetzlichen Rentenversicherung für die im Betrieb beschäftigten Arbeitnehmer, Arbeitnehmerinnen und Auszubildenden bemessen werden oder bei Versicherungspflicht in der gesetzlichen Rentenversicherung zu bemessen wären. Bei der Berechnung der Umlage für Aufwendungen nach § 1 Abs. 1 sind Entgelte von Arbeitnehmern und Arbeitnehmerinnen, deren Beschäftigungsverhältnis bei einem Arbeitgeber nicht länger als vier Wochen besteht und bei denen wegen der Art des Beschäftigungsverhältnisses auf Grund des § 3 Abs. 3 des Entgeltfortzahlungsgesetzes kein Anspruch auf Entgeltfortzahlung im Krankheitsfall entstehen kann, sowie einmalig gezahlte Arbeitsentgelte nach § 23a des Vierten Buches Sozialgesetzbuch nicht zu berücksichtigen. Für die Zeit des Bezugs von Kurzarbeitergeld bemessen sich die Umlagen nach dem tatsächlich erzielten Arbeitsentgelt bis zur Beitragsbemessungsgrenze in der gesetzlichen Rentenversicherung.

§ 8 Verwaltung der Mittel (1) Die Krankenkassen verwalten die Mittel für den Ausgleich der Arbeitgeberaufwendungen als Sondervermögen. Die Mittel dürfen nur für die gesetzlich vorgeschriebenen oder zugelassenen Zwecke verwendet werden.
(2) Die Krankenkasse kann durch Satzungsregelung die Durchführung der U1- und U2-Verfahren auf eine andere Krankenkasse oder einen Landes- oder Bundesverband übertragen. Der Einzug der Umlagen obliegt weiterhin der übertragenden Krankenkasse, die die von den Arbeitgebern gezahlten Umlagen an die durchführende Krankenkasse oder den Verband weiterzuleiten hat. § 90 des Vierten Buches Sozialgesetzbuch gilt entsprechend.

§ 9 Satzung (1) Die Satzung der Krankenkasse muss insbesondere Bestimmungen enthalten über die
1. Höhe der Umlagesätze,
2. Bildung von Betriebsmitteln,
3. Aufstellung des Haushalts,
4. Prüfung und Abnahme des Rechnungsabschlusses.

(2) Die Satzung kann
1. die Höhe der Erstattung nach § 1 Abs. 1 beschränken und verschiedene Erstattungssätze, die 40 vom Hundert nicht unterschreiten, vorsehen,
2. eine pauschale Erstattung des von den Arbeitgebern zu tragenden Teils des Gesamtsozialversicherungsbeitrags für das nach § 18 des Mutterschutzgesetzes gezahlte Arbeitsentgelt vorsehen,
3. die Zahlung von Vorschüssen vorsehen,
4. (*weggefallen*)
5. die Übertragung nach § 8 Abs. 2 enthalten.

(3) Die Betriebsmittel dürfen den Betrag der voraussichtlichen Ausgaben für drei Monate nicht übersteigen.
(4) In Angelegenheiten dieses Gesetzes wirken in den Selbstverwaltungsorganen nur die Vertreter der Arbeitgeber mit; die Selbstverwaltungsorgane der Ersatzkas-

sen haben Einvernehmen mit den für die Vertretung der Interessen der Arbeitgeber maßgeblichen Spitzenorganisationen herzustellen.
(5) Die Absätze 1 bis 4 gelten auch für die durchführende Krankenkasse oder den Verband nach § 8 Abs. 2 Satz 1.

§ 10 Anwendung sozialversicherungsrechtlicher Vorschriften Die für die gesetzliche Krankenversicherung geltenden Vorschriften finden entsprechende Anwendung, soweit dieses Gesetz nichts anderes bestimmt.

§ 11 Ausnahmevorschriften (1) § 1 Abs. 1 ist nicht anzuwenden auf
1. den Bund, die Länder, die Gemeinden und Gemeindeverbände sowie sonstige Körperschaften, Anstalten und Stiftungen des öffentlichen Rechts sowie die Vereinigungen, Einrichtungen und Unternehmungen, die hinsichtlich der für die Beschäftigten des Bundes, der Länder oder der Gemeinden geltenden Tarifverträge tarifgebunden sind, sowie die Verbände von Gemeinden, Gemeindeverbänden und kommunalen Unternehmen einschließlich deren Spitzenverbände,
2. zivile Arbeitskräfte, die bei Dienststellen und diesen gleichgestellten Einrichtungen der in der Bundesrepublik Deutschland stationierten ausländischen Truppen und der dort auf Grund des Nordatlantikpaktes errichteten internationalen militärischen Hauptquartiere beschäftigt sind,
3. Hausgewerbetreibende (§ 1 Abs. 1 Buchstabe b des Heimarbeitsgesetzes) sowie die in § 1 Abs. 2 Satz 1 Buchstabe b und c des Heimarbeitsgesetzes bezeichneten Personen, wenn sie hinsichtlich der Entgeltregelung gleichgestellt sind,
4. die Spitzenverbände der freien Wohlfahrtspflege (Arbeiterwohlfahrt, Diakonisches Werk der Evangelischen Kirche in Deutschland, Deutscher Caritasverband, Deutscher Paritätischer Wohlfahrtsverband, Deutsches Rotes Kreuz und Zentralwohlfahrtsstelle der Juden in Deutschland) einschließlich ihrer selbstständigen und nichtselbstständigen Untergliederungen, Einrichtungen und Anstalten, es sei denn, sie erklären schriftlich und unwiderruflich gegenüber einer Krankenkasse mit Wirkung für alle durchführenden Krankenkassen und Verbände ihre Teilnahme am Umlageverfahren nach § 1 Abs. 1.

(2) § 1 ist nicht anzuwenden auf
1. die nach § 2 Abs. 1 Nr. 3 des Zweiten Gesetzes über die Krankenversicherung der Landwirte versicherten mitarbeitenden Familienangehörigen eines landwirtschaftlichen Unternehmers,
2. Dienststellen und diesen gleichgestellte Einrichtungen der in der Bundesrepublik Deutschland stationierten ausländischen Truppen und der dort auf Grund des Nordatlantikpaktes errichteten internationalen militärischen Hauptquartiere mit Ausnahme der in Absatz 1 Nr. 2 genannten zivilen Arbeitskräfte,
3. im Rahmen des § 54a des Dritten Buches Sozialgesetzbuch bezuschusste betriebliche Einstiegsqualifizierungen und im Rahmen des § 76 Absatz 7 des Dritten Buches Sozialgesetzbuch geförderte Berufsausbildungen in außerbetrieblichen Einrichtungen,
4. Menschen mit Behinderungen im Arbeitsbereich anerkannter Werkstätten, die zu den Werkstätten in einem arbeitnehmerähnlichen Rechtsverhältnis stehen.

§ 12 Freiwilliges Ausgleichsverfahren (1) Für Betriebe eines Wirtschaftszweigs können Arbeitgeber Einrichtungen zum Ausgleich der Arbeitgeberaufwendungen errichten, an denen auch Arbeitgeber teilnehmen, die die Voraussetzungen des § 1 nicht erfüllen. Die Errichtung und die Regelung des Ausgleichsverfahrens bedürfen der Genehmigung des Bundesministeriums für Gesundheit.

(2) Auf Arbeitgeber, deren Aufwendungen durch eine Einrichtung nach Absatz 1 ausgeglichen werden, finden die Vorschriften dieses Gesetzes keine Anwendung.

(3) Körperschaften, Personenvereinigungen und Vermögensmassen im Sinne des § 1 Abs. 1 des Körperschaftsteuergesetzes, die als Einrichtung der in Absatz 1 bezeichneten Art durch das Bundesministerium für Gesundheit genehmigt sind, sind von der Körperschaftsteuer, Gewerbesteuer und Vermögensteuer befreit.

19. Gewerbeordnung (GewO)

Einleitung

I. Allgemeines

Die GewO ist das älteste bestehende Gesetz, das arbeitsrechtliche Vorschriften enthält. Diese Teile sind – nach Aufhebung des jahrhundertealten Zunftrechts – aus der Gesetzgebung Preußens zum Arbeitsschutz hervorgegangen. Vorläufer der späteren GewO waren zunächst die Preußische Gewerbeordnung 1845 und danach die Gewerbeordnung des Norddeutschen Bundes 1869. Die Letztere wurde praktisch unverändert in die GewO des Kaiserreichs überführt. Der »archimedische Punkt« dieser GewO war die Anerkennung der freien wirtschaftlichen Betätigung der Bürger, eben die »Gewerbefreiheit«; dazu gehörte notwendig die formale Freiheit zum Abschluss von Arbeitsverträgen (§ 105 GewO). Diese Freiheit ist inhaltlich allerdings ausschließlich eine solche des »selbständigen Gewerbetreibenden« (= Arbeitgebers), wie auch aus § 121a. F. deutlich wird, der dem Arbeitgeber das Direktionsrecht zuwies. Aber bereits 1869 hatte sich beim Gesetzgeber die Erkenntnis durchgesetzt, dass die Anerkennung der Freiheitsrechte einer bürgerlichen Eigentumsordnung Unfreiheit und Ausbeutung der Arbeiter mit einschließt. Aus der Einsicht in die Notwendigkeit einer sozialen Befriedung durch Beseitigung der größten Missstände, aber auch unter dem Druck der erstarkenden Arbeiterbewegung wurden deshalb im Rahmen der GewO eine Reihe heute noch wichtiger arbeitsrechtlicher Schutzvorschriften erlassen: Da sind einmal die Bestimmungen über Zeugniserteilung (§ 113, heute § 109 GewO), den Lohnschutz (§§ 114ff., heute §§ 107f. GewO), hier insbesondere das sog. Truck-Verbot (§§ 115–118; zu seiner Verfassungsmäßigkeit *BVerfG* 24.2.1992 – 1 BvR 980/88, NJW 92, 2143, heute § 107 GewO), sowie später die Regelungen über Wettbewerbsverbote (§§ 133f.) für technische Angestellte (heute § 110 GewO für sämtliche Arbeitnehmer).
In diesem Zusammenhang ist auf zwei schon lange nicht mehr geltende Bestimmungen der GewO hinzuweisen, die zum Verständnis der Geschichte des Arbeitsrechts unentbehrlich sind (vgl. zum Folgenden *Kittner*, AuR 18, G 9):
»§ 152
(1) Alle Verbote und Strafbestimmungen gegen Gewerbetreibende, gewerbliche Gehilfen, Gesellen und Fabrikarbeiter wegen Verabredungen und Vereinigungen zum Behufe der Erlangung günstigerer Lohn- und Arbeitsbedingungen, insbesondere mittels Einstellung der Arbeit oder Entlassung der Arbeiter, werden aufgehoben.
(2) Jedem Teilnehmer steht der Rücktritt von solchen Vereinigungen und Verabredungen frei, und es findet aus letzteren weder Klage noch Einrede statt.«
»§ 153
Wer andere durch Anwendung körperlichen Zwanges, durch Drohungen, durch Ehrverletzung oder durch Verrufserklärung bestimmt oder zu bestimmen versucht, an solchen Verabredungen (§ 152) teilzunehmen, oder ihnen Folge zu leisten,

oder andere durch gleiche Mittel hindert oder zu hindern versucht, von solchen Verabredungen zurückzutreten, wird mit Gefängnis bis zu drei Monaten bestraft, sofern nach dem allgemeinen Strafgesetz nicht eine härtere Strafe eintritt.«
Diese Vorschriften lassen das zwiespältige Verhältnis des damaligen Staates insbesondere gegenüber der Gewerkschaftsbewegung deutlich werden: Einerseits sprach § 152 Abs. 1 den Grundsatz der Koalitionsfreiheit aus, andererseits blieb der konkreten Tätigkeit der Koalition jeder staatliche Schutz vorenthalten. Das Reichsgericht verbot zudem in einer Entscheidung vom 10. 11. 1887 jede über die Regelung konkreter Arbeitsbedingungen hinausgehende sozial- und wirtschaftspolitische Aktivität der Gewerkschaften als Verstoß gegen das preußische Vereinsgesetz (*RGSt* 10. 11. 1887 – g. B. Rep. 2105/87, RGSt 16, 383; eingehend *Kittner*, Arbeitskampf, S. 288 ff.). § 153 wurde am 22. 5. 1918 aufgehoben (RGBl. 423; vgl. *Kittner*, AuR 2018, G 9); § 152 wurde erst am 2. 7. 1925 vom *RG* als unvereinbar mit der Weimarer Reichsverfassung erklärt (RGZ 111, 199). Förmlich aufgehoben wurde § 152 durch das nationalsozialistische »Gesetz zur Ordnung der nationalen Arbeit« vom 20. 1. 1934. Nunmehr ist die Koalitionsfreiheit durch Art. 9 Abs. 3 GG geschützt (siehe Einl. III 4 zum GG, Nr. 20).

II. Die arbeitsrechtlichen Vorschriften

1. Anwendungsbereich

Die GewO hatte bis in das Jahr 2002 arbeitsrechtliche Bedeutung durch ihre für die meisten Arbeiter und technische Angestellte geltenden Vorschriften der §§ 105 ff. a. F. Mit dem »Gesetz zur Änderung der Gewerbeordnung und sonstiger gewerberechtlichen Vorschriften« vom 24. 8. 2002 (BGBl. I 3412) hat sie eine überraschende Aufwertung erfahren:

- Die arbeitsrechtlichen Vorschriften gelten für alle Arbeitnehmer (§ 6 Abs. 2 GewO) und
- wurden in den §§ 105 bis 119 GewO zusammengefasst und systematisiert.

Von ihnen werden sowohl Angestellte als auch solche Arbeiter erfasst, die bislang von der Geltung der GewO ausgenommen waren. Es handelt sich durchweg um Bestimmungen über die Grundlagen des Arbeitsverhältnisses, die man an sich in einem Arbeitsverhältnisgesetz bzw., solange ein solches nicht existiert, eher bei den Vorschriften des BGB über das Arbeitsverhältnis (§§ 611 a ff. BGB) erwarten würde (zum Gesetz vgl. *Bauer/Opolony*, BB 02, 1590; *Borgmann/Faas*, NZA 04, 241; *Perreng*, AiB 02, 521; *Schöne*, NZA 02, 829; *Wisskirchen*, DB 02, 1886).

2. Lohnabrechnung

Die Lohnabrechnung (§ 108 GewO) soll dem Arbeitnehmer Aufschluss darüber geben, was er zu beanspruchen hat. Auf der Grundlage der in § 108 Abs. 3 GewO enthaltenen Ermächtigung wurde die Entgeltbescheinigungsverordnung (EBV, Nr. 19a) erlassen. Der Arbeitgeber kann die Entgeltbescheinigung zum elektronischen Abruf in einem (passwortgeschützten) Mitarbeiterportal bereithalten, da es sich nach der Rechtsprechung um eine Holschuld handelt (*BAG* 28. 1. 2025 – 9

AZR 48/25, NZA 25, 764). Die Bescheinigung muss bei Zahlung des Arbeitsentgelts erteilt werden. Aus § 108 Abs. 1 GewO folgt kein eigenständiger Anspruch des Arbeitnehmers auf Abrechnung, etwa zur Vorbereitung einer Zahlungsklage (*BAG* 12. 10. 2022 – 10 AZR 496/21, NZA 23, 184). Die Erteilung einer Entgeltbescheinigung bedeutet, dass der Arbeitgeber den darin bescheinigten Betrag streitlos stellt. Der Arbeitnehmer muss ihn nicht gesondert zur Wahrung einer Ausschlussfrist geltend machen (*BAG* 3. 5. 2023 – 5 AZR 268/22, ZTR 23, 531).

3. Fortbildungskosten

In Umsetzung der EU-Transparenzrichtlinie (EU) 2019/1152 (EU-ASO Nr. 50; vgl. auch Einl. zum NachwG, Nr. 29) wurde auch die GewO in einem entscheidenden Punkt geändert (Gesetz v. 20. 7. 2022, BGBl. I 1174). Nach dem neuen § 111 GewO muss der Arbeitgeber die Kosten einer gesetzlich oder kollektivvertraglich (durch Tarifvertrag oder Betriebsvereinbarung) vorgeschriebenen Fortbildung tragen. Außerdem regelt die Bestimmung in ihrem Abs. 2, dass Fortbildungen während der Arbeitszeit stattfinden sollen. Finden sie außerhalb der regelmäßigen Arbeitszeit statt, gelten sie dennoch als Arbeitszeit.

4. Weisungsrecht und Konkretisierung

Das Weisungsrecht des Arbeitgebers und seine Grenzen (billiges Ermessen) sind geregelt in § 106 GewO (zum Weisungsrecht in Bezug auf die Arbeitszeit Einl. IV 8 zum ArbZG, Nr. 8, in Bezug auf den Arbeitsort: *BAG* 30. 11. 2016 – 10 AZR 11/16, BB 17, 378; zum Homeoffice: Einl. III 1 zum HAG, Nr. 22; zur Problematik der Anordnung eines Arbeitsplatzes im Ausland: *BAG* 30. 11. 2022 – 5 AZR 336/21, NZA 23, 429; krit. dazu *Knöfel*, EuZA 24, 94; *Wank*, RdA 23, 330; in Bezug auf die vorübergehende Übertragung höherwertiger Tätigkeit *BAG* 4. 7. 2012 – 4 AZR 759/10, DB 12, 2871). Wenn der Arbeitgeber eine andere Beschäftigung des Arbeitnehmers im Wege dieses Weisungsrechts durchsetzen kann, ist eine diesbezügliche Änderungskündigung (etwa hinsichtlich der Änderung des Tätigkeitsortes) regelmäßig sozial ungerechtfertigt, weil sie den Bestand des Arbeitsvertrages gefährdet (*BAG* 22. 9. 2016 – 2 AZR 509/15, NZA 16, 1461). Nach der Rechtsprechung soll der Arbeitnehmer als Nebenpflicht aus dem Arbeitsvertrag verpflichtet sein, Nachrichten mit Weisungen zur Arbeitszeit auch während seiner Freizeit entgegenzunehmen. Diesbezüglich ergäben sich auch keine Kollisionen mit dem Arbeitszeitrecht, wenn damit keine größeren Einschränkungen hinsichtlich der Verfügung über die eigene Zeit einhergehen (*BAG* 23. 8. 2023 – 5 AZR 349/22, NZA 23, 1607; vgl. auch Einl. IV 10 zum ArbZG, Nr. 8).

Die Weisung muss billigem Ermessen entsprechen. Dabei muss der Arbeitgeber auch dem allgemeinen Gleichheitsgrundsatz beachten (*BAG* 1. 6. 2022 – 5 AZR 28/22, NZA 22, 1387, Rn. 54). Das erfordert eine Abwägung der beiderseitigen Interessen. Dabei soll einem unternehmerischen Konzept, das der Weisung zu Grunde liegt, besonderes Gewicht zu kommen (*BAG* 30. 11. 2022 – 5 AZR 336/21, NZA 23, 429: Schließung eines Stationierungsstandortes einer Fluggesellschaft). Die Weisung widerspricht u. a. billigem Ermessen, wenn ihr ein ernsthafter Glaubenskonflikt des Arbeitnehmers entgegensteht und der Arbeitgeber dennoch auf ihr beharrt (*BAG* 24.2.2011 – 2 AZR 636/09, NZA 11, 1087). Dasselbe gilt, wenn der Arbeitnehmer aus gesundheitlichen Gründen nicht in Nachtschichten beschäftigt werden kann, der Arbeitgeber gleichwohl zur Nachtschicht einteilt (*BAG* 9.4.2014 – 10 AZR 637/13, DB 14, 1434). Ein Arbeitnehmer, der arbeitsunfähig erkrankt ist, kann nur bei dringenden betrieblichen Anlässen angewiesen werden, zu einem Personalgespräch in den Betrieb zu kommen, und auch dies nur, soweit die Anwesenheit im Betrieb zumutbar ist (*BAG* 2.11.2016 – 10 AZR 596/15, NZA 17, 183).

Ein Arbeitnehmer ist an eine unbillige Weisung nicht gebunden, auch nicht vorläufig bis zu einer etwaigen gerichtlichen Klärung (*BAG* 18.10.2017 – 10 AZR 330/16, NZA 17, 1452; dazu *Bergwitz*, NZA 17, 1553; zur Entwicklung bis dahin vgl. Einl. II 4 zur GewO, Nr. 19 in 50. Aufl.). Auch wenn der Arbeitnehmer nicht verpflichtet ist, eine rechtswidrige Weisung zu befolgen, schließt deren Befolgung Schadensersatzansprüche des Arbeitnehmers wegen Schäden aufgrund der Beachtung der Weisung nicht aus (*BAG* 28.11.2019 – 8 AZR 125/18, NZA 20, 589).

Das Weisungsrecht kann durch sog. Konkretisierung eingeschränkt sein. Das ist der Fall, wenn der Arbeitgeber das Direktionsrecht über einen längeren Zeitraum in bestimmter Weise oder gar nicht ausgeübt hat und der Arbeitnehmer aufgrund weiterer besonderer Umstände darauf vertrauen darf, der Arbeitgeber werde sein Weisungsrecht auch in Zukunft in dieser Weise handhaben (*BAG* 17.8.2011 – 10 AZR 202/10, NZA 12, 265, 266). Derartiges ist beispielsweise denkbar, wenn der Arbeitgeber im Rahmen eines Bedarfsarbeitsverhältnisses regelmäßig eine bestimmte Arbeitsmenge abruft und als vertraglich geschuldete Leistung fordert: Dann kann sich das Arbeitsverhältnis auf diesen Mindestumfang der Arbeitsleistung konkretisiert haben (*BAG* 26.9.2012 – 10 AZR 336/11, DB 13, 290).

Soweit Versetzungen auf den Gesundheitszustand des Arbeitnehmers gestützt werden und der Arbeitgeber pflichtwidrig kein betriebliches Eingliederungsmanagement (§ 167 Abs. 2 SGB IX, Nr. 30 IX) eingeleitet hat, hat dies nach der Rechtsprechung keinen Einfluss auf die Wirksamkeit der Weisung (*BAG* 18.10.2017 – 10 AZR 47/17, NZA 18, 162). Auch bedarf die Zuweisung anderer Tätigkeiten im Wege des Direktionsrechts – etwa in Fällen von Konflikten am Arbeitsplatz – keiner vorausgegangenen Abmahnung (*BAG* 24.10.2018 – 10 AZR 19/18, NZA 19, 619, Rn. 33).

5. Zeugnisanspruch

Insbesondere das Zeugnisrecht ist in § 109 GewO konzentriert. Der Arbeitgeber muss das Zeugnis auf Verlangen auf Führung und Leistung erstrecken, also ein sog. qualifiziertes Zeugnis erteilen. Der Anspruch auf das Zeugnis ist nicht dispositiv, der Arbeitnehmer kann nicht vor Beenigung des Arbeitsverhältnisses auf den Zeugnisanspruch verzichten (*BAG* 18.6.2025 – 2 AZR 96/24 [B], NZA 25, 1400, Rn. 59 ff.). Ein Zeugnis, das die dafür maßgeblichen Gesichtspunkte in einer Tabelle mit Schulnoten bewertet, genügt regelmäßig nicht (*BAG* 27.4.2021 – 9 AZR 262/20, NZA 21, 1327). Die Formulierung steht im pflichtgemäßen Ermessen des Arbeitgebers. Das Zeugnis muss aber den Grundsätzen der Zeugniswahrheit

und der Zeugnisklarheit entsprechen (*BAG* 15.11.2011 – 9 AZR 386/10, DB 12, 636) und darf insbesondere nicht in verklausulierter Form Unzutreffendes enthalten oder Unklarheiten zurücklassen (Übersicht 42; zur strafrechtlichen Verantwortlichkeit des Arbeitgebers für weitere Taten eines Mörders, wenn ein positives Zeugnis unter Auslassen dieser Straftaten erteilt wurde, vgl. *Puppe*, Anm. zu *OLG Oldenburg* 23.7.2021 – 1 Ws 190/21, JZ 23, 359). Ist der Arbeitnehmer mit einer Formulierung im Zeugnis nicht zufrieden, muss er im Rechtsstreit darlegen und beweisen, dass eine bessere Beurteilung gerechtfertigt ist (*BAG* 18.11.2014 – 9 AZR 584/13, NZA 15, 435). Einen Anspruch auf Dank und gute Wünsche im Zeugnis soll der Arbeitnehmer nicht haben, er kann allenfalls verlangen, eine ihm nicht genehme Schlussformel zu streichen (*BAG* 11.12.2012 – 9 AZR 227/11, NZA 13, 324). Das öffnet einer unausgesprochenen Kritik am Arbeitnehmer durch das Arbeitszeugnis Tür und Tor (vgl. *Deinert*, AiBplus 4/13, S. 9). Dennoch hat das *BAG* an dieser Rechtsprechung festgehalten und insbesondere die Regelungen über das qualifizierte Zeugnis für abschließend erklärt (25.1.2022 – 9 AZR 146/21, NZA 22, 783). Dabei hat es sich auch auf die negative Meinungsfreiheit aus Art. 5 Abs. 1 S. 1 GG (Nr. 20) berufen. Das ist dennoch kritisch zu sehen, weil die Meinungsfreiheit nicht uneingeschränkt gilt und gerade auch durch den gesetzlichen Zeugnisanspruch eingeschränkt wird. Wenn der berechtigte Wunsch eines Arbeitnehmers nach Abänderung des Zeugnisinhalts damit quittiert wird, dass die Dankes- und Wunschformel gestrichen wird, kann das aber als Maßregelung (§ 612a BGB, Nr. 14) unzulässig sein (*BAG* 6.6.2023 – 9 AZR 272/22, NZA 24, 194).
Durch das Vierte Bürokratieentlastungsgesetz (v. 23.10.2024, BGBl. I Nr. 323) wurde die Möglichkeit durch § 109 Abs. 3 GewO geschaffen, ein Zeugnis einvernehmlich in elektronischer Form zu erteilen.

Wichtige Entscheidungen

BAG 30.11.2016 – 10 AZR 11/16, BB 2017, 378
BAG 18.10.2017 – 10 AZR 330/16, NZA 2017, 1452
BAG 3.5.2023 – 5 AZR 268/22, ZTR 2023, 531
BAG 23.8.2023 – 5 AZR 349/22, NZA 2023, 1607
BAG 25.1.2022 – 9 AZR 146/21, NZA 2022, 783

Weiterführende Literatur

I. Allgemeines

Ennuschat/Wank/Winkler, Gewerbeordnung, 9. Aufl. (2020)
Landmann/Rohmer, Kommentar zur Gewerbeordnung, Loseblattwerk

II. Arbeitsrechtliche Vorschriften

Bauer/Opolony, Novellierung arbeitsrechtlicher Vorschriften in der Gewerbeordnung, BB 2002, S. 1590
Busemann, Arbeitsvertrag, Vertragspraxis und Konkretisierung, NZA 2015, S. 705

Donath, Arbeitsrechtliche Weisungen durch künstliche Intelligenz, AuR 2024, S. 275

Düwell, Neues Arbeitsrecht in der Gewerbeordnung, ZTR 2002, S. 461

Greiser/Kador, Das Arbeitszeugnis im Wandel der Rechtsprechung, AuR 2012, S. 201

Perreng, Änderung der Gewerbeordnung – Erste Fassung eines Arbeitsgesetzbuches, AiB 2002, S. 521

Preis/Wieg, Weisungsrecht nach Inhalt, Ort und Zeit der Arbeitsleistung in einer mobilen Arbeitswelt, Kritische Überlegungen zur Rechtsentwicklung, AuR 2016, S. 313

Schöne, Die Novellierung der Gewerbeordnung und die Auswirkung auf das Arbeitsrecht, NZA 2002, S. 829

Wisskirchen, Novellierung arbeitsrechtlicher Vorschriften in der Gewerbeordnung, DB 2002, S. 1886

Übersicht 42: Zeugnissprache

Umschreibung durch Zeugnissprache	Bedeutung der Bewertung/Hinweise
»Stets zu unserer vollsten Zufriedenheit«; »immer zu unserer vollsten Zufriedenheit«	Bewertung: »sehr gut«
»stets/zu unserer vollen Zufriedenheit«; »voll und ganz zufrieden«; »zu unserer vollsten Zufriedenheit«;	Bewertung: »gut« Die Bewertung »gut« ist i. d. R. mit dem Wort »voll« verbunden; gelegentlich auch »stets/voll«.
»stets zu unserer Zufriedenheit«; »stets zufriedenstellend«; »zu unserer vollen Zufriedenheit«	Bewertung: »befriedigend«
»zu unserer Zufriedenheit«	Bewertung: »ausreichend«
»insgesamt zufriedenstellend«; »zum großen Teil«	Bewertung: »mangelhaft«
»war (stets) bemüht« oder »zu erledigen versucht«	Bewertung: »ungenügend«
Wiederholung bestimmter Formulierungen	soll den Wahrheitsgehalt einer Aussage unterstreichen
Auslassen wichtiger Angaben	z. B. Ehrlichkeit bei einer Kassiererin (negativ)
Gutes Einfühlungsvermögen in die Belange der Belegschaft	negativ
Besondere Betonung der Pünktlichkeit	u. U. eher negativ
Herausheben der Genauigkeit	u. U. negative Aussage zur Schnelligkeit
Herausheben der Schnelligkeit	u. U. Aussage: ungenaues Arbeiten
Besonderes Hervorheben der Vertrauenswürdigkeit	u. U. eher negativ
Hervorhebung der Geselligkeit, die das Betriebsklima positiv beeinflusst habe	Alkoholneigung (u. U. auch während der Arbeitszeit)
Zeigte für seine Arbeit Verständnis	hat nur das Notwendigste gemacht
Setzte sich im Rahmen seiner Fähigkeiten ein	negativ, keine nennenswerten positiven Arbeitsergebnisse bzw. begrenzte Fähigkeiten
War immer mit Interesse bei der Sache	nur Interesse, keine nennenswerten Leistungen

Gewerbeordnung (GewO)

vom 21. Juni 1869
in der Fassung der Bekanntmachung vom 22. Februar 1999 (BGBl. I 202),
zuletzt geändert durch Gesetz vom 22. Dezember 2025 (BGBl. 2025 I Nr. 369)

(Abgedruckte Vorschriften: §§ 6, 35 Abs. 1, 105–132a, 133a–143, 147, 154, 154a)

§ 6 Anwendungsbereich (1) Dieses Gesetz ist nicht anzuwenden auf die Fischerei, die Errichtung und Verlegung von Apotheken, die Erziehung von Kindern gegen Entgelt, das Unterrichtswesen, auf die Tätigkeit der Rechtsanwälte und Berufsausübungsgesellschaften nach der Bundesrechtsanwaltsordnung, der Patentanwälte und Berufsausübungsgesellschaften nach der Patentanwaltsordnung, der Notare, der in § 10 Absatz 1 des Rechtsdienstleistungsgesetzes und § 1 Absatz 2 und 3 des Einführungsgesetzes zum Rechtsdienstleistungsgesetz genannten Personen, der Wirtschaftsprüfer und Wirtschaftsprüfungsgesellschaften, der vereidigten Buchprüfer und Buchprüfungsgesellschaften, der Steuerberater und Berufsausübungsgesellschaften nach dem Steuerberatungsgesetz sowie der Steuerbevollmächtigten, auf den Gewerbebetrieb der Auswandererberater, das Seelotswesen und die Tätigkeit der Prostituierten. Auf das Bergwesen findet dieses Gesetz nur insoweit Anwendung, als es ausdrückliche Bestimmungen enthält; das gleiche gilt für den Gewerbebetrieb der Versicherungsunternehmen, die Ausübung der ärztlichen und anderen Heilberufe, den Verkauf von Arzneimitteln, den Vertrieb von Lotterielosen und die Viehzucht. Ferner findet dieses Gesetz mit Ausnahme des Titels XI auf den Gewerbebetrieb der Versicherungsunternehmen sowie auf Beförderungen mit Krankenkraftwagen im Sinne des § 1 Abs. 2 Nr. 2 in Verbindung mit Abs. 1 des Personenbeförderungsgesetzes keine Anwendung.
(1 a) § 6c findet auf alle Gewerbetreibenden und sonstigen Dienstleistungserbringer im Sinne des Artikels 4 Nummer 2 der Richtlinie 2006/123/EG Anwendung, deren Dienstleistungen unter den Anwendungsbereich der Richtlinie fallen.
(2) Die Bestimmungen des Abschnitts I des Titels VII finden auf alle Arbeitnehmer Anwendung.
…

§ 35 Gewerbeuntersagung wegen Unzuverlässigkeit (1) Die Ausübung eines Gewerbes ist von der zuständigen Behörde ganz oder teilweise zu untersagen, wenn Tatsachen vorliegen, welche die Unzuverlässigkeit des Gewerbetreibenden oder einer mit der Leitung des Gewerbebetriebes beauftragten Person in bezug auf dieses Gewerbe dartun, sofern die Untersagung zum Schutze der Allgemeinheit oder der im Betrieb Beschäftigten erforderlich ist. Die Untersagung kann auch auf die Tätigkeit als Vertretungsberechtigter eines Gewerbetreibenden oder als mit der Leitung eines Gewerbebetriebes beauftragte Person sowie auf einzelne andere oder auf alle Gewerbe erstreckt werden, soweit die festgestellten Tatsachen die Annahme rechtfertigen, daß der Gewerbetreibende auch für diese Tätigkeiten oder Gewerbe unzuverlässig ist. Das Untersagungsverfahren kann fortgesetzt werden, auch wenn der Betrieb des Gewerbes während des Verfahrens aufgegeben wird.

…

Titel VII – Arbeitnehmer

I. Allgemeine arbeitsrechtliche Grundsätze

§ 105 Freie Gestaltung des Arbeitsvertrages Arbeitgeber und Arbeitnehmer können Abschluss, Inhalt und Form des Arbeitsvertrages frei vereinbaren, soweit nicht zwingende gesetzliche Vorschriften, Bestimmungen eines anwendbaren Tarifvertrages oder einer Betriebsvereinbarung entgegenstehen. Soweit die Vertragsbedingungen wesentlich sind, richtet sich ihr Nachweis nach den Bestimmungen des Nachweisgesetzes.

§ 106 Weisungsrecht des Arbeitgebers Der Arbeitgeber kann Inhalt, Ort und Zeit der Arbeitsleistung nach billigem Ermessen näher bestimmen, soweit diese Arbeitsbedingungen nicht durch den Arbeitsvertrag, Bestimmungen einer Betriebsvereinbarung, eines anwendbaren Tarifvertrages oder gesetzliche Vorschriften festgelegt sind. Dies gilt auch hinsichtlich der Ordnung und des Verhaltens der Arbeitnehmer im Betrieb. Bei der Ausübung des Ermessens hat der Arbeitgeber auch auf Behinderungen des Arbeitnehmers Rücksicht zu nehmen.

§ 107 Berechnung und Zahlung des Arbeitsentgelts[1] (1) Das Arbeitsentgelt ist in Euro zu berechnen und auszuzahlen.

(2) Arbeitgeber und Arbeitnehmer können Sachbezüge als Teil des Arbeitsentgelts vereinbaren, wenn dies dem Interesse des Arbeitnehmers oder der Eigenart des Arbeitsverhältnisses entspricht. Der Arbeitgeber darf dem Arbeitnehmer keine Waren auf Kredit überlassen. Er darf ihm nach Vereinbarung Waren in Anrechnung auf das Arbeitsentgelt überlassen, wenn die Anrechnung zu den durchschnittlichen Selbstkosten erfolgt. Die geleisteten Gegenstände müssen mittlerer Art und Güte sein, soweit nicht ausdrücklich eine andere Vereinbarung getroffen worden ist. Der Wert der vereinbarten Sachbezüge oder die Anrechnung der überlassenen Waren auf das Arbeitsentgelt darf die Höhe des pfändbaren Teils des Arbeitsentgelts nicht übersteigen.

(3) Die Zahlung eines regelmäßigen Arbeitsentgelts kann nicht für die Fälle ausgeschlossen werden, in denen der Arbeitnehmer für seine Tätigkeit von Dritten ein Trinkgeld erhält. Trinkgeld ist ein Geldbetrag, den ein Dritter ohne rechtliche Verpflichtung dem Arbeitnehmer zusätzlich zu einer dem Arbeitgeber geschuldeten Leistung zahlt.

§ 108 Abrechnung des Arbeitsentgelts (1) Dem Arbeitnehmer ist bei Zahlung des Arbeitsentgelts eine Abrechnung in Textform zu erteilen. Die Abrechnung muss mindestens Angaben über Abrechnungszeitraum und Zusammensetzung des Arbeitsentgelts enthalten. Hinsichtlich der Zusammensetzung sind insbesondere

1 S. auch § 5 Absatz 1 GSA Fleisch (Nr. 4 a).

Angaben über Art und Höhe der Zuschläge, Zulagen, sonstige Vergütungen, Art und Höhe der Abzüge, Abschlagszahlungen sowie Vorschüsse erforderlich.
(2) Die Verpflichtung zur Abrechnung entfällt, wenn sich die Angaben gegenüber der letzten ordnungsgemäßen Abrechnung nicht geändert haben.
(3) Das Bundesministerium für Arbeit und Soziales wird ermächtigt, das Nähere zum Inhalt und Verfahren einer Entgeltbescheinigung, die zu Zwecken nach dem Sozialgesetzbuch sowie zur Vorlage bei den Sozial- und Familiengerichten verwendet werden kann, durch Rechtsverordnung[1] zu bestimmen. Der Arbeitnehmer kann vom Arbeitgeber zu anderen Zwecken eine weitere Entgeltbescheinigung verlangen, die sich auf die Angaben nach Absatz 1 beschränkt.

§ 109 Zeugnis (1) Der Arbeitnehmer hat bei Beendigung eines Arbeitsverhältnisses Anspruch auf ein schriftliches Zeugnis. Das Zeugnis muss mindestens Angaben zu Art und Dauer der Tätigkeit (einfaches Zeugnis) enthalten. Der Arbeitnehmer kann verlangen, dass sich die Angaben darüber hinaus auf Leistung und Verhalten im Arbeitsverhältnis (qualifiziertes Zeugnis) erstrecken.
(2) Das Zeugnis muss klar und verständlich formuliert sein. Es darf keine Merkmale oder Formulierungen enthalten, die den Zweck haben, eine andere als aus der äußeren Form oder aus dem Wortlaut ersichtliche Aussage über den Arbeitnehmer zu treffen.
(3) Das Zeugnis kann mit Einwilligung des Arbeitnehmers in elektronischer Form erteilt werden.

§ 110 Wettbewerbsverbot Arbeitgeber und Arbeitnehmer können die berufliche Tätigkeit des Arbeitnehmers für die Zeit nach Beendigung des Arbeitsverhältnisses durch Vereinbarung beschränken (Wettbewerbsverbot). Die §§ 74 bis 75f des Handelsgesetzbuches sind entsprechend anzuwenden.

§ 111 Pflichtfortbildungen (1) Ist der Arbeitgeber durch Gesetz oder aufgrund eines Gesetzes, durch Tarifvertrag oder Betriebs- oder Dienstvereinbarung verpflichtet, dem Arbeitnehmer eine für die Erbringung der Arbeitsleistung erforderliche Fortbildung anzubieten, dürfen dem Arbeitnehmer die Kosten hierfür nicht auferlegt werden.
(2) Fortbildungen nach Absatz 1 sollen während der regelmäßigen Arbeitszeit durchgeführt werden. Soweit Fortbildungen nach Absatz 1 außerhalb der regelmäßigen Arbeitszeit durchgeführt werden müssen, gelten sie als Arbeitszeit.

§§ 112–132a *(weggefallen)*

II. Meistertitel

§ 133 Befugnis zur Führung des Baumeistertitels *(nicht abgedruckt)*

1 S. **Entgeltbescheinigungsverordnung** – EBV (Nr. 19 a).

IIa. Verhältnisse der Betriebsbeamten, Werkmeister, Techniker

§§ 133a – 139aa *(weggefallen)*

III. Aufsicht

§ 139b Gewerbeaufsichtsbehörde (1) Die Aufsicht über die Ausführung der Bestimmungen der auf Grund des § 120e oder des § 139h erlassenen Rechtsverordnungen ist ausschließlich oder neben den ordentlichen Polizeibehörden besonderen von den Landesregierungen zu ernennenden Beamten zu übertragen. Denselben stehen bei Ausübung dieser Aufsicht alle amtlichen Befugnisse der Ortspolizeibehörden, insbesondere das Recht zur jederzeitigen Besichtigung und Prüfung der Anlagen zu. Die amtlich zu ihrer Kenntnis gelangenden Geschäfts- und Betriebsverhältnisse der ihrer Besichtigung und Prüfung unterliegenden Anlagen dürfen sie nur zur Verfolgung von Gesetzwidrigkeiten und zur Erfüllung von gesetzlich geregelten Aufgaben zum Schutz der Umwelt den dafür zuständigen Behörden offenbaren. Soweit es sich bei Geschäfts- und Betriebsgeheimnissen um Informationen über die Umwelt im Sinne des Umweltinformationsgesetzes handelt, richtet sich die Befugnis zu ihrer Offenbarung nach dem Umweltinformationsgesetz.

(2) Die Ordnung der Zuständigkeitsverhältnisse zwischen diesen Beamten und den ordentlichen Polizeibehörden bleibt der verfassungsmäßigen Regelung in den einzelnen Ländern vorbehalten.

(3) Die erwähnten Beamten haben Jahresberichte über ihre amtliche Tätigkeit zu erstatten. Diese Jahresberichte oder Auszüge aus denselben sind dem Bundesrat und dem Deutschen Bundestag vorzulegen.

(4) Die auf Grund der Bestimmungen der auf Grund des § 120e oder des § 139h erlassenen Rechtsverordnungen auszuführenden amtlichen Besichtigungen und Prüfungen müssen die Arbeitgeber zu jeder Zeit, namentlich auch in der Nacht, während des Betriebs gestatten.

(5) Die Arbeitgeber sind ferner verpflichtet, den genannten Beamten oder der Polizeibehörde diejenigen statistischen Mitteilungen über die Verhältnisse ihrer Arbeitnehmer zu machen, welche vom Bundesminister für Arbeit und Soziales durch Rechtsverordnung mit Zustimmung des Bundesrates oder von der Landesregierung unter Festsetzung der dabei zu beobachtenden Fristen und Formen vorgeschrieben werden.

(5 a) *(weggefallen)*

(6) Die Beauftragten der zuständigen Behörden sind befugt, die Unterkünfte, auf die sich die Pflichten der Arbeitgeber nach der Arbeitsstättenverordnung beziehen, zu betreten und zu besichtigen. Gegen den Willen der Unterkunftsinhaber ist dies jedoch nur zur Verhütung dringender Gefahren für die öffentliche Sicherheit oder Ordnung zulässig. Das Grundrecht der Unverletzlichkeit der Wohnung (Artikel 13 des Grundgesetzes) wird insoweit eingeschränkt.

(7) Ergeben sich im Einzelfall für die für den Arbeitsschutz zuständigen Landesbehörden konkrete Anhaltspunkte für

1. eine Beschäftigung oder Tätigkeit von Ausländern ohne erforderlichen Aufenthaltstitel nach § 4a Absatz 5 Satz 1 des Aufenthaltsgesetzes, eine Erlaubnis

oder Berechtigung nach § 4a Absatz 5 Satz 2 in Verbindung mit Absatz 4, eine Aufenthaltsgestattung oder eine Duldung, die zur Ausübung der Beschäftigung berechtigen, oder eine Genehmigung nach § 284 Absatz 1 des Dritten Buches Sozialgesetzbuch,
2. Verstöße gegen die Mitwirkungspflicht nach § 60 Abs. 1 Satz 1 Nr. 2 des Ersten Buches Sozialgesetzbuch gegenüber einer Dienststelle der Bundesagentur für Arbeit, einem Träger der gesetzlichen Kranken-, Pflege-, Unfall- oder Rentenversicherung oder einem Träger der Sozialhilfe oder gegen die Meldepflicht nach § 8a des Asylbewerberleistungsgesetzes,
3. Verstöße gegen das Schwarzarbeitsbekämpfungsgesetz,
4. Verstöße gegen das Arbeitnehmerüberlassungsgesetz,
5. Verstöße gegen Vorschriften des Vierten und Siebten Buches Sozialgesetzbuch über die Verpflichtung zur Zahlung von Sozialversicherungsbeiträgen,
6. Verstöße gegen das Aufenthaltsgesetz,
7. Verstöße gegen die Steuergesetze,
8. Verstöße gegen das Gesetz zur Sicherung von Arbeitnehmerrechten in der Fleischwirtschaft,
9. Verstöße gegen das Mindestlohngesetz,
10. Verstöße gegen das Arbeitnehmer-Entsendegesetz,

unterrichten sie die für die Verfolgung und Ahndung der Verstöße jeweils zuständigen Behörden und, soweit erforderlich, die Träger der Sozialhilfe sowie die Behörden nach § 71 des Aufenthaltsgesetzes.

(8) In den Fällen des Absatzes 7 arbeiten die für den Arbeitsschutz zuständigen Landesbehörden insbesondere mit folgenden Behörden zusammen:
1. den Agenturen für Arbeit,
2. den Trägern der Krankenversicherung als Einzugsstellen für die Sozialversicherungsbeiträge,
3. den Trägern der Unfallversicherung,
4. den nach Landesrecht für die Verfolgung und Ahndung von Ordnungswidrigkeiten nach dem Schwarzarbeitsbekämpfungsgesetz zuständigen Behörden,
5. den in § 71 des Aufenthaltsgesetzes genannten Behörden,
6. den Finanzbehörden,
7. den Behörden der Zollverwaltung,
8. den Rentenversicherungsträgern,
9. den Trägern der Sozialhilfe.

19

§§ 139c – 142 *(weggefallen)*

Titel X – Straf- und Bußgeldvorschriften

§§ 143–146 *(nicht abgedruckt)*

§ 147 Verletzung von Arbeitsschutzvorschriften (1) Ordnungswidrig handelt, wer vorsätzlich oder fahrlässig
1. eine Besichtigung oder Prüfung nach § 139b Abs. 1 Satz 2, Abs. 4, 6 Satz 1 oder 2 nicht gestattet oder

2. entgegen § 139b Abs. 5 eine vorgeschriebene statistische Mitteilung nicht, nicht richtig, nicht vollständig oder nicht rechtzeitig macht.

(2) Die Ordnungswidrigkeit kann mit einer Geldbuße geahndet werden.

…

19a. Verordnung zur Erstellung einer Entgeltbescheinigung nach § 108 Absatz 3 Satz 1 der Gewerbeordnung (Entgeltbescheinigungsverordnung – EBV)

vom 19. Dezember 2012 (BGBl. I 2712),
zuletzt geändert durch Verordnung vom 1. Oktober 2024 (BGBl. 2024 I Nr. 297)

Einleitung

(siehe bei Nr. 19)

Verordnungstext

§ 1 Inhalt der Entgeltbescheinigung (1) Eine Entgeltbescheinigung nach § 108 Absatz 3 Satz 1 der Gewerbeordnung hat folgende Angaben zum Arbeitgeber und zur Arbeitnehmerin oder zum Arbeitnehmer zu enthalten:

1. den Namen und die Anschrift des Arbeitgebers;
2. den Namen, die Anschrift und das Geburtsdatum der Arbeitnehmerin oder des Arbeitnehmers;
3. die Versicherungsnummer (§ 147 des Sechsten Buches Sozialgesetzbuch) der Arbeitnehmerin oder des Arbeitnehmers;
4. das Datum des Beschäftigungsbeginns;
5. bei Ende der Beschäftigung in der Bescheinigung für den letzten Abrechnungszeitraum das Datum des Beschäftigungsendes;
6. den bescheinigten Abrechnungszeitraum sowie die Anzahl der darin enthaltenen Steuertage und Sozialversicherungstage;
7. die Steuerklasse, gegebenenfalls einschließlich des gewählten Faktors, die Zahl der Kinderfreibeträge und die Merkmale für den Kirchensteuerabzug sowie gegebenenfalls Steuerfreibeträge oder Steuerhinzurechnungsbeträge nach Jahr und Monat sowie die Steuer-Identifikationsnummer;
8. den Beitragsgruppenschlüssel und die zuständige Einzugsstelle für den Gesamtsozialversicherungsbeitrag;
9. die Kennziffer 0 für den Beitragszuschlag für Kinderlose, die Kennziffern 1 bis 5 für Beschäftigte entsprechend der Anzahl ihrer Kinder, die nach § 55 Absatz 3 des Elften Buches Sozialgesetzbuch zu berücksichtigen sind, sowie eine Kennziffer für Beschäftigte, für die die Elterneigenschaft nachgewiesen ist;
10. gegebenenfalls die Angabe, dass es sich um ein Beschäftigungsverhältnis im Übergangsbereich nach § 20 Absatz 2 des Vierten Buches Sozialgesetzbuch handelt;
11. gegebenenfalls die Angabe, dass es sich um eine Mehrfachbeschäftigung handelt.

(2) In der Entgeltbescheinigung sind mindestens folgende Entgeltbestandteile der Arbeitnehmerin oder des Arbeitnehmers darzustellen:

1. die Bezeichnung und der Betrag sämtlicher Bezüge und Abzüge, außer den Beiträgen und Arbeitgeberzuschüssen zu einer freiwilligen oder privaten Kranken- und Pflegeversicherung sowie dem Arbeitgeberanteil zu einer berufsständischen Versorgungseinrichtung, einzeln nach Art aufgeführt und jeweils mit der Angabe, ob
   a) sie sich auf den steuerpflichtigen Arbeitslohn, das Sozialversicherungsbruttoentgelt und das Gesamtbruttoentgelt auswirken und
   b) es sich dabei um laufende oder einmalige Bezüge oder Abzüge handelt;
2. der Saldo der Bezüge und Abzüge nach Nummer 1 als
   a) steuerpflichtiger Arbeitslohn, getrennt nach laufenden und sonstigen Bezügen und Abzügen,
   b) Sozialversicherungsbruttoentgelt, gegebenenfalls abweichend je Versicherungszweig und getrennt nach laufenden und einmaligen Bezügen und Abzügen,
   c) Gesamtbruttoentgelt ohne Trennung nach laufenden und einmaligen Bezügen und Abzügen,
   d) pauschal besteuerte Bezüge nach den §§ 37b, 40 Absatz 1 und 2, nach § 40a Absatz 2 und § 40b sowie § 52 Absatz 40 des Einkommensteuergesetzes jeweils nach ihrer gesetzlichen Grundlage getrennt, als sonstiges Pauschalsteuerbrutto alle weiteren pauschal besteuerten Bezüge;
3. die gesetzlichen Abzüge vom steuerpflichtigen Arbeitslohn und Sozialversicherungsbruttoentgelt, getrennt nach laufendem und einmaligem Bruttoentgelt
   a) der Lohnsteuer, der Kirchensteuer und des Solidaritätszuschlages und
   b) der Arbeitnehmerbeiträge zur gesetzlichen Kranken-, Renten- und Pflegeversicherung, zur Seemannskasse sowie nach dem Recht der Arbeitsförderung;
4. das Nettoentgelt als Differenz des Gesamtbruttoentgeltes nach Nummer 2 Buchstabe c und den gesetzlichen Abzügen nach Nummer 3;
5. der Arbeitgeberzuschuss zu den Beiträgen zu einer freiwilligen oder privaten Kranken- und Pflegeversicherung sowie der Arbeitgeberanteil zu einer berufsständischen Versorgungseinrichtung und die Gesamtbeiträge für die Arbeitnehmerin oder den Arbeitnehmer, für die der Arbeitgeber die Zahlungsvorgänge für die Beiträge freiwillig übernimmt;
6. die Bezeichnung und der Betrag weiterer Bezüge und Abzüge sowie Verrechnungen und Einbehalte, je einzeln nach Art, die sich nicht auf ein Bruttoentgelt nach Nummer 2 auswirken oder aber zum Gesamtbruttoentgelt beitragen, jedoch nicht an die Arbeitnehmerin oder den Arbeitnehmer ausgezahlt werden;
7. der Auszahlungsbetrag als Saldo aus dem Nettoentgelt nach Nummer 4 und den Beträgen nach den Nummern 5 und 6.

(3) Bei der Ermittlung des Gesamtbruttoentgeltes nach Absatz 2 Nummer 2 Buchstabe c wirken sich folgende Werte wie folgt aus:

1. erhöhend die Werte für
   a) die Entgeltaufstockung nach dem Altersteilzeitgesetz,

   b) Nebenbezüge (geldwerte Vorteile, Sachbezüge, steuerpflichtige Bestandteile von sonstigen Personalnebenkosten, zum Beispiel Reisekosten, Umzugskosten, Trennungsgelder) sowie
   c) Arbeitgeberzuschüsse zu Entgeltersatzleistungen und
2. mindernd die Werte für
   a) Arbeitgeberleistungen, die von der Arbeitnehmerin oder dem Arbeitnehmer übernommen wurden, beispielsweise die abgewälzte pauschale Lohnsteuer, sowie
   b) die Einstellung in ein Wertguthaben auf Veranlassung der Arbeitnehmerin oder des Arbeitnehmers und
3. weder erhöhend noch mindernd die Werte für
   a) Entgeltumwandlungen im Sinne des § 1 Absatz 2 Nummer 3 des Betriebsrentengesetzes,
   b) Beiträge der Arbeitgeber sowie der Arbeitnehmerinnen und Arbeitnehmer zur Zukunftssicherung, im öffentlichen Dienst auch Umlagen und Sanierungsgelder.

(4) Die Entgeltbescheinigung ist als Bescheinigung nach § 108 Absatz 3 Satz 1 der Gewerbeordnung zu kennzeichnen.

§ 2 Verfahren (1) Arbeitnehmerinnen und Arbeitnehmer erhalten eine Entgeltbescheinigung nach § 1 in Textform für jeden Abrechnungszeitraum mit der Abrechnung des Entgeltes. Die Verpflichtung entfällt, wenn sich gegenüber dem letzten Abrechnungszeitraum keine Änderungen ergeben oder sich nur der Abrechnungszeitraum selbst (§ 1 Absatz 1 Nummer 6) ändert. Enthält eine Entgeltbescheinigung gegenüber der letzten Bescheinigung inhaltliche Änderungen, ist gegebenenfalls der Hinweis aufzunehmen, für welche Entgeltabrechnungszeiträume keine Bescheinigung ausgestellt wurde, da keine Veränderungen vorlagen, sodass ein durchgehender Nachweis möglich ist.

(1a) Die Angaben nach § 1 Absatz 2 Nummer 2 Buchstabe d und Absatz 3 können jeweils für die einzelne Angabe als Anlage der Bescheinigung nach Absatz 1 angefügt werden.

(2) Die Arbeitnehmerin oder der Arbeitnehmer können das Kirchensteuermerkmal in der Entgeltbescheinigung schwärzen.

§ 3 Inkrafttreten Diese Verordnung tritt am 1. Juli 2013 in Kraft.

20. Grundgesetz (GG)

Einleitung

I. Geschichtliche Entwicklung

Das GG ist entstanden, nachdem sich abzeichnete, dass es zu keiner Neuordnung der staatlichen Verhältnisse Gesamtdeutschlands kommen werde. Vom 10. bis 23. 8. 1948 tagte in Herrenchiemsee der »Verfassungskonvent«, ein Gremium aus von den Länderregierungen berufenen Sachverständigen. Auf der Grundlage des von diesen erarbeiteten »Herrenchiemseer Entwurfs« beschloss der aus 65 von den gewählten Landtagen der 11 westdeutschen Länder (damals gab es noch Baden, Württemberg-Baden und Württemberg-Hohenzollern) und 5 Westberliner Abgeordneten (mit beratender Stimme) gebildete »Parlamentarische Rat« das GG am 8. 5. 1949 mit 53: 12 Stimmen. Am 12. 5. 1949 stimmten die drei westlichen Besatzungsmächte unter gewissen Vorbehalten vor allem hinsichtlich der Stellung Berlins zu (demgemäß durfte Berlin nicht vom Bund regiert werden). Bis auf Bayern, dessen Landtag das GG ablehnte, stimmten ihm alle westdeutschen Länderparlamente zu (vgl. *Stammen/Maier,* Der Prozess der Verfassunggebung, in *Becker/Stammen/Waldmann,* Vorgeschichte der Bundesrepublik Deutschland, 79, 381). Seither ist das GG häufig geändert worden; die wichtigsten Änderungen betrafen die Wehr-, Finanz- und Notstandsverfassung, Einbindung der Bundesrepublik in die Europäische Union sowie (im Zuge der Föderalismusreform, Gesetz zur Änderung des Grundgesetzes vom 28. 8. 2006, BGBl. I 2034) Neuordnung der Gesetzgebungskompetenzen (mit arbeitsrechtlicher Konsequenz vor allem beim Ladenschluss, vgl. Einl. I zum LSchlG, Nr. 8 a).

Mit dem Ende der SED-Herrschaft und dem schnellen Beitritt der DDR zur Bundesrepublik ist diese um die Länder Brandenburg, Mecklenburg-Vorpommern, Sachsen, Sachsen-Anhalt und Thüringen erweitert worden. Der Einigungsvertrag vom 31. 8. 1990 (BGBl. II 885) hat beitrittsbedingte Änderungen des Grundgesetzes gebracht.

Als Abschluss der Arbeiten der »Gemeinsamen Verfassungskommission« ist das GG mit Gesetz vom 27. 10. 1994 (BGBl. I 3146) insbesondere in folgender Hinsicht geändert worden:

- staatliche Pflicht zur Förderung der tatsächlichen Gleichberechtigung von Männern und Frauen (hierzu *König,* DÖV 95, 837);
- ausdrückliches Diskriminierungsverbot gegenüber Behinderten;
- Schutz der natürlichen Lebensgrundlagen (hierzu *Sannwald,* NJW 94, 3313; *Berlit,* AuR 95, 19).

Parallel zur Überarbeitung des GG sind in den neuen Bundesländern neue Landesverfassungen erarbeitet worden. Im Hinblick auf die Arbeits- und Sozialverfassung ist ihnen jedoch weitgehend die Grenze des Art. 31 (»Bundesrecht bricht Landesrecht«) gezogen (vgl. *Sommer,* AuR 93, 381; *Scholz,* RdA 93, 249).

Eine der wesentlichsten jüngsten Änderungen ist die stärkere Absicherung des *BVerfG* im Grundgesetz, sodass die davon betroffenen Regelungen nur mit verfassungsändernder Mehrheit (vgl. u. II) geändert werden können (Gesetz v. 20. 12. 2024, BGBl. I Nr. 439).

II. Wesentlicher Inhalt

Das Grundgesetz ist die rechtliche Grundordnung der Bundesrepublik Deutschland. Es kann nur durch ein Gesetz, das der Zustimmung von zwei Dritteln der Mitglieder des Bundestages und zwei Dritteln der Stimmen des Bundesrates bedarf, geändert werden (Art. 79 Abs. 2 GG). Änderungen des Grundgesetzes, durch welche die Gliederung des Bundes in Länder, die grundsätzliche Mitwirkung der Länder bei der Gesetzgebung oder die in den Artikeln 1 und 20 niedergelegten Grundsätze berührt werden, sind unzulässig (Art. 79 Abs. 3 GG, sog. »Ewigkeitsgarantie«). Oberste inhaltliche Staatsgrundsätze sind das Demokratie- und Sozialstaatsprinzip und die föderative Ordnung. Es besteht das »Ideal der ›sozialen Demokratie‹ in den Formen des Rechtsstaats« (*BVerfG* 17. 8. 1956 – 1 BvB 2/51, BVerfGE 5, 198).
Ihrer Bedeutung für die gesamte Rechtsordnung ebenso wie für jeden Einzelnen wegen stehen die Grundrechte am Anfang des GG, voran der Schutz der »Würde des Menschen« (Art. 1 GG). In ihnen sind die Menschenrechte (Rechte aller Menschen) und Bürgerrechte (Rechte deutscher Staatsangehöriger) für den Bereich der Bundesrepublik Deutschland enthalten. In die Grundrechte darf über die im GG ausdrücklich festgelegten Einschränkungen hinaus nicht eingegriffen werden. Sie gelten gegenüber der gesetzgebenden, ausführenden und rechtsprechenden Gewalt. Sie haben aber wegen der staatlichen Verpflichtung zum Schutz der Grundrechte vor Verletzungen durch Dritte auch im Verhältnis zwischen den Bürgern (s. u. III 5), damit auch zwischen Arbeitgeber und Arbeitnehmer, und für Betriebsvereinbarungen Bedeutung. Zur Bedeutung der Grundrechte für Tarifverträge s. Einl. II 1 e) zum TVG, Nr. 31. Eine Verletzung seiner Grundrechte kann vom Bürger bzw. von Vereinigungen von Bürgern durch Verfassungsbeschwerde gemäß Art. 93 Abs. 1 Nr. 4a GG vor dem Bundesverfassungsgericht *(BVerfG)* in Karlsruhe geltend gemacht werden. Hält ein Gericht ein von ihm anzuwendendes Gesetz für verfassungswidrig, hat es dieses dem *BVerfG* zur Überprüfung vorzulegen (Art. 100 GG).

III. Ausgewählte Probleme

1. Sozialstaatsprinzip

Mit der Verankerung des Sozialstaatsprinzips als eines rechtsverbindlichen Staatsziels hat das GG die verfassungsrechtlichen Grundlagen für die Verwirklichung einer Gesellschaft mit maximaler Gleichheit und Gerechtigkeit geschaffen.
Sozialstaat meint die Verpflichtung aller staatlichen Organe zur Herstellung einer »gerechten Sozialordnung«. Es ist die große verfassungsgeschichtliche Errungenschaft unseres Grundgesetzes, den Staat aus einer Rolle als »Nachtwächterstaat« herausgeholt zu haben: In der Bundesrepublik Deutschland ist es nach einer For-

mulierung des *BVerfG* »Aufgabe des Gesetzgebers, Lebensverhältnisse – insbesondere auf dem Gebiet der Wirtschaft – gestaltend zu ordnen« (*BVerfG* 29.11.1961 – 1 BvR 758/57, BVerfGE 13, 230, 233). Das heißt: Staatsintervention ist nicht nur verfassungskonform, sondern sozialstaatliche Pflicht des Gesetzgebers. Wer den Rückzug des Staates aus beschäftigungs- und wirtschaftspolitischer Verantwortung verlangt, fordert zur Aufgabe eines Verfassungsprinzips auf!

Das Leitbild der »gerechten Sozialordnung« ist das der gesellschaftlichen Gleichheit. Deshalb ist es Ziel des Sozialstaatsprinzips, »die Gleichheit fortschreitend bis zu einem vernünftigerweise zu fordernden Maße zu verwirklichen« (*BVerfG* 17.8.1956 – 1 BvB 2/51, BVerfGE 5, 85, 206). So wird dem obersten Gebot des Grundgesetzes Rechnung getragen, den Menschen in den Mittelpunkt staatlicher Aktivitäten zu stellen. Deshalb folgt aus dem »Gedanken der Würde und Freiheit der Menschen« die Aufgabe, auch im Verhältnis der Bürger untereinander für Gerechtigkeit und Menschlichkeit zu sorgen.

»Sozialstaat« meint demnach mehr als Zuteilung von Sozialleistungen. Materielle Umverteilung ist natürlich eine zentrale Grundlage zur Herstellung gesellschaftlicher Gleichheit. Ebenso gehört dazu die Herstellung von Chancengleichheit, z. B. im Bildungssystem. Aber auch der Abbau entstandener Ungleichheiten hat keinesfalls nur finanzielle Umverteilung zum Gegenstand. »Gerechtigkeit und Menschlichkeit im Verhältnis der Bürger untereinander« zielt vor allem auch auf den Abbau von Machtgefälle und die daraus fließenden Möglichkeiten zur Fremdbestimmung über Menschen: Wirtschaftsdemokratie und Mitbestimmung sind demnach sozialstaatliche Handlungsaufträge! Die Mitbestimmung der Arbeitnehmer auf Unternehmensebene ist demnach Ausdruck der Tatsache, dass ein Unternehmer auf die Zusammenarbeit mit anderen Menschen, eben den Arbeitnehmern, angewiesen ist (*BVerfG* 1.3.1979 – 1 BvR 532/77 u. a., BVerfGE 50, 290, 349 ff.).

Sozialstaat ist kein Selbstzweck. Als freiheitsstiftendes Prinzip zielt er auf die Möglichkeit aller Menschen, ihre Personalität selbst zu entfalten: »Um seiner (des Menschen) Würde willen muss ihm eine möglichst weitgehende Entfaltung seiner Persönlichkeit gesichert werden. Für den politisch-sozialen Bereich bedeutet das, dass es nicht genügt, wenn eine Obrigkeit sich bemüht, noch so gut für das Wohl von ›Untertanen‹ zu sorgen; der Einzelne soll vielmehr in möglichst weitem Umfang verantwortlich auch an den Entscheidungen für die Gesamtheit mitwirken. Der Staat hat hierzu den Weg zu öffnen« (*BVerfG*, BVerfGE 5, 85, 204 f.). In diesem Sinne ist die Koalitionsfreiheit das sozialstaatliche Grundrecht schlechthin. Diese Verfassungsgarantie ermöglicht es den Arbeitnehmern als den sozial Schwächeren, sich zur solidarischen Selbsthilfe zusammenzuschließen. Gewerkschaften verteidigen Menschenwürde und Freiheit in Betrieb und Gesellschaft. Sie haben Anspruch auf staatlichen Schutz ihrer freien Betätigung (vgl. u. 4).

Eines der praktischen Hauptprobleme des Sozialstaatsprinzips als eines Staatsziels ist seine nur sehr begrenzte Justitiabilität. Wie der Sozialstaat im Einzelnen zu verwirklichen ist, ist grundsätzlich Sache des Gesetzgebers, der dabei einen weiten Ermessensspielraum hat (vgl. *BVerfG* seit 19.12.1951 – 1 BvR 220/51, BVerfGE 1, 97, 105; z. B. *BVerfG* 19.12.1978 – 1 BvR 335/76, 1 BvR 427/76, 1 BvR 811/76, BVerfGE 50, 57, 108). Damit bedeutet das Sozialstaatsprinzip praktisch vor allem Folgendes:

(**1**) Es wird eine Art politischer Beweislast aufgestellt, die zum Rechtfertigungszwang beim Verfehlen sozialstaatlicher Ziele führt (z.B. beim Kampf gegen die Arbeitslosigkeit).
(**2**) Das Sozialstaatsprinzip rechtfertigt Eingriffe in die Grundrechte sozial und wirtschaftlich Mächtiger (unten 3) und hält zur entsprechenden Auslegung des Art. 9 Abs. 3 an (unten 4).

2. Europäische Integration

Im Zuge der Ratifizierung des Maastrichter Vertrages über die »Europäische Union« sind in Art. 23 das Staatsziel der deutschen Mitwirkung an der europäischen Integration und die Rechte der Länder in Angelegenheiten der Europäischen Union geregelt worden (Gesetz zur Änderung des Grundgesetzes vom 21. 12. 1992, BGBl. I 2086; hierzu *Sommermann,* DÖV 94, 596). Dieses Gesetz ist vom *BVerfG* (12. 10. 1993 – 2 BvR 2134/92 und 2 BvR 2159/92, NJW 93, 3047) als verfassungsgemäß bezeichnet worden.
Nachdem die Vereinbarung einer europäischen Verfassung zunächst gescheitert war, versuchte man »kleinere Brötchen« mit dem Vertrag von Lissabon zu backen, der unter zahlreichen anderen Regelungen eine Verbindlichmachung der bislang noch unverbindlichen Europäischen Grundrechtecharta vorsah. Das *BVerfG* (30. 6. 2009 – 2 BvE 2/08 u. a., NJW 09, 2267) hat die Regelungen dieses Vertrages für grundsätzlich mit dem Grundgesetz vereinbar gehalten. Es hat allerdings gefordert, dass der Bundestag bei Entwicklungen, die auf eine Änderung des Vertrages ohne Ratifikation hinauslaufen, eine Integrationsverantwortung behalten muss und dass bestimmte Bereiche der wirtschaftlichen, kulturellen und sozialen Lebensverhältnisse der politischen Gestaltung der Mitgliedstaaten vorbehalten bleiben müssen, wozu das Gericht auch die soziale Sicherheit rechnet.
Aus der Übertragung von Hoheitsgewalt auf die EU gemäß Art. 23 Abs. 1 GG folgt ein Anwendungsvorrang des Unionsrechts. Ausbrechende Rechtsakte der Union, also solche, die offensichtlich kompetenzwidrig zu einer Verschiebung der Zuständigkeiten zulasten der Mitgliedstaaten führen, sind aber wirkungslos (*BVerfG* 6. 7. 2010 – 2 BvR 2661/06, NZA 10, 995 [Honeywell]). Im Übrigen werden Rechtsakte der Union nicht an den Grundrechten des GG gemessen (s. u. 5; Allg. Einführung IV zur EU-ASO, Nr. 1).

3. Privatautonomie, Grenzen bei sozialem und wirtschaftlichem Ungleichgewicht

Wirtschaft und Gesellschaft der Bundesrepublik beruhen auf dem Prinzip der größtmöglichen Freiheit für *jeden* Bürger. Instrument des freien Austausches ist der Vertrag. Weil aber ein formales, für das Ergebnis blindes Vertragsrecht lediglich das Übergewicht des Stärkeren über den Schwächeren reproduziert bzw. verstärkt, verlangt das Sozialstaatsprinzip vom Gesetzgeber Vorkehrungen, um auch der Grundrechtsposition des Schwächeren angemessen Rechnung zu tragen. Das *BVerfG* (7. 2. 1990 – 1 BvR 26/84, BVerfGE 81, 242, 254 ff.; 19. 10. 1993 – 1 BvR 567/89, 1 BvR 1044/89, BVerfGE 89, 214, 231 ff.; dazu *Kittner*, 50 Urteile, 3. Aufl.,

2024, Nr. 20) formuliert daher einen Auftrag zur Schrankenziehung gegenüber der Privatautonomie. Berufliche Tätigkeit, die Arbeitnehmern und Arbeitgebern durch Art. 12 Abs. 1 GG gewährleistet ist, umfasst die Gewährleistung, die berufliche Existenz auf vertraglichen Bindungen aufzubauen. Insoweit ist der Abschluss von Verträgen neben Bindung zugleich auch Freiheit, eben Privatautonomie. Freilich kann die Ausübung der Vertragsfreiheit nur dann als Autonomie bezeichnet werden, wenn die Voraussetzungen der Selbstbestimmung gegeben sind. In diesem Sinne verlangt die staatliche Schutzpflicht zugunsten der Grundrechte jedes Einzelnen, dass der Staat einer Ungleichgewichtslage entgegenwirken muss, in der die Macht einer Seite ein Übergewicht dergestalt bedeutet, dass für die andere Seite – typischerweise den Arbeitnehmer – die Selbstbestimmung in Fremdbestimmung umschlägt. Soweit dies nicht bereits durch Gesetze zum Schutz der schwächeren Seite – wie insbesondere arbeitsrechtliche Gesetze – geschehen ist, ist es auch Aufgabe des Richters, dieser staatlichen Schutzpflicht nachzukommen, insbesondere indem er die Spielräume, die ihm die Generalklauseln des Zivilrechts wie §§ 138, 305 ff. BGB belassen, bei ihrer Konkretisierung in entsprechender Weise nutzt. Hieraus ergeben sich Legitimation und Notwendigkeit staatlicher Intervention gegenüber dem Prinzip der Vertragsfreiheit. Insbesondere Verbraucherschutz und das gesamte Arbeitsrecht beruhen auf diesen Prinzipien (umfassend vgl. *Kittner,* Schuldrecht, Rn. 106 ff.; *Dieterich,* RdA 95, 129; *Hönn,* JuS 90, 953; *Kittner,* FS Kissel 1994, 473).

4. Koalitionsfreiheit

Art. 9 Abs. 3 GG enthält ein »Doppelgrundrecht«, mit welchem sowohl die individuelle Koalitionsfreiheit als auch Bestand und Betätigung der Koalitionen garantiert werden. In Art. 9 Abs. 3 GG wird anerkannt, dass die Arbeitnehmer nur solidarisch dem systembedingten Machtvorsprung der Arbeitgeber zu begegnen vermögen: Art. 9 Abs. 3 GG bedeutet ein Grundrecht auf Solidarisierung. Mit ihm hat der Kampf der Arbeiterbewegung um Anerkennung und Betätigungsfreiheit seinen Ausdruck im geltenden Recht gefunden. Das *BVerfG* (18. 12. 1974 – 1 BvR 430/65 und 259/69, AP Nr. 23 zu Art. 9 GG mit Anm. *Kittner*) hat demzufolge festgestellt, dass Art. 9 Abs. 3 GG den Gewerkschaften diejenigen Tätigkeiten garantiert, »für die sie gegründet sind«. Die wichtigsten Konkretisierungen betreffen den Abschluss von Tarifverträgen und die Arbeitskampffreiheit (Einl. I 2 zu TVG, Nr. 31). Das umfasst auch die rechtsverbindliche Wirkung der Tarifverträge in den tarifgebundenen Arbeitsverhältnissen (*BVerfG* 11. 12. 2024 – 1 BvR 1109/21 und 1 BvR 1422/23, NZA 25, 493, Rn. 108). Mit Entscheidung vom 14. 11. 95 hat das *BVerfG* festgestellt: »Der Schutz des Art. 9 Abs. 3 GG beschränkt sich nicht auf diejenigen Tätigkeiten, die für die Erhaltung und die Sicherung des Bestandes der Koalition unerlässlich sind; er umfasst alle koalitionsspezifischen Verhaltensweisen. Dazu gehört die Mitgliederwerbung durch die Koalition und ihre Mitglieder« (*BVerfG* 14. 11. 1995 – 1 BvR 601/92, BVerfGE 93, 352 = AuR 96, 151, mit Anm. *Heilmann*), ggf. auch durch betriebsfremde Gewerkschaftsbeauftragte (*BAG* 22. 6. 2010 – 1 AZR 179/09, NZA 10, 1365); ferner auch per E-Mail an die betriebliche E-Mail-Adresse (*BAG* 20. 1. 2009 – 1 AZR 515/08, NZA 09, 615). Die Nutzung

betrieblicher E-Mail-Systeme zum Zwecke des Streikaufrufs kann der Arbeitgeber aber aufgrund Unterlassungsanspruchs untersagen lassen (*BAG* 15.10.2013 – 1 ABR 31/12, NZA 14, 319). Ein digitales Zugangsrecht der Gewerkschaft analog zum physischen Zugangsrecht im Sinne einer Mitteilung der betrieblichen Mailadressen zum Zwecke der Mitgliederwerbung hat die Rechtsprechung nicht anerkannt, sondern stattdessen die Gewerkschaft darauf verwiesen, ihr Zugangsrecht zu nutzen, um die Beschäftigten nach ihren Mailadressen zum Zwecke der Mitgliederwerbung zu fragen (*BAG* 28.1.2025 – 1 AZR 33/24, NZA 25, 1106). Die aktuelle Regierungskoalition aus Union und SPD plant, dies zu korrigieren (s. Einl. IV zum BetrVG, Nr. 12).
Anerkannt ist, dass es auch eine negative Koalitionsfreiheit gibt, sodass Arbeitnehmer und Arbeitgeber frei sind, keiner Gewerkschaft bzw. keinem Arbeitgeberverband beizutreten. Die genaue Reichweite dieser Gewährleistung ist aber umstritten (ausführlich *Deinert*, RdA 14, 129).

5. Grundrechte

Sozialstaatlich verstärkte Grundrechtsnormen bilden die Grundlage für eine menschenwürdige Gestaltung der Arbeits- und Sozialordnung. Der Schutz der Würde des Menschen (Art. 1 Abs. 1 GG), die freie Entfaltung der Persönlichkeit (Art. 2 Abs. 1 GG), das Gleichheitsgebot (Art. 3 GG) und die Berufsfreiheit (Art. 12 GG; hierzu *Söllner,* AuR 91, 45) sind als individuelle Freiheitsrechte von großer Bedeutung für die Arbeitnehmer. Sie müssen auch im Verhältnis Arbeitgeber – Arbeitnehmer beachtet werden (im Einzelnen *Gamillscheg,* Die Grundrechte im Arbeitsrecht, 1989; hierzu *Zachert,* BB 98, 1310). Soweit allerdings der Staat Arbeitgeber ist, kann er sich nicht auf Grundrechte berufen (*BVerfG* 4.10.2022 – 1 BvR 382/21, NZA 23, 48: unzulässige Verfassungsbeschwerde gegen arbeitsgerichtliche Entscheidung unter Berufung auf Tarifautonomie). Der Staat wird nach Art. 1 Abs. 3 GG durch die Grundrechte gebunden, aber nicht berechtigt. Freilich wirken die Grundrechte nicht unmittelbar im Verhältnis zwischen den Privatrechtssubjekten. Nach der Schutzpflichtkonzeption (o. 3) muss der Staat aber Grundrechtsverletzungen durch andere Privatrechtssubjekte vorbeugend begegnen. Darüber hinaus sind die einfachrechtlichen Normen so auszulegen und anzuwenden, dass sie zu keiner Verletzung der Grundrechte der davon betroffenen Bürger führen. Da allerdings Arbeitnehmer wie Arbeitgeber gleichermaßen Grundrechtsträger sind, läuft dies i.d.R. auf eine Abwägung der Grundrechte beider Seiten durch wechselseitige verhältnismäßige Zuordnung (Herstellung »praktischer Konkordanz«) hinaus (näher Einl. II 1e zum TVG, Nr. 31).
In zunehmendem Maße spielen auch Entscheidungen des Europäischen Gerichtshofs für Menschenrechte (EGMR) in Bezug auf die in der Europäischen Menschenrechtskonvention (EMRK, EU-ASO Nr. 5) niedergelegten Grundrechte für das Arbeitsrecht eine Rolle (*Nußberger*, RdA 12, 270). Im Rahmen der nach den Grundsätzen der juristischen Methodik bestehenden Auslegungs- und Abwägungsspielräume müssen deutsche Gerichte eine Auslegung wählen, die mit der Konvention übereinstimmt (*BVerfG* 14.10.2004 – 2 BvR 1481/04, NJW 04, 3407, 3408 ff.). Die Feststellung des *EGMR* einer Konventionsverletzung durch die deutschen Gerichte

begründet die Möglichkeit zur Restitutionsklage nach § 580 Nr. 8 ZPO (Nr. 35), mit der die Rechtskraft einer Entscheidung durchbrochen werden kann. Außerdem bietet die EMRK eine Auslegungshilfe für die Bestimmung von Inhalt und Reichweite von Grundrechten und rechtsstaatlichen Grundsätzen, sofern dies nicht zu einer Minderung des Grundrechtsschutzes führt (*BVerfG*, a. a. O.; *BVerfG* 26. 2. 2008 – 1 BvR 1602/07, NJW 08, 1793, 1795). Dadurch erweisen sich die Grundrechte des GG auch in dieser Hinsicht als entwicklungsoffen (*Voßkuhle*, RdA 15, 336, 338). Das *BVerfG* prüft Rechtsakte der EU nicht am Maßstab der Grundrechte des GG, weil das Unionsrecht einen vergleichbaren Grundrechtsstandard kennt. Hinsichtlich der Anwendung des Unionsrechts durch deutsche Stellen gewährleistet das *BVerfG* Grundrechtsschutz am Maßstab der Unionsgrundrechte (6. 11. 2019 – 1 BvR 276/17, NJW 2020, 314). In Bereichen, die unionsrechtlich nicht determiniert sind, d. h. innerstaatlichen Stellen wesentliche Gestaltungsspielräume bleiben, zielt dieses nicht auf Einheitlichkeit. Das *BVerfG* wendet deshalb die Grundrechte des GG an, wenn auch im Lichte der Grundrechtecharta (EU-ASO Nr. 4) ausgelegt (6. 11. 2019 – 1 BvR 16/13, NJW 2020, 300; vgl. zum Ganzen *Klein/Leist*, ZESAR 20, 449).

Insgesamt verlangen die verschiedensten Grundrechte Beachtung im Arbeitsverhältnis:

- Die Privatautonomie, insbesondere in Gestalt der Vertragsfreiheit, die aus der allgemeinen Handlungsfreiheit (Art. 2 Abs. 1 GG), im Arbeitsrecht aus der Berufsfreiheit (Art. 12 Abs. 1 GG) herzuleiten ist, bedarf der Gewährleistung ihrer Funktionsbedingungen bei strukturellen Ungleichgewichtslagen (s. o. 3.).
- Obwohl die Privatautonomie es an sich ausschließt, dass Ansprüche auf Abschluss eines Arbeitsvertrages bestehen, gibt es eine Sonderregelung für öffentliche Ämter: Nach Art. 33 Abs. 2 GG haben alle Deutschen nach Eignung, Befähigung und fachlicher Leistung gleichen Zugang zu Ämtern. Der bestgeeignete Bewerber hat daher Anspruch auf Übertragung der Stelle (*BAG* 11. 6. 2013 – 9 AZR 668/11, NZA-RR 14, 52). Wurde dieses Recht verletzt, kommt ein Schadensersatzanspruch in Betracht (*BAG* 5. 6. 2025 – 8 AZR 117/24, NZA 25, 1394). Allerdings legt der Dienstherr das Anforderungsprofil für die jeweilige Stelle fest (*BAG* 15. 1. 2013 – 9 AZR 358/11, NZA-RR 13, 439). Das umfasst das Organisationsermessen, ein Bewerbungsverfahren abzubrechen. Geschieht das allerdings willkürlich oder rechtsmissbräuchlich, hat der bestgeeignete Bewerber einen Schadensersatzanspruch, ohne allerdings die Übertragung der nicht mehr zu besetzenden Stelle verlangen zu können (*BAG* 19. 9. 2024 – 8 AZR 368/22, NZA 24, 1643) Zum Organisationsermessen des Dienstherrn gehört auch die Entscheidung, rechtliche Befristungsmöglichkeiten wahrzunehmen (*BAG* 29. 2. 2024 – 8 AZR 187/23, NZA 24, 620). Zudem kann der Dienstherr jüngere Bewerber vorziehen gegenüber Bewerbern, die bereits wegen Erreichens der Altersgrenze aus dem öffentlichen Dienst ausgeschieden waren (BAG 25. 4. 2024 – 8 AZR 140/23, ZTR 24, 988). Schadensersatzansprüche wegen Verletzung dieses Grundsatzes setzen aber voraus, dass der Bewerber keinen einstweiligen Rechtsschutz in Anspruch nehmen konnte (*BAG* 1. 12. 2020 – 9 AZR 192/20, NZA 21, 497; zum Rechtsweg beim Konkurrentenstreit vgl. *BVerwG* 17. 3. 2021 – 2 B 3/21, NZA-RR 21, 320).

Umgekehrt können die Angehörigen des öffentlichen Dienstes auch besondere Loyalitätspflichten treffen (*BAG* 6.9.2012 – 2 AZR 372/11, NZA-RR 13, 441).

- Der Arbeitgeber ist nicht nur zur Vergütung für geleistete Arbeit und nicht angenommene Arbeit (§ 615 BGB, Nr. 14) verpflichtet. Er muss den Arbeitnehmer grundsätzlich mit Rücksicht auf dessen allgemeines Persönlichkeitsrecht aus Art. 2 Abs. 1 i.V.m. Art. 1 Abs. 1 GG auch tatsächlich beschäftigen (*BAG* 10.11.1955 – 2 AZR 591/54, NJW 56, 359). Dieser Beschäftigungsanspruch ist nur ausgeschlossen, wenn das Interesse des Arbeitgebers, den Arbeitnehmer nicht zu beschäftigen, ausnahmsweise das Beschäftigungsinteresse des Arbeitnehmers überwiegt. In Fortsetzung dieser Erwägungen hat der *Große Senat* des *BAG* sogar einen Weiterbeschäftigungsanspruch während eines Kündigungsschutzprozesses über den Ablauf der Kündigungsfrist hinaus anerkannt (s. Einl. III 4 zum KSchG, Nr. 25). Ein gerichtlich erstrittener Beschäftigungsanspruch kann im Wege der Zwangsvollstreckung durchgesetzt werden (dazu und zu den möglichen Einwendungen des Arbeitgebers vgl. *BAG* 26.6.2025 – 8 AZB 17/25, NZA 25, 1103). Das allgemeine Persönlichkeitsrecht verlangt ferner einen wirksamen Schutz vor »Mobbing« im Arbeitsverhältnis (*BAG* 16.5.2007 – 8 AZR 709/06, NZA 07, 1154).
- Der Schutz des Privatlebens nach Art. 8 EMRK erfasst auch die elektronische Kommunikation am Arbeitsplatz, selbst wenn dienstliche Rechner genutzt werden und nicht für die Privatnutzung zur Verfügung stehen. Der Arbeitgeber kann die Einhaltung des Verbots der privaten Nutzung zwar überwachen, mit Rücksicht auf den Grundsatz der Verhältnismäßigkeit muss der Arbeitnehmer aber von dieser Möglichkeit informiert worden sein und gerichtlichen Rechtsschutz in Anspruch nehmen können (*EGMR* 5.9.2017 – 61496/08, NZA 17, 1443 – Bărbulescu; dazu *Kramer*, NZA 18, 637). Zulässig ist es aber jedenfalls, wenn offen aus begründetem Anlass Einsicht in Daten auf einem Dienstrechner genommen wird, die nicht offenkundig privat oder als privat gekennzeichnet sind (*BAG* 31.1.2019 – 2 AZR 426/18, NZA 19, 893, Rn. 54). Eine uneingeschränkte und zeitlich unbegrenzte verdeckte Videoüberwachung ist auch bei Bestehen eines Diebstahlsverdachts unzulässig (*EGMR* 9.1.2018 – 1874/13 u.a., AuR 19, 32 – López Ribalda u.a.; insg. *Lörcher*, AuR 20, 100; zur verdeckten Videoüberwachung vgl. auch Einl. III zum BDSG, Nr. 15).
- Dem Gleichheitssatz des Grundgesetzes (Art. 3 Abs. 1 GG) entspricht im Arbeitsverhältnis der Gleichbehandlungsgrundsatz (Einl. II 2 zum BGB, Nr. 14), der freilich nicht mit dem verfassungsrechtlichen Gebot gleichzusetzen ist (vgl. dazu Deinert/Wenckebach/Zwanziger-*Deinert*, § 10 Rn. 14, 23).
- Dem Recht auf informationelle Selbstbestimmung wird im Rahmen des Datenschutzrechts nach DS-GV und BDSG, insbesondere bei der Erforderlichkeitsprüfung Rechnung getragen (vgl. Einl. III zum BDSG, Nr. 15).
- Den Diskriminierungsverboten des Art. 3 Abs. 3 GG ist im Rahmen des AGG (Nr. 2) Rechnung zu tragen.
- Die Religionsfreiheit des Art. 4 GG ist bei der Bestimmung arbeitsrechtlicher Pflichten zu berücksichtigen (vgl. *BAG* 10.12.2009 – 2 AZR 55/09, AP Nr. 44 zu § 1 KSchG 1969 Verhaltensbedingte Kündigung: islamisches Kopftuch; *BAG* 24.2.2001 – 2 AZR 636/09, NZA 11, 1087: Arbeitsverweigerung eines Moslems

bei Umgang mit Alkohol; auch die staatliche Neutralität rechtfertigt ein Kopftuchverbot in öffentlichen Einrichtungen nur bei einer hinreichend konkreten Gefahr einer Störung des Einrichtungsfriedens oder einer Gefährdung der Neutralität des Einrichtungsträgers, *BVerfG* 18.10.2016 – 1 BvR 354/11, NZA 16, 1522). Die Religionsfreiheit ist mit den Rechten des Arbeitgebers abzuwägen (*EGMR* 15.1.2013 – 48420/10, 59842/10, 51671/10, 36516/10, NJW 14, 1935 – Eweida u.a.).

- Besondere Pflichtenbindungen können sich im kirchlichen Arbeitsverhältnis im Hinblick auf das Selbstbestimmungsrecht der Kirchen (Art. 140 GG i.V.m. Art. 137 der Weimarer Reichsverfassung) ergeben (*BVerfG* 21.9.1976 – 2 BvR 350/75, BVerfGE 42, 312; zur inhaltlichen Überprüfung kirchlicher Arbeitsvertragsrichtlinien Einl. II 9 zum BGB, Nr. 14). Dabei ist aber eine Abwägung zwischen kirchlichen Loyalitätsanforderungen und Grundrechten des kirchlichen Arbeitnehmers geboten (*EGMR* 23.9.2010 – 1620/03, NZA 11, 279 – Schüth/Deutschland; dazu *Hammer*, AuR 11, 278ff.; *Sperber*, EuZA 11, 407ff.). Die kirchlichen Loyalitätsanforderungen sind zu berücksichtigen, solange diese nicht in Widerspruch zu den Grundprinzipien der Rechtsordnung stehen und den Beschäftigten keine unannehmbaren Pflichten auferlegen (*EGMR* 3.2.2011 – 18136/02, NZA 12, 199 – Siebenhaar). Den Arbeitsgerichten ist es aber versagt, die Bedeutung einer Loyalitätspflichtverletzung anstelle der Kirchen zu gewichten (*BVerfG* 22.10.2014 – 2 BvR 661/12, NZA 14, 1387). Wenn die Kirche allerdings unterschiedliche Loyalitätsanforderungen an ihre Beschäftigten je nach Konfession stellt, bedarf dies nach der Richtlinie 2000/78/EG (EU-ASO Nr. 14) einer besonderen Rechtfertigung durch eine berufliche Anforderung, die mit Rücksicht auf das kirchliche Ethos gestellt wird und verhältnismäßig ist (*EuGH* 11.9.2018 – C-68/17, NZA 18, 1187 – IR/JQ; auf Vorabentscheidungsersuchen von *BAG* 28.7.2016 – 2 AZR 746/14 [A], NZA 17, 388). Dementsprechend ist § 9 Abs. 2 AGG (Nr. 2) unionsrechtskonform dahin auszulegen, dass Loyalitätsanforderungen der Kirche einer tätigkeitsbezogenen Rechtfertigung bedürfen. Konfessionsbezogen unterschiedliche Loyalitätsanforderungen an Chefärzte lassen sich in diesem Sinne nicht rechtfertigen (*BAG* 20.2.2019 – 2 AZR 746/14, NZA 19, 901; vgl. *Kittner*, 50 Urteile, 3. Aufl., 2024, Nr. 17). Ob die Kirche verlangen kann, von einem Kirchenaustritt abzusehen oder einen solchen rückgängig zu machen, während sie gleichzeitig keine entsprechenden Anforderungen an andere für sie arbeitende Personen stellt, ist Gegenstand eines Vorabentscheidungsersuchens des *BAG* zum *EuGH* (1.2.2024 – 2 AZR 196/22 [A], NZA 24, 543, vgl. auch Einl. II 4c zum AGG, Nr. 2).
- Mit Rücksicht auf die Kirchenautonomie gesteht die Rechtsprechung den Kirchen auch eine besondere Rechtsstellung bei der kollektiven Gestaltung der Arbeitsbedingungen zu (dazu *Deinert*, Mitb. 5/13, S. 50; zur Kritik: *Schubert/Wolter*, AuR 13, 285). Sie können die arbeitsrechtlichen Bedingungen ihrer Arbeitnehmer auf dem sog. Dritten Weg mit paritätischen Kommissionen und abschließender Schlichtung gestalten. Sofern die Gewerkschaften sich innerhalb dieses Dritten Weges koalitionsmäßig betätigen können und die Ergebnisse für die Dienstgeber verbindlich sind und als Mindestarbeitsbedingungen den Verträgen zu Grunde gelegt werden, darf die Gewerkschaft keine Streiks mit dem Ziel des Abschlusses

von Tarifverträgen führen (*BAG* 20.11.2012 – 1 AZR 179/11, NZA 13, 448). Entscheidet sich die Kirche für die Gestaltung der Arbeitsbedingungen durch Tarifverträge (sog. Zweiter Weg), sind Streiks unzulässig, wenn die Kirche vor Aufnahme der Verhandlungen eine absolute Friedenspflicht verlangt und ein verbindliches Schlichtungsverfahren angeboten hat (*BAG* 20.11.2012 – 1 AZR 611/11, NZA 13, 437). Eine hiergegen gerichtete Verfassungsbeschwerde von ver.di blieb aus verfassungsprozessrechtlichen Gründen erfolglos, ohne dass das *BVerfG* dadurch über die inhaltliche Berechtigung der Beschwerde entschieden hätte (*BVerfG* 15.7.2015 – 2 BvR 2292/13, NZA 15, 1117).

- Die Meinungsfreiheit (Art. 5 Abs. 1 S. 1 GG) ist zu berücksichtigen bei der Frage, ob der Arbeitnehmer berechtigt ist, den Arbeitgeber bei Behörden oder der Staatsanwaltschaft anzuzeigen (*EGMR* 21.7.2011 – 2827/08, AuR 11, 355 – Heinisch) oder gar an die Öffentlichkeit zu gehen (*EGMR* 14.2.2023 – 21884/18, NZA 23, 555 – Halet; dazu Einl. I zum HinSchG, Nr. 15c). Erforderlich ist u.a., dass der Arbeitnehmer in gutem Glauben handelt, falls sich der Vorwurf im Nachhinein als unzutreffend erweist. Das setzt eine sorgfältige Prüfung der zugänglichen Informationen voraus (*EGMR* 16.2.2021 – 23922/19, NZA 21, 851 – Gawlik). Der Meinungsfreiheit ist zudem Rechnung zu tragen bei der Prüfung einer verhaltensbedingten Kündigung wegen Vorwürfen gegenüber Vorgesetzten (*BVerfG* 30.5.2018 – 1 BvR 1149/17, NZA 18, 924: Bezeichnung als »Ausbeuter« kann im Rahmen betrieblicher Auseinandersetzungen durch die Meinungsfreiheit geschützt sein und zwingt zu einer Abwägung mit den Interessen des Arbeitgebers). Schmähkritik und Formalbeleidigungen sowie herabsetzende Äußerungen, die die Menschenwürde antasten, sind aber nicht geschützt, etwa die rassistische Gleichsetzung anderer mit Affen (*BVerfG* 2.11.2020 – 1 BvR 2727/19, NZA 20, 1704).
- Der Rundfunk- und Pressefreiheit (Art. 5 Abs. 1 S. 2 GG) ist bei der Bestimmung der Rechte und Pflichten des Arbeitgebers ebenso Rechnung zu tragen (vgl. *BAG* 30.11.2021 – 9 AZR 145/21, NZA 22, 623, Rn. 36 ff.) wie bei der Prüfung, ob es sich bei einem Vertrag mit der Rundfunkanstalt um ein Arbeitsverhältnis handelt (*BAG* 17.12.2024 – 9 AZR 26/24, NZA 24, 1243).
- Sog. Zölibatsklauseln sind mit Art. 6 GG unvereinbar (*BAG* 10.5.1957 – 1 AZR 249/56, AP Nr. 1 zu Art. 6 Abs. 1 GG Ehe und Familie; dazu *Kittner*, 50 Urteile, 3. Aufl., 2024, Nr. 10).
- Kosten für notwendige Kinderbetreuung infolge notwendiger Betriebsratsarbeit außerhalb der Arbeitszeit müssen in Anwendung von § 40 BetrVG mit Rücksicht auf Art. 6 GG vom Arbeitgeber getragen werden (*BAG* 23.6.2010 – 7 ABR 103/08, NZA 10, 1298).
- Entscheidungen des EGMR in Bezug auf die Koalitionsrechte der Tarifautonomie (*EGMR* 12.11.2008 – 34503/97, NZA 10, 1425 – Demir und Baykara) und des Streikrechts im öffentlichen Dienst (*EGMR* 21.4.2009 – 68959/01, NZA 10, 1423, 1424 – Enerji Yapi-Yol Sen) haben insbesondere keine Auswirkungen auf das Beamtenstreikverbot. Das *BVerwG* (27.2.2014 – 2 C 1.13, NZA 14, 616) ging zwar davon aus, dass das beamtenrechtliche Streikverbot konventionswidrig sei, jedoch nach wie vor zu beachten, bis der Gesetzgeber den Konflikt mit der EMRK aufgelöst habe. Das *BVerfG* hat allerdings entschieden, dass das Beamtenstreikverbot

verfassungsrechtlich als hergebrachter Grundsatz des Berufsbeamtentums i. S. d. Art. 33 Abs. 5 GG vorgegeben sei, ohnehin aber nicht mit der EMRK kollidiere (12. 6. 2018 – 2 BvR 1738/12 u. a., EuZW 18, 637; dazu Anm. *Klein*, AuR 18, 479; *Absenger/Schubert*, SR 19, 211). Das hat der *EGMR* überraschenderweise bestätigt mit Rücksicht darauf, dass Gewerkschaften der Beamten auf anderem Wege bei der Festlegung ihrer Arbeitsbedingungen gehört werden (14. 12. 2023 – 59433/18, NVwZ 24, 221 – Humpert; vgl. AuR 24, 253; dazu *Lörcher*, AuR 24, 234; *Gooren/Sura*, NZA 24, 1255).

- Eine Residenzpflicht kann dem Arbeitnehmer wegen Art. 11 GG nur ausnahmsweise (z. B. bei einem Hausmeister) abverlangt werden (*BAG* 7. 6. 2006 – 4 AZR 316/05, NZA 07, 343).
- Art. 12 Abs. 1 GG verlangt einen gewissen Bestandsschutz für das privatautonom begründete Arbeitsverhältnis, den der Gesetzgeber durch das KSchG (Nr. 25) gewährleistet hat, der zu einem Mindestmaß aber auch garantiert sein muss, wenn das KSchG nicht anwendbar ist (vgl. dazu Einl. II 7 und III 1 zum KSchG, Nr. 25). In Extremfällen können Vereinbarungen über Rückzahlungspflichten für Ausbildungskosten auf einen Verstoß gegen das Verbot der Zwangs- und Pflichtarbeit hinauslaufen (*EGMR* 4. 6. 2015 – 51637/12, AuR 16, 75, m. Anm. *Lörcher*).
- Die Berufsfreiheit (Art. 12 Abs. 1 GG) schützt auch die Aufnahme einer Nebentätigkeit. Der Arbeitgeber kann eine solche nur versagen, wenn seine grundrechtlich geschützten Interessen überwiegen. Tarifvertragliche Bestimmungen sind gegebenenfalls in diesem Sinne auszulegen (*BAG* 19. 12. 2019 – 6 AZR 23/19, NZA 20, 952).

Wichtige Entscheidungen

BVerfG 22. 10. 2014 – 2 BvR 661/12, NZA 2014, 1387
BVerfG 6. 11. 2019 – 1 BvR 16/13, NJW 2020, 300
BVerfG 6. 11. 2019 – 1 BvR 276/17, NJW 2020, 314
BVerfG 11. 12. 2024 – 1 BvR 1109/21 u. a., NZA 2025, 493
BVerfG 29. 9. 2025 – 2 BvR 934/19, NZA 2025, 1617
EGMR 3. 2. 2011 – 18136/02, NZA 2012, 199 – Siebenhaar
EGMR 14. 12. 2023 – 59433/18, NVwZ 2024, 221 – Humpert
BAG 10. 5. 1957 – 1 AZR 249/56, AP Nr. 1 zu Art. 6 Abs. 1 GG Ehe und Familie

Weiterführende Literatur

Deinert/Wenckebach/Zwanziger-*Deinert*, Arbeitsrecht, § 1 Rn. 10 – 34, § 10 Rn. 8 – 39 (Verfassungsrechtliche Grundlagen, Verfassungsrecht)
Baer, Gleichheitsrechte: Klassisch – europäisch – fordernd, SR 2014, S. 133
Dieterich, Grundgesetz und Privatautonomie im Arbeitsrecht, RdA 1995, S. 129
Hohmann-Dennhardt, Der Sozialstaat – ein Auslaufmodell?, AuR 2006, S. 77
Krebber, Die Bedeutung der Grundrechtecharta und der EMRK für das deutsche Individualarbeitsrecht, EuZA 2013, S. 188
Nußberger, Der Einfluss der EMRK auf das deutsche Arbeitsrecht, AuR 2014, S. 130

Schlachter, Der Schutz der Vereinigungsfreiheit durch die Europäische Sozialcharta, SR 2013, S. 77

Seifert, Die Bedeutung der Grundrechtecharta und der EMRK für das deutsche kollektive Arbeitsrecht, EuZA 2013, S. 205

Voßkuhle, Menschenrechtsschutz durch die Europäischen Verfassungsgerichte, RdA 2015, S. 336

Zachert, Ein Mosaik von Arbeitnehmergrundrechten im Grundgesetz, BB 1998, S. 1310

Grundgesetz (GG)

vom 23. Mai 1949 (BGBl. 1),
zuletzt geändert durch Gesetz vom 22. März 2025 (BGBl. 2025 I Nr. 94)

(Abgedruckte Vorschriften: Art. 1 – 20a, 23, 28, 31, 33, 34, 70, 72, 74 Abs. 1 Nr. 11 und 12, 79, 94 Abs. 1 Nr. 4a, 100, 103 Abs. 1, 140, 142, 146)

I. Die Grundrechte

Art. 1 [Würde des Menschen, Grundrechtsbindung] (1) Die Würde des Menschen ist unantastbar. Sie zu achten und zu schützen, ist Verpflichtung aller staatlichen Gewalt.
(2) Das Deutsche Volk bekennt sich darum zu unverletzlichen und unveräußerlichen Menschenrechten als Grundlage jeder menschlichen Gemeinschaft, des Friedens und der Gerechtigkeit in der Welt.
(3) Die nachfolgenden Grundrechte binden Gesetzgebung, vollziehende Gewalt und Rechtsprechung als unmittelbar geltendes Recht.

Art. 2 [Persönliche Freiheitsrechte] (1) Jeder hat das Recht auf die freie Entfaltung seiner Persönlichkeit, soweit er nicht die Rechte anderer verletzt und nicht gegen die verfassungsmäßige Ordnung oder das Sittengesetz verstößt.
(2) Jeder hat das Recht auf Leben und körperliche Unversehrtheit. Die Freiheit der Person ist unverletzlich. In diese Rechte darf nur auf Grund eines Gesetzes eingegriffen werden.

Art. 3 [Gleichheitssatz] (1) Alle Menschen sind vor dem Gesetz gleich.
(2) Männer und Frauen sind gleichberechtigt. Der Staat fördert die tatsächliche Durchsetzung der Gleichberechtigung von Frauen und Männern und wirkt auf die Beseitigung bestehender Nachteile hin.
(3) Niemand darf wegen seines Geschlechtes, seiner Abstammung, seiner Rasse, seiner Sprache, seiner Heimat und Herkunft, seines Glaubens, seiner religiösen oder politischen Anschauungen benachteiligt oder bevorzugt werden. Niemand darf wegen seiner Behinderung benachteiligt werden.

Art. 4 [Glaubens-, Gewissens- und Bekenntnisfreiheit] (1) Die Freiheit des Glaubens, des Gewissens und die Freiheit des religiösen und weltanschaulichen Bekenntnisses sind unverletzlich.
(2) Die ungestörte Religionsausübung wird gewährleistet.
(3) Niemand darf gegen sein Gewissen zum Kriegsdienst mit der Waffe gezwungen werden. Das Nähere regelt ein Bundesgesetz.

Art. 5 [Meinungs-, Kunst- und Gewissensfreiheit] (1) Jeder hat das Recht, seine Meinung in Wort, Schrift und Bild frei zu äußern und zu verbreiten und sich aus allgemein zugänglichen Quellen ungehindert zu unterrichten. Die Pressefreiheit

und die Freiheit der Berichterstattung durch Rundfunk und Film werden gewährleistet. Eine Zensur findet nicht statt.
(2) Diese Rechte finden ihre Schranken in den Vorschriften der allgemeinen Gesetze, den gesetzlichen Bestimmungen zum Schutze der Jugend und in dem Recht der persönlichen Ehre.
(3) Kunst und Wissenschaft, Forschung und Lehre sind frei. Die Freiheit der Lehre entbindet nicht von der Treue zur Verfassung.

Art. 6 [Ehe und Familie; nichteheliche Kinder] (1) Ehe und Familie stehen unter dem besonderen Schutze der staatlichen Ordnung.
(2) Pflege und Erziehung der Kinder sind das natürliche Recht der Eltern und die zuvörderst ihnen obliegende Pflicht. Über ihre Betätigung wacht die staatliche Gemeinschaft.
(3) Gegen den Willen der Erziehungsberechtigten dürfen Kinder nur auf Grund eines Gesetzes von der Familie getrennt werden, wenn die Erziehungsberechtigten versagen oder wenn die Kinder aus anderen Gründen zu verwahrlosen drohen.
(4) Jede Mutter hat Anspruch auf den Schutz und die Fürsorge der Gemeinschaft.
(5) Den unehelichen Kindern sind durch die Gesetzgebung die gleichen Bedingungen für ihre leibliche und seelische Entwicklung und ihre Stellung in der Gesellschaft zu schaffen wie den ehelichen Kindern.

Art. 7 [Schulwesen] (1) Das gesamte Schulwesen steht unter der Aufsicht des Staates.
(2) Die Erziehungsberechtigten haben das Recht, über die Teilnahme des Kindes am Religionsunterricht zu bestimmen.
(3) Der Religionsunterricht ist in den öffentlichen Schulen mit Ausnahme der bekenntnisfreien Schulen ordentliches Lehrfach. Unbeschadet des staatlichen Aufsichtsrechtes wird der Religionsunterricht in Übereinstimmung mit den Grundsätzen der Religionsgemeinschaften erteilt. Kein Lehrer darf gegen seinen Willen verpflichtet werden, Religionsunterricht zu erteilen.
(4) Das Recht zur Errichtung von privaten Schulen wird gewährleistet. Private Schulen als Ersatz für öffentliche Schulen bedürfen der Genehmigung des Staats und unterstehen den Landesgesetzen. Die Genehmigung ist zu erteilen, wenn die privaten Schulen in ihren Lehrzielen und Einrichtungen sowie in der wissenschaftlichen Ausbildung ihrer Lehrkräfte nicht hinter den öffentlichen Schulen zurückstehen und eine Sonderung der Schüler nach den Besitzverhältnissen der Eltern nicht gefördert wird. Die Genehmigung ist zu versagen, wenn die wirtschaftliche und rechtliche Stellung der Lehrkräfte nicht genügend gesichert ist.
(5) Eine private Volksschule ist nur zuzulassen, wenn die Unterrichtsverwaltung ein besonderes pädagogisches Interesse anerkennt oder, auf Antrag von Erziehungsberechtigten, wenn sie als Gemeinschaftsschule, als Bekenntnis- oder Weltanschauungsschule errichtet werden soll und eine öffentliche Volksschule dieser Art in der Gemeinde nicht besteht.
(6) Vorschulen bleiben aufgehoben.

Art. 8 [Versammlungsfreiheit] (1) Alle Deutschen haben das Recht, sich ohne Anmeldung oder Erlaubnis friedlich und ohne Waffen zu versammeln.
(2) Für Versammlungen unter freiem Himmel kann dieses Recht durch Gesetz oder auf Grund eines Gesetzes beschränkt werden.

Art. 9 [Vereinigungsfreiheit] (1) Alle Deutschen haben das Recht, Vereine und Gesellschaften zu bilden.
(2) Vereinigungen, deren Zwecke oder deren Tätigkeit den Strafgesetzen zuwiderlaufen oder die sich gegen die verfassungsmäßige Ordnung oder gegen den Gedanken der Völkerverständigung richten, sind verboten.
(3) Das Recht, zur Wahrung und Förderung der Arbeits- und Wirtschaftsbedingungen Vereinigungen zu bilden, ist für jedermann und für alle Berufe gewährleistet. Abreden, die dieses Recht einschränken oder zu behindern suchen, sind nichtig, hierauf gerichtete Maßnahmen sind rechtswidrig. Maßnahmen nach den Artikeln 12a, 35 Abs. 2 und 3, Artikel 87a Abs. 4 und Artikel 91 dürfen sich nicht gegen Arbeitskämpfe richten, die zur Wahrung und Förderung der Arbeits- und Wirtschaftsbedingungen von Vereinigungen im Sinne des Satzes 1 geführt werden.

Art. 10 [Brief-, Post- und Fernmeldegeheimnis] (1) Das Briefgeheimnis sowie das Post- und Fernmeldegeheimnis sind unverletzlich.
(2) Beschränkungen dürfen nur auf Grund eines Gesetzes angeordnet werden. Dient die Beschränkung dem Schutze der freiheitlichen demokratischen Grundordnung oder des Bestandes oder der Sicherung des Bundes oder eines Landes, so kann das Gesetz bestimmen, daß sie dem Betroffenen nicht mitgeteilt wird und daß an die Stelle des Rechtsweges die Nachprüfung durch von der Volksvertretung bestellte Organe und Hilfsorgane tritt.

Art. 11 [Freizügigkeit] (1) Alle Deutschen genießen Freizügigkeit im ganzen Bundesgebiet.
(2) Dieses Recht darf nur durch Gesetz oder auf Grund eines Gesetzes und nur für die Fälle eingeschränkt werden, in denen eine ausreichende Lebensgrundlage nicht vorhanden ist und der Allgemeinheit daraus besondere Lasten entstehen würden oder in denen es zur Abwehr einer drohenden Gefahr für den Bestand oder die freiheitliche demokratische Grundordnung des Bundes oder eines Landes, zur Bekämpfung von Seuchengefahr, Naturkatastrophen oder besonders schweren Unglücksfällen, zum Schutze der Jugend vor Verwahrlosung oder um strafbaren Handlungen vorzubeugen, erforderlich ist.

Art. 12 [Berufsfreiheit] (1) Alle Deutschen haben das Recht, Beruf, Arbeitsplatz und Ausbildungsstätte frei zu wählen. Die Berufsausübung kann durch Gesetz oder auf Grund eines Gesetzes geregelt werden.
(2) Niemand darf zu einer bestimmten Arbeit gezwungen werden, außer im Rahmen einer herkömmlichen allgemeinen, für alle gleichen öffentlichen Dienstleistungspflicht.

(3) Zwangsarbeit ist nur bei einer gerichtlich angeordneten Freiheitsentziehung zulässig.

Art. 12a [Wehrdienst, Ersatzdienst, Verteidigungsfall] (1) Männer können vom vollendeten achtzehnten Lebensjahr an zum Dienst in den Streitkräften, im Bundesgrenzschutz oder in einem Zivilschutzverband verpflichtet werden.
(2) Wer aus Gewissensgründen den Kriegsdienst mit der Waffe verweigert, kann zu einem Ersatzdienst verpflichtet werden. Die Dauer des Ersatzdienstes darf die Dauer des Wehrdienstes nicht übersteigen. Das Nähere regelt ein Gesetz, das die Freiheit der Gewissensentscheidung nicht beeinträchtigen darf und auch eine Möglichkeit des Ersatzdienstes vorsehen muß, die in keinem Zusammenhang mit den Verbänden der Streitkräfte und des Bundesgrenzschutzes steht.
(3) Wehrpflichtige, die nicht zu einem Dienst nach Absatz 1 oder 2 herangezogen sind, können im Verteidigungsfalle durch Gesetz oder auf Grund eines Gesetzes zu zivilen Dienstleistungen für Zwecke der Verteidigung einschließlich des Schutzes der Zivilbevölkerung in Arbeitsverhältnisse verpflichtet werden; Verpflichtungen in öffentlich-rechtliche Dienstverhältnisse sind nur zur Wahrnehmung polizeilicher Aufgaben oder solcher hoheitlichen Aufgaben der öffentlichen Verwaltung, die nur in einem öffentlich-rechtlichen Dienstverhältnis erfüllt werden können, zulässig. Arbeitsverhältnisse nach Satz 1 können bei den Streitkräften, im Bereich ihrer Versorgung sowie bei der öffentlichen Verwaltung begründet werden; Verpflichtungen in Arbeitsverhältnisse im Bereiche der Versorgung der Zivilbevölkerung sind nur zulässig, um ihren lebensnotwendigen Bedarf zu decken oder ihren Schutz sicherzustellen.
(4) Kann im Verteidigungsfalle der Bedarf an zivilen Dienstleistungen im zivilen Sanitäts- und Heilwesen sowie in der ortsfesten militärischen Lazarettorganisation nicht auf freiwilliger Grundlage gedeckt werden, so können Frauen vom vollendeten achtzehnten bis zum vollendeten fünfundfünfzigsten Lebensjahr durch Gesetz oder auf Grund eines Gesetzes zu derartigen Dienstleistungen herangezogen werden. Sie dürfen auf keinen Fall zum Dienst mit der Waffe verpflichtet werden.
(5) Für die Zeit vor dem Verteidigungsfalle können Verpflichtungen nach Abs. 3 nur nach Maßgabe des Artikels 80a Abs. 1 begründet werden. Zur Vorbereitung auf Dienstleistungen nach Abs. 3, für die besondere Kenntnisse oder Fertigkeiten erforderlich sind, kann durch Gesetz oder auf Grund eines Gesetzes die Teilnahme an Ausbildungsveranstaltungen zur Pflicht gemacht werden. Satz 1 findet insoweit keine Anwendung.
(6) Kann im Verteidigungsfalle der Bedarf an Arbeitskräften für die in Abs. 3 Satz 2 genannten Bereiche auf freiwilliger Grundlage nicht gedeckt werden, so kann zur Sicherung dieses Bedarfs die Freiheit der Deutschen, die Ausübung eines Berufs oder den Arbeitsplatz aufzugeben, durch Gesetz oder auf Grund eines Gesetzes eingeschränkt werden. Vor Eintritt des Verteidigungsfalles gilt Absatz 5 Satz 1 entsprechend.

Art. 13 [Unverletzlichkeit der Wohnung] (1) Die Wohnung ist unverletzlich.
(2) Durchsuchungen dürfen nur durch den Richter, bei Gefahr im Verzuge auch durch die in den Gesetzen vorgesehenen anderen Organe angeordnet und nur in der dort vorgeschriebenen Form durchgeführt werden.
(3) Begründen bestimmte Tatsachen den Verdacht, daß jemand eine durch Gesetz einzeln bestimmte besonders schwere Straftat begangen hat, so dürfen zur Verfolgung der Tat auf Grund richterlicher Anordnung technische Mittel zur akustischen Überwachung von Wohnungen, in denen der Beschuldigte sich vermutlich aufhält, eingesetzt werden, wenn die Erforschung des Sachverhalts auf andere Weise unverhältnismäßig erschwert oder aussichtslos wäre. Die Maßnahme ist zu befristen. Die Anordnung erfolgt durch einen mit drei Richtern besetzten Spruchkörper. Bei Gefahr im Verzuge kann sie auch durch einen einzelnen Richter getroffen werden.
(4) Zur Abwehr dringender Gefahren für die öffentliche Sicherheit, insbesondere einer gemeinen Gefahr oder einer Lebensgefahr, dürfen technische Mittel zur Überwachung von Wohnungen nur auf Grund richterlicher Anordnung eingesetzt werden. Bei Gefahr im Verzuge kann die Maßnahme auch durch eine andere gesetzlich bestimmte Stelle angeordnet werden; eine richterliche Entscheidung ist unverzüglich nachzuholen.
(5) Sind technische Mittel ausschließlich zum Schutze der bei einem Einsatz in Wohnungen tätigen Personen vorgesehen, kann die Maßnahme durch eine gesetzlich bestimmte Stelle angeordnet werden. Eine anderweitige Verwertung der hierbei erlangten Erkenntnisse ist nur zum Zwecke der Strafverfolgung oder der Gefahrenabwehr und nur zulässig, wenn zuvor die Rechtmäßigkeit der Maßnahme richterlich festgestellt ist; bei Gefahr im Verzuge ist die richterliche Entscheidung unverzüglich nachzuholen.
(6) Die Bundesregierung unterrichtet den Bundestag jährlich über den nach Absatz 3 sowie über den im Zuständigkeitsbereich des Bundes nach Absatz 4 und, soweit richterlich überprüfungsbedürftig, nach Absatz 5 erfolgten Einsatz technischer Mittel. Ein vom Bundestag gewähltes Gremium übt auf der Grundlage dieses Berichts die parlamentarische Kontrolle aus. Die Länder gewährleisten eine gleichwertige parlamentarische Kontrolle.
(7) Eingriffe und Beschränkungen dürfen im übrigen nur zur Abwehr einer gemeinen Gefahr oder einer Lebensgefahr für einzelne Personen, auf Grund eines Gesetzes auch zur Verhütung dringender Gefahren für die öffentliche Sicherheit und Ordnung, insbesondere zur Behebung der Raumnot, zur Bekämpfung von Seuchengefahr oder zum Schutze gefährdeter Jugendlicher vorgenommen werden.

Art. 14 [Eigentum, Erbrecht, Enteignung] (1) Das Eigentum und das Erbrecht werden gewährleistet. Inhalt und Schranken werden durch die Gesetze bestimmt.
(2) Eigentum verpflichtet. Sein Gebrauch soll zugleich dem Wohle der Allgemeinheit dienen.
(3) Eine Enteignung ist nur zum Wohle der Allgemeinheit zulässig. Sie darf nur durch Gesetz oder auf Grund eines Gesetzes erfolgen, das Art und Ausmaß der Entschädigung regelt. Die Entschädigung ist unter gerechter Abwägung der Interessen der Allgemeinheit und der Beteiligten zu bestimmen. Wegen der Höhe der

Entschädigung steht im Streitfalle der Rechtsweg vor den ordentlichen Gerichten offen.

Art. 15 [Vergesellschaftung] Grund und Boden, Naturschätze und Produktionsmittel können zum Zwecke der Vergesellschaftung durch ein Gesetz, das Art und Ausmaß der Entschädigung regelt, in Gemeineigentum oder in andere Formen der Gemeinwirtschaft überführt werden. Für die Entschädigung gilt Artikel 14 Abs. 3 Satz 3 und 4 entsprechend.

Art. 16 [Staatsangehörigkeit, Auslieferung] (1) Die deutsche Staatsangehörigkeit darf nicht entzogen werden. Der Verlust der Staatsangehörigkeit darf nur auf Grund eines Gesetzes und gegen den Willen des Betroffenen nur dann eintreten, wenn der Betroffene dadurch nicht staatenlos wird.
(2) Kein Deutscher darf an das Ausland ausgeliefert werden. Durch Gesetz kann eine abweichende Regelung für Auslieferungen an einen Mitgliedstaat der Europäischen Union oder an einen internationalen Gerichtshof getroffen werden, soweit rechtsstaatliche Grundsätze gewahrt sind.

Art. 16a [Asylrecht] (1) Politisch Verfolgte genießen Asylrecht.
(2) Auf Absatz 1 kann sich nicht berufen, wer aus einem Mitgliedstaat der Europäischen Gemeinschaften oder aus einem anderen Drittstaat einreist, in dem die Anwendung des Abkommens über die Rechtsstellung der Flüchtlinge und der Konvention zum Schutze der Menschenrechte und Grundfreiheiten sichergestellt ist. Die Staaten außerhalb der Europäischen Gemeinschaften, auf die die Voraussetzungen des Satzes 1 zutreffen, werden durch Gesetz, das der Zustimmung des Bundesrates bedarf, bestimmt. In den Fällen des Satzes 1 können aufenthaltsbeendende Maßnahmen unabhängig von einem hiergegen eingelegten Rechtsbehelf vollzogen werden.
(3) Durch Gesetz, das der Zustimmung des Bundesrates bedarf, können Staaten bestimmt werden, bei denen auf Grund der Rechtslage, der Rechtsanwendung und der allgemeinen politischen Verhältnisse gewährleistet erscheint, daß dort weder politische Verfolgung noch unmenschliche oder erniedrigende Bestrafung oder Behandlung stattfindet. Es wird vermutet, daß ein Ausländer aus einem solchen Staat nicht verfolgt wird, solange er nicht Tatsachen vorträgt, die die Annahme begründen, daß er entgegen dieser Vermutung politisch verfolgt wird.
(4) Die Vollziehung aufenthaltsbeendender Maßnahmen wird in den Fällen des Absatzes 3 und in anderen Fällen, die offensichtlich unbegründet sind oder als offensichtlich unbegründet gelten, durch das Gericht nur ausgesetzt, wenn ernstliche Zweifel an der Rechtmäßigkeit der Maßnahme bestehen; der Prüfungsumfang kann eingeschränkt werden und verspätetes Vorbringen unberücksichtigt bleiben. Das Nähere ist durch Gesetz zu bestimmen.
(5) Die Absätze 1 bis 4 stehen völkerrechtlichen Verträgen von Mitgliedstaaten der Europäischen Gemeinschaften untereinander und mit dritten Staaten nicht entgegen, die unter Beachtung der Verpflichtungen aus dem Abkommen über die Rechtsstellung der Flüchtlinge und der Konvention zum Schutze der Menschenrechte und Grundfreiheiten, deren Anwendung in den Vertragsstaaten sicher-

gestellt sein muß, Zuständigkeitsregelungen für die Prüfung von Asylbegehren einschließlich der gegenseitigen Anerkennung von Asylentscheidungen treffen.

Art. 17 [Petitionsrecht] Jedermann hat das Recht, sich einzeln oder in Gemeinschaft mit anderen schriftlich mit Bitten oder Beschwerden an die zuständigen Stellen und an die Volksvertretung zu wenden.

Art. 17a [Grundrechtseinschränkungen zu Verteidigungszwecken] (1) Gesetze über Wehrdienst und Ersatzdienst können bestimmen, daß für die Angehörigen der Streitkräfte und des Ersatzdienstes während der Zeit des Wehr- oder Ersatzdienstes das Grundrecht, seine Meinung in Wort, Schrift und Bild frei zu äußern und zu verbreiten (Artikel 5 Abs. 1 Satz 1 erster Halbsatz), das Grundrecht der Versammlungsfreiheit (Artikel 8) und das Petitionsrecht (Artikel 17), soweit es das Recht gewährt, Bitten oder Beschwerden in Gemeinschaft mit anderen vorzubringen, eingeschränkt werden.
(2) Gesetze, die der Verteidigung einschließlich des Schutzes der Zivilbevölkerung dienen, können bestimmen, daß die Grundrechte der Freizügigkeit (Artikel 11) und der Unverletzlichkeit der Wohnung (Artikel 13) eingeschränkt werden.

Art. 18 [Verwirkung von Grundrechten] Wer die Freiheit der Meinungsäußerung, insbesondere die Pressefreiheit (Artikel 5 Abs. 1), die Lehrfreiheit (Artikel 5 Abs. 3), die Versammlungsfreiheit (Artikel 8), die Vereinigungsfreiheit (Artikel 9), das Brief-, Post-, und Fernmeldegeheimnis (Artikel 10), das Eigentum (Artikel 14) oder das Asylrecht (Artikel 16 a) zum Kampfe gegen die freiheitliche demokratische Grundordnung mißbraucht, verwirkt diese Grundrechte. Die Verwirkung und ihr Ausmaß werden durch das Bundesverfassungsgericht ausgesprochen.

Art. 19 [Grundrechtssicherungen] (1) Soweit nach diesem Grundgesetz ein Grundrecht durch Gesetz oder auf Grund eines Gesetzes eingeschränkt werden kann, muß das Gesetz allgemein und nicht nur für den Einzelfall gelten. Außerdem muß das Gesetz das Grundrecht unter Angabe des Artikels nennen.
(2) In keinem Falle darf ein Grundrecht in seinem Wesensgehalt angetastet werden.
(3) Die Grundrechte gelten auch für inländische juristische Personen, soweit sie ihrem Wesen nach auf diese anwendbar sind.
(4) Wird jemand durch die öffentliche Gewalt in seinen Rechten verletzt, so steht ihm der Rechtsweg offen. Soweit eine andere Zuständigkeit nicht begründet ist, ist der ordentliche Rechtsweg gegeben. Artikel 10 Abs. 2 Satz 2 bleibt unberührt.

II. Der Bund und die Länder

Art. 20 [Staatsgrundsätze] (1) Die Bundesrepublik Deutschland ist ein demokratischer und sozialer Bundesstaat.
(2) Alle Staatsgewalt geht vom Volke aus. Sie wird vom Volke in Wahlen und Abstimmungen und durch besondere Organe der Gesetzgebung, der vollziehenden Gewalt und der Rechtsprechung ausgeübt.

(3) Die Gesetzgebung ist an die verfassungsmäßige Ordnung, die vollziehende Gewalt und die Rechtsprechung sind an Gesetz und Recht gebunden.
(4) Gegen jeden, der es unternimmt, diese Ordnung zu beseitigen, haben alle Deutschen das Recht zum Widerstand, wenn andere Abhilfe nicht möglich ist.

Art. 20a [Natürliche Lebensgrundlagen] Der Staat schützt auch in Verantwortung für die künftigen Generationen die natürlichen Lebensgrundlagen und die Tiere im Rahmen der verfassungsmäßigen Ordnung durch die Gesetzgebung und nach Maßgabe von Gesetz und Recht durch die vollziehende Gewalt und die Rechtsprechung.
…

Art. 23 [Europäische Union] (1) Zur Verwirklichung eines vereinten Europas wirkt die Bundesrepublik Deutschland bei der Entwicklung der Europäischen Union mit, die demokratischen, rechtsstaatlichen, sozialen und föderativen Grundsätzen und dem Grundsatz der Subsidiarität verpflichtet ist und einen diesem Grundgesetz im wesentlichen vergleichbaren Grundrechtsschutz gewährleistet. Der Bund kann hierzu durch Gesetz mit Zustimmung des Bundesrates Hoheitsrechte übertragen. Für die Begründung der Europäischen Union sowie für Änderungen ihrer vertraglichen Grundlagen und vergleichbare Regelungen, durch die dieses Grundgesetz seinem Inhalt nach geändert oder ergänzt wird oder solche Änderungen oder Ergänzungen ermöglicht werden, gilt Artikel 79 Abs. 2 und 3.
(1a)–(7) *(nicht abgedruckt)*[1]
…

Art. 28 [Landesverfassungen, Kommunalordnungen] (1) Die verfassungsmäßige Ordnung in den Ländern muß den Grundsätzen des republikanischen, demokratischen und sozialen Rechtsstaates im Sinne dieses Grundgesetzes entsprechen. In den Ländern, Kreisen und Gemeinden muß das Volk eine Vertretung haben, die aus allgemeinen, unmittelbaren, freien, gleichen und geheimen Wahlen hervorgegangen ist. Bei Wahlen in Kreisen und Gemeinden sind auch Personen, die die Staatsangehörigkeit eines Mitgliedstaates der Europäischen Gemeinschaft besitzen, nach Maßgabe von Recht der Europäischen Gemeinschaft wahlberechtigt und wählbar. In Gemeinden kann an die Stelle einer gewählten Körperschaft die Gemeindeversammlung treten.
…

1 Die Absätze 2 – 7 regeln das Verfahren in europäischen Angelegenheiten zwischen Bund und Ländern. Hierzu vgl. **Gesetz über die Zusammenarbeit von Bundesregierung und Deutschem Bundestag in Angelegenheiten der Europäischen Union** (EUZBBG) vom 4.7.2013 (BGBl. I 2170), **Gesetz über die Zusammenarbeit von Bund und Ländern in Angelegenheiten der Europäischen Union** (EUZBLG) vom 12.3.1993 (BGBl. I 313), zuletzt geändert durch Gesetz vom 22.9.2009 (BGBl. I 3031), und **Gesetz über die Wahrnehmung der Integrationsverantwortung des Bundestages und des Bundesrates in Angelegenheiten der europäischen Union** (Integrationsverantwortungsgesetz – IntVG) vom 22.9.2009 (BGBl. I 3022), zuletzt geändert durch Gesetz vom 1.12.2009 (BGBl. I 3822).

Art. 31 [Vorrang des Bundesrechts] Bundesrecht bricht Landesrecht.[1]

…

Art. 33 [Staatsbürgerliche Rechte, öffentlicher Dienst] (1) Jeder Deutsche hat in jedem Lande die gleichen staatsbürgerlichen Rechte und Pflichten.

(2) Jeder Deutsche hat nach seiner Eignung, Befähigung und fachlichen Leistung gleichen Zugang zu jedem öffentlichen Amte.

(3) Der Genuß bürgerlicher und staatsbürgerlicher Rechte, die Zulassung zu öffentlichen Ämtern sowie die im öffentlichen Dienste erworbenen Rechte sind unabhängig von dem religiösen Bekenntnis. Niemandem darf aus seiner Zugehörigkeit oder Nichtzugehörigkeit zu einem Bekenntnisse oder einer Weltanschauung ein Nachteil erwachsen.

(4) Die Ausübung hoheitsrechtlicher Befugnisse ist als ständige Aufgabe in der Regel Angehörigen des öffentlichen Dienstes zu übertragen, die in einem öffentlich-rechtlichen Dienst- und Treueverhältnis stehen.

(5) Das Recht des öffentlichen Dienstes ist unter Berücksichtigung der hergebrachten Grundsätze des Berufsbeamtentums zu regeln und fortzuentwickeln.

Art. 34 [Haftung bei Amtspflichtverletzung] Verletzt jemand in Ausübung eines ihm anvertrauten öffentlichen Amtes die ihm einem Dritten gegenüber obliegende Amtspflicht, so trifft die Verantwortlichkeit grundsätzlich den Staat oder die Körperschaft, in deren Dienst er steht. Bei Vorsatz oder grober Fahrlässigkeit bleibt der Rückgriff vorbehalten. Für den Anspruch auf Schadensersatz und für den Rückgriff darf der ordentliche Rechtsweg nicht ausgeschlossen werden.

…

VII. Die Gesetzgebung des Bundes

Art. 70 [Gesetzgebung des Bundes und der Länder] (1) Die Länder haben das Recht der Gesetzgebung, soweit dieses Grundgesetz nicht dem Bunde Gesetzgebungsbefugnisse verleiht.

(2) Die Abgrenzung der Zuständigkeit zwischen Bund und Ländern bemißt sich nach den Vorschriften dieses Grundgesetzes über die ausschließliche und die konkurrierende Gesetzgebung.

…

Art. 72 [Konkurrierende Gesetzgebung] (1) Im Bereich der konkurrierenden Gesetzgebung haben die Länder die Befugnis zur Gesetzgebung, solange und soweit der Bund von seiner Gesetzgebungszuständigkeit nicht durch Gesetz Gebrauch gemacht hat.

---

1 Vgl. insbes. Art. 29 Abs. 4 und 5 der **Hessischen Verfassung:** »(4) Das Streikrecht wird anerkannt, wenn die Gewerkschaften den Streik erklären. (5) Die Aussperrung ist rechtswidrig.« Das *BAG* hat das Aussperrungsverbot der Hessischen Verfassung wegen Verstoßes gegen Bundesrecht (Art. 31) für nicht anwendbar erklärt (26.4.1988 – 1 AZR 399/86, NZA 88, 775).

(2) Auf den Gebieten des Artikels 74 Abs. 1 Nr. 4, 7, 11, 13, 15, 19a, 20, 22, 25 und 26 hat der Bund das Gesetzgebungsrecht, wenn und soweit die Herstellung gleichwertiger Lebensverhältnisse im Bundesgebiet oder die Wahrung der Rechts- oder Wirtschaftseinheit im gesamtstaatlichen Interesse eines bundesgesetzliche Regelung erforderlich macht.

(3) Hat der Bund von seiner Gesetzgebungszuständigkeit Gebrauch gemacht, können die Länder durch Gesetz hiervon abweichende Regelungen treffen über:

1. das Jagdwesen (ohne das Recht der Jagdscheine);
2. den Naturschutz und die Landschaftspflege (ohne die allgemeinen Grundsätze des Naturschutzes, das Recht des Artenschutzes oder des Meeresnaturschutzes);
3. die Bodenverteilung;
4. die Raumordnung;
5. den Wasserhaushalt (ohne stoff- oder anlagenbezogene Regelungen);
6. die Hochschulzulassung und die Hochschulabschlüsse;
7. die Grundsteuer.

Bundesgesetze auf diesen Gebieten treten frühestens sechs Monate nach ihrer Verkündung in Kraft, soweit nicht mit Zustimmung des Bundesrates anderes bestimmt ist. Auf den Gebieten des Satzes 1 geht im Verhältnis von Bundes- und Landesrecht das jeweils spätere Gesetz vor.

(4) Durch Bundesgesetz kann bestimmt werden, daß eine bundesgesetzliche Regelung, für die eine Erforderlichkeit im Sinne des Absatzes 2 nicht mehr besteht, durch Landesrecht ersetzt werden kann.

…

Art. 74 [Gegenstände der konkurrierenden Gesetzgebung] (1) Die konkurrierende Gesetzgebung erstreckt sich auf folgende Gebiete:

…

11. das Recht der Wirtschaft … ohne das Recht des Ladenschlusses …
12. das Arbeitsrecht einschließlich der Betriebsverfassung, des Arbeitsschutzes und der Arbeitsvermittlung sowie der Sozialversicherung einschließlich der Arbeitslosenversicherung;

…

Art. 79 [Änderung des Grundgesetzes] (1) Das Grundgesetz kann nur durch ein Gesetz geändert werden, das den Wortlaut des Grundgesetzes ausdrücklich ändert oder ergänzt. Bei völkerrechtlichen Verträgen, die eine Friedensregelung, die Vorbereitung einer Friedensregelung oder den Abbau einer besatzungsrechtlichen Ordnung zum Gegenstand haben oder der Verteidigung der Bundesrepublik zu dienen bestimmt sind, genügt zur Klarstellung, daß die Bestimmungen des Grundgesetzes dem Abschluß und dem Inkraftsetzen der Verträge nicht entgegenstehen, eine Ergänzung des Wortlautes des Grundgesetzes, die sich auf diese Klarstellung beschränkt.

(2) Ein solches Gesetz bedarf der Zustimmung von zwei Dritteln der Mitglieder des Bundestages und zwei Dritteln der Stimmen des Bundesrates.

(3) Eine Änderung dieses Grundgesetzes, durch welche die Gliederung des Bundes in Länder, die grundsätzliche Mitwirkung der Länder bei der Gesetzgebung oder die in den Artikeln 1 und 20 niedergelegten Grundsätze berührt werden, ist unzulässig.

…

IX. Die Rechtsprechung

…

Art. 94 [Bundesverfassungsgericht, Verfassungsbeschwerde] (1) Das Bundesverfassungsgericht entscheidet:

…

4a. über Verfassungsbeschwerden, die von jedermann mit der Behauptung erhoben werden können, durch die öffentliche Gewalt in einem seiner Grundrechte oder in einem seiner in Artikel 20 Absatz 4, 33, 38, 101, 103 und 104 enthaltenen Rechte verletzt zu sein;

…

Art. 100 [Vorlage beim Bundesverfassungsgericht] (1) Hält ein Gericht ein Gesetz, auf dessen Gültigkeit es bei der Entscheidung ankommt, für verfassungswidrig, so ist das Verfahren auszusetzen und, wenn es sich um die Verletzung der Verfassung eines Landes handelt, die Entscheidung des für Verfassungsstreitigkeiten zuständigen Gerichtes des Landes, wenn es sich um die Verletzung dieses Grundgesetzes durch Landesrecht oder um die Unvereinbarkeit eines Landesgesetzes mit einem Bundesgesetze handelt.

(2) Ist in einem Rechtsstreite zweifelhaft, ob eine Regel des Völkerrechtes Bestandteil des Bundesrechtes ist und ob sie unmittelbar Rechte und Pflichten für den Einzelnen erzeugt (Artikel 25), so hat das Gericht die Entscheidung des Bundesverfassungsgerichtes einzuholen.

(3) Will das Verfassungsgericht eines Landes bei der Auslegung des Grundgesetzes von einer Entscheidung des Bundesverfassungsgerichtes oder des Verfassungsgerichtes eines anderen Landes abweichen, so hat das Verfassungsgericht die Entscheidung des Bundesverfassungsgerichtes einzuholen.

…

Art. 103 [Justizgrundrechte, rechtliches Gehör] (1) Vor Gericht hat jedermann Anspruch auf rechtliches Gehör.

…

XI. Übergangs- und Schlußbestimmungen

Art. 140 [Religions- und Weltanschauungsgemeinschaften] Die Bestimmungen der Artikel 136, 137, 138, 139 und 141 der Deutschen Verfassung vom 11. August 1919 sind Bestandteil dieses Grundgesetzes.[1]

…

Art. 142 [Landesverfassungen] Ungeachtet der Vorschrift des Artikels 31 bleiben Bestimmungen der Landesverfassungen auch insoweit in Kraft, als sie in Übereinstimmung mit den Artikeln 1 bis 18 dieses Grundgesetzes Grundrechte gewährleisten.

…

Art. 146 [Geltungsdauer des Grundgesetzes] Dieses Grundgesetz, das nach Vollendung der Einheit und Freiheit Deutschlands für das gesamte deutsche Volk gilt, verliert seine Gültigkeit an dem Tage, an dem eine Verfassung in Kraft tritt, die von dem deutschen Volke in freier Entscheidung beschlossen worden ist.

---

1 Die für das Arbeitsleben bedeutsamen Vorschriften der **Weimarer Reichsverfassung** (WRV) lauten:

Art. 137

…

(3) Jede Religionsgesellschaft ordnet und verwaltet ihre Angelgenheiten selbständig innerhalb der Schranken des für alle geltenden Gesetzes. Sie verleiht ihre Ämter ohne Mitwirkung des Staates oder der bürgerlichen Gemeinde.

…

(7) Den Religionsgesellschaften werden die Vereinigungen gleichgestellt, die sich die gemeinschaftliche Pflege einer Weltanschauung zur Aufgabe machen.

…

Art. 139

Der Sonntag und die staatlich anerkannten Feiertage bleiben als Tage der Arbeitsruhe und der seelischen Erhebung gesetzlich geschützt.

20a. Vertrag über die Arbeitsweise der Europäischen Union (AEUV)

Einleitung

I. Geschichtliche Entwicklung

Die internationale Staatengemeinschaft mit den am intensivsten ausgebauten Strukturen und den weitestgehenden Wirkungen auf die nationalen Rechtsordnungen ihrer Mitgliedstaaten ist die Europäische Union (EU). Sie ist im weiteren Sinne hervorgegangen aus der Europäischen Wirtschaftsgemeinschaft (EWG), die 1957 mit den »Römischen Verträgen« von der Bundesrepublik Deutschland, Frankreich, Italien, Belgien, den Niederlanden und Luxemburg gegründet worden war. Inzwischen gehören der EU nach der Osterweiterung und dem Austritt des Vereinigten Königreichs (»Brexit«) 27 Mitgliedstaaten an. Daneben bestanden für diese besonderen Wirtschaftsbereiche der EURATOM-Vertrag und die Europäische Gemeinschaft für Kohle und Stahl (EGKS). Ausgangspunkt dieses europäischen Staatenbundes war die Herstellung eines gemeinsamen Binnenmarktes mit Freizügigkeit für Arbeitnehmer, Unternehmer und Kapitalanlagen. Aufgrund des Maastrichter Vertrages von 1993 besteht das Ziel eines »Raumes ohne Binnengrenzen« und einer »Wirtschafts- und Währungsunion«. Mit dem Amsterdamer Vertrag von 1997 wurden die Verträge über EG, EURATOM und EGKS zusammengefasst. Nachdem der Vertrag von Lissabon (ABl. 2007 C 306) die Hürde beim *BVerfG* (vgl. Einl. III 2 zum GG, Nr. 20) genommen hatte und auch das letzte Ratifikationsverfahren (in Tschechien) abgeschlossen wurde, ist er zum 1.12.2009 in Kraft getreten. Durch ihn wurde der bisherige EG-Vertrag zum Vertrag über die Arbeitsweise der Europäischen Union (AEUV, EU-ASO Nr. 3). Die bis dahin nur feierlich proklamierte und nicht rechtsverbindliche Europäische Grundrechtecharta (EU-ASO Nr. 4) wurde durch Verweisung in Art. 6 Abs. 1 EU-Vertrag (EU-ASO Nr. 2) verbindlich gemacht und in den Rang eines Gründungsvertrages erhoben. Für das Arbeitsleben relevant ist auch die zwar nicht verbindliche, aber doch für die Auslegung sowohl des Unionsrechts wie des Rechts der Mitgliedstaaten relevante »Gemeinschaftscharta der Sozialen Grundrechte der Arbeitnehmer« (EU-ASO Nr. 7). Auf sie nimmt Art. 151 Bezug. Zu den arbeitsrechtlichen Folgen des »Brexit« s. *Schiek/Uddin*, NZA 19, 345; *Krieger/Rudnik*, EuZW-Sonderausgabe 20, 20.

II. Wesentlicher Inhalt des EU-Arbeitsweisenvertrages

1. Organe

Das Europäische Parlament (Sitz: Brüssel und Straßburg) wird direkt durch die Bevölkerung der Mitgliedstaaten gewählt. Es hat zwar nicht die vollen Befugnisse eines nationalen Parlaments, ist jedoch an den wichtigsten Entscheidungen der Union gleichberechtigt beteiligt (Ernennung des Kommissionspräsidenten, der

ganzen Kommission sowie Erlass von Rechtsakten, z. B. von Richtlinien). Der Rat ist die eigentliche Entscheidungsinstanz der EU. Er besteht aus den Vertretern der nationalen Regierungen. Je nach Entscheidungsgegenstand kann er mit Mehrheit oder nur einstimmig entscheiden. Die von den Regierungen der Mitgliedstaaten unter Beteiligung des Parlaments bestellte Kommission (Sitz: Brüssel) bereitet Entscheidungen des Rates vor und vollzieht sie. Sie überwacht die Einhaltung des europäischen Rechts. Der Gerichtshof der Europäischen Union (EuGH; Sitz: Luxemburg) entscheidet über die Auslegung, Gültigkeit und Einhaltung des europäischen Rechts (Art. 19 EU).
Als besondere Institution ist der Soziale Dialog zwischen Arbeitgeberverbänden und Gewerkschaften verankert (Art. 154, vgl. *Waas*, ZESAR 2007, 150; *Deinert*, RdA 2004, 211). Aus ihm können Vorschläge hervorgehen, die vom Rat auf Vorschlag der Kommission als europäisches Recht übernommen werden (Art. 155; Beispiel: Teilzeitarbeit, s. Einl. I zum TzBfG, Nr. 32). Die Sozialpartner können aber auch eine autonome Umsetzung wählen, die in der Praxis durch innerstaatliche Tarifverhandlungen erfolgt, so z. B. bei einer Vereinbarung der europäischen Sozialpartner zur Telearbeit (vgl. Einl. III 1 zum HAG, Nr. 22).

2. Rechtsordnung

a) Kompetenzen

Die Union soll entsprechend Art. 3 EU-V nicht nur eine Wirtschaftsgemeinschaft sein, sondern auch soziale Gerechtigkeit und sozialen Schutz anstreben. Zu diesem Zweck hat sie insbesondere auch Zuständigkeiten im sozialen Bereich. Dabei handelt sie auf der Grundlage der 1989 beschlossenen »Gemeinschaftscharta der sozialen Grundrechte der Arbeitnehmer« sowie der sozialen Grundrechte der »Europäischen Sozialcharta« (Art. 151 Abs. 1). Art. 153 Abs. 2 legt dabei zwei unterschiedliche Bereiche von Unionsaktivitäten fest: solche, in denen Mehrheitsentscheidungen möglich sind, und solche, in denen es der Einstimmigkeit bedarf. Bei Letzteren handelt es sich um den Kern des Arbeits- und Sozialrechts, dessen Harmonisierung damit vom allseitigen Konsens in der Union abhängig ist. Es gibt allerdings auch einzelne Bereiche, für die die Union überhaupt keine Kompetenz hat: das Arbeitsentgelt, weil dies den Tarifvertragsparteien vorbehalten ist, und das Koalitionsrecht, sowie Streik und Aussperrung, hinsichtlich derer man die tief verwurzelten nationalen Arbeitsverfassungstraditionen nicht antasten wollte (Art. 153 Abs. 5).
Auch in der Berufsbildung (vgl. BBiG, Nr. 10) hat die Union kein Recht zur Harmonisierung nationaler Rechtsvorschriften (Art. 166 Abs. 4).
Bei offensichtlichen Kompetenzverstößen der Union, die zu einer strukturell bedeutsamen Verschiebung zu Lasten der Mitgliedstaaten führen, behält sich das *BVerfG* (6. 7. 2010 – 2 BvR 2661/06, NZA 10, 995) vor, die Unanwendbarkeit europäischer Rechtsakte und Entscheidungen als *ultra vires* festzustellen (vgl. Einl. II 2 zum GG, Nr. 20).

b) Grundfreiheiten und Grundrechte

Wesentliches Element der wirtschaftlichen Seite der Union sind die Grundfreiheiten, in Gestalt der Freizügigkeit für Arbeitnehmer (vgl. Einl. II 2 zum AufenthG, Nr. 9) und der Niederlassungs- und Dienstleistungsfreiheit für Unternehmer sowie schließlich der Freiheit des Waren- und Kapitalverkehrs. Die Freizügigkeit verschafft den Arbeitnehmern nicht nur Zugangsrechte zum fremden Arbeitsmarkt, sondern auch das Recht, dabei keine ungerechtfertigten Beschränkungen oder Diskriminierungen hinnehmen zu müssen (Einl. II 2b zum AEUV, EU-ASO Nr. 3). Konkretisiert wird das Freizügigkeitsrecht durch die VO (EU) Nr. 492/2011 (EU-ASO Nr. 28). Ergänzend gibt es die Richtlinie 2014/54/EU über Maßnahmen zur Erleichterung der Rechtsausübung für Wanderarbeitnehmer (EU-ASO Nr. 29).
Die Union ist an Grundrechte gebunden (vgl. Art. 6 Abs. 1 EU-Vertrag, Fn. 1 zu Nr. 20b, EU-ASO Nr. 2, zum Grundrechtsschutz im Unionsrecht vgl. 45. Aufl., ferner EU-ASO Nr. 3 sowie Einl. II 2 zum EU-V, EU-ASO Nr. 2; zum verfassungsgerichtlichen Grundrechtsschutz im Kontext des Unionsrechts Einl. III 5 zum GG, Nr. 20). Diese sind insbesondere in der Grundrechte-Charta (Nr. 20b) niedergelegt.
Die Union möchte der Europäischen Menschenrechtskonvention gemäß Art. 6 Abs. 2 EU-V beitreten. Der dazu vorbereitete Vertrag wurde durch den *EuGH* (18.12.2014 – Gutachten 2/13, JZ 15, 773) für unvereinbar mit dem Unionsrecht erklärt, was sich vor allem auf strukturelle und verfahrensrechtliche Abstimmungsprobleme stützt.

c) Unionsrecht

Das Unionsrecht unterscheidet zwischen primärem Unionsrecht (= Recht der Gründungsverträge selbst, d.h. EUV und AEUV) und sekundärem Unionsrecht (= von den Organen der Union geschaffenes Recht). Letzteres wiederum wird nach seiner Wirkung unterschieden (vgl. Art. 288 AEUV): Die Verordnung hat allgemeine Geltung, ist in allen ihren Teilen verbindlich und gilt unmittelbar in jedem Mitgliedstaat. Die Richtlinie ist für jeden Mitgliedstaat, an den sie gerichtet wird, hinsichtlich des zu erreichenden Ziels verbindlich, überlässt jedoch den innerstaatlichen Stellen die Wahl der Form und Mittel (vgl. Übersicht 43). Sie bedarf folglich der Umsetzung durch den innerstaatlichen Gesetzgeber, wie dies etwa im ArbSchG (vgl. Nr. 7) zur Umsetzung der RL 89/391/EWG (EU-ASO Nr. 60) erfolgt ist. Nur ausnahmsweise können Bürger sich unmittelbar auf eine Richtlinie berufen, nämlich dann, wenn sie Ansprüche gegen den Staat geltend machen möchten (z.B. aus einem Vertrag, insb. wenn der Staat Arbeitgeber ist) und die Richtlinie hinreichend genau und unbedingt dem Bürger eine bestimmte Rechtsposition einräumen möchte und die Umsetzungsfrist der Richtlinie abgelaufen ist (*EuGH* 19.1.1982 – 8/81, Slg. 82, 53 – Becker). Gegenüber anderen Bürgern kann man sich indes nicht auf eine Richtlinie berufen, sie hat keine horizontalen Direktwirkungen (*EuGH* 14.7.1994 – C-91/92, Slg. 94 I – 3325 – Faccini Dori). Es bleibt dann nur die Möglichkeit, den Staat auf Schadensersatz wegen mangelhafter Umsetzung in Anspruch zu nehmen (*EuGH* 19.11.1991 – C-6/90, C-9/90, Slg. 91

I – 5357 – Francovich; *EuGH* 24. 1. 2012 – C-282/10, NZA 12, 139 – Dominguez). Allerdings sind alle Möglichkeiten auszuschöpfen, um innerstaatliches Recht so auszulegen, dass die nationale Rechtsordnung mit der Richtlinie vereinbar ist, sog. richtlinienkonforme Auslegung (*EuGH* 5. 10. 2004 – C-397/01 bis C-403/01, NJW 04, 2547 – Pfeiffer).

Die Garantien der Freizügigkeit (Art. 45) und der Entgeltgleichheit (Art. 157) sind hingegen immer unmittelbar anwendbar und gelten direkt im Verhältnis zwischen Arbeitgeber und Arbeitnehmer (*EuGH* 6. 6. 2000 – Rs. C 281/98, AP Nr. 3 zu Art. 39 EG – Angonese; *EuGH* 8. 4. 1976 – 43/75, Slg. 76, 455 – Defrenne II; *EuGH* 3. 6. 2021 – C-624/19, NZA 21, 855 – K, L u. a./Tesco Stores). Dasselbe gilt für die Dienstleistungs- und Niederlassungsfreiheit, was Auswirkungen auf die grenzüberschreitende Ausübung des Arbeitskampfes hat (vgl. Einl. II 2a zum TVG, Nr. 31).

Die überwiegende Zahl der Rechtsakte im Arbeits- und Sozialrecht erfolgt als Richtlinien, sodass jeweils durch nationale Gesetzgebung in allen Mitgliedstaaten eine Harmonisierung des Rechts in der Union herbeigeführt werden muss. Im Arbeitsrecht sind nicht wenige bedeutende Sachkomplexe durch europäische Vorgaben geprägt. Sie sind in der Europäischen Arbeits- und Sozialordnung (EU-ASO) zusammengefasst.

d) Vorabentscheidungsverfahren

Über Auslegung und Gültigkeit des Unionsrechts entscheidet der EuGH nach Vorabentscheidungsersuchen eines nationalen Gerichts gemäß Art. 267 AEUV. Ein letztinstanzliches Gericht ist zur Vorlage an den EuGH verpflichtet. Diese Pflicht entfällt nur dann, wenn es keinerlei vernünftige Zweifel an der richtigen Entscheidung der Auslegungsfrage gibt (*BVerfG* 29. 5. 2012 – 1 BvR 3201/11, NZA 13, 164). Wenn eine entscheidungserhebliche Rechtsfrage allerdings schon Gegenstand eines Vorabentscheidungsverfahrens beim *EuGH* ist, kann das an sich vorlagepflichtige Gericht das Verfahren analog § 148 ZPO aussetzen und die Entscheidung des *EuGH* abwarten (*BAG* 28. 7. 2021 – 10 AZR 397/20 [A], NZA 2021, 1273). Eine Vorlagepflicht besteht nicht für Landesarbeitsgerichte, da für den Fall, dass sie Rechtsmittel nicht zulassen, die Möglichkeit der Nichtzulassungsbeschwerde gegeben ist (*BAG* 8. 12. 2011 – 6 AZN 1371/11, NZA 12, 286, 287). Die Verletzung einer Vorlagepflicht kann eine Verletzung des Art. 101 Abs. 1 S. 2 GG bedeuten, da die Parteien dann ihrem gesetzlichen Richter im Sinne dieser Bestimmung entzogen werden. Aus diesem Grunde wurden beispielsweise Verfassungsverstöße festgestellt in Bezug auf unterlassene Vorlagen des *BAG* zur Frage des Endes des Konsultationsverfahrens nach § 17 KSchG (*BVerfG* 25. 2. 2010 – 1 BvR 230/09, NZA 10, 439) sowie zu der Frage, ob Arbeitgebern nach dem Rechtsprechungswandel zum Begriff der Massenentlassungen Vertrauensschutz gewährt werden könne (*BVerfG* 10. 12. 2014 – 2 BvR 1549/07, NZA 15, 375), vgl. dazu Einl. II 5 zum KSchG, Nr. 25. Eine willkürliche Verletzung der Vorlagepflicht durch ein letztinstanzliches Gericht ermöglicht nach § 579 Abs. 1 Nr. 1 ZPO die Nichtigkeitsklage (*BAG* 28. 7. 2022 – 6 AZR 24/22, NZA 22, 1492).

Wichtige Entscheidungen

BVerfG 25.2.2010 – 1 BvR 230/09, NZA 2010, 439
BVerfG 6.7.2010 – 2 BvR 2661/06, NZA 2010, 995
EuGH 18.12.2014 – Gutachten 2/13, JZ 2015, 773

Weiterführende Literatur

Kommentare, Hand- und Lehrbücher

Ales/Bell/Deinert/Robin-Olivier, International and European Labour Law (2018)
Eichenhofer, Soziale Menschenrechte im Völker-, europäischen und deutschen Recht (2012)
Franzen/Gallner/Oetker, Kommentar zum Europäischen Arbeitsrecht, 5. Aufl. (2024)
Fuchs/Marhold/Friedrich, Europäisches Arbeitsrecht, 6. Aufl. (2020)
Jarass, Charta der Grundrechte der EU, 4. Aufl. (2021)
Kocher, Europäisches Arbeitsrecht, 3. Aufl. (2024)
Preis/Sagan (Hrsg.), Europäisches Arbeitsrecht, 3. Aufl. (2024)
Riesenhuber, Europäisches Arbeitsrecht, 2. Aufl. (2021)
Schiek, Europäisches Arbeitsrecht, 4. Aufl. (2025)
Schlachter/Heinig (Hrsg.), Enzyklopädie Europarecht, Bd. 7, Europäisches Arbeits- und Sozialrecht, 2. Aufl. (2021)
Stern/Sachs (Hrsg.), Europäische Grundrechte-Charta (2016)
Thüsing, Europäisches Arbeitsrecht, 4. Aufl. (2024)

Aufsätze

Buschmann/Jessolat, Das Vorlageverfahren zum EuGH in Arbeitsrechtsstreitigkeiten – Teil 1, AuR 2025, S. 183; Teil 2, AuR 2025, S. 221
Däubler, EU-Grundrechte-Charta und kollektives Arbeitsrecht, AuR 2001, S. 380
Deinert, Die europäische Säule sozialer Rechte: Rechtsnatur und Implikationen für das nationale Arbeitsrecht, DRdA 2022, S. 383
Eichenhofer, Europäische Säule sozialer Rechte, ZESAR 2018, S. 401
Hanau, Die Europäische Grundrechtecharta – Schein und Wirklichkeit im Arbeitsrecht, NZA 2010, S. 1
Heuschmid, Zur Bedeutung von IAO-Normen für das EU-Arbeitsrecht, SR 2014, S. 1
Hoffmann/Wixforth, Die soziale Dimension der EU – Zwischen Grundfreiheiten und Europäischer Säule sozialer Rechte, AuR 2018, S. 4
Schiek/Uddin, »Brexit« und das Arbeitsrecht – für deutsche Unternehmen und Beschäftigte, NZA 2019, S. 345
Seifert, Bedeutung des Arbeitsrechts bei der Entstehung der Europäischen Gemeinschaften, AuR 2015, S. G9
Skouris, Die Europäische Grundrechte-Charta in der Rechtsprechung des EuGH, AuR 2015, S. 294
Weiss, Grundrechte-Charta der EU auch für Arbeitnehmer?, AuR 2001, S. 374
Zachert, Die Arbeitnehmergrundrechte in der Europäischen Grundrechtscharta, NZA 2001, S. 1041

Übersicht 43: Recht der EU

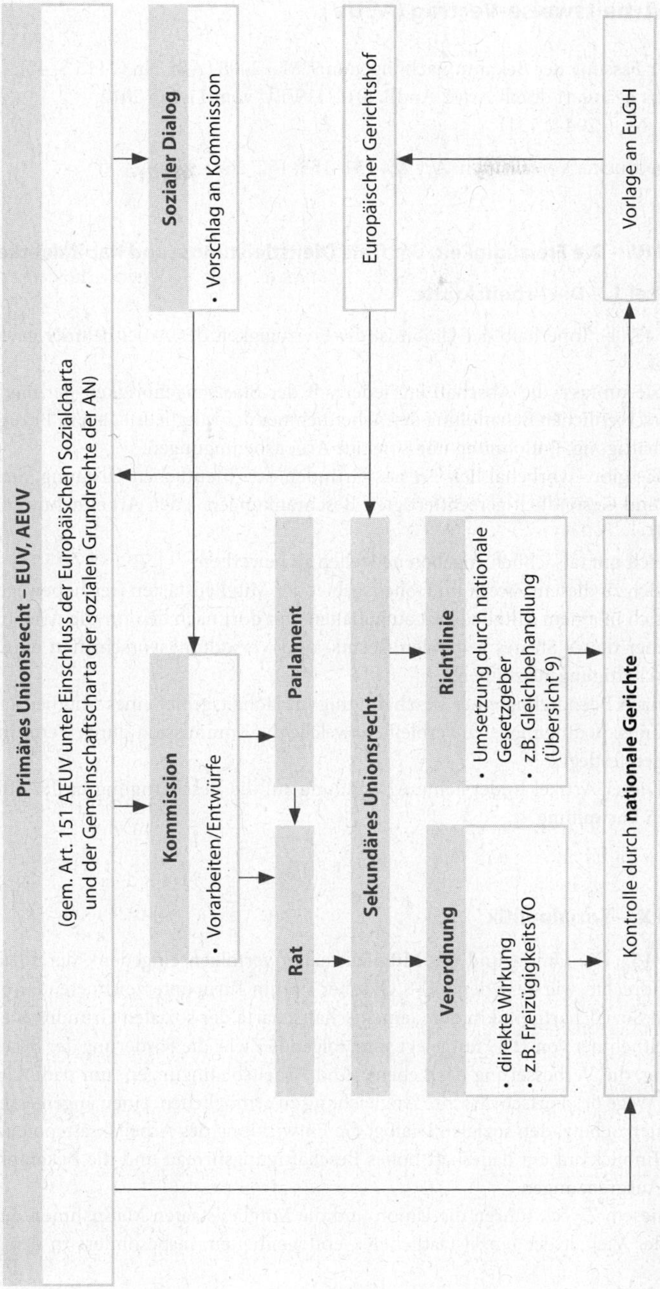

EU-Arbeitsweise-Vertrag (AEUV)

in der Fassung der Bekanntmachung vom 9. Mai 2008 (ABl. Nr. C 115 S. 47), zuletzt geändert durch Art. 2 ÄndB 2012/419/EU vom 11. Juli 2012 (ABl. Nr. L 204 S. 131)

(Abgedruckte Vorschriften: Art. 45, 151–155, 157, 267)

Titel IV. – Die Freizügigkeit, der freie Dienstleistungs- und Kapitalverkehr

Kapitel 1. – Die Arbeitskräfte

Art. 45 (1) Innerhalb der Union ist die Freizügigkeit der Arbeitnehmer gewährleistet.

(2) Sie umfasst die Abschaffung jeder auf der Staatsangehörigkeit beruhenden unterschiedlichen Behandlung der Arbeitnehmer der Mitgliedstaaten in Bezug auf Beschäftigung, Entlohnung und sonstige Arbeitsbedingungen.

(3) Sie gibt – vorbehaltlich der aus Gründen der öffentlichen Ordnung, Sicherheit und Gesundheit gerechtfertigten Beschränkungen – den Arbeitnehmern das Recht,

a) sich um tatsächlich angebotene Stellen zu bewerben;
b) sich zu diesem Zweck im Hoheitsgebiet der Mitgliedstaaten frei zu bewegen;
c) sich in einem Mitgliedstaat aufzuhalten, um dort nach den für die Arbeitnehmer dieses Staates geltenden Rechts- und Verwaltungsvorschriften eine Beschäftigung auszuüben;
d) nach Beendigung einer Beschäftigung im Hoheitsgebiet eines Mitgliedstaates unter Bedingungen zu verbleiben, welche die Kommission durch Verordnungen festlegt.

(4) Dieser Artikel findet keine Anwendung auf die Beschäftigung in der öffentlichen Verwaltung.

…

Titel X. – Sozialpolitik

Art. 151 Die Union und die Mitgliedstaaten verfolgen eingedenk der sozialen Grundrechte, wie sie in der am 18. Oktober 1961 in Turin unterzeichneten Europäischen Sozialcharta und in der Gemeinschaftscharta der sozialen Grundrechte der Arbeitnehmer von 1989 festgelegt sind, folgende Ziele: die Förderung der Beschäftigung, die Verbesserung der Lebens- und Arbeitsbedingungen, um dadurch auf dem Wege des Fortschritts ihre Angleichung zu ermöglichen, einen angemessenen sozialen Schutz, den sozialen Dialog, die Entwicklung des Arbeitskräftepotenzials im Hinblick auf ein dauerhaft hohes Beschäftigungsniveau und die Bekämpfung von Ausgrenzungen.

Zu diesem Zweck führen die Union und die Mitgliedstaaten Maßnahmen durch, die der Vielfalt der einzelstaatlichen Gepflogenheiten, insbesondere in den ver-

traglichen Beziehungen, sowie der Notwendigkeit, die Wettbewerbsfähigkeit der Wirtschaft der Union zu erhalten, Rechnung tragen.
Sie sind der Auffassung, dass sich eine solche Entwicklung sowohl aus dem eine Abstimmung der Sozialordnungen begünstigenden Wirken des Binnenmarkts als auch aus den in den Verträgen vorgesehenen Verfahren sowie aus der Angleichung ihrer Rechts- und Verwaltungsvorschriften ergeben wird.

Art. 152 Die Union anerkennt und fördert die Rolle der Sozialpartner auf Ebene der Union unter Berücksichtigung der Unterschiedlichkeit der nationalen Systeme. Sie fördert den sozialen Dialog und achtet dabei die Autonomie der Sozialpartner.
Der Dreigliedrige Sozialgipfel für Wachstum und Beschäftigung trägt zum sozialen Dialog bei.

Art. 153 (1) Zur Verwirklichung der Ziele des Artikels 151 unterstützt und ergänzt die Union die Tätigkeit der Mitgliedstaaten auf folgenden Gebieten:
a) Verbesserung insbesondere der Arbeitsumwelt zum Schutz der Gesundheit und der Sicherheit der Arbeitnehmer,
b) Arbeitsbedingungen,
c) soziale Sicherheit und sozialer Schutz der Arbeitnehmer,
d) Schutz der Arbeitnehmer bei Beendigung des Arbeitsvertrags,
e) Unterrichtung und Anhörung der Arbeitnehmer,
f) Vertretung und kollektive Wahrnehmung der Arbeitnehmer- und Arbeitgeberinteressen, einschließlich der Mitbestimmung, vorbehaltlich des Absatzes 5,
g) Beschäftigungsbedingungen der Staatsangehörigen dritter Länder, die sich rechtmäßig im Gebiet der Union aufhalten,
h) berufliche Eingliederung der aus dem Arbeitsmarkt ausgegrenzten Personen, unbeschadet des Artikels 166,
i) Chancengleichheit von Männern und Frauen auf dem Arbeitsmarkt und Gleichbehandlung am Arbeitsplatz,
j) Bekämpfung der sozialen Ausgrenzung,
k) Modernisierung der Systeme des sozialen Schutzes, unbeschadet des Buchstabens c.

(2) Zu diesem Zweck können das Europäische Parlament und der Rat
a) unter Ausschluss jeglicher Harmonisierung der Rechts- und Verwaltungsvorschriften der Mitgliedstaaten Maßnahmen annehmen, die dazu bestimmt sind, die Zusammenarbeit zwischen den Mitgliedstaaten durch Initiativen zu fördern, die die Verbesserung des Wissensstands, die Entwicklung des Austauschs von Informationen und bewährten Verfahren, die Förderung innovativer Ansätze und die Bewertung von Erfahrungen zum Ziel haben;
b) in den in Absatz 1 Buchstaben a bis i genannten Bereichen unter Berücksichtigung der in den einzelnen Mitgliedstaaten bestehenden Bedingungen und technischen Regelungen durch Richtlinien Mindestvorschriften erlassen, die schrittweise anzuwenden sind. Diese Richtlinien sollen keine verwaltungsmäßigen, finanziellen oder rechtlichen Auflagen vorschreiben, die der Gründung und Entwicklung von kleinen und mittleren Unternehmen entgegenstehen.

Das Europäische Parlament und der Rat beschließen gemäß dem ordentlichen Gesetzgebungsverfahren nach Anhörung des Wirtschafts- und Sozialausschusses und des Ausschusses der Regionen.
In den in Absatz 1 Buchstaben c, d, f und g genannten Bereichen beschließt der Rat einstimmig gemäß einem besonderen Gesetzgebungsverfahren nach Anhörung des Europäischen Parlaments und der genannten Ausschüsse.
Der Rat kann einstimmig auf Vorschlag der Kommission nach Anhörung des Europäischen Parlaments beschließen, dass das ordentliche Gesetzgebungsverfahren auf Absatz 1 Buchstaben d, f und g angewandt wird.
(3) Ein Mitgliedstaat kann den Sozialpartnern auf deren gemeinsamen Antrag die Durchführung von aufgrund des Absatzes 2 angenommenen Richtlinien oder gegebenenfalls die Durchführung eines nach Artikel 155 erlassenen Beschlusses des Rates übertragen.
In diesem Fall vergewissert sich der Mitgliedstaat, dass die Sozialpartner spätestens zu dem Zeitpunkt, zu dem eine Richtlinie umgesetzt oder ein Beschluss durchgeführt sein muss, im Wege einer Vereinbarung die erforderlichen Vorkehrungen getroffen haben; dabei hat der Mitgliedstaat alle erforderlichen Maßnahmen zu treffen, um jederzeit gewährleisten zu können, dass die durch diese Richtlinie oder diesen Beschluss vorgeschriebenen Ergebnisse erzielt werden.
(4) Die aufgrund dieses Artikels erlassenen Bestimmungen
- berühren nicht die anerkannte Befugnis der Mitgliedstaaten, die Grundprinzipien ihres Systems der sozialen Sicherheit festzulegen, und dürfen das finanzielle Gleichgewicht dieser Systeme nicht erheblich beeinträchtigen;
- hindern die Mitgliedstaaten nicht daran, strengere Schutzmaßnahmen beizubehalten oder zu treffen, die mit den Verträgen vereinbar sind.

(5) Dieser Artikel gilt nicht für das Arbeitsentgelt, das Koalitionsrecht, das Streikrecht sowie das Aussperrungsrecht.

Art. 154 (1) Die Kommission hat die Aufgabe, die Anhörung der Sozialpartner auf Unionsebene zu fördern, und erlässt alle zweckdienlichen Maßnahmen, um den Dialog zwischen den Sozialpartnern zu erleichtern, wobei sie für Ausgewogenheit bei der Unterstützung der Parteien sorgt.
(2) Zu diesem Zweck hört die Kommission vor Unterbreitung von Vorschlägen im Bereich der Sozialpolitik die Sozialpartner zu der Frage, wie eine Unionsaktion gegebenenfalls ausgerichtet werden sollte.
(3) Hält die Kommission nach dieser Anhörung eine Unionsmaßnahme für zweckmäßig, so hört sie die Sozialpartner zum Inhalt des in Aussicht genommenen Vorschlags. Die Sozialpartner übermitteln der Kommission eine Stellungnahme oder gegebenenfalls eine Empfehlung.
(4) Bei den Anhörungen nach den Absätzen 2 und 3 können die Sozialpartner der Kommission mitteilen, dass sie den Prozess nach Artikel 155 in Gang setzen wollen. Die Dauer dieses Prozesses darf höchstens neun Monate betragen, sofern die betroffenen Sozialpartner und die Kommission nicht gemeinsam eine Verlängerung beschließen.

Art. 155 (1) Der Dialog zwischen den Sozialpartnern auf Unionsebene kann, falls sie es wünschen, zur Herstellung vertraglicher Beziehungen einschließlich des Abschlusses von Vereinbarungen führen.

(2) Die Durchführung der auf Unionsebene geschlossenen Vereinbarungen erfolgt entweder nach den jeweiligen Verfahren und Gepflogenheiten der Sozialpartner und der Mitgliedstaaten oder – im den durch Artikel 153 erfassten Bereichen – auf gemeinsamen Antrag der Unterzeichnerparteien durch einen Beschluss des Rates auf Vorschlag der Kommission. Das Europäische Parlament wird unterrichtet.

Der Rat beschließt einstimmig, sofern die betreffende Vereinbarung eine oder mehrere Bestimmungen betreffend einen der Bereiche enthält, für die nach Artikel 153 Absatz 2 Einstimmigkeit erforderlich ist.

…

Art. 157 (1) Jeder Mitgliedstaat stellt die Anwendung des Grundsatzes des gleichen Entgelts für Männer und Frauen bei gleicher oder gleichwertiger Arbeit sicher.

(2) Unter »Entgelt« im Sinne dieses Artikels sind die üblichen Grund- oder Mindestlöhne und -gehälter sowie alle sonstigen Vergütungen zu verstehen, die der Arbeitgeber aufgrund des Dienstverhältnisses dem Arbeitnehmer unmittelbar oder mittelbar in bar oder in Sachleistungen zahlt.

Gleichheit des Arbeitsentgelts ohne Diskriminierung aufgrund des Geschlechts bedeutet,

a) dass das Entgelt für eine gleiche nach Akkord bezahlte Arbeit aufgrund der gleichen Maßeinheit festgesetzt wird,
b) dass für eine nach Zeit bezahlte Arbeit das Entgelt bei gleichem Arbeitsplatz gleich ist.

(3) Das Europäische Parlament und der Rat beschließen gemäß dem ordentlichen Gesetzgebungsverfahren und nach Anhörung des Wirtschafts- und Sozialausschusses Maßnahmen zur Gewährleistung der Anwendung des Grundsatzes der Chancengleichheit und der Gleichbehandlung von Männern und Frauen in Arbeits- und Beschäftigungsfragen, einschließlich des Grundsatzes des gleichen Entgelts bei gleicher oder gleichwertiger Arbeit.

(4) Im Hinblick auf die effektive Gewährleistung der vollen Gleichstellung von Männern und Frauen im Arbeitsleben hindert der Grundsatz der Gleichbehandlung die Mitgliedstaaten nicht daran, zur Erleichterung der Berufstätigkeit des unterrepräsentierten Geschlechts oder zur Verhinderung bzw. zum Ausgleich von Benachteiligungen in der beruflichen Laufbahn spezifische Vergünstigungen beizubehalten oder zu beschließen.

…

Sechster Teil. – Institutionelle Bestimmungen und Finanzvorschriften

Titel I. – Vorschriften über die Organe

Kapitel 1. – Die Organe

…

Abschnitt 5. – Der Gerichtshof der Europäischen Union

…

Art. 267 Der Gerichtshof der Europäischen Union entscheidet im Wege der Vorabentscheidung

a) über die Auslegung der Verträge,
b) über die Gültigkeit und die Auslegung der Handlungen der Organe, Einrichtungen oder sonstigen Stellen der Union.

Wird eine derartige Frage einem Gericht eines Mitgliedstaats gestellt und hält dieses Gericht eine Entscheidung darüber zum Erlass seines Urteils für erforderlich, so kann es diese Frage dem Gerichtshof zur Entscheidung vorlegen.

Wird eine derartige Frage in einem schwebenden Verfahren bei einem einzelstaatlichen Gericht gestellt, dessen Entscheidungen selbst nicht mehr mit Rechtsmitteln des innerstaatlichen Rechts angefochten werden können, so ist dieses Gericht zur Anrufung des Gerichtshofs verpflichtet.

Wird eine derartige Frage in einem schwebenden Verfahren, das eine inhaftierte Person betrifft, bei einem einzelstaatlichen Gericht gestellt, so entscheidet der Gerichtshof innerhalb kürzester Zeit.

20b. Charta der Grundrechte der Europäischen Union

vom 7. Juni 2016 (ABl. 2016, C 202/02)[1]

(Abgedruckte Vorschriften: Abs. 5 der Präambel, Art. 1, 7, 8, 12, 15, 16, 20, 21, 23, 27–33, 51 – 53)

Einleitung

(siehe bei Nr. 20a, II 2b)

Text

Präambel (…) Diese Charta bekräftigt unter Achtung der Zuständigkeiten und Aufgaben der Union und des Subsidiaritätsprinzips die Rechte, die sich vor allem aus den gemeinsamen Verfassungstraditionen und den gemeinsamen internationalen Verpflichtungen der Mitgliedstaaten, aus der Europäischen Konvention zum Schutz der Menschenrechte und Grundfreiheiten, aus den von der Union und dem Europarat beschlossenen Sozialchartas sowie aus der Rechtsprechung des Gerichtshofs der Europäischen Union und des Europäischen Gerichtshofs für Menschenrechte ergeben. In diesem Zusammenhang erfolgt die Auslegung der Charta durch die Gerichte der Union und der Mitgliedstaaten unter gebührender Berücksichtigung der Erläuterungen, die unter der Leitung des Präsidiums des Konvents zur Ausarbeitung der Charta formuliert und unter der Verantwortung des Präsidiums des Europäischen Konvents aktualisiert wurden.

…

1 Konsolidierte Fassung des **Vertrags über die Europäische Union: Art. 6** (1) Die Union erkennt die Rechte, Freiheiten und Grundsätze an, die in der Charta der Grundrechte der Europäischen Union vom 7. Dezember 2000 in der am 12. Dezember 2007 in Straßburg angepassten Fassung niedergelegt sind; die Charta der Grundrechte und die Verträge sind rechtlich gleichrangig. Durch die Bestimmungen der Charta werden die in den Verträgen festgelegten Zuständigkeiten der Union in keiner Weise erweitert. Die in der Charta niedergelegten Rechte, Freiheiten und Grundsätze werden gemäß den allgemeinen Bestimmungen des Titels VII der Charta, der ihre Auslegung und Anwendung regelt, und unter gebührender Berücksichtigung der in der Charta aufgeführten Erläuterungen, in denen die Quellen dieser Bestimmungen angegeben sind, ausgelegt.
(2) Die Union tritt der Europäischen Konvention zum Schutz der Menschenrechte und Grundfreiheiten bei. Dieser Beitritt ändert nicht die in den Verträgen festgelegten Zuständigkeiten der Union.
(3) Die Grundrechte, wie sie in der Europäischen Konvention zum Schutz der Menschenrechte und Grundfreiheiten gewährleistet sind und wie sie sich aus den gemeinsamen Verfassungsüberlieferungen der Mitgliedstaaten ergeben, sind als allgemeine Grundsätze Teil des Unionsrechts.

Titel I. – Würde des Menschen

Art. 1 Würde des Menschen Die Würde des Menschen ist unantastbar. Sie ist zu achten und zu schützen.

…

Titel II. – Freiheiten

…

Art. 7 Achtung des Privat- und Familienlebens Jede Person hat das Recht auf Achtung ihres Privat- und Familienlebens, ihrer Wohnung sowie ihrer Kommunikation.

Art. 8 Schutz personenbezogener Daten (1) Jede Person hat das Recht auf Schutz der sie betreffenden personenbezogenen Daten.
(2) Diese Daten dürfen nur nach Treu und Glauben für festgelegte Zwecke und mit Einwilligung der betroffenen Person oder auf einer sonstigen gesetzlich geregelten legitimen Grundlage verarbeitet werden. Jede Person hat das Recht, Auskunft über die sie betreffenden erhobenen Daten zu erhalten und die Berichtigung der Daten zu erwirken.
(3) Die Einhaltung dieser Vorschriften wird von einer unabhängigen Stelle überwacht.

…

Art. 12 Versammlungs- und Vereinigungsfreiheit (1) Jede Person hat das Recht, sich insbesondere im politischen, gewerkschaftlichen und zivilgesellschaftlichen Bereich auf allen Ebenen frei und friedlich mit anderen zu versammeln und frei mit anderen zusammenzuschließen, was das Recht jeder Person umfasst, zum Schutz ihrer Interessen Gewerkschaften zu gründen und Gewerkschaften beizutreten.
(2) Politische Parteien auf der Ebene der Union tragen dazu bei, den politischen Willen der Unionsbürgerinnen und Unionsbürger zum Ausdruck zu bringen.

…

Art. 15 Berufsfreiheit und Recht zu arbeiten (1) Jede Person hat das Recht, zu arbeiten und einen frei gewählten oder angenommenen Beruf auszuüben.
(2) Alle Unionsbürgerinnen und Unionsbürger haben die Freiheit, in jedem Mitgliedstaat Arbeit zu suchen, zu arbeiten, sich niederzulassen oder Dienstleistungen zu erbringen.
(3) Die Staatsangehörigen dritter Länder, die im Hoheitsgebiet der Mitgliedstaaten arbeiten dürfen, haben Anspruch auf Arbeitsbedingungen, die denen der Unionsbürgerinnen und Unionsbürger entsprechen.

Art. 16 Unternehmerische Freiheit Die unternehmerische Freiheit wird nach dem Unionsrecht und den einzelstaatlichen Rechtsvorschriften und Gepflogenheiten anerkannt.

…

Titel III. – Gleichheit

Art. 20 Gleichheit vor dem Gesetz Alle Personen sind vor dem Gesetz gleich.

Art. 21 Nichtdiskriminierung (1) Diskriminierungen insbesondere wegen des Geschlechts, der Rasse, der Hautfarbe, der ethnischen oder sozialen Herkunft, der genetischen Merkmale, der Sprache, der Religion oder der Weltanschauung, der politischen oder sonstigen Anschauung, der Zugehörigkeit zu einer nationalen Minderheit, des Vermögens, der Geburt, einer Behinderung, des Alters oder der sexuellen Ausrichtung sind verboten.
(2) Unbeschadet besonderer Bestimmungen der Verträge ist in ihrem Anwendungsbereich jede Diskriminierung aus Gründen der Staatsangehörigkeit verboten.
…

Art. 23 Gleichheit von Frauen und Männern Die Gleichheit von Frauen und Männern ist in allen Bereichen, einschließlich der Beschäftigung, der Arbeit und des Arbeitsentgelts, sicherzustellen.
Der Grundsatz der Gleichheit steht der Beibehaltung oder der Einführung spezifischer Vergünstigungen für das unterrepräsentierte Geschlecht nicht entgegen.
…

Titel IV. – Solidarität

Art. 27 Recht auf Unterrichtung und Anhörung der Arbeitnehmerinnen und Arbeitnehmer im Unternehmen Für die Arbeitnehmerinnen und Arbeitnehmer oder ihre Vertreter muss auf den geeigneten Ebenen eine rechtzeitige Unterrichtung und Anhörung in den Fällen und unter den Voraussetzungen gewährleistet sein, die nach dem Unionsrecht und den einzelstaatlichen Rechtsvorschriften und Gepflogenheiten vorgesehen sind.

Art. 28 Recht auf Kollektivverhandlungen und Kollektivmaßnahmen Die Arbeitnehmerinnen und Arbeitnehmer sowie die Arbeitgeberinnen und Arbeitgeber oder ihre jeweiligen Organisationen haben nach dem Unionsrecht und den einzelstaatlichen Rechtsvorschriften und Gepflogenheiten das Recht, Tarifverträge auf den geeigneten Ebenen auszuhandeln und zu schließen sowie bei Interessenkonflikten kollektive Maßnahmen zur Verteidigung ihrer Interessen, einschließlich Streiks, zu ergreifen.

Art. 29 Recht auf Zugang zu einem Arbeitsvermittlungsdienst Jeder Mensch hat das Recht auf Zugang zu einem unentgeltlichen Arbeitsvermittlungsdienst.

Art. 30 Schutz bei ungerechtfertigter Entlassung Jede Arbeitnehmerin und jeder Arbeitnehmer hat nach dem Unionsrecht und den einzelstaatlichen Rechtsvorschriften und Gepflogenheiten Anspruch auf Schutz vor ungerechtfertigter Entlassung.

Art. 31 Gerechte und angemessene Arbeitsbedingungen (1) Jede Arbeitnehmerin und jeder Arbeitnehmer hat das Recht auf gesunde, sichere und würdige Arbeitsbedingungen.
(2) Jede Arbeitnehmerin und jeder Arbeitnehmer hat das Recht auf eine Begrenzung der Höchstarbeitszeit, auf tägliche und wöchentliche Ruhezeiten sowie auf bezahlten Jahresurlaub.

Art. 32 Verbot der Kinderarbeit und Schutz der Jugendlichen am Arbeitsplatz Kinderarbeit ist verboten. Unbeschadet günstigerer Vorschriften für Jugendliche und abgesehen von begrenzten Ausnahmen darf das Mindestalter für den Eintritt in das Arbeitsleben das Alter, in dem die Schulpflicht endet, nicht unterschreiten.
Zur Arbeit zugelassene Jugendliche müssen ihrem Alter angepasste Arbeitsbedingungen erhalten und vor wirtschaftlicher Ausbeutung und vor jeder Arbeit geschützt werden, die ihre Sicherheit, ihre Gesundheit, ihre körperliche, geistige, sittliche oder soziale Entwicklung beeinträchtigen oder ihre Erziehung gefährden könnte.

Art. 33 Familien- und Berufsleben (1) Der rechtliche, wirtschaftliche und soziale Schutz der Familie wird gewährleistet.
(2) Um Familien- und Berufsleben miteinander in Einklang bringen zu können, hat jeder Mensch das Recht auf Schutz vor Entlassung aus einem mit der Mutterschaft zusammenhängenden Grund sowie den Anspruch auf einen bezahlten Mutterschaftsurlaub und auf einen Elternurlaub nach der Geburt oder Adoption eines Kindes.
…

Titel VII. – Allgemeine Bestimmungen über die Auslegung und Anwendung der Charta

Art. 51 Anwendungsbereich (1) Diese Charta gilt für die Organe, Einrichtungen und sonstigen Stellen der Union unter Wahrung des Subsidiaritätsprinzips und für die Mitgliedstaaten ausschließlich bei der Durchführung des Rechts der Union. Dementsprechend achten sie die Rechte, halten sie sich an die Grundsätze und fördern sie deren Anwendung entsprechend ihren jeweiligen Zuständigkeiten und unter Achtung der Grenzen der Zuständigkeiten, die der Union in den Verträgen übertragen werden.
(2) Diese Charta dehnt den Geltungsbereich des Unionsrechts nicht über die Zuständigkeiten der Union hinaus aus und begründet weder neue Zuständigkeiten noch neue Aufgaben für die Union, noch ändert sie die in den Verträgen festgelegten Zuständigkeiten und Aufgaben.

Art. 52 Tragweite und Auslegung der Rechte und Grundsätze (1) Jede Einschränkung der Ausübung der in dieser Charta anerkannten Rechte und Freiheiten muss gesetzlich vorgesehen sein und den Wesensgehalt dieser Rechte und Freiheiten achten. Unter Wahrung des Grundsatzes der Verhältnismäßigkeit dürfen

Einschränkungen nur vorgenommen werden, wenn sie erforderlich sind und den von der Union anerkannten dem Gemeinwohl dienenden Zielsetzungen oder den Erfordernissen des Schutzes der Rechte und Freiheiten anderer tatsächlich entsprechen.
(2) Die Ausübung der durch diese Charta anerkannten Rechte, die in den Verträgen geregelt sind, erfolgt im Rahmen der in den Verträgen festgelegten Bedingungen und Grenzen.
(3) Soweit diese Charta Rechte enthält, die den durch die Europäische Konvention zum Schutz der Menschenrechte und Grundfreiheiten garantierten Rechten entsprechen, haben sie die gleiche Bedeutung und Tragweite, wie sie ihnen in der genannten Konvention verliehen wird. Diese Bestimmung steht dem nicht entgegen, dass das Recht der Union einen weiter gehenden Schutz gewährt.
(4) Soweit in dieser Charta Grundrechte anerkannt werden, wie sie sich aus den gemeinsamen Verfassungsüberlieferungen der Mitgliedstaaten ergeben, werden sie im Einklang mit diesen Überlieferungen ausgelegt.
(5) Die Bestimmungen dieser Charta, in denen Grundsätze festgelegt sind, können durch Akte der Gesetzgebung und der Ausführung der Organe, Einrichtungen und sonstigen Stellen der Union sowie durch Akte der Mitgliedstaaten zur Durchführung des Rechts der Union in Ausübung ihrer jeweiligen Zuständigkeiten umgesetzt werden. Sie können vor Gericht nur bei der Auslegung dieser Akte und bei Entscheidungen über deren Rechtmäßigkeit herangezogen werden.
(6) Den einzelstaatlichen Rechtsvorschriften und Gepflogenheiten ist, wie es in dieser Charta bestimmt ist, in vollem Umfang Rechnung zu tragen.
(7) Die Erläuterungen, die als Anleitung für die Auslegung dieser Charta verfasst wurden, sind von den Gerichten der Union und der Mitgliedstaaten gebührend zu berücksichtigen.

Art. 53 Schutzniveau Keine Bestimmung dieser Charta ist als eine Einschränkung oder Verletzung der Menschenrechte und Grundfreiheiten auszulegen, die in dem jeweiligen Anwendungsbereich durch das Recht der Union und das Völkerrecht sowie durch die internationalen Übereinkünfte, bei denen die Union oder alle Mitgliedstaaten Vertragsparteien sind, darunter insbesondere die Europäische Konvention zum Schutz der Menschenrechte und Grundfreiheiten, sowie durch die Verfassungen der Mitgliedstaaten anerkannt werden.
…

21. Handelsgesetzbuch (HGB)

Einleitung

Das HGB regelt das (Sonder-)Recht der Kaufleute. Von der bei seiner Schaffung angestrebten geschlossenen Kodifikation der Rechtsverhältnisse des »Handelsstandes« ist nicht mehr viel übriggeblieben. Viele Bereiche wurden ausgegliedert und gesondert geregelt, etwa weite Bereiche des Gesellschaftsrechts und des Wettbewerbsrechts. Auch das Arbeitsrecht für Handlungsgehilfen ist weitgehend in den Regelungen des allgemeinen Arbeitsrechts aufgegangen. Praktisch bedeutsam sind lediglich noch die Bestimmungen des HGB über Wettbewerbsverbote für kaufmännische Angestellte, die für die Zeit nach Beendigung des Arbeitsverhältnisses wirken sollen (§§ 74 ff.; Checkliste 44). Die darin enthaltenen Grundsätze werden auch auf andere Arbeitnehmer angewendet (§ 110 S. 2 GewO, Nr. 19).
Die Möglichkeit, Wettbewerbsverbote abschließen zu können, wird vom *BAG* jedoch nur in zunehmend engeren Grenzen zugelassen (vgl. *BAG* 24. 3. 2010 – 10 AZR 66/09, NZA 10, 693; 21. 4. 2010 – 10 AZR 288/09, DB 10, 1889; zu den Grenzen eines Vorvertrages über ein Wettbewerbsverbot *BAG* 14. 7. 2010 – 10 AZR 291/09, NZA 11, 413, sowie *BAG* 19. 12. 2018 – 10 AZR 130/18, NZA 19, 383). Ein Verbot ohne vorgesehene Karenzentschädigung nach § 74 Abs. 2 ist nichtig. Eine sog. salvatorische Klausel, die darauf zielt, nichtige Vertragsteile in den Grenzen des rechtlich Zulässigen zu »retten«, ändert hieran nichts, weil es an der notwendig eindeutigen Zusage der Karenzentschädigung mangelt (*BAG* 22. 3. 2017 – 10 AZR 448/15, NZA 17, 845). Der Arbeitnehmer hat bei einem auf diese Weise nichtigen Wettbewerbsverbot keine Wahl zwischen Einhaltung des Wettbewerbsverbots mit Anspruch auf Karenzentschädigung einerseits und andererseits Unbeachtlichkeit des Wettbewerbsverbots (*BAG* 22. 3. 2017 – 10 AZR 448/15, NZA 17, 845, Rn. 23). Davon zu unterscheiden ist eine Vereinbarung, bei der der Arbeitgeber sich zur Zahlung einer Karenzentschädigung nach billigem Ermessen verpflichtet. Genügt diese nicht der Mindesthöhe nach § 74 Abs. 2 HGB, ist das Wettbewerbsverbot nur für den Arbeitnehmer unverbindlich (*BAG* 15. 1. 2014 – 10 AZR 243/13, NZA 14, 536). Er kann dann entscheiden, ob er sich gegen das Wettbewerbsverbot wendet oder auf Wettbewerb verzichtet und die Entschädigung in Anspruch nimmt. Leistungen auf virtuelle Aktienoptionsrechte, die im laufenden Arbeitsverhältnis ausgeübt wurden, sind bei der Berechnung der Karenzentschädigung zu berücksichtigen (*BAG* 27. 3. 2025 – 8 AZR 63/24, NZA 25, 935). Aktienoptionen einer Konzernmutter sind dagegen nicht in die Karenzentschädigung einzubeziehen (*BAG* 25. 8. 2022 – 8 AZR 453/21, NZA 23, 154).
Der Arbeitnehmer muss sich anderweitigen Erwerb auf die Karenzentschädigung nach § 74c HGB anrechnen lassen. Über dessen Höhe muss er Auskunft erteilen (Abs. 2, dazu *BAG* 27. 2. 2019 – 10 AZR 340/18, NZA 19, 837). Eine Anrechnungsvereinbarung, die über die gesetzlichen Grenzen hinausgeht, ist insoweit unverbindlich (*BAG* 16. 12. 2021 – 8 AZR 498/20, NZA 22, 713). Das *BAG* (14. 9. 2011 –

10 AZR 198/10, NZA-RR 12, 98) hat Zweifel geäußert, ob das Arbeitslosengeld auf eine Karenzentschädigung angerechnet werden kann, die Frage aber letztlich offengelassen. Wenn der Arbeitgeber die Karenzentschädigung nicht zahlt, kann der Arbeitnehmer nach §§ 323 ff. BGB (Nr. 14) vom Wettbewerbsverbot mit Wirkung für die Zukunft zurücktreten (*BAG* 31.1.2018 – 10 AZR 392/17, NZA 18, 578). Zu beachten ist, dass ein Wettbewerbsverbot von einer allgemeinen Ausgleichsklausel im Aufhebungsvertrag erfasst wird, sodass auch ein Anspruch auf Karenzentschädigung mit der Ausgleichsklausel untergehen kann (*BAG* 22.10.2008 – 10 AZR 617/07, DB 09, 182).

Während des Arbeitsverhältnisses besteht für Handlungsgehilfen ein allgemeines Konkurrenzverbot nach § 60 HGB. Der Verstoß gegen das Wettbewerbsverbot kann den Arbeitgeber zur außerordentlichen Kündigung berechtigen. Außerdem erlangt er ggf. einen Schadensersatzanspruch. Wahlweise kann er auch herausverlangen, was der Arbeitnehmer aus der Wettbewerbstätigkeit erlangt hat (§ 61 Abs. 1 HGB). Diese Ansprüche unterliegen einer kurzen dreimonatigen Verjährungsfrist nach § 61 Abs. 2 HGB. Auch diese Regelung ist auf alle Arbeitnehmer (nicht nur Handlungsgehilfen) anwendbar (*BAG* 25.11.2021 – 8 AZR 226/20, NZA 22, 655). Nicht herausgeben muss der Arbeitnehmer aber ein Festgehalt aus einer wettbewerbswidrigen Tätigkeit (*BAG* 17.10.2012 – 10 AZR 809/11, NZA 13, 207). Kein Verstoß gegen das Wettbewerbsverbot liegt vor, wenn der Arbeitnehmer eine für die Zeit nach dem Arbeitsverhältnis vorgesehene Unternehmensgründung vorbereitet, solange er nicht Arbeitskollegen oder Kunden abwirbt (*BAG* 19.12.2018 – 10 AZR 233/18, NZA 19, 571).

Nach § 75f HGB sind Sperrabreden nicht durchsetzbar. Das erstreckt sich auch auf Vereinbarungen über Abwerbeverbote, es sei denn, sie sollen unlauteres Verhalten des Arbeitnehmers oder ein illoyales Ausnutzen von Erfahrungen aus dem alten Arbeitsverhältnis durch den neuen Arbeitgeber verhindern und dauern nicht länger als zwei Jahre (*BGH* 22.9.2015 – XI ZR 116/15, NJW 15, 3442).

Weiterführende Literatur

Deinert/Wenckebach/Zwanziger-*Klengel*, Arbeitsrecht, § 91 (Nachvertragliches Wettbewerbsverbot)

Ebenroth/Boujong, Handelsgesetzbuch, 2 Bände, 5. Aufl. (2024)

Heidel/Schall, Handelsgesetzbuch, 4. Aufl. (2024)

Hopt, Handelsgesetzbuch, 44. Aufl. (2025)

Oberthür/Lohr, Der Handelsvertreter im Arbeits- und Sozialversicherungsrecht, NZA 2001, S. 126

Oetker, Handelsgesetzbuch, 8. Aufl. (2024)

Checkliste 44: Nachvertragliche Wettbewerbsvereinbarungen

I. Anwendungsbereich

- Arbeitnehmer (§ 110 GewO, § 74 HGB)
- nicht Auszubildende (§ 12 BBiG)
- nicht Minderjährige (§ 74a II HGB)

II. Abschlusszeitpunkt

III. Schriftform (§ 74 I HGB)

IV. Materielle Voraussetzungen

- berechtigtes geschäftliches Interesse des Arbeitgebers
- keine unbillige Erschwerung des Fortkommens des Arbeitnehmers
- zeitliche Begrenzung der Wettbewerbsabrede: maximal zwei Jahre (§ 74a I HGB)
- räumliche Begrenzung: kein allgemein gültiger Maßstab, Umstände des Einzelfalles.

V. Anspruch auf die Karenzentschädigung

- Höhe der Karenzentschädigung (§ 74 II HGB)
- Anrechnung anderweitigen Erwerbs (§ 74c HGB)
- vertraglicher Ausschluss der Anrechnung anderweitigen Erwerbs möglich
- Anrechnungsgrenzen nach § 74c HGB 110 % oder 125 % der zuletzt bezogenen Vergütung, wenn ein Wohnsitzwechsel notwendig ist
- Anrechnungszeitraum: der Monat, in dem das anderweitige Einkommen erzielt wurde
- anrechenbares Einkommen: grundsätzlich jeder anderweitige Erwerb, nicht gesetzliche und betriebliche Altersrenten
- fiktive Anrechnung anderweitigen Erwerbs bei böswilligem Unterlassen
- Fälligkeit der Karenzentschädigung: monatlich nachträglich
- Verjährung: zweijährige Verjährungsfrist
- Ausschlussfristen: durch Auslegung der Tarifnorm zu ermitteln, ob diese auch Karenzentschädigung erfasst
- Ausgleichsklausel erfasst i. d. R. auch Wettbewerbsverbot und Karenzentschädigung
- Pfändungsschutz (§ 850 Abs. 3a ZPO)
- Steuerliche Behandlung: Karenzentschädigung ist lohnsteuerpflichtig, Tarifbegünstigung nach §§ 24, 34 EStG evtl. möglich *(streitig)*
- Sozialversicherungsrechtliche Behandlung: Karenzentschädigung sozialversicherungsfrei wegen § 14 SGB IV.

Handelsgesetzbuch (HGB)

vom 10. Mai 1897 (RGBl. 219),
zuletzt geändert durch Gesetz vom 22. Dezember 2025 (BGBl. 2025 I Nr. 369)[1]

(Abgedruckte Vorschriften: §§ 9, 48 – 84, 87, 87a, 87c, 92a, 92c, 105 Abs. 1, 109, 161, 163)

Zweiter Abschnitt – Handelsregister; Unternehmensregister

§ 9 Einsichtnahme in das Handelsregister und das Unternehmensregister
(1) Die Einsichtnahme in das Handelsregister sowie in die zum Handelsregister eingereichten Dokumente ist jedem zu Informationszwecken durch einzelne Abrufe gestattet. Die Landesjustizverwaltungen bestimmen das elektronische Informations- und Kommunikationssystem, über das die Daten aus den Handelsregistern abrufbar sind, und sind für die Abwicklung des elektronischen Abrufverfahrens zuständig. Die Landesregierung kann die Zuständigkeit durch Rechtsverordnung abweichend regeln; sie kann diese Ermächtigung durch Rechtsverordnung auf die Landesjustizverwaltung übertragen. Die Länder können ein länderübergreifendes, zentrales elektronisches Informations- und Kommunikationssystem bestimmen. Sie können auch eine Übertragung der Abwicklungsaufgaben auf die zuständige Stelle eines anderen Landes sowie mit dem Betreiber des Unternehmensregisters eine Übertragung der Abwicklungsaufgaben auf das Unternehmensregister vereinbaren.
(2) Sind Dokumente nur in Papierform vorhanden, kann die elektronische Übermittlung nur für solche Schriftstücke verlangt werden, die weniger als zehn Jahre vor dem Zeitpunkt der Antragstellung zum Handelsregister eingereicht wurden.
(3) Die Übereinstimmung der übermittelten Daten mit dem Inhalt des Handelsregisters und den zum Handelsregister eingereichten Dokumenten wird auf Antrag durch das Gericht beglaubigt. Dafür hat eine Authentifizierung durch einen Vertrauensdienst nach der Verordnung (EU) Nr. 910/2014 des Europäischen Parlaments und des Rates vom 23. Juli 2014 über elektronische Identifizierung und Vertrauensdienste für elektronische Transaktionen im Binnenmarkt und zur Aufhebung der Richtlinie 1999/93/EG (ABl. L 257 vom 28. 8. 2014, S. 73; L 23 vom 29. 1. 2015, S. 19; L 155 vom 14. 6. 2016, S. 44) zu erfolgen.
(4) Von den Eintragungen und den eingereichten Dokumenten kann ein Ausdruck verlangt werden. Von den zum Handelsregister eingereichten Schriftstücken, die nur in Papierform vorliegen, kann eine Abschrift gefordert werden. Die Abschrift ist von der Geschäftsstelle zu beglaubigen und der Ausdruck als amtlicher Ausdruck zu fertigen, wenn nicht auf die Beglaubigung verzichtet wird.
(5) Das Gericht hat auf Verlangen eine Bescheinigung darüber zu erteilen, dass bezüglich des Gegenstandes einer Eintragung weitere Eintragungen nicht vorhanden sind oder dass eine bestimmte Eintragung nicht erfolgt ist.

---

1 Für die neuen Bundesländer gilt folgende Maßgabe aufgrund des **Einigungsvertrages:** Die §§ 62 Abs. 2 bis 4, 63, 64, 73, 75 Abs. 3, 75b Satz 2, 82a und 83 sind nicht anzuwenden.

(6) Für die Einsichtnahme in das Unternehmensregister gilt Absatz 1 Satz 1 entsprechend. Anträge nach den Absätzen 2 bis 5 können auch über das Unternehmensregister an das Gericht vermittelt werden. Die Einsichtnahme in die beim Unternehmensregister zur dauerhaften Hinterlegung eingestellten Daten erfolgt nur auf Antrag durch Übermittlung einer Kopie.
…

Fünfter Abschnitt – Prokura und Handlungsvollmacht

§ 48 [Prokura] (1) Die Prokura kann nur von dem Inhaber des Handelsgeschäfts oder seinem gesetzlichen Vertreter und nur mittels ausdrücklicher Erklärung erteilt werden.
(2) Die Erteilung kann an mehrere Personen gemeinschaftlich erfolgen (Gesamtprokura).

§ 49 [Umfang der Prokura] (1) Die Prokura ermächtigt zu allen Arten von gerichtlichen und außergerichtlichen Geschäften und Rechtshandlungen, die der Betrieb eines Handelsgewerbes mit sich bringt.
(2) Zur Veräußerung und Belastung von Grundstücken ist der Prokurist nur ermächtigt, wenn ihm diese Befugnis besonders erteilt ist.

§ 50 [Umfangsbeschränkung der Prokura] (1) Eine Beschränkung des Umfanges der Prokura ist Dritten gegenüber unwirksam.
(2) Dies gilt insbesondere von der Beschränkung, daß die Prokura nur für gewisse Geschäfte oder gewisse Arten von Geschäften oder nur unter gewissen Umständen oder für eine gewisse Zeit oder an einzelnen Orten ausgeübt werden soll.
(3) Eine Beschränkung der Prokura auf den Betrieb einer von mehreren Niederlassungen des Geschäftsinhabers ist Dritten gegenüber nur wirksam, wenn die Niederlassungen unter verschiedenen Firmen betrieben werden. Eine Verschiedenheit der Firmen im Sinne dieser Vorschrift wird auch dadurch begründet, daß für eine Zweigniederlassung der Firma ein Zusatz beigefügt wird, der sie als Firma der Zweigniederlassung bezeichnet.

§ 51 [Zeichnung des Prokuristen] Der Prokurist hat in der Weise zu zeichnen, daß er der Firma seinen Namen mit einem die Prokura andeutenden Zusatz beifügt.

§ 52 [Widerruflichkeit, Nichtübertragbarkeit, Tod des Inhabers] (1) Die Prokura ist ohne Rücksicht auf das der Erteilung zugrunde liegende Rechtsverhältnis jederzeit widerruflich, unbeschadet des Anspruchs auf die vertragsmäßige Vergütung.
(2) Die Prokura ist nicht übertragbar.
(3) Die Prokura erlischt nicht durch den Tod des Inhabers des Handelsgeschäfts.

§ 53 [Anmeldung, Zeichnung] (1) Die Erteilung der Prokura ist von dem Inhaber des Handelsgeschäfts zur Eintragung in das Handelsregister anzumelden. Ist die

Prokura als Gesamtprokura erteilt, so muß auch dies zur Eintragung angemeldet werden.
(2) Das Erlöschen der Prokura ist in gleicher Weise wie die Erteilung zur Eintragung anzumelden.

§ 54 **[Handlungsvollmacht]** (1) Ist jemand ohne Erteilung der Prokura zum Betrieb eines Handelsgewerbes oder zur Vornahme einer bestimmten zu einem Handelsgewerbe gehörigen Art von Geschäften oder zur Vornahme einzelner zu einem Handelsgewerbe gehöriger Geschäfte ermächtigt, so erstreckt sich die Vollmacht (Handlungsvollmacht) auf alle Geschäfte und Rechtshandlungen, die der Betrieb eines derartigen Handelsgewerbes oder die Vornahme derartiger Geschäfte gewöhnlich mit sich bringt.
(2) Zur Veräußerung oder Belastung von Grundstücken, zur Eingehung von Wechselverbindlichkeiten, zur Aufnahme von Darlehen und zur Prozeßführung ist der Handlungsbevollmächtigte nur ermächtigt, wenn ihm eine solche Befugnis besonders erteilt ist.
(3) Sonstige Beschränkungen der Handlungsvollmacht braucht ein Dritter nur dann gegen sich gelten zu lassen, wenn er sie kannte oder kennen mußte.

§ 55 [Handlungsbevollmächtigte, Abschlußvertreter] (1) Die Vorschriften des § 54 finden auch Anwendung auf Handlungsbevollmächtigte, die Handelsvertreter sind oder die als Handlungsgehilfen damit betraut sind, außerhalb des Betriebes des Prinzipals Geschäfte in dessen Namen abzuschließen.
(2) Die ihnen erteilte Vollmacht zum Abschluß von Geschäften bevollmächtigt sie nicht, abgeschlossene Verträge zu ändern, insbesondere Zahlungsfristen zu gewähren.
(3) Zur Annahme von Zahlungen sind sie nur berechtigt, wenn sie dazu bevollmächtigt sind.
(4) Sie gelten als ermächtigt, die Anzeige von Mängeln einer Ware, die Erklärung, daß eine Ware zur Verfügung gestellt werde, sowie ähnliche Erklärungen, durch die ein Dritter seine Rechte aus mangelhafter Leistung geltend macht oder sie vorbehält, entgegenzunehmen; sie können die dem Unternehmer (Prinzipal) zustehenden Rechte auf Sicherung des Beweises geltend machen.

§ 56 [Angestellte im Laden oder offenem Warenlager] Wer in einem Laden oder in einem offenen Warenlager angestellt ist, gilt als ermächtigt zu Verkäufen und Empfangnahmen, die in einem derartigen Laden oder Warenlager gewöhnlich geschehen.

§ 57 **[Zeichnung des Handlungsbevollmächtigten]** Der Handlungsbevollmächtigte hat sich bei der Zeichnung jedes eine Prokura andeutenden Zusatzes zu enthalten; er hat mit einem das Vollmachtsverhältnis ausdrückenden Zusatze zu zeichnen.

§ 58 [Unübertragbarkeit der Handlungsvollmacht] Der Handlungsbevollmächtigte kann ohne Zustimmung des Inhabers des Handelsgeschäfts seine Handlungsvollmacht auf einen anderen nicht übertragen.

Sechster Abschnitt – Handlungsgehilfen und Handlungslehrlinge

§ 59 [Handlungsgehilfe] Wer in einem Handelsgewerbe zur Leistung kaufmännischer Dienste gegen Entgelt angestellt ist (Handlungsgehilfe), hat, soweit nicht besondere Vereinbarungen über die Art und den Umfang seiner Dienstleistungen oder über die ihm zukommende Vergütung getroffen sind, die dem Ortsgebrauch entsprechenden Dienste zu leisten sowie die dem Ortsgebrauch entsprechende Vergütung zu beanspruchen. In Ermangelung eines Ortsgebrauchs gelten die den Umständen nach angemessenen Leistungen als vereinbart.

§ 60 [Gesetzliches Wettbewerbsverbot] (1) Der Handlungsgehilfe darf ohne Einwilligung des Prinzipals weder ein Handelsgewerbe betreiben noch in dem Handelszweig des Prinzipals für eigene oder fremde Rechnung Geschäfte machen.
(2) Die Einwilligung zum Betrieb eines Handelsgewerbes gilt als erteilt, wenn dem Prinzipal bei der Anstellung des Gehilfen bekannt ist, daß er das Gewerbe betreibt, und der Prinzipal die Aufgabe des Betriebs nicht ausdrücklich vereinbart.

§ 61 [Verletzung des Wettbewerbsverbots] (1) Verletzt der Handlungsgehilfe die ihm nach § 60 obliegende Verpflichtung, so kann der Prinzipal Schadensersatz fordern; er kann statt dessen verlangen, daß der Handlungsgehilfe die für eigene Rechnung gemachten Geschäfte als für Rechnung des Prinzipals eingegangen gelten lasse und die aus Geschäften für fremde Rechnung bezogene Vergütung herausgebe oder seinen Anspruch auf die Vergütung abtrete.
(2) Die Ansprüche verjähren in drei Monaten von dem Zeitpunkt an, in welchem der Prinzipal Kenntnis von dem Abschluss des Geschäfts erlangt oder ohne grobe Fahrlässigkeit erlangen müsste; sie verjähren ohne Rücksicht auf diese Kenntnis oder grob fahrlässige Unkenntnis in fünf Jahren von dem Abschluss des Geschäfts an.

§ 62 [Gesundheitsschutz und Fürsorgepflicht] (1) Der Prinzipal ist verpflichtet, die Geschäftsräume und die für den Geschäftsbetrieb bestimmten Vorrichtungen und Gerätschaften so einzurichten und zu unterhalten, auch den Geschäftsbetrieb und die Arbeitszeit so zu regeln, daß der Handlungsgehilfe gegen eine Gefährdung seiner Gesundheit, soweit die Natur des Betriebs es gestattet, geschützt und die Aufrechterhaltung der guten Sitten und des Anstands gesichert ist.
(2) Ist der Handlungsgehilfe in die häusliche Gemeinschaft aufgenommen, so hat der Prinzipal in Ansehung des Wohn- und Schlafraums, der Verpflegung sowie der Arbeits- und Erholungszeit diejenigen Einrichtungen und Anordnungen zu treffen, welche mit Rücksicht auf die Gesundheit, die Sittlichkeit und die Religion des Handlungsgehilfen erforderlich sind.
(3) Erfüllt der Prinzipal die ihm in Ansehung des Lebens und der Gesundheit des Handlungsgehilfen obliegenden Verpflichtungen nicht, so finden auf seine

Verpflichtung zum Schadensersatze die für unerlaubte Handlungen geltenden Vorschriften der §§ 842 bis 846 des Bürgerlichen Gesetzbuchs entsprechende Anwendung.
(4) Die dem Prinzipal hiernach obliegenden Verpflichtungen können nicht im voraus durch Vertrag aufgehoben oder beschränkt werden.

§ 63 *(aufgehoben)*

§ 64 [Gehaltszahlung] Die Zahlung des dem Handlungsgehilfen zukommenden Gehalts hat am Schluß jedes Monats zu erfolgen. Eine Vereinbarung, nach der die Zahlung des Gehalts später erfolgen soll, ist nichtig.

§ 65 [Provision] Ist bedungen, daß der Handlungsgehilfe für Geschäfte, die von ihm geschlossen oder vermittelt werden, Provision erhalten soll, so sind die für die Handelsvertreter geltenden Vorschriften des § 87 Abs. 1 und 3 sowie der §§ 87a bis 87c anzuwenden.

§§ 66–73 *(weggefallen)*

§ 74 [Vertragliches Wettbewerbsverbot, Karenzentschädigung] (1) Eine Vereinbarung[1] zwischen dem Prinzipal und dem Handlungsgehilfen, die den Gehilfen für die Zeit nach Beendigung des Dienstverhältnisses in seiner gewerblichen Tätigkeit beschränkt (Wettbewerbsverbot), bedarf der Schriftform und der Aushändigung einer vom Prinzipal unterzeichneten, die vereinbarten Bestimmungen enthaltenden Urkunde an den Gehilfen.
(2) Das Wettbewerbsverbot ist nur verbindlich, wenn sich der Prinzipal verpflichtet, für die Dauer des Verbots eine Entschädigung zu zahlen, die für jedes Jahr des Verbots mindestens die Hälfte der von dem Handlungsgehilfen zuletzt bezogenen vertragsmäßigen Leistungen erreicht.

§ 74a [Unverbindliches oder nichtiges Wettbewerbsverbot] (1) Das Wettbewerbsverbot ist insoweit unverbindlich, als es nicht zum Schutz eines berechtigten geschäftlichen Interesses des Prinzipals dient. Es ist ferner unverbindlich, soweit es unter Berücksichtigung der gewährten Entschädigung nach Ort, Zeit oder Gegenstand eine unbillige Erschwerung des Fortkommens des Gehilfen enthält. Das Verbot kann nicht auf einen Zeitraum von mehr als zwei Jahren von der Beendigung des Dienstverhältnisses an erstreckt werden.
(2) Das Verbot ist nichtig, wenn der Gehilfe zur Zeit des Abschlusses minderjährig ist oder wenn sich der Prinzipal die Erfüllung auf Ehrenwort oder unter ähnlichen Versicherungen versprechen läßt. Nichtig ist auch die Vereinbarung, durch die ein Dritter an Stelle des Gehilfen die Verpflichtung übernimmt, daß sich der Gehilfe nach der Beendigung des Dienstverhältnisses in seiner gewerblichen Tätigkeit beschränken werde.

---

1 Die §§ 74–75f gelten nicht nur für Handlungsgehilfen, sondern gem. § 110 S. 2, § 6 Abs. 2 GewO (Nr. 19) für alle Arbeitnehmer.

(3) Unberührt bleiben die Vorschriften des § 138 des Bürgerlichen Gesetzbuchs über die Nichtigkeit von Rechtsgeschäften, die gegen die guten Sitten verstoßen.

§ 74b [Zahlung und Berechnung der Karenzentschädigung] (1) Die nach § 74 Abs. 2 dem Handlungsgehilfen zu gewährende Entschädigung ist am Schluß jedes Monats zu zahlen.
(2) Soweit die dem Gehilfen zustehenden vertragsmäßigen Leistungen in einer Provision oder in anderen wechselnden Bezügen bestehen, sind sie bei der Berechnung der Entschädigung nach dem Durchschnitt der letzten drei Jahre in Ansatz zu bringen. Hat die für die Bezüge bei der Beendigung des Dienstverhältnisses maßgebende Vertragsbestimmung noch nicht drei Jahre bestanden, so erfolgt der Ansatz nach dem Durchschnitt des Zeitraums, für den die Bestimmung in Kraft war.
(3) Soweit Bezüge zum Ersatz besonderer Auslagen dienen sollen, die infolge der Dienstleistung entstehen, bleiben sie außer Ansatz.

§ 74c [Anrechnung anderweitigen Erwerbs] (1) Der Handlungsgehilfe muß sich auf die fällige Entschädigung anrechnen lassen, was er während des Zeitraums, für den die Entschädigung gezahlt wird, durch anderweite Verwertung seiner Arbeitskraft erwirbt oder zu erwerben böswillig unterläßt, soweit die Entschädigung unter Hinzurechnung dieses Betrags den Betrag der zuletzt von ihm bezogenen vertragsmäßigen Leistungen um mehr als ein Zehntel übersteigen würde. Ist der Gehilfe durch das Wettbewerbverbot gezwungen worden, seinen Wohnsitz zu verlegen, so tritt an die Stelle des Betrags von einem Zehntel der Betrag von einem Viertel. Für die Dauer der Verbüßung einer Freiheitsstrafe kann der Gehilfe eine Entschädigung nicht verlangen.
(2) Der Gehilfe ist verpflichtet, dem Prinzipal auf Erfordern über die Höhe seines Erwerbs Auskunft zu erteilen.

§ 75 [Wahlrecht bei Kündigung] (1) Löst der Gehilfe das Dienstverhältnis gemäß § 626 des Bürgerlichen Gesetzbuchs wegen vertragswidrigen Verhaltens des Prinzipals auf, so wird das Wettbewerbsverbot unwirksam, wenn der Gehilfe vor Ablauf eines Monats nach der Kündigung schriftlich erklärt, daß er sich an die Vereinbarung nicht gebunden erachte.
(2) In gleicher Weise wird das Wettbewerbsverbot unwirksam, wenn der Prinzipal das Dienstverhältnis kündigt, es sei denn, daß für die Kündigung ein erheblicher Anlaß in der Person des Gehilfen vorliegt oder daß sich der Prinzipal bei der Kündigung bereit erklärt, während der Dauer der Beschränkung dem Gehilfen die vollen zuletzt von ihm bezogenen vertragsmäßigen Leistungen zu gewähren. Im letzteren Falle finden die Vorschriften des § 74b entsprechende Anwendung.
(3) Löst der Prinzipal das Dienstverhältnis gemäß § 626 des Bürgerlichen Gesetzbuchs wegen vertragswidrigen Verhaltens des Gehilfen auf, so gilt Absazt 1 entsprechend.

§ 75a [Verzicht auf Wettbewerbsverbot] Der Prinzipal kann vor der Beendigung des Dienstverhältnisses durch schriftliche Erklärung auf das Wettbewerbsverbot mit der Wirkung verzichten, daß er mit dem Ablauf eines Jahres seit der Erklärung von der Verpflichtung zur Zahlung der Entschädigung frei wird.

§ 75b *(weggefallen)*

§ 75c **[Vertragsstrafe]** (1) Hat der Handlungsgehilfe für den Fall, daß er die in der Vereinbarung übernommene Verpflichtung nicht erfüllt, eine Strafe versprochen, so kann der Prinzipal Ansprüche nur nach Maßgabe der Vorschriften des § 340 des Bürgerlichen Gesetzbuchs geltend machen. Die Vorschriften des Bürgerlichen Gesetzbuchs über die Herabsetzung einer unverhältnismäßig hohen Vertragsstrafe bleiben unberührt.
(2) Ist die Verbindlichkeit der Vereinbarung nicht davon abhängig, daß sich der Prinzipal zur Zahlung einer Entschädigung an den Gehilfen verpflichtet, so kann der Prinzipal, wenn sich der Gehilfe einer Vertragsstrafe der in Absatz 1 bezeichneten Art unterworfen hat, nur die verwirkte Strafe verlangen; der Anspruch auf Erfüllung oder auf Ersatz eines weiteren Schadens ist ausgeschlossen.

§ 75d **[Unabdingbarkeit]** Auf eine Vereinbarung, durch die von den Vorschriften der §§ 74 bis 75c zum Nachteil des Handlungsgehilfen abgewichen wird, kann sich der Prinizipal nicht berufen. Das gilt auch von Vereinbarungen, die bezwecken, die gesetzlichen Vorschriften über das Mindestmaß der Entschädigung durch Verrechnungen oder auf sonstige Weise zu umgehen.

§ 75e *(aufgehoben)*

§ 75f **[Sperrabreden unter Arbeitgebern]** Im Falle einer Vereinbarung, durch die sich ein Prinzipal einem anderen Prinzipal gegenüber verpflichtet, einen Handlungsgehilfen, der bei diesem im Dienst ist oder gewesen ist, nicht oder nur unter bestimmten Voraussetzungen anzustellen, steht beiden Teilen der Rücktritt frei. Aus der Vereinbarung findet weder Klage noch Einrede statt.

§ 75g **[Vermittlungsgehilfen]** § 55 Abs. 4 gilt auch für einen Handlungsgehilfen, der damit betraut ist, außerhalb des Betriebs des Prinzipals für diesen Geschäfte zu vermitteln. Eine Beschränkung dieser Rechte braucht ein Dritter gegen sich nur gelten zu lassen, wenn er sie kannte oder kennen mußte.

§ 75h **[Mangelnde Vertragsmacht]** (1) Hat ein Handlungsgehilfe, der nur mit der Vermittlung von Geschäften außerhalb des Betriebs des Prinzipals betraut ist, ein Geschäft im Namen des Prinzipals abgeschlossen, und war dem Dritten der Mangel der Vertretungsmacht nicht bekannt, so gilt das Geschäft als von dem Prinzipal genehmigt, wenn dieser dem Dritten gegenüber nicht unverzüglich das Geschäft ablehnt, nachdem er von dem Handlungsgehilfen oder dem Dritten über Abschluß und wesentlichen Inhalt benachrichtigt worden ist.
(2) Das gleiche gilt, wenn ein Handlungsgehilfe, der mit dem Abschluß von Geschäften betraut ist, ein Geschäft im Namen des Prinzipals abgeschlossen hat, zu dessen Abschluß er nicht bevollmächtigt ist.

§§ 76–82 *(aufgehoben)*

§ 82a *Auf Wettbewerbsverbote gegenüber Personen, die, ohne als Lehrlinge angenommen zu sein, zum Zwecke ihrer Ausbildung unentgeltlich mit kaufmännischen Diensten beschäftigt werden (Volontäre), finden die für Handlungsgehilfen geltenden Vorschriften insoweit Anwendung, als sie nicht auf das dem Gehilfen zustehende Entgelt Bezug nehmen.*[1]

§ 83 [Andere Arbeitnehmer] Hinsichtlich der Personen, welche in dem Betrieb eines Handelsgewerbes andere als kaufmännische Dienste leisten, bewendet es bei den für das Arbeitsverhältnis dieser Personen geltenden Vorschriften.

Siebenter Abschnitt – Handelsvertreter

§ 84 [Handelsvertreter] (1) Handelsvertreter ist, wer als selbständiger Gewerbetreibender ständig damit betraut ist, für einen anderen Unternehmer (Unternehmer) Geschäfte zu vermitteln oder in dessen Namen abzuschließen. Selbständig ist, wer im wesentlichen frei seine Tätigkeit gestalten und seine Arbeitszeit bestimmen kann.
(2) Wer, ohne selbständig im Sinne des Absatzes 1 zu sein, ständig damit betraut ist, für einen Unternehmer Geschäfte zu vermitteln oder in dessen Namen abzuschließen, gilt als Angestellter.
(3) Der Unternehmer kann auch ein Handelsvertreter sein.
(4) Die Vorschriften dieses Abschnittes finden auch Anwendung, wenn das Unternehmen des Handelsvertreters nach Art oder Umfang einen in kaufmännischer Weise eingerichteten Geschäftsbetrieb nicht erfordert.
…

§ 87 [Provisionspflichtige Geschäfte] (1) Der Handelsvertreter hat Anspruch auf Provision für alle während des Vertragsverhältnisses abgeschlossenen Geschäfte, die auf seine Tätigkeit zurückzuführen sind oder mit Dritten abgeschlossen werden, die er als Kunden für Geschäfte der gleichen Art geworben hat. Ein Anspruch auf Provision besteht für ihn nicht, wenn und soweit die Provision nach Absatz 3 dem ausgeschiedenen Handelsvertreter zusteht.
(2) Ist dem Handelsvertreter ein bestimmter Bezirk oder ein bestimmter Kundenkreis zugewiesen, so hat er Anspruch auf Provision auch für die Geschäfte, die ohne seine Mitwirkung mit Personen seines Bezirkes oder seines Kundenkreises während des Vertragsverhältnisses abgeschlossen sind. Dies gilt nicht, wenn und soweit die Provision nach Absatz 3 dem ausgeschiedenen Handelsvertreter zusteht.
(3) Für ein Geschäft, das erst nach Beendigung des Vertragsverhältnisses abgeschlossen ist, hat der Handelsvertreter Anspruch auf Provision nur, wenn
1. er das Geschäft vermittelt hat oder es eingeleitet und so vorbereitet hat, daß der Abschluß überwiegend auf seine Tätigkeit zurückzuführen ist, und das

1 § 82a ist wegen §§ 12 Abs. 1 und 25 BBiG gegenstandslos.

Geschäft innerhalb einer angemessenen Frist nach Beendigung des Vertragsverhältnisses abgeschlossen worden ist oder
2. vor Beendigung des Vertragsverhältnisses das Angebot des Dritten zum Abschluß eines Geschäfts, für das der Handelsvertreter nach Absatz 1 Satz 1 oder Absatz 2 Satz 1 Anspruch auf Provision hat, dem Handelsvertreter oder dem Unternehmer zugegangen ist.

Der Anspruch auf Provision nach Satz 1 steht dem nachfolgenden Handelsvertreter anteilig zu, wenn wegen besonderer Umstände eine Teilung der Provision der Billigkeit entspricht.
(4) Neben dem Anspruch auf Provision für abgeschlossene Geschäfte hat der Handelsvertreter Anspruch auf Inkassoprovision für die von ihm auftragsgemäß eingezogenen Beträge.

§ 87a **[Fälligkeit der Provision]** (1) Der Handelsvertreter hat Anspruch auf Provision, sobald und soweit der Unternehmer das Geschäft ausgeführt hat. Eine abweichende Vereinbarung kann getroffen werden, jedoch hat der Handelsvertreter mit der Ausführung des Geschäfts durch den Unternehmer Anspruch auf einen angemessenen Vorschuß, der spätestens am letzten Tag des folgenden Monats fällig ist. Unabhängig von einer Vereinbarung hat jedoch der Handelsvertreter Anspruch auf Provision, sobald und soweit der Dritte das Geschäft ausgeführt hat.
(2) Steht fest, daß der Dritte nicht leistet, so entfällt der Anspruch auf Provision; bereits empfangene Beträge sind zurückzugewähren.
(3) Der Handelsvertreter hat auch dann einen Anspruch auf Provision, wenn feststeht, daß der Unternehmer das Geschäft ganz oder teilweise nicht oder nicht so ausführt, wie es abgeschlossen worden ist. Der Anspruch entfällt im Falle der Nichtausführung, wenn und soweit diese auf Umständen beruht, die vom Unternehmer nicht zu vertreten sind.
(4) Der Anspruch auf Provision wird am letzten Tag des Monats fällig, in dem nach § 87c Abs. 1 über den Anspruch abzurechnen ist.
(5) Von Absatz 2 erster Halbsatz, Absätzen 3 und 4 abweichende, für den Handelsvertreter nachteilige Vereinbarungen sind unwirksam.
…

§ 87c **[Abrechnung über die Provision]** (1) Der Unternehmer hat über die Provision, auf die der Handelsvertreter Anspruch hat, monatlich abzurechnen; der Abrechnungszeitraum kann auf höchstens drei Monate erstreckt werden. Die Abrechnung hat unverzüglich, spätestens bis zum Ende des nächsten Monats, zu erfolgen.
(2) Der Handelsvertreter kann bei der Abrechnung einen Buchauszug über alle Geschäfte verlangen, für die ihm nach § 87 Provision gebührt.
(3) Der Handelsvertreter kann außerdem Mitteilung über alle Umstände verlangen, die für den Provisionsanspruch, seine Fälligkeit und seine Berechnung wesentlich sind.
(4) Wird der Buchauszug verweigert oder bestehen begründete Zweifel an der Richtigkeit oder Vollständigkeit der Abrechnung oder des Buchauszugs, so kann der Handelsvertreter verlangen, daß nach Wahl des Unternehmers entweder ihm

oder einem von ihm zu bestimmenden Wirtschaftsprüfer oder vereidigten Buchsachverständigen Einsicht in die Geschäftsbücher oder die sonstigen Urkunden so weit gewährt wird, wie dies zur Feststellung der Richtigkeit oder Vollständigkeit der Abrechnung oder des Buchauszugs erforderlich ist.
(5) Diese Rechte des Handelsvertreters können nicht ausgeschlossen oder beschränkt werden.
…

§ 92a **[Mindestbedingungen für Einfirmenvertreter]** (1) Für das Vertragsverhältnis eines Handelsvertreters, der vertraglich nicht für weitere Unternehmer tätig werden darf oder dem dies nach Art und Umfang der von ihm verlangten Tätigkeit nicht möglich ist, kann das Bundesministerium der Justiz und für Verbraucherschutz im Einvernehmen mit dem Bundesministerium für Wirtschaft und Energie nach Anhörung von Verbänden der Handelsvertreter und der Unternehmer durch Rechtsverordnung, die nicht der Zustimmung des Bundesrates bedarf, die untere Grenze der vertraglichen Leistungen des Unternehmers festsetzen, um die notwendigen sozialen und wirtschaftlichen Bedürfnisse dieser Handelsvertreter oder einer bestimmten Gruppe von ihnen sicherzustellen.[1] Die festgesetzten Leistungen können vertraglich nicht ausgeschlossen oder beschränkt werden.
(2) Absatz 1 gilt auch für das Vertragsverhältnis eines Versicherungsvertreters, der auf Grund eines Vertrags oder mehrerer Verträge damit vertraut ist, Geschäfte für mehrere Versicherer zu vermitteln oder abzuschließen, die zu einem Versicherungskonzern oder zu einer zwischen ihnen bestehenden Organisationsgemeinschaft gehören, sofern die Beendigung des Vertragsverhältnisses mit einem dieser Versicherer im Zweifel auch die Beendigung des Vertragsverhältnisses mit den anderen Versicherern zur Folge haben würde. In diesem Falle kann durch Rechtsverordnung, die nicht der Zustimmung des Bundesrates bedarf, außerdem bestimmt werden, ob die festgesetzten Leistungen von allen Versicherern als Gesamtschuldnern oder anteilig oder nur von einem der Versicherer geschuldet werden und wie der Ausgleich unter ihnen zu erfolgen hat.
…

§ 92c **[Handelsvertreter im Ausland, Schiffsgeschäfte]** (1) Hat der Handelsvertreter seine Tätigkeit für den Unternehmer nach dem Vertrag nicht innerhalb des Gebietes der Europäischen Gemeinschaft oder der anderen Vertragsstaaten des Abkommens über den Europäischen Wirtschaftsraum auszuüben, so kann hinsichtlich aller Vorschriften dieses Abschnittes etwas anderes vereinbart werden.
(2) Das gleiche gilt, wenn der Handelsvertreter mit der Vermittlung oder dem Abschluß von Geschäften betraut wird, die die Befrachtung, Abfertigung oder Ausrüstung von Schiffen oder die Buchung von Passagen auf Schiffen zum Gegenstand haben.
…

1 Eine Verordnung ist nicht erlassen. Vgl. jedoch § 5 Abs. 3 ArbGG (Nr. 5).

Erster Abschnitt – Offene Handelsgesellschaft

§ 105 Begriff der offenen Handelsgesellschaft; Anwendbarkeit des Bürgerlichen Gesetzbuchs (1) Eine Gesellschaft, deren Zweck auf den Betrieb eines Handelsgewerbes unter gemeinschaftlicher Firma gerichtet ist, ist eine offene Handelsgesellschaft, wenn bei keinem der Gesellschafter die Haftung gegenüber den Gesellschaftsgläubigern beschränkt ist.
(2) …
…

§ 109 Beschlussfassung (1) Die Beschlüsse der Gesellschafter werden in Versammlungen gefasst.
(2) Die Versammlung kann durch jeden Gesellschafter einberufen werden, der die Befugnis zur Geschäftsführung hat. Die Einberufung erfolgt durch formlose Einladung der anderen Gesellschafter unter Ankündigung des Zwecks der Versammlung in angemessener Frist.
(3) Gesellschafterbeschlüsse bedürfen der Zustimmung aller stimmberechtigten Gesellschafter.
…

Zweiter Abschnitt – Kommanditgesellschaft

§ 161 [Kommanditgesellschaft] (1) Eine Gesellschaft, deren Zweck auf den Betrieb eines Handelsgewerbes unter gemeinschaftlicher Firma gerichtet ist, ist eine Kommanditgesellschaft, wenn bei einem oder bei einigen von den Gesellschaftern die Haftung gegenüber den Gesellschaftsgläubigern auf einen bestimmten Betrag (Haftsumme) beschränkt ist (Kommanditisten), während bei dem anderen Teil der Gesellschafter eine Beschränkung der Haftung nicht stattfindet (persönlich haftende Gesellschafter).
(2) Soweit nicht in diesem Abschnitt ein anderes vorgeschrieben ist, finden auf die Kommanditgesellschaft die für die offene Handelsgesellschaft geltenden Vorschriften entsprechende Anwendung.
…

§ 163 [Gesellschaftsvertrag] Für das Verhältnis der Gesellschafter untereinander gelten in Ermangelung abweichender Bestimmungen des Gesellschaftsvertrags die besonderen Vorschriften der §§ 164 bis 169.
…

22. Heimarbeitsgesetz (HAG)

Einleitung

I. Wesentlicher Gesetzesinhalt

Heimarbeiter, Hausgewerbetreibende und Zwischenmeister (zur Begriffsbestimmung siehe § 2 Abs. 1 bis 3 HAG) sind zwar keine Arbeitnehmer, da sie nicht persönlich von einem Arbeitgeber und dessen Weisungsrecht (= Direktionsrecht) abhängig sind. Wegen der großen wirtschaftlichen Abhängigkeit von ihren Auftraggebern und der aus der vereinzelten Arbeitssituation folgenden faktischen Unfähigkeit, die eigenen Interessen organisiert wahrzunehmen, werden die genannten Personen durch das HAG wie Arbeitnehmer und zum Teil noch stärker geschützt (Arbeitsschutz, allgemeiner Gefahrenschutz, Entgelt- und Kündigungsschutz: Übersicht 45). Unabhängig von der Bezeichnung durch die Parteien unterliegt ein Rechtsverhältnis immer dann dem HAG, wenn nach den tatsächlichen Umständen von einem Heimarbeitsverhältnis auszugehen ist (*BAG* 12.7.1988 – 3 AZR 569/86, NZA 89, 141, 142). Letztlich ist es Obliegenheit des Auftraggebers zu prüfen, ob Heimarbeitsrecht anwendbar ist (*BAG* 15.12.1960 – 5 AZR 437/58, AP Nr. 2 zu § 2 HAG).

Im Einzelnen gestaltet sich der Schutz von Heimarbeitern durch das Arbeitsrecht wie folgt:

Auftraggeber unterliegen Listenführungspflichten (§ 6 HAG) oder der Pflicht, Entgeltbücher auszuhändigen (§ 9 HAG). Der Arbeitsschutz wird vor allem durch die Pflicht zur Vermeidung von Zeitversäumnis (§ 10 HAG) und das Gebot gleichmäßiger Verteilung (§ 11 HAG) bewerkstelligt. Hinsichtlich des Gefahrenschutzes gibt es besondere Bestimmungen in §§ 12 ff. HAG

Da Heimarbeiter keine Arbeitnehmer sind, das MiLoG (Nr. 31 b) demzufolge für sie nicht gilt (§ 22 Abs. 1 MiLoG), und für den Bereich der Heimarbeit auch Tarifverträge kaum existieren (vgl. *Mayer,* BB 93, 1513), ist der wichtigste Teil des gesetzlichen Schutzes die bindende Festsetzung des Entgelts durch den Heimarbeitsausschuss gemäß § 19 HAG. Das *BVerfG* hat dies für mit dem Grundgesetz vereinbar erklärt (27.2.1973 – 2 BvL 27/69, AP Nr. 7 zu § 19 HAG). Dies kann als ältestes Element der deutschen Mindestlohngesetzgebung bezeichnet werden (vgl. Einl. I zum MiLoG, Nr. 31 b). Der Heimarbeitsausschuss hat Auftraggeber und Beschäftigte anzuhören (zur Wirkung eines diesbezüglichen Verfahrensverstoßes *BAG* 5.5.1992 – 9 AZR 447/90, DB 93, 941). Die Zuordnung der Arbeitsgänge in die nach § 19 HAG vorgegebenen Entgeltgruppen und die Zuweisung der Tätigkeiten an die Heimarbeiter unterliegt der Mitbestimmung des Betriebsrats gemäß § 99 BetrVG (*BAG* 20.9.1990 – 1 ABR 17/90, DB 91, 552). Für die Einhaltung der Entgeltfestsetzungen haben die obersten Arbeitsbehörden der Länder Sorge zu tragen (§ 23 HAG). Sie können ggf. auch eine Klage gegen Auftraggeber führen. In der Entgeltfestsetzungspraxis der Heimarbeitsausschüsse ist den von den Gewerkschaften entsandten Beisitzern von den Vertretern der Arbeitgeber oft vorgehalten worden, dass die Erhöhung der Heimarbeiter-Entgelte über ein bestimmtes Maß hinaus zur Folge haben werde, dass man die fraglichen Arbeiten andernfalls durch Strafgefangene verrichten lassen werde. Einer solchen »Schmutzkonkurrenz« muss durch die Einführung einer echten Entlohnung für Gefangenenarbeit begegnet werden. Hierzu hat das *BVerfG* eine am Resozialisierungskonzept gemessene angemessene Vergütunghöhe gefordert (20.6.2023 – 2 BvR 166/16 u.a., NJW 23, 2405).

Besondere Regelungen für Heimarbeiter gelten im Urlaubsrecht (§ 12 BUrlG, Nr. 17; zur Berechnung des Urlaubsentgelts: *BAG* 20.8.2019 – 9 AZR 41/19, NZA 20, 232) und im Entgeltfortzahlungsrecht (§§ 10, 11 EFZG, Nr. 18). Heimarbeiter können untereinander Gleichbehandlung verlangen, nicht aber im Verhältnis zu Arbeitnehmern (*BAG* 19.6.1957 – 2 AZR 84/55, AP Nr. 12 zu § 242 BGB Gleichbehandlung). Auch genießen sie Schutz vor Diskriminierungen (§ 6 Abs. 1 Nr. 3 AGG, Nr. 2). Die Regelungen des Beschäftigtendatenschutzes gelten auch für sie gemäß § 26 Abs. 8 Nr. 6 BDSG (Nr. 15). Jedoch sind die Grundsätze der beschränkten Arbeitnehmerhaftung (Einl. II 6 zum BGB, Nr. 14) nicht anwendbar (*BGH* 1.2.1963 – VI ZR 271/61, AP Nr. 28 zu § 611 BGB Haftung des Arbeitnehmers). Schwerbehinderte Menschen in Heimarbeit genießen entsprechenden Sonderkündigungsschutz, eine Verlängerung der Kündigungsfrist sowie entsprechenden Zusatzurlaub gemäß § 210 Abs. 2, 3 SGB IX.

Das KSchG (Nr. 25) ist nicht anwendbar. Allerdings ist der verfassungsrechtlich gebotene Mindestkündigungsschutz (s. Einl. II 7 und III 1 zum KSchG, Nr. 25) auch für Heimarbeiter zu gewährleisten (*BAG* 24.3.1998 – 9 AZR 218/97, NZA 1998, 1001, 1003). § 29 HAG regelt nur eine relativ kurze Dauer der Kündigungsfrist, während der das Entgelt nach § 29 Abs. 7 HAG gesichert ist (dazu *BAG* 20.8.2019 – 9 AZR 41/19, NZA 20, 232). Wenn ein Heimarbeiter in der Hauptsache für einen Betrieb arbeitet, ist dessen Betriebsrat gemäß § 5 Abs. 1 S. 2 BetrVG für ihn zuständig, sodass die Kündigung zu ihrer Wirksamkeit der Anhörung des Betriebsrats nach § 102 BetrVG bedarf (*BAG* 7.11.1995 – 9 AZR 268/94, AP Nr. 74 zu § 102 BetrVG). Für außerordentliche Kündigungen gilt § 626 BGB entsprechend. Den Sonderkündigungsschutz im Rahmen der Betriebsverfassung regelt § 29a HAG. Schutz vor Vertragsbefristungen genießen Heimarbeiter nicht. Gewisse Ähnlichkeiten zum Recht der Änderungskündigung (§ 2 KSchG) ergeben sich daraus, dass unter bestimmten Voraussetzungen eine Verringerung der Arbeitsmenge um mindestens ein Viertel der Entgeltsicherung nach § 29 Abs. 8 HAG unterliegt. Im Falle eines Betriebsübergangs gilt allerdings § 613a BGB nicht für Heimarbeiter (*BAG* 21.1.1998 – 5 AZR 50/97, DB 98, 886). Auch das Maßregelungsverbot des § 612a BGB soll nicht für Heimarbeiter zur Anwendung kommen (*BAG* 14.12.2004 – 9 AZR 23/04, AP Nr. 62 zu § 138 BGB).

Überdies werden Heimarbeiter in weiteren arbeitsrechtlichen Vorschriften den Arbeitnehmern gleichgestellt (vgl. § 7 ArbPlSchG, Nr. 6; §§ 1 Nr. 2, 7 Abs. 4, 8 Abs. 5, 9 Abs. 1 S. 2 und Abs. 4, 18 Abs. 2 und 24 MuSchG, Nr. 28; § 7 Abs. 1 Nr. 3 PflegeZG Nr. 30 XIa; § 1 Abs. 2 S. 2 5. VermbG, Nr. 34).

Heimarbeiter haben nach § 5 Abs. 1 S. 2 ArbGG (Nr. 5) Zugang zur Arbeitsgerichtsbarkeit.

II. Rechtstatsachen

In der Bundesrepublik waren Ende 2016 27 605 »klassische« Heimarbeiter registriert (GMBl. 2017, 510). Je knapp ¼ von ihnen sind in der chemischen Industrie und in der Eisen-, Metall und Elektroindustrie beschäftigt. Die Spiel- und Schmuckwarenherstellung war früher Traditionssektor der Heimarbeit, hat aber erheblich an Bedeutung verloren. Da Heimarbeit allerdings auch in qualifizierten Tätigkeiten erfolgen kann (s. u. III 2), dürfte die Bedeutung des Heimarbeitsrechts im Hinblick darauf zunehmen, dass viele Tätigkeiten mithilfe von Telekommunikationsgeräten heutzutage an selbstbestimmter Arbeitsstätte erledigt werden können.

III. Telearbeit und Mobilarbeit

Neben der klassischen Heimarbeit sind neue Formen von häuslicher Tätigkeit in den Diensten anderer zu beobachten: die sog. Telearbeit. Unter diesem Begriff wird allerdings neben der Arbeit in der eigenen Wohnung auch mobile Telearbeit und Arbeit in ausgelagerten Arbeitsstätten (»Satellitenbüro«, »Nachbarschaftsbüro«) verstanden. Hinsichtlich der Qualifizierung als Heimarbeit ist entscheidend, ob das Merkmal der »selbst gewählten Arbeitsstätte« (§ 2 Abs. 1 HAG) und damit Heimarbeit vorliegt (s. u. 2). Die Tätigkeit an sog. Online-Arbeitsplätzen ist zumeist nicht als Heimarbeit, sondern als ausgelagerte abhängige Arbeit zu qualifizieren (s. dazu u. 1; vgl. *Wedde*, AiB 92, 125; *Wank*, Arbeitgeber 98, 99).

1. Homeoffice im Arbeitsverhältnis

Gerade die Entwicklung nach dem ersten durch das Coronavirus bedingten Lockdown im Jahre 2020, in der viele Arbeitnehmer nicht mehr in den Betrieben arbeiten konnten, sondern ins Homeoffice geschickt wurden, zeigt, dass diese Art von Telearbeit im Rahmen von Arbeitsverträgen gemäß § 611a Abs. 1 BGB stattfindet. Solche Arbeit im Homeoffice beruht letztlich immer auf entsprechender Vereinbarung von Arbeitgeber und Arbeitnehmer, gegebenenfalls auch auf kollektivvertraglicher Grundlage. Einen Anspruch auf Begründung von Homeoffice gibt es im Arbeitsverhältnis nicht (*Picker*, NZA Beilage 1/21, 4, 10 f.). Ein solcher lässt sich auch nur in Ausnahmefällen als Nebenpflicht aus dem Arbeitsverhältnis nach § 241 Abs. 2 BGB (Nr. 14) herleiten (*Barrein*, NZA 22, 1088, 1089 f.). Auch der mit dem Betriebsrätemodernisierungsgesetz (v. 14. 6. 2021, BGBl. I 1762; vgl. Einl. I 3d zum BetrVG, Nr. 12) eingeführte Mitbestimmmungstatbestand des § 87 Abs. 1 Nr. 14 BetrVG geht von der Entscheidungsfreiheit des Arbeitgebers hinsichtlich der Einführung von Mobilarbeit oder Homeoffice aus und regelt nur die Mitbestimmungspflichtigkeit ihrer Ausgestaltung. Vielmehr gilt grundsätzlich für den Arbeitsort das Weisungsrecht des Arbeitgebers gemäß § 106 GewO (Nr. 19), soweit im Arbeitsvertrag, einer Betriebsvereinbarung oder einem Tarifvertrag nichts anderes geregelt ist. Umgekehrt kann der Arbeitgeber den Arbeitnehmer aber nur zur Arbeit an Orten verpflichten, auf die er selbst Zugriff hat (*Picker*, NZA Beilage 1/21, 4, 13). Auf die Wohnung des Arbeitnehmers hat er regelmäßig aber keinen Zugriff (*Eylert*, AuR 22, 292, 293), sodass er die Arbeit im Homeoffice auch nicht einseitig anordnen kann. Wegen der besonderen Ausnahmesituation wurde aber anderes für pandemische Notlagen angenommen (*Däubler*, Digitalisierung und Arbeitsrecht, 8. Aufl. [2022], § 15 Rn. 5; *Krieger/Rudnik/Povedano Peramato*, NZA 20, 473, 475 f.). Ohnehin aber gab es kaum Streit um diese Frage. Zudem war vorübergehend nach § 28b Abs. 4 IfSG eine infektionsschutzrechtliche Verpflichtung zum Homeoffice vorgesehen (vgl. 47. Aufl. Nr. 7k; dazu *Barrein*, NZA 22, 1088, 1090). Außerdem war vorübergehend in der SARS-CoV-2-ArbSchV (Nr. 7l in 48. Aufl.) eine Homeoffice-Pflicht während der Pandamie unter bestimmten Voraussetzungen vorgesehen (dazu *Müller*, NZA 20, 372). Der Wechsel in alternierendes Homeoffice kann nach § 99 BetrVG (Nr. 12) mitbestimmungspflichtig sein, ebenso die Rückkehr aus dem Homeoffice (*BAG* 20. 10. 2021 – 7 ABR 34/20, NZA 22, 494).

Soweit nicht spezifische Betriebsvereinbarungen oder Tarifverträge eingreifen, empfiehlt sich, eine spezielle Vereinbarung zur Ausgestaltung des Homeoffice zu treffen. Sie kann z. B. Folgendes enthalten:

- Fragen eines Rückkehrrechts,
- das Recht zur Anwesenheit im Betrieb,
- Mindestanwesenheitszeiten im Betrieb,
- ein eventuelles Zugangsrecht des Arbeitgebers und des Betriebsrats zu Zwecken des Arbeitsschutzes,
- die Versicherung von betrieblichen Gegenständen, die sich im Homeoffice befinden.

In Ermangelung einer speziellen Vereinbarung kommen die allgemeinen arbeitsrechtlichen Vorschriften zur Anwendung. Es gelten etwa die gleichen Grundsätze zur Haftung oder zum Datenschutz, wie auch sonst im Arbeitsverhältnis. Auch gilt das Arbeitszeitrecht uneingeschränkt. Dasselbe gilt für die arbeitsschutzrechtliche Verantwortungsverteilung zwischen Arbeitgeber und Arbeitnehmer (Deinert/Wenckebach/Zwanziger-*Becker/Wenckebach*, § 118 Rn. 60). Mit Rücksicht auf die Unverletzlichkeit der Wohnung hat der Arbeitgeber aber mangels entsprechender Einwilligung des Arbeitnehmers kein Recht zum Betreten der Wohnung, auch nicht um arbeitsschutzkonforme Zustände zu gewährleisten. Ansonsten muss sich der Arbeitgeber auf andere Weise vergewissern, dass arbeitsschutzkonforme Zustände herrschen, notfalls durch Befragen des Arbeitnehmers (vgl. *Picker*, NZA Beilage 1/21, 4, 10). Für die Nutzung des Wohnraums und eventuelle Heizkosten sowie andere erforderliche Aufwendungen muss der Arbeitgeber dem Arbeitnehmer analog § 670 BGB Ersatz leisten (vgl. *BAG* 14. 10. 2003 – 9 AZR 657/02, NZA 04, 604).

Als erstes deutsches Großunternehmen hat die Fa. IBM 1991 eine Betriebsvereinbarung über »außerbetriebliche Arbeitsstätten« abgeschlossen (vgl. AiB 92, 133; *Wedde,* Gewerkschafter 10/91, 4); derartige Vereinbarungen gibt es inzwischen in vielen Betrieben. Der erste Tarifvertrag zur Tele-Heimarbeit wurde 1995 zwischen der Telekom AG und der Deutschen Postgewerkschaft abgeschlossen (abgedruckt NZA 98, 1214; dazu *Körner,* NZA 99, 1990). Die Tarifvertragsparteien der Chemischen Industrie haben eine gemeinsame Empfehlung zur Telearbeit herausgegeben.

Die »Europäischen Sozialpartner« haben im Juli 2002 eine »Rahmenvereinbarung zur Telearbeit« beschlossen, mit der sie Empfehlungen zur Umsetzung in den

Mitgliedstaaten geben (z. B. hinsichtlich der Freiwilligkeit von Telearbeit). Der erste Umsetzungsbericht vom September 2006 zeigt die inzwischen erhebliche Zunahme der Telearbeit in Europa und besonders in Deutschland (Europa: 4,5 Mio.; Deutschland: 1,5 Mio.). Verhandlungen über eine Reform der Vereinbarung sind gescheitert. Darauf hat die Europäische Kommission die europäischen Sozialpartner förmlich im Rahmen des sozialen Dialogs nach Art. 154 AEUV (Einl. II 1 zum AEUV, Nr. 20a) im Hinblick auf Maßnahmen zur Gewährleistung fairer Telearbeit und des Rechts auf Nichterreichbarkeit beteiligt.
Nachdem Bemühungen um eine gesetzliche Regelung mobiler Arbeit in der 19. und 20. Legislaturperiode gescheitert sind (vgl. Einl. III. 1 zum HAG in 50. Aufl.), gibt es derzeit keine diesbezüglichen rechtspolitischen Bestrebungen.

2. Tele-Heimarbeit Selbstständiger

Soweit Tele-Heimarbeit durch Selbstständige erfolgt, kann es sich um Heimarbeit im Sinne des HAG handeln. Häusliche Schreibarbeit am PC ist etwa als Heimarbeit zu qualifizieren (*BAG* 12. 7. 1988 – 3 AZR 569/86, NZA 89, 141). Das *BAG* (14. 6. 2016 – 9 AZR 305/15, NZA 16, 1453) hat zudem klargestellt, dass auch bei qualifizierten Tätigkeiten Heimarbeit vorliegen kann, es muss sich nicht um klassische gewerbliche Tätigkeiten handeln. So wurde ein Programmierer, der von zuhause aus das betriebliche System seines Auftraggebers betreute, als Heimarbeiter angesehen. Dies zeigt, dass das Gesetz nicht auf die klassischen landläufigen Vorstellungen von Heimarbeit (etwa Hut- und Bürstenmacher etc.) beschränkt ist. Es kann gerade angesichts der zunehmenden Möglichkeiten selbstbestimmter Arbeit mittels Telekommunikationsmedien einen mutmaßlich erheblich zunehmenden Anwendungsbereich haben, auch die Arbeit an ständig wechselnden Orten mittels Kommunikationsmitteln (»Global Office«) kann als »Heimarbeit« erfolgen (dazu *Preis*, SR 17, 173; *Deinert*, RdA 18, 359).

IV. Plattformökonomie und Crowdworking

Crowdworker, die sich auf Online-Plattformen um Aufträge bemühen und diese im Falle entsprechender Beauftragung erledigen (s. Einl. II 1 zum BGB, Nr. 14), erfüllen – anders als oftmals Telearbeiter (s. o. III) – das Kriterium der selbst gewählten Arbeitsstätte in § 2 Abs. 1 HAG. Da das *BAG* (3. 4. 1990 – 3 AZR 258/88, AP Nr. 11 zu § 2 HAG) als weitere Voraussetzung für die Anwendung des HAG aber fordert, dass eine wirtschaftliche Abhängigkeit vom Auftraggeber vorliegt, sind Crowdworker i. d. R. keine Heimarbeiter (*Däubler/Klebe*, NZA 15, 1032, 1036). Liegt im Einzelfall allerdings eine wirtschaftliche Abhängigkeit in diesem Sinne vor, steht der Anwendbarkeit des HAG an sich nichts entgegen (*Däubler/Klebe*, NZA 15, 1032, 1036). Solange jedoch die wirtschaftliche Abhängigkeit im Wesentlichen von einem Auftraggeber als Voraussetzung für die Anwendung des Heimatsarbeitsrechts angesehen wird, wird sich das Potenzial des Gesetzes in diesem Bereich nicht entfalten können (krit. insoweit *Martina*, NZA 20, 988).
Die Plattformarbeits-Richtlinie (EU) 2024/2831 (ABl. L v. 11. 11. 2024) sieht neben Bestimmungen zur verlässlichen Klärung des Beschäftigungsstatus (Einl. II 1 zum

BGB, Nr. 14) Regeln zum algorithmischen Management vor (dazu *Gräf*, SR 25, 14). Die Richtlinie ist bis zum 2. 12. 2026 umzusetzen. Vorschläge der Bundesregierung liegen dazu aktuell nicht vor.

Wichtige Entscheidungen

BVerfG 27. 2. 1973 – 2 BvL 27/69, AP Nr. 7 zu § 19 HAG
BAG 14. 6. 2016 – 9 AZR 305/15, NZA 2016, 1453

Weiterführende Literatur

Allgemein

Deinert/Wenckebach/Zwanziger-*Becker*, Arbeitsrecht, § 117 (Heimarbeit)
Deinert, Die heutige Bedeutung des Heimarbeitsgesetzes, RdA 2018, 359
Otten, Heimarbeit – ein Dauerrechtsverhältnis eigener Art, NZA 1995, S. 289
Schmidt/Koberski/Tiemann/Wascher, HAG, 4. Aufl. (1998)

Telearbeit und Mobilarbeit

Deinert/Wenckebach/Zwanziger-*Becker/Wenckebach*, Arbeitsrecht, § 118 (Telearbeit und Mobilarbeit)
Barrein, Das Recht des Arbeitnehmers auf Homeoffice, NZA 2022, S. 1088
Carstensen, Zwischen Homeoffice, neuer Präsenz und Care, WSI-Mitt. 2023, S. 3
Kohte, Mobile Arbeit und Arbeitsschutz, AuR 2023, S. 366
Kollmer, Das Recht der Tele- und Mobilen Arbeit im Lichte des Arbeitsschutzes 4.0, NJW 2023, S. 473
Ruchhöft, Mobile Arbeit aktiv gestalten (2022)
Vogelsang/Wensing, Die Betriebsvereinbarung als probates Mittel zur Gestaltung von Homeoffice, NZA 2023, S. 385
Vogl/Carstensen, Mobiles Arbeiten vor und seit Corona, WSI-Mitt. 2021, S. 192

Crowdworking

Benner, Crowdwork – zurück in die Zukunft?, Perspektiven digitaler Arbeit (2014)
Däubler, Digitalisierung und Arbeitsrecht, 8. Aufl. (2024), § 18 (Plattformökonomie II: Arbeiten im Netz)
Däubler/Klebe, Crowdwork: Die neue Form der Arbeit – Arbeitgeber auf der Flucht?, NZA 2015, S. 1032
Klebe, Crowdwork: Faire Arbeit im Netz?, AuR 2016, S. 277
Klengel, Tarifverträge für Solo-Selbstständige: Modelle für die digitale Plattform-Wirtschaft?, KJ 2024, S. 493
Martina, Heimarbeit und ihre Voraussetzungen, Der Crowdworker als Heimarbeiter?, NZA 2020, S. 988
Temming, Die gesetzlichen Rahmenbedingungen von mobiler Arbeit, ZFA 2024, S. 451

Übersicht 45: Heimarbeiter

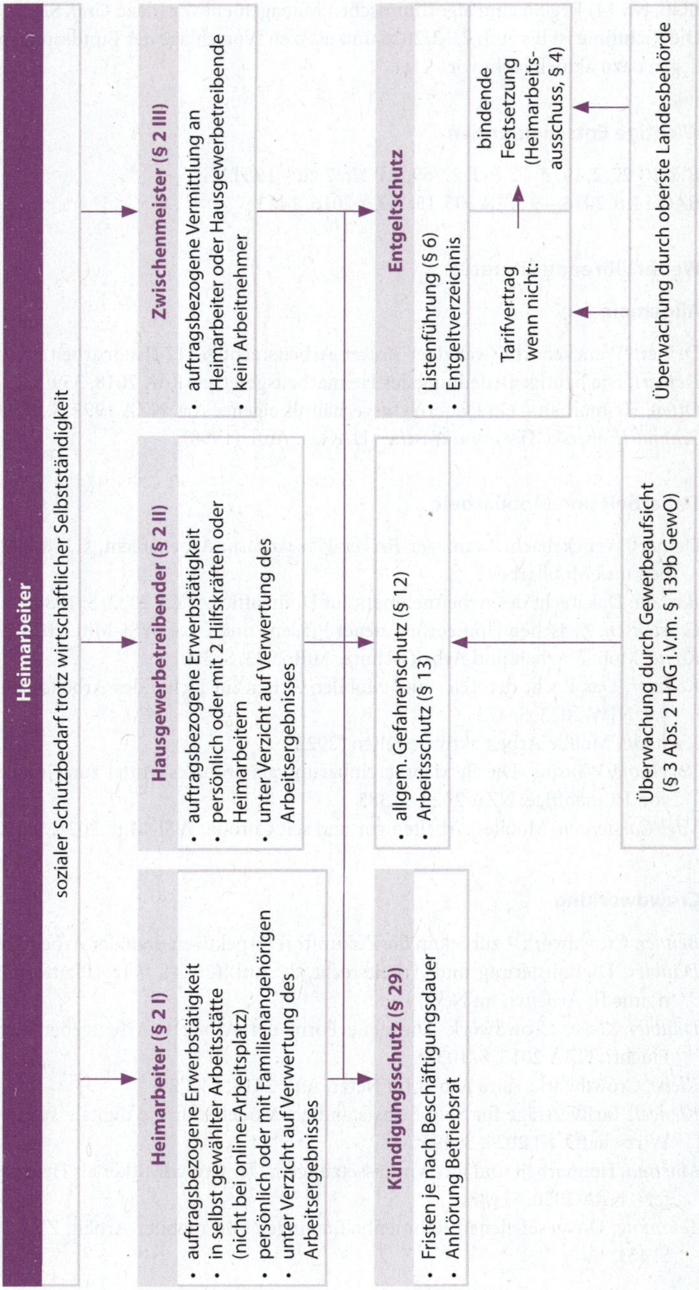

Heimarbeitsgesetz (HAG)

vom 14. März 1951 (BGBl. I 191),
zuletzt geändert durch Gesetz vom 23. Oktober 2024 (BGBl. 2024 I Nr. 323)

Erster Abschnitt – Allgemeine Vorschriften

§ 1 Geltungsbereich (1) In Heimarbeit Beschäftigte sind
a) die Heimarbeiter (§ 2 Abs. 1);
b) die Hausgewerbetreibenden (§ 2 Abs. 2).

(2) Ihnen können, wenn dieses wegen ihrer Schutzbedürftigkeit gerechtfertigt erscheint, gleichgestellt werden
a) Personen, die in der Regel allein oder mit ihren Familienangehörigen (§ 2 Abs. 5) in eigener Wohnung oder selbstgewählter Betriebsstätte eine sich in regelmäßigen Arbeitsvorgängen wiederholende Arbeit im Auftrage eines anderen gegen Entgelt ausüben, ohne daß ihre Tätigkeit als gewerblich anzusehen oder daß der Auftraggeber ein Gewerbetreibender oder Zwischenmeister (§ 2 Abs. 3) ist;
b) Hausgewerbetreibende, die mit mehr als zwei fremden Hilfskräften (§ 2 Abs. 6) oder Heimarbeitern (§ 2 Abs. 1) arbeiten;
c) andere im Lohnauftrag arbeitende Gewerbetreibende, die infolge ihrer wirtschaftlichen Abhängigkeit eine ähnliche Stellung wie Hausgewerbetreibende einnehmen;
d) Zwischenmeister (§ 2 Abs. 3).

Für die Feststellung der Schutzbedürftigkeit ist das Ausmaß der wirtschaftlichen Abhängigkeit maßgebend. Dabei sind insbesondere die Zahl der fremden Hilfskräfte, die Abhängigkeit von einem oder mehreren Auftraggebern, die Möglichkeiten des unmittelbaren Zugangs zum Absatzmarkt, die Höhe und die Art der Eigeninvestitionen sowie der Umsatz zu berücksichtigen.

(3) Die Gleichstellung erstreckt sich, wenn in ihr nichts anderes bestimmt ist, auf die allgemeinen Schutzvorschriften und die Vorschriften über die Entgeltregelung, den Entgeltschutz und die Auskunftspflicht über Entgelte (Dritter, Sechster, Siebenter und Achter Abschnitt). Die Gleichstellung kann auf einzelne dieser Vorschriften beschränkt oder auf weitere Vorschriften des Gesetzes ausgedehnt werden. Sie kann für bestimmte Personengruppen oder Gewerbezweige oder Beschäftigungsarten allgemein oder räumlich begrenzt ergehen; auch bestimmte einzelne Personen können gleichgestellt werden.

(4) Die Gleichstellung erfolgt durch widerrufliche Entscheidung des zuständigen Heimarbeitsausschusses (§ 4) nach Anhörung der Beteiligten. Sie ist vom Vorsitzenden zu unterschreiben und bedarf der Zustimmung der zuständigen Arbeitsbehörde (§ 3 Abs. 1) und der Veröffentlichung im Wortlaut an der von der zuständigen Arbeitsbehörde bestimmten Stelle. Sie tritt am Tag nach der Veröffentlichung in Kraft, wenn in ihr nicht ein anderer Zeitpunkt bestimmt ist. Die Veröffentlichung kann unterbleiben, wenn die Gleichstellung nur bestimmte einzelne

Personen betrifft; in diesem Fall ist in der Gleichstellung der Zeitpunkt ihres Inkrafttretens festzusetzen.

(5) Besteht ein Heimarbeitsausschuß für den Gewerbezweig oder die Beschäftigungsart nicht, so entscheidet über die Gleichstellung die zuständige Arbeitsbehörde nach Anhörung der Beteiligten. Die Entscheidung ergeht unter Mitwirkung der zuständigen Gewerkschaften und Vereinigungen der Auftraggeber, soweit diese zur Mitwirkung bereit sind. Die Vorschriften des Absatzes 4 über die Veröffentlichung und das Inkrafttreten finden entsprechende Anwendung.

(6) Gleichgestellte haben bei Entgegennahme von Heimarbeit auf Befragen des Auftraggebers ihre Gleichstellung bekanntzugeben.

§ 2 Begriffe (1) Heimarbeiter im Sinne dieses Gesetzes ist, wer in selbstgewählter Arbeitsstätte (eigener Wohnung oder selbstgewählter Betriebsstätte) allein oder mit seinen Familienangehörigen (Absatz 5) im Auftrag von Gewerbetreibenden oder Zwischenmeistern erwerbsmäßig arbeitet, jedoch die Verwertung der Arbeitsergebnisse dem unmittelbar oder mittelbar auftraggebenden Gewerbetreibenden überläßt. Beschafft der Heimarbeiter die Roh- und Hilfsstoffe selbst, so wird hierdurch seine Eigenschaft als Heimarbeiter nicht beeinträchtigt.

(2) Hausgewerbetreibender im Sinne dieses Gesetzes ist, wer in eigener Arbeitsstätte (eigener Wohnung oder Betriebsstätte) mit nicht mehr als zwei fremden Hilfskräften (Absatz 6) oder Heimarbeitern (Absatz 1) im Auftrag von Gewerbetreibenden oder Zwischenmeistern Waren herstellt, bearbeitet oder verpackt, wobei er selbst wesentlich am Stück mitarbeitet, jedoch die Verwertung der Arbeitsergebnisse dem unmittelbar oder mittelbar auftraggebenden Gewerbetreibenden überläßt. Beschafft der Hausgewerbetreibende die Roh- und Hilfsstoffe selbst oder arbeitet er vorübergehend unmittelbar für den Absatzmarkt, so wird hierdurch seine Eigenschaft als Hausgewerbetreibender nicht beeinträchtigt.

(3) Zwischenmeister im Sinne dieses Gesetzes ist, wer, ohne Arbeitnehmer zu sein, die ihm von Gewerbetreibenden übertragene Arbeit an Heimarbeiter oder Hausgewerbetreibende weitergibt.

(4) Die Eigenschaft als Heimarbeiter, Hausgewerbetreibender und Zwischenmeister ist auch dann gegeben, wenn Personen, Personenvereinigungen oder Körperschaften des privaten oder öffentlichen Rechts, welche die Herstellung, Bearbeitung oder Verpackung von Waren nicht zum Zwecke der Gewinnerzielung betreiben, die Auftraggeber sind.

(5) Als Familienangehörige im Sinne dieses Gesetzes gelten, wenn sie Mitglieder der häuslichen Gemeinschaft sind:

a) Ehegatten und Lebenspartner der in Heimarbeit Beschäftigten (§ 1 Abs. 1) oder der nach § 1 Abs. 2 Buchstabe a Gleichgestellten;
b) Personen, die mit dem in Heimarbeit Beschäftigten oder nach § 1 Abs. 2 Buchstabe a Gleichgestellten oder deren Ehegatten oder Lebenspartner bis zum dritten Grad verwandt oder verschwägert sind;
c) Mündel, Betreute und Pflegekinder des in Heimarbeit Beschäftigten oder nach § 1 Absatz 2 Buchstabe a Gleichgestellten oder deren Ehegatten oder Lebenspartner sowie Mündel, Betreute und Pflegekinder des Ehegattten oder Lebens-

partners des in Heimarbeit Beschäftigten oder nach § 1 Absatz 2 Buchstabe a Gleichgestellten.

(6) Fremde Hilfskraft im Sinne dieses Gesetzes ist, wer als Arbeitnehmer eines Hausgewerbetreibenden oder nach § 1 Abs. 2 Buchstaben b und c Gleichgestellten in deren Arbeitsstätte beschäftigt ist.

Zweiter Abschnitt – Zuständige Arbeitsbehörde, Heimarbeitsausschüsse

§ 3 Zuständige Arbeitsbehörde (1) Zuständige Arbeitsbehörde im Sinne dieses Gesetzes ist die oberste Arbeitsbehörde des Landes. Für Angelegenheiten (§§ 1, 4, 5, 11, 19 und 22), die nach Umfang, Auswirkung oder Bedeutung den Zuständigkeitsbereich mehrerer Länder umfassen, wird die Zuständigkeit durch die obersten Arbeitsbehörden der beteiligten Länder nach näherer Vereinbarung gemeinsam im Einvernehmen mit dem Bundesministerium für Arbeit und Soziales wahrgenommen. Betrifft eine Angelegenheit nach Umfang, Auswirkung oder Bedeutung das gesamte Bundesgebiet oder kommt eine Vereinbarung nach Satz 2 nicht zustande, so ist das Bundesministerium für Arbeit und Soziales zuständig.

(2) Den obersten Arbeitsbehörden der Länder und den von ihnen bestimmten Stellen obliegt die Aufsicht über die Durchführung dieses Gesetzes. Die Vorschriften des § 139b der Gewerbeordnung über die Aufsicht gelten für die Befugnisse der mit der Aufsicht über die Durchführung dieses Gesetzes beauftragten Stellen auch hinsichtlich der Arbeitsstätten der in Heimarbeit Beschäftigten entsprechend.

§ 4 Heimarbeitsausschüsse (1) Die zuständige Arbeitsbehörde errichtet zur Wahrnehmung der in den §§ 1, 10, 11, 18 und 19, genannten Aufgaben Heimarbeitsausschüsse für die Gewerbezweige und Beschäftigungsarten, in denen Heimarbeit in nennenswertem Umfang geleistet wird. Erfordern die unterschiedlichen Verhältnisse innerhalb eines Gewerbezweigs gesonderte Regelungen auf einzelnen Gebieten, so sind zu diesem Zweck jeweils besondere Heimarbeitsausschüsse zu errichten. Die Heimarbeitsausschüsse können innerhalb ihres sachlichen Zuständigkeitsbereichs Unterausschüsse bilden, wenn dies erforderlich erscheint. Für Heimarbeit, für die nach den Sätzen 1 und 2 dieses Absatzes Heimarbeitsausschüsse nicht errichtet werden, ist ein gemeinsamer Heimarbeitsausschuß zu errichten.

(2) Der Heimarbeitsausschuß besteht aus je drei Beisitzern aus Kreisen der Auftraggeber und Beschäftigten seines Zuständigkeitsbereichs und einem von der zuständigen Arbeitsbehörde bestimmten Vorsitzenden. Weitere sachkundige Personen können zugezogen werden; sie haben kein Stimmrecht. Die Beisitzer haben Stellvertreter, für die Satz 1 entsprechend gilt.

(3) Der Heimarbeitsausschuß ist beschlußfähig, wenn außer dem Vorsitzenden mindestens mehr als die Hälfte der Beisitzer anwesend sind. Die Beschlüsse des Heimarbeitsausschusses bedürfen der Mehrheit der Stimmen seiner anwesenden Mitglieder. Bei der Beschlußfassung hat sich der Vorsitzende zunächst der Stimme zu enthalten; kommt eine Stimmenmehrheit nicht zustande, so übt nach weiterer Beratung der Vorsitzende sein Stimmrecht aus. Bis zum Ablauf des 7. April 2023 können auf Vorschlag des Vorsitzenden die Teilnahme an Sitzungen des Heim-

arbeitsausschusses sowie die Beschlussfassung auch mittels einer Video- und Telefonkonferenz erfolgen, wenn

1. kein Beisitzer diesem Verfahren unverzüglich widerspricht und
2. sichergestellt ist, dass Dritte vom Inhalt der Sitzung keine Kenntnis nehmen können.

(4) Der Heimarbeitsausschuß kann sonstige Bestimmungen über die Geschäftsführung in einer schriftlichen Geschäftsordnung treffen. Für die Beschlußfassung über die Geschäftsordnung gilt Absatz 3.

§ 5 Beisitzer (1) Als Beisitzer oder Stellvertreter werden von der zuständigen Arbeitsbehörde geeignete Personen unter Berücksichtigung der Gruppen der Beschäftigten (§ 1 Abs. 1 und 2) auf Grund von Vorschlägen der fachlich und räumlich zuständigen Gewerkschaften und Vereinigungen der Auftraggeber oder, soweit solche nicht bestehen oder keine Vorschläge einreichen, auf Grund von Vorschlägen der Zusammenschlüsse von Gewerkschaften und von Vereinigungen von Arbeitgebern (Spitzenorganisationen) für die Dauer von drei Jahren berufen. Soweit eine Spitzenorganisation keine Vorschläge einreicht, werden die Beisitzer oder Stellvertreter dieser Seite nach Anhörung geeigneter Personen aus den Kreisen der Auftraggeber oder Beschäftigten des Zuständigkeitsbereichs, für den der Heimarbeitsausschuß errichtet ist, berufen.
(2) Auf die Voraussetzungen für das Beisitzeramt, die Besonderheiten für Beisitzer aus Kreisen der Auftraggeber und der Beschäftigten, die Ablehnung des Beisitzeramtes und den Schutz der Beschäftigtenbeisitzer finden die für die ehrenamtlichen Richter der Arbeitsgerichte geltenden Vorschriften mit den sich aus Absatz 3 ergebenden Abweichungen entsprechend Anwendung.
(3) Wird das Fehlen einer Voraussetzung für die Berufung nachträglich bekannt oder fällt eine Voraussetzung nachträglich fort oder verletzt ein Beisitzer gröblich seine Amtspflichten, so kann ihn die zuständige Arbeitsbehörde seines Amtes entheben. Über die Berechtigung zur Ablehnung des Beisitzeramtes entscheidet die zuständige Arbeitsbehörde.
(4) Das Amt des Beisitzers ist ein Ehrenamt. Die Beisitzer erhalten eine angemessene Entschädigung für den ihnen aus der Wahrnehmung ihrer Tätigkeit erwachsenden Verdienstausfall und Aufwand sowie Ersatz der Fahrkosten entsprechend den für die ehrenamtlichen Richter der Arbeitsgerichte geltenden Vorschriften. Die Entschädigung und die erstattungsfähigen Fahrkosten setzt im Einzelfall der Vorsitzende des Heimarbeitsausschusses fest.

Dritter Abschnitt – Allgemeine Schutzvorschriften

§ 6 Listenführung Wer Heimarbeit ausgibt oder weitergibt, hat jeden, den er mit Heimarbeit beschäftigt oder dessen er sich zur Weitergabe von Heimarbeit bedient, in Listen auszuweisen. Je drei Abschriften sind halbjährlich der obersten Arbeitsbehörde des Landes oder der von ihr bestimmten Stelle einzusenden.

§ 7 Mitteilungspflicht Wer erstmalig Personen mit Heimarbeit beschäftigen will, hat dies der obersten Arbeitsbehörde des Landes oder der von ihr bestimmten Stelle mitzuteilen.

§ 7a Unterrichtungspflicht Wer Heimarbeit ausgibt oder weitergibt, hat die Personen, die die Arbeit entgegennehmen, vor Aufnahme der Beschäftigung über die Art und Weise der zu verrichtenden Arbeit, die Unfall- und Gesundheitsgefahren, denen diese bei der Beschäftigung ausgesetzt sind, sowie über die Maßnahmen und Einrichtungen zur Abwendung dieser Gefahren zu unterrichten. Der Auftraggeber hat sich von der Person, die von ihm Arbeit entgegennimmt, schriftlich bestätigen zu lassen, daß sie entsprechend dieser Vorschrift unterrichtet worden ist.

§ 8 Entgeltverzeichnisse (1) Wer Heimarbeit ausgibt oder abnimmt, hat in den Räumen der Ausgabe und Abnahme Entgeltverzeichnisse und Nachweise über die sonstigen Vertragsbedingungen offen auszulegen. Soweit Musterbücher Verwendung finden, sind sie den Entgeltverzeichnissen beizufügen. Wird Heimarbeit den Beschäftigten in die Wohnung oder Betriebsstätte gebracht, so hat der Auftraggeber dafür zu sorgen, daß das Entgeltverzeichnis zur Einsichtnahme vorgelegt wird.
(2) Die Entgeltverzeichnisse müssen die Entgelte für jedes einzelne Arbeitsstück enthalten. Die Preise für mitzuliefernde Roh- und Hilfsstoffe sind besonders auszuweisen. Können die Entgelte für das einzelne Arbeitsstück nicht aufgeführt werden, so ist eine zuverlässige und klare Berechnungsgrundlage einzutragen.
(3) Bei Vorliegen einer Entgeltregelung gemäß den §§ 17 bis 19 ist diese auszulegen. Hierbei ist für die Übersichtlichkeit dadurch zu sorgen, daß nur der Teil der Entgeltregelung ausgelegt wird, der für die Beschäftigten in Betracht kommt.
(4) Die Vorschriften der Absätze 1 bis 3 gelten nicht für neue Muster, die als Einzelstücke erst auszuarbeiten sind.

§ 9 Entgeltbelege (1) Wer Heimarbeit ausgibt oder weitergibt, hat den Personen, welche die Arbeit entgegennehmen, auf seine Kosten Entgeltbücher für jeden Beschäftigten (§ 1 Abs. 1 und 2) auszuhändigen. In die Entgeltbücher, die bei den Beschäftigten verbleiben, sind bei jeder Ausgabe und Abnahme von Arbeit ihre Art und ihr Umfang, die Entgelte und die Tage der Ausgabe und der Lieferung einzutragen. Diese Vorschrift gilt nicht für neue Muster, die als Einzelstücke erst auszuarbeiten sind.
(2) An Stelle von Entgeltbüchern (Absatz 1) können auch Entgelt- oder Arbeitszettel mit den zu einer ordnungsmäßigen Sammlung geeigneten Heften ausgegeben werden, falls die Oberste Arbeitsbehörde des Landes oder die von ihr bestimmte Stelle dieses genehmigt hat.
(3) Die in Heimarbeit Beschäftigten haben für die ordnungsmäßige Aufbewahrung der Entgeltbelege zu sorgen. Sie haben sie den von der Obersten Arbeitsbehörde des Landes bestimmten Stellen auf Verlangen vorzulegen. Diese Verpflichtung gilt auch für die Auftraggeber, in deren Händen sich die Entgeltbelege befinden.

Vierter Abschnitt – Arbeitszeitschutz

§ 10 Schutz vor Zeitversäumnis Wer Heimarbeit ausgibt oder abnimmt, hat dafür zu sorgen, daß unnötige Zeitversäumnis bei der Ausgabe oder Abnahme vermieden wird. Die oberste Arbeitsbehörde des Landes oder die von ihr bestimmte Stelle kann im Benehmen mit dem Heimarbeitsausschuß die zur Vermeidung unnötiger Zeitversäumnis bei der Abfertigung erforderlichen Maßnahmen anordnen. Bei Anordnungen gegenüber einem einzelnen Auftraggeber kann die Beteiligung des Heimarbeitsausschusses unterbleiben.

§ 11 Verteilung der Heimarbeit (1) Wer Heimarbeit an mehrere in Heimarbeit Beschäftigte ausgibt, soll die Arbeitsmenge auf die Beschäftigten gleichmäßig unter Berücksichtigung ihrer und ihrer Mitarbeiter Leistungsfähigkeit verteilen.
(2) Der Heimarbeitsausschuß kann zur Beseitigung von Mißständen, die durch ungleichmäßige Verteilung der Heimarbeit entstehen, für einzelne Gewerbezweige oder Arten von Heimarbeit die Arbeitsmenge festsetzen, die für einen bestimmten Zeitraum auf einen Entgeltbeleg (§ 9) ausgegeben werden darf. Die Arbeitsmenge ist so zu bemessen, daß sie durch eine vollwertige Arbeitskraft ohne Hilfskräfte in der für vergleichbare Betriebsarbeiter üblichen Arbeitszeit bewältigt werden kann. Für jugendliche Heimarbeiter ist eine Arbeitsmenge festzusetzen, die von vergleichbaren jugendlichen Betriebsarbeitern in der für sie üblichen Arbeitszeit bewältigt werden kann. Die Festsetzung erfolgt durch widerrufliche Entscheidung nach Anhörung der Beteiligten. Sie ist vom Vorsitzenden zu unterschreiben und bedarf der Zustimmung der zuständigen Arbeitsbehörde und der Veröffentlichung im Wortlaut an der von der zuständigen Arbeitsbehörde bestimmten Stelle. Sie tritt am Tag nach der Veröffentlichung in Kraft, wenn in ihr nicht ein anderer Zeitpunkt bestimmt ist. Die Vorschriften des § 8 Abs. 1 über die Auslegung und Vorlegung von Entgeltverzeichnissen gelten entsprechend.
(3) Soweit für einzelne Gewerbezweige oder Arten von Heimarbeit Bestimmungen nach Absatz 2 getroffen sind, darf an einen in Heimarbeit Beschäftigten eine größere Menge nicht ausgegeben werden. Die Ausgabe einer größeren Menge ist zulässig, wenn Hilfskräfte (Familienangehörige oder fremde Hilfskräfte) zur Mitarbeit herangezogen werden. Für diese Hilfskräfte sind dann weitere Entgeltbelege nach § 9 auszustellen.
(4) Aus wichtigen Gründen, insbesondere wenn nach Auskunft der Agentur für Arbeit geeignete unbeschäftigte Heimarbeiter und Hausgewerbetreibende nicht oder nicht in ausreichender Zahl vorhanden sind oder wenn besondere persönliche Verhältnisse eines in Heimarbeit Beschäftigten es rechtfertigen, kann der Vorsitzende des Heimarbeitsausschusses einem Auftraggeber die Ausgabe größerer Arbeitsmengen auf einen Entgeltbeleg gestatten. Die Erlaubnis kann jeweils nur für einen bestimmten Zeitraum, der sechs Monate nicht überschreiten darf, erteilt werden.

Fünfter Abschnitt – Gefahrenschutz (Arbeitsschutz und öffentlicher Gesundheitsschutz)

§ 12 Grundsätze des Gefahrenschutzes (1) Die Arbeitsstätten der in Heimarbeit Beschäftigten einschließlich der Maschinen, Werkzeuge und Geräte müssen so beschaffen, eingerichtet und unterhalten und Heimarbeit muß so ausgeführt werden, daß keine Gefahren für Leben, Gesundheit und Sittlichkeit der Beschäftigten und ihrer Mitarbeiter sowie für die öffentliche Gesundheit im Sinne des § 14 entstehen.
(2) Werden von Hausgewerbetreibenden oder Gleichgestellten fremde Hilfskräfte beschäftigt, so gelten auch die sonstigen Vorschriften über den Betriebsschutz und die sich daraus ergebenden Verpflichtungen des Arbeitgebers seinen Arbeitnehmern gegenüber.

§ 13 Arbeitsschutz (1) Die Bundesregierung kann mit Zustimmung des Bundesrates für einzelne Gewerbezweige oder bestimmte Arten von Beschäftigungen oder Arbeitsstätten Rechtsverordnungen zur Durchführung des Arbeitsschutzes durch die in Heimarbeit Beschäftigten und ihre Auftraggeber erlassen.
(2) Die Bundesregierung kann mit Zustimmung des Bundesrates Heimarbeit, die mit erheblichen Gefahren für Leben, Gesundheit oder Sittlichkeit der Beschäftigten verbunden ist, durch Rechtsverordnung verbieten.

§ 14 Schutz der öffentlichen Gesundheit (1) Die Bundesregierung kann mit Zustimmung des Bundesrates für einzelne Gewerbezweige oder bestimmte Arten von Beschäftigungen oder Arbeitsstätten Rechtsverordnungen zum Schutz der Öffentlichkeit gegen gemeingefährliche und übertragbare Krankheiten und gegen Gefahren, die beim Verkehr mit Arznei-, Heil- und Betäubungsmitteln, Giften, Lebens- und Genußmitteln sowie Bedarfsgegenständen entstehen können, erlassen.
(2) Die Polizeibehörde kann im Benehmen mit dem Gewerbeaufsichtsamt und dem Gesundheitsamt für einzelne Arbeitsstätten Verfügungen zur Durchführung des öffentlichen Gesundheitsschutzes im Sinne des Absatzes 1 treffen, insbesondere zur Verhütung von Gefahren für die öffentliche Gesundheit, die sich bei der Herstellung, Verarbeitung oder Verpackung von Lebens- und Genußmitteln ergeben.
(3) Die Bundesregierung kann mit Zustimmung des Bundesrates Heimarbeit, die mit erheblichen Gefahren für die öffentliche Gesundheit im Sinne des Absatzes 1 verbunden ist, durch Rechtsverordnung verbieten.

§ 15 Anzeigepflicht Wer Heimarbeit ausgibt, für die zur Durchführung des Gefahrenschutzes besondere Vorschriften gelten, hat dem Gewerbeaufsichtsamt und der Polizeibehörde Namen und Arbeitsstätte der von ihm mit Heimarbeit Beschäftigten anzuzeigen.

§ 16 Durchführungspflicht (1) Wer Heimarbeit ausgibt oder weitergibt, hat dafür zu sorgen, daß Leben oder Gesundheit der in der Heimarbeit Beschäftigten durch technische Arbeitsmittel und Arbeitsstoffe, die er ihnen zur Verwendung überläßt, nicht gefährdet werden.

(2) Die zur Durchführung des Gefahrenschutzes erforderlichen Maßnahmen, die sich auf Räume oder Betriebseinrichtungen beziehen, hat der zu treffen, der die Räume und Betriebseinrichtungen unterhält.

§ 16a Anordnungen Das Gewerbeaufsichtsamt kann in Einzelfällen anordnen, welche Maßnahmen zur Durchführung der §§ 12, 13 und 16 sowie der auf § 13 und § 34 Abs. 2 gestützten Rechtsverordnungen zu treffen sind. Neben den auf Grund von § 3 Abs. 2 bestimmten Stellen nimmt das Gewerbeaufsichtsamt die Aufsichtsbefugnisse nach § 139b der Gewerbeordnung wahr.

Sechster Abschnitt – Entgeltregelung

§ 17 Tarifverträge, Entgeltregelungen (1) Als Tarifverträge gelten auch schriftliche Vereinbarungen zwischen Gewerkschaften einerseits und Auftraggebern oder deren Vereinigungen andererseits über Inhalt, Abschluß oder Beendigung von Vertragsverhältnissen der in Heimarbeit Beschäftigten oder Gleichgestellten mit ihren Auftraggebern.
(2) Entgeltregelungen im Sinne dieses Gesetzes sind Tarifverträge, bindende Festsetzungen von Entgelten und sonstigen Vertragsbedingungen (§ 19) und von Mindestarbeitsbedingungen für fremde Hilfskräfte (§ 22).

§ 18 Aufgaben des Heimarbeitsausschusses auf dem Gebiet der Entgeltregelung Der Heimarbeitsausschuß hat die Aufgaben:
a) auf das Zustandekommen von Tarifverträgen hinzuwirken;
b) zur Vermeidung und Beendigung von Gesamtstreitigkeiten zwischen den in § 17 Abs. 1 genannten Parteien diesen auf Antrag einer Partei Vorschläge für den Abschluß eines Tarifvertrags zu unterbreiten; wird ein schriftlich abgefaßter Vorschlag von allen Parteien durch Erklärung gegenüber dem Heimarbeitsausschuß angenommen, so hat er die Wirkung eines Tarifvertrages;
c) bindende Festsetzungen für Entgelte und sonstige Vertragsbedingungen nach Maßgabe des § 19 zu treffen.

§ 19 Bindende Festsetzungen (1) Bestehen Gewerkschaften oder Vereinigungen der Auftraggeber für den Zuständigkeitsbereich eines Heimarbeitsausschusses nicht oder umfassen sie nur eine Minderheit der Auftraggeber oder Beschäftigten, so kann der Heimarbeitsausschuß nach Anhörung der Auftraggeber und Beschäftigten, für die eine Regelung getroffen werden soll, Entgelte und sonstige Vertragsbedingungen mit bindender Wirkung für alle Auftraggeber und Beschäftigten seines Zuständigkeitsbereichs festsetzen, wenn unzulängliche Entgelte gezahlt werden oder die sonstigen Vertragsbedingungen unzulänglich sind. Als unzulänglich sind insbesondere Entgelte und sonstige Vertragsbedingungen anzusehen, die unter Berücksichtigung der sozialen und wirtschaftlichen Eigenart der Heimarbeit unter den tarifvertraglichen Löhnen oder sonstigen durch Tarifvertrag festgelegten Arbeitsbedingungen für gleiche oder gleichwertige Betriebsarbeit liegen. Soweit im Zuständigkeitsbereich eines Heimarbeitsausschusses Entgelte und sonstige Vertragsbedingungen für Heimarbeit derselben Art tarifvertraglich vereinbart sind, sollen in der bindenden Festsetzung keine für die Beschäftigten günstigeren Entgelte oder sonstigen Vertragsbedingungen festgesetzt werden.

(2) Die bindende Festsetzung bedarf der Zustimmung der zuständigen Arbeitsbehörde und der Veröffentlichung im Wortlaut an der von der zuständigen Arbeitsbehörde bestimmten Stelle. Der persönliche Geltungsbereich der bindenden Festsetzung ist unter Berücksichtigung der Vorschriften des § 1 zu bestimmen. Sie tritt am Tag nach der Veröffentlichung in Kraft, wenn in ihr nicht ein anderer Zeitpunkt bestimmt ist. Beabsichtigt die zuständige Arbeitsbehörde die Zustimmung zu einer bindenden Festsetzung inbesondere wegen Unzulänglichkeit der Entgelte oder der sonstigen Vertragsbedingungen (Absatz 1 Satz 2) zu versagen, so hat sie dies dem Heimarbeitsausschuß unter Angabe von Gründen mitzuteilen und ihm vor ihrer Entscheidung über die Zustimmung Gelegenheit zu geben, die bindende Festsetzung zu ändern.

(3) Die bindende Festsetzung hat die Wirkung eines allgemeinverbindlichen Tarifvertrags und ist in das beim Bundesministerium für Arbeit und Soziales geführte Tarifregister einzutragen. Von den Vorschriften einer bindenden Festsetzung kann nur zugunsten des Beschäftigten abgewichen werden. Ein Verzicht auf Rechte, die auf Grund einer bindenden Festsetzung eines Beschäftigten entstanden sind, ist nur in einem von der Obersten Arbeitsbehörde des Landes oder der von ihr bestimmten Stelle gebilligten Vergleich zulässig. Die Verwirkung solcher Rechte ist ausgeschlossen. Ausschlußfristen für ihre Geltendmachung können nur durch eine bindende Festsetzung vorgesehen werden; das gleiche gilt für die Abkürzung von Verjährungsfristen. Im übrigen gelten für die bindende Festsetzung die gesetzlichen Vorschriften über den Tarifvertrag sinngemäß, soweit sich aus dem Fehlen der Vertragsparteien nicht etwas anderes ergibt.

(4) Der Heimarbeitsausschuß kann nach Anhörung der Auftraggeber und Beschäftigten bindende Festsetzungen ändern oder aufheben. Die Absätze 1 bis 3 gelten entsprechend.

(5) Die Absätze 1 bis 4 gelten entsprechend für die Festsetzung von vermögenswirksamen Leistungen im Sinne des Fünften Vermögensbildungsgesetzes.

§ 20 Art der Entgelte Die Entgelte für Heimarbeit sind in der Regel als Stückentgelte, und zwar möglichst auf der Grundlage von Stückzeiten zu regeln. Ist dieses nicht möglich, so sind Zeitentgelte festzusetzen, die der Stückentgeltberechnung im Einzelfall zugrunde gelegt werden können.

§ 21 Entgeltregelung für Zwischenmeister, Mithaftung des Auftraggebers

(1) Für Zwischenmeister, die nach § 1 Abs. 2 Buchstabe d den in Heimarbeit Beschäftigten gleichgestellt sind, können im Verhältnis zu ihren Auftraggebern durch Entgeltregelungen gemäß den §§ 17 bis 19 Zuschläge festgelegt werden.

(2) Zahlt ein Auftraggeber an einen Zwischenmeister ein Entgelt, von dem er weiß oder den Umständen nach wissen muß, daß es zur Zahlung der in der Entgeltregelung festgelegten Entgelte an die Beschäftigten nicht ausreicht, oder zahlt er an einen Zwischenmeister, dessen Unzuverlässigkeit er kennt oder kennen muß, so haftet er neben dem Zwischenmeister für diese Entgelte.

§ 22 Mindestarbeitsbedingungen für fremde Hilfskräfte (1) Für fremde Hilfskräfte, die von Hausgewerbetreibenden oder Gleichgestellten beschäftigt werden, können Mindestarbeitsbedingungen festgesetzt werden. Voraussetzung ist, daß die Entgelte der Hausgewerbetreibenden oder Gleichgestellten durch eine Entgeltregelung (§§ 17 bis 19) festgelegt sind.
(2) Für die Festsetzung gilt § 19 entsprechend mit der Maßgabe, daß an die Stelle der Heimarbeitsausschüsse Entgeltausschüsse für fremde Hilfskräfte der Heimarbeit treten. Für die Auslegung der Mindestarbeitsbedingungen gilt § 8 Abs. 3 entsprechend.
(3) Die Entgeltausschüsse werden im Bedarfsfall durch die zuständige Arbeitsbehörde errichtet. Für ihre Zusammensetzung und das Verfahren vor ihnen gelten § 4 Absätze 2 bis 4 und § 5 entsprechend. Die Beisitzer und Stellvertreter sind aus Kreisen der beteiligten Arbeitnehmer einerseits sowie der Hausgewerbetreibenden und Gleichgestellten andererseits auf Grund von Vorschlägen der fachlich und räumlich zuständigen Gewerkschaften und Vereinigungen der Hausgewerbetreibenden oder Gleichgestellten, soweit solche nicht bestehen oder keine Vorschläge einreichen, nach Anhörung der Beteiligten jeweils zu berufen.

Siebter Abschnitt – Entgeltschutz

§ 23 Entgeltprüfung (1) Die Oberste Arbeitsbehörde des Landes hat für eine wirksame Überwachung der Entgelte und sonstigen Vertragsbedingungen durch Entgeltprüfer Sorge zu tragen.
(2) Die Entgeltprüfer haben die Innehaltung der Vorschriften des Dritten Abschnittes dieses Gesetzes und der gemäß den §§ 17 bis 19, 21 und 22 geregelten Entgelte und sonstigen Vertragsbedingungen zu überwachen sowie auf Antrag bei der Errechnung der Stückentgelte Berechnungshilfe zu leisten.
(3) Die Oberste Arbeitsbehörde des Landes kann die Aufgaben der Entgeltprüfer anderen Stellen übertragen, insbesondere für Bezirke, in denen Heimarbeit nur in geringerem Umfange geleistet wird.

§ 24 Aufforderung zur Nachzahlung der Minderbeträge Hat ein Auftraggeber oder Zwischenmeister einem in Heimarbeit Beschäftigten oder einem Gleichgestellten ein Entgelt gezahlt, das niedriger ist als das in einer Entgeltregelung gemäß den §§ 17 bis 19 festgesetzte oder das in § 29 Abs. 5 oder 6 bestimmte, so kann ihn die oberste Arbeitsbehörde des Landes oder die von ihr bestimmte Stelle auffordern, innerhalb einer in der Aufforderung festzusetzenden Frist den Minderbetrag nachzuzahlen und den Zahlungsnachweis vorzulegen. Satz 1 gilt entsprechend für sonstige Vertragsbedingungen, die gemäß den §§ 17 bis 19 festgesetzt sind und die Geldleistungen an einen in Heimarbeit Beschäftigten oder einen Gleichgestellten zum Inhalt haben. Die Oberste Arbeitsbehörde des Landes soll von einer Maßnahme nach Satz 1 absehen, wenn glaubhaft gemacht worden ist, daß ein Gleichgestellter im Fall des § 1 Abs. 6 nicht oder wahrheitswidrig geantwortet hat.

§ 25 Klagebefugnis der Länder Das Land, vertreten durch die Oberste Arbeitsbehörde oder die von ihr bestimmte Stelle, kann im eigenen Namen den Anspruch auf Nachzahlung des Minderbetrags an den Berechtigten gerichtlich geltend machen. Das Urteil wirkt auch für und gegen den in Heimarbeit Beschäftigten oder den Gleichgestellten. § 24 Satz 3 gilt entsprechend.

§ 26 Entgeltschutz für fremde Hilfskräfte (1) Hat ein Hausgewerbetreibender oder Gleichgestellter einer fremden Hilfskraft ein Entgelt gezahlt, das niedriger ist als das durch Mindestarbeitsbedingungen (§ 22) festgesetzte, so gelten die Vorschriften der §§ 24 und 25 über die Aufforderung zur Nachzahlung der Minderbeträge und über die Klagebefugnis der Länder sinngemäß.
(2) Das gleiche gilt, wenn ein Hausgewerbetreibender oder Gleichgestellter eine fremde Hilfe nicht nach der einschlägigen tariflichen Regelung entlohnt. Voraussetzung ist, daß die Entgelte des Hausgewerbetreibenden oder Gleichgestellten durch eine Entgeltregelung (§§ 17 bis 19) festgelegt sind.

§ 27 Pfändungsschutz Für das Entgelt, das den in Heimarbeit Beschäftigten oder den Gleichgestellten gewährt wird, gelten die Vorschriften über den Pfändungsschutz für Vergütungen, die auf Grund eines Arbeits- oder Dienstverhältnisses geschuldet werden, entsprechend.

Achter Abschnitt – Auskunfts- und Aufklärungspflicht über Entgelte

§ 28 (1) Auftraggeber, Zwischenmeister, Beschäftigte und fremde Hilfskräfte haben den mit der Entgeltfestsetzung oder Entgeltprüfung beauftragten Stellen auf Verlangen Auskunft über alle die Entgelte berührenden Fragen zu erteilen und hierbei auch außer den Entgeltbelegen (§ 9) Arbeitsstücke, Stoffproben und sonstige Unterlagen für die Entgeltfestsetzung oder Entgeltprüfung vorzulegen. Die mit der Entgeltfestsetzung oder Entgeltprüfung beauftragten Stellen können Erhebungen über Arbeitszeiten für einzelne Arbeitsstücke anstellen oder anstellen lassen.
(2) Der in Heimarbeit Beschäftigte und Gleichgestellte kann von seinem Auftraggeber verlangen, daß ihm die Berechnung und Zusammensetzung seines Entgelts erläutert wird.

Neunter Abschnitt – Kündigung

§ 29 Allgemeiner Kündigungsschutz (1) Das Beschäftigungsverhältnis eines in Heimarbeit Beschäftigten kann beiderseits an jedem Tag für den Ablauf des folgenden Tages gekündigt werden.
(2) Wird ein in Heimarbeit Beschäftigter von einem Auftraggeber oder Zwischenmeister länger als vier Wochen beschäftigt, so kann das Beschäftigungsverhältnis beiderseits nur mit einer Frist von zwei Wochen gekündigt werden.
(3) Wird ein in Heimarbeit Beschäftigter überwiegend von einem Auftraggeber oder Zwischenmeister beschäftigt, so kann das Beschäftigungsverhältnis mit einer Frist von vier Wochen zum Fünfzehnten oder zum Ende eines Kalendermonats gekündigt werden. Während einer vereinbarten Probezeit, längstens für die Dauer von sechs Monaten, beträgt die Kündigungsfrist zwei Wochen.

(4) Unter der in Absatz 3 Satz 1 genannten Voraussetzung beträgt die Frist für eine Kündigung durch den Auftraggeber oder Zwischenmeister, wenn das Beschäftigungsverhältnis
1. zwei Jahre bestanden hat, einen Monat zum Ende eines Kalendermonats,
2. fünf Jahre bestanden hat, zwei Monate zum Ende eines Kalendermonats,
3. acht Jahre bestanden hat, drei Monate zum Ende eines Kalendermonats,
4. zehn Jahre bestanden hat, vier Monate zum Ende eines Kalendermonats,
5. zwölf Jahre bestanden hat, fünf Monate zum Ende eines Kalendermonats,
6. fünfzehn Jahre bestanden hat, sechs Monate zum Ende eines Kalendermonats,
7. zwanzig Jahre bestanden hat, sieben Monate zum Ende eines Kalendermonats.

(5) § 622 Abs. 4 bis 6 des Bürgerlichen Gesetzbuchs gilt entsprechend.

(6) Für die Kündigung aus wichtigem Grund gilt § 626 des Bürgerlichen Gesetzbuchs entsprechend.

(7) Für die Dauer der Kündigungsfrist nach den Absätzen 2 bis 5 hat der Beschäftigte auch bei Ausgabe einer geringeren Arbeitsmenge Anspruch auf Arbeitsentgelt in Höhe von einem Zwölftel bei einer Kündigungsfrist von zwei Wochen, zwei Zwölfteln bei einer Kündigungsfrist von vier Wochen, drei Zwölfteln bei einer Kündigungsfrist von einem Monat, vier Zwölfteln bei einer Kündigungsfrist von zwei Monaten, sechs Zwölfteln bei einer Kündigungsfrist von drei Monaten, acht Zwölfteln bei einer Kündigungsfrist von vier Monaten, zehn Zwölfteln bei einer Kündigungsfrist von fünf Monaten, zwölf Zwölfteln bei einer Kündigungsfrist von sechs Monaten und vierzehn Zwölfteln bei einer Kündigungsfrist von sieben Monaten des Gesamtbetrages, den er in den dem Zugang der Kündigung vorausgegangenen 24 Wochen als Entgelt erhalten hat. Bei Entgelterhöhungen während des Berechnungszeitraums oder der Kündigungsfrist ist von dem erhöhten Entgelt auszugehen. Zeiten des Bezugs von Krankengeld oder Kurzarbeitergeld sind in den Berechnungszeitraum nicht mit einzubeziehen.

(8) Absatz 7 gilt entsprechend, wenn ein Auftraggeber oder Zwischenmeister die Arbeitsmenge, die er mindestens ein Jahr regelmäßig an einen Beschäftigten, auf den die Voraussetzungen der Absätze 2, 3, 4 oder 5 zutreffen, ausgegeben hat, um mindestens ein Viertel verringert, es sei denn, daß die Verringerung auf einer Festsetzung gemäß § 11 Abs. 2 beruht. Hat das Beschäftigungsverhältnis im Fall des Absatzes 2 ein Jahr noch nicht erreicht, so ist von der während der Dauer des Beschäftigungsverhältnisses ausgegebenen Arbeitsmenge auszugehen. Die Sätze 1 und 2 finden keine Anwendung, wenn die Verringerung der Arbeitsmenge auf rechtswirksam eingeführter Kurzarbeit beruht.

(9) Teilt ein Auftraggeber einem Zwischenmeister, der überwiegend für ihn Arbeit weitergibt, eine künftige Herabminderung der regelmäßig zu verteilenden Arbeitsmenge nicht rechtzeitig mit, so kann dieser vom Auftraggeber Ersatz der durch Einhaltung der Kündigungsfrist verursachten Aufwendungen insoweit verlangen, als während der Kündigungsfrist die Beschäftigung wegen des Verhaltens des Auftraggebers nicht möglich war.

§ 29a Kündigungsschutz im Rahmen der Betriebsverfassung (1) Die Kündigung des Beschäftigungsverhältnisses eines in Heimarbeit beschäftigten Mitglieds eines Betriebsrats oder einer Jugend- und Auszubildendenvertretung ist unzulässig, es sei denn, daß Tatsachen vorliegen, die einen Arbeitgeber zur Kündigung eines Arbeitsverhältnisses aus wichtigem Grund ohne Einhaltung einer Kündigungsfrist berechtigen würden, und daß die nach § 103 des Betriebsverfassungsgesetzes erforderliche Zustimmung vorliegt oder durch gerichtliche Entscheidung ersetzt ist. Nach Beendigung der Amtszeit ist die Kündigung innerhalb eines Jahres, jeweils vom Zeitpunkt der Beendigung der Amtszeit an gerechnet, unzulässig, es sei denn, daß Tatsachen vorliegen, die einen Arbeitgeber zur Kündigung eines Arbeitsverhältnisses aus wichtigem Grund ohne Einhaltung einer Kündigungsfrist berechtigen würden; dies gilt nicht, wenn die Beendigung der Mitgliedschaft auf einer gerichtlichen Entscheidung beruht.

(2) Die Kündigung eines in Heimarbeit beschäftigten Mitglieds eines Wahlvorstands ist vom Zeitpunkt seiner Bestellung an, die Kündigung eines in Heimarbeit beschäftigten Wahlbewerbers vom Zeitpunkt der Aufstellung des Wahlvorschlags an jeweils bis zur Bekanntgabe des Wahlergebnisses unzulässig, es sei denn, daß Tatsachen vorliegen, die einen Arbeitgeber zur Kündigung eines Arbeitsverhältnisses aus wichtigem Grund ohne Einhaltung einer Kündigungsfrist berechtigen würden, und daß die nach § 103 des Betriebsverfassungsgesetzes erforderliche Zustimmung vorliegt oder durch eine gerichtliche Entscheidung ersetzt ist. Innerhalb von sechs Monaten nach Bekanntgabe des Wahlergebnisses ist die Kündigung unzulässig, es sei denn, daß Tatsachen vorliegen, die einen Arbeitgeber zur Kündigung eines Arbeitsverhältnisses aus wichtigem Grund ohne Einhaltung einer Kündigungsfrist berechtigen würden; dies gilt nicht für Mitglieder des Wahlvorstands, wenn dieser nach § 18 Abs. 1 des Betriebsverfassungsgesetzes durch gerichtliche Entscheidung durch einen anderen Wahlvorstand ersetzt worden ist.

(3) Wird die Vergabe von Heimarbeit eingestellt, so ist die Kündigung des Beschäftigungsverhältnisses der in den Absätzen 1 und 2 genannten Personen frühestens zum Zeitpunkt der Einstellung der Vergabe zulässig, es sei denn, daß die Kündigung zu einem früheren Zeitpunkt durch zwingende betriebliche Erfordernisse bedingt ist.

Zehnter Abschnitt – Ausgabeverbot

§ 30 Verbot der Ausgabe von Heimarbeit Die Oberste Arbeitsbehörde des Landes oder die von ihr bestimmte Stelle kann einer Person, die

1. in den letzten fünf Jahren wiederholt wegen eines Verstoßes gegen die Vorschriften dieses Gesetzes rechtskräftig verurteilt oder mit Geldbuße belegt worden ist,
2. der Obersten Arbeitsbehörde des Landes oder der von ihr bestimmten Stelle falsche Angaben gemacht oder falsche Unterlagen vorgelegt hat, um sich der Pflicht zur Nachzahlung von Minderbeträgen (§ 24) zu entziehen, oder
3. der Aufforderung der Obersten Arbeitsbehörde des Landes oder der von ihr bestimmten Stelle zur Nachzahlung von Minderbeträgen (§ 24) wiederholt nicht nachgekommen ist oder die Minderbeträge nach Aufforderung zwar nachgezahlt, jedoch weiter zu niedrige Entgelte gezahlt hat,

die Aus- und Weitergabe von Heimarbeit verbieten.

Elfter Abschnitt – Straftaten und Ordnungswidrigkeiten

§ 31 Ausgabe verbotener Heimarbeit (1) Wer Heimarbeit, die nach einer zur Durchführung des Gefahrenschutzes erlassenen Rechtsvorschrift (§ 13 Abs. 2, § 14 Abs. 3, § 34 Abs. 2 Satz 2) verboten ist, ausgibt oder weitergibt, wird mit Freiheitsstrafe bis zu einem Jahr oder mit Geldstrafe bestraft.
(2) Handelt der Täter fahrlässig, so ist die Strafe Freiheitsstrafe bis zu sechs Monaten oder Geldstrafe bis zu einhundertachtzig Tagessätzen.

§ 32 Straftaten und Ordnungwidrigkeiten im Bereich des Arbeits- und Gefahrenschutzes (1) Ordnungswidrig handelt, wer, abgesehen von den Fällen des § 31, vorsätzlich oder fahrlässig
1. einer zur Durchführung des Gefahrenschutzes erlassenen Rechtsvorschrift (§§ 13, 14 Abs. 1, 3 § 34 Abs. 2 Satz 2), soweit sie für einen bestimmten Tatbestand auf diese Bußgeldvorschrift verweist, oder
2. einer vollziehbaren Verfügung nach § 14 Abs. 2 oder § 16a

zuwiderhandelt.
Die in Satz 1 Nr. 1 vorgeschriebene Verweisung ist nicht erforderlich, soweit die dort genannten Rechtsvorschriften vor Inkrafttreten dieses Gesetzes erlassen sind.
(2) Die Ordnungswidrigkeit kann mit einer Geldbuße bis zu zehntausend Euro geahndet werden.
(3) Wer vorsätzlich eine der in Absatz 1 bezeichneten Handlungen begeht und dadurch in Heimarbeit Beschäftigte in ihrer Arbeitskraft oder Gesundheit gefährdet, wird mit Freiheitsstrafe bis zu einem Jahr oder mit Geldstrafe bestraft.
(4) Wer in den Fällen des Absatzes 3 die Gefahr fahrlässig verursacht, wird mit Freiheitsstrafe bis zu sechs Monaten oder mit Geldstrafe bis zu einhundertachtzig Tagessätzen bestraft.

§ 32a Sonstige Ordnungswidrigkeiten (1) Ordnungswidrig handelt, wer vorsätzlich oder fahrlässig einem nach § 30 ergangenen vollziehbaren Verbot der Ausgabe oder Weitergabe von Heimarbeit zuwiderhandelt.
(2) Ordnungswidrig handelt auch, wer vorsätzlich oder fahrlässig
1. einer Vorschrift über die Listenführung (§ 6), die Mitteilung oder Anzeige von Heimarbeit (§§ 7, 15), die Unterrichtungspflicht (§ 7a), die Offenlegung der Entgeltverzeichnisse (§ 8), die Entgeltbelege (§ 9) oder die Auskunftspflicht über die Entgelte (§ 28 Abs. 1) zuwiderhandelt,
2. einer vollziehbaren Anordnung zum Schutze der Heimarbeiter vor Zeitversäumnis (§ 10) zuwiderhandelt,
3. einer Regelung zur Verteilung der Heimarbeit nach § 11 Abs. 2 zuwiderhandelt, soweit sie für einen bestimmten Tatbestand auf diese Bußgeldvorschrift verweist oder
4. als in Heimarbeit Beschäftigter (§ 1 Abs. 1) oder diesem Gleichgestellter (§ 1 Abs. 2) duldet, daß ein mitarbeitender Familienangehöriger eine Zuwiderhandlung nach § 32 begeht.

(3) Die Ordnungswidrigkeit nach Absatz 1 kann mit einer Geldbuße bis zu zehntausend Euro, die Ordnungswidrigkeit nach Absatz 2 mit einer Geldbuße bis zu zweitausendfünfhundert Euro geahndet werden.

Zwölfter Abschnitt – Schlußvorschriften

§ 33 Durchführungsvorschriften (1) Das Bundesministerium für Arbeit und Soziales wird ermächtigt, mit Zustimmung des Bundesrates und nach Anhörung der Spitzenverbände der Gewerkschaften und der Vereinigungen der Arbeitgeber die zur Durchführung dieses Gesetzes erforderlichen Rechtsverordnungen[1] zu erlassen über

a) das Verfahren bei der Gleichstellung (§ 1 Abs. 2 bis 5);
b) die Errichtung von Heimarbeitsausschüssen und von Entgeltausschüssen für fremde Hilfskräfte der Heimarbeit und das Verfahren vor ihnen (§§ 4, 5, 11, 18 bis 22);
c) Form, Inhalt und Einsendung der Listen und der Anzeige bei erstmaliger Ausgabe von Heimarbeit (§§ 6 und 7);
d) Form, Inhalt, Ausgabe und Aufbewahrung von Entgeltbelegen (§ 9).

(2) Das Bundesministerium für Arbeit und Soziales kann mit Zustimmung des Bundesrates und nach Anhörung der Spitzenverbände der Gewerkschaften und der Vereinigung der Arbeitgeber allgemeine Verwaltungsvorschriften für die Durchführung dieses Gesetzes erlassen.

§ 34 Inkrafttreten (1) Das Gesetz tritt einen Monat nach seiner Verkündung, der § 33 am Tag nach der Verkündung in Kraft.[2]

(2) Mit dem Inkrafttreten dieses Gesetzes treten das Gesetz über die Heimarbeit in der Fassung der Bekanntmachung vom 30. Oktober 1939 (Reichsgesetzbl. I S. 2145) und die Verordnung zur Durchführung des Gesetzes über die Heimarbeit vom 30. Oktober 1939 (Reichsgesetzbl. I S. 2152) außer Kraft. Die auf Grund der bisherigen gesetzlichen Vorschriften zur Durchführung des Gefahrenschutzes erlassenen Verordnungen bleiben mit der Maßgabe in Kraft, daß anstelle der in ihnen erwähnten Vorschriften des Gesetzes über die Heimarbeit in der Fassung vom 30. Oktober 1939 und des Hausarbeitsgesetzes in der Fassung vom 30. Juni 1923 (Reichsgesetzbl. S. 472/730) die entsprechenden Vorschriften dieses Gesetzes treten.

---

1 Vgl. **Erste Rechtsverordnung zur Durchführung des Heimarbeitsgesetzes** (HAGDV 1) i. d. F. der Bekanntmachung vom 27. 1. 1976 (BGBl. I 221), zuletzt geändert durch Verordnung vom 31. 10. 2006 (BGBl. I 2407).

2 Verkündet am 21. 3. 1951.

23. Insolvenzordnung (InsO)

Einleitung

I. Geschichtliche Entwicklung

Vorläufer der InsO war die Konkursordnung vom 10. 2. 1877 (RGBl. 351), die ein Verfahren zur möglichst gleichmäßigen Befriedigung der Gläubiger eines zahlungsunfähigen Schuldners bereitstellte. Dabei wurden freilich Gläubiger unterschiedlicher Rangordnung gebildet, mit der Folge, dass nachrangige Gläubiger ohne dingliche Sicherheiten (hierzu unter II 1) praktisch immer leer ausgingen (zu den Rechtstatsachen des Insolvenzverfahrens unter III).

Daneben gab es zunächst bezogen auf kriegsbedingte Insolvenz (VO über die Geschäftsaufsicht zur Abwendung des Konkurses vom 14. 12. 1916, RGBl. 1363) und später generell aufgrund der Vergleichsordnung vom 5. 7. 1927 (RGBl. 139) die Möglichkeit eines Vergleichsverfahrens zur Abwendung des Konkurses. Hierfür musste mindestens eine Vergleichsquote von 35 % der offenen Forderungen bei Zustimmung von vier Fünftel der Gläubiger erreicht werden. Für einen Sozialplan im Konkurs existierte ein mehrfach (zuletzt bis Ende 1998) verlängertes Spezialgesetz (»Gesetz über den Sozialplan im Konkurs- und Vergleichsverfahren«). Seit Herstellung der deutschen Einheit galt daneben für die neuen Bundesländer die aus der DDR stammende Gesamtvollstreckungsordnung fort, die Konkurs und Vergleich in einem regelte.

Alle diese Gesetze wurden durch die im Jahre 1994 verabschiedete InsO abgelöst. Sie trat in ihren wesentlichen Teilen am 1. 1. 1999 in Kraft. Lediglich die arbeitsrechtlichen Vorschriften über Kündigungen und Betriebsänderungen (§§ 113, 120–122, 125–128 InsO) wurden aufgrund des Arbeitsrechtlichen Beschäftigungsförderungsgesetzes 1996 bereits ab 1. 10. 1996 für Konkursverfahren in Westdeutschland in Kraft gesetzt (zur Kritik am Gesetz vgl. *Bichlmeier,* AiB 89, 63; *Dörner,* NZA 91, 94).

Die zentralen Veränderungen gegenüber dem vorangegangenen Rechtszustand liegen in Folgendem:

- Konkurs- und Vergleichsverfahren werden in einem Verfahren, dem Insolvenzverfahren, zusammengefasst. Dieses soll bei der Insolvenz von Unternehmen deren Sanierung besser ermöglichen als früher, wozu im Insolvenzplan Beschränkungen der Absonderungsrechte vorgenommen werden können (unten II.1).
- Die Kündigung von Arbeitnehmern ist erleichtert worden (§§ 120 ff. InsO, s. u. II 3).
- Als völlig neues Instrument enthält die InsO die Möglichkeit der Restschuldbefreiung für natürliche Personen (unten II.5; zum Gesetz insgesamt vgl. *Smid,* BB 99, 1; *Pick,* NJW 96, 992; *Uhlenbruck,* WiB 94, 849).

Neben dem Insolvenzverfahren gibt es zwei Sicherungssysteme für Arbeitnehmeransprüche: das von der Arbeitsagentur zu zahlende Insolvenzgeld für rückständiges laufendes Arbeitsentgelt gemäß §§ 165ff. SGB III (Nr. 30 III) und die Sicherung von Betriebsrenten durch den »Pensions-Sicherungsverein« gemäß §§ 7ff. BetrAVG (Einl. II 8 zum BetrAVG, Nr. 11). Ein Aussonderungsrecht wegen nicht an die Pensionskasse gezahlter Beiträge des Arbeitgebers kennt die Insolvenzordnung dabei nicht (*BAG* 21.3.2017 – 3 AZR 718/15, NZA 17, 948; zu den unionsrechtlichen Anforderungen an den Schutz der Arbeitnehmer in Bezug auf die Altersversorgung vgl. *EuGH* 24.11.2016 – C-454/15, NZA16, 1558 – Webb-Sämann; ferner Einl. II 8 zum BetrAVG, Nr. 11). Zur Sicherung von Arbeitszeit-Wertguthaben vgl. Einl. II 4 zu SGB IV, Nr. 30 IV.

Das Gesetz ist vielfach geändert worden, teils auch mit arbeitsrechtlichen Auswirkungen (vgl. 45 Aufl.), zuletzt nennenswert durch das Gesetz zur Verbesserung der Rechtssicherheit bei Anfechtungen nach der Insolvenzordnung und nach dem Anfechtungsgesetz (v. 29.3.2017, BGBl. I 654; dazu *Dahl/Schmitz*, NJW 17, 1505; *Thole*, ZIP 17, 401; *Wroblewski*, AuR 18, 168).

Für grenzüberschreitende Insolvenzen im europäischen Rahmen gilt seit dem 31.5.2002 die europäische Insolvenzverordnung, nunmehr in Gestalt der Verordnung (EU) 2015/848 des Europäischen Parlaments und des Rates über Insolvenzverfahren vom 20.5.2015 (ABl. L 141/19). Demnach ist für das sog. Hauptinsolvenzverfahren das Gericht desjenigen Mitgliedstaates zuständig, in dem der Schuldner den Mittelpunkt seiner hauptsächlichen Interessen hat. Dieses Verfahren hat Geltung für alle Mitgliedstaaten. Daneben können allerdings sog. Sekundärinsolvenzverfahren für die Niederlassungen in anderen Mitgliedstaaten mit beschränkter Wirkung auf diese durchgeführt werden. Die InsO ist durch Gesetz vom 14.3.2003 (BGBl. I 345) entsprechend ergänzt worden (Elfter Teil, §§ 335–358). Bei der Kündigung von Arbeitsverhältnissen hat die Eröffnung eines ausländischen Insolvenzverfahrens allerdings für sich keine Bedeutung. Vielmehr richtet sich die Zulässigkeit der Kündigung nach dem auf den Arbeitsvertrag anwendbaren Recht (*BAG* 20.9.2012 – 6 AZR 253/11, NZA 13, 797; *Deinert*, Internationales Arbeitsrecht, § 12 Rn. 49).

II. Wesentlicher Gesetzesinhalt

1. Grundzüge des Insolvenzverfahrens

Wenn ein Schuldner seine Schulden nicht mehr begleichen kann, ist er »insolvent«. Das Insolvenzverfahren dient dazu, in einem solchen Falle eine möglichst gleichmäßige Befriedigung der Gläubiger sicherzustellen (Übersicht 46). Handelt es sich beim insolventen Schuldner um ein Unternehmen, soll das Verfahren möglichst dessen Erhalt (Sanierung) ermöglichen (§ 1 InsO).

Es wird vom Amtsgericht am Sitz des Schuldners als Insolvenzgericht eröffnet, wenn ein Insolvenzgrund vorliegt. Ein solcher ist die Zahlungsunfähigkeit des Schuldners (§ 17 InsO) und bei juristischen Personen auch deren Überschuldung (§ 19 InsO). Gegenüber dem früheren Rechtszustand neu ist die Möglichkeit der Eröffnung des Insolvenzverfahrens auf Antrag des Schuldners, wenn die Zahlungsunfähigkeit lediglich droht (§ 18 InsO).

Wird das Insolvenzverfahren eröffnet, setzt das Amtsgericht einen Insolvenzverwalter ein, auf den das Recht zur Verfügung über das Vermögen des Schuldners

übergeht (§ 80 InsO). Es besteht allerdings auch die Möglichkeit der sog. Eigenverwaltung der Insolvenzmasse durch den Schuldner (§ 270 InsO).
Das Gericht kann auch schon vor Eröffnung des Verfahrens Sicherungsmaßnahmen treffen und einen vorläufigen Insolvenzverwalter einsetzen, um eine nachteilige Veränderung der Vermögenslage des Schuldners zu verhüten (§§ 21, 22 InsO; zu seiner arbeitsrechtlichen Stellung *Berscheid,* ZInsO 98, 9). Wird kein Insolvenzplan verabschiedet (s. u. 2), wird das Vermögen des Schuldners verwertet und der Erlös anteilig auf die Gläubiger verteilt. Anders als unter der Geltung der Konkursordnung sieht die InsO keine bestimmte Reihenfolge der Gläubiger vor (Übersicht 47). Bestimmte Forderungen werden allerdings als »nachrangig« behandelt, § 39 InsO; man kann angesichts der typischen Insolvenzquoten (s. u. III) davon ausgehen, dass sie praktisch nie berücksichtigt werden.
Für das normale Insolvenzverfahren und dessen typische Massearmut entscheidend ist die Möglichkeit der Absonderung und der Aussonderung. Mit der Aussonderung kann geltend gemacht werden, dass ein Gegenstand nicht zur Insolvenzmasse gehört (§ 47 InsO). Das gilt für den Eigentümer einer Sache, insbesondere beim Verkauf unter Eigentumsvorbehalt. In einem solchen Fall kann der Verkäufer den Insolvenzverwalter vor die Alternative stellen, entweder den Kaufvertrag durch Zahlung des Restkaufpreises zu erfüllen oder die Aussonderung zuzulassen (§ 107 InsO). Mit der Absonderung kann aufgrund von Pfandrechten die gesonderte Zwangsvollstreckung außerhalb des Insolvenzverfahrens betrieben werden (§ 50 InsO). Das hat den Vorteil, dass der betreibende Gläubiger allein und unter Ausschluss der übrigen Insolvenzgläubiger aus dem Erlös befriedigt wird. Die gleiche Stellung haben Gläubiger, denen ein Gegenstand zur Sicherung übereignet worden ist (§ 51 Nr. 1 InsO). Da sich im Normalfall alle wesentlichen Gläubiger solche »dinglichen Sicherungen« haben einräumen lassen, bleiben für die nicht gesicherten Gläubiger oftmals nur sehr geringfügige Quoten (üblicherweise zwischen 3 % und 5 %). Demgegenüber sind Arbeitnehmer wegen der Lohnansprüche vor Eröffnung des Insolvenzverfahrens einfache Insolvenzgläubiger (das gilt auch, wenn Ansprüche für frühere Zeiträume erst nach Eröffnung des Verfahrens fällig werden, *BAG* 27.9.2007 – 6 AZR 975/06, NZA 09, 89). Dasselbe gilt für Ansprüche eines Arbeitnehmers auf Abfindung aus einem Aufhebungsvertrag. Der Arbeitnehmer kann von diesem Vertrag auch nicht wegen unterbliebener Zahlung der Abfindung zurücktreten, wenn dem Arbeitgeber Zahlungen durch das Insolvenzgericht untersagt wurden (*BAG* 10.11.2011 – 6 AZR 357/10, NZA 12, 205).
Reicht die Insolvenzmasse nicht aus, um entweder die Kosten des Verfahrens oder die sonstigen Masseverbindlichkeiten zu decken, wird es mangels Masse eingestellt (§§ 207, 208 InsO).

2. Insolvenzplan

Vom normalen Liquidationsverfahren kann aufgrund eines Insolvenzplanes abgewichen werden (§§ 217 ff. InsO). Er wird vom Schuldner oder Insolvenzverwalter oder von diesem im Auftrag der Gläubigerversammlung vorgeschlagen und vom Amtsgericht beschlossen, wenn die Gläubiger ihn mit Mehrheit (nach Köpfen und Forderungen) gebilligt haben (vgl. *Engberding,* Mitbest. 3/99, 62). Bei der Aufstellung des Insolvenzplanes wirken neben dem Gläubigerausschuss der Betriebsrat, der Sprecherausschuss und der Schuldner beratend mit. Die Gläubiger werden in Gruppen eingeteilt und stimmen in diesen Gruppen ab, wobei die Mehrheit in allen Gruppen erreicht werden muss. Auch die Arbeitnehmer werden dann als eine Gruppe behandelt, wenn sie mit nicht unerheblichen Forderungen beteiligt sind. Das wird jedoch nur sehr selten der Fall sein, weil sie für das Arbeitsentgelt der letzten drei Monate durch das Insolvenzgeld gesichert sind und deren Ansprüche insoweit kraft Gesetzes auf die Bundesagentur für Arbeit übergehen (§ 169 SGB III, s. Nr. 30 III). Allerdings gehört immer ein Vertreter der Arbeitnehmer dem Gläubigerausschuss nach § 67 Abs. 2 S. 2 InsO an.

Das ganze Konzept hat einen zentralen »Schönheitsfehler«: Jeder Gläubiger, der durch den Insolvenzplan schlechter gestellt wird als ohne ihn, kann ihm widersprechen mit der Folge, dass der Insolvenzplan vom Gericht nicht bestätigt werden darf (§ 251 InsO).

3. Rechtsstellung der Arbeitnehmer bei Insolvenz des Arbeitgebers

An der Rechtsstellung der Arbeitnehmer ändert ein Insolvenzverfahren zunächst nichts. Das Arbeitsverhältnis besteht als Dauerschuldverhältnis unverändert fort (§ 108 InsO). Zu seiner Kündigung ist das Vorliegen von Kündigungsgründen wie im Normalfall erforderlich. Die Eröffnung des Insolvenzverfahrens ist kein Grund zur fristlosen Kündigung (*BAG* 25. 10. 1968 – 2 AZR 23/68, DB 69, 267), auch nicht das Drohen der Insolvenz (*BAG* 24. 1. 2013 – 2 AZR 453/11, NZA 13, 959). Der Insolvenzverwalter kann allerdings abweichend von der vereinbarten mit einer Kündigungsfrist von drei Monaten zum Monatsende kündigen (§ 113 InsO). Das *BAG* (16. 5. 2019 – 6 AZR 329/18, NZA 19, 1198, Rn. 27) hält die damit bewirkte Verkürzung tarifvertraglicher Kündigungsfristen für mit Art. 9 Abs. 3 GG vereinbar. Der Gesetzgeber habe einen angemessenen Ausgleich zwischen den Interessen der Insolvenzgläubiger und den Belangen der Arbeitnehmer getroffen. Die Regelung solle eine allzu lange Bindung an nicht mehr sinnvolle Arbeitsverhältnisse verhindern, um die mögliche Sanierung eines Unternehmens nicht zu behindern. Zudem habe der Gesetzgeber die Belastung dadurch gemildert, dass der Arbeitnehmer eine finanzielle Entschädigung erhält (s. aber den Vorlagebeschluss an das BVerfG *ArbG Stuttgart* 4. 8. 1997 – 18 Ca 1755/97, AuR 98, 90; vom *BVerfG* allerdings nicht entschieden, da die Vorlage unzulässig war, 8. 2. 1999 – 1 BvL 25/97, NZA 99, 597).

Bei ordentlichen Kündigungen sind an sich die Grundsätze des KSchG zu beachten (*BAG* 16. 9. 1982 – 2 AZR 271/80, DB 83, 504). In dieser Hinsicht hat es in der Gesetzgebung eine bemerkenswerte Wechselwirkung zwischen der InsO und dem KSchG gegeben: Zunächst war aufgrund § 125 InsO eine Auflockerung des Kündigungsschutzes bei betriebsbedingten Kündigungen nur für den Insolvenzfall beim Abschluss eines Interessenausgleichs vorgesehen gewesen. Diese Regelung gilt inzwischen gemäß § 1 Abs. 5 KSchG im Wesentlichen auch für den Nicht-Insolvenzfall (vgl. Nr. 25).

Als insolvenz-arbeitsrechtliche Besonderheit verbleibt, dass der Insolvenzverwalter im Falle einer Betriebsänderung von sich aus in einem Beschlussverfahren die gerichtliche Feststellung verlangen kann, dass die Kündigung bestimmter Ar-

beitnehmer zulässig ist (§ 126 Abs. 1 InsO). Eine rechtskräftige Entscheidung in einem solchen Verfahren ist auch für einzelne Arbeitnehmer bindend, die später Kündigungsschutzklage erheben (§ 127 InsO).
Ein Wiedereinstellungsanspruch nach Kündigung erlischt mit der Insolvenzeröffnung und ist daher nicht durch Vertragsschluss vom Insolvenzverwalter zu erfüllen (*BAG* 25.5.2022 – 6 AZR 224/21, NZA 22, 1201).
Veräußert der Insolvenzverwalter einen Betrieb oder Betriebsteil, gehen die Arbeitsverhältnisse auf den Erwerber über. § 613a BGB gilt auch im Insolvenzfall (Einl. II 5 zum BGB, Nr. 14).
Grundsätzlich kann der Insolvenzverwalter eine Zahlung des Schuldners gemäß § 130 InsO anfechten, die in den letzten drei Monaten vor Eröffnung des Insolvenzverfahrens erfolgte, wenn der Gläubiger Kenntnis von der Zahlungsunfähigkeit des Schuldners hatte. Bei sog. Bargeschäften (§ 142 InsO) kommt die Anfechtung aber nur bei Kenntnis von der drohenden Zahlungsunfähigkeit in Betracht. Dadurch soll erreicht werden, dass ein Schuldner in finanziellen Schwierigkeiten nicht von der Teilnahme am Geschäftsverkehr ausgeschlossen wird, sodass er keine Aussicht mehr hätte, sich zu fangen. Dazu wird infolge einer Gesetzesänderung (v. 29.3.2017, BGBl. I 654) auf einen Dreimonatszeitraum abgestellt: Ein Bargeschäft liegt vor, wenn der Arbeitgeber Entgelt für Arbeitsleistungen aus den letzten drei Monaten erbringt. Das Privileg greift nach § 142 Abs. 2 S. 3 InsO auch bei Zahlungen durch Dritte, soweit sie als solche für den Arbeitnehmer nicht erkennbar sind.
Die Rechtsprechung geht davon aus, dass die erforderliche Kenntnis des Arbeitnehmers von der Zahlungsunfähigkeit nicht schon dann in jedem Fall gegeben ist, wenn der Arbeitgeber nur zögerlich Löhne zahlt (*BAG* 6.10.2011 – 6 AZR 262/10, DB 11, 2779; *BGH* 19.2.2009 – IX ZR 62/08, BB 09, 855; vgl. *Schulze/Weitz*, AiB 09, 255; *Wroblewski*, NJW 12, 894; zur Anfechtung von Zahlungen des Arbeitnehmeranteils am Gesamtsozialversicherungsbeitrag *BGH* 5.11.2009 – IX ZR 233/08, NZA 10, 579). Weitere Umstände, die hinzutreten, können aber auf die Kenntnis des Arbeitnehmers schließen lassen (vgl. *BGH* 15.10.2009 – IX ZR 201/08, NZA-RR 10, 198). Eine Erkundigungspflicht trifft den Arbeitnehmer aber grundsätzlich auch bei zögerlichen Zahlungen des Arbeitgebers nicht (*BAG* 6.10.2011 – 6 AZR 262/10, DB 11, 2779). Für die Rückforderungsklage des Insolvenzverwalters nach Anfechtung sind die Arbeitsgerichte zuständig (*GmS-OGB* 27.9.2010 – GmS-OGB 1/09, NZA 11, 534, auf Anfrage des *BGH* 2.4.2009 – IX ZB 182/08, DB 09, 897).
Anfechtbar sind gemäß § 131 InsO auch Handlungen der letzten 3 Monate vor Insolvenzeröffnung, die eine sog. inkongruente Deckung bewirken, also die gleichmäßige Befriedigung aller Gläubiger hindern. Eine solche inkongruente Deckung kann auch durch das Betreiben der Zwangsvollstreckung wegen offener Lohnforderungen bewirkt werden, sodass der Insolvenzverwalter die Lohnzahlung anfechten kann (*BAG* 27.2.2014 – 6 AZR 367/13, NZA 14, 681; insoweit keine verfassungsrechtlichen Bedenken gegen die Rückforderung bei *BAG* 26.10.2017 – 6 AZR 511/16, AP Nr. 20 zu § 131 InsO). Inkongruent sind auch Abweichungen vom üblichen Erfüllungsweg, etwa Zahlungen durch Dritte, statt vom eigenen Geschäftskonto. In diesem Fall kann aber das Bargeschäft-Privileg greifen (s.o.). Wenn die Zahlungen jedoch üblicherweise vom Konto eines Dritten erfolgen, handelt es sich

nicht um eine inkongruente Deckung (*BAG* 22. 10. 2015 – 6 AZR 538/14, NZA 16, 44).

Unentgeltliche Zahlungen des Insolvenzschuldners sind regelmäßig anfechtbar. Das *BAG* hat aber klargestellt, dass Zahlungen, zu denen der Arbeitgeber trotz Nichtarbeit aufgrund Gesetzes oder eines Tarifvertrages verpflichtet ist, keine unentgeltlichen Zahlungen, sondern Erfüllung der Hauptpflicht sind. Bei vertraglich vereinbarten Freistellungen ist dies hingegen in der Regel nicht der Fall (*BAG* 17. 12. 2015 – 6 AZR 186/14, NZA 16, 508).

Zahlungen unterliegen in vollem Umfang der Anfechtung, auch hinsichtlich des gesetzlichen Mindestlohns nach dem MiLoG (Nr. 31b). Die Rspr. sieht das Existenzminimum ausreichend dadurch gewährleistet, dass die Durchsetzung eines sich so ergebenden Rückzahlungsanspruchs den allgemeinen Pfändungsgrenzen unterliegt (*BAG* 25. 5. 2022 – 6 AZR 497/21, NZA 22, 1117; allg. zum Pfändungsschutz vgl. Einl. III zur ZPO, Nr. 35). Zurückgewähren muss der Arbeitnehmer bei erfolgreicher Anfechtung aber nur das, was er erhalten hat. Das ist regelmäßig nur der Nettolohn (*BAG* 18. 10. 2018 – 6 AZR 506/17, NZA 19, 203).

Entgeltforderungen aus der Zeit vor Eröffnung des Insolvenzverfahrens sind einfache Insolvenzforderungen, die regelmäßig nur mit einer Quote beglichen werden, teilweise allerdings durch das Insolvenzgeld gemäß §§ 165 ff. SGB III gedeckt sind (vgl. Einl. II 2g zum SGB III, Nr. 30 III). Demgegenüber sind Entgeltforderungen aus der Fortführung des Arbeitsverhältnisses nach Eröffnung des Insolvenzverfahrens sog. Masseverbindlichkeiten (§ 55 InsO). Sonderzahlungen für geleistete Arbeit, die erst nach Ende des Bezugsjahres fällig werden, sind bis zum Zeitpunkt der Insolvenzeröffnung anteilig Insolvenzforderungen, ab diesem Zeitpunkt Masseverbindlichkeiten (*BAG* 14. 11. 2012 – 10 AZR 793/11, NZA 13, 273; zur Einordnung sog. Halteprämien vgl. *BAG* 12. 9. 2013 – 6 AZR 953/11, NZA-RR 14, 29). Stichtagsbezogene Sonderzahlungen, die nicht von einer Arbeitsleistung abhängen, etwa Gratifikationen, die Betriebstreue honorieren sollen, sind nach dem Stichtag zu beurteilen: je nach dessen Zeitpunkt sind sie also Insolvenzverbindlichkeiten oder Masseverbindlichkeiten (*BAG* 23. 3. 2017 – 6 AZR 264/16, NZA 17, 779, Rn. 18 ff.). Urlaubs- und Urlaubsabgeltungsansprüche sind (Neu-)Masseverbindlichkeiten (s. Einl. III zum BUrlG, Nr. 17).

Masseverbindlichkeiten sind nur solche Verbindlichkeiten, die der Insolvenzverwalter begründet hat, sei es auch nur durch Fortführung eines Vertrages. Arbeitsstunden, die zunächst als Sanierungsbeitrag unentgeltlich sein sollten, werden dementsprechend auch dann nicht zur Masseverbindlichkeit, wenn vereinbart wurde, dass sie unter bestimmten Voraussetzungen nach Insolvenzeröffnung doch vergütet werden sollen (*BAG* 21. 2. 2013 – 6 AZR 406/11, NZA 13, 743). Für Nachteilsausgleichsansprüche nach § 113 BetrVG kommt es zur Einordnung als Masse- oder Insolvenzforderung auf den Zeitpunkt der Durchführung der Betriebsänderung an (*BAG* 7. 11. 2017 – 1 AZR 186/16, NZA 18, 464). Abfindungsansprüche infolge Aufhebung des Arbeitsverhältnisses durch das Arbeitsgericht gemäß §§ 9, 10 KSchG sind Insolvenzforderungen, wenn der Antrag noch vom Arbeitgeber rechtshängig gemacht worden war. Sie sind aber Masseforderungen, falls erst der Insolvenzverwalter den Antrag gestellt hat (*BAG* 14. 3. 2019 – 6 AZR 4/18, NZA 19, 567).

4. Rechtsstellung des Betriebsrates

Ein Insolvenzverfahren hat keinen Einfluss auf die Rechtsstellung des Betriebsrates und die betriebsverfassungsrechtlichen Rechte und Pflichten. Der Insolvenzverwalter nimmt die Stellung des Arbeitgebers ein (zu den Rechten des Betriebsrats während Krise und Insolvenz des Arbeitgebers *Bichlmeier*, AiB 96, 77).
Im Falle einer Betriebsänderung gemäß § 111 BetrVG enthält die InsO folgende Abweichungen vom BetrVG:
- Der Insolvenzverwalter kann den Betriebsrat hinsichtlich der Verhandlungen über einen Interessenausgleich zeitlich unter Druck setzen. Kommt ein Interessenausgleich nicht innerhalb von drei Wochen nach Verhandlungsaufnahme zustande, kann er die gerichtliche Zustimmung zur Durchführung der Betriebsänderung ohne das gemäß § 112 Abs. 2 BetrVG mögliche Interessenausgleichsverfahren einholen (§ 122 InsO).
- Ein nach Eröffnung des Insolvenzverfahrens aufgestellter Sozialplan kann nur Abfindungen von bis zu zweieinhalb Monatsverdiensten vorsehen (§ 123 Abs. 1 InsO). Die Gesamtsumme darf nicht mehr als ein Drittel der zur Verteilung an die Insolvenzgläubiger zur Verfügung stehenden Insolvenzmasse ausmachen (§ 123 Abs. 2 InsO). Soweit dieser Betrag nicht ausreicht, werden die Sozialplanforderungen verhältnismäßig gekürzt (§ 123 Abs. 2 S. 2 InsO). Derartige Sozialplanforderungen sind Masseverbindlichkeiten (§ 123 Abs. 2 InsO). Bei Masseunzulänglichkeit (§ 208 InsO) laufen die Sozialplanverbindlichkeiten ins Leere.
- Ein in den letzten drei Monaten vor Eröffnung des Insolvenzverfahrens aufgestellter Sozialplan kann sowohl vom Insolvenzverwalter als auch vom Betriebsrat widerrufen werden (§ 124 InsO).

5. Restschuldbefreiung

Die InsO bringt erstmalig die Möglichkeit für natürliche Personen, sich ihrer Schulden in einem Insolvenzverfahren endgültig zu entledigen und so einen Neuanfang zu ermöglichen. Für Arbeitnehmer ist hierfür Mindestvoraussetzung, dass pfändbares Arbeitsentgelt (vgl. §§ 850 ff. ZPO, Nr. 35) für die Dauer von drei Jahren an einen Treuhänder abgetreten wird (§ 287 InsO). Den Arbeitnehmer trifft eine Erwerbsobliegenheit, die ihn allerdings nicht an der Beteiligung an einem rechtmäßigen Arbeitskampf hindert (vgl. *Ahrens*, ZVI 25, 340). Eine teilweise Reform erfuhr dieses Verfahren im Zuge des Gesetzes zur Verkürzung des Restschuldbefreiungsverfahrens und zur Stärkung der Gläubigerrechte v. 15. 7. 13 (BGBl. I 2379; zum Entwurf *Ahrens*, ZVI 12, 122 ff.). Zuletzt wurde die Frist für die Restschuldbefreiung deutlich von sechs auf drei Jahre abgekürzt (Gesetz v. 22. 12. 2020, BGBl. I 3328).

III. Rechtstatsachen

Nach einem vorübergehenden Höchststand von gut 32 500 Unternehmensinsolvenzen im Krisenjahr 2009 ist die Zahl bis zum Jahr 2018 auf etwa 19 300 gesunken (*www.destatis.de*). Im Jahr 2021 waren 13 993 Insolvenzen zu verzeichnen, nach

Ausbruch des Ukraine-Krieges ist die Zahl für 2022 um 4,3 % auf 14 590 gestiegen. 2023 waren es 17 814, im Jahr 2024 bereits 21 812 Insolvenzen (*www.destatis.de*).

Wichtige Entscheidungen

GmS-OGB 27. 9. 2010 – GmS-OGB 1/09, NZA 2011, 534
BAG 25. 11. 2021 – 6 AZR 94/19, NZA 2022, 366

Weiterführende Literatur

Zur Insolvenzordnung allgemein

Ahrens/Gehrlein/Ringstmeier (Hrsg.), Fachanwaltskommentar Insolvenzrecht, 4. Aufl. (2020)
Andres/Leithaus, Insolvenzordnung, 5. Aufl. (2025)
Braun (Hrsg.), Insolvenzordnung, 10. Aufl. (2024)
Schmidt (Hrsg.), Insolvenzordnung, 20. Aufl. (2023)
Uhlenbruck (Hrsg.), Insolvenzordnung, 2 Bde., 16. Aufl. (2025)

Handbücher und Kommentare zum Arbeitsrecht in der Insolvenz

Deinert/Wenckebach/Zwanziger-*Lakies,* Arbeitsrecht, §§ 101–105 (Insolvenz)
Däubler/Wroblewski (Hrsg.), Das Insolvenzhandbuch für die Praxis, 5. Aufl. (2021)
Hofherr/Vogt/Wroblewski, Krise, Sanierung, Insolvenz (2024)
Lakies, Das Arbeitsverhältnis in der Insolvenz, 2. Aufl. (2014)
Zwanziger, Kommentar zum Arbeitsrecht der Insolvenzordnung, 5. Aufl. (2015)

Aufsätze zum Arbeitsrecht in der Insolvenz

Berscheid, Die Kündigung von Arbeitsverhältnissen nach § 113 InsO, ZInsO 1998, S. 115 und 159
Bichlmeier/Engberding/Oberhofer, Das (neue) Insolvenzrecht, AiB 1999, S. 569
Heinze, Das Arbeitsrecht der Insolvenzordnung, NZA 1999, S. 57
Lakies, Arbeitsrechtliche Vorschriften in der neuen Insolvenzordnung, BB 1999, S. 2638
Reinfelder, Arbeitsgerichtliche Streitigkeiten und die Insolvenz des Arbeitnehmers, NZA 2009, S. 124
Smid, Der Erhalt von Arbeitsplätzen in der Insolvenz des Arbeitgebers, NZA 2000, S. 113
Spelge, Die Insolvenzanfechtung von Entgeltzahlungen in der Rechtsprechung des Bundesarbeitsgerichts – Kein Sonderanfechtungsrecht für Arbeitnehmer, RdA 2016, S. 1
Wroblewski, Arbeitsentgelt in der Unternehmensinsolvenz – Überblick und ausgewählte aktuelle Themen, AuR 2015, S. 210

Übersicht 46: Insolvenz

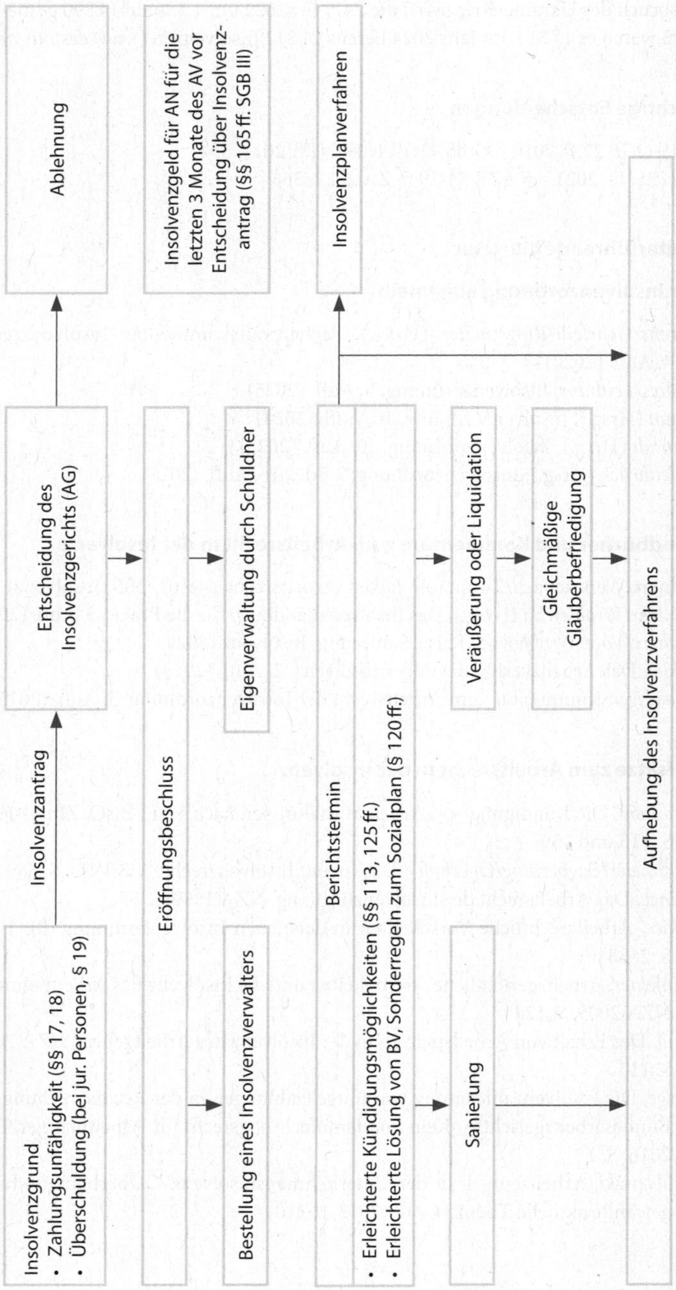

Checkliste 47: Insolvenzforderungen

I. Insolvenzforderungen

1. Ansprüche aus einem Arbeitsverhältnis
2. Entstehen der Forderung vor Insolvenzeröffnung
3. Zu den Insolvenzforderungen gehören insbesondere
   - Arbeitsentgeltansprüche vor Insolvenzeröffnung
   - individuell vor Insolvenzeröffnung vereinbarte Abfindungen
   - Abfindungen aus einem »Altsozialplan«
   - Anspruch auf Nachteilsausgleich (§ 113 BetrVG)
   - Schadensersatzanspruch bei vorzeitiger Beendigung des Arbeitsverhältnisses (§ 113 I S. 3)

II. Durchsetzung von Insolvenzforderungen

1. Leistungsklage gegen den Insolvenzverwalter unzulässig
2. Anmelden der Forderungen beim Insolvenzverwalter
3. bei Bestreiten der Forderung: Forderungsfeststellungsklage
4. bei rechtskräftiger Feststellung der Forderung: Antrag auf Berichtigung der Tabelle stellen

Insolvenzordnung (InsO)

vom 5. Oktober 1994 (BGBl. I 2866),
zuletzt geändert durch Gesetz vom 15. Juli 2024 (BGBl. 2024 I Nr. 236)

(Abgedruckte Vorschriften: §§ 1, 2 Abs. 1, 13 Abs. 1 und 2, 14, 15a, 16–19, 21, 22, 22a, 38, 39, 47–55, 80 Abs. 1, 103, 107, 108, 113, 120–134, 142, 178, 207–209, 217, 251, 270, 286, 287)

Erster Teil – Allgemeine Vorschriften

§ 1 Ziele des Insolvenzverfahrens Das Insolvenzverfahren dient dazu, die Gläubiger eines Schuldners gemeinschaftlich zu befriedigen, indem das Vermögen des Schuldners verwertet und der Erlös verteilt oder in einem Insolvenzplan eine abweichende Regelung insbesondere zum Erhalt des Unternehmens getroffen wird. Dem redlichen Schuldner wird Gelegenheit gegeben, sich von seinen restlichen Verbindlichkeiten zu befreien.

§ 2 Amtsgericht als Insolvenzgericht (1) Für das Insolvenzverfahren ist das Amtsgericht, in dessen Bezirk ein Landgericht seinen Sitz hat, als Insolvenzgericht für den Bezirk dieses Landgerichts ausschließlich zuständig.
…

Zweiter Teil – Eröffnung des Insolvenzverfahrens, Erfaßtes Vermögen und Verfahrensbeteiligte

Erster Abschnitt – Eröffnungsvoraussetzungen und Eröffnungsverfahren

…

§ 13 Eröffnungsantrag (1) Das Insolvenzverfahren wird nur auf schriftlichen Antrag eröffnet. Antragsberechtigt sind die Gläubiger und der Schuldner. Dem Antrag des Schuldners ist ein Verzeichnis der Gläubiger und ihrer Forderungen beizufügen. Wenn der Schuldner einen Geschäftsbetrieb hat, der nicht eingestellt ist, sollen in dem Verzeichnis besonders kenntlich gemacht werden
1. die höchsten Forderungen,
2. die höchsten gesicherten Forderungen,
3. die Forderungen der Finanzverwaltung,
4. die Forderungen der Sozialversicherungsträger sowie
5. die Forderungen aus betrieblicher Altersversorgung.

Der Schuldner hat in diesem Fall auch Angaben zur Bilanzsumme, zu den Umsatzerlösen und zur durchschnittlichen Zahl der Arbeitnehmer des vorangegangenen Geschäftsjahres zu machen. Die Angaben nach Satz 4 sind verpflichtend, wenn
1. der Schuldner Eigenverwaltung beantragt,
2. der Schuldner die Merkmale des § 22a Absatz 1 erfüllt,
3. die Einsetzung eines vorläufigen Gläubigerausschusses beantragt wurde.

Dem Verzeichnis nach Satz 3 und den Angaben nach den Sätzen 4 und 5 ist die Erklärung beizufügen, dass die enthaltenen Angaben richtig und vollständig sind.
(2) Der Antrag kann zurückgenommen werden, bis das Insolvenzverfahren eröffnet oder der Antrag rechtskräftig abgewiesen ist.
…

§ 14 Antrag eines Gläubigers (1) Der Antrag eines Gläubigers ist zulässig, wenn der Gläubiger ein rechtliches Interesse an der Eröffnung des Insolvenzverfahrens hat und seine Forderung und den Eröffnungsgrund glaubhaft macht. Der Antrag wird nicht allein dadurch unzulässig, dass die Forderung erfüllt wird.
(2) Ist der Antrag zulässig, so hat das Insolvenzgericht den Schuldner zu hören.
(3) Wird die Forderung des Gläubigers nach Antragstellung erfüllt, so hat der Schuldner die Kosten des Verfahrens zu tragen, wenn der Antrag als unbegründet abgewiesen wird. Der Schuldner hat die Kosten auch dann zu tragen, wenn der Antrag eines Gläubigers wegen einer zum Zeitpunkt der Antragstellung wirksamen nichtöffentlichen Stabilisierungsanordnung nach dem Unternehmensstabilisierungs- und -restrukturierungsgesetz abgewiesen wird und der Gläubiger von der Stabilisierungsanordnung keine Kenntnis haben konnte.
…

§ 15a Antragspflicht bei juristischen Personen und rechtsfähigen Personengesellschaften (1) Wird eine juristische Person zahlungsunfähig oder überschuldet, haben die Mitglieder des Vertretungsorgans oder die Abwickler ohne schuldhaftes Zögern einen Eröffnungsantrag zu stellen. Der Antrag ist spätestens drei Wochen nach Eintritt der Zahlungsunfähigkeit und sechs Wochen nach Eintritt der Überschuldung zu stellen. Das Gleiche gilt für die organschaftlichen Vertreter der zur Vertretung der Gesellschaft ermächtigten Gesellschafter oder die Abwickler bei einer rechtsfähigen Personengesellschaft, bei der kein persönlich haftender Gesellschafter eine natürliche Person ist; dies gilt nicht, wenn zu den persönlich haftenden Gesellschaften eine andere Gesellschaft gehört, bei der ein persönlich haftender Gesellschafter eine natürliche Person ist.
(2) Bei einer Gesellschaft im Sinne des Absatzes 1 Satz 3 gilt der Absatz 1 sinngemäß, wenn die organschaftlichen Vertreter der zur Vertretung der Gesellschaft ermächtigten Gesellschafter ihrerseits Gesellschaften sind, bei denen kein persönlich haftender Gesellschafter eine natürliche Person ist, oder sich die Verbindung von Gesellschaften in dieser Art fortsetzt.
(3) Im Fall der Führungslosigkeit einer Gesellschaft mit beschränkter Haftung ist auch jeder Gesellschafter, im Fall der Führungslosigkeit einer Aktiengesellschaft oder einer Genossenschaft ist auch jedes Mitglied des Aufsichtsrats zur Stellung des Antrags verpflichtet, es sei denn, diese Person hat von der Zahlungsunfähigkeit und der Überschuldung oder der Führungslosigkeit keine Kenntnis.
(4) Mit Freiheitsstrafe bis zu drei Jahren oder mit Geldstrafe wird bestraft, wer entgegen Absatz 1 Satz 1 und 2, auch in Verbindung mit Satz 3 oder Absatz 2 oder Absatz 3 einen Eröffnungsantrag
1. nicht oder nicht rechtzeitig stellt oder
2. nicht richtig stellt.

(5) Handelt der Täter in den Fällen des Absatzes 4 fahrlässig, ist die Strafe Freiheitsstrafe bis zu einem Jahr oder Geldstrafe.
(6) Im Falle des Absatzes 4 Nummer 2, auch in Verbindung mit Absatz 5, ist die Tat nur strafbar, wenn der Eröffnungsantrag rechtskräftig als unzulässig zurückgewiesen wurde.
(7) Auf Vereine und Stiftungen, für die § 42 Absatz 2 des Bürgerlichen Gesetzbuchs gilt, sind die Absätze 1 bis 6 nicht anzuwenden.
…

§ 16 Eröffnungsgrund Die Eröffnung des Insolvenzverfahrens setzt voraus, daß ein Eröffnungsgrund gegeben ist.

§ 17 Zahlungsunfähigkeit (1) Allgemeiner Eröffnungsgrund ist die Zahlungsunfähigkeit.
(2) Der Schuldner ist zahlungsunfähig, wenn er nicht in der Lage ist, die fälligen Zahlungspflichten zu erfüllen. Zahlungsunfähigkeit ist in der Regel anzunehmen, wenn der Schuldner seine Zahlungen eingestellt hat.

§ 18 Drohende Zahlungsunfähigkeit (1) Beantragt der Schuldner die Eröffnung des Insolvenzverfahrens, so ist auch die drohende Zahlungsunfähigkeit Eröffnungsgrund.
(2) Der Schuldner droht zahlungsunfähig zu werden, wenn er voraussichtlich nicht in der Lage sein wird, die bestehenden Zahlungspflichten im Zeitpunkt der Fälligkeit zu erfüllen. In aller Regel ist ein Prognosezeitraum von 24 Monaten zugrunde zu legen.
(3) Wird bei einer juristischen Person oder einer rechtsfähigen Personengesellschaft der Antrag nicht von allen Mitgliedern des Vertretungsorgans, allen persönlich haftenden Gesellschaftern oder allen Abwicklern gestellt, so ist Absatz 1 nur anzuwenden, wenn der oder die Antragsteller zur Vertretung der juristischen Person oder der Gesellschaft berechtigt sind.

§ 19 Überschuldung (1) Bei einer juristischen Person ist auch die Überschuldung Eröffnungsgrund.
(2) Überschuldung liegt vor, wenn das Vermögen des Schuldners die bestehenden Verbindlichkeiten nicht mehr deckt, es sei denn, die Fortführung des Unternehmens in den nächsten zwölf Monaten ist nach den Umständen überwiegend wahrscheinlich. Forderungen auf Rückgewähr von Gesellschafterdarlehen oder aus Rechtshandlungen, die einem solchen Darlehen wirtschaftlich entsprechen, für die gemäß § 39 Abs. 2 zwischen Gläubiger und Schuldner der Nachrang im Insolvenzverfahren hinter den in § 39 Abs. 1 Nr. 1 bis 5 bezeichneten Forderungen vereinbart worden ist, sind nicht bei den Verbindlichkeiten nach Satz 1 zu berücksichtigen.
(3) Ist bei einer rechtsfähigen Personengesellschaft kein persönlich haftender Gesellschafter eine natürliche Person, so gelten die Absätze 1 und 2 entsprechend. Dies gilt nicht, wenn zu den persönlich haftenden Gesellschaftern eine andere

Gesellschaft gehört, bei der ein persönlich haftender Gesellschafter eine natürliche Person ist.

…

§ 21 Anordnung vorläufiger Maßnahmen (1) Das Insolvenzgericht hat alle Maßnahmen zu treffen, die erforderlich erscheinen, um bis zur Entscheidung über den Antrag eine den Gläubigern nachteilige Veränderung in der Vermögenslage des Schuldners zu verhüten. Gegen die Anordnung der Maßnahme steht dem Schuldner die sofortige Beschwerde zu.

(2) Das Gericht kann insbesondere

1. einen vorläufigen Insolvenzverwalter bestellen, für den § 8 Absatz 3 und die §§ 56 bis 56b, 58 bis 66 und 269a entsprechend gelten;

1a. einen vorläufigen Gläubigerausschuss einsetzen, für den § 67 Absatz 2, 3 und die §§ 69 bis 73 entsprechend gelten; zu Mitgliedern des Gläubigerausschusses können auch Personen bestellt werden, die erst mit Eröffnung des Verfahrens Gläubiger werden;

2. dem Schuldner ein allgemeines Verfügungsverbot auferlegen oder anordnen, daß Verfügungen des Schuldners nur mit Zustimmung des vorläufigen Insolvenzverwalters wirksam sind;

3. Maßnahmen der Zwangsvollstreckung gegen den Schuldner untersagen oder einstweilen einstellen, soweit nicht unbewegliche Gegenstände betroffen sind;

4. eine vorläufige Postsperre anordnen, für die die §§ 99, 101 Abs. 1 Satz 1 entsprechend gelten;

5. anordnen, dass Gegenstände, die im Falle der Eröffnung des Verfahrens von § 166 erfasst würden oder deren Aussonderung verlangt werden könnte, vom Gläubiger nicht verwertet oder eingezogen werden dürfen und dass solche Gegenstände zur Fortführung des Unternehmens des Schuldners eingesetzt werden können, soweit sie hierfür von erheblicher Bedeutung sind; § 169 Satz 2 und 3 gilt entsprechend; ein durch die Nutzung eingetretener Wertverlust ist durch laufende Zahlungen an den Gläubiger auszugleichen. Die Verpflichtung zu Ausgleichszahlungen besteht nur, soweit der durch die Nutzung entstehende Wertverlust die Sicherung des absonderungsberechtigten Gläubigers beeinträchtigt. Zieht der vorläufige Insolvenzverwalter eine zur Sicherung eines Anspruchs abgetretene Forderung anstelle des Gläubigers ein, so gelten die §§ 170, 171 entsprechend.

Die Anordnung von Sicherungsmaßnahmen berührt nicht die Wirksamkeit von Verfügungen über Finanzsicherheiten nach § 1 Abs. 17 des Kreditwesengesetzes und die Wirksamkeit der Verrechnung von Ansprüchen und Leistungen aus Zahlungsaufträgen, Aufträgen zwischen Zahlungsdienstleistern oder zwischengeschalteten Stellen oder Aufträgen zur Übertragung von Wertpapieren, die in Systeme nach § 1 Abs. 16 des Kreditwesengesetzes eingebracht wurden. Dies gilt auch dann, wenn ein solches Rechtsgeschäft des Schuldners am Tag der Anordnung getätigt und verrechnet oder eine Finanzsicherheit bestellt wird und der andere Teil nachweist, dass er die Anordnung weder kannt noch hätte kennen müssen; ist der andere Teil ein Systembetreiber oder Teilnehmer in dem System, bestimmt sich der Tag der Anordnung nach dem Geschäftstag im Sinne des § 1 Absatz 16b des Kreditwesengesetzes.

(3) Reichen andere Maßnahmen nicht aus, so kann das Gericht den Schuldner zwangsweise vorführen und nach Anhörung in Haft nehmen lassen. Ist der Schuldner keine natürliche Person, so gilt entsprechendes für seine organschaftlichen Vertreter. Für die Anordnung von Haft gilt § 98 Abs. 3 entsprechend.

§ 22 Rechtsstellung des vorläufigen Insolvenzverwalters (1) Wird ein vorläufiger Insolvenzverwalter bestellt und dem Schuldner ein allgemeines Verfügungsverbot auferlegt, so geht die Verwaltungs- und Verfügungsbefugnis über das Vermögen des Schuldners auf den vorläufigen Insolvenzverwalter über. In diesem Fall hat der vorläufige Insolvenzverwalter:

1. das Vermögen des Schuldners zu sichern und zu erhalten;
2. ein Unternehmen, das der Schuldner betreibt, bis zur Entscheidung über die Eröffnung des Insolvenzverfahrens fortzuführen, soweit nicht das Insolvenzgericht einer Stillegung zustimmt, um eine erhebliche Verminderung des Vermögens zu vermeiden;
3. zu prüfen, ob das Vermögen des Schuldners die Kosten des Verfahrens decken wird; das Gericht kann ihn zusätzlich beauftragen, als Sachverständiger zu prüfen, ob ein Eröffnungsgrund vorliegt und welche Aussichten für eine Fortführung des Unternehmens des Schuldners bestehen.

(2) Wird ein vorläufiger Insolvenzverwalter bestellt, ohne daß dem Schuldner ein allgemeines Verfügungsverbot auferlegt wird, so bestimmt das Gericht die Pflichten des vorläufigen Insolvenzverwalters. Sie dürfen nicht über die Pflichten nach Absatz 1 Satz 2 hinausgehen.

(3) Der vorläufige Insolvenzverwalter ist berechtigt, die Geschäftsräume des Schuldners zu betreten und dort Nachforschungen anzustellen. Der Schuldner hat dem vorläufigen Insolvenzverwalter Einsicht in seine Bücher und Geschäftspapiere zu gestatten. Er hat ihm alle erforderlichen Auskünfte zu erteilen und ihn bei der Erfüllung seiner Aufgaben zu unterstützen; die §§ 97, 98, 101 Abs. 1, Satz 1, 2, Abs. 2 gelten entsprechend.

§ 22a Bestellung eines vorläufigen Gläubigerausschusses (1) Das Insolvenzgericht hat einen vorläufigen Gläubigerausschuss nach § 21 Absatz 2 Nummer 1a einzusetzen, wenn der Schuldner im vorangegangenen Geschäftsjahr mindestens zwei der drei nachstehenden Merkmale erfüllt hat:

1. mindestens 6 000 000 Euro Bilanzsumme nach Abzug eines auf der Aktivseite ausgewiesenen Fehlbetrags im Sinne des § 268 Absatz 3 des Handelsgesetzbuchs;
2. mindestens 12 000 000 Euro Umsatzerlös in den zwölf Monaten vor dem Abschlussstichtag;
3. im Jahresdurchschnitt mindestens fünfzig Arbeitnehmer.

(2) Das Gericht soll auf Antrag des Schuldners, des vorläufigen Insolvenzverwalters oder eines Gläubigers einen vorläufigen Gläubigerausschuss nach § 21 Absatz 2 Nummer 1a einsetzen, wenn Personen benannt werden, die als Mitglieder des vor-

läufigen Gläubigerausschusses in Betracht kommen und dem Antrag Einverständniserklärungen der benannten Personen beigefügt werden.
(3) Ein vorläufiger Gläubigerausschuss ist nicht einzusetzen, wenn der Geschäftsbetrieb des Schuldners eingestellt ist, die Einhaltung des vorläufigen Gläubigerausschusses im Hinblick auf die zu erwartende Insolvenzmasse unverhältnismäßig ist oder die mit der Einsetzung verbundene Verzögerung zu einer nachteiligen Veränderung der Vermögenslage des Schuldners führt.
(4) Auf Aufforderung des Gerichts hat der Schuldner oder der vorläufige Insolvenzverwalter Personen zu benennen, die als Mitglieder des vorläufigen Gläubigerausschusses in Betracht kommen.
…

Zweiter Abschnitt – Insolvenzmasse. Einteilung der Gläubiger

…

§ 38 Begriff der Insolvenzgläubiger Die Insolvenzmasse dient zur Befriedigung der persönlichen Gläubiger, die einen zur Zeit der Eröffnung des Insolvenzverfahrens begründeten Vermögensanspruch gegen den Schuldner haben (Insolvenzgläubiger).

§ 39 Nachrangige Insolvenzgläubiger (1) Im Rang nach den übrigen Forderungen der Insolvenzgläubiger werden in folgender Rangfolge, bei gleichem Rang nach dem Verhältnis ihrer Beträge, berichtigt:
1. die seit der Eröffnung des Insolvenzverfahrens laufenden Zinsen und Säumniszuschläge auf Forderungen der Insolvenzgläubiger;
2. die Kosten, die den einzelnen Insolvenzgläubigern durch ihre Teilnahme am Verfahren erwachsen;
3. Geldstrafen, Geldbußen, Ordnungsgelder und Zwangsgelder sowie solche Nebenfolgen einer Straftat oder Ordnungswidrigkeit, die zu einer Geldzahlung verpflichten;
4. Forderungen auf eine unentgeltliche Leistung des Schuldners;
5. nach Maßgabe der Absätze 4 und 5 Forderungen auf Rückgewähr eines Gesellschafterdarlehens oder Forderungen aus Rechtshandlungen, die einem solchen Darlehen wirtschaftlich entsprechen.

Satz 1 Nummer 5 ist nicht anzuwenden, wenn eine staatliche Förderbank oder eines ihrer Tochterunternehmen einem Unternehmen, an dem die staatliche Förderbank oder eines ihrer Tochterunternehmen beteiligt ist, ein Darlehen gewährt oder eine andere einer Darlehensgewährung wirtschaftlich entsprechende Rechtshandlung vorgenommen hat.
(2) Forderungen, für die zwischen Gläubiger und Schuldner der Nachrang im Insolvenzverfahren vereinbart worden ist, werden im Zweifel nach den in Absatz 1 bezeichneten Forderungen berichtigt.
(3) Die Zinsen der Forderungen nachrangiger Insolvenzgläubiger und die Kosten, die diesen Gläubigern durch ihre Teilnahme am Verfahren entstehen, haben den gleichen Rang wie die Forderungen dieser Gläubiger.

(4) Absatz 1 Nr. 5 gilt für Gesellschaften, die weder eine natürliche Person noch eine Gesellschaft als persönlich haftenden Gesellschafter haben, bei der ein persönlich haftender Gesellschafter eine natürliche Person ist. Erwirbt ein Gläubiger bei drohender oder eingetretener Zahlungsunfähigkeit der Gesellschaft oder bei Überschuldung Anteile zum Zweck ihrer Sanierung, führt dies bis zur nachhaltigen Sanierung nicht zur Anwendung von Absatz 1 Nr. 5 auf seine Forderungen aus bestehenden oder neu gewährten Darlehen oder auf Forderungen aus Rechtshandlungen, die einem solchen Darlehen wirtschaftlich entsprechen.
(5) Absatz 1 Nr. 5 gilt nicht für den nicht geschäftsführenden Gesellschafter einer Gesellschaft im Sinne des Absatzes 4 Satz 1, der mit 10 Prozent oder weniger am Haftkapital beteiligt ist.
…

§ 47 Aussonderung Wer auf Grund eines dinglichen oder persönlichen Rechts geltend machen kann, daß ein Gegenstand nicht zur Insolvenzmasse gehört, ist kein Insolvenzgläubiger. Sein Anspruch auf Aussonderung des Gegenstands bestimmt sich nach den Gesetzen, die außerhalb des Insolvenzverfahrens gelten.

§ 48 Ersatzaussonderung Ist ein Gegenstand, dessen Aussonderung hätte verlangt werden können, vor der Eröffnung des Insolvenzverfahrens vom Schuldner oder nach der Eröffnung vom Insolvenzverwalter unberechtigt veräußert worden, so kann der Aussonderungsberechtigte die Abtretung des Rechts auf die Gegenleistung verlangen, soweit diese noch aussteht. Er kann die Gegenleistung aus der Insolvenzmasse verlangen, soweit sie in der Masse unterscheidbar vorhanden ist.

§ 49 Abgesonderte Befriedigung aus unbeweglichen Gegenständen Gläubiger, denen ein Recht auf Befriedigung aus Gegenständen zusteht, die der Zwangsvollstreckung in das unbewegliche Vermögen unterliegen (unbewegliche Gegenstände), sind nach Maßgabe des Gesetzes über die Zwangsversteigerung und die Zwangsverwaltung zur abgesonderten Befriedigung berechtigt.

§ 50 Abgesonderte Befriedigung der Pfandgläubiger (1) Gläubiger, die an einem Gegenstand der Insolvenzmasse ein rechtsgeschäftliches Pfandrecht, ein durch Pfändung erlangtes Pfandrecht oder ein gesetzliches Pfandrecht haben, sind nach Maßgabe der §§ 166 bis 173 für Hauptforderung, Zinsen und Kosten zur abgesonderten Befriedigung aus dem Pfandgegenstand berechtigt.
(2) Das gesetzliche Pfandrecht des Vermieters oder Verpächters kann im Insolvenzverfahren wegen der Miete oder Pacht für eine frühere Zeit als die letzten zwölf Monate vor der Eröffnung des Verfahrens sowie wegen der Entschädigung, die infolge einer Kündigung des Insolvenzverwalters zu zahlen ist, nicht geltend gemacht werden. Das Pfandrecht des Verpächters eines landwirtschaftlichen Grundstücks unterliegt wegen der Pacht nicht dieser Beschränkung.

§ 51 Sonstige Absonderungsberechtigte Den in § 50 genannten Gläubigern stehen gleich:

1. Gläubiger, denen der Schuldner zur Sicherung eines Anspruchs eine bewegliche Sache übereignet oder ein Recht übertragen hat;
2. Gläubiger, denen ein Zurückbehaltungsrecht an einer Sache zusteht, weil sie etwas zum Nutzen der Sache verwendet haben, soweit ihre Forderung aus der Verwendung den noch vorhandenen Vorteil nicht übersteigt;
3. Gläubiger, denen nach dem Handelsgesetzbuch ein Zurückbehaltungsrecht zusteht;
4. Bund, Länder, Gemeinden und Gemeindeverbände, soweit ihnen zoll- und steuerpflichtige Sachen nach gesetzlichen Vorschriften als Sicherheit für öffentliche Abgaben dienen.

§ 52 Ausfall der Absonderungsberechtigten Gläubiger, die abgesonderte Befriedigung beanspruchen können, sind Insolvenzgläubiger, soweit ihnen der Schuldner auch persönlich haftet. Sie sind zur anteilsmäßigen Befriedigung aus der Insolvenzmasse jedoch nur berechtigt, soweit sie auf eine abgesonderte Befriedigung verzichten oder bei ihr ausgefallen sind.

§ 53 Massegläubiger Aus der Insolvenzmasse sind die Kosten des Insolvenzverfahrens und die sonstigen Masseverbindlichkeiten vorweg zu berichtigen.

§ 54 Kosten des Insolvenzverfahrens Kosten des Insolvenzverfahrens sind:
1. die Gerichtskosten für das Insolvenzverfahren;
2. die Vergütungen und die Auslagen des vorläufigen Insolvenzverwalters, des Insolvenzverwalters und der Mitglieder des Gläubigerausschusses.

§ 55 Sonstige Masseverbindlichkeiten (1) Masseverbindlichkeiten sind weiter die Verbindlichkeiten:
1. die durch Handlungen des Insolvenzverwalters oder in anderer Weise durch die Verwaltung, Verwertung und Verteilung der Insolvenzmasse begründet werden, ohne zu den Kosten des Insolvenzverfahrens zu gehören;
2. aus gegenseitigen Verträgen, soweit deren Erfüllung zur Insolvenzmasse verlangt wird oder für die Zeit nach der Eröffnung des Insolvenzverfahrens erfolgen muß;
3. aus einer ungerechtfertigten Bereicherung der Masse.

(2) Verbindlichkeiten, die von einem vorläufigen Insolvenzverwalter begründet worden sind, auf den die Verfügungsbefugnis über das Vermögen des Schuldners übergegangen ist, gelten nach der Eröffnung des Verfahrens als Masseverbindlichkeiten. Gleiches gilt für Verbindlichkeiten aus einem Dauerschuldverhältnis, soweit der vorläufige Insolvenzverwalter für das von ihm verwaltete Vermögen die Gegenleistung in Anspruch genommen hat.

(3) Gegen nach Absatz 2 begründete Ansprüche auf Arbeitsentgelt nach § 169 des Dritten Buches Sozialgesetzbuch auf die Bundesagentur für Arbeit über, so kann die Bundesagentur diese nur als Insolvenzgläubiger geltend machen. Satz 1 gilt entsprechend für die in § 175 Absatz 1 des Dritten Buches Sozialgesetzbuch bezeichneten Ansprüche, soweit diese gegenüber dem Schuldner bestehen bleiben.

(4) Umsatzsteuerverbindlichkeiten des Insolvenzschuldners, die von einem vorläufigen Insolvenzverwalter oder vom Schuldner mit Zustimmung eines vorläufigen Insolvenzverwalters oder vom Schuldner nach Bestellung eines vorläufigen Sachwalters begründet worden sind, gelten nach Eröffnung des Insolvenzverfahrens als Masseverbindlichkeit. Den Umsatzsteuerverbindlichkeiten stehen die folgenden Verbindlichkeiten gleich:

1. sonstige Ein- und Ausfuhrabgaben,
2. bundesgesetzlich geregelte Verbrauchsteuern,
3. die Luftverkehr- und die Kraftfahrzeugsteuer und
4. die Lohnsteuer.

…

Dritter Teil – Wirkungen der Eröffnung des Insolvenzverfahrens

Erster Abschnitt – Allgemeine Wirkungen

§ 80 Übergang des Verwaltungs- und Verfügungsrechts (1) Durch die Eröffnung des Insolvenzverfahrens geht das Recht des Schuldners, das zur Insolvenzmasse gehörende Vermögen zu verwalten und über es zu verfügen, auf den Insolvenzverwalter über.
(2) …
…

Zweiter Abschnitt – Erfüllung der Rechtsgeschäfte. Mitwirkung des Betriebsrats

§ 103 Wahlrecht des Insolvenzverwalters (1) Ist ein gegenseitiger Vertrag zur Zeit der Eröffnung des Insolvenzverfahrens vom Schuldner und vom anderen Teil nicht oder nicht vollständig erfüllt, so kann der Insolvenzverwalter anstelle des Schuldners den Vertrag erfüllen und die Erfüllung vom anderen Teil verlangen.
(2) Lehnt der Verwalter die Erfüllung ab, so kann der andere Teil eine Forderung wegen der Nichterfüllung nur als Insolvenzgläubiger geltend machen. Fordert der andere Teil den Verwalter zur Ausübung seines Wahlrechts auf, so hat der Verwalter unverzüglich zu erklären, ob er die Erfüllung verlangen will. Unterläßt er dies, so kann er auf der Erfüllung nicht bestehen.
…

§ 107 Eigentumsvorbehalt (1) Hat vor der Eröffnung des Insolvenzverfahrens der Schuldner eine bewegliche Sache unter Eigentumsvorbehalt verkauft und dem Käufer den Besitz an der Sache übertragen, so kann der Käufer die Erfüllung des Kaufvertrages verlangen. Dies gilt auch, wenn der Schuldner dem Käufer gegenüber weitere Verpflichtungen übernommen hat und diese nicht oder nicht vollständig erfüllt sind.
(2) Hat vor der Eröffnung des Insolvenzverfahrens der Schuldner eine bewegliche Sache unter Eigentumsvorbehalt gekauft und vom Verkäufer den Besitz an der Sache erlangt, so braucht der Insolvenzverwalter, den der Verkäufer zur Ausübung

des Wahlrechts aufgefordert hat, die Erklärung nach § 103 Abs. 2 Satz 2 erst unverzüglich nach dem Berichtstermin abzugeben. Dies gilt nicht, wenn in der Zeit bis zum Berichtstermin eine erhebliche Verminderung des Wertes der Sache zu erwarten ist und der Gläubiger den Verwalter auf diesen Umstand hingewiesen hat.

§ 108 Fortbestehen bestimmter Schuldverhältnisse (1) Miet- und Pachtverhältnisse des Schuldners über unbewegliche Gegenstände oder Räume sowie Dienstverhältnisse des Schuldners bestehen mit Wirkung für die Insolvenzmasse fort. Dies gilt auch für Miet- und Pachtverhältnisse, die der Schuldner als Vermieter oder Verpächter eingegangen war und die sonstige Gegenstände betreffen, die einem Dritten, der ihre Anschaffung oder Herstellung finanziert hat, zur Sicherheit übertragen wurden.
(2) Ein vom Schuldner als Darlehensgeber eingegangenes Darlehensverhältnis besteht mit Wirkung für die Masse fort, soweit dem Darlehensnehmer der geschuldete Gegenstand zur Verfügung gestellt wurde.
(3) Ansprüche für die Zeit vor der Eröffnung des Insolvenzverfahrens kann der andere Teil nur als Insolvenzgläubiger geltend machen.
…

§ 113 Kündigung eines Dienstverhältnisses Ein Dienstverhältnis, bei dem der Schuldner der Dienstberechtigte ist, kann vom Insolvenzverwalter und vom anderen Teil ohne Rücksicht auf eine vereinbarte Vertragsdauer oder einen vereinbarten Ausschluß des Rechts zur ordentlichen Kündigung gekündigt werden. Die Kündigungsfrist beträgt drei Monate zum Monatsende, wenn nicht eine kürzere Frist maßgeblich ist. Kündigt der Verwalter, so kann der andere Teil wegen der vorzeitigen Beendigung des Dienstverhältnisses als Insolvenzgläubiger Schadenersatz verlangen.
…

§ 120 Kündigung von Betriebsvereinbarungen (1) Sind in Betriebsvereinbarungen Leistungen vorgesehen, welche die Insolvenzmasse belasten, so sollen Insolvenzverwalter und Betriebsrat über eine einvernehmliche Herabsetzung der Leistungen beraten. Diese Betriebsvereinbarungen können auch dann mit einer Frist von drei Monaten gekündigt werden, wenn eine längere Frist vereinbart ist.
(2) Unberührt bleibt das Recht, eine Betriebsvereinbarung aus wichtigem Grund ohne Einhaltung einer Kündigungsfrist zu kündigen.

§ 121 Betriebsänderungen und Vermittlungsverfahren Im Insolvenzverfahren über das Vermögen des Unternehmers gilt § 112 Abs. 2 Satz 1 des Betriebsverfassungsgesetzes mit der Maßgabe, daß dem Verfahren vor der Einigungsstelle nur dann ein Vermittlungsversuch vorangeht, wenn der Insolvenzverwalter und der Betriebsrat gemeinsam um eine solche Vermittlung ersuchen.

§ 122 Gerichtliche Zustimmung zur Durchführung einer Betriebsänderung
(1) Ist eine Betriebsänderung geplant und kommt zwischen Insolvenzverwalter und Betriebsrat der Interessenausgleich nach § 112 des Betriebsverfassungsgeset-

zes nicht innerhalb von drei Wochen nach Verhandlungsbeginn oder schriftlicher Aufforderung zur Aufnahme von Verhandlungen zustande, obwohl der Verwalter den Betriebsrat rechtzeitig und umfassend unterrichtet hat, so kann der Verwalter die Zustimmung des Arbeitsgerichts dazu beantragen, daß die Betriebsänderung durchgeführt wird, ohne daß das Verfahren nach § 112 Abs. 2 des Betriebsverfassungsgesetzes vorangegangen ist. § 113 Abs. 3 des Betriebsverfassungsgesetzes ist insoweit nicht anzuwenden. Unberührt bleibt das Recht des Verwalters, einen Interessenausgleich nach § 125 zustande zu bringen oder einen Feststellungsantrag nach § 126 zu stellen.
(2) Das Gericht erteilt die Zustimmung, wenn die wirtschaftliche Lage des Unternehmens auch unter Berücksichtigung der sozialen Belange der Arbeitnehmer erfordert, daß die Betriebsänderung ohne vorheriges Verfahren nach § 112 Abs. 2 des Betriebsverfassungsgesetzes durchgeführt wird. Die Vorschriften des Arbeitsgerichtsgesetzes über das Beschlußverfahren gelten entsprechend; Beteiligte sind der Insolvenzverwalter und der Betriebsrat. Der Antrag ist nach Maßgabe des § 61a Abs. 3 bis 6 des Arbeitsgerichtsgesetzes vorrangig zu erledigen.
(3) Gegen den Beschluß des Gerichts findet die Beschwerde an das Landesarbeitsgericht nicht statt. Die Rechtsbeschwerde an das Bundesarbeitsgericht findet statt, wenn sie in dem Beschluß des Arbeitsgerichts zugelassen wird; § 72 Abs. 2 und 3 des Arbeitsgerichtsgesetzes gilt entsprechend. Die Rechtsbeschwerde ist innerhalb eines Monats nach Zustellung der in vollständiger Form abgefaßten Entscheidung des Arbeitsgerichts beim Bundesarbeitsgericht einzulegen und neu zu begründen.

§ 123 Umfang des Sozialplans (1) In einem Sozialplan, der nach der Eröffnung des Insolvenzverfahrens aufgestellt wird, kann für den Ausgleich oder die Milderung der wirtschaftlichen Nachteile, die den Arbeitnehmern infolge der geplanten Betriebsänderung entstehen, ein Gesamtbetrag von bis zu zweieinhalb Monatsverdiensten (§ 10 Abs. 3 des Kündigungsschutzgesetzes) der von einer Entlassung betroffenen Arbeitnehmer vorgesehen werden.
(2) Die Verbindlichkeiten aus einem solchen Sozialplan sind Masseverbindlichkeiten. Jedoch darf, wenn nicht ein Insolvenzplan zustande kommt, für die Berichtigung von Sozialplanforderungen nicht mehr als ein Drittel der Masse verwendet werden, die ohne einen Sozialplan für die Verteilung an die Insolvenzgläubiger zur Verfügung stünde. Übersteigt der Gesamtbetrag aller Sozialplanforderungen diese Grenze, so sind die einzelnen Forderungen anteilig zu kürzen.
(3) Sooft hinreichende Barmittel in der Masse vorhanden sind, soll der Insolvenzverwalter mit Zustimmung des Insolvenzgerichts Abschlagszahlungen auf die Sozialplanforderungen leisten. Eine Zwangsvollstreckung in die Masse wegen einer Sozialplanforderung ist unzulässig.

§ 124 Sozialplan vor Verfahrenseröffnung (1) Ein Sozialplan, der vor der Eröffnung des Insolvenzverfahrens, jedoch nicht früher als drei Monate vor dem Eröffnungsantrag aufgestellt worden ist, kann sowohl vom Insolvenzverwalter als auch vom Betriebsrat widerrufen werden.

(2) Wird der Sozialplan widerrufen, so können die Arbeitnehmer, denen Forderungen aus dem Sozialplan zustanden, bei der Aufstellung eines Sozialplans im Insolvenzverfahren berücksichtigt werden.
(3) Leistungen, die ein Arbeitnehmer vor der Eröffnung des Verfahrens auf seine Forderung aus dem widerrufenen Sozialplan erhalten hat, können nicht wegen des Widerrufs zurückgefordert werden. Bei der Aufstellung eines neuen Sozialplans sind derartige Leistungen an einen von einer Entlassung betroffenen Arbeitnehmer bei der Berechnung des Gesamtbetrags der Sozialplanforderungen nach § 123 Abs. 1 bis zur Höhe von zweieinhalb Monatsverdiensten abzusetzen.

§ 125 Interessenausgleich und Kündigungsschutz (1) Ist eine Betriebsänderung (§ 111 des Betriebsverfassungsgesetzes) geplant und kommt zwischen Insolvenzverwalter und Betriebsrat ein Interessenausgleich zustande, in dem die Arbeitnehmer, denen gekündigt werden soll, namentlich bezeichnet sind, so ist § 1 des Kündigungsschutzgesetzes mit folgenden Maßgaben anzuwenden:
1. es wird vermutet, daß die Kündigung der Arbeitsverhältnisse der bezeichneten Arbeitnehmer durch dringende betriebliche Erfordernisse, die einer Weiterbeschäftigung in diesem Betrieb oder einer Weiterbeschäftigung zu unveränderten Arbeitsbedingungen entgegenstehen, bedingt ist;
2. die soziale Auswahl der Arbeitnehmer kann nur im Hinblick auf die Dauer der Betriebszugehörigkeit, das Lebensalter und die Unterhaltspflichten und auch insoweit nur auf grobe Fehlerhaftigkeit nachgeprüft werden; sie ist nicht als grob fehlerhaft anzusehen, wenn eine ausgewogene Personalstruktur erhalten oder geschaffen wird.

Satz 1 gilt nicht, soweit sich die Sachlage nach Zustandekommen des Interessenausgleichs wesentlich geändert hat.
(2) Der Interessenausgleich nach Absatz 1 ersetzt die Stellungnahme des Betriebsrats nach § 17 Abs. 3 Satz 2 des Kündigungsschutzgesetzes.

§ 126 Beschlußverfahren zum Kündigungsschutz (1) Hat der Betrieb keinen Betriebsrat oder kommt aus anderen Gründen innerhalb von drei Wochen nach Verhandlungsbeginn oder schriftlicher Aufforderung zur Aufnahme von Verhandlungen ein Interessenausgleich nach § 125 Abs. 1 nicht zustande, obwohl der Verwalter den Betriebsrat rechtzeitig und umfassend unterrichtet hat, so kann der Insolvenzverwalter beim Arbeitsgericht beantragen festzustellen, daß die Kündigung der Arbeitsverhältnisse bestimmter, im Antrag bezeichneter Arbeitnehmer durch dringende betriebliche Erfordernisse bedingt und sozial gerechtfertigt ist. Die soziale Auswahl der Arbeitnehmer kann nur im Hinblick auf die Dauer der Betriebszugehörigkeit, das Lebensalter und die Unterhaltspflichten nachgeprüft werden.
(2) Die Vorschriften des Arbeitsgerichtsgesetzes über das Beschlußverfahren gelten entsprechend; Beteiligte sind der Insolvenzverwalter, der Betriebsrat und die bezeichneten Arbeitnehmer, soweit sie nicht mit der Beendigung der Arbeitsverhältnisse oder mit den geänderten Arbeitsbedingungen einverstanden sind. § 122 Abs. 2 Satz 3, Abs. 3 gilt entsprechend.
(3) Für die Kosten, die den Beteiligten im Verfahren des ersten Rechtszugs entstehen, gilt § 12a Abs. 1 Satz 1 und 2 des Arbeitsgerichtsgesetzes entsprechend. Im

Verfahren vor dem Bundesarbeitsgericht gelten die Vorschriften der Zivilprozeßordnung über die Erstattung der Kosten des Rechtsstreits entsprechend.

§ 127 Klage des Arbeitnehmers (1) Kündigt der Insolvenzverwalter einem Arbeitnehmer, der in dem Antrag nach § 126 Abs. 1 bezeichnet ist, und erhebt der Arbeitnehmer Klage auf Feststellung, daß das Arbeitsverhältnis durch die Kündigung nicht aufgelöst oder die Änderung der Arbeitsbedingungen sozial ungerechtfertigt ist, so ist die rechtskräftige Entscheidung im Verfahren nach § 126 für die Parteien bindend. Dies gilt nicht, soweit sich die Sachlage nach dem Schluß der letzten mündlichen Verhandlung wesentlich geändert hat.
(2) Hat der Arbeitnehmer schon vor der Rechtskraft der Entscheidung im Verfahren nach § 126 Klage erhoben, so ist die Verhandlung über die Klage auf Antrag des Verwalters bis zu diesem Zeitpunkt auszusetzen.

§ 128 Betriebsveräußerung (1) Die Anwendung der §§ 125 bis 127 wird nicht dadurch ausgeschlossen, daß die Betriebsänderung, die dem Interessenausgleich oder dem Feststellungsantrag zugrundeliegt, erst nach einer Betriebsveräußerung durchgeführt werden soll. An dem Verfahren nach § 126 ist der Erwerber des Betriebs beteiligt.
(2) Im Falle eines Betriebsübergangs erstreckt sich die Vermutung nach § 125 Abs. 1 Satz 1 Nr. 1 oder die gerichtliche Feststellung nach § 126 Abs. 1 Satz 1 auch darauf, daß die Kündigung der Arbeitsverhältnisse nicht wegen des Betriebsübergangs erfolgt.

Dritter Abschnitt – Insolvenzanfechtung

§ 129 Grundsatz (1) Rechtshandlungen, die vor der Eröffnung des Insolvenzverfahrens vorgenommen worden sind und die Insolvenzgläubiger benachteiligen, kann der Insolvenzverwalter nach Maßgabe der §§ 130 bis 146 anfechten.
(2) Eine Unterlassung steht einer Rechtshandlung gleich.

§ 130 Kongruente Deckung (1) Anfechtbar ist eine Rechtshandlung, die einem Insolvenzgläubiger eine Sicherung oder Befriedigung gewährt oder ermöglicht hat,
1. wenn sie in den letzten drei Monaten vor dem Antrag auf Eröffnung des Insolvenzverfahrens vorgenommen worden ist, wenn zur Zeit der Handlung der Schuldner zahlungsunfähig war und wenn der Gläubiger zu dieser Zeit die Zahlungsunfähigkeit kannte oder
2. wenn sie nach dem Eröffnungsantrag vorgenommen worden ist und wenn der Gläubiger zur Zeit der Handlung die Zahlungsunfähigkeit oder den Eröffnungsantrag kannte.

Dies gilt nicht, soweit die Rechtshandlung auf einer Sicherungsvereinbarung beruht, die die Verpflichtung enthält, eine Finanzsicherheit, eine andere oder eine zusätzliche Finanzsicherheit im Sinne des § 1 Abs. 17 des Kreditwesengesetzes zu bestellen, um das in der Sicherungsvereinbarung festgelegte Verhältnis zwischen

dem Wert der gesicherten Verbindlichkeiten und dem Wert der geleisteten Sicherheiten wiederherzustellen (Margensicherheit).
(2) Der Kenntnis der Zahlungsunfähigkeit oder des Eröffnungsantrags steht die Kenntnis von Umständen gleich, die zwingend auf die Zahlungsunfähigkeit oder den Eröffnungsantrag schließen lassen.
(3) Gegenüber einer Person, die dem Schuldner zur Zeit der Handlung nahestand (§ 138), wird vermutet, daß sie die Zahlungsunfähigkeit oder den Eröffnungsantrag kannte.

§ 131 Inkongruente Deckung (1) Anfechtbar ist eine Rechtshandlung, die einem Insolvenzgläubiger eine Sicherung oder Befriedigung gewährt oder ermöglicht hat, die er nicht oder nicht in der Art oder nicht zu der Zeit zu beanspruchen hatte,
1. wenn die Handlung im letzten Monat vor dem Antrag auf Eröffnung des Insolvenzverfahrens oder nach diesem Antrag vorgenommen worden ist,
2. wenn die Handlung innerhalb des zweiten oder dritten Monats vor dem Eröffnungsantrag vorgenommen worden ist und der Schuldner zur Zeit der Handlung zahlungsunfähig war oder
3. wenn die Handlung innerhalb des zweiten oder dritten Monats vor dem Eröffnungsantrag vorgenommen worden ist und dem Gläubiger zur Zeit der Handlung bekannt war, daß sie die Insolvenzgläubiger benachteiligte.

(2) Für die Anwendung des Absatzes 1 Nr. 3 steht der Kenntnis der Benachteiligung der Insolvenzgläubiger die Kenntnis von Umständen gleich, die zwingend auf die Benachteiligung schließen lassen. Gegenüber einer Person, die dem Schuldner zur Zeit der Handlung nahestand (§ 138), wird vermutet, daß sie die Benachteiligung der Insolvenzgläubiger kannt.

§ 132 Unmittelbar nachteilige Rechtshandlungen (1) Anfechtbar ist ein Rechtsgeschäft des Schuldners, das die Insolvenzgläubiger unmittelbar benachteiligt,
1. wenn es in den letzten drei Monaten vor dem Antrag auf Eröffnung des Insolvenzverfahrens vorgenommen worden ist, wenn zur Zeit des Rechtsgeschäfts der Schuldner zahlungsunfähig war und wenn der andere Teil zu dieser Zeit die Zahlungsunfähigkeit kannte oder
2. wenn es nach dem Eröffnungsantrag vorgenommen worden ist und wenn der andere Teil zur Zeit des Rechtsgeschäfts die Zahlungsunfähigkeit oder den Eröffnungsantrag kannte.

(2) Einem Rechtsgeschäft, das die Insolvenzgläubiger unmittelbar benachteiligt, steht eine andere Rechtshandlung des Schuldners gleich, durch die der Schuldner ein Recht verliert oder nicht mehr geltend machen kann oder durch die ein vermögensrechtlicher Anspruch gegen ihn erhalten oder durchsetzbar wird.
(3) § 130 Abs. 2 und 3 gilt entsprechend.

§ 133 Vorsätzliche Benachteiligung (1) Anfechtbar ist eine Rechtshandlung, die der Schuldner in den letzten zehn Jahren vor dem Antrag auf Eröffnung des Insolvenzverfahrens oder nach diesem Antrag mit dem Vorsatz, seine Gläubiger zu benachteiligen, vorgenommen hat, wenn der andere Teil zur Zeit der Handlung den Vorsatz des Schuldners kannte. Diese Kenntnis wird vermutet, wenn der

andere Teil wußte, daß die Zahlungsunfähigkeit des Schuldners drohte und daß die Handlung die Gläubiger benachteiligte.
(2) Hat die Rechtshandlung dem anderen Teil eine Sicherung oder Befriedigung gewährt oder ermöglicht, beträgt der Zeitraum nach Absatz 1 Satz 1 vier Jahre.
(3) Hat die Rechtshandlung dem anderen Teil eine Sicherung oder Befriedigung gewährt oder ermöglicht, welche dieser in der Art und zu der Zeit beanspruchen konnte, tritt an die Stelle der drohenden Zahlungsunfähigkeit des Schuldners nach Absatz 1 Satz 2 die eingetretene. Hatte der andere Teil mit dem Schuldner eine Zahlungsvereinbarung getroffen oder diesem in sonstiger Weise eine Zahlungserleichterung gewährt, wird vermutet, dass er zur Zeit der Handlung die Zahlungsunfähigkeit des Schuldners nicht kannte.
(4) Anfechtbar ist ein vom Schuldner mit einer nahestehenden Person (§ 138) geschlossener entgeltlicher Vertrag, durch den die Insolvenzgläubiger unmittelbar benachteiligt werden. Die Anfechtung ist ausgeschlossen, wenn der Vertrag früher als zwei Jahre vor dem Eröffnungsantrag geschlossen worden ist oder wenn dem anderen Teil zur Zeit des Vertragsschlusses ein Vorsatz des Schuldners, die Gläubiger zu benachteiligen, nicht bekannt war.

§ 134 Unentgeltliche Leistung (1) Anfechtbar ist eine unentgeltliche Leistung des Schuldners, es sei denn, sie ist früher als vier Jahre vor dem Antrag auf Eröffnung des Insolvenzverfahrens vorgenommen worden.
(2) Richtet sich die Leistung auf ein gebräuchliches Gelegenheitsgeschenk geringen Werts, so ist sie nicht anfechtbar.
…

§ 142 Bargeschäft (1) Eine Leistung des Schuldners, für die unmittelbar eine gleichwertige Gegenleistung in sein Vermögen gelangt, ist nur anfechtbar, wenn die Voraussetzungen des § 133 Absatz 1 bis 3 gegeben sind und der andere Teil erkannt hat, dass der Schuldner unlauter handelte.
(2) Der Austausch von Leistung und Gegenleistung ist unmittelbar, wenn er nach Art der ausgetauschten Leistungen und unter Berücksichtigung der Gepflogenheiten des Geschäftsverkehrs in einem engen zeitlichen Zusammenhang erfolgt. Gewährt der Schuldner seinem Arbeitnehmer Arbeitsentgelt, ist ein enger zeitlicher Zusammenhang gegeben, wenn der Zeitraum zwischen Arbeitsleistung und Gewährung des Arbeitsentgelts drei Monate nicht übersteigt. Der Gewährung des Arbeitsentgelts durch den Schuldner steht die Gewährung dieses Arbeitsentgelts durch einen Dritten nach § 267 des Bürgerlichen Gesetzbuchs gleich, wenn für den Arbeitnehmer nicht erkennbar war, dass ein Dritter die Leistung bewirkt hat.
…

Fünfter Teil – Befriedigung der Insolvenzgläubiger. Einstellung des Verfahrens

Erster Abschnitt – Feststellung der Forderungen

…

§ 178 Voraussetzungen und Wirkungen der Feststellung (1) Eine Forderung gilt als festgestellt, soweit gegen sie im Prüfungstermin oder im schriftlichen Verfahren (§ 177) ein Widerspruch weder vom Insolvenzverwalter noch von einem Insolvenzgläubiger erhoben wird oder soweit ein erhobener Widerspruch beseitigt ist. Ein Widerspruch des Schuldners steht der Feststellung der Forderung nicht entgegen.
(2) Das Insolvenzgericht trägt für jede angemeldete Forderung in die Tabelle ein, inwieweit die Forderung ihrem Betrag und ihrem Rang nach festgestellt ist oder wer der Feststellung widersprochen hat. Auch ein Widerspruch des Schuldners ist einzutragen. Auf Wechseln und sonstigen Schuldurkunden ist vom Urkundsbeamten der Geschäftsstelle die Feststellung zu vermerken.
(3) Die Eintragung in die Tabelle wirkt für die festgestellten Forderungen ihrem Betrag und ihrem Rang nach wie ein rechtskräftiges Urteil gegenüber dem Insolvenzverwalter und allen Insolvenzgläubigern.
…

Dritter Abschnitt – Einstellung des Verfahrens

§ 207 Einstellung mangels Masse (1) Stellt sich nach der Eröffnung des Insolvenzverfahrens heraus, daß die Insolvenzmasse nicht ausreicht, um die Kosten des Verfahrens zu decken, so stellt das Insolvenzgericht das Verfahren ein. Die Einstellung unterbleibt, wenn ein ausreichender Geldbetrag vorgeschossen wird oder die Kosten nach § 4a gestundet werden; § 26 Abs. 3 gilt entsprechend.
(2) Vor der Einstellung sind die Gläubigerversammlung, der Insolvenzverwalter und die Massegläubiger zu hören.
(3) Soweit Barmittel in der Masse vorhanden sind, hat der Verwalter vor der Einstellung die Kosten des Verfahrens, von diesen zuerst die Auslagen, nach dem Verhältnis ihrer Beträge zu berichtigen. Zur Verwertung von Massegegenständen ist er nicht mehr verpflichtet.

§ 208 Anzeige der Masseunzulänglichkeit (1) Sind die Kosten des Insolvenzverfahrens gedeckt, reicht die Insolvenzmasse jedoch nicht aus, um die fälligen sonstigen Masseverbindlichkeiten zu erfüllen, so hat der Insolvenzverwalter dem Insolvenzgericht anzuzeigen, daß Masseunzulänglichkeit vorliegt. Gleiches gilt, wenn die Masse voraussichtlich nicht ausreichen wird, um die bestehenden sonstigen Masseverbindlichkeiten im Zeitpunkt der Fälligkeit zu erfüllen.
(2) Das Gericht hat die Anzeige der Masseunzulänglichkeit öffentlich bekanntzumachen. Den Massegläubigern ist sie besonders zuzustellen.
(3) Die Pflicht des Verwalters zur Verwaltung und zur Verwertung der Masse besteht auch nach der Anzeige der Masseunzulänglichkeit fort.

§ 209 Befriedigung der Massegläubiger (1) Der Insolvenzverwalter hat die Masseverbindlichkeiten nach folgender Rangordnung zu berichtigen, bei gleichem Rang nach dem Verhältnis ihrer Beträge:

1. die Kosten des Insolvenzverfahrens;
2. die Masseverbindlichkeiten, die nach der Anzeige der Masseunzulänglichkeit begründet worden sind, ohne zu den Kosten des Verfahrens zu gehören;
3. die übrigen Masseverbindlichkeiten, unter diesen zuletzt der nach den §§ 100, 101 Abs. 1 Satz 3 bewilligte Unterhalt.

(2) Als Masseverbindlichkeiten im Sinne des Absatzes 1 Nr. 2 gelten auch die Verbindlichkeiten

1. aus einem gegenseitigen Vertrag, dessen Erfüllung der Verwalter gewählt hat, nachdem er die Masseunzulänglichkeit angezeigt hatte;
2. aus einem Dauerschuldverhältnis für die Zeit nach dem ersten Termin, zu dem der Verwalter nach der Anzeige der Masseunzulänglichkeit kündigen konnte;
3. aus einem Dauerschuldverhältnis, soweit der Verwalter nach der Anzeige der Masseunzulänglichkeit für die Insolvenzmasse die Gegenleistung in Anspruch genommen hat.

…

Sechster Teil – Insolvenzplan

Erster Abschnitt – Aufstellung des Plans

§ 217 Grundsatz [Insolvenzplan] (1) Die Befriedigung der absonderungsberechtigten Gläubiger und der Insolvenzgläubiger, die Verwertung der Insolvenzmasse und deren Verteilung an die Beteiligten sowie die Verfahrensabwicklung und die Haftung des Schuldners nach der Beendigung des Insolvenzverfahrens können in einem Insolvenzplan abweichend von den Vorschriften dieses Gesetzes geregelt werden. Ist der Schuldner keine natürliche Person, so können auch die Anteils- oder Mitgliedschaftsrechte der am Schuldner beteiligten Personen in den Plan einbezogen werden.

(2) Der Insolvenzplan kann ferner die Rechte der Inhaber von Insolvenzforderungen gestalten, die diesen aus einer von einem verbundenen Unternehmen im Sinne des § 15 des Aktiengesetzes als Bür, Mitschuldner oder aufgrund einer anderweitig übernommenen Haftung oder an Gegenständen des Vermögens dieses Unternehmens (gruppeninterne Drittsicherheit) zustehen.

…

Zweiter Abschnitt – Annahme und Bestätigung des Plans

…

§ 251 Minderheitenschutz (1) Auf Antrag eines Gläubigers oder, wenn der Schuldner keine natürliche Person ist, einer am Schuldner beteiligten Person ist die Bestätigung des Insolvenzplans zu versagen, wenn

1. der Antragsteller dem Plan spätestens im Abstimmungstermin schriftlich oder zu Protokoll widersprochen hat und
2. der Antragsteller durch den Plan voraussichtlich schlechtergestellt wird, als er ohne einen Plan stünde; ist der Schuldner eine natürliche Person, gilt § 245a entsprechend.

(2) Der Antrag ist nur zulässig, wenn der Antragsteller spätestens im Abstimmungstermin glaubhaft macht, dass er durch den Plan voraussichtlich schlechtergestellt wird.
(3) Der Antrag ist abzuweisen, wenn im gestaltenden Teil des Plans Mittel für den Fall bereitgestellt werden, dass ein Beteiligter eine Schlechterstellung nachweist. Ob der Beteiligte einen Ausgleich aus diesen Mitteln erhält, ist außerhalb des Insolvenzverfahrens zu klären.
…

Achter Teil – Eigenverwaltung

§ 270 Grundsatz (1) Der Schuldner ist berechtigt, unter der Aufsicht eines Sachwalters die Insolvenzmasse zu verwalten und über sie zu verfügen, wenn das Insolvenzgericht in dem Beschluss über die Eröffnung des Insolvenzverfahrens die Eigenverwaltung anordnet. Für das Verfahren gelten die allgemeinen Vorschriften, soweit in diesem Teil nichts anderes bestimmt ist.
(2) Die Vorschriften dieses Teils sind auf Verbraucherinsolvenzverfahren nach § 304 nicht anzuwenden.
…

Neunter Teil – Restschuldbefreiung

§ 286 Grundsatz Ist der Schuldner eine natürliche Person, so wird er nach Maßgabe der §§ 287 bis 303a von den im Insolvenzverfahren nicht erfüllten Verbindlichkeiten gegenüber den Insolvenzgläubigern befreit.

§ 287 Antrag des Schuldners (1) Die Restschuldbefreiung setzt einen Antrag des Schuldners voraus, der mit seinem Antrag auf Eröffnung des Insolvenzverfahrens verbunden werden soll. Wird er nicht mit diesem verbunden, so ist er innerhalb von zwei Wochen nach dem Hinweis gemäß § 20 Abs. 2 zu stellen.
(2) Dem Antrag ist die Erklärung des Schuldners beizufügen, dass dieser seine pfändbaren Forderungen auf Bezüge aus einem Dienstverhältnis oder auf an deren Stelle tretende laufende Bezüge für den Zeitraum von drei Jahren nach der Eröffnung des Insolvenzverfahrens (Abtretungsfrist) an einen vom Gericht zu bestimmenden Treuhänder abtritt. Ist dem Schuldner auf Grundlage eines nach dem 30. September 2020 gestellten Antrags bereits einmal Restschuldbefreiung erteilt worden, so beträgt die Abtretungsfrist in einem erneuten Verfahren fünf Jahre; der Schuldner hat dem Antrag eine entsprechende Abtretungserklärung beizufügen.
(3) Vereinbarungen, die eine Abtretung der Forderungen des Schuldners auf Bezüge aus einem Dienstverhältnis oder an deren Stelle tretende laufende Bezüge ausschließen, von einer Bedingung abhängig machen oder sonst einschränken, sind insoweit unwirksam, als sie die Abtretungserklärung nach Absatz 2 Satz 1 vereiteln oder beeinträchtigen würden.
…

24. Gesetz zum Schutze der arbeitenden Jugend (Jugendarbeitsschutzgesetz – JArbSchG)

Einleitung

I. Geschichtliche Entwicklung

Das Problem der Kinderarbeit steht am Beginn der Entwicklung unseres Arbeitsrechts. Das Preussische »Regulativ über die Beschäftigung jugendlicher Arbeiter in Fabriken« vom 9.3.1839 markiert den Anfang von Arbeiterschutzgesetzgebung schlechthin (zum Folgenden *Pieper*, Das preußische »Regulativ über die Beschäftigung jugendlicher Arbeiter in Fabriken« von 1839, AuR 22, G 9). Bezeichnend ist, dass es erst zustande kam, nachdem der Kommandeur der Rheinarmee, *von Horn*, die Bedrohung des »Rekrutennachweises« aufgrund verbreiteter Kinderarbeit feststellte.

Von da an wurde das Ausmaß der erlaubten Kinderarbeit mehr und mehr reduziert. Unser heutiges Jugendarbeitsschutzrecht ist inzwischen gekennzeichnet durch eine Kombination absoluter Arbeitsverbote für Kinder und besonderer Schutzvorschriften für Jugendliche.

Das JArbSchG vom 12. April 1976 hat das Jugendarbeitsschutzgesetz vom 9.8.1960 (BGBl. I 665) abgelöst. Es hatte sich herausgestellt, dass unter jenem Gesetz ein wirksamer Jugendarbeitsschutz für die etwa 1,5 Millionen jugendlichen Arbeitnehmer immer weniger zu erreichen gewesen war. Das hatte einerseits seinen Grund in den nicht ausreichenden gesetzlichen Bestimmungen selbst, andererseits in der Praxis vor allem der kleineren Betriebe, in denen das Gesetz geradezu notorisch übertreten wurde:

Der bei nur einer Gegenstimme im Deutschen Bundestag erfolgten Verabschiedung des Jugendarbeitsschutzgesetzes sind langwierige und zum Teil heftige politische Auseinandersetzungen vorausgegangen (vgl. hinsichtlich der Einzelheiten bis einschließlich 39. Aufl.). Den fortdauernden Forderungen nach einem Rückgängigmachen von Teilen des Jugendarbeitsschutzgesetzes und des Berufsbildungsrechts trug dann die konservativ-liberale Koalition nach der gewonnenen Bundestagswahl 1983 Rechnung, indem zunächst mit der »Verordnung zur Verbesserung der Ausbildung Jugendlicher« vom 1.8.1983 (BGBl. I 1057) der Arbeitszeitschutz für Jugendliche in vielen Bereichen abgebaut wurde (hierzu s. *Borrmann*, BlStSozArbR 84, 33). Schließlich wurden mit dem Gesetz vom 15.10.1984 die Vorschriften über die Nachtruhe weiter verschlechtert und die Freistellung an einem Berufsschultag reduziert. Völlig neu war die durch § 21a JArbSchG zugelassene Möglichkeit, den Jugendarbeitsschutz durch Tarifvertrag oder Betriebsvereinbarung (aufgrund eines Tarifvertrages) abweichend zu regeln (insgesamt s. *Zmarzlik*, DB 84, 2349; *Wolf*, NJW 85, 835).

Aufgrund der EG-Jugendarbeitsschutz-Richtlinie 94/33/EG (EU-ASO Nr. 62) wurde das JArbSchG mit Gesetz vom 24.2.1997 (BGBl. I 311; dazu *Schoden,* AiB 97, 256; *Kossens,* RdA 97, 209; *Taubert,* BB 97, 575; *Zmarzlik,* DB 97, 674; *Düwell,* AuR 98, 232) geändert (zur Kritik an nicht richtlinienkonformer Umsetzung *Düwell,* AuR 99, 474; *Schmidt,* BB 98, 1362). Das bedeutet insbesondere:

- Die Altersgrenze für den Begriff des Kindes ist auf 15 Jahre angehoben worden (§ 2 Abs. 1 JArbSchG);
- die Freistellung erwachsener Auszubildender für die Berufsschule wurde reduziert (§ 9 Abs. 4 JArbSchG; hierzu *Ressel/Naujoks,* AiB 98, 126);
- der Schutz bei Arbeiten mit gefährlichen Stoffen und biologischen Arbeitsstoffen wurde verstärkt (§ 22 Abs. 1 Nr. 6 und 7 JArbSchG).

Zur Konkretisierung der 1997 veränderten Altersgrenze von 15 Jahren wurde 1998 die KinderarbeitsschutzVO erlassen (vgl. Nr. 24b; hierzu *Anzinger,* BB 98, 1843).

Durch das Vierte Bürokratieentlastungsgesetz (v. 23.10.2024, BGBl. I Nr. 323) wurde in § 1a JArbSchG die Möglichkeit einer Ersetzung der Schriftform durch die Textform eingeführt. Außerdem können Informationen zu maßgeblichen Vorschriften über betriebsübliche Informations- und Kommunikationstechnik elektronisch zur Verfügung gestellt werden.

II. Wesentlicher Gesetzesinhalt

Das Gesetz erfasst alle jugendlichen Arbeitnehmer, auch Beamte (§§ 1, 65 Nr. 3 JArbSchG; Checkliste 48). Die Wochenarbeitszeit wird für alle Jugendlichen auf 40 Stunden begrenzt und die Fünftagewoche eingeführt (§§ 8, 15 JArbSchG). Der Jahresmindesturlaub erhöht sich von 24 Werktagen auf 30 Werktage für noch nicht Sechzehnjährige, auf 27 Werktage für noch nicht Siebzehnjährige und auf 25 Werktage für noch nicht Achtzehnjährige. Die Nachtarbeitsruhe wird auf die Zeit von 20.00 Uhr bis 6.00 Uhr festgelegt (§ 14 JArbSchG). An Berufsschultagen mit einer Unterrichtsdauer von mehr als 5 Stunden sind die Jugendlichen von der Arbeit im Betrieb freizustellen (§ 9 Abs. 1 Nr. 2 JArbSchG; hierzu *Zmarzlik,* ZTR 92, 506; *Taubert,* BB 92, 133). Die Anrechnung der Berufsschulzeit erfolgt – falls keine anders lautende Regelung vorliegt – auf die gesetzliche Höchstarbeitszeit von 40 Stunden (*BAG* 27.5.1992 – 5 AZR 252/91, EzA § 8 JArbSchG Nr. 1; hierzu *Mache,* AiB 93, 273). Aufgrund des Berufsausbildungsvalidierungs- und -digitalisierungsgesetzes (v. 23.7.2024, BGBl. I Nr. 246) ist klargestellt, dass auch Wegezeiten zu Berufsschule, Prüfungen und außerbetrieblichen Ausbildungsmaßnahmen nach §§ 9 Abs. 2 Nr. 3, 10 Abs. 2 Satz 1 Nr. 1 JArbSchG der Anrechnung unterliegen.

Das Mindestalter für die Zulassung zur Beschäftigung beträgt 15 Jahre. Allerdings dürfen Kinder über 13 Jahre in der Landwirtschaft und sowie für leichte und geeignete Arbeit (z.B. als Zeitungsträger) arbeiten (§ 5 JArbSchG). Wesentlich strenger sind jetzt die Beschäftigungsverbote und -beschränkungen (§§ 22 bis 27 JArbSchG; zur Anwendung auf jugendliche Fußballspieler vgl. *Gerlach*, NZA 24, 958) gefasst. Insbesondere Akkordarbeit und tempoabhängige Arbeit sind verboten (§ 23 JArbSchG). Jugendliche müssen regelmäßig ärztlich untersucht werden (§§ 32ff. JArbSchG). Die Durchführung der Untersuchungen ist in der »Jugendarbeitsschutzuntersuchungsverordnung« geregelt (abgedruckt unter Nr. 24 a). Der

besseren Umsetzung des JArbSchG in die Praxis dient die Einrichtung von Ausschüssen für Jugendarbeitsschutz bei den Aufsichtsbehörden (§§ 56, 57 JArbSchG). Außerdem sind die Straf- und Bußgeldvorschriften sowie der Bußgeldrahmen wesentlich erweitert worden (§§ 58 bis 60 JArbSchG).
Jugendliche, die noch keine abgeschlossene Berufsausbildung haben, sind nach § 22 Abs. 2 MiLoG vom Anwendungsbereich des MiLoG ausgenommen und können daher den gesetzlichen Mindestlohn nicht beanspruchen (vgl. Einl. II 2 zum BBiG, Nr. 10).

III. Anwendungsprobleme und Rechtstatsachen

Der Jugendarbeitsschutz ist durch spezifische Probleme gekennzeichnet (vgl. Studie im Auftrag des DGB: AiB 84, 148; erneute Untersuchung 1991, vgl. *Spannhake*, AiB 91, 401): Jugendliche Arbeitnehmer sind in jeder Hinsicht besonders schutzbedürftig. Ihre Gesundheit ist gerade auch im Blick auf irreparable Spätschäden gefährdeter als die Erwachsener. Gleichzeitig sind sie auf Grund ihrer Jugend über eigene Rechte ungleich schlechter orientiert, wagen diese Rechte aus Angst oder Resignation hinsichtlich der als vorübergehend empfundenen untergeordneten Stellung im Berufsleben (»Jeder hat einmal klein angefangen«, »Lehrjahre sind keine Herrenjahre«) kaum zu artikulieren, und haben dabei vielfach auch keine Rückendeckung von Seiten ihrer Erziehungsberechtigten. Dazu kommt, dass eine betriebliche Interessenvertretung in dieser Richtung zu organisieren besonders in Kleinbetrieben sehr schwierig ist. Zugleich sind aber jugendliche Arbeitnehmer, auch Auszubildende, »billige« Arbeitskräfte; der Anreiz, gerade ihre Arbeitskraft intensiv zu nutzen, ist hoch.
Nach einem im Koalitionsvertrag der damaligen konservativ-liberalen Regierung enthaltenen Prüfauftrag in Bezug auf eventuellen Flexibilisierungsbedarf im Jugendarbeitsschutz stellte eine Bund-Länder-Arbeitsgruppe fest, dass das Niveau des Jugendarbeitsschutzes nicht angetastet werden dürfe (Abschlussbericht der Bund-Länder-Arbeitsgruppe zur Überprüfung des Jugendarbeitsschutzgesetzes, 2011). Insbesondere von den Arbeitgebern des Hotel- und Gaststättengewerbes geforderte Lockerungen wurden abgelehnt. Die Arbeitsgruppe stellte lediglich Verbesserungsbedarf in fachlicher Hinsicht fest, der allerdings keinen unmittelbaren Änderungsbedarf erzeuge.
Die Jugendarbeitslosigkeit (15- bis 24-Jährige) in Deutschland ist im August 2025 mit 6,5 % nur wenig höher als die allgemeine Arbeitslosenquote und die niedrigste in Europa (EU-Durchschnitt: 14,6 %). Sie hatte sich nach Einführung der »europäischen Jugendgarantie« für junge Menschen unter 25 Jahren bis 2016 spürbar verbessert (BT-Drs. 18/11563, S. 2). Nach dem Ausbruch der Corona-Krise hat sich die Lage hinsichtlich der Jugendarbeitslosigkeit in zahlreichen anderen europäischen Ländern wieder dramatisch entwickelt. Alarmierend sind weiterhin die extrem hohen Quoten in Spanien (31,1 %), Rumänien (23,5 %), Estland (25,4 %), Italien (19,3 %), Griechenland (19 %), aber auch etwa in Luxemburg (19,8 %), Finnland (23,2 %) und Schweden (24,4 %). Bei der Jugendarbeitslosigkeit gibt es allerdings ein starkes Gefälle zwischen alten (6 % im September 2025) und neuen

Bundesländern (8,1 % im September 2025). Die höchste Quote hat Bremen mit 9,5 %. Alle Angaben bei *de.statista.com.*

Weiterführende Literatur

Abschlussbericht der Bund-Länder-Arbeitsgruppe zur Überprüfung des Jugendarbeitsschutzgesetzes (2011)

Kommentare und Handbücher

Deinert/Wenckebach/Zwanziger-*Beetz,* Arbeitsrecht, § 109 (Jugendliche/Kinder)

Becker/Gorsky/Gün/Holtz/Kröll/Lenz/Ratayczak/Ressel/Uehlecke, Praxis der JAV von A bis Z, 13. Aufl. (2025)

Lakies, Jugendarbeitsschutzgesetz, Basiskommentar, 10. Aufl. (2025)

Aufsätze

Düwell, 150 Jahre gesetzliches Verbot der Kinderarbeit in Deutschland, AuR 1989, S. 233

Düwell, Kinderarbeitsschutz – national und global, Recht der Jugend und des Bildungswesens 1997, S. 51

Herberger, Kinderarbeit unter digitalen Bedingungen, RdA 2021, S. 273

Schlüter, 150 Jahre Jugendarbeitsschutz, BArbBl. 11/1989, S. 12

Checkliste 48: Jugendarbeitsschutzgesetz

I. Anwendungsbereich

- Kinder (§ 2 I)
- Jugendliche (§ 2 II, III)

II. Beschäftigungsverbot

- grundsätzliches Verbot der Beschäftigung von Kindern (§ 5 I)

III. Sonderregelungen

- 40-Stunden-Woche (§ 8 I)
- maximale tägliche Arbeitszeit grundsätzlich acht Stunden (§ 8 I)
- 5-Tage-Woche (§ 15)
- im Falle der Beschäftigung bei mehreren Arbeitgebern werden die Arbeits- und Schichtzeiten sowie die Arbeitstage zusammengerechnet (§ 4 V)
- Anspruch auf Ruhepausen (§ 11) abhängig von der Lage der Arbeitszeit;
- Anspruch auf tägliche ununterbrochene Freizeit von mindestens 12 Stunden (§ 13)
- Anspruch auf Nachtruhe: grundsätzlich keine Beschäftigung zwischen 20 Uhr und 6 Uhr (§ 14)
- grundsätzlich keine Beschäftigung am Samstag, Sonntag, an gesetzlichen Feiertagen und am 24. 12. bzw. 31. 12. nach 14 Uhr (§§ 16, 17, 18 I)
- Freistellungsanspruch für den Berufsschulunterricht und an Prüfungstagen sowie am Tag vor der Prüfung (§§ 9 und 10)
- erhöhter gesetzlicher Urlaubsanspruch je nach Alter des Jugendlichen zwischen 25 und 30 Werktagen (§ 19)
- Beschäftigungsverbot
  - mit gefährlichen Arbeiten (§ 22)
  - mit Akkordarbeit oder ähnlicher Arbeit (§ 23)
  - unter Tage (§ 24)
  - im Einzelfall auf Anordnung der Aufsichtsbehörde (§ 27 I S. 2)
  - im Einzelfall aufgrund ärztlicher Bescheinigung (§ 40 I)
  - durch bestimmte Personen, die bereits ihre Pflichten gegenüber Kindern und Jugendlichen verletzt haben (§ 25)
- Gefahrvermeidungsmaßnahmen (§ 28), Gefährdungsbeurteilung (§ 28a) und Unterweisung (§ 29)
- Züchtigungsverbot (§ 31)
- ärztliche Untersuchung bei Aufnahme einer Tätigkeit (§ 32)
- verpflichtende erste Nachuntersuchung (§ 33) und fakultative weitere Nachuntersuchungen (§ 34)

Gesetz zum Schutze der arbeitenden Jugend (Jugendarbeitsschutzgesetz – JArbSchG)

vom 12. April 1976 (BGBl. I 965),
zuletzt geändert durch Gesetz vom 23. Oktober 2024 (BGBl. 2024 I Nr. 323)

(Abgedruckte Vorschriften: §§ 1–60, 62)

Erster Abschnitt – Allgemeine Vorschriften

§ 1 Geltungsbereich (1) Dieses Gesetz gilt in der Bundesrepublik Deutschland und in der ausschließlichen Wirtschaftszone für die Beschäftigung von Personen, die noch nicht 18 Jahre alt sind,

1. in der Berufsausbildung,
2. als Arbeitnehmer oder Heimarbeiter,
3. mit sonstigen Dienstleistungen, die der Arbeitsleistung von Arbeitnehmern oder Heimarbeitern ähnlich sind,
4. in einem der Berufsausbildung ähnlichen Ausbildungsverhältnis.

(2) Dieses Gesetz gilt nicht

1. für geringfügige Hilfeleistungen, soweit sie gelegentlich
   a) aus Gefälligkeit,
   b) auf Grund familienrechtlicher Vorschriften,
   c) in Einrichtungen der Jugendhilfe,
   d) in Einrichtungen zur Eingliederung Behinderter

   erbracht werden,
2. für die Beschäftigung durch die Personensorgeberechtigten im Familienhaushalt.

§ 1a Formvorgaben Soweit in diesem Gesetz schriftliche Handlungen vorgesehen sind, können diese auch in Textform erfolgen. Dies gilt nicht für § 6 Absatz 4 Satz 1 und § 21a Absatz 2.

§ 2 Kind, Jugendlicher (1) Kind im Sinne dieses Gesetzes ist, wer noch nicht 15 Jahre alt ist.

(2) Jugendlicher im Sinne dieses Gesetzes ist, wer 15, aber noch nicht 18 Jahre alt ist.

(3) Auf Jugendliche, die der Vollzeitschulpflicht unterliegen, finden die für Kinder geltenden Vorschriften Anwendung.

§ 3 Arbeitgeber Arbeitgeber im Sinne dieses Gesetzes ist, wer ein Kind oder einen Jugendlichen gemäß § 1 beschäftigt.

§ 4 Arbeitszeit (1) Tägliche Arbeitszeit ist die Zeit vom Beginn bis zum Ende der täglichen Beschäftigung ohne die Ruhepausen (§ 11).

(2) Schichtzeit ist die tägliche Arbeitszeit unter Hinzurechnung der Ruhepausen (§ 11).
(3) Im Bergbau unter Tage gilt die Schichtzeit als Arbeitszeit. Sie wird gerechnet vom Betreten des Förderkorbes bei der Einfahrt bis zum Verlassen des Förderkorbes bei der Ausfahrt oder vom Eintritt des einzelnen Beschäftigten in das Stollenmundloch bis zu seinem Wiederaustritt.
(4) Für die Berechnung der wöchentlichen Arbeitszeit ist als Woche die Zeit von Montag bis einschließlich Sonntag zugrunde zu legen. Die Arbeitszeit, die an einem Werktag infolge eines gesetzlichen Feiertags ausfällt, wird auf die wöchentliche Arbeitszeit angerechnet.
(5) Wird ein Kind oder ein Jugendlicher von mehreren Arbeitgebern beschäftigt, so werden die Arbeits- und Schichtzeiten sowie die Arbeitstage zusammengerechnet.

Zweiter Abschnitt – Beschäftigung von Kindern

§ 5 Verbot der Beschäftigung von Kindern (1) Die Beschäftigung von Kindern (§ 2 Abs. 1) ist verboten.
(2) Das Verbot des Absatzes 1 gilt nicht für die Beschäftigung von Kindern
1. zum Zwecke der Beschäftigungs- und Arbeitstherapie,
2. im Rahmen des Betriebspraktikums während der Vollzeitschulpflicht,
3. in Erfüllung einer richterlichen Weisung.

Auf die Beschäftigung finden § 7 Satz 1 Nr. 2 und die §§ 9 bis 46 entsprechende Anwendung.
(3) Das Verbot des Absatzes 1 gilt ferner nicht für die Beschäftigung von Kindern über 13 Jahre mit Einwilligung des Personensorgeberechtigten, soweit die Beschäftigung leicht und für Kinder geeignet ist. Die Beschäftigung ist leicht, wenn sie auf Grund ihrer Beschaffenheit und der besonderen Bedingungen, unter denen sie ausgeführt wird,
1. die Sicherheit, Gesundheit und Entwicklung der Kinder,
2. ihren Schulbesuch, ihre Beteiligung an Maßnahmen zur Berufswahlvorbereitung oder Berufsausbildung, die von der zuständigen Stelle anerkannt sind, und
3. ihre Fähigkeit, dem Unterricht mit Nutzen zu folgen,

nicht nachteilig beeinflußt. Die Kinder dürfen nicht mehr als zwei Stunden täglich, in landwirtschaftlichen Familienbetrieben nicht mehr als drei Stunden täglich, nicht zwischen 18 und 8 Uhr, nicht vor dem Schulunterricht und nicht während des Schulunterrichts beschäftigt werden. Auf die Beschäftigung finden die §§ 15 bis 31 entsprechende Anwendung.
(4) Das Verbot des Absatzes 1 gilt ferner nicht für die Beschäftigung von Jugendlichen (§ 2 Abs. 3) während der Schulferien für höchstens vier Wochen im Kalenderjahr. Auf die Beschäftigung finden die §§ 8 bis 31 entsprechende Anwendung.
(4 a) Die Bundesregierung hat durch Rechtsverordnung[1] mit Zustimmung des Bundesrates die Beschäftigung nach Absatz 3 näher zu bestimmen.

---

1 Vgl. **KinderarbeitsschutzVO – KindArbSchV** (Nr. 24 b).

(4 b) Der Arbeitgeber unterrichtet die Personensorgeberechtigten der von ihm beschäftigten Kinder über mögliche Gefahren sowie über alle zu ihrer Sicherheit und ihrem Gesundheitsschutz getroffenen Maßnahmen.
(5) Für Veranstaltungen kann die Aufsichtsbehörde Ausnahmen gemäß § 6 bewilligen.

§ 6 Behördliche Ausnahmen für Veranstaltungen (1) Die Aufsichtsbehörde kann auf Antrag bewilligen, daß
1. bei Theatervorstellungen Kinder über sechs Jahre bis zu vier Stunden täglich in der Zeit von 10 bis 23 Uhr,
2. bei Musikaufführungen und anderen Aufführungen, bei Werbeveranstaltungen sowie bei Aufnahmen im Rundfunk (Hörfunk und Fernsehen), auf Ton- und Bildträger sowie bei Film- und Fotoaufnahmen
   a) Kinder über drei bis sechs Jahre bis zu zwei Stunden täglich in der Zeit von 8 bis 17 Uhr,
   b) Kinder über sechs Jahre bis zu drei Stunden täglich in der Zeit von 8 bis 22 Uhr

gestaltend mitwirken und an den erforderlichen Proben teilnehmen. Eine Ausnahme darf nicht bewilligt werden für die Mitwirkung in Kabaretts, Tanzlokalen und ähnlichen Betrieben sowie auf Vergnügungsparks, Kirmessen, Jahrmärkten und bei ähnlichen Veranstaltungen, Schaustellungen oder Darbietungen.
(2) Die Aufsichtsbehörde darf nach Anhörung des zuständigen Jugendamtes die Beschäftigung nur bewilligen, wenn
1. die Personensorgeberechtigten in die Beschäftigung schriftlich eingewilligt haben,
2. der Aufsichtsbehörde eine nicht länger als vor drei Monaten ausgestellte ärztliche Bescheinigung vorgelegt wird, nach der gesundheitliche Bedenken gegen die Beschäftigung nicht bestehen,
3. die erforderlichen Vorkehrungen und Maßnahmen zum Schutz des Kindes gegen Gefahren für Leben und Gesundheit sowie zur Vermeidung einer Beeinträchtigung der körperlichen oder seelisch-geistigen Entwicklung getroffen sind,
4. Betreuung und Beaufsichtigung des Kindes bei der Beschäftigung sichergestellt sind,
5. nach Beendigung der Beschäftigung eine ununterbrochene Freizeit von mindestens 14 Stunden eingehalten wird,
6. das Fortkommen in der Schule nicht beeinträchtigt wird.

(3) Die Aufsichtsbehörde bestimmt,
1. wie lange, zu welcher Zeit und an welchem Tag das Kind beschäftigt werden darf,
2. Dauer und Lage der Ruhepausen,
3. die Höchstdauer des täglichen Aufenthalts an der Beschäftigungsstätte.

(4) Die Entscheidung der Aufsichtsbehörde ist dem Arbeitgeber schriftlich bekanntzugeben. Er darf das Kind erst nach Empfang des Bewilligungsbescheides beschäftigen.

§ 7 Beschäftigung von nicht vollzeitschulpflichtigen Kindern Kinder, die der Vollzeitschulpflicht nicht mehr unterliegen, dürfen
1. im Berufsausbildungsverhältnis,
2. außerhalb eines Berufsausbildungsverhältnisses nur mit leichten und für sie geeigneten Tätigkeiten bis zu sieben Stunden täglich und 35 Stunden wöchentlich

beschäftigt werden. Auf die Beschäftigung finden die §§ 8 bis 46 entsprechende Anwendung.

Dritter Abschnitt – Beschäftigung Jugendlicher

Erster Titel – Arbeitszeit und Freizeit

§ 8 Dauer der Arbeitszeit (1) Jugendliche dürfen nicht mehr als acht Stunden täglich und nicht mehr als 40 Stunden wöchentlich beschäftigt werden.
(2) Wenn in Verbindung mit Feiertagen an Werktagen nicht gearbeitet wird, damit die Beschäftigten eine längere zusammenhängende Freizeit haben, so darf die ausfallende Arbeitszeit auf die Werktage von fünf zusammenhängenden, die Ausfalltage einschließenden Wochen nur dergestalt verteilt werden, daß die Wochenarbeitszeit im Durchschnitt dieser fünf Wochen 40 Stunden nicht überschreitet. Die tägliche Arbeitszeit darf hierbei achteinhalb Stunden nicht überschreiten.
(2 a) Wenn an einzelnen Werktagen die Arbeitszeit auf weniger als acht Stunden verkürzt ist, können Jugendliche an den übrigen Werktagen derselben Woche achteinhalb Stunden beschäftigt werden.
(3) In der Landwirtschaft dürfen Jugendliche über 16 Jahre während der Erntezeit nicht mehr als neun Stunden täglich und nicht mehr als 85 Stunden in der Doppelwoche beschäftigt werden.

§ 9 Berufsschule (1) Der Arbeitgeber hat den Jugendlichen für die Teilnahme am Berufsschulunterricht freizustellen. Er darf den Jugendlichen nicht beschäftigen
1. vor einem vor 9 Uhr beginnenden Unterricht; dies gilt auch für Personen, die über 18 Jahre alt und noch berufsschulpflichtig sind,
2. an einem Berufsschultag mit mehr als fünf Unterrichtsstunden von mindestens je 45 Minuten, einmal in der Woche,
3. in Berufsschulwochen mit einem planmäßigen Blockunterricht von mindestens 25 Stunden an mindestens fünf Tagen; zusätzliche betriebliche Ausbildungsveranstaltungen bis zu zwei Stunden wöchentlich sind zulässig.

(2) Auf die Arbeitszeit des Jugendlichen werden angerechnet
1. Berufsschultage nach Absatz 1 Satz 2 Nummer 2 mit der durchschnittlichen täglichen Arbeitszeit,
2. Berufsschulwochen nach Absatz 1 Satz 2 Nummer 3 mit der durchschnittlichen wöchentlichen Arbeitszeit,
3. im Übrigen die Unterrichtszeit einschließlich der Pausen und der notwendigen Wegezeiten zwischen Berufsschule und Ausbildungsstätte.

(3) Ein Entgeltausfall darf durch den Besuch der Berufsschule nicht eintreten.
(4) *(weggefallen)*

§ 10 Prüfungen und außerbetriebliche Ausbildungsmaßnahmen (1) Der Arbeitgeber hat den Jugendlichen

1. für die Teilnahme an Prüfungen und Ausbildungsmaßnahmen, die auf Grund öffentlich-rechtlicher oder vertraglicher Bestimmungen außerhalb der Ausbildungsstätte durchzuführen sind,
2. an dem Arbeitstag, der der schriftlichen Abschlußprüfung unmittelbar vorangeht,

freizustellen.

(2) Auf die Arbeitszeit des Jugendlichen werden angerechnet

1. die Freistellung nach Absatz 1 Nr. 1 mit der Zeit der Teilnahme einschließlich der Pausen und der notwendigen Wegenzeiten zwischen Teilnahmeort und Ausbildungsstätte,
2. die Freistellung nach Absatz 1 Nr. 2 mit der durchschnittlichen täglichen Arbeitszeit.

Ein Entgeltausfall darf nicht eintreten.

§ 11 Ruhepausen, Aufenthaltsräume (1) Jugendlichen müssen im voraus feststehende Ruhepausen von angemessener Dauer gewährt werden. Die Ruhepausen müssen mindestens betragen

1. 30 Minuten bei einer Arbeitszeit von mehr als viereinhalb bis zu sechs Stunden,
2. 60 Minuten bei einer Arbeitszeit von mehr als sechs Stunden.

Als Ruhepause gilt nur eine Arbeitsunterbrechung von mindestens 15 Minuten.

(2) Die Ruhepausen müssen in angemessener zeitlicher Lage gewährt werden, frühestens eine Stunde nach Beginn und spätestens eine Stunde vor Ende der Arbeitszeit. Länger als viereinhalb Stunden hintereinander dürfen Jugendliche nicht ohne Ruhepause beschäftigt werden.

(3) Der Aufenthalt während der Ruhepausen in Arbeitsräumen darf den Jugendlichen nur gestattet werden, wenn die Arbeit in diesen Räumen während dieser Zeit eingestellt ist und auch sonst die notwendige Erholung nicht beeinträchtigt wird.

(4) Absatz 3 gilt nicht für den Bergbau unter Tage.

§ 12 Schichtzeit Bei der Beschäftigung Jugendlicher darf die Schichtzeit (§ 4 Abs. 2) 10 Stunden, im Bergbau unter Tage 8 Stunden, im Gaststättengewerbe, in der Landwirtschaft, in der Tierhaltung, auf Bau- und Montagestellen 11 Stunden nicht überschreiten.

§ 13 Tägliche Freizeit Nach Beendigung der täglichen Arbeitszeit dürfen Jugendliche nicht vor Ablauf einer ununterbrochenen Freizeit von mindestens 12 Stunden beschäftigt werden.

§ 14 Nachtruhe (1) Jugendliche dürfen nur in der Zeit von 6 bis 20 Uhr beschäftigt werden.

(2) Jugendliche über 16 Jahre dürfen

1. im Gaststätten- und Schaustellergewerbe bis 22 Uhr,
2. in mehrschichtigen Betrieben bis 23 Uhr,

3. in der Landwirtschaft ab 5 Uhr oder bis 21 Uhr,
4. in Bäckereien und Konditoreien ab 5 Uhr beschäftigt werden.

(3) Jugendliche über 17 Jahre dürfen in Bäckereien ab 4 Uhr beschäftigt werden.

(4) An dem einem Berufsschultag unmittelbar vorangehenden Tag dürfen Jugendliche auch nach Absatz 2 Nr. 1 bis 3 nicht nach 20 Uhr beschäftigt werden, wenn der Berufsschulunterricht am Berufsschultag vor 9 Uhr beginnt.

(5) Nach vorheriger Anzeige an die Aufsichtsbehörde dürfen in Betrieben, in denen die übliche Arbeitszeit aus verkehrstechnischen Gründen nach 20 Uhr endet, Jugendliche bis 21 Uhr beschäftigt werden, soweit sie hierdurch unnötige Wartezeiten vermeiden können. Nach vorheriger Anzeige an die Aufsichtsbehörde dürfen ferner in mehrschichtigen Betrieben Jugendliche über 16 Jahre ab 5.30 Uhr oder bis 23.30 Uhr beschäftigt werden, soweit sie hierdurch unnötige Wartezeiten vermeiden können.

(6) Jugendliche dürfen in Betrieben, in denen die Beschäftigten in außergewöhnlichem Grade der Einwirkung von Hitze ausgesetzt sind, in der warmen Jahreszeit ab 5 Uhr beschäftigt werden. Die Jugendlichen sind berechtigt, sich vor Beginn der Beschäftigung und danach in regelmäßigen Zeitabständen arbeitsmedizinisch untersuchen zu lassen. Die Kosten der Untersuchungen hat der Arbeitgeber zu tragen, sofern er diese nicht kostenlos durch einen Betriebsarzt oder einen überbetrieblichen Dienst von Betriebsärzten anbietet.

(7) Jugendliche dürfen bei Musikaufführungen, Theatervorstellungen und anderen Aufführungen, bei Aufnahmen im Rundfunk (Hörfunk und Fernsehen), auf Ton- und Bildträger sowie bei Film- und Fotoaufnahmen bis 23 Uhr gestaltend mitwirken. Eine Mitwirkung ist nicht zulässig bei Veranstaltungen, Schaustellungen oder Darbietungen, bei denen die Anwesenheit Jugendlicher nach den Vorschriften des Jugendschutzgesetzes verboten ist. Nach Beendigung der Tätigkeit dürfen Jugendliche nicht vor Ablauf einer ununterbrochenen Freizeit von mindestens 14 Stunden beschäftigt werden. Die Sätze 1 bis 3 gelten entsprechend auch für die Tätigkeit von Jugendlichen als Sportler im Rahmen von Sportveranstaltungen.

§ 15 Fünf-Tage-Woche Jugendliche dürfen nur an fünf Tagen in der Woche beschäftigt werden. Die beiden wöchentlichen Ruhetage sollen nach Möglichkeit aufeinander folgen.

§ 16 Samstagsruhe (1) An Samstagen dürfen Jugendliche nicht beschäftigt werden.

(2) Zulässig ist die Beschäftigung Jugendlicher an Samstagen nur
1. in Krankenanstalten sowie in Alten-, Pflege- und Kinderheimen,
2. in offenen Verkaufsstellen, in Betrieben mit offenen Verkaufsstellen, in Bäckereien und Konditoreien, im Friseurhandwerk und im Marktverkehr,
3. im Verkehrswesen,
4. in der Landwirtschaft und Tierhaltung,
5. im Familienhaushalt,
6. im Gaststätten- und Schaustellergewerbe,

7. bei Musikaufführungen, Theatervorstellungen und anderen Aufführungen, bei Aufnahmen im Rundfunk (Hörfunk und Fernsehen), auf Ton- und Bildträger sowie bei Film- und Fotoaufnahmen,
8. bei außerbetrieblichen Ausbildungsmaßnahmen,
9. beim Sport,
10. im ärztlichen Notdienst,
11. in Reparaturwerkstätten für Kraftfahrzeuge.

Mindestens zwei Samstage im Monat sollen beschäftigungsfrei bleiben.

(3) Werden Jugendliche am Samstag beschäftigt, ist ihnen die Fünf-Tage-Woche (§ 15) durch Freistellung an einem anderen berufsschulfreien Arbeitstag derselben Woche sicherzustellen. In Betrieben mit einem Betriebsruhetag in der Woche kann die Freistellung auch an diesem Tag erfolgen, wenn die Jugendlichen an diesem Tag keinen Berufsschulunterricht haben.

(4) Können Jugendliche in den Fällen des Absatzes 2 Nr. 2 am Samstag nicht acht Stunden beschäftigt werden, kann der Unterschied zwischen der tatsächlichen und der nach § 8 Abs. 1 höchstzulässigen Arbeitszeit an dem Tag bis 13 Uhr ausgeglichen werden, an dem die Jugendlichen nach Absatz 3 Satz 1 freizustellen sind.

§ 17 Sonntagsruhe (1) An Sonntagen dürfen Jugendliche nicht beschäftigt werden.

(2) Zulässig ist die Beschäftigung Jugendlicher an Sonntagen nur
1. in Krankenanstalten sowie in Alten-, Pflege- und Kinderheimen,
2. in der Landwirtschaft und Tierhaltung mit Arbeiten, die auch an Sonn- und Feiertagen naturnotwendig vorgenommen werden müssen,
3. im Familienhaushalt, wenn der Jugendliche in die häusliche Gemeinschaft aufgenommen ist,
4. im Schaustellergewerbe,
5. bei Musikaufführungen, Theatervorstellungen und anderen Aufführungen sowie bei Direktsendungen im Rundfunk (Hörfunk und Fernsehen),
6. beim Sport,
7. im ärztlichen Notdienst,
8. im Gaststättengewerbe.

Jeder zweite Sonntag soll, mindestens zwei Sonntage im Monat müssen beschäftigungsfrei bleiben.

(3) Werden Jugendliche am Sonntag beschäftigt, ist ihnen die Fünf-Tage-Woche (§ 15) durch Freistellung an einem anderen berufsschulfreien Arbeitstag derselben Woche sicherzustellen. In Betrieben mit einem Betriebsruhetag in der Woche kann die Freistellung auch an diesem Tag erfolgen, wenn die Jugendlichen an diesem Tag keinen Berufsschulunterricht haben.

§ 18 Feiertagsruhe (1) Am 24. und 31. Dezember nach 14 Uhr und an gesetzlichen Feiertagen dürfen Jugendliche nicht beschäftigt werden.

(2) Zulässig ist die Beschäftigung Jugendlicher an gesetzlichen Feiertagen in den Fällen des § 17 Abs. 2, ausgenommen am 25. Dezember, am 1 Januar, am ersten Osterfeiertag und am 1. Mai.

(3) Für die Beschäftigung an einem gesetzlichen Feiertag, der auf einen Werktag fällt, ist der Jugendliche an einem anderen berufsschulfreien Arbeitstag derselben oder der folgenden Woche freizustellen. In Betrieben mit einem Betriebsruhetag in der Woche kann die Freistellung auch an diesem Tag erfolgen, wenn die Jugendlichen an diesem Tag keinen Berufsschulunterricht haben.

§ 19 Urlaub (1) Der Arbeitgeber hat Jugendlichen für jedes Kalenderjahr einen bezahlten Erholungsurlaub zu gewähren.

(2) Der Urlaub beträgt jährlich

1. mindestens 30 Werktage, wenn der Jugendliche zu Beginn des Kalenderjahrs noch nicht 16 Jahre alt ist,
2. mindestens 27 Werktage, wenn der Jugendliche zu Beginn des Kalenderjahrs noch nicht 17 Jahre alt ist,
3. mindestens 25 Werktage, wenn der Jugendliche zu Beginn des Kalenderjahrs noch nicht 18 Jahre alt ist.

Jugendliche, die im Bergbau unter Tage beschäftigt werden, erhalten in jeder Altersgruppe einen zusätzlichen Urlaub von drei Werktagen.

(3) Der Urlaub soll Berufsschülern in der Zeit der Berufsschulferien gegeben werden. Soweit er nicht in den Berufsschulferien gegeben wird, ist für jeden Berufsschultag, an dem die Berufsschule während des Urlaubs besucht wird, ein weiterer Urlaubstag zu gewähren.

(4) Im Übrigen gelten für den Urlaub der Jugendlichen § 3 Abs. 2, §§ 4 bis 12 und § 13 Abs. 3 des Bundesurlaubsgesetzes. Der Auftraggeber oder Zwischenmeister hat jedoch abweichend von § 12 Nr. 1 des Bundesurlaubsgesetzes den jugendlichen Heimarbeitern für jedes Kalenderjahr einen bezahlten Erholungsurlaub entsprechend Absatz 2 zu gewähren; das Urlaubsentgelt der jugendlichen Heimarbeiter beträgt bei einem Urlaub von 30 Werktagen 11,6 vom Hundert, bei einem Urlaub von 27 Werktagen 10,3 vom Hundert und bei einem Urlaub von 25 Werktagen 9,5 vom Hundert.

§ 20 Binnenschiffahrt (1) In der Binnenschiffahrt gelten folgende Abweichungen:

1. Abweichend von § 12 darf die Schichtzeit Jugendlicher über 16 Jahre während der Fahrt bis auf 14 Stunden täglich ausgedehnt werden, wenn ihre Arbeitszeit sechs Stunden täglich nicht überschreitet. Ihre tägliche Freizeit kann abweichend von § 13 der Ausdehnung der Schichtzeit entsprechend bis auf 10 Stunden verkürzt werden.
2. Abweichend von § 14 Abs. 1 dürfen Jugendliche über 16 Jahre während der Fahrt bis 22 Uhr beschäftigt werden.
3. Abweichend von §§ 15, 16 Abs. 1, § 17 Abs. 1 und § 18 Abs. 1 dürfen Jugendliche an jedem Tag der Woche beschäftigt werden, jedoch nicht am 24. Dezember, an den Weihnachtsfeiertagen, am 31. Dezember, am 1 Januar, an den Osterfeiertagen und am 1. Mai. Für die Beschäftigung an einem Samstag, Sonntag und an einem gesetzlichen Feiertag, der auf einen Werktag fällt, ist ihnen je ein freier Tag zu gewähren. Diese freien Tage sind den Jugendlichen in Verbindung

mit anderen freien Tagen zu gewähren, spätestens, wenn ihnen 10 freie Tage zustehen.

(2) In der gewerblichen Binnenschifffahrt hat der Arbeitgeber Aufzeichnungen nach Absatz 3 über die tägliche Arbeits- oder Freizeit jedes Jugendlichen zu führen, um eine Kontrolle der Einhaltung der §§ 8 bis 21a dieses Gesetzes zu ermöglichen. Die Aufzeichnungen sind in geeigneten Zeitabständen, spätestens bis zum nächsten Monatsende, gemeinsam vom Arbeitgeber oder seinem Vertreter und von dem Jugendlichen zu prüfen und zu bestätigen. Im Anschluss müssen die Aufzeichnungen für mindestens zwölf Monate an Bord aufbewahrt werden und dem Jugendlichen ist eine Kopie der bestätigten Aufzeichnungen auszuhändigen. Der Jugendliche hat die Kopien daraufhin zwölf Monate für eine Kontrolle bereitzuhalten.

(3) Die Aufzeichnungen nach Absatz 2 müssen mindestens folgende Angaben enthalten:

1. Name des Schiffes,
2. Name des Jugendlichen,
3. Name des verantwortlichen Schiffsführers,
4. Datum des jeweiligen Arbeits- oder Ruhetages,
5. für jeden Tag der Beschäftigung, ob es sich um einen Arbeits- oder um einen Ruhetag handelt sowie
6. Beginn und Ende der täglichen Arbeitszeit oder der täglichen Freizeit.

§ 21 Ausnahmen in besonderen Fällen (1) Die §§ 8 und 11 bis 18 finden keine Anwendung auf die Beschäftigung Jugendlicher mit vorübergehenden und unaufschiebbaren Arbeiten in Notfällen, soweit erwachsene Beschäftigte nicht zur Verfügung stehen.

(2) Wird in den Fällen des Absatzes 1 über die Arbeitszeit des § 8 hinaus Mehrarbeit geleistet, so ist sie durch entsprechende Verkürzung der Arbeitszeit innerhalb der folgenden drei Wochen auszugleichen.

§ 21a Abweichende Regelungen (1) In einem Tarifvertrag oder auf Grund eines Tarifvertrages in einer Betriebsvereinbarung kann zugelassen werden

1. abweichend von den §§ 8, 15, § 16 Abs. 3 und 4, § 17 Abs. 3 und § 18 Abs. 3 die Arbeitszeit bis zu neun Stunden täglich, 44 Stunden wöchentlich und bis zu fünfeinhalb Tagen in der Woche anders zu verteilen, jedoch nur unter Einhaltung einer durchschnittlichen Wochenarbeitszeit von 40 Stunden in einem Ausgleichszeitraum von zwei Monaten,
2. abweichend von § 11 Abs. 1 Satz 2 Nr. 2 und Abs. 2 die Ruhepausen bis zu 15 Minuten zu kürzen und die Lage der Pausen anders zu bestimmen,
3. abweichend von § 12 die Schichtzeit mit Ausnahme des Bergbaus unter Tage bis zu einer Stunde täglich zu verlängern,
4. abweichend von § 16 Abs. 1 und 2 Jugendliche an 26 Samstagen im Jahr oder an jedem Samstag zu beschäftigen, wenn statt dessen der Jugendliche an einem anderen Werktag derselben Woche von der Beschäftigung freigestellt wird,
5. abweichend von den §§ 15, 16 Abs. 3 und 4, § 17 Abs. 3 und § 18 Abs. 3 Jugendliche bei einer Beschäftigung an einem Samstag oder an einem Sonn- oder

Feiertag unter vier Stunden an einem anderen Arbeitstag derselben oder der folgenden Woche vor- oder nachmittags von der Beschäftigung freizustellen,
6. abweichend von § 17 Abs. 2 Satz 2 Jugendliche im Gaststätten- und Schaustellergewerbe sowie in der Landwirtschaft während der Saison oder der Erntezeit an drei Sonntagen im Monat zu beschäftigen.

(2) Im Geltungsbereich eines Tarifvertrages nach Absatz 1 kann die abweichende tarifvertragliche Regelung im Betrieb eines nicht tarifgebundenen Arbeitgebers durch Betriebsvereinbarung oder, wenn ein Betriebsrat nicht besteht, durch schriftliche Vereinbarung zwischen dem Arbeitgeber und dem Jugendlichen übernommen werden.

(3) Die Kirchen und die öffentlich-rechtlichen Religionsgesellschaften können die in Absatz 1 genannten Abweichungen in ihren Regelungen vorsehen.

§ 21b Ermächtigung Das Bundesministerium für Arbeit und Soziales kann im Interesse der Berufsausbildung oder der Zusammenarbeit von Jugendlichen und Erwachsenen durch Rechtsverordnung mit Zustimmung des Bundesrates Ausnahmen von den Vorschriften

1. des § 8, der §§ 11 und 12, der §§ 15 und 16, des § 17 Abs. 2 und 3 sowie des § 18 Abs. 3 im Rahmen des § 21a Abs. 1,
2. des § 14, jedoch nicht vor 5 Uhr und nicht nach 23 Uhr, sowie
3. des § 17 Abs. 1 und des § 18 Abs. 1 an höchstens 26 Sonn- und Feiertagen im Jahr

zulassen, soweit eine Beeinträchtigung der Gesundheit oder der körperlichen oder seelisch-geistigen Entwicklung der Jugendlichen nicht zu befürchten ist.

Zweiter Titel – Beschäftigungsverbote und -beschränkungen

§ 22 Gefährliche Arbeiten (1) Jugendliche dürfen nicht beschäftigt werden

1. mit Arbeiten, die ihre physische oder psychische Leistungsfähigkeit übersteigen,
2. mit Arbeiten, bei denen sie sittlichen Gefahren ausgesetzt sind,
3. mit Arbeiten, die mit Unfallgefahren verbunden sind, von denen anzunehmen ist, daß Jugendliche sie wegen mangelnden Sicherheitsbewußtseins oder mangelnder Erfahrung nicht erkennen oder nicht abwenden können,
4. mit Arbeiten, bei denen ihre Gesundheit durch außergewöhnliche Hitze oder Kälte oder starke Nässe gefährdet wird,
5. mit Arbeiten, bei denen sie schädlichen Einwirkungen von Lärm, Erschütterungen oder Strahlen ausgesetzt sind,
6. mit Arbeiten, bei denen sie schädlichen Einwirkungen von Gefahrstoffen im Sinne der Gefahrstoffverordnung ausgesetzt sind,
7. mit Arbeiten, bei denen sie schädlichen Einwirkungen von biologischen Arbeitsstoffen im Sinne der Biostoffverordnung ausgesetzt sind.

(2) Absatz 1 Nr. 3 bis 7 gilt nicht für die Beschäftigung Jugendlicher soweit

1. dies zur Erreichung ihres Ausbildungszieles erforderlich ist,
2. ihr Schutz durch die Aufsicht eines Fachkundigen gewährleistet ist und
3. der Luftgrenzwert bei gefährlichen Stoffen (Absatz 1 Nr. 6) unterschritten wird.

Satz 1 findet keine Anwendung auf gezielte Tätigkeiten mit biologischen Arbeitsstoffen der Risikogruppen 3 und 4 im Sinne der Biostoffverordnung sowie auf nicht gezielte Tätigkeiten, die nach der Biostoffverordnung der Schutzstufe 3 oder 4 zuzuordnen sind.
(3) Werden Jugendliche in einem Betrieb beschäftigt, für den ein Betriebsarzt oder eine Fachkraft für Arbeitssicherheit verpflichtet ist, muß ihre betriebsärztliche oder sicherheitstechnische Betreuung sichergestellt sein.

§ 23 Akkordarbeit; tempoabhängige Arbeiten (1) Jugendliche dürfen nicht beschäftigt werden
1. mit Akkordarbeit und sonstigen Arbeiten, bei denen durch ein gesteigertes Arbeitstempo ein höheres Entgelt erzielt werden kann,
2. in einer Arbeitsgruppe mit erwachsenen Arbeitnehmern, die mit Arbeiten nach Nummer 1 beschäftigt werden,
3. mit Arbeiten, bei denen ihr Arbeitstempo nicht nur gelegentlich vorgeschrieben, vorgegeben oder auf andere Weise erzwungen wird.

(2) Absatz 1 Nr. 2 gilt nicht für die Beschäftigung Jugendlicher,
1. soweit dies zur Erreichung ihres Ausbildungszieles erforderlich ist oder
2. wenn sie eine Berufsausbildung für diese Beschäftigung abgeschlossen haben

und ihr Schutz durch die Aufsicht eines Fachkundigen gewährleistet ist.

§ 24 Arbeiten unter Tage (1) Jugendliche dürfen nicht mit Arbeiten unter Tage beschäftigt werden.
(2) Absatz 1 gilt nicht für die Beschäftigung Jugendlicher über 16 Jahre,
1. soweit dies zur Erreichung ihres Ausbildungszieles erforderlich ist,
2. wenn sie eine Berufsausbildung für die Beschäftigung unter Tage abgeschlossen haben oder
3. wenn sie an einer von der Bergbehörde genehmigten Ausbildungsmaßnahme für Bergjungarbeiter teilnehmen oder teilgenommen haben

und ihr Schutz durch die Aufsicht eines Fachkundigen gewährleistet ist.

§ 25 Verbot der Beschäftigung durch bestimmte Personen (1) Personen, die
1. wegen eines Verbrechens zu einer Freiheitsstrafe von mindestens zwei Jahren,
2. wegen einer vorsätzlichen Straftat, die sie unter Verletzung der ihnen als Arbeitgeber, Ausbildender oder Ausbilder obliegenden Pflichten zum Nachteil von Kindern oder Jugendlichen begangen haben, zu einer Freiheitsstrafe von mehr als drei Monaten,
3. wegen einer Straftat nach den §§ 109h, 171, 174 bis 184l, 225, 232 bis 233a des Strafgesetzbuches,
4. wegen einer Straftat nach dem Betäubungsmittelgesetz,
5. wegen einer Straftat nach dem Konsumcannabisgesetz oder nach dem Medizinal-Cannabisgesetz oder
6. wegen einer Straftat nach dem Jugendschutzgesetz wenigstens zweimal

rechtskräftig verurteilt worden sind, dürfen Jugendliche nicht beschäftigen sowie im Rahmen eines Rechtsverhältnisses im Sinne des § 1 nicht beaufsichtigten, nicht anweisen, nicht ausbilden und nicht mit der Beaufsichtigung, Anweisung oder

Ausbildung von Jugendlichen beauftragt werden. Eine Verurteilung bleibt außer Betracht, wenn seit dem Tag ihrer Rechtskraft fünf Jahre verstrichen sind. Die Zeit, in welcher der Täter auf behördliche Anordnung in einer Anstalt verwahrt worden ist, wird nicht eingerechnet.
(2) Das Verbot des Absatzes 1 Satz 1 gilt auch für Personen, gegen die wegen einer Ordnungswidrigkeit nach § 58 Abs. 1 bis 4 wenigstens dreimal eine Geldbuße rechtskräftig festgesetzt worden ist. Eine Geldbuße bleibt außer Betracht, wenn seit dem Tag ihrer rechtskräftigen Festsetzung fünf Jahre verstrichen sind.
(3) Das Verbot des Absatzes 1 und 2 gilt nicht für die Beschäftigung durch die Personensorgeberechtigten.

§ 26 Ermächtigungen Das Bundesministerium für Arbeit und Soziales kann zum Schutze der Jugendlichen gegen Gefahren für Leben und Gesundheit sowie zur Vermeidung einer Beeinträchtigung der körperlichen oder seelisch-geistigen Entwicklung durch Rechtsverordnung mit Zustimmung des Bundesrates
1. die für Kinder, die der Vollzeitschulpflicht nicht mehr unterliegen, geeigneten und leichten Tätigkeiten nach § 7 Satz 1 Nr. 2 und die Arbeiten nach § 22 Abs. 1 und den §§ 23 und 24 näher bestimmen,
2. über die Beschäftigungsverbote in den §§ 22 bis 25 hinaus die Beschäftigung Jugendlicher in bestimmten Betriebsarten oder mit bestimmten Arbeiten verbieten oder beschränken, wenn sie bei diesen Arbeiten infolge ihres Entwicklungsstands in besonderem Maß Gefahren ausgesetzt sind oder wenn das Verbot oder die Beschränkung der Beschäftigung infolge der technischen Entwicklung oder neuer arbeitsmedizinischer oder sicherheitstechnischer Erkenntnisse notwendig ist.

§ 27 Behördliche Anordnungen und Ausnahmen (1) Die Aufsichtsbehörde kann in Einzelfällen feststellen, ob eine Arbeit unter die Beschäftigungsverbote oder -beschränkungen der §§ 22 bis 24 oder einer Rechtsverordnung nach § 26 fällt. Sie kann in Einzelfällen die Beschäftigung Jugendlicher mit bestimmten Arbeiten über die Beschäftigungsverbote und -beschränkungen der §§ 22 bis 24 und einer Rechtsverordnung nach § 26 hinaus verbieten oder beschränken, wenn diese Arbeiten mit Gefahren für Leben, Gesundheit oder für die körperliche oder seelisch-geistige Entwicklung der Jugendlichen verbunden sind.
(2) Die zuständige Behörde kann
1. den Personen, die die Pflichten, die ihnen kraft Gesetzes zugunsten der von ihnen beschäftigten, beaufsichtigten, angewiesenen oder auszubildenden Kinder und Jugendlichen obliegen, wiederholt oder gröblich verletzt haben,
2. den Personen, gegen die Tatsachen vorliegen, die sie in sittlicher Beziehung zur Beschäftigung, Beaufsichtigung, Anweisung oder Ausbildung von Kindern und Jugendlichen ungeeignet erscheinen lassen,

verbieten, Kinder und Jugendliche zu beschäftigen oder im Rahmen eines Rechtsverhältnisses im Sinne des § 1 zu beaufsichtigen, anzuweisen oder auszubilden.
(3) Die Aufsichtsbehörde kann auf Antrag Ausnahmen von § 23 Abs. 1 Nr. 2 und 3 für Jugendliche über 16 Jahre bewilligen,

1. wenn die Art der Arbeit oder das Arbeitstempo eine Beeinträchtigung der Gesundheit oder der körperlichen oder seelisch-geistigen Entwicklung des Jugendlichen nicht befürchten lassen und
2. wenn eine nicht länger als vor drei Monaten ausgestellte ärztliche Bescheinigung vorgelegt wird, nach der gesundheitliche Bedenken gegen die Beschäftigung nicht bestehen.

Dritter Titel – Sonstige Pflichten des Arbeitgebers

§ 28 Menschengerechte Gestaltung der Arbeit (1) Der Arbeitgeber hat bei der Einrichtung und der Unterhaltung der Arbeitsstätte einschließlich der Maschinen, Werkzeuge und Geräte und bei der Regelung der Beschäftigung die Vorkehrungen und Maßnahmen zu treffen, die zum Schutz der Jugendlichen gegen Gefahren für Leben und Gesundheit sowie zur Vermeidung einer Beeinträchtigung der körperlichen oder seelisch-geistigen Entwicklung der Jugendlichen erforderlich sind. Hierbei sind das mangelnde Sicherheitsbewußtsein, die mangelnde Erfahrung und der Entwicklungsstand der Jugendlichen zu berücksichtigen und die allgemein anerkannten sicherheitstechnischen und arbeitsmedizinischen Regeln sowie die sonstigen gesicherten arbeitswissenschaftlichen Erkenntnisse zu beachten.
(2) Das Bundesministerium für Arbeit und Soziales kann durch Rechtsverordnung mit Zustimmung des Bundesrates bestimmen, welche Vorkehrungen und Maßnahmen der Arbeitgeber zur Erfüllung der sich aus Absatz 1 ergebenden Pflichten zu treffen hat.
(3) Die Aufsichtsbehörde kann in Einzelfällen anordnen, welche Vorkehrungen und Maßnahmen zur Durchführung des Absatzes 1 oder einer vom Bundesministerium für Arbeit und Soziales gemäß Absatz 2 erlassenen Verordnung zu treffen sind.

§ 28a Beurteilung der Arbeitsbedingungen Vor Beginn der Beschäftigung Jugendlicher und bei wesentlicher Änderung der Arbeitsbedingungen hat der Arbeitgeber die mit der Beschäftigung verbundenen Gefährdungen Jugendlicher zu beurteilen. Im übrigen gelten die Vorschriften des Arbeitsschutzgesetzes.

§ 29 Unterweisung über Gefahren (1) Der Arbeitgeber hat die Jugendlichen vor Beginn der Beschäftigung und bei wesentlicher Änderung der Arbeitsbedingungen über die Unfall- und Gesundheitsgefahren, denen sie bei der Beschäftigung ausgesetzt sind, sowie über die Einrichtungen und Maßnahmen zur Abwendung dieser Gefahren zu unterweisen. Er hat die Jugendlichen vor der erstmaligen Beschäftigung an Maschinen oder gefährlichen Arbeitsstellen oder mit Arbeiten, bei denen sie mit gesundheitsgefährdenden Stoffen in Berührung kommen, über die besonderen Gefahren dieser Arbeiten sowie über das bei ihrer Verrichtung erforderliche Verhalten zu unterweisen.
(2) Die Unterweisungen sind in angemessenen Zeitabständen, mindestens aber halbjährlich, zu wiederholen.
(3) Der Arbeitgeber beteiligt die Betriebsärzte und die Fachkräfte für Arbeitssicherheit an der Planung, Durchführung und Überwachung der für die Sicherheit

und den Gesundheitsschutz bei der Beschäftigung Jugendlicher geltenden Vorschriften.

§ 30 Häusliche Gemeinschaft (1) Hat der Arbeitgeber einen Jugendlichen in die häusliche Gemeinschaft aufgenommen, so muß er

1. ihm eine Unterkunft zur Verfügung stellen und dafür sorgen, daß sie so beschaffen, ausgestattet und belegt ist und so benutzt wird, daß die Gesundheit des Jugendlichen nicht beeinträchtigt wird, und
2. ihm bei einer Erkrankung, jedoch nicht über die Beendigung der Beschäftigung hinaus, die erforderliche Pflege und ärztliche Behandlung zuteil werden lassen, soweit diese nicht von einem Sozialversicherungsträger geleistet wird.

(2) Die Aufsichtsbehörde kann im Einzelfall anordnen, welchen Anforderungen die Unterkunft (Absatz 1 Nr. 1) und die Pflege bei Erkrankungen (Absatz 1 Nr. 2) genügen müssen.

§ 31 Züchtigungsverbot; Verbot der Abgabe von Alkohol und Tabak (1) Wer Jugendliche beschäftigt oder im Rahmen eines Rechtsverhältnisses im Sinne des § 1 beaufsichtigt, anweist oder ausbildet, darf sie nicht körperlich züchtigen.
(2) Wer Jugendliche beschäftigt, muß sie vor körperlicher Züchtigung und Mißhandlung und vor sittlicher Gefährdung durch andere bei ihm Beschäftigte und durch Mitglieder seines Haushalts an der Arbeitsstätte und in seinem Haus schützen. Soweit deren Abgabe nach § 9 Absatz 1 und 4 des Jugendschutzgesetzes verboten ist, darf der Arbeitgeber Jugendlichen keine alkoholischen Getränke, Tabakwaren oder anderen dort genannten Erzeugnisse geben.

Vierter Titel – Gesundheitliche Betreuung

§ 32 Erstuntersuchung (1) Ein Jugendlicher, der in das Berufsleben eintritt, darf nur beschäftigt werden, wenn,

1. er innerhalb der letzten vierzehn Monate von einem Arzt untersucht worden ist (Erstuntersuchung) und
2. dem Arbeitgeber eine von diesem Arzt ausgestellte Bescheinigung vorliegt.

(2) Absatz 1 gilt nicht für eine nur geringfügige oder eine nicht länger als zwei Monate dauernde Beschäftigung mit leichten Arbeiten, von denen keine gesundheitlichen Nachteile für den Jugendlichen zu befürchten sind.

§ 33 Erste Nachuntersuchung (1) Ein Jahr nach Aufnahme der ersten Beschäftigung hat sich der Arbeitgeber die Bescheinigung eines Arztes darüber vorlegen zu lassen, daß der Jugendliche nachuntersucht worden ist (erste Nachuntersuchung). Die Nachuntersuchung darf nicht länger als drei Monate zurückliegen. Der Arbeitgeber soll den Jugendlichen neun Monate nach Aufnahme der ersten Beschäftigung nachdrücklich auf den Zeitpunkt, bis zu dem der Jugendliche ihm die ärztliche Bescheinigung nach Satz 1 vorzulegen hat, hinweisen und ihn auffordern, die Nachuntersuchung bis dahin durchführen zu lassen.
(2) Legt der Jugendliche die Bescheinigung nicht nach Ablauf eines Jahres vor, hat ihn der Arbeitgeber innerhalb eines Monats unter Hinweis auf das Beschäftigungs-

verbot nach Absatz 3 schriftlich aufzufordern, ihm die Bescheinigung vorzulegen. Je eine Durchschrift des Aufforderungsschreibens hat der Arbeitgeber dem Personensorgeberechtigten und dem Betriebs- oder Personalrat zuzusenden.
(3) Der Jugendliche darf nach Ablauf von 14 Monaten nach Aufnahme der ersten Beschäftigung nicht weiterbeschäftigt werden, solange er die Bescheinigung nicht vorgelegt hat.

§ 34 Weitere Nachuntersuchungen Nach Ablauf jedes weiteren Jahres nach der ersten Nachuntersuchung kann sich der Jugendliche erneut nachuntersuchen lassen (weitere Nachuntersuchungen). Der Arbeitgeber soll ihn auf diese Möglichkeit rechtzeitig hinweisen und darauf hinwirken, daß der Jugendliche ihm die Bescheinigung über die weitere Nachuntersuchung vorlegt.

§ 35 Außerordentliche Nachuntersuchung (1) Der Arzt soll eine außerordentliche Nachuntersuchung anordnen, wenn eine Untersuchung ergibt, daß
1. ein Jugendlicher hinter dem seinem Alter entsprechenden Entwicklungsstand zurückgeblieben ist,
2. gesundheitliche Schwächen oder Schäden vorhanden sind,
3. die Auswirkungen der Beschäftigung auf die Gesundheit oder Entwicklung des Jugendlichen noch nicht zu übersehen sind.

(2) Die in § 33 Abs. 1 festgelegten Fristen werden durch die Anordnung einer außerordentlichen Nachuntersuchung nicht berührt.

§ 36 Ärztliche Untersuchungen und Wechsel des Arbeitgebers Wechselt der Jugendliche den Arbeitgeber, so darf ihn der neue Arbeitgeber erst beschäftigen, wenn ihm die Bescheinigung über die Erstuntersuchung (§ 32 Abs. 1) und, falls seit der Aufnahme der Beschäftigung ein Jahr vergangen ist, die Bescheinigung über die erste Nachuntersuchung (§ 33) vorliegen.

§ 37 Inhalt und Durchführung der ärztlichen Untersuchungen (1) Die ärztlichen Untersuchungen haben sich auf den Gesundheits- und Entwicklungsstand und die körperliche Beschaffenheit, die Nachuntersuchungen außerdem auf die Auswirkungen der Beschäftigung auf Gesundheit und Entwicklung des Jugendlichen zu erstrecken.

(2) Der Arzt hat unter Berücksichtigung der Krankheitsvorgeschichte des Jugendlichen auf Grund der Untersuchungen zu beurteilen,
1. ob die Gesundheit oder die Entwicklung des Jugendlichen durch die Ausführung bestimmter Arbeiten oder durch die Beschäftigung während bestimmter Zeiten gefährdet wird,
2. ob besondere der Gesundheit dienende Maßnahmen einschließlich Maßnahmen zur Verbesserung des Impfstatus erforderlich sind,
3. ob eine außerordentliche Nachuntersuchung (§ 35 Abs. 1) erforderlich ist.

(3) Der Arzt hat schriftlich festzuhalten:
1. den Untersuchungsbefund,
2. die Arbeiten, durch deren Ausführung er die Gesundheit oder die Entwicklung des Jugendlichen für gefährdet hält,

3. die besonderen der Gesundheit dienenden Maßnahmen einschließlich Maßnahmen zur Verbesserung des Impfstatus,
4. die Anordnung einer außerordentlichen Nachuntersuchung (§ 35 Abs. 1).

§ 38 Ergänzungsuntersuchung Kann der Arzt den Gesundheits- und Entwicklungsstand des Jugendlichen nur beurteilen, wenn das Ergebnis einer Ergänzungsuntersuchung durch einen anderen Arzt oder einen Zahnarzt vorliegt, so hat er die Ergänzungsuntersuchung zu veranlassen und ihre Notwendigkeit schriftlich zu begründen.

§ 39 Mitteilung, Bescheinigung (1) Der Arzt hat dem Personensorgeberechtigten schriftlich mitzuteilen:
1. das wesentliche Ergebnis der Untersuchung,
2. die Arbeiten, durch deren Ausführung er die Gesundheit oder die Entwicklung des Jugendlichen für gefährdet hält,
3. die besonderen der Gesundheit dienenden Maßnahmen,
4. die Anordnung einer außerordentlichen Nachuntersuchung (§ 35 Abs. 1).

(2) Der Arzt hat eine für den Arbeitgeber bestimmte Bescheinigung darüber auszustellen, daß die Untersuchung stattgefunden hat und darin die Arbeiten zu vermerken, durch deren Ausführung er die Gesundheit oder die Entwicklung des Jugendlichen für gefährdet hält.

§ 40 Bescheinigung mit Gefährdungsvermerk (1) Enthält die Bescheinigung des Arztes (§ 39 Abs. 2) einen Vermerk über Arbeiten, durch deren Ausführung er die Gesundheit oder die Entwicklung des Jugendlichen für gefährdet hält, so darf der Jugendliche mit solchen Arbeiten nicht beschäftigt werden.

(2) Die Aufsichtsbehörde kann die Beschäftigung des Jugendlichen mit den in der Bescheinigung des Arztes (§ 39 Abs. 2) vermerkten Arbeiten im Einvernehmen mit einem Arzt zulassen und die Zulassung mit Auflagen verbinden.

§ 41 Aufbewahren der ärztlichen Bescheinigungen (1) Der Arbeitgeber hat die ärztlichen Bescheinigungen bis zur Beendigung der Beschäftigung, längstens jedoch bis zur Vollendung des 18. Lebensjahres des Jugendlichen aufzubewahren und der Aufsichtsbehörde sowie der Berufsgenossenschaft auf Verlangen zur Einsicht vorzulegen oder einzusenden.

(2) Scheidet der Jugendliche aus dem Beschäftigungsverhältnis aus, so hat ihm der Arbeitgeber die Bescheinigungen auszuhändigen.

§ 42 Eingreifen der Aufsichtsbehörde Die Aufsichtsbehörde hat, wenn die dem Jugendlichen übertragenen Arbeiten Gefahren für seine Gesundheit befürchten lassen, dies dem Personensorgeberechtigten und dem Arbeitgeber mitzuteilen und den Jugendlichen aufzufordern, sich durch einen von ihr ermächtigten Arzt untersuchen zu lassen.

§ 43 Freistellung für Untersuchungen Der Arbeitgeber hat den Jugendlichen für die Durchführung der ärztlichen Untersuchungen nach diesem Abschnitt freizustellen. Ein Entgeltausfall darf hierdurch nicht eintreten.

§ 44 Kosten der Untersuchungen Die Kosten der Untersuchungen trägt das Land.

§ 45 Gegenseitige Unterrichtung der Ärzte (1) Die Ärzte, die Untersuchungen nach diesem Abschnitt vorgenommen haben, müssen, wenn der Personensorgeberechtigte und der Jugendliche damit einverstanden sind,
1. dem staatlichen Gewerbearzt,
2. dem Arzt, der einen Jugendlichen nach diesem Abschnitt nachuntersucht,

auf Verlangen die Aufzeichnungen über die Untersuchungsbefunde zur Einsicht aushändigen.

(2) Unter den Voraussetzungen des Absatzes 1 kann der Amtsarzt des Gesundheitsamtes einem Arzt, der einen Jugendlichen nach diesem Abschnitt untersucht, Einsicht in andere in seiner Dienststelle vorhandene Unterlagen über Gesundheit und Entwicklung des Jugendlichen gewähren.

§ 46 Ermächtigungen (1) Das Bundesministerium für Arbeit und Soziales kann zum Zweck einer gleichmäßigen und wirksamen gesundheitlichen Betreuung durch Rechtsverordnung[1] mit Zustimmung des Bundesrates Vorschriften über die Durchführung der ärztlichen Untersuchungen und über die für die Aufzeichnungen der Untersuchungsbefunde, die Bescheinigungen und Mitteilungen zu verwendenden Vordrucke erlassen.

(2) Die Landesregierung kann durch Rechtsverordnung
1. zur Vermeidung von mehreren Untersuchungen innerhalb eines kurzen Zeitraums aus verschiedenen Anlässen bestimmen, daß die Untersuchungen nach den §§ 32 bis 34 zusammen mit Untersuchungen nach anderen Vorschriften durchzuführen sind, und hierbei von der Frist des § 32 Abs. 1 Nr. 1 bis zu drei Monaten abweichen,
2. zur Vereinfachung der Abrechnung
   a) Pauschbeträge für die Kosten der ärztlichen Untersuchungen im Rahmen der geltenden Gebührenordnungen festsetzen,
   b) Vorschriften über die Erstattung der Kosten beim Zusammentreffen mehrerer Untersuchungen nach Nummer 1 erlassen.

Vierter Abschnitt – Durchführung des Gesetzes

Erster Titel – Aushänge und Verzeichnisse

§ 47 Bekanntgabe des Gesetzes und der Aufsichtsbehörde Arbeitgeber, die regelmäßig mindestens einen Jugendlichen beschäftigen, haben eine Kopie dieses Gesetzes und die Anschrift der zuständigen Aufsichtsbehörde den Arbeitnehmern

1 Vgl. **JugendarbeitsschutzuntersuchungsVO – JArbSchUV** (Nr. 24 a).

über die im Betrieb oder in der Dienststelle übliche Informations- und Kommunikationstechnik zur Verfügung zu stellen oder an geeigneter Stelle im Betrieb oder in der Dienststelle zur Einsicht auszulegen oder auszuhängen.

§ 48 Information über Arbeitszeit und Pausen Arbeitgeber, die regelmäßig mindestens drei Jugendliche beschäftigen, haben eine Information über Beginn und Ende der regelmäßigen täglichen Arbeitszeit und der Pausen der Jugendlichen den Arbeitnehmern über die im Betrieb oder in der Dienststelle übliche Informations- und Kommunikationstechnik zur Verfügung zu stellen oder an geeigneter Stelle im Betrieb oder in der Dienststelle zur Einsicht auszulegen oder auszuhängen.

§ 49 Verzeichnisse der Jugendlichen Arbeitgeber haben Verzeichnisse der bei ihnen beschäftigten Jugendlichen unter Angabe des Vor- und Familiennamens, des Geburtsdatums und der Wohnanschrift zu führen, in denen das Datum des Beginns der Beschäftigung bei ihnen, bei einer Beschäftigung unter Tage auch das Datum des Beginns dieser Beschäftigung, enthalten ist.

§ 50 Auskunft; Vorlage der Verzeichnisse (1) Der Arbeitgeber ist verpflichtet, der Aufsichtsbehörde auf Verlangen

1. die zur Erfüllung ihrer Aufgaben erforderlichen Angaben wahrheitsgemäß und vollständig zu machen,
2. die Verzeichnisse gemäß § 49, die Unterlagen, aus denen Name, Beschäftigungsart und -zeiten der Jugendlichen sowie Lohn- und Gehaltszahlungen ersichtlich sind, und alle sonstigen Unterlagen, die sich auf die nach Nummer 1 zu machenden Angaben beziehen, zur Einsicht vorzulegen oder einzusenden.

(2) Die Verzeichnisse und Unterlagen sind mindestens bis zum Ablauf von zwei Jahren nach der letzten Eintragung aufzubewahren.

Zweiter Titel – Aufsicht

§ 51 Aufsichtsbehörde, Besichtigungsrechte und Berichtspflicht (1) Die Aufsicht über die Ausführung dieses Gesetzes und der auf Grund dieses Gesetzes erlassenen Rechtsverordnungen obliegt der nach Landesrecht zuständigen Behörde (Aufsichtsbehörde). Die Landesregierung kann durch Rechtsverordnung die Aufsicht über die Ausführung dieser Vorschriften in Familienhaushalten auf gelegentliche Prüfungen beschränken.

(2) Die Beauftragten der Aufsichtsbehörde sind berechtigt, die Arbeitsstätten während der üblichen Betriebs- und Arbeitszeit zu betreten und zu besichtigen; außerhalb dieser Zeit oder wenn sich die Arbeitsstätten in einer Wohnung befinden, dürfen sie nur zur Verhütung von dringenden Gefahren für die öffentliche Sicherheit und Ordnung betreten und besichtigt werden. Der Arbeitgeber hat das Betreten und Besichtigen der Arbeitsstätten zu gestatten. Das Grundrecht der Unverletzlichkeit der Wohnung (Artikel 13 des Grundgesetzes) wird insoweit eingeschränkt.

(3) Die Aufsichtsbehörden haben im Rahmen der Jahresberichte nach § 139b Abs. 3 der Gewerbeordnung über ihre Aufsichtstätigkeit gemäß Absatz 1 zu berichten.

§ 52 *(aufgehoben)*

§ 53 Mitteilung über Verstöße Die Aufsichtsbehörde teilt schwerwiegende Verstöße gegen die Vorschriften dieses Gesetzes oder gegen die auf Grund dieses Gesetzes erlassenen Rechtsverordnungen der nach dem Berufsbildungsgesetz oder der Handwerksordnung zuständigen Stelle mit. Die zuständige Agentur für Arbeit erhält eine Durchschrift dieser Mitteilung.

§ 54 Ausnahmebewilligungen (1) Ausnahmen, die die Aufsichtsbehörde nach diesem Gesetz oder den auf Grund dieses Gesetzes erlassenen Rechtsverordnungen bewilligen kann, sind zu befristen. Die Ausnahmebewilligungen können
1. mit einer Bedingung erlassen werden,
2. mit einer Auflage oder mit einem Vorbehalt der nachträglichen Aufnahme, Änderung oder Ergänzung einer Auflage verbunden werden und
3. jederzeit widerrufen werden.

(2) Ausnahmen können nur für einzelne Beschäftigte, einzelne Betriebe oder einzelne Teile des Betriebs bewilligt werden.

(3) Ist eine Ausnahme für einen Betrieb oder einen Teil des Betriebs bewilligt worden, so hat der Arbeitgeber hierüber an geeigneter Stelle im Betrieb einen Aushang anzubringen.

Dritter Titel – Ausschüsse für Jugendarbeitsschutz

§ 55 Bildung des Landesausschusses für Jugendarbeitsschutz (1) Bei der von der Landesregierung bestimmten obersten Landesbehörde kann ein Landesausschuss für Jugendarbeitsschutz gebildet werden.

(2) Dem Landesausschuß gehören als Mitglieder an:
1. je sechs Vertreter der Arbeitgeber und der Arbeitnehmer,
2. ein Vertreter des Landesjugendringes,
3. ein von der Bundesagentur für Arbeit benannter Vertreter und je ein Vertreter des Landesjugendamts, der für das Gesundheitswesen zuständigen obersten Landesbehörde und der für die berufsbildenden Schulen zuständigen obersten Landesbehörde und
4. ein Arzt.

(3) Die Mitglieder des Landesausschusses werden von der von der Landesregierung bestimmten obersten Landesbehörde berufen, die Vertreter der Arbeitgeber und Arbeitnehmer auf Vorschlag der auf Landesebene bestehenden Arbeitgeberverbände und Gewerkschaften, der Arzt auf Vorschlag der Landesärztekammer, die übrigen Vertreter auf Vorschlag der in Absatz 2 Nr. 2 und 3 genannten Stellen.

(4) Die Tätigkeit im Landesausschuß ist ehrenamtlich. Für bare Auslagen und für Entgeltausfall ist, soweit eine Entschädigung nicht von anderer Seite gewährt wird, eine angemessene Entschädigung zu zahlen, deren Höhe nach Landesrecht oder von der von der Landesregierung bestimmten obersten Landesbehörde festgesetzt wird.

(5) Die Mitglieder können nach Anhören der an ihrer Berufung beteiligten Stellen aus wichtigem Grund abberufen werden.

(6) Die Mitglieder haben Stellvertreter. Die Absätze 2 bis 5 gelten für die Stellvertreter entsprechend.

(7) Der Landesausschuß wählt aus seiner Mitte einen Vorsitzenden und dessen Stellvertreter. Der Vorsitzende und sein Stellvertreter sollen nicht derselben Mitgliedergruppe angehören.

(8) Der Landesausschuß gibt sich eine Geschäftsordnung. Die Geschäftsordnung kann die Bildung von Unterausschüssen vorsehen und bestimmen, daß ihnen ausnahmsweise nicht nur Mitglieder des Landesausschusses angehören. Absatz 4 Satz 2 gilt für die Unterausschüsse hinsichtlich der Entschädigung entsprechend. An den Sitzungen des Landesausschusses und der Unterausschüsse können Vertreter der beteiligten obersten Landesbehörden teilnehmen.

§ 56 Bildung des Ausschusses für Jugendarbeitsschutz bei der Aufsichtsbehörde
(1) Bei der Aufsichtsbehörde kann ein Ausschuss für Jugendarbeitsschutz gebildet werden. In Städten, in denen mehrere Aufsichtsbehörden ihren Sitz haben, kann ein gemeinsamer Ausschuss für Jugendarbeitsschutz gebildet werden. In Ländern, in denen nicht mehr als zwei Aufsichtsbehörden eingerichtet sind, kann der Landesausschuss für Jugendarbeitsschutz die Aufgaben dieses Ausschusses übernehmen.

(2) Dem Ausschuß gehören als Mitglieder an:
1. je sechs Vertreter der Arbeitgeber und der Arbeitnehmer,
2. ein Vertreter des im Bezirk der Aufsichtsbehörde wirkenden Jugendringes,
3. je ein Vertreter eines Arbeits-, Jugend- und Gesundheitsamts,
4. ein Arzt und ein Lehrer an einer berufsbildenden Schule.

(3) Die Mitglieder des Jugendarbeitsschutzausschusses werden von der Aufsichtsbehörde berufen, die Vertreter der Arbeitgeber und Arbeitnehmer auf Vorschlag der im Aufsichtsbezirk bestehenden Arbeitgeberverbände und Gewerkschaften, der Arzt auf Vorschlag der Ärztekammer, der Lehrer auf Vorschlag der nach Landesrecht zuständigen Behörde, die übrigen Vertreter auf Vorschlag der in Absatz 2 Nr. 2 und 3 genannten Stellen. § 55 Abs. 4 bis 8 gilt mit der Maßgabe entsprechend, daß die Entschädigung von der Aufsichtsbehörde mit Genehmigung der von der Landesregierung bestimmten obersten Landesbehörde festgesetzt wird.

§ 57 Aufgaben der Ausschüsse (1) Der Landesausschuß berät die oberste Landesbehörde in allen allgemeinen Angelegenheiten des Jugendarbeitsschutzes und macht Vorschläge für die Durchführung dieses Gesetzes. Er klärt über Inhalt und Ziel des Jugendarbeitsschutzes auf.

(2) Die oberste Landesbehörde beteiligt den Landesausschuß in Angelegenheiten von besonderer Bedeutung, insbesondere vor Erlaß von Rechtsvorschriften zur Durchführung dieses Gesetzes.

(3) Der Landesausschuß hat über seine Tätigkeit im Zusammenhang mit dem Bericht der Aufsichtsbehörden nach § 51 Abs. 3 zu berichten.

(4) Der Ausschuß für Jugendarbeitsschutz bei der Aufsichtsbehörde berät diese in allen allgemeinen Angelegenheiten des Jugendarbeitsschutzes und macht dem Landesausschuß Vorschläge für die Durchführung dieses Gesetzes. Er klärt über Inhalt und Ziel des Jugendarbeitsschutzes auf.

Fünfter Abschnitt – Straf- und Bußgeldvorschriften

§ 58 Bußgeld- und Strafvorschriften (1) Ordnungswidrig handelt, wer als Arbeitgeber vorsätzlich oder fahrlässig

1. entgegen § 5 Abs. 1, auch in Verbindung mit § 2 Abs. 3, ein Kind oder einen Jugendlichen, der der Vollzeitschulpflicht unterliegt, beschäftigt,
2. entgegen § 5 Abs. 3 Satz 1 oder Satz 3, jeweils auch in Verbindung mit § 2 Abs. 3, ein Kind über 13 Jahre oder einen Jugendlichen, der der Vollzeitschulpflicht unterliegt, in anderer als der zugelassenen Weise beschäftigt,
3. *(weggefallen)*
4. entgegen § 7 Satz 1 Nr. 2, auch in Verbindung mit einer Rechtsverordnung nach § 26 Nr. 1, ein Kind, das der Vollzeitschulpflicht nicht mehr unterliegt, in anderer als der zugelassenen Weise beschäftigt,
5. entgegen § 8 einen Jugendlichen über die zulässige Dauer der Arbeitszeit hinaus beschäftigt,
6. entgegen § 9 Absatz 1 einen Jugendlichen beschäftigt oder nicht freistellt,
7. entgegen § 10 Abs. 1 einen Jugendlichen für die Teilnahme an Prüfungen oder Ausbildungsmaßnahmen oder an dem Arbeitstag, der der schriftlichen Abschlußprüfung unmittelbar vorangeht, nicht freistellt,
8. entgegen § 11 Abs. 1 oder 2 Ruhepausen nicht, nicht mit der vorgeschriebenen Mindestdauer oder nicht in der vorgeschriebenen zeitlichen Lage gewährt,
9. entgegen § 12 einen Jugendlichen über die zulässige Schichtzeit hinaus beschäftigt,
10. entgegen § 13 die Mindestfreizeit nicht gewährt,
11. entgegen § 14 Abs. 1 einen Jugendlichen außerhalb der Zeit von 6 bis 20 Uhr oder entgegen § 14 Abs. 7 Satz 3 vor Ablauf der Mindestfreizeit beschäftigt,
12. entgegen § 15 einen Jugendlichen an mehr als fünf Tagen in der Woche beschäftigt,
13. entgegen § 16 Abs. 1 einen Jugendlichen an Samstagen beschäftigt oder entgegen § 16 Abs. 3 Satz 1 den Jugendlichen nicht freistellt,
14. entgegen § 17 Abs. 1 einen Jugendlichen an Sonntagen beschäftigt oder entgegen § 17 Abs. 2 Satz 2 Halbsatz 2 oder Abs. 3 Satz 1 den Jugendlichen nicht freistellt,
15. entgegen § 18 Abs. 1 einen Jugendlichen am 24. oder 31. Dezember nach 14 Uhr oder an gesetzlichen Feiertagen beschäftigt oder entgegen § 18 Abs. 3 nicht freistellt,
16. entgegen § 19 Abs. 1, auch in Verbindung mit Abs. 2 Satz 1 oder 2, oder entgegen § 19 Abs. 3 Satz 2 oder Abs. 4 Satz 2 Urlaub nicht oder nicht mit der vorgeschriebenen Dauer gewährt,
17. entgegen § 21 Abs. 2 die geleistete Mehrarbeit durch Verkürzung der Arbeitszeit nicht ausgleicht,
18. entgegen § 22 Abs. 1, auch in Verbindung mit einer Rechtsverordnung nach § 26 Nr. 1, einen Jugendlichen mit den dort genannten Arbeiten beschäftigt,
19. entgegen § 23 Abs. 1, auch in Verbindung mit einer Rechtsverordnung nach § 26 Nr. 1, einen Jugendlichen mit Arbeiten mit Lohnanreiz, in einer Arbeits-

gruppe mit Erwachsenen, deren Entgelt vom Ergebnis ihrer Arbeit abhängt, oder mit tempoabhängigen Arbeiten beschäftigt,

20. entgegen § 24 Abs. 1, auch in Verbindung mit einer Rechtsverordnung nach § 26 Nr. 1, einen Jugendlichen mit Arbeiten unter Tage beschäftigt,
21. entgegen § 31 Abs. 2 Satz 2 einem Jugendlichen ein dort genanntes Getränk, Tabakwaren oder ein dort genanntes Erzeugnis gibt,
22. entgegen § 32 Abs. 1 einen Jugendlichen ohne ärztliche Bescheinigung über die Erstuntersuchung beschäftigt,
23. entgegen § 33 Abs. 3 einen Jugendlichen ohne ärztliche Bescheinigung über die erste Nachuntersuchung weiterbeschäftigt,
24. entgegen § 36 einen Jugendlichen ohne Vorlage der erforderlichen ärztlichen Bescheinigungen beschäftigt,
25. entgegen § 40 Abs. 1 einen Jugendlichen mit Arbeiten beschäftigt, durch deren Ausführung der Arzt nach der von ihm erteilten Bescheinigung die Gesundheit oder die Entwicklung des Jugendlichen für gefährdet hält,
26. einer Rechtsverordnung nach
    a) § 26 Nr. 2 oder
    b) § 28 Abs. 2

zuwiderhandelt, soweit sie für einen bestimmten Tatbestand auf diese Bußgeldvorschrift verweist,

27. einer vollziehbaren Anordnung der Aufsichtsbehörde nach § 6 Abs. 3, § 27 Abs. 1 Satz 2 oder Abs. 2, § 28 Abs. 3 oder § 30 Abs. 2 zuwiderhandelt,
28. einer vollziehbaren Auflage der Aufsichtsbehörde nach § 6 Abs. 1, § 14 Abs. 7, § 27 Abs. 3 oder § 40 Abs. 2, jeweils in Verbindung mit § 54 Abs. 1, zuwiderhandelt,
29. einer vollziehbaren Anordnung oder Auflage der Aufsichtsbehörde auf Grund einer Rechtsverordnung nach § 26 Nr. 2 oder § 28 Abs. 2 zuwiderhandelt, soweit die Rechtsverordnung für einen bestimmten Tatbestand auf die Bußgeldvorschrift verweist.

(2) Ordnungswidrig handelt, wer vorsätzlich oder fahrlässig entgegen § 25 Abs. 1 Satz 1 oder Abs. 2 Satz 1 einen Jugendlichen beschäftigt, beaufsichtigt, anweist oder ausbildet, obwohl ihm dies verboten ist, oder einen anderen, dem dies verboten ist, mit der Beaufsichtigung, Anweisung oder Ausbildung eines Jugendlichen beauftragt.

(3) Absatz 1 Nr. 4, 6 bis 29 und Absatz 2 gelten auch für die Beschäftigung von Kindern (§ 2 Abs. 1) oder Jugendlichen, die der Vollzeitschulpflicht unterliegen (§ 2 Abs. 3), nach § 5 Abs. 2. Absatz 1 Nr. 6 bis 29 und Absatz 2 gelten auch für die Beschäftigung von Kindern, die der Vollzeitschulpflicht nicht mehr unterliegen, nach § 7.

(4) Die Ordnungswidrigkeit kann mit einer Geldbuße bis zu dreißigtausend Euro geahndet werden.

(5) Wer vorsätzlich eine in Absatz 1, 2 oder 3 bezeichnete Handlung begeht und dadurch ein Kind, einen Jugendlichen oder im Fall des Absatzes 1 Nr. 6 eine Person, die noch nicht 21 Jahre alt ist, in ihrer Gesundheit oder Arbeitskraft gefährdet, wird mit Freiheitsstrafe bis zu einem Jahr oder mit Geldstrafe bestraft. Ebenso wird

bestraft, wer eine in Absatz 1, 2 oder 3 bezeichnete Handlung beharrlich wiederholt.

(6) Wer in den Fällen des Absatzes 5 Satz 1 die Gefahr fahrlässig verursacht, wird mit Freiheitsstrafe bis zu sechs Monaten oder mit Geldstrafe bis zu einhundertachtzig Tagessätzen bestraft.

§ 59 Bußgeldvorschriften (1) Ordnungswidrig handelt, wer als Arbeitgeber vorsätzlich oder fahrlässig

1. entgegen § 6 Abs. 4 Satz 2 ein Kind vor Erhalt des Bewilligungsbescheids beschäftigt,
2. entgegen § 11 Abs. 3 den Aufenthalt in Arbeitsräumen gestattet,

2a. entgegen § 20 Absatz 2 Satz 1 eine Aufzeichnung nicht oder nicht richtig führt,

2b. entgegen § 20 Absatz 2 Satz 3 eine Aufzeichnung nicht oder nicht mindestens zwölf Monate aufbewahrt,

3. entgegen § 29 einen Jugendlichen über Gefahren nicht, nicht richtig oder nicht rechtzeitig unterweist,
4. entgegen § 33 Abs. 2 Satz 1 einen Jugendlichen nicht oder nicht rechtzeitig zur Vorlage einer ärztlichen Bescheinigung auffordert,
5. entgegen § 41 die ärztliche Bescheinigung nicht aufbewahrt, vorlegt, einsendet oder aushändigt,
6. entgegen § 43 Satz 1 einen Jugendlichen für ärztliche Untersuchungen nicht freistellt,
7. entgegen § 47 eine Kopie des Gesetzes oder die Anschrift der zuständigen Aufsichtsbehörde nicht, nicht richtig oder nicht vollständig zur Verfügung stellt und nicht, nicht richtig oder nicht vollständig auslegt und nicht, nicht richtig oder nicht vollständig aushängt,
8. entgegen § 48 eine Information nicht, nicht richtig oder nicht vollständig zur Verfügung stellt und nicht, nicht richtig oder nicht vollständig auslegt und nicht, nicht richtig oder nicht vollständig aushängt,
9. entgegen § 49 ein Verzeichnis nicht oder nicht in der vorgeschriebenen Weise führt,
10. entgegen § 50 Abs. 1 Angaben nicht, nicht richtig oder nicht vollständig macht oder Verzeichnisse oder Unterlagen nicht vorlegt oder einsendet oder entgegen § 50 Abs. 2 Verzeichnisse oder Unterlagen nicht oder nicht vorschriftsmäßig aufbewahrt,
11. entgegen § 51 Abs. 2 Satz 2 das Betreten oder Besichtigen der Arbeitsstätten nicht gestattet,
12. entgegen § 54 Abs. 2 eine Kopie nicht, nicht richtig oder nicht vollständig zur Verfügung stellt und nicht, nicht richtig oder nicht vollständig auslegt und nicht, nicht richtig oder nicht vollständig aushängt.

(2) Absatz 1 Nr. 2 bis 6 gilt auch für die Beschäftigung von Kindern (§ 2 Abs. 1 und 3) nach § 5 Abs. 2 Satz 1.

(3) Die Ordnungswidrigkeit kann mit einer Geldbuße bis zu fünftausend Euro geahndet werden.

§ 60 Verwaltungsvorschriften für die Verfolgung und Ahndung von Ordnungswidrigkeiten Der Bundesminister für Arbeit und Sozialordnung kann mit Zustimmung des Bundesrates allgemeine Verwaltungsvorschriften für die Verfolgung und Ahndung von Ordnungswidrigkeiten nach §§ 58 und 59 durch die Verwaltungsbehörde (§ 35 des Gesetzes über Ordnungswidrigkeiten) und über die Erteilung einer Verwarnung (§§ 56, 58 Abs. 2 des Gesetzes über Ordnungswidrigkeiten) wegen einer Ordnungswidrigkeit nach §§ 58 und 59 erlassen.

Sechster Abschnitt – Schlußvorschriften

§ 61 *(nicht abgedruckt)*

§ 62 Beschäftigung im Vollzug einer Freiheitsentziehung (1) Die Vorschriften dieses Gesetzes gelten für die Beschäftigung Jugendlicher (§ 2 Abs. 2) im Vollzug einer gerichtlich angeordneten Freiheitsentziehung entsprechend, soweit es sich nicht nur um gelegentliche, geringfügige Hilfeleistungen handelt und soweit in den Absätzen 2 bis 4 nichts anderes bestimmt ist.
(2) Im Vollzug einer gerichtlich angeordneten Freiheitsentziehung finden § 19, §§ 47 bis 50 keine Anwendung.
(3) Die §§ 13, 14, 15, 16, 17 und 18 Abs. 1 und 2 gelten im Vollzug einer gerichtlich angeordneten Freiheitsentziehung nicht für die Beschäftigung jugendlicher Anstaltsinsassen mit der Zubereitung und Ausgabe der Anstaltsverpflegung.
(4) § 18 Abs. 1 und 2 gilt nicht für die Beschäftigung jugendlicher Anstaltsinsassen in landwirtschaftlichen Betrieben der Vollzugsanstalten mit Arbeiten, die auch an Sonn- und Feiertagen naturnotwendig vorgenommen werden müssen.

§§ 63–72 *(nicht abgedruckt)*

24a. Verordnung über die ärztlichen Untersuchungen nach dem Jugendarbeitsschutzgesetz (Jugendarbeitsschutzuntersuchungsverordnung – JArbSchUV)

vom 16. Oktober 1990 (BGBl. I 2221),
geändert durch Verordnung vom 11. Dezember 2024 (BGBl. 2024 I Nr. 411)

Einleitung

(siehe bei Nr. 24)

Verordnungstext

§ 1 Durchführung der Untersuchungen (1) Der Arzt, der einen Jugendlichen nach den §§ 32 bis 35 oder nach § 42 des Jugendarbeitsschutzgesetzes untersucht, hat unter Berücksichtigung der Krankheitsvorgeschichte des Jugendlichen auf Grund der Untersuchungen zu beurteilen, ob dessen Gesundheit und Entwicklung durch die Ausführung bestimmter Arbeiten oder durch die Beschäftigung während bestimmter Zeiten gefährdet wird, ob eine außerordentliche Nachuntersuchung oder eine Ergänzungsuntersuchung erforderlich ist oder ob besondere der Gesundheit dienende Maßnahmen nötig sind (§ 37 Jugendarbeitsschutzgesetz).
(2) Als Tag der Untersuchung (§ 32 Abs. 1 Nr. 1, § 33 Abs. 1 und § 34 Jugendarbeitsschutzgesetz) gilt der Tag der abschließenden Beurteilung.

§ 2 Untersuchungsberechtigungsschein Die Kosten einer Untersuchung werden vom Land (§ 44 Jugendarbeitsschutzgesetz) nur erstattet, wenn der Arzt der Kostenforderung einen von der nach Landesrecht zuständigen Stelle ausgegebenen Untersuchungsberechtigungsschein beifügt.

§ 3 Erhebungsbogen Zur Vorbereitung einer Untersuchung nach § 32 Abs. 1 des Jugendarbeitsschutzgesetzes (Erstuntersuchung) erhält der Jugendliche von der nach Landesrecht zuständigen Stelle einen Erhebungsbogen nach dem Muster der Anlage 1, zur Vorbereitung einer Untersuchung nach § 33 Abs. 1, §§ 34, 35 Abs. 1 oder § 42 des Jugendarbeitsschutzgesetzes (Nachuntersuchung) einen Erhebungsbogen nach dem Muster der Anlage 1 a. Der Erhebungsbogen soll, vom Personensorgeberechtigten ausgefüllt und von diesem und dem Jugendlichen unterschrieben, dem Arzt bei der Untersuchung vorgelegt werden.

§ 4 Untersuchungsbogen (1) Für die Aufzeichnung der Ergebnisse einer Erstuntersuchung hat der Arzt einen Untersuchungsbogen nach dem Muster der An-

lage 2, für die Aufzeichnung der Ergebnisse einer Nachuntersuchung einen Untersuchungsbogen nach dem Muster der Anlage 2a zu verwenden.
(2) Der Arzt hat die Untersuchungsbogen 10 Jahre aufzubewahren.

§ 5 Ärztliche Mitteilung an den Personensorgeberechtigten Für die ärztliche Mitteilung an den Personensorgeberechtigten nach § 39 Abs. 1 des Jugendarbeitsschutzgesetzes hat der Arzt bei einer Erstuntersuchung und bei einer Nachuntersuchung einen Vordruck nach dem Muster der Anlage 3 zu verwenden.

§ 6 Ärztliche Bescheinigung für den Arbeitgeber Für die ärztliche Bescheinigung für den Arbeitgeber nach § 39 Abs. 2 des Jugendarbeitsschutzgesetzes hat der Arzt bei einer Erstuntersuchung und bei einer Nachuntersuchung einen Vordruck nach dem Muster der Anlage 4 zu verwenden.

§ 7 Übermittlung von Unterlagen Bei der Übermittlung von Unterlagen nach den in dieser Verordnung vorgesehenen Mustern sind die in den Mustern vorgesehenen Unterschriften in schriftlicher Form zu leisten oder mit einer qualifizierten elektronischen Signatur zu versehen.

§ 8 Inkrafttreten, abgelöste Vorschrift Diese Verordnung tritt am ersten Tage des auf die Verkündung folgenden vierten Kalendermonats in Kraft.

24b. Kinderarbeitsschutzverordnung (KindArbSchV)

vom 23. Juni 1998 (BGBl. I 1508)

Einleitung

(siehe bei Nr. 24)

Verordnungstext

§ 1 Beschäftigungsverbot Kinder über 13 Jahre und vollzeitschulpflichtige Jugendliche dürfen nicht beschäftigt werden, soweit nicht das Jugendarbeitsschutzgesetz und § 2 dieser Verordnung Ausnahmen vorsehen.

§ 2 Zulässige Beschäftigungen (1) Kinder über 13 Jahre und vollzeitschulpflichtige Jugendliche dürfen nur beschäftigt werden

1. mit dem Austragen von Zeitungen, Zeitschriften, Anzeigenblättern und Werbeprospekten,
2. in privaten und landwirtschaftlichen Haushalten mit
   a) Tätigkeiten in Haushalt und Garten,
   b) Botengängen,
   c) der Betreuung von Kindern und anderen zum Haushalt gehörenden Personen,
   d) Nachhilfeunterricht,
   e) der Betreuung von Haustieren,
   f) Einkaufstätigkeiten mit Ausnahme des Einkaufs von alkoholischen Getränken und Tabakwaren,
3. in landwirtschaftlichen Betrieben mit Tätigkeiten bei
   a) der Ernte und der Feldbestellung,
   b) der Selbstvermarktung landwirtschaftlicher Erzeugnisse,
   c) der Versorgung von Tieren,
4. mit Handreichungen beim Sport,
5. mit Tätigkeiten bei nichtgewerblichen Aktionen und Veranstaltungen der Kirchen, Religionsgemeinschaften, Verbände, Vereine und Parteien,

wenn die Beschäftigung nach § 5 Abs. 3 des Jugendarbeitsschutzgesetzes leicht und für sie geeignet ist.

(2) Eine Beschäftigung mit Arbeiten nach Absatz 1 ist nicht leicht und für Kinder über 13 Jahre und vollzeitschulpflichtige Jugendliche nicht geeignet, wenn sie insbesondere

1. mit einer manuellen Handhabung von Lasten verbunden ist, die regelmäßig das maximale Lastgewicht von 7,5 kg oder gelegentlich das maximale Lastgewicht von 10 kg überschreiten; manuelle Handhabung in diesem Sinne ist jedes

Befördern oder Abstützen einer Last durch menschliche Kraft, unter anderem das Heben, Absetzen, Schieben, Ziehen, Tragen und Bewegen einer Last,
2. infolge einer ungünstigen Körperhaltung physisch belastend ist oder
3. mit Unfallgefahren, insbesondere bei Arbeiten an Maschinen und bei der Betreuung von Tieren, verbunden ist, von denen anzunehmen ist, daß Kinder über 13 Jahre und vollzeitschulpflichtige Jugendliche sie wegen mangelnden Sicherheitsbewußtseins oder mangelnder Erfahrung nicht erkennen oder nicht abwenden können.

Satz 1 Nr. 1 gilt nicht für vollzeitschulpflichtige Jugendliche.

(3) Die zulässigen Beschäftigungen müssen im übrigen den Schutzvorschriften des Jugendarbeitsschutzgesetzes entsprechen.

§ 3 Behördliche Befugnisse Die Aufsichtsbehörde kann im Einzelfall feststellen, ob die Beschäftigung nach § 2 zulässig ist.

§ 4 Inkrafttreten Diese Verordnung tritt am ersten Tage des auf die Verkündung folgenden Kalendermonats in Kraft.

25. Kündigungsschutzgesetz (KSchG)

Einleitung

I. Geschichtliche Entwicklung

1. Entwicklung bis 1946

Das Kündigungsschutzgesetz ist ein Kind der Zeit nach 1945; seine Konzeption war neu. Natürlich hatte es Vorläufer – aber nicht sehr weit zurückreichend (vgl. *Deutsch/Keiser*, §§ 620–630. Beendigung des Dienstverhältnisses, Rn. 61 ff. in Schmoeckel/Rückert/Zimmermann, Hrsg., Historisch-kritischer Kommentar zum BGB, Bd. III Schuldrecht: Besonderer Teil, 2013). Denn »Kündigungsschutz« in dem Sinne, dass die Berechtigung einer ordentlichen Arbeitgeber-Kündigung rechtlich überprüft werden konnte, gab es erst als Resultat des Ersten Weltkriegs. Davor gab es zwar zunehmend intensivere Regelungen für Kündigungsfristen. Weiterhin existierten Vorschriften über das Recht zur außerordentlichen Kündigung. Inhaltliche Beschränkungen der Freiheit zur ordentlichen Kündigung gab es aber nicht.

Änderungsbedarf in dieser Hinsicht wurde gegen Ende des 19. Jahrhunderts durch zwei Aspekte befördert: die rapide Zunahme von Angestellten und die Empörung über eine willkürliche Kündigungspraxis gegenüber Arbeitern. Zu deren Eingrenzung wurden zwei unterschiedliche arbeitsrechtliche Konzepte entwickelt: einmal eine materielle Kompensation für eine vom Arbeitnehmer nicht zu vertretende Kündigung (erstmals im von *Ernst Abbe* verfügten Statut der Carl-Zeiss-Stiftung in Jena vom 30. 6. 1891; *https://abbeverein.de/wp-content/uploads/2019/01/statut_1896.pdf*), auf der anderen Seite die Unzulässigkeit einer solchen Kündigung (erstmals der Frankfurter hauptamtliche Magistrat *Karl Flesch*, Zur Kritik des Arbeitsvertrags, seine volkswirtschaftlichen Funktionen und sein positives Recht, 1901). Die erste Variante wurde in der Breite Wirklichkeit mit dem Betriebsrätegesetz von 1920, zur zweiten kam es erst nach dem Zweiten Weltkrieg mit dem KSchG (dazu und zum Folgenden eingehend *Kittner/Klengel*, Die Entstehung des Kündigungsschutzgesetzes, 2022). Dazu kamen während und nach den beiden Weltkriegen befristete Regelungen zur Arbeitskräftelenkung, aus denen sich ebenfalls ein gewisser Schutz vor Arbeitgeberkündigungen ergab (Hilfsdienstgesetz 1916, DemobilmachungsVO 1919; ArbeitsplatzwechselVO 1939).

Der Kündigungsschutzregelung des BRG von 1920 lag ein aus einer Arbeitsniederlegung von Angestellten in der Berliner Metallindustrie im Frühjahr 1919 resultierender Tarifvertrag zugrunde. Er sah ein volles Mitbestimmungsrecht des Betriebsrats bei Einstellungen und Entlassungen vor. Der noch darauf beruhende Regierungsentwurf wurde im Laufe des parlamentarischen Verfahrens unter Einfluss der Arbeitgeber zu einer Einspruchs- und Abfindungslösung verändert. Die endgültige Regelung des § 84 BRG sah nur noch eine Einspruchsmöglichkeit des Betriebsrats für den Fall vor, dass eine *»Kündigung sich als eine unbillige, nicht durch* *das Verhalten des Arbeitnehmers oder durch die Verhältnisse des Betriebs bedingte Härte darstellt«*. Stellte danach das vom Arbeitnehmer angerufene Arbeitsgericht die Berechtigung des Einspruchs fest, konnte der Arbeitgeber zwischen Weiterbeschäftigung und Abfindung wählen. Das NS-Regime, das die gesamte bisherige kollektiv-rechtliche Arbeitsverfassung mit dem »Gesetz zur Ordnung der nationalen Arbeit« beseitigte, behielt die Regelung des § 84 BRG mit einigen Modifikationen auch im AOG bei – nur eben rein individualrechtlich und ohne Betriebsrat, mit konsultativer Einschaltung des Vertrauensrates (§§ 56 ff.).

2. Die Entstehung des KSchG

Nach dem Zweiten Weltkrieg ließen die Alliierten das AOG noch bis Ende 1946 in Kraft, wodurch auch dessen Kündigungsschutzrecht weitergalt. Daneben überließ Art. V Nr. 1b des Kontrollratsgesetzes Nr. 22 vom 10. April 1946 die Regelung von Einstellungen und Entlassungen Verhandlungen zwischen Arbeitgebern und Betriebsräten. Danach erfolgte die Neuregelung des Kündigungsschutzrechts auf Zonen- bzw. Länderebene. Dabei kam es in den westlichen Zonen (zur SBZ vgl. *Kittner/Klengel*, S. 215 ff.) entsprechend der unterschiedlichen Positionen der Besatzungsmächte zur Betriebsrätefrage zu einer Zweiteilung: In der amerikanischen und französischen Besatzungszone wurden in den meisten Ländern zwischen 1946 bis 1949 Landesbetriebsrätegesetze verabschiedet, die das Kündigungsrecht überwiegend wieder in einer Struktur entsprechend dem § 84 BRG regelten. In der britischen Zone kam es dagegen zu keinen Betriebsrätegesetzen, mithin auch nicht zu traditionell dort angesiedelten Kündigungsschutzregelungen. Man musste sich also mit den Generalklauseln des BGB (§§ 138, 242) behelfen, was naturgemäß zu erheblicher Rechtsunsicherheit führte.

So kamen die ersten Impulse zu einer Neuregelung des Kündigungsschutzes aus der Arbeitsverwaltung der britischen Zone in Lemgo: Der Präsident des Zentralamtes für Arbeit veröffentlichte am 23. 1. 1947 im Amtsblatt eine »Auslegungshilfe« zur Bewältigung von kündigungsschutzrechtlichen Fragen (abgedruckt bei *Kittner/Klengel*, Anhang I Dok. 8). Das war formal an sich nichts weiter als seine Auffassung zur materiellen Rechtslage, hatte aber unter den damaligen Umständen doch erhebliches Gewicht. Bei genauer Betrachtung erwies sich dieser Erlass als konzeptionelle Geburtsstunde des »modernen« Kündigungsschutzrechts:

- Eine Kündigung ist als »Missbrauch« im Sinne des § 242 BG willkürlich, *»wenn die Kündigung nicht notwendig«* ist.
- Dazu hatte der Arbeitgeber *»in jedem einzelnen Streitfall den Nachweis zu erbringen, dass die Kündigung entweder durch die Person des Arbeitnehmers (Leistungsunfähigkeit usw.) oder durch sein Verhalten (Diebstahl usw.) oder durch die Verhältnisse des Betriebs (Arbeitsmangel usw.) zwingend geboten ist«*.
- Wo dieser Nachweis nicht gelingt, *»erweist sich die Kündigung als eine unrichtige Rechtsausübung, die vor dem Gericht keinen Bestand haben kann, d. h. sie ist ohne Recht erfolgt und nichtig«*.

Diese in ihrem Kern auf das Konzept von *Flesch* zurückgehenden Aussagen enthielten nichts weniger als die Substanz des späteren § 1 KSchG!

Die weitere Entwicklung wurde entscheidend geprägt durch zwei Personen: *Wilhelm Herschel*, den damaligen für den genannten Erlass fachlich verantwortlichen Leiter der arbeitsrechtlichen Abteilung der Lemgoer Verwaltung, und *Hans Carl Nipperdey*, den arbeits- und verfassungsrechtlichen Chefberater das DGB-Vorsitzenden *Böckler*. Sie entwickelten den ersten Entwurf eines Kündigungsschutzgesetzes für den arbeitsrechtlichen Ausschuss des DGB, der danach von dessen Bundesvorstand übernommen wurde (»Krefelder Entwurf« vom 23.5.1949, abgedruckt bei *Kittner/Klengel*, Anhang I Dok. 14; vgl. *Kittner*, AuR 22, G21). Ausgehend davon kam es zu komplizierten Verhandlungen zwischen dem DGB und der zentralen Arbeitgebervereinigung (ab 1949 als BDA) mit vielen konfliktreichen Einzeletappen zunächst im Vereinigten Wirtschaftsgebiet (»Bizone«) und dann der neugegründeten Bundesrepublik mit dem Höhepunkt in den »Hattenheimer Gesprächen« im Januar 1950. Ein auf den ersten Gesprächsergebnissen der Sozialpartner beruhendes Gesetz des Wirtschaftsrates vom 20. Juli 1949 (»Frankfurter Gesetz«) wurde von der Militärregierung nicht mehr genehmigt. Das endgültige Gesetz wurde am 10. Juli 1951 in dritter Lesung im Bundestag verabschiedet (nach schweren Konflikten in der CDU/CSU-Fraktion aufgrund einer Intervention von Handwerks- und Mittelstandsverbänden; im Ergebnis mit einer Verschlechterung gegenüber dem Regierungsentwurf hinsichtlich Betriebsgröße, Karenzzeit und Lebensalter). Der Bundesrat beschloss am 27. Juli 1951 *»trotz erheblicher Bedenken«* den Vermittlungsrat nicht anzurufen, sodass das Gesetz am 13. August 1951 im BGBl. verkündet werden konnte.

3. Weitere Entwicklung

Wesentliche Änderungen zeigen deutlich das politische Auf und Ab bezüglich des Kündigungsschutzes (vgl. dazu auch *Buschmann*, AuR 17, G17); die Grundstrukturen des Gesetzes sind jedoch die gleichen geblieben: 25

(1) Arbeitsrechtliches Beschäftigungsförderungsgesetz vom 25.9.1996 (BGBl. I 1476)

Dieses politisch außerordentlich umstrittene Gesetz (mit dem auch die Entgeltfortzahlung im Krankheitsfalle gekürzt wurde, vgl. Einl. I zum EFZG, Nr. 18) hatte zu einer drastischen Reduzierung des Kündigungsschutzes geführt. Die Begründung hierfür war die von der Regierungskoalition aus CDU/CSU und FDP seit jeher vertretene These, dass so die Bereitschaft der Unternehmen zu Neueinstellungen gefördert werde. Dagegen wurde ins Feld geführt, dass ein solcher Kausalzusammenhang gerade nicht erwiesen ist, vielmehr lediglich die allgemeine Beschäftigungskrise dazu benutzt werde, um – auf verfassungsrechtlich bedenkliche Weise – Arbeitnehmerrechte abzubauen (zur Kritik am Gesetz vgl. *Kittner,* FS Kehrmann 1996; *Düwell,* AiB 96, 393; *Hinrichs,* AiB 96, 589; insgesamt vgl. *Lorenz,* DB 96, 1973; *Löwisch,* NZA 96, 1009; *Bader,* NZA 96, 1125).

Im Wesentlichen wurde der Kündigungsschutz in folgender Hinsicht abgebaut:

- Für Kleinbetriebe bis zu 10 Beschäftigten (statt vorher 5) gilt das KSchG nicht. Bei der Bestimmung der Arbeitnehmerzahl werden Teilzeitkräfte anteilig gezählt.

- Die Sozialauswahl bei betriebsbedingten Kündigungen wird unter Aufhebung des Prinzips der Einzelfallprüfung auf Lebensalter, Betriebszugehörigkeit und Unterhaltspflichten reduziert.
- In die Sozialauswahl werden die Arbeitnehmer nicht einbezogen, an denen der Arbeitgeber ein berechtigtes betriebliches Interesse hat. Ausdrücklich anerkannt wird das betriebliche Interesse an einer »ausgewogenen Personalstruktur« (was zur Aushebelung der Gesichtspunkte Alter/Betriebszugehörigkeit führen kann).
- Der Rechtsschutz des gekündigten Arbeitnehmers gegen die Sozialauswahl wird beschnitten, falls es hierfür mit dem Betriebsrat vereinbarte Richtlinien gibt bzw. beim Fehlen eines Betriebsrats der Arbeitgeber solche unter Zustimmung von zwei Dritteln der Belegschaft erlässt.

(2) Gesetz zu Korrekturen in der Sozialversicherung und zur Sicherung von Arbeitnehmerrechten vom 19. 12. 1998 (BGBl. I 3843)

In der ersten Legislaturperiode der rot-grünen Koalition wurden die Änderungen aufgrund des »Beschäftigungsförderungsgesetzes 1996« weitestgehend wieder rückgängig gemacht.

(3) Gesetz zu Reformen am Arbeitsmarkt vom 24. 12. 2003 (BGBl. I 3002)

Als Teil ihrer »Agenda 2010« hat die Regierungsmehrheit im Einvernehmen mit der Bundesratsopposition nach Verhandlungen im Vermittlungsausschuss das KSchG mit dem Ziel geändert, das eigene »Korrekturgesetz« von 1998 in wesentlicher Hinsicht wieder rückgängig zu machen und zum »Beschäftigungsförderungsgesetz« von 1996 zurückzukehren, obwohl dessen arbeitsmarktpolitische Erwartungen empirisch nicht bestätigt werden konnten. Dies erfolgte im größeren Zusammenhang der Gesetzgebung zur Arbeitsmarktreform von Ende 2003. Die wichtigsten Änderungen betreffen Folgendes:

- Begrenzung der Sozialauswahl auf die vier Kriterien Betriebszugehörigkeit, Lebensalter, Unterhaltspflichten und Schwerbehinderung;
- Verstärkung der »betrieblichen Interessen« einschließlich erneut der »ausgewogenen Personalstruktur« und Wiedereinführung der »Namensliste«;
- Möglichkeit eines formalisierten Abfindungsangebots (§ 1a);
- Vereinheitlichung der Frist zur Anrufung der Arbeitsgerichte;
- Erhöhung der Betriebsgröße auf 10 regelmäßig Beschäftigte, mit Vertrauensschutzregelungen zu Gunsten der vor dem 1. 1. 2004 beschäftigten Arbeitnehmer.

Daneben ist die begründungslose Befristungsmöglichkeit für neu gegründete Unternehmen gemäß § 14 TzBfG auf vier Jahre verlängert worden (vgl. *Preis,* DB 04, 70).

Danach gab es nur noch marginale Änderungen, zuletzt:

(4) § 24, der unter anderem spezielle Regelungen für Seeleute mit Blick auf die längere Anwesenheit an Bord enthält, wurde im Zuge der Umsetzung des IAO-Seearbeitsübereinkommens 2006 den modernen Verkehrsmitteln angepasst (Art. 3 Abs. 2 des Gesetzes zur Umsetzung des Seearbeitsübereinkommens 2006 der Internationalen Arbeitsorganisation v. 20. 4. 2013, BGBl. I 868).

(5) In Umsetzung der Seeleute-Richtlinie (EU) 2015/1794 (v. 6. 10. 2015, ABl. L 263/1) wurde der Schutz vor Massenentlassungen auch für Seeleute durch neue Regelungen in §§ 23 Abs. 2 S. 2, 24 Abs. 5 durch Art. 4 Erwerbsminderungsrenten-

Leistungsverbesserungsgesetz (v. 17.7.2017, BGBl. I 2509; vgl. Einl. II zum SGB VI, Nr. 30 VI) eingeführt.

(6) Eine Ergänzung erfolgte hinsichtlich der Hemmung der Klagefrist für Seeleute im Fall von Gefangenschaft durch Seeräuberei durch das Gesetz v. 14.10.2020 (BGBl. I 2112).

(7) Im Zuge des Betriebsrätemodernisierungsgesetzes (v. 14.6.2021, BGBl. I 1762; vgl. Einl. I 3h zum BetrVG, Nr. 12) wurde der Sonderkündigungsschutz für sog. Wahlinitiatoren von drei auf sechs Personen erweitert und ein Sonderschutz für sog. Vorfeldinitiatoren eingeführt (§ 15 Abs. 3a und 3b KSchG).

II. Wesentlicher Gesetzesinhalt

Das Kündigungsschutzgesetz ist der zentrale Baustein eines umfangreichen Gesamtsystems zum Bestandsschutz von Arbeitsverhältnissen (Übersicht 49). Es enthält Regelungen zur ordentlichen Kündigung, während Bestimmungen zur Kündigungsfrist sowie zur außerordentlichen (regelmäßig fristlosen) Kündigung im BGB enthalten sind (vgl. Einl. II 3 zum BGB, Nr. 14). Das Gesetz enthält im Wesentlichen folgende Regelungen:

1. Soziale Rechtfertigung einer Kündigung

Jede ordentliche Kündigung bedarf zu ihrer Wirksamkeit der sozialen Rechtfertigung, wenn die 6-monatige Wartezeit des § 1 Abs. 1 erfüllt ist und der betriebliche Geltungsbereich nach § 23 Abs. 1 KSchG (s. u. 7) eröffnet ist. Eine außerordentliche Kündigung verlangt demgegenüber gemäß § 626 BGB (Nr. 14) die Unzumutbarkeit der Weiterbeschäftigung für den Arbeitgeber (Übersicht 50). Die ordentliche Kündigung ist sozial gerechtfertigt, wenn sie 25

1. durch Gründe in der Person des Arbeitnehmers (z. B. Verlust der Arbeitsfähigkeit) oder
2. durch Gründe im Verhalten des Arbeitnehmers (z. B. dauernde Unpünktlichkeit) oder
3. durch dringende betriebliche Erfordernisse (z. B. Wegfall der Arbeitsmöglichkeit durch Auftragsmangel oder Rationalisierung)

bedingt ist und nicht durch Umschulung oder Umsetzung des Arbeitnehmers abgewendet werden kann (§ 1 Abs. 2 KSchG). Auch die Möglichkeit von Kurzarbeit ist zu prüfen, wobei auf das Initiativrecht des Betriebsrates zu verweisen ist (*BAG* 4.3.1986 – 1 ABR 15/84, DB 86, 1395). Eine nur vorübergehende Reduzierung des betrieblichen Arbeitskräftebedarfs rechtfertigt die betriebsbedingte Kündigung nicht (*BAG* 23.2.2012 – 2 AZR 548/10, NZA 12, 852). Bei »betriebsbedingten« Kündigungen hält das *BAG* im Grundsatz die zu den betrieblichen Veränderungen führende unternehmerische Entscheidung für gerichtlich nicht nachprüfbar (s. III 2). Der Arbeitgeber hat die Gründe für die Kündigung zu beweisen (§ 1 Abs. 2 S. 4 KSchG; das gilt auch, wenn der Kündigungsgrund im Vorwurf einer üblen Nachrede im Sinne des § 186 StGB besteht, *BAG* 16.12.2021 – 2 AZR 356/21, NZA 22, 407). Bei der betriebsbedingten Kündigung bedarf es gemäß § 1 Abs. 3 KSchG einer sozialen Auswahl zwischen den Arbeitnehmern, die hinsichtlich des fortfallenden Arbeitsplatzes vergleichbar sind. Demgegenüber ist die Zuordnung von Arbeitnehmern im Rahmen eines Betriebsteilübergangs nicht von einer Sozialauswahl abhängig (Einl. II 5 zum BGB, Nr. 14). Die Auswahl ist auf die Kriterien Alter, Dauer der Betriebszugehörigkeit, Unterhaltspflichten und Schwerbehinderung beschränkt. Das Kriterium des Alters hat bei einer Sozialauswahl deutlich weniger Gewicht, wenn der Arbeitnehmer bereits einen Anspruch auf Altersrente hat, weil ihn die Kündigung dann im Hinblick auf die Absicherung durch die Rente deutlich weniger hart trifft (*BAG* 27.4.2017 – 2 AZR 67/16, NZA 17, 902). Ebenso geht die Rechtsprechung davon aus, dass zu Lasten des Arbeitnehmers im Rahmen der Sozialauswahl berücksichtigt werden kann, wenn spätestens innerhalb von zwei Jahren nach dem in Aussicht genommenen Ende des Arbeitsverhältnisses eine Regelaltersrente oder eine sonstige abschlagsfreie Altersrente, mit Ausnahme der Altersrente für schwerbehinderte Menschen, bezogen werden kann (*BAG* 8.12.2022 – 6 AZR 31/22, NZA 23, 692; dazu *Spielberger*, NJW 23, 2683). Im Falle der Leiharbeit ist die Sozialauswahl unter den Arbeitnehmern des Verleih-, nicht unter denen des Einsatzbetriebes zu treffen (*BAG* 20.6.2013 – 2 AZR 271/12, NZA 13, 837). Der Arbeitgeber muss diese Gesichtspunkte *ausreichend* berücksichtigen. Die Auswahl ist daher nur fehlerhaft, wenn sie unter sozialen Gesichtspunkten überhaupt nicht vertretbar war, und nicht schon dann, wenn das Gericht einen anderen Arbeitnehmer ausgewählt hätte. Der Arbeitnehmer hat zu beweisen, dass ein bestimmter anderer Arbeitnehmer sozial weniger schutzwürdig ist und statt seiner entlassen werden musste (§ 1 Abs. 3 S. 3 KSchG). Obwohl das Lebensalter unmittelbar Einfluss auf die Chance zum Arbeitsplatzerhalt hat, sieht die Rechtsprechung darin keine unzulässige Diskriminierung (jüngerer Arbeitnehmer) wegen des Alters (*BAG* 15.12.2011 – 2 AZR 42/10, NZA 12, 1044). Ausnahmen von der Sozialauswahl sind nach § 1 Abs. 3 S. 2 KSchG möglich

- durch Bildung von Altersgruppen zur Sicherung einer ausgewogenen Personalstruktur und
- wenn Arbeitnehmer im berechtigten betrieblichen Interesse weiter beschäftigt werden sollen (so genannte Leistungsträgerklausel).

2. Gerichtliche Geltendmachung

Der Arbeitnehmer muss, um die Sozialwidrigkeit einer Kündigung geltend zu machen, innerhalb von 3 Wochen Klage beim Arbeitsgericht erheben (§ 4 KSchG). Seit dem Gesetz zu Reformen am Arbeitsmarkt v. 24.12.2003 (o. I 3) gilt die Frist auch für andere Unwirksamkeitsgründe. Die Frist gilt auch, wenn der Arbeitnehmer mangels Erfüllung der Wartezeit (§ 1 Abs. 1 KSchG) noch keinen sozialen Kündigungsschutz genießt (*BAG* 28.6.2007 – 6 AZR 873/06, NZA 07, 972). Bei einer Änderungskündigung kann der Arbeitnehmer die Berechtigung der Vertragsänderung gerichtlich überprüfen lassen, ohne dass die Beendigung des Arbeitsverhältnisses selbst auf dem Spiel stünde (§ 2 KSchG, Übersicht 53a, zur Einhaltung der Klagefrist in diesem Fall vgl. *BAG* 21.5.2019 – 2 AZR 26/19, NZA 19, 1143). Die Klagefrist muss eingehalten werden, wenn der Arbeitgeber zu einem falschen Termin kündigt, er aber gerade zu diesem Termin kündigen wollte (*BAG* 15.12.2016 – 6 AZR 430/15, NZA 17, 502, Rn. 67 ff.). Kam es dem Arbeitgeber hingegen darauf an, auf jeden Fall zum nächstmöglichen Termin zu kündigen, und hat er damit die Frist nur falsch berechnet, lässt sich die Kündigung hingegen umdeuten in eine Kündigung zum richtigen Termin. Dies geltend zu machen, bedeutet nicht, die Unwirksamkeit der Kündigung anzugreifen, sondern nur die richtigen Wirkungen der Kündigung feststellen zu lassen, sodass die Klagefrist nicht greift (*BAG* 9.9.2010 – 2 AZR 714/08, DB 11, 655). Diese Rechtsprechung ist der Rechtssicherheit abträglich.

Die Bestimmungen über eine Kündigungsschutzklage gelten nur für die Klage gegen den Arbeitgeber (*BAG* 1.10.2020 – 2 AZR 214/20, NZA 20, 1637). Klagt der Arbeitgeber gegen eine Kündigung des Arbeitnehmers, kommt allenfalls eine Feststellungsklage (§ 256 ZPO, Nr. 35) in Betracht.

3. Auflösung des Arbeitsverhältnisses und Abfindung

Wenn die Kündigungsschutzklage erfolgreich war, kann das Arbeitsgericht auf Antrag jeder Seite das Arbeitsverhältnis gleichwohl auflösen; zum Antrag des Arbeitgebers ist lediglich erforderlich, dass eine weitere den Betriebszwecken dienende Zusammenarbeit nicht zu erwarten ist (§ 9 KSchG). In solchen Fällen erhält der Arbeitnehmer eine Abfindung (§ 10 KSchG).

Das *BAG* hat Zweifel an der Verfassungsmäßigkeit des § 9 KSchG (*Bleckmann/Coen,* DB 81, 640) nicht geteilt (*BAG* 16.5.1984 – 7 AZR 280/82, NZA 85, 60; hierzu krit. *Belling,* DB 85, 1890). Und das *BVerfG* hat eine Verfassungsbeschwerde in Bezug auf die §§ 9, 10 KSchG nicht zur Entscheidung angenommen (29.1.1990 – 1 BvR 42/82, NZA 90, 535).

4. Besonderer Kündigungsschutz für Amtsinhaber der Betriebsverfassung

Gegenüber Betriebsrats- und Personalratsmitgliedern, Jugendvertretern und in gewissem Umfang gegenüber Wahlvorstandsmitgliedern, Wahlbewerbern sowie Wahlinitiatoren ist die ordentliche Kündigung ausgeschlossen. Zu einer Kündigung aus wichtigem Grund (§ 626 BGB) bedarf es der vorherigen Zustimmung des Betriebsrats bzw. Personalrats (vgl. § 103 BetrVG), die durch das Arbeitsgericht ersetzt werden kann (§ 15 KSchG; zum Bestandsschutz für Auszubildende nach Beendigung der Ausbildung siehe § 78a BetrVG). Dabei hat die Entscheidung im Zustimmungsersetzungsverfahren hinsichtlich des Vorliegens eines wichtigen Grundes i.S.d. § 626 BGB Bindungswirkung (*BAG* 16.11.2017 – 2 AZR 14/17, NZA 18, 240).

Sog. Vorfeldinitiatoren für Betriebsratswahlen genießen im Falle einer öffentlich (notariell) beglaubigten Erklärung ab ersten Handlungen zur Vorbereitung einer Wahlinitiative Sonderkündigungsschutz gemäß § 15 Abs. 3b KSchG. Er schließt personen- und verhaltensbedingte, nicht aber betriebsbedingte sowie außerordentliche Kündigungen aus. Allerdings ist dieser Sonderkündigungsschutz nicht von einer gerichtlichen Zulassung abhängig, sodass zweifelhaft ist, ob auf diese Weise die Erschwerung von Betriebsratswahlen durch unbegründete außerordentliche

Kündigungen verhindert werden kann. Auch für Wahlinitiatoren (§ 15 Abs. 3a KSchG) gibt es kein Zustimmungserfordernis.
Im Falle eines befristeten Arbeitsverhältnisses eines Betriebsratsmitglieds gibt es keinen vergleichbaren Sonderschutz. Der Arbeitgeber darf bei der Entscheidung über eine Verlängerung des Arbeitsvertrages das Betriebsratsmitglied nur nicht nach § 78 S. 2 BetrVG wegen der Amtstätigkeit benachteiligen (*BAG* 5.12.2012 – 7 AZR 698/11, NZA 13, 515). Dem Betriebsratsmitglied werden hinsichtlich einer solchen Benachteiligung Erleichterungen bei der Darlegung zugestanden, eine Beweislastumkehr entsprechend § 22 AGG (Nr. 2) lehnt die Rechtsprechung aber ab (*BAG* 18.6.2025 – 7 AZR 50/24, NZA 25, 1460).
Vertrauenspersonen der schwerbehinderten Menschen genießen nach § 179 Abs. 3 S. 1 SGB IX »den gleichen Kündigungsschutz«. Im Hinblick auf die Zustimmungsbedürftigkeit bedeutet dies, dass nicht etwa die Schwerbehindertenvertretung, sondern der Betriebsrat zustimmen muss (*BAG* 19.7.2012 – 2 AZR 989/11, NZA 13, 143).

5. Anzeigepflicht für »Massenentlassungen«

Das Massenentlassungsrecht dient der Umsetzung der europäischen Massenentlassungsrichtlinie 1998/59/EG (EU-ASO Nr. 54). Die Entlassung einer größeren Zahl von Arbeitnehmern binnen 30 Tagen (zu den Größenordnungen siehe § 17 Abs. 1 KSchG; zur Frage einer Berücksichtigung von Leiharbeitnehmern bei der Prüfung einer Massenentlassung hat das *BAG* 16.11.2017 – 2 AZR 90/17, NZA 18, 245, ein Vorabentscheidungsersuchen an den *EuGH* gerichtet, wegen einer Klagerücknahme wurde darüber aber nicht mehr entschieden) bedarf zu ihrer Wirksamkeit der Anzeige an die Agentur für Arbeit. Diesen Schutz genießen mit Rücksicht auf Art. 3 Abs. 1, 6 GG (Nr. 20) auch Arbeitnehmer, denen wegen des Zuwartens auf die Zustimmung der Behörde zur Kündigung während der Elternzeit nach § 18 BEEG (Nr. 16) erst zu einem späteren Zeitpunkt gekündigt wurde, weil anderenfalls der besondere Kündigungsschutz in eine schlechtere kündigungsrechtliche Stellung führen würde (*BVerfG* 8.6.2016 – 1 BvR 3634/13, NZA 16, 939; *BAG* 26.1.2017 – 6 AZR 442/16, NZA 17, 577). Entsprechendes muss auch im Falle vergleichbarer behördlicher Zustimmungserfordernisse gelten, etwa nach § 168 SGB IX (Nr. 30 IX). Eine Entlassung kann auch vorliegen, wenn Arbeitnehmer einen Wechsel des Arbeitsortes hinnehmen müssen und ihnen anderenfalls die Kündigung mangels Erfüllung des Arbeitsvertrages droht oder wenn der Wechsel des Arbeitsortes eine »erhebliche Änderung eines wesentlichen Bestandteils des Arbeitsvertrages« bedeutet (*EuGH* 4.9.2025 – C-249/24, NZA 25, 1311 – Ineo Infracom). Das *BAG* (13.2.2020 – 6 AZR 146/19, NZA 20, 1006) hat klargestellt, dass der Betriebsbegriff des Massenentlassungsrechts nicht identisch mit dem sonst maßgeblichen Betriebsbegriff des Kündigungsschutzrechts ist. Es handelt sich vielmehr um eine Einheit, der Arbeitnehmer angehören und in der die ordnungsgemäße Durchführung der Arbeit und die Aufgabenkoordinierung sichergestellt ist. Die damit verbundene kleinteiligere Struktur mag zwar dazu führen, dass die Schwellenwerte in der jeweiligen Einheit nicht so leicht erreicht werden. Die Rechtsprechung nimmt dies aber in Kauf, da das Massenentlassungsrecht vor allem dazu dient, die Arbeitsverwaltung auf lokale Arbeitsmarktbelastungen vorzubereiten. Einer Vorlage an den *EuGH* bedurfte es insoweit nicht (*BVerfG* 5.1.2021 – 1 BvR 1771/20 u.a., NZA 21, 271).

Ein bei der Arbeitsagentur gebildeter Ausschuss kann die Wirksamkeit der Kündigungen um höchstens einen Monat hinausschieben, er kann sie aber auch schon früher, bis zum Tag der Antragstellung wirksam werden lassen (§ 18 Abs. 1 und 2 KSchG). Bei der Anzeige ist der Betriebsrat zu beteiligen (§ 17 Abs. 2 und 3 KSchG). Der *EuGH* hat entschieden, dass die Pflicht des Arbeitgebers, der Massenentlassungsanzeige nach § 17 Abs. 3 S. 1 KSchG die Mitteilung an den Betriebsrat beizufügen, nicht den einzelnen Arbeitnehmer schützen soll (13.7.2023 – C-134/22, NZA 23, 887 – M O / S M; auf Vorabentscheidungsersuchen von *BAG* 27.1.2022 – 6 AZR 155/21 [A], NZA 22, 491). Entsprechend hat das *BAG* entschieden, dass die fehlende Beifügung der Mitteilung nicht zur Unwirksamkeit der Kündigung führt (23.5.2024 – 6 AZR 155/21, NZA 24, 981). Es ist zu erwarten, dass die Rechtsprechung auch eine unterbliebene Beifügung der Stellungnahme des Betriebsrats zur Massenentlassungsanzeige künftig für unerheblich halten wird.

Die im Nachgang dem Betriebsrat gemäß § 17 Abs. 3 S. 6 KSchG zuzuleitende Abschrift der Massenentlassungsanzeige hat den Zweck, den Betriebsrat zu informieren. Daraus leitet die Rechtsprechung ab, dass die Verletzung dieser Pflicht nicht zur Unwirksamkeit nachfolgender Kündigungen führe (*BAG* 8.11.2022 – 6 AZR 15/22, NZA 23, 166). Das läuft allerdings auf eine Entwertung des Rechts des Betriebsrats hinaus, nach § 17 Abs. 3 S. 7 KSchG eine ergänzende Stellungnahme gegenüber der Arbeitsagentur abzugeben.

Der *EuGH* (27.1.2005 – C-188/03, DB 05, 453 – Junk) hat entschieden, dass als Zeitpunkt der »Entlassung« nicht die Beendigung des Arbeitsverhältnisses – wie bisher praktiziert – sondern die Kündigungserklärung gilt. Dem hat sich das *BAG* durch entsprechende Neuinterpretation von § 17 KSchG angeschlossen; Altfälle sollten jedoch Vertrauensschutz genießen (23.3.2006 – 2 AZR 343/05, NZA, 06, 971; vgl. *Dzida/Hohenstatt*, DB 06, 1897). Das *BVerfG* (10.12.2014 – 2 BvR 1549/07, NZA 15, 375) sah in der Entscheidung über die Frage des Vertrauensschutzes einen Verfassungsverstoß nach Art. 101 Abs. 1 S. 2 GG (vgl. Einl. II 2d zum AEUV, Nr. 20 a) und verlangt ein Vorabentscheidungsersuchen des *BAG* zu dieser Frage an den *EuGH* (dazu *Sagan*, NZA 15, 341). Die Massenentlassungsanzeige ist nach der Rechtsprechung aber nicht etwa deshalb unwirksam, weil der Arbeitgeber im Zeitpunkt der Anzeige bereits entschlossen ist, zu kündigen (*BAG* 13.6.2019 – 6 AZR 459/18, NZA 19, 1638). Für die Rechtzeitigkeit der Anzeige kommt es darauf an, dass diese bei der Arbeitsagentur eingeht, bevor die Kündigung dem Arbeitnehmer zugeht (*BAG* 13.2.2020 – 6 AZR 146/19, NZA 20, 1006). Das *BAG* beabsichtigte allerdings, das Fehlen einer Massenentlassungsanzeige nicht mehr als Wirksamkeitsvoraussetzung einer individuellen Kündigung anzusehen (14.12.2023 – 6 AZR 157/22 [B], NZA 24, 119). Auf verschiedene Vorabentscheidungsersuchen (*BAG* 1.2.2024 – 2 AS 22/23 [A], NZA 24, 257; 23.5.2024 – 6 AZR 152/22 [A], NZA 24, 825) hat der *EuGH* jedoch entschieden, dass eine Kündigung des Arbeitsverhältnisses nicht ohne wirksame Massenentlassungsanzeige möglich ist. Eine Nachholung nach erfolgter Kündigung genügt nicht (*EuGH* 30.10.2025 – C- 134/24, NZA 25, 1547 – Tomann). Der Arbeitgeber ist damit zur erneuten Kündigung nach ord-

nungsgemäßer Massenentlassungsanzeige genötigt. Der Zweck der Massenentlassungsanzeige ist auch nicht etwa bereits dadurch gewahrt, dass die Arbeitsagentur eine fehlerhafte oder unvollständige Anzeige nicht beanstandet und sich als ausreichend informiert ansieht (*EuGH* 30. 10. 2025 – C-402/24, NZA 25, 1551 – Sewel; zum Ganzen vgl. *Bayreuther*, NZA 25, 1587; *Sagan*, NJW 25, 3684).
Auch ist eine Kündigung unwirksam, die vor Durchführung des Konsultationsverfahrens nach § 17 Abs. 2 KSchG ausgesprochen wurde (*BAG* 21. 3. 2013 – 2 AZR 60/12, NZA 13, 966). Das *BAG* hat dies in seinen Beschlüssen zur beabsichtigten Änderung der Rechtsprechung zur Massenentlassungsanzeige ausdrücklich nicht infrage gestellt (14. 12. 2023 – 6 AZR 157/22 [B], NZA 24, 119; 1. 2. 2024 – 2 AS 22/23 [A], NZA 24, 257; 23. 5. 2024 – 6 AZR 152/22 [A], NZA 24, 825). Ob eine Massenentlassung darüber hinaus erst möglich ist, nachdem die Sozialplanverhandlungen mit dem Betriebsrat (s. BetrVG, Nr. 12) notfalls durch Anrufung der Einigungsstelle abgeschlossen sind, ist bislang noch nicht geklärt (vgl. *ArbG Berlin* 21. 2. 2006 – 79 Ca 22399/05, NZA 06, 739; dazu abl. *Franzen*, ZfA 06, 437; *Klumpp*, NZA 06, 703). Zwar hat das *BAG* (16. 5. 2007 – 8 AZR 693/06, NZA 07, 1296, 1301) diese Frage verneint. Diese Ansicht ist aber unmaßgeblich, nachdem das *BVerfG* (25. 2. 2010 – 1 BvR 230/09, NZA 10, 439) eine inhaltlich entsprechende Nachfolgeentscheidung des *BAG* (21. 5. 2008 – 8 AZR 84/07, NZA 08, 753) aufgehoben hat, ebenfalls wegen Verletzung der Vorlagepflicht nach Art. 267 AEUV. Allerdings geht das *BAG* davon aus, dass der Arbeitgeber den Konsultationsanspruch des Betriebsrats als erfüllt ansehen darf, wenn dieser ausreichend informiert wurde und keine Bereitschaft zu zielführenden Verhandlungen erkennen lässt (*BAG* 22. 9. 2016 – 2 AZR 276/16, NZA 17, 175). Zu beachten ist auch, dass der *EuGH* die Konsultation der Arbeitnehmervertreter vor Aufnahme von Tarifverhandlungen hinsichtlich einer Betriebsänderung als ausreichend angesehen hat (4. 9. 2025 – C-249/24, NZA 25, 1311 – Ineo Infracom).
Die Konsultationspflicht entfällt, wenn es keine betriebliche Interessenvertretung gibt. Der *EuGH* fordert aber, dass gewährleistet sein muss, dass die Arbeitnehmer nicht in eine Situation geraten, in der sie aus Gründen, die sich ihrem Einfluss entziehen, daran gehindert sind, entsprechende Vertreter zu benennen (5. 10. 2023 – C-496/22, NZA 23, 1454 – Brink's Cash Solutions). Nach der Rechtsprechung des *BAG* lässt das Fehlen eines Betriebsrats oder eines alternativen Gremiums jedenfalls die Konsultationspflicht entfallen. Die betroffenen Arbeitnehmer seien nicht stattdessen einzeln zu konsultieren (18. 6. 2025 – 2 AZR 97/24 [B], NZA 25, 1407).
Nach Anzeige der Massenentlassung greift eine sog. Sperrfrist von einem Monat gemäß § 18 KSchG. Innerhalb dieser wird die Kündigung nur mit Zustimmung der Arbeitsagentur wirksam. Zwar kann der Arbeitgeber unmittelbar nach Eingang der Anzeige kündigen, im Falle einer Kündigungsfrist von weniger als einem Monat bleibt das Arbeitsverhältnis aber bis zum Ablauf der Sperrfrist bestehen (*BAG* 6. 11. 2008 – 2 AZR 935/07, NZA 09, 1013).

6. Kündigungen in Arbeitskämpfen

Das KSchG findet nach § 25 KSchG keine Anwendung auf Kündigungen zur Erreichung von Arbeitskampfzielen. Diese Vorschrift ist allerdings bei gewerkschaftlichen Arbeitskämpfen insofern nicht mehr von Bedeutung, als das *BAG* auch der von ihm als zulässig angesehenen Aussperrung (siehe auch Einl. II 2a zum TVG, Nr. 31) im Regelfall nur suspendierende Wirkung beimisst (*BAG* 21.4.1971 – GS 1/68, AP Nr. 43 zu Art. 9 GG Arbeitskampf).

7. Geltungsbereich

Das KSchG gilt nicht in sog. Kleinbetrieben mit bis zu 5 Arbeitnehmern ausschließlich der Auszubildenden (§ 23 Abs. 1 S. 2 KSchG). Dabei kommt es auf den allgemeinen arbeitsrechtlichen Arbeitnehmerbegriff (§ 611a BGB, Einl. II 1 zum BGB, Nr. 14) an. Zwar gibt es bei unionsrechtlich determiniertem Arbeitsrecht u. U. die Notwendigkeit, einen regelmäßig weiteren europarechtlichen Arbeitnehmerbegriff zugrunde zu legen (Einl. II 1 zum BGB, Nr. 14; Einführung V zur EU-ASO, Nr. 1). Die Bestimmung des § 23 KSchG ist aber nicht in diesem Sinne europarechtlich determiniert (*BAG* 27.4.2021 – 2 AZR 540/20, NZA 21, 857).
Seit dem 1.1.2004 gilt das KSchG auch nicht für Neueingestellte, wenn der Betrieb nicht mehr als 10 Arbeitnehmer beschäftigt; die Neueingestellten zählen bis zu einer Betriebsgröße von 10 Arbeitnehmern auch nicht zur Ermittlung der Betriebsgröße mit. Es gelten daher unterschiedliche Schwellenwerte für Altarbeitnehmer (5 Arbeitnehmer) und Neuarbeitnehmer (10 Arbeitnehmer). Dabei werden Ersatzeinstellungen für ausgeschiedene Arbeitnehmer wie Neueinstellungen behandelt (*BAG* 21.9.2006 – 2 AZR 840/05, DB 07, 691). Beispiel: Am 31.12.2003 waren 6 Arbeitnehmer im Betrieb beschäftigt, am 1.2.2004 wurden zwei weitere eingestellt. Wurde einer der alten Arbeitnehmer entlassen und dafür ein neuer Arbeitnehmer eingestellt, genießen auch die übrigen Altarbeitnehmer keinen Kündigungsschutz (nicht mehr als 5 Altarbeitnehmer!) bis der Betrieb die Größe von 10 Arbeitnehmern überschreitet. Teilzeitbeschäftigte werden im Übrigen immer anteilig gezählt (§ 23 Abs. 1 S. 4 KSchG). Mitgezählt werden ebenfalls die im Betrieb eingesetzten Leiharbeiter, sofern diese nicht nur einen vorübergehenden Personalengpass überbrücken, sondern den regelmäßigen Beschäftigungsbedarf abdecken (*BAG* 24.1.2013 – 2 AZR 140/12, DB 13, 1495).
Das *BVerfG* hat die Schwellenregelung mit (damals noch) 5 Arbeitnehmern als verfassungsgemäß angesehen (*BVerfG* 27.1.1998 – 1 BvL 15/87, NZA 98, 470; 1 BvL 22/93, NZA 98, 469). Es hat jedoch den Arbeitgeber im Hinblick auf die durch Art. 12 GG (Nr. 20) geschützte Berufsfreiheit gewissen Beschränkungen auch in solchen Kleinbetrieben unterworfen (keine Kündigung aus sachfremden Motiven, soziale Rücksichtnahme, insbesondere gegenüber langjährig Beschäftigten; auf dieser Grundlage *BAG* 21.2.2001 – 2 AZR 15/00, DB 01, 1677; vgl. *Kittner,* NZA 98, 731; *Buschmann,* AuR 98, 207; *Schoden,* AiB 98, 304; *Gragert/Kreutzfeld,* NZA 98, 567; zur Darlegungs- und Beweislast *Stein,* DB 05, 1218). Allerdings scheidet die Unwirksamkeit einer Kündigung als willkürlich schon immer dann aus, wenn es einen irgendwie einleuchtenden Grund für die Ausübung des Kündigungsrechts gibt (*BAG* 5.12.2019 – 2 AZR 107/19, NZA 20, 171).

III. Anwendungsprobleme und Rechtstatsachen

1. Notwendigkeit von Kündigungsschutz

Ein zentrales Interesse des Arbeitnehmers geht dahin, den einmal eingenommenen Arbeitsplatz nicht unfreiwillig zu verlieren. Dem entgegengesetzt ist das Interesse des Arbeitgebers an einer möglichst ungestörten Herrschaft über die Arbeitsplätze, über die er kraft Eigentums- bzw. Besitzrechts zu verfügen befugt ist. Das gilt sowohl für das auf die konkrete Person eines Arbeitnehmers bezogene Herrschafts- bzw. Disziplinarinteresse als auch hinsichtlich des Interesses, den Personalbestand je nach konjunkturellen, strukturellen oder saisonalen Schwankungen flexibel zu gestalten (wofür in den USA der Ausdruck »hire and fire« – »heuern und feuern« geprägt wurde). Da es sich bei einem freiwillig eingegangenen Arbeitsverhältnis (das kein Beamtenverhältnis ist) um einen Vertrag bürgerlichen Rechts handelt, könnte es an sich ohne jeden Grund mit einer gesetzlichen oder vereinbarten Frist gekündigt werden (siehe § 620 Abs. 2 BGB, Nr. 14). Dies wäre jedoch für den Arbeitnehmer, der auf seine Arbeit existenziell angewiesen ist, nicht hinnehmbar. Zum Schutze der Berufsfreiheit (Art. 12 GG, Nr. 20) der Arbeitnehmer muss der Gesetzgeber einen sozial ausgerichteten Mindestkündigungsschutz vorsehen (*BVerfG* 27. 1. 1998 – 1 BvL 22/93, NZA 98, 469; zum Kündigungsschutz im Kleinbetrieb s. o. II 7).
Die Statistik belegt, welche Bedeutung das Kündigungsschutzrecht hat und wie wichtig es ist, auf Umgehungs- und Vermeidungsstrategien zu achten (Zahl der befristeten Arbeitsverhältnisse!): Mehr als die Hälfte aller Arbeitsverhältnisse wird danach durch arbeitgeberseitige Kündigung oder Befristung beendet, 15 % der Arbeitsverhältnisse werden einvernehmlich aufgelöst, nur in 31 % der Fälle wird die Kündigung durch den Arbeitnehmer erklärt (*Höland*, AuR 10, 452, 453 f.).
Forderungen, den Kündigungsschutz durch eine Freigabe des Kündigungsrechts, verbunden mit einem Abfindungsanspruch des Arbeitnehmers zu ersetzen, wurden immer wieder darauf gestützt, dass angeblich die allermeisten Arbeitsverhältnisse im Falle der Kündigung letztendlich doch mit einem Abfindungsvergleich endeten. Und in der Tat wird knapp die Hälfte der Kündigungsschutzprozesse mit einem Abfindungsvergleich beendet (*Pfarr u. a.*, BB 04, 106, 108; *Bielinski u. a.*, AuR 03, 81, 88). Das sind allerdings nur 10 % aller Beendigungen von Arbeitsverhältnissen (*Bielinski u. a.*, AuR 03, 81, 87). Zudem zeichnet sich die Wichtigkeit des Kündigungsschutzes gerade bei den Arbeitnehmern aus, denen es nicht um Geld, sondern um den Erhalt des Arbeitsplatzes geht (vgl. *Deinert*, ZRP 25, 108). Schließlich ist zu bedenken, dass ein Kündigungsschutz den Arbeitgeber tendenziell von vornherein von sozial ungerechtfertigten Kündigungen abhalten dürfte, ohne dass er dies noch gerichtlich zu klären versucht. Das ist besonders wichtig, wenn man bedenkt, dass nur 12 % aller Arbeitgeberkündigungen gerichtlich angegriffen werden (Böckler impuls 19/08, S. 6).

2. Betriebsbedingte Kündigung

Kündigungen aus betrieblichen Gründen, das heißt die typischen Fälle von Kündigungen als den personalpolitischen Konsequenzen von Unternehmensentscheidungen, können mit Hilfe des KSchG nur in wenigen Fällen abgewehrt werden (Checkliste 51). Sie betreffen etwa 1/3 aller ausgesprochenen Kündigungen. Dem *BAG* zufolge haben die Gerichte hinsichtlich der Frage, ob für die Kündigung ein »dringendes betriebliches Erfordernis« im Sinne von § 1 Abs. 2 KSchG vorliegt, nicht nachzuprüfen, ob die zu der Kündigung führende unternehmerische Entscheidung in wirtschaftlicher, technischer oder organisatorischer Hinsicht zweckmäßig ist. Sie haben – abgesehen von offenkundigen Missbrauchsfällen – nur darüber zu befinden, ob eine Kündigung die angemessene Folge dieser unternehmerischen Entscheidung ist (*BAG* 20.2.1986 – 2 AZR 212/85, DB 86, 2236; 20.11.2014 – 2 AZR 512/13, NZA 15, 679; dazu *Kittner*, 50 Urteile, 3. Aufl., 2024, Nr. 19; zu den Anforderungen an eine Änderungskündigung zwecks Senkung der Lohnkosten s. *BAG* 20.3.1986 – 2 AZR 294/85, DB 86, 2442; 20.10.2017 – 2 AZR 783/16 (F), NZA 18, 440; zur Kritik an der Rechtsprechung Däubler/Deinert-*Deinert*, § 1 KSchG Rn. 245; *Däubler*, AuR 13, 9ff.). Das schließt zwar vielfach die Möglichkeit einer plausibel begründeten Kündigungsschutzklage nicht aus, womit die betroffenen Arbeitnehmer wenigstens um die Chance kämpfen können, durch Vergleich eine Abfindung zu erhalten. Aufs Ganze jedoch bestehen bei einer sorgfältig begründeten betriebsbedingten Kündigung nur geringe Aussichten, im Betrieb zu verbleiben. Die weitere gemäß § 1 Abs. 3 KSchG bestehende Möglichkeit, darzutun, dass der Arbeitgeber bei der Auswahl des Arbeitnehmers soziale Gesichtspunkte nicht oder nicht ausreichend berücksichtigt habe, läuft demgegenüber lediglich darauf hinaus, dass ein anderer Arbeitnehmer anstelle des gekündigten seinen Arbeitsplatz verlieren soll. Zudem wird vom gekündigten Arbeitnehmer im Rahmen der Beweislastverteilung verlangt, dass er die anderen Arbeitnehmer benennt, denen statt seiner gekündigt werden sollte (vgl. *BAG* 18.10.1984 – 2 AZR 543/83, DB 85, 1083).

Die Änderungen aufgrund des »Gesetzes zu Reformen am Arbeitsmarkt« (oben I 3) haben die betriebsbedingte Kündigung noch weiter erleichtert (vgl. *Däubler*, NZA 04, 177). Die Möglichkeit eines Interessenausgleichs mit Namensliste gemäß § 1 Abs. 5 KSchG führt dazu, dass ein betriebsbedingter Kündigungsgrund vermutet wird und die Sozialauswahl nur noch auf grobe Fehlerhaftigkeit hin überprüfbar ist. Der Kündigungsschutz wird also erheblich reduziert und damit die Verantwortung auf den Betriebsrat geschoben. Betriebsräte sollten sich der damit verbundenen Gefahren also bewusst sein, bevor sie sich an derartigen Unterfangen beteiligen (vgl. zur Problematik ausführlich *Kremer/Zeibig*, WSI-Mitt. 08, 321). Erschwerend kommt hinzu, dass das *BAG* (6.9.2007 – 2 AZR 715/06, DB 08, 640), das die Regelung für verfassungsgemäß hält, die Vermutungswirkung des § 1 Abs. 5 KSchG auch auf das Fehlen einer Weiterbeschäftigungsmöglichkeit im Betrieb erstreckt. Das soll nur ausgeschlossen sein, wenn der Arbeitnehmer darlegt, dass der Betriebsrat sich mit dieser Frage nicht auseinandergesetzt hat.

Als Erschwerung für betriebsbedingte Kündigungen tritt lediglich noch die Möglichkeit des Betriebsrates hinzu, unter den Voraussetzungen der §§ 111 bis 113 BetrVG (Nr. 12) auf einen Interessenausgleich hinzuwirken und gegebenenfalls den Abschluss eines Sozialplanes zu verlangen. Die damit eintretende »Verteuerung« von Kündigungen mag im einen oder anderen Falle das Unternehmen abhalten,

sie tatsächlich auszusprechen. Ein rechtliches Mittel zu ihrer Verhinderung stellen Interessenausgleich und Sozialplan aber gerade nicht dar.
Soweit personalpolitische Entscheidungen über den Fortbestand von Arbeitsverhältnissen grundsätzlich im einzelnen Unternehmen fallen, kann ihre bessere Kontrolle aktuell nur durch die volle Mitbestimmung der Arbeitnehmer erfolgen. Der Gesetzgeber jedenfalls verfolgt folgerichtig ein Konzept, bei dem Kündigungen nicht verboten werden, sondern durch Leistungen der Arbeitsförderung vermieden oder sozial abgefedert werden können, etwa durch das sog. Transferkurzarbeitergeld nach § 111 SGB III (Einl. II 2c zum SGB III, Nr. 30 III).
Die in § 1 Abs. 3 S. 2 KSchG vorgesehene Möglichkeit, Arbeitnehmer aus berechtigten betrieblichen Interessen aus der Sozialauswahl herauszunehmen, wird in der Praxis häufig dazu genutzt, Sozialauswahlen nach Altersgruppen vorzunehmen, um die Altersstruktur des Betriebes zu erhalten. Das *BAG* hat dies gebilligt und verneint im Hinblick auf die betrieblichen Interessen auch das Vorliegen einer darin begründeten unzulässigen Altersdiskriminierung (6. 11. 2008 – 2 AZR 523/07; 12. 3. 2009 – 2 AZR 418/07, DB 09, 626 und 1932; 18. 10. 2011 – 9 AZR 303/10, NZA 12, 144; dazu *Benecke*, AuR 09, 326). Ebenso hat es zum Sonderfall des § 125 Abs. 1 S. 1 Nr. 2 InsO (Nr. 23) entschieden (*BAG* 19. 12. 2013 – 6 AZR 790/12, NZA-RR 14, 185, Rn. 24 ff.)
Die Rechtsprechung erkennt auch die Druckkündigung als betriebsbedingte Kündigung an, bei der Dritte durch Androhen von Nachteilen Druck auf den Arbeitgeber ausüben, damit dieser dem Arbeitnehmer kündige (*BAG* 19. 7. 2016 – 2 AZR 637/15, NZA 17, 116; 15. 12. 2016 – 2 AZR 431/15, NZA 17, 500). Ein Spezialfall der Druckkündigung ist in § 104 BetrVG (Nr. 12) geregelt. Wenn der Betriebsrat im Beschlussverfahren mit seinem Entlassungsverlangen gegen den Arbeitgeber Erfolg hat, rechtfertigt dies regelmäßig eine ordentliche Kündigung des davon betroffenen Arbeitnehmers (*BAG* 28. 3. 2017 – 2 AZR 551/16, NZA 17, 985).

3. Personen- und verhaltensbedingte Kündigung

Kündigungen, die ihren Grund in der Person oder im Verhalten (i. d. R. nach einer Abmahnung) des betroffenen Arbeitnehmers haben (z. B. Unfähigkeit, die übernommene Arbeit weiter zu verrichten, bzw. Verstoß gegen Vertragspflichten), sind daraufhin überprüfbar, ob der angegebene Grund wirklich vorliegt und ausreicht (Checklisten 52 und 53). Nach der Rechtsprechung ist auch der Diebstahl geringwertiger Sachen ein tauglicher Kündigungsgrund (*BAG* 17. 5. 1984 – 2 AZR 3/83, AP Nr. 14 zu § 626 BGB Verdacht strafbarer Handlung). Das *BAG* (10. 6. 2010 – 2 AZR 541/09, NZA 10, 1227) betont allerdings, dass es auch in diesem Bereich keine absoluten Kündigungsgründe gibt, sondern immer eine abschließende Würdigung der widerstreitenden Interessen von Arbeitgeber und Arbeitnehmer erforderlich ist. Dabei ist auch die Dauer eines störungsfreien Verlaufs des Arbeitsverhältnisses zu berücksichtigen. Auch wenn dieser Gesichtspunkt älteren Arbeitnehmern zumeist von Vorteil ist, stellt dies nach Ansicht des *BAG* (7. 7. 2011 – 2 AZR 355/10, NZA 11, 1412; 25. 4. 2018 – 2 AZR 611/17, DB 18, 2440) keine mittelbare Diskriminierung wegen des Alters dar. Im Übrigen lässt die ständige Rechtsprechung (etwa *BAG* 2. 3. 2017 – 2 AZR 698/15, NZA 17, 1051; 21. 11. 2013 – 2 AZR 797/11, NZA

14, 243; 20. 3. 2014 – 2 AZR 1037/12, DB 14, 1932; 31. 1. 2019 – 2 AZR 426/18, NZA 19, 893) bereits den erheblichen Verdacht einer schweren Tat als Kündigungsgrund genügen (dazu und zur Kritik *Deinert*, AuR 05, 285; zur Schadensersatzpflicht hinsichtlich der Detektivkosten *BAG* 26. 9. 2013 – 8 AZR 1026/12, DB 14, 429). Der *EGMR* hält die staatliche Anerkennung einer Verdachtskündigung nicht für grundsätzlich konventionswidrig, wenn diese auf den Vertrauensverlust gestützt wird und nicht eine Quasi-Vorverurteilung durch die Arbeitsgerichte bedeutet (27. 6. 2023 – 11643/18, AuR 24, 117 – Ispiryan, m. Anm. *Wömpner*). Diese Grundsätze wurden weitgehend zur außerordentlichen Kündigung nach § 626 BGB (Nr. 14) entwickelt, gelten aber auch für die ordentliche verhaltensbedingte Kündigung. Ein personenbedingter Kündigungsgrund kann bei Arbeitnehmern des öffentlichen Dienstes auch in der mangelnden Verfassungstreue liegen (*BAG* 6. 9. 2012 – 2 AZR 372/11, NZA-RR 13, 441).

Immer wieder beschäftigt es die Gerichte, ob – auch herbe – Kritik an Arbeitgeber oder Vorgesetzten eine verhaltensbedingte Kündigung rechtfertigt. Zu der Frage, ob dies eine Vertragspflichtverletzung ist, stellt die Rechtsprechung darauf ab, dass die Meinungsfreiheit (Art. 5 Abs. 1 S. 1 GG, Nr. 20) auch unternehmensöffentliche Kritik mit überspitzten Äußerungen rechtfertigt, während der Arbeitgeber grob unsachliche Angriffe, die zur Untergrabung der Position von Vorgesetzten führen können, nicht hinnehmen muss. Entscheidend ist die Grenze zur Schmähkritik oder Formalbeleidigung einerseits und zur unwahren Tatsachenbehauptung andererseits. Dazu stellt das *BAG* darauf ab, ob es um die Äußerung eines Werturteils im Sinne der Meinungsfreiheit geht oder die Äußerung allein auf eine Ehrverletzung abzielt (5. 12. 2019 – 2 AZR 240/19, NZA 20, 646).

Ein zunehmendes Problem stellen Kündigungen wegen lang anhaltender oder häufiger Erkrankung dar, die etwa ein Drittel der personen- und verhaltensbedingten Kündigungen ausmachen. Die hier gewählten Abgrenzungskriterien sind teils willkürlich, teils rechtlich überhaupt nicht verlässlich zu beurteilen. Jedenfalls führt die gängige Gerichtspraxis dazu, dass als »unprofitabel« eingestufte Arbeitnehmer auf diese Weise ihren Arbeitsplatz verlieren. Insbesondere die Rechtsprechung des *BAG* zu krankheitsbedingten Kündigungen macht sehr deutlich, dass sich letztlich Rentabilitätserwägungen gegen soziale Schutzbedürfnisse durchsetzen (6. 9. 1989 – 2 AZR 19/89, 6. 9. 1989 – 2 AZR 118/89, EzA zu § 1 KSchG Krankheit Nr. 26 und 27 mit Anm. *Kittner*). Unter Beachtung der Rechtsprechung des *EuGH* (11. 4. 2013 – C-335/11, C-337/11, NZA 13, 553 – HK Danmark) kann der Arbeitgeber behinderungsbedingte Fehlzeiten allerdings nicht zur Rechtfertigung der Kündigung heranziehen, wenn er seine Fürsorgepflichten gegenüber behinderten Menschen nach § 164 SGB IX (vgl. Einl. II 1f zum SGB IX, Nr. 30 IX) nicht erfüllt hat (vgl. *BAG* 19. 12. 2013 – 6 AZR 190/12, NZA 14, 372). Im Übrigen ist die Berücksichtigung von Fehlzeiten, die auf Grundlage einer behinderungsbezogenen Erkrankung entstanden sind, nach der Rechtsprechung des *EuGH* zulässig, wenn mit der Kündigung »Absentismus« im Betrieb begegnet werden soll (18. 1. 2018 – C-270/16, NZA 18, 159 – Ruiz Conejero). Gemeint sein dürfte damit, dass betriebliche Beeinträchtigungen durch häufige Fehlzeiten ausgeschlossen werden sollen, sodass die krankheitsbedingte Kündigung unter diesem Gesichtspunkt keinen europarechtlichen Bedenken ausgesetzt wäre (vgl. *Bayreuther*, EuZW 18, 212, 213). Bedenklich ist aber nicht nur, dass kranke Arbeitnehmer auf diese Weise ausrangiert werden können. Hinzu kommt eine unter dem Blickwinkel des Verbots der Diskriminierung wegen Alters zweifelhafte Rechtsprechung, die Minderleistungen im Hinblick auf Störungen des Verhältnisses von Leistung und Gegenleistung als personenbedingten Kündigungsgrund anerkennt (*BAG* 11.12.2003 – 2 AZR 667/02, NZA 04, 784; 24.10.2007 – 10 AZR 878/06, DB 08, 247). Richtigerweise muss aber bei der Feststellung von Minderleistungen ein Vergleich mit den Leistungen von Arbeitnehmern des entsprechenden Alters erfolgen. Auch eine Kündigung, die auf Minderleistungen oder Fehlzeiten gestützt wird, kann nur gerechtfertigt sein, wenn der Arbeitgeber zuvor erfolglos die gebotenen Vorkehrungen (nach deutschem Recht § 164 Abs. 4 SGB IX, Nr. 30 IX) ergriffen hat (*EuGH* 11.9.2019 – C-397/18, NZA 19, 1634 – DW/Nobel Plastiques; vgl. auch *EuGH* 18.1.2024 – C-631/22, NZA 24, 536 – Ca Na Negreta). Dies umfasst auch angemessene Vorkehrungen in Bezug auf Beschäftigte mit Sorgeverpflichtungen gegenüber einem behinderten Kind (vgl. Einl. II 1f zum SGB IX, Nr. 30 IX).

In diesen Fällen wirken sich die rechtliche Gestaltung ebenso wie das praktische Verfahren eines Kündigungsschutzprozesses dahin aus, dass ein solcher Arbeitnehmer, jedenfalls wenn ein Arbeitgeber es wirklich darauf anlegt, selbst beim Obsiegen im Kündigungsschutzprozess keinesfalls mehr an seinen Arbeitsplatz zurückkehren kann: Zum einen führt die fehlende Weiterbeschäftigung während des Kündigungsschutzprozesses (siehe unten 4) dazu, dass der Arbeitnehmer faktisch aus dem Betrieb ausgegliedert wird. Zum anderen eröffnet § 9 KSchG dem unterlegenen Arbeitgeber die Möglichkeit, das Arbeitsverhältnis gegen Zahlung einer Abfindung auflösen zu lassen. Der erforderliche Grund (eine »den Betriebszwecken dienliche weitere Zusammenarbeit zwischen Arbeitgeber und Arbeitnehmer« ist nicht zu erwarten) kann notfalls durch einen entsprechenden scharf geführten Prozess produziert werden, sodass ein Arbeitgeber praktisch nur vor der Ungewissheit steht, welche finanziellen Aufwendungen eine Kündigung verursacht.

Der Gesetzgeber hat versucht, dieser Entwicklung Rechnung zu tragen und die Problematik an der Wurzel zu bekämpfen. Gemäß § 167 Abs. 2 SGB IX (Nr. 30 IX) ist der Arbeitgeber verpflichtet, bei 6-wöchiger Arbeitsunfähigkeit innerhalb eines Jahres ein sog. betriebliches Eingliederungsmanagement durchzuführen, um die Situation, die eine krankheitsbedingte Kündigung rechtfertigt, gar nicht erst eintreten zu lassen (vgl. *Deinert*, NZA 10, 969, Einzelheiten in der Einleitung II 1g zum SGB IX, Nr. 30 IX). Diese Pflicht wird bislang immer noch häufig verletzt. Nach der Rechtsprechung führt das nicht ohne weiteres zur Unwirksamkeit der Kündigung (vgl. für das Präventionsverfahren nach § 167 Abs. 1 SGB IX *BAG* 7.12.2006 – 2 AZR 182/06, DB 07, 1089). Der Arbeitgeber, der sich darauf beruft, dass eine Beschäftigung des Arbeitnehmers nicht mehr möglich sei, muss aber umfassend darlegen, dass eine Beschäftigung am bisherigen Arbeitsplatz auch durch leidensgerechte Anpassung des Arbeitsplatzes oder an einem anderen geeigneten Arbeitsplatz ausgeschlossen ist, wenn er kein betriebliches Eingliederungsmanagement durchgeführt hat (*BAG* 12.7.2007 – 2 AZR 716/06, AP Nr. 28 zu § 1 KSchG Personenbedingte Kündigung). Aus der Zustimmung des Integrationsamtes zu einer krankheitsbedingten Kündigung ist nicht die Vermutung abzuleiten, dass ein Eingliederungsmanagement die Kündigung nicht hätte verhindern können (*BAG*

15. 12. 2022 – 2 AZR 162/22, NZA 23, 500). Auf der anderen Seite soll der Arbeitnehmer im Falle der Durchführung eines Eingliederungsmanagements mit der Geltendmachung anderer Beschäftigungsmöglichkeiten ausgeschlossen sein, wenn er sie nicht bereits im Eingliederungsmanagement benannt hat (*BAG* 10. 12. 2009 – 2 AZR 400/08, DB 10, 621, 623).

4. Betriebsratsanhörung und Weiterbeschäftigung während des Kündigungsschutzprozesses

Die materielle Rechtslage wird durch die vor allem auf die personelle Unterbesetzung der Arbeitsgerichtsbarkeit zurückzuführende durchschnittlich lange Dauer von Kündigungsschutzprozessen verschärft (siehe Einl. III 2 zum ArbGG, Nr. 5). Da ein Arbeitnehmer sich in derartigen Fällen sowohl im Hinblick auf § 615 S. 2 BGB (Einl. II 15 zum BGB, Nr. 14) als auch als Bezieher von Arbeitslosengeld der Arbeitsvermittlung zur Verfügung stellen und sich um eine andere Arbeitsstelle bemühen muss, ist seine Ausgliederung aus dem ursprünglichen Betrieb nach Ablauf der Kündigungsfrist und noch während des Laufs des Kündigungsschutzprozesses auch von dieser Seite her praktisch eine entschiedene Sache. Das heißt, ein »Kündigungsschutz«-Prozess ist – mit verschwindenden Ausnahmen – kein Prozess um den Bestand des Arbeitsplatzes, sondern ein Prozess um die Höhe der Abfindung im Vergleichswege (vgl. *Pfarr/Ullmann,* WSI-Mitt. 03, 207; *Pfarr u. a.,* BB 03, 2061). Soweit nicht das Recht zur ordentlichen Kündigung für bestimmte Personengruppen ausgeschlossen ist (siehe unten), existiert in der Bundesrepublik Deutschland ein echter Schutz vor Kündigungen nicht (vgl. die empirische Analyse von Kündigungsschutzverfahren an einem Arbeitsgericht *Herrmannsen,* KJ 86, 187).

Daran hat auch das BetrVG nichts Entscheidendes geändert. Der Betriebsrat hat kein volles Mitbestimmungsrecht gegenüber Kündigungen. Er ist zwar vor jeder Kündigung zu hören (§ 102 Abs. 1 BetrVG, Nr. 12), ohne seine Anhörung ist die Kündigung unwirksam. Der Betriebsrat kann einer ordentlichen Kündigung gemäß § 102 Abs. 3 BetrVG mit den dort abschließend aufgeführten Gründen widersprechen (Checkliste 54), ohne dass dies Einfluss auf die Zulässigkeit der Kündigung hätte. Und nur, wenn einer der dort bezeichneten Gründe vom Betriebsrat im Rahmen eines Widerspruchs frist- und ordnungsgemäß vorgetragen wird, muss ein gekündigter Arbeitnehmer bis zum Abschluss eines von ihm angestrengten Kündigungsschutzprozesses nach § 102 Abs. Abs. 5 BetrVG weiterbeschäftigt werden (sofern der Arbeitgeber nicht ausnahmsweise von der Weiterbeschäftigungspflicht entbunden wird, § 102 Abs. 5 BetrVG). Freilich müssen die Zahlen einer Untersuchung über die Praxis des Kündigungsschutzes (*Höland/Kahl/Zeibig,* Kündigungspraxis und Kündigungsschutz im Arbeitsverhältnis, 2007) – ungeachtet aller methodischen Bedenken – nachdenklich stimmen: Demzufolge erfolgen 66 % aller Kündigungen, zu denen Betriebsräte gehört werden, mit deren ausdrücklicher Zustimmung. In 20 % der Fälle schweigen die Betriebsräte, in 6 % der Fälle äußern sie Bedenken, und nur in 8 % aller Fälle widersprechen sie der Kündigung! Andererseits darf nicht übersehen werden, dass diese Zahlen nichts darüber aussagen, in wie vielen Fällen Kündigungen durch Beratung mit dem Betriebsrat abgewendet

werden. Auch müssen die rechtlichen Grenzen des Widerspruchsrechtes des Betriebsrats gesehen werden: Ein Widerspruch, der sich gegen die unternehmerische Entscheidung (z. B. die Stilllegung eines Fertigungsbereiches) selbst oder auch die Berechtigung der Kündigung als solcher (z. B. die soziale Rechtfertigung gemäß § 1 Abs. 2 S. 1 KSchG) wendete, wäre nicht ordnungsgemäß und würde deshalb auch keinen Weiterbeschäftigungsanspruch des Arbeitnehmers für die Dauer eines eventuellen Kündigungsschutzprozesses gemäß § 102 Abs. 5 BetrVG auslösen.
Insgesamt hat die genannte Untersuchung zu einer Hochrechnung geführt, wonach nur vier von 10 000 gekündigten Arbeitnehmern nach Ablauf der Kündigungsfrist bis zum rechtskräftigen Abschluss des Rechtsstreits vorläufig weiterbeschäftigt werden. Das wirkt sich auf den endgültigen Prozesserfolg aus.
Damit ist zunehmend die Frage aktuell geworden, ob eine solche Weiterbeschäftigung nicht nach allgemeinen arbeits- und vollstreckungsrechtlichen Gesichtspunkten erwirkt werden kann. Dazu hat der *Große Senat des BAG* am 27. 2. 1985 entschieden, dass eine Weiterbeschäftigung außer im Falle einer offensichtlich unwirksamen Kündigung i. d. R. nur dann in Betracht kommt, wenn der Arbeitnehmer in der 1. oder 2. Instanz obsiegt hat; bis dahin muss ihn der Arbeitgeber nach Ablauf der Kündigungsfrist nicht weiterbeschäftigen (27. 2. 1985 – GS 1/84, NZA 85, 702). Ein entscheidendes Problem bleibt nunmehr die Art der Vollstreckung des Weiterbeschäftigungsanspruchs gegen einen sich hartnäckig weigernden Arbeitgeber (vgl. *BAG* 19. 12. 1985 – 2 AZR 190/85, AuR 87, 214 mit Anm. *Blanke*). Üblicherweise werden heute Kündigungsschutzklagen häufig mit einem Weiterbeschäftigungsantrag verbunden. Hat der Arbeitnehmer mit seiner Kündigungsschutzklage Erfolg, wird zumeist auch dem Weiterbeschäftigungsantrag stattgegeben. Trotz eines auf diese Weise erstrittenen Weiterbeschäftigungsanspruchs nehmen viele Arbeitnehmer diesen dennoch nicht wahr oder versuchen jedenfalls nicht, diesen gegen einen sich weigernden Arbeitgeber durchzusetzen. Zudem erwächst aus einer unterlassenen Weiterbeschäftigung auch in dem Fall, dass der Arbeitgeber zu ihr im Kündigungsschutzrechtszug verurteilt worden war, nicht ohne weiteres ein Vergütungsanspruch aus dem Gesichtspunkt des Annahmeverzugs (§ 615 BGB, Nr. 14) oder ein Schadensersatzanspruch (*BAG* 27. 5. 2015 – 5 AZR 88/14, NZA 15, 1053). Wenn der Arbeitgeber den Arbeitnehmer zur Abwendung der Zwangsvollstreckung aus einem Anspruch auf Weiterbeschäftigung beschäftigt, scheiden, sofern die Kündigung sich später nicht als unwirksam erweist, auch Ansprüche auf Entgeltfortzahlung nach dem EntgFG (Nr. 18) aus (*BAG* 27. 5. 2020 – 5 AZR 247/19, NZA 20, 1169; allg. zur Prozessbeschäftigung *Kempter*, DB 21, 1128).
Umgekehrt folgt aus dem Weiterbeschäftigungsanspruch keine Weiterarbeitspflicht. Nicht einmal, wenn der Arbeitgeber dem Arbeitnehmer eine Prozessbeschäftigung anbietet, ist dieser gehalten, beim Arbeitgeber weiterzuarbeiten. Dazu hat das *BAG* betont, dass der Arbeitgeber, der dem Arbeitnehmer zu Unrecht gekündigt hat, im Allgemeinen in Annahmeverzug gerät (§ 615 S. 1 BGB, Nr. 14; allgemein zum Annahmeverzug Einl. II 15 zum BGB, Nr. 14) und demgemäß dem Arbeitnehmer bei Obsiegen im Kündigungsschutzprozess die ausgefallene Vergütung zahlen muss (*BAG* 29. 3. 2023 – 5 AZR 255/22, NZA 23, 894). Die Bestimmung wird im Allgemeinen als dispositiv angesehen, d. h., dass Abweichendes im Arbeitsvertrag geregelt werden kann. Allerdings hält der 2. Senat des *BAG* dies für pro-

blematisch, wenn im Vorhinein auch auf die Annahmeverzugsvergütung für den Fall der unwirksamen Kündigung durch den Arbeitgeber verzichtet wird. Denn dies führe im praktischen Ergebnis zu einer Umgehung des Kündigungsschutzes. Daher hat der 2. Senat insoweit eine Anfrage an den 5. Senat nach § 45 Abs. 3 S. 1 ArbGG gerichtet, ob dieser an seiner bisherigen Rechtsauffassung festhält (*BAG* 18.6.2025 – 2 AZR 91/24, NZA 25, 1555). Allerdings muss sich der Arbeitnehmer nach § 11 S. 1 KSchG anderweitigen Verdienst, Sozialleistungen und böswillig unterlassenen anderweitigen Verdienst anrechnen lassen. Ob der Umstand, dass der Arbeitnehmer auf ein Angebot des Arbeitgebers, ihn übergangsweise während des Prozesses zu beschäftigen, nicht eingegangen ist, ein böswilliges Unterlassen in diesem Sinne darstellt, ist im Einzelfall zu prüfen. Das *BAG* hat dies etwa abgelehnt in einem Fall, in dem der Arbeitgeber dem Arbeitnehmer vielfaches Fehlverhalten vorgeworfen und dessen Weiterbeschäftigung als unzumutbar bezeichnet hatte. Insoweit sei es für den Arbeitnehmer nicht zumutbar, sich auf die angebotene Prozessbeschäftigung einzulassen (29.3.2023 – 5 AZR 255/22, NZA 23, 894, Rn. 25 ff.). Im Übrigen soll der Arbeitgeber, um den Einwand böswillig unterlassenen Verdienstes wirksam erheben zu können, einen Anspruch auf Auskunft über Vermittlungsangebote der Arbeitsagentur gegen den Arbeitnehmer haben (*BAG* 27.5.2020 – 5 AZR 387/19, NZA 20, 1113; dazu *Schmidt*, SR 22, 98; *Geiger*, info also 23, 156). In dem Zusammenhang hat das *BAG* aber auch betont, dass allein aus der Verletzung einer Pflicht, sich umgehend nach § 38 Abs. 1 SGB III (Nr. 30 III) arbeitsuchend zu melden, noch nicht zwingend auf böswillig unterlassenen Verdienst zu schließen sei. Vielmehr seien alle Umstände des Einzelfalls zu berücksichtigen, wobei auch zu beachten sei, ob die Arbeitsagentur überhaupt Vermittlungsvorschläge hätte unterbreiten können (12.10.2022 – 5 AZR 30/22, NZA 23, 229). Im Übrigen muss der Arbeitnehmer sich nicht auf erhebliche Verschlechterungen der Arbeitsbedingungen einlassen, insbesondere nicht auf Beschäftigungen, deren Ertrag hinter dem zu beziehenden Arbeitslosengeld zurückbleibt (*BAG* 7.2.2024 – 5 AZR 117/23, NZA 24, 685). Kein böswillig unterlassener Verdienst liegt nach der Rechtsprechung vor, wenn der Arbeitgeber den Arbeitnehmer nach der Kündigung freistellt und der Arbeitnehmer sich nicht bereits während der Kündigungsfrist um eine neue Beschäftigung bemüht (*BAG* 12.2.2025 – 5 AZR 127/24, NZA 25, 556). Der Arbeitgeber kann den Arbeitnehmer auf anderweitige Stellenangebote hinweisen, um das Risiko des Annahmeverzugs während des Kündigungsschutzprozesses zu reduzieren, muss aber im Streitfall beweisen, dass sich aus den angebotenen Stellen tatsächlich eine zumutbare Gelegenheit zu anderem Erwerb ergeben hätte (*BAG* 15.1.2025 – 5 AZR 273/24, NZA 25, 629, Rn. 26 f.). Allerdings soll der Arbeitnehmer, der sich nicht beworben hat, seinerseits die Beweislast dafür tragen, dass eine Bewerbung erfolglos geblieben wäre (*BAG* 15.1.2025 – 5 AZR 273/24, NZA 25, 629, Rn. 28 f.).

25

5. Vermeidung/Umgehung des KSchG

In diesem Zusammenhang müssen auch drei, vor allem in Krisenzeiten von den Unternehmen zunehmend praktizierte personalpolitische Instrumente gesehen werden: zeitlich befristete Arbeitsverträge, Aufhebungsverträge mit Abfindung und die Beschäftigung von Leiharbeitnehmern. Die beiden erstgenannten Instrumente vermeiden das geltende Kündigungsschutzrecht, wobei die Befristung von Arbeitsverträgen aufgrund des Gesetzes über Teilzeitarbeit und befristete Arbeitsverhältnisse (Nr. 32) innerhalb der für Arbeitgeber praktisch wichtigsten Fristen ohne besonderen Grund möglich ist. Die Problematik für die mit dem Angebot eines befristeten Vertrages konfrontierten Arbeitnehmer liegt darin, dass es letztlich einen Schutz *vor* Kündigungen nicht gibt und dass die Beschäftigung auch für kurze Zeit dem weiteren Schicksal als Arbeitsloser durchaus vorzuziehen ist (auch unter dem Gesichtspunkt, dass diese Beschäftigung bei anschließender erneuter Arbeitslosigkeit wieder einen vollen Bezugszeitraum für Arbeitslosengeld eröffnen kann, vgl. §§ 142 ff. SGB III, Nr. 30 III). Ebenso ist das Eingehen sowohl von Arbeitnehmern als auch von Betriebsräten auf sog. Aufhebungsverträge unter dem Gesichtspunkt durchaus verständlich, dass Kündigungen letztlich doch nicht abgewehrt werden können. Schließlich ist auch der Einsatz von Leiharbeitnehmern im Zusammenhang mit allen diesen Bemühungen der Unternehmen zu sehen, den Beschäftigtenstand so flexibel wie möglich zu gestalten. Durch die AÜG-Reform 2017 wurde dies nicht eingedämmt (Einl. I und II 5 zum AÜG, Nr. 4). Zwar gibt es eine Höchstüberlassungsdauer im Einsatzbetrieb. Diese greift aber arbeitnehmerbezogen. Bei regelmäßigem Wechsel des Leiharbeiters können Arbeitsplätze daher durchaus dauerhaft mit Leihabeitern besetzt sein (vgl. Einl. II 5 zum AÜG, Nr. 4).

6. Beschäftigungswirksamkeit des Massenentlassungsschutzes

Auch das Instrument der Anzeigepflicht für sog. Massenentlassungen (§§ 17 bis 22 KSchG) ist arbeitsmarktpolitisch wenig wirksam, da es nur die Möglichkeit der Arbeitsagentur, das heißt des Massenentlassungsausschusses (§ 20 KSchG), eröffnet, die geplanten Kündigungen um eine kurze Zeitspanne zu verschieben (§ 18 KSchG). Die jüngere Rechtsprechung läuft auf eine darüber hinausgehende Entwertung des Massenentlassungsschutzes hinaus, insoweit Kündigungen auch dann zulässig sein sollen, wenn eine fehlerhafte Massenentlassungsanzeige vorausgegangen ist (s. o. II 5).

Diese, den Unternehmen vom geltenden Recht eingeräumte Freiheit, den Personalbestand »aus betrieblichen Gründen« abzubauen, prägt natürlich auch die Haltung von Betriebsräten und Arbeitsagenturen bei der Zustimmung zu Kurzarbeit. Aus dem gleichen Grund ist es für Betriebsräte nicht leicht, auf Grund ihres Mitbestimmungsrechts gemäß § 87 Abs. 1 Nr. 2 und 3 BetrVG (Nr. 12) Überstunden und Sonderschichten abzulehnen und stattdessen Neueinstellungen zu verlangen (vgl. Einl. zum BetrVG, Nr. 12).

7. Besonderer Kündigungsschutz

Einen echten Schutz vor Kündigungen gewährt nur der besondere Kündigungsschutz, der zugunsten bestimmter Arbeitnehmergruppen wegen ihrer größeren Gefährdung als Interessenvertreter oder ihrer besonderen arbeitsmarktpolitischen Schutzwürdigkeit besteht. Hier sind vor allem die Inhaber von Ämtern aus der Betriebsverfassung und Personalvertretung (§ 15 KSchG), schwangere Frauen

und stillende Mütter (§ 17 MuSchG, Nr. 28) sowie schwerbehinderte Menschen (§ 168 SGB IX, Nr. 30 IX) zu nennen. Zum Schutz älterer Arbeitnehmer haben die Gewerkschaften Tarifverträge abgeschlossen, in denen ab einem bestimmten Alter zusammen mit einer bestimmten Betriebszugehörigkeit die ordentliche Kündigung ausgeschlossen ist. Die Rechtsprechung relativiert solche Kündigungsausschlüsse allerdings. Die betreffenden Arbeitnehmer sind nicht etwa vollständig aus der Sozialauswahl ausgenommen, sondern nur dann, wenn es durch den Sonderkündigungsschutz nicht zu einem groben Auswahlfehler kommt (*BAG* 20.6.2013 – 2 AZR 295/12, NZA 14, 208).
Wegen der gewerkschaftspolitisch nachteiligen Folgen lehnen es die Gewerkschaften ab, für gewerkschaftliche Vertrauensleute einen besonderen Kündigungsschutz einzuführen.

IV. Rechtspolitische Diskussion

Nachdem der unerwartet schlechte Wahlausgang für die CDU vor der Großen Koalition 2005 maßgeblich auf deren Konzept zum Abbau des Kündigungsschutzes zurückzuführen war (vgl. dazu *Deinert/Kittner*, RdA 09, 265, 267 f.), hatte Kanzlerin *Merkel* unmittelbar vor der Bundestagswahl 2009 erklärt, den Kündigungsschutz nicht antasten zu wollen. Die Union hat diese Haltung seither beibehalten. Auch aktuell ist nichts geplant.

Wichtige Entscheidungen

BVerfG 27.1.1998 – 1 BvL 22/93, NZA 1998, 469
EuGH 27.1.2005 – C-188/03, DB 2005, 453 – Junk
EuGH 13.7.2023 – C-134/22, NZA 2023, 887 – M O / S M
BAG 27.2.1985 – GS 1/84, NZA 1985, 702
BAG 4.3.1986 – 1 ABR 15/84, DB 1986, 1395

25

Weiterführende Literatur

Handbücher und Kommentare

Deinert/Wenckebach/Zwanziger-*Brandl/Tatzky/Wankel, -Becker, -Altmann* und *-Callsen,* Arbeitsrecht, §§ 69–85 (Kündigung)
Altmann/Schneppendahl, Kündigungsschutzgesetz, Basiskommentar, 7. Aufl. (2024)
Ascheid/Preis/Schmidt (Hrsg.), Großkommentar zum Kündigungsschutzrecht, 7. Aufl. (2024)
Buchbach/Gallner/Heinkel u. a., Gemeinschaftskommentar zum KSchG und zu sonstigen kündigungsschutzrechtlichen Vorschriften, 14. Aufl. (2025)
Däubler/Deinert (Hrsg.), Kündigungsschutzrecht, Kommentar für die Praxis, 12. Aufl. (2024)
Gallner/Mestwerdt/Nägele-Berkner (Hrsg.), Kündigungsschutzgesetz, Handkommentar, 8. Aufl. (2025)

Kündigungsschutzgesetz

Hans-Böckler-Stiftung, Wie wirkt Kündigungsschutz? Empirische Untersuchungen und Literaturstudien der letzten Jahre (2008)
Höland/Kahl/Zeibig, Kündigungspraxis und Kündigungsschutz im Arbeitsverhältnis (2007)
Krause/Bayreuther/Niemann, KSchG, 17. Aufl. (2026)
Löwisch/Schlünder/Spinner/Wertheimer, KSchG, 11. Aufl. (2018)
Mandalka, Abmahnung, Ratgeber für Arbeitnehmer und ihre Interessenvertretung, 3. Aufl. (2024)
Preis/Vossen/Temming, Kündigung und Kündigungsschutz im Arbeitsverhältnis, 12. Aufl. (2025)
Schwarze/Eylert/Schrader, KSchG (2011)
Thüsing/Rachor/Lembke (Hrsg.), Kündigungsschutzgesetz, 5. Aufl. (2024)

Aufsätze

Schwerpunktheft »Kündigungsschutz« AiB 7/2005
Buschmann, Europäischer Kündigungsschutz, AuR 2013, S. 388
Deinert, Kündigungsprävention und betriebliches Eingliederungsmanagement, NZA 2010, S. 969
Hinrichs, Probleme des Konsultationsverfahrens bei Massenentlassungen, AuR 2019, S. 348
Kleinebrink, Rassismus und Fremdenfeindlichkeit als politische Betätigung im Betrieb – Grenzen der Meinungsfreiheit und Handlungsmöglichkeiten für Arbeitgeber, DB 2024, S. 1343
Klocke, Der betriebsverfassungsrechtliche Weiterbeschäftigungsanspruch, AuR 2025, S. 314
Nielebock, Neues zum Kündigungsschutzrecht, AiB 1/2024, S. 21
Pallasch, Weiterbeschäftigung von Arbeitnehmern nach Vertragsbeendigung, NZA 2017, S. 351
Pfarr/Zeibig, Abfindung statt Kündigung?, WSI-Mitt. 2006, S. 419
Ullmann, Arbeitspolitik ohne Tatsachengrundlage. Eine Analyse der den Änderungen des Kündigungsschutzgesetzes zugrunde liegenden Tatsachen, KJ 2006, S. 26

Übersicht 49: Beendigungsarten des Arbeitsverhältnisses

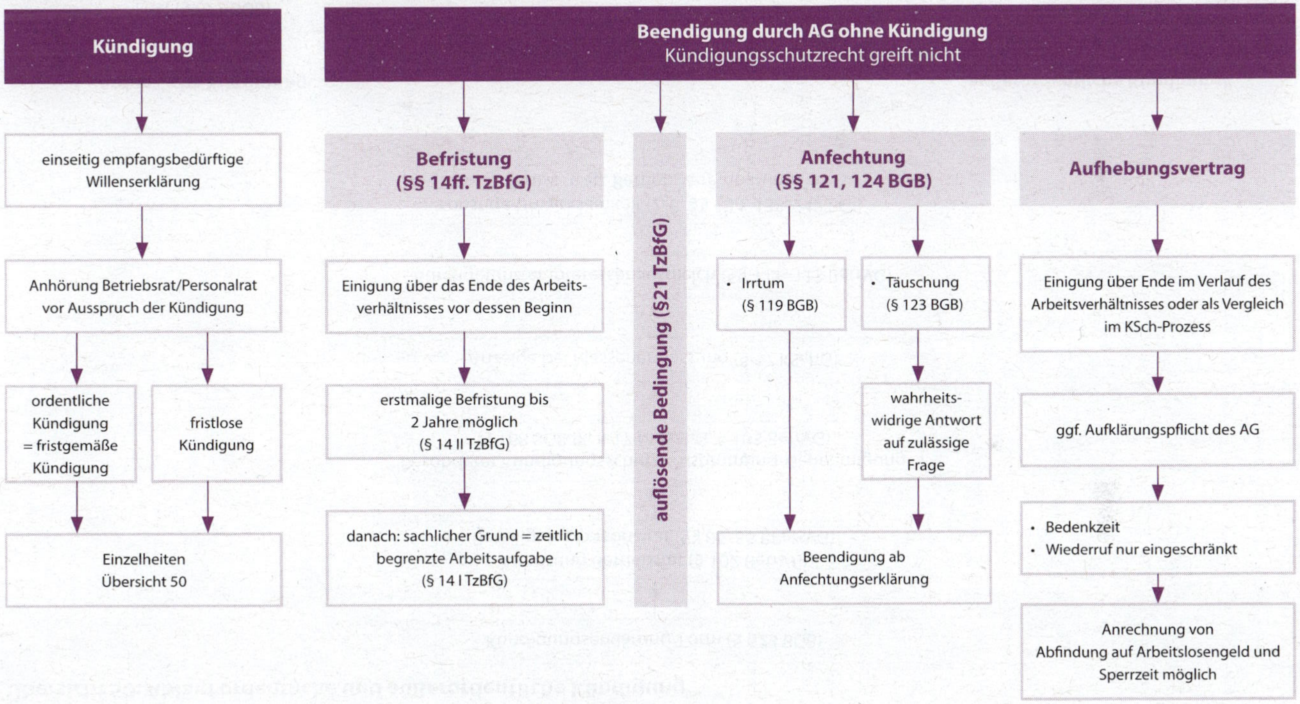

25

Übersicht 50: Ablauf ordentliche und außerordentliche Kündigung

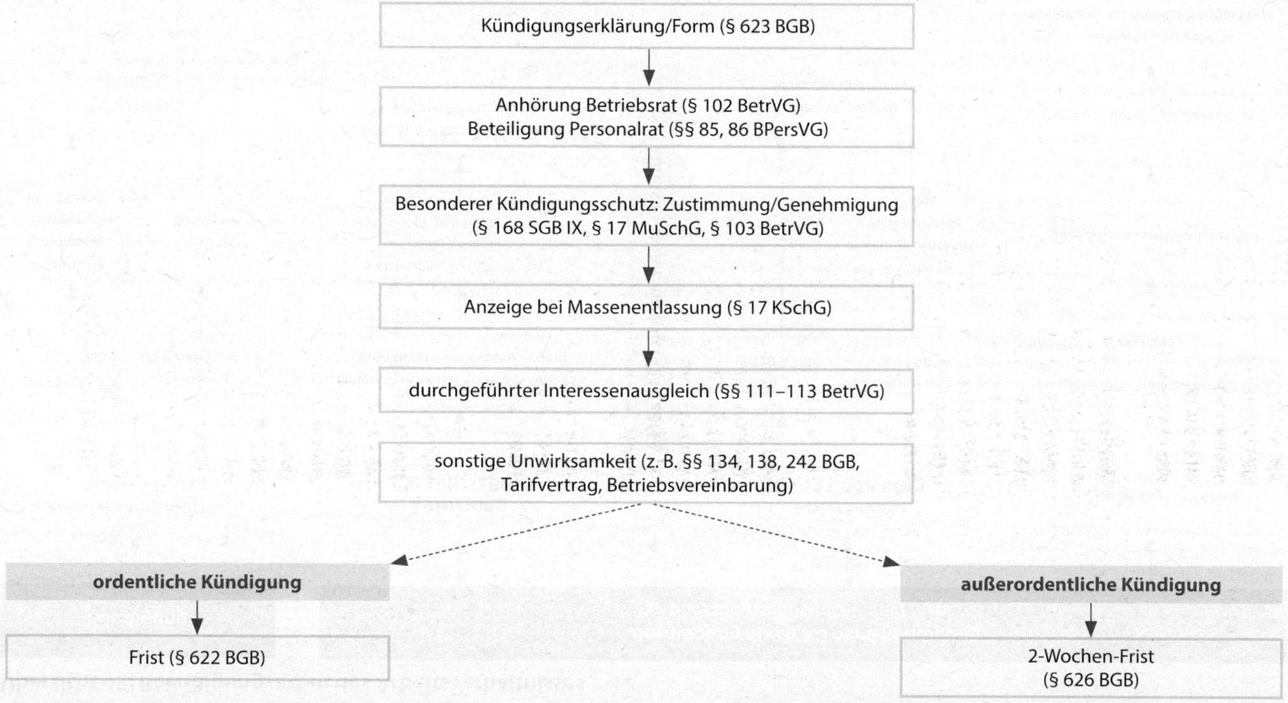

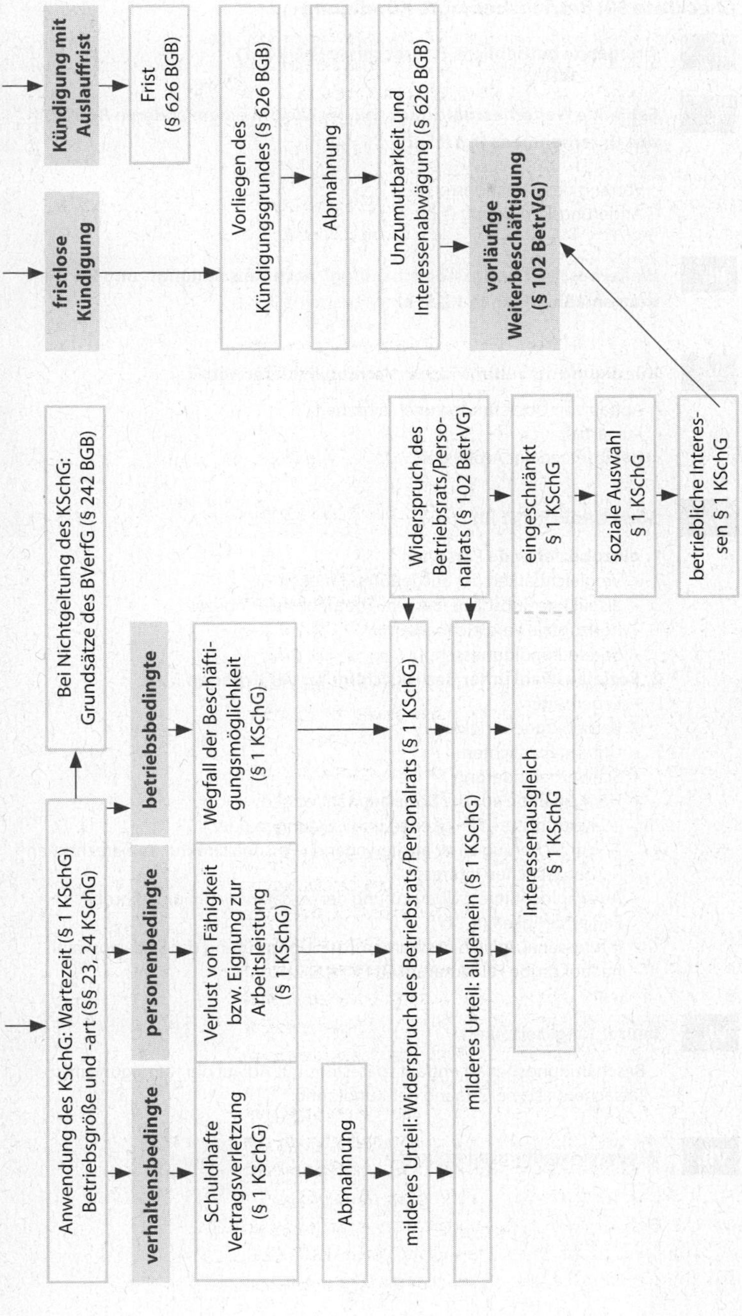
Anwendung des KSchG: Wartezeit (§ 1 KSchG)
Betriebsgröße und -art (§§ 23, 24 KSchG)
Bei Nichtgeltung des KSchG:
Grundsätze des BVerfG (§ 242 BGB)
verhaltensbedingte
personenbedingte
betriebsbedingte
Schuldhafte Vertragsverletzung (§ 1 KSchG)
Verlust von Fähigkeit bzw. Eignung zur Arbeitsleistung (§ 1 KSchG)
Wegfall der Beschäftigungsmöglichkeit (§ 1 KSchG)
Abmahnung
milderes Urteil: Widerspruch des Betriebsrats/Personalrats (§ 1 KSchG)
milderes Urteil: allgemein (§ 1 KSchG)
Interessenausgleich § 1 KSchG
Widerspruch des Betriebsrats/Personalrats (§ 102 BetrVG)
eingeschränkt § 1 KSchG
soziale Auswahl § 1 KSchG
betriebliche Interessen § 1 KSchG
fristlose Kündigung
Kündigung mit Auslauffrist
Frist (§ 626 BGB)
Vorliegen des Kündigungsgrundes (§ 626 BGB)
Abmahnung
Unzumutbarkeit und Interessenabwägung (§ 626 BGB)
vorläufige Weiterbeschäftigung (§ 102 BetrVG)

25

Checkliste 51: Betriebsbedingte Kündigung

I. Dringende betriebliche Erfordernisse (§ 1 II S. 1)

II. Fehlende Weiterbeschäftigungsmöglichkeit in einem anderen Betrieb des Unternehmens (§ 1 II S. 2)

- Vorrang des Direktionsrechts
- Änderungskündigung (§ 2)

III. Weiterbeschäftigungsmöglichkeit ggf. nach Umschulungs- und Fortbildungsmaßnahmen (§ 1 II S. 3)

IV. Kündigung als »ultima ratio«: Vorrang milderer Mittel

- Abbau von Überstunden und Leiharbeit
- Kurzarbeit
- Herabsetzen der Arbeitszeit

V. Sozialauswahl (§1 III)

1. einzubeziehende Personen
- Vergleichbarkeit der ausgeübten Tätigkeit
- alsbaldige Substituierbarkeit – betriebliche Probezeit
- horizontale Vergleichbarkeit
- Sonderkündigungsschutz

2. Sozialauswahl unter Berücksichtigung der Kriterien
- Lebensalter
- Betriebszugehörigkeit
- Unterhaltspflichten
- Schwerbehinderung
- Herausnahme aus der Sozialauswahl wegen
  - Kenntnissen, Fähigkeiten und Leistungen oder
  - zur Sicherung einer ausgewogenen Personalstruktur im berechtigten betrieblichen Interesse
- Auswahlrichtlinien: Überprüfung der Sozialauswahl nur auf grobe Fehlerhaftigkeit (§ 1 IV)
- Interessenausgleich mit Namensliste: Überprüfung der Sozialauswahl nur auf grobe Fehlerhaftigkeit (§ 1 V S. 2)

VI. Beurteilungszeitpunkt

- Beschäftigungsbedarf entfällt spätestens mit Ablauf der Kündigungsfrist
- Tatsachenbasis bei Zugang der Kündigung

VII. Wiedereinstellungsanspruch?

Checkliste 52: Personenbedingte Kündigung

I. Allgemeines Prüfschema

- Verlust der Eignung und/oder Fähigkeit des AN zur (ganz oder teilweisen) Erbringung der arbeitsvertraglich geschuldeten Leistung

II. Fallgruppen

- graduelle Leistungsdefizite
- (altersbedingter) Leistungsabfall
- vorübergehendes Leistungsunvermögen
- Fehlen einer vertragsnotwendigen Eigenschaft
- Fehlen der fachlichen Qualifikation
- tendenzbezogene Unvereinbarkeit
- politische Unvereinbarkeit (Gewissensgründe)
- Krankheit
  - häufige Kurzerkrankungen
  - langanhaltende Krankheit
  - dauerhafte Arbeitsunfähigkeit
  - Gefahr der Erkrankung bzw. Verschlimmerung eines Leidens

III. Erhebliche Beeinträchtigung betrieblicher oder vertraglicher Interessen

- bei Kündigungen: wirtschaftliche Belastung durch Entgeltfortzahlung

IV. Negativprognose für die Zukunft

- Zeitpunkt: Zugang der Kündigung
- objektive Tatsachen statt subjektiver Annahmen
- bei Krankheiten: indizielle Wirkung der Vorerkrankung
- schwerwiegende Störungen des künftigen Betriebsablaufs

25

V. Kündigung als »Ultima ratio«

VI. Kündigungsvermeidende Möglichkeiten:

- Weiterbeschäftigung an anderem Arbeitsplatz
- Einstellen von Aushilfskraft
- Umorganisation
- Umschulung/Fortbildung

VII. Interessenabwägung mit strengem Maßstab:

- Betriebszugehörigkeit
- Alter
- Schwerbehinderung
- betriebliche Ursachen der Situation des AN
- Stellung des AN im Betrieb
- persönliche Lebensumstände
- Vergleich mit durchschnittlicher Ausfallquote

VIII. Betriebliches Eingliederungsmanagement (§ 167 SGB IX)

IX. Prüfung des Einzelfalles

X. Wiedereinstellungsanspruch

Checkliste 53: Verhaltensbedingte Kündigung

I. Verstoß gegen arbeitsvertragliche Pflicht

II. Relevanz der Pflichtverletzung

(ggf. außerordentliche Kündigung gem. § 626 BGB)

III. Rechtswidrigkeit

Zurückbehaltungsrecht?

IV. Schuldhaftigkeit

Rechtsirrtum?

V. Zukunftsprognose

- Wiederholungsgefahr
- Faktor Zeit (Vertrauen auf Nicht-mehr-Kündigung)

VI. Kündigung als »Ultima ratio«

- Versetzung

VII. Abmahnung

- Rechtsqualität (Abmahnungsbezeichnung, Beschreibung des Fehlverhaltens, arbeitsrechtliche Konsequenzen)
- Gleichartigkeit der Pflichtverletzung (abgemahntes und kündigungsrelevantes Verhalten)
- Verbrauch durch Zeitablauf oder zu häufige Abmahnungen

VIII. Interessenabwägung

- Schwere des Verschuldens
- Betriebszugehörigkeit

Übersicht 53a: Änderungskündigung

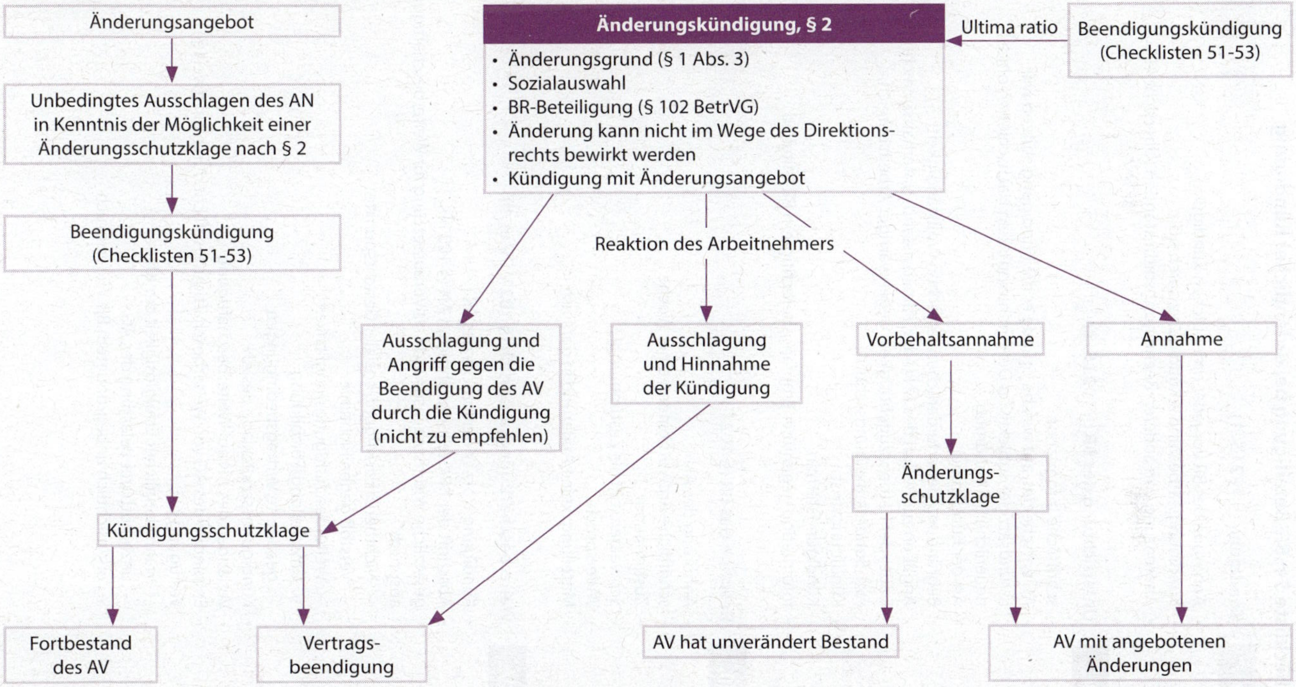

25

Checkliste 54: BR-Beteiligung bei ordentlicher Kündigung

I. Kündigung (§ 102 I S. 1)

- Anhörung des BR vor jeder ordentlichen Kündigung
- Kündigungstatbestand – Kündigung durch AG
- Abgrenzung von anderen Beendigungstatbeständen (Übersicht 49)

II. Unterrichtung des BR (§ 102 I S. 2)

- schriftliche Information
- AG entscheidet, auf welche Gründe er die Kündigung stützen will (Grundsatz der subjektiven Determination); kein Nachschieben ohne neuerliche BR-Anhörung
- Art der Kündigung
- Begründung der erforderlichen Tatsachen (Vollständigkeit)
- Angaben zur Person des AN (Alter, Familienstand, Unterhaltsberechtigte, Dauer der Betriebszugehörigkeit, gegenwärtiger Arbeitsbereich, evtl. Sonderkündigungsschutz)
- Kündigungsfrist
- Kündigungstermin
- Information gegenüber empfangsberechtigtem BR-Mitglied

III. Reaktion des BR (§ 102 II)

- Anhörung des AN
- schriftliche Antwort binnen einer Woche
- Zustimmung
- Schweigen (gilt als Zustimmung)
- Widerspruch
- Mitteilung: keine Äußerung in der Frist

IV. Weiterbeschäftigungsanspruch (§ 102 V i.V.m. III)

- Kündigung trotz Widerspruchs des BR
- Abschrift der BR-Stellungnahme an AN (§ 102 III)
- gesetzliche Widerspruchsgründe als Voraussetzung für Weiterbeschäftigungsanspruch
  - Nichtberücksichtigung sozialer Gesichtspunkte
  - Verstoß gegen Richtlinie
  - Weiterbeschäftigungsmöglichkeit
  - Umschulung/Fortbildung
  - geänderte Vertragsbedingungen
- Kündigungsschutzklage des AN
- Verlangen des AN auf Weiterbeschäftigung
- Entbinden des AG von Weiterbeschäftigungspflicht durch einstweilige Verfügung bei
  - wahrscheinlicher Erfolglosigkeit der Klage
  - unzumutbarer Belastung des AG
  - offensichtlich unbegründetem BR-Widerspruch

Kündigungsschutzgesetz (KSchG)

vom 10. August 1951 (BGBl. I 499),
in der Fassung der Bekanntmachung vom 25. August 1969 (BGBl. I 1317),
zuletzt geändert durch Gesetz vom 14. Juni 2021 (BGBl. I 1762)

Erster Abschnitt – Allgemeiner Kündigungsschutz

§ 1 Sozial ungerechtfertigte Kündigungen (1) Die Kündigung des Arbeitsverhältnisses gegenüber einem Arbeitnehmer, dessen Arbeitsverhältnis in demselben Betrieb oder Unternehmen ohne Unterbrechung länger als sechs Monate bestanden hat, ist rechtsunwirksam, wenn sie sozial ungerechtfertigt ist.[1]

(2) Sozial ungerechtfertigt ist die Kündigung, wenn sie nicht durch Gründe, die in der Person oder in dem Verhalten des Arbeitnehmers liegen, oder durch dringende betriebliche Erfordernisse, die einer Weiterbeschäftigung des Arbeitnehmers in diesem Betrieb entgegenstehen, bedingt ist.[2] Die Kündigung ist auch sozial ungerechtfertigt, wenn

1. in Betrieben des privaten Rechts
   a) die Kündigung gegen eine Richtlinie nach § 95 des Betriebsverfassungsgesetzes verstößt,
   b) der Arbeitnehmer an einem anderen Arbeitsplatz in demselben Betrieb oder in einem anderen Betrieb des Unternehmens weiterbeschäftigt werden kann

   und der Betriebsrat oder eine andere nach dem Betriebsverfassungsgesetz insoweit zuständige Vertretung der Arbeitnehmer aus einem dieser Gründe der Kündigung innerhalb der Frist des § 102 Abs. 2 Satz 1 des Betriebsverfassungsgesetzes schriftlich widersprochen hat,
2. in Betrieben und Verwaltungen des öffentlichen Rechts
   a) die Kündigung gegen eine Richtlinie über die personelle Auswahl bei Kündigungen verstößt,
   b) der Arbeitnehmer an einem anderen Arbeitsplatz in derselben Dienststelle oder in einer anderen Dienststelle desselben Verwaltungszweigs an demselben Dienstort einschließlich seines Einzugsgebiets weiterbeschäftigt werden kann

   und die zuständige Personalvertretung aus einem dieser Gründe fristgerecht gegen die Kündigung Einwendungen erhoben hat, es sei denn, daß die Stufenvertretung in der Verhandlung mit der übergeordneten Dienststelle die Einwendungen nicht aufrechterhalten hat.

Satz 2 gilt entsprechend, wenn die Weiterbeschäftigung des Arbeitnehmers nach zumutbaren Umschulungs- oder Fortbildungsmaßnahmen oder eine Weiterbeschäftigung des Arbeitnehmers unter geänderten Arbeitsbedingungen möglich

---

1 Zum Schriftformgebot vgl. § 623 BGB (Nr. 14).
2 Vgl. § 7 Abs. 1b SGB IV (Nr. 30 IV); § 41 Satz 1 SGB VI (Nr. 30 VI); § 8 Abs. 1 ATZG (Nr. 30 VIa); vgl. auch § 167 SGB IX (Nr. 30 IX).

ist und der Arbeitnehmer sein Einverständnis hiermit erklärt hat. Der Arbeitgeber hat die Tatsachen zu beweisen, die die Kündigung bedingen.

(3) Ist einem Arbeitnehmer aus dringenden betrieblichen Erfordernissen im Sinne des Absatzes 2 gekündigt worden, so ist die Kündigung trotzdem sozial ungerechtfertigt, wenn der Arbeitgeber bei der Auswahl des Arbeitnehmers die Dauer der Betriebszugehörigkeit, das Lebensalter, die Unterhaltspflichten und die Schwerbehinderung des Arbeitnehmers nicht oder nicht ausreichend berücksichtigt hat; auf Verlangen des Arbeitnehmers hat der Arbeitgeber dem Arbeitnehmer die Gründe anzugeben, die zu der getroffenen sozialen Auswahl geführt haben.[1] In die soziale Auswahl nach Satz 1 sind Arbeitnehmer nicht einzubeziehen, deren Weiterbeschäftigung, insbesondere wegen ihrer Kenntnisse, Fähigkeiten und Leistungen oder zur Sicherung einer ausgewogenen Personalstruktur des Betriebes, im berechtigten betrieblichen Interesse liegt. Der Arbeitnehmer hat die Tatsachen zu beweisen, die die Kündigung als sozial ungerechtfertigt im Sinne des Satzes 1 erscheinen lassen.

(4) Ist in einem Tarifvertrag, in einer Betriebsvereinbarung nach § 95 des Betriebsverfassungsgesetzes oder in einer entsprechenden Richtlinie nach den Personalvertretungsgesetzen festgelegt, wie die sozialen Gesichtspunkte nach Absatz 3 Satz 1 im Verhältnis zueinander zu bewerten sind, so kann die Bewertung nur auf grobe Fehlerhaftigkeit überprüft werden.

(5) Sind bei einer Kündigung auf Grund einer Betriebsänderung nach § 111 des Betriebsverfassungsgesetzes die Arbeitnehmer, denen gekündigt werden soll, in einem Interessenausgleich zwischen Arbeitgeber und Betriebsrat namentlich bezeichnet, so wird vermutet, dass die Kündigung durch dringende betriebliche Erfordernisse im Sinne des Absatzes 2 bedingt ist. Die soziale Auswahl der Arbeitnehmer kann nur auf grobe Fehlerhaftigkeit überprüft werden. Die Sätze 1 und 2 gelten nicht, soweit sich die Sachlage nach Zustandekommen des Interessenausgleichs wesentlich geändert hat. Der Interessenausgleich nach Satz 1 ersetzt die Stellungnahme des Betriebsrates nach § 17 Abs. 3 Satz 2.

§ 1a Abfindungsanspruch bei betriebsbedingter Kündigung (1) Kündigt der Arbeitgeber wegen dringender betrieblicher Erfordernisse nach § 1 Abs. 2 Satz 1 und erhebt der Arbeitnehmer bis zum Ablauf der Frist des § 4 Satz 1 keine Klage auf Feststellung, dass das Arbeitsverhältnis durch die Kündigung nicht aufgelöst ist, hat der Arbeitnehmer mit dem Ablauf der Kündigungsfrist Anspruch auf eine Abfindung. Der Anspruch setzt den Hinweis des Arbeitgebers in der Kündigungserklärung voraus, dass die Kündigung auf dringende betriebliche Erfordernisse gestützt ist und der Arbeitnehmer bei Verstreichenlassen der Klagefrist die Abfindung beanspruchen kann.

(2) Die Höhe der Abfindung beträgt 0,5 Monatsverdienste für jedes Jahr des Bestehens des Arbeitsverhältnisses. § 10 Abs. 3 gilt entsprechend. Bei der Ermittlung der Dauer des Arbeitsverhältnisses ist ein Zeitraum von mehr als sechs Monaten auf ein volles Jahr aufzurunden.

---

1 Vgl. § 8 Abs. 1 ATZG (Nr. 30 VIa).

§ 2 Änderungskündigung Kündigt der Arbeitgeber das Arbeitsverhältnis und bietet er dem Arbeitnehmer im Zusammenhang mit der Kündigung die Fortsetzung des Arbeitsverhältnisses zu geänderten Arbeitsbedingungen an, so kann der Arbeitnehmer dieses Angebot unter dem Vorbehalt annehmen, daß die Änderung der Arbeitsbedingungen nicht sozial ungerechtfertigt ist (§ 1 Abs. 2 Satz 1 bis 3, Abs. 3 Satz 1 und 2). Diesen Vorbehalt muß der Arbeitnehmer dem Arbeitgeber innerhalb der Kündigungsfrist, spätestens jedoch innerhalb von drei Wochen nach Zugang der Kündigung erklären.

§ 3 Kündigungseinspruch Hält der Arbeitnehmer eine Kündigung für sozial ungerechtfertigt, so kann er binnen einer Woche nach der Kündigung Einspruch beim Betriebsrat einlegen. Erachtet der Betriebsrat den Einspruch für begründet, so hat er zu versuchen, eine Verständigung mit dem Arbeitgeber herbeizuführen. Er hat seine Stellungnahme zu dem Einspruch dem Arbeitnehmer und dem Arbeitgeber auf Verlangen schriftlich mitzuteilen.

§ 4 Anrufung des Arbeitsgerichts Will ein Arbeitnehmer geltend machen, dass eine Kündigung sozial ungerechtfertigt oder aus anderen Gründen rechtsunwirksam ist, so muss er innerhalb von drei Wochen nach Zugang der schriftlichen Kündigung Klage beim Arbeitsgericht auf Feststellung erheben, dass das Arbeitsverhältnis durch die Kündigung nicht aufgelöst ist. Im Falle des § 2 ist die Klage auf Feststellung zu erheben, daß die Änderung der Arbeitsbedingungen sozial ungerechtfertigt oder aus anderen Gründen rechtsunwirksam ist. Hat der Arbeitnehmer Einspruch beim Betriebsrat eingelegt (§ 3), so soll er der Klage die Stellungnahme des Betriebsrats beifügen. Soweit die Kündigung der Zustimmung einer Behörde bedarf, läuft die Frist zur Anrufung des Arbeitsgerichts erst von der Bekanntgabe der Entscheidung der Behörde an den Arbeitnehmer ab.

§ 5 Zulassung verspäteter Klagen (1) War ein Arbeitnehmer nach erfolgter Kündigung trotz Anwendung aller ihm nach Lage der Umstände zuzumutenden Sorgfalt verhindert, die Klage innerhalb von drei Wochen nach Zugang der schriftlichen Kündigung zu erheben, so ist auf seinen Antrag die Klage nachträglich zuzulassen. Gleiches gilt, wenn eine Frau von ihrer Schwangerschaft aus einem von ihr nicht zu vertretenden Grund erst nach Ablauf der Frist des § 4 Satz 1 Kenntnis erlangt hat.

(2) Mit dem Antrag ist die Klageerhebung zu verbinden; ist die Klage bereits eingereicht, so ist auf sie im Antrag Bezug zu nehmen. Der Antrag muß ferner die Angabe der die nachträgliche Zulassung begründenden Tatsachen und der Mittel für deren Glaubhaftmachung enthalten.

(3) Der Antrag ist nur innerhalb von zwei Wochen nach Behebung des Hindernisses zulässig. Nach Ablauf von sechs Monaten, vom Ende der versäumten Frist an gerechnet, kann der Antrag nicht mehr gestellt werden.

(4) Das Verfahren über den Antrag auf nachträgliche Zulassung ist mit dem Verfahren über die Klage zu verbinden. Das Arbeitsgericht kann das Verfahren zunächst auf die Verhandlung und Entscheidung über den Antrag beschränken. In

diesem Fall ergeht die Entscheidung durch Zwischenurteil, das wie ein Endurteil angefochten werden kann.
(5) Hat das Arbeitsgericht über einen Antrag auf nachträgliche Klagezulassung nicht entschieden oder wird ein solcher Antrag erstmals vor dem Landesarbeitsgericht gestellt, entscheidet hierüber die Kammer des Landesarbeitsgerichts. Absatz 4 gilt entsprechend.

§ 6 Verlängerte Anrufungsfrist Hat ein Arbeitnehmer innerhalb von drei Wochen nach Zugang der schriftlichen Kündigung im Klagewege geltend gemacht, dass eine rechtswirksame Kündigung nicht vorliege, so kann er sich in diesem Verfahren bis zum Schluss der mündlichen Verhandlung erster Instanz zur Begründung der Unwirksamkeit der Kündigung auch auf innerhalb der Klagefrist nicht geltend gemachte Gründe berufen. Das Arbeitsgericht soll ihn hierauf hinweisen.

§ 7 Wirksamwerden der Kündigung Wird die Rechtsunwirksamkeit einer Kündigung nicht rechtzeitig geltend gemacht (§ 4 Satz 1, §§ 5 und 6), so gilt die Kündigung als von Anfang an rechtswirksam; ein vom Arbeitnehmer nach § 2 erklärter Vorbehalt erlischt.

§ 8 Wiederherstellung der früheren Arbeitsbedingungen Stellt das Gericht im Falle des § 2 fest, daß die Änderung der Arbeitsbedingungen sozial ungerechtfertigt ist, so gilt die Änderungskündigung als von Anfang an rechtsunwirksam.

§ 9 Auflösung des Arbeitsverhältnisses durch Urteil des Gerichts, Abfindung des Arbeitnehmers (1) Stellt das Gericht fest, daß das Arbeitsverhältnis durch die Kündigung nicht aufgelöst ist, ist jedoch dem Arbeitnehmer die Fortsetzung des Arbeitsverhältnisses nicht zuzumuten, so hat das Gericht auf Antrag des Arbeitnehmers das Arbeitsverhältnis aufzulösen und den Arbeitgeber zur Zahlung einer angemessenen Abfindung zu verurteilen. Die gleiche Entscheidung hat das Gericht auf Antrag des Arbeitgebers zu treffen, wenn Gründe vorliegen, die eine den Betriebszwecken dienliche weitere Zusammenarbeit zwischen Arbeitgeber und Arbeitnehmer nicht erwarten lassen.[1] Arbeitnehmer und Arbeitgeber können den

---

1 Vgl. § 25a Abs. 5a und 5b des **Gesetzes über das Kreditwesen** (KWG) vom 9.9.1998 (BGBl. I 2776), zuletzt geändert durch Gesetz vom 28.2.2025 (BGBl. 2025 I Nr. 69):
(5a) Auf Risikoträger und Risikoträgerinnen bedeutender Institute, deren jährliche fixe Vergütung das Dreifache der Beitragsbemessungsgrenze in der allgemeinen Rentenversicherung im Sinne des § 159 des Sechsten Buches Sozialgesetzbuch überschreitet und die keine Geschäftsführer, Betriebsleiter und ähnliche leitende Angestellte sind, die zur selbständigen Einstellung oder Entlassung von Arbeitnehmern berechtigt sind, findet § 9 Absatz 1 Satz 2 des Kündigungsschutzgesetzes mit der Maßgabe Anwendung, dass der Antrag des Arbeitgebers auf Auflösung des Arbeitsverhältnisses keiner Begründung bedarf. § 14 Absatz 1 des Kündigungsschutzgesetzes bleibt unberührt.
(5b) In einem CRR-Kreditinstitut sowie in einem Institut, das kein CRR-Kreditinstitut, aber bedeutend gemäß § 1 Absatz 3c ist, gelten die folgenden Personengruppen zwingend als Risikoträger:

Antrag auf Auflösung des Arbeitsverhältnisses bis zum Schluß der letzten mündlichen Verhandlung in der Berufungsinstanz stellen.
(2) Das Gericht hat für die Auflösung des Arbeitsverhältnisses den Zeitpunkt festzusetzen, an dem es bei sozial gerechtfertigter Kündigung geendet hätte.

§ 10 Höhe der Abfindung (1) Als Abfindung ist ein Betrag bis zu zwölf Monatsverdiensten festzusetzen.[1]
(2) Hat der Arbeitnehmer das fünfzigste Lebensjahr vollendet und hat das Arbeitsverhältnis mindestens fünfzehn Jahre bestanden, so ist ein Betrag bis zu fünfzehn Monatsverdiensten, hat der Arbeitnehmer das fünfundfünfzigste Lebensjahr vollendet und hat das Arbeitsverhältnis mindestens zwanzig Jahre bestanden, so ist ein Betrag bis zu achtzehn Monatsverdiensten festzusetzen. Dies gilt nicht, wenn der Arbeitnehmer in dem Zeitpunkt, den das Gericht nach § 9 Abs. 2 für die Auflösung

---

1. Mitarbeiter der unmittelbar der Geschäftsleitung nachgelagerten Führungsebene;
2. Mitarbeiter mit Managementverantwortung für die Kontrollfunktionen oder die wesentlichen Geschäftsbereiche des Instituts;
3. Mitarbeiter, die im oder für das vorhergehende Geschäftsjahr Anspruch auf eine Vergütung in Höhe von mindestens 500 000 Euro hatten, sofern
   a) diese Vergütung mindestens der durchschnittlichen Vergütung der Geschäftsleiter, der Mitglieder des Verwaltungs- oder Aufsichtsorgans sowie der Mitarbeiter der unmittelbar der Geschäftsleitung nachgelagerten Führungsebene des Instituts im Sinne von Nummer 1 entspricht, und
   b) die Mitarbeiter die berufliche Tätigkeit in einem wesentlichen Geschäftsbereich ausüben und sich diese Tätigkeit erheblich auf das Risikoprofil des betreffenden Geschäftsbereichs auswirkt.

Ein bedeutendes Institut hat darüber hinaus auf Grundlage einer Risikoanalyse eigenverantwortlich alle weiteren Risikoträger zu ermitteln. Dabei sind immer mindestens die Kriterien gemäß den Artikeln 5 und 6 der Delegierten Verordnung (EU) 2021/923 der Kommission vom 25. März 2021 zur Ergänzung der Richtlinie 2013/36/EU des Europäischen Parlaments und des Rates durch technische Regulierungsstandards zur Festlegung der Kriterien für die Definition der Managementverantwortung, der Kontrollaufgaben, der wesentlichen Geschäftsbereiche und einer erheblichen Auswirkung auf das Risikoprofil eines wesentlichen Geschäftsbereichs sowie zur Festlegung der Kriterien für die Ermittlung der Mitarbeiter oder Mitarbeiterkategorien, deren berufliche Tätigkeiten vergleichsweise ebenso wesentliche Auswirkungen auf das Risikoprofil des Instituts haben wie diejenigen der in Artikel 92 Absatz 3 der genannten Richtlinie aufgeführten Mitarbeiter oder Mitarbeiterkategorien (ABl. L 203 vom 9. 6. 2021, S. 1; L 430 vom 2. 12. 2021, S. 4) in der jeweils geltenden Fassung zugrunde zu legen. Das Institut teilt den betroffenen Mitarbeitern und Mitarbeiterinnen die Einstufung als Risikoträger mit. Die Risikoanalyse ist schriftlich oder elektronisch zu dokumentieren und regelmäßig zu aktualisieren. Ausnahmen gemäß Artikel 6 Absatz 2 der Delegierten Verordnung (EU) Nr. 2021/923 in der jeweils geltenden Fassung bedürfen der Zustimmung der Geschäftsleitung und der Kenntnisnahme durch das Verwaltungs- oder Aufsichtsorgan. Für die Zwecke dieser Vorschrift gelten die Begriffsbestimmungen sowie die Berechnungsmethoden zur Höhe der maßgeblichen Vergütung nach der Delegierten Verordnung (EU) Nr. 2021/923 in der jeweils geltenden Fassung.

1 Zur Sozialversicherungspflicht von Abfindungen s. § 14 Abs. 1 SGB IV (hierzu *BAG* 21. 2. 1990 – 12 RK 20/88, DB 90, 1520).

25

des Arbeitsverhältnisses festsetzt, das in der Vorschrift des Sechsten Buches Sozialgesetzbuch über die Regelaltersrente bezeichnete Lebensalter erreicht hat.[1]

(3) Als Monatsverdienst gilt, was dem Arbeitnehmer bei der für ihn maßgebenden regelmäßigen Arbeitszeit in dem Monat, in dem das Arbeitsverhältnis endet (§ 9 Abs. 2), an Geld und Sachbezügen zusteht.

§ 11 Anrechnung auf entgangenen Zwischenverdienst Besteht nach der Entscheidung des Gerichts das Arbeitsverhältnis fort, so muß sich der Arbeitnehmer auf das Arbeitsentgelt, das ihm der Arbeitgeber für die Zeit nach der Entlassung schuldet, anrechnen lassen,

1. was er durch anderweitige Arbeit verdient hat,
2. was er hätte verdienen können, wenn er es nicht böswillig unterlassen hätte, eine ihm zumutbare Arbeit anzunehmen,
3. was ihm an öffentlich-rechtlichen Leistungen infolge Arbeitslosigkeit aus der Sozialversicherung, der Arbeitslosenversicherung, der Sicherung des Lebensunterhalts nach dem Zweiten Buch Sozialgesetzbuch oder der Sozialhilfe für die Zwischenzeit gezahlt worden ist. Diese Beträge hat der Arbeitgeber der Stelle zu erstatten, die sie geleistet hat.

§ 12 Neues Arbeitsverhältnis des Arbeitnehmers, Auflösung des alten Arbeitsverhältnisses Besteht nach der Entscheidung des Gerichts das Arbeitsverhältnis fort, ist jedoch der Arbeitnehmer inzwischen ein neues Arbeitsverhältnis eingegangen, so kann er binnen einer Woche nach der Rechtskraft des Urteils durch Erklärung gegenüber dem alten Arbeitgeber die Fortsetzung des Arbeitsverhältnisses bei diesem verweigern. Die Frist wird auch durch eine vor ihrem Ablauf zur Post gegebene schriftliche Erklärung gewahrt. Mit dem Zugang der Erklärung erlischt das Arbeitsverhältnis. Macht der Arbeitnehmer von seinem Verweigerungsrecht Gebrauch, so ist ihm entgangener Verdienst nur für die Zeit zwischen der Entlassung und dem Tag des Eintritts in das neue Arbeitsverhältnis zu gewähren. § 11 findet entsprechende Anwendung.

§ 13 Außerordentliche, sittenwidrige und sonstige Kündigungen (1) Die Vorschriften über das Recht zur außerordentlichen Kündigung eines Arbeitsverhältnisses werden durch das vorliegende Gesetz nicht berührt. Die Rechtsunwirksamkeit einer außerordentlichen Kündigung kann jedoch nur nach Maßgabe des § 4 Satz 1 und der §§ 5 bis 7 geltend gemacht werden. Stellt das Gericht fest, dass die außerordentliche Kündigung unbegründet ist, ist jedoch dem Arbeitnehmer die Fortsetzung des Arbeitsverhältnisses nicht zuzumuten, so hat auf seinen Antrag das Gericht das Arbeitsverhältnis aufzulösen und den Arbeitgeber zur Zahlung einer angemessenen Abfindung zu verurteilen. Das Gericht hat für die Auflösung des Arbeitsverhältnisses den Zeitpunkt festzulegen, zu dem die außerordentliche Kündigung ausgesprochen wurde. Die Vorschriften der §§ 10 bis 12 gelten entsprechend.

---

1 Vollendung des 67. Lebensjahres (§ 35 SGB VI); beachte Übergangsregelung in § 235 SGB VI (Nr. 30 VI).

(2) Verstößt eine Kündigung gegen die guten Sitten, so finden die Vorschriften des § 9 Abs. 1 Satz 1 und Abs. 2 und der §§ 10 bis 12 entsprechende Anwendung.
(3) Im Übrigen finden die Vorschriften dieses Abschnitts mit Ausnahme der §§ 4 bis 7 auf eine Kündigung, die bereits aus anderen als den in § 1 Abs. 2 und 3 bezeichneten Gründen rechtsunwirksam ist, keine Anwendung.

§ 14 Angestellte in leitender Stellung (1) Die Vorschriften dieses Abschnitts gelten nicht
1. in Betrieben einer juristischen Person für die Mitglieder des Organs, das zur gesetzlichen Vertretung der juristischen Person berufen ist,
2. in Betrieben einer Personengesamtheit für die durch Gesetz, Satzung oder Gesellschaftsvertrag zur Vertretung der Personengesamtheit berufenen Personen.

(2) Auf Geschäftsführer, Betriebsleiter und ähnliche leitende Angestellte, soweit diese zur selbständigen Einstellung oder Entlassung von Arbeitnehmern berechtigt sind, finden die Vorschriften dieses Abschnitts mit Ausnahme des § 3 Anwendung. § 9 Abs. 1 Satz 2 findet mit der Maßgabe Anwendung, daß der Antrag des Arbeitgebers auf Auflösung des Arbeitsverhältnisses keiner Begründung bedarf.

Zweiter Abschnitt – Kündigungsschutz im Rahmen der Betriebsverfassung und Personalvertretung

§ 15 Unzulässigkeit der Kündigung (1) Die Kündigung eines Mitglieds eines Betriebsrats, einer Jugend- und Auszubildendenvertretung, einer Bordvertretung oder eines Seebetriebsrats ist unzulässig, es sei denn, daß Tatsachen vorliegen, die den Arbeitgeber zur Kündigung aus wichtigem Grund ohne Einhaltung einer Kündigungsfrist berechtigen, und daß die nach § 103 des Betriebsverfassungsgesetzes erforderliche Zustimmung vorliegt oder durch gerichtliche Entscheidung ersetzt ist. Nach Beendigung der Amtszeit ist die Kündigung eines Mitglieds eines Betriebsrats, einer Jugend- und Auszubildendenvertretung oder eines Seebetriebsrats innerhalb eines Jahres, die Kündigung eines Mitglieds einer Bordvertretung innerhalb von sechs Monaten, jeweils vom Zeitpunkt der Beendigung der Amtszeit an gerechnet, unzulässig, es sei denn, daß Tatsachen vorliegen, die den Arbeitgeber zur Kündigung aus wichtigem Grund ohne Einhaltung einer Kündigungsfrist berechtigen; dies gilt nicht, wenn die Beendigung der Mitgliedschaft auf einer gerichtlichen Entscheidung beruht.
(2) Die Kündigung eines Mitglieds einer Personalvertretung, einer Jugend- und Auszubildendenvertretung oder einer Jugendvertretung ist unzulässig, es sei denn, daß Tatsachen vorliegen, die den Arbeitgeber zur Kündigung aus wichtigem Grund ohne Einhaltung einer Kündigungsfrist berechtigen, und daß die nach dem Personalvertretungsrecht erforderliche Zustimmung vorliegt oder durch gerichtliche Entscheidung ersetzt ist. Nach Beendigung der Amtszeit der in Satz 1 genannten Personen ist ihre Kündigung innerhalb eines Jahres, vom Zeitpunkt der Beendigung der Amtszeit an gerechnet, unzulässig, es sei denn, daß Tatsachen vorliegen, die den Arbeitgeber zur Kündigung aus wichtigem Grund ohne Einhaltung einer Kündigungsfrist berechtigen; dies gilt nicht, wenn die Beendigung der Mitgliedschaft auf einer gerichtlichen Entscheidung beruht.

(3) Die Kündigung eines Mitglieds eines Wahlvorstands ist vom Zeitpunkt seiner Bestellung an, die Kündigung eines Wahlbewerbers vom Zeitpunkt der Aufstellung des Wahlvorschlags an, jeweils bis zur Bekanntgabe des Wahlergebnisses unzulässig, es sei denn, daß Tatsachen vorliegen, die den Arbeitgeber zur Kündigung aus wichtigem Grund ohne Einhaltung einer Kündigungsfrist berechtigen, und daß die nach § 103 des Betriebsverfassungsgesetzes oder nach dem Personalvertretungsrecht erforderliche Zustimmung vorliegt oder durch eine gerichtliche Entscheidung ersetzt ist. Innerhalb von sechs Monaten nach Bekanntgabe des Wahlergebnisses ist die Kündigung unzulässig, es sei denn, daß Tatsachen vorliegen, die den Arbeitgeber zur Kündigung aus wichtigem Grund ohne Einhaltung einer Kündigungsfrist berechtigen; dies gilt nicht für Mitglieder des Wahlvorstands, wenn dieser durch gerichtliche Entscheidung durch einen anderen Wahlvorstand ersetzt worden ist.

(3 a) Die Kündigung eines Arbeitnehmers, der zu einer Betriebs-, Wahl- oder Bordversammlung nach § 17 Abs. 3, § 17a Nr. 3 Satz 2, § 115 Abs. 2 Nr. 8 Satz 1 des Betriebsverfassungsgesetzes einlädt oder die Bestellung eines Wahlvorstands nach § 16 Abs. 2 Satz 1, § 17 Abs. 4, § 17a Nr. 4, § 63 Abs. 3, § 115 Abs. 2 Nr. 8 Satz 2 oder § 116 Abs. 2 Nr. 7 Satz 5 des Betriebsverfassungsgesetzes beantragt, ist vom Zeitpunkt der Einladung oder Antragstellung an bis zur Bekanntgabe des Wahlergebnisses unzulässig, es sei denn, dass Tatsachen vorliegen, die den Arbeitgeber zur Kündigung aus wichtigem Grund ohne Einhaltung einer Kündigungsfrist berechtigen; der Kündigungsschutz gilt für die ersten sechs in der Einladung oder die ersten drei in der Antragstellung aufgeführten Arbeitnehmer. Wird ein Betriebsrat, eine Jugend- und Auszubildendenvertretung, eine Bordvertretung oder ein Seebetriebsrat nicht gewählt, besteht der Kündigungsschutz nach Satz 1 vom Zeitpunkt der Einladung oder Antragstellung an drei Monate.

(3 b) Die Kündigung eines Arbeitnehmers, der Vorbereitungshandlungen zur Errichtung eines Betriebsrats oder einer Bordvertretung unternimmt und eine öffentlich beglaubigte Erklärung mit dem Inhalt abgegeben hat, dass er die Absicht hat, einen Betriebsrat oder eine Bordvertretung zu errichten, ist unzulässig, soweit sie aus Gründen erfolgt, die in der Person oder in dem Verhalten des Arbeitnehmers liegen, es sei denn, dass Tatsachen vorliegen, die den Arbeitgeber zur Kündigung aus wichtigem Grund ohne Einhaltung einer Kündigungsfrist berechtigen. Der Kündigungsschutz gilt von der Abgabe der Erklärung nach Satz 1 bis zum Zeitpunkt der Einladung zu einer Betriebs-, Wahl- oder Bordversammlung nach § 17 Absatz 3, § 17a Nummer 3 Satz 2, § 115 Absatz 2 Nummer 8 Satz 1 des Betriebsverfassungsgesetzes, längstens jedoch für drei Monate.

(4) Wird der Betrieb stillgelegt, so ist die Kündigung der in den Absätzen 1 bis 3a genannten Personen frühestens zum Zeitpunkt der Stillegung zulässig, es sei denn, daß ihre Kündigung zu einem früheren Zeitpunkt durch zwingende betriebliche Erfordernisse bedingt ist.

(5) Wird eine der in den Absätzen 1 bis 3a genannten Personen in einer Betriebsabteilung beschäftigt, die stillgelegt wird, so ist sie in eine andere Betriebsabteilung zu übernehmen. Ist dies aus betrieblichen Gründen nicht möglich, so findet auf ihre Kündigung die Vorschrift des Absatzes 4 über die Kündigung bei Stillegung des Betriebs sinngemäß Anwendung.

§ 16 Neues Arbeitsverhältnis, Auflösung des alten Arbeitsverhältnisses Stellt das Gericht die Unwirksamkeit der Kündigung einer der in § 15 Absatz 1 bis 3b genannten Personen fest, so kann diese Person, falls sie inzwischen ein neues Arbeitsverhältnis eingegangen ist, binnen einer Woche nach Rechtskraft des Urteils durch Erklärung gegenüber dem alten Arbeitgeber die Weiterbeschäftigung bei diesem verweigern. Im übrigen finden die Vorschriften des § 11 und des § 12 Satz 2 bis 4 entsprechende Anwendung.

Dritter Abschnitt – Anzeigepflichtige Entlassungen

§ 17 Anzeigepflicht (1) Der Arbeitgeber ist verpflichtet, der Agentur für Arbeit Anzeige zu erstatten, bevor er
1. in Betrieben mit in der Regel mehr als 20 und weniger als 60 Arbeitnehmern mehr als 5 Arbeitnehmer,
2. in Betrieben mit in der Regel mindestens 60 und weniger als 500 Arbeitnehmern 10 vom Hundert der im Betrieb regelmäßig beschäftigten Arbeitnehmer oder aber mehr als 25 Arbeitnehmer,
3. in Betrieben mit in der Regel mindestens 500 Arbeitnehmern mindestens 30 Arbeitnehmer

innerhalb von 30 Kalendertagen entläßt. Den Entlassungen stehen andere Beendigungen des Arbeitsverhältnisses gleich, die vom Arbeitgeber veranlaßt werden.
(2) Beabsichtigt der Arbeitgeber, nach Absatz 1 anzeigepflichtige Entlassungen vorzunehmen, hat er dem Betriebsrat rechtzeitig die zweckdienlichen Auskünfte zu erteilen und ihn schriftlich insbesondere zu unterrichten über
1. die Gründe für die geplanten Entlassungen,
2. die Zahl und die Berufsgruppen der zu entlassenden Arbeitnehmer,
3. die Zahl und die Berufsgruppen der in der Regel beschäftigten Arbeitnehmer,
4. den Zeitraum, in dem die Entlassungen vorgenommen werden sollen,
5. die vorgesehenen Kriterien für die Auswahl der zu entlassenden Arbeitnehmer,
6. die für die Berechnung etwaiger Abfindungen vorgesehenen Kriterien.

Arbeitgeber und Betriebsrat haben insbesondere die Möglichkeiten zu beraten, Entlassungen zu vermeiden oder einzuschränken und ihre Folgen zu mildern.
(3) Der Arbeitgeber hat gleichzeitig der Agentur für Arbeit eine Abschrift der Mitteilung an den Betriebsrat zuzuleiten; sie muß zumindest die in Absatz 2 Satz 1 Nr. 1 bis 5 vorgeschriebenen Angaben enthalten. Die Anzeige nach Absatz 1 ist schriftlich unter Beifügung der Stellungnahme des Betriebsrats zu den Entlassungen zu erstatten. Liegt eine Stellungnahme des Betriebsrats nicht vor, so ist die Anzeige wirksam, wenn der Arbeitgeber glaubhaft macht, daß er den Betriebsrat mindestens zwei Wochen vor Erstattung der Anzeige nach Absatz 2 Satz 1 unterrichtet hat, und er den Stand der Beratungen darlegt. Die Anzeige muß Angaben über den Namen des Arbeitgebers, den Sitz und die Art des Betriebes enthalten, ferner die Gründe für die geplanten Entlassungen, die Zahl und die Berufsgruppen der zu entlassenden und der in der Regel beschäftigten Arbeitnehmer, den Zeitraum, in dem die Entlassungen vorgenommen werden sollen und die vorgesehenen Kriterien für die Auswahl der zu entlassenden Arbeitnehmer. In der Anzeige sollen ferner im Einvernehmen mit dem Betriebsrat für die Arbeitsver-

mittlung Angaben über Geschlecht, Alter, Beruf und Staatsangehörigkeit der zu entlassenden Arbeitnehmer gemacht werden. Der Arbeitgeber hat dem Betriebsrat eine Abschrift der Anzeige zuzuleiten. Der Betriebsrat kann gegenüber der Agentur für Arbeit weitere Stellungnahmen abgeben. Er hat dem Arbeitgeber eine Abschrift der Stellungnahme zuzuleiten.

(3 a) Die Auskunfts-, Beratungs- und Anzeigepflichten nach den Absätzen 1 bis 3 gelten auch dann, wenn die Entscheidung über die Entlassungen von einem den Arbeitgeber beherrschenden Unternehmen getroffen wurde. Der Arbeitgeber kann sich nicht darauf berufen, daß das für die Entlassungen verantwortliche Unternehmen die notwendigen Auskünfte nicht übermittelt hat.

(4) Das Recht zur fristlosen Entlassung bleibt unberührt. Fristlose Entlassungen werden bei Berechnung der Mindestzahl der Entlassungen nach Absatz 1 nicht mitgerechnet.

(5) Als Arbeitnehmer im Sinne dieser Vorschrift gelten nicht

1. in Betrieben einer juristischen Person die Mitglieder des Organs, das zur gesetzlichen Vertretung der juristischen Person berufen ist,
2. in Betrieben einer Personengesamtheit die durch Gesetz, Satzung oder Gesellschaftsvertrag zur Vertretung der Personengesamtheit berufenen Personen,
3. Geschäftsführer, Betriebsleiter und ähnliche leitende Personen, soweit diese zur selbständigen Einstellung oder Entlassung von Arbeitnehmern berechtigt sind.

§ 18 Entlassungssperre (1) Entlassungen, die nach § 17 anzuzeigen sind, werden vor Ablauf eines Monats nach Eingang der Anzeige bei der Agentur für Arbeit nur mit deren Zustimmung wirksam; die Zustimmung kann auch rückwirkend bis zum Tage der Antragstellung erteilt werden.

(2) Die Agentur für Arbeit kann im Einzelfall bestimmen, daß die Entlassungen nicht vor Ablauf von längstens zwei Monaten nach Eingang der Anzeige wirksam werden.

(3) *(weggefallen)*

(4) Soweit die Entlassungen nicht innerhalb von 90 Tagen nach dem Zeitpunkt, zu dem sie nach den Absätzen 1 und 2 zulässig sind, durchgeführt werden, bedarf es unter den Voraussetzungen des § 17 Abs. 1 einer erneuten Anzeige.

§ 19 Zulässigkeit von Kurzarbeit (1) Ist der Arbeitgeber nicht in der Lage, die Arbeitnehmer bis zu dem in § 18 Abs. 1 und 2 bezeichneten Zeitpunkt voll zu beschäftigen, so kann die Bundesagentur für Arbeit zulassen, daß der Arbeitgeber für die Zwischenzeit Kurzarbeit einführt.

(2) Der Arbeitgeber ist im Falle der Kurzarbeit berechtigt, Lohn oder Gehalt der mit verkürzter Arbeitszeit beschäftigten Arbeitnehmer entsprechend zu kürzen; die Kürzung des Arbeitsentgelts wird jedoch erst von dem Zeitpunkt an wirksam, an dem das Arbeitsverhältnis nach den allgemeinen gesetzlichen oder den vereinbarten Bestimmungen enden würde.

(3) Tarifvertragliche Bestimmungen über die Einführung, das Ausmaß und die Bezahlung von Kurzarbeit werden durch die Absätze 1 und 2 nicht berührt.

§ 20 Entscheidungen der Agentur für Arbeit (1) Die Entscheidungen der Agentur für Arbeit nach § 18 Abs. 1 und 2 trifft deren Geschäftsführung oder ein Ausschuß (Entscheidungsträger). Die Geschäftsführung darf nur dann entscheiden, wenn die Zahl der Entlassungen weniger als 50 beträgt.
(2) Der Ausschuß setzt sich aus dem Geschäftsführer, der Geschäftsführerin oder dem oder der Vorsitzenden der Geschäftsführung der Agentur für Arbeit oder einem von ihm oder ihr beauftragten Angehörigen der Agentur für Arbeit als Vorsitzenden und je zwei Vertretern der Arbeitnehmer, der Arbeitgeber und der öffentlichen Körperschaften zusammen, die von dem Verwaltungsausschuss der Agentur für Arbeit benannt werden. Er trifft seine Entscheidungen mit Stimmenmehrheit.
(3) Der Entscheidungsträger hat vor seiner Entscheidung den Arbeitgeber und den Betriebsrat anzuhören. Dem Entscheidungsträger sind, insbesondere vom Arbeitgeber und Betriebsrat, die von ihm für die Beurteilung des Falles erforderlich gehaltenen Auskünfte zu erteilen.
(4) Der Entscheidungsträger hat sowohl das Interesse des Arbeitgebers als auch das der zu entlassenden Arbeitnehmer, das öffentliche Interesse und die Lage des gesamten Arbeitsmarktes unter besonderer Beachtung des Wirtschaftszweiges, dem der Betrieb angehört, zu berücksichtigen.

§ 21 Entscheidungen der Zentrale der Bundesagentur für Arbeit Für Betriebe, die zum Geschäftsbereich des Bundesministers für Verkehr oder des Bundesministers für Post und Telekommunikation gehören, trifft, wenn mehr als 500 Arbeitnehmer entlassen werden sollen, ein gemäß § 20 Abs. 1 bei der Zentrale der Bundesagentur für Arbeit zu bildender Ausschuß die Entscheidungen nach § 18 Abs. 1 und 2. Der zuständige Bundesminister kann zwei Vertreter mit beratender Stimme in den Ausschuß entsenden. Die Anzeigen nach § 17 sind in diesem Falle an die Zentrale der Bundesagentur für Arbeit zu erstatten. Im übrigen gilt § 20 Abs. 1 bis 3 entsprechend.

§ 22 Ausnahmebetriebe (1) Auf Saisonbetriebe und Kampagne-Betriebe finden die Vorschriften dieses Abschnitts bei Entlassungen, die durch diese Eigenart der Betriebe bedingt sind, keine Anwendung.
(2) Keine Saisonbetriebe oder Kampagne-Betriebe sind Betriebe des Baugewerbes, in denen die ganzjährige Beschäftigung nach dem Dritten Buch Sozialgesetzbuch gefördert wird. Das Bundesministerium für Arbeit und Soziales wird ermächtigt, durch Rechtsverordnung Vorschriften zu erlassen, welche Betriebe als Saisonbetriebe oder Kampagne-Betriebe im Sinne des Absatzes 1 gelten.

Vierter Abschnitt – Schlußbestimmungen

§ 23 Geltungsbereich (1) Die Vorschriften des Ersten und Zweiten Abschnitts gelten für Betriebe und Verwaltungen des privaten und des öffentlichen Rechts, vorbehaltlich der Vorschriften des § 24 für die Seeschiffahrts-, Binnenschiffahrts- und Luftverkehrsbetriebe. Die Vorschriften des Ersten Abschnitts gelten mit Ausnahme der §§ 4 bis 7 und des § 13 Abs. 1 Satz 1 und 2 nicht für Betriebe und Verwaltungen,

in denen in der Regel fünf oder weniger Arbeitnehmer ausschließlich der zu ihrer Berufsbildung Beschäftigten beschäftigt werden. In Betrieben und Verwaltungen, in denen in der Regel zehn oder weniger Arbeitnehmer ausschließlich der zu ihrer Berufsbildung Beschäftigten beschäftigt werden, gelten die Vorschriften des Ersten Abschnitts mit Ausnahme der §§ 4 bis 7 und des § 13 Abs. 1 Satz 1 und 2 nicht für Arbeitnehmer, deren Arbeitsverhältnis nach dem 31. Dezember 2003 begonnen hat; diese Arbeitnehmer sind bei der Feststellung der Zahl der beschäftigten Arbeitnehmer nach Satz 2 bis zur Beschäftigung von in der Regel zehn Arbeitnehmern nicht zu berücksichtigen. Bei der Feststellung der Zahl der beschäftigten Arbeitnehmer nach den Sätzen 2 und 3 sind teilzeitbeschäftigte Arbeitnehmer mit einer regelmäßigen wöchentlichen Arbeitszeit von nicht mehr als 20 Stunden mit 0,5 und nicht mehr als 30 Stunden mit 0,75 zu berücksichtigen.
(2) Die Vorschriften des Dritten Abschnitts gelten für Betriebe und Verwaltungen des privaten Rechts sowie für Betriebe, die von einer öffentlichen Verwaltung geführt werden, soweit sie wirtschaftliche Zwecke verfolgen.

§ 24 Anwendung des Gesetzes auf Betriebe der Schiffahrt und des Luftverkehrs
(1) Die Vorschriften des Ersten und Zweiten Abschnitts finden nach Maßgabe der Absätze 2 bis 4 auf Arbeitsverhältnisse der Besatzung von Seeschiffen, Binnenschiffen und Luftfahrzeugen Anwendung.
(2) Als Betrieb im Sinne dieses Gesetzes gilt jeweils die Gesamtheit der Seeschiffe oder der Binnenschiffe eines Schifffahrtsbetriebs oder der Luftfahrzeuge eines Luftverkehrsbetriebs.
(3) Dauert die erste Reise eines Besatzungsmitglieds eines Seeschiffes oder eines Binnenschiffes länger als sechs Monate, so verlängert sich die Sechsmonatsfrist des § 1 Absatz 1 bis drei Tage nach Beendigung dieser Reise.
(4) Die Klage nach § 4 ist binnen drei Wochen zu erheben, nachdem die Kündigung dem Besatzungsmitglied an Land zugegangen ist. Geht dem Besatzungsmitglied eines Seeschiffes oder eines Binnenschiffes die Kündigung während der Fahrt des Schiffes zu, ist die Klage innerhalb von sechs Wochen nach dem Dienstende an Bord zu erheben. Geht dem Besatzungsmitglied eines Seeschiffes die Kündigung während einer Gefangenschaft aufgrund von seeräuberischen Handlungen oder bewaffneten Raubüberfällen auf Schiffe im Sinne von § 2 Nummer 11 oder 12 des Seearbeitsgesetzes zu oder gerät das Besatzungsmitglied während des Laufs der Frist nach Satz 1 oder 2 in eine solche Gefangenschaft, ist die Klage innerhalb von sechs Wochen nach der Freilassung des Besatzungsmitglieds zu erheben; nimmt das Besatzungsmitglied nach der Freilassung den Dienst an Bord wieder auf, beginnt die Frist mit dem Dienstende an Bord. An die Stelle der Dreiwochenfrist in § 5 Absatz 1 und § 6 treten die in den Sätzen 1 bis 3 genannten Fristen.
(5) Die Vorschriften des Dritten Abschnitts finden nach Maßgabe der folgenden Sätze Anwendung auf die Besatzungen von Seeschiffen. Bei Schiffen nach § 114 Absatz 4 Satz 1 des Betriebsverfassungsgesetzes tritt, soweit sie nicht als Teil des Landbetriebs gelten, an die Stelle des Betriebsrats der Seebetriebsrat. Betrifft eine anzeigepflichtige Entlassung die Besatzung eines Seeschiffes, welcher unter der Flagge eines anderen Mitgliedstaates der Europäischen Union fährt, so ist die Anzeige an die Behörde des Staates zu richten, unter dessen Flagge das Schiff fährt.

§ 25 Kündigung in Arbeitskämpfen Die Vorschriften dieses Gesetzes finden keine Anwendung auf Kündigungen und Entlassungen, die lediglich als Maßnahmen in wirtschaftlichen Kämpfen zwischen Arbeitgebern und Arbeitnehmern vorgenommen werden.

§ 26 Inkrafttreten Dieses Gesetz tritt am Tag nach seiner Verkündung in Kraft.

26. Gesetz über die Mitbestimmung der Arbeitnehmer (Mitbestimmungsgesetz – MitbestG)

Einleitung

I. Geschichtliche Entwicklung

1. Allgemeines

Die Entstehung des MitbestG begann mit der Vorlage eines Gesetzentwurfes des DGB im Jahre 1968, mit dem eine Ausdehnung der Montanmitbestimmung auf alle Großunternehmen in der Bundesrepublik Deutschland gefordert wurde. Es folgte im gleichen Jahr ein SPD-Entwurf, der aber von den DGB-Vorstellungen bereits insofern abwich, als er statt eines gewerkschaftlichen Entsendungsrechts für die außerbetrieblichen Arbeitnehmervertreter die Wahl durch die Belegschaft vorsah. Von diesem Zeitpunkt an wurde die Diskussion um die Mitbestimmung immer intensiver geführt. Die Parteien und politisch wirkende gesellschaftliche Gruppen beteiligten sich an ihr und legten eigene Modelle vor. Die Bundesregierung der »Großen Koalition« beauftragte im Jahre 1968 eine Sachverständigenkommission unter Leitung von *Kurt Biedenkopf*, die bisherigen Erfahrungen mit der Montanmitbestimmung zusammenzutragen. Der Bericht dieser Kommission wurde 1970 vorgelegt. Nachdem sich die »Große Koalition« als unfähig erwies, die Frage der Unternehmensmitbestimmung voranzubringen, änderte sich auch nach dem Wahlerfolg der dann aus SPD und FDP gebildeten »sozialliberalen Koalition« im Jahre 1969 in dieser Hinsicht zunächst nichts. Erst während der sozial-liberalen Koalition unter Bundeskanzler *Helmut Schmidt* gelang 1976 die Verabschiedung des Gesetzes, allerdings mit verschiedenen Kompromissen, um die FDP als kleineren Partner in der Koalition zu halten. Im Verlaufe des Gesetzgebungsverfahrens gab es insgesamt 4 Anhörungen von Sachverständigen durch den Bundestagsausschuss für Arbeit und Sozialordnung (vgl. dessen Protokolle Nr. 51, 52, 55 und 62 der 7. Wahlperiode). Das MitbestG wurde schließlich am 18. 3. 1976 in namentlicher Abstimmung bei nur 22 Neinstimmen (1 SPD, 21 CDU/CSU) und einer Enthaltung (CDU/CSU) vom Bundestag verabschiedet.
Zur Entwicklung des Mitbestimmungsgedankens im Allgemeinen s. Einl. I zum BetrVG, Nr. 12, und zur Montanmitbestimmung im Besonderen s. Einl. I zum MontanMitbestG, Nr. 27.

2. Änderungen

Änderungen des MitbestG hat es insbesondere durch folgende Gesetze gegeben:
(1) Betriebsverfassungs-Reformgesetz vom 23. 7. 2001 (BGBl. I S. 1852)

Dieses Gesetz hat für die Aufsichtsratsmitbestimmung ebenso wie für die Betriebsverfassung die seit langem überfällige Aufhebung des Gruppenprinzips gebracht. Seither wird weder im BetrVG noch in den Gesetzen über die Arbeitnehmerbeteiligung im Aufsichtsrat zwischen Arbeitern und Angestellten unterschieden (unbeschadet der bestehen gebliebenen Vertretung der leitenden Angestellten im Aufsichtsrat nach dem MitbestG). Dieser neuen Rechtslage tragen drei neue Wahlordnungen zum MitbestG Rechnung (s. u. II).

(2) Gesetz zur Vereinfachung der Wahl der Arbeitnehmervertreter in den Aufsichtsrat vom 23. 3. 2002 (BGBl. I S. 1130)

Nach der Vereinfachung der Aufsichtsratswahl durch Aufhebung des Gruppenprinzips (s. o. 1) bringt das Gesetz weitere Vereinfachungen durch Reduzierung der Delegiertenzahlen und Straffung der Wahl des Vertreters der leitenden Angestellten (zum Gesetz vgl. *Köstler*, AiB 02, 403; *Wolff*, DB 02, 790).

(3) Gesetz für die gleichberechtigte Teilhabe von Frauen und Männern an Führungspositionen in der Privatwirtschaft und im öffentlichen Dienst v. 24. 4. 2015 (BGBl. I 642). Das Gesetz regelt unter anderem Quoten bzw. Verpflichtungen zur Erstellung von Zielvorgaben hinsichtlich des Frauenanteils im Aufsichtsrat (Einl. III 3 zum AktG, Nr. 1). Das MitbestG wurde ergänzt um Regelungen zur Gewährleistung des Geschlechterproporzes in dem Fall, dass Anteilseigner- oder Arbeitnehmerseite nach § 96 Abs. 2 S. 3 AktG für eine getrennte Erfüllung der Quote auf beiden Seiten optiert hat.

(4) Das AÜG-Änderungsgesetz v. 21. 2. 2017 (BGBl. I 258) hat zwar an sich keine Änderung des MitbestG mit sich gebracht, führte aber durch eine Änderung des § 14 Abs. 2 AÜG ab 1. 4. 2017 zu einer mittelbaren Änderung, insofern seither Leiharbeiter ab einer Einsatzdauer von 6 Monaten bei den Schwellenwerten der Mitbestimmungsgesetze zu berücksichtigen sind (vgl. Einl. I sowie II 4 zum AÜG, Nr. 4). Damit wird eine bereits in diese Richtung gehende Rechtsprechung des *BAG* (4. 11. 2015 – 7 ABR 42/13, NZA 16, 559) aufgegriffen.

II. Wesentlicher Gesetzesinhalt

Das MitbestG gilt für die meisten Kapitalgesellschaften (AG, GmbH, KGaA, Genossenschaft) sowie für Kommanditgesellschaften, deren persönlich haftender Gesellschafter eine solche Kapitalgesellschaft ist, mit mehr als 2000 Arbeitnehmern (§§ 1, 4 MitbestG). In diesen Gesellschaften wird der Aufsichtsrat zur Hälfte mit Vertretern der Anteilseigner besetzt. Die andere Hälfte wird von den Arbeitnehmern gewählt, und zwar – in unterschiedlichen Staffeln je nach der Arbeitnehmerzahl des Unternehmens – Vertreter der Gewerkschaften, der Arbeitnehmer und der leitenden Angestellten im Sinne von § 5 Abs. 3 BetrVG (§ 7 MitbestG). In Konzernen wählen die Arbeitnehmer aller Konzernunternehmen die Arbeitnehmervertreter im Aufsichtsrat des herrschenden Unternehmens (§ 5 MitbestG). Auf Tendenzunternehmen findet das Gesetz keine Anwendung (§ 1 Abs. 4 MitbestG). Da in einer GmbH ein Aufsichtsrat konzeptionell nicht vorgesehen ist, kann dessen Errichtung mitbestimmungsrechtlich geboten sein. Insoweit ist in Anwendung von § 6 Abs. 2 MitbestG ein Statusverfahren nach §§ 97 ff. AktG durchzuführen. Die Aufsichtsratswahl ist nichtig, wenn das nicht beachtet wurde, und zwar auch dann,

wenn alle Beteiligten keinen Zweifel an dem Mitbestimmungsregime hatten (*BAG* 9.2.2023 – 7 ABR 6/22, NZA 23, 911).
In Unternehmen mit mehr als 8000 Arbeitnehmern ist die Regel Delegiertenwahl, in kleineren Unternehmen Urwahl, es sei denn, die Arbeitnehmer entscheiden in mehrheitlicher Abstimmung anders (§ 9 MitbestG). Einzelheiten des Wahlverfahrens regeln drei Wahlordnungen (s. Fn. 1 zu § 39 MitbestG).
Im Aufsichtsrat wird mit Stimmenmehrheit entschieden; im Falle von Stimmengleichheit hat der Aufsichtsratsvorsitzende jedoch eine zweite Stimme (§ 29 MitbestG). Diesen Vorsitzenden aber können die Anteilseignervertreter stets durchsetzen (§ 27 Abs. 1 und 2 MitbestG).
Dem gesetzlichen Vertretungsorgan der Gesellschaft (Vorstand, Geschäftsführung) muss ein Arbeitsdirektor angehören (§ 33 MitbestG). Er kann mit den gleichen Mehrheiten bestellt werden wie alle anderen Vorstandsmitglieder bzw. Geschäftsführer.

III. Anwendungsprobleme und Rechtstatsachen

1. Grundstruktur

Das MitbestG vom 4. Mai 1976 hat nichts mit Mitbestimmung in dem Sinne zu tun, dass die Repräsentanten der Anteilseigner und Arbeitnehmer paritätisch im Aufsichtsrat einer Kapitalgesellschaft vertreten wären: In diesem MitbestG wird der Arbeitnehmerseite ein leitender Angestellter zugerechnet, der wegen des in § 15 Abs. 2 Nr. 2 MitbestG geregelten Kandidatenaufstellungsverfahrens letztlich von den leitenden Angestellten eines Unternehmens allein bestimmt wird. Darüber hinaus hat der Aufsichtsratsvorsitzende, den die Anteilseignervertreter allein bestimmen können (§ 27 Abs. 2 MitbestG), im Falle der Stimmengleichheit bei der erneuten Abstimmung über denselben Gegenstand zwei Stimmen (§ 29 Abs. 2 MitbestG). Dafür, dass der in § 33 MitbestG vorgesehene »Arbeitsdirektor« vom Vertrauen der betrieblichen und außerbetrieblichen Arbeitnehmervertreter getragen wird, gibt es keine rechtlichen Absicherungen. Markantestes Beispiel war der Präsident des Gesamtverbandes der metallindustriellen Arbeitgeberverbände e. V., der zum Arbeitsdirektor der Firma MAN bestellt worden war.
Die Beurteilung des Gesetzes hat sich gewandelt: Nach 10 Jahren Praxis hat eine gründliche Studie der Sozialforschungsstelle Dortmund den Schluss gezogen: »Das Mitbestimmungsgesetz 1976: wenig mehr als ein Informationsgesetz« (*Martens,* Mitbestimmung 86, 149; *Rinninsland,* Mitbest. 91, 380; zu einer Fachtagung des DGB »10 Jahre Mitbestimmungsgesetz '76« s. AuR 86, 274; Quelle 86, 474). Demgegenüber wurde die Unternehmensmitbestimmung im Jahre 1998 von der Mitbestimmungskommission der Bertelsmann-Stiftung und der Hans-Böckler-Stiftung als kooperationsstiftendes Instrument zur besseren Bewältigung des wirtschaftlichen Wandels eingeschätzt (vgl. Mitbest. 6/98).
Zwar gibt es nach wie vor so etwas wie »Flucht aus dem Gesetz« (z. B. durch Verringerung der Arbeitnehmerzahl unter 2000 oder auch durch Umwandlung in eine mitbestimmungsfreie i. d. R. ausländische Rechtsform). Aber aufs Ganze gesehen hat sich auch auf der Unternehmensseite eine gewisse Akzeptanz des MitbestG

eingestellt (was seinen Niederschlag in den Ergebnissen der o. g. Mitbestimmungskommission gefunden hat). Andererseits darf nicht verkannt werden, dass es in vielen Unternehmen aus der Zeit nach Inkrafttreten des Gesetzes von den Anteilseignern bzw. Anteilseignermehrheiten erlassene restriktive Satzungen und Geschäftsordnungen gibt: Dabei sind vor allem folgende Vorgehensweisen verbreitet (zu Einzelheiten siehe *Jürgens/Unterhinninghofen,* Mitbestimmungsgespräch 78, 88):

- Abbau von Geschäften, die der Zustimmung des Aufsichtsrats bedürfen (vgl. § 111 Abs. 4 AktG, Nr. 1);
- Verlagerung von Entscheidungen in Ausschüsse (vgl. § 107 Abs. 3 AktG); dort nach Möglichkeit unparitätische Besetzung bzw. »Verlängerung« des Doppelstimmrechts des Vorsitzenden; und – wo paritätisch besetzt – nach Möglichkeit Zurückdrängung der Gewerkschaftsvertreter (letzteres beides insbesondere ein Problem der Präsidialausschüsse; der *BGH* hält dies für zulässig, 25. 2. 1982 – II ZR 123/81, AuR 82, 194; hierzu *Nagel,* DB 82, 2677; *Wendeling-Schröder,* AuR 82, 198; *Köstler,* Mitbest. 82, 202; zum sog. Ausschuss für Vorstandsangelegenheiten *Köstler,* Mitbest. 11/92, 71);
- Verschärfung der Verschwiegenheitspflicht gemäß §§ 116, 93 AktG, z. T. inhaltlich, z. T. prozedural durch die Verpflichtung zur »Rücksprache« mit dem Aufsichtsratsvorsitzenden (beides offenkundig gegen die Entscheidung des *BGH* hierzu, 5. 6. 1975 – II ZR 156/73, DB 75, 1308).

Alle diese Geschäfts- und Satzungsgestaltungen, zu denen die Anteilseigner aufgrund des AktG und MitbestG formal in der Lage sind, verstoßen jedenfalls gegen den Geist eines auf Parität angelegten Gesetzes.

Hinzu kommt in neuerer Zeit die Vermeidung der Mitbestimmung insbesondere durch Wahl einer ausländischen Gesellschaftsform (*Bayer*, NJW 16, 1930, 1932; vgl. zu Letzterem Böckler impuls 11/20, S. 5; ferner *Sick*, Mitbest. 3/21, 28). Insgesamt wird geschätzt, dass rund 800 000 inländische Beschäftigte von verschiedenen Formen der Mitbestimmungsvermeidung betroffen sind (*Bayer*, NJW 16, 1930, 1934; Böckler Impuls 6/16, 2). **26**

2015 waren 635 Unternehmen mitbestimmt (*Bayer*, NJW 16, 1930, 1931). Derzeit sind es 664 Unternehmen (*https://www.mitbestimmung.de/html/starke-arbeitnehmerbank-in-635-197.html*). Man schätzt, dass im Jahre 2006 von insgesamt ca. 5200 Arbeitnehmervertretern etwa 3760 einer DGB-Gewerkschaft angehörten (iwd 35/06, 4). Die regelmäßig satzungsrechtlich geregelte Pflicht zur Abführung von Aufsichtsratsvergütungen gewerkschaftlicher Arbeitnehmervertreter u. a. an die Hans-Böckler-Stiftung ist durch die Vereinsautonomie der Gewerkschaft gedeckt (*BAG* 21. 5. 2015 – 8 AZR 956/13, BB 15, 2426; zur Abführungspflicht auch dann, wenn das Mandat nicht über eine gewerkschaftliche Liste erlangt wurde, *OLG Frankfurt* 18. 12. 2018 – 4 U 86/18, BB 19, 1787, dazu *Seifert*, BB 19, 1784). Es wird berichtet, dass 172 Unternehmen in rechtswidriger Weise, keinen mitbestimmten Aufsichtsrat nach dem MitbestG haben (Böckler impuls 11/24, 1). 246 Unternehmen nutzen hingegen legale Wege der Mitbestimmungsvermeidung (Böckler impuls 11/24, 1), die insbesondere durch die Wahl der Rechtsform im Sinne einer ausländischen Gesellschaftsform oder einer SE möglich sind (dazu *Viotto*, AuR 24, 15).

2. Internationale Entwicklungen

Aufgrund der Internationalisierung der Unternehmen gibt es verschiedene neue Probleme (ausführlich zur Problematik der Erosion der Mitbestimmung *Sick*, IMU-Report Nr. 81, 06.2024):

- bislang nicht vorgesehene Beteiligung ausländischer Belegschaften an der Wahl der Arbeitnehmervertreter (in diesem Sinne *LG Frankfurt/M.* 16.2.2015 – 3 – 16 O 1/14, ZIP 15, 634; vgl. *Hellwig/Behme*, ZIP 10, 871; *Teichmann*, ZIP 10, 874; *Krause*, AG 12, 485). Auf Vorlage des *KG* (16.10.2015 – 14 W 89/15, NZA-RR 15, 661; dazu *Krause*, Mitbestimmungsreport Nr. 32 [2016]; *Heuschmid/Videbaek*, EuZW 17, 419; *Rödl*, JZ 16, 980) hat der *EuGH* entschieden, dass hierin weder ein Verstoß gegen das Diskriminierungsverbot nach Art. 18 AEUV noch gegen die Grundfreiheit der Freizügigkeit der Arbeitnehmer nach Art. 45 AEUV liegt (18.7.2017 – C-566/15, NZA 17, 1000 – Erzberger), das *KG* hat daraufhin das MitbestG für insoweit vereinbar mit dem Unionsrecht gehalten (2.11.2017 – 14 W 89/15, NZA-RR 18, 247);
- Mitbestimmungssicherung in einer SE (vgl. SEBG, Nr. 26 b);
- Mitbestimmungssicherung bei grenzüberschreitenden Fusionen (vgl. MgVG, Nr. 26 c);
- Mitbestimmungssicherung bei grenzüberschreitendem Formwechsel und Spaltung (MgFSG, Nr. 26d, dazu Einl. IV zum MgVG, Nr. 26 c).
- Mitbestimmungssicherung bei Gesellschaften ausländischen Rechts mit Sitz im Inland (Böckler impuls 5/10, S. 7; zur Problematik *Weiss/Seifert*, ZGR 09, 542; *Seifert*, Gesetzentwurf zur Erstreckung der Deutschen Mitbestimmung auf Auslandsgesellschaften, IMU Mitbestimmungsreport Nr. 65, 2021; krit. dazu *Stolzenberg/Enning*, NZA 23, 1022; vgl. Einl. III zur Rom I-VO, Nr. 14 a).

3. Verfassungsmäßigkeit der paritätischen Mitbestimmung und des MitbestG

Bereits im Gesetzgebungsverfahren hatte die Frage der Vereinbarkeit paritätischer Mitbestimmung mit dem Grundgesetz eine erhebliche Rolle gespielt und führte zu den genannten Sicherungen des Anteilseignerübergewichts. Gleichwohl wurde auch gegen dieses Gesetz mit verfassungsrechtlichen Argumenten angegangen (im Einzelnen siehe *Sieling-Wendeling,* Das Mitbestimmungsgespräch 78, 83; ferner Einl. III 3 zum MitbestG bis 43. Aufl.).

Das *BVerfG* hat das MitbestG mit Urteil vom 1.3.1979 (1 BvR 532/77 u.a., BVerfGE 50, 290 = GewMH 79, 359) für verfassungsgemäß erklärt (dazu *Kittner*, 50 Urteile, 3. Aufl., 2024, Nr. 26). Gleichzeitig hat es ausdrücklich deutlich gemacht, dass es nur über dieses Gesetz und kein anderes Mitbestimmungsmodell entschieden habe (zu Einzelheiten siehe *Kittner,* GewMH 79, 321).

IV. Rechtspolitische Diskussion

Nachdem die rechtspolitische Diskussion um die Unternehmensmitbestimmung ruhig geworden war, haben die Unternehmerverbände Ende 2004 eine Kampagne

zu deren Reduzierung begonnen. Diese war allerdings inhaltlich auf das Ganze nicht von den mitbestimmten Unternehmen selbst getragen (vgl. *Höpner/Waclawczyk*, Opportunismus oder Ungewissheit?, Max-Planck-Institut für Gesellschaftsforschung, Discussion Paper 12/1). Insbesondere sollten die Gewerkschaftsvertreter aus den Aufsichtsräten verdrängt werden.
Zur Überprüfung einer möglichen Anpassung der Mitbestimmung an veränderte Anforderungen hatte die rot-grüne Bundesregierung unter Kanzler *Schröder* eine Kommission unter der Leitung von (erneut) *Kurt Biedenkopf* eingesetzt. Die in ihr vertretenen Arbeitgeber haben sich an der abschließenden, die bestehende Mitbestimmung aufs Ganze bejahenden Kommissionsempfehlung nicht beteiligt. Ihnen schwebte offenbar eine Rückkehr zur bloßen Drittelbeteiligung vor (vgl. Mitbestimmung 1, 2 und 3/07). Mangels Konsenses kam es lediglich zur Vorlage eines Gutachtens der drei wissenschaftlichen Mitglieder der Kommission, das im Wesentlichen auf Beibehaltung der bisherigen Regelung zielte und lediglich Dispositionsmöglichkeiten für Verhandlungen und Erleichterungen im Wahlverfahren vorsah. Die nachfolgende Große Koalition 2005–2009 hatte dies nicht aufgegriffen (vgl. *Deinert/Kittner*, RdA 09, 265, 275 f.). Die rechtspolitische Diskussion darum ging hiervon unbeeindruckt weiter (vgl. insb. sog. Arbeitskreis »Unternehmerische Mitbestimmung« [*Bachmann u. a.*], Entwurf einer Regelung zur Mitbestimmungsvereinbarung sowie zur Größe des mitbestimmten Aufsichtsrats, ZIP 09, 885; dazu Themenheft Beil. zu ZIP 48/09). Insgesamt hat sich freilich an den Erfahrungen mit grenzüberschreitenden Verschmelzungen (dazu Einl. zum MgVG, Nr. 26 c) gezeigt, dass die deutsche Mitbestimmung keineswegs ein Hindernis für deutsche Unternehmen im internationalen Wirtschaftsverkehr darstellt (*Forst*, ZESAR 14, 383, 388). Gleichwohl sind eine Reihe von Problemen der Umgehung der deutschen Mitbestimmung zu beobachten (ausführlich dazu *Sick*, AuR 23, 372; ferner Böckler impuls 11/24, 1). In der Konsequenz forderte der DGB vor allem Maßnahmen gegen die Aushöhlung der Mitbestimmung durch

- Erstreckung der Regeln auf im Inland tätige Gesellschaften ausländischer Rechtsform,
- Senkung des Schwellenwertes auf 1000 Beschäftigte,
- einen gesetzlichen Mindestkatalog von Geschäften, die der Zustimmung des Aufsichtsrats bedürfen und
- Zwang zur Einheit von Satzungs- und Verwaltungssitz einer Gesellschaft (*Thannisch*, AuR 17, 480, 484 f.).
- Die erstgenannte Forderung ist allerdings zumindest zum Teil in der Umwandlungsrichtlinie und dem diese umsetzenden MgFSG berücksichtigt, die letztgenannte lässt sich angesichts der Rechtsprechung des *EuGH* in der Rechtssache Polbud (vgl. Einl. III zur Rom I-VO, Nr. 14a) und deren Berücksichtigung in Umwandlungsrichtlinie und MgFSG nicht mehr realisieren.

Wichtige Entscheidungen

BVerfG 1.3.1979 – 1 BvR 532/77 u. a., BVerfGE 50, 290
EuGH 18.7.2017 – C-566/15, NZA 2017, 1000 – Erzberger

26

Weiterführende Literatur

(siehe auch die Literaturhinweise zum AktG [Nr. 1] und, insbes. zur Geschichte der Mitbestimmung, zum MontanMitbestG [Nr. 27])

Bericht der Mitbestimmungskommission

Bertelsmann-Stiftung/Hans-Böckler-Stiftung (Hrsg.), Mitbestimmung und neue Unternehmenskulturen – Bilanz und Perspektiven, Bericht der Kommission Mitbestimmung (1998)

Kommentare

Habersack/Henssler/Höpfner, Mitbestimmungsrecht, 5. Aufl. (2025)
Raiser/Veil/Jacobs, Mitbestimmungsgesetz und Drittelbeteiligungsgesetz, 7. Aufl. (2020)
Schubert/Wißmann/Kleinsorge, Mitbestimmungsrecht, 6. Aufl. (2024)

Aufsätze

Schwerpunktheft »40 Jahre 76er Gesetz«, Mitbest. 3/2016
Bayer, Die Erosion der deutschen Mitbestimmung, NJW 2016, S. 1930
Jirjahn, Ökonomische Wirkungen der Mitbestimmung, SozFort 2006, S. 215
Kempen/Peukert/Kieper, Koalitionsfreiheit und Risikoverteilung. Zur rechtlichen und ökonomischen Begründung von Unternehmensmitbestimmung heute, AuR 2006, S. 297
Oetker, Unternehmensmitbestimmung in der rechtspolitischen Diskussion, RdA 2005, S. 337
Sick, Neues zum Recht der Unternehmensmitbestimmung, AuR 2023, S. 372
Thannisch, Die Effizienz der Mitbestimmung in ökonomischer Betrachtung, AuR 2006, S. 81
Thannisch, Unternehmensmitbestimmung: Aktuelle Herausforderungen und Reformoptionen, AuR 2017, S. 480
Viotto, Recht und Wirklichkeit im Bereich der Unternehmensmitbestimmung – aktuelle Entwicklungen und rechtspolitische Herausforderungen, AuR 2024, S. 15
Wendeling-Schröder, Unternehmensmitbestimmung, AuR 2011, S. 396

Gesetz über die Mitbestimmung der Arbeitnehmer (Mitbestimmungsgesetz – MitbestG)

vom 4. Mai 1976 (BGBl. I 1153),
zuletzt geändert durch Gesetz vom 7. August 2021 (BGBl. I 3311)

(Abgedruckte Vorschriften: §§ 1–35, 40, 41)

Erster Teil – Geltungsbereich

§ 1 Erfaßte Unternehmen (1) In Unternehmen, die
1. in der Rechtsform einer Aktiengesellschaft, einer Kommanditgesellschaft auf Aktien, einer Gesellschaft mit beschränkter Haftung oder einer Genossenschaft betrieben werden und
2. in der Regel mehr als 2000 Arbeitnehmer beschäftigen,

haben die Arbeitnehmer ein Mitbestimmungsrecht nach Maßgabe dieses Gesetzes.

(2) Dieses Gesetz ist nicht anzuwenden auf die Mitbestimmung in Organen von Unternehmen, in denen die Arbeitnehmer nach
1. dem Gesetz über die Mitbestimmung der Arbeitnehmer in den Aufsichtsräten und Vorständen der Unternehmen des Bergbaus und der Eisen und Stahl erzeugenden Industrie vom 21. Mai 1951 (Bundesgesetzbl. I S. 347) –, Montan-Mitbestimmungsgesetz – oder
2. dem Gesetz zur Ergänzung des Gesetzes über die Mitbestimmung der Arbeitnehmer in den Aufsichtsräten und Vorständen der Unternehmen des Bergbaus und der Eisen und Stahl erzeugenden Industrie vom 7. August 1956 (Bundesgesetzbl. I S. 707) – Mitbestimmungsergänzungsgesetz –

ein Mitbestimmungsrecht haben.

(3) Die Vertretung der Arbeitnehmer in den Aufsichtsräten von Unternehmen, in denen die Arbeitnehmer nicht nach Absatz 1 oder nach den in Absatz 2 bezeichneten Gesetzen ein Mitbestimmungsrecht haben, bestimmt sich nach den Vorschriften des Drittelbeteiligungsgesetzes (BGBl. 2004 I S. 974).

(4) Dieses Gesetz ist nicht anzuwenden auf Unternehmen, die unmittelbar und überwiegend
1. politischen, koalitionspolitischen, konfessionellen, karitativen, erzieherischen, wissenschaftlichen oder künstlerischen Bestimmungen oder
2. Zwecken der Berichterstattung oder Meinungsäußerung, auf die Artikel 5 Abs. 1 Satz 2 des Grundgesetzes anzuwenden ist,

dienen. Dieses Gesetz ist nicht anzuwenden auf Religionsgemeinschaften und ihre karitativen und erzieherischen Einrichtungen unbeschadet deren Rechtsform.

§ 2 Anteilseigner Anteilseigner im Sinne dieses Gesetzes sind je nach der Rechtsform der in § 1 Abs. 1 Nr. 1 bezeichneten Unternehmen Aktionäre, Gesellschafter oder Mitglieder einer Genossenschaft.

§ 3 Arbeitnehmer und Betrieb (1) Arbeitnehmer im Sinne dieses Gesetzes sind

1. die in § 5 Abs. 1 des Betriebsverfassungsgesetzes bezeichneten Personen mit Ausnahme der in § 5 Abs. 3 des Betriebsverfassungsgesetzes bezeichneten leitenden Angestellten,
2. die in § 5 Abs. 3 des Betriebsverfassungsgesetzes bezeichneten leitenden Angestellten.

Keine Arbeitnehmer im Sinne dieses Gesetzes sind die in § 5 Abs. 2 des Betriebsverfassungsgesetzes bezeichneten Personen.

(2) Betriebe im Sinne dieses Gesetzes sind solche des Betriebsverfassungsgesetzes. § 4 Abs. 2 des Betriebsverfassungsgesetzes ist anzuwenden.

§ 4 Kommanditgesellschaft (1) Ist ein in § 1 Abs. 1 Nr. 1 bezeichnetes Unternehmen persönlich haftender Gesellschafter einer Kommanditgesellschaft und hat die Mehrheit der Kommanditisten dieser Kommanditgesellschaft, berechnet nach der Mehrheit der Anteile oder der Stimmen, die Mehrheit der Anteile oder der Stimmen in dem Unternehmen des persönlich haftenden Gesellschafters inne, so gelten für die Anwendung dieses Gesetzes auf den persönlich haftenden Gesellschafter die Arbeitnehmer der Kommanditgesellschaft als Arbeitnehmer des persönlich haftenden Gesellschafters, sofern nicht der persönlich haftende Gesellschafter einen eigenen Geschäftsbetrieb mit in der Regel mehr als 500 Arbeitnehmern hat. Ist die Kommanditgesellschaft persönlich haftender Gesellschafter einer anderen Kommanditgesellschaft, so gelten auch deren Arbeitnehmer als Arbeitnehmer des in § 1 Abs. 1 Nr. 1 bezeichneten Unternehmens. Dies gilt entsprechend, wenn sich die Verbindung von Kommanditgesellschaften in dieser Weise fortsetzt.

(2) Das Unternehmen kann von der Führung der Geschäfte der Kommanditgesellschaft nicht ausgeschlossen werden.

§ 5 Konzern (1) Ist ein in § 1 Abs. 1 Nr. 1 bezeichnetes Unternehmen herrschendes Unternehmen eines Konzerns (§ 18 Abs. 1 des Aktiengesetzes), so gelten für die Anwendung dieses Gesetzes auf das herrschende Unternehmen die Arbeitnehmer der Konzernunternehmen als Arbeitnehmer des herrschenden Unternehmens. Dies gilt auch für die Arbeitnehmer eines in § 1 Abs. 1 Nr. 1 bezeichneten Unternehmens, das persönlich haftender Gesellschafter eines abhängigen Unternehmens (§ 18 Abs. 1 des Aktiengesetzes) in der Rechtsform einer Kommanditgesellschaft ist.

(2) Ist eine Kommanditgesellschaft, bei der für die Anwendung dieses Gesetzes auf den persönlich haftenden Gesellschafter die Arbeitnehmer der Kommanditgesellschaft nach § 4 Abs. 1 als Arbeitnehmer des persönlich haftenden Gesellschafters gelten, herrschendes Unternehmen eines Konzerns (§ 18 Abs. 1 des Aktiengesetzes), so gelten für die Anwendung dieses Gesetzes auf den persönlich haftenden Gesellschafter der Kommanditgesellschaft die Arbeitnehmer der Konzernunternehmen als Arbeitnehmer des persönlich haftenden Gesellschafters. Absatz 1 Satz 2 sowie § 4 Abs. 2 sind entsprechend anzuwenden.

(3) Stehen in einem Konzern die Konzernunternehmen unter der einheitlichen Leitung eines anderen als eines in Absatz 1 oder 2 bezeichneten Unternehmens,

beherrscht aber die Konzernleitung über ein in Absatz 1 oder 2 bezeichnetes Unternehmen oder über mehrere solcher Unternehmen andere Konzernunternehmen, so gelten die in Absatz 1 oder 2 bezeichneten und der Konzernleitung am nächsten stehenden Unternehmen, über die die Konzernleitung andere Konzernunternehmen beherrscht, für die Anwendung dieses Gesetzes als herrschende Unternehmen.

Zweiter Teil – Aufsichtsrat

Erster Abschnitt – Bildung und Zusammensetzung

§ 6 Grundsatz (1) Bei den in § 1 Abs. 1 bezeichneten Unternehmen ist ein Aufsichtsrat zu bilden, soweit sich dies nicht schon aus anderen gesetzlichen Vorschriften ergibt.
(2) Die Bildung und die Zusammensetzung des Aufsichtsrats sowie die Bestellung und die Abberufung seiner Mitglieder bestimmen sich nach den §§ 7 bis 24 dieses Gesetzes und, soweit sich dies nicht schon aus anderen gesetzlichen Vorschriften ergibt, nach § 96 Absatz 4, den §§ 97 bis 101 Abs. 1 und 3 und den §§ 102 bis 106 des Aktiengesetzes mit der Maßgabe, daß die Wählbarkeit eines Prokuristen als Aufsichtsratsmitglied der Arbeitnehmer nur ausgeschlossen ist, wenn dieser dem zur gesetzlichen Vertretung des Unternehmens befugten Organ unmittelbar unterstellt und zur Ausübung der Prokura für den gesamten Geschäftsbereich des Organs ermächtigt ist. Andere gesetzliche Vorschriften und Bestimmungen der Satzung (des Gesellschaftsvertrags, des Statuts) über die Zusammensetzung des Aufsichtsrats sowie über die Bestellung und die Abberufung seiner Mitglieder bleiben unberührt, soweit Vorschriften dieses Gesetzes dem nicht entgegenstehen.
(3) Auf Genossenschaften sind die §§ 100, 101 Abs. 1 und 3 und die §§ 103 und 106 des Aktiengesetzes nicht anzuwenden. Auf die Aufsichtsratsmitglieder der Arbeitnehmer ist § 9 Abs. 2 des Genossenschaftsgesetzes nicht anzuwenden.

26

§ 7 Zusammensetzung des Aufsichtsrats (1) Der Aufsichtsrat eines Unternehmens

1. mit in der Regel nicht mehr als 10000 Arbeitnehmern setzt sich zusammen aus je sechs Aufsichtsratsmitgliedern der Anteilseigner und der Arbeitnehmer;
2. mit in der Regel mehr als 10000, jedoch nicht mehr als 20000 Arbeitnehmern setzt sich zusammen aus je acht Aufsichtsratsmitgliedern der Anteilseigner und der Arbeitnehmer;
3. mit in der Regel mehr als 20000 Arbeitnehmern setzt sich zusammen aus je zehn Aufsichtsratsmitgliedern der Anteilseigner und der Arbeitnehmer.

Bei den in Satz 1 Nr. 1 bezeichneten Unternehmen kann die Satzung (der Gesellschaftsvertrag) bestimmen, daß Satz 1 Nr. 2 oder 3 anzuwenden ist. Bei den in Satz 1 Nr. 2 bezeichneten Unternehmen kann die Satzung (der Gesellschaftsvertrag) bestimmen, daß Satz 1 Nr. 3 anzuwenden ist.
(2) Unter den Aufsichtsratsmitgliedern der Arbeitnehmer müssen sich befinden

1. in einem Aufsichtsrat, dem sechs Aufsichtsratsmitglieder der Arbeitnehmer angehören, vier Arbeitnehmer des Unternehmens und zwei Vertreter von Gewerkschaften;
2. in einem Aufsichtsrat, dem acht Aufsichtsratsmitglieder der Arbeitnehmer angehören, sechs Arbeitnehmer des Unternehmens und zwei Vertreter von Gewerkschaften;
3. in einem Aufsichtsrat, dem zehn Aufsichtsratsmitglieder der Arbeitnehmer angehören, sieben Arbeitnehmer des Unternehmens und drei Vertreter von Gewerkschaften.

(3) Unter den Aufsichtsratsmitgliedern der Arbeitnehmer eines in § 1 Absatz 1 genannten, börsennotierten Unternehmens müssen im Fall des § 96 Absatz 2 Satz 3 des Aktiengesetzes Frauen und Männer jeweils mit einem Anteil von mindestens 30 Prozent vertreten sein. Satz 1 gilt auch ein nicht börsennotiertes Unternehmen mit Mehrheitsbeteiligung des Bundes im Sinne des § 393a Absatz 1 des Aktiengesetzes oder des § 77a Absatz 1 des Gesetzes betreffend die Gesellschaften mit beschränkter Haftung.
(4) Die in Absatz 2 bezeichneten Arbeitnehmer des Unternehmens müssen das 18. Lebensjahr vollendet haben und ein Jahr dem Unternehmen angehören. Auf die einjährige Unternehmensangehörigkeit werden Zeiten der Angehörigkeit zu einem anderen Unternehmen, dessen Arbeitnehmer nach diesem Gesetz an der Wahl von Aufsichtsratsmitgliedern des Unternehmens teilnehmen, angerechnet. Diese Zeiten müssen unmittelbar vor dem Zeitpunkt liegen, ab dem die Arbeitnehmer zur Wahl von Aufsichtsratsmitgliedern des Unternehmens berechtigt sind. Die weiteren Wählbarkeitsvoraussetzungen des § 8 Abs. 1 des Betriebsverfassungsgesetzes müssen erfüllt sein.
(5) Die in Absatz 2 bezeichneten Gewerkschaften müssen in dem Unternehmen selbst oder in einem anderen Unternehmen vertreten sein, dessen Arbeitnehmer nach diesem Gesetz an der Wahl von Aufsichtsratsmitgliedern des Unternehmens teilnehmen.

Zweiter Abschnitt – Bestellung der Aufsichtsratsmitglieder

Erster Unterabschnitt – Aufsichtsratsmitglieder der Anteilseigner

§ 8 (1) Die Aufsichtsratsmitglieder der Anteilseigner werden durch das nach Gesetz, Satzung oder Gesellschaftsvertrag zur Wahl von Mitgliedern des Aufsichtsrats befugte Organ (Wahlorgan) und, soweit gesetzliche Vorschriften dem nicht entgegenstehen, nach Maßgabe der Satzung oder des Gesellschaftsvertrags bestellt.
(2) § 101 Abs. 2 des Aktiengesetzes bleibt unberührt.

Zweiter Unterabschnitt – Aufsichtsratsmitglieder der Arbeitnehmer, Grundsatz

§ 9 (1) Die Aufsichtsratsmitglieder der Arbeitnehmer (§ 7 Abs. 2) eines Unternehmens mit in der Regel mehr als 8000 Arbeitnehmern werden durch Delegierte gewählt, sofern nicht die wahlberechtigten Arbeitnehmer die unmittelbare Wahl beschließen.

(2) Die Aufsichtsratsmitglieder der Arbeitnehmer (§ 7 Abs. 2) eines Unternehmens mit in der Regel nicht mehr als 8000 Arbeitnehmern werden in unmittelbarer Wahl gewählt, sofern nicht die wahlberechtigten Arbeitnehmer die Wahl durch Delegierte beschließen.

(3) Zur Abstimmung darüber, ob die Wahl durch Delegierte oder unmittelbar erfolgen soll, bedarf es eines Antrags, der von einem Zwanzigstel der wahlberechtigten Arbeitnehmer des Unternehmens unterzeichnet sein muß. Die Abstimmung ist geheim. Ein Beschluß nach Absatz 1 oder 2 kann nur unter Beteiligung von mindestens der Hälfte der wahlberechtigten Arbeitnehmer und nur mit der Mehrheit der abgegebenen Stimmen gefaßt werden.

Dritter Unterabschnitt – Wahl der Aufsichtsratsmitglieder der Arbeitnehmer durch Delegierte

§ 10 Wahl der Delegierten (1) In jedem Betrieb des Unternehmens wählen die Arbeitnehmer in geheimer Wahl und nach den Grundsätzen der Verhältniswahl Delegierte.

(2) Wahlberechtigt für die Wahl von Delegierten sind die Arbeitnehmer des Unternehmens, die das 18. Lebensjahr vollendet haben. § 7 Satz 2 des Betriebsverfassungsgesetzes gilt entsprechend.

(3) Zu Delegierten wählbar sind die in Absatz 2 Satz 1 bezeichneten Arbeitnehmer, die die weiteren Wählbarkeitsvoraussetzungen des § 8 des Betriebsverfassungsgesetzes erfüllen.

(4) Wird für einen Wahlgang nur ein Wahlvorschlag gemacht, so gelten die darin aufgeführten Arbeitnehmer in der angegebenen Reihenfolge als gewählt. § 11 Abs. 2 ist anzuwenden.

§ 11 Errechnung der Zahl der Delegierten (1) In jedem Betrieb entfällt auf je 90 wahlberechtigte Arbeitnehmer ein Delegierter. Ergibt die Errechnung nach Satz 1 in einem Betrieb mehr als

1. 25 Delegierte, so vermindert sich die Zahl der zu wählenden Delegierten auf die Hälfte; diese Delegierten erhalten je zwei Stimmen;
2. 50 Delegierte, so vermindert sich die Zahl der zu wählenden Delegierten auf ein Drittel; diese Delegierten erhalten je drei Stimmen;
3. 75 Delegierte, so vermindert sich die Zahl der zu wählenden Delegierten auf ein Viertel; diese Delegierten erhalten je vier Stimmen;
4. 100 Delegierte, so vermindert sich die Zahl der zu wählenden Delegierten auf ein Fünftel; diese Delegierten erhalten je fünf Stimmen;
5. 125 Delegierte, so vermindert sich die Zahl der zu wählenden Delegierten auf ein Sechstel; diese Delegierten erhalten je sechs Stimmen;
6. 150 Delegierte, so vermindert sich die Zahl der zu wählenden Delegierten auf ein Siebtel; diese Delegierten erhalten je sieben Stimmen.

Bei der Errechnung der Zahl der Delegierten werden Teilzahlen voll gezählt, wenn sie mindestens die Hälfte der vollen Zahl betragen.

(2) Unter den Delegierten müssen in jedem Betrieb die in § 3 Abs. 1 Nr. 1 bezeichneten Arbeitnehmer und die leitenden Angestellten entsprechend ihrem zahlenmäßigen Verhältnis vertreten sein. Sind in einem Betrieb mindestens neun Delegierte zu wählen, so entfällt auf die in § 3 Abs. 1 Nr. 1 bezeichneten Arbeitnehmer und die leitenden Angestellten mindestens je ein Delegierter; dies gilt nicht, soweit in dem Betrieb nicht mehr als fünf in § 3 Abs. 1 Nr. 1 bezeichneten Arbeitnehmer oder leitende Angestellte wahlberechtigt sind. Soweit auf die in § 3 Abs. 1 Nr. 1 bezeichneten Arbeitnehmer und die leitenden Angestellten lediglich nach Satz 2 Delegierte entfallen, vermehrt sich die nach Absatz 1 errechnete Zahl der Delegierten des Betriebs entsprechend.
(3) Soweit nach Absatz 2 auf die in § 3 Abs. 1 Nr. 1 bezeichneten Arbeitnehmer und die leitenden Angestellten eines Betriebs nicht mindestens je ein Delegierter entfällt, gelten diese für die Wahl der Delegierten als Arbeitnehmer des Betriebs der Hauptniederlassung des Unternehmens. Soweit nach Absatz 2 und nach Satz 1 auf die in § 3 Abs. 1 Nr. 1 bezeichneten Arbeitnehmer und die leitenden Angestellten des Betriebs der Hauptniederlassung nicht mindestens je ein Delegierter entfällt, gelten diese für die Wahl der Delegierten als Arbeitnehmer des nach der Zahl der wahlberechtigten Arbeitnehmer größten Betriebs des Unternehmens.
(4) Entfällt auf einen Betrieb oder auf ein Unternehmen, dessen Arbeitnehmer nach diesem Gesetz an der Wahl von Aufsichtsratsmitgliedern des Unternehmens teilnehmen, kein Delegierter, so ist Absatz 3 entsprechend anzuwenden.
(5) Die Eigenschaft eines Delegierten als Delegierter der Arbeitnehmer nach § 3 Abs. 1 Nr. 1 oder § 3 Abs. 1 Nr. 2 bleibt bei einem Wechsel der Eigenschaft als Arbeitnehmer nach § 3 Abs. 1 Nr. 1 oder § 3 Abs. 1 Nr. 2 erhalten.

§ 12 Wahlvorschläge für Delegierte (1) Zur Wahl der Delegierten können die wahlberechtigten Arbeitnehmer des Betriebs Wahlvorschläge machen. Jeder Wahlvorschlag muss von einem Zwanzigstel oder 50 der jeweils wahlberechtigten in § 3 Abs. 1 Nr. 1 bezeichneten Arbeitnehmer oder der leitenden Angestellten des Betriebes unterzeichnet sein.
(2) Jeder Wahlvorschlag soll mindestens doppelt so viele Bewerber enthalten, wie in dem Wahlgang Delegierte zu wählen sind.

§ 13 Amtszeit der Delegierten (1) Die Delegierten werden für eine Zeit gewählt, die der Amtszeit der von ihnen zu wählenden Aufsichtsratsmitglieder entspricht. Sie nehmen die ihnen nach den Vorschriften dieses Gesetzes zustehenden Aufgaben und Befugnisse bis zur Einleitung der Neuwahl der Aufsichtsratsmitglieder der Arbeitnehmer wahr.
(2) In den Fällen des § 9 Abs. 1 endet die Amtszeit der Delegierten, wenn
1. die wahlberechtigten Arbeitnehmer nach § 9 Abs. 1 die unmittelbare Wahl beschließen;
2. das Unternehmen nicht mehr die Voraussetzungen für die Anwendung des § 9 Abs. 1 erfüllt, es sei denn, die wahlberechtigten Arbeitnehmer beschließen, daß die Amtszeit bis zu dem in Absatz 1 genannten Zeitpunkt fortdauern soll; § 9 Abs. 3 ist entsprechend anzuwenden.

(3) In den Fällen des § 9 Abs. 2 endet die Amtszeit der Delegierten, wenn die wahlberechtigten Arbeitnehmer die unmittelbare Wahl beschließen; § 9 Abs. 3 ist anzuwenden.

(4) Abweichend von Absatz 1 endet die Amtszeit der Delegierten eines Betriebs, wenn nach Eintreten aller Ersatzdelegierten des Wahlvorschlags, dem die zu ersetzenden Delegierten angehören, die Gesamtzahl der Delegierten des Betriebs unter die im Zeitpunkt ihrer Wahl vorgeschriebene Zahl der auf den Betrieb entfallenden Delegierten gesunken ist.

§ 14 Vorzeitige Beendigung der Amtszeit oder Verhinderung von Delegierten

(1) Die Amtszeit eines Delegierten endet vor dem in § 13 bezeichneten Zeitpunkt

1. durch Niederlegung des Amtes,
2. durch Beendigung der Beschäftigung des Delegierten in dem Betrieb, dessen Delegierter er ist,
3. durch Verlust der Wählbarkeit.

(2) Endet die Amtszeit eines Delegierten vorzeitig oder ist er verhindert, so tritt an seine Stelle ein Ersatzdelegierter. Die Ersatzdelegierten werden der Reihe nach aus den nicht gewählten Arbeitnehmern derjenigen Wahlvorschläge entnommen, denen die zu ersetzenden Delegierten angehören.

§ 15 Wahl der unternehmensangehörigen Aufsichtsratsmitglieder der Arbeitnehmer (1) Die Delegierten wählen die Aufsichtsratsmitglieder, die nach § 7 Abs. 2 Arbeitnehmer des Unternehmens sein müssen, geheim und nach den Grundsätzen der Verhältniswahl für die Zeit, die im Gesetz oder in der Satzung (im Gesellschaftsvertrag) für die durch das Wahlorgan der Anteilseigner zu wählenden Mitglieder des Aufsichtsrats bestimmt ist. Dem Aufsichtsrat muss ein leitender Angestellter angehören.

(2) Die Wahl erfolgt auf Grund von Wahlvorschlägen. Jeder Wahlvorschlag für

1. Aufsichtsratsmitglieder der Arbeitnehmer nach § 3 Abs. 1 Nr. 1 muss von einem Fünftel oder 100 der wahlberechtigten Arbeitnehmer des Unternehmens unterzeichnet sein;
2. das Aufsichtsratsmitglied der leitenden Angestellten wird auf Grund von Abstimmungsvorschlägen durch Beschluß der wahlberechtigten leitenden Angestellten aufgestellt. Jeder Abstimmungsvorschlag muß von einem Zwanzigstel oder 50 der wahlberechtigten leitenden Angestellten unterzeichnet sein. Der Beschluß wird in geheimer Abstimmung gefaßt. Jeder leitende Angestellte hat so viele Stimmen, wie für den Wahlvorschlag nach Absatz 3 Satz 2 Bewerber zu benennen sind. In den Wahlvorschlag ist die nach Absatz 3 Satz 2 vorgeschriebene Anzahl von Bewerbern in der Reihenfolge der auf sie entfallenden Stimmenzahlen aufzunehmen.

(3) Abweichend von Absatz 1 findet Mehrheitswahl statt, soweit nur ein Wahlvorschlag gemacht wird. In diesem Fall muss der Wahlvorschlag doppelt so viele Bewerber enthalten, wie Aufsichtsratsmitglieder auf die Arbeitnehmer nach § 3 Abs. 1 Nr. 1 und auf die leitenden Angestellten entfallen.

§ 16 Wahl der Vertreter von Gewerkschaften in den Aufsichtsrat (1) Die Delegierten wählen die Aufsichtsratsmitglieder, die nach § 7 Abs. 2 Vertreter von Gewerkschaften sind, in geheimer Wahl und nach den Grundsätzen der Verhältniswahl für die in § 15 Abs. 1 bestimmte Zeit.
(2) Die Wahl erfolgt auf Grund von Wahlvorschlägen der Gewerkschaften, die in dem Unternehmen selbst oder in einem anderen Unternehmen vertreten sind, dessen Arbeitnehmer nach diesem Gesetz an der Wahl von Aufsichtsratsmitgliedern des Unternehmens teilnehmen. Wird nur ein Wahlvorschlag gemacht, so findet abweichend von Absatz 1 Mehrheitswahl statt. In diesem Falle muß der Wahlvorschlag mindestens doppelt so viele Bewerber enthalten, wie Vertreter von Gewerkschaften in den Aufsichtsrat zu wählen sind.

§ 17 Ersatzmitglieder (1) In jedem Wahlvorschlag kann zusammen mit jedem Bewerber für diesen ein Ersatzmitglied des Aufsichtsrats vorgeschlagen werden. Für einen Bewerber, der Arbeitnehmer nach § 3 Abs. 1 Nr. 1 ist, kann nur ein Arbeitnehmer nach § 3 Abs. 1 Nr. 1 und für einen leitenden Angestellten nach § 3 Abs. 1 Nr. 2 nur ein leitender Angestellter als Ersatzmitglied vorgeschlagen werden. Ein Bewerber kann nicht zugleich als Ersatzmitglied vorgeschlagen werden.
(2) Wird ein Bewerber als Aufsichtsratsmitglied gewählt, so ist auch das zusammen mit ihm vorgeschlagene Ersatzmitglied gewählt.
(3) Im Fall des § 96 Absatz 2 Satz 3 des Aktiengesetzes ist das Nachrücken eines Ersatzmitgliedes ausgeschlossen, wenn dadurch der Anteil von Frauen und Männern unter den Aufsichtsratsmitgliedern der Arbeitnehmer nicht mehr den Vorgaben des § 7 Absatz 3 entspricht; § 18a Absatz 2 Satz 2 gilt entsprechend.

Vierter Unterabschnitt – Unmittelbare Wahl der Aufsichtsratsmitglieder der Arbeitnehmer

§ 18 Sind nach § 9 die Aufsichtsratsmitglieder der Arbeitnehmer in unmittelbarer Wahl zu wählen, so sind die Arbeitnehmer des Unternehmens, die das 18. Lebensjahr vollendet haben, wahlberechtigt. § 7 Satz 2 des Betriebsverfassungsgesetzes gilt entsprechend. Für die Wahl sind die §§ 15 bis 17 mit der Maßgabe anzuwenden, daß an die Stelle der Delegierten die wahlberechtigten Arbeitnehmer des Unternehmens treten.

Fünfter Unterabschnitt – Nichterreichen des Geschlechteranteils durch Wahl

§ 18a (1) Ergibt im Fall des § 96 Absatz 2 Satz 3 des Aktiengesetzes die Auszählung der Stimmen und ihre Verteilung auf die Bewerber, dass die Vorgaben des § 7 Absatz 3 nicht erreicht worden sind, ist folgendes Geschlechterverhältnis für die Aufsichtsratssitze der Arbeitnehmer herzustellen:
1. in Aufsichtsräten nach § 7 Absatz 2 Nummer 1 und 2 müssen unter den Aufsichtsratsmitgliedern der Arbeitnehmer nach § 3 Absatz 1 Nummer 1 jeweils mindestens eine Frau und mindestens ein Mann und unter den Aufsichtsratsmitgliedern der Gewerkschaften jeweils eine Frau und ein Mann vertreten sein;

2. in einem Aufsichtsrat nach § 7 Absatz 2 Nummer 3 müssen unter den Aufsichtsratsmitgliedern der Arbeitnehmer nach § 3 Absatz 1 Nummer 1 mindestens zwei Frauen und mindestens zwei Männer und unter den Aufsichtsratsmitgliedern der Gewerkschaften eine Frau und ein Mann vertreten sein.

(2) Um die Verteilung der Geschlechter nach Absatz 1 zu erreichen, ist die Wahl derjenigen Bewerber um einen Aufsichtsratssitz der Arbeitnehmer unwirksam, deren Geschlecht in dem jeweiligen Wahlgang nach der Verteilung der Stimmen auf die Bewerber mehrheitlich vertreten ist und die

1. bei einer Mehrheitswahl in dem jeweiligen Wahlgang nach der Reihenfolge der auf die Bewerber entfallenden Stimmenzahlen die niedrigsten Stimmenzahlen erhalten haben oder
2. bei einer Verhältniswahl in dem jeweiligen Wahlgang nach der Reihenfolge der auf die Bewerber entfallenden Höchstzahlen die niedrigsten Höchstzahlen erhalten haben.

Die durch unwirksame Wahl nach Satz 1 nicht besetzten Aufsichtsratssitze werden im Wege der gerichtlichen Ersatzbestellung nach § 104 des Aktiengesetzes oder der Nachwahl besetzt.

Sechster Unterabschnitt – Weitere Vorschriften über das Wahlverfahren sowie über die Bestellung und Abberufung von Aufsichtsratsmitgliedern

§ 19 Bekanntmachung der Mitglieder des Aufsichtsrats Das zur gesetzlichen Vertretung des Unternehmens befugte Organ hat die Namen der Mitglieder und der Ersatzmitglieder des Aufsichtsrats unverzüglich nach ihrer Bestellung in den Betrieben des Unternehmens bekanntzumachen und im Bundesanzeiger zu veröffentlichen. Nehmen an der Wahl der Aufsichtsratsmitglieder des Unternehmens auch die Arbeitnehmer eines anderen Unternehmens teil, so ist daneben das zur gesetzlichen Vertretung des anderen Unternehmens befugte Organ zur Bekanntmachung in seinen Betrieben verpflichtet.

26

§ 20 Wahlschutz und Wahlkosten (1) Niemand darf die Wahlen nach den §§ 10, 15, 16 und 18 behindern. Insbesondere darf niemand in der Ausübung des aktiven und passiven Wahlrechts beschränkt werden.

(2) Niemand darf die Wahlen durch Zufügung oder Androhung von Nachteilen oder durch Gewährung oder Versprechen von Vorteilen beeinflussen.

(3) Die Kosten der Wahlen trägt das Unternehmen. Versäumnis von Arbeitszeit, die zur Ausübung des Wahlrechts oder der Betätigung im Wahlvorstand erforderlich ist, berechtigt den Arbeitgeber nicht zur Minderung des Arbeitsentgelts.

§ 21 Anfechtung der Wahl von Delegierten (1) Die Wahl der Delegierten eines Betriebs kann beim Arbeitsgericht angefochten werden, wenn gegen wesentliche Vorschriften über das Wahlrecht, die Wählbarkeit oder das Wahlverfahren verstoßen worden und eine Berichtigung nicht erfolgt ist, es sei denn, daß durch den Verstoß das Wahlergebnis nicht geändert oder beeinflußt werden konnte.

(2) Zur Anfechtung berechtigt sind
1. mindestens drei wahlberechtigte Arbeitnehmer des Betriebs,
2. der Betriebsrat,
3. der Sprecherausschuss,
4. das zur gesetzlichen Vertretung des Unternehmens befugte Organ.

Die Anfechtung ist nur binnen einer Frist von zwei Wochen, vom Tag der Bekanntgabe des Wahlergebnisses an gerechnet, zulässig.

§ 22 Anfechtung der Wahl von Aufsichtsratsmitgliedern der Arbeitnehmer
(1) Die Wahl eines Aufsichtsratsmitglieds oder eines Ersatzmitglieds der Arbeitnehmer kann beim Arbeitsgericht angefochten werden, wenn gegen wesentliche Vorschriften über das Wahlrecht, die Wählbarkeit oder das Wahlverfahren verstoßen worden und eine Berichtigung nicht erfolgt ist, es sei denn, daß durch den Verstoß das Wahlergebnis nicht geändert oder beeinflußt werden konnte.
(2) Zur Anfechtung berechtigt sind
1. mindestens drei wahlberechtigte Arbeitnehmer des Unternehmens,
2. der Gesamtbetriebsrat des Unternehmens oder, wenn in dem Unternehmen nur ein Betriebsrat besteht, der Betriebsrat sowie, wenn das Unternehmen herrschendes Unternehmen eines Konzerns ist, der Konzernbetriebsrat, soweit ein solcher besteht,
3. der Gesamt- oder Unternehmenssprecherausschuss des Unternehmens oder, wenn in dem Unternehmen nur ein Sprecherausschuss besteht, der Sprecherausschuss sowie, wenn das Unternehmen herrschendes Unternehmen eines Konzerns ist, der Konzernsprecherausschuss, soweit ein solcher besteht,
4. der Gesamtbetriebsrat eines anderen Unternehmens, dessen Arbeitnehmer nach diesem Gesetz an der Wahl der Aufsichtsratsmitglieder des Unternehmens teilnehmen, oder, wenn in dem anderen Unternehmen nur ein Betriebsrat besteht, der Betriebsrat,
5. der Gesamt- oder Unternehmenssprecherausschuss eines anderen Unternehmens, dessen Arbeitnehmer nach diesem Gesetz an der Wahl der Aufsichtsratsmitglieder des Unternehmens teilnehmen, oder, wenn in dem anderen Unternehmen nur ein Sprecherausschuss besteht, der Sprecherausschuss,
6. jede nach § 16 Abs. 2 vorschlagsberechtigte Gewerkschaft,
7. das zur gesetzlichen Vertretung des Unternehmens befugte Organ.

Die Anfechtung ist nur binnen einer Frist von zwei Wochen, vom Tag der Veröffentlichung im Bundesanzeiger an gerechnet, zulässig.

§ 23 Abberufung von Aufsichtsratsmitgliedern der Arbeitnehmer (1) Ein Aufsichtsratsmitglied der Arbeitnehmer kann vor Ablauf der Amtszeit auf Antrag abberufen werden. Antragsberechtigt sind für die Abberufung eines
1. Aufsichtsratsmitglieds der Arbeitnehmer nach § 3 Abs. 1 Nr. 1 drei Viertel der wahlberechtigten Arbeitnehmer nach § 3 Abs. 1 Nr. 1,
2. Aufsichtsratsmitglieds der leitenden Angestellten drei Viertel der wahlberechtigten leitenden Angestellten,
3. Aufsichtsratsmitglieds, das nach § 7 Abs. 2 Vertreter einer Gewerkschaft ist, die Gewerkschaft, die das Mitglied vorgeschlagen hat.

(2) Ein durch Delegierte gewähltes Aufsichtsratsmitglied wird durch Beschluß der Delegierten abberufen. Dieser Beschluss wird in geheimer Abstimmung gefasst; er bedarf einer Mehrheit von drei Vierteln der abgegebenen Stimmen.
(3) Ein von den Arbeitnehmern unmittelbar gewähltes Aufsichtsratsmitglied wird durch Beschluß der wahlberechtigten Arbeitnehmer abberufen. Dieser Beschluss wird in geheimer, unmittelbarer Abstimmung gefasst; er bedarf einer Mehrheit von drei Vierteln der abgegebenen Stimmen.
(4) Die Absätze 1 bis 3 sind für die Abberufung von Ersatzmitgliedern entsprechend anzuwenden.

§ 24 Verlust der Wählbarkeit und Änderung der Zuordnung unternehmensangehöriger Aufsichtsratsmitglieder (1) Verliert ein Aufsichtsratsmitglied, das nach § 7 Abs. 2 Arbeitnehmer des Unternehmens sein muß, die Wählbarkeit, so erlischt sein Amt.
(2) Die Änderung der Zuordnung eines Aufsichtsratsmitglieds zu den in § 3 Abs. 1 Nr. 1 oder § 3 Abs. 1 Nr. 2 genannten Arbeitnehmern führt nicht zum Erlöschen seines Amtes.

Dritter Abschnitt – Innere Ordnung, Rechte und Pflichten des Aufsichtsrats

§ 25 Grundsatz (1) Die innere Ordnung, die Beschlußfassung sowie die Rechte und Pflichten des Aufsichtsrats bestimmen sich nach den §§ 27 bis 29, den §§ 31 und 32 und, soweit diese Vorschriften dem nicht entgegenstehen,
1. für Aktiengesellschaften und Kommanditgesellschaften auf Aktien nach dem Aktiengesetz,
2. für Gesellschaften mit beschränkter Haftung nach § 90 Abs. 3, 4 und 5 Satz 1 und 2, den §§ 107 bis 116, 118 Abs. 3, § 125 Abs. 3 und 4 und den §§ 170, 171 und 268 Abs. 2 des Aktiengesetzes,
3. für Genossenschaften nach dem Genossenschaftsgesetz.

§ 4 Abs. 2 des Gesetzes über die Überführung der Anteilsrechte an der Volkswagenwerk Gesellschaft mit beschränkter Haftung in private Hand vom 21. Juli 1960 (Bundesgesetzbl. I S. 585), zuletzt geändert durch das Zweite Gesetz zur Änderung des Gesetzes über die Überführung der Anteilsrechte an der Volkswagenwerk Gesellschaft mit beschränkter Haftung in private Hand vom 31. Juli 1970 (Bundesgesetzbl. I S. 1149), bleibt unberührt.
(2) Andere gesetzliche Vorschriften und Bestimmungen der Satzung (des Gesellschaftsvertrags) oder der Geschäftsordnung des Aufsichtsrats über die innere Ordnung, die Beschlußfassung sowie die Rechte und Pflichten des Aufsichtsrats bleiben unberührt, soweit Absatz 1 dem nicht entgegensteht.

§ 26 Schutz von Aufsichtsratsmitgliedern vor Benachteiligung Aufsichtsratsmitglieder der Arbeitnehmer dürfen in der Ausübung ihrer Tätigkeit nicht gestört oder behindert werden. Sie dürfen wegen ihrer Tätigkeit im Aufsichtsrat eines Unternehmens, dessen Arbeitnehmer sie sind oder als dessen Arbeitnehmer sie nach

§ 4 oder § 5 gelten, nicht benachteiligt werden. Dies gilt auch für ihre berufliche Entwicklung.

§ 27 Vorsitz im Aufsichtsrat (1) Der Aufsichtsrat wählt mit einer Mehrheit von zwei Dritteln der Mitglieder, aus denen er insgesamt zu bestehen hat, aus seiner Mitte einen Aufsichtsratsvorsitzenden und einen Stellvertreter.
(2) Wird bei der Wahl des Aufsichtsratsvorsitzenden oder seines Stellvertreters die nach Absatz 1 erforderliche Mehrheit nicht erreicht, so findet für die Wahl des Aufsichtsratsvorsitzenden und seines Stellvertreters ein zweiter Wahlgang statt. In diesem Wahlgang wählen die Aufsichtsratsmitglieder der Anteilseigner den Aufsichtsratsvorsitzenden und die Aufsichtsratsmitglieder der Arbeitnehmer den Stellvertreter jeweils mit der Mehrheit der abgegebenen Stimmen.
(3) Unmittelbar nach der Wahl des Aufsichtsratsvorsitzenden und seines Stellvertreters bildet der Aufsichtsrat zur Wahrnehmung der in § 31 Abs. 3 Satz 1 bezeichneten Aufgabe einen Ausschuß, dem der Aufsichtsratsvorsitzende, sein Stellvertreter sowie je ein von den Aufsichtsratsmitgliedern der Arbeitnehmer und von den Aufsichtsratsmitgliedern der Anteilseigner mit der Mehrheit der abgegebenen Stimmen gewähltes Mitglied angehören.

§ 28 Beschlußfähigkeit Der Aufsichtsrat ist nur beschlußfähig, wenn mindestens die Hälfte der Mitglieder, aus denen er insgesamt zu bestehen hat, an der Beschlußfassung teilnimmt. § 108 Abs. 2 Satz 4 des Aktiengesetzes ist anzuwenden.

§ 29 Abstimmungen (1) Beschlüsse des Aufsichtsrats bedürfen der Mehrheit der abgegebenen Stimmen, soweit nicht in Absatz 2 und in den §§ 27, 31 und 32 etwas anderes bestimmt ist.
(2) Ergibt eine Abstimmung im Aufsichtsrat Stimmengleichheit, so hat bei einer erneuten Abstimmung über denselben Gegenstand, wenn auch sie Stimmengleichheit ergibt, der Aufsichtsratsvorsitzende zwei Stimmen. § 108 Abs. 3 des Aktiengesetzes ist auch auf die Abgabe der zweiten Stimme anzuwenden. Dem Stellvertreter steht die zweite Stimme nicht zu.

Dritter Teil – Gesetzliches Vertretungsorgan

§ 30 Grundsatz Die Zusammensetzung, die Rechte und Pflichten des zur gesetzlichen Vertretung des Unternehmens befugten Organs sowie die Bestellung seiner Mitglieder bestimmen sich nach den für die Rechtsform des Unternehmens geltenden Vorschriften, soweit sich aus den §§ 31 bis 33 nichts anderes ergibt.

§ 31 Bestellung und Widerruf (1) Die Bestellung der Mitglieder des zur gesetzlichen Vertretung des Unternehmens befugten Organs und der Widerruf der Bestellung bestimmen sich nach den §§ 84 und 85 des Aktiengesetzes, soweit sich nicht aus den Absätzen 2 bis 5 etwas anderes ergibt. Dies gilt nicht für Kommanditgesellschaften auf Aktien.

(2) Der Aufsichtsrat bestellt die Mitglieder des zur gesetzlichen Vertretung des Unternehmens befugten Organs mit einer Mehrheit, die mindestens zwei Drittel der Stimmen seiner Mitglieder umfaßt.
(3) Kommt eine Bestellung nach Absatz 2 nicht zustande, so hat der in § 27 Abs. 3 bezeichnete Ausschuß des Aufsichtsrats innerhalb eines Monats nach der Abstimmung, in der die in Absatz 2 vorgeschriebene Mehrheit nicht erreicht worden ist, dem Aufsichtsrat einen Vorschlag für die Bestellung zu machen; dieser Vorschlag schließt andere Vorschläge nicht aus. Der Aufsichtsrat bestellt die Mitglieder des zur gesetzlichen Vertretung des Unternehmens befugten Organs mit der Mehrheit der Stimmen seiner Mitglieder.
(4) Kommt eine Bestellung nach Absatz 3 nicht zustande, so hat bei einer erneuten Abstimmung der Aufsichtsratsvorsitzende zwei Stimmen; Absatz 3 Satz 2 ist anzuwenden. Auf die Abgabe der zweiten Stimme ist § 108 Abs. 3 des Aktiengesetzes anzuwenden. Dem Stellvertreter steht die zweite Stimme nicht zu.
(5) Die Absätze 2 bis 4 sind für den Widerruf der Bestellung eines Mitglieds des zur gesetzlichen Vertretung des Unternehmens befugten Organs entsprechend anzuwenden.

§ 32 Ausübung von Beteiligungsrechten (1) Die einem Unternehmen, in dem die Arbeitnehmer nach diesem Gesetz ein Mitbestimmungsrecht haben, auf Grund von Beteiligungen an einem anderen Unternehmen, in dem die Arbeitnehmer nach diesem Gesetz ein Mitbestimmungsrecht haben, zustehenden Rechte bei der Bestellung, dem Widerruf der Bestellung oder der Entlastung von Verwaltungsträgern sowie bei der Beschlußfassung über die Auflösung oder Umwandlung des anderen Unternehmens, den Abschluß von Unternehmensverträgen (§§ 291, 292 des Aktiengesetzes) mit dem anderen Unternehmen, über dessen Fortsetzung nach seiner Auflösung oder über die Übertragung seines Vermögens können durch das zur gesetzlichen Vertretung des Unternehmens befugte Organ nur auf Grund von Beschlüssen des Aufsichtsrats ausgeübt werden. Diese Beschlüsse bedürfen nur der Mehrheit der Stimmen der Aufsichtsratsmitglieder der Anteilseigner; sie sind für das zur gesetzlichen Vertretung des Unternehmens befugte Organ verbindlich.
(2) Absatz 1 ist nicht anzuwenden, wenn die Beteiligung des Unternehmens an dem anderen Unternehmen weniger als ein Viertel beträgt.

§ 33 Arbeitsdirektor (1) Als gleichberechtigtes Mitglied des zur gesetzlichen Vertretung des Unternehmens befugten Organs wird ein Arbeitsdirektor bestellt. Dies gilt nicht für Kommanditgesellschaften auf Aktien.
(2) Der Arbeitsdirektor hat wie die übrigen Mitglieder des zur gesetzlichen Vertretung des Unternehmens befugten Organs seine Aufgaben im engsten Einvernehmen mit dem Gesamtorgan auszuüben. Das Nähere bestimmt die Geschäftsordnung.
(3) Bei Genossenschaften ist auf den Arbeitsdirektor § 9 Abs. 2 des Genossenschaftsgesetzes nicht anzuwenden.

Vierter Teil – Seeschiffahrt

§ 34 (1) Die Gesamtheit der Schiffe eines Unternehmens gilt für die Anwendung dieses Gesetzes als ein Betrieb.
(2) Schiffe im Sinne dieses Gesetzes sind Kauffahrteischiffe, die nach dem Flaggenrechtsgesetz die Bundesflagge führen. Schiffe, die in der Regel binnen 48 Stunden nach dem Auslaufen an den Sitz eines Landbetriebs zurückkehren, gelten als Teil dieses Landbetriebs.
(3) Leitende Angestellte im Sinne des § 3 Abs. 1 Nr. 2 dieses Gesetzes sind in einem in Absatz 1 bezeichneten Betrieb nur die Kapitäne.
(4) Die Arbeitnehmer eines in Absatz 1 bezeichneten Betriebs nehmen an einer Abstimmung nach § 9 nicht teil und bleiben für die Errechnung der für die Antragstellung und für die Beschlußfassung erforderlichen Zahl von Arbeitnehmern außer Betracht.
(5) Werden die Aufsichtsratsmitglieder der Arbeitnehmer durch Delegierte gewählt, so werden abweichend von § 10 in einem in Absatz 1 bezeichneten Betrieb keine Delegierten gewählt. Abweichend von § 15 Abs. 1 nehmen die Arbeitnehmer dieses Betriebs unmittelbar an der Wahl der Aufsichtsratsmitglieder der Arbeitnehmer teil mit der Maßgabe, daß die Stimme eines dieser Arbeitnehmer als ein Neunzigstel der Stimme eines Delegierten zu zählen ist; § 11 Abs. 1 Satz 3 ist entsprechend anzuwenden.

Fünfter Teil – Übergangs- und Schlußvorschriften

§ 35 *(aufgehoben)*

§§ 36–38 *(nicht abgedruckt)*

§ 39 Ermächtigung zum Erlaß von Rechtsverordnungen[1] *(nicht abgedruckt)*

§ 40 Übergangsregelung (1) Auf Wahlen von Aufsichtsratsmitgliedern der Arbeitnehmer, die bis einschließlich 31. März 2022 abgeschlossen sind, ist dieses Gesetz in der bis zum 11. August 2021 geltenden Fassung anzuwenden.
(2) Eine Wahl von Aufsichtsratsmitgliedern der Arbeitnehmer gilt als abgeschlossen, wenn die Bekanntmachung der Mitglieder des Aufsichtsrates nach § 19 Satz 1 durch das zur gesetzlichen Vertretung des Unternehmens befugte Organ erfolgt ist.

§ 41 Inkrafttreten Dieses Gesetz tritt am 1. Juli 1976 in Kraft.

---

1 Vgl. **Erste Wahlordnung zum Mitbestimmungsgesetz** (1. WOMitbestG) vom 27. 5. 2002 (BGBl. I 1682), zuletzt geändert durch Gesetz vom 7. 8. 2021 (BGBl. I 3311), **Zweite Wahlordnung zum Mitbestimmungsgesetz** (2. WOMitbestG) vom 27. 5. 2002 (BGBl. I 1708), zuletzt geändert durch Gesetz vom 7. 8. 2021 (BGBl. I 3311) und **Dritte Wahlordnung zum Mitbestimmungsgesetz** (3. WOMitbestG) vom 27. 5. 2002 (BGBl. I 1741), zuletzt geändert durch Gesetz vom 7. 8. 2021 (BGBl. I 3311).

26a. Gesetz über die Drittelbeteiligung der Arbeitnehmer im Aufsichtsrat (Drittelbeteiligungsgesetz – DrittelbG)

Einleitung

I. Geschichtliche Entwicklung

Die Beteiligung von Arbeitnehmervertretern in Aufsichtsräten begann mit dem Gesetz über die Entsendung von Betriebsratsmitgliedern in den Aufsichtsrat vom 15.2.1922 (RGBl. 209). Danach waren zwei Betriebsratsmitglieder in den Aufsichtsrat einer Kapitalgesellschaft zu entsenden.

Nach dem Zweiten Weltkrieg bis in die ersten Jahre der Bundesrepublik Deutschland wurde intensiv um eine Neuordnung der Wirtschaft und dabei auch die von den Gewerkschaften geforderte paritätische Aufsichtsratsmitbestimmung gerungen. Die Gewerkschaften konnten dabei 1951 noch die gesetzliche Regelung der Montanmitbestimmung durchsetzen (vgl. Nr. 27), erlitten jedoch ein Jahr später eine weichenstellende Niederlage: Trotz anhaltender Proteste (dabei ein zweitägiger Streik bei allen Tageszeitungen) verabschiedete die Bundestagsmehrheit aus CDU/CSU, FDP und Deutscher Partei das Betriebsverfassungsgesetz vom 11.10.1952 (BGBl. I 681), das neben der Neuregelung der Betriebsverfassung die Besetzung der Aufsichtsräte nur zu einem Drittel mit Arbeitnehmervertretern vorsah. Dieser Rechtszustand galt bis zur Verabschiedung des Mitbestimmungsgesetzes 1976, das für Kapitalgesellschaften mit mehr als 2000 Arbeitnehmern eine erweiterte Mitbestimmung im Aufsichtsrat brachte (s. Nr. 26). Für Unternehmen mit weniger Beschäftigten blieben die einschlägigen Bestimmungen des BetrVG in Kraft (§§ 76–77a, 81, 85).

Mit dem »Gesetz zur Vereinfachung der Wahl der Arbeitnehmervertreter in den Aufsichtsrat« vom 18.5.2004 (BGBl. I 974) wurden die noch verbliebenen Vorschriften zur Unternehmensmitbestimmung aus dem BetrVG 1952 in das neue Drittelbeteiligungsgesetz überführt. Dabei sind die Anknüpfungskriterien (Beschäftigtenzahl) für die Besetzung eines Aufsichtsrates mit Arbeitnehmervertretern wie auch generell die Rahmenbedingungen für deren Tätigkeit unverändert geblieben. Lediglich bei Konzerngesellschaften, in denen kraft eigener Arbeitnehmerzahlen Aufsichtsräte zu bilden sind, wurden nunmehr die Arbeitnehmer aller Konzerngesellschaften wahlberechtigt. Außerdem wurde das Wahlverfahren vereinfacht.

Eine Gesetzesänderung, die für das DrittelbG praktisch keine Änderungen mit sich brachte, aber für danach mitbestimmte Unternehmen und deren Aufsichtsräte relevant ist, brachte das Gesetz für die gleichberechtigte Teilhabe von Frauen und Männern in Führungspositionen in der Privatwirtschaft und im öffentlichen Dienst v. 24.4.2015 (BGBl. I 642; dazu Einl. III 3 zum AktG, Nr. 1). Eine ebenfalls nur mittelbare Relevanz brachte die Einbeziehung von Leiharbeitern bei Schwellenwerten der Mitbestimmungsgesetze in § 14 Abs. 2 AÜG ab 1.4.2017 durch das Gesetz zur Änderung des AÜG und anderer Gesetze (v. 21.2.2017, BGBl. I 258) mit sich (dazu Einl. I sowie II 4 zum AÜG, Nr. 4).

II. Wesentlicher Gesetzesinhalt

Die zentralen Bestimmungen sind die §§ 1 und 2 DrittelBG: Danach sind in allen Kapitalgesellschaften mit mehr als 500 Arbeitnehmern diese zu einem Drittel im Aufsichtsrat zu beteiligen; bei einer GmbH ist hierzu ein Aufsichtsrat zwingend einzurichten. Bei älteren, vor dem 10.8.1994 eingetragenen Aktiengesellschaften gilt dies auch, wenn sie weniger als 500 Arbeitnehmer beschäftigen (mit wiederum einer Ausnahme von der Ausnahme: auch ältere Familiengesellschaften müssen für die Drittelbeteiligung mindestens 500 Arbeitnehmer beschäftigen). Führen mehrere nach diesem Gesetz mitbestimmungspflichtige Unternehmen einen Gemeinschaftsbetrieb, sind die darin beschäftigten Arbeitnehmer für die Wahlen der Aufsichtsräte aller am Betrieb beteiligten Unternehmen aktiv wahlberechtigt (*BAG* 13.3.2013 – 7 ABR 47/11, NZA 13, 853).

Für Konzernunternehmen (§ 18 AktG) gilt Unterschiedliches für die Frage der Besetzung bzw. Bildung eines Aufsichtsrats und für die Wahlbeteiligung:

- Für die Zahl von 500 Arbeitnehmern, bei deren Erreichung Arbeitnehmervertreter im Aufsichtsrat zu beteiligen sind, zählen nur die Arbeitnehmer von durch einen Beherrschungsvertrag verbundenen oder eingegliederten Unternehmen mit (§ 2 Abs. 2 DrittelBG; identisch mit § 77a BetrVG 1952).
- Steht die Drittelbeteiligung im Aufsichtsrat fest, sei es, weil die Gesellschaft selbst ausreichend Arbeitnehmer beschäftigt, sei es im Wege der eben genannten Zurechnung, sind die Arbeitnehmer aller Konzernunternehmen an der Wahl zu beteiligen (§ 2 Abs. 1 DrittelBG), also auch Tochterunternehmen in einem sog. faktischen Konzern aufgrund Mehrheitsbeteiligung ohne Beherrschungsvertrag (vgl. *BAG* 15.12.2011 – 7 ABR 56/10, NZA 12, 633).

Das Gesetz findet in sog. Tendenzunternehmen keine Anwendung (§ 1 Abs. 2 DrittelBG).

Die Tätigkeit der Arbeitnehmervertreter erfolgt nach den Bestimmungen des Aktiengesetzes bzw. in der GmbH nach den in § 1 Abs. 1 Nr. 3 DrittelBG für anwendbar erklärten Vorschriften. Die Arbeitnehmervertreter dürfen wegen ihrer Tätigkeit im Aufsichtsrat nicht benachteiligt oder begünstigt werden (§ 9 DrittelBG).

Für die Wahl legt das Gesetz selbst nur Rahmenbedingungen fest (§§ 5–7 DrittelBG). Die Wahlordnung zum Drittelbeteiligungsgesetz (s. Fn. 1 zu § 13 DrittelBG) regelt die Einzelheiten.

III. Rechtstatsachen und rechtspolitische Diskussion

Im Jahr 2009 unterfielen knapp 1500 Unternehmen dem DrittelbG (Böckler impuls 2/10, S. 6). Allerdings wird in schätzungsweise der Hälfte der danach mitbestimmungspflichtigen Unternehmen kein drittelparitätischer Aufsichtsrat gebildet (*Bayer*, NJW 16, 1930, 1931).

Die Bundesregierung strebt eine Konzernzurechnung nach dem Vorbild des MitbestG (Nr. 26) für Fälle echter faktischer Beherrschung an (»Mehr Fortschritt wagen, Bündnis für Freiheit, Gerechtigkeit und Nachhaltigkeit«, Koalitionsvertrag 2021–2025 zwischen SPD, Bündnis 90/Die Grünen und FDP).

Weiterführende Literatur

(siehe auch die Literaturhinweise zum AktG [Nr. 1] und zum MitbestG [Nr. 26])

Seibt, Drittelbeteiligungsgesetz und Fortsetzung der Reform des Unternehmensmitbestimmungsrechts, NZA 2004, S. 767

Gesetz über die Drittelbeteiligung der Arbeitnehmer im Aufsichtsrat (Drittelbeteiligungsgesetz – DrittelbG)

vom 18. Mai 2004 (BGBl. I 974),
zuletzt geändert durch Gesetz vom 7. August 2021 (BGBl. I 3311)

Teil 1 – Geltungsbereich

§ 1 Erfasste Unternehmen (1) Die Arbeitnehmer haben ein Mitbestimmungsrecht im Aufsichtsrat nach Maßgabe dieses Gesetzes in

1. einer Aktiengesellschaft mit in der Regel mehr als 500 Arbeitnehmern. Ein Mitbestimmungsrecht im Aufsichtsrat besteht auch in einer Aktiengesellschaft mit in der Regel weniger als 500 Arbeitnehmern, die vor dem 10. August 1994 eingetragen worden ist und keine Familiengesellschaft ist. Als Familiengesellschaften gelten solche Aktiengesellschaften, deren Aktionär eine einzelne natürliche Person ist oder deren Aktionäre untereinander im Sinne von § 15 Abs. 1 Nr. 2 bis 8, Abs. 2 der Abgabenordnung verwandt oder verschwägert sind;
2. einer Kommanditgesellschaft auf Aktien mit in der Regel mehr als 500 Arbeitnehmern. Nummer 1 Satz 2 und 3 gilt entsprechend;
3. einer Gesellschaft mit beschränkter Haftung mit in der Regel mehr als 500 Arbeitnehmern. Die Gesellschaft hat einen Aufsichtsrat zu bilden; seine Zusammensetzung sowie seine Rechte und Pflichten bestimmen sich nach § 90 Abs. 3, 4, 5 Satz 1 und 2, nach den §§ 95 bis 114, 116, 118 Abs. 3, § 125 Abs. 3 und 4 und nach den §§ 170, 171, 268 Abs. 2 des Aktiengesetzes;
4. einem Versicherungsverein auf Gegenseitigkeit mit in der Regel mehr als 500 Arbeitnehmern, wenn dort ein Aufsichtsrat besteht;
5. einer Genossenschaft mit in der Regel mehr als 500 Arbeitnehmern. § 96 Absatz 4 und die §§ 97 bis 99 des Aktiengesetzes sind entsprechend anzuwenden. Die Satzung kann nur eine durch drei teilbare Zahl von Aufsichtsratsmitgliedern festsetzen. Der Aufsichtsrat muss zwei Sitzungen im Kalenderhalbjahr abhalten.

(2) Dieses Gesetz findet keine Anwendung auf

1. die in § 1 Abs. 1 des Mitbestimmungsgesetzes, die in § 1 des Montan-Mitbestimmungsgesetzes und die in den §§ 1 und 3 Abs. 1 des Montan-Mitbestimmungsergänzungsgesetzes bezeichneten Unternehmen;
2. Unternehmen, die unmittelbar und überwiegend
   a) politischen, koalitionspolitischen, konfessionellen, karitativen, erzieherischen, wissenschaftlichen oder künstlerischen Bestimmungen oder
   b) Zwecken der Berichterstattung oder Meinungsäußerung, auf die Artikel 5 Abs. 1 Satz 2 des Grundgesetzes anzuwenden ist,

   dienen.

Dieses Gesetz ist nicht anzuwenden auf Religionsgemeinschaften und ihre karitativen und erzieherischen Einrichtungen unbeschadet deren Rechtsform.

(3) Die Vorschriften des Genossenschaftsgesetzes über die Zusammensetzung des Aufsichtsrats sowie über die Wahl und die Abberufung von Aufsichtsratsmitgliedern gelten insoweit nicht, als sie den Vorschriften dieses Gesetzes widersprechen.

§ 2 Konzern (1) An der Wahl der Aufsichtsratsmitglieder der Arbeitnehmer des herrschenden Unternehmens eines Konzerns (§ 18 Abs. 1 des Aktiengesetzes) nehmen auch die Arbeitnehmer der übrigen Konzernunternehmen teil.
(2) Soweit nach § 1 die Beteiligung der Arbeitnehmer im Aufsichtsrat eines herrschenden Unternehmens von dem Vorhandensein oder der Zahl von Arbeitnehmern abhängt, gelten die Arbeitnehmer eines Konzernunternehmens als solche des herrschenden Unternehmens, wenn zwischen den Unternehmen ein Beherrschungsvertrag besteht oder das abhängige Unternehmen in das herrschende Unternehmen eingegliedert ist.

§ 3 Arbeitnehmer, Betrieb (1) Arbeitnehmer im Sinne dieses Gesetzes sind die in § 5 Abs. 1 des Betriebsverfassungsgesetzes bezeichneten Personen mit Ausnahme der in § 5 Abs. 3 des Betriebsverfassungsgesetzes bezeichneten leitenden Angestellten.
(2) Betriebe im Sinne dieses Gesetzes sind solche des Betriebsverfassungsgesetzes. § 4 Abs. 2 des Betriebsverfassungsgesetzes ist anzuwenden.
(3) Die Gesamtheit der Schiffe eines Unternehmens gilt für die Anwendung dieses Gesetzes als ein Betrieb. Schiffe im Sinne dieses Gesetzes sind Kauffahrteischiffe, die nach dem Flaggenrechtsgesetz die Bundesflagge führen. Schiffe, die in der Regel binnen 48 Stunden nach dem Auslaufen an den Sitz eines Landbetriebs zurückkehren, gelten als Teil dieses Landbetriebs.

Teil 2 – Aufsichtsrat

§ 4 Zusammensetzung (1) Der Aufsichtsrat eines in § 1 Abs. 1 bezeichneten Unternehmens muss zu einem Drittel aus Arbeitnehmervertretern bestehen.
(2) Ist ein Aufsichtsratsmitglied der Arbeitnehmer oder sind zwei Aufsichtsratsmitglieder der Arbeitnehmer zu wählen, so müssen diese als Arbeitnehmer im Unternehmen beschäftigt sein. Sind mehr als zwei Aufsichtsratsmitglieder der Arbeitnehmer zu wählen, so müssen mindestens zwei Aufsichtsratsmitglieder als Arbeitnehmer im Unternehmen beschäftigt sein.
(3) Die Aufsichtsratsmitglieder der Arbeitnehmer, die Arbeitnehmer des Unternehmens sind, müssen das 18. Lebensjahr vollendet haben und ein Jahr dem Unternehmen angehören. Auf die einjährige Unternehmensangehörigkeit werden Zeiten der Angehörigkeit zu einem anderen Unternehmen, dessen Arbeitnehmer nach diesem Gesetz an der Wahl von Aufsichtsratsmitgliedern des Unternehmens teilnehmen, angerechnet. Diese Zeiten müssen unmittelbar vor dem Zeitpunkt liegen, ab dem die Arbeitnehmer zur Wahl von Aufsichtsratsmitgliedern des Unternehmens berechtigt sind. Die weiteren Wählbarkeitsvoraussetzungen des § 8 Abs. 1 des Betriebsverfassungsgesetzes müssen erfüllt sein.

(4) Unter den Aufsichtsratsmitgliedern der Arbeitnehmer sollen Frauen und Männer entsprechend ihrem zahlenmäßigen Verhältnis im Unternehmen vertreten sein.
(5) Unter den Aufsichtsratsmitgliedern der Arbeitnehmer eines in § 1 Absatz 1 Nummer 1 und 3 bezeichneten Unternehmens mit Mehrheitsbeteiligung des Bundes im Sinne des § 393a Absatz 1 des Aktiengesetzes oder des § 77a Absatz 1 des Gesetzes betreffend die Gesellschaften mit beschränkter Haftung müssen im Fall der Getrennterfüllung entsprechend § 96 Absatz 2 Satz 3 des Aktiengesetzes Frauen und Männer jeweils mit einem Anteil von mindestens 30 Prozent vertreten sein.

§ 5 Wahl der Aufsichtsratsmitglieder der Arbeitnehmer (1) Die Aufsichtsratsmitglieder der Arbeitnehmer werden nach den Grundsätzen der Mehrheitswahl in allgemeiner, geheimer, gleicher und unmittelbarer Wahl für die Zeit gewählt, die im Gesetz oder in der Satzung für die von der Hauptversammlung zu wählenden Aufsichtsratsmitglieder bestimmt ist.
(2) Wahlberechtigt sind die Arbeitnehmer des Unternehmens, die das 18. Lebensjahr vollendet haben. § 7 Satz 2 des Betriebsverfassungsgesetzes gilt entsprechend.

§ 6 Wahlvorschläge Die Wahl erfolgt auf Grund von Wahlvorschlägen der Betriebsräte und der Arbeitnehmer. Die Wahlvorschläge der Arbeitnehmer müssen von mindestens einem Zehntel der Wahlberechtigten oder von mindestens 100 Wahlberechtigten unterzeichnet sein.

§ 7 Ersatzmitglieder (1) In jedem Wahlvorschlag kann zusammen mit jedem Bewerber für diesen ein Ersatzmitglied des Aufsichtsrats vorgeschlagen werden. Ein Bewerber kann nicht zugleich als Ersatzmitglied vorgeschlagen werden.
(2) Wird ein Bewerber als Aufsichtsratsmitglied gewählt, so ist auch das zusammen mit ihm vorgeschlagene Ersatzmitglied gewählt.
(3) Im Fall des § 4 Absatz 5 in Verbindung mit § 96 Absatz 2 Satz 3 des Aktiengesetzes ist das Nachrücken eines Ersatzmitglieds ausgeschlossen, wenn dadurch der Anteil von Frauen und Männern unter den Aufsichtsratsmitgliedern der Arbeitnehmer nicht mehr den Vorgaben des § 4 Absatz 5 entspricht; § 7a Absatz 2 Satz 2 gilt entsprechend.

§ 7a Nichterreichen des Geschlechteranteils (1) Ergibt im Fall des § 4 Absatz 5 in Verbindung mit § 96 Absatz 2 Satz 3 des Aktiengesetzes die Auszählung der Stimmen und ihre Verteilung auf die Bewerber, dass die Vorgaben des § 4 Absatz 5 nicht erfüllt wurden, ist folgendes Geschlechterverhältnis für die Aufsichtsratssitze der Arbeitnehmer herzustellen:
1. in Aufsichtsräten mit einer Größe von sechs, neun oder zwölf Mitgliedern müssen unter den Aufsichtsratsmitgliedern der Arbeitnehmer jeweils mindestens eine Frau und mindestens ein Mann vertreten sein;
2. in Aufsichtsräten mit einer Größe von 15, 18 und 21 Mitgliedern müssen unter den Aufsichtsratsmitgliedern der Arbeitnehmer mindestens zwei Frauen und mindestens zwei Männer vertreten sein.

(2) Um die Verteilung der Geschlechter nach Absatz 1 zu erreichen, ist die Wahl derjenigen Bewerber um einen Aufsichtsratssitz der Arbeitnehmer unwirksam,

deren Geschlecht nach der Verteilung der Stimmen auf die Bewerber mehrheitlich vertreten ist und die nach der Reihenfolge der auf die Bewerber entfallenden Stimmenzahlen die niedrigsten Stimmenzahlen erhalten haben. Die durch unwirksame Wahl nach Satz 1 nicht besetzten Aufsichtsratssitze werden im Wege der gerichtlichen Ersatzbestellung nach § 104 des Aktiengesetzes oder der Nachwahl besetzt; § 4 Absatz 2 Satz 2 ist zu beachten.

§ 8 Bekanntmachung der Mitglieder des Aufsichtsrats Das zur gesetzlichen Vertretung des Unternehmens befugte Organ hat die Namen der Mitglieder und der Ersatzmitglieder des Aufsichtsrats unverzüglich nach ihrer Bestellung in den Betrieben des Unternehmens bekannt zu machen und im Bundesanzeiger zu veröffentlichen. Nehmen an der Wahl der Aufsichtsratsmitglieder des Unternehmens auch die Arbeitnehmer eines anderen Unternehmens teil, so ist daneben das zur gesetzlichen Vertretung des anderen Unternehmens befugte Organ zur Bekanntmachung in seinen Betrieben verpflichtet.

§ 9 Schutz von Aufsichtsratsmitgliedern vor Benachteiligung Aufsichtsratsmitglieder der Arbeitnehmer dürfen in der Ausübung ihrer Tätigkeit nicht gestört oder behindert werden. Sie dürfen wegen ihrer Tätigkeit im Aufsichtsrat nicht benachteiligt oder begünstigt werden. Dies gilt auch für ihre berufliche Entwicklung.

§ 10 Wahlschutz und Wahlkosten (1) Niemand darf die Wahl der Aufsichtsratsmitglieder der Arbeitnehmer behindern. Insbesondere darf niemand in der Ausübung des aktiven und passiven Wahlrechts beschränkt werden.
(2) Niemand darf die Wahlen durch Zufügung oder Androhung von Nachteilen oder durch Gewährung oder Versprechen von Vorteilen beeinflussen.
(3) Die Kosten der Wahlen trägt das Unternehmen. Versäumnis von Arbeitszeit, die zur Ausübung des Wahlrechts oder der Betätigung im Wahlvorstand erforderlich ist, berechtigt nicht zur Minderung des Arbeitsentgelts.

§ 11 Anfechtung der Wahl von Aufsichtsratsmitgliedern der Arbeitnehmer
(1) Die Wahl eines Aufsichtsratsmitglieds oder eines Ersatzmitglieds der Arbeitnehmer kann beim Arbeitsgericht angefochten werden, wenn gegen wesentliche Vorschriften über das Wahlrecht, die Wählbarkeit oder das Wahlverfahren verstoßen worden und eine Berichtigung nicht erfolgt ist, es sei denn, dass durch den Verstoß das Wahlergebnis nicht geändert oder beeinflusst werden konnte.
(2) Zur Anfechtung berechtigt sind
1. mindestens drei Wahlberechtigte,
2. die Betriebsräte,
3. das zur gesetzlichen Vertretung des Unternehmens befugte Organ.

Die Anfechtung ist nur binnen einer Frist von zwei Wochen, vom Tag der Veröffentlichung im Bundesanzeiger an gerechnet, zulässig.

§ 12 Abberufung von Aufsichtsratmitgliedern der Arbeitnehmer (1) Ein Aufsichtsratsmitglied der Arbeitnehmer kann vor Ablauf der Amtszeit auf Antrag eines Betriebsrats oder von mindestens einem Fünftel der Wahlberechtigten durch Be-

schluss abberufen werden. Der Beschluss der Wahlberechtigten wird in allgemeiner, geheimer, gleicher und unmittelbarer Abstimmung gefasst; er bedarf einer Mehrheit von drei Vierteln der abgegebenen Stimmen. Auf die Beschlussfassung findet § 2 Abs. 1 Anwendung.
(2) Absatz 1 ist für die Abberufung von Ersatzmitgliedern entsprechend anzuwenden.

Teil 3 – Übergangs- und Schlussvorschriften

§ 13 Ermächtigung zum Erlass von Rechtsverordnungen Die Bundesregierung wird ermächtigt, durch Rechtsverordnung[1] Vorschriften über das Verfahren für die Wahl und die Abberufung von Aufsichtsratsmitgliedern der Arbeitnehmer zu erlassen, insbesondere über
1. die Vorbereitung der Wahl, insbesondere die Aufstellung der Wählerlisten und die Errechnung der Zahl der Aufsichtsratsmitglieder der Arbeitnehmer;
2. die Frist für die Einsichtnahme in die Wählerlisten und die Erhebung von Einsprüchen gegen sie;
3. die Wahlvorschläge und die Frist für ihre Einreichung;
3a. das Verfahren zur Berücksichtigung der Geschlechter;
4. das Wahlausschreiben und die Frist für seine Bekanntmachung;
5. die Teilnahme von Arbeitnehmern eines in § 3 Abs. 3 bezeichneten Betriebs an der Wahl;
6. die Stimmabgabe;
7. die Feststellung des Wahlergebnisses und die Fristen für seine Bekanntmachung;
8. die Anfechtung der Wahl;
9. die Aufbewahrung der Wahlakten.

§ 14 Verweisungen Soweit in anderen Gesetzen auf Vorschriften verwiesen wird, die durch Artikel 6 Abs. 2 des Zweiten Gesetzes zur Vereinfachung der Wahl der Arbeitnehmervertreter in den Aufsichtsrat aufgehoben werden, treten an ihre Stelle die entsprechenden Vorschriften dieses Gesetzes.

§ 15 Übergangsregelung (1) Auf Wahlen von Aufsichtsratsmitgliedern der Arbeitnehmer, die bis einschließlich 31. März 2022 abgeschlossen sind, ist dieses Gesetz in der bis zum 11. August 2021 geltenden Fassung anzuwenden.
(2) Eine Wahl von Aufsichtsratsmitgliedern der Arbeitnehmer gilt als abgeschlossen, wenn die Bekanntmachung der Mitglieder des Aufsichtsrats nach § 8 Satz 1 durch das zur gesetzlichen Vertretung des Unternehmens befugte Organ erfolgt ist.

---

1 Vgl. **Verordnung zur Wahl der Aufsichtsratsmitglieder der Arbeitnehmer nach dem Drittelbeteiligungsgesetz** (Wahlordnung zum Drittelbeteiligungsgesetz – WODrittelbG) vom 23.6.2004 (BGBl. I 1393), zuletzt geändert durch Gesetz vom 7.8.2021 (BGBl. I 3311).

26b. Europäische Aktiengesellschaft (Societas Europaea)

Einleitung

I. Geschichtliche Entwicklung

Das Vorhaben der Einführung einer Europäischen Gesellschaftsform, der »Societas Europaea« (SE, Europäische Gesellschaft) hat seine Ursprünge in den 1970er Jahren und benötigte rund 30 Jahre zu seiner Realisierung (dazu *Herfs-Roettgen*, NZA 01, 424; *Pluskat*, EuZW 01, 524; *Köstler*, Mitbestimmung 1–2/01, 48; *Thoma/Leuering*, NJW 02, 1449). Es ging darum, eine Gesellschaftsform europäischen Rechts anzubieten, allerdings immer nur im Wege einer Umwandlung aus einer oder mehreren bereits existierenden Gesellschaften nationalen Rechts.

Einer der Hauptstreitpunkte, der der Verabschiedung des Projektes lange Zeit im Wege stand, war die Mitbestimmung der Arbeitnehmer. Hier galt es einen Ausgleich zu finden zwischen dem deutschen Modell einer fast paritätischen Mitbestimmung und Rechtsordnungen ohne unternehmerische Mitbestimmung. Hinzu kam das Problem, dass die europäischen Rechtsordnungen unterschiedliche gesellschaftsrechtliche Konzepte kennen. Dem aus Deutschland bekannten dualistischen Modell mit Vorstand und Kontrollorgan (Aufsichtsrat) steht ein monistisches Modell gegenüber, in dem beide Funktionen innerhalb des einheitlichen *board* verfolgt werden und das operative Geschäft durch geschäftsführende Vorstandsmitglieder erledigt wird.

Ein erster Schritt zur Überwindung des Dilemmas war die Aufspaltung des Vorhabens in eine EG-Verordnung über das Gesellschaftsrecht der SE und in eine von den Mitgliedstaaten umzusetzende EG-Richtlinie über die Mitbestimmung der Arbeitnehmer in der SE. Damit war die inhaltlich umstrittene Frage der Ausgestaltung der Mitbestimmung aber noch keinesfalls gelöst. Dies gelang erst, nachdem in intensiven Vorarbeiten der sog. *Davignon-Gruppe* der Erkenntnis Rechnung getragen wurde, dass es praktisch nicht möglich ist, eine europaweit einheitliche Regelung der Arbeitnehmermitbestimmung zu finden. Man wählte daher den bereits beim Europäischen Betriebsrat (Nr. 12 c) beschrittenen Weg, vorrangig eine Verhandlungslösung anzustreben. Erst bei Scheitern einer einvernehmlichen Lösung tritt eine gesetzliche Auffanglösung in Kraft. Diese ist darauf angelegt, das höchste Mitbestimmungsniveau der an der Gründung einer SE beteiligten Unternehmen zu sichern. Dies sichert insbesondere bei Beteiligung deutscher Unternehmen die Mitbestimmung im Aufsichtsrat nach dem MitbestG (*Krause*, BB 05, 1221).

Die Regelungen über die SE sind daher auf mehrere Rechtsakte verteilt:

- Das Gesellschaftsrecht ist in der Verordnung (EG) Nr. 2157/2001 des Rates vom 8. 10. 2001 über das Statut der Europäischen Gesellschaft (SE) (ABl. L 294/1) geregelt. Sie trat am 8. 10. 2004 in Kraft. In der Bundesrepublik ist dazu das SE-Ausführungsgesetz (SEAG v. 22. 12. 2004, BGBl. I 3675) ergangen.

- Die Arbeitnehmermitbestimmung ist geregelt in der Richtlinie 2001/86/EG (EU-ASO Nr. 70). Sie wurde in Deutschland durch das SE-Beteiligungsgesetz (SEBG v. 22.12.2004, BGBl. I 3686) umgesetzt.

Durch das Gesetz für die gleichberechtigte Teilhabe von Frauen und Männern an Führungspositionen in der Privatwirtschaft und im öffentlichen Dienst v. 24.4.2015 (BGBl. I 642) wurde der 30-Prozent-Anteil von Frauen und Männern auch für den Verwaltungsrat bzw. das Aufsichtsorgan einer börsennotierten SE vorgeschrieben, soweit das Organ (quasi-)paritätisch ausgestaltet ist (§§ 17 Abs. 2, 24 Abs. 3 SEAG).

II. Wesentlicher Gesetzesinhalt

1. Die Societas Europaea (SE)

Es gibt 4 Gründungsmodelle für die SE:

- Fusion von Aktiengesellschaften aus mind. 2 Mitgliedstaaten (Verschmelzungs-SE)
- Gründung einer gemeinsamen Holding durch GmbHs/AGs aus mind. 2 Mitgliedstaaten (Holding-SE)
- Gründung einer gemeinsamen Tochtergesellschaft durch Gesellschaften oder Körperschaften aus mind. 2 Mitgliedstaaten (Tochter-SE)
- Umwandlung aus einer Aktiengesellschaft, die seit mind. 2 Jahren eine Tochtergesellschaft in einem anderen Mitgliedstaat besitzt (Umwandlungs-SE).

Hinsichtlich der internen Verfassung wird durch Satzung bestimmt, ob die SE eine monistische oder eine dualistische Struktur haben soll. Für die Wahl des Strukturmodells bedurfte es hinsichtlich beider Modelle in allen Mitgliedstaaten nationaler Ausführungsgesetze, sodass eine Unmenge unterschiedlich strukturierter Europäischer Aktiengesellschaften denkbar ist, mit der Folge, dass die Wahl des optimalen Gesellschaftssitzes eine kaum lösbare Aufgabe darstellen kann (*Oetker*, ZESAR 05, 3, 4).

2. Mitbestimmung in der SE

Für die Mitbestimmung gilt vorrangig der Verhandlungsweg. Die betroffenen Arbeitnehmer in den einzelnen Mitgliedstaaten entsenden durch Wahl Vertreter in ein besonderes Verhandlungsgremium nach §§ 4 ff. SEBG, das mit der Unternehmerseite über eine Vereinbarung über die Arbeitnehmerbeteiligung entscheidet. Dabei entsendet jeder betroffene Mitgliedstaat einen Vertreter. Für je 10 % der Gesamtarbeitnehmerzahl entsendet ein Mitgliedstaat einen weiteren Vertreter. Jeder dritte Arbeitnehmervertreter aus Deutschland unterliegt einem gewerkschaftlichen Vorschlagsrecht nach §§ 6, 8 SEBG.

Die gesamte Mitbestimmungsfrage (ob Verhandlungen oder Auffanglösung) bezieht sich immer auf 2 Gegenstände:

- Die Unterrichtung und Anhörung entsprechend der EBR-Richtlinie (vgl. Einl. I zum EBRG, Nr. 13). Hier ist die Errichtung eines SE-Betriebsrats oder eines alternativen Verfahrens nach § 21 SEBG vorgesehen.

- Die Mitbestimmung im Aufsichts- oder Verwaltungsorgan. Sie ist an sich nicht zwingend, außer über die Vorher-Nachher-Betrachtung gemäß § 35 Abs. 1 SEBG im Fall einer Umwandlungs-SE. Für Letztere kommt es nach einem sehr sorgfältig begründeten Beschluss des *OLG Frankfurt/M.* darauf an, welche Mitbestimmungsregelung vorher objektiv gegolten hat, nicht etwa, welches Modell in dem Unternehmen – womöglich rechtswidrig – praktiziert wurde (27. 8. 2018 – 21 W 29/18, DB 18, 2488; a. A. z. B. *LG München I* – 38 O 15760/17, DB 18, 2572 [OS]). Der *BGH* hat dies jedenfalls für die Konstellation bestätigt, in der bereits vor Eintragung der SE ein Statusverfahren eingeleitet worden ist. Im Übrigen hat er die Frage offengelassen, jedoch darauf hingewiesen, dass die Ermittlung eines noch nicht praktizierten Soll-Zustands der Mitbestimmung eines geregelten Verfahrens bedürfe (*BGH* 23. 7. 2019 – II ZB 20/18, BB 19, 2300).

Die Mitbestimmungsvereinbarung bedarf der Mehrheit der Mitglieder des Besonderen Verhandlungsgremiums und der Repräsentanten der Mehrheit der Arbeitnehmer; würde allerdings für eine der beteiligten Gesellschaften eine Mitbestimmungsverschlechterung eintreten, bedarf es einer 2/3-Mehrheit der Mitglieder, wobei gleichzeitig 2/3 der Arbeitnehmer aus zwei Mitgliedstaaten dadurch repräsentiert sein müssen (§ 15 SEBG). Das besondere Verhandlungsgremium kann auch mit entsprechender Mehrheit beschließen, nicht zu verhandeln oder die Verhandlungen abzubrechen, was zur Folge hat, dass allein die innerstaatlichen Vorschriften in den einzelnen Mitgliedstaaten zur Anwendung kommen (§ 16 SEBG). Deshalb scheidet die unternehmerische Mitbestimmung nach dem MitbestG oder dem DrittelbG wegen der Rechtsformbindung dieser Gesetze aus, während ein EBR nach dem EBRG zu errichten ist. Hinsichtlich des Bestandsschutzes der Mitbestimmung für den Fall einer Mitbestimmungsvereinbarung bei einer Umwandlungs-SE nach § 21 Abs. 6 SEBG hat der *EuGH* entschieden, dass das gewerkschaftliche Vorschlagsrecht eine Komponente der zu sichernden Mitbestimmungsstruktur ist (18. 10. 2022 – C-677/20, NZA 22, 1477 – SAP, auf Vorabentscheidungsersuchen von *BAG* 18. 8. 2020 – 1 ABR 43/18 [A], NZA 21, 287; krit. dazu *Habersack*, ZIP 24, 537). Das *BAG* hat darauf entschieden, dass zu den verpflichtenden Komponenten gemäß § 21 Abs. 6 SEBG nicht nur ein gewerkschaftliches Vorschlagsrecht, sondern auch ein eigenständiges Wahlverfahren für die gewerkschaftlich vorgeschlagenen Arbeitnehmervertreter sowie die Maßgeblichkeit dieser Maßstäbe für die Arbeitnehmer sämtlicher Tochtergesellschaften und Betriebe der SE gehören. Die Unvereinbarkeit mit diesen Vorgaben führt zur Unwirksamkeit einer Beteiligungsvereinbarung (*BAG* 23. 3. 2023 – 1 ABR 43/18, NZA 23, 1125, Rn. 56 ff.).

Kommt es nicht innerhalb eines ½ Jahres (bzw. bei einvernehmlicher Verlängerung auf ein Jahr) zu einer Einigung oder einigt man sich auf die Auffangregelung, gilt ein im Anhang zur Richtlinie niedergelegtes Auffangmodell (in Deutschland: §§ 22 ff. SEBG). Mitgliedstaaten, die bisher keine Mitbestimmung kennen (z. B. Spanien), können auf die Einführung des Auffangmodells verzichten. In einem solchen Fall ist eine Verschmelzungs-SE aber nur dann eintragungsfähig, wenn eine Mitbestimmungsvereinbarung vorliegt oder keine der beteiligten Gesellschaften zuvor mitbestimmt war (Schutz erworbener Rechte!). Ein gewisser Druck auf die Arbeitgeberseite entsteht bei den Verhandlungen dadurch, dass die Handelsregistereintragung gemäß Art. 12 Abs. 2 und 3 SE-VO erst möglich ist bei endgültiger

Klarheit über die Mitbestimmungslösung. Das dauert dann mind. ½ Jahr, wenn man sich nicht vorher einigt.
Die Regelung der Mitbestimmung im Auffangmodell sieht die Errichtung eines Organs der Arbeitnehmervertretung (SE-Betriebsrat) vor, das in transnationalen Angelegenheiten zu unterrichten und anzuhören ist, ausgerichtet am Europäischen Betriebsrat (vgl. Nr. 13; §§ 23 ff. SEBG). Hinsichtlich der Mitbestimmung (§§ 35 ff. SEBG) bleibt bei der Umwandlungs-SE die bisherige Mitbestimmungsregelung nach § 35 Abs. 1 SEBG erhalten; bei anderen SE muss vor der Gründung in mind. einer Gesellschaft eine Mitbestimmung existiert haben, dann gilt das höchste bisherige Mitbestimmungsniveau und die Arbeitnehmervertreter im Aufsichts- oder Verwaltungsrat werden gemäß § 36 SEBG auf Vorschlag des SE-BR bzw. eines Wahlgremiums von der Hauptversammlung gewählt.

III. Vergleichbare Mitbestimmungslösung in der Europäischen Genossenschaft (SCE)

Für die Europäische Genossenschaft (Verordnung [EG] Nr. 1435/2003 v. 22. 7. 2003, ABl.EG L 207/1) wurde dasselbe Mitbestimmungsmodell wie bei der SE gewählt (Richtlinie 2003/72/EG v. 22. 7. 2003, ABl. L 207/25). Eine Umsetzung erfolgte durch das SCE-Beteiligungsgesetz (SCEBG, s. Fn. zu § 21).

IV. Anwendungsprobleme und Rechtstatsachen

Die SE war zunächst nicht sonderlich verbreitet (ausführliche Bestandsaufnahme mit Daten auf *www.worker-participation.eu/*). Mitte 2007 gab es lediglich 78 Gesellschaften, davon 4 in Deutschland. Seither gibt es einen stark ansteigenden Trend, so waren im Jahr 2008 schon weit über 200 SEs zu zählen (*Eidenmüller/Engert/Hornuf*, AG 08, 721 ff.). Am 1. 7. 2021 waren es 3368. Davon sind allerdings nach Angaben der Hans-Böckler-Stiftung nur 758 Gesellschaften, also etwas mehr als ein Fünftel, operativ tätig mit mehr als 5 Arbeitnehmern. Von diesen »normalen« SEs ist mehr als die Hälfte in Deutschland ansässig, wobei 262 eine dualistische und 160 eine monistische Struktur haben. Weniger als 70 der SE in Deutschland sind paritätisch mitbestimmt. Aufmerksamkeit erregte seinerzeit neben der Umwandlung der BASF in eine SE mit Verkleinerung des Aufsichtsrats die Gründung einer Holding-SE bei Porsche mit der Streitfrage einer Einbeziehung der VW-Arbeitnehmervertreter in den SE-Betriebsrat.
Insgesamt wurde die SE zunächst wenig zur Flucht aus der Mitbestimmung genutzt (Böckler Impuls 3/16, 1). Als problematisch erweist es sich inzwischen aber, dass zuvor nicht mitbestimmte Gesellschaften, die auch als SE mitbestimmungsfrei sind, anders als Kapitalgesellschaften nicht mehr durch Überschreitung von Schwellenwerten in die paritätische (s. MitbestG, Nr. 26) oder drittelparitätische (s. DrittelBG, Nr. 26) Mitbestimmung hineinwachsen können (vgl. Böckler impuls 11/20, S. 5). Hier kann der Gesetzgeber durchaus einschreiten, um eine missbräuchliche Nutzung dieses Potenzials zu unterbinden.
Auch hat der *EuGH* entschieden, dass eine Holding SE, die mangels Beschäftigung von Arbeitnehmern ohne Durchführung von Verhandlungen zur Arbeitneh-

merbeteiligung gegründet wurde, auch bei späterer Beherrschung von Tochterunternehmen mit Arbeitnehmern nicht verpflichtet ist, Verhandlungen über die Mitbestimmung nachzuholen (16. 5. 2024 – C-706/22, NZA 24, 761 – Konzernbetriebsrat O). Dementsprechend erkennt das *BAG* keine Pflicht zur Nachholung der Verhandlungen im deutschen Recht (26. 11. 2024 – 1 ABR 37/20, NZA 25, 572; vgl. auch 1 ABR 3/23, NZA 25, 1276). Allerdings hatte der *EuGH* in dem Vorabentscheidungsurteil betont, dass die Mitgliedstaaten geeignete Maßnahmen zur Missbrauchsbekämpfung ergreifen können. Insofern ist rechtspolitischer Handlungsspielraum gegeben.

V. Rechtspolitische Diskussion

Ein Bericht der Kommission über die Anwendung der SE-Verordnung (KOM [2010] 676 endg.) zeigt, dass die Errichtung von SE nicht ohne praktische Probleme abläuft und keineswegs in allen Mitgliedstaaten auf Interesse gestoßen ist.
Nach Einführung der SE sind die wesentlichen rechtspolitischen Aktivitäten des Europäischen Mitbestimmungsrechts zu einem Abschluss gebracht. Weitere Projekte des Europäischen Vereins und der Europäischen Gegenseitigkeitsgesellschaft standen vor demselben Mitbestimmungsproblem, werden derzeit aber nicht mehr verfolgt, nachdem die Kommission die entsprechenden Vorschläge zurückgezogen hat. Ebenfalls hat die Kommission den Vorschlag für eine europäische Stiftung (FE), der keine Beteiligung an der Unternehmensleitung oder im Aufsichtsrat, sondern nur einen Europäischen Betriebsrat vorsah, zurückgenommen (zum Vorschlag: *Seifert*, AuR 13, 150 ff.).
Das Vorhaben einer Europäischen Privatgesellschaft (SPE) war arbeitsrechtlich nur unzureichend flankiert (KOM [2008] 396 endg.; krit. insb. *Koberski/Heuschmid*, RdA 10, 207; *Sick/Thannisch*, AuR 11, 155; 246; dagegen *Hommelhoff*, AuR 11, 202; rechtspolitische Erwägungen zur Mitbestimmung bei *Hommelhoff/Krause/Teichmann*, GmbHR 08, 1193). Der Vorschlag wurde zurückgenommen (ABl. 2014 C 153/6). Der stattdessen angenommene Vorschlag für eine Richtlinie über die Ein-Personen-Gesellschaft (Societas Unius Personae – SUP, KOM [2014] 212 endg.) war dann gleichermaßen dadurch gekennzeichnet, dass er die missbräuchliche Ausschaltung der deutschen Mitbestimmung gestattet hätte (vgl. Böckler impuls 17/14, S. 7; vgl. auch Einl. V zum MgVG bis 43. Aufl.), wurde zwischenzeitlich aber ebenfalls zurückgenommen (ABl. C 233/7).

Wichtige Entscheidungen

EuGH 18. 10. 2022 – C-677/20, NZA 2022, 1477 – SAP
EuGH 16. 5. 2024 – C-706/22, NZA 2024, 761 – Konzernbetriebsrat O

Weiterführende Literatur

Handbücher und Kommentare

Blanke/Hayen/Kunz/Carlson, Europäische Betriebsräte-Gesetz, Kommentar, 3. Aufl. (2018)

Gaul/Ludwig/Forst, Europäisches Mitbestimmungsrecht (2015)

Habersack/Drinhausen, Recht der SE und der grenzüberschreitenden Umwandlung, 4. Aufl. (2025)

Lutter/Hommelhoff/Teichmann, SE-Kommentar, 3. Aufl. (2025)

Rose/Köstler, Mitbestimmung in der Europäischen Aktiengesellschaft (SE), Betriebs- und Dienstvereinbarungen, Analyse und Handlungsempfehlungen, 2. Aufl. (2014)

Stollt/Wolters, Arbeitnehmerbeteiligung in der Europäischen Aktiengesellschaft (SE), Ein Handbuch für die Praxis (2012)

Aufsätze

Forst, Folgen der Beendigung einer SE-Beteiligungsvereinbarung, EuZW 2011, S. 333

Grüneberg/Hay/Jerchel/Sick, Europäische Aktiengesellschaft (SE): Wie weit reicht der Schutz der Unternehmensmitbestimmung? – Im Fokus: SE-Gründung durch Umwandlung und Gewerkschaftsvertreter im Aufsichtsrat, AuR 2020, S. 297

Jacobs, Die unternehmerische Mitbestimmung in der SE nach dem Olympus-Urteil des EuGH, NZA 2025, S. 306

Nagel, Die Mitbestimmung bei der formwechselnden Umwandlung einer deutschen AG in eine Europäische Gesellschaft (SE), AuR 2007, S. 329

Oetker, Unternehmensmitbestimmung in der SE kraft Vereinbarung, ZIP 2006, S. 1113

Teichmann, Bestandsschutz für die Mitbestimmung bei Umwandlung in eine SE, ZIP 2014, S. 1049

Thüsing, SE-Betriebsrat kraft Vereinbarung, ZIP 2006, S. 1469

Gesetz über die Beteiligung der Arbeitnehmer in einer Europäischen Gesellschaft (SE-Beteiligungsgesetz – SEBG)

vom 22. Dezember 2004 (BGBl. I 3675, 3686),
geändert durch Gesetz vom 16. September 2022 (BGBl. I 1454)[1]

(Abgedruckte Vorschriften: §§ 18, 21–23, 34, 35)

§ 18 Wiederaufnahme der Verhandlungen (1) Frühestens zwei Jahre nach dem Beschluss nach § 16 Abs. 1 wird auf schriftlichen Antrag von mindestens 10 Prozent der Arbeitnehmer der SE, ihrer Tochtergesellschaften und Betriebe oder von deren Vertretern ein besonderes Verhandlungsgremium erneut gebildet, mit der Maßgabe, dass an die Stelle der beteiligten Gesellschaften, betroffenen Tochtergesellschaften und betroffenen Betriebe die SE, ihre Tochtergesellschaften und Betriebe treten. Die Parteien können eine frühere Wiederaufnahme der Verhandlungen vereinbaren.
(2) Wenn das besondere Verhandlungsgremium die Wiederaufnahme der Verhandlungen mit der Leitung der SE nach Absatz 1 beschließt, in diesen Verhandlungen jedoch keine Einigung erzielt wird, finden die §§ 22 bis 33 über den SE-Betriebsrat kraft Gesetzes und die §§ 34 bis 38 über die Mitbestimmung kraft Gesetzes keine Anwendung.
(3) Sind strukturelle Änderungen der SE geplant, die geeignet sind, Beteiligungsrechte der Arbeitnehmer zu mindern, finden auf Veranlassung der Leitung der SE oder des SE-Betriebsrats Verhandlungen über die Beteiligungsrechte der Arbeitnehmer der SE statt. Anstelle des neu zu bildenden besonderen Verhandlungsgremiums können die Verhandlungen mit der Leitung der SE einvernehmlich von dem SE-Betriebsrat gemeinsam mit Vertretern der von der geplanten strukturellen Änderung betroffenen Arbeitnehmer, die bisher nicht von dem SE-Betriebsrat vertreten werden, geführt werden. Wird in diesen Verhandlungen keine Einigung erzielt, sind die §§ 22 bis 33 über den SE-Betriebsrat kraft Gesetzes und die §§ 34 bis 38 über die Mitbestimmung kraft Gesetzes anzuwenden.
(4) In den Fällen der Absätze 1 und 3 gelten die Vorschriften des Teils 2 mit der Maßgabe, dass an die Stelle der Leitungen die Leitung der SE tritt.
…

§ 21 Inhalt der Vereinbarung[2] (1) In der schriftlichen Vereinbarung zwischen den Leitungen und dem besonderen Verhandlungsgremium wird, unbeschadet der Autonomie der Parteien im Übrigen und vorbehaltlich des Absatzes 6, festgelegt:

---

1 Dieses Gesetz dient der Umsetzung der Richtlinie 2001/86/EG des Rates vom 8. Oktober 2001 zur Ergänzung des Statuts der Europäischen Gesellschaft hinsichtlich der Beteiligung der Arbeitnehmer (ABl. EG Nr. L 294 S. 22)

2 Vgl. Parallelvorschriften des **Gesetzes über die Beteiligung der Arbeitnehmer und Arbeitnehmerinnen in einer Europäischen Genossenschaft** (SCE-Beteiligungsgesetz – SCEBG) vom 14. 8. 2006 (BGBl. I S. 1911, 1917), zuletzt geändert durch Gesetz vom

1. der Geltungsbereich der Vereinbarung, einschließlich der außerhalb des Hoheitsgebietes der Mitgliedstaaten liegenden Unternehmen und Betriebe, sofern diese in den Geltungsbereich einbezogen werden;
2. die Zusammensetzung des SE-Betriebsrats, die Anzahl seiner Mitglieder und die Sitzverteilung, einschließlich der Auswirkungen wesentlicher Änderungen der Zahl der in der SE beschäftigten Arbeitnehmer;
3. die Befugnisse und das Verfahren zur Unterrichtung und Anhörung des SE-Betriebsrats;
4. die Häufigkeit der Sitzungen des SE-Betriebsrats;
5. die für den SE-Betriebsrat bereitzustellenden finanziellen und materiellen Mittel;
6. der Zeitpunkt des Inkrafttretens der Vereinbarung und ihre Laufzeit; ferner die Fälle, in denen die Vereinbarung neu ausgehandelt werden soll und das dabei anzuwendende Verfahren.

(2) Wenn kein SE-Betriebsrat gebildet wird, haben die Parteien die Durchführungsmodalitäten des Verfahrens oder der Verfahren zur Unterrichtung und Anhörung festzulegen. Absatz 1 gilt entsprechend.

(3) Für den Fall, dass die Parteien eine Vereinbarung über die Mitbestimmung treffen, ist deren Inhalt festzulegen. Insbesondere soll Folgendes vereinbart werden:

1. die Zahl der Mitglieder des Aufsichts- oder Verwaltungsorgans der SE, welche die Arbeitnehmer wählen oder bestellen können oder deren Bestellung sie empfehlen oder ablehnen können;
2. das Verfahren, nach dem die Arbeitnehmer diese Mitglieder wählen oder bestellen oder deren Bestellung empfehlen oder ablehnen können und
3. die Rechte dieser Mitglieder.

(4) In der Vereinbarung soll festgelegt werden, dass auch vor strukturellen Änderungen der SE Verhandlungen über die Beteiligung der Arbeitnehmer in der SE aufgenommen werden. Die Parteien können das dabei anzuwendende Verfahren regeln.

(5) Die Vereinbarung kann bestimmen, dass die Regelungen der §§ 22 bis 33 über den SE-Betriebsrat kraft Gesetzes und der §§ 34 bis 38 über die Mitbestimmung kraft Gesetzes ganz oder in Teilen gelten.

(6) Unbeschadet des Verhältnisses dieses Gesetzes zu anderen Regelungen der Mitbestimmung der Arbeitnehmer im Unternehmen muss in der Vereinbarung im Fall einer durch Umwandlung gegründeten SE in Bezug auf alle Komponenten der Arbeitnehmerbeteiligung zumindest das gleiche Ausmaß gewährleistet werden, das in der Gesellschaft besteht, die in eine SE umgewandelt werden soll. Dies gilt auch bei einem Wechsel der Gesellschaft von einer dualistischen zu einer monistischen Organisationsstruktur und umgekehrt.

§ 22 Voraussetzung (1) Die Regelungen der §§ 23 bis 33 über den SE-Betriebsrat kraft Gesetzes finden ab dem Zeitpunkt der Eintragung der SE Anwendung, wenn

---

16. 9. 2022 (BGBl. I 1454). Die Regelungen zur Mitbestimmung entsprechen strukturell denen des SEBG (vgl. Einl. II 2).

1. die Parteien dies vereinbaren oder
2. bis zum Ende des in § 20 angegebenen Zeitraums keine Vereinbarung zustande gekommen ist und das besondere Verhandlungsgremium keinen Beschluss nach § 16 gefasst hat.

(2) Absatz 1 gilt entsprechend im Fall des § 18 Abs. 3.

§ 23 Errichtung des SE-Betriebsrats (1) Zur Sicherung des Rechts auf Unterrichtung und Anhörung in der SE ist ein SE-Betriebsrat zu errichten. Dieser setzt sich aus Arbeitnehmern der SE, ihrer Tochtergesellschaften und Betriebe zusammen. Für die Errichtung des SE-Betriebsrats gelten § 5 Abs. 1, § 6 Abs. 1 und 2 Satz 2 und 3, die §§ 7 bis 10 und 11 Abs. 1 Satz 2 und 3 entsprechend mit der Maßgabe, dass an die Stelle der beteiligten Gesellschaften, betroffenen Tochtergesellschaften und betroffenen Betriebe die SE, ihre Tochtergesellschaften und Betriebe treten. Im Fall des § 22 Abs. 1 Nr. 2 ist für die Feststellung der Zahl der beschäftigten Arbeitnehmer das Ende des in § 20 angegebenen Zeitraums maßgeblich. Die Mitgliedschaft im SE-Betriebsrat beginnt mit der Wahl oder Bestellung. Die Dauer der Mitgliedschaft der aus dem Inland kommenden Mitglieder beträgt vier Jahre, wenn sie nicht durch Abberufung oder aus anderen Gründen vorzeitig endet. Für die Abberufung gelten die §§ 8 bis 10 entsprechend mit der Maßgabe, dass an die Stelle der beteiligten Gesellschaften, betroffenen Tochtergesellschaften und betroffenen Betriebe die SE, ihre Tochtergesellschaften und Betriebe treten.

(2) Die Leitung der SE lädt unverzüglich nach Benennung der Mitglieder zur konstituierenden Sitzung des SE-Betriebsrats ein. Der SE-Betriebsrat wählt aus seiner Mitte einen Vorsitzenden und dessen Stellvertreter.

(3) Der Vorsitzende oder im Fall seiner Verhinderung der Stellvertreter vertritt den SE-Betriebsrat im Rahmen der von ihm gefassten Beschlüsse. Zur Entgegennahme von Erklärungen, die dem SE-Betriebsrat gegenüber abzugeben sind, ist der Vorsitzende oder im Fall seiner Verhinderung der Stellvertreter berechtigt.

(4) Der SE-Betriebsrat bildet aus seiner Mitte einen Ausschuss von drei Mitgliedern, dem neben dem Vorsitzenden zwei weitere zu wählende Mitglieder angehören. Der Ausschuss führt die laufenden Geschäfte des SE-Betriebsrats (geschäftsführender Ausschuss).

…

§ 34 Besondere Voraussetzungen (1) Liegen die Voraussetzungen des § 22 vor, finden die Regelungen über die Mitbestimmung der Arbeitnehmer kraft Gesetzes nach den §§ 35 bis 38 Anwendung

1. im Fall einer durch Umwandlung gegründeten SE, wenn in der Gesellschaft vor der Umwandlung Bestimmungen über die Mitbestimmung der Arbeitnehmer im Aufsichts- oder Verwaltungsorgan galten;
2. im Fall einer durch Verschmelzung gegründeten SE, wenn
   a) vor der Eintragung der SE in einer oder mehreren der beteiligten Gesellschaften eine oder mehrere Formen der Mitbestimmung bestanden und sich auf mindestens 25 Prozent der Gesamtzahl der Arbeitnehmer aller beteiligten Gesellschaften und betroffenen Tochtergesellschaften erstreckten oder

   b) vor der Eintragung der SE in einer oder mehreren der beteiligten Gesellschaften eine oder mehrere Formen der Mitbestimmung bestanden und sich auf weniger als 25 Prozent der Gesamtzahl der Arbeitnehmer aller beteiligten Gesellschaften und betroffenen Tochtergesellschaften erstreckten und das besondere Verhandlungsgremium einen entsprechenden Beschluss fasst;

3. im Fall einer durch Errichtung einer Holding-Gesellschaft oder einer Tochtergesellschaft gegründeten SE, wenn
   a) vor der Eintragung der SE in einer oder mehreren der beteiligten Gesellschaften eine oder mehrere Formen der Mitbestimmung bestanden und sich auf mindestens 50 Prozent der Gesamtzahl der Arbeitnehmer aller beteiligten Gesellschaften und betroffenen Tochtergesellschaften erstreckten oder
   b) vor der Eintragung der SE in einer oder mehreren der beteiligten Gesellschaften eine oder mehrere Formen der Mitbestimmung bestanden und sich auf weniger als 50 Prozent der Gesamtzahl der Arbeitnehmer aller beteiligten Gesellschaften und betroffenen Tochtergesellschaften erstreckten und das besondere Verhandlungsgremium einen entsprechenden Beschluss fasst.

(2) Bestanden in den Fällen von Absatz 1 Nr. 2 und 3 mehr als eine Form der Mitbestimmung im Sinne des § 2 Abs. 12 in den verschiedenen beteiligten Gesellschaften, so entscheidet das besondere Verhandlungsgremium, welche von ihnen in der SE eingeführt wird. Wenn das besondere Verhandlungsgremium keinen solchen Beschluss fasst und eine inländische Gesellschaft, deren Arbeitnehmern Mitbestimmungsrechte zustehen, an der Gründung der SE beteiligt ist, ist die Mitbestimmung nach § 2 Abs. 12 Nr. 1 maßgeblich. Ist keine inländische Gesellschaft, deren Arbeitnehmern Mitbestimmungsrechte zustehen, beteiligt, findet die Form der Mitbestimmung nach § 2 Abs. 12 Anwendung, die sich auf die höchste Zahl der in den beteiligten Gesellschaften beschäftigten Arbeitnehmer erstreckt.
(3) Das besondere Verhandlungsgremium unterrichtet die Leitungen über die Beschlüsse, die es nach Absatz 1 Nr. 2 Buchstabe b und Nr. 3 Buchstabe b und Absatz 2 Satz 1 gefasst hat.

§ 35 Umfang der Mitbestimmung (1) Liegen die Voraussetzungen des § 34 Abs. 1 Nr. 1 (Gründung einer SE durch Umwandlung) vor, bleibt die Regelung zur Mitbestimmung erhalten, die in der Gesellschaft vor der Umwandlung bestanden hat.
(2) Liegen die Voraussetzungen des § 34 Abs. 1 Nr. 2 (Gründung einer SE durch Verschmelzung) oder des § 34 Abs. 1 Nr. 3 (Gründung einer Holding-SE oder Tochter-SE) vor, haben die Arbeitnehmer der SE, ihrer Tochtergesellschaften und Betriebe oder ihr Vertretungsorgan das Recht, einen Teil der Mitglieder des Aufsichts- oder Verwaltungsorgans der SE zu wählen oder zu bestellen oder deren Bestellung zu empfehlen oder abzulehnen. Die Zahl dieser Arbeitnehmervertreter im Aufsichts- oder Verwaltungsorgan der SE bemisst sich nach dem höchsten Anteil an Arbeitnehmervertretern, der in den Organen der beteiligten Gesellschaften vor der Eintragung der SE bestanden hat.
…

26c. Gesetz über die Mitbestimmung der Arbeitnehmer bei einer grenzüberschreitenden Verschmelzung (MgVG)

Einleitung

I. Geschichtliche Entwicklung

Die Mitbestimmungsfrage stand – ebenso wie bei der SE (Nr. 26b) – einem weiteren Projekt des Europäischen Gesellschaftsrechts, der Regelung grenzüberschreitender Fusionen, entgegen. Die Verschmelzung führt nicht zu einer europäischen Gesellschaftsform, sondern mündet in eine Gesellschaft, die einer nationalen Rechtsordnung untersteht. Erst mit der Richtlinie 2005/56/EG (v. 26. 10. 2005, ABl. L 310/1, sog. 10. gesellschaftsrechtliche Richtlinie; inzwischen abgelöst durch die Umwandlungs-RL [EU] 2019/2121, EU-ASO Nr. 73), gelang der Durchbruch (dazu *Drinhausen/Keinath*, RIW 06, 81). Noch vor Ablauf der Umsetzungsfrist hatte der *EuGH* in der Rechtssache *Sevic* (13. 12. 2005 – C-411/03, EWS 06, 27) entschieden, dass die generelle Unmöglichkeit einer grenzüberschreitenden Fusion nach dem UmwG (Nr. 33) europarechtswidrig war. Wenig später wurde die Richtlinie in deutsches Recht umgesetzt, und zwar bezüglich des Gesellschaftsrechts in §§ 122a ff. UmwG a. F. und bezüglich der Beteiligung der Arbeitnehmer im Gesetz über die Mitbestimmung der Arbeitnehmer bei grenzüberschreitenden Verschmelzungen (MgVG) v. 21. 12. 2006 (BGBl. I 3332). Das MgVG regelt ebenso wie die Richtlinie und anders als das SEBG nur die Unternehmensmitbestimmung, nicht aber die betriebliche Mitbestimmung. Dafür gelten die maßgeblichen Vorschriften des innerstaatlichen Rechts, in Deutschland des BetrVG (*Schubert*, RdA 07, 9, zum Kollisionsrecht der Betriebsverfassung s. Einl. III zur Rom I-Verordnung, Nr. 14a).

Die 10. gesellschaftsrechtliche Richtlinie, die ihrerseits bereits Gegenstand von Änderungen war, u. a. durch die sog. Gesellschaftsrechtsrichtlinie (EU) 2017/1132, wurde durch die sog. Umwandlungs-RL (EU) 2019/2121 (v. 27. 11. 2019, ABl. 321/1; Entwurf: COM (2018) 241 final; dazu *Mückl/Götte*, BB 18, 2036) als Teil des sog. »company law package« (EU-ASO Nr. 73) geändert, die Vorgaben für grenzüberschreitende Verschmelzungen und Spaltungen enthält. Darin ist auch die grenzüberschreitende Umwandlung durch Satzungssitzverlegung geregelt. In deren Art. 86l findet sich auch eine Regelung zur Mitbestimmung bei grenzüberschreitender Umwandlung durch Sitzverlegung, wonach zwar grundsätzlich das Recht des Zuzugstaates gilt, dieses aber unter bestimmten Voraussetzungen nach einer Vorher/Nachher-Betrachtung nach dem Modell der SE-Beteiligung nicht zur Anwendung kommt. Die Regelungen zur Mitbestimmung bei grenzüberschreitenden Verschmelzungen blieben im Wesentlichen unverändert (Art. 133), während für grenzüberschreitende Spaltungen entsprechende Mitbestimmungsregelungen wie bei grenzüberschreitender Umwandlung vorgesehen sind (Art. 160l). Die deutschen Gewerkschaften zeigten sich von dem politischen Kompromiss enttäuscht, weil ein wirksamer Schutz vor einem Abstreifen von Arbeitnehmerrechten nicht gewährleistet ist. Der DGB forderte daher eine flankierende Rahmenrichtlinie zu Unterrichtung, Anhörung und Unternehmensmitbestimmung (Mitt. in: AuR 19, 270). Die Umwandlungsrichtlinie wurde in der Bundesrepublik hinsichtlich der Beteiligung der Arbeitnehmer durch Änderungen im MgVG (dazu sogleich II) sowie Schaffung des MgFSG (Nr. 26d, dazu III) umgesetzt (Gesetz v. 4. 1. 2023, BGBl. 2023 I Nr. 10). Demgegenüber wurden die gesellschaftsrechtlichen Folgen der Umwandlungsrichtlinie in einem eigenständigen Gesetz mit Konsequenzen insbesondere für das UmwG geregelt (vgl. Einl. I zum UmwG, Nr. 33).

II. Mitbestimmung bei grenzüberschreitenden Fusionen

Im Ausgangspunkt gilt gemäß § 4 MgVG das Mitbestimmungsrecht des Sitzstaates der durch Verschmelzung entstehenden Gesellschaft. Abweichend davon sind gemäß § 5 MgVG Verhandlungen nach dem Vorbild des SEBG in folgenden Fällen vorgesehen:

- wenn in den letzten sechs Monaten vor Veröffentlichung des Verschmelzungsplans eine der beteiligten Gesellschaften 80 % des für die Arbeitnehmermitbestimmung nach dem auf diese Gesellschaft anwendbaren Recht maßgeblichen Schwellenwertes erreicht,
- wenn das Recht des Sitzstaates nicht mind. den gleichen Mitbestimmungsumfang vorsieht wie in den jeweiligen an der Verschmelzung beteiligten Gesellschaften,
- wenn das Recht des Sitzstaates keine ausreichende Sicherung des bestehenden Mitbestimmungsumfangs von Arbeitnehmern aus anderen Mitgliedstaaten vorsieht (d. h. insbesondere, wenn das Mitbestimmungssystem des Sitzstaates eine Beteiligung der Arbeitnehmer aus anderen Mitgliedstaaten nicht vorsieht; *Teichmann*, Der Konzern 2007, S. 89, 91).

In diesen Fällen bedarf es der Mitbestimmungsverhandlung. Die Einzelheiten sind in §§ 13 ff. MgVG entsprechend dem SEBG geregelt. Es gibt nur wenige Abweichungen. Die Leitungen können aber gemäß § 23 Abs. 1 Nr. 3 MgVG auch ohne Verhandlungen unmittelbar zur Auffangregelung übergehen. Verhandlungs- und Auffangregelung sind wie im SEBG geregelt. Das Besondere Verhandlungsgremium kann aber auch mit qualifizierter 2/3-Mehrheit beschließen, keine Verhandlungen aufzunehmen oder Verhandlungen zu beenden. Es gilt dann gemäß § 18 MgVG das Mitbestimmungsrecht des Sitzlandes der neuen Gesellschaft.

Die Mitbestimmungsrechte haben nicht nur die Arbeitnehmer der Inlandsbetriebe der neuen Gesellschaft. Die Richtlinie fordert vielmehr, dass sie umfassend auch den Arbeitnehmern ihrer Auslandsbetriebe zustehen müssen (*EuGH* 20. 6. 2013 – C-635/11, EuZW 13, 662 – Kommission/Niederlande).

Durch die neuen Regelungen infolge der Umsetzung der Umwandlungsrichtlinie (s. o. I) wurde u. a. der Problematik Rechnung getragen, dass die neu entstehende Gesellschaft eine solche nationalen Rechts ist, der durch nachfolgende Umwandlung der Mitbestimmungsstatus entzogen werden könnte. Dazu war nach § 30 MgVG a. F. ein lediglich 3-jähriger Bestandsschutz vorgesehen, worin Missbrauchspotenzial gesehen wurde (*Teichmann*, Der Konzern 2007, S. 89, 96 ff.). Nunmehr ist in § 30 MgVG geregelt, dass bei nachfolgenden innerstaatlichen Umwandlungen innerhalb der nächsten vier Jahre das Gesetz entsprechend Anwendung findet. Für nachfolgende internationale Verschmelzungen gilt das Gesetz nach § 30a MgVG, wenn die daraus hervorgehende Gesellschaft ihren Sitz im Inland hat.

III. Mitbestimmung bei grenzüberschreitenden Formwechseln und Spaltungen

Zur Umsetzung der mitbestimmungsrechtlichen Konsequenzen der Umwandlungsrichtlinie in Hinsicht auf grenzüberschreitenden Formwechsel (zu dieser international-gesellschaftsrechtlichen Möglichkeit s. Einl. III zur Rom I-VO, Nr. 14) und grenzüberschreitende Spaltung wurde des MgFSG erlassen (Nr. 26d, Art. 1 des Gesetzes v. 4. 1. 2023, BGBl. 2023 I Nr. 10; dazu *Baschnagel/Hilser/Wagner*, RdA 23, 103; *Pototzky/Gimmy*, BB 23, 1140; *Schubert*, ZFA 23, 339; Entwurf: BT-Drs. 20/3817; zu einem früheren Referentenentwurf *Mückl/Blunck*, DB 22, 1640). Das Gesetz greift grundsätzlich für sog. Herein-Umwandlungen in die Bundesrepublik, also für Umwandlungen in Gesellschaften mit Sitz im Inland (§ 3 MgFSG).

Nach § 4 MgFSG gilt das Mitbestimmungsrecht der entstehenden Gesellschaft mit Sitz im Inland. Eine Mitbestimmungsverhandlung ist aber nach § 5 MgFSG notwendig, wenn

- eine Gesellschaft 80 % des Schwellenwertes für mitbestimmte Gesellschaften im Wegzugstaat erreicht,
- das maßgebliche innerstaatliche Recht hinter dem Recht, das vorher maßgeblich war, zurückbleibt oder
- für Arbeitnehmer in Auslandsbetrieben nicht dieselbe Mitbestimmung greift wie für die Arbeitnehmer im Sitzstaat der aus der Umwandlung hervorgehenden Gesellschaft.

Die Verhandlung über die Mitbestimmung erfolgt nach dem Modell des SEBG (Nr. 26) gemäß §§ 6 ff. MgFSG. Wenn mehrere Gesellschaften durch Spaltung entstehen, ist für jede ein besonderes Verhandlungsgremium gemäß § 7 S. 1 MgFSG zu bilden. Jedes dritte Mitglied eines besonderen Verhandlungsgremiums aus dem Inland muss nach § 9 Abs. 3 MgFSG ein Gewerkschaftsvertreter sein. Die Arbeitnehmervertreter im besonderen Verhandlungsgremium werden durch die bestehenden Arbeitnehmervertretungen gewählt (§ 11 MgFSG). Bei einer Spaltung haben nach § 10 Abs. 3 MgFSG die davon betroffenen Arbeitnehmer eine Sitzgarantie. Die Verhandlungslösung darf nach § 24 Abs. 2 MgFSG nicht hinter dem bisherigen Mitbestimmungsniveau zurückbleiben. Bei der Auffangregelung werden alle Komponenten der bisherigen Mitbestimmung gemäß § 26 MgFSG erhalten. Nach § 32 MgFSG finden die Regelungen des Gesetzes auch Anwendung auf innerhalb der nächsten vier Jahre nachfolgende innerstaatliche Umwandlungen. Sie finden außerdem nach § 33 MgFSG Anwendung auf nachfolgende grenzüberschreitende Umwandlungen in eine Gesellschaft mit Sitz im Inland. Im Falle einer missbräuchlichen Vorenthaltung oder Entziehung von Mitbestimmungsrechten löst § 36 MgFSG die Pflicht zu Neuverhandlungen aus.

IV. Rechtspolitische Diskussion

Nach Umsetzung der europäischen Umwandlungsrichtlinie (s. o. I) gibt es keine aktuellen rechtspolitischen Vorhaben.

Wichtige Entscheidung

EuGH 13. 12. 2005 – C-411/03, EWS 2006, 27 – Sevic

Weiterführende Literatur

Allgemein zu grenzüberschreitenden Umwandlungen

Schubert, Mitbestimmungssicherung bei grenzüberschreitender Umwandlung – Arbeitnehmerbeteiligung nach Maßgabe des MgVG und des MgFSG, ZFA 2023, S. 339

Zum MgVG:

Gaul/Ludwig/Forst, Europäisches Mitbestimmungsrecht (2015)

Krause/Janko, Grenzüberschreitende Verschmelzungen und Arbeitnehmermitbestimmung, BB 2007, S. 2194

Lunk/Hinrichs, Die Mitbestimmung der Arbeitnehmer bei grenzüberschreitenden Verschmelzungen nach dem MgVG, NZA 2007, S. 773

Müller-Bonanni/Müntefering, Grenzüberschreitende Verschmelzung ohne Arbeitnehmerbeteiligung?, NJW 2009, S. 2347

Nagel, Das Gesetz über die Mitbestimmung der Arbeitnehmer bei grenzüberschreitenden Verschmelzungen (MgVG), NZG 2007, S. 57

Schubert, Die Bestellung der Arbeitnehmervertreter im Aufsichts- und Verwaltungsorgan bei grenzüberschreitenden Verschmelzungen, ZIP 2009, S. 791

Teichmann, Mitbestimmung und grenzüberschreitende Verschmelzung, Der Konzern 2007, S. 89

Titze, Unternehmensmitbestimmung bei grenzüberschreitendem Formwechsel und grenzüberschreitender Spaltung, NZA 2021, S. 752

Zum MgFSG:

Baschnagel/Hilser/Wagner, Unternehmerische Mitbestimmung bei grenzüberschreitenden Umwandlungen nach dem MgFSG, RdA 2023, S. 103

Pototzky/Gimmy, Unternehmensmitbestimmung bei grenzüberschreitenden Formwechseln und Spaltungen innerhalb der Europäischen Union und dem Europäischen Wirtschaftsraum, BB 2023, S. 1140

Gesetz über die Mitbestimmung der Arbeitnehmer bei einer grenzüberschreitenden Verschmelzung (MgVG)

vom 21. Dezember 2006 (BGBl. I 3332),
zuletzt geändert durch Gesetz vom 4. Januar 2023 (BGBl. 2023 I Nr. 10)

(Abgedruckte Vorschriften: §§ 3–5, 18, 22–24, 29, 30, 30a)

Teil 1 – Allgemeine Vorschriften

...

§ 3 Geltungsbereich (1) Dieses Gesetz gilt für eine aus einer grenzüberschreitenden Verschmelzung hervorgehende Gesellschaft mit Sitz im Inland. Es gilt unabhängig vom Sitz dieser Gesellschaft auch für Arbeitnehmer der aus einer grenzüberschreitenden Verschmelzung hervorgehenden Gesellschaft, die im Inland beschäftigt sind, sowie für inländische beteiligte Gesellschaften, betroffene Tochtergesellschaften und betroffene Betriebe.
(2) Mitgliedstaaten im Sinne dieses Gesetzes sind die Mitgliedstaaten der Europäischen Union und die anderen Vertragsstaaten des Abkommens über den Europäischen Wirtschaftsraum.

§ 4 Anwendung des Rechts des Sitzstaats Vorbehaltlich des § 5 finden auf die aus einer grenzüberschreitenden Verschmelzung hervorgehende Gesellschaft die Regelungen über die Mitbestimmung der Arbeitnehmer in den Unternehmensorganen des Mitgliedstaats Anwendung, in dem diese Gesellschaft ihren Sitz hat.

§ 5 Anwendung der Regelungen über die Mitbestimmung der Arbeitnehmer kraft Vereinbarung oder kraft Gesetzes Die nachfolgenden Regelungen über die Mitbestimmung der Arbeitnehmer kraft Vereinbarung oder in den Fällen des § 23 die Regelungen über die Mitbestimmung kraft Gesetzes finden Anwendung, wenn

1. mindestens eine der beteiligten Gesellschaften durchschnittlich in den sechs Monaten vor der Offenlegung des Verschmelzungsplans eine durchschnittliche Zahl von Arbeitnehmern beschäftigt, die mindestens vier Fünfteln des im Recht des Mitgliedstaats dieser Gesellschaft festgelegten Schwellenwerts entspricht, der die Mitbestimmung der Arbeitnehmer auslöst;
2. das für die aus einer grenzüberschreitenden Verschmelzung hervorgehende Gesellschaft maßgebende innerstaatliche Recht nicht mindestens den gleichen Umfang an Mitbestimmung der Arbeitnehmer vorsieht, wie er in den jeweiligen an der Verschmelzung beteiligten Gesellschaften bestand; der Umfang an Mitbestimmung der Arbeitnehmer bemisst sich nach dem Anteil der Arbeitnehmervertreter

a) im Verwaltungs- oder Aufsichtsorgan,
b) in Ausschüssen, in denen die Mitbestimmung der Arbeitnehmer erfolgt oder
c) im Leitungsgremium, das für die Ergebniseinheiten der Gesellschaften zuständig ist;

oder

3. das für die aus einer grenzüberschreitenden Verschmelzung hervorgehende Gesellschaft maßgebende innerstaatliche Recht für Arbeitnehmer in Betrieben dieser Gesellschaft, die sich in anderen Mitgliedstaaten befinden, nicht den gleichen Anspruch auf Ausübung von Mitbestimmung vorsieht, wie sie den Arbeitnehmern in demjenigen Mitgliedstaat gewährt werden, in dem die aus der grenzüberschreitenden Verschmelzung hervorgehende Gesellschaft ihren Sitz hat.

…

Teil 2 – Besonderes Verhandlungsgremium

…

Kapitel 3 – Verhandlungsverfahren

…

§ 18 Nichtaufnahme oder Abbruch der Verhandlungen Das besondere Verhandlungsgremium kann beschließen, keine Verhandlungen aufzunehmen oder bereits aufgenommene Verhandlungen abzubrechen. Für diesen Beschluss ist eine Mehrheit von zwei Dritteln der Mitglieder erforderlich, die mindestens zwei Drittel der Arbeitnehmer in mindestens zwei Mitgliedstaaten vertreten. Die Vorschriften über die Mitbestimmung der Arbeitnehmer, die in dem Mitgliedstaat gelten, in dem die aus der grenzüberschreitenden Verschmelzung hervorgehende Gesellschaft ihren Sitz haben wird, finden Anwendung.

…

Teil 3 – Mitbestimmung der Arbeitnehmer

Kapitel 1 – Mitbestimmung kraft Vereinbarung

§ 22 Inhalt der Vereinbarung (1) In der schriftlichen Vereinbarung zwischen den Leitungen und dem besonderen Verhandlungsgremium wird, unbeschadet der Autonomie der Parteien im Übrigen, festgelegt:

1. der Geltungsbereich der Vereinbarung, einschließlich der außerhalb des Hoheitsgebietes der Mitgliedstaaten liegenden Unternehmen und Betriebe, sofern diese in den Geltungsbereich einbezogen werden;

2. der Zeitpunkt des Inkrafttretens der Vereinbarung und ihre Laufzeit; ferner die Fälle, in denen die Vereinbarung neu ausgehandelt werden soll, und das dabei anzuwendende Verfahren;
3. die Zahl der Mitglieder des Aufsichts- oder Verwaltungsorgans der aus der grenzüberschreitenden Verschmelzung hervorgehenden Gesellschaft, welche die Arbeitnehmer wählen oder bestellen können oder deren Bestellung sie empfehlen oder ablehnen können;
4. das Verfahren, nach dem die Arbeitnehmer diese Mitglieder wählen oder bestellen oder deren Bestellung empfehlen oder ablehnen können, und
5. die Rechte dieser Mitglieder.

(2) In der Vereinbarung soll festgelegt werden, dass auch vor strukturellen Änderungen der aus der grenzüberschreitenden Verschmelzung hervorgehenden Gesellschaft Verhandlungen über die Mitbestimmung der Arbeitnehmer aufgenommen werden. Die Parteien können das dabei anzuwendende Verfahren regeln.

(3) Die Vereinbarung kann bestimmen, dass die Regelungen der §§ 23 bis 27 über die Mitbestimmung kraft Gesetzes ganz oder in Teilen gelten.

(4) Steht die Satzung der aus einer grenzüberschreitenden Verschmelzung hervorgehenden Gesellschaft im Widerspruch zu den Regelungen über die Mitbestimmung kraft Vereinbarung, ist die Satzung anzupassen.

Kapitel 2 – Mitbestimmung kraft Gesetzes

§ 23 Voraussetzung (1) Die Regelungen dieses Kapitels finden ab dem Zeitpunkt der Eintragung der aus der grenzüberschreitenden Verschmelzung hervorgehenden Gesellschaft Anwendung, wenn

1. die Parteien dies vereinbaren oder
2. bis zum Ende des in § 21 angegebenen Zeitraums keine Vereinbarung zustande gekommen ist und das besondere Verhandlungsgremium keinen Beschluss nach § 18 gefasst hat oder
3. die Leitungen der an der Verschmelzung beteiligten Gesellschaften entscheiden, diese Regelungen ohne vorhergehende Verhandlung unmittelbar ab dem Zeitpunkt der Eintragung anzuwenden.

In den Fällen des Satzes 1 Nr. 2 und 3 muss vor der Eintragung der aus der grenzüberschreitenden Verschmelzung hervorgehenden Gesellschaft in einer oder mehreren der beteiligten Gesellschaften eine oder mehrere Formen der Mitbestimmung bestanden haben, die

1. sich auf mindestens ein Drittel der Gesamtzahl der Arbeitnehmer aller beteiligten Gesellschaften und betroffenen Tochtergesellschaften erstreckte oder
2. sich auf weniger als ein Drittel der Gesamtzahl der Arbeitnehmer aller beteiligten Gesellschaften und betroffenen Tochtergesellschaften erstreckte und das besondere Verhandlungsgremium einen entsprechenden Beschluss fasst.

(2) Bestand in den Fällen von Absatz 1 mehr als eine Form der Mitbestimmung im Sinne des § 2 Abs. 7 in den verschiedenen beteiligten Gesellschaften, so entscheidet das besondere Verhandlungsgremium, welche von ihnen in der aus der grenzüberschreitenden Verschmelzung hervorgehenden Gesellschaft eingeführt wird. Wenn das besondere Verhandlungsgremium keinen solchen Beschluss fasst

und eine inländische Gesellschaft, deren Arbeitnehmern Mitbestimmungsrechte zustehen, an der Verschmelzung beteiligt ist, ist die Mitbestimmung nach § 2 Abs. 7 Nr. 1 maßgeblich. Ist keine inländische Gesellschaft, deren Arbeitnehmern Mitbestimmungsrechte zustehen, beteiligt, findet die Form der Mitbestimmung nach § 2 Abs. 7 Anwendung, die sich auf die höchste Zahl der in den beteiligten Gesellschaften beschäftigten Arbeitnehmer erstreckt.
(3) Das besondere Verhandlungsgremium unterrichtet die Leitungen über die Beschlüsse, die es nach Absatz 1 Satz 2 Nr. 2 und Absatz 2 Satz 1 gefasst hat.

§ 24 Umfang der Mitbestimmung (1) Die Arbeitnehmer der aus der grenzüberschreitenden Verschmelzung hervorgehenden Gesellschaft, ihrer Tochtergesellschaften und Betriebe oder ihr Vertretungsorgan haben das Recht, einen Teil der Mitglieder des Aufsichts- oder Verwaltungsorgans der aus der grenzüberschreitenden Verschmelzung hervorgehenden Gesellschaft zu wählen oder zu bestellen oder deren Bestellung zu empfehlen oder abzulehnen. Die Zahl dieser Arbeitnehmervertreter im Aufsichts- oder Verwaltungsorgan der aus der grenzüberschreitenden Verschmelzung hervorgehenden Gesellschaft bemisst sich nach dem höchsten Anteil an Arbeitnehmervertretern, der in den Organen der beteiligten Gesellschaften vor der Eintragung der aus der grenzüberschreitenden Verschmelzung hervorgehenden Gesellschaft bestanden hat.
(2) Handelt es sich bei der aus einer grenzüberschreitenden Verschmelzung hervorgehenden Gesellschaft nach Absatz 1 um eine Gesellschaft mit beschränkter Haftung, so ist in dieser Gesellschaft ein Aufsichtsrat zu bilden. § 90 Abs. 3, 4, 5 Satz 1 und 2, §§ 95 bis 116, 118 Abs. 3, § 125 Abs. 3 und 4 und §§ 170, 171, 268 Abs. 2 des Aktiengesetzes sind entsprechend anzuwenden, soweit nicht in den Vorschriften dieses Gesetzes ein anderes bestimmt ist.
(3) Steht die Satzung der aus einer grenzüberschreitenden Verschmelzung hervorgehenden Gesellschaft im Widerspruch zu den Regelungen über die Mitbestimmung kraft Gesetzes, ist die Satzung anzupassen.
…

Kapitel 3 – Ergänzende Vorschriften

§ 29 Fortbestehen nationaler Arbeitnehmervertretungsstrukturen Regelungen über die Arbeitnehmervertretungen und deren Strukturen in einer beteiligten Gesellschaft mit Sitz im Inland, die durch die Verschmelzung als eigenständige juristische Person erlischt, bestehen nach Eintragung der aus der grenzüberschreitenden Verschmelzung hervorgehenden Gesellschaft fort. Die Leitung der aus der grenzüberschreitenden Verschmelzung hervorgegangenen Gesellschaft stellt sicher, dass diese Arbeitnehmervertretungen ihre Aufgaben weiterhin wahrnehmen können.

§ 30 Nachfolgende innerstaatliche Umwandlungen (1) Besteht in der aus der grenzüberschreitenden Verschmelzung hervorgehenden Gesellschaft eine Mitbestimmung der Arbeitnehmer, so finden die Vorschriften dieses Gesetzes entsprechende Anwendung auf innerstaatliche Umwandlungen, für die innerhalb von vier Jahren nach Wirksamwerden der grenzüberschreitenden Verschmelzung

1. ein Verschmelzungsvertrag (§ 5 des Umwandlungsgesetzes) geschlossen wird,
2. ein Spaltungs- und Übernahmevertrag (§ 126 des Umwandlungsgesetzes) geschlossen wird,
3. ein Spaltungsplan (§ 136 des Umwandlungsgesetzes) aufgestellt wird oder
4. ein Formwechselbeschluss (§ 193 des Umwandlungsgesetzes) gefasst wird.

(2) Anstelle der §§ 9 und 10 finden im Fall einer Spaltung nach dem Dritten Buch des Umwandlungsgesetzes oder im Fall eines Formwechsels nach dem Fünften Buch des Umwandlungsgesetzes die §§ 7, 10 und 11 des Gesetzes über die Mitbestimmung der Arbeitnehmer bei grenzüberschreitendem Formwechsel und grenzüberschreitender Spaltung entsprechende Anwendung.

§ 30a Nachfolgende grenzüberschreitende Umwandlungen (1) Die Vorschriften dieses Gesetzes finden Anwendung, wenn eine aus einer grenzüberschreitenden Verschmelzung hervorgegangene Gesellschaft an einer weiteren grenzüberschreitenden Verschmelzung beteiligt ist und die daraus hervorgehende Gesellschaft ihren Sitz im Inland hat.

(2) Die Vorschriften dieses Gesetzes finden Anwendung, wenn ein aus einem grenzüberschreitenden Formwechsel oder einer grenzüberschreitenden Spaltung hervorgegangene Gesellschaft an einer weiteren grenzüberschreitenden Verschmelzung beteiligt ist und die daraus hervorgehende Gesellschaft ihren Sitz im Inland hat. Wird der Verschmelzungsvertrag (§ 5 des Umwandlungsgesetzes) innerhalb von vier Jahren nach Wirksamwerden des grenzüberschreitenden Formwechsels oder der grenzüberschreitenden Spaltung geschlossen, so ist eine Minderung von Mitbestimmungsrechten durch Vereinbarung (§ 17 Absatz 3 und 4) ausgeschlossen und findet für die Mitbestimmung kraft Gesetzes § 23 Absatz 1 Satz 2 keine Anwendung.

…

26c

26d. Gesetz über die Mitbestimmung der Arbeitnehmer bei grenzüberschreitendem Formwechsel und grenzüberschreitender Spaltung (MgFSG)

vom 4. Januar 2023 (BGBl. 2023 I Nr. 10)

(Abgedruckte Vorschriften: §§ 3–5, 19, 24–37)

Einleitung

(siehe bei Nr. 26c, III)

Gesetzestext

Teil 1 – Allgemeine Vorschriften

…

§ 3 Geltungsbereich (1) Dieses Gesetz gilt für eine aus einem grenzüberschreitenden Vorhaben hervorgehende Gesellschaft mit Sitz im Inland. Unabhängig vom Sitz dieser Gesellschaft gilt dieses Gesetz auch

1. für im Inland beschäftigte Arbeitnehmer der aus einem grenzüberschreitenden Vorhaben hervorgehenden Gesellschaft,
2. für die formwechselnde oder sich spaltende Gesellschaft mit Sitz im Inland,
3. für betroffene Tochtergesellschaften und betroffene Betriebe im Inland.

(2) Mitgliedstaaten im Sinne dieses Gesetzes sind die Mitgliedstaaten der Europäischen Union und die anderen Vertragsstaaten des Abkommens über den Europäischen Wirtschaftsraum.

§ 4 Anwendung des Rechts des Sitzstaats Vorbehaltlich des § 5 finden auf die aus einem grenzüberschreitenden Vorhaben hervorgehende Gesellschaft die Regelungen über die Mitbestimmung der Arbeitnehmer in den Unternehmensorganen des Mitgliedstaats Anwendung, in dem diese Gesellschaft ihren Sitz hat.

§ 5 Anwendung der Regelungen über die Mitbestimmung der Arbeitnehmer kraft Vereinbarung oder kraft Gesetzes Die nachfolgenden Regelungen über die Mitbestimmung der Arbeitnehmer kraft Vereinbarung oder in den Fällen des § 25 die Regelungen über die Mitbestimmung kraft Gesetzes finden Anwendung, wenn

1. die formwechselnde oder die sich spaltende Gesellschaft in den sechs Monaten vor der Offenlegung des Plans für das grenzüberschreitende Vorhaben eine durchschnittliche Zahl von Arbeitnehmern beschäftigt, die mindestens vier

Fünfteln des im Recht des Mitgliedstaats der formwechselnden oder der sich spaltenden Gesellschaft festgelegten Schwellenwerts entspricht, der die Mitbestimmung der Arbeitnehmer auslöst,

2. das für die aus einem grenzüberschreitenden Vorhaben hervorgehende Gesellschaft maßgebende innerstaatliche Recht nicht mindestens den gleichen Umfang an Mitbestimmung der Arbeitnehmer vorsieht, wie er in der formwechselnden oder der sich spaltenden Gesellschaft bestand; der Umfang an Mitbestimmung der Arbeitnehmer bemisst sich nach dem Anteil der Arbeitnehmervertreter
   a) im Aufsichts- oder Verwaltungsorgan,
   b) in Ausschüssen, in denen die Mitbestimmung der Arbeitnehmer erfolgt
   oder
   c) im Leitungsgremium, das für die Ergebniseinheiten der Gesellschaften zuständig ist,

   oder
3. das für die aus dem grenzüberschreitenden Vorhaben hervorgehende Gesellschaft maßgebende innerstaatliche Recht für Arbeitnehmer in Betrieben dieser Gesellschaft, die sich in anderen Mitgliedstaaten befinden, nicht den gleichen Anspruch auf Ausübung von Mitbestimmung vorsieht, wie sie den Arbeitnehmern in demjenigen Mitgliedstaat gewährt wird, in dem die aus dem grenzüberschreitenden Vorhaben hervorgehende Gesellschaft ihren Sitz hat.

…

Teil 2 – Besonderes Verhandlungsgremium

…

Kapitel 3 – Verhandlungsverfahren

…

§ 19 Nichtaufnahme oder Abbruch der Verhandlungen Das besondere Verhandlungsgremium kann beschließen, keine Verhandlungen aufzunehmen oder bereits aufgenommene Verhandlungen abzubrechen. Für diesen Beschluss ist eine Mehrheit von zwei Dritteln der Mitglieder erforderlich, die mindestens zwei Drittel der Arbeitnehmer vertreten. Wird ein Beschluss nach Satz 1 gefasst, finden die Vorschriften über die Mitbestimmung der Arbeitnehmer, die in dem Mitgliedstaat gelten, in dem die aus dem grenzüberschreitenden Vorhaben hervorgehende Gesellschaft ihren Sitz haben wird, Anwendung.

Teil 3 – Mitbestimmung der Arbeitnehmer

Kapitel 1 – Mitbestimmung kraft Vereinbarung

§ 24 Inhalt der Vereinbarung (1) In der schriftlichen Vereinbarung zwischen der Leitung und dem besonderen Verhandlungsgremium wird, unbeschadet der Autonomie der Parteien im Übrigen, festgelegt:

1. der Geltungsbereich der Vereinbarung, einschließlich der außerhalb des Hoheitsgebietes der Mitgliedstaaten liegenden Unternehmen und Betriebe, sofern diese in den Geltungsbereich einbezogen werden,
2. der Zeitpunkt des Inkrafttretens der Vereinbarung und ihre Laufzeit; ferner die Fälle, in denen die Vereinbarung neu ausgehandelt werden soll, und das dabei anzuwendende Verfahren,
3. die Zahl der Mitglieder des Aufsichtsorgans der aus dem grenzüberschreitenden Vorhaben hervorgehenden Gesellschaft, die die Arbeitnehmer wählen oder bestellen können oder deren Bestellung sie empfehlen oder ablehnen können,
4. das Verfahren, nach dem die Arbeitnehmer die Mitglieder des Aufsichtsorgans der aus dem grenzüberschreitenden Vorhaben hervorgehenden Gesellschaft wählen oder bestellen können oder deren Bestellung empfehlen oder ablehnen können, und
5. die Rechte der Mitglieder des Aufsichtsorgans der aus dem grenzüberschreitenden Vorhaben hervorgehenden Gesellschaft.

(2) Die Vereinbarung muss gewährleisten, dass für alle Komponenten der Mitbestimmung zumindest das gleiche Ausmaß gewährleistet wird, das in der formwechselnden oder der sich spaltenden Gesellschaft besteht.

(3) In der Vereinbarung soll festgelegt werden, dass auch vor strukturellen Änderungen der aus dem grenzüberschreitenden Vorhaben hervorgehenden Gesellschaft Verhandlungen über die Mitbestimmung der Arbeitnehmer aufgenommen werden. Die Parteien können das dabei anzuwendende Verfahren regeln.

(4) Die Vereinbarung kann bestimmen, dass die Regelungen der §§ 25 bis 29 über die Mitbestimmung kraft Gesetzes ganz oder in Teilen gelten.

(5) Steht die Satzung der aus dem grenzüberschreitenden Vorhaben hervorgehenden Gesellschaft im Widerspruch zu den Regelungen über die Mitbestimmung kraft Vereinbarung, so ist die Satzung anzupassen.

Kapitel 2 – Mitbestimmung kraft Gesetzes

§ 25 Voraussetzung Die Regelungen dieses Kapitels finden ab dem Zeitpunkt der Eintragung der aus dem grenzüberschreitenden Vorhaben hervorgehenden Gesellschaft Anwendung, wenn

1. die Parteien dies vereinbaren oder
2. bis zum Ende des in § 23 angegebenen Zeitraums keine Vereinbarung zustande gekommen ist und das besondere Verhandlungsgremium keinen Beschluss nach § 19 gefasst hat.

§ 26 Umfang der Mitbestimmung (1) Alle Komponenten der Mitbestimmung der Arbeitnehmer, die vor dem grenzüberschreitenden Vorhaben bestanden, bleiben in der hervorgehenden Gesellschaft erhalten.

(2) Handelt es sich bei der aus einem grenzüberschreitenden Vorhaben hervorgehenden Gesellschaft nach Absatz 1 um eine Gesellschaft mit beschränkter Haftung, so ist in dieser Gesellschaft ein Aufsichtsrat zu bilden. § 90 Absatz 3, 4 und 5 Satz 1 und 2, die §§ 95 bis 116, 118 Absatz 3, § 125 Absatz 3 und 4 und die §§ 170,

171, 268 Absatz 2 des Aktiengesetzes sind entsprechend anzuwenden, soweit nicht in den Vorschriften dieses Gesetzes etwas anderes bestimmt ist.
(3) Steht die Satzung der aus einem grenzüberschreitenden Vorhaben hervorgehenden Gesellschaft im Widerspruch zu den Regelungen über die Mitbestimmung kraft Gesetzes, so ist die Satzung anzupassen.

§ 27 **Sitzverteilung** (1) Das besondere Verhandlungsgremium verteilt die Zahl der Sitze im Aufsichtsorgan auf die Mitgliedstaaten, in denen Mitglieder zu wählen oder zu bestellen sind. Die Verteilung richtet sich nach dem jeweiligen Anteil der in den einzelnen Mitgliedstaaten beschäftigten Arbeitnehmer der aus dem grenzüberschreitenden Vorhaben hervorgehenden Gesellschaft, ihrer Tochtergesellschaften und Betriebe. Können bei dieser anteiligen Verteilung die Arbeitnehmer aus einem oder mehreren Mitgliedstaaten keinen Sitz erhalten, so hat das besondere Verhandlungsgremium den letzten zu verteilenden Sitz einem bisher unberücksichtigten Mitgliedstaat zuzuweisen. Dieser Sitz soll, soweit angemessen, dem Mitgliedstaat zugewiesen werden, in dem die aus dem grenzüberschreitenden Vorhaben hervorgehende Gesellschaft ihren Sitz haben wird. Dieses Verteilungsverfahren gilt auch in dem Fall, in dem die Arbeitnehmer der aus dem grenzüberschreitenden Vorhaben hervorgehenden Gesellschaft Mitglieder dieser Organe empfehlen oder ablehnen können.
(2) Soweit die Mitgliedstaaten über die Besetzung der ihnen zugewiesenen Sitze keine eigenen Regelungen treffen, bestimmt das besondere Verhandlungsgremium die Arbeitnehmervertreter im Aufsichtsorgan der aus dem grenzüberschreitenden Vorhaben hervorgehenden Gesellschaft.
(3) Die auf das Inland entfallenden Arbeitnehmervertreter des Aufsichts- oder Verwaltungsorgans der aus einem grenzüberschreitenden Vorhaben hervorgehenden Gesellschaft werden durch ein Wahlgremium ermittelt. Das Wahlgremium setzt sich aus den Arbeitnehmervertretungen der aus dem grenzüberschreitenden Vorhaben hervorgehenden Gesellschaft, ihrer Tochtergesellschaften und Betriebe zusammen. Für das Wahlverfahren gelten § 9 Absatz 2 bis 4, § 11 Absatz 1 Satz 2 bis 5, Absatz 2 bis 4 und die §§ 12 und 13 entsprechend mit der Maßgabe, dass an die Stelle der formwechselnden oder der sich spaltenden Gesellschaft, der betroffenen Tochtergesellschaften und der betroffenen Betriebe die aus dem grenzüberschreitenden Vorhaben hervorgehende Gesellschaft, ihre Tochtergesellschaften und Betriebe treten. Das Wahlergebnis ist der Leitung der aus dem grenzüberschreitenden Vorhaben hervorgehenden Gesellschaft, den Arbeitnehmervertretungen, den Gewählten, den Sprecherausschüssen und den Gewerkschaften mitzuteilen. Die Leitung hat die Namen der Gewählten in den Betrieben des Unternehmens bekannt zu machen.

§ 28 **Abberufung und Anfechtung** (1) Ein Mitglied oder ein Ersatzmitglied der Arbeitnehmer aus dem Inland im Aufsichts- oder Verwaltungsorgan kann vor Ablauf der Amtszeit abberufen werden. Antragsberechtigt sind oder ist
1. die Arbeitnehmervertretungen, die das Wahlgremium gebildet haben,
2. in den Fällen der Urwahl mindestens drei wahlberechtigte Arbeitnehmer,

3. für ein Mitglied nach § 9 Absatz 3 nur die Gewerkschaft, die das Mitglied vorgeschlagen hat,
4. für ein Mitglied nach § 9 Absatz 4 nur der Sprecherausschuss, der das Mitglied vorgeschlagen hat.

Für das Abberufungsverfahren gelten die §§ 11 bis 13 entsprechend mit der Maßgabe, dass an die Stelle der formwechselnden oder der sich spaltenden Gesellschaft, der betroffenen Tochtergesellschaften und der betroffenen Betriebe die aus dem grenzüberschreitenden Vorhaben hervorgehende Gesellschaft, ihre Tochtergesellschaften und Betriebe treten; abweichend von § 11 Absatz 4 Satz 3 und 4 und von § 13 Absatz 1 Satz 3 ist für den Beschluss eine Mehrheit von drei Vierteln der abgegebenen Stimmen erforderlich.

(2) Die Wahl eines Mitglieds oder eines Ersatzmitglieds der Arbeitnehmer aus dem Inland im Aufsichts- oder Verwaltungsorgan kann angefochten werden, wenn gegen wesentliche Vorschriften über das Wahlrecht, die Wählbarkeit oder das Wahlverfahren verstoßen wurde und eine Berichtigung nicht erfolgt ist, es sei denn, dass durch den Verstoß das Wahlergebnis nicht geändert oder beeinflusst werden konnte. Zur Anfechtung berechtigt sind die in Absatz 1 Satz 2 Genannten und die Leitung der aus dem grenzüberschreitenden Vorhaben hervorgegangenen Gesellschaft. Die Klage muss innerhalb eines Monats nach der Bekanntgabe gemäß § 27 Absatz 3 Satz 4 oder 5 erhoben werden.

§ 29 Rechtsstellung; Innere Ordnung (1) Die Arbeitnehmervertreter im Aufsichtsorgan der aus dem grenzüberschreitenden Vorhaben hervorgehenden Gesellschaft haben die gleichen Rechte und Pflichten wie die Mitglieder, die die Anteilseigner vertreten.

(2) Die Zahl der Mitglieder der Leitung beträgt mindestens zwei. Ein Mitglied der Leitung ist für den Bereich Arbeit und Soziales zuständig. Die Sätze 1 und 2 gelten nicht für die Kommanditgesellschaft auf Aktien.

§ 30 Tendenzunternehmen Kapitel 2 findet keine Anwendung auf eine aus einem grenzüberschreitenden Vorhaben hervorgehende Gesellschaft, die unmittelbar und überwiegend folgenden Bestimmungen oder Zwecken dient:

1. politischen, koalitionspolitischen, konfessionellen, karitativen, erzieherischen, wissenschaftlichen oder künstlerischen Bestimmungen oder
2. Zwecken der Berichterstattung oder Meinungsäußerung, auf die Artikel 5 Absatz 1 Satz 2 des Grundgesetzes anzuwenden ist.

Kapitel 3 – Ergänzende Vorschriften

§ 31 Weitergeltung von Regelungen zur Mitbestimmung Die Regelungen über die Mitbestimmung der Arbeitnehmer in der formwechselnden oder der sich spaltenden Gesellschaft, die vor dem grenzüberschreitenden Vorhaben galten, bleiben bis zum Inkrafttreten einer Vereinbarung nach Kapitel 1 oder bis zur Anwendung der Regelungen über die Mitbestimmung kraft Gesetzes nach Kapitel 2 von den Vorschriften dieses Gesetzes unberührt.

§ 32 Nachfolgende innerstaatliche Umwandlungen (1) Besteht in der hervorgehenden Gesellschaft eine Mitbestimmung der Arbeitnehmer, so finden die Vorschriften dieses Gesetzes entsprechende Anwendung auf innerstaatliche Umwandlungen, für die innerhalb von vier Jahren nach Wirksamwerden des grenzüberschreitenden Vorhabens

1. ein Verschmelzungsvertrag (§ 5 des Umwandlungsgesetzes) geschlossen wird,
2. ein Spaltungs- und Übernahmevertrag (§ 126 des Umwandlungsgesetzes) geschlossen wird,
3. ein Spaltungsplan (§ 136 des Umwandlungsgesetzes) aufgestellt wird oder
4. ein Formwechselbeschluss (§ 193 des Umwandlungsgesetzes) gefasst wird.

(2) Im Fall einer Verschmelzung nach dem Zweiten Buch des Umwandlungsgesetzes finden die §§ 7, 9, 10, 12, 23 Absatz 2 und 3, die §§ 24 und 27 Absatz 3 des Gesetzes über die Mitbestimmung der Arbeitnehmer bei einer grenzüberschreitenden Verschmelzung entsprechende Anwendung.

§ 33 Nachfolgende grenzüberschreitende Umwandlungen Die Vorschriften dieses Gesetzes finden Anwendung, wenn eine aus einer grenzüberschreitenden Verschmelzung, aus einem grenzüberschreitenden Formwechsel oder aus einer grenzüberschreitenden Spaltung hervorgegangene Gesellschaft einen weiteren grenzüberschreitenden Formwechsel oder eine weitere grenzüberschreitende Spaltung vornimmt und die daraus hervorgehende Gesellschaft ihren Sitz im Inland hat.

Teil 4 – Schutzbestimmungen

§ 34 Geheimhaltung; Vertraulichkeit (1) Informationspflichten der Leitung nach diesem Gesetz bestehen nur, soweit dadurch bei Zugrundelegung objektiver Kriterien keine Betriebs- oder Geschäftsgeheimnisse der formwechselnden oder der sich spaltenden Gesellschaft, der aus dem grenzüberschreitenden Vorhaben hervorgehenden Gesellschaft oder von deren jeweiligen Tochtergesellschaften und Betrieben gefährdet werden.

(2) Die Mitglieder und Ersatzmitglieder eines besonderen Verhandlungsgremiums sind unabhängig von ihrem Aufenthaltsort verpflichtet, Betriebs- oder Geschäftsgeheimnisse, die ihnen wegen ihrer Zugehörigkeit zum besonderen Verhandlungsgremium bekannt geworden und von der Leitung ausdrücklich als geheimhaltungsbedürftig bezeichnet worden sind, nicht gegenüber unbefugten Dritten zu offenbaren und nicht zu verwerten. Dies gilt auch nach dem Ausscheiden aus dem besonderen Verhandlungsgremium.

(3) Die Pflichten der Mitglieder und Ersatzmitglieder eines besonderen Verhandlungsgremiums nach Absatz 2 gelten nicht gegenüber

1. den anderen Mitgliedern und Ersatzmitgliedern des besonderen Verhandlungsgremiums,
2. den Arbeitnehmervertretern im Aufsichts- oder Verwaltungsorgan der aus dem grenzüberschreitenden Vorhaben hervorgehenden Gesellschaft sowie
3. den Dolmetscherinnen und Dolmetschern und den Sachverständigen, die zur Unterstützung herangezogen werden.

(4) Die Pflichten nach Absatz 2 gelten entsprechend für Sachverständige sowie für Dolmetscherinnen und Dolmetscher.

§ 35 Schutz der Arbeitnehmervertreter Bei der Wahrnehmung ihrer Aufgaben genießen
1. die Mitglieder des besonderen Verhandlungsgremiums und
2. die Arbeitnehmervertreter im Aufsichts- oder Verwaltungsorgan der aus dem grenzüberschreitenden Vorhaben hervorgehenden Gesellschaft,

die Beschäftigte der aus einem grenzüberschreitenden Vorhaben hervorgehenden Gesellschaft, ihrer Tochtergesellschaften oder Betriebe oder der formwechselnden oder der sich spaltenden Gesellschaft, betroffenen Tochtergesellschaften oder betroffenen Betriebe sind, den gleichen Schutz und die gleichen Sicherheiten wie die Arbeitnehmervertreter nach den Gesetzen und Gepflogenheiten desjenigen Mitgliedstaats, in dem sie beschäftigt sind. Dies gilt insbesondere für
1. den Kündigungsschutz,
2. die Teilnahme an den Sitzungen der jeweiligen in Satz 1 genannten Gremien und
3. die Entgeltfortzahlung.

§ 36 Missbrauchsverbot Ein grenzüberschreitendes Vorhaben darf nicht dazu missbraucht werden, Arbeitnehmern Mitbestimmungsrechte zu entziehen oder vorzuenthalten. Missbrauch liegt insbesondere vor, wenn innerhalb von vier Jahren ab Wirksamwerden des grenzüberschreitenden Vorhabens strukturelle Änderungen erfolgen, die bewirken, dass ein Schwellenwert der Mitbestimmungsgesetze im Sitzstaat überschritten wird oder sonst Arbeitnehmern Mitbestimmungsrechte vorenthalten oder entzogen werden. Bei einem Verstoß gegen das Missbrauchsverbot sind Verhandlungen über die Mitbestimmungsrechte der Arbeitnehmer entsprechend den §§ 6 bis 24 zu führen. Wird in diesen Verhandlungen keine Einigung erzielt, sind die §§ 25 bis 30 über die Mitbestimmung kraft Gesetzes entsprechend anzuwenden.

§ 37 Errichtungs- und Tätigkeitsschutz Niemand darf
1. die Bildung des besonderen Verhandlungsgremiums oder die Wahl, Bestellung, Empfehlung oder Ablehnung der Arbeitnehmervertreter im Aufsichts- oder Verwaltungsorgan behindern oder durch Zufügung oder Androhung von Nachteilen oder durch Gewährung oder Versprechen von Vorteilen beeinflussen;
2. die Tätigkeit des besonderen Verhandlungsgremiums oder die Tätigkeit der Arbeitnehmervertreter im Aufsichts- oder Verwaltungsorgan behindern oder stören oder
3. ein Mitglied oder Ersatzmitglied des besonderen Verhandlungsgremiums oder einen Arbeitnehmervertreter im Aufsichts- oder Verwaltungsorgan wegen seiner Tätigkeit benachteiligen oder begünstigen.

…

27. Gesetz über die Mitbestimmung der Arbeitnehmer in den Aufsichtsräten und Vorständen der Unternehmen des Bergbaus und der Eisen und Stahl erzeugenden Industrie (Montan-Mitbestimmungsgesetz – MontanMitbestG)

Einleitung

I. Geschichtliche Entwicklung

1. Verabschiedung des MontanMitbestG

Eine Mitbestimmung mit paritätischer Besetzung des Aufsichtsrats und einem »neutralen Mann«, gleichgewichtiger Beteiligung von entsandten Vertretern der Gewerkschaften sowie dem Arbeitsdirektor als vom Vertrauen der Arbeitnehmervertreter getragenem Vorstandsmitglied, wie sie das Montan-Modell vorsieht, hatte es schon gegeben, bevor sie im Montanmitbestimmungsgesetz gesetzlich geregelt wurde. Unter dem Eindruck der Niederlage des Nationalsozialismus und des mit ihm verbundenen Unternehmertums, der Sozialisierungsvorstellungen der wichtigsten deutschen Parteien unmittelbar nach dem Krieg und auch um weitgehende Demontage- und Entflechtungsvorhaben der alliierten Siegerstaaten abzuwehren, hatten die Stahlindustriellen selbst der qualifizierten Unternehmensmitbestimmung zugestimmt. Sie wurde 1947 in den meisten Unternehmen der Eisen- und Stahlindustrie der Britischen Zone eingeführt (s. hierzu Interview mit dem ehemaligen Leiter der Stahlkontrollbehörde Harris-Burland, Die Mitbestimmung 1983, S. 526). Die gesetzliche Regelung dieser Mitbestimmung durch das Mitbestimmungsgesetz bedeutete somit vor allem – neben der Einbeziehung des Steinkohlebergbaus wegen seiner engen Zuordnung zur Stahlindustrie – eine Sicherung des mitbestimmungspolitischen Besitzstandes der betroffenen Arbeitnehmer. Die von Konrad Adenauer geführte Regierung hatte im Laufe des Jahres 1950 auf Drängen des Koalitionspartners FDP und des Wirtschaftsministers Ludwig Erhard einen Abbau der vorhandenen Mitbestimmung angestrebt mit dem Ziel, das alte Gesellschaftsrecht ohne Einflussmöglichkeiten der Arbeitnehmer und ihrer Vertreter wieder voll wirksam werden zu lassen. In dieser Situation stimmten in einer von der IG Metall am 29. und 30. 11. 1950 durchgeführten Urabstimmung 98 % von 201512 Beschäftigten in der Stahlindustrie für einen Streik zur Erhaltung der vorhandenen Mitbestimmung. In einer Urabstimmung der Bergarbeiter vom 17. bis 19. 1. 1951 sprachen sich 450328 (= 92,8 %) für einen Streik zur Durchsetzung der gewerkschaftlichen Forderung auf Einführung der qualifizierten Mitbestimmung auch im Steinkohlebergbau aus. Unter dem Eindruck dieser Urabstimmungen kam es zu Verhandlungen zwischen den Vertretern der Montanindustrie und Vertretern des DGB-Bundesvorstandes, der IG Metall und der IG Bergbau und Energie beim Bundeskanzler. Die dort erzielte Einigung wurde zur Grundlage des späteren Regierungsentwurfes des Mitbestimmungsgesetzes, das am 18.4.1951 gegen nur fünfzig Stimmen vom Bundestag angenommen wurde.

2. Sicherung der Montanmitbestimmung

Auch seit der Verabschiedung des Gesetzes ist die Geschichte der Montanmitbestimmung zugleich die Geschichte des Kampfes um ihre Erhaltung. Diese Entwicklung nahm ihren Anfang mit der nach 1951 einsetzenden Rekonzentrationsbewegung, in deren Verlauf es zum Zusammenschluss vieler, dem Mitbestimmungsgesetz unterliegender Unternehmen unter der Leitung nicht mitbestimmter Obergesellschaften kam. Auf Drängen der Gewerkschaften – verstärkt durch Protestkundgebungen und -streiks – wurde schließlich das »Gesetz zur Ergänzung des Gesetzes über die Mitbestimmung der Arbeitnehmer in den Vorständen der Unternehmen des Bergbaus und der Eisen und Stahl erzeugenden Industrie (Mitbestimmungsergänzungsgesetz)« vom 7.8.1956 (BGBl. I 707) verabschiedet. Dieses Gesetz, das eine Konzernobergesellschaft auch dann der Montanmitbestimmung unterwirft (Abweichungen vom MontanMitbestG: Wahl der betrieblichen Arbeitnehmervertreter durch Wahlmänner; Bestellung des Arbeitsdirektors auch gegen die Mehrheit der Arbeitnehmervertreter), wenn die Mehrheit der Konzernumsätze montan-bestimmt ist, erfasste bei seiner Verabschiedung acht Konzernobergesellschaften. Im Jahre 1988 fiel nur mehr die Salzgitter AG darunter – sie jedoch nach Kündigung des Beherrschungsvertrages mit dem Stahl-Tochterunternehmen Peine-Salzgitter (s. auch u. III) nur mehr über die Auslaufgesetzgebung (vgl. §§ 1, 3, 16 MontanMitbestGErgG).
Diese Entwicklung, die auch zur drastischen Verminderung der dem Mitbestimmungsgesetz unterliegenden Unternehmen führte, beruhte vor allem auf der wirtschaftlichen Konzentration, die zur Übernahme bislang rechtlich selbstständiger Unternehmen, aber auch ganzer Konzerne geführt hat (vgl. *Köstler* in Kittner, GewJB 94, 413). Neu hinzugekommen ist eine Reihe von Unternehmen aus den neuen Bundesländern (vgl. *Wendeling-Schröder/Kittner*, GewJB 93, 462). Zur Sicherung des Status quo der Montanmitbestimmung ist der Gesetzgeber mehrfach tätig geworden, zuletzt mit dem »Gesetz über die Verlängerung von Auslaufzeiten in der Montan-Mitbestimmung« v. 23.7.1987 (BGBl. I 1676; zur Entwicklung vgl. 45. Aufl.).
Das Gesetz wurde ebenso wie das MontanMitbestErgG im Zuge des Gesetzes v. 24.4.2015 (BGBl. I 642, vgl. Einl. I und II 1 zum AktG, Nr. 1) ergänzt um Regelungen zur Gewährleistung des Geschlechterproporzes für den Fall, dass die Anteilseigner- oder die Arbeitnehmerseite nach § 96 Abs. 2 S. 3 AktG (Nr. 1) für eine getrennte Erfüllung auf beiden Seiten optiert hat.

II. Wesentlicher Gesetzesinhalt

1. Montan-Mitbestimmungsgesetz

Das Gesetz findet Anwendung auf Unternehmen des Bergbaus und der Eisen- und Stahlerzeugung, die in der Rechtsform einer AG oder einer GmbH betrieben werden und mehr als 1000 Arbeitnehmer beschäftigen. Es unterfallen auch neugegründete Unternehmen dem MontanMitbestG (*BGH* 28.2.1983 – II ZB 10/82, DB 83, 1087 = Die Mitbestimmung 83, 288).

Der Aufsichtsrat einer dem MontanMitbestG unterfallenden Gesellschaft setzt sich aus einer gleichen Anzahl von Vertretern der Anteilseigner und der Arbeitnehmer und einem »weiteren Mitglied«, dem sog. »neutralen Mann« zusammen. Auf der Arbeitnehmerbank sind Vertreter der Gewerkschaften und sog. betriebliche Arbeitnehmervertreter in gleicher Zahl vertreten. Dazu kommt, ebenso wie auf der Anteilseignerbank, ein »weiteres Mitglied« (nicht zu verwechseln mit dem ebenso genannten »Neutralen«, vgl. § 4 MontanMitbestG). Die betrieblichen Arbeitnehmervertreter werden von den Betriebsräten des Unternehmens vorgeschlagen. Die Gewerkschaftsvertreter und das »weitere Mitglied« auf der Arbeitnehmerbank werden seit dem Änderungsgesetz vom 27.5.1981 gleichfalls von den Betriebsräten nach Vorschlag der Spitzenorganisationen der Gewerkschaften (praktisch des DGB) gewählt. Die eigentliche »Wahl« erfolgt formal durch die Haupt- bzw. Gesellschafterversammlung der Anteilseigner, die jedoch an die ihr übermittelten Vorschläge gebunden ist.

Dem Vorstand gehört ein Mitglied als Arbeitsdirektor an, der nicht gegen die Stimmen der Mehrheit der Arbeitnehmervertreter bestellt oder abberufen werden kann. Damit ist praktisch ein dominierender Einfluss der Arbeitnehmervertreter und der Gewerkschaften bei seiner Bestellung, aber auch der erforderliche Rückhalt gegenüber den anderen Vorstandsmitgliedern gegeben.

2. Montanmitbestimmungsergänzungsgesetz

Das MontanMitbestGErgG erfasst die Obergesellschaften von Konzernen. Auf eine solche Konzernobergesellschaft wird die Montanmitbestimmung auch dann angewandt, wenn zwar nicht bei ihr die Voraussetzungen des MontanMitbestG vorliegen, dafür aber die Montanunternehmen des Konzerns mindestens 20 % der Konzernumsätze tätigen oder ein Fünftel der Arbeitnehmer sämtlicher Konzernunternehmen beschäftigen (nachdem das *BVerfG* das alternative Kriterium von 2000 Arbeitnehmern in § 3 Abs. 2 Nr. 2 MontanMitbestErgG a. F. als sachwidrige Ungleichbehandlung und damit als verfassungswidrig bezeichnet hatte [2.3.1999 – 1 BvL 2/91, NJW 99, 1535; vgl. *Köstler,* Mitbest. 4/99, 9], wurde es durch Gesetz v. 15.5.2004 [BGBl. I 974] kassiert). Montanmitbestimmung im Sinne dieses Gesetzes heißt, dass die Grundzüge des MontanMitbestG (Parität zwischen Anteilseigner- und Arbeitnehmervertretern und Arbeitsdirektor) gelten. In wesentlichen Punkten weicht das MontanMitbestGErgG aber zu Lasten des Arbeitnehmer- und Gewerkschaftseinflusses vom MontanMitbestG ab:

- Auf der Arbeitnehmerbank sind weniger Gewerkschaftsvertreter als betriebliche Arbeitnehmervertreter (§ 6 MontanMitbestGErgG);

- die Arbeitnehmervertreter werden nicht durch die Betriebsräte, sondern auf Grund einer Wahlmännerwahl in den Betrieben des Konzerns gewählt;
- der Arbeitsdirektor kann auch gegen das Votum der Arbeitnehmervertreter bestellt werden.

III. Anwendungsprobleme und Rechtstatsachen

Die Montanmitbestimmung ist von den DGB-Gewerkschaften stets als Eckdatum ihrer reformpolitischen Vorstellungen begriffen worden. Mit einer solchen Mitbestimmung »wollen sie eine Umgestaltung von Wirtschaft und Gesellschaft einleiten, die darauf abzielt, alle Bürger an der wirtschaftlichen, kulturellen und politischen Willensbildung gleichberechtigt teilhaben zu lassen« (Grundsatzprogramm des DGB 1963). Dass eine solche Zielsetzung mit dem »Funktionieren« der mitbestimmten Unternehmen und damit der Wirtschaft vereinbar ist, hat der Bericht der Biedenkopf-Kommission bestätigt (siehe Einl. I zum MitbG, Nr. 26). Dies hat auch die seitherige Praxis der tiefgreifenden Umstrukturierungsprozesse (Schrumpfung, Rationalisierung) des Bergbaus und der Stahlindustrie gezeigt. Andererseits sind dabei zugleich die Grenzen der Montanmitbestimmung deutlich geworden. Zwar konnten soziale Härten bei der Umstrukturierung durch vorbildliche Sozialplangestaltungen vermieden und eine gänzlich gegen Arbeitnehmerinteressen gerichtete Standortpolitik abgewehrt werden. Es wurde jedoch deutlich, dass der Einfluss der Mitbestimmung an den Zwängen des Wirtschaftssystems endet, in dem die Unternehmen tätig werden. Sie bedarf daher der Ergänzung durch regionale und sektorale Strukturpolitik. Beispiele im nationalen Bereich sind die Probleme des Ruhrgebiets und des Saarlands; auf internationaler Ebene ist auf die Zusammenarbeit in Euro-Regionen (etwa Sar-Lor-Lux) zu verweisen.
Die Zahl der montanmitbestimmten Unternehmen hat immer mehr abgenommen (2006 noch etwa 45–50; iwd 35/06, S. 4). Zurzeit sind es nur noch weniger als 30 Unternehmen, wobei dies aber teilweise auf Verhandlungslösungen beruht. Das MontanMitbestErgG gilt derzeit nur für eine Obergesellschaft (Salzgitter AG).

IV. Rechtspolitische Diskussion

Die bisherige Geschichte der Montanmitbestimmung kann als ein Lehrstück besonderer Art gesehen werden: Nach dem Kriege als erster Schritt auf dem Wege einer umfassenden Demokratisierung der Wirtschaft von der Mehrheit der politischen Parteien mitgetragen, geriet sie nach 1951 in die Rolle eines zwar allgemein anerkannten, nichtsdestoweniger isolierten Modellfalles. Obgleich an der Bewährung der Montanmitbestimmung gerade in den krisenhaften Umstrukturierungsprozessen des Bergbaus und der Eisen- und Stahlindustrie kein Zweifel bestand, obwohl die von der Bundesregierung der »Großen Koalition« (Bundeskanzler: *Kiesinger*) eingesetzte »Mitbestimmungskommission« (Vorsitz: *Biedenkopf*) das Funktionieren dieser Mitbestimmung bestätigte, konnte ihre Ausdehnung politisch nicht durchgesetzt werden (zu rechtspolitischen Auseinandersetzungen um die Mitbestimmung siehe Einl. IV zum MitbestG, Nr. 26).

Wichtige Entscheidung

BVerfG 2.3.1999 – 1 BvL 2/91, NJW 1999, 1535

Weiterführende Literatur

Bericht der Sachverständigenkommission zur Auswertung der bisherigen Erfahrungen bei der Mitbestimmung (BT-Drs. VI/334, 1970)
Sonderausgaben Mitb 6/91 (40 Jahre Montanmitbestimmung) und Mitb. 5/11 (60 Jahre Montanmitbestimmung)
Borsdorf, Wirtschaftsdemokratie und Mitbestimmung, WSI-Mitt. 1986, S. 264
Brinkmann/Herz, Entscheidungsprozesse in den Aufsichtsräten der Montanindustrie (1972)
Meiners, Bis heute unerreicht, Montanmitbestimmung, Mitb. 2/2021, S. 28
Otto, Der Kampf um die Mitbestimmung, in: Vom Sozialistengesetz zur Mitbestimmung, Festschrift zum 100. Geburtstag von *Hans Böckler* (1975)
Potthoff/Blume/Duvernell, Zwischenbilanz der Mitbestimmung (1962)

Gesetz über die Mitbestimmung der Arbeitnehmer in den Aufsichtsräten und Vorständen der Unternehmen des Bergbaus und der Eisen und Stahl erzeugenden Industrie (Montan-Mitbestimmungsgesetz[1] – MontanMitbestG)

vom 21. Mai 1951 (BGBl. I 347),
in der Fassung des Gesetzes vom 7. August 1956 (BGBl. I 707)
und des Gesetzes vom 6. September 1965 (BGBl. I 1185),
zuletzt geändert durch Gesetz vom 7. August 2021 (BGBl. I 3311)

Erster Teil – Allgemeines

§ 1[2] (1) Die Arbeitnehmer haben ein Mitbestimmungsrecht in den Aufsichtsräten und in den zur gesetzlichen Vertretung berufenen Organen nach Maßgabe dieses Gesetzes in

a) den Unternehmen, deren überwiegender Betriebszweck in der Förderung von Steinkohle, Braunkohle oder Eisenerz oder in der Aufbereitung, Verkokung, Verschwelung oder Brikettierung dieser Grundstoffe liegt und deren Betrieb unter der Aufsicht der Bergbehörden steht,

---

1 Das Gesetz gilt im Saarland mit leichten Abweichungen (vgl. Gesetz zur Einführung von Bundesrecht im Saarland vom 30. 6. 1959 – BGBl. I 313 – in Verbindung mit dem saarl. Gesetz Nr. 560 vom 22. 12. 1956 – ABl. 1703).

2 Für Konzernobergesellschaften gilt das **Montan-Mitbestimmungsergänzungsgesetz** (MontanMitbestGErgG) vom 7. 8. 1956 (BGBl. I 707), zuletzt geändert durch Gesetz vom 7. 8. 2021 (BGBl. I 3311). Unter dieses Gesetz fällt zurzeit nur die Salzgitter AG.
§ 2 Liegen bei dem herrschenden Unternehmen nach seinem eigenen überwiegenden Betriebszweck die Voraussetzungen für die Anwendung des Montan-Mitbestimmungsgesetzes vor, so gilt für das herrschende Unternehmen das Montan-Mitbestimmungsgesetz. Dies gilt auch, solange in dem herrschenden Unternehmen das Mitbestimmungsrecht nach § 1 Abs. 3 des Montan-Mitbestimmungsgesetzes fortbesteht.
§ 3 (1) Liegen bei dem herrschenden Unternehmen die Voraussetzungen für die Anwendung des Montan-Mitbestimmungsgesetzes nach § 2 nicht vor, wird jedoch der Unternehmenszweck des Konzerns durch Konzernunternehmen und abhängige Unternehmen gekennzeichnet, die unter das Montan-Mitbestimmungsgesetz fallen, so gelten für das herrschende Unternehmen die §§ 5 bis 13. Ist das herrschende Unternehmen eine Gesellschaft mit beschränkter Haftung, so findet § 3 des Montan-Mitbestimmungsgesetzes entsprechende Anwendung.
(2) Der Unternehmenszweck des Konzerns wird durch die unter das Montan-Mitbestimmungsgesetz fallenden Konzernunternehmen und abhängigen Unternehmen gekennzeichnet, wenn diese Konzernunternehmen und abhängigen Unternehmen insgesamt
1. mindestens ein Fünftel der Umsätze sämtlicher Konzernunternehmen und abhängigen Unternehmen erzielen, jeweils vermindert um die in den Umsätzen enthaltenen Kosten für fremdbezogene Roh-, Hilfs- und Betriebsstoffe und für Fremdleistungen, oder
2. in der Regel mehr als ein Fünftel der Arbeitnehmer sämtlicher Konzernunternehmen und abhängigen Unternehmen beschäftigen.

Soweit Konzernunternehmen und abhängige Unternehmen Umsätze erzielen, die nicht auf der Veräußerung selbsterzeugter, bearbeiteter oder verarbeiteter Waren beruhen, ist ein Fünftel der unverminderten Umsätze anzurechnen.

b) den Unternehmen der Eisen und Stahl erzeugenden Industrie in dem Umfang, wie er in Gesetz Nr. 27 der Alliierten Hohen Kommission vom 16. Mai 1950 (Amtsblatt der Alliierten Hohen Kommission für Deutschland S. 299) bezeichnet ist, soweit diese Unternehmen in »Einheitsgesellschaften« im Sinne des Gesetzes Nr. 27 überführt oder in anderer Form weiterbetrieben und nicht liquidiert werden,

c) den Unternehmen, die von einem vorstehend bezeichneten oder nach Gesetz Nr. 27 der Alliierten Hohen Kommission zu liquidierenden Unternehmen abhängig sind, wenn sie die Voraussetzungen nach Buchstabe a erfüllen oder überwiegend Eisen und Stahl erzeugen.

Die Herstellung von Walzwerkserzeugnissen einschließlich Walzdraht, Röhren, Walzen, rollendem Eisenbahnmaterial, Freiformschmiedestücken und Gießereierzeugnissen aus Eisen oder Stahl ist als Erzeugung von Eisen und Stahl im Sinne von Satz 1 Buchstabe b und c anzusehen

1. in einem Unternehmen, dessen Aufsichtsrat am 1. Juli 1981 nach § 4 oder § 9 zusammengesetzt ist, oder
2. in einem anderen Unternehmen nach der Verschmelzung mit einem in Nummer 1 bezeichneten Unternehmen oder nach dem Übergang von Betrieben oder Betriebsteilen eines in Nummer 1 bezeichneten Unternehmens, die die genannten Erzeugnisse herstellen oder Roheisen oder Rohstahl erzeugen, auf das andere Unternehmen, wenn dieses mit dem in Nummer 1 bezeichneten Unternehmen verbunden ist (§ 15 des Aktiengesetzes) und solange nach der Verschmelzung oder dem Übergang der überwiegende Betriebszweck des anderen Unternehmens die Herstellung der genannten Erzeugnisse oder die Erzeugung von Roheisen oder Rohstahl ist.

Satz 2 Nr. 2 gilt entsprechend für die weitere Verschmelzung sowie für den weiteren Übergang von Betrieben oder Betriebsteilen.

(2) Dieses Gesetz findet nur auf diejenigen in Absatz 1 bezeichneten Unternehmen Anwendung, welche in Form einer Aktiengesellschaft oder einer Gesellschaft mit beschränkter Haftung betrieben werden und in der Regel mehr als eintausend Arbeitnehmer beschäftigen oder »Einheitsgesellschaften« sind.

(3) Erfüllt ein Unternehmen die in Absatz 1 bezeichneten Voraussetzungen nicht mehr oder beschäftigt es nicht mehr die nach Absatz 2 erforderliche Zahl von Arbeitnehmern, so sind die Vorschriften dieses Gesetzes über das Mitbestimmungsrecht erst dann nicht mehr anzuwenden, wenn in sechs aufeinanderfolgenden Geschäftsjahren eine dieser Voraussetzungen nicht mehr vorgelegen hat.

(4) Ist ein Unternehmen, dessen Aufsichtsrat nach § 4 oder § 9 zusammenzusetzen ist, herrschendes Unternehmen eines Konzerns (§ 18 Abs. 1 des Aktiengesetzes) und ist für diesen Konzern ein Konzernbetriebsrat errichtet, so gelten für die Anwendung der §§ 4, 6 und 9 auf das herrschende Unternehmen die Arbeitnehmer der Konzernunternehmen als Arbeitnehmer des herrschenden Unternehmens und die in Konzernunternehmen vertretenen Gewerkschaften als im herrschenden Unternehmen vertreten. Liegen die Voraussetzungen des Satzes 1 vor, so tritt für die Anwendung der §§ 6 und 11 auf das herrschende Unternehmen der Konzernbetriebsrat an die Stelle der Betriebsräte.

§ 2 Auf die in § 1 bezeichneten Unternehmen finden die Vorschriften des Aktiengesetzes, des Gesetzes betreffend die Gesellschaften mit beschränkter Haftung, der Berggesetze und des Betriebsverfassungsrechts insoweit keine Anwendung, als sie den Vorschriften dieses Gesetzes widersprechen.

…

Zweiter Teil – Aufsichtsrat

§ 3 (1) Betreibt eine Gesellschaft mit beschränkter Haftung ein Unternehmen im Sinne des § 1, so ist nach Maßgabe dieses Gesetzes ein Aufsichtsrat zu bilden.
(2) Auf den Aufsichtsrat, seine Rechte und Pflichten finden die Vorschriften des Aktienrechts sinngemäß Anwendung.

§ 4 (1) Der Aufsichtsrat besteht aus elf Mitgliedern. Er setzt sich zusammen aus
a) vier Vertretern der Anteilseigner und einem weiteren Mitglied,
b) vier Vertretern der Arbeitnehmer und einem weiteren Mitglied,
c) einem weiteren Mitglied.
(2) Die in Abs. 1 bezeichneten weiteren Mitglieder dürfen nicht
a) Repräsentant einer Gewerkschaft oder einer Vereinigung der Arbeitgeber oder einer Spitzenorganisation dieser Verbände sein oder zu diesen in einem ständigen Dienst- oder Geschäftsbesorgungsverhältnis stehen,
b) im Laufe des letzten Jahres vor der Wahl eine unter Buchstabe a bezeichnete Stellung innegehabt haben,
c) in den Unternehmen als Arbeitnehmer oder Arbeitgeber tätig sein,
d) an dem Unternehmen wirtschaftlich wesentlich interessiert sein.
(3) Alle Aufsichtsratsmitglieder haben die gleichen Rechte und Pflichten. Sie sind an Aufträge und Weisungen nicht gebunden.

§ 5 Die in § 4 Abs. 1 Buchstabe a bezeichneten Mitglieder des Aufsichtsrats werden durch das nach Gesetz, Satzung oder Gesellschaftsvertrag zur Wahl von Aufsichtsratsmitgliedern berufene Organ (Wahlorgan) nach Maßgabe der Satzung oder des Gesellschaftsvertrags gewählt oder entsandt.

§ 5a Unter den in § 4 Absatz 1 Buchstabe b bezeichneten Mitgliedern des Aufsichtsrates eines in § 1 genannten, börsennotierten Unternehmens müssen im Fall des § 96 Absatz 2 Satz 3 des Aktiengesetzes Frauen und Männer jeweils mit einem Anteil von mindestens 30 Prozent vertreten sein. Satz 1 gilt auch für ein nicht börsennotiertes Unternehmen mit Mehrheitsbeteiligung des Bundes im Sinne des § 393a Absatz 1 des Aktiengesetzes oder des § 77a Absatz 1 des Gesetzes betreffend die Gesellschaften mit beschränkter Haftung.

§ 6 (1) Unter den in § 4 Abs. 1 Buchstabe b bezeichneten Mitgliedern des Aufsichtsrats müssen sich zwei Arbeitnehmer befinden, die in einem Betrieb des Unternehmens beschäftigt sind. Diese Mitglieder werden durch die Betriebsräte der Betriebe des Unternehmens in geheimer Wahl gewählt und dem Wahlorgan nach

Beratung mit den in den Betrieben des Unternehmens vertretenen Gewerkschaften und deren Spitzenorganisationen vorgeschlagen.

(2) Die nach Absatz 1 gewählten Personen sind vor Weiterleitung der Vorschläge an das Wahlorgan innerhalb von zwei Wochen nach der Wahl den Spitzenorganisationen mitzuteilen, denen die in den Betrieben des Unternehmens vertretenen Gewerkschaften angehören. Jede Spitzenorganisation kann binnen zwei Wochen nach Zugang der Mitteilung Einspruch bei den Betriebsräten einlegen, wenn der begründete Verdacht besteht, daß ein Vorgeschlagener nicht die Gewähr bietet, zum Wohl des Unternehmens und der gesamten Volkswirtschaft verantwortlich im Aufsichtsrat mitzuarbeiten. Lehnen die Betriebsräte den Einspruch mit einfacher Stimmenmehrheit ab, so können die Betriebsräte oder die Spitzenorganisation, welche den Einspruch eingelegt hat, das Bundesministerium für Arbeit und Soziales anrufen; dieses entscheidet endgültig.

(3) Zwei der in § 4 Abs. 1 Buchstabe b bezeichneten Mitglieder werden von den Spitzenorganisationen nach vorheriger Beratung mit den im Betrieb vertretenen Gewerkschaften den Betriebsräten vorgeschlagen. Die Spitzenorganisationen sind nach dem Verhältnis ihrer Vertretung in den Betrieben vorschlagsberechtigt; sie sollen bei ihren Vorschlägen die innerhalb der Belegschaften bestehenden Minderheiten in angemessener Weise berücksichtigen.

(4) Für das in § 4 Abs. 1 Buchstabe b bezeichnete weitere Mitglied gilt Absatz 3 entsprechend.

(5) Die Mitglieder der Betriebsräte der Betriebe des Unternehmens wählen in geheimer Wahl auf Grund der nach den Absätzen 3 und 4 gemachten Vorschläge die Bewerber und schlagen diese dem Wahlorgan vor. Wird von einer Spitzenorganisation nur ein Bewerber für ein Aufsichtsratsmitglied vorgeschlagen, so bedarf der Vorschlag gegenüber dem Wahlorgan der Mehrheit der Stimmen der Mitglieder der Betriebsräte.

(6) Bei börsennotierten Unternehmen kann im Fall des § 96 Absatz 2 Satz 3 des Aktiengesetzes ein Vorschlag an das Wahlorgan nur erfolgen, wenn die Vorgaben des § 5a durch eine Wahl nach den Absätzen 1 und 5 erfüllt worden sind.

(7) Das Wahlorgan ist an die Vorschläge der Betriebsräte gebunden.

§ 7 *(aufgehoben)*

§ 8 (1) Das in § 4 Abs. 1 Buchstabe c bezeichnete weitere Mitglied des Aufsichtsrats wird durch das Wahlorgan auf Vorschlag der übrigen Aufsichtsratsmitglieder gewählt. Der Vorschlag wird durch diese Aufsichtsratsmitglieder mit Mehrheit aller Stimmen beschlossen. Er bedarf jedoch der Zustimmung von mindestens je drei Mitgliedern, die nach § 5 und die nach § 6 gewählt sind.

(2) Kommt ein Vorschlag nach Absatz 1 nicht zustande oder wird eine vorgeschlagene Person nicht gewählt, so ist ein Vermittlungsausschuß zu bilden, der aus vier Mitgliedern besteht. Je zwei Mitglieder werden von den nach § 5 und den nach § 6 gewählten Aufsichtsratsmitgliedern gewählt.

(3) Der Vermittlungsausschuß schlägt innerhalb eines Monats dem Wahlorgan drei Personen zur Wahl vor, aus denen das Wahlorgan das Aufsichtsratsmitglied wählen soll. Kommt die Wahl auf Grund des Vorschlags des Vermittlungsaus-

schusses aus wichtigen Gründen nicht zustande, insbesondere dann, wenn keiner der Vorgeschlagenen die Gewähr für ein gedeihliches Wirken für das Unternehmen bietet, so muß die Ablehnung durch Beschluß festgestellt werden. Dieser Beschluß muß mit Gründen versehen sein. Über die Berechtigung der Ablehnung der Wahl entscheidet auf Antrag des Vermittlungsausschusses das für das Unternehmen zuständige Oberlandesgericht. Im Fall der Bestätigung der Ablehnung hat der Vermittlungsausschuß dem Wahlorgan drei weitere Personen vorzuschlagen; für diesen zweiten Vorschlag gilt die vorstehende Regelung (Sätze 2 bis 4) entsprechend. Wird die Ablehnung der Wahl von dem Gericht für unberechtigt erklärt, so hat das Wahlorgan einen der Vorgeschlagenen zu wählen. Wird die Ablehnung der Wahl aus dem zweiten Wahlvorschlag von dem Gericht für berechtigt erklärt oder erfolgt kein Wahlvorschlag, so wählt das Wahlorgan von sich aus das weitere Mitglied.
(4) Wird die in Absatz 2 vorgesehene Anzahl von Mitgliedern des Vermittlungsausschusses nicht gewählt oder bleiben Mitglieder des Vermittlungsausschusses trotz rechtzeitiger Einladung ohne genügende Entschuldigung einer Sitzung fern, so kann der Vermittlungsausschuß tätig werden, wenn wenigstens zwei Mitglieder mitwirken.

§ 9 (1) Bei Gesellschaften mit einem Nennkapital von mehr als zehn Millionen Euro kann durch Satzung oder Gesellschaftsvertrag bestimmt werden, daß der Aufsichtsrat aus fünfzehn Mitgliedern besteht. Die Vorschriften der §§ 4 bis 8 finden sinngemäß Anwendung mit der Maßgabe, daß die Zahl der gemäß § 6 Abs. 1 und 2 zu wählenden Arbeitnehmer und die Zahl der in § 6 Abs. 3 bezeichneten Vertreter der Arbeitnehmer je drei beträgt.
(2) Bei Gesellschaften mit einem Nennkapital von mehr als fünfundzwanzig Millionen Euro kann durch Satzung oder Gesellschaftsvertrag bestimmt werden, daß der Aufsichtsrat aus einundzwanzig Mitgliedern besteht. Die Vorschriften der §§ 4 bis 8 finden sinngemäß Anwendung mit der Maßgabe, daß die Zahl der in § 4 Abs. 1 Buchstaben a und b bezeichneten weiteren Mitglieder je zwei, die Zahl der gemäß § 6 Abs. 1 und 2 zu wählenden Arbeitnehmer und die Zahl der in § 6 Abs. 3 bezeichneten Vertreter der Arbeitnehmer je vier beträgt.

§ 10 Der Aufsichtsrat ist beschlußfähig, wenn mindestens die Hälfte der Mitglieder, aus denen er nach diesem Gesetz oder der Satzung insgesamt zu bestehen hat, an der Beschlußfassung teilnimmt. § 108 Abs. 2 Satz 4 des Aktiengesetzes findet Anwendung.

§ 11 (1) Auf die in § 5 bezeichneten Mitglieder des Aufsichtsrats findet § 103 des Aktiengesetzes Anwendung.
(2) Auf die Abberufung eines in § 6 bezeichneten Mitglieds des Aufsichtsrats durch das Wahlorgan findet Absatz 1 entsprechende Anwendung mit der Maßgabe, daß die Abberufung auf Vorschlag der Betriebsräte der Betriebe des Unternehmens erfolgt. Die Abberufung eines in § 6 Abs. 3 oder 4 bezeichneten Mitglieds kann nur auf Antrag der Spitzenorganisation, die das Mitglied vorgeschlagen hat, von den Betriebsräten vorgeschlagen werden.

(3) Eine Abberufung des in § 8 bezeichneten Mitglieds des Aufsichtsrats kann auf Antrag von mindestens drei Aufsichtsratsmitgliedern durch das Gericht aus wichtigem Grunde erfolgen.

Dritter Teil – Vorstand

§ 12 Die Bestellung der Mitglieder des zur gesetzlichen Vertretung berufenen Organs und der Widerruf ihrer Bestellung erfolgen nach Maßgabe des § 76 Abs. 3 und des § 84 des Aktiengesetzes durch den Aufsichtsrat.

§ 13 (1) Als gleichberechtigtes Mitglied des zur gesetzlichen Vertretung berufenen Organs wird ein Arbeitsdirektor bestellt. Der Arbeitsdirektor kann nicht gegen die Stimmen der Mehrheit der nach § 6 gewählten Aufsichtsratsmitglieder bestellt werden. Das gleiche gilt für den Widerruf der Bestellung.
(2) Der Arbeitsdirektor hat wie die übrigen Mitglieder des zur gesetzlichen Vertretung berufenen Organs seine Aufgaben im engsten Einvernehmen mit dem Gesamtorgan auszuüben. Das Nähere bestimmt die Geschäftsordnung.

Vierter Teil – Schlußvorschriften

§ 14 Die Bundesregierung wird ermächtigt, durch Rechtsverordnung Vorschriften zu erlassen über

a) die Anpassung von Satzungen und Gesellschaftsverträgen an die Vorschriften dieses Gesetzes,
b) das Verfahren für die Aufstellung der in § 6 bezeichneten Wahlvorschläge.

28. Gesetz zum Schutze von Müttern bei der Arbeit, in der Ausbildung und im Studium (Mutterschutzgesetz – MuSchG)

Einleitung

I. Geschichtliche Entwicklung

Die erste gesetzliche Regelung des Mutterschutzes brachte die Novelle zur GewO vom 17.7.1878 (dreiwöchiges Beschäftigungsverbot für Wöchnerinnen nach der Niederkunft), auf welcher aufbauend noch im Kaiserreich zahlreiche weitere Vorschriften erlassen wurden. Wichtige Stationen waren später das Gesetz über die Beschäftigung vor und nach der Niederkunft vom 16.7.1927 (RGBl. I 184) und das unter dem Nationalsozialismus mitten im Kriege erlassene Gesetz zum Schutze der erwerbstätigen Frau (Mutterschutzgesetz) vom 17.5.1942 (RGBl. I 321). Dieses Gesetz, das wegen des wachsenden Bedarfs an Frauen für die Kriegswirtschaft notwendig wurde, hatte zum Ziel, »die im Erwerbsleben stehende Frau vor Gefahren für ihre Mutterschaftsleistung zu schützen, einen ungestörten Schwangerschafts- und Geburtenverlauf sicherzustellen sowie Stillen und Pflegen des Kindes zu gewährleisten« (amtliche Begründung).

Die Zielrichtung des nunmehr in der Bundesrepublik Deutschland geltenden MuSchG wurde vom *BVerfG* folgendermaßen beschrieben: »Der gesetzliche Mutterschutz verfolgt ganz allgemein das Ziel, den Widerstreit zwischen den Aufgaben der Frau als Mutter und ihrer Stellung im Berufsleben als Arbeitnehmerin im Interesse der Gesunderhaltung von Mutter und Kind auszugleichen. Insoweit verwirklicht das Mutterschutzgesetz zu einem Teil das Verfassungsgebot des Art. 6 Abs. 4 GG« (*BVerfG* 23.4.1974 – 1 BvL 19/73, NJW 74, 1461).

Eine größere Änderung erfolgte durch das Gesetz zur Änderung des Mutterschutzrechts vom 16.6.2002 (BGBl. I 1812). Dieses wurde notwendig, weil das bisherige MuSchG den Anforderungen der europäischen Mutterschutz-Richtlinie 92/85/EWG (EU-ASO Nr. 61) nicht genügt hatte (zum Gesetz vgl. *Friese,* NJW 02, 3208; *Graue,* AiB 02, 589; *Joussen,* NZA 02, 702). Es enthält vor allem folgende Änderungen:

- Sicherung der vorgeschriebenen 14 Wochen Mutterschutz auch bei Frühgeburten;
- Arbeitsaufnahme bei Tod des Kindes erst zwei Wochen danach;
- Berücksichtigung dauerhafter Verdienstkürzungen beim Mutterschutzlohn (damit wurde die Rechtsprechung des *BAG* vom Gesetzgeber aufgegriffen, vgl. *BAG* 20.9.2000 – 5 AZR 924/98, NZA 01, 657);
- Erweiterung des Anspruchs auf Mutterschaftsgeld beim Wechsel von einem Beamtenverhältnis in ein Arbeitsverhältnis;
- Sicherung des vollen Erholungsurlaubs im Falle vorangegangener Schwangerschaft (vgl. *BAG* 26.5.1988 – 8 AZR 774/85, NZA 89, 362).

Eine grundlegende Neufassung erhielt das MuSchG mit Wirkung ab 1.1.2018 durch Gesetz v. 23.5.2017 (BGBl. I 1228; dazu *Bayreuther*, NZA 17, 1145; *Reuhl/Weg*, Gute Arbeit 6/17, 23; *Kossens*, PersR 11/17, 27; *Nebe/Graue*, AuR 17, 437; *Benkert*, NJW-Spezial, 17, 562; *Blattner*, DB 17, 1031; Gesetzentwurf: BT-Drs. 18/8963, dazu: *Nebe*, jurisPR-ArbR 28/16, Anm. 1). Es erhält dadurch eine neue Zielrichtung im Sinne des Gesundheitsschutzes von Mutter und Kind einerseits, andererseits des Schutzes der Teilhabe am Berufsleben und des Schutzes vor Benachteiligungen während der Schwangerschaft, Entbindung und Stillzeit (§ 1 Abs. 1 MuSchG). Zugleich wurden die Regelungen der Mutterschutzarbeitsverordnung (vgl. bis 42. Aufl., Nr. 28 a) durch Aufnahme in die gesetzlichen Regelungen der §§ 9 ff. MuSchG aufgewertet. Der Schutz wurde u.a. in § 1 Abs. 2 Nr. 7 und 8 MuSchG auf arbeitnehmerähnliche Personen (allerdings ohne die Regelungen zum Mutterschutzlohn und zum Zuschuss zum Mutterschaftsgeld) sowie Schülerinnen und Studentinnen (ohne die Regelungen zum Kündigungsschutz und zu den Mutterschaftsleistungen) erstreckt. Schwangeren und Wöchnerinnen wird mehr eigener Entscheidungsspielraum bei unzulässigen Beschäftigungen eingeräumt. Die nachgeburtliche Schutzfrist wird in § 3 Abs. 2 Nr. 3 MuSchG auch dann auf 12 Wochen verlängert, wenn das Kind eine Behinderung hat. Stillzeiten sind in § 7 Abs. 2 MuSchG auf das 1. Lebensjahr des Kindes beschränkt. Der Sonderkündigungsschutz nach § 17 MuSchG wird jetzt auch auf Fehlgeburten erstreckt.
Durch Gesetz v. 20.8.2021 (BGBl. II 963) hat die Bundesrepublik das überarbeitete Mutterschutzübereinkommen der ILO Nr. 183 ratifiziert. Nach Ansicht der Bundesregierung entspricht das geltende Mutterschutzrecht dem Übereinkommen (BT-Drs. 19/28115, S. 1).
Durch das Vierte Bürokratieentlastungsgesetz (v. 23.10.2024, BGBl. I Nr. 323) wurde eine abstrakte mutterschutzrechtliche Gefährdungsbeurteilung für die Fälle einer Regel oder Erkenntnis des Ausschusses für Mutterschutz als entbehrlich erklärt, der zufolge eine schwangere oder stillende Frau bestimmten Arbeitsbedingungen nicht ausgesetzt werden oder eine Tätigkeit nicht ausüben darf.
Durch das Mutterschutzanpassunggesetz (v. 24.2.2025, BGBl. I Nr. 59; dazu *Pepping*, BB 25, 820) wurden gestaffelte Mutterschutzfristen nach einer Fehlgeburt ab der 13. und vor der 24. Schwangerschaftswoche in § 3 Abs. 5 MuSchG eingeführt. Zuvor wegen des Fehlens einer entsprechenden Regelung geführte Verfassungsbeschwerden waren vom *BVerfG* als unzulässig nicht zur Entscheidung angenommen worden (21.8.2024 – 1 BvR 2106/22, NZA 24, 1564).
Bisher genossen die Frauen in diesen Fällen Schutz nur im Falle der Arbeitsunfähigkeit. Das hat der Gesetzgeber korrigiert und einer diesbezüglichen Petition (vgl. »Initiative fordert mehr Mutterschutz«, Ostsee-Zeitung v. 18.10.2024, S. 5) in der Sache entsprochen.

II. Wesentlicher Gesetzesinhalt

Das MuSchG verpflichtet den Arbeitgeber zu einer Gestaltung des Arbeitsplatzes, die Rücksicht auf den besonderen Zustand einer werdenden oder stillenden Mutter nimmt (§ 9 Abs. 2 MuSchG; Checkliste 55). Daneben bestand früher eine Reihe mutterschaftsrechtlicher Beschäftigungsverbote (vgl. bis 42. Aufl.; *Graue,* AiB 99,

271). Nunmehr gilt Folgendes: In den letzten 6 Wochen vor und in den 8 Wochen nach der Entbindung greifen Schutzfristen nach § 3 MuSchG, in denen der Arbeitgeber werdende bzw. junge Mütter nicht beschäftigen darf. Gestaffelte Schutzfristen greifen im Falle einer Fehlgeburt, was anders als eine Totgeburt keine Entbindung i. S. d. MuSchG darstellt. Allerdings kann die Schwangere sich während der Schutzfrist vor der Entbindung ausdrücklich zur Arbeit bereit erklären, wobei diese Erklärung widerruflich ist. Hinsichtlich des Beschäftigungsverbotes an Sonn- und Feiertagen kann die Schwangere sich ebenfalls zur Arbeit bereit erklären (§ 6 MuSchG). Unzulässig ist die Beschäftigung von Schwangeren und stillenden Frauen in Nachtarbeit (§ 5 MuSchG). § 9 MuSchG regelt, dass der Arbeitgeber die nach der Gefährdungsbeurteilung notwendigen Schutzmaßnahmen zu ergreifen hat. Dazu bestimmen §§ 11, 12 MuSchG unzulässige Arbeiten im Hinblick auf unverantwortbare Gefährdungen (vgl. Checkliste 55). Das neue Konzept sieht vor, dass dies nicht zwingend auf ein Beschäftigungsverbot hinausläuft, sondern dass vorrangig die Umgestaltung der Arbeitsbedingungen oder eine Versetzung ist und ein Beschäftigungsverbot ultima ratio bleibt (§ 13 MuSchG). Die Möglichkeit, ein ärztliches Beschäftigungsverbot auszusprechen, bleibt nach § 16 MuSchG daneben bestehen. Während eines Beschäftigungsverbots darf der Arbeitgeber der Schwangeren eine zumutbare Ersatztätigkeit zuweisen (*BAG* 21.4.1999 – 5 AZR 174/98, DB 99, 1962).

Soweit für die bisherige Beschäftigung tätigkeitsbezogene Zulagen zu zahlen waren, verlangt das Unionsrecht für diese keinen Anspruch, wohl aber auf alle Zulagen, deren Voraussetzungen im Rahmen einer Ersatzbeschäftigung erfüllt werden (*EuGH*, EuZW 10, 707 – Paviainen). Das wird in Deutschland freilich durch die Bestimmung des § 18 MuSchG über den Mutterschutzlohn überlagert, der auf den Durchschnittsverdienst der letzten 3 Monate abstellt. Soweit keine Beschäftigungsverbote bestehen, darf der Arbeitgeber eine Schwangere nicht einseitig von der Arbeit suspendieren (so bereits zum alten Recht *ArbG Regensburg*, AiB 93, 336).

Zur Ermittlung der Gefahren ist nach § 10 Abs. 1 MuSchG i. V. m. § 5 ArbSchG (Nr. 7) zwingend eine abstrakte Gefährdungsbeurteilung für jeden Arbeitsplatz auch im Hinblick auf die Gefahren für Schwangere und junge Mütter vorzunehmen (dazu *Nebe/Schneider*, AuR 21, 301). Bei der Beschäftigung der geschützten Personengruppe sind nach § 10 Abs. 2 MuSchG die erforderlichen Schutzmaßnahmen zu ergreifen. Bis dahin ist es dem Arbeitgeber nach § 10 Abs. 3 MuSchG verboten, die Schwangere oder junge Mutter zu beschäftigen.

Während der Schutzfristen gemäß § 3 MuSchG besteht ein Anspruch auf Mutterschaftsgeld gemäß § 24i SGB V (Nr. 30 V). Ergänzend besteht Anspruch auf einen Zuschuss zum Mutterschaftsgeld nach § 20 MuSchG. Einen solchen Anspruch haben nur Arbeitnehmerinnen i. S. d. § 611a BGB (Nr. 14, vgl. *BAG* 23.5.2018 – 5 AZR 263/17, NZA 19, 39: verneint für Tagesmütter). Diese Regelung wurde insoweit für verfassungswidrig erklärt, als die Kosten nicht für alle Arbeitgeber durch Umlage abgefedert wurden (*BVerfG* 18.11.2003 – 1 BvR 302/96, DB 03, 2788; vgl. *Eichenhofer*, BB 04, 382; *Leisner*, DB 04, 598). Dadurch drohte der Mutterschutz beschäftigungshemmend zu wirken, indem Arbeitgeber gebärfähige Frauen nicht einstellen, um dieses Kostenrisiko zu vermeiden. Dem hat der Gesetzgeber durch das Aufwendungsausgleichsgesetz (Nr. 18 a) abgeholfen.

Kann eine Frau wegen eines sonstigen Beschäftigungsverbots nicht arbeiten, erhält sie ihr Entgelt als Mutterschutzlohn gemäß § 18 MuSchG fortgezahlt (vgl. *Lembke,* NZA 98, 349). Auch insoweit verlangt das Unionsrecht keine Berücksichtigung von Entgeltbestandteilen, die von der tatsächlichen Erbringung der Arbeitsleistung abhängen. Die Mitgliedstaaten können aber weitergehende Rechte der Arbeitnehmerinnen vorsehen (vgl. *EuGH* 1.7.2010 – C-194/08, EuZW 10, 712 – Gassmayr), wie dies nach § 18 MuSchG geschehen ist.
Während der Schwangerschaft und bis zum Ablauf von 4 Monaten nach der Entbindung darf einer Frau nach § 17 MuSchG außer mit behördlicher Zustimmung in Ausnahmefällen nicht gekündigt werden (hierzu *Graue,* AiB 99, 511). Das gilt nach § 17 Abs. 1 Satz 1 MuSchG aber nur, wenn dem Arbeitgeber die Schwangerschaft bekannt ist oder innerhalb von zwei Wochen nach Zugang der Kündigung mitgeteilt wird. Das Kündigungsverbot greift auch, wenn die Kündigung bereits vor der vereinbarten Aufnahme der Tätigkeit ausgesprochen wird (*BAG* 27.2.2020 – 2 AZR 498/19, NZA 20, 721). Unzulässig sind nach § 17 Abs. 1 S. 3 MuSchG auch Vorbereitungsmaßnahmen für Kündigungen. Das dürfte sich insbesondere auf die Betriebsratsanhörung nach § 102 BetrVG (Nr. 11) beziehen. In einem Fall zum spanischen Recht hat der *EuGH* entschieden, dass es nicht genüge, wenn die Kündigung einer Schwangeren nicht grundsätzlich präventiv verboten sei und sie im Falle einer widerrechtlichen Kündigung nur deren Unwirksamkeit als Wiedergutmachung geltend machen könne (*EuGH* 22.2.2018 – C-103/16, NZA 18, 432 – Porras Guisado). Nach deutschem Recht kommt in solchen Fällen grundsätzlich eine Entschädigung wegen Diskriminierung in Betracht (vgl. Einl. II 7 zum AGG, Nr. 2).
Die Unwirksamkeit der Kündigung wegen Verletzung von § 17 MuSchG muss nach der Rechtsprechung des *BAG* (19.2.2009 – 2 AZR 286/07, NZA 09, 980) innerhalb der Klagefrist des § 4 KSchG (Nr. 25) durch Kündigungsschutzklage geltend gemacht werden, selbst wenn die Schwangerschaft erst nach Zugang der Kündigung bekannt wird. Die Regelung des § 4 Satz 4 KSchG, wonach die Klagefrist erst ab Bekanntgabe der behördlichen Entscheidung läuft, soll keine Anwendung finden, wenn der Arbeitgeber keine Kenntnis von der Schwangerschaft und damit von der Notwendigkeit der Zustimmung der Behörde hat (*BAG* 3.4.2025 – 2 AZR 156/24, NZA 25, 697, Rn. 15, 34). Wird die Schwangerschaft der Frau aus von ihr nicht zu vertretenden Gründen erst nach Ablauf der Klagefrist bekannt, ist die Klage nach § 5 Abs. 1 S. 2 KSchG (Nr. 25) nachträglich zuzulassen. Allerdings ist der Antrag nach § 5 Abs. 2 und 3 KSchG nur innerhalb von zwei Wochen zulässig und mit der Kündigungsschutzklage zu verbinden. Diese Regelung ist freilich mit der Mutterschutzrichtlinie 92/85/EWG (EU-ASO Nr. 61) unvereinbar, weil die Frist noch kürzer als die Klagefrist (§ 4 Satz 1 KSchG: 3 Wochen), der Fristbeginn unsicher ist und die Frau sich in einer besonderen Situation befindet (*EuGH* 27.6.2024 – C-284/23, NZA 24, 969 – Haus Jacobus). Insoweit gibt es verschiedene Wege, diesen engen zeitlichen Korridor im Wege richtlinienkonformer Auslegung aufzubrechen (*Sagan*, NZA 24, 2677; vgl. auch *Bittner*, ZESAR 25, 399). Es ist aber in jedem Fall davon auszugehen, dass die Frau eine Frist von mindestens drei Wochen ab Bekanntwerden der Schwangerschaft für die Klageerhebung haben muss. Das *BAG* geht allerdings davon aus, dass die beschriebene Rechtslage dennoch europa-

rechtskonform sei. Die Frist trete nicht an die Stelle der Klagefrist, sondern laufe erst nach Ablauf der Klagefrist, gegebenenfalls zu einem sehr viel späteren Zeitpunkt (3.4.2025 – 2 AZR 156/24, NZA 25, 697, Rn. 29; daz *Buller-Langhorst*, NZA 25, 753). Sofern die Schwangere erst kurz vor Ende der Klagefrist von der Schwangerschaft Kenntnis erlange, müsse ihr eine gewisse Überlegungsfrist zukommen, die eine nachträgliche Klagezulassung rechtfertige. Offengelassen hat das BAG, ob diese Frist ebenfalls mit zwei Wochen zu bemessen sei (*BAG* 3.4.2025 – 2 AZR 156/24, NZA 25, 697, Rn. 32).
Das Kündigungsverbot greift auch im Falle einer künstlichen Befruchtung. Kündigt der Arbeitgeber aber wegen beabsichtigter künstlicher Befruchtung, greift nicht § 17 MuSchG, sondern es liegt eine unerlaubte Benachteiligung wegen des Geschlechts vor, sodass die Kündigung aus diesem Grunde unwirksam ist (*BAG* 26.3.2015 – 2 AZR 237/14, NZA 15, 734).
Eine schwangere Frau darf nicht wegen Fehlzeiten infolge einer durch diese Schwangerschaft verursachten Krankheit entlassen werden (*EuGH* 30.6.1998 – C-394/96, NZA 98, 871 – Brown). Zur Unzulässigkeit der Frage an eine Stellenbewerberin nach einer bestehenden Schwangerschaft s. Einl. III zum BDSG, Nr. 15.

III. Anwendungsprobleme

Bei allen Vorschriften des MuSchG geht es darum, die Benachteiligung von Frauen im aktuellen Fall einer Schwangerschaft im Rahmen des bestehenden Arbeitsverhältnisses auszugleichen. Sie reichen nicht heran an das grundsätzliche Problem der Benachteiligung von Frauen im Arbeitsleben und in der Gesellschaft schlechthin. Die arbeitsmarktpolitische Brisanz eines Gesetzes wie des MuSchG kommt deutlich darin zum Ausdruck, dass Arbeitgeber grundsätzlich Betriebsablaufstörungen durch Mutterschutzzeiten fürchten, die regelmäßig nicht durch Aushilfskräfte abgefedert würden, ferner in der Angst, Arbeitnehmerinnen könnten sich in Arbeitsverhältnisse begeben, um so die Vorteile des Mutterschutzes auf Kosten Privater in Anspruch zu nehmen (vgl. bereits die Stellungnahme der BDA, in: Arbeitgeber 79, 473). Eine solche Haltung muss in der Tat Benachteiligungen jüngerer Frauen bei der Arbeitssuche befürchten lassen. Daraus erwächst das Bedürfnis einer Antidiskriminierungsgesetzgebung, die solche Benachteiligungen zu verhindern sucht (vgl. AGG, Nr. 2). Die Lösung kann im Übrigen nicht darin liegen, auf Arbeitnehmerschutz zu verzichten. Notwendig ist vielmehr eine Gesetzgebung, die Umgehungen ausschließt oder deren Attraktivität reduziert, wie es das *BVerfG* mit der Umlage für den Zuschuss zum Mutterschaftsgeld gefordert hatte (s. o. II).

IV. Rechtspolitische Diskussion

Ein Vorschlag zur Ausweitung des Mutterschutzes auf europäischer Ebene durch eine Änderungsrichtlinie (KOM [2008] 637 endg., s. dazu 40. Aufl.) fand im Ministerrat keine Mehrheit und wurde von der Kommission gegen den Willen des Parlaments (Mitteilung in: ZESAR 14, 401) zurückgenommen (KOM [2014] 910 endg.).
Derzeit gibt es keine weiteren Reformbestrebungen.

Wichtige Entscheidungen

BVerfG 23. 4. 1974 – 1 BvL 19/73, NJW 1974, 1461
BVerfG 18. 11. 2003 – 1 BvR 302/96, DB 2003, 2788
EuGH 27. 6. 2024 – C-284/23, NZA 2024, 2673 – Haus Jacobus
BAG 3. 4. 2025 – 2 AZR 156/24, NZA 2025, 697

Weiterführende Literatur

Deinert/Wenckebach/Zwanziger-*Hlava/Sutterer-Kipping*, Arbeitsrecht, § 110 (Mutterschutz)

Bieresborn/Roos (Hrsg.), MuSchG/BEEG, 3. Aufl. (2025)

Brose/Weth/Volk, MuSchG/BEEG, 10. Aufl. (2025)

Deinert, Sozialrecht (2025), 9. Kap.: Familienstand und dessen Änderung

Graue, Mutterschutzgesetz, Basiskommentar, 4. Aufl. (2025)

Graue, Aktuelle Entwicklungen im Mutterschutzrecht, AuR 2025, S. 326

Graue, Das Nachtarbeitsverbot im novellierten Mutterschutzgesetz – Unionsrechtskonformität der Regelungen des reformierten MuSchG unter besonderer Berücksichtigung der Regelungen der §§ 28 und 29 Abs. 3 S. 2 MuSchG, SR 2018, S. 16

Kühn, Pflichten und Probleme für Arbeitgeber nach dem reformierten MuSchG, NZA 2021, S. 536

Nebe/Schneider, Die mutterschutzrechtliche Gefährdungsbeurteilung, AuR 2021, S. 301

Rancke/Pepping (Hrsg.), Mutterschutz, Elterngeld, Elternzeit, 6. Aufl. (2021)

Reuhl/Weg, Das neue Mutterschutzgesetz, Gute Arbeit 6/2017, S. 23

Stein, Das neue Mutterschaftsrecht – Rechtslage vor und nach der Reform, Schwangerschaftsabbrüche in der Systematik des MuSchG, NZA 2025, S. 1066

Tillmanns/Mutschler (Hrsg.), MuSchG und BEEG, 3. Aufl. (2021)

Werres, Die Rückkehr an den Arbeitsplatz nach Ende der nachgeburtlichen Schutzfrist (Teil I), ZESAR 2025, S. 66; (Teil II), ZESAR 2025, S. 117

Checkliste 55: Arbeitsplatzgestaltung bei Mutterschutz

I. Grundsatz

Nach § 9 MuSchG hat der Arbeitgeber zum Schutze von Mutter und Kind alle erforderlichen Maßnahmen zu ergreifen:
- nach einer Gefährdungsbeurteilung nach § 10
- Gespräch mit der Schwangeren oder stillenden Frau über weitere Anpassungen ist nach § 10 Abs. 2 Satz 2 anzubieten.
- Berücksichtigung von veröffentlichten Regeln und Erkenntnissen nach § 9 Abs. 4
- vorrangig Umgestaltung der Arbeitsbedingungen, hilfsweise Versetzung, nur ausnahmsweise Beschäftigungsverbot (§ 13)

II. Betroffene Bereiche

- Arbeitsplatz (einschließlich der Hilfsmittel zur Durchführung der Arbeit wie Maschinen und Werkzeuge)
- sonstige Einrichtungen (z.B. Wasch-, Umkleide-, Toilettenräume, Kantine, Zugangswege)

III. Gestaltungen

- Sicherstellung von Unterbrechungsmöglichkeiten (§ 9 Abs. 3 Satz 1)
- Möglichkeiten zum Hinlegen, Hinsetzen und Ausruhen (§ 9 Abs. 3 Satz 2)
- Ausschluss unverantwortbarer Gefährdungen durch Aussetzung von Gefahr- und Biostoffen (§§ 11 Abs. 1 und 2, 12 Abs. 1 und 2)
- Ausschluss unverantwortbarer Gefährdungen durch physikalische Einwirkungen (§§ 11 Abs. 3, 12 Abs. 3)
  - Strahlungen, Erschütterungen, Vibrationen, Lärm, Temperatur, Feuchtigkeit, Vermeidung von Zugluft
- keine belastende Arbeitsumgebung (§§ 11 Abs. 4, 12 Abs. 4)
  - Beleuchtung
  - Atematmosphäre
  - Schutz vor Passivrauchen
- keine unverantwortbaren Gefährdungen durch körperliche oder mechanische Einwirkungen (§ 11 Abs. 5)
  - Anpassen von Sitzen und Tischen an physiologische Anforderungen
  - Anbringen von Fußstützen
  - Hilfen zur Lastenhandhabung
  - Ausschluss von Zwangshaltungen
  - vermeidungsbelastende Schutzausrüstungen
- Keine Akkord-, Fließ- oder getaktete Arbeit (§§ 11 Abs. 6, 12 Abs. 5)

Checkliste 56: Beschäftigungsverbote nach dem MuSchG

I. Beschäftigungsverbot sechs Wochen vor der Entbindung

1. Beschäftigungsverbot während der Schutzfrist (§ 3 Abs. 1)
   - Verlängerung der Schutzfrist im Falle späterer Entbindung
   - Möglichkeit der Bereiterklärung zur Arbeit
2. Beschäftigungsverbot im Einzelfall
   - bei unverantwortbaren Gefährdungen (vgl. Checkliste 55)
   - die nicht durch Umgestaltung der Arbeitsbedingungen oder Versetzung ausgeschlossen werden können (§ 13)
3. Grundsätzliches Verbot der Akkord-, Fließ- oder getakteten Arbeit (§ 11 Abs. 6)
4. Ärztliches Beschäftigungsverbot (§ 16)
5. Verbot der Nachtarbeit (§ 5)
6. Verbot der Beschäftigung an Sonn- und Feiertagen (§ 6)
   - Möglichkeit der Bereiterklärung zur Arbeit

II. Beschäftigungsverbot nach der Entbindung

1. Schutzfrist von acht (in besonderen Fällen zwölf) Wochen nach der Entbindung (§ 3 Abs. 2)
   - Verlängerung um verkürzte Schutzfrist nach § 3 Abs. 1 im Falle vorzeitiger Entbindung
   - Verkürzung auf 2 Wochen nach dem Tod eines Kindes, jedoch Möglichkeit der Bereiterklärung zur Arbeit
2. Ausschluss von Arbeiten, die nach ärztlichem Zeugnis die Leistungsfähigkeit überschreiten
3. Grundsätzliches Verbot der Akkord-, Fließ- oder getakteten Arbeit (§ 12 Abs. 6)

III. Beschäftigungsverbot bei stillenden Frauen

1. Verbot der Nachtarbeit (§ 5)
2. Verbot der Sonn- und Feiertagsarbeit (§ 6)
   - Möglichkeit der Bereiterklärung zur Arbeit

Gesetz zum Schutze der erwerbstätigen Mutter (Mutterschutzgesetz – MuSchG)

vom 23. Mai 2017 (BGBl. I 1228),
zuletzt geändert durch Gesetz vom 22. Dezember 2025 (BGBl. 2025 I Nr. 371)

Abschnitt 1 – Allgemeine Vorschriften

§ 1 Anwendungsbereich, Ziel des Mutterschutzes (1) Dieses Gesetz schützt die Gesundheit der Frau und ihres Kindes am Arbeits-, Ausbildungs- und Studienplatz während der Schwangerschaft, nach der Entbindung und in der Stillzeit. Das Gesetz ermöglicht es der Frau, ihre Beschäftigung oder sonstige Tätigkeit in dieser Zeit ohne Gefährdung ihrer Gesundheit oder der ihres Kindes fortzusetzen und wirkt Benachteiligungen während der Schwangerschaft, nach der Entbindung und in der Stillzeit entgegen. Regelungen in anderen Arbeitsschutzgesetzen bleiben unberührt.

(2) Dieses Gesetz gilt für Frauen in einer Beschäftigung im Sinne von § 7 Absatz 1 des Vierten Buches Sozialgesetzbuch. Unabhängig davon, ob ein solches Beschäftigungsverhältnis vorliegt, gilt dieses Gesetz auch für

1. Frauen in betrieblicher Berufsbildung und Praktikantinnen im Sinne von § 26 des Berufsbildungsgesetzes,
2. Frauen mit Behinderung, die in einer Werkstatt für behinderte Menschen beschäftigt sind,
3. Frauen, die als Entwicklungshelferinnen im Sinne des Entwicklungshelfer-Gesetzes tätig sind, jedoch mit der Maßgabe, dass die §§ 18 bis 22 auf sie nicht anzuwenden sind,
4. Frauen, die als Freiwillige im Sinne des Jugendfreiwilligendienstegesetzes oder des Bundesfreiwilligendienstgesetzes tätig sind,
5. Frauen, die als Mitglieder einer geistlichen Genossenschaft, Diakonissen oder Angehörige einer ähnlichen Gemeinschaft auf einer Planstelle oder aufgrund eines Gestellungsvertrages für diese tätig werden, auch während der Zeit ihrer dortigen außerschulischen Ausbildung,
6. Frauen, die in Heimarbeit beschäftigt sind, und ihnen Gleichgestellte im Sinne von § 1 Absatz 1 und 2 des Heimarbeitsgesetzes, soweit sie am Stück mitarbeiten, jedoch mit der Maßgabe, dass die §§ 10 und 14 auf sie nicht anzuwenden sind und § 9 Absatz 1 bis 5 auf sie entsprechend anzuwenden ist,
7. Frauen, die wegen ihrer wirtschaftlichen Unselbstständigkeit als arbeitnehmerähnliche Person anzusehen sind, jedoch mit der Maßgabe, dass die §§ 18, 19 Absatz 2 und § 20 auf sie nicht anzuwenden sind, und
8. Schülerinnen und Studentinnen, soweit die Ausbildungsstelle Ort, Zeit und Ablauf der Ausbildungsveranstaltung verpflichtend vorgibt oder die ein im Rahmen der schulischen oder hochschulischen Ausbildung verpflichtend vorgegebenes Praktikum ableisten, jedoch mit der Maßgabe, dass die §§ 17 bis 24 auf sie nicht anzuwenden sind.

(3) Das Gesetz gilt nicht für Beamtinnen und Richterinnen. Das Gesetz gilt ebenso nicht für Soldatinnen, auch soweit die Voraussetzungen des Absatzes 2 erfüllt sind, es sei denn, sie werden aufgrund dienstlicher Anordnung oder Gestattung außerhalb des Geschäftsbereiches des Bundesministeriums der Verteidigung tätig.
(4) Dieses Gesetz gilt für jede Person, die schwanger ist, ein Kind geboren hat oder stillt. Die Absätze 2 und 3 gelten entsprechend.

§ 2 Begriffsbestimmungen (1) Arbeitgeber im Sinne dieses Gesetzes ist die natürliche oder juristische Person oder die rechtsfähige Personengesellschaft, die Personen nach § 1 Absatz 2 Satz 1 beschäftigt. Dem Arbeitgeber stehen gleich:

1. die natürliche oder juristische Person oder die rechtsfähige Personengesellschaft, die Frauen im Fall von § 1 Absatz 2 Satz 2 Nummer 1 ausbildet oder für die Praktikantinnen im Fall von § 1 Absatz 2 Satz 2 Nummer 1 tätig sind,
2. der Träger der Werkstatt für behinderte Menschen im Fall von § 1 Absatz 2 Satz 2 Nummer 2,
3. der Träger des Entwicklungsdienstes im Fall von § 1 Absatz 2 Satz 2 Nummer 3,
4. die Einrichtung, in der der Freiwilligendienst nach dem Jugendfreiwilligendienstegesetz oder nach dem Bundesfreiwilligendienstgesetz im Fall von § 1 Absatz 2 Satz 2 Nummer 4 geleistet wird,
5. die geistliche Genossenschaft und ähnliche Gemeinschaft im Fall von § 1 Absatz 2 Satz 2 Nummer 5,
6. der Auftraggeber und der Zwischenmeister von Frauen im Fall von § 1 Absatz 2 Satz 2 Nummer 6,
7. die natürliche oder juristische Person oder die rechtsfähige Personengesellschaft, für die Frauen im Sinne von § 1 Absatz 2 Satz 2 Nummer 7 tätig sind, und
8. die natürliche oder juristische Person oder die rechtsfähige Personengesellschaft, mit der das Ausbildungs- oder Praktikumsverhältnis im Fall von § 1 Absatz 2 Satz 2 Nummer 8 besteht (Ausbildungsstelle).

(2) Eine Beschäftigung im Sinne der nachfolgenden Vorschriften erfasst jede Form der Betätigung, die eine Frau im Rahmen eines Beschäftigungsverhältnisses nach § 1 Absatz 2 Satz 1 oder die eine Frau im Sinne von § 1 Absatz 2 Satz 2 im Rahmen ihres Rechtsverhältnisses zu ihrem Arbeitgeber nach § 2 Absatz 1 Satz 2 ausübt.
(3) Ein Beschäftigungsverbot im Sinne dieses Gesetzes ist nur ein Beschäftigungsverbot nach den §§ 3 bis 6, 10 Absatz 3, § 13 Absatz 1 Nummer 3 und § 16. Für eine in Heimarbeit beschäftigte Frau und eine ihr Gleichgestellte tritt an die Stelle des Beschäftigungsverbots das Verbot der Ausgabe von Heimarbeit nach den §§ 3, 8, 13 Absatz 2 und § 16. Für eine Frau, die wegen ihrer wirtschaftlichen Unselbstständigkeit als arbeitnehmerähnliche Person anzusehen ist, tritt an die Stelle des Beschäftigungsverbots nach Satz 1 die Befreiung von der vertraglich vereinbarten Leistungspflicht; die Frau kann sich jedoch gegenüber der dem Arbeitgeber gleichgestellten Person oder Gesellschaft im Sinne von Absatz 1 Satz 2 Nummer 7 dazu bereit erklären, die vertraglich vereinbarte Leistung zu erbringen.
(4) Alleinarbeit im Sinne dieses Gesetzes liegt vor, wenn der Arbeitgeber eine Frau an einem Arbeitsplatz in seinem räumlichen Verantwortungsbereich beschäftigt,

ohne dass gewährleistet ist, dass sie jederzeit den Arbeitsplatz verlassen oder Hilfe erreichen kann.

(5) Arbeitsentgelt im Sinne dieses Gesetzes ist das Arbeitsentgelt, das nach § 14 des Vierten Buches Sozialgesetzbuch in Verbindung mit einer aufgrund des § 17 des Vierten Buches Sozialgesetzbuch erlassenen Verordnung bestimmt wird. Für Frauen im Sinne von § 1 Absatz 2 Satz 2 gilt als Arbeitsentgelt ihre jeweilige Vergütung.

(6) Eine Entbindung ist eine Lebend- oder eine Totgeburt. Die Regelungen zur Entbindung finden im Falle einer Fehlgeburt ab der 13. Schwangerschaftswoche entsprechende Anwendung, soweit nicht in diesem oder einem anderen Gesetz Abweichendes geregelt ist.

Abschnitt 2 – Gesundheitsschutz

Unterabschnitt 1 – Arbeitszeitlicher Gesundheitsschutz

§ 3 Schutzfristen vor und nach der Entbindung (1) Der Arbeitgeber darf eine schwangere Frau in den letzten sechs Wochen vor der Entbindung nicht beschäftigen (Schutzfrist vor der Entbindung), soweit sie sich nicht zur Arbeitsleistung ausdrücklich bereit erklärt. Sie kann die Erklärung nach Satz 1 jederzeit mit Wirkung für die Zukunft widerrufen. Für die Berechnung der Schutzfrist vor der Entbindung ist der voraussichtliche Tag der Entbindung maßgeblich, wie er sich aus dem ärztlichen Zeugnis oder dem Zeugnis einer Hebamme oder eines Entbindungspflegers ergibt. Entbindet eine Frau nicht am voraussichtlichen Termin, verkürzt oder verlängert sich die Schutzfrist vor der Entbindung entsprechend.

(2) Der Arbeitgeber darf eine Frau bis zum Ablauf von acht Wochen nach der Entbindung nicht beschäftigen (Schutzfrist nach der Entbindung). Die Schutzfrist nach der Entbindung verlängert sich auf zwölf Wochen

1. bei Frühgeburten,
2. bei Mehrlingsgeburten und
3. wenn vor Ablauf von acht Wochen nach der Entbindung bei dem Kind eine Behinderung im Sinne von § 2 Absatz 1 Satz 1 des Neunten Buches Sozialgesetzbuch ärztlich festgestellt wird.

Bei vorzeitiger Entbindung verlängert sich die Schutzfrist nach der Entbindung nach Satz 1 oder nach Satz 2 um den Zeitraum der Verkürzung der Schutzfrist vor der Entbindung nach Absatz 1 Satz 4. Nach Satz 2 Nummer 3 verlängert sich die Schutzfrist nach der Entbindung nur, wenn die Frau dies beantragt. Satz 2 gilt nicht bei einer Totgeburt.

(3) Die Ausbildungsstelle darf eine Frau im Sinne von § 1 Absatz 2 Satz 2 Nummer 8 bereits in der Schutzfrist nach der Entbindung im Rahmen der schulischen oder hochschulischen Ausbildung tätig werden lassen, wenn die Frau dies ausdrücklich gegenüber ihrer Ausbildungsstelle verlangt. Die Frau kann ihre Erklärung jederzeit mit Wirkung für die Zukunft widerrufen.

(4) Der Arbeitgeber darf eine Frau nach dem Tod ihres Kindes bereits nach Ablauf der ersten zwei Wochen nach der Entbindung beschäftigen, wenn

1. die Frau dies ausdrücklich verlangt und
2. nach ärztlichem Zeugnis nichts dagegen spricht.

Sie kann ihre Erklärung nach Satz 1 Nummer 1 jederzeit mit Wirkung für die Zukunft widerrufen.

(5) Bei einer Fehlgeburt darf der Arbeitgeber eine Frau nicht beschäftigen, soweit sie sich nicht zur Arbeitsleistung ausdrücklich bereit erklärt,

1. bis zum Ablauf von zwei Wochen bei einer Fehlgeburt ab der 13. Schwangerschaftswoche oder
2. bis zum Ablauf von sechs Wochen bei einer Fehlgeburt ab der 17. Schwangerschaftswoche oder
3. bis zum Ablauf von acht Wochen bei einer Fehlgeburt ab der 20. Schwangerschaftswoche.

Sie kann ihre Erklärung nach Satz 1 jederzeit mit Wirkung für die Zukunft widerrufen. Die Absätze 1 bis 3 gelten nicht.

§ 4 Verbot der Mehrarbeit; Ruhezeit (1) Der Arbeitgeber darf eine schwangere oder stillende Frau, die 18 Jahre oder älter ist, nicht mit einer Arbeit beschäftigen, die die Frau über achteinhalb Stunden täglich oder über 90 Stunden in der Doppelwoche hinaus zu leisten hat. Eine schwangere oder stillende Frau unter 18 Jahren darf der Arbeitgeber nicht mit einer Arbeit beschäftigen, die die Frau über acht Stunden täglich oder über 80 Stunden in der Doppelwoche hinaus zu leisten hat. In die Doppelwoche werden die Sonntage eingerechnet. Der Arbeitgeber darf eine schwangere oder stillende Frau nicht in einem Umfang beschäftigen, der die vertraglich vereinbarte wöchentliche Arbeitszeit im Durchschnitt des Monats übersteigt. Bei mehreren Arbeitgebern sind die Arbeitszeiten zusammenzurechnen.

(2) Der Arbeitgeber muss der schwangeren oder stillenden Frau nach Beendigung der täglichen Arbeitszeit eine ununterbrochene Ruhezeit von mindestens elf Stunden gewähren.

§ 5 Verbot der Nachtarbeit (1) Der Arbeitgeber darf eine schwangere oder stillende Frau nicht zwischen 20 Uhr und 6 Uhr beschäftigen. Er darf sie bis 22 Uhr beschäftigen, wenn die Voraussetzungen des § 28 erfüllt sind.

(2) Die Ausbildungsstelle darf eine schwangere oder stillende Frau im Sinne von § 1 Absatz 2 Satz 2 Nummer 8 nicht zwischen 20 Uhr und 6 Uhr im Rahmen der schulischen oder hochschulischen Ausbildung tätig werden lassen. Die Ausbildungsstelle darf sie an Ausbildungsveranstaltungen bis 22 Uhr teilnehmen lassen, wenn

1. sich die Frau dazu audrücklich bereit erklärt,
2. die Teilnahme zu Ausbildungszwecken zu dieser Zeit erforderlich ist,
3. insbesondere eine unverantwortbare Gefährdung für die schwangere Frau oder ihr Kind durch Alleinarbeit ausgeschlossen ist.

Die schwangere oder stillende Frau kann ihre Erklärung nach Satz 2 Nummer 1 jederzeit mit Wirkung für die Zukunft widerrufen.

§ 6 Verbot der Sonn- und Feiertagsarbeit (1) Der Arbeitgeber darf eine schwangere oder stillende Frau nicht an Sonn- und Feiertagen beschäftigen. Er darf sie an Sonn- und Feiertagen nur dann beschäftigen, wenn
1. sich die Frau dazu ausdrücklich bereit erklärt,
2. eine Ausnahme vom allgemeinen Verbot der Arbeit an Sonn- und Feiertagen nach § 10 des Arbeitszeitgesetzes zugelassen ist,
3. der Frau in jeder Woche im Anschluss an eine ununterbrochene Nachtruhezeit von mindestens elf Stunden ein Ersatzruhetag gewährt wird und
4. insbesondere eine unverantwortbare Gefährdung für die schwangere Frau oder ihr Kind durch Alleinarbeit ausgeschlossen ist.

Die schwangere oder stillende Frau kann ihre Erklärung nach Satz 2 Nummer 1 jederzeit mit Wirkung für die Zukunft widerrufen.

(2) Die Ausbildungsstelle darf eine schwangere oder stillende Frau im Sinne von § 1 Absatz 2 Satz 2 Nummer 8 nicht an Sonn- und Feiertagen im Rahmen der schulischen oder hochschulischen Ausbildung tätig werden lassen. Die Ausbildungsstelle darf sie an Ausbildungsveranstaltungen an Sonn- und Feiertagen teilnehmen lassen, wenn
1. sich die Frau dazu ausdrücklich bereits erklärt,
2. die Teilnahme zu Ausbdildungszwecken zu dieser Zeit erforderlich ist,
3. der Frau in jeder Woche im Anschluss an eine ununterbrochene Nachtruhezeit von mindestens elf Stunden ein Ersatzruhetag gewährt wird und
4. insbesondere eine unverantwortbare Gefährdung für die schwangere Frau oder ihr Kind durch Alleinarbeit ausgeschlossen ist.

Die schwangere oder stillende Frau kann ihre Erklärung nach Satz 2 Nummer 1 jederzeit mit Wirkung für die Zukunft widerrufen.

§ 7 Freistellung für Untersuchungen und zum Stillen (1) Der Arbeitgeber hat eine Frau für die Zeit freizustellen, die zur Durchführung der Untersuchungen im Rahmen der Leistungen der gesetzlichen Krankenversicherung bei Schwangerschaft und Mutterschaft erforderlich sind. Entsprechendes gilt zugunsten einer Frau, die nicht in der gesetzlichen Krankenversicherung versichert ist.

(2) Der Arbeitgeber hat eine stillende Frau auf ihr Verlangen während der ersten zwölf Monate nach der Entbindung für die zum Stillen erforderliche Zeit freizustellen, mindestens aber zweimal täglich für eine halbe Stunde oder einmal täglich für eine Stunde. Bei einer zusammenhängenden Arbeitszeit von mehr als acht Stunden soll auf Verlangen der Frau zweimal eine Stillzeit von mindestens 45 Minuten oder, wenn in der Nähe der Arbeitsstätte keine Stillgelegenheit vorhanden ist, einmal eine Stillzeit von mindestens 90 Minuten gewährt werden. Die Arbeitszeit gilt als zusammenhängend, wenn sie nicht durch eine Ruhepause von mehr als zwei Stunden unterbrochen wird.

§ 8 Beschränkung von Heimarbeit (1) Der Auftraggeber oder Zwischenmeister darf Heimarbeit an eine schwangere in Heimarbeit beschäftigte Frau oder an eine ihr Gleichgestellte nur in solchem Umfang und mit solchen Fertigungsfristen ausgeben, dass die Arbeit werktags während einer achtstündigen Tagesarbeitszeit ausgeführt werden kann.

(2) Der Auftraggeber oder Zwischenmeister darf Heimarbeit an eine stillende in Heimarbeit beschäftigte Frau oder an eine ihr Gleichgestellte nur in solchem Umfang und mit solchen Fertigungsfristen ausgeben, dass die Arbeit werktags während einer siebenstündigen Tagesarbeitszeit ausgeführt werden kann.

Unterabschnitt 2 – Betrieblicher Gesundheitsschutz

§ 9 Gestaltung der Arbeitsbedingungen; unverantwortbare Gefährdung (1) Der Arbeitgeber hat bei der Gestaltung der Arbeitsbedingungen einer schwangeren oder stillenden Frau alle aufgrund der Gefährdungsbeurteilung nach § 10 erforderlichen Maßnahmen für den Schutz ihrer physischen und psychischen Gesundheit sowie der ihres Kindes zu treffen. Er hat die Maßnahmen auf ihre Wirksamkeit zu überprüfen und erforderlichenfalls den sich ändernden Gegebenheiten anzupassen. Soweit es nach den Vorschriften dieses Gesetzes verantwortbar ist, ist der Frau auch während der Schwangerschaft, nach der Entbindung und in der Stillzeit die Fortführung ihrer Tätigkeiten zu ermöglichen. Nachteile aufgrund der Schwangerschaft, der Entbindung oder der Stillzeit sollen vermieden oder ausgeglichen werden.

(2) Der Arbeitgeber hat die Arbeitsbedingungen so zu gestalten, dass Gefährdungen einer schwangeren oder stillenden Frau oder ihres Kindes möglichst vermieden werden und eine unverantwortbare Gefährdung ausgeschlossen wird. Eine Gefährdung ist unverantwortbar, wenn die Eintrittswahrscheinlichkeit einer Gesundheitsbeeinträchtigung angesichts der zu erwartenden Schwere des möglichen Gesundheitsschadens nicht hinnehmbar ist. Eine unverantwortbare Gefährdung gilt als ausgeschlossen, wenn der Arbeitgeber alle Vorgaben einhält, die aller Wahrscheinlichkeit nach dazu führen, dass die Gesundheit einer schwangeren oder stillenden Frau oder ihres Kindes nicht beeinträchtigt wird.

(3) Der Arbeitgeber hat sicherzustellen, dass die schwangere oder stillende Frau ihre Tätigkeit am Arbeitsplatz, soweit es für sie erforderlich ist, kurz unterbrechen kann. Er hat darüber hinaus sicherzustellen, dass sich die schwangere oder stillende Frau während der Pausen und Arbeitsunterbrechungen unter geeigneten Bedingungen hinlegen, hinsetzen und ausruhen kann.

(4) Alle Maßnahmen des Arbeitgebers nach diesem Unterabschnitt sowie die Beurteilung der Arbeitsbedingungen nach § 10 müssen dem Stand der Technik, der Arbeitsmedizin und der Hygiene sowie den sonstigen gesicherten wissenschaftlichen Erkenntnissen entsprechen. Der Arbeitgeber hat bei seinen Maßnahmen die vom Ausschuss für Mutterschutz ermittelten und nach § 30 Absatz 4 im Gemeinsamen Ministerialblatt veröffentlichten Regeln und Erkenntnisse zu berücksichtigen; bei Einhaltung dieser Regeln und bei Beachtung dieser Erkenntnisse ist davon auszugehen, dass die in diesem Gesetz gestellten Anforderungen erfüllt sind.

(5) Der Arbeitgeber kann zuverlässige und fachkundige Personen schriftlich damit beauftragen, ihm obliegende Aufgaben nach diesem Unterabschnitt in eigener Verantwortung wahrzunehmen.

(6) Kosten für Maßnahmen nach diesem Gesetz darf der Arbeitgeber nicht den Personen auferlegen, die bei ihm beschäftigt sind. Die Kosten für Zeugnisse und Bescheinigungen, die die schwangere Frau, die Frau noch der Entbindung oder

die stillende Frau auf Verlangen des Arbeitgebers vorzulegen hat, trägt der Arbeitgeber.

§ 10 Beurteilung der Arbeitsbedingungen; Schutzmaßnahmen (1) Im Rahmen der Beurteilung der Arbeitsbedingungen nach § 5 des Arbeitsschutzgesetzes hat der Arbeitgeber für jede Tätigkeit

1. die Gefährdungen nach Art, Ausmaß und Dauer zu beurteilen, denen eine schwangere oder stillende Frau oder ihr Kind ausgesetzt ist oder sein kann, und
2. unter Berücksichtigung des Ergebnisses der Beurteilung der Gefährdung nach Nummer 1 zu ermitteln, ob für eine schwangere oder stillende Frau oder ihr Kind voraussichtlich
   a) keine Schutzmaßnahmen erforderlich sein werden,
   b) eine Umgestaltung der Arbeitsbedingungen nach § 13 Absatz 1 Nummer 1 erforderlich sein wird oder
   c) eine Fortführung der Tätigkeit der Frau an diesem Arbeitsplatz nicht möglich sein wird.

Bei gleichartigen Arbeitsbedingungen ist die Beurteilung eines Arbeitsplatzes oder einer Tätigkeit ausreichend. Die Verpflichtung des Arbeitgebers nach Satz 1 entfällt, wenn gemäß einer zu diesem Zweck nach § 30 Absatz 4 veröffentlichten Regel oder Erkenntnis des Ausschusses für Mutterschutz eine schwangere oder stillende Frau die Tätigkeit nicht ausüben oder eine Arbeitsbedingung nicht ausgesetzt sein darf.

(2) Sobald eine Frau dem Arbeitgeber mitgeteilt hat, dass sie schwanger ist oder stillt, hat der Arbeitgeber unverzüglich die nach Maßgabe der Gefährdungsbeurteilung nach Absatz 1 oder nach Maßgabe des § 13 erforderlichen Schutzmaßnahmen festzulegen. Zusätzlich hat der Arbeitgeber der Frau ein Gespräch über weitere Anpassungen ihrer Arbeitsbedingungen anzubieten.

(3) Der Arbeitgeber darf eine schwangere oder stillende Frau nur diejenigen Tätigkeiten ausüben lassen, für die er die erforderlichen Schutzmaßnahmen nach Absatz 2 Satz 1 getroffen hat.

§ 11 Unzulässige Tätigkeiten und Arbeitsbedingungen für schwangere Frauen
(1) Der Arbeitgeber darf eine schwangere Frau keine Tätigkeiten ausüben lassen und sie keinen Arbeitsbedingungen aussetzen, bei denen sie in einem Maß Gefahrstoffen ausgesetzt ist oder sein kann, dass dies für sie oder für ihr Kind eine unverantwortbare Gefährdung darstellt. Eine unverantwortbare Gefährdung im Sinne von Satz 1 liegt insbesondere vor, wenn die schwangere Frau Tätigkeiten ausübt oder Arbeitsbedingungen ausgesetzt ist, bei denen sie folgenden Gefahrstoffen ausgesetzt ist oder sein kann:

1. Gefahrstoffen, die nach den Kriterien des Anhangs I zur Verordnung (EG) Nr. 1272/2008 des Europäischen Parlaments und des Rates vom 16. Dezember 2008 über die Einstufung, Kennzeichnung und Verpackung von Stoffen und Gemischen, zur Änderung und Aufhebung der Richtlinien 67/548/EWG und 1999/45/EG und zur Änderung der Verordnung (EG) Nr. 1907/2006 (ABl L 353 vom 31. 12. 2008, S. 1) zu bewerten sind

a) als reproduktionstoxisch nach der Kategorie 1A, 1B oder 2 oder nach der Zusatzkategorie für Wirkungen auf oder über die Laktation,
b) als keimzellmutagen nach der Kategorie 1A oder 1B,
c) als karzinogen nach der Kategorie 1A oder 1B,
d) als spezifisch zielorgantoxisch nach einmaliger Exposition nach der Kategorie 1 oder
e) als akut toxisch nach der Kategorie 1, 2 oder 3,

2. Blei und Bleiderivaten, soweit die Gefahr besteht, dass diese Stoffe vom menschlichen Körper aufgenommen werden, oder
3. Gefahrstoffen, die als Stoffe ausgewiesen sind, die auch bei Einhaltung der arbeitsplatzbezogenen Vorgaben möglicherweise zu einer Fruchtschädigung führen können.

Eine unverantwortbare Gefährdung im Sinne von Satz 1 oder 2 gilt insbesondere als ausgeschlossen,

1. wenn
   a) für den jeweiligen Gefahrstoff die arbeitsplatzbezogenen Vorgaben eingehalten werden und es sich um einen Gefahrstoff handelt, der als Stoff ausgewiesen ist, der bei Einhaltung der arbeitsplatzbezogenen Vorgaben hinsichtlich einer Fruchtschädigung als sicher bewertet wird, oder
   b) der Gefahrstoff nicht in der Lage ist, die Plazentaschranke zu überwinden, oder aus anderen Gründen ausgeschlossen ist, dass eine Fruchtschädigung eintritt, und
2. wenn der Gefahrstoff nach den Kriterien des Anhangs I zur Verordnung (EG) Nr. 1272/2008 nicht als reproduktionstoxisch nach der Zusatzkategorie für Wirkungen auf oder über die Laktation zu bewerten ist.

Die vom Ausschuss für Mutterschutz ermittelten wissenschaftlichen Erkenntnisse sind zu beachten.

(2) Der Arbeitgeber darf eine schwangere Frau keine Tätigkeiten ausüben lassen und sie keinen Arbeitsbedingungen aussetzen, bei denen sie in einem Maß mit Biostoffen der Risikogruppe 2, 3 oder 4 im Sinne von § 3 Absatz 1 der Biostoffverordnung in Kontakt kommt oder kommen kann, dass dies für sie oder für ihr Kind eine unverantwortbare Gefährdung darstellt. Eine unverantwortbare Gefährdung im Sinne von Satz 1 liegt insbesondere vor, wenn die schwangere Frau Tätigkeiten ausübt oder Arbeitsbedingungen ausgesetzt ist, bei denen sie mit folgenden Biostoffen in Kontakt kommt oder kommen kann:

1. mit Biostoffen, die in die Risikogruppe 4 im Sinne von § 3 Absatz 1 der Biostoffverordnung einzustufen sind, oder
2. mit Rötelnvirus oder mit Toxoplasma.

Die Sätze 1 und 2 gelten auch, wenn der Kontakt mit Biostoffen im Sinne von Satz 1 oder 2 therapeutische Maßnahmen erforderlich macht oder machen kann, die selbst eine unverantwortbare Gefährdung darstellen. Eine unverantwortbare Gefährdung im Sinne von Satz 1 oder 2 gilt insbesondere als ausgeschlossen, wenn die schwangere Frau über einen ausreichenden Immunschutz verfügt.

(3) Der Arbeitgeber darf eine schwangere Frau keine Tätigkeiten ausüben lassen und sie keinen Arbeitsbedingungen aussetzen, bei denen sie physikalischen Einwirkungen in einem Maß ausgesetzt ist oder sein kann, dass dies für sie oder für ihr

Kind eine unverantwortbare Gefährdung darstellt. Als physikalische Einwirkungen im Sinne von Satz 1 sind insbesondere zu berücksichtigen:
1. ionisierende und nicht ionisierende Strahlungen,
2. Erschütterungen, Vibrationen und Lärm sowie
3. Hitze, Kälte und Nässe.

(4) Der Arbeitgeber darf eine schwangere Frau keine Tätigkeiten ausüben lassen und sie keinen Arbeitsbedingungen aussetzen, bei denen sie einer belastenden Arbeitsumgebung in einem Maß ausgesetzt ist oder sein kann, dass dies für sie oder für ihr Kind eine unverantwortbare Gefährdung darstellt. Der Arbeitgeber darf eine schwangere Frau insbesondere keine Tätigkeiten ausüben lassen
1. in Räumen mit einem Überdruck im Sinne von § 2 der Druckluftverordnung,
2. in Räumen mit sauerstoffreduzierter Atmosphäre oder
3. im Bergbau unter Tage.

(5) Der Arbeitgeber darf eine schwangere Frau keine Tätigkeiten ausüben lassen und sie keinen Arbeitsbedingungen aussetzen, bei denen sie körperlichen Belastungen oder mechanischen Einwirkungen in einem Maß ausgesetzt ist oder sein kann, dass dies für sie oder für ihr Kind eine unverantwortbare Gefährdung darstellt. Der Arbeitgeber darf eine schwangere Frau insbesondere keine Tätigkeiten ausüben lassen, bei denen
1. sie ohne mechanische Hilfsmittel regelmäßig Lasten von mehr als 5 Kilogramm Gewicht oder gelegentlich Lasten von mehr als 10 Kilogramm Gewicht von Hand heben, halten, bewegen oder befördern muss,
2. sie mit mechanischen Hilfsmitteln Lasten von Hand heben, halten, bewegen oder befördern muss und dabei ihre körperliche Beanspruchung der von Arbeiten nach Nummer 1 entspricht,
3. sie nach Ablauf des fünften Monats der Schwangerschaft überwiegend bewegungsarm ständig stehen muss und wenn diese Tätigkeit täglich vier Stunden überschreitet,
4. sie sich häufig erheblich strecken, beugen, dauernd hocken, sich gebückt halten oder sonstige Zwangshaltungen einnehmen muss,
5. sie auf Beförderungsmitteln eingesetzt wird, wenn dies für sie oder für ihr Kind eine unverantwortbare Gefährdung darstellt,
6. Unfälle, insbesondere durch Ausgleiten, Fallen oder Stürzen, oder Tätlichkeiten zu befürchten sind, die für sie oder für ihr Kind eine unverantwortbare Gefährdung darstellen,
7. sie eine Schutzausrüstung tragen muss und das Tragen eine Belastung darstellt oder
8. eine Erhöhung des Drucks im Bauchraum zu befürchten ist, insbesondere bei Tätigkeiten mit besonderer Fußbeanspruchung.

(6) Der Arbeitgeber darf eine schwangere Frau folgende Arbeiten nicht ausüben lassen:
1. Akkordarbeit oder sonstige Arbeiten, bei denen durch ein gesteigertes Arbeitstempo ein höheres Entgelt erzielt werden kann,
2. Fließarbeit oder

3. getaktete Arbeit mit vorgeschriebenem Arbeitstempo, wenn die Art der Arbeit oder das Arbeitstempo für die schwangere Frau oder für ihr Kind eine unverantwortbare Gefährdung darstellt.

§ 12 Unzulässige Tätigkeiten und Arbeitsbedingungen für stillende Frauen

(1) Der Arbeitgeber darf eine stillende Frau keine Tätigkeiten ausüben lassen und sie keinen Arbeitsbedingungen aussetzen, bei denen sie in einem Maß Gefahrstoffen ausgesetzt ist oder sein kann, dass dies für sie oder für ihr Kind eine unverantwortbare Gefährdung darstellt. Eine unverantwortbare Gefährdung im Sinne von Satz 1 liegt insbesondere vor, wenn die stillende Frau Tätigkeiten ausübt oder Arbeitsbedingungen ausgesetzt ist, bei denen sie folgenden Gefahrstoffen ausgesetzt ist oder sein kann:

1. Gefahrstoffen, die nach den Kriterien des Anhangs I zur Verordnung (EG) Nr. 1272/2008 als reproduktionstoxisch nach der Zusatzkategorie für Wirkungen auf oder über die Laktation zu bewerten sind oder
2. Blei und Bleiderivaten, soweit die Gefahr besteht, dass diese Stoffe vom menschlichen Körper aufgenommen werden.

(2) Der Arbeitgeber darf eine stillende Frau keine Tätigkeiten ausüben lassen und sie keinen Arbeitsbedingungen aussetzen, bei denen sie in einem Maß mit Biostoffen der Risikogruppe 2, 3 oder 4 im Sinne von § 3 Absatz 1 der Biostoffverordnung in Kontakt kommt oder kommen kann, dass dies für sie oder für ihr Kind eine unverantwortbare Gefährdung darstellt. Eine unverantwortbare Gefährdung im Sinne von Satz 1 liegt insbesondere vor, wenn die stillende Frau Tätigkeiten ausübt oder Arbeitsbedingungen ausgesetzt ist, bei denen sie mit Biostoffen in Kontakt kommt oder kommen kann, die in die Risikogruppe 4 im Sinne von § 3 Absatz 1 der Biostoffverordnung einzustufen sind. Die Sätze 1 und 2 gelten auch, wenn der Kontakt mit Biostoffen im Sinne von Satz 1 oder 2 therapeutische Maßnahmen erforderlich macht oder machen kann, die selbst eine unverantwortbare Gefährdung darstellen. Eine unverantwortbare Gefährdung im Sinne von Satz 1 oder 2 gilt als ausgeschlossen, wenn die stillende Frau über einen ausreichenden Immunschutz verfügt.

(3) Der Arbeitgeber darf eine stillende Frau keine Tätigkeiten ausüben lassen und sie keinen Arbeitsbedingungen aussetzen, bei denen sie physikalischen Einwirkungen in einem Maß ausgesetzt ist oder sein kann, dass dies für sie oder für ihr Kind eine unverantwortbare Gefährdung darstellt. Als physikalische Einwirkungen im Sinne von Satz 1 sind insbesondere ionisierende und nicht ionisierende Strahlungen zu berücksichtigen.

(4) Der Arbeitgeber darf eine stillende Frau keine Tätigkeiten ausüben lassen und sie keinen Arbeitsbedingungen aussetzen, bei denen sie einer belastenden Arbeitsumgebung in einem Maß ausgesetzt ist oder sein kann, dass dies für sie oder für ihr Kind eine unverantwortbare Gefährdung darstellt. Der Arbeitgeber darf eine stillende Frau insbesondere keine Tätigkeiten ausüben lassen

1. in Räumen mit einem Überdruck im Sinne von § 2 der Druckluftverordnung oder
2. im Bergbau unter Tage.

(5) Der Arbeitgeber darf eine stillende Frau folgende Arbeiten nicht ausüben lassen:
1. Akkordarbeit oder sonstige Arbeiten, bei denen durch ein gesteigertes Arbeitstempo ein höheres Entgelt erzielt werden kann,
2. Fließarbeit oder
3. getaktete Arbeit mit vorgeschriebenem Arbeitstempo, wenn die Art der Arbeit oder das Arbeitstempo für die stillende Frau oder für ihr Kind eine unverantwortbare Gefährdung darstellt.

§ 13 Rangfolge der Schutzmaßnahmen: Umgestaltung der Arbeitsbedingungen, Arbeitsplatzwechsel und betriebliches Beschäftigungsverbot (1) Werden unverantwortbare Gefährdungen im Sinne von § 9, § 11 oder § 12 festgestellt, hat der Arbeitgeber für jede Tätigkeit einer schwangeren oder stillenden Frau Schutzmaßnahmen in folgender Rangfolge zu treffen:
1. Der Arbeitgeber hat die Arbeitsbedingungen für die schwangere oder stillende Frau durch Schutzmaßnahmen nach Maßgabe des § 9 Absatz 2 umzugestalten.
2. Kann der Arbeitgeber unverantwortbare Gefährdungen für die schwangere oder stillende Frau nicht durch die Umgestaltung der Arbeitsbedingungen nach Nummer 1 ausschließen oder ist eine Umgestaltung wegen des nachweislich unverhältnismäßigen Aufwandes nicht zumutbar, hat der Arbeitgeber die Frau an einem anderen geeigneten Arbeitsplatz einzusetzen, wenn er einen solchen Arbeitsplatz zur Verfügung stellen kann und dieser Arbeitsplatz der schwangeren oder stillenden Frau zumutbar ist.
3. Kann der Arbeitgeber unverantwortbare Gefährdungen für die schwangere oder stillende Frau weder durch Schutzmaßnahmen nach Nummer 1 noch durch einen Arbeitsplatzwechsel nach Nummer 2 ausschließen, darf er die schwangere oder stillende Frau nicht weiter beschäftigen.

(2) Der Auftraggeber oder Zwischenmeister darf keine Heimarbeit an schwangere oder stillende Frauen ausgeben, wenn unverantwortbare Gefährdungen nicht durch Schutzmaßnahmen nach Absatz 1 Nummer 1 ausgeschlossen werden können.

§ 14 Dokumentation und Information durch den Arbeitgeber (1) Der Arbeitgeber hat die Beurteilung der Arbeitsbedingungen nach § 10 durch Unterlagen zu dokumentieren, aus denen Folgendes ersichtlich ist:
1. das Ergebnis der Gefährdungsbeurteilung nach § 10 Absatz 1 Satz 1 Nummer 1 und der Bedarf an Schutzmaßnahmen nach § 10 Absatz 1 Satz 1 Nummer 2,
2. die Festlegung der erforderlichen Schutzmaßnahmen nach § 10 Absatz 2 Satz 1 sowie das Ergebnis ihrer Überprüfung nach § 9 Absatz 1 Satz 2 und
3. das Angebot eines Gesprächs mit der Frau über weitere Anpassungen ihrer Arbeitsbedingungen nach § 10 Absatz 2 Satz 2 oder der Zeitpunkt eines solchen Gesprächs.

Wenn die Beurteilung nach § 10 Absatz 1 ergibt, dass die schwangere oder stillende Frau oder ihr Kind keiner Gefährdung im Sinne von § 9 Absatz 2 ausgesetzt ist oder sein kann, reicht es aus, diese Feststellung in einer für den Arbeitsplatz der Frau oder für die Tätigkeit der Frau bereits erstellten Dokumentation der Beurteilung der Arbeitsbedingungen nach § 5 des Arbeitsschutzgesetzes zu vermerken.

(2) Der Arbeitgeber hat alle Personen, die bei ihm beschäftigt sind, über das Ergebnis der Gefährdungsbeurteilung nach § 10 Absatz 1 Satz 1 Nummer 1 und über den Bedarf an Schutzmaßnahmen nach § 10 Absatz 1 Satz 1 Nummer 2 zu informieren.
(3) Der Arbeitgeber hat eine schwangere oder stillende Frau über die Gefährdungsbeurteilung nach § 10 Absatz 1 Satz 1 Nummer 1 und über die damit verbundenen für sie erforderlichen Schutzmaßnahmen nach § 10 Absatz 2 Satz 1 in Verbindung mit § 13 zu informieren.

§ 15 Mitteilungen und Nachweise der schwangeren und stillenden Frauen
(1) Eine schwangere Frau soll ihrem Arbeitgeber ihre Schwangerschaft und den voraussichtlichen Tag der Entbindung mitteilen, sobald sie weiß, dass sie schwanger ist. Eine stillende Frau soll ihrem Arbeitgeber so früh wie möglich mitteilen, dass sie stillt.
(2) Auf Verlangen des Arbeitgebers soll eine schwangere Frau als Nachweis über ihre Schwangerschaft ein ärztliches Zeugnis oder das Zeugnis einer Hebamme oder eines Entbindungspflegers vorlegen. Das Zeugnis über die Schwangerschaft soll den voraussichtlichen Tag der Entbindung enthalten.

Unterabschnitt 3 – Ärztlicher Gesundheitsschutz

§ 16 Ärztliches Beschäftigungsverbot (1) Der Arbeitgeber darf eine schwangere Frau nicht beschäftigen, soweit nach einem ärztlichen Zeugnis ihre Gesundheit oder die ihres Kindes bei Fortdauer der Beschäftigung gefährdet ist.
(2) Der Arbeitgeber darf eine Frau, die nach einem ärztlichen Zeugnis in den ersten Monaten nach der Entbindung nicht voll leistungsfähig ist, nicht mit Arbeiten beschäftigen, die ihre Leistungsfähigkeit übersteigen.

Abschnitt 3 – Kündigungsschutz

§ 17 Kündigungsverbot (1) Die Kündigung gegenüber einer Frau ist unzulässig

1. während ihrer Schwangerschaft,
2. bis zum Ablauf von vier Monaten nach einer Fehlgeburt nach der zwölften Schwangerschaftswoche und
3. bis zum Ende ihrer Schutzfrist nach der Entbindung, mindestens jedoch bis zum Ablauf von vier Monaten nach der Entbindung,

wenn dem Arbeitgeber zum Zeitpunkt der Kündigung die Schwangerschaft, die Fehlgeburt nach der zwölften Schwangerschaftswoche oder die Entbindung bekannt ist oder wenn sie ihm innerhalb von zwei Wochen nach Zugang der Kündigung mitgeteilt wird. Das Überschreiten dieser Frist ist unschädlich, wenn die Überschreitung auf einem von der Frau nicht zu vertretenden Grund beruht und die Mitteilung unverzüglich nachgeholt wird. Die Sätze 1 und 2 gelten entsprechend für Vorbereitungsmaßnahmen des Arbeitgebers, die er im Hinblick auf eine Kündigung der Frau trifft.

(2) Die für den Arbeitsschutz zuständige oberste Landesbehörde oder die von ihr bestimmte Stelle kann in besonderen Fällen, die nicht mit dem Zustand der Frau in der Schwangerschaft, nach einer Fehlgeburt nach der zwölften Schwangerschaftswoche oder nach der Entbindung in Zusammenhang stehen, ausnahmsweise die Kündigung für zulässig erklären. Die Kündigung bedarf der Schriftform und muss den Kündigungsgrund angeben.
(3) Der Auftraggeber oder Zwischenmeister darf eine in Heimarbeit beschäftigte Frau in den Fristen nach Absatz 1 Satz 1 nicht gegen ihren Willen bei der Ausgabe von Heimarbeit ausschließen; die §§ 3, 8, 11, 12, 13 Absatz 2 und § 16 bleiben unberührt. Absatz 1 gilt auch für eine Frau, die der in Heimarbeit beschäftigten Frau gleichgestellt ist und deren Gleichstellung sich auch auf § 29 des Heimarbeitsgesetzes erstreckt. Absatz 2 gilt für eine in Heimarbeit beschäftigte Frau und eine ihr Gleichgestellte entsprechend.

Abschnitt 4 – Leistungen

§ 18 Mutterschutzlohn Eine Frau, die wegen eines Beschäftigungsverbots außerhalb der Schutzfristen vor oder nach der Entbindung teilweise oder gar nicht beschäftigt werden darf, erhält von ihrem Arbeitgeber Mutterschutzlohn. Als Mutterschutzlohn wird das durchschnittliche Arbeitsentgelt der letzten drei abgerechneten Kalendermonate vor dem Eintritt der Schwangerschaft gezahlt. Dies gilt auch, wenn wegen dieses Verbots die Beschäftigung oder die Entlohnungsart wechselt. Beginnt das Beschäftigungsverhältnis erst nach Eintritt der Schwangerschaft, ist das durchschnittliche Arbeitsentgelt aus dem Arbeitsentgelt der ersten drei Monate der Beschäftigung zu berechnen.

§ 19 Mutterschaftsgeld (1) Eine Frau, die Mitglied einer gesetzlichen Krankenkasse ist, erhält für die Zeit der Schutzfristen vor und nach der Entbindung sowie für den Entbindungstag Mutterschaftsgeld nach den Vorschriften des Fünften Buches Sozialgesetzbuch oder nach den Vorschriften des Zweiten Gesetzes über die Krankenversicherung der Landwirte.
(2) Eine Frau, die nicht Mitglied einer gesetzlichen Krankenkasse ist, erhält für die Zeit der Schutzfristen vor und nach der Entbindung sowie für den Entbindungstag Mutterschaftsgeld zu Lasten des Bundes in entsprechender Anwendung der Vorschriften des Fünften Buches Sozialgesetzbuch über das Mutterschaftsgeld, jedoch insgesamt höchstens 210 Euro. Das Mutterschaftsgeld wird dieser Frau auf Antrag vom Bundesamt für Soziale Sicherung gezahlt. Endet das Beschäftigungsverhältnis nach Maßgabe von § 17 Absatz 2 durch eine Kündigung, erhält die Frau Mutterschaftsgeld in entsprechender Anwendung der Sätze 1 und 2 für die Zeit nach dem Ende des Beschäftigungsverhältnisses.

§ 20 Zuschuss zum Mutterschaftsgeld (1) Eine Frau erhält während ihres bestehenden Beschäftigungsverhältnisses für die Zeit der Schutzfristen vor und nach der Entbindung sowie für den Entbindungstag von ihrem Arbeitgeber einen Zuschuss zum Mutterschaftsgeld. Als Zuschuss zum Mutterschaftsgeld wird der Unterschiedsbetrag zwischen 13 Euro und dem um die gesetzlichen Abzüge verminderten durchschnittlichen kalendertäglichen Arbeitsentgelt der letzten drei abgerechneten Kalendermonate vor Beginn der Schutzfrist vor der Entbindung gezahlt. Einer Frau, deren Beschäftigungsverhältnis während der Schutzfristen vor oder nach der Entbindung beginnt, wird der Zuschuss zum Mutterschaftsgeld von Beginn des Beschäftigungsverhältnisses an gezahlt.

(2) Ist eine Frau für mehrere Arbeitgeber tätig, sind für die Berechnung des Arbeitgeberzuschusses nach Absatz 1 die durchschnittlichen kalendertäglichen Arbeitsentgelte aus diesen Beschäftigungsverhältnissen zusammenzurechnen. Den sich daraus ergebenden Betrag zahlen die Arbeitgeber anteilig im Verhältnis der von ihnen gezahlten durchschnittlichen kalendertäglichen Arbeitsentgelte.

(3) Endet das Beschäftigungsverhältnis nach Maßgabe von § 17 Absatz 2 durch eine Kündigung, erhält die Frau für die Zeit nach dem Ende des Beschäftigungsverhältnisses den Zuschuss zum Mutterschaftsgeld nach Absatz 1 von der für die Zahlung des Mutterschaftsgeldes zuständigen Stelle. Satz 1 gilt entsprechend, wenn der Arbeitgeber wegen eines Insolvenzereignisses im Sinne von § 165 Absatz 1 Satz 2 des Dritten Buches Sozialgesetzbuch den Zuschuss nach Absatz 1 nicht zahlen kann.

(4) Bei Personen, die nach einem Abkommen zur Vermeidung der Doppelbesteuerung nicht in der Bundesrepublik Deutschland ansässig sind und deren Ansässigkeitsstaat nach diesem Abkommen zur Vermeidung der Doppelbesteuerung das Besteuerungsrecht für den Zuschuss zum Mutterschaftsgeld zusteht, sind für die Berechnung des Zuschusses zum Mutterschaftsgeld nur die Beiträge zur Sozialversicherung als das durchschnittlich kalendertägliche Arbeitsentgelt nach Absatz 1 Satz 2 vermindernde gesetzliche Abzüge zu berücksichtigen. Unterliegt der Zuschuss zum Mutterschaftsgeld im Ansässigkeitsstaat nach dessen maßgebenden Vorschriften nicht der Steuer, sind alle gesetzlichen Abzüge nach Absatz 1 Satz 2 zu berücksichtigen.

§ 21 Ermittlung des durchschnittlichen Arbeitsentgelts (1) Bei der Bestimmung des Berechnungszeitraumes für die Ermittlung des durchschnittlichen Arbeitsentgelts für die Leistungen nach den §§ 18 bis 20 bleiben Zeiten unberücksichtigt, in denen die Frau infolge unverschuldeter Fehlzeiten kein Arbeitsentgelt erzielt hat. War das Beschäftigungsverhältnis kürzer als drei Monate, ist der Berechnung der tatsächliche Zeitraum des Beschäftigungsverhältnisses zugrunde zu legen.

(2) Für die Ermittlung des durchschnittlichen Arbeitsentgelts für die Leistungen nach den §§ 18 bis 20 bleiben unberücksichtigt:

1. einmalig gezahltes Arbeitsentgelt im Sinne von § 23a des Vierten Buches Sozialgesetzbuch,
2. Kürzungen des Arbeitsentgelts, die im Berechnungszeitraum infolge von Kurzarbeit, Arbeitsausfällen oder unverschuldetem Arbeitsversäumnis eintreten, und
3. im Fall der Beendigung der Elternzeit nach dem Bundeselterngeld- und Elternzeitgesetz das Arbeitsentgelt aus Teilzeitbeschäftigung, das vor der Beendigung der Elternzeit während der Elternzeit erzielt wurde, soweit das durchschnittliche Arbeitsentgelt ohne die Berücksichtigung der Zeiten, in denen dieses Arbeitsentgelt erzielt wurde, höher ist.

(3) Ist die Ermittlung des durchschnittlichen Arbeitsentgelts entsprechend den Absätzen 1 und 2 nicht möglich, ist das durchschnittliche kalendertägliche Arbeitsentgelt einer vergleichbar beschäftigten Person zugrunde zu legen.
(4) Bei einer dauerhaften Änderung der Arbeitsentgelthöhe ist die geänderte Arbeitsentgelthöhe bei der Ermittlung des durchschnittlichen Arbeitsentgelts für die Leistungen nach den §§ 18 bis 20 zugrunde zu legen, und zwar
1. für den gesamten Berechnungszeitraum, wenn die Änderung während des Berechnungszeitraums wirksam wird,
2. ab Wirksamkeit der Änderung der Arbeitsentgelthöhe, wenn die Änderung der Arbeitsentgelthöhe nach dem Berechnungszeitraum wirksam wird.

§ 22 Leistungen während der Elternzeit Während der Elternzeit sind Ansprüche auf Leistungen nach den §§ 18 und 20 aus dem wegen der Elternzeit ruhenden Arbeitsverhältnis ausgeschlossen. Übt die Frau während der Elternzeit eine Teilzeitarbeit aus, ist für die Ermittlung des durchschnittlichen Arbeitsentgelts nur das Arbeitsentgelt aus dieser Teilzeitarbeit zugrunde zu legen.

§ 23 Entgelt bei Freistellung für Untersuchungen und zum Stillen (1) Durch die Gewährung der Freistellung nach § 7 darf bei der schwangeren oder stillenden Frau kein Entgeltausfall eintreten. Freistellungszeiten sind weder vor- noch nachzuarbeiten. Sie werden nicht auf Ruhepausen angerechnet, die im Arbeitszeitgesetz oder in anderen Vorschriften festgelegt sind.
(2) Der Auftraggeber oder Zwischenmeister hat einer in Heimarbeit beschäftigten Frau und der ihr Gleichgestellten für die Stillzeit ein Entgelt zu zahlen, das nach der Höhe des durchschnittlichen Stundenentgelts für jeden Werktag zu berechnen ist. Ist eine Frau für mehrere Auftraggeber oder Zwischenmeister tätig, haben diese das Entgelt für die Stillzeit zu gleichen Teilen zu zahlen. Auf das Entgelt finden die Vorschriften der §§ 23 bis 25 des Heimarbeitsgesetzes über den Entgeltschutz Anwendung.

§ 24 Fortbestehen des Erholungsurlaubs bei Beschäftigungsverboten Für die Berechnung des Anspruchs auf bezahlten Erholungsurlaub gelten die Ausfallzeiten wegen eines Beschäftigungsverbots als Beschäftigungszeiten. Hat eine Frau ihren Urlaub vor Beginn eines Beschäftigungsverbots nicht oder nicht vollständig erhalten, kann sie nach dem Ende des Beschäftigungsverbots den Resturlaub im laufenden oder im nächsten Urlaubsjahr beanspruchen.

§ 25 Beschäftigung nach dem Ende des Beschäftigungsverbots Mit dem Ende eines Beschäftigungsverbots im Sinne von § 2 Absatz 3 hat eine Frau das Recht, entsprechend den vertraglich vereinbarten Bedingungen beschäftigt zu werden.

Abschnitt 5 – Durchführung des Gesetzes

§ 26 Aushang des Gesetzes (1) In Betrieben und Verwaltungen, in denen regelmäßig mehr als drei Frauen beschäftigt werden, hat der Arbeitgeber eine Kopie dieses Gesetzes an geeigneter Stelle zur Einsicht auszulegen oder auszuhängen.

Dies gilt nicht, wenn er das Gesetz für die Personen, die bei ihm beschäftigt sind, in einem elektronischen Verzeichnis jederzeit zugänglich gemacht hat.
(2) Für eine in Heimarbeit beschäftigte Frau oder eine ihr Gleichgestellte muss der Auftraggeber oder Zwischenmeister in den Räumen der Ausgabe oder Abnahme von Heimarbeit eine Kopie dieses Gesetzes an geeigneter Stelle zur Einsicht auslegen oder aushängen. Absatz 1 Satz 2 gilt entsprechend.

§ 27 Mitteilungs- und Aufbewahrungspflichten des Arbeitgebers, Offenbarungsverbot der mit der Überwachung beauftragten Personen (1) Der Arbeitgeber hat die Aufsichtsbehörde unverzüglich zu benachrichtigen,
1. wenn eine Frau ihm mitgeteilt hat,
   a) dass sie schwanger ist oder
   b) dass sie stillt, es sei denn, er hat die Aufsichtsbehörde bereits über die Schwangerschaft dieser Frau benachrichtigt, oder
2. wenn er beabsichtigt, eine schwangere oder stillende Frau zu beschäftigen
   a) bis 22 Uhr nach den Vorgaben des § 5 Absatz 2 Satz 2 und 3,
   b) an Sonn- und Feiertagen nach den Vorgaben des § 6 Absatz 1 Satz 2 und 3 oder Absatz 2 Satz 2 und 3 oder
   c) mit getakteter Arbeit im Sinne von § 11 Absatz 6 Nummer 3 oder § 12 Absatz 5 Nummer 3.

Er darf diese Informationen nicht unbefugt an Dritte weitergeben.
(2) Der Arbeitgeber hat der Aufsichtsbehörde auf Verlangen die Angaben zu machen, die zur Erfüllung der Aufgaben dieser Behörde erforderlich sind. Er hat die Angaben wahrheitsgemäß, vollständig und rechtzeitig zu machen.
(3) Der Arbeitgeber hat der Aufsichtsbehörde auf Verlangen die Unterlagen zur Einsicht vorzulegen oder einzusenden, aus denen Folgendes ersichtlich ist:
1. die Namen der schwangeren oder stillenden Frauen, die bei ihm beschäftigt sind,
2. die Art und der zeitliche Umfang ihrer Beschäftigung,
3. die Entgelte, die an sie gezahlt worden sind,
4. die Ergebnisse der Beurteilung der Arbeitsbedingungen nach § 10 und
5. alle sonstigen nach Absatz 2 erforderlichen Angaben.

(4) Die auskunftspflichtige Person kann die Auskunft auf solche Fragen oder die Vorlage derjenigen Unterlagen verweigern, deren Beantwortung oder Vorlage sie selbst oder einen ihrer in § 383 Absatz 1 Nummer 1 bis 3 der Zivilprozessordnung bezeichneten Angehörigen der Gefahr der Verfolgung wegen einer Straftat oder Ordnungswidrigkeit aussetzen würde. Die auskunftspflichtige Person ist darauf hinzuweisen.
(5) Der Arbeitgeber hat die in Absatz 3 genannten Unterlagen mindestens bis zum Ablauf von zwei Jahren nach der letzten Eintragung aufzubewahren.
(6) Die mit der Überwachung beauftragten Personen der Aufsichtsbehörde dürfen die ihnen bei ihrer Überwachungstätigkeit zur Kenntnis gelangten Geschäfts- und Betriebsgeheimnisse nur in den gesetzlich geregelten Fällen oder zur Verfolgung von Rechtsverstößen oder zur Erfüllung von gesetzlich geregelten Aufgaben zum Schutz der Umwelt den dafür zuständigen Behörden offenbaren. Soweit es sich bei Geschäfts- und Betriebsgeheimnissen um Informationen über die Umwelt im

Sinne des Umweltinformationsgesetzes handelt, richtet sich die Befugnis zu ihrer Offenbarung nach dem Umweltinformationsgesetz.

§ 28 Behördliches Genehmigungsverfahren für eine Beschäftigung zwischen 20 Uhr und 22 Uhr (1) Die Aufsichtsbehörde kann abweichend von § 5 Absatz 1 Satz 1 auf Antrag des Arbeitgebers genehmigen, dass eine schwangere oder stillende Frau zwischen 20 Uhr und 22 Uhr beschäftigt wird, wenn

1. sich die Frau dazu ausdrücklich bereit erklärt,
2. nach ärztlichem Zeugnis nichts gegen die Beschäftigung der Frau bis 22 Uhr spricht und
3. insbesondere eine unverantwortbare Gefährdung für die schwangere Frau oder ihr Kind durch Alleinarbeit ausgeschlossen ist.

Dem Antrag ist die Dokumentation der Beurteilung der Arbeitsbedingungen nach § 14 Absatz 1 beizufügen. Die schwangere oder stillende Frau kann ihre Erklärung nach Satz 1 Nummer 1 jederzeit mit Wirkung für die Zukunft widerrufen.

(2) Solange die Aufsichtsbehörde den Antrag nicht ablehnt oder die Beschäftigung zwischen 20 Uhr und 22 Uhr nicht vorläufig untersagt, darf der Arbeitgeber die Frau unter den Voraussetzungen des Absatzes 1 beschäftigen. Die Aufsichtsbehörde hat dem Arbeitgeber nach Eingang des Antrags unverzüglich eine Mitteilung zu machen, wenn die für den Antrag nach Absatz 1 erforderlichen Unterlagen unvollständig sind. Die Aufsichtsbehörde kann die Beschäftigung vorläufig untersagen, soweit dies erforderlich ist, um den Schutz der Gesundheit der Frau oder ihres Kindes sicherzustellen.

(3) Lehnt die Aufsichtsbehörde den Antrag nicht innerhalb von sechs Wochen nach Eingang des vollständigen Antrags ab, gilt die Genehmigung als erteilt. Auf Verlangen ist dem Arbeitgeber der Eintritt der Genehmigungsfiktion (§ 42a des Verwaltungsverfahrensgesetzes) zu bescheinigen.

(4) Im Übrigen gelten die Vorschriften des Verwaltungsverfahrensgesetzes.

§ 29 Zuständigkeit und Befugnisse der Aufsichtsbehörden, Jahresbericht

(1) Die Aufsicht über die Ausführung der Vorschriften dieses Gesetzes und der aufgrund dieses Gesetzes erlassenen Vorschriften obliegt den nach Landesrecht zuständigen Behörden (Aufsichtsbehörden).

(2) Die Aufsichtsbehörden haben dieselben Befugnisse wie die nach § 22 Absatz 2 und 3 des Arbeitsschutzgesetzes mit der Überwachung beauftragten Personen. Das Grundrecht der Unverletzlichkeit der Wohnung (Artikel 13 des Grundgesetzes) wird insoweit eingeschränkt.

(3) Die Aufsichtsbehörde kann in Einzelfällen die erforderlichen Maßnahmen anordnen, die der Arbeitgeber zur Erfüllung derjenigen Pflichten zu treffen hat, die sich aus Abschnitt 2 dieses Gesetzes und aus den aufgrund des § 31 Nummer 1 bis 5 erlassenen Rechtsverordnungen ergeben. Insbesondere kann die Aufsichtsbehörde:

1. in besonders begründeten Einzelfällen Ausnahmen vom Verbot der Mehrarbeit nach § 4 Absatz 1 Satz 1, 2 oder 4 sowie vom Verbot der Nachtarbeit auch zwischen 22 Uhr und 6 Uhr nach § 5 Absatz 1 Satz 1 oder Absatz 2 Satz 1 bewilligen, wenn

a) sich die Frau dazu ausdrücklich bereit erklärt,
b) nach ärztlichem Zeugnis nichts gegen die Beschäftigung spricht und
c) in den Fällen des § 5 Absatz 1 Satz 1 oder Absatz 2 Satz 1 insbesondere eine unverantwortbare Gefährdung für die schwangere Frau oder ihr Kind durch Alleinarbeit ausgeschlossen ist,

2. verbieten, dass ein Arbeitgeber eine schwangere oder stillende Frau
   a) nach § 5 Absatz 2 Satz 2 zwischen 20 Uhr und 22 Uhr beschäftigt oder
   b) nach § 6 Absatz 1 Satz 2 oder nach § 6 Absatz 2 Satz 2 an Sonn- und Feiertagen beschäftigt,
3. Einzelheiten zur Freistellung zum Stillen nach § 7 Absatz 2 und zur Bereithaltung von Räumlichkeiten, die zum Stillen geeignet sind, anordnen,
4. Einzelheiten zur zulässigen Arbeitsmenge nach § 8 anordnen,
5. Schutzmaßnahmen nach § 9 Absatz 1 bis 3 und nach § 13 anordnen,
6. Einzelheiten zu Art und Umfang der Beurteilung der Arbeitsbedingungen nach § 10 anordnen,
7. bestimmte Tätigkeiten oder Arbeitsbedingungen nach § 11 oder nach § 12 verbieten,
8. Ausnahmen von den Vorschriften des § 11 Absatz 6 Nummer 1 und 2 und des § 12 Absatz 5 Nummer 1 und 2 bewilligen, wenn die Art der Arbeit und das Arbeitstempo keine unverantwortbare Gefährdung für die schwangere oder stillende Frau oder für ihr Kind darstellen, und
9. Einzelheiten zu Art und Umfang der Dokumentation und Information nach § 14 anordnen.

Die schwangere oder stillende Frau kann ihre Erklärung nach Satz 2 Nummer 1 Buchstabe a jederzeit mit Wirkung für die Zukunft widerrufen.

(4) Die Aufsichtsbehörde berät den Arbeitgeber bei der Erfüllung seiner Pflichten nach diesem Gesetz sowie die bei ihm beschäftigten Personen zu ihren Rechten und Pflichten nach diesem Gesetz; dies gilt nicht für die Rechte und Pflichten nach den §§ 18 bis 22.

(5) Für Betriebe und Verwaltungen im Geschäftsbereich des Bundesministeriums der Verteidigung wird die Aufsicht nach Absatz 1 durch das Bundesministerium der Verteidigung oder die von ihm bestimmte Stelle in eigener Zuständigkeit durchgeführt.

(6) Die zuständigen obersten Landesbehörden haben über die Überwachungstätigkeit der ihnen unterstellten Behörden einen Jahresbericht zu veröffentlichen. Der Jahresbericht umfasst auch Angaben zur Erfüllung von Unterrichtungspflichten aus internationalen Übereinkommen oder Rechtsakten der Europäischen Union, soweit sie den Mutterschutz betreffen.

§ 30 Ausschuss für Mutterschutz (1) Beim Bundesministerium für Familie, Senioren, Frauen und Jugend wird ein Ausschuss für Mutterschutz gebildet, in dem geeignete Personen vonseiten der öffentlichen und privaten Arbeitgeber, der Ausbildungsstellen, der Gewerkschaften, der Studierendenvertretungen und der Landesbehörden sowie weitere geeignete Personen, insbesondere aus der Wissenschaft, vertreten sein sollen. Dem Ausschuss sollen nicht mehr als 15 Mitglieder angehören. Für jedes Mitglied ist ein stellvertretendes Mitglied zu benennen. Die Mitgliedschaft im Ausschuss für Mutterschutz ist ehrenamtlich.

(2) Das Bundesministerium für Familie, Senioren, Frauen und Jugend beruft im Einvernehmen mit dem Bundesministerium für Arbeit und Soziales, dem Bundesministerium für Gesundheit und dem Bundesministerium für Bildung und Forschung die Mitglieder des Ausschusses für Mutterschutz und die stellvertretenden Mitglieder. Der Ausschuss gibt sich eine Geschäftsordnung und wählt die Vorsitzende oder den Vorsitzenden aus seiner Mitte. Die Geschäftsordnung und die Wahl der oder des Vorsitzenden bedürfen der Zustimmung des Bundesministeriums für Familie, Senioren, Frauen und Jugend. Die Zustimmung erfolgt im Einvernehmen mit dem Bundesministerium für Arbeit und Soziales und dem Bundesministerium für Gesundheit.

(3) Zu den Aufgaben des Ausschusses für Mutterschutz gehört es,

1. Art, Ausmaß und Dauer der möglichen unverantwortbaren Gefährdungen einer schwangeren oder stillenden Frau und ihres Kindes nach wissenschaftlichen Erkenntnissen zu ermitteln und zu begründen,
2. sicherheitstechnische, arbeitsmedizinische und arbeitshygienische Regeln zum Schutz der schwangeren oder stillenden Frau und ihres Kindes aufzustellen und
3. das Bundesministerium für Familie, Senioren, Frauen und Jugend in allen mutterschutzbezogenen Fragen zu beraten.

Der Ausschuss arbeitet eng mit den Ausschüssen nach § 18 Absatz 2 Nummer 5 des Arbeitsschutzgesetzes zusammen.

(4) Nach Prüfung durch das Bundesministerium für Familie, Senioren, Frauen und Jugend, durch das Bundesministerium für Arbeit und Soziales, durch das Bundesministerium für Gesundheit und durch das Bundesministerium für Bildung und Forschung kann das Bundesministerium für Familie, Senioren, Frauen und Jugend im Einvernehmen mit den anderen in diesem Absatz genannten Bundesministerien die vom Ausschuss für Mutterschutz nach Absatz 3 aufgestellten Regeln und Erkenntnisse im Gemeinsamen Ministerialblatt veröffentlichen.

(5) Die Bundesministerien sowie die obersten Landesbehörden können zu den Sitzungen des Ausschusses für Mutterschutz Vertreterinnen oder Vertreter entsenden. Auf Verlangen ist ihnen in der Sitzung das Wort zu erteilen.

(6) Die Geschäfte des Ausschusses für Mutterschutz werden vom Bundesamt für Familie und zivilgesellschaftliche Aufgaben geführt.

§ 31 Erlass von Rechtsverordnungen Die Bundesregierung wird ermächtigt, durch Rechtsverordnung mit Zustimmung des Bundesrates Folgendes zu regeln:

1. nähere Bestimmungen zum Begriff der unverantwortbaren Gefährdung nach § 9 Absatz 2 Satz 2 und 3,
2. nähere Bestimmungen zur Durchführung der erforderlichen Schutzmaßnahmen nach § 9 Absatz 1 und 2 und nach § 13,
3. nähere Bestimmungen zu Art und Umfang der Beurteilung der Arbeitsbedingungen nach § 10,

4. Festlegungen von unzulässigen Tätigkeiten und Arbeitsbedingungen im Sinne von § 11 oder § 12 oder von anderen nach diesem Gesetz unzulässigen Tätigkeiten und Arbeitsbedingungen,
5. nähere Bestimmungen zur Dokumentation und Information nach § 14,
6. nähere Bestimmungen zur Ermittlung des durchschnittlichen Arbeitsentgelts im Sinne der §§ 18 bis 22 und
7. nähere Bestimmungen zum erforderlichen Inhalt der Benachrichtigung, ihrer Form, der Art und Weise der Übermittlung sowie die Empfänger der vom Arbeitgeber nach § 27 zu meldenden Informationen.

Abschnitt 6 – Straftaten und Ordnungswidrigkeiten

§ 32 Bußgeldvorschriften (1) Ordnungswidrig handelt der Arbeitgeber, wer vorsätzlich oder fahrlässig

1. entgegen § 3 Absatz 1 Satz 1, auch in Verbindung mit Satz 4, entgegen § 3 Absatz 2 Satz 1, auch in Verbindung mit Satz 2 oder 3, entgegen § 3 Absatz 3 Satz 1, § 3 Absatz 5 Satz 1, § 4 Absatz 1 Satz 1, 2 oder 4 oder § 5 Absatz 1 Satz 1, § 6 Absatz 1 Satz 1, § 13 Absatz 1 Nummer 3 oder § 16 eine Frau beschäftigt,
2. entgegen § 4 Absatz 2 eine Ruhezeit nicht, nicht richtig oder nicht rechtzeitig gewährt,
3. entgegen § 5 Absatz 2 Satz 1 oder § 6 Absatz 2 Satz 1 eine Frau tätig werden lässt,
4. entgegen § 7 Absatz 1 Satz 1, auch in Verbindung mit Satz 2, oder entgegen § 7 Absatz 2 Satz 1 eine Frau nicht freistellt,
5. entgegen § 8 oder § 13 Absatz 2 Heimarbeit ausgibt,
6. entgegen § 10 Absatz 1 Satz 1, auch in Verbindung mit einer Rechtsverordnung nach § 31 Nummer 3, eine Gefährdung nicht, nicht richtig oder nicht rechtzeitig beurteilt oder eine Ermittlung nicht, nicht richtig oder nicht rechtzeitig durchführt,
7. entgegen § 10 Absatz 2 Satz 1, auch in Verbindung mit einer Rechtsverordnung nach § 31 Nummer 3, eine Schutzmaßnahme nicht, nicht richtig oder nicht rechtzeitig festlegt,
8. entgegen § 10 Absatz 3 eine Frau eine andere als die dort bezeichnete Tätigkeit ausüben lässt,
9. entgegen § 14 Absatz 1 Satz 1 in Verbindung mit einer Rechtsverordnung nach § 31 Nummer 5 eine Dokumentation nicht, nicht richtig, nicht vollständig oder nicht rechtzeitig erstellt,
10. entgegen § 14 Absatz 2 oder 3, jeweils in Verbindung mit einer Rechtsverordnung nach § 31 Nummer 5, eine Information nicht, nicht richtig, nicht vollständig oder nicht rechtzeitig gibt,
11. entgegen § 27 Absatz 1 Satz 1 die Aufsichtsbehörde nicht, nicht richtig oder nicht rechtzeitig benachrichtigt,
12. entgegen § 27 Absatz 1 Satz 2 eine Information weitergibt,
13. entgegen § 27 Absatz 2 eine Angabe nicht, nicht richtig, nicht vollständig oder nicht rechtzeitig macht,

14. entgegen § 27 Absatz 3 eine Unterlage nicht, nicht richtig oder nicht rechtzeitig vorlegt oder nicht oder nicht rechtzeitig einsendet,
15. entgegen § 27 Absatz 5 eine Unterlage nicht oder nicht mindestens zwei Jahre aufbewahrt,
16. einer vollziehbaren Anordnung nach § 29 Absatz 3 Satz 1 zuwiderhandelt oder
17. einer Rechtsverordnung nach § 31 Nummer 4 oder einer vollziehbaren Anordnung aufgrund einer solchen Rechtsverordnung zuwiderhandelt, soweit die Rechtsverordnung für einen bestimmten Tatbestand auf diese Bußgeldvorschrift verweist.

(2) Die Ordnungswidrigkeit kann in den Fällen des Absatzes 1 Nummer 1 bis 5, 8, 16 und 17 mit einer Geldbuße bis zu dreißigtausend Euro, in den übrigen Fällen mit einer Geldbuße bis zu fünftausend Euro geahndet werden.

§ 33 Strafvorschriften Wer eine in § 32 Absatz 1 Nummer 1 bis 5, 8, 16 und 17 bezeichnete vorsätzliche Handlung begeht und dadurch die Gesundheit der Frau oder ihres Kindes gefährdet, wird mit Freiheitsstrafe bis zu einem Jahr oder mit Geldstrafe bestraft.

Abschnitt 7 – Schlussvorschriften

§ 34 Evaluationsbericht Die Bundesregierung legt dem Deutschen Bundestag zum 1. Januar 2021 einen Evaluationsbericht über die Auswirkungen des Gesetzes vor. Schwerpunkte des Berichts sollen die Handhabbarkeit der gesetzlichen Regelung in der betrieblichen und behördlichen Praxis, die Wirksamkeit und die Auswirkungen des Gesetzes im Hinblick auf seinen Anwendungsbereich, die Auswirkungen der Regelungen zum Verbot der Mehr- und Nachtarbeit sowie zum Verbot der Sonn- und Feiertagsarbeit und die Arbeit des Ausschusses für Mutterschutz sein. Der Bericht darf keine personenbezogenen Daten enthalten.

29. Gesetz über den Nachweis der für ein Arbeitsverhältnis geltenden wesentlichen Bedingungen (Nachweisgesetz – NachwG)

Einleitung

I. Geschichte

Das NachwG geht auf die europäische Nachweisrichtlinie 91/533/EWG v. 14.10.1991 (ABl. L 288/32; abgelöst durch die Transparenz-RL [EU] 2019/1152, EU-ASO Nr. 50) zurück. Wesentlicher Inhalt des Umsetzungsgesetzes war die Verpflichtung des Arbeitgebers, dem Arbeitnehmer bis spätestens einen Monat nach dem vereinbarten Beginn des Arbeitsverhältnisses eine schriftliche, vom Arbeitgeber unterzeichnete Niederschrift über die wesentlichen Vertragsbedingungen (wie z.B. den Arbeitsplatz, die Dauer der Arbeitszeit, die Höhe des Arbeitsentgeltes, die Dauer des Erholungsurlaubs etc.) auszuhändigen (zum Gesetz vgl. *Birk*, NZA 96, 281; *Grünberger*, NJW 95, 2809; *Höland,* AuR 96, 87; *Preis,* NZA 97, 10; *Rehwald,* AiB 95, 625; *Wank*, RdA 96, 21; *Zwanziger,* DB 96, 2027). Durch Gesetz vom 29.6.1998 (BGBl. I 1694) ist § 2 Abs. 1 Nr. 5 richtlinienkonform dahingehend geändert worden, dass der Nachweis eine »kurze Charakterisierung oder Beschreibung« der Tätigkeit des Arbeitnehmers enthalten muss (hierzu *Hohmeister,* BB 98, 1793). Bei Änderungen der wesentlichen Vertragsbedingungen hat der Arbeitgeber den Arbeitnehmer erneut schriftlich zu unterrichten. Der fehlende Besitz eines Nachweises über die wesentlichen Arbeitsbedingungen kann im Einzelfall als Indiz für eine illegale Beschäftigung gewertet werden (BT-Drs. 13/668). Zum Nachweis bei Leiharbeitern s. Einl. II 4 zum AÜG (Nr. 4). Im Zuge des TarifautonomiestärkungsG (v. 11.8.2014, BGBl. I 1348, vgl. Einl. I 1d (1) zum TVG, Nr. 31) wurde das NachwG auf Praktikanten erstreckt, soweit es nicht ohnehin anwendbar ist, weil der »Praktikant« in Wirklichkeit Arbeitnehmer ist (sog. Scheinpraktikum, dazu vgl. Einl. IV zum BBiG, Nr. 10). § 2 Abs. 1a NachwG sieht nunmehr eine Nachweispflicht hinsichtlich der Vertragsbedingungen des Praktikanten vor. Diese Nachweispflicht greift bereits »unverzüglich« nach Vertragsschluss.

Eine wesentliche Erweiterung hat das Nachweisgesetz durch die Umsetzung der EU-Transparenzrichtlinie (EU) 2019/1152 (EU-ASO Nr. 50) erfahren (Gesetz v. 20.7.2022, BGBl. I 1174; dazu *Gaul/Pitzer/Pionteck*, DB 22, 1833; *Preis/Schulze*, NJW 22, 2297): Die Ausnahmevorschrift für kurzzeitige Aushilfen wurde gestrichen. Die Fristen für die Ausstellung des Nachweises und eines Änderungsnachweises wurden gestrafft. Die nachzuweisenden Informationen wurden wesentlich erweitert, unter anderem in Bezug auf eine Probezeit, Entgeltbestandteile, Arbeitszeiten, besondere Bedingungen bei Abrufarbeit, Regelungen für Überstunden, Hinweise auf Fortbildungen, Hinweise auf Versorgungsträger, maßgebliche Be-

stimmungen für die Kündigung des Arbeitsverhältnisses (dazu *Maul-Sartori*, SR 22, 226; *Rolfs/Schmidt*, NZA 22, 945) und um einen allgemeinen Hinweis auf anwendbare Kollektivverträge. Eine besondere Nachweispflicht ist für mehr als vierwöchige Auslandentsendungen vorgesehen mit weiteren Pflichtangaben bei Anwendbarkeit der Entsenderichtlinie 96/71/EG (EU-ASO Nr. 20) gemäß § 1 Abs. 2 und 3 NachwG. Außerdem wurden die Nachweispflichten in § 4 NachwG bußgeldbewehrt.
Aufgrund des Vierten Bürokratieentlastungsgesetzes (v. 23.10.2024, BGBl. I Nr. 323; dazu *Bayreuther*, NZA 24, 1528) genügt anstelle der Schriftform künftig auch ein Nachweis in Textform, der dem Arbeitnehmer in einem ausdruckbaren Format übermittelt worden ist. Ein Nachweis der Arbeitsbedingungen kann durch einen in elektronischer Form geschlossenen Arbeitsvertrag, der dem Arbeitnehmer in ausdruckbarer Form übermittelt wurde, ersetzt werden. Ausnahmen sollen gelten für Wirtschaftszweige, die von § 2a Abs. 1 SchwarzArbG betroffen sind.

II. Rechtliche Bedeutung des Nachweises

Die praktischen Auswirkungen des Gesetzes liegen vor allem im Beweisrecht: Der Arbeitgeber muss beweisen, dass die von ihm schriftlich mitgeteilten Vertragsinhalte unzutreffend sind (*EuGH* 4.12.1997 – C-253/96 bis C-258/96, AuR 98, 80 – Kampelmann u.a.). Bei fehlenden schriftlichen Unterlagen wird dem Arbeitnehmer der Beweis erleichtert (vgl. *LAG Köln* 9.1.1998 – 11 Sa 155/97, BB 98, 1643). Außerdem kann der Arbeitgeber sich schadensersatzpflichtig machen, wenn der Arbeitnehmer eine Ausschlussfrist gerade deshalb versäumt, weil es an dem Nachweis der Arbeitsbedingungen fehlt, und dadurch ein Anspruch untergeht (*BAG* 21.2.2012 – 9 AZR 486/10, DB 12, 1388). Dazu hat das *BAG* klargestellt, dass es nicht schon genügt, wenn der Arbeitgeber auf die Regelung verweist, in der die Ausschlussfrist enthalten ist. Vielmehr bedarf es eines Nachweises der Ausschlussfrist als solcher (30.10.2019 – 6 AZR 465/18, NZA 20, 379). Es greift die Vermutung aufklärungsgemäßen Verhaltens, d.h., dass der Arbeitnehmer eine ihm bekannte Ausschlussfrist gewahrt hätte. Das gilt aber nur in Bezug auf solche Ansprüche, die ihm bereits vor Ablauf der Ausschlussfrist bekannt geworden sind (*BAG* 22.9.2022 – 8 AZR 4/21, NZA 23, 151).
Die Nachweispflicht darf nicht mit einem Schriftformgebot verwechselt werden. Der Arbeitnehmer hat zwar Anspruch auf einen schriftlichen Nachweis. Arbeitsverträge kommen aber auch wirksam zustande, wenn sie nicht schriftlich abgeschlossen werden (zu Besonderheiten bei der Form vgl. Einl. II 8 zum BGB, Nr. 14; zur Schriftform für Befristungen vgl. § 14 Abs. 4 TzBfG, Nr. 32).

Wichtige Entscheidungen

EuGH 4.12.1997 – C-253/96 bis C-258/96, AuR 1998, 80 – Kampelmann u.a.
BAG 22.9.2022 – 8 AZR 4/21, NZA 2023, 151

Weiterführende Literatur

Kolbe, Mehr als ein neues Nachweisrecht – Zur Umsetzung der Arbeitsbedingungenrichtlinie in das deutsche Recht, EuZA 2023, S. 3
Lakies, Inhaltskontrolle von Arbeitsverträgen (2014), Teil B

Gesetz über den Nachweis der für ein Arbeitsverhältnis geltenden wesentlichen Bedingungen (Nachweisgesetz – NachwG)

vom 20. Juli 1995 (BGBl. I 946),
zuletzt geändert durch Gesetz vom 23. Oktober 2024 (BGBl. 2024 I Nr. 323)

§ 1 Anwendungsbereich Dieses Gesetz gilt für alle Arbeitnehmer. Praktikanten, die gemäß § 22 Absatz 1 des Mindestlohngesetzes als Arbeitnehmer gelten, sind Arbeitnehmer im Sinne dieses Gesetzes.

§ 2 Nachweispflicht (1) Der Arbeitgeber hat die wesentlichen Vertragsbedingungen des Arbeitsverhältnisses innerhalb der Fristen des Satzes 9 schriftlich niederzulegen, die Niederschrift zu unterzeichnen und dem Arbeitnehmer auszuhändigen. Die Niederschrift nach Satz 1 kann in Textform (§ 126b des Bürgerlichen Gesetzbuchs) abgefasst und elektronisch übermittelt werden, sofern das Dokument für den Arbeitnehmer zugänglich ist, gespeichert und ausgedruckt werden kann und der Arbeitgeber den Arbeitnehmer mit der Übermittlung auffordert, einen Empfangsnachweis zu erteilen. Im Fall des Satzes 2 hat der Arbeitgeber auf Verlangen des Arbeitnehmers die Niederschrift unter Hinweis auf den Geltungsbeginn der wesentlichen Vertragsbedingungen unverzüglich in der Form der Sätze 1 und 8 zu erteilen. Satz 3 gilt entsprechend, wenn die wesentlichen Vertragsbedingungen nicht nachgewiesen wurden. Die Verjährung des Anspruchs nach den Sätzen 3 und 4 beginnt mit dem Schluss des Jahres, in dem das Arbeitsverhältnis endet. Die Sätze 2 bis 5 finden keine Anwendung auf Arbeitnehmer, die in einem Wirtschaftsbereich oder Wirtschaftszweig nach § 2a Absatz 1 des Schwarzarbeitsbekämpfungsgesetzes tätig sind. In die Niederschrift sind mindestens aufzunehmen:

1. der Name und die Anschrift der Vertragsparteien,
2. der Zeitpunkt des Beginns des Arbeitsverhältnisses,
3. bei befristeten Arbeitsverhältnissen: das Enddatum oder die vorhersehbare Dauer des Arbeitsverhältnisses,
4. der Arbeitsort oder, falls der Arbeitnehmer nicht nur an einem bestimmten Arbeitsort tätig sein soll, ein Hinweis darauf, daß der Arbeitnehmer an verschiedenen Orten beschäftigt werden oder seinen Arbeitsort frei wählen kann,
5. eine kurze Charakterisierung oder Beschreibung der vom Arbeitnehmer zu leistenden Tätigkeit,
6. sofern vereinbart, die Dauer der Probezeit,
7. die Zusammensetzung und die Höhe des Arbeitsentgelts einschließlich der Vergütung von Überstunden, der Zuschläge, der Zulagen, Prämien und Sonderzahlungen sowie anderer Bestandteile des Arbeitsentgelts, die jeweils getrennt anzugeben sind, und deren Fälligkeit sowie die Art der Auszahlung,
8. die vereinbarte Arbeitszeit, vereinbarte Ruhepausen und Ruhezeiten sowie bei vereinbarter Schichtarbeit das Schichtsystem, der Schichtrhythmus und Voraussetzungen für Schichtänderungen,

9. bei Arbeit auf Abruf nach § 12 des Teilzeit- und Befristungsgesetzes:
   a) die Vereinbarung, dass der Arbeitnehmer seine Arbeitsleistung entsprechend dem Arbeitsanfall zu erbringen hat,
   b) die Zahl der mindestens zu vergütenden Stunden,
   c) der Zeitrahmen, bestimmt durch Referenztage und Referenzstunden, der für die Erbringung der Arbeitsleistung festgelegt ist, und
   d) die Frist, innerhalb derer der Arbeitgeber die Lage der Arbeitszeit im Voraus mitzuteilen hat,
10. sofern vereinbart, die Möglichkeit der Anordnung von Überstunden und deren Voraussetzungen,
11. die Dauer des jährlichen Erholungsurlaubs,
12. ein etwaiger Anspruch auf vom Arbeitgeber bereitgestellte Fortbildung,
13. wenn der Arbeitgeber dem Arbeitnehmer eine betriebliche Altersversorgung über einen Versorgungsträger zusagt, der Name und die Anschrift dieses Versorgungsträgers; die Nachweispflicht entfällt, wenn der Versorgungsträger zu dieser Information verpflichtet ist,
14. das bei der Kündigung des Arbeitsverhältnisses von Arbeitgeber und Arbeitnehmer einzuhaltende Verfahren, mindestens das Schriftformerfordernis und die Fristen für die Kündigung des Arbeitsverhältnisses, sowie die Frist zur Erhebung einer Kündigungsschutzklage; § 7 des Kündigungsschutzgesetzes ist auch bei einem nicht ordnungsgemäßen Nachweis der Frist zur Erhebung einer Kündigungsschutzklage anzuwenden,
15. ein in allgemeiner Form gehaltener Hinweis auf die auf das Arbeitsverhältnis anwendbaren Tarifverträge, Betriebs- oder Dienstvereinbarungen sowie Regelungen paritätisch besetzter Kommissionen, die auf der Grundlage kirchlichen Rechts Arbeitsbedingungen für den Bereich kirchlicher Arbeitgeber festlegen.

Der Nachweis der wesentlichen Vertragsbedingungen nach Satz 1 in elektronischer Form ist ausgeschlossen. Dem Arbeitnehmer ist die Niederschrift mit den Angaben nach Satz 7 Nummer 1, 7 und 8 spätestens am ersten Tag der Arbeitsleistung, die Niederschrift mit den Angaben nach Satz 7 Nummer 2 bis 6, 9 und 10 spätestens am siebten Kalendertag nach dem vereinbarten Beginn des Arbeitsverhältnisses und die Niederschrift mit den übrigen Angaben nach Satz 7 spätestens einen Monat nach dem vereinbarten Beginn des Arbeitsverhältnisses auszuhändigen.

(1 a) Wer einen Praktikanten einstellt, hat unverzüglich nach Abschluss des Praktikumsvertrages, spätestens vor Aufnahme der Praktikantentätigkeit, die wesentlichen Vertragsbedingungen schriftlich niederzulegen, die Niederschrift zu unterzeichnen und dem Praktikanten auszuhändigen. In die Niederschrift sind mindestens aufzunehmen:

1. der Name und die Anschrift der Vertragsparteien,
2. die mit dem Praktikum verfolgten Lern- und Ausbildungsziele,
3. Beginn und Dauer des Praktikums,
4. Dauer der regelmäßigen täglichen Praktikumszeit,
5. Zahlung und Höhe der Vergütung,
6. Dauer des Urlaubs,

7. ein in allgemeiner Form gehaltener Hinweis auf die Tarifverträge, Betriebs- oder Dienstvereinbarungen, die auf das Praktikumsverhältnis anzuwenden sind.

Absatz 1 Satz 8 gilt entsprechend.

(2) Hat der Arbeitnehmer seine Arbeitsleistung länger als vier aufeinanderfolgende Wochen außerhalb der Bundesrepublik Deutschland zu erbringen, so hat der Arbeitgeber dem Arbeitnehmer vor dessen Abreise die Niederschrift nach Absatz 1 Satz 1 mit allen wesentlichen Angaben nach Absatz 1 Satz 7 und folgenden zusätzliche Angaben auszuhändigen:

1. das Land oder die Länder, in dem oder in denen die Arbeit im Ausland geleistet werden soll, und die geplante Dauer der Arbeit,
2. die Währung, in der die Entlohnung erfolgt,
3. sofern vereinbart, mit dem Auslandsaufenthalt verbundene Geld- oder Sachleistungen, insbesondere Entsendezulagen und zu erstattende Reise-, Verpflegungs- und Unterbringungskosten,
4. die Angabe, ob eine Rückkehr des Arbeitnehmers vorgesehen ist, und gegebenenfalls die Bedingungen der Rückkehr.

Auf die Verpflichtung nach Satz 1 finden folgende Regelungen entsprechende Anwendung:

1. Absatz 1 Satz 2, 5 und 6 sowie
2. Absatz 1 Satz 3 und 4.

(3) Fällt ein Auslandsaufenthalt nach Absatz 2 in den Anwendungsbereich der Richtlinie 96/71/EG des Europäischen Parlaments und des Rates vom 16. Dezember 1996 über die Entsendung von Arbeitnehmern im Rahmen der Erbringung von Dienstleistungen (ABl. L 18 vom 21. 1. 1997, S. 1), die durch die Richtlinie (EU) 2018/957 (ABl. L 173 vom 9. 7. 2018, S. 16) geändert worden ist, muss die Niederschrift nach Absatz 1 Satz 1 neben den Angaben nach Absatz 2 auch folgende zusätzliche Angaben enthalten:

1. die Entlohnung, auf die der Arbeitnehmer nach dem Recht des Mitgliedstaats oder der Mitgliedstaaten, in dem oder in denen der Arbeitnehmer seine Arbeit leisten soll, Anspruch hat,
2. den Link zu der einzigen offiziellen nationalen Website, die der Mitgliedstaat, in dem der Arbeitnehmer seine Arbeit leisten soll, betreibt nach Artikel 5 Absatz 2 Buchstabe a der Richtlinie 2014/67/EU des Europäischen Parlaments und des Rates vom 15. Mai 2014 zur Durchsetzung der Richtlinie 96/71/EG über die Entsendung von Arbeitnehmern im Rahmen der Erbringung von Dienstleistungen und zur Änderung der Verordnung (EU) Nr. 1024/2012 über die Verwaltungszusammenarbeit mit Hilfe des Binnenmarkt-Informationssystems – (»IMI-Verordnung«) (ABl. L 159 vom 28. 5. 2014, S. 11).

Auf die Verpflichtung nach Satz 1 finden folgende Regelungen entsprechende Anwendung:

1. Absatz 1 Satz 2, 5 und 6 sowie
2. Absatz 1 Satz 3 und 4.

(4) Die Angaben nach Absatz 1 Satz 7 Nummer 6 bis 8 und 10 bis 14 können ersetzt werden durch einen Hinweis auf die auf das Arbeitsverhältnis anwendbaren Tarifverträge, Betriebs- oder Dienstvereinbarungen sowie Regelungen paritätisch

besetzter Kommissionen, die auf der Grundlage kirchlichen Rechts Arbeitsbedingungen für den Bereich kirchlicher Arbeitgeber festlegen. Ist in den Fällen des Absatzes 1 Satz 7 Nummer 11 und 14 die jeweilige gesetzliche Regelung maßgebend, so kann hierauf verwiesen werden. Die Angaben nach Absatz 2 Satz 1 Nummer 2 und Absatz 3 Satz 1 Nummer 1 können ersetzt werden durch einen Hinweis auf konkrete Bestimmungen der einschlägigen Rechts- und Verwaltungsvorschriften und Satzungen oder Tarifverträge, Betriebs- oder Dienstvereinbarungen sowie Regelungen paritätisch besetzter Kommissionen, die auf der Grundlage kirchlichen Rechts Arbeitsbedingungen für den Bereich kirchlicher Arbeitgeber festlegen.

(5) Wenn dem Arbeitnehmer ein schriftlicher Arbeitsvertrag ausgehändigt worden ist, entfällt die Verpflichtung nach den Absätzen 1, 2 und 3, soweit der Vertrag die in den Absätzen 1 bis 4 geforderten Angaben enthält. Ist dem Arbeitnehmer ein Arbeitsvertrag in Textform nach Maßgabe des Absatzes 1 Satz 2 übermittelt worden, entfällt die Verpflichtung nach Absatz 1 Satz 1 und 2 und den Absätzen 2 und 3, soweit der Vertrag die in den Absätzen 1 bis 4 geforderten Angaben enthält; unberührt bleibt der Anspruch nach Absatz 1 Satz 3, auch in Verbindung mit Absatz 2 Satz 2 Nummer 2 oder Absatz 3 Satz 2 Nummer 2. Satz 2 gilt nicht in den Fällen des Absatzes 1 Satz 6.

§ 3 Änderung der Angaben (1) Eine Änderung der wesentlichen Vertragsbedingungen oder der in § 2 Absatz 2 und 3 genannten Angaben ist dem Arbeitnehmer spätestens an dem Tag, an dem sie wirksam wird, schriftlich mitzuteilen. Auf die Verpflichtung nach Satz 1 finden folgende Regelungen entsprechende Anwendung

1. § 2 Absatz 1 Satz 2, 5 und 6 sowie
2. § 2 Absatz 1 Satz 3 und 4.

Satz 1 gilt nicht bei einer Änderung der auf das Arbeitsverhältnis anwendbaren gesetzlichen Vorschriften, Tarifverträge, Betriebs- oder Dienstvereinbarungen sowie Regelungen paritätisch besetzter Kommissionen, die auf der Grundlage kirchlichen Rechts Arbeitsbedingungen für den Bereich kirchlicher Arbeitgeber festlegen.

(2) Die Verpflichtung nach Absatz 1 Satz 1 entfällt, sofern dem Arbeitnehmer hinsichtlich der Änderung ein schriftlicher Änderungsvertrag ausgehändigt worden ist. Das Gleiche gilt, wenn dem Arbeitnehmer hinsichtlich der Änderung ein Änderungsvertrag in Textform nach Maßgabe des § 2 Absatz 1 Satz 2 übermittelt worden ist; unberührt bleibt der Anspruch nach § 2 Absatz 1 Satz 3. Satz 2 gilt nicht in den Fällen des § 2 Absatz 1 Satz 6.

§ 4 Bußgeldvorschriften (1) Ordnungswidrig handelt, wer

1. entgegen § 2 Absatz 1 Satz 1 eine in § 2 Absatz 1 Satz 7 genannte wesentliche Vertragsbedingung nicht, nicht richtig, nicht vollständig, nicht in der vorgeschriebenen Weise oder nicht rechtzeitig aushändigt,
2. entgegen § 2 Absatz 1 Satz 3, auch in Verbindung mit Satz 4, jeweils auch in Verbindung mit § 2 Absatz 2 Satz 2 Nummer 2, Absatz 3 Satz 2 Nummer 2 oder § 3 Absatz 1 Satz 2 Nummer 2, eine dort genannte Niederschrift nicht, nicht richtig, nicht vollständig oder nicht rechtzeitig erteilt,

3. entgegen § 2 Absatz 2 Satz 1, auch in Verbindung mit Absatz 3 Satz 1, eine dort genannte Niederschrift nicht, nicht richtig, nicht vollständig oder nicht rechtzeitig aushändigt oder
4. entgegen § 3 Absatz 1 Satz 1 eine Mitteilung nicht, nicht richtig, nicht vollständig, nicht in der vorgeschriebenen Weise oder nicht rechtzeitig macht.

(2) Die Ordnungswidrigkeit kann mit einer Geldbuße bis zu zweitausend Euro geahndet werden.

§ 5 Übergangsvorschrift Hat das Arbeitsverhältnis bereits vor dem 1. August 2022 bestanden, so ist dem Arbeitnehmer auf sein Verlangen spätestens am siebten Tag nach Zugang der Aufforderung beim Arbeitgeber die Niederschrift mit den Angaben nach § 2 Absatz 1 Satz 7 Nummer 1 bis 10 auszuhändigen; die Niederschrift mit den übrigen Angaben nach § 2 Absatz 1 Satz 7 ist spätestens einen Monat nach Zugang der Aufforderung auszuhändigen. Soweit eine früher ausgestellte Niederschrift oder ein schriftlicher Arbeitsvertrag die nach diesem Gesetz erforderlichen Angaben enthält, entfällt diese Verpflichtung.

§ 6 Unabdingbarkeit Von den Vorschriften dieses Gesetzes kann nicht zuungunsten des Arbeitnehmers abgewichen werden.

30 I. Sozialgesetzbuch (SGB) Erstes Buch Allgemeiner Teil

Einleitung

I. Geschichtliche Entwicklung des Sozialgesetzbuchs

Die am 1. 1. 1912 in Kraft getretene Reichsversicherungsordnung (RVO) stellte eine Zusammenfassung der Gesetze über die Kranken-, Unfall-, Alters- und Invaliditätsversicherung dar. Diese Gesetze aus den Jahren 1883, 1884 und 1889 gingen zurück auf die von Bismarck veranlasste »Kaiserliche Botschaft« vom 17. 11. 1881 über die Einführung der Sozialversicherung. Ihr Ziel war es erklärtermaßen, der organisierten Arbeiterbewegung und deren Selbsthilfeeinrichtungen durch eine »positive Förderung des Wohles der Arbeiter« das Wasser abzugraben: Und eben damit waren sie ein Resultat der Stärke dieser Arbeiterbewegung. Insofern bildet die Entstehung der Sozialversicherungsgesetze, mit denen der Grundstein für die heutige soziale Sicherung der Arbeitnehmer gelegt wurde, ein Lehrstück in Bezug auf die Durchsetzung sozialpolitischer Reformen selbst unter Regierungen, denen nichts weniger am Herzen liegt, als die Interessen der Arbeitnehmer. (Dabei darf natürlich nicht übersehen werden, wie niedrig die Leistungen aufgrund der ersten Bismarckschen Gesetze waren und welch eingeschränkter Personenkreis nur Ansprüche erwerben konnte, z. B. bei einem Rentenalter von 70 Jahren!)
Das geltende, nicht nur vorübergehenden Zwecken (z. B. Lastenausgleich) dienende Sozialrecht, von dem geschätzt wurde, dass es in etwa 800 Gesetzen und Verordnungen enthalten war, war im Laufe der Jahrzehnte aber immer unüberschaubarer geworden. Obwohl es existentielle Bedeutung für beinahe jeden Bürger, jedenfalls für die Arbeitnehmer hatte, war es außer für wenige, jeweils auf Teilbereiche konzentrierte Spezialisten kaum mehr erschließbar, geschweige denn im Detail verständlich. Diese Situation wurde in der Regierungserklärung von Bundeskanzler Brandt vom 28. 10. 1969 aufgegriffen, und mit Blick auf die Notwendigkeiten eines sozialen Rechtsstaats die Zusammenfassung des geltenden Sozialrechts zu einem zeitgemäßen SGB angekündigt. (In der gleichen Regierungserklärung wurde die Zusammenfassung des Arbeitsrechts in einem Arbeitsgesetzbuch angekündigt, vgl. Einl. I 2b zum BGB, Nr. 14.) Ausgehend hiervon berief die Bundesregierung am 19. 3. 1970 eine Sachverständigenkommission, auf Grund deren Vorarbeiten im Mai 1972 der Regierungsentwurf des SGB-AT (Allgemeiner Teil des Sozialgesetzbuchs, s. u. II) beschlossen wurde. Zur Verabschiedung des Gesetzes kam es aber erst in der 7. Legislaturperiode des Deutschen Bundestages, wobei sich der Bundesrat vor allem gegen die nunmehr ab 1. 1. 1978 geltende Zinsregelung (Art. I § 44) wandte. Seither sind die Bücher I bis XII sowie XIV verabschiedet worden.

II. Wesentlicher Gesetzesinhalt

Eine Zusammenfassung und Harmonisierung des geltenden Sozialrechts ist außerordentlich schwierig und nicht in einem Zuge zu verwirklichen (Übersicht 58). Deshalb sah sich der Gesetzgeber vor das Problem gestellt, den richtigen Einstieg für dieses Vorhaben zu finden. Dies ist nunmehr geschehen, indem allgemeine, in allen sozialrechtlichen Bereichen gleichermaßen auftauchende Fragen gewissermaßen »vor die Klammer« gezogen und einheitlich geregelt wurden. Dabei ist zum einen die Substanz der die einzelnen Sozialleistungen konkret regelnden Gesetze unangetastet geblieben; diese Gesetze gelten gemäß § 68 SGB I nunmehr bis zu ihrer Einordnung in das SGB als »Besondere Teile des Sozialgesetzbuches«. Allerdings ist die Einordnung in das SGB für die meisten Gesetze inzwischen erfolgt, insbesondere für die Sozialversicherung (SGB IV–SGB VII sowie SGB XI) und die Arbeitslosenversicherung (SGB III). Wichtige Bereiche, die noch außerhalb des SGB geregelt sind, sind etwa das BAföG oder das Wohngeld (§ 68 Nr. 1, 10 SGB I). Zum anderen enthält das SGB-AT eine Reihe von Bestimmungen, die entweder als Einweisungsvorschriften nur informatorischen Charakter haben (§§ 18–29 SGB I: einzelne Sozialleistungen und zuständige Sozialleistungsträger) oder als soziale Rechte (§§ 2–10 SGB I) durch die besonderen Teile des SGB erst ausgefüllt werden müssen, dabei aber umgekehrt auch auf die Auslegung dieser konkretisierenden Bestimmungen Einfluss gewinnen. Damit vermittelt das SGB I die Übersicht darüber, welche sozialen Rechte der Einzelne eigentlich besitzt (Checkliste 59). Dies ist auch das gesetzgeberische Motiv für die Informationsvorschriften der §§ 13–15 SGB I, mit denen die Sozialleistungsträger zur Aufklärung, Beratung und Auskunft verpflichtet werden (hierzu *Krasney,* FS Franke, 1993, 419). Deren Verletzung kann nach der Rechtsprechung einen sozialrechtlichen Herstellungsanspruch auslösen (*BSG* 4. 9. 2013 – B 12 AL 2/21 R, NZS 14, 196; vgl. *Schnitzer*, NZS 23, 54; Checklise 60). Danach sind Sozialleistungsberechtigte so zu stellen, wie sie stünden, wären sie ordnungsgemäß informiert worden, sodass beispielsweise ein Antrag rechtzeitig gestellt worden wäre. Der Stärkung der Position des Leistungsberechtigten dienen auch § 16 SGB I, demzufolge ein Antrag bei einem unzuständigen Leistungsträger bestehende Fristen wahrt, und § 17 SGB I, der die verschiedenen Sozialleistungsträger zur Zusammenarbeit im Interesse der Sozialleistungsberechtigten verpflichtet.

Die allen Sozialleistungsbereichen gemeinsamen Vorschriften sind im 3. Abschnitt (§§ 30–67 SGB I) enthalten. Es betrifft dies vor allem

- den räumlichen Anwendungsbereich des Gesetzes (§ 30 SGB I);
- Benachteiligungsverbot (§ 33c SGB I);
- die Handlungsfähigkeit im Sozialrecht (ab dem 15. Lebensjahr, § 36 SGB I);
- Grundsätze über Ansprüche auf Sozialleistungen, Vorschüsse und vorläufige Leistungen (§§ 38–43 SGB I);
- die Verzinsung von Ansprüchen auf Geldleistungen mit 4 % (§ 44 SGB I);
- die Verjährungsfrist von 4 Jahren (§ 45 SGB I);
- die Auszahlung von Geldleistungen (§§ 47–50 SGB I) und deren Aufrechnung und Verrechnung durch den Leistungsträger (§§ 51–52 SGB I);
- die Rechtsnachfolge in sozialrechtliche Ansprüche (§§ 53–59 SGB I).

- Schließlich regeln die §§ 60–67 SGB I die Mitwirkungspflichten des Leistungsberechtigten gegenüber dem Leistungsträger. Dabei ist das Wort »Pflichten« ungenau, denn es handelt sich in Wahrheit um »Obliegenheiten«, bei deren Nichterfüllung die Sozialleistungen versagt werden können.

III. Sozialgerichtsbarkeit

Über Sozialleistungen wird in der der Arbeitsgerichtsbarkeit vergleichbaren, noch kostengünstigeren Sozialgerichtsbarkeit entschieden (Übersicht 61). Diskussionen um eine Zusammenlegung der Sozialgerichtsbarkeit mit der Verwaltungsgerichtsbarkeit, die schon erledigt schienen, lebten wieder auf, nachdem die 82. Justizministerkonferenz eine diesbezügliche Öffnungsklausel für die Länder gefordert hat. Das Bundessozialgericht (BSG) ist allerdings in seiner Eigenständigkeit als ein oberster Gerichtshof des Bundes gemäß Art. 95 Abs. 1 GG (Nr. 20) verfassungsrechtlich garantiert. Am wichtigsten sind dessen Entscheidungen über Revisionen, d. h. die Geltendmachung, dass ein Gericht das Recht falsch angewendet hat.
Vor den Sozialgerichten wurden im Jahr 2022 knapp 242 000 Klagen anhängig gemacht. Knapp 284 000 Verfahren wurden erledigt. Bei den Landessozialgerichten gingen gut 21 000 Berufungen ein und gut 23 000 wurden erledigt. Beim Bundessozialgericht gingen 229 Revisionen ein, während 236 erledigt wurden. Überdies gab es dort 1030 Nichtzulassungsbeschwerden, 1178 wurden erledigt (alle Angaben nach *www.destatis.de*).
Wie in der Arbeitsgerichtsbarkeit (Einl. III 1 zum ArbGG, Nr. 5) gibt es auch in der Sozialgerichtsbarkeit gemäß § 202 SGG, §§ 278 Abs. 5, 278a ZPO die Möglichkeit zur Verweisung für die Güteverhandlung vor einen Güterichter und zum Vorschlag der Mediation oder anderweitigen gerichtlichen Streitbeilegung durch das Gericht.

IV. Rechtspolitische Vorhaben

Die Bundesregierung plant ein Vorhaben mit erheblichen Auswirkungen für das gesamte Sozialrecht (»Verantwortung für Deutschland«, Koalitionsvertrag zwischen CDU, CSU und SPD, 21. Legislaturperiode, Zeilen 443 ff.). Sie möchte Sozialleistungen besser aufeinander abstimmen und zusammenfassen. Angestrebt ist, wo möglich, Leistungen und Beratungen aus einer Hand zu erbringen. Verfügbare Daten sollen genutzt werden, um auf Leistungsansprüche hinzuweisen und deren Beantragung zu vereinfachen. Zur Vereinfachung von Zuständigkeiten und Schnittstellen ist eine grundsätzliche Betrachtung und Reform angestrebt. Eine Kommission zur Sozialstaatsreform soll dazu Empfehlungen erarbeiten.

Weiterführende Literatur

Handbücher und Kommentare

Deinert, Sozialrecht (2025), 17. Kap.: Der Vollzug des Sozialrechts in Verwaltung und Justiz

Sozialgesetzbuch I

Deinert/Wenckebach/Zwanziger-*Winkelmann*, Arbeitsrecht, § 17 (Grundzüge des Sozialrechts)
Deinert/Wenckebach/Zwanziger-*Hlava*, Arbeitsrecht, § 19 (Verhältnis zwischen Arbeitsrecht und Sozialrecht)
BeckOGK-SGB I, auch Loseblatt (Kasseler Kommentar zum Sozialversicherungsrecht)
Brackmann, Handbuch der Sozialversicherung einschließlich des SGB, Loseblatt
Brall/Kerschbaumer/Scheer/Westermann (Hrsg.), Sozialrecht, 2. Aufl. (2017)
Hauck/Noftz, Sozialgesetzbuch, SGB I, Allgemeiner Teil, Loseblatt
Knickrehm/Roßbach/Waltermann (Hrsg.), Kommentar zum Sozialrecht, 9. Aufl. (2025)
v.Koppenfels-Spies/Wenner (Hrsg.), SGB I, 3. Aufl. (2023)
Krahmer/Trenk-Hinterberger (Hrsg.), SGB I, 5. Aufl. (2025)
Mrozynski, SGB I, Kommentar, 7. Aufl. (2024)
Ruland/Becker/Axer (Hrsg.), Sozialrechtshandbuch (SRH), 7. Aufl. (2022)

Aufsätze

André, Reichsversicherungsordnung ade!, BArbBl. 10/96, 14
Dürschke, Güterichter statt Mediator – Güteverhandlung und Mediation im sozialgerichtlichen Verfahren, NZS 2013, S. 41
Eichenhofer, Soziale Rechte im Sozialgesetzbuch, SGb 2011, S. 301
Eichenhofer, Sozialrecht als System, SGb 2022, S. 647
Husmann, Das Allgemeine Gleichbehandlungsgesetz (AGG) und seine Auswirkungen auf das Sozialrecht (Teil I und II), ZESAR 2007, S. 13 und S. 58
Standfest, Hundert Jahre »Kaiserliche Botschaft«, SozSich 1981, S. 321
Tennstedt, »Nur nicht privat mit Dividende und Konkurs« – Der deutsche Weg zum Sozialstaat, Festschrift Wolfgang Gitter (1995), S. 993

Übersicht 57: Grundzüge des Sozialrechts

Beiträge → Gesamtsozialversicherungsbeitrag

Steueraufkommen → Bundeszuschuss; Staatliche Sozialleistungen

Gesamtsozialversicherungsbeitrag:

- Beiträge zu Sozialversicherungen: AG+AN 1/2, außer Beiträge zur Unfallversicherung: AG zu 100%; Zusatzbeitrag für Mitglieder in Krankenversicherung → abzuführen an Krankenkasse

Bundeszuschuss

Staatliche Sozialleistungen:

- Sozialhilfe
- Versorgung
- Ausbildungsförderung
- Bürgergeld
- Kinder- und Jugendhilfe
- Wohngeld
- Leistungen bei gleitendem Übergang älterer Arbeitnehmer in den Ruhestand
- Leistungen für schwerbehinderte Menschen

Gesamtsozialversicherungsbeitrag, Bundeszuschuss → Soziale Pflichtversicherungen

Soziale Pflichtversicherungen:

- Krankenversicherung
- Rentenversicherung
- Unfallversicherung
- Arbeitslosenversicherung
- Pflegeversicherung

Soziale Pflichtversicherungen, Staatliche Sozialleistungen → Einzelne Sozialleistungen

Einzelne Sozialleistungen: (§§ 18 ff. SGB I)

- Rechtsanspruch des Bürgers
- Anspruch auf Beratung durch Leistungsträger
- Antragstellung auch bei unzuständigem Leistungsträger
- Anspruch auf Vorschuss und vorläufige Leistung
- Mitwirkungspflichten (Angabe von Tatsachen, ärztliche Untersuchung)

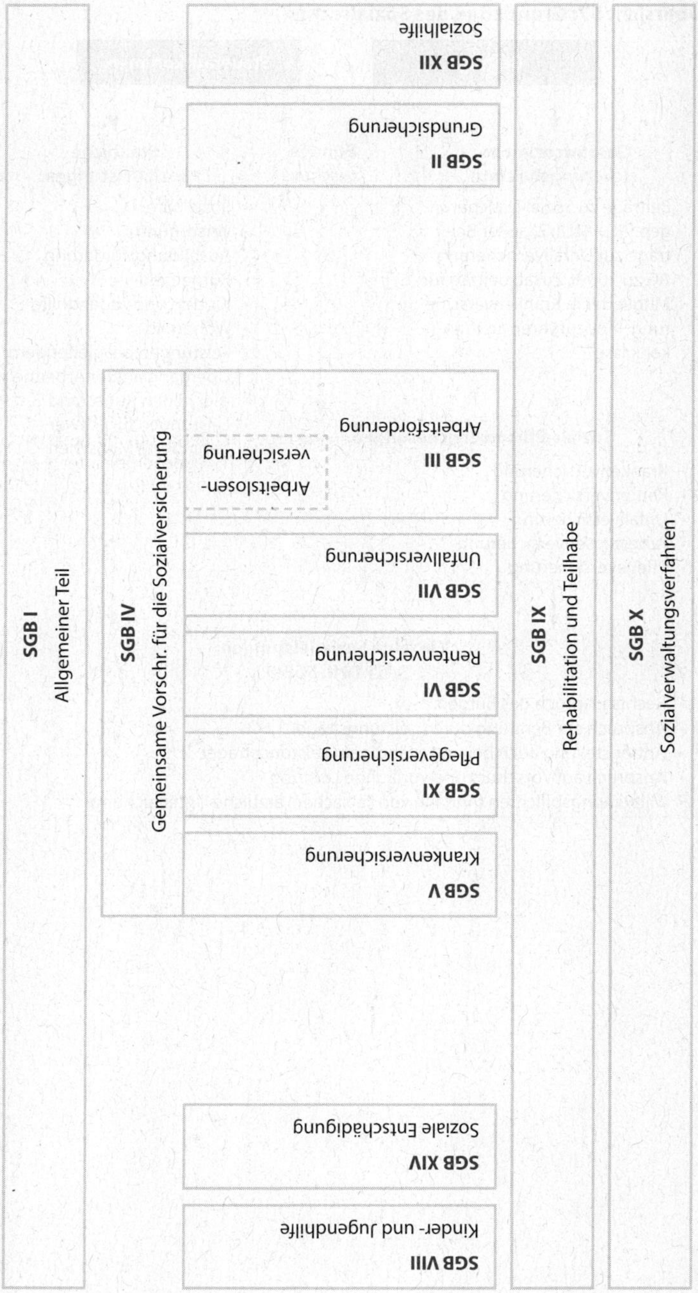

Übersicht 58: Struktur des Sozialgesetzbuchs

Übersicht 59: Sozialrechtlicher Anspruch

Frage	Bemerkung
1. Versicherter	Voraussetzung für den Anspruch auf eine Versicherungsleistung ist die Eigenschaft als Versicherter. Diese Eigenschaft kann kraft eigener Versicherung oder als Familienmitglied bestehen. Die eigene Versicherung beruht entweder auf Pflichtversicherung in der Eigenschaft als »Beschäftigter« (was dem arbeitsrechtlichen Arbeitnehmerbegriff entspricht) oder auf freiwilliger Versicherung (§ 2 SGB IV).
2. Leistung	Es muss geklärt werden, welche konkrete Sozialleistung begehrt wird. Eine Übersicht über die infrage kommenden Leistungen enthalten die §§ 18–29 SGB I.
3. Träger	Welcher Träger für welche Leistung zuständig ist, ergibt sich jeweils aus Abs. 2 der §§ 18–29 SGB I.
4. Beratung	Potenzielle Leistungsempfänger haben gegenüber den Leistungsträgern einen Anspruch auf Beratung und Auskunft (§§ 14, 15 SGB I). Kann ein Anspruch wegen fehlerhafter Beratung durch den Leistungsträger nicht realisiert werden, hat der Leistungsempfänger einen sog. Herstellungsanspruch.
5. Leistungs-grundsätze	Alle Sozialleistungen werden nach gesetzlich geregelten Grundsätzen erbracht. Sie sind im SGB I und ggf. ergänzend in den einzelnen Leistungsgesetzen geregelt. Insbesondere sind die Leistungsträger bei Ermessensleistungen nicht frei, sondern an gesetzliche Vorgaben gebunden (§ 39 SGB I).
6. Verfahren	Voraussetzung für eine Leistung ist i. d. R. ein Antrag des Leistungsempfängers. Er muss u. U. Mitwirkungspflichten nachkommen, um den Anspruch auf eine Sozialleistung zu erhalten (z.B. Duldung einer ärztlichen Untersuchung, § 62 SGB I). Die zentralen Verfahrensgrundsätze sind im SGB X enthalten.
7. Streitigkeiten	Gegen die Entscheidung eines Leistungsträgers kann beim Sozialgericht geklagt werden. Davor ist bei der Stelle, die den Verwaltungsakt erlassen hat, ein Widerspruch einzulegen (§ 84 SGG).

30 I

Checkliste 60: Sozialrechtlicher Herstellungsanspruch

I. Hauptanwendungsfall

- Wiederherstellung des Sozialleistungsanspruchs im Wege der Restitution
- Verletzung der Betreuungs- bzw. Beratungspflicht, fehlerhafte Beratung bei Gestaltungsrechten.
- verschuldensunabhängig
- auch bei Fehlern anderer in das Verfahren eingeschalteter Behörden
- keine spezielle Regelung, keine konzeptionelle Regelung durch Härteklauseln, Einsetzungsregeln oder Fiktionen
- Begehrte Leistung muss in rechtlich zulässiger Weise erbracht werden können.

II. Pflichtverletzung

1. Der Leistungsträger verletzt eine Haupt- oder Nebenpflicht gegenüber dem Anspruchsteller aus dem jeweiligen Sozialrechtsverhältnis,
2. die ihm gerade diesem gegenüber oblag,
3. die er objektiv rechtswidrig oder schlecht erfüllt hat,
4. durch eigene Organe oder andere Leistungsträger, falls diese durch das SGB oder durch Vertrag mit der Erfüllung dieser Pflicht für die Leistungsträger beauftragt waren.

III. Bewirkung eines sozialrechtlichen Nachteils

1. Pflichtverletzung war mindestens gleichwertig neben anderen Bedingungen dafür verantwortlich (ursächlich),
2. dass ein Recht des Betroffenen,
3. das ihm im jeweiligen Sozialrechtverhältnis aufgrund von Vorschriften des SGB gegen den Leistungsträger zugestanden hat oder ohne die Pflichtverletzung zugestanden hätte,
4. nun überhaupt nicht oder nicht mehr oder nicht in dem vom Primärzweck bezweckten Umfang zusteht.

IV. Schutzzweckzusammenhang zwischen Pflichtverletzung und Nachteil

Die Pflicht muss gerade darin bestehen, den Anspruchsteller vor genau den eingetretenen Nachteilen zu schützen. Wichtigste Fallgruppe: Fehlerhafte Beratung bei Gestaltungsrechten.
Kein nur tatsächliches Verhalten des Betroffenen (Beispiel: Aufgrund eines Beratungsfehlers erfolgt die Arbeitslosmeldung zu spät).

Übersicht 61: Sozialgerichtsbarkeit

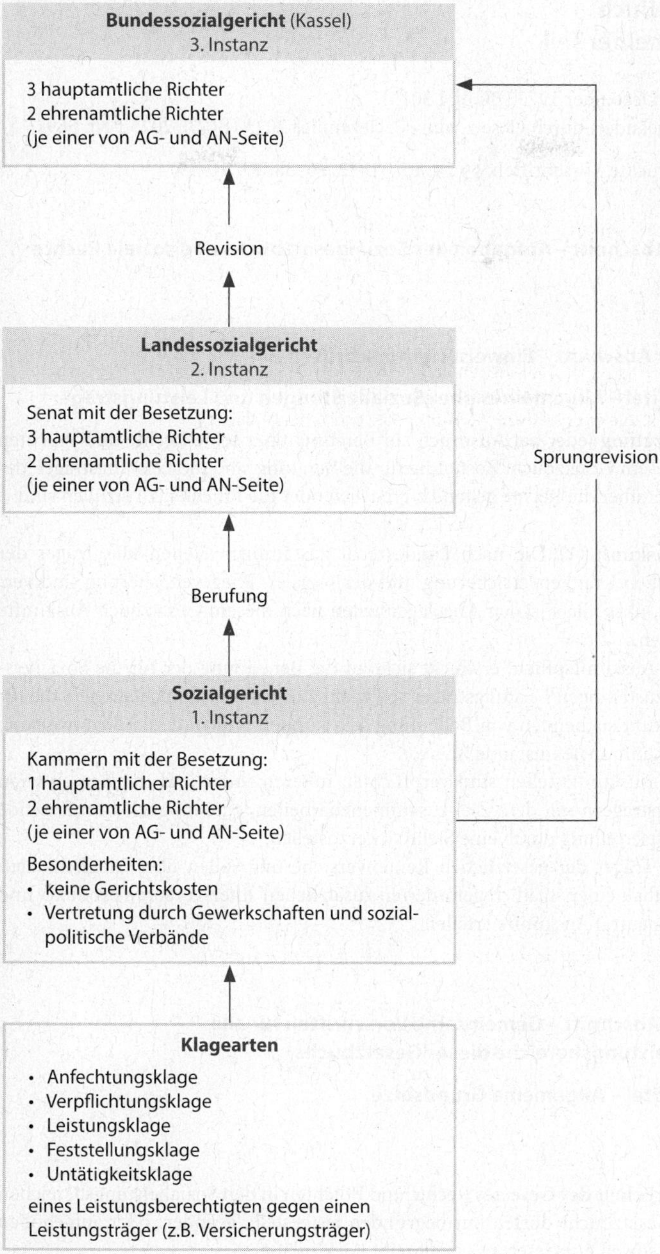

Sozialgesetzbuch (SGB)
Erstes Buch
Allgemeiner Teil

vom 11. Dezember 1975 (BGBl. I 3015),
zuletzt geändert durch Gesetz vom 22. Dezember 2025 (BGBl. 2025 I Nr. 369)

(Abgedruckte Vorschriften: §§ 14, 15, 31, 32, 36, 38, 39, 51–59)

Erster Abschnitt – Aufgaben des Sozialgesetzbuchs und soziale Rechte

…

Zweiter Abschnitt – Einweisungsvorschriften

Erster Titel – Allgemeines über Sozialleistungen und Leistungsträger

§ 14 Beratung Jeder hat Anspruch auf Beratung über seine Rechte und Pflichten nach diesem Gesetzbuch. Zuständig für die Beratung sind die Leistungsträger, denen gegenüber die Rechte geltend zu machen oder die Pflichten zu erfüllen sind.

§ 15 Auskunft (1) Die nach Landesrecht zuständigen Stellen, die Träger der gesetzlichen Krankenversicherung und der sozialen Pflegeversicherung sind verpflichtet, über alle sozialen Angelegenheiten nach diesem Gesetzbuch Auskünfte zu erteilen.
(2) Die Auskunftspflicht erstreckt sich auf die Benennung der für die Sozialleistungen zuständigen Leistungsträger sowie auf alle Sach- und Rechtsfragen, die für die Auskunftsuchenden von Bedeutung sein können und zu deren Beantwortung die Auskunftsstelle imstande ist.
(3) Die Auskunftsstellen sind verpflichtet, untereinander und mit den anderen Leistungsträgern mit dem Ziel zusammenzuarbeiten, eine möglichst umfassende Auskunftserteilung durch eine Stelle sicherzustellen.
(4) Die Träger der gesetzlichen Rentenversicherung sollen über Möglichkeiten zum Aufbau einer staatlich geförderten zusätzlichen Altersvorsorge produkt- und anbieterneutral Auskünfte erteilen.
…

Dritter Abschnitt – Gemeinsame Vorschriften für alle Sozialleistungsbereiche dieses Gesetzbuchs

Erster Titel – Allgemeine Grundsätze

…

§ 31 Vorbehalt des Gesetzes Rechte und Pflichten in den Sozialleistungsbereichen dieses Gesetzbuchs dürfen nur begründet, festgestellt, geändert oder aufgehoben werden, soweit ein Gesetz es vorschreibt oder zuläßt.

§ 32 Verbot nachteiliger Vereinbarungen Privatrechtliche Vereinbarungen, die zum Nachteil des Sozialleistungsberechtigten von Vorschriften dieses Gesetzbuchs abweichen, sind nichtig.
…

§ 36 Handlungsfähigkeit (1) Wer das fünfzehnte Lebensjahr vollendet hat, kann Anträge auf Sozialleistungen stellen und verfolgen sowie Sozialleistungen entgegennehmen. Der Leistungsträger soll den gesetzlichen Vertreter über die Antragstellung und die erbrachten Sozialleistungen unterrichten.
(2) Die Handlungsfähigkeit nach Absatz 1 Satz 1 kann vom gesetzlichen Vertreter durch schriftliche Erklärung gegenüber dem Leistungsträger eingeschränkt werden. Die Rücknahme von Anträgen, der Verzicht auf Sozialleistungen und die Entgegennahme von Darlehen bedürfen der Zustimmung des gesetzlichen Vertreters.
…

Zweiter Titel – Grundsätze des Leistungsrechts

§ 38 Rechtsanspruch Auf Sozialleistungen besteht ein Anspruch, soweit nicht nach den besonderen Teilen dieses Gesetzbuchs die Leistungsträger ermächtigt sind, bei der Entscheidung über die Leistung nach ihrem Ermessen zu handeln.

§ 39 Ermessensleistungen (1) Sind die Leistungsträger ermächtigt, bei der Entscheidung über Sozialleistungen nach ihrem Ermessen zu handeln, haben sie ihr Ermessen entsprechend dem Zweck der Ermächtigung auszuüben und die gesetzlichen Grenzen des Ermessens einzuhalten. Auf pflichtgemäße Ausübung des Ermessens besteht ein Anspruch.
(2) Für Ermessensleistungen gelten die Vorschriften über Sozialleistungen, auf die ein Anspruch besteht, entsprechend, soweit sich aus den Vorschriften dieses Gesetzbuchs nichts Abweichendes ergibt.
…

§ 51 Aufrechnung (1) Gegen Ansprüche auf Geldleistungen kann der zuständige Leistungsträger mit Ansprüchen gegen den Berechtigten aufrechnen, soweit die Ansprüche auf Geldleistungen nach § 54 Abs. 2 und 4 pfändbar sind.
(2) Mit Ansprüchen auf Erstattung zu Unrecht erbrachter Sozialleistungen und mit Beitragsansprüchen nach diesem Gesetzbuch kann der zuständige Leistungsträger gegen Ansprüche auf laufende Geldleistungen bis zu deren Hälfte aufrechnen; wenn der Leistungsberechtigte nicht nachweist, dass er dadurch hilfebedürftig im Sinne der Vorschriften des Zwölften Buches über die Hilfe zum Lebensunterhalt oder der Grundsicherung für Arbeitsuchende nach dem Zweiten Buch wird.

§ 52 Verrechnung Der für eine Geldleistung zuständige Leistungsträger kann mit Ermächtigung eines anderen Leistungsträgers dessen Ansprüche gegen den Berechtigten mit der ihm obliegenden Geldleistung verrechnen, soweit nach § 51 die Aufrechnung zulässig ist.

§ 53 Übertragung und Verpfändung (1) Ansprüche auf Dienst- und Sachleistungen können weder übertragen noch verpfändet werden.

(2) Ansprüche auf Geldleistungen können übertragen und verpfändet werden

1. zur Erfüllung oder zur Sicherung von Ansprüchen auf Rückzahlung von Darlehen und auf Erstattung von Aufwendungen, die im Vorgriff auf fällig gewordene Sozialleistungen zu einer angemessenen Lebensführung gegeben oder gemacht worden sind oder,
2. wenn der zuständige Leistungsträger feststellt, daß die Übertragung oder Verpfändung im wohlverstandenen Interesse des Berechtigten liegt.

(3) Ansprüche auf laufende Geldleistungen, die der Sicherung des Lebensunterhalts zu dienen bestimmt sind, können in anderen Fällen übertragen und verpfändet werden, soweit sie den für Arbeitseinkommen geltenden unpfändbaren Betrag übersteigen.

(4) Der Leistungsträger ist zur Auszahlung an den neuen Gläubiger nicht vor Ablauf des Monats verpflichtet, der dem Monat folgt, in dem er von der Übertragung oder Verpfändung Kenntnis erlangt hat.

(5) Eine Übertragung oder Verpfändung von Ansprüchen auf Geldleistungen steht einer Aufrechnung oder Verrechnung auch dann nicht entgegen, wenn der Leistungsträger beim Erwerb des Anspruchs von der Übertragung oder Verpfändung Kenntnis hatte.

(6) Soweit bei einer Übertragung oder Verpfändung Geldleistungen zu Unrecht erbracht worden sind, sind sowohl der Leistungsberechtigte als auch der neue Gläubiger als Gesamtschuldner dem Leistungsträger zur Erstattung des entsprechenden Betrages verpflichtet. Der Leistungsträger hat den Erstattungsanspruch durch Verwaltungsakt geltend zu machen.

§ 54 Pfändung (1) Ansprüche auf Dienst- und Sachleistungen können nicht gepfändet werden.

(2) Ansprüche auf einmalige Geldleistungen können nur gepfändet werden, soweit nach den Umständen des Falles, insbesondere nach den Einkommens- und Vermögensverhältnissen des Leistungsberechtigten, der Art des beizutreibenden Anspruchs sowie der Höhe und der Zweckbestimmung der Geldleistung, die Pfändung der Billigkeit entspricht.

(3) Unpfändbar sind Ansprüche auf

1. Elterngeld bis zur Höhe der nach § 10 des Bundeselterngeld- und Elternzeitgesetzes anrechnungsfreien Beträge sowie dem Erziehungsgeld vergleichbare Leistungen der Länder,
2. Mutterschaftsgeld nach § 19 Absatz 1 des Mutterschutzgesetzes, soweit das Mutterschaftsgeld nicht aus einer Teilzeitbeschäftigung während der Elternzeit herrührt, bis zur Höhe des Elterngeldes nach § 2 des Bundeselterngeld- und Elternzeitgesetzes, soweit es die anrechnungsfreien Beträge nach § 10 des Bundeselterngeld- und Elternzeitgesetzes nicht übersteigt,

2a. Wohngeld, soweit nicht die Pfändung wegen Ansprüchen erfolgt, die Gegenstand der §§ 9 und 10 des Wohngeldgesetzes sind,

3. Geldleistungen, die dafür bestimmt sind, den durch einen Körper- oder Gesundheitsschaden bedingten Mehraufwand auszugleichen.

(4) Im Übrigen können Ansprüche auf laufende Geldleistungen wie Arbeitseinkommen gepfändet werden.

(5) Ein Anspruch des Leistungsberechtigten auf Geldleistungen für Kinder (§ 48 Abs. 1 Satz 2) kann nur wegen gesetzlicher Unterhaltsansprüche eines Kindes, das bei der Festsetzung der Geldleistungen berücksichtigt wird, gepfändet werden. Für die Höhe des pfändbaren Betrages bei Kindergeld gilt:

1. Gehört das unterhaltsberechtigte Kind zum Kreis der Kinder, für die dem Leistungsberechtigten Kindergeld gezahlt wird, so ist eine Pfändung bis zu dem Betrag möglich, der bei gleichmäßiger Verteilung des Kindergeldes auf jedes dieser Kinder entfällt. Ist das Kindergeld durch die Berücksichtigung eines weiteren Kindes erhöht, für das einer dritten Person Kindergeld oder dieser oder dem Leistungsberechtigten eine andere Geldleistung für Kinder zusteht, so bleibt der Erhöhungsbetrag bei der Bestimmung des pfändbaren Betrages des Kindergeldes nach Satz 1 außer Betracht.
2. Der Erhöhungsbetrag (Nummer 1 Satz 2) ist zugunsten jedes bei der Festsetzung des Kindergeldes berücksichtigten unterhaltsberechtigten Kindes zu dem Anteil pfändbar, der sich bei gleichmäßiger Verteilung auf alle Kinder, die bei der Festsetzung des Kindergeldes zugunsten des Leistungsberechtigten berücksichtigt werden, ergibt.

(6) In den Fällen der Absätze 2, 4 und 5 gilt § 53 Abs. 6 entsprechend.

§ 55 *(aufgehoben)*

§ 56 Sonderrechtsnachfolge (1) Fällige Ansprüche auf laufende Geldleistungen stehen beim Tod des Berechtigten nacheinander

1. dem Ehegatten,

1a. dem Lebenspartner,

2. den Kindern,
3. den Eltern,
4. dem Haushaltsführer

zu, wenn diese mit dem Berechtigten zur Zeit seines Todes in einem gemeinsamen Haushalt gelebt haben oder von ihm wesentlich unterhalten worden sind. Mehreren Personen einer Gruppe stehen die Ansprüche zu gleichen Teilen zu.

(2) Als Kinder im Sinne des Absatzes 1 Satz 1 Nr. 2 gelten auch

1. Stiefkinder und Enkel, die in den Haushalt des Berechtigten aufgenommen sind,
2. Pflegekinder (Personen, die mit dem Berechtigten durch ein auf längere Dauer angelegtes Pflegeverhältnis mit häuslicher Gemeinschaft wie Kinder mit Eltern verbunden sind).
3. Geschwister des Berechtigten, die in seinen Haushalt aufgenommen worden sind.

(3) Als Eltern im Sinne des Absatzes 1 Satz 1 Nr. 3 gelten auch

1. sonstige Verwandte der geraden aufsteigenden Linie,
2. Stiefeltern,
3. Pflegeeltern (Personen, die den Berechtigten als Pflegekind aufgenommen haben).

(4) Haushaltsführer im Sinne des Absatzes 1 Satz 1 Nr. 4 ist derjenige Verwandte oder Verschwägerte, der an Stelle des verstorbenen oder geschiedenen oder an der Führung des Haushalts aus gesundheitlichen Gründen dauernd gehinderten Ehegatten oder Lebenspartners den Haushalt des Berechtigten mindestens ein Jahr lang vor dessen Tod geführt hat und von diesem überwiegend unterhalten worden ist.

§ 57 Verzicht und Haftung des Sonderrechtsnachfolgers (1) Der nach § 56 Berechtigte kann auf die Sonderrechtsnachfolge innerhalb von sechs Wochen nach ihrer Kenntnis durch schriftliche Erklärung gegenüber dem Leistungsträger verzichten. Verzichtet er innerhalb dieser Frist, gelten die Ansprüche als auf ihn nicht übergegangen. Sie stehen den Personen zu, die ohne den Verzichtenden nach § 56 berechtigt wären.
(2) Soweit Ansprüche auf den Sonderrechtsnachfolger übergegangen sind, haftet er für die nach diesem Gesetzbuch bestehenden Verbindlichkeiten des Verstorbenen gegenüber dem für die Ansprüche zuständigen Leistungsträger. Insoweit entfällt eine Haftung des Erben. Eine Aufrechnung und Verrechnung nach den §§ 51 und 52 ist ohne die dort genannten Beschränkungen der Höhe zulässig.

§ 58 Vererbung Soweit fällige Ansprüche auf Geldleistungen nicht nach den §§ 56 und 57 einem Sonderrechtsnachfolger zustehen, werden sie nach den Vorschriften des Bürgerlichen Gesetzbuchs vererbt. Der Fiskus als gesetzlicher Erbe kann die Ansprüche nicht geltend machen.

§ 59 Ausschluß der Rechtsnachfolge Ansprüche auf Dienst- und Sachleistungen erlöschen mit dem Tod des Berechtigten. Ansprüche auf Geldleistungen erlöschen nur, wenn sie im Zeitpunkt des Todes des Berechtigten weder festgestellt sind noch ein Verwaltungsverfahren über sie anhängig ist.
…

30 II. Sozialgesetzbuch (SGB) Zweites Buch Grundsicherung für Arbeitsuchende

Einleitung

I. Entstehungsgeschichte

Als Reaktion auf die anhaltende Massenarbeitslosigkeit um die Jahrtausendwende verkündete Bundeskanzler *Schröder* im März 2003 die sog. Agenda 2010, mit der das System der sozialen Sicherung durch höhere Belastungen für die Arbeitnehmeranteile des Beitragsaufkommens und den Abbau von Sozialleistungen saniert werden sollte (außerdem wurde der arbeitsrechtliche Bestandsschutz wieder reduziert, s. Einl. I 3 zum KSchG Nr. 25). Als einschneidendste Maßnahme wurde die Zusammenlegung der bisherigen Arbeitslosenhilfe mit der Sozialhilfe für arbeitsfähige Sozialhilfeempfänger auf Sozialhilfeniveau angekündigt. *Schröder* machte sich damit im Grundsatz einen Vorschlag der vom damaligen VW-Arbeitsdirektor *Peter Hartz* geleiteten Kommission zu Eigen (Kommissionsbericht: Moderne Dienstleistungen am Arbeitsmarkt, Bericht der Kommission, 2003). Da es sich bei der anschließenden gesetzlichen Umsetzung um das vierte auf Vorschläge dieser Kommission zurückzuführende Gesetz handelte, ging das Vorhaben unter der Bezeichnung »Hartz IV« in die Geschichte ein. Das Gesetz kam nach langwierigen Verhandlungen zwischen Regierung und Opposition im Vermittlungsausschuss zwischen Bund und Ländern Ende 2003 zustande (Art. 1 des Vierten Gesetzes für moderne Dienstleistungen am Arbeitsmarkt v. 24. 12. 2003, BGBl. I 2954, Entwurf: BT-Drs. 15/1516; vgl. *Brühl,* info also 04, 104; *Gabke,* AiB 04, 585; *Mrozynski,* ZFSH/SGB 04, 198; *Münder,* NJW 04, 3209; sozialpolitische Bilanz nach 5 Jahren: *Promberger*, WSI-Mitt. 09, 604; nach 10 Jahren: *Promberger/Ramos Lobato*, WSI-Mitt. 16, 325; *Adamy*, WSI-Mitt. 16, 390). Die Grundsicherung für Arbeitsuchende ist im SGB II geregelt, die Sozialhilfe im SGB XII (einschließlich der Grundsicherung im Alter und bei Erwerbsminderung; s. Nr. 30 XII). Die mit dem Gesetz verbundene Abschaffung der Arbeitslosenhilfe wurde durch das *BVerfG* (7. 12. 2010 – 1 BvR 2628/07, NZS 11, 699) gebilligt.

Das Gesetz wurde vielfältig geändert und reformiert (vgl. Überblick zuletzt Einl. I in der 47. Aufl.). Im Juni 2022 wurde zuletzt ein Sanktionsmoratorium geschaffen, das im Hinblick auf die verfassungsrechtlichen Anforderungen an Sanktionen (s. u. II 6) die aktuelle Regelung im Vorgriff auf eine gesetzliche Neuregelung (dazu sogleich) partiell aussetzte (Gesetz v. 19. 6. 2022, BGBl. I 921). Kurz zuvor war noch zur Abmilderung der durch den Ukraine-Krieg bedingten Preisentwicklung ein einmaliger Sofortzuschlag durch Gesetz vom 23. 5. 2022 (BGBl. I 760) eingeführt worden.

Eine grundsätzliche Neuausrichtung brachte das Gesetz zur Einführung eines Bürgergeldes (v. 16. 12. 2022, BGBl. I 2328; dazu *Knickrehm*, SGb 23, 525; *Groth/Güs-*

sow, NJW 23, 184; *Spitzlei*, NZS 23, 121; Entwurf: BT-Drs. 20/3873; konzeptionelle Kritik bei *Butterwegge*, SozSich 22, 372). Bei diesem wurde weniger das »Fördern und Fordern« betont, das gleichwohl weiterhin geltender Grundsatz des Gesetzes blieb, vielmehr wurden Respekt, Chancen auf neue Perspektiven und Bürokratieabbau in den Vordergrund gestellt. Das Gesetz brachte neben zahlreichen anderen Neuerungen (vgl. 50. Aufl. Einl. I zum SGB II, Nr. 30 II):

- einen deutlichen Anstieg der Regelbedarfe zum 1. 1. 2023,
- stärkere Konzentration auf Qualifizierung, Weiterbildung und Arbeitsuche ermöglichen soll,
- Karenzzeit für Vermögen und Kosten von Unterkunft und Heizung sowie Schonvermögen bis 40 000 Euro,
- Neuregelung der Sanktionen bei Pflichtverletzungen,
- Regelungen über einen Kooperationsplan (§ 15 SGB II) mit Schlichtungsverfahren.

Der durch das Bürgergeldgesetz erst zum 1. 7. 2023 ebenfalls eingeführte Bürgergeldbonus wurde allerdings nach nicht einmal einem Jahr mit dem Zweiten Haushaltsfinanzierungsgesetz 2024 (v. 27. 3. 2024, BGBl. I Nr. 107) wieder gestrichen. Mit diesem Gesetz wurde auch die Möglichkeit der vollständigen Leistungskürzung bis zu zwei Monaten bei wiederholter Pflichtverletzung durch willentliche Arbeitsablehnung in § 31 Abs. 7 SGB II eingeführt. Die Regelung wurde nach § 86 SGB II allerdings auf zwei Jahre befristet bis zum 27. 3. 2026 (zur Neuregelung *Ulber*, NZS 24, 841).

II. Wesentlicher Gesetzesinhalt

1. Konzeption

Kern des Gesetzes ist nunmehr das Bürgergeld, das an die Stelle von Arbeitslosengeld II und Sozialgeld für Angehörige der Bedarfsgemeinschaft getreten ist. Es wird Erwerbsfähigen vor Erreichen der Altersgrenze gewährt, wenn Bedarf besteht und keine anderen Leistungen in Betracht kommen. Vorrangig ist insbesondere das Arbeitslosengeld, sodass sich das Bürgergeld regelmäßig an einen auslaufenden Arbeitslosengeldbezug anschließt. Es können aber auch Aufstockungsleistungen erbracht werden, sofern ein Arbeitsentgelt nicht genügt, um den Bedarf zu decken. Das Bürgergeld wird in Pauschalen erbracht, die den Bedarf decken sollen. Mangels Erwerbsfähigkeit und ab Erreichen der Altersgrenze werden Sozialhilfeleistungen nach dem SGB XII (Nr. 30 XII) erbracht.

2. Leistungsvoraussetzungen

Das Bürgergeld wird an in Deutschland lebende Personen zwischen 15 Jahren und der schrittweise nach § 7a SGB II auf bis zu 67 Jahre angehobenen Altersgrenze gewährt. Voraussetzung ist Erwerbsfähigkeit und Hilfebedürftigkeit (§ 7 Abs. 1 SGB II). Ausgenommen werden Personen, die leistungsberechtigt nach dem AsylblG sind, nicht aufenthaltsberechtigte Ausländer sowie nicht freizügigkeits-

berechtigte Personen aus dem EU- oder EWR-Ausland (zum Hintergrund vgl. Einl. II 2 zum SGB II in der 47. Aufl.).
Die Erwerbsfähigkeit besteht nach § 8 Abs. 1 SGB II, wenn eine Person nicht durch Krankheit oder Behinderung auf absehbare Zeit gehindert ist, unter den üblichen Bedingungen des Arbeitsmarktes eine Arbeit von mindestens drei Stunden täglich auszuüben. Die Entscheidung über das Bestehen der Erwerbsfähigkeit trifft die Bundesagentur für Arbeit (§ 44a SGB II).

3. Anrechnung von Einkommen und Vermögen

Bürgergeld kann nur beansprucht werden, wenn nicht ausreichend Einkommen und Vermögen zur Verfügung stehen, um den Bedarf zu decken. § 11 SGB II legt fest, welche Einkommen zu berücksichtigen, § 11a SGB II, welche nicht zu berücksichtigen sind, und § 11b SGB II, welche Aufwendungen abgesetzt werden können (vor allem zur Altersversorgung). Durch das Bürgergeld-Gesetz (o. I) wurde das sog. Schonvermögen in § 12 SGB II deutlich erweitert. Mit Gesetz v. 8.4.2008 (BGBl. I 681) wurde § 12a SGB II eingefügt, wonach auch andere Sozialleistungen als vorrangiges Einkommen einzusetzen sind. Bei vorgezogenen Altersrenten gilt dies aber nach Satz 2 der Vorschrift nur ab Vollendung des 63. Lebensjahres. Mit Einführung des Bürgergeldes wurde diese Regelung allerdings bis zum 31.12.2026 ausgesetzt. Während der Karenzzeit von 12 Monaten ab Bürgergeldbezug gelten höhere Freibeträge. Versicherungsverträge, die der Alterssicherung dienen, werden ausgenommen, ebenso selbstgenutztes Wohneigentum.
Bei Personen, die in einer Bedarfsgemeinschaft leben, sind auch Einkommen und Vermögen des Partners zu berücksichtigen (§ 9 Abs. 2 SGB II). Diese Regelung ist verfassungsgemäß (*BVerfG* 27.7.2016 – 1 BvR 371/11, NJW 16, 3774; zur Beendigung einer Bedarfsgemeinschaft unter Lebenspartnern, die nicht miteinander verheiratet sind, *BSG* 12.10.2016 – B 4 AS 60/15 R, NZS 17, 233).

4. Leistungshöhe

Das Bürgergeld wird als Regelbedarf erbracht, der zur Bestreitung des Lebensunterhalts ausreichen soll (§ 20 SGB II). Dazu hat das *BVerfG* (9.2.2010 – 1 BvL 1/09, NJW 10, 505) entschieden, dass der Einzelne aus Art. 1 Abs. 1 i. V. m. dem Sozialstaatsprinzip des Art. 20 Abs. 1 GG ein Grundrecht auf Gewährleistung eines menschenwürdigen Existenzminimums habe, zudem seien zusätzliche Bildungsbedarfe schulpflichtiger Kinder zur Vermeidung eines Ausschlusses von Lebenschancen zu gewährleisten (dazu Einl. II 4 zum SGB II in der 47. Aufl.). Dem wurde zunächst durch Gesetz vom 24.3.2011 (BGBl. I 453) Rechnung getragen. Das *BVerfG* (23.7.2014 – 1 BvL 10/12, 1 BvL 12/12, 1 BvR 1691/13, NJW 14, 3425) konnte keine grundsätzlichen Bedenken gegen die dadurch geregelte Bedarfsermittlung erkennen, es verlangt aber die Sicherstellung, dass eine Unterdeckung des Lebensbedarfs ausgeschlossen ist, was gegebenenfalls durch die Gerichte gewährleistet werden muss. Nach einer Neuausgestaltung durch Gesetz v. 22.12.2016 (BGBl. I 3159) ergibt sich eine Kopplung der Regelbedarfsstufen nach dem SGB II und dem SGB XII, die jeweils nach dem Regelbedarfsermittlungsgesetz (RBEG) ermittelt werden. Kosten der Unterkunft und Heizung (KdU) werden gemäß §§ 22 ff. SGB II nach tatsächlichem Aufwand in den Grenzen der Angemessenheit erbracht. Das ist verfassungsgemäß (*BVerfG* 10.10.2017 – 1 BvR 617/14, NJW 17, 3770). Infolge des Bürgergeld-Gesetzes wird nach § 22 Abs. 1 S. 2 SGB II während einer Karenzzeit der Bedarf für Unterkunft und Heizung in voller Höhe der Aufwendungen anerkannt.

5. Grundsatz des »Förderns«

In der Eingangsvorschrift zum Grundsatz des »Förderns« (§ 14 Abs. 1 SGB II) wird das Eingliederungsziel beschrieben und klargestellt, dass es für Arbeitslose und nicht arbeitslose erwerbsfähige Leistungsberechtigte gilt. Dazu verweist das SGB II in weiten Teilen auf die Leistungen nach dem SGB III. Mit dem Gesetz zur Neuausrichtung der arbeitsmarktpolitischen Instrumente vom 21.12.2008 (BGBl. I 2917) wurden in §§ 16a ff. SGB II zusätzliche Eingliederungsleistungen geregelt. § 14 Abs. 2 SGB II regelt eine ausdrückliche Beratungspflicht gegenüber den Leistungsberechtigten. Es gibt keinen Vermittlungsvorrang mehr, sodass die Nachhaltigkeit der Eingliederung, insbesondere durch Weiterbildung in den Vordergrund gerückt wird. Die Eingliederungsleistungen nach dem SGB III sind gemäß § 16 SGB II weitgehend für Leistungsberechtigte geöffnet. Das gilt auch für das Weiterbildungsgeld nach § 87a SGB III, das gemäß § 16 Abs. 3a SGB II auch Leistungsberechtigte im Rahmen eines bestehenden Arbeitsverhältnisses beziehen können.
Neu ist durch das Bürgergeld-Gesetz das Instrument des Kooperationsplans in § 15 SGB II eingeführt worden, das an die Stelle der sog. Eingliederungsvereinbarung (vgl. Einl. II 5 zum SGB II in 47. Aufl.) getreten ist. Er regelt das Eingliederungsziel nach einer Potenzialanalyse und die Schritte zur Eingliederung.
Im Gewande der »Schaffung von Arbeitsgelegenheiten« können Leistungsempfängern im öffentlichen Interesse liegende zusätzliche Arbeiten vermittelt werden (§ 16d SGB II). Für solche Arbeiten wird kein Arbeitsverhältnis begründet; arbeitsrechtliche Vorschriften gelten nur rudimentär (Arbeitsschutz, Urlaub, Arbeitnehmerhaftung). Das gilt auch, wenn die gesetzlichen Zulässigkeitsvoraussetzungen nicht eingehalten wurden (*BAG* 20.2.2008 – 5 AZR 290/07, DB 08, 1159). Im Falle einer rechtswidrigen Arbeitsgelegenheit kommt aber ein Erstattungsanspruch in Höhe des Wertes der Arbeitsleistung gegen den Grundsicherungsträger abzüglich der erhaltenen Leistungen nach dem SGB II in Betracht (*BSG* 13.4.2011 – B 14 AS 98/10 R, BSGE 108, 116). Der Rechtsweg ist zu den Sozialgerichten und nicht zu den Arbeitsgerichten eröffnet (*BAG* 8.11.2006 – 5 AZR 36/06, NZA 07, 53; 17.1.2007 – 5 AZB 43/06, NZA 07, 644). Es kann eine angemessene Entschädigung für Mehraufwendungen vereinbart werden. Diese Möglichkeit wird inzwischen für sog. Ein-Euro-Jobs genutzt, d.h. Tätigkeiten, für die Empfänger des Arbeitslosengeldes II einen Euro pro Stunde hinzuverdienen (*Stähle,* AiB 05, 70; *Zwanziger,* AuR 05, 8). Da es sich rechtlich aber nicht um Arbeitsentgelt handelt, kann der Hilfebedürftige keine zusätzlichen Fahrtkosten verlangen, wenn diese aus der Mehraufwandsentschädigung getragen werden können (*BSG* 13.11.2008 – B 14 AS 66/07, NJW 09, 2478). Dabei besteht die Gefahr, dass in Wahrheit keine »zusätzlichen« Arbeiten angeboten werden, sondern Tätigkeiten, die vorher von regulären Arbeitskräften

verrichtet wurden und für die jetzt bei knappen Kassen kein Geld mehr vorhanden ist. So praktiziert, ist die Neuregelung ein Angriff auf die Tarifautonomie der dort tätigen Gewerkschaften und verstößt damit möglicherweise gegen Art. 9 Abs. 3 GG (Nr. 20). Kritik wurde zudem seitens des Bundesrechnungshofs geübt, da die geförderten Arbeitsgelegenheiten in der Mehrzahl der Fälle nicht geeignet waren, die Arbeitsmarktchancen zu erhöhen (vgl. »Rechnungshof kritisiert Ein-Euro-Jobs«, SZ v. 17. 11. 10, S. 17). Mit dem Eingliederungschancengesetz (vgl. o. I) wurden die Voraussetzungen solcher Arbeitsgelegenheiten insb. mit Blick auf die Zusätzlichkeit und Wettbewerbsneutralität präzisiert. Letzteres konterkariert freilich eher die Zielsetzung einer Steigerung der Eingliederungsfähigkeit (vgl. Stellungnahme des Deutschen Vereins, NDV 11, 343).

Reguläre Beschäftigungsverhältnisse mit zuvor Langzeitarbeitslosen mit mind. zwei weiteren Vermittlungshemmnissen können durch Lohnzuschüsse bis zu 75 % gemäß § 16e SGB II gefördert werden.

6. Grundsatz des »Forderns«

Kernbestandteil des SGB II ist unter der Überschrift des »Forderns« die Verpflichtung des Arbeitslosen, sich nach Kräften selbst um eine neue Arbeit zu bemühen und – das ist das substanziell Neue – jede Arbeit ohne Rücksicht auf die Höhe des Entgelts bzw. ungünstigere Arbeitsbedingungen, die vorherige berufliche Qualifikation und den Wohnort anzunehmen (§ 10 Abs. 2 SGB II, mit nur wenige Ausnahmen in Abs. 1).

Weigert sich ein Leistungsempfänger ohne Vorliegen eines wichtigen Grundes, seine Mitwirkungspflichten zu erfüllen oder nimmt er insbesondere eine zumutbare Arbeit nicht an bzw. verweigert er sich einer Eingliederungsmaßnahme, kommt es zu Leistungsminderungen nach § 31a SGB II. Nach Beanstandung des bisherigen Systems durch das *BVerfG* (5. 11. 2019 – 1 BvL 7/16, NJW 19, 3703; dazu *Greiser/Susnjar*, NJW 19, 3683; *Schifferdecker/Brehm*, NZS 20, 1; *Schwarz/Vogt*, NDV 19, 529) wurden die Rechtsfolgen neu strukturiert. Danach führen Pflichtverletzungen zu Minderungen von 10 bis 30 %, gestaffelt nach Häufigkeit. Die Minderung wird beendet, sobald Leistungsberechtigte ihre Pflichten erfüllen oder sich ernsthaft und nachhaltig bereit erklären, den Pflichten künftig nachzukommen. Im Zuge der parlamentarischen Beratungen des SGB III-Modernisierungsgesetzes wurden die Sanktionen wieder deutlich verschärft. Nach dem neuen Konzept soll es regelmäßig zu Leistungskürzungen von 30 % kommen. Es ist zweifelhaft, ob dies nicht die verfassungsrechtlichen Grenzen überschreitet.

III. Anwendungsprobleme und rechtspolitische Diskussion

Die Zahl der Bezieher von Arbeitslosengeld II ist wesentlich höher ausgefallen, als man bei der Planung des SGB II dachte: mit Einsetzen der Finanz- und Wirtschaftskrise 2008 waren es rund 5,45 Mio. Problematisch war bis zuletzt, dass fast jeder zweite Arbeitslosengeld II-Bezieher, der Arbeit aufnahm, dadurch nicht dauerhaft von Leistungen unabhängig wurde, da die Beschäftigungsverhältnisse oft instabil und/oder gering entlohnt waren (vgl. IAB-Kurzbericht 14/11). Demgegenüber ließ

sich letztlich nicht empirisch bestätigen, dass das SGB II durch das Konzept des Forderns eine Reserve »Arbeitsunwilliger« zur Aufnahme einer Beschäftigung gebracht hätte – entweder existierte das Problem gar nicht oder das SGB II konnte dieses nicht lösen (vgl. *Fehr/Vobruba*, WSI-Mitt. 11, 211). Ob die Erholung des Arbeitsmarktes bis Mitte der 2020er Jahre auf der Neukonzeption des SGB II beruht, ist umstr. (vgl. *Niemeier*, WSI-Mitt. 10, 320; *Knuth*, SozSich 14, 435).
Die Neukonzeption des Bürgergeldes sollte auch dem alarmierenden Befund begegnen, dass es in erheblichem Maße Arbeitnehmer gab, die auf ergänzendes Arbeitslosengeld II angewiesen waren (»Aufstocker«).
Die Arbeitgebersicht im Vorfeld der Einführung des Bürgergeldes war gekennzeichnet durch Kritik an den Lockerungen beim Sanktionssystem, das ein fatales Signal sende, dass die Arbeitsaufnahme verzichtbar sei. Aus gewerkschaftlicher Sicht wurde hingegen besonders die Höhe des Regelbedarfs kritisiert. Trotz deutlicher Erhöhung handele es sich letztlich um einen eher schmalen Inflationsausgleich angesichts der aktuell schnell voranschreitenden Preissteigerungen.
Die »Ampelregierung« hatte eine Neustrukturierung der Leistungen für Kinder in der Kindergrundsicherung geplant (BT-Drs. 20/9092), die aber der parlamentarischen Diskontinuität zum Opfer fiel (vgl. 50. Aufl., Einl. III zum SGB II, Nr. 30 II).
Die aktuelle Bundesregierung plant ein weitgehendes »Zurückdrehen« der Reformen zum Bürgergeld durch eine »neue Grundsicherung« als eines ihrer zentralen Vorhaben. Ein nunmehr vorliegender Gesetzentwurf der Bundesregierung (BR-Drs. 764/25) sieht u. a. folgende Maßnahmen vor:

- Umbenennung der Leistung von Bürgereld in Grundsicherungsgeld,
- Ausbau des Vermittlungsvorrangs,
- Aktivierung erziehender Personen ab dem ersten Lebensjahr des Kindes,
- Erweiterung des Kooperationplans mit Ersatzvornahme durch Bescheid des Jobcenters,
- Erleichterung des Zugangs zur Beschäftigungsförderung,
- Streichung der Karenzzeit für Schonvermögen,
- Staffelung des Schonvermögens nach Alter,
- Deckelung der für Unterkunft angemessenen Aufwendungen auch in der Karenzzeit bei 150 %,
- Berücksichtigung einer Mietpreisbremse,
- Möglichkeit zur Festlegung einer Quadratmeterhöchstmiete,
- Ausbau der Mitwirkungspflichten,
- Leistungsminderungen um 30 % bei Pflichtverletzungen,
- Fortfall des Regelbedarfs für mindestens 1 Monat bei Arbeitsverweigerung,
- Fortfall der Leistung für mehrfach nicht erreichbare Personen und
- Haftung des Arbeitgebers für Beiträge zum Leistungsmissbrauch, insbesondere durch Schwarzarbeit.

Die insbesondere von Kanzler *Merz* geäußerten Erwartungen von Einsparungen in Milliardenhöhe durch das Projekt scheinen nicht zu erreichen, da es bestenfalls jährliche Einsparungen von knapp 90 Millionen Euro im Jahr 2026 und 2027 knapp 70 Millionen Euro erwarten lässt (vgl. »Härtere Sanktionen, kaum Einsparungen«, Ostsee-Zeitung v. 18. 10. 2025, S. 2), wenngleich der Referentenentwurf Einspa-

rungserwartungen in Höhe von 850 Millionen Euro jährlich formuliert. Ohnehin lässt sich durch die Forschung nicht belegen, dass das Bürgergeld Arbeit unattraktiv macht, auch wenn das IAB Reformbedarf bei den Hinzuverdienstregeln kontaktiert hat (»Macht Bürgergeld Arbeit unattraktiv?«, IAB-Forum v. 17.3.2025).
Der Entwurf für ein sog. Leistungsrechtsanpassungsgesetz (BR-Drs. 763/25) sieht eine Überführung von Flüchtlingen aus der Ukraine, die bisher leistungsberechtigt nach dem SGB II waren, in den Rechtskreis des AsylblG vor.

Wichtige Entscheidungen

BVerfG 9.2.2010 – 1 BvL 1/09, NJW 2010, 505
BVerfG 27.7.2016 – 1 BvR 371/11, NJW 2016, 3774
BVerfG 5.11.2019 – 1 BvL 7/16, NJW 2019, 3703

Weiterführende Literatur

Handbücher und Kommentare

Deinert, Sozialrecht (2024), Kap. 4: Der Weg in das Beschäftigungsverhältnis; Kap. 14: Arbeitsplatzverlust und Arbeitslosigkeit
BeckOGK-SGB II, auch Loseblatt (ehemals *Gagel*, SGB II/SGB III)
Hauck/Noftz, SGB II (Loseblatt)
Luik/Harich (Hrsg.), SGB II, 6. Aufl. (2024)
Münder/Geiger/Lenze (Hrsg.), SGB II, 8. Aufl. (2023)
Winkler, SGB II, 3. Aufl. (2024)

Aufsätze

Bieback, Probleme des SGB II, NZA 2005, S. 337
Feldhoff, »Nicht jede Arbeit ist zumutbar« – Lohnwucher als Zumutbarkeitsgrenze im SGB II, SGb 2006, S. 701
Groth/Siebel-Huffmann, Das neue SGB II, NJW 2011, S. 1105
Hohmeyer/Lietzmann, Langzeitleistungsbezug und -arbeitslosigkeit: Struktur, Entwicklung und Wirkung arbeitsmarktpolitischer Maßnahmen, IAB, Aktueller Bericht 8/16
Knickrehm, Bürgergeld und aktivierende Arbeitsmarktpolitik – ein Paradigmenwechsel?, SGb 2023, S. 525
Rudolph, »Aufstocker«: Folge der Arbeitsmarktreformen?, WSI-Mitt. 2014, S. 207
Schnath, Das neue Grundrecht auf Gewährleistung eines menschenwürdigen Existenzminimums, NZS 2010, S. 297
Schüssler/Becker, Wie ein gesetzlicher Mindestlohn den Regelbedarf erhöht, SozSich 2014, S. 102
Straßfeld, Neuregelungen im SGB II, SGB 2011, S. 436 und S. 499

Übersicht 62: Grundsicherung für Arbeitsuchende

Berechtigung für Grundsicherung (§§ 7, 7a)

- 15 bis höchstens zur Altersgrenze nach § 7a
- gewöhnlicher Aufenthalt in Deutschland
- Personen in Bedarfsgemeinschaften

Erwerbsfähigkeit (§ 8)	**Hilfebedürftigkeit** (§ 9)
• Fähigkeit zur Erwerbstätigkeit unter den üblichen Bedingungen des Arbeitsmarktes für mindestens 3 Stunden auf absehbare Zeit • außer: wegen Krankheit oder Behinderung	Unfähigkeit zur Sicherung des Lebensunterhalts und der Eingliederung in Arbeit keine Hilfebedürftigkeit: • zumutbare Arbeit (§ 10) • laufendes Einkommen (§§ 11ff.) auch des Partners • Vermögen (§ 12) auch des Partners • Sozialleistungen (§ 12a) vor allem zunächst Arbeitslosengeld

(aktive) Leistungen zur Eingliederung in Arbeit

- allgemeine Leistungen der BA (§ 16)
- weitere Leistungen (§§ 16a ff.)
- freie Förderung (§ 16f)
- Arbeitsgelegenheiten (»Ein-Euro-Jobs«) (§ 16d)
- ganzheitliche Betreuung (§ 16k)

Bürgergeld

- Regelbedarf zur Sicherung des Lebensunterhalts monatlich für Alleinstehende (§ 21)
- Leistungen für Mitglieder der Bedarfsgemeinschaft (§ 23)
- Leistungen für Mehrbedarf beim Lebensunterhalt (§ 21)
- Leistungen für Unterkunft und Heizung (§ 22)
- unabweisbarer laufender Bedarf (§ 21 VI)
- zusätzl. Leistungen für Bildung und Teilhabe (§ 28f)
- Leistungen bei medizinischer Reha in der Rentenversicherung und Verletztengeld in der Unfallversicherung (§ 25)
- Zuschuss bei Befreiung von Versicherungspflicht (§ 26)

Leistungsminderung (§ 31)

beim Fehlen eines wichtigen Grundes im Falle von Plichtverletzungen (§ 31)
- Meldeversäumnis
- Verletzung von Mitwirkungsobliegenheit trotz Aufforderung oder Eingliederungsmaßnahme

Sozialgesetzbuch (SGB)
Zweites Buch
Bürgergeld, Grundsicherung für Arbeitsuchende

vom 13. Mai 2011 (BGBl. I 850),
zuletzt geändert durch Gesetz vom 22. Dezember 2025 (BGBl. 2025 I Nr. 363)

(Abgedruckte Vorschriften: §§ 5, 7, 9, 15, 15a, 16d, 19, 20, 31, 31 a)

§ 5 Verhältnis zu anderen Leistungen (1) Auf Rechtsvorschriften beruhende Leistungen Anderer, insbesondere der Träger anderer Sozialleistungen, werden durch dieses Buch nicht berührt. Ermessensleistungen dürfen nicht deshalb versagt werden, weil dieses Buch entsprechende Leistungen vorsieht.
(2) Der Anspruch auf Leistungen zur Sicherung des Lebensunterhalts nach diesem Buch schließt Leistungen nach dem Dritten Kapitel des Zwölften Buches aus. Leistungen nach dem Vierten Kapitel des Zwölften Buches sind gegenüber dem Bürgergeld nach § 19 Absatz 1 Satz 2 vorrangig.
(3) Stellen Leistungsberechtigte trotz Aufforderung einen erforderlichen Antrag auf Leistungen eines anderen Trägers nicht, können die Leistungsträger nach diesem Buch den Antrag stellen sowie Rechtsbehelfe und Rechtsmittel einlegen. Der Ablauf von Fristen, die ohne Verschulden der Leistungsträger nach diesem Buch verstrichen sind, wirkt nicht gegen die Leistungsträger nach diesem Buch; dies gilt nicht für Verfahrensfristen, soweit die Leistungsträger nach diesem Buch das Verfahren selbst betreiben. Wird eine Leistung aufgrund eines Antrages nach Satz 1 von einem anderen Träger nach § 66 des Ersten Buches bestandskräftig entzogen oder versagt, sind die Leistungen zur Sicherung des Lebensunterhalts nach diesem Buch ganz oder teilweise so lange zu entziehen oder zu versagen, bis die leistungsberechtigte Person ihrer Verpflichtung nach den §§ 60 bis 64 des Ersten Buches gegenüber dem anderen Träger nachgekommen ist. Eine Entziehung oder Versagung nach Satz 3 ist nur möglich, wenn die leistungsberechtigte Person vom zuständigen Leistungsträger nach diesem Buch zuvor schriftlich auf diese Folgen hingewiesen wurde. Wird die Mitwirkung gegenüber dem anderen Träger nachgeholt, ist die Versagung oder Entziehung rückwirkend aufzuheben.
(4) Leistungen zur Eingliederung in Arbeit nach dem Ersten Abschnitt des Dritten Kapitels werden nicht an oder für erwerbsfähige Leistungsberechtigte erbracht, die einen Anspruch auf Arbeitslosengeld oder Teilarbeitslosengeld haben.
(5) Leistungen nach den §§ 16a, 16b, 16d sowie 16f bis 16i und 16k können auch an erwerbsfähige Leistungsberechtigte erbracht werden, sofern ein Rehabilitationsträger im Sinne des Neunten Buches zuständig ist; § 22 Absatz 2 Satz 1 und 2 des Dritten Buches ist entsprechend anzuwenden.
…

§ 7 Leistungsberechtigte (1) Leistungen nach diesem Buch erhalten Personen, die

1. das 15. Lebensjahr vollendet und die Altersgrenze nach § 7a noch nicht erreicht haben,
2. erwerbsfähig sind,
3. hilfebedürftig sind und
4. ihren gewöhnlichen Aufenthalt in der Bundesrepublik Deutschland haben (erwerbsfähige Leistungsberechtigte).

Ausgenommen sind
1. Ausländerinnen und Ausländer, die weder in der Bundesrepublik Deutschland Arbeitnehmerinnen, Arbeitnehmer oder Selbständige noch aufgrund des § 2 Absatz 3 des Freizügigkeitsgesetzes/EU freizügigkeitsberechtigt sind, und ihre Familienangehörigen für die ersten drei Monate ihres Aufenthalts,
2. Ausländerinnen und Ausländer,
   a) die kein Aufenthaltsrecht haben oder
   b) deren Aufenthaltsrecht sich allein aus dem Zweck der Arbeitsuche, der Ausbildungs- oder Studienplatzsuche oder aus einer Aufenthaltserlaubnis nach § 20a des Aufenthaltsgesetzes ergibt,

   und ihre Familienangehörigen,
3. Leistungsberechtigte nach § 1 des Asylbewerberleistungsgesetzes.

Satz 2 Nummer 1 gilt nicht für Ausländerinnen und Ausländer, die sich mit einem Aufenthaltstitel nach Kapitel 2 Abschnitt 5 des Aufenthaltsgesetzes in der Bundesrepublik Deutschland aufhalten. Abweichend von Satz 2 Nummer 2 erhalten Ausländerinnen und Ausländer und ihre Familienangehörigen Leistungen nach diesem Buch, wenn sie seit mindestens fünf Jahren ihren gewöhnlichen Aufenthalt im Bundesgebiet haben; dies gilt nicht, wenn der Verlust des Rechts nach § 2 Absatz 1 des Freizügigkeitsgesetzes/EU festgestellt wurde. Die Frist nach Satz 4 beginnt mit der Anmeldung bei der zuständigen Meldebehörde. Zeiten des nicht rechtmäßigen Aufenthalts, in denen eine Ausreisepflicht besteht, werden auf Zeiten des gewöhnlichen Aufenthalts nicht angerechnet. Aufenthaltsrechtliche Bestimmungen bleiben unberührt.

(2) Leistungen erhalten auch Personen, die mit erwerbsfähigen Leistungsberechtigten in einer Bedarfsgemeinschaft leben. Dienstleistungen und Sachleistungen werden ihnen nur erbracht, wenn dadurch Hemmnisse bei der Eingliederung der erwerbsfähigen Leistungsberechtigten beseitigt oder vermindert werden. Zur Deckung der Bedarfe nach § 28 erhalten die dort genannten Personen auch dann Leistungen für Bildung und Teilhabe, wenn sie mit Personen in einem Haushalt zusammenleben, mit denen sie nur deshalb keine Bedarfsgemeinschaft bilden, weil diese aufgrund des zu berücksichtigenden Einkommens oder Vermögens selbst nicht leistungsberechtigt sind.

(3) Zur Bedarfsgemeinschaft gehören
1. die erwerbsfähigen Leistungsberechtigten,
2. die im Haushalt lebenden Eltern oder der im Haushalt lebende Elternteil eines unverheirateten erwerbsfähigen Kindes, welches das 25. Lebensjahr noch nicht vollendet hat, und die im Haushalt lebende Partnerin oder der im Haushalt lebende Partner dieses Elternteils,

3. als Partnerin oder Partner der erwerbsfähigen Leistungsberechtigten
   a) die nicht dauernd getrennt lebende Ehegattin oder der nicht dauernd getrennt lebende Ehegatte,
   b) die nicht dauernd getrennt lebende Lebenspartnerin oder der nicht dauernd getrennt lebende Lebenspartner,
   c) eine Person, die mit der erwerbsfähigen leistungsberechtigten Person in einem gemeinsamen Haushalt so zusammenlebt, dass nach verständiger Würdigung der wechselseitige Wille anzunehmen ist, Verantwortung füreinander zu tragen und füreinander einzustehen.
4. die dem Haushalt angehörenden unverheirateten Kinder der in den Nummern 1 bis 3 genannten Personen, wenn sie das 25. Lebensjahr noch nicht vollendet haben, soweit sie die Leistungen zur Sicherung ihres Lebensunterhalts nicht aus eigenem Einkommen oder Vermögen beschaffen können.

(3a) Ein wechselseitiger Wille, Verantwortung füreinander zu tragen und füreinander einzustehen, wird vermutet, wenn Partner
1. länger als ein Jahr zusammenleben,
2. mit einem gemeinsamen Kind zusammenleben,
3. Kinder oder Anghörige im Haushalt versorgen oder
4. befugt sind, über Einkommen oder Vermögen des anderen zu verfügen.

(4) Leistungen nach diesem Buch erhält nicht, wer in einer stationären Einrichtung untergebracht ist, Rente wegen Alters oder Knappschaftsausgleichsleistung oder ähnliche Leistungen öffentlich-rechtlicher Art bezieht. Dem Aufenthalt in einer stationären Einrichtung ist der Aufenthalt in einer Einrichtung zum Vollzug richterlich angeordneter Freiheitsentziehung gleichgestellt. Abweichend von Satz 1 erhält Leistungen nach diesem Buch,
1. wer voraussichtlich für weniger als sechs Monate in einem Krankenhaus (§ 107 des Fünften Buches) untergebracht ist oder
2. wer in einer stationären Einrichtung nach Satz 1 untergebracht und unter den üblichen Bedingungen des allgemeinen Arbeitsmarktes mindestens 15 Stunden wöchentlich erwerbstätig ist.

Die Sätze 1 und 3 Nummer 2 gelten für Bewohner von Räumlichkeiten im Sinne des § 42a Absatz 2 Satz 1 Nummer 2 und Satz 3 des Zwölften Buches entsprechend.

(4a) Personen, denen Leistungen zum Lebensunterhalt nach § 93 des Vierzehnten Buches zuerkannt worden sind, haben keinen Anspruch auf Leistungen zur Sicherung des Lebensunterhalts.

(5) Auszubildende, deren Ausbildung im Rahmen des Bundesausbildungsförderungsgesetzes dem Grunde nach förderungsfähig ist, haben über die Leistungen nach § 27 hinaus keinen Anspruch auf Leistungen zur Sicherung des Lebensunterhalts. Satz 1 gilt auch für Auszubildende, deren Bedarf sich nach § 61 Absatz 2, § 62 Absatz 3, § 123 Satz 1 Nummer 2 sowie § 124 Nummer 2 des Dritten Buches bemisst.

(6) Absatz 5 Satz 1 ist nicht anzuwenden auf Auszubildende,
1. die aufgrund von § 2 Absatz 1a des Bundesausbildungsförderungsgesetzes keinen Anspruch auf Ausbildungsförderung haben,
2. deren Bedarf sich nach den §§ 12, 13 Absatz 1 in Verbindung mit Absatz 2 Nummer 1 oder nach § 13 Absatz 1 Nummer 1 in Verbindung mit Absatz 2

Nummer 2 des Bundesausbildungsförderungsgesetzes bemisst und die Leistungen nach dem Bundesausbildungsförderungsgesetz,

a) erhalten oder nur wegen der Vorschriften zur Berücksichtigung von Einkommen und Vermögen nicht erhalten oder
b) beantragt haben und über deren Antrag das zuständige Amt für Ausbildungsförderung noch nicht entschieden hat; lehnt das zuständige Amt für Ausbildungsförderung die Leistungen ab, findet Absatz 5 mit Beginn des folgenden Monats Anwendung, oder

3. die eine Abendhauptschule, eine Abendrealschule oder ein Abendgymnasium besuchen, sofern sie aufgrund des § 10 Absatz 3 des Bundesausbildungsförderungsgesetzes keinen Anspruch auf Ausbildungsförderung haben.

…

§ 9 Hilfebedürftigkeit (1) Hilfebedürftig ist, wer seinen Lebensunterhalt nicht oder nicht ausreichend aus dem zu berücksichtigenden Einkommen oder Vermögen sichern kann und die erforderliche Hilfe nicht von anderen, insbesondere von Angehörigen oder von Trägern anderer Sozialleistungen, erhält.
(2) Bei Personen, die in einer Bedarfsgemeinschaft leben, sind auch das Einkommen und Vermögen des Partners zu berücksichtigen. Bei unverheirateten Kindern, die mit ihren Eltern oder einem Elternteil in einer Bedarfsgemeinschaft leben und die ihren Lebensunterhalt nicht aus eigenem Einkommen oder Vermögen sichern können, sind auch das Einkommen und Vermögen der Eltern oder des Elternteils und dessen in Bedarfsgemeinschaft lebender Partnerin oder lebenden Partners zu berücksichtigen. Ist in einer Bedarfsgemeinschaft nicht der gesamte Bedarf aus eigenen Kräften und Mitteln gedeckt, gilt jede Person der Bedarfsgemeinschaft im Verhältnis des eigenen Bedarfs zum Gesamtbedarf als hilfebedürftig, dabei bleiben die Bedarfe nach § 28 außer Betracht. In den Fällen des § 7 Absatz 2 Satz 3 ist Einkommen und Vermögen, soweit es die nach Satz 3 zu berücksichtigenden Bedarfe übersteigt, im Verhältnis mehrerer Leistungsberechtigter zueinander zu gleichen Teilen zu berücksichtigen.
(3) Absatz 2 Satz 2 findet keine Anwendung auf ein Kind, das schwanger ist oder sein Kind bis zur Vollendung des sechsten Lebensjahres betreut.
(4) Hilfebedürftig ist auch derjenige, dem der sofortige Verbrauch oder die sofortige Verwertung von zu berücksichtigendem Vermögen nicht möglich ist oder für den dies eine besondere Härte bedeuten würde.
(5) Leben Hilfebedürftige in Haushaltsgemeinschaft mit Verwandten oder Verschwägerten, so wird vermutet, dass sie von ihnen Leistungen erhalten, soweit dies nach deren Einkommen und Vermögen erwartet werden kann.

…

§ 15 Potenzialanalyse und Kooperationsplan (1) Die Agentur für Arbeit soll unverzüglich zusammen mit jeder erwerbsfähigen leistungsberechtigten Person die für die Eingliederung in Ausbildung oder Arbeit erforderlichen persönlichen Merkmale, die beruflichen Fähigkeiten und die Eignung feststellen; diese Feststellungen erstrecken sich auch auf die individuellen Stärken sowie darauf, ob und durch welche Umstände die berufliche Eingliederung voraussichtlich erschwert sein wird (Potenzialanalyse). Tatsachen, über die die Agentur für Arbeit nach § 9a Satz 2 Nummer 2 des Dritten Buches unterrichtet wird, müssen nicht erneut festgestellt werden, es sei denn, es liegen Anhaltspunkte dafür vor, dass sich Umstände, die für die Eingliederung maßgebend sind, verändert haben.

(2) Die Agentur für Arbeit soll im Einvernehmen mit dem kommunalen Träger unverzüglich nach der Potenzialanalyse mit jeder erwerbsfähigen leistungsberechtigten Person unter Berücksichtigung der Feststellungen nach Absatz 1 gemeinsam einen Plan zur Verbesserung der Teilhabe (Kooperationsplan) erstellen. In diesem werden das Eingliederungsziel und die wesentlichen Schritte zur Eingliederung festgehalten, insbesondere soll festgelegt werden,

1. welche Leistungen zur Eingliederung in Ausbildung oder Arbeit nach diesem Abschnitt in Betracht kommen,
2. welche für eine erforderliche Überwindung von Hilfebedürftigkeit, vor allem durch Eingliederung in Ausbildung oder Arbeit, erforderlichen Eigenbemühungen erwerbsfähige Leistungsberechtigte mindestens unternehmen und nachweisen,
3. eine vorgesehene Teilnahme an einem Integrationskurs nach § 43 des Aufenthaltsgesetzes oder an einer Maßnahme der berufsbezogenen Deutschsprachförderung nach § 45a des Aufenthaltsgesetzes,
4. wie Leistungen anderer Leistungsträger in den Eingliederungsprozess einbezogen werden,
5. in welche Ausbildung, Tätigkeiten oder Tätigkeitsbereiche die erwerbsfähige leistungsberechtigte Person vermittelt werden soll und
6. ob ein möglicher Bedarf für Leistungen zur beruflichen oder medizinsichen Rehabilitation mit dem Ziel einer entsprechenden Antragstellung in Betracht kommt.

Im Kooperationsplan kann auch festgehalten werden,

1. welche Maßnahmen und Leistungen der aktiven Arbeitsförderung im Hinblick auf mögliche gesundheitliche Beeinträchtigungen, die einer Integration in den Arbeitsmarkt entgegenstehen, in Betracht kommen und welche anderen Leistungsträger im Hinblick auf diese Beeinträchtigungen voraussichtlich zu beteiligen sind und
2. welche Leistungen nach diesem Abschnitt für Personen in Betracht kommen, die mit der oder dem erwerbsfähigen Leistungsberechtigten in einer Bedarfsgemeinschaft leben, um Hemmnisse der erwerbsfähigen leistungsberechtigten Person zu beseitigen oder zu verringern; diese Personen sind hierbei zu beteiligen.

(3) Die erwerbsfähige leistungsberechtigte Person erhält den Kooperationsplan in Textform. Der Kooperationsplan soll spätestens nach Ablauf von jeweils sechs Monaten gemeinsam aktualisiert und fortgeschrieben werden.

(4) Die erste Einladung zum Gespräch zur Erstellung der Potenzialanalyse und des Kooperationsplans erfolgt ohne Belehrung über die Rechtsfolgen bei Nichtteilnahme.

(5) Die Agentur für Arbeit überprüft regelmäßig, ob die erwerbsfähige Person die im Kooperationsplan festgehaltenen Absprachen einhält. Aufforderungen hierzu

erfolgen grundsätzlich mit Rechtsfolgenbelehrung, insbesondere bei Maßnahmen gemäß §§ 16, 16d ist eine Rechtsfolgenbelehrung vorzusehen.
(6) Wenn ein Kooperationsplan nicht zustande kommt oder nicht fortgeschrieben werden kann, erfolgen Aufforderungen zu erforderlichen Mitwirkungshandlungen mit Rechtsfolgenbelehrung.

§ 15a Schlichtungsverfahren (1) Ist die Erstellung oder Fortschreibung eines Kooperationsplans aufgrund von Meinungsverschiedenheiten zwischen Agentur für Arbeit oder kommunalem Träger und leistungsberechtigter Person nicht möglich, so soll auf Verlangen einer oder beider Seiten ein Schlichtungsverfahren eingeleitet werden. Die Agentur für Arbeit schafft im Einvernehmen mit dem kommunalen Träger die Voraussetzungen für einen Schlichtungsmechanismus unter Hinzuziehung einer bisher unbeteiligten und insofern nicht weisungsgebundenen Person innerhalb oder außerhalb der Dienststelle. Das nähere Verfahren entsprechend § 44c Absatz 2 Satz 2 Nummer 2 legt die Trägerversammlung fest.
(2) In dem Schlichtungsverfahren soll ein gemeinsamer Lösungsvorschlag entwickelt werden. Diesen gemeinsamen Lösungsvorschlag haben die Agentur für Arbeit und der kommunale Träger zu berücksichtigen.
(3) Während des Schlichtungsverfahrens führt die Verletzung von Pflichten nach § 31 nicht zu Leistungsverminderungen nach § 31a.
(4) Das Schlichtungsverfahren endet durch eine Einigung oder spätestens mit Ablauf von vier Wochen ab Beginn.

§ 16d Arbeitsgelegenheiten (1) Erwerbsfähige Leistungsberechtigte können zur Erhaltung oder Wiedererlangung ihrer Beschäftigungsfähigkeit, die für eine Eingliederung in Arbeit erforderlich ist, in Arbeitsgelegenheiten zugewiesen werden, wenn die darin verrichteten Arbeiten zusätzlich sind, im öffentlichen Interesse liegen und wettbewerbsneutral sind. § 18d Satz 2 findet Anwendung.
(2) Arbeiten sind zusätzlich, wenn sie ohne die Förderung nicht, nicht in diesem Umfang oder erst zu einem späteren Zeitpunkt durchgeführt würden. Arbeiten, die auf Grund einer rechtlichen Verpflichtung durchzuführen sind oder die üblicherweise von jurstischen Personen des öffentlichen Rechts durchgeführt werden, sind nur förderungsfähig, wenn sie ohne die Förderung voraussichtlich erst nach zwei Jahren durchgeführt würden. Ausgenommen sind Arbeiten zur Bewältigung von Naturkatastrophen und sonstigen außergewöhnlichen Ereignissen.
(3) Arbeiten liegen im öffentlichen Interesse, wenn das Arbeitsergebnis der Allgemeinheit dient. Arbeiten, deren Ergebnis überwiegend erwerbswirtschaftlichen Interessen oder den Interessen eines begrenzten Personenkreises dient, liegen nicht im öffentlichen Interesse. Das Vorliegen des öffentlichen Interesses wird nicht allein dadurch ausgeschlossen, dass das Arbeitsergebnis auch den in der Maßnahme beschäftigten Leistungsberechtigten zugute kommt, wenn sichergestellt ist, dass die Arbeiten nicht zu einer Bereicherung Einzelner führen.
(4) Arbeiten sind wettbewerbsneutral, wenn durch sie eine Beeinträchtigung der Wirtschaft infolge der Förderung nicht zu befürchten ist und Erwerbstätigkeit auf dem allgemeinen Arbeitsmarkt weder verdrängt noch in ihrer Entstehung verhindert wird.

(5) Leistungen zur Eingliederung in Arbeit nach diesem Buch, mit denen die Aufnahme einer Erwerbstätigkeit auf dem allgemeinen Arbeitsmarkt weder verdrängt noch in ihrer Entstehung verhindert wird.
(6) Erwerbsfähige Leistungsberechtigte dürfen innerhalb eines Zeitraums von fünf Jahren nicht länger als insgesamt 24 Monate in Arbeitsgelegenheiten zugewiesen werden. Der Zeitraum beginnt mit Eintritt in die erste Arbeitsgelegenheit. Abweichend von Satz 1 können erwerbsfähige Leistungsberechtigte nach Ablauf der 24 Monate bis zu zwölf weitere Monate in Arbeitsgelegenheiten zugewiesen werden, wenn die Voraussetzungen der Absätze 1 und 5 weiterhin vorliegen.
(7) Den erwerbsfähigen Leistungsberechtigten ist während einer Arbeitsgelegenheit zuzüglich zum Bürgergeld nach § 19 Absatz 1 Satz 1 von der Agentur für Arbeit eine angemessene Entschädigung für Mehraufwendungen zu zahlen. Die Arbeiten begründen kein Arbeitsverhältnis im Sinne des Arbeitsrechts und auch kein Beschäftigungsverhältnis im Sinne des Vierten Buches; die Vorschriften über den Arbeitsschutz und das Bundesurlaubsgesetz mit Ausnahme der Regelungen über das Urlaubsentgelt sind entsprechend anzuwenden. Für Schäden bei der Ausübung ihrer Tätigkeit haften die erwerbsfähigen Leistungsberechtigten wie Arbeitnehmerinnen und Arbeitnehmer.
(8) Auf Antrag werden die unmittelbar im Zusammenhang mit der Verrichtung von Arbeiten nach Absatz 1 erforderlichen Kosten erstattet. Hierzu können auch Personalkosten gehören, die entstehen, wenn eine besondere Anleitung, eine tätigkeitsbezogene Unterweisung oder eine sozialpädagogische Betreuung notwendig ist.
…

§ 19 Bürgergeld und Leistungen für Bildung und Teilhabe (1) Erwerbsfähige Leistungsberechtigte erhalten Bürgergeld. Nichterwerbsfähige Leistungsberechtigte, die mit erwerbsfähigen Leistungsberechtigten in einer Bedarfsgemeinschaft leben, erhalten Bürgergeld, soweit sie keinen Anspruch auf Leistungen nach dem Vierten Kapitel des Zwölften Buches haben. Die Leistungen umfassen den Regelbedarf, Mehrbedarfe und den Bedarf für Unterkunft und Heizung.
(2) Leistungsberechtigte haben unter den Voraussetzungen des § 28 Anspruch auf Leistungen für Bildung und Teilhabe, soweit sie keinen Anspruch auf Leistungen nach dem Vierten Kapitel des Zwölften Buches haben. Soweit für Kinder Leistungen zur Deckung von Bedarfen für Bildung und Teilhabe nach § 6b des Bundeskindergeldgesetzes gewährt werden, haben sie keinen Anspruch auf entsprechende Leistungen zur Deckung von Bedarfen nach § 28.
(3) Die Leistungen zur Sicherung des Lebensunterhalts werden in Höhe der Bedarfe nach den Absätzen 1 und 2 erbracht, soweit diese nicht durch das zu berücksichtigende Einkommen und Vermögen gedeckt sind. Zu berücksichtigendes Einkommen und Vermögen deckt zunächst die Bedarfe nach den §§ 20, 21 und 23, darüber hinaus die Bedarfe nach § 22. Sind nur noch Leistungen für Bildung und Teilhabe zu leisten, deckt weiteres zu berücksichtigendes Einkommen und Vermögen die Bedarfe in der Reihenfolge der Absätze 2 bis 7 nach § 28.

§ 20 Regelbedarf zur Sicherung des Lebensunterhalts (1) Der Regelbedarf zur Sicherung des Lebensunterhalts umfasst insbesondere Ernährung, Kleidung, Körperpflege, Hausrat, Haushaltsenergie ohne die auf die Heizung und Erzeugung von Warmwasser entfallenden Anteile sowie persönliche Bedürfnisse des täglichen Lebens. Zu den persönlichen Bedürfnissen des täglichen Lebens gehört in vertretbarem Umfang eine Teilhabe am sozialen und kulturellen Leben in der Gemeinschaft. Der Regelbedarf wird als monatlicher Pauschalbetrag berücksichtigt. Über die Verwendung der zur Deckung des Regelbedarfs erbrachten Leistungen entscheiden die Leistungsberechtigten eigenverantwortlich; dabei haben sie das Eintreten unregelmäßig anfallender Bedarfe zu berücksichtigen.

(1 a) Der Regelbedarf wird in Höhe der jeweiligen Regelbedarfsstufe entsprechend § 28 des Zwölften Buches in Verbindung mit dem Regelbedarfs-Ermittlungsgesetz und den §§ 28a und 40 des Zwölften Buches in Verbindung mit der für das jeweilige Jahr geltenden Regelbedarfs-Fortschreibungsverordnung anerkannt. Soweit in diesem Buch auf einen Regelbedarf oder eine Regelbedarfsstufe verwiesen wird, ist auf den Betrag der für den jeweiligen Zeitraum geltenden Neuermittlung entsprechend § 28 des Zwölften Buches in Verbindung mit dem Regelbedarfs-Ermittlungsgesetz abzustellen. In Jahren, in denen keine Neuermittlung nach § 28 des Zwölften Buches erfolgt, ist auf den Betrag abzustellen, der sich für den jeweiligen Zeitraum entsprechend der Regelbedarfsstufen-Fortschreibungsverordnung nach den §§ 28a und 40 des Zwölften Buches ergibt.

(2) Als Regelbedarf wird bei Personen, die alleinstehend und alleinerziehend sind oder deren Partnerin oder Partner minderjährig ist, monatlich ein Betrag in Höhe der Regelbedarfsstufe 1 anerkannt. Für sonstige erwerbsfähige Angehörige der Bedarfsgemeinschaft wird als Regelbedarf anerkannt:

1. monatlich ein Betrag in Höhe der Regelbedarfsstufe 4, sofern sie das 18. Lebensjahr noch nicht vollendet haben,
2. monatlich ein Betrag in Höhe der Regelbedarfsstufe 3 in den übrigen Fällen.

(3) Abweichend von Absatz 2 Satz 1 ist bei Personen, die das 25. Lebensjahr noch nicht vollendet haben und ohne Zusicherung des zuständigen kommunalen Trägers nach § 22 Absatz 5 umziehen, bis zur Vollendung des 25. Lebensjahres der in Absatz 2 Satz 2 Nummer 2 genannte Betrag als Regelbedarf anzuerkennen.

(4) Haben zwei Partner der Bedarfsgemeinschaft das 18. Lebensjahr vollendet, ist als Regelbedarf für jede dieser Personen ein Betrag in Höhe von monatlich ein Betrag in Höhe der Regelbedarfsstufe 2 anzuerkennen.

…

§ 31 Pflichtverletzungen (1) Erwerbsfähige Leistungsberechtigte verletzen ihre Pflichten, wenn sie trotz schriftlicher Belehrung über die Rechtsfolgen oder deren Kenntnis

1. sich weigern, einer Aufforderung gemäß § 15 Absatz 5 oder Absatz 6 nachzukommen,
2. sich weigern, eine zumutbare Arbeit, Ausibldung oder ein nach § 16e gefördertes Arbeitsverhältnis aufzunehmen, fortzuführen oder deren Anbahnung durch ihr Verhalten verhindern,

3. eine zumutbare Maßnahme zur Eingliederung in Arbeit nicht antreten, abbrechen oder Anlass für den Abbruch gegeben haben.

Dies gilt nicht, wenn erwerbsfähige Leistungsberechtigte einen wichtigen Grund für ihr Verhalten darlegen und nachweisen.

(2) Eine Pflichtverletzung von erwerbsfähigen Leistungsberechtigten ist auch anzunehmen, wenn

1. sie nach Vollendung des 18. Lebensjahres ihr Einkommen oder Vermögen in der Absicht vermindert haben, die Voraussetzungen für die Gewährung oder Erhöhung des Bürgergeldes nach § 19 Absatz 1 Satz 1 herbeizuführen,
2. sie trotz Belehrung über die Rechtsfolgen oder deren Kenntnis ihr unwirtschaftliches Verhalten fortsetzen,
3. ihr Anspruch auf Arbeitslosengeld ruht oder erloschen ist, weil die Agentur für Arbeit das Eintreten einer Sperrzeit oder das Erlöschen des Anspruchs nach den Vorschriften des Dritten Buches festgestellt hat, oder
4. sie die im Dritten Buch genannten Voraussetzungen für das Eintreten einer Sperrzeit erfüllen, die das Ruhen oder Erlöschen eines Anspruchs auf Arbeitslosengeld begründen.

§ 31a Rechtsfolgen bei Pflichtverletzungen (1) Bei einer Pflichtverletzung nach § 31 mindert sich das Bürgergeld um 10 Prozent des nach § 20 jeweils maßgebenden Regelbedarfs. Bei einer weiteren Pflichtverletzung nach § 31 mindert sich das Bürgergeld um 20 Prozent des nach § 20 jeweils maßgebenden Regelbedarfs. Bei jeder weiteren Pflichtverletzung nach § 31 mindert sich das Bürgergeld um 30 Prozent des nach § 20 jeweils maßgeblichen Regelbedarfs. Eine weitere Pflichtverletzung liegt nur vor, wenn bereits zuvor eine Minderung festgestellt wurde. Sie liegt nicht vor, wenn der Beginn des vorangegangenen Minderungszeitraums länger als ein Jahr zurückliegt. Minderungen nach den Sätzen 1 bis 3 sind aufzuheben, sobald erwerbsfähige Leistungsberechtigte diese Pflichten erfüllen oder sich nachträglich ernsthaft und nachhaltig dazu bereit erklären, diesen künftig nachzukommen. Abweichend von den Sätzen 1 bis 3 gelten bei Pflichtverletzungen nach § 31 Absatz 2 Nummer 3 in Fällen einer Sperrzeit bei Meldeversäumnis nach § 159 Absatz 1 Satz 2 Nummer 8 des Dritten Buches die Rechtsfolgen des § 32.

(2) Vor der Feststellung der Minderung nach Absatz 1 soll auf Verlangen der erwerbsfähigen Leistungsberechtigten die Anhörung nach § 24 des Zehnten Buches persönlich erfolgen. Verletzen die erwerbsfähigen Leistungsberechtigten wiederholt ihre Pflichten oder versäumen wiederholt Meldetermine nach § 32, soll die Anhörung persönlich erfolgen.

(3) Eine Leistungsminderung erfolgt nicht, wenn sie im Einzelfall eine außergewöhnliche Härte bedeuten würde.

(4) Leistungsminderungen bei wiederholten Pflichtverletzungen oder wiederholten Meldeversäumnissen nach § 32 sind auf insgesamt 30 Prozent des nach § 20 maßgebenden Regelbedarfs begrenzt. Die sich rechnerisch ergebenden Zahlbeträge für die Kosten der Unterkunft und Heizung dürfen durch eine Leistungsminderung nicht verringert werden.

(5) Für nicht erwerbsfähige Leistungsberechtigte gelten die Absätze 1 bis 4 bei Pflichtverletzungen nach § 31 Absatz 2 Nummer 1 und 2 entsprechend.

(6) Erwerbsfähige Leistungsberechtigte, die das 25. Lebensjahr noch nicht vollendet haben, sollen innerhalb von vier Wochen nach Feststellung einer Leistungsminderung ein Beratungsangebot erhalten, in dem die Inhalte des Kooperationsplans überprüft und bei Bedarf fortgeschrieben werden.
(7) Abweichend von Absatz 4 Satz 1 entfällt der Leistungsanspruch in Höhe des Regelbedarfes, wenn erwerbsfähige Leistungsberechtigte, deren Bürgergeld wegen einer Pflichtverletzung nach § 31 Absatz 1 Satz 1 Nummer 2, Absatz 2 Nummer 3 oder Absatz 2 Nummer 4 innerhalb des letzten Jahres gemindert war, eine zumutbare Arbeit nicht aufnehmen. Die Möglichkeit der Arbeitsaufnahme muss tatsächlich und unmittelbar bestehen und willentlich verweigert werden. Absatz 1 Satz 6, die Absätze 2 und 3 sowie § 31 Absatz 1 Satz 2 finden Anwendung.
…

30 IIa. Verordnung zur Regelung weiterer Voraussetzungen der Erreichbarkeit erwerbsfähiger Leistungsberechtigter nach dem Zweiten Buch Sozialgesetzbuch (Erreichbarkeits-Verordnung – ErrV)

vom 28. Juli 2023 (BGBl. 2023 I Nr. 207)

Einleitung

(siehe bei Nr. 30 II)

Verordnungstext

§ 1 Näherer Bereich Berufskrankheiten sind die in der Anlage 1 bezeichneten Krankheiten, die Versicherte infolge einer den Versicherungsschutz nach den §§ 2, 3 oder 6 des Siebten Buches Sozialgesetzbuch begründenden Tätigkeit erleiden.

§ 2 Möglichkeit der werktäglichen Kenntnisnahme (1) Die erwerbsfähige leistungsberechtigte Person hat sicherzustellen, dass sie Mitteilungen und Aufforderungen des zuständigen Jobcenters werktäglich zur Kenntnis nehmen kann. Die Möglichkeit der Kenntnisnahme liegt auch vor, wenn die erwerbsfähige leistungsberechtigte Person sicherstellt, dass Mitteilungen und Aufforderungen durch Dritte zur Kenntnis genommen werden können und eine entsprechende Information durch diese an die erwerbsfähige leistungsberechtigte Person erfolgt.
(2) Werktage im Sinne des § 7b Absatz 1 Satz 2 des Zweiten Buches Sozialgesetzbuch und dieser Verordnung sind die Wochentage Montag bis Samstag. Ausgenommen sind die gesetzlichen Feiertage.
(3) Bei Mitteilungen und Aufforderungen, die samstags oder einen Tag vor gesetzlichen Feiertagen zugehen, ist es für die Annahme der Erreichbarkeit ausreichend, wenn sie vor Beginn des nächsten Werktags zur Kenntnis genommen werden können.
(4) Bei einer erwerbsfähigen leistungsberechtigten Person ohne festen Wohnsitz wird das Vorliegen der Voraussetzungen des Absatzes 1 angenommen, wenn sie die Dienststelle im Sinne des § 1 Absatz 1 einmal pro Leistungsmonat persönlich aufsucht. Sie muss der Dienststelle anlässlich der Vorsprache nach Satz 1 mitteilen, auf welchem Weg eine Kontaktaufnahme möglich ist.

§ 3 Weitere wichtige Gründe Ein wichtiger Grund für einen Aufenthalt außerhalb des näheren Bereichs nach § 7b Absatz 2 Satz 1 des Zweiten Buches Sozialgesetz-

30 IIa

buch liegt neben den in § 7b Absatz 2 Satz 2 des Zweiten Buches Sozialgesetzbuch genannten Fällen vor, wenn erwerbsfähige Leistungsberechtigte den näheren Bereich verlassen, um Angehörige nach § 16 Absatz 5 des Zehnten Buches Sozialgesetzbuch zu unterstützen

1. im Zusammenhang mit der Geburt eines Kindes,
2. wegen Pflegebedürftigkeit oder
3. im Todesfall eines oder einer Angehörigen nach § 16 Absatz 5 des Zehnten Buches Sozialgesetzbuch.

Voraussetzung für die Anerkennung eines wichtigen Grundes nach Satz 1 ist, dass die Unterstützung erforderlich ist und die Eingliederung in Ausbildung oder Arbeit nicht wesentlich beeinträchtigt wird. Auf Aufforderung des Jobcenters haben die erwerbsfähigen Leistungsberechtigten die Erforderlichkeit der Unterstützungsleistung nachzuweisen.

§ 4 Zustimmungsverfahren (1) Die erwerbsfähige leistungsberechtigte Person soll die Zustimmung der zuständigen Dienststelle des örtlich zuständigen Jobcenters zu einem Aufenthalt außerhalb des näheren Bereichs in der Regel spätestens fünf Werktage vor dem Verlassen des näheren Bereichs beantragen. Für Abwesenheiten, die sich nur auf Samstage, Sonntage oder Feiertage beziehen, ist keine Zustimmung erforderlich, wenn die erwerbsfähige leistungsberechtigte Person sicherstellt, dass sie die zugehenden Mitteilungen und Aufforderungen vor dem nächsten Werktag zur Kenntnis nehmen kann. § 6 dieser Verordnung sowie § 7b Absatz 2 Satz 3 des Zweiten Buches Sozialgesetzbuch bleiben unberührt.

(2) Die Zustimmung kann nach dem Verlassen des näheren Bereichs beantragt werden, wenn es der erwerbsfähigen leistungsberechtigten Person nicht oder nicht rechtzeitig möglich war, die Zustimmung vor dem Verlassen zu beantragen. Der nachträgliche Antrag auf Zustimmung muss unverzüglich nach Wegfall der Gründe gestellt werden, die einer vorherigen Antragstellung entgegengestanden haben.

(3) Die Zustimmung nach § 7b Absatz 2 Satz 1 des Zweiten Buches Sozialgesetzbuch ist nach Maßgabe der §§ 5 und 6 zu erteilen, wenn die Voraussetzungen des wichtigen Grundes, auf den sich der oder die erwerbsfähige Leistungsberechtigte beruft, vorliegen und die erwerbsfähige leistungsberechtigte Person mitgeteilt hat, auf welchem Weg während der Abwesenheit eine Kontaktaufnahme möglich ist.

(4) Die nach Maßgabe des § 7b Absatz 3 Satz 1 des Zweiten Buches Sozialgesetzbuch zu erteilende Zustimmung kann frühestens drei Monate im Voraus erteilt werden. Bei erwerbsfähigen leistungsberechtigten Personen, die nicht arbeitslos sind, insbesondere bei Personen, die sich in Mutterschutz oder Elternzeit befinden und bei Schülerinnen oder Schülern gilt die Zustimmung mit der Antragstellung als erteilt.

§ 5 Dauer des Aufenthalts außerhalb des näheren Bereichs aus wichtigem Grund (1) Die Teilnahme an einer ärztlich verordneten Maßnahme der medizinischen Vorsorge oder der Rehabilitation ist ein wichtiger Grund für die Dauer der Maßnahme. Zu der Teilnahme gehören auch die Tage der An- und Abreise.

(2) Ein wichtiger Grund besteht für insgesamt bis zu drei Wochen im Kalenderjahr für die Teilnahme an einer Veranstaltung, die kirchlichen oder gewerkschaftlichen

Zwecken dient oder im öffentlichen Interesse liegt. Der Zweck der Veranstaltung und die Teilnahme an der Veranstaltung müssen nachgewiesen werden.

(3) Im Fall von Aufenthalten außerhalb des näheren Bereichs, die überwiegend der Eingliederung in Ausbildung oder Arbeit dienen, liegt ein wichtiger Grund für die erforderliche Dauer des Aufenthaltes vor.

(4) Bei der Ausübung einer ehrenamtlichen Tätigkeit liegt ein wichtiger Grund für die Dauer ihrer Ausübung vor.

(5) In den Fällen des § 3 liegt ein wichtiger Grund für die Dauer der erforderlichen Unterstützung vor. Die Dauer des Aufenthalts außerhalb des näheren Bereichs soll zwölf Wochen im Kalenderjahr nicht überschreiten.

§ 6 Aufenthalt außerhalb des näheren Bereichs aufgrund der Ausübung einer Erwerbstätigkeit Für Aufenthalte außerhalb des näheren Bereichs während der Ausübung einer Erwerbstätigkeit in abhängiger Beschäftigung ist keine Zustimmung erforderlich, wenn die erwerbstätige leistungsberechtigte Person

1. aus der Erwerbstätigkeit ein Einkommen oberhalb der Geringfügigkeitsgrenze nach § 8 Absatz 1a des Vierten Buches Sozialgesetzbuch erzielt und
2. dem Jobcenter mitgeteilt hat, dass die Erwerbstätigkeit eine Abwesenheit erfordert.

Für Aufenthalte außerhalb des näheren Bereichs aufgrund der Ausübung einer selbständigen Erwerbstätigkeit gilt Satz 1 mit der Maßgabe, dass die Abwesenheit zur Ausübung der Tätigkeit erforderlich sein muss. Die Mitteilung nach Satz 1 Nummer 2 soll vor dem erstmaligen Verlassen des näheren Bereichs aufgrund der Ausübung der Erwerbstätigkeit erfolgen. Dem Jobcenter ist zudem mitzuteilen, auf welchem Weg während der Abwesenheit eine Kontaktaufnahme möglich ist.

§ 7 Zustimmung bei Aufenthalt außerhalb des näheren Bereichs ohne wichtigen Grund (1) Die nach § 7b Absatz 3 Satz 1 des Zweiten Buches Sozialgesetzbuch mögliche Zustimmung ist zu erteilen, wenn die Eingliederung in Ausbildung oder Arbeit durch den Aufenthalt außerhalb des näheren Bereichs nicht wesentlich beeinträchtigt wird. Eine wesentliche Beeinträchtigung liegt insbesondere vor, wenn ein konkretes Ausbildungs- oder Arbeitsangebot vorliegt, das nach Ablauf des Aufenthalts außerhalb des näheren Bereichs nicht mehr angenommen werden kann. Die nach § 7b Absatz 3 Satz 2 des Zweiten Buches Sozialgesetzbuch mögliche Dauer des Aufenthalts außerhalb des näheren Bereichs ohne wichtigen Grund soll drei Wochen je Kalenderjahr nicht überschreiten. Bei Vorliegen besonderer Umstände kann die Zustimmung auch zu einem länger als drei Wochen dauernden Aufenthalt außerhalb des näheren Bereichs erteilt werden.

(2) Erwerbsfähigen Leistungsberechtigten, die Bürgergeld ergänzend zu Einkommen aus einer sozialversicherungspflichtigen Beschäftigung beziehen, ist die Zustimmung zu einem Aufenthalt außerhalb des näheren Bereichs ohne wichtigen Grund für die Dauer ihres arbeitsvertraglichen Urlaubsanspruchs zu erteilen.

§ 8 Erreichbarkeit von Personen, die Arbeitslosengeld und Bürgergeld beziehen Sofern die Agentur für Arbeit bei einer Person, die Anspruch auf Arbeitslosengeld oder Teilarbeitslosengeld hat, den Aufenthalt außerhalb des zeit- und ortsnahen

Bereichs nach § 3 der Erreichbarkeits-Anordnung vom 23. Oktober 1997 (ANBA S. 1685; 1998 S. 1100), die zuletzt durch die Anordnung vom 26. September 2008 (ANBA Nr. 12 S. 5) geändert worden ist, anerkannt hat, so gilt für diese Person auch für den Bezug von Bürgergeld die Zustimmung für die Abwesenheit außerhalb des näheren Bereich als erteilt.

§ 9 Inkrafttreten Diese Verordnung tritt am Tag nach der Verkündung in Kraft.

30 III. Sozialgesetzbuch (SGB) Drittes Buch Arbeitsförderung

Einleitung

I. Geschichtliche Entwicklung

1. Allgemeines

Die heutige Form der Arbeitslosenversicherung und staatlichen Vermittlungsdienstleistung hatte sich erst aus einem Zustand entwickeln müssen, in dem Arbeitslosigkeit als privates Schicksal der Selbsthilfe der Betroffenen und im schlimmsten Falle der öffentlichen Armenfürsorge überlassen blieb. So war die Arbeitsvermittlung bis zum Ersten Weltkrieg eine Angelegenheit, die sich einige tausend gewerbliche Vermittler, vereinzelte kommunale Stellen und Gewerkschaften sowie z. T. auch Arbeitgeberverbände teilten. Nach dem Ersten Weltkrieg vereinbarten die Demobilmachungsbehörden mit Gewerkschaften und Arbeitgeberverbänden Stellen zur Arbeitsvermittlung (= »Arbeitsnachweise«) mit paritätischer Verwaltung. Daraus erwuchs die Einrichtung zunächst von Landesämtern (1919), anschließend des Reichsamtes für Arbeitsvermittlung (1920) und später die Verpflichtung von Gemeinden und Gemeindeverbänden zur Errichtung öffentlicher Arbeitsnachweise durch das Arbeitsnachweisgesetz von 1922. Das Gesetz über die Arbeitsvermittlung und Arbeitslosenversicherung (AVAVG) vom 16.7.1927 (RGBl. I 187) regelte dann die in seinem Titel bezeichneten Tätigkeiten und schuf die Reichsanstalt für Arbeitsvermittlung und Arbeitslosenversicherung als selbständige Körperschaft des öffentlichen Rechts mit einer Selbstverwaltung und einem eigenen Unterbau von Landesarbeitsämtern. Wie kaum eine andere Frage stand die Regelung der Arbeitslosenversicherung im Mittelpunkt des sozialpolitischen Geschehens der Weimarer Republik. Die Auseinandersetzung um sie beim gescheiterten Versuch, der Massenarbeitslosigkeit der späten zwanziger Jahre Herr zu werden, markierte schließlich die offenkundigsten Stationen des Untergangs dieser Republik: Sinnfälligster Ausdruck dessen war die Tatsache, dass die letzte durch eine parlamentarische Mehrheit legitimierte Reichsregierung unter *Hermann Müller* (SPD) 1930 wegen der geplanten Erhöhung des Beitragssatzes zur Arbeitslosenversicherung auseinanderbrach. Der weite Weg bergab wurde dann durch Notverordnungen der Regierung *Brüning* markiert (zu allem siehe *Preller,* Sozialpolitik in der Weimarer Republik, 1949).

Nach 1945 arbeiteten zunächst nur die Landesarbeitsämter und Arbeitsämter weiter, bis 1952 die Bundesanstalt für Arbeitsvermittlung und Arbeitslosenversicherung errichtet wurde. Danach erfolgte die Neubekanntmachung eines AVAVG vom 3.4.1957 (BGBl. I 321), bis 1969 unter der Bundesregierung der Großen Koalition das »Arbeitsförderungsgesetz« (AFG) verabschiedet wurde. Die von ihm stärker

verfolgte Tendenz einer globalen Steuerung des Arbeitsmarktes (siehe Ziele der §§ 1, 2 AFG) stand in deutlichem Zusammenhang mit einem anderen in dieser Periode verabschiedeten Gesetz, dem »Gesetz zur Förderung der Stabilität und des Wachstums der Wirtschaft« (StabG) vom 8.6.1967 (BGBl. I 582). Dessen Ziel ist (neben »Stabilität des Preisniveaus«, »außenwirtschaftlichem Gleichgewicht« und »stetigem und angemessenem Wirtschaftswachstum«) ein »hoher Beschäftigungsstand« (§ 1 StabG).
Zur Geschichte der Arbeitslosenversicherung s. *Deinert*, in: Gagel, SGB II/SGB III, § 1 SGB III Rn. 1 ff.; *Kröner*, BArbBl. 1/82, 16; *Kuck*, SozSich 92, 359.

2. Schaffung des SGB III und seitherige Änderungen

Das AFG ist 1997 mit dem »Arbeitsförderungs-Reformgesetz« in das am 1.1.1998 in Kraft getretene SGB III überführt worden. Dieses ist wiederum bereits unmittelbar nach seinem Inkrafttreten und seither in kurzer Zeit bereits vielfach geändert worden. In dieser Hinsicht teilt es das Schicksal des AFG, das ebenfalls laufend je nach wechselnden sozialpolitischen Konzepten und Kassenlage geändert worden war. Dabei kann für die Arbeitsmarktpolitik, soweit sie ihren Niederschlag im SGB III gefunden hat, eine Zäsur Anfang 2002 festgestellt werden. Zunächst veranlassten Erkenntnisse des Bundesrechnungshofes über Defizite der Vermittlungstätigkeit der Bundesanstalt für Arbeit zu ersten administrativen Umbaumaßnahmen, die auf die Abschaffung der bisherigen Selbstverwaltung hinausliefen (als Teil des Gesetzes vom 23.3.2002, BGBl. I 1130). Danach griff die Politik im Zuge der »Agenda 2010« unter Bundeskanzler *Schröder* Erkenntnisse der sog. Hartz-Kommission zur Reform der Arbeitsmarktinstrumente auf (benannt nach dem Vorsitzenden *Peter Hartz*, dem Arbeitsdirektor von VW; Kommissionsbericht: Moderne Dienstleistungen am Arbeitsmarkt, Bericht der Kommission, 2003). Auf einen Nenner gebracht, geht es im Kern um die Reduzierung von Leistungen an Arbeitslose mit zwei Zielrichtungen: Senkung der Lohnnebenkosten und Verstärkung von Druck bzw. Anreizen zur Arbeitsaufnahme (vor allem durch Reduzierung der Bezugsdauer von Arbeitslosengeld und den Zwang zur Annahme jeder Arbeit für Bezieher der neuen »Grundsicherung für Arbeitsuchende«). Dazu werden Instrumente für eine effizientere Arbeitsvermittlung bereitgestellt. Das dritte und vierte »Hartz«-Gesetz und das »Gesetz über Reformen am Arbeitsmarkt« waren Bestandteil des großen Verhandlungspakets über Steuern und Arbeitsmarkt zwischen Regierungsmehrheit und Bundesratsopposition im Vermittlungsausschuss Ende 2003 (näher 45. Aufl.).
Massive konzeptionelle Veränderungen erfolgten dann wiederum mit dem Gesetz zur Neuausrichtung der arbeitsmarktpolitischen Instrumente vom 21.12.2008 (BGBl. I 2917). Nach zwischenzeitlichen weiteren Änderungen zur Bewältigung der Finanz- und Wirtschaftskrise (vgl. 35. Aufl.) wurde mit dem Eingliederungschancengesetz vom 20.12.2011 (BGBl. I 2854) eine weitere Instrumentenreform vollzogen (Entwurf der Bundesregierung: BT-Drs. 17/6277; dazu *Jakob/Kolf*, SozSich 11, 186 sowie Stellungnahme des Deutschen Vereins, NDV 11, 343; Ausschussempfehlungen: BR-Drs. 556/2/11; zur inhaltlichen Kritik aus dem Bundesrat: BR-Drs. 556/1/11). Durch Effektivierung der Arbeitsmarktinstrumente sollen

Effizienzsteigerungen und finanzielle Einsparungen ermöglicht werden. Die Instrumente der aktiven Arbeitsförderung sollen dezentralisiert werden, vor allem durch weitgehende Reduzierung auf Ermessensleistungen anstelle unmittelbarer Rechtsansprüche, weitere Zusammenfassung von Instrumenten und individuellen Förderleistungen, Wegfall von Instrumenten mit geringer praktischer Bedeutung (dazu 45. Aufl.). Zu Letzterem gehört auch der Fortfall der Arbeitsbeschaffungsmaßnahmen (zur Kritik der Begründung eines vom Tarifsystem entkoppelten Parallelarbeitsmarktes *Jakob/Kolf*, SozSich 11, 186, 192).

Mit dem Gesetz zur Förderung der beruflichen Weiterbildung im Strukturwandel und zur Weiterentwicklung der Ausbildungsförderung (v. 20. 5. 2020, BGBl. I 1044; Entwurf: BT-Drs. 19/17740) war bezweckt, Arbeitnehmer und Arbeitsmarkt auf den erwarteten digitalen Wandel und die Herausforderungen der Klimaziele vorzubereiten, u. a. durch einen deutlicher Ausbau der beruflichen Weiterbildungsförderung sowie von Qualifizierungsmöglichkeiten in Transfergesellschaften und – im Zusammenhang mit der aufziehenden Corona-Pandemie – eine Stärkung des Kurzarbeitergeldes als Instrument zur Überwindung der Corona-bedingten Wirtschaftseinbrüche (dazu *Bieback*, NZS 20, 441; vgl. auch *Schmidt*, NZS 20, 361; zu weiteren Maßnahmen zur Bewältigung der wirtschaftlichen Herausforderungen der Corona-Pandemie und der Ukraine-Krise vgl. 46., 47. und 48. Aufl.). Angesichts fortgesetzter Gefährdungen des Arbeitsmarktes durch diese Krisen wurden die Möglichkeiten kurzfristiger Veränderungen beim Kurzarbeitergeldbezug durch das Gesetz zur Anpassung der Verordnungsermächtigungen beim Kurzarbeitergeld und anderer Regelungen (v. 19. 10. 2022, BGBl. I 1790, Entwurf: BT-Drs. 20/3494) in § 109 SGB III neu geordnet. Auf seiner Grundlage wurden befristet verschiedene Änderungen geregelt (vgl. 48. Aufl.). Zuletzt wurde die Bezugsdauer befristet bis Ende 2026 auf bis zu 24 Monate verlängert (vgl. u. II 2 b).

Mit Rücksicht auf die Herausforderungen des Arbeits- und Fachkräftemangels wurde die Förderung der Aus- und Weiterbildung überwiegend mit Wirkung ab 1. 4. 2024 nochmals ausgebaut (Gesetz zur Stärkung der Aus- und Weiterbildungsförderung vom 17. 7. 2023, BGBl. 2023 I Nr. 191):

- Die bislang noch vorherrschende Beschränkung der Weiterbildungsförderung im bestehenden Arbeitsverhältnis (vor allem heraus aus Berufen, die durch den Strukturwandel gefährdetet sind, sowie hinein in Engpassberufe) wurde aufgegeben und die Weiterbildungsförderung nach § 82 SGB III transparenter gestaltet.
- Mit einem Qualifizierungsgeld (§§ 82a ff. SGB III) werden Arbeitnehmer gefördert, wenn ein nicht unerheblicher Teil der Belegschaft strukturwandelbedingten Qualifizierungsbedarf hat und eine Regelung durch Betriebsvereinbarung oder Tarifvertrag erfolgt ist. Die Förderung besteht in einer dem Arbeitslosengeld vergleichbaren Leistung bei arbeitgeberfinanzierter Weiterbildung.
- Als Ausbildungsgarantie bezeichnet wird insbesondere die Beratung und Unterstützung junger Menschen am Übergang von Schule und Beruf. Dazu gehören Förderung von Berufsorientierungspraktika (§ 48a SGB III), Erleichterung des Zugangs zu Einstiegsqualifizierungen (§ 54a SGB III), Einführung eines Mobilitätszuschusses im ersten Ausbildungsjahr (§ 73a SGB III) und Umwandlung der Förderung der außerbetrieblichen Ausbildung nach § 76 SGB III in einen Rechts-

anspruch ab 1.8.2024 nach erfolglosen Bemühungen um eine betriebliche Ausbildung.
- Verlängerung der Möglichkeit zur Förderung von Arbeitgebern durch Entlastung von Sozialversicherungsbeiträgen und Maßnahmekosten nach § 106a SGB III bei Nutzung von Kurzarbeit für Weiterbildung bis Ende Juli 2024.

Im Zuge des 29. BAföG-Änderungsgesetzes (v. 19.7.2024, BGBl. I Nr. 249) wurden die Freibeträge für Berufsausbildungsbeihilfen und Ausbildungsgeld angehoben.

Durch das SGB VI-Anpassungsgesetz (v. 22.12.2025, BGBl. I Nr. 355; Entwurf: BT-Drs. 21/1858) wurde die Anerkennungs- und Qualifizierungsberatung für Personen mit ausländischen Berufsqualifikationen sowie für Arbeitgeber in § 30a SGB III eingeführt.

II. Wesentlicher Gesetzesinhalt

1. Allgemeines

Von Arbeitgebern und Arbeitnehmern wird erwartet, dass sie durch Anpassung an die Bewegungen des Marktes Beschäftigungslosigkeit vermeiden. Das äußert sich naturgemäß vor allem in entsprechendem Druck auf die Arbeitnehmer bzw. Arbeitslosen (Übersicht 63). Neu im SGB III und hinsichtlich ihrer arbeitsrechtlichen Verbindlichkeit umstritten sind die in § 2 Abs. 2 SGB III genannten Pflichten des Arbeitgebers zur Vermeidung von Entlassungen. Man kann darin Auslegungsgrundsätze für das bei Kündigungen geltende Ultima-ratio-Prinzip erblicken, was durch die Praxis bislang nur unzureichend aufgegriffen wird (vgl. *Deinert*, in: Gagel, SGB II/SGB III, § 2 SGB III Rn. 74 ff.).

Die vom Gesetzgeber bezüglich der Arbeitnehmer bzw. Arbeitslosen geäußerte Erwartung ihrer »besonderen Verantwortung« für Beschäftigungsmöglichkeiten äußert sich vor allem in Folgendem:
- eigene Arbeitssuche als Leistungsvoraussetzung für den Bezug von Arbeitslosengeld (§ 138 Abs. 1 Nr. 2 SGB III);
- verschärfte Zumutbarkeitsanforderungen unter Aufgabe des Grundsatzes des Berufsschutzes (§ 140 SGB III).

2. Leistungen

Einen Überblick über die Leistungen des SGB III enthält § 19 SGB I (Nr. 30 I). Sie unterfallen in Leistungen der aktiven Arbeitsförderung (§§ 29 ff. SGB III), einschließlich Kurzarbeitergeld und Übergangsgeld, und Arbeitslosen- und Insolvenzgeld (§§ 136 ff. SGB III).

Darüber hinaus regeln je ein eigenes Kapitel die Pflichten der Beteiligten (§§ 309 bis 322 SGB III) und gemeinsame Vorschriften für Leistungen (§§ 323 bis 339 SGB III). Insbesondere diese Kapitel führen insofern zu einer neuen Unübersichtlichkeit, als sie Modifikationen des allgemeinen Sozialverwaltungsrechts im SGB I und SGB X enthalten.

a) Beschäftigungsförderung – Beratung und Vermittlung

Aufgaben der Agentur für Arbeit sind Berufsberatung und Arbeitsvermittlung. Für beide gibt es jedoch kein Monopol der Bundesagentur mehr. Private Berufsberater und Arbeitsvermittler können nach den §§ 296 ff. SGB III tätig werden. Seit der Gesetzesänderung im Frühjahr 2002 gilt folgendes System: Der privaten Arbeitsvermittlung muss ein schriftlicher Vertrag zwischen Arbeitssuchendem und Vermittler zugrunde liegen. Anders als früher darf vereinbart werden, dass der Arbeitsuchende dem Vermittler ein Entgelt bezahlt (§ 296 SGB III). Dazu besteht die Möglichkeit, einen Aktivierungs- und Vermittlungsgutschein nach § 45 Abs. 4 SGB III auszustellen, mit dem das Vermittlerentgelt beglichen werden kann. Ein Entgelt darf nur für den Erfolgsfall vereinbart werden und ist gesetzlich nach oben begrenzt. Diese Grenze entspricht den Beträgen, die von der Agentur für Arbeit aufgrund eines Vermittlungsscheins für die Vermittlung eines Arbeitslosen bereitgestellt werden (§ 297 Nr. 1 SGB III). Die Vermittlung von Auszubildenden darf nicht auf deren Kosten erfolgen (§ 297 Nr. 2–4 SGB III). Die private Arbeitsvermittlung hat bislang allerdings nur einen bescheidenen Anteil an der Gesamtzahl aller Arbeitsvermittlungen gewinnen können (vgl. insgesamt *Sell,* info also 02, 195; IAB-Kurzbericht 11/11, S. 2).

Zur Verbesserung der Vermittlungsaussichten ist das Recht der Arbeitslosmeldung seit Anfang 2003 geändert worden: Statt erst beim Eintritt der Arbeitslosigkeit müssen Arbeitnehmer sich gemäß § 38 SGB III bereits dann bei der Agentur für Arbeit persönlich als arbeitsuchend melden, wenn sie Kenntnis von der Beendigung ihres Beschäftigungsverhältnisses haben (d. h. beim Zugang einer Kündigung oder beim Vorliegen einer Befristung oder beim Abschluss eines Aufhebungsvertrages). Verspätete Meldungen führen zu einer Sperrzeit gemäß § 159 SGB III (dazu u. f), sofern sie schuldhaft erfolgten (*BSG* 25. 5. 2005 – B 11a/11 AL 81/04 R, NZS 06, 219). Das gilt auch bei Verspätungen um nur einen Tag (*BSG* 25. 8. 2011 – B 11 AL 30/10 R, NZA-RR 12, 216). Der Arbeitgeber haftet nicht für einen unterlassenen Hinweis auf diese Meldepflicht (*BAG* 29. 9. 2005 – 8 AZR 571/04, NZA 05, 1406). Eine verspätete Meldung kann aber zurückwirken, wenn die persönliche Arbeitslosmeldung nicht möglich war, weil die Arbeitsagentur nicht dienstbereit war (*BSG* 15. 2. 2023 – B 11 AL 40/21 R, NZS 24, 341).

Notwendige Maßnahmen zur Förderung einer versicherungspflichtigen Beschäftigung werden aus dem Vermittlungsbudget nach § 44 SGB III finanziert. Maßnahmen zur beruflichen Eingliederung können nach § 45 SGB III gefördert werden. Zur Aufnahme einer versicherungspflichtigen Beschäftigung können bei Vermittlungserschwernissen aus persönlichen Gründen Zuschüsse zu den Arbeitsentgelten zum Ausgleich von Minderleistungen gemäß §§ 88 ff. SGB III an Arbeitgeber gezahlt werden, wenn deren Vermittlung wegen persönlicher Umstände erschwert ist. Im Normalfall darf ein Eingliederungszuschuss 50 % des berücksichtigungsfähigen Arbeitsentgelts nicht übersteigen. Für schwerbehinderte Menschen kann er um bis zu 20 %-Punkte höher festgelegt werden (§ 90 SGB III). Eine Förderung ist ausgeschlossen, wenn es sich der Sache nach um die Fortsetzung eines früheren Arbeitsverhältnisses handelt (vgl. § 92 Abs. 1 SGB III). Die Gewährung eines Eingliederungszuschusses ist kein Sachgrund für die Befristung des Arbeitsvertrags

mit dem geförderten Arbeitnehmer (vgl. *BAG* 4.6.2003 – 7 AZR 489/02, NZA 03, 1143). Schließlich wird die Aufnahme einer selbständigen Tätigkeit gefördert. Hierzu können Arbeitnehmer einen Gründungszuschuss gemäß §§ 93f. SGB III erhalten (vgl. *Wießner,* MittAB 98, 129). Dieser wurde allerdings mit dem Eingliederungschancengesetz (vgl. I 2) zu einer Ermessensleistung, sodass kein Rechtsanspruch auf einen Gründungszuschuss mehr besteht. Damit sollen massive Einsparungen der BA erreicht werden (Kritik insb. in BT-Drs. 556/1/11, S. 3; einblick 11/11, S. 3). Angesichts positiver Evaluation der bisherigen Praxis der Vergabe von Gründungszuschüssen (IAB-Forschungsbericht 3/11: Die Praxis des Gründungszuschusses) ist dies kritikwürdig.
Arbeitnehmer und Arbeitgeber sind dazu verpflichtet, an der Vermittlungstätigkeit der Agentur für Arbeit durch die Beantwortung von Fragen und Vorlage von Unterlagen mitzuwirken (§§ 38, 39 SGB III). Die Agentur darf jedoch Arbeitsuchende nur nach solchen Daten fragen, bezüglich derer es auch ein Arbeitgeber nach allgemeinen arbeitsrechtlichen Gesichtspunkten dürfte (§ 41 SGB III; vgl. Einl. III zum, BDSG, Nr. 15; zur Arbeitsvermittlung bei Arbeitskämpfen s.u. 4). Sie muss eine Potenzialanalyse durchführen und mit dem Arbeitslosen eine Eingliederungsvereinbarung abschließen (§ 37 SGB III; vgl. *Banafsche,* SR 13, 121). Mit dieser Vereinbarung wird kein neues Rechtsverhältnis zwischen Arbeitsagentur und dem Arbeitslosen begründet. Vielmehr dient sie der Intensivierung und Dokumentation der Vermittlungsbemühungen. Eine Eingliederungsvereinbarung, die Pflichten des Arbeitsuchenden beschreibt, bedarf zu ihrer Wirksamkeit einer Gegenleistung durch die Arbeitsagentur. Anderenfalls kann die Verletzung der Pflichten des Arbeitsuchenden aus der Eingliederungsvereinbarung keine Sperrzeit nach § 159 SGB III (s.u. f) nach sich ziehen (*BSG* 4.4.2017 – B 11 AL 5/16 R, NZS 17, 707).
Die Agentur für Arbeit soll nicht nur Jugendliche und Arbeitsuchende bei der Berufswahl und Arbeitssuche beraten, sondern auch den Arbeitgeber. Dazu gibt es die Arbeitsmarktberatung gemäß § 34 SGB III. Außerdem können Arbeitgeber beraten werden zur Anerkennung und Nutzung ausländischer Berufsqualifikationen gemäß § 30a SGB III.

b) Beschäftigungssicherung

Eine klassische Aufgabe der Arbeitsförderung ist es, in Situationen mit Leistungen einzugreifen, in denen Arbeitslosigkeit noch nicht eingetreten ist, jedoch verhindert werden soll. Klassische Instrumente sind das Kurzarbeitergeld für Schwankungen im normalen Betriebsablauf (§§ 95 bis 109 SGB III) und das Saisonkurzarbeitergeld (s.u. d). Dazu kommen die nunmehr in §§ 110 SGB III und 111 SGB III zusammengefassten Transferleistungen (s.u. c) sowie Leistungen der beruflichen Qualifizierung (s.u. e).
Kurzarbeitergeld wird bei einem auf wirtschaftlichen Gründen oder einem unabwendbaren Ereignis eingetretenen vorübergehenden Arbeitsausfall geleistet, der nicht vermeidbar ist (§ 96 Abs. 1, 4). »Kurzarbeit Null« ist nach ausdrücklicher gesetzlicher Klarstellung möglich (Nr. 4 a.E.). Hinsichtlich der Frage, ob der Arbeitsausfall unvermeidbar ist, bürdet das SGB III den Arbeitnehmern einen Teil des Risikos auf. Von ihnen wird verlangt, vorrangig Erholungsurlaub zu nehmen

(§ 96 Abs. 4 Nr. 2) oder ein aus betrieblichen Arbeitszeitschwankungen herrührendes Arbeitszeitkonto zu verbrauchen (§ 96 Abs. 4 Nr. 3). Unangetastet bleiben lediglich Arbeitszeitkonten, die zur Verwirklichung eines vorzeitigen Ausscheidens aus dem Arbeitsleben, einer Pflege- oder Elternzeit oder im Hinblick auf Saison-Kurzarbeitergeld (vgl. zum Zusammenhang unten d) angespart worden sind bzw. länger als ein Jahr unverändert bestanden haben (§ 96 Abs. 4 S. 3 Nr. 1, 2 und 5). Sonstige Arbeitszeitkonten können bis zu 10 % der normalen Jahresarbeitszeit eines Arbeitnehmers in Anspruch genommen werden (§ 96 Abs. 4 S. 3 Nr. 4 SGB III).
Die Höhe des Kurzarbeitergeldes beträgt – wie beim Arbeitslosengeld – für Arbeitnehmer mit einem Kind 67 %, sonst 60 % des ausgefallenen Nettoentgelts (§ 105 SGB III).
Kurzarbeitergeld war ein wesentliches Instrument zur Überwindung der Finanz- und Wirtschaftskrise. Dazu wurde die Bezugsdauer von damals regulär 6 Monaten (§ 104a. F.) vorübergehend durch eine nach § 109 Abs. 1 Nr. 2 mögliche Verordnung auf bis zu 24 Monate ausgedehnt und außerdem die Möglichkeit des Kurzarbeitergeldbezuges für Leiharbeiter, die sonst nicht gegeben ist (*BSG* 21.7.2009 – B 7 AL 3/08 R, NZA-RR 10, 216), befristet bis 31.3.2011 eingeführt (vgl. dazu 35. und 38. Aufl.). Seit 1.1.2016 (Gesetz v. 21.12.2015, BGBl. I 2557) umfasst die gesetzliche Bezugsdauer 12 Monate, die Verlängerungsmöglichkeit besteht weiterhin bis zur Dauer von 24 Monaten. Im Zuge der Corona-Krise wurde durch erneute Ausweitungen der Möglichkeiten zum Kurzarbeitergeldbezug die Kurzarbeit zu einem Kardinalinstrument zur Überwindung der wirtschaftlichen Krise und Arbeitsplatzbedrohungen durch Verlängerung der Bezugsdauer und Erleichterung der Bezugsvoraussetzungen. Außerdem wurde Hinzuverdienst großzügig anrechnungsfrei gestellt, um krisenbedingt notwendige Arbeiten nicht durch die Regelungen des Kurzarbeitergeldes zu behindern (vgl. 47. Aufl., Einl. I 2 zum SGB III). Angesichts einer wieder einsetzenden Beschäftigungskrise wurde die Bezugsdauer zuletzt befristet bis Ende 2026 auf bis zu 24 Monate verlängert (Vierte Kurzarbeitergeldbezugsdauerverordnung v. 19.12.2025, BGBl. I Nr. 338).

c) Transferleistungen

Mit dem »Dritten Gesetz für moderne Dienstleistungen am Arbeitsmarkt« (oben I 2 [3]) wurden die Leistungen für Arbeitnehmer, deren Arbeitsplatz gefährdet ist, neu geregelt. Weggefallen sind das bisherige Kurzarbeitergeld in einer betriebsorganisatorisch selbstständigen Einheit (früher § 175 SGB III a. F.) und die Zuschüsse zu Sozialplanmaßnahmen (früher §§ 255 ff. SGB III a. F.). An ihre Stelle sind getreten die Transferleistungen gemäß §§ 110 SGB III und 111 SGB III (vgl. *Meyer*, BB 04, 490; *Deinert*, AiB 13, 707). Nach § 110 SGB III kann die Teilnahme von Arbeitnehmern, deren Arbeitsplatz durch Betriebsänderungen i. S. des § 111 BetrVG gefährdet ist, an sog. Transfermaßnahmen gefördert werden. Das sind alle Maßnahmen zur Eingliederung von Arbeitnehmern in den Arbeitsmarkt, an denen sich Arbeitgeber angemessen beteiligen. Die Förderung erfolgt durch einen Zuschuss in Höhe von 50 % der Maßnahmekosten bis zu einem Höchstbetrag von 2500 Euro je geförderten Arbeitnehmer (§ 110 Abs. 2 SGB III). Eine Förderung ist ausgeschlossen, wenn sie auf eine Anschlussbeschäftigung im bisherigen Betrieb,

Unternehmen oder Konzern abzielt (§ 110 Abs. 3 SGB III). Gemäß § 111 SGB III wird Transferkurzarbeitergeld gewährt. Es ist daran gebunden, dass aufgrund von Umstrukturierungen von Arbeitslosigkeit bedrohte Arbeitnehmer in einer betriebsorganisatorisch eigenständigen Einheit zusammengefasst werden (§ 111 Abs. 3 Nr. 2 SGB III). Wenn die betriebsorganisatorisch eigenständige Einheit durch eine rechtlich selbständige Gesellschaft (»Transfergesellschaft«) betrieben wird, die auf Grundlage eines sog. dreiseitigen Vertrages den Arbeitnehmer für die Dauer der Transfermaßnahme weiterbeschäftigt, geschieht dies grundsätzlich in einem Arbeitsverhältnis, auf das beispielsweise die allgemeinen Grundsätze des Kündigungsrechts Anwendung finden (*BAG* 24.1.2013 – 2 AZR 453/11, NZA 13, 959; zu den zahlreichen arbeitsrechtlichen Folgefragen vgl. *Deinert*, in: Gagel, SGB II/SGB III, § 111 SGB III Rn. 112ff.). Allerdings hat das *BAG* (19.3.2014 – 5 AZR 299/13 (F), DB 14, 1494) entschieden, dass die Transfergesellschaft keine eigenständige Vergütungspflicht gegenüber dem Arbeitnehmer trifft, wenn die Vergütung sich aus dem Transferkurzarbeitergeld und einer Aufstockungsleistung des alten Arbeitgebers zusammensetzen soll. Möglich ist aber auch, dass die Transfergesellschaft sich zur Zahlung einer Aufstockungsleistung verpflichtet (zu einer solchen Konstellation vgl. *BAG* 16.12.2015 – 5 AZR 567/14, NZA 16, 438). Durch das Beschäftigungschancengesetz vom 14.10.2010 (BGBl. I 1417) wurde eine Beratung der Betriebsparteien durch die BA zur verpflichtenden Fördervoraussetzung gemacht (dazu *Thannheiser*, AiB 11, 86, AiB 11, 222; allg. zum Gesetz *Deinert/Kittner* Arbeits- und Sozialrecht, Rückblick 2010, Ausblick 2011, Beilage zu AuR 2011, S. 4; *Knuth*, SozSich 2010, 300; *Winkler*, info also 11, 14).

d) Förderung der ganzjährigen Beschäftigung in der Bauwirtschaft

Die Förderung der ganzjährigen Beschäftigung in der Bauwirtschaft ist zuletzt durch das Gesetz vom 24.4.2006 (BGBl. I 926) neu geordnet werden. Danach gibt es drei Typen von Leistungen für Arbeitnehmer:

- Saison-Kurzarbeitergeld (§ 101 SGB III)
- Zuschuss-Wintergeld (§ 102 Abs. 2 SGB III)
- Mehraufwand-Wintergeld (§ 102 Abs. 3 SGB III)

Der Arbeitgeber kann sich von ihm allein getragene Sozialversicherungsbeiträge für Bezieher von Saison-Kurzarbeitergeld auf Antrag erstatten lassen (§ 102 Abs. 4 SGB III).

e) Förderung der beruflichen Qualifizierung

Ein wesentlicher Bestandteil der Arbeitsförderung ist die Förderung der beruflichen Qualifizierung von Arbeitslosen oder von Arbeitslosigkeit bedrohten Arbeitnehmern. Sie ist allerdings in der Geschichte der Arbeitsförderung immer wieder den finanziellen Möglichkeiten angepasst worden. Bereits seit 1994 besteht auf eine derartige Förderung kein individueller Rechtsanspruch mehr. Es wird lediglich nach Ermessen der Arbeitsagentur gefördert.

§ 48 SGB III sieht die Möglichkeit von Berufsorientierungsmaßnahmen vor. § 48a SGB III ermöglicht die Förderung von Berufsorientierungspraktika. Eine Berufseinstiegsbegleitung für förderungsbedürftige junge Menschen zum Übergang von der Schule in die Ausbildung ist nach § 49 SGB III möglich. Ausbildungsbegleitende Hilfen für junge Menschen können durch Kostenerstattung für die Maßnahmeträger gefördert werden (§ 74 SGB III). Darüber hinaus kommen weitergehende ausbildungsbegleitende Hilfen gemäß § 75 SGB III in Betracht.

Arbeitgeber können Zuschüsse zur Einstiegsqualifizierung für Qualifizierungen (§ 54a SGB III) sowie zur Förderung der beruflichen Eingliederung behinderter Menschen (§ 73 SGB III) erhalten. Die Gewährung eines Zuschusses zur Eingliederung ist kein Befristungsgrund (*BAG* 22.4.2009 – 7 AZR 96/08, NZA 09, 1099).

Bei auswärtiger Ausbildung und Unterbringung außerhalb des elterlichen Haushaltes erhalten Auszubildende Berufsausbildungsbeihilfe. Voraussetzung ist, dass ihnen die erforderlichen Mittel zur Deckung des Bedarfs für den Lebensunterhalt, die Fahrtkosten und die sonstigen Aufwendungen nicht anderweitig zur Verfügung stehen (§ 56 Abs. 1 Nr. 3 SGB III). Entsprechend der so definierten Nachrangigkeit dieser Leistungen wird anderweitiges Einkommen des Auszubildenden, seines Ehegatten und seiner Eltern angerechnet (§ 67 SGB III).

Kernstück der Berufsbildungsförderung ist die Förderung der beruflichen Weiterbildung (§§ 81 ff. SGB III). Sie gewinnt im Zuge des technologischen und demografischen Wandels zunehmend an Relevanz und wurde durch das Qualifizierungschancengesetz (v. 18.12.2018, BGBl. I 2651) geöffnet für alle Arbeitnehmer unabhängig von Betriebsgröße, Alter und Vorqualifikation. Förderungsfähige Weiterbildungskosten sind Lehrgangskosten (§ 84 SGB III), Fahrtkosten (§ 85 SGB III), Kosten für auswärtige Unterbringung und Verpflegung (§ 86 SGB III) und Kinderbetreuungskosten (§ 87 SGB III). Im Zuge des Gesetzes v. 20.5.2020 (BGBl. I 1044) wurde die Förderung der beruflichen Weiterbildung deutlich ausgebaut. Das gilt insbesondere für Qualifizierungsmöglichkeiten in einer Transfergesellschaft (§ 111a SGB III) und für Ansprüche auf berufsabschlussbezogene Weiterbildung. Regelungen zu Weiterbildungsprämien wurden bis Ende 2023 verlängert (§ 131a SGB III a.F., nochmals verlängert bis 2026 durch das Bürgergeld-Gesetz v. 16.12.2022, BGBl. I 2328) und die assistierte Ausbildung verstetigt. Durch diese Regelungen wurde wieder mehr ein präventiver Ansatz, den die Arbeitsförderung lange vernachlässigt hatte, in das Blickfeld gerückt, leider wurde aber ein wesentliches Hemmnis durch fehlenden Ausgleich von Einkommensverlusten nicht überwunden (*Bieback*, NZS 20, 441, 443). In Fortsetzung dieser Politik wurde mit dem Bürgergeld-Gesetz auch das monatliche Weiterbildungsgeld in Höhe von 150 Euro in § 87a Abs. 2 SGB III eingeführt. Nach einer Weiterbildung bleibt der Arbeitslosengeldanspruch für mind. drei Monate bestehen gemäß § 148 Abs. 3 SGB III. Durch das Gesetz zur Stärkung der Aus- und Weiterbildung (s.o. I 2) wurde das Instrument des Qualifizierungsgeldes nach §§ 82a ff. SGB III eingeführt. Dies ermöglicht auf dem Niveau des Arbeitslosengeldes die Teilnahme an einer arbeitgeberfinanzierten Qualifizierungsmaßnahme im Umfang von mindestens 120 Stunden.

Für behinderte Menschen gibt es besondere Leistungen zur Teilhabe am Arbeitsleben (§§ 112 ff. SGB III). Falls wegen fehlender Voraussetzungen ein Übergangsgeld nicht erbracht werden kann, haben sie Anspruch auf Ausbildungsgeld (§ 122 SGB III).

f) Leistungen bei Arbeitslosigkeit

Dem Entgeltersatz bei einem Eintritt von Arbeitslosigkeit dient das Arbeitslosengeld (§§ 136 ff. SGB III). Die frühere Arbeitslosenhilfe wurde zum 1. 1. 2005 durch die neue »Grundsicherung für Arbeitsuchende« abgelöst (s. bei SGB II, Nr. 30 II).

Voraussetzung für den Bezug von Arbeitslosengeld ist der Eintritt von Arbeitslosigkeit, Meldung bei der Agentur für Arbeit und die Erfüllung der Anwartschaftszeit (§ 137 SGB III). Voraussetzungen für den Tatbestand der Arbeitslosigkeit sind die vorübergehende Beschäftigungslosigkeit und die Beschäftigungssuche durch den Arbeitslosen selbst (§ 138 Abs. 1 SGB III). Dabei kommt die Leistung von Arbeitslosengeld auch in Betracht, wenn der Arbeitgeber den Arbeitnehmer nicht beschäftigt und zu Unrecht keinen Lohn zahlt (sog. Gleichwohlgewährung; vgl. Einl. zum SGB X, Nr. 30 X). Vom Arbeitnehmer wird verlangt, dass er alle Möglichkeiten nutzt, um seine Beschäftigungslosigkeit zu beenden und für Vermittlungsbemühungen der Agentur für Arbeit verfügbar ist (§ 138 Abs. 1 SGB III). Man spricht von »aktiver Arbeitslosigkeit« (vgl. *Winkler,* info also 2001, 72). Die Erreichbarkeit des Arbeitslosen wird durch die Erreichbarkeitsanordnung konkretisiert (hierzu *Wissing,* SGB 99, 10; *Winkler,* info also 98, 9; *Benkel,* NZS 98, 364; *Stascheit,* info also 97, 145). Die Verfügbarkeit ist nicht schon allein dadurch ausgeschlossen, dass einer Schwangeren ein ärztliches Beschäftigungsverbot nach § 16 MuSchG (Nr. 28) erteilt wurde (*BSG* 30. 11. 2011 – B 11 AL 7/11 R, NZS 12, 475).

Zur Verfügbarkeit gehört die Bereitschaft, eine zumutbare Beschäftigung aufzunehmen. Arbeitslose müssen jede Beschäftigung unabhängig von ihrer Qualifikation annehmen. In den ersten drei Monaten der Arbeitslosigkeit müssen sie eine Minderung bis zu 20 %, in den folgenden drei Monaten bis zu 30 % und danach bis zur Höhe des Arbeitslosengeldes hinnehmen (§ 140 Abs. 3 SGB III). Die zumutbaren Pendelzeiten betragen bis zu zweieinhalb Stunden bei einer Arbeitszeit von mehr als sechs Stunden (§ 140 Abs. 4 SGB III). Im vierten Monat der Arbeitslosigkeit wird auch eine außerhalb des Pendelbereichs liegende Arbeit zumutbar. Zumutbar ist auch eine befristete Beschäftigung oder eine Beschäftigung, die vorübergehend eine getrennte Haushaltsführung erfordert (§ 140 Abs. 5 SGB III).

Voraussetzung für den Bezug von Arbeitslosengeld ist die Erfüllung einer Anwartschaft von 12 Monaten innerhalb einer Rahmenfrist von 30 Monaten vor Eintritt der Arbeitslosigkeit (§§ 142, 143 SGB III). Die Höhe des Arbeitslosengeldes beträgt im Normalfall 60 %, bei Unterhaltspflicht für mindestens ein Kind 67 % des pauschalierten Nettoentgelts (§ 149 SGB III). Dieses Nettoentgelt wird als sog. Bemessungsentgelt innerhalb eines Bemessungsrahmens errechnet (§§ 150 ff. SGB III). Dabei ist auch Entgelt zu berücksichtigen, das der Arbeitnehmer während der Zeit einer unwiderruflichen Freistellung bezogen hat (*BSG* 30. 8. 2018 – B 11 AL 15/17 R, NZA-RR 19, 217). Die Dauer des Anspruchs auf Arbeitslosengeld ist nach erheblicher Reduzierung durch das »Gesetz zu Reformen am Arbeitsmarkt« (verfassungsrechtliche Bedenken bei *Mayer,* SozSich 07, 434) gestaffelt nach Beschäftigungsdauer und Lebensalter. Sie wurde zwischenzeitlich durch das 7. Änderungsgesetz (vgl. 35. Aufl.) wieder etwas angehoben und kann maximal 2 Jahre betragen (s. die Tab. in § 147 Abs. 2 SGB III).

Hat der Arbeitslose Veranlassung zum Eintritt der Arbeitslosigkeit gegeben (z. B. durch Beendigung des Arbeitsverhältnisses oder einen Anlass zur Kündigung des Arbeitsverhältnisses durch den Arbeitgeber wegen Verletzung einer Vertragspflicht), tritt eine Sperrzeit von grundsätzlich 12 Wochen ein (§ 159 SGB III; *Voelzke*, NZS 05, 281). Hat allerdings der Arbeitgeber ohne Veranlassung seitens des Arbeitnehmers mit einer Kündigung ernsthaft gedroht und der Arbeitnehmer darauf einen Aufhebungsvertrag mit einer Abfindung bis zu der in § 1a KSchG geregelten Höhe abgeschlossen, so löst das keine Sperrzeit aus (*BSG* 12.7.2006 – B 11a AL 47/05 R, NZA 06, 1359; zur Sperrzeit bei Übergang aus unbefristetem Arbeitsverhältnis in Altersteilzeit im Blockmodell mit Befristung vgl. *BSG* 12.9.2017 – B 11 AL 25/16 R, NZS 18, 533). Die Rechtsprechung prüft nicht, ob die angedrohte Kündigung rechtswidrig gewesen wäre. Zu einer Sperrzeit kommt es nur dann, wenn Anhaltspunkte für eine Gesetzesumgehung zu Lasten der Arbeitslosenversicherung vorliegen (*BSG* 2.5.2012 – B 11 AL 6/11 R, NZS 12, 874). Dasselbe gilt, wenn das Arbeitsverhältnis im Rahmen eines gerichtlichen Vergleichs (also im Einvernehmen mit dem Arbeitnehmer) beendet wurde und keine Anhaltspunkte für eine Gesetzesumgehung vorliegen (*BSG* 17.10.2007 – B 11a AL 51/06 R, DB 08, 1048). Der Widerspruch gegen den Übergang des Arbeitsverhältnisses bei Betriebsübergang (§ 613a Abs. 6 BGB, Nr. 14) löst keine Sperrzeit aus (*BSG* 8.7.2009 – B 11 AL 17/08 R, SGb 10, 365 m. Anm. *Deinert*). Eine Sperrzeit tritt auch ein, wenn der Arbeitslose sich nicht auf Arbeitsangebote bewirbt. Das kann bei mehreren Angeboten auch mehrfach geschehen. Folgen die Angebote allerdings so eng aufeinander, dass sie praktisch gleichzeitig vorliegen, ist von einem einheitlichen Lebenssachverhalt auszugehen, der nur eine Sperrzeit auslösen kann (*BSG* 3.5.2018 – B 11 AL 2/17 R, NZS 19, 219). Die Dauer der Sperrzeit verlängert sich nach § 159 Abs. 4 SGB III in Wiederholungsfällen. Darüber muss der Arbeitslose aber konkret belehrt werden, anderenfalls bleibt es bei der kürzeren Sperrzeit für erstmalige Fälle, wenn jedenfalls auf diese konkret hingewiesen worden war (*BSG* 27.6.2019 – B 11 AL 14/18 R, BSGE 128, 255).

Abfindungen, die ein Arbeitsloser aus Anlass der Beendigung des Arbeitsverhältnisses erhalten hat, führen zum teilweisen Ruhen des Arbeitslosengeldes gemäß § 158 SGB III, wenn das Arbeitsverhältnis vor Ablauf der normalen Kündigungsfrist beendet wurde. Eine Abfindung nach § 1a KSchG (Nr. 25) ist allerdings keine Entlassungsentschädigung in diesem Sinne (*BSG* 8.12.2016 – B 11 AL 5/15 R, NZS 17, 310).

Mit Teilarbeitslosengeld (§ 162 SGB III) soll solchen Arbeitnehmern ein Anspruch auf Arbeitslosengeld eingeräumt werden, die mehrere Teilzeitbeschäftigungen gleichzeitig ausüben und eine davon verlieren. Nicht gewährt wird es Arbeitnehmern, die nur bei einem Arbeitgeber in Vollzeit beschäftigt waren und dort nur mehr eine Teilzeitbeschäftigung ausüben, z. B. aufgrund einer Änderungskündigung (krit. insoweit. *Kittner*, NZA 97, 968, 975).

g) Insolvenzgeld

Für Entgeltausfälle wegen Zahlungsunfähigkeit des Arbeitgebers gibt es eine besondere Sicherung: Die Agentur für Arbeit übernimmt mit dem Insolvenzgeld das Entgelt für die letzten drei Monate vor Eröffnung des Insolvenzverfahrens (§§ 165 ff. SGB III; Übersicht bei *Lakies,* NZA 2000, 565; *Marschner,* DB 98, 2165; zur Frage eines erneuten Anspruchs, wenn der Arbeitgeber sich nach Zahlungsunfähigkeit zwischenzeitlich wirtschaftlich erholt hatte, *BSG* 6.12.2012 – B 11 AL 10/11 R, DB 13, 1916). Eine Sicherung für die Zeit nach Eröffnung des Insolvenzverfahrens ist nicht vorgesehen und wird auch europarechtlich nicht gefordert (*EuGH* 18.4.2013 – C-247/12, NZA 13, 609 – Mustafa). Der Insolvenzgeldzeitraum endet im Falle des Übergangs des Arbeitsverhältnisses aufgrund Betriebsübergangs (*BSG* 26.2.2018 – B 11 AL 3/18 R, NZS 19, 595). Das Insolvenzgeld kann auch zur Sanierung eines Unternehmens eingesetzt werden, indem es an Kreditgeber abgetreten wird (§ 170 SGB III). Das ist jedoch nur nach Eintritt der Insolvenz mit der Zustimmung der Agentur für Arbeit möglich, wenn durch die Vorfinanzierung ein erheblicher Teil der Arbeitsplätze erhalten bleibt (§ 170 Abs. 4 SGB III; hierzu *Steinwedel,* DB 98, 822).

3. Organisation und Aufgaben der Bundesagentur für Arbeit

Die Arbeitsförderung wird durch die »Bundesagentur für Arbeit« als Körperschaft des öffentlichen Rechts durchgeführt (§ 367 SGB III). Daneben ist sie zuständig für die Arbeitsmarkt- und Berufsforschung (§ 282 SGB III). Bei der Erteilung von Aufenthaltstiteln mit Beschäftigungserlaubnis ist u. U. ihre Zustimmung nach § 39 AufenthG (Nr. 9) erforderlich.
Die Bundesagentur ist gegliedert in die Zentrale mit Regionaldirektionen (anstelle der früheren Landesarbeitsämter) und (anstelle der früheren Arbeitsämter) den örtlichen Agenturen für Arbeit. Sitz der Hauptstelle ist Nürnberg (§ 367 Abs. 4 SGB III).
Gemäß § 371 Abs. 1 SGB III existieren Verwaltungsrat und Verwaltungsausschüsse bei den Agenturen für Arbeit. Sie haben keine Entscheidungsbefugnis, sondern überwachen und beraten die Verwaltung. Zur drittelparitätischen Bestellung von Vertretern der Arbeitgeber, der Arbeitnehmer und der öffentlichen Körperschaften s. Einl. II 7 zum SGB IV (Nr. 30 IV).

4. Neutralität im Arbeitskampf

Für die Arbeitsverwaltung gilt der Grundsatz der Neutralität in Arbeitskämpfen. In einen von einem Arbeitskampf betroffenen Betrieb darf die Agentur für Arbeit Arbeitsuchende nur auf deren und des Arbeitgebers ausdrücklichen Wunsch vermitteln (§ 36 Abs. 3 SGB III). Werden Arbeitnehmer infolge eines Arbeitskampfes beschäftigungslos, so stellt sich die Frage möglicher Leistungen. Die damit zusammenhängenden Fragen werden in § 160 SGB III (zuvor § 146 SGB III a. F.) geregelt (dazu *Deinert*, Sozialrecht, 2024, 11. Kap.). Diese Vorschrift ist deckungsgleich mit dem früheren § 116 AFG. Sie bezieht sich auf das Ruhen des Arbeitslosengeldes. Sie gilt gemäß § 100 Abs. 1 SGB III auch für die Gewährung von Kurzarbeitergeld. Ob die Voraussetzungen für das Ruhen von Ansprüchen vorliegen, entscheidet der Neutralitätsausschuss gemäß § 160 Abs. 5 SGB III in Verbindung mit § 380 SGB III.

Unstrittig ist, dass Arbeitnehmer, die selbst streiken oder ausgesperrt werden, keine Leistungen erhalten (§ 160 Abs. 2 SGB III). Große praktische, rechtliche und politische Probleme bereitet indes die Regelung für Arbeitnehmer, die lediglich mittelbar aufgrund eines Arbeitskampfes beschäftigungslos werden. Angesichts der zunehmenden Verflechtung der Wirtschaft hat diese Problematik zunehmend an Bedeutung gewonnen.

Hierzu hatte es bereits eine Regelung im Vorläufer des AFG, in § 84 AVAVG, gegeben. Damals konnte man vom Grundsatz sprechen, dass Leistungen der Arbeitslosenversicherung nur ausnahmsweise gewährt werden. Mit § 116 AFG 1969 wurde dieses Regel/Ausnahme-Verhältnis umgekehrt: Fortan sollten im Regelfall Leistungen der BA erfolgen. Entgegen dieser Rechtslage versagte die damalige Bundesanstalt für Arbeit (BA) bei einem Arbeitskampf in der Metallindustrie Nordwürttembergs/Nordbadens 1971 mittelbar betroffenen Arbeitnehmern in der Metallindustrie außerhalb dieses Tarifgebiets das Kurzarbeitergeld. Dieser – nach dem damaligen BA-Präsidenten genannte – »Stingl-Erlass« wurde durch den Verwaltungsrat der BA aufgehoben. Das *BSG* hielt zwar den Verwaltungsrat hierfür nicht für zuständig, sprach sich aber materiell-rechtlich für eine enge Auslegung der Ruhenstatbestände aus (*BSG* 9.9.1975 – 7 RAr 5/73, BB 76, 272). Eine Verfassungsbeschwerde der baden-württembergischen Metallarbeitgeber hiergegen wurde aus formellen Gründen zurückgewiesen (*BVerfG* 23.1.1978 – 1 BvR 104/74, DB 78, 577). 1973 wurde § 116 AFG durch die Neutralitätsanordnung der BA konkretisiert (abgedruckt bis zur 20. Auflage). Sie stellte einen Kompromiss zwischen den Positionen der Arbeitgeber und der Gewerkschaften dar. Ihr zufolge sollte es zum Ruhen von Ansprüchen nur für Arbeitnehmer des gleichen fachlichen Geltungsbereichs (z.B. Metallindustrie) kommen, wenn im umkämpften Tarifgebiet und beim mittelbar betroffenen Arbeitnehmer gleiche Arbeitsbedingungen galten und jeweils gleiche Forderungen erhoben worden waren.

Im Arbeitskampf des Jahres 1984 in der Metallindustrie Nordwürttembergs/Nordbadens und Hessens versagte die BA aufgrund Erlasses ihres Präsidenten (»Franke-Erlass«) mittelbar betroffenen Arbeitnehmern in der Metallindustrie außerhalb dieses Tarifgebiets das Kurzarbeitergeld. Das Argument lautete: Die in allen Tarifgebieten gleichermaßen erhobene Forderung nach Einführung der 35-Stunden-Woche dominiere so stark, dass unterschiedliche sonstige Forderungen nicht ins Gewicht fielen. Dieser »Franke-Erlass« wurde zunächst vom *SG Frankfurt* mit einstweiliger Anordnung vom 12.6.1984 ausgesetzt. Das *Hessische LSG* bestätigte diese Entscheidung am 22.6.1984 (L 10/Ar 813/84 [A], NZA 84, 100; vgl. auch *LSG Bremen* 22.6.1984 – L 5 BR 22, 24/84, NZA 84, 132). Im Verfahren zur Hauptsache bestätigte das *BSG* am 5.6.1991 die Rechtswidrigkeit des »Franke-Erlasses« (7 RAr 26/89, NZA 91, 982).

Im Anschluss an den Arbeitskampf in der Metallindustrie 1984 änderte die Regierungskoalition § 116 AFG auf Betreiben der Arbeitgeberverbände dahingehend, dass mittelbar von Arbeitskämpfen Betroffene im gleichen fachlichen Geltungsbereich außerhalb eines umkämpften Tarifgebietes im Regelfall kein Kurzarbeitergeld mehr erhalten sollen. Das »Gesetz zur Sicherung der Neutralität der Bundesanstalt für Arbeit bei Arbeitskämpfen« vom 25. Mai 1986 (BGBl. I, 740) wurde trotz nachhaltigen Protestes der Gewerkschaften verabschiedet (zum Ganzen vgl. *Kittner/*

Unterhinninghofen, AuR 86, 1; *Apitzsch/Klebe/Schumann,* Hrsg., § 116 AFG – Kampf um das Streikrecht, 1986; Protokolle der Sachverständigen-Anhörung vor dem Bundestagsausschuss für Arbeit 91./92./93. Sitzung 1986). Die von diesem Gesetz in erster Linie betroffene IG Metall erhob gegen das Gesetz Verfassungsbeschwerde, der sich NRW und andere SPD-geführte Bundesländer sowie SPD-Bundestagsabgeordnete anschlossen. Mit Entscheidung vom 4.7.1995 bestätigte das *BVerfG* im Kern die Verfassungsmäßigkeit der Neuregelung (1 BvF 2/86 u.a., NZA 95, 754; dazu *Kittner*, 50 Urteile, 3. Aufl., 2024, Nr. 47).
Wegen der für eine kampfführende Gewerkschaft möglicherweise eintretenden Folgen hat das *BVerfG* § 116 AFG allerdings nur als *noch verfassungsgemäß* bezeichnet. Das *BVerfG* spricht in diesem Zusammenhang davon, dass diese Vorschrift zwar die Koalitionsfreiheit der Gewerkschaften beeinträchtige, jedoch der Gesetzgeber bei einer solchen Konfliktlösung im Verhältnis zwischen Gewerkschaften und Arbeitgebern zunächst einen weiten Beurteilungsspielraum habe. Sollte sich jedoch aufgrund dieser Vorschrift ein Übergewicht der Arbeitgeber im Tarifkonflikt erweisen, so ist der Gesetzgeber zur Nachbesserung verpflichtet, vorab seien aber das *BSG* als auch das *BAG* dazu aufgerufen, die mittelbaren Folgen von Aussperrungen außerhalb des umkämpften Tarifgebietes zu begrenzen. Das könne entweder durch die Beschränkung des Aussperrungsrechts erfolgen oder aber durch eine entsprechende Auslegung des § 116 AFG bzw. jetzt § 160 SGB III. Insgesamt folgt aus den Erkenntnissen des *BVerfG* das Gebot einer restriktiven Auslegung des § 160 Abs. 3 SGB III, die sich darauf beschränkt, einer Kräfteverschiebung zugunsten der Gewerkschaften durch Zahlung von Entgeltersatzleistungen entgegenzuwirken und dies nur unter der Voraussetzung, dass der Arbeitnehmer am Arbeitskampfergebnis partizipiert (*Deinert*, AuR 10, 290, 295; a.A. wohl *Kocher*, FS Kittner, 2021, S. 218 ff.). Außerdem hat das *BVerfG* § 116 Abs. 3 S. 2, 2. Alternative AFG bzw. jetzt § 160 Abs. 3 S. 2, 2. Alternative SGB III verfassungskonform ausgelegt. Demnach darf aus dem Verhalten einer Tarifvertragspartei keine Forderung abgeleitet werden, wenn die satzungsgemäße Willensbildung durch die zuständigen Organe noch nicht abgeschlossen ist (zur Entscheidung vgl. *Däubler,* AiB 95, 595; *Heilmann/Menke,* AuR 96, 11; *Unterhinninghofen,* SozSich 95, 241; *Zachert,* Mitbest. 95, 6; *Kreßel,* NZA 95, 1121).
Für den Fall, dass die Kurzarbeit keine zwangsläufige Arbeitskampffolge, sondern vermeidbar war, ordnet § 100 Abs. 3 SGB III die Zahlung von Kurzarbeitergeld an (zu Mitbestimmungsrechten des Betriebsrats bei »kalter Aussperrung« s. *Schwitzer/Unterhinninghofen,* AiB 90, 5).

5. Finanzierung

Die Finanzierung der Tätigkeit der Agentur für Arbeit erfolgt in erster Linie durch Beiträge der Arbeitgeber und Arbeitnehmer. Der Beitragssatz ist gesetzlich auf 2,6 % des Arbeitsentgeltes bis zur Höhe der Beitragsbemessungsgrenze in der Rentenversicherung festgesetzt (§ 341 Abs. 2, 4 SGB III). Zuschuss-Wintergeld und Mehraufwands-Wintergeld sowie Insolvenzgeld werden durch Umlagen aufgebracht (§§ 354 ff. SGB III; zur Verfassungsmäßigkeit der Insolvenzgeldumlage *BVerfG* 2.2.2009 – 1 BvR 2553/08, NZS 09, 565). Der Bund hat ein eventuelles Defizit durch Darlehen und erforderlichenfalls durch Zuschüsse abzudecken (Art. 120 Abs. 1 S. 4 GG).

6. Schwarzarbeit (illegale Beschäftigung)

Aufgrund des Gesetzes zur Bekämpfung der Schwarzarbeit ist die abhängige und selbständige Arbeit ohne Anmeldung (und damit ohne Sozialabgaben und Steuern) unter Strafe gestellt. Dazu kommen Verbotsnormen des AÜG (§ 16; zu den rechtlichen Aspekten der Schwarzarbeit vgl. *Marschner,* AuA 95, 84). Im Jahr 2006 waren rund 13 Mio. Deutsche als Schwarzarbeiter tätig. Die Wertschöpfung wird auf etwa 136 Mrd. Euro geschätzt. Derzeit wird der Anteil der Schwarzarbeit auf rund 12 % des Bruttoinlandsprodukts geschätzt.

III. Anwendungsprobleme und Rechtstatsachen

Bis Anfang der 80er Jahre haben die Arbeitslosenzahlen etwa eine Million (= 4,4 %) betragen. Seit Mitte der 90er Jahre bewegten sie sich um die 4 Mio. Der Zusammenbruch der Wirtschaftsstrukturen der ehemaligen DDR hat zu einem gewaltigen Verlust von Arbeitsplätzen und in diesem Zusammenhang zu einem drastischen Anstieg der Arbeitslosigkeit in den neuen Bundesländern geführt. Besonders betroffen vom Ansteigen der Arbeitslosigkeit in den neuen Bundesländern waren Frauen, die deutlich über die Hälfte der Arbeitslosen stellen. Ihre Erwerbsquote lag in der DDR bei 85 % gegenüber 60 % in der Bundesrepublik. Im Zuge der Finanz- und Wirtschaftskrise 2008/2009 gelang es zunächst, Arbeitsplatzverlusten durch Ausbau des Kurzarbeitergeldes entgegenzuwirken. Seit 2005 war der Trend der Arbeitslosenzahlen wieder rückläufig (vgl. ausf. – auch zu Erklärungsansätzen – *Walwei,* WSI-Mitt. 11, 563). 2017 wurde erstmals die 2,5 Mio.-Marke unterschritten und damit erstmals das Niveau aus Zeiten vor der Wiedervereinigung wieder erreicht. Die Arbeitslosenquote lag im Sept. 2024 bei 6,3 %, die Zahl der Arbeitslosen bei 2,96 Mio. (Monatsbericht der BA für Sept. 2025, S. 12, 15). Damit hat sich der Arbeitsmarkt im Hinblick auf Corona-Pandemie und Urkaine-Krise zunächst als robust erwiesen. Allerdings kommt die einsetzende Wirtschaftskrise auch allmählich am Arbeitsmarkt an.

Ob die bis zur Corona-Krise zu beobachtende Erholung des Arbeitsmarktes tatsächlich, wie vielfach behauptet, Ergebnis der Arbeitsmarktreformen im Zuge der Agenda 2010 (s. I 2) war, lässt sich empirisch bislang nicht feststellen. Hinsichtlich der einzelnen Beschäftigungsverhältnisse ist jedenfalls zu konstatieren, dass nach den Reformen die Dauer der Beschäftigungsverhältnisse nicht zugenommen hat, die Reallöhne allerdings gesunken sind (Böckler impuls 1/14, S. 2).

Besonders auffällig ist die starke Zunahme der Dauer der Arbeitslosigkeit. Seit Jahrzenten ist ein Drittel aller Arbeitslosen mindestens ein Jahr arbeitslos (= »Langzeitarbeitslose«; vgl. WSI-Mit. 12/95; »Langzeitarbeitslose haben kaum Chancen auf Jobs«, SZ v. 31. 1. 12, S. 1). Inzwischen sind es mit über 1 Mio. mehr als ein Drittel (Monatsbericht der BAG für Sept. 2025, S. 13). Insoweit sind aber keine signifikanten Unterschiede zwischen Ost und West mehr auszumachen (BT-Drs.

18/6215). Gegen einen vermuteten Trend haben Langzeitarbeitslose allerdings bessere Chancen in Rezessionsphasen als in Boomphasen (IAB-Kurzbericht 17/22).
Ein besonderes Kennzeichen der Beschäftigungssituation sind auch die z. T. ganz erheblich unterschiedlichen Arbeitslosenquoten nach bestimmten Merkmalen der Betroffenen sowie der Ausbildungsstand der Arbeitslosen. So sind jüngere Menschen im Anschluss an ihre Ausbildung (vgl. zur Jugendarbeitslosigkeit Einl. III zum JArbSchG, Nr. 24), Frauen (hierzu BT-Drs. 13/4328), Ausländer (vgl. Einl. IV zum AufenthG, Nr. 9) und gesundheitlich Beeinträchtigte überdurchschnittlich stark von Arbeitslosigkeit betroffen, während die Zahl der älteren Arbeitnehmer bei den längerfristig Arbeitslosen besonders hoch ist. Das Gleiche gilt für un- und angelernte Arbeitnehmer, die Arbeitslosenquote unter denjenigen ohne Berufsabschluss lag 2013 mit 20 % rund dreimal so hoch wie die allgemeine Arbeitslosenquote (7 %) und fast siebenmal so hoch wie unter Akademikern, deren Arbeitslosenquote bei 3 % lag (Böckler impuls 12/15, S. 8). Diese Aufspaltung des Arbeitsmarktes nennt man »Segmentation« (vgl. hierzu *Hofemann/Schmitt,* WSI-Mitt. 80, 33; ISA 1/95). Dazu kommen erhebliche regionale Unterschiede hinsichtlich der Arbeitslosenzahl, worin sich vielfach auch die Folgen von Branchenkrisen widerspiegeln.
Auch die Leistungen der Arbeitslosenversicherung sind rechtspolitischer Kritik ausgesetzt. So wird davon ausgegangen, dass etwa 70 % der Arbeitslosen Bezüge unterhalb der Armutsgrenze haben. Oftmals ist ergänzende Grundsicherung nach dem SGB II (Nr. 30 II) notwendig. Das liegt nicht nur an der Leistungshöhe, sondern neben der Anspruchsdauer auch an den Anspruchsvoraussetzungen. Insbesondere prekär Beschäftigte verfehlen oftmals die Voraussetzungen für den Bezug von Arbeitslosengeld, sie sind dann auf Grundsicherung angewiesen (vgl. insg. Böckler impuls 2/12, S. 1).

IV. Rechtspolitische Diskussion

Die Grundsatzforderung der Gewerkschaften nach Streichung bzw. Reform des § 160 besteht nach wie vor (s. o. II 4).
Die Digitalisierung wird absehbar einen starken Wandel der Anforderungen an die Qualifikationen der Arbeitnehmer mit sich bringen. Darauf hat der Gesetzgeber bereits mit einem Ausbau der Weiterbildungsmöglichkeiten reagiert. Dies wird künftig an Bedeutung gewinnen. Im politischen Raum hat vor diesem Hintergrund die Diskussion um einen Umbau der Arbeitslosenversicherung zu einer Arbeitsversicherung begonnen.
Die Koalitionsregierung der »Ampel« sah neben den bereits auf den Weg gebrachten Reformen vor, das Transferkurzarbeitergeld auszuweiten und die Instrumente in Transfergesellschaften weiterzuentwickeln sowie eine Bildungs(teil)zeit nach österreichischem Vorbild einzuführen (»Mehr Fortschritt wagen, Bündnis für Freiheit, Gerechtigkeit und Nachhaltigkeit«, Koalitionsvertrtag 2021–2025). Das ließ sich nicht mehr verwirklichen. Demgegenüber betont die aktuelle Regierung stärker die Fachkräftegewinnung. Mit Blick auf das SGB III ist eine Prüfung und Anpassung der vorhandenen Instrumente vorgesehen. Für junge Menschen soll eine Qualifizierungsoffensive gestartet werden. Die frühe Berufsorientierung in

Schulen soll gestärkt werden (»Verantwortung für Deutschland«, Koalitionsvertrag zwischen CDU, CSU und SPD, 21. Legislaturperiode, Zeilen 531 ff.).
Die Bundesregierung hat zudem den Entwurf eines Gesetzes zur Modernisierung und Digitalisierung der Schwarzarbeitbekämpfung auf den Weg gebracht (BT-Drs. 21/1930). Darin sind eine Anpassung der Branchen mit Mitführungspflicht von Ausweispapieren, eine Stärkung der digitalen Unterstützung von Kontrollen und eine Optimierung des Prüfansatzes der Finanzkontrolle Schwarzarbeit vorgesehen. Von der BDA wird der Entwurf kritisiert, stärkerer Bürokratieabbau gefordert und überdies werden hohe Abgabenlasten für das Phänomen der Schwarzarbeit verantwortlich gemacht.

Wichtige Entscheidungen

BVerfG 4.7.1995 – 1 BvF 2/86 u.a., NZA 1995, 754
BSG 24.7.1986 – 7 RAr 4/85, BSGE 60, 168, 174
BSG 5.6.1991 – 7 RAr 26/89, NZA 1991, 982
BSG 12.7.2006 – B 11a AL 47/05 R, NZA 2006, 1359

Weiterführende Literatur

Handbücher und Kommentare

Deinert, Sozialrecht (2025), Kap. 4: Der Weg in das Beschäftigungsverhältnis; Kap. 10: Wirtschaftliche Krise des Unternehmens; Kap. 11: Arbeitskampf; Kap. 14: Arbeitsplatzverlust und Arbeitslosigkeit
Deinert/Wenckebach/Zwanziger-*Winkelmann*, Arbeitsrecht, § 18 (Grundzüge des Arbeitsförderungsrechts [SGB III] und der Grundsicherung für Arbeitsuchende [SGB II])
Arbeitslosenprojekt TuWas, Leitfaden für Arbeitslose, 36. Aufl. (2022)
BeckOGK-SGB III, auch Loseblatt (*Gagel*, SGB II/SGB III)
Böttiger/Körtek/Schaumberg (Hrsg.), SGB III, 4. Aufl. (2025)
Brand, SGB III, 9. Aufl. (2021)
Eicher/Schlegel (Hrsg.), SGB III, Arbeitsförderungsrecht, Kommentar, Loseblatt
Hauck/Noftz, SGB III, Loseblatt
Heinz/Schmidt-de Caluwe/Scholz, SGB III, 7. Aufl. (2021)
Mayer/Wall, Kurzarbeit und Kurzarbeitergeld, Basiskommentar, 2. Aufl. (2023)
Schubert (Hrsg.), SGB III, 3. Aufl. (2023)

Aufsätze

Adamy/Steffen, 70 Jahre Arbeitslosenversicherung – ein Grund zum Feiern?, SozSich 1997, S. 379
Behrend, Sozialrechtliche Folgen der Beendigung von Arbeitsverhältnissen und Sperrzeiten, AuR 2020, S. 492

Bieback, Leistungen der Arbeitslosenversicherung bei Fernwirkungen von Arbeitskämpfen – Rechtshistorische Ausführungen zu § 116 AFG 1986/§ 160 SGB III, SR 2025, S. 82

Bieback, Das Sozialrecht als Flankierung für betriebliche Qualifizierung und Weiterbildung, SR 2021, S. 136

Bieback, Der Umbau der Arbeitsförderung, KJ 1997, S. 15

Bruckmeier/Hausner/Weber, Arbeitslosenversicherung als Konjunkturstabilisator, Folgen der Corona-Krise für den Haushalt der Bundesagentur für Arbeit, SozSich 2020, S. 248

Räder/Pusch, Fachkräfte fördern und Arbeitsplätze sichern – Handlungsmöglichkeiten von Betriebsräten bei der Umsetzung des Weiterbildungsgesetzes, AuR 2024, S. 239

Roos, Reform der arbeitsmarktpolitischen Instrumente, Das Gesetz zur Verbesserung der Eingliederungschancen am Arbeitsmarkt, NJW 2012, S. 652

Voelzke, Das Eingliederungschancengesetz – neue Regeln für das Arbeitsförderungsrecht, NZA 2012, S. 177

Übersicht 63: Arbeitslosenversicherung/Arbeitsförderung

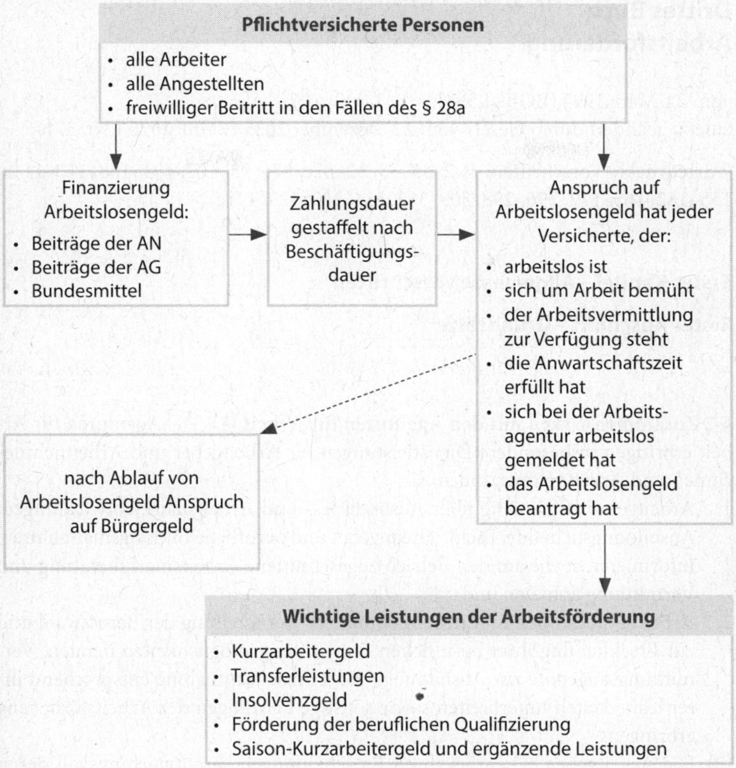

Sozialgesetzbuch (SGB)
Drittes Buch
Arbeitsförderung

vom 24. März 1997 (BGBl. I 594),
zuletzt geändert durch Gesetz vom 22. Dezember 2025 (BGBl. 2025 I Nr. 371)

(Abgedruckte Vorschriften: §§ 2, 35–38, 82–82c, 87a, 95–102, 104–108, 110–111a, 135–162, 165–172, 296–298, 309, 312, 314, 320, 323, 421c)

Erstes Kapitel – Allgemeine Vorschriften

Erster Abschnitt – Grundsätze

…

§ 2 Zusammenwirken mit den Agenturen für Arbeit (1) Die Agenturen für Arbeit erbringen insbesondere Dienstleistungen für Arbeitgeber und Arbeitnehmerinnen und Arbeitnehmer, indem sie

1. Arbeitgeber regelmäßig über Ausbildungs- und Arbeitsmarktentwicklungen, Ausbildungsuchende, Fachkräfteangebot und berufliche Bildungsmaßnahmen informieren sowie auf den Betrieb zugeschnittene Arbeitsmarktberatung und Vermittlung anbieten und
2. Arbeitnehmerinnen und Arbeitnehmer zur Vorbereitung der Berufswahl und zur Erschließung ihrer beruflichen Entwicklungsmöglichkeiten beraten, Vermittlungsangebote zur Ausbildungs- oder Arbeitsaufnahme entsprechend ihren Fähigkeiten unterbreiten sowie sonstige Leistungen der Arbeitsförderung erbringen.

(2) Die Arbeitgeber haben bei ihren Entscheidungen verantwortungsvoll deren Auswirkungen auf die Beschäftigung der Arbeitnehmerinnen und Arbeitnehmer und von Arbeitslosen und damit die Inanspruchnahme von Leistungen der Arbeitsförderung einzubeziehen. Sie sollen dabei insbesondere

1. im Rahmen ihrer Mitverantwortung für die Entwicklung der beruflichen Leistungsfähigkeit der Arbeitnehmerinnen und Arbeitnehmer zur Anpassung an sich ändernde Anforderungen sorgen,
2. vorrangig durch betriebliche Maßnahmen die Inanspruchnahme von Leistungen der Arbeitsförderung sowie Entlassungen von Arbeitnehmerinnen und Arbeitnehmern vermeiden,
3. Arbeitnehmer vor der Beendigung des Arbeitsverhältnisses frühzeitig über die Notwendigkeit eigener Aktivitäten bei der Suche nach einer anderen Beschäftigung sowie über die Verpflichtung zur Meldung nach § 38 Abs. 1 bei der Agentur für Arbeit informieren, sie hierzu freistellen und die Teilnahme an erforderlichen Maßnahmen der beruflichen Weiterbildung ermöglichen.

(3) Die Arbeitgeber sollen die Agenturen für Arbeit frühzeitig über betriebliche Veränderungen, die Auswirkungen auf die Beschäftigung haben können, unterrichten. Dazu gehören insbesondere Mitteilungen über

1. zu besetzende Ausbildungs- und Arbeitsstellen,
2. geplante Betriebserweiterungen und den damit verbundenen Arbeitskräftebedarf,
3. die Qualifikationsanforderungen an die einzustellenden Arbeitnehmerinnen und Arbeitnehmer,
4. geplante Betriebseinschränkungen oder Betriebsverlagerungen sowie die damit verbundenen Auswirkungen und
5. Planung, wie Entlassungen von Arbeitnehmerinnen und Arbeitnehmern vermieden oder Übergänge in andere Beschäftigungsverhältnisse organisiert werden können.

(4) Die Arbeitnehmerinnen und Arbeitnehmer haben bei ihren Entscheidungen verantwortungsvoll deren Auswirkungen auf ihre beruflichen Möglichkeiten einzubeziehen. Sie sollen insbesondere ihre berufliche Leistungsfähigkeit den sich ändernden Anforderungen anpassen.

(5) Die Arbeitnehmerinnen und Arbeitnehmer haben zur Vermeidung oder zur Beendigung von Arbeitslosigkeit insbesondere
1. ein zumutbares Beschäftigungsverhältnis fortzusetzen,
2. eigenverantwortlich nach Beschäftigung zu suchen, bei bestehendem Beschäftigungsverhältnis frühzeitig vor dessen Beendigung,
3. eine zumutbare Beschäftigung aufzunehmen und
4. an einer beruflichen Eingliederungsmaßnahme teilzunehmen.

…

Drittes Kapitel – Aktive Arbeitsförderung

Erster Abschnitt – Beratung und Vermittlung

…

Zweiter Unterabschnitt – Vermittlung

§ 35 Vermittlungsangebot (1) Die Agentur für Arbeit hat Ausbildungsuchenden, Arbeitsuchenden und Arbeitgebern Ausbildungsvermittlung und Arbeitsvermittlung (Vermittlung) anzubieten. Die Vermittlung umfasst alle Tätigkeiten, die darauf gerichtet sind, Ausbildungsuchende mit Arbeitgebern zur Begründung eines Ausbildungsverhältnisses und Arbeitsuchende mit Arbeitgebern zur Begründung eines Beschäftigungsverhältnisses zusammenzuführen. Die Agentur für Arbeit stellt sicher, dass Arbeitslose und Ausbildungsuchende, deren berufliche Eingliederung voraussichtlich erschwert sein wird, eine verstärkte vermittlerische Unterstützung erhalten.

(2) Die Agentur für Arbeit hat durch Vermittlung darauf hinzuwirken, dass Ausbildungsuchende eine Ausbildungsstelle, Arbeitsuchende eine Arbeitsstelle und Arbeitgeber geeignete Auszubildende und geeignete Arbeitnehmerinnen und Arbeitnehmer erhalten. Sie hat dabei die Neigung, Eignung und Leistungsfähigkeit der Ausbildungsuchenden und Arbeitsuchenden sowie die Anforderungen der angebotenen Stellen zu berücksichtigen.

(3) Die Agentur für Arbeit hat Vermittlung auch über die Selbstinformationseinrichtungen nach § 40 Absatz 2 im Internet durchzuführen. Soweit es für diesen Zweck erforderlich ist, darf sie die Daten aus den Selbstinformationseinrichtungen nutzen und übermitteln.

§ 36 Grundsätze der Vermittlung (1) Die Agentur für Arbeit darf nicht vermitteln, wenn ein Ausbildungs- oder Arbeitsverhältnis begründet werden soll, das gegen ein Gesetz oder die guten Sitten verstößt.

(2) Die Agentur für Arbeit darf Einschränkungen, die der Arbeitgeber für eine Vermittlung hinsichtlich Geschlecht, Alter, Gesundheitszustand, Staatsangehörigkeit oder ähnlicher Merkmale des Ausbildungsuchenden und Arbeitsuchenden vornimmt, die regelmäßig nicht die berufliche Qualifikation betreffen, nur berücksichtigen, wenn diese Einschränkungen nach Art der auszuübenden Tätigkeit unerlässlich sind. Die Agentur für Arbeit darf Einschränkungen, die der Arbeitgeber für eine Vermittlung aus Gründen der Rasse oder wegen der ethnischen Herkunft, der Religion oder Weltanschauung, einer Behinderung oder der sexuellen Identität der Ausbildungsuchenden und der Arbeitsuchenden vornimmt, nur berücksichtigen, soweit sie nach dem Allgemeinen Gleichbehandlungsgesetz zulässig sind. Im Übrigen darf eine Einschränkung hinsichtlich der Zugehörigkeit zu einer Gewerkschaft, Partei oder vergleichbaren Vereinigung nur berücksichtigt werden, wenn

1. es sich um eine Ausbildungs- oder Arbeitsstelle in einem Tendenzunternehmen oder -betrieb im Sinne des § 118 Absatz 1 Satz 1 des Betriebsverfassungsgesetzes handelt und
2. die Art der auszuübenden Tätigkeit diese Einschränkung rechtfertigt.

(3) Die Agentur für Arbeit darf in einen durch einen Arbeitskampf unmittelbar betroffenen Bereich nur dann vermitteln, wenn die oder der Arbeitsuchende und der Arbeitgeber dies trotz eines Hinweises auf den Arbeitskampf verlangen.

(4) Die Agentur für Arbeit ist bei der Vermittlung nicht verpflichtet zu prüfen, ob der vorgesehene Vertrag ein Arbeitsvertrag ist. Wenn ein Arbeitsverhältnis erkennbar nicht begründet werden soll, kann die Agentur für Arbeit auf Angebote zur Aufnahme einer selbständigen Tätigkeit hinweisen; Absatz 1 gilt entsprechend.

§ 37 Potenzialanalyse und Eingliederungsvereinbarung (1) Die Agentur für Arbeit hat unverzüglich nach der Ausbildungsuchendmeldung oder Arbeitsuchendmeldung zusammen mit der oder dem Ausbildungsuchenden oder der oder dem Arbeitsuchenden die für die Vermittlung erforderlichen beruflichen und persönlichen Merkmale, beruflichen Fähigkeiten und die Eignung festzustellen (Potenzialanalyse). Die Potentialanalyse erstreckt sich auch auf die Feststellung, ob und durch welche Umstände die berufliche Eingliederung erschwert sein wird.

(2) In einer Eingliederungsvereinbarung, die die Agentur für Arbeit zusammen mit der oder dem Ausbildungsuchenden oder der oder dem Arbeitsuchenden trifft, werden für einen zu bestimmenden Zeitraum festgelegt

1. das Eingliederungsziel,
2. die Vermittlungsbemühungen der Agentur für Arbeit,

3. welche Eigenbemühungen zur beruflichen Eingliederung die oder der Ausbildungsuchende oder die oder der Arbeitsuchende in welcher Häufigkeit mindestens unternehmen muss und in welcher Form diese nachzuweisen sind,
4. die vorgesehenen Leistungen der aktiven Arbeitsförderung.

Die besonderen Bedürfnisse behinderter und schwerbehinderter Menschen sollen angemessen berücksichtigt werden.

(3) Der oder dem Ausbildungsuchenden oder der oder dem Arbeitsuchenden ist eine Ausfertigung der Eingliederungsvereinbarung auszuhändigen. Die Eingliederungsvereinbarung ist sich ändernden Verhältnissen anzupassen; sie ist fortzuschreiben, wenn in dem Zeitraum, für den sie zunächst galt, die Ausbildungssuche oder Arbeitsuche nicht beendet wurde. Sie ist spätestens nach sechsmonatiger Arbeitslosigkeit, bei arbeitslosen und ausbildungsuchenden jungen Menschen nach drei Monaten, zu überprüfen. Kommt eine Eingliederungsvereinbarung nicht zustande, sollen die nach Absatz 2 Satz 1 Nummer 3 erforderlichen Eigenbemühungen durch Verwaltungsakt festgesetzt werden.

§ 38 Rechte und Pflichten der Ausbildung- und Arbeitsuchenden (1) Personen, deren Ausbildungs- oder Arbeitsverhältnis endet, sind verpflichtet, sich spätestens drei Monate vor dessen Beendigung bei der Agentur für Arbeit unter Angabe der persönlichen Daten und des Beendigungszeitpunktes des Ausbildungs- oder Arbeitsverhältnisses arbeitsuchend zu melden. Liegen zwischen der Kenntnis des Beendigungszeitpunktes und der Beendigung des Ausbildungs- oder Arbeitsverhältnisses weniger als drei Monate, haben sie sich innerhalb von drei Tagen nach Kenntnis des Beendigungszeitpunktes zu melden. Die Pflicht zur Meldung besteht unabhängig davon, ob der Fortbestand des Ausbildungs- oder Arbeitsverhältnisses gerichtlich geltend gemacht oder vom Arbeitgeber in Aussicht gestellt wird. Die Pflicht zur Meldung gilt nicht bei einem betrieblichen Ausbildungsverhältnis.

(1a) Die zuständige Agentur für Arbeit soll mit der nach Absatz 1 arbeitsuchend gemeldeten Person unverzüglich nach der Arbeitsuchendmeldung ein erstes Beratungs- und Vermittlungsgespräch führen, das persönlich oder bei Einvernehmen zwischen Agentur für Arbeit und der arbeitsuchenden Person auch per Videotelefonie erfolgen kann.

(2) Die Agentur für Arbeit hat unverzüglich nach der Meldung nach Absatz 1 auch Berufsberatung durchzuführen.

(3) Ausbildung- und Arbeitsuchende, die Dienstleistungen der Bundesagentur in Anspruch nehmen, haben dieser die für eine Vermittlung erforderlichen Auskünfte zu erteilen, Unterlagen vorzulegen und den Abschluss eines Ausbildungs- oder Arbeitsverhältnisses unter Benennung des Arbeitgebers und seines Sitzes unverzüglich mitzuteilen. Sie können die Weitergabe ihrer Unterlagen von deren Rückgabe an die Agentur für Arbeit abhängig machen oder ihre Weitergabe an namentlich benannte Arbeitgeber ausschließen. Die Anzeige- und Bescheinigungspflichten im Leistungsverfahren bei Arbeitsunfähigkeit nach § 311 gelten entsprechend.

(4) Die Arbeitsvermittlung ist durchzuführen

1. solange die oder der Arbeitsuchende Leistungen zum Ersatz des Arbeitsentgelts bei Arbeitslosigkeit oder Transferkurzarbeitergeld beansprucht oder

2. bis bei Meldepflichtigen nach Absatz 1 der angegebene Beendigungszeitpunkt des Ausbildungs- oder Arbeitsverhältnisses erreicht ist.

Im Übrigen kann die Agentur für Arbeit die Arbeitsvermittlung einstellen, wenn die oder der Arbeitsuchende die ihr oder ihm nach Absatz 3 oder der Eingliederungsvereinbarung oder dem Verwaltungsakt nach § 37 Absatz 3 Satz 4 obliegenden Pflichten nicht erfüllt, ohne dafür einen wichtigen Grund zu haben. Die oder der Arbeitsuchende kann die Arbeitsvermittlung erneut nach Ablauf von zwölf Wochen in Anspruch nehmen.

(5) Die Ausbildungsvermittlung ist durchzuführen

1. bis die oder der Ausbildungsuchende in Ausbildung, schulische Bildung oder Arbeit einmündet oder sich die Vermittlung anderweitig erledigt oder
2. solange die oder der Ausbildungsuchende dies verlangt.

Absatz 4 Satz 2 gilt entsprechend.

…

Vierter Abschnitt – Berufliche Weiterbildung

…

§ 82 Förderung beschäftigter Arbeitnehmerinnen und Arbeitnehmer (1) Arbeitnehmerinnen und Arbeitnehmer können abweichend von § 81 bei beruflicher Weiterbildung im Rahmen eines bestehenden Arbeitsverhältnisses durch volle oder teilweise Übernahme der Weiterbildungskosten gefördert werden, wenn

1. Fertigkeiten, Kenntnisse und Fähigkeiten vermittelt werden, die über ausschließlich arbeitsplatzbezogene kurzfristige Anpassungsfortbildungen hinausgehen,
2. der Erwerb des Berufsabschlusses, für den nach bundes- oder landesrechtlichen Vorschriften eine Ausbildungsdauer von mindestens zwei Jahren festgelegt ist, in der Regel mindestens zwei Jahre zurückliegt,
3. die Arbeitnehmerin oder der Arbeitnehmer in den letzten zwei Jahren vor Antragsstellung nicht an einer nach dieser Vorschrift geförderten beruflichen Weiterbildung teilgenommen hat,
4. die Maßnahme mehr als 120 Stunden dauert und
5. die Maßnahme und der Träger der Maßnahme für die Förderung zugelassen sind.

Ausgeschlossen von der Förderung ist die Teilnahme an Maßnahmen, zu deren Durchführung der Arbeitgeber auf Grund bundes- oder landesrechtlicher Regelungen verpflichtet ist.

(2) Nach Absatz 1 soll nur gefördert werden, wenn sich der Arbeitgeber in angemessenem Umfang an den Lehrgangskosten beteiligt. Angemessen ist die Beteiligung, wenn der Betrieb, dem die Arbeitnehmerin oder der Arbeitnehmer angehört,

1. mindestens 50 und weniger als 500 Beschäftigte hat und der Arbeitgeber 50 Prozent,
2. 500 Beschäftigte oder mehr hat und der Arbeitgeber 75 Prozent,

der Lehrgangskosten trägt. Abweichend von Satz 1 soll in Betrieben mit weniger als 50 Beschäftigten von einer Kostenbeteiligung des Arbeitgebers abgesehen werden. Bei Betrieben mit weniger als 500 Beschäftigten soll von einer Kostenbeteiligung des Arbeitgebers abgesehen werden, wenn die Arbeitnehmerin oder der Arbeitnehmer

1. bei Beginn der Teilnahme des 45. Lebensjahr vollendet hat oder
2. schwerbehindert im Sinne des § 2 Absatz 2 des Neunten Buches ist.

(3) Für die berufliche Weiterbildung von Arbeitnehmerinnen und Arbeitnehmern können Arbeitgeber durch Zuschüsse zum Arbeitsentgelt gefördert werden, soweit die Weiterbildung im Rahmen eines bestehenden Arbeitsverhältnisses durchgeführt wird. Die Zuschüsse können für Arbeitnehmerinnen und Arbeitnehmer, bei denen die Voraussetzungen für eine Weiterbildungsförderung wegen eines fehlenden Berufsabschlusses nach § 81 Absatz 2 erfüllt sind, bis zur Höhe des Betrags erbracht werden, der sich als anteiliges Arbeitsentgelt für weiterbildungsbedingte Zeiten ohne Arbeitsleistung errechnet. Dieses umfasst auch den darauf entfallenden pauschalen Arbeitgeberanteil am Gesamtsozialversicherungsbeitrag. Im Übrigen können bei Vorliegen der Voraussetzungen nach Absatz 1 Zuschüsse für Arbeitnehmerinnen und Arbeitnehmer in Betrieben mit

1. weniger als 50 Beschäftigten in Höhe von 75 Prozent,
2. mindestens 50 und weniger als 500 Beschäftigten in Höhe von 50 Prozent,
3. 500 Beschäftigten oder mehr in Höhe von 25 Prozent

des berücksichtigungsfähigen Arbeitsentgelts nach den Sätzen 2 und 3 erbracht werden.

(4) Bei Vorliegen einer Betriebsvereinbarung über die berufliche Weiterbildung oder eines Tarifvertrages, der betriebsbezogen berufliche Weiterbildung vorsieht, verringert sich die Beteiligung des Arbeitgebers an den Lehrgangskosten nach Absatz 2 unabhängig von der Betriebsgröße um fünf Prozentpunkte. Die Zuschüsse zum Arbeitsentgelt nach Absatz 3 Satz 4 können bei Vorliegen der Voraussetzungen nach Satz 1 um fünf Prozentpunkte erhöht werden.

(5) Der Antrag auf Förderung nach Absatz 1 kann auch vom Arbeitgeber gestellt und die Förderleistungen an diesen erbracht werden, wenn

1. der Antrag mehrere Arbeitnehmerinnen oder Arbeitnehmer betrifft, bei denen Vergleichbarkeit hinsichtlich Qualifikation, Bildungsziel oder Weiterbildungsbedarf besteht, und
2. diese Arbeitnehmerinnen oder Arbeitnehmer oder die Betriebsvertretung ihr Einverständnis hierzu erklärt haben.

Bei der Ermessensentscheidung nach den Absätzen 1 bis 4 kann die Agentur für Arbeit die individuellen und betrieblichen Belange pauschalierend für alle betroffenen Arbeitnehmerinnen und Arbeitnehmer einheitlich und maßnahmebezogen berücksichtigen und die Leistungen als Gesamtleistung bewilligen. Der Arbeitgeber hat der Agentur für Arbeit die Weiterleitung der Leistungen für Kosten, die den Arbeitnehmerinnen und Arbeitnehmern sowie dem Träger der Maßnahme unmittelbar entstehen, spätestens drei Monate nach Ende der Maßnahme nachzuweisen. § 83 Absatz 2 bleibt unberührt.

(6) § 81 Absatz 4 findet Anwendung. Der Bildungsgutschein kann in Förderhöhe und Förderumfang beschränkt werden. Bei der Feststellung der Zahl der Beschäftigten sind zu berücksichtigen,

1. Teilzeitbeschäftigte mit einer regelmäßigen wöchentlichen Arbeitszeit von
   a) nicht mehr als zehn Stunden mit 0,25,
   b) nicht mehr als 20 Stunden mit 0,50 und
   c) nicht mehr als 30 Stunden mit 0,75 und
2. im Rahmen der Bestimmung der Betriebsgröße nach den Absätzen 1 bis 3 sämtliche Beschäftigte des Unternehmens, dem der Betrieb angehört, und, falls das Unternehmen einem Konzern angehört, die Zahl der Beschäftigten des Konzerns.

(7) Die Förderung von Arbeitnehmerinnen und Arbeitnehmern in Maßnahmen, die während des Bezugs von Kurzarbeitergeld beginnen, ist bis zum 31. Juli 2023 ausgeschlossen.

(8) Behinderungsbedingt erforderliche Mehraufwendungen, die im Zusammenhang mit der Teilnahme an einer nach Absatz 1 geförderten Maßnahme entstehen, werden übernommen.

§ 82a Qualifizierungsgeld (1) Arbeitnehmerinnen und Arbeitnehmer können bei beruflicher Weiterbildung für die Dauer der Maßnahme ein Qualifizierungsgeld von der Agentur für Arbeit erhalten, wenn

1. die betrieblichen Voraussetzungen erfüllt sind,
2. die persönlichen Voraussetzungen erfüllt sind,
3. Fertigkeiten, Kenntnisse und Fähigkeiten vermittelt werden, die über ausschließlich arbeitsplatzbezogene kurzfristige Anpassungsfortbildungen hinausgehen,
4. der Träger der Maßnahme für die Förderung zugelassen ist und
5. die Maßnahme mehr als 120 Stunden dauert und maximal die Dauer einer Vollzeitmaßnahme nach § 180 Absatz 4 umfasst.

(2) Die betrieblichen Voraussetzungen sind erfüllt, wenn

1. strukturwandelbedingte Qualifizierungsbedarfe im Betrieb bestehen und diese mindestens 20 Prozent der Arbeitnehmerinnen und Arbeitnehmer betreffen,
2. der Arbeitgeber die berufliche Weiterbildung finanziert und
3. beim Arbeitgeber durch eine Betriebsvereinbarung oder durch einen Tarifvertrag betriebsbezogene Regelungen getroffen wurden über
   a) das Bestehen des strukturwandeltbedingten Qualifizierungsbedarfs,
   b) die damit verbundenen Perspektiven der Arbeitneherinnen und Arbeitnehmer für eine nachhaltige Beschäftigung im Betrieb und
   c) die Inanspruchnahme des Qualifizierungsgeldes.

Abweichend von Satz 1 Nummer 1 ist es in Betrieben mit weniger als 250 Arbeitnehmerinnen und Arbeitnehmern ausreichend, wenn mindestens 10 Prozent der Arbeitnehmerinnen und Arbeitnehmer von strukturwandelbedingtem Qualifizierungsbedarf betroffen sind. Die Anzahl der Arbeitnehmerinnen und Arbeitnehmer nach Satz 1 Nummer 1 und Satz 2 ist in dem Betrieb zu ermitteln, für den die Betriebsvereinbarung oder der Tarifvertrag abgeschlossen wurde. Der nach Satz 1 Nummer 1 oder Satz 2 ermittelte Anteil der betroffenen Arbeitnehmerinnen und

Arbeitnehmer gilt für die Dauer von drei Jahren ab Antragstellung. Arbeitnehmerinnen und Arbeitnehmer dürfen nicht an den Kosten nach Satz 1 Nummer 2 beteiligt werden; zulässig ist eine Kostenübernahme durch Dritte. Abweichend von Satz 1 Nummer 3 ist in Betrieben mit weniger als zehn Arbeitnehmerinnen und Arbeitnehmern anstelle einer Betriebsvereinbarung oder eines Tarifvertrags eine schriftliche Erklärung des Arbeitgebers ausreichend.

(3) Bei der Ausübung des Ermessens hat die Agentur für Arbeit die Notwendigkeit der strukturwandelbedingten Qualifizierungsbedarfe, die mit der beruflichen Weiterbildung verbundenen Beschäftigungsperspektiven und das Ausmaß der Inanspruchnahme nach § 323 Absatz 3 angemessen zu berücksichtigen.

(4) Die persönlichen Voraussetzungen sind erfüllt

1. die Weiterbildung im Rahmen eines bestehenden Arbeitsverhältnisses durchgeführt wird,
2. die Arbeitnehmerin oder der Arbeitnehmer in den letzten vier Jahren vor Antragstellung nicht an einer nach dieser Vorschrift geförderten beruflichen Weiterbildung teilgenommen hat und
3. das Arbeitsverhältnis nicht gekündigt oder durch Aufhebungsvertrag aufgelöst ist.

Die persönlichen Voraussetzungen sind auch erfüllt, wenn die Arbeitnehmerin oder der Arbeitnehmer während des Bezugs von Qualifizierungsgeld arbeitsunfähig wird, solange Anspruch auf Fortzahlung des Arbeitsentgelts im Krankheitsfall besteht oder ohne den Arbeitsausfall bestehen würde. § 98 Absatz 3 gilt entsprechend. Die persönlichen Voraussetzungen sind in Zeiten, in denen ein Anspruch der Arbeitnehmerin oder des Arbeitnehmers auf Urlaubsentgelt besteht, nicht erfüllt.

30 III

(5) Eine Förderung ist nicht möglich, wenn

1. der Arbeitgeber auf Grund bundes- oder landesrechtlicher Regelungen zur Durchführung der Maßnahme verpflichtet ist oder
2. für die gleiche Maßnahme Leistungen nach § 82 beantragt wurden.

Die §§ 107 und 108 gelten entsprechend, das Qualifizierungsgeld tritt an die Stelle des Kurzarbeitergeldes.

(6) Behinderungsbedingt erforderliche Mehraufwendungen, die im Zusammenhang mit der Teilnahme an einer nach Absatz 1 geförderten Maßnahme entstehen, werden übernommen.

(7) § 318 Absatz 1 findet mit der Maßgabe Anwendung, dass die Pflichten nur für den Arbeitgeber gelten, auch wenn die Maßnahme bei einem Träger durchgeführt wurde oder wird. § 318 Absatz 2 findet keine Anwendung.

§ 82b Höhe und Bemessung des Qualifizierungsgeldes (1) Das Qualifizierungsgeld beträgt

1. für Arbeitnehmerinnen und Arbeitnehmer, die beim Arbeitslosengeld die Voraussetzungen für den erhöhten Leistungssatz erfüllen würden, 67 Prozent,
2. für die übrigen Arbeitnehmerinnen und Arbeitnehmer 60 Prozent

der durchschnittlich auf den Tag entfallenden Nettoentgeltdifferenz im Referenzzeitraum. Die Nettoentgeltdifferenz entspricht der Differenz zwischen dem pauschalierten Nettoentgelt aus dem beitragspflichtigen Bruttoarbeitsentgelt im

Referenzzeitraum (Soll-Entgelt) und dem pauschalierten Nettoentgelt aus einem fiktiven beitragspflichtigen Bruttoarbeitsentgelt, das sich unter Annahme des Entgeltausfalls durch den weiterbildungsbedingten Arbeitsausfall wegen einer Maßnahme im Rahmen von § 82a im Referenzzeitraum ergibt (Ist-Entgelt). Der Referenzzeitraum ist der letzte Entgeltabrechnungszeitraum, welcher spätestens drei Monate vor Anspruchsbeginn abgerechnet wurde.

(2) Bei der Bestimmung der Nettoentgeltdifferenz bleiben Arbeitsentgelte außer Betracht,

1. die Arbeitnehmerinnen und Arbeitnehmer für Mehrarbeit erhalten haben,
2. die Arbeitnehmerinnen oder Arbeitnehmern einmalig gewährt werden,
3. die im Hinblick auf den weiterbildungsbedingten Arbeitsausfall für den Referenzzeitraum zusätzlich vereinbart worden sind oder
4. die als Wertguthaben einer Vereinbarung nach § 7b des Vierten Buches nicht nach dieser Vereinbarung verwendet werden.

(3) Erzielt die Arbeitnehmerin oder der Arbeitnehmer aus anderen Gründen als wegen der Teilnahme an einer Maßnahme im Rahmen von § 82a kein Arbeitsentgelt, so ist das Ist-Entgelt um den Betrag zu erhöhen, um den das Arbeitsentgelt aus diesen Gründen gemindert ist. Bei der Berechnung der Nettoentgeltdifferenz nach Absatz 1 bleiben auf Grund von kollektivrechtlichen Beschäftigungssicherungsvereinbarungen durchgeführte vorübergehende Änderungen der vertraglich vereinbarten Arbeitszeit außer Betracht; Satz 1 ist insoweit nicht anzuwenden.

(4) Als Arbeitsentgelt ist für Zeiten, in denen die Arbeitnehmerin oder der Arbeitnehmer Kurzarbeitergeld bezogen hat, das Bruttoarbeitsentgelt zugrunde zu legen, das die Arbeitnehmerin oder der Arbeitnehmer ohne den Arbeitsausfall erzielt hätte.

(5) Lässt sich das Soll-Entgelt einer Arbeitnehmerin oder eines Arbeitnehmers in dem Referenzzeitraum nicht hinreichend bestimmt feststellen, so ist als Soll-Entgelt das Arbeitsentgelt maßgebend, das die Arbeitnehmerin oder der Arbeitnehmer in den letzten drei abgerechneten Kalendermonaten vor Beginn des Referenzzeitraumes im Betrieb durchschnittlich erzielt hat, vermindert um Entgelt für Mehrarbeit. Ist eine Berechnung nach Satz 1 nicht möglich, so ist das durchschnittliche Soll-Entgelt einer vergleichbaren Arbeitnehmerin oder eines vergleichbaren Arbeitnehmers zugrunde zu legen.

(6) Soll-Entgelt und Ist-Entgelt sind auf den nächsten durch 20 teilbaren Euro-Betrag zu runden. Mit Ausnahme der Regelungen über den Zeitpunkt der Zuordnung der Lohnsteuerklassen und den Steuerklassenwechsel gilt § 153 für die Berechnung der pauschalierten Nettoentgelte beim Qualifizierungsgeld entsprechend; bei der Berechnung der pauschalierten Nettoentgelte wird die Steuerklasse zugrunde gelegt, die im Referenzzeitraum zuletzt galt. § 317 gilt entsprechend.

§ 82c Anrechnung von Nebeneinkommen und sonstigen Zahlungen des Arbeitgebers (1) Ist eine Arbeitnehmerin oder ein Arbeitnehmer während einer Zeit erwerbstätig, für die ihr oder ihm Qualifizierungsgeld zusteht, ist das daraus erzielte Einkommen nach Abzug der Steuern, der Sozialversicherungsbeiträge, der Werbungskosten sowie eines Freibetrages in Höhe von 165 Euro in dem Kalendermonat, in dem die Tätigkeit neben der Weiterbildung ausgeübt wird, auf das

Qualifizierungsgeld anzurechnen. Handelt es sich um eine selbständige Tätigkeit, eine Tätigkeit als mithelfende Familienangehörige oder mithelfender Familienangehöriger, sind bei der Anrechnung pauschal 30 Prozent der Betriebseinnahmen als Betriebsausgaben abzusetzen, es sei denn, die Arbeitnehmerin oder der Arbeitnehmer weist höhere Betriebsausgaben nach. Die Sätze 1 und 2 gelten nicht für Einkommen aus Erwerbstätigkeiten, die bereits im maßgeblichen Referenzzeitraum ausgeübt wurden.

(2) Leistungen, die eine Bezieherin oder ein Bezieher von Qualifizierungsgeld

1. vom Arbeitgeber wegen der Teilnahme an einer Maßnahme im Rahmen von § 82a erhält oder
2. auf Grund eines bestehenden Arbeitsverhältnisses ohne Ausübung einer Beschäftigung für die Zeit der Teilnahme an einer Maßnahme im Rahmen von § 82a erhält,

werden nicht auf das Qualifizierungsgeld angerechnet, soweit sie zusammen mit dem Qualifizierungsgeld das Soll-Entgelt nicht übersteigen.

…

§ 87a Weiterbildungsprämie und Weiterbildungsgeld (1) Arbeitnehmerinnen und Arbeitnehmer erhalten folgende Prämien, wenn sie an einer nach § 81 geförderten beruflichen Weiterbildung teilnehmen, die zu einem Abschluss in einem Ausbildungsberuf führt, für den nach bundes- oder landesrechtlichen Vorschriften eine Ausbildungsdauer von mindestens zwei Jahren festgelegt ist:

1. nach Bestehen einer in den genannten Vorschriften geregelten Zwischenprüfung oder des ersten Teils einer gestreckten Abschlussprüfung eine Prämie von 1000 Euro und
2. nach Bestehen einer in den genannten Vorschriften geregelten Abschlussprüfung eine Prämie von 1500 Euro.

(2) Arbeitslose Arbeitnehmerinnen und Arbeitnehmer erhalten bei Teilnahme an einer Weiterbildung nach Absatz 1 zusätzlich einen monatlichen Zuschuss in Höhe von 150 Euro (Weiterbildungsgeld).

(3) Erwerbsfähige Leistungsberechtigte im Sinne des Zweiten Buches erhalten auch im Rahmen eines bestehenden Arbeitsverhältnisses das Weiterbildungsgeld, wenn sie an einer nach § 81 oder § 82 geförderten Weiterbildung teilnehmen, die zu einem Abschluss in einem Ausbildungsberuf führt, für den nach bundes- oder landesrechtlichen Vorschriften eine Ausbildungsdauer von mindestens zwei Jahren festgelegt ist.

…

Sechster Abschnitt – Verbleib in Beschäftigung

Erster Unterabschnitt – Kurzarbeitergeld

Erster Titel – Regelvoraussetzungen

§ 95 Anspruch Arbeitnehmerinnen und Arbeitnehmer haben Anspruch auf Kurzarbeitergeld, wenn
1. ein erheblicher Arbeitsausfall mit Entgeltausfall vorliegt,
2. die betrieblichen Voraussetzungen erfüllt sind,
3. die persönlichen Voraussetzungen erfüllt sind und
4. der Arbeitsausfall der Agentur für Arbeit angezeigt worden ist.

Arbeitnehmerinnen und Arbeitnehmer in Betrieben nach § 101 Absatz 1 Nummer 1 haben in der Schlechtwetterzeit Anspruch auf Kurzarbeitergeld in Form des Saison-Kurzarbeitergeldes.

§ 96 Erheblicher Arbeitsausfall (1) Ein Arbeitsausfall ist erheblich, wenn
1. er auf wirtschaftlichen Gründen oder einem unabwendbaren Ereignis beruht,
2. er vorübergehend ist,
3. er nicht vermeidbar ist und
4. im jeweiligen Kalendermonat (Anspruchszeitraum) mindestens ein Drittel der in dem Betrieb beschäftigten Arbeitnehmerinnen und Arbeitnehmer von einem Entgeltausfall von jeweils mehr als 10 Prozent ihres monatlichen Bruttoentgelts betroffen ist; der Entgeltausfall kann auch jeweils 100 Prozent des monatlichen Bruttoentgelts betragen.

Bei den Berechnungen nach Satz 1 Nummer 4 sind Auszubildende nicht mitzuzählen.

(2) Ein Arbeitsausfall beruht auch auf wirtschaftlichen Gründen, wenn er durch eine Veränderung der betrieblichen Strukturen verursacht wird, die durch die allgemeine wirtschaftliche Entwicklung bedingt ist.

(3) Ein unabwendbares Ereignis liegt insbesondere vor, wenn ein Arbeitsausfall auf ungewöhnlichen, von dem üblichen Witterungsverlauf abweichenden Witterungsverhältnissen beruht. Ein unabwendbares Ereignis liegt auch vor, wenn ein Arbeitsausfall durch behördliche oder behördlich anerkannte Maßnahmen verursacht ist, die vom Arbeitgeber nicht zu vertreten sind.

(4) Ein Arbeitsausfall ist nicht vermeidbar, wenn in einem Betrieb alle zumutbaren Vorkehrungen getroffen wurden, um den Eintritt des Arbeitsausfalls zu verhindern. Als vermeidbar gilt insbesondere ein Arbeitsausfall, der
1. überwiegend branchenüblich, betriebsüblich oder saisonbedingt ist oder ausschließlich auf betriebsorganisatorischen Gründen beruht,
2. durch die Gewährung von bezahltem Erholungsurlaub ganz oder teilweise verhindert werden kann, soweit vorrangige Urlaubswünsche der Arbeitnehmerinnen und Arbeitnehmer der Urlaubsgewährung nicht entgegenstehen, oder
3. durch die Nutzung von im Betrieb zulässigen Arbeitszeitschwankungen ganz oder teilweise vermieden werden kann.

Die Auflösung eines Arbeitszeitguthabens kann von der Arbeitnehmerin oder dem Arbeitnehmer nicht verlangt werden, soweit es

1. vertraglich ausschließlich zur Überbrückung von Arbeitsausfällen außerhalb der Schlechtwetterzeit (§ 101 Absatz 1) bestimmt ist und den Umfang von 50 Stunden nicht übersteigt,
2. ausschließlich für die in § 7c Absatz 1 des Vierten Buches genannten Zwecke bestimmt ist,
3. zur Vermeidung der Inanspruchnahme von Saison-Kurzarbeitergeld angespart worden ist und den Umfang von 150 Stunden nicht übersteigt,
4. den Umfang von 10 Prozent der ohne Mehrarbeit geschuldeten Jahresarbeitszeit einer Arbeitnehmerin oder eines Arbeitnehmers übersteigt oder
5. länger als ein Jahr unverändert bestanden hat.

In einem Betrieb, in dem eine Vereinbarung über Arbeitszeitschwankungen gilt, nach der mindestens 10 Prozent der ohne Mehrarbeit geschuldeten Jahresarbeitszeit je nach Arbeitsanfall eingesetzt werden, gilt ein Arbeitsausfall, der im Rahmen dieser Arbeitszeitschwankungen nicht mehr ausgeglichen werden kann, als nicht vermeidbar.

§ 97 Betriebliche Voraussetzungen Die betrieblichen Voraussetzungen sind erfüllt, wenn in dem Betrieb mindestens eine Arbeitnehmerin oder ein Arbeitnehmer beschäftigt ist. Betrieb im Sinne der Vorschriften über das Kurzarbeitergeld ist auch eine Betriebsabteilung.

§ 98 Persönliche Voraussetzungen (1) Die persönlichen Voraussetzungen sind erfüllt, wenn

1. die Arbeitnehmerin oder der Arbeitnehmer nach Beginn des Arbeitsausfalls eine versicherungspflichtige Beschäftigung
   a) fortsetzt,
   b) aus zwingenden Gründen aufnimmt oder
   c) im Anschluss an die Beendigung eines Berufsausbildungsverhältnisses aufnimmt,
2. das Arbeitsverhältnis nicht gekündigt oder durch Aufhebungsvertrag aufgelöst ist und
3. die Arbeitnehmerin oder der Arbeitnehmer nicht vom Kurzarbeitergeldbezug ausgeschlossen ist.

(2) Die persönlichen Voraussetzungen sind auch erfüllt, wenn die Arbeitnehmerin oder der Arbeitnehmer während des Bezugs von Kurzarbeitergeld arbeitsunfähig wird, solange Anspruch auf Fortzahlung des Arbeitsentgelts im Krankheitsfall besteht oder ohne den Arbeitsausfall bestehen würde.

(3) Die persönlichen Voraussetzungen sind nicht erfüllt bei Arbeitnehmerinnen und Arbeitnehmern

1. während der Teilnahme an einer beruflichen Weiterbildungsmaßnahme mit Bezug von Arbeitslosengeld, Qualfizierungsgeld oder Übergangsgeld, wenn diese Leistung nicht für eine neben der Beschäftigung durchgeführte Teilzeitmaßnahme gezahlt wird,
2. während des Bezugs von Krankengeld sowie
3. während der Zeit, in der sie von einem privaten Krankenversicherungsunternehmen, von einem Beihilfeträger des Bundes, von einem sonstigen öffent-

lich-rechtlichen Träger von Kosten in Krankheitsfällen auf Bundesebene, von dem Träger der Heilfürsorg im Bereich des Bundes, von dem Träger der truppenärztlichen Versorgung oder von einem öffentlich-rechtlichen Träger von Kosten in Krankheitsfällen auf Landesebene, soweit Landesrecht dies vorsieht, Leistungen für den Ausfall von Arbeitseinkünften im Zusammenhang mit einer nach den §§ 8 und 8a des Transplantationsgesetzes erfolgenden Spende von Organen oder Geweben oder im Zusammenhang mit einer im Sinne von § 9 des Transfusionsgesetzes erfolgenden Spende von Blut zur Separation von Blutstammzellen oder anderen Blutbestandteilen beziehen.

(4) Die persönlichen Voraussetzungen sind auch nicht erfüllt, wenn und solange Arbeitnehmerinnen und Arbeitnehmer bei einer Vermittlung nicht in der von der Agentur für Arbeit verlangten und gebotenen Weise mitwirken. Arbeitnehmerinnen und Arbeitnehmer, die von einem erheblichen Arbeitsausfall mit Entgeltausfall betroffen sind, sind in die Vermittlungsbemühungen der Agentur für Arbeit einzubeziehen. Hat die Arbeitnehmerin oder der Arbeitnehmer trotz Belehrung über die Rechtsfolgen eine von der Agentur für Arbeit angebotene zumutbare Beschäftigung nicht angenommen oder nicht angetreten, ohne für dieses Verhalten einen wichtigen Grund zu haben, sind die Vorschriften über die Sperrzeit beim Arbeitslosengeld entsprechend anzuwenden.

§ 99 Anzeige des Arbeitsausfalls (1) Der Arbeitsausfall ist bei der Agentur für Arbeit, in deren Bezirk der Betrieb seinen Sitz hat, schriftlich oder elektronisch anzuzeigen. Die Anzeige kann nur vom Arbeitgeber oder der Betriebsvertretung erstattet werden. Der Anzeige des Arbeitgebers ist eine Stellungnahme der Betriebsvertretung beizufügen. Mit der Anzeige ist glaubhaft zu machen, dass ein erheblicher Arbeitsausfall besteht und die betrieblichen Voraussetzungen für das Kurzarbeitergeld erfüllt sind.

(2) Kurzarbeitergeld wird frühestens von dem Kalendermonat an geleistet, in dem die Anzeige über den Arbeitsausfall bei der Agentur für Arbeit eingegangen ist. Beruht der Arbeitsausfall auf einem unabwendbaren Ereignis, gilt die Anzeige für den entsprechenden Kalendermonat als erstattet, wenn sie unverzüglich erstattet worden ist.

(3) Die Agentur für Arbeit hat der oder dem Anzeigenden unverzüglich einen schriftlichen Bescheid darüber zu erteilen, ob auf Grund der vorgetragenen und glaubhaft gemachten Tatsachen ein erheblicher Arbeitsausfall vorliegt und die betrieblichen Voraussetzungen erfüllt sind.

§ 100 Kurzarbeitergeld bei Arbeitskämpfen (1) § 160 über das Ruhen des Anspruchs auf Arbeitslosengeld bei Arbeitskämpfen gilt entsprechend für den Anspruch auf Kurzarbeitergeld bei Arbeitnehmerinnen und Arbeitnehmern, deren Arbeitsausfall Folge eines inländischen Arbeitskampfes ist, an dem sie nicht beteiligt sind.

(2) Macht der Arbeitgeber geltend, der Arbeitsausfall sei die Folge eines Arbeitskampfes, so hat er dies darzulegen und glaubhaft zu machen. Der Erklärung ist eine Stellungnahme der Betriebsvertretung beizufügen. Der Arbeitgeber hat der Betriebsvertretung die für die Stellungnahme erforderlichen Angaben zu machen.

Bei der Feststellung des Sachverhalts kann die Agentur für Arbeit insbesondere auch Feststellungen im Betrieb treffen.
(3) Stellt die Agentur für Arbeit fest, dass ein Arbeitsausfall entgegen der Erklärung des Arbeitgebers nicht Folge eines Arbeitskampfes ist, und liegen die Voraussetzungen für einen Anspruch auf Kurzarbeitergeld allein deshalb nicht vor, weil der Arbeitsausfall vermeidbar ist, wird das Kurzarbeitergeld auch insoweit geleistet, als die Arbeitnehmerin oder der Arbeitnehmer Arbeitsentgelt (Arbeitsentgelt im Sinne des § 115 des Zehnten Buches) tatsächlich nicht erhält. Bei der Feststellung nach Satz 1 hat die Agentur für Arbeit auch die wirtschaftliche Vertretbarkeit einer Fortführung der Arbeit zu berücksichtigen. Hat der Arbeitgeber das Arbeitsentgelt trotz des Rechtsübergangs mit befreiender Wirkung an die Arbeitnehmerin oder den Arbeitnehmer oder an einen Dritten gezahlt, hat die Empfängerin oder der Empfänger des Kurzarbeitergeldes dieses insoweit zu erstatten.

Zweiter Titel – Sonderformen des Kurzarbeitergeldes

§ 101 Saison-Kurzarbeitergeld (1) Arbeitnehmerinnen und Arbeitnehmer haben in der Zeit vom 1. Dezember bis zum 31. März (Schlechtwetterzeit) Anspruch auf Saison-Kurzarbeitergeld, wenn
1. sie in einem Betrieb beschäftigt sind, der dem Baugewerbe oder einem Wirtschaftszweig angehört, der von saisonbedingtem Arbeitsausfall betroffen ist,
2. der Arbeitsausfall nach Absatz 5 erheblich ist und
3. die betrieblichen Voraussetzungen des § 97 sowie die persönlichen Voraussetzungen des § 98 erfüllt sind.

(2) Ein Betrieb des Baugewerbes ist ein Betrieb, der gewerblich überwiegend Bauleistungen auf dem Baumarkt erbringt. Bauleistungen sind alle Leistungen, die der Herstellung, Instandsetzung, Instandhaltung, Änderung oder Beseitigung von Bauwerken dienen. Ein Betrieb, die überwiegend Bauvorrichtungen, Baumaschinen, Baugeräte oder sonstige Baubetriebsmittel ohne Personal Betrieben des Baugewerbes gewerblich zur Verfügung stellt oder überwiegend Baustoffe oder Bauteile für den Markt herstellt, sowie ein Betrieb, der Betonentladegeräte gewerblich zur Verfügung stellt, ist kein Betrieb des Baugewerbes.
(3) Erbringt ein Betrieb Bauleistungen auf dem Baumarkt, wird vermutet, dass er ein Betrieb des Baugewerbes im Sinne des Absatzes 2 Satz 1 sind. Satz 1 gilt nicht, wenn gegenüber der Bundesagentur nachgewiesen wird, dass Bauleistungen arbeitszeitlich nicht überwiegen.
(4) Ein Wirtschaftszweig ist von saisonbedingtem Arbeitsausfall betroffen, wenn der Arbeitsausfall regelmäßig in der Schlechtwetterzeit auf witterungsbedingten oder wirtschaftlichen Gründen beruht.
(5) Ein Arbeitsausfall ist erheblich, wenn er auf witterungsbedingten oder wirtschaftlichen Gründen oder einem unabwendbaren Ereignis beruht, vorübergehend und nicht vermeidbar ist. Als nicht vermeidbar gilt auch ein Arbeitsausfall, der überwiegend branchenüblich, betriebsüblich oder saisonbedingt ist. Wurden seit der letzten Schlechtwetterzeit Arbeitszeitguthaben, die nicht mindestens ein Jahr bestanden haben, zu anderen Zwecken als zum Ausgleich für einen verstetigten Monatslohn, bei witterungsbedingtem Arbeitsausfall oder der Freistellung zum

Zwecke der Qualifizierung aufgelöst, gelten im Umfang der aufgelösten Arbeitszeitguthaben Arbeitsausfälle als vermeidbar.

(6) Ein Arbeitsausfall ist witterungsbedingt, wenn

1. er ausschließlich durch zwingende Witterungsgründe verursacht ist und
2. an einem Arbeitstag mindestens eine Stunde der regelmäßigen betrieblichen Arbeitszeit ausfällt (Ausfalltag).

Zwingende Witterungsgründe liegen nur vor, wenn es auf Grund von atmosphärischen Einwirkungen (insbesondere Regen, Schnee, Frost) oder deren Folgewirkungen technisch unmöglich, wirtschaftlich unvertretbar oder für die Arbeitnehmerinnen und Arbeitnehmer unzumutbar ist, die Arbeiten fortzuführen. Der Arbeitsausfall ist nicht ausschließlich durch zwingende Witterungsgründe verursacht, wenn er durch Beachtung der besonderen arbeitsschutzrechtlichen Anforderungen an witterungsabhängige Arbeitsplätze vermieden werden kann.

(7) Die weiteren Vorschriften über das Kurzarbeitergeld sind mit Ausnahme der Anzeige des Arbeitsausfalls nach § 99 anzuwenden.

§ 102 Ergänzende Leistungen (1) Arbeitnehmerinnen und Arbeitnehmer haben Anspruch auf Wintergeld als Zuschuss-Wintergeld und Mehraufwands-Wintergeld und Arbeitgeber haben Anspruch auf Erstattung der von ihnen zu tragenden Beiträge zur Sozialversicherung, soweit für diese Zwecke Mittel durch eine Umlage aufgebracht werden.

(2) Zuschuss-Wintergeld wird in Höhe von bis zu 2,50 Euro je ausgefallener Arbeitsstunde gewährt, wenn zu deren Ausgleich Arbeitszeitguthaben aufgelöst und die Inanspruchnahme des Saison-Kurzarbeitergeldes vermieden wird.

(3) Mehraufwands-Wintergeld wird in Höhe von 1,00 Euro für jede in der Zeit vom 15. Dezember bis zum letzten Kalendertag des Monats Februar geleistete berücksichtigungsfähige Arbeitsstunde an Arbeitnehmerinnen und Arbeitnehmer gezahlt, die auf einem witterungsabhängigen Arbeitsplatz beschäftigt sind. Berücksichtigungsfähig sind im Dezember bis zu 90, im Januar und Februar jeweils bis zu 180 Arbeitsstunden.

(4) Die von den Arbeitgebern allein zu tragenden Beiträge zur Sozialversicherung für Bezieherinnen und Bezieher von Saison-Kurzarbeitergeld werden auf Antrag erstattet.

(5) Die Absätze 1 bis 4 gilt im Baugewerbe ausschließlich für solche Arbeitnehmerinnen und Arbeitnehmer, deren Arbeitsverhältnis in der Schlechtwetterzeit nicht aus witterungsbedingten Gründen gekündigt werden kann.

…

Dritter Titel – Leistungsumfang

§ 104 Dauer[1] (1) Kurzarbeitergeld wird für den Arbeitsausfall für eine Dauer von längstens zwölf Monaten von der Agentur für Arbeit geleistet. Die Bezugsdauer gilt einheitlich für alle in einem Betrieb beschäftigten Arbeitnehmerinnen und Ar-

1 Die Bezugsdauer wurde durch § 1 Vierte Kurzarbeitergeldbezugsdauerverordnung auf bis zu 24 Monate, längstens bis zum 31. Dezember 2026, verlängert.

beitnehmer. Sie beginnt mit dem ersten Kalendermonat, für den in einem Betrieb Kurzarbeitergeld vom Arbeitgeber gezahlt wird.

(2) Wird innerhalb der Bezugsdauer für einen zusammenhängenden Zeitraum von mindestens einem Monat kein Kurzarbeitergeld gezahlt, verlängert sich die Bezugsdauer um diesen Zeitraum.

(3) Sind seit dem letzten Kalendermonat, für den Kurzarbeitergeld geleistet worden ist, drei Monate vergangen und liegen die Voraussetzungen für einen Anspruch auf Kurzarbeitergeld erneut vor, beginnt eine neue Bezugsdauer.

(4) Saison-Kurzarbeitergeld wird abweichend von den Absätzen 1 bis 3 für die Dauer des Arbeitsausfalls während der Schlechtwetterzeit von der Agentur für Arbeit geleistet. Zeiten des Bezugs von Saison-Kurzarbeitergeld werden nicht auf die Bezugsdauer für das Kurzarbeitergeld angerechnet. Sie gelten nicht als Zeiten der Unterbrechung im Sinne des Absatzes 3.

§ 105 Höhe Das Kurzarbeitergeld beträgt

1. für Arbeitnehmerinnen und Arbeitnehmer, die beim Arbeitslosengeld die Voraussetzungen für den erhöhten Leistungssatz erfüllen würden, 67 Prozent,
2. für die übrigen Arbeitnehmerinnen und Arbeitnehmer 60 Prozent

der Nettoentgeltdifferenz im Anspruchszeitraum.

§ 106 Nettoentgeltdifferenz (1) Die Nettoentgeltdifferenz entspricht der Differenz zwischen

1. dem pauschalierten Nettoentgelt aus dem Soll-Entgelt und
2. dem pauschalierten Nettoentgelt aus dem Ist-Entgelt.

Soll-Entgelt ist das Bruttoarbeitsentgelt, das die Arbeitnehmerin oder der Arbeitnehmer ohne den Arbeitsausfall in dem Anspruchszeitraum erzielt hätte, vermindert um Entgelt für Mehrarbeit. Ist-Entgelt ist das Bruttoarbeitsentgelt, das die Arbeitnehmerin oder der Arbeitnehmer in dem Anspruchszeitraum tatsächlich erzielt hat, zuzüglich aller zustehenden Entgeltanteile. Arbeitsentgelt, das einmalig gezahlt wird, bleibt bei der Berechnung von Soll-Entgelt und Ist-Entgelt außer Betracht. Soll-Entgelt und Ist-Entgelt sind auf den nächsten durch 20 teilbaren Euro-Betrag zu runden. § 153 über die Berechnung des Leistungsentgelts beim Arbeitslosengeld gilt mit Ausnahme der Regelungen über den Zeitpunkt der Zuordnung der Lohnsteuerklassen und den Steuerklassenwechsel für die Berechnung der pauschalierten Nettoentgelte beim Kurzarbeitergeld entsprechend. Das Bundesministerium für Arbeit und Soziales wird ermächtigt, einen Programmablauf zur Berechnung der pauschalierten Nettoentgelte für das Kurzarbeitergeld im Bundesanzeiger bekannt zu machen.

(2) Erzielt die Arbeitnehmerin oder der Arbeitnehmer aus anderen als wirtschaftlichen Gründen kein Arbeitsentgelt, ist das Ist-Entgelt um den Betrag zu erhöhen, um den das Arbeitsentgelt aus diesen Gründen gemindert ist. Arbeitsentgelt, das unter Anrechnung des Kurzarbeitergeldes gezahlt wird, bleibt bei der Berechnung des Ist-Entgelts außer Betracht. Bei der Berechnung der Nettoentgeltdifferenz nach Absatz 1 bleiben auf Grund von kollektivrechtlichen Beschäftigungsvereinbarungen durchgeführte vorübergehende Änderungen der vertraglich vereinbarten Arbeitszeit außer Betracht; die Sätze 1 und 2 sind insoweit nicht anzuwenden.

(3) Erzielt die Arbeitnehmerin oder der Arbeitnehmer für Zeiten des Arbeitsausfalls ein Entgelt aus einer anderen während des Bezugs von Kurzarbeitergeld aufgenommenen Beschäftigung, selbständigen Tätigkeit oder Tätigkeit als mithelfende Familienangehörige oder mithelfender Familienangehöriger, ist das Ist-Entgelt um dieses Entgelt zu erhöhen.
(4) Lässt sich das Soll-Entgelt einer Arbeitnehmerin oder eines Arbeitnehmers in dem Anspruchszeitraum nicht hinreichend bestimmt feststellen, ist als Soll-Entgelt das Arbeitsentgelt maßgebend, das die Arbeitnehmerin oder der Arbeitnehmer in den letzten drei abgerechneten Kalendermonaten vor Beginn des Arbeitsausfalls in dem Betrieb durchschnittlich erzielt hat, vermindert um Entgelt für Mehrarbeit. Ist eine Berechnung nach Satz 1 nicht möglich, ist das durchschnittliche Soll-Entgelt einer vergleichbaren Arbeitnehmerin oder eines vergleichbaren Arbeitnehmers zugrunde zu legen. Änderungen der Grundlage für die Berechnung des Arbeitsentgelts sind zu berücksichtigen, wenn und solange sie auch während des Arbeitsausfalls wirksam sind.
(5) Die Absätze 1 bis 4 gelten für Heimarbeiterinnen und Heimarbeiter mit der Maßgabe, dass als Soll-Entgelt das durchschnittliche Bruttoarbeitsentgelt der letzten sechs abgerechneten Kalendermonate vor Beginn des Entgeltausfalls zugrunde zu legen ist. War die Heimarbeiterin oder der Heimarbeiter noch nicht sechs Kalendermonate für den Auftraggeber tätig, so ist das in der kürzeren Zeit erzielte Arbeitsentgelt maßgebend.

§ 106a Erstattungen bei beruflicher Weiterbildung während Kurzarbeit
(1) Dem Arbeitgeber werden von der Agentur für Arbeit auf Antrag für den jeweiligen Kalendermonat 50 Prozent der von ihm allein zu tragenden Beiträge zur Sozialversicherung in pauschalierter Form für Arbeitnehmerinnen und Arbeitnehmer erstattet, wenn diese
1. vor dem 31. Juli 2024 Kurzarbeitergeld beziehen und
2. an einer während der Kurzarbeit begonnenen beruflichen Weiterbildungsmaßnahme teilnehmen, die
   a) insgesamt mehr als 120 Stunden dauert und die Maßnahmen und der Träger nach den Vorschriften des Fünften Kapitels zugelassen sind oder
   b) auf ein nach § 2 Absatz 1 des Aufstiegsfortbildungsförderungsgesetzes förderfähiges Fortbildungsziel vorbereitet und von einem für die Durchführung dieser Maßnahme nach § 2a des Aufstiegsfortbildungsförderungsgesetzes geeigneten Träger durchgeführt wird.

Die Erstattung erfolgt für die Zeit, in der die Arbeitnehmerin oder der Arbeitnehmer jeweils vom vorübergehenden Arbeitsausfall betroffen ist. Für die Pauschalierung wird die Sozialversichungspauschale nach § 153 Absatz 1 Satz 2 Nummer 1 abzüglich des Beitrages zur Arbeitsförderung zu Grunde gelegt.
(2) Dem Arbeitgeber werden bis zum 31. Juli 2024 von der Agentur für Arbeit auf Antrag die Lehrgangskosten für Weiterbildungsmaßnahmen nach Absatz 1 Satz 1 Nummer 2 Buchstabe a für Betriebe mit weniger als zehn Beschäftigten zu 100 Prozent, mit zehn bis 249 Beschäftigten bis zu 50 Prozent, mit 250 und weniger als 2500 Beschäftigten zu 25 Prozent und für Betriebe mit 2500 oder mehr Beschäftigten zu 15 Prozent pauschal für die Zeit der Teilnahme der Arbeitnehmerin

oder des Arbeitnehmers an dieser Maßnahme erstattet. Die Anwendung des § 82 ist ausgeschlossen.
(3) Ausgeschlossen von der Erstattung der Soziaversicherungsbeiträge nach Absatz 1 und der Erstattung der Lehrgangskosten nach Absatz 2 ist die Teilnahme an Maßnahmen, zu deren Durchführung der Arbeitgeber auf Grund bundes- oder landesrechtlicher Regelungen verpflichtet ist.

Vierter Titel – Anwendung anderer Vorschriften

§ 107 Anwendung anderer Vorschriften (1) § 159 Absatz 1 Satz 2 Nummer 8 über das Ruhen des Anspruchs auf Arbeitslosengeld wegen Sperrzeiten bei Meldeversäumnis gilt für den Anspruch auf Kurzarbeitergeld entsprechend.
(2) § 156 über das Ruhen des Anspruchs auf Arbeitslosengeld bei Zusammentreffen mit anderen Sozialleistungen gilt für den Anspruch auf Kurzarbeitergeld entsprechend für die Fälle, in denen eine Altersrente als Vollrente zuerkannt ist.

Fünfter Titel – Verfügung über das Kurzarbeitergeld

§ 108 Verfügung über das Kurzarbeitergeld (1) § 48 des Ersten Buches zur Auszahlung von Leistungen bei Verletzung der Unterhaltspflicht ist nicht anzuwenden.
(2) Für die Zwangsvollstreckung in den Anspruch auf Kurzarbeitergeld gilt der Arbeitgeber als Drittschuldner. Die Abtretung oder Verpfändung des Anspruchs ist nur wirksam, wenn der Gläubiger sie dem Arbeitgeber anzeigt.
(3) Hat ein Arbeitgeber oder eine von ihm bestellte Person durch eine der in § 45 Absatz 2 Satz 3 des Zehnten Buches bezeichneten Handlungen bewirkt, dass Kurzarbeitergeld zu Unrecht geleistet worden ist, so ist der zu Unrecht geleistete Betrag vom Arbeitgeber zu ersetzen. Sind die zu Unrecht geleisteten Beträge sowohl vom Arbeitgeber zu ersetzen als auch von der Bezieherin oder dem Bezieher der Leistung zu erstatten, so haften beide als Gesamtschuldner.
(4) Wird über das Vermögen eines Arbeitgebers, der von der Agentur für Arbeit Beträge zur Auszahlung an die Arbeitnehmerinnen und Arbeitnehmer erhalten hat, diese aber noch nicht ausgezahlt hat, das Insolvenzverfahren eröffnet, so kann die Agentur für Arbeit diese Beträge als Insolvenzgläubigerin zurückverlangen.

…

Zweiter Unterabschnitt – Transferleistungen

§ 110 Transfermaßnahmen (1) Nehmen Arbeitnehmerinnen und Arbeitnehmer, die auf Grund einer Betriebsänderung oder im Anschluss an die Beendigung eines Berufsausbildungsverhältnisses von Arbeitslosigkeit bedroht sind, an Transfermaßnahmen teil, wird diese Teilnahme gefördert, wenn

1. sich die Betriebsparteien im Vorfeld der Entscheidung über die Einführung von Transfermaßnahmen, insbesondere im Rahmen ihrer Verhandlungen über einen die Integration der Arbeitnehmerinnen und Arbeitnehmer fördernden

Interessenausgleich oder Sozialplan nach § 112 des Betriebsverfassungsgesetzes, von der Agentur für Arbeit beraten lassen haben,
2. die Maßnahme von einem Dritten durchgeführt wird,
3. die Maßnahme der Eingliederung der Arbeitnehmerinnen und Arbeitnehmer in den Arbeitsmarkt dienen soll,
4. die Durchführung der Maßnahme gesichert ist.

Transfermaßnahmen sind alle Maßnahmen zur Eingliederung von Arbeitnehmerinnen und Arbeitnehmern in den Arbeitsmarkt, an deren Finanzierung sich Arbeitgeber angemessen beteiligen. Als Betriebsänderung gilt eine Betriebsänderung im Sinne des § 111 des Betriebsverfassungsgesetzes unabhängig von der Unternehmensgröße und unabhängig davon, ob im jeweiligen Betrieb das Betriebsverfassungsgesetz anzuwenden ist.

(2) Die Förderung wird als Zuschuss geleistet. Der Zuschuss beträgt 50 Prozent der erforderlichen und angemessenen Maßnahmekosten, jedoch höchstens 2500 Euro je geförderter Arbeitnehmerin oder gefördertem Arbeitnehmer.

(3) Eine Förderung ist ausgeschlossen, wenn die Maßnahme dazu dient, die Arbeitnehmerin oder den Arbeitnehmer auf eine Anschlussbeschäftigung im selben Betrieb oder in einem anderen Betrieb des selben Unternehmens oder, falls das Unternehmen einem Konzern angehört, in einem Betrieb eines anderen Konzernunternehmens des Konzerns vorzubereiten. Durch die Förderung darf der Arbeitgeber nicht von bestehenden Verpflichtungen entlastet werden. Von der Förderung ausgeschlossen sind Arbeitnehmerinnen und Arbeitnehmer des öffentlichen Dienstes mit Ausnahme der Beschäftigten von Unternehmen, die in selbständiger Rechtsform erwerbswirtschaftlich betrieben werden.

(4) Während der Teilnahme an Transfermaßnahmen sind andere Leistungen der aktiven Arbeitsförderung mit gleichartiger Zielsetzung ausgeschlossen.

§ 111 Transferkurzarbeitergeld (1) Um Entlassungen von Arbeitnehmerinnen und Arbeitnehmern zu vermeiden und ihre Vermittlungsaussichten zu verbessern, haben diese Anspruch auf Kurzarbeitergeld zur Förderung der Eingliederung bei betrieblichen Restrukturierungen (Transferkurzarbeitergeld), wenn
1. und solange sie von einem dauerhaften nicht vermeidbaren Arbeitsausfall mit Entgeltausfall betroffen sind,
2. die betrieblichen Voraussetzungen erfüllt sind,
3. die persönlichen Voraussetzungen erfüllt sind,
4. sich die Betriebsparteien im Vorfeld der Entscheidung über die Inanspruchnahme von Transferkurzarbeitergeld, insbesondere im Rahmen ihrer Verhandlungen über einen die Integration der Arbeitnehmerinnen und Arbeitnehmer fördernden Interessenausgleich oder Sozialplan nach § 112 des Betriebsverfassungsgesetzes, von der Agentur für Arbeit beraten lassen haben und
5. der dauerhafte Arbeitsausfall der Agentur für Arbeit angezeigt worden ist.

Die Agentur für Arbeit leistet Transferkurzarbeitergeld längstens für zwölf Monate.

(2) Ein dauerhafter Arbeitsausfall liegt vor, wenn auf Grund einer Betriebsänderung im Sinne des § 110 Absatz 1 Satz 3 die Beschäftigungsmöglichkeiten für die Arbeitnehmerinnen und Arbeitnehmer nicht nur vorübergehend entfallen. Der

Entgeltausfall kann auch jeweils 100 Prozent des monatlichen Bruttoentgelts betragen.

(3) Die betrieblichen Voraussetzungen für die Gewährung von Transferkurzarbeitergeld sind erfüllt, wenn

1. in einem Betrieb Personalanpassungsmaßnahmen auf Grund einer Betriebsänderung durchgeführt werden,
2. die von Arbeitsausfall betroffenen Arbeitnehmerinnen und Arbeitnehmer in einer betriebsorganisatorisch eigenständigen Einheit zusammengefasst werden, um Entlassungen zu vermeiden und ihre Eingliederungschancen zu verbessern,
3. die Organisation und Mittelausstattung der betriebsorganisatorisch eigenständigen Einheit den angestreben Integrationserfolg erwarten lassen und
4. ein System zur Sicherung der Qualität angewendet wird.

Wird die betriebsorganisatorisch eigenständige Einheit von einem Dritten durchgeführt, tritt an die Stelle der Voraussetzung nach Satz 1 Nummer 4 die Trägerzulassung nach § 178.

(4) Die persönlichen Voraussetzungen sind erfüllt, wenn die Arbeitnehmerin oder der Arbeitnehmer

1. von Arbeitslosigkeit bedroht ist,
2. nach Beginn des Arbeitsausfalls eine versicherungspflichtige Beschäftigung fortsetzt oder im Anschluss an die Beendigung eines Berufsausbildungsverhältnisses aufnimmt,
3. vor der Überleitung in die betriebsorganisatorisch eigenständige Einheit aus Anlass der Betriebsänderung
   a) sich bei der Agentur für Arbeit arbeitsuchend meldet und
   b) an einer arbeitsmarktlich zweckmäßigen Maßnahme zur Feststellung der Eingliederungsaussichten teilgenommen hat; können in berechtigten Ausnahmefällen trotz Mithilfe der Agentur für Arbeit die notwendigen Feststellungsmaßnahmen nicht rechtzeitig durchgeführt werden, sind diese im unmittelbaren Anschluss an die Überleitung innerhalb eines Monats nachzuholen.

§ 98 Absatz 2 bis 4 gilt entsprechend.

(5) Arbeitnehmerinnen und Arbeitnehmer des Steinkohlenbergbaus, denen Anpassungsgeld nach § 5 des Steinkohlefinanzierungsgesetzes gezahlt werden kann, haben vor der Inanspruchnahme des Anpassungsgeldes Anspruch auf Transferkurzarbeitergeld.

(6) Für die Anzeige des Arbeitsausfalls gilt § 99 Absatz 1, 2 Satz 1 und Absatz 3 entsprechend. Der Arbeitsausfall ist bei der Agentur für Arbeit anzuzeigen, in deren Bezirk der personalabgebende Betrieb seinen Sitz hat.

(7) Während des Bezugs von Transferkurzarbeitergeld hat der Arbeitgeber den geförderten Arbeitnehmerinnen und Arbeitnehmern Vermittlungsvorschläge zu unterbreiten. Stellt der Arbeitgeber oder die Agentur für Arbeit fest, dass Arbeitnehmerinnen oder Arbeitnehmer Qualifizierungsdefizite aufweisen, soll der Arbeitgeber geeignete Maßnahmen zur Verbesserung der Eingliederungsaussichten anbieten. Als geeignet gelten insbesondere

1. Maßnahmen der beruflichen Weiterbildung für die und für deren Träger eine Zulassung nach dem Fünften Kapitel vorliegt, oder
2. eine zeitlich begrenzte, längstens sechs Monate dauernde Beschäftigung zum Zwecke der Qualifizierung bei einem anderen Arbeitgeber.

Bei der Festlegung von Maßnahmen nach Satz 3 ist die Agentur für Arbeit zu beteiligen. Nimmt die Arbeitnehmerin oder der Arbeitnehmer während der Beschäftigung in einer betriebsorganisatorisch eigenständigen Einheit an einer Qualifizierungsmaßnahme teil, deren Ziel die anschließende Beschäftigung bei einem anderen Arbeitgeber ist, und wurde das Ziel der Maßnahme nicht erreicht, steht die Rückkehr der Arbeitnehmerin oder des Arbeitnehmers in den bisherigen Betrieb dem Anspruch auf Transferkurzarbeitergeld nicht entgegen.

(8) Der Anspruch ist ausgeschlossen, wenn Arbeitnehmerinnen und Arbeitnehmer nur vorübergehend in der betriebsorganisatorisch eigenständigen Einheit zusammengefasst werden, um anschließend einen anderen Arbeitsplatz in dem gleichen oder einem anderen Betrieb des Unternehmens oder, falls das Unternehmen einem Konzern angehört, einen Arbeitsplatz in einem Betrieb eines anderen Konzernunternehmens des Konzerns zu besetzen. § 110 Absatz 3 Satz 3 gilt entsprechend.

(9) Soweit nichts Abweichendes geregelt ist, sind die für das Kurzarbeitergeld geltenden Vorschriften des Ersten Unterabschnitts anzuwenden, mit Ausnahme der ersten beiden Titel und des § 109.

§ 111a Förderung der beruflichen Weiterbildung bei Transferkurzarbeitergeld

(1) Arbeitnehmerinnen und Arbeitnehmer, die einen Anspruch auf Transferkurzarbeitergeld nach § 111 haben, können bei Teilnahme an Maßnahmen der beruflichen Weiterbildung, die während des Bezugs von Transferkurzarbeitergeld enden, durch Übernahme der Weiterbildungskosten gefördert werden, wenn

1. die Agentur für Arbeit sie vor Beginn der Teilnahme beraten hat,
2. der Träger der Maßnahme und die Maßnahme für die Förderung zugelassen sind und
3. der Arbeitgeber mindestens 50 Prozent der Lehrgangskosten trägt.

Die Grundsätze für die berufliche Weiterbildung nach § 81 Absatz 1 Satz 2 und Absatz 4 und § 83 gelten entsprechend.

(2) Bei Teilnahme an einer Maßnahme der beruflichen Weiterbildung, die erst nach dem Bezug des Transferkurzarbeitergeldes endet, können Arbeitnehmerinnen und Arbeitnehmer nach § 81 gefördert werden, wenn

1. die Maßnahme spätestens drei Monate oder bei länger als ein Jahr dauernden Maßnahmen spätestens sechs Monate vor der Ausschöpfung des Anspruchs auf Transferkurzarbeitergeld beginnt und
2. der Arbeitgeber während des Bezugs des Transferkurzarbeitergeldes mindestens 50 Prozent der Lehrgangskosten trägt.

Ein Anspruch auf Arbeitslosengeld bei beruflicher Weiterbildung nach § 144 ruht während der Zeit, für die ein Anspruch auf Transferkurzarbeitergeld zuerkannt ist.

(3) In Betrieben mit weniger als 250 Beschäftigten verringert sich der von dem Arbeitgeber während des Bezugs des Transferkurzarbeitergeldes zu tragende Min-

destanteil an den Lehrgangskosten abweichend von Absatz 1 Satz 1 Nummer 3 und Absatz 2 Satz 1 Nummer 2 auf 25 Prozent. Wenn ein Insolvenzereignis im Sinne des § 165 Absatz 1 Satz 2 vorliegt, kann die Agentur für Arbeit abweichend von Satz 1, von Absatz 1 Satz 1 Nummer 3 und von Absatz 2 Satz 1 Nummer 2 eine niedrigere Beteiligung des Arbeitgebers an den Lehrgangskosten festlegen.

…

Achter Abschnitt – Befristete Leistungen und innovative Ansätze

…

§ 135 Erprobung innovativer Ansätze (1) Die Zentrale der Bundesagentur kann bis zu einem Prozent der im Eingliederungstitel enthaltenen Mittel einsetzen, um innovative Ansätze der aktiven Arbeitsförderung zu erproben. Die einzelnen Projekte dürfen den Höchstbetrag von 2 Millionen Euro jährlich und eine Dauer von 24 Monate nicht übersteigen.

(2) Die Umsetzung und die Wirkung der Projekte sind zu beobachten und auszuwerten. Über die Ergebnisse der Projekte ist dem Verwaltungsrat nach deren Beendigung ein Bericht vorzulegen. Zu Beginn jedes Jahres übermittelt die Bundesagentur dem Verwaltungsrat eine Übersicht über die laufenden Projekte.

Viertes Kapitel – Arbeitslosengeld und Insolvenzgeld

Erster Abschnitt – Arbeitslosengeld

Erster Unterabschnitt – Regelvoraussetzungen

§ 136 Anspruch auf Arbeitslosengeld (1) Arbeitnehmerinnen und Arbeitnehmer haben Anspruch auf Arbeitslosengeld

1. bei Arbeitslosigkeit oder
2. bei beruflicher Weiterbildung.

(2) Wer das für die Regelaltersrente im Sinne des Sechsten Buches erforderliche Lebensjahr vollendet hat, hat vom Beginn des folgenden Monats an keinen Anspruch auf Arbeitslosengeld.

§ 137 Anspruchsvoraussetzungen bei Arbeitslosigkeit (1) Anspruch auf Arbeitslosengeld bei Arbeitslosigkeit hat, wer

1. arbeitslos ist,
2. sich bei der Agentur für Arbeit arbeitslos gemeldet und
3. die Anwartschaftszeit erfüllt hat.

(2) Bis zur Entscheidung über den Anspruch kann die antragstellende Person bestimmen, dass der Anspruch nicht oder zu einem späteren Zeitpunkt entstehen soll.

§ 138 Arbeitslosigkeit (1) Arbeitslos ist, wer Arbeitnehmerin oder Arbeitnehmer ist und

1. nicht in einem Beschäftigungsverhältnis steht (Beschäftigungslosigkeit),
2. sich bemüht, die eigene Beschäftigungslosigkeit zu beenden (Eigenbemühungen), und
3. den Vermittlungsbemühungen der Agentur für Arbeit zur Verfügung steht (Verfügbarkeit).

(2) Eine ehrenamtliche Betätigung schließt Arbeitslosigkeit nicht aus, wenn dadurch die berufliche Eingliederung der oder des Arbeitslosen nicht beeinträchtigt wird.

(3) Die Ausübung einer Beschäftigung, selbständigen Tätigkeit, Tätigkeit als mithelfende Familienangehörige oder mithelfender Familienangehöriger (Erwerbstätigkeit) schließt die Beschäftigungslosigkeit nicht aus, wenn die Arbeits- oder Tätigkeitszeit (Arbeitszeit) weniger als 15 Stunden wöchentlich umfasst; gelegentliche Abweichungen von geringer Dauer bleiben unberücksichtigt. Die Arbeitszeiten mehrerer Erwerbstätigkeiten werden zusammengerechnet.

(4) Im Rahmen der Eigenbemühungen hat die oder der Arbeitslose alle Möglichkeiten zur beruflichen Eingliederung zu nutzen. Hier gehören insbesondere

1. die Wahrnehmung der Verpflichtungen aus der Eingliederungsvereinbarung,
2. die Mitwirkung bei der Vermittlung durch Dritte und
3. die Inanspruchnahme der Selbstinformationseinrichtungen der Agentur für Arbeit.

(5) Den Vermittlungsbemühungen der Agentur für Arbeit stehen zur Verfügung, wer

1. eine versicherungspflichtige, mindestens 15 Stunden wöchentlich umfassende zumutbare Beschäftigung unter den üblichen Bedingungen des für sie oder ihn in Betracht kommenden Arbeitsmarktes ausüben kann und darf,
2. Vorschlägen der Agentur für Arbeit zur beruflichen Eingliederung zeit- und ortsnah Folge leisten kann,
3. bereit ist, jede Beschäftigung im Sinne der Nummer 1 anzunehmen und auszuüben, und
4. bereit ist, an Maßnahmen zur beruflichen Eingliederung in das Erwerbsleben teilzunehmen.

§ 139 Sonderfälle der Verfügbarkeit (1) Nimmt eine leistungsberechtigte Person an einer Maßnahme nach § 45 oder an einer Berufsfindung oder Arbeitserprobung im Sinne des Rechts der beruflichen Rehabilitation teil, leistet sie vorübergehend zur Verhütung oder Beseitigung öffentlicher Notstände Dienste, die nicht auf einem Arbeitsverhältnis beruhen, übt sie eine freie Arbeit im Sinne des Artikels 293 Absatz 1 des Einführungsgesetzes zum Strafgesetzbuch oder auf Grund einer Anordnung im Gnadenwege aus oder erbringt sie gemeinnützige Leistungen oder Arbeitsleistungen nach den in Artikel 293 Absatz 3 des Einführungsgesetzes zum Strafgesetzbuch genannten Vorschriften oder auf Grund deren entsprechender Anwendung, so schließt dies die Verfügbarkeit nicht aus. Nimmt eine leistungsberechtigte Person an einem Integrationskurs nach § 43 des Aufenthaltsgesetzes oder an einem Kurs der berufsbezogenen Deutschsprachförderung nach § 45a des Aufenthaltsgesetzes teil, der jeweils für die dauerhafte berufliche Eingliederung notwendig ist, so schließt dies die Verfügbarkeit nicht aus.

(2) Bei Schülerinnen, Schülern, Studentinnen oder Studenten einer Schule, Hochschule oder sonstigen Ausbildungsstätte wird vermutet, dass sie nur versicherungsfreie Beschäftigungen ausüben können. Die Vermutung ist widerlegt, wenn die Schülerin, der Schüler, die Studentin oder der Student darlegt und nachweist, dass der Ausbildungsgang die Ausübung einer versicherungspflichtigen, mindestens 15 Stunden wöchentlich umfassenden Beschäftigung bei ordnungsgemäßer Erfüllung der in den Ausbildungs- und Prüfungsbestimmungen vorgeschriebenen Anforderungen zulässt.
(3) Nimmt eine leistungsberechtigte Person an einer Maßnahme der beruflichen Weiterbildung teil, für die die Voraussetzungen nach § 81 nicht erfüllt sind, schließt dies die Verfügbarkeit nicht aus, wenn
1. die Agentur für Arbeit der Teilnahme zustimmt und
2. die leistungsberechtigte Person ihre Bereitschaft erklärt, die Maßnahme abzubrechen, sobald eine berufliche Eingliederung in Betracht kommt, und zu diesem Zweck die Möglichkeit zum Abbruch mit dem Träger der Maßnahme vereinbart hat.

(4) Ist die leistungsberechtigte Person nur bereit, Teilzeitbeschäftigungen auszuüben, so schließt dies Verfügbarkeit nicht aus, wenn sich die Arbeitsbereitschaft auf Teilzeitbeschäftigungen erstreckt, die versicherungspflichtig sind, mindestens 15 Stunden wöchentlich umfassen und den üblichen Bedingungen des für sie in Betracht kommenden Arbeitsmarktes entsprechen. Eine Einschränkung auf Teilzeitbeschäftigungen aus Anlass eines konkreten Arbeits- oder Maßnahmeangebotes ist nicht zulässig. Die Einschränkung auf Heimarbeit schließt die Verfügbarkeit nicht aus, wenn die Anwartschaftszeit durch eine Beschäftigung als Heimarbeiterin oder Heimarbeiter erfüllt worden ist und die leistungsberechtigte Person bereit und in der Lage ist, Heimarbeit unter den üblichen Bedingungen auf dem für sie in Betracht kommenden Arbeitsmarkt auszuüben.

§ 140 Zumutbare Beschäftigungen (1) Einer arbeitslosen Person sind alle ihrer Arbeitsfähigkeit entsprechenden Beschäftigungen zumutbar, soweit allgemeine oder personenbezogene Gründe der Zumutbarkeit einer Beschäftigung nicht entgegenstehen.
(2) Aus allgemeinen Gründen ist eine Beschäftigung einer arbeitslosen Person insbesondere nicht zumutbar, wenn die Beschäftigung gegen gesetzliche, tarifliche oder in Betriebsvereinbarungen festgelegte Bestimmungen über Arbeitsbedingungen oder gegen Bestimmungen des Arbeitsschutzes verstößt.
(3) Aus personenbezogenen Gründen ist eine Beschäftigung einer arbeitslosen Person insbesondere nicht zumutbar, wenn das daraus erzielbare Arbeitsentgelt erheblich niedriger ist als das der Bemessung des Arbeitslosengeldes zugrunde liegende Arbeitsentgelt. In den ersten drei Monaten der Arbeitslosigkeit ist eine Minderung um mehr als 20 Prozent und in den folgenden drei Monaten um mehr als 30 Prozent dieses Arbeitsentgelts nicht zumutbar. Vom siebten Monat der Arbeitslosigkeit an ist einer arbeitslosen Person eine Beschäftigung nur dann nicht zumutbar, wenn das daraus erzielbare Nettoeinkommen unter Berücksichtigung der mit der Beschäftigung zusammenhängenden Aufwendungen niedriger ist als das Arbeitslosengeld.

(4) Aus personenbezogenen Gründen ist einer arbeitslosen Person eine Beschäftigung auch nicht zumutbar, wenn die täglichen Pendelzeiten zwischen ihrer Wohnung und der Arbeitsstätte im Vergleich zur Arbeitszeit unverhältnismäßig lang sind. Als unverhältnismäßig lang sind im Regelfall Pendelzeiten von insgesamt mehr als zweieinhalb Stunden bei einer Arbeitszeit von mehr als sechs Stunden und Pendelzeiten von mehr als zwei Stunden bei einer Arbeitszeit von sechs Stunden und weniger anzusehen. Sind in einer Region unter vergleichbaren Beschäftigten längere Pendelzeiten üblich, bilden diese den Maßstab. Ein Umzug zur Aufnahme einer Beschäftigung außerhalb des zumutbaren Pendelbereichs ist einer arbeitslosen Person zumutbar, wenn nicht zu erwarten ist, dass sie innerhalb der ersten drei Monate der Arbeitslosigkeit eine Beschäftigung innerhalb des zumutbaren Pendelbereichs aufnehmen wird. Vom vierten Monat der Arbeitslosigkeit an ist einer arbeitslosen Person ein Umzug zur Aufnahme einer Beschäftigung außerhalb des zumutbaren Pendelbereichs in der Regel zumutbar. Die Sätze 4 und 5 sind nicht anzuwenden, wenn dem Umzug ein wichtiger Grund entgegensteht. Ein wichtiger Grund kann sich insbesondere aus familiären Bindungen ergeben.

(5) Eine Beschäftigung ist nicht schon deshalb unzumutbar, weil sie befristet ist, vorübergehend eine getrennte Haushaltsführung erfordert oder nicht zum Kreis der Beschäftigungen gehört, für die die Arbeitnehmerin oder der Arbeitnehmer ausgebildet ist oder die sie oder er bisher ausgeübt hat.

§ 141 Arbeitslosmeldung (1) Die oder der Arbeitslose hat sich elektronisch im Fachportal der Bundesagentur oder persönlich bei der zuständigen Agentur für Arbeit arbeitslos zu melden. Das in Satz 1 genannte elektronische Verfahren muss die Voraussetzungen des § 36a Absatz 2a Nummer 1 Buchstabe a des Ersten Buches erfüllen. Eine Meldung ist auch zulässig, wenn die Arbeitslosigkeit noch nicht eingetreten, der Eintritt der Arbeitslosigkeit aber innerhalb der nächsten drei Monate zu erwarten ist.

(2) Ist die zuständige Agentur für Arbeit am ersten Tag der Beschäftigungslosigkeit der oder des Arbeitslosen nicht dienstbereit, so wirkt eine Meldung an dem nächsten Tag, an dem die Agentur für Arbeit dienstbereit ist, auf den Tag zurück, an dem die Agentur für Arbeit nicht dienstbereit war.

(3) Die Wirkung der Meldung erlischt

1. bei einer mehr als sechswöchigen Unterbrechung der Arbeitslosigkeit,
2. mit der Aufnahme der Beschäftigung, selbständigen Tätigkeit, Tätigkeit als mithelfende Familienangehörige oder als mithelfender Familienangehöriger, wenn die oder der Arbeitslose diese der Agentur für Arbeit nicht unverzüglich mitgeteilt hat.

(4) Die zuständige Agentur für Arbeit soll mit der oder dem Arbeitslosen unverzüglich nach Eintritt der Arbeitslosigkeit ein persönliches Beratungs- und Vermittlungsgespräch führen. Dies ist entbehrlich, wenn das persönliche Beratungs- und Vermittlungsgespräch bereits in zeitlicher Nähe vor Eintritt der Arbeitslosigkeit, in der Regel innerhalb von vier Wochen, vor Eintritt der Arbeitslosigkeit geführt worden ist.

§ 142 Anwartschaftszeit (1) Die Anwartschaftszeit hat erfüllt, wer in der Rahmenfrist (§ 143) mindestens zwölf Monate in einem Versicherungspflichtverhältnis gestanden hat. Zeiten, die vor dem Tag liegen, an dem der Anspruch auf Arbeitslosengeld wegen des Eintritts einer Sperrzeit erloschen ist, dienen nicht zur Erfüllung der Anwartschaftszeit.

(2) Für Arbeitslose, die die Anwartschaftszeit nach Absatz 1 nicht erfüllen sowie darlegen und nachweisen, dass

1. sich die in der Rahmenfrist zurückgelegten Beschäftigungstage überwiegend aus versicherungspflichtigen Beschäftigungen ergeben, die auf nicht mehr als 14 Wochen im Voraus durch Arbeitsvertrag zeit- oder zweckbefristet sind, und
2. das in den letzten zwölf Monaten vor der Beschäftigungslosigkeit erzielte Arbeitsentgelt das 1,5fache der zum Zeitpunkt der Anspruchsentstehung maßgeblichen Bezugsgröße nach § 18 Absatz 1 des Vierten Buches nicht übersteigt,

beträgt die Anwartschaftszeit sechs Monate. § 27 Absatz 3 Nummer 1 bleibt unberührt.

§ 143 Rahmenfrist (1) Die Rahmenfrist beträgt 30 Monate und beginnt mit dem Tag vor der Erfüllung aller sonstigen Voraussetzungen für den Anspruch auf Arbeitslosengeld.

(2) Die Rahmenfrist reicht nicht in eine vorangegangene Rahmenfrist hinein, in der die oder der Arbeitslose eine Anwartschaftszeit erfüllt hatte.

(3) In die Rahmenfrist werden Zeiten nicht eingerechnet, in denen die oder der Arbeitslose von einem Rehabilitationsträger Übergangsgeld wegen einer berufsfördernden Maßnahme bezogen hat. In diesem Fall endet die Rahmenfrist spätestens fünf Jahre nach ihrem Beginn.

§ 144 Anspruchsvoraussetzungen bei beruflicher Weiterbildung (1) Anspruch auf Arbeitslosengeld hat auch, wer die Voraussetzungen für einen Anspruch auf Arbeitslosengeld bei Arbeitslosigkeit allein wegen einer nach § 81 geförderten beruflichen Weiterbildung nicht erfüllt.

(2) Bei einer Arbeitnehmerin oder einem Arbeitnehmer, die oder der vor Eintritt in die Maßnahme nicht arbeitslos war, gelten die Voraussetzungen eines Anspruchs auf Arbeitslosengeld bei Arbeitslosigkeit als erfüllt, wenn sie oder er

1. bei Eintritt in die Maßnahme einen Anspruch auf Arbeitslosengeld bei Arbeitslosigkeit hätte, der weder ausgeschöpft noch erloschen ist, oder
2. die Anwartschaftszeit im Fall von Arbeitslosigkeit am Tag des Eintritts in die Maßnahme der beruflichen Weiterbildung erfüllt hätte; insoweit gilt der Tag des Eintritts in die Maßnahme als Tag der Arbeitslosmeldung.

Zweiter Unterabschnitt – Sonderformen des Arbeitslosengeldes

§ 145 Minderung der Leistungsfähigkeit (1) Anspruch auf Arbeitslosengeld hat auch eine Person, die allein deshalb nicht arbeitslos ist, weil sie wegen einer mehr als sechsmonatigen Minderung ihrer Leistungsfähigkeit versicherungspflichtige, mindestens 15 Stunden wöchentlich umfassende Beschäftigungen nicht unter den Bedingungen ausüben kann, die auf dem für sie in Betracht kommenden Arbeitsmarkt ohne Berücksichtigung der Minderung der Leistungsfähigkeit üblich sind, wenn eine verminderte Erwerbsfähigkeit im Sinne der gesetzlichen Rentenversicherung nicht festgestellt worden ist. Die Feststellung, ob eine verminderte Erwerbsfähigkeit vorliegt, trifft der zuständige Träger der gesetzlichen Rentenversicherung. Kann sich die leistungsgeminderte Person wegen gesundheitlicher Einschränkungen nicht persönlich arbeitslos melden, so kann die Meldung durch eine Vertreterin oder einen Vertreter erfolgen. Die leistungsgeminderte Person hat sich unverzüglich persönlich bei der Agentur für Arbeit zu melden, sobald der Grund für die Verhinderung entfallen ist.

(2) Die Agentur für Arbeit hat die leistungsgeminderte Person unverzüglich aufzufordern, innerhalb eines Monats einen Antrag auf Leistungen zur medizinischen Rehabilitation oder zur Teilhabe am Arbeitsleben zu stellen. Stellen sie diesen Antrag fristgemäß, so gilt er im Zeitpunkt des Antrags auf Arbeitslosengeld als gestellt. Stellt die leistungsgeminderte Person den Antrag nicht, ruht der Anspruch auf Arbeitslosengeld vom Tag nach Ablauf der Frist an bis zum Tag, an dem sie einen Antrag auf Leistungen zur medizinischen Rehabilitation oder zur Teilhabe am Arbeitsleben oder einen Antrag auf Rente wegen Erwerbsminderung stellt. Kommt die leistungsgeminderte Person ihren Mitwirkungspflichten gegenüber dem Träger der medizinischen Rehabilitation oder der Teilhabe am Arbeitsleben nicht nach, so ruht der Anspruch auf Arbeitslosengeld von dem Tag nach Unterlassen der Mitwirkung bis zu dem Tag, an dem die Mitwirkung nachgeholt wird. Satz 4 gilt entsprechend, wenn die leistungsgeminderte Person durch ihr Verhalten die Feststellung der Erwerbsminderung verhindert.

(3) Wird die leistungseminderte Person von einem Träger der gesetzlichen Rentenversicherung wegen einer Maßnahme zur Rehabilitation Übergangsgeld oder eine Rente wegen Erwerbsminderung zuerkannt, steht der Bundesagentur ein Erstattungsanspruch entsprechend § 103 des Zehnten Buches zu. Hat der Träger der gesetzlichen Rentenversicherung Leistungen nach Satz 1 mit befreiender Wirkung an die leistungsgeminderte Person oder einen Dritten gezahlt, hat die Empfängerin oder der Empfänger des Arbeitslosengeldes dieses insoweit zu erstatten.

§ 146 Leistungsfortzahlung bei Arbeitsunfähigkeit (1) Wer während des Bezugs von Arbeitslosengeld infolge Krankheit unverschuldet arbeitsunfähig oder während des Bezugs von Arbeitslosengeld auf Kosten der Krankenkasse stationär behandelt wird, verliert dadurch nicht den Anspruch auf Arbeitslosengeld für die Zeit der Arbeitsunfähigkeit oder stationären Behandlung mit einer Dauer von bis zu sechs Wochen (Leistungsfortzahlung). Als unverschuldet im Sinne des Satzes 1 gilt auch eine Arbeitsunfähigkeit, die infolge einer durch Krankheit erforderlichen Sterilisation durch eine Ärztin oder einen Arzt oder infolge eines nicht rechtswidrigen Abbruchs der Schwangerschaft eintritt. Dasselbe gilt für einen Abbruch der Schwangerschaft, wenn die Schwangerschaft innerhalb von zwölf Wochen nach der Empfängnis durch eine Ärztin oder einen Arzt abgebrochen wird, die Schwangere den Abbruch verlangt und der Ärztin oder dem Arzt durch eine Bescheinigung

nachgewiesen hat, dass sie sich mindestens drei Tage vor dem Eingriff von einer anerkannten Beratungsstelle beraten lassen hat.
(2) Eine Leistungsfortzahlung erfolgt auch im Fall einer nach ärztlichem Zeugnis erforderlichen Beaufsichtigung, Betreuung oder Pflege eines erkrankten Kindes der oder des Arbeitslosen mit einer Dauer von bis zu zehn Tagen, bei alleinerziehenden Arbeitslosen mit einer Dauer von bis zu 20 Tagen für jedes Kind in jedem Kalenderjahr, wenn eine andere im Haushalt der oder des Arbeitslosen lebende Person diese Aufnahme nicht übernehmen kann und das Kind das zwölfte Lebensjahr noch nicht vollendet hat oder behindert und auf Hilfe angewiesen ist. Arbeitslosengeld wird jedoch für nicht mehr als 25 Tage, für alleinerziehende Arbeitslose für nicht mehr als 50 Tage in jedem Kalenderjahr fortgezahlt.
(3) Die Vorschriften des Fünften Buches, die bei Fortzahlung des Arbeitsentgelts durch den Arbeitgeber im Krankheitsfall sowie bei Zahlung von Krankengeld im Fall der Erkrankung eines Kindes anzuwenden sind, gelten entsprechend.

Dritter Unterabschnitt – Anspruchsdauer

§ 147 Grundsatz (1) Die Dauer des Anspruchs auf Arbeitslosengeld richtet sich nach

1. der Dauer der Versicherungspflichtverhältnisse innerhalb der um 30 Monate erweiterten Rahmenfrist und
2. dem Lebensalter, das die oder der Arbeitslose bei der Entstehung des Anspruchs vollendet hat.

Die Vorschriften des Ersten Unterabschnitts zum Ausschluss von Zeiten bei der Erfüllung der Anwartschaftszeit und zur Begrenzung der Rahmenfrist durch eine vorangegangene Rahmenfrist gelten entsprechend.
(2) Die Dauer des Anspruchs auf Arbeitslosengeld beträgt

nach Versicherungspflichtverhältnissen mit einer Dauer von insgesamt mindestens … Monaten	und nach Vollendung des … Lebensjahres	… Monate
12		6
16		8
20		10
24		12
30	50.	15
36	55.	18
48	58.	24

30 III

(3) Bei Erfüllung der Anwartschaftszeit nach § 142 Absatz 2 beträgt die Dauer des Anspruchs auf Arbeitslosengeld unabhängig vom Lebensalter

nach Versicherungspflichtverhältnissen mit einer Dauer von insgesamt mindestens … Monaten	… Monate
6	3
8	4
10	5

Abweichend von Absatz 1 sind nur die Versicherungspflichtverhältnisse innerhalb der Rahmenfrist des § 143 zu berücksichtigen.
(4) Die Dauer des Anspruchs verlängert sich um die Restdauer des wegen Entstehung eines neuen Anspruchs erloschenen Anspruchs, wenn nach der Entstehung des erloschenen Anspruchs noch nicht fünf Jahre verstrichen sind; sie verlängert sich längstens bis zu der dem Lebensalter der oder des Arbeitslosen zugeordneten Höchstdauer.

§ 148 Minderung und Verlängerung der Anspruchsdauer (1) Die Dauer des Anspruchs auf Arbeitslosengeld mindert sich um
1. die Anzahl von Tagen, für die der Anspruch auf Arbeitslosengeld bei Arbeitslosigkeit erfüllt ist,
2. jeweils einen Tag für jeweils zwei Tage, für die ein Anspruch auf Teilarbeitslosengeld innerhalb der letzten zwei Jahre vor der Entstehung des Anspruchs erfüllt worden ist,
3. die Anzahl von Tagen einer Sperrzeit wegen Arbeitsablehnung, unzureichender Eigenbemühungen, Ablehnung oder Abbruch einer beruflichen Eingliederungsmaßnahme, Ablehnung oder Abbruch eines Integrationskurses oder einer berufsbezogenen Deutschsprachförderung, Meldeversäumnis oder verspäteter Arbeitsuchendmeldung,
4. die Anzahl von Tagen einer Sperrzeit wegen Arbeitsaufgabe; in Fällen einer Sperrzeit von zwölf Wochen mindestens jedoch um ein Viertel der Anspruchsdauer, die der oder dem Arbeitslosen bei erstmaliger Erfüllung der Voraussetzungen für den Anspruch auf Arbeitslosengeld nach dem Ereignis, das die Sperrzeit begründet, zusteht,
5. die Anzahl von Tagen, für die der oder dem Arbeitslosen das Arbeitslosengeld wegen fehlender Mitwirkung (§ 66 des Ersten Buches) versagt oder entzogen worden ist,
6. die Anzahl von Tagen der Beschäftigungslosigkeit nach der Erfüllung der Voraussetzungen für den Anspruch auf Arbeitslosengeld, an denen die oder der Arbeitslose nicht arbeitsbereit ist, ohne für sein Verhalten einen wichtigen Grund zu haben,
7. jeweils einen Tag für jeweils zwei Tage, für die ein Anspruch auf Arbeitslosengeld bei beruflicher Weitebildung nach diesem Buch erfüllt worden ist,
8. die Anzahl von Tagen, für die ein Gründungszuschuss in der Höhe des zuletzt bezogenen Arbeitslosengeldes geleistet worden ist.

(2) In den Fällen des Absatzes 1 Nummer 5 und 6 mindert sich die Dauer des Anspruchs auf Arbeitslosengeld um höchstens vier Wochen. In den Fällen des Absatzes 1 Nummer 3 und 4 entfällt die Minderung für Sperrzeiten bei Abbruch einer beruflichen Eingliederungsmaßnahme, bei Abbruch eines Integrationskurses oder einer berufsbezogenen Deutschsprachförderung oder bei Arbeitsaufabe, wenn das Ereignis, das die Sperrzeit begründet, bei Erfüllung der Voraussetzungen für den Anspruch auf Arbeitslosengeld länger als ein Jahr zurückliegt. In den Fällen des Absatzes 1 Nummer 7 unterbleibt eine Minderung, soweit sich dadurch eine Anspruchsdauer von weniger als einem Monat ergibt. Ist ein neuer Anspruch entstanden, erstreckt sich die Minderung nur auf die Restdauer des erloschenen Anspruchs (§ 147 Absatz 4).
(3) Ist in den Fällen des Absatzes 1 Nummer 7 die oder der Arbeitslose wegen einer beruflichen Weiterbildung für eine Dauer von mindestens sechs Monaten gefördert worden und beträgt die Restdauer ihres oder seines Anspruchs weniger als drei Monate, erfolgt einmalig für den Anspruch auf Arbeitslosengeld eine Verlängerung der Anspruchsdauer auf drei Monate.
(4) In den Fällen des Absatzes 1 Nummer 1, 2 und 7 entfällt die Minderung für Tage, für die der Bundesagentur das nach den §§ 145, 157 Absatz 3 oder nach § 158 Absatz 4 geleistete Arbeitslosengeld einschließlich der darauf entfallenden Beiträge zur Kranken-, Renten- und Pflegeversicherung erstattet oder ersetzt wurde; Bruchteile von Tagen sind auf volle Tage aufzurunden.

Vierter Unterabschnitt – Höhe des Arbeitslosengeldes

§ 149 Grundsatz Das Arbeitslosengeld beträgt
1. für Arbeitslose, die mindestens ein Kind im Sinne des § 32 Absatz 1, 3 bis 5 des Einkommensteuergesetzes haben, sowie für Arbeitslose, deren Ehegattin, Ehegatte, Lebenspartnerin oder Lebenspartner mindestens ein Kind im Sinne des § 32 Absatz 1, 3 bis 5 des Einkommensteuergesetzes hat, wenn beide Ehegatten oder Lebenspartner unbeschränkt einkommensteuerpflichtig sind und nicht dauernd getrennt leben, 67 Prozent (erhöhter Leistungssatz),
2. für die übrigen Arbeitslosen 60 Prozent (allgemeiner Leistungssatz)

des pauschalierten Nettoentgelts (Leistungsentgelt), das sich aus dem Bruttoentgelt ergibt, das die oder der Arbeitslose im Bemessungszeitraum erzielt hat (Bemessungsentgelt).

§ 150 Bemessungszeitraum und Bemessungsrahmen (1) Der Bemessungszeitraum umfasst die beim Ausscheiden aus dem jeweiligen Beschäftigungsverhältnis abgerechneten Entgeltabrechnungszeiträume der versicherungspflichtigen Beschäftigungen im Bemessungsrahmen. Der Bemessungsrahmen umfasst ein Jahr; er endet mit dem letzten Tag des letzten Versicherungspflichtverhältnisses vor der Entstehung des Anspruchs.
(2) Bei der Ermittlung des Bemessungszeitraums bleiben außer Betracht
1. Zeiten einer Beschäftigung, neben der Übergangsgeld wegen einer Leistung zur Teilhabe am Arbeitsleben, Teilübergangsgeld oder Teilarbeitslosengeld geleistet worden ist,

2. Zeiten einer Beschäftigung als Freiwillige oder Freiwilliger im Sinne des Jugendfreiwilligendienstegesetzes oder des Bundesfreiwilligendienstgesetzes, wenn sich die beitragspflichtige Einnahme nach § 344 Absatz 2 bestimmt,
3. Zeiten, in denen Arbeitslose Elterngeld oder Erziehungsgeld bezogen oder nur wegen der Berücksichtigung von Einkommen nicht bezogen haben oder ein Kind unter drei Jahren betreut und erzogen haben, wenn wegen der Betreuung und Erziehung des Kindes das Arbeitsentgelt oder die durchschnittliche wöchentliche Arbeitszeit gemindert war,
4. Zeiten, in denen Arbeitslose eine Pflegezeit nach § 3 Absatz 1 Satz 1 des Pflegezeitgesetzes in Anspruch genommen haben sowie Zeiten einer Familienpflegezeit oder Nachpflegephase nach dem Familienpflegezeitgesetz, wenn wegen der Pflege das Arbeitsentgelt oder die durchschnittliche wöchentliche Arbeitszeit gemindert war; insoweit gilt § 151 Absatz 3 Nummer 2 nicht,
5. Zeiten, in denen die durchschnittliche regelmäßige wöchentliche Arbeitszeit auf Grund einer Teilzeitvereinbarung nicht nur vorübergehend auf weniger als 80 Prozent der durchschnittlichen regelmäßigen Arbeitszeit einer vergleichbaren Vollzeitbeschäftigung, mindestens um fünf Stunden wöchentlich, vermindert war, wenn die oder der Arbeitslose Beschäftigungen mit einer höheren Arbeitszeit innerhalb der letzten dreieinhalb Jahre vor der Entstehung des Anspruchs während eines sechs Monate umfassenden zusammenhängenden Zeitraums ausgeübt hat.

Satz 1 Nummer 5 gilt nicht in Fällen einer Teilzeitvereinbarung nach dem Altersteilzeitgesetz, es sei denn, das Beschäftigungsverhältnis ist wegen Zahlungsunfähigkeit des Arbeitgebers beendet worden.

(3) Der Bemessungsrahmen wird auf zwei Jahre erweitert, wenn
1. der Bemessungszeitraum weniger als 150 Tage mit Anspruch auf Arbeitsentgelt enthält,
2. in den Fällen des § 142 Absatz 2 der Bemessungszeitraum weniger als 90 Tage mit Anspruch auf Arbeitsentgelt enthält oder
3. es mit Rücksicht auf das Bemessungsentgelt im erweiterten Bemessungsrahmen unbillig hart wäre, von dem Bemessungsentgelt im Bemessungszeitraum auszugehen.

Satz 1 Nummer 3 ist nur anzuwenden, wenn die oder der Arbeitslose dies verlangt und die zur Bemessung erforderlichen Unterlagen vorlegt.

§ 151 Bemessungsentgelt (1) Bemessungsentgelt ist das durchschnittlich auf den Tag entfallende beitragspflichtige Arbeitsentgelt, das die oder der Arbeitslose im Bemessungszeitraum erzielt hat; Besonderheiten des Übergangsbereichs nach § 20 Absatz 2 des Vierten Buches sind zu berücksichtigen. Arbeitsentgelte, auf die die oder der Arbeitslose beim Ausscheiden aus dem Beschäftigungsverhältnis Anspruch hatte, gelten als erzielt, wenn sie zugeflossen oder nur wegen Zahlungsunfähigkeit des Arbeitgebers nicht zugeflossen sind.

(2) Außer Betracht bleiben Arbeitsentgelte,
1. die Arbeitslose wegen der Beendigung des Arbeitsverhältnisses erhalten oder die im Hinblick auf die Arbeitslosigkeit vereinbart worden sind,

2. die als Wertguthaben einer Vereinbarung nach § 7b des Vierten Buches nicht nach dieser Vereinbarung verwendet werden.

(3) Als Arbeitsentgelt ist zugrunde zu legen

1. für Zeiten, in denen Arbeitslose Kurzarbeitergeld oder eine vertraglich vereinbarte Leistung zur Vermeidung der Inanspruchnahme von Saison-Kurzarbeitergeld bezogen haben, das Arbeitsentgelt, das Arbeitslose ohne den Arbeitsausfall und ohne Mehrarbeit erzielt hätten; dies gilt auch, wenn die Entscheidung über den Anspruch auf Kurzarbeitergeld rückwirkend aufgehoben wird oder die Leistung zurückgefordert oder zurückgezahlt worden ist,
2. für Zeiten einer Vereinbarung nach § 7b des Vierten Buches das Arbeitsentgelt, das Arbeitslose für die geleistete Arbeitszeit ohne eine Vereinbarung nach § 7b des Vierten Buches erzielt hätten; für Zeiten einer Freistellung das erzielte Arbeitsentgelt,
3. für Zeiten einer Berufsausbildung, die im Rahmen eines Berufsausbildungsvertrages nach dem Berufsbildungsgesetz in einer außerbetrieblichen Einrichtung durchgeführt wurde (§ 25 Absatz 1 Satz 2 Nummer 1), die erzielte Ausbildungsvergütung; wurde keine Ausbildungsvergütung erzielt, der nach § 17 Absatz 2 des Berufsbildungsgesetzes als Mindestvergütung maßgeblich Betrag,
4. für Zeiten, in denen Arbeitslose Qualifizierungsgeld bezogen haben, das Arbeitsentgelt, das Arbeitslose ohne den weiterbildungsbedingten Arbeitsausfall und ohne Mehrarbeit erzielt hätten; dies gilt auch, wenn die Entscheidung über den Anspruch auf Qualifizierungsgeld rückwirkend aufgehoben wird oder die Leistung zurückgefordert oder zurückgezahlt worden ist.

(3a) War die oder der Arbeitslose innerhalb des auf zwei Jahre erweiterten Bemessungsrahmens in einer berufsvorbereitenden Bildungsmaßnahme versicherungspflichtig nach § 26 Absatz 1 Nummer 1 und kann ein Bemessungszeitraum von 150 Tagen mit Anspruch auf Arbeitsentgelt nicht festgestellt werden, ist Bemessungsentgelt ein Dreißigstel des Betrages, der bei Entstehung des Anspruchs als Mindestausbildungsvergütung nach § 17 Absatz 1 Satz 1 Nummer 1 des Berufsbildungsgesetzes maßgeblich ist; insoweit gilt § 152 nicht.

(4) Haben Arbeitslose innerhalb der letzten zwei Jahre vor der Entstehung des Anspruchs Arbeitslosengeld bezogen, ist Bemessungsentgelt mindestens das Entgelt, nach dem das Arbeitslosengeld zuletzt bemessen worden ist; dies gilt auch, wenn sie das Arbeitslosengeld nur deshalb nicht bezogen haben, weil der Anspruch geruht hat.

(5) Ist die oder der Arbeitslose nicht mehr bereit oder in der Lage, die im Bemessungszeitraum durchschnittlich auf die Woche entfallende Zahl von Arbeitsstunden zu leisten, vermindert sich das Bemessungsentgelt für die Zeit der Einschränkung entsprechend dem Verhältnis der Zahl der durchschnittlichen regelmäßigen wöchentlichen Arbeitsstunden, die die oder der Arbeitslose künftig leisten will oder kann, zu der Zahl der durchschnittlich auf die Woche entfallenden Arbeitsstunden im Bemessungszeitraum. Einschränkungen des Leistungsvermögens bleiben unberücksichtigt, wenn Arbeitslosengeld nach § 145 geleistet wird. Bestimmt sich das Bemessungsentgelt nach § 152, ist insoweit die tarifliche regelmäßige wöchentliche

Arbeitszeit maßgebend, die bei Entstehung des Anspruchs für Angestellte im öffentlichen Dienst des Bundes gilt.

§ 152 Fiktive Bemessung (1) Kann ein Bemessungszeitraum von mindestens 150 Tagen mit Anspruch auf Arbeitsentgelt innerhalb des auf zwei Jahre erweiterten Bemessungsrahmens nicht festgestellt werden, ist als Bemessungsentgelt ein fiktives Arbeitsentgelt zugrunde zu legen. In den Fällen des § 142 Absatz 2 gilt Satz 1 mit der Maßgabe, dass ein Bemessungszeitraum von mindestens 90 Tagen nicht festgestellt werden kann.
(2) Für die Festsetzung des fiktiven Arbeitsentgelts ist die oder der Arbeitslose der Qualifikationsgruppe zuzuordnen, die der beruflichen Qualifikation entspricht, die für die Beschäftigung erforderlich ist, auf die die Agentur für Arbeit die Vermittlungsbemühungen für die Arbeitslose oder den Arbeitslosen in erster Linie zu erstrecken hat. Dabei ist zugrunde zu legen für Beschäftigungen, die

1. eine Hochschul- oder Fachhochschulausbildung erfordern (Qualifikationsgruppe 1), ein Arbeitsentgelt in Höhe von einem Dreihundertstel der Bezugsgröße,
2. einen Fachschulabschluss, den Nachweis über eine abgeschlossene Qualifikation als Meisterin oder Meister oder einen Abschluss in einer vergleichbaren Einrichtung erfordern (Qualifikationsgruppe 2), ein Arbeitsentgelt in Höhe von einem Dreihundertsechzigstel der Bezugsgröße,
3. eine abgeschlossene Ausbildung in einem Ausbildungsberuf erfordern (Qualifikationsgruppe 3), ein Arbeitsentgelt in Höhe von einem Vierhundertfünfzigstel der Bezugsgröße,
4. keine Ausbildung erfordern (Qualifikationsgruppe 4), ein Arbeitsentgelt in Höhe von einem Sechshundertstel der Bezugsgröße, mindestens jedoch ein Arbeitsentgelt in Höhe des Betrages, der sich ergibt, wenn der Mindestlohn je Zeitstunde nach § 1 Absatz 2 Satz 1 des Mindestlohngesetzes in Verbindung mit der auf der Grundlage des § 11 Absatz 1 Satz 1 des Mindestlohngesetzes jeweils erlassenen Verordnung mit einem Siebtel der tariflichen regelmäßigen wöchentlichen Arbeitszeit, die für Tarifbeschäftigte im öffentlichen Dienst des Bundes gilt, vervielfacht wird.

§ 153 Leistungsentgelt (1) Leistungsentgelt ist das um pauschalierte Abzüge verminderte Bemessungsentgelt. Abzüge sind

1. eine Sozialversicherungspauschale in Höhe von 20 Prozent des Bemessungsentgelts,
2. die Lohnsteuer, die sich nach dem vom Bundesministerium der Finanzen auf Grund des § 51 Absatz 4 Nummer 1a des Einkommensteuergesetzes bekannt gegebenen Programmablaufplan bei Berücksichtigung der Vorsorgepauschale nach § 39b Absatz 2 Satz 5 Nummer 3 Buchstabe a bis c und e des Einkommensteuergesetzes zu Beginn des Jahres, in dem der Anspruch entstanden ist, ergibt und
3. der Solidaritätszuschlag.

Bei der Berechnung der Abzüge nach Satz 2 Nummer 2 und 3 sind

1. Freibeträge und Pauschalen, die nicht jeder Arbeitnehmerin oder jedem Arbeitnehmer zustehen, nicht zu berücksichtigen und
2. der als Lohnsteuerabzugsmerkmal gebildete Faktor nach § 39f des Einkommensteuergesetzes zu berücksichtigen.

Für die Feststellung der Lohnsteuer wird die Vorsorgepauschale mit folgenden Maßgaben berücksichtigt:

1. für Beiträge zur Rentenversicherung und zur Arbeitsförderung als Beitragsbemessungsgrenze die für das Bundesgebiet West maßgebliche Beitragsbemessungsgrenze der Rentenversicherung,
2. für Beiträge zur Krankenversicherung der ermäßigte Beitragssatz nach § 243 des Fünften Buches zuzüglich des durchschnittlichen Zusatzbeitragssatzes nach § 242a des Fünften Buches,
3. für Beiträge zur Pflegeversicherung der Beitragssatz nach § 55 Absatz 1 Satz 1 des Elften Buches.

(2) Die Feststellung der Lohnsteuer richtet sich nach der Lohnsteuerklasse, die zu Beginn des Jahres, in dem der Anspruch entstanden ist, als Lohnsteuerabzugsmerkmal gebildet war. Spätere Änderungen der als Lohnsteuerabzugsmerkmal gebildeten Lohnsteuerklasse werden mit Wirkung des Tages berücksichtigt, an dem erstmals die Voraussetzungen für die Änderung vorlagen.

(3) Haben Ehegatten oder Lebenspartner die Lohnsteuerklassen gewechselt, so werden die als Lohnsteuerabzugsmerkmal neu gebildeten Lohnsteuerklassen von dem Tag an berücksichtigt, an dem sie wirksam wurden, wenn

1. die neuen Lohnsteuerklassen dem Verhältnis der monatlichen Arbeitsentgelte beider Ehegatten oder Lebenspartner entsprechen oder
2. sich auf Grund der neuen Lohnsteuerklassen ein Arbeitslosengeld ergibt, das geringer ist als das Arbeitslosengeld, das sich ohne den Wechsel der Lohnsteuerklassen ergäbe.

Bei der Prüfung nach Satz 1 ist der Faktor nach § 39f des Einkommensteuergesetzes zu berücksichtigen; ein Ausfall des Arbeitsentgelts, der den Anspruch auf eine lohnsteuerfreie Entgeltersatzleistung begründet, bleibt bei der Beurteilung des Verhältnisses der monatlichen Arbeitsentgelte außer Betracht.

(4) Abzüge nach Absatz 1 Satz 2 Nummer 2 und 3 sind nicht zu berücksichtigen bei Personen, deren Ansässigkeitsstaat nach einem Abkommen zur Vermeidung der Doppelbesteuerung das Besteuerungsrecht für das Arbeitslosengeld zusteht und wenn das aus Deutschland gezahlte Areitslosengeld nach den maßgebenden Vorschriften des Ansässigkeitsstaats der Steuer unterliegt. Unterliegt das Arbeitslosengeld im Ansässigkeitsstaat nach dessen maßgebenden Vorschriften nicht der Steuer, sind die Abzüge nach Absatz 1 Satz 2 entsprechend zu berücksichtigen.

§ 154 Berechnung und Leistung Das Arbeitslosengeld wird für Kalendertage berechnet und geleistet. Ist es für einen vollen Kalendermonat zu zahlen, ist dieser mit 30 Tagen anzusetzen.

Fünfter Unterabschnitt – Minderung des Arbeitslosengeldes, Zusammentreffen des Anspruchs mit sonstigem Einkommen und Ruhen des Anspruchs

§ 155 Anrechnung von Nebeneinkommen (1) Übt die oder der Arbeitslose während einer Zeit, für die ihr oder ihm Arbeitslosengeld zusteht, eine Erwerbstätigkeit im Sinne des § 138 Absatz 3 aus, ist das daraus erzielte Einkommen nach Abzug der Steuern, der Sozialversicherungsbeiträge und der Werbungskosten sowie eines Freibetrags in Höhe von 165 Euro in dem Kalendermonat der Ausübung anzurechnen. Handelt es sich um eine selbständige Tätigkeit, eine Tätigkeit als mithelfende Familienangehörige oder mithelfender Familienangehöriger, sind pauschal 30 Prozent der Betriebseinnahmen als Betriebsausgaben abzusetzen, es sei denn, die oder der Arbeitslose weist höhere Betriebsausgaben nach.

(2) Hat die oder der Arbeitslose in den letzten 18 Monaten vor der Entstehung des Anspruchs neben einem Versicherungspflichtverhältnis eine Erwerbstätigkeit (§ 138 Absatz 3) mindestens zwölf Monate lang ausgeübt, so bleibt das Einkommen bis zu dem Betrag anrechnungsfrei, der in den letzten zwölf Monaten vor der Entstehung des Anspruchs aus einer Erwerbstätigkeit (§ 138 Absatz 3) durchschnittlich auf den Monat entfällt, mindestens jedoch ein Betrag in Höhe des Freibetrags, der sich nach Absatz 1 ergeben würde.

(3) Leistungen, die eine Bezieherin oder ein Bezieher von Arbeitslosengeld bei beruflicher Weiterbildung

1. vom Arbeitgeber oder dem Träger der Weiterbildung wegen der Teilnahme oder
2. auf Grund eines früheren oder bestehenden Arbeitsverhältnisses ohne Ausübung einer Beschäftigung für die Zeit der Teilnahme

erhält, werden nach Abzug der Steuern, des auf die Arbeitnehmerin oder den Arbeitnehmer entfallenden Anteils der Sozialversicherungsbeiträge und eines Freibetrags in Höhe von 400 Euro monatlich auf das Arbeitslosengeld angerechnet.

§ 156 Ruhen des Anspruchs bei anderen Sozialleistungen (1) Der Anspruch auf Arbeitslosengeld ruht während der Zeit, für die ein Anspruch auf eine der folgenden Leistungen zuerkannt ist:

1. Berufsausbildungsbeihilfe für Arbeitslose,
2. Krankengeld, Krankengeld der sozialen Entschädigung, Verletztengeld, Mutterschaftsgeld oder Übergangsgeld nach diesem oder einem anderen Gesetz, dem eine Leistung zur Teilhabe zugrunde liegt, wegen der keine ganztägige Erwerbstätigkeit ausgeübt wird,
3. Rente wegen voller Erwerbsminderung aus der gesetzlichen Rentenversicherung oder
4. Altersrente aus der gesetzlichen Rentenversicherung oder Knappschaftsausgleichsleistung oder ähnliche Leistungen öffentlich-rechtlicher Art.

Ist der oder dem Arbeitslosen eine Rente wegen teilweiser Erwerbsminderung zuerkannt, kann sie oder er sein Restleistungsvermögen jedoch unter den üblichen Bedingungen des allgemeinen Arbeitsmarktes nicht mehr verwerten, hat die Agentur für Arbeit die Arbeitslose oder den Arbeitslosen unverzüglich aufzufordern,

...ines Monats einen Antrag auf Rente wegen voller Erwerbsminderung ...n. Wird der Antrag nicht gestellt, ruht der Anspruch auf Arbeitslosengeld ...dem Tag nach Ablauf der Frist an bis zu dem Tag, an dem der Antrag gestellt wird.

(2) Abweichend von Absatz 1 ruht der Anspruch

1. im Fall der Nummer 2 nicht, wenn für denselben Zeitraum Anspruch auf Verletztengeld und Arbeitslosengeld nach § 146 besteht,
2. im Fall der Nummer 3 vom Beginn der laufenden Zahlung der Rente an und
3. im Fall der Nummer 4
   a) mit Ablauf des dritten Kalendermonats nach Erfüllung der Voraussetzungen für den Anspruch auf Arbeitslosengeld, wenn der oder dem Arbeitslosen für die letzten sechs Monate einer versicherungspflichtigen Beschäftigung eine Teilrente oder eine ähnliche Leistung öffentlich-rechtlicher Art zuerkannt ist,
   b) nur bis zur Höhe der zuerkannten Leistung, wenn die Leistung auch während einer Beschäftigung und ohne Rücksicht auf die Höhe des Arbeitsentgelts gewährt wird; dies gilt nicht für Altersrenten aus der gesetzlichen Rentenversicherung.

Im Fall des Satzes 1 Nummer 2 gilt § 145 Absatz 3 entsprechend.

(3) Die Absätze 1 und 2 gelten auch für einen vergleichbaren Anspruch auf eine andere Sozialleistung, den ein ausländischer Träger zuerkannt hat.

(4) Der Anspruch auf Arbeitslosengeld ruht auch während der Zeit, für die die oder der Arbeitslose wegen ihres oder seines Ausscheidens aus dem Erwerbsleben Vorruhestandsgeld oder eine vergleichbare Leistung des Arbeitgebers mindestens in Höhe von 65 Prozent des Bemessungsentgelts bezieht.

§ 157 Ruhen des Anspruchs bei Arbeitsentgelt und Urlaubsabgeltung (1) Der Anspruch auf Arbeitslosengeld ruht während der Zeit, für die die oder der Arbeitslose Arbeitsentgelt erhält oder zu beanspruchen hat.

(2) Hat die oder der Arbeitslose wegen Beendigung des Arbeitsverhältnisses eine Urlaubsabgeltung erhalten oder zu beanspruchen, so ruht der Anspruch auf Arbeitslosengeld für die Zeit des abgegoltenen Urlaubs. Der Ruhenszeitraum beginnt mit dem Ende des die Urlaubsabgeltung begründenden Arbeitsverhältnisses.

(3) Soweit die oder der Arbeitslose die in den Absätzen 1 und 2 genannten Leistungen (Arbeitsentgelt im Sinne des § 115 des Zehnten Buches) tatsächlich nicht erhält, wird das Arbeitslosengeld auch für die Zeit geleistet, in der der Anspruch auf Arbeitslosengeld ruht. Hat der Arbeitgeber die in den Absätzen 1 und 2 genannten Leistungen trotz des Rechtsübergangs mit befreiender Wirkung an die Arbeitslose, den Arbeitslosen oder an eine dritte Person gezahlt, hat die Bezieherin oder der Bezieher des Arbeitslosengeldes dieses insoweit zu erstatten.

§ 158 Ruhen des Anspruchs bei Entlassungsentschädigung (1) Hat die oder der Arbeitslose wegen der Beendigung des Arbeitsverhältnisses eine Abfindung, Entschädigung oder ähnliche Leistung (Entlassungsentschädigung) erhalten oder zu beanspruchen und ist das Arbeitsverhältnis ohne Einhaltung einer der ordentlichen Kündigungsfrist des Arbeitgebers entsprechenden Frist beendet worden, so ruht der Anspruch auf Arbeitslosengeld von dem Ende des Arbeitsverhältnisses an bis zu dem Tag, an dem das Arbeitsverhältnis bei Einhaltung der Frist geendet hätte. Diese Frist beginnt mit der Kündigung, die der Beendigung des Arbeitsverhältnisses vorausgegangen ist, bei Fehlen einer solchen Kündigung mit dem Tag der Vereinbarung über die Beendigung des Arbeitsverhältnisses. Ist die ordentliche Kündigung des Arbeitsverhältnisses durch den Arbeitgeber ausgeschlossen, so gilt bei

1. zeitlich unbegrenztem Ausschluss eine Kündigungsfrist von 18 Monaten,
2. zeitlich begrenztem Ausschluss oder Vorliegen der Voraussetzungen für eine fristgebundene Kündigung aus wichtigem Grund die Kündigungsfrist, die ohne den Ausschluss der ordentlichen Kündigung maßgebend gewesen wäre.

Kann der Arbeitnehmerin oder dem Arbeitnehmer nur bei Zahlung einer Entlassungsentschädigung ordentlich gekündigt werden, so gilt eine Kündigungsfrist von einem Jahr. Hat die oder der Arbeitslose auch eine Urlaubsabgeltung (§ 157 Absatz 2) erhalten oder zu beanspruchen, verlängert sich der Ruhenszeitraum nach Satz 1 um die Zeit des abgegoltenen Urlaubs. Leistungen, die der Arbeitgeber für eine arbeitslose Person, der Arbeitsverhältnis frühestens mit Vollendung des 50. Lebensjahres beendet wird, unmittelbar für deren Rentenversicherung nach § 187a Absatz 1 des Sechsten Buches aufwendet, bleiben unberücksichtigt. Satz 6 gilt entsprechend für Beiträge des Arbeitgebers zu einer berufsständischen Versorgungseinrichtung.

(2) Der Anspruch auf Arbeitslosengeld ruht nach Absatz 1 längstens ein Jahr. Er ruht nicht über den Tag hinaus,

1. bis zu dem die oder der Arbeitslose bei Weiterzahlung des während der letzten Beschäftigungszeit kalendertäglich verdienten Arbeitsentgelts einen Betrag in Höhe von 60 Prozent der nach Absatz 1 zu berücksichtigenden Entlassungsentschädigung als Arbeitsentgelt verdient hätte,
2. an dem das Arbeitsverhältnis infolge einer Befristung, die unabhängig von der Vereinbarung über die Beendigung des Arbeitsverhältnisses bestanden hat, geendet hätte, oder
3. an dem der Arbeitgeber das Arbeitsverhältnis aus wichtigem Grund ohne Einhaltung einer Kündigungsfrist hätte kündigen können.

Der nach Satz 2 Nummer 1 zu berücksichtigende Anteil der Entlassungsentschädigung vermindert sich sowohl für je fünf Jahre des Arbeitsverhältnisses in demselben Betrieb oder Unternehmen als auch für je fünf Lebensjahre nach Vollendung des 35. Lebensjahres um je 5 Prozent; er beträgt nicht weniger als 25 Prozent der nach Absatz 1 zu berücksichtigenden Entlassungsentschädigung. Letzte Beschäftigungszeit sind die am Tag des Ausscheidens aus dem Beschäftigungsverhältnis abgerechneten Entgeltabrechnungszeiträume der letzten zwölf Monate; § 150 Absatz 2 Satz 1 Nummer 3 und Absatz 3 gilt entsprechend. Arbeitsentgeltkürzungen infolge von Krankheit, Kurzarbeit, Arbeitsausfall oder Arbeitsversäumnis bleiben außer Betracht.

(3) Hat die oder der Arbeitslose wegen Beendigung des Beschäftigungsverhältnisses unter Aufrechterhaltung des Arbeitsverhältnisses eine Entlassungsentschädigung erhalten oder zu beanspruchen, gelten die Absätze 1 und 2 entsprechend.

(4) Soweit die oder der Arbeitslose die Entlassungsentschädigung (Arbeitsentgelt im Sinne des § 115 des Zehnten Buches) tatsächlich nicht erhält, wird das Arbeitslosengeld auch für die Zeit geleistet, in der der Anspruch auf Arbeitslosengeld ruht. Hat der Verpflichtete die Entlassungsentschädigung trotz des Rechtsübergangs mit befreiender Wirkung an die Arbeitslose, den Arbeitslosen oder an eine dritte Person gezahlt, hat die Bezieherin oder der Bezieher des Arbeitslosengeldes dieses insoweit zu erstatten.

§ 159 Ruhen bei Sperrzeit (1) Hat die Arbeitnehmerin oder der Arbeitnehmer sich versicherungswidrig verhalten, ohne dafür einen wichtigen Grund zu haben, ruht der Anspruch für die Dauer einer Sperrzeit. Versicherungswidriges Verhalten liegt vor, wenn

1. die oder der Arbeitslose das Beschäftigungsverhältnis gelöst oder durch ein arbeitsvertragswidriges Verhalten Anlass für die Lösung des Beschäftigungsverhältnisses gegeben und dadurch vorsätzlich oder grob fahrlässig die Arbeitslosigkeit herbeigeführt hat (Sperrzeit bei Arbeitsaufgabe),
2. die bei der Agentur für Arbeit als arbeitsuchend gemeldete (§ 38 Absatz 1) oder die arbeitslose Person trotz Belehrung über die Rechtsfolgen eine von der Agentur für Arbeit unter Benennung des Arbeitgebers und der Art der Tätigkeit angebotene Beschäftigung nicht annimmt oder nicht antritt oder die Anbahnung eines solchen Beschäftigungsverhältnisses, insbesondere das Zustandekommen eines Vorstellungsgespräches, durch ihr Verhalten verhindert (Sperrzeit bei Arbeitsablehnung),
3. die oder der Arbeitslose trotz Belehrung über die Rechtsfolgen die von der Agentur für Arbeit geforderten Eigenbemühungen nicht nachweist (Sperrzeit bei unzureichenden Eigenbemühungen),
4. die oder der Arbeitslose sich weigert, trotz Belehrung über die Rechtsfolgen an einer Maßnahme zur Aktivierung und beruflichen Eingliederung (§ 45) oder einer Maßnahme zur beruflichen Ausbildung oder Weiterbildung oder einer Maßnahme zur Teilhabe am Arbeitsleben teilzunehmen (Sperrzeit bei Ablehnung einer beruflichen Eingliederungsmaßnahme),
5. die oder der Arbeitslose die Teilnahme an einer in Nummer 4 genannten Maßnahme abbricht oder durch maßnahmewidriges Verhalten Anlass für den Ausschluss aus einer dieser Maßnahmen gibt (Sperrzeit bei Abbruch einer beruflichen Eingliederungsmaßnahme),
6. die oder der Arbeitslose sich nach einer Aufforderung der Agentur für Arbeit weigert, trotz Belehrung über die Rechtsfolgen an einem Integrationskurs nach § 43 des Aufenthaltsgesetzes oder an einem Kurs der berufsbezogenen Deutschsprachförderung nach § 45a des Aufenthaltsgesetzes teilzunehmen, der jeweils für die dauerhafte berufliche Eingliederung notwendig ist (Sperrzeit bei Ablehnung eines Integrationskurses oder einer berufsbezogenen Deutschsprachförderung),
7. die oder der Arbeitslose die Teilnahme an einem in Nummer 6 genannten Kurs abbricht oder durch maßnahmewidriges Verhalten Anlass für den Ausschluss aus einem dieser Kurse gibt (Sperrzeit bei Abbruch eines Integrationskurses oder einer berufsbezogenen Deutschsprachförderung),

8. die oder der Arbeitslose einer Aufforderung der Agentur für Arbeit, sich zu melden oder zu einem ärztlichen oder psychologischen Untersuchungstermin zu erscheinen (§ 309), trotz Belehrung über die Rechtsfolgen nicht nachkommt oder nicht nachgekommen ist (Sperrzeit bei Meldeversäumnis),
9. die oder der Arbeitslose der Meldepflicht nach § 38 Absatz 1 nicht nachgekommen ist (Sperrzeit bei verspäteter Arbeitsuchendmeldung).

Die Person, die sich versicherungswidrig verhalten hat, hat die für die Beurteilung eines wichtigen Grundes maßgebenden Tatsachen darzulegen und nachzuweisen, wenn diese Tatsachen in ihrer Sphäre oder in ihrem Verantwortungsbereich liegen.

(2) Die Sperrzeit beginnt mit dem Tag nach dem Ereignis, das die Sperrzeit begründet, oder, wenn dieser Tag in eine Sperrzeit fällt, mit dem Ende dieser Sperrzeit. Werden mehrere Sperrzeiten durch dasselbe Ereignis begründet, folgen sie in der Reihenfolge des Absatzes 1 Satz 2 Nummer 1 bis 9 einander nach.

(3) Die Dauer der Sperrzeit bei Arbeitsaufgabe beträgt zwölf Wochen. Sie verkürzt sich

1. auf drei Wochen, wenn das Arbeitsverhältnis innerhalb von sechs Wochen nach dem Ereignis, das die Sperrzeit begründet, ohne eine Sperrzeit geendet hätte,
2. auf sechs Wochen, wenn
   a) das Arbeitsverhältnis innerhalb von zwölf Wochen nach dem Ereignis, das die Sperrzeit begründet, ohne eine Sperrzeit geendet hätte oder
   b) eine Sperrzeit von zwölf Wochen für die arbeitslose Person nach den für den Eintritt der Sperrzeit maßgebenden Tatsachen eine besondere Härte bedeuten würde.

(4) Die Dauer der Sperrzeit bei Arbeitsablehnung, bei Ablehnung einer beruflichen Eingliederungsmaßnahme, bei Abbruch einer beruflichen Eingliederungsmaßnahme, bei Ablehnung eines Integrationskurses oder einer berufsbezogenen Deutschsprachförderung oder bei Abbruch eines Integrationskurses oder einer berufsbezogenen Deutschsprachförderung beträgt

1. im Fall des erstmaligen versicherungswidrigen Verhaltens dieser Art drei Wochen,
2. im Fall des zweiten versicherungswidrigen Verhaltens dieser Art sechs Wochen,
3. in den übrigen Fällen zwölf Wochen.

Im Fall der Arbeitsablehnung oder der Ablehnung einer beruflichen Eingliederungsmaßnahme nach der Meldung zur frühzeitigen Arbeitsuche (§ 38 Absatz 1) im Zusammenhang mit der Entstehung des Anspruchs gilt Satz 1 entsprechend.

(5) Die Dauer einer Sperrzeit bei unzureichenden Eigenbemühungen beträgt zwei Wochen.

(6) Die Dauer einer Sperrzeit bei Meldeversäumnis oder bei verspäteter Arbeitsuchendmeldung beträgt eine Woche.

§ 160 Ruhen bei Arbeitskämpfen[1] (1) Durch die Leistung von Arbeitslosengeld darf nicht in Arbeitskämpfe eingegriffen werden. Ein Eingriff in den Arbeitskampf liegt nicht vor, wenn Arbeitslosengeld Arbeitslosen geleistet wird, die zuletzt in einem Betrieb beschäftigt waren, der nicht dem fachlichen Geltungsbereich des umkämpften Tarifvertrags zuzuordnen ist.

(2) Ist die Arbeitnehmerin oder der Arbeitnehmer durch Beteiligung an einem inländischen Arbeitskampf arbeitslos geworden, so ruht der Anspruch auf Arbeitslosengeld bis zur Beendigung des Arbeitskampfes.

(3) Ist die Arbeitnehmerin oder der Arbeitnehmer durch einen inländischen Arbeitskampf arbeitslos geworden, ohne an dem Arbeitskampf beteiligt gewesen zu sein, so ruht der Anspruch auf Arbeitslosengeld bis zur Beendigung des Arbeitskampfes nur, wenn der Betrieb, in dem die oder der Arbeitslose zuletzt beschäftigt war,

1. dem räumlichen und fachlichen Geltungsbereich des umkämpften Tarifvertrags zuzuordnen ist oder
2. nicht dem räumlichen, aber dem fachlichen Geltungsbereich des umkämpften Tarifvertrags zuzuordnen ist und im räumlichen Geltungsbereich des Tarifvertrags, dem der Betrieb zuzuordnen ist,
   a) eine Forderung erhoben worden ist, die einer Hauptforderung des Arbeitskampfes nach Art und Umfang gleich ist, ohne mit ihr übereinstimmen zu müssen, und
   b) das Arbeitskampfergebnis aller Voraussicht nach in dem räumlichen Geltungsbereich des nicht umkämpften Tarifvertrags im Wesentlichen übernommen wird.

Eine Forderung ist erhoben, wenn sie von der zur Entscheidung berufenen Stelle beschlossen worden ist oder auf Grund des Verhaltens der Tarifvertragspartei im Zusammenhang mit dem angestrebten Abschluss des Tarifvertrags als beschlossen anzusehen ist. Der Anspruch auf Arbeitslosengeld ruht nach Satz 1 nur, wenn die umkämpften oder geforderten Arbeitsbedingungen nach Abschluss eines entsprechenden Tarifvertrags für die Arbeitnehmerin oder den Arbeitnehmer gelten oder auf sie oder ihn angewendet würden.

(4) Ist bei einem Arbeitskampf das Ruhen des Anspruchs nach Absatz 3 für eine bestimmte Gruppe von Arbeitslosen ausnahmsweise nicht gerechtfertigt, so kann der Verwaltungsrat bestimmen, dass ihnen Arbeitslosengeld zu leisten ist.

(5) Die Feststellung, ob die Voraussetzungen nach Absatz 3 Satz 1 Nummer 2 Buchstabe a und b erfüllt sind, trifft der Neutralitätsausschuss (§ 380). Er hat vor seiner Entscheidung den Fachspitzenverbänden der am Arbeitskampf beteiligten Tarifvertragsparteien Gelegenheit zur Stellungnahme zu geben.

---

1 Vgl. Art. 69 **ILO-Übereinkommen Nr. 102**:
Art. 69 Eine Leistung, auf die eine geschützte Person nach einem der Teile II bis X dieses Übereinkommens Anspruch hätte, kann in einem vorgeschriebenen Ausmaß ruhen
…
i) bei Leistungen im Fall der Arbeitslosigkeit, wenn der Verlust der Beschäftigung die unmittelbare Folge einer auf eine Arbeitsstreitigkeit zurückzuführende Arbeitseinstellung war oder die betreffende Person ihre Beschäftigung freiwillig ohne ausreichende Gründe aufgegeben hat.

30 III

(6) Die Fachspitzenverbände der am Arbeitskampf beteiligten Tarifvertragsparteien können durch Klage die Aufhebung der Entscheidung des Neutralitätsausschusses nach Absatz 5 und eine andere Feststellung begehren. Die Klage ist gegen die Bundesagentur zu richten. Ein Vorverfahren findet nicht statt. Über die Klage entscheidet das Bundessozialgericht im ersten und letzten Rechtszug. Das Verfahren ist vorrangig zu erledigen. Auf Antrag eines Fachspitzenverbandes kann das Bundessozialgericht eine einstweilige Anordnung erlassen.

Sechster Unterabschnitt – Erlöschen des Anspruchs

§ 161 Erlöschen des Anspruchs (1) Der Anspruch auf Arbeitslosengeld erlischt

1. mit der Entstehung eines neuen Anspruchs,
2. wenn die oder der Arbeitslose Anlass für den Eintritt von Sperrzeiten mit einer Dauer von insgesamt mindestens 21 Wochen gegeben hat, über den Eintritt der Sperrzeiten schriftliche Bescheide erhalten hat und auf die Rechtsfolgen des Eintritts von Sperrzeiten mit einer Dauer von insgesamt mindestens 21 Wochen hingewiesen worden ist; dabei werden auch Sperrzeiten berücksichtigt, die in einem Zeitraum von zwölf Monaten vor der Entstehung des Anspruchs eingetreten sind und nicht bereits zum Erlöschen des Anspruchs geführt haben.

(2) Der Anspruch auf Arbeitslosengeld kann nicht mehr geltend gemacht werden, wenn nach seiner Entstehung vier Jahre verstrichen sind.

Siebter Unterabschnitt – Teilarbeitslosengeld

§ 162 Teilarbeitslosengeld (1) Anspruch auf Teilarbeitslosengeld hat, wer als Arbeitnehmerin oder Arbeitnehmer

1. teilarbeitslos ist,
2. sich teilarbeitslos gemeldet und
3. die Anwartschaftszeit für Teilarbeitslosengeld erfüllt hat.

(2) Für das Teilarbeitslosengeld gelten die Vorschriften über das Arbeitslosengeld bei Arbeitslosigkeit sowie für Empfängerinnen und Empfänger dieser Leistung entsprechend, soweit sich aus den Besonderheiten des Teilarbeitslosengeldes nicht anderes ergibt, mit folgenden Maßgaben:

1. Teilarbeitslos ist, wer eine versicherungspflichtige Beschäftigung verloren hat, die er neben einer weiteren versicherungspflichtigen Beschäftigung ausgeübt hat, und eine versicherungspflichtige Beschäftigung sucht.
2. Die Anwartschaftszeit für das Teilarbeitslosengeld hat erfüllt, wer in der Teilarbeitslosengeld-Rahmenfrist von zwei Jahren neben der weiterhin ausgeübten versicherungspflichtigen Beschäftigung mindestens zwölf Monate eine weitere versicherungspflichtige Beschäftigung ausgeübt hat. Für die Teilarbeitslosengeld-Rahmenfrist gelten die Regelungen zum Arbeitslosengeld über die Rahmenfrist entsprechend.
3. Die Dauer des Anspruchs auf Teilarbeitslosengeld beträgt sechs Monate.

4. Bei der Feststellung der Lohnsteuer (§ 153 Absatz 2) ist die Lohnsteuerklasse maßgeblich, die für das Beschäftigungsverhältnis zuletzt galt, das den Anspruch auf Teilarbeitslosengeld begründet.
5. Der Anspruch auf Teilarbeitslosengeld erlischt,
   a) wenn die Arbeitnehmerin oder der Arbeitnehmer nach der Entstehung des Anspruchs eine Erwerbstätigkeit für mehr als zwei Wochen oder mit einer Arbeitszeit von mehr als fünf Stunden wöchentlich aufnimmt,
   b) wenn die Voraussetzungen für einen Anspruch auf Arbeitslosengeld erfüllt sind oder
   c) spätestens nach Ablauf eines Jahres seit Entstehung des Anspruchs.

…

Zweiter Abschnitt – Insolvenzgeld

§ 165 Anspruch (1) Arbeitnehmerinnen und Arbeitnehmer haben Anspruch auf Insolvenzgeld, wenn sie im Inland beschäftigt waren und bei einem Insolvenzereignis für die vorausgegangenen drei Monate des Arbeitsverhältnisses noch Ansprüche auf Arbeitsentgelt haben. Als Insolvenzereignis gilt
1. die Eröffnung des Insolvenzverfahrens über das Vermögen des Arbeitgebers,
2. die Abweisung des Antrags auf Eröffnung des Insolvenzverfahrens mangels Masse oder
3. die vollständige Beendigung der Betriebstätigkeit im Inland, wenn ein Antrag auf Eröffnung des Insvolvenzverfahrens nicht gestellt worden ist und ein Insolvenzverfahren offensichtlich mangels Masse nicht in Betracht kommt.

Auch bei einem ausländischen Insvolvenzereignis haben im Inland beschäftigte Arbeitnehmerinnen und Arbeitnehmer einen Anspruch auf Insolvenzgeld.

(2) Zu den Ansprüchen auf Arbeitsentgelt gehören alle Ansprüche auf Bezüge aus dem Arbeitsverhältnis. Als Arbeitsentgelt für Zeiten, in denen auch während der Freistellung eine Beschäftigung gegen Arbeitsentgelt besteht (§ 7 Absatz 1a des Vierten Buches), gilt der Betrag, der auf Grund der schriftlichen Vereinbarung zur Bestreitung des Lebensunterhalts im jeweiligen Zeitraum bestimmt war. Hat die Arbeitnehmerin oder der Arbeitnehmer einen Teil ihres oder seines Arbeitsentgelts nach § 1 Absatz 2 Nummer 3 des Betriebsrentengesetzes umgewandelt und wird dieser Entgeltteil in einem Pensionsfonds, in einer Pensionskasse oder in einer Direktversicherung angelegt, gilt die Entgeltumwandlung für die Berechnung des Insolvenzgeldes als nicht vereinbart, soweit der Arbeitgeber keine Beiträge an den Versorgungsträger abgeführt hat.

(3) Hat eine Arbeitnehmerin oder ein Arbeitnehmer in Unkenntnis eines Insolvenzereignisses weitergearbeitet oder die Arbeit aufgenommen, besteht der Anspruch auf Insolvenzgeld für die dem Tag der Kenntnisnahme vorausgegangenen drei Monate des Arbeitsverhältnisses.

(4) Anspruch auf Insolvenzgeld hat auch der Erbe der Arbeitnehmerin oder des Arbeitnehmers.

(5) Der Arbeitgeber ist verpflichtet, einen Beschluss des Insolvenzgerichts über die Abweisung des Antrags auf Insolvenzeröffnung mangels Masse dem Betriebsrat

oder, wenn kein Betriebsrat besteht, den Arbeitnehmerinnen und Arbeitnehmern unverzüglich bekannt zu geben.

§ 166 Anspruchsausschluss (1) Arbeitnehmerinnen und Arbeitnehmer haben keinen Anspruch auf Insolvenzgeld für Ansprüche auf Arbeitsentgelt, die

1. sie wegen der Beendigung des Arbeitsverhältnisses oder für die Zeit nach der Beendigung des Arbeitsverhältnisses haben,
2. sie durch eine nach der Insolvenzordnung angefochtene Rechtshandlung oder eine Rechtshandlung, die im Fall der Eröffnung des Insolvenzverfahrens anfechtbar wäre, erworben haben oder
3. die Insolvenzverwalterin oder der Insolvenzverwalter wegen eines Rechts zur Leistungsverweigerung nicht erfüllt.

(2) Soweit Insolvenzgeld gezahlt worden ist, obwohl dies nach Absatz 1 ausgeschlossen ist, ist es zu erstatten.

§ 167 Höhe (1) Insolvenzgeld wird in Höhe des Nettoarbeitsentgelts gezahlt, das sich ergibt, wenn das auf die monatliche Beitragsbemessungsgrenze (§ 341 Absatz 4) begrenzte Bruttoarbeitsentgelt um die gesetzlichen Abzüge vermindert wird.

(2) Ist die Arbeitnehmerin oder der Arbeitnehmer

1. im Inland einkommensteuerpflichtig, ohne dass Steuern durch Abzug vom Arbeitsentgelt erhoben werden, oder
2. im Inland nicht einkommensteuerpflichtig und unterliegt das Insolvenzgeld nach den für sie oder ihn maßgebenden Vorschriften nicht der Steuer,

sind vom Arbeitsentgelt die Steuern abzuziehen, die bei einer Einkommensteuerpflicht im Inland durch Abzug vom Arbeitsentgelt erhoben würden.

§ 168 Vorschuss Die Agentur für Arbeit kann einen Vorschuss auf das Insolvenzgeld leisten, wenn

1. die Eröffnung des Insolvenzverfahrens über das Vermögen des Arbeitgebers beantragt ist,
2. das Arbeitsverhältnis beendet ist,
3. die Voraussetzungen für den Anspruch auf Insolvenzgeld mit hinreichender Wahrscheinlichkeit erfüllt werden.

Die Agentur für Arbeit bestimmt die Höhe des Vorschusses nach pflichtgemäßem Ermessen. Der Vorschuss ist auf das Insolvenzgeld anzurechnen. Er ist zu erstatten,

1. wenn ein Anspruch auf Insolvenzgeld nicht zuerkannt wird oder
2. soweit ein Anspruch auf Insolvenzgeld nur in geringerer Höhe zuerkannt wird.

§ 169 Anspruchsübergang Ansprüche auf Arbeitsentgelt, die einen Anspruch auf Insolvenzgeld begründen, gehen mit dem Antrag auf Insolvenzgeld auf die Bundesagentur über. § 165 Absatz 2 Satz 3 gilt entsprechend. Die gegen die Arbeitnehmerin oder den Arbeitnehmer begründete Anfechtung nach der Insolvenzordnung findet gegen die Bundesagentur statt.

§ 170 Verfügungen über das Arbeitsentgelt (1) Soweit die Arbeitnehmerin oder der Arbeitnehmer vor Antragstellung auf Insolvenzgeld Ansprüche auf Arbeitsentgelt einem Dritten übertragen hat, steht der Anspruch auf Insolvenzgeld diesem zu.
(2) Von einer vor dem Antrag auf Insolvenzgeld vorgenommenen Pfändung oder Verpfändung des Anspruchs auf Arbeitsentgelt wird auch der Anspruch auf Insolvenzgeld erfasst.
(3) Die an den Ansprüchen auf Arbeitsentgelt bestehenden Pfandrechte erlöschen, wenn die Ansprüche auf die Bundesagentur übergegangen sind und diese Insolvenzgeld an die berechtigte Person erbracht hat.
(4) Der neue Gläubiger oder Pfandgläubiger hat keinen Anspruch auf Insolvenzgeld für Ansprüche auf Arbeitsentgelt, die ihm vor dem Insolvenzereignis ohne Zustimmung der Agentur für Arbeit vor Vorfinanzierung der Arbeitsentgelte übertragen oder verpfändet wurden. Die Agentur für Arbeit darf der Übertragung oder Verpfändung nur zustimmen, wenn Tatsachen die Annahme rechtfertigen, dass durch die Vorfinanzierung der Arbeitsentgelte ein erheblicher Teil der Arbeitsstellen erhalten bleibt.

§ 171 Verfügungen über das Insolvenzgeld Nachdem das Insolvenzgeld beantragt worden ist, kann der Anspruch auf Insolvenzgeld wie Arbeitseinkommen gepfändet, verpfändet oder übertragen werden. Eine Pfändung des Anspruchs vor diesem Zeitpunkt wird erst mit dem Antrag wirksam.

§ 172 Datenaustausch und Datenübermittlung (1) Ist der insolvente Arbeitgeber auch in einem anderen Mitgliedstaat der Europäischen Union tätig, teilt die Bundesagentur dem zuständigen ausländischen Träger von Leistungen bei Zahlungsunfähigkeit des Arbeitgebers das Insolvenzereignis und die im Zusammenhang mit der Erbringung von Insolvenzgeld getroffenen Entscheidungen mit, soweit dies für die Aufgabenwahrnehmung dieses ausländischen Trägers erforderlich ist. Übermittelt ein ausländischer Träger der Bundesagentur entsprechende Daten, darf sie diese Daten zwecks Zahlung von Insolvenzgeld nutzen.
(2) Die Bundesagentur ist berechtigt, Daten über gezahltes Insolvenzgeld für jede Empfängerin und jeden Empfänger durch Datenfernübertragung an die in § 32b Absatz 3 des Einkommensteuergesetzes bezeichnete Übermittlungsstelle der Finanzverwaltung zu übermitteln.
…

Siebtes Kapitel – Weitere Aufgaben der Bundesagentur

…

Zweiter Abschnitt – Erteilung von Genehmigungen und Erlaubnissen

…

Zweiter Unterabschnitt – Beratung und Vermittlung durch Dritte

…

Zweiter Titel – Ausbildungsvermittlung und Arbeitsvermittlung

…

§ 296 Vermittlungsvertrag zwischen Vermittlern und Arbeitsuchenden (1) Ein Vertrag, nach dem sich ein Vermittler verpflichtet, einer oder einem Arbeitsuchenden eine Arbeitsstelle zu vermitteln, bedarf der schriftlichen Form. In dem Vertrag ist insbesondere die Vergütung des Vermittlers anzugeben. Zu den Leistungen der Vermittlung gehören auch alle Leistungen, die zur Vorbereitung und Durchführung der Vermittlung erforderlich sind, insbesondere die Feststellung der Kenntnisse der oder des Arbeitsuchenden sowie die mit der Vermittlung verbundene Berufsberatung. Der Vermittler hat der oder dem Arbeitsuchenden den Vertragsinhalt in Textform mitzuteilen.

(2) Die oder der Arbeitsuchende ist zur Zahlung der Vergütung nach Absatz 3 nur verpflichtet, wenn infolge der Vermittlung des Vermittlers der Arbeitsvertrag zustande gekommen ist und der Vermittler die Arbeitsuchende oder den Arbeitsuchenden bei grenzüberschreitenden Vermittlungen entsprechend der Regelung des § 299 informiert hat. Der Vermittler darf keine Vorschüsse auf die Vergütungen verlangen oder entgegennehmen.

(3) Die Vergütung einschließlich der darauf entfallenden gesetzlichen Umsatzsteuer darf 2000 Euro nicht übersteigen, soweit nicht ein gültiger Aktivierungs- und Vermittlungsgutschein in einer abweichenden Höhe nach § 45 Absatz 6 Satz 3 und 4 vorgelegt wird oder durch eine Rechtsverordnung nach § 301 für bestimmte Berufe oder Personengruppen etwas anderes bestimmt ist. Für die Vermittlung einer geringfügigen Beschäftigung nach § 8 des Vierten Buches darf der Vermittler eine Vergütung weder verlangen noch entgegennehmen. Bei der Vermittlung von Personen in Au-pair-Verhältnisse darf die Vergütung 150 Euro nicht übersteigen.

(4) Arbeitsuchende, die dem Vermittler einen Aktivierungs- und Vermittlungsgutschein vorlegen, können die Vergütung abweichend von § 266 des Bürgerlichen Gesetzbuchs in Teilbeträgen zahlen. Die Vergütung ist nach Vorlage des Aktivierungs- und Vermittlungsgutscheins bis zu dem Zeitpunkt gestundet, in dem die Agentur für Arbeit nach Maßgabe von § 45 Absatz 6 gezahlt hat.

§ 296a Vergütungen bei Ausbildungsvermittlung Für die Leistungen zur Ausbildungsvermittlung dürfen nur vom Arbeitgeber Vergütungen verlangt oder entgegengenommen werden. Zu den Leistungen zur Ausbildungsvermittlung gehören auch alle Leistungen, die zur Vorbereitung und Durchführung der Vermittlung erforderlich sind, insbesondere die Feststellung der Kenntnisse der oder des Ausbildungsuchenden sowie die mit der Ausbildungsvermittlung verbundene Berufsberatung.

§ 297 Unwirksamkeit von Vereinbarungen Unwirksam sind

1. Vereinbarungen zwischen einem Vermittler und einer oder einem Arbeitsuchenden über die Zahlung der Vergütung, wenn deren Höhe die nach § 296 Abs. 3 zulässige Höchstgrenze überschreitet, wenn Vergütungen für Leistungen verlangt oder entgegengenommen werden, die nach § 296 Abs. 1 Satz 3 zu den Leistungen der Vermittlung gehören oder wenn die erforderliche Schriftform nicht eingehalten wird und

1a. Vereinbarungen zwischen einem Vermittler und einer oder einem Arbeitsuchenden über die Zahlung einer Vergütung, wenn eine geringfügige Beschäftigung nach § 8 des Vierten Buches vermittelt werden soll oder vermittelt wurde,

2. Vereinbarungen zwischen einem Vermittler und einer oder einem Ausbildungsuchenden über die Zahlung einer Vergütung,

3. Vereinbarungen zwischen einem Vermittler und einem Arbeitgeber, wenn der Vermittler eine Vergütung mit einer oder einem Ausbildungsuchenden vereinbart oder von dieser oder diesem entgegennimmt, obwohl dies nicht zulässig ist, und

4. Vereinbarungen, die sicherstellen sollen, dass ein Arbeitgeber oder eine Person, die eine Ausbildung oder Arbeit sucht, sich ausschließlich eines bestimmten Vermittlers bedient.

§ 298 Behandlung von Daten (1) Vermittler dürfen Daten über zu besetzende Ausbildungs- und Arbeitsplätze und über Ausbildungssuchende sowie Arbeitnehmerinnen und Arbeitnehmer nur verarbeiten, soweit dies für die Verrichtung ihrer Vermittlungstätigkeit erforderlich ist. Sind diese Daten personenbezogen oder Geschäfts- oder Betriebsgeheimnisse, dürfen sie nur verarbeitet werden, soweit die betroffene Person im Einzelfall eingewilligt hat; § 67b Absatz 2 und 3 des Zehnten Buches gilt entsprechend. Übermittelt der Vermittler diese Daten im Rahmen seiner Vermittlungstätigkeit einer weiteren Person oder Einrichtung, darf diese sie nur zu dem Zweck speichern, verändern, nutzen, übermitteln oder in der Verarbeitung einschränken, zu dem sie ihr befugt übermittelt worden sind.

(2) Von betroffenen Personen zur Verfügung gestellte Unterlagen sind unmittelbar nach Abschluss der Vermittlungstätigkeit zurückzugeben. Die übrigen Geschäftsunterlagen des Vermittlers sind nach Abschluss der Vermittlungstätigkeit drei Jahre aufzubewahren. Die Verwendung der Geschäftsunterlagen ist zur Kontrolle des Vermittlers durch die zuständigen Behörden sowie zur Wahrnehmung berechtigter Interessen des Vermittlers zulässig. Personenbezogene Daten sind nach Ablauf der Aufbewahrungspflicht zu löschen. Betroffene Personen können nach Abschluss der Vermittlungstätigkeit Abweichungen von den Sätzen 1, 3 und 4 gestatten; die Gestattung bedarf der Schriftform.

…

Achtes Kapitel – Pflichten

Erster Abschnitt – Pflichten im Leistungsverfahren

Erster Unterabschnitt – Meldepflichten

§ 309 Allgemeine Meldepflicht (1) Arbeitslose haben sich während der Zeit, für die sie einen Anspruch auf Arbeitslosengeld erheben, bei der Agentur für Arbeit oder einer sonstigen Dienststelle der Bundesagentur persönlich zu melden oder zu einem ärztlichen oder psychologischen Untersuchungstermin zu erscheinen, wenn die Agentur für Arbeit sie dazu auffordert (allgemeine Meldepflicht). Die Meldung muss bei der in der Aufforderung zur Meldung bezeichneten Stelle erfolgen. Die allgemeine Meldepflicht besteht auch in Zeiten, in denen der Anspruch auf Arbeitslosengeld ruht.

(2) Die Aufforderung zur Meldung kann zum Zwecke der

1. Berufsberatung,
2. Vermittlung in Ausbildung oder Arbeit,
3. Vorbereitung aktiver Arbeitsförderungsleistungen,
4. Vorbereitung von Entscheidungen im Leistungsverfahren und
5. Prüfung des Vorliegens der Voraussetzungen für den Leistungsanspruch

erfolgen.

(3) Die meldepflichtige Person hat sich zu der von der Agentur für Arbeit bestimmten Zeit zu melden. Ist der Meldetermin nach Tag und Tageszeit bestimmt, so ist die meldepflichtige Person der allgemeinen Meldepflicht auch dann nachgekommen, wenn sie sich zu einer anderen Zeit am selben Tag meldet und der Zweck der Meldung erreicht wird. Ist die meldepflichtige Person am Meldetermin arbeitsunfähig, so wirkt die Meldeaufforderung auf den ersten Tag der Arbeitsfähigkeit fort, wenn die Agentur für Arbeit dies in der Meldeaufforderung bestimmt.

(4) Die notwendigen Reisekosten, die der meldepflichtigen Person und einer erforderlichen Begleitperson aus Anlaß der Meldung entstehen, können auf Antrag übernommen werden, soweit sie nicht bereits nach anderen Vorschriften oder auf Grund anderer Vorschriften dieses Buches übernommen werden können.

…

Zweiter Unterabschnitt – Anzeige- und Bescheinigungspflichten

…

§ 312 Arbeitsbescheinigung (1) Der Arbeitgeber hat auf Verlangen der Arbeitnehmerin oder des Arbeitnehmers oder auf Verlangen der Bundesagentur alle Tatsachen zu bescheinigen, die für die Entscheidung über den Anspruch auf Arbeitslosengeld oder Übergangsgeld erheblich sein können (Arbeitsbescheinigung); dabei hat er den von der Bundesagentur hierfür vorgesehenen Vordruck zu benutzen. In der Arbeitsbescheinigung sind insbesondere

1. die Art der Tätigkeit der Arbeitnehmerin oder des Arbeitnehmers,
2. Beginn, Ende, Unterbrechung und Grund für die Beendigung des Beschäftigungsverhältnisses und

3. das Arbeitsentgelt und die sonstigen Geldleistungen, die die Arbeitnehmerin oder der Arbeitnehmer erhalten oder zu beanspruchen hat;

es gilt das Bescheinigungsverfahren nach § 313a Absatz 1. Für die Bescheinigung von Tatsachen, die für die Entscheidung über ein Versicherungspflichtverhältnis auf Antrag oder einen Anspruch auf Teilarbeitslosengeld erheblich sein können, gilt Satz 1 entsprechend. Für Zwischenmeisterinnen, Zwischenmeister und andere Auftraggeber von Heimarbeiterinnen und Heimarbeitern gelten die Sätze 1 und 2 entsprechend.

(2) Macht der Bescheinigungspflichtige nach Absatz 1 geltend, die Arbeitslosigkeit sei die Folge eines Arbeitskampfes, so hat er dies darzulegen, glaubhaft zu machen und eine Stellungnahme der Betriebsvertretung beizufügen. Der Bescheinigungspflichtige nach Absatz 1 hat der Betriebsvertretung die für die Stellungnahme erforderlichen Angaben zu machen.

(3) Sozialversicherungsträger haben auf Verlangen der Bundesagentur, die übrigen Leistungsträger, Unternehmen und sonstigen Stellen auf Verlangen der betroffenen Person oder der Bundesagentur alle Tatsachen zu bescheinigen, die für die Feststellung der Versicherungspflicht nach § 26 erheblich sein können; es gilt das Bescheinigungsverfahren nach § 313a Absatz 2.

(4) *(weggefallen)*

…

§ 314 Insolvenzgeldbescheinigung (1) Die Insolvenzverwalterin oder der Insolvenzverwalter hat auf Verlangen der Agentur für Arbeit für jede Arbeitnehmerin und jeden Arbeitnehmer, für die oder den ein Anspruch auf Insolvenzgeld in Betracht kommt, Folgendes zu bescheinigen: **30 III**

1. die Höhe des Arbeitsentgelts für die letzten drei Monate des Arbeitsverhältnisses, die der Eröffnung des Insolvenzverfahrens vorausgegangen sind, sowie
2. die Höhe der gesetzlichen Abzüge und der zur Erfüllung derjenigen Leistungen, die zur Erfüllung der Ansprüche auf Arbeitsentgelt erbracht worden sind.

Das Gleiche gilt hinsichtlich der Höhe von Entgeltteilen, die gemäß § 1 Abs. 2 Nr. 3 des Betriebsrentengesetzes umgewandelt und vom Arbeitgeber nicht an den Versorgungsträger abgeführt worden sind. Dabei ist anzugeben, ob der Entgeltteil in einem Pensionsfonds, in einer Pensionskasse oder in einer Direktversicherung angelegt und welcher Versorgungsträger für die betriebliche Altersversorgung gewählt worden ist. Es ist auch zu bescheinigen, inwieweit die Ansprüche auf Arbeitsentgelt gepfändet, verpfändet oder abgetreten sind. Dabei ist der von der Bundesagentur vorgesehene Vordruck zu benutzen. Wird die Insolvenzgeldbescheinigung durch die Insolvenzverwalterin oder den Insolvenzverwalter nach § 36a des Ersten Buches übermittelt, sind zusätzlich die Anschrift und die Daten des Überweisungsweges mitzuteilen.

(2) In den Fällen, in denen ein Insolvenzverfahren nicht eröffnet wird oder nach § 207 der Insolvenzordnung eingestellt worden ist, sind die Pflichten der Insolvenzverwalterin oder des Insolvenzverwalters vom Arbeitgeber zu erfüllen. Satz 1 gilt entsprechend in den Fällen, in denen eine Eigenverwaltung nach § 270 Absatz 1 Satz 1 der Insolvenzordnung angeordnet worden ist.

…

Vierter Unterabschnitt – Sonstige Pflichten

§ 320 Berechnungs-, Auszahlungs-, Aufzeichnungs- und Anzeigepflichten

(1) Der Arbeitgeber hat der Agentur für Arbeit auf Verlangen die Voraussetzungen für die Erbringung von Kurzarbeitergeld und Wintergeld nachzuweisen. Er hat diese Leistungen kostenlos zu errechnen und auszuzahlen. Dabei hat er beim Kurzarbeitergeld von den Lohnsteuerabzugsmerkmalen in dem maßgeblichen Antragszeitraum auszugehen; auf Grund einer Bescheinigung der für die Arbeitnehmerin oder den Arbeitnehmer zuständigen Agentur für Arbeit hat er den erhöhten Leistungssatz auch anzuwenden, wenn für ein Kind ein Kinderfreibetrag nicht als Lohnsteuerabzugsmerkmal gebildet ist.

(1a) Der Arbeitgeber hat der Agentur für Arbeit mit dem Antrag nach § 323 Absatz 3 und auf Verlangen die Voraussetzungen für die Erbringung von Qualifizierungsgeld nachzuweisen. Er hat diese Leistung kostenlos zu errechnen und nach Bewilligung durch die Agentur für Arbeit auszuzahlen.

(2) Die Insolvenzverwalterin oder der Insolvenzverwalter hat auf Verlangen der Agentur für Arbeit das Insolvenzgeld zu errechnen und auszuzahlen, wenn ihr oder ihm dafür geeignete Arbeitnehmerinnen oder Arbeitnehmer des Betriebs zur Verfügung stehen und die Agentur für Arbeit die Mittel für die Auszahlung des Insolvenzgeldes bereitstellt. Kosten werden nicht erstattet.

(3) Arbeitgeber, in deren Betrieben Wintergeld geleistet wird, haben für jeden Arbeitstag während der Dauer der beantragten Förderung Aufzeichnungen über die im Betrieb oder auf der Baustelle geleisteten sowie die ausgefallenen Arbeitsstunden zu führen. Arbeitgeber, in deren Betrieben Saison-Kurzarbeitergeld geleistet wird, haben diese Aufzeichnungen für jeden Arbeitstag während der Schlechtwetterzeit zu führen. Die Aufzeichnungen nach Satz 1 und 2 sind vier Jahre aufzubewahren.

(4) *(aufgehoben)*

(4a) Der Arbeitgeber hat der Agentur für Arbeit die Voraussetzungen für die Erbringung von Leistungen zur Förderung der Teilnahme an Transfermaßnahmen nachzuweisen. Auf Anforderung der Agentur für Arbeit hat der Arbeitgeber das Ergebnis von Maßnahmen zur Feststellung der Eingliederungsaussichten mitzuteilen.

(5) Arbeitgeber, in deren Betrieben ein Arbeitskampf stattfindet, haben bei dessen Ausbruch und Beendigung der Agentur für Arbeit unverzüglich Anzeige zu erstatten. Die Anzeige bei Ausbruch des Arbeitskampfes muß Name und Anschrift des Betriebes, Datum des Beginns der Arbeitseinstellung und Zahl der betroffenen Arbeitnehmerinnen und Arbeitnehmer enthalten. Die Anzeige bei Beendigung des Arbeitskampfes muß außer Name und Anschrift des Betriebes das Datum der Beendigung der Arbeitseinstellung, die Zahl der an den einzelnen Tagen betroffenen Arbeitnehmerinnen und Arbeitnehmer sowie die Zahl der durch Arbeitseinstellung ausgefallenen Arbeitstage enthalten.

…

Neuntes Kapitel – Gemeinsame Vorschriften für Leistungen

Erster Abschnitt – Antrag und Fristen

§ 323 Antragserfordernis (1) Leistungen der Arbeitsförderung werden auf Antrag erbracht. Arbeitslosengeld gilt mit der Arbeitslosmeldung als beantragt, wenn die oder der Arbeitslose keine andere Erklärung abgibt. Leistungen der aktiven Arbeitsförderung können auch von Amts wegen erbracht werden, wenn die Berechtigten zustimmen. Die Zustimmung gilt insoweit als Antrag. Die Sätze 3 und 4 gelten nicht für das Qualifizierungsgeld.
(2) Kurzarbeitergeld, Leistungen zur Förderung der Teilnahme an Transfermaßnahmen und ergänzende Leistungen nach § 102 sind vom Arbeitgeber schriftlich oder elektronisch unter Beifügung einer Stellungnahme der Betriebsvertretung zu beantragen. Der Antrag kann auch von der Betriebsvertretung gestellt werden. Für den Antrag des Arbeitgebers auf Erstattung der Sozialversicherungsbeiträge und Lehrgangskosten für die Bezieherinnen und Bezieher von Kurzarbeitergeld gilt Satz 1 entsprechend mit der Maßgabe, dass die Erstattung ohne Stellungnahme des Betriebsrates beantragt werden kann. Mit einem Antrag auf Saison-Kurzarbeitergeld oder ergänzende Leistungen nach § 102 sind die Namen, Anschriften und Sozialversicherungsnummern der Arbeitnehmerinnen und Arbeitnehmer mitzuteilen, für die die Leistung beantragt wird. Saison-Kurzarbeitergeld oder ergänzende Leistungen nach § 102 sollen bis zum 15. des Monats beantragt werden, der dem Monat folgt, in dem die Tage liegen, für die die Leistungen beantragt werden. In den Fällen, in denen ein Antrag auf Kurzarbeitergeld, Saison-Kurzarbeitergeld, Erstattung der Sozialversicherungsbeiträge für die Bezieherinnen und Bezieher von Kurzarbeitergeld oder ergänzende Leistungen nach § 102 elektronisch gestellt wird, kann das Verfahren nach § 108 Absatz 1 des Vierten Buches genutzt werden.
(3) Qualifizierungsgeld ist vom Arbeitgeber schriftlich zu beantragen. Dem Antrag ist eine Zustimmung der Arbeitnehmerinnen und Arbeitnehmer, die Qualifizierungsgeld erhalten sollen, zur Teilnahme an der Maßnahme beizufügen. Der Arbeitgeber hat in Folgeanträgen darzulegen, wie viele der für die Erfüllung der betrieblichen Voraussetzungen betroffenen Arbeitnehmerinnen und Arbeitnehmer auf Grundlage der Betriebsvereinbarung, des Tarifvertrags oder der schriftlichen Erklärung des Arbeitgebers eine Maßnahme im Rahmen von § 82a abgeschlossen haben und ob diese noch im Betrieb beschäftigt sind. Sind zum Zeitpunkt eines Folgeantrags seit dem letzten Nachweis des nach § 82a Absatz 2 Satz 1 Nummer 1 und Satz 2 zu belegenden Anteils der betroffenen Arbeitnehmerinnen und Arbeitnehmer weniger als drei Jahre vergangen, ist kein erneuter Nachweis hierüber erforderlich.
…

Dreizehntes Kapitel – Sonderregelungen

…

Zweiter Abschnitt – Ergänzungen für übergangsweise mögliche Leistungen und zeitweilige Aufgaben

…

§ 419 *(weggefallen)*

…

§ 421c Vorübergehende Sonderregelung im Zusammenhang mit Kurzarbeit
Vorläufige Entscheidungen nach § 328 Absatz 1 Nummer 3 über die Zahlung von Kurzarbeitergeld für die Monate März 2020 bis Juni 2022 können auch ohne eine abschließende Prüfung der Voraussetzungen und des Umfangs des Anspruchs auf Kurzarbeitergeld (Abschlussprüfung) durch eine endgültige Entscheidung abgeschlossen werden, wenn der Gesamtauszahlungsbetrag des Kurzarbeitergeldes und der dem Arbeitgeber erstatteten Sozialversicherungsbeiträge für den jeweiligen Arbeitsausfall 10 000 Euro nicht überschreitet. Anlassbezogene Prüfungen erfolgen in den Fällen des Satzes 1, wenn Hinweise auf einen Missbrauch von Leistungen vorliegen oder der Arbeitgeber oder die Betriebsvertretung die Durchführung der Abschlussprüfungen verlangen.

…

IV. Sozialgesetzbuch (SGB) Viertes Buch Gemeinsame Vorschriften für die Sozialversicherung

Einleitung

I. Allgemeines

Am 30. 12. 1976 ist das Gesetz über die Gemeinsamen Vorschriften für die Sozialversicherung vom 23. 12. 1976 (BGBl. I 3845) verkündet worden. Es trat am 1. 7. 1977 in Kraft. Mit diesem »Allgemeinen Teil« der Bücher über die Sozialversicherung soll für diesen besonderen Teil des Sozialgesetzbuches das bewirkt werden, was bereits mit dem Allgemeinen Teil des SGB selbst für das gesamte SGB beabsichtigt ist: Es werden die übereinstimmenden Strukturprinzipien »vor die Klammer« gezogen (vgl. Einl. I zum SGB I, Nr. 30 I, Übersicht 58). Dies war für die Sozialversicherung erheblich einfacher als für den ganzen Bereich des SGB, das Materien vereint, die von höchst unterschiedlichen Grundsätzen beherrscht werden. Ein weiteres Gesetz, das allgemeine Grundsätze vor die Klammer zieht, war mit dem SGB IX (s. Nr. 30 IX) gelungen.

Das Gesetz ist Gegenstand häufiger Änderungen (vgl. zuletzt 45. Aufl.; zu vorübergehenden pandemiebedingten Änderungen vgl. 46. Aufl.). Durch seinen übergreifenden technischen Charakter ist das SGB IV im Übrigen von nahezu jeder Änderung sozialrechtlicher Regelungen mitbetroffen. Die letzte große substanzielle Reform erfolgte durch das Siebte SGB IV-Änderungsgesetz (v. 12. 6. 2020, BGBl. I 1248; Entwurf: BT-Drs. 19/17586; Beschlussempfehlung des Ausschusses für Arbeit und Soziales: BT-Drs. 19/19037). Mit diesem wurde insbesondere eine Öffnung für die Digitalisierung im Melde- und Beitragsrecht herbeigeführt. Außerdem wurde allfälligen Änderungsbedarfen Rechnung getragen und schließlich modellhaft die Möglichkeit von Online-Wahlen für die Sozialversicherungswahlen 2023 geschaffen.

Mit dem Gesetz Digitale Rentenübersicht (v. 11. 2. 2021, BGBl. I 154; dazu *Pawelski*, WzS 21, 35) wurde das Sozialwahlrecht reformiert, u. a. zur Stärkung des Ehrenamtes durch Freistellung für Sitzungsteilnahmen und Fortbildungen und Stärkung der Geschlechteranteile in Vertreterversammlung und Vorständen der Renten- und Unfallversicherung durch 40 %-Berücksichtigung der Geschlechter bei Vorschlagslisten.

Durch das 8. SGB IV-Änderungsgesetz (v. 20. 12. 2022, BGBl. I 2759, Entwurf BT-Drs. 20/3900) wurden insbesondere Regelungen zur digitalisierten Meldung fortgeführt. Außerdem wurde das Verfahren zur Ausstellung einer sog. A1-Bescheinigung bei grenzüberschreitenden Entsendungen in §§ 106 ff. SGB IV mit Wirkung ab 1. 1. 2024 neu gestaltet.

Mit Blick auf die Gefährdung des Konzepts von Musikschulen mit (vermeintlich) selbstständigen Musikschullehrern, das in Folge des sog. Herrenberg-Urteils des *BSG* gefährdet war (sogleich u. II 1), wurde mit Gesetz v. 25. 2. 2025 (BGBl. I Nr. 63) eine Übergangsregelung in § 127 SGB IV geschaffen, die es in bestimmten Konstellationen erlaubt, dass mit Zustimmung der lehrenden Person Sozialversicherungspflicht erst ab 2027 eintritt (dazu *Bühler*, rv 25, 123; *Thüsing/Mantsch*, BB 25, 628; *Zieglmeier/Rittweger*, NZA 25, 462).
Durch Gesetz v. 5. 12. 2025 (BGBl. I Nr. 302, Entwurf: BT-Drs. 21/1507) wurde die mit dem Paketboten-Schutz-Gesetz (v. 15. 11. 2019, BGBl. I 1602) zunächst bis Ende 2025 befristet eingeführte Nachunternehmerhaftung nach § 28e Abs. 3h SGB IV für Sozialversicherungsbeiträge entfristet.

II. Wesentlicher Gesetzesinhalt

1. Grundsätze und Begriffsbestimmungen (§§ 1–18)

Es werden Geltungsbereich und Umfang der Versicherung für die Sozialversicherung ohne die Arbeitslosenversicherung geregelt. Dabei wird den internationalen Verflechtungen der Wirtschaft und des Arbeitsmarktes durch Vorschriften über die »Ausstrahlung« Rechnung getragen. Zur Koordinierung der sozialen Sicherungssysteme in Europa gibt es aber die VO (EG) Nr. 883/2004 (EU-ASO Nr. 24), die Durchführungsverordnung VO (EG) Nr. 987/2009 (EU-ASO Nr. 25) und dazu ein deutsches (Zuständigkeits-)Gesetz v. 22. 6. 11 (BGBl. I, 1202). Eine geplante Reform der Verordnung (Kommissionsvorschlag: COM [2016] 815; dazu *Deinert*, Sozialrecht, 18. Kap. Rn. 19) ist seit fast einem Jahrzehnt nicht gelungen, wurde kürzlich aber wieder aufgegriffen (Bericht in: ZESAR 25, 254), kann dann aber wohl erneut nicht erfolgreich weitergeführt werden (Bericht in: ZESAR 25, 397). Die Grundsätze der »Ausstrahlung« (§ 4 SGB IV) und »Einstrahlung« (§ 5 SGB IV) galten auch im Verhältnis der alten und neuen Bundesländer, solange für beide Bereiche unterschiedliche Bezugsgrößen in der Sozialversicherung gelten (bis 2025). Ferner werden die Begriffe der »Beschäftigung«, des »Beschäftigungs- und Tätigkeitsorts« definiert. Hier gibt es enge Berührungspunkte zum Arbeitsrecht (vgl. *Fischer/Harth*, AuR 99, 126). Eine Beschäftigung im Sinne des § 7 SGB IV kann »insbesondere« bei einem Arbeitsverhältnis vorliegen, sodass jedes Arbeitsverhältnis grundsätzlich die Sozialversicherungspflicht auslösen kann. Maßgebend für ein Beschäftigungsverhältnis ist die Existenz eines Rechts des Vertragspartners, Weisungen hinsichtlich der Arbeitsleistung zu erteilen (*BSG* 29. 8. 2012 – B 12 KR 25/10 R, NZA-RR 13, 252; Einzelheiten zur Beschäftigung bei *Deinert*, Sozialrecht, 2024, 3. Kap.). Nach § 7 Abs. 1 Satz 2 SGB IV ist aber auch die Eingliederung in die fremde Organisation ein Anhaltspunkt für eine Beschäftigung. Auf dieser Grundlage hat das *BSG* bei Honorarärzten in Krankenhäusern trotz der geringen fachlichen Weisungsbindung abhängige Beschäftigungen angenommen (*BSG* 4. 6. 2019 – B 12 R 2/18 R, NJW 19, 3020); dasselbe gilt für eine Altenpflegerin in der ambulanten Pflege (*BSG* 19. 10. 2021 – B 12 R 6/20 R, NZS 22, 757). Im sog. Herrenberg-Urteil hat das *BSG* im Hinblick auf eine Eingliederung die abhängige Beschäftigung vermeintlich selbstständiger Musikschullehrer an Musikschulen für möglich gehalten

R 3/20 R, NZS 22, 860). Dasselbe gilt für Volkshochschuldo- (BSG 5.11.2024 – B 12 BA 3/23 R, NZS 25, 503). Ebenso hat das *BSG* die hängige Beschäftigung eines Bürgermeisters angenommen, obwohl es sich um ein Wahlamt handelt, weil er bei der Ausübung von Verwaltungsaufgaben unter arbeitsteiliger Inanspruchnahme der Organisationsstrukturen der Gemeinde tätig wird (27.4.2021 – B 12 R 8/20 R, NZS 22, 463). Durch Zwischenhaltung einer Kapitalgesellschaft lassen sich die sozialversicherungsrechtlichen Konsequenzen einer Beschäftigung nicht verhindern. Daher hat das *BSG* entschieden, dass ein Pfleger im Krankenhaus Beschäftigter ist, obwohl er als Gesellschafter und Geschäftsführer einer Ein-Personen-Gesellschaft auf der Grundlage eines formal zwischen dem Krankenhaus und der Gesellschaft geschlossenen Vertrages tätig wurde (20.7.2023 – B 12 A 1/23 R, BB 24, 250). Um betrügerischen Verschleierungen von »Beschäftigungsverhältnissen« zu begegnen, enthielt § 7 Abs. 4 von 1999 bis 2003 eine Vermutungsregelung, wonach die Vertragsparteien bei Vorliegen bestimmter Umstände das Vorliegen von Selbständigkeit beweisen mussten. Die Regelung wurde mit dem »Zweite(n) Gesetz für moderne Dienstleistungen am Arbeitsmarkt« vom 23.12.2002 (BGBl. I 4621, »Hartz II«) wieder beseitigt. Im Zuge des Barrierefreiheitsstärkungsgesetzes wurde das sog. Anfrageverfahren zum Erwerbsstatus nach § 7a SGB IV reformiert (v. 16.7.2021, BGBl. I 2970; dazu *Brose*, SGb 22, 133 und 208; *Diepenbrock/Plambeck*, NZS 21, 865; *Kössel*, DB 21, 2216; *Waßer*, SR 22, 193; *Zieglmeier*, NZA 21, 977). U.a. erstreckt es sich nicht mehr auf die Frage der Versicherungspflicht, sondern konkret auf den Erwerbsstatus (abhängige Beschäftigung oder Selbstständigkeit). Das Verfahren soll Rechtssicherheit für die Beteiligten durch behördliche Entscheidung schaffen. Eine Änderung der Verhältnisse müssen die Beteiligten mitteilen, die Behörde kann dann über eine Aufhebung der Statusentscheidung entscheiden (vgl. zum früheren Recht *BSG* 29.3.2023 – B 12 KR 1/20 R, NZS 23, 738). Die aktuelle Bundesregierung plant eine Reform des Anfrageverfahrens, das schneller, rechtssicherer und transparenter werden soll, »auch mit Blick auf die Auswirkungen des Herrenberg-Urteils«. Zur Beschleunigung soll eine Genehmigungsfiktion eingeführt werden (»Verantwortung für Deutschland«, Koalitionsvertrag zwischen CDU, CSU und SPD, 21. Legislaturperiode, Zeilen 467 ff.).

Ein Kernproblem der engen Verzahnung von Arbeitsrecht und Sozialversicherungsrecht besteht darin, dass Arbeitnehmer für ihre Entscheidungen hinsichtlich der Gestaltung des Arbeitsvertrages immer auch die sozialversicherungsrechtlichen – ebenso wie die steuerrechtlichen – Konsequenzen mit bedenken müssen. Dabei zeigt sich häufig eine schlechte Abstimmung zwischen der arbeitsrechtlichen und der sozialrechtlichen Seite bei der Einräumung von Gestaltungsspielräumen für die Arbeitnehmer (ausführlich dazu: *Kocher* u.a., Das Recht auf eine selbstbestimmte Erwerbsbiografie, 2013; *Welti*, SR 13, 92; *Knickrehm*, SR 13,102; insgesamt zu sozialpolitisch kontraproduktiven Abstimmungsproblemen von Arbeits- und Sozialrecht *Deinert/Maksimek/Sutterer-Kipping*, Die Rechtspolitik des Sozial- und Arbeitsrechts, 2020).

Außerdem werden Regelungen über Arbeitsentgelt (§§ 14 ff. SGB IV; vgl. *Deinert*, Sozialrecht, 2024, 3. Kap. Rn. 62 ff.; *Duden*, BB 98, 2207) und eine einheitliche Bezugsgröße für die Sozialversicherung getroffen (§ 18 SGB IV; Letztere allerdings mit der Möglichkeit abweichender Regelungen für die einzelnen Versicherungszweige). Infolge des Rentenüberleitungs-Abschlussgesetzes (v. 17.7.2017, BGBl. I 2575) gibt es mit Wirkung ab 1.1.2025 keine unterschiedlichen Bezugsgrößen mehr für Ost- und Westdeutschland.

2. Geringfügige Beschäftigung und Übergangsbereich

Die in § 8 SGB IV definierte geringfügige Beschäftigung (»Minijob«) ist mehrfach geändert worden. »Hartz II« hat nach einer Einigung zwischen Regierung und Ländermehrheit nach einem Verfahren im Vermittlungsausschuss sowohl die hierfür maßgeblichen Verdienstgrenzen auf (damals) 400 Euro heraufgesetzt als auch die darauf zu tragenden Sozialversicherungsbeiträge und Einkommensteuer reduziert. Hinzugekommen ist eine sog. Gleitzone zwischen (damals) 400 und 800 Euro Verdienst, innerhalb derer die Arbeitnehmerbeiträge für Kranken- und Rentenversicherung nur unterproportional steigen. Damit sollte ein Hineinwachsen in voll sozialversicherungspflichtige Beschäftigungsverhältnisse begünstigt werden. In diesem Zusammenhang wurde sowohl geringfügige als auch versicherungspflichtige Beschäftigung in Privathaushalten steuerlich begünstigt (§ 35a EStG). Zum Ganzen *Deinert*, Sozialrecht, 2024, 5. Kap. Rn. 72 ff. Durch Gesetz v. 5.12.2012 (BGBl. I 2474; dazu *Hanau*, ZIP 13, 1752) wurde die grundsätzliche Rentenversicherungspflicht für geringfügig Beschäftigte eingeführt, von der die Beschäftigten aber auf Antrag befreit werden. Die Gleitzone wurde im Zuge des RV-Leistungsverbesserungs- und -Stabilisierungsgesetzes v. 28.11.2018 (BGBl. I 2016) in einen »Übergangsbereich« umgetauft. Inhaltlich ändert sich vor allem dessen Umfang durch Anhebung auf einen Bereich zwischen 450,01 und 1300,00 Euro; die verringerten Rentenbeiträge im Übergangsbereich führen seither nicht zu geringeren Rentenleistungen. Im Zuge der gesetzlichen Erhöhung des Mindestlohns nach dem MiLoG (vgl. Einl. I zum MiLoG, Nr. 31b) wurde die Grenze für Minijobs wieder dynamisiert (Gesetz v. 28.6.2022, BGBl. I 969; dazu *Kainz*, NZS 22, 653). Die sog. Geringfügigkeitsgrenze des § 8 Abs. 1a SGB IV knüpft an die Monatsvergütung bei einer Beschäftigung zum Mindestlohn im Umfang von zehn Wochenstunden. Der Übergangsbereich wurde angehoben, sodass er oberhalb der Geringfügigkeitsgrenze bis 1600 Euro monatlich reichte. Diese Grenze wurde durch das Gesetz zur Zahlung einer Energiepreispauschale an Renten- und Versorgungsbeziehende und zur Erweiterung des Übergangsbereichs (v. 7.11.2022, BGBl. I 1985) nochmals auf 2000 Euro angehoben. Im Übergangsbereich steigen die Beitragsanteile der Arbeitnehmer nur ganz allmählich von Null ab Überschreiten der Geringfügigkeitsgrenze bis zur regulären Beitragshöhe, während umgekehrt die Beitragsanteile der Arbeitgeber nur allmählich von der erhöhten Belastung für Minijobs auf das allgemeine Niveau sinken. Dadurch sollen Fehlanreize zur Vermeidung sozialversicherungspflichtiger Beschäftigung beseitigt werden (BT-Drs. 20/1408, S. 31).

Geringfügige Beschäftigung bis zu einem Verdienst von 556 Euro bleibt für Beschäftigte zum Teil abgabenfrei. Der Arbeitgeber entrichtet 13 % Pauschalabgabe an die gesetzliche Krankenversicherung (§ 249b SGB V). 2 % werden als Pauschalsteuer abgeführt (vgl. § 40a Abs. 2 EStG; möchte der Arbeitgeber stattdessen von der individuellen Besteuerung nach Lohnsteuerkarte Gebrauch machen, macht er sich [illegible] nicht schadensersatzpflichtig, *BAG* 13.11.2014 – 8 AZR 817/13, NZA 15, 166). Den Rentenversicherungsbeitrag trägt der Arbeitgeber zu 15 %, den Rest trägt der Arbeitnehmer (§ 168 Nr. 1b SGB VI). Im Falle der Befreiung von der Versicherungspflicht muss der Arbeitgeber gemäß § 172 Abs. 3 SGB VI einen Pauschalbeitrag von 15 % für die Rentenversicherung leisten. Mehrere geringfügige Beschäftigungen werden zusammengezählt, wobei bei mehreren Minijobs einer unberücksichtigt bleibt. Geringfügige Beschäftigungen können neben einer versicherungspflichtigen Beschäftigung ausgeübt werden, jedoch nicht bei demselben Arbeitgeber (§ 8 Abs. 2 SGB IV).

Eine geringfügige Beschäftigung kann nach § 8 Abs. 1 Nr. 2 SGB IV auch im Falle der sog. Zeit-Geringfügigkeit gegeben sein, das setzt eine vorherige zeitliche Begrenzung des Vertrages auf 3 Monate bzw. 70 Arbeitstage im Kalenderjahr voraus.

Der Arbeitnehmer hat den Arbeitgeber über die Eingehung eines weiteren geringfügigen Beschäftigungsverhältnisses zu informieren. Das Verschweigen führt jedoch nicht zur Ersatzpflicht des Arbeitnehmers für die dann fällig werdenden Arbeitgeberanteile zur Sozialversicherung (*BAG* 27.4.1995 – 8 AZR 382/94, NZA 95, 935). Verträge, mit denen Arbeitgeber die auf sie entfallenden Belastungen auf den Arbeitnehmer abzuwälzen versuchen, verstoßen gegen § 32 SGB I (vgl. *Krause*, AuR 99, 390).

Die Zahl der Minijobs, die von Arbeitnehmern als einzige Beschäftigung erfolgen, liegt bei 4,19 Mio. (Monatsbericht der BA vom Sept. 2025, S. 7). Weitere 3,47 Mio. Beschäftigte üben einen Minijob neben einer sozialversicherungspflichtigen Beschäftigung aus (Monatsbericht der BA vom Sept. 2024, S. 7 f.). Die geringfügig Beschäftigten tragen damit einen wesentlichen Anteil der im internationalen Vergleich hohen Zahl von Nebenjobbern (vgl. insg. *Klinger/Weber*, WSI-Mitt. 19, 247). Die Zahl der Minijobs ging im ersten Quartal 2015 zurück, während gleichzeitig die Zahl der sozialversicherungspflichtigen Beschäftigungsverhältnisse, wenn auch nicht in exakt gleichem Umfang, zugenommen hat, sodass davon auszugehen ist, dass die Einführung des gesetzlichen Mindestlohns (s. Nr. 31 b) zum 1.1.2015 zu einer nennenswerten Umwandlung von Minijobs in sozialversicherungspflichtige Beschäftigungsverhältnisse geführt hat (vgl. »Zahl der Minijobs geht zurück«, SZ v. 20.5.15, S. 19, s. auch *Deter*, AuR 15, 314). Fast 45 % der Betroffenen sind Frauen, die die Beschäftigung als einzige Erwerbsquelle ausüben (einblick 4/12, S. 1). Eine anderweitige soziale Absicherung scheidet damit oftmals aus. Ein Wechsel in ein sog. Normalarbeitsverhältnis gelingt lediglich in 9 % der Fälle (Böckler impuls 1/2012, S. 4, 5).

Minijobbern werden öfter als anderen Arbeitnehmern ihre gesetzlichen Rechte auf Urlaub und Entgeltfortzahlung bei Krankheit vorenthalten (*Stegmaier/Gundert/Tesching/Theuer*, IAB-Kurzbericht 18/15). Zudem sind Minijobs oftmals – auch im Vergleich – gering bezahlt (Böckler impuls 1/13, S. 6). Denn Arbeitgeber dürfen die vergleichsweise teureren Sozialversicherungsbeiträge formal nicht auf Minijobber abwälzen, sodass ein Anreiz besteht, über einen geringeren Bruttostundenlohn einen wirtschaftlichen Ausgleich zu suchen (vgl. *Hanau*, ZIP 13, 1752, 1754). Das führt dazu, dass Mängel in der sozialen Absicherung erhebliche gesellschaftliche Folgekosten mit sich bringen, von den Nachteilen der Betroffenen ganz zu schwei-

gen (ausf. *Waltermann*, NJW 13, 118). Die Möglichkeit, auf die Rentenversicherungsfreiheit zu verzichten, wurde bislang nur wenig wahrgenommen. Vor diesem Hintergrund ist die Einführung der Rentenversicherungspflicht mit Befreiungsmöglichkeit rechtspolitisch kritikwürdig. Denn gerade diejenigen, bei denen es auf jeden Euro ankommt, werden sich befreien lassen und zwangsläufig in Altersarmut geraten (vgl. einblick 17/12, S. 1). Dem entspricht es, dass lediglich 25 % der Minijobber eigene Beiträge zur Rentenversicherung leisten, wenngleich es nach der alten Regelung nur 5,6 % waren (RV 13, 155). Denn das bedeutet immerhin, dass 3 von 4 Minijobbern sich bewusst gegen die Rentenversicherung entschieden haben. Kritisch zu sehen ist auch, dass die letzte gesetzliche Anhebung des Mindestlohns zu einer Dynamisierung der Minijobgrenze geführt hat, sodass Teilzeitarbeit bis zu einer Viertelstelle in vielen Fällen ohne soziale Absicherung bleibt.
Midijobs im Übergangsbereich werden zu 75 % von Frauen ausgeübt. Insoweit erweisen sie sich als ein problematisches Instrument, durch Subventionierung Frauen in der »Teilzeitfalle« zu halten (vgl. »Nur mittelprächtig beschäftigt«, SZ v. 16. 9. 2021, S. 18).

3. Zeitwertkonten

Mit dem sog. Flexi-Gesetz wurden Sonderregeln zur Beitragspflicht bei flexiblen Arbeitszeitmodellen eingeführt (§§ 7 Abs. 1a, 23 SGB IV). Gleichzeitig wurde der Arbeitgeber zur Sicherung von Wertguthaben aus flexibler Arbeitszeitgestaltung verpflichtet (vgl. *Kiesche/Wilke*, AiB 07, 407; s. auch Bericht der Bundesregierung über Wertguthabenvereinbarungen und Insolvenzschutz, BT-Drs. 14/7944). Da dies jedoch in der Praxis häufig nicht geschah, hat sich der Gesetzgeber mit dem sog. Flexi II-Gesetz des Problems angenommen (v. 21. 12. 2008, BGBl. I 2940; dazu *Knospe*, NZS 09, 600; *Hanau/Veit*, NJW 09, 182; *Rolfs/Witschen*, NZS 09, 295; *Ars/Blümke/Scheithauer*, BB 09, 2252). Die neue Regelung sieht vor, dass Wertguthaben gemäß § 7d Abs. 1 SGB IV als Arbeitsentgeltguthaben zu führen sind (Übergangsvorschrift in § 116 SGB IV). Über das Guthaben besteht eine jährliche Auskunftspflicht (§ 7d Abs. 2 SGB IV). Darüber hinaus regelt § 7e SGB IV, dass die Wertguthaben gegen Insolvenz des Arbeitgebers zu schützen sind. Der Arbeitgeber muss den Arbeitnehmer über die getroffenen Vorkehrungen unterrichten (§ 7e Abs. 4 SGB IV). Dies wird auch durch die Rentenversicherungsträger überprüft. Mangels ausreichenden Insolvenzschutzes muss der Arbeitgeber bzw. bei einer juristischen Person der organschaftliche Vertreter dem Arbeitnehmer einen eventuellen Schaden ersetzen (§ 7e Abs. 7 SGB IV). Ohne diese Regelung wäre das regelmäßig nicht der Fall (*BAG* 12. 4. 2011 – 9 AZR 229/10, NZA 11, 1350). Für den Fall der Beendigung des Arbeitsverhältnisses regelt § 7f SGB IV die Übertragung von Wertguthaben. Das Problem, dass kleinere Wertguthaben nicht gesichert sind (*Perreng*, AiB 08, 342, 345), wurde durch Absenken der Geringfügigkeitsgrenze in § 7e Abs. 1 S. 1 Nr. 2 SGB IV ein Stück weit beseitigt. Ein erheblicher Schwachpunkt des Gesetzes liegt allerdings darin, dass die Insolvenzsicherung sich nur auf Wertguthabenvereinbarungen i. S. d. § 7b SGB IV bezieht. Da aber sämtliche Arbeitszeitkonten, die der Flexibilisierung der Arbeitszeit namentlich im Arbeitgeberinteresse dienen, nicht unter den Begriff des Wertguthabens in diesem Sinne fallen, sind sie auch von den Insolvenzsicherungsbestimmungen ausgenommen. Überblick zu Zeitwertkonten bei *Deinert*, Sozialrecht, 2024, 5. Kap. Rn. 162 ff.

4. Sozialversicherungsausweis (§ 18h) und Bekämpfung der Schwarzarbeit

Jeder sozialversicherungspflichtige Arbeitnehmer erhält einen fälschungssicheren Sozialversicherungsausweis, der bei Beginn jeder neuen Beschäftigung vorzulegen ist. Aufgrund dessen hat der Arbeitgeber den Arbeitnehmer unverzüglich bei der Einzugsstelle zu melden. Die Meldepflicht gilt auch für geringfügig Beschäftigte. Nach ersten Erfahrungen wurde der Beitrag des Sozialversicherungsausweises zur Eindämmung von Schwarzarbeit kontrovers diskutiert. Einerseits wurde auf die Möglichkeiten von Fälschung und Erschleichung eines solchen Ausweises hingewiesen, andererseits über gestiegene Erfolge von Kontrollen berichtet (vgl. insgesamt *Kreizberg,* Arbeitgeber 92, 575 und 93, 818; *Gola,* BB 94, 1351; *Moritz/Reineck,* NZS 93, 143). Für bestimmte Branchen galt bisher eine Pflicht des Beschäftigten, den Sozialversicherungsausweis mitzuführen. Dies wurde durch das 2. SGB IV-Änderungsgesetz vom 21. 12. 2008 (BGBl. 2933) gestrichen und stattdessen in § 2a SchwarzArbG eine allgemeine Ausweispflicht in Branchen mit besonderer Schwarzarbeitsanfälligkeit eingeführt, auf die der Arbeitgeber schriftlich hinweisen muss. Diese ist gekoppelt mit einer Sofortmeldepflicht (also nicht erst mit der ersten Lohnabrechnung) des Arbeitgebers in diesen Branchen gemäß § 28a Abs. 4 SGB IV. Der maßgebliche Branchenkatalog wurde in diesen Bestimmungen zuletzt durch das Gesetz zur Modernisierung und Digitalisierung der Schwarzarbeitsbekämpfung (v. 22. 12. 2025, BGBl. I Nr. 369) angepasst u. a. durch Neuaufnahme plattformbasierter Lieferdienste und des Friseur- und Kosmetikgewerbes.

5. Leistungen und Beiträge (§§ 19–28)

Es werden Entstehung, Fälligkeit, Abrechnung, Säumnis und Verjährung geregelt (vgl. *Deinert*, AiB 12, 255). Außerdem wird die Verpflichtung der Sozialversicherungsträger zu verzinslicher Erstattung zu Unrecht entrichteter Beiträge festgesetzt (§§ 26–28 SGB IV).

6. Gesamtsozialversicherungsbeitrag, Melde- und Informationspflichten (§§ 28a–28 r)

Es wird die Pflicht des Arbeitgebers geregelt, alle Sozialabgaben für einen Arbeitnehmer – einschließlich der Arbeitnehmeranteile – als Gesamtbeitrag an die Einzugsstelle zu leiten. Die Meldepflicht des Arbeitgebers oder eines anderen Meldepflichtigen wird durch die aufgrund § 28c SGB IV erlassene Datenerfassungs- und ÜbermittlungsVO (DEÜV) konkretisiert (zum Meldeverfahren *Figge,* DB 98, 1965; *Marburger,* BB 98, 2056). Er kann die Arbeitnehmeranteile sodann beim Arbeitsentgelt einbehalten (§ 28g SGB IV, sog. Lohnabzugsverfahren). Versäumt er dieses und holt er es auch nicht bei den nächsten drei Gehaltszahlungen nach, kann er vom Arbeitnehmer keine Erstattung der von diesem zu tragenden Beitragsanteile mehr verlangen (*BAG* 3.4.1958 – 2 AZR 469/56, BAGE 6, 7, 10f.). Den Arbeitnehmer treffen diesbezügliche Auskunfts- und Vorlagepflichten (§ 28o SGB IV). Auch im Falle der Verurteilung zur Zahlung von Vergütung »brutto« muss der Arbeitgeber die Sozialversicherungsbeiträge abführen, der Arbeitnehmer kann nicht Zahlung an sich verlangen (*BAG* 21.12.2016 – 5 AZR 273/16, NZA 17, 449). Zum Ganzen *Deinert*, Sozialrecht, 2024, 5. Kap. Rn. 134ff.

7. Träger der Sozialversicherung und Sozialwahlen (§§ 29–110 d)

Für alle Sozialversicherungsträger (nur zum Teil für die BA) sind Regelungen über Aufgaben, Organe, Beanstandung von Rechtsverstößen, Ehrenämter und die Haftung der Selbstverwaltungsorganmitglieder getroffen (vgl. *Deinert*, Sozialrecht, 2024, 5. Kap. Rn. 74ff.).

Die Träger der Sozialversicherung sind nach § 29 Abs. 1 SGB IV öffentlich-rechtliche Körperschaften mit Selbstverwaltung. Dazu sieht § 44 Abs. 1 Nr. 1 SGB IV vor, dass die Organe der Versicherungsträger je zur Hälfte aus Vertretern der Versicherten und der Arbeitgeber zusammengesetzt sind. § 45 SGB IV regelt dazu die Sozialversicherungswahlen. Die Versicherten und die Arbeitgeber wählen jeweils die Vertreter ihrer Gruppen in die Vertreterversammlung aufgrund von Vorschlagslisten gemäß § 46 Abs. 1 SGB IV. Falls es nur eine Vorschlagsliste gibt oder insgesamt nicht mehr Bewerber benannt wurden, als Mitglieder zu wählen sind, gelten die Vorgeschlagenen gemäß § 46 Abs. 2 SGB IV als gewählt. Es handelt sich also um eine Wahl ohne tatsächliche Wahlhandlung, was auch als Friedenswahl bezeichnet wird. Diese Möglichkeit ist nach der Rechtsprechung als verfassungsgemäß anzusehen (*BSG* 15.11.1973 – 3 RK 57/72, BSGE 36, 242; 23.4.1975 – 2/8 RU 62/73, BSGE 39, 242, 248; krit. *Kahlert*, NZS 14, 56, 58f.). Die Sozialwahl findet alle sechs Jahre statt, zuletzt im Jahr 2023 (zu den Ergebnissen: *www.sozialwahl.de*). Die Organe, über die auf Grundlage der Sozialversicherungswahlen die Selbstverwaltung ausgeübt wird, sind gemäß §§ 29ff. SGB IV Vertreterversammlung und Vorstand. Die Vertreterversammlung ist nach § 33 SGB IV gewissermaßen das Gesetzgebungsorgan des Versicherungsträgers. Sie wählt auch den Vorstand gemäß § 52 SGB IV. Der Vorstand vertritt den Versicherungsträger gemäß § 35 SGB IV gerichtlich und außergerichtlich. Zu ihm gehört auch der Geschäftsführer gemäß § 36 Abs. 1 SGB IV, der die laufenden Geschäfte führt.

Die Regelungen über die Sozialwahl gelten gemäß § 1 Abs. 2 SGB IV ausdrücklich nicht für die Arbeitsförderung, deren Verfassung ist in §§ 367ff. SGB III geregelt (vgl. *Deinert*, Sozialrecht, 2024, 4. Kap. Rn. 15ff.). Selbstverwaltungsorgane in der Arbeitsförderung sind der Verwaltungsrat bei der Bundesagentur für Arbeit und die Verwaltungsausschüsse bei den Arbeitsagenturen. Sie setzen sich nach § 371 Abs. 5 Satz 1 SGB III zu gleichen Teilen aus Arbeitnehmern, Arbeitgebern und Vertretern öffentlicher Körperschaften zusammen. Diese werden auf Vorschläge der Arbeitgeber, Gewerkschaften und Körperschaften berufen.

Wichtige Entscheidungen

BSG 15. 11. 1973 – 3 RK 57/72, BSGE 36, 242
BSG 28. 6. 2022 – B 12 R 3/20 R, NZS 2022, 860
BAG 3. 4. 1958 – 2 AZR 469/56, BAGE 6, 7

Weiterführende Literatur

Deinert, Sozialrecht (2025), Kap. 3: Die sozialversicherungsrechtliche Beschäftigung; Kap. 5: Sozialrechtliche Konsequenzen des privatrechtlichen Arbeitsvertrages
BeckOGK-SGB IV, auch Loseblatt (Kasseler Kommentar zum Sozialversicherungsrecht)
v.Koppenfels-Spies/Wenner (Hrsg.), SGB IV, 3. Aufl. (2022)
Kreikebohm/Dünn, SGB IV, 4. Aufl. (2022)
Hauck/Noftz, SGB IV, Loseblatt
Winkler (Hrsg.) SGB IV, 3. Aufl. (2020)

Sozialgesetzbuch (SGB)
Viertes Buch
Gemeinsame Vorschriften für die Sozialversicherung

in der Fassung der Bekanntmachung vom 12. November 2009 (BGBl. I 3710, 3973), zuletzt geändert durch Gesetz vom 22. Dezember 2025 (BGBl. 2025 I Nr. 369)

(Abgedruckte Vorschriften: §§ 3–8, 18, 28d, 28g, 28o, 116, 127)

Erster Abschnitt – Grundsätze und Begriffsbestimmungen

Erster Titel – Geltungsbereich und Umfang der Versicherung

…

§ 3 Persönlicher und räumlicher Geltungsbereich Die Vorschriften über die Versicherungspflicht und die Versicherungsberechtigung gelten,
1. soweit sie eine Beschäftigung oder eine selbständige Tätigkeit voraussetzen, für alle Personen, die im Geltungsbereich dieses Gesetzbuchs beschäftigt oder selbständig tätig sind,
2. soweit sie eine Beschäftigung oder eine selbständige Tätigkeit nicht voraussetzen, für alle Personen, die ihren Wohnsitz oder gewöhnlichen Aufenthalt im Geltungsbereich dieses Gesetzbuchs haben.

§ 4 Ausstrahlung[1] (1) Soweit die Vorschriften über die Versicherungspflicht und die Versicherungsberechtigung eine Beschäftigung voraussetzen, gelten sie auch für Personen, die im Rahmen eines im Geltungsbereich dieses Gesetzbuchs bestehenden Beschäftigungsverhältnisses in ein Gebiet außerhalb dieses Geltungsbereichs entsandt werden, wenn die Entsendung infolge der Eigenart der Beschäftigung oder vertraglich im Voraus zeitlich begrenzt ist.
(2) Für Personen, die eine selbständige Tätigkeit ausüben, gilt Absatz 1 entsprechend.

§ 5 Einstrahlung (1) Soweit die Vorschriften über die Versicherungspflicht und die Versicherungsberechtigung eine Beschäftigung voraussetzen, gelten sie nicht für Personen, die im Rahmen eines außerhalb des Geltungsbereichs dieses Gesetzbuchs bestehenden Beschäftigungsverhältnisses in diesen Geltungsbereich entsandt werden, wenn die Entsendung infolge der Eigenart der Beschäftigung oder vertraglich im Voraus zeitlich begrenzt ist.
(2) Für Personen, die eine selbständige Tätigkeit ausüben, gilt Absatz 1 entsprechend.

---

1 Zur Europäischen Koordinierung s. VO (EG) Nr. 883/2004 und VO (EG) 987/2009 sowie Gesetz zur Koordinierung der Systeme der sozialen Sicherheit in Europa v. 22. 6. 11 (BGBl. I 1202).

§ … **Vorbehalt abweichender Regelungen** Regelungen des über- und zwischenstaatlichen Rechts bleiben unberührt.

Zweiter Titel – Beschäftigung und selbständige Tätigkeit

§ 7 **Beschäftigung** (1) Beschäftigung ist die nichtselbständige Arbeit, insbesondere in einem Arbeitsverhältnis. Anhaltspunkte für eine Beschäftigung sind eine Tätigkeit nach Weisungen und eine Eingliederung in die Arbeitsorganisation des Weisungsgebers.

(1 a) Eine Beschäftigung besteht auch in Zeiten der Freistellung von der Arbeitsleistung von mehr als einem Monat, wenn

1. während der Freistellung Arbeitsentgelt aus einem Wertguthaben nach § 7b fällig ist und
2. das monatlich fällige Arbeitsentgelt in der Zeit der Freistellung nicht unangemessen von dem für die vorausgegangenen zwölf Kalendermonate abweicht, in denen Arbeitsentgelt bezogen wurde.

Satz 1 gilt entsprechend, wenn während einer bis zu dreimonatigen Freistellung Arbeitsentgelt aus einer Vereinbarung zur flexiblen Gestaltung der werktäglichen oder wöchentlichen Arbeitszeit oder dem Ausgleich betrieblicher Produktions- und Arbeitszeitzyklen fällig ist. Beginnt ein Beschäftigungsverhältnis mit einer Zeit der Freistellung, gilt Satz 1 Nummer 2 mit der Maßgabe, dass das monatlich fällige Arbeitsentgelt in der Zeit der Freistellung nicht unangemessen von dem für die Zeit der Arbeitsleistung abweichen darf, mit der das Arbeitsentgelt später erzielt werden soll. Eine Beschäftigung gegen Arbeitsentgelt besteht während der Zeit der Freistellung auch, wenn die Arbeitsleistung, mit der das Arbeitsentgelt später erzielt werden soll, wegen einer im Zeitpunkt der Vereinbarung nicht vorhersehbaren vorzeitigen Beendigung des Beschäftigungsverhältnisses nicht mehr erbracht werden kann. Die Vertragsparteien können beim Abschluss der Vereinbarung nur für den Fall, dass Wertguthaben wegen der Beendigung der Beschäftigung auf Grund verminderter Erwerbsfähigkeit, des Erreichens einer Altersgrenze, zu der eine Rente wegen Alters beansprucht werden kann, oder des Todes des Beschäftigten nicht mehr für Zeiten einer Freistellung von der Arbeitsleistung verwendet werden können, einen anderen Verwendungszweck vereinbaren. Die Sätze 1 bis 4 gelten nicht für Beschäftigte, auf die Wertguthaben übertragen werden.

(1 b) Die Möglichkeit eines Arbeitnehmers zur Vereinbarung flexibler Arbeitszeiten gilt nicht als eine die Kündigung des Arbeitsverhältnisses durch den Arbeitgeber begründende Tatsache im Sinne des § 1 Absatz 2 Satz 1 des Kündigungsschutzgesetzes.

(2) Als Beschäftigung gilt auch der Erwerb beruflicher Kenntnisse, Fertigkeiten oder Erfahrungen im Rahmen betrieblicher Berufsbildung.

(3) Eine Beschäftigung gegen Arbeitsentgelt gilt als fortbestehend, solange das Beschäftigungsverhältnis ohne Anspruch auf Arbeitsentgelt fortdauert, jedoch nicht länger als einen Monat. Eine Beschäftigung gilt auch als fortbestehend, wenn Arbeitsentgelt aus einem der Deutschen Rentenversicherung Bund übertragenen Wertguthaben bezogen wird. Satz 1 gilt nicht, wenn Krankengeld, Krankentagegeld, Verletztengeld, Krankengeld der sozialen Entschädigung, Krankengeld der

Soldatenentschädigung, Übergangsgeld, Pflegeunterstützungsgeld oder Mutterschaftsgeld oder nach gesetzlichen Vorschriften Erziehungsgeld oder Elterngeld bezogen oder Elternzeit in Anspruch genommen oder Wehrdienst oder Zivildienst geleistet wird. Satz 1 gilt auch nicht für die Freistellung nach § 3 des Pflegezeitgesetzes.
(4) Beschäftigt ein Arbeitgeber einen Ausländer ohne die nach § 284 Absatz 1 des Dritten Buches erforderliche Genehmigung oder ohne die nach § 4a Absatz 5 des Aufenthaltsgesetzes erforderliche Berechtigung zur Erwerbstätigkeit, wird vermutet, dass ein Beschäftigungsverhältnis gegen Arbeitsentgelt für den Zeitraum von drei Monaten bestanden hat.

§ 7a Feststellung des Erwerbsstatus (1) Die Beteiligten können bei der Deutschen Rentenversicherung Bund schriftlich oder elektronisch eine Entscheidung beantragen, ob bei einem Auftragsverhältnis eine Beschäftigung oder eine selbständige Tätigkeit vorliegt, es sei denn, die Einzugsstelle oder ein anderer Versicherungsträger hatte im Zeitpunkt der Antragstellung bereits ein Verfahren zur Feststellung von Versicherungspflicht auf Grund einer Beschäftigung eingeleitet. Die Einzugsstelle hat einen Antrag nach Satz 1 zu stellen, wenn sich aus der Meldung des Arbeitgebers (§ 28a) ergibt, dass der Beschäftigte Ehegatte, Lebenspartner oder Abkömmling des Arbeitgebers oder geschäftsführender Gesellschafter einer Gesellschaft mit beschränkter Haftung ist.
(2) Die Deutsche Rentenversicherung Bund entscheidet auf Grund einer Gesamtwürdigung aller Umstände des Einzelfalles, ob eine Beschäftigung oder eine selbständige Tätigkeit vorliegt. Wird die vereinbarte Tätigkeit für einen Dritten erbracht und liegen Anhaltspunkte dafür vor, dass der Auftragnehmer in dessen Arbeitsorganisation eingeglieder ist und dessen Weisungen unterliegt, stellt sie bei Vorliegen einer Beschäftigung auch fest, ob das Beschäftigungsverhältnis zu dem Dritten besteht. Der Dritte kann bei Vorliegen von Anhaltspunkten im Sinne des Satzes 2 ebenfalls eine Entscheidung nach Absatz 1 Satz 1 beantragen. Bei der Beurteilung von Versicherungspflicht auf Grund des Auftragsverhältnisses sind andere Versicherungsträger an die Entscheidungen der Deutschen Rentenversicherung Bund gebunden.
(3) Die Deutsche Rentenversicherung Bund teilt den Beteiligten schriftlich oder elektronisch mit, welche Angaben und Unterlagen sie für ihre Entscheidung benötigt. Sie setzt den Beteiligten eine angemessene Frist, innerhalb der diese die Angaben zu machen und die Unterlagen vorzulegen haben.
(4) Die Deutsche Rentenversicherung Bund teilt den Beteiligten mit, welche Entscheidung sie zu treffen beabsichtigt, bezeichnet die Tatsachen, auf die sie ihre Entscheidung stützen will, und gibt den Beteiligten Gelegenheit, sich zu der beabsichtigten Entscheidung zu äußern. Satz 1 gilt nicht, wenn die Deutsche Rentenversicherung Bund einem übereinstimmenden Antrag der Beteiligten entspricht.
(4a) Auf Antrag der Beteiligten entscheidet die Deutschen Rentenversicherung Bund bereits vor Aufnahme der Tätigkeit nach Absatz 2. Neben den schriftlichen Vereinbarungen sind die beabsichtigten Umstände der Vertragsdurchführung zu Grunde zu legen. Ändern sich die schriftlichen Vereinbarungen oder die Umstände der Vertragsdurchführung bis zu einem Monat nach der Aufnahme der Tätigkeit,

haben die Beteiligten dies unverzüglich mitzuteilen. Ergibt sich eine wesentliche Änderung, hebt die Deutsche Rentenversicherung Bund die Entscheidung nach Maßgabe des § 48 des Zehnten Buches auf. Die Aufnahme der Tätigkeit gilt als Zeitpunkt der Änderung der Verhältnisse.

(4b) Entscheidet die Deutsche Rentenversicherung Bund in einem Einzelfall über den Erwerbsstatus, äußert sie sich auf Antrag des Auftraggebers gutachterlich zu dem Erwerbsstatus von Auftragnehmern in gleichen Auftragsverhältnissen. Auftragsverhältnisse sind gleich, wenn die vereinbarten Tätigkeiten ihrer Art und den Umständen der Ausübung nach übereinstimmen und ihnen einheitliche vertragliche Vereinbarungen zu Grunde liegen. In der gutachterlichen Äußerung sind die Art der Tätigkeit, die zu Grunde gelegten vertraglichen Vereinbarungen und die Umstände der Ausübung sowie ihre Rechtswirkungen anzugeben. Bei Abschluss eines gleichen Auftragsverhältnisses hat der Auftraggeber dem Auftragnehmer eine Kopie der gutachterlichen Äußerung auszuhändigen. Der Auftragnehmer kann für gleiche Auftragsverhältnisse mit demselben Auftraggeber ebenfalls eine gutachterliche Äußerung beantragen.

(4c) Hat die Deutsche Rentenversicherung Bund in einer gutachterlichen Äußerung nach Absatz 4b das Vorliegen einer selbständigen Tätigkeit angenommen und stellt sie in einem Verfahren nach Absatz 1 oder ein anderer Versicherungsträger in einem Verfahren auf Feststellung von Versicherungspflicht für ein gleiches Auftragsverhältnis eine Beschäftigung fest, so tritt eine Versicherungspflicht auf Grund dieser Beschäftigung erst mit dem Tag der Bekanntgabe dieser Entscheidung ein, wenn die Voraussetzungen des Absatzes 5 Satz 1 Nummer 2 erfüllt sind. Im Übrigen findet Absatz 5 Satz 1 keine Anwendung. Satz 1 gilt nur für Auftragsverhältnisse, die innerhalb von zwei Jahren seit Zugang der gutachterlichen Äußerung geschlossen werden. Stellt die Deutsche Rentenversicherung Bund die Beschäftigung in einem Verfahren nach Absatz 1 fest, so entscheidet sie auch darüber, ob die Voraussetzungen des Absatzes 5 Satz 1 Nummer 2 erfüllt sind.

(5) Wird der Antrag auf Feststellung des Erwerbsstatus innerhalb eines Monats nach Aufnahme der Tätigkeit gestellt und stellt die Deutsche Rentenversicherung Bund eine Beschäftigung fest, gilt der Tag der Bekanntgabe der Entscheidung als Tag des Eintritts in das Beschäftigungsverhältnis, wenn der Beschäftigte

1. zustimmt und
2. er für den Zeitraum zwischen Aufnahme der Beschäftigung und der Entscheidung eine Absicherung gegen das finanzielle Risiko von Krankheit und zur Altersvorsorge vorgenommen hat, die der Art nach den Leistungen der gesetzlichen Krankenversicherung und der gesetzlichen Rentenversicherung entspricht.

Die Deutsche Rentenversicherung Bund stellt den Zeitpunkt fest, der als Tag des Eintritts in das Beschäftigungsverhältnis gilt. Der Gesamtsozialversicherungsbeitrag wird erst zu dem Zeitpunkt fällig, zu dem die Entscheidung, dass eine Beschäftigung vorliegt, unanfechtbar geworden ist.

(6) Widerspruch und Klage gegen Entscheidungen nach den Absätzen 2 und 4a haben aufschiebende Wirkung. Im Widerspruchsverfahren können die Beteiligten nach Begründung des Widerspruchs eine mündliche Anhörung beantragen, die gemeinsam mit den anderen Beteiligten erfolgen soll. Eine Klage auf Erlass der

Entscheidung ist abweichend von § 88 Absatz 1 des Sozialgerichtsgesetzes nach Ablauf von drei Monaten zulässig.
(7) Absatz 2 Satz 2 und 3, Absätze 4a bis 4c und Absatz 6 Satz 2 treten mit Ablauf des 30. Juni 2027 außer Kraft. Die Deutsche Rentenversicherung Bund legt dem Bundesministerium für Arbeit und Soziales bis zum 31. Dezember 2025 einen Bericht über die Erfahrungen bei der Anwendung des Absatzes 2 Satz 2 und 3, der Absätze 4a bis 4c und des Absatzes 6 Satz 2 vor.

§ 7b Wertguthabenvereinbarungen Eine Wertguthabenvereinbarung liegt vor, wenn
1. der Aufbau des Wertguthabens auf Grund einer schriftlichen Vereinbarung erfolgt,
2. diese Vereinbarung nicht das Ziel der flexiblen Gestaltung der werktäglichen oder wöchentlichen Arbeitszeit oder den Ausgleich betrieblicher Produktions- und Arbeitszeitzyklen verfolgt,
3. Arbeitsentgelt in das Wertguthaben eingebracht wird, um es für Zeiten der Freistellung von der Arbeitsleistung oder der Verringerung der vertraglich vereinbarten Arbeitszeit zu entnehmen,
4. das aus dem Wertguthaben fällige Arbeitsentgelt mit einer vor oder nach der Freistellung von der Arbeitsleistung oder der Verringerung der vertraglich vereinbarten Arbeitszeit erbrachten Arbeitsleistung erzielt wird und
5. das fällige Arbeitsentgelt insgesamt die Geringfügigkeitsgrenze monatlich übersteigt, es sei denn, die Beschäftigung wurde vor der Freistellung als geringfügige Beschäftigung ausgeübt.

§ 7c Verwendung von Wertguthaben (1) Das Wertguthaben auf Grund einer Vereinbarung nach § 7b kann in Anspruch genommen werden
1. für gesetzlich geregelte vollständige oder teilweise Freistellungen von der Arbeitsleistung oder gesetzlich geregelte Verringerungen der Arbeitszeit, insbesondere für Zeiten,
   a) in denen der Beschäftigte eine Freistellung nach § 3 des Pflegezeitgesetzes oder nach § 2 des Familienpflegezeitgesetzes verlangen kann,
   b) in denen der Beschäftigte nach § 15 des Bundeselterngeld- und Elternzeitgesetzes ein Kind selbst betreut und erzieht,
   c) für die der Beschäftigte eine Verringerung seiner vertraglich vereinbarten Arbeitszeit nach § 8 oder § 9a des Teilzeit- und Befristungsgesetzes verlangen kann; § 8 des Teilzeit- und Befristungsgesetzes gilt mit der Maßgabe, dass die Verringerung der Arbeitszeit auf die Dauer der Entnahme aus dem Wertguthaben befristet werden kann,
2. für vertraglich vereinbarte vollständige oder teilweise Freistellungen von der Arbeitsleistung oder vertraglich vereinbarte Verringerungen der Arbeitszeit, insbesondere für Zeiten,
   a) die unmittelbar vor dem Zeitpunkt liegen, zu dem der Beschäftigte eine Rente wegen Alters nach dem Sechsten Buch bezieht oder beziehen könnte oder

b) in denen der Beschäftigte an beruflichen Qualifizierungsmaßnahmen teilnimmt.

(2) Die Vertragsparteien können die Zwecke, für die das Wertguthaben in Anspruch genommen werden kann, in der Vereinbarung nach § 7b abweichend von Absatz 1 auf bestimmte Zwecke beschränken.

§ 7d Führung und Verwaltung von Wertguthaben (1) Wertguthaben sind als Arbeitsentgeltguthaben einschließlich des darauf entfallenden Arbeitgeberanteils am Gesamtsozialversicherungsbeitrag zu führen. Die Arbeitszeitguthaben sind in Arbeitsentgelt umzurechnen.

(2) Arbeitgeber haben Beschäftigte mindestens einmal jährlich in Textform über die Höhe ihres im Wertguthaben enthaltenen Arbeitsentgeltguthabens zu unterrichten.

(3) Für die Anlage von Wertguthaben gelten die Vorschriften über die Anlage der Mittel von Versicherungsträgern nach dem Vierten Titel des Vierten Abschnitts entsprechend, mit der Maßgabe, dass eine Anlage in Aktien oder Aktienfonds bis zu einer Höhe von 20 Prozent zulässig und ein Rückfluss zum Zeitpunkt der Inanspruchnahme des Wertguthabens mindestens in der Höhe des angelegten Betrages gewährleistet ist. Ein höherer Anlageanteil in Aktien oder Aktienfonds ist zulässig, wenn

1. dies in einem Tarifvertrag oder auf Grund eines Tarifvertrages in einer Betriebsvereinbarung vereinbart ist oder
2. das Wertguthaben nach der Wertguthabenvereinbarung ausschließlich für Freistellungen nach § 7c Absatz 1 Nummer 2 Buchstabe a in Anspruch genommen werden kann.

30 IV

§ 7e Insolvenzschutz (1) Die Vertragsparteien treffen im Rahmen ihrer Vereinbarung nach § 7b durch den Arbeitgeber zu erfüllende Vorkehrungen, um das Wertguthaben einschließlich des darin enthaltenen Gesamtsozialversicherungsbeitrages gegen das Risiko der Insolvenz des Arbeitgebers vollständig abzusichern, soweit

1. ein Anspruch auf Insolvenzgeld nicht besteht und wenn
2. das Wertguthaben des Beschäftigten einschließlich des darin enthaltenen Gesamtsozialversicherungsbeitrages einen Betrag in Höhe der monatlichen Bezugsgröße übersteigt.

In einem Tarifvertrag oder auf Grund eines Tarifvertrages in einer Betriebsvereinbarung kann ein von Satz 1 Nummer 2 abweichender Betrag vereinbart werden.

(2) Zur Erfüllung der Verpflichtung nach Absatz 1 sind Wertguthaben unter Ausschluss der Rückführung durch einen Dritten zu führen, der im Fall der Insolvenz des Arbeitgebers für die Erfüllung der Ansprüche aus dem Wertguthaben für den Arbeitgeber einsteht, insbesondere in einem Treuhandverhältnis, das die unmittelbare Übertragung des Wertguthabens in das Vermögen des Dritten und die Anlage des Wertguthabens auf einem offenen Treuhandkonto oder in anderer geeigneter Weise sicherstellt. Die Vertragsparteien können in der Vereinbarung nach § 7b ein anderes, einem Treuhandverhältnis im Sinne des Satzes 1 gleichwertiges Sicherungsmittel vereinbaren, insbesondere ein Versicherungsmodell oder ein schuld-

rechtliches Verpfändungs- oder Bürgschaftsmodell mit ausreichender Sicherung gegen Kündigung.

(3) Keine geeigneten Vorkehrungen sind bilanzielle Rückstellungen sowie zwischen Konzernunternehmen (§ 18 des Aktiengesetzes) begründete Einstandspflichten, insbesondere Bürgschaften, Patronatserklärungen oder Schuldbeitritte.

(4) Der Arbeitgeber hat den Beschäftigten unverzüglich über die Vorkehrungen zum Insolvenzschutz in geeigneter Weise schriftlich zu unterrichten, wenn das Wertguthaben die in Absatz 1 Satz 1 Nummer 2 genannten Voraussetzungen erfüllt.

(5) Hat der Beschäftigte den Arbeitgeber schriftlich aufgefordert, seinen Verpflichtungen nach den Absätzen 1 bis 3 nachzukommen und weist der Arbeitgeber dem Beschäftigten nicht innerhalb von zwei Monaten nach der Aufforderung die Erfüllung seiner Verpflichtung zur Insolvenzsicherung des Wertguthabens nach, kann der Beschäftigte die Vereinbarung nach § 7b mit sofortiger Wirkung kündigen; das Wertguthaben ist nach Maßgabe des § 23b Absatz 2 aufzulösen.

(6) Stellt der Träger der Rentenversicherung bei der Prüfung des Arbeitgebers nach § 28p fest, dass

1. für ein Wertguthaben keine Insolvenzschutzregelung getroffen worden ist,
2. die gewählten Sicherungsmittel nicht geeignet sind im Sinne des Absatzes 3,
3. die Sicherungsmittel in ihrem Umfang das Wertguthaben um mehr als 30 Prozent unterschreiten oder
4. die Sicherungsmittel den im Wertguthaben enthaltenen Gesamtsozialversicherungsbeitrag nicht umfassen,

weist er in dem Verwaltungsakt nach § 28p Absatz 1 Satz 5 den in dem Wertguthaben enthaltenen und vom Arbeitgeber zu zahlenden Gesamtsozialversicherungsbeitrag aus. Weist der Arbeitgeber dem Träger der Rentenversicherung innerhalb von zwei Monaten nach der Feststellung nach Satz 1 nach, dass er seiner Verpflichtung nach Absatz 1 nachgekommen ist, entfällt die Verpflichtung zur sofortigen Zahlung des Gesamtsozialversicherungsbeitrages. Hat der Arbeitgeber den Nachweis nach Satz 2 nicht innerhalb der dort vorgesehenen Frist erbracht, ist die Vereinbarung nach § 7b als von Anfang an unwirksam anzusehen; das Wertguthaben ist aufzulösen.

(7) Kommt es wegen eines nicht geeigneten oder nicht ausreichenden Insolvenzschutzes zu einer Verringerung oder einem Verlust des Wertguthabens, haftet der Arbeitgeber für den entstandenen Schaden. Ist der Arbeitgeber eine juristische Person oder eine Gesellschaft ohne Rechtspersönlichkeit haften auch die organschaftlichen Vertreter gesamtschuldnerisch für den Schaden. Der Arbeitgeber oder ein organschaftlicher Vertreter haften nicht, wenn sie den Schaden nicht zu vertreten haben.

(8) Eine Beendigung, Auflösung oder Kündigung der Vorkehrungen zum Insolvenzschutz vor der bestimmungsgemäßen Auflösung des Wertguthabens ist unzulässig, es sei denn, die Vorkehrungen werden mit Zustimmung des Beschäftigten durch einen mindestens gleichwertigen Insolvenzschutz abgelöst.

(9) Die Absätze 1 bis 8 finden keine Anwendung gegenüber dem Bund, den Ländern, Gemeinden, Körperschaften, Stiftungen und Anstalten des öffentlichen Rechts, über deren Vermögen die Eröffnung des Insolvenzverfahrens nicht zu-

lässig ist, sowie solchen juristischen Personen des öffentlichen Rechts, bei denen der Bund, ein Land oder eine Gemeinde kraft Gesetzes die Zahlungsfähigkeit sichert.

§ 7f Übertragung von Wertguthaben (1) Bei Beendigung der Beschäftigung kann der Beschäftigte durch schriftliche Erklärung gegenüber dem bisherigen Arbeitgeber verlangen, dass das Wertguthaben nach § 7b

1. auf den neuen Arbeitgeber übertragen wird, wenn dieser mit dem Beschäftigten eine Wertguthabenvereinbarung nach § 7b abgeschlossen und der Übertragung zugestimmt hat,
2. auf die Deutschen Rentenversicherung Bund übertragen wird, wenn das Wertguthaben einschließlich des Gesamtsozialversicherungsbeitrages einen Betrag in Höhe des Sechsfachen der monatlichen Bezugsgröße übersteigt; die Rückübertragung ist ausgeschlossen.

Nach der Übertragung sind die mit dem Wertguthaben verbundenen Arbeitgeberpflichten vom neuen Arbeitgeber oder von der Deutschen Rentenversicherung Bund zu erfüllen.

(2) Im Fall der Übertragung auf die Deutsche Rentenversicherung Bund kann der Beschäftigte das Wertguthaben für Zeiten der Freistellung von der Arbeitsleistung und Zeiten der Verringerung der vertraglich vereinbarten Arbeitszeit nach § 7c Absatz 1 sowie auch außerhalb eines Arbeitsverhältnisses für die in § 7c Absatz 1 Nummer 2 Buchstabe a genannten Zeiten in Anspruch nehmen. Der Antrag ist spätestens einen Monat vor der begehrten Freistellung schriftlich bei der Deutschen Rentenversicherung Bund zu stellen; in dem Antrag ist auch anzugeben, in welcher Höhe Arbeitsentgelt aus dem Wertguthaben entnommen werden soll; dabei ist § 7 Absatz 1a Satz 1 Nummer 2 zu berücksichtigen.

(3) Die Deutschen Rentenversicherung Bund verwaltet die ihr übertragenen Wertguthaben einschließlich des darin enthaltenen Gesamtsozialversicherungsbeitrags als ihr übertragene Aufgabe bis zu deren endgültiger Auflösung getrennt von ihrem sonstigen Vermögen treuhänderisch. Die Wertguthaben sind nach den Vorschriften über die Anlage der Mittel von Versicherungsträgern nach dem Vierten Titel des Vierten Abschnitts auszulegen. Die der Deutschen Rentenversicherung Bund durch die Übertragung, Verwaltung und Verwendung von Wertguthaben entstehenden Kosten sind vollständig vom Wertguthaben in Abzug zu bringen und in der Mitteilung an den Beschäftigten nach § 7d Absatz 2 gesondert auszuweisen.

§ 8 Geringfügige Beschäftigung und geringfügige selbständige Tätigkeit; Geringfügigkeitsgrenze (1) Eine geringfügige Beschäftigung liegt vor, wenn

1. das Arbeitsentgelt aus dieser Beschäftigung regelmäßig die Geringfügigkeitsgrenze nicht übersteigt,
2. die Beschäftigung innerhalb eines Kalenderjahres auf längstens drei Monate oder 70 Arbeitstage nach ihrer Eigenart begrenzt zu sein pflegt oder im Voraus vertraglich begrenzt ist, es sei denn, dass die Beschäftigung berufsmäßig ausgeübt wird und die Geringfügigkeitsgrenze übersteigt; bei einer Beschäftigung in einem landwirtschaftlichen Betrieb gilt eine zeitliche Grenze von 15 Wochen oder 90 Arbeitstagen.

(1a) Die Geringfügigkeitsgrenze im Sinne des Sozialgesetzbuchs bezeichnet das monatliche Arbeitsentgelt, das bei einer Arbeitszeit von zehn Wochenstunden zum Mindestlohn nach § 1 Absatz 2 Satz 1 des Mindestlohngesetzes in Verbindung mit der auf der Grundlage des § 11 Absatz 1 Satz 1 des Mindestlohngesetzes jeweils erlassenen Verordnung erzielt wird. Sie wird berechnet, indem der Mindestlohn mit 130 vervielfacht, durch drei geteilt und auf volle Euro aufgerundet wird. Die Geringfügigkeitsgrenze wird jeweils vom Bundesministerium für Arbeit und Soziales im Bundesanzeiger bekannt gemacht.

(1b) Ein unvorhersehbares Überschreiten der Geringfügigkeitsgrenze steht dem Fortbestand einer geringfügigen Beschäftigung nach Absatz 1 Nummer 1 nicht entgegen, wenn die Geringfügigkeitsgrenze innerhalb des für den jeweiligen Entgeltabrechnungszeitraum zu bildenden Zeitjahres in nicht mehr als zwei Kalendermonaten um jeweils einen Betrag bis zur Höhe der Geringfügigkeitsgrenze überschritten wird.

(2) Bei der Anwendung des Absatzes 1 sind mehrere geringfügige Beschäftigungen nach Nummer 1 oder Nummer 2 sowie geringfügige Beschäftigungen nach Nummer 1 mit Ausnahme einer geringfügigen Beschäftigung nach Nummer 1 und nicht geringfügige Beschäftigungen zusammenzurechnen. Eine geringfügige Beschäftigung liegt nicht mehr vor, sobald die Voraussetzungen des Absatzes 1 entfallen. Wird beim Zusammenrechnen nach Satz 1 festgestellt, dass die Voraussetzungen einer geringfügigen Beschäftigung nicht mehr vorliegen, tritt die Versicherungspflicht erst mit dem Tag ein, an dem die Entscheidung über die Versicherungspflicht nach § 37 des Zehnten Buches durch die Einzugsstelle nach § 28i Satz 5 oder einen anderen Träger der Rentenversicherung bekannt gegeben wird. Dies gilt nicht, wenn der Arbeitgeber vorsätzlich oder grob fahrlässig versäumt hat, den Sachverhalt für die versicherungsrechtliche Beurteilung der Beschäftigung aufzuklären.

(2a) Absatz 1 Nummer 2 gilt nicht für aufgrund der Beschäftigungsverordnung zugelassene kontingentierte kurzzeitige Beschäftigungen.

(3) Die Absätze 1 und 2 gelten entsprechend, soweit an Stelle einer Beschäftigung eine selbständige Tätigkeit ausgeübt wird. Dies gilt nicht für das Recht der Arbeitsförderung.

…

Dritter Titel – Arbeitsentgelt und sonstiges Einkommen

§ 18 Bezugsgröße Bezugsgröße im Sinne der Vorschriften für die Sozialversicherung ist, soweit in den besonderen Vorschriften für die einzelnen Versicherungszweige nichts Abweichendes bestimmt ist, das Durchschnittsentgelt der gesetzlichen Rentenversicherung im vorvergangenen Kalenderjahr, aufgerundet auf den nächsthöheren, durch 420 teilbaren Betrag.[1]

…

1 Die Höhe der Bezugsgröße ergibt sich aus § 1 **Sozialversicherungs-RechengrößenVO 2026** (SVBezGrV 2025) vom 24. 11. 2025 (BGBl. I 2025 Nr. 278):

Dritter Abschnitt – Meldepflichten des Arbeitgebers, Gesamtsozialversicherungsbeitrag

…

Zweiter Titel – Verfahren und Haftung bei der Beitragzahlung

§ 28d Gesamtsozialversicherungsbeitrag Die Beiträge in der Kranken- oder Rentenversicherung für einen kraft Gesetzes versicherten Beschäftigten oder Hausgewerbetreibenden sowie der Beitrag aus Arbeitsentgelt aus einer versicherungspflichtigen Beschäftigung nach dem Recht der Arbeitsförderung werden als Gesamtsozialversicherungsbeitrag gezahlt. Satz 1 gilt auch für den Beitrag zur Pflegeversicherung für einen in der Krankenversicherung kraft Gesetzes versicherten Beschäftigten. Die nicht nach dem Arbeitsentgelt zu bemessenden Beiträge in der landwirtschaftlichen Krankenversicherung für einen kraft Gesetzes versicherten Beschäftigten gelten zusammen mit den Beiträgen zur Rentenversicherung und Arbeitsförderung im Sinne des Satzes 1 ebenfalls als Gesamtsozialversicherungsbeitrag.

…

§ 28g Beitragsabzug Der Arbeitgeber und in den Fällen der nach § 7f Absatz 1 Satz 1 Nummer 2 auf die Deutsche Rentenversicherung Bund übertragenen Wertguthaben die Deutsche Rentenversicherung Bund hat gegen den Beschäftigten einen Anspruch auf den vom Beschäftigten zu tragenden Teil des Gesamtsozialversicherungsbeitrags. Dieser Anspruch kann nur durch Abzug vom Arbeitsentgelt geltend gemacht werden. Ein unterbliebener Abzug darf nur bei den drei nächsten Lohn- oder Gehaltszahlungen nachgeholt werden, danach nur dann, wenn der Abzug ohne Verschulden des Arbeitgebers unterblieben ist. Die Sätze 2 und 3 gelten nicht, wenn der Beschäftigte seinen Pflichten nach § 28o Absatz 1 vorsätzlich oder grob fahrlässig nicht nachkommt oder er den Gesamtsozialversicherungsbeitrag allein trägt oder solange der Beschäftigte nur Sachbezüge erhält.

…

Dritter Titel – Auskunfts- und Vorlagepflicht, Prüfung, Schadensersatzpflicht und Verzinsung

§ 28o Auskunfts- und Vorlagepflicht des Beschäftigten (1) Der Beschäftigte hat dem Arbeitgeber die zur Durchführung des Meldeverfahrens und der Beitragszahlung erforderlichen Angaben zu machen und, soweit erforderlich, Unterlagen vorzulegen; dies gilt bei mehreren Beschäftigungen sowie bei Bezug weiterer in der gesetzlichen Krankenversicherung beitragspflichtiger Einnahmen gegenüber allen beteiligten Arbeitgebern.

---

§ 1 Bezugsgröße in der Sozialversicherung Die Bezugsgröße nach § 18 des Vierten Buches Sozialgesetzbuch für das Jahr 2026 beträgt 47 460 Euro. Umgerechnet auf den Monat ergeben sich 3955 Euro.

(2) Der Beschäftigte hat auf Verlangen den zuständigen Versicherungsträgern unverzüglich Auskunft über die Art und Dauer seiner Beschäftigungen, die hierbei erzielten Arbeitsentgelte, seine Arbeitgeber und die für die Erhebung von Beiträgen notwendigen Tatsachen zu erteilen und alle für die Prüfung der Meldungen und der Beitragszahlung erforderlichen Unterlagen vorzulegen. Satz 1 gilt für den Hausgewerbetreibenden, soweit er den Gesamtsozialversicherungsbeitrag zahlt, entsprechend.
…

Elfter Abschnitt – Übergangsvorschriften

…

§ 116 Übergangsregelungen für bestehende Wertguthaben (1) Wertguthaben für Beschäftigte, die am 1. Januar 2009 abweichend von § 7d Absatz 1 als Zeitguthaben geführt werden, können als Zeitguthaben oder als Entgeltguthaben geführt werden; dies gilt auch für neu vereinbarte Wertguthabenvereinbarungen auf der Grundlage früherer Vereinbarungen.
(2) § 7c Absatz 1 findet nur auf Wertguthabenvereinbarungen Anwendung, die nach dem 1. Januar 2009 geschlossen worden sind.
(3) Für Wertguthabenvereinbarungen nach § 7b, die vor dem 31. Dezember 2008 geschlossen worden sind und in denen entgegen § 7e Absatz 1 und 2 keine Vorkehrungen für den Fall der Insolvenz des Arbeitgebers vereinbart sind, gilt § 7e Absatz 5 und 6 mit Wirkung ab dem 1. Juni 2009.
…

§ 127 Übergangsregelungen für Lehrtätigkeiten (1) Stellt ein Versicherungsträger in einem Verfahren zur Feststellung des Erwerbsstatus nach § 7a oder im Rahmen der Feststellung der Versicherungspflicht und Beitragshöhe in der Kranken-, Pflege- und Rentenversicherung sowie nach dem Recht der Arbeitsförderung nach § 28h Absatz 2 oder § 28p Absatz 1 Satz 5 fest, dass bei einer Lehrtätigkeit eine Beschäftigung vorliegt, so tritt Versicherungspflicht aufgrund dieser Beschäftigung erst ab dem 1. Januar 2027 ein, wenn

1. die Vertragsparteien bei Vertragsschluss übereinstimmend von einer selbständigen Tätigkeit ausgegangen sind und
2. die Person, die die Lehrtätigkeit ausübt, zustimmt.

Sofern keine solche Feststellung vorliegt und die Vertragsparteien bei Vertragsschluss übereinstimmend von einer selbständigen Tätigkeit ausgegangen sind und die Person, die die Lehrtätigkeit ausübt, gegenüber dem Vertragspartner zustimmt, tritt bis zum 31. Dezember 2026 keine Versicherungs- und Beitragspflicht aufgrund einer Beschäftigung ein.
(2) Sofern die Voraussetzungen des Absatzes 1 erfüllt sind, gelten ab dem 1. März 2025 bis zum 31. Dezember 2026 die betroffenen Personen als Selbständige im Sinne der Regelungen zur Versicherungs- und Beitragspflicht für selbständig tätige Lehrer nach dem Sechsten Buch. Abweichend von Satz 1 gelten für Personen, bei denen die Voraussetzungen nach Absatz 1 erfüllt sind und die mit der Lehrtätig-

keit nach Absatz 1 die Voraussetzungen des § 1 des Künstlersozialversicherungsgesetzes erfüllen würden, wenn diese als selbständige Tätigkeit ausgeübt würde, die Regelungen zur Versicherungs-und Beitragspflicht nach dem Künstlersozialversicherungsgesetz bis zum 31. Dezember 2026 entsprechend.

(3) Sofern die Voraussetzungen des Absatzes 1 erfüllt sind, gelten Pflichtbeiträge, die aufgrund der Lehrtätigkeit nach den Vorschriften für selbständig tätige Lehrer nach dem Sechsten Buch vor dem 1. März 2025 entrichtet wurden, als zu Recht entrichtet.

(4) Sofern die Voraussetzungen nach Absatz 1 erfüllt sind, gilt für die betroffenen Personen, die zum Zeitpunkt der Feststellung nach Absatz 1 Satz 1 oder der Zustimmung nach Absatz 1 Satz 2 nach § 28a des Dritten Buches versichert waren, § 28a des Dritten Buches ab Beginn der Beschäftigung bis zum 31. Dezember 2026 entsprechend.

…

30 V. Sozialgesetzbuch (SGB) Fünftes Buch Gesetzliche Krankenversicherung

Einleitung

I. Allgemeines

Mit dem Gesundheits-Reformgesetz vom 20.12.1988 (BGBl. I 2477) wurden die Vorschriften über die Krankenversicherung zusammengefasst und das Fünfte Buch SGB geschaffen (hierzu *Rüfner,* NJW 89, 1002). Die entsprechenden Vorschriften wurden aus der RVO (s. Einl. I zum SGB I, Nr. 30 I) in das SGB V überführt. Zuletzt wurden die noch in den §§ 195 ff. RVO (vgl. bis 37. Aufl. unter Nr. 29) befindlichen Vorschriften über Leistungen bei Schwangerschaft und Mutterschaft durch das Pflege-Neuausrichtungsgesetz v. 23.10.12 (BGBl. I 2246) als §§ 24c ff. in das SGB V überführt.

Das Gesetz wurde unzählige Male geändert, häufig um den immerwährenden Kampf um die Kosten im Gesundheitssystem endlich in den Griff zu bekommen, zudem gab es zahlreiche Folgeänderungen wegen Reformen in anderen Bereichen (vgl. 39., 43., 45., 47. und 50. Aufl.). So wurde in jüngerer Zeit etwa die Regelung über das Mutterschaftsgeld in § 24i Abs. 3 SGB V an die durch das Mutterschutzanpassungsgesetz (v. 24.2.2025, BGBl. I Nr. 59) geänderten Schutzfristen (vgl. Einl. I zum MuSchG, Nr. 28) angepasst. Während der Corona-Pandemie gab es verschiedene Erleichterungen (vgl. 49. Aufl., Einl. I zum SGB V) u.a. beim sog. Kinderkrankengeld (zu diesem s.u. II 2).

Gesundheitsförderung und Prävention wurden durch das Präventionsgesetz v. 17.5.2015 (BGBl. I 1368; Gesetzentwurf: BT-Drs. 18/4282) systemübergreifend geregelt (dazu *Schneider*, SGb 15, 599). Es zielt auf Gesundheitsförderung und Prävention im jeweiligen sozialen Lebensraum und stärkere Verknüpfung mit dem Arbeitsschutz. Eingebunden sind neben der gesetzlichen auch die private Krankenversicherung sowie die Renten- und Unfallversicherung. In der nationalen Präventionskonferenz sind neben den Sozialversicherungsträgern Gebietskörperschaften und Sozialpartner vertreten. Die Regelungen über die Vergütung der Bundeszentrale für gesundheitliche Aufklärung für Präventionsaufgaben durch die Krankenkassen stellen allerdings nach Ansicht des *BSG* einen verfassungswidrigen Eingriff in die Selbstständigkeit der Sozialversicherungsträger dar (18.5.2021 – B 1 A 2/20 R, NZS 22, 57).

II. Wesentlicher Gesetzesinhalt

1. Versicherungspflicht

Grundlage der Versicherungspflicht von Arbeitnehmern in der Krankenversicherung ist § 5 Abs. 1 Nr. 1 SGB V (Übersicht 64). Ein Versicherungsverhältnis scheitert nicht daran, dass der Arbeitnehmer bei Arbeitsaufnahme schon erkrankt ist (*BSG* 4.12.1997 – 12 RK 46/94, NZA-RR 98, 97). Dies hatte das *BSG* (8.7.1959 – 4 RJ 58/58, BSGE 10, 156, 159) früher mit der Rechtsfigur des »missglückten Arbeitsversuchs« angenommen. Der paritätisch finanzierte Beitragssatz liegt bei 14,6%. Hinzu kommt der einkommensabhängige kassenindividuelle Zusatzbeitrag nach § 242 SGB V.

Der Gesetzgeber ist aus entsprechenden Erwägungen wie bei der gesetzlichen Rentenversicherung (s. Einl. I zum SGB VI, Nr. 30 VI) nicht verpflichtet, die Beiträge im Hinblick auf den Betreuungs- und Erziehungsaufwand für Kinder zu reduzieren. Nachdem das *BSG* (30.9.2015 – B 12 KR 15/12 R, NZS 16, 391) dies so gesehen hat, ist auch eine dagegen gerichtete Verfassungsbeschwerde erfolglos geblieben (*BVerfG* 7.4.2022 – 1 BvL 3/18 u.a., NZS 22, 579).

2. Krankenbehandlung und -geld, Prävention

Versicherte haben gemäß § 27 SGB V im Falle einer Krankheit Anspruch auf Behandlung. Diese wird durch sog. Vertragsärzte (»Kassenärzte«) erbracht (§§ 72ff. SGB V). Diese sind nicht berechtigt, ihre Leistungen im Wege eines Streiks zurückzuhalten (*BSG* 30.11.2016 – B 6 KA 38/15 R, NZS 17, 539). Der Behandlungsanspruch erstreckt sich nach dem sog. »Nikolausbeschluss« des *BVerfG* (6.12.2005 – 1 BvR 347/98, NJW 06, 891; vgl. auch *BVerfG* 11.4.2017 – 1 BvR 452/17, NZS 17, 582) bei lebensbedrohlichen Krankheiten auch auf Behandlungen, die nicht dem allgemein anerkannten Stand der Medizin entsprechen, soweit es eine solche anerkannte Behandlungsmethode nicht gibt und die vom Arzt vorgesehene Behandlung eine nicht völlig entfernt liegende Möglichkeit zur Heilung oder spürbaren Linderung verspricht (vgl. *Hauck*, NJW 07, 1320; *Padé*, NZS 07, 352; dazu *BSG* 7.11.2006 – B 1 KR 24/06 R, NJW 07, 1385; für Medikation *BSG* 4.4.2006 – B 1 KR 7/05 R, NJW 07, 1380; zur Grenze bei abgelehnter Zulassung des Arzneimittels durch die Europäische Arzneimittel-Agentur *BSG* 16.5.2025 – B 1 KR 7/23 R, BSGE 136, 185). Diesen Anspruch hat der Gesetzgeber zwischenzeitlich in § 2 Abs. 1a SGB V normiert. Ergänzt wird der Anspruch auf Krankenbehandlung um Leistungen der Primärprävention, Prophylaxe und Früherkennung (§§ 20d ff. SGB V, 25ff. SGB V; zum Präventionsgesetz s.o. I).

Bezogen auf die betriebliche Situation und den Zusammenhang mit dem Arbeitsverhältnis zentral sind die Regelungen über das Krankengeld bei zur Arbeitsunfähigkeit führender Krankheit (§§ 45ff. SGB V). Das Krankengeld beträgt aufgrund des Beitragsentlastungsgesetzes vom 1.11.1996 (BGBl. I 1631) 70% des letzten Nettoverdienstes (bis Ende 1996 noch 80%). Die Dauer des Krankengeldbezugs beträgt 78 Wochen wegen derselben Krankheit innerhalb von 3 Jahren (zum Begriff »derselben Krankheit« s. *BSG* 8.12.1992 – 1 RK 8/92, NZS 93, 165).

Gemäß § 45 Abs. 1 SGB V besteht ein Anspruch auf ein sog. Kinderkrankengeld für die Zeit der Betreuung eines erkrankten Kindes und gemäß § 45 Abs. 3 SGB V für die gleiche Zeit ein Anspruch auf unbezahlte Freistellung von der Arbeit (ausführlich dazu *Graue*, SGB 23, 401). Ein gemäß § 616 Abs. 1 BGB (Nr. 14) bestehender Anspruch auf bezahlte Freistellung geht vor.

3. Leistungen bei Mutterschaft

Die Leistungen bei Mutterschaft nach §§ 24c ff. SGB V erfassen einen größeren Kreis von Frauen als der Mutterschutz auf Grund des MuSchG (Nr. 28, siehe dort), weil auch nicht erwerbstätige, mitversicherte Ehefrauen im Rahmen der Familienhilfe Anspruch auf Mutterschaftshilfe haben.

4. Stufenweise Wiedereingliederung

Arbeitsunfähig erkrankte Arbeitnehmer können gemäß § 74 Abs. 5 SGB V stufenweise wiedereingegliedert werden (sog. Hamburger Modell). Das *BAG* (29. 1. 1992 – 5 AZR 37/91, NZA 92, 643) sieht in diesem therapeutischen Wiedereingliederungsverhältnis kein Arbeitsverhältnis, sodass dem Arbeitnehmer Vergütung nur dann zusteht, wenn dies ausdrücklich vereinbart wird (vgl. *Gitter,* ZfA 95, 123; *v. Hoyningen-Huene,* NZA 92, 49; *Wanner,* DB 92, 93; *Compensis,* NZA 92, 631). Einen Anspruch auf Begründung eines Wiedereingliederungsverhältnisses soll der Arbeitnehmer nach der Rechtsprechung nicht haben (*BAG* 29. 1. 1992 – 5 AZR 37/91, AP Nr. 1 zu § 74 SGB V; krit. dazu mit Recht *Gagel*, NZA 01, 988, 991). Für behinderte Menschen kann sich aber ein diesbezüglicher Anspruch aus § 164 Abs. 4 Nr. 1 SGB IX ergeben (*BAG* 13. 6. 2006 – 9 AZR 229/05, AP Nr. 12 zu § 81 SGB IX; 16. 5. 2019 – 8 AZR 530/17, NZA 19, 1348). Bei einer stufenweisen Wiedereingliederung, die ohne Zusammenhang mit anderen medizinischen Rehabilitationsleistungen erfolgt, besteht nach der Rechtsprechung kein Anspruch auf Fahrtkostenerstattung (*BSG* 16. 5. 2024 – B 1 KR 7/23 R, BSGE 138, 18).

5. Arbeitskampf

Bei einem rechtmäßigen Arbeitskampf bleibt die Mitgliedschaft ohne Beitragsleistung bestehen (§ 192 Abs. 1 Nr. 1 SGB V; vgl. *Herrmann,* SozSich 90, 114; *Deinert*, Sozialrecht, 2024, 11. Kap. Rn. 17). Bei einem rechtswidrigen Streik gilt die Begrenzung fortwirkender Ansprüche auf einen Monat gemäß § 19 Abs. 2 SGB V. Bei rechtswidriger Aussperrung bleibt die Mitgliedschaft wegen des weiterbestehenden Anspruchs auf Entgeltzahlung erhalten (Begründung RegE, BT-Drs. 11/2237, S. 217). Nicht ausdrücklich angesprochen sind mittelbare Folgen eines Arbeitskampfs: Soweit jedoch in diesem Falle der Anspruch auf Arbeitsentgelt wegfällt, wird dies von der Rechtsprechung arbeitskampfrechtlich begründet (vgl. *BAG* 22. 12. 1980 – 1 ABR 2/79 und 1 ABR 76/79, AP Nr. 70, 71 zu Art. 9 Abs. 3 GG Arbeitskampf). Krankenversicherungsrechtlich bleibt es beim Versicherungsschutz (vgl. *Walser*, in: Däubler [Hrsg.], Arbeitskampfrecht, 4. Aufl., 2018, § 23 Rn. 33 f.).

Für freiwillig Versicherte gilt dies nicht. Sie müssen im Falle eines Arbeitskampfes selbst für die Beiträge sorgen.

6. Medizinischer Dienst

Die Krankenkassen können zur Beseitigung von Zweifeln an der Arbeitsunfähigkeit einen (versicherten) Arbeitnehmer durch den Medizinischen Dienst untersuchen lassen (§ 275 SGB V). Das kann auch auf Verlangen des Arbeitgebers erfolgen, wenn dieser Zweifel an der Arbeitsunfähigkeit darlegt (vgl. »Arbeitsunfähigkeitsrichtlinie«, Fn. 1 zu § 74; vgl. auch Einl. II 1 zum EFZG, Nr. 18).

Wichtige Entscheidungen

BVerfG 6.12.2005 – 1 BvR 347/98, NJW 2006, 891
BVerfG 7.4.2022 – 1 BvL 3/18 u.a., NZS 2022, 579
BSG 4.12.1997 – 12 RK 46/94, NZA-RR 1998, 97

Weiterführende Literatur

Deinert, Sozialrecht (2025), Kap. 8: Krankheit
BeckOGK-SGB V, auch Loseblatt (Kasseler Kommentar zum Sozialversicherungsrecht)
Becker/Kingreen (Hrsg.), SGB V, 9. Aufl. (2024)
Berchtold/Huster/Rehborn (Hrsg.), Kommentar zum Gesundheitsrecht, 2. Aufl. (2018)
Hauck/Noftz, SGB V (Loseblatt)
Hänlein/Schuler (Hrsg.), SGB V, 6. Aufl. (2022)
v.Koppenfels-Spies/Wenner (Hrsg.), SGB V, 4. Aufl. (2022)
Krauskopf, Soziale Krankenversicherung – SGB V, Pflegeversicherung (Loseblatt)
Schlegel/Voelzke (Hrsg.), Juris Praxiskommentar SGB V, 5. Aufl. (2025)
Sodan (Hrsg.), Handbuch des Krankenversicherungsrechts, 3. Aufl. (2018)
Spickhoff (Hrsg.), Medizinrecht, 4. Aufl. (2022)
Windscheid-Profeta, Betriebliche Prävention: Wie sich der Krankenstand senken und Präsentismus verringern lässt, SozSich 4/2025, S. 10

Übersicht 64: Krankenversicherung

Versicherte Person

Pflichtversicherte
- zwangsversicherte AN, ohne Rücksicht auf eigenen Willen
- Arbeiter, Angestellte und zu ihrer Berufsausbildung Beschäftigte

Freiwillige Versicherte
- Mitgliedschaft abhängig vom eigenen Wunsch
- bei Überschreiten der Jahreseinkommensgrenze

Familienversicherte
- Ehegatten, Kinder, Lebenspartner
- keine eigene hauptberufliche Tätigkeit und geringes Einkommen

Finanzierung

- Grundsatz: hälftige Beiträge AN und AG
- Zuzahlungen Versicherter
- AG bezahlt für geringfügig Beschäftigte

Verwaltung der Einnahmen durch Gesundheitsfonds (§ 271), daraus Mittelzuweisungen an die Kassen (§ 270) Einkommensausgleich (§ 270a)

Versicherungsträger: Krankenkassen
(paritätische Selbstverwaltung durch Arbeitgeber und Arbeitnehmer)

Leistungen (SGB I § 21)

Versicherte haben Anspruch auf folgende Leistungen:
- Förderung der Gesundheit, Verhütung und Früherkennung von Krankheiten
- Krankenbehandlung, insbesondere:
  - Krankenhausbehandlung, ärztliche Behandlung
  - Krankengeld
  - ärztliche Betreuung bei Schwangerschaft und Mutterschaft
  - Hilfe zur Familienplanung

Sozialgesetzbuch (SGB) Fünftes Buch Gesetzliche Krankenversicherung

vom 20. Dezember 1988 (BGBl. I 2477),
zuletzt geändert durch Gesetz vom 22. Dezember 2025 (BGBl. 2025 I Nr. 371)

(Abgedruckte Vorschriften: § 5 Abs. 1 Nr. 1, §§ 20b, 24c, 24i, 27, 42, 44, 45, 47, 48, 49 Abs. 1 Nr. 5, § 74)

§ 5 Versicherungspflicht (1) Versicherungspflichtig sind

1. Arbeiter, Angestellte und zu ihrer Berufsausbildung Beschäftigte, die gegen Arbeitsentgelt beschäftigt sind,

…

§ 20b Versicherungspflicht (1) Die Krankenkassen fördern mit Leistungen zur Gesundheitsförderung in Betrieben (betriebliche Gesundheitsförderung) insbesondere den Aufbau und die Stärkung gesundheitsförderlicher Strukturen. Hierzu erheben sie unter Beteiligung der Versicherten und der Verantwortlichen für den Betrieb sowie der Betriebsärzte und der Fachkräfte für Arbeitssicherheit die gesundheitliche Situation einschließlich ihrer Risiken und Potenziale und entwickeln Vorschläge zur Verbesserung der gesundheitlichen Situation sowie zur Stärkung der gesundheitlichen Ressourcen und Fähigkeiten und unterstützen deren Umsetzung. Für im Rahmen der Gesundheitsförderung in Betrieben erbrachte Leistungen zur individuellen, verhaltensbezogenen Prävention gilt § 20 Absatz 5 Satz 1 entsprechend.

(2) Bei der Wahrnehmung von Aufgaben nach Absatz 1 arbeiten die Krankenkassen mit dem zuständigen Unfallversicherungsträger sowie mit den für den Arbeitsschutz zuständigen Landesbehörden zusammen. Sie können Aufgaben nach Absatz 1 durch andere Krankenkassen, durch ihre Verbände oder durch zu diesem Zweck gebildete Arbeitsgemeinschaften (Beauftragte) mit deren Zustimmung wahrnehmen lassen und sollen bei der Aufgabenwahrnehmung mit anderen Krankenkassen zusammenarbeiten. § 88 Abs. 1 Satz 1 und Abs. 2 des Zehnten Buches und § 219 gelten entsprechend.

(3) Die Krankenkassen bieten Unternehmen, insbesondere Einrichtungen nach § 107 Absatz 1 und Einrichtungen nach § 71 Absatz 1 und 2 des Elften Buches, unter Nutzung bestehender Strukturen in gemeinsamen regionalen Koordinierungsstellen Beratung und Unterstützung an. Die Beratung und Unterstützung umfasst insbesondere die Information über Leistungen nach Absatz 1, die Förderung überbetrieblicher Netzwerke zur betrieblichen Gesundheitsförderung und die Klärung, welche Krankenkasse im Einzelfall Leistungen nach Absatz 1 im Betrieb erbringt. Örtliche Unternehmensorganisationen und die für die Wahrnehmung der Interessen der Einrichtungen nach § 107 Absatz 1 oder der Einrichtungen nach § 71 Absatz 1 oder 2 des Elften Buches auf Landesebene maßgeblichen Verbände sollen an der Beratung beteiligt werden. Die Landesverbände der Krankenkassen und die

Ersatzkassen regeln einheitlich und gemeinsam das Nähere über die Aufgaben, die Arbeitsweise und die Finanzierung der Koordinierungsstellen sowie über die Beteiligung örtlicher Unternehmensorganisationen und der für die Wahrnehmung der Interessen der Einrichtungen nach § 107 Absatz 1 oder der Einrichtungen nach § 71 Absatz 1 oder 2 des Elften Buches auf Landesebene maßgeblichen Verbände durch Kooperationsvereinbarungen. Auf die zum Zwecke der Vorbereitung und Umsetzung der Kooperationsvereinbarungen gebildeten Arbeitsgemeinschaften findet § 94 Absatz 1a Satz 2 und 3 des Zehnten Buches keine Anwendung.

(4) Unterschreiten die jährlichen Ausgaben einer Krankenkasse den Betrag nach § 20 Absatz 6 Satz 2 für Leistungen nach Absatz 1, stellt die Krankenkasse die nicht verausgabten Mittel dem Spitzenverband Bund der Krankenkassen zur Verfügung. Dieser verteilt die Mittel nach einem von ihm festzulegenden Schlüssel auf die Landesverbände der Krankenkassen und die Ersatzkassen, die Kooperationsvereinbarungen mit örtlichen Unternehmensorganisationen nach Absatz 3 Satz 4 abgeschlossen haben. Die Mittel dienen der Umsetzung der Förderung überbetrieblicher Netzwerke nach Absatz 3 Satz 2 und der Kooperationsvereinbarungen nach Absatz 3 Satz 4. Die Sätze 1 bis 3 sind bezogen auf Ausgaben einer Krankenkasse für Leistungen nach Absatz 1 im Jahr 2020 nicht anzuwenden.

…

§ 24c Leistungen bei Schwangerschaft und Mutterschaft Die Leistungen bei Schwangerschaft und Mutterschaft umfassen

1. ärztliche Betreuung und Hebammenhilfe,
2. Versorgung mit Arznei-, Verband-, Heil-, Hilfsmitteln und digitalen Gesundheitsanwendungen,
3. Entbindung,
4. häusliche Pflege,
5. Haushaltshilfe,
6. Mutterschaftsgeld.

Anspruch auf Leistungen nach Satz 1 hat bei Vorliegen der übrigen Voraussetzungen jede Person, die schwanger ist, ein Kind geboren hat oder stillt.

…

§ 24i Mutterschaftsgeld (1) Weibliche Mitglieder, die bei Arbeitsunfähigkeit Anspruch auf Krankengeld haben oder denen wegen der Schutzfristen nach § 3 des Mutterschutzgesetzes kein Arbeitsentgelt gezahlt wird, erhalten Mutterschaftsgeld. Mutterschaftsgeld erhalten auch Frauen, deren Arbeitsverhältnis unmittelbar vor Beginn der Schutzfrist nach § 3 Absatz 1 des Mutterschutzgesetzes endet, wenn sie am letzten Tag des Arbeitsverhältnisses Mitglied einer Krankenkasse waren.

(2) Für Mitglieder, die bei Beginn der Schutzfrist vor der Entbindung nach § 3 Absatz 1 des Mutterschutzgesetzes in einem Arbeitsverhältnis stehen oder in Heimarbeit beschäftigt sind oder deren Arbeitsverhältnis nach Maßgabe von § 17 Absatz 2 des Mutterschutzgesetzes gekündigt worden ist, wird als Mutterschaftsgeld das um die gesetzlichen Abzüge verminderte durchschnittliche kalendertägliche Arbeitsentgelt der letzten drei abgerechneten Kalendermonate vor Beginn der Schutzfrist nach § 3 Absatz 1 des Mutterschutzgesetzes gezahlt. Es beträgt höchstens 13 Euro

für den Kalendertag. Für die Ermittlung des durchschnittlichen kalendertäglichen Arbeitsentgelts gilt § 21 des Mutterschutzgesetzes entsprechend. Übersteigt das durchschnittliche Arbeitsentgelt 13 Euro kalendertäglich, wird der übersteigende Betrag vom Arbeitgeber oder von der für die Zahlung des Mutterschaftsgeldes zuständigen Stelle nach den Vorschriften des Mutterschutzgesetzes gezahlt. Für Frauen nach Absatz 1 Satz 2 sowie für andere Mitglieder wird das Mutterschaftsgeld in Höhe des Krankengeldes gezahlt.

(3) Das Mutterschaftsgeld wird für die Zeit der Schutzfrist nach § 3 des Mutterschutzgesetzes sowie für den Entbindungstag gezahlt. Für die Zahlung des Mutterschaftsgeldes vor der Entbindung ist das Zeugnis eines Arztes oder einer Hebamme maßgebend, in dem der voraussichtliche Tag der Entbindung angegeben ist. Für Mitglieder, deren Arbeitsverhältnis während der Schutzfristen nach § 3 des Mutterschutzgesetzes beginnt, wird das Mutterschaftsgeld von Beginn des Arbeitsverhältnisses an gezahlt.

(4) Der Anspruch auf Mutterschaftsgeld ruht, soweit und solange das Mitglied beitragspflichtiges Arbeitsentgelt, Arbeitseinkommen oder Urlaubsabgeltung erhält. Dies gilt nicht für einmalig gezahltes Arbeitsentgelt.

(5) Bei Personen, die nach einem Abkommen zur Vermeidung der Doppelbesteuerung nicht in der Bundesrepublik Deutschland ansässig sind und deren Ansässigkeitsstaat nach diesem Abkommen das Besteuerungsrecht für das Mutterschaftsgeld zusteht, sind für die Berechnung des Mutterschaftsgeldes nur die Beiträge zur Sozialversicherung als das durchschnittliche kalendertägliche Arbeitsentgelt nach Absatz 2 Satz 1 vermindernde gesetzliche Abzüge zu berücksichtigen. Unterliegt das Mutterschaftsgeld im Ansässigkeitsstaat nach dessen maßgebenden Vorschriften nicht der Steuer, sind alle gesetzlichen Abzüge nach Absatz 2 Satz 1 zu berücksichtigen.

…

§ 27 Krankenbehandlung (1) Versicherte haben Anspruch auf Krankenbehandlung, wenn sie notwendig ist, um eine Krankheit zu erkennen, zu heilen, ihre Verschlimmerung zu verhüten oder Krankheitsbeschwerden zu lindern. Die Krankenbehandlung umfaßt

1. Ärztliche Behandlung einschließlich Psychotherapie als ärztliche und psychotherapeutische Behandlung,
2. zahnärztliche Behandlung,
2a. Versorgung mit Zahnersatz einschließlich Zahnkronen und Suprakonstruktionen,
3. Versorgung mit Arznei,- Verband-, Heil- und Hilfsmitteln sowie mit digitalen Gesundheitsanwendungen,
4. häusliche Krankenpflege, außerklinische Intensivpflege und Haushaltshhilfe,
5. Krankenhausbehandlung,
6. Leistungen zur medizinischen Rehabilitation und ergänzende Leistungen.

Zur Krankenbehandlung gehört auch die palliative Versorgung der Versicherten. Bei der Krankenbehandlung ist den besonderen Bedürfnissen psychisch Kranker Rechnung zu tragen, insbesondere bei der Versorgung mit Heilmitteln und bei der medizinischen Rehabilitation. Zur Krankenbehandlung gehören auch Leistungen zur Herstellung der Zeugungs- oder Empfängnisfähigkeit, wenn diese Fähigkeit nicht vorhanden war oder durch Krankheit oder wegen einer durch Krankheit erforderlichen Sterilisation verlorengegangen war. Zur Krankenbehandlung gehören auch Leistungen zur vertraulichen Spurensicherung am Körper, einschließlich der erforderlichen Dokumentation sowie Laboruntersuchungen und einer ordnungsgemäßen Aufbewahrung der sichergestellten Befunde, bei Hinweisen auf drittverursachte Gesundheitsschäden, die Folge einer Misshandlung, eines sexuellen Übergriffs, einer sexuellen Nötigung oder einer Vergewaltigung sein können.

(1 a) Spender von Organen oder Geweben oder von Blut zur Seperation von Blutstammzellen oder anderen Blutbestandteilen (Spender) haben bei einer nach den §§ 8 und 8a des Transplantationsgesetzes erfolgenden Spende von Organen oder Geweben oder im Zusammenhang mit einer im Sinne von § 9 des Transfusionsgesetzes erfolgenden Spende zum Zwecke der Übertragung auf Versicherte (Entnahme bei lebenden Spendern) Anspruch auf Leistungen der Krankenbehandlung. Dazu gehören die ambulante und stationäre Behandlung der Spender, die medizinisch erforderliche Vor- und Nachbetreuung, Leistungen zur medizinischen Rehabilitation sowie die Erstattung des Ausfalls von Arbeitseinkünften als Krankengeld nach § 44a und erforderlicher Fahrkosten; dies gilt auch für Leistungen, die über die Leistungen nach dem Dritten Kapitel dieses Gesetzes, auf die ein Anspruch besteht, hinausgehen, soweit sie vom Versicherungsschutz des Spenders umfasst sind. Zuzahlungen sind von den Spendern nicht zu leisten. Zuständig für Leistungen nach den Sätzen 1 und 2 ist die Krankenkasse der Empfänger von Organen, Geweben oder Blutstammzellen sowie anderen Blutbestandteilen(Empfänger). Für die Behandlung von Folgeerkrankungen der Spender ist die Krankenkasse der Empfänger von Organen, Geweben oder Blutstammzellen sowie anderen Blutbestandteilen (Empfänger). Im Zusammenhang mit der Spende von Knochenmark nach den §§ 8 und 8a des Transplantationsgesetzes können die Erstattung der erforderlichen Fahrkosten des Spenders und die Erstattung der Entgeltfortzahlung an den Arbeitgeber nach § 3a Absatz 2 Satz 1 des Entgeltfortzahlungsgesetzes einschließlich der Befugnis zum Erlass der hierzu erforderlichen Verwaltungsakte auf Dritte übertragen werden. Das Nähere kann der Spitzenverband Bund der Krankenkassen mit den für die nationale und internationale Suche nach nichtverwandten Spendern von Blutstammzellen aus Knochenmark oder peripherem Blut maßgeblichen Organisationen vereinbaren. Ansprüche nach diesem Absatz haben auch nicht gesetzlich krankenvesicherte Personen. Die Krankenkasse der Spender ist befugt, die für die Leistungserbringung nach den Sätzen 1 und 2 erforderlichen personenbezogenen Daten an die Krankenkasse oder das private Krankenversicherungsunternehmen der Empfänger zu übermitteln; dies gilt auch für personenbezogene Daten von nach dem Künstlersozialversicherungsgesetz Krankenversicherungspflichtigen. Die nach Satz 9 übermittelten Daten dürfen nur für die Erbringung von Leistungen nach den Sätzen 1 und 2 verarbeitet werden. Die Datenverarbeitung nach den Sätzen 9 und 10 darf nur mit schriftlicher Einwilligung der Spender, der eine umfassende Information vorausgegangen ist, erfolgen.

(2) Versicherte, die sich nur vorübergehend im Inland aufhalten, Ausländer, denen eine Aufenthaltserlaubnis nach § 25 Abs. 4 bis 5 des Aufenthaltsgesetzes erteilt wurde, sowie

1. asylsuchende Ausländer, deren Asylverfahren noch nicht unanfechtbar abgeschlossen ist,
2. Vertriebene im Sinne des § 1 Abs. 2 Nr. 2 und 3 des Bundesvertriebenengesetzes sowie Spätaussiedler im Sinne des § 4 des Bundesvertriebenengesetzes, ihre Ehegatten, Lebenspartner und Abkömmlinge im Sinne des § 7 Abs. 2 des Bundesvertriebenengesetzes haben Anspruch auf Versorgung mit Zahnersatz, wenn sie unmittelbar vor Inanspruchnahme mindestens ein Jahr lang Mitglied einer Krankenkasse (§ 4) oder nach § 10 versichert waren oder wenn die Behandlung aus medizinischen Gründen ausnahmsweise unaufschiebbar ist.

…

§ 42 Belastungserprobung und Arbeitstherapie Versicherte haben Anspruch auf Belastungserprobung und Arbeitstherapie, wenn nach den für andere Träger der Sozialversicherung geltenden Vorschriften solche Leistungen nicht erbracht werden können.

…

§ 44 Krankengeld (1) Versicherte haben Anspruch auf Krankengeld, wenn die Krankheit sie arbeitsunfähig macht oder sie auf Kosten der Krankenkasse stationär in einem Krankenhaus, einer Vorsorge- oder Rehabilitationseinrichtung (§ 23 Abs. 4, §§ 24, 40 Abs. 2 und § 41) behandelt werden.

(2) Keinen Anspruch auf Krankengeld haben

1. die nach § 5 Abs. 1 Nr. 2a, 5, 6, 9, 10 oder 13 sowie die nach § 10 Versicherten; dies gilt nicht für die nach § 5 Abs. 1 Nr. 6 Versicherten, wenn sie Anspruch auf Übergangsgeld haben, und für Versicherte nach § 5 Abs. 1 Nr. 13, sofern sie abhängig beschäftigt und nicht nach den §§ 8 und 8a des Vierten Buches geringfügig beschäftigt sind oder sofern sie hauptberuflich selbständig erwerbstätig sind und eine Wahlerklärung nach Nummer 2 abgegeben haben,
2. hauptberuflich selbständig Erwerbstätige, es sei denn, das Mitglied erklärt gegenüber der Krankenkasse, dass die Mitgliedschaft den Anspruch auf Krankengeld umfassen soll (Wahlerklärung),
3. Versicherte nach § 5 Absatz 1 Nummer 1, die bei Arbeitsunfähigkeit nicht mindestens sechs Wochen Anspruch auf Fortzahlung des Arbeitsentgelts auf Grund des Entgeltfortzahlungsgesetzes, eines Tarifvertrags, einer Betriebsvereinbarung oder anderer vertraglicher Zusagen oder auf Zahlung einer die Versicherungspflicht begründenden Sozialleistung haben, es sei denn, das Mitglied gibt eine Wahlerklärung ab, dass die Mitgliedschaft den Anspruch auf Krankengeld umfassen soll. Dies gilt nicht für Versicherte, die nach § 10 des Entgeltfortzahlungsgesetzes Anspruch auf Zahlung eines Zuschlages zum Arbeitsentgelt haben,
4. Versicherte, die eine Rente aus einer öffentlich-rechtlichen Versicherungseinrichtung oder Versorgungseinrichtung ihrer Berufsgruppe oder von anderen vergleichbaren Stellen beziehen, die ihrer Art nach den in § 50 Abs. 1 genannten Leistungen entspricht. Für Versicherte nach Satz 1 Nr. 4 gilt § 50 Abs. 2 entsprechend, soweit sie eine Leistung beziehen, die ihrer Art nach den in dieser Vorschrift aufgeführten Leistungen entspricht.

Für die Wahlerklärung nach Satz 1 Nummer 2 und 3 gilt § 53 Absatz 8 Satz 1 entsprechend. Für die nach Nummer 2 und 3 aufgeführten Versicherten bleibt § 53 Abs. 6 unberührt. Geht der Krankenkasse die Wahlerklärung nach Satz 1 Nummer 2 und 3 zum Zeitpunkt einer bestehenden Arbeitsunfähigkeit zu, wirkt die Wahlerklärung erst zu dem Tag, der auf das Ende dieser Arbeitsunfähigkeit folgt.
(3) Der Anspruch auf Fortzahlung des Arbeitsentgelts bei Arbeitsunfähigkeit richtet sich nach arbeitsrechtlichen Vorschriften.
(4) Versicherte haben Anspruch auf individuelle Beratung und Hilfestellung durch die Krankenkasse, welche Leistungen und unterstützende Angebote zur Wiederherstellung der Arbeitsfähigkeit erforderlich sind. Maßnahmen nach Satz 1 und die dazu erforderliche Verarbeitung personenbezogener Daten dürfen nur mit schriftlicher oder elektronischer Einwilligung und nach vorheriger schriftlicher oder elektronischer Information des Versicherten erfolgen. Die Einwilligung kann jederzeit schriftlich widerrufen werden. Die Krankenkassen dürfen ihre Aufgaben nach Satz 1 an die in § 35 des Ersten Buches genannten Stellen übertragen. Das Bundesministerium für Gesundheit legt dem Deutschen Bundestag bis zum 31. Dezember 2018 einen Bericht über die Umsetzung des Anspruchs auf individuelle Beratung und Hilfestellung durch die Krankenkassen nach diesem Absatz vor.
…

§ 45 Krankengeld bei Erkrankung des Kindes (1) Versicherte haben Anspruch auf Krankengeld, wenn es nach ärztlichem Zeugnis erforderlich ist, daß sie zur Beaufsichtigung, Betreuung oder Pflege ihres erkrankten und versicherten Kindes der Arbeit fernbleiben, eine andere in ihrem Haushalt lebende Person das Kind nicht beaufsichtigen, betreuen oder pflegen kann und das Kind das zwölfte Lebensjahr noch nicht vollendet hat oder behindert und auf Hilfe angewiesen ist. § 10 Abs. 4 und § 44 Absatz 2 gelten für den Anspruch nach Satz 1 entsprechend.
(1a) Ein Anspruch auf Krankengeld besteht auch für Versicherte, die nach § 11 Absatz 3 bei stationärer Behandlung ihres versicherten Kindes aus medizinischen Gründen als Begleitperson mitaufgenommen werden, sofern das Kind das zwölfte Lebensjahr noch nicht vollendet hat oder behindert und auf Hilfe angewiesen ist. Das Vorliegen der in Satz 1 genannten medizinischen Gründe, die eine Mitaufnahme notwendig machen, sowie die Dauer der notwendigen Mitaufnahme sind von der stationären Einrichtung gegenüber der Begleitperson des versicherten Kindes zu bescheinigen; im Fall des § 11 Absatz 3 Satz 2 ist die Bescheinigung auf Dauer der in Satz 1 genannten Mitaufnahme zu beschränken. Der Anspruch nach Satz 1 besteht nur für einen Elternteil. § 10 Absatz 4 und § 44 Absatz 2 gelten für den Anspruch nach Satz 1 entsprechend. Der Anspruch auf Krankengeld nach Absatz 1 bleibt unberührt. Kein Anspruch auf Krankengeld nach Satz 1 besteht, wenn Krankengeld nach Absatz 4 oder nach § 44b in Anspruch genommen wird.
(2) Anspruch auf Krankengeld nach Absatz 1 besteht in jedem Kalenderjahr für jedes Kind längstens für 10 Arbeitstage, für alleinerziehende Versicherte längstens für 20 Arbeitstage. Der Anspruch nach Satz 1 besteht für Versicherte für nicht mehr als 25 Arbeitstage, für alleinerziehende Versicherte für nicht mehr als 50 Arbeitstage je Kalenderjahr. Das Krankengeld nach Absatz 1 oder Absatz 1a beträgt 90 Prozent des ausgefallenen Nettoarbeitsentgelts aus beitragspflichtigem Arbeitsentgelt der

Versicherten, bei Bezug von beitragspflichtigem einmalig gezahltem Arbeitsentgelt (§ 23a des Vierten Buches) in den der Freistellung von Arbeitsleistung nach Absatz 3 vorangegangenen zwölf Kalendermonaten 100 Prozent des ausgefallenen Nettoarbeitsentgelts aus beitragspflichtigem Arbeitsentgelt; es darf 70 Prozent der Beitragsbemessungsgrenze nach § 223 Absatz 3 nicht überschreiten. Erfolgt die Berechnung des Krankengeldes nach Absatz 1 oder Absatz 1a aus Arbeitseinkommen, beträgt dies 70 Prozent des erzielten regelmäßigen Arbeitseinkommens, soweit es der Beitragsberechnung unterliegt. § 47 Absatz 1 Satz 6 bis 8, Absatz 4 Satz 3 bis 5, Absatz 5 und § 47b gelten entsprechend.

(2a) Abweichend von Absatz 2 Satz 1 besteht der Anspruch auf Krankengeld nach Absatz 1 in dem Kalenderjahr 2026 für jedes Kind längstens für 15 Arbeitstage, für alleinerziehende Versicherte längstens für 30 Arbeitstage. Der Anspruch nach Satz 1 besteht für Versicherte für nicht mehr als 35 Arbeitstage, für alleinerziehende Versicherte für nicht mehr als 70 Arbeitstage.

(3) Versicherte mit Anspruch auf Krankengeld nach Absatz 1 oder Absatz 1a haben für die Dauer dieses Anspruchs gegen ihren Arbeitgeber Anspruch auf unbezahlte Freistellung von der Arbeitsleistung, soweit nicht aus dem gleichen Grund Anspruch auf bezahlte Freistellung besteht. Wird der Freistellungsanspruch nach Satz 1 geltend gemacht, bevor die Krankenkasse ihre Leistungsverpflichtung nach Absatz 1 oder Absatz 1a anerkannt hat, und sind die Voraussetzungen dafür nicht erfüllt, ist der Arbeitgeber berechtigt, die gewährte Freistellung von der Arbeitsleistung auf einen späteren Freistellungsanspruch zur Beaufsichtigung, Betreuung oder Pflege eines erkrankten Kindes anzurechnen. Der Freistellungsanspruch nach Satz 1 kann nicht durch Vertrag ausgeschlossen oder beschränkt werden.

(4) Versicherte haben ferner Anspruch auf Krankengeld, wenn sie zur Beaufsichtigung, Betreuung oder Pflege ihres erkrankten und versicherten Kindes der Arbeit fernbleiben, sofern das Kind das zwölfte Lebensjahr noch nicht vollendet hat oder behindert und auf Hilfe angewiesen ist und nach ärztlichem Zeugnis an einer Erkrankung leidet,

a) die progredient verläuft und bereits ein weit fortgeschrittenes Stadium erreicht hat,
b) bei der eine Heilung ausgeschlossen und eine palliativmedizinische Behandlung notwendig oder von einem Elternteil erwünscht ist und
c) die lediglich eine begrenzte Lebenserwartung von Wochen oder wenigen Monaten erwarten lässt.

Der Anspruch besteht nur für ein Elternteil. Absatz 1 Satz 2, Absatz 3 und die §§ 47 und 47b gelten entsprechend.

(5) Anspruch auf unbezahlte Freistellung nach den Absätzen 3 und 4 haben auch Arbeitnehmer, die nicht Versicherte mit Anspruch auf Krankengeld nach Absatz 1 oder Absatz 1a sind.

§ 47 Höhe und Berechnung des Krankengeldes (1) Das Krankengeld beträgt 70 vom Hundert des erzielten regelmäßigen Arbeitsentgelts und Arbeitseinkommens, soweit es der Beitragsberechnung unterliegt (Regelentgelt). Das aus dem Arbeitsentgelt berechnete Krankengeld darf 90 vom Hundert des bei entsprechender Anwendung des Absatzes 2 berechneten Nettoarbeitsentgelts nicht übersteigen.

Für die Berechnung des Nettoarbeitsentgelts nach Satz 2 ist der sich aus dem kalendertäglichen Hinzurechnungsbetrag nach Absatz 2 Satz 6 ergebende Anteil am Nettoarbeitsentgelt mit dem Vomhundertsatz anzusetzen, der sich aus dem Verhältnis des kalendertäglichen Regelentgeltbetrages nach Absatz 2 Satz 1 bis 5 zu dem sich aus diesem Regelentgeltbetrag ergebenden Nettoarbeitsentgelt ergibt. Das nach Satz 1 bis 3 berechnete kalendertägliche Krankengeld darf das sich aus dem Arbeitsentgelt nach Absatz 2 Satz 1 bis 5 ergebende kalendertägliche Nettoarbeitsentgelt nicht übersteigen. Das Regelentgelt wird nach den Absätzen 2, 4 und 6 berechnet. Das Krankengeld wird für Kalendertage gezahlt. Ist es für einen ganzen Kalendermonat zu zahlen, ist dieser mit dreißig Tagen anzusetzen. Bei der Berechnung des Regelentgelts nach Satz 1 und des Nettoarbeitsentgelts nach den Sätzen 2 und 4 sind die für die jeweilige Beitragsbemessung und Beitragstragung geltenden Besonderheiten des Übergangsbereichs nach § 20 Abs. 2 des Vierten Buches nicht zu berücksichtigen.

(2) Für die Berechnung des Regelentgelts ist das von dem Versicherten im letzten vor Beginn der Arbeitsunfähigkeit abgerechneten Entgeltabrechnungszeitraum, mindestens das während der letzten abgerechneten vier Wochen (Bemessungszeitraum) erzielte und um einmalig gezahltes Arbeitsentgelt verminderte Arbeitsentgelt durch die Zahl der Stunden zu teilen, für die es gezahlt wurde. Das Ergebnis ist mit der Zahl der sich aus dem Inhalt des Arbeitsverhältnisses ergebenden regelmäßigen wöchentlichen Arbeitsstunden zu vervielfachen und durch sieben zu teilen. Ist das Arbeitsentgelt nach Monaten bemessen oder ist eine Berechnung des Regelentgelts nach den Sätzen 1 und 2 nicht möglich, gilt der dreißigste Teil des im letzten vor Beginn der Arbeitsunfähigkeit abgerechneten Kalendermonat erzielten und um einmalig gezahltes Arbeitsentgelt verminderten Arbeitsentgelts als Regelentgelt. Wenn mit einer Arbeitsleistung Arbeitsentgelt erzielt wird, das für Zeiten einer Freistellung vor oder nach dieser Arbeitsleistung fällig wird (Wertguthaben nach § 7b des Vierten Buches), ist für die Berechnung des Regelentgelts das im Bemessungszeitraum der Beitragsberechnung zugrundeliegende und um einmalig gezahltes Arbeitsentgelt verminderte Arbeitsentgelt maßgebend; Wertguthaben, die nicht gemäß einer Vereinbarung über flexible Arbeitszeitregelungen verwendet werden (§ 23b Abs. 2 des Vierten Buches), bleiben außer Betracht. Bei der Anwendung des Satzes 1 gilt als regelmäßige wöchentliche Arbeitszeit die Arbeitszeit, die dem gezahlten Arbeitsentgelt entspricht. Für die Berechnung des Regelentgelts ist der dreihundertsechzigste Teil des einmalig gezahlten Arbeitsentgelts, das in den letzten zwölf Kalendermonaten vor Beginn der Arbeitsunfähigkeit nach § 23a des Vierten Buches der Beitragsberechnung zugrunde gelegen hat, dem nach Satz 1 bis 5 berechneten Arbeitsentgelt hinzuzurechnen.

(3) Die Satzung kann bei nicht kontinuierlicher Arbeitsverrichtung und -vergütung abweichende Bestimmungen zur Zahlung und Berechnung des Krankengeldes vorsehen, die sicherstellen, dass das Krankengeld seine Entgeltersatzfunktion erfüllt.

(4) Für Seeleute gelten als Regelentgelt die beitragspflichtigen Einnahmen nach § 233 Abs. 1. Für Versicherte, die nicht Arbeitnehmer sind, gilt als Regelentgelt der kalendertägliche Betrag, der zuletzt vor Beginn der Arbeitsunfähigkeit für die Beitragsbemessung aus Arbeitseinkommen maßgebend war. Für nach dem Künst-

lersozialversicherungsgesetz Versicherte ist das Regelentgelt aus dem Arbeitseinkommen zu berechnen, das der Beitragsbemessung für die letzten zwölf Kalendermonate vor Beginn der Arbeitsunfähigkeit zugrunde gelegen hat; dabei ist für den Kalendertag der dreihundertsechzigste Teil dieses Betrages anzusetzen. Die Zahl dreihundertsechzig ist um die Zahl der Kalendertage zu vermindern, in denen eine Versicherungspflicht nach dem Künstlersozialversicherungsgesetz nicht bestand oder für die nach § 234 Absatz 1 Satz 2 Arbeitseinkommen nicht zugrunde zu legen ist. Die Beträge nach § 226 Abs. 1 Satz 1 Nr. 2 und 3 bleiben außer Betracht.

(5) Bei Personen, die nach einem Abkommen zur Vermeidung der Doppelbesteuerung nicht in der Bundesrepublik Deutschland ansässig sind und deren Ansässigkeitsstaat nach diesem Abkommen das Besteuerungsrecht für das Krankengeld zusteht, ist zur Berechnung des Krankengeldes anstelle des Nettoarbeitsentgelts nach Absatz 1 das Regelentgelt abzüglich der Beiträge zur Sozialversicherung zugrunde zu legen. Unterliegt das Krankengeld im Ansässigkeitsstaat nach dessen maßgebenden Vorschriften nicht der Steuer, ist entsprechend Absatz 1 das Nettoarbeitsentgelt zugrunde zu legen.

(6) Das Regelentgelt wird bis zur Höhe des Betrages der kalendertäglichen Beitragsbemessungsgrenze berücksichtigt.

…

§ 48 Dauer des Krankengeldes (1) Versicherte erhalten Krankengeld ohne zeitliche Begrenzung, für den Fall der Arbeitsunfähigkeit wegen derselben Krankheit jedoch für längstens achtundsiebzig Wochen innerhalb von je drei Jahren, gerechnet vom Tage des Beginns der Arbeitsunfähigkeit an. Tritt während der Arbeitsunfähigkeit eine weitere Krankheit hinzu, wird die Leistungsdauer nicht verlängert.

(2) Für Versicherte, die im letzten Dreijahreszeitraum wegen derselben Krankheit für achtundsiebzig Wochen Krankengeld bezogen haben, besteht nach Beginn eines neuen Dreijahreszeitraums ein neuer Anspruch auf Krankengeld wegen derselben Krankheit, wenn sie bei Eintritt der erneuten Arbeitsunfähigkeit mit Anspruch auf Krankengeld versichert sind und in der Zwischenzeit mindestens sechs Monate

1. nicht wegen dieser Krankheit arbeitsunfähig waren und
2. erwerbstätig waren oder der Arbeitsvermittlung zur Verfügung standen.

(3) Bei der Feststellung der Leistungsdauer des Krankengeldes werden Zeiten, in denen der Anspruch auf Krankengeld ruht oder für die das Krankengeld versagt wird, wie Zeiten des Bezugs von Krankengeld berücksichtigt. Zeiten, für die kein Anspruch auf Krankengeld besteht, bleiben unberücksichtigt. Satz 2 gilt nicht für Zeiten des Bezuges von Verletztengeld nach dem Siebten Buch.

§ 49 Ruhen des Krankengeldes (1) Der Anspruch auf Krankengeld ruht,

…

5. solange die Arbeitsunfähigkeit der Krankenkasse nicht gemeldet wird; dies gilt nicht, wenn die Meldung innerhalb einer Woche nach Beginn der Arbeitsunfähigkeit oder die Übermittlung der Arbeitsunfähigkeitsdaten im elektronischen Verfahren nach § 295 Absatz 1 Satz 10 erfolgt,

…

§ 74 Stufenweise Wiedereingliederung[1] Können arbeitsunfähige Versicherte nach ärztlicher Feststellung ihre bisherige Tätigkeit teilweise verrichten und können sie durch eine stufenweise Wiederaufnahme ihrer Tätigkeit voraussichtlich besser wieder in das Erwerbsleben eingegliedert werden, soll der Arzt auf der Bescheinigung über die Arbeitsunfähigkeit Art und Umfang der möglichen Tätigkeiten angeben und dabei in geeigneten Fällen die Stellungnahme des Betriebsarztes oder mit Zustimmung der Krankenkasse die Stellungnahme des Medizinischen Dienstes (§ 275) einholen. Spätestestens ab einer Dauer der Arbeitsunfähigkeit von sechs Wochen hat die ärztliche Feststellung nach Satz 1 regelmäßig mit der Bescheinigung über die Arbeitsunfähigkeit zu erfolgen. Der Gemeinsame Bundesausschuss legt in seinen Richtlinien nach § 92 bis zum 30. November 2019 das Verfahren zur regelmäßigen Feststellung über eine stufenweise Wiedereingliederung nach Satz 2 fest.

…

1 Hierzu § 7 **Arbeitsunfähigkeits-Richtlinie** des Gemeinsamen Bundesausschusses der Ärzte und Krankenkassen in der Fassung vom 14. 11. 2013 (BAnz. AT 27. 1. 2014 B4), zuletzt geändert am 7. 12. 2023 (BAnz. AT 20. 2. 2024 B1).

30 VI. Sozialgesetzbuch (SGB) Sechstes Buch Gesetzliche Rentenversicherung

Einleitung

I. Allgemeines

1. Vorsorge für Alter und Erwerbsminderung

Die Rentenversicherung deckt die Risiken von Alter und Invalidität sowie – im Interesse der Hinterbliebenen – Tod der Versicherten ab. Nach ihrer Schaffung unter *Bismarck* im Jahre 1891 und der grundlegenden Neuordnung im Jahre 1957 ist sie mit dem Rentenreformgesetz 1992 vom 18. 12. 1989 (BGBl. I 2261, ber. BGBl. 1990 I 1337) aus der RVO herausgelöst und als Sechstes Buch in das SGB aufgenommen worden. Auf der Grundlage des SGB VI werden als Hauptleistungen der Alterssicherung Renten wegen Alters gezahlt. Das Regeleintrittsalter für die Altersrente wurde mit dem RV-Altersgrenzenanpassungsgesetz vom 20. 4. 2007 (BGBl. I 554) auf 67 angehoben (§ 35 SGB VI; vgl. *Löschau*, RV 11, 221). Allerdings erfolgt die Anhebung nach Maßgabe des § 235 schrittweise. Besonders langjährig Versicherte können weiterhin mit 65 Jahren in Rente gehen, wenn sie eine 45-jährige Wartezeit erfüllt haben (§ 38 SGB VI). Da dies faktisch vor allem bei Männern der Fall ist, ist die Verfassungsmäßigkeit der Regelung in Hinblick auf eine mögliche Geschlechterdiskriminierung höchst zweifelhaft. Aber auch unter dem allgemeinen Gleichbehandlungsgrundsatz bestehen erhebliche Bedenken gegen die Verfassungsmäßigkeit der Rente für besonders langjährig Versicherte (*Sodan/Adam*, NZS 08, 1). Mit dem Einsetzen der allmählichen Anhebung der Altersgrenze wurde im politischen Raum intensiv diskutiert, ob an der »Rente 67« festzuhalten sei, obwohl viele Arbeitnehmer aus gesundheitlichen Gründen gar nicht in der Lage sind, bis zum Erreichen der Altersgrenze zu arbeiten (ausführlich zu den Diskussionen 38. und 39. Aufl.). Dem trägt das RV-Leistungsverbesserungsgesetz Rechnung (v. 23. 6. 14, BGBl. I 787; Gesetzentwurf: BT-Drs. 18/909; zum Gesetz *Dünn/Stosberg*, RV aktuell 14, 156; *dies.*, DRV 14, 74; *Winkel/Nakielski*, SozSich 14, 236). Übergangsweise gibt es eine besondere Altersgrenze für die Altersrente für besonders langjährig Versicherte (§ 236b SGB VI). Das erlaubt den abschlagsfreien Rentenzugang ab 63 Jahren, wenn 45 Jahre Pflichtbeiträge gezahlt wurden, wobei die Altersgrenze ab dem Geburtsjahrgang 1953 pro Jahr schrittweise um 2 Monate erhöht wird. Zudem werden Kindererziehungszeiten für vor 1992 geborene Kinder bei der Rentenhöhe begünstigt, insoweit nun 24 statt bisher 12 Monate als Kindererziehungszeiten angerechnet werden (»Mütterrente«). Hinzu kommen Leistungsverbesserungen bei den Erwerbsminderungsrenten. Beides wurde durch das RV-Leistungsverbesserung- und -Stabilisierungsgesetz (s. u. 3) nochmals ausgedehnt. Zuletzt wurde die Mütterrente III mit dem sog. Rentenpaket 2025 (Gesetz v. 22. 12. 2025, BGBl.

I Nr. 362, Entwurf: BR-Drs. 357/25) auf insgesamt drei Jahre ausgedehnt (§ 249 SGB VI).

Im Hinblick darauf, dass Niedriglöhne ungeachtet langer Beitragszeiten am Ende zu sehr niedrigen Renten führen können, wurde nach intensiver rechtspolitischer Diskussion (vgl. Einl. IV zum SGB VI in der 45. Aufl.) das Grundrentengesetz (v. 12. 8. 2020, BGBl. I 1879; Entwurf: BT-Drs. 19/18473; dazu *Dünn/Bilgen/Heckenberger*, DRV 20, 325; *Lepiorz*, RV 20, 136) erlassen. Danach werden Zuschläge an Entgeltpunkten gemäß § 76g SGB VI gewährt, wenn mindestens 33 Jahre mit sog. Grundrentenzeiten (insbesondere Beitragszeiten) vorhanden sind und ein bestimmter Höchstwert an Entgeltpunkten nicht erreicht wird. Allerdings ist Einkommen auf den Rentenanteil aus dem Zuschlag anzurechnen gemäß § 97a SGB VI. Dazu ist ein komplexes Verfahren des Datenabgleichs mit der Finanzverwaltung und der Auskunft durch Kreditinstitute im Hinblick auf Kapitaleinkünfte vorgesehen (§ 151b und 151c SGB VI).

Wie jeder Verwaltungsakt muss auch ein Rentenbescheid nach § 35 Abs. 1 SGB X mit einer Begründung versehen sein. Das *BSG* stellt daran erhöhte Anforderungen im Hinblick auf die Bedeutung des Rentenbescheids als Existenzgrundlage für die Leistungsberechtigten für eine lange Zeit. Insbesondere müssen die Berechnungsgrundlagen nachvollziehbar und überprüfbar sein (*BSG* 6. 7. 2022 – B 5 R 22/21 R, NZS 23, 221).

Zu den Altersrenten kommen Renten wegen vorzeitiger Erwerbsminderung (s. u. II). Außerdem gibt es die Möglichkeit von Renten für Hinterbliebene.

2. Versicherungspflicht

In der Rentenversicherung versicherungspflichtig sind alle Arbeitnehmer unabhängig von ihrem Verdienst. Ihre Versicherungspflicht besteht allerdings nur bis zur sog. Beitragsbemessungsgrenze (2026: 8450 Euro, vgl. VO v. 24. 11. 2025, BGBl. I Nr. 278).

Daneben sind seit 1999 sog. arbeitnehmerähnliche Selbstständige (ohne eigene Arbeitnehmer) versicherungspflichtig (§ 2 Nr. 9 SGB VI). Sie können unter den Voraussetzungen des § 6 Abs. 1a SGB VI von der Versicherungspflicht befreit werden (vgl. *Hanau/Eltzschig*, NZS 02, 281). Zur Versicherungspflicht bei geringfügiger Beschäftigung s. Einl. II 2 zum SGB IV (Nr. 30 IV).

3. Finanzierung, ergänzende private Vorsorge

Träger der Rentenversicherung sind seit dem »Gesetz zur Organisationsreform in der gesetzlichen Rentenversicherung« vom 9. 12. 2004 (BGBl. I 3242) auf Bundesebene die »Deutsche Rentenversicherung Bund« anstelle der bisherigen BfA und die »Deutsche Rentenversicherung Knappschaft – Bahn – See« sowie 14 »Regionalträger« anstelle der bisherigen LVAen (*Ruland/Dünn*, NZS 05, 113). Es handelt sich um Körperschaften des öffentlichen Rechts mit Selbstverwaltung durch Arbeitgeber und Arbeitnehmer. Das materielle Rentenrecht für Arbeiter und Angestellte ist schon seit Langem gleich. Lediglich die Versicherten der Knappschaft erhalten bessere Leistungen. Welcher Rentenversicherungsträger zuständig ist, folgt aus dem Gesetz und ist nicht der Vereinbarung durch Arbeitgeber und Arbeitnehmer zugänglich (*BAG* 15.11.2012 – 8 AZR 146/10, NZA 13, 568).

Die Finanzierung der Rentenversicherung beruht auf zwei Grundlagen:

• gleich hohen Beiträgen der Versicherten und Arbeitgeber (2026: zusammen 18,6 %) und
• einem Zuschuss des Bundes.

Auf dieser Grundlage wird die derzeitige Rentenversicherung in Form eines Umlageverfahrens organisiert, das auch als »Generationenvertrag« bezeichnet wird: Die laufenden Renten werden durch die laufenden Beiträge, ergänzt durch den Bundeszuschuss, finanziert. Dieses System ermöglicht einerseits Rentenleistungen, die unter Ausgleich von Inflationswirkungen am aktuellen Einkommensniveau orientiert sind. Andererseits ist es davon abhängig, welche Beitragsleistungen die erwerbstätige Generation erwirtschaften kann (und will). Die Beiträge für Arbeitnehmer mit und ohne Erziehungsleistungen für Kinder sind gleich. Das ist – anders als im Pflegeversicherungsrecht (s. Einl. I zum SGB XI, Nr. 30 XI) kein Verstoß gegen Art. 6 Abs. 1 GG und 3 Abs. 1 GG (Nr. 20), weil den Erziehungsleistungen bereits im Leistungsrecht Rechnung getragen wird (*BSG* 30.9.2015 – B 12 KR 15/12 R, NZS 16, 391; 20.7.2017 – B 12 KR 14/15 R, NZS 18, 268; bestätigt durch *BVerfG* 7.4.2022 – 1 BvL 3/18 u.a., NZS 22, 579).

Um die Belastungen von Beitragszahlern und Bund in akzeptablen Grenzen zu halten, ist mit der Ende 2000 in Gang gesetzten Änderung der Rentengesetzgebung eine fundamentale Kursänderung vorgenommen worden (vgl. *Flecken,* SozSich 01, 81): Es wird nicht mehr erwartet, dass die gesetzliche Rente allein die Versorgung für das Alter sichert, sondern daneben als Regelfall eine private Altersvorsorge tritt. Demgemäß soll einerseits das Rentenniveau der gesetzlichen Rentenversicherung gesenkt werden; andererseits sollen die Möglichkeiten der privaten Vorsorge finanziell und institutionell unterstützt werden (umfassend *Unterhinninghofen,* KJ 02, 213). Die Privatvorsorge erfolgt aufgrund des Altersvermögensgesetzes (vgl. Einl. II 1b zum BetrAVG, Nr. 11). Die private Vorsorge wird danach entweder durch eine Zulage nach §§ 79 ff. EStG oder einen steuerlichen Sonderausgabenabzug nach § 10a EStG gefördert. Die Förderung knüpft an eine Vorsorge durch Entgeltumwandlung im Rahmen der betrieblichen Altersvorsorge oder an Produkte mit einer Zertifizierung nach dem AltZertG (Gesetz über die Zertifizierung von Altersvorsorge- und Basisrentenverträgen – Altersvorsorgeverträge-Zertifizierungsgesetz – v. 26.6.2001, BGBl. I 1310, 1322). Zusätzliche Vorsorgebeiträge werden im Wege des Sonderausgabenabzugs nach § 10 Abs. 1 Nr. 2, Abs. 2 und 3 EStG auf Grundlage des Alterseinkünftegesetzes (Gesetz zur Neuordnung der einkommensteuerrechtlichen Behandlung von Altersvorsorgeaufwendungen und Altersbezügen v. 9.7.2004, BGBl. I 1427) gefördert. Dieses Konzept der »*Riester-Rente*« (benannt nach dem damaligen Arbeitsminister) ist politisch erheblich in die Diskussion geraten, u.a. weil weniger als die Hälfte der Betroffenen entsprechend privat vorsorgen (SOPO Info 36/16, S. 1). Einen größeren Anreiz zur privaten Vorsorge wollte der Gesetzgeber aus diesem Grunde mit dem Betriebsrentenstärkungsgesetz (v. 17.8.2017, BGBl. I 3214) schaffen (s. Einl. I zum BetrAVG, Nr. 11). Der Entwurf eines Betriebsrentenstärkungsgesetzes II (BT-Drs. 21/1859) soll den Ansatz des Sozialpartnermodells noch einmal ausbauen für kleine, nicht tarifgebunde-

ne Unternehmen, Förderung für niedriger Einkommen verbessern und die Kombination von Betriebsrente und Teilrente aus der gesetzlichen Rentenversicherung ermöglichen.
Mit dem RV-Leistungsverbesserungs- und -Stabilisierungsgesetz v. 28.11.2018 (BGBl. I 2016; dazu *Dünn/Steckmann*, RVaktuell 18, 212) wurde die Rentenformel so angepasst, dass das Sicherungsniveau vor Steuern bis 2025 bei 48 % gewährleistet ist. Zugleich wurde der Beitragssatz auf 18,6 % festgesetzt und eine Erhöhung über 20 % hinaus ausgeschlossen. Mit dem sog. Rentenpaket 2025 (Gesetz v. 22.12.2025, BGBl. I Nr. 362) soll durch die sog. Haltelinie das Rentenniveau von 48 % bis 2031 gesichert werden (vgl. § 255e SGB VI). Damit verbundene Mehraufwendungen sollen aus Steuermitteln getragen werden, um den Beitragssatz stabil zu halten.
Im Hinblick auf die Notwendigkeit einer ergänzenden privaten Vorsorge wurde die digitale Rentenübersicht, die dem Bürger einen individuellen Überblick über die Versorgung durch die gesetzliche Rentenversicherung, private Vorsorge und betriebliche Altersversorgung vermittelt, durch das Gesetz Digitale Rentenübersicht eingeführt (v. 11.2.2021, BGBl. I 154; dazu *Stiefermann*, DRV 21, 205; Entwurf: BR-Drs. 485/20). Auf dessen Grundlage kann in einem digitalen Portal die individuelle Vorsorgesituation abgerufen werden: *https://www.rentenuebersicht.de/DE/01_startseite/home_node.html.*

4. Flexiber Übergang in Altersrenten

Durch das Flexirentengesetz v. 8.12.2016 (BGBl. I 2838; dazu *Kreikebohm/Mestwerdt*, RdA 17, 71; *Lorenz-Schmidt*, ZTR 17, 199; *Matlok/Fecher*, DRV 17, 1; *Rolfs*, NZS 17, 164; *Winkel/Nakielski*, SozSich 17, 51; Entwurf: BT-Drs. 18/9787) soll der Übergang vom Erwerbsleben in den Ruhestand weiter flexibilisiert werden, indem Teilrente mit Teilzeitarbeit kombiniert werden kann, vor Erreichen der Regelaltersrente weiterhin trotz Rentenbezugs Beiträge gezahlt werden können, die Option für eine weitere Versicherungspflicht nach Erreichen der Altersgrenze geschaffen wird, die Möglichkeiten zusätzlicher Beitragszahlungen zur Finanzierung einer vorzeitigen Altersrente erweitert werden und Leistungen zur Prävention und Rehabilitation ausgebaut werden. Einen diesbezüglichen weiteren Ansatz soll die sog. Aktivrente durch Steuerfreiheit von Arbeitslohn bis 24000 Euro jährlich ab Erreichen der Regelaltersgrenze der Rentenversicherung schaffen (Gesetz v. 22.12.2025; Vorschlag: BT-Drs. 21/2673). Problematisch ist allerdings, dass die intendierte Weiterarbeit nach Erreichen der Altersgrenze oftmals daran scheitern kann, dass der Arbeitgeber sich auf eine vertragliche Altersgrenze (s.u. III), mit deren Erreichen das Arbeitsverhältnis endet, berufen kann. Durch das sog. Rentenpaket 2025 (Gesetz v. 22.12.2025, BGBl. I Nr. 362) wurde allerdings eine Ausnahme vom Anschlussbefristungverbot des § 14 Abs. 2 TzBfG für sachgrundlose Befristungen mit Arbeitnehmern eingeführt, die die Regelaltersgrenze der Rentenversicherung erreicht haben.
Pandemiebedingt wurden für das Jahr 2022 die Hinzuverdienstmöglichkeiten bei vorgezogenen Altersrenten durch § 302 Abs. 8 SGB VI großzügig erweitert (Gesetz v. 22.11.2021, BGBl. I 4906). Den daraus gezogenen positiven Erfahrungen wurde im 8. SGB IV-Änderungsgesetz (v. 20.12.2022, BGBl. I 2759; Entwurf: BT-Drs.

20/3900) Rechnung getragen, indem die Hinzuverdienstgrenze bei vorgezogenen Altersrenten abgeschafft wurde.

5. Rentenüberleitung

Durch das Gesetz zur Herstellung der Rechtseinheit in der gesetzlichen Renten- und Unfallversicherung (Renten-Überleitungsgesetz v. 25.7.1991, BGBl. I 1606; Entwurf: BT-Drs. 18/11923) wurde die Alterssicherung der DDR in das westdeutsche Rentenversicherungssystem überführt und gleichzeitig ein der unterschiedlichen Einkommensverhältnisse entsprechendes unterschiedliches Rentenniveau eingeführt, das entsprechend der allmählichen Angleichung der Einkommensverhältnisse zu einer Angleichung der Rentenverhältnisse führen sollte. Dieser Prozess war aber auch mehr als 25 Jahre nach Herstellung der deutschen Einheit nicht vollständig abgeschlossen. Zu einer endgültigen Rentenanpassung soll nun das sog. Rentenüberleitungs-Abschlussgesetz (v. 17.7.2017, BGBl. I 2575) führen. Beitragsbemessungsgrenze und Rentenwert für Ostdeutschland wurden schrittweise allmählich an das Niveau West angepasst. Seit 2025 gibt es daher, 35 Jahre nach Herstellung der deutschen Einheit, ein einheitliches Rentenrecht in Deutschland.

II. Rente wegen verminderter Erwerbsfähigkeit

Die Rente wegen verminderter Erwerbsfähigkeit löst ab dem 1.1.2001 die bisherigen beiden Renten wegen Berufsunfähigkeit einerseits und wegen Erwerbsunfähigkeit andererseits ab (Gesetz v. 20.12.2000, BGBl. I S. 1827; vgl. *Joussen,* NZS 02, 294; *Rademacker,* SozSich 01, 74). Es gibt nunmehr eine Rente wegen teilweiser und eine solche wegen voller Erwerbsminderung (§ 43 SGB VI). Keine Erwerbsminderung wird angenommen, wenn Versicherte im Rahmen einer Fünftagewoche noch mindestens 6 Stunden täglich arbeiten können.

Maßstab für die Minderung des Leistungsvermögens ist die Erwerbsfähigkeit des Versicherten auf dem allgemeinen Arbeitsmarkt, d.h. jede nur denkbare Tätigkeit, die es auf dem Arbeitsmarkt gibt. Ausbildung und bisherige berufliche Tätigkeit bleiben außer Betracht. Zu berücksichtigen sind allein die körperliche und geistige Leistungsfähigkeit des Versicherten sowie eventuelle zusätzliche Einschränkungen, die sich aus der ärztlichen Begutachtung ergeben können. Allerdings kommen nur solche Tätigkeiten in Betracht, die auf dem allgemeinen Arbeitsmarkt üblich sind. Auf Tätigkeiten, für die es für den zu beurteilenden Versicherten einen Arbeitsmarkt schlechthin nicht gibt, kann der Versicherte nicht verwiesen werden.

Für sog. rentennahe Jahrgänge, d.h. Personen, die beim Inkrafttreten der Neuregelung das 40. Lebensjahr vollendet haben, gibt es eine Übergangslösung (§§ 240, 241 SGB VI).

Personen, die zwar erwerbsgemindert i.S. des § 43 SGB VI sind, jedoch wegen der sonstigen sozialversicherungsrechtlichen Anforderungen nur eine zu geringe oder gar keine Rente erhalten, sind auf Leistungen nach dem SGB XII angewiesen. Das wird ein Stück weit kompensiert durch das EM-Leistungsverbesserungsgesetz (v. 17.7.2017, BGBl. I 2509; Entwurf: BR-Drs. 156/17). Durch eine schrittweise Verlängerung der sog. Zurechnungszeit auf das 65. Lebensjahr werden Erwerbsmin-

derungsrentner leistungsmäßig so behandelt, als ob sie drei Jahre länger als bisher gearbeitet hätten. Durch das RV-Leistungsverbesserungs- und -Stabilisierungsgesetz (s. o. I 3) wurden die Leistungen für Erwerbsminderungsrentner nochmals durch Verlängerung der Zurechnungszeit verbessert.
Um auch älteren Bestandsrentnern auskömmlich Renten zu gewähren, wurde für Erwerbsminderungsrenten, die zwischen dem 1. 1. 2001 und dem 31. 12. 2018 begonnen haben, mit Wirkung ab 1. 7. 2024 in § 307i SGB VI ein Zuschlag an Entgeltpunkten durch das Rentenanpassungs- und Erwerbsminderungsrenten-Bestandsverbesserungsgesetz (v. 28. 6. 2022, BGBl. I 975) geschaffen (eine Übergangslösung bis Ende November 2025 wegen technischer Umsetzungsprobleme wurde in § 307j SGB VI eingefügt, EM-Bestandsrentenverbesserungsauszahlungsgesetz v. 4. 6. 2024, BGBl. I Nr. 173; zum Ganzen *Schäfer*, SozSich 10/24, 28).
Im Zuge des 8. SGB IV-Änderungsgesetzes (s. o. I 4) wurden die Hinzuverdienstgrenzen für Erwerbsminderungsrenten und teilweise Erwerbsminderungsrenten im Rahmen des verbliebenen Leistungsvermögens deutlich angehoben und der sog. Hinzuverdienstdeckel gestrichen.

III. Vertragliche Altersgrenzen

§ 41 Abs. 4 hatte in seiner ursprünglichen Fassung Arbeitnehmern die rechtliche Möglichkeit eröffnet, über das 65. Lebensjahr hinaus zu arbeiten (vgl. bis 18. Aufl.; hierzu *Franke*, NZA 91, 972; *Worzalla*, NZA 91, Beilage 4). In dem Zusammenhang kam es zu Arbeitgeberprotesten wegen Fällen, in denen sich ältere Beschäftigte weigerten, mit 65 Jahren auszuscheiden und dies zum Anlass für Abfindungsverhandlungen nahmen (vgl. Arbeitgeber 94, 308). Daraufhin wurde § 41 Abs. 4 SGB VI a. F. (nunmehr § 41 S. 2 SGB VI) wieder so geändert, dass ein Ausscheiden mit Erreichen der Regelaltersgrenze (künftig 67) erzwungen werden kann, im Allgemeinen jedoch nicht früher (vgl. BT-Drs. 12/8040; DB 94, 1521; *Ehrich*, BB 94, 1633). Seit dem Vierten Bürokratieentlastungsgesetz (v. 23. 10. 2024, BGBl. I Nr. 323) ist eine solche Befristungsvereinbarung auch in Textform möglich. Auch in befristungsrechtlicher Hinsicht und mit Rücksicht auf das Verbot der Altersdiskriminierung hat die Rechtsprechung diese Möglichkeit der Befristung gebilligt (vgl. Einl. II 1a [6] zu Nr. 32). Zuletzt wurde mit dem RV-Leistungsverbesserungsgesetz (s. I 1) die Befristung des Arbeitsvertrages im Falle der Verlängerung über die Altersgrenze hinaus ermöglicht (vgl. Einl. I zum TzBfG, Nr. 32) und mit dem Rentenpaket 2025 eine Ausnahme vom Anschlussbefristungverbot für Verträge nach Erreichen der Altersgrenze eingeführt (s. o. I 4).

IV. Altersteilzeit

Das Altersteilzeitgesetz (Nr. 30 VI a) ist geschaffen worden, um die bis dahin bestehende Praxis der Frühverrentung abzulösen. Sie bestand in betrieblichen Vereinbarungen, die an die Möglichkeit anknüpften, dass nach einjähriger Arbeitslosigkeit mit 60 Jahren die volle Altersrente zu beziehen war. Den vorzeitig ausgeschiedenen Arbeitnehmern wurden typischerweise vom Arbeitgeber Zuzahlungen zum Arbeitslosengeld geleistet (sog. 58er-Regelungen). Wegen der vielfältigen

Ausnahmeregelungen des damaligen § 128 AFG waren die Unternehmen praktisch nie zur Erstattung des Arbeitslosengeldes gegenüber der Bundesanstalt für Arbeit verpflichtet. Daraus resultierte die Kritik, dass so die Arbeitslosenversicherung funktionswidrig mit Rentenkosten belastet und die Rentenversicherung insgesamt überlastet werde.

Das Gesetz v. 23. Juli 1996 beendete diesen Zustand durch die stufenweise Anhebung der Altersgrenze für eine Rente wegen Arbeitslosigkeit auf 65 Jahre und die gleichzeitige Neuregelung des Altersteilzeitgesetzes. Die nunmehr zu großen Rentenabschläge bei einem vorzeitigen Ausscheiden aus dem Erwerbsleben haben das Aus für die frühere Praxis der 58er-Regelungen bedeutet. Mit Gesetz v. 6. 4. 1998 (BGBl. I 688) wurden die Möglichkeiten der Inanspruchnahme des Altersteilzeitgesetzes erweitert und die sozialrechtliche Seite des Entgeltanspruchs geklärt (zum Gesetz *Wonneberger,* DB 98, 982; *Diller,* NZA 98, 792; *Gaul,* BB 98, 1634; *Stiefermann,* Arbeitgeber 98, 207; *Wolf,* Arbeitgeber 98, 211). Nach weiteren Änderungen (vgl. 35. Aufl., Einl. zu Nr. 2) lief die gesetzliche Förderung gemäß § 16 AltTZG beginnend ab 1. 1. 2010, also zum 1. 1. 2016, aus (zu den Wirkungen der Förderung auf die Inanspruchnahme von Altersteilzeit vgl. *Wanger*, WSI-Mitt. 10, 395). Danach können Aufstockungsleistungen nur noch erbracht werden, wenn die Fördervoraussetzungen erstmals vor dem 1. 1. 2010 vorgelegen haben. Ohne staatliche Förderung ist die Finanzierung von Altersteilzeit auf Beschäftigte bzw. ihre Arbeitgeber verlagert. Dazu wurden neue Tarifwerke geschaffen (vgl. iwd 13/10, S. 4; SoSi plus 6/12, S. 2; Bericht in AuR 10, 29; zur Metall- und Elektroindustrie *Koch*, BB 15, 1722; zur chemischen Industrie s. *Mostert*, SozSich 12, 97; zum öffentlichen Dienst *Klapproth/Hock*, ZTR 10, 278).

Nach § 16 AltTZG lief aber nur die staatliche Förderung aus, ohne dass das Gesetz außer Kraft tritt. Das ist beispielsweise wichtig für die Insolvenzsicherungspflicht gemäß § 8a AltTZG. Auch die Regelungen zur Steuerfreiheit (§ 3 Nr. 28 EStG [Fn. 1 zu § 3 AltTZG]) und zur Beitragsfreiheit in der Sozialversicherung (§ 1 Abs. 1 Nr. 1 SvEV) sind in Kraft geblieben.

Die Verteilung der vom Arbeitgeber bereitgestellten Aufstockungsleistungen zum Entgelt im Falle der Altersteilzeitarbeit unterliegt der Mitbestimmung des Betriebsrats gemäß § 87 Abs. 1 Nr. 10 BetrVG (*BAG* 10. 12. 2013 – 1 ABR 39/12, NZA 14, 1040).

Die Teilzeitvereinbarung kann auch als sog. Blockmodell erfolgen. Dabei arbeitet der betroffene Arbeitnehmer in der ersten Hälfte des Verteilungszeitraums voll und wird in der zweiten Hälfte völlig von der Arbeit freigestellt. Der Arbeitnehmer gilt auch in der Freistellungsphase als versicherungspflichtig Beschäftigter (§ 7 Abs. 1a SGB IV i. V. m. § 7b SGB IV). Bei Blockteilzeit gilt er allerdings in der Freistellungsphase nicht mehr als Betriebsangehöriger und kann deshalb z. B. keiner Arbeitnehmervertretung angehören (*BAG* 25. 10. 2000 – 7 ABR 18/00, DB 01, 706 mit Anm. *Haag/Gräter/Dangelmaier*). Zu Urlaubsansprüchen s. Einl. III zum BUrlG, Nr. 17.

Der Insolvenzschutz nach § 8a AltTZG ist in praktischer Hinsicht nicht besonders effektiv. Nach § 8a AltTZG kann der Arbeitnehmer zwar mangels Nachweises des Insolvenzschutzes auf schriftliche Aufforderung nach einem Monat eine Sicherheitsleistung verlangen. Der Insolvenzschutz setzt allerdings erst ab einem Guthaben in Höhe des dreifachen Regelarbeitsentgelts ein, was das auf einen Monat entfallende Arbeitsentgelt ist. Der insoweit nicht geschützte Teil eines Wertguthabens wird regelmäßig durch das Insolvenzgeld nach §§ 165 ff. SGB III (Einl. II 2g zum SGB III, Nr. 30 III) gesichert sein. Als problematisch erweist sich allerdings, dass der Insolvenzschutz nach wie vor von der Initiative des Arbeitnehmers abhängt. Effektiver dürften insoweit die Regelungen in § 7e SGB IV (Nr. 30 IV) ausgestaltet sein (s. aber Einl. II 3 zum SGB IV, Nr. 30 IV). Dafür, dass die Regelungen zur Haftung organschaftlicher Vertreter für unzureichende Wertguthaben in § 7e SGB IV auch bei Wertguthaben aus Altersteilzeitvereinbarungen greifen, sprechen Gesetzgebungsgeschichte und Zweck der Regelungen (zum Ganzen *Deinert*, RdA 14, 327). Demgegenüber leitet das *BAG* (23. 2. 2016 – 9 AZR 293/15, NZA 16, 703) aus § 8a Abs. 1 AltTZG ab, dass § 7e SGB IV bei Altersteilzeit-Wertguthaben überhaupt keine Anwendung finde, sodass Arbeitnehmer bei Insolvenz der Arbeitgeber-Gesellschaft keinen Ersatz von Vorständen oder Geschäftsführern, die keine ausreichende Insolvenzsicherung betrieben haben, erhalten können. Während der Freistellungsphase nach Eröffnung des Insolvenzverfahrens kann der Arbeitnehmer nicht mehr vom Insolvenzverwalter verlangen, dass dieser die Insolvenzsicherung durchführt (*BAG* 15. 1. 2013 – 9 AZR 448/11, DB 13, 1242).

V. Anwendungsprobleme und rechtspolitische Diskussion

Die aktuelle Bundesregierung will zur Mitte der Legislaturperiode eine neue Kenngröße für ein Gesamtversorgungsniveau über alle Säulen der Altersversorgung hinweg prüfen. Die »Haltelinie« (s. o. I 3) soll 2029 evaluiert werden. Außerdem ist eine Frühstart-Rente für ein individuelles kapitalgedecktes Altersvorsorgedepot geplant, auf das während des Besuchs einer Bildungseinrichtung bis zum 18. Lebensjahr staatlich monatlich 10 Euro eingezahlt werden und anschließend weiter angespart werden kann. Dieses Kapital soll erst mit Erreichen der Regelaltersgrenze ausgezahlt werden können (zum Ganzen »Verantwortung für Deutschland«, Koalitionsvertrag zwischen CDU, CSU und SPD, 21. Legislaturperiode, Zeilen 587 ff.; vgl. auch *Winkel*, AiB 11/25, 23).

Wichtige Entscheidung

BVerfG 7. 4. 2022 – 1 BvL 3/18 u. a., NZS 2022, 579

Weiterführende Literatur

Kommentare zum Rentenversicherungsrecht

Deinert, Sozialrecht (2025), 12. Kap.: (Drohende) Erwerbsminderung und Behinderung; 13. Kap.: Alter

BeckOGK-SGB VI, auch Loseblatt (Kasseler Kommentar zum Sozialversicherungsrecht)

Hauck/Noftz, SGB VI (Loseblatt)

v.Koppenfels-Spies/Wenner (Hrsg.), SGB VI, 2. Aufl. (2022)

Kreikebohm/Roßbach (Hrsg.), SGB VI, 6. Aufl. (2021)
Reinhardt/Silber (Hrsg.), SGB VI, 5. Aufl. (2021)

Aufsätze zum Rentenversicherungsrecht

Dünn/Bilgen/Heckenberger, Das Grundrentengesetz, DRV 2020, S. 325
Dünn/Stosberg, Was ändert sich durch das RV-Leistungsverbesserungsgesetz?, RVaktuell 2014, S. 156
Kreikebohm/Mestwerdt, Arbeit und Rente: Reicht der arbeits- und sozialrechtliche Rahmen für flexible Übergänge von der Arbeit in den Ruhestand?, RdA 2018, S. 71
Ruland, Die Rentenreform unter besonderer Berücksichtigung der staatlich geförderten zusätzlichen Altersvorsorge, NZS 2002, S. 505
Unterhinninghofen, Rotgrünes Rentenprojekt – Umbau des Sozialsystems, Eigenvorsorge und Tarifpolitik, KJ 2002, S. 213
Winkel/Nakielski, Änderungen durch das Flexi-Rentengesetz, Neue Möglichkeiten für (Früh-)Rentner/innen, SozSich 2017, S. 51

Literatur zur Altersteilzeit

Deinert/Wenckebach/Zwanziger-*Sutterer-Kipping*, Arbeitsrecht, § 112 (Altersteilzeit)
Hanau/Veith, Das neue Recht der Arbeitszeitkonten, 2. Aufl. (2015)
Zwanziger, Struktur, Probleme und Entwicklung des Altersteilzeitrechts, RdA 2005, S. 226

Übersicht 65: Rentenversicherung

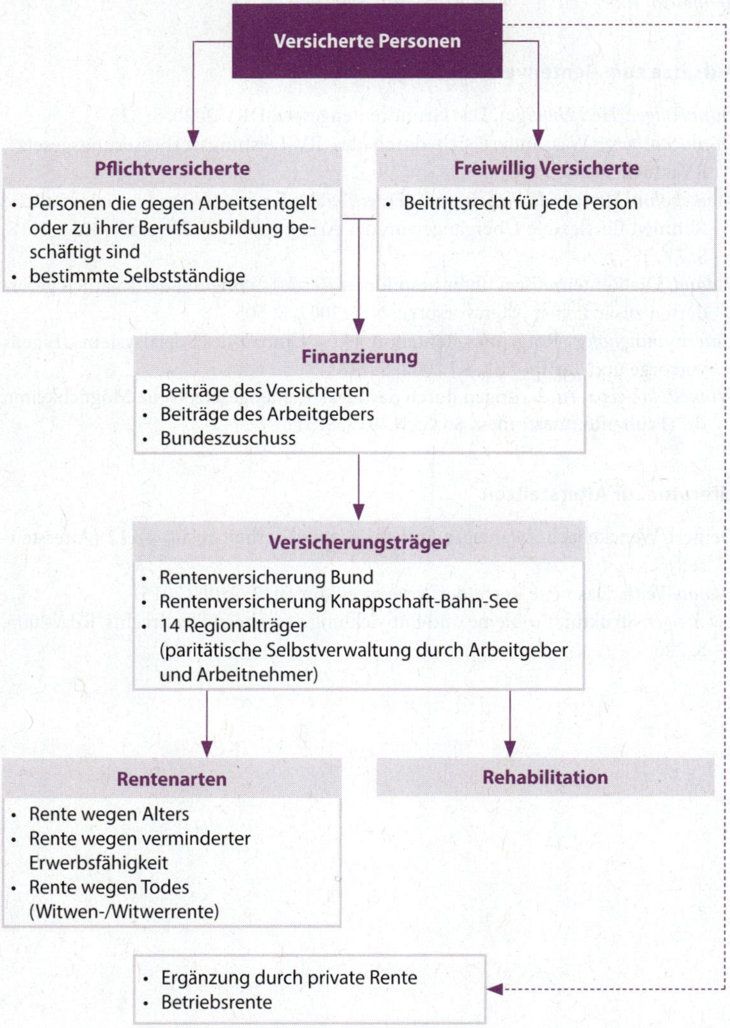

Checkliste 65a: Altersteilzeit

I. Voraussetzungen auf Seiten des Arbeitnehmers

1. Rentennähe
2. Vereinbarung über Reduzierung der Arbeitszeit
3. Vorbeschäftigungszeit

II. Vertragsgestaltung

1. Vereinbarung mit dem Arbeitgeber
2. Formvorschriften
3. Zeitpunkt der Vereinbarung
4. Reduzierung der bisherigen wöchentlichen Arbeitszeit
5. Verteilung der Arbeitszeit
6. Dauer der Vereinbarung
7. Versicherungspflichtige Beschäftigung
8. Aufstockung des Arbeitsentgelts?
9. Aufstockung der Rentenversicherungsbeiträge?
10. Insolvenzsicherung

III. Betriebsratsbeteiligung und Mitarbeitergespräch

Sozialgesetzbuch (SGB) Sechstes Buch Gesetzliche Rentenversicherung

vom 18. Dezember 1989 (BGBl. I 2261, ber. BGBl. I 1990, 1337),
zuletzt geändert durch Gesetz vom 22. Dezember 2025 (BGBl. 2025 I Nr. 369)

(Abgedruckte Vorschriften: § 1 Nr. 1, §§ 35, 41, 43, 235, 240)

§ 1 Beschäftigte[1] Versicherungspflichtig sind

1. Personen, die gegen Arbeitsentgelt oder zu ihrer Berufsausbildung beschäftigt sind; während des Bezuges von Kurzarbeitergeld oder von Qualifizierungsgeld nach dem Dritten Buch besteht die Versicherungspflicht fort,

…

§ 35 Regelaltersrente Versicherte haben Anspruch auf Regelaltersrente, wenn sie

1. die Regelaltersgrenze erreicht und
2. die allgemeine Wartezeit erfüllt

haben. Die Regelaltersgrenze wird mit Vollendung des 67. Lebensjahres erreicht.

…

§ 41 Altersrente und Ende des Arbeitsverhältnisses (1) Der Anspruch des Versicherten auf eine Rente wegen Alters ist nicht als ein Grund anzusehen, der die Kündigung eines Arbeitsverhältnisses durch den Arbeitgeber nach dem Kündigungsschutzgesetz bedingen kann. Eine Vereinbarung, die die Beendigung des Arbeitsverhältnisses eines Arbeitnehmers ohne Kündigung zu einem Zeitpunkt vorsieht, zu dem der Arbeitnehmer vor Erreichen der Regelaltersgrenze eine Rente wegen Alters beantragen kann, gilt dem Arbeitnehmer gegenüber als auf das Erreichen der Regelaltersgrenze abgeschlossen, es sei denn, dass die Vereinbarung innerhalb der letzten drei Jahre vor diesem Zeitpunkt abgeschlossen oder von dem Arbeitnehmer innerhalb der letzten drei Jahre vor diesem Zeitpunkt bestätigt worden ist. Sieht eine Vereinbarung die Beendigung des Arbeitsverhältnisses mit dem Erreichen der Regelaltersgrenze vor, können die Arbeitsvertragsparteien durch Vereinbarung während des Arbeitsverhältnisses den Beendigungszeitpunkt, gegebenenfalls auch mehrfach, hinausschieben.

---

1 S. §§ 1, 4 Abs. 1 Rentenübersichtsgesetz (**RentÜG**) v. 11. 2. 2021 (BGBl. I S. 154), geändert durch Gesetz v. 23. 10. 2024 (BGBl. 2024 I Nr. 323):
§ 1 Zweck Die Digitale Rentenübersicht dient der Verbesserung des Kenntnisstandes der Bürgerinnen und Bürger über ihre jeweilige Altersvorsorge und enthält Informationen insbesondere über deren Höhe. Die Informationen sollen verlässlich, verständlich und möglichst vergleichbar sein.
§ 4 Grundsätze der Digitalen Rentenübersicht (1) Bürgerinnen und Bürger können die Digitale Rentenübersicht über das Portal der Zentralen Stelle für die Digitale Rentenübersicht abfragen. Die Digitale Rentenübersicht wird den Nutzenden von der Zentralen Stelle für die Digitale Rentenübersicht ausschließlich elektronisch zur Verfügung gestellt.
(2) …

(2) § 14 Absatz 2 Satz 2 des Teilzeit- und Befristungsgesetzes gilt nicht für Arbeitnehmer, die die Regelaltersgrenze erreicht haben, wenn mit befristeten Arbeitsverhältnissen nach § 14 Absatz 2 Satz 1 des Teilzeit- und Befristungsgesetzes bei demselben Arbeitgeber
1. die Voraussetzungen des § 14 Absatz 2 Satz 1 des Teilzeit- und Befristungsgesetzes eingehalten werden und
2. keine der folgenden Grenzen überschritten wird:
   a) eine Höchstdauer von insgesamt acht Jahren und
   b) die Anzahl von zwölf befristeten Arbeitsverträgen.

§ 14 Absatz 2 Satz 3 und 4 des Teilzeit- und Befristungsgesetzes bleibt unberührt.
(3) Eine Vereinbarung, die die Beendigung des Arbeitsverhältnisses mit dem Erreichen der Regelaltersgrenze vorsieht, bedarf zu ihrer Wirksamkeit der Textform. § 14 Absatz 4 des Teilzeit- und Befristungsgesetzes gilt nicht.
…

§ 43 Rente wegen Erwerbsminderung (1) Versicherte haben bis zum Erreichen der Regelaltersgrenze Anspruch auf Rente wegen teilweiser Erwerbsminderung, wenn sie
1. teilweise erwerbsgemindert sind,
2. in den letzten fünf Jahren vor Eintritt der Erwerbsminderung drei Jahre Pflichtbeiträge für eine versicherte Beschäftigung oder Tätigkeit haben und
3. vor Eintritt der Erwerbsminderung die allgemeine Wartezeit erfüllt haben.

Teilweise erwerbsgemindert sind Versicherte, die wegen Krankheit oder Behinderung auf nicht absehbare Zeit außerstande sind, unter den üblichen Bedingungen des allgemeinen Arbeitsmarktes mindestens sechs Stunden täglich erwerbstätig zu sein.
(2) Versicherte haben bis zum Erreichen der Regelaltersgrenze Anspruch auf Rente wegen voller Erwerbsminderung, wenn sie
1. voll erwerbsgemindert sind,
2. in den letzten fünf Jahren vor Eintritt der Erwerbsminderung drei Jahre Pflichtbeiträge für eine versicherte Beschäftigung oder Tätigkeit haben und
3. vor Eintritt der Erwerbsminderung die allgemeine Wartezeit erfüllt haben.

Voll erwerbsgemindert sind Versicherte, die wegen Krankheit oder Behinderung auf nicht absehbare Zeit außerstande sind, unter den üblichen Bedingungen des allgemeinen Arbeitsmarktes mindestens drei Stunden täglich erwerbstätig zu sein. Voll erwerbsgemindert sind auch
1. Versicherte nach § 1 Satz 1 Nr. 2, die wegen Art oder Schwere der Behinderung nicht auf dem allgemeinen Arbeitsmarkt tätig sein können und
2. Versicherte, die bereits vor Erfüllung der allgemeinen Wartezeit voll erwerbsgemindert waren, in der Zeit einer nicht erfolgreichen Eingliederung in den allgemeinen Arbeitsmarkt.

(3) Erwerbsgemindert ist nicht, wer unter den üblichen Bedingungen des allgemeinen Arbeitsmarktes mindestens sechs Stunden täglich erwerbstätig sein kann; dabei ist die jeweilige Arbeitsmarktlage nicht zu berücksichtigen.
(4) Der Zeitraum von fünf Jahren vor Eintritt der Erwerbsminderung verlängert sich um folgende Zeiten, die nicht mit Pflichtbeiträgen für eine versicherte Beschäftigung oder Tätigkeit belegt sind:

1. Anrechnungszeiten und Zeiten des Bezugs einer Rente wegen verminderter Erwerbsfähigkeit,
2. Berücksichtigungszeiten,
3. Zeiten, die nur deshalb keine Anrechnungszeiten sind, weil durch sie eine versicherte Beschäftigung oder selbständige Tätigkeit nicht unterbrochen ist, wenn in den letzten sechs Kalendermonaten vor Beginn dieser Zeiten wenigstens ein Pflichtbeitrag für eine versicherte Beschäftigung oder Tätigkeit oder eine Zeit nach Nummer 1 oder 2 liegt,
4. Zeiten einer schulischen Ausbildung nach Vollendung des 17. Lebensjahres bis zu sieben Jahren, gemindert um Anrechnungszeiten wegen schulischer Ausbildung.

(5) Eine Pflichtbeitragszeit von drei Jahren für eine versicherte Beschäftigung oder Tätigkeit ist nicht erforderlich, wenn die Erwerbsminderung aufgrund eines Tatbestandes eingetreten ist, durch den die allgemeine Wartezeit vorzeitig erfüllt ist.

(6) Versicherte, die bereits vor Erfüllung der allgemeinen Wartezeit voll erwerbsgemindert waren und seitdem ununterbrochen voll erwerbsgemindert sind, haben Anspruch auf Rente wegen voller Erwerbsminderung, wenn sie die Wartezeit von 20 Jahren erfüllt haben.

(7) Wird neben einer Rente nach Absatz 1 oder 2 unter den üblichen Bedingungen des allgemeinen Arbeitsmarktes eine Erwerbstätigkeit ausübt, deren Umfang das der Rentengewährung zugrunde liegende zeitliche Leistungsvermögen überschreitet, besteht für einen Zeitraum von regelmäßig sechs Monaten ab Beginn der Ausübung weiterhin Anspruch auf die gewährte Rente.

…

§ 235 Regelaltersrente (1) Versicherte, die vor dem 1. Januar 1964 geboren sind, haben Anspruch auf Regelaltersrente, wenn sie

1. die Regelaltersgrenze erreicht und
2. die allgemeine Wartezeit erfüllt

haben. Die Regelaltersgrenze wird frühestens mit Vollendung des 65. Lebensjahres erreicht.

(2) Versicherte, die vor dem 1. Januar 1947 geboren sind, erreichen die Regelaltersgrenze mit Vollendung des 65. Lebensjahres. Für Versicherte, die nach dem 31. Dezember 1946 geboren sind, wird die Regelaltersgrenze wie folgt angehoben:

Versicherte Geburtsjahr	Anhebung um Monate	auf Alter	
		Jahr	Monat
1947	1	65	1
1948	2	65	2
1949	3	65	3
1950	4	65	4
1951	5	65	5
1952	6	65	6

Versicherte Geburtsjahr	Anhebung um Monate	auf Alter	
		Jahr	Monat
1953	7	65	7
1954	8	65	8
1955	9	65	9
1956	10	65	10
1957	11	65	11
1958	12	66	0
1959	14	66	2
1960	16	66	4
1961	18	66	6
1962	20	66	8
1963	22	66	10.

Für Versicherte, die

1. vor dem 1. Januar 1955 geboren sind und vor dem 1. Januar 2007 Altersteilzeitarbeit im Sinne der §§ 2 und 3 Abs. 1 Nr. 1 des Altersteilzeitgesetzes vereinbart haben oder
2. Anpassungsgeld für entlassene Arbeitnehmer des Bergbaus bezogen haben,

wird die Regelaltersgrenze nicht angehoben.

…

§ 240 Renten wegen teilweiser Erwerbsminderung bei Berufsunfähigkeit

(1) Anspruch auf Rente wegen teilweiser Erwerbsminderung haben bei Erfüllung der sonstigen Voraussetzungen bis zum Erreichen der Regelaltersgrenze auch Versicherte, die

1. vor dem 2. Januar 1961 geboren und
2. berufsunfähig sind.

(2) Berufsunfähig sind Versicherte, deren Erwerbsfähigkeit wegen Krankheit oder Behinderung im Vergleich zur Erwerbsfähigkeit von körperlich, geistig und seelisch gesunden Versicherten mit ähnlicher Ausbildung und gleichwertigen Kenntnissen und Fähigkeiten auf weniger als sechs Stunden gesunken ist. Der Kreis der Tätigkeiten, nach denen die Erwerbsfähigkeit von Versicherten zu beurteilen ist, umfasst alle Tätigkeiten, die ihren Kräften und Fähigkeiten entsprechen und ihnen unter Berücksichtigung der Dauer und des Umfangs ihrer Ausbildung sowie ihres bisherigen Berufs und der besonderen Anforderungen ihrer bisherigen Berufstätigkeit zugemutet werden können. Zumutbar ist stets eine Tätigkeit, für die die Versicherten durch Leistungen zur Teilhabe am Arbeitsleben mit Erfolg ausgebildet oder umgeschult worden sind. Berufsunfähig ist nicht, wer eine zumutbare Tätigkeit mindestens sechs Stunden täglich ausüben kann; dabei ist die jeweilige Arbeitsmarktlage nicht zu berücksichtigen.

…

30 VIa. Altersteilzeitgesetz

vom 23. Juli 1996 (BGBl. I 1078),
zuletzt geändert durch Gesetz vom 16. Dezember 2022 (BGBl. I 2328)

(Abgedruckte Vorschriften: §§ 1, 8, 8a)

Einleitung

(siehe bei Nr. 30 VI, IV)

Gesetzestext

§ 1 Grundsatz (1) Durch Altersteilzeitarbeit soll älteren Arbeitnehmern ein gleitender Übergang vom Erwerbsleben in die Altersrente ermöglicht werden.
(2) Die Bundesagentur für Arbeit (Bundesagentur) fördert durch Leistungen nach diesem Gesetz die Teilzeitarbeit älterer Arbeitnehmer, die ihre Arbeitszeit ab Vollendung des 55. Lebensjahres spätestens ab 31. Dezember 2009 vermindern und damit die Einstellung eines sonst arbeitslosen Arbeitnehmers ermöglichen.
(3) Altersteilzeit im Sinne dieses Gesetzes liegt unabhängig von einer Förderung durch die Bundesagentur auch vor bei einer Teilzeitarbeit älterer Arbeitnehmer, die ihre Arbeitszeit ab Vollendung des 55. Lebensjahres nach dem 31. Dezember 2009 vermindern. Für die Anwendung des § 3 Nr. 28 des Einkommensteuergesetzes kommt es nicht darauf an, dass die Altersteilzeit vor dem 1. Januar 2010 begonnen wurde und durch die Bundesagentur nach § 4 gefördert wird.
…

§ 8 Arbeitsrechtliche Regelungen[1] (1) Die Möglichkeit eines Arbeitnehmers zur Inanspruchnahme von Altersteilzeitarbeit gilt nicht als eine die Kündigung des Arbeitsverhältnisses durch den Arbeitgeber begründende Tatsache im Sinne des § 1 Abs. 2 Satz 1 des Kündigungsschutzgesetzes; sie kann auch nicht bei der sozialen Auswahl nach § 1 Abs. 3 Satz 1 des Kündigungsschutzgesetzes zum Nachteil des Arbeitnehmers berücksichtigt werden.

---

1 **§ 3 EStG**
(…)
28. die Aufstockungsbeträge im Sinne des § 3 Absatz 1 Nummer 1 Buchstabe a sowie die Beiträge und Aufwendungen im Sinne des § 3 Absatz 1 Nummer 1 Buchstabe b und des § 4 Absatz 2 des Altersteilzeitgesetzes, die Zuschläge, die versicherungsfrei Beschäftigte im Sinne des § 27 Absatz 1 Nummer 1 bis 3 des Dritten Buches Sozialgesetzbuch zur Aufstockung der Bezüge bei Altersteilzeit nach beamtenrechtlichen Vorschriften oder Grundsätzen erhalten sowie die Zahlungen des Arbeitgebers zur Übernahme der Beiträge im Sinne des § 187a des Sechsten Buches Sozialgesetzbuch, soweit sie 50 Prozent der Beiträge nicht übersteigen;
(…)

(2) Die Verpflichtung des Arbeitgebers zur Zahlung von Leistungen nach § 3 Abs. 1 Nr. 1 kann nicht für den Fall ausgeschlossen werden, daß der Anspruch des Arbeitgebers auf die Leistungen nach § 4 nicht besteht, weil die Voraussetzung des § 3 Abs. 1 Nr. 2 nicht vorliegt. Das gleiche gilt für den Fall, daß der Arbeitgeber die Leistungen nur deshalb nicht erhält, weil er den Antrag nach § 12 nicht, nicht richtig, nicht vollständig oder nicht rechtzeitig gestellt hat oder seinen Mitwirkungspflichten nicht nachgekommen ist, ohne daß dafür eine Verletzung der Mitwirkungspflichten des Arbeitnehmers ursächlich war.
(3) Eine Vereinbarung zwischen Arbeitnehmer und Arbeitgeber über die Altersteilzeitarbeit, die die Beendigung des Arbeitsverhältnisses ohne Kündigung zu einem Zeitpunkt vorsieht, in dem der Arbeitnehmer Anspruch auf eine Rente wegen Alters hat, ist zulässig.

§ 8a Insolvenzsicherung (1) Führt eine Vereinbarung über die Altersteilzeitarbeit im Sinne von § 2 Abs. 2 zum Aufbau eines Wertguthabens, das den Betrag des Dreifachen des Regelarbeitsentgelts nach § 6 Abs. 1 einschließlich des darauf entfallenden Arbeitgeberanteils am Gesamtsozialversicherungsbeitrag übersteigt, ist der Arbeitgeber verpflichtet, das Wertguthaben einschließlich des darauf entfallenden Arbeitgeberanteils am Gesamtsozialversicherungsbeitrag mit der ersten Gutschrift in geeigneter Weise gegen das Risiko seiner Zahlungsunfähigkeit abzusichern; § 7e des Vierten Buches Sozialgesetzbuch findet keine Anwendung. Bilanzielle Rückstellungen sowie zwischen Konzernunternehmen (§ 18 des Aktiengesetzes) begründete Einstandspflichten, insbesondere Bürgschaften, Patronatserklärungen oder Schuldbeitritte, gelten nicht als geeignete Sicherungsmittel im Sinne des Satzes 1.
(2) Bei der Ermittlung der Höhe des zu sichernden Wertguthabens ist eine Anrechnung der Leistungen nach § 3 Abs. 1 Nr. 1 Buchstabe a und b und § 4 Abs. 2 sowie der Zahlungen des Arbeitgebers zur Übernahme der Beiträge im Sinne des § 187a des Sechsten Buches Sozialgesetzbuch unzulässig.
(3) Der Arbeitgeber hat dem Arbeitnehmer die zur Sicherung des Wertguthabens ergriffenen Maßnahmen mit der ersten Gutschrift und danach alle sechs Monate in Textform nachzuweisen. Die Betriebsparteien können eine andere gleichwertige Art und Form des Nachweises vereinbaren; Absatz 4 bleibt hiervon unberührt.
(4) Kommt der Arbeitgeber seiner Verpflichtung nach Absatz 3 nicht nach oder sind die nachgewiesenen Maßnahmen nicht geeignet und weist er auf schriftliche Aufforderung des Arbeitnehmers nicht innerhalb eines Monats eine geeignete Insolvenzsicherung des bestehenden Wertguthabens in Textform nach, kann der Arbeitnehmer verlangen, dass Sicherheit in Höhe des bestehenden Wertguthabens geleistet wird. Die Sicherheitsleistung kann nur erfolgen durch Stellung eines tauglichen Bürgen oder Hinterlegung von Geld oder solchen Wertpapieren, die nach § 234 Abs. 1 und 3 des Bürgerlichen Gesetzbuchs zur Sicherheitsleistung geeignet sind. Die Vorschriften der §§ 233, 234 Abs. 2, §§ 235 und 239 des Bürgerlichen Gesetzbuchs sind entsprechend anzuwenden.
(5) Vereinbarungen über den Insolvenzschutz, die zum Nachteil des in Altersteilzeitarbeit beschäftigten Arbeitnehmers von den Bestimmungen dieser Vorschrift abweichen, sind unwirksam.

(6) Die Absätze 1 bis 5 finden keine Anwendung gegenüber dem Bund, den Ländern, den Gemeinden, Körperschaften, Stiftungen und Anstalten des öffentlichen Rechts, über deren Vermögen die Eröffnung eines Insolvenzverfahrens nicht zulässig ist, sowie solchen juristischen Personen des öffentlichen Rechts, bei denen der Bund, ein Land oder eine Gemeinde kraft Gesetzes die Zahlungsfähigkeit sichert.

…

30 VII. Sozialgesetzbuch (SGB) Siebtes Buch Gesetzliche Unfallversicherung

Einleitung

I. Entwicklung des SGB VII

Seit dem 1. 1. 1997 ist die Unfallversicherung (Übersicht 66) im SGB VII geregelt. Eine inhaltliche Neuerung bei der Einordnung der Unfallversicherung in das SGB war vor allem die noch stärkere Betonung des Präventionsgedankens (vgl. § 1 Nr. 1 SGB VII; zum Präventionsgesetz s. Einl. I zum SGB V, Nr. 30 V). Damit wird der Zusammenhang mit dem 1996 gleichzeitig verabschiedeten ArbSchG betont (vgl. Nr. 7). Mit dem Unfallversicherungsmodernisierungsgesetz (UVMG) vom 30. 10. 2008 (BGBl. I 2130) wurde insbesondere eine Organisationsreform politisch durchgesetzt (vgl. *Schröder, gute* ARBEIT. 7–8/2008).

II. Wesentlicher Gesetzesinhalt

1. Organisation

Die Versicherung wird durch die in § 114 SGB VII genannten Berufsgenossenschaften und Unfallkassen als Unfallversicherungsträger durchgeführt. Durch das UVMG wurden 2008 Übergangsvorschriften zur Neuorganisation der gesetzlichen Unfallversicherung verankert (vgl. §§ 222 ff. SGB VII). Danach war u. a. die Zahl der gewerblichen Berufsgenossenschaften bis zum 31. 12. 2009 auf 9 zu reduzieren. Das ist inzwischen geschehen (vgl. *Leopold*, WzS 11, 43, 44).

2. Finanzierung

Mit der gesetzlichen Unfallversicherung soll den Unternehmen das Haftungsrisiko gegenüber ihren Beschäftigten abgenommen werden. Sie tragen gemäß § 150 SGB VII allein die Beiträge. Das bedeutet im Kern die staatliche Pflichtversicherung (zur europarechtlichen Zulässigkeit: *EuGH* 5. 3. 2009 – C-350/07, DB 09, 737 – Kattner) für Arbeitnehmer bezogen auf das Risiko der Gesundheitsschädigung im Zusammenhang mit dem Arbeitsleben (Arbeitsunfall, Wegeunfall, Berufskrankheit, §§ 7 ff. SGB VII).

3. Versicherte

30 VII

Versichert sind insbesondere Beschäftigte nach § 2 Abs. 1 Nr. 1 SGB VII, also namentlich Arbeitnehmer (vgl. Einl. II 1 zum SGB IV, Nr. 30 IV). Aber auch »Wie-Beschäftigte« sind nach § 2 Abs. 2 S. 1 SGB VII versichert. Das sind Personen, die ohne Beschäftigte zu sein, wie solche im Betrieb tätig werden. Derartiges hat das *BSG* beispielsweise bei einem Probearbeitstag angenommen (20.8.2019 – B 2 U 1/18 R, SGb 20, 425). Der Kreis der Versicherten ist seit vielen Jahren über das Arbeitsleben hinaus erweitert worden, wovon der umfangreiche Katalog des § 2 SGB VII zeugt. Zu nennen sind insbesondere Kindergartenkinder, Schüler und Studierende (§ 2 Abs. 1 Nr. 8 SGB VII) sowie ehrenamtlich Tätige (vgl. § 2 Abs. 1 Nr. 9 und 10 SGB VII).

4. Prävention

Ein Instrument zur Konkretisierung des in § 14 SGB VII festgelegten Präventionsauftrags sind Unfallverhütungsvorschriften (UVV; § 15 SGB VII). Die Unfallversicherungsträger verfügen über eigene Aufsichtspersonen zur Einhaltung der Präventionsvorschriften des SGB VII und der Unfallverhütungsvorschriften (§§ 17, 18 SGB VII). Diese haben sowohl mit den zuständigen staatlichen Behörden als auch den betrieblichen Interessenvertretungen der Beschäftigten zusammenzuarbeiten (§ 20 SGB VII). Bei der Verhütung von Arbeitsunfällen und arbeitsbedingten Gesundheitsgefahren wird der Unternehmer durch (ehrenamtliche) Sicherheitsbeauftragte unterstützt, die unter Beteiligung des Betriebs- bzw. Personalrats in Betrieben mit mehr als 20 Beschäftigten bestellt werden (§ 22 SGB VII; Einzelheiten hierzu sind in der UVV DGUV Vorschrift 1 geregelt). Damit wird der Zusammenhang zu Gesundheitsvorsorge und Arbeitsschutz auf betrieblicher Ebene hergestellt (vgl. §§ 87 Abs. 1 Nr. 7, 89 BetrVG, Nr. 12; § 11 ASiG, Nr. 7 a).
§ 20c SGB V verpflichtet Krankenkassen, Unfallversicherungsträger und die für den Arbeitsschutz zuständigen Landesbehörden zur Zusammenarbeit bei der Verhütung arbeitsbedingter Gesundheitsgefahren, eingebunden in die nationale Präventionsstrategie gemäß § 20d SGB V (vgl. § 14 Abs. 3 SGB VII).

5. Versicherungsfälle

a) Arbeitsunfälle

Die Unfallversicherung deckt zum einen das Risiko eines Arbeitsunfalls ab, zu dem auch ein sog. Wegeunfall nach und von dem Ort der Tätigkeit gehört (§ 8 SGB VII). Arbeit im Homeoffice und mobile Arbeit wurden durch das Betriebsrätemodernisierungsgesetz (v. 14.6.2021, BGBl. I 1762) ausdrücklich in den Versicherungsschutz einbezogen. Als sog. Betriebsweg kann dabei auch der Weg zur erstmaligen Arbeitsaufnahme im Homeoffice versichert sein (*BSG* 8.12.2021 – B 2 U 4/21 R, SGb 22, 492). Auch eine im Betrieb zugezogene SARS-CoV-2-Erkrankung kann einen Arbeitsunfall darstellen (*Molkentin*, SGb 22, 335, 337). Dabei bereitet aber im Allgemeinen der Nachweis der Kausalität zwischen betrieblicher Tätigkeit und Erkrankung Schwierigkeiten. Zur Frage eines Impfschadens als Arbeitsunfall bei Beschäftigten im Gesundheitswesen *BSG* 27.6.2024 – B 2 U 3/22 R, NZS 25, 79.

b) Berufskrankheiten

Zum anderen werden Berufskrankheiten als Versicherungsfälle erfasst (§ 9 SGB VII). Das SGB VII verfährt in dieser Hinsicht nach dem sog. modifizierten Listensystem. Das bedeutet:

(1) Entschädigt werden Erkrankungen, die durch RechtsVO als solche bezeichnet worden sind und die typischerweise mit bestimmten Arbeiten verbunden sind (Listensystem, § 9 Abs. 1 S. 2 SGB VII). Das ist mit der BerufskrankheitenVO und der in ihr enthaltenen Anlage erfolgt (Abdruck unter Nr. 30 VIIa). Liegt eine in der Liste aufgeführte Erkrankung vor und ist der Versicherte in erhöhtem Maße der Einwirkung ausgesetzt gewesen, gilt die Vermutung, dass die Erkrankung berufsbedingt ist (§ 9 Abs. 3 SGB VII). Es liegt am Versicherungsträger, das Gegenteil zu beweisen.

(2) Eine nicht in der Liste aufgeführte Krankheit wird dann als Berufskrankheit anerkannt, wenn nach neueren Erkenntnissen der medizinischen Wissenschaft die Voraussetzungen hierfür vorliegen (Modifikation des Listensystems, § 9 Abs. 2 SGB VII). Die Beweislast hierfür trägt der Versicherte.

Auch eine SARS-CoV-2-Erkrankung kann für Versicherte im Gesundheitsdienst, in der Wohlfahrtspflege, in einem Laboratorium oder bei Tätigkeiten mit ähnlicher Infektionsgefahr eine Berufskrankheit nach Nr. 3101 der BKV (Nr. 30 VIIa) darstellen (*Molkentin*, SGb 22, 325, 325 f.).

c) Anzeige des Versicherungsfalls

Unfälle, aufgrund derer Versicherte getötet oder so verletzt werden, dass sie mehr als drei Tage arbeitsunfähig werden, sind dem Versicherungsträger vom Unternehmer anzuzeigen (§ 193 Abs. 1 SGB VII). Haben Unternehmer im Einzelfall Anhaltspunkte, dass bei Versicherten ihrer Unternehmen eine Berufskrankheit vorliegen könnte, haben sie diese dem Unfallversicherungsträger anzuzeigen (§ 193 Abs. 2 SGB VII). Die Anzeige ist vom Betriebs- oder Personalrat mitzuunterzeichnen (§ 193 Abs. 5 S. 1 SGB VII), der vom Arbeitgeber eine Durchschrift erhält (vgl. § 89 Abs. 5 BetrVG, Nr. 12). Der Unternehmer hat die Sicherheitsfachkraft und den Betriebsarzt (vgl. ASiG, Nr. 7 a) über jede Unfall- oder Berufskrankheitenanzeige in Kenntnis zu setzen. Verlangt der Unfallversicherungsträger zur Feststellung, ob eine Berufskrankheit vorliegt, Auskünfte über gefährdende Tätigkeiten von Versicherten, haben die Unternehmer den Betriebs- oder Personalrat daüber unverzüglich zu unterrichten (§ 193 Abs. 5 S. 3 SGB VII). Das Nähere der Anzeige ist in der Unfallversicherungs-Anzeigeverordnung (UVAV) bestimmt, nach deren Neuregelung (v. 17.7.2023, BGBl. 2023 I Nr. 192) die Anzeige digital zu erfolgen hat.

6. Leistungen

Beim Eintritt eines schädigenden Ereignisses haben die Versicherten Anspruch auf die in § 26 SGB VII überblicksartig genannten Leistungen. Einer zunächst geplanten grundlegenden Reform im Bereich auch des Leistungsrechts, bei der vor allem ein Übergang von den bisher abstrakten Erwerbsminderungsrenten zum konkreten Schadensausgleich vorgesehen war (*Tiemann*, SozSich 2007, 205), standen die Gewerkschaften skeptisch gegenüber (*Pickshaus/Fritsche*, SozSich 2007, 213). Auch im politischen Raum war die Reform umstritten und wurde nicht umgesetzt (s. Handelsblatt vom 6. 8. 2007). Sie wurde Ende 2007 gestoppt (*Schröder*, *gute* ARBEIT. 12/07, S. 11).

7. Haftungsfreistellung

Die Unternehmer tragen die Beiträge allein (§ 150 SGB VII) und werden dafür von der Haftung gegenüber den Arbeitnehmern freigestellt (§ 104 SGB VII). Das Gleiche gilt für Arbeitnehmer im Verhältnis untereinander sowie im Verhältnis zum Arbeitgeber (§ 105 SGB VII). Für Auszubildende gelten dieselben Regelungen (*BAG* 19. 3. 2015 – 8 AZR 67/14, NZA 15, 1057). Die Haftungsprivilegien greifen auch bei Beteiligung von Leiharbeitnehmern, denn Leiharbeitnehmer sind haftungsrechtlich dem Entleiherbetrieb zuzuordnen (*BGH* 18. 11. 2014 – VI ZR 47/13, NZA 15, 689, Rn. 24 ff.; *BGH* 18. 11. 2014 – VI ZR 141/13, NZS 15, 114). Der Haftungsausschluss gilt allerdings nicht bei Wegeunfällen und bei vorsätzlicher Schädigung (wobei der Vorsatz des Vorgesetzten des Arbeitnehmers dem Arbeitgeber zugerechnet wird, *BAG* 28. 4. 2011 – 8 AZR 769/09, NZA-RR 12, 290). Vorsatz kann, muss aber nicht vorliegen, wenn vorsätzlich eine Vorschrift zum Schutz des Arbeitnehmers verletzt wurde (*BAG* 20. 6. 2013 – 8 AZR 471/12, DB 13, 2216).

III. Rechtstatsächliches

Die absolute Zahl der meldepflichtigen Arbeitsunfälle lag 2024 bei 754 660 (zum Vergleich: 1998 lag diese Zahl noch bei 1 585 364; ausführliche Darstellung der Entwicklung von 2011–2021 in BT-Drs. 20/3469). Die Zahl der tödlichen Arbeitsunfälle lag 2024 bei 345. Im selben Jahr kam es zudem zu 215 tödlichen Wegeunfällen. Im Jahr 2024 ereigneten sich insgesamt 173 483 anzeigepflichtige Wegeunfälle (alle Angaben nach*DGUV*, Arbeits- und Wegeunfallgeschehen, *https://www.dguv.de/de/zahlen-fakten/au-wu-geschehen/index.jsp*).
Als zunehmende Gefährdung werden physische und psychische Gewalt von Personen mit häufigem Kontakt zu Betriebsfremden wahrgenommen. Rund ein Drittel berichtete von verbalen Übergriffen. 8 % erlebten körperliche Gewalt (zu Vorstehendem Pressemitteilung BMAS und DGUV 39/24).
Im selben Jahr gingen bei den Berufsgenossenschaften und Unfallkassen 90 749 Verdachtsanzeigen einer Berufskrankheit ein, was einen wiederholten massiven Rückgang bedeutet (im Jahr 2023: 145 359, im Jahr 2022: 370 141 Fälle, dazu und zum Folgenden *www.dguv.de/de/zahlen-fakten/bk-geschehen/index.jsp*). Es wurden im selben Jahr 26 821 Berufskrankheiten anerkannt. Renten infolge einer Berufskrankheit wurden 2024 in 5190 Fällen erstmalig zuerkannt. Die Zahl der Todesfälle infolge einer Berufskrankheit lag 2024 bei 1888 (zum Vergleich: 1998 waren es 2040 Todesfälle).

Wichtige Entscheidung

EuGH 5. 3. 2009 – C-350/07, DB 2009, 737 – Kattner

Weiterführende Literatur

Deinert, Sozialrecht (2025), 8. Kap.: Arbeitsunfall und Berufskrankheit

Becker/Franke/Molkentin/Hedermann, SGB VII, Gesetzliche Unfallversicherung, 6. Aufl. (2024)

BeckOGK-SGB VII, auch Loseblatt (Kasseler Kommentar zum Sozialversicherungsrecht)

Deinert, Unfallversicherungsregress und innerbetrieblicher Schadensausgleich, RdA 2013, S. 146

Deinert, Unfallversicherung und Arbeitsschutz, Jura 2014, S. 1038

Eberhardt, Aus zwei mach eins: Die neue DGUV Vorschrift 1 – Grundsätze der Prävention, *gute* ARBEIT. 2/2015, S. 26

Hauck/Noftz, SGB VII (Loseblatt)

v.Koppenfels-Spies/Wenner, SGB VII, 3. Aufl. (2022)

Krasney/Burchardt/Kruschinsky/Becker, Gesetzliche Unfallversicherung (SGB VII), (Loseblatt)

Molkentin, SARS-CoV-2-Infektion: gesetzlich unfallversicherte Betriebsgefahr statt unversicherter Allgemeingefahr, SGb 2022, S. 335

Pieper, Arbeitsschutzrecht – ArbSchR, Kommentar für die Praxis, Teil IV, SGB VII, 7. Aufl. (2022)

Wüst/Schäfer/Wellmann, Arbeitsunfall und BK: Hilfen und Anlaufstellen, Gute Arbeit 5/2024, S. 14

Wüst/Schäfer/Wellmann, Was tun beim Arbeitsunfall oder bei einer Berufskrankheit?, Gute Arbeit 5/2024, S. 8

Übersicht 66: Unfallversicherung

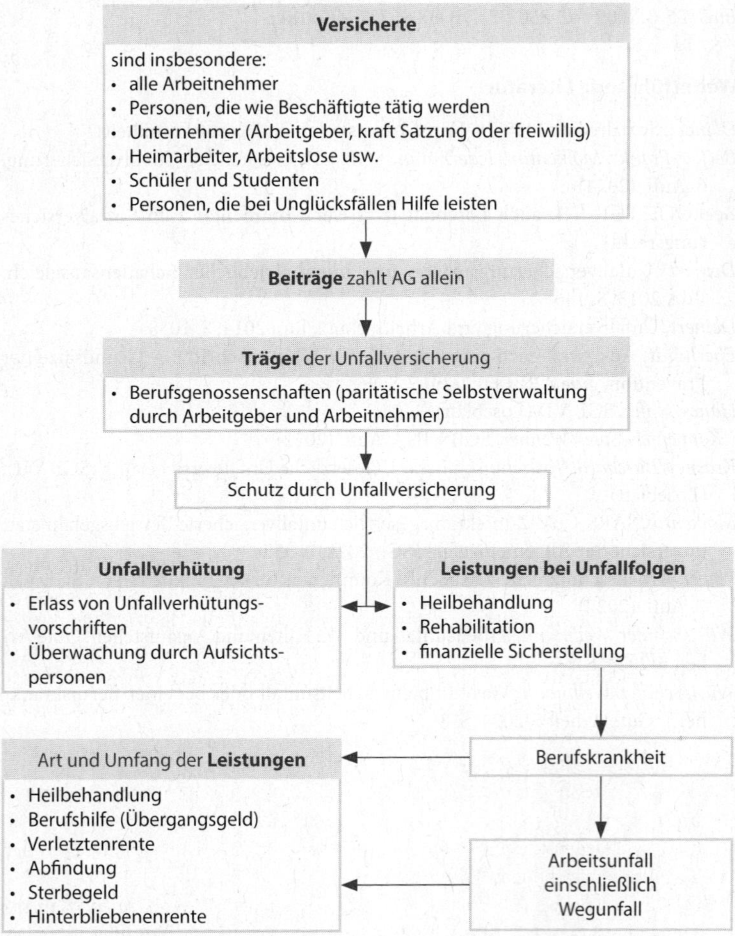

Sozialgesetzbuch (SGB)
Siebtes Buch
Gesetzliche Unfallversicherung

vom 7. August 1996 (BGBl. I 1254),
zuletzt geändert durch Gesetz vom 22. Dezember 2025 (BGBl. 2025 I Nr. 371)

(Abgedruckte Vorschriften: § 2 Abs. 1 Nr. 1 und Abs. 2 Satz 1, §§ 7–9, 15, 104–110 Abs. 1–2, § 193)

§ 2 Versicherung kraft Gesetzes (1) Kraft Gesetzes sind versichert

1. Beschäftigte,

…

(2) Ferner sind Personen versichert, die wie nach Absatz 1 Nr. 1 Versicherte tätig werden. …

…

§ 7 Begriff (1) Versicherungsfälle sind Arbeitsunfälle und Berufskrankheiten.

(2) Verbotswidriges Handeln schließt einen Versicherungsfall nicht aus.

§ 8 Arbeitsunfall (1) Arbeitsunfälle sind Unfälle von Versicherten infolge einer den Versicherungsschutz nach §§ 2, 3 oder 6 begründenden Tätigkeit (versicherte Tätigkeit). Unfälle sind zeitlich begrenzte, von außen auf den Körper einwirkende Ereignisse, die zu einem Gesundheitsschaden oder zum Tod führen. Wird die versicherte Tätigkeit im Haushalt der Versicherten oder an einem anderen Ort ausgeübt, besteht Versicherungsschutz in gleichem Umfang wie bei Ausübung der Tätigkeit auf der Unternehmensstätte.

(2) Versicherte Tätigkeiten sind auch

1. das Zurücklegen des mit der versicherten Tätigkeit zusammenhängenden unmittelbaren Weges nach und von dem Ort der Tätigkeit,
2. das Zurücklegen des von einem unmittelbaren Weg nach und von dem Ort der Tätigkeit abweichenden Weges, um
   a) Kinder von Versicherten (§ 56 des Ersten Buches), die mit ihnen in einem gemeinsamen Haushalt leben, wegen ihrer, ihrer Ehegatten oder ihrer Lebenspartner beruflichen Tätigkeit fremder Obhut anzuvertrauen oder
   b) mit anderen Berufstätigen oder Versicherten gemeinsam ein Fahrzeug zu benutzen,

2a. das Zurücklegen des unmittelbaren Weges nach und von dem Ort, an dem Kinder von Versicherten nach Nummer 2 Buchstabe a fremder Obhut anvertraut werden, wenn die versicherte Tätigkeit an dem Ort des gemeinsamen Haushalts ausgeübt wird,

3. das Zurücklegen des von einem unmittelbaren Weg nach und von dem Ort der Tätigkeit abweichenden Weges der Kinder von Personen (§ 56 des Ersten Buches), die mit ihnen in einem gemeinsamen Haushalt leben, wenn die Abweichung darauf beruht, daß die Kinder wegen der beruflichen Tätigkeit dieser

Personen oder deren Ehegatten oder deren Lebenspartner fremder Obhut anvertraut werden,
4. das Zurücklegen des mit der versicherten Tätigkeit zusammenhängenden Weges von und nach der ständigen Familienwohnung, wenn die Versicherten wegen der Entfernung ihrer Familienwohnung von einem Ort der Tätigkeit an diesem oder in dessen Nähe eine Unterkunft haben,
5. das mit einer versicherten Tätigkeit zusammenhängende Verwahren, Befördern, Instandhalten und Erneuern eines Arbeitsgeräts oder einer Schutzausrüstung sowie deren Erstbeschaffung, wenn diese auf Veranlassung der Unternehmer erfolgt.

(3) Als Gesundheitsschaden gilt auch die Beschädigung oder der Verlust eines Hilfsmittels.

§ 9 Berufskrankheit (1) Berufskrankheiten sind Krankheiten, die die Bundesregierung durch Rechtsverordnung[1] mit Zustimmung des Bundesrates als Berufskrankheiten bezeichnet und die Versicherte infolge einer den Versicherungsschutz nach §§ 2, 3 oder 6 begründenden Tätigkeit erleiden. Die Bundesregierung wird ermächtigt, in der Rechtsverordnung solche Krankheiten als Berufskrankheiten zu bezeichnen, die nach den Erkenntnissen der medizinischen Wissenschaft durch besondere Einwirkungen verursacht sind, denen bestimmte Personengruppen durch ihre versicherte Tätigkeit in erheblich höherem Grade als die übrige Bevölkerung ausgesetzt sind; sie kann dabei bestimmen, daß die Krankheiten nur dann Berufskrankheiten sind, wenn sie durch Tätigkeiten in bestimmten Gefährdungsbereichen verursacht worden sind. In der Rechtsverordnung kann ferner bestimmt werden, inwieweit Versicherte in Unternehmen der Seefahrt auch in der Zeit gegen Berufskrankheiten versichert sind, in der sie an Land beurlaubt sind.

(1 a) Beim Bundesministerium für Arbeit und Soziales wird ein Ärztlicher Sachverständigenbeirat Berufskrankheiten gebildet. Der Sachverständigenbeirat ist ein wissenschaftliches Gremium, das das Bundesministerium bei der Prüfung der medizinischen Erkenntnisse zur Bezeichnung neuer und zur Erarbeitung wissenschaftlicher Stellungnahmen zu bestehenden Berufskrankheiten unterstützt. Bei der Bundesanstalt für Arbeitsschutz und Arbeitsmedizin wird eine Geschäftsstelle eingerichtet, die den Sachverständigenbeirat bei der Erfüllung seiner Arbeit organisatorisch und wissenschaftlich, insbesondere durch die Erstellung systematischer Reviews, unterstützt. Das Nähere über die Stellung und die Organisation des Sachverständigenbeirats und der Geschäftsstelle regelt die Bundesregierung in der Rechtsverordnung nach Absatz 1.

(2) Die Unfallversicherungsträger haben eine Krankheit, die nicht in der Rechtsverordnung bezeichnet ist oder bei der die dort bestimmten Voraussetzungen nicht vorliegen, wie eine Berufskrankheit als Versicherungsfall anzuerkennen, sofern im Zeitpunkt der Entscheidung nach neuen Erkenntnissen der medizinischen Wissenschaft die Voraussetzungen für eine Bezeichnung nach Absatz 1 Satz 2 erfüllt sind.

---

1 Vgl. **Berufskrankheiten-Verordnung** – BKV (Nr. 30 VIIa).

(2 a) Krankheiten, die bei Versicherten vor der Bezeichnung als Berufskrankheiten bereits entstanden waren, sind rückwirkend frühestens anzuerkennen
1. in den Fällen des Absatzes 1 als Berufskrankheit zu dem Zeitpunkt, in dem die Bezeichnung in Kraft getreten ist,
2. in den Fällen des Absatzes 2 wie eine Berufskrankheit zu dem Zeitpunkt, in dem die neuen Erkenntnisse der medizinischen Wissenschaft vorgelegen haben; hat der Ärztliche Sachverständigenbeirat Berufskrankheiten eine Empfehlung für die Bezeichnung einer neuen Berufskrankheit beschlossen, ist für die Anerkennung maßgebend der Tag der Beschlussfassung.

(3) Erkranken Versicherte, die infolge der besonderen Bedingungen ihrer versicherten Tätigkeit in erhöhtem Maße der Gefahr der Erkrankung an einer in der Rechtsverordnung nach Absatz 1 genannten Berufskrankheit ausgesetzt waren, an einer solchen Krankheit und können Anhaltspunkte für eine Verursachung außerhalb der versicherten Tätigkeit nicht festgestellt werden, wird vermutet, daß diese infolge der versicherten Tätigkeit verursacht worden ist.

(3 a) Der Unfallversicherungsträger erhebt alle Beweise, die zur Ermittlung des Sachverhalts erforderlich sind. Dabei hat er neben den in § 21 Absatz 1 Satz 1 des Zehnten Buches genannten Beweismitteln auch Erkenntnisse zu berücksichtigen, die er oder ein anderer Unfallversicherungsträger an vergleichbaren Arbeitsplätzen oder zu vergleichbaren Tätigkeiten gewonnen hat. Dies gilt insbesondere in den Fällen, in denen die Ermittlungen zu den Einwirkungen während der versicherten Tätigkeit dadurch erschwert sind, dass der Arbeitsplatz des Versicherten nicht mehr oder nur in veränderter Gestaltung vorhanden ist. Die Unfallversicherungsträger sollen zur Erfüllung der Aufgaben nach den Sätzen 2 und 3 einzeln oder gemeinsam tätigkeitsbezogene Expositionskataster erstellen. Grundlage für diese Kataster können die Ergebnisse aus systematischen Erhebungen, aus Ermittlungen in Einzelfällen sowie aus Forschungsvorhaben sein. Die Unfallversicherungsträger können außerdem Erhebungen an vergleichbaren Arbeitsplätzen durchführen.

(4) Besteht für Versicherte, bei denen eine Berufskrankheit anerkannt wurde, die Gefahr, dass bei der Fortsetzung der versicherten Tätigkeit die Krankheit wiederauflebt oder sich verschlimmert und lässt sich diese Gefahr nicht durch andere geeignete Mittel beseitigen, haben die Unfallversicherungsträger darauf hinzuwirken, dass die Versicherten die gefährdende Tätigkeit unterlassen. Die Versicherten sind von den Unfallversicherungsträgern über die mit der Tätigkeit verbundenen Gefahren und mögliche Schutzmaßnahmen umfassend aufzuklären. Zur Verhütung einer Gefahr nach Satz 1 sind die Versicherten verpflichtet, an individualpräventiven Maßnahmen der Unfallversicherungsträger teilzunehmen und an Maßnahmen zur Verhaltensprävention mitzuwirken; die §§ 60 bis 65a des Ersten Buches gelten entsprechend. Pflichten der Unternehmer und Versicherten nach dem Zweiten Kapitel und nach arbeitsschutzrechtlichen Vorschriften bleiben hiervon unberührt. Kommen Versicherte ihrer Teilnahme- oder Mitwirkungspflicht nach Satz 3 nicht nach, können die Unfallversicherungsträger Leistungen zur Teilhabe am Arbeitsleben oder die Leistung einer danach erstmals festzusetzenden Rente wegen Minderung der Erwerbsfähigkeit oder den Anteil einer Rente, der auf eine danach eingetretene wesentliche Änderung im Sinne des § 73 Absatz 3 zurückgeht, bis zur Nachholung der Teilnahme oder Mitwirkung ganz oder teilweise versagen. Dies

setzt voraus, dass infolge der fehlenden Teilnahme oder Mitwirkung der Versicherten die Teilhabeleistungen erforderlich geworden sind oder die Erwerbsminderung oder die wesentliche Änderung eingetreten ist; § 66 Absatz 3 und § 67 des Ersten Buches gelten entsprechend.

(5) Soweit Vorschriften über Leistungen auf den Zeitpunkt des Versicherungsfalls abstellen, ist bei Berufskrankheiten auf den Beginn der Arbeitsunfähigkeit oder der Behandlungsbedürftigkeit oder, wenn dies für den Versicherten günstiger ist, auf den Beginn der rentenberechtigenden Minderung der Erwerbsfähigkeit abzustellen.

(6) Die Bundesregierung regelt durch Rechtsverordnung mit Zustimmung des Bundesrates

1. Voraussetzungen, Art und Umfang von Leistungen zur Verhütung des Entstehens, der Verschlimmerung oder des Wiederauflebens von Berufskrankheiten,
2. die Mitwirkung der für den medizinischen Arbeitsschutz zuständigen Stellen bei der Feststellung von Berufskrankheiten sowie von Krankheiten, die nach Absatz 2 wie Berufskrankheiten zu entschädigen sind; dabei kann bestimmt werden, daß die für den medizinischen Arbeitsschutz zuständigen Stellen berechtigt sind, Zusammenhangsgutachten zu erstellen sowie zur Vorbereitung ihrer Gutachten Versicherte zu untersuchen oder auf Kosten der Unfallversicherungsträger andere Ärzte mit der Vornahme der Untersuchungen zu beauftragen,
3. die von den Unfallversicherungsträgern für die Tätigkeit der Stellen nach Nummer 2 zu entrichtenden Gebühren; diese Gebühren richten sich nach dem für die Begutachtung erforderlichen Aufwand und den dadurch entstehenden Kosten.

(7) Die Unfallversicherungsträger haben die für den medizinischen Arbeitsschutz zuständige Stelle über den Ausgang des Berufskrankheitenverfahrens zu unterrichten, soweit ihre Entscheidung von der gutachterlichen Stellungnahme der zuständigen Stelle abweicht.

(8) Die Unfallversicherungsträger wirken bei der Gewinnung neuer medizinisch-wissenschaftlicher Erkenntnisse insbesondere zur Fortentwicklung des Berufskrankheitenrechts mit; sie sollen durch eigene Forschung oder durch Beteiligung an fremden Forschungsvorhaben dazu beitragen, den Ursachenzusammenhang zwischen Erkrankungshäufigkeiten in einer bestimmten Personengruppe und gesundheitsschädlichen Einwirkungen im Zusammenhang mit der versicherten Tätigkeit aufzuklären. Die Verbände der Unfallversicherungsträger veröffentlichen jährlich einen gemeinsamen Bericht über ihre Forschungsaktivitäten und die Forschungsaktivitäten der Träger der gesetzlichen Unfallversicherung. Der Bericht erstreckt sich auf die Themen der Forschungsvorhaben, die Höhe der aufgewendeten Mittel sowie die Zuwendungsempfänger und Forschungsnehmer externer Projekte.

(9) Die für den medizinischen Arbeitsschutz zuständigen Stellen dürfen zur Feststellung von Berufskrankheiten sowie von Krankheiten, die nach Absatz 2 wie Berufskrankheiten zu entschädigen sind, Daten verarbeiten sowie zur Vorbereitung von Gutachten Versicherte untersuchen, soweit dies im Rahmen ihrer Mitwirkung nach Absatz 6 Nr. 2 erforderlich ist; sie dürfen diese Daten insbesondere an den zuständigen Unfallversicherungsträger übermitteln. Die erhobenen Daten dürfen

auch zur Verhütung von Arbeitsunfällen, Berufskrankheiten und arbeitsbedingten Gesundheitsgefahren gespeichert, verändert, genutzt, übermittelt oder in der Verarbeitung eingeschränkt werden. Soweit die in Satz 1 genannten Stellen andere Ärzte mit der Vornahme von Untersuchungen beauftragen, ist die Übermittlung von Daten zwischen diesen Stellen und den beauftragten Ärzten zulässig, soweit dies im Rahmen des Untersuchungsauftrages erforderlich ist.

...

§ 15 Unfallverhütungsvorschriften (1) Die Unfallversicherungsträger können unter Mitwirkung der Deutschen Gesetzlichen Unfallversicherung e. V. als autonomes Recht Unfallverhütungsvorschriften über Maßnahmen zur Verhütung von Arbeitsunfällen, Berufskrankheiten und arbeitsbedingten Gesundheitsgefahren oder für eine wirksame Erste Hilfe erlassen, soweit dies zur Prävention geeignet und erforderlich ist und staatliche Arbeitsschutzvorschriften hierüber keine Regelung treffen; in diesem Rahmen können Unfallverhütungsvorschriften erlassen werden über

1. Einrichtungen, Anordnungen und Maßnahmen, welche die Unternehmer zur Verhütung von Arbeitsunfällen, Berufskrankheiten und arbeitsbedingten Gesundheitsgefahren zu treffen haben, sowie die Form der Übertragung dieser Aufgaben auf andere Personen,
2. das Verhalten der Versicherten zur Verhütung von Arbeitsunfällen, Berufskrankheiten und arbeitsbedingten Gesundheitsgefahren,
3. vom Unternehmer zu veranlassende arbeitsmedizinische Untersuchungen und sonstige arbeitsmedizinische Maßnahmen vor, während und nach der Verrichtung von Arbeiten, die für Versicherte oder für Dritte mit arbeitsbedingten Gefahren für Leben und Gesundheit verbunden sind,
4. Voraussetzungen, die der Arzt, der mit Untersuchungen oder Maßnahmen nach Nummer 3 beauftragt ist, zu erfüllen hat, sofern die ärztliche Untersuchung nicht durch eine staatliche Rechtsvorschrift vorgesehen ist,
5. die Sicherstellung einer wirksamen Ersten Hilfe durch den Unternehmer,
6. die Maßnahmen, die der Unternehmer zur Erfüllung der sich aus dem Gesetz über Betriebsärzte, Sicherheitsingenieure und andere Fachkräfte für Arbeitssicherheit ergebenden Pflichten zu treffen hat,
7. die Zahl der Sicherheitsbeauftragten, die nach § 22 unter Berücksichtigung der in den Unternehmen für Leben und Gesundheit der Versicherten bestehenden arbeitsbedingten Gefahren und der Zahl der Beschäftigten zu bestellen sind.

In der Unfallverhütungsvorschrift nach Satz 1 Nr. 3 kann bestimmt werden, daß arbeitsmedizinische Vorsorgeuntersuchungen auch durch den Unfallversicherungsträger veranlaßt werden können. Die Deutsche Gesetzliche Unfallversicherung e. V. wirkt beim Erlass von Unfallverhütungsvorschriften auf Rechtseinheitlichkeit hin.

(1 a) In der landwirtschaftlichen Unfallversicherung ist Absatz 1 mit der Maßgabe anzuwenden, dass Unfallverhütungsvorschriften von der landwirtschaftlichen Berufsgenossenschaft erlassen werden.

(2) Soweit die Unfallversicherungsträger Vorschriften nach Absatz 1 Satz 1 Nr. 3 erlassen, können sie zu den dort genannten Zwecken auch die Verarbeitung von

folgenden Daten über die untersuchten Personen durch den Unternehmer vorsehen:
1. Vor- und Familienname, Geburtsdatum sowie Geschlecht,
2. Wohnanschrift,
3. Tag der Einstellung und des Ausscheidens,
4. Ordnungsnummer,
5. zuständige Krankenkasse,
6. Art der vom Arbeitsplatz ausgehenden Gefährdungen,
7. Art der Tätigkeit mit Angabe des Beginns und des Endes der Tätigkeit,
8. Angaben über Art und Zeiten früherer Tätigkeiten, bei denen eine Gefährdung bestand, soweit dies bekannt ist,
9. Datum und Ergebnis der ärztlichen Vorsorgeuntersuchungen; die Übermittlung von Diagnosedaten an den Unternehmer ist nicht zulässig,
10. Datum der nächsten regelmäßigen Nachuntersuchung,
11. Name und Anschrift des untersuchenden Arztes.

Soweit die Unfallversicherungsträger Vorschriften nach Absatz 1 Satz 2 erlassen, gelten Satz 1 sowie § 24 Abs. 1 Satz 3 und 4 entsprechend.

(3) Absatz 1 Satz 1 Nr. 1 bis 5 gilt nicht für die unter bergbehördlicher Aufsicht stehenden Unternehmen.

(4) Die Vorschriften nach Absatz 1 bedürfen der Genehmigung durch das Bundesministerium für Arbeit und Soziales. Die Entscheidung hierüber wird im Benehmen mit den zuständigen obersten Verwaltungsbehörden der Länder getroffen. Soweit die Vorschriften von einem Unfallversicherungsträger erlassen werden, welcher der Aufsicht eines Landes untersteht, entscheidet die zuständige oberste Landesbehörde über die Genehmigung im Benehmen mit dem Bundesministerium für Arbeit und Soziales. Die Genehmigung ist zu erteilen, wenn die Vorschriften sich im Rahmen der Ermächtigung nach Absatz 1 halten und ordnungsgemäß von der Vertreterversammlung beschlossen worden sind. Die Erfüllung der Genehmigungsvoraussetzungen nach Satz 4 ist im Antrag auf Erteilung der Genehmigung darzulegen. Dabei hat der Unfallversicherungsträger insbesondere anzugeben, dass
1. eine Regelung der in den Vorschriften vorgesehenen Maßnahmen in staatlichen Arbeitsschutzvorschriften nicht zweckmäßig ist,
2. das mit den Vorschriften angestrebte Präventionsziel ausnahmsweise nicht durch Regeln erreicht wird, die von einem gemäß § 18 Abs. 2 Nr. 5 des Arbeitsschutzgesetzes eingerichteten Ausschuss ermittelt werden, und
3. die nach Nummer 1 und 2 erforderlichen Feststellungen in einem besonderen Verfahren unter Beteiligung von Arbeitsschutzbehörden des Bundes und der Länder getroffen worden sind.

Für die Angabe nach Satz 6 reicht bei Unfallverhütungsvorschriften nach Absatz 1 Satz 1 Nr. 6 ein Hinweis darauf aus, dass das Bundesministerium für Arbeit und Soziales von der Ermächtigung zum Erlass einer Rechtsverordnung nach § 14 des Gesetzes über Betriebsärzte, Sicherheitsingenieure und andere Fachkräfte für Arbeitssicherheit keinen Gebrauch macht.

(5) Die Unternehmer sind über die Vorschriften nach Absatz 1 zu unterrichten und zur Unterrichtung der Versicherten verpflichtet.

…

§ 104 Beschränkung der Haftung der Unternehmer (1) Unternehmer sind den Versicherten, die für ihre Unternehmen tätig sind oder zu ihren Unternehmen in einer sonstigen die Versicherung begründenden Beziehung stehen, sowie deren Angehörigen und Hinterbliebenen nach anderen gesetzlichen Vorschriften zum Ersatz des Personenschadens, den ein Versicherungsfall verursacht hat, nur verpflichtet, wenn sie den Versicherungsfall vorsätzlich oder auf einem nach § 8 Abs. 2 Nr. 1 bis 4 versicherten Weg herbeigeführt haben. Ein Forderungsübergang nach § 116 des Zehnten Buches findet nicht statt.
(2) Absatz 1 gilt entsprechend für Personen, die als Leibesfrucht durch einen Versicherungsfall im Sinne des § 12 geschädigt worden sind.
(3) Die nach Absatz 1 oder 2 verbleibenden Ersatzansprüche vermindern sich um die Leistungen, die Berechtigte nach Gesetz oder Satzung infolge des Versicherungsfalls erhalten.

§ 105 Beschränkung der Haftung anderer im Betrieb tätiger Personen (1) Personen, die durch eine betriebliche Tätigkeit einen Versicherungsfall von Versicherten desselben Betriebs verursachen, sind diesen sowie deren Angehörigen und Hinterbliebenen nach anderen gesetzlichen Vorschriften zum Ersatz des Personenschadens nur verpflichtet, wenn sie den Versicherungsfall vorsätzlich oder auf einem nach § 8 Abs. 2 Nr. 1 bis 4 versicherten Weg herbeigeführt haben. Satz 1 gilt entsprechend bei der Schädigung von Personen, die für denselben Betrieb tätig und nach § 4 Abs. 1 Nr. 1 versicherungsfrei sind. § 104 Abs. 1 Satz 2, Abs. 2 und 3 gilt entsprechend.
(2) Absatz 1 gilt entsprechend, wenn nicht versicherte Unternehmer geschädigt worden sind. Soweit nach Satz 1 eine Haftung ausgeschlossen ist, werden die Unternehmer wie Versicherte, die einen Versicherungsfall erlitten haben, behandelt, es sei denn, eine Ersatzpflicht des Schädigers gegenüber dem Unternehmer ist zivilrechtlich ausgeschlossen. Für die Berechnung von Geldleistungen gilt der Mindestjahresarbeitsverdienst als Jahresarbeitsverdienst. Geldleistungen werden jedoch nur bis zur Höhe eines zivilrechtlichen Schadenersatzanspruchs erbracht.

§ 106 Beschränkung der Haftung anderer Personen (1) In den in § 2 Abs. 1 Nr. 2, 3 und 8 genannten Unternehmen gelten die §§ 104 und 105 entsprechend für die Ersatzpflicht
1. der in § 2 Abs. 1 Nr. 2, 3 und 8 genannten Versicherten untereinander,
2. der in § 2 Abs. 1 Nr. 2, 3 und 8 genannten Versicherten gegenüber den Betriebsangehörigen desselben Unternehmens,
3. der Betriebsangehörigen desselben Unternehmens gegenüber den in § 2 Abs. 1 Nr. 2, 3 und 8 genannten Versicherten.

(2) Im Fall des § 2 Abs. 1 Nr. 17 gelten die §§ 104 und 105 entsprechend für die Ersatzpflicht
1. der Pflegebedürftigen gegenüber den Pflegepersonen,
2. der Pflegepersonen gegenüber den Pflegebedürftigen,
3. der Pflegepersonen desselben Pflegebedürftigen untereinander.

(3) Wirken Unternehmen zur Hilfe bei Unglücksfällen oder Unternehmen des Zivilschutzes zusammen oder verrichten Versicherte mehrerer Unternehmen vo-

rübergehend betriebliche Tätigkeiten auf einer gemeinsamen Betriebsstätte, gelten die §§ 104 und 105 für die Ersatzpflicht der für die beteiligten Unternehmen Tätigen untereinander.
(4) Die §§ 104 und 105 gelten ferner für die Ersatzpflicht von Betriebsangehörigen gegenüber den nach § 3 Abs. 1 Nr. 2 Versicherten.

§ 107 Besonderheiten in der Seefahrt (1) Bei Unternehmen der Seefahrt gilt § 104 auch für die Ersatzpflicht anderer das Arbeitsentgelt schuldender Personen entsprechend. § 105 gilt für den Lotsen entsprechend.
(2) Beim Zusammenstoß mehrerer Seeschiffe von Unternehmen, für die die Berufsgenossenschaft Verkehrswirtschaft Post-Logistik Telekommunikation zuständig ist, gelten die §§ 104 und 105 entsprechend für die Ersatzpflicht, auch untereinander, der Reeder der dabei beteiligten Fahrzeuge, sonstiger das Arbeitsentgelt schuldender Personen, der Lotsen und der auf den beteiligten Fahrzeugen tätigen Versicherten.

§ 108 Bindung der Gerichte (1) Hat ein Gericht über Ersatzansprüche der in den §§ 104 bis 107 genannten Art zu entscheiden, ist es an eine unanfechtbare Entscheidung nach diesem Buch oder nach dem Sozialgerichtsgesetz in der jeweils geltenden Fassung gebunden, ob ein Versicherungsfall vorliegt, in welchem Umfang Leistungen zu erbringen sind und ob der Unfallversicherungsträger zuständig ist.
(2) Das Gericht hat sein Verfahren auszusetzen, bis eine Entscheidung nach Absatz 1 ergangen ist. Falls ein solches Verfahren noch nicht eingeleitet ist, bestimmt das Gericht dafür eine Frist, nach deren Ablauf die Aufnahme des ausgesetzten Verfahrens zulässig ist.

§ 109 Feststellungsberechtigung von in der Haftung beschränkten Personen Personen, deren Haftung nach den §§ 104 bis 107 beschränkt ist und gegen die Versicherte, ihre Angehörigen und Hinterbliebene Schadenersatzforderungen erheben, können statt der Berechtigten die Feststellungen nach § 108 beantragen oder das entsprechende Verfahren nach dem Sozialgerichtsgesetz betreiben. Der Ablauf von Fristen, die ohne ihr Verschulden verstrichen sind, wirkt nicht gegen sie; dies gilt nicht, soweit diese Personen das Verfahren selbst betreiben.

§ 110 Haftung gegenüber den Sozialversicherungsträgern (1) Haben Personen, deren Haftung nach den §§ 104 bis 107 beschränkt ist, den Versicherungsfall vorsätzlich oder grob fahrlässig herbeigeführt, haften sie den Sozialversicherungsträgern für die infolge des Versicherungsfalls entstandenen Aufwendungen, jedoch nur bis zur Höhe des zivilrechtlichen Schadenersatzanspruchs. Statt der Rente kann der Kapitalwert gefordert werden. Das Verschulden braucht sich nur auf das den Versicherungsfall verursachende Handeln oder Unterlassen zu beziehen.
(1 a) Unternehmer, die Schwarzarbeit nach § 1 des Schwarzarbeitsbekämpfungsgesetzes erbringen und dadurch bewirken, dass Beiträge nach dem Sechsten Kapitel nicht, nicht in der richtigen Höhe oder nicht rechtzeitig entrichtet werden, erstatten den Unfallversicherungsträgern die Aufwendungen, die diesen infolge von Ver-

sicherungsfällen bei Ausführung der Schwarzarbeit entstanden sind. Eine nicht ordnungsgemäße Beitragsentrichtung wird vermutet, wenn die Unternehmer die Personen, bei denen die Versicherungsfälle eingetreten sind, nicht nach § 28a des Vierten Buches bei der Einzugsstelle oder der Datenstelle der Rentenversicherung angemeldet hatten.

(2) Die Sozialversicherungsträger können nach billigem Ermessen, insbesondere unter Berücksichtigung der wirtschaftlichen Verhältnisse des Schuldners, auf den Ersatzanspruch ganz oder teilweise verzichten.

…

§ 193 Pflicht zur Anzeige eines Versicherungsfalls durch die Unternehmer

(1) Die Unternehmer haben Unfälle von Versicherten in ihren Unternehmen dem Unfallversicherungsträger anzuzeigen, wenn Versicherte getötet oder so verletzt sind, daß sie mehr als drei Tage arbeitsunfähig werden. Satz 1 gilt entsprechend für Unfälle von Versicherten, deren Versicherung weder eine Beschäftigung noch eine selbständige Tätigkeit voraussetzt. Unfälle der nach § 2 Absatz 1 Nummer 8 Versicherten sind anzuzeigen, wenn der Unfall infolge einer Tätigkeit eingetreten ist, die mit dem Besuch der Einrichtung zusammenhängt, und eine versicherte Person infolge des Unfalles ärztlich behandelt werden muss oder zu Tode gekommen ist.

(2) Haben Unternehmer im Einzelfall Anhaltspunkte, daß bei Versicherten ihrer Unternehmen eine Berufskrankheit vorliegen könnte, haben sie diese dem Unfallversicherungsträger anzuzeigen.

(3) Bei Unfällen der nach § 2 Abs. 1 Nr. 8 Buchstabe b Versicherten hat der Schulhoheitsträger die Unfälle auch dann anzuzeigen, wenn er nicht Unternehmer ist. Bei Unfällen der nach § 2 Absatz 1 Nummer 15 Buchstabe a und d Versicherten hat der Träger der Einrichtung, in der die stationäre oder teilstationäre Behandlung, die stationären, teilstationären oder ambulanten Leistungen zur medizinischen Rehabilitation oder zur Prävention erbracht werden, die Unfälle anzuzeigen.

(4) Die Anzeige ist binnen drei Tagen zu erstatten, nachdem die Unternehmer von dem Unfall oder von den Anhaltspunkten für eine Berufskrankheit Kenntnis erlangt haben. Der Versicherte hat das Recht, die Inhalt der Anzeige von dem anzeigenden Unternehmer in einem barrierefreien Format zu erhalten.

(5) Die Anzeige ist vom Betriebs- oder Personalrat mit zu unterzeichnen; bei Erstattung der Anzeige durch Datenübertragung ist anzugeben, welches Mitglied des Betriebs- oder Personalrats vor der Absendung von ihr Kenntnis genommen hat. Der Unternehmer hat die Sicherheitsfachkraft und den Betriebsarzt über jede Unfall- oder Berufskrankheitenanzeige in Kenntnis zu setzen. Verlangt der Unfallversicherungsträger zur Feststellung, ob eine Berufskrankheit vorliegt, Auskünfte über gefährdende Tätigkeiten von Versicherten, haben die Unternehmer den Betriebs- oder Personalrat über dieses Auskunftsersuchen unverzüglich zu unterrichten.

(6) *(weggefallen)*

(7) Bei Unfällen in Unternehmen, die der allgemeinen Arbeitsschutzaufsicht unterstehen, hat der Unternehmer eine Durchschrift der Anzeige der für den Arbeitsschutz zuständigen Behörde zu übersenden. Bei Unfällen in Unternehmen, die der bergbehördlichen Aufsicht unterstehen, ist die Durchschrift an die zuständige

untere Bergbehörde zu übersenden. Wird eine Berufskrankheit angezeigt, übersendet der Unfallversicherungsträger eine Durchschrift der Anzeige unverzüglich der für den medizinischen Arbeitsschutz zuständigen Landesbehörde. Wird der für den medizinischen Arbeitsschutz zuständigen Landesbehörde eine Berufskrankheit angezeigt, übersendet sie dem Unfallversicherungsträger unverzüglich eine Durchschrift der Anzeige.

(8) Das Bundesministerium für Arbeit und Soziales bestimmt durch Rechtsverordnung[1] mit Zustimmung des Bundesrates den für Aufgaben der Prävention und der Einleitung eines Feststellungsverfahrens erforderlichen Inhalt der Anzeige, ihre Form und die Art und Weise ihrer Ermittlung sowie die Empfänger, die Anzahl und den Inhalt der Durchschriften.

(9) Unfälle nach Absatz 1, die während der Fahrt auf einem Seeschiff eingetreten sind, sind ferner in das Schiffstagebuch einzutragen und dort oder in einem Anhang kurz darzustellen. Ist ein Schiffstagebuch nicht zu führen, haben die Schiffsführer Unfälle nach Satz 1 in einer besonderen Niederschrift nachzuweisen.

…

1 Vgl. **Unfallversicherungs-Anzeigeverordnung** (UVAV) vom 17.7.2023 (BGBl. 2023 I Nr. 192), geändert durch Gesetz vom 23.10.2024 (BGBl. 2024 I Nr. 323).

30 VIIa. Berufskrankheiten-Verordnung (BKV)

vom 31. Oktober 1997 (BGBl. I 2623),
zuletzt geändert durch Verordnung vom 19. Februar 2025 (BGBl. 2025 I Nr. 50)
(Abgedruckte Vorschriften: §§ 1–6, Anlage 1)

Einleitung

(siehe bei Nr. 30 VII, II)

Verordnungstext

§ 1 Berufskrankheiten (1) Berufskrankheiten sind die in der Anlage 1 bezeichneten Krankheiten, die Versicherte infolge einer den Versicherungsschutz nach den §§ 2, 3 oder 6 des Siebten Buches Sozialgesetzbuch begründenden Tätigkeit erleiden.
(2) Bei der Entscheidung über das Vorliegen einer Berufskrankheit nach § 9 Absatz 1 Satz 2 sowie nach § 9 Absatz 2 des Siebten Buches Sozialgesetzbuch sind die veröffentlichten Ergebnisse der Beratungen des Ärztlichen Sachverständigenbeirates Berufskrankheiten nach § 9 Absatz 4 dieser Verordnung auf ihrem jeweils aktuellen Stand vorrangig zu berücksichtigen. Dies gilt insbesondere in Bezug auf die Art, die Diagnostik und die Merkmale des jeweiligen Krankheitsbildes sowie hinsichtlich der Art, der Ausprägung und des Ausmaßes der ursächlichen Einwirkungen, einschließlich vorhandener Dosismaße.

§ 2 Erweiterter Versicherungsschutz in Unternehmen der Seefahrt Für Versicherte in Unternehmen der Seefahrt erstreckt sich die Versicherung gegen Tropenkrankheiten und Fleckfieber auch auf die Zeit, in der sie an Land beurlaubt sind.

§ 3 Maßnahmen gegen Berufskrankheiten, Übergangsleistung (1) Besteht für Versicherte die Gefahr, daß eine Berufskrankheit entsteht, wiederauflebt oder sich verschlimmert, haben die Unfallversicherungsträger dieser Gefahr mit allen geeigneten Mitteln entgegenzuwirken. Ist die Gefahr gleichwohl nicht zu beseitigen, haben die Unfallversicherungsträger darauf hinzuwirken, daß die Versicherten die gefährdende Tätigkeit unterlassen. Den für den medizinischen Arbeitsschutz zuständigen Stellen ist Gelegenheit zur Äußerung zu geben.
(2) Versicherte, die die gefährdende Tätigkeit unterlassen, weil die Gefahr fortbesteht, haben zum Ausgleich hierdurch verursachter Minderungen des Verdienstes oder sonstiger wirtschaftlicher Nachteile gegen den Unfallversicherungsträger Anspruch auf Übergangsleistungen. Als Übergangsleistung wird

1. ein einmaliger Betrag bis zur Höhe der Vollrente oder
2. eine monatlich wiederkehrende Zahlung bis zur Höhe eines Zwölftels der Vollrente längstens für die Dauer von fünf Jahren

gezahlt. Renten wegen Minderung der Erwerbsfähigkeit sind nicht zu berücksichtigen.

§ 4 Mitwirkung der für den medizinischen Arbeitsschutz zuständigen Stellen
(1) Die für den medizinischen Arbeitsschutz zuständigen Stellen wirken bei der Feststellung von Berufskrankheiten und von Krankheiten, die nach § 9 Abs. 2 des Siebten Buches Sozialgesetzbuch wie Berufskrankheiten anzuerkennen sind, nach Maßgabe der Absätze 2 bis 4 mit.
(2) Die Unfallversicherungsträger haben die für den medizinischen Arbeitsschutz zuständigen Stellen über die Einleitung eines Feststellungsverfahrens unverzüglich zu unterrichten; als Unterrichtung gilt auch die Übersendung der Anzeige nach § 193 Abs. 2 und 7 oder § 202 des Siebten Buches Sozialgesetzbuch. Die Unfallversicherungsträger beteiligen die für den medizinischen Arbeitsschutz zuständigen Stellen an dem weiteren Feststellungsverfahren; das nähere Verfahren können die Unfallversicherungsträger mit den für den medizinischen Arbeitsschutz zuständigen Stellen durch Vereinbarung regeln.
(3) In den Fällen der weiteren Beteiligung nach Absatz 2 Satz 2 haben die Unfallversicherungsträger vor der abschließenden Entscheidung die für den medizinischen Arbeitsschutz zuständigen Stellen über die Ergebnisse ihrer Ermittlungen zu unterrichten. Soweit die Ermittlungsergebnisse aus Sicht der für den medizinischen Arbeitsschutz zuständigen Stellen nicht vollständig sind, können sie den Unfallversicherungsträgern ergänzende Beweiserhebungen vorschlagen; diesen Vorschlägen haben die Unfallversicherungsträger zu folgen.
(4) Nach Vorliegen aller Ermittlungsergebnisse können die für den medizinischen Arbeitsschutz zuständigen Stellen ein Zusammenhangsgutachten erstellen. Zur Vorbereitung dieser Gutachten können sie die Versicherten untersuchen oder andere Ärzte auf Kosten der Unfallversicherungsträger mit Untersuchungen beauftragen.

§ 5 Gebühren (1) Erstellen die für den medizinischen Arbeitsschutz zuständigen Stellen ein Zusammenhangsgutachten nach § 4 Abs. 4, erhalten sie von den Unfallversicherungsträgern jeweils eine Gebühr in Höhe von 200 Euro. Mit dieser Gebühr sind alle Personal- und Sachkosten, die bei der Erstellung des Gutachtens entstehen, einschließlich der Kosten für die ärztliche Untersuchung von Versicherten durch die für den medizinischen Arbeitsschutz zuständigen Stellen abgegolten.
(2) Ein Gutachten im Sinne des Absatzes 1 setzt voraus, daß der Gutachter unter Würdigung

1. der Arbeitsanamnese des Versicherten und der festgestellten Einwirkungen am Arbeitsplatz,
2. der Beschwerden, der vorliegenden Befunde und der Diagnose

eine eigenständig begründete schriftliche Bewertung des Ursachenzusammenhangs zwischen der Erkrankung und den tätigkeitsbezogenen Gefährdungen unter Berücksichtigung der besonderen für die gesetzliche Unfallversicherung geltenden Bestimmungen vornimmt.

§ 6 Rückwirkung (1) Leiden Versicherte am 1. August 2017 an einer Krankheit nach den Nummern 1320, 1321, 2115, 4104 (Eierstockkrebs) oder 4113 (Kehlkopfkrebs) der Anlage 1, ist die Krankheit auf Antrag als Berufskrankheit anzuerkennen, wenn sie vor diesem Tag eingetreten ist.

(2) Leiden Versicherte am 1. Januar 2015 an einer Krankheit nach Nummer 1319, 2113, 2114 oder 5103 der Anlage 1, ist die Krankheit auf Antrag als Berufskrankheit anzuerkennen, wenn sie vor diesem Tag eingetreten ist.

(3) Leiden Versicherte am 1. Juli 2009 an einer Krankheit Nach Nummer 2112, 4114 oder 4115 der Anlage 1, ist diese auf Antrag als Berufskrankheit anzuerkennen, wenn der Versicherungsfall nach dem 30. September 2002 eingetreten ist. Leiden Versicherte am 1. Juli 2009 an einer Krankheit nach Nummer 4113 der Anlage 1, ist diese auf Antrag als Berufskrankheit anzuerkennen, wenn der Versicherungsfall nach dem 30. November 1997 eingetreten ist. Leiden Versicherte am 1. Juli 2009 an einer Krankheit nach Nummer 1318 der Anlage 1, ist die Krankheit auf Antrag als Berufskrankheit anzuerkennen, wenn der Versicherungsfall vor diesem Tag eingetreten ist.

(4) Leidet ein Versicherter am 1. Oktober 2002 an einer Krankheit nach Nummer 4112 der Anlage 1, ist diese auf Antrag als Berufskrankheit anzuerkennen, wenn der Versicherungsfall nach dem 30. November 1997 eingetreten ist. Satz 1 gilt auch für eine Krankheit nach Nummer 2106 der Anlage 1, wenn diese nicht bereits nach der Nummer 2106 der Anlage 1 in der am 1. Dezember 1997 in Kraft getretenen Fassung als Berufskrankheit anerkannt werden kann.

(5) Leidet ein Versicherter am 1. Dezember 1997 an einer Krankheit nach Nummer 1316, 1317, 4104 (Kehlkopfkrebs) oder 4111 der Anlage 1, ist diese auf Antrag als Berufskrankheit anzuerkennen, wenn der Versicherungsfall nach dem 31. Dezember 1992 eingetreten ist. Abweichend von Satz 1 ist eine Erkrankung nach Nummer 4111 der Anlage 1 auch dann als Berufskrankheit anzuerkennen, wenn die Erkrankung bereits vor dem 1. Januar 1993 eingetreten und einem Unfallversicherungsträger bis zum 31. Dezember 2009 bekannt geworden ist.

(6) Hat ein Versicherter am 1. Januar 1993 an einer Krankheit gelitten, die erst auf Grund der Zweiten Verordnung zur Änderung der Berufskrankheiten-Verordnung vom 18. Dezember 1992 (BGBl. I S. 2343) als Berufskrankheit anerkannt werden kann, ist die Krankheit auf Antrag als Berufskrankheit anzuerkennen, wenn der Versicherungsfall nach dem 31. März 1988 eingetreten ist.

(7) Hat ein Versicherter am 1. April 1988 an einer Krankheit gelitten, die erst auf Grund der Verordnung zur Änderung der Berufskrankheiten-Verordnung vom 22. März 1988 (BGBl. I S. 400) als Berufskrankheit anerkannt werden kann, ist die Krankheit auf Antrag als Berufskrankheit anzuerkennen, wenn der Versicherungsfall nach dem 31. Dezember 1976 eingetreten ist.

(8) Bindende Bescheide und rechtskräftige Entscheidungen stehen der Anerkennung als Berufskrankheit nach den Absätzen 1 bis 7 nicht entgegen. Leistungen werden rückwirkend längstens für einen Zeitraum bis zu vier Jahren erbracht; der Zeitraum ist vom Beginn des Jahres an zu rechnen, in dem der Antrag gestellt worden ist.

…

Anlage 1

Nr.	Krankheiten
1	**Durch chemische Einwirkungen verursachte Krankheiten**
11	**Metalle oder Metalloide**
1101	Erkrankungen durch Blei oder seine Verbindungen
1102	Erkrankungen durch Quecksilber oder seine Verbindungen
1103	Erkrankungen durch Chrom oder seine Verbindungen
1104	Erkrankungen durch Cadmium oder seine Verbindungen
1105	Erkrankungen durch Mangan oder seine Verbindungen
1106	Erkrankungen durch Thallium oder seine Verbindungen
1107	Erkrankungen durch Vanadium oder seine Verbindungen
1108	Erkrankungen durch Arsen oder seine Verbindungen
1109	Erkrankungen durch Phosphor oder seine anorganischen Verbindungen
1110	Erkrankungen durch Beryllium oder seine Verbindungen
12	**Erstickungsgase**
1201	Erkrankungen durch Kohlenmonoxid
1202	Erkrankungen durch Schwefelwasserstoff
13	**Lösemittel, Schädlingsbekämpfungsmittel (Pestizide) und sonstige chemische Stoffe**
1301	Schleimhautveränderungen, Krebs oder andere Neubildungen der Harnwege durch aromatische Amine
1302	Erkrankungen durch Halogenkohlenwasserstoffe
1303	Erkrankungen durch Benzol, seine Homologe oder durch Styrol
1304	Erkrankungen durch Nitro- oder Aminoverbindungen des Benzols oder seiner Homologe oder ihrer Abkömmlinge
1305	Erkrankungen durch Schwefelkohlenstoff
1306	Erkrankungen durch Methylalkohol (Methanol)
1307	Erkrankungen durch organische Phosphorverbindungen
1308	Erkrankungen durch Fluor oder seine Verbindungen
1309	Erkrankungen durch Salpetersäureester
1310	Erkrankungen durch halogenierte Alkyl-, Aryl- oder Alkylaryloxide
1311	Erkrankungen durch halogenierte Alkyl-, Aryl- oder Alkylarylsulfide
1312	Erkrankungen der Zähne durch Säuren
1313	Hornhautschädigungen des Auges durch Benzochinon
1314	Erkrankungen durch para-tertiär-Butylphenol
1315	Erkrankungen durch Isocyanate
1316	Erkrankungen der Leber durch Dimethylformamid
1317	Polyneuropathie oder Enzephalopathie durch organische Lösungsmittel oder deren Gemische
1318	Erkrankungen des Blutes, des blutbildenden und des lymphatischen Systems durch Benzol
1319	Larynxkarzinom durch intensive und mehrjährige Exposition gegenüber schwefelsäurehaltigen Aerosolen

1320 Chronisch-myeloische oder chronisch-lymphatische Leukämie durch 1,3-Butadien bei Nachweis der Einwirkung einer kumulativen Dosis von mindestens 180 Butadien-Jahren (ppm x Jahre)

1321 Schleimhautveränderungen, Krebs oder andere Neubildungen der Harnwege durch polyzyklische aromatische Kohlenwasserstoffe bei Nachweis der Einwirkung einer kumulativen Dosis von mindestens 80 Benzo(a) pyren-Jahren [(µg/m³) x Jahre]

Zu den Nummern 1101 bis 1110, 1201 und 1202, 1303 bis 1309 und 1315: Ausgenommen sind Hauterkrankungen. Diese gelten als Krankheiten im Sinne dieser Anlage nur insoweit, als sie Erscheinungen einer Allgemeinerkrankung sind, die durch Aufnahme der schädigenden Stoffe in den Körper verursacht werden oder gemäß Nummer 5101 zu entschädigen sind.

2 Durch physikalische Einwirkungen verursachte Krankheiten

21 Mechanische Einwirkungen

2101 Schwere oder wiederholt rückfällige Erkrankungen der Sehnenscheiden oder des Sehnengleitgewebes sowie der Sehnen- oder Muskelansätze

2102 Meniskusschäden nach mehrjährigen andauernden oder häufig wiederkehrenden, die Kniegelenke überdurchschnittlich belastenden Tätigkeiten

2103 Erkrankungen durch Erschütterung bei Arbeit mit Druckluftwerkzeugen oder gleichartig wirkenden Werkzeugen oder Maschinen

2104 Vibrationsbedingte Durchblutungsstörungen an den Händen

2105 Chronische Erkrankungen der Schleimbeutel durch ständigen Druck

2106 Druckschädigung der Nerven

2107 Abrißbrüche der Wirbelfortsätze

2108 Bandscheibenbedingte Erkrankungen der Lendenwirbelsäule durch langjähriges Heben oder Tragen schwerer Lasten oder durch langjährige Tätigkeiten in extremer Rumpfbeugehaltung, die zu chronischen oder chronisch-revidierenden Beschwerden und Funktionsbeeinträchtigungen (der Lendenwirbelsäule) geführt haben

2109 Bandscheibenbedingte Erkrankungen der Halswirbelsäule durch langjähriges Tragen schwerer Lasten auf der Schulter, die zu chronischen oder chronisch-revidierenden Beschwerden und Funktionsbeeinträchtigungen (der Halswirbelsäule) geführt haben

2110 Bandscheibenbedingte Erkrankungen der Lendenwirbelsäule durch langjährige, vorwiegend vertikale Einwirkung von Ganzkörperschwingungen im Sitzen, die zu chronischen oder chronisch-revidierenden Beschwerden und Funktionsbeeinträchtigungen (der Lendenwirbelsäule) geführt haben

2111 Erhöhte Zahnabrasionen durch mehrjährige quarzstaubbelastende Tätigkeit

2112 Gonarthrose durch eine Tätigkeit im Knien oder vergleichbare Kniebelastung mit einer kumulativen Einwirkungsdauer während des Arbeitslebens von mindestens 13 000 Stunden und einer Mindesteinwirkungsdauer von insgesamt einer Stunde pro Schicht

2113 Druckschädigung des Nervus medianus im Carpaltunnel (Carpaltunnel-Syndrom) durch repetitive manuelle Tätigkeiten mit Beugung und Streckung der Handgelenke, durch erhöhten Kraftaufwand der Hände oder durch Hand-Arm-Schwingungen

2114 Gefäßschädigung der Hand durch stoßartige Krafteinwirkung (Hypothenar-Hammer-Syndrom und Thenar-Hammer-Syndrom)

2115 Fokale Dystonie als Erkrankung des zentralen Nervensystems bei Instrumentalmusikern durch feinmotorische Tätigkeit hoher Intensität

2116 Koxarthrose durch Lastenhandhabung mit einer kumulativen Dosis von mindestens 9500 Tonnen während des Arbeitslebens gehandhabter Lasten mit einem Lastgewicht von mindestens 20 kg, die mindestens zehnmal pro Tag gehandhabt wurden

2117 Läsion der Rotatorenmanschette der Schulter durch eine langjährige und intensive Belastung durch Überschulterarbeit, repetitive Bewegungen im Schultergelenk, Kraftanwendungen im Schulterbereich durch Heben von Lasten oder Hand-Arm-Schwingungen

2118 Gonarthrose bei professionellen Fußballspielerinnen und Fußballspielern nach mindestens 13-jähriger Expositionsdauer

22 Druckluft

2201 Erkrankungen durch Arbeit in Druckluft

23 Lärm

2301 Lärmschwerhörigkeit

24 Strahlen

2401 Grauer Star durch Wärmestrahlung

2402 Erkrankungen durch ionisierende Strahlen

3 Durch Infektionserreger oder Parasiten verursachte Krankheiten sowie Tropenkrankheiten

3101 Infektionskrankheiten, wenn der Versicherte im Gesundheitsdienst, in der Wohlfahrtspflege oder in einem Laboratorium tätig oder durch eine andere Tätigkeit der Infektionsgefahr in ähnlichem Maße besonders ausgesetzt war

3102 Von Tieren auf Menschen übertragbare Krankheiten

3103 Wurmkrankheit der Bergleute, verursacht durch Ankylostoma duodenale oder Strongyloides stercoralis

3104 Tropenkrankheiten, Fleckfieber

4 Erkrankungen der Atemwege und der Lungen, des Rippenfells und Bauchfells und der Eierstöcke

41 Erkrankungen durch anorganische Stäube

4101 Quarzstaublungenerkrankung (Silikose)

4102 Quarzstaublungenerkrankung in Verbindung mit aktiver Lungentuberkulose (Silikotuberkulose)

4103 Asbeststaublungenerkrankung (Asbestose) oder durch Asbeststaub verursachte Erkrankung der Pleura

4104 Lungenkrebs, Kehlkopfkrebs oder Eierstockkrebs

- in Verbindung mit Asbeststaublungenerkrankung (Asbestose),
- in Verbindung mit durch Asbeststaub verursachter Erkrankung der Pleuraoder
- bei Nachweis der Einwirkung einer kumulativen Asbest-Faserstaub-Dosis am Arbeitsplatz von mindestens 25 Faserjahren (25×10^6 [(Fasern/cbm) × Jahre])

4105 Durch Asbest verursachtes Mesotheliom des Rippenfells, des Bauchfells oder des Pericards
4106 Erkrankungen der tieferen Atemwege und der Lungen durch Aluminium oder seine Verbindungen
4107 Erkrankungen an Lungenfibrose durch Metallstäube bei der Herstellung oder Verarbeitung von Hartmetallen
4108 Erkrankungen der tieferen Atemwege und der Lungen durch Thomasmehl (Thomasphosphat)
4109 Bösartige Neubildungen der Atemwege und der Lungen durch Nickel oder seine Verbindungen
4110 Bösartige Neubildungen der Atemwege und der Lungen durch Kokereirohgase
4111 Chronische obstruktive Bronchitis oder Emphysem von Bergleuten unter Tage im Steinkohlebergbau bei Nachweis der Einwirkung einer kumulativen Dosis von in der Regel 100 Feinstaubjahren [(mg/cbm) × Jahre]
4112 Lungenkrebs durch die Einwirkung von kristallinem Siliziumdiuxid (SiO_2) bei nachgewiesener Quarzstaublungenerkrankung (Silikose oder Siliko-Tuberkulose)
4113 Lungenkrebs oder Kehlkopfkrebs durch polyzyklische aromatische Kohlenwasserstoffe bei Nachweis der Einwirkung einer kumulativen Dosis von mindestens 100 Benzo[a]pyren-Jahren [(ug/m^3) x Jahre]
4114 Lungenkrebs durch das Zusammenwirken von Asbestfaserstaub und polyzyklischen aromatischen Kohlenwasserstoffen bei Nachweis der Einwirkung einer kumulativen Dosis, die einer Verursachungswahrscheinlichkeit von mindestens 50 Prozent nach der Anlage 2 entspricht
4115 Lungenfibrose durch extreme und langjährige Einwirkung von Schweißrauchen und Schweißgasen – (Siderofibrose)
4116 Lungenkrebs nach langjähriger und intensiver Passivrauchexposition am Arbeitsplatz bei Versicherten, die selbst nie oder maximal bis zu 400 Zigarettenäquivalente aktiv geraucht haben
4117 Chronische obstruktive Bronchitis einschließlich Emphysem durch Quarzstaubexposition bei Nachweis der Einwirkung einer kumulativen Dosis am Arbeitsplatz von mindestens zwei Quarz-Feinstaubjahren [(mg/m^3) x Jahre] oberhalb der Konzentration von 0,1 mg/m^3

42 Erkrankungen durch organische Stäube

4201 Exogen-allergische Alveolitis
4202 Erkrankungen der tieferen Atemwege und der Lungen durch Rohbaumwoll-, Rohflachs- oder Rohhanfstaub (Byssinose)
4203 Adenokarzinome der Nasenhaupt- und Nasennebenhöhlen durch Stäube von Eichen- oder Buchenholz

43 obstruktive Atemwegserkrankungen

4301 Durch allergisierende Stoffe verursachte obstruktive Atemwegserkrankungen (einschließlich Rhinopathie)
4302 Durch chemisch-irritativ oder toxisch wirkende Stoffe verursachte obstruktive Atemwegserkrankungen

5	**Hautkrankheiten**
5101	Schwere oder wiederholt rückfällige Hauterkrankungen
5102	Hautkrebs oder zur Krebsbildung neigende Hautveränderungen durch Ruß, Rohparaffin, Teer, Anthrazen, Pech oder ähnliche Stoffe
5103	Plattenepithelkarzinome oder multiple aktinische Keratosen der Haut durch natürliche UV-Strahlung
6	**Krankheiten sonstiger Ursache**
6101	Augenzittern der Bergleute

Anlage 2

(nicht abgedruckt)

30 IX. Sozialgesetzbuch (SGB) Neuntes Buch Rehabilitation und Teilhabe behinderter Menschen

Einleitung

Vorbemerkung

Das SGB IX fasst, wie sein Titel sagt, das gesamte Behindertenrecht mit seinen beiden Aspekten »Rehabilitation« und »arbeitsrechtlicher Schwerbehindertenschutz« zusammen. Der arbeitsrechtliche Schutz war bislang im SchwbG geregelt und die »vor die Klammer gezogenen« sozialrechtlichen Reha-Vorschriften im RehaAnglG. Beide Gesetze gehen nunmehr im SGB IX auf.

I. Geschichtliche Entwicklung

1. Vom Kriegsbeschädigtenrecht zum Rehabilitations- und Teilhaberecht

Das Schwerbehindertenrecht ist in seinem Ursprung eine Folge des Ersten Weltkriegs. Mit der VO über die Beschäftigung Schwerbeschädigter vom 9.1.1919 (RGBl. 28) wurde die Grundstruktur des bis heute geltenden arbeitsrechtlichen Schwerbehindertenschutzes geschaffen:

- Beschäftigungspflicht für eine Mindestquote von Schwerbeschädigten (1 %);
- Bußgeld bei Nichterfüllung der Quote;
- Verwendung des Bußgeldaufkommens zur Förderung der Beschäftigung Schwerbeschädigter;
- Kündigungsbeschränkungen für Schwerbeschädigte.

Diese VO wurde 1923 in das Schwerbeschädigtengesetz vom 1.2.1923 (RGBl. I 57) überführt, das wiederum nach dem Zweiten Weltkrieg durch das Schwerbeschädigtengesetz vom 18.6.1953 (BGBl. I 389) abgelöst wurde. An dessen Stelle trat schließlich das Schwerbehindertengesetz vom 24.4.1974 (BGBl. I 981). Mit ihm wurde das bisherige kausale System (Kriegsbeschädigung) durch das seither geltende finale System (Schutz bei Behinderung unabhängig von deren Ursache) abgelöst (hierzu *Jung*, RdA 74, 49).

Parallel zur Schaffung des SchwbG wurde das »Gesetz über die Angleichung der Leistungen zur Rehabilitation – RehaAnglG –« vom 7.8.1974 (BGBl. I 1881) verabschiedet. Mit ihm wurden gemeinsame Vorschriften für die nach wie vor in den einzelnen Leistungsgesetzen (z.B. Kranken-, Renten- und Arbeitslosenversicherung) geregelten Reha-Leistungen geschaffen.

Mit Gesetz v. 29.9.2000 (BGBl. I 1394) wurde das SchwbG erheblich umgestaltet. Insbesondere wurde das System von Pflichtquote und Ausgleichsabgabe verändert. Des Weiteren wurden die Pflichten des Arbeitgebers zur Bereitstellung

von Arbeitsplätzen für Schwerbehinderte und zur Förderung schon beschäftigter Schwerbehinderter erweitert. Dazu treten neue institutionelle Vorkehrungen (vgl. 45. Aufl.; zum Gesetz vgl. *Cramer,* DB 00, 2217; *Düwell,* AiB 00, 649; *Kossens/Maaß,* NZA 00, 1025).
Das SGB IX vom 19.6.2001 (BGBl. I 1046; vgl. 45. Aufl.; zum Gesetz: *Düwell,* BB 01, 1527; *Gagel,* NZA 01, 988; *Hansen,* NZA 01, 985; *Peiseler,* PersR 01, 400; *Welti,* SozSich 01, 146; *Welti,* NJW 01, 2210; zu einer Bilanz nach zehn Jahren: *Fuchs,* SozSich 11, 205) hat das bis dahin getrennte Reha-Recht mit dem arbeitsrechtlichen Schwerbehindertenschutz in ein Gesetz zusammengeführt.

2. Neuer internationaler Rahmen, Bundesteilhabegesetz und weitere Entwicklung

Die europäische Richtlinie 2000/78/EG (EU-ASO Nr. 14) sieht unter anderem ein Verbot der Diskriminierung wegen Behinderungen vor (s. u. II 1 c). Art. 5 der Richtlinie verlangt von den Mitgliedstaaten, dass Arbeitgeber verpflichtet werden, positive Maßnahmen zur Beschäftigung behinderter Menschen zu ergreifen. Daraus folgt nach der Rechtsprechung des *EuGH* (11.4.2013 – C-335/11, C-337/11, NZA 13, 553 – HK Danmark), dass es einem Arbeitgeber, der seine diesbezüglichen Pflichten (s. u. II 1 f) verletzt, verwehrt ist, sich darauf zu berufen, der behinderte Mensch könne seine vertraglichen Pflichten nicht erfüllen (zu den Konsequenzen s. u. II 1f und g; ferner Einl. III 3 zum KSchG, Nr. 25).
Darüber hinaus gibt es die UN-Behindertenrechtskonvention (EU-ASO Nr. 10; s. *Banafsche,* SGb 12, 373, 440; *Schulte,* ZESAR 12, 69, 112; *ders.,* br 11, 41). An sie ist nicht nur die Bundesrepublik durch Ratifizierung gebunden (Gesetz v. 21.12.2008, BGBl. II 1419), sondern auch die EU, die durch Beschluss 2010/47/EG (v. 26.11.2009, ABl. L 23/35) beigetreten ist. Nach der Rechtsprechung des *EuGH* ist das Unionsrecht, im Lichte der Konvention auszulegen (11.4.2013 – C-335/11, C-337/11, NZA 13, 553, Rn. 28 ff. – HK Danmark). Mit Rücksicht auf diese internationalen Verpflichtungen und eine Reihe von Empfehlungen des Ausschusses für die Rechte von Menschen mit Behinderungen bei den Vereinten Nationen vom 13.5.2015 wurde das Bundesteilhabegesetz vom 23.12.2016 (BGBl. I 3234; dazu *Schneider,* WzS 17, 67; Entwurf: BT-Drs. 18/9522) geschaffen, das zum 1.1.2018 in seinen wesentlichen Teilen in Kraft getreten ist. Darin wurden das Rehabilitations- und Teilhaberecht fortentwickelt (zum rechtspolitischen Reformbedarf allg. *Welti,* SozSich 14, 146), die Eingliederungshilfe aus dem SGB XII in das SGB IX überführt (näher 49. Aufl., Einl. I 2 zum SGB IX) und die Rechte der Schwerbehindertenvertretung gestärkt (hierzu u. II 1 i). Damit einher ging auch eine neue Definition des Behinderungsbegriffs des § 2 SGB IX im Anschluss an internationale Standards (dazu *EuGH* 1.12.2016 – C-395/15, ZESAR 17, 505 – Daouidi, m. Anm. *Welti*). Die Paragrafenzählung wurden neu geordnet.
Nach einigen weiteren Änderungen brachte das Gesetz zur Förderung eines inklusiven Arbeitsmarktes (v. 13.6.2023, BGBl. 2023 I Nr. 146; dazu *Tabbara,* NZS 23, 521; Entwurf: BT-Drs. 20/5664) einen Ausbau der Ausgleichsabgabe für Arbeitgeber, die die Pflichtquote nicht erfüllen (vgl. 49. Aufl.).

II. Wesentlicher Gesetzesinhalt

1. Arbeitsrechtlicher Schwerbehindertenschutz

a) Einsetzen des Schutzes, rechtlicher Status

Der Schwerbehindertenschutz setzt einen Grad der Behinderung (GdB) von mehr als 50 voraus. Bei einem GdB unter 50, aber ab 30 kommt eine Gleichstellung zum Zwecke des Erlangens oder Behaltens eines Arbeitsplatzes in Betracht (§ 2 Abs. 3 SGB IX). Mit Ausnahme des Zusatzurlaubs genießen auch die Gleichgestellten den vollen Schutz des SGB IX nach dessen § 151 Abs. 3 SGB IX: Insbesondere können Kündigungen (ordentliche und außerordentliche, auch Änderungskündigungen) nur nach vorheriger Zustimmung des Integrationsamtes erklärt werden (§§ 168 ff. SGB IX, dazu u. h). Das stellt keine Diskriminierung der behinderten Menschen mit einem GdB von weniger als 30 dar (*BAG* 10.4.2014 – 2 AZR 647/13, NZA 15, 162, Rn. 41).

Der Schwerbehindertenschutz setzt grundsätzlich kraft Gesetzes ein, ohne dass es darauf ankommt, ob der Arbeitgeber hiervon Kenntnis hat (*BAG* 6.9.2007 – 2 AZR 324/06, NZA 08, 407, 409). Auch die behördliche Feststellung einer Schwerbehinderung gemäß § 151 SGB IX hat nur deklaratorische Bedeutung (*BAG* 18.10.2000 – 2 AZR 380/99, AP Nr. 59 zu § 123 BGB), sodass ein schwerbehinderter Mensch unabhängig davon seine Rechte in Anspruch nehmen kann. Anders ist es nur bei der Gleichstellung. Denn sie setzt gemäß §§ 2 Abs. 3, 151 Abs. 3 SGB IX einen Verwaltungsakt voraus (vgl. *BAG* 10.4.2014 – 2 AZR 647/13, NZA 15, 162, Rn. 39). Eine Sonderregelung gibt es zudem beim Kündigungsschutz (s. u. h). Teilweise anders ist es auch im Antidiskriminierungsrecht. Eine Diskriminierung »wegen« der Behinderung kann nur vorliegen, wenn der Arbeitgeber Kenntnis von der Behinderung hat. Im Falle einer Bewerbung nimmt das *BAG* (26.9.2013 – 8 AZR 650/12, NZA 14, 258) dies nur an, wenn der Bewerber im Anschreiben oder hinreichend deutlich im Lebenslauf auf die Behinderung hinweist.

Der Begriff der Behinderung im Sinne des § 1 AGG ist wesentlich weiter als der der Schwerbehinderung. Dementsprechend genießen auch »einfach« behinderte Menschen Schutz vor Diskriminierung wegen ihrer Behinderung (*BAG* 19.12.2013 – 6 AZR 190/12, NZA 14, 372, Rn. 56 ff.: Behinderung im Falle einer symptomlosen HIV-Infektion; *EuGH* 18.12.2014 – C-354/13, NZA 15, 33 – FOA: Adipositas als Behinderung, wenn sie Teilhabehindernisse mit sich bringt). Auch der europäischen Richtlinie 2000/78/EG (EU-ASO Nr. 14) liegt ein weiterer Behinderungsbegriff zu Grunde. Insoweit die nach Art. 5 der Richtlinie gebotenen angemessenen Vorkehrungen zur Beschäftigung behinderter Menschen nicht bereits als Verpflichtungen aus § 164 SGB IX, der nur schwerbehinderte Menschen adressiert, fließen, trifft den Arbeitgeber daher eine entsprechende vertragliche Pflicht als Nebenpflicht aus dem Arbeitsvertrag gemäß § 241 Abs. 2 BGB (*BAG* 19.12.2013 – 6 AZR 190/12, NZA 14, 372).

b) Prüfpflicht

Das SGB IX bezweckt sowohl den Schutz des einzelnen schwerbehinderten Menschen als auch die Verbesserung der Arbeitsmarktsituation der schwerbehinderten Menschen insgesamt.
Diesem zweiten Ziel dient die Verpflichtung des Arbeitgebers zu prüfen, ob freie Arbeitsplätze mit schwerbehinderten Menschen besetzt werden können. Dazu hat er rechtzeitig Kontakt mit der Agentur für Arbeit aufzunehmen (§ 164 Abs. 1 SGB IX). Dem genügt der Arbeitgeber nur, wenn er einen Vermittlungsauftrag erteilt (*BAG* 27.3.2025 – 8 AZR 123/24, NZA 25, 995). Die Nichteinhaltung dieser Pflicht berechtigt den Betriebsrat, der Einstellung eines Nicht-Schwerbehinderten gemäß § 99 BetrVG (Nr. 12) die Zustimmung zu versagen (*BAG* 14.11.1989 – 1 ABR 88/88, DB 90, 636). Außerdem kann damit ein Indiz für die Diskriminierung (vgl. Einl. II 2b zum AGG, Nr. 2) eines behinderten Bewerbers bei der Einstellung begründet werden (vgl. *BAG* 12.9.2006 – 9 AZR 807/05, DB 07, 747). Das soll aber nur für im Rechtssinne schwerbehinderte Bewerber gelten (*BAG* 27.1.2011 – 8 AZR 580/09, NZA 11, 737). Freie Stellen muss der öffentliche Arbeitgeber der Arbeitsagentur gemäß § 165 S. 1 SGB IX melden. Zu den öffentlichen Arbeitgebern in diesem Sinne zählen aber ungeachtet einer öffentlich-rechtlichen Organisationsform nicht die Kirchen (*BAG* 25.1.2024 – 8 AZR 318/22, NZA 24, 477). Auch muss der öffentliche Arbeitgeber schwerbehinderte Menschen, die sich auf eine Stelle beworben haben, nach § 165 S. 3 SGB IX zu einem Vorstellungsgespräch einladen (dazu *Litty*, ZTR 21, 260). Schwerbehinderte Bewerber können den Arbeitgeber nicht durch Verzicht von dieser Pflicht entbinden (*BAG* 26.11.2020 – 8 AZR 59/20, NZA 21, 635). Bei gewichtigen Verhinderungsgründen muss der Arbeitgeber auch einen zumutbaren Ersatztermin für ein Vorstellungsgespräch anbieten (*BAG* 23.11.2023 – 8 AZR 164/22, NZA 24, 335). Entbehrlich ist die Einladung nach § 165 Satz 4 SGB IX, wenn dem schwerbehinderten Bewerber die fachliche Eignung offensichtlich fehlt (vgl. dazu *BAG* 21.7.2009 – 9 AZR 431/08, NZA 09, 1087) und auch andere ungeeignete Bewerberinnen und Bewerber nicht eingeladen wurden (*BAG* 29.4.2021 – 8 AZR 279/20, NZA 21, 1553). Ob eine Einladung auch bei fehlender charakterlicher Eignung entbehrlich ist, hat das *BAG* offengelassen (19.1.2023 – 8 AZR437/21, NZA 23, 688). Auch ist sie entbehrlich, wenn der Arbeitnehmer eine Altersgrenze (vgl. Einl. II 4a zum AGG, Nr. 2) überschritten hat, *BAG*, 8.5.2025 – 8 AZR 299/24, NZA 25, 1327, Rn. 50 ff.). Ferner soll die Pflicht zur Einladung zu einem Vorstellungsgespräch entfallen, wenn der Bewerber keine ausreichenden Angaben gemacht hat, sodass der Arbeitgeber die Eignung gar nicht prüfen konnte (*BAG* 11.8.2017 – 8 AZR 375/15, NZA 17, 43). Diese Angaben müssen »rechtzeitig« erfolgen, d.h. in der Bewerbung bzw. innerhalb einer Bewerbungsfrist (*BAG* 17.12.2020 – 8 AZR 171/20, NZA 21, 631, Rn. 36).
Der Arbeitgeber muss nach § 164 Abs. 1 S. 9 SGB IX alle Beteiligten von seiner Entscheidung unter Darlegung der Gründe unverzüglich unterrichten.
Die Verletzung der vorstehenden Förderpflichten zugunsten der Beschäftigung schwerbehinderter Menschen beggründet regelmäßig ein Indiz für eine Benachteiligung wegen der Behinderung i.S.d. § 22 AGG (vgl. Einl. II 2b zum AGG, Nr. 2).

c) Diskriminierungsverbot

Bei Schaffung des SGB IX ist ein ausdrückliches Benachteiligungsverbot formuliert worden (§ 81 Abs. 2 Nr. 1 a. F.). Dieses findet sich nunmehr in § 164 Abs. 2 SGB IX, in dessen S. 2 auf die Konkretisierung des Diskriminierungsverbotes durch das AGG (Nr. 2) verwiesen wird. Es erstreckt sich auf Vertragsanbahnung, bestehendes Arbeitsverhältnis und Vertragsbeendigung.

d) Fragerecht

Der Arbeitgeber hatte nach der bisherigen *BAG*-Rspr. ein Fragerecht nach dem Vorliegen der Schwerbehinderteneigenschaft gegenüber einem Bewerber (allgemein zum Fragerecht des Arbeitgebers bei der Anbahnung des Arbeitsvertrages Einl. III zum BDSG, Nr. 15). Das *BAG* billigte dem Arbeitgeber bei wahrheitswidriger Antwort jedenfalls dann das Recht zur Anfechtung des Arbeitsvertrages zu, wenn die Schwerbehinderteneigenschaft für die auszuübende Arbeit von Bedeutung ist (ständ. Rspr., *BAG* 5. 10. 1995 – 2 AZR 923/94, NZA 96, 371). In einem solchen Fall wurde der Bewerber selbst für verpflichtet gehalten, sich auch ohne Frage zu offenbaren (*BAG* 1. 8. 1985 – 2 AZR 101/83, DB 86, 2238). Im Hinblick auf die Einführung eines arbeitsrechtlichen Diskriminierungsverbots hinsichtlich der Schwerbehinderung wird zunehmend die Ansicht vertreten, dass der Arbeitgeber nicht mehr nach der Schwerbehinderteneigenschaft als solcher, sondern nur nach der konkreten Eignung für die in Aussicht genommene Tätigkeit fragen dürfe (*Brors*, DB 03, 1734; *Messingschlager*, NZA 03, 301; krit. *Schaub*, NZA 03, 299; offen gelassen von *BAG* 7. 7. 2011 – 2 AZR 396/10, NZA 12, 34). In einer neueren Entscheidung hat das *BAG* die Frage nach der Schwerbehinderung allgemein ohne weitere Begründung als unzulässig angesehen (*BAG* 18. 9. 2014 – 8 AZR 759/13, AP Nr. 20 zu § 15 AGG, Rn. 40). Im Hinblick auf die besondere schwerbehindertenrechtliche Pflichtenstellung des Arbeitgebers lässt es die Frage nach der Schwerbehinderung in einem bereits seit 6 Monaten bestehenden Arbeitsverhältnis aber zu (*BAG* 16. 2. 2012 – 6 AZR 553/10, NZA 12, 555).

e) Beschäftigungspflicht und Ausgleichsabgabe

Im Mittelpunkt der arbeitsmarktpolitischen Konzeption der arbeitsrechtlichen Vorschriften des SGB IX steht die Kombination von Beschäftigungspflicht und Ausgleichsabgabe (zur verfassungsrechtlichen Zulässigkeit vgl. *BVerfG* 26. 5. 1981 – 1 BvL 56/78 u. a., DB 81, 1287). Beide Instrumente sind mit dem Gesetz vom 29. 9. 2000 neugestaltet worden (s. o. I 1). Das Gesetz verpflichtet Arbeitgeber mit mindestens 20 Beschäftigten (früher 16) zur Beschäftigung von mindestens 5 % schwerbehinderten Menschen (§ 154 Abs. 1 SGB IX). Die Quote war von 6 % zunächst vorübergehend durch Gesetz v. 29. 9. 2000 (BGBl. I 1394), dann endgültig durch Gesetz v. 23. 4. 2004 (BGBl. I 606) auf 5 % gesenkt, nur im öffentlichen Dienst bleibt sie für bestimmte Arbeitgeber nach § 241 Abs. 1 SGB IX bei 6 %. Für jeden nicht besetzten Pflichtplatz muss der Arbeitgeber eine Ausgleichsabgabe zahlen. Ihre Höhe schwankt zwischen 155 und 815 Euro je unbesetzten Pflichtplatz und ist abhängig vom Ausmaß der Nichterfüllung der Pflichtquote und der Betriebsgröße (§ 160 Abs. 2 SGB IX; Bekanntmachung der Höhe in BAnz AT 11.12.2024 B2). Die konkreten Verwendungszwecke der Abgabe und das Verfahren bei ihrer Zuweisung werden durch die Schwerbehinderten-AusgleichsabgabeVO geregelt (Nr. 30 IXa).

f) Besondere Fürsorgepflichten

Den Arbeitgeber trifft eine besondere Pflicht zur Förderung der bei ihm beschäftigten schwerbehinderten Menschen. Diese haben u.a. Anspruch auf die behindertengerechte Ausgestaltung ihrer Arbeitsplätze und eine bevorzugte Berücksichtigung bei inner- und außerbetrieblichen Bildungsmaßnahmen (§ 164 Abs. 4 SGB IX). Insbesondere ist auch Teilzeitarbeit für schwerbehinderte Menschen zu fördern (§ 164 Abs. 5 SGB IX). Jeder schwerbehinderte Mensch hat Anspruch auf einen Zusatzurlaub von 5 Arbeitstagen im Jahr (§ 208 SGB IX). Dieser Zusatzurlaub ist unabdingbar und kann auch nicht durch Tarifvertrag gekürzt werden (*BAG* 8.3.1994 – 9 AZR 49/93, DB 94, 686). Fragen des Zusatzurlaubs sind in der Einl zum BUrlG (Nr. 17) mit angesprochen.
§ 164 Abs. 4 SGB IX kann den schwerbehinderten Menschen nach der Rechtsprechung aber nicht davor schützen, dass der Arbeitgeber eine unternehmerische Entscheidung trifft, die zum Wegfall der Beschäftigungsmöglichkeit führt. Nur wenn der Nachweis gelingt, dass dies geschah, um sich den schwerbehindertenrechtlichen Belastungen zu entziehen, ist die unternehmerische Entscheidung missbräuchlich, sodass der Arbeitgeber nicht kündigen kann (*BAG* 16.5.2019 – 6 AZR 329/18, NZA 19, 1198). Im Übrigen muss der Arbeitgeber bei der Prüfung von Weiterbeschäftigungsmöglichkeiten zur Vermeidung einer Kündigung einen freien Arbeitsplatz gegebenenfalls behinderungsgerecht einrichten. Allgemein scheidet eine personenbedingte Kündigung aus, wenn der Arbeitgeber nicht alle angemessenen Vorkehrungen zur Beseitigung des Beschäftigungshindernisses ergreift (*EuGH* 11.9.2019 – C-397/18, NZA 19, 1634 – DW/Nobel Plastiques; *EuGH* 18.1.2024 – C-631/22, NZA 24, 536 – Ca Na Negreta; *BAG* 19.12.2013 – 6 AZR 190/12, NZA 14, 372; vgl. Einl. III 3 zum KSchG, Nr. 25). Aus der Pflicht zum Ergreifen angemessener Vorkehrungen folgt auch, dass behinderte Menschen, unter dem Vorbehalt der Verhältnismäßigkeit, selbst dann Anspruch auf einen anderen Arbeitsplatz haben können, wenn sie sich im Rahmen der Probezeit als ungeeignet für den Arbeitsplatz, auf den sie eingestellt wurden, erweisen (*EuGH* 10.2.2022 – C-485/20, NZA 22, 335 – HR Rail; dazu *Sutterer-Kipping*, AuR 22, 428). Damit lässt sich die Annahme des *BAG* kaum vereinbaren, dass eine ausgeschriebene Stelle im öffentlichen Dienst nicht vorab einem schwerbehinderten Menschen zur Erfüllung seines Anspruchs auf fähigkeitengerechte Beschäftigung nach § 164 Abs. 4 S. 1 Nr. 1 SGB IX zuzuweisen sei (3.12.2019 – 9 AZR 78/19, NZA 20, 578). Die Verpflichtung zum Ergreifen angemessener Vorkehrungen bezieht sich auch auf solche Maßnahmen, die gegenüber einem Arbeitnehmer erforderlich sind, damit er, ohne selbst behindert zu sein, seinem behinderten Kind die notwendige Unterstützung zukommen lassen kann (*EuGH* 11.9.2025 – C-38/24, NZA 25, 1381, Rn. 67 ff. 2,1 – G L / A B).

Vor diesem Hintergrund scheinen auch tarifvertragliche Regelungen zur Beendigung des Arbeitsverhältnisses bei Bezug einer unbefristeten Rente wegen voller Erwerbsminderung (dazu *Deinert*, Sozialrecht, 2025, 12. Kap. Rn. 49 ff.; s. auch u. h) unionsrechtswidrig zu sein.

g) Prävention und betriebliches Eingliederungsmanagement (»BEM«)

Zur Sicherung ihrer Beschäftigungsmöglichkeiten hat der Arbeitgeber beim Auftauchen von arbeitsplatzgefährdenden Schwierigkeiten die Schwerbehindertenvertretung und den Betriebsrat bzw. Personalrat präventiv einzuschalten (§ 167 Abs. 1 SGB IX). Während der ersten 6 Monate des Arbeitsverhältnisses (= Wartezeit gemäß § 1 Abs. 1 KSchG) soll der Arbeitgeber aber nach der Rechtsprechung unter Missachtung dieser Pflicht wirksam kündigen können (*BAG* 28.6.2007 – 6 AZR 750/06, NZA 07, 1049; 21.4.2016 – 8 AZR 402/14, NZA 16, 1131). Ungeachtet anderslautender Instanzrechtsprechung (*ArbG Freiburg* 4.6.2024 – 2 Ca 51/24, NZA-RR 24, 537; *ArbG Heilbronn* 10.1.2025 – 6 Ca 120/24, NZA-RR 25, 439; *LAG Köln* 12.9.2024 – 6 SLa 76/24) und Kritik aus der Literatur (z.B. *Brunzema*, ZESAR 25, 361) beharrt das Gericht auf diesem Standpunkt und hält das Präventionsverfahren darüber hinaus auch im Kleinbetrieb (§ 23 Abs. 1 KSchG, Nr. 25) nicht für geboten (*BAG* 3.4.2025 – 2 AZR 178/24, NZA 25, 1172).
Dem Arbeitgeber wird in § 167 Abs. 2 SGB IX für länger Erkrankte (unabhängig von einer bereits bestehenden Behinderung) ein Betriebliches Eingliederungsmanagement (BEM) vorgeschrieben. Dennoch soll der Arbeitnehmer keinen Anspruch auf Durchführung eines solchen Eingliederungsmanagements haben (*BAG* 7.9.2021 – 9 AZR 571/20, NZA 22, 257). Die dort vorgesehenen Maßnahmen müssen in jedem Fall ergriffen werden, ehe zur Kündigung als Ultima ratio gegriffen wird (*Brose,* DB 05, 390; dagegen *Namendorf/Natzel,* DB 05, 1794). Insoweit kann der Arbeitgeber auch gehalten sein, dem Arbeitnehmer Gelegenheit zur Inanspruchnahme von Rehabilitationsleistungen zu geben (*BAG* 20.11.2014 – 2 AZR 755/13, NZA 15, 612, Rn. 49). Die Verletzung der Pflicht zur Durchführung eines BEM führt zwar nicht automatisch zur Unwirksamkeit der Kündigung (*BAG* 7.12.2006 – 2 AZR 182/06, DB 07, 1089), kann aber zu Lasten des Arbeitgebers beweisrechtlich im Kündigungsschutzprozess berücksichtigt werden (vgl. Einl. III 3 zum KSchG, Nr. 25). Dasselbe gilt für die Prüfung von Weiterbeschäftigungsmöglichkeiten, wenn das Arbeitsverhältnis ansonsten durch auflösende Bedingung endet (*BAG* 17.4.2019 – 7 AZR 292/17, NZA 19, 1355). Eine Ausnahme soll aber nach der Rechtsprechung wiederum während der ersten 6 Monate des Arbeitsverhältnisses bestehen (*BAG* 28.6.2007 – 6 AZR 750/06, AP Nr. 27 zu § 307 BGB; krit. dazu mit Recht *Sutterer-Kipping*, AuR 22, 338, 441). Das BEM ist allerdings auch dann durchzuführen, wenn es beim Arbeitgeber keine betriebliche Interessenvertretung gibt (*BAG* 30.9.2010 – 2 AZR 88/09, DB 11, 535). Das Überwachungsrecht des Betriebsrats erstreckt sich auf die ordnungsgemäße Durchführung des BEM (*BAG* 7.2.2012 – 1 ABR 46/10, NZA 12, 744). Dasselbe gilt für den Personalrat (*BVerwG* 4.9.2012 – 6 P 5.11, NZA-RR 13, 164). Die Ausgestaltung des BEM unterliegt der Mitbestimmung des Betriebsrats, dadurch darf aber nicht von den gesetzlichen Vorgaben des § 167 Abs. 2 SGB IX abgewichen werden (*BAG* 22.3.2016 – 1

ABR 14/14, BB 16, 2173). Wenn nach Abschluss eines BEM erneut sechs Wochen der Erkrankung mit Arbeitsunfähigkeit vorliegen, muss ein erneutes BEM durchgeführt werden, selbst wenn noch kein Jahr vergangen ist (*BAG* 18.11.2021 – 2 AZR 138/21, NZA 22, 253). Die Durchführung eines BEM ist nach § 167 Abs. 2 Satz 1 SGB IX von einer Zustimmung des betroffenen Arbeitnehmers abhängig. Der Arbeitgeber darf es jedoch nicht davon abhängig machen, dass der Arbeitnehmer bereits zuvor in die damit verbundene Datenverarbeitung einwilligt (*BAG* 15.12.2022 – 2 AZR 162/22, NZA 23, 500, Rn. 17). Zur Ausübung des Weisungsrechts ohne vorheriges BEM vgl. Einl. II 4 zur GewO (Nr. 19).

h) Kündigung

Die Kündigung des Arbeitsverhältnisses eines schwerbehinderten Menschen bedarf gemäß § 168 SGB IX der Zustimmung des Integrationsamtes, sofern der schwerbehinderte Mensch bereits sechs Monate beschäftigt ist (§§ 168, 173 Abs. 1 Nr. 1 SGB IX; s. Checkliste 68; zur Anwendbarkeit dieser Bestimmung bei Fällen mit Auslandsberührung s. Einl. III zur Rom I-Verordnung, Nr. 14 a). Der Arbeitgeber muss dazu einen Antrag stellen. Kündigt der Arbeitgeber ohne Zustimmung des Integrationsamtes und wusste er von der Schwerbehinderung nichts, muss der Arbeitnehmer innerhalb von 3 Wochen seinen Sonderkündigungsschutz geltend machen (*BAG* 22.9.2016 – 2 AZR 700/15, NZA 17, 304). Nach Erteilung der Zustimmung, die im Ermessen des Integrationsamtes liegt, hat der Arbeitgeber einen Monat Zeit, die Kündigung zu erklären (§ 171 Abs. 3 SGB IX). Zur Vermeidung von Missbräuchen wurde der Sonderkündigungsschutz gemäß § 173 Abs. 3 SGB IX eingeschränkt. Der Sonderkündigungsschutz kommt danach nicht zur Anwendung, wenn der Arbeitnehmer nicht mindestens drei Wochen vor der Kündigung einen Antrag auf Anerkennung als schwerbehinderter Mensch gestellt hat (*BAG* 1.3.2007 – 2 AZR 217/06, NZA 08, 302).
Die Zustimmung zur außerordentlichen Kündigung kann der Arbeitgeber nur innerhalb von zwei Wochen beantragen gemäß § 174 Abs. 2 SGB IX. Wenn das Integrationsamt allerdings die Zustimmung wirksam erteilt hat, kann ein Arbeitsgericht die Einhaltung der Frist nicht mehr prüfen (*BAG* 24.8.2023 – 2 AZR 18/23, NZA 24, 1600, Rn. 15). Erfolgt die außerordentliche Kündigung des Arbeitsverhältnisses eines schwerbehinderten Menschen aus einem Grund, der nicht mit der Behinderung im Zusammenhang steht, hat nach der Soll-Vorschrift des § 174 Abs. 4 SGB IX das Integrationsamt im Regelfall die Zustimmung zu erteilen. Der Grund steht nur dann in Zusammenhang mit der Behinderung, wenn er zwanglos auf die Beeinträchtigung durch die Behinderung zurückzuführen ist und nicht nur ein entfernter Zusammenhang besteht (*BVerwG* 12.7.2012 – 5 C 16.11, NZA 13, 97). Nur bei Vorliegen von Umständen, die den Fall als atypisch erscheinen lassen, darf das Integrationsamt nach pflichtgemäßem Ermessen entscheiden. Ein atypischer Fall liegt vor, wenn die außerordentliche Kündigung den schwerbehinderten Menschen in einer die Schutzzwecke des SGB IX berührenden Weise besonders hart trifft, ihm im Vergleich zu den der Gruppe der schwerbehinderten Menschen im Falle außerordentlicher Kündigung allgemein zugemuteten Belastungen ein Sonderopfer abverlangt. Das Integrationsamt hat über das Vorliegen eines wichti-

gen Grundes im Sinne des § 626 Abs. 1 BGB (Einl. II 3 zum BGB, Nr. 14) nicht zu urteilen (*BVerwG* 2.7.1992 – 5 C 39.90, DÖV 93, 74). Zum Zusammentreffen mit dem Sonderkündigungsschutz nach § 18 BEEG (vgl. Einl. II 2 zum BEEG, Nr. 16) s. *BAG* 24.11.2011 – 2 AZR 429/10, NZA 12, 610.
Hat das Integrationsamt nicht innerhalb von zwei Wochen entschieden, gilt seine Zustimmung gemäß § 174 Abs. 3 S. 2 SGB IX als erteilt. Nach Zustimmung des Integrationsamtes muss der Arbeitgeber, wenn die zweiwöchige Frist des § 626 Abs. 2 BGB verstrichen ist, gemäß § 174 Abs. 5 SGB IX unverzüglich kündigen, sonst ist die außerordentliche Kündigung nicht mehr möglich. Dabei muss der Arbeitgeber sich ggf. beim Integrationsamt erkundigen, ob eine Entscheidung innerhalb der zweiwöchigen Frist getroffen wurde. Anderenfalls könnte die Kündigung als nicht mehr unverzüglich verspätet sein (*BAG* 19.4.2012 – 2 AZR 118/11, NZA 13, 507).
Die Schwerbehindertenvertretung ist zwingend zu allen Angelegenheiten eines schwerbehinderten Arbeitnehmers anzuhören (§ 178 Abs. 2 S. 1 SGB IX). Eine Kündigung ist ohne diese Anhörung unwirksam (S. 3; s. u. i).
§ 175 SGB IX erweitert den Beendigungsschutz auch auf Fälle, in denen ein Arbeitsverhältnis bei Eintritt einer teilweisen Erwerbsminderung oder Erwerbsminderung auf Zeit bzw. Berufsunfähigkeit oder Erwerbsunfähigkeit auf Zeit ohne Kündigung beendet wird, wie dies häufig auf Grundlage von Tarifverträgen des öffentlichen Dienstes der Fall ist. Auch dann bedarf es der Zustimmung des Integrationsamtes. Auch insoweit ist erforderlich, dass die Schwerbehinderung oder Gleichstellung bereits festgestellt bzw. erfolgt ist oder ein Antrag mindestens drei Wochen zuvor gestellt wurde (*BAG* 16.1.2018 – 7 AZR 622/155, NZA 18, 925).

i) Kollektive Interessenvertretung

Zur Wahrung der besonderen Interessen der schwerbehinderten Menschen gibt es eine Schwerbehindertenvertretung (§§ 176–183 SGB IX; zum Sonderkündigungsschutz der Vertrauensleute s. Einl. II 4 zum KSchG, Nr. 25). Sie ist bei allen die schwerbehinderten Menschen betreffenden Maßnahmen gemeinsam mit dem Betriebsrat bzw. Personalrat zu beteiligen (zur behindertengerechten Beschäftigung *Seidel,* PersR 03, 159). Das soll aber nicht gelten, wenn ein Arbeitnehmer mit einem Grad der Behinderung von 30 einen Gleichstellungsantrag gestellt hat, der noch nicht beschieden ist, von dem der Arbeitgeber aber Kenntnis hatte (*BAG* 22.1.2020 – 7 ABR 18/18, NZA 20, 783). Die Schwerbehindertenvertretung hat einen umfassenden Informationsanspruch bezüglich aller Angelegenheiten, die sich spezifisch auf schwerbehinderte Menschen auswirken (*BAG* 14.3.2012 – 7 ABR 67/10, DB 12, 1760). Beteiligungsrechte im eigentlichen Sinne übt jedoch nur der Betriebsrat bzw. Personalrat aus. Eine Nichtbeteiligung der Schwerbehindertenvertretung führt nicht zur Unwirksamkeit der entsprechenden Maßnahme. Eine Ausnahme gilt nur für die Kündigung (§ 178 Abs. 2 S. 3 SGB IX). Insoweit wurde die Stellung der Schwerbehindertenvertretung durch das BTHG (s. o. I 2) erheblich gestärkt im Sinne eines Anhörungsrechts, das der Stellung des Betriebsrats nach § 102 BetrVG (Nr. 12) entspricht. Die Beteiligung des Betriebsrats nach § 102 BetrVG wird durch die Beteiligung der Schwerbehindertenvertretung nicht entbehrlich, sondern muss daneben erfolgen. Die Anhörung muss nicht notwendig vor der Anhörung des Betriebsrats stattfinden. Im Übrigen ist sie von gleichem Umfang wie die Anhörung des Betriebsrats nach § 102 BetrVG. Sie bezieht sich auf sämtliche und nicht etwa nur auf spezifisch auf die Situation des schwerbehinderten Menschen zugeschnittene Umstände. Für die Stellungnahme werden die Fristen nach § 102 Abs. 2 BetrVG analog herangezogen (*BAG* 13.12.2018 – 2 AZR 378/18, NZA 19, 305).

Der Institutionalisierung aller Maßnahmen zugunsten schwerbehinderter Menschen dienen die Instrumente der Inklusionsvereinbarung zwischen Arbeitgeber, Schwerbehindertenvertretung und Betriebs- bzw. Personalrat (§ 166 SGB IX) und die Einrichtung eines aus Mitteln der Ausgleichsabgabe geförderten Inklusionsbetriebes (§§ 215 ff. SGB IX). Die Rechtsnatur einer Inklusionsvereinbarung ist vom SGB IX offengelassen worden. Es kann sich um eine unverbindliche Formulierung von Integrationszielen handeln, und es können auch privatrechtliche Ansprüche i. S. eines Vertrages zugunsten Dritter gemäß § 328 BGB (Nr. 14) formuliert werden (vgl. *Dering,* PersR 01, 195; *Feldes,* AiB 01, 193). Arbeitgeber und Betriebsrat können die Inklusionsvereinbarung auch als Betriebsvereinbarung i. S. des § 88 BetrVG abschließen (vgl. *Feldes/Scholz,* AiB 01, 327). Für den Fall, dass sich die Beteiligten nicht auf eine Vereinbarung einigen, stellt das SGB IX keinen eigenen Konfliktlösungsmechanismus zur Verfügung (z. B. eine Einigungsstelle). Da jedoch eine Rechtspflicht des Arbeitgebers zum Abschluss der Inklusionsvereinbarung besteht, können Schwerbehindertenvertretung und Betriebsrat eine entsprechende Verurteilung durch das ArbG herbeiführen. Die Möglichkeiten der Agenturen für Arbeit zur Beschäftigungsförderung für schwerbehinderte Menschen werden durch die Einrichtung sog. Integrationsfachdienste verbessert (§§ 192 ff. SGB IX).

2. Rehabilitation

a) Grundlagen des Rehabilitationsrechts

In allen Sozialversicherungszweigen werden Rehabilitationsleistungen erbracht. Ihr gemeinsames Ziel ist es gemäß § 4 Abs. 1 Nr. 1 SGB IX Behinderungen zu verhüten, zu überwinden oder zu mindern oder jedenfalls deren Folgen zu mildern. Das Rehabilitationsrecht bezieht sich in dieser Hinsicht auf den allgemeinen Begriff der »Behinderung«, wie er auch für den arbeitsvertraglichen Schutz schwerbehinderter Menschen gilt. Es gilt allerdings nicht nur für Menschen, die bereits behindert sind, sondern auch für die von einer Behinderung »bedrohten« (s. u. b).

Das geltende Rehabilitationsrecht besteht aus einem allgemeinen Teil und besonderen Vorschriften. Der allgemeine Teil des Rehabilitationsrechts ist im SGB IX enthalten. Die besonderen Vorschriften sind in den entsprechenden Büchern des SGB für die einzelnen Sozialversicherungszweige enthalten. In § 6 SGB IX ist geregelt, welche Leistungsträger die jeweiligen Rehabilitationsleistungen erbringen. Sie sind zur größtmöglichen Zusammenarbeit verpflichtet, damit die Leistungen so effektiv wie möglich erbracht werden können und Leistungsberechtigte nicht vom einen zum anderen verwiesen werden, um die ihnen zustehenden Leistungen zu erhalten (§ 12 SGB IX). Bei der beruflichen Rehabilitation müssen sie sich insbesondere mit der Bundesagentur für Arbeit abstimmen (s. u.). § 14 SGB IX regelt die Zuständigkeitsklärung, um zu vermeiden, dass der Leistungsberechtigte im gegliederten System zwischen mehreren Leistungsträgern jeweils mit der Behauptung fehlender Zuständigkeit hin und her geschickt wird. Der Träger, der nach dieser Bestimmung zuständig wird, entscheidet über den Rehabilitationsbedarf, auch wenn er an sich nicht zuständig ist. Im Zuge des SGB VI-Anpassungsgesetzes (v. 22. 12. 2025, BGBl. I Nr. 355; Entwurf: BT-Drs. 21/1858) wurde für Teilhabeleistungen der Rentenversicherung ein individuelles, personenzentriertes und rechtskreisübergreifendes Fallmanagement der Rentenversicherungsträger in § 13a SGB VI eingeführt.

b) Allgemeine Grundsätze

Das Rehabilitationsrecht wird von folgenden allgemeinen Grundsätzen beherrscht:

- eine Behinderung ist vorrangig zu verhüten (Prävention, § 3 SGB IX);
- Teilhabeleistungen sind vorrangig zu prüfen (§ 9 Abs. 1 SGB IX);
- eine Reha-Leistung geht vor Rente (§ 9 Abs. 2 SGB IX);
- Wunsch und Wille der Leistungsberechtigten sind vorrangig zu berücksichtigen (Wahl- und Wunschrecht, § 8 SGB IX);
- zur Gewährleistung eines möglichst selbstbestimmten Lebens in eigener Verantwortung können Leistungen auf Antrag auch durch ein persönliches Budget ausgeführt werden (§ 29 SGB IX).

c) Die einzelnen Rehabilitationsleistungen

§ 5 SGB IX beschreibt fünf Arten von Rehabilitationsleistungen, die sog. Leistungsgruppen:

(1) Leistungen zur medizinischen Rehabilitation

§ 42 SGB IX zählt auf, welche Leistungen zur medizinischen Rehabilitation zählen. Dazu gehören insbesondere Vorsorgekuren und physiotherapeutische Maßnahmen sowie Früherkennungsuntersuchungen, aber auch die Förderung von Selbsthilfegruppen (§ 45 SGB IX). Die bislang im Rahmen der Krankenversicherung mögliche stufenweise Wiedereingliederung in den Arbeitsprozess ist jetzt in allen Versicherungszweigen möglich (§ 44 SGB IX, vgl. auch Einl. II 4 zum SGB V, Nr. 30 V).

(2) Leistungen zur Teilhabe am Arbeitsleben

Diese Leistungsform wird auch »Berufliche Rehabilitation« genannt. In ihr geht u. a. die breite Palette von Leistungen der Arbeitsförderung auf. Dabei gibt es Leistungen an Arbeitnehmer (§ 49 SGB IX), an Arbeitgeber (§ 50 SGB IX) und an überbetriebliche Einrichtungen (z. B. Berufsbildungs- oder -förderungswerke, § 51 SGB IX). Wegen der engen Verzahnung mit der Arbeitsförderung nimmt die Bundesagentur für Arbeit zu den Maßnahmen anderer Träger, z. B. der Rentenversicherung, im Einzelnen Stellung (§ 54 SGB IX). Einen zentralen Stellenwert haben Werkstätten für behinderte Menschen (§§ 56 ff. SGB IX). Teilnehmer an Maßnahmen der beruflichen Rehabilitation gelten nicht als Arbeitnehmer (§ 52 S. 2 SGB IX). Die Leistungen zur Teilhabe am Arbeitsleben stehen in enger Verbindung mit den Vorschriften über den arbeitsrechtlichen Schutz schwerbehinderter Menschen (s. o. 1).

(3) Unterhaltssichernde und andere ergänzende Leistungen

Soweit nicht das Arbeitsentgelt fortgezahlt wird (wie bei einer Kur gemäß § 9 EFZG, Nr. 18), steht das Übergangsgeld im Mittelpunkt der materiellen Leistungen für die Zeit einer Rehabilitationsmaßnahme (§§ 65 Abs. 2, 66 ff. SGB IX). Es wird nach gemeinsamen Kriterien aufgrund des SGB IX errechnet; seine konkrete Höhe bestimmt sich jedoch jeweils nach dem einzelnen Leistungsgesetz. Weitere Leistungen sind Reisekosten (§ 73 SGB IX) sowie Kinderbetreuungskosten und die Kosten einer Haushaltshilfe (§ 74 SGB IX).

(4) Leistungen zur Teilhabe an Bildung

Die Leistungen nach § 75 SGB IX zielen auf die Ermöglichung gleichberechtigter Teilhabe an Bildungsangeboten.

(5) Leistungen zur sozialen Teilhabe

Dabei geht es um die Förderung der Teilhabe am Leben in der Gemeinschaft, etwa zur Förderung sprech- und hörgeschädigter Menschen (§ 76 SGB IX), denen so die Kommunikation mit der Umwelt ermöglicht bzw. erleichtert wird.

3. Verbandsklage

Mit dem SGB IX neu geschaffen ist die Möglichkeit der Klage eines Verbandes anstelle behinderter Menschen bei Vorenthaltung der Rechte aus diesem Gesetz (§ 85 SGB IX). Voraussetzung ist, dass mindestens ein behinderter Mensch in seinen Rechten nach dem SGB IX verletzt wird und er mit einer Geltendmachung dieser Rechte durch einen Verband einverstanden ist. Damit handelt es sich weniger um eine Verbandsklage im eigentlichen Sinne als der Sache nach vielmehr um eine besondere Prozessstandschaft.

III. Anwendungsprobleme und Rechtstatsachen

Eine Schwerbehinderung hat in der Regel erheblichen negativen Einfluss auf den Umfang der Erwerbsbeschäftigung und das Einkommen (dazu *Collischon/Hiesinger/Pohlan/Breuer*, IAB-Kurzbericht 22/24). Die Arbeitslosenquote unter den erwerbsfähigen schwerbehinderten Menschen lag 2009 bei rund 15 %, mehr als doppelt so hoch wie bei der Gesamtheit der Erwerbsfähigen. Im Jahr 2017 waren es immer noch 11,7 % im Vergleich zu einer allgemeinen Arbeitslosenquote von 7,2 % (BT-Drs. 19/4157, S. 2).

Rund 2/3 aller Arbeitgeber erfüllen ihre 5-prozentige Beschäftigungspflicht nicht oder nicht in vollem Umfang. Die Beschäftigtenquote von Schwerbehinderten betrug 2006 4,3 %, allerdings erreicht sie bei privaten Arbeitgebern nur 3,8 %. 2013 lag die Quote allerdings bei 4,7 % (BT-Drs. 18/9522, S. 189). Dabei ist es seither geblieben (BT-Drs. 19/4157, S. 5). Gut ein Viertel der beschäftigungspflichtigen Arbeitgeber beschäftigt überhaupt keine schwerbehinderten Menschen. Die Auswirkungen der Absenkung der Pflichtquote von 6 auf 5 % (s. o. II 1 e) dürfte sich auf die Beschäftigungschancen schwerbehinderter Menschen weder positiv noch negativ ausgewirkt haben (*Braakmann*, ZAF 2008, S. 9). Insgesamt ist aber zweifelhaft, ob die Beschäftigungspflicht positiven Einfluss auf die Beschäftigung schwerbehinderter Menschen hat (ausf. *Banafsche*, NZS 12, 205). Demgegenüber ging die Bundesregierung bei Schaffung des Bundesteilhabegesetzes (s. o. I 2) davon aus, dass sich das aktuelle System »grundsätzlich bewährt« habe (BT-Drs. 18/9522, S. 189). Ob das Gesetz zur Förderung eines inklusiven Arbeitsmarktes (s. o. I 2) die Beschäftigungslage spürbar verbessert, bleibt abzuwarten.

IV. Rechtspolitische Diskussion

Die aktuelle Regierungskoalition plant zahlreiche Maßnahmen zur Stärkung der Inklusion behinderter Menschen. Dies zielt auch auf die Aufnahme von Beschäftigungen auf dem allgemeinen Arbeitsmarkt sowie die Weiterentwicklung des Systems der Rehabilitation und Teilhabe im Sinne des Prinzips »Leistung aus einer Hand« (»Verantwortung für Deutschland«, Koalitionsvertrag zwischen CDU, CSU und SPD, 21. Legislaturperiode, Zeilen 645 ff.)
Die Konferenz der LAG-Präsidenten fordert schon seit Langem, bislang aber vergeblich, einen einheitlichen Rechtsweg zur Entscheidung über die Kündigung eines schwerbehinderten Menschen (vgl. AuR 01, 342). Dem wurde auch in den jüngsten Reformen nicht Rechnung getragen.

Wichtige Entscheidungen

BVerfG 26. 5. 1981 – 1 BvL 56/78 u. a., DB 1981, 1287
EuGH 11. 9. 2019 – C-397/18, NZA 2019, 1634 – DW/Nobel Plastiques
EuGH 10. 2. 2022 – C-485/20, NZA 2022, 335 – HR Rail

Weiterführende Literatur

Handbücher und Kommentare

Deinert, Sozialrecht (2025), 12. Kap.: (Drohende) Erwerbsminderung und Behinderung

Deinert/Wenckebach/Zwanziger-*Winkelmann*, Arbeitsrecht, § 111 (Behinderte Menschen)

Britschgi, Betriebliches Eingliederungsmanagement, 7. Aufl. (2025)

Dau/Düwell/Joussen/Luik (Hrsg.), SGB IX, 7. Aufl. (2024)

Deinert/Welti/Luik/Brockmann (Hrsg.), Stichwortkommentar Behindertenrecht, 3. Aufl. (2022)

Feldes/Gilsbach/Jansen/Köhler/Klabunde/Künsemüller/Ramm/Ritz/Schmidt/Weidner, Praxis der Schwerbehindertenvertretung von A bis Z, 8. Aufl. (2023)

Feldes/Helbig/Hüther/Krämer/Kuntz/Mittel/Rehwald/Tatzky/Westermann, Schwerbehindertenrecht, Basiskommentar, 17. Aufl. (2024)

Feldes/Kohte/Stevens-Bartol (Hrsg.), SGB IX, Kommentar für die Praxis, 5. Aufl. (2023)

Feldes/Niehaus/Faber, Werkbuch BEM – Betriebliches Eingliederungsmanagement, 2. Aufl. (2021)

Fuchs/Ritz/Rosenow, SGB IX, 7. Aufl. (2021)
Knittel (Hrsg.), SGB IX, 12. Aufl. (2024)
Kossens/von der Heide/Maaß, SGB IX, 5. Aufl. (2023)
Neumann/Pahlen/Greiner/Winkler/Westphal/Krohne, SGB IX, 15. Aufl. (2024)

Aufsätze

Boecken, Neuregelungen des Rechts der Schwerbehindertenvertretung durch das Bundesteilhabegesetz (BTHG) – insb. zur Unwirksamkeit von Kündigungen nach § 95 Abs. 2 Satz 3 SGB IX, VSSR 2017, S. 69
Busch, Barrierefreiheit in der Arbeitswelt, AuR 2025, S. 59
Deinert, Die betrieblichen Rechte behinderter Menschen nach dem SGB IX, ZSR 2005, Sonderheft, S. 1394
Deinert, Kündigungsprävention und betriebliches Eingliederungsmanagement, NZA 2010, S. 969
Klein, Der Kündigungsschutz schwerbehinderter Arbeitnehmer nach dem Bundesteilhabegesetz, NJW 2017, S. 852
Kohte/Liebsch, Neuregelungen im Schwerbehindertenrecht – Stärkung der Schwerbehindertenvertretungen als Organ der Betriebsverfassung, AuR 2019, S. 4
Nassibi, Die Durchsetzung der Ansprüche auf Schaffung behinderungsgerechter Arbeitsbedingungen, NZA 2012, S. 720
Schnelle, Die Schwerbehindertenvertretung: Was ändert sich durch das Bundesteilhabegesetz?, NZA 2017, S. 880
Welti, Betriebliches Eingliederungsmanagement: Die Aufgaben und Pflichten der Sozialleistungsträger, SozSich 2008, S. 125

Übersicht 67: Schwerbehindertenschutz

Schwerbehinderte Menschen

- Personen mit wenigstens GdB 50
- sowie die ihnen gleichgestellten Personen (mind. GdB 30)

Schutzziel: berufliche Eingliederung und Förderung

Umfang der Beschäftgungspflicht

- Verpflichtung aller öffentlichen/privaten Arbeitgeber mit mehr als 20 Arbeitnehmern zur Einstellung einer Mindestzahl von behinderten Menschen
- bei Verstoß: monatliche Ausgleichszahlung (mind. 140 Euro)

Prävention

Erhalt des Arbeitsplatzes durch Prävention/betriebliches Eingliederungsmanagement

Kündigungsschutz

Kündigung durch Arbeitgeber nur mit Zustimmung des Integrationsamtes

Fürsorge/Förderung

- behindertengerechte Arbeitsplätze
- Zusatzurlaub 5 Tage/Jahr
- bevorzugte Berücksichtigung bei innerbetrieblichen Bildungsmaßnahmen
- Anspruch auf Teilzeitarbeit

Interessenwahrnehmung

- eigene Schwerbehindertenvertretung
- Zusammenarbeit mit Bertriebsrat/Personalrat

Checkliste 68: Sonderkündigungsschutz für behinderte Menschen

I. Kündigung

- Mindestfrist (§ 169)

II. Zustimmung des Integrationsamtes

- Kündigung eines behinderten und diesem gleichgestellten (§ 2 III) Menschen nur mit vorheriger Zustimmung des Integrationsamtes (§ 168)
- nicht bei sonstiger Beendigung des Arbeitsverhältnisses (Übersicht 49), außer bei Verrentung wegen Erwerbsminderung (§ 175)
- dazu die sonstigen Anforderungen an die Berechtigung der Kündigung

III. Kenntnis und Vorliegen der Schwerbehinderung

- Kündigungsschutz unabhängig von Kenntnis des AG
- Schwerbehinderung muss im Zeitpunkt der Kündigung offensichtlich, festgestellt oder beantragt sein
- kein Sonderkündigungsschutz, wenn Schwerbehinderung bei Zugang der Kündigung nicht nachgewiesen ist oder Integrationsamt wegen fehlender Mitwirkung nicht entscheiden kann (§ 173 III)
- AN muss sich auf Schwerbehinderung binnen angemessener Frist (3 Wochen) nach Zugang der Kündigung berufen (Rspr. des BAG)

IV. Entscheidung des Integrationsamtes

- pflichtgemäßes Ermessen (§ 171 I)
- selbständige Anfechtbarkeit (§ 171 IV)
- Zustimmungspflicht bei Betriebsstilllegung mit Mindestkündungsfrist von 3 Monaten (§ 172 I)
- Zustimmung soll erteilt werden beim Vorhandensein eines anderen angemessenen und zumutbaren Arbeitsplatzes (§ 172 II)
- Sonderregelung bei Insolvenz (§ 172 III)

V. Ausnahmen

- Wartezeit 6 Monate bei Kündigungszugang (§ 173 I 1)
- Beschäftigung auf Nicht-AN-Arbeitsplätzen i. S. des § 156 II Nr. 2 – 5 (§ 173 I Nr. 2)
- ältere AN über 58 Lebensjahre mit Anspruch auf Abfindung oder ähnliche Leistung (§ 173 I Nr. 3)
- witterungsbedingte Entlassungen mit Wiedereinstellungsgarantie (§ 173 II)

VI. Anhörung der Schwerbehindertenvertretung

Sozialgesetzbuch (SGB)
Neuntes Buch
Rehabilitation und Teilhabe behinderter Menschen

vom 23. Dezember 2016 (BGBl. I 3234),
zuletzt geändert durch Gesetz vom 22. Dezember 2025 (BGBl. 2025 I Nr. 355)

(Abgedruckte Vorschriften: §§ 2, 8, 14, 44, 49, 50, 55, 61, 85, 151, 152, 154 – 183, 185, 205 –210, 219 –227, 241 Abs. 1)

Teil 1 – Regelungen für Menschen mit Behinderungen und von Behinderung bedrohte Menschen

Kapitel 1 – Allgemeine Vorschriften

…

§ 2 Begriffsbestimmungen (1) Menschen mit Behinderungen sind Menschen, die körperliche, seelische, geistige oder Sinnesbeeinträchtigungen haben, die sie in Wechselwirkung mit einstellungs- und umweltbedingten Barrieren an der gleichberechtigten Teilhabe an der Gesellschaft mit hoher Wahrscheinlichkeit länger als sechs Monate hindern können. Eine Beeinträchtigung nach Satz 1 liegt vor, wenn der Körper- und Gesundheitszustand von dem für das Lebensalter typischen Zustand abweicht. Menschen sind von Behinderung bedroht, wenn eine Beeinträchtigung nach Satz 1 zu erwarten ist.
(2) Menschen sind im Sinne des Teils 3 schwerbehindert, wenn bei ihnen ein Grad der Behinderung von wenigstens 50 vorliegt und sie ihren Wohnsitz, ihren gewöhnlichen Aufenthalt oder ihre Beschäftigung auf einem Arbeitsplatz im Sinne des § 156 rechtmäßig im Geltungsbereich dieses Gesetzbuches haben.
(3) Schwerbehinderten Menschen gleichgestellt werden sollen Menschen mit Behinderungen mit einem Grad der Behinderung von weniger als 50, aber wenigstens 30, bei denen die übrigen Voraussetzungen des Absatzes 2 vorliegen, wenn sie infolge ihrer Behinderung ohne die Gleichstellung einen geeigneten Arbeitsplatz im Sinne des § 156 nicht erlangen oder nicht behalten können (gleichgestellte behinderte Menschen).
…

§ 8 Wunsch- und Wahlrecht der Leistungsberechtigten (1) Bei der Entscheidung über die Leistungen und bei der Ausführung der Leistungen zur Teilhabe wird berechtigten Wünschen der Leistungsberechtigten entsprochen. Dabei wird auch auf die persönliche Lebenssituation, das Alter, das Geschlecht, die Familie sowie die religiösen und weltanschaulichen Bedürfnisse der Leistungsberechtigten Rücksicht genommen; im Übrigen gilt § 33 des Ersten Buches. Den besonderen Bedürfnissen von Müttern und Vätern mit Behinderungen bei der Erfüllung ihres Erziehungsauftrages sowie den besonderen Bedürfnissen von Kindern mit Behinderungen wird Rechnung getragen.

(2) Sachleistungen zur Teilhabe, die nicht in Rehabilitationseinrichtungen auszuführen sind, können auf Antrag der Leistungsberechtigten als Geldleistungen erbracht werden, wenn die Leistungen hierdurch voraussichtlich bei gleicher Wirksamkeit wirtschaftlich zumindest gleichwertig ausgeführt werden können. Für die Beurteilung der Wirksamkeit stellen die Leistungsberechtigten dem Rehabilitationsträger geeignete Unterlagen zur Verfügung. Der Rehabilitationsträger begründet durch Bescheid, wenn er den Wünschen des Leistungsberechtigten nach den Absätzen 1 und 2 nicht entspricht.
(3) Leistungen, Dienste und Einrichtungen lassen den Leistungsberechtigten möglichst viel Raum zu eigenverantwortlicher Gestaltung ihrer Lebensumstände und fördern ihre Selbstbestimmung.
(4) Die Leistungen zur Teilhabe bedürfen der Zustimmung der Leistungsberechtigten.
…

Kapitel 4 – Koordinierung der Leistungen

§ 14 Leistender Rehabilitationsträger (1) Werden Leistungen zur Teilhabe beantragt, stellt der Rehabilitationsträger innerhalb von zwei Wochen nach Eingang des Antrages bei ihm fest, ob er nach dem für ihn geltenden Leistungsgesetz für die Leistung zuständig ist; bei den Krankenkassen umfasst die Prüfung auch die Leistungspflicht nach § 40 Absatz 4 des Fünften Buches. Stellt er bei der Prüfung fest, dass er für die Leistung insgesamt nicht zuständig ist, leitet er den Antrag unverzüglich dem nach seiner Auffassung zuständigen Rehabilitationsträger zu und unterrichtet hierüber den Antragsteller. Muss für eine solche Feststellung die Ursache der Behinderung geklärt werden und ist diese Klärung in der Frist nach Satz 1 nicht möglich, soll der Antrag unverzüglich dem Rehabilitationsträger zugeleitet werden, der die Leistung ohne Rücksicht auf die Ursache der Behinderung erbringt. Wird der Antrag bei der Bundesagentur für Arbeit gestellt, werden bei der Prüfung nach den Sätzen 1 und 2 keine Feststellungen nach § 11 Absatz 2a Nummer 1 des Sechsten Buches und § 22 Absatz 2 des Dritten Buches getroffen.
(2) Wird der Antrag nicht weitergeleitet, stellt der Rehabilitationsträger den Rehabilitationsbedarf anhand der Instrumente zur Bedarfsermittlung nach § 13 unverzüglich und umfassend fest und erbringt die Leistungen (leistender Rehabilitationsträger). Muss für diese Feststellung kein Gutachten eingeholt werden, entscheidet der leistende Rehabilitationsträger innerhalb von drei Wochen nach Antragseingang. Ist für die Feststellung des Rehabilitationsbedarfs ein Gutachten erforderlich, wird die Entscheidung innerhalb von zwei Wochen nach Vorliegen des Gutachtens getroffen. Wird der Antrag weitergeleitet, gelten die Sätze 1 bis 3 für den Rehabilitationsträger, an den der Antrag weitergeleitet worden ist, entsprechend; die Frist beginnt mit dem Antragseingang bei diesem Rehabilitationsträger. In den Fällen der Anforderung einer gutachterlichen Stellungnahme bei der Bundesagentur für Arbeit nach § 54 gilt Satz 3 entsprechend.
(3) Ist der Rehabilitationsträger, an den der Antrag nach Absatz 1 Satz 2 weitergeleitet worden ist, nach dem für ihn geltenden Leistungsgesetz für die Leistung insgesamt nicht zuständig, kann er den Antrag im Einvernehmen mit dem nach

seiner Auffassung zuständigen Rehabilitationsträger an diesen weiterleiten, damit von diesem als leistendem Rehabilitationsträger über den Antrag innerhalb der bereits nach Absatz 2 Satz 4 laufenden Fristen entschieden wird und unterrichtet hierüber den Antragsteller.

(4) Die Absätze 1 bis 3 gelten sinngemäß, wenn der Rehabilitationsträger Leistungen von Amts wegen erbringt. Dabei tritt an die Stelle des Tages der Antragstellung der Tag der Kenntnis des voraussichtlichen Rehabilitationsbedarfs.

(5) Für die Weiterleitung des Antrages ist § 16 Absatz 2 Satz 1 des Ersten Buches nicht anzuwenden, wenn und soweit Leistungen zur Teilhabe bei einem Rehabilitationsträger beantragt werden.

…

Kapitel 9 – Leistungen zur medizinischen Rehabilitation

…

§ 44 Stufenweise Wiedereingliederung Können arbeitsunfähige Leistungsberechtigte nach ärztlicher Feststellung ihre bisherige Tätigkeit teilweise ausüben und können sie durch eine stufenweise Wiederaufnahme ihrer Tätigkeit voraussichtlich besser wieder in das Erwerbsleben eingegliedert werden, sollen die medizinischen und die sie ergänzenden Leistungen mit dieser Zielrichtung erbracht werden.

…

Kapitel 10 – Leistungen zur Teilhabe am Arbeitsleben

…

§ 49 Leistungen zur Teilhabe am Arbeitsleben, Verordnungsermächtigung

(1) Zur Teilhabe am Arbeitsleben werden die erforderlichen Leistungen erbracht, um die Erwerbsfähigkeit von Menschen mit Behinderungen oder von Behinderung bedrohter Menschen entsprechend ihrer Leistungsfähigkeit zu erhalten, zu verbessern, herzustellen oder wiederherzustellen und ihre Teilhabe am Arbeitsleben möglichst auf Dauer zu sichern.

(2) Frauen mit Behinderungen werden gleiche Chancen im Erwerbsleben zugesichert, insbesondere durch in der beruflichen Zielsetzung geeignete, wohnortnahe und auch in Teilzeit nutzbare Angebote.

(3) Die Leistungen zur Teilhabe am Arbeitsleben umfassen insbesondere

1. Hilfen zur Erhaltung oder Erlangung eines Arbeitsplatzes einschließlich Leistungen zur Aktivierung und beruflichen Eingliederung,
2. eine Berufsvorbereitung einschließlich einer wegen der Behinderung erforderlichen Grundausbildung,
3. die individuelle betriebliche Qualifizierung im Rahmen Unterstützter Beschäftigung,
4. die berufliche Anpassung und Weiterbildung, auch soweit die Leistungen einen zur Teilnahme erforderlichen schulischen Abschluss einschließen,

5. die berufliche Ausbildung, auch soweit die Leistungen in einem zeitlich nicht überwiegenden Abschnitt schulisch durchgeführt werden,
6. die Förderung der Aufnahme einer selbständigen Tätigkeit durch die Rehabilitationsträger nach § 6 Absatz 1 Nummer 2 bis 5 und
7. sonstige Hilfen zur Förderung der Teilhabe am Arbeitsleben, um Menschen mit Behinderungen eine angemessene und geeignete Beschäftigung oder eine selbständige Tätigkeit zu ermöglichen und zu erhalten.

(4) Bei der Auswahl der Leistungen werden Eignung, Neigung, bisherige Tätigkeit sowie Lage und Entwicklung auf dem Arbeitsmarkt angemessen berücksichtigt. Soweit erforderlich, wird dabei die berufliche Eignung abgeklärt oder eine Arbeitserprobung durchgeführt; in diesem Fall werden die Kosten nach Absatz 7, Reisekosten nach § 73 sowie Haushaltshilfe und Kinderbetreuungskosten nach § 74 übernommen

(5) Die Leistungen werden auch für Zeiten notwendiger Praktika erbracht.

(6) Die Leistungen umfassen auch medizinische, psychologische und pädagogische Hilfen, soweit diese Leistungen im Einzelfall erforderlich sind, um die in Absatz 1 genannten Ziele zu erreichen oder zu sichern und Krankheitsfolgen zu vermeiden, zu überwinden, zu mindern oder ihre Verschlimmerung zu verhüten. Leistungen sind insbesondere

1. Hilfen zur Unterstützung bei der Krankheits- und Behinderungsverarbeitung,
2. Hilfen zur Aktivierung von Selbsthilfepotentialen,
3. die Information und Beratung von Partnern und Angehörigen sowie von Vorgesetzten und Kollegen, wenn die Leistungsberechtigten dem zustimmen,
4. die Vermittlung von Kontakten zu örtlichen Selbsthilfe- und Beratungsmöglichkeiten,
5. Hilfen zur seelischen Stabilisierung und zur Förderung der sozialen Kompetenz, unter anderem durch Training sozialer und kommunikativer Fähigkeiten und im Umgang mit Krisensituationen,
6. das Training lebenspraktischer Fähigkeiten,
7. das Training motorischer Fähigkeiten,
8. die Anleitung und Motivation zur Inanspruchnahme von Leistungen zur Teilhabe am Arbeitsleben und
9. die Beteiligung von Integrationsfachdiensten im Rahmen ihrer Aufgabenstellung (§ 193).

(7) Zu den Leistungen gehört auch die Übernahme

1. der erforderlichen Kosten für Unterkunft und Verpflegung, wenn für die Ausführung einer Leistung eine Unterbringung außerhalb des eigenen oder des elterlichen Haushalts wegen Art oder Schwere der Behinderung oder zur Sicherung des Erfolges der Teilhabe am Arbeitsleben notwendig ist sowie
2. der erforderlichen Kosten, die mit der Ausführung einer Leistung in unmittelbarem Zusammenhang stehen, insbesondere für Lehrgangskosten, Prüfungsgebühren, Lernmittel, Leistungen zur Aktivierung und beruflichen Eingliederung.

(8) Leistungen nach Absatz 3 Nummer 1 und 7 umfassen auch

1. die Kraftfahrzeughilfe nach der Kraftfahrzeughilfe-Verordnung,

2. den Ausgleich für unvermeidbare Verdienstausfälle des Leistungsberechtigten oder einer erforderlichen Begleitperson wegen Fahrten der An- und Abreise zu einer Bildungsmaßnahme und zur Vorstellung bei einem Arbeitgeber, bei einem Träger oder einer Einrichtung für Menschen mit Behinderungen, durch die Rehabilitationsträger nach § 6 Absatz 1 Nummer 2 bis 5,
2a. die Kosten eines Jobcoachings,
3. die Kosten einer notwendigen Arbeitsassistenz für schwerbehinderte Menschen als Hilfe zur Erlangung eines Arbeitsplatzes,
4. die Kosten für Hilfsmittel, die wegen Art oder Schwere der Behinderung erforderlich sind
   a) zur Berufsausübung,
   b) zur Teilhabe an einer Leistung zur Teilhabe am Arbeitsleben,
   c) zur Erhöhung der Sicherheit auf dem Weg vom und zum Arbeitsplatz oder
   d) zur Erhöhung der Sicherheit am Arbeitsplatz selbst,

   es sei denn, dass eine Verpflichtung des Arbeitgebers besteht oder solche Leistungen als medizinische Leistung erbracht werden können,
5. die Kosten technischer Arbeitshilfen, die wegen Art oder Schwere der Behinderung zur Berufsausübung erforderlich sind und
6. die Kosten der Beschaffung, der Ausstattung und der Erhaltung einer behinderungsgerechten Wohnung in angemessenem Umfang.

Die Leistung nach Satz 1 Nummer 3 wird für die Dauer von bis zu drei Jahren bewilligt und in Abstimmung mit dem Rehabilitationsträger nach § 6 Absatz 1 Nummer 1 bis 5 durch das Integrationsamt nach § 185 Absatz 5 ausgeführt. Der Rehabilitationsträger erstattet dem Integrationsamt seine Aufwendungen. Der Anspruch nach § 185 Absatz 5 bleibt unberührt.
(9) Die Bundesregierung kann durch Rechtsverordnung mit Zustimmung des Bundesrates Näheres über Voraussetzungen, Gegenstand und Umfang der Leistungen der Kraftfahrzeughilfe zur Teilhabe am Arbeitsleben regeln.

§ 50 Leistungen an Arbeitgeber (1) Die Rehabilitationsträger nach § 6 Absatz 1 Nummer 2 bis 5 können Leistungen zur Teilhabe am Arbeitsleben auch an Arbeitgeber erbringen, insbesondere als
1. Ausbildungszuschüsse zur betrieblichen Ausführung von Bildungsleistungen,
2. Eingliederungszuschüsse,
3. Zuschüsse für Arbeitshilfen im Betrieb3.,
4. teilweise oder volle Kostenerstattung für eine befristete Probebeschäftigung.

(2) Die Leistungen können unter Bedingungen und Auflagen erbracht werden.
(3) Ausbildungszuschüsse nach Absatz 1 Nummer 1 können für die gesamte Dauer der Maßnahme geleistet werden. Die Ausbildungszuschüsse sollen bei Ausbildungsmaßnahmen die monatlichen Ausbildungsvergütungen nicht übersteigen, die von den Arbeitgebern im letzten Ausbildungsjahr gezahlt wurden.
(4) Eingliederungszuschüsse nach Absatz 1 Nummer 2 betragen höchstens 50 Prozent der vom Arbeitgeber regelmäßig gezahlten Entgelte, soweit sie die tariflichen Arbeitsentgelte oder, wenn eine tarifliche Regelung nicht besteht, die für vergleichbare Tätigkeiten ortsüblichen Arbeitsentgelte im Rahmen der Beitragsbemessungsgrenze in der Arbeitsförderung nicht übersteigen. Die Eingliederungszuschüsse

sollen im Regelfall für höchstens ein Jahr gezahlt werden. Soweit es für die Teilhabe am Arbeitsleben erforderlich ist, können die Eingliederungszuschüsse um bis zu 20 Prozentpunkte höher festgelegt und bis zu einer Förderungshöchstdauer von zwei Jahren gezahlt werden. Werden die Eingliederungszuschüsse länger als ein Jahr gezahlt, sind sie um mindestens 10 Prozentpunkte zu vermindern, entsprechend der zu erwartenden Zunahme der Leistungsfähigkeit der Leistungsberechtigten und den abnehmenden Eingliederungserfordernissen gegenüber der bisherigen Förderungshöhe. Bei der Berechnung der Eingliederungszuschüsse nach Satz 1 wird auch der Anteil des Arbeitgebers am Gesamtsozialversicherungsbeitrag berücksichtigt. Eingliederungszuschüsse sind zurückzuzahlen, wenn die Arbeitsverhältnisse während des Förderungszeitraums oder innerhalb eines Zeitraums, der der Förderungsdauer entspricht, längstens jedoch von einem Jahr, nach dem Ende der Leistungen beendet werden. Der Eingliederungszuschuss muss nicht zurückgezahlt werden, wenn

1. die Leistungsberechtigten die Arbeitsverhältnisse durch Kündigung beenden oder das Mindestalter für den Bezug der gesetzlichen Altersrente erreicht haben oder
2. die Arbeitgeber berechtigt waren, aus wichtigem Grund ohne Einhaltung einer Kündigungsfrist oder aus Gründen, die in der Person oder dem Verhalten des Arbeitnehmers liegen, oder aus dringenden betrieblichen Erfordernissen, die einer Weiterbeschäftigung in diesem Betrieb entgegenstehen, zu kündigen.

Die Rückzahlung ist auf die Hälfte des Förderungsbetrages, höchstens aber den im letzten Jahr vor der Beendigung des Beschäftigungsverhältnisses gewährten Förderungsbetrag begrenzt; nicht geförderte Nachbeschäftigungszeiten werden anteilig berücksichtigt.

…

§ 55 Unterstützte Beschäftigung (1) Ziel der Unterstützten Beschäftigung ist es, Leistungsberechtigten mit besonderem Unterstützungsbedarf eine angemessene, geeignete und sozialversicherungspflichtige Beschäftigung zu ermöglichen und zu erhalten. Unterstützte Beschäftigung umfasst eine individuelle betriebliche Qualifizierung und bei Bedarf Berufsbegleitung.

(2) Leistungen zur individuellen betrieblichen Qualifizierung erhalten Menschen mit Behinderungen insbesondere, um sie für geeignete betriebliche Tätigkeiten zu erproben, auf ein sozialversicherungspflichtiges Beschäftigungsverhältnis vorzubereiten und bei der Einarbeitung und Qualifizierung auf einem betrieblichen Arbeitsplatz zu unterstützen. Die Leistungen umfassen auch die Vermittlung von berufsübergreifenden Lerninhalten und Schlüsselqualifikationen sowie die Weiterentwicklung der Persönlichkeit der Menschen mit Behinderungen. Die Leistungen werden vom zuständigen Rehabilitationsträger nach § 6 Absatz 1 Nummer 2 bis 5 für bis zu zwei Jahre erbracht, soweit sie wegen Art oder Schwere der Behinderung erforderlich sind. Sie können bis zu einer Dauer von weiteren zwölf Monaten verlängert werden, wenn auf Grund der Art oder Schwere der Behinderung der gewünschte nachhaltige Qualifizierungserfolg im Einzelfall nicht anders erreicht werden kann und hinreichend gewährleistet ist, dass eine weitere Qualifizierung zur Aufnahme einer sozialversicherungspflichtigen Beschäftigung führt.

(3) Leistungen der Berufsbegleitung erhalten Menschen mit Behinderungen insbesondere, um nach Begründung eines sozialversicherungspflichtigen Beschäftigungsverhältnisses die zu dessen Stabilisierung erforderliche Unterstützung und Krisenintervention zu gewährleisten. Die Leistungen werden bei Zuständigkeit eines Rehabilitationsträgers nach § 6 Absatz 1 Nummer 3 oder 5 von diesem, im Übrigen von dem Integrationsamt im Rahmen seiner Zuständigkeit erbracht, solange und soweit sie wegen Art oder Schwere der Behinderung zur Sicherung des Beschäftigungsverhältnisses erforderlich sind.

(4) Stellt der Rehabilitationsträger während der individuellen betrieblichen Qualifizierung fest, dass voraussichtlich eine anschließende Berufsbegleitung erforderlich ist, für die ein anderer Leistungsträger zuständig ist, beteiligt er diesen frühzeitig.

(5) Die Unterstützte Beschäftigung kann von Integrationsfachdiensten oder anderen Trägern durchgeführt werden. Mit der Durchführung kann nur beauftragt werden, wer über die erforderliche Leistungsfähigkeit verfügt, um seine Aufgaben entsprechend den individuellen Bedürfnissen der Menschen mit Behinderungen erfüllen zu können. Insbesondere müssen die Beauftragten

1. über Fachkräfte verfügen, die eine geeignete Berufsqualifikation, eine psychosoziale oder arbeitspädagogische Zusatzqualifikation und eine ausreichende Berufserfahrung besitzen,
2. in der Lage sein, den Menschen mit Behinderungen geeignete individuelle betriebliche Qualifizierungsplätze zur Verfügung zu stellen und ihre berufliche Eingliederung zu unterstützen,
3. über die erforderliche räumliche und sächliche Ausstattung verfügen sowie
4. ein System des Qualitätsmanagements im Sinne des § 37 Absatz 2 Satz 1 anwenden.

(6) Zur Konkretisierung und Weiterentwicklung der in Absatz 5 genannten Qualitätsanforderungen vereinbaren die Rehabilitationsträger nach § 6 Absatz 1 Nummer 2 bis 5 sowie die Bundesarbeitsgemeinschaft der Integrationsämter und Hauptfürsorgestellen im Rahmen der Bundesarbeitsgemeinschaft für Rehabilitation eine gemeinsame Empfehlung. Die gemeinsame Empfehlung kann auch Ausführungen zu möglichen Leistungsinhalten und zur Zusammenarbeit enthalten. § 26 Absatz 4, 6 und 7 sowie § 27 gelten entsprechend.

…

§ 61 Budget für Arbeit (1) Menschen mit Behinderungen, die Anspruch auf Leistungen nach § 58 haben und denen von einem privaten oder öffentlichen Arbeitgeber ein sozialversicherungspflichtiges Arbeitsverhältnis mit einer tarifvertraglichen oder ortsüblichen Entlohnung angeboten wird, erhalten mit Abschluss dieses Arbeitsvertrages als Leistungen zur Teilhabe am Arbeitsleben ein Budget für Arbeit.

(2) Das Budget für Arbeit umfasst einen Lohnkostenzuschuss an den Arbeitgeber zum Ausgleich der Leistungsminderung des Beschäftigten und die Aufwendungen für die wegen der Behinderung erforderliche Anleitung und Begleitung am Arbeitsplatz. Der Lohnkostenzuschuss beträgt bis zu 75 Prozent des vom Arbeit-

geber regelmäßig gezahlten Arbeitsentgelts. Dauer und Umfang der Leistungen bestimmen sich nach den Umständen des Einzelfalles.
(3) Ein Lohnkostenzuschuss ist ausgeschlossen, wenn zu vermuten ist, dass der Arbeitgeber die Beendigung eines anderen Beschäftigungsverhältnisses veranlasst hat, um durch die ersatzweise Einstellung eines Menschen mit Behinderungen den Lohnkostenzuschuss zu erhalten.
(4) Die am Arbeitsplatz wegen der Behinderung erforderliche Anleitung und Begleitung kann von mehreren Leistungsberechtigten gemeinsam in Anspruch genommen werden.
(5) Eine Verpflichtung des Leistungsträgers, Leistungen zur Beschäftigung bei privaten oder öffentlichen Arbeitgebern zu ermöglichen, besteht nicht.
…

Kapitel 14 – Beteiligung der Verbände und Träger

§ 85 Klagerecht der Verbände Werden Menschen mit Behinderungen in ihren Rechten nach diesem Buch verletzt, können an ihrer Stelle und mit ihrem Einverständnis Verbände klagen, die nach ihrer Satzung Menschen mit Behinderungen auf Bundes- oder Landesebene vertreten und nicht selbst am Prozess beteiligt sind. In diesem Fall müssen alle Verfahrensvoraussetzungen wie bei einem Rechtsschutzersuchen durch den Menschen mit Behinderungen selbst vorliegen.
…

Teil 3 – Besondere Regelungen zur Teilhabe schwerbehinderter Menschen (Schwerbehindertenrecht)

Kapitel 1 – Geschützter Personenkreis

§ 151 Geltungsbereich (1) Die Regelungen dieses Teils gelten für schwerbehinderte und diesen gleichgestellte behinderte Menschen.
(2) Die Gleichstellung behinderter Menschen mit schwerbehinderten Menschen (§ 2 Absatz 3) erfolgt auf Grund einer Feststellung nach § 152 auf Antrag des behinderten Menschen durch die Bundesagentur für Arbeit. Die Gleichstellung wird mit dem Tag des Eingangs des Antrags wirksam. Sie kann befristet werden.
(3) Auf gleichgestellte behinderte Menschen werden die besonderen Regelungen für schwerbehinderte Menschen mit Ausnahme des § 208 und des Kapitels 13 angewendet.
(4) Schwerbehinderten Menschen gleichgestellt sind auch behinderte Jugendliche und junge Erwachsene (§ 2 Absatz 1) während der Zeit ihrer Berufsausbildung in Betrieben und Dienststellen oder einer beruflichen Qualifizierung, auch wenn der Grad der Behinderung weniger als 30 beträgt oder ein Grad der Behinderung nicht festgestellt ist. Der Nachweis der Behinderung wird durch eine Stellungnahme der Agentur für Arbeit oder durch einen Bescheid über Leistungen zur Teilhabe am Arbeitsleben erbracht. Die Gleichstellung gilt nur für Leistungen des Integrationsamtes im Rahmen der beruflichen Orientierung und der Berufsausbildung im Sinne des § 185 Absatz 3 Nummer 2 Buchstabe c.

§ 152 Feststellung der Behinderung, Ausweise (1) Auf Antrag des behinderten Menschen stellen die für die Durchführung des Vierzehnten Buches zuständigen Behörden das Vorliegen einer Behinderung und den Grad der Behinderung zum Zeitpunkt der Antragstellung fest. Auf Antrag kann festgestellt werden, dass ein Grad der Behinderung oder gesundheitliche Merkmale bereits zu einem früheren Zeitpunkt vorgelegen haben, wenn dafür ein besonderes Interesse glaubhaft gemacht wird. Beantragt eine erwerbstätige Person die Feststellung der Eigenschaft als schwerbehinderter Mensch (§ 2 Absatz 2), gelten die in § 14 Absatz 2 Satz 2 und 3 sowie § 17 Absatz 1 Satz 1 und Absatz 2 Satz 1 genannten Fristen sowie § 60 Absatz 1 des Ersten Buches entsprechend. Eine Feststellung ist nur zu treffen, wenn ein Grad der Behinderung von wenigstens 20 vorliegt. Durch Landesrecht kann die Zuständigkeit abweichend von Satz 1 geregelt werden.
(2) Festlegungen nach Absatz 1 sind nicht zu treffen, wenn eine Feststellung über das Vorliegen einer Behinderung und den Grad einer auf ihr beruhenden Erwerbsminderung schon in einem Rentenbescheid, einer entsprechenden Verwaltungs- oder Gerichtsentscheidung oder einer vorläufigen Bescheinigung der für diese Entscheidungen zuständigen Dienststellen getroffen worden ist, es sei denn, dass der behinderte Mensch ein Interesse an anderweitiger Feststellung nach Absatz 1 glaubhaft macht. Eine Feststellung nach Satz 1 gilt zugleich als Feststellung des Grades der Behinderung.
(3) Liegen mehrere Beeinträchtigungen der Teilhabe am Leben in der Gesellschaft vor, so wird der Grad der Behinderung nach den Auswirkungen der Beeinträchtigungen in ihrer Gesamtheit unter Berücksichtigung ihrer wechselseitigen Beziehungen festgestellt. Für diese Entscheidung gilt Absatz 1, es sei denn, dass in einer Entscheidung nach Absatz 2 eine Gesamtbeurteilung bereits getroffen worden ist.
(4) Sind neben dem Vorliegen der Behinderung weitere gesundheitliche Merkmale Voraussetzung für die Inanspruchnahme von Nachteilsausgleichen, so treffen die zuständigen Behörden die erforderlichen Feststellungen im Verfahren nach Absatz 1.
(5) Auf Antrag des behinderten Menschen stellen die zuständigen Behörden auf Grund einer Feststellung der Behinderung einen Ausweis über die Eigenschaft als schwerbehinderter Mensch, den Grad der Behinderung sowie im Falle des Absatzes 4 über weitere gesundheitliche Merkmale aus. Der Ausweis dient dem Nachweis für die Inanspruchnahme von Leistungen und sonstigen Hilfen, die schwerbehinderten Menschen nach Teil 2 oder nach anderen Vorschriften zustehen. Die Gültigkeitsdauer des Ausweises soll befristet werden. Er wird eingezogen, sobald der gesetzliche Schutz schwerbehinderter Menschen erloschen ist. Der Ausweis wird berichtigt, sobald eine Neufeststellung unanfechtbar geworden ist.
…

Kapitel 2 – Beschäftigungspflicht der Arbeitgeber

§ 154 Pflicht der Arbeitgeber zur Beschäftigung schwerbehinderter Menschen
(1) Private und öffentliche Arbeitgeber (Arbeitgeber) mit jahresdurchschnittlich monatlich mindestens 20 Arbeitsplätzen im Sinne des § 156 haben auf wenigstens

5 Prozent der Arbeitsplätze[1] schwerbehinderte Menschen zu beschäftigen. Dabei sind schwerbehinderte Frauen besonders zu berücksichtigen. Abweichend von Satz 1 haben Arbeitgeber mit jahresdurchschnittlich monatlich weniger als 40 Arbeitsplätzen jahresdurchschnittlich je Monat einen schwerbehinderten Menschen, Arbeitgeber mit jahresdurchschnittlich monatlich weniger als 60 Arbeitsplätzen jahresdurchschnittlich je Monat zwei schwerbehinderte Menschen zu beschäftigen.

(2) Als öffentliche Arbeitgeber im Sinne dieses Teils gelten

1. jede oberste Bundesbehörde mit ihren nachgeordneten Dienststellen, das Bundespräsidialamt, die Verwaltungen des Deutschen Bundestages und Bundesrates, das Bundesverfassungsgericht, die obersten Gerichtshöfe des Bundes, der Bundesgerichtshof jedoch zusammengefasst mit dem Generalbundesanwalt, sowie das Bundeseisenbahnvermögen,
2. jede oberste Landesbehörde und die Staats- und Präsidialkanzleien mit ihren nachgeordneten Dienststellen, die Verwaltungen der Landtage, die Rechnungshöfe (Rechnungskammern), die Organe der Verfassungsgerichtsbarkeit der Länder und jede sonstige Landesbehörde, zusammengefasst jedoch diejenigen Behörden, die eine gemeinsame Personalverwaltung haben,
3. jede sonstige Gebietskörperschaft und jeder Verband von Gebietskörperschaften,
4. jede sonstige Körperschaft, Anstalt oder Stiftung des öffentlichen Rechts.

§ 155 Beschäftigung besonderer Gruppen schwerbehinderter Menschen (1) Im Rahmen der Erfüllung der Beschäftigungspflicht sind in angemessenem Umfang zu beschäftigen

1. schwerbehinderte Menschen, die nach Art oder Schwere ihrer Behinderung im Arbeitsleben besonders betroffen sind, insbesondere solche,
   a) die zur Ausübung der Beschäftigung wegen ihrer Behinderung nicht nur vorübergehend einer besonderen Hilfskraft bedürfen oder
   b) deren Beschäftigung infolge ihrer Behinderung nicht nur vorübergehend mit außergewöhnlichen Aufwendungen für den Arbeitgeber verbunden ist oder
   c) die infolge ihrer Behinderung nicht nur vorübergehend offensichtlich nur eine wesentlich verminderte Arbeitsleistung erbringen können oder
   d) bei denen ein Grad der Behinderung von wenigstens 50 allein infolge geistiger oder seelischer Behinderung oder eines Anfallsleidens vorliegt oder
   e) die wegen Art oder Schwere der Behinderung keine abgeschlossene Berufsbildung im Sinne des Berufsbildungsgesetzes haben,
2. schwerbehinderte Menschen, die das 50. Lebensjahr vollendet haben.

(2) Arbeitgeber mit Stellen zur beruflichen Bildung, insbesondere für Auszubildende, haben im Rahmen der Erfüllung der Beschäftigungspflicht einen angemessenen Anteil dieser Stellen mit schwerbehinderten Menschen zu besetzen. Hierüber ist mit der zuständigen Interessenvertretung im Sinne des § 176 und der Schwerbehindertenvertretung zu beraten.

---

1 Für Arbeitgeber des Bundes gilt gem. § 241 Abs. 1 eine Quote von 6 %.

§ 156 Begriff des Arbeitsplatzes (1) Arbeitsplätze im Sinne dieses Teils sind alle Stellen, auf denen Arbeitnehmerinnen und Arbeitnehmer, Beamtinnen und Beamte, Richterinnen und Richter sowie Auszubildende und andere zu ihrer beruflichen Bildung Eingestellte beschäftigt werden.

(2) Als Arbeitsplätze gelten nicht die Stellen, auf denen beschäftigt werden

1. behinderte Menschen, die an Leistungen zur Teilhabe am Arbeitsleben nach § 49 Absatz 3 Nummer 4 in Betrieben oder Dienststellen teilnehmen,
2. Personen, deren Beschäftigung nicht in erster Linie ihrem Erwerb dient, sondern vorwiegend durch Beweggründe karitativer oder religiöser Art bestimmt ist, und Geistliche öffentlich-rechtlicher Religionsgemeinschaften,
3. Personen, deren Beschäftigung nicht in erster Linie ihrem Erwerb dient und die vorwiegend zu ihrer Heilung, Wiedereingewöhnung oder Erziehung erfolgt,
4. Personen, die an Arbeitsbeschaffungsmaßnahmen nach dem Dritten Buch teilnehmen,
5. Personen, die nach ständiger Übung in ihre Stellen gewählt werden,
6. Personen, deren Arbeits-, Dienst- oder sonstiges Beschäftigungsverhältnis wegen Wehr- oder Zivildienst, Elternzeit, unbezahltem Urlaub, wegen Bezuges einer Rente auf Zeit oder bei Altersteilzeitarbeit in der Freistellungsphase (Verblockungsmodell) ruht, solange für sie eine Vertretung eingestellt ist.

(3) Als Arbeitsplätze gelten ferner nicht Stellen, die nach der Natur der Arbeit oder nach den zwischen den Parteien getroffenen Vereinbarungen nur auf die Dauer von höchstens acht Wochen besetzt sind, sowie Stellen, auf denen Beschäftigte weniger als 18 Stunden wöchentlich beschäftigt werden.

§ 157 Berechnung der Mindestzahl von Arbeitsplätzen und der Pflichtarbeitsplatzzahl (1) Bei der Berechnung der Mindestzahl von Arbeitsplätzen und der Zahl der Arbeitsplätze, auf denen schwerbehinderte Menschen zu beschäftigen sind (§ 154), zählen Stellen, auf denen Auszubildende beschäftigt werden, nicht mit. Das Gleiche gilt für Stellen, auf denen Rechts- oder Studienreferendarinnen und -referendare beschäftigt werden, die einen Rechtsanspruch auf Einstellung haben.

(2) Bei der Berechnung sich ergebende Bruchteile von 0,5 und mehr sind aufzurunden, bei Arbeitgebern mit jahresdurchschnittlich weniger als 60 Arbeitsplätzen abzurunden.

§ 158 Anrechnung Beschäftigter auf die Zahl der Pflichtarbeitsplätze für schwerbehinderte Menschen (1) Ein schwerbehinderter Mensch, der auf einem Arbeitsplatz im Sinne des § 156 Absatz 1 oder Absatz 2 Nummer 1 oder 4 beschäftigt wird, wird auf einen Pflichtarbeitsplatz für schwerbehinderte Menschen angerechnet.

(2) Ein schwerbehinderter Mensch, der in Teilzeitbeschäftigung kürzer als betriebsüblich, aber nicht weniger als 18 Stunden wöchentlich beschäftigt wird, wird auf einen Pflichtarbeitsplatz für schwerbehinderte Menschen angerechnet. Bei Herabsetzung der wöchentlichen Arbeitszeit auf weniger als 18 Stunden infolge von Altersteilzeit oder Teilzeitberufsausbildung gilt Satz 1 entsprechend. Wird ein

schwerbehinderter Mensch weniger als 18 Stunden wöchentlich beschäftigt, lässt die Bundesagentur für Arbeit die Anrechnung auf einen dieser Pflichtarbeitsplätze zu, wenn die Teilzeitbeschäftigung wegen Art oder Schwere der Behinderung notwendig ist.
(3) Ein schwerbehinderter Mensch, der im Rahmen einer Maßnahme zur Förderung des Übergangs aus der Werkstatt für behinderte Menschen auf den allgemeinen Arbeitsmarkt (§ 5 Absatz 4 Satz 1 der Werkstättenverordnung) beschäftigt wird, wird auch für diese Zeit auf die Zahl der Pflichtarbeitsplätze angerechnet.
(4) Ein schwerbehinderter Arbeitgeber wird auf einen Pflichtarbeitsplatz für schwerbehinderte Menschen angerechnet.
(5) Der Inhaber eines Bergmannsversorgungsscheins wird, auch wenn er kein schwerbehinderter oder gleichgestellter behinderter Mensch im Sinne des § 2 Absatz 2 oder 3 ist, auf einen Pflichtarbeitsplatz angerechnet.

§ 159 Mehrfachanrechnung (1) Die Bundesagentur für Arbeit kann die Anrechnung eines schwerbehinderten Menschen, besonders eines schwerbehinderten Menschen im Sinne des § 155 Absatz 1 auf mehr als einen Pflichtarbeitsplatz, höchstens drei Pflichtarbeitsplätze für schwerbehinderte Menschen zulassen, wenn dessen Teilhabe am Arbeitsleben auf besondere Schwierigkeiten stößt. Satz 1 gilt auch für schwerbehinderte Menschen im Anschluss an eine Beschäftigung in einer Werkstatt für behinderte Menschen und für teilzeitbeschäftigte schwerbehinderte Menschen im Sinne des § 158 Absatz 2.
(2) Ein schwerbehinderter Mensch, der beruflich ausgebildet wird, wird auf zwei Pflichtarbeitsplätze für schwerbehinderte Menschen angerechnet. Satz 1 gilt auch während der Zeit einer Ausbildung im Sinne des § 51 Absatz 2, die in einem Betrieb oder einer Dienststelle durchgeführt wird. Die Bundesagentur für Arbeit kann die Anrechnung auf drei Pflichtarbeitsplätze für schwerbehinderte Menschen zulassen, wenn die Vermittlung in eine berufliche Ausbildungsstelle wegen Art oder Schwere der Behinderung auf besondere Schwierigkeiten stößt. Bei Übernahme in ein Arbeits- oder Beschäftigungsverhältnis durch den ausbildenden oder einen anderen Arbeitgeber im Anschluss an eine abgeschlossene Ausbildung wird der schwerbehinderte Mensch im ersten Jahr der Beschäftigung auf zwei Pflichtarbeitsplätze angerechnet; Absatz 1 bleibt unberührt.
(2a) Ein schwerbehinderter Mensch, der unmittelbar vorher in einer Werkstatt für behinderte Menschen oder bei einem anderen Leistungsanbieter beschäftigt war oder ein Budget für Arbeit erhält, wird in den ersten zwei Jahren der Beschäftigung auf zwei Pflichtarbeitsplätze angerechnet; Absatz 1 bleibt unberührt.
(3) Bescheide über die Anrechnung eines schwerbehinderten Menschen auf mehr als drei Pflichtarbeitsplätze für schwerbehinderte Menschen, die vor dem 1. August 1986 erlassen worden sind, gelten fort.

§ 160 Ausgleichsabgabe (1) Solange Arbeitgeber die vorgeschriebene Zahl schwerbehinderter Menschen nicht beschäftigen, entrichten sie für jeden unbesetzten Pflichtarbeitsplatz für schwerbehinderte Menschen eine Ausgleichsabgabe. Die Zahlung der Ausgleichsabgabe hebt die Pflicht zur Beschäftigung schwerbehinderter Menschen nicht auf. Die Ausgleichsabgabe wird auf der Grundlage einer jahresdurchschnittlichen Beschäftigungsquote ermittelt.

(2) Die Ausgleichsabgabe beträgt je unbesetzten Pflichtarbeitsplatz

1. 140 Euro bei einer jahresdurchschnittlichen Beschäftigungsquote von 3 Prozent bis weniger als dem geltenden Pflichtsatz,
2. 245 Euro bei einer jahresdurchschnittlichen Beschäftigungsquote von 2 Prozent bis weniger als 3 Prozent,
3. 360 Euro bei einer jahresdurchschnittlichen Beschäftigungsquote von mehr als 0 Prozent bis weniger als 2 Prozent,
4. 720 Euro bei einer jahresdurchschnittlichen Beschäftigungsquote von 0 Prozent.

Abweichend von Satz 1 beträgt die Ausgleichsabgabe je unbesetztem Pflichtarbeitsplatz für schwerbehinderte Menschen

1. für Arbeitgeber mit jahresdurchschnittlich weniger als 40 zu berücksichtigenden Arbeitsplätzen bei einer jahresdurchschnittlichen Beschäftigung von weniger als einem schwerbehinderten Menschen 140 Euro und bei einer jahresdurchschnittlichen Beschäftigung von null schwerbehinderten Menschen 210 Euro und
2. für Arbeitgeber mit jahresdurchschnittlich weniger als 60 zu berücksichtigenden Arbeitsplätzen bei einer jahresdurchschnittlichen Beschäftigung von weniger als zwei schwerbehinderten Menschen 140 Euro, bei einer jahresdurchschnittlichen Beschäftigung von weniger als einem schwerbehinderten Menschen 245 Euro und bei einer jahresdurchschnittlichen Beschäftigung von null schwerbehinderten Menschen 410 Euro.

(3) Die Ausgleichsabgabe erhöht sich entsprechend der Veränderung der Bezugsgröße nach § 18 Absatz 1 des Vierten Buches. Sie erhöht sich zum 1 Januar eines Kalenderjahres, wenn sich die Bezugsgröße seit der letzten Neubestimmung der Beträge der Ausgleichsabgabe um wenigstens 10 Prozent erhöht hat. Die Erhöhung der Ausgleichsabgabe erfolgt, indem der Faktor für die Veränderung der Bezugsgröße mit dem jeweiligen Betrag der Ausgleichsabgabe vervielfältigt wird. Die sich ergebenden Beträge sind auf den nächsten durch fünf teilbaren Betrag abzurunden. Das Bundesministerium für Arbeit und Soziales gibt den Erhöhungsbetrag und die sich nach Satz 3 ergebenden Beträge der Ausgleichsabgabe im Bundesanzeiger bekannt.

(4) Die Ausgleichsabgabe zahlt der Arbeitgeber jährlich zugleich mit der Erstattung der Anzeige nach § 163 Absatz 2 an das für seinen Sitz zuständige Integrationsamt. Ist ein Arbeitgeber mehr als drei Monate im Rückstand, erlässt das Integrationsamt einen Feststellungsbescheid über die rückständigen Beträge und zieht diese ein. Für rückständige Beträge der Ausgleichsabgabe erhebt das Integrationsamt nach dem 31. März Säumniszuschläge nach Maßgabe des § 24 Absatz 1 des Vierten Buches; für ihre Verwendung gilt Absatz 5 entsprechend. Das Integrationsamt kann in begründeten Ausnahmefällen von der Erhebung von Säumniszuschlägen absehen. Widerspruch und Anfechtungsklage gegen den Feststellungsbescheid haben keine aufschiebende Wirkung. Gegenüber privaten Arbeitgebern wird die Zwangsvollstreckung nach den Vorschriften über das Verwaltungszwangsverfahren durchgeführt. Bei öffentlichen Arbeitgebern wendet sich das Integrationsamt an die

Aufsichtsbehörde, gegen deren Entscheidung es die Entscheidung der obersten Bundes- oder Landesbehörde anrufen kann. Die Ausgleichsabgabe wird nach Ablauf des Kalenderjahres, das auf den Eingang der Anzeige bei der Bundesagentur für Arbeit folgt, weder nachgefordert noch erstattet.

(5) Die Ausgleichsabgabe darf nur für besondere Leistungen zur Förderung der Teilhabe schwerbehinderter Menschen am Arbeitsleben einschließlich begleitender Hilfe im Arbeitsleben (§ 185 Absatz 1 Nummer 3) verwendet werden, soweit Mittel für denselben Zweck nicht von anderer Seite zu leisten sind oder geleistet werden. Aus dem Aufkommen an Ausgleichsabgabe dürfen persönliche und sächliche Kosten der Verwaltung und Kosten des Verfahrens nicht bestritten werden. Das Integrationsamt gibt dem Beratenden Ausschuss für behinderte Menschen bei dem Integrationsamt (§ 186) auf dessen Verlangen eine Übersicht über die Verwendung der Ausgleichsabgabe.

(6) Die Integrationsämter leiten den in der Rechtsverordnung nach § 162 bestimmten Prozentsatz des Aufkommens an Ausgleichsabgabe an den Ausgleichsfonds (§ 161) weiter. Zwischen den Integrationsämtern wird ein Ausgleich herbeigeführt. Der auf das einzelne Integrationsamt entfallende Anteil am Aufkommen an Ausgleichsabgabe bemisst sich nach dem Mittelwert aus dem Verhältnis der Wohnbevölkerung im Zuständigkeitsbereich des Integrationsamtes zur Wohnbevölkerung im Geltungsbereich dieses Gesetzbuches und dem Verhältnis der Zahl der im Zuständigkeitsbereich des Integrationsamtes in den Betrieben und Dienststellen beschäftigungspflichtiger Arbeitgeber auf Arbeitsplätzen im Sinne des § 156 beschäftigten und der bei den Agenturen für Arbeit arbeitslos gemeldeten schwerbehinderten und diesen gleichgestellten behinderten Menschen zur entsprechenden Zahl der schwerbehinderten und diesen gleichgestellten behinderten Menschen im Geltungsbereich dieses Gesetzbuchs.

(7) Die bei den Integrationsämtern verbleibenden Mittel der Ausgleichsabgabe werden von diesen gesondert verwaltet. Die Rechnungslegung und die formelle Einrichtung der Rechnungen und Belege regeln sich nach den Bestimmungen, die für diese Stellen allgemein maßgebend sind.

(8) Für die Verpflichtung zur Entrichtung einer Ausgleichsabgabe (Absatz 1) gelten hinsichtlich der in § 154 Absatz 2 Nummer 1 genannten Stellen der Bund und hinsichtlich der in § 154 Absatz 2 Nummer 2 genannten Stellen das Land als ein Arbeitgeber.

§ 161 Ausgleichsfonds (1) Zur besonderen Förderung der Einstellung und Beschäftigung schwerbehinderter Menschen auf Arbeitsplätzen und zur Förderung von Maßnahmen, die den Interessen mehrerer Länder auf dem Gebiet der Förderung der Teilhabe schwerbehinderter Menschen am Arbeitsleben dienen, ist beim Bundesministerium für Arbeit und Soziales als zweckgebundene Vermögensmasse ein Ausgleichsfonds für überregionale Vorhaben zur Teilhabe schwerbehinderter Menschen am Arbeitsleben gebildet. Das Bundesministerium für Arbeit und Soziales verwaltet den Ausgleichsfonds.

(2) Abweichend von § 160 Absatz 5 Satz 1 dürfen sich Vorhaben, die aus dem Ausgleichsfonds finanziert werden, auch auf die Förderung der Ausbildung von nicht

schwerbehinderten Jugendlichen und jungen Erwachsenen erstrecken, wenn diese Personen Leistungen zur Teilhabe am Arbeitsleben erhalten.

(3) Abweichend von § 160 Absatz 5 Satz 2 werden bei Vorhaben, die aus dem Ausgleichsfonds gefördert werden, auch die dabei anfallenden Administrationskosten aus dem Ausgleichsfonds finanziert.

§ 162 Verordnungsermächtigungen Die Bundesregierung wird ermächtigt, durch Rechtsverordnung mit Zustimmung des Bundesrates

1. die Pflichtquote nach § 154 Absatz 1 nach dem jeweiligen Bedarf an Arbeitsplätzen für schwerbehinderte Menschen zu ändern, jedoch auf höchstens 10 Prozent zu erhöhen oder bis auf 4 Prozent herabzusetzen; dabei kann die Pflichtquote für öffentliche Arbeitgeber höher festgesetzt werden als für private Arbeitgeber,
2. nähere Vorschriften über die Verwendung der Ausgleichsabgabe nach § 160 Absatz 5 und die Gestaltung des Ausgleichsfonds nach § 161, die Verwendung der Mittel durch ihn für die Förderung der Teilhabe schwerbehinderter Menschen am Arbeitsleben und das Vergabe- und Verwaltungsverfahren des Ausgleichsfonds zu erlassen,[1]
3. in der Rechtsverordnung nach Nummer 2
   a) den Anteil des an den Ausgleichsfonds weiterzuleitenden Aufkommens an Ausgleichsabgabe entsprechend den erforderlichen Aufwendungen zur Erfüllung der Aufgaben des Ausgleichfonds und der Integrationsämter sowie
   b) den Ausgleich zwischen den Integrationsämtern auf Vorschlag der Länder oder einer Mehrheit der Länder abweichend von § 160 Absatz 6 Satz 3,
4. die Ausgleichsabgabe bei Arbeitgebern, die über weniger als 30 Arbeitsplätze verfügen, für einen bestimmten Zeitraum allgemein oder für einzelne Bundesländer herabzusetzen oder zu erlassen, wenn die Zahl der unbesetzten Pflichtarbeitsplätze für schwerbehinderte Menschen die Zahl der zu beschäftigenden schwerbehinderten Menschen so erheblich übersteigt, dass die Pflichtarbeitsplätze für schwerbehinderte Menschen dieser Arbeitgeber nicht in Anspruch genommen zu werden brauchen.

Kapitel 3 – Sonstige Pflichten der Arbeitgeber; Rechte der schwerbehinderten Menschen

§ 163 Zusammenwirken der Arbeitgeber mit der Bundesagentur für Arbeit und den Integrationsämtern (1) Die Arbeitgeber haben, gesondert für jeden Betrieb und jede Dienststelle, ein Verzeichnis der bei ihnen beschäftigten schwerbehinderten, ihnen gleichgestellten behinderten Menschen und sonstigen anrechnungsfähigen Personen laufend zu führen und dieses den Vertretern oder Vertreterinnen der Bundesagentur für Arbeit und des Integrationsamtes, die für den Sitz des Betriebes oder der Dienststelle zuständig sind, auf Verlangen vorzulegen.

(2) Die Arbeitgeber haben der für ihren Sitz zuständigen Agentur für Arbeit einmal jährlich bis spätestens zum 31. März für das vorangegangene Kalenderjahr, auf-

1 Vgl. **Schwerbehinderten-AusgleichsabgabeVO** – SchwbAV (Nr. 30 IXa).

gegliedert nach Monaten, die Daten anzuzeigen, die zur Berechnung des Umfangs der Beschäftigungspflicht, zur Überwachung ihrer Erfüllung und der Ausgleichsabgabe notwendig sind. Der Anzeige sind das nach Absatz 1 geführte Verzeichnis sowie eine Kopie der Anzeige und des Verzeichnisses zur Weiterleitung an das für ihren Sitz zuständige Integrationsamt beizufügen. Dem Betriebs-, Personal-, Richter-, Staatsanwalts- und Präsidialrat, der Schwerbehindertenvertretung und dem Inklusionsbeauftragten des Arbeitgebers ist je eine Kopie der Anzeige und des Verzeichnisses zu übermitteln.

(3) Zeigt ein Arbeitgeber die Daten bis zum 30. Juni nicht, nicht richtig oder nicht vollständig an, erlässt die Bundesagentur für Arbeit nach Prüfung in tatsächlicher sowie in rechtlicher Hinsicht einen Feststellungsbescheid über die zur Berechnung der Zahl der Pflichtarbeitsplätze für schwerbehinderte Menschen und der besetzten Arbeitsplätze notwendigen Daten.

(4) Die Arbeitgeber, die Arbeitsplätze für schwerbehinderte Menschen nicht zur Verfügung zu stellen haben, haben die Anzeige nur nach Aufforderung durch die Bundesagentur für Arbeit im Rahmen einer repräsentativen Teilerhebung zu erstatten, die mit dem Ziel der Erfassung der in Absatz 1 genannten Personengruppen, aufgegliedert nach Bundesländern, alle fünf Jahre durchgeführt wird.

(5) Die Arbeitgeber haben der Bundesagentur für Arbeit und dem Integrationsamt auf Verlangen die Auskünfte zu erteilen, die zur Durchführung der besonderen Regelungen zur Teilhabe schwerbehinderter und ihnen gleichgestellter behinderter Menschen am Arbeitsleben notwendig sind.

(6) Für das Verzeichnis und die Anzeige des Arbeitgebers sind die mit der Bundesarbeitsgemeinschaft der Integrationsämter und Hauptfürsorgestellen, abgestimmten Vordrucke der Bundesagentur für Arbeit zu verwenden. Die Bundesagentur für Arbeit soll zur Durchführung des Anzeigeverfahrens in Abstimmung mit der Bundesarbeitsgemeinschaft ein elektronisches Übermittlungsverfahren zulassen.

(7) Die Arbeitgeber haben den Beauftragten der Bundesagentur für Arbeit und des Integrationsamtes auf Verlangen Einblick in ihren Betrieb oder ihre Dienststelle zu geben, soweit es im Interesse der schwerbehinderten Menschen erforderlich ist und Betriebs- oder Dienstgeheimnisse nicht gefährdet werden.

(8) Die Arbeitgeber haben die Vertrauenspersonen der schwerbehinderten Menschen (§ 177 Absatz 1 Satz 1 bis 3 und § 180 Absatz 1 bis 5) unverzüglich nach der Wahl und ihren Inklusionsbeauftragten für die Angelegenheiten der schwerbehinderten Menschen (§ 181 Satz 1) unverzüglich nach der Bestellung der für den Sitz des Betriebes oder der Dienststelle zuständigen Agentur für Arbeit und dem Integrationsamt zu benennen.

§ 164 Pflichten des Arbeitgebers und Rechte schwerbehinderter Menschen

(1) Die Arbeitgeber sind verpflichtet zu prüfen, ob freie Arbeitsplätze mit schwerbehinderten Menschen, insbesondere mit bei der Agentur für Arbeit arbeitslos oder arbeitsuchend gemeldeten schwerbehinderten Menschen, besetzt werden können. Sie nehmen frühzeitig Verbindung mit der Agentur für Arbeit auf. Die Bundesagentur für Arbeit oder ein Integrationsfachdienst schlägt den Arbeitgebern geeignete schwerbehinderte Menschen vor. Über die Vermittlungsvorschläge und vorliegende Bewerbungen von schwerbehinderten Menschen haben die Arbeit-

geber die Schwerbehindertenvertretung und die in § 176 genannten Vertretungen unmittelbar nach Eingang zu unterrichten. Bei Bewerbungen schwerbehinderter Richterinnen und Richter wird der Präsidialrat unterrichtet und gehört, soweit dieser an der Ernennung zu beteiligen ist. Bei der Prüfung nach Satz 1 beteiligen die Arbeitgeber die Schwerbehindertenvertretung nach § 178 Absatz 2 und hören die in § 176 genannten Vertretungen an. Erfüllt der Arbeitgeber seine Beschäftigungspflicht nicht und ist die Schwerbehindertenvertretung oder eine in § 176 genannte Vertretung mit der beabsichtigten Entscheidung des Arbeitgebers nicht einverstanden, ist diese unter Darlegung der Gründe mit ihnen zu erörtern. Dabei wird der betroffene schwerbehinderte Mensch angehört. Alle Beteiligten sind vom Arbeitgeber über die getroffene Entscheidung unter Darlegung der Gründe unverzüglich zu unterrichten. Bei Bewerbungen schwerbehinderter Menschen ist die Schwerbehindertenvertretung nicht zu beteiligen, wenn der schwerbehinderte Mensch die Beteiligung der Schwerbehindertenvertretung ausdrücklich ablehnt.

(2) Arbeitgeber dürfen schwerbehinderte Beschäftigte nicht wegen ihrer Behinderung benachteiligen. Im Einzelnen gelten hierzu die Regelungen des Allgemeinen Gleichbehandlungsgesetzes.

(3) Die Arbeitgeber stellen durch geeignete Maßnahmen sicher, dass in ihren Betrieben und Dienststellen wenigstens die vorgeschriebene Zahl schwerbehinderter Menschen eine möglichst dauerhafte behinderungsgerechte Beschäftigung finden kann. Absatz 4 Sätze 2 und 3 gelten entsprechend.

(4) Die schwerbehinderten Menschen haben gegenüber ihren Arbeitgebern Anspruch auf

1. Beschäftigung, bei der sie ihre Fähigkeiten und Kenntnisse möglichst voll verwerten und weiterentwickeln können,
2. bevorzugte Berücksichtigung bei innerbetrieblichen Maßnahmen der beruflichen Bildung zur Förderung ihres beruflichen Fortkommens,
3. Erleichterungen im zumutbaren Umfang zur Teilnahme an außerbetrieblichen Maßnahmen der beruflichen Bildung,
4. behinderungsgerechte Einrichtung und Unterhaltung der Arbeitsstätten einschließlich der Betriebsanlagen, Maschinen und Geräte sowie der Gestaltung der Arbeitsplätze, des Arbeitsumfeldes, der Arbeitsorganisation und der Arbeitszeit, unter besonderer Berücksichtigung der Unfallgefahr,
5. Ausstattung ihres Arbeitsplatzes mit den erforderlichen technischen Arbeitshilfen

unter Berücksichtigung der Behinderung und ihrer Auswirkungen auf die Beschäftigung. Bei der Durchführung der Maßnahmen nach den Nummern 1, 4 und 5 unterstützen die Bundesagentur für Arbeit und die Integrationsämter die Arbeitgeber unter Berücksichtigung der für die Beschäftigung wesentlichen Eigenschaften der schwerbehinderten Menschen. Ein Anspruch nach Satz 1 besteht nicht, soweit seine Erfüllung für den Arbeitgeber nicht zumutbar oder mit unverhältnismäßigen Aufwendungen verbunden wäre oder soweit die staatlichen oder berufsgenossenschaftlichen Arbeitsschutzvorschriften oder beamtenrechtliche Vorschriften entgegenstehen.

(5) Die Arbeitgeber fördern die Einrichtung von Teilzeitarbeitsplätzen. Sie werden dabei von den Integrationsämtern unterstützt. Schwerbehinderte Menschen haben

einen Anspruch auf Teilzeitbeschäftigung, wenn die kürzere Arbeitszeit wegen Art oder Schwere der Behinderung notwendig ist; Absatz 4 Satz 3 gilt entsprechend.

§ 165 Besondere Pflichten der öffentlichen Arbeitgeber Die Dienststellen der öffentlichen Arbeitgeber melden den Agenturen für Arbeit frühzeitig nach einer erfolglosen Prüfung zur internen Besetzung des Arbeitsplatzes frei werdende und neu zu besetzende sowie neue Arbeitsplätze (§ 156). Mit dieser Meldung gilt die Zustimmung zur Veröffentlichung der Stellenangebote als erteilt. Haben schwerbehinderte Menschen sich um einen solchen Arbeitsplatz beworben oder sind sie von der Bundesagentur für Arbeit oder einem von dieser beauftragten Integrationsfachdienst vorgeschlagen worden, werden sie zu einem Vorstellungsgespräch eingeladen. Eine Einladung ist entbehrlich, wenn die fachliche Eignung offensichtlich fehlt. Einer Inklusionsvereinbarung nach § 166 bedarf es nicht, wenn für die Dienststellen dem § 166 entsprechende Regelungen bereits bestehen und durchgeführt werden.

§ 166 Inklusionsvereinbarung (1) Die Arbeitgeber treffen mit der Schwerbehindertenvertretung und den in § 176 genannten Vertretungen in Zusammenarbeit mit dem Inklusionsbeauftragten des Arbeitgebers (§ 181) eine verbindliche Inklusionsvereinbarung. Auf Antrag der Schwerbehindertenvertretung wird unter Beteiligung der in § 176 genannten Vertretungen hierüber verhandelt. Ist eine Schwerbehindertenvertretung nicht vorhanden, steht das Antragsrecht den in § 176 genannten Vertretungen zu. Der Arbeitgeber oder die Schwerbehindertenvertretung können das Integrationsamt einladen, sich an den Verhandlungen über die Inklusionsvereinbarung zu beteiligen. Das Integrationsamt soll dabei insbesondere darauf hinwirken, dass unterschiedliche Auffassungen überwunden werden. Der Agentur für Arbeit und dem Integrationsamt, die für den Sitz des Arbeitgebers zuständig sind, wird die Vereinbarung übermittelt.

(2) Die Vereinbarung enthält Regelungen im Zusammenhang mit der Eingliederung schwerbehinderter Menschen, insbesondere zur Personalplanung, Arbeitsplatzgestaltung, Gestaltung des Arbeitsumfelds, Arbeitsorganisation, Arbeitszeit sowie Regelungen über die Durchführung in den Betrieben und Dienststellen. Dabei ist die gleichberechtigte Teilhabe schwerbehinderter Menschen am Arbeitsleben bei der Gestaltung von Arbeitsprozessen und Rahmenbedingungen von Anfang an zu berücksichtigen. Bei der Personalplanung werden besondere Regelungen zur Beschäftigung eines angemessenen Anteils von schwerbehinderten Frauen vorgesehen.

(3) In der Vereinbarung können insbesondere auch Regelungen getroffen werden

1. zur angemessenen Berücksichtigung schwerbehinderter Menschen bei der Besetzung freier, frei werdender oder neuer Stellen,
2. zu einer anzustrebenden Beschäftigungsquote, einschließlich eines angemessenen Anteils schwerbehinderter Frauen,
3. zu Teilzeitarbeit,
4. zur Ausbildung behinderter Jugendlicher,

5. zur Durchführung der betrieblichen Prävention (betriebliches Eingliederungsmanagement) und zur Gesundheitsförderung
6. über die Hinzuziehung des Werks- oder Betriebsarztes auch für Beratungen über Leistungen zur Teilhabe sowie über besondere Hilfen im Arbeitsleben.

(4) In den Versammlungen schwerbehinderter Menschen berichtet der Arbeitgeber über alle Angelegenheiten im Zusammenhang mit der Eingliederung schwerbehinderter Menschen.

§ 167 Prävention (1) Der Arbeitgeber schaltet bei Eintreten von personen-, verhaltens- oder betriebsbedingten Schwierigkeiten im Arbeits- oder sonstigen Beschäftigungsverhältnis, die zur Gefährdung dieses Verhältnisses führen können, möglichst frühzeitig die Schwerbehindertenvertretung und die in § 176 genannten Vertretungen sowie das Integrationsamt ein, um mit ihnen alle Möglichkeiten und alle zur Verfügung stehenden Hilfen zur Beratung und mögliche finanzielle Leistungen zu erörtern, mit denen die Schwierigkeiten beseitigt werden können und das Arbeits- oder sonstige Beschäftigungsverhältnis möglichst dauerhaft fortgesetzt werden kann.

(2) Sind Beschäftigte innerhalb eines Jahres länger als sechs Wochen ununterbrochen oder wiederholt arbeitsunfähig, klärt der Arbeitgeber mit der zuständigen Interessenvertretung im Sinne des § 176, bei schwerbehinderten Menschen außerdem mit der Schwerbehindertenvertretung, mit Zustimmung und Beteiligung der betroffenen Person die Möglichkeiten, wie die Arbeitsunfähigkeit möglichst überwunden werden und mit welchen Leistungen oder Hilfen erneuter Arbeitsunfähigkeit vorgebeugt und der Arbeitsplatz erhalten werden kann (betriebliches Eingliederungsmanagement). Beschäftigte können zusätzlich eine Vertrauensperson eigener Wahl hinzuziehen. Soweit erforderlich wird der Werks- oder Betriebsarzt hinzugezogen. Die betroffene Person oder ihr gesetzlicher Vertreter ist zuvor auf die Ziele des betrieblichen Eingliederungsmanagements sowie auf Art und Umfang der hierfür erhobenen und verwendeten Daten hinzuweisen. Kommen Leistungen zur Teilhabe oder begleitende Hilfen im Arbeitsleben in Betracht, werden vom Arbeitgeber die Rehabilitationsträger oder bei schwerbehinderten Beschäftigten das Integrationsamt hinzugezogen. Diese wirken darauf hin, dass die erforderlichen Leistungen oder Hilfen unverzüglich beantragt und innerhalb der Frist des § 14 Absatz 2 Satz 2 erbracht werden. Die zuständige Interessenvertretung im Sinne des § 176, bei schwerbehinderten Menschen außerdem die Schwerbehindertenvertretung, können die Klärung verlangen. Sie wachen darüber, dass der Arbeitgeber die ihm nach dieser Vorschrift obliegenden Verpflichtungen erfüllt.

(3) Die Rehabilitationsträger und die Integrationsämter können Arbeitgeber, die ein betriebliches Eingliederungsmanagement einführen, durch Prämien oder einen Bonus fördern.

Kapitel 4 – Kündigungsschutz

§ 168 Erfordernis der Zustimmung Die Kündigung des Arbeitsverhältnisses eines schwerbehinderten Menschen durch den Arbeitgeber bedarf der vorherigen Zustimmung des Integrationsamtes.

§ 169 Kündigungsfrist Die Kündigungsfrist beträgt mindestens vier Wochen.

§ 170 Antragsverfahren (1) Die Zustimmung zur Kündigung beantragt der Arbeitgeber bei dem für den Sitz des Betriebes oder der Dienststelle zuständigen Integrationsamt schriftlich oder elektronisch. Der Begriff des Betriebes und der Begriff der Dienststelle im Sinne dieses Teils bestimmen sich nach dem Betriebsverfassungsgesetz und dem Personalvertretungsrecht.
(2) Das Integrationsamt holt eine Stellungnahme des Betriebsrates oder Personalrates und der Schwerbehindertenvertretung ein und hört den schwerbehinderten Menschen an.
(3) Das Integrationsamt wirkt in jeder Lage des Verfahrens auf eine gütliche Einigung hin.

§ 171 Entscheidung des Integrationsamtes (1) Das Integrationsamt soll die Entscheidung, falls erforderlich auf Grund mündlicher Verhandlung, innerhalb eines Monats vom Tage des Eingangs des Antrages an treffen.
(2) Die Entscheidung wird dem Arbeitgeber und dem schwerbehinderten Menschen zugestellt. Der Bundesagentur für Arbeit wird eine Abschrift der Entscheidung übersandt.
(3) Erteilt das Integrationsamt die Zustimmung zur Kündigung, kann der Arbeitgeber die Kündigung nur innerhalb eines Monats nach Zustellung erklären.
(4) Widerspruch und Anfechtungsklage gegen die Zustimmung des Integrationsamtes zur Kündigung haben keine aufschiebende Wirkung.
(5) In den Fällen des § 172 Absatz 1 Satz 1 und Absatz 3 gilt Absatz 1 mit der Maßgabe, dass die Entscheidung innerhalb eines Monats vom Tage des Eingangs des Antrages an zu treffen ist. Wird innerhalb dieser Frist eine Entscheidung nicht getroffen, gilt die Zustimmung als erteilt. Die Absätze 3 und 4 gelten entsprechend.

§ 172 Einschränkungen der Ermessensentscheidung (1) Das Integrationsamt erteilt die Zustimmung bei Kündigungen in Betrieben und Dienststellen, die nicht nur vorübergehend eingestellt oder aufgelöst werden, wenn zwischen dem Tage der Kündigung und dem Tage, bis zu dem Gehalt oder Lohn gezahlt wird, mindestens drei Monate liegen. Unter der gleichen Voraussetzung soll es die Zustimmung auch bei Kündigungen in Betrieben und Dienststellen erteilen, die nicht nur vorübergehend wesentlich eingeschränkt werden, wenn die Gesamtzahl der weiterhin beschäftigten schwerbehinderten Menschen zur Erfüllung der Beschäftigungspflicht nach § 154 ausreicht. Die Sätze 1 und 2 gelten nicht, wenn eine Weiterbeschäftigung auf einem anderen Arbeitsplatz desselben Betriebes oder derselben Dienststelle oder auf einem freien Arbeitsplatz in einem anderen Betrieb oder einer anderen Dienststelle desselben Arbeitgebers mit Einverständnis des schwerbehinderten Menschen möglich und für den Arbeitgeber zumutbar ist.
(2) Das Integrationsamt soll die Zustimmung erteilen, wenn dem schwerbehinderten Menschen ein anderer angemessener und zumutbarer Arbeitsplatz gesichert ist.
(3) Ist das Insolvenzverfahren über das Vermögen des Arbeitgebers eröffnet, soll das Integrationsamt die Zustimmung erteilen, wenn

1. der schwerbehinderte Mensch in einem Interessenausgleich namentlich als einer der zu entlassenden Arbeitnehmer bezeichnet ist (§ 125 der Insolvenzordnung),
2. die Schwerbehindertenvertretung beim Zustandekommen des Interessenausgleichs gemäß § 178 Absatz 2 beteiligt worden ist,
3. der Anteil der nach dem Interessenausgleich zu entlassenden schwerbehinderten Menschen an der Zahl der beschäftigten schwerbehinderten Menschen nicht größer ist als der Anteil der zu entlassenden übrigen Arbeitnehmer an der Zahl der beschäftigten übrigen Arbeitnehmer und
4. die Gesamtzahl der schwerbehinderten Menschen, die nach dem Interessenausgleich bei dem Arbeitgeber verbleiben sollen, zur Erfüllung der Beschäftigungspflicht nach § 154 ausreicht.

§ 173 Ausnahmen (1) Die Vorschriften dieses Kapitels gelten nicht für schwerbehinderte Menschen,
1. deren Arbeitsverhältnis zum Zeitpunkt des Zugangs der Kündigungserklärung ohne Unterbrechung noch nicht länger als sechs Monate besteht oder
2. die auf Stellen im Sinne des § 156 Absatz 2 Nummer 2 bis 5 beschäftigt werden oder
3. deren Arbeitsverhältnis durch Kündigung beendet wird, sofern sie
   a) das 58. Lebensjahr vollendet haben und Anspruch auf eine Abfindung, Entschädigung oder ähnliche Leistung auf Grund eines Sozialplanes haben oder
   b) Anspruch auf Knappschaftsausgleichsleistung nach dem Sechsten Buch oder auf Anpassungsgeld für entlassene Arbeitnehmer des Bergbaus haben,

Satz 1 Nummer 3 (Buchstabe a und b) finden Anwendung, wenn der Arbeitgeber ihnen die Kündigungsabsicht rechtzeitig mitgeteilt hat und sie der beabsichtigten Kündigung bis zu deren Ausspruch nicht widersprechen.
(2) Die Vorschriften dieses Kapitels finden ferner bei Entlassungen, die aus Witterungsgründen vorgenommen werden, keine Anwendung, sofern die Wiedereinstellung der schwerbehinderten Menschen bei Wiederaufnahme der Arbeit gewährleistet ist.
(3) Die Vorschriften dieses Kapitels finden ferner keine Anwendung, wenn zum Zeitpunkt der Kündigung die Eigenschaft als schwerbehinderter Mensch nicht nachgewiesen ist oder das Versorgungsamt nach Ablauf der Frist des § 152 Absatz 1 Satz 3 eine Feststellung wegen fehlender Mitwirkung nicht treffen konnte.
(4) Der Arbeitgeber zeigt Einstellungen auf Probe und die Beendigung von Arbeitsverhältnissen schwerbehinderter Menschen in den Fällen des Absatzes 1 Nummer 1 unabhängig von der Anzeigepflicht nach anderen Gesetzen dem Integrationsamt innerhalb von vier Tagen an.

§ 174 Außerordentliche Kündigung (1) Die Vorschriften dieses Kapitels gelten mit Ausnahme von § 169 auch bei außerordentlicher Kündigung, soweit sich aus den folgenden Bestimmungen nichts Abweichendes ergibt.
(2) Die Zustimmung zur Kündigung kann nur innerhalb von zwei Wochen beantragt werden; maßgebend ist der Eingang des Antrages bei dem Integrations-

amt. Die Frist beginnt mit dem Zeitpunkt, in dem der Arbeitgeber von den für die Kündigung maßgebenden Tatsachen Kenntnis erlangt.

(3) Das Integrationsamt trifft die Entscheidung innerhalb von zwei Wochen vom Tage des Eingangs des Antrages an. Wird innerhalb dieser Frist eine Entscheidung nicht getroffen, gilt die Zustimmung als erteilt.

(4) Das Integrationsamt soll die Zustimmung erteilen, wenn die Kündigung aus einem Grunde erfolgt, der nicht im Zusammenhang mit der Behinderung steht.

(5) Die Kündigung kann auch nach Ablauf der Frist des § 626 Absatz 2 Satz 1 des Bürgerlichen Gesetzbuchs erfolgen, wenn sie unverzüglich nach Erteilung der Zustimmung erklärt wird.

(6) Schwerbehinderte Menschen, denen lediglich aus Anlass eines Streiks oder einer Aussperrung fristlos gekündigt worden ist, werden nach Beendigung des Streiks oder der Aussperrung wieder eingestellt.

§ 175 Erweiterter Beendigungsschutz Die Beendigung des Arbeitsverhältnisses eines schwerbehinderten Menschen bedarf auch dann der vorherigen Zustimmung des Integrationsamtes, wenn sie im Falle des Eintritts einer teilweisen Erwerbsminderung, der Erwerbsminderung auf Zeit, der Berufsunfähigkeit oder der Erwerbsunfähigkeit auf Zeit ohne Kündigung erfolgt. Die Vorschriften dieses Kapitels über die Zustimmung zur ordentlichen Kündigung gelten entsprechend.

Kapitel 5 – Betriebs-, Personal-, Richter-, Staatsanwalts- und Präsidialrat, Schwerbehindertenvertretung, Inklusionsbeauftragter des Arbeitgebers

§ 176 Aufgaben des Betriebs-, Personal-, Richter-, Staatsanwalts- und Präsidialrates Betriebs-, Personal-, Richter-, Staatsanwalts- und Präsidialrat fördern die Eingliederung schwerbehinderter Menschen. Sie achten insbesondere darauf, dass die dem Arbeitgeber nach den §§ 154, 155 und 164 bis 167 obliegenden Verpflichtungen erfüllt werden; sie wirken auf die Wahl der Schwerbehindertenvertretung hin.

§ 177 Wahl und Amtszeit der Schwerbehindertenvertretung (1) In Betrieben und Dienststellen, in denen wenigstens fünf schwerbehinderte Menschen nicht nur vorübergehend beschäftigt sind, werden eine Vertrauensperson und wenigstens ein stellvertretendes Mitglied gewählt, das die Vertrauensperson im Falle der Verhinderung vertritt. Ferner wählen bei Gerichten, denen mindestens fünf schwerbehinderte Richter oder Richterinnen angehören, diese einen Richter oder eine Richterin zu ihrer Schwerbehindertenvertretung. Satz 2 gilt entsprechend für Staatsanwälte oder Staatsanwältinnen, soweit für sie eine besondere Personalvertretung gebildet wird. Betriebe oder Dienststellen, die die Voraussetzungen des Satzes 1 nicht erfüllen, können für die Wahl mit räumlich nahe liegenden Betrieben des Arbeitgebers oder gleichstufigen Dienststellen derselben Verwaltung zusammengefasst werden; soweit erforderlich, können Gerichte unterschiedlicher Gerichtszweige und Stufen zusammengefasst werden. Über die Zusammenfassung entscheidet der Arbeitgeber im Benehmen mit dem für den Sitz der Betriebe oder Dienststellen einschließlich Gerichten zuständigen Integrationsamt.

(2) Wahlberechtigt sind alle in dem Betrieb oder der Dienststelle beschäftigten schwerbehinderten Menschen.

(3) Wählbar sind alle in dem Betrieb oder der Dienststelle nicht nur vorübergehend Beschäftigten, die am Wahltage das 18. Lebensjahr vollendet haben und dem Betrieb oder der Dienststelle seit sechs Monaten angehören; besteht der Betrieb oder die Dienststelle weniger als ein Jahr, so bedarf es für die Wählbarkeit nicht der sechsmonatigen Zugehörigkeit. Nicht wählbar ist, wer kraft Gesetzes dem Betriebs-, Personal-, Richter-, Staatsanwalts- oder Präsidialrat nicht angehören kann.

(4) In Dienststellen der Bundeswehr sind auch schwerbehinderte Soldatinnen und Soldaten wahlberechtigt und auch Soldatinnen und Soldaten wählbar.

(5) Die regelmäßigen Wahlen finden alle vier Jahre in der Zeit vom 1. Oktober bis 30. November statt. Außerhalb dieser Zeit finden Wahlen statt, wenn

1. das Amt der Schwerbehindertenvertretung vorzeitig erlischt und ein stellvertretendes Mitglied nicht nachrückt,
2. die Wahl mit Erfolg angefochten worden ist oder
3. eine Schwerbehindertenvertretung noch nicht gewählt ist.

Hat außerhalb des für die regelmäßigen Wahlen festgelegten Zeitraumes eine Wahl der Schwerbehindertenvertretung stattgefunden, wird die Schwerbehindertenvertretung in dem auf die Wahl folgenden nächsten Zeitraum der regelmäßigen Wahlen neu gewählt. Hat die Amtszeit der Schwerbehindertenvertretung zum Beginn des für die regelmäßigen Wahlen festgelegten Zeitraums noch nicht ein Jahr betragen, wird die Schwerbehindertenvertretung im übernächsten Zeitraum für regelmäßige Wahlen neu gewählt.

(6) Die Vertrauensperson und das stellvertretende Mitglied werden in geheimer und unmittelbarer Wahl nach den Grundsätzen der Mehrheitswahl gewählt. Im Übrigen sind die Vorschriften über die Wahlanfechtung, den Wahlschutz und die Wahlkosten bei der Wahl des Betriebs-, Personal-, Richter-, Staatsanwalts- oder Präsidialrates sinngemäß anzuwenden. In Betrieben und Dienststellen mit weniger als 50 wahlberechtigten schwerbehinderten Menschen wird die Vertrauensperson und das stellvertretende Mitglied im vereinfachten Wahlverfahren gewählt, sofern der Betrieb oder die Dienststelle nicht aus räumlich weit auseinander liegenden Teilen besteht. Ist in einem Betrieb oder einer Dienststelle eine Schwerbehindertenvertretung nicht gewählt, so kann das für den Betrieb oder die Dienststelle zuständige Integrationsamt zu einer Versammlung schwerbehinderter Menschen zum Zwecke der Wahl eines Wahlvorstandes einladen.

(7) Die Amtszeit der Schwerbehindertenvertretung beträgt vier Jahre. Sie beginnt mit der Bekanntgabe des Wahlergebnisses oder, wenn die Amtszeit der bisherigen Schwerbehindertenvertretung noch nicht beendet ist, mit deren Ablauf. Das Amt erlischt vorzeitig, wenn die Vertrauensperson es niederlegt, aus dem Arbeits-, Dienst- oder Richterverhältnis ausscheidet oder die Wählbarkeit verliert. Scheidet die Vertrauensperson vorzeitig aus dem Amt aus, rückt das mit der höchsten Stimmenzahl gewählte stellvertretende Mitglied für den Rest der Amtszeit nach; dies gilt für das stellvertretende Mitglied entsprechend. Auf Antrag eines Viertels der wahlberechtigten schwerbehinderten Menschen kann der Widerspruchsausschuss

bei dem Integrationsamt (§ 202) das Erlöschen des Amtes einer Vertrauensperson wegen grober Verletzung ihrer Pflichten beschließen.
(8) In Betrieben gilt § 21a des Betriebsverfassungsgesetzes entsprechend.

§ 178 Aufgaben der Schwerbehindertenvertretung (1) Die Schwerbehindertenvertretung fördert die Eingliederung schwerbehinderter Menschen in den Betrieb oder die Dienststelle, vertritt ihre Interessen in dem Betrieb oder der Dienststelle und steht ihnen beratend und helfend zur Seite. Sie erfüllt ihre Aufgaben insbesondere dadurch, dass sie
1. darüber wacht, dass die zugunsten schwerbehinderter Menschen geltenden Gesetze, Verordnungen, Tarifverträge, Betriebs- oder Dienstvereinbarungen und Verwaltungsanordnungen durchgeführt, insbesondere auch die dem Arbeitgeber nach den §§ 154, 155 und 164 bis 167 obliegenden Verpflichtungen erfüllt werden,
2. Maßnahmen, die den schwerbehinderten Menschen dienen, insbesondere auch präventive Maßnahmen, bei den zuständigen Stellen beantragt,
3. Anregungen und Beschwerden von schwerbehinderten Menschen entgegennimmt und, falls sie berechtigt erscheinen, durch Verhandlung mit dem Arbeitgeber auf eine Erledigung hinwirkt; sie unterrichtet die schwerbehinderten Menschen über den Stand und das Ergebnis der Verhandlungen.

Die Schwerbehindertenvertretung unterstützt Beschäftigte auch bei Anträgen an die nach § 152 Absatz 1 zuständigen Behörden auf Feststellung einer Behinderung, ihres Grades und einer Schwerbehinderung sowie bei Anträgen auf Gleichstellung an die Agentur für Arbeit. In Betrieben und Dienststellen mit in der Regel mehr als 100 beschäftigten schwerbehinderten Menschen kann sie nach Unterrichtung des Arbeitgebers das mit der höchsten Stimmenzahl gewählte stellvertretende Mitglied zu bestimmten Aufgaben heranziehen. Ab jeweils 100 weiteren beschäftigten schwerbehinderten Menschen kann jeweils auch das mit der nächsthöheren Stimmenzahl gewählte Mitglied herangezogen werden. Die Heranziehung zu bestimmten Aufgaben schließt die Abstimmung untereinander ein.
(2) Der Arbeitgeber hat die Schwerbehindertenvertretung in allen Angelegenheiten, die einen einzelnen oder die schwerbehinderten Menschen als Gruppe berühren, unverzüglich und umfassend zu unterrichten und vor einer Entscheidung anzuhören; er hat ihr die getroffene Entscheidung unverzüglich mitzuteilen. Die Durchführung oder Vollziehung einer ohne Beteiligung nach Satz 1 getroffenen Entscheidung ist auszusetzen, die Beteiligung ist innerhalb von sieben Tagen nachzuholen; sodann ist endgültig zu entscheiden. Die Kündigung eines schwerbehinderten Menschen, die der Arbeitgeber ohne eine Beteiligung nach Satz 1 ausspricht, ist unwirksam. Die Schwerbehindertenvertretung hat das Recht auf Beteiligung am Verfahren nach § 164 Absatz 1 und beim Vorliegen von Vermittlungsvorschlägen der Bundesagentur für Arbeit nach § 164 Absatz 1 oder von Bewerbungen schwerbehinderter Menschen das Recht auf Einsicht in die entscheidungsrelevanten Teile der Bewerbungsunterlagen und Teilnahme an Vorstellungsgesprächen.
(3) Der schwerbehinderte Mensch hat das Recht, bei Einsicht in die über ihn geführte Personalakte oder ihn betreffende Daten des Arbeitgebers die Schwerbehindertenvertretung hinzuzuziehen. Die Schwerbehindertenvertretung bewahrt über

den Inhalt der Daten Stillschweigen, soweit sie der schwerbehinderte Mensch nicht von dieser Verpflichtung entbunden hat.

(4) Die Schwerbehindertenvertretung hat das Recht, an allen Sitzungen des Betriebs-, Personal-, Richter-, Staatsanwalts- oder Präsidialrates und deren Ausschüssen sowie des Arbeitsschutzausschusses beratend teilzunehmen; sie kann beantragen, Angelegenheiten, die einzelne oder die schwerbehinderten Menschen als Gruppe besonders betreffen, auf die Tagesordnung der nächsten Sitzung zu setzen. Erachtet sie einen Beschluss des Betriebs-, Personal-, Richter-, Staatsanwalts- oder Präsidialrates als eine erhebliche Beeinträchtigung wichtiger Interessen schwerbehinderter Menschen oder ist sie entgegen Absatz 2 Satz 1 nicht beteiligt worden, wird auf ihren Antrag der Beschluss für die Dauer von einer Woche vom Zeitpunkt der Beschlussfassung an ausgesetzt; die Vorschriften des Betriebsverfassungsgesetzes und des Personalvertretungsrechtes über die Aussetzung von Beschlüssen gelten entsprechend. Durch die Aussetzung wird eine Frist nicht verlängert. In den Fällen des § 21e Abs. 1 und 3 des Gerichtsverfassungsgesetzes ist die Schwerbehindertenvertretung, außer in Eilfällen, auf Antrag einer betroffenen schwerbehinderten Richterin oder eines schwerbehinderten Richters vor dem Präsidium des Gerichtes zu hören.

(5) Die Schwerbehindertenvertretung wird zu Besprechungen nach § 74 Absatz 1 des Betriebsverfassungsgesetzes, § 65 des Bundespersonalvertretungsgesetzes sowie den entsprechenden Vorschriften des sonstigen Personalvertretungsrechtes zwischen dem Arbeitgeber und den in Absatz 4 genannten Vertretungen hinzugezogen.

(6) Die Schwerbehindertenvertretung hat das Recht, mindestens einmal im Kalenderjahr eine Versammlung schwerbehinderter Menschen im Betrieb oder in der Dienststelle durchzuführen. Die für Betriebs- und Personalversammlungen geltenden Vorschriften finden entsprechende Anwendung.

(7) Sind in einer Angelegenheit sowohl die Schwerbehindertenvertretung der Richter und Richterinnen als auch die Schwerbehindertenvertretung der übrigen Bediensteten beteiligt, so handeln sie gemeinsam.

(8) Die Schwerbehindertenvertretung kann an Betriebs- und Personalversammlungen in Betrieben und Dienststellen teilnehmen, für die sie als Schwerbehindertenvertretung zuständig ist, und hat dort ein Rederecht, auch wenn die Mitglieder der Schwerbehindertenvertretung nicht Angehörige des Betriebes oder der Dienststelle sind.

§ 179 Persönliche Rechte und Pflichten der Vertrauenspersonen der schwerbehinderten Menschen (1) Die Vertrauenspersonen führen ihr Amt unentgeltlich als Ehrenamt.

(2) Die Vertrauenspersonen dürfen in der Ausübung ihres Amtes nicht behindert oder wegen ihres Amtes nicht benachteiligt oder begünstigt werden; dies gilt auch für ihre berufliche Entwicklung.

(3) Die Vertrauenspersonen besitzen gegenüber dem Arbeitgeber die gleiche persönliche Rechtsstellung, insbesondere den gleichen Kündigungs-, Versetzungs- und Abordnungsschutz wie ein Mitglied des Betriebs-, Personal-, Staatsanwalts- oder Richterrates. Das stellvertretende Mitglied besitzt während der Dauer der

Vertretung und der Heranziehung nach § 178 Absatz 1 Sätze 4 und 5 die gleiche persönliche Rechtsstellung wie die Vertrauensperson, im Übrigen die gleiche Rechtsstellung wie Ersatzmitglieder der in Satz 1 genannten Vertretungen.

(4) Die Vertrauenspersonen werden von ihrer beruflichen Tätigkeit ohne Minderung des Arbeitsentgelts oder der Dienstbezüge befreit, wenn und soweit es zur Durchführung ihrer Aufgaben erforderlich ist. Sind in den Betrieben und Dienststellen in der Regel wenigstens 100 schwerbehinderte Menschen beschäftigt, wird die Vertrauensperson auf ihren Wunsch freigestellt; weiter gehende Vereinbarungen sind zulässig. Satz 1 gilt entsprechend für die Teilnahme der Vertrauensperson und des mit der höchsten Stimmenzahl gewählten stellvertretenden Mitglieds sowie in den Fällen des § 178 Absatz 1 Satz 5 auch des jeweils mit der nächsthöheren Stimmenzahl gewählten weiteren stellvertretenden Mitglieds an Schulungs- und Bildungsveranstaltungen, soweit diese Kenntnisse vermitteln, die für die Arbeit der Schwerbehindertenvertretung erforderlich sind.

(5) Freigestellte Vertrauenspersonen dürfen von inner- oder außerbetrieblichen Maßnahmen der Berufsförderung nicht ausgeschlossen werden. Innerhalb eines Jahres nach Beendigung ihrer Freistellung ist ihnen im Rahmen der Möglichkeiten des Betriebes oder der Dienststelle Gelegenheit zu geben, eine wegen der Freistellung unterbliebene berufliche Entwicklung in dem Betrieb oder der Dienststelle nachzuholen. Für Vertrauenspersonen, die drei volle aufeinander folgende Amtszeiten freigestellt waren, erhöht sich der genannte Zeitraum auf zwei Jahre.

(6) Zum Ausgleich für ihre Tätigkeit, die aus betriebsbedingten oder dienstlichen Gründen außerhalb der Arbeitszeit durchzuführen ist, haben die Vertrauenspersonen Anspruch auf entsprechende Arbeits- oder Dienstbefreiung unter Fortzahlung des Arbeitsentgelts oder der Dienstbezüge.

(7) Die Vertrauenspersonen sind verpflichtet,

1. ihnen wegen ihres Amtes anvertraute oder sonst bekannt gewordene fremde Geheimnisse, namentlich zum persönlichen Lebensbereich gehörende Geheimnisse, nicht zu offenbaren und
2. ihnen wegen ihres Amtes bekannt gewordene und vom Arbeitgeber ausdrücklich als geheimhaltungsbedürftig bezeichnete Betriebs- oder Geschäftsgeheimnisse nicht zu offenbaren und nicht zu verwerten.

Diese Pflichten gelten auch nach dem Ausscheiden aus dem Amt. Sie gelten nicht gegenüber der Bundesagentur für Arbeit, den Integrationsämtern und den Rehabilitationsträgern, soweit deren Aufgaben den schwerbehinderten Menschen gegenüber es erfordern, gegenüber den Vertrauenspersonen in den Stufenvertretungen (§ 180) sowie gegenüber den in § 79 Absatz 1 des Betriebsverfassungsgesetzes und den in den entsprechenden Vorschriften des Personalvertretungsrechtes genannten Vertretungen, Personen und Stellen.

(8) Die durch die Tätigkeit der Schwerbehindertenvertretung entstehenden Kosten trägt der Arbeitgeber; für öffentliche Arbeitgeber gelten die Kostenregelungen für Personalvertretungen entsprechend. Das Gleiche gilt für die durch die Teilnahme der stellvertretenden Mitglieder an Schulungs- und Bildungsveranstaltungen nach Absatz 4 Satz 3 entstehenden Kosten. Satz 1 umfasst auch eine Bürokraft für die Schwerbehindertenvertretung in erforderlichem Umfang.

(9) Die Räume und der Geschäftsbedarf, die der Arbeitgeber dem Betriebs-, Personal-, Richter-, Staatsanwalts- oder Präsidialrat für dessen Sitzungen, Sprechstunden und laufende Geschäftsführung zur Verfügung stellt, stehen für die gleichen Zwecke auch der Schwerbehindertenvertretung zur Verfügung, soweit ihr hierfür nicht eigene Räume und sächliche Mittel zur Verfügung gestellt werden.

§ 180 Konzern-, Gesamt-, Bezirks- und Hauptschwerbehindertenvertretung

(1) Ist für mehrere Betriebe eines Arbeitgebers ein Gesamtbetriebsrat oder für den Geschäftsbereich mehrerer Dienststellen ein Gesamtpersonalrat errichtet, wählen die Schwerbehindertenvertretungen der einzelnen Betriebe oder Dienststellen eine Gesamtschwerbehindertenvertretung. Ist eine Schwerbehindertenvertretung nur in einem der Betriebe oder in einer der Dienststellen gewählt, nimmt sie die Rechte und Pflichten der Gesamtschwerbehindertenvertretung wahr.

(2) Ist für mehrere Unternehmen ein Konzernbetriebsrat errichtet, wählen die Gesamtschwerbehindertenvertretungen eine Konzernschwerbehindertenvertretung. Besteht ein Konzernunternehmen nur aus einem Betrieb, für den eine Schwerbehindertenvertretung gewählt ist, hat sie das Wahlrecht wie eine Gesamtschwerbehindertenvertretung.

(3) Für den Geschäftsbereich mehrstufiger Verwaltungen, bei denen ein Bezirks- oder Hauptpersonalrat gebildet ist, gilt Absatz 1 sinngemäß mit der Maßgabe, dass bei den Mittelbehörden von deren Schwerbehindertenvertretung und den Schwerbehindertenvertretungen der nachgeordneten Dienststellen eine Bezirksschwerbehindertenvertretung zu wählen ist. Bei den obersten Dienstbehörden ist von deren Schwerbehindertenvertretung und den Bezirksschwerbehindertenvertretungen des Geschäftsbereichs eine Hauptschwerbehindertenvertretung zu wählen; ist die Zahl der Bezirksschwerbehindertenvertretungen niedriger als zehn, sind auch die Schwerbehindertenvertretungen der nachgeordneten Dienststellen wahlberechtigt.

(4) Für Gerichte eines Zweiges der Gerichtsbarkeit, für die ein Bezirks- oder Hauptrichterrat gebildet ist, gilt Absatz 3 entsprechend. Sind in einem Zweig der Gerichtsbarkeit bei den Gerichten der Länder mehrere Schwerbehindertenvertretungen nach § 177 zu wählen und ist in diesem Zweig kein Hauptrichterrat gebildet, ist in entsprechender Anwendung von Absatz 3 eine Hauptschwerbehindertenvertretung zu wählen. Die Hauptschwerbehindertenvertretung nimmt die Aufgabe der Schwerbehindertenvertretung gegenüber dem Präsidialrat wahr.

(5) Für jede Vertrauensperson, die nach den Absätzen 1 bis 4 neu zu wählen ist, wird wenigstens ein stellvertretendes Mitglied gewählt.

(6) Die Gesamtschwerbehindertenvertretung vertritt die Interessen der schwerbehinderten Menschen in Angelegenheiten, die das Gesamtunternehmen oder mehrere Betriebe oder Dienststellen des Arbeitgebers betreffen und von den Schwerbehindertenvertretungen der einzelnen Betriebe oder Dienststellen nicht geregelt werden können, sowie die Interessen der schwerbehinderten Menschen, die in einem Betrieb oder einer Dienststelle tätig sind, für die eine Schwerbehindertenvertretung nicht gewählt ist; dies umfasst auch Verhandlungen und den Abschluss entsprechender Inklusionsvereinbarungen. Satz 1 gilt entsprechend für die Konzern-, Bezirks- und Hauptschwerbehindertenvertretung sowie für die Schwer-

behindertenvertretung der obersten Dienstbehörde, wenn bei einer mehrstufigen Verwaltung Stufenvertretungen nicht gewählt sind. Die nach Satz 2 zuständige Schwerbehindertenvertretung ist auch in Angelegenheiten, die einen einzelnen oder die schwerbehinderten Menschen als Gruppe berühren und über die eine übergeordnete Dienststelle entscheidet, zuständig; sie gibt der Schwerbehindertenvertretung der Dienststelle, die den schwerbehinderten Menschen beschäftigt, Gelegenheit zur Äußerung. Satz 3 gilt nicht in den Fällen, in denen der Personalrat der Beschäftigungsbehörde zu beteiligen ist.
(7) § 177 Absatz 3 bis 8, § 178 Absatz 1 Satz 4 und 5, Absatz 2, 4, 5 und 7 und § 179 gelten entsprechend, § 177 Absatz 5 mit der Maßgabe, dass die Wahl der Gesamt- und Bezirksschwerbehindertenvertretungen in der Zeit vom 1. Dezember bis 31 Januar, die der Konzern- und Hauptschwerbehindertenvertretungen in der Zeit vom 1. Februar bis 31. März stattfindet, § 177 Absatz 6 mit der Maßgabe, dass bei den Wahlen zu überörtlichen Vertretungen der zweite Halbsatz des Satzes 3 nicht gilt.
(8) § 178 Absatz 6 gilt für die Durchführung von Versammlungen der Vertrauens- und der Bezirksvertrauenspersonen durch die Gesamt-, Bezirks- oder Hauptschwerbehindertenvertretung entsprechend.

§ 181 Inklusionsbeauftragter des Arbeitgebers Der Arbeitgeber bestellt einen Inklusionsbeauftragten, der ihn in Angelegenheiten schwerbehinderter Menschen verantwortlich vertritt; falls erforderlich, können mehrere Inklusionsbeauftragte bestellt werden. Der Inklusionsbeauftragte soll nach Möglichkeit selbst ein schwerbehinderter Mensch sein. Der Inklusionsbeauftragte achtet vor allem darauf, dass dem Arbeitgeber obliegende Verpflichtungen erfüllt werden.

§ 182 Zusammenarbeit (1) Arbeitgeber, Inklusionsbeauftragter des Arbeitgebers, Schwerbehindertenvertretung und Betriebs-, Personal-, Richter-, Staatsanwalts- oder Präsidialrat arbeiten zur Teilhabe schwerbehinderter Menschen am Arbeitsleben in dem Betrieb oder der Dienststelle eng zusammen.
(2) Die in Absatz 1 genannten Personen und Vertretungen, die mit der Durchführung dieses Teils beauftragten Stellen und die Rehabilitationsträger unterstützen sich gegenseitig bei der Erfüllung ihrer Aufgaben. Vertrauensperson und Inklusionsbeauftragter des Arbeitgebers sind Verbindungspersonen zur Bundesagentur für Arbeit und zu dem Integrationsamt.

§ 183 Verordnungsermächtigung[1] Die Bundesregierung wird ermächtigt, durch Rechtsverordnung mit Zustimmung des Bundesrates nähere Vorschriften über die Vorbereitung und Durchführung der Wahl der Schwerbehindertenvertretung und ihrer Stufenvertretungen zu erlassen.

---

1 Vgl. **Wahlordnung Schwerbehindertenvertretungen – SchwbVWO** i.d.F. der Bekanntmachung vom 23.4.1990 (BGBl. I 811), zuletzt geändert durch Verordnung vom 18.3.2022 (BGBl. I 477).

Kapitel 5 – Betriebs-, Personal-, Richter-, Staatsanwalts- und Präsidialrat, Schwerbehindertenvertretung, Inklusionsbeauftragter des Arbeitgebers

...

§ 185 Aufgaben des Integrationsamtes (1) Das Integrationsamt hat folgende Aufgaben:

1. die Erhebung und Verwendung der Ausgleichsabgabe,
2. den Kündigungsschutz,
3. die begleitende Hilfe im Arbeitsleben,
4. die zeitweilige Entziehung der besonderen Hilfen für schwerbehinderte Menschen (§ 200).

Die Integrationsämter werden so ausgestattet, dass sie ihre Aufgaben umfassend und qualifiziert erfüllen können. Hierfür wird besonders geschultes Personal mit Fachkenntnissen des Schwerbehindertenrechts eingesetzt.

(2) Die begleitende Hilfe im Arbeitsleben wird in enger Zusammenarbeit mit der Bundesagentur für Arbeit und den übrigen Rehabilitationsträgern durchgeführt. Sie soll dahingehend wirken, dass die schwerbehinderten Menschen in ihrer sozialen Stellung nicht absinken, auf Arbeitsplätzen beschäftigt werden, auf denen sie ihre Fähigkeiten und Kenntnisse voll verwerten und weiterentwickeln können sowie durch Leistungen der Rehabilitationsträger und Maßnahmen der Arbeitgeber befähigt werden, sich am Arbeitsplatz und im Wettbewerb mit nichtbehinderten Menschen zu behaupten. Dabei gelten als Arbeitsplätze auch Stellen, auf denen Beschäftigte befristet oder als Teilzeitbeschäftigte in einem Umfang von mindestens 15 Stunden, in Inklusionsbetrieben mindestens zwölf Stunden wöchentlich beschäftigt werden. Die begleitende Hilfe im Arbeitsleben umfasst auch die nach den Umständen des Einzelfalles notwendige psychosoziale Betreuung schwerbehinderter Menschen. Das Integrationsamt kann bei der Durchführung der begleitenden Hilfen im Arbeitsleben Integrationsfachdienste einschließlich psychosozialer Dienste freier gemeinnütziger Einrichtungen und Organisationen beteiligen. Das Integrationsamt soll außerdem darauf Einfluss nehmen, dass Schwierigkeiten im Arbeitsleben verhindert oder beseitigt werden; es führt hierzu auch Schulungs- und Bildungsmaßnahmen für Vertrauenspersonen, Inklusionsbeauftragte der Arbeitgeber, Betriebs-, Personal-, Richter-, Staatsanwalts- und Präsidialräte durch. Das Integrationsamt benennt in enger Abstimmung mit den Beteiligten des örtlichen Arbeitsmarktes Ansprechpartner, die in Handwerks- sowie in Industrie- und Handelskammern für die Arbeitgeber zur Verfügung stehen, um sie über Funktion und Aufgaben der Integrationsfachdienste aufzuklären, über Möglichkeiten der begleitenden Hilfe im Arbeitsleben zu informieren und Kontakt zum Integrationsfachdienst herzustellen.

(3) Das Integrationsamt kann im Rahmen seiner Zuständigkeit für die begleitende Hilfe im Arbeitsleben aus den ihm zur Verfügung stehenden Mitteln auch Geldleistungen erbringen, insbesondere

1. an schwerbehinderte Menschen
   a) für technische Arbeitshilfen,
   b) zum Erreichen des Arbeitsplatzes,

c) zur Gründung und Erhaltung einer selbständigen beruflichen Existenz,
d) zur Beschaffung, Ausstattung und Erhaltung einer behinderungsgerechten Wohnung,
e) zur Teilnahme an Maßnahmen zur Erhaltung und Erweiterung beruflicher Kenntnisse und Fertigkeiten und
f) in besonderen Lebenslagen,

2. an Arbeitgeber
a) zur behinderungsgerechten Einrichtung von Arbeits- und Ausbildungsplätzen für schwerbehinderte Menschen,
b) für Zuschüsse zu Gebühren, insbesondere Prüfungsgebühren, bei der Berufsausbildung besonders betroffener schwerbehinderter Jugendlicher und junger Erwachsener,
c) für Prämien und Zuschüsse zu den Kosten der Berufsausbildung behinderter Jugendlicher und junger Erwachsener, die für die Zeit der Berufsausbildung schwerbehinderten Menschen nach § 151 Absatz 4 gleichgestellt worden sind,
d) für Prämien zur Einführung eines betrieblichen Eingliederungsmanagements und
e) für außergewöhnliche Belastungen, die mit der Beschäftigung schwerbehinderter Menschen im Sinne des § 155 Absatz 1 Nummer 1 Buchstabe a bis d, von schwerbehinderten Menschen im Anschluss an eine Beschäftigung in einer anerkannten Werkstatt für behinderte Menschen oder im Sinne des § 158 Absatz 2 verbunden sind, vor allem, wenn ohne diese Leistungen das Beschäftigungsverhältnis gefährdet würde,

3. an Träger von Integrationsfachdiensten einschließlich psychosozialer Dienste freier gemeinnütziger Einrichtungen und Organisationen sowie an Träger von Inklusionsbetrieben
4. zur Durchführung von Aufklärungs-, Schulungs- und Bildungsmaßnahmen,
5. nachrangig zur beruflichen Orientierung,
6. zur Deckung eines Teils der Aufwendungen für ein Budget für Arbeit oder eines Teils der Aufwendungen für ein Budget für Ausbildung.

(4) Schwerbehinderte Menschen haben im Rahmen der Zuständigkeit des Integrationsamtes aus den ihm aus der Ausgleichsabgabe zur Verfügung stehenden Mitteln Anspruch auf Übernahme der Kosten einer Berufsbegleitung nach § 55 Absatz 3.

(5) Schwerbehinderte Menschen haben im Rahmen der Zuständigkeit des Integrationsamtes für die begleitende Hilfe im Arbeitsleben aus den ihm aus der Ausgleichsabgabe zur Verfügung stehenden Mitteln Anspruch auf Übernahme der Kosten einer notwendigen Arbeitsassistenz. Der Anspruch richtet sich auf die Übernahme der vollen Kosten, die für eine als notwendig festgestellte Arbeitsassistenz entstehen.

(6) Verpflichtungen anderer werden durch die Absätze 3 bis 5 nicht berührt. Leistungen der Rehabilitationsträger nach § 6 Absatz 1 Nummer 1 bis 5 dürfen, auch wenn auf sie ein Rechtsanspruch nicht besteht, nicht deshalb versagt werden, weil nach den besonderen Regelungen für schwerbehinderte Menschen entsprechende

Leistungen vorgesehen sind; eine Aufstockung durch Leistungen des Integrationsamtes findet nicht statt.
(7) Die §§ 14, 15 Absatz 1, die §§ 16 und 17 gelten sinngemäß, wenn bei dem Integrationsamt eine Leistung zur Teilhabe am Arbeitsleben beantragt wird. Das Gleiche gilt, wenn ein Antrag bei einem Rehabilitationsträger gestellt und der Antrag von diesem nach § 16 Absatz 2 des Ersten Buches an das Integrationsamt weitergeleitet worden ist. Ist die unverzügliche Erbringung einer Leistung zur Teilhabe am Arbeitsleben erforderlich, so kann das Integrationsamt die Leistung vorläufig erbringen. Hat das Integrationsamt eine Leistung erbracht, für die ein anderer Träger zuständig ist, so erstattet dieser die auf die Leistung entfallenden Aufwendungen.
(8) Auf Antrag führt das Integrationsamt seine Leistungen zur begleitenden Hilfe im Arbeitsleben als Persönliches Budget aus. § 29 gilt entsprechend.
(9) Ein Antrag auf eine Leistung, auf die ein Anspruch besteht (Absätze 4 und 5), gilt sechs Wochen nach Eingang als genehmigt, wenn
1. das Integrationsamt bis dahin nicht über den Antrag entschieden hat und
2. die beantragte Leistung nach Art und Umfang im Antrag genau bezeichnet ist.
…

Kapitel 10 – Sonstige Vorschriften

§ 205 Vorrang der schwerbehinderten Menschen Verpflichtungen zur bevorzugten Einstellung und Beschäftigung bestimmter Personenkreise nach anderen Gesetzen entbinden den Arbeitgeber nicht von der Verpflichtung zur Beschäftigung schwerbehinderter Menschen nach den besonderen Regelungen für schwerbehinderte Menschen.

§ 206 Arbeitsentgelt und Dienstbezüge (1) Bei der Bemessung des Arbeitsentgelts und der Dienstbezüge aus einem bestehenden Beschäftigungsverhältnis werden Renten und vergleichbare Leistungen, die wegen der Behinderung bezogen werden, nicht berücksichtigt. Die völlige oder teilweise Anrechnung dieser Leistungen auf das Arbeitsentgelt oder die Dienstbezüge ist unzulässig.
(2) Absatz 1 gilt nicht für Zeiträume, in denen die Beschäftigung tatsächlich nicht ausgeübt wird und die Vorschriften über die Zahlung der Rente oder der vergleichbaren Leistung eine Anrechnung oder ein Ruhen vorsehen, wenn Arbeitsentgelt oder Dienstbezüge gezahlt werden.

§ 207 Mehrarbeit Schwerbehinderte Menschen werden auf ihr Verlangen von Mehrarbeit freigestellt.

§ 208 Zusatzurlaub (1) Schwerbehinderte Menschen haben Anspruch auf einen bezahlten zusätzlichen Urlaub von fünf Arbeitstagen im Urlaubsjahr; verteilt sich die regelmäßige Arbeitszeit des schwerbehinderten Menschen auf mehr oder weniger als fünf Arbeitstage in der Kalenderwoche, erhöht oder vermindert sich der Zusatzurlaub entsprechend. Soweit tarifliche, betriebliche oder sonstige Urlaubs-

regelungen für schwerbehinderte Menschen einen längeren Zusatzurlaub vorsehen, bleiben sie unberührt.
(2) Besteht die Schwerbehinderteneigenschaft nicht während des gesamten Kalenderjahres, so hat der schwerbehinderte Mensch für jeden vollen Monat der im Beschäftigungsverhältnis vorliegenden Schwerbehinderteneigenschaft einen Anspruch auf ein Zwölftel des Zusatzurlaubs nach Absatz 1 Satz 1. Bruchteile von Urlaubstagen, die mindestens einen halben Tag ergeben, sind auf volle Urlaubstage aufzurunden. Der so ermittelte Zusatzurlaub ist dem Erholungsurlaub hinzuzurechnen und kann bei einem nicht im ganzen Kalenderjahr bestehenden Beschäftigungsverhältnis nicht erneut gemindert werden.
(3) Wird die Eigenschaft als schwerbehinderter Mensch nach § 152 Absatz 1 und 2 rückwirkend festgestellt, finden auch für die Übertragbarkeit des Zusatzurlaubs in das nächste Kalenderjahr die dem Beschäftigungsverhältnis zugrunde liegenden urlaubsrechtlichen Regelungen Anwendung.

§ 209 Nachteilsausgleich (1) Die Vorschriften über Hilfen für behinderte Menschen zum Ausgleich behinderungsbedingter Nachteile oder Mehraufwendungen (Nachteilsausgleich) werden so gestaltet, dass sie unabhängig von der Ursache der Behinderung der Art oder Schwere der Behinderung Rechnung tragen.
(2) Nachteilsausgleiche, die auf Grund bisher geltender Rechtsvorschriften erfolgen, bleiben unberührt.

§ 210 Beschäftigung schwerbehinderter Menschen in Heimarbeit (1) Schwerbehinderte Menschen, die in Heimarbeit beschäftigt oder diesen gleichgestellt sind (§ 1 Absatz 1 und 2 des Heimarbeitsgesetzes) und in der Hauptsache für den gleichen Auftraggeber arbeiten, werden auf die Arbeitsplätze für schwerbehinderte Menschen dieses Auftraggebers angerechnet.
(2) Für in Heimarbeit beschäftigte und diesen gleichgestellte schwerbehinderte Menschen wird die in § 29 Absatz 2 des Heimarbeitsgesetzes festgelegte Kündigungsfrist von zwei Wochen auf vier Wochen erhöht; die Vorschrift des § 29 Absatz 7 des Heimarbeitsgesetzes ist sinngemäß anzuwenden. Der besondere Kündigungsschutz schwerbehinderter Menschen im Sinne des Kapitels 4 gilt auch für die in Satz 1 genannten Personen.
(3) Die Bezahlung des zusätzlichen Urlaubs der in Heimarbeit beschäftigten oder diesen gleichgestellten schwerbehinderten Menschen erfolgt nach den für die Bezahlung ihres sonstigen Urlaubs geltenden Berechnungsgrundsätzen. Sofern eine besondere Regelung nicht besteht, erhalten die schwerbehinderten Menschen als zusätzliches Urlaubsgeld 2 Prozent des in der Zeit vom 1. Mai des vergangenen bis zum 30. April des laufenden Jahres verdienten Arbeitsentgelts ausschließlich der Unkostenzuschläge.
(4) Schwerbehinderte Menschen, die als fremde Hilfskräfte eines Hausgewerbetreibenden oder eines Gleichgestellten beschäftigt werden (§ 2 Absatz 6 des Heimarbeitsgesetzes) können auf Antrag eines Auftraggebers auch auf dessen Pflichtarbeitsplätze für schwerbehinderte Menschen angerechnet werden, wenn der Arbeitgeber in der Hauptsache für diesen Auftraggeber arbeitet. Wird einem schwerbehinderten Menschen im Sinne des Satzes 1, dessen Anrechnung die Bun-

desagentur für Arbeit zugelassen hat, durch seinen Arbeitgeber gekündigt, weil der Auftraggeber die Zuteilung von Arbeit eingestellt oder die regelmäßige Arbeitsmenge erheblich herabgesetzt hat, erstattet der Auftraggeber dem Arbeitgeber die Aufwendungen für die Zahlung des regelmäßigen Arbeitsverdienstes an den schwerbehinderten Menschen bis zur rechtmäßigen Beendigung seines Arbeitsverhältnisses.

(5) Werden fremde Hilfskräfte eines Hausgewerbetreibenden oder eines Gleichgestellten (§ 2 Abs. 6 des Heimarbeitsgesetzes) einem Auftraggeber gemäß Absatz 4 auf seine Arbeitsplätze für schwerbehinderte Menschen angerechnet, erstattet der Auftraggeber die dem Arbeitgeber nach Absatz 3 entstehenden Aufwendungen.

(6) Die den Arbeitgeber nach § 163 Absatz 1 und 5 treffenden Verpflichtungen gelten auch für Personen, die Heimarbeit ausgeben.

…

Kapitel 12 – Werkstätten für behinderte Menschen

§ 219 Begriff und Aufgaben der Werkstatt für behinderte Menschen (1) Die Werkstatt für behinderte Menschen ist eine Einrichtung zur Teilhabe behinderter Menschen am Arbeitsleben im Sinne des Kapitels 10 des Teils 1 und zur Eingliederung in das Arbeitsleben. Sie hat denjenigen behinderten Menschen, die wegen Art oder Schwere der Behinderung nicht, noch nicht oder noch nicht wieder auf dem allgemeinen Arbeitsmarkt beschäftigt werden können,

1. eine angemessene berufliche Bildung und eine Beschäftigung zu einem ihrer Leistung angemessenen Arbeitsentgelt aus dem Arbeitsergebnis anzubieten und
2. zu ermöglichen, ihre Leistungs- oder Erwerbsfähigkeit zu erhalten, zu entwickeln, zu erhöhen oder wiederzugewinnen und dabei ihre Persönlichkeit weiterzuentwickeln.

Sie fördert den Übergang geeigneter Personen auf den allgemeinen Arbeitsmarkt durch geeignete Maßnahmen. Sie verfügt über ein möglichst breites Angebot an Berufsbildungs- und Arbeitsplätzen sowie über qualifiziertes Personal und einen begleitenden Dienst. Zum Angebot an Berufsbildungs- und Arbeitsplätzen gehören ausgelagerte Plätze auf dem allgemeinen Arbeitsmarkt. Die ausgelagerten Arbeitsplätze werden zum Zwecke des Übergangs und als dauerhaft ausgelagerte Plätze angeboten.

(2) Die Werkstatt steht allen behinderten Menschen im Sinne des Absatzes 1 unabhängig von Art oder Schwere der Behinderung offen, sofern erwartet werden kann, dass sie spätestens nach Teilnahme an Maßnahmen im Berufsbildungsbereich wenigstens ein Mindestmaß wirtschaftlich verwertbarer Arbeitsleistung erbringen werden. Dies ist nicht der Fall bei behinderten Menschen, bei denen trotz einer der Behinderung angemessenen Betreuung eine erhebliche Selbst- oder Fremdgefährdung zu erwarten ist oder das Ausmaß der erforderlichen Betreuung und Pflege die Teilnahme an Maßnahmen im Berufsbildungsbereich oder sonstige Umstände ein Mindestmaß wirtschaftlich verwertbarer Arbeitsleistung im Arbeitsbereich dauerhaft nicht zulassen.

(3) Behinderte Menschen, die die Voraussetzungen für eine Beschäftigung in einer Werkstatt nicht erfüllen, sollen in Einrichtungen oder Gruppen betreut und gefördert werden, die der Werkstatt angegliedert sind. Die Betreuung und Förderung kann auch gemeinsam mit den Werkstattbeschäftigten in der Werkstatt erfolgen. Die Betreuung und Förderung soll auch Angebote zur Orientierung auf Beschäftigung enthalten.

§ 220 Aufnahme in die Werkstätten für behinderte Menschen (1) Anerkannte Werkstätten nehmen diejenigen behinderten Menschen aus ihrem Einzugsgebiet auf, die die Aufnahmevoraussetzungen gemäß § 219 Absatz 2 erfüllen, wenn Leistungen durch die Rehabilitationsträger gewährleistet sind; die Möglichkeit zur Aufnahme in eine andere anerkannte Werkstatt nach Maßgabe des § 104 oder entsprechender Regelungen bleibt unberührt. Die Aufnahme erfolgt unabhängig von

1. der Ursache der Behinderung,
2. der Art der Behinderung, wenn in dem Einzugsgebiet keine besondere Werkstatt für behinderte Menschen für diese Behinderungsart vorhanden ist, und
3. der Schwere der Behinderung, der Minderung der Leistungsfähigkeit und einem besonderen Bedarf an Förderung, begleitender Betreuung oder Pflege.

(2) Behinderte Menschen werden in der Werkstatt beschäftigt, solange die Aufnahmevoraussetzungen nach Absatz 1 vorliegen.

(3) Leistungsberechtigte Menschen mit Behinderungen, die aus einer Werkstatt für behinderte Menschen auf den allgemeinen Arbeitsmarkt übergegangen sind oder bei einem anderen Leistungsanbieter oder mit Hilfe des Budgets für Arbeit oder des Budgets für Ausbildung am Arbeitsleben teilnehmen, haben einen Anspruch auf Aufnahme in eine Werkstatt für behinderte Menschen.

§ 221 Rechtsstellung und Arbeitsentgelt behinderter Menschen (1) Behinderte Menschen im Arbeitsbereich anerkannter Werkstätten stehen, wenn sie nicht Arbeitnehmer sind, zu den Werkstätten in einem arbeitnehmerähnlichen Rechtsverhältnis, soweit sich aus dem zugrunde liegenden Sozialleistungsverhältnis nichts anderes ergibt.

(2) Die Werkstätten zahlen aus ihrem Arbeitsergebnis an die im Arbeitsbereich beschäftigten behinderten Menschen ein Arbeitsentgelt, das sich aus einem Grundbetrag in Höhe des Ausbildungsgeldes, das die Bundesagentur für Arbeit nach den für sie geltenden Vorschriften behinderten Menschen im Berufsbildungsbereich leistet, und einem leistungsangemessenen Steigerungsbetrag zusammensetzt. Der Steigerungsbetrag bemisst sich nach der individuellen Arbeitsleistung der behinderten Menschen, insbesondere unter Berücksichtigung von Arbeitsmenge und Arbeitsgüte.

(3) Der Inhalt des arbeitnehmerähnlichen Rechtsverhältnisses wird unter Berücksichtigung des zwischen den behinderten Menschen und dem Rehabilitationsträger bestehenden Sozialleistungsverhältnisses durch Werkstattverträge zwischen den behinderten Menschen und dem Träger der Werkstatt näher geregelt.

(4) Hinsichtlich der Rechtsstellung der Teilnehmer an Maßnahmen im Eingangsverfahren und im Berufsbildungsbereich gilt § 52 entsprechend.

(5) Ist ein volljähriger behinderter Mensch gemäß Absatz 1 in den Arbeitsbereich einer anerkannten Werkstatt für behinderte Menschen im Sinne des § 219 aufgenommen worden und war er zu diesem Zeitpunkt geschäftsunfähig, so gilt der von ihm geschlossene Werkstattvertrag in Ansehung einer bereits bewirkten Leistung und deren Gegenleistung, soweit diese in einem angemessenen Verhältnis zueinander stehen, als wirksam.
(6) War der volljährige behinderte Mensch bei Abschluss eines Werkstattvertrages geschäftsunfähig, so kann der Träger einer Werkstatt das Werkstattverhältnis nur unter den Voraussetzungen für gelöst erklären, unter denen ein wirksamer Vertrag seitens des Trägers einer Werkstatt gekündigt werden kann.
(7) Die Lösungserklärung durch den Träger einer Werkstatt bedarf der schriftlichen Form und ist zu begründen.

§ 222 Mitbestimmung, Mitwirkung, Frauenbeauftragte (1) Die in § 221 Absatz 1 genannten behinderten Menschen bestimmen und wirken unabhängig von ihrer Geschäftsfähigkeit durch Werkstatträte in den ihre Interessen berührenden Angelegenheiten der Werkstatt mit. Die Werkstatträte berücksichtigen die Interessen der im Eingangsverfahren und im Berufsbildungsbereich der Werkstätten tätigen behinderten Menschen in angemessener und geeigneter Weise, solange für diese eine Vertretung nach § 52 nicht besteht.
(2) Ein Werkstattrat wird in Werkstätten gewählt; er setzt sich aus mindestens drei Mitgliedern zusammen.
(3) Wahlberechtigt zum Werkstattrat sind alle in § 211 Absatz 1 genannten behinderten Menschen; von ihnen sind die behinderten Menschen wählbar, die am Wahltag seit mindestens sechs Monaten in der Werkstatt beschäftigt sind.
(4) Die Werkstätten für behinderte Menschen unterrichten die Personen, die behinderte Menschen gesetzlich vertreten oder mit ihrer Betreuung beauftragt sind, einmal im Kalenderjahr in einer Eltern- und Betreuerversammlung in angemessener Weise über die Angelegenheiten der Werkstatt, auf die sich die Mitwirkung erstreckt, und hören sie dazu an. In den Werkstätten kann im Einvernehmen mit dem Träger der Werkstatt ein Eltern- und Betreuerbeirat errichtet werden, der die Werkstatt und den Werkstattrat bei ihrer Arbeit berät und durch Vorschläge und Stellungnahmen unterstützt.
(5) Behinderte Frauen im Sinne des § 221 Absatz 1 wählen in jeder Werkstatt eine Frauenbeauftragte und eine Stellvertreterin. In Werkstätten mit mehr als 700 wahlberechtigten Frauen wird eine zweite Stellvertreterin gewählt, in Werkstätten mit mehr als 1000 wahlberechtigten Frauen werden bis zu drei Stellvertreterinnen gewählt.

§ 223 Anrechnung von Aufträgen auf die Ausgleichsabgabe (1) Arbeitgeber, die durch Aufträge an anerkannte Werkstätten für behinderte Menschen zur Beschäftigung behinderter Menschen beitragen, können 50 vom Hundert des auf die Arbeitsleistung der Werkstatt entfallenden Rechnungsbetrages solcher Aufträge (Gesamtrechnungsbetrag abzüglich Materialkosten) auf die Ausgleichsabgabe anrechnen. Dabei wird die Arbeitsleistung des Fachpersonals zur Arbeits- und Berufsförderung berücksichtigt, nicht hingegen die Arbeitsleistung sonstiger nichtbehinderter Arbeitnehmerinnen und Arbeitnehmer. Bei Weiterveräußerung von Erzeugnissen anderer anerkannter Werkstätten für behinderte Menschen wird die von diesen erbrachte Arbeitsleistung berücksichtigt. Die Werkstätten bestätigen das Vorliegen der Anrechnungsvoraussetzungen in der Rechnung.

(2) Voraussetzung für die Anrechnung ist, dass

1. die Aufträge innerhalb des Jahres, in dem die Verpflichtung zur Zahlung der Ausgleichsabgabe entsteht, von der Werkstatt für behinderte Menschen ausgeführt und vom Auftraggeber bis spätestens 31. März des Folgejahres vergütet werden und
2. es sich nicht um Aufträge handelt, die Träger einer Gesamteinrichtung an Werkstätten für behinderte Menschen vergeben, die rechtlich unselbständige Teile dieser Einrichtung sind.

(3) Bei der Vergabe von Aufträgen an Zusammenschlüsse anerkannter Werkstätten für behinderte Menschen gilt Absatz 2 entsprechend.

§ 224 Vergabe von Aufträgen durch die öffentliche Hand (1) Aufträge der öffentlichen Hand, die von anerkannten Werkstätten für behinderte Menschen ausgeführt werden können, werden bevorzugt diesen Werkstätten angeboten; zudem können Werkstätten für behinderte Menschen nach Maßgabe der allgemeinen Verwaltungsvorschriften nach Satz 2 beim Zuschlag und den Zuschlagskriterien bevorzugt werden. Die Bundesregierung erlässt mit Zustimmung des Bundesrates hierzu allgemeine Verwaltungsvorschriften.

(2) Absatz 1 gilt auch für Inklusionsbetriebe.

§ 225 Anerkennungsverfahren Werkstätten für behinderte Menschen, die eine Vergünstigung im Sinne dieses Kapitels in Anspruch nehmen wollen, bedürfen der Anerkennung. Die Entscheidung über die Anerkennung trifft auf Antrag die Bundesagentur für Arbeit im Einvernehmen mit dem Träger der Eingliederungshilfe. Die Bundesagentur für Arbeit führt ein Verzeichnis der anerkannten Werkstätten für behinderte Menschen. In dieses Verzeichnis werden auch Zusammenschlüsse anerkannter Werkstätten für behinderte Menschen aufgenommen.

§ 226 Blindenwerkstätten Die §§ 223 und 224 sind auch zugunsten von auf Grund des Blindenwarenvertriebsgesetzes anerkannten Blindenwerkstätten anzuwenden.

§ 227 Verordnungsermächtigungen (1) Die Bundesregierung bestimmt durch Rechtsverordnung mit Zustimmung des Bundesrates das Nähere über den Begriff und die Aufgaben der Werkstatt für behinderte Menschen, die Aufnahmevoraussetzungen, die fachlichen Anforderungen, insbesondere hinsichtlich der Wirtschaftsführung sowie des Begriffs und der Verwendung des Arbeitsergebnisses sowie das Verfahren zur Anerkennung als Werkstatt für behinderte Menschen.

(2) Das Bundesministerium für Arbeit und Soziales bestimmt durch Rechtsverordnung[1] mit Zustimmung des Bundesrates im Einzelnen die Errichtung, Zusammensetzung und Aufgaben des Werkstattrats, die Fragen, auf die sich Mitbestimmung und Mitwirkung erstrecken, einschließlich Art und Umfang der Mitbestimmung und Mitwirkung, die Vorbereitung und Durchführung der Wahl einschließlich der Wahlberechtigung und der Wählbarkeit, die Amtszeit sowie die Geschäftsführung des Werkstattrats einschließlich des Erlasses einer Geschäftsordnung und der persönlichen Rechte und Pflichten der Mitglieder des Werkstattrats und der Kostentragung. In der Rechtsverordnung werden auch Art und Umfang der Beteiligung von Frauenbeauftragten, die Vorbereitung und Durchführung der Wahl einschließlich der Wahlberechtigung und der Wählbarkeit, die Amtszeit, die persönlichen Rechte und die Pflichten der Frauenbeauftragten und ihrer Stellvertreterinnen sowie die Kostentragung geregelt. Die Rechtsverordnung kann darüber hinaus bestimmen, dass die in ihr getroffenen Regelungen keine Anwendung auf Religionsgemeinschaften und ihre Einrichtungen finden, soweit sie gleichwertige Regelungen getroffen haben.

…

Kapitel 14 – Straf-, Bußgeld- und Schlussvorschriften

…

§ 241 Übergangsregelung (1) Abweichend von § 154 Absatz 1 beträgt die Pflichtquote für die in § 154 Absatz 2 Nummer 1 und 4 genannten öffentlichen Arbeitgeber des Bundes weiterhin 6 Prozent, wenn sie am 31. Oktober 1999 auf mindestens 6 Prozent der Arbeitsplätze schwerbehinderte Menschen beschäftigt hatten.

…

1 Vgl. **Werkstätten-Mitwirkungsverordnung – WMVO** vom 25. 6. 2001 (BGBl. I 1297), zuletzt geändert durch Verordnung vom 19. 6. 2023 (BGBl. 2023 I Nr. 158).

30 IXa. Schwerbehinderten-Ausgleichsabgabeverordnung – SchwbAV

vom 28. März 1988 (BGBl. I 484),
zuletzt geändert durch Verordnung vom 24. November 2023 (BGBl. 2023 I Nr. 323)
(Abgedruckte Vorschriften: §§ 14–15, 19–29, 41)

Einleitung

(siehe bei Nr. 30 IX)

Verordnungstext

Erster Abschnitt

(weggefallen)

§§ 1 bis 13 *(weggefallen)*

Zweiter Abschnitt – Förderung der Teilhabe schwerbehinderter Menschen am Arbeitsleben aus Mitteln der Ausgleichsabgabe durch die Integrationsämter

§ 14 Verwendungszwecke (1) Die Integrationsämter haben die ihnen zur Verfügung stehenden Mittel der Ausgleichsabgabe einschließlich der Zinsen, der Tilgungsbeträge aus Darlehen, der zurückgezahlten Zuschüsse sowie der unverbrauchten Mittel des Vorjahres zu verwenden für folgende Leistungen:

1. Leistungen zur Förderung des Arbeits- und Ausbildungsplatzangebots für schwerbehinderte Menschen,
2. Leistungen zur begleitenden Hilfe im Arbeitsleben, einschließlich der Durchführung von Aufklärungs-, Schulungs- und Bildungsmaßnahmen sowie der Information, Beratung und Unterstützung von Arbeitgebern (Einheitliche Ansprechstellen für Arbeitgeber),
3. *(aufgehoben)*
4. Leistungen zur Durchführung von Forschungs- und Modellvorhaben auf dem Gebiet der Teilhabeschwerbehinderter Menschen am Arbeitsleben, sofern ihnen ausschließlich oder überwiegend regionale Bedeutung zukommt oder beim Bundesministerium für Arbeit und Soziales beantragte Mittel aus dem Ausgleichsfonds nicht erbracht werden konnten,
5. Maßnahmen der beruflichen Orientierung und

6. Leistungen zur Deckung eines Teils der Aufwendungen für ein Budget für Arbeit oder für ein Budget für Ausbildung.

(2) Die Mittel der Ausgleichsabgabe sind vorrangig für die Förderung nach Absatz 1 Nr. 1 und 2 zu verwenden.

(3) Die Integrationsämter können sich an der Förderung von Vorhaben nach § 41 Absatz 1 Nummer 4 bis 6 durch den Ausgleichsfonds beteiligen.

1. Unterabschnitt – Leistungen zur Förderung des Arbeits- und Ausbildungsplatzangebots für schwerbehinderte Menschen

§ 15 Leistungen an Arbeitgeber zur Schaffung von Arbeits- und Ausbildungsplätzen für schwerbehinderte Menschen (1) Arbeitgeber können Darlehen oder Zuschüsse bis zur vollen Höhe der entstehenden notwendigen Kosten zu den Aufwendungen für folgende Maßnahmen erhalten:

1. die Schaffung neuer geeigneter, erforderlichenfalls behinderungsgerecht ausgestatteter Arbeitsplätze inBetrieben oder Dienststellen für schwerbehinderte Menschen,
   a) die ohne Beschäftigungspflicht oder über die Beschäftigungspflicht hinaus (§ 154 des Neunten Buches Sozialgesetzbuch) eingestellt werden sollen,
   b) die im Rahmen der Erfüllung der besonderen Beschäftigungspflicht gegenüber im Arbeits- und Berufsleben besonders betroffenen schwerbehinderten Menschen (§ 154 Absatz 1 Satz 2 und § 155 des Neunten Buches Sozialgesetzbuch) eingestellt werden sollen,
   c) die nach einer längerfristigen Arbeitslosigkeit von mehr als 12 Monaten eingestellt werden sollen,
   d) die im Anschluß an eine Beschäftigung in einer anerkannten Werkstatt für behinderte Mencheneingestellt werden sollen oder
   e) die zur Durchführung von Maßnahmen der besonderen Fürsorge und Förderung nach § 164 Absatz 3 Satz 1, Absatz 4 Satz 1 Nummer 1, 4 und 5 und Absatz 5 Satz 1 des Neunten Buches Sozialgesetzbuch auf einen neu zu schaffenden Arbeitsplatz umgesetzt werden sollen oder deren Beschäftigungsverhältnis ohne Umsetzung auf einen neu zu schaffenden Arbeitsplatz enden würde,
2. die Schaffung neuer geeigneter, erforderlichenfalls behinderungsgerecht ausgestatteter Ausbildungsplätze und Plätze zur sonstigen beruflichen Bildung für schwerbehinderte Menschen, insbesondere zur Teilnahme an Leistungen zur Teilhabe am Arbeitsleben nach § 49 Absatz 3 Nummer 4 des Neunten Buches Sozialgesetzbuch, in Betrieben oder Dienststellen,

wenn gewährleistet wird, daß die geförderten Plätze für einen nach Lage des Einzelfalles zu bestimmenden langfristigen Zeitraum schwerbehinderten Menschen vorbehalten bleiben. Leistungen können auch zu den Aufwendungen erbracht werden, die durch die Ausbildung schwerbehinderter Menschen im Gebrauch der nach Satz 1 geförderten Gegenstände entstehen.

(2) Leistungen sollen nur erbracht werden, wenn sich der Arbeitgeber in einem angemessenen Verhältnis an den Gesamtkosten beteiligt. Sie können nur erbracht werden, soweit Mittel für denselben Zweck nicht von anderer Seite zu erbringen

sind oder erbracht werden. Art und Höhe der Leistung bestimmen sich nach den Umständen des Einzelfalles. Darlehen sollen mit jährlich 10 vom Hundert getilgt werden; von der Tilgung kann im Jahr der Auszahlung und dem darauf folgenden Kalenderjahr abgesehen werden. Auch von der Verzinsung kann abgesehen werden.

(3) Die behinderungsgerechte Ausstattung von Arbeits- und Ausbildungsplätzen und die Einrichtung von Teilzeitarbeitsplätzen können, wenn Leistungen nach Absatz 1 nicht erbracht werden, nach den Vorschriften über die begleitende Hilfe im Arbeitsleben (§ 26) gefördert werden.

I. Leistungen an schwerbehinderte Menschen

§ 19 Technische Arbeitshilfen Für die Beschaffung technischer Arbeitshilfen, ihre Wartung, Instandsetzung und die Ausbildung des schwerbehinderten Menschen im Gebrauch können die Kosten bis zur vollen Höhe übernommen werden. Gleiches gilt für die Ersatzbeschaffung und die Beschaffung zur Anpassung an die technische Weiterentwicklung.

§ 20 Hilfen zum Erreichen des Arbeitsplatzes Schwerbehinderte Menschen können Leistungen zum Erreichen des Arbeitsplatzes nach Maßgabe der Kraftfahrzeughilfe-Verordnung vom 28. September 1987 (BGBl. I S. 2251) erhalten.

§ 21 Hilfen zur Gründung und Erhaltung einer selbständigen beruflichen Existenz (1) Schwerbehinderte Menschen können Darlehen oder Zinszuschüsse zur Gründung und zur Erhaltung einer selbständigen beruflichen Existenz erhalten, wenn

1. sie die erforderlichen persönlichen und fachlichen Voraussetzungen für die Ausübung der Tätigkeit erfüllen,
2. sie ihren Lebensunterhalt durch die Tätigkeit voraussichtlich auf Dauer im wesentlichen sicherstellenkönnen und
3. die Tätigkeit unter Berücksichtigung von Lage und Entwicklung des Arbeitsmarkts zweckmäßig ist.

(2) Darlehen sollen mit jährlich 10 vom Hundert getilgt werden. Von der Tilgung kann im Jahr der Auszahlung und dem darauffolgenden Kalenderjahr abgesehen werden. Satz 2 gilt, wenn Darlehen verzinslich gegeben werden, für die Verzinsung.

(3) Sonstige Leistungen zur Deckung von Kosten des laufenden Betriebs können nicht erbracht werden.

(4) Die §§ 17 bis 20 und die §§ 22 bis § 27 sind zugunsten von schwerbehinderten Menschen, die eine selbständige Tätigkeit ausüben oder aufzunehmen beabsichtigen, entsprechend anzuwenden.

§ 22 Hilfen zur Beschaffung, Ausstattung und Erhaltung einer behinderungsgerechten Wohnung (1) Schwerbehinderte Menschen können Leistungen erhalten

1. zur Beschaffung von behinderungsgerechtem Wohnraum im Sinne des § 16 des Wohnraumförderungsgesetzes,
2. zur Anpassung von Wohnraum und seiner Ausstattung an die besonderen behinderungsbedingten Bedürfnisse und
3. zum Umzug in eine behinderungsgerechte oder erheblich verkehrsgünstiger zum Arbeitsplatz gelegene Wohnung.

(2) Leistungen können als Zuschüsse, Zinszuschüsse oder Darlehen erbracht werden. Höhe, Tilgung und Verzinsung bestimmen sich nach den Umständen des Einzelfalls.

(3) Leistungen von anderer Seite sind nur insoweit anzurechnen, als sie schwerbehinderten Menschen für denselben Zweck wegen der Behinderung zu erbringen sind oder erbracht werden.

§ 23 *(weggefallen)*

§ 24 Hilfen zur Teilnahme an Maßnahmen zur Erhaltung und Erweiterung beruflicher Kenntnisse und Fertigkeiten Schwerbehinderte Menschen, die an inner- oder außerbetrieblichen Maßnahmen der beruflichen Bildung zur Erhaltung und Erweiterung ihrer beruflichen Kenntnisse und Fertigkeiten oder zur Anpassung an die technische Entwicklung teilnehmen, vor allem an besonderen Fortbildungs- und Anpassungsmaßnahmen, die nach Art, Umfang und Dauer den Bedürfnissen dieser schwerbehinderten Menschen entsprechen, können Zuschüsse bis zur Höhe der ihnen durch die Teilnahme an diesen Maßnahmen entstehenden Aufwendungen erhalten. Hilfen können auch zum beruflichen Aufstieg erbracht werden.

§ 25 Hilfen in besonderen Lebenslagen Andere Leistungen zur begleitenden Hilfe im Arbeitsleben als die in den §§ 19 bis 24 geregelten Leistungen können an schwerbehinderte Menschen erbracht werden, wenn und soweit sie unter Berücksichtigung von Art oder Schwere der Behinderung erforderlich sind, um die Teilhabe am Arbeitsleben auf dem allgemeinen Arbeitsmarkt zu ermöglichen, zu erleichtern oder zu sichern.

II. Leistungen an Arbeitgeber

§ 26 Leistungen zur behinderungsgerechten Einrichtung von Arbeits- und Ausbildungsplätzen für schwerbehinderte Menschen (1) Arbeitgeber können Darlehen oder Zuschüsse bis zur vollen Höhe der entstehenden notwendigen Kosten für folgende Maßnahmen erhalten:

1. die behinderungsgerechte Einrichtung und Unterhaltung der Arbeitsstätten einschließlich der Betriebsanlagen, Maschinen und Geräte,
2. die Einrichtung von Teilzeitarbeitsplätzen für schwerbehinderte Menschen, insbesondere wenn eine Teilzeitbeschäftigung mit einer Dauer auch von weniger als 18 Stunden, wenigstens aber 15 Stunden, wöchentlich wegen Art oder Schwere der Behinderung notwendig ist,
3. die Ausstattung von Arbeits- oder Ausbildungsplätzen mit notwendigen technischen Arbeitshilfen, deren Wartung und Instandsetzung sowie die Ausbil-

dung des schwerbehinderten Menschen im Gebrauch der nach den Nummern 1 bis 3 geförderten Gegenstände,

4. sonstige Maßnahmen, durch die eine möglichst dauerhafte behinderungsgerechte Beschäftigung schwerbehinderter Menschen in Betrieben oder Dienststellen ermöglicht, erleichtert oder gesichert werden kann.

Gleiches gilt für Ersatzbeschaffungen oder Beschaffungen zur Anpassung an die technische Weiterentwicklung.

(2) Art und Höhe der Leistung bestimmen sich nach den Umständen des Einzelfalls, insbesondere unter Berücksichtigung, ob eine Verpflichtung des Arbeitgebers zur Durchführung von Maßnahmen nach Absatz 1 gemäß § 164 Absatz 3 Satz 1, Absatz 4 Satz 1 Nummer 4 und 5 und Absatz 5 Satz 1 des Neunten Buches Sozialgesetzbuch besteht und erfüllt wird sowie ob schwerbehinderte Menschen ohne Beschäftigungspflicht oder über die Beschäftigungspflicht hinaus (§ 154 des Neunten Buches Sozialgesetzbuch) oder im Rahmen der Erfüllung der besonderen Beschäftigungspflicht gegenüber bei der Teilhabe am Arbeitsleben besonders betroffenen schwerbehinderten Menschen (§ 154 Absatz 1 Satz 2 und § 155 des Neunten Buches Sozialgesetzbuch) beschäftigt werden.

(3) § 15 Abs. 2 Satz 1 und 2 gilt entsprechend.

§ 26a Zuschüsse zu den Gebühren bei der Berufsausbildung besonders betroffener schwerbehinderter Jugendlicher und junger Erwachsener Arbeitgeber, die ohne Beschäftigungspflicht (§ 154 Absatz 1 des Neunten Buches Sozialgesetzbuch) besonders betroffene schwerbehinderte Menschen zur Berufsausbildung einstellen, können Zuschüsse zu den Gebühren, insbesondere Prüfungsgebühren bei der Berufsausbildung, erhalten.

§ 26b Prämien und Zuschüsse zu den Kosten der Berufsausbildung behinderter Jugendlicher und junger Erwachsener Arbeitgeber können Prämien und Zuschüsse zu den Kosten der Berufsausbildung behinderter Jugendlicher und junger Erwachsener erhalten, die für die Zeit der Berufsausbildung schwerbehinderten Menschen nach § 151 Absatz 4 des Neunten Buches Sozialgesetzbuch gleichgestellt sind.

§ 26c Prämien zur Einführung eines betrieblichen Eingliederungsmanagements Arbeitgeber können zur Einführung eines betrieblichen Eingliederungsmanagements Prämien erhalten.

§ 27 Leistungen bei außergewöhnlichen Belastungen (1) Arbeitgeber können Zuschüsse zur Abgeltung außergewöhnlicher Belastungen erhalten, die mit der Beschäftigung eines schwerbehinderten Menschen verbunden sind, der nach Art oder Schwere seiner Behinderung im Arbeits- und Berufsleben besonders betroffen ist (§ 155 Absatz 1 Nummer 1 Buchstabe a bis d des Neunten Buches Sozialgesetzbuch) oder im Anschluss an eine Beschäftigung in einer anerkannten Werkstatt für behinderte Menschen oder bei einem anderen Leistungsanbieter im Sinne des § 60 des Neunten Buches Sozialgesetzbuch oder in Teilzeit (§ 158 Absatz 2 des Neunten Buches Sozialgesetzbuch) beschäftigt wird, vor allem, wenn ohne diese

Leistungen das Beschäftigungsverhältnis gefährdet würde. Leistungen nach Satz 1 können auch in Probebeschäftigungen und Praktika erbracht werden, die ein in einer Werkstatt für behinderte Menschen beschäftigter schwerbehinderter Mensch im Rahmen von Maßnahmen zur Förderung des Übergangs auf den allgemeinen Arbeitsmarkt (§ 5 Abs. 4 der Werkstättenverordnung) absolviert, wenn die dem Arbeitgeber entstehenden außergewöhnlichen Belastungen nicht durch die in dieser Zeit erbrachten Leistungen der Rehabilitationsträger abgedeckt werden.

(2) Außergewöhnliche Belastungen sind überdurchschnittlich hohe finanzielle Aufwendungen oder sonstige Belastungen, die einem Arbeitgeber bei der Beschäftigung eines schwerbehinderten Menschen auch nach Ausschöpfung aller Möglichkeiten entstehen und für die die Kosten zu tragen für den Arbeitgeber nach Art oder Höhe unzumutbar ist.

(3) Für die Zuschüsse zu notwendigen Kosten nach Absatz 2 gilt § 26 Abs. 2 entsprechend.

(4) Die Dauer des Zuschusses bestimmt sich nach den Umständen des Einzelfalls.

III. Sonstige Leistungen

§ 27a Leistungen an Integrationsfachdienste (1) Träger von Integrationsfachdiensten im Sinne des Kapitels 7 des Teils 3 des Neunten Buches Sozialgesetzbuch können Leistungen nach § 196 des Neunten Buches Sozialgesetzbuch zu den durch ihre Inanspruchnahme entstehenden notwendigen Kosten erhalten.

(2) Die Länder legen dem Bundesministerium für Arbeit und Soziales jährlich zum 30. Juni einen Bericht über die Beauftragung der Integrationsfachdienste oder anderer geeigneter Träger als Einheitliche Ansprechstellen für Arbeitgeber vor. Sie berichten auch über den Aktivitäten in diesem Zusammenhang sowie über die Verwendung der Mittel, die ab dem 30. Juni 2022 nach § 36 nicht mehr an den Ausgleichsfonds abzuführen sind, für diesen Zweck. Der Bericht kann auch gesammelt durch die Bundesarbeitsgemeinschaft der Integrationsämter und Hauptfürsorgestellen erfolgen.

§ 28 Leistungen zur Durchführung der psychosozialen Betreuung schwerbehinderter Menschen (1) Freie gemeinnützige Träger psychosozialer Dienste, die das Integrationsamt an der Durchführung der ihr obliegenden Aufgabe der im Einzelfall erforderlichen psychosozialen Betreuung schwerbehinderter Menschen unter Fortbestand ihrer Verantwortlichkeit beteiligt, können Leistungen zu den daraus entstehenden notwendigen Kosten erhalten.

(2) Leistungen nach Absatz 1 setzen voraus, daß

1. der psychosoziale Dienst nach seiner personellen, räumlichen und sächlichen Ausstattung zur Durchführung von Maßnahmen der psychosozialen Betreuung geeignet ist, insbesondere mit Fachkräften ausgestattet ist, die über eine geeignete Berufsqualifikation, eine psychosoziale Zusatzqualifikation und ausreichende Berufserfahrung verfügen, und
2. die Maßnahmen

a) nach Art, Umfang und Dauer auf die Aufnahme, Ausübung oder Sicherung einer möglichst dauerhaften Beschäftigung schwerbehinderter Menschen auf dem allgemeinen Arbeitsmarkt ausgerichtet und dafür geeignet sind,
b) nach den Grundsätzen der Wirtschaftlichkeit und Sparsamkeit durchgeführt werden, insbesondere die Kosten angemessen sind, und
c) aufgrund einer Vereinbarung zwischen dem Integrationsamt und dem Träger des psychosozialen Dienstes durchgeführt werden.

Leistungen können gleichermaßen für Maßnahmen für schwerbehinderte Menschen erbracht werden, die diesen Dienst unter bestimmten, in der Vereinbarung näher zu regelnden Voraussetzungen im Einvernehmen mit dem Integrationsamt unmittelbar in Anspruch nehmen.

(3) Leistungen sollen in der Regel bis zur vollen Höhe der notwendigen Kosten erbracht werden, die aus der Beteiligung an den im Einzelfall erforderlichen Maßnahmen entstehen. Das Nähere über die Höhe der zu übernehmenden Kosten, ihre Erfassung, Darstellung und Abrechnung bestimmt sich nach der Vereinbarung zwischen dem Integrationsamt und dem Träger des psychosozialen Dienstes gemäß Absatz 2 Satz 1 Nr. 2Buchstabe c.

§ 28a Leistungen an Inklusionsbetriebe Inklusionsbetriebe im Sinne des Kapitels 11 des Teils 3 des Neunten Buches Sozialgesetzbuch können Leistungen für Aufbau, Erweiterung, Modernisierung und Ausstattung einschließlich einer betriebswirtschaftlichen Beratung und besonderen Aufwand erhalten.

§ 29 Leistungen zur Durchführung von Aufklärungs-, Schulungs- und Bildungsmaßnahmen (1) Die Durchführung von Schulungs- und Bildungsmaßnahmen für Vertrauenspersonen schwerbehinderter Menschen, Beauftragte der Arbeitgeber, Betriebs-, Personal-, Richter-, Staatsanwalts- und Präsidialräte sowie die Mitglieder der Stufenvertretungen wird gefördert, wenn es sich um Veranstaltungen der Integrationsämter im Sinne des § 185 Absatz 2 Satz 6 des Neunten Buches Sozialgesetzbuch handelt. Die Durchführung von Maßnahmen im Sinne des Satzes 1 durch andere Träger kann gefördert werden, wenn die Maßnahmenerforderlich und die Integrationsämter an ihrer inhaltlichen Gestaltung maßgeblich beteiligt sind.

(2) Aufklärungsmaßnahmen sowie Schulungs- und Bildungsmaßnahmen für andere als in Absatz 1 genannte Personen, die die Teilhabe schwerbehinderter Menschen am Arbeitsleben zum Gegenstand haben, können gefördert werden. Dies gilt auch für die Qualifizierung des nach § 185 Absatz 1 des Neunten Buches Sozialgesetzbuch einzusetzenden Personals sowie für notwendige Informationsschriften und -veranstaltungen über Rechte, Pflichten, Leistungen und sonstige Eingliederungshilfen sowie Nachteilsausgleiche nach dem Neunten Buch Sozialgesetzbuch und anderen Vorschriften.

…

Dritter Abschnitt – Ausgleichsfonds

…

2. Unterabschnitt – Förderung der Teilhabe schwerbehinderter Menschen am Arbeitsleben aus Mittelndes Ausgleichsfonds

§ 41 Verwendungszwecke (1) Die Mittel aus dem Ausgleichsfonds sind zu verwenden für

1. Zuweisungen an die Bundesagentur für Arbeit zur besonderen Förderung der Teilhabe schwerbehinderter Menschen am Arbeitsleben, insbesondere durch Eingliederungszuschüsse und Zuschüsse zur Ausbildungsvergütung nach dem Dritten Buch Sozialgesetzbuch, und zwar ab 2009 jährlich in Höhe von 16 vom Hundert des Aufkommens an Ausgleichsabgabe,
2. befristete überregionale Programme zum Abbau der Arbeitslosigkeit schwerbehinderter Menschen, besonderer Gruppen von schwerbehinderten Menschen (§ 155 des Neunten Buches Sozialgesetzbuch) oder schwerbehinderter Frauen sowie zur Förderung des Ausbildungsplatzangebots für schwerbehinderte Menschen,
3. *(aufgehoben)*
4. überregionale Modellvorhaben zur Weiterentwicklung der Förderung der Teilhabe schwerbehinderter Menschen am Arbeitsleben, insbesondere durch betriebliches Eingliederungsmanagement, und der Förderung der Ausbildung schwerbehinderter Jugendlicher,
5. die Entwicklung technischer Arbeitshilfen und
6. Aufklärungs-, Fortbildungs- und Forschungsmaßnahmen auf dem Gebiet der Teilhabe schwerbehinderter Menschen am Arbeitsleben, sofern diesen Maßnahmen überregionale Bedeutung zukommt.

(2) Die Mittel des Ausgleichsfonds sind vorrangig für die Eingliederung schwerbehinderter Menschen in den allgemeinen Arbeitsmarkt zu verwenden.

(3) Der Ausgleichsfonds kann sich an der Förderung von Forschungs- und Modellvorhaben durch die Integrationsämter nach § 14 Abs. 1 Nr. 4 beteiligen, sofern diese Vorhaben auch für andere Länder oder den Bund von Bedeutung sein können.

…

30 X. Sozialgesetzbuch (SGB) Zehntes Buch Verwaltungsverfahren, Schutz der Sozialdaten, Zusammenarbeit der Leistungsträger und ihre Beziehungen zu Dritten

Einleitung

Die ersten beiden Kapitel des SGB X (Gesetz vom 4.11.1982, BGBl. I 1469) enthalten das sozialrechtliche Verwaltungsverfahren und eine detaillierte Regelung des Schutzes der Sozialdaten. Das sozialrechtliche Verwaltungsverfahren ist ausdrücklich aus dem Anwendungsbereich des allgemeinen Verwaltungsverfahrensgesetzes vom 25.5.1976 (BGBl. I 1253, dort § 2 Abs. 2 Nr. 4) ausgenommen. Es ist neben dem Verfahren in der Finanzverwaltung, für das die Abgabenordnung vom 16.3.1976 (BGBl. I 163) gilt, ein zweiter großer Verwaltungsbereich, für den eigene Verfahrensregelungen gelten.
Eine wichtige Abweichung gegenüber dem allgemeinen Verwaltungsverfahren ist die Kostenfreiheit des sozialrechtlichen Verfahrens (§ 64 SGB X). Kostenfrei sind daher auch Beratungen durch die Sozialleistungsträger nach § 14 SGB I. Es ist vor diesem Hintergrund verfassungsrechtlich nicht zu beanstanden, wenn Beratungshilfe nach dem Beratungshilfegesetz (BerHG v. 18.6.1980, BGBl. I 689) für anwaltliche Beratung unter Verweis auf § 14 SGB I versagt wird (*BVerfG* 14.12.2011 – 1 BvR 2735/11, NZS 12, 339). Allerdings darf Beratungshilfe nur versagt werden, wenn auch eine bemittelte Partei mit Rücksicht auf ausreichende Selbsthilfemöglichkeiten auf die Ianspruchnahme anwaltlicher Hilfe vernünftigerweise verzichtet hätte (*BVerfG* 4.4.2022 – 1 BvR 1370/21, info also 22, 226).
Am meisten umstritten war anfänglich die Regelung der Sozialdaten (vgl. bis 42. Aufl.). Nach Inkrafttreten der Europäischen Datenschutz-Grundverordnung (Nr. 15a) erfolgte durch Art. 24 des Gesetzes zur Änderung des Bundesversorgungsgesetzes und anderer Vorschriften (v. 17.7.2017, BGBl. I 2541) eine vollständige Neufassung der §§ 67 ff. SGB X, die ergänzend den Sozialdatenschutz regeln.
Das 3. Kapitel über die Zusammenarbeit der Leistungsträger und ihre Beziehungen zu Dritten ist mit Gesetz vom 4.11.1982 (BGBl. I 1450) angefügt worden.
§ 115 SGB X regelt den gesetzlichen Übergang des Anspruchs auf Arbeitsentgelt auf einen Sozialleistungsträger, wenn dieser dem Arbeitnehmer eine Lohnersatzleistung für die gleiche Zeit erbracht hat (*Waltermann*, NJW 96, 1644). Ein wichtiger Fall ist die sog. Gleichwohlgewährung von Arbeitslosengeld nach § 157 Abs. 3 SGB III (Nr. 30 III): Der Arbeitnehmer hätte an sich keinen Anspruch auf Arbeitslosengeld, weil der Arbeitgeber Entgelt schuldet. Zahlt der Arbeitgeber aber nicht, kann der Arbeitnehmer »gleichwohl« Arbeitslosengeld beanspruchen und der An-

spruch auf Arbeitsentgelt geht auf die Arbeitsagentur über (vgl. *BAG* 29.4.2015 – 5 AZR 756/13, NZA 15, 938, wo es allerdings um einen Gründungszuschuss ging, der unter den gleichen Voraussetzungen zu bewilligen war). Wenn und soweit der Arbeitgeber das übergegangene Arbeitsentgelt an die Arbeitsagentur leistet, ist dies im Sinne einer Verlängerung des Arbeitslosengeldanspruchs dem Arbeitslosen »gutzuschreiben« (*BSG* 24.7.1986 – 7 RAr 4/85, BSGE 60, 168, 174).

Weiterführende Literatur

Deinert, Sozialrecht (2025), 17. Kap.: Der Vollzug des Sozialrechts in Verwaltung und Justiz

BeckOGK-SGB X, auch Loseblatt (Kasseler Kommentar zum Sozialversicherungsrecht)

Diering/Timme/Stähler (Hrsg.), SGB X, 6. Aufl. (2022)

Hauck/Noftz, SGB X (Loseblatt)

v.Koppenfels-Spies/Leopold (Hrsg.), SGB X, 4. Aufl. (2025)

Schütze, SGB X, 9. Aufl. (2020)

Sozialgesetzbuch (SGB) Zehntes Buch Verwaltungsverfahren, Schutz der Sozialdaten, Zusammenarbeit der Leistungsträger und ihre Beziehungen zu Dritten

vom 18. August 1980 (BGBl. I 1469),
zuletzt geändert durch Gesetz vom 22. Dezember 2025 (BGBl. 2025 I Nr. 355)

(Abgedruckte Vorschriften: §§ 115, 116)

§ 115 Ansprüche gegen den Arbeitgeber (1) Soweit der Arbeitgeber den Anspruch des Arbeitnehmers auf Arbeitsentgelt nicht erfüllt und deshalb ein Leistungsträger Sozialleistungen erbracht hat, geht der Anspruch des Arbeitnehmers gegen den Arbeitgeber auf den Leistungsträger bis zur Höhe der erbrachten Sozialleistungen über.
(2) Der Übergang wird nicht dadurch ausgeschlossen, dass der Anspruch nicht übertragen, verpfändet oder gepfändet werden kann.
(3) An Stelle der Ansprüche des Arbeitnehmers auf Sachbezüge tritt im Falle des Absatzes 1 der Anspruch auf Geld; die Höhe bestimmt sich nach den nach § 17 Absatz 1 Satz 1 Nummer 4 des Vierten Buches festgelegten Werten der Sachbezüge.

§ 116 Ansprüche gegen Schadenersatzpflichtige (1) Ein auf anderen gesetzlichen Vorschriften beruhender Anspruch auf Ersatz eines Schadens geht auf den Versicherungsträger oder Träger der Eingliederungshilfe oder der Sozialhilfe über, soweit dieser auf Grund des Schadensereignisses Sozialleistungen zu erbringen hat, die der Behebung eines Schadens der gleichen Art dienen und sich auf denselben Zeitraum wie der vom Schädiger zu leistende Schadensersatz beziehen. Dazu gehören auch
1. die Beiträge, die von Sozialleistungen zu zahlen sind, und
2. die Beiträge zur Krankenversicherung, die für die Dauer des Anspruchs auf Krankengeld unbeschadet des § 224 Abs. 1 des Fünften Buches zu zahlen wären.

(2) Ist der Anspruch auf Ersatz eines Schadens durch Gesetz der Höhe nach begrenzt, geht er auf den Versicherungsträger oder Träger der Eingliederungshilfe oder der Sozialhilfe über, soweit er nicht zum Ausgleich des Schadens des Geschädigten oder seiner Hinterbliebenen erforderlich ist.
(3) Ist der Anspruch auf Ersatz eines Schadens durch ein mitwirkendes Verschulden oder eine mitwirkende Verantwortlichkeit des Geschädigten begrenzt, geht auf den Versicherungsträger oder Träger der Eingliederungshilfe oder der Sozialhilfe von dem nach Absatz 1 bei unbegrenzter Haftung übergehenden Ersatzanspruch der Anteil über, welcher dem Vomhundertsatz entspricht, für den der Schädiger ersatzpflichtig ist. Dies gilt auch, wenn der Ersatzanspruch durch Gesetz der Höhe nach begrenzt ist. Der Anspruchsübergang ist ausgeschlossen, soweit der Geschä-

digte oder seine Hinterbliebenen dadurch hilfebedürftig im Sinne der Vorschriften des Zwölften Buches werden.

(4) Stehen der Durchsetzung der Ansprüche auf Ersatz eines Schadens tatsächliche Hindernisse entgegen, hat die Durchsetzung der Ansprüche des Geschädigten und seiner Hinterbliebenen Vorrang vor den übergegangenen Ansprüchen nach Absatz 1.

(5) Hat ein Versicherungsträger oder Träger der Eingliederungshilfe oder der Sozialhilfe auf Grund des Schadensereignisses dem Geschädigten oder seinen Hinterbliebenen keine höheren Sozialleistungen zu erbringen als vor diesem Ereignis, geht in den Fällen des Absatzes 3 Satz 1 und 2 der Schadenersatzanspruch nur insoweit über, als der geschuldete Schadenersatz nicht zur vollen Deckung des eigenen Schadens des Geschädigten oder seiner Hinterbliebenen erforderlich ist.

(6) Ein nach Absatz 1 übergegangener Ersatzanspruch kann bei nicht vorsätzlichen Schädigungen durch eine Person, die im Zeitpunkt des Schadensereignisses mit dem Geschädigten oder seinen Hinterbliebenen in häuslicher Gemeinschaft lebt, nicht geltend gemacht werden. Ein Ersatzanspruch nach Absatz 1 kann auch dann nicht geltend gemacht werden, wenn der Schädiger mit dem Geschädigten oder einem Hinterbliebenen nach Eintritt des Schadensereignisses die Ehe geschlossen oder eine Lebenspartnerschaft begründet hat und in häuslicher Gemeinschaft lebt. Abweichend von den Sätzen 1 und 2 kann ein Ersatzanspruch bis zur Höhe der zur Verfügung stehenden Versicherungssumme geltend gemacht werden, wenn der Schaden bei dem Betrieb eines Fahrzeugs entstanden ist, für das Versicherungsschutz nach § 1 des Pflichtversicherungsgesetzes oder § 3 des Auslandsfahrzeug-Pflichtversicherungsgesetzes besteht. Der Ersatzanspruch kann in den Fällen des Satzes 3 gegen den Schädiger in voller Höhe geltend gemacht werden, wenn er den Versicherungsfall vorsätzlich verursacht hat.

(7) Haben der Geschädigte oder seine Hinterbliebenen von dem zum Schadenersatz Verpflichteten auf einen übergegangenen Anspruch mit befreiender Wirkung gegenüber dem Versicherungsträger oder Träger der Eingliederungshilfe oder der Sozialhilfe Leistungen erhalten, haben sie insoweit dem Versicherungsträger oder Träger der Eingliederungshilfe oder der Sozialhilfe die erbrachten Leistungen zu erstatten. Haben die Leistungen gegenüber dem Versicherungsträger oder Träger der Sozialhilfe keine befreiende Wirkung, haften der zum Schadenersatz Verpflichtete und der Geschädigte oder dessen Hinterbliebene dem Versicherungsträger oder Träger der Sozialhilfe als Gesamtschuldner.

(8) Weist der Versicherungsträger oder Träger der Sozialhilfe nicht höhere Leistungen nach, sind vorbehaltlich der Absätze 2 und 3 je Schadensfall für nicht stationäre ärztliche Behandlung und Versorgung mit Arznei- und Verbandmitteln 5 vom Hundert der monatlichen Bezugsgröße nach § 18 des Vierten Buches zu ersetzen.

(9) Die Vereinbarung einer Pauschalierung der Ersatzansprüche ist zulässig.

(10) Die Bundesagentur für Arbeit und die Träger der Grundsicherung für Arbeitsuchende nach dem Zweiten Buch gelten als Versicherungsträger im Sinne dieser Vorschrift.

30 XI. Sozialgesetzbuch (SGB) Elftes Buch Soziale Pflegeversicherung

Einleitung

I. Pflegeversicherung

Nach langer und intensiver politischer Auseinandersetzung ist das Gesetz zur sozialen Absicherung des Risikos der Pflegebedürftigkeit (Pflege-Versicherungsgesetz – PflegeVG) vom 26. 5. 1994 (BGBl. I 1014) verabschiedet und als 11. Buch in das SGB eingegliedert worden. Es gewährt einem an der Krankenversicherung orientierten Personenkreis Leistungen bei Pflegebedürftigkeit (Übersicht 69). Der rechtspolitische Bedarf dokumentiert sich an der steigenden Zahl Pflegebedürftiger (Anstieg um 11,4 % seit 1999 auf 2,2 Mio. Menschen Ende 2007, 2014 waren es schon mehr als 2,6 Mio., 2017 3,4 Mio. Menschen).

Die Beiträge werden je zur Hälfte von den Arbeitgebern und den Arbeitnehmern erhoben. Jedoch ist zur Kompensation der Arbeitgeberbelastungen die landesgesetzliche Streichung eines Feiertages, der stets auf einen Werktag fällt, vorgesehen. Kommt es nicht zu einer solchen Streichung, tragen die Arbeitnehmer die Beiträge i. H. v. 1 % allein (§ 58 SGB XI; zur Kompensationsregelung vgl. *Marschner,* BB 94, 1996; *BVerfG* 18. 9. 1995 – 1 BvR 1456/95, NJW 95, 3378). Das Land Sachsen hat als einziges Bundesland keinen Feiertag gestrichen. Die sich daraus ergebende höhere Beitragslast für Arbeitnehmer ist verfassungsgemäß (*BVerfG* 11. 6. 2003 – 1 BvR 190/00, 1 BvR 191/00, AuR 03, 297). Ob die Einführung zusätzlicher Feiertage in einigen Bundesländern, namentlich des Reformationstages, zu einer entsprechenden Verschiebung der Beitragslast auf die Arbeitnehmer auch in diesen Ländern führt, wird noch der höchstrichterlichen Klärung bedürfen, da es sich insoweit nicht um einen Feiertag handelt, der stets auf einen Werktag fällt (vgl. § 58 Abs. 3 SGB XI).

Das *BVerfG* hat es für verfassungswidrig erklärt, wenn die Beiträge für Kinderlose ebenso hoch sind wie die für diejenigen, die Kinder betreuen und erziehen (7. 2. 2012 – 1 BvL 14/07, BVerfGE 130, 242). Infolgedessen gibt es daher in § 55 SGB XI verschiedene Beiträge für diese beiden Gruppen. Allerdings hielt das *BVerfG* auch die neue Regelung für verfassungswidrig, weil sie Eltern mit Kindern unabhängig von der Anzahl der Kinder gleich belastet (7. 4. 2022 – 1 BvL 3/18, NZS 22, 579). Der Gesetzgeber musste bis zum 31. 7. 2023 eine neue Regelung schaffen. Sie wurde durch das Pflegeunterstützungs- und -entlastungsgesetz (v. 19. 6. 2023, BGBl. 2023 I Nr. 155) geschaffen. Darin wurde das Beitragsrecht komplett neu geordnet (Überblick bei *Winkel/Nakielski*, SozSich 23, 280). Der Beitragssatz beträgt im Ausgangspunkt 3,4 %. Er wurde durch die Pflege-Beitragssatz-Anpassungsverordnung 2025 v. 20. 12. 2024 (BGBl. I Nr. 446) auf 3,6 % angehoben. Für Mitglieder ohne Kinder, die älter als 23 Jahre alt sind, erhöht er sich um 0,6 %-Punkte (Beitragszuschlag für Kinderlose). Für Versicherte mit Kindern gibt es ab dem zweiten Kind zusätzliche Abschläge für jedes weitere in Höhe von 0,25 % Punkten, allerdings nur bis zur Vollendung des 25. Lebensjahr des Kindes. Maximal können bis zu fünf Kinder berücksichtigt werden, sodass der Beitragssatz bis auf 2,6 % sinken kann.

Pflegeleistungen werden entweder vollstationär durch pauschalierte Übernahme der Aufwendungen (§ 43 SGB XI), teilstationär durch gedeckelte Kostenübernahme für Tagespflege, Nachtpflege oder Kurzzeitpflege (§§ 41, 42 SGB XI) oder häuslich erbracht. Bei den häuslichen Pflegeleistungen gibt es gedeckelte Pflegesachleistungen nach § 36 SGB XI (von der Kasse finanzierte Pflegekräfte) oder Pflegegeld nach § 37 für selbstbeschaffte Pflegekräfte (i. d. R. Angehörige). Es ist verfassungsgemäß, dass die Grenzbeträge für Pflegesachleistungen höher sind als das Pflegegeld (*BVerfG* 26. 3. 2014 – 1 BvR 1133/12, NZS 14, 414).

Die Pflegeversicherung ist Gegenstand ständiger Reformen (vgl. ausführlich 40., 45. und 47. Aufl.). Die wohl gravierendsten Änderungen erfolgten durch das Zweite Pflegestärkungsgesetz v. 21. 12. 2015 (BGBl. I 2424; Entwurf: BT-Drs. 18/5926; dazu *Nakielski,* SozSich 15, 349; *Kaminski,* WzS 15, 307; Überblick in: WzS 15, 248; zu den Vorarbeiten: Bundesministerium für Gesundheit [Hrsg.], Bericht des Expertenbeirats zur konkreten Ausgestaltung des neuen Pflegebedürftigkeitsbegriffs, 27. 6. 13; *Rothgang*, SozSich 13, 245). Mit ihm wurden der Pflegebedürftigkeitsbegriff des § 14 SGB XI statt bisher in drei Stufen nunmehr in fünf Pflegegraden nach dem Grad der Selbstständigkeit auf bestimmten Feldern definiert und die Leistungen entsprechend dieser Pflegegrade neu ausgerichtet. Überdies wurde eine bessere Absicherung von Pflegepersonen in der gesetzlichen Renten- und Arbeitslosenversicherung herbeigeführt.

Während der Corona-Krise gab es eine Reihe befristeter Sonderregelungen für die Pflegeversicherung, die Pflegezeit (u. II) und die Familienpflegezeit (u. III) (vgl. Einl. I 1 zum SGB XI, 46. und 48. Aufl.).

Wichtige gesetzliche Änderungen waren zuletzt enthalten im Pflegebonusgesetz (v. 28. 6. 2022, BGBl. I 938; Entwurf: BT-Drs. 20/1331), das für Beschäftigte in der Langzeitpflege einen Pflegebonus vorsieht. Durch das Gesetz sind auch Nachbesserungen vorgenommen worden hinsichtlich der Zahlung mindestens in Höhe des Tarifentgelts. Das Pflegeunterstützungs- und -entlastungsgesetz (v. 19. 6. 2023, BGBl. 2023 I Nr. 155; dazu *Richter*, NJW 23, 2679; *Viol*, SozSich 23, 275; Entwurf: BT-Drs. 20/6869; Beschlussempfehlung und Bericht des Ausschusses für Gesundheit: BT-Drs. 20/6983) brachte

- Neuregelung des Beitragssatzes (s. o.),
- Neuregelung des Begutachtungsverfahrens (§§ 18 ff. SGB XI),
- Leistungserhöhungen für Pflegesachleistungen (§ 36 SGB XI) und Pflegegeld (§ 37 SGB XI),
- Dynamisierung der Leistungen gemäß § 30 SGB XI (Anhebung um 4,5 % zum 1. 1. 2025 und in Höhe des kumulierten Anstiegs der Kerninflationsrate der letzten drei Kalenderjahre zum 1. 1. 2028)
- Zusammenfassung von Verhinderungspflege und der Kurzzeitpflege mit einem gemeinsamen Jahresbetrag von 3539 Euro (§ 42a SGB XI mit Wirkung ab 1. 7. 2025),

- Umstellung des Pflegeunterstützungsgeldes nach § 44a SGB XI von einer einmaligen auf eine jährliche Leistung im Umfang von zehn Arbeitstagen und
- Möglichkeit der Versorgung der pflegebedürftigen Person in Rehaeinrichtung bei Aufnahme der Pflegeperson (§ 42a SGB XI, ab 1.7.2025 § 42b SGB XI).

II. Pflegezeitgesetz

Eine konzeptionelle Neuerung des Pflege-Weiterentwicklungsgesetzes v. 28.5.2008 (BGBl. I 874) war die Einführung der sog. Pflegezeit durch das PflegeZG (Nr. 30 XIa; dazu *Preis/Nehring*, NZA 08, 729; *Müller/Stuhlmann*, ZTR 08, 290; *Müller*, BB 08, 1058; *Freihube/Sasse*, DB 08, 1320; *Nielebock*, AiB 08, 363; *Braun*, RiA 08, 193; *Linck*, BB 08, 2738; *Waldenmaier/Lagenhan-Komus*, RdA 08, 312; zu den Auswirkungen des Zweiten Pflegestärkungsgesetzes [s.o. I *Müller*, BB 16, 1338). Dieses sieht zum einen eine Arbeitsbefreiung bei kurzzeitiger Arbeitsverhinderung zur Organisierung von Pflege (sog. Akutpflege) gemäß § 2 PflegeZG vor. Voraussetzung ist, dass dies erforderlich ist, um für pflegebedürftige nahe Angehörige in akuter Pflegesituation eine bedarfsgerechte Pflege zu organisieren oder eine pflegerische Versorgung in dieser Zeit sicherzustellen. Der Anspruch geht bis maximal 10 Arbeitstage. Die problematischste Frage des Gesetzes war die Fortzahlung der Vergütung für diesen Zeitraum. Diese wurde zunächst nicht geregelt (Einzelheiten 39. Aufl., Einl. II zum SGB XI, Nr. 30 XI). Durch das Gesetz zur besseren Vereinbarkeit von Familie, Pflege und Beruf (s.u. III) wurde nun eine versicherungsrechtliche Lösung gewählt und der Beschäftigte erlangt einen Anspruch auf Pflegeunterstützungsgeld nach § 44a Abs. 3 SGB XI. Der Arbeitnehmer ist verpflichtet, Verhinderung an der Arbeitsleistung und voraussichtliche Dauer dem Arbeitgeber unverzüglich mitzuteilen und auf Verlangen eine ärztliche Bescheinigung über die Pflegebedürftigkeit vorzulegen (§ 2 Abs. 2 PflegeZG).

Die eigentliche Pflegezeit ist in § 3 PflegeZG geregelt. Spätestens 10 Tage vor Beginn der Pflegezeit ist die Absicht dem Arbeitgeber unter Angabe des vorgesehenen Zeitraums anzukündigen (§ 3 Abs. 3 PflegeZG). Infolge des Vierten Bürokratieentlastungsgesetzes (v. 23.10.2024, BGBl. I Nr. 323) genügt dies in Textform i.S. des § 126b BGB (Nr. 14). Die Pflegezeit kann maximal 6 Monate dauern (§ 4 Abs. 1 S. 1 PflegeZG). Der mit der Pflegezeit verbundene Verdienstausfall kann durch ein zinsloses Darlehen nach § 3 FPfZG (u. III) ausgeglichen werden. Eine mehrmalige Inanspruchnahme scheidet aus, auch wenn dadurch die Grenze von 6 Monaten nicht überschritten würde (*BAG* 15.11.2011 – 9 AZR 348/10, NZA 12, 323). Auch eine Aufteilung auf mehrere Zeiträume von zusammen 6 Monaten soll nicht möglich sein (*LAG Baden-Württemberg* 31.3.2010 – 20 Sa 87/09, BB 10, 1541; offengelassen von *BAG* 15.11.2011 – 9 AZR 348/10, NZA 12, 323). Die Pflegezeit kann auch nur in Betrieben mit mehr als 15 Beschäftigten geltend gemacht werden (§ 3 Abs. 1 S. 2 PflegeZG). Möglich ist nach § 3 Abs. 4 PflegeZG auch eine sog. Pflegeteilzeit. Durch Kombination mit der Familienpflegezeit (vgl. u. III) kann je pflegebedürftigen Angehörigen maximal eine Gesamtdauer von 24 Monaten erreicht werden (§ 4 Abs. 1 S. 4 PflegeZG). Außer der Pflegezeit gibt es im Gesetz ergänzend die Möglichkeiten der Minderjährigenbetreuung (Betreuung pflegebedürftiger Minderjähriger, ohne

dass der Arbeitnehmer diese notwendig selbst pflegt) und Sterbebegleitung (§ 3 Abs. 5 und 6 PflegeZG).
Flankiert werden Pflegezeit und Arbeitsverhinderung zur Akutpflege gemäß § 5 PflegeZG durch einen Sonderkündigungsschutz, der bereits mit Ankündigung der kurzzeitigen Arbeitsverhinderung bzw. der Inanspruchnahme beginnt. Ausnahmsweise ist eine behördliche Zulassung der Kündigung möglich gemäß § 5 Abs. 2 PflegeZG. Während der Pflegezeit kann der Arbeitgeber eine Ersatzkraft gemäß § 6 Abs. 1 PflegeZG befristet einstellen. Für den Fall der vorzeitigen Rückkehr des Arbeitnehmers, der Pflegezeit in Anspruch genommen hat, hat der Arbeitgeber gegenüber der Ersatzkraft ein Sonderkündigungsrecht mit zweiwöchiger Frist gemäß § 6 Abs. 3 PflegeZG.
Während der Pflegezeit müssen die Beschäftigten sich selbst versichern. § 44a SGB XI sieht dafür aber einen Zuschuss zu den Beiträgen der einzelnen Versicherungszweige aus der Pflegekasse vor.
Zur Umsetzung der Vereinbarkeitsrichtlinie (EU) 2019/1158 (EU-ASO Nr. 57) wurde für Arbeitgeber in Kleinunternehmen (15 oder weniger Beschäftigte) das Recht auf einen Antrag auf Freistellung zur Pflege in § 3 Abs. 6a PflegeZG eingeführt, den der Arbeitgeber beantworten und im Ablehnungsfall begründen muss (Gesetz v. 19. 12. 2022, BGBl. I 2510, Entwurf: BT-Drs. 20/3447). Kommt es zwischen den Beteiligten zu einer Einigung über die Freistellung, begründet dies über § 3 Abs. 7 PflegeZG Ansprüche auf darlehensweise Finanzierung. Ferner hat der Arbeitnehmer nach § 4 Abs. 2 PflegeZG ein Rückkehrrecht und genießt im übrigen Kündigungsschutz nach § 5 PflegeZG.

III. Familienpflegezeit

Zur verbesserten Vereinbarkeit von familiärer Pflege und Beruf wurde das Familienpflegezeitgesetz (FPfZG) als Art. 1 des Gesetzes zur Vereinbarkeit von Pflege und Beruf vom 6. 12. 2011 (BGBl. I 2564; Regierungsentwurf: BT-Drs. 17/6000; Beschlussempfehlung des Ausschusses für Familie, Senioren, Frauen und Jugend: BT-Drs. 17/7387) verabschiedet. Die Regelungen erwiesen sich allerdings als völlig unzureichend zur Erreichung der beabsichtigten Zwecke (*Kossens*, AiB 10/14, 18). Das Gesetz wurde daher durch das Gesetz zur besseren Vereinbarkeit von Familie, Pflege und Beruf (v. 23. 12. 2014, BGBl. I 2462, Gesetzentwurf: BR-Drs. 463/14, Beschlussempfehlung des Ausschusses für Familie usw.: BT-Drs. 18/3449) reformiert. Seither wird die Familienpflegezeit durch ein zinsloses Darlehen des Bundesamtes für Familie und zivilgesellschaftliche Aufgaben zum Ausgleich des ausfallenden Arbeitsentgelts finanziert (§§ 3 ff. FPfZG; zur früheren Vorfinanzierung durch den Arbeitgeber vgl. 39. Aufl., Einl. III zum SGB XI, Nr. 30 XI). Das Gesetz ermöglicht die Verringerung der Arbeitszeit auf mindestens 15 Stunden für bis zu 24 Monate zur Pflege naher Angehöriger in häuslicher Umgebung, wenn der Arbeitnehmer in einem Unternehmen mit mehr als 25 Arbeitnehmern arbeitet. Die arbeitsrechtliche Flankierung erfolgt durch Verweisung in § 2 Abs. 3 FPfZG auf §§ 5–8 PflegeZG. Wie bei der Pflegezeit (o. II) gibt es auch bei der Familienpflegezeit die Möglichkeit der Minderjährigenbetreuung (§ 2 Abs. 5 FPfZG).

In rechtspolitischer Hinsicht hatte das ursprüngliche Gesetz den großen Nachteil, dass den Beschäftigten kein Anspruch auf Familienpflegezeit zustand. Das ist durch die Neufassung des § 2 FPfZG seit 1. 1. 2015 anders. Arbeitnehmer, die bei Arbeitgebern entsprechender Größe arbeiten, haben einen unmittelbaren Rechtsanspruch, dem der Arbeitgeber nur dringende betriebliche Gründe entgegenhalten kann. Zur Inanspruchnahme genügt nach dem Vierten Bürokratieentlastungsgesetz (v. 23. 10. 2024, BGBl. I Nr. 323) die Textform i. S. des § 126b BGB (Nr. 14). Der Kritik, dass die Finanzierung der Familienpflegezeit allein durch den Arbeitnehmer erfolgt, was als Abschied von der paritätischen Finanzierung der Pflegeversicherung »durch die Hintertür« bezeichnet wurde (vgl. *Kittner*, AiB plus 4/11, 9; der *Deutsche Verein* hatte sogar vorgeschlagen, die Finanzierung allein durch die Arbeitgeber vorzuschreiben, um negative Anreize für Familien mit geringen Einkommen zu vermeiden, vgl. Stellungnahme in: NDV 11, 148, 150) hat die Weiterentwicklung der Familienpflegezeit indes nicht Rechnung getragen.
Entsprechend den Regelungen zur Ermöglichung der Pflegezeit in Kleinbetrieben (o. II) wurde auch für die Familienpflegezeit zur Umsetzung der Vereinbarkeitsrichtlinie eine Sonderregelung bei Arbeitgebern, die den Schwellenwert (25 oder weniger Arbeitnehmer) nicht erreichen, geschaffen. Die Regelung des § 2a Abs. 5a FPfZG sieht ein Antragsrecht vor, das der Arbeitgeber beantworten muss, und zwar im Ablehnungsfall mit Gründen. Der Arbeitnehmer genießt im Fall der Vereinbarung der Familienpflegezeit Kündigungsschutz über § 2 Abs. 3 FPfZG mit § 5 PflegeZG, kann die Familienpflegezeit nach § 3 Abs. 1 Satz 2 FPfZG über ein Darlehen finanzieren und hat ein Rückkehrrecht nach § 2a Abs. 5 FPfZG.

IV. Rechtspolitische Diskussion

Die Bundesregierung plant eine große Pflegereform für die nachhaltige Finanzierung und Stärkung der ambulanten und häuslichen Pflege (»Verantwortung für Deutschland«, Koalitionsvertrag zwischen CDU, CSU und SPD, 21. Legislaturperiode, Zeilen 3465 ff.). Ziel ist ferner eine Verbesserung der Vereinbarkeit von Beruf, Familie und Pflege, wozu ein jährliches Familienbudget für Alltagshelfer für Familien mit kleinen Kindern und/oder pflegebedürftigen Angehörigen mit kleinen und mittleren Einkommen geprüft werden soll (Zeilen 408 ff.). Schließlich wird angestrebt, PflegeZG und FPfZG zusammenzuführen, Freistellungsansprüche flexibler zu gestalten und den Kreis der Angehörigen zu erweitern. Die perspektivische Einführung eines Familienpflegegeldes soll geprüft werden (ebd., Zeilen, S. 3293 ff.).

Wichtige Entscheidung

BVerfG 7. 4. 2022 – 1 BvL 3/18, NZS 2022, 579

Weiterführende Literatur

Deinert, Sozialrecht (2025), 15. Kap.: Pflegebedürftigkeit

1. Zur Pflegeversicherung

BeckOGK-SGB XI, auch Loseblatt (Kasseler Kommentar zum Sozialversicherungsrecht)
Dalichau (Hrsg.), SGB XI, 2. Aufl. (2018)
Hauck/Noftz, SGB XI (Loseblatt)
Krahmer/Plantholz/Kuhn-Zuber (Hrsg.), SGB XI, 6. Aufl. (2024)
Udsching/Schütze, SGB XI, Soziale Pflegeversicherung, 6. Aufl. (2024)

2. Zum PflegeZG

Brose, Die Reform des PflegeZG, Eine halbherzige Umsetzung der Vereinbarkeitsrichtinie 2019/1158/EU, ZESAR 2023, S. 313
Kossens, Pflegezeitgesetz und Familienpflegezeitgesetz, Basiskommentar, 5. Aufl. (2025)
Wietfeld/Hinrichsen, Das Gesetz zur Umsetzung der Vereinbarkeitsrichtlinie – Elternurlaub, Vaterschaftsurlaub, Urlaub für pflegende Angehörige, flexible Arbeitsbedingungen und Arbeitsfreistellung aufgrund höherer Gewalt, EuZA 2023, S. 363

3. Zum FPfZG

Glatzel, Das neue Familienpflegezeitgesetz, NJW 2012, S. 1175
Göttling/Neumann, Das neue Familienpflegezeitgesetz, NZA 2012, S. 119
Klenter, Familienpflegezeitgesetz, AiB 2012, S. 31.
Kossens, Das neue Familienpflegezeitgesetz, PersR 2012, S. 17
Kossens, Pflegezeitgesetz und Familienpflegezeitgesetz, Basiskommentar 5. Aufl. (2025)
Krause, Familienpflegezeit, AiB 2013, S. 54

Übersicht 69: Pflegeversicherung

Versicherte Personen

- Pflichtversicherte
- Familienversicherte
- Weiterversicherte

↓

Finanzierung

- Beiträge der Versicherten und Arbeitgeber je zur Hälfte
- Beitragssatz 3,6% vom Bruttoarbeitsentgelt (4,2% für Kinderlose)
- weitere Beitragsabschläge für Kinder < 25 J.
- Wegfall eines Feiertags (Buß- und Bettag)

↓

Versicherungsträger

- Pflegekassen
  (eingerichtet bei den Krankenkassen)

↓

Leistungen

- häusliche Pflege
- teilstationäre Pflege, kurzzeitige Pflege
- vollstationäre Pflege

↓

Fünf Pflegegrade

ab Pflegegrad 2 insb.:
- Pflegesachleistung (§ 36)
- Pflegegeld (§ 37) oder
- vollstationäre Pflege (§ 43)

in Pflegegrad 1 Leistungen nach § 28a

Sozialgesetzbuch (SGB) Elftes Buch Soziale Pflegeversicherung

vom 26. Mai 1994 (BGBl. I 1014),
zuletzt geändert durch Gesetz vom 22. Dezember 2025 (BGBl. 2025 I Nr. 371)

(Abgedruckte Vorschriften: §§ 14, 20 Abs. 1 Satz 1, Satz 2 Nr. 1, § 23 Abs. 1, § 28)

§ 14 Begriff der Pflegebedürftigkeit (1) Pflegebedürftig im Sinne dieses Buches sind Personen, die gesundheitlich bedingte Beeinträchtigungen der Selbständigkeit oder der Fähigkeiten aufweisen und deshalb der Hilfe durch andere bedürfen. Es muss sich um Personen handeln, die körperliche, kognitive oder psychische Beeinträchtigungen oder gesundheitlich bedingte Belastungen oder Anforderungen nicht selbständig kompensieren oder bewältigen können. Die Pflegebedürftigkeit muss auf Dauer, voraussichtlich für mindestens sechs Monate, und mit mindestens der in § 15 festgelegten Schwere bestehen.

(2) Maßgeblich für das Vorliegen von gesundheitlich bedingten Beeinträchtigungen der Selbständigkeit oder der Fähigkeiten sind die in den folgenden sechs Bereichen genannten pflegefachlich begründeten Kriterien:

1. Mobilität: Positionswechsel im Bett, Halten einer stabilen Sitzposition, Umsetzen, Fortbewegen innerhalb des Wohnbereichs, Treppensteigen;
2. kognitive und kommunikative Fähigkeiten: Erkennen von Personen aus dem näheren Umfeld, örtliche Orientierung, zeitliche Orientierung, Erinnern an wesentliche Ereignisse oder Beobachtungen, Steuern von mehrschrittigen Alltagshandlungen, Treffen von Entscheidungen im Alltagsleben, Verstehen von Sachverhalten und Informationen, Erkennen von Risiken und Gefahren, Mitteilen von elementaren Bedürfnissen, Verstehen von Aufforderungen, Beteiligen an einem Gespräch;
3. Verhaltensweisen und psychische Problemlagen: motorisch geprägte Verhaltensauffälligkeiten, nächtliche Unruhe, selbstschädigendes und autoaggressives Verhalten, Beschädigen von Gegenständen, physisch aggressives Verhalten gegenüber anderen Personen, verbale Aggression, andere pflegerelevante vokale Auffälligkeiten, Abwehr pflegerischer und anderer unterstützender Maßnahmen, Wahnvorstellungen, Ängste, Antriebslosigkeit bei depressiver Stimmungslage, sozial inadäquate Verhaltensweisen, sonstige pflegerelevante inadäquate Handlungen;
4. Selbstversorgung: Waschen des vorderen Oberkörpers, Körperpflege im Bereich des Kopfes, Waschen des Intimbereichs, Duschen und Baden einschließlich Waschen der Haare, An- und Auskleiden des Oberkörpers, An- und Auskleiden des Unterkörpers, mundgerechtes Zubereiten der Nahrung und Eingießen von Getränken, Essen, Trinken, Benutzen einer Toilette oder eines Toilettenstuhls, Bewältigen der Folgen einer Harninkontinenz und Umgang mit Dauerkatheter und Urostoma, Bewältigen der Folgen einer Stuhlinkontinenz und Umgang mit Stoma, Ernährung parenteral oder über Sonde, Be-

stehen gravierender Probleme bei der Nahrungsaufnahme bei Kindern bis zu 18 Monaten, die einen außergewöhnlich pflegeintensiven Hilfebedarf auslösen;

5. Bewältigung von und selbständiger Umgang mit krankheits- oder therapiebedingten Anforderungen und Belastungen:
   a) in Bezug auf Medikation, Injektionen, Versorgung intravenöser Zugänge, Absaugen oder Sauerstoffgabe, Einreibungen sowie Kälte- und Wärmeanwendungen, Messung und Deutung von Körperzuständen, körpernahe Hilfsmittel,
   b) in Bezug auf Verbandswechsel und Wundversorgung, Versorgung mit Stoma, regelmäßige Einmalkatheterisierung und Nutzung von Abführmethoden, Therapiemaßnahmen in häuslicher Umgebung,
   c) in Bezug auf zeit- und technikintensive Maßnahmen in häuslicher Umgebung, Arztbesuche, Besuche anderer medizinischer oder therapeutischer Einrichtungen, zeitlich ausgedehnte Besuche medizinischer oder therapeutischer Einrichtungen, Besuch von Einrichtungen zur Frühförderung bei Kindern sowie
   d) in Bezug auf das Einhalten einer Diät oder anderer kranheits- oder therapiebedingter Verhaltensvorschriften;
6. Gestaltung des Alltagslebens und sozialer Kontakte: Gestaltung des Tagesablaufs und Anpassung an Veränderungen, Ruhen und Schlafen, Sichbeschäftigen, Vornehmen von in die Zukunft gerichteten Planungen, Interaktion mit Personen im direkten Kontakt, Kontaktpflege zu Personen außerhalb des direkten Umfelds.

(3) Beeinträchtigungen der Selbständigkeit oder der Fähigkeiten, die dazu führen, dass die Haushaltsführung nicht mehr ohne Hilfe bewältigt werden kann, werden bei den Kriterien der in Absatz 2 genannten Bereiche berücksichtigt.

…

§ 20 Versicherungspflicht in der sozialen Pflegeversicherung für Mitglieder der gesetzlichen Krankenversicherung (1) Versicherungspflichtig in der sozialen Pflegeversicherung sind die versicherungspflichtigen Mitglieder der gesetzlichen Krankenversicherung. Dies sind:

1. Arbeiter, Angestellte und zu ihrer Berufsausbildung Beschäftigte, die gegen Arbeitsentgelt beschäftigt sind; für die Zeit des Bezugs von Kurzarbeitergeld nach dem Dritten Buch bleibt die Versicherungspflicht unberührt.

…

§ 23 Versicherungspflicht für Versicherte der privaten Krankenversicherungsunternehmen (1) Personen, die gegen das Risiko Krankheit bei einem privaten Krankenversicherungsunternehmen mit Anspruch auf allgemeine Krankenhausleistungen oder im Rahmen von Versicherungsverträgen, die der Versicherungspflicht nach § 193 Abs. 3 des Versicherungsvertragsgesetzes genügen, versichert sind, sind vorbehaltlich des Absatzes 2 verpflichtet, bei diesem Unternehmen zur Absicherung des Risikos der Pflegebedürftigkeit einen Versicherungsvertrag abzuschließen und aufrechtzuerhalten. Der Vertrag muß ab dem Zeitpunkt des Eintritts der Versicherungspflicht für sie selbst und ihre Angehörigen oder Lebenspartner, für die in der sozialen Pflegeversicherung nach § 25 eine Familienversicherung bestünde, Vertragsleistungen vorsehen, die nach Art und Umfang den Leistungen des Vierten Kapitels gleichwertig sind. Dabei tritt an die Stelle der Sachleistungen eine der Höhe nach gleiche Kostenerstattung.

...

§ 28 Leistungsarten, Grundsätze (1) Die Pflegeversicherung gewährt folgende Leistungen:

1. Pflegesachleistung (§ 36),
2. Pflegegeld für selbst beschaffte Pflegehilfen (§ 37),
3. Kombination von Geldleistung und Sachleistung (§ 38),
4. Verhinderungspflege (§ 39 in Verbindung mit § 42a),
5. Pflegehilfsmittel und wohnumfeldverbessernde Maßnahmen (§ 40),

5a. ergänzende Unterstützung bei Nutzung von digitalen Pflegeanwendungen (§ 39a in Verbindung mit § 40b) und digitale Pflegeanwendungen (§ 40a in Verbindung mit § 40b),

6. Tagespflege und Nachtpflege (§ 41),
7. Kurzzeitpflege (§ 42),

7a. Versorgung Pflegebedürftiger bei Inanspruchnahme von Vorsorge- oder Rehabilitationsleistungen durch die Pflegeperson (§ 42a),

8. vollstationäre Pflege (§ 43),
9. Pauschalleistung für die Pflege von Menschen mit Behinderungen (§ 43a),

9a. Zusätzliche Betreuung und Aktivierung in stationären Pflegeeinrichtungen (§ 43b),

10. Leistungen zur sozialen Sicherung der Pflegepersonen (§ 44),
11. zusätzliche Leistungen bei Pflegezeit und kurzzeitiger Arbeitsverhinderung (§ 44a),
12. Pflegekurse für Angehörige und ehrenamtliche Pflegepersonen (§ 45),

12a. Umwandlung des ambulanten Sachleistungsbetrags (§ 45a),

13. Entlastungsbetrag (§ 45b),
14. zusätzliche Leistungen für Pflegebedürftige in ambulant betreuten Wohngruppen (§ 45f),
15. Leistungen in gemeinschaftlichen Wohnformen mit Verträgen zur pflegerischen Versorgung gemäß § 92c (§ 45h),
16. Leistungen des Persönlichen Budgets nach § 29 des Neunten Buches gemäß § 35a.

(1 a) Versicherte haben gegenüber ihrer Pflegekasse oder ihrem Versicherungsunternehmen Anspruch auf Pflegeberatung gemäß den §§ 7a und 7 b.

(1 b) Bis zum Erreichen des in § 45g Absatz 2 Satz 2 genannten Zeitpunkts haben Pflegebedürftige unter den Voraussetzungen des § 45g Absatz 1 Anspruch auf Anschubfinanzierung bei Gründung von ambulant betreuten Wohngruppen.

(2) Personen, die nach beamtenrechtlichen Vorschriften oder Grundsätzen bei Krankheit und Pflege Anspruch auf Beihilfe oder Heilfürsorge haben, erhalten die jeweils zustehenden Leistungen zur Hälfte; dies gilt auch für den Wert von Sachleistungen.

(3) Die Pflegekassen und die Leistungserbringer haben sicherzustellen, daß die Leistungen nach Absatz 1 nach allgemein anerkanntem Stand medizinisch-pflegerischer Erkenntnisse erbracht werden.
(4) Pflege schließt Sterbebegleitung mit ein; Leistungen anderer Sozialleistungsträger bleiben unberührt.
(5) In stationären Pflegeeinrichtungen schließen die Leistungen der medizinischen Behandlungspflege nach diesem Buch die in § 15a Absatz 1 Nummer 1 und 3 des Fünften Buches genannten Leistungen ein, wenn diese durch in § 15a des Fünften Buches genannte Pflegefachpersonen im Rahmen der Beschäftigung der Pflegefachpersonen bei der Pflegeeinrichtung erbracht werden. Satz 1 gilt nicht, soweit die Leistungen im Rahmen der vertragsärztlichen Versorgung nach dem Fünften Buch erbracht werden.

30 XIa. Pflegezeitgesetz

vom 28. Mai 2008 (BGBl. I 2208),
zuletzt geändert durch Gesetz vom 22. Dezember 2025 (BGBl. 2025 I Nr. 371)

Einleitung

(siehe bei Nr. 30 XI, II)

Gesetzestext

§ 1 Ziel des Gesetzes Ziel des Gesetzes ist, Beschäftigten die Möglichkeit zu eröffnen, pflegebedürftige nahe Angehörige in häuslicher Umgebung zu pflegen und damit die Vereinbarkeit von Beruf und familiärer Pflege zu verbessern.

§ 2 Kurzzeitige Arbeitsverhinderung (1) Beschäftigte haben das Recht, bis zu zehn Arbeitstage der Arbeit fernzubleiben, wenn dies erforderlich ist, um für einen pflegebedürftigen nahen Angehörigen in einer akut aufgetretenen Pflegesituation eine bedarfsgerechte Pflege zu organisieren oder eine pflegerische Versorgung in dieser Zeit sicherzustellen.
(2) Beschäftigte sind verpflichtet, dem Arbeitgeber ihre Verhinderung an der Arbeitsleistung und deren voraussichtliche Dauer unverzüglich mitzuteilen. Dem Arbeitgeber ist auf Verlangen eine ärztliche Bescheinigung oder eine Bescheinigung einer Pflegefachperson über die Pflegebedürftigkeit des nahen Angehörigen und die Erforderlichkeit der in Absatz 1 genannten Maßnahmen vorzulegen.
(3) Der Arbeitgeber ist zur Fortzahlung der Vergütung nur verpflichtet, soweit sich eine solche Verpflichtung aus anderen gesetzlichen Vorschriften oder auf Grund einer Vereinbarung ergibt. Ein Anspruch der Beschäftigten auf Zahlung von Pflegeunterstützungsgeld richtet sich nach § 44a Absatz 3 des Elften Buches Sozialgesetzbuch.

§ 3 Pflegezeit und sonstige Freistellungen (1) Beschäftigte sind von der Arbeitsleistung vollständig oder teilweise freizustellen, wenn sie einen pflegebedürftigen nahen Angehörigen in häuslicher Umgebung pflegen (Pflegezeit). Der Anspruch nach Satz 1 besteht nicht gegenüber Arbeitgebern mit in der Regel 15 oder weniger Beschäftigten.
(2) Die Beschäftigten haben die Pflegebedürftigkeit des nahen Angehörigen durch Vorlage einer Bescheinigung der Pflegekasse oder des Medizinischen Dienstes der Krankenversicherung nachzuweisen. Bei in der privaten Pflege-Pflichtversicherung versicherten Pflegebedürftigen ist ein entsprechender Nachweis zu erbringen.
(3) Wer Pflegezeit beanspruchen will, muss dies dem Arbeitgeber spätestens zehn Arbeitstage vor Beginn in Textform ankündigen und gleichzeitig erklären, für welchen Zeitraum und in welchem Umfang die Freistellung von der Arbeitsleistung

in Anspruch genommen werden soll. Wenn nur teilweise Freistellung in Anspruch genommen wird, ist auch die gewünschte Verteilung der Arbeitszeit anzugeben. Enthält die Ankündigung keine eindeutige Festlegung, ob die oder der Beschäftigte Pflegezeit oder Familienpflegezeit nach § 2 des Familienpflegezeitgesetzes in Anspruch nehmen will, und liegen die Voraussetzungen beider Freistellungsansprüche vor, gilt die Erklärung als Ankündigung von Pflegezeit. Beansprucht die oder der Beschäftigte nach der Pflegezeit Familienpflegezeit oder eine Freistellung nach § 2 Absatz 5 des Familienpflegezeitgesetzes zur Pflege oder Betreuung desselben pflegebedürftigen Angehörigen, muss sich die Familienpflegezeit oder die Freistellung nach § 2 Absatz 5 des Familienpflegezeitgesetzes unmittelbar an die Pflegezeit anschließen. In diesem Fall soll die oder der Beschäftigte möglichst frühzeitig erklären, ob sie oder er Familienpflegezeit oder eine Freistellung nach § 2 Absatz 5 des Familienpflegezeitgesetzes in Anspruch nehmen wird; abweichend von § 2a Absatz 1 Satz 1 des Familienpflegezeitgesetzes muss die Ankündigung spätestens drei Monate vor Beginn der Familienpflegezeit erfolgen. Wird Pflegezeit nach einer Familienpflegezeit oder einer Freistellung nach § 2 Absatz 5 des Familienpflegezeitgesetzes in Anspruch genommen, ist die Pflegezeit in unmittelbarem Anschluss an die Familienpflegezeit oder die Freistellung nach § 2 Absatz 5 des Familienpflegezeitgesetzes zu beanspruchen; sie ist abweichend von Satz 1 dem Arbeitgeber spätestens acht Wochen vor Beginn in Textform anzukündigen.

(4) Wenn nur teilweise Freistellung in Anspruch genommen wird, haben Arbeitgeber und Beschäftigte über die Verringerung und die Verteilung der Arbeitszeit eine schriftliche Vereinbarung zu treffen. Hierbei hat der Arbeitgeber den Wünschen der Beschäftigten zu entsprechen, es sei denn, dass dringende betriebliche Gründe entgegenstehen.

(5) Beschäftigte sind von der Arbeitsleistung vollständig oder teilweise freizustellen, wenn sie einen minderjährigen pflegebedürftigen nahen Angehörigen in häuslicher oder außerhäuslicher Umgebung betreuen. Die Inanspruchnahme dieser Freistellung ist jederzeit im Wechsel mit der Freistellung nach Absatz 1 im Rahmen der Gesamtdauer nach § 4 Absatz 1 Satz 4 möglich. Absatz 1 Satz 2 und die Absätze 2 bis 4 gelten entsprechend. Beschäftigte können diesen Anspruch wahlweise statt des Anspruchs auf Pflegezeit nach Absatz 1 geltend machen.

(6) Beschäftigte sind zur Begleitung eines nahen Angehörigen von der Arbeitsleistung vollständig oder teilweise freizustellen, wenn dieser an einer Erkrankung leidet, die progredient verläuft und bereits ein weit fortgeschrittenes Stadium erreicht hat, bei der eine Heilung ausgeschlossen und eine palliativmedizinische Behandlung notwendig ist und die lediglich eine begrenzte Lebenserwartung von Wochen oder wenigen Monaten erwarten lässt. Beschäftigte haben diese gegenüber dem Arbeitgeber durch ein ärztliches Zeugnis nachzuweisen. Absatz 1 Satz 2, Absatz 3 Satz 1 und 2 und Absatz 4 gelten entsprechend. § 45 des Fünften Buches Sozialgesetzbuch bleibt unberührt.

(6a) Beschäftigte von Arbeitgebern mit in der Regel 15 oder weniger Beschäftigten können bei ihrem Arbeitgeber den Abschluss einer Vereinbarung über eine Pflegezeit nach Absatz 1 Satz 1 oder eine sonstige Freistellung nach Absatz 5 Satz 1 oder Absatz 6 Satz 1 beantragen. Der Arbeitgeber hat den Antrag innerhalb von vier Wochen nach Zugang zu beantworten. Eine Ablehnung des Antrags ist zu begrün-

den. Wird eine Pflegezeit oder sonstige Freistellung nach Satz 1 vereinbart, gelten die Absätze 2, 3 Satz 4 und 6 erster Halbsatz, Absatz 4 Satz 1 sowie Absatz 6 Satz 2 und 4 entsprechend.
(7) Ein Anspruch auf Förderung richtet sich nach den §§ 3, 4, 5 Absatz 1 Satz 1 und Absatz 2 sowie den §§ 6 bis 10 des Familienpflegezeitgesetzes.

§ 4 Dauer der Inanspruchnahme (1) Die Pflegezeit nach § 3 beträgt für jeden pflegebedürftigen nahen Angehörigen längstens sechs Monate (Höchstdauer). Für einen kürzeren Zeitraum in Anspruch genommene Pflegezeit kann bis zur Höchstdauer verlängert werden, wenn der Arbeitgeber zustimmt. Eine Verlängerung bis zu Höchstdauer kann verlangt werden, wenn ein vorgesehener Wechsel in der Person des Pflegenden aus einem wichtigen Grund nicht erfolgen kann; dies gilt nicht für Fälle des § 3 Absatz 6 a. Pflegezeit und Familienpflegezeit nach § 2 des Familienpflegezeitgesetzes dürfen gemeinsam die Gesamtdauer von 24 Monaten je pflegedürftigem nahen Angehörigen nicht überschreiten. Die Pflegezeit wird auf Berufsbildungszeiten nicht angerechnet.

(2) Ist der nahe Angehörige nicht mehr pflegebedürftig oder die häusliche Pflege des nahen Angehörigen unmöglich oder unzumutbar, endet die Pflegezeit vier Wochen nach Eintritt der veränderten Umstände. Der Arbeitgeber ist über die veränderten Umstände unverzüglich zu unterrichten. Im Übrigen kann die Pflegezeit nur vorzeitig beendet werden, wenn der Arbeitgeber zustimmt.
(3) Für die Betreuung nach § 3 Absatz 5 gelten die Absätze 1 und 2 entsprechend. Für die Freistellung nach § 3 Absatz 6 gilt eine Höchstdauer von drei Monaten je nahem Angehörigen. Für die Freistellung nach § 3 Absatz 6 gelten Absatz 1 Satz 2, 3 und 5 sowie Absatz 2 entsprechend; bei zusätzlicher Inanspruchnahme von Pflegezeit oder einer Freistellung nach § 3 Absatz 5 oder Familienpflegezeit oder einer Freistellung nach § 2 Absatz 5 des Familienpflegezeitgesetzes dürfen die Freistellungen insgesamt 24 Monate je nahem Angehörigen nicht überschreiten.
(4) Der Arbeitgeber kann den Erholungsurlaub, der der oder dem Beschäftigten für das Urlaubsjahr zusteht, für jeden vollen Kalendermonat der vollständigen Freistellung von der Arbeitsleistung um ein Zwölftel kürzen.

§ 4a Erneute Pflegezeit nach Inanspruchnahme einer Freistellung auf Grundlage der Sonderregelungen aus Anlass der COVID-19-Pandemie (1) Abweichend von § 4 Absatz 1 Satz 2 und 3 können Beschäftigte einmalig nach einer beendeten Pflegezeit zur Pflege oder Betreuung desselben pflegebedürftigen Angehörigen Pflegezeit erneut, jedoch insgesamt nur bis zur Höchstdauer nach § 4 Absatz 1 Satz 1 in Anspruch nehmen, wenn die Gesamtdauer nach § 4 Absatz 1 Satz 4 nicht überschritten wird und die Inanspruchnahme der beendeten Pflegezeit auf der Grundlage der Sonderregelungen aus Anlass der COVID-19-Pandemie erfolgte.
(2) Abweichend von § 3 Absatz 3 Satz 4 muss sich die Familienpflegezeit oder eine Freistellung nach § 2 Absatz 5 des Familienpflegezeitgesetzes nicht unmittelbar an die Pflegezeit anschließen, wenn die Pflegezeit auf Grund der Sonderregelungen aus Anlass der COVID-19-Pandemie in Anspruch genommen wurde und die Gesamtdauer nach § 4 Absatz 1 Satz 4 nicht überschritten wird.

(3) Abweichend von § 3 Absatz 3 Satz 6 muss sich die Pflegezeit nicht unmittelbar an die Familienpflegezeit oder an die Freistellung nach § 2 Absatz 5 des Familienpflegezeitgesetzes anschließen, wenn die Familienpflegezeit oder Freistellung auf Grund der Sonderregelungen aus Anlass der COVID-19-Pandemie erfolgte und die Gesamtdauer nach § 4 Absatz 1 Satz 4 nicht überschritten wird.

§ 5 Kündigungsschutz (1) Der Arbeitgeber darf das Beschäftigungsverhältnis von der Ankündigung, höchstens jedoch zwölf Wochen vor dem angekündigten Beginn, bis zur Beendigung der kurzzeitigen Arbeitsverhinderung nach § 2 oder der Freistellung nach § 3 nicht kündigen. Im Fall einer Vereinbarung über eine Freistellung nach § 3 Absatz 6a dieses Gesetzes oder nach § 2a Absatz 5a des Familienpflegezeitgesetzes beginnt der Kündigungsschutz mit dem Beginn der Freistellung.
(2) In besonderen Fällen kann eine Kündigung von der für den Arbeitsschutz zuständigen obersten Landesbehörde oder der von ihr bestimmten Stelle ausnahmsweise für zulässig erklärt werden. Die Bundesregierung kann hierzu mit Zustimmung des Bundesrates allgemeine Verwaltungsvorschriften erlassen.

§ 6 Befristete Verträge (1) Wenn zur Vertretung einer Beschäftigten oder eines Beschäftigten für die Dauer der kurzzeitigen Arbeitsverhinderung nach § 2 oder der Freistellung nach § 3 eine Arbeitnehmerin oder ein Arbeitnehmer eingestellt wird, liegt hierin ein sachlicher Grund für die Befristung des Arbeitsverhältnisses. Über die Dauer der Vertretung nach Satz 1 hinaus ist die Befristung für notwendige Zeiten einer Einarbeitung zulässig.
(2) Die Dauer der Befristung des Arbeitsvertrages muss kalendermäßig bestimmt oder bestimmbar sein oder der in Absatz 1 genannten Zwecken zu entnehmen sein.
(3) Der Arbeitgeber kann den befristeten Arbeitsvertrag unter Einhaltung einer Frist von zwei Wochen kündigen, wenn die Freistellung nach § 4 Abs. 2 Satz 1 vorzeitig endet. Das Kündigungsschutzgesetz ist in diesen Fällen nicht anzuwenden. Satz 1 gilt nicht, soweit seine Anwendung vertraglich ausgeschlossen ist.
(4) Wird im Rahmen arbeitsrechtlicher Gesetze oder Verordnungen auf die Zahl der beschäftigten Arbeitnehmerinnen und Arbeitnehmer abgestellt, sind bei der Ermittlung dieser Zahl Arbeitnehmerinnen und Arbeitnehmer, die nach § 2 kurzzeitig an der Arbeitsleistung verhindert oder nach § 3 freigestellt sind, nicht mitzuzählen, solange für sie auf Grund von Absatz 1 eine Vertreterin oder ein Vertreter eingestellt ist. Dies gilt nicht, wenn die Vertreterin oder der Vertreter nicht mitzuzählen ist. Die Sätze 1 und 2 gelten entsprechend, wenn im Rahmen arbeitsrechtlicher Gesetze oder Verordnungen auf die Zahl der Arbeitsplätze abgestellt wird.

§ 7 Begriffsbestimmungen (1) Beschäftigte im Sinne dieses Gesetzes sind
1. Arbeitnehmerinnen und Arbeitnehmer,
2. die zu ihrer Berufsbildung Beschäftigten,
3. Personen, die wegen ihrer wirtschaftlichen Unselbständigkeit als arbeitnehmerähnliche Personen anzusehen sind; zu diesen gehören auch die in Heimarbeit Beschäftigten und die ihnen Gleichgestellten.

(2) Arbeitgeber im Sinne dieses Gesetzes sind natürliche und juristische Personen sowie rechtsfähige Personengesellschaften, die Personen nach Absatz 1 beschäftigen. Für die arbeitnehmerähnlichen Personen, insbesondere für die in Heimarbeit Beschäftigten und die ihnen Gleichgestellten, tritt an die Stelle des Arbeitgebers der Auftraggeber oder Zwischenmeister.

(3) Nahe Angehörige im Sinne dieses Gesetzes sind

1. Großeltern, Eltern, Schwiegereltern, Stiefeltern,
2. Ehegatten, Lebenspartner, Partner einer eheähnlichen oder lebenspartnerschaftsähnlichen Gemeinschaft, Geschwister, Ehegatten der Geschwister und Geschwister der Ehegatten, Lebenspartner der Geschwister und Geschwister der Lebenspartner,
3. Kinder, Adoptiv- oder Pflegekinder, die Kinder, Adoptiv- oder Pflegekinder des Ehegatten oder Lebenspartners, Schwiegerkinder und Enkelkinder.

(4) Pflegebedürftig im Sinne dieses Gesetzes sind Personen, die die Voraussetzungen nach den §§ 14 und 15 des Elften Buches Sozialgesetzbuch erfüllen. Pflegebedürftig im Sinne von § 2 sind auch Personen, die die Voraussetzungen nach den §§ 14 und 15 des Elften Buches Sozialgesetzbuch voraussichtlich erfüllen.

§ 8 Unabdingbarkeit Von den Vorschriften dieses Gesetzes kann nicht zuungunsten der Beschäftigten abgewichen werden.

§ 9 *(weggefallen)*

30 XIb. Gesetz über die Familienpflegezeit (Familienpflegezeitgesetz – FPfZG)

vom 6. Dezember 2011 (BGBl. I 2564),
geändert durch Gesetz vom 23. Oktober 2024 (BGBl. 2024 I Nr. 323)

(Abgedruckte Vorschriften: §§ 1–10)

Einleitung

(siehe bei Nr. 30 XI, III)

Gesetzestext

§ 1 Ziel des Gesetzes Durch die Einführung der Familienpflegezeit werden die Möglichkeiten zur Vereinbarkeit von Beruf und familiärer Pflege verbessert.

§ 2 Familienpflegezeit (1) Beschäftigte sind von der Arbeitsleistung für längstens 24 Monate (Höchstdauer) teilweise freizustellen, wenn sie einen pflegebedürftigen nahen Angehörigen in häuslicher Umgebung pflegen (Familienpflegezeit). Während der Familienpflegezeit muss die verringerte Arbeitszeit wöchentlich mindestens 15 Stunden betragen. Bei unterschiedlichen wöchentlichen Arbeitszeiten oder einer unterschiedlichen Verteilung der wöchentlichen Arbeitszeit darf die wöchentliche Arbeitszeit im Durchschnitt eines Zeitraums von bis zu einem Jahr 15 Stunden nicht unterschreiten (Mindestarbeitszeit). Der Anspruch nach Satz 1 besteht nicht gegegnüber Arbeitgebern mit in der Regel 25 oder weniger Beschäftigten ausschließlich der zu ihrer Berufsbildung Beschäftigten.
(2) Pflegezeit und Familienpflegezeit dürfen gemeinsam 24 Monate je pflegebedürftigem nahen Angehörigen nicht überschreiten (Gesamtdauer).
(3) Die §§ 5 bis 8 des Pflegezeitgesetzes gelten entsprechend.
(4) Die Familienpflegezeit wird auf Berufsbildungszeiten nicht angerechnet.
(5) Beschäftigte sind von der Arbeitsleistung für längstens 24 Monate (Höchstdauer) teilweise freizustellen, wenn sie einen minderjährigen pflegebedürftigen nahen Angehörigen in häuslicher oder außerhäuslicher Umgebung betreuen. Die Inanspruchnahme dieser Freistellung ist jederzeit im Wechsel mit der Freistellung nach Absatz 1 im Rahmen der Gesamtdauer nach Absatz 2 möglich. Absatz 1 Satz 2 bis 4 und die Absätze 2 bis 4 gelten entsprechend. Beschäftigte können diesen Anspruch wahlweise statt des Anspruchs auf Familienpflegezeit nach Absatz 1 geltend machen.

§ 2a Inanspruchnahme der Familienpflegezeit (1) Wer Familienpflegezeit nach § 2 beanspruchen will, muss dies dem Arbeitgeber spätestens acht Wochen vor dem gewünschten Beginn in Textform ankündigen und gleichzeitig erklären, für welchen Zeitraum und in welchem Umfang innerhalb der Gesamtdauer nach § 2 Absatz 2 die Freistellung von der Arbeitsleistung in Anspruch genommen werden soll. Dabei ist auch die gewünschte Verteilung der Arbeitszeit anzugeben. Enthält die Ankündigung keine eindeutige Festlegung, ob die oder der Beschäftigte Pflegezeit nach § 3 des Pflegezeitgesetzes oder Familienpflegezeit in Anspruch nehmen will, und liegen die Voraussetzungen beider Freistellungsansprüche vor, gilt die Erklärung als Ankündigung von Pflegezeit. Wird die Familienpflegezeit nach einer Freistellung nach § 3 Absatz 1 oder Absatz 5 des Pflegezeitgesetzes zur Pflege oder Betreuung desselben pflegebedürftigen Angehörigen in Anspruch genommen, muss sich die Familienpflegezeit unmittelbar an die Freistellung nach § 3 Absatz 1 oder Absatz 5 des Pflegezeitgesetzes anschließen. In diesem Fall soll die oder der Beschäftigte möglichst frühzeitig erklären, ob sie oder er Familienpflegezeit in Anspruch nehmen wird; abweichend von Satz 1 muss die Ankündigung spätestens drei Monate vor Beginn der Familienpflegezeit erfolgen. Wird eine Freistellung nach § 3 Absatz 1 oder Absatz 5 des Pflegezeitgesetzes nach einer Familienpflegezeit in Anspruch genommen, ist diese in unmittelbarem Anschluss an die Familienpflegezeit zu beanspruchen; sie ist dem Arbeitgeber spätestens acht Wochen vor Beginn in Textform anzukündigen.

(2) Arbeitgeber und Beschäftigte haben über die Verringerung und Verteilung der Arbeitszeit eine schriftliche Vereinbarung zu treffen. Hierbei hat der Arbeitgeber den Wünschen der Beschäftigten zu entsprechen, es sei denn, dass dringende betriebliche Gründe entgegenstehen.

(3) Für einen kürzeren Zeitraum in Anspruch genommene Familienpflegezeit kann bis zur Gesamtdauer nach § 2 Absatz 2 verlängert werden, wenn der Arbeitgeber zustimmt. Eine Verlängerung bis zur Gesamtdauer kann verlangt werden, wenn ein vorgesehener Wechsel in der Person der oder des Pflegenden aus einem wichtigen Grund nicht erfolgen kann.

(4) Die Beschäftigten haben die Pflegebedürftigkeit der oder des nahen Angehörigen durch Vorlage einer Bescheinigung der Pflegekasse oder des Medizinischen Dienstes der Krankenversicherung nachzuweisen. Bei in der privaten Pflege-Pflichtversicherung versicherten Pflegebedürftigen ist ein entsprechender Nachweis zu erbringen.

(5) Ist die oder der nahe Angehörige nicht mehr pflegebedürftig oder die häusliche Pflege der oder des nahen Angehörigen unmöglich oder unzumutbar, endet die Familienpflegezeit vier Wochen nach Eintritt der veränderten Umstände. Der Arbeitgeber ist hierüber unverzüglich zu unterrichten. Im Übrigen kann die Familienpflegezeit nur vorzeitig beendet werden, wenn der Arbeitgeber zustimmt.

(5a) Beschäftigte von Arbeitgebern mit in der Regel 25 oder weniger Beschäftigten ausschließlich der zur ihrer Berufsbildung Beschäftigten können bei ihrem Arbeitgeber den Abschluss einer Vereinbarung über eine Familienpflegezeit nach § 2 Absatz 1 Satz 1 bis 3 oder eine Freistellung nach § 2 Absatz 5 Satz 1 beantragen. Der Arbeitgeber hat den Antrag nach Satz 1 innerhalb von vier Wochen nach Zugang zu beantworten. Eine Ablehung des Antrags ist zu begründen. Wird eine Freistellung nach Satz 1 vereinbart, gelten § 2 Absatz 2 bis 4 sowie § 2a Absatz 1 Satz 4 und 6 erster Halbsatz, Absatz 2 Satz 1, Absatz 3 Satz 1, Absatz 4 und 5 entsprechend.

(6) Die Absätze 1 bis 5 gelten entsprechend für die Freistellung von der Arbeitsleistung nach § 2 Absatz 5.

§ 2b Erneute Familienpflegezeit nach Inanspruchnahme einer Freistellung auf Grundlage der Sonderregelungen aus Anlass der COVID-19-Pandemie (1) Abweichend von § 2a Absatz 3 können Beschäftigte einmalig nach einer beendeten Familienpflegezeit zur Pflege und Betreuung desselben pflegebedürftigen Angehörigen Familienpflegezeit erneut, jedoch insgesamt nur bis zur Höchstdauer nach § 2 Absatz 1 in Anspruch nehmen, wenn die Gesamtdauer von 24 Monaten nach § 2 Absatz 2 nicht überschritten wird und die Inanspruchnahme der beendeten Familienpflegezeit auf der Grundlage der Sonderregelungen aus Anlass der COVID-19-Pandemie erfolgte.
(2) Abweichend von § 2a Absatz 1 Satz 4 muss sich die Familienpflegezeit nicht unmittelbar an die Freistellung nach § 3 Absatz 1 oder Absatz 5 des Pflegezeitgesetzes anschließen, wenn die Freistellung aufgrund der Sonderregelungen aus Anlass der COVID-19-Pandemie in Anspruch genommen wurde und die Gesamtdauer nach § 2 Absatz 2 von 24 Monaten nicht überschritten wird.
(3) Abweichend von § 2a Absatz 1 Satz 6 muss sich die Freistellung nach § 3 Absatz 1 oder Absatz 5 des Pflegezeitgesetzes nicht unmittelbar an die Familienpflegezeit anschließen, wenn die Inanspruchnahme der Familienpflegezeit aufgrund der Sonderregelungen aus Anlass der COVID-19-Pandemie erfolgte und die Gesamtdauer nach § 2 Absatz 2 von 24 Monaten ab Beginn der ersten Freistellung nicht überschritten wird.

§ 3 Förderung der pflegebedingten Freistellung von der Arbeitsleistung (1) Für die Dauer der Freistellungen nach § 2 dieses Gesetzes oder nach § 3 des Pflegezeitgesetzes gewährt das Bundesamt für Familie und zivilgesellschaftliche Aufgaben Beschäftigten auf Antrag ein in monatlichen Raten zu zahlendes zinsloses Darlehen nach Maßgabe der Absätze 2 bis 5. Der Anspruch gilt auch für Vereinbarungen über Freistellungen von der Arbeitsleistung nach § 2a Absatz 5a dieses Gesetzes.
(2) Die monatlichen Darlehensraten werden in Höhe der Hälfte der Differenz zwischen den pauschalierten monatlichen Nettoentgelten vor und während der Freistellung nach Absatz 1 gewährt.
(3) Das pauschalierte monatliche Nettoentgelt vor der Freistellung nach Absatz 1 wird berechnet auf der Grundlage des regelmäßigen durchschnittlichen monatlichen Bruttoarbeitsentgelts ausschließlich der Sachbezüge der letzten zwölf Kalendermonate vor Beginn der Freistellung. Das pauschalierte monatliche Nettoentgelt während der Freistellung wird berechnet auf der Grundlage des Bruttoarbeitsentgelts, das sich aus dem Produkt aus der vereinbarten durchschnittlichen monatlichen Stundenzahl während der Freistellung und dem durchschnittlichen Entgelt je Arbeitsstunde ergibt. Durchschnittliches Entgelt je Arbeitsstunde ist das Verhältnis des regelmäßigen gesamten Bruttoarbeitsentgelts ausschließlich der Sachbezüge der letzten zwölf Kalendermonate vor Beginn der Freistellung. Die Berechnung der pauschalierten Nettoentgelte erfolgt entsprechend der Berechnung der pauschalierten Nettoentgelte gemäß § 106 Absatz 1 Satz 5 bis 7 des Dritten Buches Sozialgesetzbuch. Bei einem weniger als zwölf Monate vor Beginn

der Freistellung bestehenden Beschäftigungsverhältnis verkürzt sich der der Berechnung zugrunde zu legende Zeitraum entsprechend. Für die Berechnung des durchschnittlichen Entgelts je Arbeitsstunde bleiben Mutterschutzfristen, Freistellungen nach § 2, kurzzeitige Arbeitsverhinderungen nach § 2 des Pflegezeitgesetzes, Freistellungen nach § 3 des Pflegezeitgesetzes sowie die Einbringung von Arbeitsentgelt aus Wertguthaben nach § 7b des Vierten Buches Sozialgesetzbuch außer Betracht. Abweichend von Satz 6 bleiben auf Antrag für die Berechnung des durchschnittlichen Arbeitsentgelts je Arbeitsstunde in der Zeit vom 1. März 2020 bis zum Ablauf des 30. April 2023 auch Kalendermonate mit einem aufgrund der COVID-19-Pandemie geringeren Entgelt unberücksichtigt.

(4) In den Fällen der Freistellung nach § 3 des Pflegezeitgesetzes ist die monatliche Darlehensrate auf den Betrag begrenzt, der bei einer durchschnittlichen Arbeitszeit während der Familienpflegezeit von 15 Wochenstunden zu gewähren ist.

(5) Abweichend von Absatz 2 können Beschäftigte auch einen geringeren Darlehensbetrag in Anspruch nehmen, wobei die monatliche Darlehensrate mindestens 50 Euro betragen muss.

(6) Das Darlehen ist in der in Absatz 2 genannten Höhe, in den Fällen der Pflegezeit in der in Absatz 4 genannten Höhe, vorrangig vor dem Bezug von bedürftigkeitsabhängigen Sozialleistungen in Anspruch zu nehmen und von den Beschäftigten zu beantragen; Absatz 5 ist insoweit nicht anzuwenden. Bei der Berechnung von Sozialleistungen nach Satz 1 sind die Zuflüsse aus dem Darlehen als Einkommen zu berücksichtigen.

§ 4 Mitwirkungspflicht des Arbeitgebers Der Arbeitgeber hat dem Bundesamt für Familie und zivilgesellschaftliche Aufgaben für bei ihm Beschäftigte den Arbeitsumfang sowie das Arbeitsentgelt vor der Freistellung nach § 3 Absatz 1 zu bescheinigen, soweit dies zum Nachweis des Einkommens aus Erwerbstätigkeit oder der wöchentlichen Arbeitszeit der die Förderung beantragenden Beschäftigten erforderlich ist. Für die in Heimarbeit Beschäftigten und die ihnen Gleichgestellten tritt an die Stelle des Arbeitgebers der Auftraggeber oder Zwischenmeister.

§ 5 Ende der Förderfähigkeit (1) Die Förderfähigkeit endet mit dem Ende der Freistellung nach § 3 Absatz 1. Die Förderfähigkeit endet auch dann, wenn die oder der Beschäftigte während der Freistellung nach § 2 den Mindestumfang der wöchentlichen Arbeitszeit aufgrund gesetzlicher oder kollektivvertraglicher Bestimmungen oder aufgrund von Bestimmungen, die in Arbeitsrechtsregelungen der Kirchen enthalten sind, unterschreitet. Die Unterschreitung der Mindestarbeitszeit aufgrund von Kurzarbeit oder eines Beschäftigungsverbotes lässt die Förderfähigkeit unberührt.

(2) Die Darlehensnehmerin oder der Darlehensnehmer hat dem Bundesamt für Familie und zivilgesellschaftliche Aufgaben unverzüglich jede Veränderung in den Verhältnissen, die für den Anspruch nach § 3 Absatz 1 erheblich sind, mitzuteilen, insbesondere die Beendigung der häuslichen Pflege der oder des nahen Angehörigen, die Beendigung der Betreuung nach § 2 Absatz 5 dieses Gesetzes oder § 3 Absatz 5 des Pflegezeitgesetzes, die Beendigung der Freistellung nach § 3 Absatz 6 des Pflegezeitgesetzes, die vorzeitige Beendigung der Freistellung nach § 3 Absatz 1

sowie die Unterschreitung des Mindestumfangs der wöchentlichen Arbeitszeit während der Freistellung nach § 2 aus anderen als den in Absatz 1 Satz 2 genannten Gründen.

§ 6 Rückzahlung des Darlehens (1) Im Anschluss an die Freistellung nach § 3 Absatz 1 ist die Darlehensnehmerin oder der Darlehensnehmer verpflichtet, das Darlehen innerhalb von 48 Monaten nach Beginn der Freistellung nach § 3 Absatz 1 zurückzuzahlen. Die Rückzahlung erfolgt in möglichst gleichbleibenden monatlichen Raten in Höhe des im Bescheid nach § 9 festgesetzten monatlichen Betrags jeweils spätestens zum letzten Bankarbeitstag des laufenden Monats. Für die Rückzahlung gelten alle nach § 3 an die Darlehensnehmerin oder den Darlehensnehmer geleisteten Darlehensbeträge als ein Darlehen.
(2) Die Rückzahlung beginnt in dem Monat, der auf das Ende der Förderung der Freistellung nach § 3 Absatz 1 folgt. Das Bundesamt für Familie und zivilgesellschaftliche Aufgaben kann auf Antrag der Darlehensnehmerin oder des Darlehensnehmers den Beginn der Rückzahlung auf einen späteren Zeitpunkt, spätestens jedoch auf den 25. Monat nach Beginn der Förderung festsetzen, wenn die übrigen Voraussetzungen für den Anspruch nach den §§ 2 und 3 weiterhin vorliegen. Befindet sich die Darlehensnehmerin oder der Darlehensnehmer während des Rückzahlungszeitraums in einer Freistellung nach § 3 Absatz 1, setzt das Bundesamt für Familie und zivilgesellschaftliche Aufgaben auf Antrag der oder des Beschäftigten die monatlichen Rückzahlungsraten bis zur Beendigung der Freistellung von der Arbeitsleistung aus. Der Rückzahlungszeitraum verlängert sich um den Zeitraum der Aussetzung.

§ 7 Härtefallregelung (1) Zur Vermeidung einer besonderen Härte stundet das Bundesamt für Familie und zivilgesellschaftliche Aufgaben der Darlehensnehmerin oder dem Darlehensnehmer auf Antrag die Rückzahlung des Darlehens, ohne dass hierfür Zinsen anfallen. Als besondere Härte gelten insbesondere der Bezug von Entgeltersatzleistungen nach dem Dritten und dem Fünften Buch Sozialgesetzbuch, Leistungen zur Sicherung des Lebensunterhalts nach dem Zweiten Buch Sozialgesetzbuch und Leistungen nach dem Dritten und Vierten Kapitel des Zwölften Buches Sozialgesetzbuch oder eine mehr als 180 Tage ununterbrochene Arbeitsunfähigkeit. Eine besondere Härte liegt auch vor, wenn sich die Darlehensnehmerin oder der Darlehensnehmer wegen unverschuldeter finanzieller Belastungen vorübergehend in ernsthaften Zahlungsschwierigkeiten befindet oder zu erwarten ist, dass sie oder er durch die Rückzahlung des Darlehens in der vorgesehenen Form in solche Schwierigkeiten gerät.
(2) Für den über die Gesamtdauer der Freistellungen nach § 2 dieses Gesetzes oder nach § 3 Absatz 1 oder 5 des Pflegezeitgesetzes hinausgehenden Zeitraum, in dem die Pflegebedürftigkeit desselben nahen Angehörigen fortbesteht, die Pflege durch die oder den Beschäftigten in häuslicher Umgebung andauert und die Freistellung von der Arbeitsleistung fortgeführt wird, sind auf Antrag die fälligen Rückzahlungsraten zu einem Viertel zu erlassen (Teildarlehenserlass) und die restliche Darlehensschuld für diesen Zeitraum bis zur Beendigung der häuslichen Pflege auf

Antrag zu stunden, ohne dass hierfür Zinsen anfallen, sofern eine besondere Härte im Sinne von Absatz 1 Satz 3 vorliegt.

(3) Die Darlehensschuld erlischt, soweit sie noch nicht fällig ist, wenn die Darlehensnehmerin oder der Darlehensnehmer

1. Leistungen nach dem Dritten oder Vierten Kapitel des Zwölften Buches Sozialgesetzbuch oder Leistungen zur Sicherung des Lebensunterhalts nach dem Zweiten Buch Sozialgesetzbuch ununterbrochen seit mindestens zwei Jahren nach dem Ende der Freistellung bezieht oder
2. verstirbt.

(4) Der Abschluss von Vergleichen sowie die Stundung, Niederschlagung und der Erlass von Ansprüchen richten sich, sofern in diesem Gesetz nicht abweichende Regelungen getroffen werden, nach den §§ 58 und 59 der Bundeshaushaltsordnung.

§ 8 Antrag auf Förderung (1) Das Bundesamt für Familie und zivilgesellschaftliche Aufgaben entscheidet auf schriftlichen Antrag über das Darlehen nach § 3 und dessen Rückzahlung nach § 6.

(2) Der Antrag wirkt vom Zeitpunkt des Vorliegens der Anspruchsvoraussetzungen, wenn er innerhalb von drei Monaten nach deren Vorliegen gestellt wird, andernfalls wirkt er vom Beginn des Monats der Antragstellung.

(3) Der Antrag muss enthalten:

1. Name und Anschrift der oder des das Darlehen beantragenden Beschäftigten,
2. Name, Anschrift und Angehörigenstatus der gepflegten Person,
3. Bescheinigung über die Pflegebedürftigkeit oder im Fall des § 3 Absatz 6 des Pflegezeitgesetzes das dort genannte ärztliche Zeugnis über die Erkrankung des oder der nahen Angehörigen,
4. Dauer der Freistellung nach § 3 Absatz 1 sowie Mitteilung, ob zuvor eine Freistellung nach § 3 Absatz 1 in Anspruch genommen wurde, sowie
5. Höhe, Dauer und Angabe der Zeitabschnitte des beantragten Darlehens.

(4) Dem Antrag sind beizufügen:

1. Entgeltbescheinigungen mit Angabe der arbeitsvertraglichen Wochenstunden der letzten zwölf Monate vor Beginn der Freistellung nach § 3 Absatz 1,
2. in den Fällen der vollständigen Freitstellung nach § 3 des Pflegezeitgesetzes eine Bescheinigung des Arbeitgebers über die Freistellung und in den Fällen der teilweisen Freistellung die hierüber getroffene schriftliche Vereinbarung zwischen dem Arbeitgeber und der oder dem Beschäftigten.

§ 9 Darlehensbescheid (1) In dem Bescheid nach § 8 Absatz 1 sind anzugeben:

1. Höhe des Darlehens,
2. Höhe der monatlichen Darlehensraten sowie Dauer der Leistung der Darlehensraten,
3. Höhe und Dauer der Rückzahlungsraten und
4. Fälligkeit der ersten Rückzahlungsrate.

Wurde dem Antragsteller für eine vor dem Antrag liegende Freistellung nach § 3 Absatz 1 ein Darlehen gewährt, sind für die Ermittlung der Beträge nach Satz 1 Nummer 3 und 4 das zurückliegende und das aktuell gewährte Darlehen wie ein

Darlehen zu behandeln. Der das erste Darlehen betreffende Bescheid nach Satz 1 wird hinsichtlich Höhe, Dauer und Fälligkeit der Rückzahlungsraten geändert.
(2) Die Höhe der Darlehensraten wird zur Beginn der Leistungsgewährung in monatlichen Festbeträgen für die gesamte Förderdauer festgelegt.
(3) Die Darlehensraten werden unbar zu Beginn jeweils für den Kalendermonat ausgezahlt, in dem die Anspruchsvoraussetzungen vorliegen. Monatliche Förderungsbeträge, die nicht volle Euro ergeben, sind bei Restbeträgen bis zu 0,49 Euro abzurunden und von 0,50 Euro an aufzurunden.

§ 10 Antrag und Nachweis in weiteren Fällen (1) Das Bundesamt für Familie und zivilgesellschaftliche Aufgaben entscheidet auch in den Fällen des § 7 auf schriftlichen oder elektronischen Antrag, der Name und Anschrift der Darlehensnehmerin oder des Darlehensnehmers enthalten muss.
(2) Die Voraussetzungen des § 7 sind nachzuweisen
1. in den Fällen des Absatzes 1 durch Glaubhaftmachung der dort genannten Voraussetzungen, insbesondere durch Darlegung der persönlichen wirtschaftlichen Verhältnisse oder bei Arbeitsunfähigkeit durch Vorlage einer Arbeitsunfähigkeitsbescheinigung der Darlehensnehmerin oder des Darlehensnehmers,
2. in den Fällen des Absatzes 2 durch Vorlage einer Bescheinigung über die fortbestehende Pflegebedürftigkeit der oder des nahen Angehörigen und die Fortdauer der Freistellung von der Arbeitsleistung sowie Glaubhaftmachung der dort genannten Voraussetzungen, insbesondere durch Darlegung der persönlichen wirtschaftlichen Verhältnisse,
3. in den Fällen des Absatzes 3 durch Vorlage der entsprechenden Leistungsbescheide der Darlehensnehmerin oder des Darlehensnehmers oder durch Vorlage einer Sterbeurkunde durch die Rechtsnachfolger.

(3) Anträge auf Teildarlehenserlass nach § 7 Absatz 2 sind bis spätestens 48 Monate nach Beginn der Freistellungen nach § 2 dieses Gesetzes oder nach § 3 Absatz 1 oder 5 des Pflegezeitgesetzes zu stellen.

…

30 XII. Sozialgesetzbuch (SGB) Zwölftes Buch Sozialhilfe

Einleitung

I. Geschichtliche Entwicklung

Das, was heute »Sozialhilfe« heißt, geht zurück auf die traditionelle Armenfürsorge. Sie wurde üblicherweise von Gemeinden ohne Rechtsgrundlage geleistet und flankiert durch private Mildtätigkeit sowie Selbsthilfe einzelner Bevölkerungsgruppen (zum Folgenden s. *Sachße/Tennstedt*, Geschichte der Armenfürsorge in Deutschland, 3 Bände, 1980–1992). Die geschichtliche Entwicklung insgesamt ist durch zwei Merkmale gekennzeichnet:

1. eine zunehmende Verrechtlichung der Fürsorge/Sozialhilfe von ursprünglichen Zuständigkeitsregelungen bis hin zum heutigen Rechtsanspruch auf Sozialhilfe und
2. eine zunehmende Absicherung sozialer Risiken durch Versicherungssysteme bei Nachrangigkeit der Fürsorge/Sozialhilfe.

30 XII

Was den zweiten Aspekt angeht, so kann von einem System »kommunizierender Röhren« gesprochen werden: In dem Maße, in dem Sozialversicherungssysteme Risiken nicht mehr abdecken, wächst die Belastung der Fürsorge/Sozialhilfe. Das ist insbesondere so in der Krise der Arbeitslosenversicherung am Ende der Weimarer Republik gewesen, wiederholte sich im Gefolge der Massenarbeitslosigkeit der 1990er Jahre (s. u.) und findet heute seinen sinnfälligen Ausdruck darin, dass infolge der nicht vollständigen Risikodeckung durch die Pflegeversicherung Pflegeleistungen zu einem nicht unerheblichen Teil durch die Sozialhilfeträger getragen werden müssen (vgl. §§ 61 ff. SGB XII). Infolgedessen wird der Zweck der Sozialversicherung auch nicht mehr nur darin gesehen, den Einzelnen vor verschiedenen Risiken zu schützen, die er durch eigenes Einkommen und Vermögen üblicherweise nicht abfangen kann, sondern auch im Schutz der Allgemeinheit vor mangelnder Eigenvorsorge, die zur Belastung der steuerfinanzierten Auffangsysteme führen würde (*BSG* 7. 6. 2019 – B 12 R 6/18 R, BSGE 128, 205, Rn. 41).

Die Rechtsgrundlage in der Bundesrepublik Deutschland war und ist jedoch gegenüber der Weimarer Republik in einem entscheidenden Punkt weiterentwickelt: Das Grundgesetz bekennt sich zur Würde des Menschen als obersten Wert (Art. 1 GG, Nr. 20). Mit dem Sozialstaatsprinzip wird der Staat auf das Prinzip der sozialen Gerechtigkeit und die Herstellung von Rahmenbedingungen zur effektiven Wahrnehmung der Grundrechte verpflichtet (vgl. Einl. III 1 zum GG, Nr. 20). Gestützt auf diese Rechtsgrundlage entschied das *BVerwG* in einer bahnbrechenden Entscheidung vom 24. 6. 1954 (V C 78.54, BVerwGE 1, 159), dass jeder Hilfsbedürftige einen Rechtsanspruch auf öffentliche Fürsorge hat. Außer in dem Teilbereich der Tbc-Fürsorge war ein solcher Anspruch bis dahin nicht anerkannt. Die Fürsorge

wurde als eine Art armenpolizeiliche Staatsfunktion gesehen, für die der Hilfsbedürftige ein Objekt der Fürsorge darstellte. Diese neue Sichtweise findet eine verfassungsgerichtliche Absicherung in der Entscheidung des *BVerfG* vom 9.2.2010 (1 BvL 1/09, 1 BvL 3/09, 1 BvL 4/09, NJW 10, 505) über die Arbeitslosengeld II-Regelbedarfe (heute Bürgergeld), in der das Gericht ein Grundrecht auf Gewährleistung eines menschenwürdigen Existenzminimums anerkannt hat (vgl. Einl. II 4 zum SGB II, Nr. 30 II).
Die vom *BVerwG* festgestellte verfassungsrechtliche Rechtslage bildete den Ausgangspunkt zunächst für die Schaffung des BSHG (vgl. 45. Aufl.). Mit dem »Gesetz zur Einordnung des Sozialhilferechts in das Sozialgesetzbuch« vom 27.12.2003 (BGBl. I 3022) wurde die Sozialhilfe dann mit Wirkung ab 1.1.2005 als Buch XII Teil des SGB. Es war seither unzähligen Änderungen unterworfen (Bestandsaufnahme zuletzt in 45. Aufl.; zu befristeten coronabedingten Sonderregelungen s. 47. Aufl.).
Ein wesentlicher Strukturwandel erfolgte durch Einführung der Grundsicherung für Arbeitsuchende im SGB II (Nr. 30 II), womit die Sozialhilfe nur für über 65-Jährige (schrittweise Anhebung seit 2012, zunächst jährlich um einen Monat, ab 2024 um zwei Monate, § 41 SGB XII) und nicht Erwerbsfähige bleibt (dazu sogleich II). Wesentlichste Änderung war die Neuregelung der Bedarfsermittlung nach dem Regelbedarfsermittlungsgesetz im Gefolge der Entscheidung des *BVerfG* zur Verfassungswidrigkeit der Regelleistungen nach dem SGB II (s. u. II).
Zur Abmilderung der Inflationsfolgen wurde ein einmaliger Sofortzuschlag (200 € für Leistungsbezieher der Regelbedarfsstufen 1, 2 und 3, in anderen Regelbedarfsstufen 20 €) durch Gesetz vom 23.5.2022 (BGBl. I 760) eingeführt. Mit dem Bürgergeld-Gesetz (v. 16.12.2022, BGBl. I 2328) wurde das Gesetz an verschiedenen Stellen geändert, u.a. durch Regelung zur Unterstützung und Beratung, Einführung einer Karenzzeit für Bedarfe für Unterkunft und Heizung sowie eine Neuregelung für Instandhaltungs- und Reparaturaufwendungen und zu Unterkunftsbedarfen bei Wohnungswechsel sowie Direktzahlungen an Vermieter. Im Zuge des Gesetzes zur Anpassung des Zwölften und des Vierzehnten Buches Sozialgesetzbuch und weiterer Gesetze (v. 22.12.2023, BGBl. 2023 I Nr. 408) wurden die Regelungen zur Berücksichtigung von Einkommen an jene des SGB II nach Einführung des Bürgergeldes (s. Einl. I zum SGB II, Nr. 30 II) angepasst und verschiedene rechtssystematische und redaktionelle Änderungen vorgenommen.

II. Zum Inhalt des Gesetzes

Das SGB XII regelt die Sozialhilfe für Personen, die nicht in der Lage sind, sich durch Einsatz ihrer Arbeitskraft selbst zu helfen (Übersicht 70). Wer nach Maßgabe des § 8 SGB II erwerbsfähig ist, erhält Leistungen vor allem nach dem SGB II; solche Leistungsberechtigte erhalten nach § 5 Abs. 2 SGB II keine Leistungen zum Lebensunterhalt nach dem SGB XII (vgl. auch § 19 Abs. 2, § 2 Abs. 1 SGB XII). Daneben enthält das SGB XII die zuvor in einem separaten Gesetz enthaltene Grundsicherung im Alter und bei Erwerbsminderung (§§ 41 ff. SGB XII).

In seiner Substanz hat das SGB XII die Grundzüge des Bundessozialhilfegesetzes übernommen und fortgeführt. § 1 SGB XII beschreibt die grundsätzliche Zielsetzung des Gesetzes – Ermöglichung eines Lebens, »das der Würde des Menschen entspricht« – nahezu wortgleich mit dem früheren § 1 Abs. 2 BSHG. In einer etwas anderen Gliederung und Terminologie werden die bisherigen Leistungen der Sache nach auch im neuen Gesetz geregelt. § 8 SGB XII gibt hierzu als Einweisungsvorschrift eine Übersicht. Es gilt wie bisher nach § 2 Abs. 1 SGB XII das Prinzip der Nachrangigkeit der Sozialhilfe. Es müssen anderweitiges Einkommen (§§ 82 ff. SGB XII) und Vermögen (§ 90 SGB XII) einschließlich Unterhaltsansprüchen (freilich mit erheblichen Einschränkungen nach dem Angehörigen-Entlastungsgesetz v. 10. 12. 2019, BGBl. I 2135, Entwurf: BT-Drs. 19/13399) in Anspruch genommen werden, wozu es die entsprechenden Anrechnungsvorschriften gibt.

Grundsicherung im Alter nach §§ 41 ff. SGB XII und »Hilfe zum Lebensunterhalt« nach §§ 27 ff. SGB XII werden, gemessen am Regelbedarf gemäß § 28 SGB XII, nach Regelsätzen gemäß § 27a SGB XII erbracht. Für den Regelbedarf gibt es entsprechend der Anlage zu § 28 SGB XII 6 Stufen. Der individuelle Bedarf kann aber gemäß §§ 42, Nr. 1, 27a Abs. 4 SGB XII abweichend festgesetzt werden, was einen wesentlichen Unterschied zur Grundsicherung nach dem SGB II (Nr. 30 II). bedeutet. Der Regelbedarf ist gemäß §§ 28, 28a SGB XII jährlich neu fortzuschreiben. Dabei können die Länder nach § 29 Abs. 2 SGB XII eine abweichende Neufestsetzung treffen. Das Verfahren der Regelbedarfsermittlung ist mit jenem nach dem SGB II infolge der verfassungsgerichtlichen Aufforderung zur transparenten Bedarfsermittlung (s. Einl. II 4 zum SGB II, Nr. 20 II) zusammengeführt und im Regelbedarfsermittlungsgesetz v. 14. 12. 2020 (BGBl. I 2855) normiert worden.

III. Rechtspolitik

Nach der Reform der Eingliederungshilfe und deren Überführung mit Wirkung ab 2020 in das SGB IX durch das Bundesteilhabegesetz v. 23. 12. 2016 (BGBl. I 3234; dazu Einl. I 2 zum SGB IX, Nr. 30 IX) gibt es aktuell keine größeren Reformvorhaben.

Wichtige Entscheidungen

BVerfG 9. 2. 2010 – 1 BvL 1/09 u. a., NJW 2010, 505
BVerwG 24. 6. 1954 – V C 78.54, BVerwGE 1, 159

Weiterführende Literatur

Deinert, Sozialrecht (2025), 14. Kap.: Arbeitsplatzverlust und Arbeitslosigkeit, Rn. 196 ff.
BeckOGK-SGB XII, auch Loseblatt
Bieritz-Harder/Conradis/Palsherm (Hrsg.), SGB XII, 13. Aufl. (2024)

Conradis, Die neue Sozialhilfe: Kuriositäten bei der Gesetzgebung zum SGB II und SGB XII, info also 2004, S. 51
Hauck/Noftz, SGB X (Loseblatt)
Grube/Wahrendorf/Flint, SGB XII, Sozialhilfe, 8. Aufl. (2024)
Schellhorn/Hohm/Schneider/Busse (Hrsg.), SGB XII, 21. Aufl. (2023)
Schnath, Das neue Grundrecht auf Gewährleistung eines menschenwürdigen Existenzminimums, NZS 2010, S. 297

Übersicht 70: Sozialhilfe

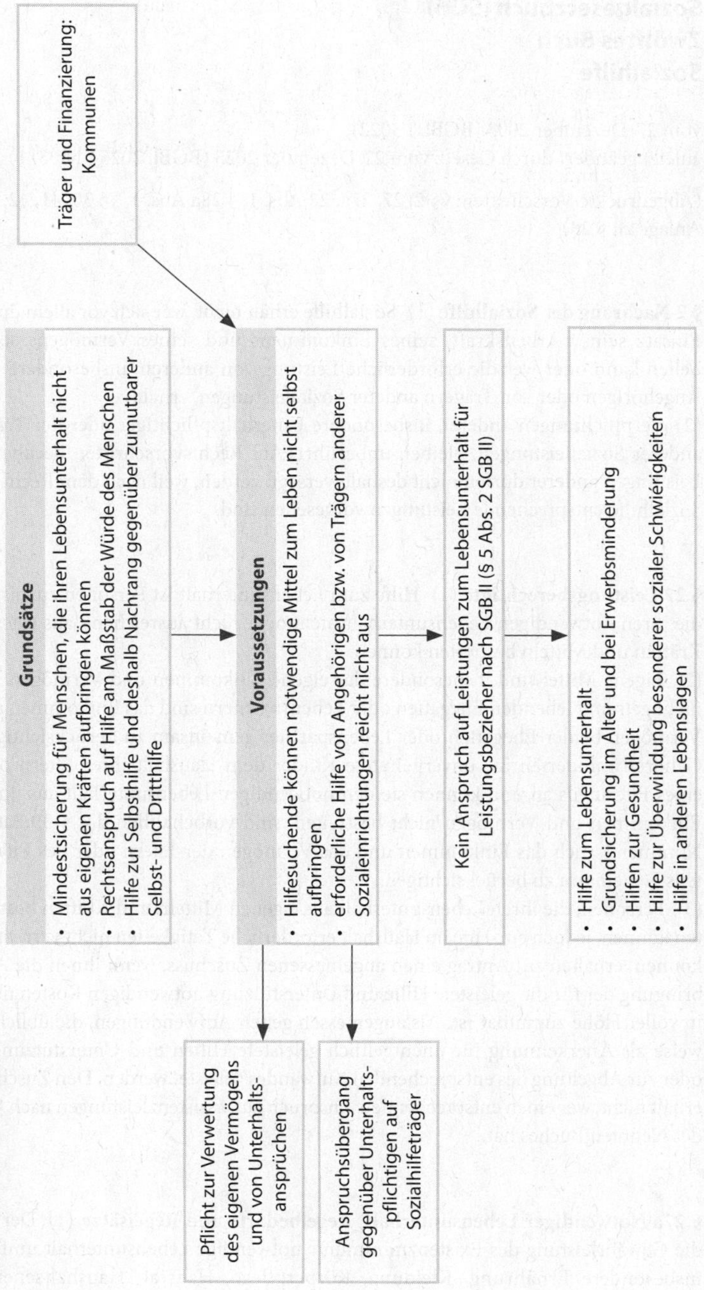

30 XII

Sozialgesetzbuch (SGB)
Zwölftes Buch
Sozialhilfe

vom 27. Dezember 2003 (BGBl. I 3022),
zuletzt geändert durch Gesetz vom 22. Dezember 2025 (BGBl. 2025 I Nr. 371)

(Abgedruckte Vorschriften: §§ 2, 27, 27a, 28 Abs. 1, § 28a Abs. 1, §§ 30, 41, 42, Anlage zu § 28)

§ 2 Nachrang der Sozialhilfe (1) Sozialhilfe erhält nicht, wer sich vor allem durch Einsatz seiner Arbeitskraft, seines Einkommens und seines Vermögens selbst helfen kann oder wer die erforderliche Leistung von anderen, insbesondere von Angehörigen oder von Trägern anderer Sozialleistungen, erhält.
(2) Verpflichtungen anderer, insbesondere Unterhaltspflichtiger oder der Träger anderer Sozialleistungen, bleiben unberührt. Auf Rechtsvorschriften beruhende Leistungen anderer dürfen nicht deshalb versagt werden, weil nach dem Recht der Sozialhilfe entsprechende Leistungen vorgesehen sind.
…

§ 27 Leistungsberechtigte (1) Hilfe zum Lebensunterhalt ist Personen zu leisten, die ihren notwendigen Lebensunterhalt nicht oder nicht ausreichend aus eigenen Kräften und Mitteln bestreiten können.
(2) Eigene Mittel sind insbesondere das eigene Einkommen und Vermögen. Bei nicht getrennt lebenden Ehegatten oder Lebenspartnern sind das Einkommen und Vermögen beider Ehegatten oder Lebenspartner gemeinsam zu berücksichtigen. Gehören minderjährige unverheiratete Kinder dem Haushalt ihrer Eltern oder eines Elternteils an und können sie den notwendigen Lebensunterhalt aus ihrem Einkommen und Vermögen nicht bestreiten, sind vorbehaltlich des § 39 Satz 3 Nummer 1 auch das Einkommen und das Vermögen der Eltern oder des Elternteils gemeinsam zu berücksichtigen.
(3) Personen, die ihren Lebensunterhalt aus eigenen Mitteln und Kräften bestreiten können, jedoch einzelne im Haushalt erforderliche Tätigkeiten nicht verrichten können, erhalten auf Antrag einen angemessenen Zuschuss, wenn ihnen die Aufbringung der für die geleistete Hilfe und Unterstützung notwendigen Kosten nicht in voller Höhe zumutbar ist. Als angemessen gelten Aufwendungen, die üblicherweise als Anerkennung für unentgeltlich geleistete Hilfen und Unterstützungen oder zur Abgeltung des entsprechenden Aufwandes geleistet werden. Den Zuschuss erhält nicht, wer einen entsprechenden Anspruch auf Assistenzleistungen nach § 78 des Neunten Buches hat.
…

§ 27a Notwendiger Lebensunterhalt, Regelbedarfe und Regelsätze (1) Der für die Gewährleistung des Existenzminimums notwendige Lebensunterhalt umfasst insbesondere Ernährung, Kleidung, Körperpflege, Hausrat, Haushaltsenergie ohne die auf Heizung und Erzeugung von Warmwasser entfallenden Anteile, persönliche Bedürfnisse des täglichen Lebens sowie Unterkunft und Heizung. Zu den persönlichen Bedürfnissen des täglichen Lebens gehört in vertretbarem Umfang eine Teilhabe am sozialen und kulturellen Leben in der Gemeinschaft; dies gilt in besonderem Maß für Kinder und Jugendliche. Für Schülerinnen und Schüler umfasst der notwendige Lebensunterhalt auch die erforderlichen Hilfen für den Schulbesuch.

(2) Der gesamte notwendige Lebensunterhalt nach Absatz 1 mit Ausnahme der Bedarfe nach dem Zweiten bis Vierten Abschnitt ergibt den monatlichen Regelbedarf. Dieser ist in Regelbedarfsstufen unterteilt; für Abgrenzung und Höhe der Regelbedarfsstufen sind zu berücksichtigen:

1. bei Kindern und Jugendlichen altersbedingte Unterschiede
2. bei Erwachsenen die Art der Unterkunft, in der sie leben, und zusätzlich bei in Wohnungen oder sonstigen Unterkünften nach § 42a Absatz 2 Satz 1 Nummer 1 und 3 lebenden Erwachsenen, ob sie in einer Paarbeziehung oder ohne Paarbeziehung zusammenleben.

(3) Für Leistungsberechtigte nach diesem Kapitel sind zur Deckung der Regelbedarfe, die sich nach den Regelbedarfsstufen der Anlage zu § 28 ergeben, monatliche Regelsätze als Bedarf anzuerkennen; dies gilt nicht für Leistungsberechtigte, deren notwendiger Lebensunterhalt sich nach § 27b bestimmt. Der Regelsatz stellt einen monatlichen Pauschalbetrag zur Bestreitung des Regelbedarfs dar, über dessen Verwendung die Leistungsberechtigten eigenverantwortlich entscheiden; dabei haben sie das Eintreten unregelmäßig anfallender Bedarfe zu berücksichtigen. Besteht die Leistungsberechtigung für weniger als einen Monat, ist der Regelsatz anteilig als Bedarf anzuerkennen. Zur Deckung der Regelbedarfe von Personen, die in einer sonstigen Unterkunft oder vorübergehend nicht in einer Unterkunft untergebracht sind, sind als Bedarfe monatliche Regelsätze anzuerkennen, die sich in entsprechender Anwendung der Regelbedarfsstufen nach der Anlage zu § 28 ergeben.

(4) Im Einzelfall wird der Regelsatz abweichend von der maßgebenden Regelbedarfsstufe festgesetzt (abweichende Regelsatzfestsetzung), wenn ein durch die Regelbedarfe abgedeckter Bedarf nicht nur einmalig, sondern für eine Dauer von voraussichtlich mehr als einem Monat

1. nachweisbar vollständig oder teilweise anderweitig gedeckt ist oder
2. unausweichlich in mehr als geringem Umfang oberhalb durchschnittlicher Bedarfe liegt, wie sie sich nach den bei der Ermittlung der Regelbedarfe zugrundeliegenden durchschnittlichen Verbrauchsausgaben ergeben, und die dadurch bedingten Mehraufwendungen begründbar nicht anderweitig ausgeglichen werden können.

Bei einer abweichenden Regelfestsetzung nach Satz 1 Nummer 1 sind für die monatlich ersparten Verbrauchsausgaben die sich nach § 5 Absatz 1 oder nach § 6 Absatz 1 des Regelbedarfs-Ermittlungsgesetzes für die jeweilige Abteilung ergebenden Beträge zugrunde zu legen. Beschränkt sich die anderweitige Bedarfsdeckung auf einzelne in die regelbedarfsrelevanten Verbrauchsausgaben je Abteilung eingegangenen Verbrauchspositionen, sind die regelbedarfsrelevanten Beträge zugrunde zu legen, auf denen die in § 5 Absatz 1 und § 6 Absatz 1 des Regelbedarfs-Ermittlungsgesetzes genannten Beträge für die einzelnen Abteilungen beruhen. Für Leistungsberechtigte, denen Bedarfe nach § 34 Absatz 4 Satz 1 und Absatz 6 Satz 1 anzuerkennen sind, ist Satz 1 Nummer 1 nicht anwendbar. Für Leistungsberechtigte, die in einer Unterkunft nach § 42a Absatz 2 Satz 1 Nummer 2 und Satz 3 leben und denen Aufwendungen für Unterkunft und Heizung nach § 42a Absatz 5 und 6 anzuerkennen sind, ist Satz 1 Nummer 1 nicht anwendbar für Bedarfe, die durch einen Vertrag über die Überlassung von Wohnraum nach § 42a Absatz 5 Satz 6 Nummer 1, 3 und 4 gedeckt werden. Für Leistungsberechtigte, denen ein Mehrbedarf nach § 42b Absatz 2 anzuerkennen ist, ist Satz 1 für die dadurch abgedeckten Aufwendungen nicht anwendbar.

(5) Sind minderjährige Leistungsberechtigte in einer anderen Familie, insbesondere in einer Pflegefamilie, oder bei anderen Personen als bei ihren Eltern oder einem Elternteil untergebracht, so wird in der Regel der individuelle Bedarf abweichend von den Regelsätzen in Höhe der tatsächlichen Kosten der Unterbringung festgesetzt, sofern die Kosten einen angemessenen Umfang nicht übersteigen.

…

§ 28 Ermittlung der Regelbedarfe (1) Liegen die Ergebnisse einer bundesweiten neuen Einkommens- und Verbrauchsstichprobe vor, wird die Höhe der Regelbedarfe in einem Bundesgesetz neu ermittelt.

…

§ 28a Fortschreibung der Regelbedarfsstufen (1) Für Jahre bis zur nächsten Neuermittlung nach § 28 werden die Regelbedarfsstufen jeweils zum 1 Januar nach den Absätzen 2 bis 5 fortgeschrieben.

…

§ 30 Mehrbedarf (1) Für Personen, die

1. die Altersgrenze nach § 41 Abs. 2 erreicht haben oder
2. die Altersgrenze nach § 41 Abs. 2 noch nicht erreicht haben und voll erwerbsgemindert nach dem Sechsten Buch sind

und durch einen Bescheid der nach § 152 Absatz 4 des Neunten Buches zuständigen Behörde oder einen Ausweis nach § 152 Absatz 5 des Neunten Buches die Feststellung des Merkzeichens G nachweisen, wird ein Mehrbedarf von 17 vom Hundert der maßgebenden Regelbedarfsstufe anerkannt, soweit nicht im Einzelfall ein abweichender Bedarf besteht.

(2) Für werdende Mütter nach der zwölften Schwangerschaftswoche bis zum Ende des Monats, in welchen die Entbindung fällt, wird ein Mehrbedarf von 17 vom Hundert der maßgebenden Regelbedarfsstufe anerkannt, soweit nicht im Einzelfall ein abweichender Bedarf besteht.

(3) Für Personen, die mit einem oder mehreren minderjährigen Kindern zusammenleben und allein für deren Pflege und Erziehung sorgen, ist, soweit kein abweichender Bedarf besteht, ein Mehrbedarf anzuerkennen

1. in Höhe von 36 vom Hundert der Regelbedarfsstufe 1 nach der Anlage zu § 28 für ein Kind unter sieben Jahren oder für zwei oder drei Kinder unter sechzehn Jahren, oder

2. in Höhe von 12 vom Hundert der Regelbedarfsstufe 1 nach der Anlage zu § 28 für jedes Kind, wenn die Voraussetzungen nach Nummer 1 nicht vorliegen, höchstens jedoch in Höhe von 60 vom Hundert des Eckregelsatzes.

(4) § 42b Absatz 3 ist entsprechend anzuwenden auf Leistungsberechtigte, die das 15. Lebensjahr vollendet haben.

(5) Für Leistungsberechtigte wird ein Mehrbedarf anerkannt, wenn deren Ernährungsbedarf aus medizinischen Gründen von allgemeinen Ernährungsempfehlungen abweicht und die Aufwendungen für die Ernährung deshalb unausweichlich und in mehr als geringem Umfang oberhalb eines durchschnittlichen Bedarfs für Ernährung liegen (ernährungsbedingter Mehrbedarf). Dies gilt entsprechend für aus medizinischen Gründen erforderliche Aufwendungen für Produkte zur erhöhten Versorgung des Stoffwechsels mit bestimmten Nähr- oder Wirkstoffen soweit hierfür keine vorrangigen Ansprüche bestehen. Die medizinischen Gründe nach den Sätzen 1 und 2 sind auf der Grundlage aktueller medizinscher und ernährungswissenschaftlicher Erkenntnisse zu bestimmen. Dabei sind auch die durchschnittlichen Mehraufwendungen zu ermitteln, die für die Höhe des anzuerkennenden ernährungsbedingten Mehrbedarfs zugrunde zu legen sind, soweit im Einzelfall kein abweichender Bedarf besteht.

(6) Die Summe des nach den Absätzen 1 bis 5 insgesamt anzuerkennenden Mehrbedarfs darf die Höhe der maßgebenden Regelbedarfsstufe nicht übersteigen.

(7) Für Leistungsberechtigte wird ein Mehrbedarf anerkannt, soweit Warmwasser durch in der Wohnung, in der besonderen Wohnform oder der sonstigen Unterkunft nach § 42a Absatz 2 installierte Vorrichtungen erzeugt wird (dezentrale Warmwassererzeugung) und denen deshalb kein Bedarf für Warmwasser nach § 35 Absatz 5 anerkannt wird. Der Mehrbedarf beträgt für jede leistungsberechtigte Person entsprechend der für sie geltenden Regelbedarfsstufe nach der Anlage zu § 28 jeweils

1. 2,3 Prozent der Regelbedarfsstufen 1 und 2,
2. 1,4 Prozent der Regelbedarfsstufe 4,
3. 1,2 Prozent der Regelbedarfsstufe 5 oder
4. 0,8 Prozent der Regelbedarfsstufe 6.

Höhere Abweichungen sind abweichend von Satz 2 nur zu berücksichtigen, soweit sie durch eine separate Messeinrichtung nachgewiesen werden.

(8) § 42b Absatz 2 ist entsprechend anzuwenden.

(9) Soweit eine Schülerin oder ein Schüler aufgrund der jeweiligen schulrechtlichen Bestimmungen oder schulischen Vorgaben Aufwendungen zur Anschaffung oder Ausleihe von Schulbüchern oder gleichstehenden Arbeitsheften hat, sind sie als Mehrbedarf anzuerkennen.

(10) Für Leistungsberechtigte wird ein Mehrbedarf anerkannt, soweit im Einzelfall ein einmaliger, unabweisbarer, besonderer Bedarf besteht, der auf keine andere Weise gedeckt werden kann und ein Darlehen nach § 37 Absatz 1 ausnahmsweise nicht zumutbar oder wegen der Art des Bedarfs nicht möglich ist.

…

§ 41 Leistungsberechtigte (1) Leistungsberechtigt nach diesem Kapitel sind Personen mit gewöhnlichem Aufenthalt im Inland, die ihren notwendigen Lebensunterhalt nicht oder nicht ausreichend aus Einkommen oder Vermögen nach § 43 bestreiten können, wenn sie die Voraussetzungen nach Absatz 2, 3 oder 3a erfüllen.

(2) Leistungsberechtigt sind Personen nach Absatz 1 wegen Alters, wenn sie die Altersgrenze erreicht haben. Personen, die vor dem 1. Januar 1947 geboren sind, erreichen die Altersgrenze mit Vollendung des 65. Lebensjahres. Für Personen, die nach dem 31. Dezember 1946 geboren sind, wird die Altersgrenze wie folgt angehoben:

für den Geburtsjahrgang	erfolgt eine Anhebung um Monate	auf Vollendung eines Lebensalters von
1947	1	65 Jahren und 1 Monat
1948	2	65 Jahren und 2 Monaten
1949	3	65 Jahren und 3 Monaten
1950	4	65 Jahren und 4 Monaten
1951	5	65 Jahren und 5 Monaten
1952	6	65 Jahren und 6 Monaten
1953	7	65 Jahren und 7 Monaten
1954	8	65 Jahren und 8 Monaten
1955	9	65 Jahren und 9 Monaten
1956	10	65 Jahren und 10 Monaten
1957	11	65 Jahren und 11 Monaten
1958	12	66 Jahren
1959	14	66 Jahren und 2 Monaten
1960	16	66 Jahren und 4 Monaten
1961	18	66 Jahren und 6 Monaten
1962	20	66 Jahren und 8 Monaten
1963	22	66 Jahren und 10 Monaten
ab 1964	24	67 Jahren

(3) Leistungsberechtigt sind Personen nach Absatz 1 wegen einer dauerhaften vollen Erwerbsminderung, wenn sie das 18. Lebensjahr vollendet hat, unabhängig von der jeweiligen Arbeitsmarktlage voll erwerbsgemindert im Sinne des § 43 Absatz 2 des Sechsten Buches sind und bei denen unwahrscheinlich ist, dass die volle Erwerbsminderung behoben werden kann.

(3 a) Leistungsberechtigt sind Personen nach Absatz 1, die das 18. Lebensjahr vollendet haben, für den Zeitraum, in dem sie

1. in einer Werkstatt für behinderte Menschen (§ 57 des Neunten Buches) oder bei einem anderen Leistungsträger (§ 60 des Neunten Buches) das Eingangsverfahren und den Berufsbildungsbereich durchlaufen oder

2. in einem Ausbildungsverhältnis stehen, für das sie ein Budget für Ausbildung (§ 61a des Neunten Buches) erhalten.

(4) Keinen Anspruch auf Leistungen nach diesem Kapitel hat, wer in den letzten zehn Jahren die Hilfebedürftigkeit vorsätzlich oder grob fahrlässig herbeigeführt hat.

…

§ 42 Bedarfe Die Bedarfe nach diesem Kapitel umfassen:

1. die Regelsätze nach den Regelbedarfsstufen der Anlage zu § 28; § 27a Absatz 3 und Absatz 4 ist anzuwenden; § 29 Absatz 1 Satz 1 letzter Halbsatz und Absatz 2 bis 5 ist nicht anzuwenden,
2. die zusätzlichen Bedarfe nach dem Zweiten Abschnitt des Dritten Kapitels sowie Bedarfe nach § 42b,
3. die Bedarfe für Bildung und Teilhabe nach dem Dritten Abschnitt des Dritten Kapitels, ausgenommen der Bedarfe nach § 34 Absatz 7,
4. Bedarfe für Unterkunft und Heizung
   a) bei Leistungsberechtigten außerhalb von Einrichtungen nach § 42a,
   b) bei Leistungsberechtigten, deren notwendiger Lebensunterhalt sich nach § 27b Absatz 1 Satz 2 oder nach § 27c Absatz 1 Nummer 2 ergibt, in Höhe der nach § 45a ermittelten durchschnittlichen Warmmiete von Einpersonenhaushalten,
5. ergänzende Darlehen nach § 37 Absatz 1 und Darlehen bei am Monatsende fälligen Einkommen nach § 37a.

…

30 XII

Anlage (zu § 28)

Regelbedarfsstufen nach § 28 in Euro

gültig ab	Regelbedarfsstufe 1	Regelbedarfsstufe 2	Regelbedarfsstufe 3	Regelbedarfsstufe 4	Regelbedarfsstufe 5	Regelbedarfsstufe 6
1. Januar 2011	364	328	291	287	251	215
1. Januar 2012	374	337	299	287	251	219
1. Januar 2013	382	345	306	289	255	224
1. Januar 2014	391	353	313	296	261	229
1. Januar 2015	399	360	320	302	267	234
1. Januar 2016	404	364	324	306	270	237

1. Januar 2017	409	368	327	311	291	237
1. Januar 2018	416	374	332	316	296	240
1. Januar 2019	424	382	339	322	302	245
1. Januar 2020	432	389	345	328	308	250
1. Januar 2021	446	401	357	373	309	283
1. Januar 2022	449	404	360	376	311	285
1. Januar 2023	502	451	402	420	348	318
1. Januar 2024	563	506	451	471	390	357
1. Januar 2025	563	506	451	471	390	357
1. Januar 2026	563	506	451	471	390	357

Regelbedarfsstufe 1:
Für jede erwachsene Person, die in einer Wohnung nach § 42a Absatz 2 Satz 2 lebt und für die nicht Regelbedarfsstufe 2 gilt.

Regelbedarfsstufe 2:
Für jede erwachsene Person, wenn sie

1. in einer Wohnung nach § 42a Absatz 2 Satz 2 mit einem Ehegatten oder Lebenspartner oder in eheähnlicher oder lebenspartnerschaftlicher Gemeinschaft mit einem Partner zusammenlebt oder
2. nicht in einer Wohnung lebt, weil ihr allein oder mit einer weiteren Person ein persönlicher Wohnraum und mit weiteren Personen zusätzliche Räumlichkeiten nach § 42a Absatz 2 Satz 3 zur gemeinschaftlichen Nutzung überlassen sind.

Regelbedarfsstufe 3:
Für eine erwachsene Person, deren notwendiger Lebensunterhalt sich nach § 27b bestimmt.

Regelbedarfsstufe 4:
Für eine Jugendliche oder einen Jugendlichen vom Beginn des 15. bis zur Vollendung des 18. Lebensjahres.

Regelbedarfsstufe 5:
Für ein Kind vom Beginn des siebten bis zur Vollendung des 14. Lebensjahres.

Regelbedarfsstufe 6:
Für ein Kind bis zur Vollendung des sechsten Lebensjahres.

31. Tarifvertragsgesetz (TVG)

Einleitung

I. Geschichtliche Entwicklung

1. Tarifrecht

a) Kaiserreich

Tarifverträge gibt es in Deutschland schon erheblich länger, als es für sie eine gesetzliche Grundlage gab. Es dauerte bis 1910, ehe das Reichsgericht dem Tarifvertrag überhaupt Rechtsverbindlichkeit zwischen den Tarifvertragsparteien zubilligte (mit der Konsequenz einer Friedenspflicht; *RG* 20.1.1910 – VI 660/08, RGZ 73, 92; dazu *Kittner*, 50 Urteile, 3. Aufl. 2024, Nr. 3; s.u. II 1). Ungeklärt blieb aber die alles entscheidende Rechtswirkung für die Parteien des Einzelarbeitsvertrages. 1873 kam es zum ersten reichsweiten Buchdruckertarifvertrag, von dem aus sich im Kaiserreich gegen viele Widerstände eine auf den ersten Blick stattliche, insgesamt aber doch begrenzte Tarifvertragspraxis entwickelte (1913: 10 885 Tarifverträge für knapp 1,4 Mio. Arbeitnehmer = etwa 15 % aller Arbeitnehmer; *Kittner*, Arbeitskampf, S. 370 ff.).
Dabei wurde der Tarifvertrag als Instrument kollektiver Interessenvertretung zunächst auch von den Gewerkschaften als »Harmonieduselei«, weil dem Klassenkampfgedanken zuwiderlaufend, abgelehnt. Erst 1899 bekannte sich der zentrale Kongress der freien Gewerkschaften zu Tarifverträgen »als Beweis der Anerkennung der Gleichberechtigung der Arbeiter seitens der Unternehmer bei der Festsetzung der Arbeitsbedingungen«. Die Arbeitgeber wiederum blieben in dieser Frage gespalten. Die »Schwerindustrie« (Bergbau, Eisen und Stahl) lehnte Tarifverträge fundamental als »der deutschen Industrie und ihrer gedeihlichen Entwicklung durchaus gefährlich« ab (»Centralverband deutscher Industrieller« 1905) und konnte dies nicht zuletzt gestützt auf die damals vom Reichsgericht erlaubte Kartellpraxis erfolgreich durchsetzen. Sie war sich darin einig mit den technologisch fortgeschrittenen Großunternehmen der Elektroindustrie (Siemens, AEG) und des Maschinenbaus (MAN), die sich zur Gewerkschaftsbekämpfung vor allem selbst finanzierter, »gelber« Arbeitnehmerverbände bedienten. Den Gewerkschaften gelang es in diesen Bereichen bis zum Ende des ersten Weltkrieges nie, Tarifverträge durchzusetzen. Erfolgreich waren sie vor allem in Kleinbetrieben und dort, wo der Tarifvertrag den Arbeitgebern als Ersatz für die in ihrer Branche nicht möglichen Kartelle gleichförmige Arbeitsbedingungen verhieß (vor allem Bau, Holz und Druck).

b) Weimarer Republik

Eine fundamentale Änderung brachte erst die Novemberrevolution 1918. Mit dem sog. Stinnes-Legien-Abkommen vom 15.11.1918 vereinbarten Arbeitgeberverbände und Gewerkschaften die Grundlagen einer neuen Arbeitsverfassung (vgl. *Kittner*, SR 2019, 118) und dabei die Anerkennung der Tarifverträge durch die Arbeitgeber. In der Folge erging die auf Vorarbeiten von *Philipp Lotmar* und *Hugo Sinzheimer* beruhende TarifvertragsVO vom 23.12.1918, die vor allem die Unabdingbarkeit der Tarifnormen festsetzte. Diese nunmehr rechtlich gesicherte Tätigkeit der Tarifvertragsparteien wurde mit dem Betriebsrätegesetz von 1920 durch deren Vorrang gegenüber der Tätigkeit der Betriebsräte flankiert und abgesichert. Auf dieser Grundlage setzte sich der Tarifvertrag als Gestaltungsinstrument auf breiter Front durch (12 Mio. von Tarifverträgen erfasste Arbeitnehmer 1931). Diese Entwicklung hatte den gewaltigen Schönheitsfehler, dass Tarifverträge für etwa die Hälfte der Arbeitnehmer nur aufgrund der damals wegen der SchlichtungsVO vom 30.10.1923 möglichen staatlichen Zwangsschlichtung zustande kamen (vor allem in den Bereichen, in denen die Gewerkschaften schon im Kaiserreich überhaupt keine Tarifverträge durchsetzen konnten; *Kittner*, Arbeitskampf, S. 453 ff.). Dieses vermeintlich im Interesse einer geordneten Lohnpolitik erforderliche System der Zwangsschlichtung hatte jedoch verheerende Folgen für die Stabilität der Weimarer Republik insgesamt: Es wurden das Verantwortungsbewusstsein der Tarifvertragsparteien und das Vertrauen in die staatliche Politik auf beiden Seiten untergraben, ohne präventive Auswirkungen auf das Arbeitskampfgeschehen (die Weimarer Republik war die bei weitem arbeitskampfreichste Periode in der deutschen Geschichte; *Kittner*, Arbeitskampf, S. 499).

c) Nationalsozialismus

Der Nationalsozialismus beseitigte die Einrichtung frei abgeschlossener Tarifverträge und setzte auf der Grundlage des »Gesetzes über die Ordnung der nationalen Arbeit« (AOG) von 1934 an ihre Stelle das System der vom »Reichstreuhänder der Arbeit« erlassenen »Tarifordnungen« (eingehend *Kittner*, Arbeitskampf, S. 505 ff.). 31

d) Nachkriegszeit 1945 ff./Bundesrepublik Deutschland/DDR

Nach 1945 konnte im Westen wieder zur Institution des Tarifvertrages zurückgekehrt werden. Gemäß § 10 wurden die aus der NS-Zeit weiter geltenden »Tarifordnungen« nach und nach durch Tarifverträge ersetzt. Freilich gab es für das wichtigste Betätigungsfeld noch für eine gewisse Zeit keine Tarifautonomie: Erst am 3.11.1948 wurde der noch aus der Zeit des Nationalsozialismus stammende gesetzliche Lohnstopp aufgehoben. Am 9.4.1949 wurde das TVG als Gesetz des »Vereinigten Wirtschaftsgebietes« verkündet und 1953 auf das Gebiet der früheren Länder Baden und Württemberg-Hohenzollern erstreckt (BGBl. 1953 I 156; eingehend *Kittner*, Arbeitskampf, S. 560 ff.). Die Möglichkeit der Zwangsschlichtung wurde dabei nach den Erfahrungen der Weimarer Republik ausdrücklich ausgeschlossen (s.u. II 2g).

In Ostdeutschland wurde zunächst in der Sowjetischen Besatzungszone und danach in der Deutschen Demokratischen Republik kein System freier Tarifverträge zugelassen. Vielmehr wurde der von der SED gelenkte »Freie Deutsche Gewerkschaftsbund« als Instrument zentraler Lohnpolitik benutzt, um mit den Betrieben sog. Betriebs- bzw. Rahmenkollektivverträge abzuschließen. Nach der Wiedervereinigung galten diese übergangsweise weiter, bis sie durch neue Tarifverträge ersetzt wurden (vgl. *Däubler*, BB 93, 427).

Neben dem TVG als Grundlage autonomer kollektiver Gestaltung der Arbeitsbedingungen wurde in der Bundesrepublik für den Fall ihres Versagens 1952 auch die gesetzliche Möglichkeit einer staatlichen Festlegung von *Mindestarbeitsbedingungen* geschaffen (zur Gesamtproblematik und aktuellen Ausgestaltung einer staatlichen »Mindestlohn«-Festsetzung s. Einl. I 1 zum MiLoG, Nr. 31 b).

Das *Vergaberecht* soll es öffentlichen Auftraggebern ermöglichen, von Anbietern mit einer sog. Tariftreueerklärung die Einhaltung tariflicher Arbeitsbedingungen zu verlangen. Während das *BVerfG* derartige Tariftreueerklärungen wie generell Auflagen zur Sicherung sozialer Standards bei großen öffentlichen Aufträgen als verfassungsrechtlich zulässig erklärt hat (*BVerfG* 11.7.2006 – 1 BvL 4/00, NZA 07, 42), hielt sie der *EuGH* für europarechtswidrig (*EuGH* 3.4.2008 – C-346/06, DB 08, 1045 – Rüffert, m. Anm. *Kocher*, DB 08, 1042). Der *EuGH* (17.11.2015 – C-115/14, NZA 16, 155 – RegioPost; dazu *Heuschmid*, AuR 16, 164) hat allerdings das Verlangen nach Gewährleistung eines Vergabemindestlohns durch den Bieter und seine Nachunternehmer nach neuer Konzeption der Landesvergabegesetze (vgl. 47. Aufl. Einl. I 1d zum TVG, Nr. 31) für zulässig gehalten. Unvereinbar mit der Dienstleistungsfreiheit (Art. 56 AEUV) sei es allerdings, wenn ein Nachunternehmer auch dann auf den Vergabemindestlohn verpflichtet werden müsse, wenn seine Arbeitnehmer ausschließlich in einem anderen Mitgliedstaat tätig werden (*EuGH* 18.9.2014 – C-549/13, NZA 14, 1129 – Bundesdruckerei; vgl. *Forst*, NJW 14, 3755). Diese jüngere Rechtsprechung und eine Änderung der Entsenderichtlinie 1996/71/EG (EU-ASO Nr. 20, dazu Einl. II 1 zum AEntG, Nr. 31 a) sprechen aber dafür, dass es nunmehr zulässig ist, die öffentliche Auftragsvergabe an die Einhaltung repräsentativer Tarifverträge zu knüpfen (*Krause*, AuR 20, 152; rechtliche Bedenken bei *Hartmann*, ZFA 23, 510). Dies wird rechtspolitisch auch von der aktuellen Bundesregierung ins Auge gefasst (s. u. IV).

Wesentliche Gesetzesänderungen der jüngeren Zeit betrafen Folgendes:

(1) TarifautonomiestärkungsG v. 11.8.2014 (BGBl. I 1348; Gesetzentwurf: BR-Drs. 147/14). Darin wurden Erleichterungen für die Allgemeinverbindlicherklärung von Tarifverträgen geschaffen. Das Gesetz brachte darüber hinaus

- die Notwendigkeit der Bekanntmachung des Inhalts eines für allgemeinverbindlich erklärten Tarifvertrages (§ 5 Abs. 7 TVG),
- den gesetzlichen Mindestlohn nach dem MiLoG (Nr. 31 b),
- die Ausweitung des AEntG (Nr. 31 a) auf sämtliche Branchen und Konzentration einer Allgemeinverbindlichkeit nach dem AEntG auf die Baubranche sowie Möglichkeit von zwingenden Rechtsverordnungen für alle anderen Branchen,
- Konzentration der gerichtlichen Zuständigkeit hinsichtlich Wirksamkeit von Allgemeinverbindlicherklärungen und Mindestlohn-Rechtsverordnungen bei den Landesarbeitsgerichten (§ 98 ArbGG, Nr. 5) und
- Aufhebung des Mindestarbeitsbedingungengesetzes (MiArbG, vgl. 39. Aufl., Nr. 31 b).

(2) Tarifeinheitsgesetz v. 3.7.2015 (BGBl. I 1130; Gesetzentwurf: BT-Drs. 18/4062; Wortprotokoll des Ausschusses für Arbeit und Soziales v. 4.5.2015: Protokoll Nr. 18/41; schriftliche Stellungnahmen: BT-Drs. 18[11]357 [neu]). Das Gesetz lässt bei Überschneidungen des Anwendungsbereichs mehrerer Tarifverträge nur einen Tarifvertrag im Betrieb anwendbar sein (näher unten II 1 c). Eine Minderheitsgewerkschaft, deren Tarifvertrag verdrängt wurde, hat aber ein Nachzeichnungsrecht. Durch das Gesetz wurde auch ein spezielles Verfahren zur Entscheidung über den anwendbaren Tarifvertrag eingeführt (§ 99 ArbGG, Nr. 5). Im Zuge des Qualifizierungschancengesetzes (v. 18.12.2018, BGBl. I 2651, vgl. Einl. I 2 [7] zum SGB III, Nr. 30 III) wurde das Gesetz noch einmal nachgebessert und dem verfassungsrechtlichen Nachbesserungsauftrag des *BVerfG* zum Tarifeinheitsgesetz (s. u. II 1 c) entsprochen.
(3) Zuletzt wurde durch das **Sozialschutz-Paket II** (v. 20.5.2020, BGBl. I 1055) im Zuge der Erfahrungen mit der Corona-Krise die Möglichkeit der Teilnahme an einer Verhandlung über die Allgemeinverbindlicherklärung mittels Video- oder Telefonkonferenz geregelt.

2. Verfassungsrecht

a) Tarifautonomie

Parallel zur einfachgesetzlichen Anerkennung des Tarifvertrages wurden mit der Weimarer Reichsverfassung 11.8.1919 (RGBl. 1383) auch seine verfassungsrechtlichen Grundlagen geschaffen. Art. 159 garantierte die Koalitionsfreiheit und Art. 165 Abs. 1 noch weiter konkretisierend Vereinbarungen zwischen Gewerkschaften und Arbeitgeberverbänden.
Hieran knüpfte das Grundgesetz vom 23.5.1949 an (vgl. Nr. 20). Sein Art. 9 Abs. 3 GG garantiert die Koalitionsfreiheit und als deren Bestandteil die Tarifautonomie: »Das Tarifvertragssystem ist darauf angelegt, die strukturelle Unterlegenheit der einzelnen Arbeitnehmer beim Abschluss von Arbeitsverträgen durch kollektives Handeln auszugleichen und damit ein annähernd gleichwertiges Aushandeln der Löhne und Arbeitsbedingungen zu ermöglichen« (*BVerfG* 26.6.1991 – 1 BvR 779/85, BVerfGE 84, 212). Diese Feststellung des Bundesverfassungsgerichts konkretisiert die grundlegenden Aussagen zum Problem gestörter Vertragsparität im Arbeitsleben (Einl. III 3 zum GG, Nr. 20). Sie beschreibt das Tarifvertragssystem als System kollektiver Selbsthilfe der als Einzelne zu schwachen Arbeitnehmer. Um diesen Grundrechtsschutz zu effektivieren, verpflichtet das GG den Gesetzgeber dazu, entsprechende gesetzliche Vorkehrungen zu treffen: »Die historische Entwicklung hat dazu geführt, dass solche Vereinbarungen in Gestalt geschützter Tarifverträge mit Normativcharakter und Unabdingbarkeit abgeschlossen werden. Wenn also die in Art. 9 Abs. 3 GG garantierte Koalitionsfreiheit nicht ihres historisch gewordenen Sinnes beraubt werden soll, muss im Grundrecht des Art. 9 Abs. 3 GG ein verfassungsrechtlich geschützter Kernbereich auch in der Richtung liegen, dass ein Tarifvertragssystem im Sinne des modernen Arbeitsrechts überhaupt bereitzustellen ist und dass Partner dieser Tarifverträge notwendig frei gebildete Koalitionen sind« (*BVerfG* 18.11.1954 – 1 BvR 629/52, BVerfGE 4, 96).

Damit sind die beiden Kernelemente des Tarifvertrages – Unabdingbarkeit und unmittelbare Wirkung (s. u. II 1 f) – verfassungsrechtlich geschützt. Die rechtsverbindliche Wirkung der Tarifverträge in den tarifgebundenen Arbeitsverhältnissen ist verfassungsrechtlich geboten (*BVerfG* 11. 12. 2024 – 1 BvR 1109/21 und 1 BvR 1422/23, NZA 25, 493, Rn. 108).

b) Arbeitskampf

Das GG enthält keine ausdrückliche Garantie der Arbeitskampffreiheit. Der 1969 im Zuge der Notstandsgesetzgebung eingefügte Art. 9 Abs. 3 S. 3 GG sagt lediglich, dass »Arbeitskämpfe« zwischen Arbeitgeberverbänden und Gewerkschaften von der Verfassung geschützt und vor Eingriffen im Notstandsfall sicher sein sollen (dazu Art. 6 Nr. 4 [R]ESC, EU-ASO Nr. 6, und Art. 11 EMRK, EU-ASO Nr. 5). Der dem Parlamentarischen Rat 1948 vorliegende Entwurf eines Abs. 4 des Art. 9 GG über das »Recht der gemeinschaftlichen Arbeitseinstellung« wurde wegen Differenzen über Einzelheiten möglicher gesetzlicher Konkretisierungen, aber vor allem wegen des Desinteresses der Gewerkschaften nicht ins GG aufgenommen (*Kittner*, Arbeitskampf, S. 567).

Gleichwohl ist es inzwischen unbestritten, dass Art. 9 Abs. 3 GG ebenso wie die verfassungsrechtliche Garantie der Tarifautonomie diejenige der Arbeitskampffreiheit enthält. In seinen Urteilen über die Reichweite der Aussperrung vom 10. 6. 1980 formulierte das *BAG* dies so: »Das geltende die Tarifautonomie konkretisierende Tarifrecht setzt voraus, dass die sozialen Gegenspieler das Verhandlungsgleichgewicht mit Hilfe von Arbeitskämpfen herstellen und wahren können. Das bedeutet in der Praxis, dass regelmäßig zunächst die Gewerkschaften auf das Streikrecht angewiesen sind, weil sonst das Zustandekommen und die inhaltliche Angemessenheit von Tarifverträgen nicht gewährleistet sind« (1 AZR 822/79, AP Nrn. 64 – 66 zu Art. 9 Abs. 3 GG Arbeitskampf; bestätigt durch *BVerfG* 26. 6. 1991 – 1 BvR 779/85, BVerfGE 84, 212). Tarifverhandlungen ohne eine realistische Streikdrohung wären für die Gewerkschaften nur »kollektives Betteln«. Da das Gericht die Aussperrung zwar bestimmten Grenzen unterwarf (s. u. II 2 c), jedoch im Grundsatz als Kampfmittel der Arbeitgeber anerkannte, verwarf es das Aussperrungsverbot in Art. 29 Abs. 5 der Hessischen Verfassung (»Die Aussperrung ist rechtswidrig«) als unvereinbar mit Bundesrecht. Der hier formulierte und vom *BVerfG* bestätigte Grundsatz einer »materiellen Parität« bildet seither die verfassungsrechtliche Richtschnur zur Lösung arbeitskampfrechtlicher Einzelfragen.

II. Wesentlicher Gesetzesinhalt

1. TVG

a) Tarifvertragsparteien

Tarifverträge werden abgeschlossen von Tarifvertragsparteien (§ 2, Übersicht 71). Dies sind auf Arbeitnehmerseite nur Gewerkschaften. Über die hierfür erforderliche Tariffähigkeit wird im Streitfalle gemäß § 2 Abs. 1 Nr. 4 ArbGG (Nr. 5) durch die Arbeitsgerichte entschieden. Von den dazu entwickelten Kriterien, die das *BVerfG*

(31. 5. 2022 – 1 BvR 2387/21, NZA 22, 983; 13. 9. 2019 – 1 BvR 1/16, NZA 19, 1649) verfassungsgerichtlich gebilligt hat, sind die wichtigsten die Freiwilligkeit des Beitritts, eine demokratische Struktur und eine soziale Mächtigkeit, die es ermöglicht, Tarifverträge mit dem erforderlichen Druck bis hin zum Streik auch gegen den Willen der Arbeitgeber durchzusetzen. Auf dieser Grundlage wurden eine Reihe von Arbeitnehmerkoalitionen für tarifunfähig erklärt (Überblick 47. Aufl., Einl. II 1a; kurzer historischer Abriss bei *Kittner*, 50 Urteile, 3. Aufl., 2024, Nr. 36). Die DHV, die als nicht tariffähig angesehen wurde (*BAG* 22. 6. 2021 – 1 ABR 28/20, NZA 22, 575, Auszüge in AuR 22, 131, m. Anm. *Klocke/Langer*; dazu *Heilmann/Trümner*, AuR 21, 341; gebilligt durch *BVerfG* 31. 5. 2022 – 1 BvR 2387/21, NZA 22, 983), hat ebenso den *EGMR* angerufen, wie die Neue Assekuranz Gewerkschaft (NAG), deren Tariffähigkeit ebenfalls verneint worden war (*HessLAG* 9. 4. 2015 – 9 TaBV 225/14, NZA-RR 15, 482), sodass die Mächtigkeitsrechtsprechung nun auch auf dem Prüfstand der EMRK steht (dazu *Klocke*, RdA 24, 218). Dass ver.di tariffähig ist, hat das *BAG* bestätigt (13. 9. 2022 – 1 ABR 24/21, NZA 23, 117; dazu *Trümner/Wolter*, AuR 23, 319). Auf Arbeitgeberseite kommt neben dem Arbeitgeberverband auch ein einzelner Arbeitgeber als Tarifvertragspartei in Betracht (§ 2 Abs. 1 TVG). Den Tarifvertrag mit einem Arbeitgeberverband nennt man Verbandstarifvertrag. Wenn er sich nicht ausnahmsweise nur auf einen Betrieb bezieht, spricht man von einem Flächentarifvertrag. Der Tarifvertrag mit einem einzelnen Arbeitgeber heißt Firmentarifvertrag. Es kann sich um einen Vertrag mit eigenem Inhalt handeln oder um einen solchen, der die Inhalte eines Flächentarifvertrages übernimmt (»Anerkennungstarifvertrag«).

b) Tarifgebundenheit

Voraussetzung für die Wirkung des Tarifvertrages im Verhältnis zwischen einzelnem Arbeitgeber und Arbeitnehmer ist die beiderseitige Tarifbindung. Tarifgebunden sind die Mitglieder der Tarifvertragsparteien, also verbandsangehörige Arbeitgeber bzw. beim Firmentarifvertrag der vertragsschließende Arbeitgeber selbst und Gewerkschaftsmitglieder. Außenseiter, die nicht Mitglied der tarifschließenden Gewerkschaft sind, können tarifvertragliche Rechte nicht auf der Grundlage des Gleichbehandlungsgrundsatzes einfordern (*BAG* 2. 7. 2024 – 3 AZR 244/23, NZA 25, 131). Auf Nichttarifgebundene können Tarifverträge auch durch Allgemeinverbindlicherklärung gemäß § 5 TVG erstreckt werden (zur »Mindestlohn«-Problematik insgesamt s. Einl. I 1 zum MiLoG, Nr. 31 b). Das *BVerfG* hat das Instrument der Allgemeinverbindlicherklärung als verfassungsgemäß anerkannt (*BVerfG* 24. 5. 1977 – 2 BvL 11/74, BVerfGE 44, 322). Die Tarifvertragsparteien haben aus Art. 9 Abs. 3 GG heraus keinen Anspruch auf Allgemeinverbindlicherklärung des Tarifvertrages (*BVerfG* 10. 1. 2020 – 1 BvR 4/17, NZA 20, 253).

Das Recht der Allgemeinverbindlicherklärung wurde durch das TarifautonomiestärkungsG (s. o. I 1d [1]) erleichtert (dazu *Forst,* RdA 15, 25). Es genügt nunmehr ein öffentliches Interesse an der Allgemeinverbindlicherklärung. Diese Änderung ist als verfassungsgemäß anzusehen (*BAG* 21. 3. 2018 – 10 ABR 62/16, BB 18, 2231, Rn. 106 ff.). Der Kampf gegen »Lohndrückerei und Schmutzkonkurrenz« ist als ein solches öffentliches Interesse anerkannt (*BAG* 29. 9. 2017 – 10 ABR 42/16, NZA 18,

186, Rn. 31). Ausdrücklich kann ein Tarifvertrag nunmehr gemäß § 5 Abs. 1a TVG zur Sicherung der Funktionsfähigkeit gemeinsamer Einrichtungen der Tarifvertragsparteien für allgemeinverbindlich erklärt werden (dazu *BAG* 20.11.2018 – 10 ABR 12718, NZA 19, 628). Das *BAG* hatte in mehreren aufsehenerregenden Entscheidungen die Allgemeinverbindlicherklärungen von Sozialkassentarifverträgen im Baugewerbe, aber auch in anderen Bereichen für unwirksam erklärt, weil sich die Erfüllung der Voraussetzungen einer Allgemeinverbindlicherklärung nach altem Recht nicht feststellen ließ (vgl. insb. *BAG* 21.9.2016 – 10 ABR 33/15, NZA Belage 1/17, 12; 25.1.2017 – 10 ABR 43/15, NZA 17, 731), teils auch mangels Befassung der zuständigen Ministerin bzw. des Staatssekretärs (insb. *BAG* 21.9.2016 – 10 ABR 33/15, NZA Beilage 1/17, 12, Rn. 138ff.). Das hat der Gesetzgeber durch rückwirkende gesetzliche Verbindlichmachung der maßgeblichen Tarifverträge korrigiert (Sozialkassenverfahrensicherungsgesetz v. 16.5.2017, BGBl. I 1210; verfassungsgemäß, *BVerfG* 11.8.2020 – 1 BvR 2654/17, NZA 20, 1338; vgl. *Ulber*, NZA 21, 763; ferner Gesetz v. 1.9.2017, BGBl. I 3356; auch dieses Gesetz ist nach *BAG* 27.3.2019 – 10 AZR 211/18, NZA 19, 1512, verfassungsgemäß; Überblick über das Urlaubskassenverfahren der Bauwirtschaft bei *Ulber*, SR 24, 97). Wenn eine unwirksame Allgemeinverbindlicherklärung rechtswirksam erneuert werden soll, bedarf es einer Erklärung unter Einhaltung des Verfahrens und aller Voraussetzungen im Zeitpunkt der Allgemeinverbindlicherklärung, ein vereinfachtes Heilungsverfahren gibt es nicht (*BAG* 23.2.2022 – 10 ABR 33/20, NZA 22, 995).

Nicht tarifgebundene Arbeitsvertragsparteien können die tariflichen Arbeitsbedingungen durch Bezugnahme im individuellen Arbeitsvertrag zur Geltung bringen. Tarifgebundene Arbeitgeber gewähren sie in der Regel auch den unorganisierten Arbeitnehmern (»Außenseitern«), um keinen Anreiz zum Eintritt in eine Gewerkschaft zu bieten (zur Auslegung derartiger, meist vorformulierter Vertragsklauseln *BAG* 14.12.2005 – 4 AZR 536/04, NZA 06, 607; 18.4.2007 – 4 AZR 652/05, NZA 07, 965; 27.3.2018 – 4 AZR 151/15, NZA 18, 1204; 27.3.2018 – 4 AZR 208/17, NZA 18, 1264; 13.12.2023 – 4 AZR 286/22, NZA 24, 625; zu sog. Differenzierungsklauseln s. u. e). Das ist aber nur für Individualnormen möglich, nicht hingegen für Betriebsnormen (vgl. zu diesen u. d), weil es den Vertragsparteien an der Kompetenz mangelt, Regelungen für den Betrieb zu schaffen (*BAG* 20.1.2021 – 4 AZR 283/20, NZA 21, 792). Im Zweifel ist eine Bezugnahme auf den Tarifvertrag im Arbeitsvertrag umfassend in dem Sinne zu verstehen, dass die weiteren Regelungen im Arbeitsvertrag nicht eine Besser- oder Schlechterstellung im Vergleich zum Tarifvertrag bewirken sollen, sondern lediglich klarstellend wirken (*BAG* 28.6.2023 – 5 AZR 9/23, NZA 23, 1388). Eine Bezugnahme auf »die jeweils für das Unternehmen gültigen Tarifverträge« ist als sog. Tarifwechselklausel zu verstehen mit der Folge, dass ein Wechsel des Arbeitgebers in den Anwendungsbereich anderer Tarifverträge, etwa durch Änderung des Gegenstands des Unternehmens, zur Anwendbarkeit der anderen Tarifverträge führt. Das umfasst in der Regel das gesamte Tarifwerk, also nicht nur einzelne, sondern alle aufeinander bezogenen und einander ergänzenden Tarifverträge (*BAG* 24.1.2024 – 4 AZR 122/23, NZA 24, 991). Da Tarifverträge nach § 310 Abs. 4 S. 3 BGB (Nr. 14) nicht einer AGB-Kontrolle und damit einer Angemessenheitskontrolle nach § 307 Abs. 1 BGB unterzogen werden, weil der Gesetzgeber von dessen Angemessenheit ausgeht, übt die Rechtsprechung eine solche Inhaltskontrolle auch im Fall einer vertraglichen Bezugnahme auf den Tarifvertrag aus. Das gilt aber nur, wenn der Tarifvertrag insgesamt in Bezug genommen wird (*BAG* 29.1.2025 – 4 AZR 83/24, NZA 25, 991).

c) Tarifkollisionen

Ein ernsthaftes Problem für die betriebliche Praxis stellt die Konkurrenz mehrerer Tarifverträge dar. Es wird zwar grundsätzlich dadurch minimiert, dass die mit rund 6 Mio. Mitgliedern nach wie vor das Tarifgeschehen dominierenden DGB-Gewerkschaften ihre Organisationsbereiche grundsätzlich gegeneinander exklusiv abgegrenzt haben. Ein für Streitfälle aufgrund der Satzung des DGB eingerichtetes Schiedsgericht entscheidet darüber auch mit Außenwirkung für die Arbeitgeber verbindlich (*BAG* 25.9.1996 – 1 ABR 4/96, AP Nr. 10 zu § 2 TVG Tarifzuständigkeit; *Hanau,* NZA 03, 130; *Kittner*, 50 Urteile, 3. Aufl., 2024, Nr. 39). Jedoch ist es immer noch möglich, dass, sei es von der gleichen, sei es von einer anderen Gewerkschaft abgeschlossene inhaltlich divergierende Tarifverträge Geltung im selben Betrieb beanspruchen. Eine derartige *Tarifpluralität* hatte das *BAG* früher nach dem Grundsatz der *Tarifeinheit* in dem Sinne entschieden, dass der jeweils speziellere Tarifvertrag den Vorrang hat (20.3.1991 – 4 AZR 455/90, AP Nr. 20 zu § 4 TVG Tarifkonkurrenz). Zunehmend brisant wurde das Thema vor allem durch das verstärkte Aufkommen kleiner Berufsgewerkschaften (z.B. Lokführer), die die Interessen ihrer Mitglieder in Konkurrenz zu den DGB-Gewerkschaften auch kampfweise durchsetzen wollen (vgl. *Deinert,* NZA 09, 1176). Das *BAG* hat 2010 die Tarifeinheit bei sog. Inhaltsnormen, die wegen beiderseitiger Mitgliedschaft die Vertragsparteien binden (§ 3 Abs. 1 TVG), aufgegeben und akzeptierte eine sog. Tarifpluralität im Betrieb (*BAG* 7.7.2010 – 4 AZR 549/08, NZA 10, 1068; Überblick zum Ganzen und zum Folgenden bei *Kittner*, 50 Urteile, 3. Aufl., 2024, Nr. 35). **31**

In der Folge gab es Bestrebungen, die Tarifeinheit gesetzlich zu regeln (vgl. jew. Einf. IV in der 36. und 39. Aufl.). Das ist nunmehr durch das Tarifeinheitsgesetz (s.o. I 1d [2]) geschehen. Wenn der Arbeitgeber nach § 3 TVG infolge Mitgliedschaft im Arbeitgeberverband oder als Partei des Tarifvertrages an mehrere Tarifverträge gebunden ist, deren Geltungsbereiche sich überschneiden, ist nach § 4a TVG nur der Tarifvertrag anwendbar, der von der Gewerkschaft geschlossen wurde, die im Betrieb die meisten Mitglieder hat (betriebliches Mehrheitsprinzip). Zur Bestimmung der Mehrheit kommt es auf die objektiv bestehenden Mitgliedschaftsverhältnisse an. Sie können nicht etwa geschätzt oder plausibel gemacht werden, z.B. aufgrund der Ergebnisse der letzten Betriebsratswahlen (*BAG* 30.4.2024 – 1 ABR 10/23, NZA 24, 1217, Rn. 27).Welcher Tarifvertrag dies ist, kann in einem gerichtlichen Verfahren geklärt werden (§§ 2a Abs. 1 Nr. 6, 99 ArbGG, Nr. 5). Allerdings tritt die Wirkung der Verdrängung des Minderheitstarifvertrags kraft Gesetzes ein und setzt keinen entsprechenden gerichtlichen Beschluss voraus (*BAG* 19.3.2025 – 4 ABR 35/23, NZA 25, 1271). Maßgeblich ist immer der Zeitpunkt des letzten schriftlichen Abschlusses eines der kollidierenden Tarifverträge (*BAG* 30.4.2024 – 1 ABR 10/23, NZA 24, 1217). Die Entscheidung erzeugt Rechtskraft gegenüber jedermann (§ 99 Abs. 3 ArbGG). Dadurch, dass Tarifverträge von Minderheitsgewerkschaften nicht zur Anwendung kommen, haben deren Mitglieder regelmäßig keinen Tarifschutz mehr. Denn sie sind in den meisten Fällen nicht Mitglieder der Mehrheitsgewerkschaft. Die Regelung des § 4a Abs. 2 S.atz 2 TVG beschränkt sich darauf, dass die Regelungen des Mehrheitstarifvertrags verdrängt werden, sieht aber keine Anwendung dieses Tarifvertrags auf die anders Organisierten vor (*BAG* 19. 3. 2025 – 4 AZR 283/23, NZA 25, 940). Um deren Schutzlosigkeit auszuschließen, hat die Minderheitsgewerkschaft ein Nachzeichnungsrecht, mit dem sie den Abschluss eines mit dem der Mehrheitsgewerkschaft inhaltsgleichen Tarifvertrages verlangen kann, der gleichermaßen unmittelbar und zwingend gilt (§ 4a Abs. 4 TVG).

Die Verdrängung eines Tarifvertrages einer Minderheitsgewerkschaft kann langfristig deren tarifpolitische Bedeutung und sogar ihren Bestand gefährden. Das Tarifeinheitsgesetz ist gleichwohl im Wesentlichen verfassungsgemäß (*BVerfG* 11.7.2017 – 1 BvR 1571/15 u. a., NZA 17, 915, mit abweichender Meinung der Richter *Paulus* und *Baer*; zur Entscheidung *Bepler*, AuR 17, 380; *Franzen*, ZTR 17, 571; *Rieble*, NZA 17, 1157). Eine vom Gericht geforderte Nachbesserung in Bezug auf einzelne Berufsgruppen erfolgte 2018 (s. o. I 1d (2); dazu *Hromadka*, NZA 19, 215). Dagegen gerichtete Verfassungsbeschwerden wurden nicht zur Entscheidung angenommen (*BVerfG* 19. 5. 2020 – 1 BvR 672/19 u. a., NZA 20, 1029). Auch der *EGMR* hat das Tarifeinheitsgesetz gebilligt. Der damit verbundene Eingriff in die Gewerkschaftsfreiheit sei durch das Ziel gerechtfertigt, dass Gewerkschaften mit Mitgliedern in Schlüsselpositionen Tarifverhandlungen nicht separat zum Nachteil anderer Arbeitnehmer und ihrer Gewerkschaften führen können. In der Auslegung des *BVerfG* sei das Gesetz verhältnismäßig und führe nicht zu einer wesensmäßigen Einschränkung der Möglichkeit, Tarifverhandlungen zu führen und zu streiken (*EGMR* 5. 7. 2022 – 815/18, NZA 22, 1058).

Die betroffenen Tarifvertragsparteien können auf die Tarifeinheit nach § 4a TVG verzichten, indem sie durch – eine oder mehrere – Vereinbarung(en) die gesetzliche Regelung abbedingen (*BAG*, 25. 1. 2023 – 4 ABR 4/22, NZA 23, 979). Es gilt dann Tarifmehrheit im Betrieb, sodass jeder der betroffenen Tarifverträge nach allgemeinen Grundsätzen Geltung beansprucht.

Von der Problematik, dass nur der Arbeitgeber an mehrere Tarifverträge gebunden ist (Tarifpluralität), ist die Tarifkonkurrenz zu unterscheiden, bei der mehrere Tarifverträge über denselben Gegenstand in einem Arbeitsverhältnis Geltung beanspruchen. Ein solcher Fall von Tarifkonkurrenz liegt auch vor, wenn der Arbeitgeber einen Haustarifvertrag mit der Gewerkschaft schließt, die auch den Verbandstarifvertrag geschlossen hat, an den der Arbeitgeber gebunden ist (*BAG*, NZA 15, 950). Da es sich nicht um dieselben Tarifvertragsparteien handelt, ersetzt der Haustarifvertrag den Verbandstarifvertrag nicht etwa nur. Auch Tarifkonkurrenzen sind Tarifkollisionen, die nach § 4a TVG im Sinne des betrieblichen Mehrheitsprinzips aufgelöst werden.

§ 4a TVG gilt allerdings nur für Tarifkollisionen bei mitgliedschaftlicher Bindung des Arbeitgebers an mehrere Tarifverträge gemäß § 3 TVG. Bei Kollisionen aufgrund anderer Formen der Tarifgebundenheit greift diese Bestimmung nicht.

Ein nach § 5 Abs. 1a TVG für allgemeinverbindlich erklärter Tarifvertrag über eine gemeinsame Einrichtung hat nach § 5 Abs. 4 TVG Vorrang vor einem anderen Tarifvertrag, an den die Vertragsparteien gebunden sind. Kollidiert ein Tarifvertrag, an den der Arbeitgeber nach §§ 3 ff. TVG gebunden ist, mit einem Tarifvertrag, auf den im Arbeitsvertrag Bezug genommen wurde, liegt überhaupt keine Tarifkollision in diesem Sinne vor, sondern es kollidiert ein Tarifvertrag mit einem Arbeitsvertrag. Für diesen Fall gilt das Günstigkeitsprinzip § 4 Abs. 3 TVG (s. u. f). Die günstigere Regelung setzt sich dann durch. In allen anderen Fällen bedarf es nach allgemeiner Meinung einer Auflösung der Tarifkollision, die bislang nach dem Prinzip der Spezialität erfolgte.

d) Tarifvertragsinhalte

§ 1 Abs. 1 TVG regelt die möglichen Inhalte eines Tarifvertrages. Dies sind zum einen für die Tarifgebundenen verbindliche *Rechtsnormen.* Sie können sich auf drei verschiedene Bereiche beziehen:

- die Arbeitsverhältnisse im engeren Sinne; das Gesetz spricht von *Inhaltsnormen* (z. B. Entgelt und Arbeitszeit), Abschlussnormen (z. B. Wiedereinstellungsklauseln, Formvorschriften für den Vertragsabschluss) und Beendigungsnormen (z. B. Kündigungsbeschränkungen, Befristungsgründe, Kündigungsfristen).
- *Betriebsnormen;* das sind Regelungen über Organisation und Einrichtungen des Betriebes (z. B. Kantine, Parkplätze, Pausenregelung).
- *Betriebsverfassungsnormen* enthalten Modifikationen des BetrVG (z. B. Erweiterung der Mitbestimmung des Betriebsrats).

Eine besondere Regelungsbefugnis hat der Gesetzgeber den Tarifvertragsparteien hinsichtlich der Überlassungshöchstdauer bei Leiharbeit in § 1 Abs. 1b Satz 1 AÜG eingeräumt (*BAG* 14. 9. 2023 – 4 AZR 83/21, NZA 23, 305, vgl. dazu Einl. II 5 zum AÜG, Nr. 4). Neben den für die Tarifgebundenen bestimmten Rechtsnormen enthalten Tarifverträge sog. *schuldrechtliche Bestimmungen,* d. h. Rechte und Pflichten der Tarifvertragsparteien untereinander. Deren wichtigste ist die jedem Tarifvertrag innewohnende Friedenspflicht. Sie bedeutet, dass die Tarifvertragsparteien während der Laufdauer des Tarifvertrages um die in ihm geregelten Themen keinen Arbeitskampf führen dürfen (s. u. 2 c). Für viele Tarifbereiche haben die Gewerkschaften und Arbeitgeberverbände darüber hinaus Regeln für das Verhalten nach Ablauf eines Tarifvertrages getroffen (zu Schlichtungsvereinbarungen s. u. 2 e).

Tarifverträge können prinzipiell nur für Arbeitnehmer geschlossen werden. Eine Ausnahme sieht der Gesetzgeber für Tarifverträge für sog. arbeitnehmerähnliche Personen vor (Einl. II 1 zum BGB, Nr. 14). § 12a TVG steckt dazu einen Personenkreis ab, für den Tarifverträge geschlossen werden können. Dies sind wirtschaftlich abhängige Personen, die regelmäßig keine eigenen Arbeitnehmer beschäftigen. Gedacht ist insbesondere an den Medienbereich. Aus der Rechtsprechung des *EuGH* ergibt sich, dass Tarifverträge grundsätzlich nicht als nach Art. 101 AEUV (vgl. Nr. 20a) unzulässige Kartelle am europäischen Wettbewerbsrecht scheitern (21. 9. 1999 – C-67/96, Slg. 1999 I-5863 – Albany). Diese Rechtsprechung hat der *EuGH* auch auf »Scheinselbstständige« erstreckt (4. 12. 2014 – C-413/13, NZA 2015, 55, Rn. 35 f. – FNV Kunsten Informatie en Media). Gemeint sind damit offensichtlich jene Personen, die zwar nach nationalem Recht als selbstständig anzusehen sind (unter Einschluss Arbeitnehmerähnlicher), im Sinne des Europarechts aber als abhängig angesehen werden können und für die daher Tarifverträge geschlossen werden können. Im konkreten Fall betraf dies Orchestermusiker. Die Europäische Kommission hat dazu am 30.9.2022 Leitlinien veröffentlicht, die für die Anwendung des Wettbewerbsrechts auf Tarifverträge für Solo-Selbstständige maßgeblich sein sollen (ABl. C 374/2).

e) Tarifmacht

Nicht aus dem Wortlaut des TVG sondern aus allgemeinen Grundsätzen des Verfassungs- und Tarifrechts werden »Grenzen der Tarifmacht« abgeleitet. In dieser Hinsicht hat das *BAG* seit langem zwei Tarifvertragsinhalte für unzulässig erklärt: *Effektivklauseln,* mit denen übertarifliche Entgeltbestandteile gesichert werden sollen (*BAG* 1.3.1956 – 2 AZR 183/54, AP Nr. 1 zu § 4 TVG Effektivklausel; 14.2.1968 – 4 AZR 275/67, AP Nr. 7 zu § 4 TVG Effektivklausel; dazu *Kittner,* 50 Urteile, 3. Aufl., 2024, Nr. 38), sowie *Differenzierungsklauseln,* die tarifgebundenen Gewerkschaftsmitgliedern eine tarifliche Besserstellung gegenüber Nichtmitgliedern garantieren sollen (*BAG* 29.11.1967 – GS 1/67, AP Nr. 13 zu Art. 9 GG; dazu *Kittner,* 50 Urteile, 3. Aufl., 2024, Nr. 37). Diese Problematik hat neue Aktualität durch Bemühungen der Gewerkschaften gewonnen, Abweichungen von Tarifverträgen nur dann zuzugestehen, wenn der Arbeitgeber Sonderleistungen für Gewerkschaftsmitglieder erbringt (*Franzen,* RdA 06, 1; *Leydecker,* AuR 06,11; krit. *Rieble/Klebeck,* RdA 06, 65). Das *BAG* hat nunmehr eine (maßvolle) Differenzierung als Gegenleistung für den Verzicht auf tarifliche Rechte in einem Sanierungstarifvertrag als zulässig anerkannt (*BAG* 18.3.2009 – 4 AZR 64/08, NZA 09, 1028; dazu *Bepler,* AuR 10, 234, 241; *Bauer/Arnold,* NZA 09, 1169; *Greiner/Suhre,* NJW 10, 131; *Leydecker,* AuR 09, 338; *Richardi,* NZA 10, 417). Auch hat es das Gericht gebilligt, wenn der Arbeitgeber Leistungen an einen Verein erbringt, der seinerseits Leistungen, im konkreten Fall eine Erholungsbeihilfe, ausschließlich an Gewerkschaftsmitglieder ausschüttet (*BAG* 21.5.2014 – 4 AZR 50/13, NZA 15, 115). Demgegenüber hält es eine sog. Spannenklausel nach wie vor für unwirksam (*BAG* 23.3.2011 – 4 AZR 366/09, NZA 11, 920; vgl. *Schmalz,* AiB 11, 438). Bei einer solchen Klausel soll der Arbeitgeber verpflichtet werden, Gewerkschaftsmitgliedern Leistungen zu erbringen, die die Leistungen an Außenseiter immer in bestimmtem Umfang überschreiten (Entwurf eines Differenzierungsklauselgesetzes, das diese Rspr. korrigieren könnte, in: AuR 21, 310). Einen ähnlichen Effekt wie Differenzierungsklauseln, die auf exklusive Leistungen für Gewerkschaftsmitglieder zielen, haben Stichtagsregelungen, die zwischen den Tarifgebundenen danach unterscheiden, ob sie zu einem bestimmten Stichtag bereits Gewerkschaftsmitglieder waren. Das bewirkt für Außenseiter, da sie ebenfalls nicht zum Stichtag Gewerkschaftsmitglieder waren, dass sie durch Bezugnahme auf den Tarifvertrag kein Recht auf die tarifvertragliche Leistung erhalten. Das *BAG* hält eine solche Regelung für zulässig (15.4.2015 – 4 AZR 796/13, NZA 15, 1388) und das *BVerfG* hat klargestellt, dass dies verfassungsgemäß ist (14.11.2018 – 1 BvR 1278/16, NZA 19, 112).

Die Frage, ob die Tarifvertragsparteien an die Grundrechte gebunden sind, ist eine der umstrittensten Fragen des Tarifvertragsrechts. Die Rechtsprechung des *BAG* ging zuletzt von einer staatlichen Schutzpflicht der Gerichte zu Gunsten der Grundrechte der Tarifgebundenen aus (st. Rspr. seit *BAG* 11.3.1998 – 7 AZR 700/96, AP

Nr. 12 zu § 1 TVG Tarifverträge: Luftfahrt). Abweichung von dieser mittelbaren Drittwirkung sollten die Tarifvertragsparteien uneingeschränkt an den allgemeinen Gleichheitsgrundsatz gebunden sein (*BAG* 9. 12. 2020 – 10 AZR 334/20, NZA 21, 1110). Allerdings hat das *BVerfG* im Hinblick auf unterschiedliche Zuschlagsregelungen für Nachtarbeit einen neuen Maßstab formuliert (anschaulich zur rechtlichen Entwicklung in diesem Kontext *Garloff*, KJ 25, 451). Danach haben grundsätzlich auch die Tarifvertragsparteien ein grundrechtlich gewährleistetes Recht, dass die von ihnen geschaffenen Tarifnormen in den Arbeitsverhältnissen des tarifgebundenen Rechts verbindliche Wirkung entfalten. Allerdings seien sie bei der Normsetzung im Hinblick auf die mit ihr verbundenen Freiheitsgefährdungen an den allgemeinen Gleichheitssatz unmittelbar aus Art. 9 Abs. 3 GG gebunden (*BVerfG* 11. 12. 2024 – 1 BvR 1109/21 und 1 BvR 1422/23, NZA 25, 493; dazu *Arpaci*, AuR 25, 274; *Däubler*, jurisPR-ArbR 17/25, Anm. 1; *Greiner/Kalle*, NJW 25, 289; *Höpfner/Schnurbusch*, ZFA 25, 347; *Löwisch*, BB 25, 1204; *Rudkowski*, NZA 25, 1515; *Spelge*, ZTR 25, 227; *Ulber*, NZA 25, 449; *Witschen*, ZFA 25, 271; *Zwanziger*, AuR 25, 234). Ob über diese unmittelbare Drittwirkung des Gleichheitssatzes hinaus, auch die Freiheitsrechte von den Tarifvertragsparteien zu beachten sind, ist dabei offengeblieben. Bei der Prüfung, ob die Tarifvertragsparteien den gleichen Satz verletzt haben, verlangt das Gericht, dass der Zweck der Tarifautonomie und die damit einhergehenden Einschätzungs-, Wertungs- und Gestaltungsspielräume der Tarifvertragsparteien berücksichtigt werden. Die Spielräume seien enger, wenn es um Differenzierungen anhand personenbezogener Merkmale (Merkmale des Art. 3 Abs. 3 GG, Nr. 20) geht oder Anhaltspunkte für eine Vernachlässigung von Minderheiten oder spezifischer Gruppeninteressen bestehen. Dem gegenüber sei der Gleichheitssatz im Kernbereich von Arbeits- und Wirtschaftsbedingungen (insbesondere Entgelt und Arbeitszeit) erst verletzt, wenn die Regelung willkürlich erscheine, es mithin keinen sachlich einleuchtenden Grund dafür gibt. Das *BAG* hat folgerichtig seine bisherige abweichende Rechtsprechung aufgegeben (26. 2. 2025 – 4 ABR 21/24, NZA 25,1001, Rn. 32). Daran hat sie auch nach der Entscheidung des *BVerfG* im Hinblick auf die Abschreckungsfunktion des Diskriminierungsverbots festgehalten (*BAG* 13. 11. 2025 – 6 AZR 131/25).

Im Fall einer Verletzung des Gleichheitssatzes hält das *BVerfG* eine automatische Ausweitung der Begünstigtenregelung auf die gleichheitswidrig benachteiligten Tarifunterworfenen für unzulässig und verlangt, den Tarifvertragsparteien zunächst ein primäres Korrekturrecht einzuräumen (11. 12. 2024 – 1 BvR 1109/21 und 1 BvR 1422/23, NZA 25, 493, Rn. 195 ff.). Offengeblieben ist in der Entscheidung, ob dieser Ausschluss einer automatischen »Anpassung nach oben« auch für Verstöße gegen unionsrechtlich vorgegebene Gleichbehandlungsgebote wie etwa die Regelung des § 4 TzBfG greift. In diesem Sinne geht die Rechtsprechung bislang davon aus, dass eine unzulässige tarifvertragliche Differenzierung zwischen Teil- und Vollzeitkräften bei der Gewährung von Überstundenzuschlägen (erst ab Überschreitung der Vollarbeitszeit) im Wege einer »Anpassung nach oben« zu korrigieren ist (*BAG* 5. 12. 2025 – 8 AZR 370/20, NZA 2025, 431, Rn. 54).

31

f) Unmittelbare und zwingende Wirkung/Abweichungen vom Tarifvertrag

Das sogar von der Verfassung vorgegebene Kernstück des Tarifrechts ist die unmittelbare und zwingende Wirkung des Tarifvertrags (§ 4 Abs. 1 TVG). Dabei bedeutet »unmittelbar« die Anwendbarkeit des Tarifvertrages ohne seine willentliche Aufnahme in den Arbeitsvertrag und sogar ohne Wissen der Tarifgebundenen und »zwingend« das grundsätzliche Verbot der Abweichung vom Tarifvertrag durch andere Abmachungen. *Abweichungen* vom Tarifvertrag sind nur in folgenden Fällen zulässig:

- Der Arbeitnehmer *verzichtet* auf seine tariflichen Rechte in einem von den Tarifvertragsparteien gebilligten Vergleich (§ 4 Abs. 4 TVG). Das *BAG* lässt dies nur für einen reinen Rechtsverzicht gelten, für sog. Tatsachenvergleiche über die Grundlagen eines tariflichen Anspruchs verlangt es keine Zustimmung der Tarifvertragsparteien (*BAG* 5.11.1997 – 4 AZR 682/96, AP Nr. 17 zu § 4 TVG mit krit. Anm. *Zachert*).
- Die Abweichung enthält eine Regelung zu Gunsten des Arbeitnehmers (§ 4 Abs. 3 TVG). Das damit verankerte *Günstigkeitsprinzip* dient den sozialen Belangen des Arbeitnehmers, aber auch den wirtschaftlichen Interessen des Arbeitgebers, der begehrte Arbeitskräfte mit übertariflichen Leistungen an das Unternehmen binden möchte.
- Die Abweichung wird durch den Tarifvertrag in einer sog. *Öffnungsklausel* gestattet (§ 4 Abs. 3 TVG).

Das *Günstigkeitsprinzip* ist im Allgemeinen leicht zu handhaben. Es werden vergleichbare Teile der Arbeitsbedingungen gegenübergestellt (also laufendes Entgelt gegenüber laufendem Entgelt; Weihnachtsgeld gegenüber Weihnachtsgeld; Kündigungsfristen gegenüber Kündigungsfristen). Der Vergleich von »Äpfeln und Birnen« ist unzulässig (*BAG* 20.4.1999 – 1 ABR 72/98, AuR 99, 408 – »Burda«, mit Anm. *Kocher*). In eine solche Richtung gehen allerdings Diskussionsbeiträge zur Arbeitszeit und zur Arbeitsplatzsicherung. Eine Variante zielt darauf ab, dass längere Arbeitszeiten günstiger seien, weil damit mehr Geld verdient und Arbeitnehmer sich besser persönlich entfalten könnten (hierzu Einl. IV 1 zum ArbZG, Nr. 8). Die andere, radikalere, hält Arbeiten zu untertariflichen Bedingungen für günstiger als arbeitslos zu sein (*Adomeit,* NJW 84, 26 f.). Eine Kombination beider Varianten liegt z. B. darin, dass sich ein großer Teil der Mitarbeiter zu längerer als tariflich zulässiger Arbeit verpflichtet, weil der Unternehmer gedroht hatte, andernfalls die Arbeitsplätze ins Ausland zu verlagern (vgl. *ArbG Marburg* 7.8.1996 – 1 BV 6/96, DB 96, 1925; vgl. auch *LAG Baden-Württemberg* 16.1.1997 – 11 Sa 101/96, AuR 97, 219). Alle diese Ansichten haben sich zu Recht nicht durchsetzen können, weil sie mit dem Wortlaut und Zweck des Gesetzes unvereinbar sind. Das *BAG* will auch an dem Vorrang des Tarifvertrages vor dem Arbeitsvertrag festhalten, wenn dies nicht objektiv eindeutig zu einer Bewertung als »günstiger« für den Arbeitnehmer führt (*BAG* 15.4.2015 – 4 AZR 587/13, NZA 15, 1274). Auch wenn das *BAG* Arbeitszeit und Entgelt für einer Sachgruppe zugehörig hält (kaum überzeugend), scheitert die Abweichung vom Tarifvertrag regelmäßig daran, dass sich nicht feststellen lässt, dass dies für den Arbeitnehmer »günstiger« sei (vgl. *BAG* 22. 8. 2018 – 5 AZR 551/17, NZA 19, 51, Rn. 22).

Öffnungsklauseln können ganz verschiedene Adressaten haben. Das können, was aber praktisch eher selten ist, die individuellen Vertragsparteien sein. Am verbreitetsten und schon aus Praktikabilitätsgründen unverzichtbar ist dagegen eine Ermächtigung von Arbeitgeber und Betriebsrat/Personalrat zu betriebsspezifischen Regelungen (zu den damit verbundenen Flexibilisierungswirkungen vgl. *Brändle/Heinbach/Maier,* ZAF 11, 163). Typisch und rechtlich unproblematisch sind nicht eigentlich abweichende, sondern gemäß § 77 Abs. 3 BetrVG den Tarifvertrag nur »ergänzende« Betriebsvereinbarungen. Das eigentliche rechtliche und ordnungspolitische Problem bilden Klauseln, die den Arbeitnehmern nachteilige Abweichungen bei Entgelt und Arbeitszeit des Tarifvertrags zulassen (vgl. WSI-Tarifhandbuch 2006, S. 41 ff.; zu gesetzlichen Initiativen s. u. IV). Keine *Öffnungsklauseln* im engeren Sinne sind Klauseln, mit denen es sich die Tarifvertragsparteien selbst vorbehalten, im Einzelfall vom Tarifvertrag abzuweichen, typischerweise, um Unternehmen in wirtschaftlicher Bedrängnis entgegenzukommen. Obwohl die Tarifvertragsparteien das jederzeit von sich aus tun könnten, haben derartige Klauseln den Sinn, eine Art informellen Druck bei Erfüllung der jeweils formulierten Anforderungen zu erzeugen. Eine prominente Klausel gibt es z. B. in der Metallindustrie auf Grund des »Pforzheimer Abkommens« von 2004: Danach können ergänzende tarifvertragliche Regelungen vereinbart werden, durch die befristet von tariflichen Mindeststandards abgewichen wird, sofern dies unter Abwägung der sozialen und wirtschaftlichen Folgen zur Sicherung oder Schaffung von Arbeitsplätzen erforderlich ist. Möglich sind auch noch weiter gehende Vorabfestlegungen, mit denen für die Identifikation eines Härtefalles ein förmliches Schiedsverfahren vorgesehen ist.

g) Durchsetzung von Tarifverträgen

Rechte aus einem Tarifvertrag können vor den Arbeitsgerichten eingeklagt werden (Voraussetzungen: Übersicht 72). Das ist innerhalb der in allen Tarifbereichen üblichen tariflichen Ausschlussklauseln möglich. Das *BVerfG* (1. 12. 2010 – 1 BvR 1682/07, NZA 11, 354) hat dazu aber klargestellt, dass Ausschlussfristen nicht so ausgelegt werden dürfen, dass sie die Beschreitung des Rechtswegs faktisch unmöglich machen. Das *BAG* (19. 9. 2012 – 5 AZR 627/11, NZA 13, 101, und 19. 9. 2012 – 5 AZR 924/11, NZA 13, 156; vgl. *Husemann,* BB 13, 2615) geht nunmehr davon aus, dass eine tarifliche Ausschlussfrist bereits durch eine Kündigungsschutz- oder Entfristungsklage hinsichtlich der Ansprüche gewahrt wird, die vom Bestand des Arbeitsvertrages abhängen. Das gilt dann auch für Ansprüche auf Verzugszinsen (*BAG* 24. 6. 2021 – 5 AZR 385/20, NZA 21, 1488). Im Übrigen muss nicht selten damit gerechnet werden, dass die Arbeitnehmer während des Bestehens des Arbeitsverhältnisses sich nicht trauen, eine Klage zu erheben. Eine Gewerkschaft hat ohne konkrete Prozessvollmacht über die Köpfe der Arbeitnehmer hinweg keine eigene Klagemöglichkeit. Im Falle eines Haustarifvertrags hat sie jedoch einen Durchführungsanspruch gegen den Arbeitgeber. Dieser bezieht sich aber nur auf die Arbeitnehmer, die Mitglieder der tarifschließenden Gewerkschaft sind. Die betrof-

fenen Mitglieder müssen allerdings bei der gerichtlichen Geltungmachung nicht namentlich benannt werden (*BAG* 13.10.2021 – 4 AZR 403/20, NZA 22, 416).
Beim Verbandstarifvertrag ist es anders. Hier hat die Gewerkschaft nur die Möglichkeit einer wenig effektiven Einwirkungsklage gegen den tarifschließenden Arbeitgeberverband (*BAG* 25.1.2006 – 4 AZR 552/04, DB 06, 2017; vgl. *Feudner,* BB 07, 266). Auch der Betriebsrat kann den Arbeitgeber nicht im Beschlussverfahren zur Durchführung eines Tarifvertrages in einer bestimmten Auslegung verpflichten lassen (*BAG* 19.12.2017 – 1 ABR 33/16, NZA 18, 678).
Für den krassesten Fall, dass Arbeitgeber und Betriebsrat gemeinsam eine tarifwidrige Betriebsvereinbarung geschlossen haben (wie oftmals bei sog. betrieblichen Bündnissen für Arbeit, s. o. f), räumt das *BAG* der betroffenen Gewerkschaft einen Unterlassungsanspruch gegen den Arbeitgeber ein. Ein systematischer Verstoß gegen den Tarifvertrag sei mit dem Grundrecht der Koalitionsfreiheit gemäß Art. 9 Abs. 3 GG nicht vereinbar und auch nicht durch das Günstigkeitsprinzip gerechtfertigt (*BAG* 20.4.1999 – 1 ABR 72/98, AuR 99, 408 – »Burda«, mit Anm. *Kocher*). Das *BAG* verlangt in einer länger zurückliegenden Entscheidung die namentliche Nennung der infrage kommenden Gewerkschaftsmitglieder als Voraussetzung des Unterlassungsanspruchs, was seine Praktikabilität erheblich einschränkt (*BAG* 19.3.2003 – 4 AZR 271/02, BB 03, 2355; krit. *Kocher,* AuR 04, 155). Es ist zweifelhaft, ob daran künftig noch festzuhalten ist. Denn derselbe Senat hat hinsichtlich des sog. Durchführungsanspruchs (s. o.) entschieden, dass eine namentliche Benennung verzichtbar sei, weil die damit verbundene Erschwerung der Durchsetzung anderenfalls effektiven Rechtschutz verhindern würde und zudem die Koalitionsfreiheit der Gewerkschaft gegen die Offenlegung der Mitglieder spreche (*BAG* 13.10.2021 – 4 AZR 403/20, NZA 22, 416, Rn. 21 ff.). Diese Argumentation muss auch für den Unterlassungsanspruch gelten. Auch auf Grundlage der Rechtsprechung zum Unterlassungsanspruch kann die Gewerkschaft nicht aus eigenem Recht verlangen, dass der Arbeitgeber die tarifwidrig vorenthaltenen Löhne den betroffenen Arbeitnehmern nachzahlt (*BAG* 17.5.2011 – 1 AZR 473/09, NZA 11, 1169).

h) Beendigung von Tarifverträgen

Jeder Tarifvertrag enthält Bestimmungen über seine Beendigung. In den selteneren Fällen läuft er mit Ablauf eines Datums von selbst aus, üblicherweise wird seine Laufdauer durch einen frühestmöglichen Kündigungstermin bestimmt. Die Rechtsprechung lässt ausnahmsweise auch die fristlose Kündigung eines Tarifvertrages zu, allerdings nur bei völlig unvorhersehbaren Entwicklungen, die zur Unzumutbarkeit der weiteren Bindung an den Tarifvertrag führen. Vorher muss eine Lösung auf dem Verhandlungsweg gesucht werden (*BAG* 18.12.1996 – 4 AZR 129/96, DB 97, 782).

i) Nachwirkung, Weitergeltung

Zum Schutze der Arbeitnehmer und um inhaltsleere Arbeitsverträge zu vermeiden, erlöschen die Wirkungen des Tarifvertrages nicht mit seinem Ablauf bzw. dem

Wegfall der Tarifbindung. Seine Bestimmungen gelten aufgrund der Nachwirkung gemäß § 4 Abs. 5 TVG weiter, bis sie durch andere abgelöst werden (z.B. durch einen anderen Tarifvertrag oder Einzelvertrag – freiwillig oder aufgrund einer Änderungskündigung). In vollem Umfang gelten gemäß § 3 Abs. 3 TVG Tarifverträge bis zu ihrer Beendigung weiter, z.B. wenn ein Arbeitgeber aus dem Arbeitgeberverband austritt (an die Weitergeltung schließt sich die Nachwirkung gemäß § 4 Abs. 5 TVG an). Während der Nachwirkungszeit neu eingestellte Arbeitnehmer unterfallen dem Tarifvertrag nicht mehr (*BAG* 6.6.1958 – 1 AZR 515/57, AP Nr. 1 zu § 4 TVG Nachwirkung). Es ist jedoch jeweils zu prüfen, ob sie entsprechend der betrieblichen Praxis Anspruch auf Gleichbehandlung mit den übrigen Arbeitnehmern haben. Auch der Gewerkschaftsbeitritt während des Nachwirkungszeitraums begründet keine Tarifgebundenheit (*BAG* 27.9.2017 – 4 AZR 630/15, NZA 18, 177). Solange der Tarifvertrag wegen Austritts des Arbeitgebers aus dem Verband gemäß § 3 Abs. 3 TVG weitergilt, ist der Arbeitgeber hingegen auch seinem Arbeitnehmer gegenüber an den Tarifvertrag gebunden, wenn dieser während der Weitergeltungszeit in die Gewerkschaft eintritt (*BAG* 6.7.2011 – 4 AZR 424/09, DB 12, 410). Zur Weitergeltung von Tarifverträgen nach einem Betriebsübergang s. Einl. II 5 zum BGB, Nr. 14.

2. Arbeitskampf- und Schlichtungsrecht

Das Arbeitskampf- und Schlichtungsrecht liefert die institutionellen Rahmenbedingungen für den Fall, dass ein Tarifvertrag nicht einvernehmlich zustande kommt und die Tarifvertragsparteien in Konflikt miteinander geraten. Diese stets mit jeder Tarifvertragsverhandlung verbundene Drohung mit der Möglichkeit eines Arbeitskampfes determiniert letztlich auch den vordergründig friedlich ablaufenden tarifpolitischen »Normalfall«. 31

a) Arbeitskampfrecht als Richterrecht

Das Arbeitskampfrecht der Bundesrepublik Deutschland beruht im Wesentlichen auf Entscheidungen des *BAG*, ist also »Richterrecht« (zur verfassungsrechtlichen Grundlage s.o. I 2 b). Das Gesetzesrecht enthält dazu nur verstreute negative Festlegungen (Arbeitskampfverbot für Betriebsparteien, § 74 Abs. 2 BetrVG [Nr. 12] und entsprechendes Personalvertretungsrecht; keine Streikbrechereinsätze von Leiharbeitnehmern nach § 11 Abs. 5 AÜG [vgl. Einl. II 4 zum AÜG, Nr. 4] sowie Ausschluss der Vermittlung von Arbeitslosen bei Arbeitskämpfen gemäß § 36 Abs. 3 SGB III [Nr. 30 III]). Detailliert regelt lediglich § 160 SGB III die Frage von Leistungen der Bundesagentur für Arbeit an mittelbar von Arbeitskämpfen Betroffene (s. Einl. II 4 zum SGB III, Nr. 30 III). Die rechtlichen Spielregeln für die Beteiligten eines Arbeitskampfes müssen im Einzelnen der Rechtsprechung des *BAG* entnommen werden (s. Übersicht 75, Überblick über die neuere Rechtsprechung u. d).

b) Grundsatz der Verhältnismäßigkeit

Aus der Vielzahl der Gerichtsentscheidungen ragt das zweite Urteil des Großen Senats des *BAG* vom 21.4.1971 mit Grundsätzen zur Rechtsfortbildung des Arbeitskampfrechts heraus (GS 1/68, AP Nr. 43 zu Art. 9 GG Arbeitskampf). Seine unmittelbare Konsequenz war die Anerkennung der suspendierenden Wirkung des Arbeitskampfes, d.h. des Weiterbestands der Arbeitsverhältnisse unabhängig von Streik und Aussperrung. Zum anderen stellte es Arbeitskämpfe wegen ihrer nachteiligen Folgen unter den generellen Vorbehalt ihrer Verhältnismäßigkeit. Das ist eine ganz offenkundig höchst problematische Formel, mit der letztlich jeder Arbeitskampf für rechtwidrig erklärt werden könnte. Dem hat zunächst das *BVerfG* den gebotenen Riegel vorgeschoben: »Bei einer Verhältnismäßigkeitsprüfung, die schon bei den Angriffskampfmitteln ansetzte, wäre eine gerichtliche Kontrolle der Tarifziele kaum zu vermeiden. Eine solche Kontrolle widerspräche aber dem Gedanken der Tarifautonomie« (*BVerfG* 26.6.1991 – 1 BvR 779/85, BVerfGE 84, 212). Auch das *BAG* lehnt in seinem Warnstreikurteil eine Verhandlungszensur mittels des Verhältnismäßigkeitsgrundsatzes ab (*BAG* 21.6.1988 – 1 AZR 651/86, AP Nr. 108 zu Art. 9 GG Arbeitskampf) und nimmt auch gegenüber Solidaritätsstreiks nur eine sehr eingeschränkte Überprüfung vor (*BAG* 19.6.2007 – 1 AZR 396/06, NZA 07, 1055). Der Verhältnismäßigkeitsgrundsatz darf aus verfassungsrechtlichen Gründen sowie aus Gründen des Völkerrechts, nur im Rahmen einer Abwägung der Rechte der Arbeitskampfparteien zu einer Einschränkung der Kampffreiheit führen (*Deinert/Kittner,* Festschrift für Lörcher, 2013, S. 283).

c) Kampfstrategische Konfliktthemen: Aussperrung, mittelbare Kampffolgen, Warnstreiks

Naturgemäß ist ein Rechtsgebiet wie das Arbeitskampfrecht zwischen Arbeitgeberverbänden und Gewerkschaften noch mehr umstritten, als es das sonstige Arbeitsrecht ohnehin ist. Denn in einer Art »Nullsummenspiel« bedeutet jedes Recht, das einer Seite eingeräumt wird, eine entsprechende Schwächung der anderen. In dieser Hinsicht gibt es drei kampfstrategisch wichtige und anhaltend strittige Sachkomplexe.

- Die Gewerkschaften fordern seit langem ein Verbot der Aussperrung. Damit haben sie sich aufs Ganze nicht durchsetzen können, allerdings schränkt das *BAG* das Aussperrungsrecht erheblich ein: Die Aussperrung darf nur zur Verteidigung gegen einen vorangegangenen Streik eingesetzt werden, muss gegenüber dem Streik proportional sein (dabei wurden zunächst feste Quoten vorgegeben, wovon das Gericht später wieder abgerückt ist) und darf nicht selektiv nur Gewerkschaftsmitglieder treffen (*BAG* 10.6.1980 – 1 AZR 822/79, 1 AZR 168/79, 1 AZR 331/79, AP Nrn. 64 – 66 zu Art. 9 GG Arbeitskampf; dazu *Kittner*, 50 Urteile, 3. Aufl., 2024, Nr. 44). Die Arbeitgeber haben diese Rechtsprechung als Beschränkung ihrer Arbeitskampffreiheit kritisiert, jedoch hat das *BVerfG* die Rechtsprechung des *BAG* als verfassungsgemäß bestätigt (26.6.1991 – 1 BvR 779/85, BVerfGE 84, 212).

- Insbesondere in der Metallindustrie haben die Auswirkungen von Streik und Aussperrung auf nicht unmittelbar kampfbeteiligte Arbeitnehmer eine möglicherweise sogar noch größere Bedeutung als die Aussperrung. Die dabei vor allem entscheidende Frage, ob die Bundesagentur für Arbeit Kurzarbeitergeld leisten muss, ist in § 160 SGB III geregelt (s. eingehend Ein. II 4 zum SGB III, Nr. 30 III).
- Zu verhandlungsbegleitenden Warnstreiks aufzurufen, war Gewerkschaften lange Zeit verwehrt, weil alle Schlichtungsvereinbarungen die Friedenspflicht aus einem umkämpften Tarifvertrag bis zum Ende eines eventuellen Schlichtungsverfahrens ausgedehnt hatten. Das änderte sich erst 1980 in der Metallindustrie, wo eine neue Schlichtungsvereinbarung die Friedenspflicht vier Wochen nach Ablauf eines Tarifvertrages unabhängig vom Stand der Tarifverhandlungen enden ließ (1988 folgte die Druckindustrie). Die daraufhin seitens der IG Metall eröffnete Praxis offizieller Warnstreiks wurde nach einer Vielzahl von Gerichtsverfahren vom *BAG* gebilligt (21.6.1988 – 1 AZR 653/86, AP Nr. 109 zu Art. 9 GG Arbeitskampf). Ein Schiedsspruch legte die Schlichtungsvereinbarung ergänzend dahingehend aus, dass die förmliche Erklärung des Scheiterns von Verhandlungen keine Voraussetzung für Warnstreiks darstellt (RdA 90, 44).

d) Neuere Rechtsprechung

Die arbeitskampfrechtliche Rechtsprechung der letzten gut zwei Jahrzehnte spiegelt – nicht überraschend – die hinsichtlich der Tarifpolitik insgesamt zu beobachtende Dezentralisierung (s. u. III 1) sowie die immer häufiger zu beobachtende Betroffenheit Dritter:

- Infragestellung der Beschränkung des Streikrechts auf Gewerkschaften und tariflich regelbare Ziele durch das *BAG* (10.12.2002 – 1 AZR 96/02, AP Nr. 162 zu Art. 9 GG – Arbeitskampf);
- Zulässigkeit des Streiks um einen Firmentarifvertrag mit einem verbandsangehörigen Arbeitgeber (*BAG* 10.12.2002 – 1 AZR 96/02, NZA 03, 734);
- Zulässigkeit des Streiks um einen Sozialplantarifvertrag (*BAG* 24.4.2007 – 1 AZR 252/06, NZA 07, 987; *Gaul*, RdA 08, 13; *Paschke/Ritschel*, AuR 07, 110);
- Zulässigkeit des Solidaritätsstreiks (*BAG* 19.6.2007 – 1 AZR 396/06, NZA 07, 1055; *Hayen/Ebert*, AuR 08, 19);
- Zulässigkeit begrenzter streikbegleitender sog. »Flashmob«-Aktionen (*BAG* 22.9.2009 – 1 AZR 972/08, NZA 09, 1347; eine hiergegen erhobene Verfassungsbeschwerde blieb erfolglos, *BVerfG* 26.3.2014 – 1 BvR 3185/09, NZA 14, 493; vgl. *Kittner*, 50 Urteile, 3. Aufl., 2024, Nr. 50);
- Ausschluss von Ersatzansprüchen für nicht am Arbeitskampf beteiligte Dritte (*BAG* 25.8.2015 – 1 AZR 754/13, NZA 16, 47; 25.8.2015 – 1 AZR 875/13, NZA 16, 179);
- Haftung der Gewerkschaft bei Verletzung der Friedenspflicht (*BAG* 26.7.2016 – 1 AZR 160/14, NZA 16, 1543; dazu krit. *Däubler*, AuR 17, 232);
- Einschränkung von Besitzschutzansprüchen hinsichtlich Firmengelände (*BAG* 20.11.2018 – 1 AZR 189/17, NZA 19, 402; bestätigt durch *BVerfG* 9.7.2020 – 1 BvR 719/19, NZA 20, 1118).

- Einschränkungen der Arbeitskampffreiheit ergeben sich hinsichtlich der Verhandlung der Arbeitsbedingungen in kirchlichen Einrichtungen mit Rücksicht auf die Kirchenautonomie (vgl. Einl. III 5 zum GG, Nr. 20).

Der Gesetzgeber hat im Tarifeinheitsgesetz keine Regelung des Arbeitskampfrechts aufgenommen. In der Gesetzesbegründung wurde aber die Erwartung an die Arbeitsgerichte formuliert, dass sie einen Arbeitskampf als rechtswidrig bewerten, wenn der umkämpfte Tarifvertrag absehbar nach § 4a TVG verdrängt würde (BT-Drs. 18/4062, S. 12). Das *BVerfG* (11.7.2017 – 1 BvR 1571/15 u.a., NZA 17, 915, Rn. 138 ff.) hat dazu jedoch klargestellt, dass das Tarifeinheitsgesetz nicht zu einer Einschränkung der Arbeitskampffreiheit führt.

Ausgelöst durch die Entscheidung zu »Flashmob«-Aktionen wird intensiv diskutiert, ob Gewerkschaften auch neue, atypische Arbeitskampfformen erfinden und praktizieren können. Das ist nach der von der Rechtsprechung anerkannten Kampfmittelfreiheit (*BAG* 22.9.2009 – 1 AZR 972/08, NZA 09, 1347), die das *BVerfG* (26.3.2014 – 1 BvR 3185/09, NZA 14, 493) gebilligt hat, zu bejahen (*Rehder/Deinert/Callsen,* AuR 12, 103).

Der *EuGH* hat 2007 zwei Entscheidungen zum Recht auf grenzüberschreitende Arbeitskampfmaßnahmen getroffen: einmal gegen die Standortverlagerung durch Ausflaggung eines Schiffes (11.12.2007 – C-438/05, NZA 08, 124 – ITF/*Viking*) und einmal um die Geltung schwedischer Löhne für nach Schweden entsandte lettische Arbeitnehmer (18.12.2007 – C-341/05, DB 08, 71 – *Laval*). In beiden Fällen hat er verlangt, dass die Kampfmaßnahmen Arbeitnehmerinteressen gelten und sich im Rahmen der Verhältnismäßigkeit bewegen (dazu *Kittner,* 50 Urteile, 3. Aufl., 2024, Nr. 49). Für Arbeitskämpfe in Deutschland ergeben sich daraus kaum andere Anforderungen als aufgrund der Rspr. des *BAG* (*Kocher,* AuR 08, 13; *Sunnus*, AuR 08, 1; *Zwanziger,* DB 08, 294).

e) Schlichtungsrecht

Das Recht der Bundesrepublik Deutschland kennt keine Zwangsschlichtung, auch nicht in dem Sinne, dass die Tarifvertragsparteien zur Anrufung einer staatlichen Schlichtung verpflichtet wären. Das wird ausdrücklich durch Art. II Abs. 1 des Kontrollratsgesetzes Nr. 35 vom 20.8.1945 verboten, das als Bundesgesetz im Rahmen der konkurrierenden Gesetzgebungskompetenz weitergilt. Einige Bundesländer haben Landesgesetze über das Schlichtungswesen bzw. DurchführungsVOen erlassen, die für Tarifkonflikte eine staatliche Schlichtungsstelle als *freiwillig* zu nutzendes Instrument bereitstellen (Däubler-*Reinfelder,* Arbeitskampfrecht, § 15 Rn. 30 ff.).

Der Bundestag lehnte 1960 einen vornehmlich propagandistisch gemeinten Gesetzentwurf der FDP zur Einführung eines obligatorischen Schlichtungsverfahrens vor jedem Arbeitskampf ab, nahm in diesem Zusammenhang jedoch eine Entschließung einstimmig an, in der es unter anderem heißt: »… Er (der Deutsche Bundestag) ersucht die Bundesregierung, einen Appell an die Tarifvertragsparteien zu richten, das freiwillige Schlichtungswesen zur Regelung von Lohn- und Arbeitsbedingungen im Rahmen ihrer Autonomie weiter auszubauen. Gleichzeitig sollten die Sozialpartner an ihre Verantwortung gegenüber der Allgemeinheit er-

innert werden, die es erforderlich macht, Arbeitskämpfe nur als letztes Mittel der Auseinandersetzung in Betracht zu ziehen und in jedem Falle ein Schlichtungsverfahren vorausgehen zu lassen« (BT-Drs. Nr. 2960).
Davon geprägt wird seither die Situation des Schlichtungsrechts in Deutschland. In praktisch allen bedeutenden Tarifbereichen gibt es tarifvertragliche Schlichtungsvereinbarungen mit dem Ziel der autonomen Konfliktlösung nach gescheiterten Tarifverhandlungen und vor dem Arbeitskampf. Die damit vereinbarte freiwillige Schlichtung bedeutet eine zusätzliche autonome Einigungshilfe, die auch geeignet ist, ungebetene Einmischungen Außenstehender (insbesondere von Politikern) in Tarifverhandlungen abzuwehren.
Die Schlichtungsvereinbarungen sind von Tarifbereich zu Tarifbereich verschieden. Die wichtigsten für die Kampfstrategie erheblichen Unterschiede betreffen die Fragen, ob die Gegenseite sich auf die Anrufung der Schlichtung einlassen muss oder das Verfahren nur im beidseitigen Einvernehmen stattfindet, und ob bis zum Ende eines Schlichtungsverfahrens Friedenspflicht gilt oder diese unabhängig davon zeitlich begrenzt ist (s. o. a).

III. Anwendungsprobleme und Rechtstatsachen

1. Tarifvertrag

Die Tarifpraxis in der Bundesrepublik Deutschland kann nur verstanden werden, wenn sie in ihrem Verhältnis sowohl zum staatlichen Gesetzgeber als auch zu den Betriebsparteien gesehen wird. Soweit arbeitsrechtliche Gesetze Vertragsinhalte regeln, sind sie üblicherweise nur Mindestregelungen, über die die Tarifvertragsparteien hinausgehen können (z. B. beim Urlaub, s. Einl. zum BUrlG, Nr. 17). Die Rolle der Betriebsparteien wiederum besteht darin, tarifvertragliche Vorgaben aufgrund von Öffnungsklauseln zu konkretisieren (s. o. II 1 f).
Die weitaus meisten Arbeitnehmer werden von Verbandstarifverträgen erfasst (Übersicht 73; umfangreiche Statistik in BT-Drs. 19/28308). Daneben gibt es eine Vielzahl von Firmentarifverträgen zwischen einem einzelnen Arbeitgeber und einer Gewerkschaft. Möglich, aber selten, sind betriebliche Ergänzungstarifverträge zu Verbandstarifverträgen (vgl. *Wendeling-Schröder,* NZA 98, 624). Der Grad der Tarifbindung ist nicht zuletzt wegen sinkender Mitgliederzahlen der Verbände in den letzten Jahren gesunken. Dieser Entwicklung könnte ein Stück weit durch zunehmende Allgemeinverbindlicherklärungen entgegengewirkt werden, was bisher allerdings nicht geschehen ist (Böckler impuls 6/09, S. 4). Im Gegenteil ist die Zahl allgemeinverbindlicher Tarifverträge von 1991 bis 2016 von 622 auf 443 gesunken, was gerade einmal 0,6 % der damals 73 436 Tarifverträge ausmacht. Ein Verzeichnis der allgemeinverbindlichen Tarifvertrage ist beim BMAS abrufbar (*https://www.bmas.de/SharedDocs/Downloads/DE/Arbeitsrecht/ave-verzeichnis.html*).
Seit Beginn der 90er Jahre ist die Zahl der von Tarifverträgen erfassten Betriebe und Arbeitnehmer rückläufig, und zwar deutlich mehr in Ostdeutschland (vgl. Übersicht 73). Die darin zum Ausdruck kommende »Flucht aus dem Tarifvertrag« beruht auf einer in allen Wirtschaftsbereichen zu beobachtenden wettbewerbsorientierten Dezentralisierung mit dem Bemühen der Unternehmen, insbesondere

31

den Vorgaben von Verbandstarifverträgen auszuweichen (daher auch die Zunahme von Firmentarifverträgen). Soweit die Unternehmen weiterhin an Verbandstarifverträgen festhalten, drängen sie auf Öffnungsklauseln für betriebsspezifische Abweichungen (s. o.). Im öffentlichen Dienst und im Verkehrswesen macht sich die Abkehr von früheren zentralen Strukturen auf andere Weise bemerkbar: durch Auflösung der Tarifgemeinschaft von Bund, Ländern und Kommunen sowie den Wandel von berufsspezifischen Organisationen zu selbständigen Tarifvertragsparteien (z. B. Flugzeugführer, Flugbegleiter, Fluglotsen, Ärzte, Lokführer).
Tarifentlohnung bewirkt im Ergebnis eine deutlich kleinere Lohnlücke zwischen Ost- und Westdeutschland im Vergleich zur nicht-tariflichen Entlohnung. Während die Lohndifferenz im Allgemeinen im Jahr 2024 immer noch 17,4 % ausmachte, liegt die Differenz im Tarifniveau zwischen Ost und West nur bei 1,5 % (Böckler impuls 16/25, 3).
Ausdruck dieser Entwicklung ist auch der anhaltende Mitgliederschwund bei Gewerkschaften wie bei Arbeitgeberverbänden. Letztere haben darauf mit dem Angebot sog. OT-Mitgliedschaften reagiert, was naturgemäß die Schwächung des Tarifvertragssystems weiter befördert (»OT« = »ohne Tarif«; zur Zulässigkeit vgl. *BAG* 18.7.2006 – 1 ABR 36/05, NZA 06, 1225; *Behrens/Helfen*, WSI-Mitt. 16, 452; *Bayreuther,* BB 07, 325; *Deinert,* AuR 06, 217 und RdA 07, 83; zu den Grenzen: *BAG* 4.6.2008 – 4 AZR 419/07, DB 08, 2712; vgl. auch *BVerfG* 1.12.2010 – 1 BvR 2593/09, NZA 11, 60).
Darüber hinaus haben Privatisierungen die Flächentarifverträge insoweit geschwächt, als Herauswanderungen aus den Tarifverträgen des öffentlichen Dienstes erfolgten, ohne dass neue Branchentarifverträge bestanden (*Brandt/Schulten,* WSI-Mitt. 08, 570).

2. Arbeitskampf

Die Bundesrepublik Deutschland gehört seit Jahrzehnten zu den arbeitskampfärmsten Ländern der Welt, in einer Gruppe mit Ländern wie der Schweiz und Japan (vgl. *Kittner,* Arbeitskampf, S. 651 ff.; Antwort der Bundesregierung auf Anfrage, BT-Drs. 16/10003; *Heumer,* Gewerkschaftsspiegel 2/12, S. 1). Zu den Gründen dafür zählen sowohl das bislang dominierende Tarifvertragssystem der »großen Einheiten« mit Friedenspflicht und starken Verbänden auf beiden Seiten als auch das im Verhältnis zu vielen Ländern beispiellose Zusammenwirken von Sozialgesetzgebung, Mitbestimmung und Arbeitsgerichtsbarkeit. Allerdings ist seit gut 15 Jahren Deutschland nicht mehr als eines der streikärmsten Länder zu bezeichnen (Gewerkschaftsspiegel 2/16, S. 1). Das sollte aber nicht darüber hinwegtäuschen, dass es sich nach wie vor um ein vergleichsweise wirtschaftsfriedliches Land handelt. Das Jahr 2017 war eines der arbeitskampfärmsten Jahre der letzten zwei Jahrzehnte (IW-Pressemitteilung v. 9.3.2018). Das streikintensivste Jahr war das Jahr 2015. Auch die Zunahme von Arbeitskämpfen im Jahr 2023 erreichte dieses Niveau nicht (Böckler impuls 12/24, 1 f.): Es fielen rechnerisch gut 1,5 Mio. Arbeitstage in 312 Arbeitskämpfen aus (zum Vergleich 2015: gut 2 Mio. Arbeitstage in 135 Arbeitskämpfen; zur Situation 2024: Boeckler impuls 14/25, 2). Dass die »gefühlte Wahrheit« anders ist und die letzten Jahre als besonders arbeitskampfintensiv in

der Bevölkerung wahrgenommen wurde, hat vor allem damit zu tun, dass es um Bereiche ging, die in der allgemeinen Bevölkerung fühlbar wahrgenommen werden (vor allem bei der Bahn).
Das Arbeitskampfgeschehen in der Bundesrepublik ist bis über die Jahrtausendwende hinweg ganz überwiegend durch Streiks und Aussperrungen in der Metallindustrie geprägt worden: Auf diesen Wirtschaftsbereich, in dem rund 10 % aller Arbeitnehmer tätig sind, entfielen in diesem Zeitraum fast 80 % aller Arbeitskampfaktivitäten (davon rd. 90 % aller Aussperrungstage). Jedoch deutet sich eine Verlagerung zu dezentraleren aber durchaus spektakulären Konflikten mit weniger Beteiligten an (z. B. Streik von Ärzten, Piloten und Lokführern). Inzwischen ist bereits gut die Hälfte aller Ausfalltage im Dienstleistungssektor zu verzeichnen (Gewerkschaftsspiegel 3/14, S. 1).

IV. Rechtspolitik

Arbeitgeberverbände und ihnen nahestehende Parteien haben immer wieder gesetzliche Öffnungsklauseln zur betrieblichen Abweichung auch gegen den Willen der Tarifvertragsparteien gefordert. Die letzte dieser parlamentarisch dokumentierten Initiativen war ein Antrag der CDU/CSU vom 18. 6. 2003 (BT Drs. 15/1182; *Rieble,* ZfA 04, 1; dagegen *Dieterich* RdA 02, 1; *Zachert,* AuR 04, 121).
Die Erosion des Tarifsystems und insbesondere der Rückgang der Tarifbindung sind seit einigen Jahren Gegenstand der rechtspolitischen Diskussion. Das Tarifautonomiestärkungsgesetz (s. o. I 1d [1]) sollte dem ein Stück weit entgegenwirken. Auch der 70. Deutsche Juristentag hatte sich 2014 mit dem Thema als Aspekt des Generalthemas »Stärkung der Tarifautonomie« befasst. Der DGB hat am 28. 2. 2017 ein Positionspapier zur Stärkung der Tarifbindung veröffentlicht. Darin geht es unter anderem um Einschränkungen bei der Verschlechterung von Arbeitnehmerpositionen durch Tarifverträge, um Verbesserungen bei Nachbindung und Nachwirkung, Einschränkungen von OT-Mitgliedschaften, Verbesserungen bei der Allgemeinverbindlicherklärung, Ausbau der Tariftreuegesetzgebung, Verbesserung der Möglichkeiten von Differenzierungsklauseln sowie eine stärkere Ausdehnung der Tarifmacht auf arbeitnehmerähnliche Personen.
Die aktuelle Regierungskoalition strebt eine Stärkung der Tarifbindung durch ein Bundestariftreuegesetz an (»Verantwortung für Deutschland«, Koalitionsvertrag zwischen CDU, CSU und SPD, 21. Legislaturperiode, Zeilen 552 ff.). Dazu liegt nunmehr ein Bundestariftreuegesetz vor (BT-Drs. 21/1941; dazu *Münder*, NZA 25, 1423 ff.). Es zielt auf Schutz und Förderung originärer Tarifbindung in der Weise, dass tarifgebundene Unternehmen im Wettbewerb um öffentliche Aufträge und Konzessionen keine Nachteile durch die Einhaltung der tariflichen Arbeitsbedingungen erleiden sollen. Das geplante Bundestariftreuegesetz (BTTG-E) sieht die Möglichkeit vor, Arbeitgebern Tariftreueversprechen für öffentliche Aufträge und Konzessionen abzuverlangen, dem entsprechende Ansprüche der Arbeitnehmer korrespondieren sollen (krit. zur Verdrängung abweichender Tarifverträge *Löwisch*, NZA 24, 361). Es soll sich auch auf Nachunternehmer und den Einsatz von Leiharbeitern erstrecken (§ 3 Abs. 2 BTTG-E). Dazu sollen die Arbeitsbedingungen in einer Rechtsverordnung festgelegt werden, die in das Tarifregister (§ 6 TVG)

einzutragen ist. Bei mehreren Anträgen mit überschneidenden Geltungsbereichen werden die Arbeitsbedingungen des repräsentativen Tarifvertrages gewählt. Flankiert wird dies durch Verpflichtung auf Vertragsstrafenversprechen (§ 11 BTTG-E) sowie eine Nachunternehmerhaftung (§ 12 BTTG-E). Für die Durchsetzung der Ansprüche von Arbeitnehmern ist ein Gerichtsstand in Deutschland begründet (§ 15 BTTG-E). Bei behördlicher Feststellung erheblicher Verstöße gegen die Pflichten zur Tariftreue oder zum Nachweis der Einhaltung der Tariftreue findet ein Ausschluss von öffentlichen Aufträgen statt (§§ 13 ff. BTTG-E). Das Gesetz ist anwendbar auf öffentliche Aufträge des Bundes ab einem Volumen von 50 000 Euro Auftragswert (§ 1 Abs. 1 BTTG-E).
Die Mindestlohnrichtlinie (EU) 2022/2041 (v. 19. 10. 2022, ABl. L 275/33, vgl. Einl. III zum MiLoG, Nr. 31b) sieht neben Verfahren zur Mindestlohnerhöhung auch eine Förderung der Tarifverhandlungen durch die Mitgliedstaaten vor. Da der darin angestrebte Schwellenwert von 80 % voraussichtlich nicht erreicht wird, plante die inzwischen gescheiterte »Ampelkoalition« für das Jahr 2025 einen nach der Richtlinie vorgesehenen Nationalen Aktionsplan (Antwort auf eine kleine Anfrage, BT-Drs. 20/13578, S. 3; zur Notwendigkeit vgl. *Hensel*, AuR 25, 15). Dies ist nun Aufgabe der neuen Regierung.

Wichtige Entscheidungen

BVerfG 18. 11. 1954 – 1 BvR 629/52, BVerfGE 4, 96
BVerfG 24. 5. 1977 – 2 BvL 11/74, BVerfGE 44, 322
BVerfG 26. 6. 1991 – 1 BvR 779/85, BVerfGE 84, 212
BVerfG 11. 7. 2017 – 1 BvR 1571/15 u. a., NZA 2017, 915
BVerfG 14. 11. 2018 – 1 BvR 1278/16, NZA 2019, 112
BVerfG 11. 12. 2024 – 1 BvR 1109/21 und 1 BvR 1422/23, NZA 2025, 493
BVerfG 11. 7. 2006 – 1 BvL 4/00, NZA 2007, 42
EGMR 5. 7. 2022 – 815/18, NZA 2022, 1058
EuGH 21. 9. 1999 – C-67/96, Slg. 1999 I-5863 – Albany
EuGH 17. 11. 2015 – C-115/14, NZA 2016, 155 – RegioPost
EuGH 3. 4. 2008 – C-346/06, DB 2008, 1045 – Rüffert
EuGH 18. 9. 2014 – C-549/13, NZA 2014, 1129 – Bundesdruckerei
EuGH 4. 12. 2014 – C-413/13, NZA 2015, 55 – FNV Kunsten Informatie en Media
BAG 29. 11. 1967 – GS 1/67, AP Nr. 13 zu Art. 9 GG
BAG 21. 4. 1971 – GS 1/68, AP Nr. 43 zu Art. 9 GG Arbeitskampf
BAG 21. 6. 1988 – 1 AZR 651/86, AP Nr. 108 zu Art. 9 GG Arbeitskampf
BAG 20. 4. 1999 – 1 ABR 72/98, AuR 1999, 408
BAG 18. 7. 2006 – 1 ABR 36/05, NZA 2006, 1225
BAG 19. 6. 2007 – 1 AZR 396/06, NZA 2007, 1055
BAG 18. 3. 2009 – 4 AZR 64/08, NZA 2009, 1028
BAG 22. 9. 2009 – 1 AZR 972/08, NZA 2009, 1347
BAG 7. 7. 2010 – 4 AZR 549/08, NZA 2010, 1068
BAG 23. 3. 2011 – 4 AZR 366/09, NZA 2011, 920
BAG 21. 9. 2016 – 10 ABR 33/15, NZA Beilage 1/2017, 12
BAG 22. 6. 2021 – 1 ABR 28/20, NZA 2022, 575

Weiterführende Literatur

Handbücher und Kommentare zum Tarifvertragsrecht

Deinert/Wenckebach/Zwanziger-*Deinert*, Arbeitsrecht, § 11 (Tarifvertrag)

Berg/Kocher/Schumann (Hrsg.), Tarifvertragsgesetz und Arbeitskampfrecht, 8. Aufl. (2025)

Däubler (Hrsg.), Tarifvertragsgesetz, 5. Aufl. (2022)

Däubler/Bepler, Das neue Tarifeinheitsgesetz (2015)

Deinert/Walser, Tarifvertragliche Bindung der Arbeitgeber (2015)

Gamillscheg, Kollektives Arbeitsrecht I – Koalitionsfreiheit, Tarifvertrag, Arbeitskampf und Schlichtung (1997)

Henssler/Moll/Bepler (Hrsg.), Der Tarifvertrag, 2. Aufl. (2026)

Höpfner/Lesch/Schneider/Vogel, Tarifautonomie und Tarifgeltung (2021)

Jacobs/Krause/Oetker/Schubert, Tarifvertragsrecht, 2. Aufl. (2013)

Kempen/Zachert, Tarifvertragsgesetz, 5. Aufl. (2014)

Löwisch/Rieble, Tarifvertragsgesetz, 4. Aufl. (2017)

Lang/Schaumburg, Handbuch Tarifvertrag, Geschichte – Praxis – Perspektiven (2022)

Sinzheimer, Der Tarifgedanke in Deutschland (1915), in: ders., Arbeitsrecht und Rechtssoziologie, Band 1 (1976)

Wiedemann, Tarifvertragsgesetz, 9. Aufl. (2023)

Aufsätze zum Tarifvertragsrecht

Behrens/Helfen, Sachzwang oder Programm? Tarifpolitische Orientierungen und OT-Mitgliedschaft bei deutschen Arbeitgeberverbänden, WSI-Mitt. 2016, S. 452

Behrens/Schulten, Das Verhältnis von Staat und Tarifautonomie, WSI-Mitt. 2023, S. 159

Deinert, Arbeitsrechtliche Herausforderungen einer veränderten Gewerkschaftslandschaft, NZA 2009, S. 1176

Eichenhofer, Sozialkassen als gemeinsame Einrichtungen der Tarifvertragsparteien, SR 2023, S. 169

Ellguth/Kohaut, Orientierung an einem Branchentarifvertrag und die Rolle des Betriebsrats bei der Entlohnung, Industrielle Beziehungen 2020, S. 371

Garloff, Tarifpolitik nach der Nachtzuschlagsentscheidung des Bundesverfassungsgerichts, Veränderung des »Kerngeschäfts« oder doch weiter wie bisher?, KJ 2025, S. 451

Hohendanner/Kohaut, Tarifbindung und betriebliche Interessenvertretung: Ergebnisse aus dem IAB-Betriebspanel 2024, WSI-Mitt. 2025, S. 297

Höpfner, 100 Jahre Tarifvertragsverordnung, ZFA 2019, S. 108

Höpfner, Wege zu einem freiheitlichen Tarifvertragsrecht, RdA 2025, S. 219

Kittner, Tarifautonomie und Arbeitskampf in der Rechtsprechung des BVerfG, in: Festschrift für Renate Jaeger (2011), S. 483

Mergener/Décieux/Nachwey, Informelle Tarifabweichungen und die innere Erosion des deutschen Tarifsystems, WSI-Mitt. 2015, S. 86

Arbeitskampf- und Schlichtungsrecht

Bund-Verlag Extra, Zum Streik (April 2025)

Deinert/Wenckebach/Zwanziger-*Deinert,* Arbeitsrecht, § 126 (Arbeitsverhältnis im Arbeitskampf)

Bayreuther, Der Dritte im Arbeitskampf – Schadensersatz Drittbetroffener und Auswirkungen von Streiks auf die Vertragsbeziehungen des Bestreikten mit Dritten, RdA 2016, S. 181

Berg/Kocher/Schumann (Hrsg.), Tarifvertragsgesetz und Arbeitskampfrecht, 8. Aufl. (2025)

Czycholl/Frieling, Auswirkungen der Europäischen Sozialcharta auf das Arbeitskampfrecht, ZESAR 2011, S. 322

Däubler (Hrsg.), Arbeitskampfrecht, 4. Aufl. (2017)

Fischinger/Monsch, Tarifeinheitsgesetz und Arbeitskampf, NJW 2015, S. 2209

Frieling/Jacobs/Krois (Hrsg.), Arbeitskampfrecht (2021)

Kissel, Arbeitskampfrecht (2002)

Kittner, Arbeitskampf (2005)

Otto, Arbeitskampf- und Schlichtungsrecht (2006)

Zachert, Arbeitskampf in Europa – eine Bewertung aus Sicht des deutschen Arbeitsrechts, NZA 2006, Beilage 2, S. 61

Zimmer, Soziale Grundrechte in der EU, Das Arbeitskampfrecht nach In-Kraft-Treten des Vertrags von Lissabon, AuR 2012, S. 114

Übersicht 71: Tarifvertrag

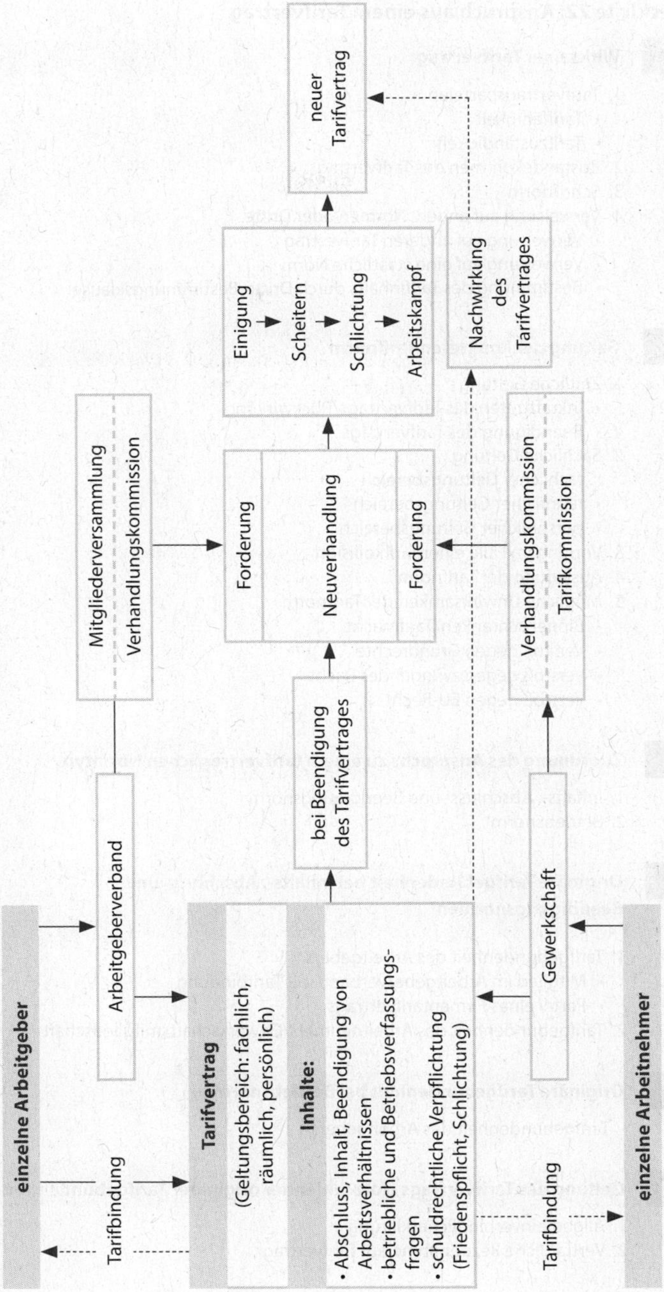

Checkliste 72: Anspruch aus einem Tarifvertrag

I. Wirksamer Tarifvertrag

1. Tarifvertragsparteien
   - Tariffähigkeit
   - Tarifzuständigkeit
2. Zustandekommen des Tarifvertrags
3. Schriftform
4. Verweisung auf andere Normen oder Dritte
   - Verweisung auf anderen Tarifvertrag
   - Verweisung auf eine staatliche Norm
   - Bestimmung des Tarifinhalts durch Dritte/Bestimmungsklausel

II. Geltung der konkreten Tarifnorm

1. Zeitliche Geltung
   - Inkrafttreten des Tarifvertrags/Rückwirkung
   - Beendigung des Tarifvertrags
2. Sachliche Geltung
   - fachlicher Geltungsbereich
   - räumlicher Geltungsbereich
   - persönlicher Geltungsbereich
3. Vorrang im Falle einer Tarifkollision
4. Auslegung der Tarifnorm
5. Mögliche Unwirksamkeit der Tarifnorm
   - Binnenschranken/Tarifmacht
   - Verstoß gegen Grundrechte
   - Verstoß gegen zwingendes Recht
   - Verstoß gegen EU-Recht

III. Zuordnung des Anspruchs zu einem tarifvertraglichen Normtyp

1. Inhalts-, Abschluss- und Beendigungsnorm
2. Betriebsnorm

IV. Originäre Tarifgebundenheit bei Inhalts-, Abschluss- und Beendigungsnormen

1. Tarifgebundenheit des Arbeitgebers
   - Mitglied im Arbeitgeberverband mit Tarifbindung
   - Partei eines Firmentarifvertrags
2. Tarifgebundenheit des Arbeitnehmers/Gewerkschaftsmitgliedschaft

V. Originäre Tarifgebundenheit bei Betriebsnormen

- Tarifgebundenheit des Arbeitgebers

VI. Geltung des Tarifvertrags trotz fehlender originärer Tarifgebundenheit

1. Allgemeinverbindlicherklärung
2. Vertragliche Bezugnahme auf Tarifvertrag

VII. Verdrängung des Tarifvertrags durch Tarifkonkurrenz

VIII. Einsetzen der Tarifgebundenheit

IX. Ende der Tarifbindung

1. Veränderungen bei Weitergeltung des Tarifvertrags
   - Austritt aus dem Arbeitgeberverband
   - Austritt aus der Gewerkschaft
   - Sonstige Veränderungen
2. Ablauf des Tarifvertrags
   - Nachwirkung
   - Ablösung der nachwirkenden Tarifnorm

Übersicht 73: Tarifbindung 2024

	West	Ost	Gesamt
Tarifbindung Betriebe BranchenTV (%)	23,1	14,8	21,5
Tarifbindung Betriebe, FirmenTV (%)	2,2	2,5	2,3
Tarifbindung AN BranchenTV (%)	43	31	41
Tarifbindung AN FirmenTV (%)	7,4	10,8	8
AN keine Tarifbindung (%)	50	58,3	51,5
AN keine TV-Bindung, Orientierung an TV (%)	53,8	46,9	52,4

Quelle: *https://iab.de/daten/daten-zur-tarifbindung-und-betrieblichen-interessenvertetung/*

Übersicht 74: Arbeitskampf

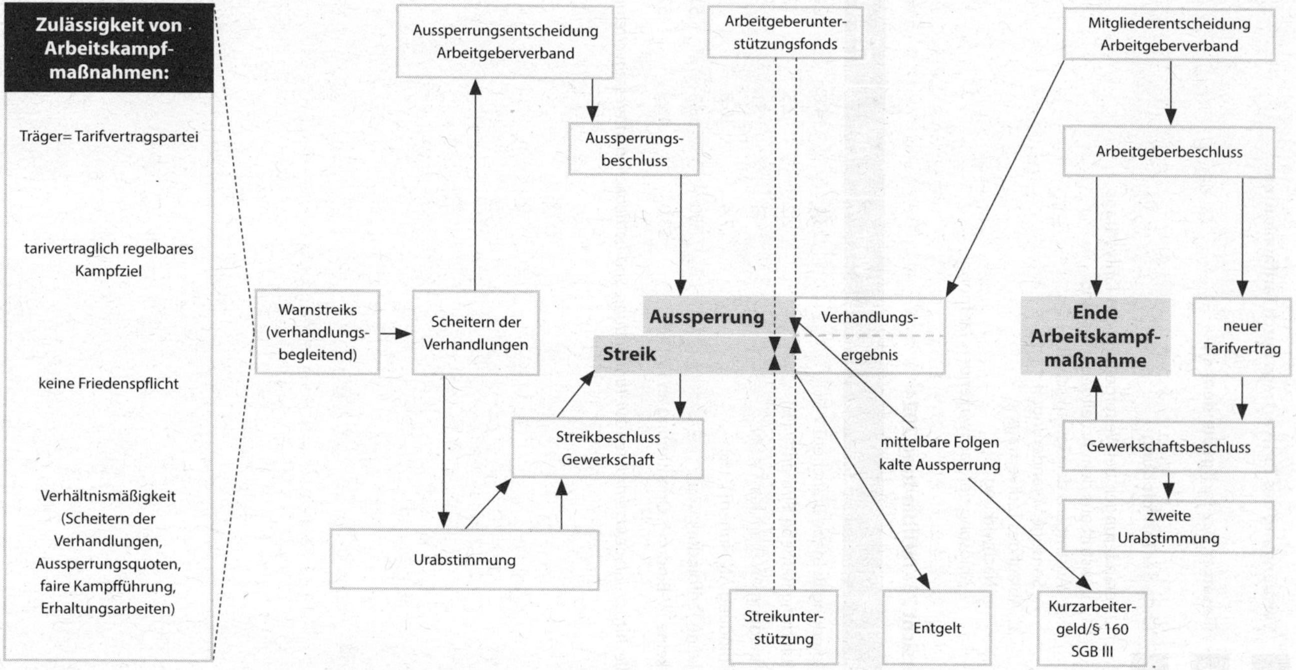

Checkliste 75: Grundsätze des Arbeitskampfrechts

A. Rechtmäßige Arbeitskämpfe

I. Als rechtmäßig gelten nur Arbeitskämpfe zur Durchsetzung tariflich regelbarer Ziele.

II. Bei rechtmäßigen Arbeitskämpfen ruht das Arbeitsverhältnis der beteiligten Arbeitnehmer für die Dauer des Arbeitskampfes. Ein Streik ist ohne Kündigung des Arbeitsverhältnisses möglich und kann nicht mit einer Kündigung beantwortet werden, auch nicht mit einer sog. lösenden Aussperrung.

III. Für die kampfstrategisch wichtigsten Themen gilt:

1. Für alle bedeutenden Wirtschaftszweige existieren tarifvertragliche Schlichtungsvereinbarungen.
2. Verhandlungsbegleitende Warnstreiks sind zulässig.
3. Die Aussperrung ist eingeschränkt zulässig.
4. Mittelbar von Arbeitskämpfen betroffene Arbeitnehmer einer Gewerkschaft erhalten im Normalfall einer bundesweiten Tarifbewegung keinen Lohn und kein Kurzarbeitergeld.

B. Rechtswidrige Arbeitskämpfe

I. Nicht als rechtmäßig werden insbesondere angesehen:

1. Arbeitskämpfe unter Verletzung der Friedenspflicht,
2. »wilde«, weil nicht von einer Gewerkschaft oder einem Arbeitgeberverband getragene Streiks und Aussperrungen,
3. Streiks zur Durchsetzung gerichtlich einklagbarer Ziele,
4. »politische« Streiks mit Forderungen an den Gesetzgeber,
5. Solidaritätsstreiks zur Unterstützung eines anderen Streiks sind im Rahmen des Verhältnismäßigkeitsgrundsatzes zulässig.
6. Unabhängig von diesen Kriterien ist ein Arbeitskampf in Form der Betriebsbesetzung als möglicherweise auch strafrechtlich relevanter Hausfriedensbruch verboten.
7. »Unfaire« Kampfführung kann einen Arbeitskampf im Einzelfall rechtswidrig werden lassen, z.B. »Dienst nach Vorschrift« oder Verweigerung von Erhaltungsarbeiten.

II. Ein rechtswidriger Arbeitskampf löst Schadensersatzpflichten aus, eine rechtswidrige Aussperrung überdies die Pflicht zur Nachzahlung des Entgelts.

C. Individuelle Fehlbehandlungen

Individuelle Fehlbehandlungen bei Gelegenheit eines Arbeitskampfes (z.B. Körperverletzungen) werden nach für alle geltenden Gesetzen behandelt.[1]

[1] Stand der Rechtsprechung (vgl. Kittner, Arbeitskampf, S. 608).

31

Tarifvertragsgesetz (TVG)

vom 9. April 1949 (WiGBl. 1949, 55, 68),
in der Fassung vom 25. August 1969 (BGBl. I 1323),
zuletzt geändert durch Gesetz vom 20. Mai 2020 (BGBl. I 1055)

§ 1 Inhalt und Form des Tarifvertrags (1) Der Tarifvertrag regelt die Rechte und Pflichten der Tarifvertragsparteien und enthält Rechtsnormen, die den Inhalt, den Abschluß und die Beendigung von Arbeitsverhältnissen sowie betriebliche und betriebsverfassungsrechtliche Fragen ordnen können.
(2) Tarifverträge bedürfen der Schriftform.

§ 2 Tarifvertragsparteien (1) Tarifvertragsparteien sind Gewerkschaften, einzelne Arbeitgeber sowie Vereinigungen von Arbeitgebern.
(2) Zusammenschlüsse von Gewerkschaften und von Vereinigungen von Arbeitgebern (Spitzenorganisationen) können im Namen der ihnen angeschlossenen Verbände Tarifverträge abschließen, wenn sie eine entsprechende Vollmacht haben.
(3) Spitzenorganisationen können selbst Parteien eines Tarifvertrags sein, wenn der Abschluß von Tarifverträgen zu ihren satzungsgemäßen Aufgaben gehört.
(4) In den Fällen der Absätze 2 und 3 haften sowohl die Spitzenorganisationen wie die ihnen angeschlossenen Verbände für die Erfüllung der gegenseitigen Verpflichtungen der Tarifvertragsparteien.

§ 3 Tarifgebundenheit (1) Tarifgebunden sind die Mitglieder der Tarifvertragsparteien und der Arbeitgeber, der selbst Partei des Tarifvertrages ist.
(2) Rechtsnormen des Tarifvertrages über betriebliche und betriebsverfassungsrechtliche Fragen gelten für alle Betriebe, deren Arbeitgeber tarifgebunden ist.
(3) Die Tarifgebundenheit bleibt bestehen, bis der Tarifvertrag endet.

§ 4 Wirkung der Rechtsnormen (1) Die Rechtsnormen des Tarifvertrags, die den Inhalt, den Abschluß oder die Beendigung von Arbeitsverhältnissen ordnen, gelten unmittelbar und zwingend zwischen den beiderseits Tarifgebundenen, die unter den Geltungsbereich des Tarifvertrags fallen. Diese Vorschrift gilt entsprechend für Rechtsnormen des Tarifvertrags über betriebliche und betriebsverfassungsrechtliche Fragen.
(2) Sind im Tarifvertrag gemeinsame Einrichtungen der Tarifvertragsparteien vorgesehen und geregelt (Lohnausgleichskassen, Urlaubskassen usw.), so gelten diese Regelungen auch unmittelbar und zwingend für die Satzung dieser Einrichtung und das Verhältnis der Einrichtung zu den tarifgebundenen Arbeitgebern und Arbeitnehmern.
(3) Abweichende Abmachungen sind nur zulässig, soweit sie durch den Tarifvertrag gestattet sind oder eine Änderung der Regelungen zugunsten des Arbeitnehmers enthalten.

(4) Ein Verzicht auf entstandene tarifliche Rechte ist nur in einem von den Tarifvertragsparteien gebilligten Vergleich zulässig. Die Verwirkung von tariflichen Rechten ist ausgeschlossen. Ausschlußfristen für die Geltendmachung tariflicher Rechte können nur im Tarifvertrag vereinbart werden.
(5) Nach Ablauf des Tarifvertrags gelten seine Rechtsnormen weiter, bis sie durch eine andere Abmachung ersetzt werden.

§ 4a Tarifkollision (1) Zur Sicherung der Schutzfunktion, Verteilungsfunktion, Befriedungsfunktion sowie Ordnungsfunktion von Rechtsnormen des Tarifvertrags werden Tarifkollisionen im Betrieb vermieden.
(2) Der Arbeitgeber kann nach § 3 an mehrere Tarifverträge unterschiedlicher Gewerkschaften gebunden sein. Soweit sich die Geltungsbereiche nicht inhaltsgleicher Tarifverträge verschiedener Gewerkschaften überschneiden (kollidierende Tarifverträge), sind im Betrieb nur die Rechtsnormen des Tarifvertrags derjenigen Gewerkschaft anwendbar, die zum Zeitpunkt des Abschlusses des zuletzt abgeschlossenen kollidierenden Tarifvertrags im Betrieb die meisten in einem Arbeitsverhältnis stehenden Mitglieder hat (Mehrheitstarifvertrag); wurden beim Zustandekommen des Mehrheitstarifvertrags die Interessen von Arbeitnehmergruppen, die auch von dem nach dem ersten Halbsatz nicht anzuwendenden Tarifvertrag erfasst werden, nicht ernsthaft und wirksam berücksichtigt, sind auch die Rechtsnormen dieses Tarifvertrags anwendbar. Kollidieren die Tarifverträge erst zu einem späteren Zeitpunkt, ist dieser für die Mehrheitsfeststellung maßgeblich. Als Betriebe gelten auch ein Betrieb nach § 1 Absatz 1 Satz 2 des Betriebsverfassungsgesetzes und ein durch Tarifvertrag nach § 3 Absatz 1 Nummer 1 bis 3 des Betriebsverfassungsgesetzes errichteter Betrieb, es sei denn, dies steht den Zielen des Absatzes 1 offensichtlich entgegen. Dies ist insbesondere der Fall, wenn die Betriebe von Tarifvertragsparteien unterschiedlichen Wirtschaftszweigen oder deren Wertschöpfungsketten zugeordnet worden sind.
(3) Für Rechtsnormen eines Tarifvertrags über eine betriebsverfassungsrechtliche Frage nach § 3 Absatz 1 und § 117 Absatz 2 des Betriebsverfassungsgesetzes gilt Absatz 2 Satz 2 nur, wenn diese betriebsverfassungsrechtliche Frage bereits durch Tarifvertrag einer anderen Gewerkschaft geregelt ist.
(4) Eine Gewerkschaft kann vom Arbeitgeber oder von der Vereinigung der Arbeitgeber die Nachzeichnung der Rechtsnormen eines mit ihrem Tarifvertrag kollidierenden Tarifvertrags verlangen. Der Anspruch auf Nachzeichnung beinhaltet den Abschluss eines die Rechtsnormen des kollidierenden Tarifvertrags enthaltenden Tarifvertrags, soweit sich die Geltungsbereiche und Rechtsnormen der Tarifverträge überschneiden. Die Rechtsnormen eines nach Satz 1 nachgezeichneten Tarifvertrags gelten unmittelbar und zwingend, soweit der Tarifvertrag der nachzeichnenden Gewerkschaft nach Absatz 2 Satz 2 nicht zur Anwendung kommt.
(5) Nimmt ein Arbeitgeber oder eine Vereinigung von Arbeitgebern mit einer Gewerkschaft Verhandlungen über den Abschluss eines Tarifvertrags auf, ist der Arbeitgeber oder die Vereinigung von Arbeitgebern verpflichtet, dies rechtzeitig und in geeigneter Weise bekanntzugeben. Eine andere Gewerkschaft, zu deren satzungsgemäßen Aufgaben der Abschluss eines Tarifvertrags nach Satz 1 gehört,

ist berechtigt, dem Arbeitgeber oder der Vereinigung von Arbeitgebern ihre Vorstellungen und Forderungen mündlich vorzutragen.

§ 5 Allgemeinverbindlichkeit (1) Das Bundesministerium für Arbeit und Soziales kann einen Tarifvertrag im Einvernehmen mit einem aus je drei Vertretern der Spitzenorganisationen der Arbeitgeber und der Arbeitnehmer bestehenden Ausschuss (Tarifausschuss) auf gemeinsamen Antrag der Tarifvertragsparteien für allgemeinverbindlich erklären, wenn die Allgemeinverbindlicherklärung im öffentlichen Interesse geboten erscheint. Die Allgemeinverbindlicherklärung erscheint in der Regel im öffentlichen Interesse geboten, wenn

1. der Tarifvertrag in seinem Geltungsbereich für die Gestaltung der Arbeitsbedingungen überwiegende Bedeutung erlangt hat oder
2. die Absicherung der Wirksamkeit der tarifvertraglichen Normsetzung gegen die Folgen wirtschaftlicher Fehlentwicklung eine Allgemeinverbindlicherklärung verlangt.

(1a) Das Bundesministerium für Arbeit und Soziales kann einen Tarifvertrag über eine gemeinsame Einrichtung zur Sicherung ihrer Funktionsfähigkeit im Einvernehmen mit dem Tarifausschuss auf gemeinsamen Antrag der Tarifvertragsparteien für allgemeinverbindlich erklären, wenn der Tarifvertrag die Einziehung von Beiträgen und die Gewährung von Leistungen durch eine gemeinsame Einrichtung mit folgenden Gegenständen regelt:

1. den Erholungsurlaub, ein Urlaubsgeld oder ein zusätzliches Urlaubsgeld,
2. eine betriebliche Altersversorgung im Sinne des Betriebsrentengesetzes,
3. die Vergütung der Auszubildenden oder die Ausbildung in überbetrieblichen Bildungsstätten,
4. eine zusätzliche betriebliche oder überbetriebliche Vermögensbildung der Arbeitnehmer,
5. Lohnausgleich bei Arbeitszeitausfall, Arbeitszeitverkürzung oder Arbeitszeitverlängerung.

Der Tarifvertrag kann alle mit dem Beitragseinzug und der Leistungsgewährung in Zusammenhang stehenden Rechte und Pflichten einschließlich der dem Verfahren zugrunde liegenden Ansprüche der Arbeitnehmer und Pflichten der Arbeitgeber regeln. § 7 Absatz 2 des Arbeitnehmer-Entsendegesetzes findet entsprechende Anwendung.

(2) Vor der Entscheidung über den Antrag ist Arbeitgebern und Arbeitnehmern, die von der Allgemeinverbindlicherklärung betroffen werden würden, den am Ausgang des Verfahrens interessierten Gewerkschaften und Vereinigungen der Arbeitgeber sowie den obersten Arbeitsbehörden der Länder, auf deren Bereich sich der Tarifvertrag erstreckt, Gelegenheit zur schriftlichen Stellungnahme sowie zur Äußerung in einer mündlichen und öffentlichen Verhandlung zu geben. In begründeten Fällen kann das Bundesministerium für Arbeit und Soziales eine Teilnahme an der Verhandlung mittels Video- oder Telefonkonferenz vorsehen.

(3) Erhebt die oberste Arbeitsbehörde eines beteiligten Landes Einspruch gegen die beantragte Allgemeinverbindlicherklärung, so kann das Bundesministerium für Arbeit und Soziales dem Antrag nur mit Zustimmung der Bundesregierung stattgeben.

(4) Mit der Allgemeinverbindlicherklärung erfassen die Rechtsnormen des Tarifvertrags in seinem Geltungsbereich auch die bisher nicht tarifgebundenen Arbeitgeber und Arbeitnehmer. Ein nach Absatz 1a für allgemeinverbindlich erklärter Tarifvertrag ist vom Arbeitgeber auch dann einzuhalten, wenn er nach § 3 an einen anderen Tarifvertrag gebunden ist.
(5) Das Bundesministerium für Arbeit und Soziales kann die Allgemeinverbindlicherklärung eines Tarifvertrags im Einvernehmen mit dem in Absatz 1 genannten Ausschuß aufheben, wenn die Aufhebung im öffentlichen Interesse geboten erscheint. Die Absätze 2 und 3 gelten entsprechend. Im übrigen endet die Allgemeinverbindlichkeit eines Tarifvertrags mit dessen Ablauf.
(6) Das Bundesministerium für Arbeit und Soziales kann der obersten Arbeitsbehörde eines Landes für einzelne Fälle das Recht zur Allgemeinverbindlicherklärung sowie zur Aufhebung der Allgemeinverbindlichkeit übertragen.
(7) Die Allgemeinverbindlicherklärung wie die Aufhebung der Allgemeinverbindlichkeit bedürfen der öffentlichen Bekanntmachung. Die Bekanntmachung umfasst auch die von der Allgemeinverbindlicherklärung erfassten Rechtsnormen des Tarifvertrages.

§ 6 Tarifregister Bei dem Bundesministerium für Arbeit und Soziales wird ein Tarifregister geführt, in das der Abschluß, die Änderung und die Aufhebung der Tarifverträge sowie der Beginn und die Beendigung der Allgemeinverbindlichkeit eingetragen werden.

§ 7 Übersendungs- und Mitteilungspflicht (1) Die Tarifvertragsparteien sind verpflichtet, dem Bundesministerium für Arbeit und Soziales innerhalb eines Monats nach Abschluß kostenfrei die Urschrift oder eine beglaubigte Abschrift sowie zwei weitere Abschriften eines jeden Tarifvertrags und seiner Änderungen zu übersenden; sie haben ihm das Außerkrafttreten eines jeden Tarifvertrags innerhalb eines Monats mitzuteilen. Sie sind ferner verpflichtet, den obersten Arbeitsbehörden der Länder, auf deren Bereich sich der Tarifvertrag erstreckt, innerhalb eines Monats nach Abschluß kostenfrei je drei Abschriften des Tarifvertrags und seiner Änderungen zu übersenden und auch das Außerkrafttreten des Tarifvertrags innerhalb eines Monats mitzuteilen. Erfüllt eine Tarifvertragspartei die Verpflichtungen, so werden die übrigen Tarifvertragsparteien davon befreit.
(2) Ordnungswidrig handelt, wer vorsätzlich oder fahrlässig entgegen Absatz 1 einer Übersendungs- oder Mitteilungspflicht nicht, unrichtig, nicht vollständig oder nicht rechtzeitig genügt. Die Ordnungswidrigkeit kann mit einer Geldbuße geahndet werden.
(3) Verwaltungsbehörde im Sinne des § 36 Abs. 1 Nr. 1 des Gesetzes über Ordnungswidrigkeiten ist die Behörde, der gegenüber die Pflicht nach Absatz 1 zu erfüllen ist.

§ 8 Bekanntgabe des Tarifvertrags Der Arbeitgeber ist verpflichtet, die im Betrieb anwendbaren Tarifverträge sowie rechtskräftige Beschlüsse nach § 99 des Arbeitsgerichtsgesetzes über den nach § 4a Absatz 2 Satz 2 anwendbaren Tarifvertrag im Betrieb bekanntzumachen.

§ 9 Feststellung der Rechtswirksamkeit Rechtskräftige Entscheidungen der Gerichte für Arbeitssachen, die in Rechtsstreitigkeiten zwischen Tarifvertragsparteien aus dem Tarifvertrag oder über das Bestehen oder Nichtbestehen des Tarifvertrags ergangen sind, sind in Rechtsstreitigkeiten zwischen tarifgebundenen Parteien sowie zwischen diesen und Dritten für die Gerichte und Schiedsgerichte bindend.

§ 10 Tarifvertrag und Tarifordnungen *(gegenstandslos)*

§ 11 Durchführungsbestimmungen Das Bundesministerium für Arbeit und Soziales kann unter Mitwirkung der Spitzenorganisationen der Arbeitgeber und der Arbeitnehmer die zur Durchführung des Gesetzes erforderlichen Verordnungen[1] erlassen, insbesondere über

1. die Errichtung und die Führung des Tarifregisters und des Tarifarchivs;
2. das Verfahren bei der Allgemeinverbindlicherklärung von Tarifverträgen und der Aufhebung von Tarifordnungen und Anordnungen, die öffentlichen Bekanntmachungen bei der Antragstellung, der Erklärung und Beendigung der Allgemeinverbindlichkeit und der Aufhebung von Tarifordnungen und Anordnungen sowie die hierdurch entstehenden Kosten;
3. den in § 5 genannten Ausschuß.

§ 12 Spitzenorganisationen Spitzenorganisationen im Sinne dieses Gesetzes sind – unbeschadet der Regelung in § 2 – diejenigen Zusammenschlüsse von Gewerkschaften oder von Arbeitgebervereinigungen, die für die Vertretung der Arbeitnehmer- oder der Arbeitgeberinteressen im Arbeitsleben des Bundesgebiets wesentliche Bedeutung haben. Ihnen stehen gleich Gewerkschaften und Arbeitgebervereinigungen, die keinem solchen Zusammenschluß angehören, wenn sie die Voraussetzungen des letzten Halbsatzes in Satz 1 erfüllen.

§ 12a Arbeitnehmerähnliche Personen (1) Die Vorschriften dieses Gesetzes gelten entsprechend

1. für Personen, die wirtschaftlich abhängig und vergleichbar einem Arbeitnehmer sozial schutzbedürftig sind (arbeitnehmerähnliche Personen), wenn sie auf Grund von Dienst- oder Werkverträgen für andere Personen tätig sind, die geschuldeten Leistungen persönlich und im wesentlichen ohne Mitarbeit von Arbeitnehmern erbringen und
   a) überwiegend für eine Person tätig sind oder
   b) ihnen von einer Person im Durchschnitt mehr als die Hälfte des Entgelts zusteht, das ihnen für ihre Erwerbstätigkeit insgesamt zusteht; ist dies nicht voraussehbar, so sind für die Berechnung, soweit im Tarifvertrag nichts anderes vereinbart ist, jeweils die letzten sechs Monate, bei kürzerer Dauer der Tätigkeit dieser Zeitraum, maßgebend,
2. für die in Nummer 1 genannten Personen, für die die arbeitnehmerähnlichen Personen tätig sind, sowie für die zwischen ihnen und den arbeitnehmerähn-

---

1 Vgl. **Verordnung zur Durchführung des Tarifvertragsgesetzes** (TVGDV) i. d. F. vom 16. 1. 1989 (BGBl. I 76), zuletzt geändert durch Verordnung vom 25. 6. 2021 (BGBl. I 2146).

lichen Personen durch Dienst- oder Werkverträge begründeten Rechtsverhältnisse.

(2) Mehrere Personen, für die arbeitnehmerähnliche Personen tätig sind, gelten als eine Person, wenn diese mehreren Personen nach der Art eines Konzerns (§ 18 des Aktiengesetzes) zusammengefaßt sind oder zu einer zwischen ihnen bestehenden Organisationsgemeinschaft oder nicht nur vorübergehenden Arbeitsgemeinschaft gehören.

(3) Die Absätze 1 und 2 finden auf Personen, die künstlerische, schriftstellerische oder journalistische Leistungen erbringen, sowie auf Personen, die an der Erbringung, insbesondere der technischen Gestaltung solcher Leistungen unmittelbar mitwirken, auch dann Anwendung, wenn ihnen abweichend von Absatz 1 Nr. 1 Buchstabe b erster Halbsatz von einer Person im Durchschnitt mindestens ein Drittel des Entgelts zusteht, das ihnen für ihre Erwerbstätigkeit insgesamt zusteht.

(4) Die Vorschrift findet keine Anwendung auf Handelsvertreter im Sinne des § 84 des Handelsgesetzbuchs.

§ 12b Berlin-Klausel *(gegenstandslos)*

§ 13 Inkrafttreten (1) Dieses Gesetz tritt mit seiner Verkündung in Kraft.

(2) Tarifverträge, die vor dem Inkrafttreten dieses Gesetzes abgeschlossen sind, unterliegen diesem Gesetz.

(3) § 4a ist nicht auf Tarifverträge anzuwenden, die am 10. Juli 2015 gelten.

31a. Arbeitnehmer-Entsendegesetz

Einleitung

I. Geschichtliche Entwicklung

Das AEntG war zunächst darauf ausgerichtet, entsandten Arbeitnehmern aus dem Ausland einen Mindestschutz durch Eingriffsnormen (Art. 9 Rom I-VO, vgl. Einl. III zur Rom I-VO, Nr. 14a) zuteil werden zu lassen. In der weiteren Entwicklung wurde es aber zu einem Instrument der Festsetzung von Branchenmindestlöhnen durch Tarifverträge umgewandelt. Es ermöglicht die Durchsetzung von Mindestlöhnen, die einheitlich für ganze Branchen oberhalb des gesetzlichen Mindestlohns nach dem MiLoG (Nr. 31b) festgesetzt werden (zum Gesamtkomplex der Festsetzung von Mindestlöhnen s. Einl. I zum MiLoG, Nr. 31b).

Anlass für das Gesetz war die insbesondere im Baugewerbe zunehmende Praxis, dass ausländische Anbieter mit grenzüberschreitend entsandtem Personal auftreten, das zu seinen in der Heimat geltenden Arbeitsbedingungen beschäftigt ist. Wegen der zum Teil gravierenden Unterschiede gegenüber in Deutschland üblichen Arbeitsbedingungen kam es zu Wettbewerbsverzerrungen zu Lasten der deutschen Unternehmen und Arbeitnehmer (*Hofmann,* BArbBl. 4/95, 14). Zur europaweiten Lösung dieser Problematik hat die EG nach mehreren Anläufen am 16. 12. 1996 die Entsenderichtlinie 96/71/EG (EU-ASO Nr. 20) angenommen. Unabhängig davon ist die nationale Gesetzgebung in Deutschland erfolgt, wobei sich zwei verschiedene Konzeptionen gegenüberstanden: Während der Regierungsentwurf (so wie der später gefundene Kompromiss) das Problem durch die Erstreckung allgemeinverbindlicher Tarifverträge löste, zielte der Bundesratsentwurf auf die gesetzliche Geltung der ortsüblichen Arbeitsbedingungen (BT-Drs. 13/2414; 13/2834). Das Entsendegesetz ist am 26. 2. 1996 verabschiedet worden (vgl. *Hofmann,* BArbBl. 4/95, 14; *Kehrmann/Spirolke,* AiB 95, 621; *Kittner,* FAZ-Standpunkt 23. 9. 95; *Gerken/Löwisch/Rieble,* BB 95, 2370; *Deinert,* RdA 96, 339). Der *EuGH* hat den nationalen Gesetzgebern einen weiten Spielraum zur eigenen Gestaltung des Entsenderechts zugebilligt (*EuGH* 23. 11. 1999 – C-369/96, C-376/96, AuR 00, 32 – Arblade, mit Anm. *Blanke,* AuR 00, 28; vgl. auch *EuGH* 15. 3. 2001 – C-165/98, NZA 01, 554 – Mazzoleni). Die Entsenderichtlinie wird ergänzt durch die sog. Druchsetzungsrichtlinie 2014/67/EU (EU-ASO Nr. 23). Sie betrifft vor allem die Koordination der Kontrollbehörden und war bis zum 18. 6. 16 in das deutsche Recht umzusetzen.

Der vom Gesetz ursprünglich gewählte Weg, die Institution der Allgemeinverbindlicherklärung zu nutzen, geriet bald an die Grenzen der zugrunde liegenden Konstruktion: Wegen des Einstimmigkeitserfordernisses im Tarifausschuss konnte der Arbeitgeberdachverband BDA die von ihm inzwischen politisch eingenommene Haltung zum permanenten Veto nutzen. Deshalb wurde mit Gesetz vom 19. 12. 1998 (BGBl. I 3843) die Möglichkeit einer Allgemeinverbindlicherklärung durch Verordnung des Arbeitsministers geschaffen (nunmehr §§ 7, 7a AEntG). Diese Regelung ist verfassungsgemäß (*BVerfG* 18. 7. 2000 – 1 BvR 948/00, NZA 00,

948). Nach einigen weiteren Änderungen (vgl. 45. Aufl.) wurde das Gesetz im Zuge des TarifautonomiestärkungsG (s. o. I 3, ferner Einl. I 1d [1] zum TVG, Nr. 31) zu einer Mittelstufe staatlicher Mindestlohnsetzung, die keineswegs auf entsandte Arbeitnehmer beschränkt ist, sondern für alle im Inland arbeitenden Arbeitnehmer gilt: Es erlaubt allgemeinverbindliche Mindestlöhne oberhalb des gesetzlichen Mindestlohns. Oberhalb der Branchenmindestlöhne nach dem Entsendegesetz sind dann noch Allgemeinverbindlicherklärungen (s. o. I 1) denkbar.

Anders als das deutsche Entsenderecht hat die EU-Entsenderichtlinie in ihrer Auslegung durch den *EuGH* (3. 4. 2008 – C-346/06, DB 08, 1045 – Rüffert, m. Anm. *Kocher*, DB 08, 1042; NZA 08, 865 – Kommission/Luxemburg) vor allem eine wettbewerbsregulierende Funktion und zielt auf Neutralisierung der Arbeitsbedingungen als Wettbewerbsfaktor. Dies stellte Tariftreue- und Vergabemindestlohnregelungen infrage (vgl. Einl. I 1d zum TVG, Nr. 31). Angesichts der anhaltenden Kritik begann ein Reformprozess in Bezug auf die Richtlinie, der auf weitergehende Erstreckungen des Rechts des Aufnahmestaates auf entsandte Arbeitnehmer zielt (vgl. 45. Aufl.) und in die durch die Richtlinie (EU) 2018/957 reformierte Entsenderichtlinie 1996/71/EG mündete (EU-ASO Nr. 20; zur Vereinbarkeit mit dem Primärrecht der Union *EuGH* 8. 12. 2020 – C-620/18, NZA 21, 113 – Ungarn/EP und Rat). Kurz vor Ablauf der Frist (30. 7. 2020) gelang eine Umsetzung im deutschen Recht (Gesetz v. 10. 7. 2020, BGBl. I 1657; Entwurf: BT-Drs. 19/19371; Beschlussempfehlung des Ausschusses für Arbeit und Soziales: BT-Drs. 19/20145; zum Gesetz vgl. Einl. II 1 in 49. Aufl., ferner *Braun*, BB 20, 1780; *Klapp*, SozSich 20, 272; *Mävers*, DB 20, 1686). Wesentlich sind insb. die Erstreckung nicht nur des Mindestlohns, sondern prinzipiell der Entlohnung, auch Zuschläge und Zulagen (§ 2a AEntG), sowie die Erstreckung sämtlicher Arbeitsbedingungen (mit Ausnahmen) nach zwölfmonatiger Entsendedauer (mit Verlängerungsmöglichkeit auf 18 Monate) nach § 13b AEntG sowie Bekämpfung von Kettenentsendungen in § 13c Abs. 7 AEntG.

- Im Zuge der Umsetzung der sog. Transparenzrichtlinie 2019/1152 (EU-ASO Nr. 50) wurde in § 23c AEntG eine Informationspflicht des Arbeitgebers, der mit einem Arbeitnehmer aus dem Ausland einen Arbeitsvertrag abschließt, hinsichtlich der Möglichkeit einer Inanspruchnahme der Dienste des Projektes faire Mobilität eingefügt (Gesetz v. 20. 7. 2022, BGBl. I 1174).
- Nachdem es bei Umsetzung der reformierten Entenderichtlinie zunächst für den Straßenverkehrssektor bei der bisherigen Fassung des Gesetzes geblieben war (§ 27, zur Anwendung der alten Entsenderichtlinie im internationalen Straßenverkehr vgl. *EuGH* 1. 12. 2020 – C-815/18, NZA 21, 33 – FNV; 8. 7. 2021 – C-428/19, NZA 21, 1167 – Rapidsped) und in der Zwischenzeit die Richtlinie (EU) 2020/1057 über Besonderheiten für die Entsendung von Kraftfahrern im Straßenverkehrssektor (v. 15. 7. 2020, ABl. L 249/49) angenommen worden war, bedurfte das Entsendegesetz einer Ergänzung für die Entsendung von Kraftfahrern. Diese erfolgte durch Gesetz v. 28. 6. 2023, mit dem zugleich die Regelungen über die grenzüberschreitende Durchsetzung (§§ 24 ff. AEntG), die hier nicht abgedruckt sind, ergänzt und neugefasst wurden (BGBl. 2023 I Nr. 172, dazu *Bayreuther*, NZA 23, 870).

II. Wesentlicher Gesetzesinhalt

Das Entsendegesetz schreibt zunächst für einen harten Kern von Arbeitsbedingungen, der in § 2 AEntG aufgelistet ist, deren Geltung auch für Inlandsbeschäftigte ausländischer Arbeitgeber vor – für sämtliche Branchen. Insofern handelt es sich um eine Regelung des Internationalen Privatrechts (vgl. Einl. III zur Rom I-VO, Nr. 14 a). Auf der anderen Seite gelten die Regelungen aber auch für die Inlandsbeschäftigten eines inländischen Arbeitgebers, sind also allgemein Mindeststandards für die Arbeitsbedingungen von Arbeitnehmern im Inland. Der harte Kern erfasst das Antidiskriminierungsrecht, den Schutz besonderer Arbeitnehmergruppen, Sicherheit und Gesundheit, Bedingungen der Arbeitnehmerüberlassung, Arbeitszeitrecht, Urlaubsrecht und Entgelt einschließlich Zuschläge. Diese Bestimmungen müssen sich aus Rechts- oder Verwaltungsvorschriften ergeben. Zu den Bedingungen der Arbeitnehmerüberlassung rechnet das *BAG* allerdings nicht die Regelungen über die Unwirksamkeit des Arbeitsvertrages mangels Verleiherlaubnis und Fiktion eines Arbeitsvertrages mit dem Verleiher nach §§ 9, 10 AÜG (Nr. 14) im Fall einer Überlassung aus dem Ausland in das Inland (26.4.2022 – 9 AZR 139/21, NZA 22, 1333; 26.4.2022 – 9 AZR 228/21, NZA 22, 1257).

Darüber hinaus sind auch in einem nach § 3 AEntG mit § 5 TVG für allgemeinverbindlich erklärten Tarifvertrag des Baugewerbes (vgl. § 7 Abs. 1 S. 2 AEntG) festgesetzte Arbeitsbedingungen für die Inlandsbeschäftigten eines ausländischen Arbeitgebers zwingend, sofern es sich um

- Mindestentgeltsätze, ausdifferenziert in bis zu drei Stufen,
- Regelungen über die Mindesturlaubsdauer sowie
- das Urlaubsentgelt und ein zusätzliches Urlaubsgeld sowie
- um Beiträge zu Urlaubskassen oder
- um Arbeitsbedingungen im Sinne des § 2 Abs. 1 Nrn. 3–8 AEntG (s. o.)

handelt (§ 5 AEntG). Voraussetzung ist allerdings, dass es sich um bundesweit geltende Mindestbedingungen handelt (§ 3 AEntG).

Auf gemeinsamen Antrag der Tarifvertragsparteien können die Normen eines Tarifvertrages in einer der spezifischen Entsendebranchen gemäß § 4 Abs. 1 Nr. 2 ff. AEntG durch Rechtsverordnung verbindlich gemacht werden, wenn dies im öffentlichen Interesse geboten erscheint, um die Ziele des Gesetzes nach § 1 AEntG zu erreichen (§ 7 AEntG). Sofern mehrere Tarifverträge für eine Allgemeinverbindlichkeit in Betracht kommen oder gar mehrere Anträge vorliegen, ist die Repräsentativität der Tarifvertragsparteien nach § 7 Abs. 2 und 3 AEntG maßgeblich. Diese Regelung war erforderlich, weil die Rechtsverordnung zur Beachtung der Arbeitsbedingungen auch dann zwingt, wenn der Arbeitgeber an einen anderen Tarifvertrag gebunden ist, es sei denn, dieser wäre günstiger (§ 8 Abs. 2 AEntG). Dies hat zu einer bemerkenswerten Diskussion geführt, in der die Tarifautonomie dafür in Stellung gebracht wurde, ungünstigere Arbeitsbedingungen durchzusetzen (so etwa *Sodan/Zimmermann*, NJW 09, 2001; vgl. aber auch *Bayreuther*, NJW 09, 2006). Gemäß § 8 AEntG gelten die durch Allgemeinverbindlicherklärung oder Rechtsverordnung erstreckten Arbeitsbedingungen auch für inländische Arbeitgeber. Insofern ist das Entsendegesetz nicht mehr eine rein international-privatrechtliche Regelung, sondern ein Teil des innerstaatlichen Mindestlohnrechts. Eine

Rechtsverordnung hat anders als ein allgemeinverbindlicher Tarifvertrag keine Nachwirkung (*BAG* 20.4.2011 – 4 AZR 467/09, NZA 11, 1105).

In allen anderen Branchen besteht die Möglichkeit einer Rechtsverordnung nach § 7a AEntG zur Erstreckung der Regelungen eines Tarifvertrages auf sämtliche Arbeitnehmer, wenn dies im öffentlichen Interesse geboten erscheint, insbesondere um einem Verdrängungswettbewerb über die Lohnkosten entgegenzuwirken.

Nicht nur die vorstehend genannten Arbeitsbedingungen sind im Falle einer Entsendung anzuwenden, wenn diese einen Zeitraum von zwölf Monaten überschreitet. Vielmehr sind dann auch alle anderen am Arbeitsort geltenden Arbeitsbedingungen anzuwenden (§ 13b AEntG). Eine Ausnahme gilt für Verfahrens- und Formvorschriften sowie die Bedingungen für den Abschluss und die Beendigung des Arbeitsverhältnisses einschließlich Wettbewerbsverboten sowie Regelungen über die betriebliche Altersversorgung. Wenn der Arbeitgeber vor Ablauf der zwölf Monate eine Mitteilung abgibt, verlängert sich der Zeitraum bis zur vollständigen Erstreckung der gesamten Arbeitsbedingungen auf 18 Monate.

Sonderregelungen gelten für die Pflegebranche, da diese zu einem erheblichen Teil durch kirchliche Träger betrieben wird und dort überwiegend keine Tarifverhandlungen stattfinden. Stattdessen ist eine Rechtsverordnung nach Vorschlag durch eine entsprechend zusammengesetzte Kommission nach §§ 11, 12 AEntG möglich. Davon wurde erstmals 2010 Gebrauch gemacht (vgl. Bericht in AuR 10, 368). Im Zuge des Pflegelöhneverbesserungsgesetzes (v. 22.11.2019, BGBl. I 1756, Entwurf: BT-Drs. 19/13395) wurde nun auch die Möglichkeit der Mindestlohnfestsetzung auf tarifvertraglicher Grundlage unter verfahrensmäßiger Einbeziehung der Kommission geschaffen, um eine Verbesserung der Arbeitsbedingungen des Pflegepersonals und damit mittelbar der Bedingungen der Pflege insgesamt zu erreichen.

Die neu angefügten Regelungen über den Straßenverkehr sehen im Grundsatz die Anwendung des allgemeinen Entsenderechts auch im Straßenverkehr gemäß § 36 Abs. 1 AEntG vor. Die wesentlichen Regelungen sind allerdings in den Ausnahmen nach § 37 ff. AEntG enthalten, die Arbeitnehmer bei bestimmten Kraftfahrten als nicht im Inland beschäftigt definieren (näher Einl. II zum AEntG in 49. Aufl.). Das gilt aber nur für Arbeitnehmer, die aus anderen Staaten der EU oder des EWR entsandt wurden, während für Drittstaatsangehörige nach § 36 Abs. 2 AEntG die besonderen Regelungen für den Straßenverkehr nur auf der Grundlage völkerrechtlicher Verträge zur Anwendung kommen. Nach den Ausnahmen sind insbesondere reine Transitfahrten gemäß § 40 AEntG von der Anwendung des Entsenderechts ausgenommen (zum Streit um die Mindestlohnpflicht in diesen Fällen: abl. *Sittard*, NZA 15, 78; *Moll/Katerndahl*, DB 15, 555; *Franzen*, EuZW 15, 449; a. A. *Mankowski*, RdA 17, 273).

Die Regelungen des AEntG sind zwingend. Gemäß § 9 S. 3 AEntG unterliegen Ansprüche nach dem Gesetz keiner Ausschlussfrist, wenn diese nicht im Tarifvertrag selbst geregelt ist. Eine arbeitsvertragliche Ausschlussfrist, die insoweit keine Ausnahme vorsieht, ist insgesamt nichtig. Das hat das *BAG* (24.8.2016 – 5 AZR 703/15, NZA 16,1539) jedenfalls für einen Vertrag entschieden, der nach Inkrafttreten der Verpflichtung zur Zahlung des Branchenmindestlohns vereinbart wurde.

Die Kontrolle der Einhaltung des Entsendegesetzes ist den Zollbehörden gemäß § 16 AEntG anvertraut. Die Verletzung des Entsendegesetzes kann zum Ausschluss von der Vergabe öffentlicher Aufträge führen (§ 21 AEntG). Außerdem droht ein Bußgeld nach § 23 AEntG. Ein Generalunternehmer haftet für die Zahlung des Mindestentgelts durch seinen Nachunternehmer gemäß § 14 AEntG. Dies ist europarechtskonform (*EuGH* 12.10.2004 – C-60/03, NZA 04, 1211 – Wolff & Müller) und verfassungsgemäß (*BAG* 12.1.2005 – 5 AZR 617/01, AP Nr. 2 zu § 1a AEntG). Das *BAG* legt die Regelung aber einschränkend aus, dass die Bürgenhaftung eine besondere Verantwortungsbeziehung zwischen Auftraggeber und Nachunternehmer voraussetzt. Diese bestehe nur dann, wenn der Auftraggeber eine eigene Verpflichtung an seinen Auftragnehmer weitergibt. Ein Bauherr, der einen Generalunternehmer mit der Errichtung eines Gebäudes beauftragt, unterliegt danach nicht der Haftung nach § 14 AEntG (*BAG* 16.10.2019 – 5 AZR 241/18, NZA 20, 112; dazu *Stähle*, NZA 20, 1086). Zur Durchsetzung ihrer Rechte besteht für entsandte Arbeitnehmer die internationale Zuständigkeit deutscher Gerichte nach § 15 AEntG.

III. Anwendungsprobleme, Rechtstatsachen und rechtspolitische Vorhaben

Nachdem das AEntG auf Briefdienstleister erstreckt wurde und ein entsprechender Mindestlohntarif vereinbart wurde, den das Bundesarbeitsministerium als Postmindestlohnverordnung verbindlich gemacht hatte, wurde diese Verordnung durch das *VG Berlin* für rechtswidrig erklärt, was im Ergebnis durch das *BVerwG* bestätigt wurde (28.1.2010 – 8 C 19.09, NZA 10, 718; ausführl. zum Ganzen Einl. III zum AEntG in 43. Aufl.). Die Frage des Umgangs mit konkurrierenden Tarifverträgen hat sich aber zunächst erledigt, weil die konkurrierende Gewerkschaft GNBZ nicht tariffähig ist (*LAG Köln* 20.5.2009 – 9 TaBV 105/08, AuR 09, 316) und damit die mit ihr geschlossenen Tarifverträge nichtig waren.
Derzeit gibt es allgemeinverbindliche Tarifverträge und Rechtsverordnungen nach dem Entsendegesetz in zahlreichen Branchen. Diese wurden im Bundesanzeiger bzw. im BGBl. veröffentlicht. Sie sind im Einzelnen auf der Homepage der Zollverwaltung abrufbar (***http://www.zoll.de/DE/Fachthemen/Arbeit/Mindestarbeitsbedingungen/Mindestlohn-AEntG-Lohnuntergrenze-AUeG/mindestlohn-aentg-lohnuntergrenze-aueg_node.html***, s. Fn. zu §§ 3, 7, 7 a).
Im Baugewerbe wurden 2011 Bußgelder in Höhe von knapp 11 Millionen Euro wegen Nichtgewährung des Mindestlohns festgesetzt, im Gebäudereinigungsgewerbe in Höhe von gut einer Dreiviertelmillion Euro (BT-Drs. 17/12834). Bis heute aber ist der behördliche Gesetzesvollzug von Defiziten gekennzeichnet. So wurde berichtet, dass trotz bekannter Missstände in der Fleischwirtschaft, die Zahl der Kontrollen durch die Finanzkontrolle Schwarzarbeit ab-, statt zugenommen hat (dazu »Ausgenommen«, SZ v. 13.12.2018, S. 13; zur Fleischwirtschaft s. insb. GSA Fleisch, Nr. 4 a).

Wichtige Entscheidungen

BVerfG 18.7.2000 – 1 BvR 948/00, NZA 2000, 948
EuGH 23.11.1999 – C-369/96, C-376/96, AuR 2000, 32 – Arblade
EuGH 12.10.2004 – C-60/03, NZA 2004, 1211 – Wolff & Müller
EuGH 3.4.2008 – C-346/06, DB 2008, 1045 – Rüffert
EuGH 8.12.2020 – C-620/18, NZA 2021, 113 – Ungarn/EP und Rat

Weiterführende Literatur

Deinert/Wenckebach/Zwanziger-*Lakies*, Arbeitsrecht, § 49 (Allgemeiner Mindestlohn und Branchenmindestlöhne)
Bayreuther, Generalunternehmerhaftung nach dem Mindestlohngesetz und dem Arbeitnehmerentsendegesetz, NZA 2015, S. 961
Bayreuther, Mindestlohn für entsandte Lkw- und Omnibusfahrer nach der Novelle des AEntG, NZA 2023, S. 870
Bieback u.a., Tarifgestützte Mindestlöhne (2007)
Deinert, Internationales Arbeitsrecht (2013), § 10 Rn. 50 ff.
Deinert, Sozial- und arbeitsrechtliche Fragen der Entsendung, Schriftenreihe des Deutschen Sozialrechtsverbandes, Bd. 68 (2018), S. 75
Franzen, Das geänderte Arbeitnehmerentsendegesetz (AEntG), EuZA 2021, S. 3
Hamann, Der Grundsatz der Gleichbehandlung bei der Entlohnung im neuen AEntG, RdA 2021, S. 267
Janda, Die Durchsetzung der Rechte entsandte Arbeitnehmer, SR 2016, S. 1
Klein/Schneider, Die Umsetzung der Entsenderichtlinie, SR 2019, S. 72
Koberski/Asshoff/Eustrup/Winkler, Arbeitnehmer-Entsendegesetz, 3. Aufl. (2011)
Kocher, Mindestlöhne und Tarifautonomie, NZA 2007, S. 600
Thüsing (Hrsg.), MiLoG und AEntG, 2. Aufl. (2016)
Ulber, Arbeitnehmerentsendegesetz, Basiskommentar (2009)
Ulber, Die Erfüllung von Mindestlohnansprüchen, RdA 2014, S. 176
Walser, Internationale Erstreckung von Tarifnormen bei Entsendung: Das reformierte Arbeitnehmerentsendegesetz, RdA 2021, S. 90

Gesetz über zwingende Arbeitsbedingungen für grenzüberschreitend entsandte und für regelmäßig im Inland beschäftigte Arbeitnehmer und Arbeitnehmerinnen (Arbeitnehmer-Entsendegesetz – AEntG)

vom 20. April 2009 (BGBl. I 799),
zuletzt geändert durch Gesetz vom 22. Dezember 2025 (BGBl. 2025 I Nr. 369)

(Abgedruckte Vorschriften: §§ 1–19, 23, 34 – 42)

Abschnitt 1 – Zielsetzung

§ 1 Zielsetzung Ziele des Gesetzes sind die Schaffung und Durchsetzung angemessener Mindestarbeitsbedingungen für grenzüberschreitend entsandte und für regelmäßig im Inland beschäftigte Arbeitnehmer und Arbeitnehmerinnen sowie die Gewährleistung fairer und funktionierender Wettbewerbsbedingungen durch die Erstreckung der Rechtsnormen von Branchentarifverträgen. Dadurch sollen zugleich sozialversicherungspflichtige Beschäftigung erhalten und die Ordnungs- und Befriedungsfunktion der Tarifautonomie gewahrt werden.

Abschnitt 2 – Allgemeine Arbeitsbedingungen

§ 2 Allgemeine Arbeitsbedingungen (1) Die in Rechts- oder Verwaltungsvorschriften enthaltenen Regelungen über folgende Arbeitsbedingungen sind auch auf Arbeitsverhältnisse zwischen einem im Ausland ansässigen Arbeitgeber und seinen im Inland beschäftigten Arbeitnehmern und Arbeitnehmerinnen zwingend anzuwenden:

1. die Entlohnung einschließlich der Überstundensätze ohne die Regelungen über die betriebliche Altersversorgung,
2. der bezahlte Mindestjahresurlaub,
3. die Höchstarbeitszeiten, Mindestruhezeiten und Ruhepausenzeiten,
4. die Bedingungen für die Überlassung von Arbeitskräften, insbesondere durch Leiharbeitsunternehmen,
5. die Sicherheit, der Gesundheitsschutz und die Hygiene am Arbeitsplatz, einschließlich der Anforderungen an die Unterkünfte von Arbeitnehmern und Arbeitnehmerinnen, wenn sie vom Arbeitgeber für Arbeitnehmer und Arbeitnehmerinnen, die von ihrem regelmäßigen Arbeitsplatz entfernt eingesetzt werden, unmittelbar oder mittelbar, entgeltlich oder unentgeltlich zur Verfügung gestellt werden,
6. die Schutzmaßnahmen im Zusammenhang mit den Arbeits- und Beschäftigungsbedingungen von Schwangeren und Wöchnerinnen, Kindern und Jugendlichen,
7. die Gleichbehandlung der Geschlechter sowie andere Nichtdiskriminierungsbestimmungen und

8. die Zulagen oder die Kostenerstattung zur Deckung der Reise-, Unterbringungs- und Verpflegungskosten für Arbeitnehmer und Arbeitnehmerinnen, die aus beruflichen Gründen von ihrem Wohnort entfernt sind.

(2) Ein Arbeitgeber mit Sitz im Ausland beschäftigt einen Arbeitnehmer oder eine Arbeitnehmerin auch dann im Inland, wenn er ihn oder sie einm Entleiher mit Sitz im Ausland oder im Inland überlässt und der Entleiher den Arbeitnehmer oder die Arbeitnehmerin im Inland beschäftigt.

(3) Absatz 1 Nummer 8 gilt für Arbeitgeber mit Sitz im Ausland, wenn der Arbeitnehmer oder die Arbeitnehmerin

1. zu oder von seinem oder ihrem regelmäßigen Arbeitsort im Inland reisen muss oder
2. von dem Arbeitgeber von seinem oder ihrem regelmäßigen Arbeitsort im Inland vorübergehend zu einem anderen Arbeitsort geschickt wird.

§ 2a Gegenstand der Entlohnung Entlohnung im Sinne von § 2 Absatz 1 Nummer 1 sind alle Bestandteile der Vergütung, die der Arbeitnehmer oder die Arbeitnehmerin vom Arbeitgeber in Geld oder als Sachleistung für die geleistete Arbeit erhält. Zur Entlohnung zählen insbesondere die Grundvergütung, einschließlich Entgeltbestandteilen, die an die Art der Tätigkeit, Qualifikation und Berufserfahrung der Arbeitnehmer und Arbeitnehmerinnen und die Region anknüpfen, sowie Zulagen, Zuschläge und Gratifikationen, einschließlich Überstundensätzen. Die Entlohnung umfasst auch Regelungen zur Fälligkeit der Entlohnung einschließlich Ausnahmen und deren Voraussetzungen.

§ 2b Anrechenbarkeit von Entsendezulagen (1) Erhält der Arbeitnehmer oder die Arbeitnehmerin vom Arbeitgeber mit Sitz im Ausland eine Zulage für die Zeit der Arbeitsleistung im Inland (Entsendezulage), kann diese auf die Entlohnung nach § 2 Absatz 1 Nummer 1 angerechnet werden. Dies gilt nicht, soweit die Entsendezulage zur Erstattung von Kosten gezahlt wird, die infolge der Entsendung tatsächlich entstanden sind (Entsendekosten). Als Entsendekosten gelten insbesondere Reise-, Unterbringungs- und Verpflegungskosten.

(2) Legen die für das Arbeitsverhältnis geltenden Arbeitsbedingungen nicht fest, welche Bestandteile einer Entsendezulage als Erstattung von Entsendekosten gezahlt werden oder welche Bestandteile einer Entsendezulage Teil der Entlohnung sind, wird unwiderleglich vermutet, dass die gesamte Entsendezulage als Erstattung von Entsendekosten gezahlt wird.

Abschnitt 3 – Tarifvertragliche Arbeitsbedingungen

§ 3 Tarifvertragliche Arbeitsbedingungen[1] Die Rechtsnormen eines bundesweiten Tarifvertrages finden unter den Voraussetzungen der §§ 4 bis 6 auch auf Arbeitsverhältnisse zwischen einem Arbeitgeber mit Sitz im Ausland und seinen

1 Tarifverträge abrufbar unter *http://www.zoll.de/DE/Fachthemen/Arbeit/Mindestarbeitsbedingungen/Mindestlohn-AEntG-Lohnuntergrenze-AUeG/mindestlohn-aentg-lohnuntergrenze-aueg_node.html.*

im räumlichen Geltungsbereich dieses Tarifvertrages beschäftigten Arbeitnehmern und Arbeitnehmerinnen zwingend Anwendung, wenn

1. der Tarifvertrag für allgemeinverbindlich erklärt ist oder
2. eine Rechtsverordnung nach § 7 oder § 7a vorliegt.

§ 2 Absatz 2 gilt entsprechend. Eines bundesweiten Tarifvertrages bedarf es nicht, soweit Arbeitsbedingungen im Sinne des § 5 Nummer 2, 3 oder 4 Gegenstand tarifvertraglicher Regelungen sind, die zusammengefasst räumlich den gesamten Geltungsbereich dieses Gesetzes abdecken.

§ 4 Branchen (1) § 3 Satz 1 Nummer 2 gilt für Tarifverträge

1. des Bauhauptgewerbes oder des Baunebengewerbes im Sinne der Baubetriebe-Verordnung vom 28. Oktober 1980 (BGBl. I S. 2033), zuletzt geändert durch die Verordnung vom 26. April 2006 (BGBl. I S. 1085), in der jeweils geltenden Fassung einschließlich der Erbringung von Montageleistungen auf Baustellen außerhalb des Betriebssitzes,
2. der Gebäudereinigung,
3. für Briefdienstleistungen,
4. für Sicherheitsdienstleistungen,
5. für Bergbauspezialarbeiten auf Steinkohlebergwerken,
6. für Wäschereidienstleistungen im Objektkundengeschäft,
7. der Abfallwirtschaft einschließlich Straßenreinigung und Winterdienst,
8. für Aus- und Weiterbildungsdienstleistungen nach dem Zweiten oder Dritten Buch Sozialgesetzbuch und
9. für Schlachten und Fleischverarbeitung.

(2) § 3 Satz 1 Nummer 2 gilt darüber hinaus für Tarifverträge aller anderen als der in Absatz 1 genannten Branchen, wenn die Erstreckung der Rechtsnormen des Tarifvertrages im öffentlichen Interesse geboten erscheint, um die in § 1 genannten Gesetzesziele zu erreichen und dabei insbesondere einem Verdrängungswettbewerb über die Lohnkosten entgegen zu wirken.

§ 5 Arbeitsbedingungen Gegenstand eines Tarifvertrages nach § 3 können sein

1. Mindestentgeltsätze, die nach Art der Tätigkeit, Qualifikation der Arbeitnehmer und Arbeitnehmerinnen und Regionen differieren können, einschließlich der Überstundensätze, wobei die Differenzierung nach Art der Tätigkeit und Qualifikation insgesamt bis zu drei Stufen umfassen kann,

1a. die über Nummer 1 hinausgehenden Entlohnungsbestandteile nach § 2 Absatz 1 Nummer 1,

2. die Dauer des Erholungsurlaubs, das Urlaubsentgelt oder ein zusätzliches Urlaubsgeld,
3. die Einziehung von Beiträgen und die Gewährung von Leistungen im Zusammenhang mit Urlaubsansprüchen nach Nummer 2 durch eine gemeinsame Einrichtung der Tarifvertragsparteien, wenn sichergestellt ist, dass der ausländische Arbeitgeber nicht gleichzeitig zu Beiträgen zu der gemeinsamen Einrichtung der Tarifvertragsparteien und zu einer vergleichbaren Einrichtung im Staat seines Sitzes herangezogen wird und das Verfahren der gemeinsamen Einrichtung der Tarifvertragsparteien eine Anrechnung derjenigen Leistungen

vorsieht, die der ausländische Arbeitgeber zur Erfüllung des gesetzlichen, tarifvertraglichen oder einzelvertraglichen Urlaubsanspruchs seines Arbeitnehmers oder seiner Arbeitnehmerin bereits erbracht hat,

4. die Anforderungen an die Unterkünfte von Arbeitnehmern und Arbeitnehmerinnen, wenn sie vom Arbeitgeber für Arbeitnehmer und Arbeitnehmerinnen, die von ihrem regelmäßigen Arbeitsplatz entfernt eingesetzt werden, unmittelbar oder mittelbar, entgeltlich oder unentgeltlich zur Verfügung gestellt werden, und
5. Arbeitsbedingungen im Sinne des § 2 Nr. 3 bis 8.

Die Arbeitsbedingungen nach Satz 1 Nummer 1 bis 3 umfassen auch Regelungen zur Fälligkeit entsprechender Ansprüche einschließlich hierzu vereinbarter Ausnahmen und deren Voraussetzungen.

§ 6 Besondere Regelungen (1) Im Falle eines Tarifvertrages nach § 4 Absatz 1 Nr. 1 findet dieser Abschnitt Anwendung, wenn der Betrieb oder die selbstständige Betriebsabteilung überwiegend Bauleistungen gemäß § 101 Abs. 2 des Dritten Buches Sozialgesetzbuch erbringt.

(2) Im Falle eines Tarifvertrages nach § 4 Absatz 1 Nr. 2 findet dieser Abschnitt Anwendung, wenn der Betrieb oder die selbstständige Betriebsabteilung überwiegend Gebäudereinigungsleistungen erbringt.

(3) Im Falle eines Tarifvertrages nach § 4 Absatz 1 Nr. 3 findet dieser Abschnitt Anwendung, wenn der Betrieb oder die selbstständige Betriebsabteilung überwiegend gewerbs- oder geschäftsmäßig Briefsendungen für Dritte befördert.

(4) Im Falle eines Tarifvertrages nach § 4 Absatz 1 Nr. 4 findet dieser Abschnitt Anwendung, wenn der Betrieb oder die selbstständige Betriebsabteilung überwiegend Dienstleistungen des Bewachungs- und Sicherheitsgewerbes oder Kontroll- und Ordnungsdienste erbringt, die dem Schutz von Rechtsgütern aller Art, insbesondere von Leben, Gesundheit oder Eigentum dienen.

(5) Im Falle eines Tarifvertrages nach § 4 Absatz 1 Nr. 5 findet dieser Abschnitt Anwendung, wenn der Betrieb oder die selbstständige Betriebsabteilung im Auftrag eines Dritten überwiegend auf inländischen Steinkohlebergwerken Grubenräume erstellt oder sonstige untertägige bergbauliche Spezialarbeiten ausführt.

(6) Im Falle eines Tarifvertrages nach § 4 Absatz 1 Nr. 6 findet dieser Abschnitt Anwendung, wenn der Betrieb oder die selbstständige Betriebsabteilung gewerbsmäßig überwiegend Textilien für gewerbliche Kunden sowie öffentlich-rechtliche oder kirchliche Einrichtungen wäscht, unabhängig davon, ob die Wäsche im Eigentum der Wäscherei oder des Kunden steht. Dieser Abschnitt findet keine Anwendung auf Wäschereidienstleistungen, die von Werkstätten für behinderte Menschen im Sinne des § 219 des Neunten Buches Sozialgesetzbuch erbracht werden.

(7) Im Falle eines Tarifvertrages nach § 4 Absatz 1 Nr. 7 findet dieser Abschnitt Anwendung, wenn der Betrieb oder die selbstständige Betriebsabteilung überwiegend Abfälle im Sinne des § 3 Absatz 1 Satz 1 des Kreislaufwirtschaftsgesetzes sammelt, befördert, lagert, behandelt, beseitigt oder verwertet oder Dienstleistungen des Kehrens und Reinigens öffentlicher Verkehrsflächen und Schnee- und Eisbeseitigung von öffentlichen Verkehrsflächen einschließlich Streudienste erbringt.

(8) Im Falle eines Tarifvertrages nach § 4 Absatz 1 Nr. 8 findet dieser Abschnitt Anwendung, wenn der Betrieb oder die selbstständige Betriebsabteilung überwiegend Aus- und Weiterbildungsmaßnahmen nach dem Zweiten oder Dritten Buch Sozialgesetzbuch durchführt. Ausgenommen sind Einrichtungen der beruflichen Rehabilitation im Sinne des § 51 Absatz 1 Satz 1 des Neunten Buches Sozialgesetzbuch.
(9) Im Falle eines Tarifvertrages nach § 4 Absatz 1 Nummer 9 findet dieser Abschnitt Anwendung in Betrieben und selbständigen Betriebsabteilungen, in denen überwiegend geschlachtet oder Fleisch verarbeitet wird (Betriebe der Fleischwirtschaft) sowie in Betrieben und selbstständigen Betriebsabteilungen, die ihre Arbeitnehmer und Arbeitnehmerinnen überwiegend in Betrieben der Fleischwirtschaft einsetzen. Das Schlachten umfasst dabei alle Tätigkeiten des Schlachtens und Zerlegens von Tieren mit Ausnahme von Fischen. Die Verarbeitung umfasst alle Tätigkeiten der Weiterverarbeitung von beim Schlachten gewonnenen Fleischprodukten zur Herstellung von Nahrungsmitteln sowie deren Portionierung und Verpackung. Nicht erfasst ist die Verarbeitung, wenn die Behandlung, die Portionierung oder die Verpackung beim Schlachten gewonnener Fleischprodukte direkt auf Anforderung des Endverbrauchers erfolgt.
(10) Bestimmt ein Tarifvertrag nach den Absätzen 1 bis 9 den Begriff des Betriebs oder der selbständigen Betriebsabteilung, ist diese Begriffsbestimmung maßgeblich.

§ 7 Rechtsverordnung für die Fälle des § 4 Absatz 1[1] (1) Auf gemeinsamen Antrag der Parteien eines Tarifvertrages im Sinne von § 4 Absatz 1 sowie §§ 5 und 6 kann das Bundesministerium für Arbeit und Soziales durch Rechtsverordnung ohne Zustimmung des Bundesrates bestimmen, dass die Rechtsnormen dieses Tarifvertrages auf alle unter seinen Geltungsbereich fallenden und nicht an ihn gebundenen Arbeitgeber sowie Arbeitnehmer und Arbeitnehmerinnen Anwendung finden, wenn dies im öffentlichen Interesse geboten erscheint, um die in § 1 genannten Gesetzesziele zu erreichen. Satz 1 gilt nicht für tarifvertragliche Arbeitsbedingungen nach § 5 Satz 1 Nummer 1 a.
(2) Kommen in einer Branche mehrere Tarifverträge mit zumindest teilweise demselben fachlichen Geltungsbereich zur Anwendung, hat der Verordnungsgeber bei seiner Entscheidung nach Absatz 1 im Rahmen einer Gesamtabwägung ergänzend zu den in § 1 genannten Gesetzeszielen die Repräsentativität der jeweiligen Tarifverträge zu berücksichtigen. Bei der Feststellung der Repräsentativität ist vorrangig abzustellen auf

1. die Zahl der von den jeweils tarifgebundenen Arbeitgebern beschäftigten unter den Geltungsbereich des Tarifvertrages fallenden Arbeitnehmer und Arbeitnehmerinnen,
2. die Zahl der jeweils unter den Geltungsbereich des Tarifvertrages fallenden Mitglieder der Gewerkschaft, die den Tarifvertrag geschlossen hat.

---

1 Verordnungen abrufbar unter *http://www.zoll.de/DE/Fachthemen/Arbeit/Mindestarbeitsbedingungen/Mindestlohn-AEntG-Lohnuntergrenze-AUeG/mindestlohn-aentg-lohnuntergrenze-aueg_node.html.*

(3) Liegen für mehrere Tarifverträge Anträge auf Allgemeinverbindlicherklärung vor, hat der Verordnungsgeber mit besonderer Sorgfalt die von einer Auswahlentscheidung betroffenen Güter von Verfassungsrang abzuwägen und die widerstreitenden Grundrechtsinteressen zu einem schonenden Ausgleich zu bringen.
(4) Vor Erlass der Rechtsverordnung gibt das Bundesministerium für Arbeit und Soziales den in den Geltungsbereich der Rechtsverordnung fallenden Arbeitgebern sowie Arbeitnehmern und Arbeitnehmerinnen, den Parteien des Tarifvertrages sowie in den Fällen des Absatzes 2 den Parteien anderer Tarifverträge und paritätisch besetzten Kommissionen, die auf der Grundlage kirchlichen Rechts Arbeitsbedingungen für den Bereich kirchlicher Arbeitgeber zumindest teilweise im Geltungsbereich der Rechtsverordnung festlegen, Gelegenheit zur schriftlichen Stellungnahme innerhalb von drei Wochen ab dem Tag der Bekanntmachung des Entwurfs der Rechtsverordnung.
(5) Wird in einer Branche nach § 4 Absatz 1 erstmals ein Antrag nach Absatz 1 gestellt, wird nach Ablauf der Frist nach Absatz 4 der Ausschuss nach § 5 Absatz 1 Satz 1 des Tarifvertragsgesetzes (Tarifausschuss) befasst. Stimmen mindestens vier Ausschussmitglieder für den Antrag oder gibt der Tarifausschuss innerhalb von zwei Monaten keine Stellungnahme ab, kann eine Rechtsverordnung nach Absatz 1 erlassen werden. Stimmen zwei oder drei Ausschussmitglieder für den Antrag, kann eine Rechtsverordnung nur von der Bundesregierung erlassen werden. Die Sätze 1 bis 3 gelten nicht für Tarifverträge nach § 4 Absatz 1 Nummer 1 bis 8.

§ 7a Rechtsverordnung für die Fälle des § 4 Absatz 2[1] (1) Auf gemeinsamen Antrag der Parteien eines Tarifvertrages im Sinne von § 4 Absatz 2 und § 5 kann das Bundesministerium für Arbeit und Soziales durch Rechtsverordnung ohne Zustimmung des Bundesrates bestimmen, dass die Rechtsnormen dieses Tarifvertrages auf alle unter seinen Geltungsbereich fallenden und nicht an ihn gebundenen Arbeitgeber sowie Arbeitnehmer und Arbeitnehmerinnen Anwendung finden, wenn dies im öffentlichen Interesse geboten erscheint, um die in § 1 genannten Gesetzesziele zu erreichen und dabei insbesondere einem Verdrängungswettbewerb über die Lohnkosten entgegenzuwirken. Satz 1 gilt nicht für tarifvertragliche Arbeitsbedingungen nach § 5 Satz 1 Nummer 1 a. Eine Rechtsverordnung, deren Geltungsbereich die Pflegebranche (§ 10) erfasst, erlässt das Bundesministerium für Arbeit und Soziales im Einvernehmen mit dem Bundesministerium für Gesundheit ohne Zustimmung des Bundesrates. Im Fall einer Rechtsverordnung nach Satz 3 sind auch die in Absatz 1a genannten Voraussetzungen zu erfüllen und die in § 11 Absatz 2 genannten Gesetzesziele zu berücksichtigen.
(1 a) Vor Abschluss eines Tarifvertrages nach Absatz 1, dessen Geltungsbereich die Pflegebranche erfasst, gibt das Bundesministerium für Arbeit und Soziales auf gemeinsame Mitteilung der Tarifvertragsparteien bekannt, dass Verhandlungen über einen derartigen Tarifvertrag aufgenommen worden sind. Religionsgesellschaften, in deren Bereichen paritätisch besetzte Kommissionen zur Festlegung von Arbeits-

---

1 Verordnungen abrufbar unter *http://www.zoll.de/DE/Fachthemen/Arbeit/Mindestarbeitsbedingungen/Mindestlohn-AEntG-Lohnuntergrenze-AUeG/mindestlohn-aentg-lohnuntergrenze-aueg_node.html.*

31a

bedingungen auf der Grundlage kirchlichen Rechts für den Bereich kirchlicher Arbeitgeber in der Pflegebranche gebildet sind, können dem Bundesministerium für Arbeit und Soziales innerhalb von drei Wochen ab der Bekanntmachung jeweils eine in ihrem Bereich gebildete Kommission benennen, die von den Tarifvertragsparteien zu dem voraussichtlichen Inhalt des Tarifvertrages angehört wird. Die Anhörung erfolgt mündlich, wenn dies die jeweilige Kommission verlangt oder die Tarifvertragsparteien verlangen. Der Antrag nach Absatz 1 erfordert die schriftliche Zustimmung von mindestens zwei nach Satz 2 benannten Kommissionen. Diese Kommissionen müssen in den Bereichen von Religionsgesellschaften gebildet sein, in deren Bereichen insgesamt mindestens zwei Drittel aller in der Pflegebranche im Bereich von Religionsgesellschaften beschäftigten Arbeitnehmer beschäftigt sind. Mit der Zustimmung einer Kommission werden etwaige Mängel im Zusammenhang mit deren Anhörung geheilt.

(2) § 7 Absatz 2 und 3 findet entsprechende Anwendung.

(3) Vor Erlass der Rechtsverordnung gibt das Bundesministerium für Arbeit und Soziales den in den Geltungsbereich der Rechtsverordnung fallenden und den möglicherweise von ihr betroffenen Arbeitgebern sowie Arbeitnehmern und Arbeitnehmerinnen, den Parteien des Tarifvertrages sowie allen am Ausgang des Verfahrens interessierten Gewerkschaften, Vereinigungen der Arbeitgeber und paritätisch besetzten Kommissionen, die auf der Grundlage kirchlichen Rechts Arbeitsbedingungen für den Bereich kirchlicher Arbeitgeber festlegen, Gelegenheit zur schriftlichen Stellungnahme innerhalb von drei Wochen ab dem Tag der Bekanntmachung des Entwurfs der Rechtsverordnung. Die Gelegenheit zur Stellungnahme umfasst insbesondere auch die Frage, inwieweit eine Erstreckung der Rechtsnormen des Tarifvertrages geeignet ist, die in § 1 genannten Gesetzesziele zu erfüllen und dabei insbesondere einem Verdrängungswettbewerb über die Lohnkosten entgegenzuwirken. Soweit der Geltungsbereich der Rechtsverordnung die Pflegebranche erfasst, umfasst die Gelegenheit zur Stellungnahme insbesondere auch die Frage, inwieweit eine Erstreckung der Rechtsnormen des Tarifvertrages geeignet sind, die in § 11 Absatz 2 genannten Gesetzesziele zu erfüllen.

(4) Wird ein Antrag nach Absatz 1 gestellt, wird nach Ablauf der Frist nach Absatz 3 der Ausschuss nach § 5 Absatz 1 Satz 1 des Tarifvertragsgesetzes (Tarifausschuss) befasst. Stimmen mindestens vier Ausschussmitglieder für den Antrag oder gibt der Tarifausschuss innerhalb von zwei Monaten keine Stellungnahme ab, kann eine Rechtsverordnung nach Absatz 1 erlassen werden. Stimmen zwei oder drei Ausschussmitglieder für den Antrag, kann eine Rechtsverordnung nur von der Bundesregierung erlassen werden.

§ 8 Pflichten des Arbeitgebers zur Gewährung von Arbeitsbedingungen (1) Arbeitgeber mit Sitz im In- oder Ausland, die unter den Geltungsbereich eines für allgemeinverbindlich erklärten Tarifvertrages nach § 3 Satz 1 Nummer 1 oder einer Rechtsverordnung nach § 7 oder § 7a fallen, sind verpflichtet, ihren Arbeitnehmern und Arbeitnehmerinnen mindestens die in dem Tarifvertrag für den Beschäftigungsort vorgeschriebenen Arbeitsbedingungen zu gewähren sowie einer gemeinsamen Einrichtung der Tarifvertragsparteien die ihr nach § 5 Nr. 3 zustehenden Beiträge zu leisten. Satz 1 gilt unabhängig davon, ob die entsprechende Verpflichtung kraft Tarifbindung nach § 3 des Tarifvertragsgesetzes oder kraft Allgemeinverbindlicherklärung nach § 5 des Tarifvertragsgesetzes oder aufgrund einer Rechtsverordnung nach § 7 oder § 7a besteht

(2) Ein Arbeitgeber ist verpflichtet, einen Tarifvertrag nach § 3 Satz 1 Nummer 1, soweit er Arbeitsbedingungen nach § 5 Satz 1 Nummer 2 bis 4 enthält, sowie einen Tarifvertrag, der durch Rechtsverordnung nach § 7 oder § 7a auf nicht an ihn gebundene Arbeitgeber sowie Arbeitnehmer und Arbeitnehmerinnen erstreckt wird, auch dann einzuhalten, wenn er nach § 3 des Tarifvertragsgesetzes oder kraft Allgemeinverbindlicherklärung nach § 5 des Tarifvertragsgesetzes an einen anderen Tarifvertrag gebunden ist.

(3) Wird ein Leiharbeitnehmer oder eine Leiharbeitnehmerin vom Entleiher mit Tätigkeiten beschäftigt, die in den Geltungsbereich eines Tarifvertrages nach § 3 Satz 1 Nummer 1, soweit er Arbeitsbedingungen nach § 5 Satz 1 Nummer 2 bis 4 enthält, oder einer Rechtsverordnung nach § 7 oder § 7a fallen, hat der Verleiher zumindest die in diesem Tarifvertrag oder in dieser Rechtsverordnung vorgeschriebenen Arbeitsbedingungen zu gewähren sowie die der gemeinsamen Einrichtung nach diesem Tarifvertrag zustehenden Beiträge zu leisten; dies gilt auch dann, wenn der Betrieb des Entleihers nicht in den fachlichen Geltungsbereich dieses Tarifvertrages oder dieser Rechtsverordnung fällt.

§ 9 Verzicht, Verwirkung Ein Verzicht auf den aufgrund einer Rechtsverordnung nach § 7 oder § 7a entstandenen Anspruch der Arbeitnehmer und Arbeitnehmerinnen auf Mindestentgeltsätze nach § 5 Satz 1 Nummer 1 ist nur durch gerichtlichen Vergleich zulässig; im Übrigen ist ein Verzicht ausgeschlossen. Die Verwirkung des in Satz 1 genannten Anspruchs ist ausgeschlossen. Ausschlussfristen für die Geltendmachung des in Satz 1 genannten Anspruchs können ausschließlich in dem der Rechtsverordnung nach § 7 oder § 7a zugrunde liegenden Tarifvertrag geregelt werden; die Frist muss mindestens sechs Monate betragen.

Abschnitt 4 – Arbeitsbedingungen in der Pflegebranche

§ 10 Anwendungsbereich Dieser Abschnitt findet Anwendung auf die Pflegebranche. Diese umfasst Betriebe und selbstständige Betriebsabteilungen, die überwiegend ambulante, teilstationäre oder stationäre Pflegeleistungen oder ambulante Krankenpflegeleistungen für Pflegebedürftige erbringen (Pflegebetriebe). Pflegebedürftig sind Personen, die gesundheitlich bedingte Beeinträchtigungen der Selbständigkeit oder der Fähigkeiten aufweisen, deshalb vorübergehend oder auf Dauer der Hilfe durch andere bedürfen und körperliche, kognitive oder psychische Beeinträchtigungen oder gesundheitlich bedingte Belastungen oder Anforderungen nicht selbständig kompensieren oder bewältigen können. Keine Pflegebetriebe im Sinne des Satzes 2 sind Einrichtungen, in denen die Leistungen zur medizinischen Vorsorge, zur medizinischen Rehabilitation, zur Teilhabe am Arbeitsleben oder am Leben in der Gemeinschaft, die schulische Ausbildung oder die Erziehung kranker oder behinderter Menschen im Vordergrund des Zweckes der Einrichtung stehen, sowie Krankenhäuser.

§ 11 Rechtsverordnung (1) Das Bundesministerium für Arbeit und Soziales kann durch Rechtsverordnung ohne Zustimmung des Bundesrates bestimmen, dass die von der nach § 12 errichteten Kommission vorgeschlagenen Arbeitsbedingungen nach § 5 Nr. 1 und 2 auf alle Arbeitgeber sowie Arbeitnehmer und Arbeitnehmerinnen, die unter den Geltungsbereich einer Empfehlung nach § 12a Absatz 2 fallen, Anwendung finden.

(2) Das Bundesministerium für Arbeit und Soziales hat bei seiner Entscheidung nach Absatz 1 neben den in § 1 genannten Gesetzeszielen die Sicherstellung der Qualität der Pflegeleistung sowie den Auftrag kirchlicher und sonstiger Träger der freien Wohlfahrtspflege nach § 11 Abs. 2 des Elften Buches Sozialgesetzbuch zu berücksichtigen.

(3) Vor Erlass einer Rechtsverordnung gibt das Bundesministerium für Arbeit und Soziales den in den Geltungsbereich der Rechtsverordnung fallenden Arbeitgebern und Arbeitnehmern und Arbeitnehmerinnen sowie den Parteien von Tarifverträgen, die zumindest teilweise in den fachlichen Geltungsbereich der Rechtsverordnung fallen, und paritätisch besetzten Kommissionen, die auf der Grundlage kirchlichen Rechts Arbeitsbedingungen für den Bereich kirchlicher Arbeitgeber in der Pflegebranche festlegen, Gelegenheit zur schriftlichen Stellungnahme innerhalb von drei Wochen ab dem Tag der Bekanntmachung des Entwurfs der Rechtsverordnung.

§ 12 Berufung der Kommission (1) Das Bundesministerium für Arbeit und Soziales beruft eine ständige Kommission, die über Empfehlungen zur Festlegung von Arbeitsbedingungen nach § 12a Absatz 2 beschließt.

(2) Die Kommission wird für die Dauer von fünf Jahren berufen. Das Bundesministerium für Arbeit und Soziales kann die Dauer der Berufung verlängern, wenn die Kommission bereits Beratungen über neue Empfehlungen begonnen, jedoch noch keinen Beschluss über diese Empfehlungen gefasst hat. Die neue Berufung erfolgt in diesem Fall unverzüglich nach der Beschlussfassung, spätestens jedoch drei Monate nach Ablauf der fünfjährigen Dauer der Berufung.

(3) Die Kommission besteht aus acht Mitgliedern. Die Mitglieder nehmen ihre Tätigkeit in der Kommission ehrenamtlich wahr. Sie sind an Weisungen nicht gebunden.

(4) Das Bundesministerium für Arbeit und Soziales benennt acht geeignete Personen als ordentliche Mitglieder sowie acht geeignete Personen als deren Stellvertreter unter Berücksichtigung von Vorschlägen vorschlagsberechtigter Stellen. Vorschlagsberechtigte Stellen sind

1. Tarifvertragsparteien in der Pflegebranche, wobei
   a) in der Pflegebranche tarifzuständige Gewerkschaften oder Zusammenschlüsse von Gewerkschaften sowie
   b) in der Pflegebranche tarifzuständige Vereinigungen von Arbeitgebern oder Zusammenschlüsse von Vereinigungen von Arbeitgebern

   jeweils für zwei ordentliche Mitglieder und zwei Stellvertreter vorschlagsberechtigt sind, und

2. die Dienstnehmerseite und die Dienstgeberseite paritätisch besetzter Kommissionen, die auf der Grundlage kirchlichen Rechts Arbeitsbedingungen für den Bereich kirchlicher Arbeitgeber in der Pflegebranche festlegen, wobei
   a) die Dienstnehmerseite sowie
   b) die Dienstgeberseite

   jeweils für zwei ordentliche Mitglieder und zwei Stellvertreter vorschlagsberechtigt sind.

Vorschlagsberechtigte Stellen, die derselben der in Satz 2 Nummer 1 Buchstabe a bis Nummer 2 Buchstabe b genannten Gruppen angehören, können gemeinsame Vorschläge abgeben.

(5) Das Bundesministerium für Arbeit und Soziales fordert innerhalb einer von ihm zu bestimmenden angemessenen Frist zur Abgabe von Vorschlägen auf. Nach Fristablauf zugehende Vorschläge sind nicht zu berücksichtigen. Das Bundesministerium für Arbeit und Soziales prüft die Vorschläge und kann verlangen, dass für die Prüfung relevante Umstände innerhalb einer von ihm zu bestimmenden angemessenen Frist mitgeteilt und glaubhaft gemacht werden. Nach Fristablauf mitgeteilte oder glaubhaft gemachte Umstände sind nicht zu berücksichtigen.

(6) Überschreitet die Zahl der Vorschläge die Zahl der auf die jeweilige in Absatz 4 Satz 2 genannte Gruppe entfallenden Sitze in der Kommission, entscheidet das Bundesministerium für Arbeit und Soziales, welchen Vorschlägen zu folgen ist. Bei dieser Entscheidung sind zu berücksichtigen:

1. im Falle mehrerer Vorschläge von in der Pflegebranche tarifzuständigen Gewerkschaften oder Zusammenschlüssen von Gewerkschaften: deren Repräsentativität,
2. im Falle meherere Vorschläge von in der Pflegebranche tarifzuständigen Vereinigungen von Arbeitgebern odder Zusammenschlüssen von Vereinigungen von Arbeitgebern: die Abbildung der Vielfalt von freigemeinnützigen, öffentlichen und privaten Trägern sowie gleichermaßen die Repräsentativität der jeweiligen Vereinigung bzw. des jeweiligen Zusammenschlusses.

Die Repräsentativität einer Gewerkschaft oder eines Zusammenschlusses von Gewerkschaften beurteilt sich nach der Zahl der als Arbeitnehmer in der Pflegebranche beschäftigten Mitglieder der jeweiligen Gewerkschaft oder des jeweiligen Zusammenschlusses und der diesem Zusammenschluss angehörenden Gewerkschaften. Die Repräsentativität einer Vereinigung von Arbeitgebern beurteilt sich nach der Zahl der iin der Pflegebranche beschäftigten Arbeitnehmer, der Arbeitgeber Mitglieder der jeweiligen Vereinigung von Arbeitgebern sind und nach der Art ihrer Mitgliedschaft tarifgebunden sein können. Die Repräsentativität eines Zusammenschlusses von Vereinigungen von Arbeitgebern beurteilt sich nach der Zahl der in der Pflegebranche beschäftigten Arbeitnehmer, deren Arbeitgeber

1. Mitglieder des Zusammenschlusses sind und nach der Art ihrer Mitgliedschaft tarifgebunden sein können und
2. Mitglieder der diesem Zusammenschluss angehörenden Vereinigungen von Arbeitgebern sind und nach der Art ihrer Mitgliedschaft sowie der Mitgliedschaft der jeweiligen Vereinigung von Arbeitgebern tarifgebunden sein können.

Bei gemeinsamen Vorschlägen im Sinne des Absatzes 4 Satz 3 sind die auf die vorschlagsberechtigten Stellen entfallenden maßgeblichen Arbeitnehmerzahlen zu addieren.

(7) Scheidet ein ordentliches Mitglied oder ein Stellvertreter aus, benennt das Bundesministerium für Arbeit und Soziales eine andere geeignete Person. War das Bundesministerium für Arbeit und Soziales mit der Benennung des ausgeschiedenen ordentlichen Mitglieds oder des Stellvertreters dem Vorschlag einer vorschlagsberechtigten Stelle oder, im Falle eines gemeinsamen Vorschlage nach Absatz 4 Satz 3, vorschlagsberechtigter Stellen gefolgt, so erfolgt auch die neue Benennung unter Berücksichtigung deren Vorschlags. Schlägt die Stelle oder schlagen die Stellen innerhalb einer von dem Bundesministerium für Arbeit und Soziales zu bestimmenden angemessenen Frist keine geeignete Person vor, so entscheidet das Bundesministerium für Arbeit und Soziales über die Benennung. Absatz 5 Satz 3 und 4 gilt entsprechend.

(8) Klagen gegen die Benennung von Mitgliedern durch das Bundesministerium für Arbeit und Soziales haben keine aufschiebende Wirkung.

§ 12a Empfehlung von Arbeitsbedingungen (1) Auf Antrag einer vorschlagsberechtigten Stelle im Sinne des § 12 Absatz 4 Satz 2 nimmt die Kommission Beratungen auf. Hat das Bundesministerium für Arbeit und Soziales bekannt gegeben, dass Verhandlungen über einen Tarifvertrag im Sinne des § 7a Absatz 1a Satz 1 aufgenommen worden sind, so können drei Viertel der Mitglieder der Gruppen nach § 12 Absatz 4 Satz 2 Nummer 2 Buchstabe a und b gemeinsam verlangen, dass Beratungen über neue Empfehlungen frühestens vier Monate nach Ablauf der Frist für die Benennung von Kommissionen nach § 7a Absatz 1a Satz 2 aufgenommen oder fortgesetzt werden.

(2) Die Kommission beschließt Empfehlungen zur Festlegung von Arbeitsbedingungen nach § 5 Satz 1 Nummer 1 oder 2. Dabei berücksichtigt die Kommission die in den §§ 1 und 11 Absatz 2 genannten Ziele. Empfohlene Mindestentgeltsätze sollen nach der Art der Tätigkeit oder der Qualifikation der Arbeitnehmer differenzieren. Empfehlungen sollen sich auf eine Dauer von mindestens 24 Monaten beziehen. Die Kommission kann eine Ausschlussfrist empfehlen, die den Anforderungen des § 9 Satz 3 entspricht. Empfehlungen sind schriftlich zu begründen.

(3) Ein Beschluss der Kommission kommt zustande, wenn mindestens drei Viertel der Mitglieder

1. der Gruppen nach § 12 Absatz 4 Satz 2 Nummer 1 Buchstabe a und b,
2. der Gruppen nach § 12 Absatz 4 Satz 2 Nummer 2 Buchstabe a und b,
3. der Gruppen nach § 12 Absatz 4 Satz 2 Nummer 1 Buchstabe a und Nummer 2 Buchstabe a sowie
4. der Gruppen nach § 12 Absatz 4 Satz 2 Nummer 1 Buchstabe b und Nummer 2 Buchstabe b

anwesend sind und zustimmen. Ordentliche Mitglieder können durch ihre jeweiligen Stellevertreter vertreten werden.

(4) Die Sitzungen der Kommission werden von einem oder einer nicht stimmberechtigten Beauftragten des Bundesministeriums für Arbeit und Soziales geleitet. Sie sind nicht öffentlich. Der Inhalt ihrer Beratungen ist vertraulich. Die Kommis-

sion zieht regelmäßig nicht stimmberechtigte Vertreter des Bundesministeriums für Arbeit und Soziales und des Bundesministeriums für Gesundheit zu den Sitzungen hinzu. Näheres ist in der Geschäftsordnung der Kommission zu regeln.

(5) Die Teilnahme an Sitzungen der Kommission sowie die Beschlussfassung können in begründeten Ausnahmefällen mittels einer Video- oder Telefonkonferenz erfolgen, wenn

1. kein Mitglied der Kommission diesem Verfahren unverzüglich widerspricht,
2. der oder die Beauftragte des Bundesministeriums für Arbeit und Soziales diesem Verfahren nicht unverzüglich widerspricht und
3. sichergestellt ist, dass Dritte vom Inhalt der Sitzung keine Kenntnis nehmen können.

§ 13 Rechtsfolgen Die Regelungen einer Rechtsverordnung nach § 7a gehen den Regelungen einer Rechtsverordnung nach § 11 vor, soweit sich die Geltungsbereiche der Verordnungen überschneiden. Unbeschadet des Satzes 1 steht eine Rechtsverordnung nach § 11 für die Anwendung der §§ 8 und 9 sowie der Abschnitte 5 und 6 einer Rechtsverordnung nach § 7 gleich.

Abschnitt 4a – Arbeitsbedingungen im Gewerbe des grenzüberschreitenden Straßentransports von Euro-Bargeld

§ 13a Gleichstellung Die Verordnung (EU) Nr. 1214/2011 des Europäischen Parlaments und des Rates vom 16. November 2011 über den gewerbsmäßig grenzüberschreitenden Straßentransport von Euro-Bargeld zwischen den Mitgliedstaaten des Euroraums (ABl. L 316 vom 29.11.2011, S. 1) steht für die Anwendung der §§ 8 und 9 sowie der Abschnitte 5 und 6 einer Rechtsverordnung nach § 7 gleich.

Abschnitt 4b – Zusätzliche Arbeitsbedingungen für länger als zwölf Monate im Inland Beschäftigte von Arbeitgebern mit Sitz im Ausland

31a

§ 13b Zusätzliche Arbeitsbedingungen (1) Wird ein Arbeitnehmer oder eine Arbeitnehmerin von einem im Ausland ansässigen Arbeitgeber mehr als zwölf Monate im Inland beschäftigt, so finden auf dieses Arbeitsverhältnis nach zwölf Monaten Beschäftigungsdauer im Inland zusätzlich zu den Arbeitsbedingungen nach den Abschnitten 2 bis 4a alle Arbeitsbedingungen Anwendung, die am Beschäftigungsort in Rechts- und Verwaltungsvorschriften und in allgemeinverbindlichen Tarifverträgen vorgeschrieben sind, nicht jedoch

1. die Verfahrens- und Formvorschriften und Bedingungen für den Abschluss oder die Beendigung des Arbeitsverhältnisses, einschließlich nachvertraglicher Wettbewerbsverbote, und
2. die betriebliche Altersversorgung.

§ 2 Absatz 2 gilt entsprechend.

(2) Gibt der Arbeitgeber vor Ablauf einer Beschäftigungsdauer im Inland von zwölf Monaten eine Mitteilung ab, verlängert sich der Zeitraum, nach dessen Ablauf die in Absatz 1 genannten zusätzlichen Arbeitsbedingungen für die betroffenen Arbeitnehmer oder Arbeitnehmerinnen gelten, auf 18 Monate. Die Mitteilung

muss in Textform nach § 126b des Bürgerlichen Gesetzbuchs gegenüber der zuständigen Behörde der Zollverwaltung in deutscher Sprache erfolgen und folgende Angaben enthalten:
1. Familienname, Vornamen und Geburtsdatum der Arbeitnehmer und Arbeitnehmerinnen,
2. Ort der Beschäftigung im Inland, bei Bauleistungen die Baustelle,
3. die Gründe für die Überschreitung der zwölfmonatigen Beschäftigungsdauer im Inland und
4. die zum Zeitpunkt der Mitteilung anzunehmende voraussichtliche Beschäftigungsdauer im Inland.

Die zuständige Behörde der Zollverwaltung bestätigt den Eingang der Mitteilung.

(3) Das Bundesministerium der Finanzen kann durch Rechtsverordnung im Einvernehmen mit dem Bundesministerium für Arbeit und Soziales ohne Zustimmung des Bundesrates bestimmen,
1. dass, auf welche Weise und unter welchen technischen und organisatorischen Voraussetzungen eine Mitteilung abweichend von Absatz 2 Satz 2 ausschließlich elektronisch übermittelt werden kann und
2. auf welche Weise der Eingang der Mitteilung durch die zuständige Behörde nach Absatz 2 Satz 3 bestätigt wird.

(4) Das Bundesministerium der Finanzen kann durch Rechtsverordnung ohne Zustimmung des Bundesrates die zuständige Behörde nach Absatz 2 bestimmen.

§ 13c Berechnung der Beschäftigungsdauer im Inland (1) Wird der Arbeitnehmer oder die Arbeitnehmerin im Rahmen von Dienst- oder Werkverträgen im Inland beschäftigt, werden zur Berechnung der Beschäftigungsdauer im Inland alle Zeiten berücksichtigt, in denen er oder sie im Rahmen dieser Verträge im Inland beschäftigt wird.

(2) Wird der Arbeitnehmer oder die Arbeitnehmerin in einem Betrieb des Arbeitgebers im Inland oder in einem Unternehmen, das nach § 15 des Aktiengesetzes mit dem Arbeitgeber verbunden ist, im Inland beschäftigt, werden zur Berechnung der Beschäftigungsdauer im Inland alle Zeiten berücksichtigt, in denen er oder sie in dem Betrieb im Inland oder in dem Unternehmen im Inland beschäftigt wird.

(3) Überlässt der im Ausland ansässige Arbeitgeber als Verleiher einen Leiharbeitnehmer oder eine Leiharbeitnehmerin einem Entleiher im Inland, werden zur Berechnung der Beschäftigungsdauer im Inland alle Zeiten berücksichtigt, in denen er oder sie im Rahmen des Überlassungsvertrags im Inland beschäftigt wird. Beschäftigt ein Entleiher mit Sitz im Ausland einen Leiharbeitnehmer oder eine Leiharbeitnehmerin im Inland, gelten die Absätze 1 und 2 entsprechend.

(4) Eine Unterbrechung der Tätigkeiten des Arbeitnehmers oder der Arbeitnehmerin oder des Leiharbeitnehmers oder der Leiharbeitnehmerin im Inland gilt bei der Berechnung der Beschäftigungsdauer im Inland nicht als Beendigung der Beschäftigung im Inland. Zeiten, in denen die Hauptpflichten der Arbeitsvertragsparteien ruhen oder in denen eine Beschäftigung im Ausland stattfindet, werden bei der Berechnung der Beschäftigungsdauer nicht berücksichtigt.

(5) Wird der Arbeitnehmer oder die Arbeitnehmerin im unmittelbaren Anschluss an eine Beschäftigung nach Absatz 1, Absatz 2 oder Absatz 3 weiter gemäß Absatz 1, Absatz 2 oder Absatz 3 im Inland beschäftigt, werden zur Berechnung der Beschäftigungsdauer im Inland die Zeiten der beiden Beschäftigungen zusammengerechnet.

(6) Wird der Arbeitnehmer oder die Arbeitnehmerin im Inland beschäftigt und handelt es sich nicht um eine Beschäftigung nach Absatz 1, Absatz 2 oder Absatz 3, so werden zur Berechnung der Beschäftigungsdauer im Inland alle Zeiten berücksichtigt, in denen er oder sie ununterbrochen im Inland beschäftigt wird.

(7) Ersetzt der Arbeitgeber oder der in Absatz 3 Satz 2 genannte Entleiher mit Sitz im Ausland den im Inland beschäftigten Arbeitnehmer oder die im Inland beschäftigte Arbeitnehmerin durch einen anderen Arbeitnehmer oder eine andere Arbeitnehmerin, der oder die die gleiche Tätigkeit am gleichen Ort ausführt, wird die Beschäftigungsdauer des ersetzten Arbeitnehmers oder der ersetzten Arbeitnehmerin zu der Beschäftigungsdauer des ersetzenden Arbeitnehmers oder der ersetzenden Arbeitnehmerin hinzugerechnet. Die gleiche Tätigkeit im Sinne von Satz 1 liegt vor, wenn der Arbeitnehmer oder die Arbeitnehmerin im Wesentlichen dieselben Aufgaben wie der Arbeitnehmer oder die Arbeitnehmerin wahrnimmt, den oder die er oder sie ersetzt, und wenn diese Aufgaben

1. im Rahmen derselben Dienst- oder Werkverträge ausgeführt werden,
2. bei Tätigkeit in einem Betrieb oder verbundenen Unternehmen des Arbeitgebers in demselben Betrieb oder demselben Unternehmen im Inland ausgeführt werden oder
3. als Leiharbeitnehmer oder Leiharbeitnehmerin bei demselben Entleiher mit Sitz im Inland ausgeführt werden.

Der Arbeitnehmer oder die Arbeitnehmerin übt die Tätigkeit am gleichen Ort im Sinne von Satz 1 aus, wenn er oder sie

1. an derselben Anschrift oder in unmittelbarer Nähe derselben Anschrift wie der Arbeitnehmer oder die Arbeitnehmerin tätig ist, den oder die er oder sie ersetzt, oder
2. im Rahmen derselben Dienst- oder Werkverträge wie der Arbeitnehmer oder die Arbeitnehmerin, den oder die er oder sie ersetzt, an anderen für diese Dienst- oder Werkverträge vorgegebenen Anschriften tätig ist.

(8) Wird ein Arbeitnehmer oder eine Arbeitnehmerin von einem Arbeitgeber mit Sitz in einem anderen Mitgliedstaat der Europäischen Union oder des Europäischen Wirtschaftsraums als Fahrer oder Fahrerin oder Beifahrer oder Beifahrerin (Kraftfahrer oder Kraftfahrerin) nach § 36 Absatz 1 im Inland beschäftigt, werden zur Berechnung der Beschäftigungsdauer im Inland die Zeiten dieser Beschäftigung

1. abweichend von Absatz 5 nicht mit den Zeiten einer unmittelbar anschließenden Beschäftigung im Inland zusammengerechnet,
2. abweichend von Absatz 7 nicht mit den Beschäftigungszeiten des ersetzten Kraftfahrers oder der ersetzten Kraftfahrerin zusammengerechnet.

Abschnitt 5 – Zivilrechtliche Durchsetzung

§ 14 Haftung des Auftraggebers Ein Unternehmer, der einen anderen Unternehmer mit der Erbringung von Werk- oder Dienstleistungen beauftragt, haftet für die Verpflichtungen dieses Unternehmers, eines Nachunternehmers oder eines von dem Unternehmer oder einem Nachunternehmer beauftragten Verleihers zur Zahlung des Mindestentgelts an Arbeitnehmer oder Arbeitnehmerinnen oder zur Zahlung von Beiträgen an eine gemeinsame Einrichtung der Tarifvertragsparteien nach § 8 wie ein Bürge, der auf die Einrede der Vorausklage verzichtet hat. Das Mindestentgelt im Sinne des Satzes 1 umfasst nur den Betrag, der nach Abzug der Steuern und der Beiträge zur Sozialversicherung und zur Arbeitsförderung oder entsprechender Aufwendungen zur sozialen Sicherung an Arbeitnehmer oder Arbeitnehmerinnen auszuzahlen ist (Nettoentgelt).

§ 15 Gerichtsstand Arbeitnehmer und Arbeitnehmerinnen, die von Arbeitgebern mit Sitz im Ausland im Geltungsbereich dieses Gesetzes beschäftigt sind oder waren, können eine auf den Zeitraum der Beschäftigung im Geltungsbereich dieses Gesetzes bezogene Klage auf Erfüllung der Verpflichtungen nach den §§ 2, 8, 13b oder 14 auch vor einem deutschen Gericht für Arbeitssachen erheben. Diese Klagemöglichkeit besteht auch für eine gemeinsame Einrichtung der Tarifvertragsparteien nach § 5 Satz 1 Nummer 3 in Bezug auf die ihr zustehenden Beiträge.

§ 15a Unterrichtungspflichten des Entleihers bei grenzüberschreitender Arbeitnehmerüberlassung (1) Bevor ein Entleiher mit Sitz im Ausland einen Leiharbeitnehmer oder eine Leiharbeitnehmerin im Inland beschäftigt, unterrichtet er den Verleiher hierüber in Textform nach § 126b des Bürgerlichen Gesetzbuchs.
(2) Bevor ein Entleiher mit Sitz im In- oder Ausland einen Leiharbeitnehmer oder eine Leiharbeitnehmerin eines im Ausland ansässigen Verleihers im Inland beschäftigt, unterrichtet der Entleiher den Verleiher in Textform nach § 126b des Bürgerlichen Gesetzbuchs über die wesentlichen Arbeitsbedingungen, die im Betrieb des Entleihers für einen vergleichbaren Arbeitnehmer oder eine vergleichbare Arbeitnehmerin des Entleihers gelten, einschließlich der Entlohnung. Die Unterrichtungspflicht gilt nicht, wenn die Voraussetzungen für ein Abweichen vom Gleichstellungsgrundsatz nach § 8 Absatz 2 und 4 Satz 2 des Arbeitnehmerüberlassungsgesetzes vorliegen. § 13 des Arbeitnehmerüberlassungsgesetzes bleibt unberührt.

Abschnitt 6 – Kontrolle und Durchsetzung durch staatliche Behörden

§ 16 Zuständigkeit Für die Prüfung der Einhaltung der Pflichten eines Arbeitgebers nach § 8, soweit sie sich auf die Gewährung von Arbeitsbedingungen nach § 5 Satz 1 Nummer 1 bis 4 beziehen, sind die Behörden der Zollverwaltung zuständig.

§ 17 Befugnisse der Behörden der Zollverwaltung und anderer Behörden Die §§ 2, 3 bis 7, 13, 14, 15 bis 20, 22 und 23 des Schwarzarbeitsbekämpfungsgesetzes sind entsprechend anzuwenden mit der Maßgabe, dass

1. die dort genannten Behörden auch Einsicht in Arbeitsverträge, Niederschriften nach § 2 des Nachweisgesetzes und andere Geschäftsunterlagen nehmen können, die mittelbar oder unmittelbar Auskunft über die Einhaltung der Arbeitsbedingungen nach § 8 geben,
2. die nach § 5 Abs. 1 des Schwarzarbeitsbekämpfungsgesetzes zur Mitwirkung Verpflichteten diese Unterlagen vorzulegen haben, und
3. die Behörden der Zollverwaltung zur Prüfung von Arbeitsbedingungen nach § 5 Satz 1 Nummer 4 befugt sind, bei einer dringenden Gefahr für die öffentliche Sicherheit und Ordnung die vom Arbeitgeber zur Verfügung gestellten Unterkünfte für Arbeitnehmer und Arbeitnehmerinnen zu jeder Tages- und Nachtzeit zu betreten.

Entsandte Arbeitnehmer und Arbeitnehmerinnen können im Rahmen der Prüfungen nach dem Schwarzarbeitsbekämpfungsgesetz auch nach dem Abschluss der Entsendung kontaktiert werden. Für die Datenverarbeitung, die dem in § 16 genannten Zweck oder der Zusammenarbeit mit den Behörden des Europäischen Wirtschaftsraums nach § 20 Abs. 2 dient, findet § 67 Absatz 3 Nummer 4 des Zehnten Buches Sozialgesetzbuch keine Anwendung. Das Grundrecht der Unverletzlichkeit der Wohnung (Artikel 13 des Grundgesetzes) wird durch Satz 1 Nummer 3 eingeschränkt.

§ 18 Meldepflicht (1) Soweit Arbeitsbedingungen auf das Arbeitsverhältnis Anwendung finden, deren Einhaltung nach § 16 von den Behörden der Zollverwaltung kontrolliert wird, ist ein Arbeitgeber mit Sitz im Ausland, der einen Arbeitnehmer oder eine Arbeitnehmerin oder mehrere Arbeitnehmer oder Arbeitnehmerinnen innerhalb des Geltungsbereichs dieses Gesetzes beschäftigt, verpflichtet, vor Beginn jeder Werk- oder Dienstleistung eine schriftliche Anmeldung in deutscher Sprache bei der zuständigen Behörde der Zollverwaltung vorzulegen, die die für die Prüfung wesentlichen Angaben enthält. Wesentlich sind die Angaben über

1. Familienname, Vornamen und Geburtsdatum der von ihm im Geltungsbereich dieses Gesetzes beschäftigten Arbeitnehmer und Arbeitnehmerinnen,
2. Beginn und voraussichtliche Dauer der Beschäftigung,
3. Ort der Beschäftigung, bei Bauleistungen die Baustelle,
4. Ort im Inland, an dem die nach § 19 erforderlichen Unterlagen bereitgehalten werden,
5. Familienname, Vornamen, Geburtsdatum und Anschrift in Deutschland des oder der verantwortlich Handelnden,
6. Branche, in die die Arbeitnehmer und Arbeitnehmerinnen entsandt werden sollen, und
7. Familienname, Vornamen und Anschrift in Deutschland eines oder einer Zustellungsbevollmächtigten, soweit dieser oder diese nicht mit dem oder der in Nummer 5 genannten verantwortlich Handelnden identisch ist.

Änderungen bezüglich dieser Angaben hat der Arbeitgeber im Sinne des Satzes 1 unverzüglich zu melden.

31a

(2) Abweichend von Absatz 1 ist ein Arbeitgeber mit Sitz in einem anderen Mitgliedstaat der Europäischen Union oder des Europäischen Wirtschaftsraums verpflichtet, der zuständigen Behörde der Zollverwaltung vor Beginn der Beschäftigung eines Kraftfahrers oder einer Kraftfahrerin für die Durchführung von Güter- oder Personenbeförderungen im Inland nach § 36 Absatz 1 eine Anmeldung mit folgenden Angaben elektronsich zuzuleiten:

1. Identität des Unternehmens, sofern diese verfügbar ist in Form der Nummer der Gemeinschaftslizenz,
2. Familienname und Vorname sowie Anschrift im Niederlassungsstaat eines oder einer Zustellungsbevollmächtigten,
3. Familienname, Vorname, Geburtsdatum, Anschrift und Führerscheinnummer des Kraftfahrers oder der Kraftfahrerin,
4. Beginn des Arbeitsvertrags des Kraftfahrers oder der Kraftfahrerin und das auf diesen Vertrag anwendbare Recht,
5. voraussichtlicher Beginn und voraussichtliches Ende der Beschäftigung des Kraftfahrers oder der Kraftfahrerin im Inland,
6. amtliche Kennzeichen der für die Beschäftigung im Inland einzusetzenden Kraftfahrzeuge,
7. ob es sich bei den von dem Kraftfahrer oder der Kraftfahrerin zu erbringenden Verkehrsdienstleistungen um Güterbeförderung oder Personenbeförderung und grenzüberschreitende Beförderung oder Kabotage handelt;

die Anmeldung ist mittels der elektronischen Schnittstelle des Binnenmarkt-Informationssystems nach Artikel 1 in Verbindung mit Artikel 5 Buchstabe a der Verordnung (EU) Nr. 1024/2012 des Europäischen Parlaments und des Rates vom 25. Oktober 2012 über die Verwaltungszusammenarbeit mit Hilfe des Binnenmarkt-Informationssystems und zur Aufhebung der Entscheidung 2008/49/EG der Kommission (»IMI-Verordnung«) (ABl. L 316 vom 14. 11. 2012, S. 1), die zuletzt durch die Verordnung (EU) 2020/1055 (ABl. L 249 vom 31. 7. 2020, S. 17) geändert worden ist. Absatz 1 Satz 3 gilt entsprechend.

(3) Überlässt ein Verleiher mit Sitz im Ausland einen Arbeitnehmer oder eine Arbeitnehmerin oder mehrere Arbeitnehmer oder Arbeitnehmerinnen zur Arbeitsleistung einem Entleiher, hat der Verleiher unter den Voraussetzungen des Absatzes 1 Satz 1 vor Beginn jeder Werk- oder Dienstleistung der zuständigen Behörde der Zollverwaltung eine schriftliche Anmeldung in deutscher Sprache mit folgenden Angaben zuzuleiten:

1. Familienname, Vornamen und Geburtsdatum der überlassenen Arbeitnehmer und Arbeitnehmerinnen,
2. Beginn und Dauer der Überlassung,
3. Ort der Beschäftigung, bei Bauleistungen die Baustelle,
4. Ort im Inland, an dem die nach § 19 erforderlichen Unterlagen bereitgehalten werden,
5. Familienname, Vornamen und Anschrift in Deutschland eines oder einer Zustellungsbevollmächtigten des Verleihers,
6. Branche, in die die Arbeitnehmer und Arbeitnehmerinnen entsandt werden sollen, und
7. Familienname, Vornamen oder Firma sowie Anschrift des Entleihers.

Absatz 1 Satz 3 gilt entsprechend.

(4) Das Bundesministerium der Finanzen kann durch Rechtsverordnung[1] im Einvernehmen mit dem Bundesministerium für Arbeit und Soziales ohne Zustimmung des Bundesrates bestimmen,

1. dass, auf welche Weise und unter welchen technischen und organisatorischen Voraussetzungen eine Anmeldung, Änderungsmeldung und Versicherung abweichend von Absatz 1 Satz 1 und 3, Absatz 2 und 3 Satz 1 und 2 und Absatz 4 elektronisch übermittelt werden kann,
2. unter welchen Voraussetzungen eine Änderungsmeldung ausnahmsweise entfallen kann, und
3. wie das Meldeverfahren vereinfacht oder abgewandelt werden kann, sofern die entsandten Arbeitnehmer und Arbeitnehmerinnen im Rahmen einer regelmäßig wiederkehrenden Werk- oder Dienstleistung eingesetzt werden oder sonstige Besonderheiten der zu erbringenden Werk- oder Dienstleistungen dies erfordern.

(5) Das Bundesministerium der Finanzen kann durch Rechtsverordnung[2] ohne Zustimmung des Bundesrates die zuständige Behörde nach Absatz 1 Satz 1 und Absatz 3 Satz 1 bestimmen.

§ 19 Erstellen und Bereithalten von Dokumenten[3] (1) Soweit Arbeitsbedingungen auf das Arbeitsverhältnis anzuwenden sind, deren Einhaltung nach § 16 von den Behörden der Zollverwaltung kontrolliert wird, ist der Arbeitgeber verpflichtet, Beginn, Ende und Dauer der täglichen Arbeitszeit der Arbeitnehmer und Arbeitnehmerinnen und, soweit stundenbezogene Zuschläge zu gewähren sind, unter Angabe des jeweiligen Zuschlags Beginn, Ende und Dauer der Arbeitszeit, die einen Anspruch auf den Zuschlag begründet, spätestens bis zum Ablauf des siebten auf den Tag der Arbeitsleistung folgenden Kalendertages aufzuzeichnen und diese Aufzeichnungen mindestens zwei Jahre beginnend ab dem für die Aufzeichnung maßgeblichen Zeitpunkt aufzubewahren. Satz 1 gilt entsprechend für einen Entleiher, dem ein Verleiher einen Arbeitnehmer oder eine Arbeitnehmerin oder mehrere Arbeitnehmer oder Arbeitnehmerinnen zur Arbeitsleistung überlässt.

(2) Jeder Arbeitgeber ist verpflichtet, die für die Kontrolle von Arbeitsbedingungen, deren Einhaltung nach § 16 von den Behörden der Zollverwaltung kontrolliert wird, erforderlichen Unterlagen im Inland für die gesamte Dauer der tatsächlichen Beschäftigung der Arbeitnehmer und Arbeitnehmerinnen im Geltungsbereich dieses Gesetzes, mindestens für die Dauer der gesamten Werk- oder Dienstleistung, insgesamt jedoch nicht länger als zwei Jahre in deutscher Sprache bereitzuhalten.

1 **Vgl. Mindestlohnmeldeverordnung** – MiLoMeldV (abgedruckt in Fn. zu § 16 Abs. 4 MiLoG; Nr. 31 b).

2 Vgl. **VO zur Bestimmung der zuständigen Behörde bei Mitteilungen und Anmeldungen nach dem Arbeitnehmer-Entsendegesetz** (AEntGMeldstellV) vom 27.8.2020 (BGBl. I 1976), zuletzt geändert durch Gesetz vom 28.6.2023 (BGBl. 2023 I Nr. 172).

3 S. auch § 6 GSA Fleisch (Nr. 4 a).

Auf Verlangen der Prüfbehörde sind die Unterlagen auch am Ort der Beschäftigung bereitzuhalten, bei Bauleistungen auf der Baustelle.

(2a) Abweichend von Absatz 2 hat der Arbeitgeber mit Sitz in einem anderen Mitgliedstaat der Europäischen Union oder des Europäischen Wirtschaftsraums sicherzustellen, dass dem Kraftfahrer oder der Kraftfahrerin, der oder die von ihm für die Durchführung von Güter- oder Personenbeförderungen im Inland nach § 36 Absatz 1 beschäftigt wird, die folgenden Unterlagen als Schriftstück oder in einem elektronischen Format zur Verfügung stehen:

1. eine Kopie der nach § 18 Absatz 2 zugeleiteten Anmeldung,
2. die Nachweise über die Beförderungen, insbesondere elektronische Frachtbriefe oder die in Artikel 8 Absatz 3 der Verordnung (EG) Nr. 1072/2009 des Europäischen Parlaments und des Rates vom 21. Oktober 2009 über gemeinsame Regeln für den Zugang zum Markt des grenzüberschreitenden Güterkraftverkehrs (ABl. L 300 vom 14. 11. 2009, S. 72), die zuletzt durch die Verordnung (EU) 2020/1055 (ABI. L 249 vom 31. 7. 2020, S. 17) geändert worden ist, genannten Belege und
3. alle Aufzeichnungen des Fahrtenschreibers, insbesondere die in Artikel 34 Absatz 6 Buchstabe f und Absatz 7 der Verordnung (EU) Nr. 165/2014 des Europäischen Parlaments und des Rates vom 4. Februar 2014 über Fahrtenschreiber im Straßenverkehr, zur Aufhebung der Verordnung (EWG) Nr. 3821/85 des Rates über das Kontrollgerät im Straßenverkehr und zur Änderung der Verordnung (EG) Nr. 561/2006 des Europäischen Parlaments und des Rates zur Harmonisierung bestimmter Sozialvorschriften im Straßenverkehr (ABl. L 60 vom 28. 2. 2014, S. 1; L 93 vom 9. 4. 2015, S. 103; L 246 vom 23. 9. 2015, S. 11), die zuletzt durch die Verordnung (EU) 2020/1054 (ABI. L 249 vom 31. 7. 2020, S. 1) geändert worden ist, genannten Ländersymbole der Mitgliedstaaten, in denen sich der Kraftfahrer oder die Kraftfahrerin bei grenzüberschreitenden Beförderungen und Kabotagebeförderungen aufgehalten hat, oder die Aufzeichnungen nach § 1 Absatz 6 Satz 1 und 2 der Fahrpersonalverordnung vom 27. Juni 2005 (BGBl. I S. 1882), die zuletzt durch Artikel 1 der Verordnung vom 8. August 2017 (BGBl. I S. 3158) geändert worden ist.

Der Kraftfahrer oder die Kraftfahrerin hat im Falle einer Beschäftigung im Inland nach § 36 Absatz 1 die ihm oder ihr nach Satz 1 zur Verfügung gestellten Unterlagen mit sich zu führen und den Behörden der Zollverwaltung auf Verlangen als Schriftstück oder in einem elektronischen Format vorzulegen; liegt keine Beschäftigung im Inland nach § 36 Absatz 1 vor, gilt die Pflicht nach dem ersten Halbsatz nur im Rahmen einer auf der Straße vorgenommenen Kontrolle für die Unterlagen nach Satz 1 Nummer 2 und 3.

(2b) Nach Beendigung eines Beschäftigungszeitraums des Kraftfahrers oder der Kraftfahrerin im Inland nach § 36 Absatz 1 hat der Arbeitgeber mit Sitz in einem anderen Mitgliedstaat der Europäischen Union oder des Europäischen Wirtschaftsraums den Behörden der Zollverwaltung auf Verlangen über die mit dem Binnenmarkt-Informationssystem verbundene elektronische Schnittstelle folgende Unterlagen innerhalb von acht Wochen ab dem Tag des Verlangens zu übermitteln:

1. Kopien der Unterlagen nach Abatz 2a Satz 1 Nummer 2 und 3,

2. Unterlagen über die Entlohnung des Kraftfahrers oder der Kraftfahrerin einschließlich der Zahlungsbelege,
3. den Arbeitsvertrag oder gleichwertige Unterlagen im Sinne des Artikels 3 Absatz 1 der Richtlinie 91/533/EWG des Rates vom 14. Oktober 1991 über die Pflicht des Arbeitgebers zur Unterrichtung des Arbeitnehmers über die für seinen Arbeitsvertrag oder sein Arbeitsverhältnis geltenden Bedingungen (ABl. L 288 vom 18. 10. 1991, S. 32) und
4. Unterlagen über die Zeiterfassung, die sich auf die Arbeit des Kraftfahrers oder der Kraftfahrerin beziehen, insbesondere die Aufzeichnungen des Fahrtenschreibers.

Die Behörden der Zollverwaltung dürfen die Unterlagen nach Satz 1 nur für den Zeitraum der Beschäftigung nach § 36 Absatz 1 verlangen, der zum Zeitpunkt des Verlangens beendet ist.

Soweit eine Anmeldung nach § 18 Absatz 2 nicht zugeleitet wurde, obwohl eine Beschäftigung im Inland nach § 36 Absatz 1 vorliegt, hat der Arbeitgeber mit Sitz in einem anderen Mitgliedstaat der Europäischen Union oder des Europäischen Wirtschaftsraums den Behörden der Zollverwaltung auf Verlangen die Unterlagen nach Satz 1 außerhalb der mit dem Binnenmarkt-Informationssystem verbundenen elektronischen Schnittstelle als Schriftstück oder in einem elektronischen Format zu übermitteln.

(3) Das Bundesministerium für Arbeit und Soziales kann durch Rechtsverordnung ohne Zustimmung des Bundesrates die Verpflichtungen des Arbeitgebers, des Verleihers oder eines Entleihers nach § 18 und den Absätzen 1 und 2 hinsichtlich einzelner Branchen oder Gruppen von Arbeitnehmern und Arbeitnehmerinnen einschränken.[1]

(4) Das Bundesministerium der Finanzen kann durch Rechtsverordnung im Einvernehmen mit dem Bundesministerium für Arbeit und Soziales ohne Zustimmung des Bundesrates bestimmen, wie die Verpflichtung des Arbeitgebers, die tägliche sowie die zuschlagsbezogene Arbeitszeit bei ihm beschäftigter Arbeitnehmer und Arbeitnehmerinnen aufzuzeichnen und diese Aufzeichnungen aufzubewahren, vereinfacht oder abgewandelt werden kann, sofern Besonderheiten der zu erbringenden Werk- oder Dienstleistungen oder Besonderheiten der Branche dies erfordern.[2]

…

§ 23 Bußgeldvorschriften (1) Ordnungswidrig handelt, wer vorsätzlich oder fahrlässig

---

1 Vgl. **Verordnung zu den Dokumentationspflichten nach den §§ 16 und 17 des Mindestlohngesetzes und den §§ 18 und 19 des Arbeitnehmer-Entsendegesetzes in Bezug auf bestimmte bestimmte Arbeitnehmergruppen** (MiLoDokV) v. 29. 7. 2015 (BAnz. AT 31. 07. 2015 V1), zuletzt geändert durch Verordnung v. 15. 12. 2023 (BGBl. 2023 I Nr. 372; abgedruckt in Fn. zu § 17 Abs. 3 MiLoG; Nr. 31 b).

2 Vgl. **Mindestlohnaufzeichnungsverordnung** – MiLoAufzV (abgedruckt in Fn. zu § 17 Abs. 4 MiLoG; Nr. 31 b).

1. entgegen § 8 Abs. 1 Satz 1 oder Abs. 3 eine Arbeitsbedingung, deren Einhaltung nach § 16 von den Behörden der Zollverwaltung geprüft wird, nicht oder nicht rechtzeitig gewährt oder einen Beitrag nicht oder nicht rechtzeitig leistet,
2. entgegen § 17 Satz 1 in Verbindung mit § 5 Abs. 1 Satz 1 Nummer 1 des Schwarzarbeitsbekämpfungsgesetzes eine Prüfung nicht duldet oder bei einer Prüfung nicht mitwirkt,
3. entgegen § 17 Satz 1 in Verbindung mit § 5 Abs. 1 Satz 1 Nummer 2 des Schwarzarbeitsbekämpfungsgesetzes das Betreten eines Grundstücks oder Geschäftsraums nicht duldet,
4. entgegen § 17 Satz 1 in Verbindung mit § 5 Absatz 5 Satz 1 Nummer 3 Buchstabe a des Schwarzarbeitsbekämpfungsgesetzes eine dort genannte Auskunft nicht, nicht richtig, nicht vollständig, nicht in der vorgeschriebenen Weise oder nicht rechtzeitig erteilt,
5. entgegen § 17 Satz 1 in Verbindung mit § 5 Absatz 1 Satz 1 Nummer 3 Buchstabe b des Schwarzarbeitsbekämpfungsgesetzes eine dort genannte Unterlage nicht, nicht richtig, nicht vollständig oder nicht rechtzeitig bereitstellt oder nicht, nicht richtig, nicht vollständig oder nicht rechtzeitig vorlegt,
6. entgegen § 17 Satz 1 in Verbindung mit § 5 Absatz 1 Satz 1 Nummer 4 des Schwarzarbeitsbekämpfungsgesetzes die Einsicht in eine dort geannnte Unterlage nicht, nicht richtig oder nicht rechtzeitig ermöglicht,
7. entgegen § 18 Absatz 1 Satz 1, Absatz 2 Satz 1 oder Absatz 3 Satz 1 eine Anmeldung nicht, nicht richtig, nicht vollständig, nicht in der vorgeschriebenen Weise oder nicht rechtzeitig vorlegt oder nicht, nicht richtig, nicht vollständig, nicht in der vorgeschriebenen Weise oder nicht rechtzeitig zuleitet,
8. entgegen § 18 Absatz 1 Satz 3, auch in Verbindung mit Absatz 2 Satz 2 oder Absatz 3 Satz 2, eine Änderungsmeldung nicht, nicht richtig, nicht vollständig, nicht in der vorgeschriebenen Weise oder nicht rechtzeitig macht,
9. entgegen § 19 Absatz 1 Satz 1, auch in Verbindung mit Satz 2, eine Aufzeichnung nicht, nicht richtig, nicht vollständig oder nicht rechtzeitig erstellt oder nicht oder nicht mindestens zwei Jahre aufbewahrt,
10. entgegen § 19 Absatz 2 eine Unterlage nicht, nicht richtig, nicht vollständig oder nicht in der vorgeschriebenen Weise bereithält,
11. entgegen § 19 Absatz 2a Satz 2 nicht sicherstellt, dass die dort genannten Unterlagen zur Verfügung stehen,
12. entgegen § 19 Absatz 2a Satz 2 eine Unterlage nicht, nicht richtig, nicht vollständig, nicht in der vorgeschriebenen Weise oder nicht rechtzeitig vorlegt oder
13. entgegen § 19 Absatz 2b Satz 1 oder 3 eine Unterlage nicht, nicht richtig, nicht vollständig, nicht in der vorgeschriebenen Weise oder nicht rechtzeitig übermittelt.

(2) Ordnungswidrig handelt, wer Werk- oder Dienstleistungen in erheblichem Umfang ausführen lässt, indem er als Unternehmer einen anderen Unternehmer beauftragt, von dem er weiß oder fahrlässig nicht weiß, dass dieser bei der Erfüllung dieses Auftrags

1. entgegen § 8 Abs. 1 Satz 1 oder Abs. 3 eine Arbeitsbedingung, deren Einhaltung nach § 16 von den Behörden der Zollverwaltung geprüft wird, nicht oder nicht rechtzeitig gewährt oder einen Beitrag nicht oder nicht rechtzeitig leistet oder
2. einen Nachunternehmer einsetzt oder zulässt, dass ein Nachunternehmer tätig wird, der entgegen § 8 Abs. 1 Satz 1 oder Abs. 3 eine Arbeitsbedingung, deren Einhaltung nach § 16 von den Behörden der Zollverwaltung geprüft wird, nicht oder nicht rechtzeitig gewährt oder einen Beitrag nicht oder nicht rechtzeitig leistet.

(3) Die Ordnungswidrigkeit kann in den Fällen des Absatzes 1 Nr. 1 und des Absatzes 2 mit einer Geldbuße bis zu fünfhunderttausend Euro, in den Fällen des Absatzes 1 Nummer 9 mit einer Geldbuße bis zu fünfzigtausend Euro, in den übrigen Fällen mit einer Geldbuße bis zu dreißigtausend Euro geahndet werden.

(4) Verwaltungsbehörden im Sinne des § 36 Abs. 1 Nr. 1 des Gesetzes über Ordnungswidrigkeiten sind die in § 16 genannten Behörden jeweils für ihren Geschäftsbereich.

(5) Für die Vollstreckung zugunsten der Behörden des Bundes und der bundesunmittelbaren juristischen Personen des öffentlichen Rechts sowie für die Vollziehung des Vermögensarrestes nach § 111e der Strafprozessordnung in Verbindung mit § 46 des Gesetzes über Ordnungswidrigkeiten durch die in § 16 genannten Behörden gilt das Verwaltungs-Vollstreckungsgesetz des Bundes.

…

Abschnitt 9 – Sonderregelungen und Übergangsbestimmungen

Unterabschnitt 1 – Sonderregelungen für bestimmte Tätigkeiten von Arbeitnehmern und Arbeitnehmerinnen, die bei Arbeitgebern mit Sitz im Ausland beschäftigt sind

§ 34 Erstmontage- und Einbauarbeiten Die Arbeitsbedingungen nach § 2 Absatz 1 Nummer 1 und 2, § 5 Satz 1 Nummer 1 bis 3 und § 13b dieses Gesetzes sowie nach § 20 des Mindestlohngesetzes sind auf Arbeitnehmer und Arbeitnehmerinnen, die von Arbeitgebern mit Sitz im Ausland im Inland beschäftigt werden, nicht anzuwenden, wenn

31a

1. die Arbeitnehmer und Arbeitnehmerinnen Erstmontage- oder Einbauarbeiten erbringen, die
   a) Bestandteil eines Liefervertrages sind,
   b) für die Inbetriebnahme der gelieferten Güter unerlässlich sind und
   c) von Facharbeitern oder Facharbeiterinnen oder angelernten Arbeitern oder Arbeiterinnen des Lieferunternehmens ausgeführt werden sowie
2. die Dauer der Beschäftigung im Inland acht Tage innerhalb eines Jahres nicht übersteigt.

Satz 1 gilt nicht für Bauleistungen im Sinne des § 101 Absatz 2 des Dritten Buches Sozialgesetzbuch.

§ 35 Bestimmte Tätigkeiten ohne Leistungsempfänger im Inland Die Arbeitsbedingungen nach § 2 Absatz 1 Nummer 1 und 2, § 5 Satz 1 Nummer 1 bis 4 und

§ 13b dieses Gesetzes sowie nach § 20 des Mindestlohngesetzes sind nicht anzuwenden auf Arbeitnehmer und Arbeitnehmerinnen sowie Leiharbeitnehmer und Leiharbeitnehmerinnen, die von Arbeitgebern oder Entleihern mit Sitz im Ausland im Inland beschäftigt werden und, ohne im Inland Werk- oder Dienstleistungen für ihren Arbeitgeber gegenüber Dritten zu erbringen,

1. für ihren Arbeitgeber Besprechungen oder Verhandlungen im Inland führen, Vertragsangebote erstellen oder Verträge schließen,
2. als Besucher an einer Messeveranstaltung, Fachkonferenz oder Fachtagung teilnehmen, ohne Tätigkeiten nach § 2a Absatz 1 Nummer 7 des Schwarzarbeitsbekämpfungsgesetzes zu erbringen,
3. für ihren Arbeitgeber einen inländischen Unternehmensteil gründen oder
4. als Fachkräfte eines international tätigen Konzerns oder Unternehmens zum Zweck der betrieblichen Weiterbildung im inländischen Konzern- oder Unternehmensteil beschäftigt werden.

Vorübergehend ist eine Beschäftigung, wenn der Arbeitnehmer oder die Arbeitnehmerin nicht mehr als 14 Tage ununterbrochen und nicht mehr als 30 Tage innerhalb eines Zeitraums von zwölf Monaten im Inland tätig ist.

Unterabschnitt 2 – Sonderregelungen für den Straßenverkehrssektor

§ 36 Kraftfahrer und Kraftfahrerinnen, die im Inland von Arbeitgebern mit Sitz im Ausland beschäftigt werden (1) Die Arbeitsbedingungen nach den §§ 2, 5 und 13b dieses Gesetzes sowie nach § 20 des Mindestlohngesetzes sind auf jene Kraftfahrer oder Kraftfahrerinnen anzuwenden, die von Arbeitgebern mit Sitz im Ausland für die Durchführung von Güter- oder Personenbeförderungen im Inland im Rahmen einer Entsendung nach Artikel 1 Absatz 3 Buchstabe a der Richtlinie 96/71/EG des Europäischen Parlaments und des Rates vom 16. Dezember 1996 über die Entsendung von Arbeitnehmern im Rahmen der Erbringung von Dienstleistungen (ABl. L 18 vom 21. 1. 1997, S. 1), die durch die Richtlinie (EU) 2018/957 (ABl. L 173 vom 9. 7. 2018, S. 16; L 91 vom 29. 3. 2019, S. 77) geändert worden ist, beschäftigt werden. Im Sinne von Satz 1 im Inland beschäftigt werden Kraftfahrer und Kraftfahrerinnen insbesondere dann, wenn sie

1. auf Grundlage eines Beförderungsvertrags innerstaatliche Beförderungen von Gütern oder Fahrgästen nach der Verordnung (EG) Nr. 1072/2009 oder der Verordnung (EG) Nr. 1073/2009 des Europäischen Parlaments und des Rates vom 21. Oktober 2009 über gemeinsame Regeln für den Zugang zum grenzüberschreitenden Personenkraftverkehrsmarkt und zur Änderung der Verordnung (EG) Nr. 561/2006 (ABl. L 300 vom 14. 11. 2009, S. 88), die zuletzt durch die Verordnung (EU) Nr. 517/2013 (ABl. L 158 vom 10. 6. 2013, S. 1) geändert worden ist, durchführen (Kabotage) oder
2. auf Grundlage eines Beförderungsvertrags eine Beförderung von Gütern oder eine Beförderung von Fahrgästen aus einem anderen Staat als dem Niederlassungsstaat des Arbeitgebers mit Grenzübertritt in einen anderen Staat als dem Niederlassungsstaat des Arbeitgebers durchführen (trilaterale Beförderungen) und sich entweder der Ausgangspunkt oder der Bestimmungsort im Inland befindet.

(2) Die §§ 37 bis 40 gelten nicht für Arbeitgeber mit Sitz in einem Drittstaat. Arbeitgeber, mit deren Niederlassungsstaat die Anwendung der Entsendevorschriften im Straßenverkehrssektor in einem völkerrechtlichen Vertrag mit Wirkung für die Bundesrepublik Deutschland geregelt ist, sind entsprechend dieser Regelungen in dem völkerrechtlichen Vertrag zu behandeln.

§ 37 Bilaterale Beförderung von Gütern (1) Nicht als im Inland beschäftigt im Sinne des § 36 Absatz 1 gelten Kraftfahrer und Kraftfahrerinnen, wenn sie ausschließlich bilaterale Beförderungen von Gütern durchführen.
(2) Bilaterale Beförderung von Gütern ist der Transport von Gütern auf Grundlage eines Beförderungsvertrags
1. vom Niederlassungsmitgliedstaat des Arbeitgebers in einen anderen Mitgliedstaat der Europäischen Union oder des Europäischen Wirtschaftsraums oder in einen Drittstaat oder
2. von einem anderen Mitgliedstaat der Europäischen Union oder des Europäischen Wirtschaftsraums oder von einem Drittstaat in den Niederlassungsmitgliedstaat des Arbeitgebers.

(3) Nicht als im Inland beschäftigt gelten Kraftfahrer und Kraftfahrerinnen abweichend von § 36 Absatz 1 Satz 2 Nummer 2, wenn es sich um die erste trilaterale Beförderung von Gütern im Rahmen einer bilateralen Beförderung nach Absatz 2 handelt. Abweichend von Satz 1 gelten Kraftfahrer und Kraftfahrerinnen auch bei der zweiten trilateralen Beförderung von Gütern im Rahmen einer bilateralen Beförderung nicht als im Inland beschäftigt, wenn diese bilaterale Beförderung
1. in den Niederlassungsmitgliedstaat erfolgt und
2. sich ohne zwischenzeitliche Beförderungen an eine bilaterale Beförderung anschließt, die im Niederlassungsmitgliedstaat begann und während der keine trilaterale Beförderung durchgeführt wurde.

(4) Ab dem Tag, ab dem Kraftfahrzeuge, die in einem Mitgliedstaat der Europäischen Union oder des Europäischen Wirtschaftsraums erstmals zugelassen werden, gemäß Artikel 8 Absatz 1 Unterabsatz 4 der Verordnung (EU) Nr. 165/2014 mit intelligenten Fahrtenschreibern ausgerüstet sein müssen, gelten die Ausnahmeregelungen des Absatzes 3 nur für Kraftfahrer und Kraftfahrerinnen, die Kraftfahrzeuge nutzen, die mit intelligenten Fahrtenschreibern nach den Artikeln 8 bis 10 der Verordnung (EU) Nr. 165/2014 ausgestattet sind.

§ 38 Bilaterale Beförderung von Personen (1) Nicht als im Inland beschäftigt im Sinne des § 36 Absatz 1 gelten Kraftfahrer und Kraftfahrerinnen, wenn sie ausschließlich bilaterale Beförderungen von Fahrgästen durchführen.
(2) Bilaterale Beförderung von Fahrgästen ist der Transport, bei dem ein Kraftfahrer oder eine Kraftfahrerin
1. Fahrgäste im Niederlassungsmitgliedstaat des Arbeitgebers aufnimmt und in einem anderen Mitgliedstaat der Europäischen Union oder des Europäischen Wirtschaftsraums oder in einem Drittstaat wieder absetzt,
2. Fahrgäste in einem anderen Mitgliedstaat der Europäischen Union oder des Europäischen Wirtschaftsraums oder in einem Drittstaat aufnimmt und sie im Niederlassungsmitgliedstaat des Arbeitgebers wieder absetzt oder

3. Fahrgäste im Niederlassungsmitgliedstaat des Arbeitgebers aufnimmt und wieder absetzt, um örtliche Ausflüge in einen anderen Mitgliedstaat der Europäischen Union oder des Europäischen Wirtschaftsraums oder in einen Drittstaat durchzuführen.

(3) Nicht als im Inland beschäftigt gelten Kraftfahrer und Kraftfahrerinnen abweichend von § 36 Absatz 1 Satz 2 Nummer 2, wenn
1. es sich um die erste trilaterale Beförderung im Rahmen einer bilateralen Beförderung nach Absatz 2 handelt und
2. sie keine Beförderung von Fahrgästen zwischen zwei Orten innerhalb des Durchfuhrmitgliedstaats anbieten.

(4) Ab dem Tag, ab dem Kraftfahrzeuge, die in einem Mitgliedstaat der Europäischen Union oder des Europäischen Wirtschaftsraums erstmals zugelassen werden, gemäß Artikel 8 Absatz 1 Unterabsatz 4 der Verordnung (EU) Nr. 165/2014 mit intelligenten Fahrtenschreibern ausgerüstet sein müssen, gelten die Ausnahmeregelungen des Absatzes 3 nur für Kraftfahrer und Kraftfahrerinnen, die Kraftfahrzeuge nutzen, die mit intelligenten Fahrtenschreibern nach den Artikeln 8 bis 10 der Verordnung (EU) Nr. 165/2014 ausgestattet sind.

§ 39 Kombinierter Verkehr Nicht als im Inland beschäftigt im Sinne von § 36 Absatz 1 gelten Kraftfahrer und Kraftfahrerinnen, wenn sie im kombinierten Verkehr im Sinne der Richtlinie 92/106/EWG des Rates vom 7. Dezember 1992 über die Festlegung gemeinsamer Regeln für bestimmte Beförderungen im kombinierten Güterverkehr zwischen Mitgliedstaaten (ABl. L 368 vom 17.12.1992, S. 38), die zuletzt durch die Richtlinie 2013/22/EU (ABl. L 158 vom 10.6.2013, S. 356) geändert worden ist, die Zu- oder Ablaufstrecke auf der Straße zurücklegen, sofern auf der Teilstrecke, die auf der Straße zurückgelegt wird, ausschließlich bilaterale Beförderungen von Gütern und zusätzliche Beförderungen nach § 37 durchgeführt werden.

§ 40 Transit Nicht als im Inland beschäftigt im Sinne des § 36 Absatz 1 gelten Kraftfahrer und Kraftfahrerinnen eines Arbeitgebers mit Sitz in einem anderen Mitgliedstaat der Europäischen Union oder des Europäischen Wirtschaftsraums, wenn sie das Inland durchfahren, ohne Güter zu beladen oder zu entladen und ohne Fahrgäste aufzunehmen oder abzusetzen (Transit).

Unterabschnitt 3 – Übergangsbestimmungen

§ 41 Übergangsbestimmungen für Langzeitentsendung (1) Die nach § 13b Absatz 1 vorgeschriebenen Arbeitsbedingungen sind frühestens ab dem 30. Juli 2020 anzuwenden.

(2) Für die Berechnung der Beschäftigungsdauer nach § 13b Absatz 1 werden Zeiten der Beschäftigung im Inland vor dem 30. Juli 2020 mitgezählt. Hat die Beschäftigung im Inland vor dem 30. Juli 2020 begonnen, gilt die Mitteilung nach § 13b Absatz 2 als abgegeben.

§ 42 Übergangsbestimmungen für das Baugewerbe Die vor dem 30. Juli 2020 ausgesprochene Allgemeinverbindlicherklärung eines Tarifvertrags im Baugewerbe nach § 4 Absatz 1 Nummer 1, § 6 Absatz 2 steht, soweit sie Arbeitsbedingungen nach § 5 Satz 1 Nummer 1 zum Gegenstand hat, für die Anwendung der §§ 8 und 9 sowie des Abschnitts 5 einer Rechtsverordnung nach § 7 gleich.

31a

31b. Gesetz zur Regelung eines allgemeinen Mindestlohns (Mindestlohngesetz – MiLoG)

Einleitung

I. Mindestlohn-Problematik

Die Arbeits- und Sozialverfassung Deutschlands kennt bezüglich geldwerter Arbeitsbedingungen, insbesondere der Höhe der Löhne und Gehälter im Grundsatz eine klare Aufgabenteilung. Deren Untergrenze wird durch die vom Gesetz mit »zwingender« Wirkung ausgestatteten Tarifverträge festgelegt (vgl. Einl. II 1f zum TVG, Nr. 31). Wo solche nicht gelten, ist es Sache der Parteien des Einzelarbeitsvertrags, sich über die Entgelthöhe zu einigen. Wo Arbeitgeber in einer strukturellen Übermacht sind, können sie mit den Arbeitnehmern Entgelte vereinbaren, von denen diese kaum leben können. Dadurch kann zudem Druck auf tarifgerechte Beschäftigte entstehen, weil Arbeitgeber in dieser Konstellation erhebliche Kostenvorteile genießen. So wird berichtet, dass im Jahr 2008 mehr als 20 % der Beschäftigten einen sog. Niedriglohn von weniger als brutto 9,50 Euro/Std. in Westdeutschland (6,87 Euro/Std. in Ostdeutschland) bezogen (»Jeder Fünfte erhält nur einen Niedriglohn«, SZ v. 28. 7. 10). Um dem sowohl aus sozialen Gründen als auch im Interesse angemessen bezahlender Konkurrenten entgegenzuwirken, kennt das deutsche Recht verschiedene Möglichkeiten, um auch für nicht tarifgebundene Vertragsparteien zu einem »Mindestlohn« zu kommen (zur geschichtlichen Entwicklung vgl. *Kittner*, Arbeitsrecht und Geschichte, S. 294 ff.).

1. Allgemeinverbindlicherklärung aufgrund des TVG

Die klassische Möglichkeit, die Geltung eines Tarifvertrages auszudehnen, besteht in seiner Erklärung als »allgemeinverbindlich« aufgrund § 5 TVG. Absolute Zahl und Anteil der für allgemeinverbindlich erklärten Tarifverträge sind gering; ihr Hauptanwendungsbereich ist die Bauwirtschaft, in der die Gefahr einer »Schmutzkonkurrenz« durch unorganisierte Arbeitgeber besonders hoch ist.

2. Allgemeinverbindlichkeit aufgrund des Arbeitnehmer-Entsendegesetzes

Ursprünglich nur für den Bereich der Bauwirtschaft und im Hinblick auf ausländische Unternehmen ist das Arbeitnehmer-Entsendegesetz geschaffen worden. Es dient jedoch mittlerweile als Instrument zur branchenbezogenen Mindestlohnpolitik (Einl. I zum AEntG, Nr. 31a).

3. Allgemeiner gesetzlicher Mindestlohn

Das »Gesetz über die Festsetzung von Mindestarbeitsbedingungen« vom 11.1.1952 erlaubte die staatliche Festsetzung von Mindestlöhnen in Wirtschaftsbereichen, in denen Arbeitnehmer zu schwach organisiert sind, um nach dem TVG für allgemeinverbindlich erklärbare Tarifverträge zuwege zu bringen. Von ihm war weit über 50 Jahre hinweg kein Gebrauch gemacht worden. Die Große Koalition (2005–2009) hatte es im Jahre 2009 grundlegend umgestaltet und zu einem Instrument aufgewertet, mit dem in Branchen mit geringem Organisationsgrad bei entsprechendem Bedarf die Möglichkeit bestand, einen Mindestlohn festzusetzen (vgl. 39. Aufl., Einl. C zum AEntG, Nr. 31 a). Im Zuge des TarifautonomiestärkungsG (v. 11.8.14, BGBl. I 1348; Gesetzentwurf: BR-Drs. 147/14; vgl. Einl. I 1d [1] zum TVG, Nr. 31) wurde es wieder aufgehoben, nachdem das Gesetz auch in seiner neuen Fassung keinen Anwendungsfall zu verzeichnen hatte. Stattdessen hatte sich die Bundestagsmehrheit nunmehr zu einem allgemeinen gesetzlichen Mindestlohn von zunächst 8,50 Euro durchgerungen (s. u. II).

4. Bindende Entgelt-Festsetzung für Heimarbeiter

Eine Mindestlohn-Regelung besonderer Art enthält das Heimarbeitsgesetz (vgl. Einl. I zum HAG, Nr. 22).

5. Lohnuntergrenze in der Leiharbeit

Im Bereich der Leiharbeit gibt es ein Konzept der Mindestentlohnung durch Gleichbehandlung und Begrenzung möglicher Abweichungen durch eine sog. Lohnuntergrenze, die zugleich einen branchenspezifischen Mindestlohn für die Leiharbeit schafft (vgl. Einl. I 2 und II 6 zum AÜG, Nr. 4).

6. »Lohnwucher« gemäß § 138 BGB

Unabhängig von jeder arbeitsrechtlichen Spezialgesetzgebung enthält das BGB (Nr. 14) mit seiner Generalklausel über sittenwidrige Geschäfte (§ 138 BGB) eine Regelung über die unterste Grenze jeder individuellen Entgeltregelung. Sie ist durch den gesetzlichen Mindestlohn nicht entbehrlich geworden (s. u. II 3). Gemäß § 138 Abs. 2 BGB ist eine Entgeltregelung, die in »auffälligem Missverhältnis« zur Arbeitsleistung steht, als sittenwidriger »Lohnwucher« nichtig (das kann auch gemäß § 291 Abs. 1 S. 1 Nr. 3 StGB strafbar sein, s. Fn. 1 zu § 138 BGB, Nr. 14). Dann ist gemäß § 612 Abs. 2 BGB die »übliche Vergütung«, d. h. diejenige des vergleichbaren Wirtschaftskreises zu erbringen (hat der Arbeitnehmer zwischenzeitlich Leistungen der Grundsicherung nach dem SGB II, Nr. 30 II, bezogen, geht die Differenz zum üblichen Lohn auf den Träger der Grundsicherung über, vgl. *ArbG Stralsund* 26.1.2010 – 4 Ca 166/09, info also 10, 128). Die Rechtsprechung hat hierzu keine festen Kriterien entwickelt. Maßgeblich sind alle Umstände des Einzelfalls (vgl. *BAG* 26.4.2006 – 5 AZR 549/05, NZA 06, 1354). Ein Lohn, der nicht einmal zwei Drittel der üblichen Vergütung erreicht, ist im Allgemeinen sittenwidrig (*BAG* 17.12.2014 – 5 AZR 663/13, NZA 15, 608). Ein Tariflohn stellt in diesem Sinne die in einer Branche und Wirtschaftsregion übliche Vergütung dar, wenn mehr als 50 % der Arbeitgeber tarifgebunden sind oder die organisierten Arbeitgeber mehr als 50 % der Arbeitnehmer des Wirtschaftsgebietes beschäftigen (*BAG* 22.4.2009 – 5 AZR 436/08, DB 09, 1599; vgl. auch *BGH* 22.4.1997 – 1 StR 701/96, AP Nr. 52 zu § 138 BGB). Hinzukommen müssen aber weitere Umstände, aus denen sich ergibt, dass der Arbeitgeber die ungünstige Lage des Arbeitnehmers ausgenutzt hat. Erreicht der Lohn nicht einmal die Hälfte des Tariflohnes, ist von einer verwerflichen Gesinnung des Arbeitgebers auszugehen, die den Lohnwucher begründet (*BAG* 16.5.2012 – 5 AZR 268/11, NZA 12, 974). Eine Provisionsvereinbarung ist dann sittenwidrig, wenn der Arbeitnehmer durch vollen Einsatz seiner Arbeitskraft ein ausreichendes Einkommen nicht erzielen kann (*BAG* 16.2.2012 – 8 AZR 242/11, NZA 12, 1307).

II. Geschichte des gesetzlichen Mindestlohns

Das Mindestlohngesetz wurde verkündet als Art. 1 des TarifautonomiestärkungsG (v. 11.8.2014, BGBl. I 1348: Gesetzentwurf: BT-Drs. 147/14; zum vorausgehenden Referentenentwurf: *Spielberger/Schilling*, NZA 14, 414). Es bildet den Schlusspunkt einer lange dauernden rechtspolitischen Debatte um einen einheitlichen gesetzlichen Mindestlohn. Anfängliche Befürchtungen, ein gesetzlicher Mindestlohn könne für Arbeitnehmer die Gewerkschaftsmitgliedschaft unattraktiv machen, wichen allmählich der Erkenntnis, dass es durchaus Bereiche gibt, in denen es den Gewerkschaften nicht gelang, angemessene Arbeitsbedingungen durch Tarifverträge auszuhandeln. In jüngerer Zeit kam die Überlegung hinzu, dass ein allgemeiner Mindestlohn die Tarifautonomie stützt, indem Konkurrenz durch Außenseiter ausgeschaltet wird. Genau aus diesem Grunde ist das MiLoG Teil des TarifautonomiestärkungsG (vgl. *Waltermann*, AuR 15, 166, 166 f.).
Vielfach wird behauptet, Mindestlöhne vernichteten Arbeitsplätze, da die Beschäftigung für Arbeitgeber zu teuer würde. Dies konnte das IAB in einer Untersuchung zu den Folgen des Mindestlohns im Bauhauptgewerbe nicht bestätigen (IAB-Kurzbericht 4/12). Die schwarz-gelbe Koalition (2009–2013) war zunächst skeptisch, sogar in Bezug auf das seinerzeit geltende System branchenspezifischer Mindestlöhne (vgl. 39. Aufl., Einl. A zum AEntG, Nr. 31 a) und wollte das bisherige Konzept zunächst evaluieren. Entsprechende Beschäftigungsverluste ließen sich im Rahmen wissenschaftlicher Untersuchungen nicht feststellen, allerdings konnte man gerade in Ostdeutschland feststellen, dass Mindestlöhne Einfluss auf die Lohnverteilung unter den Beschäftigten haben (s. Schwerpunktheft des Journal for Labour Market Research 12, 187 ff.). Konkrete politische Ergebnisse sind daraus nicht erwachsen. Am Ende haben sich alle Parteien, sogar die FDP, in ihren Wahlprogrammen für die Bundestagswahl 2013 für Mindestlöhne in der einen oder anderen Form ausgesprochen (vgl. *Deinert/Kittner*, RdA 13, 265). Das hinderte aber nicht daran, einen Bundesratsentwurf (BR-Drs. 136/13) zunächst zu vertagen sowie Mindestlohnanträge der Fraktionen Bündnis 90/Die Grünen (BT-Drs. 17/13719) und Die Linke (BT-Drs. 17/13551) abzulehnen. Die dann gebildete Große Koalition nahm das Projekt eines allgemeinen gesetzlichen Mindestlohns dann jedoch in Angriff.

Das Gesetz regelt die unterste Stufe eines abgestuften Konzepts von Mindestlöhnen: gesetzlicher Mindestlohn nach dem MiLoG – Branchenmindestlohn nach dem AEntG (Nr. 31 a) – Tariflohn nach dem TVG (Nr. 31).
Es wird überwiegend davon ausgegangen, dass ein gesetzlicher Mindestlohn verfassungsrechtlich zulässig ist (*Preis/Ulber*, in: Fischer-Lescano/Preis/Ulber, Verfassungsmäßigkeit des Mindestlohns, 2015, S. 59; *Barczak*, RdA 14, 290, *Lakies*, AuR 13, 69; *Picker*, RdA 14, 25, 28; a. A. *Lobinger*, ZfA 16, 99; vgl. insb. zum Verhältnis zur Tarifautonomie u. III 4). Bis zuletzt war rechtspolitisch besonders umstritten, für welche Bereiche Ausnahmen vom Mindestlohn zuzulassen sind (vgl. *Nielebock*, AiB 5/14, 34 ff.; Böckler impuls 2/14, S. 1). Das *BVerfG* hat in zwei Entscheidungen Verfassungsbeschwerden nicht zur Entscheidung angenommen, weil der Rechtsweg vor den Fachgerichten nicht erschöpft war. Das betraf einerseits die Verfassungsmäßigkeit der Melde- und Dokumentationspflichten und der Pflicht zur Zahlung des Mindestlohns für ausländische Arbeitgeber (*BVerfG* 25. 6. 2015 – 1 BvR 555/15, NZA 15, 864), andererseits die Verfassungsmäßigkeit der Ausnahme vom Mindestlohn für Kinder und Jugendliche (*BVerfG* 25. 6. 2015 – 1 BvR 37/15, NZA 15, 866).
Das Gesetz wurde im Gefolge der Corona-Pandemie durch das Sozialschutz-Paket II (v. 20. 5. 2020, BGBl. I 1055) ergänzt um die Möglichkeit der Sitzungsteilnahme und Beschlussfassung per Videokonferenz für die Mindestlohnkommission.
Mit Gesetz v. 28. 6. 2022 (BGBl. I 969, Entwurf: BT-Drs. 20/1408) wurde der gesetzliche Mindestlohn abweichend von der sonst üblichen Anhebung im Wege einer Rechtsverordnung nach Beschlussvorlage durch die Mindestlohnkommission (§§ 4 ff. MiLoG) kraft Gesetzes in einem Schritt auf 12,00 Euro pro Stunde angehoben. Dadurch soll der international anerkannte Schwellenwert von 60 % des Bruttomedianlohns erreicht werden, um einen angemessenen Mindestschutz oberhalb des Existenzminimums zu gewährleisten (zu diesem Schwellenwert ausf. *Lübker/Schulten*, WSI-Mitt. 22, 148). Davon versprach sich der Gesetzgeber auch einen Anreiz für Grundsicherungsbezieher zur Aufnahme einer Erwerbstätigkeit, eine Entlastung der Sozialversicherungssysteme, eine Reduzierung der Zahl von Personen, die neben einer Vollzeitbeschäftigung Grundsicherungsleistungen beziehen müssen, und schließlich einen Beitrag zur Alterssicherung oberhalb des Grundsicherungsniveaus (BT-Drs. 20/1408, S. 18). Diese Form einer Anhebung unter Umgehung der Mindestlohnkommission wurde in Gutachten für die BDA für verfassungswidrig gehalten (*Schorkopf*, ZFA 22, 308; *Giesen*, ZFA 22, 346). In der MiLoDokV (vgl. Fn. zu § 17 Abs. 3 MiLoG) wurden die Grenzbeträge für Freistellungen von bestimmten Melde- und Dokumentationspflichten (s. u. III 5) entsprechend angehoben. Mit dem Gesetz wurde zugleich die Geringfügigkeitsgrenze für Minijobs in § 8 SGB IV dynamisch ausgestaltet. Sie entspricht einer Beschäftigung im Umfang von 10 Stunden pro Woche zum Mindestlohn.

III. Gesetzesinhalt

1. Höhe des Mindestlohns

Das Gesetz gewährleistete seit 1. 1. 2015 für alle Arbeitnehmer einen Mindestlohn in Höhe von 8,50 Euro pro Stunde. Künftige Änderungen der Höhe des Mindestlohnes erfolgen durch eine Rechtsverordnung der Bundesregierung gemäß § 11 MiLoG. Ausnahmsweise ist ein gesetzlicher Sprung auf 12,00 Euro pro Stunde mit Wirkung ab 1. 10. 2022 erfolgt (s. o. II, zu zwischenzeitlichen Anpassungen vgl. bis 47. Aufl., Einl. II 1). Seit 1. 1. 2026 beträgt er 13,90 Euro, ab 1. 1. 2027 wird er auf 14,60 Euro steigen (VO v. 5. 11. 2025, BGBl. I Nr. 268, 312).
Eine Rechtsverordnung nach § 11 MiLoG kann nur auf Vorschlag der sog. Mindestlohnkommission nach §§ 4 ff. MiLoG ergehen. Die Mindestlohnkommission hat je 3 stimmberechtigte Mitglieder auf Vorschlag der Spitzenorganisationen der Arbeitgeber und der Arbeitnehmer (§ 5 MiLoG) und je ein beratendes wissenschaftliches Mitglied auf Vorschlag der jeweiligen Spitzenorganisationen (§ 7 MiLoG) Der Vorsitzende der Mindestlohnkommission wird auf gemeinsamen Vorschlag der Spitzenorganisationen berufen. Sofern dies nicht gelingt, gibt es zwei Vorsitzende, die abwechselnd tätig werden (§ 6 MiLoG). Alle zwei Jahre wird über Anpassungen beschlossen (§ 9 Abs. 1 MiLoG). Dabei soll sich die Mindestlohnkommission nachlaufend an der Tarifentwicklung orientieren (§ 9 Abs. 2 S. 2 MiLoG). Dadurch soll ausgeschlossen werden, dass der Mindestlohn spätere Tarifverhandlungen präjudiziert. Zielsetzung der Anpassungsentscheidung muss sein, einen Mindestlohn zu finden, der einen angemessenen Mindestschutz der Arbeitnehmer gewährleistet und funktionierende Wettbewerbsbedingungen ermöglicht, ohne die Beschäftigung zu gefährden (§ 9 Abs. 2 S. 1 MiLoG).

2. Anwendungsbereich

Der Anwendungsbereich des Mindestlohns ist in § 22 MiLoG geregelt. Danach haben zunächst alle Arbeitnehmer Anspruch auf den Mindestlohn. Eine Gleichstellung von Auszubildenden ist nicht vorgesehen (im Gegenteil: § 22 Abs. 3 MiLoG schließt dies ausdrücklich aus). Um zu vermeiden, dass Jugendliche auf eine Berufsausbildung verzichten, um den im Vergleich zur Ausbildungsvergütung höheren Mindestlohn zu beanspruchen, gilt der Mindestlohn nach § 22 Abs. 2 MiLoG für unter Achtzehnjährige ohne Berufsausbildung nicht (vgl. Einl. II 2 zum BBiG, Nr. 10). Die Verfassungsmäßigkeit dieser Regelung wurde bestritten (*Preis/Ulber*, in: Fischer-Lescano/Preis/Ulber, Verfassungsmäßigkeit des Mindestlohns, 2015, S. 188 ff.; a. A. *Sittard*, NZA 14, 951, 953). Außerdem wurde die Vereinbarkeit mit dem Verbot der Altersdiskriminierung nach der Richtlinie 2000/78/EG (EU-ASO Nr. 14) in Zweifel gezogen (*Brors*, NZA 14, 938, 941 f.). Unabhängig davon besteht auch die Gefahr, dass in bestimmten Branchen reguläre Beschäftigung noch weiter durch Schüler-Arbeitsverhältnisse umgangen wird (Böckler impuls 6/14, S. 4). Demgegenüber können auch Praktikanten den Mindestlohn beanspruchen. Das gilt nicht nur für solche Praktikanten, die in Wirklichkeit »Arbeitnehmer« sind (sog. Scheinpraktika, dazu vgl. Einl. IV zum BBiG, Nr. 10), diese können schon als Arbeitnehmer gemäß § 22 Abs. 1 S. 1 MiLoG den Mindestlohn beanspruchen, sondern auch für andere Praktikanten unter den näheren Voraussetzungen des § 22 Abs. 1 S. 2 MiLoG (vgl. Einl. II 2 zum BiBiG, Nr. 10; zu studienvorbereitenden Praktika *BAG* 19.2.2022 – 5 AZR 217/21, NZA 22, 556; zu sog. Orientierungspraktika s. *BAG* 30.1.2019 – 5 AZR 556/17, NZA 19, 773; keine Praktika, die unter das MiLoG fallen, sind Anpassungsqualifizierungen, *BAG* 18.11.2020 – 5 AZR 103/20, NZA 21, 562). Keinen Anspruch auf den Mindestlohn haben nach § 22 Abs. 4 S. 1 MiLoG schließlich Langzeitarbeitslose im Sinne des § 18 Abs. 1 SGB III (Nr. 30 III) im unmittelbaren Anschluss an die Arbeitslosigkeit, also diejenigen, die nach mind. einjähriger Arbeitslosigkeit eine Beschäftigung aufnehmen. Diese Ausnahme gilt für die ersten 6 Monate der Beschäftigung. Auf Antrag stellt die BA dazu Bescheinigungen aus. Von der Ausnahmeregelung wurde offensichtlich wenig Gebrauch gemacht (*vom Berge/Klingert/Becker/Lenhart/Trenkle/Umkehrer*, IAB-Kurzbericht 23/16). Schließlich gibt es Sonderregelungen für Zeitungszusteller gemäß § 24 Abs. 2 MiLoG, die sich zwischenzeitlich erledigt haben (zur Frage der Verfassungsmäßigkeit *BAG* 25.4.2018 – 5 AZR 25/17, NZA 18, 1145). Seit 2018 gilt für sie der Mindestlohn in der für alle gültigen Höhe.

3. Unabdingbarkeit und Fälligkeit

Der Mindestlohn ist zwingend gemäß § 3 MiLoG. Andere Mindestlöhne, etwa nach einer Rechtsverordnung auf Grundlage des AEntG, gehen dem MiLoG aber vor (*Preis/Ulber*, Ausschlussfristen und Mindestlohngesetz, S. 41). Die Unabdingbarkeit nach § 3 MiLoG bedeutet: eine geringere Vergütung können die Vertragsparteien nicht vereinbaren. Einer Entgeltumwandlung nach § 1a BetrAVG (Nr. 11) steht das Gesetz aber nicht entgegen (*Jöris/v. Steinau-Steinrück*, BB 14, 2101, 2103). Die Rechtsprechung sieht im Mindestlohn einen gesetzlich begründeten Anspruch, der neben den vertraglichen Lohnanspruch tritt (*BAG* 25.5.2016 – 5 AZR 135/16, BB 16, 2621, Rn. 22). Der vertraglich vereinbarte Lohn ist deshalb nicht etwa mit der Folge nichtig, dass gemäß § 612 Abs. 2 BGB (Nr. 14) die übliche Vergütung verlangt werden könnte, was ja durchaus mehr sein kann als der gesetzliche Mindestlohn (in diesem Sinne etwa *Däubler*, NJW 14, 1924, 1927; *Bayreuther*, NZA 14, 865, 866; *Pötters/Krause*, NZA 15, 398).

Der Mindestlohn bezieht sich nach überwiegender Ansicht nur auf geleistete Arbeitsstunden, nicht auf Entgeltansprüche ohne Arbeitsleistung (*BAG* 25.5.2016 – 5 AZR 135/16, BB 16, 2621, Rn. 19; *Vogelsang/Wensing*, NZA 16, 141; a. A. *Waltermann*, AuR 15, 166, 170). Richtiger Ansicht nach ist er aber zumindest bei Entgeltfortzahlungstatbeständen, die sich nach der ausgefallenen oder der bisherigen Vergütung richten, ebenfalls zugrunde zu legen (*Viethen*, NZA Beilage 4/14, 143, 145; *Greiner/Strippelmann*, BB 15, 949; *Kocher*, AuR 15, 173, 175 ff.). Das hat das *BAG* in Bezug auf die Entgeltfortzahlung bei Krankheit und an Feiertagen nach dem EFZG (Nr. 18) sowie das Urlaubsentgelt nach § 11 BUrlG (Nr. 19) bestätigt (*BAG* 13.5.2015 – 10 AZR 495/14, NZA 15, 1127). Auch für Zeiten des Bereitschaftsdienstes ist der Mindestlohn zu zahlen (*BAG* 29.6.2016 – 5 AZR 716/15, NZA 16, 1332; 24.6.2021 – 5 AZR 505/20, NZA 21, 1398).

Ansprüche auf den Mindestlohn sind unbeschränkbar, unverzichtbar und ihre Verwirkung ist ausgeschlossen (§ 3 MiLoG). Daher können Mindestlohnansprüche

auch durch Versäumen von Ausschlussfristen nicht untergehen. Das ist auch insoweit verfassungsgemäß, als Tarifverträge den Mindestlohn nicht einschränken können (*BAG* 20.6.2018 – 5 AZR 377/17, DB 18, 2766, Rn. 26ff.). Das bedeutet, dass auch derjenige, der Anspruch auf einen Stundenlohn von 50 Euro hat, wenn er eine Ausschlussfrist versäumt, weiterhin zumindest den Mindestlohn verlangen kann. Eine ab Inkrafttreten des MiLoG (1.1.2015) vereinbarte Ausschlussklausel ist wegen Intransparenz nach § 307 Abs. 1 S. 2 BGB insgesamt unwirksam, wenn sie den Mindestlohn nicht ausnimmt und insoweit eine unzutreffende Rechtslage suggeriert (*BAG* 18.9.2018 – 9 AZR 162/18, NZA 18, 1619; vgl. im Übrigen *BAG* 20.6.2018 – 5 AZR 377/17, DB 18, 2766, Rn. 25). Mit Rücksicht auf den Normzweck soll eine Ausschlussfrist darüber hinaus aber auch insoweit unwirksam sein, als sie einen Entgeltfortzahlungsanspruch bei Krankheit bis zur Höhe des Mindestlohns ausschließt (*BAG* 20.6.2018 – 5 AZR 377/17, DB 18, 2766, Rn. 33).
Eine Insolvenzanfechtung erfasst auch den Mindestlohnanteil der Vergütung (*BAG* 25.5.2022 – 6 AZR 497/21, NZA 22, 1117).
Der Mindestlohn ist eine absolute gesetzliche Untergrenze. Das bedeutet nicht, dass eine Vergütung, die dem Mindestlohn entspricht oder höher ist, damit automatisch angemessen und nicht sittenwidrig ist (vgl. auch *BAG* 18.11.2015 – 5 AZR 814/14, NZA 16, 494, Rn. 40). Im Gegenteil kann auch eine höhere Vergütung, je nach Tätigkeit, sittenwidrig sein (*Viethen*, NZA Beilage 4/14, 143, 144; *Bayreuther*, NZA 14, 865, 866; *Däubler*, NJW 14, 1924, 1927; *Sittard*, RdA 15, 99, 106).
Die Fälligkeit des Mindestlohns richtet sich gemäß § 2 Abs. 1 MiLoG in erster Linie nach der vereinbarten Fälligkeit, wegen § 614 BGB (Nr. 14) normalerweise am Ende des jeweiligen Zeitabschnitts. Der Mindestlohn muss spätestens am letzten Bankarbeitstag des Folgemonats gezahlt werden (§ 2 Abs. 1 S. 1 Nr. 2 MiLoG). Eine besondere Regelung enthält § 2 Abs. 2 MiLoG für Arbeitszeitkonten, die innerhalb von 12 Monaten ausgeglichen werden müssen und nicht mehr als 50 % Überstunden enthalten dürfen. Demgegenüber sind nach § 2 Abs. 3 MiLoG noch besonders bevorrechtigt Wertguthabenvereinbarungen nach §§ 7b ff. SGB IV (Nr. 30 IV).
Der Mindestlohn ist als sog. Eingriffsrecht i.S.d. Art. 9 Abs. 1 Rom I-Verordnung (vgl. Einl. III zur Rom I-Verordnung, Nr. 14a) unabhängig davon zu zahlen, ob auf den Arbeitsvertrag im Übrigen deutsches Recht anwendbar ist (*BAG* 24.6.2021 – 5 AZR 505/20, NZA 21, 1398).

4. Verhältnis zu Tarifverträgen und anderen Mindestlohnregeln

Eine der umstrittensten Fragen des Mindestlohngesetzes war das Verhältnis zu abweichenden Tarifverträgen (vgl. *Picker*, RdA 14, 25, 34; *Düwell*, DB 14, 121). Klar ist zunächst, dass das Gesetz höheren tarifvertraglichen Löhnen nicht entgegensteht. Die Tarifautonomie wurde aber auch dafür reklamiert, zu Lasten des Arbeitnehmers vom gesetzlichen Mindestlohn abzuweichen (etwa *Wolf*, BB 21/14, S. I; zweifelnd an der Zulässigkeit der Regelung auch *Henssler*, RdA 15, 43, 44ff.; *Löwisch*, NZA 14, 948; *Fischer*, ZRP 07, 20ff.). Diese Argumentation ist fragwürdig. Denn die Zulassung von Abweichungen vom gesetzlichen Mindeststandard stellt die Notwendigkeit einer solchen gesetzlichen Regelung insgesamt infrage: Wenn der Gesetzgeber einen hinreichenden Schutz der Arbeitnehmer durch Tarifverträge nicht gewährleistet sieht und sich daher für berechtigt hält, anstelle der Tarifvertragsparteien selbst eine Regelung zu treffen, kann er sie nicht hinterher wieder in das Belieben der Tarifvertragsparteien stellen. Dieser Einsicht folgt auch das Gesetz. Es ließ nur übergangsweise bis Ende 2017 abweichende Regelungen zu, um in Branchen, wo dies besondere Schwierigkeiten bereitet, eine »stufenweise Heranführung« zu ermöglichen (vgl. § 24 MiLoG a. F.; BT-Drs.147/14, S. 47 f.; dazu *BAG* 24.6.2020 – 5 AZR 93/19, NZA 20, 1707). Das ging im Übrigen auch nur durch Mindestlohntarifverträge bzw. entsprechende Rechtsverordnungen nach dem Entsendegesetz oder nach § 3a AÜG (dazu vgl. Einl. II 2 zum AEntG, Nr. 31, sowie Einl. I 2 und II 6 zum AÜG, Nr. 4).

5. Durchsetzung

Zur Gewährleistung, dass das MiLoG in der Praxis auch tatsächlich angewendet wird, enthalten §§ 14 ff. MiLoG Bestimmungen über die Kontrolle und Durchsetzung durch die Behörden der Zollverwaltung (*Maschmann*, NZA 14, 929). Dazu gehört eine Meldepflicht für Arbeitgeber mit Sitz im Ausland (§ 16 MiLoG) sowie eine Aufzeichnungspflicht über die Arbeitszeiten in schwarzarbeitsgefährdeten Branchen nach § 17 MiLoG (vgl. *Schrader/Novak*, NJW 15, 1783). Die Einzelheiten sind in der MiLoMeldV, MiLoGMeldStellV und der MiLoAufzV (s. Fn. zu § 16) enthalten. § 17 Abs. 3 MiLoG ermächtigt das BMAS zum Erlass einer Verordnung, mit der Einschränkungen der Melde- und Dokumentationspflichten geregelt werden. Die auf dieser Grundlage erlassene MiLoDokV (Fn. zu § 17 Abs. 3) sieht eine Befreiung u. a. bei einer verstetigten monatlichen Vergütung von 4461 Euro brutto vor. Alternativ genügt bereits eine monatliche Vergütung von 2974 Euro brutto, wenn sie nachweislich während der letzten 12 vollen Kalendermonate gezahlt wurde.

Die Verletzung der Pflicht zur Zahlung des Mindestlohns ist ebenso bußgeldbewehrt wie die systematische Inanspruchnahme von Unternehmen, die die Pflicht zur Zahlung des Mindestlohns verletzen (§ 21 MiLoG). Letzteres zeigt schon, dass der Gesetzgeber darauf setzt, dass auch Auftraggeber in die Pflicht genommen werden, die Einhaltung des Mindestlohns zu kontrollieren. Wichtigstes Instrument in diesem Zusammenhang ist § 13 MiLoG. Danach greift die Generalunternehmerhaftung nach dem Entsendegesetz (vgl. Einl. II 2 zum AEntG, Nr. 31 a) auch hinsichtlich der Zahlung des Mindestlohns nach dem MiLoG. Unternehmen, die mit einer Geldbuße von mindestens 2500 Euro belegt worden sind, werden von der Vergabe öffentlicher Aufträge nach § 19 MiLoG ausgeschlossen. Eine Verbandsklagebefugnis, die von gewerkschaftlicher Seite gefordert worden war, wurde im Gesetz allerdings nicht verankert. Eine Haftung der Geschäftsführer einer GmbH für die Nichterfüllung der Mindestlohnpflichten der Gesellschaft sieht das Gesetz nicht vor (*BAG* 30.3.2023 – 8 AZR 120/22, NZA 23, 1033).

IV. Anwendungsprobleme, Rechtstatsachen und Rechtspolitik

Der gesetzliche Mindestlohn hat mit seiner Einführung schätzungsweise 3,7 Mio. Arbeitnehmern höhere Lohnansprüche gebracht (*Deter*, AuR 15, 314). Freilich löst

dies keineswegs sämtliche Probleme von Niedriglöhnen. Vielmehr war davon auszugehen, dass Beschäftigung zum Mindestlohn keine ausreichende Einkommenssicherung für das Alter erwirtschaften kann, sodass nach derzeitigem Stand die Grundsicherung und damit der Steuerzahler für die Folgekosten aufkommen muss (*Waltermann*, NZS 17, 247). Dem sollte die deutliche Anhebung auf 12,00 Euro pro Stunde ab 1.10.2022 entgegenwirken (s.o. I). Angenommen wird, dass etwa 6,6 Mio. Arbeitnehmer von der Erhöhung des gesetzlichen Mindestlohns zum 1.10.2022 profitiert haben (Boeckler impuls 16/22, 6). Vergleichsweise bescheiden fiel dann allerdings die Anpassung zum 1.1.2024 um ganze 0,41 Euro aus.
Durch den Mindestlohn sank auch die Zahl derjenigen, die auf ergänzende Leistungen nach dem SGB II (Nr. 30 II) angewiesen sind (»Aufstocker«), desgleichen die Zahl der Minijobs (s. Einl. II 2 zum SGB IV, Nr. 30 IV). Allerdings war von Anfang an klar, dass die »Aufstocker« keineswegs komplett verschwinden würden (vgl. IAB-Kurzbericht 7/14), denn die Abhängigkeit von ergänzenden Grundsicherungsleistungen kann sich beispielsweise auch daraus ergeben, dass andere Personen der sog. Bedarfsgemeinschaft kein ausreichendes Einkommen haben, oder auch daraus, dass die Arbeitszeit nicht genügt, um ein ausreichendes Monatseinkommen zu erwirtschaften. Auch insoweit sollte die Anhebung des gesetzlichen Mindestlohns ab 1.10.2022 nochmals Linderung verschaffen.
Die oben beschriebene Befürchtung, dass der Mindestlohn Arbeitsplatzverluste mit sich bringe, hat sich weitgehend als unzutreffend erwiesen (vgl. IAB, Aktueller Bericht 18/16), auch längerfristig (IAB-Kurzbericht 24/19; *Weinkopf*, SozSich 20, 293). Die Arbeitslosenzahl hatte im Gegenteil im ersten Halbjahr 2015 saisonbereinigt abgenommen (Böckler impuls 14/15, S. 2). Auch die Evaluation des Gesetzes im Jahr 2020 hat ergeben, dass der Mindestlohn keinen nachteiligen Enfluss auf den Beschäftigungsstand gehabt hat (BMAS Forschungsbericht 558 S. 84ff.). Insgesamt ist ein starker Abgang von Minijobs in sozialversicherungspflichtige Beschäftigung zu beobachten gewesen (*vom Berge/Weber*, IAB-Kurzbericht 11/17). Profitiert haben von der Einführung des Mindestlohns nicht nur diejenigen, die zuvor einen niedrigeren Lohn bezogen haben, sondern die Betriebe haben auch in darüber liegenden Lohngruppen Erhöhungen eingeführt, um die Lohnspreizung zumindest teilweise aufrechtzuerhalten (Böckler Impuls 14/17, S. 2). Besonders profitiert haben von der Einführung des Mindestlohns Geringverdiener in Ostdeutschland. Beschäftigte mit einem Einkommen bis 1300 Euro konnten preisbereinigt einen Anstieg um durchschnittlich gut 31% verzeichnen. Die unteren 30% der Einkommen stiegen um durchschnittlich gut 21%, im Westen um rund 12% (Boeckler impuls 16/24, 6). Insgesamt scheint es möglich, dass durch den Mindestlohn positive gesamtwirtschaftliche Effekte eingetreten sind und noch werden, weil er Konsum und stabiles Wachstum fördert (*Herzog-Stein/Logeay/Nüß/Stein/Zwiener*, IMK Report 141).
Nicht alle Arbeitnehmer, die einen Anspruch haben, erhalten aber auch den Mindestlohn. Im ersten Halbjahr 2015 wurden immerhin 146 Ermittlungsverfahren wegen Verletzung der Pflicht zur Zahlung des Mindestlohns eingeleitet. Darüber hinaus wurden etwa ebenso viele Verfahren wegen Verletzung sonstiger Pflichten nach dem MiLoG eingeleitet (BT-Drs. 18/5807, S. 9). Im gesamten Jahr 2015 wurden insgesamt 705 Verfahren wegen Nichtgewährung des gesetzlichen Mindest-

lohns eingeleitet (BT-Drs. 18/8513, S. 2). Im ersten Halbjahr 2017 waren es bereits mehr als 2400 Verfahren (»Mehr Kontrollen bei Lohndrückern«, SZ v. 21.9.17, S. 6). 2023 wurden mehr als 7000 Verfahren wegen Ordnungswidrigkeiten nach dem MiLoG eingeleitet und gut 96 Mio. Euro an Verwarn- und Bußgeldern, Verfall und Einziehung sowie Geldstrafen in Höhe von 30,5 Mio. Euro verhängt (BT-Drs. 20/12347). Insgesamt sind vor allem Minijobber, Ausländer und Beschäftigte in Kleinunternehmen von Mindestlohnverstößen betroffen (»Betrug beim Mindestlohn«, ver.di publik 1/18, 1). Das gilt besonders für Arbeitnehmer in Betrieben ohne Tarifvertrag und Betriebsrat (Böckler impuls 2/18). Es wird befürchtet, dass der gesetzliche Mindestlohn Anlass gibt, weiterhin zunehmend auf echte oder vermeintliche Werkverträge auszuweichen (vgl. auch Einl. III 2 zum AÜG, Nr. 4). Ein Stück weit könnte dem begegnet werden durch Ausweitung des gesetzlichen Mindestlohns auf arbeitnehmerähnliche Personen (*Däubler*, NJW 14, 1924, 1926). Das ist im aktuellen Gesetz aber bislang nicht geschehen.
Die umstr. Frage, ob der Mindestlohn auch bei Transitfahrten zur Anwendung gebracht werden darf (vgl. bis 48. Aufl.), wurde durch die Einfügung von Sonderregelungen für den Straßenverkehr in §§ 36 ff. AEntG zu Gunsten einer Freistellung bestimmter Tätigkeiten im Straßenverkehr im Inland vom Entsenderecht durch den Gesetzgeber einer Klärung zugeführt (vgl. Einl. II zum AEntG).
Die wichtigsten Fragen der Praxis drehen sich darum, welche Elemente zum Mindestlohn gehören, welche einzelnen Gehaltsbestandteile sich mithin als mindestlohnwirksam erweisen. In einer Entschließung des Bundesrates wurde die Bundesregierung aufgefordert, eine gesetzliche Klarstellung zu treffen (BR-Drs. 361/16), was bislang aber nicht geschehen ist. Das *BAG* (25.5.2016 – 5 AZR 135/16, BB 16, 2621, Rn. 32) hat entschieden, dass alle Leistungsansprüche, die im Austauschverhältnis für die Arbeitsleistung stehen, mindestlohnwirksam sind. Nur solche Ansprüche, die unabhängig von einer Arbeitsleistung bestehen oder die einer besonderen gesetzlichen Zwecksetzung unterliegen, wie etwa der Anspruch auf Zuschlag für Nachtarbeit gemäß § 6 Abs. 5 ArbZG (Nr. 8), können nicht auf den Mindestlohn angerechnet werden. Dementsprechend sind beispielsweise eine Wechselschichtzulage oder eine allgemeine Leistungszulage auf den Mindestlohn anzurechnen (*BAG* 21.12.2016 – 5 AZR 374/16, NZA 17, 378). Dasselbe gilt für eine Anwesenheitsprämie (*BAG* 11.10.2017 – 5 AZR 621/16, NZA 17, 1598; 6.12.2017 – 5 AZR 864/16, NZA 18, 525), für eine Besitzstandszulage (*BAG* 6.12.2017 – 5 AZR 699/16, NZA 18, 582, Rn. 24 ff.), für ein zusätzliches Urlaubsgeld oder Weihnachtsgeld (*BAG* 25.5.2016 – 5 AZR 135/16, BB 16, 2621, Rn. 32 ff.; für eine Berücksichtigung allerdings lediglich im Zahlungsmonat sowie im Vormonat *Lakies*, AuR 14, 360, 361; vgl. auch *Sittard*, NZA 14, 951, 952), für Sonn- und Feiertagszuschläge (*BAG* 24.5.2017 – 5 AZR 431/16, NZA 17, 1387) sowie für eine Treueprämie (so *BAG* 22.3.2017 – 5 AZR 424/16, NZA 17, 1073, in Bezug auf einen Branchenmindestlohn). Dasselbe dürfte gelten für Schmutzzulagen und Erschwerniszulagen (*Nebel/Kloster*, BB 14, 2933, 2936). Auch gezahlte Überstundenzuschläge sind damit anzurechnen. Verneint wird die Einbeziehung vermögenswirksamer Leistungen in den Mindestlohn (*Däubler*, NJW 14, 1924, 1927). Auch Aufwendungsersatz kann nicht wirksam auf den Mindestlohn angerechnet werden (*Bayreuther*, NZA 14, 865, 869). Zu bedenken ist, dass Zulagen und Zuschläge, die nach Vorstehendem

als mindestlohnwirksam gelten, bei ihrem Ausbleiben zur Unterschreitung des gesetzlichen Mindestlohns führen können, sodass der Arbeitgeber dennoch zur Ergänzungszahlung durch das MiLoG verpflichtet ist.
Teilweise haben Arbeitgeber versucht, einvernehmlich mit dem Arbeitnehmer Regelungen über Lohnbestandteile so umzugestalten, dass sie mindestlohnwirksam angerechnet werden können, ohne eine erhöhte Vergütung zahlen zu müssen. Teilweise wurde dies auch im Wege von Änderungskündigungen versucht. Dafür fehlt es aber in der Regel an den rechtlichen Voraussetzungen (vgl. *LAG Berlin-Brandenburg* 11.8.2015 – 19 Sa 819/15, 19 Sa 827/15, 19 Sa 1156/15, NZA-RR 16, 125).
Vorübergehenden Überlegungen zu einer Ausnahme vom Mindestlohn für Flüchtlinge wurde letztlich nicht nachgegeben (Mitt. in AuR 16, 149).
Auf europäischer Unionsebene gibt es die Richtlinie (EU) 2022/2041 über angemessene Mindestlöhne (v. 19.10.2022, ABl. L 275/33; vgl. *Franzen*, EuZA 24, 3; *Klein/Lentes*, ZESAR 25, 110 und ZESAR 25, 10; *Klumpp*, ZESAR 23, 101; *Rudkowski*, ZFA 24, 181; zum Entwurf COM [2020] 682 *Eichenhofer*, AuR 21, 148; *Franzen*, ZFA 21, 157; *Sagan/Witschen/Schneider*, ZESAR 21, 103; *Schulten/Müller*, SozSich 21, 92). Darüber sollen nicht unmittelbar die Mindestlöhne geregelt, sondern sichergestellt werden, dass alle Arbeitnehmer durch Mindestlöhne geschützt werden, die einen angemessenen Lebensstandard am Arbeitsort gewährleisten. Dazu sollen Tarifverhandlungen gefördert (Art. 3) und Maßnahmen zur Angemessenheit von Mindestlöhnen, soweit es in den Staaten (wie in Deutschland) einen gesetzlichen Mindestlohn gibt, ergriffen werden (Art. 4). Außerdem sollen Maßnahmen für den Zugang zum Mindestlohnschutz wie behördliche Kontrollen und zugängliche Informationen vorgesehen werden (Art. 8). Die gesetzliche Anhebung des Mindestlohns zum 1.10.2022 mit dem Ziel, den Schwellenwert von 60 % des Bruttomedianlohns zu erreichen, kann als vorweggenommene Maßnahme zur Angemessenheit von Mindestlöhnen begriffen werden. Eine Nichtigkeitsklage gegen die Richtlinie hatte nur geringen Erfolg. Der *EuGH* hat nur einzelne Bestimmungen kassiert (11.11.2025 – C-19/23, NZA 25, 1693). Das betrifft insbesondere Art. 5 Abs. 2, der den Mitgliedstaaten verbindliche Kriterien für die Festlegung und Aktualisierung gesetzlicher Mindestlöhne vorgab. Im Wesentlichen ist die Richtlinie in Kraft geblieben und die Bundesrepublik daher mit der Umsetzung säumig.
Die aktuelle Bundesregierung plant, dass sich die Mindestlohnkommission künftig im Rahmen einer Gesamtabwägung sowohl an der Tarifentwicklung als auch an 60 % des Bruttomedianlohns von Vollzeitbeschäftigten orientieren soll. Sie geht davon aus, dass »auf diesem Weg (…) ein Mindestlohn von 15 Euro im Jahr 2026 erreichbar« ist (»Verantwortung für Deutschland«, Koalitionsvertrag zwischen CDU, CSU und SPD, 21. Legislaturperiode, Zeilen 545 ff.).

Wichtige Entscheidung

BAG 25.5.2016 – 5 AZR 135/16, BB 2016, 2621

Weiterführende Literatur

Evaluation des MiLoG

BMAS Forschungsbericht 558: Gesamtbericht zur Evaluation des allgemeinen gesetzlichen Mindestlohns nach § 23 Mindestlohngesetz (2020)

Handbücher und Kommentare

Düwell/Schubert (Hrsg.), Mindestlohngesetz, 2. Aufl. (2017)
Fischer-Lescano/Preis/Ulber, Verfassungsmäßigkeit des Mindestlohns (2015)
Lakies, Mindestlohngesetz, Basiskommentar, 6. Aufl. (2025)
Riechert/Nimmerjahn, Mindestlohngesetz, 2. Aufl. (2017)
Schubert/Jerchel/Düwell, Das neue Mindestlohngesetz (2014)
Thüsing, AEntG und MiLoG, 2. Aufl. (2016)

Aufsätze

Schwerpunktheft: »Mindestlöhne in Deutschland – Erfahrungen und Analysen«, WSI-Mitt. 7/2017
Bayreuther, Der gesetzliche Mindestlohn, NZA 2014, S. 865
Bispinck, Stärkung für Lohngefüge und Tarifsystem, Mitb. 2014, S. 47
Böggemann, Arbeitsgerichtliche Rechtsprechung zum Lohnwucher, NZA 2011, S. 493
Bosch/Weinkopf, Revitalisierung der Tarifpolitik durch den gesetzlichen Mindestlohn?, Industrielle Beziehungen 2015, S. 305
Brors, Europäische Rahmenbedingungen für den neuen Mindestlohn und seine Ausnahmen, NZA 2014, S. 938
Däubler, Der gesetzliche Mindestlohn – doch eine unendliche Geschichte?, NJW 2014, S. 1924
Fechner, Mindestlöhne: Rechtsentwicklung und Rechtsprechung, AuR 2025, S. 24
Franzen, Das Gesetz zur Regelung des allgemeinen Mindestlohns (MiLoG), Jahrbuch des Arbeitsrechts 52 (2015), S. 67
Henssler, Mindestlohn und Tarifrecht, RdA 2015, S. 43
Heuschmid/Hlava, Die Durchsetzungsmechanismen des Mindestlohngesetzes, NJW 2015, S. 1719
Hlava, Der gesetzliche Mindestlohn – Reichweite, Durchsetzung und Auswirkungen, SR 2016, S. 17
Maschmann, Die staatliche Durchsetzung des allgemeinen Mindestlohns nach den §§ 14 ff. MiLoG, NZA 2014, S. 929
Picker, Niedriglohn und Mindestlohn, RdA 2014, S. 25
Pusch/Tobsch/Schmidt/Santoro, Effekte des gesetzlichen Mindestlohns auf die Haushaltseinkommen und den Bezug bedarfsgeprüfter Transferleistungen, WSI-Mitt. 2021, S. 116
Schreiner/Sura, Zehn Jahre Mindestlohngesetz, Beobachtungen zu einem unauffälligen Gesetz, NZA 2025, S. 18

Sick, Das Risiko der »Auftraggeberhaftung« nach dem Mindestlohngesetz (MiLoG), RdA 2016, S. 224
Sittard, Im Dschungel der Mindestlöhne, RdA 2013, S. 301
Sittard, Das MiLoG – Ein Ausblick auf die Folgen und anstehende Weichenstellungen, NZA 2014, S. 951
Ulber, Personelle Ausnahmen und Einschränkungen im MiLoG, AuR 2014, S. 404
Waltermann, Niedriglohnsektor und Mindestlohn – Nachhaltigkeit im Arbeitsrecht und Sozialrecht, NZS 2017, S. 247
Wank, Der Mindestlohn, RdA 2015, S. 88
Weinkopf, Wirkungen des gesetzlichen Mindestlohns – eine Bestandsaufnahme nach fünf Jahren, SozSich 2020, S. 293

Übersicht 75a: Mindestlohn für nicht tarifgebundene AN

Allgemeinverbindlicherklärung	AEntG	MiLoG	Heimarbeiter
des TV nach § 5 TVG • öffentliches Interesse oder • Sicherung der Funktionsfähigkeit einer gemeinsamen Einrichtung	TV • in Branche gem. § 4 • über Entgelt, Urlaub, Urlaubskasse oder Arbeitsbedingungen i.S.d. § 2 • Allgemeinverbindlicherklärung oder Rechtsverordnung nach § 7 ↓ Zwingende Wirkung nach § 8	allgemeiner gesetzlicher Mindestlohn seit 1.1.2025: 12,82 €/Stunde	Bindende Entgeltfestsetzung für Heimarbeiter durch **Heimarbeitsausschuss** nach § 19 HAG • Verbände umfassen nur eine Minderheit • unzulängliche Arbeitsbedingungen

Sittenwidrigkeit (§138 BGB) unter Berücksichtigung aller Umstände des Einzelfalls;
bei Üblichkeit des Tariflohns (mehr als 50% tarifgebundene AG oder tarifgebundene AG beschäftigen mehr als 50% der AN): Unterschreitung des Tariflohns um 1/3

31b

Gesetz zur Regelung eines allgemeinen Mindestlohns (Mindestlohngesetz – MiLoG)

vom 11. August 2014 (BGBl. I 1348),
zuletzt geändert durch Gesetz vom 22. Dezember 2025 (BGBl. 2025 I Nr. 369)

Abschnitt 1 – Festsetzung des allgemeinen Mindestlohns

Unterabschnitt 1 – Inhalt des Mindestlohns

§ 1 Mindestlohn (1) Jede Arbeitnehmerin und jeder Arbeitnehmer hat Anspruch auf Zahlung eines Arbeitsentgelts mindestens in Höhe des Mindestlohns durch den Arbeitgeber.
(2) Die Höhe des Mindestlohns beträgt ab dem 1. Oktober 2022 brutto 12 Euro je Zeitstunde. Die Höhe des Mindestlohns kann auf Vorschlag einer ständigen Kommission der Tarifpartner (Mindestlohnkommission) durch Rechtsverordnung der Bundesregierung geändert werden.[1]
(3) Die Regelungen des Arbeitnehmer-Entsendegesetzes, des Arbeitnehmerüberlassungsgesetzes und der auf ihrer Grundlage erlassenen Rechtsverordnungen gehen den Regelungen dieses Gesetzes vor, soweit die Höhe der auf ihrer Grundlage festgesetzten Branchenmindestlöhne die Höhe des Mindestlohns nicht unterschreitet.

§ 2 Fälligkeit des Mindestlohns (1) Der Arbeitgeber ist verpflichtet, der Arbeitnehmerin oder dem Arbeitnehmer den Mindestlohn
1. zum Zeitpunkt der vereinbarten Fälligkeit,
2. spätestens am letzten Bankarbeitstag (Frankfurt am Main) des Monats, der auf den Monat folgt, in dem die Arbeitsleistung erbracht wurde,

zu zahlen. Für den Fall, dass keine Vereinbarung über die Fälligkeit getroffen worden ist, bleibt § 614 des Bürgerlichen Gesetzbuchs unberührt.
(2) Abweichend von Absatz 1 Satz 1 sind bei Arbeitnehmerinnen und Arbeitnehmern die über die vertraglich vereinbarte Arbeitszeit hinausgehenden und auf einem schriftlich vereinbarten Arbeitszeitkonto eingestellten Arbeitsstunden spätestens innerhalb von zwölf Kalendermonaten nach ihrer monatlichen Erfassung durch bezahlte Freizeitgewährung oder Zahlung des Mindestlohns auszugleichen, soweit der Anspruch auf den Mindestlohn für die geleisteten Arbeitsstunden nach § 1 Absatz 1 nicht bereits durch Zahlung des verstetigten Arbeitsentgelts erfüllt ist. Im Falle der Beendigung des Arbeitsverhältnisses hat der Arbeitgeber nicht ausgeglichene Arbeitsstunden spätestens in dem auf die Beendigung des Arbeitsverhältnisses folgenden Kalendermonat auszugleichen. Die auf das Arbeitszeitkonto eingestellten Arbeitsstunden dürfen monatlich jeweils 50 Prozent der vertraglich vereinbarten Arbeitszeit nicht übersteigen.

---

1 Der Mindestlohn wurde durch Verordnung v. 5. 11. 2025 (BGBl. 2025 I Nr. 268) ab 1. Januar 2026 auf 13,90 Euro und ab 1. Januar 2027 auf 14,60 Euro festgesetzt.

(3) Die Absätze 1 und 2 gelten nicht für Wertguthabenvereinbarungen im Sinne des Vierten Buches Sozialgesetzbuch. Satz 1 gilt entsprechend für eine im Hinblick auf den Schutz der Arbeitnehmerinnen und Arbeitnehmer vergleichbare ausländische Regelung.

§ 3 Unabdingbarkeit des Mindestlohns Vereinbarungen, die den Anspruch auf Mindestlohn unterschreiten oder seine Geltendmachung beschränken oder ausschließen, sind insoweit unwirksam. Die Arbeitnehmerin oder der Arbeitnehmer kann auf den entstandenen Anspruch nach § 1 Absatz 1 nur durch gerichtlichen Vergleich verzichten; im Übrigen ist ein Verzicht ausgeschlossen. Die Verwirkung des Anspruchs ist ausgeschlossen.

Unterabschnitt 2 – Mindestlohnkommission

§ 4 Aufgabe und Zusammensetzung (1) Die Bundesregierung errichtet eine ständige Mindestlohnkommission, die über die Anpassung der Höhe des Mindestlohns befindet.
(2) Die Mindestlohnkommission wird alle fünf Jahre neu berufen. Sie besteht aus einer oder einem Vorsitzenden, sechs weiteren stimmberechtigten ständigen Mitgliedern und zwei Mitgliedern aus Kreisen der Wissenschaft ohne Stimmrecht (beratende Mitglieder).

§ 5 Stimmberechtigte Mitglieder (1) Die Bundesregierung beruft je drei stimmberechtigte Mitglieder auf Vorschlag der Spitzenorganisationen der Arbeitgeber und der Arbeitnehmer aus Kreisen der Vereinigungen von Arbeitgebern und Gewerkschaften. Die Spitzenorganisationen der Arbeitgeber und Arbeitnehmer sollen jeweils mindestens eine Frau und einen Mann als stimmberechtigte Mitglieder vorschlagen. Werden auf Arbeitgeber- oder auf Arbeitnehmerseite von den Spitzenorganisationen mehr als drei Personen vorgeschlagen, erfolgt die Auswahl zwischen den Vorschlägen im Verhältnis zur Bedeutung der jeweiligen Spitzenorganisationen für die Vertretung der Arbeitgeber- oder Arbeitnehmerinteressen im Arbeitsleben des Bundesgebietes. Übt eine Seite ihr Vorschlagsrecht nicht aus, werden die Mitglieder dieser Seite durch die Bundesregierung aus Kreisen der Vereinigungen von Arbeitgebern oder Gewerkschaften berufen.
(2) Scheidet ein Mitglied aus, wird nach Maßgabe des Absatzes 1 Satz 1 und 4 ein neues Mitglied berufen.

§ 6 Vorsitz (1) Die Bundesregierung beruft die Vorsitzende oder den Vorsitzenden auf gemeinsamen Vorschlag der Spitzenorganisationen der Arbeitgeber und der Arbeitnehmer.
(2) Wird von den Spitzenorganisationen kein gemeinsamer Vorschlag unterbreitet, beruft die Bundesregierung jeweils eine Vorsitzende oder einen Vorsitzenden auf Vorschlag der Spitzenorganisationen der Arbeitgeber und der Arbeitnehmer. Der Vorsitz wechselt zwischen den Vorsitzenden nach jeder Beschlussfassung nach § 9. Über den erstmaligen Vorsitz entscheidet das Los. § 5 Absatz 1 Satz 3 und 4 gilt entsprechend.

(3) Scheidet die Vorsitzende oder der Vorsitzende aus, wird nach Maßgabe der Absätze 1 und 2 eine neue Vorsitzende oder ein neuer Vorsitzender berufen.

§ 7 Beratende Mitglieder (1) Die Bundesregierung beruft auf Vorschlag der Spitzenorganisationen der Arbeitgeber und Arbeitnehmer zusätzlich je ein beratendes Mitglied aus Kreisen der Wissenschaft. Die Bundesregierung soll darauf hinwirken, dass die Spitzenorganisationen der Arbeitgeber und Arbeitnehmer eine Frau und einen Mann als beratendes Mitglied vorschlagen. Das beratende Mitglied soll in keinem Beschäftigungsverhältnis stehen zu

1. einer Spitzenorganisation der Arbeitgeber oder Arbeitnehmer,
2. einer Vereinigung der Arbeitgeber oder einer Gewerkschaft oder
3. einer Einrichtung, die von den in der Nummer 1 oder Nummer 2 genannten Vereinigungen getragen wird.

§ 5 Absatz 1 Satz 3 und 4 und Absatz 2 gilt entsprechend.
(2) Die beratenden Mitglieder unterstützen die Mindestlohnkommission insbesondere bei der Prüfung nach § 9 Absatz 2 durch die Einbringung wissenschaftlichen Sachverstands. Sie haben das Recht, an den Beratungen der Mindestlohnkommission teilzunehmen.

§ 8 Rechtsstellung der Mitglieder (1) Die Mitglieder der Mindestlohnkommission unterliegen bei der Wahrnehmung ihrer Tätigkeit keinen Weisungen.
(2) Die Tätigkeit der Mitglieder der Mindestlohnkommission ist ehrenamtlich.
(3) Die Mitglieder der Mindestlohnkommission erhalten eine angemessene Entschädigung für den ihnen bei der Wahrnehmung ihrer Tätigkeit erwachsenden Verdienstausfall und Aufwand sowie Ersatz der Fahrtkosten entsprechend den für ehrenamtliche Richterinnen und Richter der Arbeitsgerichte geltenden Vorschriften. Die Entschädigung und die erstattungsfähigen Fahrtkosten setzt im Einzelfall die oder der Vorsitzende der Mindestlohnkommission fest.

§ 9 Beschluss der Mindestlohnkommission (1) Die Mindestlohnkommission hat über eine Anpassung der Höhe des Mindestlohns bis zum 30. Juni 2023 mit Wirkung zum 1. Januar 2024 zu beschließen. Danach hat die Mindestlohnkommission alle zwei Jahre über Anpassungen der Höhe des Mindestlohns zu beschließen.
(2) Die Mindestlohnkommission prüft im Rahmen einer Gesamtabwägung, welche Höhe des Mindestlohns geeignet ist, zu einem angemessenen Mindestschutz der Arbeitnehmerinnen und Arbeitnehmer beizutragen, faire und funktionierende Wettbewerbsbedingungen zu ermöglichen sowie Beschäftigung nicht zu gefährden. Die Mindestlohnkommission orientiert sich bei der Festsetzung des Mindestlohns nachlaufend an der Tarifentwicklung.
(3) Die Mindestlohnkommission hat ihren Beschluss schriftlich zu begründen.
(4) Die Mindestlohnkommission evaluiert laufend die Auswirkungen des Mindestlohns auf den Schutz der Arbeitnehmerinnen und Arbeitnehmer, die Wettbewerbsbedingungen und die Beschäftigung in Bezug auf bestimmte Branchen und Regionen sowie die Produktivität und stellt ihre Erkenntnisse der Bundesregierung in einem Bericht alle zwei Jahre gemeinsam mit ihrem Beschluss zur Verfügung.

§ 10 Verfahren der Mindestlohnkommission (1) Die Mindestlohnkommission ist beschlussfähig, wenn mindestens die Hälfte ihrer stimmberechtigten Mitglieder anwesend ist.

(2) Die Beschlüsse der Mindestlohnkommission werden mit einfacher Mehrheit der Stimmen der anwesenden Mitglieder gefasst. Bei der Beschlussfassung hat sich die oder der Vorsitzende zunächst der Stimme zu enthalten. Kommt eine Stimmenmehrheit nicht zustande, macht die oder der Vorsitzende einen Vermittlungsvorschlag. Kommt nach Beratung über den Vermittlungsvorschlag keine Stimmenmehrheit zustande, übt die oder der Vorsitzende ihr oder sein Stimmrecht aus.

(3) Die Mindestlohnkommission kann Spitzenorganisationen der Arbeitgeber und Arbeitnehmer, Vereinigungen von Arbeitgebern und Gewerkschaften, öffentlich-rechtliche Religionsgesellschaften, Wohlfahrtsverbände, Verbände, die wirtschaftliche und soziale Interessen organisieren, sowie sonstige von der Anpassung des Mindestlohns Betroffene vor Beschlussfassung anhören. Sie kann Informationen und fachliche Einschätzungen von externen Stellen einholen.

(4) Die Sitzungen der Mindestlohnkommission sind nicht öffentlich; der Inhalt ihrer Beratungen ist vertraulich. Die Teilnahme an Sitzungen der Mindestlohnkommission sowie die Beschlussfassung können in begründeten Ausnahmefällen auf Vorschlag der oder des Vorsitzenden mittes einer Videokonferenz erfolgen, wenn

1. kein Mitglied diesem Verfahren unverzüglich widerspricht und
2. sichergestellt ist, dass Dritte vom Inhalt der Sitzung keine Kenntnis nehmen können.

Die übrigen Verfahrensregelungen trifft die Mindestlohnkommission in einer Geschäftsordnung.

§ 11 Rechtsverordnung (1) Die Bundesregierung kann die von der Mindestlohnkommission vorgeschlagene Anpassung des Mindestlohns durch Rechtsverordnung ohne Zustimmung des Bundesrates für alle Arbeitgeber sowie Arbeitnehmerinnen und Arbeitnehmer verbindlich machen. Die Rechtsverordnung tritt am im Beschluss der Mindestlohnkommission bezeichneten Tag, frühestens aber am Tag nach Verkündung in Kraft. Die Rechtsverordnung gilt, bis sie durch eine neue Rechtsverordnung abgelöst wird.

(2) Vor Erlass der Rechtsverordnung erhalten die Spitzenorganisationen der Arbeitgeber und Arbeitnehmer, die Vereinigungen von Arbeitgebern und Gewerkschaften, die öffentlich-rechtlichen Religionsgesellschaften, die Wohlfahrtsverbände sowie die Verbände, die wirtschaftliche und soziale Interessen organisieren, Gelegenheit zur schriftlichen Stellungnahme. Die Frist zur Stellungnahme beträgt drei Wochen; sie beginnt mit der Bekanntmachung des Verordnungsentwurfs.

§ 12 Geschäfts- und Informationsstelle für den Mindestlohn; Kostenträgerschaft (1) Die Mindestlohnkommission wird bei der Durchführung ihrer Aufgaben von einer Geschäftsstelle unterstützt. Die Geschäftsstelle untersteht insoweit fachlich der oder dem Vorsitzenden der Mindestlohnkommission.

(2) Die Geschäftsstelle wird bei der Bundesanstalt für Arbeitsschutz und Arbeitsmedizin als selbständige Organisationeinheit eingerichtet.

(3) Die Geschäftsstelle informiert und berät als Informationsstelle für den Mindestlohn Arbeitnehmerinnen und Arbeitnehmer sowie Unternehmen zum Thema Mindestlohn.
(4) Die durch die Tätigkeit der Mindestlohnkommission und der Geschäftsstelle anfallenden Kosten trägt der Bund.

Abschnitt 2 – Zivilrechtliche Durchsetzung

§ 13 Haftung des Auftraggebers § 14 des Arbeitnehmer-Entsendegesetzes findet entsprechende Anwendung.

Abschnitt 3 – Kontrolle und Durchsetzung durch staatliche Behörden

§ 14 Zuständigkeit Für die Prüfung der Einhaltung der Pflichten eines Arbeitgebers nach § 20 sind die Behörden der Zollverwaltung zuständig.

§ 15 Befugnisse der Behörden der Zollverwaltung und anderer Behörden; Mitwirkungspflichten des Arbeitgebers Die §§ 2 bis 7, 13, 14, 15 bis 20, 22 und 23 des Schwarzarbeitsbekämpfungsgesetzes sind entsprechend anzuwenden mit der Maßgabe, dass

1. die dort genannten Behörden auch Einsicht in Arbeitsverträge, Niederschriften nach § 2 des Nachweisgesetzes und andere Geschäftsunterlagen nehmen können, die mittelbar oder unmittelbar Auskunft über die Einhaltung des Mindestlohns nach § 20 geben, und
2. die nach § 5 Absatz 1 des Schwarzarbeitsbekämpfungsgesetzes zur Mitwirkung Verpflichteten diese Unterlagen vorzulegen haben.

Entsandte Arbeitnehmerinnen und Arbeitnehmer können im Rahmen der Prüfungen nach dem Schwarzarbeitsbekämpfungsgesetz auch nach dem Abschluss der Entsendung kontaktiert werden.

§ 16 Meldepflicht (1) Ein Arbeitgeber mit Sitz im Ausland, der eine Arbeitnehmerin oder einen Arbeitnehmer oder mehrere Arbeitnehmerinnen oder Arbeitnehmer in den in § 2a des Schwarzarbeitsbekämpfungsgesetzes genannten Wirtschaftsbereichen oder Wirtschaftszweigen im Anwendungsbereich dieses Gesetzes beschäftigt, ist verpflichtet, vor Beginn jeder Werk- oder Dienstleistung eine schriftliche Anmeldung in deutscher Sprache bei der zuständigen Behörde der Zollverwaltung nach Absatz 6 vorzulegen, die die für die Prüfung wesentlichen Angaben enthält. Wesentlich sind die Angaben über

1. den Familiennamen, den Vornamen und das Geburtsdatum der von ihm im Geltungsbereich dieses Gesetzes beschäftigten Arbeitnehmerinnen und Arbeitnehmer,
2. den Beginn und die voraussichtliche Dauer der Beschäftigung,
3. den Ort der Beschäftigung,
4. den Ort im Inland, an dem die nach § 17 erforderlichen Unterlagen bereitgehalten werden,

5. den Familiennamen, den Vornamen, das Geburtsdatum und die Anschrift in Deutschland der oder des verantwortlich Handelnden,
6. die Branche, in die die Arbeitnehmerinnen und Arbeitnehmer entsandt werden sollen, und
7. den Familiennamen, den Vornamen und die Anschrift in Deutschland einer oder eines Zustellungsbevollmächtigten, soweit diese oder dieser nicht mit der oder dem in Nummer 5 genannten verantwortlich Handelnden identisch ist.

Änderungen bezüglich dieser Angaben hat der Arbeitgeber im Sinne des Satzes 1 unverzüglich zu melden.

(2) Abweichend von Absatz 1 ist ein Arbeitgeber mit Sitz in einem anderen Mitgliedstaat der Europäischen Union oder des Europäischen Wirtschaftsraums verpflichtet, der zuständigen Behörde der Zollverwaltung vor Beginn der Beschäftigung einer Kraftfahrerin oder eines Kraftfahrers für die Durchführung von Güter- oder Personenbeförderungen im Inland nach § 36 Absatz 1 des Arbeitnehmer-Entsendegesetzes eine Anmeldung mit folgenden Angaben elektronisch zuzuleiten:

1. die Identität des Unternehmens, sofern diese verfügbar ist in Form der Nummer der Gemeinschaftslizenz,
2. den Familiennamen und den Vornamen sowie die Anschrift im Niederlassungsstaat eines oder einer Zustellungsbevollmächtigten,
3. den Familiennamen, den Vornamen, das Geburtsdatum, die Anschrift und die Führerscheinnummer der Kraftfahrerin oder des Kraftfahrers,
4. den Beginn des Arbeitsvertrags der Kraftfahrerin oder des Kraftfahrers und das auf diesen Vertrag anwendbare Recht,
5. den voraussichtlichen Beginn und das voraussichtliche Ende der Beschäftigung der Kraftfahrerin oder des Kraftfahrers im Inland,
6. die amtlichen Kennzeichen der für die Beschäftigung im Inland einzusetzenden Kraftfahrzeuge,
7. ob es sich bei den von der Kraftfahrerin oder dem Kraftfahrer zu erbringenden Verkehrsdienstleistungen um Güterbeförderung oder Personenbeförderung und grenzüberschreitende Beförderung oder Kabotage handelt;

die Anmeldung ist mittels der elektronischen Schnittstelle des Binnenmarkt-Informationssystems nach Artikel 1 in Verbindung mit Artikel 5 Buchstabe a der Verordnung (EU) Nr. 1024/2012 des Europäischen Parlaments und des Rates vom 25. Oktober 2012 über die Verwaltungszusammenarbeit mit Hilfe des Binnenmarkt-Informationssystems und zur Aufhebung der Entscheidung 2008/49/EG der Kommission (»IMI-Verordnung«) (ABl. L 316 vom 14. 11. 2012, S. 1), die zuletzt durch die Verordnung (EU) 2020/1055 (ABl. L 249 vom 31. 7. 2020, S. 17) geändert worden ist, zuzuleiten. Absatz 1 Satz 3 gilt entsprechend.

(3) Überlässt ein Verleiher mit Sitz im Ausland eine Arbeitnehmerin oder einen Arbeitnehmer oder mehrere Arbeitnehmerinnen oder Arbeitnehmer zur Arbeitsleistung einem Entleiher, hat der Verleiher in den in § 2a des Schwarzarbeitsbekämpfungsgesetzes genannten Wirtschaftsbereichen oder Wirtschaftszweigen unter den Voraussetzungen des Absatzes 1 Satz 1 vor Beginn jeder Werk- oder Dienstleistung der zuständigen Behörde der Zollverwaltung eine schriftliche Anmeldung in deutscher Sprache mit folgenden Angaben zuzuleiten:

1. den Familiennamen, den Vornamen und das Geburtsdatum der überlassenen Arbeitnehmerinnen und Arbeitnehmer,
2. den Beginn und die Dauer der Überlassung,
3. den Ort der Beschäftigung,
4. den Ort im Inland, an dem die nach § 17 erforderlichen Unterlagen bereitgehalten werden,
5. den Familiennamen, den Vornamen und die Anschrift in Deutschland einer oder eines Zustellungsbevollmächtigten des Verleihers,
6. die Branche, in die die Arbeitnehmerinnen und Arbeitnehmer entsandt werden sollen,
7. den Familiennamen, den Vornamen oder die Firma sowie die Anschrift des Entleihers.

Absatz 1 Satz 3 gilt entsprechend.

(4) Das Bundesministerium der Finanzen kann durch Rechtsverordnung im Einvernehmen mit dem Bundesministerium für Arbeit und Soziales ohne Zustimmung des Bundesrates bestimmen,

1. dass, auf welche Weise und unter welchen technischen und organisatorischen Voraussetzungen eine Anmeldung, eine Änderungsmeldung und die Versicherung abweichend von Absatz 1 Satz 1 und 3, Absatz 2 und 3 Satz 1 und 2 und Absatz 4 elektronisch übermittelt werden kann,
2. unter welchen Voraussetzungen eine Änderungsmeldung ausnahmsweise entfallen kann, und
3. wie das Meldeverfahren vereinfacht oder abgewandelt werden kann, sofern die entsandten Arbeitnehmerinnen und Arbeitnehmer im Rahmen einer regelmäßig wiederkehrenden Werk- oder Dienstleistung eingesetzt werden oder sonstige Besonderheiten der zu erbringenden Werk- oder Dienstleistungen dies erfordern.[1]

---

1 **Verordnung über Meldepflichten nach dem Mindestlohngesetz, dem Arbeitnehmer-Entsendegesetz und dem Arbeitnehmerüberlassungsgesetz** (Mindestlohnmeldeverordnung – MiLoMeldV) vom 26. 11. 2014 (BGBl. I 1825), zuletzt geändert durch Gesetz vom 22. 12. 2025 (BGBl. 2025 I Nr. 369)

§ 1 Meldungen (1) Der Arbeitgeber mit Sitz im Ausland soll die Meldungen nach § 16 Absatz 1 des Mindestlohngesetzes und § 18 Absatz 1 des Arbeitnehmer-Entsendegesetzes elektronisch übermitteln. Für die elektronische Übermittlung hat er das Internetportal zu nutzen, das die Zollverwaltung zur Verfügung stellt. Abweichend von den Sätzen 1 und 2 haben Arbeitgeber mit Sitz in einem anderen Mitgliedstaat der Europäischen Union oder des Europäischen Wirtschaftsraums, die Kraftfahrerinnen oder Kraftfahrer nach § 36 Absatz 1 des Arbeitnehmer-Entsendegesetzes im Inland beschäftigen, die Anmeldung mittels der elektronischen Schnittstelle des Binnenmarkt-Informationssystems nach Artikel 1 in Verbindung mit Artikel 5 Buchstabe a der Verordnung (EU) Nr. 1024/2012 des Europäischen Parlaments und des Rates vom 25. Oktober 2012 über die Verwaltungszusammenarbeit mit Hilfe des Binnenmarkt-Informationssystems und zur Aufhebung der Entscheidung 2008/49/EG der Kommission (»IMI-Verordnung«) (ABl. L 316 vom 14. 11. 2012, S. 1), die zuletzt durch die Verordnung (EU) 2020/1055 (ABl. L 249 vom 31. 7. 2020, S. 17) geändert worden ist, zuzuleiten.

(2) Absatz 1 gilt entsprechend für Verleiher bei Meldungen

1. nach § 16 Absatz 3 des Mindestlohngesetzes,
2. nach § 18 Absatz 3 des Arbeitnehmer-Entsendegesetzes und
3. nach § 17b Absatz 1 des Arbeitnehmerüberlassungsgesetzes.

(3) Bei der elektronischen Übermittlung nach Absatz 1 Satz 1 und 2 sowie Absatz 2 hat die Zollverwaltung Verfahren einzusetzen, die dem jeweiligen Stand der Technik entsprechen sowie die Vertraulichkeit und Integrität der Daten gewährleisten. Bei Nutzung allgemein zugänglicher Netze sind die Daten über das Internetportal Ende-zu-Ende zu verschlüsseln. Jede Meldung sowie die darin enthaltenen Datensätze sind systemseitig mit einem eindeutigen Kennzeichen zur Identifizierung zu versehen.

§ 2 Abwandlung der Anmeldung (1) Abweichend von der Meldepflicht nach § 16 Absatz 1 Satz 1 und 2 des Mindestlohngesetzes und § 18 Absatz 1 Satz 1 und 2 des Arbeitnehmer-Entsendegesetzes ist in den Fällen, in denen ein Arbeitgeber mit Sitz im Ausland Arbeitnehmerinnen und Arbeitnehmer

1. an einem Beschäftigungsort
   a) zumindest teilweise vor 6 Uhr oder nach 22 Uhr oder
   b) in Schichtarbeit,
2. an mehreren Beschäftigungsorten am selben Tag oder
3. in ausschließlich mobiler Tätigkeit

beschäftigt, eine Einsatzplanung vorzulegen.

(2) In den Fällen des Absatzes 1 Nummer 1 und 2 hat der Arbeitgeber in der Einsatzplanung folgende Angaben zu machen:

1. den Familiennamen, den Vornamen, das Geburtsdatum, die Staatsangehörigkeit und die Kontaktdaten der von ihm beschäftigten Arbeitnehmerinnen und Arbeitnehmer,
2. den Beginn und die voraussichtliche Dauer der Beschäftigung,
3. den Ort der Beschäftigung, wobei die Angaben die Ortsbezeichnung, die Postleitzahl und, soweit vorhanden, den Straßennamen sowie die Hausnummer enthalten müssen und der Einsatz der Arbeitnehmerinnen und Arbeitnehmer am Beschäftigungsort durch die Angabe von Datum und Uhrzeiten zu konkretisieren ist,
4. den Ort im Inland, an dem die nach § 17 Absatz 2 des Mindestlohngesetzes und § 19 Absatz 2 des Arbeitnehmer-Entsendegesetzes erforderlichen Unterlagen bereitgehalten werden,
5. den Familiennamen, den Vornamen und die Anschrift in Deutschland einer oder eines Zustellungsbevollmächtigten,
6. die Branche, in die die Arbeitnehmerinnen und Arbeitnehmer entsandt werden sollen,
7. die Tätigkeit oder die Position der beschäftigten Arbeitnehmerinnen und Arbeitnehmer für die Dauer der Beschäftigung und
8. den Familiennamen, den Vornamen oder die Firma sowie die Anschrift der Auftraggeber.

Die Einsatzplanung kann einen Zeitraum von bis zu drei Monaten umfassen.

(3) In den Fällen des Absatzes 1 Nummer 3 hat der Arbeitgeber in der Einsatzplanung folgende Angaben zu machen:

1. den Familiennamen, den Vornamen, das Geburtsdatum, die Staatsangehörigkeit und die Kontaktdaten der von ihm voraussichtlich eingesetzten Arbeitnehmerinnen und Arbeitnehmer unter Angabe der voraussichtlichen Anzahl der Einsätze in Deutschland während des angemeldeten Beschäftigungszeitraums,
2. den Beginn und das voraussichtliche Ende der Werk- oder Dienstleistung,
3. den Ort im Inland, an dem die nach § 17 Absatz 2 des Mindestlohngesetzes und § 19 Absatz 2 des Arbeitnehmer-Entsendegesetzes erforderlichen Unterlagen bereitgehalten werden,
4. die Branche, in die die Arbeitnehmerinnen und Arbeitnehmer entsandt werden sollen,
5. die Tätigkeit oder die Position der beschäftigten Arbeitnehmerinnen oder Arbeitnehmer für die Dauer der Beschäftigung und

(5) Das Bundesministerium der Finanzen kann durch Rechtsverordnung ohne Zustimmung des Bundesrates die zuständige Behörde nach Absatz 1 Satz 1 und Absatz 3 Satz 1 bestimmen.[2]

§ 17 Erstellen und Bereithalten von Dokumenten (1) Ein Arbeitgeber, der Arbeitnehmerinnen und Arbeitnehmer nach § 8 Absatz 1 des Vierten Buches Sozialgesetzbuch oder in den in § 2a des Schwarzarbeitsbekämpfungsgesetzes genannten

---

6. den Familiennamen, den Vornamen oder die Firma sowie die Anschrift der Auftraggeber.

Die Einsatzplanung kann je nach Auftragssicherheit einen Zeitraum von bis zu sechs Monaten umfassen. Sofern die Unterlagen im Ausland bereitgehalten werden, ist der Einsatzplanung eine Versicherung beizufügen, dass die Unterlagen auf Anforderung der Behörden der Zollverwaltung für die Prüfung in deutscher Sprache im Inland bereitgestellt werden. Diesen Unterlagen sind auch Angaben zu den im gemeldeten Zeitraum tatsächlich erbrachten Werk- oder Dienstleistungen sowie den jeweiligen Auftraggebern beizufügen.

(4) Bei einer ausschließlich mobilen Tätigkeit im Sinne des Absatzes 1 Nummer 3 handelt es sich um eine Tätigkeit, die nicht an Beschäftigungsorte gebunden ist. Eine ausschließlich mobile Tätigkeit liegt insbesondere bei der Zustellung von Briefen, Paketen und Druckerzeugnissen, der Abfallsammlung, der Straßenreinigung, dem Winterdienst, dem Gütertransport und der Personenbeförderung vor. Das Erbringen ambulanter Pflegeleistungen wird einer ausschließlich mobilen Tätigkeit gleichgestellt. Abweichend von Satz 2 gelten die Beförderung von Gütern oder Personen im Straßenverkehrssektor für Arbeitgeber mit Sitz in einem anderen Mitgliedstaat der Europäischen Union oder des Europäischen Wirtschaftsraums, die eine Entsendung im Sinne des Abschnitts 9 Unterabschnitt 2 des Arbeitnehmer-Entsendegesetzes darstellen, nicht als ausschließlich mobile Tätigkeit im Sinne des Absatzes 1 Nummer 3.

(5) Bei einer ausschließlich mobilen Tätigkeit im Sinne des Absatzes 1 Nummer 2 handelt es sich um eine Tätigkeit, die nicht an Beschäftigungsorte gebunden ist. Eine ausschließlich mobile Tätigkeit liegt insbesondere bei der Zustellung von Briefen, Pakten und Druckerzeugnissen, der Abfallsammlung, der Straßenreinigung, dem Winterdienst, dem Gütertransport und der Personenbeförderung vor. Das Erbringen ambulanter Pflegeleistungen wird einer ausschließlich mobilen Tätigkeit gleichgestellt. Abweichend von Satz 2 gelten die Beförderung von Gütern und Personen im Straßenverkehrssektor für Arbeitgeber mit Sitz in einem anderen Mitgliedstaats der Europäischen Union oder des Europäischen Wirtschaftsraums, die eine Entsendung im Sinne des Abschnitts 9 Unterabschnitt 2 des Arbeitnehmer-Entsendegesetzes darstellen, nicht als ausschließlich mobile Tätigkeit im Sinne des Absatzes 1 Nummer 3.

§ 3 Änderungsmeldung (1) Eine Abweichung der Beschäftigung von den in der gemeldeten Einsatzplanung nach § 2 Absatz 2 gemachten Angaben müssen Arbeitgeber oder Verleiher entgegen § 16 Absatz 1 Satz 3 und Absatz 3 Satz 2 des Mindestlohngesetzes, § 18 Absatz 1 Satz 3 und Absatz 3 Satz 2 des Arbeitnehmer-Entsendegesetzes und § 17b Absatz 1 Satz 2 des Arbeitnehmerüberlassungsgesetzes nur melden, wenn der Einsatz am gemeldeten Ort um mindestens acht Stunden verschoben wird.

(2) Eine Abweichung der Beschäftigung von den in der gemeldeten Einsatzplanung nach § 2 Absatz 3 gemachten Angaben müssen Arbeitgeber oder Verleiher entgegen § 16 Absatz 1 Satz 3 und Absatz 3 Satz 2 des Mindestlohngesetzes, § 18 Absatz 1 Satz 3 und Absatz 3 Satz 2 des Arbeitnehmer-Entsendegesetzes und § 17b Absatz 1 Satz 2 des Arbeitnehmerüberlassungsgesetzes nicht melden.

2 S. **Verordnung zur Bestimmung der zuständigen Behörde nach § 16 Absatz 6 des Mindestlohngesetzes** (MiLoGMeldStellV) vom 24.11.2014 (BGBl. I 1823), zuletzt geändert durch Gesetz vom 28.6.2023 (BGBl. 2023 I Nr. 172).

Wirtschaftsbereichen oder Wirtschaftszweigen beschäftigt, ist verpflichtet, Beginn, Ende und Dauer der täglichen Arbeitszeit dieser Arbeitnehmerinnen und Arbeitnehmer spätestens bis zum Ablauf des siebten auf den Tag der Arbeitsleistung folgenden Kalendertages aufzuzeichnen und diese Aufzeichnungen mindestens zwei Jahre beginnend ab dem für die Aufzeichnung maßgeblichen Zeitpunkt aufzubewahren. Satz 1 gilt entsprechend für einen Entleiher, dem ein Verleiher eine Arbeitnehmerin oder einen Arbeitnehmer oder mehrere Arbeitnehmerinnen oder Arbeitnehmer zur Arbeitsleistung in einem der in § 2a des Schwarzarbeitsbekämpfungsgesetzes genannten Wirtschaftszweige überlässt. Satz 1 gilt nicht für Beschäftigungsverhältnisse nach § 8a des Vierten Buches Sozialgesetzbuch.[1]

(2) Arbeitgeber im Sinne des Absatzes 1 haben die für die Kontrolle der Einhaltung der Verpflichtungen nach § 20 in Verbindung mit § 2 erforderlichen Unterlagen im Inland in deutscher Sprache für die gesamte Dauer der tatsächlichen Beschäftigung der Arbeitnehmerinnen und Arbeitnehmer im Geltungsbereich dieses Gesetzes, mindestens für die Dauer der gesamten Werk- oder Dienstleistung, insgesamt jedoch nicht länger als zwei Jahre, bereitzuhalten. Auf Verlangen der Prüfbehörde sind die Unterlagen auch am Ort der Beschäftigung bereitzuhalten.

(2a) Abweichend von Absatz 2 hat der Arbeitgeber mit Sitz in einem anderen Mitgliedstaat der Europäischen Union oder des Europäischen Wirtschaftsraums sicherzustellen, dass der Kraftfahrerin oder dem Kraftfahrer, die oder der von ihm für die Durchführung von Güter- oder Personenbeförderungen im Inland nach § 36 Absatz 1 des Arbeitnehmer-Entsendegesetzes beschäftigt wird, die folgenden Unterlagen als Schriftstück oder in einem elektronischen Format zur Verfügung stehen:

1. eine Kopie der nach § 16 Absatz 2 zugeleiteten Anmeldung,
2. die Nachweise über die Beförderungen, insbesondere elektronische Frachtbriefe oder die in Artikel 8 Absatz 3 der Verordnung (EG) Nr. 1072/2009 des Europäischen Parlaments und des Rates vom 21. Oktober 2009 über gemeinsame Regeln für den Zugang zum Markt des grenzüberschreitenden Güterkraftverkehrs (ABl. L 300 vom 14. 11. 2009, S. 72), die zuletzt durch die Verordnung (EU) 2020/1055 (ABl. L 249 vom 31. 7. 2020, S. 17) geändert worden ist, genannten Belege und
3. alle Aufzeichnungen des Fahrtenschreibers, insbesondere die in Artikel 34 Absatz 6 Buchstabe f und Absatz 7 der Verordnung (EU) Nr. 165/2014 des Europäischen Parlaments und des Rates vom 4. Februar 2014 über Fahrtenschreiber im Straßenverkehr, zur Aufhebung der Verordnung (EWG) Nr. 3821/85 des Rates über das Kontrollgerät im Straßenverkehr und zur Änderung der Verordnung (EG) Nr. 561/2006 des Europäischen Parlaments und des Rates zur Harmonisierung bestimmter Sozialvorschriften im Straßenverkehr (ABl. L 60 vom 28. 2. 2014, S. 1; L 93 vom 9. 4. 2015, S. 103; L 246 vom 23. 9. 2015, S. 11), die zuletzt durch die Verordnung (EU) 2020/1054 (ABl. L 249 vom 31. 7. 2020, S. 1) geändert worden ist, genannten Ländersymbole der Mitgliedstaaten, in denen sich der Kraftfahrer oder die Kraftfahrerin bei grenzüberschreitenden Beförderungen und Kabotagebeförderungen aufgehalten hat, oder die Aufzeichnungen nach § 1 Absatz 6 Satz 1 und 2 der Fahrpersonalverordnung vom

1 S. auch § 6 GSA Fleisch (Nr. 4a).

27. Juni 2005 (BGBl. I S. 1882), die zuletzt durch Artikel 1 der Verordnung vom 8. August 2017 (BGBl. I S. 3158) geändert worden ist.

Die Kraftfahrerin oder der Kraftfahrer hat im Falle einer Beschäftigung im Inland nach § 36 Absatz 1 des Arbeitnehmer-Entsendegesetzes die ihm oder ihr nach Satz 1 zur Verfügung gestellten Unterlagen mit sich zu führen und den Behörden der Zollverwaltung auf Verlangen als Schriftstück oder in einem elektronischen Format vorzulegen; liegt keine Beschäftigung im Inland nach § 36 Absatz 1 des Arbeitnehmer-Entsendegesetzes vor, gilt die Pflicht nach dem ersten Halbsatz nur im Rahmen einer auf der Straße vorgenommenen Kontrolle für die Unterlagen nach Satz 1 Nummer 2 und 3.

(2b) Nach Beendigung der Beschäftigung der Kraftfahrerin oder des Kraftfahrers im Inland nach § 36 Absatz 1 des Arbeitnehmer-Entsendegesetzes hat der Arbeitgeber mit Sitz in einem anderen Mitgliedstaat der Europäischen Union oder des Europäischen Wirtschaftsraums den Behörden der Zollverwaltung auf Verlangen über die mit dem Binnenmarkt-Informationssystem verbundene elektronische Schnittstelle folgende Unterlagen innerhalb von acht Wochen ab dem Tag des Verlangens zu übermitteln:

1. Kopien der Unterlagen nach Absatz 2a Satz 1 Nummer 2 und 3,
2. Unterlagen über die Entlohnung der Kraftfahrerin oder des Kraftfahrers einschließlich der Zahlungsbelege,
3. den Arbeitsvertrag oder gleichwertige Unterlagen im Sinne des Artikels 3 Absatz 1 der Richtlinie 91/533/EWG des Rates vom 14. Oktober 1991 über die Pflicht des Arbeitgebers zur Unterrichtung des Arbeitnehmers über die für seinen Arbeitsvertrag oder sein Arbeitsverhältnis geltenden Bedingungen (ABl. L 288 vom 18. 10. 1991, S. 32) und
4. Unterlagen über die Zeiterfassung, die sich auf die Arbeit der Kraftfahrerin oder des Kraftfahrers beziehen, insbesondere die Aufzeichnungen des Fahrtenschreibers.

Die Behörden der Zollverwaltung dürfen die Unterlagen nach Satz 1 nur für den Zeitraum der Beschäftigung nach § 36 Absatz 1 des Arbeitnehmer-Entsendegesetzes verlangen, der zum Zeitpunkt des Verlangens beendet ist.

Soweit eine Anmeldung nach § 16 Absatz 2 nicht zugeleitet wurde, obwohl eine Beschäftigung im Inland nach § 36 Absatz 1 des Arbeitnehmer-Entsendegesetzes vorliegt, hat der Arbeitgeber mit Sitz in einem anderen Mitgliedstaat der Europäischen Union oder des Europäischen Wirtschaftsraums den Behörden der Zollverwaltung auf Verlangen die Unterlagen nach Satz 1 außerhalb der mit dem Binnenmarkt-Informationssystem verbundenen elektronischen Schnittstelle als Schriftstück oder in einem elektronischen Format zu übermitteln.

(3) Das Bundesministerium für Arbeit und Soziales kann durch Rechtsverordnung ohne Zustimmung des Bundesrates die Verpflichtungen des Arbeitgebers, des Verleihers oder eines Entleihers nach § 16 und den Absätzen 1 und 2 hinsichtlich bestimmter Gruppen von Arbeitnehmerinnen und Arbeitnehmern oder der Wirtschaftsbereiche oder den Wirtschaftszweigen einschränken oder erweitern.[1]

---

1 Vgl. **Verordnung zu den Dokumentationspflichten nach den §§ 16 und 17 des Mindestlohngesetzes und den §§ 18 und 19 des Arbeitnehmer-Entsendegesetzes in Bezug**

(4) Das Bundesministerium der Finanzen kann durch Rechtsverordnung im Einvernehmen mit dem Bundesministerium für Arbeit und Soziales ohne Zustimmung des Bundesrates bestimmen, wie die Verpflichtung des Arbeitgebers, die tägliche Arbeitszeit bei ihm beschäftigter Arbeitnehmerinnen und Arbeitnehmer aufzuzeichnen und diese Aufzeichnungen aufzubewahren, vereinfacht oder abgewandelt werden kann, sofern Besonderheiten der zu erbringenden Werk- oder Dienstleistungen oder Besonderheiten des jeweiligen Wirtschaftsbereiches oder Wirtschaftszweiges dies erfordern.[2]

---

auf bestimmte Arbeitnehmergruppen (MiLoDokV) v. 29.7.2015 (BAnz. AT 31.07.2015 V1), zuletzt geändert durch Verordnung v. 15.12.2023 (BGBl. 2023 I Nr. 372)

§ 1 (1) Die Pflicht zur Abgabe einer schriftlichen Anmeldung nach § 16 Absatz 1 oder 3 des Mindestlohngesetzes sowie die Pflicht zum Erstellen und Bereithalten von Dokumenten nach § 17 Absatz 1 und 2 des Mindestlohngesetzes werden vorbehaltlich des Absatzes 3 dahingehend eingeschränkt, dass sie nicht gelten für Arbeitnehmer und Arbeitnehmerinnen, deren verstetigtes regelmäßiges Monatsentgelt brutto 4461 Euro überschreitet. Für die Ermittlung des verstetigten Monatsentgelts sind ungeachtet ihrer Anrechenbarkeit auf den gesetzlichen Mindestlohnanspruch nach den §§ 1 und 20 des Mindestlohngesetzes sämtliche verstetigte monatliche Zahlungen des Arbeitgebers zu berücksichtigen, die regelmäßiges monatliches Arbeitsentgelt sind. Satz 1 und Satz 2 gelten entsprechend für Arbeitnehmer und Arbeitnehmerinnen, deren verstetigtes regelmäßiges Monatsentgelt brutto 2974 Euro überschreitet, wenn der Arbeitgeber dieses Monatsentgelt für die letzten vollen zwölf Monate nachweislich gezahlt hat; Zeiten ohne Anspruch auf Arbeitsentgelt bleiben bei der Berechnung des Zeitraums von zwölf Monaten unberücksichtigt.

(2) Die in Absatz 1 Satz 1 genannten Pflichten nach § 16 Absatz 1 und 3 und § 17 Absatz 1 und 2 des Mindestlohngesetzes sowie die entsprechenden Pflichten nach § 18 Absatz 1 und 3 und nach § 19 Absatz 1 und 2 des Arbeitnehmer-Entsendegesetzes werden vorbehaltlich des Absatzes 3 dahingehend eingeschränkt, dass sie nicht gelten für im Betrieb des Arbeitgebers arbeitende Ehegatten, eingetragene Lebenspartner, Kinder und Eltern des Arbeitgebers oder, wenn der Arbeitgeber eine juristische Person oder eine rechtsfähige Personengesellschaft ist, des vertretungsberechtigten Organs der juristischen Person oder eines Mitglieds eines solchen Organs oder eines vertretungsberechtigten Gesellschafters der rechtsfähigen Personengesellschaft.

(3) In Bezug auf die in Absatz 1 oder 2 genannten Arbeitnehmer und Arbeitnehmerinnen hat deren Arbeitgeber diejenigen Unterlagen im Inland in deutscher Sprache bereit zu halten, aus denen sich die Erfüllung der in Absatz 1 oder 2 genannten Voraussetzungen ergibt.

§ 2 Diese Verordnung tritt am 1. August 2015 in Kraft. Gleichzeitig tritt die Mindestlohndokumentationspflichten-Verordnung vom 18. Dezember 2014 (BAnz AT 29.12.2014 V1) außer Kraft.

2 **Verordnung zur Abwandlung der Pflicht zur Arbeitszeitaufzeichnung nach dem Mindestlohngesetz und dem Arbeitnehmer-Entsendegesetz** (Mindestlohnaufzeichnungsverordnung – MiLoAufzV) vom 26.11.2014 (BGBl. I 1824)

§ 1 Vereinfachung und Abwandlung der Pflicht zur Arbeitszeitaufzeichnung (1) Abweichend von § 17 Absatz 1 Satz 1 des Mindestlohngesetzes und § 19 Absatz 1 Satz 1 des Arbeitnehmer-Entsendegesetzes genügt ein Arbeitgeber,

1. soweit er Arbeitnehmerinnen und Arbeitnehmer mit ausschließlich mobilen Tätigkeiten beschäftigt,
2. diese keinen Vorgaben zur konkreten täglichen Arbeitszeit (Beginn und Ende) unterliegen und
3. sich ihre tägliche Arbeitszeit eigenverantwortlich einteilen,

31b

§ 18 Zusammenarbeit der in- und ausländischen Behörden (1) Die Behörden der Zollverwaltung unterrichten die zuständigen örtlichen Landesfinanzbehörden über Meldungen nach § 16 Absatz 1 und 3. Auf die Informationen zu den Meldungen nach § 16 Absatz 2 können die Landesfinanzbehörden über das Binnenmarkt-Informationssystem zugreifen.
(2) Die Behörden der Zollverwaltung und die übrigen in § 2 des Schwarzarbeitsbekämpfungsgesetzes genannten Behörden dürfen nach Maßgabe der datenschutzrechtlichen Vorschriften auch mit Behörden anderer Vertragsstaaten des Abkommens über den Europäischen Wirtschaftsraum zusammenarbeiten, die diesem Gesetz entsprechende Aufgaben durchführen oder für die Bekämpfung illegaler Beschäftigung zuständig sind oder Auskünfte geben können, ob ein Arbeitgeber seine Verpflichtungen nach § 20 erfüllt. Die Regelungen über die internationale Rechtshilfe in Strafsachen bleiben hiervon unberührt.
(3) Die Behörden der Zollverwaltung unterrichten das Gewerbezentralregister über rechtskräftige Bußgeldentscheidungen nach § 21 Absatz 1 bis 3, sofern die Geldbuße mehr als zweihundert Euro beträgt.

§ 19 Ausschluss von der Vergabe öffentlicher Aufträge (1) Von der Teilnahme an einem Wettbewerb um einen Liefer-, Bau- oder Dienstleistungsauftrag der in den §§ 99 und 100 des Gesetzes gegen Wettbewerbsbeschränkungen genannten Auftraggeber sollen Bewerberinnen oder Bewerber für eine angemessene Zeit bis zur nachgewiesenen Wiederherstellung ihrer Zuverlässigkeit ausgeschlossen werden, die wegen eines Verstoßes nach § 21 Absatz 1 Nummer 1 bis 10, 12 und 13 oder Absatz 2 mit einer Geldbuße von wenigstens zweitausendfünfhundert Euro belegt worden sind.
(2) Die für die Verfolgung oder Ahndung der Ordnungswidrigkeiten nach § 21 Absatz 1 Nummer 1 bis 10, 12 und 13 oder Absatz 2 zuständigen Behörden dürfen öffentlichen Auftraggebern nach § 99 des Gesetzes gegen Wettbewerbsbeschränkungen und solchen Stellen, die von öffentlichen Auftraggebern zugelassene Präqualifikationsverzeichnisse oder Unternehmer- und Lieferantenverzeichnisse führen, auf Verlangen die erforderlichen Auskünfte geben.

---

seiner Aufzeichnungspflicht, wenn für diese Arbeitnehmerinnen und Arbeitnehmer nur die Dauer der tatsächlichen täglichen Arbeitszeit aufgezeichnet wird.
(2) Bei einer ausschließlich mobilen Tätigkeit im Sinne des Absatzes 1 handelt es sich um eine Tätigkeit, die nicht an Beschäftigungsorte gebunden ist. Eine ausschließlich mobile Tätigkeit liegt insbesondere bei der Zustellung von Briefen, Paketen und Druckerzeugnissen, der Abfallsammlung, der Straßenreinigung, dem Winterdienst, dem Gütertransport und der Personenbeförderung vor. Arbeitnehmerinnen und Arbeitnehmer unterliegen im Sinne des Absatzes 1 keinen Vorgaben zur konkreten täglichen Arbeitszeit, wenn die Arbeit lediglich innerhalb eines bestimmten zeitlichen Rahmens geleistet werden muss, ohne dass die konkrete Lage (Beginn und Ende) der Arbeitszeit durch den Arbeitgeber festgelegt wird. Eine eigenverantwortliche Einteilung der Arbeitszeit im Sinne des Absatzes 1 liegt vor, wenn Arbeitnehmerinnen oder Arbeitnehmer während ihrer täglichen Arbeitszeit regelmäßig nicht durch ihren Arbeitgeber oder Dritte Arbeitsaufträge entgegennehmen oder für entsprechende Arbeitsaufträge zur Verfügung stehen müssen. Die zeitliche Ausführung des täglichen Arbeitsauftrages muss in der Verantwortung der Arbeitnehmerinnen und Arbeitnehmer liegen.

(3) Öffentliche Auftraggeber nach Absatz 2 fordern im Rahmen ihrer Tätigkeit beim Wettbewerbsregister Auskünfte über rechtskräftige Bußgeldentscheidungen wegen einer Ordnungswidrigkeit nach § 21 Absatz 1 Nummer 1 bis 10, 12 und 13 oder Absatz 2 an oder verlangen von Bewerberinnen oder Bewerbern eine Erklärung, dass die Voraussetzungen für einen Ausschluss nach Absatz 1 nicht vorliegen. Im Falle einer Erklärung der Bewerberin oder des Bewerbers können öffentliche Auftraggeber nach Absatz 2 jederzeit zusätzlich Auskünfte des Wettbewerbsregisters anfordern.

(4) Bei Aufträgen ab einer Höhe von 30 000 Euro fordert der öffentliche Auftraggeber nach Absatz 2 für die Bewerberin oder den Bewerber, die oder der den Zuschlag erhalten soll, vor der Zuschlagserteilung eine Auskunft aus dem Wettbewerbsregister an.

(5) Vor der Entscheidung über den Ausschluss ist die Bewerberin oder der Bewerber zu hören.

§ 20 Pflichten des Arbeitgebers zur Zahlung des Mindestlohns Arbeitgeber mit Sitz im In- oder Ausland sind verpflichtet, ihren im Inland beschäftigten Arbeitnehmerinnen und Arbeitnehmern ein Arbeitsentgelt mindestens in Höhe des Mindestlohns nach § 1 Absatz 2 spätestens zu dem in § 2 Absatz 1 Satz 1 Nummer 2 genannten Zeitpunkt zu zahlen.

§ 21 Bußgeldvorschriften (1) Ordnungswidrig handelt, wer vorsätzlich oder fahrlässig

1. entgegen § 15 in Verbindung mit § 5 Absatz 1 Satz 1 Nummer 1 des Schwarzarbeitsbekämpfungsgesetzes eine Prüfung nicht duldet oder bei einer Prüfung nicht mitwirkt,
2. entgegen § 15 in Verbindung mit § 5 Absatz 1 Satz 1 Nummer 2 des Schwarzarbeitsbekämpfungsgesetzes das Betreten eines Grundstücks oder Geschäftsraums nicht duldet,
3. entgegen § 15 in Verbindung mit § 5 Absatz 1 Satz 1 Nummer 3 Buchstabe a des Schwarzarbeitsbekämpfungsgesetzes eine dort genannte Auskunft nicht, nicht richtig, nicht vollständig, nicht in der vorgeschriebenen Weise oder nicht rechtzeitig erteilt,
4. entgegen § 15 in Verbindung mit § 5 Absatz 1 Nummer 3 Buchstabe b des Schwarzarbeitsbekämpfungsgesetzes eine dort genannte Unterlage nicht, nicht richtig, nicht vollständig oder nicht rechtzeitig bereitstellt oder nicht, nicht richtig, nicht vollständig oder nicht rechtzeitig vorlegt,
5. entgegegn § 15 in Verbindung mit § 5 Absatz 1 Satz 1 Nummer des Schwarzarbeitsbekämpfungsgesetzes die Einsicht in eine dort genannte Unterlage nicht, nicht richtig oder nicht rechtzeitig ermöglicht.
6. entgegen § 16 Absatz 1 Satz 1, Absatz 2 Satz 1 oder Absatz 3 Satz 1 eine Anmeldung nicht, nicht richtig, nicht vollständig, nicht in der vorgeschriebenen Weise oder nicht rechtzeitig vorlegt oder nicht, nicht richtig, nicht vollständig, nicht in der vorgeschriebenen Weise oder nicht rechtzeitig zuleitet,

7. entgegen § 16 Absatz 1 Satz 3, auch in Verbindung mit Absatz 2 Satz 2 oder Absatz 3 Satz 2, eine Änderungsmeldung nicht, nicht richtig, nicht vollständig, nicht in der vorgeschriebenen Weise oder nicht rechtzeitig macht,
8. entgegen § 17 Absatz 1 Satz 1, auch in Verbindung mit Satz 2, eine Aufzeichnung nicht, nicht richtig, nicht vollständig oder nicht rechtzeitig erstellt oder nicht oder nicht mindestens zwei Jahre aufbewahrt,
9. entgegen § 17 Absatz 2 eine Unterlage nicht, nicht richtig, nicht vollständig oder nicht in der vorgeschriebenen Weise bereithält,
10. entgegen § 17 Absatz 2a Satz 1 nicht sicherstellt, dass die dort genannten Unterlagen zur Verfügung stehen,
11. entgegen § 17 Absatz 2a Satz 2 eine Unterlage nicht, nicht richtig, nicht vollständig, nicht in der vorgeschriebenen Weise oder nicht rechtzeitig vorlegt,
12. entgegen § 17 Absatz 2b Satz 1 oder 3 eine Unterlage nicht, nicht richtig, nicht vollständig, nicht in der vorgeschriebenen Weise oder nicht rechtzeitig übermittelt oder
13. entgegen § 20 das dort genannte Arbeitsentgelt nicht oder nicht rechtzeitig zahlt.

(2) Ordnungswidrig handelt, wer Werk- oder Dienstleistungen in erheblichem Umfang ausführen lässt, indem er als Unternehmer einen anderen Unternehmer beauftragt, von dem er weiß oder fahrlässig nicht weiß, dass dieser bei der Erfüllung dieses Auftrags

1. entgegen § 20 das dort genannte Arbeitsentgelt nicht oder nicht rechtzeitig zahlt oder
2. einen Nachunternehmer einsetzt oder zulässt, dass ein Nachunternehmer tätig wird, der entgegen § 20 das dort genannte Arbeitsentgelt nicht oder nicht rechtzeitig zahlt.

(3) Die Ordnungswidrigkeit kann in den Fällen des Absatzes 1 Nummer 13 und des Absatzes 2 mit einer Geldbuße bis zu fünfhunderttausend Euro, in den Fällen des Absatzes 1 Nummer 8 mit einer Geldbuße bis zu fünfzigtausend Euro und in den übrigen Fällen mit einer Geldbuße bis zu dreißigtausend Euro geahndet werden.

(4) Verwaltungsbehörden im Sinne des § 36 Absatz 1 Nummer 1 des Gesetzes über Ordnungswidrigkeiten sind die in § 14 genannten Behörden jeweils für ihren Geschäftsbereich.

(5) Für die Vollstreckung zugunsten der Behörden des Bundes und der bundesunmittelbaren juristischen Personen des öffentlichen Rechts sowie für die Vollziehung des Vermögensarrestes nach § 111e der Strafprozessordnung in Verbindung mit § 46 des Gesetzes über Ordnungswidrigkeiten durch die in § 14 genannten Behörden gilt das Verwaltungs-Vollstreckungsgesetz des Bundes.

Abschnitt 4 – Schlussvorschriften

§ 22 Persönlicher Anwendungsbereich (1) Dieses Gesetz gilt für Arbeitnehmerinnen und Arbeitnehmer. Praktikantinnen und Praktikanten im Sinne des § 26 des Berufsbildungsgesetzes gelten als Arbeitnehmerinnen und Arbeitnehmer im Sinne dieses Gesetzes, es sei denn, dass sie

1. ein Praktikum verpflichtend auf Grund einer schulrechtlichen Bestimmung, einer Ausbildungsordnung, einer hochschulrechtlichen Bestimmung oder im Rahmen einer Ausbildung an einer gesetzlich geregelten Berufsakademie leisten,
2. ein Praktikum von bis zu drei Monaten zur Orientierung für eine Berufsausbildung oder für die Aufnahme eines Studiums leisten,
3. ein Praktikum von bis zu drei Monaten begleitend zu einer Berufs- oder Hochschulausbildung leisten, wenn nicht zuvor ein solches Praktikumsverhältnis mit demselben Ausbildenden bestanden hat, oder
4. an einer Einstiegsqualifizierung nach § 54a des Dritten Buches Sozialgesetzbuch oder an einer Berufsausbildungsvorbereitung nach §§ 68 bis 70 des Berufsbildungsgesetzes teilnehmen.

Praktikantin oder Praktikant ist unabhängig von der Bezeichnung des Rechtsverhältnisses, wer sich nach der tatsächlichen Ausgestaltung und Durchführung des Vertragsverhältnisses für eine begrenzte Dauer zum Erwerb praktischer Kenntnisse und Erfahrungen einer bestimmten betrieblichen Tätigkeit zur Vorbereitung auf eine berufliche Tätigkeit unterzieht, ohne dass es sich dabei um eine Berufsausbildung im Sinne des Berufsbildungsgesetzes oder um eine damit vergleichbare praktische Ausbildung handelt.

(2) Personen im Sinne von § 2 Absatz 1 und 2 des Jugendarbeitsschutzgesetzes ohne abgeschlossene Berufsausbildung gelten nicht als Arbeitnehmerinnen und Arbeitnehmer im Sinne dieses Gesetzes.

(3) Von diesem Gesetz nicht geregelt wird die Vergütung von zu ihrer Berufsausbildung Beschäftigten sowie ehrenamtlich Tätigen.

(4) Für Arbeitsverhältnisse von Arbeitnehmerinnen und Arbeitnehmern, die unmittelbar vor Beginn der Beschäftigung langzeitarbeitslos im Sinne des § 18 Absatz 1 des Dritten Buches Sozialgesetzbuch waren, gilt der Mindestlohn in den ersten sechs Monaten der Beschäftigung nicht. Die Bundesregierung hat den gesetzgebenden Körperschaften zum 1. Juni 2016 darüber zu berichten, inwieweit die Regelung nach Satz 1 die Wiedereingliederung von Langzeitarbeitslosen in den Arbeitsmarkt gefördert hat, und eine Einschätzung darüber abzugeben, ob diese Regelung fortbestehen soll.

§ 23 Evaluation Dieses Gesetz ist im Jahr 2020 zu evaluieren.

§ 24 *(weggefallen)*

32. Gesetz über Teilzeitarbeit und befristete Arbeitsverträge (Teilzeit- und Befristungsgesetz – TzBfG)

Einleitung

I. Geschichtliche Entwicklung

Vorläufer des »Gesetzes über Teilzeitarbeit und befristete Arbeitsverträge« ist das »Beschäftigungsförderungsgesetz 1985« v. 26. 4. 1985 (BGBl. I 710). Dieses jeweils nur befristet geltende Gesetz war am 31. 12. 2000 ausgelaufen (zum bis dahin geltenden Befristungsrecht vgl. *Dörner,* ZTR 01, 485).

Das BeschFG 1985 war Kernstück einer arbeitsrechtlichen Deregulierungspolitik der Regierung *Kohl* mit der erklärten Absicht, Beschäftigung durch den Abbau von Schutzvorschriften zu fördern (vgl. *Buschmann,* AuR 17, G17). In diesem Fall wurde die Rechtsprechung des *Großen Senats des BAG,* wonach zur Vermeidung von Umgehungen des Kündigungsschutzes befristete Arbeitsverträge eines sachlichen Grundes bedürfen, durch den Gesetzgeber revidiert (vgl. *BAG* 12. 10. 1960 – GS 1/59, BAGE 10, 65, dazu *Kittner,* 50 Urteile, 3. Aufl., 2024, Nr. 12). Wegen dieser Aufweichung des Kündigungsschutzes als eines Herzstücks der arbeitsrechtlichen Schutzgesetzgebung sprach *Wilhelm Herschel,* einer der bedeutendsten deutschen Arbeitsrechtler, kurz vor seinem Tode von der »Gefährdung der Rechtskultur« (AuR 85, 265).

Seit dem 1. 1. 2001 ist das bis dahin geltende Beschäftigungsförderungsgesetz 1985 durch das »Gesetz über Teilzeitarbeit und befristete Arbeitsverträge und zur Änderung und Aufhebung arbeitsrechtlicher Bestimmungen« vom 21. 12. 2000 (BGBl. I 1966; Entwurf: BT-Drs. 14/4374) abgelöst worden (zum Gesetz vgl. *Däubler,* ZIP 01, 217; *Hromadka,* BB 01, 615 und 674; *Kliemt,* NZA 01, 296; *Kossens,* AiB 01, 319; *Kröll,* PersR 01, 179; *Lakies,* DZWiR 01, 1; *Plander,* ZTR 01, 499; *Preis/Gotthard,* DB 01, 145; *Thannheiser,* AiB 01, 167). Es dient der Umsetzung der beiden im Rahmen des sozialen Dialogs (Einl. II 1 zum AEUV, Nr. 20a) zustande gekommenen und durch die Richtlinien 1997/81/EG und 1999/70/EG (EU-ASO Nr. 40 und 41) verbindlich gemachten Vereinbarungen der Europäischen Sozialpartner über Teilzeitarbeit und über befristete Arbeitsverträge.

Neben besonderen Regelungen für Teilzeitbeschäftigte sowie für befristet Beschäftigte enthält das Gesetz das Verbot der Benachteiligung wegen Teilzeitarbeit bzw. wegen des befristeten Arbeitsvertrages in § 4 TzBfG. Eine unzulässige Benachteiligung, löst aber anders als Verstöße gegen das AGG (Nr. 2) keine Ansprüche auf eine Entschädigung aus (*BAG* 21. 2. 2013 – 8 AZR 68/12, NZA 13, 955).

Mit dem Rentenversicherungs-Leistungsverbesserungsgesetz (v. 23. 6. 14, BGBl. I 787) wurde die Möglichkeit zur Befristung des Arbeitsvertrages über eine einzel- oder kollektivvertragliche Altersgrenze hinaus in § 41 S. 3 SGB VI geschaffen. Durch Gesetz zur Weiterentwicklung des Teilzeitrechts – Einführung einer

Brückenteilzeit (v. 11.12.2018, BGBl. I 2384; *Bayreuther,* NZA 18, 1577; *Löwisch,* BB 18 3061; *Preis/Schwarz,* NJW 18, 3673; Entwurf: BT-Drs. 182/18) wurde die Möglichkeit eingeführt, die Arbeitszeit nur für einen bestimmten Zeitraum zu reduzieren (befristeter Teilzeitanspruch nach § 9a TzBfG). Darüber hinaus wurde die Variabilität von Abrufarbeit in § 12 Abs. 2 TzBfG beschränkt. Die Beweislast beim Anspruch auf vorrangige Berücksichtigung im Falle eines Wunsches nach Verlängerung der Arbeitszeit wurde auf den Arbeitgeber verschoben. Ferner wurde in § 7 Abs. 2 TzBfG ein allgemeiner Erörterungsanspruch mit Blick auf eine Veränderung von Dauer und/oder Lage der Arbeitszeit eingeführt. Durch das Dritte Bürokratieentlastungsgesetz (v. 22.11.2019, BGBl. I 1746) wurden Arbeitszeitverlängerungsverlangen und Ablehnung durch den Arbeitgeber nach § 8 Abs. 5 TzBfG insofern erleichtert, als nunmehr die Textform gemäß § 126b BGB (Nr. 14) genügt.
Im Zuge des Gesetzes vom 20.7.2022 (BGBl. I 1174) zur Umsetzung der sog. Transparenzrichtlinie (EU) 2019/1152 (EU-ASO Nr. 50) wurden die Erörterungspflichten hinsichtlich Änderungswünschen von Teilzeitarbeitnehmern sowie von Wünschen befristet beschäftigter Arbeitnehmer nach unbefristeten Arbeitsplätzen um Antwortpflichten des Arbeitgebers ergänzt (§§ 7 Abs. 3, 18 Abs. 2 TzBfG). Für deren Verletzung sind allerdings keine konkreten Sanktionen vorgesehen, sodass bestenfalls Schadensersatzansprüche in Betracht kommen (*Bayreuther*, NZA 22, 951, 954). Auch wurden die Regelungen über Abrufarbeit erweitert: Der Arbeitgeber muss nach § 12 Abs. 3 TzBfG künftig den Zeitrahmen für den Abruf bestimmen. Außerdem wurde in § 15 Abs. 3 TzBfG für den befristeten Arbeitsvertrag geregelt, dass eine Probezeit im Verhältnis zur erwarteten Dauer der Befristung und zur Art der Tätigkeit stehen muss.
Als weiteres Befristungsgesetz wurde das »Gesetz über befristete Arbeitsverträge mit Ärzten in der Weiterbildung« vom 15.5.1986 (BGBl. I 742) verabschiedet (Nr. 32 b).

II. Wesentlicher Inhalt des Gesetzes und Anwendungsprobleme

1. Befristete Arbeitsverträge

a) Wesentlicher Gesetzesinhalt

(1) Überblick

Der Befristungsteil des TzBfG ist vor dem Hintergrund der Verpflichtung der Bundesrepublik Deutschland zur Umsetzung der Richtlinie 1999/70/EG (EU-ASO Nr. 41) zu sehen, die von den Mitgliedstaaten drei alternative Möglichkeiten zur Bindung und Beschränkung dieser Vertragsform verlangt:

1. Bindung der Befristung an sachliche Gründe,
2. Beschränkung der maximalen Dauer aufeinander folgender Verträge oder
3. Beschränkung der Zahl der Verlängerungen derartiger Verträge.

Der deutsche Gesetzgeber hat sich für die Kombination der schon bisher bestehenden Möglichkeit der Befristungsbindung an sachliche Gründe mit einer gesetzlichen Höchstdauer begründungsloser Befristungen entschieden. Das ist nach Ansicht des *BAG* (19.3.2014 – 7 AZR 828/12, NZA-RR 14, 462, Rn. 27) verfassungs-

und europarechtsgemäß (i. E. ebenso *Bauer,* NZA 00, 756; *Löwisch,* NZA 00, 756 und 1044; *Hanau,* NZA 00, 1045; a. A. *Heuschmid*, AuR 14, 221). Die Befristung eines Arbeitsvertrages bedarf in jedem Fall der Schriftform (§ 14 Abs. 4 TzBfG). Kommt der Vertrag bereits vor Unterzeichnung der Vertragsurkunde zustande, ist die Schriftform nicht gewahrt (*BAG* 14. 12. 2016 – 7 AZR 797/14, NZA 17, 638). Die Befristung ist aber dann nicht unwirksam, wenn sie nicht im Arbeitsvertrag vereinbart wurde, sondern aus einem auf das Arbeitsverhältnis anwendbaren Tarifvertrag folgt. Das gilt nicht nur bei normativer Tarifbindung, sondern auch, wenn die Arbeitsvertragsparteien auf den Tarifvertrag Bezug genommen haben (*BAG* 23. 7. 2014 – 7 AZR 771/12, NZA 14, 1341). Mangels abweichender Vereinbarung kann der befristete Arbeitsvertrag gemäß § 15 Abs. 3 TzBfG nicht ordentlich gekündigt werden. Anders als in Bezug auf Kündigungen genießen betriebliche Interessenvertreter keinen besonderen Schutz vor Beendigung des Arbeitsvertrages infolge einer Befristung (s. Einl. II 4 zum KSchG, Nr. 25).
Die wichtigsten Befristungsgründe sind in § 14 Abs. 1 TzBfG gesetzlich geregelt. Das Gesetz geht insoweit über den früheren Rechtszustand hinaus, als das Erfordernis des »sachlichen Grundes« nunmehr in Betrieben jeder Größenordnung gilt. Da die Notwendigkeit des »sachlichen Grundes« nicht mehr aus dem Verbot der Umgehung des KSchG hergeleitet wird, kommt es nicht mehr auf die Beschränkung des § 23 KSchG an (das ist auch europarechtlich notwendig, vgl. *Hanau,* NZA 2000, 1045). Für die Befristung genügt gemäß § 14 TzBfG jeder sachliche Grund. Bei sog. Kettenbefristungen, bei denen der Arbeitsvertrag mehrfach hintereinander befristet verlängert wurde, soll allein die letzte Befristung kontrollierbar sein, die Fehlerhaftigkeit einer früheren Befristung ist dann unerheblich (8. 5. 1985 – 7 AZR 191/84, BAGE, 49, 73). Das lässt sich allerdings nach der Rechtsprechung des *EuGH* zu Kettenbefristungen in Vertretungsfällen (s. u.) nicht mehr vollständig durchhalten.
Besondere Befristungsmöglichkeiten sind in einzelnen Gesetzen vorgesehen, etwa in § 21 BEEG (Nr. 16), im WissZeitVG (Nr. 32 a) oder im ÄArbVtrG (Nr. 32 b). Für die Befristung von Arbeitsverträgen angestellter Hochschullehrer können die Länder Gesetze erlassen (*BAG* 11. 9. 2013 – 7 AZR 843/11, NZA 13, 1352).
Eine Verweigerung der Zustimmung zur Einstellung wegen unzulässiger Befristung (auch aufgrund eines Tarifvertrages) kann dem *BAG* zufolge nicht auf § 99 Abs. 2 Nr. 1 BetrVG (Nr. 11) gestützt werden (*BAG* 16. 7. 1985 – 1 ABR 35/83, NZA 86, 163).

(2) Benachteiligungsverbot

Nach § 4 Abs. 2 TzBfG dürfen befristet beschäftigte Arbeitnehmer nicht wegen der Befristung benachteiligt werden, wenn es dafür keinen sachlichen Grund gibt. Das schließt nach der Rechtsprechung auch mittelbare Benachteiligungen aus (*BAG* 30. 1. 2024 – 1 AZR 62/23, NZA 24, 764).

(3) Befristungen aus sachlichem Grund

§ 14 Abs. 1 S. 2 TzBfG enthält eine Aufzählung möglicher sachlicher Gründe, die aber nicht abschließend ist. Eine Rechtfertigung aus sachlichem Grund, die unter keine der nachfolgenden Nummern fällt, kann etwa gegeben sein, wenn Drittmittel nur zeitlich begrenzt zur Verfügung stehen (*BAG* 16.1.2018 – 7 AZR 21/16, NZA 18, 663) oder wenn ein Arbeitsvertrag im Interesse der personellen Kontinuität der betrieblichen Interessenvertretung fortgesetzt wird (*BAG* 8.6.2016 – 7 AZR 467/14, NZA 16, 1535). Nicht als sachlicher Grund anzuerkennen ist der Umstand, dass eine bestimmte Beschäftigung bloße Nebentätigkeit ist (*BAG* 10.8.1994 – 7 AZR 695/93, NJW 95, 981).

- Eine Befristung, die mit vorübergehendem Bedarf (Nr. 1) begründet werden soll, setzt voraus, dass der Bedarf absehbar künftig wieder entfallen wird (*BAG* 12.9.1996 – 7 AZR 790/95, NZA 97, 313). Bei einem Dauerbedarf kann eine Befristung deshalb nicht auf Nr. 1 gestützt werden (*BAG* 17.3.2010 – 7 AZR 649/08, NZA 10, 633). Eine Projektbefristung ist dementsprechend nur zulässig, wenn es sich um eine vorübergehende Aufgabe handelt. Sie scheidet aus, wenn es sich bei dem Projekt im Rahmen des Betriebszwecks des Arbeitgebers um Daueraufgaben handelt (*BAG* 21.8.2019 – 7 AZR 572/17, NZA 19, 1709). Ebenso wenig kann deshalb die Absicht, den Arbeitsplatz später mit einem Leiharbeitnehmer zu besetzen, die Befristung rechtfertigen (*BAG* 17.1.2007 – 7 AZR 20/06, DB 07, 864). Auch scheidet eine Rechtfertigung wegen vorübergehenden Bedarfs aus, wenn der Arbeitgeber mehr Arbeitnehmer eingestellt hat als für den prognostizierten Bedarf benötigt werden (*BAG* 14.12.2016 – 7 AZR 688/14, NZA 17, 411).
- Bei einer Befristung zur Vertretung (Nr. 3) muss der Fortfall des Vertretungsbedarfs in Zukunft prognostizierbar sein. Allerdings verlangt die Rechtsprechung nicht, dass die Dauer der Vertretung mit der prognostizierten Rückkehr des Vertretenen deckungsgleich ist (*BAG* 21.2.2001 – 7 AZR 200/00, AP Nr. 226 zu § 620 BGB Befristeter Arbeitsvertrag). Die Rechtsprechung hält auch mittelbare Vertretungen für zulässig, bei denen die Aufgaben des abwesenden Arbeitnehmers einem anderen zugewiesenen werden, der wiederum durch den befristet zu beschäftigenden Arbeitnehmer vertreten wird; der Arbeitgeber muss allerdings die Vertretungskette belegen (*BAG* 24.8.2016 – 7 AZR 41/15, NZA 17, 307; zu Bedenken hinsichtlich Vereinbarkeit mit Europarecht *Brose*, NZA 09, 706). Auf Vorlage des *BAG* (17.11.2010 – 7 AZR 443/09 (A), NZA 11, 34) hat der *EuGH* entschieden, dass auch bei ständig aufeinanderfolgenden Vertretungsbefristungen jede einzelne Befristung für sich sachlich gerechtfertigt sein kann. Es sei nicht zu verlangen, dass Arbeitgeber bestimmter Größenordnung, bei denen nach der Struktur der Belegschaft ständig mit Vertretungsfällen zu rechnen sei, automatisch unbefristete Verträge schließen. Allerdings seien alle mit der Verlängerung der Arbeitsverträge jeweils verbundenen Umstände zu berücksichtigen, weil diese Hinweise auf einen Missbrauch der Befristungsmöglichkeit geben könnten (*EuGH* 26.1.2012 – C-586/10, NZA 12, 135 – Kücük). In einer neueren Entscheidung geht der *EuGH* (14.9.2016 – C-16/15, NZA 16, 1265 – Pérez López) allerdings davon aus, dass bei einem strukturellen Mangel an Planstellen, der auf einen dauerhaften Bedarf an Vertretungskräften hinausläuft, ein

unzulässiger Missbrauch der Befristungsmöglichkeiten gegeben sei. Auch wenn nur die letzte Befristung auf ihre Wirksamkeit hin geprüft wird, müssen frühere Befristungen bei dieser Kontrolle also mitberücksichtigt werden. Die Zahl und Dauer bisheriger Vertretungen lassen Anhaltspunkte für einen »institutionellen« Rechtsmissbrauch zu. Ausgehend von den Grenzwerten des § 14 Abs. 2 S. 1 TzBfG für sachgrundlose Befristungen (Befristung und drei Verlängerungen innerhalb einer Gesamtdauer von zwei Jahren) hat die Rechtsprechung ein Konzept entwickelt, das ab einer gewissen Schwelle eine Missbrauchskontrolle nahelegt und ggf. sogar indiziert – »Befristungsampel« (*BAG* 26. 10. 2016 – 7 AZR 135/15, NZA 17, 382; dazu *Schwarze*, RdA 17, 302). Das Gebot der Missbrauchskontrolle gilt im Übrigen nicht nur für den Sachgrund der Vertretung, sondern auch bei anderen Befristungen aus Sachgründen (vgl. *BAG* 13. 2. 2013 – 7 AZR 225/11, NZA 13, 777, Rn. 36).

- Die Eigenart der Arbeitsleistung (Nr. 4) rechtfertigt die Befristung insbesondere bei programmgestaltenden Mitarbeitern des Rundfunks. Das folgt aus der Rundfunkfreiheit gemäß Art. 5 Abs. 1 S. 2 GG (Nr. 20), die das Recht der Anstalt umfasst, dem Gebot der Vielfalt der Programminhalte auch bei der personellen Besetzung der Programmgestalter Rechnung zu tragen. Im Einzelfall bedarf es einer Abwägung zwischen den Auswirkungen auf die Rundfunkfreiheit und dem Bestandsschutzinteresse des Arbeitnehmers (*BAG* 4. 12. 2013 – 7 AZR 457/12, NZA 14, 1018). Dasselbe gilt für die Arbeitsverhältnisse von Serienschauspielern im Hinblick auf die Kunstfreiheit (Art. 5 Abs. 3 GG) des Arbeitgebers (*BAG* 30. 8. 2017 – 7 AZR 864/15, NZA 18, 229). Auch die Befristung eines Lizenzfußballspielers der 1. Bundesliga ist regelmäßig durch die Eigenart der Arbeitsleistung gerechtfertigt (*BAG* 16. 1. 2018 – 7 AZR 312/16, NZA 18, 703).
- Eine Befristung zur Erprobung (Nr. 5) ist nur möglich, wenn die Erprobungszeit in angemessenem Verhältnis zur in Aussicht genommenen Tätigkeit steht, wobei im Regelfall sechs Monate genügen (*BAG* 4. 12. 2013 – 7 AZR 457/12, NZA 10, 1293). War der Arbeitnehmer zuvor schon beim Arbeitgeber beschäftigt, ist eine Befristung zur Erprobung im Allgemeinen nicht gerechtfertigt (*BAG*, a. a. O.).
- Ein Befristungsgrund in der Person des Arbeitnehmers (Nr. 6) kann beispielsweise der eigene Wunsch des Arbeitnehmers sein, wenn er denn tatsächlich vorliegt. Für dessen Vorliegen ist entscheidend, ob sich der Arbeitnehmer auch dann, wenn ihm ein unbefristeter Vertrag angeboten worden wäre, für ein befristetes Arbeitsverhältnis entschieden hätte (*BAG* 18. 1. 2017 – 7 AZR 236/15, NZA 17, 849, Rn. 30). Auch die Begrenzung auf die Dauer einer Aufenthaltserlaubnis ist möglich (*BAG* 12. 2. 2000 – 7 AZR 863/98, NJW 00, 3084).
- Die Befristung aus Haushaltsgründen (Nr. 7) erfordert, dass die Stelle zu einem bestimmten Zeitpunkt mit Sicherheit entfällt (*BAG* 16. 1. 1987 – 7 AZR 487/85, NZA 88, 279). Ein bloßer »kw-Vermerk« genügt diesem Erfordernis nicht (*BAG* 2. 9. 2009 – 7 AZR 233/08, DB 09, 2439). Eine Selbstverwaltungskörperschaft, die wie die Bundesagentur für Arbeit selbst den Haushaltsplan für sich aufstellt, kann sich auf diesen Befristungsgrund nicht berufen (*BAG* 9. 3. 2011 – 7 AZR 728/09, NZA 11, 911).

(4) Befristungen ohne Sachgrund

Neben der Möglichkeit der Befristung mit sachlichem Grund besteht die Möglichkeit einer begründungslosen Befristung, wenn der Arbeitsvertrag oder seine dreimalige Verlängerung nicht die Gesamtdauer von zwei Jahren überschreitet (§ 14 Abs. 2 TzBfG). Anzahl der Verlängerungen sowie Gesamtlänge der sachgrundlosen Befristungen können (auch kumulativ) durch Tarifvertrag erhöht werden gemäß § 14 Abs. 2 S. 3 TzBfG. Eine tarifvertragliche Regelung darf aber nicht dem durch das Gesetz intendierten Schutz des Arbeitnehmers vor missbräuchlichen Befristungen zuwiderlaufen (*BAG* 18. 3. 2015 – 7 AZR 272/13, NZA 15, 821). Aus diesem Grund können die Tarifvertragsparteien die Dauer sachgrundloser Befristungen auf höchstens sechs Jahre erweitern und maximal eine neunmalige Verlängerung des sachgrundlos befristeten Arbeitsvertrages gestatten (*BAG* 17. 4. 2019 – 7 AZR 410/17, NZA 19, 1223).

Um eine missbräuchliche Aneinanderkettung begründungsloser und sachlich begründeter Befristungen zu verhüten, verbietet § 14 Abs. 2 S. 2 TzBfG die begründungslose Befristung, wenn mit demselben Arbeitgeber zuvor bereits ein befristetes oder unbefristetes Arbeitsverhältnis bestanden hat. Das *BVerfG* fordert allerdings eine verfassungskonform einschränkende Auslegung dieses Anschlussbefristungverbots für den Fall, dass die Gefahr einer Ausnutzung der Unterlegenheit des Arbeitnehmers für Kettenbefristungen ausgeschlossen sei (6. 6. 2018 – 1 BvL 7/14 u. a., NZA 18, 774; dazu *Bayreuther*, NZA 18, 905; *Lakies*, AuR 18, 500; zur Vorgeschichte vgl. 49. Aufl., Einl. II 1a zum TzBfG, Nr. 32). Das sei insb. der Fall bei Vorbeschäftigungen von sehr kurzer Dauer (dazu *BAG* 15. 12. 2021 – 7 AZR 530/20, NZA 22, 774; zu einer geringfügigen ausbildungsbegleitenden Nebentätigkeit: *BAG* 12. 6. 2019 – 7 AZR 429/17, NZA 19, 1563) oder sehr lang zurückliegenden Beschäftigungen. Letzteres hat das *BAG* selbst bei einem Zeitablauf von 15 Jahren verneint, mit der einfachen Argumentation, dass bei jeweils 15-jährigen Zwischenräumen im Laufe eines Erwerbslebens von typischerweise 40 Jahren insgesamt drei sachgrundlos befristete Arbeitsverträge möglich wären. Die sachgrundlose Befristung wäre dann nicht mehr die Ausnahme (17. 4. 2019 – 7 AZR 323/17, NZA 19, 1271). Mit derselben Erwägung hat das Gericht folgerichtig eine Vorbeschäftigung, die 22 Jahre her war, als sehr lang zurückliegend angesehen (*BAG* 21. 8. 2019 – 7 AZR 452/17, NZA 20, 40).

Eine nach § 14 Abs. 2 S. 1 TzBfG zulässige Verlängerung des befristeten Vertrages setzt voraus, dass die Verlängerungsvereinbarung noch vor Ablauf der Befristung getroffen wird und damit außer der Vertragslaufzeit keine weiteren Vertragsänderungen verbunden werden (*BAG* 4. 12. 2013 – 7 AZR 468/12, NZA 14, 623). Anderenfalls handelt es sich um einen neuen Arbeitsvertrag, der dem vorerwähnten Anschlussbefristungsverbot unterliegt. Eine Weiterbildung ohne Unterbrechung der Erwerbsbiografie kann zu einem Anschlussbefristungsverbot führen (*BAG* 16. 9. 2020 – 7 AZR 552/19, NZA 21, 338).

Mitunter wird versucht, das Anschlussbefristungsverbot nach Auslaufen der Möglichkeiten zur sachgrundlosen Befristung dadurch zu umgehen, dass der Arbeitgeber ein anderes Unternehmen einschaltet, das mit dem Arbeitnehmer einen Vertrag schließt und diesen an den alten Arbeitgeber zum Einsatz auf dem alten

Arbeitsplatz verleiht. Handelt es sich dabei um ein bewusstes und gewolltes Zusammenwirken zur Umgehung des Anschlussbefristungsverbots, ist die Befristung des Vertrages unwirksam, obwohl sie nach dem Gesetz »formal« zulässig wäre. Dadurch entsteht allerdings kein Vertrag mit dem alten Arbeitgeber, sondern es bleibt beim Vertrag mit dem eingeschalteten neuen Arbeitgeber, der allerdings nicht wirksam befristet ist und daher auf unbestimmte Zeit gilt (*BAG* 15. 5. 2013 – 7 AZR 525/11, DB 13, 2276; 25. 6. 2015 – 6 AZR 438/14, NZA 15, 1507; zur Beweislast in einem solchen Fall *BAG* 4. 12. 2013 – 7 AZR 847/12, NZA 14, 426; zur Kritik *Greiner/Senk*, RdA 19, 236).
Umgekehrt ist es aber möglich, dass der Vertrag mit einem übernommenen Leiharbeitnehmer sachgrundlos befristet wird. Ein vorausgegangener Einsatz als Leiharbeiter ist kein vorausgegangenes Arbeitsverhältnis mit dem Entleiher, das im Sinne des Anschlussbefristungsverbots der Befristung entgegenstünde (*BAG* 5. 4. 2023 – 7 AZR 223/22, BB 23, 2234).

(5) Erleichterte Befristungen mit älteren Arbeitnehmern

Die (früher vorgesehene) weitergehende Möglichkeit begründungsloser Befristung allein im Hinblick auf das Alter eines Arbeitnehmers ist vom *EuGH* als Verstoß gegen das Verbot der Altersdiskriminierung bewertet worden (22. 11. 2005 – C-144/04, AP Nr. 1 zu Richtlinie 2000/78/EG – Mangold). Die Bundesrepublik hat dem mit dem »Gesetz zur Verbesserung der Beschäftigungschancen älterer Menschen« vom 19. 4. 07 (BGBl. I 538) Rechnung getragen. Danach sind befristete Arbeitsverhältnisse mit Arbeitnehmern über 52 Jahren zulässig, wenn diese unmittelbar zuvor mindestens 4 Monate beschäftigungslos waren (§ 14 Abs. 3 TzBfG; vgl. *Bader*, NZA 07, 713; *Bauer*, NZA 07, 544; *Bayreuther*, BB 07, 1113; *Schiefer/Köster/Korte*, DB 07, 1081). Die Befristungsdauer darf aber insgesamt (unter Einschluss von Verlängerungen) 5 Jahre nicht überschreiten. Die h. M. geht davon aus, dass diese Befristungsmöglichkeit neben die Möglichkeit der Befristung ohne sachlichen Grund gemäß § 14 Abs. 2 TzBfG tritt. Allerdings ist die vorausgegangene Beschäftigungslosigkeit nur gegeben, wenn diese unmittelbar vor der Befristung nach § 14 Abs. 3 TzBfG gelegen hat. Die Europarechtsmäßigkeit und Verfassungsmäßigkeit der neuen Regelung nimmt das *BAG* jedenfalls für die erstmalige Befristung eines Arbeitsvertrages mit einem älteren Arbeitnehmer an, während es daran zweifelt, soweit weitere Befristungen dadurch ermöglicht werden sollen (*BAG* 28. 5. 2014 – 7 AZR 360/12, DB 14, 2475).

(6) Befristung einzelner Arbeitsbedingungen

Die Regelungen über das Erfordernis eines sachlichen Grundes und über die Möglichkeiten sachgrundloser Befristungen gelten nur für Befristungen des Arbeitsvertrages insgesamt, die Befristung einzelner Arbeitsbedingungen unterliegt hingegen der Kontrolle am Maßstab der §§ 305 ff. BGB (vgl. Einl. II 9 zum BGB, Nr. 14; ebenso bei der befristeten Übertragung einer höherwertigen Tätigkeit, *BAG* 7. 10. 2015 – 7 AZR 945/13, NZA 16, 441). Allerdings hält das *BAG* befristete Arbeitszeiterhöhungen in erheblichem Umfang (um 25 % eines Vollzeitarbeitsverhältnisses) dann für eine unangemessene Benachteiligung i. S. d. § 307 Abs. 1 S. 1 BGB, wenn diese Umstände auch die Befristung eines gesonderten Arbeitsvertrages über die zusätzlichen Arbeitsstunden nicht nach dem TzBfG rechtfertigen könnten (*BAG* 15. 12. 2011 – 7 AZR 394/10, NZA 12, 674; 23. 3. 2016 – 7 AZR 828/13, NZA 16, 881). In der Beschränkung der Hauptleistungspflichten (Arbeitspflicht und Lohnzahlungspflicht) im Arbeitsvertrag eines Bademeisters auf die Saisonmonate sieht das *BAG* keine unangemessene Benachteiligung gemäß § 307 Abs. 1 S. 1 BGB, weil auch der Abschluss jeweils befristeter Arbeitsverträge nach § 14 Abs. 1 S. 2 Nr. 1 TzBfG zulässig gewesen wäre (19. 11. 2019 – 7 AZR 582/17, NZA 20, 374).

(7) Altersgrenzen

Altersgrenzen, mit deren Erreichen das Arbeitsverhältnis ohne eine Kündigung enden soll, unterliegen ebenfalls dem Befristungsrecht. Solche Altersgrenzenregelungen müssen daher dem Schriftformerfordernis des § 14 Abs. 4 TzBfG genügen (*BAG* 25. 10. 2017 – 7 AZR 632/15, NZA 18, 507). Allerdings betont das *BAG*, dass es sich nur rechtstechnisch um ein befristetes Arbeitsverhältnis handele, während der Sache nach ein Dauerarbeitsverhältnis vorliege. Arbeitnehmer, deren Arbeitsverhältnis einer Altersgrenze unterliegt, können sich daher nicht gegen nachteilige Regelungen unter Berufung auf das Benachteiligungsverbot des § 4 Abs. 2 TzBfG wenden (*BAG* 31. 7. 2025 – 6 AZR 18/25, NZA 25, 1456). Zulässigkeitsgrenzen für solche Altersgrenzenvereinbarungen ergeben sich zunächst aus § 41 S. 2 SGB VI (Nr. 30 VI), sofern sie auf einen Zeitpunkt vor dem regelmäßigen gesetzlichen Rentenalter bezogen sind (vgl. Einl. III zum SGB VI, Nr. 30 VI). Nach europäischem Unionsrecht sind Altersgrenzen darüber hinaus eine Ungleichbehandlung wegen des Alters, die aus arbeitsmarktpolitischen Gründen gerechtfertigt sein kann, jedoch nur, wenn eine ausreichende materielle Absicherung gewährleistet ist (*EuGH* 16. 10. 2007 – C-411/05, NZA 07, 1219 – Palacios de la Villa). Auf die Höhe der Rente, die der betreffende Arbeitnehmer erhält, kommt es nicht an (vgl. *EuGH* 5. 7. 2012 – C-141/11, NZA 12, 785 – Hörnfeldt). Das *BAG* (18. 6. 2008 – 7 AZR 116/07, NZA 08,1302) hält dementsprechend Altersgrenzen mit Erreichen des gesetzlichen Regelrentenzugangsalters für zulässig. Der *EuGH* hat dies auf Vorlage des *ArbG Hamburg* (20. 1. 09 – 21 Ca 235/08) letztlich unter Hinweis auf den weiten Gestaltungsspielraum der Tarifvertragsparteien gebilligt (*EuGH* 12. 10. 2010 – C-45/09, NZA 10, 1167 – Rosenbladt; vgl. *Joussen*, ZESAR 11, 201). Dementsprechend hat das *BAG* (8. 12. 2010 – 7 AZR 438/09, NZA 11, 586) eine auf das 65. Lebensjahr bezogene Altersgrenze im Tarifvertrag für den öffentlichen Dienst gebilligt. Eine Altersgrenze, die auf das 65. Lebensjahr bezogen ist, meint letztlich die jeweils maßgebliche Altersgrenze für die Regelaltersrente (vgl. *BAG* 9. 12. 2015 – 7 AZR 68/14, NZA 16, 695, für Arbeitsvertrag; *BAG* 13. 10. 2015 – 1 AZR 754/13, NZA 16, 54, für Betriebsvereinbarung). Unzulässig ist eine Altersgrenze von 60 Jahren, also vor Erreichen der gesetzlichen Regelaltersrente, für Flugbegleiter (*BAG* 16. 10. 2008 – 7 AZR 253/07 [A], NZA 09, 378) ebenso wie für Piloten (*EuGH* 13. 9. 2011 – C-447/09, NZA 11, 1039 – Prigge u. a.; *BAG* 15. 2. 2012 – 7 AZR 946/07, NZA 12, 866; 18. 1. 2012 – 7 AZR 112/08, DB 12, 981). Der Arbeitgeber kann eine Altersgrenze, die vor Erreichen des Rentenalters wirken

soll, nicht dadurch rechtfertigen, dass der Arbeitnehmer eine Ausgleichszahlung erhält (*BAG* 18.1.2017 – 7 AZR 236/15, NZA 17, 849, Rn. 37).
Auch in Betriebsvereinbarungen können Altersgrenzen geregelt werden (*BAG* 7.11.1989 – GS 3/85, DB 89, 2336). Gebilligt hat das *BAG* mit Blick auf das Verbot der Altersdiskriminierung eine auf die Regelaltersgrenze der Rentenversicherung bezogene Altersgrenze in einer Betriebsvereinbarung. Diese solle sich nach der Rechtsprechung auch gegen eine günstigere vertragliche Regelung durchsetzen: Wenn der Arbeitgeber Allgemeine Geschäftsbedingungen verwende, mache er deutlich, dass er eine betriebseinheitliche Gestaltung wünsche, der Arbeitsvertrag sei dann offen für die Regelung durch Betriebsvereinbarung (*BAG* 5.3.2013 – 1 AZR 417/12, NZA 13, 916; vgl. Einl. II 3 zum BetrVG, Nr. 12). Gleichermaßen hat das *BAG* eine Altersgrenze in einer kirchlichen Arbeitsrechtsregelung akzeptiert (*BAG* 12.6.2013 – 7 AZR 917/11, NZA 13, 1428). Die Einführung einer Altersgrenze durch Betriebsvereinbarung bedarf allerdings mit Rücksicht auf das Prinzip des Vertrauensschutzes einer Übergangsregelung für rentennahe Arbeitnehmer (*BAG* 21.2.2017 – 1 AZR 292/15, BB 17, 1342).
Wenn das Arbeitsverhältnis durch eine Altersgrenze endet, besteht seit 1.7.2014 die Möglichkeit, das Vertragsende gemäß § 41 S. 3 SGB VI (Nr. 30 VI) hinauszuschieben (dazu *Bader*, NZA 14, 749; *Bayreuther*, NZA Beilage 3/15, 84; *Waltermann*, RdA 15, 343; *Kleinebrink*, DB 14, 1490; *Poguntke*, NZA 14, 1372; *Giesen*, ZfA 15, 217). Dafür bedarf es keines Sachgrundes (*BAG* 19.12.2018 – 7 AZR 70/17, NZA 19, 523, Rn. 32 ff.). Notwendig ist, dass eine entsprechende Verlängerung, die sich nahtlos an den durch Altersgrenze ansonsten endenden Vertrag anschließt, noch während des laufenden Arbeitsverhältnisses vereinbart wird. Die Rechtsprechung wird aber zu klären haben, ob eine solche Verlängerung auch mit inhaltlichen Veränderungen des Arbeitsvertrages verbunden werden kann (offengelassen von *BAG* 19.12.2018 – 7 AZR 70/17, NZA 19, 523, Rn. 20 ff.; bejahend *Stoffels*, NZA 25, 909). Problematisch an der Regelung ist, dass sie beliebig häufige Vertragsverlängerungen durch Befristungen vorsieht und dadurch zugleich die sozialpolitische Zielsetzung von Altersgrenzen insgesamt relativiert. Gleichwohl sieht der *EuGH* darin keine unzulässige Altersdiskriminierung, weil der Arbeitnehmer letztlich die zusätzliche Option erhält, statt aus dem Berufsleben auszuscheiden, für eine gewisse Zeit weiterzuarbeiten (28.2.2018 – C-46/17, NZA 18, 355, Rn. 26 ff. – John). Letztlich konnte der *EuGH* auch keine durchgreifenden Bedenken mit Blick auf die Befristungsrichtlinie (EU-ASO Nr. 41) erkennen, solange es sich nicht um ein Mittel zur Begründung von Kettenbefristungen handelt (ebd., Rn. 45 ff.). Das *BAG* ist dem gefolgt und sieht die Bestimmung als verfassungs- und unionsrechtskonform an (19.12.2018 – 7 AZR 70/17, NZA 19, 523). Die Problematik wird in Zukunft vermutlich überlagert durch die Regelung des § 41 Abs. 2 SGB VI, die durch das Rentenpaket 2025 (v. 22.12.2025, BGBl. I Nr. 362) eingefügt worden ist, und eine Ausnahme für Arbeitnehmer, die die Regelaltersgrenze erreicht haben, vom Anschlussbefristungverbot des § 14 Abs. 2 S. 2 TzBfG (s.o. [4]) für sachgrundlose Befristungen vorsieht. Unabhängig hiervon kann eine befristete Fortsetzung nach Überschreitung der Altersgrenze aber auch mit sachlichem Grund nach § 14 Abs. 1 TzBfG erfolgen (*BAG* 11.2.2015 – 7 AZR 17/13, NZA 15, 1066). Die Weiter-

beschäftigung über diese Altersgrenze hinaus ist eine gemäß § 99 BetrVG mitbestimmungspflichtige Einstellung (*BAG* 22.9.2021 – 7 ABR 22/20, NZA 22, 290).

(8) Kündigung

Grundsätzlich ist die Kündigung des befristeten Arbeitsvertrags nicht möglich. Die Befristung schafft für Arbeitgeber und Arbeitnehmer Rechtssicherheit, dass das Arbeitsverhältnis an einem bestimmten Termin, aber eben auch erst dann, endet. Es bedarf daher einer ausdrücklichen Vereinbarung nach § 15 Abs. 4 TzBfG, wenn das Arbeitsverhältnis kündbar sein soll. Für diesen Fall spielt die Regelung zur Probezeit in § 15 Abs. 3 TzBfG eine Rolle. Diese muss im Verhältnis zur Art der Tätigkeit und der erwarteten Dauer der Befristung stehen. Das *BAG* hat bislang offengelassen, wie die Verhältnismäßigkeit zu bestimmen ist, aber klargestellt, dass die Probezeit jedenfalls nicht die gesamte Dauer des Arbeitsverhältnisses erfassen kann (5.12.2024 – 2 AZR 275/23, NZA 25, 417). Das gilt auch im Fall einer Befristung zur Erprobung (s. o. [3]). Eine unverhältnismäßige Probezeit berührt die vereinbarte Möglichkeit einer Kündigung zwar nicht, führt aber dazu, dass das Arbeitsverhältnis nicht mit der verkürzten Frist nach § 622 Abs. 3 BGB (Nr. 14) gekündigt werden kann (*BAG* 5.12.2024 – 2 AZR 275/23, NZA 25, 417).

(9) Entfristung und Vertragsverlängerung

Eine rechtsunwirksame Befristung hat zur Folge, dass das Arbeitsverhältnis als unbefristetes gilt (§ 16 TzBfG; vgl. *v. Koppenfels,* AuR 2001, 201). Eine hierauf gerichtete Klage muss beim Arbeitsgericht binnen drei Wochen nach dem vereinbarten Ende der Befristung erhoben werden (§ 17 TzBfG). Diese Klagefrist ist auch einzuhalten, wenn es Streit um den Eintritt einer auflösenden Bedingung gibt (*BAG* 4.11.2015 – 7 AZR 851/13, NZA 16, 634). Hat der Arbeitnehmer im Rechtsstreit ein für ihn günstiges Urteil erwirkt, muss der Arbeitgeber ihn bis zum rechtskräftigen Abschluss des Prozesses weiterbeschäftigen (*BAG* 22.7.2014 – 9 AZR 1066/12, NZA 14, 1330).

Der *EuGH* hat klargestellt, dass eine Vertragsverlängerung in einen unbefristeten Vertrag nach Ausschöpfung der Befristungsmöglichkeiten nicht mit einer Verschlechterung der Arbeitsbedingungen verbunden sein darf, wenn Tätigkeit und Aufgabe gleich bleiben (*EuGH* 8.3.2012 – C-251/11, EuZW 12, 305 – Huet).

Es besteht allerdings kein Anspruch auf Abschluss weiterer Verträge im Anschluss an einen rechtswirksam befristeten Vertrag. Ein solcher Anspruch kann sich aber aus anderen Gründen ergeben. Stellt sich die verweigerte Vertragsverlängerung als unzulässige Maßregelung (§ 612a BGB, Nr. 14) dar, macht der Arbeitgeber sich schadensersatzpflichtig, ist aber analog § 15 Abs. 6 AGG (Nr. 2) nicht zum Abschluss eines Anschlussvertrages verpflichtet (*BAG* 21.9.2011 – 7 AZR 150/10, DB 12, 524).

Die gesetzliche Befristungsregelung kann durch Tarifvertrag oder Betriebsvereinbarung verbessert werden. Z. B. können im Rahmen von Auswahlrichtlinien gemäß § 95 BetrVG (Nr. 12) Übernahmepflichten des Arbeitgebers im Anschluss an befristete Arbeitsverträge geregelt werden.

Arbeitet der Arbeitnehmer mit Wissen des Arbeitgebers über die Befristung des Vertrages hinaus weiter, ohne dass der Arbeitgeber widerspricht, verwandelt sich das Arbeitsverhältnis nach § 15 Abs. 6 TzBfG in ein unbefristetes. Wenn der Arbeitgeber allerdings ein Verlängerungsangebot unterbreitet, das der Arbeitnehmer nur innerhalb der Vertragslaufzeit annehmen können soll, sieht das *BAG* (7. 10. 2015 – 7 AZR 40/14, NZA 16, 358) darin zugleich einen Widerspruch gegen die Weiterarbeit ohne Unterzeichnung des Verlängerungsvertrages. Bei einer solchen Weiterbeschäftigung können deshalb nur Ansprüche aufgrund eines faktischen Arbeitsverhältnisses entstehen, von dem sich beide Seiten jederzeit lösen können. Die Inanspruchnahme eines vom Arbeitgeber gewährten Urlaubs über das Ende des befristeten Vertrages hinaus kann nicht als Fortsetzung des Vertrages im Sinne von § 15 Abs. 6 TzBfG angesehen werden (*BAG* 9. 2. 2023 – 7 AZR 266/22, NZA 23, 770).

b) Anwendungsprobleme

Die grundsätzlichen Befürchtungen, dass befristete Arbeit allmählich unbefristete Dauerarbeitsverhältnisse verdrängen könnte, haben sich nicht bewahrheitet. Jedoch ist offenkundig, dass die Unternehmen diese Möglichkeit zunehmend als personalpolitisches Instrument zur Erprobung neu eingestellter Arbeitnehmer nutzen, nur rund 10 % der befristet abgeschlossenen Neuverträge dienen der Deckung eines vorübergehenden Bedarfs (IAB-Kurzbericht 17/2019). Im Jahr 2024 waren 25 % der neu abgeschlossenen sozialversicherungspflichtigen Arbeitsverträge befristet. Das bedeutet einen Rückgang der befristeten Beschäftigung seit 2000 um 6 %-Punkte. Dabei wird überwiegend vom Instrument der sachgrundlosen Befristung Gebrauch gemacht, was für die Annahme spricht, dass die Befristung als eine Art verlängerte Probezeit genutzt wird. Unter den Sachgründen für Befristungen sind vor allem Vertretung (27 %) und begrenzte Haushaltsmittel (20 %) zu nennen (zum Ganzen *Gürtzgen/Kubiis/Popp*, IAB, Befristungen bei Neueinstellungen 2024, 6. Juni 2025). Im Jahr 2022 kam es zu 406 000 Übernahmen in unbefristete Beschäftigung, während 309 000 befristete Beschäftigungsverhältnisse verlängert und 202 000 beendet wurden (BT-Drs. 20/8225, S. 3).
Allerdings ist die befristete Einstellung gerade für Berufsanfänger und für vormals Arbeitslose ein möglicher Weg in Beschäftigung (*Schäfer*, IW-Trends 1/2019). Dies bestätigt die Nutzung als Instrument verlängerte Probezeit. Zu beobachten ist überdies, dass vor allem Personen, die Zeiten der Nichtbeschäftigung in der Erwerbsbiografie haben, eher bereit sind, eine befristete Beschäftigung aufzunehmen (*Jaenichen*, IAB- Forschungsbericht 11/25).

2. Teilzeitarbeit

a) Allgemeines

Im TzBfG wurde auch das Recht der Teilzeitarbeit neu geregelt. Dies ist vor dem Hintergrund der bereits am 20. 1. 2000 abgelaufenen Verpflichtung der Bundesrepublik Deutschland zur Umsetzung der Richtlinie 1997/81/EG (EU-ASO Nr. 40)

zu sehen. Seine Regelungen über die Teilzeitarbeit entsprechen weitgehend den §§ 2–6 BeschFG 1985. Eine Neuerung bringt es lediglich hinsichtlich des – damals allerdings heftig umstrittenen – Anspruchs auf Verringerung der Arbeitszeit (s. u. b). Freilich hat auch dieser keinen Ansturm auf Teilzeitarbeit ausgelöst (*Bradtke* u. a., WSI-Mitt. 04, 138, 140).
Teilzeitarbeit hat in der Bundesrepublik Deutschland stark zugenommen. Im Jahre 2007 waren fast 12 Mio. Menschen in Teilzeit beschäftigt, das sind etwa 1/3 aller Beschäftigten. Etwa 4/5 der Teilzeitbeschäftigten sind Frauen (*Vogel*, ZAF 09, 170). Rund 1/4 davon leistet unfreiwillig Teilzeitarbeit, weil Vollzeitstellen nicht zur Verfügung stehen (iwd 24/09, S. 2). Für das Jahr 2016 waren die Zahlen mit 37,1 % nicht anders (Böckler Impuls 9/17, 3). Im ersten Quartal 2025 ist die Teilzeitquote auf einen neuen Rekordwert von 39,8 % gestiegen, was 16,75 Millionen Beschäftigte ausmacht (IAB Presseinformation v. 3. 6. 2025). Ungeachtet der letzten Änderungen im Teilzeitrecht (s. o. I) wird immer noch von vielen Beschäftigten Unzufriedenheit wegen nicht erfüllter Arbeitszeitwünsche (Verringerungen oder Aufstockungen) geäußert (Böckler impuls 5/20, S. 6).

b) Teilzeitarbeit – Grundmodell

(1) Begriff

Der Begriff der Teilzeitarbeit wird in § 2 Abs. 1 TzBfG definiert: Es handelt sich um Arbeitnehmer, deren regelmäßige Wochenarbeitszeit geringer ist als die vergleichbarer Vollzeitarbeitnehmer. Es kommt nicht darauf an, um wie viel die Arbeitszeit nach unten hin abweicht. § 2 Abs. 2 TzBfG stellt klar, dass auch geringfügig Beschäftigte i. S. des § 8 Abs. 1 Nr. 1 SGB IV (vgl. Nr. 30 IV) zu den Teilzeitbeschäftigten zählen, auf die das Gesetz zur Anwendung kommt. Einen Spezialfall der Teilzeitarbeit stellt die Altersteilzeit dar (vgl. dazu auch das ATZG, Nr. 30 VIa, sowie Erläuterungen in Einl. IV zum SGB VI, Nr. 30 VI).

(2) Gleichbehandlung

Die fundamentale Schutzvorschrift für Teilzeitbeschäftigte ist das Diskriminierungsverbot des § 4 TzBfG. Danach dürfen Teilzeitbeschäftigte wegen der Teilzeitarbeit nicht schlechter behandelt werden als vergleichbare Vollzeitbeschäftigte. Insbesondere gilt dies für das Entgelt: Es ist dem Teilzeitbeschäftigten mindestens in dem Umfang zu gewähren, der dem Anteil seiner Arbeitszeit an der Arbeitszeit eines vergleichbaren vollzeitbeschäftigten Arbeitnehmers entspricht (»pro rata temporis«). Das bedeutet, dass Teilzeitbeschäftigte nicht vom Bezug von Jahressonderzahlungen und sonstigen geldwerten Leistungen ausgeschlossen werden dürfen. Diese Leistungen sind vielmehr arbeitszeitanteilig zu gewähren (vgl. schon die bisherige Rechtsprechung, *BAG* 6. 12. 1990 – 6 AZR 159/89, DB 91, 866: Weihnachtsgratifikation; 12. 3. 1996 – 3 AZR 993/94, DB 96, 2085: Betriebliche Altersversorgung). Ebenso darf eine tarifvertragliche Regelung Teilzeitarbeitnehmer nicht einfach von der Möglichkeit einer Altersfreizeit ausnehmen, wenn es an Anhaltspunkten dafür fehlt, dass es bei diesen keinen Entlastungsbedarf gibt

(*BAG* 9.7.2024 – 9 AZR 296/20, NZA 24, 1513). Allerdings bedarf die zeitanteilige Berücksichtigung ihrerseits einer Rechtfertigung nach dem Sachzweck der Regelung, wie dies etwa bei der Vergütung der Fall ist (ebenso bei Wechselschicht- und Schichtzulagen, *BAG* 25.9.2013 – 10 AZR 4/12, NZA-RR 14, 8; bei Kinderzuschlägen, die sich als Vergütung darstellen: *EuGH* 5.11.2014 – C-476/12, NZA 15, 170 – ÖGB/VÖBB). Wo Regelungen aber beispielsweise auf den Bestand des Arbeitsvertrages abstellen (z.B. bei der Wartezeit nach § 1 Abs. 1 KSchG, Nr. 25), sind Teilzeitbeschäftigte wie andere Arbeitnehmer zu behandeln. Bei der Berücksichtigung von Schwellenwerten kommt es darauf an, ob der Gesetzgeber eine nur anteilige Mitzählung von Teilzeitbeschäftigten vorgesehen hat, wie dies etwa in § 23 Abs. 1 S. 4 KSchG geschehen ist, nicht aber in § 1 BetrVG (Nr. 12).
Die unterschiedliche Behandlung von Teilzeitbeschäftigten kann auch eine mittelbare geschlechtsspezifische Diskriminierung darstellen, wenn überwiegend Frauen davon betroffen sind (vgl. *EuGH* 7.2.1991 – C-184/89, AP Nr. 25 zu § 23a BAT – Nimz). Eine entsprechende Ungleichbehandlung bedarf dann immer der Rechtfertigung nach dem AGG (vgl. Einl. II 5b zum AGG, Nr. 2). Auch bei der Gewährung von Überstundenzuschlägen kommt es für die Frage einer unzulässigen Benachteiligung letztlich auf den Zweck der Regelung an (vgl. *EuGH* 27.5.2004 – C-285/02, NZA 04, 783 – Elsner-Lakeberg).
Grundsätzlich ist es auch den Tarifvertragsparteien nach § 4 Abs. 1 S. 2 TzBfG untersagt, Teilzeitkräfte zu benachteiligen (*BAG* 29.1.2020 – 4 ABR 26/19, NZA 20, 813). Auch wenn sie den Zweck tarifvertraglicher Leistungen autonom bestimmen und eine Einschätzungsprärogative bei der Bewertung der tatsächlichen Gegebenheiten, die für eine Rechtfertigung einer Ungleichbehandlung in Betracht kommt, haben, dürfen sie den Gleichbehandlungsgrundsatz nicht aushöhlen. Diese Grenze sah das *BAG* etwa überschritten durch einen Tarifvertrag, der eine Altersfreizeit den Arbeitnehmern vorbehielt, die eine Regelarbeitszeit von mehr als 35 Stunden haben (*BAG* 22.10.2019 – 9 AZR 71/19, NZA 20, 255). In jüngerer Rechtsprechung hat der *EuGH* klargestellt, dass eine tarifvertragliche Mehrarbeitsvergütung nicht erst ab Überschreiten einer bestimmten Auslösegrenze eingreifen darf (29.7.2024 – C-184/22 u.a., NZA 24, 1265 – KfH Kuratorium; ferner 19.10.2023 – C-620/20, NZA 23, 1379 – Lufthansa CityLine; auf Vorabentscheidungsersuchen von *BAG* 11.11.2020 – 10 AZR 185/20 [A], NZA 21, 57; zur Entwicklung vgl. 49. Aufl., Einl. II 2b zum TzBfG, Nr. 32). Insoweit verstößt eine Regelung im Tarifvertrag, die Überstundenzuschläge erst bei Erreichen der Vollarbeitszeit vorsehen, gegen das Benachteiligungsverbot, wenn es nicht gerade für diese Auslösegrenze einen sachlichen Grund gibt. Ein solcher kann zwar darin liegen, dass einer übermäßigen körperlichen und/oder psychischen Belastung entgegengewirkt werden soll, die nach Einschätzung der Tarifvertragsparteien erst ab dieser Grenze eintritt, wofür es aber Anhaltspunkte im Tarifvertrag bedarf (*BAG* 5.12.2024 – 8 AZR 370/20, NZA 25, 431). Folge einer unzulässigen Ungleichbehandlung ist ein Anspruch der Benachteiligten auf die vorenthaltenen Vorzüge (»Anpassung nach oben«, *BAG* 5.12.2024 – 8 AZR 370/20, NZA 25, 431, Rn. 54). Zur Frage, ob dies im Hinblick auf die jüngere Rechtsprechung des *BVerfG* aufrechterhalten werden kann, s. Einl. II 1e zum TVG, Nr. 31).

(3) Stellenbesetzung

Bei inner- und außerbetrieblichen Stellenausschreibungen muss nach betrieblicher Möglichkeit auch eine Besetzung mit Teilzeitkräften vorgesehen werden (§ 7 Abs. 1 TzBfG). Der Betriebsrat kann dies über sein Mitbestimmungsrecht gemäß § 93 S. 1 BetrVG (Nr. 12) für innerbetriebliche Ausschreibungen erzwingen. Bei Verstößen hiergegen kann er seine Zustimmung zu einer Einstellung gemäß § 99 Abs. 2 Nr. 5 BetrVG verweigern. Der Arbeitgeber ist verpflichtet, Arbeitnehmer mit Interesse an Teilzeitarbeit auf entsprechende Arbeitsmöglichkeiten hinzuweisen (§ 7 Abs. 2 TzBfG) und einen Änderungswunsch zu beantworten (§ 7 Abs. 3 TzBfG).

(4) Unbefristete Arbeitszeitverringerung

Jeder Arbeitnehmer hat einen Rechtsanspruch, seine Wochenarbeitszeit gemäß § 8 TzBfG zu verringern (»Recht auf Teilzeitarbeit«; zur Durchsetzbarkeit in der betrieblichen Praxis *Perreng,* AiB 2001, 258; Checkliste 76). Auch Teilzeitbeschäftigten, also Arbeitnehmern, die bereits eine verringerte Arbeitszeit haben, steht dieser Anspruch zu (*BAG* 13.11.2012 – 9 AZR 259/11, NZA 13, 373). Voraussetzung hierfür ist

- eine Mindestbetriebsgröße von mehr als 15 Arbeitnehmern,
- eine Mindestbeschäftigungszeit von sechs Monaten und
- eine Geltendmachung der Arbeitszeitreduzierung mindestens drei Monate vor deren Beginn.

Das Verringerungsverlangen soll (nicht: muss) mit der gewünschten Verteilung der Arbeitszeit versehen werden (zum Verhältnis zur Mitbestimmung des Betriebsrats vgl. *BAG* 15.12.2008 – 9 AZR 893/07, NZA 09, 565). Nicht genügend ist ein Verringerungsverlangen, bei dem offen bleibt, in welchem Umfang künftig gearbeitet werden soll. Es ist aber zulässig, dem Arbeitgeber das Recht zur Bestimmung des Umfangs einzuräumen (*BAG* 16.10.2007 – 9 AZR 239/07, NZA 08, 289). Der Arbeitgeber hat das Verlangen des Arbeitnehmers mit diesem zu erörtern und muss es akzeptieren, wenn keine betrieblichen Gründe entgegenstehen. Solche Gründe liegen insbesondere darin, dass durch die Verringerung der Arbeitszeit die Organisation, der Arbeitsablauf oder die Sicherheit im Betrieb wesentlich beeinträchtigt wird. Das *BAG* hat hierzu eine Prüffolge der entgegenstehenden Gründe festgelegt (*BAG* 18.2.2003 – 9 AZR 164/02, DB 03, 2442), die sowohl hinsichtlich des Verringerungsverlangens als auch hinsichtlich der Verteilung greift (*BAG* 16.3.2004 – 9 AZR 323/03, NZA 04, 1047):

- Zunächst ist das vom Arbeitgeber aufgestellte und durchgeführte Organisationskonzept festzustellen, das der vom Arbeitgeber als betrieblich erforderlich angesehenen Arbeitszeitregelung zugrunde liegt. Dieses Organisationskonzept ist inhaltlich nicht überprüfbar und außer im Falle von Willkür oder offensichtlicher Unsachlichkeit stets zu beachten.
- Dann ist zu überprüfen, ob die vom Organisationskonzept bedingte Arbeitszeitregelung tatsächlich der gewünschten Änderung der Arbeitszeit entgegensteht.
- Abschließend ist zu prüfen, ob das Gewicht der entgegenstehenden betrieblichen Gründe so erheblich ist, dass die Erfüllung des Arbeitszeitwunsches des Arbeit-

nehmers zu einer wesentlichen Beeinträchtigung der Arbeitsorganisation, des Arbeitsablaufs, der Sicherheit des Betriebs oder zu einer unverhältnismäßigen wirtschaftlichen Belastung des Betriebs führen würde. Eine Abwägung mit den Interessen des Arbeitnehmers an einer Reduzierung der Arbeitszeit ist allerdings nicht vorgesehen (*BAG* 9.12.2003 – 9 AZR 16/03, NZA 04, 921).

Lehnt der Arbeitgeber den Wunsch des Arbeitnehmers ab und ist dieser damit nicht einverstanden, muss der Arbeitnehmer das Arbeitsgericht anrufen (*BAG* 18.2.1003 – 9 AZR 356/02, NZA 03, 911). Der Arbeitnehmer kann eine erneute Verringerung seiner Wochenarbeitszeit erst wieder nach zwei Jahren geltend machen.

Will ein teilzeitbeschäftigter Arbeitnehmer seine Arbeitszeit (wieder) verlängern, muss ihn der Arbeitgeber bei der Besetzung eines entsprechenden freiwerdenden Arbeitsplatzes berücksichtigen, wenn nicht betriebliche Gründe oder die Belange sozial schutzwürdigerer anderer Arbeitnehmer dagegensprechen (§ 9 TzBfG, s. u. c). Die Arbeitszeiterhöhung kann aber im Allgemeinen nicht auf einer höherwertigen Stelle beansprucht werden (*BAG* 16.6.2008 – 9 AZR 781/07, DB 08, 2426).

(5) Brückenteilzeit

Die Brückenteilzeit soll es ermöglichen, für eine bestimmte Zeit neben der Berufstätigkeit in größerem Umfang auch privaten Aufgaben und Interessen nachgehen zu können. Das soll insbesondere familiären Interessen, Weiterbildungswünschen, aber auch Freizeitinteressen, etwa wegen eines Ehrenamtes oder im Hinblick auf die Work-Life-Balance, Rechnung tragen (BT-Drs. 281/17, S. 5). Damit will man die sog. »Teilzeitfalle« vermeiden, die sich daraus ergibt, dass die Realisierung des Teilzeitwunsches im Sinne des § 8 TzBfG in eine Einbahnstraße münden konnte, insoweit § 9 TzBfG bislang keinen durchsetzbaren Rechtsanspruch auf Erhöhung der Arbeitszeit, sondern nur einen Anspruch auf vorrangige Berücksichtigung eingeräumt hat. Die im Vorhinein feststehende Zeit verschafft Arbeitgeber und Arbeitnehmer Planungssicherheit.

Der Rechtsanspruch auf eine zeitlich begrenzte Verringerung der Arbeitszeit gemäß § 9a TzBfG baut im Wesentlichen auf die Anspruchsvoraussetzungen und Verfahrensregelungen für den allgemeinen Anspruch auf unbefristete Arbeitszeitverringerung gemäß § 8 TzBfG auf. Auch hier gibt es eine Wartezeit von sechs Monaten. Auch ist der Anspruch nicht an einen bestimmten Zweck für das freiwerdende Arbeitszeitvolumen geknüpft. Deswegen bleiben andere Ansprüche auf Arbeitszeitverringerung wegen bestimmter Zwecke, etwa nach dem PflegeZG (Nr. 30 XIa) oder dem BEEG (Nr. 16), daneben bestehen. Der Anspruch besteht nur in Unternehmen mit mehr als 45 Arbeitnehmern. Außerdem gibt es einen »Überforderungsschutz zugunsten des Arbeitgebers«, wenn dieser bis 200 Arbeitnehmer beschäftigt. Dazu sind in § 9a Abs. 2 TzBfG Höchstquoten für Arbeitsverhältnisse mit Brückenteilzeit vorgesehen. Wenn der Arbeitgeber den Anspruch wegen dieses Überforderungsschutzes abgelehnt hat, kann er frühestens nach einem Jahr erneut geltend gemacht werden.

Der Anspruch richtet sich auf einen im Vorhinein bestimmten Zeitraum zwischen einem und fünf Jahren, wobei dieses Zeitfenster nach § 9a Abs. 6 TzBfG durch Ta-

rifvertrag verlängert oder verkürzt werden kann. Der Anspruch kann aus betrieblichen Gründen abgelehnt werden. Solche können etwa darin liegen, dass keine adäquaten Ersatzkräfte zu finden sind. Die Nichteinhaltung der Ankündigungsfrist von drei Monaten führt anders als bei der »normalen« Arbeitszeitreduzierung nicht dazu, dass die Brückenteilzeit zu einem späteren Zeitpunkt beginnt, wenn nicht eindeutig erkennbar ist, ob der Arbeitnehmer im Hinblick auf die verspätete Antragstellung eine Verschiebung oder eine Verkürzung der Brückenteilzeit wünscht. In einem solchen Fall liegen die Voraussetzungen für eine befristete Arbeitszeitreduzierung nicht vor (*BAG* 7. 9. 2021 – 9 AZR 595/20, NZA 21, 1708).
Nach Rückkehr zur alten Arbeitszeit kann der Arbeitnehmer frühestens nach zwei Jahren erneut einen Anspruch geltend machen. Dasselbe gilt, wenn der Arbeitgeber einen Anspruch berechtigt abgelehnt hat. Während der verkürzten Arbeitszeit können keine weiteren Ansprüche auf Veränderung der Arbeitszeit geltend gemacht werden. Das gilt aber nicht für Veränderungsansprüche auf der Grundlage anderer Gesetze, die als Spezialregelungen anzusehen sind.

c) Verlängerung der Arbeitszeit

Schon bisher war ein Anspruch auf einschränkungslose Verlängerung der Arbeitszeit nicht vorgesehen. Vielmehr ermöglicht § 9 TzBfG nur eine vorrangige Berücksichtigung, wenn der Arbeitnehmer einen Wunsch nach Verlängerung der Arbeitszeit angezeigt hat. Im Zuge des Gesetzes zur Einführung der Brückenteilzeit (s. o. I) wurde eine Beweislastumkehr eingeführt. Der Arbeitgeber muss, um den Anspruch des Arbeitnehmers erfolgreich abwehren zu können, darlegen und beweisen, dass ein entsprechender freier Arbeitsplatz nicht vorhanden ist, der Arbeitnehmer nicht mindestens gleich geeignet ist wie der bevorzugte Bewerber, andere Arbeitszeitwünsche anderer teilzeitbeschäftigter Arbeitnehmer oder dringende betriebliche Gründe entgegenstehen.
Der Anspruch soll sich aber nur auf freie Arbeitsplätze beziehen. Wenn der Arbeitgeber hingegen lediglich freie Arbeitszeitvolumina zur Erhöhung der Arbeitszeit arbeitsplatzunabhängig zur Verfügung stellt, soll dies kein freier Arbeitsplatz sein, sodass eine vorrangige Berücksichtigung nicht beansprucht werden kann, sofern der Arbeitgeber seine Organisationsfreiheit nicht zur Umgehung von § 9 TzBfG genutzt hat (*BAG* 17. 10. 2017 – 9 AZR 192/17, NZA 18, 174).
Das Schicksal der Vergütung im Falle der Verlängerung der Arbeitszeit ist in § 9 TzBfG nicht geregelt. Die Rechtsprechung geht davon aus, dass dies in erster Linie Vereinbarungsfrage sei. In Ermangelung einer Vereinbarung müssten Gerichte im Wege der ergänzenden Vertragsauslegung darauf abstellen, was redliche Vertragsparteien vereinbart hätten. Das sei im Allgemeinen eine quotale Erhöhung der Vergütung entsprechend der Arbeitszeiterhöhung (*BAG* 13. 12. 2023 – 5 AZR 168/23, NZA 24, 471).
Die Verletzung des Anspruchs auf vorrangige Berücksichtigung gemäß § 9 TzBfG führt dazu, dass im Falle der anderweitigen Besetzung des Arbeitsplatzes der Anspruch des übergangenen Arbeitnehmers entfällt (§ 275 Abs. 1 BGB, Nr. 14). Er kann auch nicht im Wege des Schadensersatzes eine Verlängerung der Arbeitszeit verlangen. Dem soll § 15 Abs. 6 AGG (Nr. 2) entgegenstehen. Ein Schadensersatz-

anspruch richtet sich dementsprechend auf Geld (*BAG* 18.7.2017 – 9 AZR 259/16, NZA 17, 1401).

d) Anpassung der Arbeitszeit an den Arbeitsanfall

Insbesondere im Einzelhandel ist von den Unternehmen eine typische Form der Arbeit auf Abruf eingeführt worden: die »kapazitätsorientierte variable Arbeitszeit« (KAPOVAZ). Danach müssen sich die Arbeitnehmer – fast durchweg Frauen – jederzeit bereithalten, um je nach Geschäftsverlauf und Arbeitsanfall kurzfristig zur Arbeit zu kommen. Vielfach wurde dabei weder eine Mindestarbeitszeit garantiert, noch gab es längere Vorankündigungsfristen, noch wurde die Wartezeit vergütet. Derartige Vertragsgestaltungen waren inzwischen von der Rechtsprechung verboten worden (vgl. *BAG* 12.12.1984 – 7 AZR 509/83, NZA 1985, 321). Das TzBfG setzt nunmehr folgende Mindestbedingungen für die Arbeit auf Abruf fest:

- Es muss die Dauer der Arbeitszeit festgelegt werden. Fehlt es hieran, gelten 20 Stunden wöchentlich als vereinbart (§ 12 Abs. 1 TzBfG). Das *BAG* hält es aber für möglich, zu einem anderen Stundenumfang im Wege der ergänzenden Vertragsauslegung zu gelangen, wenn die 20 Stunden aus Sicht der Parteien nicht sachgerecht sind. Ein Heranziehen zur Arbeitsleistung in anderem Umfang soll dazu aber nicht genügen (*BAG* 18.10.2023 – 5 AZR 22/23, NZA 24, 128). Das *BAG* sah es auch als zulässig an, in einem vorformulierten Vertrag dem Arbeitgeber das Recht einzuräumen, die Arbeitszeit einseitig um bis zu 25 % zu erhöhen und um bis zu 20 % zu reduzieren (7.12.2005 – 5 AZR 535/04, AuR 06, 170; *Bauer/Günther*, DB 06, 950; *Benecke*, AuR 06, 337; *Preis/Lindemann*, NZA 06, 632; krit. *Decruppe/Utess*, AuR 06, 347). Daran anknüpfend hat das Gesetz zur Einführung der Brückenteilzeit (s. o. I) die Variabilität von Abrufarbeit begrenzt. Nunmehr ist gemäß § 12 Abs. 2 TzBfG bei einer Mindestarbeitszeit ein zusätzlicher Abruf von Arbeit im Umfang von maximal 25 % zulässig, bei einer Höchstarbeitszeit ein geringerer Abruf um maximal 20 %.
- Der Arbeitgeber muss den Zeitrahmen nach Referenzstunden und Referenztagen festlegen, in dem die Abrufarbeit stattfinden soll, und die konkrete Einsatzzeit mindestens vier Tage im Voraus mitteilen. Der Abruf außerhalb des Zeitrahmens oder unter Verletzung der Ankündigungsfrist verpflichtet den Arbeitnehmer nicht zur Arbeitsleistung (§ 12 Abs. 3 TzBfG), er hat dann ein Leistungsverweigerungsrecht.
- Wenn die tägliche Dauer der Arbeitszeit nicht festgelegt ist, muss der Arbeitgeber den Arbeitnehmer jeweils mindestens für drei aufeinanderfolgende Stunden beschäftigen (§ 12 Abs. 1 S. 3 TzBfG).

Der mit alledem bewirkte Schutz ist jedoch völlig unzureichend. Es bleibt vielmehr beim grundlegenden Risiko eines sehr unregelmäßigen Arbeitseinsatzes mit langen Freizeitperioden. Zudem gibt es einen einfachen Weg der Umgehung, der in moderne Tagelöhnerei mündet. Mit dem Abschluss von Rahmenverträgen, die je nach Bedarf den Abschluss von Einzelverträgen für die jeweiligen Einsätze vorsehen, hat man es nicht mehr mit Abrufarbeit zu tun. Das *BAG* stellt formal darauf ab, dass der Arbeitnehmer nach dem Rahmenvertrag nicht verpflichtet ist, auf Wunsch des Arbeitgebers die Arbeit anzutreten (*BAG* 15.2.2012 – 10 AZR 111/11, NZA 12,

733). Unzureichend wird dabei berücksichtigt, dass aus wirtschaftlichen Gründen oftmals keine Wahlfreiheit besteht. Immerhin unterliegen die Einzeleinsatzverträge dann dem Befristungskontrollrecht, dabei muss aber die Klagefrist des § 17 TzBfG gewahrt werden. Zuletzt hat das *BAG* aber stärker betont, dass auch aus der praktischen Handhabung des Vertragsverhältnisses trotz formaler Freiheit auf eine Verpflichtung zur Arbeitsleistung geschlossen werden kann. Damit können die Einzeleinsätze aus einer Rahmenvereinbarung zu einem Arbeitsverhältnis im Sinne eines Dauerschuldverhältnisses verklammert sein (*BAG* 1. 12. 2020 – 9 AZR 102/20, AP Nr. 132 zu § 611 BGB Abhängigkeit; vgl. Einl. II 1 zum BGB, Nr. 14).
Der Betriebsrat hat ein Mitbestimmungsrecht hinsichtlich der Einführung von KAPOVAZ (*BAG* 28. 9. 1988 – 1 ABR 41/87, DB 89, 1033).

e) Arbeitsplatzteilung

Wenn zwei oder mehr Arbeitnehmer sich einen Arbeitsplatz teilen, spricht man von »Jobsharing«. Arbeitsplatzteilung mit Risikoübernahme durch den Arbeitnehmer wird vom TzBfG erlaubt. Zwar soll der eine Partner nur dann zur Vertretung des anderen verpflichtet sein, wenn dies für jeden einzelnen Vertretungsfall gesondert vereinbart wird (§ 13 Abs. 1 S. 1 TzBfG). Abweichend davon lässt das Gesetz aber zu, dass die Vertretung auch vorab für den Fall eines dringenden betrieblichen Erfordernisses vereinbart wird; der Arbeitnehmer darf die Vertretung dann nur ablehnen, soweit sie ihm im Einzelfall unzumutbar ist (§ 13 Abs. 1 S. 2 TzBfG). Das sind jedoch nur scheinbar wirksame Beschränkungen, denn welcher Arbeitnehmer kann sich darauf in dem Moment berufen, in dem der Arbeitgeber den Arbeitseinsatz verlangt?! Die hier strittigen Fragen lassen sich allemal erst im Nachhinein in einem Arbeitsgerichtsverfahren klären, und darauf wird sich kaum ein Arbeitnehmer, der einen solchen Vertrag akzeptiert hat, im konkreten Fall einlassen.
Zur Frage der Kündigung eines Partner-Arbeitnehmers, wenn der andere ausscheidet, wiederholt § 13 Abs. 2 S. 1 TzBfG lediglich, was bereits geltendes Recht war: eine solche Kündigung ist unwirksam (nach dem KSchG [Nr. 25] wäre dies weder ein Fall der verhaltens- noch der personen- noch der betriebsbedingten Kündigung). § 13 Abs. 2 S. 2 TzBfG schließt das Recht zur Änderungskündigung allerdings nicht aus. Doch bedarf auch eine solche eines Kündigungsgrundes, der im Allgemeinen nicht gegeben sein wird (es sei denn, es ließe sich nachweisbar kein Teilzeitarbeitnehmer finden, der das fehlende Zeitdeputat – ob im Jobsharing-System oder als schlichter Teilzeitarbeitnehmer – ausfüllt).

f) Abweichungen

§§ 12 Abs. 3 und 13 Abs. 4 TzBfG lassen eine Abweichung von den Bestimmungen über die Teilzeitarbeit zuungunsten des Arbeitnehmers durch Tarifvertrag zu. Derartige verschlechternde Tarifverträge dürfen durch Vereinbarung zwischen tarifungebundenen Arbeitgebern und Arbeitnehmern übernommen werden. Im Übrigen steht der Schutz des Arbeitnehmers nicht zur Disposition. Deshalb kann der Anspruch auf Verringerung der Arbeitszeit nicht durch Betriebsvereinbarung eingeschränkt werden (*BAG* 20. 1. 2015 – 9 AZR 735/13, NZA 15, 816).

III. Rechtspolitische Diskussion

Obwohl die erwarteten Beschäftigungseffekte infolge sachgrundloser Befristungsmöglichkeiten (s. o. I) nicht in empirisch nachvollziehbarer Weise eingetreten sind (IAB-Stellungnahme 1/14, S. 7), ist derzeit eine Abschaffung der Möglichkeiten sachgrundloser Befristungen nicht beabsichtigt. Die Große Koalition 2018–2021 plante allerdings Begrenzungen (vgl. 46. Aufl.), hatte diese aber nicht innerhalb der Legislaturperiode realisieren können. Der Koalitionsvertrag der »Ampelkoalition« sah eine Abschaffung der Haushaltsbefristung vor und zielte im Übrigen darauf, beim Bund als Arbeitgeber sachgrundlose Befristungen schrittweise zu reduzieren (»Mehr Fortschritt wagen, Bündnis für Freiheit, Gerechtigkeit und Nachhaltigkeit«, Koalitionsvertrag 2021–2025 zwischen SPD, Bündnis 90/Die Grünen und FDP). Sachgrundbefristungen beim selben Arbeitgeber sollten auf 6 Jahre begrenzt werden. Für die Abrufarbeit wollte die Regierungskoalition mehr Sicherheit schaffen. Mit Scheitern der Koalition ist auch dieses Vorhaben auf der Strecke geblieben. Die aktuelle Regierungskoalition plant insoweit keine Maßnahmen. Vorgesehen ist lediglich die Ausnahme von Arbeitsverhältnissen während eines Studiums vom Anschlussbefristungverbot (Zeilen 2437 f.). Ganz generell plant die Koalition eine Förderung von Mittelstand, Handwerk und selbstständigen u. a. durch den Abbau von Schriftformerfordernissen, »insbesondere im Arbeitsrecht (zum Beispiel bei Befristungen)« (Zeilen 339 f.). Die Abschaffung des Schriftformgebots dürfte allerdings eher der Rechtssicherheit abträglich sein, Beweisprobleme mit sich bringen und die Inanspruchnahme der Gerichte notwendig machen.

Wichtige Entscheidungen

Zur Befristung

BVerfG 6. 6. 2018 – 1 BvL 7/14 u. a., NZA 2018, 774
EuGH 22. 11. 2005 – C-144/04, AP Nr. 1 zu Richtlinie 2000/78/EG – Mangold
EuGH 16. 10. 2007 – C-411/05, NZA 2007, 1219 – Palacios de la Villa
EuGH 12. 10. 2010 – C-45/09, NZA 2010, 1167 – Rosenbladt
EuGH 26. 1. 2012 – C-586/10, NZA 2012, 135 – Kücük
EuGH 28. 2. 2018 – C-46/17, NZA 2018, 355 – John
BAG 12. 10. 1960 – GS 1/59, BAGE 10, 65
BAG 8. 5. 1985 – 7 AZR 191/84, BAGE, 49, 7
BAG 16. 7. 1985 – 1 ABR 35/83, NZA 1986, 163
BAG 7. 11. 1989 – GS 3/85, DB 1989, 2336
BAG 26. 10. 2016 – 7 AZR 135/15, NZA 2017, 382
BAG 17. 4. 2019 – 7 AZR 410/17, NZA 2019, 1223

Zur Teilzeitarbeit

EuGH 19. 10. 2023 – C-620/20, NZA 2023, 1379 – Lufthansa CityLine
EuGH 29. 7. 2024 – C-184/22 u. a., NZA 2024, 1265 – KfH Kuratorium

Weiterführende Literatur

Zum TzBfG insgesamt

Arnold/Gräfl, TzBfG, 5. Aufl. (2021)
Boecken/Joussen, Teilzeit- und Befristungsgesetz: TzBfG, 6. Aufl. (2019)
Hahn/Pfeiffer/Schubert (Hrsg.), Arbeitszeitrecht, 3. Aufl. (2024)
Holwe/Kossens/Räder, Teilzeit- und Befristungsgesetz, Basiskommentar, 9. Aufl. (2025)
Laux/Schlachter, TzBfG, 2. Aufl. (2011)
Meinel/Heyn/Herms, TzBfG, 6. Aufl. (2022)
Schiek, Das Teilzeit- und Befristungsgesetz, KJ 2002, S. 18

Zur Befristung von Arbeitsverträgen

(siehe auch Kommentare zum KSchG)
Deinert/Wenckebach/Zwanziger-*Lakies*, Arbeitsrecht, § 114 (Befristung, Bedingung)
Bayreuther, Änderungen des Teilzeit- und Befristungsrechts durch die Novelle des Nachweisgesetzes, NZA 2022, S. 951
Dörner, Der befristete Arbeitsvertrag, 2. Aufl. (2011)
Heuschmid, Die sachgrundlose Befristung im Lichte des Verfassungs- und Unionsrechts, AuR 2014, S. 221
Lakies, Befristete Arbeitsverträge, 2. Aufl. (2020)
Linsenmaier, Befristung und Bedingung, RdA 2012, S. 193
Preis/Greiner, Befristungsrecht – Quo vadis?, RdA 2010, S. 148

Zur Teilzeitarbeit

Deinert/Wenckebach/Zwanziger-*Mayer*, Arbeitsrecht, § 121 (Teilzeit)
Bayreuther, Die neue Brückenteilzeit und andere Änderungen im TzBfG, NZA 2018, S. 1577
Franzen, Die Veränderung des Arbeitszeitvolumens im Spannungsverhältnis zwischen persönlichen und betrieblichen Arbeitszeitinteressen, SR 2019, S. 12
Löwisch, Neues Teilzeitrecht, BB 2018, S. 3061
Mayer, Weiterentwicklung des Teilzeitrechts – Einführung einer Brückenteilzeit zum 1. 1. 2019, AuR 2019, S. 104
Preis/Schwarz, Reform des Teilzeitarbeitsrechts, NJW 2018, S. 3673
Stoffels/Hultzsch, Arbeit auf Abruf nach der Novellierung des § 12 TzBfG, NZA 2020, S. 977

Checkliste 76: Teilzeitanspruch

I. Voraussetzungen

1. Mindestbetriebsgröße mehr als 15 Arbeitnehmer
2. Mindestbeschäftigungszeit 6 Monate
3. Erneute Reduktion für Teilzeitbeschäftigte erst nach 2 Jahren

II. Arbeitnehmerwunsch nach Teilzeit

1. Kontakt mit dem Betriebsrat/Personalrat
2. Verringerungsverlangen i.S.d. Gesetzes
3. Erörterung mit dem Arbeitgeber
4. Bisherige Arbeitszeit
   - bisherige Wochenarbeitszeit
   - regelmäßige Überstunden
   - Verteilung der Arbeitszeit
5. Künftige Arbeitszeit
   - Reduzierungsvolumen
   - Reduzierung auf Dauer oder für begrenzten Zeitraum? (ab 45 Arbeitnehmer im Unternehmen)
   - mögliche Verteilung der neuen Arbeitszeit (Alternativen mit persönlichen Prioritäten)
   - Kürzung der Arbeit an einzelnen/allen Tagen oder Arbeit an weniger Tagen?

III. Ablehnungsgründe des Arbeitgebers

- Ist-Zustand der betrieblichen Organisaion
- Wesentliche Beeinträchtigung der Organisation, des Arbeitsablaufs oder der Betriebssicherheit durch Teilzeitwunsch, z. B.
  - Fehlende Ersatzkraft (Mangelberuf bzw. konkrete Arbeitsmarktlage)
  - Unentbehrlichkeit des Arbeitnehmers (Vertrauensstellung, persönliche Bedeutung für Geschäftspartner, Behörden etc.)
- Erheblichkeit der betrieblichen Gründe
- Überforderungsschutz in Unternehmen bis 200 Arbeitnehmern bei Brückenteilzeit

IV. Verteilung des freiwerdenden Arbeitsvolumens

1. Aufstockung der Arbeitszeit bei interessierten Kollegen
2. Tausch mit interessierten Kollegen
3. Umorganisation der Abteilungsarbeit (Reduktion, Effektivierung)
4. Einstellung einer Ersatzkraft von außen

Übersicht 76a: Befristung

Arbeitnehmereigenschaft

↓

Schriftform (§ 14 IV)

↓

Rechtfertigung der Befristung

nach TzBfG

mit sachlichem Grund (§ 14 I)

- vorübergehender Bedarf
- Übergangsbeschäftigung
- Vertretung
- Eigenart der Arbeitsleistung
- Erprobung
- Grund in der Person des AN
- Haushaltsmittel
- gerichtlicher Vergleich
- sonstiger Sachgrund

ohne sachlichen Grund

- bei Neugründung (§ 14 IIa)
- bei AN ab 52 Jahren (§ 14 III)
- bis zu 2 Jahre bei höchstens dreimaliger Verlängerung und Anschlussbefristungsverbot (§ 14 II)

nach anderen Vorschriften (§ 23)

- WissZeitVG
- § 21 BEEG
- § 8 III AltTZG
- § 21 BBiG
- § 1 ÄArbVtrG
- § 6 PflegeZG
- § 2 III FPfZG
- § 41 S. 3 SGB VI

unzulässige Befristung

↓

Klagefrist (§ 17)

↓

Überprüfung nur der letzten Befristung

↓

Rechtsfolgen unwirksamer Befristung (§ 16)

Gesetz über Teilzeitarbeit und befristete Arbeitsverträge (Teilzeit- und Befristungsgesetz – TzBfG)

vom 21. Dezember 2000 (BGBl. I 1966),
zuletzt geändert durch Gesetz vom 20. Juli 2022 (BGBl. I 1174)

Erster Abschnitt – Allgemeine Vorschriften

§ 1 Zielsetzung Ziel des Gesetzes ist, Teilzeitarbeit zu fördern, die Voraussetzungen für die Zulässigkeit befristeter Arbeitsverträge festzulegen und die Diskriminierung von teilzeitbeschäftigten und befristet beschäftigten Arbeitnehmern zu verhindern.

§ 2 Begriff des teilzeitbeschäftigten Arbeitnehmers (1) Teilzeitbeschäftigt ist ein Arbeitnehmer, dessen regelmäßige Wochenarbeitszeit kürzer ist als die eines vergleichbaren vollzeitbeschäftigten Arbeitnehmers. Ist eine regelmäßige Wochenarbeitszeit nicht vereinbart, so ist ein Arbeitnehmer teilzeitbeschäftigt, wenn seine regelmäßige Arbeitszeit im Durchschnitt eines bis zu einem Jahr reichenden Beschäftigungszeitraums unter der eines vergleichbaren vollzeitbeschäftigten Arbeitnehmers liegt. Vergleichbar ist ein vollzeitbeschäftigter Arbeitnehmer des Betriebes mit derselben Art des Arbeitsverhältnisses und der gleichen oder einer ähnlichen Tätigkeit. Gibt es im Betrieb keinen vergleichbaren vollzeitbeschäftigten Arbeitnehmer, so ist der vergleichbare vollzeitbeschäftigte Arbeitnehmer aufgrund des anwendbaren Tarifvertrages zu bestimmen; in allen anderen Fällen ist darauf abzustellen, wer im jeweiligen Wirtschaftszweig üblicherweise als vergleichbarer vollzeitbeschäftigter Arbeitnehmer anzusehen ist.
(2) Teilzeitbeschäftigt ist auch ein Arbeitnehmer, der eine geringfügige Beschäftigung nach § 8 Abs. 1 Nr. 1 des Vierten Buches Sozialgesetzbuch ausübt.

§ 3 Begriff des befristet beschäftigten Arbeitnehmers (1) Befristet beschäftigt ist ein Arbeitnehmer mit einem auf bestimmte Zeit geschlossenen Arbeitsvertrag. Ein auf bestimmte Zeit geschlossener Arbeitsvertrag (befristeter Arbeitsvertrag) liegt vor, wenn seine Dauer kalendermäßig bestimmt ist (kalendermäßig befristeter Arbeitsvertrag) oder sich aus Art, Zweck oder Beschaffenheit der Arbeitsleistung ergibt (zweckbefristeter Arbeitsvertrag).
(2) Vergleichbar ist ein unbefristet beschäftigter Arbeitnehmer des Betriebes mit der gleichen oder einer ähnlichen Tätigkeit. Gibt es im Betrieb keinen vergleichbaren unbefristet beschäftigten Arbeitnehmer, so ist der vergleichbare unbefristet beschäftigte Arbeitnehmer aufgrund des anwendbaren Tarifvertrages zu bestimmen; in allen anderen Fällen ist darauf abzustellen, wer im jeweiligen Wirtschaftszweig üblicherweise als vergleichbarer unbefristet beschäftigter Arbeitnehmer anzusehen ist.

§ 4 Verbot der Diskriminierung (1) Ein teilzeitbeschäftigter Arbeitnehmer darf wegen der Teilzeitarbeit nicht schlechter behandelt werden als ein vergleichbarer

vollzeitbeschäftigter Arbeitnehmer, es sei denn, dass sachliche Gründe eine unterschiedliche Behandlung rechtfertigen. Einem teilzeitbeschäftigten Arbeitnehmer ist Arbeitsentgelt oder eine andere teilbare geldwerte Leistung mindestens in dem Umfang zu gewähren, der dem Anteil seiner Arbeitszeit an der Arbeitszeit eines vergleichbaren vollzeitbeschäftigten Arbeitnehmers entspricht.
(2) Ein befristet beschäftigter Arbeitnehmer darf wegen der Befristung des Arbeitsvertrages nicht schlechter behandelt werden als ein vergleichbarer unbefristet beschäftigter Arbeitnehmer, es sei denn, dass sachliche Gründe eine unterschiedliche Behandlung rechtfertigen. Einem befristet beschäftigten Arbeitnehmer ist Arbeitsentgelt oder eine andere teilbare geldwerte Leistung, die für einen bestimmten Bemessungszeitraum gewährt wird, mindestens in dem Umfang zu gewähren, der dem Anteil seiner Beschäftigungsdauer am Bemessungszeitraum entspricht. Sind bestimmte Beschäftigungsbedingungen von der Dauer des Bestehens des Arbeitsverhältnisses in demselben Betrieb oder Unternehmen abhängig, so sind für befristet beschäftigte Arbeitnehmer dieselben Zeiten zu berücksichtigen wie für unbefristet beschäftigte Arbeitnehmer, es sei denn, dass eine unterschiedliche Berücksichtigung aus sachlichen Gründen gerechtfertigt ist.

§ 5 Benachteiligungsverbot Der Arbeitgeber darf einen Arbeitnehmer nicht wegen der Inanspruchnahme von Rechten nach diesem Gesetz benachteiligen.

Zweiter Abschnitt – Teilzeitarbeit

§ 6 Förderung von Teilzeitarbeit Der Arbeitgeber hat den Arbeitnehmern, auch in leitenden Positionen, Teilzeitarbeit nach Maßgabe dieses Gesetzes zu ermöglichen.

§ 7 Ausschreibung; Erörterung; Information über freie Arbeitsplätze (1) Der Arbeitgeber hat einen Arbeitsplatz, den er öffentlich oder innerhalb des Betriebes ausschreibt, auch als Teilzeitarbeitsplatz auszuschreiben, wenn sich der Arbeitsplatz hierfür eignet.
(2) Der Arbeitgeber hat mit dem Arbeitnehmer dessen Wunsch nach Veränderung von Dauer oder Lage oder von Dauer und Lage seiner vertraglich vereinbarten Arbeitszeit zu erörtern und den Arbeitnehmer über entsprechende Arbeitsplätze zu informieren, die im Betrieb oder Unternehmen besetzt werden sollen. Dies gilt unabhängig vom Umfang der Arbeitszeit. Der Arbeitnehmer kann ein Mitglied der Arbeitnehmervertretung zur Unterstützung oder Vermittlung hinzuziehen.
(3) Der Arbeitgeber hat einem Arbeitnehmer, dessen Arbeitsverhältnis länger als sechs Monate bestanden und der ihm in Textform den Wunsch nach Absatz 2 Satz 1 angezeigt hat, innerhalb eines Monats nach Zugang der Anzeige eine begründete Antwort in Textform mitzuteilen. Hat der Arbeitgeber in den letzten zwölf Monaten vor Zugang der Anzeige bereits einmal einen in Textform geäußerten Wunsch nach Absatz 2 Satz 1 in Textform begründet beantwortet, ist eine mündliche Erörterung nach Absatz 2 ausreichend.
(4) Der Arbeitgeber hat die Arbeitnehmervertretung über angezeigte Arbeitszeitwünsche nach Absatz 2 sowie über Teilzeitarbeit im Betrieb und Unternehmen

zu informieren, insbesondere über vorhandene oder geplante Teilzeitarbeitsplätze und über die Umwandlung von Teilzeit- in Vollzeitarbeitsplätze oder umgekehrt. Der Arbeitnehmervertretung sind auf Verlangen die erforderlichen Unterlagen zur Verfügung zu stellen; § 92 des Betriebsverfassungsgesetzes bleibt unberührt.

§ 8 Zeitlich nicht begrenzte Verringerung der Arbeitszeit (1) Ein Arbeitnehmer, dessen Arbeitsverhältnis länger als sechs Monate bestanden hat, kann verlangen, dass seine vertraglich vereinbarte Arbeitszeit verringert wird.
(2) Der Arbeitnehmer muss die Verringerung seiner Arbeitszeit und den Umfang der Verringerung spätestens drei Monate vor deren Beginn in Textform geltend machen. Er soll dabei die gewünschte Verteilung der Arbeitszeit angeben.
(3) Der Arbeitgeber hat mit dem Arbeitnehmer die gewünschte Verringerung der Arbeitszeit mit dem Ziel zu erörtern, zu einer Vereinbarung zu gelangen. Er hat mit dem Arbeitnehmer Einvernehmen über die von ihm festzulegende Verteilung der Arbeitszeit zu erzielen.
(4) Der Arbeitgeber hat der Verringerung der Arbeitszeit zuzustimmen und ihre Verteilung entsprechend den Wünschen des Arbeitnehmers festzulegen, soweit betriebliche Gründe nicht entgegenstehen. Ein betrieblicher Grund liegt insbesondere vor, wenn die Verringerung der Arbeitszeit die Organisation, den Arbeitsablauf oder die Sicherheit im Betrieb wesentlich beeinträchtigt oder unverhältnismäßige Kosten verursacht. Die Ablehnungsgründe können durch Tarifvertrag festgelegt werden. Im Geltungsbereich eines solchen Tarifvertrags können nicht tarifgebundene Arbeitgeber und Arbeitnehmer die Anwendung der tariflichen Regelungen über die Ablehnungsgründe vereinbaren.
(5) Die Entscheidung über die Verringerung der Arbeitszeit und ihre Verteilung hat der Arbeitgeber dem Arbeitnehmer spätestens einen Monat vor dem gewünschten Beginn der Verringerung in Textform mitzuteilen. Haben sich Arbeitgeber und Arbeitnehmer nicht nach Absatz 3 Satz 1 über die Verringerung der Arbeitszeit geeinigt und hat der Arbeitgeber die Arbeitszeitverringerung nicht spätestens einen Monat vor deren gewünschten Beginn in Textform abgelehnt, verringert sich die Arbeitszeit in dem vom Arbeitnehmer gewünschten Umfang. Haben Arbeitgeber und Arbeitnehmer über die Verteilung der Arbeitszeit kein Einvernehmen nach Absatz 3 Satz 2 erzielt und hat der Arbeitgeber nicht spätestens einen Monat vor dem gewünschten Beginn der Arbeitszeitverringerung die gewünschte Verteilung der Arbeitszeit in Textform abgelehnt, gilt die Verteilung der Arbeitszeit entsprechend den Wünschen des Arbeitnehmers als festgelegt. Der Arbeitgeber kann die nach Satz 3 oder Absatz 3 Satz 2 festgelegte Verteilung der Arbeitszeit wieder ändern, wenn das betriebliche Interesse daran das Interesse des Arbeitnehmers an der Beibehaltung erheblich überwiegt und der Arbeitgeber die Änderung spätestens einen Monat vorher angekündigt hat.
(6) Der Arbeitnehmer kann eine erneute Verringerung der Arbeitszeit frühestens nach Ablauf von zwei Jahren verlangen, nachdem der Arbeitgeber einer Verringerung zugestimmt oder sie berechtigt abgelehnt hat
(7) Für den Anspruch auf Verringerung der Arbeitszeit gilt die Voraussetzung, dass der Arbeitgeber, unabhängig von der Anzahl der Personen in Berufsbildung, in der Regel mehr als 15 Arbeitnehmer beschäftigt.

§ 9 Verlängerung der Arbeitszeit Der Arbeitgeber hat einen teilzeitbeschäftigten Arbeitnehmer, der ihm in Textform den Wunsch nach einer Verlängerung seiner vertraglich vereinbarten Arbeitszeit angezeigt hat, bei der Besetzung eines Arbeitsplatzes bevorzugt zu berücksichtigen, es sei denn, dass
1. es sich dabei nicht um einen entsprechenden freien Arbeitsplatz handelt oder
2. der teilzeitbeschäftigte Arbeitnehmer nicht mindestens gleich geeignet ist wie ein anderer vom Arbeitgeber bevorzugter Bewerber oder
3. Arbeitzeitwünsche anderer teilzeitbeschäftigter Arbeitnehmer oder
4. dringende betriebliche Gründe entgegenstehen.

Ein freier zu besetzender Arbeitsplatz liegt vor, wenn der Arbeitgeber die Organisationsentscheidung getroffen hat, diesen zu schaffen oder einen unbesetzten Arbeitsplatz neu zu besetzen.

§ 9a Zeitlich begrenzte Verringerung der Arbeitszeit (1) Ein Arbeitnehmer, dessen Arbeitsverhältnis länger als sechs Monate bestanden hat, kann verlangen, dass seine vertraglich vereinbarte Arbeitszeit für einen im Voraus zu bestimmenden Zeitraum verringert wird. Der begehrte Zeitraum muss mindestens ein Jahr und darf höchstens fünf Jahre betragen. Der Arbeitnehmer hat nur dann einen Anspruch auf zeitlich begrenzte Verringerung der Arbeitszeit, wenn der Arbeitgeber in der Regel mehr als 45 Arbeitnehmer beschäftigt.

(2) Der Arbeitgeber kann das Verlangen des Arbeitnehmers nach Verringerung der Arbeitszeit ablehnen, soweit betriebliche Gründe entgegenstehen; § 8 Absatz 4 gilt entsprechend. Ein Arbeitgeber, der in der Regel mehr als 45, aber nicht mehr als 200 Arbeitnehmer beschäftigt, kann das Verlangen eines Arbeitnehmers auch ablehnen, wenn zum Zeitpunkt des begehrten Beginns der verringerten Arbeitszeit bei einer Arbeitnehmeranzahl von in der Regel
1. mehr als 45 bis 60 bereits mindestens vier,
2. mehr als 60 bis 75 bereits mindestens fünf,
3. mehr als 75 bis 90 bereits mindestens sechs,
4. mehr als 90 bis 105 bereits mindestens sieben,
5. mehr als 105 bis 120 bereits mindestens acht,
6. mehr als 120 bis 135 bereits mindestens neun,
7. mehr als 135 bis 150 bereits mindestens zehn,
8. mehr als 150 bis 165 bereits mindestens elf,
9. mehr als 165 bis 180 bereits mindestens zwölf,
10. mehr als 180 bis 195 bereits mindestens 13,
11. mehr als 195 bis 200 bereits mindestens 14

andere Arbeitnehmer ihre Arbeitszeit nach Absatz 1 verringert haben.

(3) Im Übrigen gilt für den Umfang der Verringerung der Arbeitszeit und für die gewünschte Verteilung der Arbeitszeit § 8 Absatz 2 bis 5. Für den begehrten Zeitraum der Verringerung der Arbeitszeit sind § 8 Absatz 2 Satz 1, Absatz 3 Satz 1, Absatz 4 sowie Absatz 5 Satz 1 und 2 entsprechend anzuwenden.

(4) Während der Dauer der zeitlich begrenzten Verringerung der Arbeitszeit kann der Arbeitnehmer keine weitere Verringerung und keine Verlängerung seiner Arbeitszeit nach diesem Gesetz verlangen; § 9 findet keine Anwendung.

(5) Ein Arbeitnehmer, der nach einer zeitlich begrenzten Verringerung der Arbeitszeit nach Absatz 1 zu seiner ursprünglichen vertraglich vereinbarten Arbeitszeit zurückgekehrt ist, kann eine erneute Verringerung der Arbeitszeit nach diesem Gesetz frühestens ein Jahr nach der Rückkehr zur ursprünglichen Arbeitszeit verlangen. Für einen erneuten Antrag auf Verringerung der Arbeitszeit nach berechtigter Ablehnung auf Grund entgegenstehender betrieblicher Gründe nach Absatz 2 Satz 1 gilt § 8 Absatz 6 entsprechend. Nach berechtigter Ablehnung auf Grund der Zumutbarkeitsregelung nach Absatz 2 Satz 2 kann der Arbeitnehmer frühestens nach Ablauf von einem Jahr nach der Ablehnung erneut eine Verringerung der Arbeitszeit verlangen.
(6) Durch Tarifvertrag kann der Rahmen für den Zeitraum der Arbeitszeitverringerung abweichend von Absatz 1 Satz 2 auch zuungunsten des Arbeitnehmers festgelegt werden.
(7) Bei der Anzahl der Arbeitnehmer nach Absatz 1 Satz 3 und Absatz 2 sind Personen in Berufsbildung nicht zu berücksichtigen.

§ 10 Aus- und Weiterbildung Der Arbeitgeber hat Sorge zu tragen, dass auch teilzeitbeschäftigte Arbeitnehmer an Aus- und Weiterbildungsmaßnahmen zur Förderung der beruflichen Entwicklung und Mobilität teilnehmen können, es sei denn, dass dringende betriebliche Gründe oder Aus- und Weiterbildungswünsche anderer teilzeit- oder vollzeitbeschäftigter Arbeitnehmer entgegenstehen.

§ 11 Kündigungsverbot Die Kündigung eines Arbeitsverhältnisses wegen der Weigerung eines Arbeitnehmers, von einem Vollzeit- in ein Teilzeitarbeitsverhältnis oder umgekehrt zu wechseln, ist unwirksam. Das Recht zur Kündigung des Arbeitsverhältnisses aus anderen Gründen bleibt unberührt.

§ 12 Arbeit auf Abruf (1) Arbeitgeber und Arbeitnehmer können vereinbaren, dass der Arbeitnehmer seine Arbeitsleistung entsprechend dem Arbeitsanfall zu erbringen hat (Arbeit auf Abruf). Die Vereinbarung muss eine bestimmte Dauer der wöchentlichen und täglichen Arbeitszeit festlegen. Wenn die Dauer der wöchentlichen Arbeitszeit nicht festgelegt ist, gilt eine Arbeitszeit von 20 Stunden als vereinbart. Wenn die Dauer der täglichen Arbeitszeit nicht festgelegt ist, hat der Arbeitgeber die Arbeitsleistung des Arbeitnehmers jeweils für mindestens drei aufeinander folgende Stunden in Anspruch zu nehmen.
(2) Ist für die Dauer der wöchentlichen Arbeitszeit nach Absatz 1 Satz 2 eine Mindestarbeitszeit vereinbart, darf der Arbeitgeber nur bis zu 25 Prozent der wöchentlichen Arbeitszeit zusätzlich abrufen. Ist für die Dauer der wöchentlichen Arbeitszeit nach Absatz 1 Satz 2 eine Höchstarbeitszeit vereinbart, darf der Arbeitgeber nur bis zu 20 Prozent der wöchentlichen Arbeitszeit weniger abrufen.
(3) Der Arbeitgeber ist verpflichtet, den Zeitrahmen, bestimmt durch Referenzstunden und Referenztage, festzulegen, in dem auf seine Aufforderung hin Arbeit stattfinden kann. Der Arbeitnehmer ist nur zur Arbeitsleistung verpflichtet, wenn der Arbeitgeber ihm die Lage seiner Arbeitszeit jeweils mindestens vier Tage im Voraus mitteilt und die Arbeitsleistung im Zeitrahmen nach Satz 1 zu erfolgen hat.

(4) Zur Berechnung der Entgeltfortzahlung im Krankheitsfall ist die maßgebende regelmäßige Arbeitszeit im Sinne von § 4 Absatz 1 des Entgeltfortzahlungsgesetzes die durchschnittliche Arbeitszeit der letzten drei Monate vor Beginn der Arbeitsunfähigkeit (Referenzzeitraum). Hat das Arbeitsverhältnis bei Beginn der Arbeitsunfähigkeit keine drei Monate bestanden, ist der Berechnung des Entgeltfortzahlungsanspruchs die durchschnittliche Arbeitszeit dieses kürzeren Zeitraums zugrunde zu legen. Zeiten von Kurzarbeit, unverschuldeter Arbeitsversäumnis, Arbeitsausfällen und Urlaub im Referenzzeitraum bleiben außer Betracht. Für den Arbeitnehmer günstigere Regelungen zur Berechnung der Entgeltfortzahlung im Krankheitsfall finden Anwendung.
(5) Für die Berechnung der Entgeltzahlung an Feiertagen nach § 2 Absatz 1 des Entgeltfortzahlungsgesetzes gilt Absatz 4 entsprechend.
(6) Durch Tarifvertrag kann von den Absatz 1 und von der Vorankündigungsfrist nach Absatz 3 Satz 2 auch zuungunsten des Arbeitnehmers abgewichen werden, wenn der Tarifvertrag Regelungen über die tägliche und wöchentliche Arbeitszeit und die Vorankündigungsfrist vorsieht. Im Geltungsbereich eines solchen Tarifvertrages können nicht tarifgebundene Arbeitgeber und Arbeitnehmer die Anwendung der tariflichen Regelungen über die Arbeit auf Abruf vereinbaren.

§ 13 Arbeitsplatzteilung (1) Arbeitgeber und Arbeitnehmer können vereinbaren, dass mehrere Arbeitnehmer sich die Arbeitszeit an einem Arbeitsplatz teilen (Arbeitsplatzteilung). Ist einer dieser Arbeitnehmer an der Arbeitsleistung verhindert, sind die anderen Arbeitnehmer zur Vertretung verpflichtet, wenn sie der Vertretung im Einzelfall zugestimmt haben. Eine Pflicht zur Vertretung besteht auch, wenn der Arbeitsvertrag bei Vorliegen dringender betrieblicher Gründe eine Vertretung vorsieht und diese im Einzelfall zumutbar ist.
(2) Scheidet ein Arbeitnehmer aus der Arbeitsplatzteilung aus, so ist die darauf gestützte Kündigung des Arbeitsverhältnisses eines anderen in die Arbeitsplatzteilung einbezogenen Arbeitnehmers durch den Arbeitgeber unwirksam. Das Recht zur Änderungskündigung aus diesem Anlass und zur Kündigung des Arbeitsverhältnisses aus anderen Gründen bleibt unberührt.
(3) Die Absätze 1 und 2 sind entsprechend anzuwenden, wenn sich Gruppen von Arbeitnehmern auf bestimmten Arbeitsplätzen in festgelegten Zeitabschnitten abwechseln, ohne dass eine Arbeitsplatzteilung im Sinne des Absatzes 1 vorliegt.
(4) Durch Tarifvertrag kann von den Absätzen 1 und 3 auch zuungunsten des Arbeitnehmers abgewichen werden, wenn der Tarifvertrag Regelungen über die Vertretung der Arbeitnehmer enthält. Im Geltungsbereich eines solchen Tarifvertrages können nicht tarifgebundene Arbeitgeber und Arbeitnehmer die Anwendung der tariflichen Regelungen über die Arbeitsplatzteilung vereinbaren.

Dritter Abschnitt – Befristete Arbeitsverträge

§ 14 Zulässigkeit der Befristung (1) Die Befristung eines Arbeitsvertrages ist zulässig, wenn sie durch einen sachlichen Grund gerechtfertigt ist. Ein sachlicher Grund liegt insbesondere vor, wenn

1. der betriebliche Bedarf an der Arbeitsleistung nur vorübergehend besteht,
2. die Befristung im Anschluss an eine Ausbildung oder ein Studium erfolgt, um den Übergang des Arbeitnehmers in eine Anschlussbeschäftigung zu erleichtern,
3. der Arbeitnehmer zur Vertretung eines anderen Arbeitnehmers beschäftigt wird,
4. die Eigenart der Arbeitsleistung die Befristung rechtfertigt,
5. die Befristung zur Erprobung erfolgt,
6. in der Person des Arbeitnehmers liegende Gründe die Befristung rechtfertigen,
7. der Arbeitnehmer aus Haushaltsmitteln vergütet wird, die haushaltsrechtlich für eine befristete Beschäftigung bestimmt sind, und er entsprechend beschäftigt wird oder
8. die Befristung auf einem gerichtlichen Vergleich beruht.

(2) Die kalendermäßige Befristung eines Arbeitsvertrages ohne Vorliegen eines sachlichen Grundes ist bis zur Dauer von zwei Jahren zulässig; bis zu dieser Gesamtdauer von zwei Jahren ist auch die höchstens dreimalige Verlängerung eines kalendermäßig befristeten Arbeitsvertrages zulässig. Eine Befristung nach Satz 1 ist nicht zulässig, wenn mit demselben Arbeitgeber bereits zuvor ein befristetes oder unbefristetes Arbeitsverhältnis bestanden hat. Durch Tarifvertrag kann die Anzahl der Verlängerungen oder die Höchstdauer der Befristung abweichend von Satz 1 festgelegt werden. Im Geltungsbereich eines solchen Tarifvertrages können nicht tarifgebundene Arbeitgeber und Arbeitnehmer die Anwendung der tariflichen Regelungen vereinbaren.

(2a) In den ersten vier Jahren nach der Gründung eines Unternehmens ist die kalendermäßige Befristung eines Arbeitsvertrages ohne Vorliegen eines sachlichen Grundes bis zur Dauer von vier Jahren zulässig; bis zu dieser Gesamtdauer von vier Jahren ist auch die mehrfache Verlängerung eines kalendermäßig befristeten Arbeitsvertrages zulässig. Dies gilt nicht für Neugründungen im Zusammenhang mit der rechtlichen Umstrukturierung von Unternehmen und Konzernen. Maßgebend für den Zeitpunkt der Gründung des Unternehmens ist die Aufnahme einer Erwerbstätigkeit, die nach § 138 der Abgabenordnung der Gemeinde oder dem Finanzamt mitzuteilen ist. Auf die Befristung eines Arbeitsvertrages nach Satz 1 findet Absatz 2 Satz 2 bis 4 entsprechende Anwendung.

(3) Die kalendermäßige Befristung eines Arbeitsvertrages ohne Vorliegen eines sachlichen Grundes ist bis zu einer Dauer von fünf Jahren zulässig, wenn der Arbeitnehmer bei Beginn des befristeten Arbeitsverhältnisses das 52. Lebensjahr vollendet hat und unmittelbar vor Beginn des befristeten Arbeitsverhältnisses mindestens vier Monate beschäftigungslos im Sinne des § 138 Absatz 1 Nummer 1 des Dritten Buches Sozialgesetzbuch gewesen ist, Transferkurzarbeitergeld bezogen oder an einer öffentlich geförderten Beschäftigungsmaßnahme nach dem Zweiten oder Dritten Buch Sozialgesetzbuch teilgenommen hat. Bis zu der Gesamtdauer von fünf Jahren ist auch die mehrfache Verlängerung des Arbeitsvertrages zulässig.

(4) Die Befristung eines Arbeitsvertrages bedarf zu ihrer Wirksamkeit der Schriftform.

§ 15 Ende des befristeten Arbeitsvertrages (1) Ein kalendermäßig befristeter Arbeitsvertrag endet mit Ablauf der vereinbarten Zeit.
(2) Ein zweckbefristeter Arbeitsvertrag endet mit Erreichen des Zwecks, frühestens jedoch zwei Wochen nach Zugang der schriftlichen Unterrichtung des Arbeitnehmers durch den Arbeitgeber über den Zeitpunkt der Zweckerreichung.
(3) Wird für ein befristetes Arbeitsverhältnis eine Probezeit vereinbart, so muss diese im Verhältnis zu der erwarteten Dauer der Befristung und der Art der Tätigkeit stehen.
(4) Ein befristetes Arbeitsverhältnis unterliegt nur dann der ordentlichen Kündigung, wenn dies einzelvertraglich oder im anwendbaren Tarifvertrag vereinbart ist.
(5) Ist das Arbeitsverhältnis für die Lebenszeit einer Person oder für längere Zeit als fünf Jahre eingegangen, so kann es von dem Arbeitnehmer nach Ablauf von fünf Jahren gekündigt werden. Die Kündigungsfrist beträgt sechs Monate.
(6) Wird das Arbeitsverhältnis nach Ablauf der Zeit, für die es eingegangen ist, oder nach Zweckerreichung mit Wissen des Arbeitgebers fortgesetzt, so gilt es als auf unbestimmte Zeit verlängert, wenn der Arbeitgeber nicht unverzüglich widerspricht oder dem Arbeitnehmer die Zweckerreichung nicht unverzüglich mitteilt.

§ 16 Folgen unwirksamer Befristung Ist die Befristung rechtsunwirksam, so gilt der befristete Arbeitsvertrag als auf unbestimmte Zeit geschlossen; er kann vom Arbeitgeber frühestens zum vereinbarten Ende ordentlich gekündigt werden, sofern nicht nach § 15 Absatz 4 die ordentliche Kündigung zu einem früheren Zeitpunkt möglich ist. Ist die Befristung nur wegen des Mangels der Schriftform unwirksam, kann der Arbeitsvertrag auch vor dem vereinbarten Ende ordentlich gekündigt werden.

§ 17 Anrufung des Arbeitsgerichts Will der Arbeitnehmer geltend machen, dass die Befristung eines Arbeitsvertrages rechtsunwirksam ist, so muss er innerhalb von drei Wochen nach dem vereinbarten Ende des befristeten Arbeitsvertrages Klage beim Arbeitsgericht auf Feststellung erheben, dass das Arbeitsverhältnis auf Grund der Befristung nicht beendet ist. Die §§ 5 bis 7 des Kündigungsschutzgesetzes gelten entsprechend. Wird das Arbeitsverhältnis nach dem vereinbarten Ende fortgesetzt, so beginnt die Frist nach Satz 1 mit dem Zugang der schriftlichen Erklärung des Arbeitgebers, dass das Arbeitsverhältnis auf Grund der Befristung beendet sei.

§ 18 Information über unbefristete Arbeitsplätze (1) Der Arbeitgeber hat die befristet beschäftigten Arbeitnehmer über entsprechende unbefristete Arbeitsplätze zu informieren, die besetzt werden sollen. Die Information kann durch allgemeine Bekanntgabe an geeigneter, den Arbeitnehmern zugänglicher Stelle im Betrieb und Unternehmen erfolgen.
(2) Der Arbeitgeber hat einem Arbeitnehmer, dessen Arbeitsverhältnis länger als sechs Monate bestanden und der ihm in Textform den Wunsch nach einem auf unbestimmte Zeit geschlossenen Arbeitsvertrag angezeigt hat, innerhalb eines Monats nach Zugang der Anzeige eine begründete Antwort in Textform mitzuteilen. Satz 1

gilt nicht, sofern der Arbeitnehmer dem Arbeitgeber diesen Wunsch in den letzten zwölf Monaten vor Zugang der Anzeige bereits einmal angezeigt hat.

§ 19 Aus- und Weiterbildung Der Arbeitgeber hat Sorge zu tragen, dass auch befristet beschäftigte Arbeitnehmer an angemessenen Aus- und Weiterbildungsmaßnahmen zur Förderung der beruflichen Entwicklung und Mobilität teilnehmen können, es sei denn, dass dringende betriebliche Gründe oder Aus- und Weiterbildungswünsche anderer Arbeitnehmer entgegenstehen.

§ 20 Information der Arbeitnehmervertretung Der Arbeitgeber hat die Arbeitnehmervertretung über die Anzahl der befristet beschäftigten Arbeitnehmer und ihren Anteil an der Gesamtbelegschaft des Betriebes und des Unternehmens zu informieren.

§ 21 Auflösend bedingte Arbeitsverträge Wird der Arbeitsvertrag unter einer auflösenden Bedingung geschlossen, gelten § 4 Absatz 2, § 5, § 14 Absatz 1 und 4, § 15 Absatz 2, 4 und 6 sowie die §§ 16 bis 20 entsprechend.

Vierter Abschnitt – Gemeinsame Vorschriften

§ 22 Abweichende Vereinbarungen (1) Außer in den Fällen des § 9a Absatz 6, § 12 Absatz 6, § 13 Absatz 4 und § 14 Absatz 2 Satz 3 und 4 kann von den Vorschriften dieses Gesetzes nicht zuungunsten des Arbeitnehmers abgewichen werden.
(2) Enthält ein Tarifvertrag für den öffentlichen Dienst Bestimmungen im Sinne des § 8 Absatz 4 Satz 3 und 4, auch in Verbindung mit § 9a Absatz 2, des § 9a Absatz 6, § 12 Absatz 6, § 13 Absatz 4, § 14 Absatz 2 Satz 3 und 4 oder § 15 Absatz 4, so gelten diese Bestimmungen auch zwischen nicht tarifgebundenen Arbeitgebern und Arbeitnehmern außerhalb des öffentlichen Dienstes, wenn die Anwendung der für den öffentlichen Dienst geltenden tarifvertraglichen Bestimmungen zwischen ihnen vereinbart ist und die Arbeitgeber die Kosten des Betriebes überwiegend mit Zuwendungen im Sinne des Haushaltsrechts decken.

§ 23 Besondere gesetzliche Regelungen Besondere Regelungen über Teilzeitarbeit und über die Befristung von Arbeitsverträgen nach anderen gesetzlichen Vorschriften bleiben unberührt.

Gesetz über befristete Arbeitsverträge in der Wissenschaft (Wissenschaftszeitvertragsgesetz – WissZeitVG)

Einleitung

I. Geschichtliche Entwicklung

Seit Mitte der 70er Jahre sind an den Hochschulen mehr und mehr wissenschaftliche Mitarbeiter in befristeten Angestelltenverhältnissen tätig. Da sich ihre beruflichen Aussichten mit zunehmender Stellenknappheit immer mehr verschlechterten, wurde die Frage der Dauer und der Zulässigkeit solcher Befristungen zu einem ebenso zunehmenden sozialen und beruflichen Problem für diesen Personenkreis. Für den größten Teil der Betroffenen galt die Sonderregelung 2y des BAT, dessen einschlägige Norm für die Zulässigkeit und Höchstdauer einer Befristung.
Für nach dem 26. 6. 1985 abgeschlossene befristete Arbeitsverträge mit wissenschaftlichem Personal an staatlichen oder staatlich finanzierten Forschungseinrichtungen wurde 1985 eine Sonderregelung im Hochschulrahmengesetz geschaffen (§§ 57a ff. HRG a. F.). Die damit einhergehende Unabänderbarkeit des Gesetzes für Tarifverträge (§ 57a S. 2 HRG a. F.) wurde vom *BVerfG* gebilligt. Der Eingriff in die Tarifautonomie sei zulässig gewesen, weil der Gesetzgeber die Kollision mit dem Grundrecht der Wissenschaftsfreiheit entsprechend habe entscheiden dürfen (*BVerfG* 24. 4. 1996 – 1 BvR 712/86, AuR 96, 371; hierzu krit. *Nagel,* RdA 97, 351). Nach Verfassungswidrigkeit einer zwischenzeitlichen Reform (*BVerfG* 27. 7. 2004 – 2 BvF 2/02, NJW 04, 2803; vgl. dazu bis 47. Aufl.) blieben die §§ 57a–57e HRG a. F. weiterhin anwendbar, bis mit dem Wissenschaftszeitvertragsgesetz vom 12. 4. 2007 (BGBl. I S. 506) die §§ 57a–57e HRG a. F. ersetzt, dabei jedoch in einigen Punkten abgeändert wurden. Wesentliche Änderungen traten durch das Erste Gesetz zur Änderung des Wissenschaftszeitvertragsgesetzes vom 11. 3. 2016 (BGBl. I 442) in Kraft (Gesetzentwurf: BR-Drs. 395/15; Beschlussempfehlung: BT-Drs. 18/7038); Sonderregelungen insb. zur Höchstbefristung gab es während der Corona-Pandemie (vgl. 47. Aufl., Einl. I zum WissZeitVG).

II. Wesentlicher Gesetzesinhalt

Das Gesetz schafft neben dem TzBfG (Nr. 32) Sonderregelungen zur Befristung von Arbeitsverhältnissen in Hochschulen und Forschungseinrichtungen. Zwar kommen auch an Hochschulen Befristungen nach § 14 TzBfG grundsätzlich in Betracht. Soweit eine Befristung, die mit der wissenschaftlichen Qualifizierung begründet wird, aber nicht auf das WissZeitVG gestützt werden kann, kommt wegen **32a** dessen Vorrangs eine Rechtfertigung der Befristung nach dem TzBfG nicht infrage (*BAG* 28.9.2016 – 7 AZR 549/14, NZA 17, 249).

Es wird unterschieden zwischen einer im Allgemeinen sachgrundlosen Befristung für wissenschaftliches und künstlerisches Personal mit Höchstbefristungsdauern bei Verlängerungen (§§ 1, 2 Abs. 1 WissZeitVG) und einer Befristung wegen Drittmittelfinanzierung (§ 2 Abs. 2 WissZeitVG), die sich nach der Gesetzesänderung vom 11.3.2016 nicht mehr auf nichtwissenschaftliches Personal erstreckt. Auch bei einer rein lehrenden Tätigkeit kann wissenschaftliche Tätigkeit vorliegen, wenn sie sich nicht auf bloßes Repetieren beschränkt, sondern kritische Reflexion voraussetzt (*BAG* 20.4.2016 – 7 AZR 657/14, NZA 16, 1078). Desgleichen kann eine Lehrtätigkeit künstlerisch sein, wenn sie unmittelbar auf Befähigung der Studierenden zu eigenem schöpferisch-gestaltendem Wirken gerichtet ist (*BAG* 19.12.2018 – 7 AZR 79/17, NZA 19, 451). Demgegenüber sind Personen, die mit Hochschulverwaltungstätigkeiten befasst sind, kein wissenschaftliches Personal (*BAG* 24.2.2016 – 7 AZR 182/14, NZA 16, 949). Deren Arbeitsverträge können nur nach dem TzBfG (Nr. 32) befristet werden.

Im Grundsatz ist eine Befristung bis zu 6 Jahren vor der Promotion sowie bis zu 4 Jahren nach der Promotion zulässig, wenn sie zur eigenen wissenschaftlichen oder künstlerischen Qualifizierung erfolgt. Das ist aber nach der Rechtsprechung nur möglich, wenn die Arbeitszeit mehr als ¼ der regelmäßigen Arbeitszeit umfasst (*BAG* 20.1.2021 – 7 AZR 193/20, NZA 21, 786, Rn. 24 ff.; krit. dazu *Hanau/Herrmann*, NZA 22, 597). Die Befristungsdauer ist im Übrigen nach § 2 Abs. 1 S. 3 WissZeitVG angemessen an die angestrebte Qualifizierung anzupassen. Die Angemessenheit ist einzelfallbezogen unter Berücksichtigung der Verhältnisse des jeweiligen Faches zu bestimmen (*BAG* 20.1.2021 – 7 AZR 193/20, NZA 21, 786). Verlängerungen sind innerhalb der Höchstbefrisungszeiten möglich, aber auch der Neuabschluss eines Arbeitsvertrages (*BAG* 9.12.2015 – 7 AZR 117/14, NZA 16, 552). Die Befristungsdauer verlängert sich um Kindererziehungszeiten um jeweils 2 Jahre pro Kind sowie ebenfalls um 2 Jahre im Falle einer Behinderung oder schwerwiegenden chronischen Erkrankung. Die Verlängerung tritt kraft Gesetzes ein und setzt keinen Antrag voraus (*BAG* 25.4.2018 – 7 AZR 181/16, NZA 18, 1135).

Nicht in Anspruch genommene Zeiten vor der Promotion können auf die Befristungsdauer für eine Postdoc-Phase »aufgesattelt« werden. Das gilt aber nicht umgekehrt: Über 6 Jahre hinausgehende Beschäftigungszeiten vor der Promotion reduzieren nicht die zulässige Befristungsdauer nach der Promotion (vgl. *BAG* 24.8.2011 – 7 AZR 228/10, NZA 12, 385). Der *EuGH* (13.3.2014 – C-190/13, NZA 14, 475 – Márquez Samohano) erkennt an, dass die besondere Situation an Hochschulen erweiterte Befristungsmöglichkeiten rechtfertigen kann, verlangt aber, dass stets darüber gewacht wird, dass es sich nicht um eine missbräuchliche Nutzung der Befristungsmöglichkeiten handelt, bei der in Wirklichkeit ein ständiger und dauerhafter Bedarf gedeckt werden soll. Die Bereitstellung befristeter Stellen für Forscher als erste Etappe der Laufbahn eines Wissenschaftlers mit Aufstiegsstellen nach Bewährung hat der *Gerichtshof* für zulässig gehalten (15.12.2022 – C-40/20 u.a., NZA 23, 98 – A Q u.a. / MIUR).

Die Befristung wegen Drittmittelfinanzierung ist nur zulässig, wenn die Mittel von vornherein nur zeitlich befristet zur Verfügung stehen (BAG 24.1.2013 – 8 AZR 706/11, DB 13, 1556). Sie kommt nur in Betracht, wenn der Arbeitnehmer zu mindestens 50 % seiner Arbeitszeit für das Drittmittelprojekt eingesetzt werden soll (*BAG* 8.6.2016 – 7 AZR 259/14, NZA 16, 1463).

§ 6 WissZeitVG regelt die Befristung mit Studierenden, die wissenschaftliche oder künstlerische Hilfstätigkeiten erbringen (dazu *BAG* 30.6.2021 – 7 AZR 245/20, NZA 21, 1483). Deren Arbeitsverträge können bis zu 6 Jahren befristet und im Rahmen dieser Gesamtdauer auch mehrfach verlängert werden.

Ebenso wie schon das HRG a.F. verbietet § 1 Abs. 1 S. 2 WissZeitVG die Änderung der Befristungsregelung durch »Vereinbarung«, also prinzipiell auch durch Tarifverträge. Es gibt allerdings eine Ermächtigung zur Abweichung für bestimmte Fachrichtungen und Forschungsbereiche (§ 1 Abs. 1 S. 3 WissZeitVG). Diese Tarifsperre ist nach der Rechtsprechung des *BVerfG* verfassungskonform (24.4.1996 – 1 BvR 712/86, BVerfGE 94, 268).

III. Anwendungsprobleme und rechtspolitische Entwicklung

Im Mai 2022 wurde der nach § 8 WissZeitVG vorgesehene Evaluationsbericht zur Entwicklung seit der letzten Reform vorgelegt. Es zeigt sich eine hohe Prekarität des wissenschaftlichen Mittelbaus infolge kurzer Verträge bei gleichzeitig insgesamt langen Laufzeiten und später Klärung der Frage des endgültigen Verbleibs in der Wissenschaft (zur rechtspolitischen Diskussion im Anschluss vgl. 49. Aufl., Einl. III zum WisszeitVG, Nr. 32a). Die »Ampelkoalition« strebte darauf eine Reform an mit dem Ziel, für mehr Verlässlichkeit, Planbarkeit und Transparenz für Wissenschaftlerinnen und Wissenschaftler in früheren Karrierephasen und bessere Vereinbarkeit von Beruf und Familie zu sorgen (BT-Drs. 20/11559; vgl. *Kroll*, ZTR 24, 488).
Geplant waren folgende Änderungen:

- Mindestvertragslaufzeit von 3 Jahren vor der Promotion,
- Mindestvertragslaufzeit in der Qualifizierungsphase nach abgeschlossener Promotion (Post-Doc-Phase) von 2 Jahren,
- Höchstbefristungsdauer von 4 Jahren für Arbeitsverträge zur Qualifizierung nach abgeschlossener Promotion,
- Verlängerung der Höchstsbefristungsdauer um 2 Jahre bei Betreuung pflegebedürftiger Angehöriger (neben bereits bisheriger Verlängerung um je 2 Jahre für Kinderbetreuung und bei Behinderung),
- Möglichkeit der weiteren Befristung während der Postdoc-Phase um weitere 2 Jahre mit Anschlusszusage im Falle der Erfüllung einer Zielvereinbarung,
- Mindeststellenumfang von ¼ für die Qualifizierungsbefristung,
- Abschaffung des Vorrangs der Befristung nach dem WissZeitVG gegenüber jener nach dem ÄArbVtrG (Nr. 32b) und
- Erweiterung der Abweichungsmöglichkeiten durch Tarifvertrag.

Auch dieser Entwurf kann ein Problem nicht lösen: Verlässliche dauerhafte Vertragsbeziehungen sind nur möglich, wenn Dauerstellen in der Wissenschaft zur Verfügung gestellt werden. Der Gesetzentwurf der Bundesregierung verwies dazu nur auf die Länder (vgl. BT-Drs. 20/11559, S. 1: »Erwartung an die Länder und

Wissenschaftseinrichtungen (…), insgesamt mehr unbefristete Beschäftigungsverhältnisse für Wissenschaftlerinnen und Wissenschaftler zu schaffen«). Die dafür notwendigen Mittel wären freilich durch die Länder gesondert bereitzustellen. Die Reform konnte in der 20. Legislaturperiode nicht mehr realisiert werden und bleibt Aufgabe für einen neuen Gesetzgeber.

Weiterführende Literatur

Deinert/Wenckebach/Zwanziger-*Lakies,* Arbeitsrecht, § 114 (Befristung, Bedingung), Rn. 309 – 360

Bolenius/Böning, Befristungen in der Wissenschaft, PersR 4/2016, S. 14

Hanau/Herrmann, Die Abschaffung der Viertelstellen nach dem Wissenschaftszeitvertragsgesetz durch das BAG, NZA 2022, S. 597

Hauck-Scholz, Erneuter Systemwechsel bei Befristungen im Wissenschaftsbereich, RdA 2016, S. 262

Hedermann, Vereinbarkeit von befristeten Arbeitsverhältnissen nach dem WissZeitVG mit der europäischen Befristungsrichtlinie, ZESAR 2015, S. 109

Kroll, Die Novellierung des Wissenschaftszeitvertragsgesetzes, ZTR 2016, S. 235

Löwisch, Die Ablösung der Befristungsbestimmungen des Hochschulrahmengesetzes durch das Wissenschaftszeitvertragsgesetz, NZA 2007, S. 479

Maschmann/Konertz, Das Hochschulbefristungsrecht in der Reform: Die Novelle des Wissenschaftszeitvertragsgesetzes, NZA 2016, S. 257

Preis/Ulber, WissZeitVG, 2. Aufl. (2017)

Räder/Steinheimer, Das neue Wissenschaftszeitvertragsgesetz, PersR 2007, S. 328

Gesetz über befristete Arbeitsverträge in der Wissenschaft (Wissenschaftszeitvertragsgesetz – WissZeitVG)

vom 12. April 2007 (BGBl. I 506),
zuletzt geändert durch Gesetz vom 25. Mai 2020 (BGBl. I 1073)

§ 1 Befristung von Arbeitsverträgen (1) Für den Abschluss von Arbeitsverträgen für eine bestimmte Zeit (befristete Arbeitsverträge) mit wissenschaftlichem und künstlerischem Personal mit Ausnahme der Hochschullehrerinnen und Hochschullehrer an Einrichtungen des Bildungswesens, die nach Landesrecht staatliche Hochschulen sind, gelten die §§ 2, 3 und 6. Von diesen Vorschriften kann durch Vereinbarung nicht abgewichen werden. Durch Tarifvertrag kann für bestimmte Fachrichtungen und Forschungsbereiche von den in § 2 Abs. 1 vorgesehenen Fristen abgewichen und die Anzahl der zulässigen Verlängerungen befristeter Arbeitsverträge festgelegt werden. Im Geltungsbereich eines solchen Tarifvertrages können nicht tarifgebundene Vertragsparteien die Anwendung der tariflichen Regelungen vereinbaren. Die arbeitsrechtlichen Vorschriften und Grundsätze über befristete Arbeitsverträge und deren Kündigung sind anzuwenden, soweit sie den Vorschriften der §§ 2 bis 6 nicht widersprechen.
(2) Unberührt bleibt das Recht der Hochschulen, das in Absatz 1 Satz 1 bezeichnete Personal auch in unbefristeten oder nach Maßgabe des Teilzeit- und Befristungsgesetzes befristeten Arbeitsverhältnissen zu beschäftigen.

§ 2 Befristungsdauer; Befristung wegen Drittmittelfinanzierung (1) Die Befristung von Arbeitsverträgen des in § 1 Absatz 1 Satz 1 genannten Personals, das nicht promoviert ist, ist bis zu einer Dauer von sechs Jahren zulässig, wenn die befristete Beschäftigung zur Förderung der eigenen wissenschaftlichen oder künstlerischen Qualifizierung erfolgt. Nach abgeschlossener Promotion ist eine Befristung bis zu einer Dauer von sechs Jahren, im Bereich der Medizin bis zu einer Dauer von neun Jahren, zulässig, wenn die befristete Beschäftigung zur Förderung der eigenen wissenschaftlichen oder künstlerischen Qualifizierung erfolgt; die zulässige Befristungsdauer verlängert sich in dem Umfang, in dem Zeiten einer befristeten Beschäftigung nach Satz 1 und Promotionszeiten ohne Beschäftigung nach Satz 1 zusammen weniger als sechs Jahre betragen haben. Die vereinbarte Befristungsdauer ist jeweils so zu bemessen, dass sie der angestrebten Qualifizierung angemessen ist. Die nach den Sätzen 1 und 2 insgesamt zulässige Befristungsdauer verlängert sich bei Betreuung eines oder mehrerer Kinder unter 18 Jahren um zwei Jahre je Kind. Satz 4 gilt auch, wenn hinsichtlich des Kindes die Voraussetzungen des § 15 Absatz 1 Satz 1 des Bundeselterngeld- und Elternzeitgesetzes vorliegen. Die nach den Sätzen 1 und 2 insgesamt zulässige Befristungsdauer verlängert sich bei Vorliegen einer Behinderung nach § 2 Absatz 1 des Neunten Buches Sozialgesetzbuch oder einer schwerwiegenden chronischen Erkrankung um zwei Jahre. Innerhalb der jeweils zulässigen Befristungsdauer sind auch Verlängerungen eines befristeten Arbeitsvertrages möglich.

(2) Die Befristung von Arbeitsverträgen des in § 1 Abs. 1 Satz 1 genannten Personals ist auch zulässig, wenn die Beschäftigung überwiegend aus Mitteln Dritter finanziert wird, die Finanzierung für eine bestimmte Aufgabe und Zeitdauer bewilligt ist und die Mitarbeiterin oder der Mitarbeiter überwiegend der Zweckbestimmung dieser Mittel entsprechend beschäftigt wird; die vereinbarte Befristungsdauer soll dem bewilligten Projektzeitraum entsprechen.

(3) Auf die in Absatz 1 geregelte zulässige Befristungsdauer sind alle befristeten Arbeitsverhältnisse mit mehr als einem Viertel der regelmäßigen Arbeitszeit, die mit einer deutschen Hochschule oder einer Forschungseinrichtung im Sinne des § 5 abgeschlossen wurden, sowie entsprechende Beamtenverhältnisse auf Zeit und Privatdienstverträge nach § 3 anzurechnen. Angerechnet werden auch befristete Arbeitsverhältnisse, die nach anderen Rechtsvorschriften abgeschlossen wurden. Die Sätze 1 und 2 gelten nicht für Arbeitsverhältnisse nach § 6 sowie vergleichbare studienbegleitende Beschäftigungen, die auf anderen Rechtsvorschriften beruhen.

(4) Im Arbeitsvertrag ist anzugeben, ob die Befristung auf den Vorschriften dieses Gesetzes beruht. Fehlt diese Angabe, kann die Befristung nicht auf Vorschriften dieses Gesetzes gestützt werden. Die Dauer der Befristung muss bei Arbeitsverträgen nach Absatz 1 kalendermäßig bestimmt oder bestimmbar sein.

(5) Die jeweilige Dauer eines befristeten Arbeitsvertrages nach Absatz 1 verlängert sich im Einverständnis mit der Mitarbeiterin oder dem Mitarbeiter um

1. Zeiten einer Beurlaubung oder einer Ermäßigung der Arbeitszeit um mindestens ein Fünftel der regelmäßigen Arbeitszeit, die für die Betreuung oder Pflege eines oder mehrerer Kinder unter 18 Jahren, auch wenn hinsichtlich des Kindes die Voraussetzungen des § 15 Absatz 1 Satz 1 des Bundeselterngeld- und Elternzeitgesetzes vorliegen, oder pflegebedürftiger sonstiger Angehöriger gewährt worden sind,
2. Zeiten einer Beurlaubung für eine wissenschaftliche oder künstlerische Tätigkeit oder eine außerhalb des Hochschulbereichs oder im Ausland durchgeführte wissenschaftliche, künstlerische oder berufliche Aus-, Fort- oder Weiterbildung,
3. Zeiten einer Inanspruchnahme von Elternzeit nach dem Bundeselterngeld- und Elternzeitgesetz und Zeiten eines Beschäftigungsverbots nach den §§ 3 bis 6, 10 Absatz 3, § 13 Absatz 1 Nummer 3 und § 16 des Mutterschutzgesetzes in dem Umfang, in dem eine Erwerbstätigkeit nicht erfolgt ist,
4. Zeiten des Grundwehr- und Zivildienstes,
5. Zeiten einer Freistellung im Umfang von mindestens einem Fünftel der regelmäßigen Arbeitszeit zur Wahrnehmung von Aufgaben in einer Personal- oder Schwerbehindertenvertretung, von Aufgaben eines oder einer Frauen- oder Gleichstellungsbeauftragten oder zur Ausübung eines mit dem Arbeitsverhältnis zu vereinbarenden Mandats und
6. Zeiten einer krankheitsbedingten Arbeitsunfähigkeit, in denen ein gesetzlicher oder tarifvertraglicher Anspruch auf Entgeltfortzahlung nicht besteht.

In den Fällen des Satzes 1 Nummer 1, 2 und 5 soll die Verlängerung die Dauer von jeweils zwei Jahren nicht überschreiten. Zeiten nach Satz 1 Nummer 1 bis 6 werden in dem Umfang, in dem sie zu einer Verlängerung eines befristeten Arbeitsvertrages führen können, nicht auf die nach Absatz 1 zulässige Befristungsdauer angerechnet.

§ 3 Privatdienstvertrag Für einen befristeten Arbeitsvertrag, den ein Mitglied einer Hochschule, das Aufgaben seiner Hochschule selbständig wahrnimmt, zur Unterstützung bei der Erfüllung dieser Aufgaben mit überwiegend aus Mitteln Dritter vergütetem Personal im Sinne von § 1 Abs. 1 Satz 1 abschließt, gelten die Vorschriften der §§ 1, 2 und 6 entsprechend.

§ 4 Wissenschaftliches Personal an staatlich anerkannten Hochschulen Für den Abschluss befristeter Arbeitsverträge mit wissenschaftlichem und künstlerischem Personal an nach Landesrecht staatlich anerkannten Hochschulen gelten die Vorschriften der §§ 1 bis 3 und 6 entsprechend.

§ 5 Wissenschaftliches Personal an Forschungseinrichtungen Für den Abschluss befristeter Arbeitsverträge mit wissenschaftlichem Personal an staatlichen Forschungseinrichtungen sowie an überwiegend staatlich, an institutionell überwiegend staatlich oder auf der Grundlage von Artikel 91b des Grundgesetzes finanzierten Forschungseinrichtungen gelten die Vorschriften der §§ 1 bis 3 und 6 entsprechend.

§ 6 Wissenschaftliche und künstlerische Hilfstätigkeiten Befristete Arbeitsverträge zur Erbringung wissenschaftlicher oder künstlerischer Hilfstätigkeiten mit Studierenden, die an einer deutschen Hochschule für ein Studium, das zu einem ersten oder einem weiteren berufsqualifizierenden Abschluss führt, eingeschrieben sind, sind bis zur Dauer von insgesamt sechs Jahren zulässig. Innerhalb der zulässigen Befristungsdauer sind auch Verlängerungen eines befristeten Arbeitsvertrages möglich.

§ 7 Rechtsgrundlage für bereits abgeschlossene Verträge; Übergangsregelung; Verordnungsermächtigung (1) Für die seit dem 23. Februar 2002 bis zum 17. April 2007 an staatlichen und staatlich anerkannten Hochschulen sowie an Forschungseinrichtungen im Sinne des § 5 abgeschlossenen Arbeitsverträge gelten die §§ 57a bis 57f des Hochschulrahmengesetzes in der ab 31. Dezember 2004 geltenden Fassung fort. Für vor dem 23. Februar 2002 an staatlichen und staatlich anerkannten Hochschulen sowie an Forschungseinrichtungen im Sinne des § 5 abgeschlossene Arbeitsverträge gelten die §§ 57a bis 57e des Hochschulrahmengesetzes in der vor dem 23. Februar 2002 geltenden Fassung fort. Satz 2 gilt entsprechend für Arbeitsverträge, die zwischen dem 27. Juli 2004 und dem 31. Dezember 2004 abgeschlossen wurden.

(2) Der Abschluss befristeter Arbeitsverträge nach § 2 Abs. 1 Satz 1 und 2 mit Personen, die bereits vor dem 23. Februar 2002 in einem befristeten Arbeitsverhältnis zu einer Hochschule, einem Hochschulmitglied im Sinne von § 3 oder einer Forschungseinrichtung im Sinne von § 5 standen, ist auch nach Ablauf der in § 2 Abs. 1 Satz 1 und 2 geregelten jeweils zulässigen Befristungsdauer mit einer Laufzeit bis zum 29. Februar 2008 zulässig. Satz 1 gilt entsprechend für Personen, die

vor dem 23. Februar 2002 in einem Dienstverhältnis als wissenschaftlicher oder künstlerischer Assistent standen. § 2 Abs. 5 gilt entsprechend.

(3) Die nach § 2 Absatz 1 Satz 1 und 2 insgesamt zulässige Befristungsdauer verlängert sich um sechs Monate, wenn ein Arbeitsverhältnis nach § 2 Absatz 1 zwischen dem 1. März 2020 und dem 30. September 2020 besteht. Das Bundesministerium für Bildung und Forschung wird ermächtigt, durch Rechtsverordnung mit Zustimmung des Bundesrates die zulässige Befristungsdauer höchstens um weitere sechs Monate zu verlängern, soweit dies aufgrund fortbestehender Auswirkungen der COVID-19-Pandemie in der Bundesrepublik Deutschland geboten erscheint; die Verlängerung ist auch auf Arbeitsverhältnisse zu erstrecken, die nach dem 30. September 2020 und vor Ablauf des in der Rechtsverordnung genannten Verlängerungszeitraums begründet werden.[1]

§ 8 Evaluation Die Auswirkungen dieses Gesetzes werden im Jahr 2020 evaluiert.

---

1 **WissZeitVG-Befristungsdauer-Verlängerungs-Verordnung** (WissBdVV) v. 23.9.2020 (BGBl. I 2039):

§ 1 Verlängerung der zulässigen Befristungsdauer nach § 2 Abs. 1 des Wissenschaftszeitvertragsgesetzes aus Anlass der COVID-19-Pandemie Die nach § 2 Absatz 1 Satz 1 und 2 des Wissenschaftszeitvertragsgesetzes vom 12. April 2007 (BGBl. I S. 506), das zuletzt durch Artikel 1 des Gesetzes vom 25. Mai 2020 (BGBl. I S. 1073) geändert worden ist, insgesamt zulässige Befristungsdauer verlängert sich über die in § 7 Absatz 3 Satz 1 des Wissenschaftszeitvertragsgesetzes genannte Verlängerung hinaus um weitere sechs Monate. Für Arbeitsverhältnisse nach § 2 Absatz 1 des Wissenschaftszeitvertragsgesetzes, die zwischen dem 1. Oktober 2020 und dem 31. März 2021 begründet werden, verlängert sich die nach § 2 Absatz 1 Satz 1 und 2 des Wissenschaftszeitvertragsgesetzes insgesamt zulässige Befristungsdauer um sechs Monate.

32b. Gesetz über befristete Arbeitsverträge mit Ärzten in der Weiterbildung (ÄArbVtrG)

vom 15. Mai 1986 (BGBl. I 742),
zuletzt geändert durch Gesetz vom 15. November 2019 (BGBl. I 1604)

Einleitung

(siehe bei Nr. 32)

Gesetzestext

§ 1 Befristung von Arbeitsverträgen (1) Ein die Befristung eines Arbeitsvertrags mit einem Arzt rechtfertigender sachlicher Grund liegt vor, wenn die Beschäftigung des Arztes seiner zeitlich und inhaltlich strukturierten Weiterbildung zum Facharzt oder dem Erwerb einer Anerkennung für einen Schwerpunkt oder dem Erwerb einer Zusatzbezeichnung, eines Fachkundenachweises oder einer Bescheinigung über eine fakultative Weiterbildung dient.

(2) Die Dauer der Befristung des Arbeitsvertrags bestimmt sich im Rahmen der Absätze 3 und 4 ausschließlich nach der vertraglichen Vereinbarung; sie muß kalendermäßig bestimmt oder bestimmbar sein.

(3) Ein befristeter Arbeitsvertrag nach Absatz 1 kann auf die notwendige Zeit für den Erwerb der Anerkennung als Facharzt oder den Erwerb einer Zusatzbezeichnung, höchstens bis zur Dauer von acht Jahren, abgeschlossen werden. Zum Zweck des Erwerbs einer Anerkennung für einen Schwerpunkt oder des an die Weiterbildung zum Facharzt anschließenden Erwerbs einer Zusatzbezeichnung, eines Fachkundenachweises oder einer Bescheinigung über eine fakultative Weiterbildung kann ein weiterer befristeter Arbeitsvertrag für den Zeitraum, der für den Erwerb vorgeschrieben ist, vereinbart werden. Wird die Weiterbildung im Rahmen einer Teilzeitbeschäftigung abgeleistet und verlängert sich der Weiterbildungszeitraum hierdurch über die zeitlichen Grenzen der Sätze 1 und 2 hinaus, so können diese um die Zeit dieser Verlängerung überschritten werden. Erfolgt die Weiterbildung nach Absatz 1 im Rahmen mehrerer befristeter Arbeitsverträge, so dürfen sie insgesamt die zeitlichen Grenzen nach den Sätzen 1, 2 und 3 nicht überschreiten. Die Befristung darf den Zeitraum nicht unterschreiten, für den der weiterbildende Arzt die Weiterbildungsbefugnis besitzt. Beendet der weiterzubildende Arzt bereits zu einem früheren Zeitpunkt den von ihm nachgefragten Weiterbildungsabschnitt oder liegen bereits zu einem früheren Zeitpunkt die Voraussetzungen für die Anerkennung im Gebiet, Schwerpunkt, Bereich sowie für den Erwerb eines Fachkundenachweises oder einer Bescheinigung über eine fakultative Weiterbildung vor, darf auf diesen Zeitpunkt befristet werden.

(4) Auf die jeweilige Dauer eines befristeten Arbeitsvertrags nach Absatz 3 sind im Einvernehmen mit dem zur Weiterbildung beschäftigten Arzt nicht anzurechnen:

1. Zeiten einer Beurlaubung oder einer Ermäßigung der Arbeitszeit um mindestens ein Fünftel der regelmäßigen Arbeitszeit, die für die Betreuung oder Pflege eines Kindes unter 18 Jahren oder eines pflegebedürftigen sonstigen Angehörigen gewährt worden sind, soweit die Beurlaubung oder die Ermäßigung der Arbeitszeit die Dauer von zwei Jahren nicht überschreitet,
2. Zeiten einer Beurlaubung für eine wissenschaftliche Tätigkeit oder eine wissenschaftliche oder berufliche Aus-, Fort- oder Weiterbildung im Ausland, soweit die Beurlaubung die Dauer von zwei Jahren nicht überschreitet,
3. die Elternzeit nach § 15 Abs. 1 des Bundeselterngeld- und Elternzeitgesetzes und Zeiten eines Beschäftigungsverbots nach den §§ 3 bis 6, 10 Absatz 3, § 13 Absatz 1 Nummer 3 und § 16 des Mutterschutzgesetzes, soweit eine Beschäftigung nicht erfolgt ist,
4. Zeiten des Grundwehr- und Zivildienstes und
5. Zeiten einer Freistellung zur Wahrnehmung von Aufgaben in einer Personal- oder Schwerbehindertenvertretung, soweit die Freistellung von der regelmäßigen Arbeitszeit mindestens ein Fünftes beträgt und die Dauer von zwei Jahren nicht überschreitet.

(5) Die arbeitsrechtlichen Vorschriften und Grundsätze über befristete Arbeitsverträge sind nur insoweit anzuwenden, als sie den Vorschriften der Absätze 1 bis 4 nicht widersprechen.

(6) Die Absätze 1 bis 5 gelten nicht, wenn der Arbeitsvertrag unter den Anwendungsbereich des Wissenschaftszeitvertragsgesetzes fällt.

(7) Die Absätze 1 bis 6 gelten auch für die Beschäftigten eines Psychotherapeuten im Rahmen einer zeitlich und inhaltlich strukturierten Weiterbildung zum Fachpsychotherapeuten.

§ 2 Berlin-Klausel Dieses Gesetz gilt nach Maßgabe des § 13 Abs. 1 des Dritten Überleitungsgesetzes auch im Land Berlin.

§ 3 Inkrafttreten Dieses Gesetz tritt am Tag nach der Verkündung in Kraft.

33. Umwandlungsgesetz

Einleitung

I. Geschichtliche Entwicklung

»Umwandlung« bedeutet im weitesten Sinne die Umstrukturierung von Unternehmensträgern. Dabei kann man zwei grundlegende Typen von Umwandlung unterscheiden:

- die formwechselnde Umwandlung: eine fortbestehende Gesellschaft verwandelt sich in eine Gesellschaft anderer Rechtsform;
- die übertragende Umwandlung: Gesellschaftsvermögen geht auf einen anderen Rechtsträger über.

Bis zur Schaffung des Umwandlungsgesetzes war die Möglichkeit der Unternehmen, sich umzustrukturieren und umzuorganisieren, in vielen verschiedenen Gesetzen verstreut geregelt (Umwandlungsgesetz 1969, Aktiengesetz, Gesetz über die Kapitalerhöhung aus Gesellschaftsmitteln und über die Verschmelzung von Gesellschaften mit beschränkter Haftung, Genossenschaftsgesetz, Versicherungsaufsichtsgesetz). Für den Sonderfall der Unternehmensaufspaltung sind Sonderregelungen für den Bereich der neuen Bundesländer geschaffen worden (Gesetz zur Spaltung der von der Treuhand verwalteten Unternehmen; Gesetz zur Regelung offener Vermögensfragen).

Bereits 1980 hatte der Deutsche Bundestag im Rahmen der Änderung des GmbH-Gesetzes den Auftrag zur Rechtsbereinigung des Umwandlungsrechts gegeben (vgl. BR-Drs. 75/94, S. 72 f.). Das Bundesjustizministerium hat jedoch erst 1988 zunächst einen Diskussionsentwurf und 1992 einen Referentenentwurf zu einem Umwandlungsbereinigungsgesetz vorgelegt (vgl. Beilage zum BAnz. Nr. 214a vom 5. 11. 1988; Beilage zum BAnz. Nr. 112a vom 20. 6. 1992; hierzu *Zöllner,* ZGR 93, 334; *Ganske,* WM 93, 1117). Beiden Entwürfen war gemeinsam, dass ausdrücklich auf Vorkehrungen zum Schutze der Arbeitnehmer bei derartigen Umwandlungsvorgängen verzichtet wurde. Dies erfolgte in erklärter Distanzierung zu einem der Öffentlichkeit zusammen mit dem Referentenentwurf zur Kenntnis gebrachten Schreiben des Bundesministers für Arbeit und Sozialordnung vom 9. 4. 1992. Die Argumentation des Bundesjustizministeriums ging dahin, es sei systemfremd, Arbeitnehmerschutzrechte im Gesellschaftsrecht zu verankern.

Anfang 1994 wurde der Regierungsentwurf eines Gesetzes zur Bereinigung des Umwandlungsrechts verabschiedet (BR-Drs. 75/94 vom 4. 2. 1994 = identischer Entwurf der Fraktionen der CDU/CSU und FDP, BT-Drs. 12/6699 vom 1. 2. 1994; hierzu *Neye,* ZIP 94, 165). Gegenüber dem Referentenentwurf wurden einige Schutzvorschriften für Arbeitnehmer aufgenommen (Informationsrechte; Haftungsvorschrift bei Spaltung; ergänzende Regelungen zum BetrVG und KSchG). Jedoch wurden weitergehende Vorstellungen zur Mitbestimmungssicherung und Haftung für Arbeitnehmeransprüche nicht aufgegriffen (vgl. *Köstler,* Mitbest. 6/94, 6). Nach ersten Änderungsvorschlägen des Bundesrates (vgl. BR-Drs. 75/94) hat der Bundesrat gegenüber der Beschlussfassung des Bundestages den Vermittlungsausschuss angerufen, der auf seiner Sitzung am 31. 8. 1994 einige Änderungen empfahl (BR-Drs. 843/94). Diesen Änderungsvorschlägen des Vermittlungsausschusses haben der Bundestag am 22. 9. und der Bundesrat am 23. 9. 1994 zugestimmt. Auf ihnen beruht das sodann verabschiedete Gesetz zur Bereinigung des Umwandlungsrechts vom 28. 10. 1994 (BGBl. I 3210; zu einem Überblick *Lüttge*, NJW 95, 417).

Das Gesetz ist in der Zwischenzeit vielfach geändert worden. Zuletzt wurde es zur Umsetzung der gesellschaftsrechtlichen Vorgaben der europäischen Umwandlungsrichtlinie (EU) 2019/2121 (vgl. Einl. I zum MgVG, Nr. 26c) reformiert (Gesetz zur Umsetzung der Umwandlungsrichtlinie und zur Änderung weiterer Gesetze v. 22. 2. 2023, BGBl. 2023 I Nr. 51; dazu *Baschnagel/Hilser/Wagner*, RdA 23, 103, 111 f.; *Schmidt*, NJW 23, 1241; Gesetzentwurf: BT-Drs. 20/3822; zu einem Referentenentwurf *Drinhausen/Keinath*, BB 22, 1346). Grenzüberschreitende Verschmelzungen sind seither in §§ 305 ff. UmwG, grenzüberschreitende Spaltungen in §§ 320 ff. UmwG und grenzüberschreitende Formwechsel in §§ 333 ff. UmwG geregelt. Die vorher in §§ 322 ff. UmwG a. F. enthaltenen arbeitsrechtlichen Bestimmungen sind an neuem Standort in den §§ 132, 132a UmwG im Wesentlichen beibehalten worden. Über § 320 Abs. 2 UmwG finden diese arbeitsrechtlichen Bestimmungen Anwendung auch auf grenzüberschreitende Umwandlungen (BT-Drs. 20/3822, S. 84). Die mitbestimmungsrechtlichen Aspekte der Umwandlungsrichtlinie wurden im MgVG (Nr. 26c) und im MgFSG (Nr. 26d) umgesetzt.

II. Wesentlicher Gesetzesinhalt

1. Grundlagen

Das UmwG regelt vier Umwandlungsarten (Übersicht 77):
- Verschmelzung;
- Spaltung;
- Vermögensübertragung;
- Formwechsel (§ 1 Abs. 1 UmwG).

Verschmelzung bedeutet, dass entweder ein vorhandener Rechtsträger durch Übertragung des Vermögens auf einen anderen übernehmenden Rechtsträger übergeht oder zwei oder mehrere Rechtsträger durch Übertragung ihres Vermögens auf einen neuen Rechtsträger übergehen (§ 2 UmwG). Die Anteilseigner der untergehenden Gesellschaft erhalten Anteile an der aufnehmenden bzw. neu gegründeten Gesellschaft. Die Möglichkeiten hierzu gab es noch auf bestimmte Gesellschaftsformen beschränkt bereits im vorher geltenden Recht.

Das Gesetz kennt drei Formen der *Spaltung* (vgl. § 123 UmwG):
- die sog. Aufspaltung: Bei ihr wird ein Unternehmen in mindestens zwei Teile zerlegt und hört anschließend als solches zu bestehen auf. Die Teile können entweder auf bereits existierende oder auf neu geschaffene Unternehmen übertragen werden;
- die sog. Abspaltung: Einzelne Vermögensbestandteile (z. B. Betriebe oder Betriebsteile oder auch nur Abteilungen) werden auf einen bestehenden oder neu

gegründeten Rechtsträger übertragen. Hierbei bleibt das alte Unternehmen bestehen;
- die sog. Ausgliederung: Es handelt sich um den gleichen Vorgang wie bei der Abspaltung, jedoch mit dem Unterschied, dass die Anteile am aufnehmenden Unternehmen bei der abgebenden Gesellschaft selbst liegen und nicht bei deren Anteilseignern.

In allen Fällen der Abspaltung gehen die übertragenen Vermögensbestandteile mit der Eintragung der Spaltung ins Handelsregister automatisch auf den Empfänger über.

Die *Vermögensübertragung* betrifft die Sonderfälle der Übertragung von einer privaten Gesellschaft auf die öffentliche Hand oder innerhalb verschiedener Gesellschaftstypen im Bereich der Versicherungswirtschaft (vgl. § 175 UmwG).

Bei einem *Formwechsel* bleibt die Rechtsträgerschaft der Gesellschaft bestehen. Es wird lediglich eine andere Rechtsform angenommen (§ 190 UmwG). Arbeitsrechtliche Folgen hat ein solcher Formwechsel nicht. Er kann allerdings zur Folge haben, dass für die neue Gesellschaftsform kein Aufsichtsrat zu bilden ist (z.B. wenn eine GmbH in eine OHG umgewandelt wird). Dann fällt eine vorhandene Arbeitnehmerbeteiligung im Aufsichtsrat weg. Ist auch für die neu angenommene Rechtsform ein Aufsichtsrat zu bilden, bleiben die bisherigen Aufsichtsratsmitglieder im Amt (§ 203 UmwG). Für den grenzüberschreitenden Formwechsel gilt der Schutz erworbener Rechte nach dem MgFSG (Nr. 26d; vgl. dazu Einl. III zum MgVG, Nr. 26c).

2. Arbeitsrechtliche Bestimmungen und Folgen

Das arbeitsrechtliche Interesse konzentriert sich demnach auf die Verschmelzung und die Spaltung. Zum Schutze von Arbeitnehmerinteressen sind – sehr unsystematische – einzelne Regelungen getroffen worden. Zu wichtigen Problemen, die erst aus Verschmelzungen und Spaltungen entstehen, fehlen jedoch Regelungen (z.B. zur Frage der Tarifbindung, s.u. Buchst. e; insg. *Deinert*, RdA 01, 368).

a) Informationsrechte

Der Wirtschaftsausschuss ist gemäß § 106 Abs. 3 Nr. 8 BetrVG über den Zusammenschluss oder die Spaltung von Unternehmen oder Betrieben zu informieren. Der Zusammenschluss und die Spaltung von Betrieben gelten als Betriebsänderungen im Sinne des § 111 S. 2 Nr. 3 BetrVG. Hierüber ist der Betriebsrat rechtzeitig und umfassend zu unterrichten und die geplanten Änderungen sind mit ihm zu beraten (Checkliste 78).

Ein Verschmelzungsvertrag und ein Spaltungs- und ein Übernahmevertrag (hierzu *Heidenhain*, NJW 95, 2873) müssen ausdrücklich die Folgen der Verschmelzung bzw. Spaltung für die Arbeitnehmer und ihre Vertretungen und die insoweit vorgesehenen Maßnahmen darstellen (§ 5 Abs. 1 Nr. 9 UmwG, § 126 Abs. 1 Nr. 11 UmwG; zu den arbeitsrechtlichen Angaben *Däubler*, RdA 95, 136; *Hjort*, NJW 99, 750; *Trümner*, DB 96, 88; *Joost*, ZIP 95, 976). Spätestens einen Monat vor der Versammlung der Anteilseigner, in der über die Veränderung beschlossen werden soll, ist der Entwurf des Vertrages dem zuständigen Betriebsrat zuzuleiten (§ 5 Abs. 3 UmwG; § 126 Abs. 3 UmwG). Die Eintragung ins Handelsregister darf nur erfolgen, wenn hierüber ein schriftlicher Nachweis erbracht wird (§ 17 Abs. 1 UmwG). Das Registergericht kann die Eintragung des Verschmelzungsvertrages ablehnen, wenn er keine nachvollziehbare Darstellung der arbeitsrechtlichen Folgen enthält (*OLG Düsseldorf* 25.9.1997 – 8 AZR 710/96, DB 98, 139 = Mitbest. 11/98, 63 mit Anm. *Köstler*).

b) Zuordnung der Arbeitnehmer

Bei einer Verschmelzung gehen alle Rechte der untergehenden Gesellschaft auf die übernehmende Gesellschaft über. Das gilt auch für die Arbeitsverhältnisse. Ein Recht zum Widerspruch wie bei einem Betriebsübergang gemäß § 613a BGB hat keinen Sinn, weil es keinen Arbeitgeber mehr gibt, bei dem der Arbeitnehmer verbleiben könnte.

Anders sieht es bei der Spaltung aus. Die Zuordnung kann im Spaltungs- und Übernahmevertrag geregelt werden, bedarf aber der Zustimmung des Arbeitnehmers. Fehlt es an dieser, kann der Arbeitnehmer wählen, mit welchem Rechtsträger er sein Arbeitsverhältnis fortsetzen möchte (*BAG* 19.10.2017 – 8 AZR 63/16, NZA 18, 370).

Kommt bei einer Verschmelzung oder Spaltung ein Interessenausgleich zustande, so ist dieser für die Zuordnung der Arbeitnehmer maßgebend. Er kann durch das Arbeitsgericht nur auf grobe Fehlerhaftigkeit überprüft werden (§§ 35a Abs. 1, 125 Abs. 1 UmwG). Ist er grob fehlerhaft, ist der Interessenausgleich unverbindlich, sodass die Zustimmung des Arbeitnehmers zur Zuordnung des Arbeitsverhältnisses nicht entbehrlich ist (*BAG* 19.10.2017 – 8 AZR 63/16, NZA 18, 370, Rn. 37 ff.).

c) Haftung bei Spaltung in Betriebs- und Anlagegesellschaft

Aus steuer-, aber auch haftungsrechtlichen Gesichtspunkten werden Unternehmen oft so aufgeteilt, dass das Vermögen (Grundstücke, Maschinen) einer sog. Anlagegesellschaft zugeordnet wird, während eine vermögenslose Betriebsführungsgesellschaft die Arbeitgeberrolle übernimmt. Um die Arbeitnehmer bei derartigen Gestaltungen vor einem Leerlaufen ihrer Ansprüche zu schützen, wird für einen Gesamtzeitraum von bis zu 5 Jahren eine gesamtschuldnerische Haftung begründet (§ 134 UmwG). In dem Umfang, in dem durch die Spaltung Vermögensteile entzogen wurden, kann bei der Bemessung eines Sozialplanvolumens auf das Vermögen der Anlagegesellschaft zurückgegriffen werden (*BAG* 15.3.2011 – 1 ABR 97/09, DB 11, 1698).

d) Übergang der Arbeitsverhältnisse

§ 35a Abs. 2 UmwG ordnet für die Verschmelzung ausdrücklich an, dass § 613a Abs. 1 und 4 – 6 BGB unberührt bleibt. Dasselbe gilt über § 125 Abs. 1 UmwG für die Spaltung. Das bedeutet, dass im Falle eines Betriebsübergangs zwingend die Regeln des § 613a BGB zur Anwendung kommen und insoweit Vorrang vor den umwandlungsrechtlichen Bestimmungen haben (*BAG* 19.10.2017 – 8 AZR 63/16, NZA 18, 370, Rn. 26).

e) Weitergeltung von Tarifverträgen

Für eine tarifrechtliche Weitergeltung der Tarifverträge beim neuen Rechtsträger ist dessen Tarifbindung erforderlich. Bei Verbandstarifverträgen ist grundsätzlich erforderlich, dass das erwerbende Unternehmen Mitglied desselben Arbeitgeberverbandes ist. Ist dies nicht der Fall, werden die tariflichen Ansprüche der Arbeitnehmer jedenfalls nach § 613a Abs. 1 S. 2 BGB für die Dauer eines Jahres gesichert. Im Falle einer Aufspaltung und Abspaltung mit Übertragung auf eine selbst gegründete Gesellschaft gibt es jedoch in diesem Sinne keinen »anderen« Inhaber, sondern es handelt sich um eine »Vervielfältigung« des alten Inhabers. Das spricht für eine Weitergeltung der Tarifverträge wie z. B. im Falle eines Verbandsaustritts. Beim Übergang eines Betriebs/Unternehmens mit Firmentarifvertrag tritt dagegen das aufnehmende Unternehmen voll in die tarifrechtliche Vertragsposition ein (*BAG* 24.6.1998 – 4 AZR 208/97, NJW 99, 812; vgl. *Däubler,* RdA 95, 142). Für den Fall der Spaltung zur Aufnahme durch einen anderen Rechtsträger verbleibt mangels anderweitiger Festlegung im Spaltungs- und Übernahmevertrag der übertragende Rechtsträger Partei des Tarifvertrages (*BAG* 21.11.2012 – 4 AZR 85/11, NZA 13, 512). Im Falle der Verschmelzung gilt ein Haustarifvertrag nach § 20 Abs. 1 Nr. 1 UmwG beim aufnehmenden Unternehmen weiter, sodass trotz bislang fehlender Tarifgebundenheit des aufnehmenden Arbeitgebers alle tarifgebundenen Arbeitnehmer tarifliche Rechte genießen. Das gilt dann nicht, wenn der Geltungsbereich des Haustarifvertrages Einschränkungen seines Anwendungsbereichs (etwa Geltung nur für bestimmte Betriebe) enthält (*BAG* 15.6.2016 – 4 AZR 805/14, NZA 17, 326).

f) Kündigungsrechtliche Stellung

Die kündigungsrechtliche Stellung eines Arbeitnehmers verschlechtert sich aufgrund der Spaltung für die Dauer von zwei Jahren ab dem Zeitpunkt ihres Wirksamwerdens nicht (§ 132 Abs. 2 UmwG). Das hat vor allem Bedeutung für den Fall, dass die Übertragung auf einen Betrieb erfolgt, der weniger als 5 bzw. 10 Arbeitnehmer beschäftigt (vgl. § 23 KSchG, Nr. 25). Die Dauer der Betriebszugehörigkeit zum vorhergehenden Rechtsträger ist anzurechnen (*Trümner,* AiB 95, 309). Führen die an einer Spaltung beteiligten Unternehmen einen Betrieb anschließend gemeinsam weiter, so gilt dieser gemäß § 132 Abs. 1 UmwG als ein Betrieb im Sinne des Kündigungsschutzrechts (zum Gemeinschaftsbetrieb allgemein vgl. Deinert/Wenckebach/Zwanziger-*Deinert,* § 5 Rn. 49 ff.).

g) Betriebsratsrechte

Führt die Spaltung eines Rechtsträgers zur Spaltung eines Betriebs, bleibt dessen Betriebsrat bis zur Neuwahl in den abgespaltenen Teilen, jedoch längstens für sechs Monate im Amt (Übergangsmandat; § 21a BetrVG; hierzu *Bachner,* DB 95, 2068).

Das gilt jedoch nicht, wenn in dem aufnehmenden Betrieb ein Betriebsrat existiert oder wenn der abgespaltene Teil weniger als 5 Arbeitnehmer hat (§ 21a Abs. 1 S. 2 BetrVG). Für den Fall, dass aufgrund der Spaltung mehrere Rechtsträger für einen Betrieb zuständig werden, jedoch keine Organisationsänderungen eintreten, liegt ein sog. gemeinsamer Betrieb vor (s. o. f). Es bleibt dann beim vorhandenen Betriebsrat und dessen Rechtsstellung. Falls bestimmte Betriebsratsrechte von der Größe eines Betriebs abhängig sind und diese nach Spaltung nicht mehr erreicht wird, kann die Fortgeltung der Betriebsratsrechte durch Betriebsvereinbarung oder Tarifvertrag vereinbart werden (§ 132a Abs. 2 UmwG). Werden Betriebsteile, die bislang verschiedenen Betrieben zugeordnet waren, zu einem Betrieb zusammengefasst, so nimmt der Betriebsrat mit der größten Arbeitnehmerzahl das Übergangsmandat wahr (§ 21a Abs. 2 BetrVG).

h) Arbeitnehmervertreter im Aufsichtsrat

Im Falle einer Verschmelzung geht die übertragende Gesellschaft unter. Mithin endet zwangsläufig die Existenz eines bei ihr gebildeten Aufsichtsrates. Die übergehenden Arbeitnehmer werden durch den bestehenden Aufsichtsrat der übernehmenden Gesellschaft vertreten. Hat diese noch keinen Aufsichtsrat (z. B. wegen zu geringer Arbeitnehmerzahl, vgl. § 1 DrittelBG, Nr. 26 a) oder ist sie neu gegründet worden, findet eine Neuwahl nach allgemeinen Regeln statt.
Entfallen bei einer Abspaltung oder Ausgliederung wegen nunmehr zu geringer Arbeitnehmerzahl die Voraussetzungen für eine Aufsichtsratsbeteiligung (z. B. Sinken unter 2000 Arbeitnehmer im Falle des MitbestG, Nr. 26), so finden die vorher geltenden Mitbestimmungsvorschriften noch für fünf Jahre Anwendung (§ 132a Abs. 1 S. 1 UmwG). Das gilt nicht, wenn die verbleibende Arbeitnehmerzahl auf unter ein Viertel der vom Gesetz verlangten Zahl sinkt (im Falle des MitbestG: unter 500 Arbeitnehmer, § 132a Abs. 1 S. 2 UmwG).

i) Sonderfall: Mitbestimmungs-Beibehaltung bei grenzüberschreitender Umwandlung

Im Falle grenzüberschreitender Fusionen kann es passieren, dass ein deutsches Unternehmen seine Mehrheitsbeteiligung an einem deutschen Tochterunternehmen oder einem Betrieb bzw. Betriebsteil auf ein ausländisches Unternehmen überträgt und damit unter die für die Anwendung eines Mitbestimmungsgesetzes erforderliche Arbeitnehmerzahl sinkt. Für diesen Fall soll das Mitbestimmungs-Beibehaltungsgesetz (siehe Fn. zu § 132a Abs. 1 UmwG) mit steuerrechtlichen Mitteln eine Mitbestimmungssicherung bewirken: Will das übertragene Unternehmen steuerliche Erleichterungen in Anspruch nehmen (z. B. Übertragung zum Buchwert statt zum tatsächlichen Wert), so muss es sich mitbestimmungsrechtlich so behandeln lassen, als würde der übertragende Betrieb oder Betriebsteil noch zu ihm gehören. Nimmt es allerdings die steuerlichen Vergünstigungen nicht in Anspruch, so entfällt eine Mitbestimmungsbeibehaltung (vgl. hierzu Bericht des BT-Ausschusses für Arbeits- und Sozialordnung, BT-Drs. 12/7735; *Wendeling-Schröder,* in Kittner,

GewJB 1993, 466). Zum Schicksal der Mitbestimmung bei grenzüberschreitenden Umwandlungen s. im Übrigen MgVG (Nr. 26 c) und MgFSG (Nr. 26d).

III. Anwendungsprobleme, rechtspolitische Diskussion

Schon mit Inkrafttreten des Gesetzes war dessen arbeitsrechtliche Flankierung ungenügend. Deshalb bestehen seit Jahren Forderungen bezüglich einer Nachbesserung. Dazu gehören:

- vertragliche Öffnungsklausel zur Beibehaltung der Mitbestimmung auf Unternehmensebene,
- Kontinuität der Interessenvertretung bei Privatisierung der Dienststelle,
- Wahrung des durch Betriebsvereinbarungen begründeten sozialen Besitzstandes,
- Schutz vor Tarifflucht bei Herausfallen aus dem tariflichen Geltungsbereich und bei Wegfall der Tarifbindung,
- Klarstellung der Konzernhaftung für Sozialplanleistungen (*Düwell,* AuR 1994, 357; vgl. auch *Köstler,* Mitbest. 6/95, 6).

Die Chance zu einer Nachbesserung auch im Hinblick auf die nur punktuellen arbeitsrechtlichen Regelungen im UmwG wurde im Zuge der Umsetzung der europäischen Umwandlungsrichtlinie (s. o. I) versäumt. Nach dieser Reform stehen weitere Gesetzesänderungen zunächst nicht an.

Weiterführende Literatur

Deinert/Wenckebach/Zwanziger-*Krüger,* Arbeitsrecht, §§ 96–99 (Betriebsinhaberwechsel und Unternehmensumwandlung)

Bachner, Individualarbeits- und kollektivrechtliche Auswirkungen des neuen Umwandlungsrechts, NJW 1995, S. 2881

Bachner/Gerhardt/Matthießen, Arbeitsrecht bei der Umstrukturierung von Unternehmen und Betrieben, 5. Aufl. (2018)

Däubler, Das Arbeitsrecht im neuen Umwandlungsgesetz, RdA 1995, S. 136

Deinert, Arbeitsrechtliche Rahmenbedingungen und Folgen nationaler und transnationaler Umstrukturierungen von Betrieben und Unternehmen in Deutschland, RdA 2001, S. 368

Deinert, Gesamtbetriebsrat und Umstrukturierung, in: Festschrift Henssler (2023), S. 111

Düwell, Umwandlung von Unternehmen und arbeitsrechtliche Folgen, NZA 1996, S. 393

Willemsen/Hohenstatt/Schweibert/Seibt, Umstrukturierung und Übertragung von Unternehmen, 6. Aufl. (2021)

Übersicht 77: Umwandlungen

	Verschmelzung	Spaltung		Vermögensübernahme	Formwechsel
Art der Umwandlung	1. Verschmelzung durch Aufnahme = vollständiger Übergang auf einen anderen schon vorhandenen Rechtsträger (§ 2 Nr. 1)	1. Aufspaltung = Auflösung und Aufspaltung in mehrere Teile gegen Anteile bzw. Mitgliedschaften an den aufnehmenden Rechtsträgern für die Anteilseigner bzw. übertragende Mitglieder (§ 123)		Übertragung auf die öffentliche Hand gegen Entgelt oder im Bereich der Versicherungswirtschaft (§ 174)	Wechsel der Rechtsform unter Beibehaltung der Identität des Rechtsträgers
	2. Verschmelzung durch Neugründung = vollständiger Übergang auf neuen Rechtsträger (§ 2 Nr. 2)	1a. Aufspaltung zur Übertragung = Übergang der Teile an vorhandene Rechtsträger (§ 123 I 1)	1b. Aufspaltung zur Neugründung = Übergang der Teile auf neue Rechtsträger (§ 123 I 2)		
		2. Abspaltung = Teilübergang von einem im übrigen verbleibenden Rechtsträger gegen Anteile bzw. Mitgliedschaften an den aufnehmenden Rechtsträgern für die Anteilseigner bzw. Mitglieder (§ 123 II)			
		2a. Abspaltung zur Übertragung auf vorhandenen Rechtsträger (§ 123 II 1)	2b. Abspaltung zur Neugründung = Übergang auf neuen Rechtsträger (§ 123 I 2)		
		3. Ausgliederung = Variante der Abspaltung, bei der die Anteile an dem aufnehmenden Rechtsträger nicht an die Anteilseigner sondern den abgebenden Rechtsträger selbst übergehen (§ 123 III)			
Folgen für AN	Darstellung im Verschmelzungsvertrag (§ 5 I Nr. 9)	Darstellung im Spaltungs- und Übernahmevertrag (§ 126 I Nr. 11)		Darstellung im Übertragungsvertrag (§ 176 II)	Darstellung im Formwechselbeschluss (§ 194 I Nr. 7)

Übersicht 78: Fragen des BR/WA an die Unternehmensleitung bei Spaltung

Lfd. Nr.	Fragen
1.	Art der Spaltung (Übersicht 77)
2.	künftige Anteilsverhältnisse
3.	Verschmelzungs- bzw. Spaltungs- und Übernahmevertrag mit Darstellung der Folgen für AN
4.	Anträge des Unternehmens an das Handelsregister
5.	Zeit- und Ablaufplan der Spaltung
6.	wirtschaftliche Gründe, Alternativen (Kosten/Nutzenrechnung)
7.	Gutachten/Untersuchungen zur geplanten Spaltung
8.	Zuordnung der Betriebsmittel
9.	Finanzausstattung der künftigen Gesellschaften
10.	Leitungsstruktur der künftigen Gesellschaften (Organigramm)
11.	Zusammenarbeit zwischen den künftigen Gesellschaften
12.	Auswirkungen auf Arbeitsorganisation
13.	Mitgliedschaft der künftigen Gesellschaften im Arbeitgeberverband
14.	Auswirkungen auf AN (Arbeitsplätze, Arbeitsanforderungen, Vertragsinhalte)
15.	Schicksal der TV
16.	Schicksal der BV
17.	betriebliche Altersversorgung
18.	Kompensationen im Falle von Verschlechterungen für AN
19.	künftige Situation von Betriebsverfassungsgremien
20.	Arbeitnehmervertretung im Aufsichtsrat

Umwandlungsgesetz (UmwG)

vom 28. Oktober 1994 (BGBl. I 3210; ber. BGBl. 1995 I 428),
zuletzt geändert durch Gesetz vom 23. Oktober 2024 (BGBl. 2024 I Nr. 323)

(Abgedruckte Vorschriften: §§ 1, 2, 5, 35a, 123, 125, 126 Abs. 1 Nrn. 9 und 11, Abs. 3, 132, 133 Abs. 1, 134, 135, 190, 191, 194 Abs. 1 Nr. 7, Abs. 2, 203, 322–325)

Erstes Buch – Möglichkeiten von Umwandlungen

§ 1 Arten der Umwandlung; gesetzliche Beschränkungen (1) Rechtsträger mit Sitz im Inland können umgewandelt werden
1. durch Verschmelzung;
2. durch Spaltung (Aufspaltung, Abspaltung, Ausgliederung);
3. durch Vermögensübertragung;
4. durch Formwechsel.

(2) Eine Umwandlung im Sinne des Absatzes 1 ist außer in den in diesem Gesetz geregelten Fällen nur möglich, wenn sie durch ein anderes Bundesgesetz oder ein Landesgesetz ausdrücklich vorgesehen ist.
(3) Von den Vorschriften dieses Gesetzes kann nur abgewichen werden, wenn dies ausdrücklich zugelassen ist. Ergänzende Bestimmungen in Verträgen, Satzungen oder Willenserklärungen sind zulässig, es sei denn, daß dieses Gesetz eine abschließende Regelung enthält.

Zweites Buch – Verschmelzung

Erster Teil – Allgemeine Vorschriften

Erster Abschnitt – Möglichkeit der Verschmelzung

§ 2 Arten der Verschmelzung Rechtsträger können unter Auflösung ohne Abwicklung verschmolzen werden
1. im Wege der Aufnahme durch Übertragung des Vermögens eines Rechtsträgers oder mehrerer Rechtsträger (übertragende Rechtsträger) als Ganzes auf einen anderen bestehenden Rechtsträger (übernehmender Rechtsträger) oder
2. im Wege der Neugründung durch Übertragung der Vermögen zweier oder mehrerer Rechtsträger (übertragende Rechtsträger) jeweils als Ganzes auf einen neuen, von ihnen dadurch gegründeten Rechtsträger

gegen Gewährung von Anteilen oder Mitgliedschaften des übernehmenden oder neuen Rechtsträgers an die Anteilsinhaber (Gesellschafter, Partner, Aktionäre oder Mitglieder) der übertragenden Rechtsträger.

…

Zweiter Abschnitt – Verschmelzung durch Aufnahme

§ 5 Inhalt des Verschmelzungsvertrags (1) Der Vertrag oder sein Entwurf muß mindestens folgende Angaben enthalten:
1. den Namen oder die Firma und den Sitz der an der Verschmelzung beteiligten Rechtsträger;
2. die Vereinbarung über die Übertragung des Vermögens jedes übertragenden Rechtsträgers als Ganzes gegen Gewährung von Anteilen oder Mitgliedschaften an dem übernehmenden Rechtsträger;
3. das Umtauschverhältnis der Anteile und gegebenenfalls die Höhe der baren Zuzahlung oder Angaben über die Mitgliedschaft bei dem übernehmenden Rechtsträger;
4. die Einzelheiten für die Übertragung der Anteile des übernehmenden Rechtsträgers oder über den Erwerb der Mitgliedschaft bei dem übernehmenden Rechtsträger;
5. den Zeitpunkt, von dem an diese Anteile oder die Mitgliedschaften einen Anspruch auf einen Anteil am Bilanzgewinn gewähren, sowie alle Besonderheiten in Bezug auf diesen Anspruch;
6. den Zeitpunkt, von dem an die Handlungen der übertragenden Rechtsträger als für Rechnung des übernehmenden Rechtsträgers vorgenommen gelten (Verschmelzungsstichtag);
7. die Rechte, die der übernehmende Rechtsträger einzelnen Anteilsinhabern sowie den Inhabern besonderer Rechte wie Anteile ohne Stimmrecht, Vorzugsaktien, Mehrstimmrechtsaktien, Schuldverschreibungen und Genußrechte gewährt, oder die für diese Personen vorgesehenen Maßnahmen;
8. jeden besonderen Vorteil, der einem Mitglied eines Vertretungsorgans oder eines Aufsichtsorgans der an der Verschmelzung beteiligten Rechtsträger, einem geschäftsführenden Gesellschafter, einem Partner, einem Abschlußprüfer oder einem Verschmelzungsprüfer gewährt wird;
9. die Folgen der Verschmelzung für die Arbeitnehmer und ihre Vertretungen sowie die insoweit vorgesehenen Maßnahmen.

(2) Befinden sich alle Anteile eines übertragenden Rechtsträgers in der Hand des übernehmenden Rechtsträgers, so entfallen die Angaben über den Umtausch der Anteile (Absatz 1 Nr. 2 bis 5), soweit sie die Aufnahme dieses Rechtsträgers betreffen.

(3) Der Vertrag oder sein Entwurf ist spätestens einen Monat vor dem Tage der Versammlung der Anteilsinhaber jedes beteiligten Rechtsträgers, die gemäß § 13 Abs. 1 über die Zustimmung zum Verschmelzungsvertrag beschließen soll, dem zuständigen Betriebsrat dieses Rechtsträgers zuzuleiten.[1]

…

§ 35a Interessenausgleich und Betriebsübergang (1) Kommt ein Betriebsübergang nach § 112 des Betriebsverfassungsgesetzes zustande, in dem diejenigen Ar-

---

1 Ein Nachweis hierüber ist der Anmeldung zur Eintragung ins Handelsregister beizufügen (§ 17 Abs. 1).

beitnehmer namentlich bezeichnet werden, die nach der Verschmelzung einem bestimmten Betrieb oder Betriebsteil zugeordnet werden, so kann die Zuordnung der Arbeitnehmer durch das Arbeitsgericht nur auf grobe Fehlerhaftigkeit überprüft werden.
(2) § 613a Absatz 1 und 4 bis 6 des Bürgerlichen Gesetzbuchs bleibt durch die Wirkungen der Eintragung einer Verschmelzung unberührt.
…

Drittes Buch – Spaltung

Erster Teil – Allgemeine Vorschriften

Erster Abschnitt – Möglichkeit der Spaltung

§ 123 Arten der Spaltung (1) Ein Rechtsträger (übertragender Rechtsträger) kann unter Auflösung ohne Abwicklung sein Vermögen aufspalten
1. zur Aufnahme durch gleichzeitige Übertragung der Vermögensteile jeweils als Gesamtheit auf andere bestehende Rechtsträger (übernehmende Rechtsträger) oder
2. zur Neugründung durch gleichzeitige Übertragung der Vermögensteile jeweils als Gesamtheit auf andere, von ihm dadurch gegründete neue Rechtsträger

gegen Gewährung von Anteilen oder Mitgliedschaften dieser Rechtsträger an die Anteilsinhaber des übertragenden Rechtsträgers (Aufspaltung).
(2) Ein Rechtsträger (übertragender Rechtsträger) kann von seinem Vermögen einen Teil oder mehrere Teile abspalten
1. zur Aufnahme durch Übertragung dieses Teils oder dieser Teile jeweils als Gesamtheit auf einen bestehenden oder mehrere bestehende Rechtsträger (übernehmende Rechtsträger) oder
2. zur Neugründung durch Übertragung dieses Teils oder dieser Teile jeweils als Gesamtheit auf einen oder mehrere, von ihm dadurch gegründeten neuen oder gegründete neue Rechtsträger

gegen Gewährung von Anteilen oder Mitgliedschaften dieses Rechtsträgers oder dieser Rechtsträger an die Anteilsinhaber des übertragenden Rechtsträgers (Abspaltung).
(3) Ein Rechtsträger (übertragender Rechtsträger) kann aus seinem Vermögen einen Teil oder mehrere Teile ausgliedern
1. zur Aufnahme durch Übertragung dieses Teils oder dieser Teile jeweils als Gesamtheit auf einen bestehenden oder mehrere bestehende Rechtsträger (übernehmende Rechtsträger) oder
2. zur Neugründung durch Übertragung dieses Teils oder dieser Teile jeweils als Gesamtheit auf einen oder mehrere, von ihm dadurch gegründeten neuen oder gegründete neue Rechtsträger

gegen Gewährung von Anteilen oder Mitgliedschaften dieses Rechtsträgers oder dieser Rechtsträger an den übertragenden Rechtsträger (Ausgliederung).
(4) Die Spaltung kann auch durch gleichzeitige Übertragung auf bestehende und neue Rechtsträger erfolgen.
…

§ 125 Anzuwendende Vorschriften (1) Soweit sich aus diesem Buch nichts anderes ergibt, sind die Vorschriften des Zweiten Buches auf die Spaltung mit folgenden Ausnahmen entsprechend anzuwenden:

1. mit Ausnahme des § 62 Absatz 5,
2. bei Aufspaltung mit Ausnahme der § 9 Absatz 2 und § 12 Absatz 3 jeweils in Verbindung mit § 8 Absatz 3 Satz 3 Nummer 1 Buchstabe a,
3. bei Abspaltung und Ausgliederung mit Ausnahme des § 18,
4. bei Ausgliederung mit Ausnahme der §§ 29 bis 34, des § 54 Absatz 1 Satz 1, des § 68 Absatz 1 Satz 1 und des § 71 und für die Anteilsinhaber des übertragenden Rechtsträgers mit Ausnahme des § 14 Absatz 2 und des § 15.

Eine Prüfung im Sinne der §§ 9 bis 12 findet bei Ausgliederung nicht statt. Bei Abspaltung ist § 133 für die Verbindlichkeit nach § 29 anzuwenden.

(2) An die Stelle der übertragenden Rechtsträger tritt der übertragende Rechtsträger, an die Stelle des übernehmenden oder neuen Rechtsträgers treten gegebenenfalls die übernehmenden oder neuen Rechtsträger.

Zweiter Abschnitt – Spaltung zur Aufnahme

§ 126 Inhalt des Spaltungs- und Übernahmevertrags (1) Der Spaltungs- und Übernahmevertrag oder sein Entwurf muß mindestens folgende Angaben enthalten:

1. – 8. *(nicht abgedruckt)*

9. die genaue Bezeichnung und Aufteilung der Gegenstände des Aktiv- und Passivvermögens, die an jeden der übernehmenden Rechtsträger übertragen werden, sowie der übergehenden Betriebe und Betriebsteile unter Zuordnung zu den übernehmenden Rechtsträgern;
10. *(nicht abgedruckt)*
11. die Folgen der Spaltung für die Arbeitnehmer und ihre Vertretungen sowie die insoweit vorgesehene Maßnahmen.

(2) *(nicht abgedruckt)*

(3) Der Vertrag oder sein Entwurf ist spätestens einen Monat vor dem Tag der Versammlung der Anteilsinhaber jedes beteiligten Rechtsträgers, die gemäß § 125 in Verbindung mit § 13 Abs. 1 über die Zustimmung zum Spaltungs- und Übernahmevertrag beschließen soll, dem zuständigen Betriebsrat dieses Rechtsträgers zuzuleiten.

…

§ 132 Kündigungsschutzrecht (1) Führen an einer Spaltung beteiligte Rechtsträger nach dem Wirksamwerden der Spaltung einen Betrieb gemeinsam, so gilt dieser als Betrieb im Sinne des Kündigungsschutzrechts.

(2) Die kündigungsrechtliche Stellung eines Arbeitnehmers, der vor dem Wirksamwerden einer Spaltung zu dem übertragenden Rechtsträger in einem Arbeitsverhältnis steht, verschlechtert sich auf Grund der Spaltung für die Dauer von zwei Jahren ab dem Zeitpunkt ihres Wirksamwerdens nicht.

§ 132a Mitbestimmungsbeibehaltung (1) Entfallen durch Abspaltung oder Ausgliederung bei einem übertragenden Rechtsträger die gesetzlichen Voraussetzungen für die Beteiligung der Arbeitnehmer im Aufsichtsrat, so sind die vor der Spaltung geltenden Vorschriften noch für einen Zeitraum von fünf Jahren nach dem Wirksamwerden der Abspaltung oder Ausgliederung anzuwenden. Dies gilt nicht, wenn die betreffenden Vorschriften eine Mindestzahl von Arbeitnehmern voraussetzen und die danach berechnete Zahl der Arbeitnehmer des übertragenden Rechtsträgers auf weniger als in der Regel ein Viertel dieser Mindestzahl sinkt.[1]

(2) Hat die Spaltung eines Rechtsträgers die Spaltung eines Betriebes zur Folge und entfallen für die aus der Spaltung hervorgegangenen Betriebe Rechte oder Beteiligungsrechte des Betriebsrats, so kann durch Betriebsvereinbarung oder Tarifvertrag die Fortgeltung dieser Rechte oder Beteiligungsrechte vereinbart werden. Die §§ 9 und 27 des Betriebsverfassungsgesetzes bleiben unberührt.

§ 133 Schutz der Gläubiger und der Inhaber von Sonderrechten (1) Für die Verbindlichkeiten des übertragenden Rechtsträgers, die vor dem Wirksamwerden der Spaltung begründet worden sind, haften die an der Spaltung beteiligten Rechtsträger als Gesamtschuldner. Die §§ 25, 26 und 28 des Handelsgesetzbuchs sowie § 125 in Verbindung mit § 22 bleiben unberührt; zur Sicherheitsleistung ist nur der an der Spaltung beteiligte Rechtsträger verpflichtet, gegen den sich der Anspruch richtet.

(2)–(6) *(nicht abgedruckt)*

---

1 **Mitbestimmungs-Beibehaltungsgesetz** (MitbestBeiG) vom 23. 8. 1994 (BGBl. I 2228), zuletzt geändert durch Gesetz vom 7. 12. 2006 (BGBl. I 2782):

§ 1 Führt eine in § 21 Abs. 1 des Umwandlungssteuergesetzes bezeichnete Einbringung von Anteilen oder eine in § 20 Abs. 1 des genannten Gesetzes bezeichnete Einbringung von Betrieben oder Teilbetrieben dazu, daß ein an dem Vorgang beteiligtes oder ein an ihm nicht beteiligtes Unternehmen die Voraussetzungen für die bis zu dem Vorgang bestehende Vertretung der Arbeitnehmer in Organen des Unternehmens nicht mehr erfüllt, so gilt der Vorgang als nicht geschehen, soweit es um die Voraussetzungen für die weitere Anwendung der im Zeitpunkt des Vorgangs angewandten Vorschriften über die Vertretung der Arbeitnehmer in Organen des Unternehmens geht. Voraussetzung für die Anwendung des Satzes 1 ist, dass die übernehmende Gesellschaft nicht unbeschränkt steuerpflichtig im Sinne des § 1 Abs. 1 des Körperschaftsteuergesetzes ist.

§ 2 (1) § 1 gilt nicht, wenn das eingebrachte Betriebsvermögen oder die an seine Stelle tretenden Anteile steuerrechtlich mit dem tatsächlichen Wert des eingebrachten Betriebsvermögens angesetzt werden.

(2) § 1 gilt ferner nicht, wenn die im Zeitpunkt des Vorgangs auf das Unternehmen angewandten Vorschriften über die Vertretung der Arbeitnehmer in dessen Organen eine Mindestzahl von Arbeitnehmern dieses Unternehmens voraussetzen und die nach diesen Vorschriften berechnete Zahl der Arbeitnehmer des Unternehmens auf weniger als in der Regel ein Viertel dieser Mindestzahl sinkt.

§ 3 Soweit nach § 1 die Konzernzugehörigkeit eines Unternehmens oder die Unternehmenszugehörigkeit eines Betriebs oder Teilbetriebs fingiert wird, sind die im Zeitpunkt des Vorgangs in dem betreffenden Unternehmen, Betrieb oder Teilbetrieb bestehenden tatsächlichen Verhältnisse maßgebend.

§ 4 *(nicht abgedruckt)*

§ 134 Schutz der Gläubiger in besonderen Fällen (1) Spaltet ein Rechtsträger sein Vermögen in der Weise, daß die zur Führung eines Betriebes notwendigen Vermögensteile im wesentlichen auf einen übernehmenden oder mehrere übernehmende oder auf einen neuen oder mehrere neue Rechtsträger übertragen werden und die Tätigkeit dieses Rechtsträgers oder dieser Rechtsträger sich im wesentlichen auf die Verwaltung dieser Vermögensteile beschränkt (Anlagegesellschaft), während dem übertragenden Rechtsträger diese Vermögensteile bei der Führung seines Betriebes zur Nutzung überlassen werden (Betriebsgesellschaft), und sind an den an der Spaltung beteiligten Rechtsträgern im wesentlichen dieselben Personen beteiligt, so haftet die Anlagegesellschaft auch für die Forderungen der Arbeitnehmer der Betriebsgesellschaft als Gesamtschuldner, die binnen fünf Jahren nach dem Wirksamwerden der Spaltung auf Grund der §§ 111 bis 113 des Betriebsverfassungsgesetzes begründet werden. Dies gilt auch dann, wenn die Vermögensteile bei dem übertragenden Rechtsträger verbleiben und dem übernehmenden oder neuen Rechtsträger oder den übernehmenden oder neuen Rechtsträgern zur Nutzung überlassen werden.
(2) Die gesamtschuldnerische Haftung nach Absatz 1 gilt auch für vor dem Wirksamwerden der Spaltung begründete Versorgungsverpflichtungen auf Grund des Betriebsrentengesetzes.
(3) Für die Ansprüche gegen die Anlagegesellschaft nach den Absätzen 1 und 2 gilt § 133 Abs. 3 Satz 1, Abs. 4 und 5 entsprechend mit der Maßgabe, daß die Frist fünf Jahre nach dem in § 133 Abs. 4 Satz 1 bezeichneten Tage beginnt.

Dritter Abschnitt – Spaltung zur Neugründung

§ 135 Anzuwendende Vorschriften (1) Auf die Spaltung eines Rechtsträgers zur Neugründung sind die Vorschriften des Zweiten Abschnitts entsprechend anzuwenden, jedoch mit Ausnahme der §§ 129 und 130 Abs. 2 sowie der nach § 125 entsprechend anzuwendenden §§ 4, 7 und 16 Abs. 1 und des § 27. An die Stelle der übernehmenden Rechtsträger treten die neuen Rechtsträger, an die Stelle der Eintragung der Spaltung im Register des Sitzes jeder der übernehmenden Rechtsträger tritt die Eintragung jedes der neuen Rechtsträger in das Register.
(2) Auf die Gründung der neuen Rechtsträger sind die für die jeweilige Rechtsform des neuen Rechtsträgers geltenden Gründungsvorschriften anzuwenden, soweit sich aus diesem Buch nichts anderes ergibt. Den Gründern steht der übertragende Rechtsträger gleich. Vorschriften, die für die Gründung eine Mindestzahl der Gründer vorschreiben, sind nicht anzuwenden.
(3) Bei einer Ausgliederung zur Neugründung ist ein Spaltungsbericht nicht erforderlich.
…

Fünftes Buch – Formwechsel

Erster Teil – Allgemeine Vorschriften

§ 190 Allgemeiner Anwendungsbereich (1) Ein Rechtsträger kann durch Formwechsel eine andere Rechtsform erhalten.
(2) Soweit nicht in diesem Buch etwas anderes bestimmt ist, gelten die Vorschriften über den Formwechsel nicht für Änderungen der Rechtsform, die in anderen Gesetzen vorgesehen oder zugelassen sind.

§ 191 Einbezogene Rechtsträger (1) Formwechselnde Rechtsträger können sein:
1. eingetragene Gesellschaften bürgerlichen Rechts, Personenhandelsgesellschaften (offene Handelsgesellschaft, Kommanditgesellschaft) und Partnerschaftsgesellschaften;
2. Kapitalgesellschaften (§ 3 Abs. 1 Nr. 2);
3. eingetragene Genossenschaften;
4. rechtsfähige Vereine;
5. Versicherungsvereine auf Gegenseitigkeit;
6. Körperschaften und Anstalten des öffentlichen Rechts.

(2) Rechtsträger neuer Rechtsform können sein:
1. eingetragene Gesellschaften des bürgerlichen Rechts, Personenhandelsgesellschaften (offene Handelsgesellschaft, Kommanditgesellschaft) und Partnerschaftsgesellschaften;
2. Kapitalgesellschaften;
3. eingetragene Genossenschaften.

(3) Der Formwechsel ist auch bei aufgelösten Rechtsträgern möglich, wenn ihre Fortsetzung in der bisherigen Rechtsform beschlossen werden könnte.
…

§ 194 Inhalt des Formwechselbeschlusses (1) In dem Formwechselbeschluss müssen mindestens bestimmt werden:
1. – 6. *(nicht abgedruckt)*
7. die Folgen des Formwechsels für die Arbeitnehmer und ihre Vertretungen sowie die insoweit vorgesehenen Maßnahmen.

(2) Der Entwurf des Formwechselbeschlusses ist spätestens einen Monat vor dem Tage der Versammlung der Anteilsinhaber, die den Formwechsel beschließen soll, dem zuständigen Betriebsrat des formwechselnden Rechtsträgers zuzuleiten.
…

§ 203 Amtsdauer von Aufsichtsratsmitgliedern Wird bei einem Formwechsel bei dem Rechtsträger neuer Rechtsform in gleicher Weise wie bei dem formwechselnden Rechtsträger ein Aufsichtsrat gebildet und zusammengesetzt, so bleiben die Mitglieder des Aufsichtsrats für den Rest ihrer Wahlzeit als Mitglieder des Aufsichtsrats des Rechtsträgers neuer Rechtsform im Amt. Die Anteilsinhaber des formwechselnden Rechtsträgers können im Umwandlungsbeschluß für ihre Aufsichtsratsmitglieder die Beendigung des Amtes bestimmen.
…

34. Fünftes Gesetz zur Förderung der Vermögensbildung der Arbeitnehmer (5. Vermögensbildungsgesetz – 5. VermbG)

Einleitung

I. Geschichtliche Entwicklung

Der erste Vorläufer des 5. VermbG war das 1. VermbG vom 12.7.1961 (BGBl. I 909), das seinen Namen noch aus den politischen Motiven der damaligen CDU/CSU-Bundestagsmehrheit bezogen hatte: Im Sinne einer betriebsbezogenen, auf Partnerschaft zwischen Kapital und Arbeit angelegten »Vermögensbeteiligung« hatte dieses Gesetz eine steuerliche und sozialversicherungsrechtliche Begünstigung nur solcher vermögenswirksamen Leistungen bis zur Höhe von 312 DM jährlich vorgesehen, die auf freiwilligen Vereinbarungen zwischen Arbeitgeber und Arbeitnehmer beruhten. Tarifverträge waren ausdrücklich ausgeschlossen. Dieses Gesetz war ein Fehlschlag: 1963 hatte nur ca. 1 % der Unternehmer vermögenswirksame Leistungen erbracht, und zwar in 85 % aller Fälle durch Umwandlung bereits gezahlter freiwilliger Sozialleistungen.

Unter dem Eindruck dieses Misserfolges, vor allem aber im Hinblick auf die von den Kirchen und der IG Bau-Steine-Erden propagierte Idee eines sog. Investivlohnes (»Leber-Plan« vom September 1964) wurde im Wahljahr 1965 das 2. VermbG vom 1.7.1965 (BGBl. I 585) verabschiedet. Die Einbeziehung einer Förderung tarifvertraglich vereinbarter Leistungen bildete den Grundstein für die heutige Tarifvertragspraxis.

Das 2. VermbG hatte im Unterschied zum Zulagensystem des 3. VermbG die Sparbegünstigung der vermögenswirksamen Leistungen (312 DM) durch deren Steuer- und Sozialversicherungsbeitragsfreiheit bewirkt. Das begünstigte die Bezieher höherer Einkommen hinsichtlich des Sparerfolges, führte aber wegen des damit verbundenen Beitragsausfalls für die Bezieher niedrigerer Einkommen zu sozialversicherungsrechtlichen Nachteilen. Nach der Umstellung auf das System des 3. VermbG und der Erhöhung der begünstigten Leistungen auf 624 DM ist die grundsätzliche Kritik an dieser Form der Sparförderung verstummt.

Mit dem Subventionsabbaugesetz vom 26.6.1981 (BGBl. I 1181) und dem 2. Haushaltsstrukturgesetz vom 22.12.1981 (BGBl. I 1523) ist die staatliche Sparförderung erheblich beschnitten worden.

Die Änderungen aufgrund des »Gesetzes zur Förderung der Vermögensbeteiligung der Arbeitnehmer durch Kapitalbeteiligung (Vermögensbeteiligungsgesetz)« vom 22.12.1983 (BGBl. I 1592) beruhen auf einer ideologischen Wiederanknüpfung an die Zeit des 1. VermbG: Der von 624 DM auf 936 DM aufgestockte zulagenbegünstigte Betrag des 4. VermbG von 312 DM wird nur gefördert, wenn er im Unternehmen des Arbeitgebers angelegt wird. Änderungsanträge der SPD-Bundestagsfraktion, die auf die tarifliche Regelbarkeit solcher Anlageformen abzielten

(BT-Drs. 10/762, 10/765, 10/767), wurden bei der Verabschiedung des Gesetzes abgelehnt.

Aufgrund des Zweiten Vermögensbeteiligungsgesetzes vom 19.12.1986 (BGBl. I 2595) heißt das Gesetz nunmehr »5. Vermögensbildungsgesetz«. Mit ihm ist der Weg des Vermögensbeteiligungsgesetzes 1983 konsequent weitergegangen worden: In den Kreis der begünstigten Anlagen sind Anteile an Kapitalanlagegesellschaften aufgenommen worden, die stille Beteiligungen an nicht börsennotierten Gesellschaften halten. Dazu ist das Gesetz über Kapitalanlagegesellschaften entsprechend geändert worden (Art. 3 des 2. Vermögensbeteiligungsgesetzes). Die steuerliche Befreiung für die Ausgabe von Belegschaftsanteilen ist von 300 auf 500 DM erhöht worden. Auch bei dieser Gesetzgebung wurde ein Antrag der SPD-Fraktion zur Ermöglichung von Tariffonds (BT-Drs. 10/4747) abgelehnt (zu dieser Problematik s. *Hesse,* DB 86, 1210).

Durch das Mitarbeiterkapitalbeteiligungsgesetz v. 7.3.09 (BGBl. I 451) wurden der Steuerfreibetrag für Vermögensbeteiligungen von Arbeitnehmern auf 360 Euro angehoben, die Arbeitnehmersparzulage auf 20 % erhöht, die maßgeblichen Freibeträge angehoben sowie in §§ 90l ff. des Investmentgesetzes Regelungen über Mitarbeiterbeteiligungen eingeführt (dazu *Lingemann/Gotham/Marchal,* DB 10, 446; zur Kritik an Funktionsmängeln vgl. Böckler impuls 14/2009, S. 2). Letztere betreffen sog. Mitarbeiterbeteiligungs-Fonds (vgl. 38. Aufl.). Sie wurden durch Gesetz v. 4.7.13 (BGBl. I 1981) wieder beseitigt, weil sie in der Praxis keine Bedeutung erlangten (BR-Drs. 791/12, S. 352). Mit dem Gesetz zur Umsetzung der Amtshilferichtlinie sowie zur Änderung steuerrechtlicher Vorschriften v. 26.6.13 (BGBl. I 1809) wurden verschiedene Korrekturen am 5. VermBG vorgenommen, insbesondere die Begünstigung eingetragener Lebenspartner und die Einführung einer elektronischen Vermögensbildungsbescheinigung (§ 15 5. VermbG).

II. Wesentlicher Inhalt des Gesetzes

Im 5. VermbG ist von den ursprünglichen Vorstellungen des Gesetzgebers nur der Name geblieben: Seiner Substanz nach wie auch im Verständnis der Arbeitnehmer ist es ein »Gesetz zur Sparförderung für Arbeitnehmer«. Bei einer mehrjährigen Festlegung von Teilen seines Arbeitsentgelts erhält ein Arbeitnehmer bis zu einer bestimmten Einkommenshöhe für vermögenswirksame Leistungen eine Arbeitnehmer-Sparzulage (§ 13 5. VermbG). Die Arbeitnehmer-Sparzulage ist seit dem 1.1.1999 gesplittet:

- Für Anlagen zum Wohnungsbau gibt es 9 % bis zum Höchstbetrag von 470 Euro.
- Für Anlagen in betrieblichen und außerbetrieblichen Beteiligungen gibt es 20 % bis zum Höchstbetrag von 400 Euro.

Beide Förderungen können nebeneinander in Anspruch genommen werden. Die vermögenswirksamen Leistungen können zusätzlich zum normalen Arbeitsentgelt auf Grund Tarifvertrag, Betriebsvereinbarung oder Einzelarbeitsvertrag vereinbart werden (§ 10 Abs. 1 5. VermbG). Der Arbeitnehmer kann aber auch Teile seines Arbeitsentgelts selbst anlegen (§ 11 5. VermbG). Er muss die freie Wahl zwischen allen Anlageformen haben (§ 12 Satz 1 5. VermbG). In Tarifverträgen kann in dieser Hinsicht eine Beschränkung auf die Anlageformen des § 2 Abs. 1 Nr. 1 bis 5, Abs. 2–4 5. VermbG vorgenommen werden (§ 12 Satz 2 5. VermbG).

Ein Arbeitgeberzuschuss zu vermögenswirksamen Leistungen ist Bestandteil der Bruttovergütung. Da der Zweck der Leistung allerdings die Vermögensbildung ist, kann eine vermögenswirksame Leistung nicht auf einen Mindestlohn nach dem AEntG (Nr. 31a) angerechnet werden (*BAG* 18.4.2012 – 4 AZR 168/10 (A), DB 13, 67). Für den gesetzlichen Mindestlohn kann nichts anderes gelten (Einl. III zum MiLoG, Nr. 31b). Auf den Arbeitgeberzuschuss fallen Steuern und Sozialabgaben an und der Arbeitnehmer kann die Zahlung eines vorenthaltenen Zuschusses verlangen (*BAG* 19.9.2012 – 5 AZR 628/11, NZA 13, 330).

Weiterführende Literatur

Deinert/Wenckebach/Zwanziger-*Trümner,* Arbeitsrecht, § 40 (Vermögensbildung, Vermögensbeteiligung)

Krause, in: Münchener Handbuch zum Arbeitsrecht, Bd. 1, 6. Aufl. (2024), § 68 (Vermögensbeteiligung und Vermögensbildung)

Schanz, Mitarbeiterbeteiligungsprogramme, NZA 2000, S. 626

Fünftes Gesetz zur Förderung der Vermögensbildung der Arbeitnehmer (5. Vermögensbildungsgesetz)

in der Fassung der Bekanntmachung vom 4. März 1994 (BGBl. I 406),
zuletzt geändert durch Gesetz vom 2. Dezember 2024 (BGBl. 2024 I Nr. 387)

(Abgedruckte Vorschriften: §§ 1–15)

§ 1 Persönlicher Geltungsbereich (1) Die Vermögensbildung der Arbeitnehmer durch vereinbarte vermögenswirksame Leistungen der Arbeitgeber wird nach den Vorschriften dieses Gesetzes gefördert.

(2) Arbeitnehmer im Sinne dieses Gesetzes sind Arbeiter und Angestellte einschließlich der zu ihrer Berufsausbildung Beschäftigten. Als Arbeitnehmer gelten auch die in Heimarbeit Beschäftigten.

(3) Die Vorschriften dieses Gesetzes gelten nicht

1. für vermögenswirksame Leistungen juristischer Personen an Mitglieder des Organs, das zur gesetzlichen Vertretung der juristischen Person berufen ist,
2. für vermögenswirksame Leistungen von Personengesamtheiten an die durch Gesetz, Satzung oder Gesellschaftsvertrag zur Vertretung der Personengesamtheit berufenen Personen.

(4) Für Beamte, Richter, Berufssoldaten und Soldaten auf Zeit gelten die nachstehenden Vorschriften dieses Gesetzes entsprechend.

§ 2 Vermögenswirksame Leistungen, Anlageformen (1) Vermögenswirksame Leistungen sind Geldleistungen, die der Arbeitgeber für den Arbeitnehmer anlegt

1. als Sparbeiträge des Arbeitnehmers auf Grund eines Sparvertrags über Wertpapiere oder andere Vermögensbeteiligungen (§ 4)
   a) zum Erwerb von Aktien, die vom Arbeitgeber ausgegeben werden oder an einer deutschen Börse zum regulierten Markt zugelassen oder in den geregelten Freiverkehr einbezogen sind,
   b) zum Erwerb von Wandelschuldverschreibungen, die vom Arbeitgeber ausgegeben werden oder an einer deutschen Börse zum regulierten Markt zugelassen oder in den Freiverkehr einbezogen sind, sowie von Gewinnschuldverschreibungen, die vom Arbeitgeber ausgegeben werden, zum Erwerb von Namensschuldverschreibungen des Arbeitgebers jedoch nur dann, wenn auf dessen Kosten die Ansprüche des Arbeitnehmers aus der Schuldverschreibung durch ein Kreditinstitut verbürgt oder durch ein Versicherungsunternehmen privatrechtlich gesichert sind und das Kreditinstitut oder Versicherungsunternehmen im Geltungsbereich dieses Gesetzes zum Geschäftsbetrieb befugt ist,
   c) zum Erwerb von Anteilen an OGAW-Sondervermögen sowie an als Sondervermögen aufgelegten offenen Publikums-AIF nach den §§ 218 und 219 des Kapitalanlagegesetzbuchs sowie von Anteilen an offenen EU-Inv-

estmentvermögen und offenen ausländischen AIF, die nach dem Kapitalanlagegesetzbuch vertrieben werden dürfen, wenn nach dem Jahresbericht für das vorletzte Geschäftsjahr, das dem Kalenderjahr des Abschlusses des Vertrags im Sinne des § 4 oder des § 5 vorausgeht, der Wert der Aktien in diesem Investmentvermögen 60 Prozent des Werts dieses Investmentvermögens nicht unterschreitet; für neu aufgelegte Investmentvermögen ist für das erste und zweite Geschäftsjahr der erste Jahresbericht oder der erste Halbjahresbericht nach Auflegung des Investmentvermögens maßgebend,

d) *(aufgehoben)*

e) *(aufgehoben)*

f) zum Erwerb von Genußscheinen, die vom Arbeitgeber als Wertpapiere ausgegeben werden oder an einer deutschen Börse zum regulierten Markt zugelassen oder in den Freiverkehr einbezogen sind und von Unternehmen mit Sitz und Geschäftsleitung im Geltungsbereich dieses Gesetzes, die keine Kreditinstitute sind, ausgegeben werden, wenn mit den Genußscheinen das Recht am Gewinn eines Unternehmens verbunden ist und der Arbeitnehmer nicht als Mitunternehmer im Sinne des § 15 Abs. 1 Satz 1 Nr. 2 des Einkommensteuergesetzes anzusehen ist,

g) zur Begründung oder zum Erwerb eines Geschäftsguthabens bei einer Genossenschaft mit Sitz und Geschäftsleitung im Geltungsbereich dieses Gesetzes; ist die Genossenschaft nicht der Arbeitgeber, so setzt die Anlage vermögenswirksamer Leistungen voraus, daß die Genossenschaft entweder ein Kreditinstitut oder eine Bau- oder Wohnungsgenossenschaft im Sinne des § 2 Abs. 1 Nr. 2 des Wohnungsbau-Prämiengesetzes ist, die zum Zeitpunkt der Begründung oder des Erwerbs des Geschäftsguthabens seit mindestens drei Jahren im Genossenschaftsregister ohne wesentliche Änderung ihres Unternehmensgegenstandes eingetragen und nicht aufgelöst ist oder Sitz und Geschäftsleitung in dem in Artikel 3 des Einigungsvertrages genannten Gebiet hat und dort entweder am 1. Juli 1990 als Arbeiterwohnungsbaugenossenschaft, Gemeinnützige Wohnungsbaugenossenschaft oder sonstige Wohnungsbaugenossenschaft bestanden oder einen nicht unwesentlichen Teil von Wohnungen aus dem Bestand einer solchen Bau- oder Wohnungsgenossenschaft erworben hat,

h) zur Übernahme einer Stammeinlage oder zum Erwerb eines Geschäftsanteils an einer Gesellschaft mit beschränkter Haftung mit Sitz und Geschäftsleitung im Geltungsbereich dieses Gesetzes, wenn die Gesellschaft das Unternehmen des Arbeitgebers ist,

i) zur Begründung oder zum Erwerb einer Beteiligung als stiller Gesellschafter im Sinne des § 230 des Handelsgesetzbuchs am Unternehmen des Arbeitgebers mit Sitz und Geschäftsleitung im Geltungsbereich dieses Gesetzes, wenn der Arbeitnehmer nicht als Mitunternehmer im Sinne des § 15 Abs. 1 Nr. 2 des Einkommensteuergesetzes anzusehen ist,

k) zur Begründung oder zum Erwerb einer Darlehensforderung gegen den Arbeitgeber, wenn auf dessen Kosten die Ansprüche des Arbeitnehmers aus dem Darlehensvertrag durch ein Kreditinstitut verbürgt oder durch ein Versicherungsunternehmen privatrechtlich gesichert sind und das Kreditinstitut oder Versicherungsunternehmen im Geltungsbereich dieses Gesetzes zum Geschäftsbetrieb befugt ist,

l) zur Begründung oder zum Erwerb eines Genußrechts am Unternehmen des Arbeitgebers mit Sitz und Geschäftsleitung im Geltungsbereich dieses Gesetzes, wenn damit das Recht am Gewinn dieses Unternehmens verbunden ist, der Arbeitnehmer nicht als Mitunternehmer im Sinne des § 15 Abs. 1 Nr. 2 des Einkommensteuergesetzes anzusehen ist und über das Genußrecht kein Genußschein im Sinne des Buchstaben f ausgegeben wird,

2. als Aufwendungen des Arbeitnehmers auf Grund eines Wertpapier-Kaufvertrags (§ 5),
3. als Aufwendungen des Arbeitnehmers auf Grund eines Beteiligungs-Vertrags (§ 6) oder eines Beteiligungs-Kaufvertrags (§ 7),
4. als Aufwendungen des Arbeitnehmers nach den Vorschriften des Wohnungsbau-Prämiengesetzes; die Voraussetzungen für die Gewährung einer Prämie nach dem Wohnungsbau-Prämiengesetz brauchen nicht vorzuliegen; die Anlage vermögenswirksamer Leistungen als Aufwendungen nach § 2 Abs. 1 Nr. 2 des Wohnungsbau-Prämiengesetzes für den ersten Erwerb von Anteilen an Bau- und Wohnungsgenossenschaften setzt voraus, daß die Voraussetzungen der Nummer 1 Buchstabe g zweiter Halbsatz erfüllt sind,
5. als Aufwendungen des Arbeitnehmers
   a) zum Bau, zum Erwerb, zum Ausbau oder zur Erweiterung eines im Inland belegenen Wohngebäudes oder einer im Inland belegenen Eigentumswohnung,
   b) zum Erwerb eines Dauerwohnrechts im Sinne des Wohnungseigentumsgesetzes an einer im Inland belegenen Wohnung,
   c) zum Erwerb eines im Inland belegenen Grundstücks zum Zwecke des Wohnungsbaus oder
   d) zur Erfüllung von Verpflichtungen, die im Zusammenhang mit den in den Buchstaben a bis c bezeichneten Vorhaben eingegangen sind,

   sofern der Anlage nicht ein von einem Dritten vorgefertigtes Konzept zu Grunde liegt, bei dem der Arbeitnehmer vermögenswirksame Leistungen zusammen mit mehr als 15 anderen Arbeitnehmern anlegen kann; die Förderung der Aufwendungen nach den Buchstaben a bis c setzt voraus, daß sie unmittelbar für die dort bezeichneten Vorhaben verwendet werden,
6. als Sparbeiträge des Arbeitnehmers auf Grund eines Sparvertrags (§ 8),
7. als Beiträge des Arbeitnehmers auf Grund eines Kapitalversicherungsvertrags (§ 9),
8. als Aufwendungen des Arbeitnehmers, der nach § 18 Abs. 2 oder 3 die Mitgliedschaft in einer Genossenschaft oder Gesellschaft mit beschränkter Haftung gekündigt hat, zur Erfüllung von Verpflichtungen aus der Mitgliedschaft, die nach dem 31. Dezember 1994 fortbestehen und entstehen.

(2) Aktien, Wandelschuldverschreibungen, Gewinnschuldverschreibungen oder Genußscheine eines Unternehmens, das im Sinne des § 18 Abs. 1 des Aktiengesetzes als herrschendes Unternehmen mit dem Unternehmen des Arbeitgebers verbunden ist, stehen Aktien, Wandelschuldverschreibungen, Gewinnschuldverschreibungen oder Genußscheinen im Sinne des Absatzes 1 Nr. 1 Buchstabe a, b

oder f gleich, die vom Arbeitgeber ausgegeben werden. Ein Geschäftsguthaben bei einer Genossenschaft mit Sitz und Geschäftsleitung im Geltungsbereich dieses Gesetzes, die im Sinne des § 18 Abs. 1 des Aktiengesetzes als herrschendes Unternehmen mit dem Unternehmen des Arbeitgebers verbunden ist, steht einem Geschäftsguthaben im Sinne des Absatzes 1 Nr. 1 Buchstabe g bei einer Genossenschaft, die das Unternehmen des Arbeitgebers ist, gleich. Eine Stammeinlage oder ein Geschäftsanteil an einer Gesellschaft mit beschränkter Haftung mit Sitz und Geschäftsleitung im Geltungsbereich dieses Gesetzes, die im Sinne des § 18 Abs. 1 des Aktiengesetzes als herrschendes Unternehmen mit dem Unternehmen des Arbeitgebers verbunden ist, stehen einer Stammeinlage oder einem Geschäftsanteil im Sinne des Absatzes 1 Nr. 1 Buchstabe h an einer Gesellschaft, die das Unternehmen des Arbeitgebers ist, gleich. Eine Beteiligung als stiller Gesellschafter an einem Unternehmen mit Sitz und Geschäftsleitung im Geltungsbereich dieses Gesetzes, das im Sinne des § 18 Abs. 1 des Aktiengesetzes als herrschendes Unternehmen mit dem Unternehmen des Arbeitgebers verbunden ist oder das auf Grund eines Vertrags mit dem Arbeitgeber an dessen Unternehmen gesellschaftsrechtlich beteiligt ist, steht einer Beteiligung als stiller Gesellschafter im Sinne des Absatzes 1 Nr. 1 Buchstabe i gleich. Eine Darlehensforderung gegen ein Unternehmen mit Sitz und Geschäftsleitung im Geltungsbereich dieses Gesetzes, das im Sinne des § 18 Abs. 1 des Aktiengesetzes als herrschendes Unternehmen mit dem Unternehmen des Arbeitgebers verbunden ist, oder ein Genußrecht an einem solchen Unternehmen stehen einer Darlehensforderung oder einem Genußrecht im Sinne des Absatzes 1 Nr. 1 Buchstabe k oder l gleich.

(3) Die Anlage vermögenswirksamer Leistungen in Gewinnschuldverschreibungen im Sinne des Absatzes 1 Nr. 1 Buchstabe b und des Absatzes 2 Satz 1, in denen neben der gewinnabhängigen Verzinsung eine gewinnunabhängige Mindestverzinsung zugesagt ist, setzt voraus, daß

1. die gewinnunabhängige Mindestverzinsung der Gewinnschuldverschreibung im Regelfall die Hälfte der Gesamtverzinsung nicht überschreitet oder
2. die gewinnunabhängige Mindestverzinsung zum Zeitpunkt der Ausgabe der Gewinnschuldverschreibung die Hälfte der Emissionsrendite festverzinslicher Wertpapiere nicht überschreitet, die in den Monatsberichten der Deutschen Bundesbank für den viertletzten Kalendermonat ausgewiesen wird, der dem Kalendermonat der Ausgabe vorausgeht.

(4) Die Anlage vermögenswirksamer Leistungen in Genußscheinen und Genußrechten im Sinne des Absatzes 1 Nr. 1 Buchstaben f und l und des Absatzes 2 Satz 1 und 5 setzt voraus, daß eine Rückzahlung zum Nennwert nicht zugesagt ist; ist neben dem Recht am Gewinn eine gewinnunabhängige Mindestverzinsung zugesagt, gilt Absatz 3 entsprechend.

(5) Der Anlage vermögenswirksamer Leistungen nach Absatz 1 Nr. 1 Buchstaben f, i bis l, Absatz 2 Satz 1, 4 und 5 sowie Absatz 4 in einer Genossenschaft mit Sitz und Geschäftsleitung im Geltungsbereich dieses Gesetzes stehen § 19 und eine Festsetzung durch Satzung gemäß § 20 des Genossenschaftsgesetzes nicht entgegen.

(5a) Der Arbeitgeber hat vor der Anlage vermögenswirksamer Leistungen im eigenen Unternehmen in Zusammenarbeit mit dem Arbeitnehmer Vorkehrungen zu treffen, die der Absicherung der angelegten vermögenswirksamen Leistungen bei einer während der Dauer der Sperrfrist eintretenden Zahlungsunfähigkeit des Arbeitgebers dienen. Das Bundesministerium für Arbeit und Sozialordnung berichtet den gesetzgebenden Körperschaften bis zum 30. Juni 2002 über die nach Satz 1 getroffenen Vorkehrungen.

(6) Vermögenswirksame Leistungen sind steuerpflichtige Einnahmen im Sinne des Einkommensteuergesetzes und Einkommen, Verdienst oder Entgelt (Arbeitsentgelt) im Sinne der Sozialversicherung und des Dritten Buches Sozialgesetzbuch. Reicht der nach Abzug der vermögenswirksamen Leistung verbleibende Arbeitslohn zur Deckung der einzubehaltenden Steuern, Sozialversicherungsbeiträge und Beiträge zur Bundesagentur für Arbeit nicht aus, so hat der Arbeitnehmer dem Arbeitgeber den zur Deckung erforderlichen Betrag zu zahlen.

(7) Vermögenswirksame Leistungen sind arbeitsrechtlich Bestandteil des Lohns oder Gehalts. Der Anspruch auf die vermögenswirksame Leistung ist nicht übertragbar.

§ 3 Vermögenswirksame Leistungen für Angehörige, Überweisung durch den Arbeitgeber, Kennzeichnungs-, Bestätigungs- und Mitteilungspflichten

(1) Vermögenswirksame Leistungen können auch angelegt werden

1. zugunsten des nicht dauernd getrennt lebenden Ehegatten oder Lebenspartners des Arbeitnehmers,
2. zugunsten der in § 32 Abs. 1 des Einkommensteuergesetzes bezeichneten Kinder, die zu Beginn des maßgebenden Kalenderjahrs das 17. Lebensjahr noch nicht vollendet hatten oder die in diesem Kalenderjahr lebend geboren wurden oder
3. zugunsten der Eltern oder eines Elternteils des Arbeitnehmers, wenn der Arbeitnehmer als Kind die Voraussetzungen der Nummer 2 erfüllt.

Dies gilt nicht für die Anlage vermögenswirksamer Leistungen auf Grund von Verträgen nach den §§ 5 bis 7.

(2) Der Arbeitgeber hat die vermögenswirksamen Leistungen für den Arbeitnehmer unmittelbar an das Unternehmen oder Institut zu überweisen, bei dem sie angelegt werden sollen. Er hat dabei gegenüber dem Unternehmen oder Institut die vermögenswirksamen Leistungen zu kennzeichnen. Das Unternehmen oder Institut hat die nach § 2 Abs. 1 Nr. 1 bis 5, Abs. 2 bis 4 angelegten vermögenswirksamen Leistungen und die Art ihrer Anlage zu kennzeichnen. Kann eine vermögenswirksame Leistung nicht oder nicht mehr die Voraussetzungen des § 2 Abs. 1 bis 4 erfüllen, so hat das Unternehmen oder Institut dies dem Arbeitgeber unverzüglich schriftlich mitzuteilen. Satz 1 bis 4 gelten nicht für die Anlage vermögenswirksamer Leistungen auf Grund von Verträgen nach den §§ 5, 6 Abs. 1 und § 7 Abs. 1 mit dem Arbeitgeber.

(3) Für eine vom Arbeitnehmer gewählte Anlage nach § 2 Abs. 1 Nr. 5 hat der Arbeitgeber auf Verlangen des Arbeitnehmers die vermögenswirksamen Leistungen an den Arbeitnehmer zu überweisen, wenn dieser dem Arbeitgeber eine schriftliche Bestätigung seines Gläubigers vorgelegt hat, daß die Anlage bei ihm die Voraussetzungen des § 2 Abs. 1 Nr. 5 erfüllt; Absatz 2 gilt in diesem Falle nicht. Der Arbeitgeber hat die Richtigkeit der Bestätigung nicht zu prüfen.

(4) *(weggefallen)*

§ 4 Sparvertrag über Wertpapiere oder andere Vermögensbeteiligungen (1) Ein Sparvertrag über Wertpapiere oder andere Vermögensbeteiligungen im Sinne des § 2 Abs. 1 Nr. 1 ist ein Sparvertrag mit einem Kreditinstitut oder einer Kapitalverwaltungsgesellschaft, in dem sich der Arbeitnehmer verpflichtet, als Sparbeiträge zum Erwerb von Wertpapieren im Sinne des § 2 Abs. 1 Nr. 1 Buchstaben a bis f, Abs. 2 Satz 1, Abs. 3 und 4 oder zur Begründung oder zum Erwerb von Rechten im Sinne des § 2 Abs. 1 Nr. 1 Buchstaben g bis l, Abs. 2 Satz 2 bis 5 und Abs. 4 einmalig oder für die Dauer von sechs Jahren seit Vertragsabschluß laufend vermögenswirksame Leistungen einzahlen zu lassen oder andere Beträge einzuzahlen.

(2) Die Förderung der auf Grund eines Vertrags nach Absatz 1 angelegten vermögenswirksamen Leistungen setzt voraus, daß

1. die Leistungen eines Kalenderjahrs, vorbehaltlich des Absatzes 3 spätestens bis zum Ablauf des folgenden Kalenderjahrs zum Erwerb der Wertpapiere oder zur Begründung oder zum Erwerb der Rechte verwendet und bis zur Verwendung festgelegt werden und
2. die mit den Leistungen erworbenen Wertpapiere unverzüglich nach ihrem Erwerb bis zum Ablauf einer Frist von sieben Jahren (Sperrfrist) festgelegt werden und über die Wertpapiere oder die mit den Leistungen begründeten oder erworbenen Rechte bis zum Ablauf der Sperrfrist nicht durch Rückzahlung, Abtretung, Beleihung oder in anderer Weise verfügt wird.

Die Sperrfrist gilt für alle auf Grund des Vertrags angelegten vermögenswirksamen Leistungen und beginnt am 1 Januar des Kalenderjahrs, in dem der Vertrag abgeschlossen worden ist. Als Zeitpunkt des Vertragsabschlusses gilt der Tag, an dem die vermögenswirksame Leistung, bei Verträgen über laufende Einzahlungen die erste vermögenswirksame Leistung, beim Kreditinstitut oder bei der Kapitalverwaltungsgesellschaft eingeht.

(3) Vermögenswirksame Leistungen, die nicht bis zum Ablauf der Frist nach Absatz 2 Nr. 1 verwendet worden sind, gelten als rechtzeitig verwendet, wenn sie am Ende eines Kalenderjahrs insgesamt 150 Euro nicht übersteigen und bis zum Ablauf der Sperrfrist nach Absatz 2 verwendet oder festgelegt werden.

(4) Eine vorzeitige Verfügung ist abweichend von Absatz 2 unschädlich, wenn

1. der Arbeitnehmer oder sein von ihm nicht dauernd getrennt lebender Ehegatte oder Lebenspartner nach Vertragsabschluß gestorben oder völlig erwerbsunfähig geworden ist,
2. der Arbeitnehmer nach Vertragsabschluß, aber vor der vorzeitigen Verfügung geheiratet oder eine Lebenspartnerschaft begründet hat und im Zeitpunkt der vorzeitigen Verfügung mindestens zwei Jahre seit Beginn der Sperrfrist vergangen sind,
3. der Arbeitnehmer nach Vertragsabschluß arbeitslos geworden ist und die Arbeitslosigkeit mindestens ein Jahr lang ununterbrochen bestanden hat und im Zeitpunkt der vorzeitigen Verfügung noch besteht,
4. der Arbeitnehmer den Erlös innerhalb der folgenden drei Monate unmittelbar für die eigene Weiterbildung oder für die seines von ihm nicht dauernd getrennt lebenden Ehegatten oder Lebenspartners einsetzt und die Maßnahme außerhalb des Betriebes, dem er oder der Ehegatte oder der Lebenspartner angehört, durchgeführt wird und Kenntnisse und Fertigkeiten vermittelt wer-

den, die dem beruflichen Fortkommen dienen und über arbeitsplatzbezogene Anpassungsfortbildungen hinausgehen; für vermögenswirksame Leistungen, die der Arbeitgeber für den Arbeitnehmer nach § 2 Absatz 1 Nummer 1 Buchstabe a, b, f bis l angelegt hat und die Rechte am Unternehmen des Arbeitgebers begründen, gilt dies nur bei Zustimmung des Arbeitgebers; bei nach § 2 Abs. 2 gleichgestellten Anlagen gilt dies nur bei Zustimmung des Unternehmens, das im Sinne des § 18 Abs. 1 des Aktiengesetzes als herrschendes Unternehmen mit dem Unternehmen des Arbeitgebers verbunden ist,
5. der Arbeitnehmer nach Vertragsabschluß unter Aufgabe der nichtselbständigen Arbeit eine Erwerbstätigkeit, die nach § 138 Abs. 1 der Abgabenordnung der Gemeinde mitzuteilen ist, aufgenommen hat oder
6. festgelegte Wertpapiere veräußert werden und der Erlös bis zum Ablauf des Kalendermonats, der dem Kalendermonat der Veräußerung folgt, zum Erwerb von in Absatz 1 bezeichneten Wertpapieren wiederverwendet wird; der bis zum Ablauf des der Veräußerung folgenden Kalendermonats nicht wiederverwendete Erlös gilt als rechtzeitig wiederverwendet, wenn er am Ende eines Kalendermonats insgesamt 150 Euro nicht übersteigt.

(5) Unschädlich ist auch, wenn in die Rechte und Pflichten des Kreditinstituts oder der Kapitalverwaltungsgesellschaft aus dem Sparvertrag an seine Stelle ein anderes Kreditinstitut oder eine andere Kapitalanlagegesellschaft während der Laufzeit des Vertrags durch Rechtsgeschäft eintritt.

(6) Werden auf einen Vertrag über laufend einzuzahlende vermögenswirksame Leistungen oder andere Beträge in einem Kalenderjahr, das dem Kalenderjahr des Vertragsabschlusses folgt, weder vermögenswirksame Leistungen noch andere Beträge eingezahlt, so ist der Vertrag unterbrochen und kann nicht fortgeführt werden. Das gleiche gilt, wenn mindestens alle Einzahlungen eines Kalenderjahrs zurückgezahlt oder die Rückzahlungsansprüche aus dem Vertrag abgetreten oder beliehen werden.

§ 5 Wertpapier-Kaufvertrag (1) Ein Wertpapier-Kaufvertrag im Sinne des § 2 Abs. 1 Nr. 2 ist ein Kaufvertrag zwischen dem Arbeitnehmer und dem Arbeitgeber zum Erwerb von Wertpapieren im Sinne des § 2 Abs. 1 Nr. 1 Buchstaben a bis f, Abs. 2 Satz 1, Abs. 3 und 4 durch den Arbeitnehmer mit der Vereinbarung, den vom Arbeitnehmer geschuldeten Kaufpreis mit vermögenswirksamen Leistungen zu verrechnen oder mit anderen Beträgen zu zahlen.

(2) Die Förderung der auf Grund eines Vertrags nach Absatz 1 angelegten vermögenswirksamen Leistungen setzt voraus, daß
1. mit den Leistungen eines Kalenderjahrs spätestens bis zum Ablauf des folgenden Kalenderjahrs die Wertpapiere erworben werden und
2. die mit den Leistungen erworbenen Wertpapiere unverzüglich nach ihrem Erwerb bis zum Ablauf einer Frist von sechs Jahren (Sperrfrist) festgelegt werden und über die Wertpapiere bis zum Ablauf der Sperrfrist nicht durch Rückzahlung, Abtretung, Beleihung oder in anderer Weise verfügt wird; die Sperrfrist beginnt am 1 Januar des Kalenderjahrs, in dem das Wertpapier erworben worden ist; § 4 Abs. 4 Nr. 1 bis 5 gilt entsprechend.

§ 6 Beteiligungs-Vertrag (1) Ein Beteiligungs-Vertrag im Sinne des § 2 Abs. 1 Nr. 3 ist ein Vertrag zwischen dem Arbeitnehmer und dem Arbeitgeber über die Begründung von Rechten im Sinne des § 2 Abs. 1 Nr. 1 Buchstaben g bis l und Abs. 4 für den Arbeitnehmer am Unternehmen des Arbeitgebers mit der Vereinbarung, die vom Arbeitnehmer für die Begründung geschuldete Geldsumme mit vermögenswirksamen Leistungen zu verrechnen oder mit anderen Beträgen zu zahlen.

(2) Ein Beteiligungs-Vertrag im Sinne des § 2 Abs. 1 Nr. 3 ist auch ein Vertrag zwischen dem Arbeitnehmer und

1. einem Unternehmen, das nach § 2 Abs. 2 Satz 2 bis 5 mit dem Unternehmen des Arbeitgebers verbunden oder nach § 2 Abs. 2 Satz 4 an diesem Unternehmen beteiligt ist, über die Begründung von Rechten im Sinne des § 2 Abs. 1 Nr. 1 Buchstabe g bis l, Abs. 2 Satz 2 bis 5 und Abs. 4 für den Arbeitnehmer an diesem Unternehmen oder
2. einer Genossenschaft mit Sitz und Geschäftsleitung im Geltungsbereich dieses Gesetzes, die ein Kreditinstitut oder eine Bau- oder Wohnungsgenossenschaft ist, die die Voraussetzungen des § 2 Abs. 1 Nr. 1 Buchstabe g zweiter Halbsatz erfüllt, über die Begründung eines Geschäftsguthabens für den Arbeitnehmer bei dieser Genossenschaft

mit der Vereinbarung, die vom Arbeitnehmer für die Begründung der Rechte oder des Geschäftsguthabens geschuldete Geldsumme mit vermögenswirksamen Leistungen zahlen zu lassen oder mit anderen Beträgen zu zahlen.

(3) Die Förderung der auf Grund eines Vertrags nach Absatz 1 oder 2 angelegten vermögenswirksamen Leistungen setzt voraus, daß

1. mit den Leistungen eines Kalenderjahrs spätestens bis zum Ablauf des folgenden Kalenderjahrs die Rechte begründet werden und
2. über die mit den Leistungen begründeten Rechte bis zum Ablauf einer Frist von sechs Jahren (Sperrfrist) nicht durch Rückzahlung, Abtretung, Beleihung oder in anderer Weise verfügt wird; die Sperrfrist beginnt am 1 Januar des Kalenderjahrs, in dem das Recht begründet worden ist; § 4 Abs. 4 Nr. 1 bis 5 gilt entsprechend.

§ 7 Beteiligungs-Kaufvertrag (1) Ein Beteiligungs-Kaufvertrag im Sinne des § 2 Abs. 1 Nr. 3 ist ein Kaufvertrag zwischen dem Arbeitnehmer und dem Arbeitgeber zum Erwerb von Rechten im Sinne des § 2 Abs. 1 Nr. 1 Buchstaben g bis l, Abs. 2 Satz 2 bis 5 und Abs. 4 durch den Arbeitnehmer mit der Vereinbarung, den vom Arbeitnehmer geschuldeten Kaufpreis mit vermögenswirksamen Leistungen zu verrechnen oder mit anderen Beträgen zu zahlen.

(2) Ein Beteiligungs-Kaufvertrag im Sinne des § 2 Abs. 1 Nr. 3 ist auch ein Kaufvertrag zwischen dem Arbeitnehmer und einer Gesellschaft mit beschränkter Haftung, die nach § 2 Abs. 2 Satz 3 mit dem Unternehmen des Arbeitgebers verbunden ist, zum Erwerb eines Geschäftsanteils im Sinne des § 2 Abs. 1 Nr. 1 Buchstabe h an dieser Gesellschaft durch den Arbeitnehmer mit der Vereinbarung, den vom Arbeitnehmer geschuldeten Kaufpreis mit vermögenswirksamen Leistungen zahlen zu lassen oder mit anderen Beträgen zu zahlen.

(3) Für die Förderung der auf Grund eines Vertrags nach Absatz 1 oder 2 angelegten vermögenswirksamen Leistungen gilt § 7 Abs. 3 entsprechend.

§ 8 Sparvertrag (1) Ein Sparvertrag im Sinne des § 2 Abs. 1 Nr. 6 ist ein Sparvertrag zwischen dem Arbeitnehmer und einem Kreditinstitut, in dem die in den Absätzen 2 bis 5 bezeichneten Vereinbarungen, mindestens aber die in den Absätzen 2 und 3 bezeichneten Vereinbarungen, getroffen sind.

(2) Der Arbeitnehmer ist verpflichtet,

1. einmalig oder für die Dauer von sechs Jahren seit Vertragsabschluß laufend, mindestens aber einmal im Kalenderjahr, als Sparbeiträge vermögenswirksame Leistungen einzahlen zu lassen oder andere Beträge einzuzahlen und
2. bis zum Ablauf einer Frist von sieben Jahren (Sperrfrist) die eingezahlten vermögenswirksamen Leistungen bei dem Kreditinstitut festzulegen und die Rückzahlungsansprüche aus dem Vertrag weder abzutreten noch zu beleihen.

Der Zeitpunkt des Vertragsabschlusses und der Beginn der Sperrfrist bestimmen sich nach den Regelungen des § 4 Abs. 2 Satz 2 und 3.

(3) Der Arbeitnehmer ist abweichend von der in Absatz 2 Satz 1 Nr. 2 bezeichneten Vereinbarung zu vorzeitiger Verfügung berechtigt, wenn eine der in § 4 Abs. 4 Nr. 1 bis 5 bezeichneten Voraussetzungen erfüllt ist.

(4) Der Arbeitnehmer ist abweichend von der in Absatz 2 Satz 1 Nr. 2 bezeichneten Vereinbarung auch berechtigt, vor Ablauf der Sperrfrist mit eingezahlten vermögenswirksamen Leistungen zu erwerben

1. Wertpapiere im Sinne des § 2 Abs. 1 Nr. 1 Buchstaben a bis f, Abs. 2 Satz 1, Abs. 3 und 4,
2. Schuldverschreibungen, die vom Bund, von den Ländern, von den Gemeinden, von anderen Körperschaften des öffentlichen Rechts, vom Arbeitgeber, von einem im Sinne des § 18 Abs. 1 des Aktiengesetzes als herrschendes Unternehmen mit dem Unternehmen des Arbeitgebers verbundenen Unternehmen oder von einem Kreditinstitut mit Sitz und Geschäftsleitung im Geltungsbereich dieses Gesetzes ausgegeben werden, Namensschuldverschreibungen des Arbeitgebers jedoch nur dann, wenn auf dessen Kosten die Ansprüche des Arbeitnehmers aus der Schuldverschreibung durch ein Kreditinstitut verbürgt oder durch ein Versicherungsunternehmen privatrechtlich gesichert sind und das Kreditinstitut oder Versicherungsunternehmen im Geltungsbereich dieses Gesetzes zum Geschäftsbetrieb befugt ist,
3. Genußscheine, die von einem Kreditinstitut mit Sitz und Geschäftsleitung im Geltungsbereich dieses Gesetzes, das nicht der Arbeitgeber ist, als Wertpapiere ausgegeben werden, wenn mit den Genußscheinen das Recht am Gewinn des Kreditinstituts verbunden ist, der Arbeitnehmer nicht als Mitunternehmer im Sinne des § 15 Abs. 1 Nr. 2 des Einkommensteuergesetzes anzusehen ist und die Voraussetzungen des § 2 Abs. 4 erfüllt sind,
4. Anleiheforderungen, die in ein Schuldbuch des Bundes oder eines Landes eingetragen werden,
5. Anteile an einem Sondervermögen, die von Kapitalverwaltungsgesellschaften im Sinne des Kapitalanlagegesetzbuchs ausgegeben werden und nicht unter § 2 Abs. 1 Nr. 1 Buchstabe c fallen oder

6. Anteile an offenen EU-Investmentvermögen und ausländischen AIF, die nach dem Kapitalanlagegesetzbuch vertrieben werden dürfen.

Der Arbeitnehmer ist verpflichtet, bis zum Ablauf der Sperrfrist die nach Satz 1 erworbenen Wertpapiere bei dem Kreditinstitut, mit dem der Sparvertrag abgeschlossen ist, festzulegen und über die Wertpapiere nicht zu verfügen; diese Verpflichtung besteht nicht, wenn eine der in § 4 Abs. 4 Nr. 1 bis 5 bezeichneten Voraussetzungen erfüllt ist.

(5) Der Arbeitnehmer ist abweichend von der in Absatz 2 Satz 1 Nummer 2 bezeichneten Vereinbarung auch berechtigt, vor Ablauf der Sperrfrist die Überweisung eingezahlter vermögenswirksamer Leistungen auf einen von ihm oder seinem nicht dauernd getrennte lebenden Ehegatten oder Lebenspartner abgeschlossenen Bausparvertrag zu verlangen, wenn weder mit der Auszahlung der Bausparsumme begonnen worden ist noch die überwiesenen Beträge vor Ablauf der Sperrfrist ganz oder zum Teil zurückgezahlt, noch Ansprüche aus dem Bausparvertrag abgetreten oder beliehen werden oder wenn eine solche vorzeitige Verfügung nach § 2 Absatz 3 Satz 2 Nummer 1 und 2 des Wohnungsbau-Prämiengesetzes in der Fassung der Bekanntmachung vom 30. Oktober 1997 (BGBl. I S. 2678), das zuletzt durch Artikel 7 des Gesetzes vom 5. April 2011 (BGBl. I S. 554) geändert worden ist, in der jeweils geltenden Fassung unschädlich ist. Satz 1 gilt für vor dem 1. Januar 2009 und nach dem 31. Dezember 2008 abgeschlossene Bausparverträge.

§ 9 Kapitalversicherungsvertrag (1) Ein Kapitalversicherungsvertrag im Sinne des § 2 Abs. 1 Nr. 7 ist ein Vertrag über eine Kapitalversicherung auf den Erlebens- und Todesfall gegen laufenden Beitrag, der für die Dauer von mindestens zwölf Jahren und mit den in den Absätzen 2 bis 5 bezeichneten Vereinbarungen zwischen dem Arbeitnehmer und einem Versicherungsunternehmen abgeschlossen ist, das im Geltungsbereich dieses Gesetzes zum Geschäftsbetrieb befugt ist.

(2) Der Arbeitnehmer ist verpflichtet, als Versicherungsbeiträge vermögenswirksame Leistungen einzahlen zu lassen oder andere Beträge einzuzahlen.

(3) Die Versicherungsbeiträge enthalten keine Anteile für Zusatzleistungen wie für Unfall, Invalidität oder Krankheit.

(4) Der Versicherungsvertrag sieht vor, daß bereits ab Vertragsbeginn ein nicht kürzbarer Anteil von mindestens 50 Prozent des gezahlten Beitrags als Rückkaufswert (§ 169 des Versicherungsvertragsgesetzes) erstattet oder der Berechnung der prämienfreien Versicherungsleistung (§ 165 des Versicherungsvertragsgesetzes) zugrunde gelegt wird.

(5) Die Gewinnanteile werden verwendet

1. zur Erhöhung der Versicherungsleistung oder
2. auf Verlangen des Arbeitnehmers zur Verrechnung mit fälligen Beiträgen, wenn er nach Vertragsabschluß arbeitslos geworden ist und die Arbeitslosigkeit mindestens ein Jahr lang ununterbrochen bestanden hat und im Zeitpunkt der Verrechnung noch besteht.

§ 10 Vereinbarung zusätzlicher vermögenswirksamer Leistungen (1) Vermögenswirksame Leistungen können in Verträgen mit Arbeitnehmern, in Betriebsvereinbarungen, in Tarifverträgen oder in bindenden Festsetzungen (§ 19 des Heimarbeitsgesetzes vereinbart werden.

(2)–(4) *(weggefallen)*

(5) Der Arbeitgeber kann auf tarifvertraglich vereinbarte vermögenswirksame Leistungen die betrieblichen Sozialleistungen anrechnen, die dem Arbeitnehmer in dem Kalenderjahr bisher schon als vermögenswirksame Leistungen erbracht worden sind.

§ 11 Vermögenswirksame Anlage von Teilen des Arbeitslohns (1) Der Arbeitgeber hat auf schriftliches Verlangen des Arbeitnehmers einen Vertrag über die vermögenswirksame Anlage von Teilen des Arbeitslohns abzuschließen.

(2) Auch vermögenswirksam angelegte Teile des Arbeitslohns sind vermögenswirksame Leistungen im Sinne dieses Gesetzes.

(3) Zum Abschluß eines Vertrags nach Absatz 1, wonach die Lohnteile nicht zusammen mit anderen vermögenswirksamen Leistungen für den Arbeitnehmer angelegt und überwiesen werden sollen, ist der Arbeitgeber nur dann verpflichtet, wenn der Arbeitnehmer die Anlage von Teilen des Arbeitslohns in monatlichen der Höhe nach gleichbleibenden Beträgen von mindestens 13 Euro oder in vierteljährlichen der Höhe nach gleichbleibenden Beträgen von mindestens 39 Euro oder nur einmal im Kalenderjahr in Höhe eines Betrags von mindestens 39 Euro verlangt. Der Arbeitnehmer kann bei der Anlage in monatlichen Beträgen während des Kalenderjahres die Art der vermögenswirksamen Anlage und das Unternehmen oder Institut, bei dem sie erfolgen soll, nur mit Zustimmung des Arbeitgebers wechseln.

(4) Der Arbeitgeber kann einen Termin im Kalenderjahr bestimmen, zu dem die Arbeitnehmer des Betriebs oder Betriebsteils die einmalige Anlage von Teilen des Arbeitslohns nach Absatz 3 verlangen können. Die Bestimmung dieses Termins unterliegt der Mitbestimmung des Betriebsrats oder der zuständigen Personalvertretung; das für die Mitbestimmung in sozialen Angelegenheiten vorgeschriebene Verfahren ist einzuhalten. Der nach Satz 1 bestimmte Termin ist den Arbeitnehmern in jedem Kalenderjahr erneut in geeigneter Form bekanntzugeben. Zu einem anderen als dem nach Satz 1 bestimmten Termin kann der Arbeitnehmer eine einmalige Anlage nach Absatz 3 nur verlangen

1. von Teilen des Arbeitslohns, den er im letzten Lohnzahlungszeitraum des Kalenderjahrs erzielt, oder
2. von Teilen besonderer Zuwendungen, die im Zusammenhang mit dem Weihnachtsfest oder Jahresende gezahlt werden.

(5) Der Arbeitnehmer kann jeweils einmal im Kalenderjahr von dem Arbeitgeber schriftlich verlangen, daß der Vertrag über die vermögenswirksame Anlage von Teilen des Arbeitslohns aufgehoben, eingeschränkt oder erweitert wird. Im Fall der Aufhebung ist der Arbeitgeber nicht verpflichtet, in demselben Kalenderjahr einen neuen Vertrag über die vermögenswirksame Anlage von Teilen des Arbeitslohns abzuschließen.

(6) In Tarifverträgen oder Betriebsvereinbarungen kann von den Absätzen 3 bis 5 abgewichen werden.

§ 12 Freie Wahl der Anlage Vermögenswirksame Leistungen werden nur dann nach den Vorschriften dieses Gesetzes gefördert, wenn der Arbeitnehmer die Art der vermögenswirksamen Anlage und das Unternehmen oder Institut, bei dem sie erfolgen soll, frei wählen kann. Einer Förderung steht jedoch nicht entgegen, daß durch Tarifvertrag die Anlage auf die Formen des § 2 Abs. 1 Nr. 1 bis 5, Abs. 2 bis 4 beschränkt wird. Eine Anlage im Unternehmen des Arbeitgebers nach § 2 Abs. 1 Nr. 1 Buchstaben g bis l und Abs. 4 ist nur mit Zustimmung des Arbeitgebers zulässig.

§ 13 Anspruch auf Arbeitnehmer-Sparzulage (1) Der Arbeitnehmer hat Anspruch auf eine Arbeitnehmer-Sparzulage nach Absatz 2, wenn er gegenüber dem Unternehmen, dem Institut oder dem in § 3 Absatz 3 genannten Gläubiger in die Datenübermittlung nach Maßgabe des § 15 Absatz 1 Satz 2 und 3 eingewilligt hat und sein Einkommen die Grenze von 40 000 Euro oder bei einer Zusammenveranlagung nach § 26b des Einkommensteuergesetzes von 80 000 Euro nicht übersteigt. Maßgeblich ist das zu versteuernde Einkommen nach § 2 Absatz 5 des Einkommensteuergesetzes in dem Kalenderjahr, in dem die vermögenswirksamen Leistungen angelegt worden sind.

(2) Die Arbeitnehmer-Sparzulage beträgt 20 Prozent der nach § 2 Absatz 1 Nummer 1 bis 3, Absatz 2 bis 4 angelegten vermögenswirksamen Leistungen, soweit sie 400 Euro im Kalenderjahr nicht übersteigen, und 9 Prozent der nach § 2 Absatz 1 Nummer 4 und 5 angelegten vermögenswirksamen Leistungen, soweit sie 470 Euro im Kalenderjahr nicht übersteigen.

(3) Die Arbeitnehmer-Sparzulage gilt weder als steuerpflichtige Einnahme im Sinne des Einkommensteuergesetzes noch als Einkommen, Verdienst oder Entgelt (Arbeitsentgelt) im Sinne der Sozialversicherung und des Dritten Buches Sozialgesetzbuch; sie gilt arbeitsrechtlich nicht als Bestandteil des Lohns oder Gehalts. Der Anspruch auf Arbeitnehmer-Sparzulage ist nicht übertragbar.

(4) Der Anspruch auf Arbeitnehmer-Sparzulage entsteht mit Ablauf des Kalenderjahrs, in dem die vermögenswirksamen Leistungen angelegt worden sind.

(5) Der Anspruch auf Arbeitnehmer-Sparzulage entfällt rückwirkend, soweit die in den §§ 4 bis 7 genannten Fristen oder bei einer Anlage nach § 2 Abs. 1 Nr. 4 die in § 2 Abs. 1 Nr. 3 und 4 und Abs. 3 Satz 1 des Wohnungsbau-Prämiengesetzes vorgesehenen Voraussetzungen nicht eingehalten werden. Satz 1 gilt für vor dem 1. Januar 2009 und nach dem 31. Dezember 2008 abgeschlossene Bausparverträge. Der Anspruch entfällt nicht, wenn die Sperrfrist nicht eingehalten wird, weil

1. der Arbeitnehmer das Umtausch- oder Abfindungsangebot eines Wertpapier-Emittenten angenommen hat oder Wertpapiere dem Aussteller nach Auslosung oder Kündigung durch den Aussteller zur Einlösung vorgelegt worden sind,
2. die mit den vermögenswirksamen Leistungen erworbenen oder begründeten Wertpapiere oder Rechte im Sinne des § 2 Abs. 1 Nr. 1, Abs. 2 bis 4 ohne Mitwirkung des Arbeitnehmers wertlos geworden sind oder
3. der Arbeitnehmer über nach § 2 Abs. 1 Nr. 4 angelegte vermögenswirksame Leistungen nach Maßgabe des § 4 Abs. 4 Nr. 4 in Höhe von mindestens 30 Euro verfügt.

§ 14 Festsetzung der Arbeitnehmer-Sparzulage, Anwendung der Abgabenordnung, Verordnungsermächtigung, Rechtsweg (1) Die Verwaltung der Arbeitnehmer-Sparzulage obliegt den Finanzämtern. Die Arbeitnehmer-Sparzulage wird aus den Einnahmen an Lohnsteuer gezahlt.

(2) Auf die Arbeitnehmer-Sparzulage sind die für Steuervergütungen geltenden Vorschriften der Abgabenordnung entsprechend anzuwenden. Dies gilt nicht für § 163 der Abgabenordnung.

(3) Für die Arbeitnehmer-Sparzulage gelten die Strafvorschriften des § 370 Abs. 1 bis 4, der §§ 371, 375 Abs. 1 und des § 376 sowie die Bußgeldvorschriften der §§ 378, 379 Abs. 1 und 4 und der §§ 383 und 384 der Abgabenordnung entsprechend. Für das Strafverfahren wegen einer Straftat nach Satz 1 sowie der Begünstigung einer Person, die eine solche Tat begangen hat, gelten die §§ 385 bis 408, für das Bußgeldverfahren wegen einer Ordnungswidrigkeit nach Satz 1 die §§ 409 bis 412 der Abgabenordnung entsprechend.

(4) Die Arbeitnehmer-Sparzulage wird auf Antrag durch das für die Besteuerung des Arbeitnehmers nach dem Einkommen zuständige Finanzamt festgesetzt. Der Arbeitnehmer hat den Antrag nach amtlich vorgeschriebenem Vordruck zu stellen. Die Arbeitnehmer-Sparzulage wird fällig

a) mit Ablauf der für die Anlageform vorgeschriebenen Sperrfrist nach diesem Gesetz,
b) mit Ablauf der im Wohnungsbau-Prämiengesetz oder in der Verordnung zur Durchführung des Wohnungsbau-Prämiengesetzes genannten Sperr- und Rückzahlungsfristen. Bei Bausparverträgen gelten die in § 2 Abs. 3 Satz 1 des Wohnungsbau-Prämiengesetzes genannten Sperr- und Rückzahlungsfristen und zwar unabhängig davon, ob der Vertrag vor dem 1. Januar 2009 oder nach dem 31. Dezember 2008 abgeschlossen worden ist,
c) mit Zuteilung des Bausparvertrags oder
d) in den Fällen unschädlicher Verfügung.

(5) Ein Bescheid über dei Ablehnung der Festsetzung einer Arbeitnehmer-Sparzulage ist aufzuheben und die Arbeitnehmer-Sparzulage ist nachträglich festzusetzen, wenn der Einkommensteuerbescheid nach Ergehen des Ablehnungsbescheides geändert wird und dadurch erstmals festgestellt wird, dass die Einkommensgrenzen des § 13 Absatz 1 unterschritten sind. Die Frist für die Festsetzung der Arbeitnehmer-Sparzulage endet in diesem Fall nicht vor Ablauf eines Jahres nach Bekanntgabe des geänderten Steuerbescheides. Satz 2 gilt entsprechend, wenn der geänderten Einkommensteuerfestsetzung kein Bescheid über die Ablehnung der Festsetzung einer Arbeitnehmer-Sparzulage vorangegangen ist.

(6) Besteht für Aufwendungen, die vermögenswirksame Leistungen darstellen, ein Anspruch auf Arbeitnehmer-Sparzulage und hat der Arbeitnehmer hierfür abweichend von § 1 Satz 2 Nummer 1 des Wohnungsbau-Prämiengesetzes eine Wohnungsbauprämie beantragt, endet die Frist für die Festsetzung der Arbeitnehmer-Sparzulage nicht vor Ablauf eines Jahres nach Bekanntgabe der Mitteilung über die Änderung des Prämienanspruchs.

(7) *(nicht abgedruckt, Verordnungsermächtigung*[1])

(8) In öffentlich-rechtlichen Streitigkeiten über die auf Grund dieses Gesetzes ergehenden Verwaltungsakte der Finanzbehörden ist der Finanzrechtsweg gegeben.

§ 15 Elektronische Vermögensbildungsbescheinigung, Verordnungsermächtigungen, Haftung, Anrufungsauskunft, Außenprüfung (1) Das Unternehmen, das Institut oder der in § 3 Absatz 3 genannte Gläubiger hat der für die Besteuerung des Arbeitnehmers nach dem Einkommen zuständigen Finanzbehörde nach Maßgabe des § 93c der Abgabenordnung neben den in § 93c Absatz 1 der Abgabenordnung genannten Daten folgende Angaben zu übermitteln (elektronische Vermögensbildungsbescheinigung), wenn der Arbeitnehmer gegenüber der mitteilungspflichtigen Stelle in die Datenübermittlung eingewilligt hat:

1. den jeweiligen Jahresbetrag der nach § 2 Abs. 1 Nr. 1 bis 5, Abs. 2 bis 4 angelegten vermögenswirksamen Leistungen sowie die Art ihrer Anlage,
2. das Kalenderjahr, dem diese vermögenswirksamen Leistungen zuzuordnen sind und
3. entweder das Ende der für die Anlageform vorgeschriebenen Sperrfrist nach diesem Gesetz oder bei einer Anlage nach § 2 Abs. 1 Nr. 4 das Ende der im Wohnungsbau-Prämiengesetz oder in der Verordnung zur Durchführung des Wohnungsbau-Prämiengesetzes genannten Sperr- und Rückzahlungsfristen. Bei Bausparverträgen sind die in § 2 Abs. 3 Satz 1 des Wohnungsbau-Prämiengesetzes genannten Sperr- und Rückzahlungsfristen zu bescheinigen unabhängig davon, ob der Vertrag vor dem 1. Januar 2009 oder nach dem 31. Dezember 2008 abgeschlossen worden ist.

Die Einwilligung nach Satz 1 ist spätestens bis zum Ablauf des zweiten Kalenderjahres, das auf das Kalenderjahr der Anlage der vermögenswirksamen Leistungen folgt, zu erteilen. Dabei hat der Arbeitnehmer dem Mitteilungspflichtigen die Identifikationsnummer mitzuteilen. Wird die Einwilligung nach Ablauf des Kalenderjahres der Anlage der vermögenswirksamen Leistungen, sind die Daten bis zum Ende des folgenden Kalendervierteljahres zu übermitteln.

(1a) In den Fällen des Absatzes 1 ist für die Anwendung des § 72a Absatz 4 und des § 93c Absatz 4 Satz 1 der Abgabenordnung die für die Besteuerung der mitteilungspflichtigen Stelle nach dem Einkommen zuständige Finanzbehörde zuständig. Die nach Absatz 1 übermittelten Daten können durch die nach Satz 1 zuständige Finanzbehörde zum Zweck der Anwendung des § 93c Absatz 4 Satz 1 der Abgabenordnung bei den für die Besteuerung der Arbeitnehmer nach dem Einkommen zuständigen Finanzbehörden abgerufen und verwendet werden.

(2) *(nicht abgedruckt, Verordnungsermächtigung)*

(3) Haben der Arbeitgeber, das Unternehmen, das Institut oder der in § 3 Abs. 3 Genannten zuständig ist, hat auf deren Anfrage Auskunft darüber zu erteilen, wie im einzelnen Fall die Vorschriften über vermögenswirksame Leistungen an-

---

1 Vgl. **VO zur Durchführung des Fünften Vermögensbildungsgesetzes (VermBDV)** vom 20. 12. 1994 (BGBl. I 3904), zuletzt geändert durch Verordnung vom 12. 7. 2017 (BGBl. I 2360).

zuwenden sind, die nach § 2 Absatz 1 Nummer 1 bis 5 und Absatz 2 bis 4 angelegt werden.

(4) Das Finanzamt, das für die Besteuerung nach dem Einkommen der in Absatz 3 Genannten zuständig ist, hat auf deren Anfrage Auskunft darüber zu erteilen, wie im einzelnen Fall die Vorschriften über vermögenswirksame Leistungen anzuwenden sind, die nach § 2 Abs. 1 Nr. 1 bis 5, Abs. 2 bis 4 angelegt werden.

(5) Das für die Lohnsteuer-Außenprüfung zuständige Finanzamt kann bei den in Absatz 3 Genannten eine Außenprüfung durchführen, um festzustellen, ob sie ihre Pflichten nach diesem Gesetz oder nach einer auf Grund dieses Gesetzes erlassenen Rechtsverordnung, soweit diese mit der Anlage vermögenswirksamer Leistungen nach § 2 Abs. 1 Nr. 1 bis 5, Abs. 2 bis 4 zusammenhängen, erfüllt haben. Die §§ 195 bis 203a der Abgabenordnung gelten entsprechend.

§§ 16–18 *(nicht abgedruckt)*

35. Zivilprozessordnung (ZPO)

35

Einleitung

I. Zivilprozess und Zwangsvollstreckung – Grundlagen

Der Zivilprozess ist ein rechtlich geregeltes Verfahren vor den ordentlichen Gerichten in bürgerlichen Rechtsstreitigkeiten. Sein Ziel ist es (vgl. *Musielak, in:* Musielak/Voit [Hrsg.], ZPO, 21. Aufl., 2024, Einl. Rn. 5),

- Rechte der Bürger nach gescheitertem Versuch einer gütlichen Einigung festzustellen oder zu gestalten (Erkenntnis- oder Urteilsverfahren),
- festgestellte Ansprüche zwangsweise durchzusetzen (Zwangsvollstreckung),
- gefährdete Rechte vorläufig zu sichern (Arrest oder einstweilige Verfügung).

Die diesem Ziel dienende ZPO ist »Rechtsdurchsetzungsrecht«. Ein solches Recht sorgt dafür, dass der Bürger nicht nur »recht hat«, sondern auch »recht bekommt«. *Fritz Baur* beschreibt die dabei existierenden und widerstreitenden Prinzipien folgendermaßen: »Für den Rechtsschutz des einzelnen ist eine effiziente Zwangsvollstreckung entscheidend – das beste materielle Recht, der beste Rechtsgang helfen wenig oder nichts, wenn die im Hintergrund stehende oder zu verwirklichende Zwangsvollstreckung versagt. Verhaltensnormen ohne Sanktionsmöglichkeit wären – so wie der Mensch nun einmal ist – in den Wind geschrieben. Andererseits zwingt der vom Staat garantierte Sozialschutz dazu, das Lebensrecht und die Lebensmöglichkeiten des Schuldners auch dem Gläubiger gegenüber durchzusetzen.« (NJW 87, 2636, 2641).

Das arbeitsgerichtliche Erkenntnisverfahren ist weitgehend im ArbGG (Nr. 5) geregelt, das aber in § 46 Abs. 2 ArbGG eine Verweisung auf die ZPO enthält, die deshalb mangels abweichender Bestimmungen im ArbGG subsidiär zur Anwendung kommt.

Das 8. Buch der ZPO regelt Probleme der zwangsweisen Durchsetzung des Rechts im Verhältnis zwischen dem einzelnen Gläubiger und dem Schuldner. Ist ein Schuldner nicht mehr in der Lage, alle seine Gläubiger zu befriedigen, regelt das Insolvenzrecht in der InsO (Nr. 23) die daraus erwachsenden Verteilungsfragen und die Möglichkeiten der Unternehmenssanierung.

»Vollstreckung« bezweckt den staatlich durchgeführten Zugriff von Gläubigern auf das Vermögen des Schuldners zur Befriedigung ihrer nicht beglichenen Forderungen. Zum Vermögen eines Schuldners können neben Bargeld, Grundstücken und beweglichen Sachen Forderungen gegenüber einem Dritten (»Drittschuldner«) gehören. Hierfür regelt das 8. Buch der ZPO das Recht der Forderungspfändung. Eine solche erfolgt – auf den kürzesten Nenner gebracht – so, dass der Gläubiger aufgrund eines vollstreckbaren Titels eine Forderung des Schuldners gegenüber einem Dritten (Drittschuldner) durch das Amtsgericht zur Überweisung pfänden lässt. Ein solcher Pfändungs- und Überweisungsbeschluss

- verbietet dem Drittschuldner, an den Schuldner zu zahlen,
- verbietet dem Schuldner, weiter über seine Forderung zu verfügen,

- berechtigt den Gläubiger zur Verfügung über die Forderung (Auszahlung an sich oder Dritte),
- berechtigt und verpflichtet den Drittschuldner zur Leistung an den Gläubiger.

Wenn ein Arbeitnehmer Schuldner ist, können auch seine Ansprüche gegenüber dem Arbeitgeber, insbesondere der Anspruch auf Arbeitsentgelt, Gegenstand einer Forderungspfändung sein. Der Arbeitnehmer ist jedoch zur Bestreitung seines Lebensunterhalts typischerweise auf die laufenden Lohnzahlungen angewiesen. Der geltende Pfändungsschutz trägt dem vom *BVerfG* formulierten Inhalt des Sozialstaatsgebots Rechnung, wonach »dem Bürger das selbsterzielte Einkommen bis zu diesem Betrag – der im folgenden als Existenzminimum bezeichnet wird – nicht (zu) entziehen« ist (29.5.1990 – 1 BvL 20/84, 1 BvL 26/84, 1 BvL 4/86, BVerfGE 82, 60, 85). Eine »Kahlpfändung« würde ihm die Mittel zu einem menschenwürdigen Dasein entziehen und ihn auf die Sozialhilfe bzw. Grundsicherung verweisen mit der Folge, dass Gläubiger sich auf Kosten des Staates schadlos halten könnten. Außerdem drohte eine »Kahlpfändung«, den Anreiz zu regelmäßiger und legaler Arbeit zu beeinträchtigen. Gleichzeitig muss aber berücksichtigt werden, dass ein zu weitgehender Pfändungsschutz geeignet sein könnte, der Kreditfähigkeit der Arbeitnehmer zu schaden (vgl. *Schütte,* WSI-Mitt. 87, 107; *Arnold,* BB 78, 1314). Der besondere Pfändungsschutz für Arbeitseinkommen ist in §§ 850–850k ZPO geregelt. Er ist arbeitsrechtlich im Zusammenhang mit den sonstigen Regelungen zur Lohnsicherung zu sehen (unten III 2 a).

Prozesse zur Durchsetzung privater Rechte dauern in der Regel sehr lange. Eine rechtskräftige Entscheidung könnte in vielen Fällen zur Verwirklichung des strittigen Rechts zu spät kommen und somit sinnlos werden. Hierzu regelt der 5. Abschnitt des 8. Buches der ZPO die Möglichkeiten des

- Arrestes (= Verfügungsverbot) und
- der einstweiligen Verfügung (= einstweiligen Regelung; hierzu unten IV).

II. Prozesskostenhilfe

Wie auch in anderen Verfahrensarten besteht die Möglichkeit, dass einer minderbemittelten Partei Prozesskostenhilfe gewährt wird. Denn das Rechtsstaatsprinzip (Art. 20 Abs. 3 GG, Nr. 20) in Verbindung mit Art. 3 Abs. 1 GG verlangt, dass unbemittelte Parteien gleichen Zugang zum Gericht finden wie bemittelte (*BVerfG* 3.3.2014 – 1 BvR 1671/13, NZS 14, 336, unter Hinweis darauf, dass bei Akten öffentlicher Gewalt, wie insbesondere im Sozialrecht, die Rechtsweggarantie des Art. 19 Abs. 4 GG noch verstärkend hinzukomme). Das Recht der Prozesskostenhilfe wurde durch das Gesetz zur Änderung des Prozesskostenhilfe- und Beratungshilferechts v. 31.8.13 (BGBl. I 3533) mit Wirkung auch für das arbeitsgerichtliche Verfahren reformiert (dazu *Timme*, NJW 13, 3057 ff.; Entwurf: BR-Drs. 516/12). Gestrichen wurde die Möglichkeit einer Beiordnung eines Rechtsanwalts, § 11a ArbGG (Nr. 5) enthält nur noch einen Verweis auf das Prozesskostenhilferecht des allgemeinen Zivilprozesses. Das Gesetz diente erklärtermaßen der Reduzierung der Kosten für diese Instrumente.

Die Prozesskostenhilfe nach §§ 114 ff. ZPO hat folgende Voraussetzungen:
- Eine Partei ist nach den persönlichen und wirtschaftlichen Verhältnissen außer Stande, die Kosten der Prozessführung ganz, zum Teil oder in Raten zu tragen,
- es besteht hinreichende Aussicht auf Erfolg,
- die Prozessführung erscheint nicht mutwillig (z. B. wenn satt einer kostengünstigeren Klageerweiterung ohne besonderen Grund eine zusätzliche Klage erhoben wird, *BAG* 8. 9. 2011 – 3 AZB 46/10, NZA 11, 1382) und
- Prozesskostenhilfe wurde beantragt.

Außerhalb eines gerichtlichen Verfahrens besteht für minderbemittelte Parteien die Möglichkeit, Beratungshilfe nach dem Beratungshilfegesetz (BerHG v. 18. 6. 1980, BGBl. I 689) in Anspruch zu nehmen (für das sozialrechtliche Verfahren vgl. auch Einl. zum SGB X, Nr. 30 X).

Die Rechtsprechung sieht die Möglichkeit kostenlosen Rechtsschutzes durch die Gewerkschaft als Vermögen im Sinne des Gesetzes an, sodass für Gewerkschaftsmitglieder Prozesskostenhilfe regelmäßig ausscheidet, wenn die Gewerkschaft den Rechtsschutz nicht abgelehnt hat oder davon auszugehen ist, dass dies geschehen werde (für das sozialgerichtliche Verfahren vgl. § 73a Abs. 2 SGG i. V. m. § 73 Abs. 2 Nr. 5 SGG). Ansonsten kann der Arbeitnehmer nur dann nicht auf gewerkschaftlichen Rechtsschutz verwiesen werden, wenn dies unzumutbar ist, etwa wegen Störung des Vertrauensverhältnisses zwischen Gewerkschaft und Mitglied (*BAG* 5. 11. 2012 – 3 AZB 23/12, NZA 13, 110; zur Versagung der Prozesskostenhilfe, wenn das Mitglied aus Gründen der Prozessführung während des Rechtsstreits aus der Gewerkschaft austritt, vgl. *BAG* 18. 11. 2013 – 10 AZB 38/13, NZA 14, 107). Entschädigungszahlungen wegen unzulässiger Diskriminierungen (§ 15 Abs. 2 AGG, Nr. 2) zählen nicht zu dem prozesskostenhilferechtlich einzusetzenden Einkommen oder Vermögen (*BAG* 27. 3. 2025 – 4 AZB 29/24, NZA 25, 794).

III. Pfändungsschutz für Arbeitseinkommen

1. Geschichtliche Entwicklung

Schuldnerschutz für Arbeitnehmer durch Vollstreckungsbegrenzung ist Bestandteil der Modernisierung des Zivilrechts im 19. Jahrhundert. Zunächst wurde mit dem Gesetz des Norddeutschen Bundes »betreffend die Aufhebung der Schuldhaft« vom 29. 5. 1868 (BGBl. 237) diese altertümliche, menschenunwürdige und den Wirtschaftsverkehr lähmende Form der Zwangsvollstreckung abgeschafft. Kurz danach wurde das Gesetz »betreffend die Beschlagnahme des Arbeits- oder Dienstlohnes« vom 21. 6. 1869 (BGBl. 242) verabschiedet. Mit ihm wurde erstmals ein jährlicher Mindestbetrag von 400 Talern Arbeitseinkommen von der Beschlagnahme befreit (zum Folgenden *Arnold,* BB 78, 1315). Seither ist das System des Beschlagnahmeschutzes immer weiter ausgebaut worden, es wurden weitere Personenkreise (Beamte) und Leistungen einbezogen und die pfändungsfreien Beträge den steigenden Lebenshaltungskosten angepasst.

Das Gesetz von 1869 galt mit entsprechenden Veränderungen als Reichsgesetz bis 1934 und wurde durch das Gesetz zur Änderung von Vorschriften über die Zwangsvollstreckung vom 24. 10. 1934 (RGBl. 589) abgelöst. Durch die Lohnpfändungs-

verordnung vom 30.10.1940 (RGBl. I 1079) wurde der Pfändungsschutz für Arbeitnehmer und Beamte zusammengefasst und aus der ZPO herausgenommen. Nach Gründung der Bundesrepublik wurde die weitergeltende Lohnpfändungsverordnung erstmals durch Gesetz vom 22.4.1952 (BGBl. I 247) geändert. Das Gesetz zur Änderung der Pfändungsfreigrenzen vom 26.2.1959 (BGBl. I 49) bettete diesen Regelungsbereich wieder in die ZPO ein.
Seither hat es – jeweils in größeren Abständen – Anhebungen der Pfändungsfreigrenzen zwecks Anpassung an die gestiegenen Lebenshaltungskosten und jeweiligen Sozialhilfesätze gegeben, zuletzt durch das Siebte Gesetz zur Änderung der Pfändungsfreigrenzen vom 13.12.2001 (BGBl. I 3638). Inzwischen sind die Pfändungsfreibeträge gemäß § 850c Abs. 2 ZPO gesetzlich dynamisiert.
Der Schutz von bereits auf dem Konto des Arbeitnehmers eingegangenem Arbeitsentgelt wurde durch das Gesetz zur Reform des Kontopfändungsschutzes (vom 7.7.2009, BGBl. I 1707) neu geordnet (s.u. 2 c). Die Regelung wurde mit Gesetz vom 12.4.2011 (BGBl. I 615) noch einmal nachgebessert (vgl. *Becker*, NJW 11, 1317).

2. Wesentlicher Gesetzesinhalt

a) Pfändungsschutz als Form der Lohnsicherung

Pfändungsschutz für Arbeitseinkommen ist sozialer Schuldnerschutz. Im Verhältnis zum Arbeitgeber bedeutet er eine besondere Art der Sicherung der Arbeitsvergütung. Der Zweck besteht jeweils darin, dem Arbeitnehmer die für seinen Lebensunterhalt erforderliche tatsächliche Auszahlung seiner Vergütung zu sichern (hierzu eingehend Deinert/Wenckebach/Zwanziger-*Litzig*, § 47). In dieser Hinsicht gilt der nach der ZPO ermittelte pfändungsfreie Mindestbetrag (unten b, Übersicht 79) jeweils als Untergrenze des unverfügbaren und tatsächlich auszuzahlenden Betrages. Dies ist teils ausdrücklich gesetzlich geregelt, teils Ergebnis entsprechender Auslegung.
§ 400 BGB (Nr. 14) verbietet die *Abtretung* unpfändbarer Forderungen. Das ist für alle Formen privater Kreditaufnahme bedeutsam, bei denen eine Lohnabtretung als Sicherheit verlangt wird. Soweit pfändbare Forderungsteile zulässigerweise abgetreten worden sind, geht eine solche Abtretung einer späteren Pfändung vor.
Die Rechtsprechung lässt allerdings die Abtretung auch unpfändbarer Bestandteile des Arbeitseinkommens zu, wenn dem Arbeitnehmer die entsprechenden Beträge bar zugeflossen sind (*BGH* 10.12.1951 – GSZ 3/51, NJW 52, 337; *BAG* 10.6.1980 – 1 AZR 822/79, NJW 80, 1642, 1652). Das ist insbesondere bedeutsam, wenn in einem angeschlagenen Unternehmen, das die Löhne nicht mehr zahlen kann, ein Darlehensgeber den Arbeitnehmer auszahlt und mit der Abtretung des Lohnanspruches gleichzeitig den Anspruch auf das Insolvenzgeld erwirbt (§§ 170, 171 SGB III; vgl. *BSG* 8.4.1992 – 10 RAr 12/91, NZA 92, 859). An einen Vermieter ist die Vorausabtretung von unpfändbarem Arbeitseinkommen ausgeschlossen (*BAG* 21.11.2000 – 9 AZR 692/99, DB 01, 650).
Gemäß § 394 BGB darf der Arbeitgeber mit eigenen Forderungen gegenüber dem Arbeitnehmer nur bis zur Pfändungsfreigrenze *aufrechnen*. Zugelassen wird eine

Aufrechnung auch, wenn die Forderung des Arbeitgebers auf einer vorsätzlich begangenen unerlaubten Handlung oder Vertragsverletzung des Arbeitnehmers beruht (*BAG* 31.3.1960 – 5 AZR 441/57, 28.8.1964 – 1 AZB 414/63, AP Nr. 5 und 9 zu § 394 BGB). Dies darf aber nicht dazu führen, dass der Arbeitnehmer auf die Grundsicherung nach dem SGB II verwiesen wird (vgl. *BAG* 18.3.1997 – 3 AZR 756/95, AP Nr. 30 zu § 394 BGB).
Darüber hinaus können die folgenden Möglichkeiten des Arbeitgebers nur bis zur Grenze der sich aus der ZPO ergebenden Pfändungsfreigrenze ausgeübt werden:
- *Zurückbehaltungsrecht* (*BAG* 16.10.1967 – 5 AZR 464/66, AP Nr. 11 zu § 394 BGB);
- *Lohneinbehaltung* (Kaution);
- *Lohnverwirkung*.

Keine Rolle spielen die Pfändungsfreigrenzen in Fällen zulässiger Anrechnung von Arbeitsentgelt (z. B. bei Annahmeverzug gemäß § 615 S. 2 BGB oder § 11 KSchG) und bei Lohnverwendungsabreden (Zahlung für bestimmte vom Arbeitnehmer bestimmte Zwecke, jedoch keine Abtretung).

b) Lohnpfändung

Die Pfändung von Arbeitseinkommen erfolgt auf Antrag des Gläubigers durch das zuständige Amtsgericht durch einen Pfändungs- und Überweisungsbeschluss (zu den Wirkungen o. I). Voraussetzung ist das Vorliegen eines vollstreckbaren Titels (Urteil, Vollstreckungsbescheid).
Wenn der Arbeitgeber nicht an den Pfändungsgläubiger bezahlt, kann dieser die sog. Drittschuldnerklage erheben (hierzu *Staab*, NZA 93, 438). Der Arbeitgeber kann dann alle Einwendungen, die er sonst gegenüber einer Zahlung an den Arbeitnehmer hätte, vorbringen. Einwendungen gegen den Pfändungs- und Überweisungsbeschluss kann er im Wege der Erinnerung geltend machen. Mehrere Pfändungen werden in der Reihenfolge ihrer Zustellung beim Arbeitgeber berücksichtigt. Ist der Arbeitgeber unschlüssig darüber, welche Pfändung in welchem Umfang zu berücksichtigen ist, kann er den entsprechenden Betrag beim Amtsgericht hinterlegen.
Eine vor dem Zeitpunkt der Pfändung im Voraus abgetretene Entgeltforderung wird von einem Pfändungs- und Überweisungsbeschluss nicht erfasst (*BAG* 17.2.1993 – 4 AZR 161/92, DB 93, 1245). Eine Lohnpfändung wird gegenstandslos, wenn das Arbeitsverhältnis beendet wird. Vergütungsansprüche aus einem neuen Arbeitsverhältnis werden nur erfasst, wenn beide Arbeitsverhältnisse in einem inneren Zusammenhang stehen (*BAG* 24.3.1993 – 1 AZR 298/92, NJW 93, 2701).
Der Arbeitnehmer kann sich gegen einen Pfändungs- und Überweisungsbeschluss folgendermaßen wehren:
- durch eine *Vollstreckungsabwehrklage*, falls er Einwendungen vorbringen kann, die aus Vorgängen nach Erlass des Schuldtitels resultieren (Begleichung, Erlass oder Stundung der Schuld, § 767 ZPO);
- durch eine *Erinnerung*, falls er sich gegen Mängel des Pfändungsverfahrens wendet (§ 766 ZPO), oder

- durch *Antrag auf Heraufsetzung des Pfändungsfreibetrages*, falls sich die Bemessungsgrundlagen für den unpfändbaren Teil des Einkommens ändern (§ 850g ZPO) oder das verbleibende Einkommen durch die Pfändung unter den Grundsicherungs- bzw. Sozialhilfebedarf sinken würde (§ 850f Abs. 1 ZPO);
- falls die Pfändung auf einem nur vorläufig vollstreckbaren Urteil beruht, durch *Rechtsmittel* hiergegen. Wird das Urteil aufgehoben, kann er Schadensersatz nach § 717 ZPO geltend machen;
- bei rechtskräftiger Verurteilung zu künftigen wiederkehrenden Leistungen (z. B. wegen Unterhaltszahlungen) kann bei wesentlicher Veränderung der tatsächlichen Umstände eine *Abänderungsklage* gemäß § 323 ZPO erhoben werden.

Der Pfändungsschutz für Arbeitseinkommen ist in den §§ 850 bis 850l ZPO geregelt. Sein Grundgedanke besteht darin, dem Arbeitnehmer in jedem Falle einen bestimmten Betrag seines Arbeitseinkommens (§ 850 ZPO) zu belassen und von der Pfändung auszunehmen (Übersicht 79). Dieser Betrag ist die sog. *Pfändungsfreigrenze.* Von vornherein nicht zum pfändbaren Arbeitseinkommen zählen Entgeltanteile, die im Wege der Entgeltumwandlung nach § 1a BetrVG (Nr. 11) in betriebliche Altersversorgung umgewandelt wurden, jedenfalls bis zu dem dort genannten Höchstbetrag (*BAG* 14.10.2021 – 8 AZR 96/20, NZA 22, 140).

Dabei bleiben nach § 850a ZPO im Falle normaler Gläubiger bestimmte Bezüge völlig pfändungsfrei (z. B. Urlaubsgeld, Aufwandsentschädigungen, 50 % der Mehrarbeitsvergütung usw.). Zu den danach pfändungsfreien Erschwerniszulagen zählt auch eine freiwillig geleistete Corona-Prämie durch den Arbeitgeber, die eine tatsächliche Erschwernis bei der Arbeitsleistung, auch außerhalb des Pflegebereichs, ausgleichen soll (*BAG* 25.8.2022 – 8 AZR 14/22, NZA 23, 55). Dazu zählen auch Weihnachtsvergütungen bis zur Hälfte des Pfändungsfreibetrages. Pfändungsfrei ist auch eine Kategorie »bedingt pfändbarer Bezüge« gemäß § 850b, solange nicht erfolglos in das übrige Vermögen des Arbeitnehmers gepfändet worden ist.

Unpfändbar sind auch vermögenswirksame Leistungen und die Arbeitnehmersparzulage, weil sie nicht übertragbar sind (§ 851 ZPO, §§ 2 Abs. 7 S. 2, 13 Abs. 3 S. 2 5. VermBG, § 399 BGB).

Nicht pfändbar sind ferner zweckgebundene Natural- oder Sachbezüge des Arbeitnehmers, weil sie durch eine Pfändung eine Veränderung ihres Inhalts erfahren würden (§ 851 ZPO i. V. mit § 399 BGB). Ihr Wert ist jedoch dem auf Geld lautenden Arbeitsentgelt hinzuzurechnen und erhöht so den zur Berechnung der Pfändungsfreigrenze zugrunde zu legenden Betrag.

Ansprüche auf Kostentragung durch den Arbeitgeber nach § 40 BetrVG (Nr. 12) sind ebenfalls unpfändbar (§ 851 ZPO i. V. m. § 399 BGB). Der Gläubiger, wegen dessen Forderung sich ein Anspruch des Betriebsrats auf Freistellung gegen den Arbeitgeber ergibt, kann allerdings den Freistellungsanspruch pfänden (*BGH* 8.11.2017 – VII ZB 9/15, NZA 18, 126).

Unberücksichtigt bleiben Steuer- und Sozialabgaben (§ 850e Nr. 1 ZPO); bei der Bestimmung des pfändungsfreien Betrages wird vom Nettoeinkommen des Arbeitnehmers ausgegangen. Auch Pflichtbeiträge zur VBL im öffentlichen Dienst bleiben unberücksichtigt (*BGH* 15.10.2009 – VII ZB 1/09, NZS 10, 286). Um die Verschleierung von Arbeitseinkommen, z. B. durch formal zu niedriges Entgelt und »Schwarzzahlungen«, zu vermeiden, gilt im Verhältnis des Gläubigers zum Arbeit-

geber eine »angemessene Vergütung« als geschuldet (§ 850h Abs. 2 ZPO; dazu *BAG* 22.10.2008 – 10 AZR 703/07, DB 09, 403). Abschlagszahlungen und Vorschüsse müssen einbezogen werden.
Auf Antrag des Gläubigers sind mehrere Arbeitseinkommen sowie Arbeitseinkommen und Ansprüche auf laufende Sozialleistungen zusammenzurechnen (§ 850e Nr. 2 und 2a ZPO; hierzu *BAG* 23.4.1996 – 9 AZR 940/94, BB 97, 2435). Grundsicherung nach dem SGB II wird aber nicht hinzugerechnet, wenn der Schuldner sie nur deshalb erhält, weil sein Einkommen für andere Personen im Rahmen einer Bedarfsgemeinschaft berücksichtigt wird (*BGH* 25.10.2012 – IX ZB 263/11, NZA-RR 13, 147).
Die Höhe der Pfändungsfreigrenze ist in § 850c ZPO festgelegt. Sie ist abhängig von der Zahl der zu unterhaltenden Personen. Die Beträge im Einzelnen sind in einer Tabelle enthalten (Anhang 2). Die Pfändungsfreigrenzen werden jährlich der Entwicklung der Lebenshaltungskosten angepasst (§ 850c Abs. 4 ZPO), zuletzt mit Wirkung ab 1.7.2025 (vgl. Bekanntmachung in BGBl. 2025 I Nr. 110). Bei der Ermittlung des pfändungsfreien Betrages folgt das *BAG* (17.4.2013 – 10 AZR 59/12, NZA 13, 859; dazu *Hock/Hock*, ZTR 13, 471) im Widerspruch zur bisherigen Praxis der sog. Nettomethode. Das bedeutet, dass vom Gesamtbruttolohn die unpfändbaren Bezüge nach § 850a ZPO abgezogen werden und im Anschluss die Steuern und Sozialabgaben auf den so noch verbleibenden Bruttobetrag, nicht etwa auf den gesamten Bruttolohn, wie er sich ohne Abzug der unpfändbaren Bezüge darstellen würde. Denn anderenfalls würden Steuern und Sozialabgaben für die unpfändbaren Bezüge doppelt berücksichtigt.
Das alles gilt nicht im Verhältnis zu Unterhaltsgläubigern des Arbeitnehmers. Es werden einzelne der im Normalfall unpfändbaren Bezüge erfasst (Mehrarbeitsvergütung, Urlaubsgeld, Gratifikationen), und die Pfändungsfreigrenze des § 850c ZPO gilt nicht (§ 850d ZPO). Das Gericht kann einen unter der Pfändungsfreigrenze liegenden »Selbstbehalt« des Arbeitnehmers festsetzen.
Nicht zum geschützten Arbeitseinkommen gehören Schadensersatzansprüche des Arbeitnehmers und Abfindungen wegen des Verlustes des Arbeitsplatzes gemäß §§ 9, 10 KSchG (Nr. 25). Sind diese Leistungen für den Unterhalt des Arbeitnehmers und anderer Unterhaltsberechtigter erforderlich, kann das Gericht gemäß § 850i ZPO dem Arbeitnehmer aber einen entsprechenden Betrag belassen.
Das Arbeitsverhältnis selbst bleibt aufgrund einer Lohnpfändung unverändert. Der Arbeitgeber ist zwar nicht zur Rechtsberatung des Arbeitnehmers verpflichtet. Aufgrund vertraglicher Nebenpflicht muss er jedoch den Arbeitnehmer auf etwaige Mängel des Pfändungsverfahrens hinweisen. Der Arbeitnehmer hat als Schuldner gemäß § 788 ZPO zwar die Kosten der Zwangsvollstreckung zu tragen, muss jedoch dem Arbeitgeber die Kosten für die Bearbeitung der Lohnpfändung nicht erstatten. Darüber kann auch mit dem Betriebsrat keine freiwillige Betriebsvereinbarung, z.B. mit pauschalierten Sätzen, abgeschlossen werden (*BAG* 18.7.2006 – 1 AZR 578/05, BB 07, 221 mit Anm. *Schielke*, BB 07, 378). Lohnpfändungen berechtigen grundsätzlich nicht zur Kündigung des Arbeitsverhältnisses; das wird erst im Falle sehr häufiger Pfändungen bei hieraus erwachsenden betrieblichen Störungen für möglich gehalten (*BAG* 4.11.1981 – 7 AZR 264/79, EzA § 1 KSchG Verhaltensbedingte Kündigung Nr. 9).

Wird das Arbeitseinkommen bar ausgezahlt und pfändet der Gläubiger direkt beim Arbeitnehmer, gewährt § 811 Nr. 3 ZPO Pfändungsschutz in begrenztem Umfang.

c) Kontopfändung und P-Konto

Pfänden Gläubiger des Arbeitnehmers das Bankkonto (der Gläubiger kann den Anspruch auf Auszahlung gegen die Bank pfänden), würde der Pfändungsschutz für Arbeitseinkommen ins Leere gehen. Das hatte nach bisherigem Recht die Folge, dass das Konto gesperrt war und der Arbeitnehmer einen Aufhebungsantrag beim Vollstreckungsgericht stellen musste. Dies war mit erheblichem Aufwand für Banken verbunden, was oftmals die Kündigung des Kontos zur Folge hatte. Durch das Gesetz zur Reform des Kontopfändungsschutzes (v. 7.7.2009, BGBl. I 1707) wurde daher das Verfahren wesentlich erleichtert (dazu *Graf-Schlicker/Linder*, ZIP 09, 989; *Ahrens*, NJW 10, 2001). Nunmehr kann der Arbeitnehmer gemäß § 850k ZPO von seiner Bank die Umwandlung eines normalen Girokontos in ein sog. Pfändungsschutzkonto verlangen, für Gemeinschaftskonten gilt die Sonderregelung des § 850l ZPO. Durch das Pfändungsschutzkonto-Fortentwicklungsgesetz (v. 22.11.2020, BGBl. I 2466) wurden die Wirkungen des Pfändungsschutzkontos in §§ 899ff. ZPO neu geregelt. Ungeachtet einer Pfändung kann der Schuldner bis zur Höhe des Pfändungsfreibetrages – gegebenenfalls zuzüglich eines Erhöhungsbetrages nach §§ 902ff. ZPO – über sein Guthaben verfügen. Nicht verbrauchtes Guthaben wird in den drei nachfolgenden Kalendermonaten zusätzlich geschützt. Erhöhte Gebühren für ein P-Konto darf die Bank nicht erheben (vgl. *BGH* 13.11.2012 – XI ZR 500/11, DB 12, 2920; dazu *Ahrens*, NJW 13, 975). Auch zusätzliche Entgelte, die beim Girokonto von Kreditinstituten nicht erhoben werden, können bei einem P-Konto nicht verlangt werden (*BGH* 16.7.2013 – XI ZR 260/12, DB 13, 2145).

d) Pfändungsschutz für Sozialleistungen

Der Pfändungsschutz für Sozialleistungen (z.B. Arbeitslosengeld, Krankengeld, Rente) ist in §§ 54, 55 SGB I (Nr. 30 I) geregelt. § 53 Abs. 3 SGB I verweist unter bestimmten Voraussetzungen auf den Pfändungsschutz für Arbeitseinkommen (zur Pfändung von Ansprüchen auf Bürgergeld s. *BGH*, NZS 13, 315).

3. Anwendungsprobleme und Rechtstatsachen

Der maßgebende Hintergrund für den Arbeitnehmer-Pfändungsschutz ist der hohe Verschuldensgrad privater Haushalte und die Notwendigkeit bzw. »Versuchung« des leichten Konsumentenkredits (zum Folgenden *Hörmann,* Verbraucher und Schulden, 1987; *Schütte,* WSI-Mitt. 87, 107). Nach einem 1990 vorgelegten Forschungsbericht im Auftrag des Bundesjustizministeriums zur »Überschuldungssituation und Schuldnerberatung in der Bundesrepublik Deutschland« gab es im früheren Gebiet der Bundesrepublik insgesamt etwa 1,2 Millionen überschuldete Haushalte. 1992 war jeder fünfte Haushalt in der alten Bundesrepublik mit ca. 30000 DM verschuldet. In durchschnittlich 10% aller Ratenkredite kommt es

zum Zahlungsverzug und zur Kündigung, mithin den Grundlagen für eine spätere Pfändung.
Die Zahlen haben sich in den letzten mehr als 30 Jahren nicht wesentlich gebessert. Im Jahr 2024 waren 5,56 Mio. Privatpersonen über 18 Jahren überschuldet und in nachhaltigen Zahlungsschwierigkeiten. Das sind mehr als 10 % der volljährigen Männer und gut 6 % der volljährigen Frauen. Häufigste Ursachen waren Arbeitslosigkeit, Erkrankung, Sucht, Unfall, aber auch unwirtschaftliche Haushaltsführung. In immerhin 11,9 % der Fälle waren Verlust des Partners durch Trennung, Scheidung oder Tod die Ursache (alle Angaben nach *www.destatis.de*).
Die Überschuldung ist häufig Ursache für langfristig wirtschaftlichen Ruin, Grundsicherungsbezug und unter Umständen Wohnungslosigkeit. Dem begegnet die Möglichkeit der Restschuldbefreiung im Verbraucherinsolvenzverfahren (vgl. Einl. II 5 zur InsO, Nr. 23).

IV. Einstweilige Verfügung

Mit einer einstweiligen Verfügung können Rechte gewahrt und geschützt werden, wenn das normale Gerichtsverfahren zu lange dauern würde. Es gibt folgende Arten von einstweiligen Verfügungen:

- die *Sicherungsverfügung* (§ 935 ZPO); mit ihr soll die Durchsetzbarkeit eines Individualrechts gewahrt werden;
- die *Regelungsverfügung* (§ 940 ZPO); sie dient der vorläufigen Regelung eines streitigen Rechtsverhältnisses;
- die von der Rechtsprechung entwickelte *Befriedigungs- oder Leistungsverfügung* (insgesamt *Koch,* in: ErfK, 24. Aufl., 2024, § 62 ArbGG Rn. 16).

Um eine einstweilige Verfügung zu erwirken, bedarf es eines Verfügungs*anspruchs* (der grundlegende Rechtsanspruch gegenüber dem Schuldner) und eines Verfügungs*grundes* (die Begründung für die Notwendigkeit einstweiligen Rechtsschutzes). Der Antrag auf einstweilige Verfügung bedarf der Glaubhaftmachung. Dies ist u. a. durch beigefügte eidesstattliche Erklärungen möglich. Die Entscheidung kann ohne mündliche Verhandlung ergehen. Deshalb ist das Institut der sog. Schutzschrift entwickelt worden. Damit kann jemand, der befürchtet, dass gegen ihn eine einstweilige Verfügung beantragt wird, dem Gericht vorab seine tatsächliche und rechtliche Sicht der Dinge darlegen (*Teplitzky,* NJW 80, 1667). Die IG Metall hatte solche Schutzschriften mehrfach bundesweit bei allen Amts- und Arbeitsgerichten zur Abwehr von einstweiligen Verfügungen gegen Warnstreiks eingereicht (abgedruckt: RdA 83, 174; hierzu *Leipold,* RdA 83, 164).
Die Vorschriften der ZPO über die einstweilige Verfügung gelten für das Urteilsverfahren vor dem Arbeitsgericht (§ 62 Abs. 2 ArbGG). Mit einigen Modifikationen gelten sie auch für das Beschlussverfahren (§ 85 Abs. 2 ArbGG).
Im Verhältnis zwischen einzelnem Arbeitnehmer und Arbeitgeber ist vor allem eine einstweilige Verfügung zur Durchsetzung des Weiterbeschäftigungsanspruchs eines gekündigten Arbeitnehmers von Bedeutung (hierzu Einl. III 4 zum KSchG, Nr. 25). Im Verhältnis zwischen Betriebsrat und Arbeitgeber geht es vor allem um die vorläufige Sicherung von Mitbestimmungsrechten (hierzu DKW-*Klebe,* BetrVG, Einl. Rn. 220 ff.).

Wichtige Entscheidungen

BVerfG 29. 5. 1990 – 1 BvL 20/84, 1 BvL 26/84, 1 BvL 4/86, BVerfGE 82, 60
BAG 5. 11. 2012 – 3 AZB 23/12, NZA 2013, 110
BAG 17. 4. 2013 – 10 AZR 59/12, NZA 2013, 859

Weiterführende Literatur

Deinert/Wenckebach/Zwanziger-*Litzig*, Arbeitsrecht, § 47 (Pfändung des Arbeitsentgelts)
Ahrens, Das neue Pfändungsschutzkonto, NJW 2010, S. 2001
Anders/Gehle, ZPO, 83. Aufl. (2025)
Musielak/Voit, ZPO, 22. Aufl. (2025)
Prütting/Gehrlein (Hrsg.), ZPO, 17. Aufl. (2025)
Reifelsberger/Hufnagel, Die Pfändung von Arbeitslohn, DB 2017, S. 2159
Thomas/Putzo, ZPO, 46. Aufl. (2025)
Zöller, ZPO, 36. Aufl. (2026)

Übersicht 79: Pfändbares Arbeitseinkommen

Ermittlung des pfändbaren Teils des Arbeitseinkommens durch normalen Gläubiger[1]		
Unpfändbar	Begrenzt pfändbar	Pfändbar[2]
Unpfändbare Bezüge (§ 850a)	Arbeitseinkommen (§ 850) (verschleiertes Arbeitseinkommen, § 850h),	Abfindungen Schadensersatz (§ 850)
Nicht übertragbare Forderungen (§ 851) Vermögenswirksame Leistungen (§ 2 VII 5. VermBG; § 399 BGB) Arbeitnehmersparzulage (§ 13 III 5. VermBG, § 399 BGB)	+ Wert der Sachbezüge (§ 850e Nr. 3) – Steuern, Sozialabgaben (§ 850e Nr. 1) – unpfändbare Bestandteile (§ 850a) – bedingt pfändbare Bestandteile (§ 850b) = pfändbares Einkommen – Pfändungsfreigrenzen (§ 850c, Anlage 2) = höchstens pfändbarer Betrag/Normalfall – gerichtlich festgelegter Abschlag, wenn Pfändungsfreigrenze unter Grundsicherung (850f I) = höchstens pfändbarer Betrag/Ausnahmefall	

[1] Im Falle von Unterhaltsgläubigern gelten die Pfändungsfreigrenzen des § 850c nicht, unpfändbare Bezüge gem. § 850a Nr. 1, 2 und 4 werden zur Hälfte berücksichtigt. Das Gericht setzt den „Selbstbehalt" des Arbeitnehmers fest (§ 850d).

[2] Festsetzung eines zum Unterhalt für den Arbeitnehmer und Unterhaltsberechtigten notwendigen Betrags durch das Gericht (§ 850i).

Zivilprozessordnung (ZPO)

vom 30. Januar 1877 (RBl. 83),
in der Fassung der Bekanntmachung vom 5. Dezember 2005 (BGBl. I 3202),
ber. am 14. Februar 2006 (BGBl. I 431),
zuletzt geändert durch Gesetz vom 22. Dezember 2025 (BGBl. 2025 I Nr. 349)

(Abgedruckte Vorschriften: §§ 114, 811 Abs. 1 Nr. 1, 3 und 4, Abs. 2, 828, 829, 832 - 836, 840, 841, 845 - 847, 850 - 851, 853, 935, 937, 938, 940, Anhang zu § 850c)

Buch 1 – Allgemeine Vorschriften

…

Abschnitt 2 – Parteien

…

Titel 7 – Personen

§ 114 Voraussetzungen (1) Eine Partei, die nach ihren persönlichen und wirtschaftlichen Verhältnissen die Kosten der Prozessführung nicht, nur zum Teil oder nur in Raten aufbringen kann, erhält auf Antrag Prozesskostenhilfe, wenn die beabsichtigte Rechtsverfolgung oder Rechtsverteidigung hinreichende Aussicht auf Erfolg bietet und nicht mutwillig erscheint. Für die grenzüberschreitende Prozesskostenhilfe innerhalb der Europäischen Union gelten ergänzend die §§ 1076 bis 1078.
(2) Mutwillig ist die Rechtsverfolgung oder Rechtsverteidigung, wenn eine Partei, die keine Prozesskostenhilfe beansprucht, bei verständiger Würdigung aller Umstände von der Rechtsverfolgung oder Rechtsverteidigung absehen würde, obwohl eine hinreichende Aussicht auf Erfolg besteht.
…

Buch 8 – Zwangsvollstreckung

…

Abschnitt 2 – Zwangsvollstreckung wegen Geldforderungen

…

Untertitel 2 – Zwangsvollstreckung in körperliche Sachen

…

§ 811 Unpfändbare Sachen und Tiere (1) Nicht der Pfändung unterliegen

1. Sachen, die der Schuldner oder eine Person, mit der er in einem gemeinsamen Haushalt zusammenlebt, benötigt
   a) für eine bescheidene Lebens- und Haushaltsführung;
   b) für die Ausübung einer Erwerbstätigkeit oder eine damit in Zusammenhang stehende Aus- oder Fortbildung;
   c) aus gesundheitlichen Gründen;
   d) zur Ausübung von Religion oder Weltanschauung oder als Gegenstand religiöser oder weltanschaulicher Verehrung, wenn ihr Wert 500 Euro nicht übersteigt;
2. *(nicht abgedruckt)*
3. Bargeld
   a) für den Schuldner, der eine natürliche Person ist, in Höhe von einem Fünftel,
   b) für jede weitere Person, mit der der Schuldner in einem gemeinsamen Haushalt zusammenlebt, in Höhe von einem Zehntel

   des täglichen Freibetrages nach § 850c Absatz 1 Nummer 3 in Verbindung mit Absatz 4 Nummer 1 für jeden Kalendertag ab dem Zeitpunkt der Pfändung bis zu dem Ende des Monats, in dem die Pfändung bewirkt wird; der Gerichtsvollzieher kann im Einzelfall nach pflichtgemäßem Ermessen einen abweichenden Betrag festsetzen;
4. Unterlagen, zu deren Aufbewahrung eine gesetzliche Verpflichtung besteht oder die der Schuldner oder eine Person, mit der er in einem gemeinsamen Haushalt zusammenlebt, zu Buchführungs- oder Dokumentationszwecken benötigt;

5.–8. *(nicht abgedruckt)*

(2) Eine in Absatz 1 Nummer Buchstabe a und b sowie Nummer 2 bezeichnete Sache oder ein in Absatz 1 Nummer 8 Buchstabe b bezeichnetes Tier kann abweichend von Absatz 1 gepfändet werden, wenn der Verkäufer wegen einer durch Eigentumsvorbehalt gesicherten Geldforderung aus dem Verkauf der Sache oder des Tieres vollstreckt. Die Vereinbarung des Eigentumsvorbehaltes ist durch eine Urkunde nachzuweisen.

…

Untertitel 3 – Zwangsvollstreckung in Forderungen und andere Vermögensrechte

§ 828 Zuständigkeit des Vollstreckungsgerichts (1) Die gerichtlichen Handlungen, welche die Zwangsvollstreckung in Forderungen und andere Vermögensrechte zum Gegenstand haben, erfolgen durch das Vollstreckungsgericht.

(2) Als Vollstreckungsgericht ist das Amtsgericht, bei dem der Schuldner im Inland seinen allgemeinen Gerichtsstand hat, und sonst das Amtsgericht zuständig, bei dem nach § 23 gegen den Schuldner Klage erhoben werden kann.

(3) Ist das angegangene Gericht nicht zuständig, gibt es die Sache auf Antrag des Gläubigers an das zuständige Gericht ab. Die Abgabe ist nicht bindend.

§ 829 Pfändung einer Geldforderung (1) Soll eine Geldforderung gepfändet werden, so hat das Gericht dem Drittschuldner zu verbieten, an den Schuldner zu zahlen. Zugleich hat das Gericht an den Schuldner das Gebot zu erlassen, sich jeder Verfügung über die Forderung, insbesondere ihrer Einziehung, zu enthalten. Die Pfändung mehrerer Geldforderungen gegen verschiedene Drittschuldner soll auf Antrag des Gläubigers durch einheitlichen Beschluss ausgesprochen werden, soweit dies für Zwecke der Vollstreckung geboten erscheint und kein Grund zu der Annahme besteht, dass schutzwürdige Interessen der Drittschuldner entgegenstehen.
(2) Der Gläubiger hat den Beschluss dem Drittschuldner zustellen zu lassen. Der Gerichtsvollzieher hat dem Schuldner den Beschluss mit den Zustellungsnachweis sofort zuzustellen, sofern nicht eine öffentliche Zustellung erforderlich wird. An Stelle einer an den Schuldner im Ausland zu bewirkenden Zustellung erfolgt die Zustellung durch Aufgabe zur Post, sofern die Zustellung nicht nach unmittelbar anwendbaren Regelungen der Europäischen Union zu bewirken ist.
(3) Mit der Zustellung des Beschlusses an den Drittschuldner ist die Pfändung als bewirkt anzusehen.
(4) Das Bundesministerium der Justiz und für Verbraucherschutz wird ermächtigt, durch Rechtsverordnung mit Zustimmung des Bundesrates Formulare für den Antrag auf Erlass eines Pfändungs- und Überweisungsbeschlusses einzuführen. Soweit nach Satz 1 Formulare eingeführt sind, muss sich der Antragsteller ihrer bedienen. Für Verfahren bei Gerichten, die die Verfahren elektronisch bearbeiten, und für Verfahren bei Gerichten, die die Verfahren nicht elektronisch bearbeiten, können unterschiedliche Formulare eingeführt werden.
…

§ 832 Pfändungsumfang bei fortlaufenden Bezügen Das Pfandrecht, das durch die Pfändung einer Gehaltsforderung oder einer ähnlichen in fortlaufenden Bezügen bestehenden Forderung erworben wird, erstreckt sich auch auf die nach der Pfändung fällig werdenden Beträge.

§ 833 Pfändungsumfang bei Arbeits- und Diensteinkommen (1) Durch die Pfändung eines Diensteinkommens wird auch das Einkommen betroffen, das der Schuldner infolge der Versetzung in ein anderes Amt, der Übertragung eines neuen Amtes oder einer Gehaltserhöhung zu beziehen hat. Diese Vorschrift ist auf den Fall der Änderung des Dienstherrn nicht anzuwenden.
(2) Endet das Arbeits- oder Dienstverhältnis und begründen Schuldner und Drittschuldner innerhalb von neun Monaten ein solches neu, so erstreckt sich die Pfändung auf die Forderung aus dem neuen Arbeits- oder Dienstverhältnis.

§ 833a Pfändungsumfang bei Kontoguthaben Die Pfändung des Guthabens eines Kontos bei einem Kreditinstitut umfasst das am Tag der Zustellung des Pfändungsbeschlusses bei dem Kreditinstitut bestehende Guthaben sowie die Tagesguthaben der auf die Pfändung folgenden Tage.

§ 834 Keine Anhörung des Schuldners Vor der Pfändung ist der Schuldner über das Pfändungsgesuch nicht zu hören.

§ 835 Überweisung einer Geldforderung (1) Die gepfändete Geldforderung ist dem Gläubiger nach seiner Wahl zur Einziehung oder an Zahlungs statt zum Nennwert zu überweisen.
(2) Im letzteren Fall geht die Forderung auf den Gläubiger mit der Wirkung über, dass er, soweit die Forderung besteht, wegen seiner Forderung an den Schuldner als befriedigt anzusehen ist.
(3) Die Vorschriften des § 829 Abs. 2, 3 sind auf die Überweisung entsprechend anzuwenden. Wird ein bei einem Kreditinstitut gepfändetes Guthaben eines Schuldners, der eine natürliche Person ist, dem Gläubiger überwiesen, so darf erst einen Monat nach der Zustellung des Überweisungsbeschlusses an den Drittschuldner aus dem Guthaben an den Gläubiger geleistet oder der Betrag hinterlegt werden; ist künftiges Guthaben gepfändet worden, ordnet das Vollstreckungsgericht auf Antrag zusätzlich an, dass erst einen Monat nach der Gutschrift von eingehenden Zahlungen an den Gläubiger geleistet oder der Betrag hinterlegt werden darf.
(4) Wird künftiges Guthaben auf einem Pfändungsschutzkonto im Sinne von § 850k Absatz 7 gepfändet und dem Gläubiger überwiesen, darf der Drittschuldner erst nach Ablauf des nächsten auf die jeweilige Gutschrift von eingehenden Zahlungen folgenden Kalendermonats an den Gläubiger leisten oder den Betrag hinterlegen. Das Vollstreckungsgericht kann auf Antrag des Gläubigers eine abweichende Anordnung treffen, wenn die Regelung des Satzes 1 unter voller Würdigung des Schutzbedürfnisses des Schuldners für den Gläubiger eine unzumutbare Härte verursacht.
(5) Wenn nicht wiederkehrend zahlbare Vergütungen eines Schuldners, der eine natürliche Person ist, für persönlich geleistete Arbeiten oder Dienste oder sonstige Einkünfte, die kein Arbeitseinkommen sind, dem Gläubiger überwiesen werden, so darf der Drittschuldner erst vier Wochen nach der Zustellung des Überweisungsbeschlusses an den Gläubiger leisten oder den Betrag hinterlegen.

§ 836 Wirkung der Überweisung (1) Die Überweisung ersetzt die förmlichen Erklärungen des Schuldners, von denen nach den Vorschriften des bürgerlichen Rechts die Berechtigung zur Einziehung der Forderung abhängig ist.
(2) Der Überweisungsbeschluss gilt, auch wenn er mit Unrecht erlassen ist, zugunsten des Drittschuldners dem Schuldner gegenüber so lange als rechtsbeständig, bis er aufgehoben wird und die Aufhebung zur Kenntnis des Drittschuldners gelangt.
(3) Der Schuldner ist verpflichtet, dem Gläubiger die zur Geltendmachung der Forderung nötige Auskunft zu erteilen und ihm die über die Forderung vorhandenen Urkunden herauszugeben. Erteilt der Schuldner die Auskunft nicht, so ist er auf Antrag des Gläubigers verpflichtet, sie zu Protokoll zu geben und seine Angaben an Eides statt zu versichern. Der gemäß § 802e zuständige Gerichtsvollzieher lädt den Schuldner zur Abgabe der Auskunft und eidesstattlichen Versicherung. Die Vorschriften des § 802f Absatz 6 und der §§ 802g bis 802i, 802j Abs. 1 und 2

gelten entsprechend. Die Herausgabe der Urkunden kann von dem Gläubiger im Wege der Zwangsvollstreckung erwirkt werden.

…

§ 840 Erklärungspflicht des Drittschuldners (1) Auf Verlangen des Gläubigers hat der Drittschuldner binnen zwei Wochen, von der Zustellung des Pfändungsbeschlusses an gerechnet, dem Gläubiger zu erklären:

1. ob und inwieweit er die Forderung als begründet anerkenne und Zahlung zu leisten bereit sei;
2. ob und welche Ansprüche andere Personen an die Forderung machen;
3. ob und wegen welcher Ansprüche die Forderung bereits für andere Gläubiger gepfändet sei;
4. ob innerhalb der letzten zwölf Monate im Hinblick auf das Konto, dessen Guthaben gepfändet worden ist, nach § 907 die Unpfändbarkeit des Guthabens festgesetzt worden ist, und
5. ob es sich bei dem Konto, dessen Guthaben gepfändet worden ist, um ein Pfändungsschutzkonto im Sinne des § 850k oder ein Gemeinschaftskonto im Sinne des § 850l handelt; bei einem Gemeinschaftskonto ist zugleich anzugeben, ob der Schuldner nur gemeinsam mit einer oder mehreren anderen Personen verfügungsberechtigt ist.

(2) Die Aufforderung zur Abgabe dieser Erklärungen muss in die Zustellungsurkunde aufgenommen werden; bei Zustellungen nach § 193a muss die Aufforderung als elektronisches Dokument zusammen mit dem Pfändungsbeschluss übermittelt werden. Der Drittschuldner haftet dem Gläubiger für den aus der Nichterfüllung seiner Verpflichtung entstehenden Schaden.
(3) Die Erklärungen des Drittschuldners können innerhalb der in Absatz 1 bestimmten Frist auch gegenüber dem Gerichtsvollzieher abgegeben werden. Werden die Erklärungen bei einer Zustellung des Pfändungsbeschlusses nach § 193 abgegeben, so sind sie in die Zustellungsurkunde aufzunehmen und von dem Drittschuldner zu unterschreiben.

§ 841 Pflicht zur Streitverkündung Der Gläubiger, der die Forderung einklagt, ist verpflichtet, dem Schuldner gerichtlich den Streit zu verkünden, sofern nicht eine Zustellung im Ausland oder eine öffentliche Zustellung erforderlich wird.

…

§ 845 Vorpfändung (1) Schon vor der Pfändung kann der Gläubiger auf Grund eines vollstreckbaren Schuldtitels durch den Gerichtsvollzieher dem Drittschuldner und dem Schuldner die Benachrichtigung, dass die Pfändung bevorstehe, zustellen lassen mit der Aufforderung an den Drittschuldner, nicht an den Schuldner zu zahlen, und mit der Aufforderung an den Schuldner, sich jeder Verfügung über die Forderung, insbesondere ihre Einziehung, zu enthalten. Der Gerichtsvollzieher hat die Benachrichtigung mit den Aufforderungen selbst anzufertigen, wenn er von dem Gläubiger hierzu ausdrücklich beauftragt worden ist. An Stelle einer an den Schuldner im Ausland zu bewirkenden Zustellung erfolgt die Zustellung durch

Aufgabe zur Post, sofern die Zustellung nicht nach unmittelbar anwendbaren Regelungen der Europäischen Union zu bewirken ist.
(2) Die Benachrichtigung an den Drittschuldner hat die Wirkung eines Arrestes (§ 930), sofern die Pfändung der Forderung innerhalb eines Monats bewirkt wird. Die Frist beginnt mit dem Tag, an dem die Benachrichtigung zugestellt ist.

§ 846 Zwangsvollstreckung in Herausgabeansprüche Die Zwangsvollstreckung in Ansprüche, welche die Herausgabe oder Leistung körperlicher Sachen zum Gegenstand haben, erfolgt nach den §§ 829 bis 845 unter Berücksichtigung der nachstehenden Vorschriften.

§ 847 Herausgabeanspruch auf eine bewegliche Sache (1) Bei der Pfändung eines Anspruchs, der eine bewegliche körperliche Sache betrifft, ist anzuordnen, dass die Sache an einen vom Gläubiger zu beauftragenden Gerichtsvollzieher herauszugeben sei.
(2) Auf die Verwertung der Sache sind die Vorschriften über die Verwertung gepfändeter Sachen anzuwenden.
…

§ 850 Pfändungsschutz für Arbeitseinkommen (1) Arbeitseinkommen, das in Geld zahlbar ist, kann nur nach Maßgabe der §§ 850a bis 850i gepfändet werden.
(2) Arbeitseinkommen im Sinne dieser Vorschrift sind die Dienst- und Versorgungsbezüge der Beamten, Arbeits- und Dienstlöhne, Ruhegelder und ähnliche nach dem einstweiligen oder dauernden Ausscheiden aus dem Dienst- oder Arbeitsverhältnis gewährte fortlaufende Einkünfte, ferner Hinterbliebenenbezüge sowie sonstige Vergütungen für Dienstleistungen aller Art, die die Erwerbstätigkeit des Schuldners vollständig oder zu einem wesentlichen Teil in Anspruch nehmen.
(3) Arbeitseinkommen sind auch die folgenden Bezüge, soweit sie in Geld zahlbar sind:
a) Bezüge, die ein Arbeitnehmer zum Ausgleich für Wettbewerbsbeschränkungen für die Zeit nach Beendigung seines Dienstverhältnisses beanspruchen kann;
b) Renten, die auf Grund von Versicherungsverträgen gewährt werden, wenn diese Verträge zur Versorgung des Versicherungsnehmers oder seiner unterhaltsberechtigten Angehörigen eingegangen sind.
(4) Die Pfändung des in Geld zahlbaren Arbeitseinkommens erfasst alle Vergütungen, die dem Schuldner aus der Arbeits- oder Dienstleistung zustehen, ohne Rücksicht auf ihre Benennung oder Berechnungsart.

§ 850a Unpfändbare Bezüge Unpfändbar sind
1. zur Hälfte die für die Leistung von Mehrarbeitsstunden gezahlten Teile des Arbeitseinkommens;
2. die für die Dauer eines Urlaubs über das Arbeitseinkommen hinaus gewährten Bezüge, Zuwendungen aus Anlass eines besonderen Betriebsereignisses und Treugelder, soweit sie den Rahmen des Üblichen nicht übersteigen;

3. Aufwandsentschädigungen, Auslösungsgelder und sonstige soziale Zulagen für auswärtige Beschäftigungen, das Entgelt für selbstgestelltes Arbeitsmaterial, Gefahrenzulagen sowie Schmutz- und Erschwerniszulagen, soweit diese Bezüge den Rahmen des Üblichen nicht übersteigen;
4. Weihnachtsvergütungen bis zu der Hälfte des Betrages, dessen Höhe sich nach Aufrundung des monatlichen Freibetrages nach § 850c Absatz 1 in Verbindung mit Absatz 4 auf den nächsten vollen 10-Euro-Betrag ergibt;
5. Heirats- und Geburtsbeihilfen, sofern die Vollstreckung wegen anderer als der aus Anlass der Heirat oder der Geburt entstandenen Ansprüche betrieben wird;
6. Erziehungsgelder, Studienbeihilfen und ähnliche Bezüge;
7. Sterbe- und Gnadenbezüge aus Arbeits- oder Dienstverhältnissen;
8. Blindenzulagen.

§ 850b Bedingt pfändbare Bezüge (1) Unpfändbar sind ferner
1. Renten, die wegen einer Verletzung des Körpers oder der Gesundheit zu entrichten sind;
2. Unterhaltsrenten, die auf gesetzlicher Vorschrift beruhen, sowie die wegen Entziehung einer solchen Forderung zu entrichtenden Renten;
3. fortlaufende Einkünfte, die ein Schuldner aus Stiftungen oder sonst auf Grund der Fürsorge und Freigebigkeit eines Dritten oder auf Grund eines Altenteils oder Auszugsvertrags bezieht;
4. Bezüge aus Witwen-, Waisen-, Hilfs- und Krankenkassen, die ausschließlich oder zu einem wesentlichen Teil zu Unterstützungszwecken gewährt werden, ferner Ansprüche aus Lebensversicherungen, die nur auf den Todesfall des Versicherungsnehmers abgeschlossen sind, wenn die Versicherungssumme 5400 Euro nicht übersteigt.

(2) Diese Bezüge können nach den für Arbeitseinkommen geltenden Vorschriften gepfändet werden, wenn die Vollstreckung in das sonstige bewegliche Vermögen des Schuldners zu einer vollständigen Befriedigung des Gläubigers nicht geführt hat oder voraussichtlich nicht führen wird und wenn nach den Umständen des Falles, insbesondere nach der Art des beizutreibenden Anspruchs und der Höhe der Bezüge, die Pfändung der Billigkeit entspricht.
(3) Das Vollstreckungsgericht soll vor seiner Entscheidung die Beteiligten hören.

§ 850c Pfändungsgrenzen für Arbeitseinkommen (1) Arbeitseinkommen ist unpfändbar, wenn es, je nach dem Zeitraum, für den es gezahlt wird, nicht mehr als
1. *1555,00* Euro monatlich,
2. *357,87* Euro wöchentlich oder
3. *71,57* Euro täglich

beträgt.[1]

---

1 Die Beträge in Absatz 1 wurden korrigiert gem. Pfändungsfreigrenzenbekanntmachung 2025 v. 2.4.2025, BGBl. 2025 I Nr. 110.

(2) Gewährt der Schuldner auf Grund einer gesetzlichen Verpflichtung seinem Ehegatten, einem früheren Ehegatten, seinem Lebenspartner, einem früheren Lebenspartner, einem Verwandten oder nach den §§ 1615l und 1615n des Bürgerlichen Gesetzbuchs einem Elternteil Unterhalt, so erhöht sich der Betrag nach Absatz 1 für die erste Person, der Unterhalt gewährt wird, und zwar um
1. *585,23* Euro monatlich,
2. *134,69* Euro wöchentlich oder
3. *26,94* Euro täglich.

Für die zweite bis fünfte Person, der Unterhalt gewährt wird, erhöht sich der Betrag nach Absatz 1 um je
1. *326,04* Euro monatlich,
2. *75,04* Euro wöchentlich oder
3. *15,01* Euro täglich.[2]

(3) Übersteigt das Arbeitseinkommen den Betrag nach Absatz 1, so ist es hinsichtlich des überschießenden Teils in Höhe von drei Zehnteln unpfändbar. Gewährt der Schuldner nach Absatz 2 Unterhalt, so sind für die erste Person weitere zwei Zehntel und für die zweite bis fünfte Person jeweils ein weiteres Zehntel unpfändbar. Der Teil des Arbeitseinkommens, der
1. *4766,99* Euro monatlich,
2. *1097,05* Euro wöchentlich oder
3. *219,42* Euro täglich.

übersteigt, bleibt bei der Berechnung des unpfändbaren Betrages unberücksichtigt.[3]

(4) Das Bundesministerium der Justiz und für Verbraucherschutz mach im Bundesgesetzblatt Folgendes bekannt (Pfändungsfreigrenzenbekanntmachung):
1. die Höhe des unpfändbaren Arbeitseinkommens nach Absatz 1,
2. die Höhe der Erhöhungsbeträge nach Absatz 2,
3. die Höhe der in Absatz 3 Satz 3 genannten Höchstbeträge.

Die Beträge werden jeweils zum 1. Juli eines Jahres entsprechend der im Vergleich zum jeweiligen Vorjahreszeitraum sich ergebenden prozentualen Entwicklungen des Grundfreibetrages nach § 32a Absatz 1 Satz 2 Nummer 1 des Einkommensteuergesetzes angepasst; der Berechnung ist die am 1 Januar des jeweiligen Jahres gültige Fassung des § 32a Absatz 1 Satz 2 Nummer 1 des Einkommensteuergesetzes zugrunde zu legen.

(5) Um den nach Absatz 3 pfändbaren Teil des Arbeitseinkommens zu berechnen, ist das Arbeitseinkommen, gegebenenfalls nach Abzug des nach Absatz 3 Satz 3 pfändbaren Betrages, auf eine Zahl abzurunden, die bei einer Auszahlung für
1. Monate bei einer Teilung durch 10 eine natürliche Zahl ergibt,
2. Wochen bei einer Teilung durch 2,5 eine natürliche Zahl ergibt,
3. Tage bei einer Teilung durch 0,5 eine natürliche Zahl ergibt.

---

2 Die Beträge in Absatz 2 wurden korrigiert gem. Pfändungsfreigrenzenbekanntmachung 2025 v. 2.4.2025, BGBl. 2025 I Nr. 110.

3 Die Beträge in Absatz 3 wurden korrigiert gem. Pfändungsfreigrenzenbekanntmachung 2025 v. 2.4.2025, BGBl. 2025 I Nr. 110.

Die sich aus der Berechnung nach Satz 1 ergebenden Beträge sind in der Pfändungsfreigrenzenbekanntmachung als Tabelle enthalten. Im Pfändungsbeschluss genügt die Bezugnahme auf die Tabelle.
(6) Hat eine Person, welcher der Schuldner auf Grund gesetzlicher Verpflichtung Unterhalt gewährt, eigene Einkünfte, so kann das Vollstreckungsgericht auf Antrag des Gläubigers nach billigem Ermessen bestimmen, dass diese Person bei der Berechnung des unpfändbaren Teils des Arbeitseinkommens ganz oder teilweise unberücksichtigt bleibt; soll die Person nur teilweise berücksichtigt werden, so ist Absatz 5 Satz 3 nicht anzuwenden.

§ 850d Pfändbarkeit bei Unterhaltsansprüchen (1) Wegen der Unterhaltsansprüche, die kraft Gesetzes einem Verwandten, dem Ehegatten, einem früheren Ehegatten, dem Lebenspartner, einem früheren Lebenspartner oder nach §§ 1615l, 1615n des Bürgerlichen Gesetzbuchs einem Elternteil zustehen, sind das Arbeitseinkommen und die in § 850a Nr. 1, 2 und 4 genannten Bezüge ohne die in § 850c bezeichneten Beschränkungen pfändbar. Dem Schuldner ist jedoch so viel zu belassen, als er für seinen notwendigen Unterhalt und zur Erfüllung seiner laufenden gesetzlichen Unterhaltspflichten gegenüber den dem Gläubiger vorgehenden Berechtigten oder zur gleichmäßigen Befriedigung der dem Gläubiger gleichstehenden Berechtigten bedarf; von den in § 850a Nr. 1, 2 und 4 genannten Bezügen hat ihm mindestens die Hälfte des nach § 850a unpfändbaren Betrages zu verbleiben. Der dem Schuldner hiernach verbleibende Teil seines Arbeitseinkommens darf den Betrag nicht übersteigen, der ihm nach den Vorschriften des § 850c gegenüber nicht bevorrechtigten Gläubigern zu verbleiben hätte. Für die Pfändung wegen der Rückstände, die länger als ein Jahr vor dem Antrag auf Erlass des Pfändungsbeschlusses fällig geworden sind, gelten die Vorschriften dieses Absatzes insoweit nicht, als nach Lage der Verhältnisse nicht anzunehmen ist, dass der Schuldner sich seiner Zahlungspflicht absichtlich entzogen hat.
(2) Mehrere nach Absatz 1 Berechtigte sind mit ihren Ansprüchen in der Reihenfolge nach § 1609 des Bürgerlichen Gesetzbuchs und § 16 des Lebenspartnerschaftsgesetzes zu berücksichtigen, wobei mehrere gleich nahe Berechtigte untereinander den gleichen Rang haben.
(3) Bei der Vollstreckung wegen der in Absatz 1 bezeichneten Ansprüche sowie wegen der aus Anlass einer Verletzung des Körpers oder der Gesundheit zu zahlenden Renten kann zugleich mit der Pfändung wegen fälliger Ansprüche auch künftig fällig werdendes Arbeitseinkommen wegen der dann jeweils fällig werdenden Ansprüche gepfändet und überwiesen werden.

§ 850e Berechnung des pfändbaren Arbeitseinkommens Für die Berechnung des pfändbaren Arbeitseinkommens gilt Folgendes:

1. Nicht mitzurechnen sind die nach § 850a der Pfändung entzogenen Bezüge, ferner Beträge, die unmittelbar auf Grund steuerrechtlicher oder sozialrechtlicher Vorschriften zur Erfüllung gesetzlicher Verpflichtungen des Schuldners abzuführen sind. Diesen Beträgen stehen gleich die auf den Auszahlungszeitraum entfallenden Beträge, die der Schuldner

a) nach den Vorschriften der Sozialversicherungsgesetze zur Weiterversicherung entrichtet oder
b) an eine Ersatzkasse oder an ein Unternehmen der privaten Krankenversicherung leistet, soweit sie den Rahmen des Üblichen nicht übersteigen.

2. Mehrere Arbeitseinkommen sind auf Antrag vom Vollstreckungsgericht bei der Pfändung zusammenzurechnen. Der unpfändbare Grundbetrag ist in erster Linie dem Arbeitseinkommen zu entnehmen, das die wesentliche Grundlage der Lebenshaltung des Schuldners bildet.

2a. Mit Arbeitseinkommen sind auf Antrag auch Ansprüche auf laufende Geldleistungen nach dem Sozialgesetzbuch zusammenzurechnen, soweit diese der Pfändung unterworfen sind. Der unpfändbare Grundbetrag ist, soweit die Pfändung nicht wegen gesetzlicher Unterhaltsansprüche erfolgt, in erster Linie den laufenden Geldleistungen nach dem Sozialgesetzbuch zu entnehmen. Ansprüche auf Geldleistungen für Kinder dürfen mit Arbeitseinkommen nur zusammengerechnet werden, soweit sie nach § 76 des Einkommensteuergesetzes oder nach § 54 Abs. 5 des Ersten Buches Sozialgesetzbuch gepfändet werden können.

3. Erhält der Schuldner neben seinem in Geld zahlbaren Einkommen auch Naturalleistungen, so sind Geld- und Naturalleistungen zusammenzurechnen. In diesem Falle ist der in Geld zahlbare Betrag insoweit pfändbar, als der nach § 850c unpfändbare Teil des Gesamteinkommens durch den Wert der dem Schuldner verbleibenden Naturalleistungen gedeckt ist.

4. Trifft eine Pfändung, eine Abtretung oder eine sonstige Verfügung wegen eines der in § 850d bezeichneten Ansprüche mit einer Pfändung wegen eines sonstigen Anspruchs zusammen, so sind auf die Unterhaltsansprüche zunächst die gemäß § 850d der Pfändung in erweitertem Umfang unterliegenden Teile des Arbeitseinkommens zu verrechnen. Die Verrechnung nimmt auf Antrag eines Beteiligten das Vollstreckungsgericht vor. Der Drittschuldner kann, solange ihm eine Entscheidung des Vollstreckungsgerichts nicht zugestellt ist, nach dem Inhalt der ihm bekannten Pfändungsbeschlüsse, Abtretungen und sonstigen Verfügungen mit befreiender Wirkung leisten.

§ 850f Änderung des unpfändbaren Betrages (1) Das Vollstreckungsgericht kann dem Schuldner auf Antrag von dem nach den Bestimmungen der §§ 850c, 850d und 850i pfändbaren Teil seines Arbeitseinkommens einen Teil belassen, wenn

1. der Schuldner nachweist, dass bei Anwendung der Pfändungsfreigrenzen entsprechend § 850c der notwendige Lebensunterhalt im Sinne des Dritten und Vierten des Zwölften Buches Sozialgesetzbuch oder nach Kapitel 3 Abschnitt 2 des Zweiten Buches Sozialgesetzbuch für sich und für die Personen, denen er gesetzlich zum Unterhalt verpflichtet ist, nicht gedeckt ist,
2. besondere Bedürfnisse des Schuldners aus persönlichen oder beruflichen Gründen oder
3. der besondere Umfang der gesetzlichen Unterhaltspflichten des Schuldners, insbesondere die Zahl der Unterhaltsberechtigten, dies erfordern

und überwiegende Belange des Gläubigers nicht entgegenstehen.

(2) Wird die Zwangsvollstreckung wegen einer Forderung aus einer vorsätzlich begangenen unerlaubten Handlung betrieben, so kann das Vollstreckungsgericht auf Antrag des Gläubigers den pfändbaren Teil des Arbeitseinkommens ohne Rücksicht auf die in § 850c vorgesehenen Beschränkungen bestimmen; dem Schuldner ist jedoch so viel zu belassen, wie er für seinen notwendigen Unterhalt und zur Erfüllung seiner laufenden gesetzlichen Unterhaltspflichten bedarf.
(3) *(weggefallen)*

§ 850g Änderung der Unpfändbarkeitsvoraussetzungen Ändern sich die Voraussetzungen für die Bemessung des unpfändbaren Teils des Arbeitseinkommens, so hat das Vollstreckungsgericht auf Antrag des Schuldners oder des Gläubigers den Pfändungsbeschluss entsprechend zu ändern. Antragsberechtigt ist auch ein Dritter, dem der Schuldner kraft Gesetzes Unterhalt zu gewähren hat. Der Drittschuldner kann nach dem Inhalt des früheren Pfändungsbeschlusses mit befreiender Wirkung leisten, bis ihm der Änderungsbeschluss zugestellt wird.

§ 850h Verschleiertes Arbeitseinkommen (1) Hat sich der Empfänger der vom Schuldner geleisteten Arbeiten oder Dienste verpflichtet, Leistungen an einen Dritten zu bewirken, die nach Lage der Verhältnisse ganz oder teilweise eine Vergütung für die Leistung des Schuldners darstellen, so kann der Anspruch des Drittberechtigten insoweit auf Grund des Schuldtitels gegen den Schuldner gepfändet werden, wie wenn der Anspruch dem Schuldner zustände. Die Pfändung des Vergütungsanspruchs des Schuldners umfasst ohne weiteres den Anspruch des Drittberechtigten. Der Pfändungsbeschluss ist dem Drittberechtigten ebenso wie dem Schuldner zuzustellen.
(2) Leistet der Schuldner einem Dritten in einem ständigen Verhältnis Arbeiten oder Dienste, die nach Art und Umfang üblicherweise vergütet werden, unentgeltlich oder gegen eine unverhältnismäßig geringe Vergütung, so gilt im Verhältnis des Gläubigers zu dem Empfänger der Arbeits- und Dienstleistungen eine angemessene Vergütung als geschuldet. Bei der Prüfung, ob diese Voraussetzungen vorliegen, sowie bei der Bemessung der Vergütung ist auf alle Umstände des Einzelfalles, insbesondere die Art der Arbeits- und Dienstleistung, die verwandtschaftlichen oder sonstigen Beziehungen zwischen dem Dienstberechtigten und dem Dienstverpflichteten und die wirtschaftliche Leistungsfähigkeit des Dienstberechtigten Rücksicht zu nehmen.

§ 850i Pfändungsschutz für sonstige Einkünfte (1) Werden nicht wiederkehrend zahlbare Vergütungen für persönlich geleistete Arbeiten oder Dienste oder sonstige Einkünfte, die kein Arbeitseinkommen sind, gepfändet, so hat das Gericht dem Schuldner auf Antrag während eines angemessenen Zeitraums so viel zu belassen, als ihm nach freier Schätzung des Gerichts verbleiben würde, wenn sein Einkommen aus laufendem Arbeits- oder Dienstlohn bestünde. Bei der Entscheidung sind die wirtschaftlichen Verhältnisse des Schuldners, insbesondere seine sonstigen Verdienstmöglichkeiten, frei zu würdigen. Der Antrag des Schuldners ist insoweit abzulehnen, als überwiegende Belange des Gläubigers entgegenstehen.

(2) Die Vorschriften des § 27 des Heimarbeitsgesetzes vom 14. März 1951 (BGBl. I S. 191) bleiben unberührt.
(3) Die Bestimmungen der Versicherungs-, Versorgungs- und sonstigen gesetzlichen Vorschriften über die Pfändung von Ansprüchen bestimmter Art bleiben unberührt.

§ 850k Einrichtung und Beendigung des Pfändungsschutzkontos (1) Eine natürliche Person kann jederzeit von dem Kreditinstitut verlangen, dass ein von ihr dort geführtes Zahlungskonto als Pfändungsschutzkonto geführt wird. Satz 1 gilt auch, wenn das Zahlungskonto zum Zeitpunkt des Verlangens einen negativen Saldo aufweist. Ein Pfändungsschutzkonto darf jedoch ausschließlich auf Guthabenbasis geführt werden.
(2) Ist Guthaben auf dem Zahlungskonto bereits gepfändet worden, kann der Schuldner die Führung dieses Kontos als Pfändungsschutzkonto zum Beginn des vierten auf sein Verlagngen folgenden Geschäftstages fordern. Das Vertragsverhältnis zwischen dem Kontoinhaber und dem Kreditinstitut bleibt im Übrigen unberührt.
(3) Jede Person darf nur ein Pfändungsschutzkonto unterhalten. Bei dem Verlangen nach Absatz 1 hat der Kunde gegenüber dem Kreditinstitut zu versichern, dass er kein weiteres Pfändungsschutzkonto unterhält.
(4) Unterhält ein Schuldner entgegen Absatz 3 Satz 1 mehrere Zahlungskonten als Pfändungsschutzkonten, ordnet das Vollstreckungsgericht auf Antrag des Gläubigers an, dass nur das von dem Gläubiger in seinem Antrag bezeichnete Zahlungskonto dem Schuldner als Pfändungsschutzkonto verbleibt. Der Gläubiger hat den Umstand, dass ein Schuldner entgegen Satz 1 mehrere Zahlungskonten als Pfändungsschutzkonten unterhält, durch Vorlage entsprechender Erklärungen der Drittschuldner glaubhaft zu machen. Eine Anhörung des Schuldners durch das Vollstreckungsgericht unterbleibt. Die Anordnung nach Satz 1 ist allen Drittschuldnern zuzustellen. Mit der Zustellung der Anordnung an diejenigen Kreditinstitute, deren Zahlungskonten nicht zum Pfändungsschutzkonto bestimmt sind, entfallen die Wirkungen dieser Pfändungsschutzkonten.
(5) Der Kontoinhaber kann mit einer Frist von mindestens vier Geschäftstagen zum Monatsende von dem Kreditinstitut verlangen, dass das dort geführte Pfändungsschutzkonto als Zahlungskonto ohne Pfändungsschutz geführt wird. Absatz 2 Satz 2 gilt enstprechend.

§ 850l Pfändung des Gemeinschaftskontos (1) Unterhält der Schuldner, der eine natürliche Person ist, mit einer anderen natürlichen oder mit einer juristischen Person oder mit einer Mehrheit von Personen ein Gemeinschaftskonto und wird Guthaben auf diesem Konto gepfändet, so darf das Kreditinstitut erst nach Ablauf von einem Monat nach Zustellung des Überweisungsbeschlusses aus dem Guthaben an den Gläubiger leisten oder den Betrag hinterlegen. Satz 1 gilt auch für künftiges Guthaben.
(2) Ist der Schuldner eine natürliche Person, kann er innerhalb des Zeitraums nach Absatz 1 Satz 1 von einem Kreditinstitut verlangen, bestehendes oder künftiges Guthaben von dem Gemeinschaftskonto auf ein bei dem Kreditinstitut allein auf seinen Namen laufendes Zahlungskonto zu übertragen. Wird Guthaben nach

Satz 1 übertragen und verlangt der Schuldner innerhalb des Zeitraums nach Absatz 1 Satz 1, dass das Zahlungskonto als Pfändungsschutzkonto geführt wird, so gelten für die Einrichtung des Pfändungsschutzkontos § 850k und für das übertragene Guthaben die Regelungen des Buches 8 Abschnitt 4. Für die Übertragung nach Satz 1 ist eine Mitwirkung anderer Kontoinhaber oder des Gläubigers nicht erforderlich. Der Übertragungsbetrag beläuft sich auf den Kopfteil des Schuldners an dem Guthaben. Sämtliche Kontoinhaber und der Gläubiger können sich auf eine von Satz 4 abweichende Aufteilung des Übertragungsbetrages einigen; die Vereinbarung ist dem Kreditinstitut in Textform mitzuteilen.

(3) Absatz 2 Satz 1 und 3 bis 5 ist auf natürliche Personen, mit denen der Schuldner das Gemeinschaftskonto unterhält, entsprechend anzuwenden.

(4) Die Wirkungen von Pfändungen und Überweisung von Guthaben auf dem Gemeinschaftskonto setzen sich an dem nach Absatz 2 Satz 1 auf ein Einzelkonto des Schuldners übertragenen Guthaben fort; sie setzen sich nicht an dem Guthaben fort, das nach Absatz 3 übertragen wird.

§ 851 Nicht übertragbare Forderungen (1) Eine Forderung ist in Ermangelung besonderer Vorschriften der Pfändung nur insoweit unterworfen, als sie übertragbar ist.

(2) Eine nach § 399 des Bürgerlichen Gesetzbuchs nicht übertragbare Forderung kann insoweit gepfändet und zur Einziehung überwiesen werden, als der geschuldete Gegenstand der Pfändung unterworfen ist.

…

§ 851c Pfändungsschutz bei Altersrenten (1) Ansprüche auf Leistungen, die auf Grund von Verträgen gewährt werden, dürfen nur wie Arbeitseinkommen gepfändet werden, wenn

1. die Leistung in regelmäßigen Zeitabständen lebenslang und nicht vor Vollendung des 60. Lebensjahres oder nur bei Eintritt der Berufsunfähigkeit gewährt wird,
2. über die Ansprüche aus dem Vertrag nicht verfügt werden darf,
3. die Bestimmung von Dritten mit Ausnahme von Hinterbliebenen als Berechtigte ausgeschlossen ist und
4. die Zahlung einer Kapitalleistung, ausgenommen eine Zahlung für den Todesfall, nicht vereinbart wurde.

(2) Beträge, die der Schuldner anspart, um in Erfüllung eines Vertrages nach Absatz 1 eine angemessene Alterssicherung aufzubauen, unterliegen nicht der Pfändung, soweit sie

1. jährlich nicht mehr betragen als
   a) 6000 Euro bei einem Schuldner vom 18. bis zum vollendeten 27. Lebensjahr und
   b) 7000 Euro bei einem Schuldner vom 28. Bis zum vollendeten 67. Lebensjahr und
2. einen Gesamtbetrag von 340 000 Euro nicht übersteigen.

Die in Satz 1 genannten Beträge werden jeweils zum 1. Juli eines jeden fünften Jahres entsprechend der Entwicklung auf dem Kapitalmarkt, des Sterblichkeitsrisikos und der Höhe der Pfändungsfreigrenze angepasst und die angepassten Beträge vom Bundesministerium der Justiz und für Verbraucherschutz in der Pfändungsfreigrenzenbekanntmachung im Sinne des § 850c Absatz 4 Satz 1 bekannt gemacht. Übersteigt der Rückkaufwert der Alterssicherung den unpfändbaren Betrag, sind drei Zehntel des überschießenden Betrags unpfändbar. Satz 3 gilt nicht für den Teil des Rückkaufwerts, der den dreifachen Wert des in Satz 1 Nummer 2 genannten Betrags übersteigt.

(3) § 850e Nr. 2 und 2a gilt entsprechend.

§ 851d Pfändungsschutz bei steuerlich gefördertem Altersvorsorgevermögen Monatliche Leistungen in Form einer lebenslangen Rente oder monatlicher Ratenzahlungen im Rahmen eines Auszahlungsplans nach § 1 Abs. 1 Satz 1 Nr. 4 des Altersvorsorgeverträge-Zertifizierungsgesetzes aus steuerlich gefördertem Altersvorsorgevermögen sind wie Arbeitseinkommen pfändbar.

...

§ 853 Mehrfache Pfändung einer Geldforderung Ist eine Geldforderung für mehrere Gläubiger gepfändet, so ist der Drittschuldner berechtigt und auf Verlangen eines Gläubigers, dem die Forderung überwiesen wurde, verpflichtet, unter Anzeige der Sachlage und unter Aushändigung der ihm zugestellten Beschlüsse an das Amtsgericht, dessen Beschluss ihm zuerst zugestellt ist, den Schuldbetrag zu hinterlegen.

...

Abschnitt 5 – Arrest und einstweilige Verfügung

§ 935 Einstweilige Verfügung bezüglich Streitgegenstand Einstweilige Verfügungen in Bezug auf den Streitgegenstand sind zulässig, wenn zu besorgen ist, dass durch eine Veränderung des bestehenden Zustandes die Verwirklichung des Rechts einer Partei vereitelt oder wesentlich erschwert werden könnte.

...

§ 937 Zuständiges Gericht (1) Für den Erlass einstweiliger Verfügungen ist das Gericht der Hauptsache zuständig.

(2) Die Entscheidung kann in dringenden Fällen sowie dann, wenn der Antrag auf Erlass einer einstweiligen Verfügung zurückzuweisen ist, ohne mündliche Verhandlung ergehen.

§ 938 Inhalt der einstweiligen Verfügung (1) Das Gericht bestimmt nach freiem Ermessen, welche Anordnungen zur Erreichung des Zweckes erforderlich sind.

(2) Die einstweilige Verfügung kann auch in einer Sequestration sowie darin bestehen, dass dem Gegner eine Handlung geboten oder verboten, insbesondere die Veräußerung, Belastung oder Verpfändung eines Grundstücks oder eines eingetragenen Schiffes oder Schiffsbauwerks untersagt wird.

...

§ 940 Einstweilige Verfügung zur Regelung eines einstweiligen Zustandes Einstweilige Verfügungen sind auch zum Zwecke der Regelung eines einstweiligen Zustandes in bezug auf ein streitiges Rechtsverhältnis zulässig, sofern diese Regelung, insbesondere bei dauernden Rechtsverhältnissen zur Abwendung wesentlicher Nachteile oder zur Verhinderung drohender Gewalt oder aus anderen Gründen nötig erscheint.

…

Anhang (zu § 850c)

Netto-Lohn monatlich			Pfändbarer Betrag bei Unterhaltspflicht für … Personen					
			0	1	2	3	4	5 und mehr
			in EUR					
	bis	1559,99	–	–	–	–	–	–
1560,00	bis	1569,99	3,50	–	–	–	–	–
1570,00	bis	1579,99	10,50	–	–	–	–	–
1580,00	bis	1589,99	17,50	–	–	–	–	–
1590,00	bis	1599,99	24,50	–	–	–	–	–
1600,00	bis	1609,99	31,50	–	–	–	–	–
1610,00	bis	1619,99	38,50	–	–	–	–	–
1620,00	bis	1629,99	45,50	–	–	–	–	–
1630,00	bis	1639,99	52,50	–	–	–	–	–
1640,00	bis	1649,99	59,50	–	–	–	–	–
1650,00	bis	1659,99	66,50	–	–	–	–	–
1660,00	bis	1669,99	73,50	–	–	–	–	–
1670,00	bis	1679,99	80,50	–	–	–	–	–
1680,00	bis	1689,99	87,50	–	–	–	–	–
1690,00	bis	1699,99	94,50	–	–	–	–	–
1700,00	bis	1709,99	101,50	–	–	–	–	–
1710,00	bis	1719,99	108,50	–	–	–	–	–
1720,00	bis	1729,99	115,50	–	–	–	–	–
1730,00	bis	1739,99	122,50	–	–	–	–	–
1740,00	bis	1749,99	129,50	–	–	–	–	–
1750,00	bis	1759,99	136,50	–	–	–	–	–
1760,00	bis	1769,99	143,50	–	–	–	–	–
1770,00	bis	1779,99	150,50	–	–	–	–	–
1780,00	bis	1789,99	157,50	–	–	–	–	–
1790,00	bis	1799,99	164,50	–	–	–	–	–
1800,00	bis	1809,99	171,50	–	–	–	–	–
1810,00	bis	1819,99	178,50	–	–	–	–	–
1820,00	bis	1829,99	185,50	–	–	–	–	–
1830,00	bis	1839,99	192,50	–	–	–	–	–
1840,00	bis	1849,99	199,50	–	–	–	–	–

Netto-Lohn monatlich			Pfändbarer Betrag bei Unterhaltspflicht für … Personen					
			0	1	2	3	4	5 und mehr
			in EUR					
1850,00	bis	1859,99	206,50	–	–	–	–	–
1860,00	bis	1869,99	213,50	–	–	–	–	–
1870,00	bis	1879,99	220,50	–	–	–	–	–
1880,00	bis	1889,99	227,50	–	–	–	–	–
1890,00	bis	1899,99	234,50	–	–	–	–	–
1900,00	bis	1909,99	241,50	–	–	–	–	–
1910,00	bis	1919,99	248,50	–	–	–	–	–
1920,00	bis	1929,99	255,50	–	–	–	–	–
1930,00	bis	1939,99	262,50	–	–	–	–	–
1940,00	bis	1949,99	269,50	–	–	–	–	–
1950,00	bis	1959,99	276,50	–	–	–	–	–
1960,00	bis	1969,99	283,50	–	–	–	–	–
1970,00	bis	1979,99	290,50	–	–	–	–	–
1980,00	bis	1989,99	297,50	–	–	–	–	–
1990,00	bis	1999,99	304,50	–	–	–	–	–
2000,00	bis	2009,99	311,50	–	–	–	–	–
2010,00	bis	2019,99	318,50	–	–	–	–	–
2020,00	bis	2029,99	325,50	–	–	–	–	–
2030,00	bis	2039,99	332,50	–	–	–	–	–
2040,00	bis	2049,99	339,50	–	–	–	–	–
2050,00	bis	2059,99	346,50	–	–	–	–	–
2060,00	bis	2069,99	353,50	–	–	–	–	–
2070,00	bis	2079,99	360,50	–	–	–	–	–
2080,00	bis	2089,99	367,50	–	–	–	–	–
2090,00	bis	2099,99	374,50	–	–	–	–	–
2100,00	bis	2109,99	381,50	–	–	–	–	–
2110,00	bis	2119,99	388,50	–	–	–	–	–
2120,00	bis	2129,99	395,50	–	–	–	–	–
2130,00	bis	2139,99	402,50	–	–	–	–	–
2140,00	bis	2149,99	409,50	–	–	–	–	–
2150,00	bis	2159,99	416,50	4,89	–	–	–	–
2160,00	bis	2169,99	423,50	9,89	–	–	–	–
2170,00	bis	2179,99	430,50	14,89	–	–	–	–
2180,00	bis	2189,99	437,50	19,89	–	–	–	–
2190,00	bis	2199,99	444,50	24,89	–	–	–	–
2200,00	bis	2209,99	451,50	29,89	–	–	–	–
2210,00	bis	2219,99	458,50	34,89	–	–	–	–
2220,00	bis	2229,99	465,50	39,89	–	–	–	–
2230,00	bis	2239,99	472,50	44,89	–	–	–	–
2240,00	bis	2249,99	479,50	49,89	–	–	–	–

Netto-Lohn monatlich			Pfändbarer Betrag bei Unterhaltspflicht für … Personen					
			0	1	2	3	4	5 und mehr
			in EUR					
2250,00	bis	2259,99	486,50	54,89	–	–	–	–
2260,00	bis	2269,99	493,50	59,89	–	–	–	–
2270,00	bis	2279,99	500,50	64,89	–	–	–	–
2280,00	bis	2289,99	507,50	69,89	–	–	–	–
2290,00	bis	2299,99	514,50	74,89	–	–	–	–
2300,00	bis	2309,99	521,50	79,89	–	–	–	–
2310,00	bis	2319,99	528,50	84,89	–	–	–	–
2320,00	bis	2329,99	535,50	89,89	–	–	–	–
2330,00	bis	2339,99	542,50	94,89	–	–	–	–
2340,00	bis	2349,99	549,50	99,89	–	–	–	–
2350,00	bis	2359,99	556,50	104,89	–	–	–	–
2360,00	bis	2369,99	563,50	109,89	–	–	–	–
2370,00	bis	2379,99	570,50	114,89	–	–	–	–
2380,00	bis	2389,99	577,50	119,89	–	–	–	–
2390,00	bis	2399,99	584,50	124,89	–	–	–	–
2400,00	bis	2409,99	591,50	129,89	–	–	–	–
2410,00	bis	2419,99	598,50	134,89	–	–	–	–
2420,00	bis	2429,99	605,50	139,89	–	–	–	–
2430,00	bis	2439,99	612,50	144,89	–	–	–	–
2440,00	bis	2449,99	619,50	149,89	–	–	–	–
2450,00	bis	2459,99	626,50	154,89	–	–	–	–
2460,00	bis	2469,99	633,50	159,89	–	–	–	–
2470,00	bis	2479,99	640,50	164,89	1,49	–	–	–
2480,00	bis	2489,99	647,50	169,89	5,49	–	–	–
2490,00	bis	2499,99	654,50	174,89	9,49	–	–	–
2500,00	bis	2509,99	661,50	179,89	13,49	–	–	–
2510,00	bis	2519,99	668,50	184,89	17,49	–	–	–
2520,00	bis	2529,99	675,50	189,89	21,49	–	–	–
2530,00	bis	2539,99	682,50	194,89	25,49	–	–	–
2540,00	bis	2549,99	689,50	199,89	29,49	–	–	–
2550,00	bis	2559,99	696,50	204,89	33,49	–	–	–
2560,00	bis	2569,99	703,50	209,89	37,49	–	–	–
2570,00	bis	2579,99	710,50	214,89	41,49	–	–	–
2580,00	bis	2589,99	717,50	219,89	45,49	–	–	–
2590,00	bis	2599,99	724,50	224,89	49,49	–	–	–
2600,00	bis	2609,99	731,50	229,89	53,49	–	–	–
2610,00	bis	2619,99	738,50	234,89	57,49	–	–	–
2620,00	bis	2629,99	745,50	239,89	61,49	–	–	–
2630,00	bis	2639,99	752,50	244,89	65,49	–	–	–
2640,00	bis	2649,99	759,50	249,89	69,49	–	–	–

Netto-Lohn monatlich			Pfändbarer Betrag bei Unterhaltspflicht für … Personen					
			0	1	2	3	4	5 und mehr
			in EUR					
2650,00	bis	2659,99	766,50	254,89	73,49	–	–	–
2660,00	bis	2669,99	773,50	259,89	77,49	–	–	–
2670,00	bis	2679,99	780,50	264,89	81,49	–	–	–
2680,00	bis	2689,99	787,50	269,89	85,49	–	–	–
2690,00	bis	2699,99	794,50	274,89	89,49	–	–	–
2700,00	bis	2709,99	801,50	279,89	93,49	–	–	–
2710,00	bis	2719,99	808,50	284,89	97,49	–	–	–
2720,00	bis	2729,99	815,50	289,89	101,49	–	–	–
2730,00	bis	2739,99	822,50	294,89	105,49	–	–	–
2740,00	bis	2749,99	829,50	299,89	109,49	–	–	–
2750,00	bis	2759,99	836,50	304,89	113,49	–	–	–
2760,00	bis	2769,99	843,50	309,89	117,49	–	–	–
2770,00	bis	2779,99	850,50	314,89	121,49	–	–	–
2780,00	bis	2789,99	857,50	319,89	125,49	–	–	–
2790,00	bis	2799,99	864,50	324,89	129,49	–	–	–
2800,00	bis	2809,99	871,50	329,89	133,49	2,31	–	–
2810,00	bis	2819,99	878,50	334,89	137,49	5,31	–	–
2820,00	bis	2829,99	885,50	339,89	141,49	8,31	–	–
2830,00	bis	2839,99	892,50	344,89	145,49	11,31	–	–
2840,00	bis	2849,99	899,50	349,89	149,49	14,31	–	–
2850,00	bis	2859,99	906,50	354,89	153,49	17,31	–	–
2860,00	bis	2869,99	913,50	359,89	157,49	20,31	–	–
2870,00	bis	2879,99	920,50	364,89	161,49	23,31	–	–
2880,00	bis	2889,99	927,50	369,89	165,49	26,31	–	–
2890,00	bis	2899,99	934,50	374,89	169,49	29,31	–	–
2900,00	bis	2909,99	941,50	379,89	173,49	32,31	–	–
2910,00	bis	2919,99	948,50	384,89	177,49	35,31	–	–
2920,00	bis	2929,99	955,50	389,89	181,49	38,31	–	–
2930,00	bis	2939,99	962,50	394,89	185,49	41,31	–	–
2940,00	bis	2949,99	969,50	399,89	189,49	44,31	–	–
2950,00	bis	2959,99	976,50	404,89	193,49	47,31	–	–
2960,00	bis	2969,99	983,50	409,89	197,49	50,31	–	–
2970,00	bis	2979,99	990,50	414,89	201,49	53,31	–	–
2980,00	bis	2989,99	997,50	419,89	205,49	56,31	–	–
2990,00	bis	2999,99	1004,50	424,89	209,49	59,31	–	–
3000,00	bis	3009,99	1011,50	429,89	213,49	62,31	–	–
3010,00	bis	3019,99	1018,50	434,89	217,49	65,31	–	–
3020,00	bis	3029,99	1025,50	439,89	221,49	68,31	–	–
3030,00	bis	3039,99	1032,50	444,89	225,49	71,31	–	–
3040,00	bis	3049,99	1039,50	449,89	229,49	74,31	–	–

Netto-Lohn monatlich			Pfändbarer Betrag bei Unterhaltspflicht für … Personen					
			0	1	2	3	4	5 und mehr
			in EUR					
3050,00	bis	3059,99	1046,50	454,89	233,49	77,31	–	–
3060,00	bis	3069,99	1053,50	459,89	237,49	80,31	–	–
3070,00	bis	3079,99	1060,50	464,89	241,49	83,31	–	–
3080,00	bis	3089,99	1067,50	469,89	245,49	83,31	–	–
3090,00	bis	3099,99	1074,50	474,89	249,49	89,31	–	–
3100,00	bis	3109,99	1081,50	479,89	253,49	92,31	–	–
3110,00	bis	3119,99	1088,50	484,89	257,49	95,31	–	–
3120,00	bis	3129,99	1095,50	489,89	261,49	98,31	0,33	–
3130,00	bis	3139,99	1102,50	494,89	265,49	101,31	2,33	–
3140,00	bis	3149,99	1109,50	499,89	269,49	104,31	4,33	–
3150,00	bis	3159,99	1116,50	504,89	273,49	107,31	6,33	–
3160,00	bis	3169,99	1123,50	509,89	277,49	110,31	8,33	–
3170,00	bis	3179,99	1130,50	514,89	281,49	113,31	10,33	–
3180,00	bis	3189,99	1137,50	519,89	285,49	116,31	12,33	–
3190,00	bis	3199,99	1144,50	524,89	289,49	119,31	14,33	–
3200,00	bis	3209,99	1151,50	529,89	293,49	122,31	16,33	–
3210,00	bis	3219,99	1158,50	534,89	297,49	125,31	18,33	–
3220,00	bis	3229,99	1165,50	539,89	301,49	128,31	20,33	–
3230,00	bis	3239,99	1172,50	544,89	305,49	131,31	22,33	–
3240,00	bis	3249,99	1179,50	549,89	309,49	134,31	24,33	–
3250,00	bis	3259,99	1186,50	554,89	313,49	137,31	26,33	–
3260,00	bis	3269,99	1193,50	559,89	317,49	140,31	28,33	–
3270,00	bis	3279,99	1200,50	564,89	321,49	143,31	30,33	–
3280,00	bis	3289,99	1207,50	569,89	325,49	146,31	32,33	–
3290,00	bis	3299,99	1214,50	574,89	329,49	149,31	34,33	–
3300,00	bis	3309,99	1221,50	579,89	333,49	152,31	36,33	–
3310,00	bis	3319,99	1228,50	584,89	337,49	155,31	38,33	–
3320,00	bis	3329,99	1235,50	589,89	341,49	158,31	40,33	–
3330,00	bis	3339,99	1242,50	594,89	345,49	161,31	42,33	–
3340,00	bis	3349,99	1249,50	599,89	349,49	164,31	44,33	–
3350,00	bis	3359,99	1256,50	604,89	353,49	167,31	46,33	–
3360,00	bis	3369,99	1263,50	609,89	357,49	170,31	48,33	–
3370,00	bis	3379,99	1270,50	614,89	361,49	173,31	50,33	–
3380,00	bis	3389,99	1277,50	619,89	365,49	176,31	52,33	–
3390,00	bis	3399,99	1284,50	624,89	369,49	179,31	54,33	–
3400,00	bis	3409,99	1291,50	629,89	373,49	182,31	56,33	–
3410,00	bis	3419,99	1298,50	634,89	377,49	185,31	58,33	–
3420,00	bis	3429,99	1305,50	639,89	381,49	188,31	60,33	–
3430,00	bis	3439,99	1312,50	644,89	385,49	191,31	62,33	–
3440,00	bis	3449,99	1319,50	649,89	389,49	194,31	64,33	–

Netto-Lohn monatlich			Pfändbarer Betrag bei Unterhaltspflicht für … Personen					
			0	1	2	3	4	5 und mehr
			in EUR					
3450,00	bis	3459,99	1326,50	654,89	393,49	197,31	66,33	0,56
3460,00	bis	3469,99	1333,50	659,89	397,49	200,31	68,33	1,56
3470,00	bis	3479,99	1340,50	664,89	401,49	203,31	70,33	2,56
3480,00	bis	3489,99	1347,50	669,89	405,49	206,31	72,33	3,56
3490,00	bis	3499,99	1354,50	674,89	409,49	209,31	74,33	4,56
3500,00	bis	3509,99	1361,50	679,89	413,49	212,31	76,33	5,56
3510,00	bis	3519,99	1368,50	684,89	417,49	215,31	78,33	6,56
3520,00	bis	3529,99	1375,50	689,89	421,49	218,31	80,33	7,56
3530,00	bis	3539,99	1382,50	694,89	425,49	221,31	82,33	8,56
3540,00	bis	3549,99	1389,50	699,89	429,49	224,31	84,33	9,56
3550,00	bis	3559,99	1396,50	704,89	433,49	227,31	86,33	10,56
3560,00	bis	3569,99	1403,50	709,89	437,49	230,31	88,33	11,56
3570,00	bis	3579,99	1410,50	714,89	441,49	233,31	90,33	12,56
3580,00	bis	3589,99	1417,50	719,89	445,49	236,31	92,33	13,56
3590,00	bis	3599,99	1424,50	724,89	449,49	239,31	94,33	14,56
3600,00	bis	3609,99	1431,50	729,89	453,49	242,31	96,33	15,56
3610,00	bis	3619,99	1438,50	734,89	457,49	245,31	98,33	16,56
3620,00	bis	3629,99	1445,50	739,89	461,49	248,31	100,33	17,56
3630,00	bis	3639,99	1452,50	744,89	465,49	251,31	102,33	18,56
3640,00	bis	3649,99	1459,50	749,89	469,49	254,31	104,33	19,56
3650,00	bis	3659,99	1466,50	754,89	473,49	257,31	106,33	20,56
3660,00	bis	3669,99	1473,50	759,89	477,49	260,31	108,33	21,56
3670,00	bis	3679,99	1480,50	764,89	481,49	263,31	110,33	22,56
3680,00	bis	3689,99	1487,50	769,89	485,49	266,31	112,33	23,56
3690,00	bis	3699,99	1494,50	744,89	489,49	269,31	114,33	24,56
3700,00	bis	3709,99	1501,50	779,89	493,49	272,31	116,33	25,56
3710,00	bis	3719,99	1508,50	784,89	497,49	275,31	118,33	26,56
3720,00	bis	3729,99	1515,50	789,89	501,49	278,31	120,33	27,56
3730,00	bis	3739,99	1522,50	794,89	505,49	281,31	122,33	28,56
3740,00	bis	3749,99	1529,50	799,89	509,49	284,31	124,33	29,56
3750,00	bis	3759,99	1536,50	804,89	513,49	287,31	126,33	30,56
3760,00	bis	3769,99	1543,50	809,89	517,49	290,31	128,33	31,56
3770,00	bis	3779,99	1550,50	814,89	521,49	293,31	130,33	32,56
3780,00	bis	3789,99	1557,50	819,89	525,49	296,31	132,33	33,56
3790,00	bis	3799,99	1564,50	824,89	529,49	299,31	134,33	34,56
3800,00	bis	3809,99	1571,50	829,89	533,49	302,31	136,33	35,56
3810,00	bis	3819,99	1578,50	834,89	537,49	305,31	138,33	36,56
3820,00	bis	3829,99	1585,50	839,89	541,49	308,31	140,33	37,56
3830,00	bis	3839,99	1592,50	844,89	545,49	311,31	142,33	38,56
3840,00	bis	3849,99	1599,50	849,89	549,49	314,31	144,33	39,56

Netto-Lohn monatlich			Pfändbarer Betrag bei Unterhaltspflicht für … Personen					
			0	1	2	3	4	5 und mehr
			in EUR					
3850,00	bis	3859,99	1606,50	845,89	553,49	317,31	146,33	40,56
3860,00	bis	3869,99	1613,50	859,89	557,49	320,31	148,33	41,56
3870,00	bis	3879,99	1620,50	864,89	561,49	323,31	150,33	42,56
3880,00	bis	3889,99	1627,50	869,89	565,49	326,31	152,33	43,56
3890,00	bis	3899,99	1634,50	874,89	569,49	329,31	154,33	44,56
3900,00	bis	3909,99	1641,50	879,89	573,49	332,31	156,33	45,56
3910,00	bis	3919,99	1648,50	884,89	577,49	335,31	158,33	46,56
3920,00	bis	3929,99	1655,50	889,89	581,49	338,31	160,33	47,56
3930,00	bis	3939,99	1662,50	894,89	585,49	341,31	162,33	48,56
3940,00	bis	3949,99	1669,50	899,89	589,49	344,31	164,33	49,56
3950,00	bis	3959,99	1676,50	904,89	593,49	347,31	166,33	50,56
3960,00	bis	3969,99	1683,50	909,89	597,49	350,31	168,33	51,56
3970,00	bis	3979,99	1690,50	914,89	601,49	353,31	170,33	52,56
3980,00	bis	3989,99	1697,50	919,89	605,49	356,31	172,33	53,56
3990,00	bis	3999,99	1704,50	924,89	609,49	359,31	174,33	54,56
4000,00	bis	4009,99	1711,50	929,89	613,49	362,31	176,33	55,56
4010,00	bis	4019,99	1718,50	934,89	617,49	365,31	178,33	56,56
4020,00	bis	4029,99	1725,50	939,89	621,49	368,31	180,33	57,56
4030,00	bis	4039,99	1732,50	944,89	625,49	371,31	182,33	58,56
4040,00	bis	4049,99	1739,50	949,89	629,49	374,31	184,33	59,56
4050,00	bis	4059,99	1746,50	954,89	633,49	377,31	186,33	60,56
4060,00	bis	4069,99	1753,50	959,89	637,49	380,31	188,33	61,56
4070,00	bis	4079,99	1760,50	964,89	641,49	383,31	190,33	62,56
4080,00	bis	4089,99	1767,50	969,89	645,49	386,31	192,33	63,56
4090,00	bis	4099,99	1774,50	974,89	649,49	389,31	194,33	64,56
4100,00	bis	4109,99	1781,50	979,89	653,49	392,31	196,33	65,56
4110,00	bis	4119,99	1788,50	984,89	657,49	395,31	198,33	66,56
4120,00	bis	4129,99	1795,50	989,89	661,49	398,31	200,33	67,56
4130,00	bis	4139,99	1802,50	994,89	665,49	401,31	202,33	68,56
4140,00	bis	4149,99	1809,50	999,89	669,49	404,31	204,33	69,56
4150,00	bis	4159,99	1816,50	1004,89	673,49	407,31	206,33	70,56
4160,00	bis	4169,99	1823,50	1009,89	677,49	410,31	208,33	71,56
4170,00	bis	4179,99	1830,50	1014,89	681,49	413,31	210,33	72,56
4180,00	bis	4189,99	1837,50	1019,89	685,49	416,31	212,33	73,56
4190,00	bis	4199,99	1844,50	1024,89	689,49	419,31	214,33	74,56
4200,00	bis	4209,99	1851,50	1029,89	693,49	422,31	216,33	75,56
4210,00	bis	4219,99	1858,50	1034,89	697,49	425,31	218,33	76,56
4220,00	bis	4229,99	1865,50	1039,89	701,49	428,31	220,33	77,56
4230,00	bis	4239,99	1872,50	1044,89	705,49	431,31	222,33	78,56
4240,00	bis	4249,99	1879,50	1049,89	709,49	434,31	224,33	79,56

Netto-Lohn monatlich	Pfändbarer Betrag bei Unterhaltspflicht für … Personen					
	0	1	2	3	4	5 und mehr
	in EUR					
4250,00 bis 4259,99	1886,50	1054,89	713,49	437,31	226,33	80,56
4260,00 bis 4269,99	1893,50	1059,89	717,49	440,31	228,33	81,56
4270,00 bis 4279,99	1900,50	1064,89	721,49	443,31	230,33	82,56
4280,00 bis 4289,99	1907,50	1069,89	725,49	446,31	232,33	83,56
4290,00 bis 4299,99	1914,50	1074,89	729,49	449,31	234,33	84,56
4300,00 bis 4309,99	1921,50	1079,89	733,49	452,31	236,33	85,56
4310,00 bis 4319,99	1928,50	1084,89	737,49	455,31	238,33	86,56
4320,00 bis 4329,99	1935,50	1089,89	741,49	453,31	240,33	87,56
4330,00 bis 4339,99	1942,50	1094,89	745,49	461,31	242,33	88,56
4340,00 bis 4349,99	1949,50	1099,89	749,49	464,31	244,33	89,56
4350,00 bis 4359,99	1956,50	1104,89	753,49	467,31	246,33	90,56
4360,00 bis 4369,99	1963,50	1109,89	757,49	470,31	248,33	91,56
4370,00 bis 4379,99	1970,50	1114,89	761,49	473,31	250,33	92,56
4380,00 bis 4389,99	1977,50	1119,89	765,49	476,31	252,33	93,56
4390,00 bis 4399,99	1984,50	1124,89	769,49	479,31	254,33	94,56
4400,00 bis 4409,99	1991,50	1129,89	773,49	482,31	256,33	95,56
4410,00 bis 4419,99	1998,50	1134,89	777,49	485,31	258,33	96,56
4420,00 bis 4429,99	2005,50	1139,89	781,49	488,31	260,33	97,56
4430,00 bis 4439,99	2012,50	1144,89	785,49	491,31	262,33	98,56
4440,00 bis 4449,99	2019,50	1149,89	789,49	494,31	264,33	99,56
4450,00 bis 4459,99	2026,50	1154,89	793,49	497,31	266,33	100,56
4460,00 bis 4469,99	2033,50	1159,89	797,49	500,31	268,33	101,56
4470,00 bis 4479,99	2040,50	1164,89	801,49	503,31	270,33	102,56
4480,00 bis 4489,99	2047,50	1169,89	805,49	506,31	272,33	103,56
4490,00 bis 4499,99	2054,50	1174,89	809,49	509,31	274,33	104,56
4500,00 bis 4509,99	2061,50	1179,89	813,49	512,31	276,33	105,56
4510,00 bis 4519,99	2068,50	1184,89	817,49	515,31	278,33	106,56
4520,00 bis 4529,99	2075,50	1189,89	821,49	518,31	280,33	107,56
4530,00 bis 4539,99	2082,50	1194,89	825,49	521,31	282,33	108,56
4540,00 bis 4549,99	2089,50	1199,89	829,49	524,31	284,33	109,56
4550,00 bis 4559,81	2096,50	1204,89	833,49	527,31	286,33	110,56
4560,00 bis 4569,99	2103,50	1209,89	837,49	530,31	288,33	111,56
4570,00 bis 4579,99	2110,50	1214,89	841,49	533,31	290,33	112,56
4580,00 bis 4589,99	2117,50	1219,89	845,49	536,31	292,33	113,56
4590,00 bis 4599,99	2124,50	1224,89	849,49	539,31	294,33	114,56
4600,00 bis 4609,99	2131,50	1229,89	853,49	542,31	296,33	115,56
4610,00 bis 4619,99	2138,50	1234,89	857,49	545,31	298,33	116,56
4620,00 bis 4629,99	2145,50	1239,89	861,49	548,31	300,33	117,56
4630,00 bis 4639,99	2152,50	1244,89	865,49	551,31	302,33	118,56
4640,00 bis 4649,99	2159,50	1249,89	869,49	554,31	304,33	119,56

Netto-Lohn monatlich			Pfändbarer Betrag bei Unterhaltspflicht für … Personen					
			0	1	2	3	4	5 und mehr
			in EUR					
4650,00	bis	4659,99	2166,50	1254,89	873,49	557,31	306,33	120,56
4660,00	bis	4669,99	2173,50	1259,89	877,49	560,31	308,33	121,56
4670,00	bis	4679,99	2180,50	1264,89	881,49	563,31	310,33	122,56
4680,00	bis	4689,99	2187,50	1269,89	885,49	566,31	312,33	123,56
4690,00	bis	4699,99	2194,50	1274,89	889,49	569,31	314,33	124,56
4700,00	bis	4709,99	2201,50	1279,89	893,49	572,31	316,33	125,56
4710,00	bis	4719,99	2208,50	1284,89	897,49	575,31	318,33	126,56
4720,00	bis	4729,99	2215,50	1289,89	901,49	578,31	320,33	127,56
4730,00	bis	4739,99	2222,50	1294,89	905,49	581,31	322,33	128,56
4740,00	bis	4749,99	2229,50	1299,89	909,49	584,31	324,33	129,56
4750,00	bis	4759,99	2236,50	1304,89	913,49	587,31	326,33	130,56
4760,00	bis	4766,99	2243,50	1309,89	917,49	590,31	328,33	131,56

Der Mehrbetrag über 4766,99 Euro ist voll pfändbar.

Wochensätze *(nicht abgedruckt)*

Stichwortverzeichnis Einleitungen[1]

1 Erläuterung: Die fettgedruckten Ziffern bezeichnen das jeweilige Gesetz entsprechend seiner fortlaufenden Nummerierung. Magere römische Zahlen, arabische Ziffern, Buchstaben etc. bezeichnen das jeweilige Kapitel in der Einleitung.

Stichwortverzeichnis Einleitungen

Stichwortverzeichnis Einleitungen

Stichwortverzeichnis Einleitungen

Stichwortverzeichnis Gesetze/Verordnungen

Stichwortverzeichnis Gesetze/Verordnungen

Stichwortverzeichnis Gesetze/Verordnungen

Stichwortverzeichnis Gesetze/Verordnungen

Stichwortverzeichnis Gesetze/Verordnungen